伝記・評伝全情報 2014-2018

西洋編

日外アソシエーツ

Complete List of Biographies
2014-2018
Part 2 Occidental People

Compiled by
Nichigai Associates, Inc.

©2019 by Nichigai Associates, Inc.
Printed in Japan

本書はディジタルデータでご利用いただくことができます。詳細はお問い合わせください。

●編集担当● 尾崎 稔／松本 裕加
カバーイラスト：小林 彩子（flavour）

刊行にあたって

　ある人物の人生や考え方、人となりについて知ろうとする時に有用となるのは、伝記・評伝を始めとした伝記資料である。人物評価を交えながら生涯を辿った評伝や自身がその人生を振り返り綴った自伝はもちろん、回想録、日記、書簡といった記録類からは、個人の行動や交遊関係に留まらず、その人物が生きた時代の文化や社会状況までうかがい知ることができる。

　何度も伝記・評伝が出されている有名人であれば、複数の視点からその人物を追うことが可能であるし、従来評価されていなかった人物に光を当てたものからは、埋もれてしまっていた偉業を知り得、市井の人物の波瀾万丈な人生に驚きや感動を与えられることもあるであろう。

　本書は「伝記・評伝全情報45/89」「同90/94」「同95/99」「同2000-2004」「同2005-2009」「同2010-2014」の継続版にあたる図書目録である。2014（平成26）年7月から2018（平成30）年までの5年間に国内で刊行された、古今東西の英雄、政治家、実業家、思想家、学者、作家・詩人、芸術家、スポーツ選手、芸能人など、有名無名を問わず様々な人物についての伝記・評伝を集め、「日本・東洋編」「西洋編」の2冊に分けて収録した。本書とシリーズ既刊を併せることで、昭和戦後期から平成期に刊行された伝記・評伝類を網羅することができる。

　本書が様々な人物の生涯への興味を喚起する情報源として、また、特定の人物を調査する際の効率化を図るためのツールとして、広く活用されることを期待したい。

2019年4月

日外アソシエーツ

#　凡　例

1．本書の内容
　　本書は、西洋人の伝記、評伝、自伝、回想録、追想録、日記、書簡等の図書を網羅的に集め、被伝者の五十音順に排列した各種伝記・評伝類の総目録である。

2．収録の対象
　(1) 2014年（平成26年）7月から2018年（平成30年）までの5年間に日本国内で刊行された商業出版物、政府刊行物、私家版などを収録した。また、前版（2010年〜2014年6月）に未収録であった2014年刊行分を補遺として収録した。
　(2) 児童書、絵本、漫画、ムック、展覧会カタログは収録しなかった。
　(3) 本書の収録点数は3,359点、見出しに立てた被伝者は2,163人である。

3．見出し
　(1) 被伝者の本名、旧姓名、別名（筆名、芸名、通称等）のうち、一般に最も知られているものを見出しとして採用し、必要に応じて不採用の名からも参照を立てた。
　(2) 原則として姓はカタカナ表記、名はイニシャルで表記した。"ヴ"音のカタカナ表記は、バ行・ワ行を用いて示した。
　(3) 判明する限り生（没）年を付した。
　(4) 人名の原綴は各種人名事典、原本などに拠った。

4．見出し排列
　(1) 見出しの排列は、姓のカタカナ表記の五十音順、名のイニシャルのABC順とした。
　(2) 濁音・半濁音は清音とし、ヂ→シ、ヅ→スとした。促音・拗音は直音とみなし、長音符（音引き）は無視した。
　(3) 同一排列順位となる場合は、生年順とした。

5．図書の排列
   (1) 各見出しのもとでは出版年月順に排列した。
   (2) 同一出版年月の図書は書名の五十音順に排列した。

6．図書の記述
   記述の内容と順序は次の通りである。
   書名／副書名／巻次／各巻書名／著者表示／版表示／出版地（東京以外を表示）／出版者／出版年月／ページ数または冊数／大きさ／叢書名／叢書番号／注記／定価(刊行時) ／ ISBN(①で表示)／ NDC (Ⓝで表示)／内容

7．原綴索引
   (1) 本文に収録した被伝者名の原綴と、そのカタカナ表記、本文での掲載ページを示した。
   (2) 排列は姓のABC順、名のABC順とし、姓名の区別が困難なものは姓と同じ扱いとした。
   (3) Mc は Mac として排列した。冒頭の冠詞 al- は排列上無視した。
   (4) アクセント記号等がついた文字は、記号のない文字と同じと見なして排列した。

8．書誌事項等の出所
   本目録に掲載した各図書の書誌事項等は、主に次の資料に拠っている。
   データベース「bookplus」
   JAPAN/MARC

目次

【ア】

アイアランド, W.H. 1
アイアンガー, B.K.S. 1
アイザワ, S. 1
アイセック, K. 1
アイゼンハワー, D. 1
アイト, J. 2
アイヒ, G. 2
アイヒマン, A. 2
アイヒンガー, I. 3
アイブ, J. 3
アインシュタイン, A. 3
アインシュタイン, E.R. 6
アインシュタイン, H.A. 6
アインホーン, D. 6
アウアー, L. 6
アウグスティヌス, A. 6
アウグストゥス 8
アウルス・ウィテッリウス ⇒ウィテリウスを見よ
アウレリアヌス 8
アウン・サン・スー・チー ... 8
アエミリウス・パウルス ⇒ パウルス・マケドニクス, L.A.を見よ
アガンベン, G. 9
アキテーヌ女公 ⇒アリエノール・ダキテーヌを見よ
アクィナス, トマス ⇒トマス・アクィナスを見よ
アクスリー, B. 9
アクセリロード, P. 9
アグリッピナ 10
アゲシラオスⅡ 10
アジャータシャトル 10
アストリッド・ド・スエード 10
アタテュルク, M.K. 10
アタナソフ, J.V. 11
アダムズ, H. 11
アダムズ, J.Q. 11
アダムズ, S. 11
アダリオ, L. 11
アックマン, W.A. 12
アッピウス・クラウディウス・カエクス 12
アーディゾーニ, E. 12
アドラー, A. 13
アドルノ, G. 13
アドルノ, T. 13

アナクサゴラス 14
アナクシマンドロス 14
アナクシメネス 14
アナ・スイ 15
アナン, K.A. 15
アーナンドマイー・マー 15
アニエス・ベー 15
アーノンクール, N. 15
アバド, C. 16
アービング, W. 16
アファナシエフ, V. 16
アフガーニー, J. 16
アブドーラ・ザ・ブッチャー 16
アベベ・ビキラ 16
アベラール, P. 17
アーベル, N.H. 17
アポリネール, G. 18
アマン, J. 18
アムンセン, R. 18
アメリー, C. 18
アモイヤル, P. 18
アラップ, O.N. 19
アラーベルガー, J. 19
アラリックⅠ 19
アラン 19
アリ, M. 19
アリエノール・ダキテーヌ ... 20
アリスタゴラス 20
アリストテレス 20
アリニ, N.K. 21
アリョーヒナ, M. 21
アリルーエワ, S. 21
アルキメデス 21
アルキュタス 22
アルチュセール, L. 22
アルチュボルド, G. 22
アルテミシアⅠ 22
アールト, A. 22
アルバース, A. 23
アルバート, S.M. 23
アルフォンソⅥ 23
アルペ, P. 23
アルムブルスター, L. 23
アルメイダ, L. 23
アレキサンダー, F.G.W. 23
アレキサンダー大王 ⇒アレクサンドロスⅢを見よ
アレグザンダー, C. 23
アレクサンドラ・オブ・デンマーク 24
アレクサンドラ・フョードロブナ 24
アレクサンドロスⅢ 24
アレビ, E. 25

アレン, W. 25
アーレント, H. 25
アロイジオ・デルコル 26
アンギャン公・ルイ・アントワーヌ 27
アンジェロウ, M. 27
アンセルムス 27
アンセルメ, E. 27
アンダーソン, B. 27
アンダーソン, M. 28
アンダーソン, T. 28
アンチェル, K. 28
アンティフォン 28
アンデルシュ, A. 28
アンデルセン, H.C. 29
アントニウス, M. 29
アントニオス 30
アントニヌス・ピウス 30
アンドレーアス＝ザロメ, ルー ⇒ザロメ, L.を見よ
アンドレイカ, J. 30
アンヌ・ドートリッシュ 30
アンヌ・ド・ブルターニュ .31
アンブロシウス 31
アンリⅡ 31
アンリⅢ 31
アンリⅣ 32

【イ】

イェイツ, W.B. 32
イエス ⇒キリストを見よ
イェルサン, A. 32
イェンス, W. 32
イグナチオ・デ・ロヨラ 33
イグナティエフ, M. 33
イサベルⅠ 33
イザヤ 33
イシグロ, K. 33
イニエスタ・ルハン, A. 34
イバノフ＝ラズームニク 34
イブン・ナフィス 34
イブン・バットゥータ 34
イングラム, C. 34

【ウ】

ウィクリフ, J. 35
ウイグル, A. 35
ウィズウェル, E.L. 35
ウィックラマシンゲ, C. 35
ウィッテン, E. 35
ウィテリウス 36
ウィトゲンシュタイン, L. .. 36
ウィニコット, D.W. 36
ウィリアム（オッカムの）......37

ウィリアム（ケンブリッジ
　公）……………………37
ウィリアムズ, C.M.…………37
ウィリアムソン, A.W.………37
ウィルソン, A.………………37
ウィルソン, E.O.……………37
ウィルソン, T.………………37
ウィルソン, T.W.……………38
ウィレムス, E.………………38
ウィンザー公爵夫人…………38
ウェイツ, T.…………………38
ウェイツキン, J.……………39
ウェイン, L.…………………39
ウェクスラー, J.……………39
ウェザーズ, B.………………39
ウエストウッド, V.…………39
ウエストバム…………………40
ウェストン, W.………………40
ウェスパシアヌス……………40
ウェスレー, J.………………40
ウェスレー, S.………………40
ウェデマイヤー, A.C.………41
ウェーバー, A.R.……………41
ウェーバー, C.M.……………41
ウェルズ, I.B.………………41
ウォ, E.………………………41
ウォーターストン, J.J.………41
ウォートルス, T.J.…………41
ウォルシンガム, F.…………42
ウォルト, シャルル・フレデ
　リック　⇒ワース, C.を
　見よ
ウォルポール, R.……………42
ウォーレス, R.………………42
ウジェニー・ド・モンティ
　ジョ…………………………42
ウーゼ, B.……………………43
ウランゲリ, P.N.……………43
ウルストンクラフト, F.I.…43
ウルバヌスⅡ…………………43
ウルフ, L.S.…………………43
ウルフ, V.……………………43
ウンゲラー, T.………………44

【エ】

エアリー, G.B.………………44
エイケンヘッド, M.…………44
エウクレイデス（アレクサ
　ンドリアの）………………44
エウトロピウス………………45
エウメネス（カルディア
　の）…………………………45
エカチェリーナⅡ……………45
エジソン, T.…………………46

エジル, M.……………………46
エステーブ, M.………………47
エックハルト, M.……………47
エディ, M.B.…………………47
エディントン, A.S.…………47
エドワードⅧ…………………48
エーネス, J.…………………48
エパミノンダス　⇒エパメイ
　ノンダスを見よ
エパメイノンダス……………48
エピクロス……………………48
エピック, E.J.………………48
エプスタイン, B.S.…………48
エブラヒム, Z.………………49
エムデン, J.R.………………49
エムバペ, K.…………………49
エラスムス, D.………………49
エリアス, N.…………………50
エリアーデ, M.………………50
エリオット, G.………………50
エリオット, J.H.……………51
エリオット, T.S.……………51
エリクソン, E.H.……………51
エリクソン, G.………………51
エリザベスⅠ…………………51
エリザベスⅡ…………………52
エリザベット（三位一体
　の）…………………………52
エリーザベト…………………52
エル・チャポ…………………53
エルデシュ, P.………………53
エルドアン, R.T.……………53
エルドレッド, B.R.…………54
エルベ, L.……………………54
エル・ヘフェ…………………54
エルマン, W.A.………………54
エルミート, C.………………54
エレ, A.………………………54
エレディア, M.………………55
エレミヤ………………………55
エンケ, R.……………………55
エンゲルス, F.………………55
エンツェンスベルガー, H.
　M.……………………………56
エンディコット, J.A.………56
エンブリー, J.………………56
エンブリー, エラ　⇒ウィズ
　ウェル, E.L.を見よ
エンペドクレス………………56

【オ】

オア, K.A.……………………56
オアー, M.……………………56
オイラー, L.…………………57

オイレンシュピーゲル, T.…57
オーウェル, G.………………57
オーエンス, J.C.……………58
オ・カネン, T.………………58
オキーフ, G.…………………58
オコナー, F.…………………58
オシェブコフ, V.S.…………59
オシム, I.……………………59
オショウ（Osho）　⇒ラジ
　ニーシ, バグワン・シュリ
　を見よ
オースター, P.………………59
オースティン, J.……………59
オダネル, J.…………………60
オットー, R.…………………60
オットーⅢ……………………60
オットー・フォン・ハプス
　ブルク………………………60
オッフェンバック, J.………60
オティエ, L.…………………60
オト……………………………61
オノルド, A.…………………61
オバマ, B.……………………61
オバーリン, A.I.……………62
オブレノビチ, D.……………62
オー・ヘンリー………………62
オマル・ハイヤーム…………63
オーマンディ, E.……………63
オリゲネス……………………63
オールコック, R.……………64
オルテガ=イ=ガセット, J.…64
オルト, J.　⇒サルバトー
　ル・フォン・エスターライ
　ヒ=トスカーナ, J.を見よ
オールト, J.H.………………64
オルフ, C.……………………64
オルフ, M.　⇒ボルフ, M.を
　見よ
オロゴン, B.…………………64

【カ】

カー, E.H.……………………65
カー, G.H.……………………65
ガイウス・マリウス　⇒マリ
　ウスを見よ
ガイウス・ユリウス・サトゥ
　ルニヌス　⇒サトゥルニヌ
　スを見よ
ガイギャックス, G.…………65
ガイトナー, T.F.……………65
カイパー, G.P.………………65
カイヨワ, R.…………………65
カイル, C.……………………66
ガウク, J.……………………66

ガウス, C.F.	66	
ガウディ, A.	67	
カウフマン, J.	67	
カエサル, G.J.	67	
カーク, S.	68	
カーザー, M.	68	
カサット, M.S.	68	
ガザニガ, M.S.	69	
カサノバ, G.	69	
カザルス, P.	69	
カステリオーネ, G.	69	
カステリョ, S.	69	
カストロ, F.	69	
カストロ, R.	70	
ガストン・フェビュス	70	
カーソン, R.L.	71	
カーター, D.	71	
カーター, J.E.	72	
ガタリ, F.	72	
カーチス, H.D.	72	
ガッサンディ, P.	72	
ガッリエヌス ⇒ガリエヌスを見よ		
カトー(大)	73	
ガードナー, S.	73	
カトリーヌ・ド・メディシス	73	
カナリス, W.	73	
カニジオ, P.	74	
カニシカⅠ	74	
カーネギー, D.	74	
カバコス, L.	74	
カピュソン, R.	74	
カフカ, F.	74	
カプースチン, N.	75	
カプタイン, J.C.	75	
カペー, ユーグ ⇒ユーグ・カペーを見よ		
ガーベイ, M.	75	
ガマ, V.	75	
カミッルス ⇒カミルスを見よ		
カミュ, A.	76	
カミラ(コーンウォール公爵夫人)	76	
カミルス	76	
カムクワンバ, W.	77	
ガモフ, G.	77	
カモンイス, L.	77	
カーライル, T.	77	
カラエフ, B.	77	
ガラ・エリュアール	77	
カラゾルス, C. ⇒カロザース, C.を見よ		
カラバッジョ, M.M.	78	
カラヤン, H.	78	
ガーランド, A.	79	
ガリエヌス	79	
カリグラ	79	
カリヌス	79	
ガリバルディ, G.	79	
ガリレイ, G.	79	
カルウィック, H.	80	
ガルシア・ロブレス, A.	80	
カルシュ, F.	80	
カルス	80	
カルダー, R.I.	80	
カール大帝	81	
カルティエ=ブレッソン, H.	81	
ガルニエ, F.L.	81	
カルニエテ, S.	81	
ガルバ	82	
カルバリ, W.	82	
カルバン, J.	82	
ガルブレイス, J.K.	83	
カルロスⅣ	83	
カルロータ ⇒シャルロッテ・フォン・ベルギエンを見よ		
ガレ, É.	83	
ガレノス	83	
ガレル, P.	84	
カーロ, F.	84	
ガロア, E.	84	
カロザース, C.	85	
カロリーネ・マティルデ・ア・ストアブリタニエン	85	
カーン, M.	85	
ガンジー, マハトマ ⇒ガンディー, M.K.を見よ		
カンチュガ, A.	85	
ガンディー, I.P.	85	
ガンディー, M.K.	85	
カンティヨン, R.	87	
カンディンスキー, W.	87	
カント, I.	87	
カンドウ, S.	88	
カントール, G.	88	
カンパネッラ, T.	89	
カンバン, J.L.H.	89	

【キ】

キェルケゴール, S.A.	89	
ギエン, N.	90	
キケロ, M.T.	90	
キーシン, E.	90	
キッシンジャー, H.	91	
ギトリス, I.	91	
ギフォード, E.L.	91	
ギブズ, W.	91	
キム, V.M.	91	
キモン	92	
キャザーウッド, F.	92	
キャサリン(ケンブリッジ公夫人)	92	
キャノン, A.J.	92	
キャパ, R.	92	
キャプテン・クック ⇒クック, J.を見よ		
キャベンディッシュ, M.L.	93	
ギャロウェイ, J.	93	
キャロライン・マティルダ・オブ・ウェールズ ⇒カロリーネ・マティルデ・ア・ストアブリタニエンを見よ		
キュッヒル, R.	93	
キュナード, S.	94	
キュビエ, G.	94	
キューブラー=ロス, E.	94	
キュリー, M.	94	
キュリー, P.	95	
キュロスⅡ(大王)	95	
切り裂きジャック ⇒ジャック・ザ・リッパーを見よ		
キリスト	95	
ギルバート, P.	100	
キルヒホフ, G.R.	100	
キルミスター, L.	101	
キーン, D.	101	
キンキナトゥス	101	
キング, B.B.	101	
キング, E.J.	101	
キング, M.L.	102	
キング, S.	102	
キンレイ・ドルジ	102	

【ク】

グアルディオラ, J.	103	
グァルネリ・デル・ジェズ	103	
クイック, T.	103	
グイード・ダレッツォ	103	
クイーン, E.	103	
クィンティウス ⇒キンキナトゥスを見よ		
クィントゥス・セルトリウス ⇒セルトリウスを見よ		
クィントゥス・ファビウス・マクシムス ⇒ファビウスを見よ		
グギ・ワ・ジオンゴ	104	
クシアノビッチ, A.	104	

クストー, J. ……………… 104	グリメット, G. …………… 114	ゲクラン, ベルトラン・デュ ⇒デュ・ゲクラン, B.を見よ
クセノパネス …………… 104	クリュイタンス, A. ……… 115	
クーセビツキー, S. ……… 104	グリーン, G. ……………… 115	
クック, J. ………………… 105	クリングスベルク, G. …… 115	ケージ, J. ………………… 128
グーテンベルク, J. ……… 105	グリーンスパン, A. ……… 115	ゲゼル, S. ………………… 128
グナエウス・ポンペイウス ⇒ポンペイウスを見よ	クリントン, B. …………… 116	ゲーツ, R.M. ……………… 128
	クリントン, G. …………… 116	ゲッベルス, J. …………… 128
クナッパーツブッシュ, H. ……………………… 105	クリントン, H.R. ………… 116	ケツン・サンポ・リンポチェ …………………… 129
	グルズマン, V. …………… 118	
クーベリック, R.J. ……… 105	グールド, G. ……………… 118	ゲーテ, J.W. ……………… 129
クーベルタン, P. ………… 105	グルニエ, R. ……………… 119	ゲーデル, K. ……………… 130
クライバー, C. …………… 106	グルムバッハ, A. ………… 119	ゲート, A.L. ……………… 130
クライバー, E. …………… 106	クレー, P. ………………… 119	ゲート, M. ………………… 130
クライバーン, V. ………… 106	グレアム, B. ……………… 119	ケナン, G.F. ……………… 131
クライフ, J. ……………… 106	グレイ, E.(ラスキンとミレーの妻) ……………… 119	ケネー, F. ………………… 131
クライン, F.F. …………… 106		ケネディ, C. ……………… 131
クライン, M. ……………… 107	グレイ, E.(デザイナー・建築家) ………………… 119	ケネディ, J.F. …………… 131
クラウス, C. ……………… 107		ケネディ, N. ……………… 132
クラウス, K. ……………… 107	クレイン, S. ……………… 120	ゲバラ, E. ………………… 133
クラウゼビッツ, C. ……… 107	クレオパトラ ……………… 120	ケラー, H.A. ……………… 133
クラウディウス …………… 108	グレゴリオス(ニュッサの) …………………… 120	ゲーリー, F.O. …………… 134
クラーク, W.S. …………… 108		ケリー, G.(心理学者) …… 134
グラス, G. ………………… 109	グレゴリオス・パラマス … 121	ケリー, G.(モナコ公妃) … 134
グラス, P. ………………… 109	グレース妃 ⇒ケリー, グレースを見よ	ケリー, O. ………………… 135
グラッサー, W. …………… 109		ゲーリング, E. …………… 135
クラッスス ………………… 109	クレッパー, J. …………… 121	ゲーリング, H.W. ………… 135
グラッソネッリ, G. ……… 109	クレバン, F.J. …………… 121	ゲルギエフ, V.A. ………… 135
グラッドストン, W.E. …… 110	クレーム, B. ……………… 121	ゲルダ・タロー …………… 135
クラーナハ, L. …………… 110	クレレ, A.L. ……………… 121	ゲルツェン, A. …………… 136
グラバー, T.B. …………… 110	クレレ, A.L. ⇒クレルレ, A.L.を見よ	ゲルマニクス ……………… 136
グラハム, K. ……………… 110		ケンドリック, J. ………… 136
グラビンスキ, S. ………… 110	クレンペラー, O. ………… 121	
クラプトン, E. …………… 111	クロイツァー, L. ………… 122	【コ】
クラマー, D. ……………… 111	クロイトゲン, J. ………… 122	
グラムシ, A. ……………… 111	グロスフェルト, B. ……… 122	小泉八雲 ⇒ハーン, L.を見よ
グランホルム, J.M. ……… 111	グロタンディーク, A. …… 122	
クリアーヌ, I.P. ………… 112	クロップ, J. ……………… 123	コーエン, S. ……………… 136
グリゴーリエフ, M.P. …… 112	グロティウス, H. ………… 123	コーク, C. ………………… 136
クリーザー, F. …………… 112	クローデル, P. …………… 123	コーク, D.H. ……………… 137
クリシュナ ………………… 112	クロード・ド・フランス … 123	コーク, M. ………………… 137
クリシュナムルティ, J. … 112	クローナー, R. …………… 124	ゴシケービチ, Io. ………… 137
クリーズ, J. ……………… 112	グローブ, A.S. …………… 124	コゾフ, P. ………………… 137
クリスチャン, C. ………… 113	クロポトキン, P.A. ……… 124	コーツ, R. ………………… 137
クリスティー, A. ………… 113	クロムウェル, O. ………… 124	ゴッホ, V. ………………… 138
クリスティー, D. ………… 113	クォント, M. ……………… 125	コーティ, J. ……………… 140
クリスティーナ(スウェーデン女王) ……………… 113	グンデルト, W. …………… 125	コトラー, P. ……………… 140
		ゴードン, B.S. …………… 140
クリストフ, A. …………… 113	【ケ】	ゴードン, K. ……………… 140
グリーズマン, A. ………… 114		ゴードン, L. ……………… 140
クリック, F. ……………… 114	ゲアハルト, J. …………… 125	コナント, J.B. …………… 140
グリッサン, É. …………… 114	ケイシー, E. ……………… 125	コニッツ, L. ……………… 141
栗間ハーブ ………………… 114	ゲイツ, B. ………………… 126	ゴーハム, W.R. …………… 141
グリム, J. ………………… 114	ケインズ, J.M. …………… 126	コバーン, K. ……………… 141
グリム, W. ………………… 114	ゲオルギウス ……………… 127	コビー, J. ………………… 141

コフート, H. 141	ザビエル, F. 153	シーザー ⇒カエサル, G.J. を見よ
コベット, W.W. 142	サビオ, D. 154	
コペルニクス, N. 142	サビニャック, R. 154	ジーター, D. 166
コミー, J.B. 142	サビル, G. 154	シチェファーニク, M.R. 166
コメニウス, J.A. 142	サマーズ・ロビンズ, M. 154	シックス, N. 166
ゴヤ, F.J. 143	サムナー, B. 155	ジッド, A. 166
ゴーリキー, M. 143	サラディン 155	シトコベツキー, D. 166
コリャード, D. 143	サリバン, A. 155	シドッティ, G.B. 167
コリンズ, E. 144	サリバン, H.S. 155	ジハーディ・ジョン 167
コリンズ, W. 144	サーリング, R. 155	ジバンシィ, H. 167
コールデコット, R. 144	サリンジャー, J.D. 155	シベリウス, J. 167
コルテス, H. 144	ザルカウィ, A.M. 156	ジミ・ヘンドリックス ⇒ヘ ンドリックス, J.を見よ
ゴールド, T. 145	サルガド, S. 156	
ゴールドスミス, L. 145	サルトル, J.P. 156	シムズ, J.C. 167
コルネリア・アフリカナ ... 145	サルノ, J. 157	シメオネ, D. 168
コールハース, R. 145	サルバトール・フォン・エ スターライヒ＝トスカー ナ, J. 157	シモン, R. 168
ゴルバチョフ, M.S. 146		シャガール, M. 168
コルバーン, B.V. 146		ジャクソン, J. 168
コルバン, H. 146	サルマナザール, G. 157	ジャクソン, M. 168
コルベ, M. 146	ザロメ, L. 157	ジャクソン, P. 169
コールリッジ, S.T. 146	サン＝ジェルマン伯爵 158	ジャコメッティ, A. 169
コレット, J. 146	サン＝シモン, H. 158	ジャコメッリ, M. 169
コロサー, H. 147	サン＝ジュスト, L.A.L. 158	ジャック・ザ・リッパー ... 169
コロンタイ, A. 147	ザンストラ, H. 158	ジャット, T. 169
ゴーン, C. 147	サンダース, B. 158	シャネル, C. 169
コーン, J.H. 147	サンダース, W. 159	シャハト, H. 170
ゴン, M. 148	サンディン, E. 159	シャハム, G. 170
コンスタンチーノフ, V. 148	サン＝テグジュペリ, A. 159	ジャビンスキ, A. 171
コンスタンティヌスI 148	サンデージ, A.R. 159	ジャビンスキ, J. 171
コント, A. 148	サンド, G. 160	シャブダン・ジャンタイ ... 171
コンドルセ, N. 149	ザンドロック, O. 160	シャプレー, H. 171
コンパニョン, A. 149	ザンペリーニ, L. 160	ジャブロンカ, I. 171
コンラッド, N. 149	サン・ラ 161	ジャブロンカ, M. 171
		シャーマン, F.E. 171
【サ】	【シ】	シャラポワ, M. 172
サイチンガ 149	シェイクスピア, W. 161	ジャリ, A. 172
サイラー, A. 149	ジェイコブズ, H.A. 162	シャルルV 172
サカリャンスキー, I.A. 149	J・ディラ 162	シャルルVI 172
サキ 149	シェパード, E.H. 162	シャルルX 172
サスキンド, O. 150	ジェファーソン, T. 163	シャルロッテ・フォン・ベ ルギエン 173
サダキチ・ハルトマン ⇒ ハートマン, サダキチを 見よ	ジェームズ, C.L.R. 163	
	ジェームズI 163	シャーン, B. 173
	ジェラード, S. 164	シャンカラ 173
ザッカーバーグ, M. 150	シェリー, M.W. 164	ジャンスキー, K. 173
サックス, O. 150	シェリング, F. 164	ジャンセン, S. 173
ザッケローニ, A. 150	シェルスキー, H. 164	ジャンヌ・ダルク 174
サッチャー, M. 151	シェルヘン, H. 165	ジュジョール・イ・ジーベ ルト, J.M. 174
サティ, E.A.L. 152	ジェンキンス, F.F. 165	
ザ・デストロイヤー 152	ジェーンズ, L.L. 165	シュタイン, E. 174
サトウ, E.M. 152	ジェンナー, E. 165	シュッツ, A. 174
サトゥルニヌス 153	シーゲル, B. 165	シュッツ, H. 175
サートン, M. 153	シーコール, M. 165	シュテルテベーカー, K. 175
サバタ, V. 153		シュトラウス, R. 175
		シュドル, J.F. 175

シュトルーベ, F.G.W. …… 175	ジョバンニ・ピーコ・デッラ・ミランドラ ⇒ピコ・デラ・ミランドラを見よ	スタン・リー …………… 201
シュトルム, G. ……………… 176		スタンリー・スミス, V. …… 201
シュトルム, T. ……………… 176		スタンレー, P. ……………… 201
シュナイダー, R. …………… 176	ショピノ, R. ………………… 187	スチーブンソン, G. ………… 201
シュニッラー, A. …………… 176	ジョブズ, S. ………………… 187	ズットナー, B. ……………… 201
ジュネ, J. …………………… 176	ショーペンハウアー, A. …… 190	スッラ …………………………… 202
シュバイツァー, A. ………… 176	ジョミニ, A.H. …………… 190	スティーブンズ, J.L. ……… 202
シュバイツァー, L. ………… 177	ショルティ, G. …………… 190	スティムソン, H.L. ……… 202
シュバルツシルト, K. ……… 177	ジョレス, J.L. ……………… 191	スティリコ ………………………… 203
シュバルツシルト, M. ……… 177	ジョーンズ, D.W. ………… 191	スティル, A.T. …………… 203
シュバルディング, J.J. …… 177	ジョンズ, G. ……………… 191	ステッグマイヤー, R. ……… 203
シュピリ, J. ………………… 178	ジョンソン, B. …………… 191	ステラ ⇒ジョンソン, E.を見よ
シュプランガー, E. ………… 178	ジョンソン, D. …………… 191	
シュプリックマン, A.M. …… 178	ジョンソン, E. …………… 192	ステルン, D. ……………… 203
シュペーア, A. ……………… 178	ジョンソン, L.B.（米大統領） ………………………………… 192	ストウ, W.W. ……………… 203
シュペーナー, P.J. ………… 178		ストコフスキー, L. ………… 203
シューベルト, F.P. ………… 179	ジョンソン, L.B.（米大統領夫人） ……………………… 192	ストーム, M. ……………… 203
シューマン, C. ……………… 179		ストラディバリ, A. ………… 204
シューマン, R.A. …………… 179	ジョンソン, R. …………… 192	ストラビンスキー, I.F. …… 204
シュミット, B. ……………… 180	ジョンソン, S. …………… 192	ストリジャーク, L.A. …… 204
シュミット, C. ……………… 180	ジョンソン, W. …………… 193	ストルーベ, P.B. ………… 204
シュミット, F. ……………… 180	シラー, J.C.F. …………… 193	ストレームグレン, B.G.D. ……………………………… 204
シュミット, M. ……………… 180	シーラッハ, B. …………… 193	
シュモラー, G. ……………… 181	シリュルニク, B. ………… 194	ストーン, B. ……………… 205
シュライアマハー, F. ……… 181	シルビアン, D. …………… 194	ズナイダー, N. …………… 205
シュラーゲター, A.L. ……… 182	ジロー, ジャン ⇒メビウスを見よ	スノーデン, E. …………… 205
シュリ・K.バッタビ・ジョイス ………………………………… 182		スパラヤッ ⇒スーペャ・ラを見よ
	シンダーハンネス ………… 194	
ジュリーニ, C.M. …………… 182	シンドラー, A. …………… 194	スピノザ, B. ……………… 205
シュリーマン, H. …………… 182	シンドラー, O. …………… 194	スビル, B. ………………… 206
シュルマン, D. ……………… 182		スピルバーグ, S. ………… 206
ジュレク, S. ………………… 182	【ス】	スプリングスティーン, B. … 206
シュレーバー, D.P. ………… 183		スプリング=ライス, C. …… 206
シュレンマー, O. …………… 183	スアレス, L. ……………… 194	スベーデンボリ, E. ……… 207
シュワルツェネッガー, A. ………………………………… 183	スイ, アナ ⇒アナ・スイを見よ	スベトラーノフ, Y.F. …… 207
		スーペャ・ラ ……………… 207
シュワルト, S. ……………… 183	スウィフト, J. …………… 195	スペンサー, H. …………… 207
シュンペーター, J.A. ……… 183	スウィフト, T. …………… 195	スマイリー, E.F. ………… 207
シュンマクス ………………… 184	ズーカーマン, P. ………… 195	スミス, A. ………………… 207
ジョイス, J. ………………… 184	スカルノ …………………… 195	スミス・ラコフ, J. ……… 208
小アグリッピナ ⇒アグリッピナを見よ	スカルラッティ, D. ……… 195	スュラン, J.J. …………… 208
	スキピオ・アフリカヌス … 196	スライファー, V.M. ……… 208
ジョコビッチ, N. …………… 185	スキャパレッリ, E. ……… 196	スーリィ, J. ……………… 208
ショコラ ……………………… 185	スキラッチ, S. …………… 196	スルタノフ, A. …………… 209
ジョージⅥ …………………… 185	スクリャービン, A.N. …… 196	スレイター, T. …………… 209
ショスタコービチ, D.D. …… 185	スコット, B. ……………… 196	スレイマンⅠ ……………… 209
ジョスリン, E.P. …………… 186	スコット, R.F. …………… 197	スローニム, E. …………… 209
ジョゼフィーヌ・ド・ボアルネ ⇒ボアルネ, J.を見よ	スコトゥス, J.D. ………… 197	スワミ・ラーマ …………… 209
	スコリモフスキ, J. ……… 197	
ジョセフォビッツ, L. ……… 186	スタイルズ, H. …………… 197	【セ】
ジョーダン, M. ……………… 186	スタインベック, J. ……… 197	
ショパン, F. ………………… 187	スターリン, I.V. ………… 198	聖母マリア ⇒マリア（聖母）を見よ
	スタール, N. ……………… 200	
	スタール夫人 ……………… 200	セイラー, R.H. …………… 210
	スタンダール ……………… 201	セウエルス ………………… 210

セガレン, V. 210	大アントニオス ⇒アントニオスを見よ	チェ・ゲバラ ⇒ゲバラ, E. を見よ
セーガン, C. 210	大カトー ⇒カトー(大)を見よ	チェスタトン, G.K. 227
ゼークト, H. 211		チェーホフ, A. 227
セゲラ, J. 211	大キュロス ⇒キュロスII(大王)を見よ	チェリビダッケ, S. 228
セザンヌ, P. 211		チェン, N. 228
セッキ, P.A. 211	タイゲ, K. 218	チェンバレン, B.H. 228
ゼップ ⇒アラーベルガー, J.を見よ	タイソン, M. 218	チーテルマン, C. 229
	大ポンペイウス ⇒ポンペイウスを見よ	チホミーロフ, S. 229
セラ, J. 211		チマッティ, V. 229
セナ, A. 212	大マリウス ⇒マリウスを見よ	チャイコフスキー, P.I. 229
セネカ, L.A. 212		チャスラフスカ, V. 229
ゼノビア女王 212	ダーウィン, C.R. 218	チャーチル, W. 229
ゼノン 212	タキトゥス 219	チャップリン, C. 231
セプティミウス・セウェルス ⇒セウェルスを見よ	ダグデール, F. 219	チャペック, K. 232
	ダグラス, F. 219	チャールズ皇太子 232
セミョーノフ, G.M. 213	竹鶴リタ 219	チャン, M. 232
セラ, フニペロ ⇒セラ, J.を見よ	タゴール, R. 220	チャン, P. 232
	タサカ, J.Y. 221	チャン, S. 232
ゼーリガー, H.H.R. 213	ダダ, A. 221	チャンドラグプタII 233
セル, G. 213	タッパー, M.F. 221	チャンドラセカール, S. 233
セール, M. 213	ターナー, J.M.W. 222	チューリング, A.M. 233
ゼル, S. 213	ダネイ, フレデリック ⇒クイーン, E.を見よ	チョードリー, A.B. 234
セルギイ府主教 ⇒チホミーロフ, S.を見よ		
	ダバディ, F. 222	【ツ】
ゼルドビッチ, Y.B. 213	ダビエル, J. 222	
セルトリウス 214	ダブー, L.N. 222	ツィオルコフスキー, K. E. 234
セルバー, R. 214	タブマン, H. 222	ツインマーマン, F.P. 235
セルフ, D. 214	ターベル, I.M. 223	ツェッペリン, F. 235
セン, A. 214	タマル 223	ツェトキン, K. 235
セント・ジェイムズ, L. 214	タメット, D. 223	ツェートマイアー, T. 235
ゼンメルワイス, I.F. 214	ダライ・ラマXIII 223	ツェラン, P. 235
	ダライ・ラマXIV 223	ツェル, K. 236
【ソ】	タラーソフ, V. 224	ツォンカパ 236
	ダリ, S. 224	ツビッキー, F. 236
ソクラテス 215	ダーリ, V.I. 224	ツーベイ・レイク, F. 236
ソシュール, F. 216	ダリ, ガラ ⇒ガラ・エリュアールを見よ	ツルネン・マルテイ 236
ソトマイヨール, S. 216		
ソバハニ, M. 216	ダリオ, R. 224	【テ】
ソビアック, Z. 216	タルコフスキー, A.A. 225	
ソビエッチ, ザック ⇒ソビアック, Z.を見よ	タルターリャ 225	デイ, D. 237
	タレス 225	ディー, J. 237
ゾラ, E. 216	ダレス, A. 225	ディオクレティアヌス 237
ゾルゲ, R. 216	ダレス, J.F. 225	ディオニュシオス 237
ソルジェニーツィン, A.I. .. 217	タロン, B. 225	ディオール, C. 237
ソロー, H.D. 217	ダン, J. 226	ディキンスン, E. 238
ソロス, G. 217	タンギー, Y. 226	ディキンソン, J. 238
ソロス, T. 217	ダンテ・アリギエーリ 226	ディクソン, A. 238
ソンダース, C.M. 218	ダンヌンツィオ, G. 226	ディケンズ, C. 238
		ディシェイザー, J. 238
【タ】	【チ】	ディズニー, R.E. 239
		ディズレーリ, B. 239
ダイアー, W.W. 218	チェイノス, J. 227	ディーツ, R. 239
ダイアナ(プリンセス・オブ・ウェールズ) 218	チェウソフ, V.V. 227	ティツィアーノ 239

ディッキンソン, B. 240
ディック, P.K. 240
ディック, T. 240
テイトゥス 240
ディートリヒ, M. 240
ディドロ, D. 240
デイビス, M. 241
ティベリウス 241
ティーボー 242
ディミトロフ, G. 242
ティムール 242
ティヨン, G. 242
ディラン, B. 242
ディーリアス, F. 243
ティリッヒ, P. 243
ティール, P.A. 243
ディーン, C. 244
ディーン, R. 244
テオドシウスⅠ 244
デカルト, R. 244
テーゲ, J. 247
デ・サパタ, V.　⇒サパタ,
　V.を見よ
テストビド, G.L. 247
テスラ, N. 247
テッパー, D. 247
テツラフ, C. 248
デーニッツ, K. 248
デバイ, P. 248
デービス, M. 248
テプフェール, R. 248
デボス, R.M. 248
テミストクレス 249
テミルカーノフ, Y.K. 249
デモクリトス 249
デューイ, J. 249
デュ・カン, M. 249
デュ・ゲクラン, B. 250
デュシャン, M. 250
テューダー, T. 251
デュビュッフェ, J. 251
デュフィ, R. 251
デュボイス, W.E.B. 251
デュマ, A. 252
デュマ, T.A. 252
デュメイ, A. 252
デューラー, A. 252
デュラス, M. 252
テーラー, J.H. 252
デリダ, J. 253
テルトゥリアヌス（カルタ
　ゴの）............................. 253
デル・ボスケ, V. 253
テレサ（アビラの）........... 253

テレサ（コルカタの）....... 253
テレーズ（リジューの）... 254
テンジン・ギャツォ　⇒ダラ
　イ・ラマⅩⅣを見よ

【ト】

ドイル, A.C. 254
トインビー, A.J. 255
トウェイン, M. 255
ドゥエニャス, J.B. 255
ドゥクパ・クンレー 255
トゥーサン, J. 256
トゥーサン・ルベルチュー
　ル 256
ドゥーセ, D. 256
ドゥチュケ, R. 256
トゥッティ, C.F. 256
2パック 256
ドゥビル, ジェラール　⇒エ
　レディア, M.を見よ
トゥプテン・ギャツォ　⇒ダ
　ライ・ラマⅩⅢを見よ
ドゥペストル, R. 256
ドゥルーズ, G. 257
ドガ, E. 257
ドーキンス, R. 257
ド・ゴール, C. 257
ド・ジッター, W. 258
ドージャー, C.K. 258
ドージャー, M.B. 258
ドス, D. 258
トスカニーニ, A. 258
ドストエフスキー, F. 259
トッド, E. 259
ドッド, W.E. 259
ドーティ, C. 259
ドナティ, G.B. 259
ドナ・ロタ　⇒ロタ・デ・マ
　チェード・ソアレスを見よ
ドビュッシー, C. 259
ドブジャンスキー, G.D. 260
ドホナーニ, C. 260
トポランスキー, L. 260
ドボルザーク, A. 260
トマス, D. 260
トマス・アクィナス 260
ド・マン, P. 262
ドミティアヌス 262
ドーム, A.（ガラス工芸家
　ドーム兄弟の兄）........... 262
ドーム, A.（ガラス工芸家
　ドーム兄弟の弟）........... 262
トムリンソン, L. 262

ドメネク・イ・モンタネル,
　L. 262
ド・モーガン, W. 262
ドライサー, T. 262
ドライヤー, J.L.E.　⇒ドレ
　イヤー, J.L.E.を見よ
トラークル, G. 263
ドラッカー, P. 263
ドラモンド, B. 264
トラヤヌス 265
トランプ, D. 265
トランプ, I.（米大統領の元
　妻）................................. 267
トランプ, I.（米大統領の
　娘）................................. 267
トランプ, M. 267
トランプ, T. 267
トランプ, V. 268
トランプ, ララ　⇒ユナスカ,
　L.を見よ
トランブラー, R.J. 268
トランボ, D. 268
ドール, M. 268
トルカチェフ, A. 269
ドルジェタク 269
トルストイ, L. 269
ドルプミュラー, J.H. 270
トルボット, W.H.F. 270
トルーマン, H.S. 270
ドレイパー, H. 270
ドレイヤー, J.L.E. 271
トレルチ, E. 271
トンボー, C. 271
ドン・ボスコ　⇒ボスコ, G.
　M.を見よ

【ナ】

ナイアド, D. 272
ナイチンゲール, F. 272
ナイト, C.T. 272
ナイト, P. 273
ナーガセーナ長老 273
ナーガールジュナ 273
ナセル, G.A. 273
ナダール, F. 273
ナバロ, R. 274
ナビラ・レフマン　⇒レフマ
　ン, N.を見よ
ナフィーシー, A. 274
ナボコフ, V.V. 274
ナポレオンⅠ 274
ナポレオンⅢ 275

【ニ】

- ニキアス ... 276
- ニクソン, R. ... 276
- ニコラウス・クザーヌス, C. ... 276
- ニコラエフスキー, B.I. ... 277
- ニコルズ, A.B. ... 277
- ニコルソン, J. ... 277
- ニコルソン, N. ... 277
- ニコロ・フォンタナ・タルタリア ⇒タルターリャを見よ
- ニーチェ, F.W. ... 277
- ニーバー, H.R. ... 278
- ニーバー, R. ... 278
- ニュートン, I. ... 279
- ニューマン, J.H. ... 280
- ニール, J. ... 280
- ニールセン, C. ... 280
- ニルソン, H. ... 280
- ニン, A. ... 280

【ヌ】

- ヌメリアヌス ... 281

【ネ】

- ネイスン, J. ... 281
- ネイマール ... 281
- ネクラーソフ, N.A. ... 281
- ネブカドネザルⅡ ... 282
- ネラン, G. ... 282
- ネルー, J. ... 282
- ネルヴァ ... 282
- ネロ ... 282

【ノ】

- ノア, T. ... 283
- ノイアー, M. ... 283
- ノグチ, I. ... 283
- ノース, M. ... 283
- ノックス, J. ... 283
- ノボトニー, W. ... 283
- ノーマン, D. ... 284
- ノーマン, E.H. ... 284
- ノーマン, G. ... 284
- ノーマン, W.H.H. ... 284

【ハ】

- ハイエク, F. ... 284
- バイエル, F. ... 285
- ハイゼンベルク, W.K. ... 285
- ハイダル, M. ... 286
- ハイティンク, B.J.H. ... 286
- ハイデガー, F. ... 286
- ハイデガー, M. ... 286
- ハイドリヒ, R. ... 288
- ハイドン, F.J. ... 288
- ハイネ, H. ... 288
- ハイネ, W. ... 289
- バイバルス ... 289
- バイマー・ヤンジン ... 289
- ハイム, S. ... 289
- バイヤース, A. ... 289
- ハウ, A.L. ... 290
- バウアー, F. ... 290
- ハウザー, K. ... 290
- バウシュ, P. ... 290
- バウリ, W. ... 290
- パウルス(テーバイの) ... 291
- パウルス・マケドニクス, L.A. ... 291
- パウロ ... 291
- バウンド, E.L. ... 292
- ハオプト, C. ... 292
- バーガー, P.L. ... 292
- パガニーニ, N. ... 292
- パーキンズ, F. ... 292
- パーキンズ, M.E. ... 293
- ハギンズ, W. ... 293
- パーク, R. ... 293
- バークス, H.S. ... 293
- ハクスリー, T.H. ... 293
- バークリー, G. ... 294
- バークレー, R.F. ... 294
- ハケット, J. ... 294
- ハーゲン, K. ... 294
- バーゲンコップ, H. ... 294
- ベーコン, Y. ... 295
- バザーリ, G. ... 295
- バザーリア, F. ... 295
- バージェ・モレリオ, P.A. ... 295
- ハーシェル, F.W. ... 295
- ハーシェル, J.F.W. ... 295
- パシャンド, D. ... 296
- パース, C.S. ... 296
- バス, K. ... 296
- バス, O. ... 296
- ハーズ, R.H. ... 296
- バースカラⅡ ... 296
- パスカル, B. ... 297
- パステルナーク, B.L. ... 297
- バストリアス, J. ... 297
- ハセイン, R. ... 297
- パーソンズ, L.A. ... 298
- パーソンズ, W. ... 298
- バタイユ, G. ... 298
- パターソン, G.N. ... 298
- ハチャトゥリアン, S. ... 298
- ハック, F.W. ... 299
- パッサバンティ, J. ... 299
- パッソンピエール, A. ... 299
- パッタビ・ジョイス ⇒シュリ・K.パッタビ・ジョイスを見よ
- ハッチンズ, R.M. ... 299
- ハッチンソン, A. ... 299
- ハッチンソン, T. ... 300
- ハットン, B. ... 300
- バッハ, C.P.E. ... 300
- バッハ, J.C. ... 300
- バッハ, J.C.F. ... 300
- バッハ, J.S. ... 301
- バッハ, W.F. ... 301
- バッハマン, I. ... 301
- ハッブル, E.P. ... 301
- バッラ, L. ... 302
- ハーデ, W.H.W. ... 302
- ハーディ, A. ... 302
- ハーディ, G.H. ... 303
- ハーディー, J.R. ... 303
- ハーディ, T. ... 303
- バティニール, J. ... 303
- バテ・シェバ ⇒バト・シェバを見よ
- パデレフスキ, I.J. ... 304
- ハート, C. ... 304
- バード, I.L. ... 304
- バト・シェバ ... 305
- ハートマン, C.S. ... 305
- ハドリアヌス ... 305
- バトン, D. ... 305
- バートン, G. ... 306
- バーナード, E.E. ... 306
- バナミリー, E. ... 306
- バーナンキ, B. ... 306
- バヌヌ, M. ... 306
- バネッサ ⇒バナミリー, E.を見よ
- バノン, S.K. ... 306
- ハーバー, F. ... 307
- ハーバーマス, J. ... 307
- ハビビ, B.J. ... 307
- ハビビ, H.A. ... 307
- ハーフェズ ... 307
- バフェット, W. ... 307
- ハーブ栗間 ⇒栗間ハーブを見よ

ハーブト, C. ⇒ハオプト, C.を見よ	バンクハースト, S. ……… 321	ヒムラー, G. ……………… 337
ハブリーチェク・ボロフスキー, K. …… 309	ハンケ, J. ……………… 321	ヒムラー, H. ……………… 337
パブリチェンコ, L.M. …… 309	パンケイエフ, S. ………… 322	ヒメナ ⇒ムーニョス, J.を見よ
パーブル ………………… 309	ハンコック, H. …………… 322	ビュイヤール, É. ………… 338
パーマー, A. …………… 310	ハンサード, A.W. ……… 322	ピュタゴラス ⇒ピタゴラスを見よ
ハミルトン, A. ………… 310	バーン＝ジョーンズ, E.C. … 322	
ハミルトン, E …………… 310	バンス, J.D. …………… 322	ヒュック, A. …………… 338
ハメネイ, A. …………… 310	バーンズ, R. …………… 323	ビュフォード, B. ………… 338
林アメリー ……………… 310	バーンスタイン, L. ……… 323	ヒューム, D. …………… 338
バラ, J.H. ……………… 310	ハンセン, S. …………… 323	ビューラー, O. ………… 339
バラ, L. ………………… 311	ハンター, J. …………… 324	ピラティス, J.H. ………… 339
パラマス, グレゴリオス ⇒グレゴリオス・パラマスを見よ	ハン・トゥア …………… 324	ピラーニ, C. …………… 339
	ハンニバル ……………… 324	ヒラリオン ……………… 339
パリ, F. ………………… 311	パンバード, J. ………… 324	ビリヨン, A. …………… 340
ハリス, N. ……………… 311	【ヒ】	ビール, F. ……………… 340
ハリス, R. ……………… 311		ヒルズ, C.A. …………… 340
ハリス, T. ……………… 311	ビアゼムスキー, A. ……… 325	ヒルデスハイマー, W. …… 340
ハリスン, G. …………… 311	ビーアド, C.A. ………… 325	ヒルベルト, D. ………… 341
ハリソン, R. …………… 312	ビアフ, E. ……………… 325	ビルヘルムⅡ …………… 341
バリニャーノ, A. ………… 312	ビアンキ, A. …………… 325	ビルモラン, L. ………… 341
ハリルホジッチ, V. ……… 313	ビーイナ, G. …………… 325	ヒレスム, E. …………… 341
バリーン, A. …………… 313	ヒエロニムス …………… 326	ピレツキ, W. …………… 341
バーリン, I. …………… 313	ピオッツィ, H.L. ……… 326	ピロスマニ, N. ………… 341
ハル, C. ……………… 313	ピオット, P. …………… 326	ヒンク, W. ……………… 342
バール, E. ……………… 314	ビオン, W. …………… 326	【フ】
ハール, L.V. …………… 314	ピカソ, P. ……………… 326	
バルー, P. ……………… 314	ピーク, B. ……………… 327	ファインマン, R.P. ……… 342
パール, R. ……………… 314	ビクトリア（イギリス女王） ……………… 328	ファウスト, I. …………… 342
バルガス・リョサ, M. …… 314		ファウストゥス, J.G. …… 342
バルゴア, J.B. ………… 315	ビーコ, G.B. …………… 328	ファジーカス, N. ……… 343
バルザック, H. ………… 315	ビゴツキー, L.S. ……… 329	ファストルフ, J. ……… 343
バルスマン, R. ………… 315	ピコ・デラ・ミランドラ …… 329	ファスビンダー, R.W. …… 343
バルテュス ……………… 315	ピサロ, C. ……………… 330	ファビウス ……………… 343
バルト, K. ……………… 315	ピサロ, F. ……………… 330	ファーブル, J.H. ……… 344
バルト, R. ……………… 317	ビシエール, R. ………… 330	ファラデー, M. ………… 344
バルトーク, B. ………… 317	ビショップ, E. ………… 330	ファルドゥーリス＝ラグランジュ, M. …………… 345
バルトルタ, M. ………… 318	ヒス, R. ……………… 330	
バルトン, W.K. ………… 318	ビスコンティ, T. ……… 331	ファン・エイク, J. ……… 345
ハルナック, A. ………… 318	ピストリウス, M. ……… 331	ファンク, D., Jr. ……… 345
バルビエリ, R. ………… 318	ビスマルク, O. ………… 331	ファンク, T. …………… 345
パルメニデス …………… 318	ビゼー, G. …………… 331	ファン・ドールン, C.J. …… 345
パレー, P. ……………… 319	ピタゴラス ……………… 331	ファン・メーヘレン, H. …… 346
パーレイ公妃 …………… 319	ビーチ, A.E. …………… 332	フィウェル, E.A. ……… 346
ハレビ, E. ……………… 319	ビーチャム, T. ………… 332	フィスク, B. …………… 346
バレーラ, D. …………… 319	ヒッカム, H. …………… 332	フィックス, B. …………… 346
バレリー, P. …………… 319	ピッカリング, E.C. …… 333	フィッシャー, B. ………… 346
バレンボイム, D. ……… 319	ビッケル, L.W. ………… 333	フィッシャー, C.J. ……… 347
ハーロウ, H.F. ………… 320	ヒッチコック, A.J. …… 333	フィッシャー, J. ………… 347
ハーン, H. …………… 320	ヒトラー, A. …………… 334	フィッシャー, P. ………… 347
ハーン, L. …………… 320	ビバー, J.C. …………… 337	フィッツジェラルド, F.C. … 347
バンギーサ ……………… 321	B.B.キング ⇒キング, B.B.を見よ	フィネガン, W. ………… 347
	ビベーカーナンダ, S. …… 337	フィヒテ, J.G. ………… 348

フィランジェーリ, G. …… 348	フニペロ・セラ ⇒セッラ, J.を見よ	フランシスコ(教皇)……… 371
フィーリー, G.M. ………… 348		フランシスコ・ザビエル ⇒ザビエル, F.を見よ
フィリップ(エディンバラ公) ……………………… 348	フーバー, H. ………………… 360	
	フーバー, K. ………………… 361	フランショ, M. ……………… 371
フィリップⅡ ………………… 348	ブーバー, M. ………………… 361	フランソワⅠ ………………… 371
フィールディング, H. …… 348	ブハーリン, N. …………… 361	フランソワーズ・アテナイス ⇒モンテスパン侯爵夫人を見よ
フィルビー, K. …………… 349	ブヒクロサン, T. …………… 361	
フェイゲン, D. …………… 349	ブフォード, ボブ ⇒ビュフォード, B.を見よ	
フェデラー, R. …………… 349		ブランダイス, L.D. ………… 372
フェデリーコⅡ …………… 349	フーヘル, P. ………………… 361	ブラント, A. ………………… 372
フェデリーコ・ダ・モンテフェルトロ …………… 349	プミポン ⇒ラーマⅨを見よ	ブラント, R. ………………… 372
	フラー, J.F.C. ……………… 362	ブラント, W. ………………… 372
フェノロサ, E.F. …………… 350	フラー, L. …………………… 362	ブリーシビン, M.M. ……… 372
フェヘナー, G.T. …………… 350	フラー, S. …………………… 362	フリーダン, B. ……………… 372
フェラーリ, L. ……………… 350	ブライアリー, S. …………… 362	フリッチャイ, F. …………… 373
フェリペⅢ ………………… 350	ブライアント, K. ………… 363	ブリテン, C. ………………… 373
フェルシェリノ, C.V. …… 350	プライス, R.H. …………… 363	フリードマン, A.A. ……… 373
フェルセン, H.A. ………… 350	フライスラー, R. ………… 363	フリードリヒⅡ(神聖ローマ皇帝) ⇒フェデリーコⅡを見よ
フェルナンデス, J. ……… 350	ブラウィウス・クラウディウス・ユリアヌス ⇒ユリアヌスを見よ	
フェルナンデス, T. ……… 351		フリードリヒⅡ(プロセイン王) ……………………… 373
フェルメール, J. ………… 351	ブラウダー, B. …………… 363	
フェレンツィ, S. …………… 352	ブラウン, A. ……………… 363	ブリューゲル, P. …………… 374
フェントン, M.A. ………… 352	ブラウン, E. ……………… 363	ブリン, S.M. ……………… 374
フォイエルバッハ, L.A. …… 352	ブラウン, J. (奴隷制度廃止運動家) ……………… 364	プリンス ……………………… 374
フォーゲル, H.C. ………… 352		プリンス, E.D. ……………… 375
フォーサイス, P.T. ……… 353	ブラウン, J. (実業家) …… 364	ブル, E.W. ………………… 375
フォシャール, P. ………… 353	ブラウン, L.R. …………… 364	ブルクハルト, J. …………… 375
フォード, G.R. …………… 353	ブラウン, R. ……………… 364	ブルシェンコ, E.V. ……… 375
フォード, H. ……………… 353	ブラウン, S.R. …………… 364	ブルースト, M. …………… 376
フォルスター, E. ………… 354	フラウンホーファー, J. …… 365	ブルース・リー ⇒リー, B.を見よ
フォルナ, A. ……………… 354	ブラック, G. ……………… 365	
フォルラン, D. …………… 354	ブラック, J.R. …………… 365	ブルックナー, A. ………… 376
フォンタナ, L. …………… 354	ブラック・ホーク ………… 366	ブルデュー, P. ……………… 376
フォン・ノイマン, J. …… 354	ブラッドベリ, R. ………… 366	ブルトゥス …………………… 376
ブカナン, M.E.W. ………… 355	プラトン ……………………… 366	フルトベングラー, W. …… 377
ブーゲンハーゲン, J. …… 355	ブラフマーナンダ ………… 367	ブルトマン, R. ……………… 378
フーコー, L. ……………… 355	ブラベック・レッツマット, P. ………………………… 367	ブルトン, A. ………………… 378
フーコー, M. ……………… 356		ブルーナ, D. ………………… 378
ブーシェ, F. ……………… 356	ブラマンテ, D. …………… 367	ブルーナー, J.S. …………… 379
プーシキン, A.S. ………… 356	ブラームス, J. …………… 367	ブルネル, I. ………………… 379
プジョル, J. ……………… 356	フランク, A. ……………… 368	ブルーノ(ケルンの) …… 379
プスタイ,É. ………………… 356	フランク, K. ……………… 368	ブルビッツ, グドルーン ⇒ヒムラー, G.を見よ
プゼル, A.S. ……………… 356	プランク, M. ……………… 368	
プチジャン, B. …………… 357	フランク, N. ……………… 368	フルベッキ, G. …………… 380
プチャーチン, E.V. ……… 357	フランクーシ, C. ………… 368	ブルーベリ, M.A. ………… 380
プーチン, V.V. …………… 357	フランクリン, A. ………… 369	ブルーム, M. ……………… 380
フック, R. ………………… 358	フランクリン, B. ………… 369	ブルンストローム, S. …… 380
フッサール, E. …………… 358	フランクル, V.E. ………… 369	ブルンヒルド ……………… 380
ブッシェル, R. …………… 358	フランケチエンヌ ………… 370	ブレイク, W. ……………… 380
ブッシュ, F. ……………… 358	フランコ, F. ……………… 370	フレイザー, A. ……………… 381
ブッシュ, G.H.W. ………… 359	ブーランジェ, N. ………… 370	ブレゲ, A.L. ………………… 381
ブッシュ, G.W. …………… 359	フランシスコ(アッシジの) ………………………… 370	ブーレーズ, P. ……………… 381
ブッシュ, L.W. …………… 359		プレストン, K. ……………… 381
プッチーニ, G. …………… 360		

ブレスラー, M. ……………… 381	ベース, カイル　⇒バス, K.を見よ	ベルク, A. ………………… 409
ブレスリー, E. ……………… 382		ベルグワール, S.　⇒クイック, T.を見よ
ブレゾントン, A.J. ………… 382	ベスターマン, H. …………… 395	
ブレトリウス, J.C. ………… 382	ベスタロッチ, J.H. ………… 395	ヘルダーリン, F. …………… 409
フレネル, A.J. ……………… 382	ベズッコ, F. ………………… 396	ヘルツ, H. ………………… 409
ブレハーノフ, G.V. ………… 382	ベスプッチ, A. ……………… 396	ヘルツ, ロバート　⇒ハーズ, R.H.を見よ
ブレヒト, B. ………………… 382	ベセルス, J. ………………… 396	
フレーベル, F.W.A. ………… 383	ベゾス, J. …………………… 396	ヘルツシュプルング, E. …… 409
フレミング, W.P. …………… 383	ペーター, S. ………………… 397	ヘルツ＝ゾマー, A. ………… 409
ブレーン, G. ………………… 383	ペータース, K. ……………… 397	ベルディ, G. ………………… 410
フレンケル, E. ……………… 384	ベッカム, D. ………………… 397	ベルナール（クレルボーの）…………………………… 410
ブレンバヤル・ビレクト … 384	ベック, J. …………………… 398	
ブレンワルド, K. …………… 384	ヘック, L. …………………… 398	ベルニーニ, G.L. …………… 410
フロイス, L. ………………… 384	ベックマン, M. ……………… 398	ベルヌ, J.G. ………………… 410
フロイト, A. ………………… 384	ヘッケル, E. ………………… 398	ベルハウゼン, J. …………… 411
フロイド, L. ………………… 384	ヘッセ, H. …………………… 399	ペルペトゥア ……………… 411
フロイト, S. ………………… 385	ベッセル, F.W. ……………… 399	ベルルスコーニ, S. ………… 411
プロクス, H. ………………… 386	ベッタッツォーニ, R. ……… 399	ベルレーヌ, P.M. …………… 411
プロクルス ………………… 386	ベッリーニ, G. ……………… 399	ベルンハルト, T. …………… 411
プロコフィエフ, S.S. ……… 387	ベッリーニ, V. ……………… 399	ベレック, G. ………………… 411
フロスト, E. ………………… 387	ベーテ, H.A. ………………… 400	ヘレラー, W. ………………… 412
フロスト, R. ………………… 387	ベティ, W. …………………… 400	ペーレルス, F.J. …………… 412
ブロック, M.L.B. …………… 387	ペティット, A. ……………… 400	ベレルマン, G.Y. …………… 412
ブロディ, B. ………………… 387	ヘディン, S.A. ……………… 400	ベーレンス, P. ……………… 412
プロブス …………………… 388	ペテロ　⇒ペトロを見よ	ペロー, C. …………………… 413
フローベール, G. …………… 388	ペトガー, F. ………………… 401	ペロシ, N. …………………… 413
フロム, E. …………………… 388	ベートーベン, L. …………… 401	ベロネーゼ ………………… 413
ブロムシュテット, H. ……… 388	ペトラルカ, F. ……………… 402	ベーン, A. …………………… 413
ブロンテ, A. ………………… 388	ペトロ ……………………… 402	ベンゲル, A. ………………… 413
ブロンテ, C. ………………… 389	ペトロジーノ, G. …………… 402	ベンゲーロフ, M. …………… 414
ブロンテ, E. ………………… 389	ベニャフスキ, H. …………… 402	ベンサム, J. ………………… 414
ブロンロ, R. ………………… 390	ベネディクトゥスXVI ……… 403	ヘンダーソン, T.J. ………… 414
フンボルト, A. ……………… 390	ベーバー, M. ………………… 403	ベンデリウス, レナ・マリア　⇒レーナ・マリアを見よ
フンボルト, W. ……………… 391	ベパン, E. …………………… 403	
	ヘプバーン, A. ……………… 403	ヘンデル, G.F. ……………… 414
【ヘ】	ヘブレン, T. ………………… 404	ヘンドリックス, J. ………… 414
	ヘボン, J.C. ………………… 404	ベンヤミン, W. ……………… 415
ベアリング＝グールド, E. ‥ 391	ヘミングウェイ, E. ………… 404	ヘンリーⅦ …………………… 415
ベイカー, E. ………………… 391	ベーム, K. …………………… 405	ヘンリィ, A. ………………… 415
ヘイグ, M. …………………… 391	ベーメ, J. …………………… 406	
ペイジ, L. …………………… 391	ヘラクレイトス …………… 406	【ホ】
ペイジ, S. …………………… 391	ベラスケス, D. ……………… 406	
ベイヤー, ディック　⇒ザ・デストロイヤーを見よ	ベラスコ, A. ………………… 406	ボー, E. ……………………… 415
	ベラルミーノ, R. …………… 407	ポー, E.A. …………………… 416
ベイユ, S. …………………… 392	ベリー, J. …………………… 407	ボアソナード, G. …………… 416
ペイリン, S. ………………… 392	ベリー, M. …………………… 407	ボアルネ, J. ………………… 416
ベイン, L. …………………… 392	ヘリゲル, E. ………………… 407	ポアンカレ, H. ……………… 417
ベケット, S. ………………… 392	ヘリング, K. ………………… 407	ホイッスラー, J.M. ………… 417
ヘーゲル, G.W.F. …………… 392	ヘール, G. …………………… 407	ボイド＝オール, J. ………… 417
ベーコン, D. ………………… 393	ベル, J. ……………………… 408	ボイドン, F.L. ……………… 417
ベーコン, F. ………………… 394	ベール, P. …………………… 408	ホイベルス, H. ……………… 417
ベシャラーノ, E. …………… 394	ベルイマン, I. ……………… 408	ホイーラー, J.A. …………… 418
ヘス, R. ……………………… 395	ベルキン, B. ………………… 408	ホイル, F. …………………… 418
ヘス, W.R. …………………… 395		ボウイ, D. …………………… 418

ホウカム　　　　　　　　　　　　　目　次

ボウカム, R. …………… 419	ボルノー, O.F. ………… 429	マーシュ, B. …………… 439
ボーエン, I.S. ………… 419	ボルフ, C. ……………… 429	マスク, E. ……………… 439
ボーエン, J. …………… 420	ボルフ, H.J. …………… 429	マスコ, J.T. …………… 440
ホガーティ, R. ………… 420	ボルフ, M. ……………… 430	マズロー, A.H. ………… 441
ポカホンタス …………… 420	ホールブライシュ, B. … 430	マゼール, L. …………… 441
ホーキング, J. ………… 420	ポル・ポト ……………… 430	マゾー・イ・バレンティー,
ホーキング, S. ………… 420	ボルマン, M.A., Jr. …… 430	R. …………………… 441
ボーゲル, E. …………… 420	ボルマン, M.L. ………… 430	マータイ, W. …………… 441
ポサダ, J. ……………… 421	ホーレー, F. …………… 431	マタ・ハリ ……………… 441
ボス, H. ………………… 421	ポレート, M. …………… 431	マタール, H. …………… 442
ボス, S.C. ……………… 421	ポーロ, M. ……………… 431	マッカーサー, D. ……… 442
ボスコ, G.M. …………… 421	ホロウィッツ, B. ……… 431	マッカーデル, C. ……… 442
ホーソーン, N. ………… 421	ホロビッツ, V. ………… 432	マッカートニー, P. …… 443
ポター, B. ……………… 422	ホワイトリー, P. ……… 432	マックス, P. …………… 444
ボッシュ, C. …………… 422	ポワレ, P. ……………… 432	マッケイガン, D. ……… 444
ボッティチェリ, S. …… 423	ボンディ, H. …………… 432	マッケンロー, J. ……… 444
ボットゥーラ, M. ……… 423	ボンド, M. ……………… 432	松野クララ　⇒チーテルマ
ホッファー, E. ………… 423	ポンペイウス …………… 432	ン, C.を見よ
ホッブズ, T. …………… 423	ボンヘッファー, D. …… 433	マッハ, E. ……………… 444
ホッペ, W. ……………… 423		マティス, H. …………… 445
ボーデイン, A. ………… 424	【マ】	マディソン, J. ………… 445
ホート, H. ……………… 424		マーティン, G. ………… 446
ボトベ, A.P. …………… 424	マー, J.(ギタリスト) … 433	マードック, K.R. ……… 446
ポトレソフ, A.N. ……… 424	マー, J.(実業家) ……… 433	マトベーエフ, N. ……… 446
ボードレール, C.P. …… 424	マイク, F. ……………… 434	マネ, E. ………………… 446
ボナパルト, M. ………… 424	マイコラス, L. ………… 434	マハーバジャーパティー … 447
ボナパルト, ナポレオン　⇒	マイネッケ, F. ………… 434	マフノ, N.I. …………… 447
ナポレオンIを見よ	マイヤー, H. …………… 434	マホメット　⇒ムハンマドを
ボナール, P. …………… 425	マイヤー, J.R. ………… 435	見よ
ボヌフォワ, Y. ………… 425	マイヤース, A.A. ……… 435	ママイ, J. ……………… 447
ボノッス ………………… 425	マウンダー, E.W. ……… 435	マヤコフスキー, V.V. … 447
ポパー, K.R. …………… 425	マエムラ, F. …………… 435	マーラー, G. …………… 447
ババディーリャ, N.A. … 426	マカリオス(エジプトの) … 435	マライーニ, D. ………… 447
ボ・バルディ, L. ……… 426	マーガレット・ローズ(ス	マラドーナ, D. ………… 448
ホプキンズ, H.L. ……… 426	ノードン伯爵夫人) … 435	マラマッド, B. ………… 448
ホーフマンスタール, H. … 426	マキャベッリ, N. ……… 436	マララ・ユスフザイ　⇒ユス
ポポフ, K. ……………… 426	マーキュリー, F. ……… 436	フザイ, M.を見よ
ボーボワール, S. ……… 426	マクスウェル, J.C. …… 436	マラルメ, S. …………… 448
ポムゼル, B. …………… 427	マクドナルド, H. ……… 437	マーリー, B. …………… 448
ホメイニー, A.R. ……… 427	マクマレー, J. ………… 437	マリア(聖母) …………… 448
ポラニー, K. …………… 427	マグリット, R. ………… 437	マリア・テレジア ……… 449
ボラ・ブランカ ………… 427	マクリントック, B. …… 438	マリア・フォードロブナ … 449
ホーラン, N. …………… 427	マグロワール=サン=トー	マリー・アントワネット … 449
ボーリズ, W.M. ………… 427	ド, C. ……………… 438	マリ・ウージェニー, M. … 451
ホール, B. ……………… 428	マクロン, E. …………… 438	マリウス ………………… 451
ホール, R.K. …………… 428	マコウ, R. ……………… 438	マリク, Z. ……………… 452
ホール, S. ……………… 428	マゴーネ, M. …………… 438	マリー=テレーズ・ドート
ボルグ, B. ……………… 428	マザー・テレサ　⇒テレサ	リッシュ …………… 452
ホルクハイマー, M. …… 428	(コルカタの)を見よ	マリー・ド・メディシス … 452
ポール=ジョーンズ, J. … 428	マザー・マチルド　⇒ラク	マリー・レクザンスカ … 452
ポールソン, J.A. ……… 429	ロ, M.を見よ	マルキオン ……………… 453
ボルティーリョ, A. …… 429	マーシャル, A.W. ……… 439	マルクス(修道士) ……… 453
ボルテール, F.M.A. …… 429	マーシャル, G. ………… 439	マルクス, K. …………… 453
ボルト, U. ……………… 429	マーシャル, W. ………… 439	マルクス・アウレリウス・
		アントニヌス ……… 455

マルクス・クラウディウス・タキトゥス ⇒タキトゥスを見よ	ミルン, A.A. ……… 465	メンゲレ, J. ……… 474
	ミルン, C.R. ……… 465	メンゲレ, R. ……… 474
マルクス・リキニウス・クラッスス ⇒クラッススを見よ	ミレー, J.F. ……… 465	メンデス, J. ……… 475
	ミレー, エフィー ⇒グレイ, エフィーを見よ	メンデルスゾーン, F. ……… 475
マルグリット・ド・バロワ… 455		メンデルスゾーン, M. ……… 475
マルケビチ, I. ……… 456	ミロ, J. ……… 465	メンデルスゾーン＝ヘンゼル, F. ……… 475
マルコムX ……… 456	ミンツ, S. ……… 465	
マルサス, T.R. ……… 456	【ム】	【モ】
マルサリス, W. ……… 456		
マルジェラ, M. ……… 456	ムジブル・ロホマン ……… 466	モア, T. ……… 475
マルティネス, P. ……… 457	ムージル, R. ……… 466	モウリーニョ, J. ……… 476
マレーン, C. ……… 457	ムター, A.S. ……… 466	モーガン, W.W. ……… 476
マロリー, G.L. ……… 457	ムッソリーニ, B. ……… 466	モーザー, M. ……… 476
マン, T. ……… 457	ムーティ, R. ……… 467	モース, E.S. ……… 476
マンシュタイン, E. ……… 457	ムーディ, S. ……… 467	モーセ ……… 476
マンスフィールド, K. ……… 458	ムニクー, P. ……… 467	モーゼス, R. ……… 477
マンスール, A.J. ……… 458	ムーニョス, J. ……… 467	モーツァルト, C. ……… 477
マンソン, C. ……… 458	ムハンマド ……… 467	モーツァルト, W.A. ……… 477
マンデラ, N. ……… 459	ムハンマド・アブドゥフ … 468	モディ, N. ……… 479
マンビー, A. ……… 459	ムヒカ, J. ……… 468	モディアノ, P. ……… 479
マン・レイ ……… 459	ムーヒナ, E. ……… 468	モーティマー, C. ……… 479
	ムラビンスキー, E.A. ……… 468	モーティマー, R. ……… 480
【ミ】	ムローバ, V. ……… 469	モードリッチ, L. ……… 480
	ムンク, E. ……… 469	モネ, C. ……… 480
ミケランジェロ・ブオナローティ ……… 460	ムンクニル・イ・パレリャーダ, L. ……… 469	モーパッサン, G. ……… 480
		モラエス, W. ……… 481
ミシュレ, J. ……… 461	【メ】	モーリ, A.C.P. ……… 481
ミショー, L.H. ……… 461		モリス, W. ……… 481
ミック・マーズ ……… 461	メアリ・ステュアート ……… 469	モリスン, T. ……… 482
ミッテラン, F. ……… 461	メイエルホリド, V.E. ……… 470	モリゾ, B. ……… 482
ミドルトン, ケイト ⇒キャサリン（ケンブリッジ公夫人）を見よ	メイプルズ, M. ……… 470	モリソン, G.E. ……… 482
	メイヤー, M.A. ……… 470	モルターラ, E. ……… 482
	メサウーディ, K. ……… 470	モレゾン, H.G. ……… 483
ミトロプーロス, D. ……… 461	メーチニコフ, L.I. ……… 470	モレル, E. ……… 483
ミネッティ, E. ……… 461	メッシ, L. ……… 470	モロゾフ, V.F. ……… 483
ミュシャ, A. ……… 462	メッセンジャー, R. ……… 471	モンク, T.S. ……… 483
ミュッセ, A. ……… 462	メディチ, C. ……… 471	モンクット ⇒ラーマⅣを見よ
ミュラー, W. ……… 462	メナシェ, D. ……… 471	
ミューラー＝ブロックマン, J. ……… 462	メナンドロスⅠ ……… 471	モンゴメリ, L.M. ……… 483
	メビウス ……… 471	モンショアシ ……… 483
ミュンシュ, C. ……… 462	メラー, C. ……… 472	モンタギュー, I. ……… 484
ミュンター, J. ……… 463	メリッソス ……… 472	モンテスパン侯爵夫人 ……… 484
ミュンヒハウゼン, H. ……… 463	メリマン, B. ……… 472	モンテーニュ, M. ……… 484
ミラー, H. ……… 463	メルケル, A. ……… 472	モントゥー, P. ……… 485
ミラー, L. ……… 463	メルシエ, L. ……… 473	モンロー, J. ……… 485
ミラレーパ ……… 463	メルドー, B. ……… 473	モンロー, M. ……… 485
ミラン, C. ……… 464	メルビル, H. ……… 473	
ミリンダ王 ⇒メナンドロスⅠを見よ	メルビン, E. ……… 474	【ヤ】
	メルロ, T. ……… 474	
ミル, J.S. ……… 464	メルロ＝ポンティ, M. ……… 474	ヤコビ, C.G.J. ……… 485
ミルザハニ, M. ……… 464	メロン, アーロン ⇒山川アーロン（阿倫）を見よ	ヤスパース, K. ……… 485
ミルトン, J. ……… 464		ヤッフェ, D.S. ……… 486
ミル・マスカラス ……… 464	メンゲルベルク, W. ……… 474	ヤニツカ, S.J. ……… 486
		山川アーロン（阿倫）……… 486

ヤーレン, H. 486
ヤン, E. 486
ヤング, A. 486
ヤング, G. 487
ヤング, M. 487
ヤンセン, J. 487
ヤンソン, T. 487
ヤンソンス, M. 488

【ユ】

ユージェニー皇后 ⇒ウジェニー・ド・モンティジョを見よ
ユーグ・カペー 488
ユークリッド ⇒エウクレイデス（アレクサンドリアの）を見よ
ユーケス, W. 488
ユゴー, V.M. 488
ユスフザイ, M. 488
ユダ（イスカリオテの）....... 489
ユナスカ, L. 489
ユヌス, M. 489
ユリアヌス 490
ユリウス・カエサル ⇒カエサル, G.J.を見よ
ユング, C.G. 491

【ヨ】

ヨガナンダ, P. 491
ヨセフ 491
ヨッフム, E. 492
ヨナス, H. 492
ヨハネXXIII 492
ヨハネス・ア・ラスコ 492
ヨハネ・パウロII 492
ヨーンゾン, U. 492

【ラ】

ライエンデッカー, J.C. 493
ライオン, A. 493
ライコネン, K. 493
ライシャワー, A.K. 493
ライシャワー, E.O. 493
ライシャワー, R.K. 494
ライス, C. 494
ライト, O. 494
ライト, W. 494
ライドン, J. 494
ライナー, F. 494
ライヒャルト, J.F. 495
ライヒ＝ラニツキ, M. 495

ライプニッツ, G.W. 495
ラウ, Y.M. 495
ラウシェンバーグ, R. 495
ラカン, J. 495
ラーキン, P. 496
ラグランジュ, J.L. 496
ラグランジュ, P. 496
ラクリン, J. 497
ラグレインジ, Z. 497
ラクロ, M. 497
ラザファード, L.M. 497
ラジニーシ, バグワン・シュリ 497
ラーション, C. 497
ラス＝カサス, B. 498
ラスキン, J. 498
ラスティン, B. 498
ラスネール, P.F. 498
ラスリー, M. 498
ラッシュ, P. 499
ラッセル, B. 499
ラッセル, H.N. 499
ラッセル, N. 499
ラッフルズ, T.S. 500
ラトル, S.D. 500
ラーナー, K. 500
ラニエリ, C. 500
ラハブ 500
ラファエロ・サンティ 501
ラブクラフト, H.P. 501
ラプスレー, M. 501
ラフマニノフ, S. 501
ラブレ, C. 502
ラベッソン＝モリアン, F. .. 502
ラボアジエ, A.L. 502
ラーマIV 502
ラーマIX 502
ラーマクリシュナ 503
ラマヌジャン, S. 503
ラマルク, J.B. 504
ラム, C. 504
ラモー, J.P. 504
ランシエール, J. 504
ランスキー, M. 504
ランズマン, C. 504
ランツ, J. 505
ランドルフ, A.P. 505
ランバス, W.R. 505
ランペドゥーザ, G.T. 505

【リ】

リー, B. 506
リー, E. 506

リー, I.L. 506
リー, L. 506
リー, T. 506
リー, マンフレッド・ベニントン ⇒クイーン, E.を見よ
リクール, P. 506
リシュリュー, A.J.P. 507
リスト, F.（経済学者）...... 507
リスト, F.（作曲家・ピアニスト）................. 507
リタ ⇒竹鶴リタを見よ
リーチ, B. 507
リーチ, M. 507
リッター, A. 508
リッター, G. 508
リット, D. 508
リッピ, F. 508
リップシュタット, D.E. ... 508
リッベントロップ, J. 508
リード, L. 509
リトビーノフ, M.M. 509
リネール, T. 509
リーパー, S.L. 509
リバデネイラ, P. 509
リバモア, J.L. 509
リヒター, G. 510
リービット, H.S. 510
リヒテル, S. 510
リブ, G. 510
リーフェンシュタール, L. .. 510
リベラ, M. 511
リーマン, G.F.B. 511
リーメンシュナイダー, T. .. 511
リャザーノフ, D.B. 512
リュー, D. 512
リヨン, M. 512
リルケ, R.M. 512
リンカーン, A. 513
リンゴ・スター 513
リンチ, P. 513
リンド, J. 514
リンドグレーン, A. 514
リンドバーグ, C.A. 514

【ル】

ルアール, C. 515
ルアール, Y. 515
ルイIX 515
ルイXI 515
ルイXIII 516
ルイXIV 516
ルイXV 517

目　次

【ル】

- ルイXVI 517
- ルイXVIII 517
- ルイス, C.S. 518
- ルイス, J.R. 518
- ルイーズ・ド・ロレーヌ＝ボーデモン 519
- ルイ・ナポレオン　⇒ナポレオンⅢを見よ
- ルイ＝フィリップⅠ 519
- ルオー, G. 519
- ルカサー, S. 519
- ルカーチ, G. 520
- ル・カレ, J. 520
- ルキアノス 520
- ルキウス・コルネリウス・スッラ　⇒スッラを見よ
- ルキウス・ドミティウス・アウレリアヌス　⇒アウレリアヌスを見よ
- ルキウス・ユニウス・ブルトゥス　⇒ブルトゥスを見よ
- ル＝グウィン, U.K. 521
- ルクッルス 521
- ルグラン, M. 521
- ル・コルビュジエ 521
- ルーシュ, J. 522
- ルース, B. 522
- ルース, H. 522
- ルスティケロ・ダ・ピサ 522
- ルーズベルト, F.D. 522
- ルーズベルト, T. 524
- ルソー, H. 525
- ルソー, J.J. 526
- ルター, M. 526
- ルチアーノ, L.C. 528
- ルチアーノ, M. 528
- ルツ 528
- ルテステュ, A. 529
- ルドゥー, C.N. 529
- ルートビヒⅡ 529
- ルドルフⅡ 529
- ルドン, O. 529
- ルナチャルスキー, A.V. 529
- ルノワール, P.A. 530
- ルビッチ, E. 530
- ルービン, I.I. 530
- ルービン, V. 530
- ルフィヌス 531
- ルーマン, J. 531
- ルメートル, G.H. 531
- ルメール, C. 531
- ルーメル, K. 532

【レ】

- レイソン, L. 532
- レイトン, E.T. 532
- レオタン, T. 532
- レオナルド・ダ・ビンチ 532
- レオニダスⅠ 533
- レーガン, R. 533
- レギュイエ, D. 534
- レジェ, F. 534
- レスピナス, J. 534
- レップマン, J. 535
- レドモンド, M. 535
- レナード, D. 535
- レーナ・マリア 535
- レーナルト, P. 535
- レーニン, V.I. 535
- レノン, J. 536
- レーバー, J. 537
- レービ, P. 537
- レビ＝ストロース, C. 537
- レビナス, E. 537
- レーピン, V. 537
- レーブ, J. 537
- レフマン, N. 538
- レーマー, J.B. 538
- レミー　⇒キルミスター, L.を見よ
- レーモンド, A. 538
- レーン, J.H. 538
- レンナー, K. 538
- レンブラント・ファン・レイン 539

【ロ】

- ロイ, M. 539
- ローウェンスタイン, R. 539
- ロサン・トゥプテン 539
- ローシー, G.V. 539
- ロジャーズ, J.（米海軍提督） 539
- ロジャーズ, J.（投資家） 540
- ロジャース, P. 540
- ロシュフォート, J. 540
- ロス, S. 540
- ロス卿（第3代）　⇒パーソンズ, W.を見よ
- ローズベルト, F.D.　⇒ルーズベルト, F.D.を見よ
- ローズベルト, T.　⇒ルーズベルト, T.を見よ
- ローゼンツバイク, F. 541
- ローゼンベルク, A. 541
- ロタ・デ・マチェード・ソアレス 541
- ロダン, A. 541
- ローターン, J.P. 542
- ロチ, P. 542
- ロッキャー, J.N. 542
- ロック, J. 542
- ロックヒル, W.W. 542
- ロックフェラー, D. 543
- ロックフェラー, J. 543
- ロッシーニ, G.A. 543
- ロッシュ, L. 543
- ローティ, R. 544
- ロディック, A. 544
- ロトチェンコ, A.M. 544
- ロドリゲス, J. 544
- ロドリゲス, S. 544
- ロナウド, C. 545
- ロバートソン, D.H. 545
- ロバートソン, R. 545
- ロビンソン, B. 545
- ローブ, D. 545
- ロブ＝グリエ, A. 545
- ロブシャイト, W. 546
- ロベスピエール, M. 546
- ロマノフ, O. 546
- ロメロ, G.A. 546
- ロラン, C. 547
- ロラン, R. 547
- ロリニカイテ, M. 547
- ロールズ, J. 547
- ロレンス, D.H. 547
- ロレンス, T.E. 548
- ロワジー, A. 548
- ロンドン, C. 548
- ロンドン, J. 548
- ロンム, M.I. 549
- ロンメル, E. 549

【ワ】

- ワイス, P. 549
- ワイスハウプト, A. 549
- ワイツゼッカー, C.F. 550
- ワイツゼッカー, R.F. 550
- ワイトリング, W.C. 550
- ワイル, K. 550
- ワイル, S. 550
- ワイルド, F. 551
- ワイルド, O. 551
- ワインシュタイン, B. 551
- ワーウィッカー, J. 551
- ワーグナー, C. 551
- ワーグナー, R. 552

ワシントン, G.（米大統
　領）............................ 552
ワシントン, G.（英国・執
　事）............................ 553
ワース, C. 553
ワーズワス, D. 554
ワーズワス, W. 554
ワッツ＝ダントン, T. 554
ワット, J. 554
ワノフスキー, A.A. 554
ワルザー, M. 554
ワルジッツ, E. 555
ワルター, B. 555
ワールブルク, A. 555
ワロン, H. 555
ワント, G. 556

【ン】

ンクルマ, K. 556

【ア】

アイアランド, W.H. 〔1777～1835〕
Ireland, William Henry

◇バンヴァードの阿房宮―世界を変えなかった十三人 ポール・コリンズ著, 山田和子訳 白水社 2014.8 425,21p 20cm 〈文献あり 著作目録あり〉 3600円 ①978-4-560-08385-7 Ⓝ283

内容 バンヴァードの阿房宮―ジョン・バンヴァード 贋作は永遠に―ウィリアム・ヘンリー・アイアランド 空洞地球と極地の穴―ジョン・クリーヴズ・シムズ N線の目を持つ男―ルネ・ブロンロ 音で世界を語る―ジャン・フランソワ・シュドル 言語を蒔いた人―イーフレイム・ウェールズ・ブル 台湾人ロンドンに現わる―ジョージ・サルマナザール ニューヨーク空圧地下鉄道―アルフレッド・イーライ・ビーチ 死してもはや語ることなし―マーティン・ファークワ・タッパー ロミオに生涯を捧げて―ロバート・コーツ 青色光狂騒曲―オーガスタス・J プレゾントン シェイクスピアの墓をあばく―ディーリア・ベーコン 宇宙は知的生命でいっぱい―トマス・ディック

＊その時、歴史は動かなかった！ 世界最長のパノラマ画、地球空洞説、驚異な放射線 "N線"、音楽言語、空圧式地下鉄、新発見のシェイクスピア劇… 壮大な夢を追求し、敗れ去った人々の数奇な物語。

アイアンガー, B.K.S. 〔1918～2014〕
Iyengar, Bellur Krishnamachar Sundararaja

◇アイアンガーヨガ完全マニュアル―700の写真で見るアサナの解説とホリスティックヨガの実践 プロップスから病気・症状ごとのシークエンスまで B.K.S.アイアンガー著, ビンダハニ純子監訳 横須賀 医道の日本社 2015.12 434p 26cm 〈索引あり〉 4800円 ①978-4-7529-9022-2 Ⓝ498.34

内容 第1章 アイアンガー師の生涯とその業績 第2章 ヨガの実践 第3章 ヨガの哲学 第4章 アサナの解説 第5章 ストレスのためのヨガ 第6章 プラーナーヤーマとプロップス 第7章 病気のためのヨガ 第8章 アイアンガーヨガの20週間のコース

＊アイアンガー導師追悼。アイアンガー導師自らが生前に徹底解説したアイアンガーヨガを実践するための完全マニュアル！ 360度写真と順を追った説明で基本のアサナを様々な角度から解説。ポーズのポイントやセルフチェックの注意点も紹介。さらにはプロップスの詳細な使い方、70以上の病気・症状に対するシークエンスも網羅。まさにアイアンガーヨガの哲学と実践がよくわかる最強の1冊！ 写真総数700枚以上！

アイザワ, S. 〔1930～2006〕 Aizawa, Susumu

◇南太平洋の剛腕投手―日系ミクロネシア人の波瀾万丈 近藤節夫著 現代書館 2014.8 236p 19cm 1600円 ①978-4-7684-5733-7 Ⓝ289.3

内容 戦前・戦後のトラック諸島 戦後トラック諸島が歩んだ道 「南進論」勃興の時代背景 大酋長スサム・アイザワの父相澤庄太郎が雄飛した時代 スサム・アイザワの日本における生活 ふるさとトラック島で人生再スタート 戦没者遺骨収集に関わった男が巡りあった偶然 遺骨収集団の成り立ち 佐々木信也の華麗なる野球人生 日本の懐かしい想い出 戦没者遺骨収集にまつわるエピソード 森家とアイザワ家三代にわたる交流 プロ野球始球式と突然の訃報 美しく懐かしいトラック諸島 謎めいた言葉とその真偽は？ 日本とミクロネシアの交流と友好の未来像 日本・ミクロネシア連邦、国交樹立二十五周年記念

＊南の島のリーダーになった高橋ユニオンズの好投手！ 森喜朗、佐々木信也との絆。

アイセック, K. 〔1927～2001〕 Aisek, Kimiuo

◇シナモンロールにハチミツをかけて―太平洋で最も偉大なダイバーとボクたち、そして幸せな死別の物語 岡田昭夫著 鎌倉 銀の鈴社 2015.12 160p 図版8枚 20cm (銀鈴叢書―ライフデザインシリーズ) 2200円 ①978-4-87786-274-9 Ⓝ785.28

アイゼンハワー, D. 〔1890～1969〕
Eisenhower, Dwight David

◇オリバー・ストーンが語るもうひとつのアメリカ史 2 ケネディと世界存亡の危機 オリバー・ストーン, ピーター・カズニック著 熊谷玲美, 小坂恵理, 関根光宏, 田沢恭子, 桃井緑美子訳 早川書房 2015.7 472p 16cm (ハヤカワ文庫 NF 440) 960円 ①978-4-15-050440-3 Ⓝ253.07

内容 第5章 冷戦―始めたのは誰か？(第二次大戦後の荒廃 ひとり活況を示すアメリカ ほか) 第6章 アイゼンハワー―高まる軍事的緊張(米ソ対立は本当に避けられなかったか？ ますます増える原爆の備蓄数 ほか) 第7章 JFK―「人類史上、最も危険な瞬間」(新しい指導者、フルシチョフ ソ連のスプートニク・ショック ほか) 第8章 LBJ―道を見失った帝国(ケネディ暗殺の余波 「偉大な社会」を目指したジョンソン新大統領 ほか) 第9章 ニクソンとキッシンジャー―「狂人」と「サイコパス」(「覇権国家アメリカ」というビジョンは共有する二人 反戦の大きなうねりに乗って ほか)

＊第二次大戦後の冷戦も、通説とは異なりアメリカが主導していた。むしろアメリカは核戦争の瀬戸際にたびたび世界を追いやっていた。そして軍事介入という形で混迷する南米やアジアの諸国を操り、帝国の版図を広げていた―ベトナム戦争で泥沼にはまり、世界にその素顔を曝すまでは。不世出の指導者ケネディはなぜ死ななければならなかったのか。「もしケネディが暗殺されなかったら」を考えさせられる歴史超大作第2弾。

◇あなたの人生の意味―先人に学ぶ「惜しまれる生き方」 デイヴィッド・ブルックス著, 夏目大訳 早川書房 2017.1 478p 19cm 2300円 ①978-4-15-209666-1 Ⓝ

内容 第1章 大きな時代の変化 第2章 天職―フランシス・パーキンズ 第3章 克己―ドワイト・アイゼンハワー 第4章 闘いの人生―ドロシー・デイ 第5章 自制心―ジョージ・マーシャル 第6章 人間の品位

—ランドルフとラスティン　第7章 愛—ジョージ・エリオット　第8章 神の愛—アウグスティヌス　第9章 自己省察—サミュエル・ジョンソンとモンテーニュ　第10章 大きい私

＊人間には2種類の美徳がある。「履歴書向きの美徳」と「追悼文向きの美徳」だ。つまり、履歴書に書ける経歴と、葬儀で偲ばれる故人の人柄。生きる上ではどちらも大切だが、私たちはつい、前者ばかりを考えて生きてはいないだろうか？ ベストセラー『あなたの人生の科学』で知られる「ニューヨーク・タイムズ」のコラムニストが、アイゼンハワーからモンテーニュまで、さまざまな人生を歩んだ10人の生涯を通じて、履歴書に書けない内的成熟の価値と「生きる意味」を根源から問い直す。『エコノミスト』などのメディアで大きな反響を呼び、ビル・ゲイツら多くの識者が深く共鳴したベストセラー。

◇米国アウトサイダー大統領—世界を揺さぶる「異端」の政治家たち　山本章子著　朝日新聞出版　2017.12　250,7p　19cm　（朝日選書967）〈文献あり〉　1500円　①978-4-02-263068-1　Ⓝ312.53

内容　序章 アウトサイダー大統領とは　第1章 アメリカ経済の変貌と中東　第2章 アメリカと同盟国　第3章 日米同盟の半世紀　第4章 アメリカはなぜトランプを選んだか　終章 アメリカの実像を見据えて

＊2017年、米国史上初の公職経験のないトランプ政権が誕生した。大方の予想を裏切ったトランプ政権誕生は、アメリカの政治が、日米関係が、根本から変わりうることを意味する。私たちが、これまでの日米関係にとらわれずに、いまアメリカ人が望む国益や対外政策とは何か、その背景にあるアメリカが抱える諸問題とは何かを考えるべき時期が来ているのだ。本書は、ワシントンのあるべきアウトサイダーであることが国民から評価されて大統領に選ばれた6人にスポットをあてる。アイゼンハワー、カーター、レーガン、クリントン、ブッシュ(子)、トランプ…彼らの共通点、登場した時代背景、対外政策の傾向など、内政・外交を多角的に論じていく。彼らは大きな変化を求める世論が生んだ「時代の寵児」であり、彼らを知ることは、アメリカを取り巻く状況と課題の変遷を知ることになろう。

アイト, J.〔1936～〕　Eidt, Johannes
◇太陽は黄色だ！　ヴォルフガング・ヘッセ著, 深瀬昭ज訳〔出版地不明〕瀧沢敬三　2016.6　191p　20cm　Ⓝ702.34

アイヒ, G.〔1907～1972〕　Eich, Günter
◇廃墟のドイツ1947—「四七年グループ」銘々伝　ハンス・ヴェルナー・リヒター著, 飯島光夫訳　河出書房新社　2015.8　295p　20cm　3800円　①978-4-309-20683-7　Ⓝ940.27

内容　蝶たちの曖昧宿で—イルゼ・アイヒンガー　十三階のクリスヤーン—カール・アメリー　にぎやかな通りを行って、誰もそれに気がつかなかったら—アルフレート・アンデルシュ　グルーネ森でのサイクリング—インゲボルク・バッハマン　きみもしたい位、金が好きかい？—ハインリヒ・ベル　セルビアは死なねばならぬ—ミロ・ドール　マルクトブライトでの涙—ギュンター・アイヒ　フルシチョフの海水パンツを穿いて—ハンス・マグヌス・エンツェンスベルガー　誕生日祝いとしてジーモン・ダッハを—ギュンター・グラス　寝巻きのズボン—ヴォルフガング・ヒルデスハイマー　上部プファルツ人のカラカラ笑い—ヴァルター・ヘレラー　君の忠実なる側近（パラディーン）—ヴァルター・イェンス　ダンスの相手への誘い—ウーヴェ・ヨーンゾーン　我々はみな、いい人だった—ハンス・マイヤー　敵多きほど、功高し—マルセル・ライヒ＝ラニツキ　おおマルティン—喧嘩好きではないにしろ、喧嘩っ早いアレマン人—マルティン・ヴァルザー　マラーの太鼓—ペーター・ヴァイス

＊文学の"呼び声"をきけ。ナチス崩壊、東西分裂—廃墟と化した1947年ドイツで産声をあげ、グラス、ツェランら数々の世界的才能を輩出した「四七年グループ」とは何だったのか？ リーダーであるH・W・リヒターによる愛情あふれる回想録。困難なる戦後と、若き作家たちの情熱が生んだ奇蹟の時間。

アイヒマン, A.〔1906～1962〕　Eichmann, Adolf
◇ヒトラーの共犯者—12人の側近たち　下　グイド・クノップ著, 高木玲訳　原書房　2015.12　416,5p　20cm　〈2001年刊の新装版 文献あり〉　2800円　①978-4-562-05272-1　Ⓝ234.074

内容　1 抹殺者—アドルフ・アイヒマン　2 ヒトラー・ユーゲント団員—バルドゥール・フォン・シーラッハ　3 影の男—マルティン・ボルマン　4 手先—ヨアヒム・フォン・リッベントロープ　5 死刑執行人—ローラント・フライスラー　6 死の医師—ヨーゼフ・メンゲレ

＊ヒトラーならびにそのもっとも身近にいた側近たちを描いたドキュメンタリーは、世界的な成功をおさめた。上巻に続いてグイド・クノップのチームがヒトラーの側近に目を向けた。ヒトラーの支配を確立し、その計画を実行にうつした男たちである。履行補助者である彼らの肖像によって、実際の「自発的執行者」の性格が具体的に描き出されてゆく。彼らがいなければ、ヒトラーの恐怖政治は成り立たなかったのである。はじめて明かされる「神」の執行人たちの全記録。ドイツTV金獅子賞、バイエルン・テレビ賞受賞。

◇アイヒマン調書—ホロコーストを可能にした男　ヨッヘン・フォン・ラング編, 小俣和一郎訳　岩波書店　2017.8　433p　15cm　（岩波現代文庫—学術 367）　1460円　①978-4-00-600367-8　Ⓝ234.074

内容　第1部 親衛隊員番号45326　第2部 追放・移送・抹殺　第3部 強制収容所との関係　第4部 最終解決　第5部 ハンガリー作戦　第6部 終戦から逃亡へ

＊ナチスによるユダヤ人殺戮のキーマン、親衛隊中佐アドルフ・アイヒマン。戦後アルゼンチンに逃亡していた彼を、一九六〇年にイスラエルの情報機関モサドが拘束。全世界が注目するアイヒマン裁判の準備にあたり、イスラエル警察によって八カ月、二七五時間にわたる尋問が行われた。自らの父親も殺戮の犠牲者である尋問官との、迫真の駆け引きから浮かび上がるアイヒマンの人間像とは？ 歴史の事実と将来のあらゆる可能性を直視し、「悪の凡庸さ」を超えて、人間存在の理解を深める必須史料。

◇エルサレムのアイヒマン—悪の陳腐さについて

の報告　ハンナ・アーレント著，大久保和郎訳　新版　みすず書房　2017.8　438,31p　20cm　〈初版のタイトル：イェルサレムのアイヒマン　文献あり　年譜あり　索引あり〉　4400円　①978-4-622-08628-4　Ⓝ316.88

内容　法廷　被告　ユダヤ人問題専門家　第一の解決―追放　第二の解決―強制収容　最終的解決―殺戮　ヴァンゼー会議、あるいはポンテオ・ピラト　法を遵守する市民の義務　ライヒ・ドイツ、オーストリアおよび保護領―からの移送　西ヨーロッパ・フランス、ベルギー、オランダ、デンマーク、イタリア―からの移送　バルカン諸国―ユーゴスラビア、ブルガリア、ギリシャ、ルーマニア―からの移送　中欧-ハンガリー、スロバキア―からの移送　東方の殺戮センター　証拠と証人　判決、上告、処刑

＊"まったく思考していないこと、それが彼がある時代の最大の犯罪者の一人になる素因だったのだ"。アイヒマン裁判から著者が考え、理解し、判断したこととは。最新の研究成果を反映し、より正確かつ読みやすい新版。新解説付。

◇ナチズムとユダヤ人―アイヒマンの人間像　村松剛[著]　新版　KADOKAWA　2018.11　276p　18cm　（角川新書 K-239）〈初版：角川書店 1966年刊〉　840円　①978-4-04-082256-3　Ⓝ209.74

内容　第1部　地獄からの報告書（トレブリンカ第一収容所　トレブリンカ第二収容所　マイダネック収容所　ヘウムノ収容所　ソビボール収容所）　第2部　一殺戮者の肖像（青年　親衛隊員　ユダヤ人　ゲシュタポ　最終解決）

＊人類史に残る、恐るべきナチスによるユダヤ人絶滅計画。その実態と思想は何か、この計画の実際的推進者であったアイヒマンの思想はどのように形成されたのか。当時、イスラエルに赴いてアイヒマン裁判を直に傍聴した著者が、この謎に独自の光をあてた。ハンナ・アーレントの著作発表後、裁判の翌年（1962年）に刊行された本書には、「凡庸な悪・アイヒマン」と、裁判の生々しき様子が描かれている。

アイヒンガー, I.〔1921～2016〕
Aichinger, Ilse

◇廃墟のドイツ1947―「四七年グループ」銘々伝　ハンス・ヴェルナー・リヒター著，飯吉光夫訳　河出書房新社　2015.8　295p　20cm　3800円　①978-4-309-20683-7　Ⓝ940.27

内容　蝶たちの曖昧宿で―イルゼ・アイヒンガー　十三階のクリスヤーン―カール・アメリー　にぎやかな通りを行って、誰もそれに気がつかなかったら―アルフレート・アンデルシュ　グルーネ森でのサイクリング―インゲボルク・バッハマン　きみもばく位、金が好きかい？―ハインリヒ・ベル　セルビアは死なねばならぬ―ミロ・ドール　マルクトブライトでの涙―ギュンター・アイヒ　フルシチョフの海水パンツを穿いて―ハンス・マグヌス・エンツェンスベルガー　誕生日祝いとしてジーモン・ダッハを―ギュンター・グラス　寝巻きのズボン―ヴォルフガング・ヒルデスハイマー　上部ファルツ人のカラカラ笑い―ヴァルター・ヘレラー　君の忠実なる側近（パラディーン）―ヴァルター・イェンス　ダンスの相手への誘い―ウーヴェ・ヨーンゾーン　我々

はみな、いい人だった―ハンス・マイヤー　敵多きほど、強し―マルセル・ライヒ・ラニツキ　おおマルティン―喧嘩好きではないにしろ、喧嘩っ早いアレマン人―マルティン・ヴァルザー　マラーの太鼓―ペーター・ヴァイス

＊文学の"呼び声"をきけ。ナチス崩壊、東西分裂―廃墟と化した1947年ドイツで産声をあげ、グラス、ツェランら数々の世界的才能を輩出した「四七年グループ」とは何だったのか？　リーダーであるH・W・リヒターによる愛情あふれる回想録。困難なる戦後と、若き作家たちの情熱が生んだ奇蹟の時間。

アイブ, J.〔1967～〕　Ive, Jonathan

◇ジョナサン・アイブ―偉大な製品を生み出すアップルの天才デザイナー　リーアンダー・ケイニー著，関美和訳　日経BP社　2015.1　397p　20cm　〈発売：日経BPマーケティング〉　1800円　①978-4-8222-5070-6　Ⓝ548.2

内容　生い立ち　イギリスのデザイン教育　ロンドンでの生活　アップル入社　帰ってきたジョブズ　ヒット連発　鉄のカーテンの向こう側　iPod　製造・素材・そのほかのこと　iPhone　iPad　ユニボディ　サー・ジョニー

＊スティーブ・ジョブズが1997年にアップルにCEOとして復帰後、彼は社内で数百のスケッチやプロトタイプに囲まれた若いイギリス人のデザイナーと出会った。のちにジョブズは、そのデザイナーがアップルを復活させられる人物だとした。その人物が、ジョナサン・アイブだった。ジョナサン・アイブはジョブズとともに、iMac、iPod、iPad、iPhoneなど時代のアイコンとなるテクノロジー製品を次々と作りあげた。さらには、ロイヤリティの高いファンを育て、アップルを世界的なブランドにした。ジョナサン・アイブという賢く控え目ながら、デザインに取りつかれた人物、その大胆さと影響力で僕らの生き方を間違いなく変えた人物を紹介しよう。

アインシュタイン, A.〔1879～1955〕
Einstein, Albert

◇アルベルト・アインシュタイン―相対性理論を生み出した科学者　物理学者〈ドイツ→スイス→アメリカ〉　筑摩書房編集部著　筑摩書房　2014.8　185p　19cm　（ちくま評伝シリーズ〈ポルトレ〉）〈他言語標題：Albert Einstein　文献あり　年譜あり〉　1200円　①978-4-480-76613-7　Ⓝ289.3

内容　第1章　コンパスに宇宙の真理を感じとった天才少年―哲学者カントと物理学者マッハとの出会い　第2章　スイスで身につけた世界平和主義と民主主義思想―父の会社は何度も倒産、苦難の生活を支えた親戚　第3章　権威や既成概念に反発する若き非妥協主義者―有名教授たちに嫌われた大学生活と長い就職浪人　第4章　世界の物理学界を揺るがした相対性理論―誰とでも平等に接する気さくな大学教授　第5章　反戦・平和の旗をふるノーベル賞物理学者―反ユダヤ主義と闘いユダヤの同胞を積極支援　第6章　独裁者ヒトラーと闘った世界一有名な科学者―ルーズベルト大統領に宛てた原爆開発推進の手紙

＊20世紀最大の天才科学者は不登校だった。激動の時代に反骨と信念を貫き、世界平和を訴えた良心

の人。

◇あらすじとイラストでわかる相対性理論 知的発見! 探検隊編著 イースト・プレス 2014.9 243p 15cm (文庫ぎんが堂ち1-13)〈文献あり〉 600円 ①978-4-7816-7118-5 Ⓝ421.2

内容 序章 相対性理論ってどんな理論なの? 1章 相対性理論が生まれるまでの科学 2章 20世紀最大の科学者、その横顔 3章 特殊相対性理論の世界1—光と時間の関係 4章 特殊相対性理論の世界2—光と物質の関係 5章 一般相対性理論の世界 6章 相対性理論が明らかにした宇宙のしくみ 7章 アインシュタイン、珠玉の名言

*20世紀最大の科学理論のひとつといわれる「相対性理論」。本書ではその難解な理論を、生みの親であるアインシュタインが得意とした「思考実験」等を用いながら、物理の授業を受けていない人にもわかりやすく解説。また、「相対性理論」登場前後の科学史を知ることで、この理論がどれだけ「革命的」だったかを理解できる。さらにはアインシュタインの波乱に満ちた生涯をたどりながら、その含蓄ある言葉の数々も紹介。「相対性理論」がとことん楽しめる一冊!

◇ユークリッドの窓—平行線から超空間にいたる幾何学の物語 レナード・ムロディナウ著, 青木薫訳 筑摩書房 2015.2 418p 15cm (ちくま学芸文庫 ム6-1—〔Math & Science〕)〈日本放送出版協会 2003年刊の再刊〉 1400円 ①978-4-480-09645-6 Ⓝ414.02

内容 第1部 ユークリッドの物語(最初の革命 課税のための幾何学 ほか) 第2部 デカルトの物語(位置の革命 緯度と経度 ほか) 第3部 ガウスの物語(曲がった空間の革命 プトレマイオスの過ち ほか) 第4部 アインシュタインの物語(光速革命 若き日のマイケルソンとエーテルという概念 ほか) 第5部 ウィッテンの物語(奇妙な革命 シュワーツにしか見えない美しいひも ほか)

*紀元前の古代ギリシャ。単なる測量術にすぎなかった人類の知恵を、「幾何学」という一つの学問にまで高めた数学者がいた。ユークリッドだ。円と直線の組み合わせで描かれた世界観はその後のものの見方を決定づけ、幾何学に革命が起こるたびに、より深い真実があることが明らかになってきた。ガウスの非ユークリッド幾何学、アインシュタインの相対性理論、そしてウィッテンのひも理論。世界の見方は古代以来変わり続け、数学と物理の深い関係が今、明らかになりつつある。ユークリッドが開いたのは、宇宙の姿を見せてくれる窓なのだ。『スタートレック』の脚本家が誘う3000年のタイムトラベル。

◇天才を生んだ孤独な少年期—ダ・ヴィンチからジョブズまで 熊谷高幸著 新曜社 2015.3 222p 20cm 〈文献あり 索引あり〉 1900円 ①978-4-7885-1424-9 Ⓝ141.18

内容 1章 天才と孤独 2章 レオナルド・ダ・ヴィンチ 3章 アイザック・ニュートン 4章 トーマス・アルヴァ・エジソン 5章 夏目漱石 6章 アルベルト・アインシュタイン 7章 スティーブ・ジョブズ 8章 天才と現代

*天才の少年期には共通する「心の癖」があった。自閉症について日本語まで幅広い視点で研究する著者が、脳科学の発見も取り入れ天才たちの人生をたどりなおす、新しい天才論!

◇アインシュタイン、神を語る—宇宙・科学・宗教・平和 ウィリアム・ヘルマンス著, 神保圭志訳 新装版 工作舎 2015.7 253p 20cm 2200円 ①978-4-87502-464-4 Ⓝ289.3

内容 対話1 アインシュタインとの出会い(不吉な出会い 天体のハーモニー ほか) 対話2 宇宙的宗教(プリンストンのアインシュタインの部屋 反ナチ活動の挫折と命がけのドイツ脱出 ほか) 対話3 アインシュタインの宗教観(ユダヤ人、アインシュタイン 相対性理論をめぐる科学者たち ほか) 対話4 世界平和と科学者の責務(ユダヤの聖母 戦前のドイツ指導層の運命 ほか)

*光量子説や相対性理論により、宇宙をニュートン力学から解放した物理学者は、ユダヤ系ドイツ人として、ヒトラー率いるナチに脅かされ、米国亡命を余儀なくされた。20世紀、もっとも広く知られた人物アインシュタイン。その科学精神を支えた信仰とは、そして神とは何だったのか。社会学者であり詩人でもある著者との対話が、アインシュタインのこころを浮かび上がらせる。

◇光と重力ニュートンとアインシュタインが考えたこと—一般相対性理論とは何か 小山慶太著 講談社 2015.8 294p 18cm (ブルーバックス B-1930)〈索引あり〉 1080円 ①978-4-06-257930-8 Ⓝ420.2

内容 第1章 奇跡の年—天才性の爆発(エリザベス女王の嘆き ニュートンの回想 ほか) 第2章 光—天才を捉えしもの(プリズムを手にしたニュートン像 光の変容説 ほか) 第3章 重力—統一への指向(カントとコペルニクス 地動説は天動説の相似形 ほか) 第4章 近代物理学の発展—ニュートンの遺産(ニュートンが示した扁平な地球の形 地球測量の大冒険 ほか) 第5章 現代物理学の発展—アインシュタインの遺産(パラパラ動画「少年と原子」 電子顕微鏡による原子の撮影 ほか)

*1665年、ペストの流行で閉鎖された大学を去り、孤独の中で次々と大発見を成し遂げたニュートン。それから240年後、特許庁で働きながらひとりで特殊相対性理論を作り上げたアインシュタイン。ともに孤独を愛し、研究に没頭することを好んだ二人の天才をとらえたテーマ「光」と「重力」を通して、彼らの思考にせまります。

◇アインシュタインの言葉 アインシュタイン著, 弓場隆訳 エッセンシャル版〔ギフト版〕 ディスカヴァー・トゥエンティワン 2015.11 1冊(ページ付なし) 15cm 〈他言語標題: EINSTEIN'S VOICE 初版のタイトル: アインシュタインにきいてみよう〉 1000円 ①978-4-7993-1807-2 Ⓝ289.3

内容 1 生き方について 2 科学、そして、神秘について 3 独創性について 4 学校教育について 5 戦争と平和について 6 国家、そして、ユダヤ人であることについて 7 結婚、そして、家族について 8 自分について、そして再び、生き方について

◇アインシュタインとコーヒータイム カルロス・I・カル著, 大森充香訳 三元社 2015.12 143p 16cm (コーヒータイム人物伝)〈文献あり 索引あり〉 1500円 ①978-4-88303-390-4 Ⓝ289.3

内容 アルベルト・アインシュタイン(1879‐1955)小伝 アインシュタインとコーヒータイム(原子を数

える　驚異の年　時間と空間の真実性　時間について　傑作　量子理論と相対性理論　方程式　原子爆弾　やり残した仕事　イメージによる思考　信仰　父と息子たち　アインシュタインと関わった女性たち　巨人たちの肩の上　音楽とボート〉

＊相対性理論やE=mc2の公式を発見した理論物理学者。この天才の子ども時代や私生活、そして死の間隙まで情熱をそそぎ続けた科学への思いを「神はサイコロを振らない」などの多くの名言をまじえつつ、さあ、彼自身が語ってもらいます。また本書では、ユーモアあふれるアインシュタイン独自の語り口で、特殊相対性理論や一般相対性理論をわかりやすく説明しています。

◇現代天文学史―天体物理学の源流と開拓者たち　小暮智一著　京都　京都大学学術出版会　2015.12　634p　22cm　〈他言語標題：History of Modern Astronomy　文献あり　年表あり　索引あり〉　4900円　①978-4-87698-882-2　Ⓝ440.12

内容　第1部 天体分光学（「新天文学」の開幕　星の分光分類とHD星表）　第2部 星の構造と進化論（星の進化論とHR図表　熱核反応と星の進化論）　第3部 銀河天文学と宇宙論（銀河と星雲の世界　銀河系の発見　宇宙論の源流）　第4部 現代天文学へ（日本における天体物理学の黎明　現代天文学への展開）

＊初めて星の化学組成を明らかにしたロンドンのアマチュア天文家ハギンス、太陽をガス体と見なした特許調査官レーン、自作の望遠鏡で天空を探査した音楽家ハーシェル…18世紀末から19世紀中葉にかけて現代天文学の扉を開いた彼らは、いずれも学界に縁のないアマチュア天文家だった。星の位置と運動を対象とする古典天文学から天体の物理的構造を探る天体物理学へ、その転換期を担った人々の生涯と研究を軸に、現代天文学の歴史をたどる。

◇アインシュタインとヒトラーの科学者―ノーベル賞学者レーナルトはなぜナチスと行動を共にしたのか　ブルース・J・ヒルマン，ビルギット・エルトル＝ヴァグナー，ベルント・C・ヴァグナー著，大山晶訳　原書房　2016.2　301p　20cm　〈文献あり　索引あり〉　2500円　①978-4-562-05293-6　Ⓝ289.3

内容　引き合わない勝利　事件の核心　親密さは軽蔑の元　興味深い夕べ　論争する紳士たち　逃したチャンス　ストックホルムのレーナルト　アインシュタイン対ウプサラの小教皇　危険な選択　レーナルトとヒトラー　ドイツ物理学　学会の不純物　ヒムラーtpハイゼンベルク　わが人生に悔いなし

＊「アインシュタインのようなユダヤ人のインチキ科学者を認めるわけにはいかない」ヒトラーの科学顧問となったノーベル賞物理学者フィリップ・レーナルト。彼とアインシュタインとの確執から生まれた大きな溝が、その後の科学の流れを変えてしまったのだ。国家が支配する科学は滅びる。はじめて語られるナチスをめぐる科学者論争。

◇ひとはなぜ戦争をするのか　アルバート・アインシュタイン, ジグムント・フロイト著, 浅見昇吾訳　講談社　2016.6　111p　15cm　（講談社学術文庫 2368）〈「ヒトはなぜ戦争をするのか？」(花風社 2000年刊)の改題、再構成〉　500円　①978-4-06-292368-2　Ⓝ319.4

内容　フロイトへの手紙　アルバート・アインシュタイン　アインシュタインへの手紙　ジグムント・フロイト

＊一九三二年、国際連盟がアインシュタインに依頼した。「今の文明においてもっとも大事だと思われる事柄を、いちばん意見を交換したい相手と書簡を交わしてください」。選んだ相手はフロイト、テーマは「戦争」だった―。宇宙と心、二つの闇に理を見出した二人が、人間の本性について真摯に語り合う。ひとは戦争をなくせるのか？

◇大人が読みたいアインシュタインの話―エジソンの発明と相対性理論の意外な関係　石川憲二著　日刊工業新聞社　2017.7　134p　19cm　（B&Tブックス）〈文献あり　年譜あり〉　1200円　①978-4-526-07730-2　Ⓝ289.3

内容　プロローグ 笑わない天才が舌を出した理由　第1章 夢も希望も感じられない子供時代　第2章 光への興味から始まった相対性理論への道　特別講座 10分でわかった気になる相対性理論　第3章 アインシュタイン博士の日本旅行記　第4章 天才科学者の「晩年」はいつから始まったのか？　エピローグ 天才とは人生における「選択と集中」ができる人である

＊光への強いこだわりと人並みはずれた集中力で天才はつくられた。

◇アインシュタイン―大人の科学伝記―天才物理学者の見たこと、考えたこと、話したこと　新堂進著　SBクリエイティブ　2017.9　191p　18cm　（サイエンス・アイ新書 SIS-388）〈文献あり　年表あり　索引あり〉　1000円　①978-4-7973-8916-6　Ⓝ289.3

内容　序章 アインシュタイン前夜　第1章 アインシュタインの誕生　第2章 奇跡の年　第3章 特殊相対性理論　第4章 教授時代　第5章 一般相対性理論　第6章 アインシュタイン・フィーバー　第7章 アインシュタインと平和　第8章 アインシュタインと宇宙

＊それまでの世界観をくつがえす相対性理論を提唱した天才科学者、アインシュタイン。苦労人で自由人、「ユーモラスなオッサン」でもあり、その言葉は今も、勇気や発見を与えてくれます。彼が当時、何を見、どう考えて相対性理論にたどり着き、そして周りの人々にどのようにかかわって生きたのか？　それらをまとめて知るための、欲張りな1冊です。

◇宇宙を見た人たち―現代天文学入門　二間瀬敏史著　海鳴社　2017.10　270p　19cm　1800円　①978-4-87525-335-8　Ⓝ440.28

内容　第1部 天文学に強力な"道具箱"を提供した観測家たち（ヘンリエッタ・スワン・リービット―宇宙の"物差し"を見つけた"ハーバード・コンピューターズ"一の才媛　ジョージ・ヘール―巨大望遠鏡時代に道を拓く　ほか）　第2部 科学的宇宙論の開拓者たち（アルベルト・アインシュタイン―現代宇宙論の開拓者　カール・シュヴァルツシルト―塹壕で重力場方程式の解を発見　ほか）　第3部 天文学を豊かにした人びと（クライド・トンボー―新しい太陽系領域に挑んだ人　アーサー・エディントン―恒星天文学の父　ほか）　第4部 "観測の窓"拡大に情熱を傾けた人びと（カール・ジャンスキー―電波天文学の生みの親　早川幸男―戦後の焼け跡で"全波長天文学"への道を敷く　ほか）

＊宇宙は、ブラックホール、超新星爆発、暗黒物質、

暗黒エネルギーなど、さまざまな"魔物"や不可思議な現象の存在なしには考えられない。この驚天動地の現代天文学の歴史を築いてきた巨人たち—その活躍を、時代背景・生い立ち・人柄などを交え、いきいきと伝える。

アインシュタイン, E.R.〔1904～1995〕
Einstein, Elizabeth Roboz

◇ハンス・アルバート・アインシュタイン—彼の生涯と私たちの思い出　エリザベス・ロボズ・アインシュタイン著，中藤達昭，福岡捷二訳　技報堂出版　2015.6　129p　21cm　〈文献あり〉　1000円　①978-4-7655-1817-8　Ⓝ289.3

内容　第1章 序章　第2章 幼少時代と家族背景（一九〇四‐一九一四）　第3章 少年期から中年期の時代（一九一四‐一九五八）　第4章 エリザベス・ロボズ・アインシュタイン　第5章 二人の生活（一九五九‐一九七三）　第6章 終章

アインシュタイン, H.A.〔1904～1973〕
Einstein, Hans Albert

◇ハンス・アルバート・アインシュタイン—彼の生涯と私たちの思い出　エリザベス・ロボズ・アインシュタイン著，中藤達昭，福岡捷二訳　技報堂出版　2015.6　129p　21cm　〈文献あり〉　1000円　①978-4-7655-1817-8　Ⓝ289.3

内容　第1章 序章　第2章 幼少時代と家族背景（一九〇四‐一九一四）　第3章 少年期から中年期の時代（一九一四‐一九五八）　第4章 エリザベス・ロボズ・アインシュタイン　第5章 二人の生活（一九五九‐一九七三）　第6章 終章

アインホーン, D.〔1968～〕　Einhorn, David

◇リスク・テイカーズ—相場を動かす8人のカリスマ投資家　川上穣著　日本経済新聞出版社　2014.10　302p　19cm　〈文献あり　年表あり〉　1800円　①978-4-532-35620-0　Ⓝ338.18

内容　第1章 大物アクティビストの日本上陸—ダニエル・ローブ　第2章 世界最高の稼ぎ手—デイビッド・テッパー　第3章 リーマン危機の予言者—デイビッド・アインホーン　第4章 改革の伝道師か、不幸の使者か—ビル・アックマン　第5章 中国に挑む空売り王—ジム・チェイノス　第6章 世界最大のヘッジファンド—レイ・ダリオ　第7章 日本国債売りの急先鋒—カイル・バス　第8章 オマハの賢人、バリュー投資を語る—ウォーレン・バフェット　終章 カリスマ投資家の時代

＊ローブ、ダリオ、バフェットら8人で投資総額30兆円！巨額の利益を稼ぎ出す孤高の投資家の知られざる素顔。

アウアー, L.〔1845～1930〕　Auer, Leopold

◇レオポルト・アウアー自伝—サンクト・ペテルブルクの思い出　レオポルト・アウアー著，角英憲訳　出版館ブック・クラブ　2018.8　481,37p　19cm　〈文献あり　年譜あり　索引あり〉　3800円　①978-4-915884-72-6　Ⓝ762.347

内容　ロシア革命—古き世は移りゆく（一九一七年）　音楽修業—ヴェスブレームからパリへ（一八四五‐六一年）　ナポレオン三世治世下のパリ　ハノーファーでヨアヒムと　デュッセルドルフ、ハンブルク、そしてミュラー四重奏団　保養地での音楽（一八六四‐六五年、一八七三年）　勲章と音楽家、ウルマン主催の演奏旅行（一八六八年、ペテルブルクに赴く　一八六〇年代、ロシアの音楽界　ロンドンの音楽シーン（一八七一年）　ロシア宮廷での音楽生活　チャイコフスキーと新ロシア楽派　パデレフスキと初対面、リスト訪問、二人の親友の死　ロシア音楽協会管弦楽団の指揮者として　二人のロシア皇帝の戴冠式　チャイコフスキーとアントン・ルビンステインの死、ベルリン、オデッサ、ミュンヘン演奏旅行（一八九四年）　バルカン半島の演奏旅行—皇帝アブデュルハミト二世の宮廷　神童たち　ロシア最後の十二年（一九〇五‐一九一七年）　アメリカの音楽事情

＊帝政ロシア—チャイコフスキー、リムスキー＝コルサコフを生んだロシア・クラシック音楽の黄金時代。偉大なヴァイオリニストが語る、もうひとつの西洋音楽史。

アウグスティヌス, A.〔354～430〕
Augustinus, Aurelius, Saint, Bp. of Hippo

◇キリスト教の主要神学者　上　テルトゥリアヌスからカルヴァンまで　F.W.グレーフ編，片柳榮一監訳　教文館　2014.8　360,5p　21cm　3900円　①978-4-7642-7383-2　Ⓝ191.028

内容　マルキオン（八五頃‐一六〇頃）　カルタゴのテルトゥリアヌス（二/三世紀）　オリゲネス（一八五/一八六‐二五四）　ニュッサのグレゴリオス（三四〇頃‐三九四以後）　アウグスティヌス（三五四‐四三〇）　カンタベリーのアンセルムス（一〇三三/一〇三四‐一一〇九）　クレルヴォーのベルナール（一〇九〇‐一一五三）　トマス・アクィナス（一二二四/一二二五‐一二七四）　マイスター・エックハルト（一二六〇頃‐一三二八）　ヨハネス・ドゥンス・スコトゥス（一二六五/一二六六‐一三〇八）　ロベルト・ベラルミーノ（一五四二‐一六二一）

＊多彩にして曲折に富む2000年の神学史の中で、特に異彩を放つ古典的代表者を精選し、彼らの生涯・著作・影響を通して神学の争点と全体像を描き出す野心的試み。正統と異端が織り成すダイナミズムによって生まれた神学の魅力と核心を、第一級の研究者が描き出す。上巻では古代から宗教改革期に活躍した16名の神学者を紹介する。

◇キリスト教思想の形成者たち—パウロからカール・バルトまで　ハンス・キュンク著，片山寛訳　新教出版社　2014.10　345p　20cm　2900円　①978-4-400-32423-2　Ⓝ191.028

内容　パウロ—キリスト教の世界宗教への夜明け　オリゲネス—古代とキリスト教精神の偉大な統合　アウグスティヌス—ラテン的・西方的神学の父　トマス・アクィナス—大学の学問と教皇の宮廷神学　マルチン・ルター—パラダイム転換の古典的事例としての福音への回帰　フリードリヒ・シュライエルマッハー—近代の薄明の中の神学　カール・バルト—ポストモダンへの移行における神学　エピローグ—時代にかなった神学への指針

＊キリスト教史にパラダイム転換を画した7人。バチカンから教授資格を停止された神学界の異端児が、鮮やかな筆致でキリスト教の大思想家たちの生涯と思想、その光と影を描き出す。

◇キリスト教的学識者―宗教改革時代を中心に E.H.ハービソン著, 根占献一監訳, 大川なつか, 高津秀之, 高津美和訳　知泉書館　2015.2　231,24p　20cm　〔ルネサンス叢書〕〈布装　索引あり〉　3000円　①978-4-86285-205-2　Ⓝ191.028

内容　第1章 キリスト教的召命としての学問―ヒエロニムスからアクィナスまで(キリスト教的学識者の召命 ヒエロニムス, アウグスティヌス, ピエール・アベラール, トマス・アクィナス)　第2章 学芸復興(ルネサンス)―ペトラルカからコレットまで(学芸復興(ルネサンス)とキリスト教的学識者 ペトラルカ, ロレンツォ・ヴァッラ, ジョヴァンニ・ピーコ・デッラ・ミランドラ, ジョン・コレット)　第3章 エラスムス　第4章 ルター　第5章 カルヴァン

＊聖書では知恵(学識)は信仰の障害物になると語られ、反主知主義の伝統的潮流が存在する。キリスト教徒にとっての学問とは何か。宗教改革は聖書の意味に対する学者の洞察から始まり、その後には学識者の運動、大学教授や学生による出来事、学者による革命となった。歴史上、エラスムス、ルター、カルヴァンに代表されるこの時代ほどキリスト教的学識者の威信が高まり強い影響力をもったことはない。人々の学ぶ意欲や、学問に対する尊敬と信頼が広がったのである。本書は彼らに影響を与えた先駆者の検討を通じて、彼らがいかにその使命を天職として感得し、学問への情熱とキリスト教信仰を一致させたか、さらにその営みがキリスト教の発展に与えた影響など、今まで神学者や歴史家が軽視してきたテーマに独自の光を投じた。著者は「アテネとエルサレム、アカデミーと教会とは何の関係があるのか？」という問いから、古代の教父学者ヒエロニムスとアウグスティヌス、中世の神学者アベラールとトマス・アクィナス、ルネサンス人文主義者ペトラルカやヴァッラやピーコたちの業績と、宗教改革期の学者を有機的に関連づけて考察することにより、キリスト教とギリシア・ローマ文化の微妙な折衝を見事に描く。類書のない基本的文献である。

◇ローマ帝国人物列伝　本村凌二著　祥伝社　2016.5　303p　18cm　(祥伝社新書 463)　840円　①978-4-396-11463-3　Ⓝ283.2

内容　1 建国期―建国期のローマ(ブルトゥス―共和政を樹立した初代執政官　キンキナトゥス―ワシントンが理想とした指導者 ほか)　2 成長期―成長期のローマ(アッピウス―インフラ整備など、類稀なる先見性　ファビウス―耐えがたきを耐える「ローマの盾」 ほか)　3 転換期―転換期のローマ(クラッスス―すべてを手に入れた者が欲したもの　大ポンペイウス―カエサルに敗れた大武将 ほか)　4 最盛期―最盛期のローマ(ゲルマニクス―夭逝した理想のプリンス　ネロ―気弱な犯罪者だった暴君 ほか)　5 衰亡期―衰亡期のローマ(ガリエヌス―動乱期の賢帝　ディオクレティアヌス―混乱を鎮めた軍人皇帝 ほか)

＊ローマの歴史には、独裁も革命もクーデターもあれば、「パクス・ロマーナ」と呼ばれた平和な時代もあった。君主政も共和政も貴族政もポピュリズムもあり、多神教もキリスト教も。まさに「歴史の実験場」であり、教訓を得るのに、これほどの素材はない。歴史を学ぶには制度や組織は無視できないが、そこに人間が存在したことを忘れてはならないだろう。本書は、一〇〇〇年を超えるローマ史を五つの時代に分け、三二人の生涯と共に追うものである。賢帝あり、愚帝あり、英雄である丈夫な女性、医学者、宗教家まで。壮大な歴史叙事詩であり、歴史は人なり―を実感する一冊。

◇アウグスティヌス　宮谷宣史著　新装版　清水書院　2016.6　219p　19cm　(Century Books―人と思想 39)〈文献あり　年譜あり　索引あり〉　1200円　①978-4-389-42039-0　Ⓝ132.1

内容　1 アウグスティヌスの生涯(時代環境　幼少年時代　青年時代　マニ教徒　修辞学教師　出会いと回心　キリスト教会の教師　三つの論争　晩年)　2 アウグスティヌスの思想(概観―アウグスティヌスの思想の特色　愛の体験と愛の思想　アウグスティヌスの歴史観)　3 アウグスティヌスの主要著作(アウグスティヌスの著作の特色　主要な著作の紹介)　4 アウグスティヌスの影響(ヨーロッパ　日本)

＊自伝文学の傑作『告白録』や最初の歴史哲学の書『神の国』の著者アウグスティヌスは、ヘレニズムとキリスト教を総合し、ヨーロッパ文化の基礎づけをしたことで、西洋中世の思想と文化に、ルネサンスと宗教改革に、さらに現代の実存哲学などにも影響を与えているため、「最初の近代人」「西洋の教師」と見なされている思想家である。それに彼は、人間の心と愛を重んじたために「心の哲学者」「愛の思想家」とも言われている。本書では、アウグスティヌスの生涯と思想を、とくに愛の体験と思想を丁寧に辿っていく。

◇あなたの人生の意味―先人に学ぶ「惜しまれる生き方」　デイヴィッド・ブルックス著, 夏目大訳　早川書房　2017.1　478p　19cm　2300円　①978-4-15-209666-1　Ⓝ159

内容　第1章 大きな時代の変化　第2章 天職―フランシス・パーキンズ　第3章 克己―ドワイト・アイゼンハワー　第4章 闘いの人生―ドロシー・デイ　第5章 自制心―ジョージ・マーシャル　第6章 人間の品位―ランドルフとラスティン　第7章 愛―ジョージ・エリオット　第8章 神の愛―アウグスティヌス　第9章 自己省察―サミュエル・ジョンソンとモンテーニュ　第10章 大きい私

＊人間には2種類の美徳がある。「履歴書向きの美徳」と「追悼文向きの美徳」だ。つまり、履歴書に書ける経歴と、葬儀で偲ばれる故人の人柄。生きる上ではどちらも大切だが、私たちはつい、前者ばかりを考えて生きてはいないだろうか？ ベストセラー『あなたの人生の科学』で知られる『ニューヨーク・タイムズ』のコラムニストが、アイゼンハワーからモンテーニュまで、さまざまな人生を歩んだ10人の生涯を通じて、現代人が忘れている内的成熟の価値と「生きる意味」を根源から問い直す。『エコノミスト』などのメディアで大きな反響を呼び、ビル・ゲイツも多くの識者が深く共鳴したベストセラー。

◇アウグスティヌス―「心」の哲学者　出村和彦著　岩波書店　2017.10　180p　18cm　(岩波新書 新赤版 1682)〈文献あり　年譜あり〉　760円　①978-4-00-431682-4　Ⓝ132.1

内容　第1章 アフリカに生まれて　第2章 遅れてきた青年　第3章 哲学と信仰と　第4章 一致を求めて　第5章 古代の黄昏　終章 危機をくぐり抜けて

＊「西欧の父」アウグスティヌス(三五四・四三〇)。『告白』『神の国』などの著作をはじめ、永遠なる神を前にして人間の「心」を深く見つめるその思索

は、自由意志の問題、悪の原因について、さらに時間論にまで及ぶ。激動のローマ帝国末期、哲学と信仰を架橋し、知の探究をとおしてキリスト教の道を歩んだ生涯を描く。

アウグストゥス〔63B.C.～14A.D.〕
Augustus, Gaius Octavius

◇ローマ帝国人物列伝　本村凌二著　祥伝社　2016.5　303p　18cm　（祥伝社新書 463）　840円　①978-4-396-11463-3　Ⓝ283.2

内容　1 建国期―建国期のローマ（ブルトゥス―共和政を樹立した初代執政官　キンキナトゥス―ワシントンが理想とした指導者　ほか）　2 成長期―成長期のローマ（アッピウス―インフラ整備など、類稀なる先見性　ファビウス―耐えがたきを耐える「ローマの盾」　ほか）　3 転換期―転換期のローマ（クラッスス―すべてを手に入れた者が欲したもの　大ポンペイウス―カエサルに敗れた大武将　ほか）　4 最盛期―最盛期のローマ（ゲルマニクス―夭逝した理想のプリンス　ネロ―気弱な犯罪者だった暴君　ほか）　5 衰亡期―衰亡期のローマ（ガリエヌス―動乱期の賢帝　ディオクレティアヌス―混乱を鎮めた軍人皇帝　ほか）

＊ローマの歴史には、独裁も革命もクーデターもあり、「パクス・ロマーナ」と呼ばれた平和な時代もあった。君主政も共和政も貴族政もポピュリズムもあり、多神教も一神教もあった。まさに「歴史の実験場」であり、教訓を得るのに、これほどの素材はない。歴史を学ぶには制度や組織は無視できないが、そこに人間が存在したことを忘れてはならないだろう。本書は、一〇〇〇年を超えるローマ史を五つの時代に分け、三二人の生涯と共に追うものである。賢帝あり、愚帝あり、英雄から気丈な女性、医学者、宗教家まで。壮大な歴史叙事詩であり、歴史は人なり―を実感する一冊。

◇ローマ皇帝伝　上　スエトニウス著，国原吉之助訳　岩波書店　2018.5　339p　15cm　（岩波文庫）　970円　①4-00-334401-4　Ⓝ232.8

内容　第1巻　カエサル　第2巻　アウグストゥス　附録　神君アウグストゥスの業績録　第3巻　ティベリウス

＊カエサル（シーザー）からドミティアヌス帝まで、帝政ローマに君臨した元首12人の伝記集。著者スエトニウス（70頃‐130頃）は皇帝付きの秘書官。公文書のみならず、同時代の世評・諷刺・落書の類まで細大もらさず渉猟し、ふんだんに散りばめられた逸話は皇帝の知られざる個人生活にまで及ぶ。本邦初の完訳版。(全2冊)

アウルス・ウィテッリウス
⇒ウィテリウス　を見よ

アウレリアヌス〔214～275〕
Lucius Domitius Aurelianus

◇ローマ皇帝群像　4　アエリウス・スパルティアヌス他著，井上文則訳・解題　京都　京都大学学術出版会　2014.9　323,53p　20cm＋（西洋古典叢書 L025）〈付属資料：8p：月報 109　布装　年表あり　索引あり〉　3700円　①978-4-87698-486-2　Ⓝ232.8

内容　神君クラウディウスの生涯（トレベリウス・ポリオ）　神君アウレリアヌスの生涯（シラクサのフラウィウス・ウォピスクス）　タキトゥスの生涯（シラクサのフラウィウス・ウォピスクス）　プロブスの生涯（シラクサのフラウィウス・ウォピスクス）　フィルムス、サトゥルニヌス、プロクルス、ボノスス、すなわち四人の僭称帝たちの生涯（シラクサのフラウィウス・ウォピスクス）　カルス、カリヌス、ヌメリアヌスの生涯（シラクサのフラウィウス・ウォピスクス）

＊軍人皇帝時代も後半に入り危機克服の兆しが現われる。異色のローマ皇帝伝記集、堂々の完結！本邦初訳。

アウン・サン・スー・チー〔1945～〕
Aung San Suu Kyi

◇アウンサンスーチーのビルマ民主化と国民和解への道　根本敬著　岩波書店　2015.1　187,15p　19cm　（岩波現代全書 051）〈文献あり　年譜あり　年表あり〉　1900円　①978-4-00-029151-4　Ⓝ312.238

内容　序章（来日時の発言から　ビルマの「変化」とアウンサンスーチー　ほか）　第1章　半生を振り返る（「独立の父」アウンサンの娘　少女時代　ほか）　第2章　思想の骨格（恐怖から自由になること　「正しい目的」と「正しい手段」　ほか）　第3章　非暴力で「暴力の連鎖」を断つ（戦術としての非暴力　「暴力の連鎖」としてのビルマ近現代史　ほか）　第4章　国民和解への道のり（二〇一一年三月の「民政移管」と〇八年憲法体制　下院議員となる　ほか）

＊かつてビルマ軍政が最も恐れたアウンサンスーチー。長期にわたる自宅軟禁、暗殺の危機、そして夫との死別…。それでも彼女はビルマの民主化と国民和解への希望を捨てることはなかった。二〇一〇年一一月、六五歳で自宅軟禁から最終的に解放され、現在は下院議員として活動するアウンサンスーチーの思想の骨格を浮き彫りにし、彼女が目指すビルマの未来を展望する。

◇アウンサンスーチーのミャンマー　房広治著　木楽舎　2016.3　205p　19cm　〈他言語標題：Daw Suu's Myanmar〉　1500円　①978-4-86324-097-1　Ⓝ289.3

内容　序章　運命の出会い　第1章　下宿先の大家さん　第2章　M&Aで凱旋帰国　第3章　ファンド・オブ・ザ・イヤーへの道　第4章　軟禁、軟禁、また軟禁　第5章　27年ぶりの再会　第6章　ミャンマー版明治維新への挑戦　第7章　ミャンマー版三菱の創設　第8章　アウンサンスーチーとの約束

＊一人の日本人インベストメントバンカーがミャンマーに「明治維新」を起こそうとして立ち上がる。果たして奇跡は現実のものになるのか…。

◇世界を変えた10人の女性―お茶の水女子大学特別講義　池上彰著　文藝春秋　2016.5　344p　16cm　（文春文庫 い81-6）　670円　①978-4-16-790619-1　Ⓝ280

内容　第1章　アウンサンスーチー―政治家　第2章　アニータ・ロディック―実業家　第3章　マザー・テレサ―カトリック教会修道女　第4章　ベティ・フリーダン―女性解放運動家　第5章　マーガレット・サッチャー―元英国首相　第6章　フローレンス・ナイチンゲール―看護教育学者　第7章　マリー・キュリー―物理学者・化学者　第8章　緒方貞子―元国連難民

高等弁務官　第9章　ワンガリ・マータイ―環境保護活動家　第10章　ベアテ・シロタ・ゴードン―元GHQ職員
* 近現代史を塗り変える仕事をした女性達。その生涯と業績、賛否分かれる評価を池上教授が解説し女子学生達と徹底討論。「田中真紀子」説もあるアウンサンスーチー、「中絶否定」が論議を呼んだマザー・テレサ、不倫でバッシングされたマリー・キュリー。意外な側面も見ることで人間と歴史への理解が深まる真の啓蒙書と呼ぶべき一冊。

◇ミャンマー権力闘争―アウンサンスーチー、新政権の攻防　藤川大樹、大橋洋一郎著
KADOKAWA　2017.2　219p　19cm　1500円
①978-4-04-104832-0　Ⓝ312.238
内容　序章　英雄か、独裁者か　第1章　闘争の幕開け　第2章　日本軍が育てた英雄　第3章　英国とミャンマーの狭間で　第4章　NLD結党秘話　第5章　自宅軟禁　第6章　解放　終章　最後の闘い
* ミャンマー、ノーベル平和賞受賞者のアウンサンスーチーが実権を握る新政権が誕生した国。長きにわたる軍事政権からの転換により、民主化だけでなく、東南アジア「最後のフロンティア」として経済の伸張にも目が注がれている。軍事政権の弾圧に耐え続けたアウンサンスーチーの人気は、もはや宗教的な崇拝に近い。だが、外交関係者からは「頑固」という声も漏れる。その力量は、まだベールに包まれている。日本、英国、ミャンマーで彼女の知人や友人を訪ね、知られざる素顔に迫り、国軍との「権力闘争」の行方を占う!!新たな独裁者か、偉大な改革者か!?

アエミリウス・パウルス
⇒パウルス・マケドニクス, L.A. を見よ

アガンベン, G. 〔1942～〕 Agamben, Giorgio
◇アガンベンの名を借りて　高桑和巳著　青弓社
2016.4　354p　19cm　〈表紙のタイトル：Sotto il nome di Agamben　索引あり〉
3000円　①978-4-7872-1052-4　Ⓝ137
内容　「収容所時代」の生政治を問う―ジョルジョ・アガンベンの政治哲学（二〇〇〇年）　ジョルジョ・アガンベンの政治的思考―『人権の彼方に』から出発して（二〇〇〇年）　その他の人々を見抜く方法―ジョルジョ・アガンベンと藤子・F・不二雄（二〇〇四年）　バートルビーの謎（二〇〇五年）―デリダとバートルビー（二〇〇四年）　マーティン・ルーサー・キング, ジュニアの時間（二〇〇六年）　剥き出しの生と欲望する機械―ドゥルーズを通して見るアガンベン（二〇〇八年）　フーコーとアガンベン―奇妙な文献学者の系譜（二〇〇八年）　アガンベンとイメージ―『ニンファその他のイメージ論』への解説（二〇一五年）　『ホモ・サケル』、『例外状態』、新安保法制（二〇一七年）
* アガンベンの著書を翻訳して広く紹介している第一人者の論文や、訳書に寄せた解題、書評、発表、コメント、スピーチなどを集成した、アガンベンの思想を理解する入門書であり、同時に、アガンベンの思考を借りて現代の文化や政治を考える最良の哲学レッスンの書。

◇アガンベンの身振り　岡田温司著　調布　月曜社　2018.7　174p　18cm　〈シリーズ〈哲学への扉〉〉〈著作目録あり〉　1500円　①978-4-86503-058-7　Ⓝ137
内容　「ホモ・サケル」計画とは何か？　アガンベンはハイデガーをどのように読んでいるのか？（「現存在」と「声」　「芸術作品の根源」と「リズム」ほか）　アガンベンの身振り―ハイデガーとベンヤミンのあいだで（インファンティアと「言語活動の経験/実験」　言語と政治の閾で――九八〇年代のアガンベン　ほか）　アガンベンとフランス現代思想（「グラマトロジー」批判　「決定不可能性」をめぐって　ほか）　「人間とは映画を見に行く動物のことである」―アガンベンと映画
* 国境を越えて活躍するイタリアの哲学者、ジョルジョ・アガンベンとは何者か。20年にわたる"ホモ・サケル"計画が完結し―正確に言えば"放棄"され―、近年には初の自伝『書斎の自画像』が出版された。これらを機に、"ホモ・サケル"全4巻9分冊とはいったい何だったのかをあらためて振り返り、その他の著作も再読することによって、自伝におけるアガンベンの告白「わたしはエピゴーネンである」の真意を探るとともに、ドイツの哲学者（ハイデガー、ベンヤミン）やフランスの哲学者（フーコー、ドゥルーズ、デリダ）たちとの、屈折した特異な関係にも迫る。

アキテーヌ女公
⇒アリエノール・ダキテーヌ を見よ

アクィナス, トマス
⇒トマス・アクィナス を見よ

アクスリー, B.
◇小山秀一終わりなき挑戦！―アスクのヒューマンマーケティング戦略　小山秀一著　〔長野〕信濃毎日新聞社（発売）　2015.2　207p　21cm　1500円　①978-4-7840-8804-1　Ⓝ674.4
内容　1章　小山秀一の生い立ち　2章　信濃毎日新聞社時代での活躍　3章　なぜアスクを　4章　人生を変えたブライアン・アクスリー氏との出会い　5章　小山秀一の社会的貢献活動　6章　アスク新たな未来に向かって
* 株式会社アスク創立30周年記念出版。前に転ぶ！七転び八起きの人生。

アクセリロード, P. 〔1850～1928〕 Akselrod, Pavel Borisovich
◇レーニンの誤りを見抜いた人々―ロシア革命百年、悪夢は続く　鈴木肇著　恵雅堂出版　2014.11　233p　18cm　〈年表あり　文献あり〉
1060円　①978-4-87430-039-8　Ⓝ238.07
内容　ロシア社民主義の英才ポトレソフ―レーニンの同志から政敵へ／親西欧・「祖国防衛派」を率いる　ロシア社民主義の父アクセリロード―「反レーニン、反故郷」を貫く／柔軟な戦術家、広い国際人脈　栄冠を取り戻すプレハーノフ―レーニンの危険性を見破る／亡命37年、祖国防衛の愛国者に　マルクス学大家の明暗―リャザーノフとニコラエフスキー　改革一筋の人・オーストリア社民党―過激ロシアで良識を貫く　ドイツとロシアの社民党―深い絆をレーニンが断つ／「右派」の力が明暗を分ける　救国思想家ストルーヴェ

を知ろう―独裁と戦い、自由保守主義を大成　レーニンも恐れた名将ウランゲリ―クリミア撤退で十四万人余を救う/ロシア国内戦史の大逆転を

アグリッピナ〔15～59〕Agrippina, Julia

◇王妃たちの最期の日々　上　ジャン＝クリストフ・ビュイッソン, ジャン・セヴィリア編，神田順子, 土居佳代子, 谷口きみ子訳　原書房　2017.4　240p　20cm　2000円　①978-4-562-05385-8　Ⓝ288.493

内容　1 破れた夢―クレオパトラ/アレクサンドリア、紀元前三〇年八月　2 殺された殺人者―アグリッピナ/ナポリ湾にて、五九年三月　3 責め苦を受けて果てた王妃―ブルンヒルド/ルネーヴ、六一三年　4 高齢のカ―アリエノール・ダキテーヌ/ポワティエ、一二〇四年三月三一日　5 敬虔なキリスト教徒としての死―カトリック女王イサベル一世/メディナ・デル・カンポ、一五〇四年一一月二六日　6 斬首された女王―メアリ・ステュアート/フォザリンゲイ、一五八七年二月八日　7 孤独な most后―カトリーヌ・ド・メディシス/ブロワ、一五八九年一月五日　8 かくも長き臨終の苦しみ―アンヌ・ドートリッシュ/パリ、一六六六年一月二〇日　9 プロテスタントに生まれカトリックとして死す―スウェーデン女王クリスティーナ/ローマ、一六八九年四月一九日　10 模範的な死―マリア＝テレジア/ウィーン、一七八〇年一一月二八日

＊クレオパトラ、メアリ・ステュアート、カトリーヌ・ド・メディシス、マリア＝テレジア…尊厳、狂気、孤独、幽閉…世界史に大きな影響をあたえたさまざまな人生と運命を描く物語!

アゲシラオスⅡ〔444～360B.C.〕Agesilaus Ⅱ

◇英雄伝　4　プルタルコス著，城江良和訳　京都　京都大学学術出版会　2015.5　573p　20cm　〈西洋古典叢書 G089〉〈布装　付属資料：8p・月報 114〉　4600円　①978-4-87698-910-2　Ⓝ283.1

内容　キモンとルクルス（キモン　ルクルス　キモンとルクルスの比較）　ニキアスとクラッスス（ニキアス　クラッスス　ニキアスとクラッススの比較）　セルトリウスとエウメネス（セルトリウス　エウメネス　セルトリウスとエウメネスの比較）　アゲシラオスとポンペイユス（アゲシラオス　ポンペイユス　アゲシラオスとポンペイユスの比較）

＊アレクサンドロスの書記官エウメネスやローマ共和政末期の政治家ポンペイユスら傑物たちの事績を伝える。

アジャータシャトル〔494?～459?B.C.〕Ajātaśatru

◇阿闍世のすべて―悪人成仏の思想史　永原智行著　京都　法藏館　2014.9　318p　22cm　〈文献あり　年譜あり〉　3000円　①978-4-8318-8730-6　Ⓝ182.25

内容　第1部 仏教文献に見える阿闍世物語（阿闍世物語の概要　『沙門果経』に説かれる阿闍世物語　律蔵に説かれる阿闍世物語　『仏説阿闍世王経』その他に説かれた阿闍世物語　『涅槃経』に説かれる阿闍世物語　『観無量寿経』に説かれる安闍世物語―五逆・誹法の悪人の救い）　第2部 悪人成仏の思想史（阿闍世物語にみる悪人成仏の経典史　善導以前の悪人成仏の思想　善導の悪人成仏の提唱　親鸞による悪人成仏の確立）

＊父親殺しの阿闍世について、悪人でも救われるという教えから、悪人阿闍世は悪人の救済の目当てと進化する。悪人でも救われるという考えは、悪人正機を説く親鸞によって大転換する。そのプロセスを検討した。

アストリッド・ド・スエード〔1905～1935〕Astrid de Suède

◇王妃たちの最期の日々　下　ジャン＝クリストフ・ビュイッソン, ジャン・セヴィリア編，神田順子, 土居佳代子, 山川洋子訳　原書房　2017.4　228p　20cm　2000円　①978-4-562-05386-5　Ⓝ288.493

内容　11 トリアノンから断頭台へ―マリー＝アントワネット/パリ、一七九三年一〇月一六日　12 息子の復讐―ロシアのエカチェリーナ二世/サンクトペテルブルク、一七九六年一一月六日（太陽暦一一月一七日）　13 皇后の二度の死―ジョゼフィーヌ・ド・ボアルネ/リュエイユ＝マルメゾン、一八一四年五月二九日　14 苦しみつづけ、さまよいつづける魂の飛翔―オーストリア皇妃エリーザベト（愛称シシ）/ジュネーヴ、一八九八年九月一〇日　15 一つの時代の終焉―ヴィクトリア女王/ワイト島、オズボーン・ハウス、一九〇一年一月二二日　16 呪われた王妃―ドラガ・オブレノヴィチ/ベオグラード、一九〇三年六月一一日　17 ロマノフ朝最後の皇后の死にいたる苦難の道―アレクサンドラ・フョードロヴナ/エカテリンブルク、一九一八年七月一七日　18 フランス最後の皇后―ウジェニー・ド・モンティジョ/マドリード、一九二〇年七月一一日　19 精神を闇に閉ざされての六〇年―シャルロッテ・フォン・ベルギエン/バウハウト城、一九二七年一月一九日　20 あまりに不尽な死―ベルギー王妃アストリッド/キュスナハト・アム・リギ、一九三五年八月二九日

＊マリー＝アントワネット、エカチェリーナ2世、ジョゼフィーヌ、エリーザベト（シシ）…信仰心、病魔、処刑台…世界史に大きな影響をあたえたさまざまな人生と運命を描く物語!

アタテュルク, M.K.〔1881～1938〕Atatürk, Mustafa Kemâl

◇ケマル・アタテュルク―トルコ国民の父　設樂國廣著　山川出版社　2016.8　108p　21cm　〈世界史リブレット人 86〉〈文献あり　年譜あり〉　800円　①978-4-634-35086-1　Ⓝ226.6

内容　トルコ国民の父　1 かげりゆくオスマン帝国　2 祖国解放への道のり　3 トルコ共和国の成立と整備　4 近代国家をめざして

＊ムスタファ・ケマル・アタテュルクは第一次世界大戦で敗北し崩壊寸前のオスマン帝国でアナトリアとルメリーのトルコ人を救済すべく祖国解放運動を展開し、新たにトルコ共和国を樹立して初代大統領となった人物である。彼は戦勝国のトルコ人を否定するような過酷なセーヴル条約を破棄させ、ローザンヌ条約を締結してイスラーム的オスマン帝国と決別したトルコ人の近代的国民国家を成立させた。さらに彼の指導したトルコ革命は、住民

交換により人口の9割以上のイスラーム教徒を有しながらも政教分離の西欧的世俗国家を生み出したのである。

アタナソフ, J.V. 〔1903～1995〕
Atanasoff, John Vincent

◇コンピュータに記憶を与えた男―ジョン・アタナソフの闘争とコンピュータ開発史　ジェーン・スマイリー著，日暮雅通訳　河出書房新社　2016.11　250,9p　20cm　〈文献あり〉　2400円　①978-4-309-25358-9　Ⓝ548.2

＊チューリング、フォン・ノイマン、ツーゼ、フラワーズ、ニューマン、モークリー＆エッカート、そして本書の主人公ジョン・アタナソフ―コンピュータ発明史は単なる発明の物語におさまらない、知性のはたらきや世界の動きまでを語る一大歴史物語だった。ピューリッツァー賞作家が描く、スリリングな傑作理系ノンフィクション！

アダムズ, H. 〔1838～1918〕 Adams, Henry

◇ヘンリ・アダムズとその時代―世界大戦の危機とたたかった人々の絆　中野博文著　彩流社　2016.3　255p　19cm　（フィギュール彩 49）〈他言語標題：HENRY ADAMS AND HIS TIMES　索引あり〉　1900円　①978-4-7791-7057-7　Ⓝ253.065

[内容] ファースト・レディとレディ・リンゼイ―一九三九年、イギリス国王夫妻の訪米　クローヴァの青春　アダムズ家の人々―平和と和解のための戦い　祖国復興の理想　首都ワシントンの社交界と政党組織　アダムズ夫妻にとっての日本　異境への旅立ち　一九世紀末フランスから見た世界　門戸開放通牒に込められた思い　崩壊してゆく世界のなかで　世界大戦の勃発　託された希望―エレノアとエリザベス

＊ヘンリ・アダムズは19世紀のアメリカに生まれ、外交官、ジャーナリストとして働いた人である。彼は急死した妻クローヴァを偲んで明治期の日本と太平洋を旅し、衝撃的な体験をする。新しい文明観を身につけた彼のもとには、魅力的な若者たちが集う。中国奥地を探検した元フランス軍将校W.W.ロックヒル。西部の荒野でカウボーイ暮らしをしたシオドア・ローズヴェルト。イギリス外交官で詩人のセシル・スプリング＝ライス。彼らはいずれも日露戦争の講和で立役者となる人々であった。本書はこうしたアダムズ夫妻とその友人たちの人生の軌跡を追い、世界平和のために戦った人々の活躍を描いたものである。

◇横断する知性―アメリカ最大の思想家・歴史家ヘンリー・アダムズ　岡本正明著　近代文藝社　2016.11　286p　20cm　〈文献あり　索引あり〉　2300円　①978-4-7733-8022-4　Ⓝ289.3

[内容] 第1部　横断する知性（重ね書きされる羊皮紙―アダムズの『アメリカ史』を読む　教会を読むアダムズ―横断と切断　「近代」を嗤う―ヘンリー・アダムズの「教育」）　第2部　『ヘンリー・アダムズの教育』補記（空白の（削除された）二〇年　海をへだてた南北戦争―ヘンリー・アダムズの「外交教育」の背景）　第3部　中世のほうへ（教会の解剖学―アダムズとシャルトル　中世を「横断」する　「聖母マリア崇拝」を軸として　ヘンリー・アダムズの中世文学史―『モン・サン・ミシェルとシャルトル』再考　『ヘンリー・アダムズの教育』エピローグ―晩年の一〇年可）

＊思想家・歴史家は、100年の時を超えて、今あざやかに甦る！ヘンリー・アダムズの全体像を解明した、わが国初の本格的研究書。

アダムズ, J.Q. 〔1767～1848〕
Adams, John Quincy

◇アメリカ歴代大統領大全　第1シリーズ〔5〕建国期のアメリカ大統領 5（ジェームズ・モンロー伝記事典　ジョン・クインジー・アダムズ伝記事典）　西川秀和著　岡山　大学教育出版　2017.5　297p　22cm　〈年譜あり　年表あり〉　3600円　①978-4-86429-174-3　Ⓝ312.8

[内容] ジェームズ・モンロー（概要　出身州/生い立ち　家庭環境　学生時代　職業経験　大統領選挙戦　政権の特色と課題　副大統領/閣僚/最高裁長官　引退後の活動/後世の評価　ファースト・レディ/子ども　趣味/エピソード/宗教　演説　日本との関係）　ジョン・クインジー・アダムズ

アダムズ, S. 〔1722～1803〕 Adams, Samuel

◇アメリカ独立の光と翳　今津晃著　清水書院　2018.4　243p　19cm　（新・人と歴史拡大版 23）〈1976年刊の表記や仮名遣い等一部を改めて再刊　文献あり　年譜あり　索引あり〉　1800円　①978-4-389-44123-4　Ⓝ253.04

[内容] プロローグ―独立は宣言された！　1　ジョージ・ワシントン―農園主から将軍へ　2　サミュエル・アダムズ―「アメリカ革命のカトー」　3　ジョン・ディキンソン―和解派の闘将　4　トマス・ハッチンソン―国王の召使を自任して　5　ジョーゼフ・ギャロウェイ―執念に生きた王党派　エピローグ―独立とは何であったのか？

＊歴史が大きく旋回する時、個人や集団の明暗も一層増幅された形で現れてくる。それは、アメリカ独立の舞台に登った主演者たちのうえにも、さまざまな陰影を描いている。ある者は、愛国派としての信念を貫いて独立の歓喜にひたり、また、ある者は、王党派としての悲哀を味わい亡命先の異郷で果てた。本書は、こうした激動の時代を生きた、かれらの喜怒哀楽を描くことによって、人物史からなるアメリカ革命史像を構成し、現代アメリカの源流を鋭く探った力作である。

アダリオ, L. 〔1973～〕 Addario, Lynsey

◇愛は戦渦を駆け抜けて―報道カメラマンとして、女として、母として　リンジー・アダリオ著，堀川志野舞訳　KADOKAWA　2016.9　404p　20cm　1900円　①978-4-04-103536-8　Ⓝ740.253

[内容] プレリュード　二〇一一年三月―リビア、アジュダビヤ　第1部　世界を知る―コネチカット、ニューヨーク、アルゼンチン、キューバ、インド、アフガニスタン（ニューヨークでは、二度目のチャンスはない　子どもは何人いる？　アメリカは戦争の最中にある）　第2部　9・11後の歳月―パキスタン、アフガニスタン、イラク（あなたたちアメリカ人は、いまや招かれざる客です　銃弾については心配していない　頼むから、傷つけるつもりはないとその女に

伝えてくれ）　第3部　バランスのようなもの―スーダン、コンゴ、イスタンブール、アフガニスタン、パキスタン、フランス、リビア（女性は生まれついた土地の犠牲になっている　きみは自分の仕事をして、終わったら帰ってこい　世界で最も危険な場所　運転手は息を引き取った）　第4部　生と死―リビア、ニューヨーク、インド、ロンドン（おまえは今夜死ぬんだ　彼という兄弟をなくして、無念でならない　旅は控えたほうが良いでしょう　ルーカス）　後記　イラク再訪

*職業、フォトジャーナリスト。主な職場は、戦場。写真一枚が十ドルで売れたのをきっかけに、趣味のカメラで生計を立てられると知ったのは二十二歳の頃。フリーの通信員としてキャリアを積んだ二〇〇一年。9・11が世界を変え、対テロ戦争が彼女を戦場カメラマンへと導いた。アフガニスタン、イラク、スーダン、リビアなどを巡り、写真一枚のために命を賭ける生活を続けて十五年。その間に、伴侶も子どもも得た。仕事に伴うリスクから難しい選択を何度も迫られても、彼女はこの仕事を「わたしの幸せ」と自信をもって言う。仕事の幸せも、日常の幸せも諦めなかったジャーナリストの半生記。

アックマン, W.A.〔1966～〕
Ackman, William Albert

◇リスク・テイカーズ―相場を動かす8人のカリスマ投資家　川上穣著　日本経済新聞出版社　2014.10　302p　19cm　〈文献あり　年表あり〉　1800円　①978-4-532-35620-0　Ⓝ338.18

内容　第1章　大物アクティビストの日本上陸―ダニエル・ローブ　第2章　世界最高の稼ぎ手―デイビッド・テッパー　第3章　リーマン危機の予言者―デイビッド・アインホーン　第4章　改革の伝道師か、不幸の使者か―ビル・アックマン　第5章　中国に挑む空売り王―ジム・チェイノス　第6章　世界最大のヘッジファンド―レイ・ダリオ　第7章　日本国債売りの急先鋒―カイル・バス　第8章　オマハの賢人、バリュー投資を語る―ウォーレン・バフェット　終章　カリスマ投資家の時代

*ローブ、ダリオ、バフェットら8人で投資総額30兆円！ 巨額の利益を稼ぎ出す孤高の投資家の知られざる素顔。

◇40兆円の男たち―神になった天才マネジャーたちの素顔と投資法　マニート・アフジャ著, 長尾慎太郎監修, スペンサー倫亜訳　パンローリング　2015.3　415p　20cm　（ウィザードブックシリーズ 224）　2800円　①978-4-7759-7184-0　Ⓝ338.8

内容　第1章　レイ・ダリオ―グローバルマクロの達人　第2章　ピエール・ラグランジュとティム・ウォン―人間対マシン　第3章　ジョン・ポールソン―リスクアービトラジャー　第4章　マーク・ラスリーとソニア・ガードナー―ディストレス債券の価値探求者　第5章　デビッド・テッパー―恐れない先発者　第6章　ウィリアム・A.アックマン―アクティビストの答え　第7章　ダニエル・ローブ―毒舌で有名なマネジャーの探偵　第8章　ジェームズ・チェイノス―金融界の探偵　第9章　ボアズ・ワインシュタイン―デリバティブの草分け

*ヘッジファンドのマネジャーはポジションの評価を行ったりファンドの利益を増やそうと考えるときに、どのような投資基準で判断を下し、そしてどのような戦略を使っているのか―これまで語られなかった内容を、大物のマネーマネジャーたちが自らの言葉で語っている。本書の著者であるマニート・アフジャはCNBCのヘッジファンド専門家としてマーケットの達人に顔が広い。最新作である本書のなかで、その達人たちの半生を初めて公にしたという点で、本書は革新的である。本書は超一流のファンドマネジャーとの対談を収録し、謎の多いヘッジファンド業界を広く紹介している

アッピウス・クラウディウス・カエクス〔340～273B.C.〕 Appius Claudius Caecus

◇ローマ帝国人物列伝　本村凌二著　祥伝社　2016.5　303p　18cm　（祥伝社新書 463）　840円　①978-4-396-11463-3　Ⓝ283.2

内容　1　建国期―建国期のローマ（ブルトゥス―共和政を樹立した初代執政官　キンキナトゥス―ワシントンが理想とした指導者　ほか）　2　成長期―成長期のローマ（アッピウス―インフラ整備など、類稀なる先見性　ファビウス―耐えがたきを耐える「ローマの盾」　ほか）　3　転換期―転換期のローマ（クラッスス―すべてを手に入れた者が欲したもの　大ポンペイウス―カエサルに敗れた大武将　ほか）　4　最盛期―最盛期のローマ（ゲルマニクス―夭逝した理想のプリンス　ネロ―気弱な犯罪者だった暴君　ほか）　5　衰亡期―衰亡期のローマ（ガリエヌス―動乱期の賢帝　ディオクレティアヌス―混乱を鎮めた軍人皇帝　ほか）

*ローマの歴史には、独裁も革命もクーデターもあり、「パクス・ロマーナ」と呼ばれた平和な時代もあった。君主政も共和政も貴族政もポピュリズムもあり、多神教も一神教もあった。まさに「歴史の実験場」であり、教訓を得るのに、これほどの素材はない。歴史を学ぶには制度や組織は無視できないが、そこに人間が存在したことを忘れてはならないだろう。本書は、一〇〇〇年を超えるローマ史を五つの時代に分け、三二人の生涯と共に追うものである。賢帝あり、愚帝あり、英雄から気丈な女性、医学者、宗教家まで。壮大な歴史叙事詩であり、歴史は人なり―を実感する一冊。

アーディゾーニ, E.〔1900～1979〕
Ardizzone, Edward

◇エドワード・アーディゾーニ　若き日の自伝　エドワード・アーディゾーニ著, 阿部公子訳　こぐま社　2015.5　175p　26cm　〈著作目録あり〉　3200円　①978-4-7721-9056-5　Ⓝ726.501

内容　イースト・バーゴルト　祖母とイースト・バーゴルトで　冬と夏　母の帰国と父の記憶　イプスウィッチ　ウォーキンガム　クレイズモア　戦時のクレイズモア　休暇を祖母と過ごす　バース　仕事　ダンスの日々　上首尾

*20世紀を代表するイギリスの絵本作家、挿絵画家のエドワード・アーディゾーニの、幼少期から青春の日々を描いた自伝です。ベトナムのハイフォンで5人きょうだいの長男として生まれ、5歳のときにイギリスの片田舎の村に母や妹たちと移ってきたところから、代表作『チムとゆうかんなせんちょうさん』が出版され、成功を収めるまでの前半生が、ふんだんなペン画の挿絵入りで語られます。

母方の曾祖父が絵の達者な船長だったこと、母が外国にいる父と暮らすために何年も家を留守にし、祖母と妹たちと暮らした日々、寄宿学校でいじめられっ子だったこと、港で遊んで船員たちに船に乗せてもらったことなど、後の作品とも繋がる少年時代の日々がリアルに描かれていて、興味が尽きません。また、100年前のイギリス社会の日常が挿絵付きで見られるという意味でも、貴重な資料となることでしょう。

アドラー, A. 〔1870〜1937〕 Adler, Alfred

◇比べてわかる！ フロイトとアドラーの心理学 和田秀樹著 青春出版社 2014.8 187p 18cm （青春新書INTELLIGENCE PI-430）〈文献あり〉 900円 ①978-4-413-04430-1 Ⓝ146.13

内容 序章 "役に立つ" 心理学へ―なぜ今、アドラー心理学なのか 1章 二つの心理学の出会い―共同研究者としてのフロイトとアドラー 2章 ぶつかる心理学―そして、みなフロイトから去っていく？ 3章 否定されるフロイト、忘れ去られたアドラー 4章 そして再評価されるアドラーとフロイト 5章 心理学は今、どこまで人の心を癒やせるようになったか 終章 フロイト・アドラーから100年、より良く生きるための心理学

＊「無意識」「コンプレックス」…なんてもはや時代遅れ？ 共同研究者から対極の道へ―2大巨匠のその後から、心理学の「いま」が見えてくる！

◇面白くてよくわかる！ アドラー心理学―よりよく生きるための大人の教科書 星一郎監修 アスペクト 2015.1 188p 19cm 〈文献あり 索引あり〉 1400円 ①978-4-7572-2352-3 Ⓝ146.1

内容 1章 アドラーの送った人生 2章 人は目的を遂げるために生きる～4つの基本理論1 3章 すべての悩みは対人関係の中にある～4つの基本理論2 4章 生き方を決める「ライフスタイル」 5章「劣等感」は幸福の鍵にもなる 6章「育てる」ことと「教える」こと 7章 アドラー心理学のセラピーとカウンセリング

＊「なぜ（Why？）」ではなく、「どうしたら（How to？）」が人を育む。人は誰しも、何らかの劣等感を持っている。劣等感の克服には、「目標」が必要。「目標」の達成には、「勇気づけ」が力になる。人は認められて、自立への第一歩を踏み出す。

◇アドラー珠玉の教え―自分の人生を最高に生きる77のヒント 永江誠司［著］ 講談社 2016.4 202p 18cm （講談社＋α新書 508-3C）〈文献あり〉 840円 ①978-4-06-272936-9 Ⓝ146.1

内容 序章 アルフレッド・アドラー―その人と心理学 第1章 劣等感―不完全な自分を受け入れる 第2章 目的論―はじめに目的ありき 第3章 自己決定性―自分の人生は自分が決める 第4章 共同体感覚―人のために何ができるか 第5章 ライフスタイル―自分らしい生き方 第6章 愛―愛は最も困難な課題である 第7章 勇気づけ―横の関係で人は育つ 終章 人生の幸せ―幸せに生きるには条件がある

＊この本では、「劣等感」「目的論」「自己決定性」「共同体感覚」「ライフスタイル」「ライフタスク」、そして「勇気づけ」の七つのキーワードを取り上げ、それに関わるアドラーの言葉を七十七個引用して、そ

の教えをわかりやすく解説していく。そして、そこから自分の人生を最高に生きるアドラーの教えの秘密を明らかにしていこうと思う。「人生の幸せ」は、アドラーの教えが目標とする鍵の概念である。「情けは人の為ならず」というが、人の幸福が自分の幸福として還ってくる。この構図が、アドラーの幸福の原理にも働いている。

◇アドラーをじっくり読む 岸見一郎著 中央公論新社 2017.7 237p 18cm （中公新書ラクレ 586） 800円 ①978-4-12-150586-6 Ⓝ146.1

内容 アドラーの人生と執筆活動 アドラー心理学の独創性『個人心理学講義-生きることの科学』大切なのは「これから」『生きる意味を求めて』 遺伝や環境のせいにするな『人生の意味の心理学』 汝自身を知れ『人間知の心理学』 タイプ分けにご用心『性格の心理学』 人生の課題から逃げる人たち『人はなぜ神経症になるのか』 子どものためにできること『教育困難な子どもたち』 罰でもなく、甘やかしでもなく『子どもの教育』『子どものライフスタイル』 自分自身を受け入れるには？『個人心理学の技術1 - 伝記からライフスタイルを読み解く』『個人心理学の技術2 - 子どもたちの心理を読み解く』 他人の評価は気にするな『勇気はいかに回復されるのか』 それは「衝動」だけでなく…『恋愛はいかに成就されるのか』

＊ミリオンセラー『嫌われる勇気』のヒットを受けて、アドラー心理学の関連書が矢継ぎ早に出版された。しかもビジネス、教育・育児など分野も多岐にわたっている。だが、一連の本の内容や、著者に直接寄せられた反響を見ると、誤解されている節が多々あるという。そこで本書は、アドラー自身の原著に立ち戻る。その内容をダイジェストで紹介しながら、深い理解をめざす。アドラーの著作を多数翻訳した著者ならではの、完全アドラー読書案内。

アドルノ, G. 〔1902〜1993〕 Adorno, Gretel

◇ヴァルター・ベンヤミン/グレーテル・アドルノ往復書簡―1930-1940 ヴァルター・ベンヤミン, グレーテル・アドルノ著, ヘンリー・ローニツ, クリストフ・ゲッデ編, 伊藤白, 鈴木直, 三島憲一訳 みすず書房 2017.11 396,6p 22cm 〈索引あり〉 7800円 ①978-4-622-07989-7 Ⓝ945.7

＊婚約者アドルノを14年間待ち続けた孤独なビジネスウーマン。亡命し困窮の中で思考を深めた知的アヴァンギャルド。ファシズムの荒れ狂う時代に、情熱と友情の間を揺れうごく180通を初公刊。

アドルノ, T. 〔1903〜1969〕 Adorno-Wiesengrund, Theodor Ludwig

◇ヒトラーと哲学者―哲学はナチズムとどう関わったか イヴォンヌ・シェラット著, 三ツ木道夫, 大久保友博訳 白水社 2015.1 362,60p 20cm 〈文献あり 索引あり〉 3800円 ①978-4-560-08412-0 Ⓝ134.9

内容 第1部 ヒトラーの哲学者（ヒトラー―「天才的バーテンダー」 毒入りの杯 協力者たち ヒトラーを支えた法哲学者―カール・シュミット ヒトラーの超人―マルティン・ハイデガー） 第2部 ヒトラー

の対抗者(悲劇―ヴァルター・ベンヤミン 亡命―テオドーア・アドルノ ユダヤ人女性―ハンナ・アーレント 殉教者―クルト・フーバー ニュルンベルク裁判とその後)

＊思想と行動をめぐる迫真の哲学ノンフィクション。カント以降の反ユダヤ的言辞を跡づけた上で、ナチスに加担した者と迫害された者の生き方を描き出す注目作。哲学することの倫理的基盤を問う。

◇アドルノ　小牧治著　新装版　清水書院　2016.3　225p　19cm　（Century Books―人と思想 148）〈文献あり 年譜あり 索引あり〉　1200円　Ⓘ978-4-389-42148-9　Ⓝ134.9

[内容] 音楽的な家庭環境　音楽と哲学　キルケゴール論―美的なものの構成　時代の波―私講師からイギリス亡命　アメリカ亡命　啓蒙(文明)の野蛮化の省察―『啓蒙の弁証法』ドイツ帰還　ミニマ・モラリア(小倫理学)―傷ついた生活裡の省察　音楽論　諸哲学思想に対する対応と批判　『否定弁証法』学生との対決　悲劇的な死去と葬送　遺作、『美の理論』　アドルノ哲学の培養源と個性

＊音楽的家庭環境に生をうけたアドルノは、音楽と哲学という二足のわらじをはいて進む。音楽的・芸術的センスに彩られた彼の哲学の視座は、ファシズムの嵐に吹き荒れる現実をあばくきびしい批判に向けられていく。人間によって形成された文明が、何ゆえに人間らしい状態へ進むかわりに、たえず新しい野蛮に落ちこんでいくのかが追求される。普遍化ないし同一化原理による内外の自然の抑圧を徹底的に批判し、もって埋没してはならない非同一的個性的なものを擁護する思索こそ、彼のホームでありハイマートであった。批判哲学の人アドルノは、学生のアイドルであった。だが彼はせっかちな行動的実践を訴える学生蜂起に対しても立ち上がらず、理論の人を貫き通した。彼には、芸術美の彼方にユートピアが考えられる。が、そのヴィジョンは、形象禁止のユダヤの伝統にしたがって描かれない。

◇幻想曲風に―アドルノ音楽論集　テオドール・W・アドルノ著，岡田暁生、藤井俊之訳　法政大学出版局　2018.12　457,7p　20cm　（叢書・ウニベルシタス 1088）　4000円　Ⓘ978-4-588-01088-0　Ⓝ761.1

[内容] 第1部 即興(モチーフ　音楽の商品分析　カルメン幻想曲 ほか)　第2部 現前(マーラー　ツェムリンスキー　シュレーカー ほか)　第3部 フィナーレ(ベルクが拾得した作曲技法　ウィーン　聖なる断片―シェーンベルクの"モーゼとアロン"について ほか)

＊誰も知らなかったアドルノが、ここにいる。20代から晩年に及ぶ著作を収めた自伝的論集。日本を代表する音楽学者と次代を担う思想史学者による躍動感あふれる翻訳！

アナクサゴラス〔500頃～428頃B.C.〕
Anaxagoras

◇ギリシア哲学30講 人類の原初の思索から　上「存在の故郷」を求めて　日下部吉信著　明石書店　2018.11　418p　19cm　〈年表あり 索引あり〉　2700円　Ⓘ978-4-7503-4742-4　Ⓝ131

[内容] ギリシア哲学俯瞰　ミレトスの哲学者(1) タレス　ミレトスの哲学者(2) アナクシマンドロス　ミレトスの哲学者(3) アナクシメネス　ピュタゴラス　アルキュタス　ヘラクレイトス　エレア派 故郷喪失の哲学者クセノパネス　エレア派 パルメニデス　エレア派 ゼノンとメリッソス　エンペドクレス　アナクサゴラス　デモクリトス　ハイデガーと原初の哲学者たち―アナクシマンドロス、ヘラクレイトス、パルメニデス

＊ギリシア哲学の権威にしてハイデガー研究の第一人者でもある著者が、存在の故郷を求むべく古代ギリシアの文献を読み解き、その自然哲学を「みずみずしい姿」で蘇らせると同時に、そこで繰り広げられた哲学者たちの抗争の帰結としての現代人の歪んだ思考に高らかに異を唱える。過激にして痛快な現代文明批判の書(上下巻)。

アナクシマンドロス〔610頃～546B.C.〕
Anaximandros

◇ギリシア哲学30講 人類の原初の思索から　上「存在の故郷」を求めて　日下部吉信著　明石書店　2018.11　418p　19cm　〈年表あり 索引あり〉　2700円　Ⓘ978-4-7503-4742-4　Ⓝ131

[内容] ギリシア哲学俯瞰　ミレトスの哲学者(1) タレス　ミレトスの哲学者(2) アナクシマンドロス　ミレトスの哲学者(3) アナクシメネス　ピュタゴラス　アルキュタス　ヘラクレイトス　エレア派 故郷喪失の哲学者クセノパネス　エレア派 パルメニデス　エレア派 ゼノンとメリッソス　エンペドクレス　アナクサゴラス　デモクリトス　ハイデガーと原初の哲学者たち―アナクシマンドロス、ヘラクレイトス、パルメニデス

＊ギリシア哲学の権威にしてハイデガー研究の第一人者でもある著者が、存在の故郷を求むべく古代ギリシアの文献を読み解き、その自然哲学を「みずみずしい姿」で蘇らせると同時に、そこで繰り広げられた哲学者たちの抗争の帰結としての現代人の歪んだ思考に高らかに異を唱える。過激にして痛快な現代文明批判の書(上下巻)。

アナクシメネス〔585～525B.C.〕
Anaximenes of Miletus

◇ギリシア哲学30講 人類の原初の思索から　上「存在の故郷」を求めて　日下部吉信著　明石書店　2018.11　418p　19cm　〈年表あり 索引あり〉　2700円　Ⓘ978-4-7503-4742-4　Ⓝ131

[内容] ギリシア哲学俯瞰　ミレトスの哲学者(1) タレス　ミレトスの哲学者(2) アナクシマンドロス　ミレトスの哲学者(3) アナクシメネス　ピュタゴラス　アルキュタス　ヘラクレイトス　エレア派 故郷喪失の哲学者クセノパネス　エレア派 パルメニデス　エレア派 ゼノンとメリッソス　エンペドクレス　アナクサゴラス　デモクリトス　ハイデガーと原初の哲学者たち―アナクシマンドロス、ヘラクレイトス、パルメニデス

＊ギリシア哲学の権威にしてハイデガー研究の第一人者でもある著者が、存在の故郷を求むべく古代ギリシアの文献を読み解き、その自然哲学を「みずみずしい姿」で蘇らせると同時に、そこで繰り広げられた哲学者たちの抗争の帰結としての現代人の歪んだ思考に高らかに異を唱える。過激にして痛快な現代文明批判の書(上下巻)。

アナ・スイ〔1964～〕 Anna Sui

◇THE WORLD OF ANNA SUI—日本語版
ティム・ブランクス著，吉藤美智子日本語翻訳
東京美術 2017.9 287p 28cm 5400円
①978-4-8087-1100-9 Ⓝ593.3

内容 INTERIORS MOD PUNK GRUNGE ROCKSTAR HIPPIE SCHOOLGIRL AMERICANA SURFER NOMAD〔ほか〕

＊ヴィンテージ・スタイルと文化的な神秘を探るために、目を見張るほど多くのリサーチを行い、これを元にコンテンポラリーな洋服を生み出すことで知られるアナスイは、ニューヨークで最も愛され、成功しているファッションデザイナーの一人だ。アナスイは1970年代に強烈にクリエイティブなカルチュラル・アンダーグランドに参入し、ファッション、写真、アート、音楽、デザインの世界との重要なリレーションシップを着実に醸成してきた。本書は、デザイナーかつアーティストとして、彼女の洋服とスタジオの両面から紡いできた彼女の多岐にわたるキャリアにフォーカスしている。ファッションジャーナリストであるティム・ブランクスの取材をベースに、本書は13のファッションテーマを原型とした彼女の生涯にわたる仕事ぶりを探索。13のテーマとはモッズ、パンク、グランジ、ロックスター、ヒッピー、スクールガール、アメリカーナ、サーファー、ノマド、ビクトリアン、レトロ、アンドロジニー、フェアリーテールであり、アナは各テーマにおいて、彼女ならではのインスピレーションと影響力を表現している。

アナン，K.A.〔1938～2018〕 Annan, Kofi Atta

◇介入のとき—コフィ・アナン回顧録 上 コフィ・アナン、ネイダー・ムザヴィザドゥ著、白戸純訳 岩波書店 2016.11 248p 20cm 2700円 ①978-4-00-061161-9 Ⓝ289.3

内容 ピースキーパー、ピースメーカー 独立—アフリカでの子供時代 守るべき誓約—ソマリア、ルワンダ、ボスニア、そして内戦が多発する世界での平和維持の試み 国家主権と人権—コソボ、東ティモール、ダルフール、そして保護する責任 人びとのための国連—グローバルガバナンス改革と法の支配の回復 アフリカの運命—戦争と平和

＊「同時代における最も偉大なグローバルリーダー」（アマルティア・セン）と評価される第七代国連事務総長コフィ・アナンの自伝。国際政治を揺るがす出来事に直面し、いかに事態に介入したのかを臨場感あふれるタッチで描く。ガーナでの子供時代から始まる上巻は、冷戦後に勃発したソマリア、ルワンダ、ボスニア、コソボ、東ティモール、ケニアなどの紛争への困難な介入をたどる。

◇介入のとき—コフィ・アナン回顧録 下 コフィ・アナン、ネイダー・ムザヴィザドゥ著、白戸純訳 岩波書店 2016.11 220,7p 20cm 〈索引あり〉 2700円 ①978-4-00-061162-6 Ⓝ289.3

内容 第6章 人間の安全保障の再定義—貧困撲滅とミレニアム開発目標 第7章 世界の断層線—中東における平和構築（国連を和平会議に？ 働きかけと信頼醸成 業績を残して二〇〇〇年、イスラエルのレバノン撤退 深淵—キャンプ・デーヴィッドと第二次インティファーダ カルテット形成 ほか） 第8章 九・一一の戦争—テロ、アフガニスタン、イラク、そして危機に瀕する国連（イラクと国連 九・一一、アフガニスタン、新たな戦争 予告された戦争の記録 嵐のなかへ—侵攻後のイラク 爆撃が止まる時—イラクの教訓） 終章 リアリストの夢

＊「同時代における最も偉大なグローバルリーダー」（アマルティア・セン）と評価される第七代国連事務総長コフィ・アナンの自伝。下巻はミレニアム開発目標の創設から、九・一一テロ事件、アフガン戦争、そして米国と真っ向から対立したイラク戦争に至るまでの激動の軌跡。大国や独裁者と粘り強く渡り合い、人びとのための国連をめざした姿が浮かび上がる。マイケル・イグナティエフによる解説つき。

アーナンダマイー・マー〔1896～1982〕 Anandamayi Ma

◇シュリ・アーナンダマイー・マーの生涯と教え アレクサンダー・リプスキ著、藤本洋訳 ナチュラルスピリット 2015.11 200p 19cm 〈文献あり〉 1500円 ①978-4-86451-186-5 Ⓝ126.9

内容 第1章 アーナンダマイー・マーのリーラ 第2章 アーナンダマイー・マーの人と教え 補遺1 アーナンダマイー・マーの言葉より 補遺2 アーナンダマイー・マーによる日々の生活へのアドバイス 補遺3 チャクラに関するアーナンダマイー・マーの観察と説明 補遺4 アーナンダマイー・マーへ信者が捧げた詩より

＊『あるヨギの自叙伝』でも紹介された至福に浸る聖母の生涯と教えを、アメリカの大学教授が記述した名著！ 神に酔い、恍惚として至福に満ちる！「何が起ころうと、それは大したことではありません」

アニエス・ベー〔1941～〕 agnèss b.

◇agnès b.STYLISTE アニエス・ベー著、フロランス・ベン・サドゥン監修・序文、佐藤絵里訳〔京都〕 青幻舎インターナショナル 2016.11 285p 22×29cm 〈本文は日本語 布装 年譜あり〉 発売：青幻舎（京都） 5000円 ①978-4-86152-562-9 Ⓝ593.3

内容 1 アニエスベーの歩み（現代娘 "ジュール通り" と、その後… 80年代：名声の始まり ほか） 2 まなざしの問題（小さな物語 メイド・イン・ヴェルサイユ？ カーディガンプレッション ほか） 3 デザインする：時を超えて？（永遠の少女 エレガンスの考え方 男性を装わせる ほか）

＊アニエスベー自らがアートディレクションを手掛けたメモリアルブック。40年の歩みと創作の秘密を、貴重な写真やスケッチとともに振り返る。

アーノンクール，N.〔1929～2016〕 Harnoncourt, Nikolaus

◇偉大なる指揮者たち—トスカニーニからカラヤン、小澤、ラトルへの系譜 クリスチャン・メルラン著、神奈川夏子訳 ヤマハミュージックメディア 2014.11 389,7p 21cm 2800円 ①978-4-636-90301-0 Ⓝ762.8

アハト

|内容| アルトゥーロ・トスカニーニ　ウィレム・メンゲルベルク　セルゲイ・クーセヴィツキー　ピエール・モントゥー　ブルーノ・ワルター　サー・トーマス・ビーチャム　レオポルド・ストコフスキー　エルネスト・アンセルメ　オットー・クレンペラー　ヴィルヘルム・フルトヴェングラー〔ほか〕

＊指揮の特徴や楽団員からの評価、生い立ちや普段の振る舞い、家族関係など、50人のマエストロたちの素顔を描き出す。オーケストラ指揮の知られざる側面に迫った評伝集。

アバド, C. 〔1933～2014〕　Abbado, Claudio

◇偉大なる指揮者たち―トスカニーニからカラヤン、小澤、ラトルへの系譜　クリスチャン・メルラン著, 神奈川夏子訳　ヤマハミュージックメディア　2014.11　389,7p　21cm　2800円　①978-4-636-90301-0　Ⓝ762.8

|内容| アルトゥーロ・トスカニーニ　ウィレム・メンゲルベルク　セルゲイ・クーセヴィツキー　ピエール・モントゥー　ブルーノ・ワルター　サー・トーマス・ビーチャム　レオポルド・ストコフスキー　エルネスト・アンセルメ　オットー・クレンペラー　ヴィルヘルム・フルトヴェングラー〔ほか〕

＊指揮の特徴や楽団員からの評価、生い立ちや普段の振る舞い、家族関係など、50人のマエストロたちの素顔を描き出す。オーケストラ指揮の知られざる側面に迫った評伝集。

アービング, W. 〔1783～1859〕　Irving, Washington

◇そしてワシントン・アーヴィングは伝説になった―〈アメリカ・ロマン派〉の栄光　齊藤昇著　彩流社　2017.5　172p　19cm　（フィギュール彩 90）〈他言語標題：WASHINGTON IRVING AS A LEGENDARY ARTIST　文献あり　著作目録あり　年譜あり〉　1800円　①978-4-7791-7091-1　Ⓝ930.268

|内容| 第1章 気ままな修業時代　第2章 旧世界という新天地　第3章 独創性の模索　第4章 豊穣の空白期―スペインを舞台に　第5章 名声と共に帰還　第6章 アーヴィングと日本

＊日本にも早くに紹介され、「英語の模範」として芥川龍之介や大日本帝国憲法の起草に参画した金子堅太郎など、明治期の知識人にも影響した作品『スケッチ・ブック』をはじめ、いまも読み継がれる旅行記『アルハンブラ物語』などの名作を残したワシントン・アーヴィングとは一体どのような人物だったのか。アメリカとヨーロッパを行き来したその人生と、作品誕生の背景を探る。

アファナシエフ, V. 〔1947～〕　Afanassiev, Valéry

◇ピアニストは語る　ヴァレリー・アファナシエフ著　講談社　2016.9　242p　18cm　（講談社現代新書 2389）　800円　①978-4-06-288389-4　Ⓝ762.38

|内容| 第1部 人生（高い空と水の中　スターリンビル「アグー!!!」　両親のこと　ピアノとのはじめての出逢い ほか）　第2部 音楽（音楽と人生のハーモニー　私はベートーヴェン　演奏の神秘）

＊モスクワでの幼年時代、音楽院での修業の日々、亡命、愛する作品と作曲家について、ピアノ演奏について。最後の巨匠が語る人生と音楽の哲学!!

アフガーニー, J. 〔1839～1897〕　al-Afghānī, Sayyid Jamāl al-Dīn

◇アジア再興―帝国主義に挑んだ志士たち　パンカジ・ミシュラ著, 園部哲訳　白水社　2014.11　411,31p　20cm　〈文献あり　索引あり〉　3400円　①978-4-560-08395-6　Ⓝ220.6

|内容| 第1章 隷属するアジア　第2章 アフガーニーの風変わりなオデュッセイア　第3章 梁啓超の中国とアジアの運命　第4章 一九一九年、世界史の転換　第5章 タゴール、東亜へ行く―亡国から来た男　第6章 作り直されたアジア

＊近代化に直面した知識人たちの情熱と苦悩。現代の中国、インド、イスラーム世界をかたち作る源泉となった知識人・活動家たちの足跡を追い、大きな歴史地図の中に今の国際情勢を位置づける意欲作！

アブドーラ・ザ・ブッチャー 〔1941～〕　Abdullah the Butcher

◇全日本プロレス超人伝説　門馬忠雄著　文藝春秋　2014.7　218p　18cm　（文春新書 981）〈文献あり〉　800円　①978-4-16-660981-9　Ⓝ788.2

|内容| ジャイアント馬場　王道プロレスの牽引者　ジャンボ鶴田　完全無欠のエース　ザ・デストロイヤー「日本のレスラー」になった魔王　アブドーラ・ザ・ブッチャー　血染めの凶器使い　ミル・マスカラス　千の顔を持つ男　大仁田厚　ジュニアヘビー級の尖兵　ザ・ファンクス　テキサス・ブロンコの心意気　スタン・ハンセン＆ブルーザー・ブロディ　不沈艦と超獣「最強コンビ」　ザ・グレート・カブキ　毒霧噴く"東洋の神秘"　三沢光晴　男気のファイター　小橋建太　病魔に勝った鉄人　天龍源一郎　不滅の負けじ魂　ジョー樋口　厳しく優しいプロレスの番人

＊馬場の「32文ロケット砲」完成秘話、岐阜の病院に極秘入院した鶴田、妻に逃げられたデストロイヤー、乱闘で警察沙汰となったブッチャー…初めて明かされる超人たちの素顔。

アベベ・ビキラ 〔1932～1973〕　Abebe Bikila

◇近代オリンピックのヒーローとヒロイン　池井優著　慶應義塾大学出版会　2016.12　365p　20cm　〈文献あり〉　2600円　①978-4-7664-2389-1　Ⓝ780.28

|内容| ピエール・ド・クーベルタン―近代オリンピックの創始者　嘉納治五郎―日本初代のIOC委員　金栗四三―"日本マラソンの父"となったオリンピックの敗者　人見絹枝―日本女子初のメダリスト　西竹一―バロン西と呼ばれた馬術大障害の優勝者　織田幹雄―日本人最初のゴールドメダリスト　「前畑がんばれ！」―日本初のオリンピック女子金メダリスト　西田修平・大江季雄―ベルリンでの死闘と"友情のメダル"　ジェシー・オーエンス―ベルリンで四つの金メダルを獲った黒人選手　清川正二―オリンピックの金メダリスト、IOC委員　古橋廣之進―戦後日本

に希望を与えてくれた「フジヤマのトビウオ」　猪谷千春—冬季五輪初のメダリスト、そしてIOC委員　アベベ・ビキラ—ローマ、東京と二大会を制覇したマラソンの王者　大松博文—「東洋の魔女」に金メダルを獲らせた"鬼"の指導者　日本サッカー界を改革したドイツ人コーチ—デットマール・クラマーと日本代表チーム　ベラ・チャスラフスカ—「プラハの春」にゆれた体操の女王　男子バレーボールに革命をもたらした監督—松平康隆と日本男子バレーボール　モスクワ五輪ボイコットに泣いた選手たち—政治に翻弄されたオリンピック　北島康介—オリンピック三大会でメダル獲得のスイマー

＊四年に一度のスポーツの祭典、オリンピックはこれまで数々のヒーロー、ヒロインを生んだ。クーベルタン、嘉納治五郎から前畑秀子、「東洋の魔女」、そして大会を支えた裏方たちまで—。祭典を彩ったひとびとのドラマを、豊富なエピソードとともに描き出す。

アベラール, P. 〔1079～1142〕
Abélard, Pierre

◇キリスト教的学識者—宗教改革時代を中心に　E.H.ハービソン著，根占献一監訳，大川なつか，高津秀之，高津美和訳　知泉書館　2015.2　231,24p　20cm　〔ルネサンス叢書〕〈布装　索引あり〉　3000円　①978-4-86285-205-2　Ⓝ191.028

内容　第1章　キリスト教的召命としての学問—ヒエロニムスからアクィナスまで（キリスト教的学識者の召命　ヒエロニムス，アウグスティヌス，ピエール・アベラール，トマス・アクィナス）　第2章　学芸復興（ルネサンス）—ペトラルカからコレットまで（学芸復興（ルネサンス）とキリスト教的学識者　ペトラルカ，ロレンツォ・ヴァッラ，ジョヴァンニ・ピーコ・デッラ・ミランドラ，ジョン・コレット）　第3章　エラスムス　第4章　ルター　第5章　カルヴァン

＊聖書では知恵（学識）は信仰の障害物になると語られ，反知主義の伝統的潮流が存在する。キリスト教徒にとっての学問とは何か。宗教改革は聖書の意味に対する学者の洞察に始まり，それは学識者の運動，大学教授や学生による出来事，学者による革命となった。歴史上，エラスムス，ルター，カルヴァンに代表されるこの時代ほどキリスト教的学識者の威信が高まり強い影響力をもったことはない。人々の学ぶ熱意や，学問に対する尊敬と信頼が広まったのである。本書は彼らに影響を与えた先driven者の検討を通じて，彼らがいかにその使命を天職として感得し，学問への情熱とキリスト教の発展に与えた影響など，今まで神学者や歴史家が軽視してきたテーマに独自の光を投じた。著者は「アテネとエルサレム，アカデミーと教会とは何の関係があるのか？」という問いから，古代の教父学者ヒエロニムスとアウグスティヌス，中世の神学者アベラールとトマス・アクィナス，ルネサンス人文主義者ペトラルカとヴァッラやピーコたちの業績と，宗教改革期の学識者を有機的に関連づけて考察することにより，キリスト教とギリシア・ローマ文化の微妙な折衝を見事に描く。類書のない基本的文献である。

アーベル, N.H. 〔1802～1829〕
Abel, Niels Henrik

◇アーベル　前編　不可能の証明へ　高瀬正仁著　京都　現代数学社　2014.7　200p　19cm　（双書・大数学者の数学 11）〈文献あり　索引あり〉　2000円　①978-4-7687-0432-5　Ⓝ411.4

内容　1　ラグランジュの代数方程式論(1)3次方程式　2　ラグランジュの代数方程式論(2)4次方程式　3　円周等分方程式　4　ニールス・ヘンリック・アーベル　5　アーベルの大旅行　6　「不可能の証明」

◇天才数学者はこう解いた，こう生きた—方程式四千年の歴史　木村俊一［著］　講談社　2016.4　285p　15cm　（講談社学術文庫 2360）〈文献あり　索引あり〉　1000円　①978-4-06-292360-6　Ⓝ410.28

内容　プロローグ　大発見と天才伝説　第1章　古代の方程式—バビロニア，エジプト，ギリシア，アラブ世界（パピルスと粘土板の天才たち　ギリシア数学の黄金時代　方程式を発明した男，アル＝フワーリズミ）　第2章　伊・仏・英「三国志」—数学のルネサンス（イタリア・ルネサンス，ヨーロッパ数学の復活　フランスの数学革命　そのころイギリス）　第3章　ニュートンとラグランジュと対称性—科学革命からフランス革命まで（対称性の発見，ニュートンの奇跡　ラグランジュと代数学の基本定理）　第4章　一九世紀の伝説の天才—アーベルとガロア（悲劇のアーベル　ガロア，謎の決闘に死す）　エピローグ　未解決問題のフロンティア

＊万物は数であるという謎の数学教団を組織したピタゴラス，抜群の工学的センスを持つアルキメデス，三次方程式の解の公式を知っていた数学勝負師タルターリャ，フェンシングの達人デカルト…。小数，負の数，虚数，超越数…。方程式をめぐる人間の格闘は，数のフロンティア拡大の歴史でもあったのだ。四千年の数学史を一気に駆け抜ける痛快無比の入門書！

◇アーベル　後編　楕円関数論への道　高瀬正仁著　京都　現代数学社　2016.7　232p　19cm　（双書・大数学者の数学 16）〈文献あり　索引あり〉　2100円　①978-4-7687-0455-4　Ⓝ411.4

内容　オイラーの分離方程式　オイラーの楕円関数論　ファニャノとレムニスケート積分　レムニスケート曲線の等分理論　オイラーからルジャンドルへ　楕円関数の呼称の由来　ルジャンドルの楕円関数とアーベルの逆関数　楕円関数の等分方程式　微分方程式と等分方程式　等分方程式とモジュラー方程式　ガウスのように　レムニスケート関数の特殊等分方程式　虚数乗法への道　虚数乗法をもつ楕円関数　楕円関数論の将来—虚数乗法論とアーベル関数論

◇リーマンと代数関数論—西欧近代の数学の結節点　高瀬正仁著　東京大学出版会　2016.11　303p　22cm　〈他言語標題：Bernhard Riemann and the Theory of Algebraic Functions　文献あり　索引あり〉　4800円　①978-4-13-061311-8　Ⓝ413.5

内容　第1章　代数関数とは何か—オイラーの関数概念とその変容（関数概念を振り返って　関数の世界と曲線の世界　ほか）　第2章　カナリアのように歌う—リーマンの「面」の発見（修業時代　ベルリンの数学者たち　ほか）　第3章　楕円関数論のはじまり—楕円

関数の等分と変換に関するアーベルの理論（楕円関数論の二つの起源―萌芽の発見と虚数乗法論への道 クレルレの手紙 ほか）　第4章　アーベル関数の理論―ヤコビの逆問題の探究（「パリの論文」からアーベル関数論へ　アーベル積分の等分と変換に関するヤコビとエルミートの理論）　第5章　多変数代数関数論の夢―リーマンを越えて（ガウスの『アリトメチカ研究』とヒルベルトの第12問題　岡潔の遺稿「リーマンの定理」と多変数代数関数論の夢）

＊数学の巨人たちの夢の系譜をたどる。オイラー、ガウス、アーベル、ヤコビ、ヒルベルト、岡潔、…。関数概念のはじまりから、リーマンのアーベル関数論、そして多変数代数関数論へ。論文と史実から読み解かれた数学の世界へ、精密で巧みな文章が読者を誘う。

アポリネール, G. 〔1880～1918〕
Apollinaire, Guillaume

◇祝宴の時代―ベル・エポックと「アヴァンギャルド」の誕生　ロジャー・シャタック著，木下哲夫訳　白水社　2015.8　498,30p　20cm　〈文献あり　索引あり〉　4400円　①978-4-560-08454-0　Ⓝ702.353

内容　第1部　新世紀（古き良き時代　四人四色）　第2部　若返り（アンリ・ルソー―一八四四‐一九一〇（近代美術のお手本　作品）　エリック・サティ―一八六六‐一九二五（モンマルトルのピアノ弾き　醜聞、倦怠、戸棚音楽）　アルフレッド・ジャリ―一八七三‐一九〇七（幻覚による自殺　詩人・バタフィジシャン）　ギョーム・アポリネール―一八八〇‐一九一八（アヴァンギャルドの座元　詩人‐詩人））　第3部　新世紀到来（静穏な芸術　最後の祝宴）

＊ルソー、サティ、ジャリ、アポリネール。時代を画した四人の芸術家が体現する「前衛」の精神と驚くべき共時性。刊行から半世紀余りを経て今なお示唆に富む名著、待望の邦訳！

アマン, J. 〔1644?～1730頃〕　Ammann, Jakob

◇アメリカ史のなかのアーミッシュ―成立の起源から「社会的忌避」をめぐる分裂・分立の歴史まで　大河原眞美著　明石書店　2018.3　221,5p　20cm　〈文献あり〉　2800円　①978-4-7503-4635-9　Ⓝ198.93

内容　アーミッシュの概要　ヤコブ・アマンの軌跡（1644年？～1730年？）　アーミッシュの成立（1693年）　アメリカに渡ったヨーロッパ人（16世紀から18世紀）　アメリカの建国に向けて　アメリカに来たアーミッシュとヨーロッパに残ったアーミッシュ（19世紀）　フロンティアの西方移動　分裂　さらなる分裂　ビッグヴァリーのアーミッシュ　アーミッシュの社会的制裁　人口増加

＊信教の自由を求めて新大陸に渡ったアーミッシュにアメリカ建国神話のピューリタンを重ね合わせながら、アメリカにおけるアーミッシュの隆盛の歴史をたどる。ドイツ系移民の背景を踏まえ、アメリカの宗教的特質、地理的特質の中で、アーミッシュにとっての"もうひとつのアメリカ"を明らかにする。

アムンセン, R. 〔1872～1928〕
Amundsen, Roald

◇最後のヴァイキング―ローアル・アムンセンの生涯　スティーブン・R・バウン著，小林政子訳　国書刊行会　2017.5　371p　22cm　〈文献あり　年譜あり　索引あり〉　3500円　①978-4-336-06151-5　Ⓝ289.3

内容　第1部　西（山岳王国の少年　極地見習い生　大計画　フランクリンが死んだところ　ヨーアハウンでの学習）　第2部　南（「大手柄を立ててやる」　極地のナポレオン　犬とスキー　白銀の世界）　第3部　東（英雄帰る　新しい戦場　極楽のタタール）　第4部　北（挫折した夢　北極の不死鳥　飛行船とファシスト　北極へ群がる遠征隊）　第5部　失踪（もう征服する極地はない）

＊人類初、南極点へと到達した男。20世紀初頭、不可能と思える行動力と強靭な精神力で、最後の秘境に挑み続けた探検家がいた。そして借金地獄、悲恋、失踪―これほど比類なき、力強い人間が存在したことを読者は知る!!

アメリー, C. 〔1922～2005〕　Amery, Carl

◇廃墟のドイツ1947―「四七年グループ」銘々伝　ハンス・ヴェルナー・リヒター著，飯吉光夫訳　河出書房新社　2015.8　295p　20cm　3800円　①978-4-309-20683-7　Ⓝ940.27

内容　蝶たちの曖昧宿で―イルゼ・アイヒンガー　十三階のクリスチャーン―カール・アメリー　にぎやかな通りを行って、誰もそれに気がつかなかったら―アルフレート・アンデルシュ　グルーネ森でのサイクリング―インゲボルク・バッハマン　きみもぼくも、金が好きかい―ハインリヒ・ベル　セルビアは死なねばならぬ―ミロ・ドール　マルクトブライトでの涙―ギュンター・アイヒ　フルシチョフの海水パンツを穿いて―ハンス・マグヌス・エンツェンスベルガー　誕生日祝いとしてジーモン・ダッハを―ギュンター・グラス　寝巻きのズボン―ヴォルフガング・ヒルデスハイマー　上部プファルツ人のカラカラ笑い―ヴァルター・ヘレラー　君の忠実なる側近（パラディーン）―ヴァルター・イェンス　ダンスの相手への誘い―ウーヴェ・ヨーンゾーン　我々はみな、いい人だった―ハンス・マイヤー　敵多きほど、功高し―マルセル・ライヒ＝ラニツキ　おおマルティン―喧嘩好きではないにしろ、喧嘩も早いアレマン人―マルティン・ヴァルザー　マラーの太鼓―ペーター・ヴァイス

＊文学の"呼び声"をきけ。ナチス崩壊、東西分裂―廃墟と化した1947年ドイツで産声をあげ、グラス、ツェランら数々の世界的才能を輩出した「四七年グループ」とは何だったのか？　リーダーであるH・W・リヒターによる愛情あふれる回想録。困難なる戦後と、若き作家たちの情熱が生んだ奇蹟の時間。

アモイヤル, P. 〔1949～〕　Amoyal, Pierre

◇偉大なるヴァイオリニストたち　2　チョン・キョンファから五嶋みどり、ヒラリー・ハーンまで　ジャン＝ミシェル・モルク著，神奈川夏子訳　ヤマハミュージックメディア　2017.4　356,8p　21cm　〈文献あり〉　3400円　①978-4-636-92333-9　Ⓝ762.8

|内容| ボリス・ベルキン チョン・キョンファ ピンカス・ズーカーマン オーギュスタン・デュメイ ピエール・アモイアル ドミトリ・シトコヴェツキー ナイジェル・ケネディ シュロモ・ミンツ ヴィクトリア・ムローヴァ チョーリャン・リン〔ほか〕
＊外科医でもある筆者による桁外れに鋭い考察に基づく評伝集。使用楽器や練習法などはもちろん、デビューの裏側や生い立ち、家族関係などに迫り、素顔を描き出す。歴史的名演を収録したCD・ROM付き。

アラップ, O.N.〔1895～1988〕
Arup, Ove Nyquist

◇オーヴ・アラップ―20世紀のマスタービルダー ピーター・ジョーンズ著，渡邉研司訳 平塚 東海大学出版部 2017.6 583p 22cm 〈文献あり 年表あり 索引あり〉 6800円 ①978-4-486-02135-3 Ⓝ289.3

|内容| 「若くして知ること能わず…」 「偉大なビルダーになるために…」 「二重のよそ者」になること 「とんでもない騒動…」 戦うには適さず 新たな出発 拡大と釈明 ジョブナンバー1112 「可能性の限界―栄光さもなくば非難」 背信そして哲学の回復 キースピーチ 「不可能な技」を求めて 受け継がれたもの

アラーベルガー, J.〔1924～2010〕
Allerberger, Josef

◇最強の狙撃手 アルブレヒト・ヴァッカー著，中村康之訳 原書房 2015.3 343p 20cm 〈2007年刊の新装版 文献あり〉 2300円 ①978-4-562-05142-7 Ⓝ946

|内容| 決死隊の軽機関銃兵となる 殺すか殺されるか 狙撃兵の資質 冷酷非情 生きのびる意思 狙撃兵仲間 一進一退 照準スコープ 娼婦宿 狙撃兵の教練 肉食獣の本能 ルーマニアからハンガリー 狙撃兵記章 鉄十字軍 戦争の亡霊

＊257人を狙撃した伝説のスナイパー！ 冷酷非情とも思える冷静さによって、大戦末期の壮絶な対ロシア戦線を鮮烈に生き抜いた若き"猟兵"。

アラリックⅠ〔370/375～410〕 Alaric Ⅰ

◇ローマ帝国の東西分裂 南雲泰輔著 岩波書店 2016.3 208,115p 22cm 〈文献あり 索引あり〉 7000円 ①978-4-00-002602-4 Ⓝ232.5

|内容| 第1章 問題の所在―ローマ帝国の東西分裂をめぐって 第2章 シュンマクス「永遠の都」ローマ市と食糧供給 第3章 ルフィヌス―新しい「首都」コンスタンティノーブル市の官僚の姿 第4章 ルキアノス―帝国東宮廷における官僚の権力基盤 第5章 エウトロピオス―帝国東宮廷における官僚権力の確立 第6章 スティリコ―帝国西宮廷における「蛮族」の武官と皇帝家の論理 第7章 アラリック―イリュリクム道の分割と帝国の分裂 終章―ローマ帝国の東西分裂とは何か

＊ローマ史上の画期とされる帝国の東西分裂とは、何だったのか。歴史を動かした文武の官僚たちを主人公に、ローマ帝国の解体過程を描き出す。膨大な研究史の洗い直しと緻密な史料分析をふまえて、古代史の大問題に取り組み、新しい歴史像の提示を試みる。

アラン〔1868～1951〕 Alain

◇わが思索のあと アラン著，森有正訳 中央公論新社 2018.2 401p 16cm（中公文庫 ア9-1）〈索引あり〉 1200円 ①978-4-12-206547-5 Ⓝ135.5

|内容| 少年時代 青年時代 ラニョー "高等師範"学校 ロリアン 政治 抽象的思索 ルーアン パリ 『語録』〔ほか〕

＊『幸福論』で知られる哲学者アラン。その柔軟な思考と健全な精神はいかに形成されたのか。円熟期を迎えた著者が師との出会いからプラトン、ヘーゲルなどの哲学、第一次大戦の従軍体験、さらに唯物論、宗教まで繊細な筆致で綴る。稀有な思想的自伝全34章。新たに人名索引を付す。"古典名訳再発見"シリーズ。

アリ, M.〔1942～2016〕 Ali, Muhammad

◇アリ対猪木―アメリカから見た世界格闘史の特異点 ジョシュ・グロス著，棚橋志行訳，柳澤健監訳 亜紀書房 2017.7 355p 19cm 1800円 ①978-4-7505-1510-6 Ⓝ788.3

|内容| 世紀の一戦、ゴング直前 ボクサー対レスラーの長い歴史 "ゴージャス"ジョージとカシアス・クレイ 力道山が築いたプロレス王国 「モハメド・アリ」の誕生 意志と実行の男、アントニオ猪木 1975‐1976年のモハメド・アリ アリ来日とルール会議 シュートか、ワークか ビンス・マクマホン・ジュニアの野望 世界が見つめた1時間 爆弾を抱えたアリの脚 草創期のMMAとローキック アメリカのUFC、日本のPRIDE 猪木へのメッセージ

＊なぜ、アリはレスラーと戦ったのか？ なぜ、米国マット界は団結したのか？ なぜ、シュートマッチになったのか？ なぜ、猪木は勝てなかったのか？ なぜ、MMAはその後繁栄したのか？ 仕掛けたのは、全米の覇権を目論むWWWFのビンス・マクマホン。ボクシングのボブ・アラムは、革新的な衛星中継で巨利を狙った。14億人が目撃した「MMA（総合格闘技）の原点」。歴史的一戦の裏側に迫る米国発ノンフィクション!!

◇アリと猪木のものがたり 村松友視著 河出書房新社 2017.11 268p 20cm 1600円 ①978-4-309-02629-9 Ⓝ788.2

|内容| 第1章 イノキ前史としての力道山時代 第2章 "世間"と"過激" 第3章 アリの筋道 第4章 イノキの筋道 第5章 未知との遭遇への牛歩 第6章 イノキ目的観、観察的観戦記 エピローグ 北朝鮮のアリとイノキ

＊「世紀の凡戦」、40年の生命力！ 奇跡的に実現したアリ×猪木戦は、二つの星の摩訶不思議な遭遇だった。20世紀最大のブラック・ヒーローとしてリング内外で闘い続けたボクサーと、世間の偏見と対峙しながら「過激なプロレス」に突き進んだレスラーは、対峙のなかで、相手に何を見たか？ 二つの光跡の運命的な交わりを描く、著者入魂のライフワーク。

アリエノール・ダキテーヌ〔1122～1204〕
Aliénor d'Aquitaine

◇世界史の10人　出口治明著　文藝春秋　2015.10　293p　19cm　〈他言語標題：TEN LEADERS OF WORLD HISTORY　文献あり〉　1400円　①978-4-16-390352-1　Ⓝ280.4

内容　第1部　世界史のカギはユーラシア大草原にあり（バイバルス―奴隷からスルタンに上りつめた革命児　クビライ―五代目はグローバルなビジネスパーソン　バーブル―新天地インドを目指したベンチャー精神）　第2部　東も西も「五胡十六国」（武則天―「正史」では隠された女帝たちの実力　王安石―生まれるのが早すぎた改革の天才）　第3部「ゲルマン民族」はいなかった？（アリエノール―「ヨーロッパの祖母」が聴いた子守唄　フェデリーコ二世―ローマ教皇を無視した近代人）　第4部　ヨーロッパはいつ誕生したのか（エリザベス一世―「優柔不断」こそ女王の武器　エカチェリーナ二世―ロシア最強の女帝がみせた胆力　ナポレオン三世―甥っ子は伯父さんを超えられたのか？）

＊人間の脳みそが変わらないかぎり、過去と同じようなことは起こりうる。つまり、歴史は未来の問題の解決に役立つのです。まして、現代のように、日本が世界と密接にリンクしていると、「それ、外国であった話でしょう？」とはけっして言えません。将来、何が起こるかは誰にもわからないけれど、世界史は必ず役に立つ。教材は過去にしかない。

◇王妃たちの最期の日々　上　ジャン＝クリストフ・ビュイッソン、ジャン・セヴィリア編, 神田順子, 土居佳代子, 谷口きみ子訳　原書房　2017.4　240p　20cm　2000円　①978-4-562-05385-8　Ⓝ288.493

内容　1 破れた夢―クレオパトラ／アレクサンドリア、紀元前三〇年八月　2 殺された殺人者―アグリッピーナ／ナポリ湾にて、五九年三月　3 責め苦を受けて果てた王妃―ブルンヒルド／ルネーヴ、六一三年　4 高齢の力―アリエノール・ダキテーヌ／ポワティエ、一二〇四年三月三一日　5 敬虔なキリスト教徒としての死―カトリック女王イサベル一世／メディナ・デル・カンポ、一五〇四年一一月二六日　6 斬首された女王―メアリ・スチュアート／フォザリンゲイ、一五八七年二月八日　7 孤独な最期―カトリーヌ・ド・メディシス／ブロワ、一五八七年一月五日　8 かくも長き臨終の苦しみ―アンヌ・ドートリッシュ／パリ、一六六六年一月二〇日　9 プロテスタントに生まれカトリックとして死す―スウェーデン女王クリスティーナ／ローマ、一六八九年四月一九日　10 模範的な死―マリア＝テレジア／ウィーン、一七八〇年一一月二九日

＊クレオパトラ、メアリ・スチュアート、カトリーヌ・ド・メディシス、マリア＝テレジア…尊厳、狂気、孤独、幽閉…世界史に大きな影響をあたえたさまざまな人生と運命を描く物語！

◇世界史の10人　出口治明著　文藝春秋　2018.9　322p　16cm　〈文春文庫 T11-1〉　760円　①978-4-16-791146-1　Ⓝ280

内容　第1部　世界史のカギはユーラシア大草原にあり（バイバルス―奴隷からスルタンに上りつめた革命児　クビライ―五代目はグローバルなビジネスパーソン　ほか）　第2部　東も西も「五胡十六国」（武則天―「正史」では隠された女帝たちの実力　王安石―生まれるのが早すぎた改革の天才）　第3部「ゲルマン民族」はいなかった？（アリエノール―「ヨーロッパの祖母」が聴いた子守唄　フェデリーコ二世―ローマ教皇を無視した近代人）　第4部　ヨーロッパはいつ誕生したのか（エリザベス一世―「優柔不断」こそ女王の武器　エカチェリーナ二世―ロシア最強の女帝がみせた胆力　ナポレオン3世―甥っ子は伯父さんを超えられたのか？）

＊未来を見据えるビジネスパーソンこそ歴史に学べ。優れた人物を選ぶ基準は「何を成し遂げたか、何を残したか」という結果責任である。保険業界に「革命」を起こした著者が、世界史の真のリーダー10人を厳選する。従来注目されなかった女性の指導者、ユーラシア大陸を駆け巡った英雄、東西の多彩な人物を語る。

アリスタゴラス〔紀元前6～5世紀〕
Aristagoras

◇新書　英雄伝―戦史に輝く将星たち　有坂純著　学研教育出版　2015.10　407p　19cm　〈文献あり〉　発売：学研マーケティング　1600円　①978-4-05-406350-1　Ⓝ283

内容　ペルシア戦争を起こした男―アリスタゴラス伝　わが故郷は遙か―ディオニュシオス伝　われら死にきと―レオニダス伝　サラミスは、汝は女の産める子らを滅ぼさん―テミストクレス伝　賞金首女王―アルテミシア一世伝　三つの問い―エパメイノンダス伝　偉大なる敵―ハンニバル伝　オリュンポスの落日―アエミリウス・パウルス伝　賽は投げられた―ユリウス・カエサル伝　帝国の夢―ゼノビア女王伝　疾風・衛青・霍去病伝　戦いは、まだ始まっていない―ジョン・ポール＝ジョーンズ伝　第一級の戦士―ダウー元帥伝

＊かつて雑誌『タクテクス』（ホビージャパン刊）で熱狂的に支持された伝説の連載が、待望の単行本化！　古代ギリシアからナポレオン時代まであまたの英傑が生き生きと甦る！

アリストテレス〔384～322B.C.〕
Aristotelēs

◇アリストテレス　堀田彰著　新装版　清水書院　2015.9　221p　19cm　〈Century Books―人と思想 6〉〈年譜あり　索引あり〉　1000円　①978-4-389-42006-2　Ⓝ131.4

内容　1 アリストテレスの生涯と著作（生涯　著作）　2 アリストテレスの思想（論理学　第一原理　イデア論の批判　自然の根本現象　人間の生活　アリストテレスの存在論）

◇西洋哲学の起源　荻野弘之, 桑原直己著　放送大学教育振興会　2016.3　260p　21cm　〈放送大学教材〉〈索引あり〉　発売：〔NHK出版〕　3000円　①978-4-595-31603-6　Ⓝ131

内容　古代ギリシア哲学の誕生―ソクラテス以前　ソフィストとソクラテス―自然から人間へ　プラトンの生涯と哲学（1）―対話劇とアポリアの意味　プラトンの哲学（2）―イデア論と魂の不滅　アリストテレスの哲学（1）―その生涯と著作、論理と自然理解　アリストテレスの哲学（2）―徳と幸福　ヘレニズム時代の哲学―生の技法　帝政ローマ時代の哲学―救済と超越　「旧約聖書」―キリスト教の前史としてのユダヤ教　イエスとキリスト教の成立　教父の世

界　中世初期の哲学　盛期スコラ学とイスラム哲学　トマス・アクィナス　中世後期の諸思潮

アリニ, N.K.〔1943〜〕 Arini, Ni Ketut

◇アリニ踊り継ぐバリの魂―バリ島の踊り手ニ・クトゥッ・アリニの語り　ニ・クトゥッ・アリニ述, 猪野尾洋美, 長谷川亜美取材・編　〔出版地不明〕　長谷川亜美　2017.4　201p　19cm　〈発行所：銀河書籍　年譜あり〉　2400円　Ⓘ978-4-86645-025-4　Ⓝ769.246

アリョーヒナ, M.〔1988〜〕
Alekhina, Mariia

◇プッシー・ライオットの革命―自由のための闘い　マリヤ・アリョーヒナ著, Aggiiiiiii訳, 上田洋子監修　Du Books　2018.11　293p　19cm　〈発売：ディスクユニオン〉　2000円　Ⓘ978-4-86647-075-7　Ⓝ764.8

  内容　革命前夜　第1章 初仕事―革命を起こそう　ロブノエ・メストでのアクション　第2章 プッシー・ライオット・チャーチ―正教会の実態、40秒間の犯罪の舞台裏　第3章「逃亡」劇動一実録！追跡対応マニュアル・ルール#9　第4章 隔離―モスクワ唯一の女性専用拘置所へ　プーチン第3期目就任　第5章 ロシアの裁判―艦から参戦、ドタバタの法廷劇　第6章 刑務所から刑務所へ―行き先不明の果てなき護送　第2拘置所へ　第7章 人格改造―第28矯正収容所での闘い―監視、罠、前代未聞の対看守の裁判　第8章 収容所の正義―ここにいる女性たちと人権のこと　第9章 No Pasaran！―大統領の恩赦、そして闘いは続く

  ＊打倒、皇帝プーチン。政治と宗教の癒着、家父長制、LGBTQへの偏見―進化しない国・ロシアを女たちが改革する！　プッシー・ライオットの結成秘話、2012年モスクワの大聖堂での衝撃のゲリラ・ライブとその逮捕劇、いまだに続くロシアでの"矯正"労働の真相、そして、彼女の信じる道。ロシアのフェミニスト・パンク集団。創設者のひとりが自ら語る、真の目的と活動のすべて。

アリルーエワ, S.〔1926〜2011〕
Allilueva, Svetlana

◇スターリンの娘―「クレムリンの皇女」スヴェトラーナの生涯　上　ローズマリー・サリヴァン著, 染谷徹訳　白水社　2017.11　414,47p　20cm　3700円　Ⓘ978-4-560-09573-7　Ⓝ289.3

  内容　亡命劇　第1部 クレムリンの皇女（陽の当たる場所　母のない児　女主人と従僕か）　第2部 ソ連の現実（亡霊の復活　大元帥閣下の娘　雪どけ以後　ほか）　第3部 アメリカへの亡命（イタリア風コミック・オペラ　外交狂騒曲　弁護士の出番　ほか）

  ＊「あなたがスターリンの娘に生まれたとしよう。それは現実に死んでいることを意味している」父親の名前の重圧を背負い、過酷な運命から逃れようとした波瀾の八十五年。生誕から、母親の死、粛清の嵐、スターリンの死、結婚と離婚、アメリカ亡命まで、まさにもう一つの「20世紀史」。写真多数収録。

◇スターリンの娘―「クレムリンの皇女」スヴェトラーナの生涯　下　ローズマリー・サリヴァン著, 染谷徹訳　白水社　2017.11　401,62p　20cm　〈文献あり　索引あり〉　3700円　Ⓘ978-4-560-09574-4　Ⓝ289.3

  内容　第3部 アメリカへの亡命（謎の人物　友人に宛てた二十通の手紙　冷酷な拒絶　『たった一年』　タリアセンの罠　モンテネグロの女性　スターリンの娘、芝刈り機を押す　KGBの格好の標的　米国市民ラーナ・ピータース　自由という名の現代のジャングル）　第4部 西欧社会で生き残る方法（英国ケンブリッジ市チョーサー・ロード　ソ連への帰国　トビリシ間奏曲　米国の現実　タイト・スカートは自殺に向かない　連中は少しも変わっていない　最後の帰還）

  ＊「自分自身の人生なんてあり得ない。いや、どんな人生もあり得ない。父親の名前の付属品でしかないからだ」父親の名前の重圧を背負い、過酷な運命から逃れようとした波瀾の八十五年。東西冷戦の影響から、回想録の出版、財産の喪失、ソ連の崩壊、プーチン登場まで、まさにもう一つの「20世紀史」。写真多数収録。

アルキメデス〔287?〜212B.C.〕 Archimedes

◇アルキメデス『方法』の謎を解く　斎藤憲著　岩波書店　2014.11　144p　19cm　〈岩波科学ライブラリー 232〉〈『よみがえる天才アルキメデス』（2006年刊）の改題、改訂　文献あり〉　1300円　Ⓘ978-4-00-029632-8　Ⓝ410.231

  内容　第1章 アルキメデスの死をめぐる謎　第2章 アルキメデスの生涯と著作　第3章 C写本の数奇な運命　第4章 二重回謬法の発明　第5章 定型化される求積法　第6章 知られざるアルキメデス―著作『方法』　第7章 ギリシア数学から近代数学へ

  ＊幻の数学書『方法』には何が書かれていたのか。アルキメデスはなぜ殺されたのか。最新の研究成果から歴史の真相に迫るアルキメデス本の決定版。

◇天才数学者はこう解いた、こう生きた―方程式四千年の歴史　木村俊一［著］　講談社　2016.4　285p　15cm　〈講談社学術文庫 2360〉〈文献あり　索引あり〉　1000円　Ⓘ978-4-06-292360-6　Ⓝ410.28

  内容　プロローグ 大発見と天才伝説　第1章 古代の方程式―バビロニア、エジプト、ギリシア、アラブ世界（パピルスと粘土板の天才たち　ギリシア数学の黄金時代　方程式を発明した男、アル=フワーリズミ）　第2章 伊・仏・英「三国志」―数学のルネッサンス（イタリア・ルネッサンス、ヨーロッパ数学の復活　フランスの数学革命　そのころイギリスでは）　第3章 ニュートンとラグランジュと対称性―科学革命からフランス革命まで（対称性の発見、ニュートンの奇跡　ラグランジュと代数学の基本定理）　第4章 一九世紀の伝説的天才―アーベルとガロア（悲劇のアーベル　ガロア、謎の決闘に死す）　エピローグ 未解決問題のフロンティア

  ＊万物は数であるという謎の数学教団を組織したピタゴラス、抜群の工学的センスを持つアルキメデス、三次方程式の解の公式を知っていた数学勝負師タルターリャ、フェンシングの達人デカルト…。小数、負の数、虚数、超越数…。方程式との格闘は、数のフロンティア拡大の歴史でもあったのだ。四千年の数学史を一気に駆け抜ける痛快無比の入

門書!

◇数学をつくった天才たち　立田奨著　辰巳出版　2018.3　191p　19cm　〈『天才たちのつくった数学の世界』(綜合図書　2015年刊)の改題、加筆・再編集〉　1200円　①978-4-7778-2051-1　Ⓝ410.28

内容　1 数学の礎をつくった3人の巨匠（アルキメデス―人類史上第一級といえる科学者　アイザック・ニュートン―微分・積分学の祖　カール・フリードリヒ・ガウス―19世紀最大の数学者）　2 数学の歴史をつくった巨人たち（ベルンハルト・リーマン―未解決問題のない未解決問題を提唱　レオンハルト・オイラー―最高に美しい公式を作り上げた盲目の数学者　アンリ・ポアンカレ―宇宙の形の解明に一歩迫った直観タイプの数学者）　3 数学の新たな道を開拓した天才たち（アレクサンドル・グロタンディー―スキーム論を築き新しい数論を打ち立てた21世紀最大の数学者　小平邦彦―ヘルマン・ワイルに見いだされ日本人初のフィールズ賞を受賞　グレゴリー・ペレルマン―ポアンカレ予想を解決しても社会的名誉を辞退　ほか）

＊定理、公式、理論…わからなくても面白い！生きるために数学をする≠「数学」のために生きる。数奇な運命をたどった、愛すべき変人（天才）の生涯！

アルキュタス〔428～347B.C.〕 Archytas

◇ギリシア哲学30講　人類の原初の思索から　上「存在の故郷」を求めて　日下部吉信著　明石書店　2018.11　418p　19cm　〈年表あり　索引あり〉　2700円　①978-4-7503-4742-4　Ⓝ131

内容　ギリシア哲学鳥瞰　ミレトスの哲学者(1) タレス　ミレトスの哲学者(2) アナクシマンドロス　ミレトスの哲学者(3) アナクシメネス　ピュタゴラス　アルキュタス　ヘラクレイトス　エレア派　故郷喪失の哲学者クセノパネス　エレア派　パルメニデス　エレア派　ゼノンとメリッソス　エンペドクレス　アナクサゴラス　デモクリトス　ハイデガーと原初の哲学者たち―アナクシマンドロス、ヘラクレイトス、パルメニデス

＊ギリシア哲学の権威にしてハイデガー研究の第一人者でもある著者が、存在の故郷を求むべく古代ギリシアの文献を読み解き、その自然哲学を「みずみずしい姿」で蘇らせると同時に、そこで繰り広げられた哲学者たちの抗争の帰結としての現代人の歪んだ思考に高らかに異を唱える。過激にして痛快な現代文明批判の書（上下巻）。

アルチュセール, L.〔1918～1990〕 Althusser, Louis

◇アルチュセール　今村仁司著　新装版　清水書院　2015.9　214p　19cm〈Century Books―人と思想 56〉〈文献あり　著作目録あり　年表あり　索引あり〉　1000円　①978-4-389-42056-7　Ⓝ135.56

内容　1 アルチュセールの課題（思想の経験　フランスのマルクス主義　思想的課題）　2 アルチュセールの思想形成（フランスの科学哲学　マルクス主義の論争的状況）　3 アルチュセールの仕事（初期マルクス研究　弁証法研究　『資本論』研究　イデオロギー論）

◇ルイ・アルチュセール―行方不明者の哲学　市田良彦著　岩波書店　2018.9　248p　18cm　〈岩波新書　新赤版 1738〉〈文献あり〉　860円　①978-4-00-431738-8　Ⓝ135.56

内容　第1章 行方不明者の生涯（理論と経験　落ชと眩暈―青年期　ほか）　第2章 偶然性唯物論とスピノザ―問題の「凝固」(偶然性唯物論―晩年の思想？　構造とはなにか　ほか)　第3章 『資本論を読む』またスピノザを読む（アルチュセールのスピノザ　徴候的読解とはなにか　ほか）　第4章 構造から「私」と国家へ（「錯乱」するアルチュセール　原因の劇場　ほか）　第5章 スピノザから遠く離れて（『神学政治論』でも『政治論』でもなく　哲学、政治、歴史　ほか）

＊現代思想を代表するマルクス主義理論家か、妻を殺めた狂気の人か。光と闇の落差がもたらす眩暈のなかに哲学者は姿をくらます。彼にとっては、「行方不明になる」ことが「政治」であった―知られざるアルチュセール（一九一八‐九〇）の哲学が「スピノザを読むアルチュセールを読む」というかつてない試みを通して浮かび上がる。

アルチンボルド, G.〔1527～1593〕 Arcimboldi, Giuseppe

◇アルチンボルドアートコレクション　アルチンボルド作, リアナ・デ・ジローラミ・チーニー著, 笹山裕子訳　グラフィック社　2017.6　255p　17cm　〈年譜あり　索引あり〉　2000円　①978-4-7661-3058-4　Ⓝ723.37087

＊初期のデッサンや宗教画から、代表作までを網羅したコレクション。アルチンボルドの一生、作品詳細、バックストーリーを解き明かす。寄せ集め、だまし絵、擬人化から生まれた美しくも奇妙な肖像画たち。『四季』『四大元素』を含む保存版。

アルテミシア I〔紀元前5世紀〕 Artemisia I

◇新書 英雄伝―戦史に輝く将星たち　有坂純著　学研教育出版　2015.10　407p　19cm　〈文献あり　発売：学研マーケティング〉　1600円　①978-4-05-406350-1　Ⓝ283

内容　ペルシア戦争を起こした男―アリスタゴラス伝　わが故郷は遙か―ディオニュシオス伝　われら死にきと―レオニダス伝　サラミスよ、汝は女の産める子らを滅ばさん―テミストクレス伝　賞金首女王―アルテミシア一世伝　三つの問い―エパメイノンダス伝　偉大なる敵―ハンニバル伝　オリュンポスの落日―アエミリウス・パウルス伝　賽は投げられた―ユリウス・カエサル伝　帝国の夢―ゼノビア女王伝　疾風―衛青・霍去病伝　戦いは、まだ始まっていない―ジョン・ポール＝ジョーンズ伝　第一級の戦士―ダヴー元帥伝

＊かつて雑誌『タクテクス』（ホビージャパン刊）で熱狂的に支持された伝説の連載が、待望の単行本化！古代ギリシアからナポレオン時代まであまたの英傑が生き生きと甦る！

アールト, A.〔1894～1949〕 Aalto, Aino

◇AINO AALTO　アイノ・アールト［作］, アルヴァ・アールト財団, アルヴァ・アールト博物館

監修，ウッラ・キンヌネン編，小川守之訳　TOTO出版　2016.7　243p　26cm　〈本文は日本語　年譜あり　年表あり　索引あり〉　3800円　①978-4-88706-359-4　⑩523.3892

[内容]アイノ・アールトについて　建築家アイノ・アールト　作品リスト　インテリア、家具デザイナーアイノ・アールト　写真家アイノ・アールト　寡黙な中心人物　建築家アイノ・アールト

＊北欧モダニズムを牽引したアルヴァ・アールト。その数々の名作は妻アイノとの協働によるものだった―女性ならではの視点で建築・インテリアのみならず、今も愛され続ける数々のプロダクトをも世に送り出したアイノ・アールトの作品集、待望の邦訳!!

アルバース, A. 〔1899～1994〕 Albers, Anni

◇アンニ・アルバースとアンデスの染織―バウハウスからブラック・マウンテンへ　ヴァージニア・ガードナー・トロイ著，中野恵美子訳　八王子　桑沢学園　2015.12　211p　26cm　（桑沢文庫 10）〈文献あり　索引あり　発売：アイノア〔東京〕〉　3800円　①978-4-88169-169-4　⑩753.3

[内容]第1章 歴史的背景　第2章 ドイツ、プリミティビストの論議と民族誌学におけるアンデスの染織1880‐1930　第3章 バウハウスにおけるアンデスの染織　第4章 バウハウスにおけるアンニ・アルバース　第5章 アメリカとメキシコにおけるアンニ・アルバース　第6章 ブラック・マウンテン・カレッジにおけるアンニ・アルバース：織作家、教育者、著述家、収集家　第7章 アンニ・アルバース：1950年代～1960年代の絵画的な織物

アルパート, S.M. 〔1950～〕 Alpert, Stephen M.

◇吾輩はガイジンである。―ジブリを世界に売った男　スティーブン・アルパート著，桜内篤子訳　岩波書店　2016.9　366p　20cm　2400円　①978-4-00-061150-3　⑩778.77

[内容]ジブリ作品、世界へ　徳間書店の日々―日本の現実　小さなスタジオで学んだこと　『もののけ姫』海外宣伝キャラバン　ハリウッドを行く　契約は結んだけれど　『もののけ姫』吹替版制作日記―翻訳で失われるもの　ふたたび宣伝のキャラバンへ　『千と千尋の神隠し』神話のはじまり　弱腰ではできないアジアでの商売―韓国、台湾、中国でのビジネス　百代の過客―『千と千尋の神隠し』海外をめぐる　人生一巡り―志雲より高く

＊『千と千尋の神隠し』アカデミー賞受賞の陰に、この男の活躍あり。ジブリの海外ビジネスを切り拓いた著者による、ユーモア溢れる回想記。

アルフォンソVI 〔1040～1109〕 Alfonso VI

◇忘却の彼方に〈運命の人ヒメナ〉―スペインの歴史に埋もれたレオン王家の足跡　藏納設子著　中央公論事業出版　2018.1　194p　20cm　〈文献あり〉　1200円　①978-4-89514-482-7　⑩236

[内容]エル・ビエルソ　アルフォンソとヒメナ　ローマ教会　ヒメナ、暗闇時代　アルフォンソ、栄光の日々　ガリシア伯爵とポルトガル伯爵　アルフォンソの挫折　後継者　永眠の地　テバイダ・ベルシアナ　ヒメナの行方　千年の命

＊11世紀、激動の時代を迎えたスペインで、カスティーリャ＝レオン王アルフォンソ6世の寵愛を受けた伯爵令嬢ヒメナの運命は…。

アルペ, P. 〔1907～1991〕 Arrupe, Pedro

◇ペドロ・アルペ　―イエズス会士の霊的な旅―　ジャン・クロード・ディーチS.J.との自伝的会話　ジャン・クロード・ディーチ述，ペドロ・アルペ著，緒形隆之訳　習志野　教友社　2015.7　241p　22cm　〈著作目録あり　年譜あり〉　2000円　①978-4-907991-15-9　⑩198.22

アルムブルスター, L. 〔1928～〕 Armbruster, Ludwig

◇黄金のプラハから来たイエズス会士　ルドヴィーク・アルムブルスター著，アレシュ・パラーンインタビュー，羽生真名訳　習志野　教友社　2015.5　295p　22cm　2000円　①978-4-907991-14-2　⑩198.22

アルメイダ, L. 〔1525～1583〕 Almeida, Luis de

◇評伝 天草五十人衆　天草学研究会編　福岡　弦書房　2016.8　317p　22cm　〈文献あり　年表あり　索引あり〉　2400円　①978-4-86329-138-6　⑩281.94

[内容]ステージ1 五人衆の時代、そして…　ステージ2 天領天草の村々　ステージ3 祈りの島で　ステージ4 耕す、漁る　実業の世をひらく　ステージ6 潮路はるかに　ステージ7 文学・歴史・言論　ステージ8 あの頃、この人　ステージ9 島の現実、国の行く末　ステージ10 一筋の道　ステージ特別編 群像二題

＊海に囲まれ、かつて天領であった天草。独特の風土と歴史の中で、数々の苦難を乗り越えて育まれた天草スピリッツ。それを体現した五十人の足跡をたどり、忘れてはならない技と生き方をここに刻む。

アレキサンダー, F.G.W. 〔1868～1957〕 Alexander, Fanny Grey Wilson

◇ウィルソン姉妹―弘前女学校第6代、第9代校長　柏崎節子著　〔出版地不明〕　柏崎節子　2018.4　145p　26cm　〈年譜あり〉　⑩376.41

アレキサンダー大王

⇒アレクサンドロスIII を見よ

アレグザンダー, C. 〔1936～〕 Alexander, Christopher

◇クリストファー・アレグザンダーの思考の軌跡―デザイン行為の意味を問う　長坂一郎著　彰国社　2015.7　191,4p　19cm　〈文献あり〉

アレクサン

2000円 ⓘ978-4-395-32046-2 Ⓝ523.346

|内容| 1 クリストファー・アレグザンダーという人 2 デザインの見方 3 徹底的な合理主義—『形の合成に関するノート』 4 人の認識の限界—『都市はツリーではない』 5 良い形を特徴づけるもの—認知心理学研究 6 徹底的な機能主義—『パターン・ランゲージ』 7 調和をめざして—『秩序の本質』 8 闘い—"The Battle"

＊誰もが受け入れられる客観的な基準を追求し、デザインについて、徹底的に考え続けたC.アレグザンダー。人が生きるに値する暮らし、そのためのデザイン理論・50年の変遷をたどる。

アレクサンドラ・オブ・デンマーク〔1844～1925〕 Alexandra af Denmark

◇カルティエを愛した女たち 川島ルミ子著 集英社インターナショナル 2014.9 213p 22cm 〈タイトルは奥付による.標題紙・背のタイトル：Cartier,Joaillier des Femmes 発売：集英社〉 2300円 ⓘ978-4-7976-7271-8 Ⓝ755.3

|内容| Prologue 比類なきカルティエ、比類なき女たち Grace Kelly 1929‐1982 輝きと夢をモナコにもたらしたグレース公妃 Barbara Hutton 1912‐1979 かわいそうな金持ちの小さな女の子バーバラ・ハットン Jeanne Toussaint 1887‐1976 ジュエリーの香りがするジャンヌ・トゥーサン Queen Alexandra 1844‐1925 麗しのアレクサンドラ王妃 Princess Olga Paley 1866‐1929 愛と悲劇を生きたパーレイ公妃 The Duchess of Windsor 1896‐1986 愛は王位よりも強しウィンザー公爵夫人 Marie Bonaparte 1882‐1962 ナポレオン皇帝の血をひくマリー・ボナパルト Empress Eugénie 1826‐1920 第二帝政の華麗な花、ユウジェニー皇后

アレクサンドラ・フョードロブナ〔1872～1918〕 Alexandra Feodrovna

◇王妃たちの最期の日々 下 ジャン＝クリストフ・ビュイッソン、ジャン・セヴィリア編 神田順子, 土居佳代子, 山川洋子訳 原書房 2017.4 228p 20cm 2000円 ⓘ978-4-562-05386-5 Ⓝ288.493

|内容| 11 トリアノンから断頭台へ—マリー＝アントワネット/パリ、一七九三年一〇月一六日 12 息子の復讐—ロシアのエカチェリーナ二世/サンクトペテルブルク、一七九六年一一月六日（太陽暦一一月一七日） 13 皇后の二度の死—ジョゼフィーヌ・ド・ボアルネ/リュエイユ＝マルメゾン、一八一四年五月二九日 14 苦しみつづけ、さまよいつづけた魂の飛翔—オーストリア皇妃エリーザベト（愛称シシ）/ジュネーヴ、一八九八年九月一〇日 15 一つの時代の終焉—ヴィクトリア女王/ワイト島、オズボーン・ハウス、一九〇一年一月二二日 16 呪われた王妃—ドラガ・オブレノヴィチ/ベオグラード、一九〇三年六月一一日 17 ロマノフ朝最後の皇后の死にいたる苦難の道—アレクサンドラ・フョードロヴナ/エカテリンブルク、一九一八年七月一七日 18 フランス最後の皇后—ウジェニー・ド・モンティジョ/マドリード、一九二〇年七月一一日 19 精神を闇に閉ざされての六〇年—シャルロッテ・フォン・ベルギエン/バウハウト城、一九二七年一月一九日 20 あまりに理不尽な死—ベルギー王妃アストリッド/

キュスナハト・アム・リギ、一九三五年八月二九日

＊マリー＝アントワネット、エカチェリーナ2世、ジョゼフィーヌ、エリーザベト（シシ）…信仰心、病魔、処刑台…世界史に大きな影響をあたえたさまざまな人生と運命を描く物語！

アレクサンドロスⅢ〔356～323B.C.〕 Alexander Ⅲ

◇アレクサンドロスの征服と神話 森谷公俊著 講談社 2016.2 393p 15cm 〈講談社学術文庫 2350—興亡の世界史〉〈「興亡の世界史 01」（2007年刊）の改題 文献あり 年表あり 索引あり〉 1230円 ⓘ978-4-06-292350-7 Ⓝ231.7

|内容| 第1章 大王像の変遷 第2章 マケドニア王国と東地中海世界 第3章 アレクサンドロスの登場 第4章 大王とギリシア人 第5章 オリエント世界の伝統の中で 第6章 遠征軍の人と組織 第7章 大帝国の行方 第8章 アレクサンドロスの人間像 第9章 後継将軍たちの挑戦 終章 アレクサンドロス帝国の遺産

＊紀元前三三四年、ギリシアから東方遠征に出発、先進国ペルシアを征服し、わずか一〇年でインダス川に到達した大王。疲れた将兵が行軍を拒み、バビロン帰還後に熱病で死去するまでの三三年の生涯でいかに大帝国を築いたのか。死後、帝国が四分五裂したのはなぜか。カエサルも憧れ、神格化された後世への影響を探究し、新たなヘレニズム史を構築する。

◇アレクサンドロス大王—「世界」をめざした巨大な情念 大牟田章著 新訂版 清水書院 2017.5 271p 19cm 〈新・人と歴史拡大版 09〉〈文献あり 年譜あり 索引あり〉 1800円 ⓘ978-4-389-44109-8 Ⓝ231.7

|内容| 1 満ちてくる潮（期待と不安 黒い渦 ヘレスポントスのかなた） 2 疾風（結び目の謎 闘志 玉璽悲運） 3 羅針盤（黒い太陽 烽火 夢と現実） 4 見果てぬ夢（逃げ水 バビロンの雲 一〇年の足跡）

＊「アレクサンドロス大王」という名前の裡には、なにか人の心を捉え、惹きつけるものが潜んでいる。その名は、二三〇〇年余の昔、流星の光をもって歴史の天空をよぎり、そして瞬間に消えた。それは、個性の抑え難い衝迫に圧縮されて噴出した、新しい時代のエネルギーそのもの、ともいえた。若さは、いつの時代にも、既存に抗し、倨安を根底から揺すぶる衝撃力である。アレクサンドロスは、おのれの可能性をほとんど無限に信じた。かれの前に道はない。かれが道をつくるのだ。それは星への道、「誉れ」への道であった。

◇新訳アレクサンドロス大王伝—『プルタルコス英雄伝』より プルタルコス著, 森谷公俊訳・註 河出書房新社 2017.6 518p 20cm 〈文献あり 年表あり 索引あり〉 3200円 ⓘ978-4-309-22704-7 Ⓝ289.3

|内容| 執筆の方針 父と母 アレクサンドロスの誕生 容姿と気質 少年時代の器量 名馬ブーケファラス 教師アリストテレス アリストテレスへの敬意 カイロネイア従軍・婚礼の騒動 フィリッポス暗殺〔ほか〕

＊登場人物の性格や経歴、相関関係、用語解説など、詳細で丁寧かつ最新の研究を反映した注釈でギリ

シア・マケドニア世界がいきいきと甦る。注釈は章ごとに挿入され、原文との照合も容易。写真、地図、戦闘図など図版50点以上。より立体的に大王の偉業に迫る。アレクサンドロス大王小事典としても使える索引付き。

◇王宮炎上―アレクサンドロス大王とペルセポリス　森谷公俊著　オンデマンド版　吉川弘文館　2017.10　215p　19cm　（歴史文化ライブラリー 88）〈文献あり　原本：2000年刊〉　2300円　①978-4-642-75488-0　Ⓝ231.7

◇アレクサンドロス大王東征路の謎を解く　森谷公俊著　河出書房新社　2017.11　369p　図版16p　20cm　〈文献あり　索引あり〉　3500円　①978-4-309-22719-1　Ⓝ227.2

内容　序章　第1章　ウクシオイ門の戦闘　第2章　ペルシア門を求めて　第3章　ペルシア門の戦闘　第4章　ペルシア側の戦略　第5章　「王の道」を復元する　第6章　ダレイオス三世の逃走と最期

＊大王が世界征服の野望を抱いて駆け抜けた道。実際のルートは？ペルシア帝国との激戦地はどこか？定説を疑い、古典史料を再検証した著者は、真実を知るために、2300年前の戦いの地へと赴く。ザグロス山脈を越えて、伝説の実像が明らかになる！机上にとどまらない歴史研究とは何かをあらためて考えさせられる、歴史にかかわるすべての人必読の一冊。現地調査の臨場感あふれる旅行記も収録。

アレビ, E. 〔1870～1937〕　Halévy, Elie

◇哲学的急進主義の成立　3　哲学的急進主義　エリー・アレヴィ著，永井義雄訳　法政大学出版局　2016.12　565,12p　20cm　（叢書・ウニベルシタス 1039）〈文献あり　著作目録あり　索引あり〉　9000円　①978-4-588-01039-2　Ⓝ133.4

内容　第1章　経済社会の自然法則（リカードゥ　ジェイムズ・ミルとマカロク）　第2章　司法組織と国家組織（手続法と司法組織　憲法（統治機関法））　第3章　思想の法則と行政の規則（知識　行動）　終わりにあたって

＊1820年頃の最大幸福主義を論じる最終巻では、リカードゥの経済理論やベンサムの司法・国家組織論が分析されるとともに、有益性の理論がイングランドの普遍的な哲学となり、言論・議会活動を通じた急進的改革の推進力となる時代が扱われる。アレヴィ小伝、著作目録と貴重な資料に加え、訳者による総括的なあとがきを収録。色褪せることなき大著、ついに全巻完結！

アレン, W. 〔1935～〕　Allen, Woody

◇ウディ　デイヴィッド・エヴァニアー著，大森さわこ訳　キネマ旬報社　2017.5　537p　21cm　〈文献あり　作品目録あり　索引あり〉　3700円　①978-4-87376-443-6　Ⓝ778.253

内容　イントロダクション　こうして私はウディのところ　とにかく魅せられてしまった　書くことが彼の救いとなった　実録版・ブロードウェイとダニー・ローズ　それはウディなんです　ハチミツ風呂につかって　彼が愛する街のように、タフでロマンティック　レナードとゼリグを救った女　ディックとウディ　偉大なるものへの恐るべき暗示　セックスと嘘とビデオテープ　ウディは（またしても）帽子からウサギを取り出した　不屈の勇気をもって　すべての世界の手ざわり

＊ニューヨークの革新者にしてロングランナー、映画監督ウディ・アレンの知られざる顔に迫る。彼は、長い間、神経症的なダメ男を演じ続け、私たちもそんな風に彼のことを見ていた。しかし、それは彼が私たちに仕掛けた"究極のマジック"だったのかもしれない。

アーレント, H. 〔1906～1975〕　Arendt, Hannah

◇ハンナ・アーレント、あるいは政治的思考の場所　矢野久美子著　新装版　みすず書房　2014.9　161p　20cm　〈文献あり〉　2800円　①978-4-622-07882-1　Ⓝ311.234

内容　第1章　亡命知識人アーレント（アーレントの不在と存在　最後のドイツ系ユダヤ人　「われら」と「亡命者」のあいだ）　第2章　「政治」と"あいだ"（断崖の思考　「思索日記」の語るもの　"対等"の条件）　第3章　アイヒマン論争と"始まり"（最後の語りかけ　「心」の役割　削除された"始まり"　政治的思考のために）　第4章　「木の葉」の"身ぶり"（"応答"としての"身ぶり"　「木の葉」の自由　残骸の重さ　「戦線」の超越、あるいは中断）

＊「現われ」とは、"あいだ"とは、「あなたは何者か」と問われた政治哲学者の言葉のありかと思考の現場を追う。本書は、ヤング＝ブルーエルのアーレント伝や膨大なエッセイ・書簡に分け入りながら、「アーレントとは何者か」を真摯に問いかけていった成果である。

◇ヒトラーと哲学者―哲学はナチズムとどう関わったか　イヴォンヌ・シェラット著，三ツ木道夫，大久保友博訳　白水社　2015.1　362,60p　20cm　〈文献あり　索引あり〉　3800円　①978-4-560-08412-0　Ⓝ134.9

内容　第1部　ヒトラーの哲学者（ヒトラー―「天才的バーテンダー」　毒入りの杯　協力者たち　ヒトラーを支えた法哲学者―カール・シュミット　ヒトラーの超人―マルティン・ハイデガー）　第2部　ヒトラーの対抗者（悲劇―ヴァルター・ベンヤミン　亡命―テオドーア・アドルノ　ユダヤ人女性―ハンナ・アーレント　殉教者―クルト・フーバー　ニュルンベルク裁判とその後）

＊思想と行動をめぐる迫真の哲学ノンフィクション。カント以降の反ユダヤ的言辞を跡づけた上で、ナチスに加担した者と迫害された者の生き方を描き出す注目作。哲学することの倫理的基盤を問う。

◇〈境界〉を生きる思想家たち　栩木玲子編　法政大学出版局　2016.3　221p　19cm　（国際社会人叢書 2）　1900円　①978-4-588-05312-2　Ⓝ280

内容　第1章　E.H.カー（1892 - 1982）―「自己意識」の歴史学　第2章　ハンナ・アーレント（1906 - 1975）―20世紀の暴力を「思考」した女　第3章　オクタビオ・パス（1914 - 1998）―異文化との対話者　第4章　ジャン・ルーシュ（1917 - 2004）―関係の生成を撮る映像人類学者　第5章　エドゥアール・グリッサン（1928 - 2011）―"関係"の詩学から全-世界へ　第6章　山口昌男（1931 - 2013）―"知"的なピーターパンのために　第7章　アマルティア・セン（1933 - ）―自由と正義のアイデア　第8章　寺山修司（1935 -

アロイシオ

1983)―ポエジイによって越境した"詩人" 第9章 ベネディクト・アンダーソン(1936‐2015)―地域研究から世界へ
* 世界に対するまなざしを研ぎ澄ませた9人の思想家が描く鮮やかな軌跡！

◇ハンナ＝アーレント 太田哲男著 新装版 清水書院 2016.9 258p 19cm (Century Books―人と思想 180)〈文献あり 年譜あり 索引あり〉 1200円 ①978-4-389-42180-9 Ⓝ311.234

内容 1 ハンナ・アーレントの生涯―前半生を中心に(少女時代 学生時代 ナチスの台頭 ドイツを脱出 無国籍ユダヤ人となる アメリカへの移住とアウシュヴィッツの衝撃) 2『全体主義の起源』(『全体主義の起源』の執筆 「第一部 反ユダヤ主義」「第二部 帝国主義」「第三部 全体主義」 第三部の成立をめぐって) 3 その後の諸著作(『人間の条件』『イェルサレムのアイヒマン』「革命について」『カント政治哲学の講義』と『精神の生活』)

* ドイツ系ユダヤ人として成長し、ハイデガーやヤスパースに学んだハンナ・アーレントは、ナチス政権成立とともにドイツを離れ、無国籍者となり、抑留キャンプに放り込まれながらも辛うじて脱出、アメリカに渡って英語を習得、『全体主義の起源』を発表するに至った。彼女はこの作品で自分たちを絶滅の淵に追いやった全体主義とは一体何だったかを普遍的な形で表現しようとした。その後彼女は、公民権運動やベトナム反戦の時代の米国で、一方では「自由」「討論」「公共性」をキーワードに政治のあり方を描き、他方では大衆社会や消費者社会のあり方を描いた。彼女の立ち向かったところは、二十世紀とは、「現代」とは何かの考察であった。

◇思索日記 1 1950‐1953 ハンナ・アーレント著, ウルズラ・ルッツ, インゲボルク・ノルトマン編, 青木隆嘉訳 新装版 法政大学出版局 2017.5 570p 20cm (叢書・ウニベルシタス 841) 6200円 ①978-4-588-14042-6 Ⓝ311.234

内容 無題(赦し・報復と和解) 人格‐自我‐性格 「この世に別れを告げぬ間に」(E・ディキンソンの詩) 無題(過去‐現在‐未来) 思考‐行為 感謝はキリスト教的美徳ではない 報復や赦しよりも純粋な怒りのほうが上だ 誰でも現実の与えるショックから逃れようとする 無題(鉋をかけると鉋屑が出る) 政治には二つの基本原理がある〔ほか〕

* 全体主義との闘争の過程で敢行された西洋政治哲学の伝統との対決の貴重な記録。現在の出来事に関する証言でもあり、アーレント理解にも不可欠の第一級資料。

◇思索日記 2 1953‐1973 ハンナ・アーレント著, ウルズラ・ルッツ, インゲボルク・ノルトマン編, 青木隆嘉訳 新装版 法政大学出版局 2017.5 534,41p 20cm (叢書・ウニベルシタス 842)〈文献あり 索引あり〉 6000円 ①978-4-588-14043-3 Ⓝ311.234

内容 無人支配としての官僚制 政治における理解 無題(偉大さと深さの次元は緊密に結びついている) 昔のことが思い出され、頭から離れない アリストテレス『政治学』第七巻第一四章 イデアについて(プラトンのイデア) 正義について―カントとヘーゲルの『狡知』 無題(マルクスの搾取概念) マルクス―ニーチェ 複数性の三つの次元〔ほか〕

* 思想的に最も多産な時期から晩年まで、28冊のノートに書き続けられた膨大な日記・完結篇。活動的生活と観想的生活を包含する独自の思考の生成を記録。

◇なぜアーレントが重要なのか E.ヤング＝ブルーエル著, 矢野久美子訳 新装版 みすず書房 2017.5 251,7p 20cm〈索引あり〉 3800円 ①978-4-622-08618-5 Ⓝ289.3

◇アーレント最後の言葉 小森謙一郎著 講談社 2017.7 252p 19cm (講談社選書メチエ 654)〈文献あり 年譜あり〉 1700円 ①978-4-06-258657-3 Ⓝ311.234

内容 序章 一つの題と二つの銘 第1章 二五歳の選択―ゲンツという名の堤防 第2章 新大陸の余白で―サロ・バロンとシオニズムの帰趨 第3章 森の中の男たち―ブルーメンフェルトの記憶 第4章 盾に描かれた問い―ホメロスから人間の尊厳へ 第5章 闇の前―ハイデガーと残された魔術 終章 語りえぬものへ向けて

* 一九七五年一二月四日、ニューヨークの自宅でハンナ・アーレントは急逝した。自室に置かれたタイプライターに残されていた一枚の紙片。そこには三部作をなすライフワーク『精神の生活』の掉尾を飾るはずだった第三部の表題「判断」において、二つの銘が置かれていた。古代ローマの詩人ルカヌスの『内乱』とゲーテの長編詩劇『ファウスト』からの引用―。この二つの銘は何を意味しているのか？ アーレントの秘密に迫るスリリングな思想劇！

◇アーレント＝ハイデガー往復書簡 1925‐1975 ハンナ・アーレント, マルティン・ハイデガー著, ウルズラ・ルッツ編, 大島かおり, 木田元共訳 新装版 みすず書房 2018.5 330,52p 22cm〈著作目録あり 索引あり〉 6400円 ①978-4-622-08711-3 Ⓝ134.96

内容 一九二五‐七五年の手紙とその他の文書(まなざし 再会 秋 エピローグ) 補遺(文書1から168までについての注記 遺稿からの補足的記録文書 編者のあとがき)

アロイジオ・デルコル〔1920〜1995〕
Aloysio Del Col

◇人生の住処 巽豊彦著, 巽孝之編 彩流社 2016.11 254p 20cm 〈年譜あり 索引あり〉 2500円 ①978-4-7791-2274-3 Ⓝ930.26

内容 英文学への招待(英国と英語と英文学 偶然の世界) 第1部 イギリス小説の紳士像(オースティンにおける紳士像 トロロプにおける紳士像 ウォーとカトリシズム ディケンズにおける紳士像―Great Expexationの場合 ニューマンの大学論―理想としての自由教育) 第2部 上智大学とカトリシズム(ニューマン・岩下・吉満―復興への軌跡 舟川一彦著『十九世紀オックスフォード―人文学の宿命』 戦後の高揚期を偲びつつ―追憶の『ソフィア』 安堵の沙汰やみ―刈田元司教授回想 極右と極左―秋山健教授追悼 第三部 終の避暑地で(松旦への道 プブノワさんと富士見 ある修道士の生涯―アロイジオ神父のこと 大学誘致の夢) 第4部 ある伝記の試み―父・巽孝之丞(巽孝之丞小伝〈草稿〉)

＊19世紀英文学を中心にカトリック精神史を辿り直す独特の学風。戦後40年の長きにわたって上智大学で教鞭を執った英文学者・巽豊彦の珠玉の遺稿集。

アンギャン公・ルイ・アントワーヌ〔1772～1804〕Enghien, Louis-Antoine-Henri de Bourbon
◇悲運のアンギャン公爵—フランス大革命、そしてナポレオン独裁のもとで クロード・パストゥール著,伊東冬美訳 札幌 寿郎社 2017.10 373p 20cm 〈年譜あり〉 2600円 Ⓘ978-4-902269-98-7 Ⓝ289.3
 内容 コンデ家の人々 ロアン家の人々 大革命の兆し 気ままな亡命 王政の終焉 王弟殿下の約束 ロシアにおけるコンデ一族 エテンハイム 陰謀 最後の数時間 訃に接するシャルロット ヴァンセンヌ事件ののち 亡命の終り 無実を叫ぶ人々 遺書 遠い記憶
 ＊近代独裁政治の原点、アンギャン公爵VSナポレオン。疾風怒濤のフランス大革命、ナポレオンの非情の独裁政治、そして悲özü—。"戦慄の歴史ドラマ"をひもとく。

アンジェロウ, M.〔1928～2014〕Angelou, Maya
◇歌え、翔べない鳥たちよ—マヤ・アンジェロウ自伝 マヤ・アンジェロウ著, 矢島翠訳 青土社 2018.4 333p 19cm 〈立風書房1998年刊の再刊〉 2400円 Ⓘ978-4-7917-7057-1 Ⓝ289.3
 ＊両親の離婚、子供だけでの列車の旅、祖母による養育。白人と黒人が住み分かれていたアーカンソー州の小さな町でも、人種差別は機会あるごとに、ひときわ強い屈辱となって少女の前に立ち現れずにはいなかった。八歳での家庭内レイプ、兄のような兄との別離、文学への傾倒、性の目覚め—黒人ゲットーに暮らす少女の自己形成の軌跡を瑞々しく描く、最初の自伝。

アンセルムス〔1033～1109〕Anselm, Saint, Archbishop of Canterbury
◇キリスト教の主要神学者 上 テルトゥリアヌスからカルヴァンまで F.W.グレーフ編, 片柳榮一監訳 教文館 2014.8 360,5p 21cm 3900円 Ⓘ978-4-7642-7383-2 Ⓝ191.028
 内容 マルキオン（八五頃・一六〇頃） カルタゴのテルトゥリアヌス（二/三世紀） オリゲネス（一八五/一八六・二五四） ニュッサのグレゴリオス（三四〇頃・三九四以後） アウグスティヌス（三五四・四三〇） カンタベリーのアンセルムス（一〇三三/一〇三四・一一〇九） クレルヴォーのベルナール（一〇九〇・一一五三） トマス・アクィナス（一二二四/一二二五・一二七四） マイスター・エックハルト（一二六〇頃・一三二八） ヨハネス・ドゥンス・スコトゥス（一二六五/一二六六・一三〇八） ロベルト・ベラルミーノ（一五四二・一六二一）
 ＊多彩で曲折に富む2000年の神学史の中で、特に異彩を放つ古典的代表者を精選し、彼らの生涯・著作・影響を通して神学の争点と全体像を描き出す野心的な試み。正統と異端が織り成すダイナミズムによって生まれた神学の魅力と核心を、第一級の研究者が描き出す。上巻では古代から宗教改革期に活躍した16名の神学者を紹介する。

◇カンタベリーのアンセルムス—風景の中の肖像 R.W.サザーン著, 矢内義顕訳 知泉書館 2015.3 647,98p 22cm 〈文献あり 年譜あり 索引あり〉 12000円 Ⓘ978-4-86285-207-6 Ⓝ132.2
 内容 第1部 誕生から再生まで 一〇三三・一〇七〇年（監禁からの逃 決断の年 アンセルムスとランフランクス 沈黙の年月） 第2部 輝きを放つ年月 一〇七〇・一〇九三年（アンセルムスの新たな出発 偉大な瞑想 友愛の本性と重要性 喜ばしいことではないが、拡大していく世界） 第3部 発展していく世界における修道院的な視点 一〇九三・一一〇九年（アンセルムスと人間の状態 「この奴隷状態から私の魂を解き放って下さい」 新大司教の従順に関する問題 教会の自由 修道院共同体の自由 古い自由—カンタベリーの首位権） 第4部 友人たちと弟子たちの収穫期（アンセルムスの初期の神学的な弟子たち アンセルムスの言葉と書簡の収集者 エアドメルスとアンセルムス 回顧）
 ＊西ヨーロッパの形成と発展を論じた『中世の形成』、中世の教会と社会との関係を叙述した『西欧中世の社会と教会』、さらに8世紀から15世紀に至るヨーロッパのイスラム理解に関する『ヨーロッパとイスラム世界』など、ヨーロッパの中世史研究を代表するR.W.サザーン（1912・2001）が、半世紀以上にわたるアンセルムス研究を集大成した画期的作品である。『アンセルムス伝』を執筆した弟子のエアドメルスをはじめ、祈りと瞑想の修道生活を共にした親密な友人たちに囲まれたアンセルムス（1033・1109）という稀有な人格の肖像を、文学的な香りを湛えて見事に描いた歴史叙述の典型的作品である。時代を越えてアンセルムスと読者を結びつける必読の書。

アンセルメ, E.〔1883～1969〕Ansermet, Ernest Alexandre
◇偉大なる指揮者たち—トスカニーニからカラヤン、小澤、ラトルへの系譜 クリスチャン・メルラン著, 神奈川夏子訳 ヤマハミュージックメディア 2014.11 389,7p 21cm 2800円 Ⓘ978-4-636-90301-0 Ⓝ762.8
 内容 アルトゥーロ・トスカニーニ ウィレム・メンゲルベルク セルゲイ・クーセヴィツキー ピエール・モントゥー ブルーノ・ワルター サー・トーマス・ビーチャム レオポルド・ストコフスキー エルネスト・アンセルメ オットー・クレンペラー ヴィルヘルム・フルトヴェングラー〔ほか〕
 ＊指揮の特徴や楽団員からの評価、生い立ちや普段の振る舞い、家族関係など、50人のマエストロたちの素顔を描き出す。オーケストラ指揮の知られざる側面に迫った評伝集。

アンダーソン, B.〔1936～2015〕Anderson, Benedict Richard O'Gorman
◇〈境界〉を生きる思想家たち 栩木玲子編 法政大学出版局 2016.3 221p 19cm 〈国際社会人叢書 2〉 1900円 Ⓘ978-4-588-05312-2

Ⓝ280

[内容] 第1章 E.H.カー（1892‐1982）―「自己意識」の歴史学　第2章 ハンナ・アーレント（1906‐1975）―20世紀の暴力を「思考」した女　第3章 オクタビオ・パス（1914‐1998）―異文化との対話者　第4章 ジャン・ルーシュ（1917‐2004）―関係の生成を撮る映像人類学者　第5章 エドゥアール・グリッサン（1928‐2011）―"関係"の詩学から全‐世界へ　第6章 山口昌男（1931‐2013）―"知"的なピーターパンのために　第7章 アマルティア・セン（1933‐　）―自由と正義のアイデア　第8章 寺山修司（1935‐1983）―ポエジイによって越境した"詩人"　第9章 ベネディクト・アンダーソン（1936‐2015）―地域研究から世界へ

＊世界に対するまなざしを研ぎ澄ませた9人の思想家が描く鮮やかな軌跡。

アンダーソン, M.〔1897～1993〕
Anderson, Marian

◇マリアン・アンダースン　コスティ・ヴェハーネン著　石坂廬訳　アルファベータブックス　2018.10　252p 図版16p　19cm　〈索引あり〉　2000円　Ⓘ978-4-86598-057-8　Ⓝ762.53

[内容] 第1章 北欧の国々（北欧デビュー　シベリウスとの出会い　フィンランド演奏旅行 ほか）　第2章 ヨーロッパおよび南アメリカ歌の旅（ヨーロッパツアーのはじまり　ソヴィエト政権下のコンサートツアー　パリで大成功 ほか）　第3章 アメリカ合衆国（旅先でのマリアン　敬愛する母　人種問題 ほか）

＊トスカニーニやシベリウスに絶賛されたアメリカを代表する黒人クラシック歌手と共に過ごした伴奏者が綴る貴重な回想録。運命的な北欧デビューから大成功のヨーロッパ・南米コンサートツアーを経て、米国史に残るリンカン記念堂の75000人コンサートまでを記す。1930年代という激動の時代に世界を駆け巡った2人の音楽家の旅。当時の貴重な写真を多数掲載。

アンダーソン, T.〔～2011〕
Anderson, Taylor

◇3・11つむぎゆく絆―わたしたちの中に生きつづけるテイラー・アンダーソン　日英対訳　寺田美穂子著　IBCパブリッシング　2014.11　179p　19cm　〈他言語標題：The Bonds of Love Left by the Tsunami〉　1400円　Ⓘ978-4-7946-0309-8　Ⓝ369.31

[内容] 第1章 石巻の英語教師テイラー・アンダーソンと奈央の物語　第2章 ローカルヒーロー　第3章 オペレーション・アリガトウ　第4章 被災地：大震災当時と今をふりかえる

＊英語指導助手として石巻市内の小中学校に勤務していたテイラー・アンダーソン。日本を愛する彼女はすべての子どもたちから慕われていた…そして、そのとき、彼女はそこにいた…津波警報がけたたましく鳴る中、教え子すべての子どもたちを親に引き渡すまで、津波の恐怖から逃げることはなかったのだ。

アンチェル, K.〔1908～1973〕Ančerl, Karel

◇偉大なる指揮者たち―トスカニーニからカラヤン、小澤、ラトルへの系譜　クリスチャン・メルラン著　神奈川夏子訳　ヤマハミュージックメディア　2014.11　389,7p　21cm　2800円　Ⓘ978-4-636-90301-0　Ⓝ762.8

[内容] アルトゥーロ・トスカニーニ　ウィレム・メンゲルベルク　セルゲイ・クーセヴィツキー　ピエール・モントゥー　ブルーノ・ワルター　サー・トーマス・ビーチャム　レオポルド・ストコフスキー　エルネスト・アンセルメ　オットー・クレンペラー　ヴィルヘルム・フルトヴェングラー〔ほか〕

＊指揮者の特徴や楽団員からの評価、生い立ちや普段の振る舞い、家族関係など、50人のマエストロたちの素顔を描き出す。オーケストラ指揮者の知られざる側面に迫った評伝集。

◇カレル・アンチェル―悲運に生きたマエストロ　高橋綾子著　アルファベータブックス　2018.12　153,71p　20cm　〈文献あり　作品目録あり　年譜あり〉　2500円　Ⓘ978-4-86598-060-8　Ⓝ762.348

[内容] 第1章 誕生からプラハ音楽院入学まで　一九〇八～一九二六　第2章 学生時代からプラハ放送交響楽団指揮者就任までの歩み　一九二六～一九三九　第3章 暗黒の時代　テレジーンからアウシュヴィッツへ　一九三九～一九四五　第4章 楽壇復帰からチェコ音楽監督時代　一九四五～一九六八　第5章 トロント交響楽団の音楽監督として　一九六八～一九七三　補章　アンチェル再評価の動向・CD一覧

＊「わが祖国（スメタナ）」「新世界より（ドヴォルザーク）」など数々の名演を遺し、チェコ・フィルの黄金時代を築き上げた指揮者カレル・アンチェル、日本で初めての評伝。膨大なレパートリーを持つアンチェルのディスコグラフィー付き。

アンティフォン〔480～411B.C.〕Antiphôn

◇古代ギリシアの思想家たち―知の伝統と闘争　高畠純夫著　山川出版社　2014.8　103p　21cm　〈世界史リブレット人 6〉〈文献あり　年表あり〉　800円　Ⓘ978-4-634-35006-9　Ⓝ131

[内容] 謎の思想家　1 叙事詩と抒情詩の世界　2 哲学者とソロン　3 前五紀のアテナイ　4 アンティフォン　5 ソクラテス

＊古代ギリシアの思想家たちは何を残したのだろうか。哲学思想にかぎらず、さまざまなところにあらわれた思想はまちがいなく彼らの残した大きな遺産である。さらに思考することの大事さと楽しみも、彼らは伝え伝えている。この書で、彼らの思想の中味がどのようなものであったかを語るとともに、どのような状況下で思想がつくられたかを考えた。アンティフォンとソクラテスを生んだアテナイの知の状況と、ソクラテス的思考が長く残ったゆえんが示されよう。

アンデルシュ, A.〔1914～1980〕
Andersch, Alfred

◇廃墟のドイツ1947―「四七年グループ」銘々伝　ハンス・ヴェルナー・リヒター著　飯吉光夫訳　河出書房新社　2015.8　295p　20cm　3800円　Ⓘ978-4-309-20683-7　Ⓝ940.27

[内容] 蝶たちの曖昧宿で―イルゼ・アイヒンガー　十三階のクリスヤー―カール・アメリー　にぎやか

な通りを行って、誰もそれに気がつかなかったら―アルフレート・アンデルシュ グルーネ森でのサイクリング―インゲボルク・バッハマン きみもぼく位、金が好きかい？―ハインリヒ・ベル セルビアは死ねばならぬ―ミロ・ドール マルクトブライトでの涙―ギュンター・アイヒ フルシチョフの海水パンツを穿いて―ハンス・マグヌス・エンツェンスベルガー 誕生日祝いとしてジーモン・ダッハを―ギュンター・グラス 寝巻きのズボン―ヴォルフガング・ヒルデスハイマー 上部プファルツ人のカラカラ笑い―ヴァルター・ヘレラー 君の忠実なる側近（パラディーン）―ヴァルター・イェンス ダンスの相手への誘い―ウーヴェ・ヨーンゾーン 我々はみな、いい人だった―ハンス・マイヤー 敵多きほど、功高し―マルセル・ライヒ＝ラニツキ おおマルティン―喧嘩好きではないにしろ、喧嘩っ早いアレマン人―マルティン・ヴァルザー マラーの太鼓―ペーター・ヴァイス

＊文学の"呼び声"をきけ。ナチス崩壊、東西分裂―廃墟と化した1947年ドイツで産声をあげ、グラス、ツェランら数々の世界的才能を輩出した「四七年グループ」とは何だったのか？ リーダーであるH・W・リヒターによる愛情あふれる回想録。困難なる戦後と、若き作家たちの情熱が生んだ奇蹟の時間。

アンデルセン, H.C. 〔1805～1875〕
Andersen, Hans Christian

◇アンデルセン 安達忠夫著 新装版 清水書院 2016.3 197p 19cm 〈Century Books―人と思想 190〉〈文献あり 年譜あり 索引あり〉 1200円 ①978-4-389-42190-8 Ⓝ949.7

[内容] 序章 アンデルセンの人と作品 1 アンデルセンの生い立ち（アンデルセンの肉親たち オーデンセにおける幼少年時代 コペンハーゲンでの試行錯誤 ラテン語学校時代から大学卒業まで） 2 アンデルセンの作家活動（外国旅行と留学 本格的デビュー 作家活動の深まり）

＊絵本などを通して、子どものころからアンデルセンの作品にふれてきた人は多いはず。だが辛口ともいえる原作のままのかたちで読まれることはめったになく、『親ゆび姫』『人魚姫』『マッチ売りの少女』などの表題から、子ども向けのやわな童話と思っている人がほとんどだ。みんなが読んでいるのに、「その本質が理解されていない作家」―それがアンデルセンである。人間が抱えている矛盾や葛藤を深く洞察し、平明なことばと鮮烈なイメージ、温かみのある機知とユーモアで語りかけてくるアンデルセン。矛盾だらけの実人生の中から、光と闇がこぼれるようにして生み出されたアンデルセン文学の神髄を、具体的な作品に即してじっくりと味わっていただきたい。

◇ありのままのアンデルセン―ヨーロッパ独り旅を追う マイケル・ブース著，寺西のぶ子訳 晶文社 2017.3 501p 19cm 2300円 ①978-4-7949-6950-7 Ⓝ949.7

[内容] コペンハーゲン ドイツ フィレンツェ ローマ ナポリ マルタ アテネ コンスタンティノープル ドナウ川 エピローグ

＊結婚を機にコペンハーゲンに移住したマイケル。なれないデンマークの文化に溶け込もうと、アンデルセンの作品にふれてみた。するとそこには、子どもの頃に知っていた童話とは違う、シニカルな世界がひろがっていた。アンデルセンの生き方に興味をもったマイケルは、日記や手紙を手がかりにして、アンデルセンを追体験するヨーロッパ縦断の旅に出る。そこで待ち受けていたものとは…。世界で最も愛される童話作家の知られざる心情を丹念に追った旅行記。『英国一家、日本を食べる』で大ブレークしたマイケル・ブースのデビュー作。

アントニウス, M. 〔83?～30B.C.〕
Antonius, Marcus

◇ローマ帝国人物列伝 本村凌二著 祥伝社 2016.5 303p 18cm 〈祥伝社新書 463〉 840円 ①978-4-396-11463-3 Ⓝ283.2

[内容] 1 建国期―建国期のローマ（ブルトゥス―共和政を樹立した初代執政官 キンキナトゥス―ワシントンが理想とした指導者 ほか） 2 成長期―成長期のローマ（アッピウス―インフラ整備など、類稀なる先見性 ファビウス―耐えがたきを耐える「ローマの盾」 ほか） 3 転換期―転換期のローマ（クラッスス―すべてを手に入れた者が欲したもの 大ポンペイウス―カエサルに敗れた大武将 ほか） 4 最盛期―最盛期のローマ（ゲルマニクス―夭逝した理想のプリンス ネロ―気弱な犯罪者だった暴君 ほか） 5 衰亡期―衰亡期のローマ（ガリエヌス―動乱期の賢帝 ディオクレティアヌス―混乱を鎮めた軍人皇帝 ほか）

＊ローマの歴史には、独裁も革命もクーデターもあり、「パクス・ロマーナ」と呼ばれた平和な時代もあった。君主政も共和政も貴族政もポピュリズムもあり、多神教も一神教もあった。まさに「歴史の実験場」であり、教訓を得るのに、これほどの素材はない。歴史を学ぶには制度や組織は無視できないが、そこに人間が存在したことを忘れてはならないだろう。本書は、一〇〇〇年を超えるローマ史を五つの時代に分け、三二人の生涯と共に追うものである。賢帝あり、愚帝あり、英雄から気丈な女性、医学者、宗教家まで。壮大な歴史叙事詩でありながら、歴史は人なりの事を実感する。

◇アントニウスとクレオパトラ 上 エイドリアン・ゴールズワーシー著，阪本浩訳 白水社 2016.7 289p 20cm 3400円 ①978-4-560-09255-2 Ⓝ289.3

[内容] 二つの国 「雌狼」―ローマの共和政 プトレマイオス朝 弁論家、浪費家、海賊 「笛吹王」 青年期 王の帰還 立候補 「新愛姉弟神」 護民官 女王 内乱 カエサル 騎兵長官 「王ではない、カエサルだ」 執政官 「三頭のひとり」

＊カエサルがアントニウスに期待したのは、軍人としての才能ではなかった。シェイクスピアの作品で知られる、古代ローマ共和政期の軍人として名高いマルクス・アントニウスと、その恋人でエジプトの女王クレオパトラ。軍事史の専門家による、通説をくつがえす新しい評伝。口絵・地図収録。

◇アントニウスとクレオパトラ 下 エイドリアン・ゴールズワーシー著，阪本浩訳 白水社 2016.7 212,71p 20cm 〈文献あり 年表あり 索引あり〉 3400円 ①978-4-560-09256-9 Ⓝ289.3

[内容] 女神 復讐 ディオニュソスとアフロディテ 危機 侵入 「祖国を愛する者」 「インドとアジアを震駭させ」―大遠征 諸王の女王 「彼女は私

の妻か？」　戦争　アクティウム　「立派な最期」
*二人の人物像を当時のプロパガンダから解放する。クレオパトラはローマに反旗を翻したのか？　アントニウスは「女に堕落させられた軍人」だったのか？　大国エジプトの実像と内乱の続くローマとの関係を、最新の学説によって描く。口絵・地図収録。

アントニオス〔251頃〜356〕　Antonius

◇砂漠に引きこもった人々―キリスト教聖人伝選集　戸田聡編訳　教文館　2016.3　305p　22cm　3500円　①978-4-7642-7406-8　Ⓝ192

内容　ヒエロニュムス『テーバイのパウルス伝』（プロローグ―最初に砂漠に住んだ修道者は誰か　迫害と殉教の時代　ほか）　アタナシオス『アントニオス伝』（誕生から子ども時代まで　召命　ほか）　ヒエロニュムス『ヒラリオン伝』（誕生から、修道者になるまで　悪魔による最初の試み　ほか）　ヒエロニュムス『囚われの修道士マルクス伝』（マルクスとその連れ合い　マルクスの生い立ちと、彼が修道士になるまで　ほか）　著者不明『エジプト人マカリオス伝』ギリシア語版（マカリオスの両親　財産を失う　ほか）

*修道制の起源を解き明かす"物語"。アントニオス、マカリオスほか4世紀に砂漠で隠遁生活を送った「最初の修道者たち」の生涯を、教父ヒエロニュムスやアタナシオスらがドラマティックに描いた、キリスト教的伝記の古典と称えられる作品群。初の邦訳を含む5篇を収録。古代キリスト教の豊かな精神性を汲み取ることができる偉大な源泉！

アントニヌス・ピウス〔86〜161〕
Antoninus Pius

◇ローマ帝国人物列伝　本村凌二著　祥伝社　2016.5　303p　18cm　〈祥伝社新書　463〉840円　①978-4-396-11463-3　Ⓝ283.2

内容　1 建国期―建国期のローマ（ブルトゥス―共和政を樹立した初代執政官　キンキナトゥス―ワシントンが理想とした指導者　ほか）　2 成長期―成長期のローマ（アッピウス―インフラ整備など、類稀なる先見性　ファビウス―耐えがたきを耐える「ローマの盾」　ほか）　3 転換期―転換期のローマ（クラッスス―すべてを手に入れた者が欲したもの　大ポンペイウス―カエサルに敗れた大武将　ほか）　4 最盛期―最盛期のローマ（ゲルマニクス―夭逝した理想のプリンス　ネロ―気弱な犯罪者だった暴君　ほか）　5 衰亡期―衰亡期のローマ（ガリエヌス―動乱期の賢帝　ディオクレティアヌス―混乱を鎮めた軍人皇帝　ほか）

*ローマの歴史には、独裁も革命もクーデターもあり、「パクス・ロマーナ」と呼ばれた平和な時代もあった。君主政も共和政も貴族政もポピュリズムもあり、多神教も一神教もあった。まさに「歴史の実験場」であり、教訓を得るのに、これほどの素材はない。歴史を学ぶには制度や組織は無視できないが、そこに人間が存在したことを忘れてはならないだろう。本書は、一〇〇〇年を超えるローマ史を五つの時代に分け、三二人の生涯と共に追うものである。賢帝あり、愚帝あり、英雄から気丈な女性、医学者、宗教家まで。壮大な歴史叙事詩であり、歴史は人なりを実感する一冊。

アンドレーアス＝ザロメ，ルー
⇒ザロメ，L. を見よ

アンドレイカ，J.〔1997〜〕　Andraka, Jack

◇ぼくは科学の力で世界を変えることに決めた　ジャック・アンドレイカ，マシュー・リシアック著，中里京子訳　講談社　2015.11　270p　19cm　1600円　①978-4-06-219800-4　Ⓝ289.3

内容　はじめに　家族会議　1 アンドレイカ家に生まれて　2 サイエンスフェアと「いじめ」　3 カミングアウトと大事な人の死　4 宿敵の膵臓がん　5 患者のことを忘れないで　6 193番目の奇跡　7 キャンサー・ペーパー・ボーイ　8 うわっ！モーリー・セイファーを殺しちゃった！　9 ブレイクスルージャックの学校―実験＋ヒント＋情報

*治療が難しいガンの早期発見法を開発した15歳。いじめ、うつ症状、恩人の死…多くの困難を乗り越え、前に進み続ける"科学オタク"少年の物語。

アンヌ・ドートリッシュ〔1601〜1666〕
Anne d'Autriche

◇王妃たちの最期の日々　上　ジャン＝クリストフ・ビュイッソン，ジャン・セヴィリア編，神田順子，土居佳代子，谷口きみ子訳　原書房　2017.4　240p　20cm　2000円　①978-4-562-05385-8　Ⓝ288.493

内容　1 破れた夢―クレオパトラ／アレクサンドリア、紀元前三〇年八月　2 殺された殺人者―アグリッピーナ／ナポリ湾にて、五九年三月　3 責め苦を受けて果てた王妃―ブルンヒルド／ルネーヴ、六一三年　4 高齢の力―アリエノール・ダキテーヌ／ポワティエ、一二〇四年三月三一日　5 敬虔なキリスト教徒としての死―カトリック女王イサベル一世／メディナ・デル・カンポ、一五〇四年一一月二六日　6 斬首された女王―メアリ・ステュアート／フォザリンゲイ、一五八七年二月八日　7 孤独な最期―カトリーヌ・ド・メディシス／ブロワ、一五八七年一月五日　8 かくも長き臨終の苦しみ―アンヌ・ドートリッシュ／パリ、一六六六年一月二〇日　9 プロテスタントに生まれカトリックとして死す―スウェーデン女王クリスティーナ／ローマ、一六八九年四月一九日　10 模範的な死―マリア＝テレジア／ウィーン、一七八〇年一一月二九日

*クレオパトラ、メアリ・ステュアート、カトリーヌ・ド・メディシス、マリア＝テレジア…尊厳、狂気、孤独、幽閉…世界史に大きな影響をあたえたさまざまな人生と運命を描く物語！

◇フランス王妃列伝―アンヌ・ド・ブルターニュからマリー＝アントワネットまで　阿河雄二郎，嶋中博章編　京都　昭和堂　2017.7　283,21p　20cm　〈他言語標題：Vies des reines de France　文献あり　年表あり　索引あり〉　2800円　①978-4-8122-1632-3　Ⓝ288.4935

内容　第1章　アンヌ・ド・ブルターニュ―二人のフランス王と結婚した王妃　第2章　クロード・ド・フランス―ブルターニュをフランスに統合した王妃　第3章　カトリーヌ・ド・メディシス―理想の実現に挫折した王妃　第4章　ルイーズ・ド・ロレーヌ―アンリ三世と恋愛結婚した王妃　第5章　マルグリット・ド・ヴァロワ―「王妃マルゴ」の世界　第6章　マリー・

ド・メディシス—リシュリューと対決した剛毅な王妃　第7章　アンヌ・ドートリッシュ—ルイ一四世の母として生きた王妃　第8章　マリー＝テレーズ・ドートリッシュ—ルイ一四世とフランスを愛した王妃　第9章　マリー・レクザンスカ—家族を愛した慎ましやかな王妃　第10章　マリー＝アントワネット・ドートリッシュ—宮廷の落日を彩り革命に散った王妃
＊最新の研究成果をもとに、激動の時代を生きた一〇人のフランス王妃の姿をドラマティックかつリアルに描き出す。彼女たちの生きざま、王妃の役割、王妃と政治について真摯に考察した、日本とフランスの歴史家による新たな王妃論。巻末には近世フランス王妃一五人の略歴等を付した。

アンヌ・ド・ブルターニュ〔1477～1514〕　Anne de Bretagne

◇フランス王妃列伝—アンヌ・ド・ブルターニュからマリー＝アントワネットまで　阿河雄二郎,嶋中博章編　京都　昭和堂　2017.7　283,21p　20cm　〈他言語標題：Vies des reines de France　文献あり　年表あり　索引あり〉　2800円　①978-4-8122-1632-3　Ⓝ283.4935

内容　第1章　アンヌ・ド・ブルターニュ—二人のフランス王と結婚した王妃　第2章　クロード・ド・フランス—ブルターニュをフランスに統合した王妃　第3章　カトリーヌ・ド・メディシス—理想の実現に挫折した王妃　第4章　ルイーズ・ド・ロレーヌ—アンリ三世と恋愛結婚した王妃　第5章　マルグリット・ド・ヴァロワー「王妃マルゴ」の世界　第6章　マリー・ド・メディシス—リシュリューと対決した剛毅な王妃　第7章　アンヌ・ドートリッシュ—ルイ一四世の母として生きた王妃　第8章　マリー＝テレーズ・ドートリッシュ—ルイ一四世とフランスを愛した王妃　第9章　マリー・レクザンスカ—家族を愛した慎ましやかな王妃　第10章　マリー＝アントワネット・ドートリッシュ—宮廷の落日を彩り革命に散った王妃
＊最新の研究成果をもとに、激動の時代を生きた一〇人のフランス王妃の姿をドラマティックかつリアルに描き出す。彼女たちの生きざま、王妃の役割、王妃と政治について真摯に考察した、日本とフランスの歴史家による新たな王妃論。巻末には近世フランス王妃一五人の略歴等を付した。

アンブロシウス〔340?～397〕　Ambrosius

◇ローマ帝国人物列伝　本村凌二著　祥伝社　2016.5　303p　18cm　〈祥伝社新書 463〉　840円　①978-4-396-11463-3　Ⓝ283.2

内容　1　建国期—建国期のローマ（ブルトゥス—共和政を樹立した初代執政官　キンキナトゥス—ワシントンが理想とした指導者　ほか）　2　成長期—成長期のローマ（アッピウス—インフラ整備など、類稀なる先見性　ファビウス—耐えがたきを耐える「ローマの盾」ほか）　3　転換期—転換期のローマ（クラッスス—すべてを手に入れた者が欲したもの　大ポンペイウス—カエサルに敗れた大武将　ほか）　4　最盛期—最盛期のローマ（ゲルマニクス—夭逝した理想のプリンス　ネロ—気弱な犯罪者だった暴君　ほか）　5　衰亡期—衰亡期のローマ（ガリエヌス—動乱期の賢帝　ディオクレティアヌス—混乱を鎮めた軍人皇帝　ほか）
＊ローマの歴史には、独裁も革命もクーデターもあり、「パクス・ロマーナ」と呼ばれた平和な時代もあった。君主政も共和政も貴族政もポピュリズムもあり、多神教も一神教もあった。まさに「歴史の実験場」であり、教訓を得るのに、これほどの素材はない。歴史を学ぶには制度や組織は無視できないが、そこに人間が存在したことを忘れてはならない。本書は、一〇〇〇年を超える古代ローマ史を五つの時代に分け、三二人の生涯と共に追うものである。賢帝あり、愚帝あり、英雄から気丈な女性、医学者、宗教家まで。壮大な歴史叙事詩であり、歴史は人なり—を実感する一冊。

アンリⅡ〔1519～1559〕　Henri Ⅱ

◇王たちの最期の日々　上　パトリス・ゲニフェイ編,神田順子,谷口きみ子訳　原書房　2018.6　200p　20cm　2000円　①978-4-562-05570-8　Ⓝ288.4935

内容　1　一人の皇帝の死、そして伝説のはじまり—カール大帝（シャルマーニュ）—アーヘン、八一四年　2　非力な王のまこと目立たぬ死—ユーグ・カペー—九九六年　3　きわめて政治的な死—フィリップ二世—一二二三年七月一四日　4　「われわれはエルサレムに向かう！」—チュニスで死の床にあった聖王ルイ九世の言葉—一二七〇年　5　最期まで王—シャルル五世の死—一三八〇年九月一六日　6　不人気だった国王のひかえめな死—ルイ一一世—一四八三年八月三〇日　7　フランソワ一世の模範的な死—一五四七年三月三一日　8　アンリ二世の最期—一五五九年七月一〇日　9　アンリ三世暗殺—一五八九年八月一日　10　アンリ四世の最期の日々—一六一〇年
＊カール大帝からナポレオン3世にいたるまで、フランスという国をつくったおもな君主たちは、どのように死を迎えたのだろうか？　現代屈指の歴史研究者を執筆者に迎え、学術的な正確さと読みものとしての面白さを追求し、この疑問にはじめて答える。

アンリⅢ〔1551～1589〕　Henri Ⅲ

◇王たちの最期の日々　上　パトリス・ゲニフェイ編,神田順子,谷口きみ子訳　原書房　2018.6　200p　20cm　2000円　①978-4-562-05570-8　Ⓝ288.4935

内容　1　一人の皇帝の死、そして伝説のはじまり—カール大帝（シャルマーニュ）—アーヘン、八一四年　2　非力な王のまこと目立たぬ死—ユーグ・カペー—九九六年　3　きわめて政治的な死—フィリップ二世—一二二三年七月一四日　4　「われわれはエルサレムに向かう！」—チュニスで死の床にあった聖王ルイ九世の言葉—一二七〇年　5　最期まで王—シャルル五世の死—一三八〇年九月一六日　6　不人気だった国王のひかえめな死—ルイ一一世—一四八三年八月三〇日　7　フランソワ一世の模範的な死—一五四七年三月三一日　8　アンリ二世の最期—一五五九年七月一〇日　9　アンリ三世暗殺—一五八九年八月一日　10　アンリ四世の最期の日々—一六一〇年
＊カール大帝からナポレオン3世にいたるまで、フランスという国をつくったおもな君主たちは、どのように死を迎えたのだろうか？　現代屈指の歴史研究者を執筆者に迎え、学術的な正確さと読みものとしての面白さを追求し、この疑問にはじめて答える。

アンリ

アンリⅣ〔1553～1610〕 Henri Ⅳ
◇図説ブルボン王朝　長谷川輝夫著　河出書房新社　2014.7　127p　22cm　〈ふくろうの本〉〈文献あり　年表あり〉　1800円　①978-4-309-76219-7　Ⓝ235.05
　[内容]　第1章 ブルボン王朝の誕生—アンリ四世　第2章 戦う国王—ルイ一三世　第3章 「偉大な世紀」の大王—ルイ一四世　第4章 繁栄の時代の国王—ルイ一五世　第5章 悲劇の国王—ルイ一六世　第6章 フランス革命と絶対王政の終焉　第7章 復古王政のブルボン王—ルイ一八世とシャルル一〇世
　＊フランス王室、絶頂期の輝き。相次ぐ戦争と国土拡張、絢爛たる宮廷文化の中で渦巻く愛憎、そして革命による幕切れ—王たちの激動の生涯とともにたどる、フランス絶対王政の栄華と衰亡。ブルボン王朝のすべてがわかる決定版ビジュアルガイド！

◇王たちの最期の日々　上　パトリス・ゲニフェイ編，神田順子，谷口きみ子訳　原書房　2018.6　200p　20cm　2000円　①978-4-562-05570-8　Ⓝ288.4935
　[内容]　1 一人の皇帝の死、そして伝説のはじまり—カール大帝（シャルルマーニュ）—アーヘン、八一四年　2 非力な王のまことに目立たぬ死—ユーグ・カペー—九九六年　3 きわめて政治的な死—フィリップ二世—一二二三年七月一四日　4 「われわれはエルサレムに向かう！」—チュニスで死の床についた聖王ルイ九世の言葉—一二七〇年　5 最期まで王—シャルル五世の死—一三八〇年九月一六日　6 不人気だった国王のひかえめな死—ルイ一一世—一四八三年八月三〇日　7 フランソワ一世の模範的な死—一五四七年三月三一日　8 アンリ二世の最期—一五五九年七月一〇日　9 アンリ三世暗殺—一五八九年八月一日　10 アンリ四世の最期の日—一六一〇年
　＊カール大帝からナポレオン3世にいたるまで、フランスという国をつくったおもな君主たちは、どのように死を迎えたのだろうか？ 現代屈指の歴史研究者を執筆者に迎え、学術的な正確さと読みものとしての面白さを追求し、この疑問にはじめて答える。

【イ】

イェイツ，W.B.〔1865～1939〕
Yeats, William Butler
◇幼年と少年時代の幻想　W.B.イェイツ著，川上武志訳　英宝社　2015.7　203p　20cm　2200円　①978-4-269-82045-6　Ⓝ931.7
　＊大都市ロンドンそして故郷のスライゴー、英国とアイルランドのはざまに育つ少年イェイツと父親との絆。稀代の文芸家が表白する19世紀後半の青春時代がここに鮮やかに蘇る。

イエス
　⇒キリスト を見よ

イェルサン，A.〔1863～1943〕
Yersin, Alexandre
◇見えない敵との闘い—パストゥール最後の弟子エルサンの生涯　アンリ・H・モラレ，ジャックリーヌ・ブロソレ著，瀬戸昭訳　京都　人文書院　2015.6　422p　20cm　〈年譜あり　索引あり〉　3000円　①978-4-409-94008-2　Ⓝ289.3
　[内容]　スイス（一八六三年～一八八四年）—生い立ち　ドイツ（一八八四年～一八八五年）—マールブルグの医学生　フランス（一八八五年～一八九〇年）—病理学に傾倒するエルサン　フランス郵船（一八九〇年～一八九一年）—船医時代　探検（一八九二年～一八九四年）—リビングストンに憧れて　ペスト（一八九四年～一八九八年）—ペスト菌発見　ニャチャン（一八九八年～一九〇二年）—船上で見初めた絵のような漁村　ハノイ医学校（一九〇二年～一九〇四年）—ニャチャンへの帰還（一九〇四年～一九四三年）—終の住処に戻る　インドシナ・パストゥール研究所—四つの研究所の連携　ナムさん—漁師岬の老科学者を回想して　エルサン以降—動乱の時代を経て今
　＊エルサン孤高の挑戦。近年発見された千通に及ぶ手紙など豊富な資料を駆使して、19世紀後半の医学や臨床医学、ペストなどの疫病との闘い、ベトナムでの獣医学・畜産学・熱帯農業への取組みに全情熱を捧げた80年の生涯を余すところなく描いた詳細な伝記。

イェンス，W.〔1923～2013〕 Jens, Walter
◇廃墟のドイツ1947—「四七年グループ」銘々伝　ハンス・ヴェルナー・リヒター著，飯吉光夫訳　河出書房新社　2015.8　295p　20cm　3800円　①978-4-309-20683-7　Ⓝ940.27
　[内容]　蝶たちの曖昧宿で—イルゼ・アイヒンガー　十三階のクリスヤーン—カール・アメリー　にぎやかな通りを行って、誰もれに気がつかなかった—アルフレート・アンデルシュ　グルーネ森でのサイクリング—インゲボルク・バッハマン　きみもぼく位、いい人だった？—ハインリヒ・ベル　セルビアは死なねばならぬ—ミロ・ドール　マルクトブライトでの涙—ギュンター・アイヒ　フルシチョフの海水パンツを穿いて—ハンス・マグヌス・エンツェンスベルガー　誕生日祝いとしてジーモン・ダッハを—ギュンター・グラス　寝巻きのズボン—ヴォルフガング・ヒルデスハイマー　上部プファルツ人のカラカラ笑い—ヴァルター・ヘレラー　君の忠実なる側近（パラディーン）—ヴァルター・イェンス　ダンスの相手への誘い—ウーヴェ・ヨーンゾーン　我々はみな、いい人だった—ハンス・マイヤー　敵多きほど、功高し—マルセル・ライヒ・ラニツキ　おおマルティン—喧嘩好きではないにしろ、喧嘩っ早いアレマン人—マルティン・ヴァルザー　マラーの太鼓—ペーター・ヴァイス
　＊文学の"呼び声"をきけ。ナチス崩壊、東西分裂—廃墟と化した1947年ドイツで産声をあげ、グラス、ツェランら数々の世界的才能を輩出した「四七年グループ」とは何だったのか？ リーダーであるH・W・リヒターによる愛情あふれる回想録。困難なる戦後と、若き作家たちの情熱が生んだ奇蹟の時間。

イグナチオ・デ・ロヨラ〔1491～1556〕
Loyola, Ignacio de, Saint

◇神の指ここにあり—聖イグナチオの生涯とイエズス会創立の物語　李聖一著　ドン・ボスコ社　2016.3　203p　21cm　〈文献あり　年譜あり〉　800円　Ⓘ978-4-88626-602-6　Ⓝ198.22

◇イエズス会の歴史　上　ウィリアム・バンガート著, 上智大学中世思想研究所監修, 岡安喜代, 村井則夫訳　中央公論新社　2018.9　573p　16cm　〈中公文庫 ハ17-1〉〈原書房 2004年刊の訳を改め、文献を補追, 2分冊　文献あり〉　1500円　Ⓘ978-4-12-206643-4　Ⓝ198.25

内容　第1章 創立者とその遺産（若きイグナティウス・デ・ロヨラ　パリとローマでの日々　ほか）　第2章 地平の絶え間なき拡大（一五五六・八〇年）（総長たち　イタリア　ほか）　第3章 急速な発展と新たな取り組み（一五八〇‐一六一五年）（総長クラウディオ・アクアヴィヴァ　イエズス会の教育制度　ほか）　第4章 政治・文化の新たな覇権国家からの挑戦（一六一五‐八七年）（総長たち　イタリア　ほか）

＊イエズス会は近代初頭に誕生したカトリック教会の修道会である。激動の近代史に巨大な足跡を遺し、いまなお世界中で活動する。本書は会の歴史全体を各時代・各地域を通して包括的にまとめた決定版である。上巻は、イグナティウス・デ・ロヨラによるパリでの会の発足から一七世紀後半まで、西洋諸国の歩みと深く関わる会の展開を描く。

イグナティエフ, M.〔1947～〕
Ignatieff, Michael

◇火と灰—アマチュア政治家の成功と失敗　マイケル・イグナティエフ著, 添谷育志, 金田耕一訳　風行社　2015.2　256p　19cm　2800円　Ⓘ978-4-86258-077-1　Ⓝ312.51

内容　第1章 傲慢　第2章 野望　第3章 僥倖　第4章 部屋を読む　第5章 金銭と言語　第6章 責任と代表　第7章 当事者適格性　第8章 敵と対抗者　第9章 タクシー・ドライバーが言うには　第10章 天職

＊政治学者にしてジャーナリストでもある著者が、カナダの首相をめざして自由党から出馬して当選。党首選も勝ち抜いたが、次回総選挙で自由党は惨敗、自身も落選した中で考えたこと、学んだこと、そして今思うこと。

イサベルⅠ〔1451～1504〕
Isabel Ⅰ de Castilla

◇王妃たちの最期の日々　上　ジャン＝クリストフ・ビュイッソン, ジャン・セヴィリア編, 神田順子, 土居佳代子, 谷口きみ子訳　原書房　2017.4　240p　20cm　2000円　Ⓘ978-4-562-05385-8　Ⓝ288.493

内容　1 破れた夢—クレオパトラ／アレクサンドリア、紀元前三〇年八月　2 殺された殺人者—アグリッピーナ／ナポリ湾にて、五九年三月　3 責め苦を受けて果てた王妃—ブルンヒルド／ルネーヴ、六一三年　4 高齢の力—アリエノール・ダキテーヌ／ポワティエ、一二〇四年三月三一日　5 敬虔なキリスト教徒としての死—カトリック女王イサベル一世／メディナ・デル・カンポ、一五〇四年一一月二六日　6 斬首された女王—メアリ・ステュアート／フォザリンゲイ、一五八七年二月八日　7 孤独な最期—カトリーヌ・ド・メディシス／ブロワ、一五八七年一月五日　8 かくも長き臨終の苦しみ—アンヌ・ドートリッシュ／パリ、一六六六年一月二〇日　9 プロテスタントに生まれカトリックとして死す—スウェーデン女王クリスティーナ／ローマ、一六八九年四月一九日　10 模範的な死—マリア・テレジア／ウィーン、一七八〇年一一月二九日

＊クレオパトラ、メアリ・ステュアート、カトリーヌ・ド・メディシス、マリア＝テレジア…尊厳、狂気、孤独、幽閉…世界史に大きな影響をあたえたさまざまな人生と運命を描く物語！

イザヤ〔紀元前8～7世紀頃〕 Isaiah

◇預言者イザヤの生涯—第4修正稿　中出繁著〔周南〕　アミ立舎　2017.10　333p　22cm　〈文献あり　発売：日本キリスト教書販売〉　2700円　Ⓘ978-4-9901906-0-6　Ⓝ193.41

内容　第1部 預言者イザヤの生育環境　第2部 預言者イザヤの初期活動　第3部 アッシリア王との対決　第4部 預言者イザヤの試練　第5部 わが下僕　結び 第一神殿期の預言読み込みの自戒と弁明　資料 楔形文字 テイラー・プリズム全文　テイグラトピレセル3世碑文・第2B・第3A欄・第9年条　参考文献一覧表　補足資料 第二神殿復興とその後

イシグロ, K.〔1954～〕 Ishiguro, Kazuo

◇カズオ・イシグロ読本—その深淵を暴く　別冊宝島編集部編　宝島社　2017.12　167p　19cm　〈文献あり　著作目録あり　年譜あり〉　1290円　Ⓘ978-4-8002-7939-2　Ⓝ930.278

内容　1章 カズオ・イシグロの来歴—彼はどこから来たのか（カズオ・イシグロ略年譜　カズオ・イシグロへの道程をめぐる3つの「記憶」）　2章 カズオ・イシグロの作品—彼の作品とはなんなのか（遠い山なみの光　浮世の画家　ほか）　3章 カズオ・イシグロの読み方—我々はどこへ誘われるのか（心の奥深くに眠るもの—カズオ・イシグロの日本　間の文学—1・5世としてのカズオ・イシグロ　ほか）　4章 カズオ・イシグロの広がり—そして、その物語は新たな舞台へ（『日の名残り』のあとのイシグロと映像　イシグロに刺激を受けた日本の舞台人たち　ほか）

＊『遠い山なみの光』『日の名残り』『わたしを離さないで』『忘れられた巨人』…作品・ルーツから、カズオ・イシグロを徹底研究。2017年ノーベル文学賞受賞作家、邦訳小説全作を読み解く。

◇カズオ・イシグロ入門　日吉信貴著　立東舎　2017.12　191p　19cm　〈他言語標題：The Introduction to Kazuo Ishiguro　文献あり　作品目録あり　発売：リットーミュージック〉　1300円　Ⓘ978-4-8456-3170-4　Ⓝ930.278

内容　まえがき ノーベル文学賞受賞作家の謎に迫る　第1章 イシグロとは誰か　第2章 日本語で読める全作品あらすじ　第3章 テーマで読み解くイシグロの謎　第4章 イシグロと日本　第5章 イシグロと音楽

＊受賞を予言していた専門家による副読本。2017年ノーベル文学賞受賞作家の作品の謎に迫るいちばん読みやすい解説書が登場！　生い立ちから作品世界まで、大人気作家の実像に迫る！

◇カズオ・イシグロの長崎　平井杏子著　長崎　長崎文献社　2018.3　140p　21cm　〈他言語標題：Kazuo Ishiguro Memory of Nagasaki　文献あり　年譜あり〉　1800円　Ⓘ978-4-88851-291-6　Ⓝ930.278

[内容]第1章 生誕の地─長崎市新中川町というカズオ・イシグロの原点（新中川町界隈の風景　エデン的記憶 ほか）　第2章 家族のこと─祖父と両親の個性的な生き方（上海で仕事をした祖父　租界での思い出 ほか）　第3章 カズオ少年の長崎─そしてイギリスへ（記憶のかたち　カズオ少年の思い出 ほか）　第4章 小説のなかの長崎と日本（遠い山なみの光　浮世の画家）　第5章 "遠い記憶"の残響（日の名残り　充たされざる者 ほか）

＊ノーベル賞受賞のスピーチで「日本人と長崎」を意識していると語る。本書は長崎出身の著者が長崎との接点に迫った素顔のカズオ・イシグロ像。

イニエスタ・ルハン, A.〔1984〜〕
Iniesta Luján, Andrés

◇LIFE─アンドレス・イニエスタ自伝　アンドレス・イニエスタ著，グレイヴストック陽子訳　東邦出版　2017.2　363p　19cm　1600円　Ⓘ978-4-8094-1458-9　Ⓝ783.47

[内容]前半　ピッチ上で（奈落の底　フエンテアルビージャ　ブルネテ　ラ・マシア　パパ ほか）　後半　タッチラインから（他のイニエスタたち　ブラウグラナ　助言者たち　アンナ　ママ）

イバーノフ＝ラズームニク〔1878〜1946〕
Ivanov-Razumnik

◇監獄と流刑─イヴァーノフ＝ラズームニク回想記　イヴァーノフ＝ラズームニク著，松原広志訳　横浜　成文社　2016.6　374p　22cm　〈索引あり〉　5000円　Ⓘ978-4-86520-017-1　Ⓝ309.0238

[内容]第1章 最初の洗礼（一九〇一年三月四日、カザン聖堂広場　地区警察署と騎兵連隊馬場 ほか）　第2章 二〇年後（物理学徒から作家の途へ　家宅捜査、「左派エスエルの陰謀」 ほか）　第3章 記念日（一九三三年、二重の記念日　家宅捜査 ほか）　第4章 流刑（ノヴォシビルスク送り　ノヴォシビルスクの二か月、サラトフへ ほか）　第5章 復讐（一九三七年、三度目の逮捕、モスクワへ　プティルカの「日常生活」 ほか）

＊逮捕、投獄、監視、拷問を伴う尋問、流刑─。ソ連時代、政治的に悪しき思想傾向の持ち主として、その対象であり続けた著者の告発の書。

イブン・ナフィス〔1210?〜1288〕
Ibn al-Nafīs,'Alī ibn Abī al-Ḥazm

◇アラビアの医師─イブン・ナフィス─血液循環理論前史　藤倉一郎著　近代文藝社　2017.2　85p　20cm　1000円　Ⓘ978-4-7733-8026-2　Ⓝ289.2

[内容]はじめに　ガレノスの生理学理論　一六世紀肺循環の発見　ハーベイの血液循環の発見　一三世紀イブン・ナフィスの肺循環の発見　イブン・ナフィスの時代背景　イブン・ナフィス（一二三〜一二八八）の生涯　イブン・ナフィスの著作　イブン・ナフィスの肺循環の記述　イブン・ナフィスは解剖をしたか？　自習僧　ナフィスの肺循環の理論はなぜ世界で認識されないか？　おわりに

＊イブン・ナフィスの肺循環の発見はアラビア医学の高度な発展を示す。アラビアの医師イブン・ナフィスはハーベイの血液循環発見のさきがけであり、13世紀の偉大な生理学者として高く評価されなければならない。

イブン・バットゥータ〔1304〜1377〕
Ibn Batuta

◇イブン・バットゥータと境域への旅─『大旅行記』をめぐる新研究　家島彦一著　名古屋　名古屋大学出版会　2017.2　391,73p　22cm　〈文献あり　索引あり〉　5800円　Ⓘ978-4-8158-0861-7　Ⓝ290.9

[内容]第1部 イブン・バットゥータ研究のために（イブン・バットゥータの生涯とその時代　『大旅行記』の構成と諸写本　『大旅行記』の研究と真偽性　紀行文学としてのメッカ巡礼記）　第2部 海の境域への旅─イブン・バットゥータの見たインド洋海域世界（インド洋海域世界の隆盛と中国船　マラッカ海峡の港市国家スムトラ・パサイ王国　イブン・バットゥータのマルディヴ諸島訪問　東アフリカ・スワヒリ世界の形成とクルワー王国　アラビア海を結ぶ人の移動と交流）　第3部 陸の境域への旅─ユーラシアとサハラ・スーダーン（アナトリア世界のトルコ・イスラーム化　境域としてのドナウ・デルタとバーバー・サルトゥーク伝承　ブルガール旅行はフィクションか　中央アジアとインドを結ぶヒンドゥー・クシュ越え交通ルート　サハラ砂漠を越えてのイスラーム・ネットワーク拡大）

＊中国、インド、北方ユーラシア、アフリカなど、イスラーム世界の海・陸の「境域」情報を伝える『大旅行記』は、まさに記録史料の宝庫と呼ぶにふさわしい。完訳を成し遂げた碩学による新たな到達点。

イングラム, C.〔1880〜1981〕
Ingram, Collingwood

◇チェリー・イングラム─日本の桜を救ったイギリス人　阿部菜穂子著　岩波書店　2016.3　220,4p　20cm　〈文献あり　年表あり〉　2300円　Ⓘ978-4-00-023888-5　Ⓝ289.3

[内容]第1章 桜と出会う　第2章 日本への「桜行脚」─日本の桜が危ない　第3章 「チェリー・イングラム」の誕生　第4章 「本家」日本の桜　第5章 イギリスで生き延びた桜　第6章 桜のもたらした奇跡

＊大英帝国の末期に活躍した園芸家、コリングウッド・イングラム。桜の魅力にとりつかれた彼が遠路訪れた日本で目にしたのは、明治以後の急速な近代化と画一的な"染井吉野"の席巻で、日本独自の多種多様な桜が消えようとする姿だった。「日本の大切な桜が危ない！」意を決した彼はある行動に出た─。「桜守」船津静作など多様な桜の保護に尽力した日本人との交流や、日英のかけ橋となったézく「もの言わぬ外交官」をめぐる秘話もエピソード豊かに織り交ぜながら、「日本の桜の恩人」の生涯を辿る。

【ウ】

ウィクリフ, J.〔1320頃〜1384〕
Wycliffe, John

◇キリスト教の主要神学者 上 テルトゥリアヌスからカルヴゥンまで F.W.グラーフ編, 片柳榮一監訳 教文館 2014.8 360,5p 21cm 3900円 ①978-4-7642-7383-2 Ⓝ191.028

内容 マルキオン(八五頃―一六〇頃) カルタゴのテルトゥリアヌス(二/三世紀) オリゲネス(一八五/一八六・二五四) ニュッサのグレゴリオス(三四〇頃・三九四以後) アウグスティヌス(三五四・四三〇) カンタベリーのアンセルムス(一〇三三/一〇三四・一一〇九) クレルヴォーのベルナール(一〇九〇・一一五三) トマス・アクィナス(一二二四/一二二五・一二七四) マイスター・エックハルト(一二六〇頃・一三二八) ヨハネス・ドゥンス・スコトゥス(一二六五/一二六六・一三〇八) ロベルト・ベラルミーノ(一五四二・一六二一)

＊多彩にして曲折に富む2000年の神学史の中で、特に異彩を放つ古典的代表者を精選し、彼らの生涯・著作・影響を通して神学の争点と全体像を描き出す野心的試み。正統と異端が織り成すダイナミズムによって生まれた神学の魅力と核心を、第一級の研究者が描き出す。上巻では古代から宗教改革期に活躍した16名の神学者を紹介する。

ウイグル, A.〔1901〜1933〕
Uygur, Abdülhalûk

◇ウイグルの荒ぶる魂―闘う詩人アブドゥハリク・ウイグルの生涯 萩田麗子著 高木書房 2016.8 287p 19cm 〈文献あり〉 1500円 ①978-4-88471-443-7 Ⓝ929.581

内容 第1部 アブドゥハリク・ウイグルの生涯(一九〇一年〜一九一七年 一九一八年〜一九二三年 一九二六年〜一九三二年 トルファン民衆蜂起 詩人の最期) 第2部 アブドゥハリク・ウイグルの詩

＊闘う詩人アブドゥハリク・ウイグルは東トルキスタンの激動の時代を黒い砂嵐のように駆け抜けた。詩人がこの世に遺した全詩80篇の翻訳付き。

ウィズウェル, E.L.〔1909〜2005〕
Wiswell, Ella Lury

◇日本を愛した人類学者―エンブリー夫妻の日米戦争 田中一彦著 福岡 忘羊社 2018.12 351p 19cm 2200円 ①978-4-907902-19-3 Ⓝ289.3

内容 人類学への道 須恵村へ 日米開戦、情報機関へ 日系人強制収容所での葛藤 占領軍士官を教育 二度のミクロネシア調査 戦火のインドシナへ ユネスコ、ポイント4、そしてFBIの影 須恵村・国家・戦争 自民族中心主義に抗して 「国民性」論争 『菊と刀』への批判 ジョン・ダワーのエンブリー批判 「占領」と民主主義 象徴天皇制とエンブリー 『須恵村』と農地改革 ハーバート・ノーマンとヘレン・ミアーズ 日本への「愛」

＊1935年から1年間、熊本の小村・須恵村に滞在し、外国人として戦前唯一の日本農村研究書を著したアメリカの社会人類学者とその妻。開戦前、いち早く象徴としての天皇に言及、『菊と刀』に代表される"好戦的な日本人"論に異議を唱えつつ、日系人強制収容所の待遇改善を訴え、FBIによる監視下も傲慢な占領政策を戒め続けた俊英の思想とその悲劇的な死までを描く労作。第31回地方出版文化賞・功労賞『忘れられた人類学者』待望の続編。

ウィックラマシンゲ, C.〔1939〜〕
Wickramasinghe, Chandra

◇宇宙を旅する生命―フレッド・ホイルと歩んだ40年 チャンドラ・ウィックラマシンゲ著, 松井孝典監修, 所源亮訳 恒星社厚生閣 2018.4 265p 21cm 〈文献あり 索引あり〉 2500円 ①978-4-7699-1617-8 Ⓝ461.6

内容 生命の起源:旅への誘い ケンブリッジでの出会い 湖水地方のハイキング 星々に囲まれて 炭素塵という発想へ 理論を打ち立てる 天文学研究所の開設:実り多き年 変化の風が吹く カーディフでの日々 宇宙に生命を探す 彗星が運んだ生命、宇宙から来た病原体 生命の最初の兆候 細菌塵の予測は正しかった 惑星の生命 進化は宇宙から 試される理論 化石をめぐる議論 ハレー彗星の遺産 もう一つの宇宙論 最後の10年間 2012年から振り返る

＊「生命は、はたして地球の温かい原始スープで誕生したのだろうか?」彗星パンスペルミア論を打ち立て、科学界に旋風を巻き起こした反骨の研究者たちの、生命の起源をめぐる長い旅の物語が始まる! 20世紀屈指の天文学者フレッド・ホイルとともに歩んだ著者の科学に関するユニークな遍歴を綴った。

ウィッテン, E.〔1951〜〕 Witten, Edward

◇ユークリッドの窓―平行線から超空間にいたる幾何学の物語 レナード・ムロディナウ著, 青木薫訳 筑摩書房 2015.2 418p 15cm (ちくま学芸文庫 ム6-1―〔Math & Science〕)〈日本放送出版協会 2003年刊の再刊〉 1400円 ①978-4-480-09645-6 Ⓝ414.02

内容 第1部 ユークリッドの物語(最初の革命 課税のための幾何学 ほか) 第2部 デカルトの物語(位置の革命 緯度と経度 ほか) 第3部 ガウスの物語(曲がった空間の革命 プトレマイオスの過ち ほか) 第4部 アインシュタインの物語(光速革命 若き日のマイケルソンとエーテルという概念 ほか) 第5部 ウィッテンの物語(奇妙な革命 シュワーツにしか見えない美しいひも ほか)

＊紀元前の古代ギリシャ。単なる測量術にすぎなかった人類の知恵を、「幾何学」という一つの学問にまで高めた数学者がいた。ユークリッドだ。円と直線の組み合わせで描かれる世界観はその後のものの見方を決定づけ、幾何学に革命が起こるたびに、より深い真実があることが明らかになってきた。ガウスの非ユークリッド幾何学、アインシュタインの相対性理論、そしてウィッテンのひも理論。世界の見方は古代以来変わり続け、数学と物理の深い関係が今、明らかになりつつある。ユークリッドが開いたのは、宇宙の姿を見せてくれる窓だったのだ。『スタートレック』の脚本家が誘う3000年

ウィテリウス〔15〜69〕
Aulus Vitellius Germanicus

◇ローマ皇帝伝 下 スエトニウス著, 国原吉之助訳 岩波書店 2018.5 403,20p 15cm （岩波文庫） 1130円 Ⓘ4-00-334402-2 Ⓝ232.8

内容 第4巻 カリグラ 第5巻 クラウディウス 第6巻 ネロ 第7巻（ガルバ オト ウィテリウス） 第8巻（ウェスパシアヌス ティトゥス ドミティアヌス）

＊我が妹を妻とし、帝国資産をまたたく間に蕩尽したあげく自らを神と崇めよと命ずるカリグラ。権力を争って母を殺し、さらに首都に火を放って遠望する焰の美しさに恍惚とするネロ。簡潔直截に次々と繰りだされてゆく豊富な逸話の中から、放恣残虐の限りを尽す歴代ローマ皇帝たちの姿がなまなましく立ち現われてくる。

ウィトゲンシュタイン, L.〔1889〜1951〕
Wittgenstein, Ludwig

◇ウィトゲンシュタイン 岡田雅勝著 新装版 清水書院 2014.9 223p 19cm （Century Books—人と思想 76）〈文献あり 年譜あり 索引あり〉 1000円 Ⓘ978-4-389-42076-5 Ⓝ134.97

内容 1 世紀末ウィーン—ウィトゲンシュタインの思想的基盤（ウィーンとウィトゲンシュタイン ルートウィヒの生いたち） 2 前期の思想—言語・論理と倫理・芸術との葛藤（ケンブリッジとノルウェイの生活 第一次世界大戦と『論理哲学論考』 『論理哲学論考』の出版と小学校教師 『論理哲学論考』の思想） 3 過渡期の思想—生の探究と哲学への復帰（ウィーンへの帰郷 再びケンブリッジへ 過渡期の思想） 4 後期の思想—晩年の生と思想（山小屋から英国へ アイルランドでの生活と最後の生 『哲学的探求』の課題 『哲学的探求』の思想 最晩年の書『確実性の問題』） 5 ウィトゲンシュタインの人間像（苦悩と人生の真実 芸術と倫理的価値 宗教と生）

◇ウィトゲンシュタイン評伝—若き日のルートヴィヒ1889-1921 ブライアン・マクギネス著, 藤本隆志, 今井道夫, 宇都宮輝夫, 髙橋要訳 新装版 法政大学出版局 2016.1 572,23p 20cm （叢書・ウニベルシタス 453）〈文献あり 索引あり〉 6800円 Ⓘ978-4-588-14031-0 Ⓝ134.97

内容 第1章 家族的類似 第2章 幼少年期と学校時代 第3章 工学研究 第4章 ケンブリッジ 一九一一二年 第5章 ケンブリッジ 一九一二 • 一三年 第6章 ノルウェー 一九一三 • 一四年 第7章 戦争 一九一四 • 一八年 第8章 捕虜生活と復員 一九一八 • 二〇年 第9章 『論考』 一九二一 • 二二年

◇ウィトゲンシュタイン『秘密の日記』—第一次世界大戦と『論理哲学論考』 ルートヴィヒ・ウィトゲンシュタイン著, 丸山空大訳, 星川啓慈, 石神郁馬解説 春秋社 2016.4 287,4p 20cm 〈文献あり 年譜あり〉 2800円 Ⓘ978-4-393-32366-3 Ⓝ134.97

内容 ウィトゲンシュタイン『秘密の日記』—解説 戦場のウィトゲンシュタイン（第一次世界大戦 東部戦線 トルストイの『要約福音書』『論理哲学論考』と『撃滅戦』 ブルシーロフ攻勢前夜 ブルシーロフ攻勢の激闘 『草稿一九一四 • 一九一六』 一九一六年の暮れから捕虜になるまで エピローグ）

＊戦場の哲学者の恐怖、欲望、叫び、祈り！ 20世紀最大の哲学者ウィトゲンシュタインが、第一次世界大戦の激戦のさなか哲学的アイデアとともにノートに書きとめた戦場の現実と感情生活。ウィトゲンシュタインの生の姿を明らかにし、『論考』をはじめ彼の哲学の解釈に多大な影響を及ぼすに違いない『秘密の日記』、世界初の完全版！

◇ポパーとウィトゲンシュタインとのあいだで交わされた世上名高い10分間の大激論の謎 デヴィッド・エドモンズ, ジョン・エーディナウ著, 二木麻里訳 筑摩書房 2016.12 449,7p 15cm （ちくま学芸文庫 エ13-1）〈「ポパーとウィトゲンシュタインとのあいだで交わされた世上名高い一〇分間の大激論の謎」（2003年刊）の改題 文献あり 年譜あり 索引あり〉 1600円 Ⓘ978-4-480-09759-0 Ⓝ134.97

内容 「火かき棒事件」 くいちがう証言 ウィトゲンシュタインの魔力 魔法つかいの弟子たち 第三の男、バートランド・ラッセル ケンブリッジ大学哲学科 ウィーンという都市 ウィトゲンシュタイン宮殿のコンサート かつてユダヤ人として ポパー、『わが闘争』を読む〔ほか〕

＊1946年10月25日、ケンブリッジ大学のとある部屋でポパーとウィトゲンシュタインは初めて顔を合わせた。哲学が扱うべき問題は何か。このテーマをめぐって二人は激論を交わし、興奮のあまり火かき棒を手に殴り合ったという。哲学の"革命児"ウィトゲンシュタイン、対するは偉大な伝統に掉さすポパー。彼らのすれ違いは避けられない運命だったのか？ 二人の哲学的背景、そして複雑な時代状況を解きほぐしてみせた筆さばきは、「感嘆するほど明晰」と『タイム』紙によって絶賛された。BBCジャーナリストによる傑作ノンフィクション！

ウィニコット, D.W.〔1896〜1971〕
Winnicott, Donald Woods

◇精神分析家の生涯と理論—連続講義 大阪精神分析セミナー運営委員会編 岩崎学術出版社 2018.7 367p 21cm 3800円 Ⓘ978-4-7533-1138-5 Ⓝ146.1

内容 第1講 フロイト—その生涯と精神分析（福本修述） 第2講 アンナ・フロイト—その生涯と児童分析（中村留貴子述） 第3講 エリクソン—その生涯とライフサイクル論（鑪幹八郎述） 第4講 クライン—その生涯と創造性（飛谷渉述） 第5講 ウィニコット—児童精神科医であるとともに精神分析家であること（館直彦述） 第6講 ビオン—夢想すること・思索すること（松木邦裕述） 第7講 サリヴァン—その生涯と対人関係論（横井公一述） 第8講 コフート—その生涯と自己心理学、その先に彼が見たもの（富樫公一述） 第9講 間主観性理論・関係精神分析と米国の精神分析（吾妻壮述） 特別対談「精神分析を生きること」（狩野力八郎, 松木邦裕述）

ウィリアム（オッカムの）〔1285～1347頃〕
William of Ockham

◇キリスト教の主要神学者　上　テルトゥリアヌスからカルヴァンまで　F.W.グラーフ編，片柳榮一監訳　教文館　2014.8　360,5p　21cm　3900円　①978-4-7642-7383-2　Ⓝ191.028

内容　マルキオン（八五頃・一六〇頃）　カルタゴのテルトゥリアヌス（二/三世紀）　オリゲネス（一八五/一八六・二五四）　ニュッサのグレゴリオス（三四〇頃・三九四以後）　アウグスティヌス（三五四・四三〇）　カンタベリーのアンセルムス（一〇三三/一〇三四・一一〇九）　クレルヴォーのベルナール（一〇九〇・一一五三）　トマス・アクィナス（一二二四/一二二五・一二七四）　マイスター・エックハルト（一二六〇頃・一三二八）　ヨハネス・ドゥンス・スコトゥス（一二六五/一二六六・一三〇八）　ロベルト・ベラルミーノ（一五四二・一六二一）

＊多彩にして曲折に富む2000年の神学史の中で、特に異彩を放つ古典的代表者を精選し、彼らの生涯・著作・影響を通して神学の争点と全体像を描き出す野心的試み。正統と異端が織り成すダイナミズムによって生まれた神学の魅力と核心を、第一級の研究者が描き出す。上巻では古代から宗教改革期に活躍した16名の神学者を紹介する。

ウィリアム（ケンブリッジ公）〔1982～〕
William, Prince, the Duke of Cambridge

◇イギリス王室　愛と裏切りの真実―エリザベス女王とダイアナ元妃からキャサリン妃まで　渡邉みどり著　主婦と生活社　2016.8　191p　19cm　〈年表あり〉　1300円　①978-4-391-14869-5　Ⓝ288.4933

内容　エリザベス女王、カミラ夫人、キャサリン妃　ジョージ6世とエリザベス王妃　エリザベス女王とフィリップ王子　女王エリザベス2世とエディンバラ公　マーガレット王女の悲劇　ウィンザー家20世紀の事件簿　ダイアナとチャールズ皇太子　王室の試練、90年代は悪い年　ウィリアム王子とキャサリン妃　メディアと王室　終章エピローグ―愛しの女王

＊女王90歳、ダイアナ妃が亡くなって20年。ささやかれる「スキップ・ジェネレーション」の噂。母として王族として懸命に生き、ほんとうの愛を求めて闘ってきた女性たちの物語。

ウィリアムズ，C.M.〔1829～1910〕
Williams, Channing Moore

◇C.M.ウィリアムズ資料―図録　大江満編集・解説，山中一弘監修　立教学院史資料センター　2016.12　216p　31cm　Ⓝ198.42

ウィリアムソン，A.W.〔1824～1904〕
Williamson, Alexander William

◇アレキサンダー・ウィリアム・ウィリアムソン伝―ヴィクトリア朝英国の化学者と近代日本　犬塚孝明著　〔筑紫野〕　ウィリアムソン先生顕彰会　2015.7　279p　22cm　〈他言語標題：A Biography of Alexander William Williamson　布装　文献あり　発売：海鳥社（福岡）〉　2800円　①978-4-87415-944-6　Ⓝ289.3

内容　知の旅人　バークベック実験室　日本から来た若者たち（長州の五人　薩摩の十九人）　ブルックウッド墓地　日本近代化への架け橋　「異質の調和」をめざして

＊日本近代化を支えた偉大なる英国の化学者初の評伝。幕末、命を賭して密航した長州ファイブと薩摩スチューデント。英国で彼らを受け入れ、「世界」を知らしめた「知の巨人」の生涯を追う。

ウィルソン，A.〔1945～2005〕
Wilson, August

◇オーガスト・ウィルソン―アメリカの黒人シェイクスピア　桑原文子著　白水社　2014.12　490,26p　20cm　〈文献あり　作品目録あり　年譜あり　索引あり〉　6000円　①978-4-560-08398-7　Ⓝ932.7

内容　第1章　ピッツバーグ・サイクルの舞台　第2章　ピッツバーグ時代―詩人になるまで　第3章　セントポール時代―演劇界デビュー　第4章　アメリカのブラック・シェイクスピア　第5章　シアトル時代―ピッツバーグ・サイクル完成まで　第6章　基調講演『私が拠って立つ所』第7章　ブックエンドとなる二作　第8章　オーガスト・ウィルソンの二十世紀アメリカ史

＊2度のピュリッツァー賞をはじめ数々の演劇賞を受賞し、現代米国演劇を大きく変革した偉大な劇作家の生涯を、20年にわたり追い続けた研究者が熱い眼差しで描く。

ウィルソン，E.O.〔1929～〕
Wilson, Edward Osborne

◇若き科学者への手紙―情熱こそ成功の鍵　エドワード・O・ウィルソン著，北川玲訳　大阪創元社　2015.2　212p　19cm　〈著作目録あり〉　1500円　①978-4-422-40024-2　Ⓝ460.7

内容　1　進むべき道（まずは情熱、それから勉強　数学　進むべき道）　2　創造的プロセス（科学とは何か？　独創的なプロセス　科学者に求められるもの　成功するために　私は間違っていない　自分のテーマを完全に知る）　3　科学者としての人生（指導者との出会い、学究生活の始まり　野外生物学の聖杯　大胆さのすすめ　自分のテーマを完全に知る）　4　理論と全体像（普遍的知識としての科学　地球上で新たな世界を探す　理論を組み立てる　規模の大きな生物理論　現実世界における理論）　5　真実と倫理（科学の倫理）

＊昆虫学の大家、「社会生物学」の提唱者として知られ「生物多様性」の概念を世界に広めた生物学界の巨人が自らの半生やハーバード大学での教鞭生活を振り返りながら科学者の世界で生き抜いていくための要諦を説いた二十通の熱い魂のメッセージ。

ウィルソン，T.〔1994～〕　Wilson, Taylor

◇太陽を創った少年―僕はガレージの物理学者　トム・クラインズ著，熊谷玲美訳　早川書房　2018.5　502p　19cm　2500円　①978-4-15-209764-4　Ⓝ289.3

内容 第1部 (石を掘る少年 テイラー、ロケットに目覚める ほか) 第2部 (放射性物質の「ショー・アンド・テル」 巨人の足跡をたどって ほか) 第3部 (エネルギーの「アポロ計画」 天才はどこからやってくるのか ほか) 第4部 (天才たちのホグワーツ ブドウのプラズマ ほか) 第5部 (中性子で核テロを防ぐ 家族の悩み ほか)

＊14歳の核物理学者はどうして生まれたのか？ 9歳でロケットを実作した、アメリカ・アーカンソー州の早熟の天才、テイラー・ウィルソンは11歳の若さでさらなる野心に燃えていた。祖母がくれた本に刺激を受け、核融合炉を自宅で創ろうと決意したのだ。危険と隣り合わせのそんな作業を、子どもがやってのけられるはずがないという大人の常識をしり目に、彼には自分がやれるという自信と勝算、そして適切な知識があった。「ギフテッド」といわれる天才児にもさすがにムリかと思えることが、なぜできたのか。息子を見守る両親の苦労、大学教員をはじめとする教育関係者の奔走。彼のそばで直接取材したジャーナリストが語るサイエンス・ノンフィクション。

ウィルソン, T.W. 〔1856〜1924〕
Wilson, Thomas Woodrow

◇オリバー・ストーンが語るもうひとつのアメリカ史 1 二つの世界大戦と原爆投下 オリバー・ストーン, ピーター・カズニック著 大田直子, 鍛原多惠子, 梶山あゆみ, 高橋璃子, 吉田三知世訳 早川書房 2015.7 440p 16cm (ハヤカワ文庫 NF 439) 920円 ①978-4-15-050439-7 Ⓝ253.07

内容 帝国のルーツ――「戦争はあこぎな商売」(「覇権国家」アメリカの光と影 歴史に縛られたくないアメリカ人 ほか) 第1章 第一次世界大戦――ウィルソンvsレーニン (ウィルソン―革命嫌いの人種差別主義者 メキシコ革命とウィルソン ほか) 第2章 ニュー・ディール――「私は彼らの憎しみを喜んで受け入れる」(世界大不況下のアメリカとFDR 「あこぎな両替商」との決別 ほか) 第3章 第二次世界大戦―誰がドイツを打ち破ったのか？ (枢軸国の侵略、始まるスターリンのあせり―独ソ不可侵条約 ほか) 第4章 原子爆弾―凡人の悲劇 (歴史の流れを変えた発明 核エネルギーへの危惧―アインシュタインの後悔 ほか)

＊過激な政治的発言で知られるアカデミー賞監督、オリバー・ストーンによれば、自由の擁護者というアメリカのイメージは虚像に過ぎない。アメリカはかつてのローマ帝国や大英帝国と同じく人民を抑圧搾取している「帝国」なのだ。私たちはその真実の姿を今こそ知らねばならぬ。全米に大論争を巻き起こした歴史大作、待望の文庫化第1巻は、第1次大戦で世界の支配者にのしあがってから日本へ原爆を投下するまでを綴る。

ウィレムス, E. 〔1890〜1978〕
Willems, Edgar

◇未来の音を聴くー「音楽的な耳」を育てるウィレムスの教育 若林一惠著 はるかぜ書房 2018.11 121p 21cm 2000円 ①978-4-909818-00-3 Ⓝ760.7

内容 第1章 自然と音楽が好きになる、ウィレムスの音楽教育 (ウィレムスってどんな人？ 「音楽を愛すること」を学ぶ ほか) 第2章 子どもの心をつかみ、「音楽的な耳」を育てるレッスン (ウィレムス国際会議とウィレムス国際セミナーに参加して 「音楽的な耳」を育てる実践 ほか) 第3章 ウィレムスの生涯と時代背景 (ウィレムスの生涯 ウィレムスの音楽教育の展開 ほか) 第4章 ウィレムスの著作と思想 (ウィレムスの著作について ウィレムスの思想について) 第5章 「4つの段階」による実践と『教育の覚え書き帳』(子どもの年齢に応じた「4つの段階」による実践 ウィレムスの考えと現在の実践 ほか)

＊3歳から小学生くらいまでの子どもたちにとって、一番すばらしい音楽の教育ってなんでしょう？―音楽を愛する時間をもつこと。頭の中で音楽を鳴り響かせ、正確にイメージできる「音楽的な耳」を育むこと。ヨーロッパを中心に盛んなウィレムスの教育、その知られざる魅力を日本で初めて紹介します。

ウィンザー公爵夫人 〔1896〜1986〕
Wallis Simpson, The Duchess of Windsor

◇カルティエを愛した女たち 川島ルミ子著 集英社インターナショナル 2014.9 213p 22cm 〈タイトルは奥付による.標題紙・背のタイトル：Cartier,Joaillier des Femmes 発売：集英社〉 2300円 ①978-4-7976-7271-8 Ⓝ755.3

内容 Prologue 比類なきカルティエ、比類なき女たち Grace Kelly 1929・1982 輝きと夢をモナコにもたらしたグレース公妃 Barbara Hutton 1912・1979 かわいそうな金持ちの小さな女の子バーバラ・ハットン Jeanne Toussaint 1887・1976 ジュエリーの香りがするジャンヌ・トゥーサン Queen Alexandra 1844・1925 麗しのアレクサンドラ王妃 Princess Olga Paley 1866・1929 愛と悲劇を生きたパーレイ公妃 The Duchess of Windsor 1896・1986 愛は王位よりも強しウィンザー公爵夫人 Marie Bonaparte 1882・1962 ナポレオン皇帝の血をひくマリー・ボナパルト Empress Eugénie 1826・1920 第二帝政の華麗な花、ユュジェニー皇后

ウェイツ, T. 〔1949〜〕 Waits, Tom

◇トム・ウェイツが語るトム・ウェイツ―アルバム別インタビュー集成 トム・ウェイツ述, ポール・マー・ジュニア編, 村田薫, 武者小路実昭, 雨海弘美訳 うから 2018.1 397p 21cm 〈索引あり〉 2800円 ①978-4-904668-02-3 Ⓝ767.8

内容 1 (クロージング・タイム 1973 土曜日の夜 1974 娼婦たちの晩餐 1975 スモール・チェンジ 1976) 2 (ソードフィッシュトロンボーン 1983 レイン・ドッグ 1985 フランクス・ワイルド・イヤーズ 1987 ビッグ・タイム 1988) 3 (ボーン・マシーン 1992 ブラック・ライダー 1993 ミュール・ヴァリエイションズ 1999 アリス/ブラッド・マネー 2002 リアル・ゴーン 2004 オーファンズ：ブローラーズ、ボーラーズ&バスターズ 2006)

＊思索、洞察、ユーモア、反骨、天邪鬼―。天才吟遊詩人トム・ウェイツの言霊を訊け！

ウェイツキン, J. 〔1976〜〕 Waitzkin, Josh
◇ボビー・フィッシャーを探して　フレッド・ウェイツキン著，若島正訳　みすず書房　2014.9　354,3p　20cm　2800円　Ⓘ978-4-622-07852-4　Ⓝ796.9
[内容] チェスの神童を育てて　フィッシャーの遺産　ワシントン広場　ブルース・パンドルフィーニ　大ニューヨーク・オープン大会　モスクワに向けたトレーニング　列柱の間　マルク・ドヴォレツキー　ヴォロージャ　記者室〔ほか〕
＊6歳でチェスを始め、子供らしい無邪気さでチェスに取り組みながら加速度的に強くなる息子ジョッシュ。その眩ゆいほどの才能に父親は深くいれ込み、幼い息子はそんな周囲の思いに多感に反応しつつも、仮借のない勝負の世界で成長してゆく。チェスの神童ジョッシュとその父親である著者が、伝説的棋士ボビー・フィッシャーへの憧憬を胸に歩んだ道のりを描く。

ウェイン, L. 〔1860〜1939〕 Wain, Louis
◇吾輩は猫画家である―ルイス・ウェイン伝　南條竹則著　集英社　2015.6　213p　18cm　（集英社新書―ヴィジュアル版 038V）〔文献あり〕　1200円　Ⓘ978-4-08-720791-0　Ⓝ723.33
[内容] 1 キャットランドの猫絵描き　2 ナショナル・キャット・クラブ　3 アメリカ行きと第一次世界大戦　4 万華鏡猫
＊19世紀末から20世紀末にかけてイギリスで爆発的な人気を誇った挿絵画家、ルイス・ウェイン。そのウェイン、実は『吾輩は猫である』の一節に登場する絵書きを描き、夏目漱石にインスピレーションを与えた、日本人にも深いゆかりのある人物でもあった！コミカルなタッチからリアルな描写、あるいは擬人化したイラストで時には人間社会を風刺し、表情豊かで個性的な猫を数多く描きながら、晩年は統合失調症を患ったことでその画風も劇的に変化した「猫画家」。その半生を、日本ではほとんど目にすることのできなかった貴重なイラスト多数とともに辿る。

ウェクスラー, J. 〔1917〜2008〕 Wexler, Jerry
◇私はリズム＆ブルースを創った―〈ソウルのゴッドファーザー〉自伝　ジェリー・ウェクスラー, デヴィッド・リッツ著，新井崇嗣訳　みすず書房　2014.5　349,11p　22cm　〔作品目録あり　索引あり〕　4500円　Ⓘ978-4-622-07831-9　Ⓝ764.7
[内容] その男　遊ぶなら外で遊べ！　窓拭きのブルース　リズムの道　母の接吻　手桶を片手に　奇妙な習慣　起床ラッパ　戦後、沸きかえるニューヨークとビバップ　ディスカーズ、パパーズ、クレファーズ〔ほか〕
＊アトランティック・レコードでR&B／ソウルの黄金時代を築いた名プロデューサーの自伝。アメリカ音楽史をめぐる第一級のドキュメント！ラルフ・J・グリーソン最優秀音楽書賞受賞。

ウェザーズ, B. 〔1946〜〕 Weathers, Beck
◇生還　ベック・ウェザーズ, ステファン・G・ミショー著，山本光伸訳　K&Bパブリッシャーズ　2015.10　287p　19cm　〈「死者として残されて」(光文社 2001年刊)の改題〉　1800円　Ⓘ978-4-902800-29-6　Ⓝ786.18
[内容] 1 一九九六年五月一〇日夕刻サウス・コル　2 回顧―「救い」との出会い　3 七大陸最高峰制覇へ　4 "奇跡"の代償　エピローグ―それは、私のすぐそばにあった
＊1996年5月、エベレストの猛烈な嵐は日本人女性を含む9人の命を奪った。死の淵から奇跡的に生還した男の感動のノンフィクション！

ウエストウッド, V. 〔1941〜〕 Westwood, Vivienne
◇VOGUE ONヴィヴィアン・ウエストウッド　リンダ・ワトソン著，鈴木宏子訳　ガイアブックス　2015.9　158p　22cm　〔文献あり　索引あり〕　2400円　Ⓘ978-4-88282-948-5　Ⓝ593.3
[内容] ピーク・ディストリクトからパンクへ　パイレーツからペイガンへ　アバンギャルド　野心　独立的な創作活動
＊デイム・ヴィヴィアン・ウエストウッドは英国ファッション界の紛れもない女王だ。「彼女は現代のココ・シャネル」とアレキサンダー・マックイーンにいわしめた創意豊かな才能は世界中で認められている。マクラーレンとともにパンクを生み出し、19世紀に流行したクリノリンを現代風に再構成し、ハリス・ツイードに新たなスタイルを与え、プラットフォームシューズを復活させ、「砂時計」シルエットを描き直し、「セックス・アンド・ザ・シティ」ではサラ・ジェシカ・パーカーに壮麗なウエディングドレスを提供するなど、その革新的なデザインは多岐に渡る。『VOGUE ONヴィヴィアン・ウエストウッド』は、恐れを知らない反体制派でありながら伝統を愛してやまないウエストウッドの華々しいキャリアをユニークな視点から描き出していく。

◇20世紀ファッションの文化史―時代をつくった10人　成実弘至著　新装版　河出書房新社　2016.1　302p　19cm　〔文献あり〕　1800円　Ⓘ978-4-309-24746-5　Ⓝ593.3
[内容] チャールズ・ワース―ファッションデザイナー誕生　ポール・ポワレ―オリエント、装飾と快楽　ガブリエル・シャネル―モダニズム、身体、機械　エルザ・スキャパレッリ―ファッションとアート　クレア・マッカーデル―アメリカンカジュアルの系譜　クリスチャン・ディオール―モードとマーケティング　マリー・クアント―ストリートから生まれた流行　ヴィヴィアン・ウエストウッド―記号論的ゲリラ闘争　コム・デ・ギャルソン―ファッションを脱構築する　マルタン・マルジェラ―リアルクロースを求めて　二〇世紀ファッションの創造性
＊ポワレ、シャネル、ディオールから、コム・デ・ギャルソン、マルジェラまで、彼らはファッションの地平をどう切り開いてきたか。20世紀ファッションの到達点をあらためて考察する、新しいファッション文化史。

◇ヴィヴィアン・ウエストウッド自伝　ヴィヴィ

アン・ウエストウッド, イアン・ケリー著, 桜井真砂美訳　Du Books　2016.4　614p　24cm　〈年譜あり　文献あり　発売：ディスクユニオン〉　4000円　①978-4-907583-82-8　Ⓝ593.3

ウエストバム〔1965〜〕Westbam

◇夜の力—ウエストバム自伝　ウエストバム著, 楯岡三和, マルクス・シュレーダー訳　Pヴァイン　2016.12　415p　19cm　(ele-king books)〈発売：日販アイ・ピー・エス〉　3500円　①978-4-907276-68-3　Ⓝ764.7

＊石野卓球の盟友としても知られる、ドイツの国民的な人気DJ、ウエストバムが描くその半生と90年代レイヴの狂騒—ドイツ・テクノのあまりにもドープな物語—待望の翻訳！

ウェストン, W.〔1861〜1940〕Weston, Walter

◇ウェストンと歩く日本アルプス—古き絵葉書より　上田剛著　里文出版　2015.3　119p　21cm　(関西絵葉書研究会叢書　第1輯)〈文献あり　年譜あり〉　2000円　①978-4-89806-426-9　Ⓝ786.1

|内容| ウェストンが愛した峠、徳本峠　近代登山発祥の地上高地　ウェストンが愛した日本アルプス　ウェストンが歩いた街道　ウェストンの富士登山　ウェストンが登ったその他の山々　ウェストンが暮らした街　ウェストンの故郷イギリスとヨーロッパの山々　ウェストンと高山植物　ウェストンの交通手段　ウェストンと信仰　ウェストンの四方山話　ウェストン最後のお別れ

◇ウォルター・ウェストンと上條嘉門次　上條久枝著　求龍堂　2018.5　315p　20cm　〈文献あり〉　2000円　①978-4-7630-1807-6　Ⓝ786.1

|内容| 第1章　ウェストンさんの来日まで　第2章　ウェストンさんの来日　第3章　英国でのウェストンさんと二度目の来日　第4章　英国でのウェストン夫妻と最後の来日　第5章　嘉門次の境涯　第6章　帰英後のウェストンさん　第7章　英国にウェストンさんの跡を訪ねて

＊嘉門次小屋のおかみが綴る近代登山紀行。日本を愛し、日本近代登山の父といわれたウェストンとその有能な山案内人であった上條嘉門次の生涯と交遊の記録。

ウェスパシアヌス〔9〜79〕Titus Flavius Vespasianus

◇ローマ帝国人物列伝　本村凌二著　祥伝社　2016.5　303p　18cm　(祥伝社新書　463)　840円　①978-4-396-11463-3　Ⓝ283.2

|内容| 1 建国期—建国期のローマ(ブルトゥス—共和政を樹立した初代執政官　キンキナトゥス—ワシントンが理想とした指導者　ほか)　2 成長期—成長期のローマ(アッピウス—インフラ整備など、類稀なる先見性　ファビウス—耐えがたきを耐える「ローマの盾」　ほか)　3 転換期—転換期のローマ(クラッスス—すべてを手に入れたい男が欲したもの　大ポンペイウス—カエサルに敗れた大武将　ほか)　4 最盛期—最盛期のローマ(ゲルマニクス—夭逝した理想のプリンス　ネロ—気弱な犯罪者だった暴君　ほか)　5 衰亡期—衰亡期のローマ(ガリエヌス—動乱期の賢帝　ディオクレティアヌス—混乱を鎮めた軍人皇帝　ほか)

＊ローマの歴史には、独裁も革命もクーデターもあり、「パクス・ロマーナ」と呼ばれた平和な時代もあった。君主政も共和政も貴族政もポピュリズムもあり、多神教も一神教もあった。まさに「歴史の実験場」であり、教訓を得るのに、これほどの素材もない。歴史を学ぶには制度や組織は無視できないが、そこに人間が存在したことを忘れてはならないだろう。本書は、一〇〇〇年を超えるローマ史を五つの時代に分け、三二人の生涯と共に追うものである。賢帝あり、愚帝あり、英雄から気丈な女性、医学者、宗教家まで。壮大な歴史叙事詩であり、歴史は人なり—を実感する一冊。

◇ローマ皇帝伝　下　スエトニウス著, 国原吉之助訳　岩波書店　2018.5　403,20p　15cm　(岩波文庫)　1130円　①4-00-334402-2　Ⓝ232.8

|内容| 第4巻　カリグラ　第5巻　クラウディウス　第6巻　ネロ　第7巻(ガルバ　オト　ウィテリウス)　第8巻(ウェスパシアヌス　ティトゥス　ドミティアヌス)

＊我が妹を妻とし、帝国資産をまたたく間に蕩尽したあげく自らを神と崇めよと命ずるカリグラ。権力を争って母を殺し、さらに首都に火を放って遠望する焔の美しさに恍惚とするネロ。簡潔直截に次々と繰りだされてゆく豊富な逸話の中から、放恣残虐の限りを尽す歴代ローマ皇帝たちの姿がなまなましく立ち現われてくる。

ウェスレー, J.〔1703〜1791〕Wesley, John

◇ウェスレー　野呂芳男著　新装版　清水書院　2015.9　234p　19cm　(Century Books—人と思想　95)〈文献あり　年譜あり　索引あり〉　1000円　①978-4-389-42095-6　Ⓝ198.72

|内容| 1 ウェスレーの生きた時代(一八世紀のイギリス　英国国教会の性格　ピューリタニズムと高教会主義　臣従拒否者)　2 エプワースの司祭館(ウェスレーの家系　エプワースでの生活)　3 二つの回心(第一の回心　神聖クラブ　ジョージア伝道へ　第二の回心)　4 伝道の旅(モラヴィアニズムとウェスレー　ホイットフィールドとウェスレー　ウェスレーの説教　結婚と死と)

ウェスレー, S.〔1669〜1742〕Wesley, Susanna

◇スザンナ・ウェスレーものがたり—ジョン、チャールズ・ウェスレーの母　大塚野百合著　教文館　2015.8　245p　20cm　〈文献あり　年譜あり〉　2400円　①978-4-7642-6994-1　Ⓝ198.42

|内容| 激動の英国史　スザンナの父サムエル・アンスリーと友人バクスターとデフォー　夫サムエル・ウェスレーとの出会い　夫と妻　長男サムエルと娘たち　スザンナの手紙　スザンナとジョージ・ハーバートの詩　スザンナの信仰　ヘティの悲劇　ジョン・ウェスレーの渡米と回心〔ほか〕

ウェデマイヤー, A.C. 〔1897〜1989〕 Wedemeyer, Albert Coady

◆日米戦争を起こしたのは誰か―ルーズベルトの罪状・フーバー大統領回顧録を論ず 藤井厳喜, 稲村公望, 茂木弘道著 勉誠出版 2016.1 286p 19cm 1500円 Ⓘ978-4-585-23036-6 Ⓝ253.07

内容 序(加瀬英明) 座談会 "FREEDOM BETRAYED" をめぐって(誰が戦争を仕掛けたのか 過った時のアメリカの政策 戦争を引き起こした狂気)(藤井厳喜, 稲村公望, 茂木弘道述) ウェデマイヤー将軍の回想―第二次大戦に勝者なし(藤井厳喜) いま明らかになった大東亜戦争の真相―「FREEDOM BETRAYED」の衝撃(稲村公望) 日米戦争は狂人の欲望から―フーバー三一代大統領の証言(茂木弘道)

＊アメリカの封印50年今、事実が鮮明に!!2011年刊行の元アメリカ大統領フーバーの衝撃の大著。

ウェーバー, A.R. 〔1841〜1920〕 Weber, Arthur Richard

◆新潟居留ドイツ商人ウェーバーの生涯 青柳正俊訳・編, ペーター・ヤノハ, 青柳正俊著 新潟考古堂書店 2014.6 175p 19cm 〈文献あり 著作目録あり〉 1400円 Ⓘ978-4-87499-820-5 Ⓝ289.3

ウェーバー, C.M. 〔1786〜1826〕 Weber, Carl Maria Friedrich Ernst von

◆愛と裏切りの作曲家たち 中野京子著 光文社 2015.3 237p 16cm (光文社知恵の森文庫 tな5-1) 〈「かくも罪深きオペラ」(洋泉社 1999年刊)の改題, 修正〉 640円 Ⓘ978-4-334-78669-4 Ⓝ766.1

内容 ビゼー 「世にも恐ろしい災い」「カルメン」 ヴェーバー すべては愛のために「魔弾の射手」 ベッリーニ 嫉妬が産んだ名作「ノルマ」 ヴァーグナー 過剰な執着心―「さまよえるオランダ人」 ロッシーニ 美食と神経過敏―「セビーリャの理髪師」 モーツァルト 神童の傲慢―「フィガロの結婚」 ヴェルディ 「道を踏み外した女」「椿姫」 プッチーニ オペラ以上の悲劇「蝶々夫人」

＊名作の誕生する過程には作品に負けないほど劇的な事件がかくされている。スキャンダラスと言っていいほどのそれらの出来事は、別の見方をすれば作曲家本人のがむしゃらな闘争ともいえる。「カルメン」「フィガロの結婚」「蝶々夫人」ほか知っておきたい名作オペラのあらすじと、その作曲家たちの壮絶な生涯を、同時に読める一冊！ 待望の文庫化。

ウェルズ, I.B. 〔1862〜1931〕 Wells, Ida B.

◆コーネル・ウェストが語るブラック・アメリカ―現代を照らし出す6つの魂 コーネル・ウェスト著, クリスタ・ブッシェンドルフ編, 秋元由紀訳 白水社 2016.8 291,15p 19cm 〈年譜あり 索引あり〉 2400円 Ⓘ978-4-560-09249-1 Ⓝ316.853

内容 はじめに―いまこそ預言者的精神を語り継ごう 第1章 火のついた魂は美しい―フレデリック・ダグラス 第2章 ブラック・フレイム―W.E.B.デュボイス 第3章 良心の炎―マーティン・ルーサー・キング, ジュニア 第4章 民主的実存主義の熱―エラ・ベイカー 第5章 革命の炎―マルコムX 第6章 預言者の炎―アイダ・B.ウェルズ 終章 オバマ時代の預言者的精神

＊今もっとも注目される論客が賢人たちに託して語り尽くした普遍的なアメリカ論。

ウォー, E. 〔1903〜1966〕 Waugh, Evelyn

◆イーヴリン・ウォー伝 人生再訪 フィリップ・イード著, 髙儀進訳 白水社 2018.11 516, 80p 図版24p 20cm 〈文献あり 索引あり〉 8500円 Ⓘ978-4-560-09660-4 Ⓝ930.278

内容 次男 少年のサディズム キッチナー卿に仕えるイートン校より劣る所 完全な区分 人が夢見るすべてのもの 哀れな死んだ心 吹き寄せられた半溶けの雪のように純潔 文人になる シーヴリンありきたりの経験だそうだ ローマ・カトリックへの逸脱 オランダ娘 密林の方へ 自分の有利になるような助言はできない いやもう、彼女はちゃんとした娘だ ウォーを終わらせる戦争 頭は血塗れではないが屈服し 涙を誘う本 占領 気の触れた自分 ふさわしい、ひっそりした場所 衰亡

＊「没後50年記念」の評伝、待望の邦訳。20世紀英文学の巨匠の生涯を、初公表された書簡、日記、未発表原稿などを駆使して活写する。主要メディアで賞賛された、イギリスの伝記作家による決定版。カラー口絵写真24頁収録。

ウォーターストン, J.J. 〔1811〜1883〕 Waterston, John James

◆現代天文学史―天体物理学の源流と開拓者たち 小暮智一著 京都 京都大学学術出版会 2015.12 634p 22cm 〈他言語標題：History of Modern Astronomy 文献あり 年表あり 索引あり〉 4900円 Ⓘ978-4-87698-882-2 Ⓝ440.12

内容 第1部 天体分光学(「新天文学」の開幕 星の分光分類とHD星表) 第2部 星の構造と進化論(星の進化論とHR図表 熱核反応と星の進化論) 第3部 銀河天文学と宇宙論(銀河と星雲の世界 銀河系の発見 宇宙論の源流) 第4部 現代天文学へ(日本における天体物理学の黎明 現代天文学への展開)

＊初めて星の化学組成を明らかにしたロンドンのアマチュア天文家ハギンス、太陽をガス体と見なした特許調査官レーン、自作の望遠鏡で天空を探査した音楽家ハーシェル…18世紀末から19世紀中葉にかけて現代天文学の扉を開いた彼らは、いずれも学界に縁のないアマチュア天文家だった。星の位置と運動を対象とする古典天文学から天体の物理的構造を探る天体物理学へ、その転換期を担った人々の生涯と研究を軸に、現代天文学の歴史をたどる。

ウォートルス, T.J. 〔1842〜1898〕 Waters, Thomas James

◆謎のお雇い外国人ウォートルスを追って―銀座

煉瓦街以前・以後の足跡　銀座文化史学会編　銀座文化史学会　2017.3　136p　30cm　（銀座文化研究別冊）〈年譜あり　文献あり〉　2000円　Ⓝ289.3

ウォルシンガム, F. 〔1530?～1590〕
Walsingham, Francis

◇エリザベス一世のスパイマスター——イングランドを救ったウォルシンガムと諜報戦争　ロバート・ハッチンソン著，居石直徳訳　近代文藝社　2015.2　476p　20cm　〈年譜あり〉　2200円　Ⓘ978-4-7733-7961-7　Ⓝ233.051

内容　第1章 今のこの時代に役立つこと　第2章 この国土の有害な毒素　第3章 女王陛下の情報機関　第4章 バビントン陰謀事件　第5章 スコットランド女王メアリーの裁判　第6章 メアリーの血を渇望してきた人達　第7章 スペイン無敵艦隊の撃滅　第8章 貧窮の中での死　第9章 エピローグ

＊知力の全てを傾けてインテリジェンス戦争を果敢に実行。新教のイングランド・エリザベス体制を守り抜く。スペイン無敵艦隊撃破の蔭の立役者。巻末に活躍したスパイや国王，政府高官たちのプロフィール一覧掲載。

ウォルト，シャルル・フレデリック
⇒ワース，C. を見よ

ウォルポール, R. 〔1676～1745〕
Walpole, Robert

◇最初の首相ロバート・ウォルポール——王権と議会と　岸本俊介著　丸善プラネット　2017.11　181p　19cm　〈文献あり　年譜あり〉　発売：丸善出版　1600円　Ⓘ978-4-86345-356-2　Ⓝ312.33

内容　最初の首相ロバート・ウォルポール　1 庶民院の発生と進展—課税承認権と立法権　2 国王とトーリーとホイッグの確執の時代（～一七一四年）　3 新国王即位とホイッグ政権（一七一四年～）　4 党内野党として（一七一七年～）　5 南海泡沫事件（一七二〇年～）　6 ウォルポール「首相」（一七二一年～）　エピローグ

＊ロバート・ウォルポールは，世界最初の首相といわれる人物である。政治機構がまだ混沌としている時代にあって，権力闘争の末，首相として国王と議会，政府を統一的に機能させることで，責任内閣制の原型を生み出すことなった。本書は，ウォルポールの時代の政治背景とともに，彼が首相と呼ばれるに至るまでの過程を追ったものである。

ウォーレス, R. 〔1697～1771〕
Wallace, Robert

◇人口論とユートピア—マルサスの先駆者ロバート・ウォーレス　中野力著　京都　昭和堂　2016.6　315,12p　22cm　〈文献あり　索引あり〉　6000円　Ⓘ978-4-8122-1535-7　Ⓝ331.46

内容　第1章 マルサスの先駆者としてのウォーレスの経済論と人口論—海外四学位論文をめぐって　第2章 ロバート・ウォーレスの宗教論—前期ウォーレス　第3章 一七四〇年代のウォーレス—ウォーレスの経済論の萌芽　第4章 一七五〇年代前半のウォーレス—『人口論』と『従順な服従』　第5章 一七五〇年代後半のウォーレス（1）ロバート・ウォーレスと『『ダグラス』論争』—演劇とスコットランド教会　第6章 一七五〇年代後半のウォーレス（2）ロバート・ウォーレスとジョン・ブラウンの政治・経済思想　第7章 一七六〇年代のウォーレス（1）ロバート・ウォーレスの描くユートピア—人智と神慮との関連で　第8章 一七六〇年代のウォーレス（2）ロバート・ウォーレスとモーペルテュイの幸・不幸論　第9章 一七六〇年代のウォーレス（3）ロバート・ウォーレスとケイムズ卿の自由・必然論　第10章 ウォーレス，ゴドウィン，マルサスの人口論とユートピア—マルサスの先駆者としてのウォーレス　第11章 ウォーレスとマルサスの人口論—ヘイズリットのマルサス批判を中心に

ウジェニー・ド・モンティジョ 〔1826～1920〕
Eugénie de Montijo

◇カルティエを愛した女たち　川島ルミ子著　集英社インターナショナル　2014.9　213p　22cm　〈タイトルは奥付による．標題紙・背のタイトル：Cartier,Joaillier des Femmes　発売：集英社〉　2300円　Ⓘ978-4-7976-7271-8　Ⓝ755.3

内容　Prologue 比類なきカルティエ，比類なき女たち　Grace Kelly 1929‐1982 輝きと夢をモナコにもたらしたグレース公妃　Barbara Hutton 1912‐1979 かわいそうな金持ちの小さな女の子バーバラ・ハットン　Jeanne Toussaint 1887‐1976 ジュエリーの香りがするジャンヌ・トゥーサン　Queen Alexandra 1844‐1925 麗しのアレクサンドラ王妃　Princess Olga Paley 1866‐1929 愛と悲劇を生きたオルガ公妃　The Duchess of Windsor 1896‐1986 愛は王位よりも強しウィンザー公爵夫人　Marie Bonaparte 1882‐1962 ナポレオン皇帝の血をひくマリー・ボナパルト　Empress Eugénie 1826‐1920 第二帝政の華麗な花，ユジェニー皇后

◇王妃たちの最期の日々　下　ジャン＝クリストフ・ビュイッソン，ジャン・セヴィリア編，神田順子，土居佳代子，山川洋子訳　原書房　2017.4　228p　20cm　2000円　Ⓘ978-4-562-05386-5　Ⓝ288.493

内容　11 トリアノンから断頭台へ—マリー＝アントワネット／パリ，一七九三年一〇月一六日　12 息子の復讐—ロシアのエカチェリーナ二世／サンクトペテルブルク，一七六六年一一月六日（太陽暦一一月七日）　13 皇后の二度の死—ジョゼフィーヌ・ド・ボアルネ／リュエイユ＝マルメゾン，一八一四年五月二九日　14 苦しみつづけ，さまよいつづけた魂の飛翔—オーストリア皇妃エリーザベト（愛称シシ）／ジュネーヴ，一八九八年九月一〇日　15 一つの時代の終焉—ヴィクトリア女王／ワイト島，オズボーン・ハウス，一九〇一年一月二二日　16 呪われた王妃—ドラガ・オブレノヴィチ／ベオグラード，一九〇三年六月一一日　17 ロマノフ朝最後の皇后の死にいたる苦難の道—アレクサンドラ・フョードロヴナ／エカテリンブルク，一九一八年七月一七日　18 フランス最後の皇后—ウジェニー・ド・モンティジョ／マドリード，一九二〇年七月一一日　19 精神を閉ざされて過ごした一生—シャルロッテ・フォン・ベルギエン／バウハウト城，一九二七年一月一九日　20 あまりに理不尽な死—ベルギー王妃アストリッド／

キュスナハト・アム・リギ、一九三五年八月二九日
＊マリー＝アントワネット、エカチェリーナ2世、ジョゼフィーヌ、エリーザベト（シシ）…信仰心、病魔、処刑台…世界史に大きな影響をあたえたさまざまな人生と運命を描く物語！

ウーゼ, B.〔1919～2001〕
Uhse-Rotermund, Beate

◇ドイツ奇人街道　森貴史, 細川裕史, 溝井裕一著　吹田　関西大学出版部　2014.7　331p　19cm　〈文献あり〉　2000円　Ⓘ978-4-87354-586-8　Ⓝ283.4

内容　フレンスブルク・ひとりの女性の勇敢なる挑戦―ベアーテ・ウーゼ（Beate Uhse、1919～2001）　エッカーンフェルデ・「不死の男」の終焉―サン＝ジェルマン伯爵（Graf von Saint Germain、1691？～1784）　ハンブルク・ドイツの「海賊王」の運命―クラウス・シュテルテベーカー（Klaus Störtebeker、？～1400）　メルン・中世を旅したイタズラ者―ティル・オイレンシュピーゲル（Till Eulenspiegel、1300ごろ～50）　シュタインフーデ・シュタインフーデ湖の怪魚―ヤーコプ・クリュソストムス・プレトリウス（Jakob Chrysostomus Praetorius、1730～？）　ボーデンヴェルダー・「ほらふき男爵」の笑えない人生―ヒエロニムス・フォン・ミュンヒハウゼン（Hieronymus von Münchhausen、1720～97）　ベルリン・絶滅動物を「よみがえらせてしまった」動物園長―ルッツ・ヘック（Lutz Heck、1892～1983）　ライプツィヒ・「魔法使いファウスト」の実像をあばく―ゲオルギウス・ファウストゥス（Georgius Faustus、1460/80～1540ごろ）　インゴルシュタット・秘密結社イルミナティの真実―アダム・ヴァイスハウプト（Adam Weishaupt、1748～1830）　アンスバッハ・ヨーロッパを騒がせた謎の少年―カスパー・ハウザー（Kaspar Hauser、？～1833）　フリードリヒスハーフェン・伯爵の空への異常な愛情―フェルディナント・ツェッペリン伯爵（Ferdinand Graf von Zeppelin,1838～1917）　ジンメルン（ライン・モーゼル地方）・ライン地方の山賊たち―シンダーハンネスとシュヴァルツァー・ペーター（Schinderhannes, 1777？～1803/Schwarzer Peter,1752～1812）

ウランゲリ, P.N.〔1878～1928〕
Wrangel, Pyotr Nikolayevich

◇レーニンの誤りを見抜いた人々―ロシア革命百年, 悪夢は続く　鈴木肇著　恵雅堂出版　2014.11　233p　18cm　〈年表あり　文献あり〉　1060円　Ⓘ978-4-87430-039-8　Ⓝ238.07

内容　ロシア社民主義の英才ポトレソフ―レーニンの同志から政敵へ/親西欧・「祖国防衛派」を率いる　ロシア社民主義の父アクセリロード―「反レーニン、反独裁」を貫く/柔軟な戦術家、広い国際人脈　栄誉を取り戻すプレハーノフ―レーニンの危険性を見破る/亡命37年、祖国防衛の愛国者に　マルクス大家の明暗―リザーノフとニコラエフスキー　改革一筋の人民社会党―過激ロシアで良識を貫く　ドイツとロシアの社民党―深い絆をレーニンが断つ/「右派」の力が明暗を分ける　救国思想家ストルーヴェを知ろう―独裁と戦い、自由保守主義を大成　レーニンも恐れた名将ウランゲリ―クリミア撤退で十四万人余を救う/ロシア国内戦史の大逆転を

ウルストンクラフト, F.I.〔1794～1816〕
Godwin, Fanny Imlay

◇死と乙女たち―ファニー・ウルストンクラフトとシェリー・サークル　ジャネット・トッド著, 平倉菜摘子訳　音羽書房鶴見書店　2016.7　406p　19cm　〈文献あり　索引あり〉　2800円　Ⓘ978-4-7553-0289-3　Ⓝ930.268

内容　第1部〔死　天才　ほか〕　第2部〔ファニー　ゴドウィン　ほか〕　第3部〔ファニー　メアリ　ほか〕　第4部〔ファニー　シェリーとゴドウィン　ほか〕
＊フェミニズム思想家メアリ・ウルストンクラフトの長女ファニー。短い生を自ら閉じた彼女と異父妹メアリ・シェリーを中心に、ウィリアム・ゴドウィン、パーシー・ビッシュ・シェリーらロマン主義時代を生きた家族の物語を描く。

ウルバヌスⅡ〔1042?～1099〕　Urbanus Ⅱ

◇ウルバヌス2世と十字軍―教会と平和と聖戦と　池谷文夫著　山川出版社　2014.8　96p　21cm　（世界史リブレット人　31）〈文献あり　年譜あり〉　800円　Ⓘ978-4-634-35031-1　Ⓝ198.22

内容　ウルバヌス二世とは何者だったのか　1　皇帝と教皇の葛藤　2　ウルバヌスの巻き返し　3　「神の平和」運動の展開　4　十字軍の勧説と出発　五　聖地へ
＊改革教皇権がめざす「この世のあるべき秩序」の樹立は、教皇・カトリック教会が主導権を握る闘いとなった。分裂し権力闘争に揺らぐ西ヨーロッパ世界において、叙任権闘争の一方で推奨されたのが「平和」の確立であり、成長期を迎えた社会と人々のエネルギーの放出先を、スペイン・南イタリアでの失地回復を踏まえて東方世界との企てが「十字軍」を生んだ。一連の過程の主導者教皇ウルバヌス2世の動向と、生起した第1回十字軍の推移をみよう。

ウルフ, L.S.〔1880～1969〕
Woolf, Leonard Sidney

◇レナード・ウルフと国際連盟―理想と現実の間で　籔田有紀子著　京都　昭和堂　2016.3　218,42p　22cm　〈他言語標題：Leonard Woolf and the League of Nations　文献あり　索引あり〉　5000円　Ⓘ978-4-8122-1541-8　Ⓝ311.233

内容　第1章　レナード・ウルフの国際連盟構想―『国際政府論』を中心に（『国際政府論』の誕生　『国際政府論』の特徴　「限定的計画」としてのフェビアン・プラン　国際連盟構想から講和構想へ）　第2章　ジュネーブ議定書への道―労働党国際問題諮問委員会（ACIQ）にみる国際連盟改革論の変遷（国際連盟中心主義の誕生　国際連盟改革論の展開　ジュネーブ議定書への道　ジュネーブ議定書をめぐって）　第3章　レナード・ウルフと宥和政策の時代（国際連盟とドイツ主戦論　一九三三年～一九三六年　安全保障の模索　一九三六年　平和的変更政策への接近　一九三六年～一九三八年）　第4章　国際連盟中心主義と共産主義ロシア（一九三〇年代前半　マルキシストからの挑戦　一九三〇年代後半　文明勢力の分裂）

ウルフ, V.〔1882～1941〕　Woolf, Virginia

◇創作と癒し―ヴァージニア・ウルフの体験過程

心理療法的アプローチ　村田進著　コスモス・ライブラリー　2014.7　204p　22cm　〈発売：星雲社〔東京〕〉　2000円　Ⓘ978-4-434-19484-9　Ⓝ146.8

内容　序論　闇の核心を求めて　第1部 V.ウルフ『ダロウェイ夫人』を中心に　第2部 V.ウルフ『灯台へ』を中心に　第3部 V.ウルフ『歳月』を中心に　第4部　発展研究─創作体験を中心に　資料編

＊"文学と心理学の接点"，すなわちヴァージニア・ウルフの主要作の精緻な読みとフォーカシング指向心理療法を含む体験過程理論の研究実践から導き出された「創作と癒し」の世界。

◇ある作家の日記　ヴァージニア・ウルフ著，神谷美恵子訳　新装版　みすず書房　2015.7　528,6p　20cm　〈索引あり〉　4400円　Ⓘ978-4-622-07931-6　Ⓝ935.7

＊いま読んでいる本，創作過程の実際，本の評判や売上げ，エリオットやフォースターとの交友など，1918年36歳の年から1941年自殺する直前までの日記。死後夫レナードによって文学活動を中心に編纂される。創造の苦しみと楽しみを生き生きと伝える。

ウンゲラー, T. 〔1931～2019〕 Ungerer, Tomi

◇トミ・ウンゲラーと絵本─その人生と作品　今田由香著　町田　玉川大学出版部　2018.8　303p 図版16p 22cm　〈文献あり　著作目録あり　年譜あり　索引あり〉　4200円　Ⓘ978-4-472-40549-5　Ⓝ726.601

内容　はじめに　Expect the Unexpected　予期せぬことを期待せよ　第1部 トミ・ウンゲラーの半生をたどる（ウンゲラーの時計　占領下の子ども　ニューヨークのフランス人　自分の根っこを見つける　ノヴァ・スコシア，そしてヨーロッパへの帰還）　第2部 トミ・ウンゲラーの絵本を論じる（異端者たちの活躍─登場者の選択　ティファニーの秘密─語りの様式　マイノリティの視点─主題と表現　補修された枠─絵と言葉の関係）　資料　おわりに　What is all this for?　まあこれ，どうするの？

＊20年にわたるウンゲラー研究をここに凝縮！ミリオンセラー『すてきな三にんぐみ』を世に送り出した絵本作家の評伝＋絵本論。

【エ】

エアリー, G.B. 〔1801～1892〕 Airy, George Biddell

◇現代天文学史─天体物理学の源流と開拓者たち　小暮智一著　京都　京都大学学術出版会　2015.12　634p　22cm　〈他言語標題：History of Modern Astronomy　文献あり　年表あり　索引あり〉　4900円　Ⓘ978-4-87698-882-2　Ⓝ440.12

内容　第1部 天体分光学（「新天文学」の開幕　星の分光分類とHD星表）　第2部 星の構造と進化論（星の進化論とHR図表　熱核反応と星の進化論）　第3部 銀河天文学と宇宙論（銀河と星雲の世界　銀河系の発見　宇宙論の源流）　第4部 現代天文学へ（日本における天体物理学の黎明　現代天文学への展開）

＊初めて星の化学組成を明らかにしたロンドンのアマチュア天文家ハギンス，太陽をガス体と見なした特許調査官レーン，自作の望遠鏡で天空を探査した音楽家ハーシェル…18世紀末から19世紀中葉にかけて現代天文学の扉を開いた彼らは，いずれも学界に縁のないアマチュア天文家だった。星の位置と運動を対象とする古典天文学から天体の物理学である天体物理学へ，その転換期を担った人々の生涯と研究を軸に，現代天文学の歴史をたどる。

エイケンヘッド, M. 〔1787～1858〕 Aikenhead, Mary

◇ホスピスの母 マザー・エイケンヘッド　ジュニュアル・S・ブレイク著，細野容子監訳，浅田仁子訳　春秋社　2014.7　227p　20cm　〈文献あり　年譜あり〉　2500円　Ⓘ978-4-393-36531-1　Ⓝ198.22339

内容　第1章　幼少期─里親に育てられたコークでの日々　第2章　慈愛の種─シャンドンの鐘の近くで　第3章　貧しい人びとの叫びを聞く　第4章　使命を明確に─「神さま，道をお示しください」　第5章　成長と拡大─駆け出しの修道会　第6章　新たな冒険と先駆けの日々　第7章　混乱期─成長の痛み　第8章　病床からのリーダーシップ─衰弱と苦悩の只中で　第9章　ハロルズ・クロス─「主よ，汝の与えたまいしときは尽きました」　参考資料

＊19世紀アイルランドで，路上で苦しむ病者を救うため貧しい人でも安心してすごせる病院を創立，現代のホスピスに続く道をつくり，ナイチンゲール，シシリー・ソンダースに影響を与えた修道会創始者の非凡なる生涯。"ホスピスケア"の原点へ。

エウクレイデス（アレクサンドリアの）〔紀元前4～3世紀頃〕 Euclidēs

◇ユークリッドの窓─平行線から超空間にいたる幾何学の物語　レナード・ムロディナウ著，青木薫訳　筑摩書房　2015.2　418p　15cm　（ちくま学芸文庫　ム6-1─〔Math ＆ Science〕）〈日本放送出版協会　2003年刊の再刊〉　1400円　Ⓘ978-4-480-09645-6　Ⓝ414.02

内容　第1部 ユークリッドの物語（最初の革命　課税のための幾何学　ほか）　第2部 デカルトの物語（位置の革命　緯度と経度　ほか）　第3部 ガウスの物語（曲がった空間の革命　プトレマイオスの過ち　ほか）　第4部 アインシュタインの物語（光速革命　若き日のマイケルソンとエーテルという概念　ほか）　第5部 ウィッテンの物語（奇妙な革命　シュワーツにしか見えない美しいひも理論　ほか）

＊紀元前の古代ギリシャ。単なる測量術にすぎなかった人類の知恵を，「幾何学」という一つの学問にまで高めた数学者がいた。ユークリッドだ。円と直線の組み合わせで描かれる世界観はその後のものの見方を決定づけ，幾何学に革命が起こるたびに，より深い真実があることが明らかになってきた。ガウスの非ユークリッド幾何学，アインシュタインの相対性理論，そしてウィッテンのひも理論。世界の見方は古代以来変わり続け，数学と物理の深い関係が今，明らかになりつつある。ユークリッ

ドが開いたのは、宇宙の姿を見せてくれる窓だったのだ。『スタートレック』の脚本家が誘う3000年のタイムトラベル。

エウトロピウス〔320頃～4世紀末〕
Eutropius

◇ローマ帝国の東西分裂　南雲泰輔著　岩波書店　2016.3　208,115p　22cm　〈文献あり　索引あり〉　7000円　①978-4-00-002602-4　Ⓝ232.8

[内容]第1章　問題の所在—ローマ帝国の東西分裂をめぐって　第2章　シュンマクス—「永遠の都」ローマ市と食糧供給　第3章　ルフィヌス—新しい「首都」コンスタンティノープル市の官僚の姿　第4章　ルキアノス—帝国東部宮廷における官僚の権力基盤　第5章　エウトロピオス—帝国東部宮廷における宦官権力の確立　第6章　スティリコ—帝国西部宮廷における「蛮族」の武官と皇帝家の倫理　第7章　アラリック—イリュリクム道の分割と帝国の分裂　終章—ローマ帝国の東西分裂とは何か

＊ローマ史上の画期とされる帝国の東西分裂とは、何だったのか。歴史を動かした文武の官僚たちを主人公に、ローマ帝国の解体過程を描き出す。膨大な研究史の洗い直しと緻密な史料分析をふまえて、古代史の大問題に取り組み、新しい歴史像の提示を試みる。

エウメネス（カルディアの）〔362?～316B.C.〕
Eumenes

◇英雄伝　4　プルタルコス著，城江良和訳　京都　京都大学学術出版会　2015.5　573p　20cm　（西洋古典叢書G089）〈布装　付属資料：8p：月報114〉　4600円　①978-4-87698-910-2　Ⓝ283.1

[内容]キモンとルクルス（キモン　ルクルス　キモンとルクルスの比較）　ニキアスとクラッスス（ニキアス　クラッスス　ニキアスとクラッススの比較）　セルトリウスとエウメネス（セルトリウス　エウメネス　セルトリウスとエウメネスの比較）　アゲシラオスとポンペイウス（アゲシラオス　ポンペイウス　アゲシラオスとポンペイウスの比較）

＊アレクサンドロスの書記官エウメネスやローマ共和政末期の政治家ポンペイウスら傑物たちの事績を伝える。

エカチェリーナⅡ〔1729～1796〕
Yekaterina Ⅱ Alekseyevna

◇エカチェリーナ大帝—ある女の肖像　上　ロバート・K.マッシー著，北代美和子訳　白水社　2014.8　396p　20cm　3200円　①978-4-560-08377-2　Ⓝ289.3

[内容]第1部　ドイツの公女（ゾフィーの幼少期　ロシアに呼ばれる　ほか）　第2部　辛い結婚生活（ジューコワ事件　のぞき穴　ほか）　第3部　誘惑、母性、対決（サルトゥイコフ　後継ぎの誕生　ほか）　第4部　「時は来たれり！」（パーニン、オルロフ、そしてエリザヴェータの死　ピョートル三世の短い治世　ほか）

＊才知と野心に満ちた女帝の素顔とは？　生まれはドイツの小公国。わずか14歳で皇妃となるべく大帝国ロシアにやってきた少女は、その強い意志力で

みずからの運命を「皇妃」から「皇帝」へと変えてみせた。ロシア王朝史の重鎮が迫真の筆致で描く、波瀾万丈の歴史絵巻！

◇エカチェリーナ大帝—ある女の肖像　下　ロバート・K.マッシー著，北代美和子訳　白水社　2014.8　423,27p　20cm　〈文献あり　索引あり〉　3300円　①978-4-560-08378-9　Ⓝ289.3

[内容]第5部　ロシアの女帝（戴冠　政府と教会　農奴制　ほか）　第6部　ポチョムキンと寵臣制度（ヴァシーリチコフ　エカチェリーナとポチョムキン—情熱　ポチョムキンの出世　ほか）　第7部　「わが名はエカチェリーナ二世」（エカチェリーナ二世、パーヴェル、ナターリヤ　パーヴェル、マリヤ、継承　ポチョムキン—建設者、そして外交官　ほか）

＊34年にもおよぶ治世とその功罪とは？　芸術・文化に情熱を注ぐ啓蒙君主。ポーランド分割、二度の露土戦争に勝利する独裁者。「愛なしでは生きられない」と次々と寵臣を代える孤独な女。戴冠からその死まで、様々な顔を見せた女帝の真実に、ロシア王朝史の重鎮が迫る！

◇世界史の10人　出口治明著　文藝春秋　2015.10　293p　19cm　〈他言語標題：TEN LEADERS OF WORLD HISTORY　文献あり〉　1400円　①978-4-16-390352-1　Ⓝ280.4

[内容]第1部　世界史のカギはユーラシア大草原にあり（バイバルス—奴隷からスルタンに上りつめた革命児　クビライ—五代目はグローバルなビジネスパーソン　バーブル—新天地インドを目指したベンチャー精神）　第2部　東も西も「五胡十六国」（武則天—「正史」では隠された女帝たちの実力　王安石—生まれるのが早すぎた改革の天才）　第3部　「ゲルマン民族」はいなかった？（アリエノール—「ヨーロッパの祖母」が聴いた子守唄　フェデリーコ二世—ローマ教皇を無視した近代人）　第4部　ヨーロッパはいつ誕生したのか（エリザベス一世—「優柔不断」こそ女王の武器　エカチェリーナ二世—ロシア最強の女帝がみせた胆力　ナポレオン三世—甥っ子は伯父さんを超えられたのか？）

＊人間の脳みそが変わらないかぎり、過去と同じようなことは起こりうる。つまり、歴史は未来の問題の解決に役立つのです。まして、現代のように日本が世界と密接にリンクしていると、「それ、外国であった話でしょう？」とはけっして言えません。将来、何が起こるかは誰にもわからないけれど、世界史は必ず役に立つ。教材は過去にしかないからです。

◇王妃たちの最期の日々　下　ジャン＝クリストフ・ビュイッソン，ジャン・セヴィリア編，神田順子，土居佳代子，山川洋子訳　原書房　2017.4　228p　20cm　2000円　①978-4-562-05386-5　Ⓝ288.493

[内容]11　トリアノンから断頭台へ—マリー＝アントワネット／パリ、一七九三年一〇月一六日　12　息子の復讐—ロシアのエカチェリーナ二世／サンクトペテルブルク、一七九六年一一月六日（太陽暦一一月一七日）　13　皇后の二度の死—ジョゼフィーヌ・ド・ボアルネ／リュエイユ＝マルメゾン、一八一四年五月二九日　14　苦しみつづけ、さまよいつづけた魂の飛翔—オーストリア皇妃エリーザベト（愛称シシィ）／ジュネーヴ、一八九八年九月一〇日　15　一つの時代の終焉—ヴィクトリア女王／ワイト島、オズボーン・ハウス、一九〇一年一月二二日　16　呪われた王

エジソン

妃―ドラガ・オブレノヴィチ/ベオグラード、一九〇三年六月一一日　17 ロマノフ朝最後の皇后の死にいたる苦難の道―アレクサンドラ・フョードロヴナ/エカテリンブルク、一九一八年七月一七日　18 フランス最後の皇后―ウジェニー・ド・モンティジョ/マドリード、一九二〇年七月一一日　19 精神を闇に閉ざされての六〇年―シャルロッテ・フォン・ベルギエン/バウハウト城、一九二七年一月一九日　20 あまりに理不尽な死―ベルギー王妃アストリッド/キュスナハト・アム・リギ、一九三五年八月二九日

＊マリー＝アントワネット、エカチェリーナ2世、ジョゼフィーヌ、エリーザベト（シシ）…信仰心、病魔、処刑台…世界史に大きな影響をあたえたさまざまな人生と運命を描く物語！

◇世界史の10人　出口治明著　文藝春秋　2018.9　322p　16cm　〈文春文庫　て11-1〉　760円　①978-4-16-791146-1　Ⓝ280

|内容|第1部　世界史のカギはユーラシア大草原にあり（バイバルス―奴隷からスルタンに上りつめた革命児　クビライ―五代目はグローバルなビジネスパーソン　ほか）　第2部　東も西も「五胡十六国」（武則天―「正史」では隠された女帝たちの実力　王安石―生まれるのが早すぎた改革の天才　ほか）　第3部　「ゲルマン民族」はいなかった？（アリエノール―「ヨーロッパの祖母」が聴いた子守唄　フェデリーコ二世―ローマ教皇を無視した近代人）　第4部　ヨーロッパはいつ誕生したのか（エリザベス一世―「優柔不断」こそ女王の武器　エカチェリーナ二世―ロシア最強の女帝がみせた胆力　ナポレオン3世―甥っ子は伯父さんを超えられたのか？）

＊未来を見据えるビジネスパーソンこそ歴史に学べ。優れた人物を選ぶ基準は「何を成し遂げたか、何を残したか」という結果責任である。保険業界に「革命」を起こした著者が、世界史の真のリーダー10人を厳選する。従来注目されなかった女性の指導者、ユーラシア大陸を駆け巡った英雄、東西の多彩な人物を語る。

エジソン, T.〔1847～1931〕
Edison, Thomas Alva

◇天才を生んだ孤独な少年期―ダ・ヴィンチからジョブズまで　熊谷高幸著　新曜社　2015.3　222p　20cm　〈文献あり　索引あり〉　1900円　①978-4-7885-1424-9　Ⓝ141.18

|内容|1章　天才と孤独　2章　レオナルド・ダ・ヴィンチ　3章　アイザック・ニュートン　4章　トーマス・アルヴァ・エジソン　5章　夏目漱石　6章　アルベルト・アインシュタイン　7章　スティーブ・ジョブズ　8章　天才と現代

＊天才の少年期には共通する「心の癖」があった。自閉症から日本語まで幅広い視点で研究する著者が、脳科学の発見も取り入れ天才たちの人生をたどりなおす、新しい天才論！

◇大人が読みたいエジソンの話―発明王にはネタ本があった!?　石川憲二著　日刊工業新聞社　2017.3　142p　19cm　〈B&Tブックス〉〈文献あり　年譜あり〉　1200円　①978-4-526-07698-5　Ⓝ289.3

|内容|第1章　「未来へのレール」となった1冊の本（「3カ月で退学」はそんなに大事件だったのか？　シェイクスピアからニュートンまで読んだ子供時代　ほか）　第2章　エジソンのエピソードは疑ってかかれ！（商売上手で多角化に乗り出すエジソン少年　15歳にして車内新聞の編集長兼発行人に　ほか）　第3章　発明家としてのエジソン、実業家としてのエジソン（エジソンは電球だけでなく電気照明システムの完成を目指した　電力システムこそがエジソン最大の「発明」ほか）　第4章　正しく知ろう「エジソンは偉い人」（エジソンの得意分野は、重厚長大ではなく軽薄短小　蓄音機こそがエジソンの理想の発明品　ほか）

＊孤高の天才にあらず、抜群のセンスで発明とビジネスを直結!!

◇エジソン「白熱」のビジネスメンタル　桑原晃弥著　三笠書房　2017.6　238p　19cm　〈文献あり　年譜あり〉　1400円　①978-4-8379-2685-6　Ⓝ159.4

|内容|第1章　圧倒的な成果を生み出す仕事術―好奇心、諦めない強さ、ハードワーク　第2章　アイデアを形にする仕事術―知識欲、読書量、メモ魔　第3章　競争相手に勝つための仕事術―闘争心、折れない心、やり続ける力　第4章　事業を成功させる仕事術―問題意識、先見性、行動力　第5章　相手の心をつかむプレゼンテーション―伝える力、説明力、交渉力　第6章　チームを作る仕事術―育てる力、人を動かす力　第7章　自分を変えるポジティブ思考―鋼のメンタル、前進する勇気

＊最も確実な成功の秘訣は、つねにもう一度だけ試してみることである。偉大なビジョナリー、卓越したプレゼンター、恐るべきハードワーカー、そしてなにより不屈のファイター――一五〇年前の先覚者エジソンの「働き方」

◇自動車王フォードが語るエジソン成功の法則　ヘンリー・フォード, サミュエル・クラウザー著　鈴木雄一監修・訳　新装版　言視舎　2018.5　157p　19cm　〈年譜あり〉　1400円　①978-4-86565-123-2　Ⓝ289.3

|内容|1 エジソンとの出会い　2 少年時代の我が理想の人　3 エジソンがもたらした恩恵　4 実用の意味　5 エジソンの天才　6 発明の方法　7 成功のよろこび　8 あらゆるものへの興味　9 いつ仕事をして、いつ眠るのか　10 書物を超えた教育　11 エジソンの精神は生きていく

＊エジソンはただの発明王ではない。商品化をつねに意識し、実現する起業家・事業家の先駆者だった！　技術大国・日本の再生にいまこそ必要なエジソン＝フォードの発想。

エジル, M.〔1988～〕　Özil, Mesut

◇メスト・エジル自伝　メスト・エジル著, 小林玲子訳　東洋館出版社　2018.6　313p　19cm　（TOYOKAN BOOKS）　1800円　①978-4-491-03537-6　Ⓝ783.47

|内容|ネズミだらけの地下室―僕の子ども時代　メスは要らない、マティアスをくれ―挫折と出会い　地に足をつけて生きる―シャルケユース時代　ドイツとトルコの板挟み―十代の僕が下した大きな決断　プロ一年目で準優勝する―失敗を恐れない　中傷キャンペーン―成功のためのネットワーク作り　プレーメン―ひとりぼっちは買えない　サッカー選手は政治家じゃない―無駄口を叩かず行動で示す　カンフー・ゴールキーパー―逆風のなかのチームの絆　DFBポカール優勝―敗戦を乗りこえ

る〔ほか〕
* 切れ味鋭いドリブル、創造性溢れるパス、そして美しいゴール。"魔法使い"とも称される彼のプレースタイルはいかにして生まれたのか。貧しさ、そして国籍による差別から"フットボール"だけでのし上がった少年時代。夢にまで見たレアル・マドリードでの日々やW杯での激闘、新天地アーセナルへの想い。敬愛する師・ジョゼ・モウリーニョをはじめ、ヨアヒム・レーヴ、アーセン・ヴェンゲルといった名将たちとの交流…。フットボールファン必読の物語がここにある！

エステーブ, M. 〔1904〜2001〕
Estève, Maurice

◇色彩の饗宴—二〇世紀フランスの画家たち 小川栄二著 平凡社 2015.7 325p 図版13p 22cm 〈他言語標題：LA FÊTE DES COULEURS〉 5200円 ①978-4-582-83685-1 Ⓝ723.35

内容 第1章 現代絵画への展望（バルテュス—孤高の絵画愛 デュビュッフェ—現代のプリミティブ、創造の原初から スタール—地中海の光） 第2章 二〇世紀の巨匠たち（ピカソ—"もの"の侵入、色彩の復権 マティス—色彩の悦び ブラック—鳥たちの飛翔） 第3章 色彩と夢と現実（ミロー"自由なる自由"を友に シャガール—オペラ座天井画に見た夢） 第4章 日常性への眼差し（ボナール—絵画への愛、日常への愛 デュフィー海と音楽 レジェ—二〇世紀前衛の"プリミティブ"） 第5章 田園・環境・エコロジー（エステーヴ—華やぐ大地 ビシエール—現代の牧歌）

* なぜあの名画は生まれたのだろうか？ピカソ、ミロ、シャガールからバルテュスまで現代フランス絵画を色彩豊かにいろどる13人の画家たちのその生涯を振り返り、知られざる素顔に迫る。

エックハルト, M. 〔1260頃〜1328頃〕
Eckhart, Meister

◇キリスト教の主要神学者 上 テルトゥリアヌスからカルヴァンまで F.W.グラーフ編, 片柳榮一監訳 教文館 2014.8 360,5p 21cm 3900円 ①978-4-7642-7383-2 Ⓝ191.028

内容 マルキオン（八五頃・一六〇頃） カルタゴのテルトゥリアヌス（二/三世紀） オリゲネス（一八五/一八六・二五四） ニュッサのグレゴリオス（三四〇頃・三九四以後） アウグスティヌス（三五四・四三〇） カンタベリーのアンセルムス（一〇三三/一〇三四・一一〇九） クレルヴォーのベルナール（一〇九〇・一一五三） トマス・アクィナス（一二二四/一二二五・一二七四） マイスター・エックハルト（一二六〇頃・一三二八） ヨハネス・ドゥンス・スコトゥス（一二六五/一二六六・一三〇八） ロベルト・ベラルミーノ（一五四二・一六二一）

* 多彩にして曲折に富む2000年の神学史の中で、特に異彩を放つ古典的代表者を精選し、彼らの生涯・著作・影響を通して神学の争点と全体像を描き出す野心的試み。正統と異端が織り成すダイナミズムによって生まれた神学の魅力と核心を、第一級の研究者が描き出す。上巻では古代から宗教改革期に活躍した16名の神学者を紹介する。

エディー, M.B. 〔1821〜1910〕
Eddy, Mary Baker

◇列伝アメリカ史 松尾弌之著 大修館書店 2017.6 309p 20cm 〈他言語標題：Movers in American History 年表あり 索引あり〉 2300円 ①978-4-469-24605-6 Ⓝ285.3

内容 ポカホンタス—征服された新天地の象徴 アン・ハッチンソン—異議申し立ての系譜 トマス・ジェファソン—アメリカ独立宣言の起草者 ハリエット・タブマン—逃亡奴隷に居場所を用意した女性 メリー・B.エディー—金ぴか時代の治癒方法 ジョン・D.ロックフェラー—豊かなアメリカを作りあげた"強盗貴族" セオドア・ローズベルト—二〇世紀を形作くった大統領 チャールズ・A.リンドバーグ—機械と共存した英雄 フランクリン・D.ローズベルト—パックス・アメリカーナをもたらした大統領 チャーリー・チャップリン—繁栄の時代の反逆児 ジョン・F.ケネディ—期待に満ちた時代の若い大統領 ベティ・フリーダン—対抗文化運動のうねり リチャード・M.ニクソン—多様性の時代に立ち向かった大統領 バラク・H.オバマ—希望を信じ忍耐を貫いた黒人大統領 ドナルド・J.トランプ—人民の人民による人民のための政治

* ポカホンタスからトランプまで。時代に影響を与えた人々の人生の物語を通していきいきと描く魅力あふれるアメリカ史。

エディントン, A.S. 〔1882〜1944〕
Eddington, Arthur Stanley

◇現代天文学史—天体物理学の源流と開拓者たち 小暮智一著 京都 京都大学学術出版会 2015.12 634p 22cm 〈他言語標題：History of Modern Astronomy 文献あり 年表あり 索引あり〉 4900円 ①978-4-87698-882-2 Ⓝ440.12

内容 第1部 天体分光学（「新天文学」の開幕 星の分光分類とHD星表） 第2部 星の構造と進化論（星の進化論とHR図表 熱核反応と星の進化論） 第3部 銀河天文学と宇宙論（銀河と星雲の世界 銀河系の発見 宇宙論の源流） 第4部 現代天文学（日本における天体物理学の黎明 現代天文学への展開）

* 初めて星の化学組成を明らかにしたロンドンのアマチュア天文家ハギンス、太陽をガス体とみなした特許調査官レーン、自作の望遠鏡で天空を探査した音楽家ハーシェル…18世紀末から19世紀中葉にかけて現代天文学の扉を開いた彼らは、いずれも星や宇宙に縁のないアマチュア天文家だった。星の位置と運動を対象とする古典天文学から天体の物理的構造を探る天体物理学へ、その転換期を担った人々の生涯と研究を軸に、現代天文学の歴史をたどる。

◇宇宙を見た人たち—現代天文学入門 二間瀬敏史著 海鳴社 2017.10 270p 19cm 1800円 ①978-4-87525-335-8 Ⓝ440.28

内容 第1部 天文学に強力な"道具箱"を提供した観測家たち（ヘンリエッタ・スワン・リービット—宇宙の"物差し"を見つけた"ハーバード・コンピューターズ"の才媛 ジョージ・ヘール—巨大望遠鏡時代に道を拓く ほか） 第2部 科学的宇宙論の開拓者たち（アルベルト・アインシュタイン—現代宇宙論の開拓者 カール・シュヴァルツシルト—塹壕で重力場方

程式の解を発見 ほか）　第3部 天文学を豊かにした人びと（クライド・トンボー―新しい太陽系領域に挑んだ人　アーサー・エディントン―恒星天文学の父 ほか）　第4部 "観測の窓"拡大に情熱を傾けた人びと（カール・ジャンスキー―電波天文学の生みの親　早川幸男―戦後の焼け跡で"全波長天文学"への道を敷く ほか）

＊宇宙は、ブラックホール、超新星爆発、暗黒物質、暗黒エネルギーなど、さまざまな"魔物"や不可思議な現象の存在なしには考えられない。この驚天動地の現代天文学の歴史を築いてきた巨人たち―その活躍を、時代背景・生い立ち・人柄などを交え、いきいきと伝える。

エドワードⅧ〔1894〜1972〕Edward Ⅷ

◇イギリス王室とメディア―エドワード大衆王とその時代　水谷三公著　文藝春秋　2015.10　398p　16cm　〈文春学藝ライブラリー―歴史19〉〈筑摩書房 1995年刊の再刊〉　1320円　①978-4-16-813055-7　Ⓝ288.4933

内容　メディアの祭壇―ジョージ五世の「尊厳死」　第1部 ジョージ五世のメディア（王室のタイムズ　ラジオの王室）　第2部 エドワード「大衆王」（空飛ぶ王様　国王最善の時　「新聞がつくり、新聞が壊す」　追われる大衆王）　玉座のピーター・パン

＊二十世紀イギリス王室は二つのスキャンダルに襲われた。安楽死を選んだジョージ五世、そしてその王位を譲り受けたエドワード八世はシンプソン夫人との恋に落ち、一年足らずで王位を退いた。この二つの事件は、それぞれラジオや新聞で大きく報道されたが、そこには大衆化という時代の大変革との葛藤があった。歴史の闇に埋もれた暗闘を描き出す迫真の歴史ドキュメント！

エーネス, J.〔1976〜〕Ehnes, James

◇偉大なるヴァイオリニストたち 2　チョン・キョンファから五嶋みどり、ヒラリー・ハーンまで　ジャン＝ミシェル・モルク著　神奈川夏子訳　ヤマハミュージックメディア　2017.4　356,8p　21cm　〈文献あり〉　3400円　①978-4-636-92333-9　Ⓝ762.8

内容　ボリス・ベルキン　チョン・キョンファ　ピンカス・ズーカーマン　オーギュスタン・デュメイ　ピエール・アモイヤル　ドミトリ・シトコヴェツキー　ナイジェル・ケネディ　シュロモ・ミンツ　ヴィクトリア・ムローヴァ　チョーリャン・リン〔ほか〕

＊外科医でもある筆者による桁外れに鋭い考察に基づく評伝集。使用楽器や練習法などはもちろん、デビューの裏側や生い立ち、家族関係などに迫り、素顔を描き出す。歴史的名演を収録したCD‐ROM付き。

エパミノンダス

⇒エパメイノンダス を見よ

エパメイノンダス〔420?〜362B.C.〕Epaminondas

◇新書 英雄伝―戦史に輝く将星たち　有坂純著　学研教育出版　2015.10　407p　19cm　〈文献あり　発売：学研マーケティング〉　1600円　①978-4-05-406350-1　Ⓝ283

内容　ペルシア戦争を起こした男―アリスタゴラス伝　わが故郷は遙か―ディオニュシオス伝　われら死にきと―レオニダス伝　サラミスよ、汝は女の産める子らを滅ぼさん―テミストクレス伝　賞金首女王―アルテミシア一世伝　三つの問い―エパメイノンダス伝　偉大なる敵―ハンニバル伝　オリュンポスの落日―アエミリウス・パウルス伝　賽は投げられた―ユリウス・カエサル伝　帝国の夢―ゼノビア女王伝　疾風―衛青・霍去病伝　戦いは、まだ始まっていない―ジョン・ポール＝ジョーンズ伝　第一級の戦士―ダヴー元帥伝

＊かつて雑誌『タクテクス』（ホビージャパン刊）で熱狂的に支持された伝説の連載が、待望の単行本化！古代ギリシアからナポレオン時代まであまたの英傑が生き生きと甦る！

エピクロス〔341〜270B.C.〕Epicurus

◇エピクロスとストア　堀田彰著　新装版　清水書院　2014.9　245p　19cm　〈Century Books 一人と思想 83〉〈文献あり　著作目録あり　年譜あり　索引あり〉　1000円　①978-4-389-42083-3　Ⓝ131.6

内容　1 エピクロスの生涯と著作（エピクロスの生涯　エピクロスの著作）　2 エピクロスの思想（規準論（知識論）　自然学　倫理学）　3 ゼノンの生涯とストアの著作（ゼノンの生涯　ストアの著作）　4 ストアの思想（知識論　自然学　倫理学）

エピック, E.J.〔1893〜1985〕Öpik, Ernst Julius

◇現代天文学史―天体物理学の源流と開拓者たち　小暮智一著　京都　京都大学学術出版会　2015.12　634p　22cm　〈他言語標題：History of Modern Astronomy　文献あり　年表あり　索引あり〉　4900円　①978-4-87698-882-2　Ⓝ440.12

内容　第1部 天体分光学（「新天文学」の開幕　星の分光分類とHD星表）　第2部 星の構造と進化論（星の進化論とHR図表　熱核反応と星の進化）　第3部 銀河天文学と宇宙論（銀河と星雲の世界　銀河系の発見　宇宙論の源流）　第4部 現代天文学へ（日本における天体物理学の黎明　現代天文学への展開）

＊初めて星の化学組成を明らかにしたロンドンのアマチュア天文家ハギンス、太陽をガス星と見なした特許調査官レーン、自作の望遠鏡で天空を探査した音楽家ハーシェル…18世紀末から19世紀中葉にかけて現代天文学の扉を開いた彼らは、いずれも学界に縁のないアマチュア天文家だった。星の位置と運動を対象とする古典天文学から天体の物理的構造を探る天体物理学へ、その転換期を担った人々の生涯と研究を軸に、現代天文学の歴史をたどる。

エプスタイン, B.S.〔1934〜1967〕Epstein, Brian Samuel

◇ザ・フィフスビートル―ブライアン・エプスタインストーリー　ヴィヴェック・J・ティワリーライター，アンドルー・C・ロビンソンほか

アーティスト．奥田祐士訳　ジュリアンパブリッシング　2015.7　158p　26cm　2200円　①978-4-86457-225-5　Ⓝ726.1

*1961年、27歳のブライアン・エプスタインは暗いリヴァプールの地下室に入り、無名のロック・バンドの演奏を見た。そしてそこから世界は変わってしまった。今まで明かされることのなかったビートルズのマネージャーの真実の物語。2014年アイズナー賞最優秀ノンフィクション部門受賞作　2014年ハーベイ賞最優秀グラフィックノベル・伝記・歴史部門受賞作『ロックの殿堂』所蔵作。

エブラヒム, Z. 〔1983〜〕 Ebrahim, Zak

◇テロリストの息子　ザック・エブラヒム，ジェフ・ジャイルズ著，佐久間裕美子訳　朝日出版社　2015.12　185p　19cm　（TEDブックス）　1200円　①978-4-255-00895-0　Ⓝ936

内容 1990年11月5日、ニュージャージー州クリフサイドパーク　現在　1981年、ペンシルベニア州ピッツバーグ　1986年、ニュージャージー州ジャージーシティ　1991年1月、ニューヨーク市ライカーズ島刑務所　1991年12月21日、マンハッタン・ニューヨーク州高位裁判所　1993年2月26日、ニュージャージー州ジャージーシティ　1996年4月、テネシー州メンフィス　1998年12月、エジプト・アレクサンドリア　1999年7月、ペンシルベニア州フィラデルフィア　エピローグ

*ジハードを唱えるようになった父親が殺人を犯したとき、その息子はまだ7歳だった。1993年、投獄中の父はNY世界貿易センターの爆破に手を染める。家族を襲う、迫害と差別と分裂の危機。しかし、狂気と憎悪が連鎖するテニスの道を、彼は選ばなかった。共感と平和と非暴力の道を自ら選択した、テロリストの息子の実話。全米図書館協会アレックス賞受賞。

エムデン, J.R. 〔1862〜1940〕 Emden, Jacob Robert

◇現代天文学史―天体物理学の源流と開拓者たち　小暮智一著　京都　京都大学学術出版会　2015.12　634p　22cm　〈他言語標題：History of Modern Astronomy　文献あり　年表あり　索引あり〉　4900円　①978-4-87698-882-2　Ⓝ440.12

内容 第1部　天体分光学（「新天文学」の開幕　星の分光分類とHD星表）　第2部　星の構造と進化論（星の進化論とHR図表　熱核反応と星の進化論）　第3部　銀河天文学と宇宙論（銀河と星雲の世界　銀河系の発見　宇宙論の源流）　第4部　現代天文学へ（日本における天体物理学の黎明　現代天文学への展開）

*初めて星の化学組成を明らかにしたロンドンのアマチュア天文家ハギンス、太陽をガス球と見なした特許調査官レーン、自作の望遠鏡で天空を探査した音楽家ハーシェル…18世紀末から19世紀中葉にかけて現代天文学の扉を開いた彼らは、いずれも学界に縁のないアマチュア天文家だった。星の位置と運動を対象とする古典天文学から天体の物理的構造を探る天体物理学へ、その転換期を担った人々の生涯と研究を軸に、現代天文学の歴史をたどる。

エムバペ, K. 〔1998〜〕 Mbappé, Kylian

◇エムバペ―19歳で世界を獲った男　ルーカ・カイオーリ，シリル・コロー著，タカ大丸訳　扶桑社　2018.10　270p　19cm　1600円　①978-4-594-08073-0　Ⓝ783.47

内容 天才少年が生まれた日　どんなことも可能にする街　「僕らもサッカーがしたい」5歳のフットボーラー宣言　スカウト合戦、開始！　未来を見据えた親子の決断　ASモナコ―楽園の中の地獄!?　ティエリ・アンリより上か？　1998年世代と共につかんだ栄光　ピッチに立ちたい！―交差する父子の思い　「昨日より何かがよくなった自分になる」〔ほか〕

*ジダンやクリスティアーノ・ロナウドがアイドルだった少年は、いかにして世界の頂点に上り詰めたのか？　これから世界のサッカー界は、この男を中心に回る！　2018年ロシアW杯で世界に衝撃を与えた、フランスが生んだ新世代スターの成功の軌跡。酒井宏樹選手インタビュー収録。

エラスムス, D. 〔1469〜1536〕 Erasmus, Desiderius

◇キリスト教的学識者―宗教改革時代を中心に　E.H.ハービソン著，根占献一監訳，大川なつか，高津秀之，高津美和訳　知泉書館　2015.2　231, 24p　20cm　（〔ルネサンス叢書〕）〈布装　索引あり〉　3000円　①978-4-86285-205-2　Ⓝ191.028

内容 第1章　キリスト教的召命としての学問―ヒエロニムスからアクィナスまで（キリスト教的学識者の召命　ヒエロニムス、アウグスティヌス、ピエール・アベラール、トマス・アクィナス）　第2章　学芸復興（ルネサンス）―ペトラルカからコレットまで（学芸復興（ルネサンス）とキリスト教的学識者　ペトラルカ、ロレンツォ・ヴァッラ、ジョヴァンニ・ピーコ・デッラ・ミランドラ、ジョン・コレット）　第3章　エラスムス　第4章　ルター　第5章　カルヴァン

*聖書では知恵（学識）は信仰の障害物になると語られ、反主知主義の伝統的潮流が存在する。キリスト教徒にとっての学問とは何か。宗教改革は聖書の意味に対する学者の洞察に始まり、それは学識者の運動、大学教授や学生による出来事、学者による革命となった。歴史上、エラスムス、ルター、カルヴァンに代表されるこの時代ほどキリスト教的学識者の威信が高まり強い影響力をもったことはない。人々の学ぶ熱意や、学問に対する尊敬と信頼が広まったのである。本書は彼らに影響を与えた先駆者の検討を通じて、彼らがいかにその使命を天職として感得し、学問への情熱とキリスト教信仰を一致させたか、キリスト教の発展に与えた影響など、今まで神学者や歴史家が軽視してきたテーマに独自の光を投じた。著者は「アテネとエルサレム、アカデミーと教会とは何の関係があるのか？」という問いから、古代の教父学者ヒエロニムスとアウグスティヌス、中世の神学者アベラールとトマス・アクィナス、ルネサンス人文主義者ペトラルカとピーコたちの業績と、宗教改革期の学識者を有機的に関連づけて考察することにより、キリスト教とギリシア・ローマ文化の微妙な折衝を見事に描く。類のない基本的文献である。

◇エラスムス=トマス・モア往復書簡　エラス

ス，トマス・モア著，沓掛良彦，高田康成訳　岩波書店　2015.6　442,4p　15cm　〈岩波文庫 33-612-3〉〈年譜あり　索引あり〉　1080円　①978-4-00-336123-8　Ⓝ132.6

＊『痴愚神礼讃』のエラスムスと『ユートピア』のトマス・モア―。その固い友情がのちに伝説化されるまでになった二人の往復書簡全五十通から、十六世紀ヨーロッパにおける知識人の交流・活動の様子や政局を読む。ルネサンスと宗教改革を内側から語る貴重な証言。

◇エラスムス　斎藤美洲著　新装版　清水書院　2015.9　186p　19cm　（Century Books―人と思想 62）〈文献あり　年譜あり　索引あり〉　1000円　①978-4-389-42062-8　Ⓝ132.6

内容　1 青年時代―古典の好きな修道士（ヨーロッパという世界　エラスムスの誕生　ラテン語教師　新しい神学への道）　2 壮年時代―代表的なクリスチャン・ヒューマニスト（著述家エラスムス　『痴愚神礼賛』『ユリウスのラッパ』　ヨーロッパ・キリスト教国の大学者　宗教改革・ルターとエラスムス）　3 晩年―孤立する静観者（バーゼルにおけるエラスムス　終焉　エラスムスの人間像）

◇宗教改革の人間群像―エラスムスの往復書簡から　木ノ脇悦郎著　新教出版社　2017.4　275p　20cm　〈索引あり〉　3000円　①978-4-400-22727-4　Ⓝ230.52

内容　第1章 メランヒトンとエラスムス　第2章 エコランパディウスとエラスムス　第3章 フランソワ1世とエラスムス　第4章 ヘンリー8世とエラスムス　第5章 レオ10世とエラスムス　第6章 クレメンス7世とエラスムス　第7章 エックとエラスムス　第8章 ベダとエラスムス　終章 まとめに代えて

＊エラスムスは『痴愚神礼讃』において当時の支配層と教会を痛烈に諷刺し、また新約聖書のギリシア語本文を初めて校訂するなど宗教改革運動に大きく寄与したが、自由意志論をめぐってルターと対立、後に改革陣営から絶縁される16世紀最大の人文学者である。彼はまた偉大な文通者でもあった。往復書簡から浮かび上がる、当時の改革者たちの人間群像。

エリアス, N. 〔1897～1990〕 Elias, Norbert

◇エリアス回想録　ノルベルト・エリアス著，大平章訳　法政大学出版局　2017.10　299,8p　20cm　（叢書・ウニベルシタス 1069）〈文献あり　年譜あり　索引あり〉　3400円　①978-4-588-01069-9　Ⓝ289.3

内容　第1部 ノルベルト・エリアスとの伝記的インタビュー　第2部 人生の記録（学問が私に教えてくれたこと　アルフレート・ウェーバーとカール・マンハイム　定着者・部外者関係の一部としてのユダヤ人についての感想　遅すぎるのか、あるいは早すぎるのか―過程社会学もしくは形態社会学の状況）

＊エリアスがその半生を率直な言葉で語ったロング・インタビューと、社会学に対する自身の姿勢をさまざまな角度から綴った自伝的エッセイを収める回想録。大戦期にはユダヤ系ドイツ人として亡命を重ね、学問の路を幾度となく妨げられながらも、生涯にわたり文明化と暴力の関係を問い続けた社会学の革新者エリアスの人間像が明かされる。

◇ノルベルト・エリアスの全体像―フィギュレーション理論の探究　大平章著　成文堂　2018.5　311p　22cm　〈文献あり　索引あり〉　7000円　①978-4-7923-3375-1　Ⓝ361.234

内容　第1章 ノルベルト・エリアス―『文明化の過程』について　第2章 宮廷社会論―社会学のモデルとしての宮廷社会　第3章 エリアスの社会学理論の重要性―フィギュレーション理論の探究　第4章 『定着者と部外者』におけるノルベルト・エリアスの理論的革新性　第5章 スポーツ社会学者としてのエリアス　第6章 ノルベルト・エリアスとモーツァルト―若き音楽家の肖像　第7章 『シンボルの理論』の社会学的意義―時間・言語・知識・音楽・科学　第8章 『死にゆく者の孤独』について―死と老齢化の社会学　第9章 『ドイツ人論』におけるエリアスの社会学者としての立場―非文明化の過程とナチズムの出現

エリアーデ, M. 〔1907～1986〕 Eliade, Mircea

◇エリアーデ＝クリアーヌ往復書簡―1972-1986　ミルチャ・エリアーデ，ヨアン・ペトル・クリアーヌ著，ダン・ペトレスク，テレザ・クリアーヌ＝ペトレスク編，佐々木啓，奥山史亮訳　慶應義塾大学出版会　2015.8　199,17p　22cm　〈著作目録あり　年譜あり　索引あり〉　5500円　①978-4-7664-2247-4　Ⓝ289.3

＊20世紀に新生した"宗教学"を代表する2人が1972年から86年にわたり交わした111通の往復書簡―。ルーマニア人亡命者、宗教学者、小説家、師弟、そして友として、親しみ溢れる筆致で交わした魂の対話。

エリオット, G. 〔1819～1880〕 Eliot, George

◇評伝―ジョージ・エリオット　ナンシー・ヘンリー著，内田能嗣，小野ゆき子，会田瑞枝訳　英宝社　2014.6　251p　20cm　〈文献あり　索引あり〉　3000円　①978-4-269-82040-1　Ⓝ930.268

◇あなたの人生の意味―先人に学ぶ「惜しまれる生き方」　デイヴィッド・ブルックス著，夏目大訳　早川書房　2017.1　478p　19cm　2300円　①978-4-15-209666-1　Ⓝ159

内容　第1章 大きな時代の変化　第2章 天職―フランシス・パーキンズ　第3章 克己―ドワイト・アイゼンハワー　第4章 闘いの人生―ドロシー・デイ　第5章 自制心―ジョージ・マーシャル　第6章 人間の品位―ランドルフとラスティン　第7章 愛―ジョージ・エリオット　第8章 神の愛―アウグスティヌス　第9章 自己省察―サミュエル・ジョンソンとモンテーニュ　第10章 大きい私

＊人間には2種類の美徳がある。「履歴書向きの美徳」と「追悼文向きの美徳」だ。つまり、履歴書に書ける経歴と、葬儀で偲ばれる故人の人柄。生きる上ではどちらも大切だが、私たちはつい、前者ばかりを考えて生きてはいないだろうか？ ベストセラー『あなたの人生の科学』で知られる『ニューヨーク・タイムズ』のコラムニストが、アイゼンハワーからモンテーニュまで、さまざまな人生を歩んだ10人の生涯を通じて、現代人が忘れている

エリオット, George〔1819〜1880〕 Eliot, George

◇回想録—ヨーロッパめぐり　ジョージ・エリオット著，冨田成子訳　彩流社　2018.9　310p　20cm　〈他言語標題：Recollections by George Eliot　文献あり〉　3000円　Ⓘ978-4-7791-2520-1　Ⓝ935.6

内容　序—ジョージ・エリオットと旅　ワイマール——一八五四年　ベルリン——一八五四〜五五年　イルフラクーム——一八五六年　シリー諸島からジャージー——一八五七年　ミュンヘンからドレスデンへの旅——一八五八年　イタリア——一八六〇年

＊ヴィクトリア朝きっての知性派作家とめぐるヨーロッパ！　当代随一の文化人らとの交流、美術館探訪、旅先での暮らしなど、ジョージ・エリオットが端々しい感性と、深い教養に裏打ちされた観察眼の鋭さで綴った魅力溢れるエッセイ。

エリオット, J.H.〔1930〜〕 Elliott, John Huxtable

◇歴史ができるまで—トランスナショナル・ヒストリーの方法　J.H.エリオット著，立石博高，竹下和亮訳　岩波書店　2017.5　256p　19cm　（岩波現代全書　102）　2500円　Ⓘ978-4-00-029202-3　Ⓝ201.2

内容　第1章　外国史を学ぶ—なぜスペインなのか　第2章　ナショナル・ヒストリーとトランスナショナル・ヒストリー　第3章　政治史と伝記の可能性　第4章　帝国の興亡—スペインは本当に「衰退」したのか　第5章　芸術と文化の歴史　第6章　新たな比較史のために　第7章　さらに深く、さらに大きく

＊歴史の記述が創り出されるとき、歴史家は何を考え、どんな作業を行うのか。著者が熱望する西洋近世史研究を半世紀以上にわたって牽引してきた英国の代表的歴史家であり、その論著は比較史・政治史・文化史・衰退論など、さまざまな分野に拡がる。本書でこの碩学は、戦後の研究史を概観しつつ自らの研究の制作過程を方法論的に振り返る。一人の歴史家の研究史をたどることで、近世そのものの諸相と近世研究の特質が浮かび上がる自伝的省察。

エリオット, T.S.〔1888〜1965〕 Eliot, Thomas Stearns

◇T・S・エリオット　德永暢三著　新装版　清水書院　2014.9　257p　19cm　（Century Books　人と思想　102）〈文献あり　年譜あり　索引あり〉　1000円　Ⓘ978-4-389-42102-1　Ⓝ931.7

内容　1　T・S・エリオットの生涯（出発—幼時の風土、ハーヴァード大学　イギリスへ渡る—詩人としての出発　英国国教会に入信　ヴィヴィエンと別居—『四つの四重奏』ヴィヴィエンの死、ノーベル賞、劇作　再婚、晩年）　2　T・S・エリオットの詩とその思想（「J・アルフレッド・プルーフロックの恋歌」「荒地」「四つの四重奏」）　3　T・S・エリオットの思想的特徴（異神を求めて　キリスト教観　エリオットの批評用語）

エリクソン, E.H.〔1902〜1994〕 Erikson, Erik Homburger

◇精神分析家の生涯と理論—連続講義　大阪精神分析セミナー運営委員会編　岩崎学術出版社　2018.7　367p　21cm　3800円　Ⓘ978-4-7533-1138-5　Ⓝ146.1

内容　第1講　フロイト—その生涯と精神分析（福本修述）　第2講　アンナ・フロイト—その生涯と児童分析（中村留貴子述）　第3講　エリクソン—その生涯とライフサイクル論（鑪幹八郎述）　第4講　クライン—その生涯と創造性（飛谷渉述）　第5講　ウィニコット—児童精神科医であるとともに精神分析家であること（舘直彦述）　第6講　ビオン—夢想すること・思索すること（松木邦裕述）　第7講　サリヴァン—その生涯と対人関係論（横井公一述）　第8講　コフート—その生涯と自己心理学、その先に彼が見たもの（富樫公一述）　第9講　間主観性理論・関係精神分析と米国の精神分析（吾妻壮述）　特別対談「精神分析を生きること」（狩野力八郎、松木邦裕述）

エリクソン, G. Erickson, Gary

◇レイジング・ザ・バー—妥協しない物つくりの成功物語　ゲーリー・エリクソン著，ルイス・ロレンツェン共著，谷克二訳　エイアンドエフ　2014.5　407p　20cm　2600円　Ⓘ978-4-9907065-1-7　Ⓝ588.3

内容　プロローグ　第1章　彼らを送り返そう—なぜ私は6000万ドルのオファーを拒否したのか　第2章　公現祭のライド—クリフ・バーの初期の時代　第3章　彷徨えるボートクリフを正常なコースにもどす　第4章　白い道/赤い道—修業時代とビジネスのための哲学　第5章　道からの物語—9つの物語とラブストーリー　第6章　単独登攀—長距離でコントロールを維持するということ　第7章　会社を維持するということ—私が熱望する5つのビジネスモデル　第8章　魔法の時—ビジネスにおけるジャズ

＊人間洞察とスリルに満ちた、これは最高のビジネス・アドベンチャー物語だ。サイクリングとクライミングとジャズを愛する一人の爽やかな青年が、失敗も包みかくさず述べながら、エネルギー・バー（栄養補給食品）で全米No.1起業家となるまでの半生を描く。それはM&Aの誘惑を断つことから始まった。

エリザベスⅠ〔1533〜1603〕 Elizabeth Ⅰ

◇エリザベス女王—女王を支えた側近たち　青木道彦著　山川出版社　2014.10　88p　21cm　（世界史リブレット人　51）〈文献あり　年表あり〉　800円　Ⓘ978-4-634-35051-9　Ⓝ289.3

内容　テューダー朝の成立と新旧両教の対立　1　エリザベスの即位と新教復帰　2　アルマダ戦争　3　国教会とピューリタンや旧教徒の対立　4　十六世紀イングランドの盛衰

＊複雑なヨーロッパの国際関係と、国内の新旧両教徒の激しい対立のなかでイングランドの女王として君臨したエリザベス1世。窮地に追い込まれそうな場で女王を助けたのは有能な側近たちであった。エリザベスは極めて強い個性をもつ人物であるとともに、家臣の特性を見抜き、たくみに使いこなす点で非常に優れた才能を有していたのである。無

エリサヘス

敵艦隊を破り、大英帝国への道を幕開けた女王と側近たちの動向をたどってみよう。

◇世界史の10人　出口治明著　文藝春秋　2015.10　293p　19cm　〈他言語標題：TEN LEADERS OF WORLD HISTORY　文献あり〉　1400円　①978-4-16-390352-1　Ⓝ280.4

|内容|第1部 世界史のカギはユーラシア大草原にあり（バイバルス―奴隷からスルタンに上りつめた革命児　クビライ―五代目はグローバルなビジネスパーソン　バーブル―新天地インドを目指したベンチャー精神）　第2部 東も西も「五胡十六国」（武則天―「正史」では隠された女帝たちの実力　王安石―生まれるのが早すぎた改革の天才）　第3部 「ゲルマン民族」はいなかった？（アリエノール―「ヨーロッパの祖母」が聴いた子守唄　フェデリーコ二世―ローマ教皇を無視した近代人）　第4部 ヨーロッパはいつ誕生したのか（エリザベス一世―「優柔不断」こそ女王の武器　エカチェリーナ二世―ロシア最強の女帝がみせた胆力　ナポレオン3世―甥っ子は伯父さんを超えられたのか？）

＊人間の脳みそが変わらないかぎり、過去と同じようなことは起こりうる。つまり、歴史は未来の問題の解決に役立つのです。まして、現代のように日本が世界と密接にリンクしていると、「それ、外国であった話でしょう？」とはけっして言えません。将来、何が起こるかは誰にもわからないけれど、世界史は必ず役に立つ。教材は過去にしかないからです。

◇シェイクスピアの面白さ　中野好夫著　講談社　2017.10　252p　16cm　〈講談社文芸文庫　なC2）〈新潮社 1967年刊の再刊　著作目録・年譜あり〉　1500円　①978-4-06-290362-2　Ⓝ932.5

＊木下順二、丸谷才一らが師事した英文学者にして名翻訳家として知られる著者が、シェイクスピアの芝居としての魅力を縦横に書き尽くした名エッセイ。人間心理の裏の裏まで読み切り、青天井の劇場の特徴を生かした作劇、イギリス・ルネサンスを花開かせた稀代の女王エリザベス一世の生い立ちと世相から、シェイクスピアの謎に満ちた生涯が浮かび上がる。毎日出版文化賞受賞。

◇グロリアーナの祝祭―エリザベス一世の文学的表象　竹村はるみ著　研究社　2018.8　403p　22cm　〈文献あり　索引あり〉　4800円　①978-4-327-47236-8　Ⓝ930.25

|内容|序章 「エリザベス崇拝」という神話　第1章 女王であることの困難　第2章 求愛の政治学　第3章 女王陛下のやんごとなき娯楽　第4章 女王の最後の結婚交渉とレスター・サークルの反撃　第5章 ロマンシング・イングランド―エリザベス朝の騎士道ロマンスブーム　第6章 芝居小屋の女王様　第7章 疲弊する王権と不満の詩学　終章 祭りの喧噪から文学は生まれる

＊「栄光の女王」と称えられ、ルネサンス期イングランドに空前絶後の女王ブームを巻き起こしたエリザベス一世の表象を分析し、文学と祝祭を両輪とするこの時代特有の精神風土を浮かび上がらせる。歴史学研究と文学研究を有機的に融合した第一級の研究書。

◇世界史の10人　出口治明著　文藝春秋　2018.9　322p　16cm　〈文春文庫　て11-1）　760円　①978-4-16-791146-1　Ⓝ280

|内容|第1部 世界史のカギはユーラシア大草原にあり（バイバルス―奴隷からスルタンに上りつめた革命児　クビライ―五代目はグローバルなビジネスパーソン　ほか）　第2部 東も西も「五胡十六国」（武則天―「正史」では隠された女帝たちの実力　王安石―生まれるのが早すぎた改革の天才）　第3部 「ゲルマン民族」はいなかった？（アリエノール―「ヨーロッパの祖母」が聴いた子守唄　フェデリーコ二世―ローマ教皇を無視した近代人）　第4部 ヨーロッパはいつ誕生したのか（エリザベス一世―「優柔不断」こそ女王の武器　エカチェリーナ二世―ロシア最強の女帝がみせた胆力　ナポレオン3世―甥っ子は伯父さんを超えられたのか？）

＊未来を見据えるビジネスパーソンこそ歴史に学べ。優れた人物を選ぶ基準は「何を成し遂げたか、何を残したか」という結果責任である。保険業界に「革命」を起こした著者が、世界史の真のリーダー10人を厳選する。従来注目されなかった女性の指導者、ユーラシア大陸を駆け巡った英雄、東西の多彩な人物を語る。

エリザベスⅡ〔1926～〕　Elizabeth Ⅱ

◇イギリス王室 愛と裏切りの真実―エリザベス女王とダイアナ元妃からキャサリン妃まで　渡邉みどり著　主婦と生活社　2016.8　191p　19cm　〈年表あり〉　1300円　①978-4-391-14869-5　Ⓝ288.4933

|内容|エリザベス女王、カミラ夫人、キャサリン妃　ジョージ6世とエリザベス王妃　エリザベス女王とフィリップ王子　女王エリザベス2世とエディンバラ公　マーガレット王女の悲劇　ウィンザー王家20世紀の事件簿　ダイアナとチャールズ皇太子　王室の試練、90年代は悪い年　ウィリアム王子とキャサリン妃　メディアと王室　終章エピローグ―赦しの女王

＊女王90歳、ダイアナ妃が亡くなって20年。ささやかれる「スキップ・ジェネレーション」の噂。母として王族として懸命に生き、ほんとうの愛を求めて闘ってきた女性たちの物語。

◇女王陛下のお愉しみ―競馬はいかにエリザベス女王を虜にしたか　ジュリアン・マスカット著，合田直訳，日本競走馬協会監修　日本競走馬協会　2017.12　299p　26cm　Ⓝ289.3

エリザベット（三位一体の）〔1880～1906〕　Elizabeth of the Trinity

◇いのちの泉のほとりにて―三位一体の聖エリザベット　伊従信子編訳　ドン・ボスコ社　2017.4　253p　18cm　〈ドン・ボスコ新書〉〈「いのちの泉へ」（1985年刊）と「あかつきより神を求めて」（1986年刊）の改題、合本　年譜あり〉　750円　①978-4-88626-617-0　Ⓝ198.2235

＊2016年10月に列聖された三位一体の聖エリザベットの26年の生涯と、彼女の折々の言葉集。生涯をかけて心の深みに住まわれる神とともに生きたエリザベットが、自身の体験をもとに「神のいのちの泉」の愛の豊かさを賛美する。

エリーザベト〔1837～1898〕　Elisabeth von Wittelsbach

◇シシィの世界―評伝 私のオーストリア皇妃エ

リーザベト像　私家版　勝岡只著　岩波ブックセンター（制作）　2014.12（増刷）　494p　20cm　〈年表あり　文献あり〉　Ⓘ978-4-904241-45-5　Ⓝ289.3

◇エリザベートをたどる―ハプスブルクを訪ねるウィーン　朝日新聞出版編　朝日新聞出版　2016.4　127p　26cm　（ASAHI ORIGINAL）〈年譜あり〉　1800円　Ⓘ978-4-02-272485-4　Ⓝ289.3

◇皇妃エリザベートをめぐる旅―ドイツ・オーストリア・ハンガリー　シシィの足跡をたずねる　沖島博美著　河出書房新社　2016.10　127p　21cm　〈他言語標題：Kaiserin Elisabeth von Österreich　文献あり　年譜あり〉　1600円　Ⓘ978-4-309-22684-2　Ⓝ293.409

内容　1　バイエルン（ミュンヒェン　ニンフェンブルク城　ほか）　2　バート・イシュル（バート・イシュル　レジデンツ・エリーザベトとバート・イシュル博物館　ほか）　3　ウィーン（カイザーアパートメント　シェーンブルン宮殿　ほか）　4　ブダペスト（王宮の丘　くさり橋・エルジェーベト橋・自由橋　ほか）

＊バイエルンから、バート・イシュル、ウィーン、ブダペストまで。流浪の皇妃の生涯を追う決定版ビジュアルガイド！

◇王妃たちの最期の日々　下　ジャン＝クリストフ・ビュイッソン，ジャン・セヴィリア編　神田順子，土居佳代子，山川洋子訳　原書房　2017.4　228p　20cm　2000円　Ⓘ978-4-562-05386-5　Ⓝ288.493

内容　11　トリアノンから断頭台へ―マリー＝アントワネット／パリ、一七九三年一〇月一六日　12　息子の復讐―ロシアのエカチェリーナ二世／サンクトペテルブルク、一七九六年一一月六日（太陽暦一一月一七日）　13　皇后の二度の死―ジョゼフィーヌ・ド・ボアルネ／リュエイユ＝マルメゾン、一八一四年五月二九日　14　苦しめられつつも、さまよいつづけた魂の飛翔―オーストリア皇妃エリーザベト（愛称シシ）／ジュネーヴ、一八九八年九月一〇日　15　一つの時代の終焉―ヴィクトリア女王／ワイト島、オズボーン・ハウス、一九〇一年一月二二日　16　呪われた王妃―ドラガ・オブレノヴィチ／ベオグラード、一九〇三年六月一一日　17　ロマノフ朝最後の皇后の死にいたる苦難の道―アレクサンドラ・フョードロヴナ／エカテリンブルク、一九一八年七月一七日　18　フランス最後の皇后―ウジェニー・ド・モンティジョ／マドリード、一九二〇年七月一一日　19　精神を闇に閉ざされた六〇年―シャルロッテ・フォン・ベルギエン／バウハウト城、一九二七年一月一九日　20　あまりに理不尽な死―ベルギー王妃アストリッド／キュスナハト・アム・リギ、一九三五年八月二九日

＊マリー＝アントワネット、エカチェリーナ2世、ジョゼフィーヌ、エリーザベト（シシ）…信仰心、病魔、処刑台…世界史に大きな影響をあたえたさまざまな人生と運命を描く物語！

エル・チャポ　〔1957～〕　Chapo

◇標的：麻薬王エル・チャポ　アンドルー・ホーガン，ダグラス・センチュリー著　棚橋志行訳　ハーパーコリンズ・ジャパン　2018.10　389p　19cm　2200円　Ⓘ978-4-596-55136-8　Ⓝ368.83

内容　プロローグ　ラトゥナの少年　第1部（脱獄　新世代　運河の街　ほか）　第2部（国境　連邦区　バッジの違いを超えて　ほか）　第3部（ラパス基地　"鼻男"を追え　獅子の巣穴　ほか）　エピローグ　陰の男

＊「世界最重要指名手配犯」エル・チャポ：本名：ホアキン・アルチバルド・グスマン・ロエーラ。1957年4月4日、シナロア州バディラグアト市ラトゥナ生まれ。メキシコの世界最大の麻薬組織シナロア・カルテルの首領。コカインとマリファナを世界各地に密輸して巨万の富を得た闇の実業家。1993年に逮捕後、2001年に脱獄。米当局から「アル・カポネ以来最大の社会の敵」と呼ばれる。本書はエル・チャポを逮捕した元DEA捜査官が8年に及ぶ捜査の裏側を語った実話である。

エルデシュ, P.　〔1913～1996〕　Erdős, Paul

◇数学をつくった天才たち　立田奨著　辰巳出版　2018.3　191p　19cm　〈「天才たちのつくった数学の世界」（綜合図書　2015年刊）の改題、加筆・再編集〉　1200円　Ⓘ978-4-7778-2051-1　Ⓝ410.28

内容　1　数学の礎をつくった3人の巨匠（アルキメデス―人類史上第一級といえる科学者　アイザック・ニュートン―微分・積分学の祖　カール・フリードリヒ・ガウス―19世紀最大の数学者）　2　数学の歴史をつくった巨人たち（ベルンハルト・リーマン―未だ解かれていない未解決問題を提唱　レオンハルト・オイラー―最高に美しい公式を作り上げた盲目の数学者　アンリ・ポアンカレ―宇宙の形の解明に一歩迫った直観タイプの数学者　ほか）　3　数学の新たな道を開拓した天才たち（アレクサンドル・グロタンディーク―スキーム論を築き新しい数論を打ち立てた21世紀最大の数学者　小平邦彦―ヘルマン・ワイルに見いだされ日本人初のフィールズ賞を受賞　グレゴリー・ペレルマン―ポアンカレ予想を解決しても社会的名誉を辞退　ほか）

＊定理、公式、理論…わからなくても面白い！生きるために数学をする≠「数学」のために生きる。数奇な運命をたどった、愛すべき変人（天才）の生涯！

エルドアン, R.T.　〔1954～〕　Erdoğan, Recep Tayyip

◇世界を動かす巨人たち　政治家編　池上彰著　集英社　2016.4　222p　18cm　（集英社新書　0828）〈文献あり　年譜あり〉　740円　Ⓘ978-4-08-720828-3　Ⓝ280

内容　第1章　東西対立を再興させる男ウラジーミル・プーチン　第2章　第二の「鉄の女」アンゲラ・メルケル　第3章　アメリカ初の女性大統領をめざすヒラリー・クリントン　第4章　第二の「毛沢東」習近平　第5章　独裁者化するレジェップ・タイイップ・エルドアン　第6章　イランの「最高指導者」アリー・ハメネイ

＊多くの無名の人たちによって、歴史は創られる。しかし時に、極めて個性的で力のある人物が、その行く先を大きく変えることがある。本書はまさに現代史の主要登場人物とでもいうべき六人の政治家を取り上げた。ロシアのプーチン、ドイツのメルケル、アメリカのヒラリー、中国の習近平、

トルコのエルドアン、イランのハメネイ。彼らの思想と行動を理解することなく、今を語ることは不可能である。超人気ジャーナリストによる待望の新シリーズ第1弾。世界を動かす巨大な「個人」に肉薄する！

エルドレッド, B.R. 〔1980〜〕
Eldred, Bradley Ross

◇ブラッド・エルドレッド―広島を愛し、広島に愛された男　ブラッド・エルドレッド著　洋泉社　2018.3　191p　19cm　〈他言語標題：Bradley Ross ELDRED〉　1300円　Ⓟ978-4-8003-1424-6　Ⓝ783.7

内容 序章 37年ぶりの連覇達成　第1章 驚いた"野球"と"ベースボール"の違い　第2章 日本での素晴らしい仲間たち　第3章 広島でジャパニーズ・ドリームを摑むまで　第4章 エルドレッドの流儀　第5章 ぼくの未来について語ろう　野村謙二郎特別寄稿「なぜ、私は"カントリー"を手放さなかったのか」

＊カープ史上最強助っ人が初めて明かす広島への思い、そして成功哲学。

エルベ, L. 〔1882〜1931〕
Elbe, Lili

◇女流画家ゲアダ・ヴィーナと「謎のモデル」―アール・デコのうもれた美女画　荒俣宏著　新書館　2016.3　255p　21cm　〈作品目録あり〉　1800円　Ⓟ978-4-403-12025-1　Ⓝ723.3895

内容 第1部〈パリー女性の生活維新と「アートの力」 異装の競演　ガール・アート収集家の「セレンディビティー」に始まる　ポルノグラフィーとは異なる「美女賛美」　ゲアダ・ヴィーナの再評価〉　第2部〈「デンマークの女」と「女になった男」の出会い　代用モデルに選ばれた男　パリの「三人暮らし」と憂鬱の始まり　リリの自立とパリの遊興生活　育っていく「リリ・クールトー」、萎えていく「アイナ・ヴィーナ」　ほか〉

＊「リリーのすべて」（早川書房刊）のモデルとなった奇跡の夫婦画家の埋もれた評伝画集。その魅力にとりつかれた荒俣宏が20年来のコレクションを公開!!

エル・ヘフェ 〔1965〜〕 El Hefe

◇NOFX自伝―間違いだらけのパンク・バンド成功指南　NOFX, ジェフ・アルリス著. 志水亮訳　Du Books　2017.12　521p　19cm　〈発売：ディスクユニオン〉　2500円　Ⓟ978-4-86647-036-8　Ⓝ764.7

＊元祖！メロコア!!世界一アホなバンドに音楽活動と性生活の充実を学ぶ。30年以上におよぶ喜劇、悲劇、そして、予期せぬ（？）大成功の裏側を、メンバー自身が語り倒す！　暴露本かつ自叙伝!!

エルマン, W.A. 〔1904〜1982〕
Erman, Walter Alexander

◇ミュンスター法学者列伝―中央大学・ミュンスター大学交流30周年記念　トーマス・ヘェーレン編著, 山内惟介訳　八王子　中央大学出版部　2018.11　568p　21cm　〈日本比較法研究所翻訳叢書 80〉〈索引あり〉　6700円　Ⓟ978-4-8057-0381-6　Ⓝ322.8

内容 旧制大学―アントン・マティアス・シュプリックマン（1749年〜1833年）―ルードルフ・ヒス（1870年〜1938年）―ミュンスター大学のスイス人刑法史学者　ハンス・バーゲンコップ（1901年〜1983年）―ミュンスター大学地方自治研究所創設者　脇役から主役へ―国法学者, フリートリッヒ・クライン（1908年〜1974年）　正義のための戦いの中で―刑事訴訟法学者, カール・ペータース（1904年〜1998年）　ミュンスター大学の租税法―オットマー・ビューラー（1884年〜1965年）　生活事実から法へ―ヴァルター・エルマン（1904年〜1982年）　ミュンスターのフリースラント出身者―ハリー・ヴェスターマン（1909年〜1986年）　マックス・カーザー（1906年〜1997年）―学生生活のダイジェスト　ヘルムート・シェルスキィ（1912年〜1984年）―幸福感溢れる世代の遅すぎた懐疑　行政法学―ハンス・ユリウス・ヴォルフ（1898年〜1976年）　刑法学者―ヨハネス・ヴェセルス（1923年〜2005年）　波乱の時代の労働法―アルフレート・ヒュック（1889年〜1975年）とロルフ・ディーツ（1902年〜1971年）　環境法・都市計画法―ヴェルナー・ホッペ（1930年〜2009年）　あなたはどのように判断されるか？―ハンス・ブロクス（1920年〜2009年）　学理と実務における保険法―ヘルムート・コロサー（1934年〜2004年）　オットー・ザンドロック―（1930年〜2017年）　ベルンハルト・グロスフェルトー（1933年〜）

エルミート, C. 〔1822〜1901〕
Hermite, Charles

◇リーマンと代数関数論―西欧近代の数学の結節点　高瀬正仁著　東京大学出版会　2016.11　303p　22cm　〈他言語標題：Bernhard Riemann and the Theory of Algebraic Functions　文献あり　索引あり〉　4800円　Ⓟ978-4-13-061311-8　Ⓝ413.5

内容 第1章 代数関数とは何か―オイラーの関数概念とその変容（関数概念を振り返って　関数の世界と曲線の世界　ほか）　第2章 カナリアのように歌う―リーマンの「面」の発見（修業時代　ベルリンの数学者たち　ほか）　第3章 楕円関数論のはじまり―楕円関数の等分と変換に関するアーベルの理論（楕円関数論の二つの起源―萌芽の発見と虚数乗法論への道　クレルレの手紙　ほか）　第4章 アーベル関数の理論―ヤコビの逆問題の探究（「パリの論文」からアーベル関数論へ　アーベル積分の等分と変換に関するヤコビとエルミートの理論）　第5章 多変数代数関数論の夢―リーマンを越えて（ガウスの『アリトメチカ研究』の第12問題　岡潔の遺稿「リーマンの定理」と多変数代数関数論の夢）

＊数学の巨人たちの夢の系譜をたどる。オイラス、ガウス、アーベル、ヤコビ、ヒルベルト、岡潔、…。関数概念のはじまりから、リーマンのアーベル関数論、そして多変数代数関数論へ。論文と史実から読み解かれた数学の世界へ、精緻で巧みな文章が読者を誘う。

エレ, A. 〔1871〜1945〕 Hellé, André

◇ドビュッシーのおもちゃ箱　青柳いづみこ, 沼辺信一著　学研プラス　2018.8　125p　21cm　〈文献あり〉　2500円　Ⓟ978-4-05-800887-4

Ⓝ762.35

内容 アンドレ・エレ『おもちゃ箱』台本と挿絵　アンドレ・エレ―ドビュッシーが愛した絵本作家作品紹介　ドビュッシーのおもちゃ箱（青柳いづみこ）（ドビュッシーとおとぎばなし―ピエール・ルイスとの友情をめぐって　アーサー・ラッカムの挿絵本　シュシュのための作品）　アンドレ・エレ―ドビュッシーが愛した絵本作家（沼辺信一）

＊おもちゃ箱の人形たちがくりひろげる恋の物語。ドビュッシーが愛したメルヘンの世界を音と言葉で描き出す。ドビュッシーのスペシャリスト青柳いづみこによる書き下ろしエッセイ。沼辺信一（絵本蒐集、研究家）によるアンドレ・エレの評伝と多数の図版を併載。

エレディア, M. 〔1875～1963〕
Heredia, Marie de

◇最強の女―ニーチェ、サン＝テグジュペリ、ダリ…天才たちを虜にした5人の女神　鹿島茂著　祥伝社　2017.10　436p　19cm　〈他言語標題：LA FEMME LA PLUS FORTE〉　1900円　①978-4-396-61619-9　Ⓝ283

内容 第1章 ルイーズ・ド・ヴィルモラン（二十世紀前半最強のミューズ　結核療養のベッドの上で　ほか）　第2章 リー・ミラー（二十一世紀の女性たちのロール・モデル　二つの不幸　ほか）　第3章 ルー・ロメ（「二大巨人」と「最高の詩人」の心を捉えた女性　ロシア世襲貴族ザロメ家　ほか）　第4章 マリ・ド・エレディア（ジェラール・ドゥヴィル）（世紀末のパリで名声を博した「最強の女」　高踏派の巨匠、ジョゼ＝マリア・ド・エレディアの三姉妹　ほか）　第5章 ガラ（シュールレアリスムの三巨頭を手に入れた女　ポール・エリュアール　ほか）

＊『ツァラトゥストラはかく語りき』『星の王子さま』…歴史に残る傑作誕生の背後には彼女たちの存在があった。世紀末から20世紀のパリ。有名文化人のミューズから、自らも燦然と輝いた女たちの壮絶な人生。

エレミヤ 〔紀元前7～6世紀頃〕 Jeremiah

◇エレミヤ書の探求―預言者の思想を学ぶ　大河原礼三著　名古屋　ブイツーソリューション　2015.7　127p　19cm　〈文献あり　年表あり　発売：星雲社〉　1200円　①978-4-434-20748-8　Ⓝ193.42

内容 第1部 エレミヤの生涯と思想（エレミヤの召命「神に立ち帰れ」　ヨシヤ王の宗教改革とエレミヤ　エレミヤの思想　エレミヤの告白　ほか）　第2部 断片的考察（エレミヤの言葉と編集者の言葉　出自に関連して　申命記改革期のエレミヤ　壊し、抜き、建て、植える　社会批判　ほか）

＊預言者エレミヤはユダ王国の困難な状況と取り組み、国家滅亡の破局の中で民がバビロン捕囚として生き残る道を示した。本書はエレミヤの生涯と思想を掘り下げて考察、エレミヤとイエスの共通点にも触れる。

◇余の尊敬する人物　矢内原忠雄著　岩波書店　2018.4　222p　18cm　（岩波新書）〈第43刷（第1刷1940年）〉　820円　①4-00-400017-3　Ⓝ280

内容 エレミヤ（預言者の自覚　申命記改革　ほか）　日蓮（立正安國論　龍の口法難　ほか）　リンコーン（青年時代　洲會議員より大統領當選まで　ほか）　新渡戸博士（入學式演説　新渡戸博士の教育精神　ほか）

＊優れた学者であると共に、毅然たる信念に生きる人として知られる著者が、その尊敬する人物の中からエレミヤ、日蓮、リンカーン、新渡戸稲造の四人を選び、その生を潑剌と描いたものが本書である。太平洋戦争中にこの書が生まれたことの重みと併せて、彼らの宗教的信念の深さは、今日なおわれわれの心を打つ。

エンケ, R. 〔1977～2009〕 Enke, Robert

◇うつ病とサッカー―元ドイツ代表GKロベルト・エンケの隠された闘いの記録　ロナルド・レング著　木村浩嗣訳　ソル・メディア　2018.12　526p　19cm　〈年譜あり〉　1800円　①978-4-905349-43-3　Ⓝ783.47

内容 及ばなかった詩の力　幸運に微笑まれた少年　ビシッという乾いた音　敗戦は彼の勝利　恐怖　光の街　幸運　より高くより遠く　足　ノベルダ〔ほか〕

＊元ドイツ代表GKロベルト・エンケは模範的なエリートアスリートであり、成功の絶頂にいた。彼はなぜ、自ら命を絶ったのか？　心の病は誰にでも襲いかかる。大事なのは社会の理解である。これは悲劇の物語ではなく、うつ病の啓蒙書である。数々のベストセラーと並んでWilliam Hill Sports Book of the Year受賞傑作ノンフィクション。

エンゲルス, F. 〔1820～1895〕
Engels, Friedrich

◇エンゲルス―マルクスに将軍と呼ばれた男　トリストラム・ハント著，東郷えりか訳　筑摩書房　2016.3　524p　20cm　〈文献あり　索引あり〉　3900円　①978-4-480-86132-0　Ⓝ289.3

内容 序文 忘れられた彫像　第1章 シオンのジークフリート　第2章 竜の種　第3章 黒と白のマンチェスター　第4章 少々の忍耐と若干の威嚇　第5章 限りなく豊作の四八年　第6章 さまざまな灰色のマンチェスター　第7章 悪徳商売の終わり　第8章 リージェンツ・パーク・ロードの大ラマ僧　第9章 マルクスのブルドッグ　第10章 ついに第一バイオリンに　エピローグ ふたたびエンゲリス市へ

＊常にマルクスの名と共に語られてきた革命家フリードリヒ・エンゲルス。自らは産業革命の揺籃地マンチェスターで家業の綿工場を経営しながら、40年にわたって友人カール・マルクスとその家族の生活を支え、マルクスの死後は、生前刊行がかなわなかった『資本論』第2巻、第3巻を完成させた人物だ。マルクスが再評価される中で不当にも忘れ去られ、マルクス思想をねじ曲げた張本人とまで断罪されるエンゲルスとは、一体何者だったのか。彼は何を考え、何をなし得たのか。不世出の革命家エンゲルスの思想と人間に迫る決定版評伝。

◇経済・社会と医師たちの交差―ペティ、ケネー、マルクス、エンゲルス、安藤昌益、後藤新平たち　日野秀逸著　本の泉社　2017.10　175p　19cm　1300円　①978-4-7807-1653-5　Ⓝ498.04

内容 序に代えて―医師・医学と経済・社会　1部 マルクス・エンゲルスと医師・医学（マルクス・エンゲルス全集に登場する271人の医師たち　マルクス・エ

ンゲルスと親族や友人の医師たち　マルクスたちは自然科学に強い関心を払った　医師と科学研究　経済学研究の先行者としての医師たち　ほか）　2部　日本における先駆者たち―安藤昌益と後藤新平（安藤昌益（1703～1762）　後藤新平（1857～1929）)

エンツェンスベルガー, H.M.〔1929～〕
Enzensberger, Hans Magnus

◇廃墟のドイツ1947―「四七年グループ」銘々伝　ハンス・ヴェルナー・リヒター著，飯吉光夫訳　河出書房新社　2015.8　295p　20cm　3800円　⓵978-4-309-20683-7　Ⓝ940.27

　内容　蝶たちの曖昧宿で―イルゼ・アイヒンガー　十三階のクリスヤーン―カール・アメリー　にぎやかな通りを行って、誰もそれに気がつかなかったら―アルフレート・アンデルシュ　グルーネ森でのサイクリング―インゲボルク・バッハマン　きみもぼく位、金が好きかい？―ハインリヒ・ベル　セルビアは死なねばならぬ―ミロ・ドール　マルクトブライトでの涙―ギュンター・アイヒ　フルシチョフの海水パンツを穿いて―ハンス・マグヌス・エンツェンスベルガー　誕生日祝いとしてジーモン・ダッヘを―ギュンター・グラス　寝巻きのズボン―ヴォルフガング・ヒルデスハイマー　上部プファルツ人のカラカラ笑い―ヴァルター・ヘレラー　君の忠実なる側近（パラディーン）―ヴァルター・イェンス　ダンスの相手への誘い―ウーヴェ・ヨーンゾーン　我々はみな、いい人だった―ハンス・マイヤー　敵多きほど、功高し―マルセル・ライヒ＝ラニツキ　おおマルティン―喧嘩好きではないにしろ、喧嘩っ早いアレマン人―マルティン・ヴァルザー　マラーの太鼓―ペーター・ヴァイス

＊文学の"呼び声"をきけ。ナチス崩壊、東西分裂―廃墟と化した1947年ドイツで産声をあげ、グラス、ツェランら数々の世界的才能を輩出した「四七年グループ」とは何だったのか？　リーダーであるH・W・リヒターによる愛情あふれる回想録。困難なる戦後と、若き作家たちの情熱が生んだ奇蹟の時間。

エンディコット, J.A.〔1950～〕
Endicott, Josephine Ann

◇さよならピナ、ピナバイバイ　ジョー・アン・エンディコット著，加藤範子訳　叢文社　2016.1　254p　19cm　2000円　⓵978-4-7947-0754-3　Ⓝ769.34

＊ピナ・バウシュと歩んだ日々―その舞台裏。ピナが熱愛したダンサー、エンディコット。綴られた真実の物語。

エンブリー, J.〔1908～1950〕
Embree, John F.

◇日本を愛した人類学者―エンブリー夫妻の日米戦争　田中一彦著　福岡　忘羊社　2018.12　351p　19cm　2200円　⓵978-4-907902-19-3　Ⓝ289.3

　内容　人類学への道　須恵村へ　日米開戦、情報機関へ　日系人強制収容所での葛藤　占領軍士官を教育　二度のミクロネシア調査　戦火のインドシナへ　ユネスコ、ポイント4、そしてFBIの影　須恵村・国家・戦争　自民族中心主義に抗して　「国民性」論

争　『菊と刀』への批判　ジョン・ダワーのエンブリー批判　「占領」と民主主義　象徴天皇制とエンブリー　『須恵村』と農地改革　ハーバート・ノーマンとヘレン・ミアーズ　日本への「愛」

＊1935年から1年間、熊本の小村・須恵村に滞在し、外国人として戦前唯一の日本農村研究書を著したアメリカの社会人類学者とその妻。開戦前、いち早く象徴としての天皇に言及、『菊と刀』に代表される"好戦的な日本人"論に異議を唱えつつ、日系人強制収容所の待遇改善を訴え、FBIによる監視下も傲慢な占領政策を戒め続けた俊英の思想とその悲劇的な死までを描く労作。第31回地方出版文化賞・功労賞『忘れられた人類学者』待望の続編。

エンブリー, エラ
⇒ウィズウェル, E.L. を見よ

エンペドクレス〔490頃～430頃B.C.〕
Empedocles

◇ギリシア哲学30講　人類の原初の思索から　上　「存在の故郷」を求めて　日下部吉信著　明石書店　2018.11　418p　19cm　〈年表あり　索引あり〉　2700円　⓵978-4-7503-4742-4　Ⓝ131

　内容　ギリシア哲学俯瞰　ミレトスの哲学者（1）タレス　ミレトスの哲学者（2）アナクシマンドロス　ミレトスの哲学者（3）アナクシメネス　ピュタゴラス　アルキュタス　ヘラクレイトス　エレア派　故郷喪失の哲学者クセノパネス　エレア派　パルメニデス　エレア派　ゼノンとメリッソス　エンペドクレス　アナクサゴラス　デモクリトス　ハイデガーと原初の哲学者たち―アナクシマンドロス、ヘラクレイトス、パルメニデス

＊ギリシア哲学の権威にしてハイデガー研究の第一人者でもある著者が、存在の故郷を求め古代ギリシアの文献を読み解き、その自然哲学を「みずみずしい姿」で蘇らせると同時に、そこで繰り広げられた哲学者たちの抗争の帰結としての現代人の歪んだ思考に高らかに異を唱える。過激にして痛快な現代文明批判の書（上下巻）。

【オ】

オア, K.A.〔1939～〕　Orr, Kay A.

◇現代アメリカの「女性政治家」　藤本一美，濱賀祐子編著　学文社　2016.4　222p　22cm　〈索引あり〉　2500円　⓵978-4-7620-2648-5　Ⓝ312.8

　内容　第1章　レディ・バード・ジョンソン大統領夫人　第2章　ナンシー・ペロシ連邦下院議長　第3章　コンドリーザ・ライス国務長官　第4章　ヒラリー・R.クリントン国務長官　第5章　カーラ・アンダーソン・ヒルズ米通商代表部代表　第6章　サラ・ペイリン　アラスカ州知事　第7章　ケイ・A.オア　ネブラスカ州知事　第8章　ジェニファー・M.グランホルム　ミシガン州知事

オアー, M.〔1986～〕　Oher, Michael

◇ブラインド・サイド―しあわせの隠れ場所　マ

イケル・ルイス著，河口正史監修，藤澤將雄訳　早川書房　2015.1　476p　16cm　〈ハヤカワ文庫 NF 422〉〈武田ランダムハウスジャパン 2012年刊の一部修正〉　980円　Ⓘ978-4-15-050422-9　Ⓝ783.46

内容　背景　フットボール選手の市場　境界線を越えて　白紙状態　あるラインマンの死　マイケルの成長と進化　パスタコーチ　人格教育　スターの誕生　エッグボウル　自然のいたずら　モーセも口べただった

＊スラム街で生まれ，父を知らず薬物中毒の母親からも引き離された孤独な黒人少年マイケル・オアーは，裕福な白人家庭テューイ家に引き取られる。屈強な体と驚異の俊敏さ，人を守る本能をもつ彼は，家族の愛情に支えられアメフトの才能を開花させていく。一方テューイ家は彼の学業と人格の教育に大奮闘する。『マネー・ボール』の著者が，NFLの人気選手と家族の絆を描いた感動ノンフィクション。映画『しあわせの隠れ場所』原作。

オイラー, L.〔1707～1783〕
Euler, Leonhard

◇リーマンと代数関数論―西欧近代の数学の結節点　高瀬正仁著　東京大学出版会　2016.11　303p　22cm　〈他言語標題：Bernhard Riemann and the Theory of Algebraic Functions　文献あり　索引あり〉　4800円　Ⓘ978-4-13-061311-8　Ⓝ413.5

内容　第1章　代数関数とは何か―オイラーの関数概念とその変容（関数概念を振り返って　関数の世界と曲線の世界　ほか）　第2章　カナリアのように歌う―リーマンの「面」の発見（修業時代　ベルリンの数学者たち　ほか）　第3章　楕円関数論のはじまり―楕円関数の等分と変換に関するアーベルの理論（楕円関数の二つの起源―萌芽の発見と虚数乗法論への道　クレルレの手紙　ほか）　第4章　アーベル関数の理論―ヤコビの逆問題の探究（「パリの論文」からアーベル関数論へ　アーベル積分の等分と変換に関するヤコビとエルミートの理論）　第5章　多変数代数関数論の夢―リーマンを越えて（ガウスの『アリトメチカ研究』とヒルベルトの第12問題　岡潔の遺稿「リーマンの定理」と多変数代数関数論の夢）

＊数学の巨人たちの夢の系譜をたどる。オイラー，ガウス，アーベル，ヤコビ，ヒルベルト，岡潔，…。関数概念のはじまりから，リーマンのアーベル関数論，そして多変数代数関数論へ。論文と史実から読み解かれた数学の世界へ，精密で巧みな文章が読者を誘う。

◇数学をつくった天才たち　立田奨著　辰巳出版　2018.3　191p　19cm　〈『天才たちのつくった数学の世界』（綜合図書 2015年刊）の改題，加筆・再編集〉　1200円　Ⓘ978-4-7778-2051-1　Ⓝ410.28

内容　1　数学の礎をつくった3人の巨匠（アルキメデス―人類史上第一級といえる科学者　アイザック・ニュートン―微分・積分学の祖　カール・フリードリヒ・ガウス―19世紀最大の数学者）　2　数学の歴史をつくった巨人たち（ベルンハルト・リーマン―未だ解かれることのない未解決問題を提唱　レオンハルト・オイラー―最高に美しい公式を作り上げた盲目の数学者　アンリ・ポアンカレ―宇宙の形の解明に一歩迫った直観タイプの数学者　ほか）　3　数学の新たな道を開拓した天才たち（アレクサンドル・グロタンディーク―スキーム論を築き新しい数論を打ち立てる21世紀最大の数学者　小平邦彦―ヘルマン・ワイルに見いだされ日本人初のフィールズ賞を受賞　グレゴリー・ペレルマン―ポアンカレ予想を解決しても社会的名誉を辞退する）

＊定理，公式，理論…わからなくても面白い！生きるために数学をする≠「数学」のために生きる。数奇な運命をたどった，愛すべき変人（天才）の生涯！

オイレンシュピーゲル, T.〔～1350?〕
Eulenspiegel, Till

◇ドイツ奇人街道　森貴史，細川裕史，溝井裕一著　吹田　関西大学出版部　2014.7　331p　19cm　〈文献あり〉　2000円　Ⓘ978-4-87354-586-8　Ⓝ283.4

内容　フレンスブルク・ひとりの女性の勇敢なる挑戦―ベアーテ・ウーゼ（Beate Uhse、1919～2001）　エッカーンフェルデ・「不死の男」の終焉―サン＝ジェルマン伯爵（Graf von Saint Germain、1691？～1784）　ハンブルク・ドイツの「海賊王」の運命―クラウス・シュテルテベーカー（Klaus Störtebeker、？～1400）　メルン・中世を旅したイタズラ者―ティル・オイレンシュピーゲル（Till Eulenspiegel、1300ごろ～50）　シュタインフーデ・シュタインフーデ湖の怪魚―ヤーコプ・クリュソストムス・プレトリウス（Jakob Chrysostomus Praetorius、1730～？）　ボーデンヴェルダー・「ほらふき男爵」の笑えない人生―ヒエロニムス・フォン・ミュンヒハウゼン（Hieronymus von Münchhausen、1720～97）　ベルリン・絶滅動物を「よみがえらせてしまった」動物園長―ルッツ・ヘック（Lutz Heck、1892～1983）　ライプツィヒ・「魔法使いファウスト」の実像をあばく―ゲオルギウス・ファウストゥス（Georgius Faustus、1460/80～1540ごろ？）　インゴルシュタット・秘密結社イルミナティの真実―アダム・ヴァイスハウプト（Adam Weishaupt、1748～1830）　アンスバッハ・ヨーロッパを騒がせた謎の少年―カスパー・ハウザー（Kaspar Hauser、？～1833）　フリードリヒスハーフェン・伯爵の空への異常な愛情―フェルディナント・ツェッペリン伯爵（Ferdinand Graf von Zeppelin、1838～1917）　ジンメルン（ライン・モーゼル地方）・ライン地方の山賊たち―シンダーハンネスとシュヴァルツァー・ペーター（Schinderhannes、1777？～1803/Schwarzer Peter、1752～1812）

オーウェル, G.〔1903～1950〕
Orwell, George

◇ジョージ・オーウェルと現代―政治作家の軌跡　吉岡栄一著　彩流社　2014.10　199,11p　20cm　〈他言語標題：George Orwell and Today　索引あり〉　2200円　Ⓘ978-4-7791-2063-3　Ⓝ930.278

内容　第1部　ジョージ・オーウェルと現代（『一九八四年』―静脈性潰瘍の世界　「なぜ書くか」とオーウェルの文学観　オーウェル研究にみるフェミニスト批評　『ビルマの日々』の「特権」と「排除」　『カタロニア讃歌』雑感　ほか）　第2部　ジョージ・オーウェル論（オーウェルの思想形成―スペイン内戦のトラウマを中心に　オーウェル『一九八四年』―幻想としての母性神話　オーウェルの『ビルマの日々』―白人の荷重　オーウェルの『カタロニア讃歌』と

POUM—国際政治の裏面　オーウェルと愛国心—ナショナリズムではなく愛郷心）
＊今なぜオーウェルを読むのか！　体験を作品に昇華した『一九八四年』『動物農場』『カタロニア讃歌』『ビルマの日々』…28年間の軌跡！

オーエンス, J.C.〔1913〜1980〕
Owens, James Cleveland "Jesse"

◇走ることは、生きること—五輪金メダリストジェシー・オーエンスの物語　ジェフ・バーリンゲーム著，古川哲史，三浦誉史加，井上摩紀訳　京都　晃洋書房　2016.7　112p　22cm　〈文献あり　年譜あり〉　1600円　①978-4-7710-2692-6　Ⓝ782.3

内容 第1章 歴史的な勝利　第2章 走ることが好き　第3章 記録を破る　第4章 歴史に残る偉大な日　第5章 独裁者の野望をくじく　第6章 生きるための苦難の日々　第7章 レースの終わり　第8章 語りつがれる伝説

＊アメリカ南部の貧しいアフリカ系アメリカ人の家庭に生まれ、幼いころは病気がちであったジェシー・オーエンス。しかし、彼は走ることに目覚め、走ることに生きる喜びと、「自由」を見つけていく。ヒトラーを怒らせた最強の陸上選手オーエンス伝記の本邦初訳。

◇近代オリンピックのヒーローとヒロイン　池井優著　慶應義塾大学出版会　2016.12　365p　20cm　〈文献あり〉　2600円　①978-4-7664-2389-1　Ⓝ780.28

内容 ピエール・ド・クーベルタン—近代オリンピックの創始者　嘉納治五郎—日本初代のIOC委員　金栗四三—"日本マラソンの父"となったオリンピックの敗者　人見絹枝—日本女子初のメダリスト　西竹一—バロン西と呼ばれた馬術大障害の優勝者　織田幹雄—日本人最初のゴールドメダリスト　「前畑がんばれ！」—日本初のオリンピック女子金メダリスト　西田修平・大江季雄—ベルリンの死闘と"友情のメダル"　ジェシー・オーエンス—ベルリンで四つの金メダルを獲った黒人選手　清川正二—オリンピックの金メダリスト、IOC委員　古橋廣之進—戦後日本に希望を与えてくれた「フジヤマのトビウオ」　猪谷千春—冬季五輪初のメダリスト、そしてIOC委員　アベベ・ビキラ—ローマ、東京と二大会を制覇したマラソンの王者　大松博文—「東洋の魔女」に金メダルを獲らせた"鬼"の指導者　日本サッカー界を改革したドイツ人コーチ—デットマール・クラマーと日本代表チーム　ベラ・チャスラフスカ—「プラハの春」にゆれた体操の女王　男子バレーボールに革命をもたらした監督—松平康隆と日本男子バレーボール　モスクワ五輪ボイコットに泣いた選手たち—政治に翻弄されたオリンピック　北島康介—オリンピック三大会でメダル獲得のスイマー

＊四年に一度のスポーツの祭典、オリンピックはこれまで数々のヒーロー、ヒロインを生んだ。クーベルタン、嘉納治五郎から前畑秀子、「東洋の魔女」、そして大会を支えた裏方たちまで—。祭典を彩ったひとりひとりのドラマを、豊富なエピソードとともに描き出す。

オ・カネン, T.〔1930〜2013〕
Ó Canainn, Tomás

◇風よ吹け、西の国から—トマース・オ・カネン回想録　トマース・オ・カネン著，大井佐代子訳　名古屋　風媒社　2017.9　274p　19cm　〈著作目録あり　作品目録あり〉　1700円　①978-4-8331-5338-6　Ⓝ289.3

内容 デリーでの家族　「ちいちゃな修道女達」という名の学校へ　二重生活　アイルランドを表象するもの　リヴァプールでの研究とケイリー・バンド・マ ドリヴァプール！　コークとケリー地方—そしてゲールタハト地域　パイプスとパイパー、チェス、釣り、そして写真！　ナ・フィリー　再びナ・フィリー〔ほか〕

＊アイリッシュネスに生きた自由な魂の軌跡。詩人にして工学博士、人気バンドのミュージシャンにして有能な教師、そして国際的な無線技士…。多彩な才能をふるい、ユーモアと勇気あふれる半生をいきいきと綴るアイルランド人・トマース・オ・カネンの自叙伝。本邦初訳。

オキーフ, G.〔1887〜1986〕
O'Keeffe, Georgia

◇ジョージア・オキーフ—ひとりの女性アーティストとして　松本典久著　半田　一粒書房　2016.9　290p　21cm　〈他言語標題：Georgia O'Keeffe〉　1800円　①978-4-86431-537-1　Ⓝ723.53

オコナー, F.〔1925〜1964〕
O'Connor, Flannery

◇フラナリー・オコナーのジョージア—20世紀最大の短編小説家を育んだ恵みの地　サラ・ゴードン著，クレイグ・アマソン編集相談，田中浩司訳　新評論　2015.5　208p　19cm　〈文献あり　年譜あり〉　2400円　①978-4-7948-1011-3　Ⓝ930.278

内容 第1章 サヴァンナ（フラナリー家とオコナー家　フラナリー・オコナーの子ども時代の家　オコナーの共同体 ほか）　第2章 ミレッジヴィル（知事旧公邸 クライン邸 ジョージア・カレッジ＆州立大学とピーボディー高校 ほか）　第3章 アンダルシア（農場の歴史小話　母屋　オコナーと土地）　第4章 聖霊修道院　第5章 ジョージア州のカトリック　第6章 オコナー作品におけるカトリック信仰

＊故郷ジョージアへの旅を通して、創作の原点に迫る。本文に関連した作品鑑賞（コラム）を掲載！『フラナリー・オコナーとの和やかな日々—オーラル・ヒストリー』の続刊。

◇見えるものから見えざるものへ—フラナリー・オコナーの小説世界　野口肇著　文化書房博文社　2015.10　202p　22cm　〈索引あり〉　3200円　①978-4-8301-1281-2　Ⓝ930.278

内容 第1部 カトリックとして、南部人として（見えるものから見えざるものへ—「秘儀」と「習俗」を通して見るオコナーの世界　オコナーとカトリック教会　アメリカにおけるカトリックの歴史と反カトリック感情—オコナー作品の理解のために　「長引く悪寒」に描かれている聖霊について　「助ける命は自分の

かもしれない」について　オコナーの描くアメリカ南部―「高く昇って一点へ」: を通して）　第2部オコナー研究余聞（「高く昇って一点へ」に見られる五セント玉と一セント玉について　オコナーの登場人物管見―ファリサイ派的な人物をめぐって　「バビロンの淫婦」について　「カトリック作家の役割」を読んで）　第3部オコナーの日記公刊に寄せて（若き日のオコナー―『祈りの記』に寄せて）

オシェプコフ, V.S. 〔1893～1938〕
Oshchepkov, Vasiliĭ Sergeevich

◇久遠の闘い―サンボの創始者V・オシェプコフと心の師聖ニコライ　アナトリー・フロペツキー著, 水野典子, 織田桂子訳　未知谷　2015.5　287p　20cm　2800円　①978-4-89642-473-7　Ⓝ789.2

内容　東京　聖人ニコライの剃髪―キリル府主教の談話による　ロシアの日本人―N・ムラショフの談話による　日本への遠い道のり―キリル府主教の談話による　嘉納治五郎―N・ムラショフの談話による　真実への道―キリル府主教の談話による　講道館柔道―N・ムラショフの談話による　宣教団の活動―キリル府主教の談話とN・ムラショフの談話による　聖ニコライ主教誕生―キリル府主教の談話による　孤児ワシリー―N・ムラショフの談話による　聖ニコライの翻訳事業―キリル府主教の談話による　京都神学校とワシリーの道―キリル府主教の談話とN・ムラショフの談話による　講道館入門―キリル府主教の談話とN・ムラショフの談話による　孤独な研鑽―N・ムラショフの談話による　故郷ロシア―N・ムラショフの談話による

＊キリシタン弾圧下の幕末に来日したロシア正教会の聖ニコライ。武士の柔術を「柔道」へと収斂させた講道館の嘉納治五郎。二人の教えを受けたワシリー・オシェプコフ。三人の求道者の人生が格闘技サンボへと結実する……。スターリンの粛清で言及を憚られたワシリー・オシェプコフの生涯。サンボ全ロシア連邦執行委員会の名誉回復後、生前見知りのあった方からの聞き書き形式で執筆された格闘家の生と心の支え。自らを無とするその生き様は技と心の在り様とも重なる。

オシム, I. 〔1941～〕 Osim, Ivica

◇オシム　終わりなき闘い　木村元彦著　NHK出版　2015.1　253p　20cm　〈年譜あり〉　1500円　①978-4-14-081660-8　Ⓝ783.47

内容　第1章 オシムの涙（サラエボの変貌　リヒテンシュタイン戦ほか）　第2章 正常化委員会とは何であったのか（民族対立とサッカー　ドディク（セルビア人共和国＝スルプスカ共和国大統領）との対話ほか）　第3章 ズマイェビの素顔（代表監督サフェト・スシッチ　W杯を決めた男ほか）　第4章 ブラジルW杯とスルプスカの葛藤（10番はマイノリティ内マイノリティ　出発の日ほか）

＊不可能と言われた民族和解を果たし、ボスニア・ヘルツェゴビナをW杯初出場へと導いたイビツァ・オシム。病に倒れ帰還した祖国での闘いを一人間オシムの「その後」を長期取材で追ったノンフィクション。

◇オシム―ゲームという名の人生　マルコ・トマシュ著, 千田善訳　筑摩書房　2015.3　254p　19cm　〈年譜あり〉　1600円　①978-4-480-83718-9　Ⓝ783.47

内容　オシムに会う　サッカーが世界を変えた日　伝説の公魚　日本からの悪い知らせ　イワンの子ども時代　グルバビッツのシュトラウス　ペレと同じピッチに　フランスでの8年間　天上の芝生　夢のシーズン　満員のブラーター　ユーゴスラビア最後の大統領　マラドーナ！　ボールは剣よりも強し　付記―僕のサッカー人生

＊民族・宗教対立を乗り越え、激動の時代を"ボール"と共に生きようとしたその姿を追う。本邦初紹介のエピソード満載。オシムから日本読者への特別寄稿あり。

◇オシム　終わりなき闘い　木村元彦著　小学館　2018.6　333p　15cm　（小学館文庫 き8-1）〈NHK出版 2015年刊の加筆改稿　年譜あり〉　630円　①978-4-09-406519-0　Ⓝ783.47

内容　第1章 オシムの涙（サラエボの変貌　リヒテンシュタイン戦ほか）　第2章 正常化委員会とは何であったのか（民族対立とサッカー　ドディク（セルビア人共和国＝スルプスカ共和国大統領）との対話ほか）　第3章 ズマイェビの素顔（代表監督サフェト・スシッチ　W杯を決めた男ほか）　第4章 ブラジルW杯とスルプスカの葛藤（10番はマイノリティ内マイノリティ　出発の日ほか）　最終章 2018年ロシアW杯に向けて（グルバヴィッツのシュトラウス対ヤブランツァの御影石　2018年4月セルビアサッカー協会副会長サボ・ミロシェビッチ・インタビュー　ほか）

＊紛争終結後も民族対立が続くボスニア・ヘルツェゴビナ。元日本代表監督オシムは、祖国のサッカーW杯出場のために不自由な身体を引きずりサッカーの敵と闘っていた―。サッカーで憎しみを乗り越えようとする人々の声と姿を追った感動の記録に、ロシアW杯前最新インタビューや秘話を大幅加筆した待望の文庫版。

オショウ（Osho）
⇒ラジニーシ, バグワン・シュリ を見よ

オースター, P. 〔1947～〕 Auster, Paul

◇冬の日誌　ポール・オースター著, 柴田元幸訳　新潮社　2017.2　216p　20cm　〈著作目録あり〉　1900円　①978-4-10-521718-1　Ⓝ930.278

＊いま語れ、手遅れにならないうちに。幼時の大けが、性の目覚め。パリでの貧乏暮らし、愛してきた家々。妻との出会い、母の死―。「人生の冬」を迎えた作家の、肉体と感覚をめぐる回想録。

オースティン, J. 〔1775～1817〕
Austen, Jane

◇世界の十大小説　上　W.S.モーム著, 西川正身訳　岩波書店　2015.5　316p　15cm　（岩波文庫）　780円　①4-00-322544-9　Ⓝ904

内容　1 小説とは何か　2 ヘンリー・フィールディングと『トム・ジョーンズ』3 ジェイン・オースティンと『高慢と偏見』　4 スタンダールと『赤と黒』　5 バルザックと『ゴリオ爺さん』　6 チャールズ・ディケンズと『デイヴィッド・コパーフィールド』

＊世界の十大小説として選んだ十篇を、実作者の視

点から論じたユニークな文学論。まず作家の生涯と人物について語り、作者への人間的な興味を土台に、痛快な筆さばきで作品を解説する。(上)では『トム・ジョーンズ』『高慢と偏見』『赤と黒』『ゴリオ爺さん』『デイヴィッド・コパーフィールド』を取上げる。(全2冊)

◇オースティンの『高慢と偏見』を読んでみる―「婚活」マニュアルから「生きる」マニュアルへ 鹿島樹音編著訳 大阪 大阪教育図書 2017.8 264p 20cm 〈印刻:市原順子 奥付のタイトル:『高慢と偏見』を読んでみる〉 2000円
①978-4-271-90009-2 Ⓝ933.6

[内容] 1『高慢と偏見』を読んでみる(「婚活」マニュアルとして読む 「生きる」マニュアルとして読む) 2『高慢と偏見』の時代背景(『高慢と偏見』は、のどかな時代の産物? アメリカの独立、フランスの革命 イギリス国内も大きなうねり ほか) 3 ジェイン・オースティンの伝記(素顔―ジェイン・オースティンってどんな人? 家族―「地方の村の三、四家族」 恋愛―「薄褐色の瞳」は、どんなダーシーを射止めるか? ほか)

＊「資産家の独身男性は妻を求めているはず」? 愛は自分で見つけ出すもの。200年前の「婚活」大作戦、成功率100パーセント!!

オダネル, J. 〔1922～2007〕 O'Donnell, Joe

◇神様のファインダー―元米従軍カメラマンの遺産 坂井貴美子編著、ジョー・オダネル写真 いのちのことば社フォレストブックス 2017.8 190p 21cm 1500円 ①978-4-264-03387-5 Ⓝ740.253

オットー, R. 〔1869～1937〕 Otto, Rudolf

◇聖の大地―旅するオットー 前田毅著 国書刊行会 2016.9 346,19p 22cm 〈文献あり 索引あり〉 4800円 ①978-4-336-05998-7 Ⓝ161.1

[内容] 第1部 旅するオットー―聖の大地(「旅するオットー」―オットー宗教学の原風景 最初の本格的な旅―ギリシア旅行 最初の大旅行―聖地を巡る二度目の大旅行―聖の原郷 二度目の大旅行―アジア旅行 三度目の大旅行―インド・エジプト旅行) 第2部 オットーの遺産―「マールブルク宗教学資料館」博物誌(宗教学資料館の構想 宗教学資料館の設立 宗教学資料館の展開)

＊ルードルフ・オットーの関心は宗教の生ける現実にあった! 彼の旅の記録から"聖"の裸像を読み解く、本国ドイツでも成し遂げられていないオットー研究の新境地。

オットーⅢ 〔980～1002〕 Otto Ⅲ

◇紀元千年の皇帝―オットー三世とその時代 三佐川亮宏著 刀水書房 2018.6 428p 20cm (刀水歴史全書 95)〈文献あり 索引あり〉 3700円 ①978-4-88708-437-7 Ⓝ234.04

[内容] 九八〇～九八三年 誘拐された幼王 九八四年 玉座の幼王 九八四～九九三年 皇帝戴冠 九九四～九九六年 インターメッツォ 九九六～九九七年 「ローマ帝国の改新」 九九八年 贖罪、そして死 九九年 グネーゼンとアーヘン 一〇〇〇年 「紀元千年」と終末論 「恩知らずのローマ人」 一〇〇一年 ほか

＊その並外れた教養と知性の故に、「世界の奇跡」と呼ばれた若き皇帝。

オットー・フォン・ハプスブルク 〔1912～2011〕 Otto von Habsburg

◇ハプスブルク帝国、最後の皇太子―激動の20世紀欧州を生き抜いたオットー大公の生涯 エーリッヒ・ファイグル著、関口宏道監訳、北村佳子訳 朝日新聞出版 2016.4 389,6p 19cm (朝日選書 944)〈年譜あり 索引あり〉 1800円 ①978-4-02-263044-5 Ⓝ289.3

[内容] 幼年時代 1912‐1929 青年時代 1929‐1940 アンシュルス(ドイツによるオーストリア併合) 1938 パリ 1939‐1940 挑戦し続けるオットー 1940 再びアメリカへ 1940‐1944 オーストリア再興のための戦い 中央ヨーロッパの命運 1943‐1944 モスクワ宣言発効 1944 ハンガリー 第二次世界大戦終結後 1945‐1991 東西冷戦終結

＊ハプスブルク帝国最後の皇太子、オットー・フォン・ハプスブルク=ロートリンゲンの波乱万丈の生涯を、豊富な史料と本人へのインタビューで明らかにする。1916年、4歳で皇太子となったオットーは、1938年、ナチの傀儡となることを拒んだためヒトラーから執拗に命を狙われる。帝国崩壊後、亡命の身で祖国復興に奔走。戦後処理では、ルーズベルトやチャーチルと連携してソ連に対抗し、オーストリアを西側にとどめた。戦後は欧州議会議員として欧州統合に尽力、ベルリンの壁崩壊につながる1989年8月19日のパン・ヨーロッパ・ピクニックを主催した。戦いに次ぐ戦いの生涯にみる、もう一つの欧州現代史。

オッフェンバック, J. 〔1819～1880〕 Offenbach, Jacques

◇オペレッタの幕開け―オッフェンバックと日本近代 森佳子著 青弓社 2017.3 252p 19cm 〈文献あり〉 2800円 ①978-4-7872-7397-0 Ⓝ766.2

[内容] 序章 高尚化と大衆化の狭間で 第1章 十九世紀ブルジョア文化のなかの劇場の変遷 第2章 オッフェンバックのポートレート 第3章 オッフェンバックとは何者か 第4章 オペレッタ作品について 第5章 オペラ作曲家としての評価―『ホフマン物語』 第6章 日本人とオッフェンバックの出会い 第7章 花開く日本のオペレッタ

＊オッフェンバックが創始した喜歌劇のジャンルであるオペレッタは、どのようにして世界的な隆盛を極め、その後の凋落、そして再評価されるという道筋をたどったのか。作品を丹念に分析し、人物像にも迫りながら、彼の作品群が近代日本のオペラ受容に果たした役割や、現代のオペラやオペレッタ、レビューやミュージカルの発展に与えた大きな影響と功績を照らし出す。

オティエ, L. 〔1751?～1820〕 Autié, Léonard

◇マリー・アントワネットの髪結い―素顔の王妃

を見た男　ウィル・バショア著,阿部寿美代訳　原書房　2017.2　353p　20cm　〈文献あり　年譜あり〉　2800円　Ⓘ978-4-562-05366-7　Ⓝ289.3

内容　第1部　熱狂（魔術師レオナール　デュ・バリー夫人　マリー・アントワネット　王妃とその民をとりこにする　「ブーフ・サンティマンタル」）　第2部　王妃の腹心（髪結いの噂話　王妃の気性　テアトル・ド・ムッシュー）　第3部　革命の暗雲（運命の宴　王室一家の逃亡　もうひとりのレオナール　運命の伝言　亡命先のレオナール）　第4部　生きのびるための戦い（悲しい出来事　今は亡き王妃　レオナール、ふたたび櫛をとる妃　十六年後　レオナール最後の策略）

＊高くそびえる奇抜な髪形を考案、あふれる才能と天才的な技術を持ち、王妃が終生信頼を寄せた髪結い、レオナール・オーティエが見た激動の時代。日常生活、ファッション、人間関係、革命、逃亡事件、その後の混乱…彼の回顧録を精査しながら再構成。間近にいた者のみが知りえた王妃の真実の姿。

オト〔32〜69〕 Marcus Salvius Otho

◇ローマ皇帝伝　下　スエトニウス著,国原吉之助訳　岩波書店　2018.5　403,20p　15cm　（岩波文庫）　1130円　Ⓘ4-00-334402-2　Ⓝ232.8

内容　第4巻　カリグラ　第5巻　クラウディウス　第6巻　ネロ　第7巻（ガルバ　オト　ウィテリウス）　第8巻（ウェスパシアヌス　ティトゥス　ドミティアヌス）

＊我が妹を妻とし、帝国資産をまたたく間に蕩尽したあげく自らを神と崇めよと命ずるカリグラ。権力を争って母を殺し、さらに首都に火を放って遠望する焔の美しさに恍惚とするネロ。簡潔直截に次々と繰りだされてゆく豊富な逸話の中から、放恣残虐の限りを尽す歴代ローマ皇帝たちの姿がなまなましく立ち現われてくる。

オノルド, A.〔1985〜〕 Honnold, Alex

◇アローンオンザウォール―単独登攀者、アレックス・オノルドの軌跡　アレックス・オノルド,デイヴィッド・ロバーツ著,堀内瑛司訳　山と溪谷社　2016.3　342p　20cm　2500円　Ⓘ978-4-635-34031-1　Ⓝ786.16

内容　第1章　ムーンライト・バットレス　第2章　独りきりの地獄　第3章　恐怖と愛　第4章　世界を旅する　第5章　ヨセミテ・トリプル　第6章　スピード記録　第7章　アラスカとセンデロ・ルミノソ　第8章　フィッツ・ロイ　第9章　さらなる高みへ

＊ロープなし。落ちたら最後。男はなぜ、極限のフリーソロに挑むのか―クライミングで今、最も気になる男の「魂」の書。これまでのクライミングの常識を覆し、驚異的なフリーソロの記録を出し続けてきたアレックス・オノルドが半生を振り返り、自らのクライミング哲学を語る。自身も登山家で山岳ノンフィクション作家として知られるデイヴィッド・ロバーツが共著に加わり、極限スポーツのさらなる極限に挑み続ける男の人物像を描き出す。

オバマ, B.〔1961〜〕 Obama, Barack

◇懸け橋（ブリッジ）―オバマとブラック・ポリティクス　上　デイヴィッド・レムニック著,石井栄司訳　白水社　2014.12　418p　20cm　2800円　Ⓘ978-4-560-08387-1　Ⓝ316.853

内容　プロローグ　ヨシュア・ジェネレーション　1（複雑な運命　表層と底引き流　誰も私の名を知らない）　2（黒いメトロポリス　野心　上昇のナラティブ）　3（誰から派遣されたわけでもない）

＊ピュリツァー賞作家渾身の書き下ろし！　アフリカン・アメリカン出身の大統領の来歴を、『モハメド・アリ』の著者が手練れの技で、建国以来のブラック・ポリティクスに位置づける。

◇懸け橋（ブリッジ）―オバマとブラック・ポリティクス　下　デイヴィッド・レムニック著,石井栄司訳　白水社　2014.12　394,8p　20cm　〈文献あり〉　2900円　Ⓘ978-4-560-08388-8　Ⓝ316.853

内容　3（十分に黒人的か　荒野の選挙戦　再建　正義の風）　4（かすかな狂気　眠れる巨人　人種のファンハウス　ジェレマイアの書）　5（「どれくらいかかるのか？　もうすぐだ」　ホワイトハウスへ）

＊米ジャーナリズムの旗手、堂々たる傑作！　血の日曜日事件、ジョンソン大統領との蜜月、そしてキング牧師の涙―公民権運動から半世紀。人種に揺れる「アメリカの心の歌」。

◇オリバー・ストーンが語るもうひとつのアメリカ史　3　帝国の緩やかな黄昏　オリバー・ストーン,ピーター・カズニック著　金子浩,柴田裕之,夏目大訳　早川書房　2015.7　549p　16cm　（ハヤカワ文庫　NF　441）　1100円　Ⓘ978-4-15-050441-0　Ⓝ253.07

内容　第10章　デタントの崩壊―真昼の暗黒（フォード大統領の時代―アメリカの受けた痛手　南ベトナムの敗北と、反故にされたベトナムへの資金供与協定ほか）　第11章　レーガン時代―民主主義の暗殺（「想像を絶する」、レーガン大統領の知的レベル　「ラテンアメリカがあんなにたくさんの国に分かれていたなんて驚いたよ」ほか）　第12章　冷戦の終結―機会の逸失（ゴルバチョフ、冷戦の終結を宣言　ブッシュ・シニア―「究極のエスタブリッシュメント」大統領候補　ほか）　第13章　ブッシュ＝チェイニー体制の瓦解―「イラクでは地獄の門が開いている」（イスラム過激派による9・11テロの衝撃　ネオコンにとって、9・11は「新たな真珠湾のような」好機だった　ほか）　第14章　オバマ―傷ついた帝国の運営（「救済者」と思えたオバマは、事態をより悪化させた　経済顧問はほぼ全員、金融危機を招いたルービンの手下―彼らは嬉々として銀行家たちを救済したほか）

＊ソ連との緊張緩和の機運は政権内のタカ派により圧殺された。ソ連崩壊後単独の覇権を握ったアメリカは世界の警察のごとく振舞い始めるが、史上最低と呼ばれる大統領のもと、同時に経済の瓦解が始まった。しかし9・11テロの打撃を口実に軍事費は増大し続ける。国民は改革の兆しを初の黒人大統領、オバマに託すが、希望はすぐに失望に変わった…頽廃が忍び寄る「帝国」の病理を容赦なく描き出す歴史超大作完結篇。

◇第44代アメリカ合衆国大統領バラク・オバマ演説集―対訳版　バラク・オバマ述,国際情勢研

オハリン

究会編　ゴマブックス　2017.3　222p　19cm　1680円　①978-4-7771-1893-9　Ⓝ310.4
　内容　はじめに―バラク・オバマ氏の半生　民主党党大会基調演説―2004年7月27日マサチューセッツ州ボストン　指名受諾演説―2008年8月28日コロラド州デンバー　勝利演説―2008年11月4日イリノイ州シカゴ　大統領就任演説―2009年1月20日ワシントンD.C.　プラハ非核演説―2009年4月5日チェコ・プラハ　広島スピーチ―2016年5月27日日本・広島　大統領退任演説―2017年1月10日イリノイ州シカゴ
　＊2004年の「基調演説」から2017年の「退任演説」まで世界の人々に感動を与えた名演説を全文掲載！

◇列伝アメリカ史　松尾弌之著　大修館書店　2017.6　309p　20cm　〈他言語標題：Movers in American History　年表あり　索引あり〉　2300円　①978-4-469-24605-6　Ⓝ285.3
　内容　ポカホンタス―征服された新天地の象徴　アン・ハッチンソン―異議申し立ての系譜　トマス・ジェファソン―アメリカ独立宣言の起草者　ハリエット・タブマン―逃亡奴隷に居場所を用意した女性　メリー・B.エディ―金ぴか時代の治癒方法　ジョン・D.ロックフェラー―豊かなアメリカを作りあげた「強盗貴族」　セオドア・ローズベルト―二〇世紀を形づくった大統領　チャールズ・A.リンドバーグ―機械と共存した英雄　フランクリン・D.ローズベルト―パックス・アメリカーナをもたらした大統領　チャーリー・チャップリン―繁栄の時代の反逆児　ジョン・F.ケネディ―期待に満ちた時代の若い大統領　ベティ・フリーダン―対抗文化運動のうねり　リチャード・M.ニクソン―多様性の時代に立ち向かった大統領　バラク・H.オバマ―希望を信じ忍耐を貫いた黒人大統領　ドナルド・J.トランプ―人民の人民による人民のための政治
　＊ポカホンタスからトランプまで。時代に影響を与えた人々の人生の物語を通していきいきと描く魅力あふれるアメリカ史。

◇24歳の僕が、オバマ大統領のスピーチライターに?!　デビッド・リット著、山田美明訳　光文社　2018.5　471p　19cm　2000円　①978-4-334-96218-0　Ⓝ312.53
　内容　序　エアフォースワンのルッコラ・サラダ　第1部　オバマ・ボット(有頂天　ホワイトハウスの仕事につかない方法　採用決定　権力の回廊　トイレのサーモン　ほか)　第2部　私たちが歴史に占める(さやかな)場所(ヒトラーとリップス　煉獄のジュース　聖なる闘い　一文なし　バケツ　ほか)　終　サソリを踏みつぶす
　＊歴史に残る名演説の舞台裏。お笑い担当スピーチライターが描く、オバマ大統領の素顔とホワイトハウスの内幕。エスクァイア誌ブックオブザイヤー。ニューヨークタイムズベストセラー。

オパーリン, A.I.〔1894～1980〕
Oparin, Aleksandr Ivanovich

◇オパーリン　江上生子著　新装版　清水書院　2016.9　243p　19cm　〈Century Books―人と思想　183〉〈文献あり　年譜あり　索引あり〉　1200円　①978-4-389-42183-0　Ⓝ289.3
　内容　1　オパーリンの訪日　2　若きオパーリン　3　『生命の起原』の誕生　4　激動と凍結の中で　5　本格的な生命起原説　6　晩年のオパーリンとその周辺
　＊『生命の起原』の著者オパーリンは、一九五五年秋、日本を訪れた。各地で催された講演会は盛況で、ソ連の生化学者として親しまれ、その著作は広範な読者を獲得した。日本との交流は生涯、途絶えることはなかった。一九三六年の原著『地球上の生命の発生』は、有機物から生命が生成する過程に「コアセルヴェート液滴」を想定した仮説を提示したものとして知られる。五年後に増補版が、さらに一九五七年には新しい自然科学の諸成果を踏まえた改訂版が刊行された。無生物から生物への物質の進化を探究する試みは共鳴者を広げ、科学的な研究課題として承認されて、国際的な学会の設立へとつながった。本書では、オパーリンの言説の展開をたどり、「生命の本質はその発生の歴史を知ることなしには認識できない」とする彼の思想と立場を検証する。

オブレノビチ, D.〔1864～1903〕
Obrenović, Draginja "Draga"

◇王妃たちの最期の日々　下　ジャン＝クリストフ・ビュイッソン、ジャン・セヴィリア編、神田順子、土居佳代子、山川洋子訳　原書房　2017.4　228p　20cm　2000円　①978-4-562-05386-5　Ⓝ288.493
　内容　11　トリアノンから断頭台へ―マリー＝アントワネット/パリ、一七九三年一〇月一六日　12　息子の復讐―ロシアのエカチェリーナ二世/サンクトペテルブルク、一七九六年一一月六日(太陽暦一一月一七日)　13　皇后の二度の死―ジョゼフィーヌ・ド・ボアルネ/リュエイュ＝マルメゾン、一八一四年五月二九日　14　苦しみつづけ、さまよいつづけた魂の飛翔―オーストリア皇妃エリーザベト(愛称シシ)/ジュネーヴ、一八九八年九月一〇日　15　一つの時代の終焉―ヴィクトリア女王/ワイト島、オズボーン・ハウス、一九〇一年一月二二日　16　呪われた王妃―ドラガ・オブレノヴィチ/ベオグラード、一九〇三年六月一一日　17　ロマノフ朝最後の皇后の死にいたる苦難の道―アレクサンドラ・フョードロヴナ/エカテリンブルク、一九一八年七月一七日　18　フランス最後の皇后―ウジェニー・ド・モンティジョ/マドリード、一九二〇年七月一一日　19　精神を闇に閉ざされた六〇年―シャルロッテ・フォン・ベルギエン/バウハウト城、一九二七年一月一九日　20　あまりに理不尽な死―ベルギー王妃アストリッド/キュスナハト・アム・リギ、一九三五年八月二九日
　＊マリー＝アントワネット、エカチェリーナ2世、ジョゼフィーヌ、エリーザベト(シシ)…信仰心、病魔、処刑台…世界史に大きな影響をあたえたさまざまな人生と運命を描く物語！

オー・ヘンリー〔1862～1910〕　O.Henry

◇O.ヘンリー「最後の一葉」　横山千晶編著　慶應義塾大学出版会　2015.8　257p　21cm　〈深読み名作文学〉〈他言語標題：O.Henry "The Last Leaf"　文献あり〉　2400円　①978-4-7664-2211-5　Ⓝ933.7
　内容　第1章　「最後の一葉」を英語で読んでみよう(「最後の一葉」を英語で読む前に―4つのルール　「最後の一葉」の英語、訳、読み解きのポイント)　第2章　「最後の一葉」の謎(O.ヘンリーが描くニューヨーク、レストラン事情　女性が文化を創る!?―スーとジョンシーの不思議な関係　O.ヘンリーとJapan

東部、西部に出会う―スーの絵に見る「東部が作った西部」 Very Blue and Very Useless？―青の謎) 第3章 「最後の一葉」から知る当時の文化(ビショップ・スリーブをめぐってみると……O.ヘンリーが教えてくれるニューヨークおしゃれ事情 カンヴァスの中のカンヴァス―トロンプ・ルイユとしての「最後の一葉」 「ナポリを見て死ね」じゃないけれど、ジョンシーがナポリを描きたかったワケ―O.ヘンリーと風景画 病と文学―O.ヘンリーと風景画) 第4章 「最後の一葉」を通してもう少し文学を深く楽しむ(男たちの40年間―聖書と芸術と「最後の一葉」 「最後の一葉」を聖書と神話から読み解く O.ヘンリーと"Literature") 付録 「最後の一葉」を訪ねてニューヨークを歩く

＊O.ヘンリーが生み出した名作、「最後の一葉」を英語で読んでみませんか。ただしお堅い教科書ではありませんので、物語や英語を楽しめるよう工夫しています。この本は、まず作者O.ヘンリーの数奇な生涯を紹介します。英語で原作を読んだその後は、さらにこの物語に潜む「謎」解きを楽しみ、O.ヘンリーの生きた時代の文化を心ゆくまで味わってください。英語の文学作品を読み解くコツも伝授します。

オマル・ハイヤーム 〔〜1123〕 Omar Khayyam

◇ルバイヤートの謎―ペルシア詩が誘う考古の世界 金子民雄著 集英社 2016.5 187p 18cm (集英社新書 0834) 700円 ①978-4-08-720834-4 Ⓝ929.931

内容 第1章 『ルバイヤート』とは何か(『ルバイヤート』との出逢い 不穏な時代に広がった四行詩 ほか) 第2章 万能の脈獣医家、オマル・ハイヤーム(オマル・ハイヤームの足跡 数学者、哲学者としてのハイヤーム ほか) 第3章 『ルバイヤート』と私の奇妙な旅(『ルバイヤート』の故郷ニシャプールへ ワインと美女とチューリップの楽園 ほか) 第4章 『ルバイヤート』をめぐるエピソード(宮澤賢治と『ルバイヤート』賢治が飲んだ「チューリップの酒」ほか)

＊『ルバイヤート』とは、一一世紀のペルシアに生まれた天才オマル・ハイヤームが作った四行詩の総称であり、この詩集の名前である。ペルシア文化の精髄の一つと言われるこの詩集は一九世紀、英国詩人フィッツジェラルド訳で注目を集め、今や世界中で翻訳されている。著者は、深い諦観と享楽主義が同居するこの詩の世界に触れることで、西域探検史、特に探検家ヘディン研究の第一人者として、中央アジア史と東南アジア史の調査研究を続ける道を拓いた。謎に満ち、今も人々を魅了する『ルバイヤート』。長年の研究調査で知り得たエピソードをまじえ解説し、その魅力と謎に迫る、誘いの一冊。

オーマンディ, E. 〔1899〜1985〕 Ormandy, Eugene

◇偉大なる指揮者たち―トスカニーニからカラヤン、小澤、ラトルへの系譜 クリスチャン・メルラン著 神奈川夏子訳 ヤマハミュージックメディア 2014.11 389,7p 21cm 2800円 ①978-4-636-90301-0 Ⓝ762.8

内容 アルトゥーロ・トスカニーニ ウィレム・メンゲルベルク セルゲイ・クーセヴィツキー ピエール・モントゥー ブルーノ・ワルター サー・トーマス・ビーチャム レオポルド・ストコフスキー エルネスト・アンセルメ オットー・クレンペラー ヴィルヘルム・フルトヴェングラー 〔ほか〕

＊指揮の特徴や楽団員からの評価、生い立ちや普段の振る舞い、家族関係など、50人のマエストロたちの素顔を描き出す。オーケストラ指揮の知られざる側面に迫った評伝集。

オリゲネス 〔185〜254〕 Origenes

◇キリスト教の主要神学者 上 テルトゥリアヌスからカルヴァンまで F.W.グラーフ編、片柳榮一監訳 教文館 2014.8 360,5p 21cm 3900円 ①978-4-7642-7383-2 Ⓝ191.028

内容 マルキオン(八五頃・一六〇頃) カルタゴのテルトゥリアヌス(二/三世紀) オリゲネス(一八五/一八六・二五四) ニッサのグレゴリオス(三四〇頃・三九四以後) アウグスティヌス(三五四・四三〇) カンタベリーのアンセルムス(一〇三三/一〇三四・一一〇九) クレルヴォーのベルナール(一〇九〇・一一五三) トマス・アクィナス(一二二四/一二二五・一二七四) マイスター・エックハルト(一二六〇頃・一三二八) ヨハネス・ドゥンス・スコトゥス(一二六五/一二六六・一三〇八) ロベルト・ベラルミーノ(一五四二・一六二一)

＊多彩にして曲折に富む2000年の神学史の中で、特に異彩を放つ古典的代表者を精選し、彼らの生涯・著作・影響を通して神学の争点と全体像を描き出す野心的試み。正統と異端が織り成すダイナミズムによって生まれた神学の魅力と核心を、第一級の研究者が描き出す。上巻では古代から宗教改革期に活躍した16名の神学者を紹介する。

◇キリスト教思想の形成者たち―パウロからカール・バルトまで ハンス・キュンク著、片山寛訳 新教出版社 2014.10 345p 20cm 2900円 ①978-4-400-32423-2 Ⓝ191.028

内容 パウロ―キリスト教の世界宗教への夜明け オリゲネス―古代とキリスト教精神の偉大な統合 アウグスティヌス―ラテン的・西方的神学の父 トマス・アクィナス―大学の学問と教皇の宮廷神学 マルチン・ルター―パラダイム転換の古典的事例としての福音への回帰 フリードリヒ・シュライエルマッハー―近代の薄明の中の神学 カール・バルト―ポストモダンへの移行における神学 エピローグ―時代にかなった神学への指針

＊キリスト教史にパラダイム転換を画した7人。バチカンから教授資格を停止された神学界の異端児が、鮮やかな筆致でキリスト教の大思想家たちの生涯と思想、その光と影を描き出す。

◇オリゲネス 小高毅著 新装版 清水書院 2016.8 204p 19cm (Century Books―人と思想 113)〈文献あり 年譜あり 索引あり〉1200円 ①978-4-389-42113-7 Ⓝ198.19

内容 序章 アレクサンドリア 1 アレクサンドリアのオリゲネス(殉教者の父 若き教師 旧約聖書の批判研究 『ヘクサプラ』問題提起の『諸原理について』 アレクサンドリア退去) 2 カイサレイアのオリゲネス(教師オリゲネス 聖書釈義家オリゲネス 護教家オリゲネス―『ケルソス駁論』 殉教への憧れ―死) 終章 オリゲネスのその後

＊イエスの死後一五〇年、ヘレニズム文化の中心都市

アレクサンドリアに生まれたオリゲネスは、殉教者となった父からキリスト教信仰を培われ、ユダヤ教・ギリシア哲学・異端との対峙の中で、父なる愛情深い神と、その神から離れキリストによって連れ戻される人間との間に織りなされる壮大なドラマともいうべき神学を構築する。キリスト教神学の揺籃期に生まれたその神学、聖書研究は後世に多大な影響を及ぼし、現代にも大きな波紋を投ずるものである。しかし、その生涯は波乱に富んだものであり、死後もその評価は大きく二分される。死後三〇〇年して異端宣告され、その思想は抹消されるかにみえたが、絶えず人々の関心をひき続け、二〇世紀に至り不死鳥のごとく蘇る。それは一人の偉大な思想家の数奇な生涯と、その思想の脈々と生き続ける活力を示すものである。

オールコック, R.〔1809～1897〕
Alcock, Rutherford

◇幕末維新を動かした8人の外国人　小島英記著　東洋経済新報社　2016.1　335p 19cm 〈文献あり〉　1700円　①978-4-492-06198-5　Ⓝ210.58

内容　第1章 黒船のペリー　第2章 古武士プチャーチン　第3章 敬虔なハリス　第4章 文人外交官オールコック　第5章 幕府を支援したロッシュ　第6章 豪腕パークス　第7章 倒幕の理論家サトウ　第8章 倒幕商人グラバー

＊「外圧」の歴史はここから始まった！幕末日本を振り回した外国人の軌跡をたどることで、国内抗争だけでは見えてこなかった明治維新の実像を明らかにした渾身の大作。

オルテガ＝イ＝ガセット, J.〔1883～1955〕
Ortega y Gasset, José

◇オルテガ　渡辺修著　新装版　清水書院　2014.9　216p 19cm（Century Books—人と思想 138）〈文献あり　年譜あり　索引あり〉　1000円　①978-4-389-42138-0　Ⓝ136

内容　1 生い立ちと生涯（恵まれた環境とドイツ留学　「一八九八年の世代」　政治教育連盟の創設と出版活動　ヨーロッパ知性の導入と政治活動　内戦勃発と亡命生活　晩年の活動）　2 思想の主要テーマ（二〇世紀思想の新しい流れ　木々が森をなす　相対主義と理性主義への批判　ドン＝キホーテとドン＝ファン　文明の境界線　スペインについて　エリートと大衆　歴史的パースペクティヴ　政治思想　自由主義と民主主義　国家論とヨーロッパ統合）

オルト, J.
⇒サルバトール・フォン・エスターライヒ＝トスカーナ, J. を見よ

オールト, J.H.〔1900～1992〕
Oort, Jan Hendrik

◇宇宙を見た人たち—現代天文学入門　二間瀬敏史著　海鳴社　2017.10　270p 19cm　1800円　①978-4-87525-335-8　Ⓝ440.28

内容　第1部 天文学に強力な"道具箱"を提供した観測家たち（ヘンリエッタ・スワン・リービット—宇宙の"物差し"を見つけた　"ハーバード・コンピューターズ"一の才媛　ジョージ・ヘール—巨大望遠鏡時代に道を拓く　ほか）　第2部 科学的宇宙論の開拓者たち（アルベルト・アインシュタイン—現代宇宙論の開拓者　カール・シュヴァルツシルト—塹壕で重力場方程式の解を発見　ほか）　第3部 天文学を豊かにした人びと（クライド・トンボー—新しい太陽系領域に挑んだ人　アーサー・エディントン—恒星天文学の父　ほか）　第4部 "観測の窓"拡大に情熱を傾けた人びと（カール・ジャンスキー—電波天文学の生みの親　早川幸男—戦後の焼け跡で"全波長天文学"への道を敷く　ほか）

＊宇宙は、ブラックホール、超新星爆発、暗黒物質、暗黒エネルギーなど、さまざまな"魔物"や不思議な現象の存在なしには考えられない。この驚天動地の現代天文学の歴史を築いてきた巨人たち—その活躍を、時代背景・生い立ち・人柄などを交え、いきいきと伝える。

オルフ, C.〔1895～1982〕　Orff, Carl

◇オルフ・シュールヴェルクの研究と実践　日本オルフ音楽教育研究会著　朝日出版社　2015.7　16,182p 26cm 〈他言語標題：Theoretische Grundlage und Praxis des ORFF-SCHULWERKS in Japan　文献あり〉　2500円　①978-4-255-00863-9　Ⓝ760.7

内容　第1部 理論編（カール・オルフの生涯と作品　オルフ・シュールヴェルクについて　オルフ・シュールヴェルクの楽器について　わが国への適用の歴史と課題　日本オルフ音楽教育研究会のこれまでと今後の課題　オルフ研究所の史的変遷）　第2部 実践事例編（幼児教育　小学校教育　社会教育　舞踊教育　音楽療法・障がい児教育　保育者養成　教員養成・教員研修）　第3部 資料編

オルフ, M.
⇒ボルフ, M. を見よ

オロゴン, B.〔1973～〕　Ologun, Bobby

◇1週間の食費が300円だった僕が200坪の別荘を買えた本当の理由　ボビー・オロゴン著　サンマーク出版　2016.2　203p 19cm　1300円　①978-4-7631-3503-2　Ⓝ779.9

内容　第1章「ロマン」を追いかけたらお金がついてきた。　第2章 お金は楽しく生きている人が好き。　第3章 お金を生むのは「アイデア」だけだよ。　第4章 人生もお金も、自分でコントロールすることが大切なんだ。　第5章 投資はお金儲けじゃなくて自分を試す場だ。　第6章 自分を好きになれば絶対お金に好かれるよ。

＊ナイジェリアのド田舎からやってきた無一文の若者は憧れの日本でどうやってお金持ちになったのか？　お金は追うと逃げていく。年収200万円でも明日に希望が持てる、お金の引き寄せ方。

【カ】

カー, E.H.〔1892～1982〕
Carr, Edward Hallett

◇〈境界〉を生きる思想家たち　栩木玲子編　法政大学出版局　2016.3　221p　19cm　（国際社会人叢書 2）　1900円　Ⓘ978-4-588-05312-2　Ⓝ280

内容　第1章 E.H.カー（1892-1982）―「自己意識」の歴史学　第2章 ハンナ・アーレント（1906-1975）―20世紀の暴力を「思考」した女　第3章 オクタビオ・パス（1914-1998）―異文化との対話者　第4章 ジャン・ルーシュ（1917-2004）―関係の生成を撮る映像人類学者　第5章 エドゥアール・グリッサン（1928-2011）―"関係"の詩学から全-世界へ　第6章 山口昌男（1931-2013）―"知的"なピーターパンのために　第7章 アマルティア・セン（1933-）―自由と正義のアイデア　第8章 寺山修司（1935-1983）―ポエジイによって越境した「詩人」　第9章 ベネディクト・アンダーソン（1936-2015）―地域研究から世界へ

＊世界に対するまなざしを研ぎ澄ませた9人の思想家が描く鮮やかな軌跡！

◇戦間期国際政治とE・H・カー　山中仁美著　岩波書店　2017.11　164,2p　22cm　〈著作目録あり〉　3200円　Ⓘ978-4-00-061232-6　Ⓝ319

内容　1「E.H.カー研究」の現今の状況をめぐって　2 E.H.カーと第二次世界大戦―国際関係観の推移をめぐる一考察　3 「新しいヨーロッパ」の歴史的地平―E.H.カーの戦後構想の再検討　4 戦間期イギリスの国際関係研究における「理論」―チャタム・ハウスにおけるナショナリズム論をめぐって　5 国際政治をめぐる「理論」と「歴史」―E.H.カーを手がかりとして　付論 書評 西村邦行著『国際政治学の誕生―E.H.カーと近代の隘路』

＊二〇世紀を通じて外交官、国際政治学者、歴史学研究者等として活躍し、『危機の二十年』をはじめとする数々の名著を残したE.H.カーとは果たして何者なのか。あたかも複数の「カー」が並存するかのような学問状況を超えて、複雑で魅力あふれるその思想体系に挑み、知的巨人カーの実像に迫る。

カー, G.H.〔1911～1992〕
Kerr, George Henry

◇沖縄と台湾を愛したジョージ・H・カー先生の思い出　比嘉辰雄,杜祖健編著　那覇　新星出版　2018.3　177p　21cm　〈文献あり〉　1800円　Ⓘ978-4-909366-07-8　Ⓝ289.3

ガイウス・マリウス
⇒マリウス を見よ

ガイウス・ユリウス・サトゥルニヌス
⇒サトゥルニヌス を見よ

ガイギャックス, G.〔1938～2008〕
Gygax, Gary

◇最初のRPGを作った男 ゲイリー・ガイギャックス―想像力の帝国 GARY GYGAX and the Birth of DUNGEONS & DRAGONS　マイケル・ウィットワー著,柳田真坂樹,桂令夫訳　ボーンデジタル　2016.6　348p 図版16p　20cm　〈文献あり 作品目録あり 年表あり〉　2700円　Ⓘ978-4-86246-347-0　Ⓝ798.5

内容　序章 記憶の街　レベル1　レベル2　レベル3　レベル4　レベル5　レベル6　レベル7　レベル8　レベル9

ガイトナー, T.F.〔1961～〕
Geithner, Timothy Franz

◇ガイトナー回顧録―金融危機の真相　ティモシー・F・ガイトナー著,伏見威蕃訳　日本経済新聞出版社　2015.8　685p 図版16p　20cm　4000円　Ⓘ978-4-532-16962-6　Ⓝ338.253

内容　海外に出たアメリカ人　危機で学んだこと　逆風に立ち向かう　燃えるにまかせろ　崩壊　「私たちはこれを解決します」　火中へ　計画は無計画に勝る　状況は改善、気分は最悪　改革を目指す戦い　余震　金融危機を回顧する

＊米国最大の危機を救った男。バブル崩壊直後の東京に駐在し、「失われた10年」を熟知するガイトナーが財務長官時代に実行した、未曾有の金融危機への対処を赤裸々に語る。

カイパー, G.P.〔1905～1973〕
Kuiper, Gerard Peter

◇宇宙を見た人たち―現代天文学入門　二間瀬敏史著　海鳴社　2017.10　270p　19cm　1800円　Ⓘ978-4-87525-335-8　Ⓝ440.28

内容　第1部 天文学に強力な"道具箱"を提供した観測家たち（ヘンリエッタ・スワン・リービット―宇宙の"物差し"を見つけた　ハーバード・コンピューターズ―一の才媛　ジョージ・ヘール―巨大望遠鏡時代に道を拓く　ほか）　第2部 科学的宇宙論の開拓者たち（アルベルト・アインシュタイン―現代宇宙論の開拓者　カール・シュヴァルツシルト―塹壕で重力場方程式の解を発見　ほか）　第3部 天文学を豊かにした人びと（クライド・トンボー―新しい太陽系領域に挑んだ人　アーサー・エディントン―恒星天文学の父　ほか）　第4部 "観測の窓"拡大に情熱を傾けた人々（カール・ジャンスキー―電波天文学の生みの親　早川幸男―戦後の焼け跡で"全波長天文学"への道を敷く　ほか）

＊宇宙は、ブラックホール、超新星爆発、暗黒物質、暗黒エネルギーなど、さまざまな"魔物"や不可思議な現象の存在なしには考えられない。この驚天動地の現代天文学の歴史を築いてきた巨人たち―その活躍を、時代背景・生い立ち・人柄などを交え、いきいきと伝える。

カイヨワ, R.〔1913～1978〕
Caillois, Roger

◇アルペイオスの流れ―旅路の果てに〈改訳〉　ロジェ・カイヨワ著,金井裕訳　法政大学出版局

2018.4 228p 20cm 〈叢書・ウニベルシタス 1078〉〈「旅路の果てに」(1982年刊)の改題、改訳〉 3400円 ⓘ978-4-588-01078-1 Ⓝ135.5

[内容] 第1部(昨日はまだ自然―最初の知 少年時代の豊かな刻印 海―人の耕さぬところ 物の援け イメージと詩 植物の条件 石についての要約) 第2部(宇宙―碁盤と茨の茂み 水泡 挿話的な種 魂の凪)

*ギリシアの川神に託して自らの思想の遍歴を語る。海から出て、やがて辿り着く新しい岸辺でふたたび川となる、アルペイオスの流れ。詩、文学、幻想とイメージ、遊び、自然、様々な物との出会いから一個の"石"へ、そして、挿話的な種としての人類という岸辺に。生前最後に内的形成の軌跡を著した自伝的作品の傑作。マルセル・プルースト賞受賞。

カイル, C.〔1974～2013〕 Kyle, Chris

◇アメリカン・スナイパー クリス・カイル, ジム・デフェリス, スコット・マキューエン著, 田口俊樹他訳 早川書房 2015.2 499p 16cm (ハヤカワ文庫 NF 427) 920円 ⓘ978-4-15-050427-4 Ⓝ936

[内容] 荒馬乗りと気晴らし 震え 拿捕 生きられるのはあと五分 スナイパー 死の分配 窮地 家族との衝突 パニッシャーズ ラマディの悪魔 負傷者 試練 いつかは死ぬ 帰宅と退役

*アメリカ海軍特殊部隊SEAL所属の狙撃手クリス・カイル。彼はイラク戦争に四度にわたり従軍して、160人の敵を仕留めた。これは米軍史上、狙撃成功の最高記録である。守られた味方からは「伝説」と尊敬され、敵軍からは「悪魔」と恐れられたカイルは、はたして英雄なのか？ 殺人者なのか？ 本書は、そのカイルが、みずからの歩みと戦争や家族に対する想いを綴る真実の記録である。クリント・イーストウッド監督映画原作。

◇アメリカン・スナイパー―クリス・カイルの伝説と真実 マイケル・J・ムーニー著, 有澤真庭訳 竹書房 2015.4 204p 15cm (竹書房文庫 む3-1) 600円 ⓘ978-4-8019-0301-2 Ⓝ289.3

[内容] 二〇一三年二月十一日 悪魔と呼ばれた男 後悔したことは一度もない ケンカを始める側でなく、終わらせる側 目指すはSEAL一筋 SEALなんかとは結婚しない 伝説の始まり 連中は自分の国を愛していないんだよ 性根に喝を入れた スナイパー、ウォール・ストリートと出会う 鹿にまつわるおとぎ話 尊敬は自分で稼がねば得られない、そして示さないといけない 魂をトラックの新車と交換してしまった男 ただのクリス・カイルとして覚えて欲しかったんだ ときに人は、伝説を信じる必要がある そして伝説は続く

*2013年2月11日、巨大なアリーナ"カウボーイズ・スタジアム"にて一人の男の葬儀が行われ、多くの弔問客が集った。クリス・カイル、本名クリストファー・スコット・カイル。幼い頃から軍人を目指した彼は、1999年米海軍に入隊。退役した09年まで特殊部隊"ネイビー・シールズ"に属した伝説のスナイパーだ。2003年に始まったイラク戦争には4回にわたって派遣、常人離れした狙撃の腕で、公式記録としては米軍史上最多の160人を射殺した。味方からは「伝説」、敵からは「悪魔」とその

素顔とは―。本書は、生前の故人を始め、妻や友人らへの取材を通し、クリス・カイルというひとりの男の「伝説」と「真実」に迫ったものである。

ガウク, J.〔1940～〕 Gauck, Joachim

◇ガウク自伝―夏に訪れた冬、秋に訪れた春 ヨアヒム・ガウク著, 新野守広訳 論創社 2017.10 432p 22cm 〈年表あり〉 3800円 ⓘ978-4-8460-1667-8 Ⓝ289.3

[内容] 『私がそこからやって来たところは…』夏に訪れた冬 去るべきか、とどまるべきか 道を探して 布教活動スタート 社会主義の中に存在する教会とは？ 赤い統制教育 例えば―落書きと国外追放 秋に訪れた春 人民議会、ついに自由に選ばれて プランなき立ち上げ 混乱の年月 『私の考える自由』 五月のベルリン 三年が経って

*牧師から大統領へ―2017年3月までドイツ連邦共和国大統領を務めた著者は、幼少期に敗戦を迎え、東西分断、ベルリンの壁崩壊など、激動の時代を旧東ドイツで牧師として活動したのち、再統一を目前に政治家へ転身する。東西の狭間で葛藤する人々、共に統一へと道を切り開いた人々との数々のエピソードを交え、ドイツ現代史を赤裸々に語る。

ガウス, C.F.〔1777～1855〕 Gauss, Carl Friedrich

◇ユークリッドの窓―平行線から超空間にいたる幾何学の物語 レナード・ムロディナウ著, 青木薫訳 筑摩書房 2015.2 418p 15cm (ちくま学芸文庫 ム6-1―〔Math ＆ Science〕) 〈日本放送出版協会 2003年刊の再刊〉 1400円 ⓘ978-4-480-09645-6 Ⓝ414.02

[内容] 第1部 ユークリッドの物語 (最初の革命 課税のための幾何学 ほか) 第2部 デカルトの物語 (位置の革命 緯度と経度 ほか) 第3部 ガウスの物語 (曲がった空間の革命 プトレマイオスの過ち ほか) 第4部 アインシュタインの物語 (光速革命 若き日のマイケルソンとエーテルという概念 ほか) 第5部 ウィッテンの物語 (奇妙な革命 シュワーツにしか見えない美しいひも ほか)

*紀元前の古代ギリシャ。単なる測量術にすぎなかった人類の知恵を、「幾何学」という一つの学問にまで高めた数学者がいた。ユークリッドだ。円と直線の組み合わせで描かれる世界観はその後のものの見方を決定づけ、幾何学に革命が起こるたびに、より深い真実があることが明らかになってきた。ガウスの非ユークリッド幾何学、アインシュタインの相対性理論、そしてウィッテンのひも理論。世界の見方は古代以来変わり続け、数学と物理の深い関係が今、明らかになってきた。ユークリッドが開いたのは、宇宙の姿を見せてくれる窓だったのだ。『スタートレック』の脚本家が誘う3000年のタイムトラベル。

◇リーマンと代数関数論―西欧近代の数学の結節点 高瀬正仁著 東京大学出版会 2016.11 303p 22cm 〈他言語標題：Bernhard Riemann and the Theory of Algebraic Functions 文献あり 索引あり〉 4800円 ⓘ978-4-13-061311-8 Ⓝ413.5

[内容] 第1章 代数関数とは何か―オイラーの関数概念

とその変容(関数概念を振り返って 関数の世界と曲線の世界 ほか) 第2章 カナリアのように歌う—リーマンの「面」の発見(修業時代 ベルリンの数学者たち ほか) 第3章 楕円関数論のはじまり—楕円関数の等分と変換に関するアーベルの理論(楕円関数論の二つの起源—萌芽の発見と虚数乗法論への道 クレルレの手紙 ほか) 第4章 アーベル関数の理論—ヤコビの逆問題の探究(「パリの論文」からアーベル関数論へ アーベル積分の等分と変換に関するヤコビとエルミートの理論) 第5章 多変数代数関数論の夢—リーマンを越えて(ガウスの『アリトメチカ研究』とヒルベルトの第12問題 岡潔の遺稿「リーマンの定理」と多変数代数関数論の夢)
* 数学の巨人たちの夢の系譜をたどる。オイラー、ガウス、アーベル、ヤコビ、ヒルベルト、岡潔、…。関数概念のはじまりから、アーベルの関数論、そして多変数代数関数論へ。論文と史実から読み解かれた数学の世界へ、精密で巧みな文章が読者を誘う。

◇数学をつくった天才たち 立田奨著 辰巳出版 2018.3 191p 19cm 〈「天才たちのつくった数学の世界」(綜合図書 2015年刊)の改題、加筆・再編集〉 1200円 ①978-4-7778-2051-1 Ⓝ410.28

内容 1 数学の礎をつくった3人の巨匠(アルキメデス—人類史上第一級といえる科学者 アイザック・ニュートン—微分・積分学の祖 カール・フリードリヒ・ガウス—19世紀最大の数学者) 2 数学の歴史をつくった巨人たち(ベルンハルト・リーマン—未だ解かれることのない未解決問題を提唱 レオンハルト・オイラー—最高に美しい公式を作り上げた盲目の数学者 アンリ・ポアンカレ—宇宙の形の解明に一歩迫った直観タイプの数学者 ほか) 3 数学の新たな道を開拓した天才たち(アレクサンドル・グロタンディーク—スキーム論を築き新しい数論を打ち立てた21世紀最大の数学者 小平邦彦—ヘルマン・ワイルに見いだされ日本人初のフィールズ賞を受賞 グレゴリー・ペレルマン—ポアンカレ予想を解決しても社会的名誉を辞退 ほか)
* 定理、公式、理論…わからなくても面白い!生きるために数学をする≠「数学」のために生きる。数奇な運命をたどった、愛すべき変人(天才)の生涯!

ガウディ, A. 〔1852〜1926〕
Gaudí y Cornet, Antonio

◇もっと知りたいガウディ—生涯と作品 入江正之著 東京美術 2014.7 95p 26cm 〈アート・ビギナーズ・コレクション〉〈文献あり〉 2000円 ①978-4-8087-0993-8 Ⓝ523.36

内容 第1章 建築家の夢の実現へ—バルセロナに移住(カザ・ビセンス 別荘エル・カプリチョ) 第2章 運命を決定づけるパトロン、グエイとの出会い(グエイ別邸 グエイ邸 グエイの酒蔵 テレジア学院 アストルガの司教館 カサ・デ・ロス・ボティネス ベリェスガール 聖山モンセラットの「栄光の第一秘跡」 マリョルカ大聖堂の修復 カザ・カルベット) 第3章 ガウディ集大成の豊饒な建築作品群(カザ・バッリョ カザ・ミラ グエイ公園 クルニア・グエイ教会 サグラダ・ファミリア贖罪聖堂)

◇僕はガウディ モリー・クレイプール文, クリスティナ・クリストフォロウ絵, 岩崎亜矢監訳, 井上舞訳 パイインターナショナル 2017.9 80p 23cm (芸術家たちの素顔 10) 1600円 ①978-4-7562-4910-4 Ⓝ523.36

カウフマン, J. 〔1969〜〕 Kaufmann, Jonas

◇テナー—ヨナス・カウフマン トーマス・フォイクト著, 伊藤アリスン澄子訳 小学館 2016.11 319p 20cm 〈作品目録あり 年譜あり〉 2800円 ①978-4-09-388511-9 Ⓝ762.34

内容 欲望という名のテナー 生い立ちから二十五歳まで ザールブリュッケン 転機 ムジークテアター母船チューリッヒ 夢が叶った! マネージメントとPR 病気によるキャンセル ヴェルディとワーグナー 故郷ミュンヘン フランスとドイツの関係 情感の宮殿にて 演技の後の演技 歌ами は声楽の王心の均衡 受賞歴 年譜 ディスコ・グラフィー
* 「キング・オブ・テナー」こと人気絶頂テノール歌手の初の自伝。日本のファンへのスペシャル・メッセージ入り。ドミンゴ、ネブレトらとのカラー写真も満載!

カエサル, G.J. 〔102〜44B.C.〕
Caesar, Gaius Julius

◇新書 英雄伝—戦史に輝く将星たち 有坂純著 学研教育出版 2015.10 407p 19cm 〈文献あり〉 発売:学研マーケティング 1600円 ①978-4-05-406350-1 Ⓝ283

内容 ペルシア戦争を起こした男—アリスタゴラス伝 わが故郷は遙か—ディオニュシオス伝 われら死にきと—レオニダス伝 サラミスよ、汝は女の産める子らを滅ぼさん—テミストクレス伝 賞金首女王—アルテミシア一世伝 三つの問い—エパメイノンダス伝 偉大なる敵—ハンニバル伝 オリュンピアの落日—アエミリウス・パウルス伝 賽は投げられた—ユリウス・カエサル伝 帝国の夢—ゼノビア女王伝 疾風—衛青・霍去病伝 戦いは、まだ始まっていない—ジョン・ポール=ジョーンズ伝 第一級の戦士—ダヴー元帥伝
* かつて雑誌『タクテクス』(ホビージャパン刊)で熱狂的に支持された伝説の連載が、待望の単行本化!古代ギリシアからナポレオン時代まであまたの英傑が生き生きと甦る!

◇内乱記—カエサル戦記集 カエサル著, 高橋宏幸訳 岩波書店 2015.10 272,31p 20cm 〈他言語標題:Commentarii de bello civili 文献あり 索引あり〉 3000円 ①978-4-00-024173-1 Ⓝ232.4

内容 第1巻(内乱勃発 コルフィーニウムの攻防 ポンペイウス、イタリアを去る ほか) 第2巻(マッシリア攻囲 ヒスパーニア、ワッローの降伏 マッシリア降伏 ほか) 第3巻(カエサル、執政官選挙を実施して当選、経済・行政施策を実施 カエサル、ブルンディシウムへ出発 ポンペイウスの戦争準備 ほか)
* ローマを揺るがせた「カエサルvsポンペイウス」の内乱を、歴史の当事者であるカエサルがみずから描いた不朽の古典。前四九年の戦争勃発から、地中海世界各地での一進一退の攻防、前四八年のエジプトでのポンペイウスの死までを描く。最新の成果に基づき、訳注・解説・索引などを充実させた新訳。「カエサル戦記集」第二弾。

◇ローマ帝国人物列伝　本村凌二著　祥伝社　2016.5　303p　18cm　〈祥伝社新書 463〉　840円　①978-4-396-11463-3　Ⓝ283.2

[内容] 1 建国期―建国期のローマ（ブルトゥス―共和政を樹立した初代執政官　キンキナトゥス―ワシントンが理想とした指導者　ほか）　2 成長期―成長期のローマ（アッピウス―インフラ整備など、類稀なる先見性　ファビウス―耐えがたきを耐える「ローマの盾」　ほか）　3 転換期―転換期のローマ（クラッスス―すべてを手に入れた者が欲したもの　大ポンペイウス―カエサルに敗れた大政治家　ほか）　4 最盛期―最盛期のローマ（ゲルマニクス―夭逝した理想のプリンス　ネロ―気弱な犯罪者だった暴君　ほか）　5 衰亡期―衰亡期のローマ（ガリエヌス―動乱期の賢帝　ディオクレティアヌス―混乱を鎮めた軍人皇帝　ほか）

*ローマの歴史には、独裁も革命もクーデターもあり、「パクス・ロマーナ」と呼ばれた平和な時代もあった。君主政も共和政も貴族政もポピュリズムもあり、多神教も一神教もあった。まさに「歴史の実験場」であり、教訓を得るのに、これほどの素材はない。歴史を学ぶには制度や組織は無視できないが、そこに人間が存在したことを忘れてはならないだろう。本書は、一〇〇〇年を超えるローマ史を五つの時代に分け、三二人の生涯と共に辿うものである。賢帝あり、愚帝あり、英雄から気丈な女性、医学者、宗教家まで。壮大な歴史叙事詩であり、歴史は人なりを実感する一冊。

◇アレクサンドリア戦記・アフリカ戦記・ヒスパーニア戦記　髙橋宏幸訳　岩波書店　2016.7　235,31p　20cm　〈カエサル戦記集〉〈文献あり　年表あり　索引あり〉　3000円　①978-4-00-022092-7　Ⓝ230.2

[内容] アレクサンドリア戦記　アフリカ戦記　ヒスパーニア戦記

*前四八年、パルサロスの戦いでカエサルに敗れたポンペイウスは、エジプトで再起を図るも暗殺される。しかし、その後もカエサル派と反カエサル派との熾烈な内乱はつづいた。アレクサンドリア制圧とクレオパトラの王位継承、ヌミディア王ユバとの対決、スペインでの最後の戦いなどを描いた、貴重なカエサル関連作品の本邦初訳。シリーズ全三冊完結。

◇ローマ皇帝伝　上　スエトニウス著、国原吉之助訳　岩波書店　2018.5　339p　15cm　〈岩波文庫〉　970円　①4-00-334401-4　Ⓝ232.8

[内容] 第1巻 カエサル　第2巻 アウグストゥス　附録 神君アウグストゥスの業績録　第3巻 ティベリウス

*カエサル（シーザー）からドミティアヌス帝まで、帝政ローマに君臨した元首12人の伝記集。著者スエトニウス（70頃‐130頃）は皇帝付きの秘書官。公文書のみならず、同時代の世評・諷刺・落書の類まで細大もらさず渉猟し、ふんだんに散りばめられた逸話は皇帝の知られざる個人生活にまで及ぶ。本邦初の完訳版。（全2冊）

カーク, S〔1949～〕　Kirke, Simon

◇フリー・ザ・コンプリート―伝説のブリティッシュ・ブルース・ロックバンド、栄光と苦悩　デヴィッド・クレイトン, トッド・K.スミス著, 葛葉哲哉訳　Du Books　2017.11　277p　31cm　〈発売：ディスクユニオン〉　4200円　①978-4-86647-024-5　Ⓝ764.7

[内容] ポール・コゾフ　サイモン・カーク　ポール・ロジャース　アンディ・フレイザー　胎動―High Octane Blues　熱情―Tons Of Sobs　亀裂―I'll Be Creeping　停滞―Growing Pains　暁光―All Right Now　陶酔―Freemania〔ほか〕

*本書に書けているのは、フリーの盛衰である。シングルとアルバムがヒットした興奮の日々、そして、それが原因となり、1971年、最初の解散を迎える。短い期間を駆け抜けたバンド（コゾフ・カーク・テツ・ラビット、ピース、トビー）を経て、1972年に再結成。その理由が語られる。1973年、最終的な解散。それがバッド・カンパニー、シャーク、バック・ストリート・クローラーにつながり、1976年、ポール・コゾフが悲劇的な最後を遂げる。フリーは本当に終わったのであった。

カーザー, M.〔1906～1997〕　Kaser, Max

◇ミュンスター法学者列伝―中央大学・ミュンスター大学交流30周年記念　トーマス・ヘェーレン編著, 山内惟介編訳　八王子　中央大学出版部　2018.11　568p　21cm　〈日本比較法研究所翻訳叢書 80〉〈索引あり〉　6700円　①978-4-8057-0381-6　Ⓝ322.8

[内容] 旧制大学―アントン・マティアス・シュブリックマン（1749年～1833年）　ルードルフ・ヒス（1870年～1938年）―ミュンスター大学のスイス人刑法史学者　ハンス・バーゲンコップ（1901年～1983年）―ミュンスター大学地方自治研究所創設者　脇役から主役へ―国法学者、フリートリッヒ・クライン（1908年～1974年）　正義のための戦いの中で―刑事訴訟法学者、カール・ペータース（1904年～1998年）　ミュンスター大学の租税法―オットマール・ビューラー（1884年～1965年）　生活事実から法へ―ヴァルター・エルマン（1904年～1982年）　ミュンスターのフリースラント出身者―ハリー・ヴェスターマン（1909年～1986年）　マックス・カーザー（1906年～1997年）―学者生活のダイジェスト　ヘルムート・シェルスキィ（1912年～1984年）―幸福感溢れる世代の遅すぎた懐疑　行政法学―ハンス＝ユリウス・ヴォルフ（1898年～1976年）　刑法学者―ヨハネス・ヴェセルス（1923年～2005年）　波乱の時代の労働法―アルフレート・ヒュック（1889年～1975年）とロルフ・ディーツ（1902年～1971年）　環境法・都市計画法―ヴェルナー・ホッペ（1930年～2009年）　あなたはどのように判断されるか？―ハンス・ブロクス（1920年～2009年）　学理と実務における保険法―ヘルムート・コロサー（1934年～2004年）　オットー・ザンドロック―（1930年～2017年）　ベルンハルト・グロスフェルト―（1933年～）

カサット, M.S.〔1844～1926〕　Cassatt, Mary Stevenson

◇印象派という革命　木村泰司著　筑摩書房　2018.10　306p　15cm　〈ちくま文庫 き33-2〉〈集英社 2012年刊の再刊　文献あり〉　950円　①978-4-480-43547-7　Ⓝ723.35

[内容] 序章 なぜ日本人は「印象派」が好きなのか　第1章 フランス古典主義と美術アカデミーの流れ―フランス絵画の伝統はいかに作られたか？　第2章 エ

ドゥアール・マネ―モダン・ライフを描いた生粋のパリジャン　第3章　クロード・モネ―色彩分割法を見いだした近代風景画の父　第4章　ピエール＝オーギュスト・ルノワール―見る人に夢を与え続けた肖像画の大家　第5章　エドガー・ドガ―完璧なデッサンで人の動きを瞬間的に捉えた達人　第6章　ベルト・モリゾ&メアリー・カサット―表現の自由を求めた二人の女性画家

＊モネ、ドガ、ルノワール。日本人に人気の印象派の絵は、優しいイメージでとらえられがちです。しかし、じつは美術史に変容をもたらした革新的な芸術運動でした。作品の裏側には、近代社会の幕開けによって、人びとがはじめて味わうことになった孤独と堕落が隠されています。本書では、印象派の絵を合わせ鏡として、時代精神が近代にいかに向き合ったのかを読み解きます。図版資料100点以上収載。

ガザニガ, M.S. 〔1939～〕
Gazzaniga, Michael S.

◇右脳と左脳を見つけた男―認知神経科学の父、脳と人生を語る　マイケル・S・ガザニガ著，小野木明恵訳　青土社　2016.3　411,35p　20cm〈索引あり〉　2800円　Ⓘ978-4-7917-6916-2　Ⓝ491.371

内容　第1部　脳を発見する（科学に飛び込む　分離された心を発見する　脳のモールス信号を探し求めて）　第2部　近くて遠い二つの半球（モジュールの正体を明らかにする　脳の画像化で分離脳手術を検証する　やはり分離していた）　第3部　進化と統合（右脳には言いたいことがある　豪奢な暮らしと奉仕への誘い）　第4部　脳の階層（階層と力学　新しい展望を求めて）

＊ "わたし" はどこにいるのか。認知神経科学の創出、右脳と左脳の役割の発見など輝かしい経歴に彩られた著者が、自らの研究と生涯をふり返る。脳科学の第一人者による貴重な歴史的証言に満ちあふれた初の自伝。

カサノバ, G. 〔1725～1798〕
Casanova, Giacomo

◇カサノヴァ―人類史上最高にモテた男の物語　上　鹿島茂著　キノブックス　2018.3　364p　19cm　〈他言語標題：CASANOVA〉　1900円　Ⓘ978-4-908059-94-0　Ⓝ289.3

＊最高位の貴族夫人から娼婦、少女から熟女までを愛した、天才プレイボーイの生涯。

◇カサノヴァ―人類史上最高にモテた男の物語　下　鹿島茂著　キノブックス　2018.3　372p　19cm　〈他言語標題：CASANOVA〉　1900円　Ⓘ978-4-908059-95-7　Ⓝ289.3

＊「多くの女性に快楽を与えることで自らも快楽を得ることこそ男の本望だというわけだ。カサノヴァは男の中の男だった」愛と官能の古典『カサノヴァ回想録』を徹底解説。

カザルス, P. 〔1876～1973〕　Casals, Pablo

◇パブロ・カザルス―奇跡の旋律　ジャン＝ジャック・ブデュ著，細田晴子監修，遠藤ゆかり訳　大阪　創元社　2014.7　142p　18cm（「知の再発見」双書 164）〈文献あり　年譜あり　索引あり〉　1600円　Ⓘ978-4-422-21224-1　Ⓝ762.36

内容　第1章　生まれながらの音楽家　第2章　飛躍と公認　第3章　バルセロナの指揮者　第4章　プラードの町への亡命　第5章　現代の良心　資料編―良心の人、奇跡の旋律（カザルス、現代流チェロの創始者　カザルスとバッハ　人々の見たカザルス　カタルーニャ人、カザルス　プラード音楽祭の変遷）

カスティリオーネ, G. 〔1688～1766〕
Castiglione, Giuseppe

◇清王朝の宮廷絵画―郎世寧とその周辺の画家たち　王凱著　岡山　大学教育出版　2016.4　201p　22cm　〈他言語標題：Court painting of the Qing dynasty　文献あり〉　2300円　Ⓘ978-4-86429-363-1　Ⓝ722.26

＊清王朝の宮廷画家たちが描いた絵画作品には、当時の中国文化を色濃く再現していることをわかりやすく論じる。

カステリョ, S. 〔1515～1563〕
Castellion, Sébastien

◇カステリョ　出村彰著　新装版　清水書院　2015.9　218p　19cm　（Century Books―人と思想 120）〈年譜あり　索引あり〉　1000円　Ⓘ978-4-389-42120-5　Ⓝ198.3862

内容　1　良心の攻めぎあい（出生と形成　ジュネーヴにてバーゼル時代）　2「三位一体」の秘儀（セルヴェトゥス事件　三位一体論の形成　セルヴェトゥス裁判）　3　長く遠い道（荒野に叫ぶ声　カステリョとブレンツ　寛容論の内実と根拠）

カストロ, F. 〔1926～2016〕　Castro, Fidel

◇キューバ革命勝利への道―フィデル・カストロ自伝　フィデル・カストロ・ルス著，工藤多香子，田中高，富田君子訳　明石書店　2014.10　516p　20cm　4800円　Ⓘ978-4-7503-4086-9　Ⓝ289.3

内容　1958年8月　1958年9月　1958年10月　1958年11月　1958年12月　1959年1月1日

◇カストロとフランコ―冷戦期外交の舞台裏　細田晴子著　筑摩書房　2016.3　250p　18cm（ちくま新書 1177）〈文献あり〉　820円　Ⓘ978-4-480-06886-6　Ⓝ319.591036

内容　序章　三角関係―キューバ・スペイン・米国　第1章　対比列伝―正反対に見える二人の共通項　第2章　形容矛盾―革命前後のキューバとカストロ　第3章　独立自尊―カストロ・キューバをめぐるスペインの独自外交　第4章　遠交近攻―国際社会におけるキューバとスペイン　第5章　大義名分―大義ある人々からプラグマティストへ　第6章　世代交代―ポスト・フランコ＝カストロ時代　終章　万物流転―歴史に名を残すなら

＊社会主義革命を成し遂げたキューバの英雄カストロ、スペイン人民戦線を打倒し長く独裁体制を敷いたフランコ。一見したところ正反対の両者には

密かな、そして強いつながりがあった。強固な反米意識と愛国心、そしてスペイン・ガリシア地方にルーツを持つこの二人に注目してこそ、初めてキューバ革命以降のアメリカ・キューバ・スペイン間の複雑な外交関係が読み解けるのだ。未開拓の外交史料を駆使して、冷戦下の国際政治の舞台裏を明かし、危機を回避した二人の実像に迫る。

◇カストロ兄弟―東西冷戦を生き抜いた強烈な民族主義者 宮本信生著 美術の杜出版 2016.11 287p 19cm 〈発売：星雲社〉 1500円 ①978-4-434-22321-1 Ⓝ312.591

[内容] 第1部 革命に向けて（革命の背景 革命の成就） 第2部 革命初期段階（革命政権 対米関係の崩壊と対ソ関係の構築 キューバ・ミサイル危機 模索と低迷の時代） 第3部 興隆期（ソ連・キューバ関係の再構築 国内政治・経済体制の整備 国際的地位の向上を求めて） 第4部 転換期（キューバ経済低迷の背景 ソ連の衰退とキューバ カストロ政権崩壊せず） 第5部 ラウル・カストロ議長の時代（ラウル・カストロ政権への移行 ラウル政権下の内外政策 ラウル国家評議会議長あて公開書簡）

＊東西冷戦の生き証人、「カストロ兄弟」の実像。キューバ・ミサイル危機の裏の裏。今後のキューバの行方。ラウル・カストロ国家評議会議長への公開書簡。カストロ兄弟の未公開写真掲載。

◇カストロ 上 セルジュ・ラフィ著，神田順子，鈴木知子訳 原書房 2017.12 390p 20cm 2400円 ①978-4-562-05453-4 Ⓝ289.3

[内容] 「うすぎたないユダヤ人」 天使と獣 サンティアゴのゴッドファーザー ダンヘル先生、イエズス会士、無限 カナンの呪い 使徒とギャング 鐘の花婿 ミルタの夢 危険な関係 わたしをアレハンドロとよべ〔ほか〕

＊本書は、フィデル・カストロという迷路をたどる長い旅の結実である。知られざる幼少期、青年時代をふくむ、キューバ革命のカリスマの生涯を描く決定版！ 幼少期から晩年の幅広い時期にわたる貴重な写真を掲載！

◇カストロ 下 セルジュ・ラフィ著，清水珠代，神田順子訳 原書房 2017.12 374,6p 20cm 〈文献あり 年表あり〉 2400円 ①978-4-562-05454-1 Ⓝ289.3

[内容] 夕暮れ前のウベル フアニータの怒り エスカンブライの一斉検挙 カストロ流アルファベット アニバルとゾウたち ニキータ、マリキータ！ オズワルドと「キューバン・コネクション」 キリストはアルト・セコで死んだ アリーナと幽霊たち ドン・ビルヒリオと砂浜の王子さま〔ほか〕

＊『イリアス』を愛読したカストロは英雄アキレウスに憧れ、戦功を渇望する征服者として太く短く生きることを夢見た。伝記、ルポルタージュ、小説、歴史など、多彩な角度から謎の人物像を浮き彫りに！ ルーズヴェルト宛の自筆の手紙をふくむ貴重な巻末資料！

◇チェとフィデル―深き友情 サン・ルイス編，森山也子訳 〔出版地不明〕 『チェとフィデル』日本語版刊行委員会 2017.12 80p 30cm 〈発売：榕樹書林〔宜野湾〕〉 1800円 ①978-4-89805-198-6 Ⓝ289.3

＊原書は2004年ハバナで刊行された『CHE and FIDEL －A Deep Friend Ship－』で本書はその完訳版である。多くの写真をベースにチェ・ゲバラとフィデル・カストロの深い交流と友情を叙情詩的に綴ったグラフ誌で、本書はこれを忠実に再現したものである。キューバ革命のアウトラインを簡略にたどりつつ、チェとフィデルの出会い、シエラ・マエストラ山中での闘い、ハバナへの進軍とバチスタ政権の打倒、キューバ危機等を経てゲバラの新たな旅立ちと別れ、そしてその死までが詩の様に語られていく。本書は2009年に沖縄からキューバを訪問した一人の女性の深い感動を人々に伝えるべく刊行されるものである。

◇カストロとゲバラ 広瀬隆著 集英社インターナショナル 2018.2 253p 18cm（インターナショナル新書 020）〈文献あり 発売：集英社〉 760円 ①978-4-7976-8020-1 Ⓝ259.1

[内容] 第1章 キューバ革命前史（若き日のフィデル・カストロ 革命の発端となったスペイン人とアメリカ政府の対立 ほか） 第2章 革命の決行と国民の蜂起（カストロ兄弟とチェ・ゲバラがキューバ革命を決意した カストロ軍団がキューバ上陸作戦を決行！ ほか） 第3章 社会改革と忍び寄るアメリカの脅威（キューバ政府が農地改革に着手した チェ・ゲバラに与えられた役割 ほか） 第4章 キューバ危機が勃発―米ソ帝国主義の正体（ケネディー政権の誕生とピッグス湾侵攻作戦 キューバ侵攻事件がベトナム戦争の発火点となった ほか） 第5章 生き続けたキューバ革命の民族主義（キューバ人の怒りが向かった矛先 民族主義か、社会主義か―アルジェリアとエジプトとベトナムと連帯したキューバ ほか）

＊青年弁護士だったカストロが、盟友の医師チェ・ゲバラらと共にキューバ革命を成功に導いてから約六〇年。その間キューバは、アメリカ政府の経済封鎖やカストロ暗殺計画に屈することなく、国民が平等で、教育費・医療費が無料の理想国家を築き上げてきた。キューバ危機という、核戦争の恐怖をも乗り越えた二人の革命家から、我々はいま何を学ぶことができるのか？ 現在までのキューバ史を壮大なスケールで描く。

カストロ, R.〔1931～〕 Castro, Raúl

◇カストロ兄弟―東西冷戦を生き抜いた強烈な民族主義者 宮本信生著 美術の杜出版 2016.11 287p 19cm 〈発売：星雲社〉 1500円 ①978-4-434-22321-1 Ⓝ312.591

[内容] 第1部 革命に向けて（革命の背景 革命の成就） 第2部 革命初期段階（革命政権 対米関係の崩壊と対ソ関係の構築 キューバ・ミサイル危機 模索と低迷の時代） 第3部 興隆期（ソ連・キューバ関係の再構築 国内政治・経済体制の整備 国際的地位の向上を求めて） 第4部 転換期（キューバ経済低迷の背景 ソ連の衰退とキューバ カストロ政権崩壊せず） 第5部 ラウル・カストロ議長の時代（ラウル・カストロ政権への移行 ラウル政権下の内外政策 ラウル国家評議会議長あて公開書簡）

＊東西冷戦の生き証人、「カストロ兄弟」の実像。キューバ・ミサイル危機の裏の裏。今後のキューバの行方。ラウル・カストロ国家評議会議長への公開書簡。カストロ兄弟の未公開写真掲載。

ガストン・フェビュス〔1331～1391〕 Gaston Ⅲ de Foix dit Fébus

◇ヨーロッパ史講義 近藤和彦編 山川出版社

2015.5 243p 21cm 2300円 ①978-4-634-64077-1 Ⓝ230

内容 建国神話と歴史—古代ギリシアの「ポリス」世界(佐藤昇) 寓意の思考—魚の象徴学からみた中世ヨーロッパ(千葉敏之) 国王と諸侯—14世紀ガスコーニュに生きたガストン・フェビュスの生涯から(加藤玄) 近世ヨーロッパの複合国家—ポーランド・リトアニアから考える(小山哲) ぜもし帝王・あんじ・源家康—1613年の日英交渉(近藤和彦) 「考えられぬこと」が起きたとき—スチュアート朝三王国とイギリス革命(後藤はる美) 「女性」からみるフランス革命—政治・ジェンダー・家族(天野知恵子) 帝国・科学・アソシエーション—「動物学帝国」という空間(伊東剛史) 大西洋を渡ったヨーロッパ人—19世紀のヨーロッパ移民とアメリカ合衆国(勝田俊樹) 「アルザス・ロレーヌ人」とは誰か—独仏国境地域における国籍(西山暁義) もうひとつのグローバル化を考える—フランコフォニー創設の軌跡をたどりながら(平野千果子) 20世紀のヨーロッパ—連史から照らし出す(池田嘉郎)

＊多彩な問いかけ、新たな地平。古代から現代まで、知的歴史学のオムニバス。

カーソン, R.L. 〔1907〜1964〕
Carson, Rachel Louise

◇レイチェル・カーソン—いまに生きる言葉 上 遠恵子著 翔泳社 2014.7 170p 20cm 1500円 ①978-4-7981-3697-4 Ⓝ289.3

内容 いまレイチェル・カーソンを読み直す 大学時代まで 書くことが好き 科学への迷い 大学院時代 公務員になる 戦争が終わった 『われらをめぐる海』にとりかかる ベストセラーの誕生 さまざまな反響 原子力時代の到来 『海辺』もベストセラーに つかのまの安らぎ 苦難の道 沈黙の春は、騒がしい夏へ カーソンの遺した言葉

＊カーソンが亡くなる半年前の講演は、彼女の遺言とも言うべき思いがあふれている。「汚染を持ちこむという問題の根底には道義的責任—自分の世代ばかりでなく、未来の世代に対しても責任を持つこと—についての問いがあります」『沈黙の春』から半世紀—カーソンが生きていたら、いまの日本を見てなんと言うだろう？

◇レイチェル・カーソン—『沈黙の春』で環境問題を訴えた生物学者 生物学者・作家〈アメリカ〉 筑摩書房編集部著 筑摩書房 2014.10 189p 19cm (ちくま評伝シリーズ〈ポルトレ〉)〈他言語標題：Rachel Carson 文献あり 年譜あり〉 1200円 ①978-4-480-76619-9 Ⓝ930.278

内容 第1章 私が書く 第2章 作家か生物学者か 第3章 人生は海とつながっている 第4章 『われらをめぐる海』 第5章 『沈黙の春』へ 第6章 論争 巻末エッセイ「レイチェル・カーソンが教えてくれたこと」(福岡伸一)

＊「私が書くしかない」『沈黙の春』で公害問題に警鐘を鳴らし、自然との共生を訴えた女性の生涯。

◇運命の海に出会ってレイチェル・カーソン マーティー・ジェザー著, 山口和代訳 新装改訂版 ほるぷ出版 2015.10 163p 19cm 〈文献あり 著作目録あり 年譜あり〉 1400円 ①978-4-593-53521-7 Ⓝ289.3

内容 1 さわがしい春 2 スプリングデールのオアシス 3 運命とつながる海へ 4 ライフワークを見つける 5 海がベストセラーに 6 真実に直面して 7 カーソンの目に映った真実 8 伝説の人へ

＊1962年、化学農薬の汚染を警告したレイチェル・カーソンの『沈黙の春』は、大論争を巻き起こした。エコロジーと自然保護を初めて関連づけて、環境汚染を告発したカーソンは、優れた海洋科学者の草分けでもあった。文学と科学を結びつけ、"自然に仕えた修道女"とよばれたカーソンの清廉な生涯をつづる。

◇レイチェル＝カーソン 太田哲男著 新装版 清水書院 2016.2 215p 19cm (Century Books—人と思想 137)〈文献あり 年譜あり 索引あり〉 1200円 ①978-4-389-42137-3 Ⓝ289.3

内容 1 若き日々(ペンシルヴェニアの小さな町で 大学時代 最初の著作) 2 ベストセラー科学者(『われらをめぐる海』『海辺』) 3 『沈黙の春』(発端 『沈黙の春』の問題提起 『禍のくさり』はどこまで？ 科学者としての手腕 『沈黙の春』出版の後) 4 カーソンの思想—その側面(アメリカ合州国における環境主義の先駆者たち 近代的自然観への批判 『沈黙の春』の意義 現代の危機への対応—カーソンの論の延長線上に)

＊地球環境に大きな変化が現れている。一九九六年に北米やアジアを襲った破壊的な熱帯性の嵐は、地球環境の決定的な変化の前兆だろうか。大気中の二酸化炭素濃度の異常な高まりは、地球温暖化につながると懸念されている。森林の消失、酸性雨なども深刻な状態だ。二〇世紀は「経済の世紀」から「環境の世紀」に移ろうとしているといわれる。その転換点となった一九六〇年代に、先駆的に「環境の世紀の到来を語った人」—それがレイチェル＝カーソンである。彼女の『沈黙の春』は、農薬の問題を中心に論じたものではあるが、今日の環境問題を実に原理的なところで把握した本、「現代」を考えるための必読の本だといえる。

◇レイチェル・カーソンに学ぶ現代環境論—アクティブ・ラーニングによる環境教育の試み 嘉田由紀子, 新川達郎, 村上紗央里編 京都 法律文化社 2017.10 207p 21cm 2600円 ①978-4-589-03875-3 Ⓝ519.07

内容 第1部 レイチェル・カーソンを手がかりとした教育プログラム(レイチェル・カーソンの生涯と思い レイチェル・カーソンから広がる新たな教育実践) 第2部 環境問題への理論的アプローチ(人間にとっての「環境」とは何か 環境問題や環境政策をどのように考えればよいのか 戦後日本公害史とレイチェル・カーソン) 第3部 環境問題への実践的アプローチ(エネルギー・温暖化問題から環境を考える 「水銀に関する水俣条約」をふまえた国内対策 枯れ葉剤被害から環境を考える 身近な食生活と環境とのつながり) 第4部 現代に生きるレイチェル・カーソン(レイチェル・カーソンが伝えたかったこと 命にこだわる政治を求めて) 第5部 「レイチェル・カーソンに学ぶ」教育実践の成果と課題(教育実践の成果と評価 アクティブ・ラーニングによる公共政策学導入教育の可能性)

カーター, D. 〔1982〜〕 Carter, Dan

◇ダン・カーター自伝—オールブラックス伝説の

10番　ダン・カーター, ダンカン・グレイブ著, 児島修訳　東洋館出版社　2016.7　350p 図版16p 19cm 1600円　Ⓘ978-4-491-03235-1　Ⓝ783.48

内容　プロローグ 栄光と原点　暗くなるまで遊び続けた　ティーンエイジ・キック　若き冒険の日々　カンタベリーの更衣室　夢の舞台へ　大勝利とニアミス　ワールドカップの夢　痛い目に遭いながらビジネスを学ぶ　甘くて苦いサバティカル　オールブラックスのつまずきと復活　二〇一一年二月二二日　歴史がつくられるのをスタンドから見ていた　結婚式、ピーク、故障　引退したい　パトリオット・ゲーム

＊2015年W杯決勝MOTM選出！ 優勝を決めたドロップゴールはいかにして生まれたのか。輝かしい栄光とその裏にあった挫折―史上最高のスタンドオフが語る最強のラグビー人生！

カーター, J.E.〔1924～〕
Carter, James Earl "Jimmy"

◇米国アウトサイダー大統領―世界を揺さぶる「異端」の政治家たち　山本章子著　朝日新聞出版　2017.12　250,7p 19cm （朝日選書967）〈文献あり〉　1500円　Ⓘ978-4-02-263068-1　Ⓝ312.53

内容　序章 アウトサイダー大統領とは　第1章 アメリカ経済の変遷と中東　第2章 アメリカと同盟国　第3章 日米同盟の半世紀　第4章 アメリカはなぜトランプを選んだか　終章 アメリカの実像を見据えて

＊2017年、米国史上初の公職経験のない大統領が誕生した。大方の予想を裏切ったトランプ政権誕生は、アメリカの政治が、日米関係が、根本から変わりうることを意味する。私たちが、これまでの日米関係にとらわれずに、いまアメリカ人が望む国益や対外政策とは何か、その背景にあるアメリカが抱える諸問題とは何かを考えるべき時期が来ているのだ。本書は、ワシントンのアウトサイダーであることが国民から評価されて大統領に選ばれた6人にスポットをあてる。アイゼンハワー、カーター、レーガン、クリントン、ブッシュ（子）、トランプ…彼らの共通点、登場した時代背景、対外成策の傾向などを多角的に論じていく。内政・外交を多角的に論じていく。彼らは大きな変化を求める世論が生んだ「時代の寵児」であり、彼らを知ることは、アメリカを取り巻く状況と課題の変遷を知ることになろう。

ガタリ, F.〔1930～1992〕　Guattari, Félix

◇リトルネロ　フェリックス・ガタリ著, 宇野邦一, 松本潤一郎訳　みすず書房　2014.11　176p 22cm　4800円　Ⓘ978-4-622-07825-8　Ⓝ135.5

＊ドゥルーズいわく、「まるでフェリックスが戻ってきたような、あるいはむしろ、いつもここにいたかのようです」。死の直前に書きあげられた「さえずり機械」157の断章、カオスモーズな詩的自伝。

◇フェリックス・ガタリ―危機の世紀を予見した思想家　ギャリー・ジェノスコ著, 杉村昌昭, 松田正貴訳　法政大学出版局　2018.6　334,8p 20cm　（叢書・ウニベルシタス 1080）〈文献あり 索引あり〉　3500円　Ⓘ978-4-588-01080-4　Ⓝ135.5

内容　第1章 若き活動家の形成　第2章 横断性と政治　第3章 主観性、芸術、そしてエコゾフィー　第4章 非シニフィアンの記号論　第5章 情報の条里化　第6章 マイナーシネマ　第7章 情動と癲癇

＊ガタリの生涯とその思想のアクチュアリティを明らかにする批評的入門書。資本主義批判・グローバリゼーション批判の文脈においてもいまこそ参照すべきガタリの"思想圏"を、英語圏を代表するドゥルーズ/ガタリ研究者が実践的に読み解く。

カーチス, H.D.〔1872～1942〕
Curtis, Heber Doust

◇現代天文学史―天体物理学の源流と開拓者たち　小暮智一著　京都　京都大学学術出版会　2015.12　634p 22cm　〈他言語標題：History of Modern Astronomy　文献あり　年表あり　索引あり〉　4900円　Ⓘ978-4-87698-882-2　Ⓝ440.12

内容　第1部 天体分光学（「新天文学」の開幕　星の分光分類とHD星表）　第2部 星の構造と進化論（星の進化論とHR図表　熱核反応と星の進化論）　第3部 銀河天文学と宇宙論（銀河と星雲の世界　銀河系の発見　宇宙論の源流）　第4部 現代天文学史（日本における天体物理学の黎明　現代天文学への展開）

＊初めて星の化学組成を明らかにしたロンドンのアマチュア天文家ハギンズ、太陽をガス体と見なした特許調査官レーン、自作の望遠鏡で天空を探査した音楽家ハーシェル…18世紀末から19世紀中葉にかけて現代天文学の扉を開いた彼らは、いずれも学に縁のないアマチュア天文家だった。星の位置と運動を対象とする古典天文学から天体の物理的構造を探る天体物理学へ、その転換期を担った人々の生涯と研究を軸に、現代天文学の歴史をたどる。

ガッサンディ, P.〔1592～1655〕
Gassendi, Pierre

◇デカルトと西洋近世の哲学者たち　山田弘明著　知泉書館　2016.1　290,7p 22cm　〈索引あり〉　6000円　Ⓘ978-4-86285-224-3　Ⓝ135.23

内容　第1部 デカルト哲学の形成（ポンポナッツィとトマス・アクィナス―魂の不死性をめぐって　デカルトと理性　コギトと機械論）　第2部 書簡をめぐって（デカルト＝ベークマン往復書簡　某氏＝デカルト往復書簡（一六四一年七・八月）　デカルトの書簡集とその意義）　第3部 同時代の人たち（アルノーとライプニッツ　ガッサンディの生涯とデカルト　パスカルの精神と西田幾多郎）　デカルトの受容と哲学の諸問題（近代日本とデカルト哲学　ことばと人間　西洋哲学における生と死）

＊デカルト哲学を中心に、その哲学史的文脈や影響などを多岐にわたる視点から考察し、17世紀の思想的転換の意義を探った長きにわたる研究成果である。書簡集の完訳など新たな環境が整備されるなかで、今後のデカルト研究にとって刺激に富んだ一書である。

ガッリエヌス
⇒ガリエヌス を見よ

カトー（大）〔234～149B.C.〕
Cato Censorius, Marcus Porcius

◇ローマ帝国人物列伝　本村凌二著　祥伝社　2016.5　303p　18cm　〈祥伝社新書 463〉　840円　①978-4-396-11463-3　Ⓝ283.2

[内容] 1 建国期―建国期のローマ（ブルトゥス―共和政を樹立した初代執政官　キンキナトゥス―ワシントンが理想とした指導者　ほか）　2 成長期―成長期のローマ（アッピウス―インフラ整備など、類稀なる先見性　ファビウス―耐えがたきを耐える「ローマの盾」　ほか）　3 転換期―転換期のローマ（クラッスス―すべてを手に入れた者が欲したもの　大ポンペイウス―カエサルに敗れた大武将　ほか）　4 最盛期―最盛期のローマ（ゲルマニクス―夭逝した理想のプリンス　ネロ―気弱な犯罪者だった暴君　ほか）　5 衰亡期―衰亡期のローマ（ガリエヌス―動乱期の賢帝　ディオクレティアヌス―混乱を鎮めた軍人皇帝　ほか）

＊ローマの歴史には、独裁も革命もクーデターもあり、「パクス・ロマーナ」と呼ばれた平和な時代もあった。君主政も共和政も貴族政もポピュリズムもあり、多神教も一神教もあった。まさに「歴史の実験場」であり、教訓を得るのに、これほどの素材はない。歴史を学ぶのに制度や組織は無視できないが、そこに人間が存在したことを忘れてはならないだろう。本書は、一〇〇〇年を超えるローマ史を五つの時代に分け、三二人の生涯と共に追うものである。賢帝あり、愚帝あり、英雄から気丈な女性、医学者、宗教家まで。壮大な歴史叙事詩であり、歴史は人なり―を実感する一冊。

ガードナー，S.〔1962～〕 Gardner, Sonia

◇40兆円の男たち―神になった天才マネジャーたちの素顔と投資法　マニート・アフジャ著，長尾慎太郎監修，スペンサー倫亜訳　パンローリング　2015.3　415p　20cm　〈ウィザードブックシリーズ 224〉　2800円　①978-4-7759-7184-0　Ⓝ338.8

[内容] 第1章 レイ・ダリオ―グローバルマクロの達人　第2章 ピエール・ラグランジュとティム・ウォン―人間対マシン　第3章 ジョン・ポールソン―リスクアービトラジャー　第4章 マーク・ラスリーとソニア・ガードナー―ディストレス債券の価値探求者　第5章 デビッド・テッパー―恐れを知らない先発者　第6章 ウィリアム・A.アックマン―アクティビストの答え　第7章 ダニエル・ローブ―毒舌で有名なマネジャー　第8章 ジェームズ・チェイノス―金融界の探偵　第9章 ボアズ・ワインシュタイン―デリバティブの草分け

＊ヘッジファンドのマネジャーはポジションの評価を行ったりファンドの利益を増やそうと考えるときに、どのような投資基準で判断を下し、そしてどのような戦略を使っているのか―これまで語られなかった内容を、大物のマネーマネジャーたちが自らの言葉で語っている。本書の著者であるマニート・アフジャがCNBCのヘッジファンド専門家として活躍する一方で、マーケットの達人に顔が広い。最新作である本書のなかで、その達人たちの半生を初めて公にしたという点で、本書は革新的である！本書は超一流のファンドマネジャーとの対談を収録し、謎の多いヘッジファンド業界を広く紹介している

カトリーヌ・ド・メディシス〔1519～1589〕
Catherine de Médicis

◇王妃たちの最期の日々　上　ジャン＝クリストフ・ビュイッソン，ジャン・セヴィリア編，神田順子，土居佳代子，谷口きみ子訳　原書房　2017.4　240p　20cm　2000円　①978-4-562-05385-8　Ⓝ288.493

[内容] 1 破れた夢―クレオパトラ／アレクサンドリア、紀元前三〇年八月　2 殺された殺人者―アグリッピーナ／ナポリ湾にて、五九年三月　3 責め苦を受けて果てた王妃―ブルンヒルド／ルネーヴ、六一三年　4 高齢の力―アリエノール・ダキテーヌ／ポワティエ、一二〇四年三月三一日　5 敬虔なキリスト教徒としての死―カトリック女王イサベル一世／メディナ・デル・カンポ、一五〇四年一一月二六日　6 斬首された女王―メアリ・ステュアート／フォザリンゲイ、一五八七年二月八日　7 孤独な最期―カトリーヌ・ド・メディシス／ブロワ、一五八七年一月五日　8 かくも長き臨終の苦しみ―アンヌ・ドートリッシュ／パリ、一六六六年一月二〇日　9 プロテスタントに生まれカトリックとして死す―スウェーデン女王クリスティーナ／ローマ、一六八九年四月一九日　10 模範的な死―マリア＝テレジア／ウィーン、一七八〇年一一月二九日

＊クレオパトラ、メアリ・ステュアート、カトリーヌ・ド・メディシス、マリア＝テレジア…尊厳、狂気、孤独、幽閉…世界史に大きな影響をあたえたさまざまな人生と運命を描く物語！

◇フランス王妃列伝―アンヌ・ド・ブルターニュからマリー＝アントワネットまで　阿河雄二郎，嶋中博章編　京都　昭和堂　2017.7　283,21p　20cm　〈他言語標題：Vies des reines de France〉（文献あり　索引あり）　2800円　①978-4-8122-1632-3　Ⓝ288.4935

[内容] 第1章 アンヌ・ド・ブルターニュ―二人のフランス王と結婚した王妃　第2章 クロード・ド・フランス―ブルターニュをフランスに統合した王妃　第3章 カトリーヌ・ド・メディシス―理想の実現に挫折した王妃　第4章 ルイーズ・ド・ロレーヌ―アンリ三世と恋愛結婚した王妃　第5章 マルグリット・ド・ヴァロワ―「王妃マルゴ」の世界　第6章 マリー・ド・メディシス―リシュリューと対決した剛毅な王妃　第7章 アンヌ・ドートリッシュ―ルイ一四世の母として生きた王妃　第8章 マリー＝テレーズ・ドートリッシュ―ルイ一四世とフランスを愛した王妃　第9章 マリー・レクザンスカ―家族を愛した慎ましやかな王妃　第10章 マリー＝アントワネット・ドートリッシュ―宮廷の落日を彩り革命に散った王妃

＊最新の研究成果をもとに、激動の時代を生きた一〇人のフランス王妃の姿をドラマティックかつリアルに描き出す。彼女たちの生きざま、王妃の役割、家庭と政治について真摯に考察した、日本とフランスの歴史家による新たな王妃論。巻末には近世フランス王妃一五人の略歴等を付した。

カナリス，W.〔1887～1945〕
Canaris, Wilhelm

◇ドイツ国防軍情報部とカナリス提督―世界最大の情報組織を動かした反ヒトラー派の巨人　広田厚司著　潮書房光人社　2014.11　364p　16cm　〈光人社NF文庫　ひN-855〉　850円

Ⓘ978-4-7698-2855-6　Ⓝ391.2074
内容 カナリス提督　国防軍情報部　孤独な戦い　第二次大戦勃発　カナリスの陰謀　反逆（ラントフェラート）　強敵英国　対米情報戦　アイルランド工作　地中海を制圧せよ　ハイドリッヒの暗殺　地下戦争　国防軍情報部の快挙　実らぬ反逆　悪魔に護られたヒトラー　戦争の行方　カナリスと国防軍情報部の最後
＊第二次大戦時に世界最大規模といわれたドイツ国防軍情報部をひきいたカナリスとはいかなる人物だったのか─国家のため、情報戦に心血を注ぎながら、一方、反ナチ主義で、反ヒトラー運動を密かに展開したというその数奇な運命とは…。非業の死をとげるまでの足跡と、ドイツにおける諜報戦の全貌を描いた異色作。

カニジオ, P.〔1521～1597〕
Canisius, Petrus
◇ドイツの使徒聖ペトロ・カニジオの生涯　ホアン・カトレット著, 髙橋敦子訳　習志野　教友社　2016.4　97p　19cm　〈文献あり〉　900円　Ⓘ978-4-907991-22-7　Ⓝ198.22

カニシカⅠ〔2世紀頃？〕　Kanishka Ⅰ
◇悪の歴史─隠されてきた「悪」に焦点をあて、真実の人間像に迫る　東アジア編下　南・東南アジア編　上田信編著　清水書院　2018.8　469p　19cm　2400円　Ⓘ978-4-389-50065-8　Ⓝ204
内容 東アジア編（下）（太宗（宋）─「燭影斧声の疑」のある準開国皇帝　王安石─北宋滅亡の元凶とされる「拗相公」　徽宗─「風流天子」と専権宰相蔡京買似道─宋王朝の滅亡を導いたとされる「蟋蟀宰相」フビライ（世祖）─元朝建国の英雄の光と陰　ほか）　南・東南アジア編（カニシュカ─中央アジアとインドの支配者　チャンドラグプタ二世─一兄の王位を簒奪し、その妻を娶った帝王　ラッフルズ─住民の在地支配者への服属を強化した自由主義者　ガンディー─最晩年の挫折と孤立）
＊「悪」の心が権力をもたらすのか!?　歴史を紡いだ偉人たちの実相に迫る衝撃の書。

カーネギー, D.〔1888～1955〕
Carnegie, Dale
◇デール・カーネギー　上　スティーブン・ワッツ著, 菅靖彦訳　河出書房新社　2014.10　272p　20cm　2000円　Ⓘ978-4-309-24679-6　Ⓝ289.3
内容 第1部 品格から人格へ（貧困と信心深さ　反抗と回復　商品を売る、自分自身を売る　若者よ、東に行け　教えること　書くこと　マインド・パワーとポジティブ思考　国外移住と失われた世代　ビジネスと自己制御）　第2部 人を動かす（「するのを恐れていることをやりなさい」）
＊自己啓発の父、成功哲学の祖、カーネギーとはいかなる人間だったのか。現代にまで影響を及ぼした人物を追う初の本格評伝。

◇デール・カーネギー　下　スティーブン・ワッツ著, 菅靖彦訳　河出書房新社　2014.10　310p　20cm　2300円　Ⓘ978-4-309-24680-2　Ⓝ289.3
内容 第2部 人を動かす（続き）（「相手に大切にされていると感じさせる」　「私たちは感情の生き物を相手にしている」　「あなたが誕生して以来これまでにした行動は、すべてあなたが何かを欲したからした行動だ」　「生きる指針となる良い評価を与えよう」　「楽しめる仕事を探そう」　運命の出会い　道は開ける─不安と闘う方法　「熱意こそが成功の秘訣」　エピローグ　デール・カーネギーの自己啓発の遺産）
＊「偉大なアメリカ人」となり、今日なお現代人に大きな影響を与え続けている男の一生。成功を説くことで成功した男、カーネギーとはいかなる人間だったのか。初の本格評伝！

カバコス, L.〔1967～〕　Kavakos, Leonidas
◇偉大なるヴァイオリニストたち　2　チョン・キョンファから五嶋みどり、ヒラリー・ハーンまで　ジャン＝ミシェル・モルク著, 神奈川夏子訳　ヤマハミュージックメディア　2017.4　356,8p　21cm　〈文献あり〉　3400円　Ⓘ978-4-636-92333-9　Ⓝ762.8
内容 ボリス・ベルキン　チョン・キョンファ　ピンカス・ズーカーマン　オーギュスタン・デュメイ　ピエール・アモイヤル　ドミトリ・シトコヴェツキー　ナイジェル・ケネディ　シュロモ・ミンツ　ヴィクトリア・ムローヴァ　チョーリャン・リン〔ほか〕
＊外科医でもある筆者による桁外れに鋭い考察に基づく評伝集。使用楽器や練習法などはもちろん、デビューの裏側や生い立ち、家族関係などに迫り、素顔を描き出す。歴史的名演を収録したCD-ROM付き。

カピュソン, R.〔1976～〕　Capuçon, Renaud
◇偉大なるヴァイオリニストたち　2　チョン・キョンファから五嶋みどり、ヒラリー・ハーンまで　ジャン＝ミシェル・モルク著, 神奈川夏子訳　ヤマハミュージックメディア　2017.4　356,8p　21cm　〈文献あり〉　3400円　Ⓘ978-4-636-92333-9　Ⓝ762.8
内容 ボリス・ベルキン　チョン・キョンファ　ピンカス・ズーカーマン　オーギュスタン・デュメイ　ピエール・アモイヤル　ドミトリ・シトコヴェツキー　ナイジェル・ケネディ　シュロモ・ミンツ　ヴィクトリア・ムローヴァ　チョーリャン・リン〔ほか〕
＊外科医でもある筆者による桁外れに鋭い考察に基づく評伝集。使用楽器や練習法などはもちろん、デビューの裏側や生い立ち、家族関係などに迫り、素顔を描き出す。歴史的名演を収録したCD-ROM付き。

カフカ, F.〔1883～1924〕　Kafka, Franz
◇カフカはなぜ自殺しなかったのか？─弱いからこそわかること　頭木弘樹著　春秋社　2016.12　263p　19cm　〈文献あり〉　1700円　Ⓘ978-4-393-36543-4　Ⓝ940.278
内容 死にたいと思ったことがありますか？　ガラスの壁のなかの少年　仕事をする、死にたくなる永遠の葛藤─したいけど、したくない　カフカがカフカになった日　誰かを好きになった日の鮮明な記憶　恋人から忠告されると、死にたくなる　彼女と結婚しても、しなくても、生きていけない　婚約と婚約解消、そして『訴訟』　2回目の婚約と婚約解消、

そして… 生きたいと思ったことがありますか？
*いつも死にたがっていた男の生き方―親との関係、仕事、結婚…。カフカは人生のあらゆる場面で絶望していた。それでも死を選ぶことはなかった。その事実は私たちに何を教えてくれるのか。弱さの価値をみつめなおす、現代へのヒントに満ちた一冊。

カプースチン, N.〔1937～〕 Kapustin, Nikolaï

◇カプースチン―ピアノ音楽の新たな扉を開く 川上昌裕著 ヤマハミュージックエンタテインメントホールディングス出版部 2018.9 207p 19cm 〈他言語標題：NIKOLAI KAPUSTIN 文献あり 作品目録あり〉 2200円 ①978-4-636-94711-3 Ⓝ762.386

内容 第1章 ニコライ・カプースチン　第2章 カプースチンとの出会い　第3章 カプースチンの生い立ち　第4章 カプースチンの音楽　第5章 カプースチン名曲紹介　第6章 演奏のための徹底解説　第7章 これからカプースチンを楽しんだ方へ

*世界初のカプースチン入門書。カプースチンは1937年ウクライナ生まれ。本格的なクラシックの素地の上に、スウィング・ジャズからビバップ、ラテン、ロックなどさまざまな語法やリズムを用い、さらに現代音楽の感性を取り込んだ独自の書法に到達。この新しいピアニズムは類例を見ないものとして、多くの音楽ファンを魅了。日本でも、現在急速に人気を高めている。本書は、15年にわたって直接カプースチンと親交を持つ著者が、その音楽の特徴、人物、人生、エピソード、そして名曲紹介や演奏の際のポイントなどを解説。カプースチンファンはもちろん、新しい音楽に出会いたいすべてのクラシック/ジャズファンに向けて。

カプタイン, J.C.〔1851～1922〕 Kapteyn, Jacobus Cornelius

◇現代天文学史―天体物理学の源流と開拓者たち 小暮智一著 京都 京都大学学術出版会 2015.12 634p 22cm 〈他言語標題：History of Modern Astronomy 文献あり 年表あり 索引あり〉 4900円 ①978-4-87698-882-2 Ⓝ440.12

内容 第1部 天体分光学（「新天文学」の開幕　星の分光分類とHD星表）　第2部 星の構造と進化論（星の進化論とHR図表　熱核反応と星の進化論）　第3部 銀河天文学と宇宙論（銀河と星雲の世界　銀河系の発見　宇宙論の源流）　第4部 現代天文学へ（日本における天体物理学の黎明　現代天文学への展開）

*初めて星の化学組成を明らかにしたロンドンのアマチュア天文家ハギンス、太陽をガス体と見なした特許調査官レーン、自作の望遠鏡で天空を探査した音楽家ハーシェル…18世紀末から19世紀中葉にかけて現代天文学の扉を開いた彼らは、いずれも学界に縁のないアマチュア天文家だった。星の位置と運動を対象から天体の物理的構造を探る天体物理学へ、その転換期を担った人々の生涯と研究を軸に、現代天文学の歴史をたどる。

カペー, ユーグ
⇒ユーグ・カペー を見よ

ガーベイ, M.〔1887～1940〕 Garvey, Marcus

◇マーカス・ガーヴェイの反「植民地主義」思想―パンアフリカニズムとエチオピアニズム・ラスタファリズムへの影響 小倉英敬著 八王子 揺籃社 2017.7 258p 21cm 〈グローバルヒストリーとしての「植民地主義批判」 第3巻〉〈文献あり〉 2600円 ①978-4-89708-384-1 Ⓝ316.8

内容 1 ジャマイカの社会状況　2 パンアフリカニズムとエチオピアニズム　3 アフリカ帰還運動　4 マーカス・ガーヴェイの思想形成　5 米国における黒人解放運動の開始　6 UNIAの勢力拡大　7 ラスタファリズムとレゲエ・ミュージック　8 マーカス・ガーヴェイの思想的影響　9 終章

*カリブ海のジャマイカは、17世紀にイギリスによって植民地化され、黒人奴隷制に基づく砂糖プランテーション生産が拡大された。黒人奴隷たちはアフリカ伝統の宗教や慣習を維持したが、18世紀末に米国から黒人バプティスト教会が到来し、両者が混合して「アフリカ帰還」志向とブラック・ナショナリズムに基づく精神傾向が強まった。19世紀末にジャマイカに生まれたマーカス・ガーヴェイ（1887～1940）は、このような環境下で思想形成し、1914年に世界黒人地位改善協会（UNIA）を設立した。1916年には渡米してUNIAの運動を米国、カリブ地域、アフリカの環大西洋地域に拡大し、数百万人規模の黒人史上最大の反植民地主義的な黒人解放運動に発展させた。ガーヴェイの影響は1930年代に低下したが、その思想はジャマイカでラスタファリズムやレゲエ音楽に結実しただけでなく、米国、カリブ地域、アフリカ諸国においてパンアフリカニズム的運動に影響を残し、21世紀にも奴隷制賠償請求運動を支持する諸組織に強い影響力を持ち続けている。本書はガーヴェイの反「植民地主義」思想の影響の全容解明を試みる。

ガマ, V.〔1469～1524〕 Gama, Vasco da

◇ヴァスコ・ダ・ガマの「聖戦」―宗教対立の潮目を変えた大航海 ナイジェル・クリフ著, 山村宜子訳 新装版 白水社 2018.12 463,15p 20cm 〈文献あり 索引あり〉 4000円 ①978-4-560-09677-2 Ⓝ209.5

内容 第1部 発端（東と西　聖地　一族の戦争 ほか）　第2部 探検（司令官　航海のコツ　スワヒリ沿岸 ほか）　第3部 十字軍（インド提督　衝撃と畏怖　海上での窮地 ほか）

*偉大な功績の裏には「最後の十字軍」としての使命があった―。世界の勢力図を一変させた「インド航路発見」の真実！ インド亜大陸上陸を果たした探検の足跡をたどり、海洋帝国ポルトガルの興亡を壮大なスケールで描いた、気鋭の作家による傑作歴史ノンフィクション。

カミツルス
⇒カミルス を見よ

カミユ

カミュ，A.〔1913～1960〕 Camus, Albert

◇生誕101年「カミュ」に学ぶ本当の正義―名作映画でたどるノーベル賞作家46年の生涯　石光勝著　新潮社　2014.7　297p　20cm　〈文献あり　年譜あり〉　2000円　①978-4-10-335971-5　ⓃY950.278

内容　序章『カミュなんて知らない』第1章『望郷』と『戦火の馬』　第2章『モロッコ』と『誰が為に鐘は鳴る』　第3章『異邦人』『禁じられた遊び』と『ペスト』　第5章　ニュース映画『浅沼委員長テロにたおれる』　第6章『巴里の空の下セーヌは流れる』と『イワン・デニーソヴィチの一日』　第7章『アルジェの戦い』と『鉄路の闘い』　終章『最初の人間』と『ジャッカルの日』

＊彼が終生こだわりつづけた"正義"とは何だったのか？　母国フランスと生まれ育った故郷とのあいだの葛藤に悩んだアルジェリア戦争。国境を越えて世界中に戦慄の衝撃をあたえた『異邦人』。革命をめぐるサルトルとの論争の真の勝利者はどちらだったのか。不条理文学の旗手カミュの生涯を名作映画とともに明快に読み解く意欲的評伝。

◇カミュを読む―評伝と全作品　三野博司著　大修館書店　2016.6　420p　20cm　〈文献あり　索引あり〉　3400円　①978-4-469-25085-5　ⓃY950.278

内容　第1部　光の富と死の影（『ルイ・ランジャール』―作家になる　『裏と表』―沈黙の深さ　『結婚』―生の讃歌　『幸福の死』―時との一致）　第2部　不条理を生きる情熱（『異邦人』―世界の優しい無関心　『シーシュポスの神話』―反復への意志　『カリギュラ』―絶対の追求　『誤解』―帰郷者の悲劇）　第3部　反抗のモラル（『ドイツ人の友への手紙』―歴史への参加　『ペスト』―災禍を超えて　『戒厳令』―全体主義のカリカチュア　『正義の人びと』―心優しき殺人者　『反抗的人間』―歴史の暴虐に抗して）　第4部　回帰と再生への希求（『夏』―光への郷愁　『転落』―告白と告発　『追放と王国』―孤独か連帯か　『最初の人間』―起源への旅）

＊激動の20世紀を生きた「不条理」と「反抗」の作家、その処女作から遺稿までを丹念に解きほぐす。混迷の時代にこそ読み継がれるべき名作群が浮かび上がる。

◇アルベール＝カミュ　井上正吾著　新装版　清水書院　2016.7　231p　19cm　（Century Books　人と思想　167）〈文献あり　年譜あり　索引あり〉　1200円　①978-4-389-42167-0　ⓃY950.278

内容　1　生い立ちの光と影　2　文化活動とジャーナリズム　3　たたかう市民から栄光の作家へ　4　"反抗的人間"と論争　5　悩めるカミュ　6　『転落』7　『追放と王国』

＊私たちは自分を超えた盲目的な力によって制約を課され、場合によっては生死の鍵すら握られていると感じることはないだろうか。アルベール＝カミュはこのような不条理を直視し、明晰に理解しようと努めることをやめなかった。そしてこの苦行に耐えつつ生きる人間像をカミュが作品世界の中に自律させたとき、そこには独自のオーラが光を放っていた。不条理な宿命に反抗するというストイックな登場人物たちの沈黙の彼方には愛と幸福への希求が鉱脈のように存在している。本書では様々な相貌を呈するカミュの生涯と作品に切り込

んでゆき、現代人としてカミュを読むことの意味とその魅力をさぐることにする。

◇カミュの言葉―光と愛と反抗と　西永良成著　ぷねうま舎　2018.3　219p　19cm　〈文献あり〉　2300円　①978-4-906791-79-8　ⓃY950.278

内容　第1章　太陽と貧困（アルジェリア　抒情的エッセー　アルジェリア時代の社会活動　ほか）　第2章　反抗とモラル（政治と暴力　犠牲者も否、死刑執行人も否　『ペスト』　ほか）　第3章　歴史とテロ（ノーベル賞　アルジェリアの悲劇　『最初の人間』）

＊美しいものを見た魂が、戦争と革命とイデオロギーの世紀を走り抜けた。その軌跡は、寄る辺なく、迷走する21世紀にこそ、光を放つ。

カミラ（コーンウォール公爵夫人）〔1947～〕 Camilla, Duchess of Cornwall

◇イギリス王室　愛と裏切りの真実―エリザベス女王とダイアナ元妃からキャサリン妃まで　渡邉みどり著　主婦と生活社　2016.8　191p　19cm　〈年表あり〉　1300円　①978-4-391-14869-5　ⓃY288.4933

内容　エリザベス女王、カミラ夫人、キャサリン妃　ジョージ6世とエリザベス王妃　エリザベス王女とフィリップ王子　女王エリザベス2世とエディンバラ公　マーガレット王女の悲劇　ウィンザー家と20世紀の事件簿　ダイアナとチャールズ皇太子　王室の試練、90年代の秘事件　ウィリアム王子とキャサリン妃　メディアと王室　終章エピローグ―赦しの女王

＊女王90歳、ダイアナ妃が亡くなって20年。ささやかれる「スキップ・ジェネレーション」の噂。母として王族として懸命に生き、ほんとうの愛を求めて闘ってきた女性たちの物語。

カミルス〔446～365B.C.〕 Marcus Furius Camillus

◇ローマ帝国人物列伝　本村凌二著　祥伝社　2016.5　303p　18cm　（祥伝社新書　463）　840円　①978-4-396-11463-3　ⓃY283.2

内容　1　建国期―建国期のローマ（ブルトゥス―共和政を樹立した初代執政官　キンキナトゥス―ワシントンが理想とした指導者　ほか）　2　成長期―成長期のローマ（アッピウス―インフラ整備など、類稀なる先見性　ファビウス―耐えがたきを耐える「ローマの盾」　ほか）　3　転換期―転換期のローマ（クラッスス―すべてを手に入れた者が欲したもの　大ポンペイウス―カエサルに敗れた大武将　ほか）　4　最盛期―最盛期のローマ（ゲルマニクス―夭逝した理想のプリンス　ネロ―気弱な犯罪者だった暴君　ほか）　5　衰亡期―衰亡期のローマ（ガリエヌス―動乱期の賢帝　ディオクレティアヌス―混乱を鎮めた軍人皇帝　ほか）

＊ローマの歴史には、独裁も革命もクーデターもあり、「パクス・ロマーナ」と呼ばれた平和な時代もあった。君主政も共和政も貴族政もポピュリズムもあり、多神教も一神教もあった。まさに「歴史の実験場」であり、教訓を得るのに、これほどの素材はない。歴史を学ぶには制度や組織は無視できないが、そこに人間が存在したことを忘れてはならない。本書は、一〇〇〇年を超えるローマ史を五つの時代に分け、三二人の生涯と共に追うものである。賢帝あり、愚帝あり、英雄から気

丈な女性、医学者、宗教家まで。壮大な歴史叙事詩であり、歴史は人なり―を実感する一冊。

カムクワンバ, W. 〔1987～〕
Kamkwamba, William

◇風をつかまえた少年―14歳だったぼくはたったひとりで風力発電をつくった　ウィリアム・カムクワンバ, ブライアン・ミーラー著　田口俊樹訳　文藝春秋　2014.12　477p　16cm　〈文春文庫 S17-1〉　950円　⒤978-4-16-790265-0　Ⓝ543.6

[内容]魔術の支配する村で　父さんの思い出　ぼくの相棒、カンバ　科学に目覚める　マラウイを襲った飢饉　食べものがないクリスマス　中学校に行けなくなる　待ちに待った収穫　図書室で出会った一冊の本　発電機づくりに取りかかる　電気を起こす風　トラブルと改良　迷信と戦う　教育がチャンスを与える　トライして、やり遂げる

＊アフリカの最貧国マラウイを襲った早魃により、ウィリアム少年は学費を払えず、中学を退学になる。勉強をしたい。本が読みたい。ある時NPOが作った図書室で、「エネルギーの利用」という本と出会い、独学で風力発電を造りあげることを思いつく―学ぶことの本当の意味を教えてくれる、感動のノンフィクション

ガモフ, G. 〔1904～1968〕　Gamow, George

◇現代天文学史―天体物理学の源流と開拓者たち　小暮智一著　京都　京都大学学術出版会　2015.12　634p　22cm　〈他言語標題：History of Modern Astronomy　文献あり　年表あり　索引あり〉　4900円　⒤978-4-87698-882-2　Ⓝ440.12

[内容]第1部　天体分光学（「新天文学」の開幕　星の分光分類とHD星表）　第2部　星の構造と進化論（星の進化論とHR図表　熱核反応と星の進化論）　第3部　銀河天文学と宇宙論（銀河と星雲の世界　銀河系の発見　宇宙論の源流）　第4部　現代天文学へ（日本における天体物理学の黎明　現代天文学への展開）

＊初めて星の化学組成を明らかにしたロンドンのアマチュア天文家ハギンス、太陽をガス球と見なした特許調査官レーン、自作の望遠鏡で天空を探査した音楽家ハーシェル…18世紀末から19世紀中葉にかけて現代天文学の扉を開いた彼らは、いずれも学界に縁のないアマチュア天文家だった。星の位置と運動を対象とする古典天文学から天体の物理的構造を探る天体物理学へ、その転換期を担った人々の生涯と研究を軸に、現代天文学の歴史をたどる。

◇宇宙を見た人たち―現代天文学入門　二間瀬敏史著　海鳴社　2017.10　270p　19cm　1800円　⒤978-4-87525-335-8　Ⓝ440.28

[内容]第1部　天文学に強力な「道具箱」を提供した観測家たち（ヘンリエッタ・スワン・リービット―宇宙の「物差し」を見つけた「ハーバード・コンピューターズ」一の才媛　ジョージ・ヘール―巨大望遠鏡時代に道を拓く　ほか）　第2部　科学的宇宙論の開拓者たち（アルベルト・アインシュタイン―現代宇宙論の開拓者　カール・シュヴァルツシルト―鏖壕で重力場方程式の解を発見　ほか）　第3部　天文学を豊かにした

人びと（クライド・トンボー―新しい太陽系領域に挑んだ人　アーサー・エディントン―恒星天文学の父　ほか）　第4部　"観測の窓"拡大に情熱を傾けた人びと（カール・ジャンスキー―電波天文学の生みの親　早川幸男―戦後の焼け跡で"全波長天文学"への道を敷く　ほか）

＊宇宙は、ブラックホール、超新星爆発、暗黒物質、暗黒エネルギーなど、さまざまな"魔物"や不可思議な現象の存在なしには考えられない。この驚天動地の現代天文学の歴史を築いてきた巨人たち―その活躍を、時代背景・生い立ち・人柄などを交え、いきいきと伝える。

カモンイス, L. 〔1524?～1580〕
Camões, Luiz de

◇マカオの岩窟で幾年月―カモンイスの伝説と真実　マヌエル・テイシェイラ, ジョゼー・エルマーノ・サライーヴァ著　谷口伊兵衛訳　文化書房博文社　2014.11　10,114p　21cm　2000円　⒤978-4-8301-1260-7　Ⓝ969.1

[内容]カモンイスはマカオに滞在した（中国におけるポルトガル人たち　カモンイス時代の中国　カモンイス時代のマカオ　カモンイスはマカオに滞在したカモンイスはどうやってマカオに到達したのか？　ほか）　カモンイスのマカオ滞在

カーライル, T. 〔1795～1881〕
Carlyle, Thomas

◇カーライル選集　4　妻と友へ　トマス・カーライル著　入江勇起男訳　デジタル・オンデマンド版　日本教文社　2014.12　380,8p　21cm　〈印刷・製本：デジタル・オンデマンド出版センター　年表あり　索引あり〉　4100円　⒤978-4-531-02644-9　Ⓝ938.68

[内容]ジェーン・ウェルシュへの手紙（恋文）　妻ジェーンへの手紙　ゲーテへの手紙　ジョン・スチュアート・ミルへの手紙　ジョン・スターリングへの手紙　ロバート・ブラウニングへの手紙　エマソンへの手紙

カラエフ, B. 〔1928～〕　Karaev, Boris

◇東から吹く風―カラエフ・ボリスの自叙伝　カラエフ・ボリス著　〔出版地不明〕　〔副島浩〕　〔2016〕　90p　26cm　Ⓝ289.3

ガラ・エリュアール 〔1894～1982〕
Dalí, Gala Eluard

◇最強の女―ニーチェ、サン＝テグジュペリ、ダリ…天才たちを虜にした5人の女神　鹿島茂著　祥伝社　2017.10　436p　19cm　〈他言語標題：LA FEMME LA PLUS FORTE〉　1900円　⒤978-4-396-61619-9　Ⓝ283

[内容]第1章　ルイーズ・ド・ヴィルモラン（二十世紀前半最強のミューズ　結核療養のベッドの上で　ほか）　第2章　リー・ミラー（二十一世紀の女性たちのロール・モデル　二つの不幸　ほか）　第3章　ルー・ザロメ（「二大巨人」と「最高の詩人」の心を捉えた女性　ロシア世襲貴族ザロメ家　ほか）　第4章　マリ・ド・エレディア（ジェラール・ドゥヴィル）（世紀末のパ

リで名声を博した「最強の女」 高踏派の巨匠、ジョゼ＝マリア・ド・エレディアの三姉妹 ほか〕 第5章 ガラ〔シュールレアリスムの三巨頭を手に入れた女 ポール・エリュアール ほか〕

＊『ツァラトゥストラはかく語りき』『星の王子さま』…歴史に残る傑作誕生の背後には彼女たちの存在があった。世紀末から20世紀のパリ。有名文化人のミューズとなり、自らも燦然と輝いた女たちの壮絶な人生。

カラゾルス, C.
⇒カロザース, C. を見よ

カラバッジョ, M.M.〔1573～1610〕
Caravaggio, Michelangelo Merisi da

◇イラストで読む奇想の画家たち 杉全美帆子著 河出書房新社 2014.12 127p 21cm 〈文献あり 年表あり〉 1600円 Ⓘ978-4-309-25558-3 Ⓝ723.3

内容 第1章 西洋美術史に見る「奇想絵画の系譜」 第2章 奇想の画家たち―作品と人生〔ボス デューラー カラヴァッジョ ゴヤ ブレイク ルドン ルソー〕

＊ちょっと不気味で、妙に心に残る絵を描いた画家の人生とは⁉我が道を行く奇才の画家たちのおもしろエピソードが満載！豊富な作品とイラストでその生涯にせまる、待望の一冊。

◇カラヴァッジョ―聖マタイ伝 ステファノ・ズッフィ著, 野村幸弘訳 西村書店東京出版編集部 2015.10 95p 27cm （名画の秘密）〈年譜あり〉 2800円 Ⓘ978-4-89013-735-0 Ⓝ723.37

内容 掌璽院長＝枢機卿の礼拝堂 複雑な注文の経緯 2枚の白いカンヴァス 対照的な2つの「物語」 祭壇のための絵画 部分解説〔図版：『聖マタイの召命』 図版：『聖マタイの殉教』 図版：『聖マタイと天使』〕 年譜：カラヴァッジョの生涯とその時代

＊「キリストのまなざし」「男しか登場しない絵」「酒落た上着と帽子の羽根飾り」「叫び―殺人者か、恐怖する目撃者か」「おなじみのモデル」…18のキーワードから名画を読み解く。

◇カラヴァッジョ伝記集 石鍋真澄編訳 平凡社 2016.3 237p 16cm （平凡社ライブラリー838）〈文献あり 年譜あり〉 1300円 Ⓘ978-4-582-76838-1 Ⓝ723.37

内容 ジュリオ・マンチーニ「カラヴァッジョ伝」―『絵画に関する諸考察』（一六二〇頃）より ジョヴァンニ・バリオーネ「カラヴァッジョ伝」―『画家・彫刻家・建築家伝』（一六四二）より ジョヴァンニ・ピエトロ・ベッローリ「カラヴァッジョ伝」―『近代画家・彫刻家・建築家伝』（一六七二）より カレル・ファン・マンデル「現在ローマで活躍する他のイタリア画家伝」―『絵画の書』（一六〇四）より ヨアキム・フォン・ザンドラルト「カラヴァッジョ伝」―『ドイツ・アカデミー』第一巻（一六七五）より フランチェスコ・スジンノ「画家ミケラニョロ・モリージ・ダ・カラヴァッジョ伝」（抜粋）―『メッシーナ画家伝』（一九二七）より カラヴァッジョ犯科帳 バリオーネ裁判の記録（抜粋） ヴィンチェンツォ・ジュスティニアーニの書簡（一六二〇年代）

カラヴァッジョの真実

＊複数の伝記、裁判記録、パトロンの書簡、さらにはオリジナル翻訳「犯科帳」等々、画家に関する歴史的資料を一冊に集成。謎多き巨匠の生涯を知るための必読書。

◇カラヴァッジョの秘密 コスタンティーノ・ドラッツィオ著, 上野真弓訳 河出書房新社 2017.10 221p 図版16p 20cm 2400円 Ⓘ978-4-309-25584-2 Ⓝ723.37

内容 1 常軌を逸した人格と成功への執着 2 最初の歩み、最初の欺瞞 3 誘惑のトリック 4 異色の枢機卿 5 一世一代のチャンス 6 聖女と娼婦 7 逃亡 8 落ち着く間もなく 9 予告された死 10 永遠に生きる

＊17世紀以降の西洋絵画に絶大な影響を与えた、カラヴァッジョ。常軌を逸した人格と、成功への執着が生み出した彼の傑作は、今なお永遠に生きる―カラヴァッジョの革新的な光と闇の手法と、理想化することなく聖と俗を見つめた視点は、バロックという新時代の美術を開花させる原動力となった。波乱に満ちた短い生涯を生き生きと物語った最新・最良の決定版！本書は"秘密シリーズ"の第一弾で、イタリアで大きな成功を収めた。

カラヤン, H.〔1908～1989〕
Karajan, Herbert von

◇偉大なる指揮者たち―トスカニーニからカラヤン、小澤、ラトルへの系譜 クリスチャン・メルラン著, 神奈川夏子訳 ヤマハミュージックメディア 2014.11 389,7p 21cm 2800円 Ⓘ978-4-636-90301-0 Ⓝ762.8

内容 アルトゥーロ・トスカニーニ ウィレム・メンゲルベルク セルゲイ・クーセヴィツキー ピエール・モントゥー ブルーノ・ワルター サー・トーマス・ビーチャム レオポルド・ストコフスキー エルネスト・アンセルメ オットー・クレンペラー ヴィルヘルム・フルトヴェングラー〔ほか〕

＊指揮の特徴や楽団員からの評価、生い立ちや普段の振る舞い、家族関係など、50人のマエストロたちの素顔を描き出す。オーケストラ指揮の知られざる側面に迫った評伝集。

◇僕は奇跡なんかじゃなかった―ヘルベルト・フォン・カラヤン その伝説と実像 カール・レーブル著, 関根裕子訳 音楽之友社 2017.4 183p 19cm 〈文献あり〉 1850円 Ⓘ978-4-276-20379-2 Ⓝ762.346

内容 神様 彼はナチではなかった 偉大な彗星 フルトヴェングラーの嫉妬 ヨーロッパの音楽総監督 ボスのための新しいハコ テレビ戦争 最初のウィーンからの逃走 ユダのキス ジュネーブがザルツブルクになる〔ほか〕

＊二十世紀―指揮者が政治家や映画スター並みの大きな注目を集めた時代…関心が高まれば、真偽不明の噂も飛び交うというもの。オーストリア音楽批評界の重鎮カール・レーブルが、経験豊かな批評家の嗅覚で伝説と実像を区別し、カラヤン神話の背後に隠された真の人間カラヤンをあらゆる角度から浮かび上がらせた。

ガーランド, A. 〔1912～1996〕
Galland, Adolf

◇始まりと終わり―アドルフ・ガランド自伝〈完全版〉 アドルフ・ガランド著, 並木均訳 ホビージャパン 2018.3 543p 19cm （HOBBY JAPAN軍事選書）〈学研パブリッシング 2013年刊の新版 文献あり 年譜あり〉 2800円 Ⓘ978-4-7986-1643-8 Ⓝ398.234

内容 アルゼンチンの地の上で パイロットになろう… 人生の厳しさは徐々に グライダーから動力機へ 「現役」にならんかね 「飛行士不適格」 コンドル軍団に呼集 共産勢力への低空攻撃 スペイン内戦から閲兵式までの間 西方戦役における戦闘機隊 〔ほか〕

＊さらなる再考証と校訂を経た、独語版原書からの"完全"翻訳版！世界初の実用ジェット戦闘機・Me262を装備する"エースの部隊"を率いた鉄十字の騎士が語る、ドイツ空軍の栄光とその最期。

ガリエヌス 〔218頃～268〕
Publius Licinius Egnatius Gallienus

◇ローマ帝国人物列伝 本村凌二著 祥伝社 2016.5 303p 18cm （祥伝社新書 463） 840円 Ⓘ978-4-396-11463-3 Ⓝ283.2

内容 1 建国期―建国期のローマ（ブルトゥス―共和政を樹立した初代執政官 キンキナトゥス―ワシントンが理想とした指導者 ほか） 2 成長期―成長期のローマ（アッピウス―インフラ整備など、類稀なる先見性 ファビウス―耐えがたきを耐える「ローマの盾」 ほか） 3 転換期―転換期のローマ（クラッスス―すべてを手に入れた者が欲したもの 大ポンペイウス―カエサルに敗れた大武将 ほか） 4 最盛期―最盛期のローマ（ゲルマニクス―夭逝した理想のプリンス ネロ―気弱な犯罪者だった暴君 ほか） 5 衰亡期―衰亡期のローマ（ガリエヌス―動乱期の賢帝 ディオクレティアヌス―混乱を鎮めた軍人皇帝 ほか）

＊ローマの歴史には、独裁も革命もクーデターもあり、「パクス・ロマーナ」と呼ばれた平和な時代もあった。君主政も共和政も貴族政もポピュリズムもあり、多神教も一神教もあった。まさに「歴史の実験場」であり、教訓を得るのに、これほどの素材はない。歴史を学ぶには制度や組織は無視できないが、そこに人間が存在したことを忘れてはならないだろう。本書は、一〇〇〇年を超えるローマ史を五つの時代に分け、三二人の生涯と共に追うものである。賢帝あり、暴君あり、英雄から気丈な女性、医学者、宗教家まで。壮大な歴史叙事詩であり、歴史は人なり―を実感する一冊。

カリグラ 〔12～41〕
Gaius Julius Caesar Augustus Germanicus

◇ローマ皇帝伝 下 スエトニウス著, 国原吉之助訳 岩波書店 2018.5 403,20p 15cm （岩波文庫） 1130円 Ⓘ4-00-334402-2 Ⓝ232.8

内容 第4巻 カリグラ 第5巻 クラウディウス 第6巻 ネロ 第7巻（ガルバ オト ウィテリウス） 第8巻（ウェスパシアヌス ティトゥス ドミティアヌス）

＊我が妹を妻とし、帝国資産をまたたく間に蕩尽したあげく自らを神と崇めよと命ずるカリグラ。権力を争って母を殺し、さらに首都に火を放って遠望する焔の美しさに恍惚とするネロ。簡潔直截に次々とくりだされてゆく豊富な逸話の中から、放恣残虐の限りを尽す歴代ローマ皇帝たちの姿がなまなましく立ち現われてくる。

カリヌス 〔250?～285〕
Marcus Aurelius Carinus

◇ローマ皇帝群像 4 アエリウス・スパルティアヌス他著, 井上文則訳・解題 京都 京都大学学術出版会 2014.9 323,53p 20cm + （西洋古典叢書 L025）〈付属資料：8p；月報109 布装 年表あり 索引あり〉 3700円 Ⓘ978-4-87698-486-2 Ⓝ232.8

内容 神君クラウディウスの生涯（トレベリウス・ポリオ） 神君アウレリアヌスの生涯（シラクサのフラウィウス・ウォピスクス） タキトゥスの生涯（シラクサのフラウィウス・ウォピスクス） プロブスの生涯（シラクサのフラウィウス・ウォピスクス） フィルムス、サトゥルニヌス、プロクルス、ボノッス、すなわち四人の僭称帝たちの生涯（シラクサのフラウィウス・ウォピスクス） カルス、カリヌス、ヌメリアヌスの生涯（シラクサのフラウィウス・ウォピスクス）

＊軍人皇帝時代も後半に入り危機克服の兆しが現われる。異色のローマ皇帝伝記集、堂々の完結！本邦初訳。

ガリバルディ, G. 〔1807～1882〕
Garibaldi, Giuseppe

◇ガリバルディ―イタリア建国の英雄 藤澤房俊著 中央公論新社 2016.12 241p 18cm （中公新書 2413）〈文献あり 著作目録あり 年譜あり〉 820円 Ⓘ978-4-12-102413-8 Ⓝ289.3

内容 序章 政治的傑作としてのイタリアの独立と統一 1 栴檀は双葉より芳し 一八〇七～三四年 2 雌伏の一三年間 一八三五～四八年 3 赤シャツの英雄の誕生 一八四八～四九年 4 戦士の休息 一八五〇～五八年 5 将軍となったガリバルディ 一八五九年 6 千人隊 一八六〇年 7 革命家ガリバルディの秋 一八六一～七一年 8 晩年のガリバルディ 一八七二～八二年

＊イタリアの英雄、ガリバルディ（1807～82）。亡命先ウルグアイの独立運動で戦功をあげ、名声はヨーロッパにまで轟いた。帰国後、千人隊を組織してフランス軍を破り、シチリア・南イタリアを解放。イタリア統一の立役者となる。その活躍は神話化され、明治日本では西郷隆盛になぞらえられ、中国・韓国では、独立運動の理想像とされるなど、世界中を熱狂させた。イタリア建国に生涯を賭けた男の実像に迫る。

ガリレイ, G. 〔1564～1642〕
Galilei, Galileo

◇ガリレオ裁判―400年後の真実 田中一郎著 岩波書店 2015.10 220,4p 18cm （岩波新書 新赤版 1569）〈文献あり〉 780円 Ⓘ978-

カルウイツ

4-00-431569-8　Ⓝ440.23

内容 第1章 ガリレオを愛したナポレオン　第2章 宗教裁判　第3章 天文観測による発見―興奮と忍び寄る危機　第4章 序幕――一六一六年の宗教裁判　第5章 『天文対話』 第6章 裁判の開始　第7章 第一回審問――一六三三年四月一二日　第8章 第二回審問――四月三〇日　第9章 第三回審問――五月一〇日　第10章 判決　第11章 「それでも地球は動いている」

＊地動説を唱え、宗教裁判で有罪を宣告されたガリレオ。彼は本当に、科学者として宗教と闘った英雄だったのか。二一世紀に入り、ヴァチカンの秘密文書庫から新たな裁判記録が明るみに出された。近代へと世界観が大きく変貌していく中で、裁判の曲折した進行の真実が浮かび上がる。ガリレオ裁判の見方を根底から変える決定版。

◇ガリレオ・ガリレイは数学でもすごかった!?―数学から物理へ名著「新科学対話」からの出題　吉田信夫著　技術評論社　2016.11　159p　19cm〈知りたい！サイエンス 136〉〈文献あり　索引あり〉　1680円　ⓘ978-4-7741-8434-0　Ⓝ420

内容 第1章 ガリレオ・ガリレイってどんな人？　第2章「新科学対話」とは？　第1、2日　第3章「新科学対話」とは？　第3、4日　第4章 ガリレオ流 無限の取り扱い　第5章 これぞガリレオ 落下と振り子　第6章 予想を覆す 最速降下曲線　第7章 放物線のことを考える　第8章 エネルギーという近代的視点

＊ガリレオは物理だけではなく数学にも長けていた。実験・検証と数学的論証により理論の正しさを保証する現代的な科学の手法を追求したのである。それをまとめたのがガリレオの名著「新科学対話」である。現代風にアレンジして読み解く。

カルウィック, H. 〔1833～1909〕
Cullwick, Hannah

◇美しき汚れ―アーサー・マンビーとヴィクトリア朝期女性労働者の表象　吉本和弘著　横浜　春風社　2015.3　263p　20cm〈年譜あり　文献あり〉　3000円　ⓘ978-4-86110-442-8　Ⓝ366.38

内容 第1章 アーサーとハナの物語　第2章 女性労働者の肖像　第3章 「手」の隠喩と労働の記号論　第4章 女性労働者の黒さと男性化　第5章 ハナが観たバイロンの悲劇『サルダナパラス』　第6章 階級・ジェンダーの表象と写真の登場

＊ヴィクトリア朝時代の弁護士アーサー・マンビーと下層階級の女性労働者ハナ・カルウィックとの階級を超えた愛情関係を、写真や日記などの豊富な資料をもとに考察。写真という当時最新のテクノロジーが果たした役割についても論及する。

ガルシア・ロブレス, A. 〔1911～1991〕
García Robles, Alfonso

◇賢者ガルシアロブレス伝―国連憲章と核軍縮に取り組んだ外交官　木下郁夫著　社会評論社　2015.6　247p　20cm〈他言語標題：LIFE STORY OF GARCIAROBLES〉　2200円　ⓘ978-4-7845-1122-8　Ⓝ319.02

内容 遍歴の国際法騎士　普遍的人権の戦後構想　チャプルテペックの有能な事務官　サンフランシスコ会議での苦闘　国連事務局の若き部長　海洋法会議での再デビュー　非核地帯との関わり　序盤の交渉　試練のトラテロルコ条約　第三世界のリーダー　核軍縮のドン・キホーテ　外務大臣　デタントと軍縮特別総会　限定核戦争の恐怖

＊第三世界メキシコ出身でありながら奇想天外なアイデア力、双方の面子を保つ折衝力、そして正確な票を読む洞察力によってラテンアメリカの非核地帯化を実現し、その後の世界の核軍縮の流れに道筋を付けたノーベル平和賞受賞者。類い希なるスーパーコーディネーターの人生に迫る。

カルシュ, F. 〔1893～1971〕　Karsch, Fritz

◇四ツ手網の記憶―日本のこころを愛したカルシュ　若松秀俊著　新版　杉並けやき出版　2017.1　281p　19cm〈初版：ワン・ライン 2007年刊　著作目録あり　年譜あり〉　発売：星雲社〉　1400円　ⓘ978-4-434-22915-2　Ⓝ289.3

内容 哲学者フリッツ・カルシュ　日本との出会い―神々の里に見た美と安らぎを追って（山陰との縁　住居と庭　散歩 ほか）　写真や絵画から蘇る―九十年前の出雲の地　出雲は運命の糸で結ばれた人生そのものであった（松江の街　松江城から　山頂から ほか）　心に残る思い出―辿るえにしの永い途（きずな　不惑の招待　終生の因縁 ほか）

＊大正の末期に異国情緒あふれる松江をドイツ語教師のカルシュが訪れた。夏には霞のようなお堀端の蚊柱に、冬には、足にまとわりつく雪の風情に心を奪われた。春は咲きかけの桜の微笑みに誘われ、秋には目の覚める紅葉に惹かれ、近隣の山々を訪ね歩いては、高校生らとともに季節の変化を心ゆくまで楽しんだ。

カルス 〔224頃～283〕　Marcus Aurelius Carus

◇ローマ皇帝群像 4　アエリウス・スパルティアヌス他著．井上文則訳・解題　京都　京都大学学術出版会　2014.9　323,53p　20cm＋（西洋古典叢書 L025）〈付属資料：8p：月報 109　布装　年表あり　索引あり〉　3700円　ⓘ978-4-87698-486-2　Ⓝ232.8

内容 神君クラウディウスの生涯（トレベリウス・ポリオ）　神君アウレリアヌスの生涯（シラクサのフラウィウス・ウォピスクス）　タキトゥスの生涯（シラクサのフラウィウス・ウォピスクス）　プロブスの生涯（シラクサのフラウィウス・ウォピスクス）　フィルムス、サトゥルニヌス、プロクルス、ボノススすなわち四人の僭称帝たちの生涯（シラクサのフラウィウス・ウォピスクス）　カルス、カリヌス、ヌメリアヌスの生涯（シラクサのフラウィウス・ウォピスクス）

＊軍人皇帝時代も後半に入り危機克服の兆しが現れる。異色のローマ皇帝伝記集、堂々の完結！　本邦初訳。

カルダー, R.I. 〔1918～1983〕
Kalder, Ruth Irene

◇祖父はアーモン・ゲート―ナチ強制収容所所長の孫　ジェニファー・テーゲ，ニコラ・ゼルマイヤー著．笠井宣明訳　原書房　2014.8　259p　20cm〈文献あり〉　2500円　ⓘ978-4-562-

05084-0　Ⓝ234.074
> 内容 序章 発見　1章 私は大量殺人者の孫　2章 プワショフ強制収容所の支配者 祖父アーモン・ゲート　3章 所長夫人 祖母ルート・イレーネ・カルダー　4章 死者と過ごした人生 母モニカ・ゲート　5章 被害者の孫 イスラエルの友だち　6章 クラクフの花
> *ジェニファー・テーゲは、ドイツ人とナイジェリア人との間に生まれ、養親のもとで成長し、後にイスラエルで大学教育を受けた。家族の秘密に直面した彼女は、音信不通だった生みの母親と再会する。このままでは、ユダヤ人の友達に対して顔向けができないし、自分の子供にも納得してもらいたい。ジャーナリストのニコラ・ゼルマイヤーとともに、家族史を調査して過去の現場を訪れ、イスラエルとポーランドへ行き来しながら、実母の家族、養母の家族が崩壊しかねない衝撃に、傷つきながらも真摯に向かい合う。

カール大帝 〔742～814〕 Charlemagne

◇泳ぐ権力者―カール大帝と形象政治　ホルスト・ブレーデカンプ著，原研二訳　産業図書　2016.12　204p　20cm　〈文献あり　索引あり〉　3500円　Ⓘ978-4-7828-0180-2　Ⓝ289.3
> 内容 1 毛沢東からフリードリヒ・バルバロッサまで（揚子江の悦び、そして漂うままに　泳ぐ悦びの史的証言　溺死の象徴学）　2 泳ぐ（先ני泳者カール大帝　水泳の階級　アウグストゥス帝を継承する技芸としての水泳）　3 編む（波打つ髪を編む　猛獣との交戦　動物園と織り物の至福感）　4 眼前に彷彿と（象牙製二つ折り彫板　ブロンズの熊 テオドリクスの騎馬像）　5 鏡面化（彫塑対象としての獅子　鏡面となるブロンズ　反映の世界）

◇王たちの最期の日々　上　パトリス・ゲニフェイ編，神田順子，谷口きみ子訳　原書房　2018.6　200p　20cm　2000円　Ⓘ978-4-562-05570-8　Ⓝ288.4935
> 内容 1 一人の皇帝の死、そして伝説のはじまり―カール大帝（シャルルマーニュ）―アーヘン、八一四年　2 非力な王のまことに目立たぬ死―ユーグ・カペー―九九六年　3 きわめて政治的な死―フィリップ二世―一二二三年七月一四日　4 「われわれはエルサレムに向かう！」―チュニスで死の床にあった聖王ルイ九世の言葉―一二七〇年　5 最期まで王―シャルル五世の死―一三八〇年九月一六日　6 不人気だった国王のひかえめな死―ルイ一一世―一四八三年八月三〇日　7 フランソワ一世の模範的な死―一五四七年三月三一日　8 アンリ二世の最期―一五五九年七月一〇日　9 アンリ三世暗殺―一五八九年八月一日　10 アンリ四世の最期の日々―一六一〇年
> *カール大帝からナポレオン3世にいたるまで、フランスという国をつくったおもな君主たちは、どのように死を迎えたのだろうか？　現代仏指の歴史研究者を執筆者に迎え、学術的な正確さと読みものとしての面白さを追求し、この疑問にはじめて答える。

カルティエ＝ブレッソン, H. 〔1908～2004〕 Cartier-Bresson, Henri

◇カルティエ＝ブレッソン―二十世紀写真の言説空間　佐々木悠介著　水声社　2016.10　390p　図版24p　22cm　〈他言語標題：Cartier-Bresson　文献あり〉　6000円　Ⓘ978-4-8010-0197-8　Ⓝ740.235
> 内容 アンリ・カルティエ＝ブレッソン、その神話と謎　第1部 街頭への視線―無名写真家の夢の時代（一九三三年カルティエ＝ブレッソン展をめぐって　一九三三年カルティエ＝ブレッソン展の作品構成―新資料の発掘から　ドキュメンタリー写真のジャンル生成と街頭イメージの表象）　第2部 美術制度とジャーナリズムの狭間で―「決定的瞬間」の時代（大衆の物語―マグナム・エージェンシーとその周辺　「ちっぽけなシュルレアリスト」―写真集という舞台をめぐって　『イマージュ・ア・ラ・ソヴェット』の置かれた時代）　第3部 カルティエ＝ブレッソン後の写真言説―ポストモダンの時代へ（次の世代の街頭写真―ソール・ライターの場合　フォト・ルポルタージュの現在―レイモン・ドゥパルドン　ロマン・モデルヌ―写真とテクストの臨界　カルティエ＝ブレッソンの新しい受容言説―フノイユとギベール）　さらなる写真言説研究へ
> *20世紀を代表する写真家はいかなる言説によって受容されていたのか？　写真をとりまく言説分析とイメージ分析のクロスジャンル的なアプローチによって新たなカルティエ＝ブレッソン像を提示し、二十世紀写真史を書き換える野心的な試み。

ガルニエ, F.L. 〔1860～1941〕 Garnier, Frederic Louis

◇評伝 天草五十人衆　天草学研究会編　福岡 弦書房　2016.8　317p　22cm　〈文献あり　年表あり　索引あり〉　2400円　Ⓘ978-4-86329-138-6　Ⓝ281.94
> 内容 ステージ1 五人衆の時代、そして…　ステージ2 天領天草の村々　ステージ3 祈りの島で　ステージ4 耕す、漁る　ステージ5 実業の世をひらく　ステージ6 潮路はるかに　ステージ7 文学・歴史・言論　ステージ8 あの頃、これから　ステージ9 島の現実、国の行く末　ステージ10 一筋の道　ステージ特別編 群像二題
> *海に囲まれ、かつて天領であった天草。独特の風土と歴史の中で、数々の苦難を乗り越えて育まれた天草スピリッツ。それを体現した五十人の足跡をたどり、忘れてはならない技と生き方をここに刻む。

カルニエテ, S. 〔1952～〕 Kalniete, Sandra

◇ダンスシューズで雪のシベリアへ―あるラトビア人家族の物語　サンドラ・カルニエテ著，黒沢歩訳　新評論　2014.3　12,392p　19cm　〈文献あり　年譜あり〉　3500円　Ⓘ978-4-7948-0947-6　Ⓝ288.3
> 内容 前兆　占領　追放　私の祖父ヤーニス　ヴィヤトラグの十字架　ラトビアにおける戦争　銃殺か、もしくは無罪　強制移住と飢餓　変化　祖母エミリヤ　無法者の家族　ママが雨水で髪を洗ってくれる　これ以上子どもを貢ぎはしない　長い家路
> *現在、欧州議会議員を務める著者は、強制追放のためにシベリアの寒村に生まれ、スターリンの死後の「雪解け」を機に、4歳の時に両親に連れられて祖国ラトビアの地を初めて踏んだ。本書は、独立回復以降に入手可能となった公文書や、家族の日記とシベリア体験者の声をもとに、旧ソ連におけ

る大量追放の犠牲となった家族の足跡を追い、追体験する自伝的な作品。歴史に翻弄される個人の悲運を浮き彫りにし、バルト三国の近代史に残る傷跡に光をあてる。

ガルバ〔3B.C.～69A.D.〕
Servius Sulpicius Galba

◇ローマ皇帝伝　下　スエトニウス著，国原吉之助訳　岩波書店　2018.5　403,20p　15cm（岩波文庫）　1130円　①4-00-334402-2　Ⓝ232.8

内容 第4巻 カリグラ　第5巻 クラウディウス　第6巻 ネロ　第7巻（ガルバ オト ウィテリウス）　第8巻（ウェスパシアヌス ティトゥス ドミティアヌス）

＊我が妹を妻とし，帝国資産をまたたく間に蕩尽したあげく自らを神と崇めよと命ずるカリグラ。権力を争って母を殺し，さらに首都に火を放って遠望する焔の美しさに恍惚とするネロ。簡潔直截に次々と繰りだされてゆく豊富な逸話の中から，放恣残虐の限りを尽す歴代ローマ皇帝たちの姿がなまなましく立ち現われてくる。

カルバリ，W.〔1929～2002〕Calvery, Wesley

◇カルバリ宣教師　Wesley Calvery著，池田晶信訳　北見　北見自分史会　2014.4　179p　21cm　1000円　Ⓝ198.62

カルバン，J.〔1509～1564〕Calvin, Jean

◇キリスト教の主要神学者　上　テルトゥリアヌスからカルヴァンまで　F.W.グラーフ編，片柳榮一監訳　教文館　2014.8　360,5p　21cm　3900円　①978-4-7642-7383-2　Ⓝ191.028

内容 マルキオン（八五頃－一六〇頃）　カルタゴのテルトゥリアヌス（二/三世紀）　オリゲネス（一八五/一八六－二五四）　ニュッサのグレゴリオス（三四〇頃－三九四以後）　アウグスティヌス（三五四－四三〇）　カンタベリーのアンセルムス（一〇三三/一〇三四－一一〇九）　クレルヴォーのベルナール（一〇九〇－一一五三）　トマス・アクィナス（一二二四/一二二五－一二七四）　マイスター・エックハルト（一二六〇頃－一三二八）　ヨハネス・ドゥンス・スコトゥス（一二六五/一二六六－一三〇八）　ロベルト・ベラルミーノ（一五四二－一六二一）

＊多彩にして曲折に富む2000年の神学史の中で，特に異彩を放つ古典的代表者を精選し，彼らの生涯・著作・影響を通して神学の争点と全体像を描き出す野心的試み。正統と異端が織り成すダイナミズムにつつまれた神学の魅力と核心を，第一線の研究者が描き出す。上巻では古代から宗教改革期に活躍した16名の神学者を紹介する。

◇キリスト教的学識者―宗教改革時代を中心に　E.H.ハービソン著，根占献一監訳，大川なつか，高津秀之，高津美和訳　知泉書館　2015.2　231,24p　20cm　〔ルネサンス叢書〕〈布装　索引あり〉　3000円　①978-4-86285-205-2　Ⓝ191.028

内容 第1章 キリスト教的召命としての学問―ヒエロニムスからアクィナスまで（キリスト教的学識者の召命　ヒエロニムス，アウグスティヌス，ピエール・アベラール，トマス・アクィナス）　第2章 学芸復興（ルネサンス）―ペトラルカからコレットまで（学芸復興（ルネサンス）とキリスト教的学識者　ペトラルカ，ロレンツォ・ヴァッラ，ジョヴァンニ・ピーコ・デッラ・ミランドラ，ジョン・コレット）　第3章 エラスムス　第4章 ルター　第5章 カルヴァン

＊聖書では知恵（学識）は信仰の障害物になると語られ，反知主義の伝統的潮流が存在する。キリスト教徒にとっての学問とは何か。宗教改革は聖書の意味に対する学者の洞察に始まり，それは学識者の運動，大学教授や学生による出来事，学者による革命となった。歴史上，エラスムス，ルター，カルヴァンに代表されるこの時代ほどキリスト教的学識者の威信が高まり強い影響力をもったことはない。人々の学ぶ熱意や，学問に対する尊敬と信頼が広まったのである。本書は彼らに影響を与えた先駆者の検討を通じて，彼らがいかにその使命を天職として感得し，学問への情熱とキリスト教信仰を一致させたか，さらにその営みがキリスト教の発展に与えた影響など，今まで神学者や歴史家が軽視してきたテーマに独自の光を投じた。著者は「アテネとエルサレム，アカデミーと教会とは何の関係があるのか？」という問いから，古代の教父学者ヒエロニムスとアウグスティヌス，中世の神学者アベラールとトマス・アクィナス，ルネサンス人文主義者ペトラルカとヴァッラやピーコたちの業績と，宗教改革期の学識者を有機的に関連づけて考察することにより，キリスト教とギリシア・ローマ文化の微妙な折衝を見事に描く。類書のない基本的文献である。

◇カルヴァン　渡辺信夫著　新装版　清水書院　2016.6　195p　19cm（Century Books―人と思想 10）〈文献あり　年譜あり　索引あり〉　1200円　①978-4-389-42010-9　Ⓝ198.3862

内容 1 カルヴァンの生涯（形成の道程　参加する人生　勇気ある人生の勝利）　2 カルヴァンの思想（神と人　キリストと人間　信仰と生活　教会と世界）

＊キリスト教の思想家で，社会的に大きい影響をおよぼした人としては，第一にカルヴァンをあげねばなるまい。キリスト教のうちでも，当時まだ発足早々であったプロテスタントの陣営，しかもそのそれのさらに一小部分にかれの活動分野は限られていたが，やがてヨーロッパ全域から直接間接にかれの影響をうけた。いったい，宗教思想というものは社会の思想から数歩しりぞいたところに立つのがふつうである。ところがカルヴァンは，社会をリードし開発していくような思想の開発者として，かれはそのような道を，人生の深みに徹し抜くことによって切り開いていった。そのいみで，かれはたんに社会的思想家であるのみでなく，すぐれた人生の教師であり，人生における最も真なるものの証言者である。

◇カルヴァン―亡命者と生きた改革者　C.シュトローム著，菊地純子訳　教文館　2016.7　171,11p　19cm　〈文献あり　年譜あり　索引あり〉　2200円　①978-4-7642-6725-1　Ⓝ198.3862

内容 「司教座教会の陰で」―子ども時代と青年時代　パリでの基礎過程の学び―スコラ学と教会の正統信仰　オルレアンとブルージュでの法律の学び―人文主義的法学への旅立ち　一五三二年のセネカ『寛容論』の註解書―人文主義の魅惑　「前触れなしの変化」―宗教改革へ向かう　『キリスト教綱要』（一五

三六年版)―弁明と宗教改革綱領 「あのフランス人」―ジュネーヴでの最初の活動(一五三六・三八年) 「カルヴァンがカルヴァンとなる」―シュトラスブルク(一五三八・四一年) ジュネーヴ(一五四一・四二年)―教会規律の再編成 教会規律の実践をめぐる争い(一五四三・五五年) 教えの一致と教えの純粋さ―宗教改革の成果をめぐる闘争 先鋭化(一五五三・五四年) 強化と教派の形成、迫害と完成(一五五五・六四年) 宗教改革の仕事と世の中への影響

* 宗教亡命者としてジュネーヴに渡り、改革者となったカルヴァンの生涯と思想をコンパクトに解説。教会改革者・神学者・説教者・社会改革者、他面にわたるカルヴァンの素顔を最新の歴史学的研究から描き出す。教会的・神学的視座のみならず、政治的・経済的・文化的な視座をも統合した「新しい」改革者像。

◇ジャン・カルヴァン―その働きと著作 ヴルフェルト・デ・グレーフ著, 菊地信光訳 札幌一麦出版社 2017.7 394p 22cm 〈文献あり〉 6800円 ①978-4-86325-103-8 Ⓝ198.3862

◇二つの宗教改革―ルターとカルヴァン H.A.オーバーマン[著], 日本ルター学会, 日本カルヴァン研究会訳 教文館 2017.10 304,9p 22cm 〈索引あり〉 3500円 ①978-4-7642-7413-6 Ⓝ192.3

内容 第1章 嵐が発生する 第2章 ルターと新しい方法(via moderna)―宗教改革的転回の哲学的背景 第3章 マルティン・ルター―獅子の洞窟の中の修道士 第4章 宗教改革―終末、現代、未来 第5章 ルターからヒトラーへ 第6章 宗教改革時代の聖画像をめぐる論争 第7章 歴史的カルヴァンの回復を目指して 第8章 ヨーロッパ宗教改革の新たな見取り図 第9章 最前線―亡命者たちの宗教改革 第10章 カルヴァンの遺産―その偉大さと限界

* ルターは本当に「最初のプロテスタント」なのか? カルヴァンの「偉大さ」と「限界」はどこにあるのか? 神学史と社会史の複合的視点から中世後期と宗教改革の連続性を明らかにし、宗教改革研究に画期的な影響を及ぼした歴史家オーバーマンの本邦初訳書。

ガルブレイス, J.K. 〔1908～2006〕 Galbraith, John Kenneth

◇ガルブレイス―アメリカ資本主義との格闘 伊東光晴著 岩波書店 2016.3 216,8p 18cm (岩波新書 新赤版 1593)〈文献あり 著作目録あり〉 800円 ①978-4-00-431593-3 Ⓝ331

内容 1 アメリカ―対立する二つの極(アメリカ社会と思想―イデオロギー化する「自由」とプラグマティズム哲学 アメリカの経済学―輸入経済学対制度学派) 2 ガルブレイスの半生(生い立ち、そして経済学者への道ほか) 3 ガルブレイスの経済学(経済学への前奏曲『アメリカの資本主義』―ガルブレイス流産業組織論 現代資本主義論の提起―歴史に残る名著『ゆたかなる社会』 成熟した巨大企業体制の解剖―主著『新しい産業国家』 公共国家のすすめ『経済学と公共目的』―経済的弱者を守る知識人の闘い 『大恐慌』―私たちは歴史に学ばなければならない) 「新しい産業国家」から「新しい金融国家」の中で―

ガルブレイスの晩年

* 二〇世紀アメリカを代表する「経済学の巨人」は何と闘い続けたのか? アメリカ思想の二極対立をえぐり、経済学研究の水準を社会思想史研究の水準に高めてきた著者が、病をおして筆を進めた渾身の作。ケインズによってイギリス論を、シュンペーターをかりてドイツ社会を論じてきた社会経済思想史研究三部作の完結編。

カルロスⅣ 〔1748～1819〕 Carlos Ⅳ

◇残酷な王と悲しみの王妃 2 中野京子著 集英社 2015.10 248p 19cm 〈文献あり 年譜あり〉 1600円 ①978-4-08-771633-7 Ⓝ288.493

内容 第1章 ルートヴィヒ二世 第2章 アレクサンドル三世妃マリア 第3章 カルロス四世 第4章 カロリーネ・マティルデ

* 彼らには許されなかった。平穏な日々も、愛も、死も…。人気シリーズ『怖い絵』『名画の謎』の著者が、ルートヴィヒ二世ほか、王族たちの壮絶な人生を辿る好評歴史読み物第2弾。図版多数掲載!

カルロッタ

⇒シャルロッテ・フォン・ベルギエン を見よ

ガレ, É. 〔1846～1904〕 Gallé, Émile

◇エミール・ガレとドーム兄弟―Darvish gallery Collection Fedal Management有限会社編集, 山根郁雄監修 神戸 Fedal Management 2015.11 109p 31cm 〈他言語標題:Emile Gallé et les frères Daum 発売:ベースボール・マガジン社〉 2700円 ①978-4-583-10943-5 Ⓝ751.5

内容 エミール・ガレ エミール・ガレ略歴 エミール・ガレコレクション Once upon a time in Carnac―エミール・ガレ 「ルファンのタコ」 ガレのエグゾティスム―ペルシャ美術からの影響 エミール・ガレと日本をめぐって ドーム兄弟 ドーム兄弟とその工房 ドーム兄弟コレクション ナンシー派 L'Ecole de Nancy マイゼンタール―エミール・ガレの創作の源流を訪ねて

ガレノス 〔129?～199〕 Galenos

◇ローマ帝国人物列伝 本村凌二著 祥伝社 2016.5 303p 18cm (祥伝社新書 463) 840円 ①978-4-396-11463-3 Ⓝ283.2

内容 1 建国期―建国期のローマ(ブルトゥス―共和政を樹立した初代執政官 キンキナトゥス―ワシントンが理想とした指導者 ほか) 2 成長期―成長期のローマ(アッピウス―インフラ整備など、類稀なる先見性 ファビウス―耐えがたきを耐える「ローマの盾」 ほか) 3 転換期―転換期のローマ(クラッスス―すべてを手に入れた者が欲したもの 大ポンペイウス―カエサルに敗れた大武将 ほか) 4 最盛期―最盛期のローマ(ゲルマニクス―夭逝した理想のプリンス ネロ―気弱な犯罪者だった皇帝 ほか) 5 衰亡期―衰亡期のローマ(ガリエヌス―動乱期の賢帝 ディオクレティアヌス―混乱を鎮めた軍人皇帝 ほか)

* ローマの歴史には、独裁も革命もクーデターもあ

カレル

り、「パクス・ロマーナ」と呼ばれた平和な時代もあった。君主政も共和政も貴族政もポピュリズムもあり、多神教も一神教もあった。まさに「歴史の実験場」であり、教訓を得るのに、これほどの素材はない。歴史を学ぶには制度や組織は無視できないが、そこに人間が存在したことを忘れてはならないだろう。本書は、一〇〇〇年を超えるローマ史を五つの時代に分け、三二人の生涯と共に追うものである。賢帝あり、愚帝あり、英雄から気丈な女性、医学者、宗教家まで。壮大な歴史叙事詩であり、歴史は人なり―を実感する一冊。

◇ガレノス―西洋医学を支配したローマ帝国の医師 スーザン・P.マターン著 澤井直訳 白水社 2017.11 311,72p 20cm 〈文献あり 年譜あり 索引あり〉 4800円 Ⓘ978-4-560-09584-3 Ⓝ490.23

|内容| 序章 腐ったチーズ 第1章 ペルガモン 第2章 医学の習得 第3章 剣闘士 第4章 ローマ 第5章 解剖記とボエトゥス 第6章 マルクス・アウレリウスと疫病 第7章 ガレノスと患者たち 第8章 大火 終章 西と東―ガレノスの二人の信奉者

＊ローマ帝国で歴代の皇帝から庶民までの治療を手がけ、著作がヨーロッパとイスラーム世界において、約千五百年にわたり医学の最高権威であり続けたガレノス。最新の研究を生かしてその人物と生涯を追いながら、著作にもふれつつ、当時のローマ世界の医療や衛生状態を解説する。「医学の第一人者」初の評伝。

ガレル, P. 〔1948～〕 Garrel, Philippe

◇フィリップ・ガレル読本―『ジェラシー』といくつもの愛の物語 boid編 boid 2014.9 151p 19cm 〈文献あり〉 1500円 Ⓘ978-4-9904938-9-9 Ⓝ778.235

カーロ, F. 〔1907～1954〕 Kahlo, Frida

◇フリーダ・カーロ―悲劇と情熱に生きた芸術家の生涯 画家〈メキシコ〉 筑摩書房編集部著 筑摩書房 2015.10 171p 19cm （ちくま評伝シリーズ〈ポルトレ〉）〈他言語標題：Frida Kahlo 文献あり 年譜あり〉 1200円 Ⓘ978-4-480-76640-3 Ⓝ723.56

|内容| 序章 生きづらさ抱えた人々に愛される「現代のイコン」 第1章 わたしはどこから来たの？ 第2章 事故 第3章 象と鳩と結婚 第4章 ちょっとした刺し傷 第5章 離婚そして再婚 第6章 希望の樹、堅固なれ

＊描くことが生きること。キャンパスに心の葛藤を表現し続けた女性芸術家の生涯。

ガロア, E. 〔1811～1832〕 Galois, Evariste

◇天才数学者はこう解いた、こう生きた―方程式四千年の歴史 木村俊一［著］ 講談社 2016.4 285p 15cm （講談社学術文庫 2360）〈文献あり 索引あり〉 1000円 Ⓘ978-4-06-292360-6 Ⓝ410.28

|内容| プロローグ 大発見と天才伝説 第1章 古代の方程式―バビロニア、エジプト、ギリシア、アラブ世界（パピルスと粘土板の天才たち ギリシア数学の黄金時代 方程式を発明した男、アル＝フワーリズミ） 第2章 伊・仏・英「三国志」―数学のルネッサンス（イタリア・ルネッサンス、ヨーロッパ数学の復活 フランスの数学革命 そのころイギリスでは） 第3章 ニュートンとラグランジュと対称性―科学革命からフランス革命まで（対称性の発見、ニュートンの奇跡 ラグランジュと代数学の基本定理） 第4章 一九世紀の伝説の天才―アーベルとガロア（悲劇のアーベル ガロア、謎の決闘に死す） エピローグ 未解決問題のフロンティア

＊万物は数であるという謎の数学教団を組織したピタゴラス、抜群の工学的センスを持つアルキメデス、三次方程式の解の公式を知っていた数学勝負師タルターリャ、フェンシングの達人デカルト…。小数、負の数、虚数、超越数…。方程式との格闘は、数のフロンティア拡大の歴史でもあったのだ。四千年の数学史を一気に駆け抜ける痛快無比の入門書！

◇ガロアとガロア理論―MATH＋ P．デュピュイ著，辻雄一訳，辻雄解説 東京図書 2016.12 253p 19cm 〈年譜あり〉 2000円 Ⓘ978-4-489-02255-5 Ⓝ411.73

|内容| 第1部 ガロア その真実の生涯（生いたちからエコール・ノルマルまで エコール・ノルマルからの追放と死 証拠文書） 第2部 ガロア理論とその後の現代数学（方程式とガロア理論 整数論とガロア理論）

◇ガロア理論「超」入門―方程式と図形の関係から考える 小林吹代著 技術評論社 2016.12 239p 19cm （知りたい！サイエンス 137）〈文献あり 索引あり〉 1680円 Ⓘ978-4-7741-8574-3 Ⓝ411.73

|内容| 序章 天才ガロアの生涯 1章 方程式を根号で解くとは？（「根号」の産みの親は「方程式」 「根号」のかげに「回る1の累乗根」 ほか） 2章 方程式を解いてみよう（因数分解による3次方程式の「解の公式」 因数分解による4次方程式の「解の公式」 ほか） 3章 ガロア群を見てみよう（「目で」見るガロア群 「逆」から見た3次方程式 ほか） 付録 資料

＊20歳という若さで決闘で亡くなったガロア。死の直前に書き残した「ガロア理論」は現代数学の根幹をなす金字塔として輝いている。5次以上の方程式に解の公式が存在しないことを4次以下の解法を視覚的につかみながら探る。

◇数学をつくった天才たち 立田奨著 辰巳出版 2018.3 191p 19cm 〈「天才たちのつくった数学の世界」（綜合図書 2015年刊）の改題、加筆・再編集〉 1200円 Ⓘ978-4-7778-2051-1 Ⓝ410.28

|内容| 1 数学の礎をつくった3人の巨匠（アルキメデス―人類史上第一級といえる科学者 アイザック・ニュートン―微分・積分学の祖 カール・フリードリヒ・ガウス―19世紀最大の数学者） 2 数学の歴史をつくった巨人たち（ベルンハルト・リーマン―未だ解かれることのない未解決問題を提唱 レオンハルト・オイラー―最高に美しい公式を作り上げた盲目の数学者 アンリ・ポアンカレ―宇宙の形の解明に一歩迫った直観タイプの数学者 ほか） 3 数学の新たな道を開拓した天才たち（アレクサンドル・グロタンディーク―スキーム論を築き新しい数学を打ち立てた21世紀最大の数学者 小平邦彦―ヘルマン・ワイルに見いだされ日本人初のフィールズ賞を受賞

グレゴリー・ペレルマン―ポアンカレ予想を解決しても社会的名誉を辞退 ほか）
＊定理、公式、理論…知らなくても面白い！生きるために数学をする≠「数学」のために生きる。数奇な運命をたどった、愛すべき変人（天才）の生涯！

カロザース, C.〔1839～1921〕
Carrothers, Christopher
◇新島襄と明治のキリスト者たち―横浜・築地・熊本・札幌バンドとの交流　本井康博著　教文館　2016.3　389,7p　22cm　〈索引あり〉　3800円　Ⓘ978-4-7642-9969-6　Ⓝ198.321
内容　1 新島襄と四つの「バンド」　2 横浜バンド(S.R.ブラウン　J.H.バラ　植村正久　井深梶之助　押川方義　本多庸一　松村介石　粟津高明)　3 築地バンド(C.カロザース　田村直臣　原胤昭)　4 熊本バンド(L.L.ジェーンズ　小崎弘道)　5 札幌バンド(W.S.クラーク　内村鑑三　新渡戸稲造　大島正健)
＊知られざる明治キリスト教界の人間模様。宣教師や、多くの明治期プロテスタントの指導者たちと関わり、教派間の友好関係と衝突・軋轢の狭間にいた新島襄。記録や手紙、ミッション資料から人物交流を読みとき、新島本人と、各教派のキリスト者たちそれぞれの知られざる人物像を浮き彫りにする。

カロリーネ・マティルデ・ア・ストアブリタニエン〔1751～1775〕 Caroline Mathilde af Storbritannien
◇残酷な王と悲しみの王妃　2　中野京子著　集英社　2015.10　248p　19cm　〈文献あり　年譜あり〉　1600円　Ⓘ978-4-08-771633-7　Ⓝ288.493
内容　第1章 ルートヴィヒ二世　第2章 アレクサンドル三世紀マリア　第3章 カルロス四世　第4章 カロリーネ・マティルデ
＊彼らには許されなかった。平穏な日々も、愛も、死も…。人気シリーズ「怖い絵」『名画の謎』の著者が、ルートヴィヒ二世ほか、王族たちの壮絶な人生を辿る好評歴史読み物第2弾。図版多数掲載！

カーン, M.〔1958～2011〕Karn, Mick
◇JAPAN 1974-1984―光と影のバンド全史　アンソニー・レイノルズ著, 飯031淳子訳　シンコーミュージック・エンタテイメント　2017.7　315p　25cm　〈文献あり　作品目録あり〉　3700円　Ⓘ978-4-401-64403-2　Ⓝ764.7
内容　第1章 出会いとはじまり　第2章 真夜中を突っ走れ　第3章 あいまいな選択肢を手中に　第4章 アルファヴィル　第5章 1980　第6章 1980 2　第7章 アートと派閥　第8章 鋲力の太鼓　第9章 バーニング・ブリッジズ　第10章 歓待の声　終章 終わりなき愛を夢見て
＊日本を愛し、日本に愛された孤高のバンド、ジャパン。独自の美意識を貫いた10年を総括し、その謎めいた実像に迫る初の評伝。「ミュージック・ライフ」の秘蔵写真、インタビュー記事を加えた日本特別編集版！

ガンジー, マハトマ
⇒ガンディー, M.K. を見よ

カンチュガ, A.〔1934～〕
Kanchuga, Aleksandr Aleksandrovich
◇ビキン川のほとりで―沿海州ウデヘ人の少年時代　アレクサンドル・カンチュガ著, 津曲敏郎訳　増補改訳　札幌　北海道大学出版会　2014.3　336p　21cm　〈初版：北海道大学図書刊行会 2001年刊　文献あり〉　2200円　Ⓘ978-4-8329-3385-9　Ⓝ984
内容　第1部 生い立ちの記（幼い日の思い出　父が語った話　シャインへ引っ越す　父のいない暮らし ほか）　第2部 都会での学校生活（野外調査の手伝い　ハバロフスクへの旅立ち　故郷での休暇　母の民話と身の上話 ほか）
＊漁労と狩猟採集の伝統的な暮らし、豊かな自然ときびしい生活、その中ではぐくまれる親子や兄弟の絆、学校と遊び、あるいは戦争をはじめとする近代の影等々。著者が少年時代を過ごした一九三〇年代から五〇年代はじめのウデヘでの暮らしを、少年の目を通して見た「時代」。第一部「少年時代」の旧訳に手を加えるとともに、自伝第二部「青年時代」を合わせるかたちで全体を再構成し、一書にまとめた。

ガンディー, I.P.〔1917～1984〕
Gandhi, Indira Priyadarshini
◇インディラ・ガンディー―祖国の分裂・対立と闘った政治家　政治家〈インド〉　筑摩書房編著　筑摩書房　2015.12　184p　19cm　（ちくま評伝シリーズ〈ポルトレ〉）〈他言語標題： Indira Gandhi　文献あり　年譜あり〉　1200円　Ⓘ978-4-480-76639-7　Ⓝ289.2
内容　第1章 孤独だった少女時代　第2章 母の死と海外留学　第3章 インド初の女性首相の誕生　第4章 ネルー外交の堅持と不評の新政策　第5章 ガンディー暗殺と残された遺書　巻末エッセイ「インディラ・ガンディーさんのこと」山折哲雄
＊宗教対立、貧困問題、国境紛争…新生インドが抱える難題に挑み続けた女性政治家の生涯。

ガンディー, M.K.〔1869～1948〕
Gandhi, Mohandas Karamchand
◇ガンジー　坂本徳松著　新装版　清水書院　2015.9　205p　19cm　（Century Books—人と思想 28）〈文献あり　年譜あり　索引あり〉　1000円　Ⓘ978-4-389-42028-4　Ⓝ126.9
内容　1 ガンジーの生涯（ガンジーの百年　幼少年時代とその背景　南アフリカ時代　インドに帰って　農民とともに ほか）　2 ガンジーの思想（ガンジー主義について　ガンジーにおける真と美―学生の四つの疑問　宗教的融和の問題　ガンジー主義と社会主義　ガンジーと農民 ほか）
◇二十世紀と格闘した先人たち―一九〇〇年アジア・アメリカの興隆　寺島実郎著　新潮社　2015.9　390p　16cm　（新潮文庫　て-10-2）〈「二十世紀から何を学ぶか 下 一九〇〇年への

カンテイ

旅 アメリカの世紀、アジアの自尊」(2007年刊)の改題、加筆・修正〉 630円 ⓘ978-4-10-126142-3 Ⓝ280.4

[内容] 第1章 アメリカの世紀がアジア太平洋にもたらしたもの(太平洋の転換点となった米西戦争での米国の勝利 明治の青年に夢を与えたクラーク博士の実像と足跡 ヘンリー・ルース、「アメリカの世紀」を推進した男 フランクリン・ルーズベルトの対日観の歴史的変遷 敗戦後の日本を「支配」した「極端な男」マッカーサー 付マッカーサー再考への旅──呪縛とトラウマからの脱却) 第2章 国際社会と格闘した日本人(「太平洋の橋」になろうとした憂国の国際人、新渡戸稲造 キリストに生きた武士、内村鑑三の高尚なる生涯 禅の精神を世界に発信した、鈴木大拙という存在 六歳の津田梅子を留学させた明治という時代 「亡命学者」野口英世の生と死 高峰譲吉の栄光とその悲しみ 日本近代史を予言した男、朝河貫一の苦闘と日米関係 近代石炭産業の功労者、松本健次郎と日本の二十世紀 情報戦争の敗北者だった大島浩駐独大使) 第3章 アジアの自尊を追い求めた男たち(アジアの再興を図ろうとした岡倉天心の夢 「偉大なる魂」ガンディーの重い問い掛け インドが見つめている──チャンドラ・ボースとパル判事 革命家・孫文が日本に問いかけたもの 魯迅が否定した馬々虎々 不倒翁・周恩来の見た日本) 第4章 二十世紀再考─付言しておくべきことと総括(一九〇〇年エルサレム──アラブ・イスラエル紛争に埋め込まれたもの 一九〇〇年香港──英国のアジア戦略 総括─結局、日本にとって二十世紀とは何だったか)

＊二十世紀初頭、アジア太平洋で「アメリカの世紀」が始まる。日本は近代化の道をたどり始める。新渡戸稲造、孫文、魯迅などアジアの巨星は解放と独立を目指した。新渡戸稲造、鈴木大拙、津田梅子…激動の世紀を懸命に生きた先人の足跡を追い、今を生きる智慧と歴史の潮流を問う一冊。

◇ガンディー 現代インド社会との対話─同時代人に見るその思想・運動の衝撃 内藤雅雄著 明石書店 2017.2 407p 20cm (世界歴史叢書)〈文献あり〉 4300円 ⓘ978-4-7503-4473-7 Ⓝ126.9

[内容] 第1章 ネルーとガンディーの対話─交換書簡を通じて 第2章 ガンディーとスバース・チャンドラ・ボース──一九三九年の政治危機 第3章 ガンディーとアンベードカル─「不可触民問題」をめぐって 第4章 ガンディーとインド人企業家 第5章 ガンディーとインド農民 第6章 ガンディーと女性 第7章 インドの分離独立とガンディー暗殺 特論 日中戦争期のガンディーをめぐる日本人知識人

◇ガンディー─平和を紡ぐ人 竹中千春著 岩波書店 2018.1 226,4p 18cm (岩波新書 新赤版 1699)〈文献あり 年譜あり〉 820円 ⓘ978-4-00-431699-2 Ⓝ126.9

[内容] 第1章 海を渡った青年 第2章 南アフリカの若き指導者 第3章 マハートマの道 第4章 塩の行進 第5章 最後の祈り 終章 マハートマの死とその後

＊My life is my message.非暴力不服従により社会を民衆の側から変革しようとした、ガンディーの生き方は、いまも汲めど尽きせぬ恵みをもたらす。恐怖と不信に屈すれば真理は見失う。人々の真の自由と独立は、平和を紡ぐ手紡ぎ車から生まれる。「マハートマ」(偉大なる魂)と呼ばれた人の生涯を語る、熱き評伝。

◇ガンディーとチャーチル 上 1857-1929 アーサー・ハーマン著, 田中洋二郎監訳, 守田道夫訳 白水社 2018.7 380,30p 図版10p 20cm 〈年表あり 索引あり〉 4000円 ⓘ978-4-560-09641-3 Ⓝ289.3

[内容] チャーチル家とラージ ランドルフ卿、実権を握る 権力の幻影─ガンディー家、インド、英国支配 目覚め1─ロンドンと南アにおけるガンディー 一八八八〜一八九五 目覚め2─インドのチャーチル 一八九六〜一八九九 戦いにおける人々 一八九九〜一九〇〇 一点に集中する道 一九〇〇〜一九〇六 短い出会い 一九〇六〜一九一〇 転換点 一九一〇〜一九一〇 分かれ道 一九一一〜一九一四 はるかなる橋頭堡 一九一四〜一九一五 ガンディーの戦い 一九一五〜一九一八 流血の惨事 一九一九〜一九二〇 非協力 一九二〇〜一九二二 運命の逆転 一九二二〜一九二九

＊敗者たちが創った、新たな時代。戦争と平和、革命と反動、英雄と民衆、そして勝利と敗北─二十世紀とは果たして何だったのか? 二人の巨人の人生行路から眺めた一大記念碑。

◇悪の歴史─隠されてきた「悪」に焦点をあて、真実の人間像に迫る 東アジア編下 南・東南アジア編 上田信編著 清水書院 2018.8 469p 19cm 2400円 ⓘ978-4-389-50065-8 Ⓝ204

[内容] 東アジア編(下)(太宗(宋)─「燭影斧声の疑」のある準開国皇帝 王安石─北宋滅亡の元凶とされる「拗相公」 徽宗─「風流天子」と専権宰相蔡京 賈似道─宋王朝の滅亡を導いたとされる「蟋蟀宰相」 フビライ(世祖)─元朝建国の英雄の光と陰 ほか) 南・東南アジア編(カニシュカ─中央アジアとインドの支配者 チャンドラグプタ二世─兄の王位を簒奪し、その妻を娶った帝王 ラッフルズ─住民の在地支配者への服属を強化した自由主義者 ガンディー─最晩年の挫折と孤立)

＊「悪」の心が権力をもたらすのか!?歴史を紡いだ偉人たちの実相に迫る衝撃の書。

◇ガンディーとチャーチル 下 1929-1965 アーサー・ハーマン著, 田中洋二郎監訳, 守田道夫訳 白水社 2018.9 390,40p 20cm 〈文献あり 年表あり 索引あり〉 4000円 ⓘ978-4-560-09642-0 Ⓝ289.3

[内容] チャーチル家とラージ ランドルフ卿、実権を握る 権力の幻影─ガンディー家、インド、英国支配 目覚め1─ロンドンと南アにおけるガンディー 一八八八〜一八九五 目覚め2─インドのチャーチル 一八九六〜一八九九 戦いにおける人々 一八九九〜一九〇〇 一点に集中する道 一九〇〇〜一九〇六 短い出会い 一九〇六〜一九一〇 転換点 一九一〇〜一九一〇 分かれ道 一九一一〜一九一四 はるかなる橋頭堡 一九一四〜一九一五 ガンディーの戦い 一九一五〜一九一八 流血の惨事 一九一九〜一九二〇 非協力 一九二〇〜一九二二 運命の逆転 一九二二〜一九二九

＊そして、すべては崩れた…ヴィクトリア朝末期のニューエイジ運動を揺籃に、帝国の中心と辺境で翻弄された二人の人生の悲しい結末。ピュリツァー賞最終候補作。

◇ガンディーに訊け 中島岳志著 朝日新聞出版 2018.9 237p 15cm (朝日文庫 な39-2)〈「ガ

ンディーからの〈問い〉」(日本放送出版協会 2009年刊)の改題　年譜あり〉　660円　①978-4-02-261942-6　⑩126.9

内容　序 ガンディーは可能か？　第1章 歩く・食べない・回す　第2章「非暴力」「不服従」への道　第3章 禁欲主義の矛盾　第4章 命が私を生きている　終章 ガンディーの"問い"を考える―対談：中島岳志×南直哉

＊世界が「暴力の時代」といわれる今、平和・非暴力主義を貫いたガンディーの思想は今なお新しい。「歩く」「食べない」「(糸車を)回す」という行動でメッセージを送り続けた「人間・ガンディー像」を、著者独自の視点で細密に描く評論。禅僧・南直哉氏との対談も収録。

◇ガンディー――秘教思想が生んだ聖人　杉本良男著　2018.12　334p　18cm　(平凡社新書　899)〈文献あり〉　980円　①978-4-582-85899-0　⑩126.9

内容　序 科学と宗教―スピリチュアルなナショナリズム(一八四八 - 一九一八)(心霊主義と隠秘主義　インド国民会議　ほか)　第1章 肉食と菜食―ガンディーの大英帝国(一八八八 - 九一)(グジャラート商人の名家の出　母との約束　ほか)　第2章 親英か反英へ―南アフリカ(一八九三 - 一九一四)(南アフリカへの渡航　南アフリカの秘教思想　ほか)　第3章 エリートと大衆―ガンディーのインド(一九一五 - 四八)(本格的な帰国　マハートマでむずばれる　ほか)　第4章 オリエンタリズムとナショナリズム―東と西のすれ違い(一九四八 -)(イメージ戦略　キリスト教聖人化　ほか)

＊人類の遺産である「非暴力」思想はいかにして生まれたか。近代化の過程で科学万能主義に抗い誕生した秘教思想との関わりを軸に、ガンディーの知られざる実像に迫る評伝。多様性を温存した普遍主義という見果てぬ夢への挑戦。

カンティヨン, R.〔～1734〕
Cantillon, Richard

◇カンティヨン経済理論研究　中川辰洋著　日本経済評論社　2016.10　307p　22cm　〈文献あり　索引あり〉　8500円　①978-4-8188-2444-7　⑩331.35

内容　第1章 カンティヨンの生涯と作品(カンティヨンの生涯(1680？ ～1734？年)　『商業試論』出版の誤謬とミステリーと謎　『商業試論』の経済学史上の意義)　第2章 カンティヨンの経済理論と『商業試論』(『商業試論』の課題と構成　市場経済モデルと企業者の調整機構　『開放経済』下の外国貿易・銀行業務の経済分析)　第3章 『商業試論』の諸問題(価値・価格論の問題　企業者論の問題　銀行・信用論の問題)　付論1 カンティヨン・ケネー・テュルゴー――18世紀フランス価値学説形成の歴史的考察(カンティヨン、ケネーおよびテュルゴーの価値学説　価値学説の意義と問題点　18世紀フランス価値学説形成の再考)　付論2 「資本」概念成立探究―馬場宏二「資本・資本家・資本主義」を中心として(馬場説のスケッチ　馬場説の問題点―古典再探索)

＊価格機構、企業者、所得流通フロー。租税を除く全領域を論じた「経済学の最初の論文」(ジェヴォンズ)の著者リシャール・カンティヨンの本邦初の研究書にして決定版。

カンディンスキー, W.〔1866～1944〕
Kandinsky, Wassily

◇僕はカンディンスキー　アナベル・ハワード文, アダム・シンプソン絵, 岩崎亜矢里訳, 池田千波訳　パイインターナショナル　2015.12　70p　23cm　(芸術家たちの素顔 8)〈文献あり〉　1600円　①978-4-7562-4702-5　⑩723.34

◇もっと知りたいカンディンスキー――生涯と作品　松本透著　東京美術　2016.11　78p　26cm　(アート・ビギナーズ・コレクション)〈索引あり〉　2000円　①978-4-8087-1063-7　⑩723.34

内容　Prologue まどろみのとき―1866～1895年・0～29歳　1 モスクワからミュンヘンへ―目覚めのとき―1896～1908年・30～42歳　2 ミュンヘン・抽象への道―1909～1914年・43～48歳　3 モスクワ・革命下の祖国―1915～1921年・49～55歳　4 バウハウスにて・かたちの言葉を求めて―1922～1933年・56～67歳　5 パリ・綜合の時代―1934～1944年・68～78歳

カント, I.〔1724～1804〕　Kant, Immanuel

◇90分でわかるカント　ポール・ストラザーン著, 浅見昇吾訳　WAVE出版　2015.1　155p　20cm　〈年表あり〉　1000円　①978-4-87290-732-2　⑩134.2

内容　カント―思想の背景　カント―生涯と作品　結び カントの言葉

＊不幸だってかまうものか。人間にとって大事なのは「義務」である。不可能を可能に変えた知の巨人。無残に破壊された哲学の再興へ立ち向かった男。人類史上屈指の天才の、強靭な思想と、ちょっと悲しい生涯。イギリスでベストセラー『90分でわかるシリーズ』第3弾！

◇カント―その生涯と思想　アルセニイ・グリガ著, 西牟田久雄, 浜田義文訳　新装版　法政大学出版局　2015.4　401,8p　20cm　(叢書・ウニベルシタス)　4500円　①978-4-588-14008-2　⑩134.2

内容　第1章 啓蒙主義の果実　第2章「私は人間を尊敬することを学ぶ」　第3章 理性の自己批判　第4章 人格性の理念　第5章 真・善・美　第6章 希望としての信仰および愛　第7章 永遠平和のために

◇カント　小牧治著　新装版　清水書院　2015.9　260p　19cm　(Century Books―人と思想 15)〈文献あり　年譜あり　索引あり〉　1000円　①978-4-389-42015-4　⑩134.2

内容　1 カントの住んだとき・ところ(期待された不自然―片すみの、東プロイセンでの物語　殿さまの時代からフリードリヒの世紀へ　住みなれた ケーニヒスベルク)　2 哲学研究にささげられた生涯(つつましい一市民のせがれ　わが道を行く、大学教師　思想遍歴のスケッチ　老衰とのたたかい　人間カント)　3 人間とは何であるか―カント哲学が探究したもの(批判哲学の課題　人間は何を知りうるか―『純粋理性批判』　人間は何をなすべきか―『実践理性批判』　道徳と自然との調和―『判断力批判』　人間は何を望んでよろしいか―『たんなる理性の限界内の宗教』　『永久平和のために』　けっきょく、人間とは何であるか―『実用的見地におけ

カントウ

◇カント先生の散歩　池内紀著　潮出版社　2016.7　181p　16cm　(潮文庫　い-1)　550円　Ⓘ978-4-267-02055-1　Ⓝ134.2

[内容] バルト海の真珠　教授のポスト　メディアの中で　友人の力　永遠の一日　カントの書き方　時代閉塞の中で　教授の時間割　独身者のつれ合い　カント総長　一卵性双生児　フランス革命　老いの始まり　検閲論争　「永遠平和のために」　老いの深まり　「遺作」の前後　死を待つ

＊難解にして深遠、時計の針のように正確無比で謹厳実直、容易に人を寄せ付けない…そんなイメージがガラガラと崩れてしまう、人間「カント先生」の生涯を描いた伝記風エッセイが、待望の文庫化。就職、友情、お金、そして老い—さらに「批判三部作」完成までの知られざるドラマを、ドイツ文学者で名エッセイストが優しい筆致で描く。

◇先生が教えてくれた『倫理』2　西洋思想・40回の講義録—もっと知りたい　矢倉芳則著　清水書院　2016.9　342p　21cm　〈索引あり〉　2200円　Ⓘ978-4-389-22583-4　Ⓝ150

[内容] 第1章　近代思想の曙光(神の光と自然の光—ドグマとロマン　ルネサンス(その1)—地上の力　ほか)　第2章　近代思想の協奏(信仰の闇を超えて—モンテーニュ　モラリストの行方—パスカル　ほか)　第3章　近代思想の交響(カント(その1)—その生涯と批判哲学　カント(その2)—実践理性と道徳法則　ほか)　第4章　現代思想の黎明(社会主義の思想(その1)—社会変革の思想とマルクス　社会主義の思想(その2)—唯物史観と階級闘争　ほか)　第5章　現代思想の地平(現代ヒューマニストの思想—人類愛と平和を求めて　現代思想の潮流(その1)—他者への尊重と近代思想への批判　ほか)

＊人生の知恵と感動は教師の授業にある。生きることの指針は教師のことばにある。もっと知りたい。もう一度聞きたい。

◇カント入門講義—超越論的観念論のロジック　冨田恭彦著　筑摩書房　2017.3　317p　15cm　(ちくま学芸文庫　ト9-2)　1200円　Ⓘ978-4-480-09788-0　Ⓝ134.2

[内容] 第1章　カント略伝　第2章　なぜ「物自体」vs「表象」なのか？　第3章　解かちがたからぬ問題　第4章　コペルニクス的転回　第5章　「独断のまどろみ」から醒めて　第6章　主観的演繹と図式論　第7章　アプリオリな総合判断はいかにして可能か　第8章　魅力と謎

＊我々が生きている世界は、心の中の世界＝表象にすぎない。その一方で、しかし同時に「物自体」はある、とも言うカントの超越論的観念論。そのカラクリとして、基本的なものの見方・考え方の枠組みが人間の心にはあらかじめセットされているとカントは強調したわけだが、この点を強調することによって、その哲学は、後年の哲学者達の思想的転回に大きく貢献したと著者は説く。平明な筆致で知られる著者が、図解も交えてカント哲学の要点を一から解き説き、各ポイントが現代の哲学者に至るまでどのような影響を与えてきたかを一望することのできる一冊。

◇カントは今、ロシアに生きる—哲學ルポ　板生郁衣,L.A.カリニコフ共著　鎌倉　銀の鈴社　2017.4　171p　図版16p　20cm　(銀鈴叢書)　2800円　Ⓘ978-4-86618-006-9　Ⓝ134.2

[内容] 第1章　カントに恋して(カントとケーニヒスベルク　大聖堂　ケーニヒスベルク大学　そして今はカント博物館　カント先生のお出かけ　カリーニングラード散策　カントの伝道師)　第2章　カントは今、ロシアに生きる(カリーニングラードにおけるカント　「1974年以降のカリーニングラードにおけるカントとケーニヒスベルク文化」(要旨)　カントと21世紀　東京大学講義における学生の意見)　資料　カリニコフ教授の原文(Kant in Kaliningrad　Kant and the Königsberg culture in Kaliningrad after 1974　KANT AND THE 21ST CENTURY)

◇カント伝　マンフレッド・キューン著,菅沢龍文,中澤武,山根雄一郎訳　横浜　春風社　2017.6　971,64p　20cm　〈年譜あり　文献あり〉　9000円　Ⓘ978-4-86110-479-4　Ⓝ134.2

[内容] 1　子供時代と青年時代の初期(一七二四・四〇年)　2　学生と家庭教師(一七四〇・五五年)　3　洗練された修士殿(一七五五・六四年)　4　新生とその結果(一七六四・六九年)　5　沈黙の歳月(一七七〇・八〇年)　6　「すべてを粉砕する」形而上学批判者(一七八〇・八四年)　7　人倫の形而上学の定礎者(一七八四・八七年)　8　宗教と政治に関する異議申し立て(一七八八・九五年)　9　老カント(一七九六・一八〇四年)

＊情熱家で、直情家だった。生き方も、哲学の仕方も。旧来の通俗的なカント像に修正を迫る、最も詳細な伝記。新たな資料を博捜し、生誕から最晩年に至るまでのカントの生活と学問を多面的に描き出す。

カンドウ, S. 〔1897～1955〕
Candau, Sauveur Antoine

◇ザビエルの夢を紡ぐ—近代宣教師たちの日本語文学　郭南燕著　平凡社　2018.3　328p　20cm　〈索引あり〉　4000円　Ⓘ978-4-582-70358-0　Ⓝ197.021

[内容] 序章　日本へのザビエルの贈りもの　第1章　日本に情熱を燃やしたザビエル　第2章　ザビエルの予言へ呼応する近代宣教師たち　第3章　日本人に一生を捧げたヴィリオン神父　第4章　日本人を虜にしたカンドウ神父　第5章　詩的な宣教者—ホイヴェルス神父　第6章　型破りの布教—ネラン神父　終章　日本人とともに日本文化を創る試み

＊キリスト教が初めて日本に伝来してから460年余。日本語で話し、そして記述した数多くの神父たちの行いは、日本と日本人に有形無形の豊かな財産をもたらした。先駆者フランシスコ・ザビエルから20世紀の「酒場神父」ジョルジュ・ネランまで5人の宣教師を取り上げ、彼らの業績と人柄をつぶさに語る、最新の研究。

カントール, G. 〔1845～1918〕　Cantor, Georg

◇「無限」に魅入られた天才数学者たち　アミール・D・アクゼル著,青木薫訳　早川書房　2015.8　335p　16cm　(ハヤカワ文庫　NF 442—〈数理を愉しむ〉シリーズ)〈文献あり〉　900円　Ⓘ978-4-15-050442-7　Ⓝ410.9

[内容] ハレ　無限の発見　カバラ　ガリレオとボルツ

ァーノ　ベルリン　円積問題　学生時代　集合論の誕生　最初に出会う無限　「我見るも、我信ぜず」　悪意に満ちた妨害　超限数　連結体仮設　シェイクスピアと心の病　選択公理　ラッセルのパラドックス　マリエンバート　ウィーンのカフェ　一九三七年六月十四日から十五日にかけての夜　ライプニッツ、相対性理論、アメリカ合衆国憲法　コーエンの証明と集合論の未来　ハルクの無限の輝き　付録　集合論の公理

＊数学には付きもののように思えるが、では無限は数なのか？　数だと言うならどのくらい大きい？　実は無限を実在の「モノ」として扱ったのは19世紀の数学者、ゲオルク・カントールが初めてだった。カントールはそのために異端のレッテルを張られて苦しみ、無限に関する超難問を考え詰めたあげく精神を病んでしまう…常識が通用しない無限のミステリアスな性質と、それに果敢に挑んだ数学者群像を描く傑作科学解説。

カンパネッラ, T.〔1568〜1639〕
Campanella, Tommaso

◇評伝　カンパネッラ　澤井繁男著　京都　人文書院　2015.1　187p　20cm　〈文献あり〉　2600円　①978-4-409-04106-2　⑩132.5

内容　時代背景について　カンパネッラ誕生す　テレジオの「後継」を自任する　清純な反駁　ナポリに滞在する（デッラ・ポルタ家との出会い　処女出版と初めての告発）　北イタリアへ向かう―ヴェネト地方で一年余りをすごす―ガリレイとの出会い　異端審問にかけられる　故郷スティーロへ帰る　革命をこころざす　陰謀の経緯を語る―カステルヴェテレの供述書　二度目の異端審問にのぞむ　過酷な拷問に耐える　判決を受ける―獄中の日々（一六〇一末・二六年）　『スペイン帝政論』について　四つの政治論文から「太陽の都市」へ　保釈されパリに向かう　カンパネッラ歿す

＊哲学者にして魔術師。預言者であり、革命家であり、詩人、ジョルダーノ・ブルーノ、ガリレイと同時代を生きた異端の哲学者の波乱万丈の人生を追う。ルネサンス最後の巨人、本邦初の評伝。故郷スティーロから、その知的遍歴と波乱の人生をたどりながら、彼のコスモロジカルな思想と世界観が南イタリアの知的風土のなかで培われたことを明らかにし、ルネサンスと地中海文化の認識に新しい視点を提供する。

カンパン, J.L.H.〔1752〜1822〕
Campan, Jeanne-Louise-Henriette

◇カンパン夫人―フランス革命を生き抜いた首席侍女　イネス・ド・ケルタンギ著，ダコスタ吉村花子訳　白水社　2016.9　327,5p　20cm　〈文献あり〉　2900円　①978-4-560-09259-0　⑩289.3

内容　第1章　幼少時代から宮廷入りまで（生い立ち　妹ジュリー　ほか）　第2章　王妃付き侍女（王妃の失態　宮廷生活　ほか）　第3章　王妃付き首席侍女（王妃の腹心として　首飾り事件　ほか）　第4章　サン＝ジェルマン学院開校（恐怖政治　サン＝ジェルマン学院の幕開け　ほか）　第5章　レジオン・ドヌール教育学院エクアン校校長（皇帝の計画　レジオン・ドヌール教育学院　ほか）

＊王妃マリー＝アントワネットの忠臣として、ナポレオン政権下では女子教育の第一人者として、教養こそが彼女の武器だった。

【キ】

キェルケゴール, S.A.〔1813〜1855〕
Kierkegaard, Søren Aabye

◇キリスト教の主要神学者　下　リシャール・シモンからカール・ラーナーまで　F.W.グラーフ編　教文館　2014.9　p　cm　〈索引あり〉　①978-4-7642-7384-9　⑩191.028

内容　ヨハン・ゲアハルト（トーマス・カウフマン著　安酸敏眞訳）　リシャール・シモン（クリストファー・フォイクト著　安酸敏眞訳）　フィリップ・ヤコプ・シュペーナー　ヨハン・ヨアヒム・シュパルディング（アルブレヒト・ボイテル著　安酸敏眞訳）　フリードリヒ・シュライアマハー（ウルリヒ・バルト著　安酸敏眞訳）　ヨゼフ・クロイトゲン（ペーター・ヴァルター著　安酸敏眞訳）　セーレン・キルケゴール（ハイコ・シュルツ著　安酸敏眞訳）　ユリウス・ヴェルハウゼン（ミカエル・バウアー著　佐藤貴史訳）　アドルフ・フォン・ハルナック（ヨハン・ヒンリヒ・クラウセン著　安酸敏眞訳）　アルフレッド・ロワジー/クラウス・アルノルト/著　安酸敏眞訳. エルンスト・トレルチ（フリードリヒ・ヴィルヘルム・グラーフ著　安酸敏眞訳）　ルドルフ・ブルトマン　パウル・ティリッヒ（アルフ・クリストファーセン著　佐藤貴史訳）　カール・バルト（イェルク・ディールケン著　安酸敏眞訳）　ラインホールド・ニーバー　H・リチャード・ニーバー（リチャード・クルーター著　安酸敏眞訳）　カール・ラーナー（ローマン・A・ジーベンロック著　安酸敏眞訳）

＊多彩にして曲折に富む2000年の神学史の中で、特に異彩を放つ古典的代表者を精選し、彼らの生涯・著作・影響を通して神学の争点と全体像を描き出す野心的試み。下巻では正統主義の時代から20世紀に至るまでの17名の神学者を紹介する。

◇キルケゴール　工藤綏夫著　新装版　清水書院　2014.9　216p　19cm　〈Century Books―人と思想　19〉〈文献あり　年譜あり　索引あり〉　1000円　①978-4-389-42019-2　⑩139.3

内容　1 キルケゴールの生涯（キルケゴールと現代　キルケゴールをうんだ風土　キルケゴールが生きた時代　キルケゴールの生いたち）　2 キルケゴールの思想（匿名の表現形式について　審美的著作の思想について　哲学的著作の思想について　宗教的著作の思想について　キルケゴールと現代思想）

◇キェルケゴールの信仰と哲学―生と思想の全体像を問う　鈴木祐丞著　京都　ミネルヴァ書房　2014.10　252,9p　22cm　〈MINERVA人文・社会科学叢書　201〉〈文献あり　索引あり〉　7000円　①978-4-623-07155-5　⑩139.3

内容　序章　キェルケゴールの生と思想　第1章　キェルケゴールにとって一八四八年とは―主題とテーゼ　第2章　方法論的考察　第3章　信仰の模索―宗教的体験までの生と思想　第4章　信仰の哲理―宗教的体験の契機としての『死にいたる病』第5章　信仰の確信――八四八年の宗教的体験　第6章　信仰を生きる―

キエン

一八四八年以降の生と思想　終章　実存的思想家としてのキェルケゴール

＊本書は、キェルケゴールの思想上の変化にとって大きな転換を刻む1848年の宗教的体験に関してこれまでの研究とは対照的な見解を提示することを通じて、実存的思想家としてのキェルケゴール像を刷新しようとする野心的研究である。

◇親鸞とキェルケゴールにおける「信心」と「信仰」—比較思想的考察　スザ ドミンゴス著　京都　ミネルヴァ書房　2015.1　273,7p　20cm　（南山大学学術叢書）〈文献あり　索引あり〉4500円　①978-4-623-07219-4　Ⓝ188.82

内容「信心」と「信仰」は共通の本質を有するか　第1部　親鸞における信心（親鸞の生涯と思想　信心という概念　悪の自覚と信心　信心と歴史　如来回向としての信心　信心と倫理的実践）　第2部　キェルケゴールにおける信仰（キェルケゴールの生涯と思想　信仰という概念　罪の意識と信仰　信仰と歴史　信仰の二つの側面—神の恩寵と人間の決意　信仰と倫理的実践）　宗教間の相互理解と対話の可能性

＊本書は、親鸞における「信心 shinjin」とキェルケゴールにおける「信仰 faith」とを、宗教を文化的言語的枠組みとして捉える宗教理論の立場から比較する。また、その類似性と相違性を明らかにすることを目的とし、比較思想の立場から考察を進める。同時に、両概念の意義と独自性を解明することを試み、そのことを通し、諸宗教間の対話と相互理解の可能性も追求する。

◇キェルケゴールの日記—哲学と信仰のあいだ　セーレン・キェルケゴール著, 鈴木祐丞編訳　講談社　2016.4　283p　20cm　1900円　①978-4-06-219519-5　Ⓝ139.3

内容　第1部　一八四八年の宗教的転機まで（一八三七年～一八四六年　一八四七年～一八四八年三月）　第2部　一八四八年の宗教的転機（宗教的転機の端緒　宗教的転機の展開　宗教的転機の帰結）　第3部　一八四八年の宗教的転機後（一八四八年の宗教的転機後～一八五三年　一八五四年～一八五五年）

＊人間にとって宗教とは何か？神を信じるとはどういうことか？罪・放蕩・絶望からキリストによる救いへ！信仰をめぐる思索と苦闘の日記を、読みやすい編訳と詳細な解説で蘇らせた決定版！稀有な哲学者が綴った深甚なる告白！

ギエン, N. 〔1902〜1989〕
Guillén, Nicolás

◇《クレオール》な詩人たち　2　恒川邦夫著　思潮社　2018.3　357p　19cm　3200円　①978-4-7837-3812-1　Ⓝ950.29

内容　第6章　ニコラス・ギエン—キューバ革命の"国民的詩人"　第7章　ジャック・ルーマン—現代ハイチ文学の"父"　第8章　マグロワール＝サン＝トード—ハイチの"呪われた詩人"　第9章　ルネ・ドゥペストル—稀代の"遍歴詩人"　第10章　フランケチエンヌ—"スピラリスム"の創始者　第11章　モンショアシ—マルチニックのクレオール語詩人　第12章　カリブ海の友だち—テレーズ・レオタン、アンリ・コルバン、ロジェ・パルスマン、エルネスト・ペパン

＊"革命"と"カリブ海性"を刻む詩群—クレオール文学の第一人者が、カリブ海の詩人たちを体系的かつ網羅的に紹介する決定版。さまざまな交流を手がかりに、魅惑にみちた詩群を訳出し、各詩人の生きざまを活写する。

キケロ, M.T. 〔106〜43B.C.〕
Cicero, Marcus Tullius

◇キケロー　角田幸彦著　新装版　清水書院　2014.9　296p　19cm　（Century Books—人と思想　173）〈文献あり　年譜あり　索引あり〉1000円　①978-4-389-42173-1　Ⓝ131.8

内容　1　キケローの生涯（若きキケロー　政務官職の道　執政官時代　キケローの追放と帰国　キリキアの総督として　市民戦争—カエサルとポンペイウスの激突　カエサルの独裁と暗殺そしてキケローの最後）　2　キケローの思想（国家哲学・法哲学　ギリシア哲学との対決　キケローの哲学的形成—懐疑主義と教説（定説）主義の狭間　歴史家としてのキケロー　弁論と哲学の統合を目指して　キケローとヨーロッパ精神史　日本におけるキケローの重要性）

◇ローマ政治家伝　3　キケロ　マティアス・ゲルツァー著, 長谷川博隆訳　名古屋　名古屋大学出版会　2014.9　493,17p　22cm　〈年譜あり　索引あり〉5500円　①978-4-8158-0737-5　Ⓝ312.8

内容　修業時代　公的活動のはじまり　財務官職—元老院議員としての第一歩　ウェッレス弾劾　按察官職から法務官に　執政官職を目指しての戦い　執政官職在任中の政策を護って　亡命と帰還　「このような政治状態には喜ばしいことはひとかけらもない」　執政官代理職　内乱　カエサルの独裁官職のもとで　四四年三月一五日以降　レス・プブリカのための最後の戦い

＊政治の知とは何か。哲学と弁論を武器に戦った政治家キケロ。共和主義の原点とも目されるその思想は、いかなる政治を目指し、なぜ敗北したのか—。『カエサル』『ポンペイウス』に続くシリーズ最終巻、本邦初訳。

◇キケロー もうひとつのローマ史　アントニー・エヴァリット著, 髙田康成訳　新装復刊　白水社　2015.5　493,35p　20cm　〈文献あり　年表あり　索引あり〉5800円　①978-4-560-08440-3　Ⓝ131.8

内容　さまざまな断層—危機に瀕した帝国　息子よ、常に一番であれ！最も勇敢であれ！—アルピーヌムからローマへ　聖なる場所—名誉の階梯　「新人」執政官—深まる陰謀　色男の逆襲—窮地に立つヒーロー　盛衰—三人組の天下　理想的な政体—政治を論ず　キリナの一幕間—内戦の気配　「言い知れぬ狂気」—共和政擁護の戦い　勝てば独り占め—ローマの支配者カエサル　「軍服はトガに服すべし」—哲学的考察　「何事だ、これは暴力沙汰ではないか！」—紀元前四四年三月十五日　世継—オクラウィアヌス登場　ローマの第一人者—キケロの内戦　浜辺の死—共和制の終焉　事後の検証

＊人間キケロがよみがえる。古代ローマの偉大な哲学者・弁論家・政治家の波瀾の生涯を、著作や書簡をまじえて生き生きと描く。

キーシン, E. 〔1971〜〕
Kisin, Evgeniĭ

◇エフゲニー・キーシン自伝　エフゲニー・キーシン著, 森村里美訳　ヤマハミュージックメ

ディア　2017.4　242,13p　21cm　〈作品目録あり〉　2500円　①978-4-636-93071-9　Ⓝ762.38

[内容] 第1章 少年時代　第2章 青年時代　第3章 想いはめぐり

＊天才ピアニストの内面が今、明かされる。愛する家族との日々、ソ連での楽しくて困難な音楽活動、作曲やピアノに対する考え、唯一の指導者アンナ・カントールの指導法、カラヤンや一流指揮者との交流、イギリス国籍そしてイスラエル国籍取得の経緯、自らのルーツであるユダヤへの敬意などを、自らの言葉で語る。

キッシンジャー, H.〔1923～〕
Kissinger, Henry

◇オリバー・ストーンが語るもうひとつのアメリカ史　2　ケネディと世界存亡の危機　オリバー・ストーン, ピーター・カズニック著　熊谷玲美, 小坂恵理, 関根光宏, 田沢恭子, 桃井緑美子訳　早川書房　2015.7　472p　16cm　(ハヤカワ文庫 NF 440)　960円　①978-4-15-050440-3　Ⓝ253.07

[内容] 第5章 冷戦―始めたのは誰か？(第二次大戦後の荒廃　ひとり活況を示すアメリカ ほか)　第6章 アイゼンハワー―高まる軍事的緊張(米ソ対立は本当に避けられなかったか？　ますます増える原爆の備蓄数 ほか)　第7章 JFK―「人類史上、最も危険な瞬間」(新しい指導者, フルシチョフ　ソ連のスプートニク・ショック ほか)　第8章 LBJ―道を見失った帝国(ケネディ暗殺の余波　「偉大な社会」を目指したジョンソン新大統領 ほか)　第9章 ニクソンとキッシンジャー―「狂人」と「サイコパス」(「覇権国家アメリカ」というビジョンは共有する二人　反戦の大きなうねりに乗って ほか)

＊第二次大戦後の冷戦も、通説とは異なりアメリカが主導していた。むしろアメリカは核戦争の瀬戸際にたびたび世界を追いやっていた。そして軍事介入という形で混迷する南米やアジアの諸国を操り、帝国の版図を広げていた―ベトナム戦争で泥沼にはまり、世界にその素顔を曝すまでに。不世出の指導者ケネディはなぜ死なねばならなかったのか。「もしケネディが暗殺されなかったら」を考えさせられる歴史超大作第2弾。

ギトリス, I.〔1922～〕　Gitlis, Ivry

◇魂と弦　イヴリー・ギトリス著, 今井田博訳　増補新版　春秋社　2017.3　344,7p　20cm　3500円　①978-4-393-93595-8　Ⓝ762.279

[内容] わが心のロシア　最初のヴァイオリン　ヨーロッパ　コンセルヴァトワール　師エネスコ　せむし男を求め美女のもとを去る　荷物のない旅人　戦争亡命者　音楽にいのちをささげて　裏切り　ヴァイオリンの精神分析　私のティボー・コンクール　礼儀知らず　ソ連への旅　アフリカで音楽に出会う　六日戦争一九六八年五月　出会い、いくつか　われわれはみな音楽家である

＊音楽への愛、人生の機微。ヴァイオリンはうたう…愛と平和と人間の尊厳のために。偉大な音楽家の半生記。

ギフォード, E.L.〔1840～1912〕
Gifford, Emma Lavinia

◇トマス・ハーディの文学と二人の妻―「帝国」「階級」「ジェンダー」「宗教」を問う　土屋倭子著　音羽書房鶴見書店　2017.10　403p　19cm　〈文献あり　索引あり〉　3500円　①978-4-7553-0403-3　Ⓝ930.268

[内容] 序章 トマス・ハーディの文学と二人の妻　第1章 作家ハーディの誕生―最初の妻エマ・ラヴィニア・ギフォード　第2章 農村と都会―ドーセットとロンドン　第3章 田舎屋から邸宅へ―マックス・ゲイトに移り住む　第4章 ヴィクトリア朝の「女」の言説を覆す―『ダーバヴィル家のテス』(一八九一)　第5章 ヴィクトリア朝の価値観を斬る―『日陰者ジュード』(一八九六)　第6章 小説家から詩人へ　第7章 フローレンス・エミリー・ダグデイルの登場　第8章 トマス・ハーディ晩年の成果とフローレンス・ハーディの栄光と苦悩　終章 トマス・ハーディと二人の妻が遺したもの

＊トマス・ハーディと妻たちの栄光と苦悩と確執の歳月をたどり、文学と歴史が交錯するハーディ文学生成の「真実」に迫る。「帝国」「階級」「ジェンダー」「宗教」を問い、多数の貴重な図版を配した著者渾身のハーディ文学論。

ギブズ, W.〔1790～1875〕　Gibbs, William

◇客船の時代を拓いた男たち　野間恒著　交通研究協会　2015.12　222p　19cm　(交通ブックス 220)〈文献あり　年表あり　索引あり〉　発売：成山堂書店　1800円　①978-4-425-77191-2　Ⓝ683.5

[内容] 1　イザンバード・ブルーネル―時代に先行した巨船に命をかけた技術者　2　サミュエル・キュナードとエドワード・コリンズ―熾烈なライバル競争を展開した北大西洋航路の先駆者たち　3　浅野総一郎―日の丸客船で太平洋航路に切り込んだ日本人　4　ハーランド＆ウルフをめぐる人びと―美しい船造りに取り組んだネイバル・アーキテクトたち　5　アルベルト・バリーン―ドイツ皇帝の恩寵のもと世界一の海運社に育てあげた海運人　6　和辻春樹―京都文化を体したスタイリッシュな客船を産みだしたネイバル・アーキテクト　7　ウィリアム・ギブズ―20世紀の名客船ユナイテッド・ステーツを産んだネイバル・アーキテクト

＊船を造り、運航させることに人生を捧げた熱き男たちの物語！　19世紀から20世紀初頭、欧州各国では速くて、大きな大西洋航路定期船を造ることに国威をかけて凌ぎを削っていた。やがて巨大な豪華客船への挑戦が始まる。他方、アメリカは国が持つ世界一の船造りに情熱を燃やす。そして日本では、海運会社の誕生、海外にいくつもの航路を開設し、美しい客船が造られていく。本書の主人公は、これらの船を造った男たち。ライバル船会社との熾烈な争い、海難事故、戦争など数々の至難を乗り越えながら船造りに挑み続けた彼らのドラマである。

キム, V.M.〔1926～2009〕
Kim, Victor Makarovich

◇記憶のなかの日露関係―日露オーラルヒストリー　日ロ歴史を記録する会編　彩流社　2017.

5　387p　22cm　4000円　Ⓟ978-4-7791-2328-3　Ⓝ334.438
  内容　1 小野寺百合子　2 佐藤ललाレ　3 丸山直光　4 伊藤弘　5 中田光男　6 フセヴォロド・ヴァシーリエヴィチ・チェウソフ　7 都沢行雄　8 ヴィクトル・マカーロヴィチ・キム　9 レオン・アブラーモヴィチ・ストリジャーク
  ＊日本、満州、ソ連…。戦前の暮らしから戦中、戦後へ、9名の波瀾の修業時代を通して語りかける記憶にとどめたい"知られざる歴史"の断面！

キモン〔510～450B.C.〕Kimon

◇英雄伝　4　プルタルコス著，城江良和訳　京都　京都大学学術出版会　2015.5　573p　20cm　〈西洋古典叢書 G089〉〈布装　付属資料：8p・月報114〉　4600円　Ⓟ978-4-87698-910-2　Ⓝ283.1
  内容　キモンとルクルス（キモン　ルクルス　キモンとルクルスの比較）　ニキアスとクラッスス（ニキアス　クラッスス　ニキアスとクラッススの比較）　セルトリウスとエウメネス（セルトリウス　エウメネス　セルトリウスとエウメネスの比較）　アゲシラオスとポンペイユス（アゲシラオス　ポンペイユス　アゲシラオスとポンペイユスの比較）
  ＊アレクサンドロスの書記官エウメネスやローマ共和政末期の政治家ポンペイユスら傑物たちの事績を伝える。

キャザーウッド, F.〔1799～1854〕Catherwood, Frederick

◇マヤ探検記―人類史を書きかえた偉大なる冒険　上　ウィリアム・カールセン著，森夏樹訳　青土社　2018.5　338p 図版16p　19cm　2800円　Ⓟ978-4-7917-7060-1　Ⓝ295.7091
  内容　1 探検（一八三九年、南へ　川上へ　ミコ山　パスポート ほか）　スティーブンズ　2 政治（廃墟　カレラ　戦争　マラリア ほか）　キャザーウッド
  ＊古代の遺跡に魅せられた二人の男は、いつしか固い絆で結ばれて、それぞれの夢を中央アメリカの熱帯雨林に見出した。猛烈な暑さ、すべてを包む湿気、いたるところから襲ってくるハチや蚊や毒ヘビ、マラリアや黄熱病の焼けるような苦しみ、石だらけの道や行く手を阻む沼地、そして遺跡を守るようにして無限に繁茂する植物たち。それは、まさに命をかけた冒険だった。マチュピチュ発見よりも60年以上前に人類がはたした壮大な足跡をたどる。オリジナル図版多数。

◇マヤ探検記―人類史を書きかえた偉大なる冒険　下　ウィリアム・カールセン著，森夏樹訳　青土社　2018.5　391,7p　19cm　〈文献あり 索引あり〉　2800円　Ⓟ978-4-7917-7061-8　Ⓝ295.7091
  内容　3 考古学（過去への旅　パレンケ　ウシュマル　"すばらしい" ほか）　マヤ人　友人たち（古代遺跡の景観　蒸気　パナマ　地峡横断 ほか）　エピローグ
  ＊密林のジャングルで彼らが見たのは、誰も想像すらしていなかった高度な文明の痕跡だった。コパン、キリグア、パレンケ、ティカル、ウシュマル、チチェン・イッツァ、トゥルム…。歴史を刷新するほどの成果をあげて旅を終えた二人の冒険家は、歩みを止めることなくさらなる遠大な夢へと突き進む。激動の19世紀、ゴールドラッシュ直前の熱く揺れ動くアメリカ大陸で、アメリカ考古学を創始した二人の波乱に満ちた人生の行き着く先とは。『ニューヨーク・タイムズ』ベストセラー。

キャサリン（ケンブリッジ公夫人）〔1982～〕Catherine, Duchess of Cambridge

◇イギリス王室　愛と裏切りの真実―エリザベス女王とダイアナ元妃からキャサリン妃まで　渡邉みどり著　主婦と生活社　2016.8　191p　19cm　〈年表あり〉　1300円　Ⓟ978-4-391-14869-5　Ⓝ288.4933
  内容　エリザベス女王、カミラ夫人、キャサリン妃　ジョージ6世とエリザベス王妃　エリザベス王女とフィリップ王子　女王エリザベス2世とエディンバラ公　マーガレット王女の悲劇　ウィンザー王家20世紀の事件簿　ダイアナとチャールズ皇太子　王室の試練、90年代は悪い年　ウィリアム王子とキャサリン妃　メディアと王室　終章エピローグ―赦しの女王
  ＊女王90歳、ダイアナ妃が亡くなって20年。ささやかれる「スキップ・ジェネレーション」の噂。母として王族として懸命に生き、ほんとうの愛を求めて闘ってきた女性たちの物語。

キャノン, A.J.〔1863～1941〕Cannon, Annie Jump

◇現代天文学史―天体物理学の源流と開拓者たち　小暮智一著　京都　京都大学学術出版会　2015.12　634p　22cm　〈他言語標題：History of Modern Astronomy　文献あり　年表あり　索引あり〉　4900円　Ⓟ978-4-87698-882-2　Ⓝ440.12
  内容　第1部 天体分光学（「新天文学」の開幕　星の分光分類とHD星表）　第2部 星の構造と進化論（星の進化論とHR図表　熱核反応と星の進化論）　第3部 銀河天文学と宇宙論（銀河と星雲の世界　銀河系の発見　宇宙論の源流）　第4部 現代天文学へ（日本における天体物理学の黎明　現代天文学への展開）
  ＊初めて星の化学組成を明らかにしたロンドンのアマチュア天文家ハギンス、太陽をガス体と見なした特許調査官レーン、自作の望遠鏡で天空を探査した音楽家ハーシェル…18世紀末から19世紀中葉にかけて現代天文学の扉を開いた彼らは、いずれも学界に縁のないアマチュア天文家だった。星の位置と運動を対象とする古典天文学から天体の物理的構造を探る天体物理学へ、その転換期を担った人々の生涯と研究を軸に、現代天文学の歴史をたどる。

キャパ, R.〔1913～1954〕Capa, Robert

◇ロバート・キャパの謎―『崩れ落ちる兵士』の真実を追う　吉岡栄二郎著　青弓社　2014.8　234p　20cm　〈写真叢書〉　2000円　Ⓟ978-4-7872-7356-7　Ⓝ740.253
  内容　第1章 パリを発つ　第2章 セロ・ムリアーノ―九月五日　第3章 フェデリコ・ボレル・ガルシアのこと　第4章 新たな二人の発見者　第5章 エスペホの村　第6章『キャパの十字架』への疑問　第7章

『崩れ落ちる兵士』のプリント　第8章 ライカとローライ・フレックス　第9章 『崩れ落ちる兵士』の真実　第10章 運命の日

＊長年の論争に決着をつけるキャパの真実！ スペイン内戦やノルマンディー上陸作戦に従軍して「戦争と人間」をえぐる写真で世界に衝撃を与えたキャパ。その記念碑的作品『崩れ落ちる兵士』に対する「演出」「ほかの写真家の作」などの通説を、スペインの研究者との共同調査をふまえて根底からくつがえし、撮影場所と撃たれた兵士を特定することで真相を明らかにする。

◇キャパへの追走　沢木耕太郎著　文藝春秋　2015.5　318p　20cm　1500円　①978-4-16-390260-9　Ⓝ740.253

内容 1 旅するキャパ　2 キャパを求めて(路上の写真屋(東京/日本)　そこに革命家がいた(コペンハーゲン/デンマーク)　旗の消えた街(ザールブリュッケン/ドイツ)　ほか)　3 ささやかな巡礼

＊トロツキー、スペイン戦争、ノルマンディー上陸作戦…ロバート・キャパが切り取った現代史の重要場面の現場を探し、同じ構図の写真を撮影する。いつ、どこで、どのようにそれらは撮られたのか？ 世界中を巡る「キャパへの旅」から、その人生の「勇気あふれる滅びの道」が見えてきた。著者の永年にわたるキャパへの憧憬をしめくくる、大作「人物＋紀行ノンフィクション」。

◇評伝 キャパーその生涯と『崩れ落ちる兵士』の真実　吉岡栄二郎著　明石書店　2017.3　590p　20cm　〈他言語標題：Robert Capa A Critical Biography　文献あり　年譜あり　索引あり〉　3800円　①978-4-7503-4487-4　Ⓝ740.253

内容 ブダペストを発つ　ベルリン・ヒトラーの台頭　亡命のパリ　スペイン市民戦争　『崩れ落ちる兵士』を撮る　セロ・ムリアーノの村　ゲルダの死　道を探す一中国へ　国際義勇軍の兵士たち　リオ・セグレの戦い　ヨーロッパ・第二次世界大戦　"Dデイ"そしてパリ解放　イングリッド・バーグマンとの恋　戦争のないキャパ　日本　最期の旅路

＊ロバート・キャパ評伝の決定版！ ゲルダ・タロー、イングリッド・バーグマン、ジョン・ハストン、アーネスト・ヘミングウェイらとの恋と友情の日々—最新の研究と現地調査に基づき描かれた新たなキャパ像。撮影から80年を経て今なお謎に包まれた伝説の一枚『崩れ落ちる兵士』の真相に迫る。

◇キャパへの追走　沢木耕太郎著　文藝春秋　2017.10　383p　16cm　〈文春文庫 さ2-20〉　800円　①978-4-16-790947-5　Ⓝ740.253

＊トロツキー、スペイン戦争、ノルマンディー上陸作戦…数々の傑作を遺した戦場写真家、ロバート・キャパ。故国ハンガリーを離れてからインドシナで最期を迎えるまで、四十年の激しい生涯の中で撮影した現場を著者は探索し、彼の見た光景を追体験する。永年のキャパへの憧憬を締めくくる傑作ノンフィクション。

キャプテン・クック

⇒クック, J. を見よ

キャベンディッシュ, M.L.〔1623?～1673〕
Cavendish, Margaret Lucas

◇記憶の薄暮—十七世紀英国と伝記　齊藤美和著　岡山 大学教育出版　2018.8　195p　21cm　〈索引あり〉　2000円　①978-4-86429-531-4　Ⓝ930.25

内容 第1部 鑑としての伝記—殉教と背教(子どもと殉教者伝　海賊冒険譚のなかの背教者伝—フランシス・スピラと『海賊シングルトン』)　第2部 自伝のわたし語り—信仰と世俗(獄中の魂の記録—ジョン・バニヤン『溢れる恩寵』　マーガレット・キャベンディッシュの"わたし語り")　第3部 伝記の真実—記念と記録(無名少女の偉人伝—ジョン・ダン『周年追悼詩』　王立協会と近代初期イングランドにおける伝記観)　附録 マーガレット・キャベンディッシュ「著者の生い立ちと生涯についての真実の話」(1656年)

ギャロウェイ, J.〔1731～1803〕
Galloway, Joseph

◇アメリカ独立の光と翳　今津晃著　清水書院　2018.4　243p　19cm　〈新・人と歴史拡大版23〉〈1976年刊の表記や仮名遣い等一部を改めて再刊　文献あり　年譜あり　索引あり〉　1800円　①978-4-389-44123-4　Ⓝ253.04

内容 プロローグ—独立は宣言された！　1 ジョージ・ワシントン—農園主から将軍へ　2 サミュエル・アダムズ—「アメリカ革命のカトー」　3 ジョン・ディキンソン—和解派の闘将　4 トマス・ハッチンソン—国王の召使を自任して　5 ジョーゼフ・ギャロウェイ—執念に生きた王党派　エピローグ—独立とは何であったのか？

＊歴史が大きく旋回する時、個人や集団の明暗も一層増幅された形で現れてくる。それは、アメリカ独立の舞台に登った主演者たちのうえにも、さまざまな陰影を描いている。ある者は、愛国派としての信念を貫いて独立の歓喜にひたり、また、ある者は、王党派としての悲哀を味わい亡命先の異郷で果てた。本書は、こうした激動の時代を生きた、かれらの喜怒哀楽を描くことによって、人物史からなるアメリカ革命史像を構成して、現代アメリカの源流を鋭く探った力作である。

キャロライン・マティルダ・オブ・ウェールズ

⇒カロリーネ・マティルデ・ア・ストアブリタニエン を見よ

キュッヒル, R.〔1950～〕　Küchl, Rainer

◇青い目のヴァイオリニストとの結婚　キュッヒル真知子著　新潮社　2014.12　228p　16cm　〈新潮文庫 き-42-1〉〈『青い目の夫』(新潮社図書編集室 2013年刊)の改題　文献あり〉　490円　①978-4-10-126461-5　Ⓝ914.6

内容 第1章 姑　第2章 世界一のコンサートマスター　第3章 私の暮らすオーストリア・ウィーン　第4章 オーストリアと日本人　第5章 出会い　第6章 家庭の運営　第7章 私の生い立ち　第8章 ビジネスの世界

＊日本でも多くのファンを持つ、ウィーン・フィル第一コンサートマスターのライナー・キュッヒル。その夫人が綴る、今まで語られることのなかった世界最高のヴァイオリニストの生い立ちと日常生活、コンサートマスターという仕事。そして、ウィーンでの暮らし、国際結婚の喜びと難しさ、自己中心的な姑との苦悩の日々…。大反響のエッセイ、待望の文庫化。

◇名コンサートマスター、キュッヒルの音楽手帳―ウィーン・フィルとともに45年間　ライナー・キュッヒル、野村三郎著　音楽之友社　2016.7　135p　21cm　1500円　Ⓘ978-4-276-21702-7　Ⓝ762.346

内容　ヴァイオリンに憑かれた男　コンサートマスターのプライドと自負心　ザルツブルク音楽祭に思う初めての日本、そして夫人との出会い　日本をめぐり思う、ヨーロッパとの伝統の違い・その受け継ぎ方　日本を理解すること、日本の歌で「音楽する」ということ　キュッヒルと仲間たちがつくるアンサンブル　オペラ、シンフォニー、室内アンサンブルの違い　オーケストラによる真の音楽づくりとは　音楽を演奏する歓びとは

キュナード, S.〔1787〜1865〕
Cunard, Samuel

◇客船の時代を拓いた男たち　野間恒著　交通研究協会　2015.12　222p　19cm　〈交通ブックス　220〉〈文献あり　年表あり　索引あり　発売：成山堂書店〉　1800円　Ⓘ978-4-425-77191-2　Ⓝ683.5

内容　1 イザンバード・ブルーネル―時代に先行した巨船に命をかけた技術者　2 サミュエル・キュナードとエドワード・コリンズ―熾烈なライバル競争を展開した北大西洋の先駆者たち　3 浅野總一郎―日の丸客船で太平洋航路に切り込んだ日本人　4 ハーランド＆ウルフをめぐる人びと―美しい船造りに取り組んだネイバル・アーキテクトたち　5 アルベルト・バリーン―ドイツ皇帝の恩愛のもと世界一の海運会社に育てあげた海運人　6 和辻春樹―京都文化を体したスタイリッシュな客船を産みだしたネイバル・アーキテクト　7 ウィリアム・ギブズ―20世紀の名客船ユナイテッド・ステーツを産んだネイバル・アーキテクト

＊船を造り、運航させることに人生を捧げた熱き男たちの物語！　19世紀から20世紀初頭、欧州各国では速くて、大きな大西洋航路定期船を造ることに国威をかけて凌ぎを削っていた。やがて巨大な豪華客船への挑戦が始まる。他方、アメリカは国が持つ世界一の船造りに情熱を燃やす。そして日本では、海運会社の誕生、海外にいくつもの航路を開設し、美しい客船が造られていく。本書の主人公は、これらの船を造った男たち。ライバル船会社との熾烈な争い、海難事故、戦争など数々の至難を乗り越えながら船造りに挑み続けた彼らのドラマである。

キュビエ, G.〔1769〜1832〕　Cuvier, Georges

◇進化論物語　垂水雄二著　バジリコ　2018.2　243p　20cm　〈文献あり〉　2000円　Ⓘ978-4-86238-236-8　Ⓝ467.5

内容　序論　ダーウィンと進化論　第1章　反ダーウィンの旗印に仕立て上げられた学者―ラマルク　第2章　生物学の革新を目指した保守派の巨魁―キュヴィエ　第3章　進化論を踏み台に栄達した進歩主義者―ハクスリー　第4章　進化論を誤らせた社会学者―スペンサー　第5章　優生学への道を切り拓いた発生学者―ヘッケル　第6章　進化論の総合説の仕上げ人―ドブジャンスキー　結び　進化論の現在

＊生き物はどこから来て、どこへ行くのか。人々の世界認識を変えた生物学史上の金字塔、ダーウィン進化論。ダーウィン進化論を取り巻く六人の学者たち、ラマルク、キュヴィエ、ハクスリー、スペンサー、ヘッケル、ドブジャンスキー、それぞれの栄光と挫折のドラマ。

キューブラー＝ロス, E.〔1926〜2004〕
Kübler-Ross, Elisabeth

◇喪失と悲嘆の心理臨床学―様態モデルとモーニングワーク　山本力著　誠信書房　2014.8　222p　22cm　〈文献あり〉　3000円　Ⓘ978-4-414-40085-4　Ⓝ146.8

内容　大きな謎としての喪失の悲しみ―喪失様態と三つの課題　対象喪失論の起源と展開―フロイトからクラインへ　リンデマンによる悲嘆研究への挑戦―ココナッツグローブ火災の叡智　キューブラー・ロスの生涯と着想の軌跡―DABDAモデルを越えて　喪失経験とモーニングワーク論の再検討―喪失の新しい見方　分離不安の本質とその対処―いるとは何か、いないとは何か　悲嘆アセスメントの視点―どこで、なぜ立ち往生しているか　事例研究：悲嘆カウンセリングのイニシャルケース　悲嘆カウンセリングの中核理念と技法　それでもフェニックスのように

キュリー, M.〔1867〜1934〕　Curie, Marie

◇キュリー夫人伝　エーヴ・キュリー著，河野万里子訳　新装版　白水社　2014.7　542p　19cm　〈年譜あり〉　2600円　Ⓘ978-4-560-08389-5　Ⓝ289.3

内容　第1部（マーニャ　暗い日々　少女時代　ほか）　第2部（パリ　月四十ルーブル　ピエール・キュリー　ほか）　第3部（ひとり　成功と試練　第一次世界大戦　ほか）

＊二度のノーベル賞に輝いた、女性科学者の比類なき生涯。

◇マリ・キュリー―放射能の研究に生涯をささげた科学者　科学者〈ポーランド〉　筑摩書房編集部著　筑摩書房　2015.10　165p　19cm　〈ちくま評伝シリーズ〈ポルトレ〉〉〈他言語標題：Marie Curie　文献あり　年譜あり〉　1200円　Ⓘ978-4-480-76638-0　Ⓝ289.3

内容　第1章　ポーランドの少女、マリア・スクウォドフスカ　第2章　学問の都、パリへ　第3章　貧しくとも充実した生活と「青い光」　第4章　渦巻く誹謗中傷と、世界で高まる評価　第5章　戦火の下の第二の祖国　第6章　放射能研究の第一人者として

＊科学者として、他国の支配に苦しむ人として、女性として、常にまっすぐ前を見ていた人。

◇世界を変えた10人の女性―お茶の水女子大学特別講義　池上彰著　文藝春秋　2016.5　344p　16cm　〈文春文庫　い81-6〉　670円　Ⓘ978-4-

16-790619-1　Ⓝ280

内容　第1章　アウンサンスーチー──政治家　第2章　アニータ・ロディック──実業家　第3章　マザー・テレサ──カトリック教会修道女　第4章　ベティ・フリーダン──女性解放運動家　第5章　マーガレット・サッチャー──元英国首相　第6章　フローレンス・ナイチンゲール──看護教育学者　第7章　マリー・キュリー──物理学者・化学者　第8章　緒方貞子──元国連難民高等弁務官　第9章　ワンガリ・マータイ──環境保護活動家　第10章　ベアテ・シロタ・ゴードン──元GHQ職員

＊近現代史を塗り変える仕事をした女性達。その生涯と業績、賛否分かれる評価を池上教授が解説し女子学生達と徹底討論。「田中真紀子」説もあるアウンサンスーチー、「中絶否定」が議論を呼んだマザー・テレサ、不倫でバッシングされたマリー・キュリー。意外な側面も見ることで人間と歴史への理解が深まる真の啓蒙書と呼ぶべき一冊。

◇マリー・キュリーの挑戦──科学・ジェンダー・戦争　川島慶子著　改訂　トランスビュー　2016.10　212p　21cm　〈文献あり〉　1800円　①978-4-7987-0162-2　Ⓝ289.3

内容　少女の怒り　三つの恋の物語　ノーベル賞を有名にしたもの　墓はなぜ移されたか　誤解された夫婦の役割　二つの祖国のために　ピエール・キュリーの「個性」　科学アカデミーに拒まれた母と娘　変貌する聖女　マルグリット・ボレルとハーサ・エアトンとの友情　放射能への歪んだ愛　アインシュタインの妻　リーゼ・マイトナーの奪われた栄光　放射線研究に魅せられた日本人留学生　「偉大な母」の娘たち　キュリー帝国の美貌のプリンス　湯浅年子の不屈の生涯　キュリー夫人とモードの歴史　「完璧な妻、母、科学者」という罠

＊ひとりの女性として浮かび上がる、マリー・キュリーの素顔とその時代。偉大な科学者にして良妻賢母の伝説を打ち破り、巧みな筆で描き出す。結婚と死別、家族と戦争、アカデミーとの闘い、不倫事件、放射能の栄光と悲惨の、彼女が直面したのはすべて現代の問題なのだ。多くの紙誌で好評をえた初版（2010年刊行）に、新たな発見や福島第一原発事故以降の思いもこめた改訂版。

◇プリズムの光から見えるキュリー夫妻──プリズム越しに見るマリーとその関連　虹から降り立ったピエールの対話形式講義　石橋信夫著　悠光堂　2018.2　151,87p　21cm　〈共同刊行：友の会出版会〉　1300円　①978-4-909348-01-2　Ⓝ289.3

内容　A面（マリー・キュリーと日本　三度の恋　関連する「恋愛とミューズと不倫」　研究とテーマ　関連する「テーマ選びとセレンディピティ、六人の女性科学者」　キュリー家のノーベル賞　関連する「大金の使い方とノーベルとノーベル賞あれこれ」　戦争とキュリー家　関連する「戦争と科学と倫理」　関連する「高校教育と貧困」　B面（ピエール登場　基礎知識と確率　2つの統計学（記述統計、推測統計）と相関　尺度と判断基準作り　質的データの数量化を用いた意思決定法　放射能とピエールとの一時の別れ）

＊プリズム越しに見るマリーとその関連──三度の恋・研究とテーマ・ノーベル賞・戦争とキュリー家・子育てと教育方針。虹から降り立ったピエールの対話形式講義──3種類の確率、偏差値、視聴率、保育園優先順位の数量化、放射能など。

キュリー，P.〔1859～1906〕　Curie, Pierre

◇プリズムの光から見えるキュリー夫妻──プリズム越しに見るマリーとその関連　虹から降り立ったピエールの対話形式講義　石橋信夫著　悠光堂　2018.2　151,87p　21cm　〈共同刊行：友の会出版会〉　1300円　①978-4-909348-01-2　Ⓝ289.3

内容　A面（マリー・キュリーと日本　三度の恋　関連する「恋愛とミューズと不倫」　研究とテーマ　関連する「テーマ選びとセレンディピティ、六人の女性科学者」　キュリー家のノーベル賞　関連する「大金の使い方とノーベルとノーベル賞あれこれ」　戦争とキュリー家　関連する「戦争と科学と倫理」　関連する「高校教育と貧困」）　B面（ピエール登場　基礎知識と確率　2つの統計学（記述統計、推測統計）と相関　尺度と判断基準作り　質的データの数量化を用いた意思決定法　放射能とピエールとの一時の別れ）

＊プリズム越しに見るマリーとその関連──三度の恋・研究とテーマ・ノーベル賞・戦争とキュリー家・子育てと教育方針。虹から降り立ったピエールの対話形式講義──3種類の確率、偏差値、視聴率、保育園優先順位の数量化、放射能など。

キュロスⅡ（大王）〔600頃～529B.C.〕
Cyrus Ⅱ

◇ユーラシア文明とシルクロード──ペルシア帝国とアレクサンドロス大王の謎　山田勝久、児島建次郎、森谷公俊著　雄山閣　2016.6　286p　21cm　3000円　①978-4-639-02427-9　Ⓝ227.2

内容　第1章　興亡の歴史を織りなしたインド・ヨーロッパ語族の大移動（児島建次郎）　第2章　オリエントの先史文明（児島建次郎）　第3章　大帝国ペルシアの祖キュロス大王──アレクサンドロス大王も模倣した彼の生涯（児島建次郎）　第4章　ダレイオス一世とアカイメネス朝の創出（森谷公俊）　第5章　アレクサンドロス遠征路の実地調査──ペルシア門の戦い（森谷公俊）　第6章　ダレイオス三世とアカイメネス朝の終焉（森谷公俊）　第7章　パルティア王国・サササン朝ペルシアの治世とゾロアスター教（児島建次郎）　第8章　人類史の物語を紡いだシルクロード──ユーラシア大陸を貫く大動脈（児島建次郎）　第9章　仏陀の道・楼蘭王国の滅亡と文学（山田勝久）　第10章　ペルシア～長安～日本に至る道（児島建次郎、山田勝久）

＊ユーラシア大陸を貫く絹の道。歴史とロマンの旅。

切り裂きジャック

⇒ジャック・ザ・リッパー　を見よ

キリスト〔4頃B.C.～30頃A.D.〕
Christ, Jesus

◇イエス・キリストは実在したのか？　レザー・アスラン著，白須英子訳　文藝春秋　2014.7　352,11p　20cm　〈文献あり　年表あり〉　1850円　①978-4-16-390093-3　Ⓝ192.8

内容　第1部　ローマ帝国とユダヤ教（ローマ帝国と手を結ぶユダヤの大祭司たち　「ユダヤ人の王」ヘロデの実像　ヘロデ王は、赤子大虐殺などしていな

キリスト

い　地上の革命を求める者たち　世界最強帝国に宣戦布告する　聖都壊滅という形で現実化した「世の終わり」）　第2部 革命家、イエス（イエスの蔭に隠された洗礼者ヨハネ　善きサマリア人の挿話の本当の意味　無償で悪魔祓いをする男　暴力革命も辞さなかった男　イエスは自分を何者と見ていたのか　ピラト裁判は創作だった）　第3部 キリスト教の誕生（ユダヤ人ディアスポラから生まれたキリスト教　パウロがキリスト教を世界宗教にした　イエスの弟ヤコブが跡を継いだが見えたか…）

＊「聖書」はもともと、イエスの死後布教に携わったイエスの使徒たちの手紙や文書を、ひとつに編んだもの。著者は、それぞれの弟子たちの文献、聖書以外の歴史的な史料を比較調査することにより、聖書で、何が捏造され、何が史実から落とされていったかを明らかにしていく。イエスとは実際にどのような人物だったのか？　そしてイエスは何を実際に説いていたのか？　そしてそれがどのように変質して、世界宗教へと飛躍していったのか？「聖書」の物語と、実際の史実の差から見えてきたものとは？　イスラム教徒による実証研究。

◇イエスという経験　大貫隆著　岩波書店　2014.10　323,22p　15cm　〈岩波現代文庫―学術321〉〈文献あり　索引あり〉　1300円　Ⓘ978-4-00-600321-0　Ⓝ192.8

内容　第1章 これまでの研究　第2章 時代と先駆け　第3章 イエスの覚醒体験と「神の国」―イメージ・ネットワークの初発　第4章 イエスの発言―イメージ・ネットワークを編む　第5章 イエスの生活と行動―イメージ・ネットワークを生きる　第6章 最後の日々―イメージ・ネットワーク高揚と破裂　第7章 復活信仰と原始キリスト教の成立―イメージ・ネットワークの組み替え　第8章「全時的今」を生きる―新しい非神話化を目指して

＊一人の歴史上の人物であったイエスは、彼自身の「今」をどう理解し経験していたのか。また、そこから再生されたイエスの生涯は、現代の私たちに何を問いかけているのだろうか。はじまりの回心体験を核として編みあげられた表象とイメージのネットワークにせまり、復活信仰から生誕へと遡るキリスト教の「標準文法」とは逆向きにイエス物語を読みなおす。現代に生きるイエス像をヴィヴィッドに描く、画期的イエス論。

◇徹底検証キリスト教―信じる根拠はどこにあるのか　第2巻　ジョシュ・マクドウェル著，中村光弘訳，川端光生監修　三鷹 日本キャンパス・クルセード・フォー・クライスト　2014.11　477p　19cm　〈発売：いのちのことば社〔東京〕〉　2600円　Ⓘ978-4-264-03270-0　Ⓝ191

内容　5 実在したイエス　6 神でないならアカデミー賞もの　7 神性の意義―3つの選択肢（神か、詐欺師か、正気を失った者か）　8 神性の証明―旧約聖書の預言の成就　9 神性の証明、預言は虚偽か事実か　10 神性の証明―仮定からの論証

＊イエス・キリストとはいったい何者なのか―。弁証本の決定版―待望の第2巻登場！

◇各時代の希望―イエス・キリストの生涯　上巻　エレン・G.ホワイト著，左近允công訳　立川 福音社　2014.12　494p　15cm　1000円　Ⓘ978-4-89222-453-9　Ⓝ192.8

◇各時代の希望―イエス・キリストの生涯　中巻　エレン・G.ホワイト著，左近允công訳　立川 福音社　2014.12　511p　15cm　1000円　Ⓘ978-4-89222-454-6　Ⓝ192.8

◇各時代の希望―イエス・キリストの生涯　下巻　エレン・G.ホワイト著，左近允công訳　立川 福音社　2014.12　503p　15cm　1000円　Ⓘ978-4-89222-455-3　Ⓝ192.8

◇キリスト教入門　キリスト教学校教育同盟編　大阪 創元社　2015.1　119p　21cm　〈他言語標題：Introduction to Christianity and the Bible　文献あり　年表あり〉　900円　Ⓘ978-4-422-14315-6　Ⓝ190

内容　第1章 はじめてのキリスト教（礼拝　祈り　賛美 ほか）　第2章 イエスの生涯と弟子たちの働き（イエスの生涯　イエスの教え　弟子たちの働き：ペトロ ほか）　第3章 はじめての聖書（旧約から1：はじめにあったこと　旧約から2：なぜだろう　旧約から3：神の名前はYHWH ほか）

◇聖書はさらに物語る―一年12回で聖書を読む本　大頭眞一著　ヨベル　2015.2　104p　21cm　〈文献あり〉　1100円　Ⓘ978-4-907486-19-8　Ⓝ193

内容　カインとアベル　ノアの洪水　サムソンとデリラ　エリヤとエリシャ　魚にのまれたヨナ　神はそのひとり子を　山上の説教　神の国の譬え　ペテロの生涯　律法と福音　つまるところ、イエス・キリストとはだれなのか？　つまるところ、聖書とは何か？

＊「聖書の奇蹟はほんとうに起こったのか？」「聖絶は史実か？」「自然災害は神の裁きか？」「一神教はなぜ戦争をするのか？」など、聖書に取り組む時に沸き起こる疑問にも真摯に答えつつ聖書の全体像をわかりやすく概説。「一年12回で聖書を読む会」第2年目の学びを集成。現代人が聖書に向き合うことを励ましてくれるハンディ・ガイドブック。好評を博した「聖書を愉しむ一年12回で聖書を読む本」に続く第2弾！

◇イエス　シャルル・ペロ著，支倉崇晴，堤安紀訳　白水社　2015.5　160,8p　18cm　〈文庫クセジュ 1000〉〈文献あり　索引あり〉　1200円　Ⓘ978-4-560-51000-1　Ⓝ192.8

内容　第1章 聖書釈義研究の原資料、現場と方法（研究の原資料と現状　さまざまな読み方と研究の諸方法）　第2章 序幕（幼少期の物語　洗礼者ヨハネとイエス ほか）　第3章 新しい言葉（新しい言葉の突然の出現）　第4章 救いの行為（聖書が語る奇跡）　第5章 イエスのアイデンティティを求めて（キリスト論における問い）　第6章 十字架（文学的、考古学的原資料　イエスの裁判とユダヤ人の責任　出来事の経過 ほか）　第7章 過越しの日の朝（復活という言葉）

＊ナザレのイエスとは誰なのか。歴史的にどんな判断を下すことが可能か。当時の多様化したユダヤ教の中での位置付け、同時代人とのあいだの絆や隔たり、ピラトによって死刑を宣告された理由などについて解説する。イエスの言葉と行為を洗い直し、その全体像を再検証する。

◇イエスあなたはいったい何者ですか　パゴラ・エロルサ，ホセ・アントニオ著，フスト・セグラ，加藤喜美子共訳　ドン・ボスコ社　2015.5

509p 19cm 1400円 ⓘ978-4-88626-591-3 Ⓝ192.8

内容 イエス=キリストの真の姿を求めて(阿部仲麻呂) プロローグ 1章 ガリラヤのユダヤ人 2章 ナザレの住民 3章 神を探し求める人 4章 神の国を宣言し、実現する者 5章 神の思いやりを謳う詩人 6章 いのちの癒し人 7章 最下層階級の擁護者 8章 女性の友 9章 いのちの師 10章 刷新運動の創始者 11章 忠実な信仰者 12章 紛争をもたらす危険人物 13章 神の国の殉教者 14章 神により復活させられて 15章 イエスのアイデンティティーを深く研究して エピローグ 終わりに(ホセ・アントニオ・パゴラ) 訳者あとがき(フスト・セグラ)

＊イエスとはいったい何者なのか。彼の強さと独創性はどこからくるのか。本書は、イエスの時代の生活様式や歴史を背景にイエスの具体的な行動、神の探求者としての生き方をさまざまな局面から提示し、イエスの真の姿を映した。

◇イエスの実像—その十字架への道 日暮晩夏著 文藝春秋企画出版部 2015.5 259p 20cm 〈発売：文藝春秋〉 1700円 ⓘ978-4-16-008834-4 Ⓝ192.8

＊桁外れの人間としての精神力。驚嘆すべき行動力。2000年前にユダヤの地に実在していた一人の青年。その尽きぬ魅力の源泉を解明するノンフィクションノベル。「裏切り者」のユダとの関係、三位一体の奇蹟、ヨハネの思念の真相に迫ると同時に、イエスが生まれた歴史的、文化的、政治的背景を探る。

◇井上洋治著作選集 4 わが師イエスの生涯 井上洋治著 日本キリスト教団出版局 2015.5 250p 22cm 2500円 ⓘ978-4-8184-0914-9 Ⓝ190.8

内容 わが師イエスの生涯 「信」と「形」(遠藤周作述) 先日の質問について

◇イエス・キリスト—臨在する神の聖霊 氏家富緒著 ルネッサンス・アイ 2015.7 213p 19cm 〈2010年刊の改訂 文献あり 発売：白順社〉 1300円 ⓘ978-4-8344-0168-4 Ⓝ192.8

内容 序論（エデンの園での出来事 エジプトからの脱出と十戒 福音書でのキリスト ほか） 本論（イエスの誕生 バプテスマのヨハネによる霊魂救済への地均しとイエス宣教の始まり 神の子イエス・キリストの福音の始 イエスの最初の弟子達とカペナウムの会堂での出来事 ほか） 結論（イエスの弟子の選び方 本当の「信仰」とは、 凡ての戒めの中で一番大切なもの ほか）

＊自分本位に生きている人達を、尚も愛して止まない父なる神。神の慈愛によって人類は救われる。凡ての人類の罪をその清き身に背負い十字架にかかってドされた神の獨子イエス・キリストの福音書。

◇カトリックの信仰 岩下壮一著 筑摩書房 2015.7 955p 15cm 〈ちくま学芸文庫 イ56-1〉〈講談社学術文庫 1994年刊の再刊 年譜あり〉 2100円 ⓘ978-4-480-09681-4 Ⓝ198.21

内容 宗教とは何か（宗教の必要 真の宗教） 天主（神の信仰は宗教の根底 神を知る二つの根本 ほか） 三位一体（認識の限界を超えて天啓へ 三位一体はキリスト教の根本信条 ほか） 創造と主宰（創造は全能者の業 ほか） 創造は全能者の業 ほか） 天使（天使の創造 天使崇拝と迷信 ほか） 人間（物界の創造とその意義 自然は人に神を語る ほか） 原罪（人祖の堕落とその結果 修業時代の矛盾 ほか） 御托身その1（救主イエス・キリスト 救われし人類と神との関係 ほか） 御托身その2（キリストの人性についての問題 ギリシャ思想における肉体観 ほか） イエズス・キリストの私生涯（プロテスタント的聖書観の誤謬 高等批評に譲歩する新教徒の矛盾 ほか） イエズス・キリストの公生涯（イエズスの受洗と聖役の準備 イエズスの聖役の第一年 ほか） 救世（御受難の物語 イエズス御受難についての考察 ほか） 御復活（復活は原始教会の根本信条 後復活の歴史的根拠 ほか） 御昇天（聖書の記事 御昇天の意味 ほか） 聖霊（聖霊のはたらき 神は救いを強制し給う ほか） 公教会（Ekklesiampの語源の歴史 教会問題の所在 ほか）

＊人間が神の知恵と愛に与るとはいかなることか—。近代日本のカトリシズムを代表する司祭・岩下壮一が、豊かな学殖と明晰さでキリスト教の真理を闡明した記念碑的名著。公教要理（カテキズム）の概説書としていまだ類例がないだけでなく、深遠で難解な神学は本書により日常の信仰の糧へと一変した。時に表出するプロテスタンティズムや近代哲学への峻烈な批判は、人間精神を主観性の牢獄から解放し、再び霊的実在へ開かんとする著者生涯の意図から発しており、それは神の恩寵の賜物＝カトリックの信仰においてこそ実現すると説く。

◇キリスト伝 ジェームズ・M・ストーカー著, 村岡崇光訳 新版 いのちのことば社 2015.9 217p 19cm 2400円 ⓘ978-4-264-03446-9 Ⓝ192.8

◇信じない人のためのイエス入門—宗教を超えて ジョン・シェルビー・スポング著, 富田正樹訳 新教出版社 2015.11 404p 21cm 〈文献あり 索引あり〉 3700円 ⓘ978-4-400-32492-8 Ⓝ192.8

内容 プロローグ：囚われた信仰者の哀歌 第1部 人間イエスを神話から切り離す（序論—新しい探求の扉を開く ベツレヘムの空にあの星はなかった イエスの両親—合成されたフィクション ほか） 第2部 イエスの本来の姿（序論—イエスの本来の姿を探すため 口頭伝承—イエスはどこで記憶されたのか？ 新しい過越として理解されたイエス ほか） 第3部 信じない人たちのためのイエス（序論—イエスは本当に生きていた イエスにおいて出会った神とは誰なのか？ 宗教的な怒りの源を認識する ほか） エピローグ—キリストの力

＊アメリカの著名な元聖公開主教が、教会の内外にいるすべての人に贈るイエス入門。これまでの聖書の読み方はどこが間違っていたのか？ 聖書学の知見に基づいた新たな読み直しから浮かび上がるイエスとは、そして神とは誰か？

◇イエス伝 若松英輔著 中央公論新社 2015.12 281p 20cm 〈文献あり 索引あり〉 2500円 ⓘ978-4-12-004803-6 Ⓝ192.8

内容 なぜ、イエスは生まれたのか 誕生 夢と天使 洗礼 預言者の使命 試みる者 山上の説教 祈り 祝祭と許し 死者とコトバ エルサレム入城 魂の沈黙 使徒の裏切り 最後の晩餐 逮捕 十字架の道行 死と復活

＊書には、書かれた言葉の奥にある不可視のコトバが無数に潜んでいる。そしてイエスの生涯には、立場の差異を超え、作り手の衝動を著しく刺激する何かがある—内村鑑三、『コーラン』、遠藤周作、

キリスト

シュヴァイツァー、リルケ、ユング、柳宗悦、井筒俊彦、ロダン、白川静…先人たちのコトバを手がかりに聖書を読み、今も私たちの傍らに生きるイエスに出会う。

◇物語と挿絵で楽しむ聖書　古川順弘著、宇野亞喜良画　ナツメ社　2016.4　303p　19cm　〈他言語標題：Old and New Testament Illustrated Edition　文献あり　索引あり〉　1500円　①978-4-8163-6025-1　⑩193
内容　第1部　旧約聖書（天地創造とエデンの園　イスラエル—民族の起こり　約束の地をめざして　王国の興亡と英雄たちの群像　預言者と義者たちの物語）　第2部　新約聖書（イエスの生涯　弟子たちの宣教）

◇信じることをためらっている人へ—キリスト教「超」入門　岡野昌雄著　新教出版社　2016.5　155p　19cm　〈「イエスはなぜわがままなのか」（アスキー・メディアワークス　2008年刊）の改題〉　1200円　①978-4-400-52728-2　⑩191.2
内容　第1章　イエス様、それは理不尽すぎませんか？—新約聖書には意外なエピソードがいっぱい（空腹のあまり、イチジクの木を呪って枯らす　豚を集団自殺させる　動物を鞭でたたき出し、市場をめちゃくちゃにする　「わたしは、平和ではなく剣をもたらすためにきた」　弟子に「おまえなんか生まれてこなければよかった」　理不尽なイエス像がよばれるもの）　第2章　言葉が招く、聖書への大いなる誤解—キリスト教に対する誤解の元は？（罪は悪ではない　教会は建物でも組織でもない　祈りは願いではない　真実は真実ではない）　第3章　「信じる」という感覚—信仰は非日常的な感覚？（信じるのはなぜか　信じたら何かいいことがあるのか　「復活」はなぜ重要なのか　世界にはなぜ残酷なことがあふれているのか　神とは何か）
＊キリスト教にまつわる素朴な疑問にお答えします。

◇〈徹底比較〉仏教とキリスト教　大法輪閣編集部編　大法輪閣　2016.5　162p　21cm　1800円　①978-4-8046-1383-3　⑩180.4
内容　第1章　仏教とキリスト教ここが違う（ブッダとキリストの生涯　仏教とキリスト教の教え）　第2章　仏教を、より深く知るために（ブッダの魅力　ブッダの生涯　ほか）　第3章　キリスト教を、より深く知るために（イエス・キリストという希望の光　イエス・キリストの生涯に学ぶ　ほか）　第4章　仏教とキリスト教相互理解のために（仏教はキリスト教に何を学べるか　キリスト者が仏教から学んだこと　ほか）
＊人類の英知である2つの宗教。その「違い」がわかる！世界各地で盛んに信仰されている、仏教とキリスト教。その発生から教え、戒律、世界観、聖職者のあり方などを2段組で比較し、それぞれの特徴を平易に解説。さらに両教の類似点をも学び、相互理解を深めることを目指す。

◇イエス　八木誠一著　新装版　清水書院　2016.6　204p　19cm　〈Century Books—人と思想 7〉〈文献あり　索引あり〉　1200円　①978-4-389-42007-9　⑩192.8
内容　1　イエスの時代を中心とするユダヤ民族の歴史（イエス当時のパレスチナ　ユダヤ民族の起こり　ローマのパレスチナ支配　ユダヤ戦争とその後・むすび）　2　研究史・研究の方法（研究の歴史　伝承の性質　「イエス」叙述の方法—どこにピントを合わせ

るか　奇蹟と奇蹟物語）　3　イエスの生涯と思想（イエスの生い立ち　イエスの思想）　4　イエスの死・復活と原始キリスト教の成立（史的イエスから宣教のキリストへ）
＊イエス生誕の年が西暦元年と定められたほど、キリスト教は西欧世界に、さらに全世界に深く強い影響を与えた。現在世界のキリスト教徒は約二四億、全世界の人口のほぼ三三％を占めると言われる。しかしイエスは特別な人間、他の誰とも質的に隔絶した人間だったのではない。イエスはただの人であり、そしてただの人の生き方をもっとも真実に生き、示した人である。まさにこのゆえに、イエスは世に容れられず、十字架につけられてしまった。この事件は、世の人がどんなにただの人間であることを拒み、特別な人間になろうとしているか、その倒錯の深さを教える。しかしイエスは敗北しなかった。イエスを救世主と信じるひとびとの群れが起こり、世界を改革していった。このことは、世界の不幸と虚無と罪悪にもかかわらず、イエスをイエスとして生かした真理の究極の勝利を象徴している。

◇新約聖書入門　スティーブン・モティア著，鈴木結実訳　いのちのことば社　2016.9　31p　23cm　〈エッセンシャル・バイブル・レファレンス〉〈文献あり　索引あり〉　500円　①978-4-264-03582-4　⑩193.5
内容　イエス—すべての理由　イエスの生涯　福音書　マタイの福音書　ルカの福音書　ヨハネの福音書　使徒の働き　パウロの初期の手紙　パウロとコリント　パウロとローマ　パウロの後期の手紙　ヘブル人への手紙　ペテロの手紙とヨハネの手紙　ヤコブの手紙、ユダの手紙、ペテロの手紙第二　ヨハネの黙示録—千年期に向かって
＊ナザレのイエスが存在しなかったとしたら、新約聖書は存在しない。イエスは自分自身について何1つ記していないが、新約聖書はイエスによってもたらされたものなのである。新約聖書には、世界の歴史を形成し、読む者の修養時代に影響を与え続けている書物が収められている。聖書を単なる知識としてではなく、心に語るものとして読む必要性を踏まえつつ、初心者に聖書研究の世界を紹介する平易な手引き。

◇新約聖書の学び　越川弘英著　キリスト新聞社　2016.12　305p　21cm　〈文献あり　年表あり〉　2000円　①978-4-87395-711-1　⑩193.5
内容　序　新約聖書の基礎知識　第1部　新約聖書の背景（歴史的背景—紀元前6世紀以降　紀元1世紀のユダヤ人社会）　第2部　イエスの生涯とメッセージ（イエスの誕生　イエスの先駆者—バプテスマのヨハネ　イエスの言葉によるメッセージ—神の国と隣人愛　イエスの行動によるメッセージ—奇跡と共食　イエスの弟子たち—ペトロとユダを中心に　イエスの死と復活）　第3部　初期キリスト教と新約聖書（初期キリスト教の成立と展開　新約聖書の誕生（1）—書簡文学　新約聖書の誕生（2）—福音書・使徒言行録・黙示録）　むすび—イエスとは誰か
＊新約聖書の主人公というべきイエスはキリスト教において決定的な位置を占めている。「イエスとは誰か」を解明することこそ、キリスト教の神学に問われる最優先のテーマのひとつであり、本書はそうした新約聖書に初めて接する読者の方への最適の道案内である。

◇名画と読むイエス・キリストの物語　中野京子

著　文藝春秋　2016.12　242p　16cm　〈文春文庫　な58-5〉〈大和書房 2012年刊の再刊　文献あり〉　800円　①978-4-16-790756-3　Ⓝ192.8
内容　第1章 幼子イエス　第2章 洗礼　第3章 荒野の修行　第4章 伝道　第5章 奇蹟　第6章 女たち　第7章 使徒たち　第8章 エルサレム　第9章 最後の晩餐　第10章 ゲッセマネ　裁判　磔刑　復活
＊"イエス・キリストのおおまかな生涯を知った上で西洋名画を楽しみたい―そう願う人のための、これは手引書を目指した"。ダ・ヴィンチ『最後の晩餐』やベラスケス『キリストの磔刑』をはじめ、ルンブラント、ルーベンス、グレコなど43点をオールカラーで収録。「怖い絵」シリーズで人気を博す著者の話題作。

◇ジョシュア・イマヌエルキリスト―地上での生涯とキリストの教え　スティリアノス・アテシュリス著，須々木光誦訳　エドコム　2017.2　399p　27cm　3500円　①978-4-904489-01-7　Ⓝ192.8
＊「20世紀の最も偉大なヒーラー」と呼ばれたダスカロスことスティリアノス・アテシュリス博士が、すべての前世の記憶を持っていたことで知られている。キリストの時代に、最も若い弟子であり修練士であったダスカロスは、その前世の経験と記憶からキリストの地上での生涯と教えを晩年本書にまとめた。キリストの霊的教え、ヒーリングや奇跡、キリストが種を蒔いた「新たな修道礼拝会」、神と人類との関係、人の生命の意義と目的、エッセネ派とは、平和への黄金の鍵とは、に答えてくれる聖書の註解書であり、真理の探究者の必読書である。

◇イースター・ブック―改革者の言葉と木版画で読むキリストの生涯　マルティン・ルター著，ローランド・H.ベイントン編，中村妙子訳　新教出版社　2017.3（第3刷）　128p　21cm　1800円　①978-4-400-52782-4　Ⓝ198.34
内容　1 エルサレムへの旅と聖週　2 聖餐　3 捕縛と裁判　4 十字架の刑　5 復活
＊宗教改革史研究の碩学であるローランド・ベイントン教授が、福音書に関するルターの説教から新たな視点によって抜粋・編集したユニークな書。ルターと同時代の画家、ヴィルギリウス・ソリスの木版画を数多く掲載。改革者の復活信仰の真髄を伝える名著を、宗教改革500年を記念して新装復刊。

◇私の知らなかったイエス　フィリップ・ヤンシー著，山下章子訳　いのちのことば社　2017.4　465p　19cm　〈『だれも書かなかったイエス』（1997年刊）の改題，改訂版　文献あり〉　2400円　①978-4-264-03610-4　Ⓝ192.8
＊現代人の生き方を揺さぶる画期的なイエス伝『だれも書かなかったイエス』が、訳も大幅に手を加え、読みやすくなって再登場。

◇くらべてわかる！ ブッダとキリスト―原典から読み解く「宗教二大スター」の教えと生涯　中村圭志著　サンガ　2017.7　159p　21cm　〈他言語標題：ANALYZING BUDDHA & CHRIST〉　1300円　①978-4-86564-097-7　Ⓝ182.8
内容　ブッダとキリストABC　1 ブッダ編（ブッダの生涯―王宮を出て苦行へ　ブッダの指導―悟りをめざす教団　ブッダと菩薩の神話―輪廻と救済）　2 キリスト編（イエスと社会―「神の国」の福音　キリストの神話―奇跡的な生と死　キリストの神学―救済と審き）
＊仏教とキリスト教をザックリ理解する！ 仏教の開祖とキリスト教の開祖―それぞれの個性とエッセンスを、原典をひもときながら、わかりやすく解説するガイドブック。

◇イエス全史―天上のプログレッシヴ・ロックバンド、その構造と時空　マーティン・ポポフ著，川村まゆみ訳　DU BOOKS　2017.8　365p　21cm　〈作品目録あり　索引あり　発売：ディスクユニオン〉　2800円　①978-4-86647-002-3　Ⓝ764.7
内容　第1章 一九七〇年代以前　第2章 一九七〇年代　第3章 一九八〇年代　第4章 一九九〇年代　第5章 二〇〇〇年代　第6章 二〇一〇年代
＊綿密な調査とメンバー自身のコメントでまとめられた完璧なるヒストリーブック。

◇聖書物語　木崎さと子著　KADOKAWA　2017.8　508p　15cm　〔角川ソフィア文庫〕〔I403-1〕〈講談社 2000年刊の加筆・修正〉　1200円　①978-4-04-400289-3　Ⓝ193
内容　旧約聖書編（始源の詩・愛の創まりと悪の発現　族長たちの時代　指導者モーセ　約束の地カナンへ　イスラエルの黄金時代　ほか）　新約聖書編（イエスの生涯　再臨に向けて）
＊優れた文学でもある聖書。そこには、超絶的な神だけでなく王も奴隷も、聖人も罪人も、あらゆる人間の生き様が刻みこまれている。天地と悪の初源を明かす創世記から、イスラエルの民の歴史、救い主イエスの生涯、そして世界の終末を告げる黙示録まで。そのすべてを、人間が息づく百の物語として芥川賞作家が紡ぎ出す。数々の名場面、悠久のドラマがよみがえり、豊富な図版とともに新旧約聖書を読み通すことができる決定版。

◇イエス・キリストは実在したのか？　レザー・アスラン著，白須英子訳　文藝春秋　2018.5　444,15p　16cm　〈文春文庫　ア12-1〉〈文献あり　年表あり〉　1100円　①978-4-16-791077-8　Ⓝ192.8
内容　第1部 ローマ帝国とユダヤ教（別種の犠牲―テロリストよ、大祭司を刺せ！　片隅の穴、エルサレム―ローマ帝国と手を結ぶユダヤの大祭司たち　ユダヤ人の王―ヘロデの実像　ほか）　第2部 熱血漢、イエス（あなたの家を思う熱情―イエスはなぜ危険視されたのか？　荒野で呼びかける声―イエスの蔭に隠れた洗礼者ヨハネ　わたしについて来なさい―善きサマリア人の挿話の本当の意味　ほか）　第3部 キリスト教の誕生（人の姿で現れた神―天界の存在とみなされたイエス　もしキリストが復活していなかったら―ユダヤ人ディアスポラから生まれた宗教　私は使徒ではないか？―パウロがキリスト教を世界宗教にした　ほか）
＊イエスは平和と愛を説いた救世主ではなく、武力行使も辞さない革命家だった―。"ナザレのイエス"の弟子たちが遺した文献、史料から、聖書には何が削られれ、何が史実から落とされていったかを細密に分析。キリスト教がいかにして世界宗教へと飛躍したかを明らかにし、全米を震撼させた衝撃のベストセラー。

◇イエスの実像に迫る　曽野綾子著　海竜社

キルハト

2018.5　255p　19cm　1500円　ⓘ978-4-7593-1482-3　Ⓝ914.6

内容　ユダヤ社会の四十八の徳（平凡な家庭のユダヤ教徒として生まれる）　意識して犯した罪、意識せずに犯した咎（イエスの知性、感性を鍛える社会）　満九歳で一人前の男（ユダヤ人とならしめるもの）　償いの掟（ユダヤ人の理性、思想はこうして研ぎ澄まされた）　真理はあなたを自由にする（あらゆる人、あらゆるものから学ぶことができる）　人は神の視線の中で生きる（現世のひだに神の声を聞き続ける）

＊イエスは、私生児として生まれ、ユダヤ教徒として生きた！　厳しい環境、厳格な戒律のもと、人間イエスの知性、感性はいかに鍛えられたのか？　キリスト教徒の著者が、ユダヤの原点を探り、「生身のイエス」を解き明かす、著者渾身の名著!!

◇クレオパトラとイエスキリスト―紀元前に起こった謎…事実と直結しているあらゆる角度から謎を解き明かす　稲羽太郎著　松戸　ストーク　2018.7　558p　22cm　〈他言語標題：Cleopatra et Christo Iesu　文献あり　発売：星雲社〉　2700円　ⓘ978-4-434-24659-3　Ⓝ289.3

内容　前編　クレオパトラ（クレオパトラという人　クレオパトラは生きていた）　中編　ユダヤ国に行ったクレオパトラ（実はあったクレオパトラの歴史資料―ヨセフスの証言　二人のヘロデ王―ユダヤ国・ヘロデ王の真相　二人のクレオパトラ　ほか）　後編　イエス・キリストはカエサリオンだった（イエス・キリストの謎　イエス・キリストの生涯　聖マリアになったクレオパトラ＝マリアの神性　ほか）

＊紀元前に起こった謎…事実と直結しているか。あらゆる角度から謎を解き明かす。

◇イエスの挑戦（チャレンジ）―イエスを再発見する旅　N.T.ライト著、飯田岳訳、鎌野直人監訳　いのちのことば社　2018.11　397p　19cm　2500円　ⓘ978-4-264-03966-2　Ⓝ192.8

内容　第1章　イエス研究の挑戦　第2章　神の国の挑戦　第3章　象徴の挑戦　第4章　十字架につけられたメシア　第5章　イエスと神　第6章　イースターの挑戦　第7章　ポストモダンの世界の中でエマオに向かって歩む　第8章　世の光

＊「みこころが天で行われるように、地で行われるように」と、主イエスが語ったとき、それはどういう意味だったのか。イエス・キリストが投げかけてくる様々な挑戦に真正面から応えるよう呼びかける！

ギルバート, P.〔1966～〕　Gilbert, Paul

◇ポール・ギルバート　vol.1　ポール・ギルバート述　シンコーミュージック・エンタテイメント　2015.11　535p　19cm　〈ヤング・ギター〈インタビューズ〉〉〈他言語標題：Paul Gilbert　作品目録あり〉　2000円　ⓘ978-4-401-64225-0　Ⓝ767.8

内容　『STREET LETHAL』アルバム発表後/YG初登場時　『MR.BIG』アルバム発表時　"MR.BIG"ツアー来日時　"MR.BIG"北米ツアー時　『LEAN INTO IT』アルバム制作時　『LEAN INTO IT』アルバム発表時　"LEAN INTO IT"ツアー来日時　『RAW LIKE SUSHI 2』アルバム発表時　"LEAN INTO IT"ワールド・ツアー終了直前時　『BUMP AHEAD』アルバム発表時/自宅訪問取材時〔ほか〕

＊'86年の初登場時からMR.BIGの結成と全米制覇を経てソロ活動、更にRACER Xの再結成へと華麗に邁進して行く栄光の活動歴（'86年～'03年）とギタリストとしての進化を物語る計32本分（ビリー・シーン他との同席会見も含む）を完全復刻！巻頭に初公開カットを含むカラー・ピンナップ、巻末には「RACER X作品」「MR.BIG作品」「ソロ作品」「セッション＆ゲスト参加作品」までを網羅したディスコグラフィ・データも収録。

◇ポール・ギルバート　vol.2　ポール・ギルバート述　シンコーミュージック・エンタテイメント　2015.12　551p　19cm　〈ヤング・ギター〈インタビューズ〉〉〈他言語標題：Paul Gilbert〉　2000円　ⓘ978-4-401-64239-7　Ⓝ767.8

内容　ポール・ギルバート・カラー・ピンナップ（未公開ショットを含む）　ポール・ギルバート・インタビュー（"PAUL THE YOUNG DUDE"ツアー来日時/『ACOUSTIC SAMURAI』アルバム制作時（'03年9月号掲載）　"GUITAR WARS"イベント来日ツアー時/『ACOUSTIC SAMURAI』アルバム発表時（'03年11月号掲載）　ほか）　付録（"I'll Tell Everything For You"（『100%ポール・ギルバート』掲載）　"Talk About My Guitars"（『100%ポール・ギルバート』掲載））　ポール・ギルバート来日ツアー・データ

＊個性煌めく音楽性を旺盛に発揮したソロ活動と併行してMR.BIGの再結成を実現していく怒涛の進撃期（'03年～'15年）に語った全26本分（ビリー・シーン他との同席会見も含む）に加え、本誌未掲載インタビューや来日ツアー履歴までも徹底網羅！巻頭に初公開カットを含むカラー・ピンナップ、巻末には「MR.BIG」「ソロ」「RACER X」の各名義で行われた「来日ツアー・データ」（'89年～'14年/日程・会場名・演奏曲目）も収録。

キルヒホフ, G.R.〔1824～1887〕　Kirchhoff, Gustav Robert

◇現代天文学史―天体物理学の源流と開拓者たち　小暮智一著　京都　京都大学学術出版会　2015.12　634p　22cm　〈他言語標題：History of Modern Astronomy　文献あり　年表あり　索引あり〉　4900円　ⓘ978-4-87698-882-2　Ⓝ440.12

内容　第1部　天体分光学（「新天文学」の開幕　星の分光分類とHD星表）　第2部　星の構造と進化論（星の進化論とHR図表　熱核反応と星の進化論）　第3部　銀河天文学と宇宙論（銀河と星雲の世界　銀河系の発見　宇宙論の源流）　第4部　現代天文学の黎明（日本における天体物理学の黎明　現代天文学への展開）

＊初めて星の化学組成を明らかにしたロンドンのアマチュア天文家ハギンス、太陽をガス体と見なした特許調査官ロッキャー、自作の望遠鏡で天空を探した音楽家ハーシェル…18世紀末から19世紀中葉にかけて現代天文学の扉を開いた彼らは、いずれも学界に縁のないアマチュア天文家だった。星の位置と運動を対象とする古典天文学から天体の物理的構造を探る天体物理学へ、その転換期を担った人々の生涯と研究を軸に、現代天文学の歴史を

キルミスター, L. 〔1945〜2015〕
Kilmister, Lemmy

◇レミー・キルミスター自伝/ホワイト・ライン・フィーヴァー　レミー・キルミスター著，田村亜紀訳　ルーフトップ　2015.4　399p　21cm　2900円　①978-4-907929-06-0　Ⓝ767.8

内容　気まぐれな山羊座　キツく、ユルく　危険な誘惑　メトロポリス　スピードフリーク　スピード仕様　ビール飲みと乱痴気騒ぎ　ロードに踏みとどまれ　ふたたびイカれた仲間たちと　何があってもヘコたれるな　天使の街　We Are Motörhead　素晴らしき新世界へ

＊生誕70年＆デビュー50周年を迎えるモーターヘッド/レミー・キルミスター。レミーの70年間全ての悪行を吐き出した400ページを超える極悪大爆走自伝。

キーン, D. 〔1922〜2019〕 Keene, Donald

◇ドナルド・キーン著作集　第10巻　自叙伝決定版　ドナルド・キーン著　新潮社　2014.6　469p　22cm　〈他言語標題：The Collected Works of Donald Keene　索引あり〉　3200円　①978-4-10-647110-0　Ⓝ210.08

内容　自叙伝決定版（生立ちから太平洋戦争が終わるまで　あこがれの日本で暮らす　二つの母国に生きる　著述と旅との日々　晴れて日本人に）　私の大事な場所（思い出の時と街と　一石を投じ続けて　親しき友たちへ　オペラに寄せる）

＊少年期の思い出から、日本文学との運命的な出逢い、太平洋戦争従軍、そして戦後日本での作家たちとの交わり、日本国籍取得まで―総じて「幸運な人生だった」と振り返る92年間には、感動を呼ぶ様々な出来事があった。何作もある自伝的著述を再構成し、新たな事実や思い出も数多く加えた、壮大な人生ストーリー。補完的内容のエッセイ集『私の大事な場所』を併録。

◇ドナルド・キーン　わたしの日本語修行　ドナルド・キーン，河路由佳著　白水社　2014.9　265p　20cm　〈文献あり　年譜あり〉　1800円　①978-4-560-08677-3　Ⓝ289.3

内容　第1章　わたしと海軍日本語学校（外国語との出会い　漢字、そして日本語との出会い　海軍日本語学校での日本語学習　海軍日本語学校の先生・仲間たち）　第2章　海軍日本語学校での日本語修行（海軍日本語学校での授業　『標準日本語讀本』をめぐって）　第3章　海軍日本語学校時代の書簡（発見された手紙　手紙にまつわる思い出）　第4章　戦時中の体験―日本文学研究の道へ（語学兵としての仕事　戦時下のハワイ大学で日本文学を学ぶ　日本語の専門家としての新たな出発）　第5章　日本語・日本文学の教師として（ケンブリッジ大学での第一歩　教え子たちの活躍）

＊生涯を決定づけた米海軍日本語学校への入学。当時の思い出が詰まった教科書を前に、学習者、研究者、教育者として、日本語とともに歩んだ人生を語る。

◇二つの母国に生きて　ドナルド・キーン著　朝日新聞出版　2015.9　245p　15cm　（朝日文庫き3-2）〈朝日新聞社　1987年刊の再刊〉　600円　①978-4-02-261838-2　Ⓝ914.6

内容　1（なぜ日本へ？　第一の転機　ほか）　2（年の始め　私の日本住居論　ほか）　3（体験的能芸論　能の普遍性　ほか）　4（谷崎先生のこと　戦中日記の伊藤整氏　ほか）

＊傑出した日本文学研究者によるエッセイ集。来日のいきさつ、桜や軽井沢まで日本文化考、戦争犯罪への公平なまなざし、伝統芸能論、三島、谷崎など文学者との交流まで多彩に綴る。清潔な文章にその知性とウィット、誠実な人柄までがにじむ珠玉の一冊。

キンキナトゥス 〔紀元前5世紀〕
Lucius Quinctius Cincinnatus

◇ローマ帝国人物列伝　本村凌二著　祥伝社　2016.5　303p　18cm　（祥伝社新書　463）　840円　①978-4-396-11463-3　Ⓝ283.2

内容　1　建国期―建国期のローマ（ブルトゥス―共和政を樹立した初代執政官　キンキナトゥス―ワシントンが理想とした指導者　ほか）　2　成長期―成長期のローマ（アッピウス―インフラ整備など、類稀なる先見性　ファビウス―耐えがたきを耐えるローマの盾　ほか）　3　転換期―転換期のローマ（クラッスス―すべてを手に入れた者が欲したもの　大ポンペイウス―カエサルに敗れた大武将　ほか）　4　最盛期―最盛期のローマ（ゲルマニクス―夭逝した理想のプリンス　ネロ―気弱な犯罪者だった暴君　ほか）　5　衰亡期―衰亡期のローマ（ガリエヌス―動乱期の賢帝　ディオクレティアヌス―混乱を鎮めた軍人皇帝　ほか）

＊ローマの歴史には、独裁も革命もクーデターもあり、「パクス・ロマーナ」と呼ばれた平和な時代もあった。君主政も共和政も貴族政もポピュリズムもあり、多神教も一神教もあった。まさに「歴史の実験場」であり、教訓を得るのに、これほどの素材はない。歴史を学ぶには制度や組織は無視できないが、そこに人間が存在したことを忘れてはならないのである。本書は、一〇〇〇年を超えるローマ史を五つの時代に分け、三二人の生涯と共に追うものである。賢帝あり、愚帝あり、英雄から気丈な女性、医学者、宗教家まで。壮大な歴史叙事詩であり、歴史は人なり―を実感する一冊。

キング, B.B. 〔1925〜2015〕 King, B.B.

◇キング・オブ・ザ・ブルース登場―B.B.キング　チャールズ・ソーヤー著，染谷和美訳，日暮泰文監修　Pヴァイン　2015.12　383p　20cm　(Ele-king books)〈発売：日販アイ・ピー・エス〉　3300円　①978-4-907276-45-4　Ⓝ767.8

キング, E.J. 〔1878〜1956〕
King, Ernest Joseph

◇海軍戦略家キングと太平洋戦争　谷光太郎著　中央公論新社　2015.6　310p　16cm　（中公文庫　た88-1）〈「アーネスト・キング」（白桃書房1993年刊）の改題、改訂　文献あり〉　900円　①978-4-12-206129-3　Ⓝ289.3

内容　第1章　生い立ちと少壮士官時代　第2章　ルーズベルト一族と米海軍　第3章　潜水艦戦隊司令から航

空畑へ　第4章 スターク海軍作戦部長　第5章 日米開戦前夜　第6章 チャーチルとスターリン　第7章 日米開戦　第8章 中期太平洋戦争とキング　第9章 後期太平洋戦争とキング　第10章 戦いの終結　狡兎死して走狗烹らる　第11章 おわりに
*合衆国艦隊司令長官兼海軍作戦部長としてニミッツやハルゼーを指揮下に戦争を指導した提督の知られざる人物像とその戦略を描く。生い立ちから青年士官時代、マハンの戦略哲学を受け継ぎ、米英首脳との会談に参画して策定した対日作戦の概要とその経緯、さらに大統領との関係や米海軍内部の確執を詳述する決定版評伝。

キング, M.L.〔1929〜1968〕　King, Martin Luther, Jr.

◇マーティン＝L＝キング　梶原寿著　新装版　清水書院　2016.2　254p　19cm　（Century Books—人と思想 104）〈文献あり　年譜あり　索引あり〉　1200円　①978-4-389-42104-5　Ⓝ198.62

内容　1 アトランタからボストンへ（少年時代　モアハウス時代　クローザー時代　ボストン時代）　2 万人の自由を求めて（時は満ちた　ローザ＝パークス逮捕事件　ホールト・ストリート講演　コーヒーカップの上の祈り　自由への闘い）　3 公民権運動の進展（投票権をわれらに　モンゴメリーからアトランタへ　非暴力直接行動）　4 公民権法の成立（バーミングハムの闘い　バーミングハムの獄中からの手紙　私はそれでもなお夢を持つ　悲劇を越えて）　5 孤独への道（ベトナム反戦への道　貧者の行進に向かって）

*一九六三年八月二八日ワシントン大行進において「私は夢を持つ」スピーチを行ったマーティン＝ルーサー・キングは、一九六八年にテネシー州メンフィスで暗殺され三九歳の生涯を終えた。一九八六年からは彼の誕生日が国民の祝日として制定実施されるに至り、「アメリカの夢」の使徒としての声価が定まったかに思われている。だがキングがその生涯の最後に目ざしたものは、世界指向のアメリカ社会の構造と価値観を根底から覆えして、人間指向の「愛の共同体」に再創造することであった。いったいキングにおけるこのラディカリズムの源泉は何であろうか。本書はこの秘密に、あらゆる危機の時に彼を根底から支えた奴隷制以来の黒人キリスト教の信仰伝統に視点を据えながら、迫ろうとする企てである。そして彼の描いた夢が、単なるアメリカの夢を越えた人類の夢でもあることを解明する。

◇コーネル・ウェストが語るブラック・アメリカ—現代を照らし出す6つの魂　コーネル・ウェスト著, クリスタ・ブッシェンドルフ編, 秋元由紀訳　白水社　2016.8　291,15p　19cm　〈年譜あり　索引あり〉　2400円　①978-4-560-09249-1　Ⓝ316.853

内容　はじめに—いまこそ預言者的精神を語り継ごう　第1章 火のついた魂は美しい—フレデリック・ダグラス　第2章 ブラック・フレイム—W.E.B.デュボイス　第3章 良心の炎—マーティン・ルーサー・キング, ジュニア　第4章 民主的実存主義の熱—エラ・ベイカー　第5章 革命の炎—マルコムX　第6章 預言者の炎—アイダ・B.ウェルズ　終章 オバマ時代の預言者的精神

*今もっとも注目される論客が賢人たちに託して語り尽くした普遍的なアメリカ論。

◇マーティン・ルーサー・キング—非暴力の闘士　黒﨑真著　岩波書店　2018.3　240p　18cm　（岩波新書　新赤版 1711）〈文献あり　年譜あり〉　820円　①978-4-00-431711-1　Ⓝ198.62

内容　第1章 非暴力に出会う　第2章 非暴力を学ぶ　第3章 「創造的少数派」の戦術　第4章 非暴力に対する挑戦　第5章 最後の一人になっても　第6章 「実現せざる夢」に生きる

*リンチ、脅迫、放火、爆破。アメリカ南部社会を覆う、人種差別の凄まじい暴力。われわれ黒人はもう待てないのだ。人びとを非暴力による社会変革へと導いたキング牧師（一九二九-一九六八）。栄光の前半生だけでなく、貧困のないアメリカを夢見た彼の後半生を忘れてはならない。武器をとらずに闘い抜いた、苛烈な生涯をえがく。

キング, S.〔1947〜〕　King, Stephen

◇死の舞踏—恐怖についての10章　スティーヴン・キング著, 安野玲訳　筑摩書房　2017.9　732,27p　15cm　（ちくま文庫　き39-1）〈パジリコ 2004年刊に「恐怖とは—2010年版へのまえがき」を増補し全面的な訳の見直しと各作品情報の更新〉　1500円　①978-4-480-43332-9　Ⓝ934.7

内容　第1章 一九五七年一〇月四日、あるいは舞踏への勧誘　第2章 "フック"の話　第3章 タロットの話　第4章 迷惑な自伝で一休み　第5章 リアリティの演出とラジオ　第6章 現代アメリカのホラー映画—テキストとサブテキスト　第7章 ジャンクフードとしてのホラー映画　第8章 ガラスの乳首、または、このモンスターはゲインズバーガーの提供でお送りしました　第9章 ホラー小説　第10章 ラスト・ワルツ—ホラーと道徳、ホラーと魔法

*40年以上にわたってモダン・ホラー界に君臨するスティーヴン・キングのノンフィクション大作、待望の復刊！ 帝王キングが『フランケンシュタイン』から『エイリアン』まで、あらゆるメディアのホラー作品を縦横無尽に渡り歩き、同時代アメリカへの鋭い批評や自分史も交えながら饒舌に語りつくす。エッセイ「恐怖とは—2010年版へのまえがき」を増補した決定版。

キンレイ・ドルジ〔1958〜〕　Kinley Dorji

◇「幸福の国」と呼ばれて—ブータンの知性が語るGNH　キンレイ・ドルジ著, 真崎克彦, 菊地めぐみ訳　コモンズ　2014.7　230p　19cm　〈年表あり〉　2200円　①978-4-86187-117-7　Ⓝ302.2588

内容　プロローグ 「幸福の国」の成り立ちと未来　第1章 幼少期の思い出（おばあちゃんの思い出　おじいちゃんの知恵袋　父たちから聞いたある伝説）　第2章 移ろいゆく時代（プリティ・ウーマン　わが友カルマ　別世界の住人）　第3章 現代ブータンの課題（国民に仕える　近代化の荒波　あるベンガル虎の独白　伝説は生き続ける）　第4章 海外から見た「幸福の国」（災い転じて　日本で考えたこと　答えは母国にある）

【ク】

グアルディオラ, J.〔1971〜〕
Guardiola, Josep

◇ペップ・グアルディオラ キミにすべてを語ろう―ペップ公認 マルティ・パラルナウ著, 羽中田昌, 羽中田まゆみ訳 東邦出版 2015.4 429p 19cm 1500円 ①978-4-8094-1317-9 Ⓝ783.47

内容 第1章 時間, 忍耐, 情熱 第2章 最初の戴冠 第3章 奇跡的な年 第4章 3月のリーグ 第5章 負けて立ち上がる

＊君が見たことや感じたことを, すべて本に書いてかまわない。しかしシーズン中は, チーム内で見たことは一切口外しないこと。この約束をした上で, シーズンを通してバイエルン・ミュンヘンに帯同して記したジョセップ・グアルディオラ本人公認の書。

◇グアルディオラ総論 マルティ・ペラルナウ著, 木村浩嗣訳 ソル・メディア 2017.5 397p 19cm 1600円 ①978-4-905349-32-7 Ⓝ783.47

＊彼でないことが彼であり続けるための条件だった。インタビューを拒否するペップ・グアルディオラの代弁者となった話題作『キミにすべてを語ろう』から2年…。「ドイツ×ペップ」の化学変化はさらに進み, やがてまったく新しいサッカースタイルが誕生した。「私は今の方がいい監督だ」。異例の密着取材を続けた著者だからこそわかる, 監督ペップの葛藤と進化。変革者はドイツで何を学び, そしてマンチェスター・シティで何を成そうとしているのか―グアルディオラ研究の決定版！

グアルネリ・デル・ジェズ〔1687〜1745〕
Guarneri

◇ストラディヴァリとグアルネリ―ヴァイオリン千年の夢 中野雄著 文藝春秋 2017.7 254p 18cm （文春新書 1132） 920円 ①978-4-16-661132-4 Ⓝ763.42

内容 第1章 ヴァイオリンの価値とは何か 第2章 ヴァイオリンという楽器1―その起源と完成度の高さ 第3章 ヴァイオリンという楽器2―ヴァイオリンを構成する素材と神秘 第4章 アントニオ・ストラディヴァリの生涯と作品 第5章 グアルネリ・デル・ジェスの生涯と作品 第6章 閑話休題 第7章 コレクター抄伝 第8章 銘器と事故 最終章 封印された神技

＊ヴァイオリンほど不思議なものはない。三百年前に作られた木製楽器が, 骨董品ではなく, 現役としてナンバーワンの地位を占めているのだから。頂点に位置する二人の名工の作品を軸に, なぜ, これほどまでに高価なのか, なぜ, これほどまでに美しい音色なのか, その謎と神秘に迫る。

クイック, T.〔1950〜〕 Quick, Thomas

◇トマス・クイック―北欧最悪の連続殺人犯になった男 ハンネス・ロースタム著, 田中文訳 早川書房 2015.6 568p 19cm 〈年表あり〉 2800円 ①978-4-15-209544-2 Ⓝ368.61

内容 第1部（セーテル病院―二〇〇八年六月二日月曜日 セーテルの男 見出し ほか） 第2部（偽りの人生 連続殺人犯の出現 特別な患者 ほか） 第3部（風向きが変わる 十三のバインダー 犯罪記者 ほか）

＊トマス・クイックと名乗り, 30人以上の男女を殺害したと自白したスウェーデン人の男, ストゥーレ・ベルグワール。遺体の一部を食べたと自白したことから, 「人食い」とも呼ばれた彼は, 8件の殺人について有罪判決を受けていた。気鋭のジャーナリストが, この事件に興味を抱き, 調査を開始。2008年6月からクイックと何度も面会を重ねる一方, 関係者の取材を進め, 裁判の資料, 病院のカルテ, 警察の取り調べ記録, 現場検証を収めたビデオなどを丹念にあたっていく。連続殺人事件の裏に隠された想像を絶する真実。衝撃のノンフィクション！

グイード・ダレッツォ〔991/992〜1050〕
Guido d'Arezzo

◇ミクロログス〈音楽小論〉―全訳と解説 グイード・ダレッツォ著, 中世ルネサンス音楽史研究会訳 春秋社 2018.6 301p 22cm 〈文献あり 索引あり〉 4800円 ①978-4-393-93213-1 Ⓝ761

内容 ミクロログス（音楽小論） 参考資料（抜粋訳）（韻文規則 アンティフォナリウム序文 未知の聖歌に関するミカエルへの書簡） 解説論文（『ミクロログス』解題 グイド・ダレッツォの生涯 グイド・ダレッツォ, その業績 教育者グイドーソルミゼーション教育とその伝承 モノコルドについて ほか）

＊"ドレミの始祖"として知られるグイド・ダレッツォの著作を詳細な訳注・解説とともに翻訳。中世ヨーロッパの音楽理論書として名高い『ミクロログス』の全訳をはじめ, "ドレミ"音階の元となった記述や五線譜の起源についての記述を含む3つの文書の抜粋訳を収録。グイドの著作の題解のみならず, 中世の音楽理解を助ける解説論文8本を併録。

クイーン, E.〔共作筆名〕 Queen, Ellery

◇エラリー・クイーン推理の芸術 フランシス・M・ネヴィンズ著, 飯城勇三訳 国書刊行会 2016.11 457,76,37p 図版12p 20cm 〈著作目録あり 索引あり〉 3600円 ①978-4-336-06102-7 Ⓝ930.278

内容 ブルックリン従兄弟の謎 エラリー一世登場 豊穣の年 長篇, 短篇, そして雑誌 エラリー一世退場 新生EQ どのようにして彼らはやってのけたのか？ エラリー電波を支配する ソフトカバーとセルロイド 実り豊かな収穫の年

＊本書はクイーン研究の第一人者が資料や関係者の証言を収集し, 偉大なミステリ作家のデビューから晩年までの軌跡をたどったエラリー・クイーン伝の決定版である。二人が激しい応酬を繰り広げた合作の内幕をはじめ, 後期の代作者問題, 1960年代に量産されたペーパーバック・オリジナルの真相など, 近年になって初めて明らかとなる新情報を盛り込んだファン必読の評伝。詳細な書誌・邦訳リストを収録。図版多数。

クィンティウス
⇒キンキナトゥス を見よ

クィントゥス・セルトリウス
⇒セルトリウス を見よ

クィントゥス・ファビウス・マクシムス
⇒ファビウス を見よ

グギ・ワ・ジオンゴ〔1938～〕
Ngũgĩ wa Thiong'o

◇評伝 グギ・ワ・ジオンゴ＝修羅の作家—現代アフリカ文学の道標 宮本正興著 第三書館 2014.10 845p 22cm 〈他言語標題：Ngũgĩ wa Thiong'o A Biographical Criticism of the Works of Ngũgĩ wa Thiong'o,a Kenyan Writer 文献あり 年譜あり 索引あり〉 9000円 ①978-4-8074-1477-2 Ⓝ994.7

＊「精神の非植民地化」で知られる、多言語・多民族国家ケニアの作家グギ・ワ・ジオンゴ。現代アフリカ文学の世界を背景に、活動歴50年を超える彼の人生と文学の軌跡を追う。現代アフリカ文学者100余人のプロフィール付き。

クシアノビッチ, A.〔1935～〕
Cussiánovich, Alejandro

◇インディアス群書 14 子どもと共に生きる—ペルーの「解放の神学」者が歩んだ道 アレハンドロ・クシアノビッチ著, 五十川大輔編訳 現代企画室 2016.10 286p 22cm 〈付属資料：2枚：月報 15〉 2800円 ①978-4-7738-1610-5 Ⓝ295.5

内容 第1章 自由な存在となるために（わたしたちは搾取されている大勢の人たちのひとり） 第2章 子どもたちは本当に権利の主体として扱われているのだろうか？（内戦の傷跡 出生証明書を持たない子どもたち 危機の時代の子どもたち） 第3章 働く子どもたち—それはスキャンダルか、憐みの対象か、尊厳ある存在か（働く子どもたち、それは二〇世紀末の特筆すべき社会問題 働く子どもたちと「最悪の形態の労働」が孕む逆説 働く子どもたちの歴史の一部としての働く子どもたちの歴史） 第4章 主役としての子どもたち（子ども主導組織の先駆的経験として——九四〇年代初頭 真の子ども主導組織の誕生——九七〇年代半ば） 補章 ペルーの働く子どもたちと日本との出会い（ペルーの働く子どもたちが永山則夫を知ったとき（太田昌国／義井豊） 永山記念集会へのメッセージ（アレハンドロ・クシアノビッチ）「働く子ども・青少年のための教育機関」の誕生（インファント－永山則夫））

＊一九六〇年代初頭、バチカンは伝統的なカトリック教会刷新の動きに着手した。それを享けてラテンアメリカの教会内部から、構造的な暴力が作り出した貧困と抑圧、およびその渦中に生きる底辺の民衆に目を向けるキリスト者が輩出した。ペルーのアレハンドロ・クシアノビッチ神父は、そのひとりだった。経済的な苦悩と権力の弾圧の下にあっても、人間の尊厳を賭し、働く者としての権利を要求するさまざまな運動に関わるうちに、彼は、強固

な意志をもつ一群の働く子どもたちと出会う。その子どもたちは大人の付属物であることを拒否し、自らが人生と労働の主役であると考えて、自立的な運動を先駆的に展開していく。彼は後見人としてそれに随伴する。それは、やがて、不思議な糸に導かれて、日本の死刑囚との関係をもつに至った…。

クストー, J.〔1910～1997〕
Cousteau, Jacques

◇未来世代の権利—地球倫理の先覚者、J-Y・クストー 服部英二編著 藤原書店 2015.4 360p 20cm 〈年譜あり〉 3200円 ①978-4-86578-024-6 Ⓝ289.3

内容 第1部 クストーが語る（地球の将来のために 文化と環境 インタビュー・人口増加と消費激増が地球資源に致命的負荷） 第2部 クストーの生涯—J-Y・クストー『人、蛸そして蘭』抄（探検への情熱 宇宙の中でただ一人 個人の危機管理 ほか） 第3部 未来世代の権利と文化の多様性（未来世代への責任と、文化の多様性 未来世代の権利のための請願 未来世代に対する現存世代の責任宣言 ほか）

＊代表作『沈黙の世界』などで、"海"の驚異を映像を通じて初めて人類に伝えた、ジャック＝イヴ・クストー（1910‐1997）。「生物多様性」と同様、「文化の多様性」が人類に不可欠と看破したクストーが最期まで訴え続けた「未来世代の権利」とは何か。"海からの使者"の遺言。世界の海洋学者・映像作家クストーの全体像を初紹介！

クセノパネス〔紀元前6世紀〕 Xenophanes

◇ギリシア哲学30講 人類の原初の思索から 上「存在の故郷」を求めて 日下部吉信著 明石書店 2018.11 418p 19cm 〈年表あり 索引あり〉 2700円 ①978-4-7503-4742-4 Ⓝ131

内容 ギリシア哲学俯瞰 ミレトスの哲学者(1) タレス ミレトスの哲学者(2) アナクシマンドロス ミレトスの哲学者(3) アナクシメネス ピュタゴラス アルキュタス ヘラクレイトス エレア派 故郷喪失の哲学者クセノパネス エレア派 パルメニデス エレア派 ゼノンとメリッソス エンペドクレス アナクサゴラス デモクリトス ハイデガーと原初の哲学者たち—アナクシマンドロス、ヘラクレイトス、パルメニデス

＊ギリシア哲学の権威にしてハイデガー研究の第一人者でもある著者が、存在の故郷を求めるべく古代ギリシアの文献を読み解き、その自然哲学を「みずみずしい姿」で蘇らせると同時に、そこで繰り広げられた哲学者たちの抗争の帰結としての現代人の歪んだ思考に高らかに異を唱える。過激にして痛快な現代文明批判の書（上下巻）。

クーセビツキー, S.〔1874～1951〕
Koussevitzky, Serge

◇偉大なる指揮者たち—トスカニーニからカラヤン、小澤、ラトルへの系譜 クリスチャン・メルラン著, 神奈川夏子訳 ヤマハミュージックメディア 2014.11 389,7p 21cm 2800円 ①978-4-636-90301-0 Ⓝ762.8

内容 アルトゥーロ・トスカニーニ ウィレム・メンゲルベルク セルゲイ・クーセヴィツキー ピエール・

モントゥー　ブルーノ・ワルター　サー・トーマス・ビーチャム　レオポルド・ストコフスキー　エルネスト・アンセルメ　オットー・クレンペラー　ヴィルヘルム・フルトヴェングラー〔ほか〕
＊指揮の特徴や楽団員からの評価、生い立ちや普段の振る舞い、家族関係など、50人のマエストロたちの素顔を描き出す。オーケストラ指揮の知られざる側面に迫った評伝集。

クック, J.〔1728〜1779〕 Cook, James

◇壊血病―医学の謎に挑んだ男たち　スティーブン・R・バウン著，中村哲也監修，小林政子訳　国書刊行会　2014.8　262p　20cm　〈希望の医療シリーズ〉〈文献あり　年表あり〉　2500円　Ⓘ978-4-336-05799-0　Ⓝ493.13

内容　第1章　一八世紀の航海―壊血病の時代　第2章　壊血病―海の疫病　第3章　南洋での大惨事と勝利―アンソン卿の悲劇の航海　第4章　見失われた発見―治療法の研究が始まる　第5章　予防の片鱗―ジェームズ・リンドとソールズベリー号上の実験　第6章　もつれをほどく―ロブと麦芽汁と海の実験　第7章　ジェームズ・クック船長の太平洋航海　第8章　影響力のある男―ギルバート・ブレーンと西インド諸島艦隊　第9章　大陸封鎖―壊血病の撲滅とナポレオン結び　謎の解明

＊大航海時代、200万人の船乗りが壊血病に命を奪われた。恐怖の病にリンド医師、クック船長、ブレーン卿が挑む!!

◇キャプテン・クックの列聖―太平洋におけるヨーロッパ神話の生成　ガナナート・オベーセーカラ著，中村忠男訳　みすず書房　2015.5　426,20p　22cm　〈文献あり　年譜あり　索引あり〉　6800円　Ⓘ978-4-622-07860-9　Ⓝ289.3

内容　キャプテン・クックとヨーロッパ的想像力　神話モデル　即興、合理性、野生の思考　三度目の来臨―再び南海へ　タヒチ訪問とエイメオの破壊　ハワイの発見　列聖化の命題　さらなる列聖化に対する反論―手垢の付いた知覚と文化的概念　人類学と擬女　政治と列聖化―ハワイからの視点〔ほか〕

＊ハワイを発見したもっとも偉大な航海者、キャプテン・クックとは何者か。ハワイ人から神と崇められたという定説を覆し、サーリンズに反旗を翻して人類学最大の論争を巻き起こした書、遂に邦訳。

グーテンベルク, J.〔1397?〜1468〕 Gutenberg, Johann

◇グーテンベルク　戸叶勝也著　新装版　清水書院　2015.9　218p　19cm　〈Century Books―人と思想 150〉〈文献あり　年譜あり　索引あり〉　1000円　Ⓘ978-4-389-42150-2　Ⓝ289.3

内容　第1章　時代背景―十四・五世紀のマインツ　第2章　グーテンベルクの先België、出生、青少年時代　第3章　シュトラースブルク時代　第4章　マインツへの帰還　第5章　発明のクライマックス―聖書の印刷　第6章　グーテンベルク工房とフスト＆シェッファー工房の並立　第7章　マインツにおける騒乱と晩年の生活　第8章　活版印刷術の伝播

グナエウス・ポンペイウス

⇒ポンペイウス　を見よ

クナッパーツブッシュ, H.〔1888〜1965〕 Knappertsbusch, Hans

◇偉大なる指揮者たち―トスカニーニからカラヤン、小澤、ラトルへの系譜　クリスチャン・メルラン著，神奈川夏子訳　ヤマハミュージックメディア　2014.11　389,7p　21cm　2800円　Ⓘ978-4-636-90301-0　Ⓝ762.8

内容　アルトゥーロ・トスカニーニ　ウィレム・メンゲルベルク　セルゲイ・クーセヴィツキー　ピエール・モントゥー　ブルーノ・ワルター　サー・トーマス・ビーチャム　レオポルド・ストコフスキー　エルネスト・アンセルメ　オットー・クレンペラー　ヴィルヘルム・フルトヴェングラー〔ほか〕

＊指揮の特徴や楽団員からの評価、生い立ちや普段の振る舞い、家族関係など、50人のマエストロたちの素顔を描き出す。オーケストラ指揮の知られざる側面に迫った評伝集。

クーベリック, R.J.〔1914〜1996〕 Kubelík, Rafael Jeroným

◇偉大なる指揮者たち―トスカニーニからカラヤン、小澤、ラトルへの系譜　クリスチャン・メルラン著，神奈川夏子訳　ヤマハミュージックメディア　2014.11　389,7p　21cm　2800円　Ⓘ978-4-636-90301-0　Ⓝ762.8

内容　アルトゥーロ・トスカニーニ　ウィレム・メンゲルベルク　セルゲイ・クーセヴィツキー　ピエール・モントゥー　ブルーノ・ワルター　サー・トーマス・ビーチャム　レオポルド・ストコフスキー　エルネスト・アンセルメ　オットー・クレンペラー　ヴィルヘルム・フルトヴェングラー〔ほか〕

＊指揮の特徴や楽団員からの評価、生い立ちや普段の振る舞い、家族関係など、50人のマエストロたちの素顔を描き出す。オーケストラ指揮の知られざる側面に迫った評伝集。

クーベルタン, P.〔1863〜1937〕 Coubertin, Pierre de Frédy, baron de

◇近代オリンピックのヒーローとヒロイン　池井優著　慶應義塾大学出版会　2016.12　365p　20cm　〈文献あり〉　2600円　Ⓘ978-4-7664-2389-1　Ⓝ780.28

内容　ピエール・ド・クーベルタン―近代オリンピックの創始者　嘉納治五郎―日本初代のIOC委員　金栗四三―"日本マラソンの父"となったオリンピックの敗者　人見絹枝―日本女子初のメダリスト　西竹一―バロン西と呼ばれた馬術大障害の優勝者　織田幹雄―日本人最初のゴールドメダリスト　「前畑がんばれ！」―日本初のオリンピック女子金メダリスト西田修平・大江季雄―ベルリンの死闘と"友情のメダル"　ジェシー・オーエンス―ベルリンで四つの金メダルを獲った黒人選手　清川正二―オリンピックの金メダリスト、IOC委員　古橋廣之進―戦後日本に希望を与えてくれた「フジヤマのトビウオ」　猪谷千春―冬季五輪初のメダリスト、そしてIOC委員　アベベ・ビキラ―ローマ、東京と二大会を制覇したマラソンの王者　大松博文―「東洋の魔女」に金メダルを獲らせた"鬼"の指導者　日本サッカー界を改革したドイツ人コーチ―デットマール・クラマーと日本代表チーム　ベラ・チャスラフスカ―「プラ

ハの春」にゆれた体操の女王　男子バレーボールに革命をもたらした監督─松平康隆と日本男子バレーボール　モスクワ五輪ボイコットに泣いた選手たち─政治に翻弄されたオリンピック　北島康介─オリンピック三大会でメダル獲得のスイマー
＊四年に一度のスポーツの祭典、オリンピックはこれまで数々のヒーロー、ヒロインを生んだ。クーベルタン、嘉納治五郎から前畑秀子、「東洋の魔女」、そして大会を支えた裏方たちまで─。祭典を彩ったひとびとのドラマを、豊富なエピソードとともに描き出す。

クライバー, C. 〔1930〜2004〕
Kleiber, Carlos

◇偉大なる指揮者たち─トスカニーニからカラヤン、小澤、ラトルへの系譜　クリスチャン・メルラン著，神奈川夏子訳　ヤマハミュージックメディア　2014.11　389,7p　21cm　2800円　①978-4-636-90301-0　Ⓝ762.8

内容　アルトゥーロ・トスカニーニ　ウィレム・メンゲルベルク　セルゲイ・クーセヴィツキー　ピエール・モントゥー　ブルーノ・ワルター　サー・トーマス・ビーチャム　レオポルド・ストコフスキー　エルネスト・アンセルメ　オットー・クレンペラー　ヴィルヘルム・フルトヴェングラー〔ほか〕

＊指揮の特徴や楽団員からの評価、生い立ちや普段の振る舞い、家族関係など、50人のマエストロたちの素顔を描き出す。オーケストラ指揮の知られざる側面に迫った評伝集。

クライバー, E. 〔1890〜1956〕
Kleiber, Erich

◇偉大なる指揮者たち─トスカニーニからカラヤン、小澤、ラトルへの系譜　クリスチャン・メルラン著，神奈川夏子訳　ヤマハミュージックメディア　2014.11　389,7p　21cm　2800円　①978-4-636-90301-0　Ⓝ762.8

内容　アルトゥーロ・トスカニーニ　ウィレム・メンゲルベルク　セルゲイ・クーセヴィツキー　ピエール・モントゥー　ブルーノ・ワルター　サー・トーマス・ビーチャム　レオポルド・ストコフスキー　エルネスト・アンセルメ　オットー・クレンペラー　ヴィルヘルム・フルトヴェングラー〔ほか〕

＊指揮の特徴や楽団員からの評価、生い立ちや普段の振る舞い、家族関係など、50人のマエストロたちの素顔を描き出す。オーケストラ指揮の知られざる側面に迫った評伝集。

クライバーン, V. 〔1934〜2013〕
Cliburn, Van

◇ホワイトハウスのピアニスト─ヴァン・クライバーンと冷戦　ナイジェル・クリフ著，松村哲哉訳　白水社　2017.9　487,67p　図版16p　20cm　〈文献あり　索引あり〉　4800円　①978-4-560-09567-6　Ⓝ762.53

内容　第1楽章　ソニャンド─夢を追いながら（神童　ジュリアード音楽院四一二番教室　後継者　ほか）　第2楽章　ヴォランテ─飛ぶように（ロシアへ、愛をこめて　ヴァーニャ、ヴァニューシャ　「天にも昇る心地です」　ほか）　第3楽章　フォルテピアノ─強く、ただちに弱く（アメリカのピアニスト　大きな期待　米ソ首脳会談）

＊第一回チャイコフスキー国際コンクールで優勝、彼を記念したコンクールに名を残し、アイゼンハワーからオバマまで歴代の大統領から招待を受け演奏したクライバーン。東西冷戦と商業主義に翻弄されつつも、音楽への愛で米ソを動かした、その数奇な生涯を初めて明らかにする。

クライフ, J. 〔1947〜2016〕　Cruyff, Johan

◇ヨハン・クライフ自伝─サッカーの未来を継ぐ者たちへ　ヨハン・クライフ著，若水大樹訳　二見書房　2017.3　318p　図版16p　20cm　〈年譜あり〉　1900円　①978-4-576-17012-1　Ⓝ783.47

＊偉大な変革者が遺した最後のメッセージ。

◇ゲームの支配者　ヨハン・クライフ　ディートリッヒ・シュルツェ＝マルメリンク著，円賀貴子訳　洋泉社　2017.6　478p　19cm　〈文献あり〉　2000円　①978-4-8003-1242-6　Ⓝ783.47

内容　クライフは世界のサッカーの発展にどのレジェンドたちよりも大きな影響を与えた　オランダ、バルセロナについて語る　ヨハン以前のオランダ　アヤックス、モークム、イスラエル　トータルフットボールの誕生　ピッチの王様　偉大なるアヤックス　バルセロナへのカルチャー・トランスファー　市民的な反逆者　ほぼ、完璧な夏　痛みはあとからやってくる　アムステルダムへの帰還　"モダン・バルサ"の創造主　これがサッカーだ　"3"でなければならない　ラスト・バトル

クライン, F.F. 〔1908〜1974〕
Klein, Friedrich Franz

◇ミュンスター法学者列伝─中央大学・ミュンスター大学交流30周年記念　トーマス・ヘェーレン編著，山内惟介編訳　八王子　中央大学出版部　2018.11　568p　21cm　（日本比較法研究所翻訳叢書　80）〈索引あり〉　6700円　①978-4-8057-0381-6　Ⓝ322.8

内容　旧制大学─アントン・マティアス・シュプリックマン（1749年〜1833年）─ルードルフ・ヒス（1870年〜1938年）─ミュンスター大学のスイス人刑法史学者　ハンス・バーゲンコップ（1901年〜1983年）─ミュンスター大学地方自治研究所創設者　脇役から主役へ─国法学者、フリートリッヒ・クライン（1908年〜1974年）　正義のための戦いの中で─刑事訴訟法学者、カール・ペータース（1904年〜1998年）　ミュンスター大学の租税法─オットマール・ビューラー（1884年〜1965年）　生活事実から法へ─ヴァルター・エルマン（1904年〜1982年）　ミュンスターのフリースラント出身者─ハリー・ヴェスターマン（1909年〜1986年）　マックス・カーザー（1906年〜1997年）─学者生活のダイジェスト　ヘルムート・シェルスキイ（1912年〜1984年）─幸福感溢れる世代の研究の懐疑　ユリウス・ヴォルフ（1898年〜1976年）　刑法学者─ヨハネス・ヴェセルス（1923年〜2005年）　波乱の時代の労働法─アルフレート・ヒュック（1889年〜1975年）とロルフ・ディーツ（1902年〜1971年）　環境法・都市計画法─ヴェルナー・ホッペ（1930年〜

2009年） あなたはどのように判断されるか？―ハンス・ブロクス（1920年～2009年） 学理と実務における保険法―ヘルムート・コロサー（1934年～2004年） オットー・ザンドロック（1930年～2017年） ベルンハルト・グロスフェルト―（1933年～）

クライン, M. 〔1882～1960〕 Klein, Melanie

◇新釈メラニー・クライン　ミーラ・リカーマン著，飛谷渉訳　岩崎学術出版社　2014.11　300p　22cm　〈索引あり〉　4000円　①978-4-7533-1081-4　Ⓝ146.1

内容 「クライン論文の衝撃」―はじめに 「微妙な批判の兆しに気づく必要性」―フェレンツィ，フロイト，そして精神分析との出会い 「どうやってお船たちはドナウ川に浮かべられるの？」―子どもの心的発達 「ただの奔放さにあらず」―初めてやってきた子どもの患者たち 「完全に現実離れしたイマーゴ」―フロイトからの離脱 「誰がそれを疑えようか？」―早期対象愛、心的防衛と解離のプロセス 「愛の対象の喪失」―アンビヴァレンスと抑うつ状態 「愛の対象の喪失」―抑うつポジションにおける悲劇性と道徳性 「この非現実的な現実」―クラインの空想（幻想）phantasy概念 「超然とした敵意」―妄想分裂ポジション 「バラバラになること、自らを分割すること」―投影同一化、未統合状態と分割過程 「あまりにも得難いゆえ」―羨望に関する2つの説明 「言葉なくても分かってほしい、果たされぬ望み」―孤独loneliness

◇精神分析家の生涯と理論―連続講義　大阪精神分析セミナー運営委員会編　岩崎学術出版社　2018.7　367p　21cm　3800円　①978-4-7533-1138-5　Ⓝ146.1

内容 第1講 フロイト―その生涯と精神分析（福本修述）　第2講 アンナ・フロイト―その生涯と児童分析（中村留貴子述）　第3講 エリクソン―その生涯とライフサイクル論（鑪幹八郎述）　第4講 クライン―その生涯と創造性（飛谷渉述）　第5講 ウィニコット―児童精神科医であるとともに精神分析家であること（館直彦述）　第6講 ビオン―夢想すること・思索すること（松木邦裕述）　第7講 サリヴァン―その生涯と対人関係論（横井公一述）　第8講 コフート―その生涯と自己心理学、その先に彼が見たもの（皆川公一述）　第9講 間主観性理論・関係精神分析と米国の精神分析（吾妻壮述）　特別対談「精神分析を生きること」（狩野力八郎、松木邦裕述）

クラウス, C. 〔1893～1954〕 Krauss, Clemens Heinrich

◇偉大なる指揮者たち―トスカニーニからカラヤン、小澤、ラトルへの系譜　クリスチャン・メルラン著，神奈川夏子訳　ヤマハミュージックメディア　2014.11　389,7p　21cm　2800円　①978-4-636-90301-0　Ⓝ762.8

内容 アルトゥーロ・トスカニーニ　ウィレム・メンゲルベルク　セルゲイ・クーセヴィツキー　ピエール・モントゥー　ブルーノ・ワルター　サー・トーマス・ビーチャム　レオポルド・ストコフスキー　エルネスト・アンセルメ　オットー・クレンペラー　ヴィルヘルム・フルトヴェングラー　〔ほか〕

*指揮の特徴や楽団員からの評価、生い立ちや普段の振る舞い、家族関係など、50人のマエストロたちの素顔を描き出す。オーケストラ指揮の知られざる側面に迫った評伝集。

クラウス, K. 〔1874～1936〕 Kraus, Karl

◇カール・クラウス―闇にひとつ炬火あり　池内紀著　講談社　2015.11　242p　15cm　（講談社学術文庫 2331）〈「闇にひとつ炬火あり」（筑摩書房 1985年刊）の改題〉　860円　①978-4-06-292331-6　Ⓝ940.28

内容 1 生い立ち　2 世紀末ウィーン　3 『炬火』年代記　4 『黒魔術による世界の没落』5 ことばと戦争　6 一〇六法通の恋文　7 「ゴロツキ、出ていけ！」　8 ことばとナチズム　9 半世紀遅れの『追憶の書』

*作家・ジャーナリスト・編集者として活動したカール・クラウス（一八七四‐一九三六年）は、評論誌『炬火』を一人で編集・執筆し、激動する世界の中で権力や政治の堕落・腐敗に"ことば"だけで立ち向かった。ベンヤミンやウィトゲンシュタインが敬愛したこの無二の人物を描いた日本語による唯一の書物は、著者の深い愛情と尊敬の念がこもっている。

◇カール・クラウスと危機のオーストリア―世紀末・世界大戦・ファシズム　高橋義彦著　慶應義塾大学出版会　2016.4　275p　20cm　〈文献あり　年表あり　索引あり〉　3600円　①978-4-7664-2331-0　Ⓝ311.2346

内容 序章 オーストリア思想史とクラウス　第1章 世紀転換期ウィーンにおける「装飾」批判とその意味―カール・クラウスとアドルフ・ロース　第2章 フリッツ・ヴィッテルスと「二人の精神的父親」―カール・クラウスとジークムント・フロイト　第3章 メディア批判とテクノロマン主義批判―カール・クラウスと第一次世界大戦　第4章 「オーストリア的中欧」理念と第一次世界大戦―カール・クラウスとハインリヒ・ラマシュ　第5章 ナチズムとオーストロ・ファシズム―カール・クラウスと二つのファシズム　第6章 言語批判としてのクラウス政治思想―エリック・フェーゲリンのカール・クラウス論　終章 限界と可能性―カール・クラウスの現代的意義

*危機の時代を生きた孤高の言論人。第一次大戦時には好戦的なメディアや政治家を自らの個人雑誌で批判し、その後、ナチズムの脅威を予言した男。フロイト、ウィトゲンシュタイン、カネッティらも惹きつけた言論人の思想と彼の生きた激動の時代を読み解く。

クラウゼビッツ, C. 〔1780～1831〕 Clausewitz, Carl Philipp Gottlieb von

◇60分で名著快読クラウゼヴィッツ『戦争論』　川村康之著　日本経済新聞出版社　2014.9　313p　15cm　（日経ビジネス人文庫 か11-1）〈「クラウゼヴィッツの戦争論」（ナツメ社 2004年刊）の改題、編集　文献あり　索引あり〉　900円　①978-4-532-19740-7　Ⓝ391.3

内容 序章 『戦争論』を読み解くカギ　第1章 戦争とはなにか　第2章 戦争の理論について考える　第3章 戦略を考察する　第4章 攻撃と防御について　第5章 戦争を計画する―戦略のおもな機能と重要性　第6章 『戦争論』を理解するための時代背景　第7章 クラウゼヴィッツの生涯　第8章 『戦争論』の与え

クラウテイ

た影響　第9章 現代に生きる『戦争論』
* 『戦争論』は、軍事、歴史、戦略に関心を持つ人ならだれもが知っているが多くの人が挫折している、読まれざる名著の代表だ。戦争というきわめて複雑な政治的・社会的現象を深く分析した偉大な古典を、クラウゼヴィッツ研究の第一人者がわかりやすくガイド。

◇クラウゼヴィッツの「正しい読み方」―『戦争論』入門　ベアトリス・ホイザー著、奥山真司、中谷寛士訳　芙蓉書房出版　2017.1　391p　21cm　2900円　①978-4-8295-0703-2　Ⓝ391

内容：第1章 クラウゼヴィッツの生誕と『戦争論』の誕生　第2章 観念主義者のクラウゼヴィッツvs現実主義者のクラウゼヴィッツ　第3章 政治、三位一体、政軍関係　第4章 数字の先にあるもの―天才、士気、戦力の集中、意志、そして摩擦　第5章 防御・攻撃論、殲滅戦、そして総力戦　第6章 クラウゼヴィッツのさらなる応用―コーベットと海洋戦、毛沢東とゲリラ　第7章 核時代のクラウゼヴィッツ　第8章 二一世紀におけるクラウゼヴィッツの有効性

* 『戦争論』解釈に一石を投じた話題の入門書。戦略論の古典的名著の誤まった読まれ方を徹底検証、正しい読み方のポイントを教える。21世紀の国際情勢理解に役立つクラウゼヴィッツの読み方とは？

クラウディウス〔10B.C.～54A.D.〕
Tiberius Claudius Nero Caesar Drusus

◇ローマ皇帝群像　4　アエリウス・スパルティアヌス他著、井上文則訳・解題　京都　京都大学学術出版会　2014.9　323,53p　20cm＋（西洋古典叢書 L025）〈付属資料：8p：月報109　布装　年表あり　索引あり〉　3700円　①978-4-87698-486-2　Ⓝ232.8

内容：神君クラウディウスの生涯（トレベリウス・ポリオ）　神君アウレリヌスの生涯（シラクサのフラウィウス・ウォピスクス）　タキトゥスの生涯（シラクサのフラウィウス・ウォピスクス）　プロブスの生涯（シラクサのフラウィウス・ウォピスクス）　フィルムス、サトゥルニヌス、プロクルス、ボノスス、すなわち四人の僭称帝たちの生涯（シラクサのフラウィウス・ウォピスクス）　カルス、カリヌス、ヌメリアヌスの生涯（シラクサのフラウィウス・ウォピスクス）

* 軍人皇帝時代も後半に入り危機克服の兆しが現われる。異色のローマ皇帝伝記集、堂々の完結！本邦初訳。

◇ローマ皇帝伝　下　スエトニウス著、国原吉之助訳　岩波書店　2018.5　403,20p　15cm（岩波文庫）　1130円　①4-00-334402-2　Ⓝ232.8

内容：第4巻 カリグラ　第5巻 クラウディウス　第6巻 ネロ　第7巻（ガルバ　オト　ウィテリウス）　第8巻（ウェスパシアヌス　ティトゥス　ドミティアヌス）

* 我が妹を妻とし、帝国資産をまたたく間に蕩尽したあげく自らを神と崇めよと命ずるカリグラ。権力を争って母を殺し、さらに首都に火を放って遠望する焔の美しさに恍惚とするネロ。簡潔直截に次々と繰りだされてゆく豊富な逸話の中から、放恣残虐の限りを尽す歴代ローマ皇帝たちの姿がなまなましく立ち現われてくる。

クラーク, W.S.〔1826～1866〕
Clark, William Smith

◇二十世紀と格闘した先人たち―一九〇〇年アジア・アメリカの興隆　寺島実郎著　新潮社　2015.9　390p　16cm　（新潮文庫 て-10-2）〈「二十世紀から何を学ぶか 下 一九〇〇年への旅 アメリカの世紀、アジアの自尊」(2007年刊)の改題、加筆・修正〉　630円　①978-4-10-126142-3　Ⓝ280.4

内容：第1章 アメリカの世紀がアジア太平洋にもたらしたもの（太平洋の転換点となった米西戦争での米国の勝利　明治の青年に夢を与えたクラーク博士の実像と足跡　ヘンリー・ルース、「アメリカの世紀」を推進した男　フランクリン・ルーズベルトの対日観の歴史的変遷　敗戦後の日本を「支配」した「極端な人」マッカーサー　付マッカーサー再考への旅――呪縛とトラウマからの脱却）　第2章 国際社会と格闘した日本人（「太平洋の橋」になろうとした憂国の国際人、新渡戸稲造　キリストに生きた武士、内村鑑三の高尚なる生涯　禅の精神を世界に発信した、鈴木大拙という存在　六歳の津田梅子を留学させた明治という時代　「亡命学者」野口英世の生と死　高峰譲吉の栄光とその悲しみ　日本近代史を予言した男、朝河貫一の苦闘と日米関係　近代石炭産業の功労者、松本健次郎と二十世紀　情報戦争の敗北者だった大島浩駐独大使）　第3章 アジアの自尊を追い求めた男たち（アジアの再興を図ろうとした岡倉天心の夢　「偉大な魂」ガンディーの重い問い掛け　インドが見つめている―チャンドラ・ボースとパル判事　革命家・孫文が日本に問いかけたもの　魯迅が否定した馬々虎々　不倒翁・周恩来の見た日本）　第4章 二十世紀再考――知っておくべきことと総括（一九〇〇年エルサレム―アラブ・イスラエル紛争に埋め込まれたもの　一九〇〇年香港―英国のアジア戦略　総括―結局、日本にとって二十世紀とは何だったか）

* 二十世紀初頭、アジア太平洋で「アメリカの世紀」が始まる。日本は近代化の道をひた走り、ガンディー、孫文、魯迅などアジアの巨星は解放と独立を目指した。新渡戸稲造、鈴木大拙、津田梅子…激動の世紀を懸命に生きた先人の足跡を追い、今を生きる智慧と歴史の潮流を知る一冊。

◇新島襄と明治のキリスト者たち―横浜・築地・熊本・札幌バンドとの交流　本井康博著　教文館　2016.3　389,7p　22cm　〈索引あり〉　3800円　①978-4-7642-9969-6　Ⓝ198.321

内容：1 新島襄と四つの「バンド」　2 横浜バンド（S.R.ブラウン　J.H.バラ　植村正久　井深梶之助　押川方義　本多庸一　松村介石　栗津高明）　3 築地バンド（C.カロザース　田村直臣　原胤昭）　4 熊本バンド（L.L.ジェーンズ　小崎弘道）　5 札幌バンド（W.S.クラーク　内村鑑三　新渡戸稲造　大島正健）

* 知られざる明治キリスト教界の人間模様。宣教師や、多くの明治期プロテスタントの指導者たちと関わり、教派間の友好関係と衝突・軋轢の狭間にいた新島襄。記録や手紙、ミッション資料から人物交流を読みとき、新島本人と、各教派のキリスト者たちそれぞれの知られざる人物像を浮き彫りにする。

グラス, G. 〔1927〜2015〕 Grass, Günter

◇廃墟のドイツ1947―「四七年グループ」銘々伝
ハンス・ヴェルナー・リヒター著,飯吉光夫訳
河出書房新社 2015.8 295p 20cm 3800円
Ⓘ978-4-309-20683-7 Ⓝ940.27

内容 蝶たちの曖昧宿で―イルゼ・アイヒンガー 十三階のクリスヤーン―カール・アメリー にぎやかな通りを行って、それに気がつかなかったら―アルフレート・アンデルシュ グルーネ森でのサイクリング―インゲボルク・バッハマン きみもぼく位、金が好きかい？―ハインリヒ・ベル セルビアは死なねばならない―ミロ・ドール マルクトブライトでの涙―ギュンター・アイヒ フルシチョフの海水パンツを穿いて―ハンス・マグヌス・エンツェンスベルガー 誕生日祝いとしてジーモン・ダッハを―ギュンター・グラス 寝巻きのズボンーヴォルフガング・ヒルデスハイマー 上部プファルツ人のカラカラ笑い―ヴァルター・ヘレラー 君の忠実なる側近(パラディーン)―ヴァルター・イェンス ダンスの相手への誘い―ウーヴェ・ヨーンゾーン 我々はみな、いい人だった―ハンス・マイヤー 敵多きほど、功高し―マルセル・ライヒ・ラニツキ おおマルティン―喧嘩好きではないにしろ、喧嘩の早いアレマン人―マルティン・ヴァルザー マラーの太鼓―ペーター・ヴァイス

＊文学の"呼び声"をきけ。ナチス崩壊、東西分裂―廃墟と化した1947年ドイツで産声をあげ、グラス、ツェランら数々の世界的才能を輩出した「四七年グループ」とは何だったのか？ リーダーであるH・W・リヒターによる愛情あふれる回想録。困難なる戦後と、若き作家たちの情熱が生んだ奇蹟の時間。

グラス, P. 〔1937〜〕 Glass, Philip

◇フィリップ・グラス自伝―音楽のない言葉
フィリップ・グラス著,髙橋智子監訳,藤村奈緒美訳 ヤマハミュージックメディア 2016.8 506,17p 図版16p 20cm 〈文献あり 索引あり〉 4300円 Ⓘ978-4-636-93070-2 Ⓝ762.53

内容 第1部(ボルティモア シカゴ ジュリアード ほか) 第2部(再びニューヨークへ 初めてのコンサート 美術と音楽 ほか) 第3部(オペラ 音楽と映画 キャンディ・ジャーニング ほか)

＊「ミニマル・ミュージックの巨匠」と称される現代の作曲家フィリップ・グラス。幼少期の音楽との出会いから、実験的オペラ『浜辺のアインシュタイン』の成功、現在に至るまでの音楽的道程と冒険に満ちた生い立ちを語る。

グラッサー, W. 〔1925〜2013〕 Glasser, William

◇ウィリアム・グラッサー―選択理論への歩み
ジム・ロイ著,柿谷正期監訳 アチーブメント出版 2015.6 601p 20cm 〈索引あり〉 3800円 Ⓘ978-4-905154-83-9 Ⓝ289.3

内容 離陸、そして急上昇 クリーブランド、オハイオ州 理解者はいた ほんとうに存在した落伍者なき学校 どこからはじまった(発想の起源) まったくの新世界(教育改革) 内側からの取り組み(内的動機) パワーズに会いにシカゴへ行く 自分のものになった理論 ふたたび学校教育へ 痛みと喜び (死別、再婚) オーストラリアでの決断(亀裂) 警告(メンタルヘルス) まだ先を見ながら

＊いかにして教育界、心理学界に革命を起こしたのか？ 5年間にわたる本人へのインタビューがついに公式伝記化！ グラッサーの生涯から紐解く選択理論の起源、進化、発展の物語。

クラッスス 〔115〜53B.C.〕 Marcus Licinius Crassus

◇英雄伝 4 プルタルコス著,城江良和訳 京都 京都大学学術出版会 2015.5 573p 20cm (西洋古典叢書 G089)〈布装 付属資料:8p/月報 114〉 4600円 Ⓘ978-4-87698-910-2 Ⓝ283.1

内容 キモンとルクルス(キモン ルクルス キモンとルクルスの比較) ニキアスとクラッスス(ニキアス クラッスス ニキアスとクラッススの比較) セルトリウスとエウメネス(セルトリウス エウメネス セルトリウスとエウメネスの比較) アゲシラオスとポンペイユス(アゲシラオス ポンペイユス アゲシラオスとポンペイユスの比較)

＊アレクサンドロスの書記官エウメネスやローマ共和政末期の政治家ポンペイユスら傑物たちの事績を伝える。

◇ローマ帝国人物列伝 本村凌二著 祥伝社 2016.5 303p 18cm (祥伝社新書 463) 840円 Ⓘ978-4-396-11463-3 Ⓝ283.2

内容 1 建国期―建国期のローマ(ブルトゥス―共和政を樹立した初代執政官 キンキナトゥス―ワシントンが理想とした指導者 ほか) 2 成長期―成長期のローマ(アッピウス―インフラ整備したが、類稀なる先見性 ファビウス―耐えがたきを耐える「ローマの盾」 ほか) 3 転換期―転換期のローマ(クラッスス―すべてを手に入れた者が欲したもの 大ポンペイウス―カエサルに敗れた大武将 ほか) 4 最盛期―最盛期のローマ(ゲルマニクス―夭逝した理想のプリンス ネロ―気弱な犯罪者だった暴君 ほか) 5 衰亡期―衰亡期のローマ(ガリエヌス―動乱期の賢帝 ディオクレティアヌス―混乱を鎮めた軍人皇帝 ほか)

＊ローマの歴史には、独裁も革命もクーデターもあり、「パクス・ロマーナ」と呼ばれた平和な時代もあった。君主政も共和政も貴族政もポピュリズムもあり、多神教も一神教もあった。まさに「歴史の実験場」であり、教訓を得るのに、これほどの素材はない。歴史を学ぶには制度や組織は無視できないが、そこに人間が存在したことを忘れてはならないだろう。本書は、一〇〇〇年を超えるローマ史を五つの時代に分け、三二人の生涯と共に追うものである。賢帝あり、愚帝あり、英雄から気丈な女性、医学者、宗教家まで。壮大な歴史叙事詩であり、歴史は人なりと実感する一冊。

グラッソネッリ, G. 〔1965〜〕 Grassonelli, Giuseppe

◇復讐者マレルバ―巨大マフィアに挑んだ男
ジュセッペ・グラッソネッリ,カルメーロ・サルド著,飯田亮介訳 早川書房 2017.6 460p 19cm 2200円 Ⓘ978-4-15-209692-0 Ⓝ289.3

＊シチリアの少年アントニオ・ブラッソ(著者グラッソネッリの仮の名)は手がつけられない悪ガキで、

「マレルバ(雑草)」と呼ばれていた。17歳でお尋ね者となってハンブルクに逃れ、二枚目のギャンブラーとして放蕩生活を送っていた。だが、21歳のある日、彼の人生は一変する。巨大マフィアに彼と家族が襲われたのだ。残された道は、殺るか、殺られるか。復讐者と化したアントニオは賭博で金を稼ぎ、銃を仕入れ、敵を撃つ。やがて新興マフィアのボスに成り上がり、仇敵を追い詰める! 激烈な抗争の中心人物として恐れられ、20年を越えて今なお現役する男の血塗られた回想と懺悔。レオナルド・シャーシャ文学賞を受賞。

グラッドストン, W.E. 〔1809〜1898〕
Gladstone, William Ewart

◇最高の議会人グラッドストン 尾鍋輝彦著 清水書院 2018.7 231p 19cm 〈新・人と歴史 拡大版 29〉〈1984年刊の表記や仮名遣い等一部を変更 文献あり 年譜あり 索引あり〉 1800円 Ⓘ978-4-389-44129-6 Ⓝ289.3

内容 1 表舞台に出るまでの三人(奴隷所有者の子、グラッドストン ユダヤ人ディズレーリ ほか) 2 自由主義の戦い(三人が結婚するまで 自由貿易への歩み) 3 保守党の暗い谷間(不安定な連立内閣つづき 自由党員グラッドストン) 4 立憲政治の絶頂(第一次ディズレーリ内閣 第一次グラッドストン内閣 ほか) 5 グランド・オールド・マン(グランド・オールド・マン)

＊乱闘、強行採決、選挙違反にみちている日本の議会政治と比べて、一九世紀以来のイギリスの議会政治は、模範的なものであったように思われている。はたして、本当にそうだったのだろうか? 女王がやたらに政治に介入し、採決のときに党員が分裂して四党、五政党の政治の如き状態を示すなど、必ずしも模範的ではなかったのである。本書は、それらの問題をグラッドストン、ディズレーリ、ヴィクトリア女王の三人の絡み合いを中心に、人間味と人間臭さとを加えて述べたものである。

クラーナハ, L. 〔1472〜1553〕
Cranach, Lucas

◇ルカス・クラーナハ─流行服を纏った聖女たちの誘惑 伊藤直子文,八坂書房編 八坂書房 2016.8 140p 22cm 〈他言語標題:Lucas Cranach d.Ä 文献あり 年譜あり〉 2200円 Ⓘ978-4-89694-225-5 Ⓝ723.34

内容 1 画家の生涯 2 女神と聖女の物語 3 貴族と聖女の宮廷ファッション

＊16世紀前半のドイツで活躍したクラーナハは、デューラーと共に「北方ルネサンス」を代表する画家である。宮廷画家として大工房を営み、1000点以上の作品を制作したが、なかでも女性を神話や伝説中の人物に擬えた宮廷人好みのシリーズは一世を風靡したという。また、ルターの宗教改革の宣伝に一役買ったことでも有名である。本書では多才な画家の生涯を概観すると共に、彼が得意とした神話・伝説にまつわる作品群にスポットを当てた。さらに、華麗な衣装を纏った特徴的な聖人画や宮廷の男女を描いた肖像画から、当時のファッションを読み解くことを試みた。

グラバー, T.B. 〔1838〜1911〕
Glover, Thomas Blake

◇明治維新の大功労者トーマス・グラバー─フリーメーソンとしての活躍 山口幸彦著 長崎文献社 2014.9 205p 21cm 〈文献あり〉 1000円 Ⓘ978-4-88851-221-3 Ⓝ289.3

内容 第1章 トーマス十二歳、生まれ故郷を後に 第2章 グラバー長崎へ出立 第3章 「世界の大きな謎」フリーメーソン 第4章 グラバー、長崎での活躍 第5章 グラバー商会の稼働開始 第6章 グラバー、三菱岩崎との再会

＊新たな視点で歴史を繙く、トーマス・グラバーの生涯と功績を追う。

◇幕末維新を動かした8人の外国人 小島英記著 東洋経済新報社 2016.1 335p 19cm 〈文献あり〉 1700円 Ⓘ978-4-492-06198-5 Ⓝ210.58

内容 第1章 黒船のペリー 第2章 古武士プチャーチン 第3章 敬虔なハリス 第4章 文人外交官オールコック 第5章 幕府を支援したロッシュ 第6章 豪腕パークス 第7章 倒幕の理論家サトウ 第8章 倒幕商人グラバー

＊「外圧」の歴史はここから始まった! 幕末日本を振り回した外国人の軌跡をたどることで、国内抗争だけでは見えてこなかった明治維新の実像を明らかにした渾身の大作。

グラハム, K. 〔1917〜2001〕
Graham, Katharine

◇ペンタゴン・ペーパーズ─「キャサリン・グラハムわが人生」より キャサリン・グラハム著,小野善邦訳 CCCメディアハウス 2018.4 350p 19cm 〈他言語標題:THE PENTAGON PAPERS〉 2000円 Ⓘ978-4-484-18107-3 Ⓝ289.3

内容 第1章 ポストを引き継ぐ 第2章 ベン・ブラッドレーの起用 第3章 ベトナム戦争とポストの立場 第4章 私の女性解放運動 第5章 ペンタゴン機密文書事件 第6章 成功ゆえの混迷 第7章 私のエピローグ

＊ジャーナリストとして、経営者として、働く女性の先駆者として、今なおアメリカで最も尊敬される女性が、全米メディア史上最大スキャンダル「ペンタゴン機密文書事件」の内幕を語る。米政府と対立した女性の自伝。

グラビンスキ, S. 〔1887〜1936〕
Grabiński, Stefan

◇火の書 ステファン・グラビンスキ著,芝田文乃訳 国書刊行会 2017.8 299p 20cm 2700円 Ⓘ978-4-336-06175-1 Ⓝ989.83

内容 赤いマグダ 白いメガネザル 四大精霊の復讐 火事場 花火師 ゲブレたち 煉獄の魂の博物館 炎の領域 有毒ガス 私の仕事場から 告白 ステファン・グラビンスキとの三つの対話 一九二七年(エミル・イゲル インタビュアー) ステファン・グラビンスキとの三つの対話 一九三〇年(カジミェシュ・ヴィエジンスキ インタビュアー) ステファン・グラビンスキとの三つの対話 一九三一年(ミハ

リナ・グレコヴィチ インタビュアー）
* 生誕130年を迎えた、ポーランド随一の狂気的恐怖小説家ステファン・グラビンスキによる怪奇幻想作品集。"火"をテーマとする短篇小説と、自伝的エッセイ、インタビューを収録。目眩めく紅蓮色の怪夢、病み憑きの陶酔と蠱惑の書。

クラプトン, E.〔1945～〕 Clapton, Eric

◇Eric Clapton全活動記録1963-1982　マーク・ロバーティ著，前むつみ訳　シンコーミュージック・エンタテイメント　2015.4　395p　27cm　〈奥付のタイトル：エリック・クラプトン全活動記録1963-1982〉　3500円　①978-4-401-64002-7　Ⓝ767.8

内容　1963　1964　1965　1966　1967　1968　クリーム在籍時のゲスト・レコーディング・セッション：1966 - 1968　クリームのレコーディング・セッション　ローリング・ストーンズ・ロックンロール・サーカス(1968)／スーパーショウ(1969)　ブラインド・フェイス〔ほか〕

* クラプトンが音楽キャリアを開始した63年から82年までの全コンサート／レコーディング・セッション記録を中心に、自身や関係者の声も交えて構成したE.C.研究書の決定版『ERIC CLAPTON DAY BY DAY：1963 - 1982』が待望の邦訳!!マニアにはお馴染みの専門家、マーク・ロバーティが現存する資料を入念に調べ上げ、日々の活動を詳細に記述。客演を含む全セッションのプロセスより、ツアーのセット・リスト、ギャラ(！)に至るまで、現在判る限りの情報をまとめた執念の1冊。

◇Eric Clapton全活動記録1983-2016　マーク・ロバーティ著，前むつみ訳　シンコーミュージック・エンタテイメント　2016.4　473p　27cm　〈奥付のタイトル：エリック・クラプトン全活動記録1983-2016〉　3700円　①978-4-401-64003-4　Ⓝ767.8

* エリック・クラプトン本人も取材に協力!!83年～現在までの全ライヴ＆レコーディング情報を網羅。日本版のみ、最新書き下ろし原稿を大量に追加!!傑作『アンプラグド』を生んだソロ活動はもちろん、再結成クリーム、ジョージ・ハリスンやB.B.キング、スティーヴ・ウィンウッド、J.J.ケイルとのタッグなど、83年以降の動きを徹底的に調査。日々の活動を事細かに綴ったクランプトン研究書の第2弾。

クラマー, D.〔1925～2015〕 Cramer, Dettmar

◇近代オリンピックのヒーローとヒロイン　池井優著　慶應義塾大学出版会　2016.12　365p　20cm　〈文献あり〉　2600円　①978-4-7664-2389-1　Ⓝ780.28

内容　ピエール・ド・クーベルタン―近代オリンピックの創始者　嘉納治五郎―日本初代のIOC委員　金栗四三―"日本マラソンの父"となったオリンピックの敗者　人見絹枝―日本女子初のメダリスト　西竹一―バロン西と呼ばれた馬術大障害の優勝者　織田幹雄―日本人最初のゴールドメダリスト　前畑がんばれ！―日本初のオリンピック女子金メダリスト　西田修平・大江季雄―ベルリンの死闘と"友情のメダル"　ジェシー・オーエンス―ベルリンで四つの金メダルを獲った黒人選手　清川正二―オリンピックの金メダリスト、IOC委員　古橋廣之進―戦後日本に希望を与えてくれた「フジヤマのトビウオ」　猪谷千春―冬季五輪初のメダリスト、そしてIOC委員　アベベ・ビキラ―ローマ、東京と二大会を制したマラソンの王者　大松博文―「東洋の魔女」に金メダルを獲らせた"鬼"の指導者　日本サッカー界を改革したドイツ人コーチ―デットマール・クラマーと日本代表チーム　ベラ・チャスラフスカ―「プラハの春」にゆれた体操の女王　男子バレーボールに革命をもたらした監督―松平康隆と日本男子バレーボール　モスクワ五輪ボイコットに泣いた選手たち―政治に翻弄されたオリンピック　北島康介―オリンピック三大会でメダル獲得のスイマー

* 四年に一度のスポーツの祭典、オリンピックはこれまで数々のヒーロー、ヒロインを生んだ。クーベルタン、嘉納治五郎から前畑秀子、「東洋の魔女」、そして大会を支えた裏方たちまで。祭典の表舞台を彩ったひとびとのドラマを、豊富なエピソードとともに描き出す。

グラムシ, A.〔1891～1937〕 Gramsci, Antonio

◇グラムシの教育思想―マルクスもいいけどグラムシもいいとおもうよ　黒沢惟昭著　シーエービー出版　2016.7　178p　21cm　〈索引あり〉　2400円　①978-4-904341-11-7　Ⓝ309.337

内容　序章　太陽の街、甃の街―グラムシ研究への道程　第1章　社会主義の再生―ヘーゲル、マルクス、グラムシ　第2章　グラムシの教育構想―知識人と大衆の超克　第3章　現代市民社会とグラムシの教育思想―M.マナコルダ『グラムシにおける教育原理』　第4章　グラムシ「実践の哲学」と廣松哲学―「認識論」、「ヘゲモニー論」を視軸にして　第5章　イタリアの工場占拠―労働組合と工場評議会　終章　日中友好の旅―北京、海南島

* ローマ郊外、外国人の墓地にアントニオ・グラムシは眠る。1891年、サルデーニャ島に生まれ、トリーノ大学に進む。1917年ロシア革命。「人間の意思」の結実ととらえる。研究者への道を断念し、革命家に。「工場評議会」(ソヴィエト)運動を推進。イタリア共産党の創設に参加。ファシズムと真向から対決して、1926年逮捕される。10年余の獄中生活。獄中でも思索を続け、1937年に死す。3千ページの『獄中ノート』を遺す。本書は青年期から死に至る反逆の人生、自立・自律の教育思想を描き出す。家族への教育愛も心を打つ。

グランホルム, J.M.〔1959～〕 Granholm, Jennifer Mulhern

◇現代アメリカの「女性政治家」　藤本一美，濱賀祐子編著　学文社　2016.4　222p　22cm　〈索引あり〉　2500円　①978-4-7620-2648-5　Ⓝ312.8

内容　第1章　レディ・バード・ジョンソン大統領夫人　第2章　ナンシー・ペロシ連邦下院議員　第3章　コンドリーザ・ライス国務長官　第4章　ヒラリー・R.クリントン国務長官　第5章　カーラ・アンダーソン・ヒルズ米通商代表部代表　第6章　サラ・ペイリン　アラスカ州知事　第7章　ケイ・A.オア　ネブラスカ州知事　第8章　ジェニファー・M.グランホルム　ミシガン州知事

クリアーヌ, I.P.〔1950～1991〕
Culianu, Ioan P.

◇エリアーデ=クリアーヌ往復書簡―1972-1986 ミルチャ・エリアーデ, ヨアン・ペトル・クリアーヌ著, ダン・ペトレスク, テレザ・クリアーヌ編, 佐々木啓, 奥山史亮訳 慶應義塾大学出版会 2015.8 199,17p 22cm 〈著作目録あり 年譜あり 索引あり〉 5500円 ①978-4-7664-2247-4 Ⓝ289.3

＊20世紀に新生した"宗教学"を代表する2人が1972年から86年にわたり交わした111通の往復書簡―。ルーマニア人亡命者, 宗教学者, 小説家, 師弟, そして友として, 親しみ溢れる筆致で交わした魂の対話。

グリゴーリエフ, M.P.〔1899～1943〕
Grigor'ev, Mikhail Petrovich

◇ドラマチック・ロシアin JAPAN 4 日露異色の群像30―文化・相互理解に尽くした人々 続 長塚英雄責任編集 生活ジャーナル 2017.12 531p 22cm 〈3の出版者：東洋書店〉 2800円 ①978-4-88259-166-5 Ⓝ319.1038

内容 レフ・メーチニコフ(1838 - 1888)西郷が呼んだロシアの革命家 ニコライ・ラッセル(1850 - 1930)子孫が伝える二〇世紀の世界人の記憶 黒野義文(？- 1918)東京外語露語科からペテルブルグ大学東洋語学科へ 小西増太郎(1861 - 1939)トルストイ・スターリンに会った日本人―激動の昭和を生きた祖父小西増太郎 ニコライ・マトヴェーエフ(1865 - 1941)マトヴェーエフと戦後最初のロシア人観光団 徳富蘆花(1868 - 1927)日本におけるトルストイ受容の先駆者として セルギイ・チホミーロフ(1871 - 1945)日本の府主教セルギイ―その悲劇の生涯 内田良平(1874 - 1937)「黒龍会」内田良平のロシア観 瀬沼夏葉(1875 - 1915)瀬沼夏葉とチェーホフ作品の翻訳 相馬黒光(1875 - 1955)"アンビシャスガール"とロシア文化 ほか

クリーザー, F.〔1991～〕 Klieser, Felix

◇僕はホルンを足で吹く―両腕のないホルン奏者フェリックス・クリーザー自伝 フェリックス・クリーザー, セリーヌ・ラウアー著, 植松なつみ訳 ヤマハミュージックエンタテインメントホールディングス出版部 2017.7 203p 19cm 1800円 ①978-4-636-94530-0 Ⓝ762.34

内容 第1章 完璧を求めて 第2章 ちびっ子, ホルンを習う 第3章 身体感覚の問題 第4章 頂上を目指す"疾風怒涛"期 第5章 ホルンのベルの中の手 第6章 これまで―そしてこれから 第7章 決戦の日 第8章 ハウスコンサート 第9章 僕の人生

＊両腕がないことを除けば普通の子どもだった。神童でもなかった。ただホルンが好きだった少年は, いかにしてプロの演奏者となり世界を席巻したのか？ スティングとの共演を果たし, 2016年にはレナード・バーンスタイン賞を受賞。今, 世界でもっとも注目されているホルン奏者のひとり, フェリックス・クリーザーが自らの生い立ち, 哲学, 練習法, 音楽への向き合い方などを語る。

クリシュナ〔16世紀〕 Kṛṣṇa

◇インド代数学研究―『ビージャガニタ』+『ビージャパッラヴァ』全訳と注 バースカラ原著, クリシュナ原注, 林隆夫著 恒星社厚生閣 2016.10 9,608p 27cm 〈文献あり〉 24000円 ①978-4-7699-1576-8 Ⓝ411

内容 第1部 序説(バースカラ：人と著作 クリシュナ：人と著作 『ビージャガニタ』 ほか) 第2部 『ビージャガニタ』+『ビージャパッラヴァ』(正数負数に関する六種(BG1 - 4, E1 - 4) ゼロに関する六種(BG5 - 6, E5) 未知数に関する六種(BG7 - 12, E6 - 10) ほか) 第3部 付録(『ビージャガニタ』の詩節 『ビージャガニタ』の問題 『ビージャパッラヴァ』中の引用 ほか)

＊インドを代表する数学・天文学者の一人バースカラの代数書「ビージャガニタ」とそれに対するクリシュナの注釈書「ビージャパッラヴァ」の本邦初の全訳, ならびに原著者と著作に関する詳細な解説。時代を先駆けた多元不定方程式の解法やインド数学独自の文字式の使用など, インド数学の独創性とその魅力を余すところなく伝える。

クリシュナムルティ, J.〔1895～1986〕
Krishnamurti, Jiddu

◇知られざるクリシュナムルティ G.ナラヤン著, チャンドラマウリ・ナルシブル編, 玉井辰也訳 太陽出版 2015.9 189p 19cm 1500円 ①978-4-88469-850-8 Ⓝ126.9

内容 伝記的背景 学生期 ブラフマチャリヤー濫觴 家住期 グリハスタ―奔流 林棲期 ヴァナプラスタ―大河 遊行期 サニヤス―大海 沈黙―大洋 ナラヤン瞑想集

＊20世紀最大の神秘家クリシュナムルティ。甥が語る, その知られざる真実の姿とは。"世界教師"の実像。

◇キッチン日記―J.クリシュナムルティとの1001回のランチ マイケル・クローネン著, 大野純一訳 新装・新訳版 コスモス・ライブラリー 2016.6 432p 21cm 〈発売：星雲社〉 2500円 ①978-4-434-22117-0 Ⓝ126.9

内容 第1部 道なき土地への導き(最初の数歩 友情の始まり ほか) 第2部 クリシュナムルティとのランチ(月の谷間で クリシュナого との会食ほか) 第3部 完成の年月(二つの精神の出会い 思考の糧ほか) 第4部 善性の開花(地上の平和 内的なものの科学者ほか)

＊キッチンで料理を提供し, D・ボームなどの会食者たちと歓談するかたわらで綴られた, 精緻にして長大なクリシュナムルティ随記録。クリシュナムルティの最も深い理解者の一人による, 手作りの菜食料理とジョークによって趣を添えられた, 機智に富んだ回顧録。キッチンは著者にとって格好の学びの場であった。

クリーズ, J.〔1939～〕 Cleese, John

◇モンティ・パイソンができるまで―ジョン・クリーズ自伝 ジョン・クリーズ著, 安原和見訳 早川書房 2016.12 565p 20cm 3400円 ①978-4-15-209661-6 Ⓝ778.233

|内容| 過保護な父と心配性の母　中流の下の暮らし　セント・ピーターズの憂鬱　クリフトン私立中等学校で笑いの味をしめる　教師として一〇歳児に立ち向かう　"フットライツ"の中で—ケンブリッジのアマチュアコメディアン　相棒グレアムと喜劇漬けになる　"ケンブリッジ・サーカス"ツアーに—笑いのプロへの第一歩　ブロードウェイでミュージカル⁉—アメリカに乗り込む　ボストンとトロントで場数を踏む—ミュージカルとの別れ　初めてのテレビ出演　イビキ島の「甘い生活」—映画脚本書きの日々　いよいよ番組を持つ　苦々しき"人をいらいらさせる方法"　"バリー・トゥックのフライング・サーカス"—パイソンズ始動　そして現在…

＊2014年、2万人を収容するロンドンO2アリーナでの10公演をすべてソールドアウトさせた、"モンティ・パイソン"という名のコメディグループ。実に34年ぶりの再結成による復活ライブが示したその変わらぬ人気は世界を驚倒させ、笑いに包んだ。そんな最強の喜劇集団は、どうやって結成されるに至ったのか。それを知るには"パイソンズ"の中心人物である本書の著者、ジョン・クリーズに訊くに如くはない。私立小学校での屈辱的な経験から、大学入学前に10歳児相手に教鞭をとった顚末、良き相棒グレアム・チャップマンと出会った大学での楽園の日々を経て、パイソンズ結成へ…世界じゅうのさまざまな著名人にリスペクトされる伝説のグループの創設者であり、笑いの革命をラディカルに推し進めた英国喜劇人が初めて書き下ろした、待望の自伝。

クリスチャン, C. 〔1916～1942〕
Christian, Charlie

◇レジェンド・オブ・チャーリー・クリスチャン—ビバップを先導したモダン・ジャズ・ギターの開拓　久保木靖編著　リットーミュージック　2016.9　111p　28cm　〈他言語標題：THE LEGEND OF CHARLIE CHRISTIAN　作品目録あり　年譜あり〉　2800円　①978-4-8456-2859-9　Ⓝ764.78

クリスティー, A. 〔1890～1976〕
Christie, Agatha

◇偉人を生んだざんねんな子育て　三田晃史著　高陵社書店　2018.9　260p　19cm　〈文献あり〉　1500円　①978-4-7711-1031-1　Ⓝ599

|内容| 第1章　小学校1年生での退学—女優　黒柳徹子さん　第2章　父親からの無能との評価—科学者　湯川秀樹さん　第3章　暴力の中での成長—作家　曾野綾子さん　第4章　母に捨てられたとの思い—作家　井上靖さん　第5章　家出した父と幼くして亡くした弟の影—心理学者　河合隼雄さん　第6章　働かない父と憂鬱な母の狭間で—推理作家　アガサ・クリスティーさん　第7章　母の病と極貧の中から—喜劇王チャールズ・チャップリンさん

クリスティー, D. 〔1855～1936〕
Christie, Dugald

◇奉天三十年　上巻　クリスティー著，矢内原忠雄訳　岩波書店　2018.4　201p　18cm　（岩波新書）〈第12刷（第1刷1938年）〉　780円　①4-00-400025-4　Ⓝ292.251

|内容| 値するか　坂を上る仕事　奉天・その市街と住民　橋を渡す　支那の醫術　氣候、疾病、並に洪水　東洋と西洋・誤った判斷　騒しき群を離れて　進歩・一八八三・一八八四年　戦争開始の側面・一八九四年〔ほか〕

＊十九世紀末から二十世紀初頭にかけての満州は、日清戦争、拳匪事変、日露戦争、民国革命など、世界的な大事件の舞台となった。本書は一八八三年、この満州に伝道医師として渡来し、その後老齢で故国に帰るまで四十年間献身的に満州人のために尽くして民衆の信望を一身にあつめたスコットランド人クリスティーの自伝的回想記である。

◇奉天三十年　下巻　クリスティー著，矢内原忠雄訳　岩波書店　2018.4　401p　18cm　（岩波新書）〈第12刷（第1刷1938年）〉　780円　①4-00-400026-2　Ⓝ292.251

|内容| 代價を支拂ふ　再び戦争・一九〇四年　奉天戦の眞唯中にて　無辜の苦しみ　再建　靈的向上　醫療傳道事業の原則　満州に於ける醫學教育の起源　黒死病　防疫戦〔ほか〕

＊十九世紀末から二十世紀初頭にかけての満州は、日清戦争、拳匪事変、日露戦争、民国革命など、世界的な大事件の舞台となった。本書は一八八三年、この満州に伝道医師として渡来し、その後老齢で故国に帰るまで四十年間献身的に満州人のために尽くして民衆の信望を一身にあつめたスコットランド人クリスティーの自伝的回想記である。

クリスティーナ（スウェーデン女王）〔1626～1689〕　Kristina

◇王妃たちの最期の日々　上　ジャン＝クリストフ・ビュイッソン，ジャン・セヴィリア編，神田順子，土居佳代子，谷口きみ子訳　原書房　2017.4　240p　20cm　2000円　①978-4-562-05385-8　Ⓝ288.493

|内容| 1　破れた夢—クレオパトラ/アレクサンドリア、紀元前三〇年八月　2　殺された殺人者—アグリッピーナ/ナポリ湾にて、五九年三月　3　責め苦を受けて果てた王妃—ブルンヒルド/ルネーヴ、六一三年　4　高齢の力—アリエノール・ダキテーヌ/ポワティエ、一二〇四年三月三一日　5　敬虔なキリスト教徒としての死—カトリック女王イサベル一世/メディナ・デル・カンポ、一五〇四年一一月二六日　6　斬首された女王—メアリ・ステュアート/フォザリンゲイ、一五八七年二月八日　7　孤独な最期—カトリーヌ・ド・メディシス/ブロワ、一五八七年一月五日　8　かくも長き臨終の苦しみ—アンヌ・ドートリッシュ/パリ、一六六六年一月二〇日　9　プロテスタントに生まれカトリックとして死す—スウェーデン女王クリスティーナ/ローマ、一六八九年四月一九日　10　模範的な死—マリア＝テレジア/ウィーン、一七八〇年一一月二九日

＊クレオパトラ、メアリ・ステュアート、カトリーヌ・ド・メディシス、マリア＝テレジア…尊厳、狂気、孤独、幽閉…世界史に大きな影響をあたえたさまざまな人生と運命を描く物語！

クリストフ, A. 〔1935～2011〕
Kristof, Agota

◇文盲—アゴタ・クリストフ自伝　アゴタ・クリ

クリスマン

ストフ著,堀茂樹訳 白水社 2014.9 111p 18cm 〈白水uブックス 195―海外小説の誘惑〉〈2006年刊の再刊〉 950円 ⓘ978-4-560-07195-3 Ⓝ954.7

内容 ことの初め 話し言葉から書き言葉へ 詩 道 化芝居 母語と敵語 スターリンの死 記憶 国外 亡命者たち 砂漠 人はどのようにして作家になるか? 文盲

*世界的ベストセラー『悪童日記』の著者が初めて語る,壮絶なる半生。祖国ハンガリーを逃れ難民となり,母語ではない「敵語」で書くことを強いられた,亡命作家の苦悩と葛藤を描く。傑作を生み出した,もうひとつの衝撃的な物語。

グリーズマン, A. 〔1991~〕
Griezmann, Antoine

◇フランスが生んだ"小さな王子"アントワーヌ・グリエーズマン自伝 アントワーヌ・グリエーズマン,アルノー・ラムセー著,結城麻里訳 東邦出版 2018.4 324p 19cm 1600円 ⓘ978-4-8094-1573-9 Ⓝ783.47

内容 巨人たちの食卓 マコン,ボールを肌身離さず デラシネ 強烈なイメージ バスク制覇 ベッカムのようにやれ 家族のみんな,愛しているよ レアル・ソシエダの世界 一家にグリエーズマンがもう一人 NBAの模範〔ほか〕

*フランスのすべての育成センターから拒絶された少年が,いかにしてメッシ,ロナウドと肩を並べる選手となったのか? 普段は口数も少なく控えめな彼が,初めてそのすべてを赤裸々に明かす。"君の人生を夢に,そして夢を現実に"

クリック, F. 〔1916~2004〕 Crick, Francis

◇フランシス・クリック―遺伝暗号を発見した男 マット・リドレー著,田村浩二訳 勁草書房 2015.8 236,8p 20cm 〈索引あり〉 2400円 ⓘ978-4-326-75055-9 Ⓝ289.3

内容 プロローグ 生命 クラッカーズ 三人の友だち ケンブリッジ ワトソン 大勝利 暗号 ブレナー 三連文字とチャペル 賞 決しておとなしくしていない 宇宙 カリフォルニア 意識 驚異なる仮説家

*生涯,一科学者。DNA構造の発見,遺伝暗号の解読,分子生物学の樹立,そして意識研究へ―。解明すべき謎,それは「生命」と「意識」だった。

グリッサン, É. 〔1928~2011〕
Glissant, Édouard

◇〈境界〉を生きる思想家たち 栩木玲子編 法政大学出版局 2016.3 221p 19cm 〈国際社会人叢書 2〉 1900円 ⓘ978-4-588-05312-2 Ⓝ280

内容 第1章 E.H.カー(1892・1982)―「自己意識」の歴史学 第2章 ハンナ・アーレント(1906・1975)―20世紀の暴力を「思考」した女 第3章 オクタビオ・パス(1914・1998)―異文化との対話者 第4章 ジャン・ルーシュ(1917・2004)―関係の生成を撮る映像人類学者 第5章 エドゥアール・グリッサン(1928・2011)―「関係」の詩学から全・世界へ 第6章 山口昌男(1931・2013)―"知"的なピーターパンのために 第7章 アマルティア・セン(1933・)―自由と正義のアイデア 第8章 寺山修司(1935・1983)―ポエジイによって越境した"詩人" 第9章 ベネディクト・アンダーソン(1936・2015)―地域研究から世界へ

*世界に対するまなざしを研ぎ澄ませた9人の思想家が描く鮮やかな軌跡。

栗間ハーブ 〔1913~2006〕

◇日系人戦時収容所のベースボール―ハーブ栗間の輝いた日々 永田陽一著 刀水書房 2018.3 207p 20cm 〈刀水歴史全書 94〉〈文献あり 索引あり〉 2000円 ⓘ978-4-88708-439-1 Ⓝ783.7

内容 第1章 日米開戦 第2章 サクラメントで日系二世ハーブ栗間と 第3章 カリフォルニア日系二世のベースボール 第4章 カリフォルニア州フレズノ仮収容所 第5章 アーカンソー州ジェローム収容所 第6章 アリゾナ州ヒラリバー収容所 第7章 カリフォルニアでの戦後

*カリフォルニアの農場から強制立ち退きでアメリカ南部アーカンソー州ジェローム収容所に送られた二世投手ハーブ栗間たち。屈辱の鉄条網のなかで生き延びるための硬球に熱中,数千の観衆をバックに強豪の同胞日系100大隊,442連隊チームを迎え撃つ! 語られてこなかった記録!

グリム, J. 〔1785~1863〕 Grimm, Jakob

◇グリム童話の旅―グリム兄弟とめぐるドイツ 小林将輝著 川崎 小澤昔ばなし研究所 2014.8 103p 19cm 〈年譜あり〉 1500円 ⓘ978-4-902875-63-8 Ⓝ293.4

内容 1 グリム兄弟が滞在した町(ハーナウ―グリム兄弟が生まれた町 シュタイナウ―少年時代の楽園 カッセル―三度暮らした故国の首都 ほか) 2 メルヒェン街道の町(シュヴァルムシュタット―赤ずきんの里 トレンデルブルク―騎士たちが集った中世の城 ザバブルク―いばら姫が眠る悠久の城 ほか) 3 記事に出てくるグリム童話(がちょう番のむすめ ラプンツェル 赤ずきん ほか)

グリム, W. 〔1786~1859〕 Grimm, Wilhelm

◇グリム童話の旅―グリム兄弟とめぐるドイツ 小林将輝著 川崎 小澤昔ばなし研究所 2014.8 103p 19cm 〈年譜あり〉 1500円 ⓘ978-4-902875-63-8 Ⓝ293.4

内容 1 グリム兄弟が滞在した町(ハーナウ―グリム兄弟が生まれた町 シュタイナウ―少年時代の楽園 カッセル―三度暮らした故国の首都 ほか) 2 メルヒェン街道の町(シュヴァルムシュタット―赤ずきんの里 トレンデルブルク―騎士たちが集った中世の城 ザバブルク―いばら姫が眠る悠久の城 ほか) 3 記事に出てくるグリム童話(がちょう番のむすめ ラプンツェル 赤ずきん ほか)

グリメット, G. Grimmet, Gordon

◇わたしはこうして執事になった ロジーナ・ハリソン著,新井潤美監修,新井雅代訳 白水社

2016.12 369p 20cm 2600円 ⓘ978-4-560-09527-0 ⓝ591.0233

内容 1 プロローグ 2 ゴードン・グリメット 3 エドウィン・リー 4 チャールズ・ディーン 5 ジョージ・ワシントン 6 ピーター・ホワイトリー 7 エピローグ

＊華麗なる時代の最後の輝きの日々—執事には誰がどんな経験をへてなるのか。執事になった人はいなかった人、貴族の大邸宅や在米イギリス大使館に勤めた五人が語る、笑いと苦労、時に涙の職業人生。『おだまり、ローズ』の著者がおくる、男性使用人の世界。

クリュイタンス, A. 〔1905～1967〕
Cluytens, André

◇偉大なる指揮者たち—トスカニーニからカラヤン、小澤、ラトルへの系譜 クリスチャン・メルラン著, 神奈川夏子訳 ヤマハミュージックメディア 2014.11 389,7p 21cm 2800円 ⓘ978-4-636-90301-0 ⓝ762.8

内容 アルトゥーロ・トスカニーニ ウィレム・メンゲルベルク セルゲイ・クーセヴィツキー ピエール・モントゥー ブルーノ・ワルター トーマス・ビーチャム レオポルド・ストコフスキー エルネスト・アンセルメ オットー・クレンペラー ヴィルヘルム・フルトヴェングラー〔ほか〕

＊指揮の特徴や楽団員からの評価、生い立ちや普段の振る舞い、家族関係など、50人のマエストロたちの素顔を描き出す。オーケストラ指揮の知られざる側面に迫った評伝集。

グリーン, G. 〔1904～1991〕 Greene, Graham

◇鏡花、水上、万太郎 福田和也著 キノブックス 2017.2 287p 20cm 2000円 ⓘ978-4-908059-63-6 ⓝ910.26

内容 鏡花、水上、万太郎 "戯作者"—獅子文六の戦争 私小説の路、みち、を行く—佐多稲子 空っぽのトランクLa Valise vide—武田泰淳、檀一雄 ウィスキー・プリースト&スマート・アニマルズ—武田泰淳、グレアム・グリーン The day is done—小島信夫 銀座レクイエム—樋口修吉

＊好きです、好きなんです。先生の文章が—泉鏡花、水上瀧太郎、久保田万太郎、獅子文六、佐多稲子、武田泰淳、檀一雄、小島信夫、樋口修吉—明治、大正、昭和の社会、文壇を活写した著者渾身の文藝評伝・批評集!

◇グレアム・グリーンある映画的人生 佐藤元状著 慶應義塾大学出版会 2018.3 344,22p 20cm 〈文献あり 年譜あり 索引あり〉 2800円 ⓘ978-4-7664-2510-9 ⓝ930.278

内容 第1部 トーキーの夜明け（ミドルブラウのアダプテーション空間—『スタンブール特急』と『オリエント急行殺人事件』 風刺としての資本主義批判—『ここは戦場だ』と『自由を我等に』） 第2部 ジャンルの法則（メロドラマの想像力とは何か—『拳銃売ります』と『三十九夜』 聖と俗の弁証法—『ブライトン・ロック』と『望郷』） 第3部 映画の彼方へ（プロパガンダへの抵抗—『恐怖省』と『マン・ハント』 男たちの絆—『第三の男』と『ヴァージニアン』）

＊『スタンブール特急』『ブライトン・ロック』『第三の男』『情事の終わり』—映画批評家としても活躍した小説家グレアム・グリーン（1904-1991）の映画的側面に光をあて、ヒッチコック、チャップリン、ルネ・クレール、フリッツ・ラングなど、同時代の映画作家とのかかわりからグリーンを"遅れてきたモダニスト"として捉えなおす。

クリングスベルク, G. 〔1929～〕
Klingsberg, Greta

◇生きる勇気—アウシュヴィッツ70年目のメッセージ クリスタ・シュパンパウアー、トーマス・ゴンシオア著, 笠井宣明訳 原書房 2015.7 215p 20cm 〈文献あり〉 2200円 ⓘ978-4-562-05178-6 ⓝ946

内容 1章 それでも、生きる—エスター・ベシャラーノ 2章 私たちは堂々としていた—エーファ・プスタイ 3章 人間よ、お前はどこにいるんだ？—イェファダ・バコン 4章 すべてのものには詩がある—グレタ・クリングスベルク

＊朽ちることのない勇気、抵抗、人間の尊厳。戦後70年を経て、4人の音楽家・画家らが語った真実の声。絶滅収容所に至る差別と、アウシュヴィッツで地獄を体験した生還者として瀕死の経験から生き残るために得た智恵とは？ 何が生きる力を与えてきたのか？ ホロコーストの過去の苦しみとともに、希望を抱いて生きてきた4人の印象的な証言と信念を記録している。

グリーンスパン, A. 〔1926～〕
Greenspan, Alan

◇グリーンスパンの隠し絵—中央銀行制の成熟と限界 上 村井明彦著 名古屋 名古屋大学出版会 2017.3 315p 22cm 〈他言語標題：The Trompe l'œil of Greenspan〉 3600円 ⓘ978-4-8158-0869-3 ⓝ338.253

内容 第1部 グリーンスパンのアイン・ランド・コネクション（我あり、ゆえに我思う 中央銀行を嫌う中央銀行家の肖像 グリーンスパンの資本理論） 補論 二つの経済学 第2部 ワシントンでの二十一年（CEAと臨床経済学 大平準）

＊揺れ動く金融政策。何が正しいのか。前人未到の長期安定を実現したアメリカ中央銀行総裁が中央銀行を嫌っていたのは何故か。神話の陰に隠れたその思想と行動を初めて経済学的に解明、現代経済学の枠組みを再設定する画期的労作。上巻では、若き日の遍歴から「大平準」までをたどる。

◇グリーンスパンの隠し絵—中央銀行制の成熟と限界 下 村井明彦著 名古屋 名古屋大学出版会 2017.3 p317〜565 31p 22cm 〈他言語標題：The Trompe l'œil of Greenspan 文献あり 索引あり〉 3600円 ⓘ978-4-8158-0870-9 ⓝ338.253

内容 第2部 ワシントンでの二十一年（承前）（「根拠なき熱狂」講演の根拠 補論 政策適用による経済学の科学性の検証） 第3部 第二次大恐慌と中央銀行制の限界（第二次大恐慌 企業の固定資本投資と擬似金本位制 中央銀行のパラドクス 現代を近代まで退行させた大恐慌）

＊未曾有の長期安定の後、ITバブルとサブプライム・

クリントン

ローン危機により、非難の的となったグリーンスパン。その成功と失敗から何を学び取れるのか。下巻では、大恐慌の再解釈に踏み込みつつ、予言的な講演から現在までをたどる。現代経済学と中央銀行制を根底から問い直す渾身作の完結編。

クリントン, B. 〔1946～〕 Clinton, Bill

◇ビル・クリントン——停滞するアメリカをいかに建て直したか 西川賢著 中央公論新社 2016.7 262p 18cm (中公新書 2383)〈文献あり 年譜あり〉 840円 ①978-4-12-102383-4 Ⓝ312.53

内容 第1章 深南部での青年期——苦難な環境と人格形成 第2章 大統領への道——現職ブッシュ、ペローとの戦い 第3章 迷走する第1期政権——1993～1996年 第4章 「第三の道」による長期政権へ——1996～2001年 第5章 スキャンダルと弾劾裁判 終章 クリントンとアメリカの再生——中道路線の選択

＊1993年、46歳の若さで、戦後生まれ初の米国大統領に就任したビル・クリントン。2期8年の任期中、民主党政権ながら福祉削減を厭わず中道主義を追求。財政と貿易の「双子の赤字」を解決し好況に導く。また国際紛争解決に積極的に関与し、冷戦後の新たな国家関係を模索。米国を繁栄に導いた。本書は、次々とカネとセックスのスキャンダルにまみれ、弾劾裁判を受けながらも、多くの実績を残し、今なお絶大な人気を誇る彼の半生を追う。

◇アメリカ再生を掲げた大統領・ビル・クリントン——その功罪と足跡 藤本一美著 志學社 2016.8 253p 19cm (戦後アメリカ大統領シリーズ 2)〈背・表紙のタイトル関連情報（誤植）：その功績と足跡 文献あり 索引あり〉 2000円 ①978-4-904180-64-8 Ⓝ289.3

内容 第1章 クリントン大統領論 第2章 クリントンと国政選挙 第3章 クリントン政権下の米国社会 第4章 日米安保再定義——「日米安保共同宣言」の意義と課題 第5章 ヒラリー・クリントン——現代米国の新しい女性像 資料 クリントン大統領の一般教書

◇米国アウトサイダー大統領——世界を揺さぶる「異端」の政治家たち 山本章子著 朝日新聞出版 2017.12 250,7p 19cm (朝日選書 967)〈文献あり〉 1500円 ①978-4-02-263068-1 Ⓝ312.53

内容 序章 アウトサイダー大統領とは 第1章 アメリカ経済の変遷と中東 第2章 アメリカと同盟国 第3章 日米同盟の半世紀 第4章 アメリカはなぜトランプを選んだか 終章 アメリカの実像を見据えて

＊2017年、米国史上初の公職経験のない大統領が誕生した。大方の予想を裏切ったトランプ大統領誕生は、アメリカの政治が、日米関係が、根本から変わりうることを意味する。私たちが、これまでの日米関係にとらわれずに、いまアメリカ人が望む国益や対外政策とは何か、その背景にあるアメリカが抱える諸問題とは何かを考えるべき時期が来ているのだ。本書は、ワシントンのアウトサイダーであることが国民から評価されて大統領に選ばれた6人にスポットをあてる。アイゼンハワー、カーター、レーガン、クリントン、ブッシュ（子）、トランプ…彼らの共通点、登場した時代背景、対外成策の傾向など、内政・外交を多角的に論じていく。彼らは大きな変化を求める世論が生んだ「時代の寵児」であり、彼らを知ることは、アメリカを取り巻く状況と課題の変遷を知ることになろう。

クリントン, G. 〔1940～〕 Clinton, George

◇ファンクはつらいよ——ジョージ・クリントン自伝 バーバーショップからマザーシップまで旅した男の回顧録 ジョージ・クリントン、ベン・グリーンマン著, 押野素子訳, 丸屋九兵衛監修・解説 DU BOOKS 2016.7 485p 図版32p 20cm〈作品目録あり 索引あり〉 発売：ディスクユニオン 3000円 ①978-4-907583-50-7 Ⓝ767.8

内容 イントロ：さあ、ステージで勝負だ（一九七八年）ザ・ボム 物音が聞こえたら、それは俺と仲間だ 夢中になって、抜け出せない 詮索好きの友人たちが、俺に何が起こったのかと問いただす なんだか生のファンクっぽい音がするぞ ファンキーな心を開けば、君も飛べる 俺と踊りたいかい？ 俺たちはコズミック・スロップを踊っている さあ皆、立ち上がって踊ろう たくさんのリズムが蔓延してる 滑らかに歩き、腰を入れて踊り、マザーシップに乗り込め シンドロームが起こったら、警戒を緩めるな 高すぎて、乗り越えることなどできない 少しも躊躇うことなく 俺の靴を履いて歩くことはできるだろうが、俺の足を借りてダンスはできない 自分の尻尾を追いかける犬は、そのうち目を回す リズムにライム、リズムにライム、リズムにクソライム 誰かがファンクされるとしたら、そいつはお前だ お前は食いものにされるだろう エピローグ：皆に訊かれるんだ、「よお、ジョージ、ファンクすんのもなかなか辛くねえか？」って

＊ドゥワップ・シンガー兼ソングライターとしてキャリアをスタートしたジョージは、リズム・アンド・ブルースからモータウン、ビートルズ、ストーンズ、サイケデリック・ロック、ファンクに至るまで、ポップ・ミュージックのあらゆるトレンドを吸収した。70年代には、パーラメント、ファンカデリックという2バンドを中心に構成された、音楽ムーヴメントのリーダーとして台頭。そして、70年代半ば、クリントン統帥が率いるPファンク帝国は、ソウル・チャートのみならず、ポップ・チャートをも席巻していた。先進的なアーティスト、元祖ヴィジュアル系、クレイジーな哲学者、敏腕なビジネスマン。全てが合わさりひとつになったのが、クリントンだ。彼のような人物は、ポップ・ミュージックにおいて、先例がない。その物語は、セックスやドラッグのたしなみ方はもちろん、スーパースターの名ါ集、フラッシュライトの演出法、バップ・ガンの使い方、キャラクタービジネス、宇宙論、超古代史、各種の陰謀説、法廷論争（音楽著作権に詳しくなろう）を内包し、想像を絶するほどの創造的エネルギーで展開される。誇張された話のようだが、これは現実である。

クリントン, H.R. 〔1947～〕 Clinton, Hillary Rodham

◇困難な選択 上 ヒラリー・ロダム・クリントン著, 日本経済新聞社訳 日本経済新聞出版社 2015.5 449p 図版32p 19cm 2000円 ①978-4-532-16941-1 Ⓝ319.53

内容 第1部 再出発（二〇〇八年——チーム・オブ・ライ

バルズ　フォギー・ボトム―スマート・パワー）　第2部　太平洋を越えて（アジア一旋回　中国一未知の海域　北京一反体制活動家　ビルマ―淑女と将軍たち）　第3部　戦争と平和（アフパク一増派　アフガニスタン―戦争を終わらせるために　パキスタン―国家の名誉）　第4部　希望と歴史のあいだ（欧州―強い絆　ロシア―リセットと後退　中南米―民主主義者と煽動政治家　アフリカ―銃か成長か）

＊2008年の大統領予備選挙後、ヒラリーは上院議員の職に復帰するつもりだった。だが予想外のことが起きる。民主党の大統領候補指名を争ったライバルであり、大統領に当選したばかりのバラク・オバマが、彼女に国務長官就任を要請したのである。この回顧録は、類例ない歴史的な4年間に、ヒラリーが国務長官として経験した危機、難題、そして選択を明らかにするものである。

◇困難な選択　下　ヒラリー・ロダム・クリントン著、日本経済新聞社訳　日本経済新聞出版社　2015.5　452p　図版16p　19cm　2000円　①978-4-532-16942-8　⑩319.53

内容　第5部　激変（中東―和平への困難な道　アラブの春―革命　リビア―すべての必要な措置　ベンガジ―攻撃を受けて　イラン―制裁と秘密　シリア―厄介な問題　ガザ―停戦の解剖学）　第6部　我々の望む未来（気候変動―私たちは皆、一緒　雇用とエネルギー―ハイチ―災害と開発援助　二一世紀の国政術―ネットワーク化された世界のデジタル民主主義　人権―未完の仕事）

＊4年間の任期中に世界112カ国を巡り、100万マイルを旅したヒラリーは、21世紀の風景を作りかえている重要なトレンドについて、真にグローバルな視座を得た。経済的不平等、気候変動、新エネルギー、コミュニケーション手段の革新、保健問題、女性の社会参加、LGBTの権利、そして人権―。各国の指導者や専門家との会話を通じてヒラリーが得た、相互依存の進む世界で繁栄し、競争力を高めるための知見は明らかにしている。数十年におよぶ社会変化を鋭い目で見つめてきた彼女が、ニュースの見出しと時代の趨勢とを峻別し、世界で日々起こっている進展を解き明かす。本書は、読者に米外交と国際政治の最前線を見せてくれる第一級史料である。

◇ヒラリー・クリントン運命の大統領　越智道雄著　朝日新聞出版　2015.8　255p　18cm　（朝日新書　528）〈文献あり〉　780円　①978-4-02-273628-4　⑩289.3

内容　第1章　ヒラリー・ロダムの青春の輝き（実母から刷り込まれた指導力の要諦　長女を「息子」として鍛え抜いた元練兵訓練係の父　ほか）　第2章　ファーストレディが背負った業苦（ヒラリー・ロダム・クリントン　ラマーズ法騒ぎ　ほか）　第3章　ヒラリー、かく戦えり（「彼女、けろりとしていなたあ」　シャットダウン　ほか）　第4章　明白な運命（チェルシー―わが子に「備えと覚悟」を教える　「自分探し」の結論としてのわが子　ほか）　第5章　2008年（ヒラリーの敗因　投票はヒラリー、好きなのはオバマ　ほか）　第6章　ヒラリー、世界を駆け巡る（フォギー・ボトムの女主人　「猛勉強の少女」から「猛烈長官」へ　ほか）　第7章　ヒラリー・ステップ（不可能を可能にする　苦闘するアメリカとともに　ほか）

＊ファーストレディから大統領へ！　運命を生きる"猛勉強少女"は覇権国家の文化戦争にいかに勝利したか？　米国史上初の女性大統領の座へと歩むヒ

ラリー・クリントン。彼女の類稀な来歴をひもときながら、その実像を描き出す。民族・宗教・ジェンダーなど多元的な文化の衝突が織り成す世界覇権国家・アメリカの真実に迫る、著者渾身の一冊。

◇ヒラリー―政治信条から知られざる素顔まで　岸本裕紀子著　PHP研究所　2016.2　220p　19cm　〈他言語標題：HILLARY RODHAM CLINTON〉　1400円　①978-4-569-82770-4　⑩289.3

内容　第1章　2016年アメリカ大統領選をどう見るか　第2章　ヒラリーの生い立ちと、その経歴　第3章　候補者ヒラリーが抱える問題点　第4章　2008年ヒラリー選挙―何故オバマに負けたのか　第5章　ヒラリーってどんな人？　第6章　ヒラリーの外見とおしゃれ　第7章　夫、ビル・クリントン　第8章　アメリカにおける「女性候補、ヒラリー」の意味　第9章　ヒラリーの政策と政治信条

＊大統領にいちばん近い女の真実。2016年選挙戦の見どころ、複雑な性格、カネ・メール問題、ビル・クリントンとの関係、日本への影響…etc.この1冊で完全網羅！

◇ヒラリー・クリントン本当の彼女　カレン・ブルーメンタール著、杉本詠美訳　汐文社　2016.3　461p　19cm　〈年譜あり〉　1600円　①978-4-8113-2273-5　⑩289.3

内容　第1部　少女時代（両親　政治へのめばえ　ほか）　第2部　アーカンソー（フェイエットビル　弁護士時代　ほか）　第3部　ファーストレディ（大統領の妻　聖女ヒラリー　ほか）　第4部　ヒラリー（上院議員　戦争へ　ほか）

＊強く自信に満ちあふれたこの女性もまた、だれでもわかるような過ちを人並みに犯し、秘密主義だ、ご う慢だ、と悪評をたてられた。「最強の女」のキャリア、愛、家族。

◇現代アメリカの「女性政治家」　藤本一美、濵賀祐子編著　学文社　2016.4　222p　22cm　〈索引あり〉　2500円　①978-4-7620-2648-5　⑩312.8

内容　第1章　レディ・バード・ジョンソン大統領夫人　第2章　ナンシー・ペロシ連邦下院議長　第3章　コンドリーザ・ライス国務長官　第4章　ヒラリー・R.クリントン国務長官　第5章　カーラ・アンダーソン・ヒルズ米通商代表部代表　第6章　サラ・ペイリン　アラスカ州知事　第7章　ケイ・A.オア　ネブラスカ州知事　第8章　ジェニファー・M.グランホルム　ミシガン州知事

◇世界を動かす巨人たち　政治家編　池上彰著　集英社　2016.4　222p　18cm　（集英社新書0828）〈文献あり　年譜あり〉　740円　①978-4-08-720828-3　⑩280

内容　第1章　東西対立を再燃させる男ウラジーミル・プーチン　第2章　第二の「鉄の女」アンゲラ・メルケル　第3章　アメリカ初の女性大統領をめざすヒラリー・クリントン　第4章　第二の「毛沢東」か習近平　第5章　独裁者化するレジェップ・タイイップ・エルドアン　第6章　イランの「最高指導者」アリー・ハメネイ

＊多くの無名の人たちによって、歴史は創られる。しかし時に、極めて個性的で力のある人物が、その行く先を大きく変えることがある。本書では、まさに現代史の主要登場人物とでもいうべき六人の

政治家を取り上げた。ロシアのプーチン、ドイツのメルケル、アメリカのヒラリー、トルコのエルドアン、イランのハメネイ、中国の習近平、彼らの思想と行動を理解することなく、今を語ることは不可能である。超人気ジャーナリストによる待望の新シリーズ第1弾。世界を動かす巨大な「個人」に肉薄する！

◇アメリカ再生を掲げた大統領・ビル・クリントン―その功罪と足跡　藤本一美著　志學社　2016.8　253p　19cm　〈戦後アメリカ大統領シリーズ 2〉〈背・表紙のタイトル関連情報（誤植）：その功績と足跡　文献あり　索引あり〉　2000円　①978-4-904180-64-8　Ⓝ289.3

|内容|第1章　クリントン大統領論　第2章　クリントンと国政選挙　第3章　クリントン政権下の米国社会　第4章　日米安保再定義―「日米安保共同宣言」の意義と課題　第5章　ヒラリー・クリントン―現代米国の新しい女性像　資料　クリントン大統領の一般図書

◇ヒラリー・クリントン―その政策・信条・人脈　春原剛著　新潮社　2016.8　239p　18cm　〈新潮新書 681〉　760円　①978-4-10-610681-1　Ⓝ312.53

|内容|第1章　政治家ヒラリーの政策と信条（「山口智子」から「泉ピン子」へ　インタビューで垣間見えた選挙戦略 ほか）　第2章　ヒラリーの半生（旧姓使用に見える信念とプラグマティズム　バッシングの中でも強気の姿勢 ほか）　第3章　ヒラリー、アジアに旋回す（国務長官初外遊の地はアジア　同盟国に「横のつながり」も求める ほか）　第4章　ヒラリーと日本（米軍「尖閣へのコミット」の条件　「超党派グループ」のシャトル外交 ほか）

＊二〇〇八年になめた苦杯を胸に、ようやくアメリカ大統領の座を目前にしたヒラリー・クリントン。初の女性大統領は何を目指すのか。側近や閣僚候補はどんな人たちなのか。「親中・反日」になるとの懸念は本当か―。ヒラリーへの単独インタビューの経験を持ち、ワシントンのインサイダーや日米の外交・安保コミュニティにも通じた記者が、「ヒラリー政権」の全貌を徹底予測する。

◇ヒラリーの野望―その半生から政策まで　三輪裕範著　筑摩書房　2016.10　251,2p　18cm　〈ちくま新書 1211〉〈文献あり〉　820円　①978-4-480-06921-4　Ⓝ289.3

◇WHAT HAPPENED―何が起きたのか？　ヒラリー・ロダム・クリントン著, 髙山祥子訳　光文社　2018.7　513p　19cm　2000円　①978-4-334-96220-3　Ⓝ314.8953

|内容|1 忍耐　2 競争　3 姉妹であること　4 理想主義と現実主義　5 苛立ち　6 立ち直る力

＊歴史上、最も論争的で結果が予測できない大統領選の最中に、彼女は何を考え、感じていたのか？ 憤怒、男性上位主義、気持ちの激しい浮き沈み、フィクション以上の不可解さ、ロシアの妨害、そして、全てのルールを破る対抗者―嵐のような日々から解き放たれて、初めて大政党の大統領候補になった女性としての強烈な体験を白日の下に。ドナルド・トランプのような人間と大統領選を戦うとはどういうことか？ 彼女が犯した過ちとは？ 衝撃的で破滅的な結末とどう折り合いをつけたのか？ そして、元の自分に戻るための力をどのように得たのか？ 全米大ベストセラー、待望の邦訳！

グルズマン, V. 〔1973～〕　Gluzman, Vadim

◇偉大なるヴァイオリニストたち 2　チョン・キョンファから五嶋みどり、ヒラリー・ハーンまで　ジャン＝ミシェル・モルク著, 神奈川夏子訳　ヤマハミュージックメディア　2017.4　356,8p　21cm　〈文献あり〉　3400円　①978-4-636-92333-9　Ⓝ762.8

|内容|ボリス・ベルキン　チョン・キョンファ　ピンカス・ズーカーマン　オーギュスタン・デュメイ　ピエール・アモイヤル　ドミトリ・シトコヴェツキー　ナイジェル・ケネディ　シュロモ・ミンツ　ヴィクトリア・ムローヴァ　チョーリャン・リン〔ほか〕

＊外科医でもある筆者による桁外れに鋭い考察に基づく評伝集。使用楽器や練習法などはもちろん、デビューの裏側や生い立ち、家族関係などに迫り、素顔を描き出す。歴史的名演を収録したCD・ROM付き。

グールド, G. 〔1932～1982〕　Gould, Glenn

◇グレン・グールド―未来のピアニスト　青柳いづみこ著　筑摩書房　2014.9　443,8p　15cm　〈ちくま文庫 あ49-1〉〈文献あり〉　1200円　①978-4-480-43196-7　Ⓝ762.51

|内容|コンサート・ドロップアウト―同業者の目からグールドを見ると　彼はどのような点で天才なのか―楽譜をみたらすぐに弾ける、練習をしなくても弾ける　彼はどのようにしてデビューしたのか―競わずにナンバーワンになる法　踊る祈禱師のレコード・デビュー　彼はどんなふうにしてピアノを弾いたか　彼はどのように教育されたか―ディヌ・リパッティとの対比において　僕は神童ではなかった―少年時代の録音から　一九五五年という年（演奏スタイルの変遷と時代の耳　ロマンティックからクール・スクールへの変貌）　アポロン派とディオニュソス派―さらにロマンツィ、ロマン斬り　彼はどのようにして演奏活動を耐え忍んだか―ステージ活動をするということ　彼はどのようにして演奏活動から撤退したか　そして、ここからグールドが本当のグールドになる　オズの魔法使いとエメラルドの都―実演とスタジオ録音の違い　二倍速の共犯者　「ボクは作曲家になりたかった」　運命の動機―変わるものと変わらないもの　グールドの歌声　受肉の音楽神―結局、彼は何者だったのだろうか？　未来のピアニスト―グールド・ファンも、そうでない人も

＊演奏史上ますます多彩な輝きを放ちつづける衝撃のピアニスト、グレン・グールド―彼がのこしたさまざまな謎にピアニストならではの視点から迫り、ライヴ演奏の未知の美しさも手がかりに、つねに新鮮でその魅力と可能性を浮き彫りにする"原体験"的グールド論。

◇グレン・グールド発言集　グレン・グールド著, ジョン・P.L.ロバーツ編, 宮澤淳一訳　新装版　みすず書房　2017.12　403,54p　22cm　〈文献あり　索引あり〉　6400円　①978-4-622-08657-4　Ⓝ762.51

|内容|前奏曲　インタヴュー　敬愛する音楽家たち　バッハ父子、ベートーヴェン、ブルックナー　ギボンズからサッリネンまで　芸術とメディア　駆け足の回顧　いくつかの共演　バッハからシェーンベルクへ　終曲

＊『グレン・グールド著作集』『グレン・グールド書

簡集』につづいて、入手困難なインタヴュー、テレビ・ラジオ番組のための台本、未完・未定稿のまま残されたテキストなど、46編を収録。バッハ、ベートーヴェン、ブルックナーなどの作曲家論、リヒテル、ワイセンベルク、ビル・エヴァンズなどのピアニスト論から、「創造プロセスにおける贋造と模倣の問題」「電子時代の音楽論」や、マクルーハンとの対話「メディアとメッセージ」まで。日本語版は、遺稿「私にとって録音プロセスとは何を意味するか」を独自に加え、文献目録・註を増補、貴重な写真資料も入った決定版。

グルニエ, R. 〔1919〜2017〕 Grenier, Roger

◇パリはわが町　ロジェ・グルニエ著，宮下志朗訳　みすず書房　2016.10　234,18p　20cm　〈索引あり〉　3700円　Ⓘ978-4-622-08555-3　Ⓝ954.7

＊短篇の名手が、所番地を手がかりに数多の出来事と出会いを想起する断章＝自伝。20世紀の都市パリを生きた作家たちを偲ぶ「愛情地理学」にして修業時代のアドレス帳。

グルムバッハ, A. 〔1492〜1568?〕 Grumbach, Argula von

◇女性宗教改革者アルギュラ・フォン・グルムバッハの異議申立て　伊勢田奈緒著　日本評論社　2016.9　180p　22cm　〈他言語標題：Argula von Grumbach : Eine Frau kämpft für die Reformation　年表あり〉　2700円　Ⓘ978-4-535-56343-8　Ⓝ192.3

内容　第1部「翻訳編」アルギュラ・フォン・グルムバッハの主張—パンフレットと書簡から（インゴルシュタット大学宛ての書簡—ルター派青年擁護のための抗議文(1523年)　ヴィルヘルム公宛ての書簡(1523年)　インゴルシュタット議会宛ての書簡(1523年)　ジーメルンのヨハン宛ての書簡(1523年)　フリードリヒ賢公宛ての書簡(1523年)　アダム・フォン・テーリング宛ての書簡(1523年)　レーゲンスブルクの人々宛ての書簡(1524年)　ランツフートのヨハネスの非難とアルギュラの返答(1524年)）　第2部「考察編」アルギュラ・フォン・グルムバッハと宗教改革運動（ルター時代の女性宗教改革者アルギュラ・フォン・グルムバッハの自由と抵抗についての一考察　アルギュラ・フォン・グルムバッハと聖書　ルターの妻カタリーナとアルギュラ・フォン・グルムバッハ）　資料　アルギュラ、カタリーナ、ルターらと、その時代の宗教改革関連年表

＊16世紀初頭、ルターに共鳴し、果敢に宗教改革運動に身を投じたひとりの女性の闘いを、彼女の書簡の分析を基に活写する。

クレー, P. 〔1879〜1940〕 Klee, Paul

◇クレーの日記　パウル・クレー著，W・ケルステン編，高橋文子訳　みすず書房　2018.5　519,51p　23cm　〈革装　文献あり　作品目録あり　索引あり〉　7200円　Ⓘ978-4-622-08661-1　Ⓝ723.345

内容　第一の日記　第二の日記　第三の日記　第四の日記　付録

グレアム, B. 〔1894〜1976〕 Graham, Benjamin

◇伝説の7大投資家—リバモア・ソロス・ロジャーズ・フィッシャー・リンチ・バフェット・グレアム　桑原晃弥著　KADOKAWA　2017.6　239p　18cm　〈角川新書 K-139〉〈文献あり〉　800円　Ⓘ978-4-04-082146-7　Ⓝ338.18

内容　第1章「ウォール街のグレートベア」ジェシー・リバモア　第2章「イングランド銀行を潰した男」ジョージ・ソロス　第3章「百聞は一見に如かず」ジム・ロジャーズ　第4章「成長株集中投資の大家」フィリップ・フィッシャー　第5章「伝説のファンドマネジャー」ピーター・リンチ　第6章「オマハの賢人」ウォーレン・バフェット　第7章「バフェットの師」ベンジャミン・グレアム

＊「ウォール街のグレートベア」(リバモア)、「イングランド銀行を潰した男」(ソロス)…。数々の異名を持つ男たちは「個人投資家」という一般的なイメージを遙かに超える影響力を行使してきた—。

グレイ, E. (ラスキンとミレーの妻) 〔1828〜1897〕 Gray, Effie

◇エフィー・グレイ—ラスキン、ミレイと生きた情熱の日々　スザンヌ・フェイジェンス・クーパー著，安達まみ訳　岩波書店　2015.5　384,21p　20cm　3400円　Ⓘ978-4-00-022293-8　Ⓝ289.3

内容　春（一八五四年）　かがやく瞳—エフィーの子ども時代　結婚式に亡霊あらわる—エフィーの求愛時代—ロンドンとヴェネツィアのエフィー（一八四八・五〇年）　美しき女たちの夢—ロンドンとヴェネツィアのエフィー（一八五〇・五三年）　キツネキブロをあしらったエフィー—ロンドンとスコットランド（一八五三年）　聖アグネス祭前夜（一八五三・五四年）　待ちわびて（一八五四・五五年）　うら若き母親（一八五五・七二年）　強き塔（一八七二・八五年）　姉妹—エフィーとその娘たち　ソフィー・グレイ　時という刈り取り手（一八八五・九七年）

＊一九世紀半ば、ロンドン社交界の花形であり、前夫ジョン・ラスキンとの離婚、「ラファエル前派」の若き画家ミレイとの再婚で一大スキャンダルを巻き起こしたエフィー・グレイ。「悪妻」の謗りを受け、「ミレイにラファエル前派の理念を放棄させた」裏切り者と非難されてきた彼女であるが、その勇敢な行動は同時代の女性を解放し、「三角関係」の不名誉に苦しみながらも夫・ミレイを支え続けた生涯には気高さが宿っている。初の本格的評伝。

グレイ, E. (デザイナー・建築家) 〔1878〜1976〕 Gray, Eileen

◇アイリーン・グレイ—建築家・デザイナー　ピーター・アダム著，小池一子訳　新版　みすず書房　2017.11　320,11p　22cm　〈初版：リブロポート　1991年刊　文献あり　索引あり〉　5400円　Ⓘ978-4-622-08666-6　Ⓝ523.35

内容　少女のころ　学生時代　パリへ　プロフェッショナルの生活　漆礼賛　第一次世界大戦　一九二〇年代—ロタ通り　店の経営—ジャン・デザール　モ

ンテカルロとその先　ジャン・バドヴィッチ　ターニングポイント　建築をめざして　E1027　建築家としての生活　自分のための家—タンプ・ア・ペア　人びとのための建築　第二次世界大戦　新たな出発　最後の家—ルウ・ベルー　遅れてきた栄誉

＊ル・コルビュジエも称賛—どころか異様なまでに執着しつづけたモダニズム住宅の粋「E1027」の生みの親。晩年に交流したイギリス人映画プロデューサーによる初の本格評伝。図版多数収録。

クレイン, S.〔1871〜1900〕Crane, Stephen

◇スティーヴン・クレインの「全」作品解説　久我俊二著　慧文社　2015.3　532p　21cm　〈文献あり　索引あり〉　4000円　①978-4-86330-068-2　Ⓝ930.268

内容　1 クレインの人生概観　2 初期の活動　3 ニューヨーク州と近郊に関わる作品　4 南北戦争関係　5 西部・メキシコ関係　6 ギリシャ関係　7 キューバ関係　8 渡欧してからの活動　9 詩作　10 その他

＊19世紀末に小説家・ジャーナリストとして活躍したスティーヴン・クレイン（1871〜1900）の生涯と作品を概観する。南北戦争をテーマに一大旋風を巻き起こした長編『赤い武勲章』やアメリカ自然主義最初の中編『マギー』、世紀を代表する短編「オープン・ボート」他、従軍記者として名を馳せた寄稿記事、イマジストの先駆的詩など、クレイン作と言われる全ての作品を執筆時期や内容によって分類し、解説する。米英文学研究に必携！

クレオパトラ〔69〜30B.C.〕Cleopatra

◇アントニウスとクレオパトラ　上　エイドリアン・ゴールズワーシー著　阪本浩訳　白水社　2016.7　289p　20cm　3400円　①978-4-560-09255-2　Ⓝ289.3

内容　二つの国　「雌狼」—ローマの共和政　プトレマイオス朝　弁論家、浪費家、海賊　「笛吹王」　青年期　王の帰還　立候補　「新愛姉弟神」　護民官　女王　内乱　カエサル　騎兵長官　「王ではない、カエサルだ」　執政官　「三頭のひとり」

＊カエサルがアントニウスに期待したのは、軍人としての才能ではなかった。シェイクスピアの作品で知られる、古代ローマ共和政最後に名高いマルクス・アントニウスと、その恋人でエジプトの女王クレオパトラ。軍事史の専門家による、通説をくつがえす新しい評伝。口絵・地図収録。

◇アントニウスとクレオパトラ　下　エイドリアン・ゴールズワーシー著　阪本浩訳　白水社　2016.7　212,71p　20cm　〈文献あり　年表あり　索引あり〉　3400円　①978-4-560-09256-9　Ⓝ289.3

内容　女神　復讐　ディオニュソスとアフロディテ　危機　侵入　「祖国を愛する者」　「インドとアジアを震駭させ」—大遠征　諸王の女王　「彼女は私の妻か？」　戦争　アクティウム　「立派な最期」

＊二人の人物像を当時のプロパガンダから解放する。クレオパトラはローマに反旗を翻したのか？　アントニウスは「女に堕落させられた軍人」だったのか？　大国エジプトの実像と内乱の続くローマとの関係を、最新の学説によって描く。口絵・地図収録。

◇王妃たちの最期の日々　上　ジャン＝クリストフ・ビュイッソン, ジャン・セヴィリア編, 神田順子, 土居佳代子, 谷口きみ子訳　原書房　2017.4　240p　20cm　2000円　①978-4-562-05385-8　Ⓝ288.493

内容　1 破れた夢—クレオパトラ／アレクサンドリア、紀元前三〇年八月　2 殺された殺人者—アグリッピーナ／ナポリ湾にて、五九年三月　3 責め苦を受けて果てた王妃—ブルンヒルド／ルネーヴ、六一三年　4 高齢のカー—アリエノール・ダキテーヌ／ポワティエ、一二〇四年三月三一日　5 敬虔なキリスト教徒としての死—カトリック女王イサベル一世／メディナ・デル・カンポ、一五〇四年一一月二六日　6 斬首された女王—メアリ・ステュアート／フォザリンゲイ、一五八七年二月八日　7 孤独な最期—カトリーヌ・ド・メディシス／ブロワ、一五八七年一月五日　8 かくも長き臨終の苦しみ—アンヌ・ドートリッシュ／パリ、一六六六年一月二〇日　9 プロテスタントに生まれカトリックとして死す—スウェーデン女王クリスティーナ／ローマ、一六八九年四月一九日　10 模範的な死—マリア＝テレジア／ウィーン、一七八〇年一一月二九日

＊クレオパトラ、メアリ・ステュアート、カトリーヌ・ド・メディシス、マリア＝テレジア…尊厳、狂気、孤独、幽閉…世界史に大きな影響をあたえたさまざまな女性の人生と運命を描く物語！

◇クレオパトラとイエスキリスト—紀元前に起こった謎…事実と直結しているかあらゆる角度から謎を解き明かす　稲羽太郎著　松戸　ストーク　2018.7　558p　22cm　〈他言語標題：Cleopatra et Christo Iesu　文献あり　発売：星雲社〉　2700円　①978-4-434-24659-3　Ⓝ289.3

内容　前編　クレオパトラ（クレオパトラという人　クレオパトラは生きていた）　中編　ユダヤ国に行ったクレオパトラの歴史資料—ヨセフスの証言　二人のヘロデ王—ユダヤ国・ヘロデ王の真相　二人のクレオパトラ　ほか）　後編　イエス・キリストはカエサリオンだった（イエス・キリストの謎　イエス・キリストの生涯　聖マリアになったクレオパトラ＝マリアの神性　ほか）

＊紀元前に起こった謎…事実と直結しているか。あらゆる角度から謎を解き明かす。

グレゴリオス（ニュッサの）〔335頃〜395頃〕Gregory of Nyssa

◇キリスト教の主要神学者　上　テルトゥリアヌスからカルヴァンまで　F.W.グラーフ編, 片柳榮一監訳　教文館　2014.8　360,5p　21cm　3900円　①978-4-7642-7383-2　Ⓝ191.028

内容　マルキオン（八五頃 - 一六〇頃）　カルタゴのテルトゥリアヌス（二／三世紀）　オリゲネス（一八五／一八六 - 二五四）　ニュッサのグレゴリオス（三四〇頃 - 三九四以後）　アウグスティヌス（三五四 - 四三〇）　カンタベリーのアンセルムス（一〇三三／一〇三四 - 一一〇九）　クレルヴォーのベルナール（一〇九〇 - 一一五三）　トマス・アクィナス（一二二四／一二二五 - 一二七四）　マイスター・エックハルト（一二六〇頃 - 一三二八）　ヨハネス・ドゥンス・スコトゥス（一二六五／一二六六 - 一三〇八）　ロベルト・ベラルミーノ（一五四二 - 一六二一）

＊多彩にして曲折に富む2000年の神学史の中で、特に異彩を放つ古典的代表者を精選し、彼らの生涯・著作・影響を通して神学の争点と全体像を描き出す野心的試み。正統と異端が織り成すダイナミズムによって生まれた神学の魅力と核心を、第一級の研究者が描き出す。上巻では古代から宗教改革期に活躍した16名の神学者を紹介する。

グレゴリオス・パラマス〔1296〜1359〕
Gregorios Palamas

◇キリスト教の主要神学者　上　テルトゥリアヌスからカルヴァンまで　F.W.グラーフ編，片柳榮一監訳　教文館　2014.8　360,5p　21cm　3900円　Ⓘ978-4-7642-7383-2　Ⓝ191.028

内容　マルキオン（八五頃〜一六〇頃）　カルタゴのテルトゥリアヌス（二/三世紀）　オリゲネス（一八五/一八六・二五四）　ニュッサのグレゴリオス（三四〇頃・三九四以後）　アウグスティヌス（三五四・四三〇）　カンタベリーのアンセルムス（一〇三三/一〇三四・一一〇九）　クレルヴォーのベルナール（一〇九〇・一一五三）　トマス・アクィナス（一二二四/一二二五・一二七四）　マイスター・エックハルト（一二六〇頃・一三二八）　ヨハネス・ドゥンス・スコトゥス（一二六五/一二六六・一三〇八）　ロベルト・ベラルミーノ（一五四二・一六二一）

＊多彩にして曲折に富む2000年の神学史の中で、特に異彩を放つ古典的代表者を精選し、彼らの生涯・著作・影響を通して神学の争点と全体像を描き出す野心的試み。正統と異端が織り成すダイナミズムによって生まれた神学の魅力と核心を、第一級の研究者が描き出す。上巻では古代から宗教改革期に活躍した16名の神学者を紹介する。

グレース妃
⇒ケリー，グレース　を見よ

クレッパー，J.〔1903〜1942〕
Klepper, Jochen

◇「境界に立つ市民」の誇り―ユダヤ人を家族に持つナチ時代のアーリア人作家クレッパー　長田浩彰著　丸善出版　2014.1　160p　19cm　（叢書インテグラーレ 12）〈年譜あり　文献あり〉　1900円　Ⓘ978-4-621-08805-0　Ⓝ940.278

クレパン，F.J.〔1875〜1948〕
Crépin, Fleury Joseph

◇フルーリ・ジョゼフ・クレパン―日常の魔術　長谷川晶子著　水声社　2018.10　243p　20cm　（シュルレアリスムの25時）〈表紙のタイトル：Fleury Joseph Crépin　文献あり　年譜あり〉　3000円　Ⓘ978-4-8010-0304-0　Ⓝ723.35

内容　序章　採掘された原石のきらめき―クレパンとは誰か　第1章　祝祭的で不穏なノスタルジー―クレパンと北フランス　第2章　驚異のドキュメント―クレパンと心霊主義　第3章　シュルレアリスムとアール・ブリュットのあいだ―クレパンの周縁的な立場　第4章　方眼紙から繰りかえし立ち現れるイメージ―クレパンの「魔術的」作品　付録1　覚書と書簡　付録2　フルーリ・ジョゼフ・クレパン讃

＊「三百枚の絵を描けば戦争は終わる」―突然聞こえた"声"にしたがって描きはじめると、三百枚目を描き終えた翌日にナチス・ドイツが降伏…デュビュッフェに見出され、ブルトンにખされた霊媒画家の謎めいた生涯と魔術的な作品を解明する。日本初のモノグラフ―図版多数収録！

クレーム，B.〔1922〜2016〕Creme, Benjamin

◇現代のマンダラと不朽の知恵―ベンジャミン・クレームの秘教絵画　ベンジャミン・クレーム著，石川道子編・訳　岐阜　シェア・ジャパン出版　2018.4　144p　21cm　〈著作目録あり〉　2800円　Ⓘ978-4-916108-24-1　Ⓝ723.33

内容　画家、ベンジャミン・クレームについて　ベンジャミン・クレームの抽象画と秘教絵画（マーク・グレゴリー）　「美のために天界をくまなく探す」―人類への奉仕（フェリシティー・エリオット）　時間の外で生き、働く（ジル・フライ）　ベンジャミン・クレームの絵画の軌跡　秘教絵画（ベンジャミン・クレーム）　「曼陀羅」とは何か（ベンジャミン・クレーム）　ベンジャミン・クレームの秘教絵画

クレルレ，A.L.〔1780〜1855〕
Crelle, August Leopold

◇リーマンと代数関数論―西欧近代の数学の結節点　高瀬正仁著　東京大学出版会　2016.11　303p　22cm　〈他言語標題：Bernhard Riemann and the Theory of Algebraic Functions　文献あり　索引あり〉　4800円　Ⓘ978-4-13-061311-8　Ⓝ413.5

内容　第1章　代数関数とは何か―オイラーの関数概念とその変容（関数概念を振り返って　関数の世界と曲線の世界　ほか）　第2章　カナリアのように歌う―リーマンの「面」の発見（修業時代　ベルリンの数学者たち　ほか）　第3章　楕円関数論のはじまり―楕円関数の等分と変換に関するアーベルの理論（楕円関数論の二つの起源―萌芽の発見と虚数乗法論への道　クレルレの手紙　ほか）　第4章　アーベル関数の理論―ヤコビの逆問題の探究（「パリの論文」からアーベル関数論へ　アーベル積分の等分と変換に関するヤコビとエルミートの理論）　第5章　多変数代数関数論の夢―リーマンを越えて（ガウスの『アリトメチカ研究』とヒルベルトの第12問題　岡潔の遺稿「リーマンの定理」と多変数代数関数論の夢）

＊数学の巨人たちの夢の系譜をたどる。オイラー、ガウス、アーベル、ヤコビ、ヒルベルト、岡潔、…。関数論のはじまりから、リーマンのアーベル関数論、そして多変数代数関数論へ。論文と史実から読み解かれた数学の世界へ、精密で巧みな文章が読者を誘う。

クレレ，A.L.
⇒クレルレ，A.L.　を見よ

クレンペラー，O.〔1885〜1973〕
Klemperer, Otto

◇偉大なる指揮者たち―トスカニーニからカラヤン、小澤、ラトルへの系譜　クリスチャン・メルラン著，神奈川夏子訳　ヤマハミュージック

クロイツア

メディア　2014.11　389,7p　21cm　2800円
①978-4-636-90301-0　Ⓝ762.8
[内容] アルトゥーロ・トスカニーニ　ウィレム・メンゲルベルク　セルゲイ・クーセヴィツキー　ピエール・モントゥー　ブルーノ・ワルター　サー・トーマス・ビーチャム　レオポルド・ストコフスキー　エルネスト・アンセルメ　オットー・クレンペラー　ヴィルヘルム・フルトヴェングラー〔ほか〕
＊指揮の特徴や楽団員からの評価、生い立ちや普段の振る舞い、家族関係など、50人のマエストロたちの素顔を描き出す。オーケストラ指揮の知られざる側面に迫った評伝集。

クロイツァー, L. 〔1884～1953〕
Kreutzer, Leonid

◇クロイツァーの肖像―日本の音楽界を育てたピアニスト　萩谷由喜子著　ヤマハミュージックメディア　2016.4　364p　19cm　〈文献あり　作品目録あり　年譜あり　索引あり〉　2200円　①978-4-636-92830-3　Ⓝ762.34
[内容] プロローグ　わが恋は実りぬ　第1章 ロシアのレオニード・クロイツァー　第2章 ドイツのレオニード・クロイツァー　第3章 クロイツァーの来日　第4章 大戦前夜　第5章 戦時下のレオニード・クロイツァー　第6章 戦後のレオニード・クロイツァー　第7章 最後の年　第8章 クロイツァイ豊子の三十七年　エピローグ　クロイツァーの遺産
＊ロシア革命、ユダヤ人への迫害…二度の祖国喪失の末、彼が日本で出会ったものとは。偉大なピアニストにして指揮者・音楽学者・作曲家でもあったレオニード・クロイツァーが現代の日本に残した足跡とその音楽的遺産をたどる。

クロイトゲン, J. 〔1811～1883〕
Kleutgen, Josef Wilhelm Carl

◇キリスト教の主要神学者　下　リシャール・シモンからカール・ラーナーまで　F.W.グラーフ編　教文館　2014.9　p　cm　〈索引あり〉　①978-4-7642-7384-9　Ⓝ191.028
[内容] ヨハン・ゲアハルト（トーマス・カウフマン著　安酸敏眞訳）　リシャール・シモン（クリストファー・フォイクト著　安酸敏眞訳）　フィリップ・ヤコブ・シュペーナー　ヨハン・ヨアヒム・シュパルディング（アルブレヒト・ボイテル著　安酸敏眞訳）　フリードリヒ・シュライアマハー（ウルリヒ・バルト著　安酸敏眞訳）　ヨゼフ・クロイトゲン（ペーター・ヴァルター著　安酸敏眞訳）　セーレン・キルケゴール（ハイコ・シュルツ著　安酸敏眞訳）　ユリウス・ヴェルハウゼン（ミカエル・バウアー著　佐藤美сад史訳）　アドルフ・フォン・ハルナック（ヨハン・ヒンリヒ・クラウセン著　安酸敏眞訳）　アルフレッド・ロワジー（クラウス・アルノルト著　安酸敏眞/訳.　エルンスト・トレルチ（フリードリヒ・ヴィルヘルム・グラーフ著　安酸敏眞訳）　ルドルフ・ブルトマン　パウル・ティリッヒ（アルフ・クリストファーセン著　佐藤美сад史訳）　カール・バルト（イェルク・ディールケン著　安酸敏眞訳）　ラインホールド・ニーバー H・リチャード・ニーバー（リチャード・クルーター著　安酸敏眞訳）　カール・ラーナー（ローマン・A・ジーベンロック著　安酸敏眞訳）
＊多彩にして曲折に富む2000年の神学史の中で、特に異彩を放つ古典的代表者を精選し、彼らの生涯・著作・影響を通して神学の争点と全体像を描き出す野心的試み。下巻では正統主義の時代から20世紀に至るまでの17名の神学者を紹介する。

グロスフェルト, B. 〔1933～〕
Grossfeld, Bernhard

◇ミュンスター法学者列伝―中央大学・ミュンスター大学交流30周年記念　トーマス・ヘーネレン編著、山内惟介編訳　八王子　中央大学出版部　2018.11　568p　21cm　〈日本比較法研究所翻訳叢書 80〉〈索引あり〉　6700円　①978-4-8057-0381-6　Ⓝ322.8
[内容] 旧制大学―アントン・マティアス・シュブリックマン（1749年～1833年）―ルードルフ・ヒス（1870年～1938年）―ミュンスター大学のスイス人刑法史学者　ハンス・バーゲンコップ（1901年～1983年）―ミュンスター大学地方自治研究所創設者　脇役から主役へ―国法学者、フリートリッヒ・クライン（1908年～1974年）　正義のための戦いの中で―刑事訴訟法学者、カール・ペータース（1904年～1998年）　ミュンスター大学の租税法―オットマール・ビューラー（1884年～1965年）　生活事実から法へ―ヴァルター・エルマン（1904年～1982年）　ミュンスターのフリースラント出身者―ハリー・ヴェスターマン（1909年～1986年）　マックス・カーザー（1906年～1997年）―学者生活のダイジェスト　ヘルムート・シェルスキイ（1912年～1984年）―幸福感溢れる世代の遅すぎた懐疑　行政法学―ハンス・ユリウス・ヴォルフ（1898年～1976年）　刑法学者―ヨハネス・ヴェセルス（1923年～2005年）　波乱の時代の労働法―アルフレート・ヒュック（1889年～1975年）とロルフ・ディーツ（1902年～1971年）　環境法・都市計画法―ヴェルナー・ホッペ（1930年～2009年）　あなたはどのように判断するか？―ハンス・ブロクス（1920年～2009年）　学理と実務における保険法―ヘルムート・コロサー（1934年～2004年）　オットー・ザンドロック―（1930年～2017年）　ベルンハルト・グロスフェルトー（1933年～）

グロタンディーク, A. 〔1928～2014〕
Grothendieck, Alexandre

◇グロタンディーク巡礼―数学思想の未来史　山下純一著　京都　現代数学社　2015.3　732p　21cm　〈他言語標題：Pèlerinage à Grothendieck　年譜あり　索引あり〉　5800円　①978-4-7687-0444-8　Ⓝ289.3
[内容] 1 時が煌めき夢が甦る（数学のロゴスとエロス　異常体験のインパクト　ヴェイユとリーマン　ほか）　2 萌芽が仄暗い無垢の中へ（失楽園と甘美な孤独　因果の鎖を断つ　変性意識体験　ほか）　3 思い知るべき人はなくとも（過去の訪問の回想　アストレの情報　トゥルーズとル・ヴェルネ　ほか）

◇数学者の孤独な冒険―数学と自己発見への旅　アレクサンドル・グロタンディーク著、辻雄一訳　新装版　京都　現代数学社　2015.7　399p　21cm　〈年譜あり　索引あり〉　3000円　①978-4-7687-0446-2　Ⓝ410
[内容] 第0部 テーマの紹介―四つの運動のプレリュード（ひとつの作品を巡るプロムナード―子供と母　エビ

ローグ―見えない枠組み　追伸としてのエピローグ―ある議論の内容と前提〕　第1部　うぬぼれと再生（仕事と発見　夢と夢みる人　恐れの誕生　二重の顔　先生と学生　収穫　子供は遊ぶ　孤独な冒険）

◇数学と裸の王様―ある夢と数学の埋葬　アレクサンドル・グロタンディーク著，辻雄一訳　新装版　京都　現代数学社　2015.10　327p 21cm　〈収穫と蒔いた種と　一数学者のある過去についての省察と証言〉〈文献あり　索引あり〉　3000円　Ⓘ978-4-7687-0451-6　Ⓝ410

[内容]第2部　埋葬(1)―裸の王様（遺産と遺産相続者たち　ピエールとモチーフ　上流社会　埋葬された人びと）

◇数学をつくった天才たち　立田奨著　辰巳出版　2018.3　191p 19cm　〈『天才たちのつくった数学の世界』（綜合図書　2015年刊）の改題、加筆・再編集〉　1200円　Ⓘ978-4-7778-2051-1　Ⓝ410.28

[内容]　1　数学の礎をつくった3人の巨匠（アルキメデス―人類史上第一級といえる科学者　アイザック・ニュートン―微分・積分学の祖　カール・フリードリヒ・ガウス―19世紀最大の数学者）　2　数学の歴史をつくった巨人たち（ベルンハルト・リーマン―未だ解かれることのない未解決問題を提唱　レオンハルト・オイラー―最高に美しい公式を作り上げた盲目の数学者　アンリ・ポアンカレ―宇宙の形の解明に一歩迫った直観タイプの数学者　ほか）　3　数学の新たな道を開拓した天才たち（アレクサンドル・グロタンディーク―スキーム論を打ち立てた21世紀最大の数学者　小平邦彦―ヘルマン・ワイルに見いだされ日本人初のフィールズ賞を受賞　グレゴリー・ペレルマン―ポアンカレ予想を解決しても社会的名誉を辞退　ほか）

＊定理、公式、理論…わからなくても面白い！生きるために数学をする≠「数学」のために生きる。数奇な運命をたどった、愛すべき変人（天才）の生涯！

クロップ, J. 〔1967～〕　Klopp, Jürgen

◇ユルゲン・クロップ―選手、クラブ、サポーターすべてに愛される名将の哲学　エルマー・ネーヴェリング著，大山雅也訳，鈴木良平監修　イースト・プレス　2015.7　279p 19cm　1852円　Ⓘ978-4-7816-1348-2　Ⓝ783.47

[内容]ドルトムントでの優勝パレード　ユース時代　平凡なプロ選手時代―師ヴォルフガング・フランク監督の教え　監督クロップの誕生―マインツの選手から突如監督に　3度の1部昇格争い、降格、そしてマインツとの別れ　「第2の愛」―ドルトムントでの新たな挑戦　ブンデスリーガ史上最年少の優勝チーム（2010・2011シーズン）　リーグ連覇と初の2冠（2011・2012シーズン）　ハーフタイム・クロップへの批判的インタビュー　クロップのサッカー哲学―戦術、トレーニング、チームの成長　クロップを支える男たち―監督をサポートする「頭脳」と「目」　クロップという人間　欧州トップクラブからドイツ代表監督か―今後の挑戦の舞台　クロップが語った言葉、クロップを語った言葉

＊弱小だったマインツをクラブ史上初の1部昇格に導き、破産寸前だったドルトムントを率いリーグ2連覇達成。彼のチームはなぜ「実力以上の力」を発揮できるのか？専門家たちも歓喜した「陶酔のサッカー」はどうやって生まれたのか？

グロティウス, H. 〔1583～1645〕　Grotius, Hugo

◇グロティウス　柳原正治著　新装版　清水書院　2014.9　227p 19cm　（Century Books―人と思想　178）〈文献あり　年譜あり　索引あり〉　1000円　Ⓘ978-4-389-42178-6　Ⓝ289.3

[内容]　1　生涯（グロティウスの生きた時代　生い立ち（一五八三・一六〇七）　オランダ連邦共和国の官僚（一六〇七・一八）　宗教紛争と幽囚（一六一八・二一）　亡命生活（一六二一・三四）　スウェーデン国大使（一六三四・四五））　2　業績（海洋の自由　戦争と平和　近代自然法論と近代国際法論　グロティウス的伝統）

クローデル, P. 〔1868～1955〕　Claudel, Paul

◇ポール・クローデルの日本―〈詩人大使〉が見た大正　中條忍著　法政大学出版局　2018.1　274,4p 22cm　〈文献あり　著作目録あり　年譜あり　索引あり〉　4700円　Ⓘ978-4-588-32604-2　Ⓝ950.278

[内容]第1章　日本への思い（姉カミーユの影　地方育ち　ほか）　第2章　詩人（文学者の来日　世界的名声　ほか）　第3章　劇作家（劇作術の変化　過去展望の三要素　ほか）　第4章　外交官（極東に向けて　任務　ほか）

＊「諸君が愛して居られるとおなじやうに、この美しい國を愛することをゆるして頂きたい―」フランス外交官にして世界的詩人ポール・クローデル。彼が愛した日本での暮らしと、青い眼に映ったこの國の姿を描き出す。

◇孤独な帝国日本の一九二〇年代―ポール・クローデル外交書簡一九二一―二七　ポール・クローデル著，奈良道子訳　草思社　2018.4　590p 16cm　（草思社文庫　ク2-1）　1500円　Ⓘ978-4-7942-2330-2　Ⓝ955.7

[内容]裕仁皇太子摂政となる　ワシントン会議と日本の軍艦数の削減、および中国の問題　私の信任状の捧呈　カトリック布教団　日仏協会の懇親会　駐日ドイツ大使ゾルフ博士の発言　大隈侯爵の死　日仏接近に関する『読売新聞』の記事　山県公爵の死、元老制度の終焉　国内問題・陸軍の縮小・普通選挙・ボルシェビズムの弾圧　〔ほか〕

＊二十世紀フランス文学を代表する詩人、劇作家であった外交官ポール・クローデルが駐日大使時代に本国に送った外交書簡集。ジャポニズムを愛したクローデルが、大使として東京に赴任したのは第一次大戦世界後。彼が遺した書簡には、極東の新興勢力として国際社会の注目を集め、近代化に向けて邁進する日本社会の諸相が見事な筆致で描かれている。さらに英米の連携が強まる情勢下で、日本が孤立を深めつつあることを指摘し、その先に到来する事態を正確に見通していた一卓越した観察眼がとらえた、近代日本の転換点に迫る第一級の外交文書。

クロード・ド・フランス 〔1499～1524〕　Claude de France

◇フランス王妃列伝―アンヌ・ド・ブルターニュ

からマリー=アントワネットまで　阿河雄二郎, 嶋中博章編　京都　昭和堂　2017.7　283,21p　20cm　〈他言語標題：Vies des reines de France　文献あり　年表あり　索引あり〉　2800円　Ⓘ978-4-8122-1632-3　Ⓝ288.4935

内容 第1章 アンヌ・ド・ブルターニュ―二人のフランス王と結婚した王妃　第2章 クロード・ド・フランス―ブルターニュをフランスに統合した王妃　第3章 カトリーヌ・ド・メディシス―理想の実現に挫折した王妃　第4章 ルイーズ・ド・ロレーヌ―アンリ三世と恋愛結婚した王妃　第5章 マルグリット・ド・ヴァロワ―「王妃マルゴ」の世界　第6章 マリー・ド・メディシス―リシュリューと対決した剛毅な王妃　第7章 アンヌ・ドートリッシュ―ルイ一四世の母として生きた王妃　第8章 マリー=テレーズ・ドートリッシュ―ルイ一四世とフランスを愛した王妃　第9章 マリー・レクザンスカ―家族を愛した慎ましやかな王妃　第10章 マリー=アントワネット・ドートリッシュ―宮廷の落日を彩り革命に散った王妃

＊最新の研究成果をもとに、激動の時代を生きた一〇人のフランス王妃の姿をドラマティックかつリアルに描き出す。彼女たちの生きざま、王妃の役割、王妃と政治について真摯に考察した、日本とフランスの歴史家による新たな王妃論。巻末には近世フランス王妃一五人の略歴等を付した。

クローナー, R.〔1884～1974〕
Kroner, Richard

◇精神の自己主張―ティリヒ=クローナー往復書簡1942-1964　フリードリヒ・ヴィルヘルム・グラーフ, アルフ・クリストファーセン編，茂牧人, 深井智朗, 宮崎直美訳　未來社　2014.11　189p 19cm　〈転換期を読む 24〉　2200円　Ⓘ978-4-624-93444-6　Ⓝ191

内容 第1部 精神の自己主張―リヒャルト・クローナーとパウル・ティリヒ往復書簡　第2部 パウル・ティリヒとリヒャルト・クローナー往復書簡、及び関連文書　第3部 訳者解題―二人の亡命知識人の精神史的考察

＊近年の調査で発見されたドイツの神学者パウル・ティリヒと哲学者リヒャルト・クローナー、および妻たちの往復書簡33通を翻訳。ナチスの圧政から逃れ、亡命先のアメリカでも辛苦を経験した両家族が出会いの奇跡と友情の温もり、そして生への敬虔なる信仰をめぐって交わした対話の記録。

グローブ, A.S.〔1936～2016〕
Grove, Andrew Stephen

◇インテル中興の祖アンディ・グローブの世界　加茂純, 大谷和利著　同文舘出版　2018.8　247p 19cm　〈文献あり　年譜あり〉　1800円　Ⓘ978-4-495-39020-4　Ⓝ549.8

内容 第1章 何もしないリスク：あえて変化を求める　第2章 懐疑から決断へ：高次のリーダーシップ　第3章 朝令朝改は悪くない：過ちを直ちに改めることの効用　第4章 成功はプロセスにある：本質をつかまえる力　第5章 多様性の尊重と全員参加の精神：日本発「インテル入ってる」　第6章 称賛は消えるもの：生活を芸術にするとは？

＊革新と存続を求めて破壊し続けた男と、隠された日本の役割。

クロポトキン, P.A.〔1842～1921〕
Kropotkin, Petr Alekseevich

◇大杉栄全集　第11巻 クロポトキン(2) 一革命家の思い出　大杉栄著, 大杉栄全集編集委員会編　クロポトキン著, 大杉栄訳　ぱる出版　2015.8　539p 20cm　〈布装〉　8000円　Ⓘ978-4-8272-0911-2　Ⓝ309.7

内容 第1章 幼年時代　第2章 近侍学校　第3章 シベリア　第4章 セント・ペテルスブルグ―西ヨオロッパへの最初の旅行　第5章 要塞―脱走　第6章 西ヨオロッパ

クロムウェル, O.〔1599～1658〕
Cromwell, Oliver

◇カーライル選集　2　英雄と英雄崇拝　トマス・カーライル著　入江勇起男訳　デジタル・オンデマンド版　日本教文社　2014.8　368,7p 21cm　〈印刷・製本：デジタル・オンデマンド出版センター　索引あり〉　2900円　Ⓘ978-4-531-02642-5　Ⓝ938.68

内容 第1講 神としての英雄―オウディン、異教・スカンディナヴィアの神話　第2講 予言者としての英雄―マホメット・回教　第3講 詩人としての英雄―ダンテ、シェイクスピア　第4講 牧師としての英雄―ルーテル・宗教改革、ノックス・清教　第5講 文人としての英雄―ジョンソン、ルソー、バーンズ　第6講 帝王としての英雄―クロムウェル、ナポレオン、近代革命主義

◇クロムウェル―「神の摂理」を生きる　小泉徹著　山川出版社　2015.6　107p 21cm　〈世界史リブレット人 53〉〈文献あり　年表あり〉　800円　Ⓘ978-4-634-35053-3　Ⓝ289.3

内容 歴史のなかのクロムウェル　1 革命までのクロムウェル　2 革命のなかのクロムウェル　3 アイルランド、スコットランド侵攻　4 安定を求めて　5 晩年と死

＊オリヴァ・クロムウェルは、ピューリタン革命の英雄として、イギリス史上もっとも有名な人物の一人に教えられてきた。しかし彼の生涯は、革命の政治過程とあまりにも密着しているため、わかりにくい部分も多い。時として矛盾しているように見える彼の政治姿勢の根本にあったものはなんだったのであろうか。本書は革命の過程をたどりながら、彼がどのように出現し、どのように政治過程に関わっていったのかを概観する。

◇クロムウェルとピューリタン革命　今井宏著　清水書院　2018.4　250p 19cm　〈新・人と歴史拡大版 22〉〈1984年刊の表記や仮名遣い等一部を改めて再刊　文献あり　年譜あり　索引あり〉　1800円　Ⓘ978-4-389-44122-7　Ⓝ289.3

内容 1 地方から中央へ―革命前のクロムウェル（嵐を前に　専制支配のもとで）　2 聖者の進軍―議会軍とクロムウェル（騎兵隊長クロムウェル　ニュー・モデル軍の誕生）　3 革命の頂点―平等派とクロムウェル（軍隊と政治　第二次内乱から国王処刑へ）　4 議会軍総司令官―共和政とクロムウェル（共和政の成立　アイルランドとスコットランドの征服　共

和政のたそがれ）　5　ロード・プロテクター──独裁者クロムウェル（指名議会の実験　剣の支配）
* 一七世紀中ごろのヨーロッパは、全般的に危機の時代であった。この危機を代表するのが、ヨーロッパの片隅の島国イギリスで勃発したピューリタン革命である。チャールズ一世の専制支配に抗して、イギリスの国民は議会を中心にして立ちあがった。こうした激動の日々は、田舎紳士にすぎなかったオリヴァ・クロムウェルを、この革命の指導者に鍛えあげた。クロムウェルにひきいられ、「神の支配する国」の到来を信じて戦った「聖者の軍隊」が、イギリスに、また近代ヨーロッパに残したものは何であったろうか。本書は、クロムウェルの思想と行動を通してそれを解明する。

クワント, M. 〔1934～〕 Quant, Mary
◇20世紀ファッションの文化史──時代をつくった10人　成実弘至著　新装版　河出書房新社　2016.1　302p　19cm　〈文献あり〉　1800円　①978-4-309-24746-5　Ⓝ593.3
内容　チャールズ・ワース──ファッションデザイナー誕生　ポール・ポワレ──オリエント、装飾と快楽　ガブリエル・シャネル──モダニズム、身体、機械　エルザ・スキャパレッリ──ファッションとアート　クレア・マッカーデル──アメリカンカジュアルの系譜　クリスチャン・ディオール──モードとマーケティング　マリー・クアント──ストリートから生まれた流行　ヴィヴィアン・ウエストウッド──記号論的ゲリラ闘争　コム・デ・ギャルソン──ファッションを脱構築する　マルタン・マルジェラ──リアルクロースを求めて　二〇世紀ファッションの創造性
* ポワレ、シャネル、ディオールから、コム・デ・ギャルソン、マルジェラまで、彼らはファッションの地平をどう切り開いてきたか。20世紀ファッションの到達点をあらためて考察する、新しいファッション文化史。

グンデルト, W. 〔1880～1971〕 Gundert, Wilhelm
◇ヴィルヘルム・グンデルト伝　渡辺好明著　渡辺好明　2017.9　472p　20cm　〈年譜あり　著作目録あり　文献あり〉　2400円　Ⓝ289.3

【ケ】

ゲアハルト, J. 〔1582～1637〕 Gerhard, Johann
◇キリスト教の主要神学者　下　リシャール・シモンからカール・ラーナーまで　F.W.グラーフ編　教文館　2014.9　p　cm　〈索引あり〉　①978-4-7642-7384-9　Ⓝ191.028
内容　ヨハン・ゲアハルト（トーマス・カウフマン著　安酸敏眞訳）　リシャール・シモン（クリストファー・フォイクト著　安酸敏眞訳）　フィリップ・ヤコプ・シュペーナー　ヨハン・ヨアヒム・シュパルディング（アルブレヒト・ボイテル著　安酸敏眞訳）　フリードリヒ・シュライアマハー（ウルリヒ・バルト著　安酸敏眞訳）　ヨゼフ・クロイトゲン（ペーター・ヴァルター著　安酸敏眞訳）　セーレン・キルケゴール（ハイコ・シュルツ著　安酸敏眞訳）　ユリウス・ヴェルハウゼン（ミカエル・バウアー著　佐藤貴史訳）　アドルフ・フォン・ハルナック（ヨハン・ヒンリヒ・クラウセン著　安酸敏眞訳）　アルフレッド・ロワジー（クラウス・アルノルト／著・安酸敏眞訳）　エルンスト・トレルチ（フリードリヒ・ヴィルヘルム・グラーフ著　安酸敏眞訳）　ルドルフ・ブルトマン　パウル・ティリッヒ（アルフ・クリストファーセン著　佐藤貴史訳）　カール・バルト（イェルク・ディールケン著　安酸敏眞訳）　ラインホールド・ニーバー　H・リチャード・ニーバー（リチャード・クルーター著　安酸敏眞訳）　カール・ラーナー（ローマン・A・ジーベンロック著　安酸敏眞訳）
* 多彩にして曲折に富む2000年の神学史の中で、特に異彩を放つ古典的代表者を精選し、彼らの生涯・著作・影響を通して神学の争点と全体像を描き出す野心的試み。下巻では正統主義の時代から20世紀に至るまでの17名の神学者を紹介する。

ケイシー, E. 〔1877～1945〕 Cayce, Edgar
◇眠れる予言者エドガー・ケイシー　光田秀著　改訂版　総合法令出版　2015.1　405p　19cm　1600円　①978-4-86280-429-7　Ⓝ147.45
内容　第1章　奇跡の人──エドガー・ケイシー　第2章　人生を輝かせるリーディングの神秘　第3章　ケイシーに語りかける魂たち　第4章　生まれ変わりとカルマの秘密　第5章　魂を磨くカルマの癒し方　第6章　生まれ変わりは「星」の導き──転生占星学　第7章　宇宙の誕生と魂の物語　第8章　夢の世界で本当のあなたを見つける　第9章　ピラミッドとスフィンクス　第10章　霊的理想が人生を創造する
* 20世紀最大のチャネラーが教える、あなたが生まれた意味と、死後の魂のゆくえ。あなたがこの世で果たすべき生き方を、魂は知っている。

◇眠れる予言者エドガー・ケイシー　光田秀著　新装改訂版　総合法令出版　2018.2　421p　19cm　〈表紙のタイトル：Edgar Cayce〉　1600円　①978-4-86280-602-4　Ⓝ147.45
内容　第1章　奇跡の人──エドガー・ケイシー　第2章　人生を輝かせるリーディングの神秘　第3章　ケイシーに語りかける魂たち　第4章　生まれ変わりとカルマの秘密　第5章　魂を磨くカルマの癒し方　第6章　生まれ変わりは「星」の導き──転生占星学　第7章　宇宙の誕生と魂の物語　第8章　夢の世界で本当のあなたを見つける　第9章　ピラミッドとスフィンクス　第10章　霊的理想が人生を創造する
* 驚異的な霊能力を発揮したエドガー・ケイシーの生涯とその業績をわかりやすく解説！

◇ホリスティック医学の生みの親エドガー・ケイシー療法のすべて──成人病からアンチエイジングまで完全網羅！　series1　光田秀著　ヒカルランド　2018.2　187p　20cm　2000円　①978-4-86471-548-5　Ⓝ492
内容　第1部　ケイシー療法と皮膚疾患（ケイシー療法の基本はCARE（ケア）　皮膚疾患の治療法と実例の紹介　ひまし油パック、腸内洗浄、オイルマッサージの実践）　第2部　エドガー・ケイシーの生涯（現代の福音、エドガー・ケイシーの「リーディング」　エドガー・ケイシーとの出会い）
* 第1回のテーマは皮膚疾患。現代医学で完治が難し

いとされるアトピー性皮膚炎や乾癬に西洋医学とは全く違う角度からアプローチします。皮膚疾患の治療で重要なのは、腸をキレイにすることと毒素排泄！内側から細胞がキレイになれば、自然に皮膚も元気になります。

◇ホリスティック医学の生みの親エドガー・ケイシー療法のすべて―成人病からアンチエイジングまで完全網羅！ series2 がん―予防法および臓器別治療法　光田秀著　ヒカルランド　2018.6　234p　20cm　〈他言語標題：All About Edgar Cayce Remedies〉　2000円　①978-4-86471-610-9　Ⓝ492

ゲイツ, B.〔1955～〕 Gates, Bill

◇ビル・ゲイツ　1　マイクロソフト帝国の誕生　脇英世著　東京電機大学出版局　2015.9　466,17p　19cm　〈他言語標題：Bill Gates　文献あり　索引あり〉　2500円　①978-4-501-55360-9　Ⓝ289.3

内容　ビル・ゲイツの少年時代　ボストン、ハーバード、ハネウェル　アルバカーキとMITS　新しいヘッド・クオーター　シアトル移転　巨人IBMのパソコン業界参入　CP/MとMS・DOS　MS・DOSの誕生　新たな局面へ　チャールズ・シモニー〔ほか〕

◇ビル・ゲイツ　2　そしてライバルは誰もいなくなった　脇英世著　東京電機大学出版局　2016.5　541,18p　19cm　〈他言語標題：Bill Gates　文献あり　索引あり〉　3000円　①978-4-501-55420-0　Ⓝ289.3

内容　IBMの非常措置の光と影　新OSが必要だ　巨人IBMの思想SAA　泥沼のOS/2戦争　メモリを求めて　ウィンドウズ勝利へ向かう　指先で情報を　ビル・ゲイツとジム・キャナビーの戦い　アップルとIBMの提携　ダウンサイジング　ワールド・ワイド・ウェブ分散情報システムWWW　オンライン・サービス　マイクロソフトのもたつきとインターネットへの模索　ウィンドウズ95　インターネット戦略の発表　レイモンド・ノーダのノベルの衰退　フィリップ・カーンのボーランドの敗北　ウィンドウズNT

◇世界を動かす巨人たち　経済人編　池上彰著　集英社　2017.7　250p　18cm　（集英社新書0889）〈文献あり〉　760円　①978-4-08-720889-4　Ⓝ280

内容　第1章　ジャック・マー　第2章　ルパート・マードック　第3章　ウォーレン・バフェット　第4章　ビル・ゲイツ　第5章　ジェフ・ベゾス　第6章　ドナルド・トランプ　第7章　マーク・ザッカーバーグ　第8章　グーグルを作った二人―ラリー・ペイジ、セルゲイ・ミハイロビッチ・ブリン　第9章　コーク兄弟―チャールズ・コーク、デビッド・コーク

＊この11人の大富豪こそ、真の「実力者」。池上彰が、歴史を動かす「個人」から現代世界を読み解く人気シリーズ最新刊！

ケインズ, J.M.〔1883～1946〕 Keynes, John Maynard

◇資本主義の革命家ケインズ　ロジャー・E・バックハウス, ブラッドリー・W・ベイトマン著, 西沢保監訳, 栗林寛幸訳　作品社　2014.8　251p　20cm　〈文献あり　索引あり〉　2400円　①978-4-86182-493-7　Ⓝ331.74

内容　第1章　ケインズの復帰、ただしどのケインズか？　第2章　ケインズ経済学の盛衰　第3章　道徳哲学者ケインズ―資本主義に対する挑戦に直面する　第4章　医師ケインズ―資本主義経済の理論を開発する　第5章　ケインズ革命の多様性　第6章　永続する革命

＊なぜケインズは資本主義を救い、世界経済に革新をもたらしたのか？　本書は世界的に著名な経済学史家とケインズ研究者が、経済のみならず哲学や芸術といった多方面からの彼のビジョンをとらえ直し、混迷の続く現代において「ケインズ経済学」はいかに有効なのかを分かりやすく明らかにする。今、再び注目を浴びるケインズとその経済学を知るための格好の書。

◇ケインズ　ポール・デイヴィッドソン著, 小谷野俊夫訳　一灯舎　2014.10　346,38p　20cm　（マクミラン経済学者列伝）〈文献あり　索引あり〉　7500円　①978-4-907600-27-3　Ⓝ331.74

内容　ケインズとケインズの革命的な考えの紹介　第一次大戦とその余波がケインズの考えに与えた影響　ケインズの中道：自由主義は真に新しい道である　ケインズの『一般理論』の前と後　貯蓄と流動性―ケインズの一般理論と古典派理論の概念上の相違　ケインズの総需要関数のさらなる識別化　お金、契約および流動的金融市場の重要性　第二次世界大戦と戦後の開放経済体制　古典派の貿易理論対ケインズの国際貿易と国際収支の一般理論　世界通貨体制の改革　インフレーション：ケインズ革命：誰がコマドリを殺したかを示す証拠　後書：二〇〇八年から〇九年の大金融危機

＊本書はケインズの生涯を辿るだけでなく、ケインズ理論の本質は何か、なぜそれが主流派経済学者に受け入れられなかったのかを詳細に説明している。また、ケインズ以後の主な経済学派の特徴を解説している。ケインズがどのようにして革命的な理論を『一般理論』として確立したかを説明し、それが近年の金融危機を含めて今日の経済問題の解決にどのように役立つかを解説している。ポストケインズ派の代表的な経済学者による本書は、ケインズの経済分析に関する正統的な解説書であり、ケインズの理論の本質を最認識させてくれる一冊である。

◇ケインズと株式投資　西野武彦著　日本経済新聞出版社　2015.5　241p　20cm　〈他言語標題：Keynes's way of Investment　文献あり　年表あり〉　1800円　①978-4-532-35647-7　Ⓝ338.155

内容　第1章　全力で駆け抜けたケインズの生涯　第2章　ケインズの複雑な人物像　第3章　ギャンブラー・ケインズの投資遍歴　第4章　ケインズの株式講座1　ケインズが見た株式市場の実態　第5章　ケインズの株式講座2　株価を決めるものは何か　第6章　ケインズが実践した株式投資必勝法　第7章　優等生だったケインズの運用成績　第8章　ケインズが残したもう1つの遺産

＊銘柄選びのコツは美人投票と同じ、株式投資はババ抜きゲーム、最も重視するのは利子率の動き―経済学者の投資必勝法を初めて紹介。

◇ケインズ　浅野栄一著　新装版　清水書院　2016.8　214p　19cm　（Century Books―人と

思想 93）〈文献あり　年譜あり　索引あり〉
1200円　①978-4-389-42093-2　Ⓝ289.3

内容　1　知的雰囲気の中で（ハーヴェイ・ロードの既定観念　新思想の摂取　社会的活動のはじまり）　2　イギリス経済の再建にむけて（新時代への出発　金本位制度をめぐる戦い　多彩な生活と活動）　3　世界恐慌と経済学の革新（世界恐慌の衝撃　新しい経済学の誕生　ケインズの資本主義観）　4　諸国民の協調と繁栄を求めて（戦争経済への道　戦後国際経済の再建にむけて）

＊人間の幸福とはなにか。それを愛と美と真の享受と捉えたケインズは、生涯をかけてみずからそれを追求するとともに、すべての人が幸福を実感しうる社会をつくろうと政治・経済・芸術などの広い分野で全精神を傾けた。たしかに福祉国家はケインズなしにもつくられたことであろう。しかし、かれによる経済理論の革新とそれに基づく新しい経済政策の唱導がなかったら、その実現のために世界はもっと多難で遅々とした歩みを経験したにちがいない。第二次世界大戦後、「ケインズ時代」とよばれるケインズ経済学隆盛の一時期があったが、時代環境の異なる今日のわれわれは、今日の目でかれの業績を再評価し、その正統な遺産を正しく受け継ぐ必要があろう。

◇ケインズかハイエクか―資本主義を動かした世紀の対決　ニコラス・ワプショット著，久保恵美子訳　新潮社　2016.8　616p　16cm　〈新潮文庫　シ-38-25―〔Science & History Collection〕〉〈文献あり〉　890円　①978-4-10-220051-3　Ⓝ331.74

内容　魅力的なヒーロー―ケインズがハイエクの崇拝対象になるまで　一九一九〜二七年　帝国の終焉―ハイエクがハイパーインフレを直接経験する　一九一九〜二四年　戦線の形成―ケインズが「自然な」経済秩序を否定する　一九二三〜二九年　スタンリーとリヴィングストン―ケインズとハイエクが初めて出会う　一九二八〜三〇年　リバティ・バランスを射った男―ハイエクがウィーンから到着する　一九三一年　暁の決闘―ハイエクがケインズの『貨幣論』を辛辣に批評する　一九三一年　応戦―ケインズとハイエクが衝突する　一九三一年　イタリア人の仕事―ケインズがピエロ・スラッファに論争の継続を依頼する　一九三二年　『一般理論』への道―コストゼロの失業対策　一九三二〜三三年　ハイエクの驚愕―『一般理論』が反撃を求める　一九三二〜三六年　ケインズが米国を魅了する―ルーズベルトとニューディールを支持する若手経済学者たち　一九三六年　第六章でどうしようもなく行き詰まる―ハイエクがみずからの『一般理論』を書く　一九三六〜四一年　先の見えない道―ハイエクがケインズの対応策を仲裁に結びつける　一九三七〜四六年　わびしい年月―モンペルラン・ソサエティーとハイエクのシカゴ移住　一九四四〜六九年　ケインズの時代―三十年にわたる米国の無双の繁栄　一九四六〜八〇年　ハイエクの反革命運動―フリードマン、ゴールドウォーター、サッチャー、レーガン　一九六三〜八八年　戦いの再開―淡水学派と海水学派　一九八八〜二〇〇八年　そして勝者は……「大不況」の回避　二〇〇八年以降

＊大きな政府か、小さな政府か―。経済と政治を百年にわたって揺るがし続ける大命題をめぐり、対立した経済学の二大巨頭。世界恐慌からの回復期にあって、二人の天才はなぜ真っ向から衝突したのか。正しかったのは一体どちらなのか。学界か

ら政界へ、イギリスからアメリカへと舞台を移しながら繰り返された激しい抗争、そして知られざる信頼と友情の物語を巧みに描いた力作評伝。

◇ケインズ―最も偉大な経済学者の激動の生涯　ピーター・クラーク著，関谷喜三郎、石橋春男訳　中央経済社　2017.5　296p　20cm　〈文献あり　索引あり　発売：中央経済グループパブリッシング〉　2400円　①978-4-502-21251-2　Ⓝ289.3

内容　イントロダクション　ジェットコースターのような評価　第1章「宗教と不道徳」ジョン・メイナード・ケインズ　1883-1924年　第2章「天空の最左翼で」ジョン・メイナード・ケインズ　1924年-1946年　第3章「長期では、われわれはみな死んでしまう」経済政策の再考察　第4章「アニマル・スピリット」経済理論の再考察　エピローグ　イギリス・ケインジアンとアメリカ・ケインジアン

＊世界の政治と経済が混乱する時代に、ケインズは、何を考えどう生きたのか。彼の多彩な交流や、人間的側面も交え、『貨幣論』から『一般理論』へと昇華したケインズ経済学形成の過程を読み解く。イギリス史の泰斗ピーター・クラークが描き出す、巨星ケインズの新たな伝記！

◇ケインズを読み直す―入門現代経済思想　根井雅弘著　白水社　2017.6　207,2p　20cm　〈文献あり　索引あり〉　2200円　①978-4-560-09557-7　Ⓝ331.74

内容　第1章　経済学者への道（経済学者とはどんな人間か　ケンブリッジに生まれる　ほか）　第2章「パックス・ブリタニカ」の終焉のなかで（第一次世界大戦とヨーロッパ情勢　大蔵省の国際金融問題担当も　ほか）　第3章　有効需要の原理（新しい経済学への志向　貨幣数量説とは何か？　ほか）　第4章　ケインズから現代へ（「革命児」の自覚　第二次世界大戦前夜のイギリスの役割　ほか）

＊この時代を生き抜くための経済学入門の決定版！英語原文でケインズに触れるコラムや関係する経済学者列伝も収録。

◇ケインズ経済学研究―芸術家ケインズの誕生を探る　中矢俊博著　同文舘出版　2018.12　277p　22cm　〈文献あり　索引あり〉　4500円　①978-4-495-44300-9　Ⓝ289.3

内容　第1章　ケインズと芸術―芸術評議会の理念　第2章　メイナード・ケインズを取り巻く芸術家たち　第3章　ケインズとケンブリッジ「使徒会」　第4章　ケインズの「若き日の信条」　第5章　ケインズの「敗れた敵、メルヒオル博士」　第6章　ケインズの「わが孫たちの経済的可能性」　第7章　ケインズの「自由放任の終わり」　第8章　ケインズの景気循環論―『一般理論』第22章「景気循環に関する覚書」　第9章　ケインズの経済社会哲学―『一般理論』第24章「一般理論の導く社会哲学に関する結論的覚書」　付論1　ケインズとイギリス・ロマン派詩人パーシー・シェリー　付論2　パリ講和会議：一幕劇（『戯曲：ケインズ』より）

＊経済理論家、芸術家、政治家、実務家、散文作家などマルチな才能をもつ人間ケインズ！ケインズの経済理論とそのバックボーンともなる芸術家としての一面を論じたケインズ研究の集大成！

ゲオルギウス〔〜303〕　George

◇聖人と竜―図説｜聖ゲオルギウス伝説とその起

源　髙橋輝和著　八坂書房　2017.10　213,17p　22cm　〈文献あり〉　3200円　①978-4-89694-241-5　Ⓝ198.22

内容　第1章「聖ゲオルギウス国」の誕生（東欧ジョージア　聖ゲオルギウス像　ほか）　第2章　聖ゲオルギウスの竜退治（『黄金伝説』の伝える竜退治　ジョージア版の竜退治　ほか）　第3章　キリストの戦士（第一次十字軍の時代　ヒューフィンゲンの銀盤　ほか）　第4章　聖ゲオルギウスの受難と殉教（『黄金伝説』の殉教伝　最古の殉教伝　ほか）　第5章　殉教伝の歴史的実態（カッパドキアのゲオルギオス　キリスト教徒大迫害　ほか）

＊"竜殺し"として名高い聖ゲオルギウスは、なぜ、まついごろから、聖人界きっての"武闘派"として勇名を馳せるようになったのだろうか？ セント・ジョージ（英国）サン・ジョルディ（カタルーニャ）などの呼び名でもおなじみの"闘う聖人"の原像とは？ 400点の図版とともにキリスト教文化の古層へと迫る刺激的論考。貴重な最古の殉教伝（5世紀頃）の全訳も収録。

ゲクラン, ベルトラン・デュ
⇒デュ・ゲクラン, B. を見よ

ケージ, J.〔1912〜1992〕Cage, John
◇ジョン・ケージ伝―新たな挑戦の軌跡　ケネス・シルヴァーマン著, 柿沼敏江訳　論創社　2015.7　506p　22cm　〈共同刊行：水声社　文献あり　索引あり〉　5800円　①978-4-8010-0094-0　Ⓝ762.53

内容　天下にその名を知らしめる　ノイズの芸術　東と西　"易の音楽"　万物　不確定性　裂け目　HP-SCHD　『空っぽの言葉』"アパートメント・ハウス"　変化と消失　タイム・ブラケット　"ユーロペラ"　アナーキーなハーモニー　一九九二年

＊現代音楽の父、キノコ博士、音楽に『易』を取り入れた男、スタインウェイにハンマーを投げ込んで弾いた男…ジョン・ケージとはいったい誰か？ 沈黙もまた音楽である…音楽の概念を一変させてしまった、20世紀を代表する音楽家の、本邦初の伝記。

◇ブーレーズ/ケージ往復書簡―1949-1982　ブーレーズ, ケージ著, J.ナティエ,R.ピアンチコフスキ編, 笠羽映子訳　みすず書房　2018.4　323p　22cm　〈索引あり〉　6200円　①978-4-622-08685-7　Ⓝ762.35

内容　ピエール・ブーレーズからジョン・ケージに宛てた手紙（おそらく1949年5月22日）　シュザンヌ・テズナス宅においてジョン・ケージのプリペアード・ピアノのための"ソナタと間奏曲"を紹介する目的でピエール・ブーレーズが用意した原稿（1949年6月17日）　ピエール・ブーレーズからジョン・ケージに宛てた手紙（1949年11月27日）　ジョン・ケージからピエール・ブーレーズに宛てた手紙　日曜日、12月4日（1949年）　ジョン・ケージ「現代音楽の存在理由」（1949年）　ピエール・ブーレーズからジョン・ケージに宛てた手紙（1950年1月3日、11日および12日）　ジョン・ケージからピエール・ブーレーズに宛てた手紙　1月17日（1950年）　ピエール・ブーレーズからジョン・ケージに宛てた手紙（1950年4月）　ジョン・ケージからピエール・ブーレーズに宛てた手紙（1950年2月末から3月7日の間）　ジョン・ケージからピエール・ブーレーズに宛てた手紙（1950年4月半ば）〔ほか〕

＊20世紀の音楽・芸術を代表したジョン・ケージとピエール・ブーレーズ。二人の50通に及ぶ往復書簡と論考から明らかになる現代音楽創造の現場と二人の共感、距離感、決裂…待望のドキュメント。

ゲゼル, S.〔1862〜1930〕Gesell, Silvio
◇シルビオ・ゲゼル入門―減価する貨幣とは何か　廣田裕之著　アルテ　2016.11　189p　19cm　〈ゲゼル・セレクション　別巻〉〈他言語標題：Introduction to Silvio Gesell　文献あり　発売：星雲社〉　1800円　①978-4-434-22681-6　Ⓝ331.234

内容　第1章　シルビオ・ゲゼルとその時代　第2章　自由土地と母親年金　第3章　現在の通貨制度とその問題　第4章　減価する貨幣とは何か　第5章　自由土地や自由貨幣をめぐるその後の動き　第6章　まとめ―私たちに残された課題

＊21世紀を生きる私たちはゲゼルの思想から何を学ぶことが出来るのか？ ゲゼルの生涯とその時代、減価する貨幣の実践方法と効果、そして自由貨幣のその後の動きからゲゼルの可能性と限界を探る。

ゲーツ, R.M.〔1943〜〕Gates, Robert Michael
◇イラク・アフガン戦争の真実―ゲーツ元国防長官回顧録　ロバート・ゲーツ著, 井口耕二, 熊谷玲美, 寺町朋子訳　朝日新聞出版　2015.11　622p　20cm　4000円　①978-4-02-331430-6　Ⓝ392.53

内容　"務め"を果たす　イラクをめぐる戦い　協力を得るための奮闘　ペンタゴンという戦場　複雑に絡まり合った世界　いい戦争、悪い戦争　いまいましい出来事との格闘　政権交代という戦争　新たな政策課題との戦い　アフガニスタンをめぐる対立　気難しい人々との闘争　ワシントンで続く戦い　イラク、アフガン、そして革命　最後の日まで戦争状態　4年半の"務め"を終えて

＊戦場に兵士をおくったオバマ大統領は、米軍がたてた戦略を信じていなかった！ イラク・アフガン戦争の暗部をえぐる全米ベストセラー！「兵士たちの国防長官」と呼ばれたロバート・ゲーツは、大統領やホワイトハウス、連邦議会やペンタゴンの官僚組織などと戦った。戦場で犠牲になる兵士をひとりでも減らし、"勝つ"ために。そして、国防長官だった日々、毎晩のように、戦死した兵士の家族にあてたお悔やみの手紙を書き続けた。本書は、戦地で任務につく兵士たちのために働き、信念を貫きとおしたゲーツ元国防長官4年半の記録である。

ゲッベルス, J.〔1897〜1945〕Goebbels, Joseph
◇絶対の宣伝―ナチス・プロパガンダ　1　宣伝的人間の研究―ゲッベルス　草森紳一著　文遊社　2015.7　387p　図版32p　19cm　〈番町書房1978年刊の再刊〉　2700円　①978-4-89257-121-3　Ⓝ311.8

|内容| いま宣伝機関銃を射ちまくっている—ゲッベルス『勝利の日記』大衆は雪崩れをうって押し寄せてくる—ゲッベルス『伯林奪取』 朝の身支度に正確に四十五分を費やした—ゲッベルスの服装と宣伝の補完関係 宣伝大臣ゲッベルス対指揮者フルトヴェングラー—クルト・リース『フルトヴェングラー—音楽と政治』
　＊ナチスとは何か—宣伝から探る、その本質。宣伝相ゲッベルス—『勝利の日記』から、フルトヴェングラーの政治利用まで、厖大な資料から読み解く、「宣伝的人間」の真実。
◇ゲッベルスとナチ宣伝戦—一般市民を扇動する恐るべき野望　広田厚司著　潮書房光人社　2015.10　306p　16cm　〈光人社NF文庫 ひN-910〉〈文献あり〉　820円　①978-4-7698-2910-2　Ⓝ234.074
|内容| 多感な時代　ヒトラーとの出会い　扇動家の誕生　ベルリン大管区長時代　ナチ党躍進と政権奪取　宣伝大臣ゲッベルス誕生　大衆を飼い馴らす　世界最大の宣伝機関　戦争と宣伝戦　対英宣伝戦　ロシア戦線　栄光の終わり　総力戦と撤退戦　最終ラウンドのゴング　最後の五ヶ月
　＊宣伝省の中に政府がある…。全てのメディアを掌握した、プロパガンダの怪物の正体！ 15000人の職員を擁した世界最初にして、最大の「国民啓蒙宣伝省」—ヒトラー、ナチ幹部、国防軍、そして市民を従属させたその全貌を描く。
◇ヒトラーの共犯者—12人の側近たち　上　グイド・クノップ著、高木玲訳　原書房　2015.12　376,6p　20cm　〈2001年刊の新装版　文献あり〉　2800円　①978-4-562-05271-4　Ⓝ234.074
|内容| 1 火つけ役—ヨーゼフ・ゲッベルス　2 ナンバー・ツー—ヘルマン・ゲーリング　3 実行者—ハインリヒ・ヒムラー　4 代理人—ルドルフ・ヘス　5 建築家—アルベルト・シュペーア　6 後継者—カール・デーニッツ
　＊ヒトラーの共犯者たちをとりまいていた多くの人々と会談し、家族や友人や同僚をはじめとする当時の人々にインタビューした。その多くは、今回初めて発言した人々である。彼はまた個人的な文書も閲覧した。さらには、ロシアならびにイギリスの公文書館から新しい資料も発掘した。これによって、鉤十字のもとでの権力の、全体的な姿がたちあらわれてくる。これまで知られていなかった多くの事実が明らかにされ、ナチ体制のたぐいまれな歴史となっている。はじめて明かされる「神」の執行人たちの全記録。ドイツTV金獅子賞、バイエルン・テレビ賞受賞。
◇ゲッベルスと私—ナチ宣伝相秘書の独白　ブルンヒルデ・ポムゼル、トーレ・D.ハンゼン著、石田勇治監修、森内薫、赤坂桃子訳　紀伊國屋書店　2018.6　268p　20cm　〈索引あり〉　1900円　①978-4-314-01160-0　Ⓝ234.074
|内容| 「私たちは政治に無関心だった」——一九三〇年代ベルリンでの青春時代　「ヒトラーはともかく、新しかった」—国営放送局へ　「少しだけエリートな世界」—宣伝省最後の日々　「私たちは何も知らなかった」—抑留と、新たな出発　「私たちに罪はない」——〇三歳の総括
　＊ヒトラーの右腕としてナチ体制を牽引したヨーゼフ・ゲッベルスの103歳の元秘書が、69年の沈黙を破り当時を回想する。

ケツン・サンポ・リンポチェ〔1921～2009〕
Khetsun Sangpo Rinbochay

◇チベットの先生　ケツン・サンポ著、中沢新一編訳　KADOKAWA　2015.2　312p　15cm　〈［角川ソフィア文庫〕〔G111-2〕〉〈「知恵の遥かな頂」(角川書店 1997年刊)の改題、加筆〉　1040円　①978-4-04-409479-9　Ⓝ180.9
|内容| 少年の頃　ロチェン・リンポチェとの出会い　扉が開かれる　まわり道　驚異の体験　夢と現実　高い頂をめざして　ヤンティ・ナクポ　不吉の前兆　運命のいたずら　ラバと愛馬　インドの日々
　＊チベット仏教の名僧、ケツン・サンポ。チベットの小さな村に生まれたケツン少年は、人類の叡知の伝統に学ぶことを志す。秘蔵経典の口頭伝授と瞑想、長じて究極の教え、ゾクチェンの修行に励む彼を、中心のチベット侵攻が襲う。インドへの亡命、そしてチベット仏教の特使として、日本へ。人類学者の著者が慕い、師と仰いだ高僧の精神探求の旅路と波乱万丈の生涯、そしてチベットの大地から消えていった優しく偉大な文明の記憶を鮮やかに描く。

ゲーテ, J.W.〔1749～1832〕
Goethe, Johann Wolfgang von

◇ゲーテとシラー—ある友情の歴史　リューディガー・ザフランスキー著、川島淳夫訳　土浦IPC出版センター・ビブロス　2014.6　336p　21cm　3000円　①978-4-901291-36-1　Ⓝ940.268
◇エマソン選集　6　代表的人間像　ラルフ・ウォルドー・エマソン著　酒本雅之訳　デジタル・オンデマンド版　日本教文社　2014.8　266,7p　21cm　〈印刷・製本：デジタル・オンデマンド出版センター　索引あり〉　2300円　①978-4-531-02636-4　Ⓝ938.68
|内容| 第1章 哲学に生きる人—プラトン　補説 あたらしいプラトン訳にせっして　第2章 神秘に生きる人—スエーデンボルグ　第3章 懐疑に生きる人—モンテーニュ　第4章 詩歌に生きる人—シェイクスピア　第5章 世俗に生きる人—ナポレオン　第6章 文学に生きる人—ゲーテ
◇ゲーテ　星野慎一著　新装版　清水書院　2014.9　235p　19cm　〈Century Books—人と思想 67〉〈文献あり　年譜あり　索引あり〉　1000円　①978-4-389-42067-3　Ⓝ940.268
|内容| 1 時空を越えて（ゲーテはなぜ永遠に読まれるか）　2 疾風怒濤の時代に（若き日のゲーテ　作家として、大臣として）　3 孤独の世界で（イタリア旅行とフランス革命　晩年のゲーテ）　4 日本におけるゲーテ（ゲーテと日本文壇　東京ゲーテ記念館）
◇巨匠探究—ゲーテ・ゴッホ・ピカソ　前川整洋著　図書新聞　2016.4　256p　20cm　2000円　①978-4-88611-468-6　Ⓝ940.268
|内容| 第1部 ゲーテ（生い立ち　就学時代　『若きウェルテルの悩み』について ほか）　第2部 ゴッホ（ゴッホへの誘い　ゴッホ展を見学して　苦難の生涯 ほ

ケテル

　か）第3部 ピカソ（ピカソとの出会い　抽象絵画へのプレリュード　青の時代とバラ色の時代 ほか）

◇ゲーテ＝シラー往復書簡集　上　ゲーテ，シラー著，森淑仁，田中亮平，平山令二，伊藤貴雄訳　潮出版社　2016.7　476p　20cm　3500円
Ⓘ978-4-267-02041-4　Ⓝ940.268

[内容] 一七九四年　一七九五年　一七九六年　一七九七年

◇ゲーテ＝シラー往復書簡集　下　ゲーテ，シラー著，森淑仁，田中亮平，平山令二，伊藤貴雄訳　潮出版社　2016.7　549,47p　20cm　〈文献あり　著作目録あり　索引あり〉　3900円
Ⓘ978-4-267-02042-1　Ⓝ940.268

[内容] 一七九八年　一七九九年　一八〇〇年　一八〇一年　一八〇二年　一八〇三年　一八〇四年　一八〇五年〔ほか〕

＊約11年で交わされた1000通以上の書簡を上下巻で収録。シラーがいなければ『ファウスト』は執筆されなかった一。名作誕生の背景にあった二大巨匠による迫真の記録！日本ゲーテ協会・森淑仁前会長によるあとがき、1798年～1805年の書簡、ゲーテ研究家による詳細な解説、上下巻を網羅した、ゲーテとシラーの作品、人名、地名の索引を収録！

ゲーデル, K.〔1906～1978〕Gödel, Kurt

◇ノイマン・ゲーデル・チューリング　高橋昌一郎著　筑摩書房　2014.10　283p　19cm　（筑摩選書 0102）〈文献あり〉　1600円　Ⓘ978-4-480-01603-4　Ⓝ410.28

[内容] 第1章 ジョン・フォン・ノイマン（ジョン・フォン・ノイマン「数学者」「数学者」解題 ノイマンの生涯と思想）　第2章 クルト・ゲーデル（クルト・ゲーデル「数学基礎論における幾つかの基本的定理とその帰結」「数学基礎論における幾つかの基本的定理とその帰結」解題 ゲーデルの生涯と思想）　第3章 アラン・チューリング（アラン・チューリング「計算機械と知性」「計算機械と知性」解題 チューリングの生涯と思想）

＊今日のコンピュータの礎を築いたジョン・フォン・ノイマン、不完全性定理で数学・論理学の歴史を根底から変えたクルト・ゲーデル、思考する機械への道を拓いたアラン・チューリング。いずれも今日の科学と哲学に多大な影響をもたらした天才たちである。同時代に生きた彼らは、互いに触発され、時に議論し、相互に意識しながら実に多くの業績を残した。比類なき頭脳と個性をもった三人は、いかに関わり、何を考え、どう生きたか。それは今日の世界にいかなる意味を持つのか。彼ら自身の言葉からその思想の本質に迫る。

◇数学をつくった天才たち　立田奨著　辰巳出版　2018.3　191p　19cm　〈天才たちのつくった数学の世界」（綜合図書 2015年刊）の改題、加筆・再編集〉　1200円　Ⓘ978-4-7778-2051-1　Ⓝ410.28

[内容] 1 数学の礎をつくった3人の巨匠（アルキメデス—人類史上第一級といえる科学者　アイザック・ニュートン—微分・積分学の祖　カール・フリードリヒ・ガウス—19世紀最大の数学者）　2 数学の歴史をつくった巨人たち（ベルンハルト・リーマン—未だ解かれることのない未解決問題を提唱　レオンハルト・オイラー—最高に美しい公式を作り上げた盲目の数学者　アンリ・ポアンカレ—宇宙の形の解明に一歩迫る直観タイプの数学者 ほか）　3 数学の新たな道を開拓した天才たち（アレクサンドル・グロタンディーク—スキーム論を築き新しい数論を打ち立てた21世紀最大の数学者　小平邦彦—ヘルマン・ワイルに見いだされ日本人初のフィールズ賞を受賞　グレゴリー・ペレルマン—ポアンカレ予想を解決しても社会的名誉を辞退 ほか）

＊定理、公式、理論…わからなくても面白い！生きるために数学をする≠「数学」のために生きる。数奇な運命をたどった、愛すべき変人（天才）の生涯！

ゲート, A.L.〔1908～1946〕Göth, Amon Leopold

◇祖父はアーモン・ゲート—ナチ強制収容所所長の孫　ジェニファー・テーゲ，ニコラ・ゼルマイヤー著，笠井宣明訳　原書房　2014.8　259p　20cm　〈文献あり〉　2500円　Ⓘ978-4-562-05084-0　Ⓝ234.074

[内容] 序章 発見　1章 私は大量殺人者の孫　2章 プワショフ強制収容所の支配者 祖父アーモン・ゲート　3章 所長夫人 祖母ルート・イレーネ・カルダー　4章 死者と過ごした人生 母モニカ・ゲート　5章 被害者の孫 イスラエルの友だち　6章 クラクフの花

＊ジェニファー・テーゲは、ドイツ人とナイジェリア人との間に生まれ、養親のもとで成長し、後にイスラエルで大学教育を受けた。家族の秘密に直面した彼女は、音信不通だった生みの母親と再会する。このままでは、ユダヤ人の友達に対して顔向けができないし、自分の子供にも納得してもらいたい。ジャーナリストのニコラ・ゼルマイヤーとともに、家族史を調査して過去の現場を訪れ、実母の家族、養母の家族が崩壊しかねない衝撃に、傷つきながらも真摯に向かい合う。

ゲート, M.〔1945～〕Göth, Monika

◇祖父はアーモン・ゲート—ナチ強制収容所所長の孫　ジェニファー・テーゲ，ニコラ・ゼルマイヤー著，笠井宣明訳　原書房　2014.8　259p　20cm　〈文献あり〉　2500円　Ⓘ978-4-562-05084-0　Ⓝ234.074

[内容] 序章 発見　1章 私は大量殺人者の孫　2章 プワショフ強制収容所の支配者 祖父アーモン・ゲート　3章 所長夫人 祖母ルート・イレーネ・カルダー　4章 死者と過ごした人生 母モニカ・ゲート　5章 被害者の孫 イスラエルの友だち　6章 クラクフの花

＊ジェニファー・テーゲは、ドイツ人とナイジェリア人との間に生まれ、養親のもとで成長し、後にイスラエルで大学教育を受けた。家族の秘密に直面した彼女は、音信不通だった生みの母親と再会する。このままでは、ユダヤ人の友達に対して顔向けができないし、自分の子供にも納得してもらいたい。ジャーナリストのニコラ・ゼルマイヤーとともに、家族史を調査して過去の現場を訪れ、イスラエルとポーランドへ行き来しながら、実母の家族、養母の家族が崩壊しかねない衝撃に、傷つきながらも真摯に向かい合う。

ケナン, G.F. 〔1904～2005〕 Kennan, George Frost

◇ジョージ・F・ケナン回顧録 1　ジョージ・F・ケナン著，清水俊雄，奥畑稔訳　中央公論新社　2016.12　509p　16cm　(中公文庫 ケ7-1)〈読売新聞社 1973年刊の上下巻の三分冊〉　1500円　①978-4-12-206324-2　Ⓝ319.53

〖内容〗個人的な覚書　ロシア研究時代　一九三〇年代のモスクワとワシントン　プラハ時代　一九三八・一九三九年　戦時下のドイツ勤務　ポルトガルとアゾレス諸島　ヨーロッパ諮問委員会　再度のモスクワ―そしてポーランド問題　モスクワとヨーロッパの勝利

＊対ソ連「封じ込め」政策を提唱し冷戦下のアメリカ外交に決定的影響を与えたケナン。その代表作である本書は現実政治への鋭い批判と表現力豊かな筆致もまた魅力で、二一世紀に至るも名著としての価値は揺るがない。「I」は一九二五年から四五年の対独戦終結までを収録する。ピューリツァー賞、全米図書賞受賞

◇ジョージ・F・ケナン回顧録 2　ジョージ・F・ケナン著，清水俊雄，奥畑稔訳　中央公論新社　2017.1　453p　16cm　(中公文庫 ケ7-2)〈読売新聞社1973年刊の上下巻の三分冊〉　1500円　①978-4-12-206356-3　Ⓝ319.53

〖内容〗上巻(V・Eデーからポツダムまで　長文の電報　ナショナル・ウォー・カレッジ　トルーマン・ドクトリン　マーシャル・プラン　X―論文　日本とマッカーサー　北大西洋同盟　ドイツ　ヨーロッパの将来　ワシントンでの最後の数か月)

＊本巻「2」はケナンの名を一躍知らしめた「X‐論文」によって米国対ソ政策の基調となり冷戦が始まる時代を描く。ケナンは政策企画部本部長の要職に就きワシントン外交の中枢に立つ。時に冷遇と無視をもって迎えられながらも奮闘するケナンの姿は、真率なドラマとなって読者に迫るであろう。日本占領政策に影響を与えた対日問題の考察も重要だ。(全三巻)

◇ジョージ・F・ケナン回顧録 3　ジョージ・F・ケナン著，清水俊雄，奥畑稔訳　中央公論新社　2017.2　564,28p　16cm　(中公文庫 ケ7-3)〈読売新聞社 1973年刊の上下巻の三分冊　索引あり〉　1750円　①978-4-12-206371-6　Ⓝ319.53

〖内容〗過渡期　朝鮮　極東　アメリカとの再会　ロシアと冷戦　モスクワ駐在大使　好ましからざる人物　引退　"マッカーシズム"　一九五七年リース講義　ユーゴスラビア―背景　ユーゴスラビア―対立

＊完結篇である本書3巻は冷戦の激化する一九五〇・六三年が対象。当時の重要課題は対ソ政策のほか対日講和、朝鮮戦争、ドイツ問題、核問題などで、ケナンはこれらと同今度いずれに個別具体的な政策を提示する。また駐ソ大使時代、国外退去を命じられたエピソードも綴られ、激動の歴史を生きた姿を伝える。全巻索引収録。

ケネー, F. 〔1694～1774〕 Quesnay, François

◇経済思想―その歴史的視点から　長峰章編著　学文社　2015.4　204p　22cm　〈他言語標題：Economic Thought　年表あり　索引あり〉　2200円　①978-4-7620-2541-9　Ⓝ331.2

〖内容〗第1章 重商主義の経済思想(国富の流通論敵考察　経済学の胎動)　第2章 重農主義の経済思想(ケネーの生涯と著作　ケネーの経済思想と時代背景　ほか)　第3章 古典学派の経済思想(アダム・スミス　トマス・ロバート・マルサス　ほか)　第4章 マルクスの経済思想(マルクスの生涯と著作・時代背景を織り交ぜて　資本主義の歴史的把握　ほか)　第5章 歴史学派の経済思想(歴史学派の時代背景　旧歴史学派　ほか)　第6章 限界革命の経済思想(メンガー　ジェヴォンズ　ほか)　第7章 ケインズおよびその後の経済思想(マーシャル　マクロ経済学の誕生とケインズ学派　ほか)

◇経済・社会と医師たちの交差―ペティ、ケネー、マルクス、エンゲルス、安藤昌益、後藤新平たち　日野秀逸著　本の泉社　2017.10　175p　19cm　1300円　①978-4-7807-1653-5　Ⓝ498.04

〖内容〗序に代えて―医師・医学と経済・社会　1部 マルクス・エンゲルスと医師・医学(マルクス・エンゲルス全集に登場する271人の医師たち　マルクス・エンゲルスと親族や友人の医師たち　マルクスたちは自然科学に強い関心を払った　医師と科学研究　経済学研究の先行者としての医師たち　ほか)　2部 日本における先駆者たち―安藤昌益と後藤新平(安藤昌益(1703～1762)　後藤新平(1857～1929))

ケネディ, C. 〔1957～〕 Kennedy, Caroline

◇愛しの(スイート)キャロライン―ケネディ王朝復活へのオデッセイ　クリストファー・アンダーセン著，前田和男訳　ビジネス社　2014.11　399p　20cm　〈年譜あり〉　2800円　①978-4-8284-1776-9　Ⓝ289.3

〖内容〗序章 素晴らしきアメリカの家族の物語へ、ようこそ　第1章 ケネディ王朝瓦解の年　第2章 愛しのキャロライン誕生　第3章 若き大統領と華麗なる一族、ホワイトハウスへ　第4章 愛するJFK、ダラスに死す　第5章 父代りの叔父ボビー、ロスに甦る　第6章 母の再婚―継父・海運王との奇想な日々　第7章 恋と破局、伴侶との出会い、母との永遠の別れ　第8章 母の跡を継ぎ、キャメロン城の女王に　第9章 最愛の弟の死を越えて、ケネディ王朝復活へ

＊本邦初！　全米ベストセラー、キャロライン・ケネディの知られざる真実！　なぜ、彼女は今も輝き続けているのか？　JFKの遺伝子を引き継ぐスーパーレディの力強い生き方に迫る！　誰からも愛され、史上初の女性駐日アメリカ大使の素顔とは！

ケネディ, J.F. 〔1917～1963〕 Kennedy, John Fitzgerald

◇ケネディのいちばん長い日―ある日本軍人との死闘　ロバート・ドノバン著，波多野裕造訳　毎日ワンズ　2014.5　236p　19cm　〈「PT109‐太平洋戦争とケネディ中尉」(日本外政学会 1963年刊)の改題、補筆や加筆をなし、再構成　文献あり〉　1400円　①978-4-901622-77-6　Ⓝ289.3

＊JFK没後50年。全米を感動に包んだ秘話!!

◇ケネディを沈めた男―日本海軍士官と若き米大統領の日米友情物語　星亮一著　潮書房光人社　2014.11　213p　19cm　〈文献あり〉　1900円

ケネテイ

①978-4-7698-1582-2 Ⓝ391.2074

内容 第1章 大東亜共栄圏　第2章 花見の経歴　第3章 太平洋の空母決戦　第4章 ガダルカナル　第5章 ラバウル海軍航空隊　第6章 ケネディ出征　第7章 日本駆逐艦の苦闘　第8章 ケネディ艇と激突　第9章 ラバウル要塞化　第10章 帰国　第11章 ケネディとの友情

＊駆逐艦天霧vs魚雷艇PT109運命の激突！　太平洋戦争中、敵魚雷艇に体当たりした駆逐艦艦長花見少佐と、撃沈された魚雷艇艇長ケネディ中尉。ケネディ大統領誕生に秘められた恩讐を越えた友情の絆を描く。

◇オリバー・ストーンが語るもうひとつのアメリカ史　2　ケネディと世界存亡の危機　オリバー・ストーン, ピーター・カズニック著　熊谷玲美, 小坂恵理, 関根光宏, 田沢恭子, 桃井緒美子訳　早川書房　2015.7　472p　16cm　〈ハヤカワ文庫 NF 440〉　960円　①978-4-15-050440-3　Ⓝ253.07

内容 第5章 冷戦―始めたのは誰か？（第二次大戦後の荒廃　ひとり活況を示すアメリカ　ほか）　第6章 アイゼンハワー―高まる軍事的緊張（米ソ対立は本当に避けられなかったか？　ますます増える原爆の備蓄数 ほか）　第7章 JFK―「人類史上、最も危険な瞬間」（新しい指導者、フルシチョフ　ソ連のスプートニク・ショック ほか）　第8章 LBJ―道を見失った帝国（ケネディ暗殺の余波　「偉大な社会」を目指したジョンソン新大統領 ほか）　第9章 ニクソンとキッシンジャー―「狂人」と「サイコパス」（「覇権国家アメリカ」というビジョンは共有する二人　反戦の大きなうねりに乗って ほか）

＊第二次大戦後の冷戦も、通説とは異なりアメリカが主導していた。むしろアメリカは核戦争の瀬戸際にたびたび世界を追いやっていた。そして軍事介入という形で混迷する南米やアジアの諸国を操り、帝国の版図を広げていた―ベトナム戦争で泥沼にはまり、世界にその素顔を曝すまでは。不世出の指導者ケネディはなぜ死なねばならなかったのか。「もしケネディが暗殺されなかったら」を考えさせられる歴史超大作第2弾。

◇列伝アメリカ史　松尾弌之著　大修館書店　2017.6　309p　20cm　〈他言語標題：Movers in American History　年表あり　索引あり〉　2300円　①978-4-469-24605-6　Ⓝ285.3

内容 ポカホンタス―征服された新天地の象徴　アン・ハッチンソン―異議申し立ての系譜　トマス・ジェファソン―アメリカ独立宣言の起草者　ハリエット・タブマン―逃亡奴隷に居場所を用意した女性　メリー・B.エディ―金ぴか時代の治癒方法　ジョン・D.ロックフェラー―豊かなアメリカを作りあげた「強盗貴族」　セオドア・ローズベルト―二〇世紀を形づくった大統領　チャールズ・A.リンドバーグ―機械と共存した英雄　フランクリン・D.ローズベルト―パックス・アメリカーナをもたらした大統領　チャーリー・チャップリン―繁栄の時代の反逆児　ジョン・F.ケネディ―期待に満ちた時代の若い大統領　ベティ・フリーダン―対抗文化運動のうねり　リチャード・M.ニクソン―多様性の時代に立ち向かった大統領　バラク・H.オバマ―希望を信じ忍耐を貫いた黒人大統領　ドナルド・J.トランプ―人民の人民による人民のための政治

＊ポカホンタスからトランプまで。時代に影響を与えた人々の人生の物語を通していきいきと描く魅力あふれるアメリカ史。

◇ケネディとニューフロンティア　中屋健一著　清水書院　2018.11　230p　19cm　〈新・人と歴史拡大版 33〉〈1984年刊の再刊　文献あり　年譜あり　索引あり〉　1800円　①978-4-389-44133-3　Ⓝ253.073

内容 1 大統領への道（全国的に売り出す　立候補の足固め　栄冠への途 ほか）　2 ニューフロンティアへの道（世界の指導者として　冷戦とケネディ　難航するニューフロンティア ほか）　3 平和共存への道（平和への試み　キューバの危機　冷戦の緩和 ほか）　4 巨星は落ちた

＊二〇世紀の中頃にあって核超大国である米ソの世界における影響力は大きかった。そのアメリカをしらずに、現代世界をも日本をも理解することは不可能といえる。激動する現代にあって、ケネディの果たした役割は何だったのだろうか。そのニューフロンティア政策とはどのようなものであり、何を生み出したのか。また、黒人問題、ベトナム戦争など現代を考えるうえで、避けることのできない諸問題にも言及した本書は、アメリカ史の第一人者たる著者が情熱をこめて著した偉大なる大統領ケネディを通してみたアメリカ現代史ともいえよう。

◇「発想の転換」の政治―ケネディ大統領の遺言　土田宏著　彩流社　2018.11　275,10p　19cm　2000円　①978-4-7791-2544-7　Ⓝ312.53

内容 第1章 真の平和のために―アメリカン大学での演説（本当の平和　核の時代の常識 ほか）　第2章 アメリカ国内に革命を―全国に向けたテレビ演説（アメリカと黒人　奴隷解放令と憲法改正 ほか）　第3章 正しいことは、正しいからする―ケネディの信念（キング牧師救済　二度と戦争はしない ほか）　第4章 もうひとつの遺言―安倍政治は滅びへの道（アメリカ合衆国憲法　合衆国憲法の制定649 ほか）

＊今こそ問われる政治姿勢の真髄！　"強者が公正で、弱者が安全で、そして平和が維持される"と語ったケネディ。理念・理想なき分断の現在にこそ、彼が掲げ、求めたものが光を放つ！

ケネディ, N. 〔1956～〕　Kennedy, Nigel

◇偉大なるヴァイオリニストたち　2　チョン・キョンファから五嶋みどり、ヒラリー・ハーンまで　ジャン＝ミシェル・モルク著, 神奈川夏子訳　ヤマハミュージックメディア　2017.4　356,8p　21cm　〈文献あり〉　3400円　①978-4-636-92333-9　Ⓝ762.8

内容 ボリス・ベルキン　チョン・キョンファ　ピンカス・ズーカーマン　オーギュスタン・デュメイ　ピエール・アモイヤル　ドミトリ・シトコヴェツキー　ナイジェル・ケネディ　シュロモ・ミンツ　ヴィクトリア・ムローヴァ　チョーリャン・リン〔ほか〕

＊外科医でもある筆者による桁外れに鋭い考察に基づく評伝集。使用楽器や練習法はもちろん、デビューの裏側や生い立ち、家族関係などに迫り、素顔を描き出す。歴史的名演を収録したCD・ROM付き。

ゲバラ, E. 〔1928〜1967〕 Guevara, Ernesto

◇チェ・ゲバラ―旅、キューバ革命、ボリビア　伊高浩昭著　中央公論新社　2015.7　306p　18cm　(中公新書 2330)〈文献あり　年表あり〉　880円　Ⓘ978-4-12-102330-8　Ⓝ289.3

内容 第1章 目覚めへの旅　第2章 運命の出会い　第3章 キューバ革命戦争　第4章 革命政権の試行錯誤　第5章 ヒロン浜の勝利　第6章 ミサイル危機と経済停滞　第7章 「出キューバ」へ　第8章 コンゴ遠征　第9章 ボリビア

＊1928年、アルゼンチンに生まれた革命家チェ・ゲバラ。医学生時代にラテンアメリカを旅し、貧富の格差や米国支配の問題に目覚める。カストロ兄弟と共にゲリラ戦で活躍し、59年のキューバ革命政権樹立に貢献。要職を歴任するものの、思いは全ラテンアメリカでの革命推進にあった。再び戦地に赴くチェ。だが前哨戦のコンゴ、続くボリビアで過酷な現実に直面し…。彼の遺した膨大な文章と関係者への取材から実像に迫る。

◇ゲバラの実像―証言から迫る「最期のとき」と生き様　平山亜理著　朝日新聞出版　2016.2　231p　19cm　〈他言語標題：THE OTHER SIDE OF GUEVARA　文献あり　年譜あり〉　1400円　Ⓘ978-4-02-251361-8　Ⓝ289.3

内容 第1部 「ゲバラの死」(元CIA工作員の証言　元ボリビア軍討伐隊長の証言　元ゲリラたちの証言)　第2部 「ゲバラを支えた者たち」(ゲバラに共感する理由　同僚・部下たちの証言)　第3部 「残された家族の物語」(末弟・マルティンの証言　親友たちの証言　娘・アレイダの証言)　第4部 「いまも生きるゲバラ」(医療・教育現場に残る遺産　ゲバラが世界に与えた影響)

＊死後半世紀近くがたっても、いまだに論争を呼び起こす「チェ・ゲバラ」とは何者か。いまも世界の人々を惹きつける理由とは。元CIA工作員、元ボリビア軍大尉、末弟、親友、娘…数々の証言から浮かび上がる"カリスマ"の人物像。

◇チェ・ゲバラ名言集　エルネスト・チェ・ゲバラ著、米津篤八、長谷川圭訳　原書房　2017.1　256p　19cm　1600円　Ⓘ978-4-562-05370-4　Ⓝ289.3

内容 新たに発掘された古いインタビュー　カストロニューヨーク訪問　キューバ革命のイデオロギー侵略に備えて大衆を動員するのか？　キューバの経済計画　プンタ・デル・エステにて　キューバとケネディ・プラン　新しい党のカードル　メーデーの演説　フィデルとしてのゲリラ戦　カミロへの追悼　国連演説　ジョシー・ファノンとのインタビュー　アジア・アフリカ会議にて　『リベラシオン』誌インタビュー　キューバの社会主義と人間　カストロへの分かれの手紙　両親への別れの手紙　自由のためのヴェトナムと世界の闘争

＊理想主義者として世界へ、友としてカストロへ、息子として両親へ…。稀代の革命家が遺した言葉は、時を経てなお生きている。

◇ゲバラのHIROSHIMA　佐藤美由紀著　双葉社　2017.8　175p　19cm　〈文献あり〉　1500円　Ⓘ978-4-575-31290-4　Ⓝ289.3

内容 第1章 キューバ親善使節団(カバーニャ要塞のコマンダンテ　外交模索が目的の長期外遊 ほか)　第2章 ゲバラとヒロシマ(千鳥ヶ淵と広島と　強行突破 ほか)　第3章 アメリカ嫌い(政治的な目覚め　運命の出会い ほか)　第4章 ミサイル危機と反核(北の巨人の"いやがらせ"　要職歴任、昼夜の学び ほか)　第5章 それぞれのヒロシマ(四四年後に果たされた約束　フィデル・カストロのヒロシマ ほか)

＊1959年7月25日。キューバ革命直後に、使節団として来日していたチェ・ゲバラ、予定を変更して電撃的に広島を訪問した。稀代の革命家は、なぜ広島にそこまでこだわったのか!?その地で何を感じ、何を持ち帰ったのか!?キューバと広島―現地取材でゲバラの"ヒロシマへの思い"を追った渾身のノンフィクション!!

◇チェとフィデル―深き友情　サン・ルイス編, 森山也子訳　〔出版地不明〕　『チェとフィデル』日本語版刊行委員会　2017.12　80p　30cm　〈発売：榕樹書林〔宜野湾〕〉　1800円　Ⓘ978-4-89805-198-6　Ⓝ289.3

＊原書は2004年ハバナで刊行された『CHE and FIDEL －A Deep Friend Ship-』で本書はその完訳版である。多くの写真をベースにチェ・ゲバラとフィデル・カストロの深い交流と友情を叙情詩的に綴ったグラフ集で、本書はこれを忠実に再現したものである。キューバ革命のアウトラインを簡略にたどりつつ、チェとフィデルの出会い、シエラ・マエストラ山中での闘い、ハバナへの進軍とバチスタ政権の打倒、キューバ危機等を経てゲバラの新たな旅立ちと別れ、そしてその死までが詩の様に語られていく。本書は2009年に沖縄からキューバを訪問した一人の女性の深い感動を人々に伝えるべく刊行されるものである。

◇カストロとゲバラ　広瀬隆著　集英社インターナショナル　2018.2　253p　18cm　(インターナショナル新書 020)〈文献あり　発売：集英社〉　760円　Ⓘ978-4-7976-8020-1　Ⓝ289.1

内容 第1章 キューバ革命前史(若き日のフィデル・カストロ　革命の発端となったスペイン人とアメリカ政府の対立 ほか)　第2章 革命の決行と国民の蜂起(カストロ兄弟とチェ・ゲバラがキューバ革命を決意した　カストロ軍団がキューバ上陸作戦を決行! ほか)　第3章 社会改革と忍び寄るアメリカの脅威(カストロ政府が農地改革に着手する　チェ・ゲバラに与えられた役割 ほか)　第4章 キューバ危機が勃発―米ソ帝国主義の正体(ケネディ政権の誕生とピッグス湾侵攻作戦　キューバ侵攻事件がベトナム戦争の分岐点となった ほか)　第5章 生き続けたキューバ革命の民族主義(キューバ人の怒りが向かった矛先　民族主義か、社会主義か―アルジェリアとエジプトにベトナムと連帯したキューバ ほか)

＊青年弁護士だったカストロが、盟友の医師チェ・ゲバラと共にキューバ革命を成功に導いてから約六〇年。その間キューバは、アメリカ政府の経済封鎖や暗殺計画に屈してきた。国民が平等で、教育費・医療費が無料の理想国家を築き上げてきた。キューバ危機という、核戦争の恐怖をも乗り越えた二人の革命家から、我々はいま何を学ぶことができるのか？　現在までのキューバ史を壮大なスケールで描く。

ケラー, H.A. 〔1880〜1968〕 Keller, Helen Adams

◇日米の架け橋―ヘレン・ケラーと塙保己一を結

ぶ人間模様 対訳 佐藤隆久著, 温故学会監修, 西林静美訳 熊本 熊本第一ライオンズクラブ 2014.7 268p 31cm 〈他言語標題：A bridge between Japan and the United States 年譜あり 英語併記〉 5000円 Ⓝ289.3

◇ヘレン・ケラー——行動する障害者、その波乱の人生 社会福祉運動家〈アメリカ〉 筑摩書房編集部著 筑摩書房 2014.11 164p 19cm 〈ちくま評伝シリーズ〈ポルトレ〉〉〈他言語標題：Helen Keller 文献あり 年譜あり〉 1200円 Ⓘ978-4-480-76621-2 Ⓝ289.3

[内容] 第1章 サリヴァンとの出会い 第2章 障害があってもチャレンジを続ける 第3章 大学生活、そして社会活動に目覚めて 第4章 障害者の希望の星に 第5章 ヘレンと日本 巻末エッセイ「ことばの人、ヘレン・ケラー」(高橋源一郎)

＊すべての盲者に光を…三重苦を乗り越えた少女は、社会福祉と世界平和に一生を捧げた。

ゲーリー, F.O. 〔1929～〕 Gehry, Frank Owen

◇フランク・ゲーリー建築の話をしよう フランク・ゲーリー述, バーバラ・アイゼンバーグ著, 岡本由香子訳 エクスナレッジ 2015.12 307p 23cm 2800円 Ⓘ978-4-7678-2071-2 Ⓝ523.53

[内容] 第1部 学び(始まり ゲーリー上等兵 次のステップへ 芸術作品とトイレ) 第2部 自分の言語を確立する(ゲーリー、海を渡る ミシシッピ川の美術の神殿 待ちに待ったヒーローの帰還 ディズニー・ホールのコンペを振り返って ビルバオ・イフェクト) 第3部 さらなる高みへ(事務所のゲーリー 天才たちと交わる スクリーンで、そしてティファニーで 大陸の端と端で アトランティック・ヤードとグランド・アベニュー再開発 ガラスの家の人々 ゲーリー、犬小屋を建てる 故郷へ 引退までのカウントダウン)

＊ゲーリーはどんな環境に生まれ、どんな家庭を築き、どんな理想を抱き、現実に何を成し遂げたのか。建築家の日常はどのようなものか。あまたい建築家のなかでゲーリーを卓越した存在たらしめているものは何なのか、本書をとおして読み解いていく。

ケリー, G. (心理学者) 〔1905～1967〕 Kelly, George

◇認知臨床心理学の父ジョージ・ケリーを読む――パーソナル・コンストラクト理論への招待 フェイ・フランセラ著, 菅村玄二監訳 京都 北大路書房 2017.2 1冊 19cm 〈文献あり 著作目録あり 索引あり〉 3000円 Ⓘ978-4-7628-2956-7 Ⓝ146

[内容] 第1部 ジョージ・ケリーの人生(ケリーの遍歴 ケリーの複雑さ) 第2部 理論への貢献(心理学の理論 心理療法の理論) 第3部 方法への貢献(心理測定法 心理療法の技法) 第4部 ジョージ・ケリーの評価と影響力(批判と反論 ケリーが与えた影響)

ケリー, G. (モナコ公妃) 〔1929～1982〕 Kelly, Grace

◇カルティエを愛した女たち 川島ルミ子著 集英社インターナショナル 2014.9 213p 22cm 〈タイトルは奥付による. 標題紙・背のタイトル：Cartier,Joaillier des Femmes 発売：集英社〉 2300円 Ⓘ978-4-7976-7271-8 Ⓝ755.3

[内容] Prologue 比類なきカルティエ、比類なき女たち Grace Kelly 1929 - 1982 輝きと夢をモナコにもたらしたグレース公妃 Barbara Hutton 1912 - 1979 かわいそうな金持ちの小さな女の子バーバラ・ハットン Jeanne Toussaint 1887 - 1976 ジュエリーの香りがするジャンヌ・トゥーサン Queen Alexandra 1844 - 1925 麗しのアレクサンドラ王妃 Princess Olga Paley 1866 - 1929 愛と悲劇を生きたパーレイ公妃 The Duchess of Windsor 1896 - 1986 愛は王位よりも強いウィンザー公爵夫人 Marie Bonaparte 1882 - 1962 ナポレオン皇帝の血をひくマリー・ボナパルト Empress Eugénie 1826 - 1920 第二帝政の華麗な花、ユュジェニー皇后

◇グレース・オブ・モナコ ジェフリー・ロビンソン著, 藤沢ゆき, 小松美都訳 KADOKAWA 2014.9 463p 15cm 〈角川文庫 ロ15-1〉 880円 Ⓘ978-4-04-101549-0 Ⓝ289.3

[内容] 美しく、そして優美に シャイな男 パブリック・ロマンス たったひとつの秘密の花園 極秘のうちに 結婚に向けて 結婚式 レーニエ大公と語り合って モナコ人の誇り 近代モナコの誕生〔ほか〕

＊グレース・ケリー本人とレーニエ3世、そして彼らの3人の子供たちと深い交流のあったジャーナリストだからこそ知る、モナコ公妃としての人生を全力で生きたグレースの素顔。家族を愛しモナコ発展のために身を捧げた彼女の大きな人間性を、近しい人々の多くの証言も交えて明らかにしていく。衝撃の死の真相も家族によって語られた。美しいハリウッド・スターの恋物語というイメージを覆す、硬派で華麗なノンフィクション。

◇グレース・ケリーの言葉——その内なる美しさ 岡部昭子著 PHP研究所 2017.2 202p 15cm (PHP文庫 お82-1)〈「心を磨くグレース・ケリーの言葉」(マガジンハウス 2011年刊)の改題、加筆・修正 文献あり 年譜あり〉 660円 Ⓘ978-4-569-76694-2 Ⓝ289.3

[内容] 第1章 生い立ち・女優——意志を貫く強さ(目標を定める 初心を貫く ほか) 第2章 恋愛・結婚——運命を受け入れる柔軟性(終わった恋に執着しない 引き際が大切 ほか) 第3章 母・公妃——忍耐から学んだ喜び(逆境にあっても前向きに進む 子どもには経験から学ばせる ほか) 第4章 愛・美——人生から見出した慈しみ(奉仕の精神を持つ 痛みを持つ人に手を差し伸べる ほか) 文庫特別書き下ろし グレースとファッション(自分のスタイルを確立する 無駄遣いはせず、買った物は大切に ほか)

＊オードリー・ヘプバーンとともにハリウッド黄金時代を風靡した後、モナコ公国のプリンセスとなったグレース・ケリー。女優、母、公妃として様々な葛藤を乗り越えた彼女の輝きを支え続けたものは、しなやかで思いやり溢れる心だった。あなたの内なる魅力を引き出す言葉がきっと見つかる、"20世紀のシンデレラ"からのメッセージ。

◇ほんとうのプリンセスが教える、あなたもレ

ディになれるレッスン―世界を魅了した永遠のプリンセスグレース・ケリーに学ぶ　ジーナ・マッキノン著，[ダコスタ吉村花子]［訳］　日本文芸社　2018.5　222p　19cm　1400円　①978-4-537-21580-9　Ⓝ159.6

内容　1 自分らしく突き進む　2 輝きながら頂点を目指す　3 恋して成長する　4 永遠のスタイルを手にいれる　5 美しさをきわめる　6 結婚を学ぶ　7 プリンセスを目指す　8 家族のきずなを築く　9 一生の友人をつくる　10 自分の未来を見つめる

ケーリ, O. 〔1921〜2006〕 Cary, Otis

◇オーテス・ケーリの生涯　北垣宗治著　京都晃洋書房　2018.7　146,8p　21cm　〈他言語標題：OTIS CARY A BIOGRAPHY　索引あり〉　1800円　①978-4-7710-3076-3　Ⓝ289.3

内容　ケーリ家の伝統　小樽　ディアフィールド・アカデミー　アーモスト大学　太平洋戦争　日本進駐除隊、アーモスト大学代表として同志社大学に派遣されるアーモスト館長　非難の矢面に立つ　新島研究、内村研究、そして京都が救われた理由　[ほか]

＊敗戦後の同志社大学を支援するため、アーモスト大学から派遣されたオーテス・ケーリの生涯。同志社アーモスト館館長として教育を率い、日米二つの文化に根を下ろした教育者として、また新島襄全集の編纂や京都が原爆投下目標から外された理由の探求といった功績を残す歴史家として、同志社大学の教育に大きな影響をもたらしたのである。

ゲーリング, E. 〔1938〜2018〕 Göring, Edda

◇ナチの子どもたち―第三帝国指導者の父のもとに生まれて　タニア・クラスニアンスキ著，吉田春美訳　原書房　2017.9　269,23p　20cm　〈文献あり〉　2500円　①978-4-562-05432-9　Ⓝ283.4

内容　グドルーン・ヒムラー―ナチズムの「お人形さん」　エッダ・ゲーリング―「ナチ・ドイツのネロの小さなプリンセス」　ヴォルフ・R.ヘス―最後の戦犯の陰にいる子ども　ニクラス・フランク―真実への欲求　マルティン・アドルフ・ボルマン・ジュニア―「クレーンツィ」あるいは皇太子　ヘースの子どもたち―アウシュヴィッツの司令官の子孫たち　シュペアーの子どもたち―「悪魔の建築家」の一族　ロルフ・メンゲレ―「死の天使」の息子　ドイツの歴史か？

＊ナチ高官たちは何を行い、戦後、自らの罪にどう向き合ったのか。子どもたちは父の姿をどのように見つめたのか。本名を隠して生きた者、極右運動に走る者…。さまざまな人生を追い、語られざる現代史に迫る。

ゲーリング, H.W. 〔1893〜1946〕 Göring, Hermann Wilhelm

◇ヒトラーの共犯者―12人の側近たち　上　グイド・クノップ著，高木玲訳　原書房　2015.12　376,6p　20cm　〈2001年刊の新装版　文献あり〉　2800円　①978-4-562-05271-4　Ⓝ234.074

内容　1 火つけ役―ヨーゼフ・ゲッベルス　2 ナンバー・ツー―ヘルマン・ゲーリング　3 実行者―ハインリヒ・ヒムラー　4 代理人―ルドルフ・ヘス　5 建築家―アルベルト・シュペーア　6 後継者―カール・デーニッツ

＊ヒトラーの共犯者たちをとりまいていた多くの人々と会談し、家族や友人や同僚をはじめとする当時の人々にインタビューした。その多くは、今回初めて発言した人々である。彼はまた個人的な文書も閲覧した。さらには、ロシアならびにイギリスの公文書館から新しい資料も発掘した。これによって、鉤十字のもとでの権力の、全体的な姿がたちあらわれてくる。これまで知られていなかった多くの事実が明らかにされ、ナチ体制のたぐいまれな歴史となっている。はじめて明かされる「神」の執行人たちの全記録。ドイツTV金獅子賞、バイエル・テレビ賞受賞。

ゲルギエフ, V.A. 〔1953〜〕 Gergiev, Valery Abisalovich

◇偉大なる指揮者たち―トスカニーニからカラヤン、小澤、ラトルへの系譜　クリスチャン・メルラン著，神奈川夏子訳　ヤマハミュージックメディア　2014.11　389,7p　21cm　2800円　①978-4-636-90301-0　Ⓝ762.8

内容　アルトゥーロ・トスカニーニ　ウィレム・メンゲルベルク　セルゲイ・クーセヴィツキー　ピエール・モントゥー　ブルーノ・ワルター　サー・トーマス・ビーチャム　レオポルド・ストコフスキー　エルネスト・アンセルメ　オットー・クレンペラー　ヴィルヘルム・フルトヴェングラー　[ほか]

＊指揮の特徴や楽団員からの評価、生い立ちや普段の振る舞い、家族関係など、50人のマエストロたちの素顔を描き出す。オーケストラ指揮の知られざる側面に迫った評伝集。

ゲルダ・タロー 〔1911〜1937〕 Gerda Taro

◇ゲルダーキャパが愛した女性写真家の生涯　イルメ・シャーバー著，高田ゆみ子訳　祥伝社　2015.11　457p　19cm　2100円　①978-4-396-65055-1　Ⓝ740.234

内容　序章 ゲルダを探して　1 迫害―ドイツ時代 1870 - 1933　2 めぐり逢い―フランス時代 1933 - 1936　3 戦場へ―スペイン時代1 1936 - 1937　4 最期―スペイン時代2 1937　5 その後のゲルダ 1937 - 現在

＊あの「崩れ落ちる兵士」を撮ったのは、彼女かもしれない。ナチスから逃れ、パリに渡り、戦場に散った"もうひとりのキャパ"。その短くも壮絶な一生をたどる。伝説の女性戦場カメラマンの肖像、初の日本語訳。

◇ゲルダ・タロー―ロバート・キャパを創った女性　ジェーン・ロゴイスカ著，木下哲夫訳　白水社　2016.9　314,8p　21cm　〈文献あり〉　5400円　①978-4-560-09506-5　Ⓝ740.234

内容　「勇ましく可憐なゲルダ」―ゲルダ・タローの遺したもの　引き裂かれたゲルダ―ドイツ一九一〇年・三三年　生き延びるのがやっと―パリのゲルダ一九三三年・三四年　アンドレ・フリードマン参上　ゲルダとアンドレ　ロバート・キャパを創りだす　戦

争!―バルセロナ一九三六年八月　戦闘地域を目指す―一九三六年八月・九月　冬―一九三六年　過渡期―一九三七年二月・三月　新たな指令―一九三七年三月・四月　妥協―一九三七年五月　映画作り―一九三七年五月・六月　文化を擁護する作家たち―一九三七年七月―一九三七年七月　ブルネテの戦い―一九三七年七月　最期の日―一九三七年七月二十五日
* 自由と恋と写真、早すぎた死、道半ばで戦場に散った果敢な人生と作品を鮮やかに蘇らせる。カラー・モノクロ図版約100点。

ゲルツェン, A. 〔1812〜1870〕
Herzen, Aleksandr

◇ゲルツェンと1848年革命の人びと　長縄光男著　平凡社　2015.10　263p　18cm　（平凡社新書792）〈文献あり〉　820円　①978-4-582-85792-4　Ⓝ309.023

[内容] ゲルツェンと一八四八年革命　第1部　西欧のロシア観vs.ゲルツェンのロシア論（「ピョートルとその後」―西欧のロシア観1　「ニコライ一世の時代のロシア」―西欧のロシア観2　ゲルツェンの見るロシアの「共同体」と「専制体制」　「ピョートルとその後」をゲルツェンはどう見たか　ロシアが与えるヨーロッパの未来―ゲルツェンの見るロシアの現在）　第2部　四八年の人びと（フランス　イタリア　イギリス）

* 現代へのとば口、マルクスがまだ端っこにいた時代、48年革命期の思想家・活動家の大立者をつなぐキーマンはゲルツェンだった！　いまこそ見なおされ読みなおされるべき48年革命の人びととその思考！

ゲルマニクス 〔15B.C.〜19A.D.〕
Germanicus Julius Caesar

◇ローマ帝国人物列伝　本村凌二著　祥伝社　2016.5　303p　18cm　（祥伝社新書　463）　840円　①978-4-396-11463-3　Ⓝ283.2

[内容] 1 建国期―建国期のローマ（ブルトゥス―共和政を樹立した初代執政官　キンキナトゥス―ワシントンが理想とした指導者　ほか）　2 成長期―成長期のローマ（アッピウス―インフラ整備など、類稀なる先見性　ファビウス―耐えがたきを耐えた「ローマの盾」　ほか）　3 転換期―転換期のローマ（クラッスス―すべてを手に入れた者が欲したもの　大ポンペイウス―カエサルに敗れた大武将　ほか）　4 最盛期―最盛期のローマ（ゲルマニクス―夭逝した理想のプリンス　ネロ―気弱な犯罪者だった暴君　ほか）　5 衰亡期―衰亡期のローマ（ガリエヌス―動乱期の賢帝　ディオクレティアヌス―混乱を鎮めた軍人皇帝　ほか）

* ローマの歴史には、独裁も革命もクーデターもあり、「パクス・ロマーナ」と呼ばれた平和な時代もあった。君主政も共和政も貴族政もポピュリズムもあり、多神教も一神教もあった。まさに「歴史の実験場」であり、教訓を得るのに、これほどの素材はない。歴史を学ぶには制度や組織は無視できないが、そこに人間が存在したことを忘れてはならないだろう。本書は、一〇〇〇年を超えるローマ史を五つの時代に分け、三二人の生涯と共に追うものである。賢帝あり、暴君あり、英雄から気丈な女性、医学者、宗教家まで。壮大な歴史叙事詩であり、歴史は人なり―を実感する一冊。

ケンドリック, J. 〔1740〜1794〕
Kendrick, John

◇ペリーより62年も前に―詳説ケンドリックはなぜ日本に来たのか　佐山和夫著　彩流社　2015.3　367p　19cm　〈文献あり〉　3700円　①978-4-7791-2062-6　Ⓝ289.3

[内容] ケープコッド　ボストンの港町　新興国アメリカの息吹　ケープホーンをまわる　国々の思惑　イギリスとスペイン、その間のアメリカ　突っぱねるスペイン　ハワイへ、広východ　広東貿易　日本を目指せ　その他の記録　グレイス号とアーゴノート号　グレイの栄光とケンドリックの不運　北西海岸で土地を買う　ハワイの統一戦に巻き込まれる　航跡に見るアメリカの意志

* 「事実」を確認することは、「歴史」を知ること以上に、将来への大きな弾みとなる。当時のアメリカが「国家」として利害の対立した国々との関係に特に注目。日米関係がペリーの来日に始まったのなら、「脅されて」交流が始まったことになりかねない。それを「ケンドリック」に正すことで、日米交流は友好的な触れ合いから始まっていたことが明白になる。

【コ】

小泉八雲
⇒ハーン, L. を見よ

コーエン, S. 〔1956〜〕　Cohen, Steven A.

◇ブラックエッジ―資産1兆円の男、スティーブ・コーエン物語　シーラ・コルハトカー著、長尾慎太郎監修、藤原玄訳　パンローリング　2018.1　492p　19cm　（ウィザードブックシリーズ　Wizard books 258）　1800円　①978-4-7759-7227-4　Ⓝ338.8

[内容] 不安　1（金、金、金　コーエンが欲したもの、手にしたもの　ほか）　2（リックカフェでギャンブルをするようなものだ　最先端の機密情報　ほか）　3（情報提供者　王たちの死　ほか）　4（正義　判決）　付録　登場人物一覧

* 読み始めるともうやめられないストーリーテリング！「マーケットの魔術師」の称号はウソだったのか？　ブラックエッジとは、企業決算や会社の買収情報・新商品・試験結果などのエッジを事前に知り、超えてはならない一線を超えること。

コーク, C. 〔1935〜〕
Koch, Charles de Ganahl

◇世界を動かす巨人たち　経済人編　池上彰著　集英社　2017.7　250p　18cm　（集英社新書　0889）〈文献あり〉　760円　①978-4-08-720889-4　Ⓝ280

[内容] 第1章　ジャック・マー　第2章　ルパート・マードック　第3章　ウォーレン・バフェット　第4章　ビル・ゲイツ　第5章　ジェフ・ベゾス　第6章　ドナルド・トランプ　第7章　マーク・ザッカーバーグ　第8章　グーグルを作った二人―ラリー・ペイジ、セル

ゲイ・ミハイロビッチ・プリン　第9章 コーク兄弟
―チャールズ・コーク，デビッド・コーク
＊この11人の大富豪こそ，真の「実力者」。池上彰が，
歴史を動かす「個人」から現代世界を読み解く人
気シリーズ最新刊！

コーク, D.H.〔1940～〕
Koch, David Hamilton

◇アメリカの真の支配者コーク一族　ダニエル・
シュルマン著，古村治彦訳　講談社　2015.12
518p 19cm 3200円　①978-4-06-219524-9
Ⓝ288.3

[内容] ティーパーティー運動の源流　ウィチタの息子た
ち　スターリンの石油マン　ジョン・バーチ協会誕
生　MITでのメーデー　後継者問題　リバタリア
ン・コーク大帝国の勃興　兄弟間の泥沼の戦争　万
能メアリー　デイヴィッド・コーク　ビル・コーク
の兵法　「血」を巡る争いの連鎖　コーク一族の闇
表舞台に姿を現す　全面戦争　コーク一族の見果て
ぬ野望

＊"現代版ロックフェラー家"。2016年大統領選挙の
カギを握る、アメリカで最も嫌われている一族の謎
に迫るリバタリアニズム、ティーパーティー…
泥臭いアメリカ保守政治の現実をえぐり出す！

◇世界を動かす巨人たち　経済人編　池上彰著
集英社　2017.7 250p 18cm　（集英社新書
0889）〈文献あり〉　760円　①978-4-08-720889-4
Ⓝ280

[内容] 第1章 ジャック・マー　第2章 ルパート・マー
ドック　第3章 ウォーレン・バフェット　第4章 ビ
ル・ゲイツ　第5章 ジェフ・ベゾス　第6章 ドナル
ド・トランプ　第7章 マーク・ザッカーバーグ　第
8章 グーグルを作った二人―ラリー・ペイジ，セル
ゲイ・ミハイロビッチ・プリン　第9章 コーク兄弟
―チャールズ・コーク，デビッド・コーク
＊この11人の大富豪こそ，真の「実力者」。池上彰が，
歴史を動かす「個人」から現代世界を読み解く人
気シリーズ最新刊！

コーク, M.〔1907～1990〕
Koch, Mary Robinson

◇アメリカの真の支配者コーク一族　ダニエル・
シュルマン著，古村治彦訳　講談社　2015.12
518p 19cm 3200円　①978-4-06-219524-9
Ⓝ288.3

[内容] ティーパーティー運動の源流　ウィチタの息子た
ち　スターリンの石油マン　ジョン・バーチ協会誕
生　MITでのメーデー　後継者問題　リバタリア
ン・コーク大帝国の勃興　兄弟間の泥沼の戦争　万
能メアリー　デイヴィッド・コーク　ビル・コーク
の兵法　「血」を巡る争いの連鎖　コーク一族の闇
表舞台に姿を現す　全面戦争　コーク一族の見果て
ぬ野望

＊"現代版ロックフェラー家"。2016年大統領選挙の
カギを握る、アメリカで最も嫌われている一族の謎
に迫るリバタリアニズム、ティーパーティー…
泥臭いアメリカ保守政治の現実をえぐり出す！

ゴシケービチ, Io.〔1814～1875〕
Goshkevich, Iosif

◇ベラルーシを知るための50章　服部倫卓，越野
剛編著　明石書店　2017.9 348p 19cm（エ
リア・スタディーズ 158）〈文献あり 索引あ
り〉　2000円　①978-4-7503-4549-9　Ⓝ302.385

[内容] 1 ベラルーシの国土と歴史（ベラルーシという国
のあらましとその国土―欧州の中心の平坦な国　古
ルーシ諸公国とリトアニア大公国―スラヴとバルト
の混交域　ほか）　2 ベラルーシの国民・文化を知る
（土地の人間（トゥテイシャ）の曖昧なアイデンティ
ティ―ベラルーシ人ってだれ？　ベラルーシ語の
言語学的特徴―東スラヴ語群の一言語として　ほか）
3 現代ベラルーシの政治・経済事情（国旗・国章・国
歌から見えてくるベラルーシの国情―ソ連の名残を
とどめる　アレクサンドル・ルカシェンコの肖像―
「欧州最後の独裁者」と呼ばれて　ほか）　4 日本と
ベラルーシの関係（ベラルーシ出身の初代駐日ロシ
ア領事ゴシケーヴィチ―その生涯と晩年の地を訪ね
て　日本とベラルーシの二国間関係―外交と経済関
係　ほか）

コゾフ, P.〔1950～1976〕　Kossoff, Paul

◇フリー・ザ・コンプリート―伝説のブリティッ
シュ・ブルース・ロックバンド，栄光と苦悩
デヴィッド・クレイトン，トッド・K.スミス著，
葛葉哲哉訳　Du Books　2017.11 277p
31cm〈発売：ディスクユニオン〉　4200円
①978-4-86647-024-5　Ⓝ764.7

[内容] ポール・コゾフ　サイモン・カーク　ポール・
ロジャース　アンディ・フレイザー　胎動―High
Octane Blues　熱情―Tons Of Sobs　亀裂―I'll
Be Creeping　停滞―Growing Pains　暁光―All
Right Now　陶酔―Freemania〔ほか〕

＊本書に書れているのは、フリーの盛衰である。シ
ングルとアルバムがヒットした興奮の日々、そし
て、それが原因となり、1971年、最初の解散を迎
える。短い期間を駆け抜けたバンド（コゾフ・カー
ク・テツ・ラビット，ピース，トビー）を経て、1972
年に再結成。その理由が語られる。1973年、最終
的な解散。それがバッド・カンパニー、シャーク
ス、バック・ストリート・クローラーにつながり、
1976年、ポール・コゾフが悲劇的な最後を遂げる。
フリーは本当に終わったのであった。

コーツ, R.〔1772～1848〕　Coates, Robert

◇バンヴァードの阿房宮―世界を変えなかった十
三人　ポール・コリンズ著，山田和子訳　白水
社　2014.8 425,21p 20cm〈文献あり 著作
目録あり〉　3600円　①978-4-560-08385-7
Ⓝ283

[内容] バンヴァードの阿房宮―ジョン・バンヴァード
贋作は永遠に―ウィリアム・ヘンリー・アイアランド
空洞地球と極地の穴―クリーヴズ・シムズ
N線の目を持つ男―ルネ・ブロンロ　音で世界を語る
―ジャン・フランソワ・シュドル　種を蒔いた人―
イーフレイム・ウェールズ・ブル　台湾ロンドンに
現わる―ジョージ・サルマナザール　ニューヨーク
空圧地下鉄道―アルフレッド・イーライ・ビーチ　死
してもはや語ることなし―マーティン・ファークワ

タッパー　ロミオに生涯を捧げて―ロバート・コーツ　青色光狂騒曲―オーガスタス・J　ブレゾントン　シェイクスピアの墓をあばく―ディーリア・ベーコン　宇宙は知的生命でいっぱい―トマス・ディック

＊その時、歴史は動かなかった！世界最長のパノラマ画、地球空洞説、驚異なる放射線"N線"、音楽言語、空圧式地下鉄、新発見のシェイクスピア劇…壮大な夢を追求し、敗れ去った人々の数奇な物語。

ゴッホ, V. 〔1853～1890〕Gogh, Vincent van

◇ゴッホ〈自画像〉紀行―カラー版　木下長宏著　中央公論新社　2014.11　216p　18cm　（中公新書 2292）　1000円　①978-4-12-102292-9　⑭723.359

内容　1 牧者への夢―自画像以前の時代（「一本の道」―画家になるまで　畑を耕すように描く―エッテン、ハーグ、ヌエネン）　2 自問する絵画―自画像の時代（鏡に映らない自己を描く―パリ　日本の僧侶のように―アルル）　3 弱者としての自覚―自画像以降の時代（遠くへのまなざし―サン・レミ・ド・プロヴァンス　背景の肖像画へ―オーヴェル・シュル・オワーズ）　付　描かれたゴッホ

＊三七歳で自ら命を絶ったヴィンセント・ヴァン・ゴッホ。彼の画家人生は、わずか一〇年あまりにすぎない。その短い歳月に、四〇点を超える自画像を遺した。なぜゴッホはこれほど多くの自画像を描き、そしてそこに何を見いだしたのか―。ゴッホ研究の第一人者が、その求道的な生涯とともに、自画像を一点ずつたどっていく。丹念な作品の読解によって浮かび上がる、新しいゴッホの世界。自画像全点カラー収録。

◇僕はゴッホ　ジョージ・ロッダム文、スワヴァ・ハラシモヴィチ絵、岩崎亜矢監訳、山田美明訳　パイインターナショナル　2015.4　80p　23cm　（芸術家たちの素顔 5）〈文献あり〉　1600円　①978-4-7562-4627-1　⑭723.359

◇ゴッホを旅する　千足伸行著　創元社　2015.9　223p　20cm　2000円　①978-4-8460-1458-2　⑭723.359

内容　1章 初期の名作"馬鈴薯を食べる人達"とその周辺（ゴッホと農民画　図像の源泉　リアリズムと精神性）　2章 多彩な自画像と描かれたパイプの謎（自画像とその周辺　ゴッホにおける肖像画と自画像　パイプの謎）　3章 リアリズムの表象としてのモチーフ"古靴"（ゴッホと静物　モチーフとしての靴　描かれた靴　ゴッホのリアリズム　ゴッホの古靴　二つの議論　この世の旅人）　4章"烏の群れ飛ぶ麦畑"が暗示する"心の北帰行"（"終焉の地"オーヴェールのゴッホ　凄絶なゴッホの遺言状"烏の群れ飛ぶ麦畑"とその画面形式について　ゴッホにおける麦畑　烏＝死の予感？　諸家の解釈　ゴッホの北帰行）　5章 "アルルのはね橋"ほかの「橋づくし」（橋さまざま　印象は古の橋　印象派の橋　"アルルのはね橋"とその周辺）　6章 魂の独白としてのゴッホのデッサン（デッサンの芸術　デッサンへの道　魂のモノローグとしてのデッサン）

＊人間として、人間として―善意の人、敬虔なプロテスタント、弱者に寄り添うヒューマニスト、オランダ伝統の清教徒、情熱的な理想主義者…多くの顔をもつゴッホが生涯をかけて描き、訴えたかったのは何だったのか。肖像画・風景画・静物画・デッサンほか作品世界を一望し、遺された膨大な書簡から繙きつつ、その芸術と心の旅路をたどる本格評論。

◇ファン・ゴッホ その生涯と作品―彼の作品を含む500点以上の関連画像が如実に物語る　マイケル・ハワード著，田中敦子訳　ガイアブックス　2015.11　256p　29cm　〈索引あり〉　4300円　①978-4-88282-955-3　⑭723.359

内容　ファン・ゴッホの生涯とその時代（北方―低地諸国とイングランド　南方―アルル、サン＝レミ、オーヴェル＝シュル＝オワーズ）　ギャラリー（イングランドと北ヨーロッパ　パリ　アルル　サン＝レミ　オーヴェル＝シュル＝オワーズ）

＊フィンセント・ファン・ゴッホはその短い画業の中で2000点以上の作品を生み出したが、画家としての名声が高まったのは死後のことである。波乱に満ちた人生を歩んだ彼は、売れない画家としてもがき、人間関係に苦しみ、挙げ句の果てに精神を患い、1890年に自ら命を断った。生前はほとんど収入源にならなかった彼の絵は、今では世界で最も有名で最も高額な作品群に含まれている。本書の前半はゴッホの生い立ちや初期の経歴、影響を受けた人や物、人間関係を紹介しながらその生涯を詳しく探っていく。本書の後半は、初期のスケッチ・水彩から後期の有名な"ひまわり"、"アイリス"、"星月夜"までを網羅した280点以上の傑作選ギャラリー（鑑賞図版集）で構成される。どの作品にも解説をつけ、ゴッホの生涯におけるその作品の意義や技法および作品全般について論じている。

◇巨匠探究―ゲーテ・ゴッホ・ピカソ　前川整洋著　図書新聞　2016.4　256p　20cm　2000円　①978-4-88611-468-6　⑭940.268

内容　第1部 ゲーテ（生い立ち　就学時代　『若きウェルテルの悩み』について　ほか）　第2部 ゴッホ（ゴッホへの誘い　ゴッホ展を見学して　苦難の生涯　ほか）　第3部 ピカソ（ピカソとの出会い　抽象絵画へのプレリュード　青の時代とバラ色の時代　ほか）

◇ゴッホの地図帖―ヨーロッパをめぐる旅　ニーンケ・デーネカンプ、ルネ・ファン・ブレルク、タイオ・メーデンドルプ著，鮫島圭代訳，千足伸行監修，ファン・ゴッホ美術館編　講談社　2016.9　180p　25cm　2600円　①978-4-06-220196-4　⑭723.359

内容　ゴッホのヨーロッパをめぐる旅　ズンデルト 1853‐1869　ゼーフェンベルヘン 1864‐1866　ティルブルフ 1866‐1868　ハーグ 1869‐1873　ロンドン 1873‐1875　パリ 1875‐1876　ラムズゲイト＆アイルワース 1876　ドルトレヒト 1877　アムステルダム 1877‐1878〔ほか〕

＊ゴッホ美術館公認。膨大な作品と資料で旅人・ゴッホの37年を追体験！

◇謎解きゴッホ―見方の極意魂のタッチ　西岡文彦著　河出書房新社　2016.9　16,213p　15cm　（河出文庫 に10-3）〈「二時間のゴッホ」（1995年刊）の改題、全面改稿　文献あり〉　740円　①978-4-309-41475-1　⑭723.359

内容　はじめに　ゴッホの謎を解く　ゴッホは、なぜ売れなかったのか―斬新な画風が嫌悪された理由　ゴッホは、なぜ画家になったのか―絶望した牧師の息子が絵画を志した理由　ゴッホはなぜひまわりを描いたのか―ゴーギャンにこの絵が捧げられた理由　ゴッホは、なぜアルルを日本と思ったのか―

南仏に絵画の未来を見出した理由　ゴッホは、なぜ浮世絵に熱中したのか—日本が画家の理想郷に思えた理由　ゴッホは、なぜ急いで描こうとしたのか—油彩に不向きな早描きをした理由　黄色い狂気—ゴッホは、なぜ究極の黄色を求めたか　白い秘密—ゴッホは、なぜ大量の白を必要としたのか　アルルの寝室—日本人の買ったゴッホがオルセーにある理由　ゴッホは、なぜ耳を切ったのか—アルルが悲劇の舞台となった理由　ゴッホはなぜ麦畑を描いたのか—みずから命を絶たなくてはならなかった理由　ゴッホは、なぜ愛されるのか—画家の魂が安息の地を得た理由

＊自ら命を絶つまでのわずか十年の画家人生で二千点以上の絵を描いたゴッホ。だが生前に売れた作品はたった一点のみだった…悲劇の画家がひまわりに究極の黄色を求めた理由、白の絵の具の秘密、渦巻くタッチの謎など、画期的視点から現代絵画の創始者であるゴッホを徹底鑑賞。他にも浮世絵に憧れ、南仏を日本と思い込んだ理由、ゴーギャンとの愛憎と耳切り事件の真相など、驚きの発見が満載！ゴッホの絵と人生のすべてがわかる決定版。

◇ファン・ゴッホの生涯　上　スティーヴン・ネイフ, グレゴリー・ホワイト・スミス著, 松田和也訳　国書刊行会　2016.10　515p 図版16p 22cm　5800円　①978-4-336-06045-7　Ⓝ723.359

内容　第1部　若年時代 1853-1880（堰と堤　ヒースの前哨地　奇矯な少年　神とカネ　レイスウェイクへの道 ほか）第2部 オランダ時代 1880-1886（氷の心　ますます愛する　素描家の拳　我が愛しの未亡人　みなし男 ほか）

＊ピューリッツァー賞受賞コンビによる奇跡的ゴッホ伝。あまたの伝説にいろどられた画家フィンセント・ファン・ゴッホの波瀾に満ちた生涯を、圧倒的な精緻さと感動的な筆致で巨細にわたり描き出した、ゴッホ伝の記念碑的決定版！図版約200点収録。

◇ファン・ゴッホの生涯　下　スティーヴン・ネイフ, グレゴリー・ホワイト・スミス著, 松田和也訳　国書刊行会　2016.10　421,33p 図版16p 22cm　〈文献あり 索引あり〉　5500円　①978-4-336-06046-4　Ⓝ723.359

内容　第3部 フランス時代 1886-1890（さかしま　ザンガノ兄弟　キャッチ・アンド・リリース　商魂ル・パラドゥ　向日葵と夾竹桃　詩人の園　架空の野蛮人　闘争　異邦人　二つの道　南仏　星月夜　孤立者　「堕落した子供」　庭と麦畑　幻影は消え失せる—しかし、崇高なものは残る）

＊画壇に席捲した印象派から距離を置き、弟テオの元を離れ、画家の楽園を打ちたてるべく、ゴッホは南仏へと向う。アルルの"黄色の家"にゴーギャンを招き共同生活を始めるものの、それも長くは続かなかった。そして終焉の地オーヴェールへ—ゴッホの死は果たして自殺だったのか？

◇ファン・ゴッホの手紙　ファン・ゴッホ著, 二見史郎編訳, 圀府寺司訳　新装版　みすず書房　2017.7　405,15p 23cm　〈年譜あり 索引あり〉　5500円　①978-4-622-08637-6　Ⓝ723.359

内容　ハーグ——一八七二年七月・一八七三年五月　ロンドン——一八七三年六月・一八七五年五月　パリ——一八七五年五月・一八七六年三月　ラムズゲイトとアイルワース——一八七六年四月・十二月　ドルドレヒト——一八七七年一月・四月　アムステルダム——一八七七年五月・一八七八年七月　ブリュッセルとボリナージュ——一八七八年七月・一八八一年四月　エッテン——一八八一年四月・十二月　ハーグ——一八八一年十二月・一八八三年九月　ドレンテ——一八八三年九月・十一月　ニュネン——一八八三年十二月・一八八五年十一月　アントウェルペン——一八八五年十一月・一八八六年三月　パリ——一八八六年三月・一八八八年二月　アルル——一八八八年二月・一八八九年五月　サン＝レミ——一八八九年五月・一八九〇年五月　オーヴェール＝シュル＝オワーズ——一八九〇年五月・七月

＊生きる意味と絵画への専心を伝えて、永遠に読者を魅きつけるゴッホの手紙。画家の全貌を示すべく編集された選集、決定版。

◇ゴッホの耳—天才画家最大の謎　バーナデット・マーフィー著, 山田美明訳　早川書房　2017.9　406p 19cm　〈文献あり〉　2200円　①978-4-15-209713-2　Ⓝ723.359

内容　未解決事件の謎を追う　痛ましい闇　失望と発見　あまりにも美しい　ゴッホが暮らした世界　娼婦ヴァンサンさん　苦境の友人　ついに見つけたわが家　芸術家の家〔ほか〕

＊1888年12月、南フランスのアルル。画家のフィンセント・ファン・ゴッホ（1853-90）は自らの片耳を切り落とす—彼はなぜこんな衝撃的な事件を引き起こしたのか？新発見資料を通して、美術館だけでは知り得ないゴッホが生きた世界が浮かび上がる。娼館の女将や娼婦、カフェのパトロンや警察、彼が愛した弟のテオ、芸術家たち、そして同居したゴーギャン。耳を贈られた謎の女性「ラシェル」とは何者なのか？また、ゴッホが切ったのは耳たぶなのか、それとも耳全体をそぎ落としたのか？「天才画家」ゴッホの知られざる一面をあぶり出す傑作ノンフィクション。

◇先駆者ゴッホ—印象派を超えて現代へ　小林英樹[著]　みすず書房　2017.11　292p 22cm　4800円　①978-4-622-08645-1　Ⓝ723.359

内容　萌芽　抵抗と模索　次にやらなければならないこと　浮世絵との出会い　新天地で開花　太陽の謳歌　「寝室」まで　個性の衝突　アルルを去るか　サン・レミの夏まで　発作の直前　見据える強い視線　内から発する光　回帰願望　進むべきか戻るべきか　旅立ち

＊働く人々への崇敬、印象派の色使い、浮世絵との出会いと新たな平面性、そして自然の懐へ。絵画の時代の結節点に屹立するゴッホを、造形的要素と内面性表出から論じ尽くす。カラー100点収録。

◇ゴッホのあしあと—日本に憧れ続けた画家の生涯　原田マハ著　幻冬舎　2018.5　157p 18cm　（幻冬舎新書　は-13-2）　760円　①978-4-344-98503-2　Ⓝ723.359

内容　プロローグ　私とゴッホとの出会い　第1章 ゴッホの日本への愛、日本のゴッホへの愛　第2章 パリと林忠正　第3章 ゴッホの夢　第4章 小説『たゆたえども沈まず』について　第5章 ゴッホのあしあとを巡る旅

＊生前一枚しか絵が売れず、三七歳で自殺したフィンセント・ファン・ゴッホ。映画「炎の人ゴッホ」の影響もあり不遇をかこった狂気の天才という印象が強く、死後高騰し続ける作品は、今では時に

百億円を超える金額で取引され、センセーショナルに語られることが多い。だが真の姿は写実絵画から浮世絵、空想画と新しい描法を研究し独自の様式を追い続けた努力の人。またラテン語とフランス語を巧みに操る語学の才をもち、弟宛の膨大な書簡は「告白文学の傑作」として読み継がれている。新たな「人間・ゴッホ」像に迫る。

コーティ, J.〔1956～〕 Cauty, Jimmy

◇The KLF—ハウス・ミュージック伝説のユニットはなぜ100万ポンドを燃やすにいたったのか ジョン・ヒッグス著, 中島由華訳 河出書房新社 2018.6 266p 20cm 〈年譜あり〉 3000円 Ⓘ978-4-309-27953-4 Ⓝ764.7

内容 プロローグ 一〇〇万ポンドを燃やした馬鹿者ども 第1部 ウサギの耳（エリスとエコー 光明とイルミナティ シリウスとシンクロニシティ 魔術とムーア 人間とムームー ほか） 第2部 角（儀式 旅 潜水 終焉 目に見えない流れ ほか）

＊深遠なる思想家か？ 目立ちたがりのバカ者どもか？ 無断サンプリング、チルアウト、そして自爆—その結成から、成功の果てに大金を燃やすまでの「奇行」の数々が、初めて白日の下にさらされる。イギリス本国で高い評価を得たハウスミュージックのレジェンド、決定版評伝！

コトラー, P.〔1931～〕 Kotler, Philip

◇マーケティングと共に—フィリップ・コトラー自伝 フィリップ・コトラー著, 田中晧, 土方奈美訳 日本経済新聞出版社 2014.8 229p 20cm 〈著作目録あり〉 1800円 Ⓘ978-4-532-16922-0 Ⓝ289.3

内容 家族—両親はウクライナ移民 青年時代—教養の宝庫、古典に学ぶ シカゴ大学からMITへ—資本主義理論に心酔、博士号を取得 結婚—「クレオパトラ」に恋 インド生活—労働者の実態を目に 学ぶテーマ確信—ハーバードで高等数学 ロケッグ校時代—新たな視点で教壇へ 処女作—顧客を意識、執筆に2年 学会投票—「対象拡大」の是非を問う 名声について—その光と影を知る〔ほか〕

＊日経新聞連載「私の履歴書」に大幅加筆！ コトラーの原点に迫る最高の「教科書」。

ゴードン, B.S.〔1923～2012〕 Gordon, Beate Sirota

◇世界を変えた10人の女性—お茶の水女子大学特別講義 池上彰著 文藝春秋 2016.5 344p 16cm 〈文春文庫 い81-6〉 670円 Ⓘ978-4-16-790619-1 Ⓝ280

内容 第1章 アウンサンスーチー—政治家 第2章 アニータ・ロディック—実業家 第3章 マザー・テレサ—カトリック修道女 第4章 ベティ・フリーダン—女性解放運動家 第5章 マーガレット・サッチャー—元英国首相 第6章 フローレンス・ナイチンゲール—看護教育学者 第7章 マリー・キュリー—物理学者・化学者 第8章 緒方貞子—元国連難民高等弁務官 第9章 ワンガリ・マータイ—環境保護活動家 第10章 ベアテ・シロタ・ゴードン—元GHQ職員

＊近現代史を塗り変える仕事をした女性達。その生涯と業績、賛否分かれる評価を池上教授が解説し女子学生達と徹底討論。「田中真紀子」説もあるアウンサンスーチー、「中絶否定」が論議を呼んだマザー・テレサ、不倫でバッシングされたマリー・キュリー。意外な側面も見ることで人間と歴史への理解が深まる真の啓蒙書と呼ぶべき一冊。

◇1945年のクリスマス—日本国憲法に「男女平等」を書いた女性の自伝 ベアテ・シロタ・ゴードン著, 平岡磨紀子構成・文 朝日新聞出版 2016.6 394p 15cm 〈朝日文庫 ご36-1〉〈柏書房 1995年刊の再刊 文献あり 年譜あり〉 860円 Ⓘ978-4-02-261857-3 Ⓝ289.3

内容 プロローグ 再会—一九四五年一二月二四日 1 焦土の日本に帰る 2 父と母の町・ウィーン 3 乃木坂の家の日々 4 大戦下のアメリカで暮らす 5 日本国憲法に「男女平等」を書く 6 既婚女性とやりがいのある仕事 7 新しい道 アジアとの文化交流 エピローグ ケーディス大佐と日本を訪れて—一九九三年五月 ベアテさんとの出会い—あとがきにかえて

＊「女性が幸せにならなければ、日本は平和にならないと思った。男女平等は、その大前提だった」10年間日本で育ち、アメリカで終戦を迎えた著者は、22歳の若さで日本国憲法GHQ草案の作成に参加、現在の人権条項の原型を書いた。文庫化に際し、ジョン・ダワーの寄稿を増補。

ゴードン, K.〔1953～〕 Gordon, Kim

◇GIRL IN A BAND—キム・ゴードン自伝 キム・ゴードン著, 野中モモ訳 DU BOOKS 2015.8 273p 23cm 〈発売：ディスクユニオン〉 2500円 Ⓘ978-4-907583-48-4 Ⓝ767.8

ゴードン, L.〔1922～2018〕 Gordon, Lorraine

◇ジャズ・レディ・イン・ニューヨーク—ブルーノートのファースト・レディからヴィレッジ・ヴァンガードの女主人へ ロレイン・ゴードン, バリー・シンガー著, 行方均訳 DU BOOKS 2015.4 317p 20cm 〈発売：ディスクユニオン〉 2400円 Ⓘ978-4-907583-28-6 Ⓝ764.78

コナント, J.B.〔1893～1978〕 Conant, James Bryant

◇アメリカの原爆神話と情報操作—「広島」を歪めたNYタイムズ記者とハーヴァード学長 井上泰浩著 朝日新聞出版 2018.6 241,20p 19cm 〈朝日選書 972〉〈文献あり〉 1500円 Ⓘ978-4-02-263072-8 Ⓝ210.75

内容 第1章 原爆神話の形成—タイムズ記者と軍の共謀 第2章 放射能否定—一転したタイムズ紙報道 第3章 ローレンス記者とタイムズ紙の影響力 第4章 原爆神話の確立—陰の主役ハーヴァード学長 第5章 ハーヴァード学長と毒ガス、原爆都市攻撃 第6章 原爆神話の解体

＊広島・長崎に投下された原爆について、いまなお多数のアメリカ国民が5つの神話—(1)事前に警告し軍事基地を破壊した (2)その衝撃で日本はすぐに降伏した (3)アメリカ人100万人、さらに多くの日

本人の命を救った原爆は救世主だ（4）アメリカは神に託されて慈悲深い行いをした（5）原爆による放射能の影響は（ほとんど）ない─を信じている。なぜこの根拠のない、嘘偽りの「神話」が信じ込まれることになったのか。世界で最も権威あるニューヨークタイムズ記者とハーヴァード大学長が、政府・軍と一体となって行なった情報操作と世論形成の痕跡をあぶり出す。

コニッツ, L.〔1927〜〕 Konitz, Lee
◇リー・コニッツ─ジャズ・インプロヴァイザーの軌跡　リー・コニッツ述，アンディ・ハミルトン著，小田中裕次訳　Du Books　2015.10　501p　21cm　〈文献あり　発売：ディスクユニオン〉　3200円　①978-4-907583-44-6　Ⓝ764.78

ゴーハム, W.R.〔1888〜1949〕 Gorham, William R.
◇ダットサンの忘れえぬ七人─設立と発展に関わった男たち　下風憲治著，片山豊監修　新訂版　〔出版地不明〕片山豊記念館　2017.10　247p　20cm　〈他言語標題：SEVEN KEY PEOPLE IN THE HISTORY OF DATSUN　発売：三樹書房〉　2000円　①978-4-89522-679-0　Ⓝ537.92
内容 1 橋本増治郎（一八七五‐一九四四）　2 田健治郎（一八五五‐一九三〇）　3 青山禄郎（一八七四‐一九四〇）　4 竹内明太郎（一八六〇‐一九二八）　5 鮎川義介（一八八〇‐一九六七）　6 ウィリアム・ゴーハム（一八八八‐一九四九）　7 片山豊（一九〇九‐二〇一五）
＊日本に自動車産業を確立し育成するために一生涯をかたむけた男たちがいた。

コバーン, K.〔1967〜1994〕 Cobain, Kurt
◇カート・コバーン─オフィシャル・ドキュメンタリー　ブレット・モーゲン，リチャード・ビエンストック著，喜多直子訳　ヤマハミュージックメディア　2016.4　157p　24cm　3600円　①978-4-636-91941-7　Ⓝ767.8
内容 INTRODUCTION─イントロダクションbyブレット・モーゲン　INTERVIEWEES─証言者たち　BEEN A SON─ビーン・ア・サン　SMELLS LIKE TEEN SPIRIT─スメルズ・ライク・ティーン・スピリット　LOVE BUZZ─ラヴ・バズ　SERVE THE SERVANTS─サーヴ・ザ・サーヴァンツ　ANEURYSM─アニュウリズム　AIN'T IT A SHAME─エイント・イット・ア・シェイム
＊本書では、遺族から提供されたカートの遺品、そして映像化の過程で製作されたマテリアルをさらに掘り下げ、ニルヴァーナのフロントマンという虚像と、カート・コバーンという実像とのはざまに揺れる「矛盾」に生々しく迫る。妻コートニー・ラヴ、親友クリス・ノヴォセリック、実母ウェンディ・オコナーなど、カートの人生に深く関わったキーパーソンたちの告白と、これまで公開されることのなかったアニメーションスチール、アート、プライベート音源、写真、映像、私的なコレクションの数々をとおして、カートの作品と人生の足跡をひも解いてゆく。ブレット・モーゲンが作り上げた革新的な映像は、カート・コバーン信奉者たちにある種の衝撃を与えた。そして本書は、その映像世界と、さらにはその向こう側に横たわるカート・コバーンの世界へと人々をいざない、その心を激しく揺さぶる。新しい「カート・コバーン・ショウ」が、ここに開演を迎える。

コビー, J. Cobbi, Jane
◇内にコスモスを持つ者─歩み入る者にやすらぎを去り行く人にしあわせを　岡田政晴著　長野　ほおずき書籍　2016.2　270p　20cm　〈文献あり　発売：星雲社〉　1800円　①978-4-434-21614-5　Ⓝ281.52
内容 1 はじめに　2 木曽を愛した人々（木曽の「セガンティーニの空の色」の下で暮らしたマロンの少女ジャーヌ・コビー　生涯故郷木曽を心に抱きながら作品を書き続けた島崎藤村（一八七二〜一九四三）　詩と音楽をこよなく愛し、木曽を縦断したロマンの旅人　尾崎喜八（一八九二〜一九七四）　日本人の精神の源流を木曽で見出した亀井勝一郎（一九〇七〜一九六六））　3 木曽の水を飲んで水をながめて木曽を駆け抜けた人々（姨捨ての月をめざして木曽を歩いた月下の旅人　松尾芭蕉（一六四四〜一六九四）　心優しい歌二首を詠んで木曽路を急がれる良寛（一七五八〜一八三一）　「大蔵経」を求めて雨雪の木曽路を往復した虎斑和尚（一六六四〜一八二四）　軍靴の足音が聞こえる中、桜の花を浴びながら木曽路を闊歩した種田山頭火（一八八二〜一九四〇）　木曽人の心と木曽の自然に出会い日本画家になる決意をした東山魁夷（一九〇八〜一九九九））　4 眼すずしい人々（木曽川の洪水で亡くなった母を弔うために木曽川を遡った円空（一六三二〜一六九五）　セピア色の世界を追い求めてやまなかった島崎鶏助（一九〇八〜一九七二）　戦争のない平和な世界を願い、詩によって世界を包みこんだ坂村真民（一九〇九〜二〇〇六））　5 おわりに

コフート, H.〔1913〜1981〕 Kohut, Heinz
◇共感と自己愛の心理臨床─コフート理論から現代自己心理学まで　安村直己著　大阪　創元社　2016.9　259p　21cm　〈文献あり　索引あり〉　2800円　①978-4-422-11626-6　Ⓝ146.1
内容 第1部 共感と自己愛の諸問題とコフートの自己心理学（心理療法の指針としての共感体験　「悲劇人間」の精神分析─ハインツ・コフートの生涯と自己心理学　心理療法における自己愛と甘えの諸問題）　第2部 コフートと他学派との比較と心理臨床（「甘え」理論とコフートの自己心理学　ロジャースのクライエント中心療法とコフートの自己心理学　自己愛障害をめぐる現代ユング派とコフートの接近）　第3部 現代自己心理学と心理臨床（臨床場面における治療的相互交流の共同構築　間主観的アプローチからみた治療的やり取り　現代自己心理学における「共感」の探究　心理療法における自己体験の治療的変化）
＊「自己愛」の傷つきに苦しむ現代のクライエントの心理的援助、その成否はセラピストの「共感」にかかっている─共感と自己愛について画期的な理論を打ち立てたコフートや現代自己心理学の臨床的意義を著者自らの豊富な事例と照らし合わせながら考察する。

◇コフートを読む　アレン M.シーゲル著，岡秀樹訳　金剛出版　2016.11　317p　22cm　〈文献あり　著作目録あり　年譜あり　索引あり〉　5000円　①978-4-7724-1525-5　Ⓝ146.1

内容　ウィーンからシカゴへ―コフート小伝　コフートの思考の古典的な基盤　初期の論文―新しい織物のためのより糸の出現　自己の心理学に向かって　『自己の分析』(理想化された親イマーゴ　誇大自己)　『自己の修復』(理論における変革　臨床的考察)　症例Z：その二つの分析　『自己の治癒』(理論の再考　治癒過程についての再考)　最後の言葉―共感をめぐる思索　批判と結論

＊コフートの孫弟子である著者が，コフートの心理学を体系的にわかりやすく解説。図解もふんだんに活用されている。コフートによるフロイト理論の講義が紹介され，学術的にもフロイト理論がコフートがどのように自己心理学を発展させるにいたったのか，精神分析の基底に流れる思索の一つを読み取ることができる。

◇精神分析家の生涯と理論―連続講義　大阪精神分析セミナー運営委員会編　岩崎学術出版社　2018.7　367p　21cm　3800円　①978-4-7533-1138-5　Ⓝ146.1

内容　第1講　フロイト―その生涯と精神分析(福本修述)　第2講　アンナ・フロイト―その生涯と児童分析(中村留貴子述)　第3講　エリクソン―その生涯とライフサイクル論(鑪幹八郎述)　第4講　クライン―その生涯と創造性(飛谷渉述)　第5講　ウィニコット―児童精神科医であるとともに精神分析家であること(館直彦述)　第6講　ビオン―夢想すること・思索すること(松木邦裕述)　第7講　サリヴァン―その生涯と対人関係論(横井公一述)　第8講　コフート―その生涯と自己心理学，その先に彼が見たもの(富樫公一述)　第9講　間主観性理論・関係精神分析と米国の精神分析(吾妻壮述)　特別対談「精神分析を生きること」(狩野力八郎，松木邦裕述)

コベット, W.W. 〔1847〜1937〕
Cobbett, Walter Willson

◇クラシック音楽とアマチュア―W・W・コベットとたどる二十世紀初頭の音楽界　西阪多恵子著　青弓社　2018.5　227p　19cm　〈文献あり〉　2400円　①978-4-7872-7411-3　Ⓝ762.33

内容　序章「音楽なき国イギリス」のアマチュア　第1章　コベットの生涯　第2章 "ファンタジー" 熱は何処から― "ファンタジー" と音楽家組合　第3章　男性の集いと音楽界の女性たち　第4章　兵士に音楽を，音楽家に仕事を―戦時音楽委員会とその周辺　終章　アマチュアから「アマチュア」へ

＊19世紀後半から20世紀前半，「音楽なき国」とさえいわれたイギリスで，私財を投じ，さまざまな組織や音楽家との協力によって展開したコベットの実践を軸に，アマチュアや無名の音楽家たちの豊饒な活躍を史料から再現し，クラシック音楽史の新たな一面を照らし出す。

コペルニクス, N. 〔1473〜1543〕
Copernicus, Nicolaus

◇完訳　天球回転論―コペルニクス天文学集成　コペルニクス著，高橋憲一訳・解説　みすず書房　2017.10　707p　22cm　〈「コペルニクス・天球回転論」(1993年刊)の改題，拡大増補版　文献あり　索引あり〉　16000円　①978-4-622-08631-4　Ⓝ440

内容　第1部　天球回転論(『天球回転論』解題　読者へ　この著述の諸仮説について　最も聖なる主・教皇パウルス3世宛て回転論諸巻へのニコラウス・コペルニクスの序文　ニコラウス・コペルニクスの『天球回転論』6巻各章の目次)　第2部　コメンタリオルス(『コメンタリオルス』解題　ニコラウス・コペルニクスの小論)　第3部　ヴェルナー論駁書簡(「ヴェルナー論駁書簡」解題　ヴェルナー論駁書簡)　第4部　解説・コペルニクスと革命(コペルニクス以前の天文学1―ギリシャとローマの世界　コペルニクス以前の天文学2―イスラームとヨーロッパの世界　コペルニクスの生涯と著作　コペルニクスの天文学―地球中心説から太陽中心説へ　コペルニクス説の受容と変容の過程)

＊1543年，ニコラウス・コペルニクスが地球中心説(天動説)から太陽中心説(地動説)へと理論を革新させた，科学史第一級の古典全6巻をここに完訳。さらにコペルニクスが太陽中心説の構想を初めて著した未刊の論考『コメンタリオルス』，ヨハン・ヴェルナーの著作を批判した書簡を収録し，コペルニクス天文学のすべてを凝集する。コペルニクスはいかにして，そしてなぜ地動説にたどり着いたのか？　全篇に付した精緻な訳注，天文学史を古代から "コペルニクス以後" まで詳細に綴った訳者解説「コペルニクスと革命」によって明かされる，革命の全貌。

コミー, J.B. 〔1960〜〕
Comey, James Brien

◇より高き忠誠―真実と嘘とリーダーシップ　ジェームズ・コミー著，藤田美菜子，江戸伸禎訳　光文社　2018.8　434p　19cm　1900円　①978-4-334-96219-7　Ⓝ317.953

内容　人生　われらのもの　いじめっ子　意味　安易な人生　線路の上　確証バイアス　フーバーの影　ワシントン流の聞き方　ロードキル(轢死)〔ほか〕

＊今こそ問う，指導者の倫理とは？　トランプ大統領にクビにされた元FBI長官が明かす，政権の裏側。

コメニウス, J.A. 〔1592〜1670〕
Comenius, Johann Amos

◇ヤン・パトチカのコメニウス研究―世界を教育の相のもとに　ヤン・パトチカ[著]，相馬伸一編訳，宮坂和男，矢田部順二共訳　福岡　九州大学出版会　2014.8　267,9p　22cm　〈索引あり〉　4400円　①978-4-7985-0136-9　Ⓝ371.2348

内容　コメニウスへの新たなまなざしについて　コメニウスと一七世紀の主要な哲学思想　ヴェルラム卿ベーコンとコメニウスの教授学　コメニウスとクザーヌス　『平安の中心』とクザーヌス　コメニウスと開けた魂　コメニウスと今日の人間　コメニウスの教育の哲学

＊世界とは「教育の世界」であり，教育とは人間を世界へと開く営みである。ナチスの侵攻，戦後の社会主義政権，プラハの春の挫折。チェコ20世紀の激動のなかで三度大学を追われた哲学者パトチカが，17世紀の三十年戦争で祖国を追われたコメニ

ウスから読み取った"教育の哲学"。

◇ヨハネス・コメニウス―汎知学の光　相馬伸一著　講談社　2017.4　317p　19cm　（講談社選書メチエ　646）〈文献あり　年譜あり〉　1850円　Ⓘ978-4-06-258649-8　Ⓝ289.3

内容　序章　コメニウスに光を　第1章　地上の迷宮　第2章　パンソフィアにおける人間と世界　第3章　開かれた心への教育　第4章　言語への開かれた問い　第5章　地上の平和への道　第6章　闇の中に光を　第7章　歴史への贈与

＊チェコに生まれ、宗教対立が荒れ狂う17世紀のヨーロッパで苦難の人生を生きたヨハネス・コメニウス。異端判決を受けて処刑されたヤン・フスの系譜を継いだ神学者。チェコ語文学の古典『地上の迷宮と心の楽園』を書いた文学者。『世界図絵』などの教科書を残した教育学者。さまざまな君主と関係をもち、献策した政治活動家。多方向に展開されたその活動の根底にあったのは世界のすべてを把握する「汎知学（パンソフィア）」の構想だった。近代ヨーロッパの源流に立つ知の巨人の全貌を「光」をキーワードにして概観する、初の入門書！

◇コメニウスの旅―〈生ける印刷術〉の四世紀　相馬伸一著　福岡　九州大学出版会　2018.8　359,22p　22cm　〈文献あり　索引あり〉　7800円　Ⓘ978-4-7985-0237-3　Ⓝ289.3

内容　第1章　漆黒の一七世紀より―生ける印刷術（一七世紀の時代相をめぐって　光の思想家コメニウス　ほか）　第2章　伏流する一八世紀―啓蒙主義の光と（啓蒙主義のコメニウス批判　避難所としてのドイツ　ほか）　第3章　湧出する一九世紀―近代の光と（チェコ民族再生運動のなかで　「近代教育学の祖」の誕生子）　第4章　眩惑する二〇世紀―イデオロギーの光と（二つの戦争の時代　東西冷戦のなかで　ほか）　第5章　模索する二一世紀へ―思想史問題としてのコメニウス（冷戦終結と近代の再考　歴史記述をめぐる課題　ほか）　付録1　コメニウス研究ガイド　付録2　コメニウスゆかりの地

＊「近代教育学の祖」はいかにして誕生したのか。世界初の絵入り教科書『世界図絵』を著した17世紀チェコの思想家コメニウス。4世紀にわたる彼のイメージの生成を日欧の史料を駆使して描き出すメタヒストリーの試み。

ゴヤ, F.J. 〔1746～1828〕
Goya y Lucientes, Francisco José de

◇ゴヤ　啓蒙の光の影で　ツヴェタン・トドロフ著，小野潮訳　法政大学出版局　2014.9　292,24p　図版24p　20cm　（叢書・ウニベルシタス　1012）〈文献あり　著作目録あり　索引あり〉　3800円　Ⓘ978-4-588-01012-5　Ⓝ723.36

内容　思想家ゴヤ　世界への入場　芸術の理論　病とその結果　病からの回復と再びの失墜―アルバ公爵夫人　仮面、戯画、魔法使い　『気まぐれ』の解釈　不可視のものを見えるようにする　ナポレオン軍の侵略　あらゆる荒　殺人、強姦、山賊、兵士　平和時の荒廃　希望とと警戒　絵画のふたつのあり方　二度目の病、「黒い絵」、狂気　新たな出発　ゴヤの残したもの

＊フランス革命を生んだ啓蒙の精神と、ナポレオン戦争のもたらす暴力的惨禍とのあいだで、人間の深い闇を見つめたゴヤ。宮廷画家としての出発か

ら、夢・狂気・病に満ちた作品群をへて、晩年の「黒い絵」にいたる創造の過程を、多数の絵画作品や書簡、当時のスペイン社会の状況から跡づける。画家はいかにして、正義の名のもとに行使される人間の残虐さに抗い、近代芸術に決定的一歩を刻んだのか。

◇イラストで読む奇想の画家たち　杉全美帆子著　河出書房新社　2014.12　127p　21cm　〈文献あり　年表あり〉　1600円　Ⓘ978-4-309-25558-3　Ⓝ723.3

内容　第1章　西洋美術史に見る「奇想絵画の系譜」　第2章　奇想の画家たち―作品と人生（ボス　デューラー　カラヴァッジョ　ゴヤ　ブレイク　ルドン　ルソー）

＊ちょっと不気味で、妙に心に残る絵を描いた画家たちの人生とは!?我が道を行く奇才の画家たちのおもしろエピソードが満載！豊富な作品とイラストでその生涯にせまる、待望の一冊。

◇ゴヤ「戦争と平和」　大髙保二郎著　新潮社　2016.9　142p　22cm　（とんぼの本）〈文献あり　年譜あり〉　1800円　Ⓘ978-4-10-602270-8　Ⓝ723.36

内容　1　ゴヤが見た戦争（ナポレオンとの戦い―蜂起ゲリラたち　暴力のすがた―版画集『戦争の惨禍』より　戦後の憂鬱　魂のゆくえ―黒い絵）　2　手紙でたどる成り上がり一代記（パコ、都へ行く　1746～79　義兄と義弟、故郷で大喧嘩　1780～82　武器は肖像画　上流社会の扉を開け　1783～88　宮廷家画は無音の世界へ　1789～93　画壇の頂点を極める　1794～1800　ほか）

＊200年前の"戦争画家"ゴヤの絵と言葉がテロリズムの21世紀を撃つ―直筆書簡でたどる画家の一生も。最新の画家像に迫る決定版！

ゴーリキー, M. 〔1868～1936〕 Gorky, Maksim

◇ゴーリキーは存在したのか？　ドミートリー・ブイコフ著，斎藤徹訳　作品社　2016.7　332p　20cm　2600円　Ⓘ978-4-86182-590-3　Ⓝ980.278

内容　第1部　放浪者　第2部　亡命者　第3部　逃亡者　第4部　囚われ人

＊マクシーム・ゴーリキーとは何者だったのか。作家の若き放浪時代からカプリ島への亡命時代、ソレントへの逃亡時代、体制の囚われ人となった晩年までを通観し、その人と作品をつぶさに見つめて再評価をめざす、ロシアの気鋭文学者による長篇評伝！

コリャード, D. 〔～1638〕 Collado, Diego

◇コリャード懺悔録―キリシタン時代日本人信徒の肉声　日埜博司編著　八木書店古書出版部　2016.7　714p　27cm　〈文献あり　索引あり　発売：八木書店〉　25000円　Ⓘ978-4-8406-2214-1　Ⓝ198.22

内容　第1部　『コリャード懺悔録』（原著（ローマ、1632年刊。天理大学附属天理図書館所蔵）原色影印　解題―コリャード略伝、『懺悔録』研究小史、原著概要、原著の構成に関する若干の疑問、複刻および翻字編、現代和語訳―原著ラテン文字の和文翻字と漢字仮名交じり文への翻字　日本語補注　ポルトガル

語全訳注—附、コリャードによるラテン語訳テキスト翻刻〕　第2部　特論および附録〈キリシタンと統一権力〉（ポルトガル語訳/日本語原文）　キリシタン布教における"適応"（ポルトガル語訳/日本語原文）　16・17世紀極東におけるイエズス会士の経済活動とキリスト教経済思想—とくにウスラの問題をめぐって（ポルトガル語訳/日本語原文）　日本イエズス会版『サルヴァトルムンヂ』（1598年）関連箇所のポルトガル語抄訳—モーセの十誡ならびに七大罪に関して司祭が信徒へ行なうべき全尋問　1990年に採択された「ポルトガル語正字法協定」（新正字法）の概要、ならびにそれに対する若干の異見

* ドミニコ会宣教師がラテン文字の日本語で編んだ『懺悔録』（ローマ、一六三二年刊）。天理大学附属天理図書館所蔵本の原色影印、翻刻・翻字、解題等のほか、欧米の研究者へ向け、ポルトガル語全訳を収める。コリャードが聴取した日本人信徒の告解のかずかずは、一七世紀初頭の日本人の心性と、社会・風俗・習慣を明らかにする。また、ポルトガル語式のラテン文字で再現された信徒の肉声は、日本語史研究の貴重資料。特論として、キリシタン史研究の泰斗・高瀬弘一郎氏の論考から『懺悔録』の内容に関係の深い三点を選び、葡・日両言語で紹介。

コリンズ, E. 〔1802～1878〕
Collins, Edward Knight

◇客船の時代を拓いた男たち　野間恒著　交通研究協会　2015.12　222p　19cm　（交通ブックス 220）〈文献あり　年表あり　索引あり　発売：成山堂書店〉　1800円　①978-4-425-77191-2　Ⓝ683.5

内容　1　イザンバード・ブルーネル—時代に先行した巨船に命をかけた技術者　2　サミュエル・キュナードとエドワード・コリンズ—熾烈なライバル競争を展開した北大西洋の先駆者たち　3　浅野総一郎—日の丸客船で太平洋航路に切り込んだ日本人　4　ハーランド&ウルフをめぐる人びと—美しい船造りに取り組んだネイバル・アーキテクト　5　アルベルト・バリーン—ドイツ皇帝の恩寵のもと世界一の海運会社に育てあげた海運人　6　和辻春樹—京都文化を体したスタイリッシュな客船を産みだしたネイバル・アーキテクト　7　ウィリアム・ギブズ—20世紀の名客船ユナイテッド・ステーツを産んだネイバル・アーキテクト

* 船を造り、運航させることに人生を捧げた熱き男たちの物語！　19世紀から20世紀初頭、欧州各国では速くて、大きな大西洋航路定期船を造ることに国威をかけて凌ぎを削っていた。やがて巨大な豪華客船への挑戦が始まる。他方、アメリカは国が持つ世界一の船造りに情熱を燃やす。そして日本では、海運会社の誕生、海外にいくつもの航路を開設し、美しい客船が造られていた。本書の主人公は、これらの船を造った男たち。ライバル船会社との熾烈な争い、海難事故、戦争など数々の至難を乗り越えながら船造りに挑み続けた彼らのドラマである。

コリンズ, W. 〔1824～1889〕 Collins, Wilkie

◇ウィルキー・コリンズ　リン・パイケット著，白井義昭訳　彩流社　2016.1　358,16p　20cm　（時代のなかの作家たち 7）〈文献あり　年譜あり　索引あり〉　3800円　①978-4-7791-1707-7　Ⓝ930.268

内容　第1章　ウィルキー・コリンズの生涯　第2章　社会のコンテクスト　第3章　文学のコンテクスト　第4章　主人・使用人・妻—コリンズの小説における階級と社会移動　第5章　性・犯罪・狂気・帝国　第6章　コリンズの小説における心理学と科学　第7章　コリンズを再コンテクスト化する—コリンズの小説の来世

* 記録的大ヒットとなった『白衣の女』・『月長石』といった長編探偵小説や、"センセーション小説"というジャンルを切り拓いたコリンズ。さまざまなコンテクストに照らし合わせながら、時代や社会、文化と、作家およびその作品の関わりを明らかにする。

コールデコット, R. 〔1846～1886〕
Caldecott, Randolph

◇ランドルフ・コールデコット—疾走した画家　レナード・S・マーカス著，灰島かり訳　神戸BL出版　2016.5　64p　31cm　〈文献あり　作品目録あり　年譜あり〉　2800円　①978-4-7764-0627-3　Ⓝ726.501

* 今から約140年前、写真もビデオもなかった時代に、馬が躍動する瞬間をとらえて絵にしたコールデコット。今日の絵本の原型—絵と言葉が連動して物語が展開する—を作り出したのも彼だといわれている。センダックやポスターなど、多くの絵本作家たちに影響を与えた彼の生涯をつづった一冊。絵本を愛するすべての人に。

コルテス, H. 〔1485～1547〕
Cortés, Hernán

◇コルテス報告書簡　エルナン・コルテス著，伊藤昌輝訳　法政大学出版局　2015.11　552,28p　22cm　〈文献あり　年表あり　索引あり〉　7400円　①978-4-588-37404-3　Ⓝ256.04

内容　第一書簡　第二書簡　第三書簡　第四書簡　第五書簡

* 「征服者」、コルテスの真実。コロンブスの新世界到達より約三十年、わずかな兵を率いてユカタン半島に上陸し、隆盛を極めるアステカ帝国を打ち倒した稀代のコンキスタドール、コルテスが戦いにつぐ戦いのなかでしたためた五通の国王宛書簡を完訳。

◇金は巌も崩す—エルナン・コルテスとメキシコ　伊東章著　鳥影社　2015.12　726p　20cm　〈文献あり　年譜あり〉　1900円　①978-4-86265-533-2　Ⓝ289.3

内容　常に女好き…梅毒だと—青の時代　人間を生贄にするのを知らなかった—ユカタンの発見　お前を狩に行かなきゃならんのか—コルテス隊長　マリーナの主人—反逆　見ようと見上げた者は命がない—テノチティトラン入城　名士、貴人、大金持ちになる—悲しき夜　哀れみを懐く魂へのしかった—テノチティトラン陥落　熱と悲哀で死ぬ一歩手前—ホンジュラス遠征　二万三千人の臣下—ヴァジェ侯爵　誰からも抗議を受けずに—カリフォルニア半島の発見　利益より費用の方が高くつく—訴訟　謀殺者として生きるより首を切ってもらいたい—審問　ここ

にいるもっとも貧しい男—失意と死
＊スペイン黄金時代を築いた英雄。メキシコから富を奪った侵略者。時代を変え時代に翻弄された男。現代グローバリズム世界の原図を読み解く。

◇コルテスとピサロ—遍歴と定住のはざまで生きた征服者　安村直己著　山川出版社　2016.11　91p　21cm　〈世界史リブレット人 48〉〈文献あり　年譜あり〉　800円　Ⓡ978-4-634-35048-9　Ⓝ289.3

内容　世界史のなかのアメリカ大陸征服　1　征服までの道のり　2　アステカ王国の征服へ　3　パナマ、カハマルカ、クスコ　4　王室の介入と夢の挫折　5　征服から内戦へ　歴史の審判

＊アメリカ大陸の「発見」は征服に直結しない。広大な領域をスペインの植民地としたのはコルテスとピサロだった。彼らは高度な文明を有したアステカ王国とインカ帝国をわずかな手勢でもってどのように征服したのか。これだけの功績をあげた二人がその夢をはたせずに死を迎えたのはなぜなのか。当時のスペインの政治・社会情勢、カリブ海での経験、先住民社会の内部事情、征服者内部の対立、国王カール五世の思惑から、これらの疑問の解明を試みる。

ゴールド, T. 〔1920〜2004〕 Gold, Thomas

◇現代天文学史—天体物理学の源流と開拓者たち　小暮智一著　京都　京都大学学術出版会　2015.12　634p　22cm　〈他言語標題：History of Modern Astronomy　文献あり　年表あり　索引あり〉　4900円　Ⓡ978-4-87698-882-2　Ⓝ440.12

内容　第1部　天体分光学（「新天文学」の開幕　星の分光分類とHD星表）　第2部　星の構造と進化論（星の進化論とHR図表　熱核反応と星の進化論）　第3部　銀河天文学と宇宙論（銀河と星雲の世界　銀河系の発見　宇宙論の源流）　第4部　現代天文学へ（日本における天体物理学の黎明　現代天文学への展開）

＊初めて星の化学組成を明らかにしたロンドンのアマチュア天文家ハギンス、太陽をガス球と見なした特許調査官レーン、自作の望遠鏡で天空を探査した音楽家ハーシェル…18世紀末から19世紀中葉にかけて現代天文学の扉を開いた彼らは、いずれも学界に縁のないアマチュア天文家だった。星の位置と運動を対象とする古典天文学から天体の物理的構造を探る天体物理学へ、その転換期を担った人々の生涯と研究を軸に、現代天文学の歴史をたどる。

ゴールドスミス, L. 〔pub. 2016〕 Goldsmith, Lynn

◇公民権運動の歩兵たち—黒人差別と闘った白人女子学生の日記　北美幸著　彩流社　2016.3　301p　22cm　〈文献あり〉　3400円　Ⓡ978-4-7791-2214-9　Ⓝ316.853

内容　プロローグ　第1部　公民権運動の歩兵たち—SCOPE計画、ユダヤ人、ブランダイス大学（公民権運動史の「失われた章」　ミシシッピ・フリーダム・サマーからセルマへ　SCOPE計画の始動　ブランダイス大学と公民権運動　ユダヤ人と公民権運動　リン・ゴールドスミスの生い立ちと日記の概要）　第2部　リン・ゴールドスミスの日記、一九六五年夏（初めての南部—アトランタからコロンビアへ　カルフーン郡での生活　有権者登録日と逮捕されたリン　SCLC年次大会とバーミンガムへの旅　揺れるカルフーン郡）　エピローグ　SCOPE計画の遺産と五〇年後の歩兵たち

＊黒人の自由のために闘った、ユダヤ人女子学生の奮闘日記！　警察からの暴力、留置所への投獄、地元白人からの脅迫—リン・ゴールドスミスの日記には、危険と隣合わせの状況にありながらも、強い問題意識と行動力で黒人たちの自由を勝ち取っていく公民権運動の「歩兵」とも言うべき姿が描かれていた。黒人一人ひとりとの「顔の見える関係」によって差別の撤廃に取り組んだ、無名の学生公民権活動家の思いが綴られる！

コルネリア・アフリカナ 〔190〜100B.C.〕 Cornelia Scipionis Africana

◇ローマ帝国人物列伝　本村凌二著　祥伝社　2016.5　303p　18cm　〈祥伝社新書 463〉　840円　Ⓡ978-4-396-11463-3　Ⓝ283.2

内容　1　建国期—建国期のローマ（ブルトゥス—共和政を樹立した初代執政官　キンキナトゥス—ワシントンが理想とした指導者　ほか）　2　成長期—成長期のローマ（アッピウス—インフラ整備など、類稀なる先見性　ファビウス—耐えがたきを耐えた「ローマの盾」　ほか）　3　転換期—転換期のローマ（クラッスス—すべてを手に入れた者が欲したもの　大ポンペイウス—カエサルに敗れた大武将　ほか）　4　最盛期—最盛期のローマ（ゲルマニクス—夭逝した理想のプリンス　ネロ—気弱な犯罪者だった暴君　ほか）　5　衰亡期—衰亡期のローマ（ガリエヌス—動乱期の賢帝　ディオクレティアヌス—混乱を鎮めた軍人皇帝　ほか）

＊ローマの歴史には、独裁も革命もクーデターもあり、「パクス・ロマーナ」と呼ばれた平和な時代もあった。君主政も共和政も貴族政もポピュリズムもあり、多神教も一神教もあった。まさに「歴史の実験場」であり、教訓を得るのに、これほどの素材はない。歴史を学ぶには制度や組織は無視できないが、そこに人間が存在したことを忘れてはならないだろう。本書は、一〇〇〇年を超えるローマ史を五つの時代に分け、三二人の生涯と共に追うものである。賢帝あり、愚帝あり、英雄から気丈な女性、医学者、宗教家まで。壮大な歴史叙事詩であり、歴史は人なりと実感する一冊。

コールハース, R. 〔1944〜〕 Koolhaas, Rem

◇行動主義レム・コールハースドキュメント　瀧口範子著　朝日新聞出版　2016.4　301p　15cm　〈朝日文庫 た61-1〉〈TOTO出版 2004年刊の再編集・加筆〉　800円　Ⓡ978-4-02-261850-4　Ⓝ523.359

内容　第1部　ドキュメント（遭遇　ともかくロッテルダムを目指す　モノがあふれている　ブックレット　思想ツールとして　捉やぶり　ほか）　第2部　レム・コールハース　インタビュー（パート1（2003年2月23日サンタモニカにて）　パート2（2016年1月14日ニューヨークにて））

＊中国中央電視台本部ビルを始め、世界の建築物を次々と世に送り出すレム・コールハース。効率化を極める一方で、非効率をも重要視するクリエイ

ターの原点とは？ 半年間の密着取材と貴重な単独インタビューにより、カリスマ建築家の全てをあぶり出した渾身のドキュメント。

ゴルバチョフ, M.S.〔1931～〕
Gorbachev, Mikhail Sergeevich

◇レーガン、ゴルバチョフ、ブッシュ—冷戦を終結させた指導者たち　和田修一著　一藝社　2014.9　284p　21cm　〈他言語標題：Reagan, Gorbachev,and Bush　文献あり　索引あり〉　2200円　①978-4-86359-089-2　Ⓝ319.53038

コルバーン, B.V.〔1934～〕
Colburn, Bettye Vaughn

◇十二歳のつづれ織り　ベティ・ヴォーン・コルバーン著、河西貴美子訳　前橋　上毛新聞社事業局出版部　2016.11　405p　20cm　1600円　①978-4-86352-164-3　Ⓝ289.3

コルバン, H.〔1903～1978〕　Corbin, Henry

◇《クレオール》な詩人たち　2　恒川邦夫著　思潮社　2018.3　357p　19cm　3200円　①978-4-7837-3812-1　Ⓝ950.29

内容　第6章 ニコラス・ギエン—キューバ革命の"国民的詩人"　第7章 ジャック・ルーマン—現代ハイチ文学の"父"　第8章 マグロワール＝サン＝トード—ハイチの"呪われた詩人"　第9章 ルネ・ドゥペストル—稀代の"遍歴詩人"　第10章 フランケチエンヌ—"スピラリスム"の創始者　第11章 モンショアシー—マルチニックのクレオール語詩人　第12章 カリブ海の友だち—テレーズ・レオタン、アンリ・コルバン、ロジェ・パルスマン、エルネスト・ペパン

＊"革命"と"カリブ海性"を刻む詩群—クレオール文学の第一人者が、カリブ海の詩人たちを体系的かつ網羅的に紹介する決定版。さまざまな交流を手がかりに、魅惑にみちた詩群を訳出し、各詩人の生きざまを活写する。

コルベ, M.〔1894～1941〕　Kolbe, Maximilian

◇コルベ　川下勝著　新装版　清水書院　2016.2　231p　19cm　（Century Books—人と思想 122）〈文献あり　年譜あり　索引あり〉　1200円　①978-4-389-42122-9　Ⓝ198.22

内容　序章 囚人番号一六六七〇　1 コルベ神学生（ライムンド少年　師父との出会い　マキシミリアノ神父）　2 マリアの旗のもとに（聖母の騎士　ニエポカラヌフにて）　3 東洋への宣教（東洋との出会い　苦しみを越えて）　4 身代わりの死（ニエポカラヌフの院長　感謝の手紙　騎士の勝利）

＊アウシュヴィッツといえば、大量虐殺が行われた死の収容所を思い浮かべる。そこに、他者のために命をなげうって、餓死監房にくだった一人の人間がいた。マキシミリアノ・コルベ神父である。神父は、「友のために命を捨てる愛」という武器をもって、人間の尊厳を否定する巨悪の力に立ち向かった現代の預言者である。かれは、「憎しみからは何も生まれない。愛だけが創造する」という言葉を残している。まさに預言者の言葉であり、憎悪、不正義、搾取、命の抹殺、人間性の破壊という悪

の力が渦巻く世界にあって、確かな重さを持っている。神父は学者ではない。自らの行動と生活によって証しする預言者、ジャーナリストとしての感覚を持つ実行の人であった。同時に、人間としての弱さも重く引きずっていた。本書は、かれ自身の言葉を辿りながら、かれ自身からせながら、餓死室に赴いたこの現代の預言者の姿に迫ろうとするものである。

◇コルベ神父さまの思い出　セルギウス・ペシェク著　長崎　聖母の騎士社　2016.2　239p　15cm　（聖母文庫）　500円　①978-4-88216-365-7　Ⓝ198.22

コールリッジ, S.T.〔1772～1834〕
Coleridge, Samuel Taylor

◇スコットランド、一八〇三年—ワーズワス兄妹とコールリッジの旅　安藤潔著　横浜　春風社　2017.1　198p　19cm　〈文献あり〉　2700円　①978-4-86110-529-6　Ⓝ930.28

内容　第1章 同行三人 ワーズワス兄妹とコールリッジの旅—ケジックからロッホ・ローモンド、トゥロサックスまで（旅立ちまで　カーライル経由ボーダー越え ほか）　第2章 コールリッジのスコットランド一人旅（一人旅に至る経緯　一人旅—アロチャー、タルベットからグレンコー、バラチューリッシュ ほか）　第3章 ワーズワス兄妹の二人旅—アーガイル・アンド・ビュート以降のハイランズ（アロチャーからインヴェラレイ、キルチャーン城、ダルマリー　ダルマリーからティニュイルト、アピン経由グレンコー ほか）　第4章 ワーズワスとスコットの出会い—スコットランド・ローランズ、一八〇三年九月（スターリングからエディンバラへ—旅を続けるワーズワス兄妹　ロスリン／ラスウェイド—スコット宅訪問 ほか）

＊詩人ワーズワス、その妹ドロシー、コールリッジが旅したスコットランド。ドロシーの『旅行記』やコールリッジのノートブックを資料に、現地へも赴き三人の足取りを辿る。

コレット, J.〔1467～1519〕　Colet, John

◇キリスト教的学識者—宗教改革時代を中心に　E.H.ハービソン著, 根占献一監訳, 大川なつか, 高津秀之, 高津美和訳　知泉書館　2015.2　231, 24p　20cm　（[ルネサンス叢書]）〈布装　索引あり〉　3000円　①978-4-86285-205-2　Ⓝ191.028

内容　第1章 キリスト教的召命としての学問—ヒエロニムスからアクィナスまで（キリスト教的学識者の召命　ヒエロニムス、アウグスティヌス、ピエール・アベラール、トマス・アクィナス）　第2章 学芸復興（ルネサンス）—ペトラルカからコレットまで（学芸復興（ルネサンス）とキリスト教的学識者 ペトラルカ, ロレンツォ・ヴァッラ, ジョヴァンニ・ピーコ・デッラ・ミランドラ, ジョン・コレット）　第3章 エラスムス　第4章 ルター　第5章 カルヴァン

＊聖書では知恵（学識）は信仰の障害物になると語られ、反主知主義の伝統的潮流が存在する。キリスト教徒にとっての学問とは何か。宗教改革は聖書の意味に対する学識者の洞察に始まり、学識者の運動、大学教授や学生による出来事、学者による革命となった。歴史上、エラスムス、ルター、カ

ルヴァンに代表されるこの時代ほどキリスト教的学識者の威信が高まり強い影響力をもったことはない。人々の学ぶ熱意や、学問に対する尊敬と信頼が広まったのである。本書は彼らに影響を与えた先駆者の検討を通じて、彼らがいかにその使命を天職として感得し、学問への情熱とキリスト教信仰を一致させたか、さらにその営みがキリスト教の発展に与えた影響など、今まで神学者や歴史家が軽視してきたテーマに独自の光を投じた。著者は「アテネとエルサレム、アカデミーと教会とは何の関係があるのか？」という問いから、古代の教父学者ヒエロニムスとアウグスティヌス、中世の神学者アベラールとトマス・アクィナス、ルネサンス人文主義者ペトラルカやヴァッラやピーコたちの業績と、宗教改革期の学識者を有機的に関連づけて考察することにより、キリスト教とギリシア・ローマ文化の微妙な折衝を見事に描く。類書のない基本的文献である。

コロサー, H. 〔1934～2004〕
Kollhosser, Helmut

◇ミュンスター法学者列伝―中央大学・ミュンスター大学交流30周年記念　トーマス・ヘェーレン編著，山内惟介編訳　八王子　中央大学出版部　2018.11　568p　21cm　〈日本比較法研究所翻訳叢書 80〉〈索引あり〉　6700円　①978-4-8057-0381-6　Ⓝ322.8

内容 旧制大学―アントン・マティアス・シュプリックマン（1749年～1833年）　ルードルフ・ヒス（1870年～1938年）―ミュンスター大学のスイス人刑法史学者　ハンス・バーゲンコップ（1901年～1983年）―ミュンスター大学地方自治研究所創設者　脇役から主役へ―国法学者、フリートリッヒ・クライン（1908年～1974年）　正義のための戦いの中で―刑事訴訟法学者、カール・ペータース（1904年～1998年）　ミュンスター大学の租税法―オットマール・ビューラー（1884年～1965年）　生活事実から法へ―ヴァルター・エルマン（1904年～1982年）　ミュンスターのフリースラント出身者―ハリー・ヴェスターマン（1909年～1986年）　マックス・カーザー（1906年～1997年）―学者生活のダイジェスト　ヘルムート・シェルスキィ（1912年～1984年）―幸福感溢れる世代の遅すぎた懐疑　行政法学―ハンス＝ユリウス・ヴォルフ（1898年～1976年）　刑法学者―ヨハネス・ヴェセルス（1923年～2005年）　波乱の時代の労働法―アルフレート・ヒュック（1889年～1975年）とロルフ・ディーツ（1902年～1971年）　環境法・都市計画法―ヴェルナー・ホッペ（1930年～2009年）　あなたはどのように判断するか？―ハンス・ブロクス（1920年～2009年）　学理と実務における保険法―ヘルムート・コロサー（1934年～2004年）　オットー・ザンドロック（1930年～2017年）　ベルンハルト・グロスフェルト―（1933年～）

コロンタイ, A. 〔1872～1952〕
Kollontai, Aleksandra

◇恐怖政治を生き抜く―女傑コロンタイと文人ルナチャルスキー　鈴木肇著　恵雅堂出版　2016.1　249p　18cm　〈年譜あり　年表あり　文献あり〉　920円　①978-4-87430-049-7　Ⓝ289.3

内容 第1部 コロンタイ（反骨の貴族将軍の目覚めた娘　女性解放、"自由恋愛"は実らず　違反で党の中枢からはずされる　スターリンに"降格"を願い出る　才能と人脈を生かし、名外交官に　現代史の大パノラマの中で　北欧問題を正しく評価、講和に貢献　重病の中で『回想録』を書き続ける）　第2部 ルナチャルスキー（比類なき博識にレーニンも驚く　貴族の子・少年期に社民運動へ　哲学と宗教で激しい論争へ　レーニンは頑として和解を拒否　粛清に不吉な粛清の影が）　コロンタイ関連論文 炎の労働者革命家シリャプニコフ

＊スターリンの恐怖政治の犠牲者は膨大な数にのぼる。1934年の党大会に出席した約2000人の代議員中、1939年の党大会に出席できたのはわずか3％だった。ほとんどが処刑や自殺に追い込まれ、レーニン時代からの高級幹部もその例外ではなかった。その恐怖政治を、ヨーロッパ初の女性閣僚となったフェミニズムの先駆者コロンタイと、ソ連の初代教育大臣となったルナチャルスキーがどのように生き抜いたか？現実にあった"社会主義国家"を照射する一冊。

◇コロンタイ―革命を駆けぬける　杉山秀子著　論創社　2018.1　302p　20cm　3000円　①978-4-8460-1663-0　Ⓝ367.238

内容 ポスト・コロンタイの新しい地平に向けて　第1部 コロンタイの生涯（生い立ち―革命家から世界初の女性外務大臣へ）　第2部 著作から読み解くコロンタイの女性解放思想（母性論の概約『社会と母性』『母親労働者』―母性原理と死の哲学　「誰にとって戦争は必要か？」　コロンタイの女性解放論ほか）　第3部 ロシア/ソヴェートにおける女性問題（ロシア独特の女性解放運動　新経済政策―ネップと労働者反対派　革命後のソヴェート家族法　女性解放の挫折とその後）　プーチンの少子化対策　資料 アレクサンドラ・コロンタイ「私の生涯と活動から」

＊ロシアのナロードニキ運動からロシア革命、さらにソヴェート政権の崩壊を経た現代。女性のおかれた状況はどのように変わったか、あるいは変わらなかったのか。世界初の女性全権大使として知られるコロンタイの女性解放論を軸に語る、女たちをめぐる諸問題の再提起。

ゴーン, C. 〔1954～〕 Ghosn, Carlos

◇カルロス・ゴーン―国境、組織、すべての枠を超える生き方　カルロス・ゴーン著　日本経済新聞出版社　2018.3　268p　20cm　〈私の履歴書〉〈英語併記　年譜あり〉　1600円　①978-4-532-32208-3　Ⓝ289.3

内容 第1部 私の履歴書（多国籍世界の住人　コストカッター　リバイバル（再生）　危機、そして新たなる挑戦　アライアンス）　第2部 カルロス・ゴーン名語録（グローバリゼーション　アライアンス　リーダーシップ　意思決定　ダイバーシティ　日産の再生　イノベーション　教育とは）

＊「さあ、冒険の旅に出よう」リスクをとり、挑戦し続けたカリスマが今こそ伝えたいこと。

コーン, J.H. 〔1938～2018〕 Cone, James H.

◇解放の神学　梶原寿著　新装版　清水書院　2016.7　214p　19cm　〈Century Books―人と思想 133〉〈文献あり　年譜あり　索引あり〉　1200円　①978-4-389-42133-5　Ⓝ289.3

|内容| 第1部 解放の神学と自分史(解放の神学との出会い 自分史の回顧) 第2部 解放神学の先駆者ジェイムズ=H=コーン(ビアーデンからエヴァンストンへ 黒人神学の構築に向かって 出会いと挫折、そして再構築)

＊一九六〇年代末から登場した解放の神学は、それまでの西欧中心の伝統的思考様式とは根本的に異なる新しい思考様式を提示した。そしてそれは今やイエス・キリストの福音の原点に生き生きと迫るダイナミズムを、世界の至る所で発揮している。この新しい神学運動の担い手たちはアメリカの黒人、そしてラテン=アメリカ、アジア、アフリカ等の第三世界の被抑圧民衆、また第一世界内部の抑圧された女性、障害者、子供たちである。彼らは人間としての解放への叫びの文脈の中で、聖書を自分自身の目で「読み直し」、自らの頭と心で「考え直す」作業に携わっている。そこにあるものは生きることの感動の再発見である。本書はその解放の神学の先駆者の一人であるアメリカの黒人神学者ジェイムズ・コーンの歩みを、著者自身の自分史に関わらせながらたどることによって、その感動を追体験しようと試みている。

ゴン, M.〔1866～1953〕 Gonne, Maud

◇モード・ゴン――一八六六――一九五三 アイルランドのジャンヌ・ダルク 杉山寿美子著 国書刊行会 2015.2 380p 22cm 〈共言語標題：Maud Gonne 文献あり 索引あり〉 3800円 ①978-4-336-05886-7 Ⓝ289.3

|内容| 連隊長の娘 一八六六・一八八七 アイルランドを国є として 一八八七・一八九一 アイルランドのジャンヌ・ダルク―輝かしい日々 一八九一・一八九八 エリンの娘とボーア戦争のヒーロー 一八九九・一九〇三 落ちたヒーロー―離婚訴訟 一九〇三・一九〇六 エグザイルの日々 一九〇六・一九一六 復活祭一九一六年 一九一六・一九一七 マダム・マックブライド、アイルランドへ帰還―対英独立戦争 一九一八・一九二二 ザ・マザーズ―アイルランド内戦と囚人擁護女性同盟 一九二二・一九三二 IRAの息子の母 一九三二・一九三九 老いの牢獄 一九三九・一九五三

＊絶世の美女と讃えられ、イェイツのミューズとしても知られたアイルランドの女性革命家、モード・ゴン。彼女の輝かしい生涯の影には、知られざる苦悩・悲劇があった。大英帝国からの独立を目指し、激動する世紀転換期を炎のように駆け抜けた「アイルランドのジャンヌ・ダルク」の波瀾万丈な人生を、多数の図版とともに辿る！

コンスタンチーノフ, V.〔1903～1967〕 Konstantinov, Vladimir

◇ドラマチック・ロシア in JAPAN 4 日露異色の群像30―文化・相互理解に尽くした人々 続 長塚英雄責任編集 生活ジャーナル 2017.12 531p 22cm 〈3の出版者：東洋書店〉 2800円 ①978-4-88259-166-5 Ⓝ319.1038

|内容| レフ・メーチニコフ(1838-1888)西郷が呼んだロシアの革命家 ニコライ・ラッセル(1850-1930)子孫が伝える二〇世紀の世界人の記憶 黒野義文(?-1918)東京外語露語科からペテルブルグ大学東洋語学部へ 小西増太郎(1861-1939)トルストイとスターリンに会った日本人―激動の昭和を生きた祖父小西増太郎 ニコライ・マトヴェーエフ(1865-1941)マトヴェーエフと戦後最初のロシア人観光団 徳富蘆花(1868-1927)日本におけるトルストイ受容の先駆者として セルゲイ・チホミーロフ(1871-1945)日本の府主教セルギイ―その悲劇の半生 内田良平(1874-1937)「黒龍会」内田良平のロシア観 瀬沼夏葉(1875-1915)瀬沼夏葉とチェーホフ作品の翻訳 相馬黒光(1875-1955)"アンビシャスガール"とロシア文化〔ほか〕

コンスタンティヌスⅠ〔～337〕 Constantinus Ⅰ

◇ローマ帝国人物列伝 本村凌二著 祥伝社 2016.5 303p 18cm (祥伝社新書 463) 840円 ①978-4-396-11463-3 Ⓝ283.2

|内容| 1 建国期―建国期のローマ(ブルトゥス―共和政を樹立した初代執政官 キンキナトゥス―ワシントンが理想とした指導者 ほか) 2 成長期―成長期のローマ(アッピウス―インフラ整備など、類稀なる先見性 ファビウス―耐えがたきを耐える「ローマの盾」 ほか) 3 転換期―転換期のローマ(クラッスス―すべてを手に入れた者が欲したもの 大ポンペイウス―カエサルに敗れた大武将 ほか) 4 最盛期―最盛期のローマ(ゲルマニクス―夭逝した理想のプリンス ネロ―気弱な犯罪者だった暴君 ほか) 5 衰亡期―衰亡期のローマ(ガリエヌス―動乱期の賢帝 ディオクレティアヌス―混乱を鎮めた軍人皇帝 ほか)

＊ローマの歴史には、独裁も革命もクーデターもあり、「パクス・ロマーナ」と呼ばれた平和な時代もあった。君主政も共和政も貴族政もポピュリズムもあり、多神教も一神教もあった。まさに「歴史の実験場」であり、教訓を得るのに、これほどの素材はない。歴史を学ぶには制度や組織は無視できないが、そこに人間が存在したことを忘れてはならないだろう。本書は、一〇〇〇年を超えるローマ史を五つの時代に分け、三二人の生涯と共に追うものである。賢帝あり、愚帝あり、英雄から気丈な女性、医学者、宗教家まで。壮大な歴史叙事詩であり、歴史は人なりを実感する一冊。

◇コンスタンティヌスの改宗―キリスト教における「奇跡」との関連から 木本和宏著 [出版地不明] [木本和宏] 2017.9 78p 21cm 〈文献あり〉 Ⓝ232.8

コント, A.〔1798～1857〕 Comte, Auguste

◇オーギュスト・コント 清水幾太郎著 筑摩書房 2014.7 366p 15cm (ちくま学芸文庫 シ26-3)〈文献あり〉 1300円 ①978-4-480-09633-3 Ⓝ135.4

|内容| オーギュスト・コント―社会学とは何か(この天才との縁 フランス革命の廃墟に立って 王政復古のパリに学ぶ 啓蒙思想と、しかし 効く美しい処女作―三段階の法則 社会学の完成と狂気と 女神と人類教への道) 最終講義 オーギュスト・コント コントとスペンサー 革命と経済学―コントの場合

＊社会学・人類教・実証主義―フランス革命と産業革命という大変動に直面したコントの生涯を自らに重ねながら描いた「知識社会学的一考察」

◇社会学の起源―創始者の対話 竹内真澄著 本

の泉社　2015.10　174p　19cm　〈文献あり　年譜あり〉　1300円　①978-4-7807-1248-3　Ⓝ361.2

内容　第1部 コントの社会学（生い立ちから　カソリック系ブルジョワ家族の影響　ほか）　第2部 スペンサーの社会学（生い立ちから　一五歳で発表した「救貧法について」ほか）　第3部 マルクスの社会理論（生い立ちから　労働力の商品化と社会学　ほか）　第4部 一九世紀社会学の歴史構造（社会学の基本的構造　社会史と理論史　ほか）

コンドルセ, N.〔1743～1794〕
Condorcet, Jean-Antoine-Nicolas de Caritat, marquis de

◇コンドルセと〈光〉の世紀―科学から政治へ　永見瑞木著　白水社　2018.2　267,41p　20cm　〈文献あり　索引あり〉　3400円　①978-4-560-09596-6　Ⓝ311.235

内容　第1章 コンドルセの知的世界―学問と政治（科学の視点　司法への関心　政治の経験）　第2章 コンドルセとアメリカの経験（アメリカへの眼差し　テュルゴのアメリカ観　連合規約から連邦憲法へ　コンドルセのフランクリン像）　第3章 新しい秩序構想―地方議会から国民議会へ（地方議会の設置の試み　「代表民主政」の構想　地方議会構想　政治状況の変化）　第4章 革命の動乱と共和国（革命期の活動と諸課題　自由な国制の条件　共和政について　憲法の構想―共和国の実現に向けて）

＊旧体制と大革命を結ぶ豊穣な思想世界。「凡庸な進歩主義者」と誤認されてきたコンドルセを、科学・アメリカ革命・旧体制改革という観点から眺め、十八世紀思想史に位置づけた画期的論考。

コンパニョン, A.〔1950～〕
Compagnon, Antoine

◇書簡の時代―ロラン・バルト晩年の肖像　アントワーヌ・コンパニョン著，中地義和訳　みすず書房　2016.12　211p　20cm　3800円　①978-4-622-08563-8　Ⓝ950.278

＊われわれの友情を再考すること、その各段階をあらためてたどり直し、記憶を掘り起こし、彼から受けた恩恵を確認し、彼が与えてくれたもに感謝すること。

コンラッド, N.〔1891～1970〕
Konrad, Nikolaĭ Iosifovich

◇ドラマチック・ロシアin JAPAN　4　日露異色の群像30―文化・相互理解に尽くした人々　続　長塚英雄責任編集　生活ジャーナル　2017.12　531p　22cm　〈3の出版者：東洋書店〉　2800円　①978-4-88259-166-5　Ⓝ319.1038

内容　レフ・メーチニコフ（1838-1888）西郷が呼んだロシアの革命家　ニコライ・ラッセル（1850-1930）子孫が伝える二〇世紀の世界人の記憶　黒野義文（？-1918）東京外国語露科からペテルブルグ大学東洋語学部へ　小西増太郎（1861-1939）トルストイとスターリンに会った日本人―激動の昭和を生きた祖父小西増太郎　ニコライ・マトヴェーエフ（1865-1941）マトヴェーエフと戦後最初のロシア人観光団

徳富蘆花（1868-1927）日本におけるトルストイ受容の先駆者として　セルギイ・チホミーロフ（1871-1945）日本の府主教セルギイ―その悲劇の半生　内田良平（1874-1937）「黒龍会」内田良平のロシア観　瀬沼夏葉（1875-1915）瀬沼夏葉とチェーホフ作品の翻訳　相馬黒光（1875-1955）"アンビシャスガール"とロシア文化〔ほか〕

【サ】

サイチンガ〔1914～1973〕　Saichinga

◇サイチンガ研究―内モンゴル現代文学の礎を築いた詩人・教育者・翻訳家　都馬バイカル著　論創社　2018.11　263p　20cm　〈文献あり　年譜あり〉　3000円　①978-4-8460-1778-1　Ⓝ929.55

内容　第1部 サイチンガの生涯とその作品（少年時代　小学校時代と役人時代　青年学校時代　ほか）　第2部 文学テクストのオリジナリティ喪失と変容―サイチンガの『沙原・我が故郷』について（三つの『沙原・我が故郷』テクストの比較　三つの『沙原・我が故郷』の運命　ほか）　第3部 サイチンガと東洋大学（サイチンガの履修科目とその成績　三木春雄教授の影響　結語）

＊モンゴル現代文学の創始者であり、モンゴルの近代化に邁進した歴史の証人。その生涯を明らかにした初の本格的研究書。

サイラー, A.〔1963～〕　Sailer, Adolf

◇サイラーのパン―福岡で活躍するオーストリアのマイスター　アドルフ サイラー著，原田博治聞き書き　福岡　西日本新聞社　2014.11　143p　21cm　〈他言語標題：Sailer's Brot〉　1500円　①978-4-8167-0892-3　Ⓝ588.32

内容　第1章 オーストリアのさまざまなパン（代表的な食事パン　甘いパン　サンドイッチ　オリジナル）　第2章 ぼくの半生（軽い気持ちで日本へ　マイスター試験に挑戦　サイラーさんのある1日　自分の店を持つ　冬季五輪やサッカーを支援　うつを克服　日本にもマイスター制を　100年続くパン作りの伝統）

＊福岡で愛されて20年。伝統の味、人気のオリジナル、食材へのこだわりをまとめました。オーストリアで100年続くパン屋の息子サイラーさん。言葉の壁、うつ病の克服、大好きなサッカー、パン作りへの思い…すべてお話しします。

サカリャンスキー, I.A.〔1889～1960〕
Sokolianskii, I.A.

◇盲ろうあ児教育のパイオニア・サカリャンスキーの記録　広瀬信雄編著訳　文芸社　2014.6　265p　15cm　〈文献あり　著作目録あり　年譜あり〉　700円　①978-4-286-15132-8　Ⓝ378.1

サキ〔1870～1916〕　Saki

◇サキの思い出―評伝と短篇　エセル・M・マンロー, ロセイ・レイノルズ, サキ著，花輪涼子訳

彩流社　2017.11　242p　20cm　〈他言語標題：The Memories of Saki〉　2000円　①978-4-7791-2379-5　Ⓝ930.278

|内容| 第1部 サキの思い出—評伝（サキ（H・H・マンロー）伝（エセル・M・マンロー）H・H・マンローのこと（ロセイ・レイノルズ））　第2部 サキ短篇（スレドニ・ヴァシュター　聖人とゴブリン　古都プスコフ　カール・ルートヴィヒの窓　トード・ウォーターの報復合戦—イングランド南西部地方の壮大な物語　ジャングル・ストーリー　クローヴィス、ビジネスのロマンなるものを語る　青年トルコ党の悲劇　二つのシーン　女性は買い物をするか　ラブロシュカの魂　包みを持ったジャドキン　マッピンテラスの生活　失われた魂の像）

＊「わたしには弟がいました。名前はヘクター」姉が語る、短編小説の名手サキの幼少期から死まで—。2つの評伝にサキの短篇作品を加えたコレクション。サキ自筆のイラストも収録！

サスキンド, O. 〔1991〜〕　Suskind, Owen

◇ディズニー・セラピー—自閉症のわが子が教えてくれたこと　ロン・サスキンド著，有澤真庭訳　ビジネス社　2016.3　383p　19cm　2500円　①978-4-8284-1869-8　Ⓝ936

|内容| 著者ノート　逆さ向きに育つ　壁にぶち当たるはまり役　椅子取りゲーム　脇役たちの守護者　上の歌　魔法の処方箋　不幸中の幸い　福転じて福　映画の神々　孤軍奮闘　アニメーテッド・ライフ　脇役たち　オーウェン・サスキンド著・画

＊言葉を失った少年を救ったのは、ディズニー映画の脇役たちだった。ピュリツァー賞受賞作家ロン・サスキンドが、かけがえのない妻コーネリアとの間にもうけた息子オーウェン・サスキンドの身に起きた、これは本当の話だ。

サダキチ・ハルトマン
⇒ハートマン，サダキチ を見よ

ザッカーバーグ, M. 〔1984〜〕
Zuckerberg, Mark Elliot

◇世界を動かす巨人たち　経済人編　池上彰著　集英社　2017.7　250p　18cm　〈集英社新書0889〉〈文献あり〉　760円　①978-4-08-720889-4　Ⓝ280

|内容| 第1章 ジャック・マー　第2章 ルパート・マードック　第3章 ウォーレン・バフェット　第4章 ビル・ゲイツ　第5章 ジェフ・ベゾス　第6章 ドナルド・トランプ　第7章 マーク・ザッカーバーグ　第8章 グーグルを作った二人—ラリー・ペイジ、セルゲイ・ミハイロビッチ・ブリン　第9章 コーク兄弟—チャールズ・コーク、デビッド・コーク

＊この11人の大富豪こそ、真の「実力者」。池上彰が、歴史を動かす「個人」から現代世界を読み解く人気シリーズ最新刊！

サックス, O. 〔1933〜2015〕　Sacks, Oliver

◇道程—オリヴァー・サックス自伝　オリヴァー・サックス著，大田直子訳　早川書房　2015.12　469p　20cm　2700円　①978-4-15-209589-3　Ⓝ289.3

|内容| 止まらず進んで　巣立ち　サンフランシスコ　マッスルビーチ　力がほしいところ　目覚め　山上の牛　アイデンティティの問題　シティ島　遍歴　心についての新たな展望　ホーム

＊「幼いころ、閉じ込められている気がして、動きたい、力がほしいと願った。その願いは空を飛ぶ夢で一瞬かなえられ、乗馬をしたときにも実現した。しかし何より好きだったのはバイクだ」モーターサイクルのツーリングに熱中した学生／インターン時代に始まり、世界的なベストセラー医学エッセイの著者になったいきさつ、そしてガン宣告を受けた晩年まで、かたちを変えながらも「走り続けて」波瀾の生涯を赤裸々に綴る、脳神経科医サックス生前最後の著作となった初めての本格的自叙伝。

◇タングステンおじさん—化学と過ごした私の少年時代　オリヴァー・サックス著，斉藤隆央訳　早川書房　2016.7　464p　16cm　〈ハヤカワ文庫 NF 472〉　1240円　①978-4-15-050472-4　Ⓝ289.3

|内容| タングステンおじさん—金属との出会い　「三七番地」—私の原風景　疎開—恐怖の日々のなかで見つけた数の喜び　「理想的な金属」—素晴らしきタングステンとの絆　大衆に明かりを—タングステンおじさんの電球　輝安鉱の国—セメントのパンと鉱物のコレクション　趣味の化学—物質の華麗な変化を目撃する　悪臭と爆発と一実験に明け暮れた毎日　往診—医師の父との思い出　化学の言語—ヘリウムの詰まった気球に恋して〔ほか〕

＊のちに脳神経科医になるサックス先生は子供のころ、化学に夢中だった。いつも指先を粉塵で黒くして、金属をはじめとする物質の化学的な振舞いの面白さを説き語ってやまないおじ、「タングステンおじさん」がいたからだ。サックス先生が暖かな家族に囲まれて科学への憧れを育んだ楽園の日々が、ノスタルジー豊かに綴られる。同時に化学の発展史が一風変わった切り口から紹介される、出色の自伝的エッセイ、待望の文庫化。

ザッケローニ, A. 〔1953〜〕
Zaccheroni, Alberto

◇通訳日記—ザックジャパン1397日の記録　矢野大輔著　文藝春秋　2014.12　413p　19cm　（〔Number PLUS〕）　1500円　①978-4-16-008204-5　Ⓝ783.47

|内容| 1 ザックジャパン誕生—2010〜2012（日本代表通訳就任「日本に戻る準備はできたか？」　ザックジャパン始動「開陣アルゼンチン戦の金星」　アジア杯優勝「このチームの伸びしろは計り知れない」　東日本大震災とチャリティーマッチ「日本は止まることを知らない国」　W杯アジア3次予選突破「目標に向けての第一歩に過ぎない」　W杯アジア最終予選「今のままでは強豪に太刀打ちできない」）2 世界との距離を詰める—2012〜2013（欧州遠征vs.フランス＆ブラジル「真の強者と戦うことで実力がわかる」　ブラジルW杯出場決定「我々のサッカーをすれば何も問題ない」　コンフェデレーションズ杯「世界との差をこの1年間で詰める」　東アジア杯と新戦力台頭「できない選手に『やれ』とは言わない」　東欧遠征vs.セルビア＆ベラルーシ「ミンスクの夜のHHEミーティング」　欧州遠征vs.オランダ＆ベルギー「勝つべくして勝った試合だった」）3 W杯

で世界を驚かせるために—2014(W杯代表メンバー選考「発表前夜にかけた主将への電話」 指宿合宿&アメリカ合宿「ハセはチームにとって大切すぎるんだ」 ブラジルW杯「我々のサッカーを全員で信じてやろう」)

◇通訳日記—ザックジャパン1397日の記録 矢野大輔著 文藝春秋 2016.9 490p 16cm (文春文庫 や65-1) 910円 ⓘ978-4-16-790705-1 Ⓝ783.47

内容 1 ザックジャパン誕生 2010〜2012(日本代表通訳就任「日本に戻る準備はできたか?」 ザックジャパン始動「初陣アルゼンチン戦の金星」 アジア杯優勝「このチームの伸びしろは計り知れない」 東日本大震災とチャリティーマッチ「日本は止まることを知らない国」 W杯アジア3次予選突破「目標に向けての第一歩に過ぎない」 W杯アジア最終予選「今のままでは強豪太刀打ちできない」 2 世界との距離を詰める 2012〜2013(欧州遠征vs.フランス&ブラジル「真の強者と戦うことで実力がわかる」 ブラジルW杯出場決定「我々のサッカーをすれば何も問題ない」 コンフェデレーションズ杯「世界との差をこの1年間で詰める」 東アジア杯と新戦力台頭「できない選手に『やれ』とは言わない」 東欧遠征vs.セルビア&ベラルーシ「ミンスクの夜のHHEミーティング」 欧州遠征vs.オランダ&ベルギー「勝つべくして勝った試合だった」) 3 W杯で世界を驚かせるために 2014(W杯代表メンバー選考「発表前夜にかけた主将への電話」 指宿合宿&アメリカ合宿「ハセはチームにとって大切すぎるんだ」 ブラジルW杯「我々のサッカーを全員で信じてやろう」)

＊長谷部誠、遠藤保仁、本田圭佑ら、錚々たるメンバーで迎えた2014年W杯ブラジル大会。だが、アルベルト・ザッケローニ率いる日本代表はグループリーグ敗退という結果に終わった。4年間のチーム作りでは、何が成功し、何が失敗したのか。チーム通訳・矢野大輔の19冊に及ぶ日記には、日本サッカーへの多くの教訓が残されている。

サッチャー, M. 〔1925〜2013〕
Thatcher, Margaret

◇マーガレット・サッチャー—「鉄の女」と言われた信念の政治家 政治家・イギリス首相〈イギリス〉 筑摩書房編集部著 筑摩書房 2014.8 174p 19cm (ちくま評伝シリーズ〈ポルトレ〉)〈他言語標題:Margaret Thatcher 文献あり 年譜あり〉 1200円 ⓘ978-4-480-76614-4 Ⓝ289.3

内容 序章 イギリスで最も愛され、嫌われた首相 第1章 少女時代 第2章 思春期時代 第3章 オックスフォード時代 第4章 議員時代 第5章 党首・首相時代

＊「好かれるために首相をやっているわけじゃない」正義感の強い真面目な少女が「鉄の女」になるまで。

◇すべては1979年から始まった—21世紀を方向づけた反逆者たち クリスチャン・カリル著, 北川知子訳 草思社 2015.1 467,19p 19cm 〈文献あり〉 2300円 ⓘ978-4-7942-2102-5 Ⓝ209.75

内容 不安の高まり 辰年 「粗野だが、歓迎すべき無秩序状態」 革命家の帝王 トーリー党の暴徒 旅する教皇ヨハネ・パウロ二世 イマーム 銃を片手に 預言者のプロレタリアート 事実に基づき真実を求める 〔ほか〕

＊なぜ、「宗教」と「市場」は、ここまで台頭したのか? 宗教原理主義と市場原理主義が、圧倒的に支配する21世紀の世界を運命づけた時代の転換点と4人の反逆者—サッチャー、鄧(とう)小平、ホメイニー、ヨハネ・パウロ二世—の足跡をたどる実録・現代史!

◇サッチャーと日産英国工場—誘致交渉の歴史 1973-1986年 鈴木均著 吉田書店 2015.11 229p 20cm 〈文献あり 索引あり〉 2200円 ⓘ978-4-905497-40-0 Ⓝ537.09

内容 第1章 日産の海外進出とイギリス(日産自動車の海外進出と欧州市場、英国市場 イギリスのEC加盟と英国自動車産業 ほか) 第2章 サッチャーと日系企業の出会い(マーガレット・サッチャー、保守党党首に就任 女王の訪日 ほか) 第3章 サッチャー政権の発足と決断(サッチャー政権の成立 石原社長の自工会会長就任と、米国からの外圧 ほか) 第4章 サッチャー政権の日産工場誘致交渉(石原社長に欧州事業 日産によるイギリス現地調査 ほか) 第5章 日産サンダーランド工場の開業(サンダーランド 工場用地の確保と工場建屋の建設 ほか)

＊保守然とした理念への共鳴なのか、日本におけるサッチャーの評価は高い。そのような手放しの礼賛から離れ、彼女のリーダーシップの是非や、財政切り詰めなどの国内改革と日系企業誘致政策の矛盾についても考えたい…

◇世界を変えた10人の女性—お茶の水女子大学特別講義 池上彰著 文藝春秋 2016.5 344p 16cm (文春文庫 81-6) 670円 ⓘ978-4-16-790619-1 Ⓝ280

内容 第1章 アウンサンスーチー—政治家 第2章 アニータ・ロディック—実業家 第3章 マザー・テレサ—カトリック教会修道女 第4章 ベティ・フリーダン—女性解放運動家 第5章 マーガレット・サッチャー—元英国首相 第6章 フローレンス・ナイチンゲール—看護教育学者 第7章 マリー・キュリー—物理学者・化学者 第8章 緒方貞子—元国連難民高等弁務官 第9章 ワンガリ・マータイ—環境保護活動家 第10章 ベアテ・シロタ・ゴードン—元GHQ職員

＊近現代史を塗り変える仕事をした女性達。その生涯と業績、賛否分かれる評価を池上教授が解説し女子学生達と徹底討論。「田中真紀子」説もあるアウンサンスーチー、「中絶否定」が論議を呼んだマザー・テレサ、不倫でバッシングされたマリー・キュリー。意外な側面も見ることで人間と歴史への理解が深まる真の啓蒙書と呼ぶべき一冊。

◇マーガレット・サッチャー—政治を変えた「鉄の女」 冨田浩司著 新潮社 2018.9 302p 20cm (新潮選書) 1400円 ⓘ978-4-10-603832-7 Ⓝ289.3

内容 第1章 カエサルのもの、神のもの 第2章 女であること 第3章 偶然の指導者 第4章 戦う女王 第5章 内なる敵 第6章 戦友たち 第7章 欧州の桎梏 第8章 落日 終章 余光

＊英国初の女性首相サッチャーの功績は、経済再生と仲裁勝利だけではない。ケインズ主義的なコンセンサスを破壊し、国家と個人の関係を組み替えたことにある。なぜ彼女は閉塞感に

サティ, E.A.L. 〔1866~1925〕 Satie, Erik

◇祝宴の時代――ベル・エポックと「アヴァンギャルド」の誕生　ロジャー・シャタック著, 木下哲夫訳　白水社　2015.8　498,30p　20cm　〈文献あり　索引あり〉　4400円　①978-4-560-08454-0　Ⓝ702.353

内容　第1部 新世紀（古き良き時代　四人四色）　第2部 若返り（アンリ・ルソー――一八四四・一九一〇（近代美術のお手本　作品）　エリック・サティ――一八六六・一九二五（モンマルトルのピアノ弾き　醜聞, 倦怠, 戸棚音楽）　アルフレッド・ジャリ――一八七三・一九〇七（幻覚による自殺　詩人・バタフィジシャン）　ギヨーム・アポリネール――一八八〇・一九一八（アヴァンギャルドの座長　画家・詩人））　第3部 新世紀到来（静穏な芸術　最後の祝宴）

＊ルソー, サティ, ジャリ, アポリネール。時代を画した四人の芸術家が体現する「前衛」の精神と驚くべき共時性。刊行から半世紀余りを経て今なお示唆に富む名著, 待望の邦訳！

◇エリック・サティ覚え書　秋山邦晴著　新版　青土社　2016.5　1冊　22cm　〈文献あり　作品目録あり　年譜あり　索引あり〉　5200円　①978-4-7917-6925-4　Ⓝ762.35

内容　1（サティにおけるユーモアの弁証法――その言葉と音楽の見えない方程式　音楽のなかの言葉――サティの隠された方程式への解読試考　右と左に見たもの（眼鏡なしで）の思想――またはダダのなかのサティとブルトン　音響測定家サティと光測写師マン・レイとの出会い　エリック・サティと坂口安吾　エリック・サティ, 人と作品）　2（『健忘症患者の回想録』サティ詩抄　メドゥーサの罠）　3（サティ日記抄　SATIRICOLLAGES（サティリコラージュ））　4（サティ作品へのノート）

＊しなやかで豊かなメロディの「白い音楽」、あるいは「環境の音楽」を通じ, 西欧音楽の堅強な伝統に小気味よい関節外しを食らわせ, すます人気沸騰の奇才音楽家サティ。二十世紀音楽の先駆者のおかしみに彩られた生涯とその時代を, 多角的な視点から捉える鋭意の評論。吉田秀和賞受賞。

ザ・デストロイヤー 〔1930~2019〕 The Destroyer

◇全日本プロレス超人伝説　門馬忠雄著　文藝春秋　2014.7　218p　18cm　（文春新書　981）　〈文献あり〉　800円　①978-4-16-660981-9　Ⓝ788.2

内容　ジャイアント馬場 王道プロレスの牽引者　ジャンボ鶴田 完全無欠のエース　ザ・デストロイヤー 「日本のレスラー」になった魔王　アブドーラ・ザ・ブッチャー 血染めの凶器使い　ミル・マスカラス 千の顔を持つ男　大仁田厚 ジュニアヘビー級の尖兵　ザ・ファンクス テキサス・ブロンコの心意気　スタン・ハンセン＆ブルーザー・ブロディ 不沈艦と超獣「最強コンビ」　ザ・グレート・カブキ 毒霧噴く"東洋の神秘"　三沢光晴 男気のファイター　小橋建太 病魔に勝った鉄人　天龍源一郎 不滅の負けじ魂　ジョー樋口 厳しく優しいプロレスの番人

＊馬場の「32文ロケット砲」完成秘話, 岐阜の病院に極秘入院した鶴田, 妻に逃げられたデストロイヤー, 乱闘で警察沙汰となったブッチャー…初めて明かされる超人たちの素顔。

サトウ, E.M. 〔1843~1929〕 Satow, Ernest Mason

◇幕末維新を動かした8人の外国人　小島英記著　東洋経済新報社　2016.1　335p　19cm　〈文献あり〉　1700円　①978-4-492-06198-5　Ⓝ210.58

内容　第1章 黒船のペリー　第2章 古武士ブチャーチン　第3章 敬虔なハリス　第4章 文人外交官オールコック　第5章 幕府を支援したロッシュ　第6章 豪腕パークス　第7章 倒幕の理論家サトウ　第8章 倒幕商人グラバー

＊「外圧」の歴史はここから始まった！　幕末日本を振り回した外国人の軌跡をたどることで, 国内抗争だけでは見えてこなかった明治維新の実像を明らかにした渾身の大作。

◇聖地日光へ――アーネスト・サトウの旅　日光学　飯野達央著　宇都宮　随想舎　2016.11　358p　21cm　〈年譜あり　文献あり〉　2800円　①978-4-88748-332-3　Ⓝ213.2

内容　第1章 幕末期のアーネスト・サトウ　第2章 日光を訪れた最初の欧米人　第3章 アーネスト・サトウと明治初期の日光　第4章 国際観光地日光の誕生　第5章 サトウの山荘創建　第6章 サトウのリゾートライフと武田久吉の日光

＊アーネスト・サトウがいつ, どのような心境で, 中禅寺湖畔でも秀逸となる風景地を発見し, どのようにして自らの山荘を建てていったのか。アーネスト・サトウが来日前に, イギリス社会の中で身につけていた人間的資質や, 幕末期の日本でどのような体験をして, 人間的に成長していったのか。さらに, 明治維新後, 日本学の先駆者として日本の歴史・文化を学ぶ中で, 日光の風景をどのように捉えていたのかなど, サトウと日光の関係を中心に紐解く。

◇アーネスト・サトウと倒幕の時代　孫崎享著　現代書館　2018.12　278p　19cm　〈文献あり〉　1800円　①978-4-7684-5844-0　Ⓝ210.58

内容　第1章 アーネスト・サトウの来日　第2章 「桜田門外の変」から「生麦事件」へ　第3章 高まる「攘夷」の動き　第4章 薩英戦争後, 薩摩は英国と協調路線に　第5章 孤立化する長州藩へ, そして第一次長州征討へ　第6章 薩長連合の形成と幕府崩壊への始まり　第7章 「倒幕」志向の英国と, 幕府支援のフランスの対立　第8章 倒幕への道　第9章 江戸城無血開城

＊「孝明天皇暗殺説」を英文著書で記述。戦前この部分の日本紹介は禁止。慶喜は英公使パークスの勧めで大阪城から逃走。朝廷の外交関係文献の最初はアーネスト・サトウの示唆による。江戸城無血開城はパークスの助言が功を奏した。英国は日本を植民地化しようとは思っていなかった。英国は明治政府に配慮し, 自らの支援を語らなかった。

サトゥルニヌス〔?~280頃〕
Gaius Julius Saturninus
◇ローマ皇帝群像 4 アエリウス・スパルティアヌス他著．井上文則訳・解題 京都 京都大学学術出版会 2014.9 323,53p 20cm＋（西洋古典叢書 L025）〈付属資料：8p：月報 109 布装 年表あり 索引あり〉 3700円 ⓘ978-4-87698-486-2 Ⓝ232.8
|内容| 神君クラウディウスの生涯（トレベリウス・ポリオ） 神君アウレリアヌスの生涯（シラクサのフラウィウス・ウォピスクス） タキトゥスの生涯（シラクサのフラウィウス・ウォピスクス） プロブスの生涯（シラクサのフラウィウス・ウォピスクス） フィルムス，サトゥルニヌス，プロクルス，ボノスス，すなわち四人の僭称帝たちの生涯（シラクサのフラウィウス・ウォピスクス） カルス，カリヌス，ヌメリアヌスの生涯（シラクサのフラウィウス・ウォピスクス）
＊軍人皇帝時代も後半に入り危機克服の兆しが現われる。異色のローマ皇帝伝記集，堂々の完結！ 本邦初訳。

サートン, M.〔1912~1995〕Sarton, May
◇70歳の日記 メイ・サートン著，幾島幸子訳 みすず書房 2016.7 410p 20cm 3400円 ⓘ978-4-622-07862-3 Ⓝ935.7
＊残された時間は多くない。故郷ベルギーから切り離された孤立感も深い。しかし「今の私は，生涯でいちばん自分らしい」。出会いと喪失，発見にみちた濃密な一年。

◇独り居の日記 メイ・サートン著，武田尚子訳 新装版 みすず書房 2016.9 275p 20cm 3400円 ⓘ978-4-622-08558-4 Ⓝ935.7
＊未知の土地に引越し，心機一転の修業時代が始まる―自分の内なる怒りには正直に，でも身のまわりには秩序と平和を築こう。「女性自伝文学の分水嶺」とされる傑作。

サバタ, V.〔1892~1967〕Sabata, Victor de
◇偉大なる指揮者たち―トスカニーニからカラヤン，小澤，ラトルへの系譜 クリスチャン・メルラン著，神奈川夏子訳 ヤマハミュージックメディア 2014.11 389,7p 21cm 2800円 ⓘ978-4-636-90301-0 Ⓝ762.8
|内容| アルトゥーロ・トスカニーニ ウィレム・メンゲルベルク セルゲイ・クーセヴィツキー ピエール・モントゥー ブルーノ・ワルター サー・トーマス・ビーチャム レオポルド・ストコフスキー エルネスト・アンセルメ オットー・クレンペラー ヴィルヘルム・フルトヴェングラー〔ほか〕
＊指揮の特徴や楽団員からの評価，生い立ちや普段の振る舞い，家族関係など，50人のマエストロたちの素顔を描き出す。オーケストラ指揮の知られざる側面に迫った評伝集。

ザビエル, F.〔1506~1552〕Xavier, Francisco
◇ザビエルと東アジア―パイオニアとしての任務と軌跡 岸野久著 吉川弘文館 2015.6 292,10p 22cm 〈索引あり〉 10000円 ⓘ978-4-642-02926-1 Ⓝ198.22
|内容| 第1部 ザビエルの資格（ザビエルのタイトル「ヌンシオ」とその訳語 教皇大使としてのフランシスコ・ザビエル フランシスコ・ザビエルとフライレ―アジア布教の協働者として ザビエル書翰のフライレの定義について 「国王巡察使」としてのフランシスコ・ザビエル） 第2部 東アジア布教構想（フランシスコ・ザビエルの東アジア布教構想 「東アジア布教構想」の端緒とガスパル・バルゼウ ザビエルによる第二次宣教団来日命令（一五四九年）―「日本布教構想」との関連 ガスパル・バルゼウの中国プロジェクト ザビエル中国行きの理由―日本改宗のためか ザビエルの「中国遣使・開教プロジェクト」とその顛末 要塞都市マラッカにおけるザビエル ザビエルのパイオニア性） 補論 ザビエルの周辺（日本人アンジローの最期に関する新史料 『フロイス・日本史』の史料性―「大日」論争の分析を通して ジパングとジャポンの同定者ギヨーム・ポステル―フランスにおける日本研究の端緒）
＊没後まもなく神格化がすすんだ宣教師ザビエルに対する研究は，主として教会関係者によって，イエズス会士としての働きが明らかにされて来た。ローマ教皇より教皇大使に任命されていたことに改めて着目し，日本だけではなく中国を含む東アジア全体を見据えたザビエルの布教構想を発見。異教徒改宗に専念した人物というこれまでの通説を見直す。

◇ザビエル 尾原悟著 新装版 清水書院 2016.5 236p 19cm （Century Books―人と思想 156）〈文献あり 年譜あり 索引あり〉 1200円 ⓘ978-4-389-42156-4 Ⓝ198.22
|内容| 1 フランシスコ・ザビエルの生涯（旅立ちの日 大航海時代の幕開け フランシスコの誕生とその時代 ほか） 2 フランシスコ＝ザビエルの志を継いで（「すべての民に」 キリスト教を原点とした出会い 出会いの実り―キリシタン版 ほか） 3 キリスト教と日本（日本とヨーロッパの出会い 明治期のキリスト教 現代日本とキリスト教）
＊一五四〇年早春，派遣されるはずの宣教師が病に倒れた。ザビエルはただ一言「私を遣わしてください」と，再び帰ることなくアジアへ旅立った。九年後，「最も誠実で英知に富む民」と報告する日本へ，鹿児島から戦乱の都，山口，大分とわずか二年の滞在中，人々と出会い，キリストの福音を宣べ伝えたが成果は少なく，その努力は挫折したかに見えた。屈することのないザビエルの目は中国へと向けられたが，大陸を目前に上川島で友にも看取られず神のみもとに召された。四六歳。しかし，死によってザビエルの信頼と希望と愛の火は消えることはなかった。若い人々を育てるセミナリヨ，コレジョやキリシタン版の印刷は西欧と日本の文化の架け橋となり，苦しむ人の重荷をともに担う十字架の愛は，厳しい迫害や殉教のなかに潜伏キリシタンを二五〇年支えつづけた。人間ザビエルの生き方が現代の私たちに語りかける。

◇宣教師ザビエルと被差別民 沖浦和光著 筑摩書房 2016.12 219p 19cm （筑摩選書 0139） 1500円 ⓘ978-4-480-01647-8 Ⓝ198.22
|内容| 第1章 "宗教改革"と"大航海時代"の申し子・ザ

ビエル　第2章 ザビエルを日本へと導いた出会い　第3章 ゴアを訪れて　第4章 ザビエルが訪れた香料列島　第5章 戦国時代の世情と仏教　第6章 ザビエルの上陸とキリスト教の広がり　第7章 戦国期キリシタンの渡来と「救癩」運動　第8章 オランダの台頭　第9章 賎民制の推移　第10章「宗門人別改」制と「キリシタン類族改」制

＊宗教改革、大航海時代という世界史の転換期、日本はその影響をどう受けたのか？ バスク生まれのザビエルは、カトリック改革派として、アジア底辺層への布教に乗り出す。その活動は日本にも及ぶ。ザビエルら宣教師たちは、ハンセン病患者を救済し、被差別民へも布教の手を差し伸べる…。やがて徳川幕府による禁制は身分差別強化のもととなる。しかし、その後も二百数十年にわたりキリシタン信仰は地下水脈のように受け継がれていった。差別問題をアジア思想史レベルでとらえ続けた沖浦和光が取組んだ最後の著作。

◇描かれたザビエルと戦国日本―西欧画家のアジア認識　鹿毛敏夫編　勉誠出版　2017.1　158p　26cm　〈年表あり〉　2800円　①978-4-585-22156-2　Ⓝ723.369

内容 1 図版編（サン・ロケ教会所蔵「フランシスコ・ザビエルの生涯」"The Life of Saint Francis Xavier"を読み解く　サン・ロケ教会所蔵「フランシスコ・ザビエルの生涯」連作の絵画様式）　2 考察編（ザビエル研究の新視点―枠組みとしての三資格　ザビエルの航海と東アジア海上貿易　アジアにおけるザビエルと周辺の人々　ザビエルが訪ねた戦国三都市（鹿児島・山口・府内）・三大名　祭壇画としての「マリア十五玄義図」について―「とりなし図像」の視点から考える）　3 ザビエル・グラフ　4 資料編（フランシスコ・ザビエル関係地図　関連年表）

＊十六世紀に生きたザビエルの生涯を十七世紀に生きた画家が描いた。その絵画群を読み解くことで、当時のヨーロッパの人々が、日本をどう理解し、日本人をどう見ていたか、そして、アジア世界をどう認識していたかが見えてくる。本書後半に配した日本史・東洋史・西洋史・宗教史・絵画史の各専門研究者による重層的な「考察」を解説のよりどころとしながら、読者のみなさんを「描かれたザビエルと戦国日本」の絵解きへと導くことにしよう。

◇ザビエルの夢を紡ぐ―近代宣教師たちの日本語文学　郭南燕著　平凡社　2018.3　328p　20cm　〈索引あり〉　4000円　①978-4-582-70358-0　Ⓝ197.021

内容 序章 日本へのザビエルの贈りもの　第1章 日本に情熱をもやしたザビエル　第2章 ザビエルの予言へ呼応する近代宣教師たち　第3章 日本人に一生を捧げたヴィリオン神父　第4章 日本人を虜にしたカンドウ神父　第5章 詩的な宣教者―ホイヴェルス神父　第6章 型破りの布教―ネラン神父　終章 日本人とともに日本文化を創る試み

＊キリスト教が初めて日本に伝来してから460年余。日本語で話し、そして記述した数多くの神父たちの行いは、日本に以上に有形無形の豊かな財産をもたらした。先駆者フランシスコ・ザビエルから20世紀の「酒場神父」ジョルジュ・ネランまで5人の宣教師を取り上げ、彼らの業績と人柄をつぶさに語る、最新の研究。

サビオ, D.〔1842～1857〕Savio, Dominic

◇オラトリオの少年たち―ドメニコ・サヴィオ、ミケーレ・マゴーネ、フランチェスコ・ベズッコの生涯　ジョヴァンニ・ボスコ著，浦田慎二郎監訳，佐倉泉，中村〈五味〉妙子訳　ドン・ボスコ社　2018.6　375p　21cm　（サレジオ家族霊性選集 Antologia di Salesianità 2）　1200円　①978-4-88626-630-9　Ⓝ198.2237

サビニャック, R.〔1907～2002〕Savignac, Raymond

◇レイモン・サヴィニャック自伝　レイモン・サヴィニャック著，ティエリ・ドゥヴァンク編，谷川かおる訳　ビジュアル版　小学館　2018.2　269p　26cm　〈初版：TOブックス 2007年刊　年譜あり〉　4200円　①978-4-09-682082-7　Ⓝ727.0235

内容 図版（レイモン・サヴィニャック　同時代の作家たち）　レイモン・サヴィニャック自伝（幼年時代の記憶の情景　パリに育まれた少年時代　ポスター・デザイナーになりたい　カッサンドルとの出会い　自分だけのスタイルを求めて　モンサヴォンの牡牛から生まれた　ポスター画家はステキな仕事　パリの街歩きの歓び　バルナブースの列車、再び）

＊20世紀を代表するフランス・ポスターデザインの巨匠レイモン・サヴィニャック唯一の自伝完全新訳版！ 代表作および同時代の作家の作品図版約70点を掲載！

サビル, G.〔1633～1695〕Halifax, George Savile, Marquis of

◇現実主義者の選択―先哲の人生に学ぶ　松本正著　大阪　ホルス出版　2016.4　348p　19cm　〈文献あり〉　1500円　①978-4-905516-08-8　Ⓝ280

内容 第1部「王様と私」モンクット王―ブロードウェイのミュージカルに描かれた国王の姿は真実？（僧侶から国王へ　英仏との外交戦　「私の番が来た」）　第2部「風見鶏」初代ハリファクス侯爵―英国の政治・外交の伝統を築く（名政治家ほど忘れられる　観察眼に長けた雄弁家　名誉革命ほか）　第3部「海軍の至宝」堀悌吉提督―山本、古賀両元帥らと平和を求めて（第1次ロンドン海軍軍縮会議　「艦隊派」、「条約派」を駆逐して真珠湾へ　憲法）

＊歴史に埋もれてきた3人の先哲は、冷徹に現実を見据えて自国の進路を計算した。ミュージカル「王様と私」で世界に知られるようになったモンクット王、イングランドの名誉革命を指導した初代ハリファクス侯爵、米英との平和を希求した旧日本海軍の堀悌吉中将は、何を歴史から学ぶのかを後世の人びとに教えている。

サマーズ・ロビンズ, M.〔1928～2016〕Summers Robbins, Masako Shinjo

◇自由を求めて！ 画家正子・R・サマーズの生涯―沖縄からアメリカ　正子・R・サマーズ著，原義和編，宮城晴美監修・解説　高文研　2017.9　207p　19cm　1600円　①978-4-87498-634-9

Ⓝ723.53

サムナー, B. 〔1956〜〕 Sumner, Bernard
◇ニュー・オーダーとジョイ・ディヴィジョン、そしてぼく　バーナード・サムナー著，萩原麻理訳　Pヴァイン　2015.9　380p　20cm　(ele-king books)〈発売：日販アイ・ピー・エス〉　3300円　Ⓘ978-4-907276-40-9　Ⓝ767.8

サラディン 〔1137〜1193〕 Saladin
◇サラディン―イェルサレム奪回　松田俊道著　山川出版社　2015.2　80p　21cm　(世界史リブレット人 24)〈文献あり　年譜あり〉　800円　Ⓘ978-4-634-35024-3　Ⓝ289.3
〔内容〕イスラームの英雄サラディン　1 アイユーブ朝の創設　2 サラディンの改革　3 イェルサレムの奪回　4 ワクフ政策　5 サラディンの評価
＊サラディンはイスラーム圏の広大な部分を再統合し、聖地イェルサレムを奪回した人物として、中東ではその栄光と人気が現在でも強烈である。また西洋においてもムスリムの啓蒙君主として描かれてきた。何世紀もの間、サラディンはこの神秘的イメージに包まれてきた。現存する史料は時代をつくった この人物のことを、軍事的功績以外のことについても比較的饒舌に語ってくれる。本書は、それらの記述を背景にサラディンとその時代を描く。

サリバン, A. 〔1866〜1936〕 Sullivan, Anne
◇アイリッシュ・アメリカンの文化を読む　結城英雄, 夏目康子編　水声社　2016.7　236p　22cm　〈執筆：夏目博明ほか〉　3000円　Ⓘ978-4-8010-0192-3　Ⓝ930.29
〔内容〕序論 アイリッシュ・アメリカンをめぐって　第1章 アイルランド人とディアスポラ(移民するアイルランド人はどのように描かれたか―アイリッシュ・ジョークとイラストに見るアイルランド人　アイルランド人作家が再生産する「ことば」―移民／アイルランド語／アメリカ英語)　第2章 アメリカへのアイルランド人女性の同化(海を渡ったアイリッシュ・コリーン　自立するアイルランド人女性たち)　第3章 アメリカ文化におけるアイルランド人表象(アイリッシュ・アメリカンの歌におけるバラの表象　アメリカ映画に見るアイルランド系アメリカ人の表象―警察官・刑事と消防士の世界　『風と共に去りぬ』をめぐるアイルランド人表象)　第4章 彷徨と帰郷―アイルランド人作家のアメリカ(講演するアイルランド人―オスカー・ワイルドとアイリッシュ・アメリカンの聴衆　帰郷するアイルランド人)
＊17世紀からはじまったアイルランドからの移民が「想像の共同体」アメリカでどのような役割を果たしたか。その歴史をケネディ家の光と闇、アン・サリヴァンの生涯、オスカー・ワイルドの講演、そして『風と共に去りぬ』、『ハックルベリー・フィンの冒険』、『ブルックリン』、『ダイ・ハード』など文学・映画作品をとりあげ多彩な視点から考察する。

サリバン, H.S. 〔1892〜1949〕 Sullivan, Harry Stack
◇精神分析家の生涯と理論―連続講義　大阪精神分析セミナー運営委員会編　岩崎学術出版社　2018.7　367p　21cm　3800円　Ⓘ978-4-7533-1138-5　Ⓝ146.1
〔内容〕第1講 フロイト―その生涯と精神分析(福本修述)　第2講 アンナ・フロイト―その生涯と児童分析(中村留貴子述)　第3講 エリクソン―その生涯とライフサイクル論(鑪幹八郎述)　第4講 クライン―その生涯と創造性(飛谷渉述)　第5講 ウィニコット―児童精神科医であるとともに精神分析家であること(館直彦述)　第6講 ビオン―夢想すること・思索すること(松木邦裕述)　第7講 サリヴァン―その生涯と対人関係論(横井公一述)　第8講 コフート―その生涯と自己心理学、その先に彼が見たもの(富樫公一述)　第9講 間主観性理論・関係精神分析と米国の精神分析(吾妻壮述)　特別対談「精神分析を生きること」(狩野力八郎, 松木邦裕述)

サーリング, R. 〔1924〜1975〕 Serling, Rod
◇ロッド・サーリングと『四次元への招待』完全読本　尾之上浩司編著　洋泉社　2018.12　319p　19cm　1800円　Ⓘ978-4-8003-1595-3　Ⓝ778.8
〔内容〕第1章 ミステリーゾーン誕生までの栄光と苦悩―『大会社の椅子』から『ヘビー級への鎮魂歌』へ(ロッド・サーリング、ラジオっ子になる　第二次世界大戦の時代 ほか)　第2章 ミステリーゾーン終了後の栄光と苦闘―『夜空の大空港』から『猿の惑星』へ(サーリングの複雑な思い　最初の不安 ほか)　第3章 "四次元への招待"(Night Gallery)全エピソード解説(深夜画廊開店への道　意外な突破口 ほか)　第4章 四次元を乗り越えた場所―『ザ・マン／大統領の椅子』からドキュメンタリーへ(『四次元への招待』の裏の傑作2本と失望作1本　若い世代への希望と番組への失望 ほか)　特別付録 『ミステリーゾーン』の幻の元ネタだった「No.22の暗示」の原作発見！
＊『ミステリー・ゾーン』のロッド・サーリングが生み出したもうひとつの伝説のドラマ稀代の脚本家の軌跡と全エピソード解説を含む完全読本！そして、スピルバーグの伝説は、このドラマから始まった…！

サリンジャー, J.D. 〔1919〜2010〕 Salinger, Jerome David
◇サリンジャーと過ごした日々　ジョアンナ・ラコフ著, 井上里訳　柏書房　2015.4　367p　20cm　2200円　Ⓘ978-4-7601-4574-4　Ⓝ930.278
〔内容〕第1章 オール・オブ・アス　第2章 冬　第3章 春(表紙、書体、装丁　散らかった本棚　ワールドワイドウェブ)　第4章 夏(売り込み　感情教育　雨の三日間)　第5章 秋　第6章 ふたたび、冬
＊『ジェリーだ。きみのボスに話があってかけたんだけどね』…わたしがとった電話の相手は、J.D.サリンジャー。90年代、ニューヨーク。古き時代の名残をとどめる老舗出版エージェンシー。老作家の言葉に背中をおされながら、新米アシスタントが夢を追う。本が生まれる現場での日々を、印象的に綴った回想録。

◇サリンジャー　デイヴィッド・シールズ, シェーン・サレルノ著, 坪野圭介, 樋口武志訳　KADOKAWA　2015.5　742,47p　22cm　〈文

献あり 著作目録あり〉 4200円 ①978-4-04-110731-7 Ⓝ930.278

内容 第1部 ブラフマチャリヤ—梵行期 修行時代（ここから戦争が始まる バークアヴェニューのはずれの小さな反抗 ほか） 第2部 ガールハスティア—家住期 家長としての義務（長く暗い夜 ひどい、ひどい転落 ほか） 第3部 ヴァーナプラスター林棲期 社会からの隠遁（シーモアの二度目の自殺 ディア・ミス・メイナード ほか） 第4部 サンニヤーサ—遊行期 世界の放棄（一般市民 百万マイル離れた塔のなかで ほか）

＊十年にわたるリサーチと二百人以上のことばにより形作られた、評伝の決定版！ なぜたった四冊の本しか出版しなかったのか。世間から身を隠しながら書き続けた作品はどこにあるのか。出生、コンプレックス、戦争、執筆活動、恋、家族、そして沈黙と死。すべてが厚いベールに包まれていた作家の謎を、あらゆる記録や証言から解き明かす。初公開の手紙・文書・写真多数収録！

ザルカウィ, A.M.〔1966～2006〕
Zarqawi, Abu Musab al

◇ブラック・フラッグス—「イスラム国」台頭の軌跡 上 ジョビー・ウォリック著，伊藤真訳 白水社 2017.8 255,5p 20cm 2300円 ①978-4-560-09561-4 Ⓝ316.4

内容 第1部 ザルカウィの台頭（「目だけで人を動かすことができる男」「これぞリーダーという姿だった」「厄介者は必ず戻ってくる」「訓練のときは終わった」「アル＝カーイダとザルカウィのために」「必ず戦争になるぞ」「名声はアラブ中に轟くことになる」） 第2部 イラク（「もはや勝利ではない」「武装反乱が起きていると言いたいんだな？」「胸くそ悪い戦い、それがわれらのねらいだ」「アル＝カーイダのどんな仕業も及ばない」 虐殺者たちの長老）

＊「イラクのアル＝カーイダ」の創設者ザルカウィの生い立ちから「イスラム国」の指導者バグダディによるカリフ制宣言まで、疑似国家の変遷と拡大の背景を迫真の筆致で描く。中東取材20年のベテラン・ジャーナリストによる傑作ノンフィクション！ ピュリツァー賞（一般ノンフィクション部門）受賞作。

サルガド, S.〔1944～〕 Salgado, Sebastião

◇わたしの土地から大地へ セバスチャン・サルガド, イザベル・フランク著，中野勉訳 河出書房新社 2015.7 236p 図版16p 20cm 2400円 ①978-4-309-27612-0 Ⓝ740.262

内容 わたしの母なる土地 よそではなくフランスで写真にパチリと開眼 アフリカ、わたしにとってのもうひとつのブラジル 若き活動家、若き写真家 写真—わたしの生き方 「別のアメリカ」 苦境にある世界のイメージ マグナムからアマゾナス・イメージズへ 「人間の手」〔ほか〕

＊"神の眼を持つひと"と称され、世界中に大きな影響を与える報道写真家セバスチャン・サルガド。彼は、移民、貧困、病、紛争…世界中に住まう社会的弱者たちの姿を、そしてこの大地＝地球に住まうことの奇蹟を、数年にもわたる密着取材を経て完璧なモノクローム写真として捉えることに成功した。

サルトル, J.P.〔1905～1980〕
Sartre, Jean Paul

◇サルトル 村上嘉隆著 新装版 清水書院 2014.9 196p 19cm （Century Books—人と思想 34）〈文献あり 年譜あり 索引あり〉 1000円 ①978-4-389-42034-5 Ⓝ135.54

内容 1 サルトルという人 2 サルトルの思想（明晰なる無償性 保留された自由 客体化された自由 集団となった自由）

◇90分でわかるサルトル ポール・ストラザーン著，浅見昇吾訳 WAVE出版 2014.10 157p 20cm 〈年表あり〉 1000円 ①978-4-87290-693-6 Ⓝ135.54

内容 サルトル—思想の背景 サルトル—生涯と作品 サルトルの言葉

＊第二次大戦後、廃墟と化したヨーロッパ。人々の心に空いた精神的な空洞を埋めたのは実存主義だった。実存主義という哲学の代弁者、サルトルの作品は学生や知識人だけではなく、革命家や一般市民にまで広く読まれ支持されることになる。サルトルの実存主義は行動の哲学であり、一人ひとりの人間を刺激し行為へと促すものであった。サルトルの手で実存主義は、権威と対立し「自らの手で世界を変える」という行動に結びついたのである。

◇サルトル読本 澤田直編 法政大学出版局 2015.3 385,35p 21cm 〈文献あり 著作目録あり 年譜あり 索引あり〉 3600円 ①978-4-588-15069-2 Ⓝ135.54

内容 サルトルの可能性をめぐって（サルトルと翻訳—または他者への想像力について 知識人としてのサルトル ほか） サルトル解釈の現状（サルトルの栄光と不幸—『存在と無』をめぐって 媒介者としての『倫理学ノート』 ほか） サルトルの問題構成（サルトルとマルクス、あるいは、もうひとつの個人主義、もうひとつの自由のあり方—変革主体形成論の試み エピステモロジーとしてのサルトル哲学—『弁証法的理性批判』に潜むもうひとつの次元 ほか） サルトルと同時代（サルトルとボーヴォワール—『第二の性』の場合 身体と肉—サルトルとメルロ＝ポンティの身体論再考 ほか） 作家サルトル—文学論・芸術論（サルトルの美術批評の射程 サルトルの演劇理論—離見演劇 ほか）

＊実存主義の哲学者、小説や戯曲の作家、行動する知識人として様々な活動を行ったサルトル。ボーヴォワール、メルロ＝ポンティ、ドゥルーズ、レヴィナス、ハイデガー、バタイユ、ラカン、フェミニズム、ポストコロニアル、エコロジーなど多種多様な影響関係、再評価される文学論、芸術論、そして晩年の『倫理学ノート』など最新の研究も紹介し、いまなおアクチュアルに読み継がれるその全体像を明らかにする。

◇サルトル伝—1905-1980 上 アニー・コーエン＝ソラル著，石崎晴己訳 藤原書店 2015.4 539p 図版32p 20cm 3600円 ①978-4-86578-021-5 Ⓝ135.54

内容 第1部 天才への歩み（一九〇五年～一九三九年）

（ジャン＝バチストに照明を　アンヌ＝マリーの不幸の数々　お山の大将の私的寓話集　ラ・ロッシェルの生活情ება　千人のソクラテス　ただひとりのソクラテス　不機嫌、狂気、そしてあれこれの旅行…　慌ただしい幕間劇—二年間の幸福）　第2部　大戦中の変身（一九三九年〜一九四五年）（カフカ風の戦争　尊大な捕虜　「社会主義と自由」　行き詰まり　「作家としてレジスタンスをしたのであって、レジスタンス闘士としてものを書いたのではない…」　無数の若者の精神的指導者　バッファロー・ビルからルーズヴェルト大統領まで—最初のアメリカ旅行）

＊20世紀最高の哲学者の全体像。サルトルは、いかにして「サルトル」を生きたか。「世界をこそ所有したい」—社会、思想、歴史のすべてである巨大な渦に巻き込み、自ら企てた"サルトル"を生ききった巨星、サルトル。"全体"であろうとしたその生きざまを、作品に深く喰い込んで描く畢生の大著が、満を持して完訳！

◇サルトル伝—1905-1980　下　アニー・コーエン＝ソラル著，石崎晴己訳　藤原書店　2015.4 p541〜1183　20cm　〈文献あり　年譜あり　索引あり〉　3600円　①978-4-86578-022-2　Ⓝ135.54
内容　第3部　サルトル時代（一九四五年〜一九五六年）（パリ実存主義の到来　ニューヨーク—サルトル・イズ・ビューティフル　機関室にて　具体的なものとの二度目の衝突　二度目の行き詰まり　鳩と戦車）第4部　目覚める人（一九五六年〜一九八〇年）（みなさんは素晴らしい…　反逆の対抗フランス大使　アンタッチャブル　フローベールと毛沢東主義者たちの間で　モンパルナス・タワーの陰で）

＊"全体的知識人"とは何か。1945年〜、各国訪問、来日、ノーベル賞辞退、…死。「世界をこそ所有したい」—社会、思想、歴史のすべてである巨大な渦に巻き込み、自ら企てた"サルトル"を生ききった巨星、サルトル。"全体"であろうとしたその生きざまを、作品に深く喰い込んで描く畢生の大著が、満を持して完訳！

サルノ, J. 〔1921〜1984〕 Sarno, Jay

◇ザ・カジノ・シティ—ラスベガスを作り変えた知られざるホテル王の物語　デヴィッド・G・シュワルツ著，児島修訳　日経BP社　2015.11 446p　20cm　〈文献あり　索引あり〉　発売：日経BPマーケティング　1900円　①978-4-8222-5065-2　Ⓝ673.94
内容　ジェイ・ジャクソン・サルノとは誰か？　マイアミビーチのから騒ぎ　ウィンザーの結婚　ジミー・ホッファの手助け　ラスベガス、ジェイ・サルノと出会う　サン・ピエトロ広場からフラミンゴ・ロードへ　"シーザーたち"のパレスを建てる　シーザーの勝利　宮殿のクーデター　一か八か—さもなくば欲しがる　サーカスの大テント　サーカス団長　何があればハッピーなんだ？　友人、ハスラー、Gメン　苦難　アメリカ合衆国対ジェイ・サルノ　グランディッシモの夢　ちょうどこんな風に　偉大なるホテルマン

＊これがIR「統合型リゾート」の原点。「ギャンブルの街」から「エンターテインメントの街」へ—。斬新な発想と旺盛な欲望でラスベガスに繁栄を呼び込んだ男の、カジノ・ビジネス風雲録。

サルバトール・フォン・エスターライヒ＝トスカーナ, J. 〔1852〜1890?〕 Salvator von Österreich-Toskana, Johann

◇貴賤百態大公戯—超説ハプスブルク家　菊池良生著　エイチアンドアイ　2016.2　275p　20cm　1800円　①978-4-908110-03-0　Ⓝ288.49346
内容　口上　妄言妄語一説　外務大臣　カルノーキ伯爵　序幕　妥協の帝国　第2幕　新聞辞令　ザクセン＝コーブルク＝ゴータ家　フェルディナント殿下亡霊　ヘレンバハ男爵　第3幕　死ぬほど退屈なのだ長老　アルブレヒト大公　第4幕　貴賤婚　舞姫　ミリ・シュトゥーベル　ウィーン秘密警察　ワーグナー刑事　第五幕　皇太子の小函　ミリの姉　ローリ・シュトゥーベル　宮内大臣　モンテヌーヴォ公爵　第六幕　皇籍離脱　第七幕　ホーン岬に散る　ヨハンの母マリア・アントニア大公妃

＊「何もしない王朝」最大の武器、それは王家同士の婚姻であった。背けば貴賤婚と差別される非人間的な鉄の掟に、命を賭けて抗った大公・大公女たちの狂乱の態を名人、桂米朝、屈指の演目「地獄八景亡者戯」さながらに、ハプスブルク研究の泰斗が語り尽くす、乾坤一擲の「超説」全7幕！

サルマナザール, G. 〔1679?〜1763〕 Psalmanazar, George

◇バンヴァードの阿房宮—世界を変えなかった十三人　ポール・コリンズ著，山田和子訳　白水社　2014.8　425,21p　20cm　〈文献あり　著作目録あり〉　3600円　①978-4-560-08385-7　Ⓝ283
内容　バンヴァードの阿房宮—ジョン・バンヴァード　贋作は永遠に—ウィリアム・ヘンリー・アイアランド　空洞地球と極地の穴—ジョン・クリーヴズ・シムズ　N線の目を持つ男—ルネ・ブロンロ　音で世界を語る—ジャン・フランソワ・シュドル　種を蒔いた人—イーフレイム・ウェールズ・ブル　台湾人ロンドンに現わる—ジョージ・サルマナザール　ニューヨーク空圧地下鉄道—アルフレッド・イーライ・ビーチ　死してもはや語ることなし—マーティン・ファークワ・タッパー　ロミオに生涯を捧げて—ロバート・コーツ　青色光狂騒曲—オーガスタス・J・プレザントン　シェイクスピアの墓をあばく—ディーリア・ベーコン　宇宙はお前の生命でいっぱい—トマス・ディック

＊その時、歴史は動かなかった！　世界最長のパノラマ画、地球空洞説、驚異な放射線"N線"、音楽言語、空圧式地下鉄、新発見のシェイクスピア劇…壮大な夢を追求し、敗れ去った人々の数奇の物語。

ザロメ, L. 〔1861〜1937〕 Andreas-Salomé, Lou

◇ルー・アンドレーアス＝ザロメ—自分を駆け抜けていった女　リンデ・ザルバー著，向井みなえ訳　アルク出版企画　2015.4　261p　20cm　〈文献あり　年譜あり　索引あり〉　2400円　①978-4-901213-57-8　Ⓝ940.278
内容　第1章　ロシアでの幼年時代と青春の日々　第2章　研究を一生の仕事に　第3章　プロの物書きとして　第4章　旅立ちと帰郷　第5章　女として、女を超えて　第6章　フロイトのもとで　第7章　孤独とともに、友とともに

＊ニーチェ、リルケ、フロイトと共に、時代の変革期を自分らしく生き抜いた女流作家。哲学からフェミニズムを経て精神分析へと至った一人の女性の生涯を生き生きと描き出した、ドイツでロングセラーの評伝、初の日本語訳。

◇最強の女―ニーチェ、サン＝テグジュペリ、ダリ…天才たちを虜にした5人の女神　鹿島茂著　祥伝社　2017.10　436p　19cm　〈他言語標題：LA FEMME LA PLUS FORTE〉　1900円　ⓘ978-4-396-61619-9　Ⓝ283

内容 第1章 ルイーズ・ド・ヴィルモラン（二十世紀前半最強のミューズ　結核療養のベッドの上で ほか）　第2章 リー・ミラー（二十一世紀の女性たちのロール・モデル　二つの不幸 ほか）　第3章 ルー・ザロメ（「二大巨人」と「最高の詩人」の心を捉えた女性　ロシア世襲貴族ザロメ家 ほか）　第4章 マリ・ド・エレディア（ジェラール・ドゥヴィル）（世紀末のパリで名声を博した「最強の女」　高踏派の巨匠、ジョゼ＝マリア・ド・エレディアの三姉妹 ほか）　第5章 ガラ（シュールレアリスムの三巨頭を手に入れた女　ポール・エリュアール ほか）

＊『ツァラトゥストラはかく語りき』『星の王子さま』…歴史に残る傑作誕生の背後には彼女たちの存在があった。世紀末から20世紀のパリ。有名文化人のミューズとなり、自らも燦然と輝いた女たちの壮絶な人生。

サン＝ジェルマン伯爵〔1691/1707?～1784〕
Comte de Saint-Germain

◇ドイツ奇人街道　森貴史, 細川裕史, 溝井裕一著　吹田　関西大学出版部　2014.7　331p　19cm　〈文献あり〉　2000円　ⓘ978-4-87354-586-8　Ⓝ283.4

内容 フレンスブルク・ひとりの女性の勇敢なる挑戦―ベアーテ・ウーゼ（Beate Uhse, 1919～2001）　エッカーンフェルデ・「不死の男」の終焉―サン＝ジェルマン伯爵（Graf von Saint Germain, 1691?～1784）　ハンブルク・ドイツの「海賊王」の運命―クラウス・シュテルテベーカー（Klaus Störtebeker, ?～1400）　メルン・中世を旅したイタズラ者―ティル・オイレンシュピーゲル（Till Eulenspiegel, 1300ごろ～50）　シュタインフーデ・シュタインフーデ湖の怪魚―ヤーコブ・クリュソストムス・プレトリウス（Jakob Chrysostomus Praetorius, 1730～?）　ボーデンヴェルダー・「ほらふき男爵」の笑えない人生―ヒエロニムス・フォン・ミュンヒハウゼン（Hieronymus von Münchhausen, 1720～97）　ベルリン・絶滅動物を「よみがえらせてしまった」動物園長―ルッツ・ヘック（Lutz Heck, 1892～1983）　ライプツィヒ・「魔法使いファウスト」の実像をあばく―ゲオルギウス・ファウストゥス（Georgius Faustus, 1460/80～1540ごろ）　インゴルシュタット・秘密結社イルミナティの真実―アダム・ヴァイスハウプト（Adam Weishaupt, 1748～1830）　アンスバッハ・ヨーロッパを騒がせた謎の少年―カスパー・ハウザー（Kaspar Hauser, ?～1833）　フリードリヒスハーフェン・伯爵の空への異常な愛情―フェルディナント・ツェッペリン伯爵（Ferdinand Graf von Zeppelin, 1838～1917）　ジンメルン（ライン・モーゼル地方）・ライン地方の山賊たち―シンダーハンネスとシュヴァルツァー・ペーター（Schinderhannes, 1777？～1803/Schwarzer Peter, 1752～1812）

サン＝シモン, H.〔1760～1825〕
Saint-Simon, Henri de

◇サン＝シモンとは何者か―科学、産業、そしてヨーロッパ　中嶋洋平著　吉田書店　2018.12　401p　19cm　〈他言語標題：Saint-Simon 文献あり〉　4200円　ⓘ978-4-905497-71-4　Ⓝ289.3

内容 序章 サン＝シモンとは何者か　第1章 前期思想（一八〇二～一八一三年）：精神的なるものの探究―ヨーロッパ社会を平和にするための科学　第2章 転換点（一八一三～一八一四年）：精神から世俗への移行―ヨーロッパ社会への具体的提案　第3章 後期思想（一八一四年～一八二三年）：世俗的なるものの探究―ヨーロッパ社会を再組織するための産業　第4章 最後の提題（一八二三～一八二五年）―ヨーロッパ社会をめぐる思想家として、改革者として　終章 サン＝シモンのヨーロッパとその射程

サン＝ジュスト, L.A.L.〔1767～1794〕
Saint-Just, Louis Antoine Léon de

◇フランス革命の思想史的研究　試論4　ある若き革命家の肖像　矢田順治著　山口　現代詩研究会　2017.6　125p　21cm　1200円　Ⓝ135.34

ザンストラ, H.〔1894～1972〕
Zanstra, Herman

◇現代天文学史―天体物理学の源流と開拓者たち　小暮智一著　京都　京都大学学術出版会　2015.12　634p　22cm　〈他言語標題：History of Modern Astronomy　文献あり　年表あり　索引あり〉　4900円　ⓘ978-4-87698-882-2　Ⓝ440.12

内容 第1部 天体分光学（「新天文学」の開幕　星の分光分類とHD星表）　第2部 星の構造と進化論（星の進化論とHR図表　熱核反応と星の進化論）　第3部 銀河天文学と宇宙論（銀河と星雲の世界　銀河系の発見　宇宙論の源流）　第4部 現代天文学へ（日本における天体物理学の黎明　現代天文学の展開）

＊初めて星の化学組成を明らかにしたロンドンのアマチュア天文家ハギンス、太陽をガス体と見なした特許調査官レーン、自作の望遠鏡で天空を探査した音楽家ハーシェル…18世紀末から19世紀中葉にかけて現代天文学の扉を開いた彼らは、いずれも学界に縁のないアマチュア天文家だった。星の位置と運動を対象とする古典天文学から天体の物理的構造を探る天体物理学へ、その転換期を担った人々の生涯と研究を軸に、現代天文学の歴史をたどる。

サンダース, B.〔1941～〕　Sanders, Bernard

◇バーニー・サンダース自伝　バーニー・サンダース著, 萩原伸次郎監訳　大月書店　2016.6　407p　19cm　2300円　ⓘ978-4-272-21114-2　Ⓝ312.53

内容 1 あなたはどこかで始めるべきだ　2 ひとつの市での社会主義　3 長い行進はすすむ　4 手に入れたいくつかの勝利　5 悪玉を仕立て上げる議会　6 ヴァーモントじゅうを歩きまわって　7 最後のひと

押し　8 私たちはここからどこへ行くのか？
　＊アメリカ大統領選挙で快進撃！ 全米の若者が熱狂する「社会主義者」とは何者か？ ヒラリー・クリントンを相手に、まさかの大接戦！ 働く人々、貧しい人々、弱い立場の人々に味方して、驚異的な支持を集めるサンダース。民主主義にこだわりつづける「社会主義者」のユニークな闘いを記した自伝。

サンダース, H. 〔1890〜1980〕
Sanders, Harland

◇カーネル・サンダース―65歳から世界的企業を興した伝説の男　藤本隆一著　文芸社　2016.12　182p　15cm　〈文芸社文庫　ふ2-1〉〈産能大学出版部 1998年刊の修正　年譜あり〉　580円　Ⓘ978-4-286-18035-9　Ⓝ289.3

内容　第1章 転職を繰り返す半生　第2章 サンダース・カフェに寄らずに旅は終わらない　第3章 秘伝の調理法　第4章 六五歳からの再出発　第5章 ケンタッキー・フライド・チキン　第6章 引退は考えない

＊「白い上下のスーツにステッキ姿、温和な笑みを浮かべながら店の前に立っている老紳士の人形」といえば、誰もがケンタッキー・フライド・チキンの創始者であるカーネル・サンダースを思いうかべることだろう。しかし、彼の生い立ち、ケンタッキーを始めるにいたった経緯などは、謎に包まれたままだった。カーネルは、65歳で年金生活を捨て、事業を興し、フランチャイズ制度を初めて確立し、世界的企業にまで発展させた偉大な人物である。本書は、その波乱に富んだ知られざる彼の生涯を著した初めての書の文庫化である。

サンディン, E. 〔1966〜〕 Sandin, Erik

◇NOFX自伝―間違いだらけのパンク・バンド成功指南　NOFX, ジェフ・アルリス著, 志水亮訳　Du Books　2017.12　521p　19cm　〈発売：ディスクユニオン〉　2500円　Ⓘ978-4-86647-036-8　Ⓝ764.7

＊元祖！メロコア!!世界一アホなバンドに音楽活動と性生活の充実を学ぶ。30年以上におよぶ喜劇、悲劇、そして、予期せぬ（？）大成功の裏側を、メンバー自身が語り倒す！ 暴露本かつ自叙伝!!

サン＝テグジュペリ, A. 〔1900〜1944〕
Saint-Exupéry, Antoine de

◇サンテクスの人生とその主要作品　紫野守夫著　〔出版地不明〕　金森憲雄　2014.6　84p　21cm　1000円　Ⓝ950.278

◇サンテクスの人生とその主要作品　紫野守夫著　第2版　名古屋　書肆B612　2014.9　104p　21cm　〈文献あり〉　非売品　Ⓝ950.278

◇よき人々の系譜　阿部祐太著　阿部出版　2015.1　413p　20cm　〈文献あり〉　2000円　Ⓘ978-4-87242-326-6　Ⓝ280

内容　第1章 無限の未知を受け入れる（司馬光「誠実な者こそ正しく勇ましい」　ディドロ「学問の目的は、真理を知る喜びにある」　シュンペーター「人間的な営みの積み重ねが社会の向上をもたらす」）　第2章 語りえぬもの、見えぬものに本質がある（マティス「目に見えない真理を描く」　世阿弥「魂に沿うことで人は喜び感動する」　シュレンマー「有限な身体と無限の意識は表裏一体」）　第3章 生かされて生きていることの自覚（道元「無常の中で常なるものを知る」　ヤスパース「幸せに生きることは、幸せに死ぬこと」　ブランクーシ「無私が大いなる力を引き寄せる」）　第4章 自然と自分のつながりを再認識する（トルストイ「幸福とは自然と共にあること」　ナポレオン「人間は自然界に生かされる弱き者である」　ヴェルヌ「科学は万能ではない」）　第5章 人生の行方は自分で決める（勝海舟「経験が自分を育てる」　サン＝テグジュペリ「真理も幸福も自分の内より創造する　ミレー「現実はすべて崇高なり」）

＊従来の歴史観にとらわれず、新しい視点から古今東西の歴史上の著名人を再評価。時代や地域は違っていても、彼らの足跡に共通する生き方、考え方の本質を明らかにし、現代人がよりよく生きるための指針を提示する。前著『よき人々の歴史』（日本図書館協会選定図書）に続く新たな伝記の書。

◇サン＝テグジュペリ　稲垣直樹著　新装版　清水書院　2015.9　226p　19cm　〈Century Books―人と思想 109〉〈文献あり　年譜あり　索引あり〉　1000円　Ⓘ978-4-389-42109-0　Ⓝ950.278

内容　1 一九〇〇年生まれのパラドックス　2 砂漠の錬金術　3 文学は飛翔する　4 大地の哲学　5 崩壊する「大地」を前に　6 サン‐テグジュペリ神話の成立　7 比較文学的位置づけ

◇星の王子さま百科図鑑　クリストフ・キリアン著，三野博司訳　柊風舎　2018.7　211p　30cm　〈文献あり　年譜あり　索引あり〉　9000円　Ⓘ978-4-86498-058-6　Ⓝ953.7

内容　第1章 アントワーヌ＃ド・サン＝テグジュペリ　第2章『星の王子さま』の起源　第3章『星の王子さま』作品総覧　第4章『星の王子さま』の世界　第5章『星の王子さま』の本棚　第6章 スクリーンの『星の王子さま』　第7章 舞台の『星の王子さま』　第8章 マンガと絵本の『星の王子さま』　第9章『星の王子さま』からインスピレーションを受けて　第10章『星の王子さま』の世界旅行　第11章『星の王子さま』と私たち

＊サン＝テグジュペリの生涯や物語誕生の背景、手書き原稿などを豊富な図版とともに読み解く。さまざまな言語に翻訳されて世界中に広がり、映画、テレビ、マンガ、さらにはテーマパークやグッズ、子どもたちを支援する団体にまで、あらゆる形に波及した「星の王子さま」を網羅！

サンデージ, A.R. 〔1926〜2010〕
Sandage, Allan Rex

◇現代天文学史―天体物理学の源流と開拓者たち　小暮智一著　京都　京都大学学術出版会　2015.12　634p　22cm　〈他言語標題：History of Modern Astronomy　文献あり　年表あり　索引あり〉　4900円　Ⓘ978-4-87698-882-2　Ⓝ440.12

内容　第1部 天体分光学（「新天文学」の開幕　星の分光分類とHD星表）　第2部 星の構造と進化論（星の進化論とHR図表　熱核反応と星の進化論）　第3部

銀河天文学と宇宙論（銀河と星雲の世界　銀河系の発見　宇宙論の源流）　第4部　現代天文学へ（日本における天体物理学の黎明　現代天文学への展開）
　＊初めて星の化学組成を明らかにしたロンドンのアマチュア天文家ハギンス、太陽をガス体と見なした特許調査官レーン、自作の望遠鏡で天空を探査した音楽家ハーシェル…18世紀末から19世紀中葉にかけて現代天文学の扉を開いた彼らは、いずれも学界に縁のないアマチュア天文家だった。星の位置と運動を対象とする古典天文学から天体の物理的構造を探る天体物理学へ、その転換期を担った人々の生涯と研究を軸に、現代天文学の歴史をたどる。

サンド, G.〔1804〜1876〕 Sand, George

◇ミストレス―野望の女性史　レイ・エドゥワルド著，勝野憲昭訳　近代文藝社　2015.5　253p　19cm　2000円　①978-4-7733-7974-7　Ⓝ283

内容　第1章　サタンとの対話―モンテスパン侯爵夫人（一六四〇〜一七〇七）　第2章　提督の遺言―エマ・ハミルトン（一七六五〜一八一五）　第3章　生への渇望―ジョルジュ・サンド（一八〇四〜一八七六）　第4章　運命の回廊―エヴァ・ブラウン（一九一二〜一九四五）　第5章　ピグマリオンのガラテアー―マリオン・デーヴィス（一八九七〜一九六一）

　＊群衆の中から上流社会の頂点を極めた女達。その命運を分けたものとは？　そしてその先は？　異彩を放つ五人のミストレスの栄光と悲惨、その生きた時代に独自のフラッシュを当てるノンフィクション・ノヴェル。

◇ジョルジュ＝サンド　坂本千代著　新装版　清水書院　2016.7　216p　19cm　（Century Books―人と思想 141）〈文献あり　年譜あり　索引あり〉　1200円　①978-4-389-42141-0　Ⓝ950.268

内容　1 多感な少女から男爵夫人へ（オーロール＝デュパン誕生　少女時代 ほか）　2 試行錯誤の年月（作家修業と『アンディアナ』男装、そしてマリー・ドルヴァル ほか）　3 理想をめざして（ふたりの師　フランツ・リスト ほか）　4 ノアンの奥方（田園小説　マンソーとの一五年 ほか）

　＊ジョルジュ＝サンドは名門貴族の血をひく父と、パリ庶民の娘との間に生まれた多感な少女だった。一八歳でいなか貴族と結婚して二児をもうけるが、やがてその結婚生活は破綻し、彼女はパリに出て作家修業を始めることになる。二七歳で書いた『アンディアナ』がベストセラーになったあと、サンドはロマン派の詩人ミュッセとの恋愛、ふたりのヴェネチア旅行と恋の破局、作曲家ショパンとの恋愛などでパリの社交界を騒がせながら、次々と話題作を発表していった。一八一四年の王政復古、三〇年の七月革命、四七年の二月革命、七一年のパリ・コミューンの時代をたくましく生きぬいた女流作家は死の直前まで執筆を続け、没後に出た全集では一〇五巻にも及ぶ著作と近年まとめられた膨大な書簡集を残したのであった。

◇ジョルジュ・サンド愛の食卓―19世紀ロマン派作家の軌跡　アトランさやか著　現代書館　2018.12　191p　22cm　〈文献あり〉　2000円　①978-4-7684-5845-7　Ⓝ950.268

内容　第1章　ジョルジュ・サンドに会いに（パリの屋根裏部屋で　ノアンでの幼少期から結婚　パリでの文壇デビューまで）　第2章　ノアンの食卓（ノアンの食卓―小説の中の食風景　サンドとパリの食卓）　第3章　恋人達、友人達（学生―ステファーヌ・アジャソン・ド・グランサーニュ　夫―カジミール・デュドヴァン　小説家志望―ジュール・サンドー　女優―マリ・ドルヴァル　弁護士―アルフレッド・ド・ミュッセ　弁護士―ミシェル・ド・ブールジェ　音楽家―フレデリック・ショパン　彫刻家―アレクサンドル・マンソー）　第4章　ママンは総合芸術家（サンドと家事、または暮らしの達人　母として　作家として　芸術への愛　自然への愛　人類の一員として　サンドをめぐるパリの旅）

ザンドロック, O.〔1930〜2017〕 Sandrock, Otto

◇ミュンスター法学者列伝―中央大学・ミュンスター大学交流30周年記念　トーマス・ヘェーレン編著，山内惟介編訳　八王子　中央大学出版部　2018.11　568p　21cm　（日本比較法研究所翻訳叢書 80）〈索引あり〉　6700円　①978-4-8057-0381-6　Ⓝ322.8

内容　旧制大学―アントン・マティアス・シュプリックマン（1749年〜1833年）　ルードルフ・ヒス（1870年〜1938年）―ミュンスター大学のスイス人刑法史学者　ハンス・バーゲンコップ（1901年〜1983年）―ミュンスター大学地方自治研究所創設者　脇役から主役へ―国法学者、フリートリッヒ・クライン（1908年〜1974年）　正義のための戦いの中で―刑事訴訟法学者、カール・ペータース（1904年〜1998年）　ミュンスター大学の租税法―オットマール・ビューラー（1884年〜1965年）　生活事実から法へ―ヴァルター・エルマン（1904年〜1982年）　ミュンスターのフリースラント出身者―ハリー・ヴェスターマン（1909年〜1986年）　マックス・カーザー（1906年〜1997年）―学者生活のダイジェスト　ヘルムート・シェルスキィ（1912年〜1984年）―幸福感溢れる世代の遅すぎた懐疑　行政法学―ハンス・ユリウス・ヴォルフ（1898年〜1976年）　刑事学者―ヨハネス・ヴェセルス（1923年〜2005年）　波乱の時代の労働法―アルフレート・ヒュック（1889年〜1975年）とロルフ・ディーツ（1902年〜1971年）　環境法・都市計画法―ヴェルナー・ホッペ（1930年〜2009年）　あなたはどのように判断されるか？―ハンス・プロクス（1920年〜2009年）　学理と実務における保険法―ヘルムート・コロサー（1934年〜2004年）　オットー・ザンドロック―（1930年〜2017年）　ベルンハルト・グロスフェルト―（1933年〜）

ザンペリーニ, L.〔1917〜2014〕 Zamperini, Louis

◇不屈の男―アンブロークン　ローラ・ヒレンブランド著，ラッセル秀子訳　KADOKAWA　2016.2　582p　19cm　2500円　①978-4-04-103995-3　Ⓝ936

内容　第1部（たった一人の反乱軍　死にものぐるいで走れ ほか）　第2部（空飛ぶ棺桶　ウェーク島爆撃 ほか）　第3部（遭難　行方不明 ほか）　第4部（骸と化して　二〇〇人の無言の男たち ほか）　第5部（まばゆいひと　壊れる ほか）

　＊ランナーとしての才能を開花させ、米国代表として1936年のベルリン五輪出場を果たしたルイ・ザ

ンペリーニ。五輪連続出場の夢は第二次大戦により破れ、失意の中、ルイは米陸軍航空部隊に入隊しB24乗員としてハワイに赴く。1943年5月、搭乗していたB24が故障により墜落。仲間とともに太平洋沖を47日間も漂流した後、奇跡的にマーシャル諸島の小島に漂着する。しかしそこにはすでに日本軍が上陸。ルイは日本本国の収容所に送られ、以降約2年間、屈辱的な扱いと激しい拷問を受け、苛酷な労働を強いられる。終戦となりアメリカ帰国して家庭を持つが、戦時の屈辱的な記憶がトラウマとなり、自由の身となってなお日本軍に苦しめられる。彼に平安をもたらしたのは、神との出会いだった…。

サン・ラ〔1914〜1993〕 Sun Ra
◇てなもんやSUN RA伝—音盤でたどるジャズ偉人の歩み 湯浅学著 Pヴァイン 2014.11 367p 21cm （ele-king books）〈作品目録あり 発売：日販アイ・ピー・エス〉 3000円 Ⓘ978-4-907276-23-2 Ⓝ764.78

【シ】

シェイクスピア, W.〔1564〜1616〕
Shakespeare, William
◇エマソン選集 6 代表的人間像 ラルフ・ウォルドー・エマソン著 酒本雅之訳 デジタル・オンデマンド版 日本教文社 2014.8 266,7p 21cm 〈印刷・製本：デジタル・オンデマンド出版センター 索引あり〉 2300円 Ⓘ978-4-531-02636-4 Ⓝ938.68
|内容| 第1章 哲学に生きる人—プラトン 補説 あたらしいプラトン訳にせっして 第2章 神秘に生きる人—スエーデンボルグ 第3章 懐疑に生きる人—モンテーニュ 第4章 詩歌に生きる人—シェイクスピア 第5章 世俗に生きる人—ナポレオン 第6章 文学に生きる人—ゲーテ
◇カーライル選集 2 英雄と英雄崇拝 トマス・カーライル著 入江勇起男訳 デジタル・オンデマンド版 日本教文社 2014.8 368,7p 21cm 〈印刷・製本：デジタル・オンデマンド出版センター 索引あり〉 2900円 Ⓘ978-4-531-02642-5 Ⓝ938.68
|内容| 第1講 神としての英雄—オウディン、異教・スカンディナヴィアの神話 第2講 予言者としての英雄—マホメット・回教 第3講 詩人としての英雄—ダンテ、シェイクスピア 第4講 牧師としての英雄—ルーテル・宗教改革、ノックス・清教 第5講 文人としての英雄—ジョンソン、ルソー、バーンズ 第6講 帝王としての英雄—クロムウェル、ナポレオン、近代革命主義
◇シェイクスピアとコーヒータイム スタンリー・ウェルズ著、前沢浩子訳 三元社 2015.10 143p 16cm （コーヒータイム人物伝）〈文献あり 索引あり〉 1500円 Ⓘ978-4-88303-391-1 Ⓝ932.7
|内容| ウィリアム・シェイクスピア（1564 - 1616）小伝 シェイクスピアとコーヒータイム（いやいやながらも学んだこと 芝居こそ人生 いざロンドンへ 物語を綴る 仲間がそろって 故郷のことなど 書物の中の広大な世界 言葉、言葉、言葉 同業者たちからの評価 悲劇的喜劇と喜劇的悲劇 誰のためのソネットか 読み継がれていく戯曲 人生は悲喜こもごも 悲しい出来事 魔法の時間が終わるとき）
＊『リア王』や『オセロー』など名だたる戯曲をあまた書き残した天才の実像はどんなだったのでしょうか？ 田舎出の青年がどのように創作の技術を身につけ、どんな道のりをたどってロンドンの座付き作家になったのでしょう？ 私生活ではどのような家族や仲間たちに囲まれて生きたのでしょう？ そして興りつつあった当時の劇場文化とは？ さあ、彼自身に語ってもらいましょう。

◇シェイクスピア 福田陸太郎、菊川倫子著 新装版 清水書院 2016.2 211p 19cm （Century Books—人と思想 81）〈文献あり 年譜あり 索引あり〉 1200円 Ⓘ978-4-389-42081-9 Ⓝ932.5
|内容| 1 新世界へ向けて（生まれと育ちと時代） 2 劇作家への道のり（情熱と挑戦の習作期 飛躍から安定へ） 3 広大無辺の宇宙へ（新しい劇場、新しい活動 深まりいく人生）
＊"百人の心をもったシェイクスピア"と呼ばれるほど、シェイクスピアの劇には多種多様な人物が描き出される。『お気に召すまま』の中の有名なせりふ―「全世界は一つの舞台だ。そしてすべての男や女は役者にすぎない。めいめい出があり、引っ込みがあり、ひとりひとりそれぞれの人生で自分に割り当てられた役柄をこなして退場していく。このように円熟した人生観を語り得るシェイクスピアとは、いったいどんな時代に生き、どんな仕事をした人なのか。彼自身に残されたわずかばかりの資料と、彼が書いた多くの作品群をもとに、イギリスのエリザベス朝のこの偉大な劇作家の全体像を考えてみることは、きわめて興味あることだろう。何しろ、この四〇〇年の間、彼はいつも、その時々の人びとに同時代人のような親近感をもって受け入れられてきたのであるから。

◇シェイクスピアの正体 河合祥一郎著 新潮社 2016.5 341p 16cm （新潮文庫 かー76-1）〈「謎ときシェイクスピア」（2008年刊）の改題、大幅な加筆修正 年譜あり〉 590円 Ⓘ978-4-10-120476-5 Ⓝ932.5
|内容| 第1章 シェイクスピア別人説（田舎者シャクスペアがシェイクスピアであるはずがない！ 七人のシェイクスピア候補たち） 第2章 その時代に何が起こっていたのか（恐ろしいカトリック弾圧 正体を隠せ） 第3章 「成り上がり者のカラス」の正体は？ 第4章 シェイクスピアとは誰か—結論
＊シェイクスピアとは誰なのか。別人、合作、それとも…。彼の存在が謎めいているのは、その作品の偉大さゆえでもある。片田舎から行方をくらませた無学な男は、いつのまにかロンドンで天才的な詩人・劇作家へと変貌を遂げた。才能が花開いたのか、誰かが成り変わったのか？ シェイクスピア研究第一人者の東大教授が、演劇史上最大の謎を解く！

◇シェイクスピア—人生劇場の達人 河合祥一郎著 中央公論新社 2016.6 242p 18cm （中公新書 2382）〈文献あり 年譜あり〉 820円

シエイコフ

①978-4-12-102382-7　Ⓝ932.5
内容 第1章 失踪の末、詩人・劇作家として現れる　第2章 宮内大臣一座時代　第3章 国王一座時代と晩年　第4章 シェイクスピア・マジック　第5章 喜劇―道化的な矛盾の世界　第6章 悲劇―歩く影法師の世界　第7章 シェイクスピアの哲学―心の目で見る
＊ウィリアム・シェイクスピア(1564〜1616)は、世界でもっとも知られた文学者だろう。『マクベス』や『ハムレット』などの名作は読み継がれ、世界各国で上演され続けている。本書は、彼が生きた動乱の時代を踏まえ、その人生や作風、そして作品の奥底に流れる思想を読み解く。「万の心を持つ」と称された彼の作品は、喜怒哀楽を通して人間を映し出す。そこからは今に通じる人生哲学も汲み取れるはずだ。

◇シェイクスピア大図鑑　スタンリー・ウェルズほか著，河合祥一郎監訳　三省堂　2016.7　352p 25cm〈索引あり〉4200円　①978-4-385-16229-4　Ⓝ932.5
内容 フリーの作家時代 1589年〜1594年(愛において友を大切にする奴がいるか?『ヴェローナの二紳士』　じゃじゃ馬の馴らし方はわかっている『じゃじゃ馬馴らし』　指導者を失った民衆は、怒ったミツバチのように、上を下への大騒ぎだ『ヘンリー六世・第二部』 ほか)　宮内大臣一座時代 1594年〜1603年(誰が愛と慈悲を切り分けられよう『恋の骨折り損』　降りよう、太陽神の子パエトーンのごとく『リチャード二世』　不幸な星の恋人たち『ロミオとジュリエット』 ほか)　国王一座時代 1603年〜1613年(人間は、傲慢な人間は、束の間の権威を身にまとう『尺には尺を』　嫉妬にお気をつけください閣下、嫉妬というのは緑の眼をした怪物です『オセロー』　罪を犯すより犯された男『リア王』 ほか)

◇ミルワード先生のシェイクスピア講義　ピーター・ミルワード著，橋本修一訳　彩流社　2016.11 197p 19cm（フィギュール彩 73）〈他言語標題：ON SHAKESPEARE BY PETER MILWARD　文献あり〉1800円　①978-4-7791-7079-9　Ⓝ932.5
内容 第1部 シェイクスピア講義―ヒロインたち(はじめに　ロミオのジュリエット　ハムレットのオフィーリア　オセロのデズデモーナ　マクベス夫人 ほか)　第2部 シェイクスピア教養講座(教養のスタンダードとしてのシェイクスピア　シェイクスピアの人気　シェイクスピアは人生のサプリメント　シェイクスピアを取り巻く「謎」　シェイクスピアの生い立ち、ロンドンに現れるまで ほか)
＊ミルワード先生の講義である第一部の補足として、第二部では、ミルワード先生の教え子でもある訳者が、「シェイクスピア教養講座」として、主に、シェイクスピアの名前は知っているけれど、いまさら人に聞けない、あるいは、これから勉強してみたい、などといった方々へ、教養のスタンダードとして最低限、これだけは抑えておきたいシェイクスピアの知識を教えてくれます。シェイクスピアが立体的に分かるコラムも充実!

◇シェイクスピアの面白さ　中野好夫著　講談社　2017.10 252p 16cm（講談社文芸文庫 C2）〈新潮社 1967年刊の再刊　著作目録あり　年譜あり〉1500円　①978-4-06-290362-2　Ⓝ932.5

＊木下順二、丸谷才一らが師事した英文学者にして名翻訳家として知られる著者が、シェイクスピアの芝居としての魅力を縦横に書き尽くした名エッセイ。人間心理の裏の裏まで読み切り、青天井の劇場の特徴を生かした作劇、イギリス・ルネサンスを花開かせた稀代の女王エリザベス一世の生い立ちと世相から、シェイクスピアの謎に満ちた生涯が浮かび上がる。毎日出版文化賞受賞。

ジェイコブズ, H.A. 〔1813〜1897〕
Jacobs, Harriet Ann

◇ある奴隷少女に起こった出来事　ハリエット・アン・ジェイコブズ著，堀越ゆき訳　新潮社　2017.7 343p 16cm（新潮文庫 シ-43-1）〈大和書房 2013年刊の加筆、修正〉630円　①978-4-10-220111-4　Ⓝ289.3
内容 1 少女時代(わたしの子ども時代　フリント家での奴隷生活　奴隷が新年をこわがる理由 ほか)　2 逃亡(プランテーション　逃亡　危険な日々 ほか)　3 自由を求めて(北へ!　フィラデルフィア　娘との再会 ほか)
＊好色な医師フリントの奴隷となった美少女、リンダ。卑劣な虐待に苦しむ彼女は決意した。自由を掴むため、他の白人男性の子を身篭ることを―。奴隷制の真実を知的な文章で綴った本書は、小説と誤認され一度は忘れ去られる。しかし126年後、実話と証明されるやいなや米国でベストセラーに。人間の残虐性に不屈の精神で抗い続け、現代を遥かに凌ぐ"格差"の闇を打ち破った究極の魂の物語。

J・ディラ 〔1974〜2006〕　J Dilla

◇J・ディラと《ドーナツ》のビート革命　ジョーダン・ファーガソン著，吉田雅史訳・解説　DU BOOKS　2018.8 254p 19cm〈発売：ディスクユニオン〉1800円　①978-4-86647-032-0　Ⓝ767.8
内容 Welcome to the Show―"Donuts"の世界へようこそ　The Diff'rence―デトロイト・テクノからヒップホップへ　Hi―スラム・ヴィレッジ結成　Waves―ビートメイキングは連鎖する　Stop!―批評とは何か?　解釈とは何か?　The Twister (Huh, What)―グループからソロへ、デトロイトからLAへ　Workinonit―車椅子の偉大な男　Two Can Win―「これはハイプではない」　Geek Down―ビートを通して死に触れる　The New―ディラ流「晩年のスタイル」　Bye―"Donuts"という永遠の環
＊地元デトロイトのテクノ〜ヒップホップシーン/スラム・ヴィレッジ結成/Q・ティップ(ア・トライブ・コールド・クエスト)との出会い/ソウルクエリアンズでの制作秘話、同志マッドリブとの邂逅/そして病魔と闘いながら作り上げた"ドーナツ"まで、32歳の若さでこの世を去った天才ビートメイカー、J・ディラが駆け抜けた短い生涯とその音楽に迫る。日本語版のみ、自身もビートメイカーとして活動する本書訳者・吉田雅史による解説(1万2千字)&ディスクガイドを追加収録。

シェパード, E.H. 〔1879〜1976〕
Shepard, Ernest Howard

◇クマのプーさん創作スケッチ―世界一有名なク

マ誕生のひみつ　ジェイムズ・キャンベル著，小田島恒志，小田島則子訳　東京美術　2018.6　159p　29cm　〈索引あり〉　2800円　Ⓘ978-4-8087-1096-5　Ⓝ726.601

内容　1 シェパードとミルン—スタート・ライン　2 パンチ・テーブル　3 ぼくたちがとても小さかったころ　4 ウィニー・ザ・プー　5 今ぼくたちは6さい　6 プー横丁にたった家　7 羽ばたいていくキャラクターたち　8 シェパードの晩年　9 シェパードの遺したもの

＊クマのプーさんと100エーカーの森の仲間たちは、子供の本の中でもっとも愛されているキャラクターであり、E・H・シェパードの素敵な挿絵のおかげで不滅の存在ともなっています。これまで50近くの言語で何百万冊もの本の中に登場してきたプーさんたちですが、そのはじまりは1920年代にA・A・ミルンとE・H・シェパードが独自のやり方で協力しあって作り上げた作品でした。著者と挿絵画家はおたがいの絵と文章をより合わせるような、当時としては実にユニークなやり方で作業をすすめました。それはシェパードにとってはたいへん楽しい仕事となり、彼は1976年に96歳で亡くなるまでプーさんたちの新装版のための絵を創作し続けました。本書からは、この二人の素晴らしい協力関係の背後に隠された物語だけでなく、シェパードの歩み—『パンチ』誌の漫画家になろうと苦心していた初期のころから、ミルンとの共同作業の時代、さらに『たのしい川べ』の挿絵や自作の書籍に至るまでの歩み—も読み取っていただける内容です。未発表のスケッチや、未完成の作品、個人的な家族写真や注目すべき記録など、150点以上の絵や写真をご紹介しながら、シェパードが試作的な初期のスケッチ（クマのプーさんの最初のドローイングなど）を、私たちのよく知っている愛すべきあの絵へとどのように完成させていったのかもご覧いただけるでしょう。

ジェファーソン, T. 〔1743〜1826〕
Jefferson, Thomas

◇アメリカ歴代大統領大全　第1シリーズ〔3〕建国期のアメリカ大統領 3（トマス・ジェファソン伝記事典）　西川秀和著　岡山　大学教育出版　2014.12　265p　22cm　〈文献あり　年譜あり　年表あり〉　3200円　Ⓘ978-4-86429-172-9　Ⓝ312.8

◇列伝アメリカ史　松尾弌之著　大修館書店　2017.6　309p　20cm　〈他言語標題：Movers in American History　年表あり　索引あり〉　2300円　Ⓘ978-4-469-24605-6　Ⓝ285.3

内容　ポカホンタス—征服された新天地の象徴　アン・ハッチンソン—異議申し立ての系譜　トマス・ジェファソン—アメリカ独立宣言の起草者　ハリエット・タブマン—逃亡奴隷に居場所を用意した女性　メリー・B.エディー—金ぴか時代の治癒方法　ジョン・D.ロックフェラー—豊かなアメリカを作りあげた「強盗貴族」　セオドア・ローズベルト—二〇世紀を形づくった大統領　チャールス・A.リンドバーグ—機械と共存した英雄　フランクリン・D.ローズベルト—パックス・アメリカーナをもたらした大統領　チャーリー・チャップリン—繁栄の時代の反逆児　ジョン・F.ケネディー—期待に満ちた時代の若い大統領　ベティ・フリーダン—対抗文化運動のうねり　リチャード・M.ニクソン—多様性の時代に立ち向かった大統領　バラク・H.オバマ—希望を信じ忍耐を貫いた黒人大統領　ドナルド・J.トランプ—人民の人民による人民のための政治

＊ポカホンタスからトランプまで。時代に影響を与えた人々の人生の物語を通していきいきと描く魅力あふれるアメリカ史。

ジェームズ, C.L.R. 〔1901〜1989〕
James, Cyril Lionel Robert

◇革命の芸術家—C・L・R・ジェームズの肖像　ポール・ビュール著，中井亜佐子，星野真志，吉田裕訳　こぶし書房　2014.9　387,10p　20cm　（こぶしフォーラム 26）〈文献あり　年譜あり　索引あり〉　4000円　Ⓘ978-4-87559-293-8　Ⓝ289.3

内容　第1章 トリニダードの若者　第2章 「世界革命の不条理」　第3章 アメリカのボルシェビキ—一九三八〜五三年　第4章 芸術家ふたたび、心ならずも　第5章 パン・アフリカ運動の影の立役者　第6章 結論書斎の老人

＊サイドが高く評価した稀有な黒人革命家。クリケットを愛し労働者階級と植民地の解放をめざして戦争と革命の世紀を疾駆した、思想家の生涯！

◇境界を越えて　C・L・R・ジェームズ著，本橋哲也訳　調布　月曜社　2015.3　455p　19cm　3000円　Ⓘ978-4-86503-022-8　Ⓝ289.3

内容　1部 世界への窓（窓　流れに逆らって　ほか）　2部 世界は舞台（白さと黒さ　忍耐という美徳　ほか）　3部 時の人（王子と乞食　政治における寛大さ　ほか）　4部 しばしの休憩をはさんで（ジョージ・ヘドレー—詩人は作られるものではなく、生まれる）　5部 W・G—卓越したヴィクトリア朝人（人は何をもって生きるか？　W・G序説　ほか）　6部 芸術、そして現実「芸術とは何か？」　福祉国家の心柱　ほか）　7部 人民の声（論より証拠　母校一外と内の神々　ほか）　8部 エピローグと神格化

＊英国植民地であった西インド諸島トリニダードに生まれ、最も英国的なスポーツ=クリケットに育てられたひとりの黒人革命家が、クリケットの倫理とこの競技への民衆の熱狂に政治的解放の原動力を見いだすさまを描いた自伝的著作。

ジェームズⅠ〔1566〜1625〕 James I

◇近世スコットランドの王権—ジェイムズ六世と「君主の鑑」　小林麻衣子著　京都　ミネルヴァ書房　2014.10　286,27p　22cm　（MINERVA 西洋史ライブラリー 104）〈文献あり　索引あり〉　6000円　Ⓘ978-4-623-07109-8　Ⓝ311.5

内容　序章 ジェイムズ六世の王権論　第1章 一六世紀スコットランドの政治と社会　第2章 ジェイムズ六世の王権神授論—神聖な王　第3章 征服による世俗的王権—領主としての王　第4章 ルネサンス期の「君主の鑑」と道徳論—有徳な王　第5章 ジェイムズ六世とマキァヴェッリの統治論—統治する王　終章 近代国家形成につながる政治的リアリズム

＊イギリス内戦の萌芽が看取される時代の君主として、否定的に捉えられてきた近世スコットランドのジェイムズ六世。本書では、「君主の鑑」として描く四つの君主像と実践的視点という、近代ヨーロッパ

の国家形成につながるジェイムズ六世の王権論を体系的に分析する。王権神授説の提唱者という従来の一面的な捉え方から脱し、ルネサンス君主としてジェイムズ六世の思想を明らかにする一冊。

ジェラード, S. 〔1980〜〕 Gerrard, Steven

◇君はひとりじゃない—スティーヴン・ジェラード自伝　スティーヴン・ジェラード著，小林玲子訳　東邦出版　2016.4　492p　19cm　1600円　①978-4-8094-1387-2　Ⓝ783.47

内容 滑り落ちた優勝　移籍騒動　変化の季節　歓喜と悲嘆と　新たなポジション　失敗から学ぶ　上昇気流　首位を走る　スリップ　イングランド代表―希望　イングランド代表―終焉　オフシーズンの義務　8番アイアンの夜　怪我との闘い　サルと手紙　夢を見る　リヴァプールを去った日

＊愛するリヴァプールで700試合以上に出場し、イングランド代表として114キャップを刻んだ"誇り高きキャプテン"スティーヴン・ジェラードは、英国の最も偉大なロールモデルのひとりとして他の追随を許さない。ヒルズボロの悲劇、イスタンブールの奇跡、スアレスとの友情、悪夢の転倒、イングランド代表の崩壊、モウリーニョからの手紙…。大胆にして勇敢、危なっかしいほど正直に綴られた、自分自身の言葉と愛するクラブに忠実なワン・クラブ・マン最後のメモワール。

シェリー, M.W. 〔1797〜1851〕 Shelley, Mary Wollstonecraft

◇死と乙女たち—ファニー・ウルストンクラフトとシェリー・サークル　ジャネット・トッド著, 平倉菜摘子訳　音羽書房鶴見書店　2016.7　406p　19cm　〈文献あり　索引あり〉　2800円　①978-4-7553-0289-3　Ⓝ930.268

内容 第1部〔死　天才 ほか〕　第2部〔ファニー　ゴドウィン ほか〕　第3部〔ファニー　メアリ ほか〕　第4部〔ファニー　シェリーとゴドウィン ほか〕

＊フェミニズム思想家メアリ・ウルストンクラフトの長女ファニー。短い生を自ら閉じた彼女と異父妹メアリ・シェリーを中心に、父ウィリアム・ゴドウィン、パーシー・ビッシュ・シェリーらロマン主義時代を生きた家族の物語を描く。

◇増殖するフランケンシュタイン—批評とアダプテーション　武田悠一, 武田美保子編著　彩流社　2017.3　328,28p　20cm　〈著作目録あり　年譜あり　索引あり〉　3400円　①978-4-7791-2315-3　Ⓝ933.6

内容 フランケンシュタインの子供たち　第1部 批評〔メアリ・シェリーと菜食主義サークル―怪物の食生活をめぐって　語られなかった物語―『フランケンシュタイン』と「梅毒」　『フランケンシュタイン』のおぞましい家族―メアリ・シェリーの怪物的自伝　モンスターとは誰か？―ポストコロニアル批評と小説『フランケンシュタイン』カロリーヌの影のもとに―『フランケンシュタイン』における欲望のありか〕　第2部 アダプテーション〔「起源」への問い―『フランケンシュタイン』と"共感"の哲学　舞台のうえの怪物―R.B.ピーク『プリザンプション』の異種混淆性　フランケンシュタイン翻案小説の系譜―SFからポストモダンへ　怪物の花嫁たち―フランケンシュタイン映画史の試み　変容する怪物―マンガ

における『フランケンシュタイン』〕

＊誕生から200年―なぜ、『フランケンシュタイン』は多くの解釈を生み出し、甦り続けるのか？　現代の視点から分析する第一部と、演劇・小説・映画・マンガ等、多種多様な「翻案・改作」をめぐる第二部で構成。

シェリング, F. 〔1775〜1854〕 Schelling, Friedrich Wilhelm Joseph von

◇シェリング哲学の躓き—『世界時代』の構想の挫折とその超克　岡村康夫著　京都　昭和堂　2017.3　302,14p　20cm　〈他言語標題：Scheitern der Philosophie Schellings　文献あり　索引あり〉　3600円　①978-4-8122-1619-4　Ⓝ134.3

内容 第1部『世界時代』について〔「根源存在者の展開の歴史」としての「学」の構想―序について　「思想の深淵」としての「過去」―序に続く部分について　「根源存在者」の本質構造―第一部について　「根源存在者」の展開の可能性―第二部について　「根源存在者」の展開の可能性―第三部について　「根源存在者」の展開の現実化―第四部について　結論部について　後半部について〕　第2部『世界時代』以前と以後について〔直接性（直接経験）―『哲学と宗教』について　主体性・実存性・無底性―『自由論』について　無底的自由―『シュトゥットガルト私講義』について　脱ός性―『学としての哲学の本性について』消極哲学から積極哲学へ―『最近の哲学の歴史に寄せて』について　超経験的なものへ―『哲学的経験論の叙述』について　思惟の沈黙―『顕示の哲学への序論あるいは積極哲学の基礎づけ』について〕

シェルスキー, H. 〔1912〜1984〕 Schelsky, Helmut

◇ミュンスター法学者列伝—中央大学・ミュンスター大学交流30周年記念　トーマス・ヘェーレン編著, 山内惟介訳　八王子　中央大学出版部　2018.11　568p　21cm　〈日本比較法研究所翻訳叢書　80〉〈索引あり〉　6700円　①978-4-8057-0381-6　Ⓝ322.8

内容 旧制大学―アントン・マティアス・シュプリックマン（1749年〜1833年）　ルードルフ・ヒス（1870年〜1938年）―ミュンスター大学のスイス人刑法史学者　ハンス・バーゲンコップ（1901年〜1983年）―ミュンスター大学地方自治研究所創設者　脇役から主役へ―国法学者、フリートリッヒ・クライン（1908年〜1974年）　正義のための戦いの中で―刑事訴訟法学者、カール・ペータース（1904年〜1998年）　ミュンスター大学の租税法―オットマール・ビューラー（1884年〜1965年）　生活事実から法へ―ヴァルター・エルマン（1904年〜1982年）　ミュンスターのフリースラント出身者―ハリー・ヴェスターマン（1909年〜1986年）　マックス・カーザー（1906年〜1997年）―学者生活のダイジェスト　ヘルムート・シェルスキィ（1912年〜1984年）―幸福感溢れる世代の遅すぎた懐疑　行政法学―ハンス＝ユリウス・ヴォルフ（1898年〜1976年）　刑法学者―ヨハネス・ヴェセルス（1923年〜2005年）　波乱の時代の労働法―アルフレート・ヒュック（1889年〜1975年）とロルフ・ディーツ（1902年〜1971年）　環

境法・都市計画法―ヴェルナー・ホッペ(1930年～2009年) あなたはどのように判断されるか？―ハンス・ブロクス(1920年～2009年) 学理と実務における保険法―ヘルムート・コロサー(1934年～2004年) オットー・ザンドロック(1930年～2017年) ベルンハルト・グロスフェルトー(1933年～)

シェルヘン, H. 〔1891～1966〕
Scherchen, Hermann

◇偉大なる指揮者たち―トスカニーニからカラヤン、小澤、ラトルへの系譜 クリスチャン・メルラン著, 神奈川夏子訳 ヤマハミュージックメディア 2014.11 389,7p 21cm 2800円 ①978-4-636-90301-0 Ⓝ762.8

内容 アルトゥーロ・トスカニーニ ウィレム・メンゲルベルク セルゲイ・クーセヴィッキー ピエール・モントゥー ブルーノ・ワルター サー・トーマス・ビーチャム レオポルド・ストコフスキー エルネスト・アンセルメ オットー・クレンペラー ヴィルヘルム・フルトヴェングラー〔ほか〕

＊指揮の特徴や楽団員からの評価、生い立ちや普段の振る舞い、家族関係など、50人のマエストロたちの素顔を描き出す。オーケストラ指揮の知られざる側面に迫った評伝集。

ジェンキンス, F.F. 〔1868～1944〕
Jenkins, Florence Foster

◇フローレンス・フォスター・ジェンキンス騒音の歌姫 ダリル・W・ブロック著, 篠儀直子訳 キネマ旬報社 2016.3 94p 19cm 〈作品目録あり 年譜あり〉 1000円 ①978-4-87376-438-2 Ⓝ762.53

＊いま、マダム・フローレンスのブーム再来！その謎の人生をさぐる評伝。世界で最も音痴と言われながらも、熱狂的なファンを獲得したオペラ歌手の生涯。

ジェーンズ, L.L. 〔1838～1909〕
Janes, Leroy Lansing

◇新島襄と明治のキリスト者たち―横浜・築地・熊本・札幌バンドとの交流 本井康博著 教文館 2016.3 389,7p 22cm 〈索引あり〉 3800円 ①978-4-7642-9969-6 Ⓝ198.321

内容 1 新島襄と四つの「バンド」 2 横浜バンド(S.R.ブラウン J.H.バラ 植村正久 井深梶之助 押川方義 本多庸一 松村介石 粟津高明) 3 築地バンド(C.カロザース 田村直臣 原胤昭) 4 熊本バンド(L.L.ジェーンズ 小崎弘道) 5 札幌バンド(W.S.クラーク 内村鑑三 新渡戸稲造 大島正建)

＊知られざる明治キリスト教界の人間模様。宣教師や、多くの明治期プロテスタントの指導者たちと関わり、教派間の友好関係と衝突・軋轢の狭間にいた新島襄。記録や手紙、ミッション資料から人物交流を読みとき、新島本人と、各教派のキリスト者たちそれぞれの知られざる人物像を浮き彫りにする。

ジェンナー, E. 〔1749～1823〕
Jenner, Edward

◇近代医学の先駆者―ハンターとジェンナー 山内一也著 岩波書店 2015.1 202,7p 19cm (岩波現代全書 054) 〈文献あり〉 1900円 ①978-4-00-029154-5 Ⓝ493.82

内容 第1章 近代医学以前―天然痘の脅威 第2章 ドリトル先生の時代 第3章 ジェンナーと天然痘 第4章 ジェンナーが遺してくれたもの 第5章 日本の近代医学と牛痘種痘 第6章 ジェンナーの予言―天然痘の根絶

＊18世紀末、医学は科学と呪術が渾然一体としていた。しかし自然を観察し、自然に学ぶナチュラリストが医学を変えた。その代表的人物な解剖医ハンターと種痘の発見者ジェンナーである。ヒューマニストでもあった彼らの生涯と業績を、種痘の歴史とともに紹介する。ナチュラリストの誠実な研究姿勢に学ぶ意義は現代でも大きい。

◇小児を救った種痘学入門―ジェンナーの贈り物 緒方洪庵記念財団・除痘館記念資料室撰集 加藤四郎編著 大阪 創元社 2016.8 143p 図版12p 20cm 〈「ジェンナーの贈り物」(菜根出版 1997年刊)の改題、増補復刊版 文献あり 年表あり〉 2000円 ①978-4-422-20240-2 Ⓝ493.82

内容 第1部 ジェンナーの贈り物(ワクチンの名づけ親 人類は天然痘と闘い続けた ジェンナーの生い立ち 「牛痘種痘法」はこうして開発された ジェンナーと博物学 ほか) 第2部 幕末日本の蘭方医たち―天然痘との闘い(楢林宗建 伊東玄朴 笠原良策 緒方洪庵 桑田立斎 ほか)

＊種痘の改良と普及にその半生を捧げ、予防医学の基礎を築いたジェンナー。苦難に立ち向かい偉業を成し遂げた生涯を描く、感動の偉人伝。予防接種の普及につくした日本人医師列伝も収録。

シーゲル, B. 〔1906～1947〕
Siegel, Benjamin

◇ラスベガスを創った男たち 烏賀陽正弘著 論創社 2016.6 199p 19cm 〈年表あり〉 1500円 ①978-4-8460-1542-8 Ⓝ253.88

内容 第1章 ラスベガスのパイオニア(フラミンゴ・ホテル 刎頸の友 ほか) 第2章 禁酒法の廃止(禁酒法の不人気 犯罪シンジケートの誕生 ほか) 第3章 ラスベガスの誕生(待望のラスベガスへ ラスベガス小史 ほか) 第4章 フラミンゴ・ホテルの完成と悲劇(待望のホテル建設に着手 ホテルのオープンと挫折 ほか) 第5章 ますます繁栄するラスベガス(ハワード・ヒューズの登場 ヒューズの失脚 ほか)

＊カジノとマフィアの社会学。ラスベガスのパイオニアともいえるバグジー・シーゲル、彼を陰から支えていたM.ランスキー、その2人を配下に暗躍していたラッキー・ルチアーノ。旧知の仲である3人のマフィアの生涯をたどり、カジノ―大都市ラスベガスの実態に迫る！

シーコール, M. 〔1805～1881〕 Seacole, Mary

◇メアリー・シーコール自伝―もう一人のナイチ

シサ

ンゲールの闘い　メアリー・シーコール著，飯田武郎訳　彩流社　2017.6　260p　20cm　2800円　Ⓘ978-4-7791-2329-0　Ⓝ289.3

内容　誕生・家系・若いころ・旅・結婚・夫との死別　人生の闘い・ジャマイカにコレラ発生・キングストンを去りパナマ地峡へ・チャグレス，ネイビー・ベイ，ガトンへ・パナマでの生活・チャグレス川を遡行ゴルゴナへ・クルーセスへ　インデペンデント・ホテルに迎えられる・クルーセスでの定食のサービス・クルーセスでの生活・人々の娯楽・新奇な四柱式ベッド　クルーセスでの招かれざる客・コレラ・有色人種の女医，成功をおさめる・ラバの持ち主の家での恐るべき光景・埋葬する人々・私もコレラに罹る　アメリカ人の同情・クルーセスでホテルをはじめる・私の顧客，ロラ・モンテスとミス・ヘイズと司教・クルーセスの賭け事・旅人同志の喧嘩・ニューグラナダの軍隊・クルーセスの泥棒・間一髪の脱出ゴルゴナへ・送別会と送別の言葉・建設投機・ゴルゴナの暮らし・アメリカ人所有の物である奴隷への同情・ドクター・ケイシー，事件を起こす・洪水と大火事・アメリカの独立と自由・死の床で教えられたこと・再びジャマイカを離れ，ネイビー・ベイに店を開く・黄熱病が私にも伝染，エスクリバノスへ・ニューグラナダの奥地での暮らし・革命騒ぎ・エスクリパノスの結構なホテルに馳走・パルミラ川を上流へ・パナマ地峡情勢の現況についての覚書　英国軍に入隊しセバストポリへ行きたいと思う・ロンドンでツテを求めて，あちこちへ・失敗，また失敗・デイ・アンド・マーティン社を立ち上げる・単身，トルコへ　コンスタンチノープルへ向かう・一途中，ジブラルタル・マルタ島でーコンスタンチノーブルで，またその感想・スクタリ病院を訪問・ミス・ナイチンゲールに会う　ユダヤ人ジョニーを雇う・バラクラヴァへ出発・旧友たちの親切・メドラ号に乗って・傷病兵であふれる波止場・波止場での看護〔ほか〕

＊ジャマイカ出身の黒人医師兼看護師，メアリー・シーコール。十九世紀人種差別の時代，ナイチンゲールにも劣らない偉業を達成。稀有なる女性の半生。本邦初訳。

シーザー
⇒カエサル，G.J. を見よ

ジーター，D．〔1974～〕 Jeter, Derek Sanderson

◇コア・フォーーニューヨーク・ヤンキース黄金時代，伝説の四人　フィル・ペペ著，ないとうふみこ訳　作品社　2015.12　312p　20cm　1800円　Ⓘ978-4-86182-564-4　Ⓝ783.7

内容　マリアノ・リベラ登場　頼れるアンディ　南からきた男　カラマズーでの少年　GM・ジーン・マイケル　3Aコロンバス・クリッパーズ　ニューヨーク，ニューヨーク　「おめでたいジョー」　特別なルーキー　ワールドチャンピオン〔ほか〕

＊1990～2000年代にヤンキースの黄金期を築いた，5度のワールドチャンピオンに導いたデレク・ジーター，マリアノ・リベラ，ホルヘ・ポサダ，アンディ・ペティットの戦いの軌跡。ロングコラム「松井秀喜」，ジーターの引退を描く「最終章」は，日本語版のための特別書き下ろし！

シチェファーニク，M.R.〔1880～1919〕 Štefánik, Milan Rastislav

◇彗星と飛行機と幻の祖国と―ミラン・ラスチスラウ・シチェファーニクの生涯　ヤーン・ユリーチェク著，長輿進訳　横浜　成文社　2015.11　334p　22cm　〈折り込 1枚　文献あり〉4000円　Ⓘ978-4-86520-012-6　Ⓝ289.3

内容　コシャリスカー村・プレシポロク・ショプロニ・サルヴァシ（一八八〇・九八年）　プラハ・コシャリスカー村（一八九八・一九〇〇年）　プラハ・スイス・イタリア（一九〇〇・〇四年）　プラハ・モンブラン・スペイン・イギリス・コシャリスカー村（一九〇四・〇五年）　パリ・モンブラン・ロシア・トゥルケスタン・プラハ・スロヴァキア（一九〇六・〇七年）　パリ・モンブラン・シャモニー・北アフリカ・ロンドン（一九〇八・〇九年）　アメリカ合衆国・タヒチ島・ニュージーランド・ヴァヴァウ島（一九一〇・一一年）　コシャリスカー村・パリ・プラハ・ブラジル（一九一一・一三年）　パリ・アメリカ合衆国・パナマ・エクアドル（一九一三年）　フランス・モロッコ・アラスの前線（一九一四・一五年）　セルビア戦線・アルバニア上空・イタリア（一九一五年）　パリ（一九一五・一六年）　イタリア・パリ・ロシア・ルーマニア（一九一六・一七年）　パリ・ロンドン・パリ・ローマ・アメリカ合衆国（一九一七年）　パリ・ローマ（一九一七・一八年）　パリ・アメリカ合衆国・日本（一九一八年）　シベリア・ハルビン・ウラル戦線（一九一八・一九年）　上海・パリ・イタリア・ヴァイノリ近郊（一九一九年）

＊天文学者として世界中を訪れ第一次大戦時には勇敢なパイロット。そして，献身的にチェコスロヴァキア建国運動に携わった，スロヴァキアの「ナショナル・ヒーロー」の生涯。

シックス，N．〔1958～〕 Sixx, Nikki

◇ミュージック・ライフが見たモトリー・クルー　シンコーミュージック・エンタテイメント　2015.2　1冊　27cm　〈他言語標題：MÖTLEY CRÜE in "MUSIC LIFE"〉　2800円　Ⓘ978-4-401-64111-6　Ⓝ767.8

＊ミュージック・ライフ完全復刻!!モトリー・クルー黄金時代の決定版。デビュー時の超貴重インタビューから直筆アンケート，世界制覇まで―ミュージック・ライフだからこそ迫ることができた素顔がここにある!!

ジッド，A．〔1869～1951〕 Gide, André

◇ジイド，進化論，複雑系　津川廣行著　駿河台出版社　2016.10　390p　22cm　〈文献あり〉4800円　Ⓘ978-4-411-02242-4　Ⓝ950.278

内容　ナチュラリストとしてのジイド　物理学から生物学へ　化学少年ジイド・「化学ハーモニカ」の実験　ジイドと物理学―還元主義批判　カオス　モラルと物理学　物語の生長　初期値鋭敏依存性　進化論と複雑系　ジイド，『種の起源』を読む〔ほか〕

シトコベツキー，D．〔1959～〕 Sitkovetsky, Dmitry

◇偉大なるヴァイオリニストたち　2　チョン・

キョンファから五嶋みどり、ヒラリー・ハーンまで　ジャン＝ミシェル・モルク著，神奈川夏子訳　ヤマハミュージックメディア　2017.4　356,8p　21cm　〈文献あり〉　3400円　Ⓘ978-4-636-92333-9　Ⓝ762.8

内容　ボリス・ベルキン　チョン・キョンファ　ピンカス・ズーカーマン　オーギュスタン・デュメイ　ピエール・アモイヤル　ドミトリ・シトコヴェツキー　ナイジェル・ケネディ　シュロモ・ミンツ　ヴィクトリア・ムローヴァ　チョーリャン・リン〔ほか〕

＊外科医でもある筆者による桁外れに鋭い考察に基づく評伝集。使用楽器や練習法などはもちろん、デビューの裏側や生い立ち、家族関係などに迫り、素顔を描き出す。歴史的名演を収録したCD‐ROM付き。

シドッティ, G.B.〔1668～1715〕
Sidotti, Giovanni Battista

◇密航―最後の伴天連シドッティ　古居智子著　増補版　敬文舎　2018.8　327p　20cm　〈初版：新人物往来社　2010年刊　文献あり〉　2400円　Ⓘ978-4-906822-78-2　Ⓝ198.22

内容　発端　旅立　呂宋　航海　上陸　遭遇　恋泊　拘留　護送　長崎　通詞　問答　江戸　獄門　火児　奇会　吟味　紀聞　審判　老僕　最期　邂逅

＊イタリア、フランスで緊急、翻訳出版！ヨーロッパでも話題の1冊。埋葬からちょうど300年後の2014年、東京の切支丹屋敷から発掘された遺骨が国立科学博物館のDNA鑑定でイタリア人宣教師シドッティのものと確定。大きな驚きが世界を駆け巡った！はるかジェノバから、屋久島、長崎、そして江戸へと渡り、新井白石に「羅馬人と出会い候こと、一生の奇会たるべく候」と言わしめ、『西洋紀聞』を書かせたシドッティ。彼は身の回りの世話をしてくれた日本人夫婦に洗礼を授けたとして牢に繋がれたが、最後まで棄教することなく、47歳の生涯を閉じた。彼の切支丹としての壮絶な生涯が、300年以上の歳月を経て、ここに甦る。

ジハーディ・ジョン〔1988～2015〕
Jihadi John

◇ジハーディ・ジョンの生涯　ロバート・バーカイク著，野中香方子訳　文藝春秋　2016.7　349p　20cm　1900円　Ⓘ978-4-16-390470-2　Ⓝ316.4

内容　序章　わたしは「ジョン」に会っていた　第1章　クウェートから来た少年　第2章　イスラム過激派のネットワーク　第3章　MI5とアフリカの角　第4章　素顔のエムワジ　第5章　監視対象　第6章　シリアへの道　第7章　世界を震撼させた斬首　第8章　ジハーディ・ジョンの仮面をはぐ　第9章　テロリストの逆流　最終章　「ゼロ・トレランス」の罠

＊著者はかつて、当局にイスラム過激派と疑われたために職も結婚も失ったと訴える、ムスリムの青年を取材したことがあった。クウェート難民としてロンドンでITを学んだ礼儀正しい青年、モハメド・エムワジは数年後、イスラム国の黒覆面の処刑人「ジハーディ・ジョン」となり、湯川遙菜さんや後藤健二さんらを斬首することになる。エムワジはなぜ、凶悪なテロリストになったのか。「ジョン」と会った唯一のジャーナリストによる、決定的評伝。

ジバンシィ, H.〔1927～2018〕
Givenchy, Hubert de

◇VOGUE ONユベール・ド・ジバンシィ　ドルシラ・ベイファス著，和田侑子訳　ガイアブックス　2014.9　156p　22cm　〈文献あり　索引あり〉　2400円　Ⓘ978-4-88282-921-8　Ⓝ593.3

内容　あるクチュリエの誕生　イメージの創り手たち　ジバンシィ・スタイル　ジバンシィが受けたさまざまな影響　成功とその裏側

＊ユベール・ド・ジバンシィは、オートクチュールの伝統―クリエイティブで、贅沢で、完璧を―を、モダンなビジネスセンスと融合した貴族出身のハンサムなデザイナー。40年にわたるそのキャリアにおいてジバンシィが生みだした、とびきりグラマラスなイブニングドレス、影響力の強いサックドレス、自身が考案したプリンセス・シルエット、フォーマルな昼用スーツはどれも、流行には左右されずいつまでも廃れることはない。サブリナ・ネックラインや『ティファニーで朝食を』のリトルブラックドレスなど、ジバンシィは、映画をはじめとしたメディアに登場するオードリー・ヘップバーンのファッション・イメージを創造したことでも有名だ。本書はジバンシィによるファッションの歴史をとらえたトップ・フォトグラファーやイラストレーターらの作品とともに、ヴォーグ誌がジバンシィの夢のような作風をどう伝えていったかを紹介する。

シベリウス, J.〔1865～1957〕
Sibelius, Jean

◇シベリウス　神部智著　音楽之友社　2017.12　253,43p　18cm　（作曲家・人と作品）〈他言語標題：Jean Sibelius　文献あり　作品目録あり　年譜あり　索引あり〉　2300円　Ⓘ978-4-276-22196-3　Ⓝ762.3892

内容　生涯篇（ハメーンリンナ時代（一八六五～一八八五）　ヘルシンキ音楽院時代と留学（一八八五～一八九一）　フィンランドの民族精神を求めて（一八九一～一八九三）　疾風怒涛の時期（一八九四～一八九七）　交響曲への道（一八九八～一九〇〇）ほか）　作品篇（交響曲　管弦楽曲　劇音楽　室内楽曲　ピアノ曲　ほか）　資料篇

＊7つの交響曲、ヴァイオリン協奏曲、"フィンランディア"など、数々の名作を生み出した巨匠ジャン・シベリウスの全貌に迫る。最新の研究成果を盛り込んだ画期的な評伝の誕生！シベリウス没後60年、フィンランド独立100周年記念刊行。

ジミ・ヘンドリックス
⇒ヘンドリックス, J. を見よ

シムズ, J.C.〔1779/80～1829〕
Symmes, John Cleves

◇バンヴァードの阿呆宮―世界を変えなかった十三人　ポール・コリンズ著，山田和子訳　白水社　2014.8　425,21p　20cm　〈文献あり　著作目録あり〉　3600円　Ⓘ978-4-560-08385-7　Ⓝ283

|内容| バンヴァードの阿房宮―ジョン・バンヴァード 贋作は永遠に―ウィリアム・ヘンリー・アイアランド 空洞地球と極地の穴―ジョン・クリーヴズ・シムズ N線の目を持つ男―ルネ・ブロンロ 音で世界を語る―ジャン・フランソワ・シュドル 種を蒔いた人―イーフレイム・ウェールズ・ブル 台湾人ロンドンに現わる―ジョージ・サルマナザール ニューヨーク空圧地下鉄道―アルフレッド・イーライ・ビーチ 死してもはや語ることなし―マーティン・ファークワ・タッパー ロミオに生涯を捧げた―ロバート・コーツ 青色光狂騒曲―オーガスタス・J・プレゾントン シェイクスピアの墓をあばく―ディーリア・ベーコン 宇宙は知的生命でいっぱい―トマス・ディック

*その時、歴史は動かなかった！世界最長のパノラマ画、地球空洞説、驚異な放射線"N線"、音楽言語、空圧式地下鉄、新発見のシェイクスピア劇…壮大な夢を追求し、敗れ去った人々の数奇な物語。

シメオネ, D. 〔1970～〕 Simeone, Diego
◇信念―己に勝ち続けるという挑戦 ディエゴ・シメオネ著, 江間慎一郎訳 カンゼン 2017.7 251p 19cm 1800円 ①978-4-86255-407-9 Ⓝ783.47

*圧倒的な手腕で選手を統率する名将"シメオネ"の本格自伝。

シモン, R. 〔1638～1712〕 Simon, Richard
◇キリスト教の主要神学者 下 リシャール・シモンからカール・ラーナーまで F.W.グラーフ編 教文館 2014.9 p cm 〈索引あり〉 ①978-4-7642-7384-9 Ⓝ191.028

|内容| ヨハン・ゲアハルト（トーマス・カウフマン著 安酸敏眞訳） リシャール・シモン（クリストファー・フォイクト著 安酸敏眞訳） フィリップ・ヤコブ・シュペーナー ヨハン・ヨアヒム・シュパルディング（アルブレヒト・ボイテル著 安酸敏眞訳） フリードリヒ・シュライアマハー（ウルリヒ・バルト著 安酸敏眞訳） ヨゼフ・クロイツゲン（ペーター・ヴァルター著 安酸敏眞訳） セーレン・キルケゴール（ハイコ・シュルツ著 安酸敏眞訳） ユリウス・ヴェルハウゼン（ミカエル・バウアー著 佐藤貴史訳） アドルフ・フォン・ハルナック（マルティン・ヒンリヒ・クラウセン著 安酸敏眞訳） アルフレッド・ロワジー／クラウス・アルノルト／著 安酸敏眞／訳. エルンスト・トレルチ（フリードリヒ・ヴィルヘルム・グラーフ著 安酸敏眞訳） ルドルフ・ブルトマン パウル・ティリッヒ（アルフ・クリストファーセン著 佐藤貴史訳） カール・バルト（イェルク・ディールケン著 安酸敏眞訳） ラインホールド・ニーバーH・リチャード・ニーバー（リチャード・クルーター著 安酸敏眞訳） カール・ラーナー（ローマン・A・ジーベンロック著 安酸敏眞訳）

*多彩にして曲折に富む2000年の神学史の中で、特に異彩を放つ古典的代表者を精選し、彼らの生涯・著作・影響を通して神学の争点と全体像を描き出す野心的試み。下巻では正統主義の時代から20世紀に至るまでの17名の神学者を紹介する。

シャガール, M. 〔1887～1985〕 Chagall, Marc
◇色彩の饗宴―二〇世紀フランスの画家たち 小川栄二著 平凡社 2015.7 325p 図版13p 22cm 〈他言語標題：LA FÊTE DES COULEURS〉 5200円 ①978-4-582-83685-1 Ⓝ723.35

|内容| 第1章 現代絵画への展望（バルテュス―孤高の絵画愛 デュビュッフェ―現代のプリミティフ、創造の原初から スタール―地中海の光） 第2章 二〇世紀の巨匠たち（ピカソ―"もの"の侵入、色彩の復権 マティス―色彩の悦び ブラック―鳥たちの飛翔） 第3章 色彩と夢と現実（ミロ―"自由なる自由"を友に シャガール―オペラ座天井画に見た夢） 第4章 日常性への眼差し（ボナール―絵画への愛、日常への愛 デュフィ―海と音楽 レジェ―二〇世紀前衛の"プリミティフ"） 第5章 田園・環境・エコロジー（エステーヴ―華やぐ大地 ビシエール―現代の寂教）

*なぜあの名画は生まれたのだろうか？ピカソ、ミロ、シャガールからバルテュスまで現代フランス絵画を色彩豊かにいろどる13人の画家たちのその生涯を振り返り、知られざる素顔に迫る。

ジャクソン, J. 〔1966～〕 Jackson, Janet
◇ジャネット・ジャクソンと80'sディーバたち 西寺郷太著 星海社 2016.9 235p 18cm （星海社新書 96）〈文献あり 発売：講談社〉 860円 ①978-4-06-138599-3 Ⓝ767.8

|内容| 第1章 呼ばれなかった三人 第2章 "コントロール"前夜―1985年に何が終わり、1986年に何が始まったのか 第3章 驢馬（ドンク）の「リアル」 第4章 ジャネット・ジャクソン時代 第5章 80'sディーバのサバイバル 補章 ビルボード年間アルバムチャート1984・1990年

*90年代以降のポップ・ミュージックを革新し、シーンに影響を与えた最大の立役者とは誰か？それはジャネット・ジャクソンである。本書はその成功の巨大さ、自然さゆえに、もはや誰もそれを「ジャネット的」と認識できないほどの彼女の音楽的革命を、歴史的事実に基づきながら丹念に解き明かす。さらにジャネットのライバル、マドンナ、ホイットニーなど希代の歌姫たちの生き方も対比列伝的に描く。音楽家として一線で活躍を続けてきた著者が「洋楽新書シリーズ」の最終作と宣言する本作は、読み終えたすべての方々に新たなる音楽世界と生きるビジョンを贈ることを約束する。

ジャクソン, M. 〔1958～2009〕 Jackson, Michael
◇マイケル・ジャクソン人生を賭けた2秒間 河出書房新社編集部編 河出書房新社 2016.9 156p 19cm （アナザーストーリーズ 運命の分岐点）〈他言語標題：Michael Jackson 文献あり 作品目録あり 年譜あり〉 1500円 ①978-4-309-02498-1 Ⓝ767.8

|内容| 1 貧しさから生まれた才能と夢（失業者であふれた街 才能の萌芽 ほか） 2 すべてを変えた「ムーンウォーク」の真実（熱狂的なファンの恐怖 チャイルド・スターの障壁―望まれない成長 ほか） 3 運命の「モータウン25」（映像の時代―八〇年代の激動のミュージックシーン 古巣モータウンの記念番組 ほか） 4 栄光とスキャンダル、そして突然の終幕 "キング・オブ・ポップ"としての歩み チャリティ・プロジェクトと栄誉 ほか）

＊ムーンウォーク生みの親が初証言！ 厳しさを増す、"チャイルドスター"マイケルへの評価。すべてを打開するために、マイケルが用意したセンセーションとは？ 徹底した独自取材で真実に迫る！

ジャクソン, P.〔1945〜〕 Jackson, Phil

◇イレブンリングス 勝利の神髄 フィル・ジャクソン著, ヒュー・ディールハンティー共著, 佐良土茂樹, 佐良土賢樹訳 スタジオタッククリエイティブ 2014.7 367p 21cm 〈文献あり〉 2800円 ①978-4-88393-660-1 Ⓝ783.1

内容 親愛の輪 フィル・ジャクソンの11ヵ条（ジャクソン・イレブン） レッド 魂を求めて ダンス・ウィズ・ブルズ 武士道精神 音なき音を聞く 人間性が試されるとき 喜びきれぬ勝利 移ろいゆく世界〔ほか〕

＊ブルズ&レイカーズの黄金期を支えた伝説のコーチの自叙伝。11個のNBA優勝リングにまつわる物語。

ジャコメッティ, A.〔1901〜1966〕 Giacometti, Alberto

◇エクリ ジャコメッティ著, 矢内原伊作, 宇佐見英治, 吉田加南子訳 新装版 みすず書房 2017.5 455p 22cm 6400円 ①978-4-622-08622-2 Ⓝ712.345

内容 既刊の文章（物いわぬ動くオブジェ 七つの空間の詩 褐色のカーテン ほか） 手帖と紙葉（子供時代の思い出 「芸術」のための… 魂と肉体は… ほか） 対談（ジョルジュ・シャルボニエとの対話 ゴットハルト・イエドリカ博士との対話 矢内原伊作との対話 ほか）

＊未知という空虚に向かってたゆまず語り続けた彫刻家の言葉と対話、手紙や紙葉の断片にいたるまで一巻に集成した決定版。

◇ジャコメッティ彫刻と絵画 デイヴィッド・シルヴェスター［著］, 武田昭彦訳 みすず書房 2018.7 270p 22cm 5000円 ①978-4-622-07979-8 Ⓝ712.345

内容 1（消え去るものの不滅化 暗闇のなかの盲目の男 時空の円板 対立するものの関連性 ヴィジョンの残余） 2（罠 わずかな変化とともに 失敗と発見 まったく見知らぬもの 単独者の現前 静寂のようなもの） ジャコメッティ・インタビュー

＊なにゆえにかくも細いのか？ 矢内原伊作と同様にモデルとなった美術批評家が「全身芸術家」に肉迫した金字塔的エッセイ。著者を聞き手とするジャコメッティ・BBCインタビューを完全収録。

ジャコメッリ, M.〔1925〜2000〕 Giacomelli, Mario

◇わが生涯のすべて マリオ・ジャコメッリ著, シモーナ・グエッラ編, 和田忠彦, 石田聖子訳 白水社 2014.9 255,1p 20cm 3400円 ①978-4-560-08383-3 Ⓝ740.237

内容 一九五三〜一九五四年—初期作品 一九五四年以後—風景写真 一九五五〜一九五七年—『ホスピスの暮らし』 一九五七年—『スカンノ』,『ルルド』,『ジプシー』 一九五八年—『プーリア』,『ロレート』 一九六〇年—『男、女、愛』 一九六一年—『屠場』 一九六一〜一九六三年—『わたしにはこの顔を撫でてくれる手がない』 一九六五〜一九六七年—『善良なる大地』 一九六六〜一九六八年—『死が訪れおまえの目を奪うだろう』,『樹木断面の示唆するモチーフ』〔ほか〕

＊死去の2か月前、写真界の巨星が自らの歩みを振り返る。詩情と幻想的な力に刻印された作品の撮影現場の秘密を語り、その生と思索の全貌が露わにされる。未紹介作品を含む19点の図版・年譜付き。

ジャック・ザ・リッパー Jack the Ripper

◇切り裂きジャック127年目の真実 ラッセル・エドワーズ著, 深澤誉子訳 KADOKAWA 2015.2 301p 20cm 1800円 ①978-4-04-102742-4 Ⓝ368.61

内容 第1章 私の生い立ち—バーケンヘッドからブリック・レーンへ 第2章 ホワイトチャペルに殺人犯出没 第3章 真夜中の恐怖—メアリー・アン・ニコルズとアニー・チャップマン殺害 第4章 邪魔された殺人鬼—エリザベス・ストライド殺害 第5章 地獄より—キャサリン・エドウズ殺害 第6章 一番残忍な殺人—メアリー・ジェーン・ケリー殺害 第7章 ショールの歴史 第8章 血痕の発見 第9章 DNAを探せ！ 第10章 容疑者の絞り込み 第11章 アーロン・コスミンスキーとは何者か？ 第12章 切り裂きジャックはお前だ！

＊1888年にロンドンを震え上がらせた連続猟奇殺人「切り裂きジャック」事件。5人の売春婦がバラバラにされ、犯行予告が新聞社に送りつけられながらも迷宮入りしていた。しかし被害者が身につけていたショールを著者がオークションで落札したことから、歴史は動き始める。最先端の科学技術が時空を遡り、真犯人に迫る！ ミステリーを読むような面白さ。息を呑むルポルタージュ。

ジャット, T.〔1948〜2010〕 Judt, Tony

◇20世紀を考える トニー・ジャット著, ティモシー・スナイダー聞き手, 河野真太郎訳 みすず書房 2015.6 621,20p 20cm 〈文献あり 索引あり〉 5500円 ①978-4-622-07916-3 Ⓝ311.2

内容 第1章 残るは名のみ—ユダヤ人問題を問うユダヤ人 第2章 ロンドンと言語—英語で書く／イングランドの著述家 第3章 家族的社会主義—政治的マルクス主義者 第4章 キングズ・カレッジとキブツ—ケンブリッジのシオニスト 第5章 パリ、カリフォルニア—フランス知識人 第6章 理解の世代—東欧のリベラル派 第7章 統一と断片—ヨーロッパの歴史家 第8章 責任の時代—アメリカのモラリスト 第9章 善の陳腐さ—社会民主主義者

＊名著『ヨーロッパ戦後史』の歴史家が語り尽くす百年の精神史。ホロコーストとシオニズム、ファシズムと共産主義、知識人の存在理由を自伝と交差させた遺著。

シャネル, C.〔1883〜1971〕 Chanel, Gabrielle Bonheur "Coco"

◇ココ・シャネル—20世紀ファッションの創造者 ファッションデザイナー〈フランス〉 筑摩書房編集部著 筑摩書房 2014.11 179p 19cm

〈ちくま評伝シリーズ〈ポルトレ〉〉〈他言語標題：Coco Chanel　文献あり　年譜あり〉　1200円　Ⓘ978-4-480-76622-9　Ⓝ593.3

[内容] 序章　シャネル、七十一歳で不屈のカムバック　第1章　子ども時代をめぐる虚実の物語　第2章　人生の行路を変えた男、ボーイ・カペル　第3章　「皆殺しの天使」、ハリの服に革命を起こす　第4章　必要にかられ、無からモードを創造した　第5章　「シャネルNo.5」　第6章　リトルブラックドレス、デビュー　第7章　ウェストミンスター公爵との恋　第8章　白いドレス、ハリウッド進出　第9章　スタイルは変わらない　巻末エッセイ「そこから何を学ぶかを」(川上未映子)

* 「美しく、自由に生きるために」孤児院育ちから世界的デザイナーに上りつめた少女の恋と闘争の軌跡。

◇20世紀ファッションの文化史―時代をつくった10人　成実弘至著　新装版　河出書房新社　2016.1　302p　19cm　〈文献あり〉　1800円　Ⓘ978-4-309-24746-5　Ⓝ593.3

[内容] チャールズ・ワース―ファッションデザイナー誕生　ポール・ポワレ―オリエント、装飾と快楽　ガブリエル・シャネル―モダニズム、身体、機械　エルザ・スキャパレッリ―ファッションとアート　クレア・マッカーデル―アメリカンカジュアルの系譜　クリスチャン・ディオール―モードとマーケティング　マリー・クアント―ストリートから生まれた流行　ヴィヴィアン・ウエストウッド―記号論的ゲリラ闘争　コム・デ・ギャルソン―ファッションを脱構築する　マルタン・マルジェラ―リアルクロースを求めて　二〇世紀ファッションの創造性

* ポワレ、シャネル、ディオールから、コム・デ・ギャルソン、マルジェラまで、彼らはファッションの地平をどう切り開いてきたか。20世紀ファッションの到達点をあらためて考察する、新しいファッション文化史。

◇私は私―超訳ココ・シャネル　山口路子著　泰文堂　2016.3　239p　19cm　〈リンダパブリッシャーズの本〉〈他言語標題：JE SUIS MOI〉　1400円　Ⓘ978-4-8030-0884-5　Ⓝ593.3

[内容] 第1章　美　第2章　恋愛　第3章　友情　第4章　ファッション　第5章　仕事　第6章　人生

* わがままに生きる！ ココ・シャネルから学ぶ最高にスタイリッシュな100の生き方。

◇ココ・シャネルの真実　山口昌子著　講談社　2016.5　329p　15cm　〈講談社+α文庫　E56-1〉〈「シャネルの真実」(人文書院　2002年刊)の改題、改訂　文献あり〉　820円　Ⓘ978-4-06-281670-0　Ⓝ593.3

[内容] 第1章(シャネルが死んだ日　シャネルが生まれた日 ほか)　第2章(オーバジーヌの孤児院　ココ！ ココ！ ほか)　第3章(ドーヴィルの初めての店　第一次大戦と女性解放 ほか)　第4章(シャネルとミジア　狂気の時代のヒロイン　モードの黒い服とショルダーバッグ ほか)　第5章(空白の十五年間　レジスタンスと対独協力 ほか)

* トップブランドを一代で築き、19世紀的価値観を破壊した「皆殺しの天使」ココ・シャネル。虚実な交ぜに語られてきたその生涯に、名物敏腕特派員が迫る。出自の謎、数々の愛人たち、ベル・エポックと事業の成功、大戦中の対独協力疑惑、そして戦後の復活…。激動の20世紀史そのものである「革命家」の歩みを、綿密な取材によってたどる、本格現代史ノンフィクション！

◇素顔のココ・シャネル　イザベル・フィメイエ著、鳥取絹子訳、フランシス・ハモンド写真　河出書房新社　2016.10　206p　28cm　〈年表あり　索引あり〉　5000円　Ⓘ978-4-309-20706-3　Ⓝ593.3

[内容] 第1章　暗闇　第2章　見えない真実　第3章　詩心　第4章　一致　第5章　反響

* ココの発想、信仰、精神世界、神秘思想、文学、そして家族のすべて。初めて明かされるプライベートの生涯と真実の姿！ 唯一の直系子孫が語る、身近で親しく過ごした40年以上の日々。誰も知らない遺品や資料など写真185点オールカラー。

◇ココ・シャネルという生き方　山口路子著　新装版　KADOKAWA　2017.3　222p　図版16p　15cm　〈中経の文庫　L63や〉〈初版：新人物文庫　2009年刊　文献あり　年表あり〉　680円　Ⓘ978-4-04-601962-2　Ⓝ593.3

[内容] シャネルはなぜウエディングドレスを拒んだのか　自分が何者なのか決意しなさい　自分の実力は自分で決めなさい　女の才能を伸ばす男を選びなさい　髪を切りなさい　女友達と喧嘩しなさい　香水をつけなさい　お金を使いながら裕福になりなさい　真実にされたら喜びなさい　ノンと言いなさい　官能に従いなさい　沈黙して時を待ちなさい　退屈より大失敗を選びなさい　嫌悪の精神を持ちなさい　愛されなさい　かけがえのない人間であるために

* 孤児院で育ち、自力で富と名声を手にした世界的ファッションデザイナー、ココ・シャネル。「働く女の先駆者」シャネルのゴージャスな恋愛、仕事への情熱を、「嫌悪の精神」に富んだ「シャネルの言葉」とともにコンパクトかつ濃密に描き出す。シャネルからのメッセージがつまった、熱くてスパイシーな一冊。

シャハト, H. 〔1877～1970〕
Schacht, Hjalmar Horace Greeley

◇シャハト―ナチスドイツのテクノクラートの経済政策とその構想　川瀬泰史著　名古屋　三恵社　2017.8　227p　21cm　〈他言語標題：Schacht　文献あり〉　2200円　Ⓘ978-4-86487-694-0　Ⓝ332.34

シャハム, G. 〔1971～〕　Shaham, Gil

◇偉大なるヴァイオリニストたち　2　チョン・キョンファから五嶋みどり、ヒラリー・ハーンまで　ジャン=ミシェル・モルク著、神奈川夏子訳　ヤマハミュージックメディア　2017.4　356,8p　21cm　〈文献あり〉　3400円　Ⓘ978-4-636-92333-9　Ⓝ762.8

[内容] ボリス・ベルキン　チョン・キョンファ　ピンカス・ズーカーマン　オーギュスタン・デュメイ　ピエール・アモイヤル　ドミトリ・シトコヴェツキー　ナイジェル・ケネディ　シュロモ・ミンツ　ヴィクトリア・ムローヴァ　チョーリャン・リン〔ほか〕

* 外科医でもある筆者による桁外れに鋭い考察に基づく評伝集。使用楽器や練習法などはもちろん、デ

ビューの裏側や生い立ち、家族関係などに迫り、素顔を描き出す。歴史的名演を収録したCD‐ROM付き。

ジャビンスキ, A.〔1908～1971〕
Żabińska, Antonina

◇ユダヤ人を救った動物園—アントニーナが愛した命　ダイアン・アッカーマン著，青木玲訳　普及版　亜紀書房　2017.11　366p　19cm　1500円　①978-4-7505-1529-8　Ⓝ289.3

内容　一九三五年夏　ふたつの世界　別荘へ　一九三九年九月一日、ワルシャワ　包囲　再会　一九三九年秋　絶滅と復元　ふたりの園長　裏切り〔ほか〕

＊魂を揺さぶる驚くべき実話。ナチスの侵攻を受けたポーランドで、動物園を運営するある夫婦が、命をかけてユダヤ人を救おうとした正義と勇気の物語—あなただったら、どうしますか？

ジャビンスキ, J.〔1897～1974〕
Żabiński, Jan

◇ユダヤ人を救った動物園—アントニーナが愛した命　ダイアン・アッカーマン著，青木玲訳　普及版　亜紀書房　2017.11　366p　19cm　1500円　①978-4-7505-1529-8　Ⓝ289.3

内容　一九三五年夏　ふたつの世界　別荘へ　一九三九年九月一日、ワルシャワ　包囲　再会　一九三九年秋　絶滅と復元　ふたりの園長　裏切り〔ほか〕

＊魂を揺さぶる驚くべき実話。ナチスの侵攻を受けたポーランドで、動物園を運営するある夫婦が、命をかけてユダヤ人を救おうとした正義と勇気の物語—あなただったら、どうしますか？

シャブダン・ジャンタイ〔1839～1912〕
Shabdan Zhantaï uulu

◇遊牧英雄とロシア帝国—あるクルグズ首領の軌跡　秋山徹著　東京大学出版会　2016.2　243p　22cm　〈文献あり　索引あり〉　7000円　①978-4-13-026152-4　Ⓝ238.05

内容　序章 ロシア支配と遊牧英雄の黄昏　第1章 コーカンドとロシアの狭間で　第2章 統治改革と軍事侵攻の狭間で　第3章 ロシア統治の協力者か、闘争の相手か　第4章 遊牧的価値観の体現者としてのシャブダン　第5章 先鋭化する土地問題とシャブダン　第6章 聖地を目指す遊牧英雄　第7章 協力者から叛乱のシンボルへ　終章 現地協力者のミクロヒストリーから見えてくるもの

＊19世紀後半から20世紀初頭まで、ロシア帝国との狭間で「協力者」として立ち回ったクルグズの一首領シャブダン・ジャンタイ。その波乱に満ちた生涯を、ロシア、中央ユーラシア遊牧世界、イスラームの三要素が交錯する過程としてダイナミックに描き出す。

シャプレー, H.〔1885～1972〕
Shapley, Harlow

◇現代天文学史—天体物理学の源流と開拓者たち　小暮智一著　京都　京都大学学術出版会　2015.12　634p　22cm　〈他言語標題：History of Modern Astronomy　文献あり　年表あり　索引あり〉　4900円　①978-4-87698-882-2　Ⓝ440.12

内容　第1部 天体分光学(「新天文学」の開幕　星の分光分類とHD星表)　第2部 星の構造と進化論(星の進化論とHR図表　熱核反応と星の進化論)　第3部 銀河天文学と宇宙論(銀河と星雲の世界　銀河系の発見　宇宙論の源流)　第4部 現代天文学へ(日本における天体物理学の黎明　現代天文学への展開)

＊初めて星の化学組成を明らかにしたロンドンのアマチュア天文家ハギンス、太陽をガス体と見なした特許調査官レーン、自作の望遠鏡で天空を探査した音楽家ハーシェル…18世紀末から19世紀中葉にかけて現代天文学の扉を開いた彼らは、いずれも学界に縁のないアマチュア天文家だった。星の位置と運動を対象とする古典天文学から天体の物理的構造を探る天体物理学へ、その転換期を担った人々の生涯と研究を軸に、現代天文学の歴史をたどる。

ジャブロンカ, I.〔1914～1943〕
Jablonka, Idesa

◇私にはいなかった祖父母の歴史—ある調査　イヴァン・ジャブロンカ著，田所光男訳　名古屋　名古屋大学出版会　2017.8　371,39p　20cm　3600円　①978-4-8158-0879-2　Ⓝ289.3

内容　1 自分の村のジャン・プチ＝ボミェ　2 職業革命家　3 より「洗練された」反ユダヤ主義　4 私の家族のユダヤ人サン・パピエ　5 一九三九年秋、外国人たちは志願兵となる　6 僥倖の歯科医　7 一塊の丸裸にされた人間性　8 ニオイヒバの生垣に守られて　9 世界の向こう側へ

＊これは殺人捜査ではなく、生成の行為だ。20世紀の悲劇の連鎖のなか、二人はどのように生きたのか。それを調べ、記すことの意味とは何か。アカデミー・フランセーズ・ギゾー賞、歴史書元老院賞、オーギュスタン・チエリー賞受賞。

ジャブロンカ, M.〔1909～1943〕
Jablonka, Matès

◇私にはいなかった祖父母の歴史—ある調査　イヴァン・ジャブロンカ著，田所光男訳　名古屋　名古屋大学出版会　2017.8　371,39p　20cm　3600円　①978-4-8158-0879-2　Ⓝ289.3

内容　1 自分の村のジャン・プチ＝ボミェ　2 職業革命家　3 より「洗練された」反ユダヤ主義　4 私の家族のユダヤ人サン・パピエ　5 一九三九年秋、外国人たちは志願兵となる　6 僥倖の歯科医　7 一塊の丸裸にされた人間性　8 ニオイヒバの生垣に守られて　9 世界の向こう側へ

＊これは殺人捜査ではなく、生成の行為だ。20世紀の悲劇の連鎖のなか、二人はどのように生きたのか。それを調べ、記すことの意味とは何か。アカデミー・フランセーズ・ギゾー賞、歴史書元老院賞、オーギュスタン・チエリー賞受賞。

シャーマン, F.E.〔1917～1991〕
Sherman, Frank Edward

◇なぜ日本はフジタを捨てたのか？—藤田嗣治とフランク・シャーマン1945～1949　富田芳和著

静人舎 2018.5 267p 19cm 2400円
Ⓘ978-4-909299-01-7 Ⓝ723.1

内容 戦時下の闘争 フランク・シャーマン GHQの戦争画収集 フジタはどこに 挑発 出会い 戦犯追及 フジタとの日々 シャーマンルーム 日展の抗争 二人の裸婦 妨害 ケネディ画廊の個展 作戦 京都遊興三昧 光明 フジタを探せ

＊絶体絶命の世界的画家を救った一人のアメリカ人がいた。フランク・エドワード・シャーマン。しかし、その名は日本の戦後史から塗り消されてしまう。日本人がそむけてきた不都合な真実が、秘蔵資料から今明らかになる。藤田嗣治没後50年、離日して70年。日本画壇はなぜ壊滅しなければならなかったのか？

シャラポワ, M. 〔1987〜〕 Sharapova, Maria

◇マリア・シャラポワ自伝 マリア・シャラポワ著, 金井真弓訳 文藝春秋 2018.6 324p 20cm 2100円 Ⓘ978-4-16-390862-5 Ⓝ783.5

内容 2016年、薬物検査—ふたたび、人生の底なし沼へ ボールを打つのが大好きな4歳の少女 チェルノブイリの影に怯えながら ナブラチロワに見出され、アメリカへ セレブテニススクールのなかの貧しいわたし アカデミーから追放される 奴隷契約の罠 ライバルは友達じゃない 世界一を3人育てたコーチ ウィリアムズ姉妹に憧れて 16歳、ジャパン・オープンで初優勝〔ほか〕

＊貧しい少女時代、ステージパパ、遅い初恋、世界ランキング1位、そしてドーピング騒動…強く、美しく、あまりに壮絶な人生。

ジャリ, A. 〔1873〜1907〕 Jarry, Alfred

◇祝宴の時代—ベル・エポックと「アヴァンギャルド」の誕生 ロジャー・シャタック著, 木下哲夫訳 白水社 2015.8 498,30p 20cm 〈文献あり 索引あり〉 4400円 Ⓘ978-4-560-08454-0 Ⓝ702.353

内容 第1部 新世紀(古き良き時代 四人四色) 第2部 若返り(アンリ・ルソー—一八四四・一九一〇(近代美術のお手本 作品) エリック・サティ—一八六六・一九二五(モンマルトルのピアノ弾き 醜聞、倦怠、戸943 アルフレッド・ジャリ—一八七三・一九〇七(幻覚による自殺 ジャリ・パタフィジシャン) ギヨーム・アポリネール—一八八〇・一九一八(アヴァンギャルドの座元 画家・詩人)) 第3部 新世紀到来(静穏な芸術 最後の祝宴)

＊ルソー、サティ、ジャリ、アポリネール。時代を画した四人の芸術家が体現する「前衛」の精神と驚くべき共時性。刊行から半世紀余りを経て今なおお示唆に富む名著、待望の邦訳！

シャルルV 〔1338〜1380〕 Charles V

◇王たちの最期の日々 上 パトリス・ゲニフェイ編, 神田順子, 谷口きみ子訳 原書房 2018.6 200p 20cm 2000円 Ⓘ978-4-562-05570-8 Ⓝ288.4935

内容 1 一人の皇帝の死、そして伝説のはじまり—カール大帝(シャルルマーニュ)—アーヘン、八一四年 2 非力な王のまことに目立たぬ死—ユーグ・カペー—九九六年 3 きわめて政治的な死—フィリップ二世——二二三年七月一四日 4 「われわれはエルサレムに向かう！」—チュニスで死の床にあった聖王ルイ九世の言葉——二七〇年 5 最期まで王—シャルル五世の死——三八〇年九月一六日 6 不人気だった国王のひかえめな死—ルイ一一世——四八三年八月三〇日 7 フランソワ一世の模範的な死——五四七年三月三一日 8 アンリ二世の最期——五五九年七月一〇日 9 アンリ三世暗殺——五八九年八月一日 10 アンリ四世の最期の日々——六一〇年

＊カール大帝からナポレオン3世にいたるまで、フランスという国をつくったおもな君主たちは、どのように死を迎えたのだろうか？ 現代屈指の歴史研究者を執筆者に迎え、学術的な正確さと読みものとしての面白さを追求し、この疑問にはじめて答える。

シャルルⅥ 〔1368〜1422〕 Charles Ⅵ

◇フランス史〈中世〉4 ジュール・ミシュレ著, 桐村泰次訳 論創社 2017.6 378p 20cm 〈他言語標題：HISTOIRE DE FRANCE : LE MOYEN AGE 索引あり〉 3500円 Ⓘ978-4-8460-1620-3 Ⓝ235.04

内容 第7部 狂王シャルル六世(シャルル六世の若き日(一三八〇—一三八三年) シャルル六世の青年期(一三八四—一三九一年) シャルル六世の狂気(一三九二—一四〇〇年)) 第8部 フランスの分裂(オルレアン公とブルゴーニュ公(一四〇〇—一四〇七年) カボシャンの乱(一四〇八—一四一二年) 国家と教会の改革の試み(一四一三—一四一五年)) 第9部 百年戦争の再開(アザンクールの戦い(一四一五年) 蹂躙されるフランス(一四一六—一四二一年) ヘンリー、シャルル両王の死(一四一四—一四二二年))

＊大著『フランス史』中世編の全訳。狂王シャルル六世から百年戦争激化まで。

シャルルⅩ 〔1757〜1836〕 Charles Ⅹ

◇図説ブルボン王朝 長谷川輝夫著 河出書房新社 2014.7 127p 22cm (ふくろうの本) 〈文献あり 年表あり〉 1800円 Ⓘ978-4-309-76219-7 Ⓝ235.05

内容 第1章 ブルボン王朝の誕生—アンリ四世 第2章 戦う国王—ルイ一三世 第3章 「偉大な世紀」の大王—ルイ一四世 第4章 繁栄の時代の国王—ルイ一五世 第5章 悲劇の国王—ルイ一六世 第6章 フランス革命と絶対王政の終焉 第7章 復古王政のブルボン王—ルイ一八世とシャルル一〇世

＊フランス王室、絶頂期の輝き。相次ぐ戦争と国土拡張、絢爛たる宮廷文化の中で渦巻く愛憎、そして革命による幕切れ—王たちの激動の生涯とともにたどる、フランス絶対王政の栄華と衰亡。ブルボン王朝のすべてがわかる決定版ビジュアルガイド！

◇王たちの最期の日々 下 パトリス・ゲニフェイ編, 神田順子訳 原書房 2018.6 185p 20cm 2000円 Ⓘ978-4-562-05571-5 Ⓝ288.4935

内容 11 ルイ一三世の短い一年——六四二・四三年 12 沈む大きな太陽—ルイ一四世——七一五年九月一日 13 ルイ一五世の臨終——七七四年五月一日 14 ルイ一六世、予告された終焉の記録 15 セント・ヘレナ、一八二一年五月五日、一七時四九分ナポレオ

ン一世　16 人は彼を「牡蠣のルイ」とよんだ―ルイ一八世―一八二四年九月一七日　17 シャルル一〇世の二度の死　18 ルイ=フィリップの悲しみ―一八五〇年八月二六日　19 鷲の黄昏―最後の皇帝，ナポレオン三世の最期

＊君主の死はその人生にとって非常に重要なできごとである。後世に残る当人のイメージを決定づけるからだ。模範的な態度と威厳をもって，臨終の苦しみに立ち向かい，崇高なる頂点をめざさねばならないゆえに，君主にとってその最期は，伝説のはじまりとなるのだ。

シャルロッテ・フォン・ベルギエン〔1840～1927〕Charlotte von Belgien

◇王妃たちの最期の日々　下　ジャン=クリストフ・ビュイッソン，ジャン・セヴィリア編，神田順子，土居佳代子，山川洋子訳　原書房　2017.4　228p 20cm 2000円　①978-4-562-05386-5　Ⓝ288.493

内容　11 トリアノンから断頭台へ―マリー=アントワネット/パリ，一七九三年一〇月一六日　12 息子の復讐―ロシアのエカチェリーナ二世/サンクトペテルブルク，一七九六年一一月六日（太陽暦一一月一七日）　13 皇后の二度の死―ジョゼフィーヌ・ド・ボアルネ/マルメゾン，一八一四年五月二九日　14 苦しみつづけ，さまよいつづけた魂の飛翔―オーストリア皇妃エリーザベト（愛称シシ）/ジュネーヴ，一八九八年九月一〇日　15 一つの時代の終焉―ヴィクトリア女王/ワイト島，オズボーン・ハウス，一九〇一年一月二二日　16 呪われた王妃―ドラガ・オブレノヴィチ/ベオグラード，一九〇三年六月一一日　17 ロマノフ朝最後の皇后の死にいたる苦難の道―アレクサンドラ・フョードロヴナ/エカテリンブルク，一九一八年七月一七日　18 フランス最後の皇后―ウジェニー・ド・モンティジョ/マドリード，一九二〇年七月一一日　19 精神を閉じ込められての六〇年―シャルロッテ・フォン・ベルギエン/バウハウト城，一九二七年一月一九日　20 あまりに不可解な死―ベルギー王妃アストリッド/キュスナハト・アム・リギ，一九三五年八月二九日

＊マリー=アントワネット，エカチェリーナ2世，ジョゼフィーヌ，エリーザベト（シシ）…信仰心，病魔，処刑台…世界史に大きな影響をあたえたさまざまな人生と運命を描く物語！

シャーン，B.〔1898～1969〕Shahn, Ben

◇ベン・シャーンを追いかけて　永田浩三著　大月書店　2014.10 303p 20cm 〈文献あり　年譜あり〉2800円　①978-4-272-61230-7　Ⓝ723.53

内容　第1章 故郷リトアニア，そしてアウシュビッツ　第2章 ヨーロッパでの模索　第3章 アメリカのアートジャーナリスト　第4章 世の不公正にあらがう　第5章 ベン・シャーンとヒロシマ　第6章 抵抗の画家と韓国を結ぶもの　第7章 ベン・シャーンを愛する人びと

＊1898年に生まれ，1969年に亡くなったこの画家は，激動の二〇世紀を疾走した。絵画だけでなく，壁画，写真，レコードジャケット，ポスター，舞台芸術で大きな業績を残し，さまざまな社会問題も描いた。『W・P・A・サンデー』『幼かりし日の自画像』『解放』『寓意』『ラッキードラゴン』『美しきものすべて』…。これらの作品に，わたしたちは物語を呼び起こされ，そして自分の人生を重ね合わせる。ベン・シャーンの絵は，なぜわたしたちをひきつけてやまないのか。その答えを探しに，ゆかりの地を訪ね歩いた。

シャンカラ〔700頃～750頃〕Adi Shankara

◇シャンカラ　島岩著　新装版　清水書院　2015.9 245p 19cm （Century Books―人と思想 179）〈文献あり　年表あり　索引あり〉1000円　①978-4-389-42179-3　Ⓝ126.6

内容　1 シャンカラをよりよく理解するために（シャンカラ師と初代シャンカラ　伝統と革新　インド思想の次元と軸）　2 シャンカラの思想（自己と自己の本質―精神と物質という座標軸に基づく考察　自己と世界―実在と非実在という座標軸に基づく考察　絶対者と世界―原因と結果という座標軸に基づく考察　解脱への道―行為の肯定と否定という座標軸に基づく考察　シャンカラ的なるものと現代）

ジャンスキー，K.〔1905～1950〕Jansky, Karl

◇宇宙を見た人たち―現代天文学入門　二間瀬敏史著　海鳴社　2017.10 270p 19cm 1800円　①978-4-87525-335-8　Ⓝ440.28

内容　第1部 天文学に強力な"道具箱"を提供した観測家たち（ヘンリエッタ・スワン・リービット―宇宙の"物差し"を見つけた"ハーバード・コンピューターズ"一の才媛　ジョージ・ヘール―巨望遠鏡時代に道を拓く ほか）　第2部 科学的宇宙論の開拓者たち（アルベルト・アインシュタイン―現代宇宙論の開拓者　カール・シュヴァルツシルト―塹壕で重力場方程式の解を発見 ほか）　第3部 天文学を豊かにした人びと（クライド・トンボー―新しい太陽系領域に挑んだ人　アーサー・エディントン―恒星天文学の父 ほか）　第4部 "観測の窓"拡大に情熱を傾けた人びと（カール・ジャンスキー―電波天文学の生みの親　早川幸男―戦後の焼け跡で"全波長天文学"への道を敷く ほか）

＊宇宙は，ブラックホール，超新星爆発，暗黒物質，暗黒エネルギーなど，さまざまな"魔物"や不可思議な現象の存在なしには考えられない。この驚天動地の現代天文学の歴史を築いてきた巨人たち―その活躍を，時代背景・生い立ち・人柄などを交え，いきいきと伝える。

ジャンセン，S.〔1959～〕Jansen, Steve

◇JAPAN 1974-1984―光と影のバンド全史　アンソニー・レイノルズ著，飯村淳子訳　シンコーミュージック・エンタテイメント　2017.7 315p 25cm 〈文献あり　作品目録あり〉3700円　①978-4-401-64403-2　Ⓝ764.7

内容　第1章 出会いとはじまり　第2章 真夜中を突っ走れ　第3章 あいまいな選択肢を手に　第4章 アルファヴィル　第5章 1980　第6章 1980 2　第7章 アートと派閥　第8章 鉄力の太鼓　第9章 バーニング・ブリッジズ　第10章 歓待の声　終章 終わりなき愛を夢見て

＊日本を愛し，日本に愛された孤高のバンド，ジャパン。独自の美意識を貫いた10年を総括し，その

謎めいた素顔に迫る初の評伝。「ミュージック・ライフ」の秘蔵写真、インタビュー記事を加えた日本特別編集版!

ジャンヌ・ダルク〔1412〜1431〕
Jeanne d'Arc

◇ジャンヌ・ダルク処刑裁判　高山一彦編訳　新装復刊　白水社　2015.5　404p　20cm　〈文献あり〉　4200円　①978-4-560-08439-7　Ⓝ289.3

内容　解説　ジャンヌ・ダルク処刑裁判の記録(予備審理(一月九日-三月二十五日)　普通審理(三月二十六日-五月二十四日)　異端再犯の審理(五月二十八日-五月三十日))　巻末付録　ジャンヌ・ダルク生涯の旅程図

＊古文献の綿密な解読を通して初めて解明された「オルレアンの乙女」の真実と実像。

◇図説ジャンヌ・ダルク―フランスに生涯をささげた少女　上田耕造著　河出書房新社　2016.7　126p　22cm　(ふくろうの本)〈文献あり　年譜あり〉　1800円　①978-4-309-76241-8　Ⓝ289.3

内容　序章　人々を惹きつけてやまない少女ジャンヌ・ダルク　第1章　英仏百年戦争(なぜイングランドとフランスが戦ったのか？　英仏百年戦争の開始から終了まで)　第2章　ジャンヌ・ダルクの物語(「声」に導かれるジャンヌ・ダルク　オルレアンの戦場に立つジャンヌ・ダルク　火刑台にむかうジャンヌ・ダルク)　第3章　ジャンヌ・ダルクを読み解く(ジャンヌ・ダルクはフランス軍を勝利に導いたのか？　ジャンヌ・ダルクは異端であったのか？　ジャンヌ・ダルクはフランス人に国民意識の萌芽をもたらしたのか？)　終章　神の声を聞いた田舎の少女が戦場で戦う

＊救国の少女から異端者へ。すべてはフランスのために。神の声を聞き、17歳にして戦場に立った少女。ある時は英雄に、ある時は魔女に。火刑により19歳で命尽きた。フランス国民の象徴であり、聖人として崇敬されるジャンヌ・ダルクの実像に迫る！　最新の研究成果をふまえ、気鋭の学者による書き下ろし！

◇ジャンヌ＝ダルクの百年戦争　堀越孝一著　新訂版　清水書院　2017.4　267p　19cm　(新・人と歴史拡大版 06)〈文献あり　索引あり〉　1800円　①978-4-389-44106-7　Ⓝ289.3

内容　1　噂の娘(イメージのジャンヌ　オルレアンの攻防)　2　百年戦争後半の幕あけ(王権横領　党派の争い　分裂するフランス王国)　3　ジャンヌ現代史(オルレアンへ　一四二〇年代　北征)　4　ルーアンのジャンヌ(コンピエーニュの悲歌　裁かれるジャンヌ)

＊ジャンヌ・ダルクが「救国の聖女」の極印を打たれてすでに久しい。この通貨はいまだに有効で、なにか動乱があって女性が登場すると、すぐさまジャーナリズムは「現代のジャンヌ＝ダルク」をうんぬんする。これも確かに「ひとりのジャンヌ＝ダルク」ではあろう。だが、神格化された人々のアスピレーションのむかう対象となったジャンヌ＝ダルクの陰に、「もうひとりのジャンヌ＝ダルク」がいる。同時代人はジャンヌ＝ダルクをヴァロワ王権の味方、教会にそむく異端の少女としか見なかった。本書は、その時代の生身のジャンヌ＝ダルクを追い求めた、ユニークなジャンヌ＝ダルク伝である。

ジュジョール・イ・ジーベルト, J.M.〔1879〜1949〕Jujol i Gibert, Josep Maria

◇カタルーニャ建築探訪―ガウディと同時代の建築家たち　入江正之著　早稲田大学出版部　2017.3　169p　21cm　(早稲田大学理工研叢書シリーズ No.29)　2000円　①978-4-657-17001-9　Ⓝ523.36

内容　第1章　カタルーニャ・バルセロナの街へようこそ　街を歩く　第2章　タラゴナ―街々の建築を造形・装飾した異才の建築家　ジュゼップ・ジュジョール・イ・ジーベルト　第3章　バルセロナ―"カタルーニャ・ムダルニズマ"を駆動させた建築家　ルイス・ドメーネック・イ・モンタネル　第4章　ジロナ―中世都市の近代化を進めた建築家　ラファエル・マゾー・イ・バレンティー　第5章　タラッザ―繊維業で栄えた街の建築家　ルイス・ムンクニル・イ・バレリャーダ　第6章　ガウディ試論―日本に初めてガウディを紹介した建築家　今井兼次

シュタイン, E.〔1891〜1942〕
Stein, Edith, Saint

◇エディット・シュタインの道程―真理への献身　須沢かおり著　知泉書館　2014.5　305,45p　20cm　〈布装　文献あり　年譜あり　索引あり〉　3000円　①978-4-86285-188-8　Ⓝ198.22

内容　ユダヤ人の家庭から　フッサールの弟子　信仰への歩み　教育者として生きる　女性として生きる　ペルソナ論　トマスの思想との邂逅　ナチス迫害下での社会思想の展開　アビラのテレサとの霊的絆　十字架のヨハネ解釈―『十字架の学問』　アウシュヴィッツでの死とキリストへの道行き

＊哲学的霊性、人間学、社会思想、女性論、教育学、神秘思想など、シュタインの多面的な活動は全集全27巻に収められ、その類い稀な集中力と明晰な思考に圧倒される。著者はシュタインの生涯と思想を突き動かす一貫したその内的動機を「真理への献身」として捉え、ハンナ・アレントやシモーヌ・ヴェイユに較べ知られることの少ない彼女の全体像を初めて明らかにする。

シュッツ, A.〔1899〜1959〕Schutz, Alfred

◇アルフレッド・シュッツ―他者と日常生活世界の意味を問い続けた「知の巨人」　ヘルムート・R・ワーグナー著，佐藤嘉一監訳, 森重拓三, 中村正訳　明石書店　2018.3　549p　20cm　〈文献あり　著作目録あり　索引あり〉　4500円　①978-4-7503-4645-8　Ⓝ361.253

内容　第1部　知的献身の生涯(ウィーン―1889・1932　ウィーンとパリー1933・39　ニューヨーク―1939・59)　第2部　学者のコミュニティ(歴史的伝統と先人たち　同時代人と仲間たち　後継者世代)　第3部　「生活世界の社会学」以前・以降(理性―直観主義者・自発性　現象学―基礎と限界)

＊実務と研究の二重生活を続けながら、理解社会学の金字塔を打ち建てたアルフレッド・シュッツ。現象学的社会学を創始したほか、エスノメソドロジーの源流をなし、いまなお人文学諸学問に広い影響を与えている。師フッサール、ベルクソンとの真摯な対峙、W.ジェームズらとの知的交流、知られざるライブニッツの影響―弟子ワーグナーが未公

表の資料を交えてその圧倒的な知的活動の全貌を明らかにした歴史的名著。

シュッツ, H. 〔1585〜1672〕
Schutz, Heinrich

◇ハインリヒ・シュッツ—その生家500年の歴史〈私は死ぬのではなく、生きるのです〉〈SWV346〉 インゲボルク・シュタイン著, 園田順子訳, 当間修一監修 東京図書出版 2015.11 262p 19cm 〈文献あり 発売：リフレ出版〉 2000円 ①978-4-86223-843-6 Ⓝ762.34

|内容| 白エルスター川地方発祥の「シュッツ一族」 シュッツ誕生とその幼少期 ロイス侯とシュッツのつながり 生家をめぐる所有者の変転 忘れられた時代、そして再発見 ケストリッツが偉大なる息子を思い出す 記念銘板から記念碑へ 東西ドイツに分断された1945年以後のシュッツ振興 生家をめぐる闘い DDR文化遺産政策の変転とシュッツ礼賛 [ほか]

＊ドイツ音楽の基礎を築き上げたバロック初期の巨匠、ハインリヒ・シュッツ（1585‐1672）。シュッツとその生家を舞台にして繰り広げられた、音楽、政治、思想、宗教、精神の500年の歴史を、元シュッツ・ハウスの館長且つ音楽学者、インゲボルク・シュタインが語る。

シュテルテベーカー, K. 〔1360頃〜1401頃〕
Störtebeker, Klaus

◇ドイツ奇人街道 森貴史, 細川裕史, 溝井裕一著 吹田 関西大学出版部 2014.7 331p 19cm 〈文献あり〉 2000円 ①978-4-87354-586-8 Ⓝ283.4

|内容| フレンスブルク・ひとりの女性の勇敢なる挑戦—ベアーテ・ウーゼ（Beate Uhse, 1919〜2001) エッカーンフェルデ・「不死の男」の終焉—サン＝ジェルマン伯爵（Graf von Saint Germain, 1691？〜1784) ハンブルク・ドイツの「海賊王」の運命—クラウス・シュテルテベーカー（Klaus Störtebeker,？〜1400) メルン・中世を旅したイタズラ者—ティル・オイレンシュピーゲル（Till Eulenspiegel, 1300ごろ〜50) シュタインフーデ・シュタインフーデ湖の怪魚—ヤーコプ・クリュソストムス・プレトリウス（Jakob Chrysostomus Praetorius, 1730〜？) ボーデンヴェルダー・「ほらふき男爵」の笑えない人生—ヒエロニムス・フォン・ミュンヒハウゼン（Hieronymus von Münchhausen, 1720〜97) ベルリン・絶滅動物を「よみがえらせてしまった」動物園長—ルッツ・ヘック（Lutz Heck, 1892〜1983) ライプツィヒ・「魔法使いファウスト」の実像をあばく—ゲオルギウス・ファウストゥス（Georgius Faustus, 1460/80〜1540ごろ) インゴルシュタット・秘密結社イルミナティの真実—アダム・ヴァイスハウプト（Adam Weishaupt, 1748〜1830) アンスバッハ・ヨーロッパを騒がせた謎の少年—カスパー・ハウザー（Kaspar Hauser,？〜1833) フリードリヒスハーフェン・伯爵の空への異常な愛情—フェルディナント・ツェッペリン伯爵（Ferdinand Graf von Zeppelin, 1838〜1917) ジンメルン（ライン・モーゼル地方)・ライン地方の山賊たち—シンダーハンネスとシュヴァルツァー・ペーター（Schinderhannes, 1777？〜1803/Schwarzer Peter, 1752〜1812)

シュトラウス, R. 〔1864〜1949〕
Strauss, Richard

◇リヒャルト・シュトラウスとホーフマンスタール 三宅新三著 青弓社 2016.12 339p 19cm 〈文献あり〉 3000円 ①978-4-7872-7393-2 Ⓝ762.34

|内容| 序章 リヒャルト・シュトラウスとホーフマンスタール 第1章『エレクトラ』—クンドリ、サロメ、エレクトラ 第2章『ばらの騎士』—モーツァルトとヴァーグナーのはざまで 第3章『ナクソス島のアリアドネ』—総合芸術作品への実験的試み 第4章『影のない女』—二十世紀における『魔笛』の試み 第5章『エジプトのヘレナ』—神話オペラの挫折 第6章『アラベラ』—ホーフマンスタールの白鳥の歌 終章 晩年のリヒャルト・シュトラウス

＊20世紀初頭、オペラ史上最高のコンビと言われる作曲家と詩人の共同作業によって、『ばらの騎士』など6つのオペラが生まれた。それらは、近代オペラの頂点とされたヴァーグナーの楽劇を乗り越えるための様々な試みでもあった。膨大な往復書簡の綿密な読解と斬新な作品解釈を通して、23年間にわたるふたりの協力関係の全容を明らかにする。

シュドル, J.F. 〔1787〜1862〕
Sudre, Jean-François

◇バンヴァードの阿房宮—世界を変えなかった十三人 ポール・コリンズ著, 山田和子訳 白水社 2014.8 425,21p 20cm 〈文献あり 著作目録あり〉 3600円 ①978-4-560-08385-7 Ⓝ283

|内容| バンヴァードの阿房宮—ジョン・バンヴァード 贋作は永遠に—ウィリアム・ヘンリー・アイアランド 空洞地球と極地の穴—ジョン・クリーヴズ・シムズ N線の目を持つ男—ルネ・ブロンロ 音で世界を語る—ジャン・フランソワ・シュドル 種を蒔いた人—イーフレイム・ウェールズ・ブル 台湾人ロンドンに現わる—ジョージ・サルマナザール ニューヨーク空圧地下鉄道—アルフレッド・イーライ・ビーチ 死してもはた語ることなし—マーティン・ファークワー・タッパー ロミオに生涯を捧げて—ロバート・コーツ 青色光狂騒曲—オーガスタス・J プレゾントン シェイクスピアの墓をあばく—ディーリア・ベーコン 宇宙は知的生命でいっぱい—トマス・ディック

＊その時、歴史は動かなかった！ 世界最長のパノラマ画、地球空洞説、驚異な放射線"N線"、音楽言語、空圧式地下鉄、新発見のシェイクスピア劇… 壮大な夢を追求し、敗れ去った人々の数奇な物語。

シュトルーベ, F.G.W. 〔1793〜1864〕
Struve, Friedrich Georg Wilhelm von

◇現代天文学史—天体物理学の源流と開拓者たち 小暮智一著 京都 京都大学学術出版会 2015.12 634p 22cm 〈他言語標題：History of Modern Astronomy 文献あり 年表あり 索引あり〉 4900円 ①978-4-87698-882-2 Ⓝ440.12

|内容| 第1部 天体分光学（「新天文学」の開幕 星の分光分類とHD星表） 第2部 星の構造と進化論（星の進化論とHR図表 熱核反応と星の進化論） 第3部 銀河天文学と宇宙論（銀河と星雲の世界 銀河系の

発見　宇宙論の源流）　第4部　現代天文学へ（日本における天体物理学の黎明　現代天文学への展開）

＊初めて星の化学組成を明らかにしたロンドンのアマチュア天文家ハギンス、太陽をガス体と見なした特許調査官レーン、自作の望遠鏡で天空を探査した音楽家ハーシェル…18世紀末から19世紀中葉にかけて現代天文学の扉を開いた彼らは、いずれも学界に縁のないアマチュア天文家だった。星の位置と運動を対象とする古典天文学から天体の物理的構造を探る天体物理学へ、その転換期を担った人々の生涯と研究を軸に、現代天文学の歴史をたどる。

シュトルム, G. 〔1915〜2004〕 Sturm, Georg

◇木を植えた人・二戸のフランシスコ—ゲオルク・シュトルム神父の生涯と思想　黒澤勉著　大船渡　イー・ピックス　2018.7　239p　19cm　〈年譜あり〉　1900円　①978-4-901602-66-2　Ⓝ198.22

シュトルム, T. 〔1817〜1888〕 Storm, Theodor

◇シュトルム　宮内芳明著　新装版　清水書院　2016.8　232p　19cm　（Century Books—人と思想 103）〈文献あり　年譜あり　索引あり〉　1200円　①978-4-389-42103-8　Ⓝ940.268

内容 1 夢多き青春時代（生いたちの記　大学時代　第一次フーズム時代）　2 判事として、小説家として（ポツダム時代　ハイリゲンシュタット時代　第二次フーズム時代）　3 創作に専念した晩年（ハーデマルシェン時代のシュトルム　シュトルムの思想）

＊テーオドール＝シュトルムは『インメンゼー』（『みずうみ』）や優れた叙情詩で有名であり、無神論者で反貴族主義的立場から『ヴェロニカ』『大学時代』など庶民生活ばかりを書いたので、今日でも人々に愛されている。しかしシュトルムは、故郷シュレスヴィヒ・ホルシュタイン地方の独立戦争に加担したためデンマーク政府に追われ、やむなくプロイセン王国に亡命し、一一年後故郷がドイツ領になった時、やっとのことで帰郷するという苦難の時代があった。晩年には『溺死』『グリースフース年代記』等の歴史小説を書き、最後には『白馬の騎手』という壮絶な作品を描いてこの社会の矛盾性を痛烈に批判した。この社会批判が何と百年後の現代ドイツにもあてはまっており、注目を浴びている

シュナイダー, R. 〔1903〜1958〕 Schneider, Reinhold

◇生きられた言葉—ラインホルト・シュナイダーの生涯と作品　下村喜八著　鳥影社　2014.7　348,9p　22cm　〈文献あり〉　2500円　①978-4-86265-461-8　Ⓝ941.7

内容 ラインホルト・シュナイダーと病気　没落の時代の詩人—シュナイダーとカモンイス　『カール五世の前に立つラス・カサス』における虚構された二人の人物　ただ真理の声で私はありたい—ナチス時代におけるシュナイダーの発言　歴史のなかの預言者的実存—シュナイダーとエレミヤ　シュナイダーの平和思想　『大いなる断念』—政治と宗教の悲劇的

葛藤　キリスト教は悲劇か—晩年のシュナイダーの悲劇的キリスト教　破壊された神の顔—『ヴィーンの冬』における宇宙と生物　シュナイダーとヴィーン、そしてオーストリア　『ヴィーンの冬』における瀕死の神　（付録）ディートリヒ・ボンヘッファーの「抵抗と信従」試論

＊シュヴァイツァーと共に20世紀の良心と称えられたラインホルト・シュナイダーは、わが国ではほとんど知られることがなかった。本書はその生涯と思想を初めて本格的に紹介するだけでなく、闇の時代にあって真実を希求し、虚無の中にあって光に向かう意味を問う稀有な書である。

シュニツラー, A. 〔1862〜1931〕 Schnitzler, Arthur

◇シュニツラー　岩淵達治著　新装版　清水書院　2016.5　231p　19cm　（Century books—人と思想 118）〈文献あり　年譜あり　索引あり〉　1200円　①978-4-389-42118-2　Ⓝ942.7

内容 1 愛と死の主題（シュニツラーとその時代　出世作『アナトール』エロスと死の戯曲『輪舞』）　2 三つの自然主義的社会劇（婦人問題のテーマ『メルヘン』　決闘のテーマ『野獣』（禁猟期なしの獣）　社会の非人間性への批判—『遺産』）　3 多彩な作品群（一幕物のチクルス　近代小説の試み『グストゥル少尉』　短篇小説と一幕物会話劇　異色の歴史劇　心理会話劇の傑作）　4 ユダヤ人問題をめぐって（『自由への道』と『ベルンハルディ教授』）　5 晩年のシュニツラー（第一次世界大戦の勃発　不遇な晩年）

＊シュニツラー（一八六二〜一九三一）は、森鷗外の『恋愛三昧』の翻訳などで早くから знаられ、大正時代からたびたび上演されたので、古い世代にはまだファンも多い。戦後はその人気も下火になり、その名も忘れられかけていたが、最近の世紀末のブームとともに再び注目されるようになってきた。しかしシュニツラーを、社会性をもたない、愛と死とエロスの作家と考えるワンパターンの先入観はいまだに全く改まっていない。社会問題と対決した作品の紹介が、当初から欠落していたことがいまさらのように思い知らされる。彼の作品がいかに十九世紀末から二〇世紀初めのウィーンの社会的諸問題と対決していたかという側面も明らかにした。

ジュネ, J. 〔1910〜1986〕 Genet, Jean

◇嘘つきジュネ　タハール・ベン・ジェルーン著, 岑村傑訳　インスクリプト　2018.1　280p　20cm　2800円　①978-4-900997-69-1　Ⓝ950.278

内容 声　運び屋　政治　タンジール　弟子　アリ・ベイ袋小路　アブデルケビル・ハティビ　聖ジュネ？　ジュシューのジュネ　人種主義　[ほか]

＊傍らで稀有な時間を過ごしたゴンクール賞作家が、幾多の人物像を点綴しながら描くジュネ晩年の十年余。憤り、挑発し、消沈し、沈黙するジュネ。その姿、その言葉が甦る出色の回想録。

シュバイツァー, A. 〔1875〜1965〕 Schweitzer, Albert

◇シュバイツァー　小牧治,泉谷周三郎共著　新

装版　清水書院　2016.6　191p　19cm　〈Century Books―人と思想 31〉〈文献あり　年譜あり　索引あり〉　1200円　Ⓘ978-4-389-42031-4　Ⓝ289.3

内容　1 シュバイツァーの生涯（しあわせな幼少時代　理想にもえる青年時代―学問と芸術　直接奉仕の道）　2 シュバイツァーの思想（著作について　植民地アフリカについて　文化哲学について　第一部『文化の退廃と再建』第二部『文化と倫理』）

＊アルベルト＝シュバイツァーは、二一歳の夏、「わたしは、三〇歳までは、学問と芸術のために生きよう。それからは、直接人類に奉仕する道を進もう」と決心し、その後、医学を勉強して、三八歳のとき、哲学者・宗教家・音楽家の地位をなげすてて、もっとも恵まれない黒人を救うために、アフリカに向かったのであった。それから五〇年、シュバイツァーは、「生命への畏敬」をモットーに、ランバレネにヒューマニズムの灯台をたて、その光をより明るく、より遠くへおよばしていった。ところで、人命尊重の精神さえ失われがちなこんにち、われわれはシュバイツァーの生涯と思想とを理解して、そのすぐれた精神を学び、それを日常生活において具体化して、より明るい社会を築くように、努力することが必要なのではなかろうか。

シュバイツァー, L.〔1942～〕
Schweitzer, Louis

◇新たなる使命―ルイ・シュバイツァー自叙伝　ルイ・シュバイツァー，富永典子著　小学館クリエイティブ　2014.8　341p　19cm　〈文献あり　発売：小学館〉　1500円　Ⓘ978-4-7780-3510-5　Ⓝ289.3

内容　第1章「日本との四つの出会い」　第2章「シュバイツァー家の精神」　第3章「国家の中枢で働く―首相官房長の日々」　第4章「ルノーを率いる―民営化、カルロス・ゴーンとの出会い、そしてI日産とのアライアンス」「ルノーインタビューズ」「日産インタビューズ」　第5章「社会的活動と芸術への情熱」　第6章「日本とフランスをつなぐ―日仏パートナーシップ」

シュバルツシルト, K.〔1873～1916〕
Schwarzschild, Karl

◇現代天文学史―天体物理学の源流と開拓者たち　小暮智一著　京都　京都大学学術出版会　2015.12　634p　22cm　〈他言語標題：History of Modern Astronomy　文献あり　年表あり　索引あり〉　4900円　Ⓘ978-4-87698-882-2　Ⓝ440.12

内容　第1部 天体分光学（「新天文学」の開幕　星の分光分類とHD星表）　第2部 星の構造と進化論（星の進化論とHR図表　熱核反応と星の進化論）　第3部 銀河天文学と宇宙論（銀河と星雲の世界　銀河系の発見　宇宙論の源流）　第4部 現代天文学へ（日本における天体物理学の黎明　現代天文学への展開）

＊初めて星の化学組成を明らかにしたロンドンのアマチュア天文家ハギンス、太陽をガス体と見なした特許調査官レーン、自作の望遠鏡で天空を探査した音楽家ハーシェル…18世紀末から19世紀中葉にかけて現代天文学の扉を開いた彼らは、いずれも学界に縁のないアマチュア天文家だった。星の位置と運動を対象とする古典天文学から天体の物理的構造を探る天体物理学へ、その転換期を担った人々の生涯と研究を軸に、現代天文学の歴史をたどる。

◇宇宙を見た人たち―現代天文学入門　二間瀬敏史著　海鳴社　2017.10　270p　19cm　1800円　Ⓘ978-4-87525-335-8　Ⓝ440.28

内容　第1部 天文学に強力な"道具箱"を提供した観測家たち（ヘンリエッタ・スワン・リービット―宇宙の"物差し"を見つけた"ハーバード・コンピューターズ"一の才媛　ジョージ・ヘール―巨大望遠鏡時代に道を拓く　ほか）　第2部 科学的宇宙論の開拓者たち（アルベルト・アインシュタイン―現代宇宙論の開拓者　カール・シュヴァルツシルト―塹壕で重力場方程式の解を発見　ほか）　第3部 天文学を豊かにした人びと（クライド・トンボー―新しい太陽系領域に挑んだ人　アーサー・エディントン―恒星天文学の父　ほか）　第4部 "観測の窓"拡大に情熱を傾けた人びと（カール・ジャンスキー―電波天文学の生みの親　早川幸男―戦後の焼け跡で"全波長天文学"への道を敷く　ほか）

＊宇宙は、ブラックホール、超新星爆発、暗黒物質、暗黒エネルギーなど、さまざまな"魔物"や不可思議な現象の存在なしには考えられない。この驚天動地の現代天文学の歴史を築いてきた巨人たち―その活躍を、時代背景・生い立ち・人柄などを交え、いきいきと伝える。

シュバルツシルト, M.〔1912～1997〕
Schwarzschild, Martin

◇現代天文学史―天体物理学の源流と開拓者たち　小暮智一著　京都　京都大学学術出版会　2015.12　634p　22cm　〈他言語標題：History of Modern Astronomy　文献あり　年表あり　索引あり〉　4900円　Ⓘ978-4-87698-882-2　Ⓝ440.12

内容　第1部 天体分光学（「新天文学」の開幕　星の分光分類とHD星表）　第2部 星の構造と進化論（星の進化論とHR図表　熱核反応と星の進化論）　第3部 銀河天文学と宇宙論（銀河と星雲の世界　銀河系の発見　宇宙論の源流）　第4部 現代天文学へ（日本における天体物理学の黎明　現代天文学への展開）

＊初めて星の化学組成を明らかにしたロンドンのアマチュア天文家ハギンス、太陽をガス体と見なした特許調査官レーン、自作の望遠鏡で天空を探査した音楽家ハーシェル…18世紀末から19世紀中葉にかけて現代天文学の扉を開いた彼らは、いずれも学界に縁のないアマチュア天文家だった。星の位置と運動を対象とする古典天文学から天体の物理的構造を探る天体物理学へ、その転換期を担った人々の生涯と研究を軸に、現代天文学の歴史をたどる。

シュパルディング, J.J.〔1714～1804〕
Spalding, Johann Joachim

◇キリスト教の主要神学者　下　リシャール・シモンからカール・ラーナーまで　F.W.グラーフ編　教文館　2014.9　p　cm　〈索引あり〉　Ⓘ978-4-7642-7384-9　Ⓝ191.028

内容　ヨハン・ゲアハルト（トーマス・カウフマン著　安酸敏眞訳）　リシャール・シモン（クリストファー・

フォイクト著　安酸敏眞訳）　フィリップ・ヤコブ・シュペーナー　ヨハン・ヨアヒム・シュパルディング（アルブレヒト・ボイテル著　安酸敏眞訳）　フリードリヒ・シュライアマハー（ウルリヒ・バルト著　安酸敏眞訳）　ヨゼフ・クロイトゲン（ペーター・ヴァルター著　安酸敏眞訳）　セーレン・キルケゴール（ハイコ・シュルツ著　安酸敏眞訳）　ユリウス・ヴェルハウゼン（ミカエル・バウアー著　佐藤貴史訳）　アドルフ・フォン・ハルナック（ヨハン・ヒンリヒ・クラウセン著　安酸敏眞訳）　アルフレッド・ロワジー／クラウス・アルノルト／著　安酸敏眞／訳．　エルンスト・トレルチ（フリードリヒ・ヴィルヘルム・グラーフ著　安酸敏眞訳）　ルドルフ・ブルトマン　パウル・ティリッヒ（アルフ・クリストファーセン著　佐藤貴史訳）　カール・バルト（イェルク・ディールケン著　安酸敏眞訳）　ラインホールド・ニーバー　H・リチャード・ニーバー（リチャード・クルーター著　安酸敏眞訳）　カール・ラーナー（ローマン・A・ジーベンロック著　安酸敏眞訳）

＊多彩にして曲折に富む2000年の神学史の中で、特に異彩を放つ古典的代表者を精選し、彼らの生涯・著作・影響を通して神学の争点と全体像を描き出す野心的試み。下巻では正統主義の時代から20世紀に至るまでの17名の神学者を紹介する。

シュピリ, J.〔1827～1901〕Spyri, Johanna

◇『ハイジ』の生まれた世界—ヨハンナ・シュピーリと近代スイス　森田安一著　教文館　2017.6　214,23p 20cm　〈文献あり　年譜あり　索引あり〉　2300円　Ⓘ978-4-7642-6130-3　Ⓝ940.268

＊名作に秘められたスイスの歴史とキリスト教的背景。日本で今なお不動の人気を誇る『アルプスの少女ハイジ』。原作が意図したのは、自然賛美や動物愛護を超えた宗教的人格形成の軌跡の描写であった。作品の深層と作者の人物像に迫るべく、激動の19世紀スイス史を俯瞰し、牧師の祖父、宗教詩人の母の生涯にも光をあて、家庭環境や交友関係を史料から仔細に探求した、スイス史・宗教改革史の第一人者による画期的試み。最新実写版映画『ハイジ』（8月公開予定）鑑賞前におススメの1冊！

シュプランガー, E.〔1882～1963〕Spranger, Eduard

◇シュプランガー断章—ドイツの代表的教育学者・哲学者シュプランガーの人物像　岩間浩著　岩間教育科学文化研究所　2014.11　111p 21cm　〈シュプランガー著『教育における意図せざる副次作用の法則』姉妹編　文献あり〉　1000円　Ⓝ371.234

シュプリックマン, A.M.〔1749～1833〕Sprickmann, Anton Matthias

◇ミュンスター法学者列伝—中央大学・ミュンスター大学交流30周年記念　トーマス・ヘェーレン編著, 山内惟介編訳　八王子　中央大学出版部　2018.11　568p 21cm　〈日本比較法研究所翻訳叢書 80〉〈索引あり〉　6700円　Ⓘ978-4-8057-0381-6　Ⓝ322.8

内容　旧制大学—アントン・マティアス・シュプリックマン（1749年～1833年）　ルードルフ・ヒス（1870年～1938年）—ミュンスター大学のスイス人刑法史学者　ハンス・バーゲンコップ（1901年～1983年）—ミュンスター大学地方自治研究所創設者　脇役から主役へ—国法学者、フリートリッヒ・クライン（1908年～1974年）　正義のための戦いの中で—刑事訴訟法学者、カール・ペータース（1904年～1998年）　ミュンスター大学の租税法—オットマール・ビューラー（1884年～1965年）　生活事実から法へ—ヴァルター・エルマン（1904年～1982年）　ミュンスターのフリースラント出身者—ハリー・ヴェスターマン（1909年～1986年）　マックス・カーザー（1906年～1997年）—学生生活のダイジェスト　ヘルムート・シェルスキィ（1912年～1984年）—幸福感溢れる世代の遅すぎた懐疑　行政法学—ハンス＝ユリウス・ヴォルフ（1898年～1976年）　刑法学者—ヨハネス・ヴェセルス（1923年～2005年）　波乱の時代の労働法—アルフレート・ヒュック（1889年～1975年）とロルフ・ディーツ（1902年～1971年）　環境法・都市計画法—ヴェルナー・ホッペ（1930年～2009年）　あなたはどのように判断されるか？—ハンス・ブロクス（1920年～2009年）　学理と実務における保険法—ヘルムート・コロサー（1934年～2004年）　オットー・ザンドロック—（1930年～2017年）　ベルンハルト・グロスフェルト—（1933年～）

シュペーア, A.〔1905～1981〕Speer, Albert

◇ヒトラーの共犯者—12人の側近たち　上　グイド・クノップ著．高木玲訳　原書房　2015.12　376,6p 20cm　〈2001年刊の新装版　文献あり〉　2800円　Ⓘ978-4-562-05271-4　Ⓝ234.074

内容　1 火つけ役—ヨーゼフ・ゲッベルス　2 ナンバー・ツー—ヘルマン・ゲーリング　3 実行者—ハインリヒ・ヒムラー　4 代理人—ルドルフ・ヘス　5 建築家—アルベルト・シュペーア　6 後継者—カール・デーニッツ

＊ヒトラーの共犯者たちをとりまいていた多くの人々と会談し、家族や友人や同僚をはじめとする当時の人々にインタビューした。その多くは、今回初めて発言した人々である。彼はまた個人的な文書も閲覧した。さらには、ロシアならびにイギリスの公文書館から新しい資料も発掘した。これによって、鉤十字のもとでの権力の、全体的な姿がたちあらわれてくる。これまで知られていなかった多くの事実が明らかにされ、ナチ体制のたぐいまれな歴史をつくりあげた「神」の執行人たちの全記録。ドイツTV金獅子賞、バイエルン・テレビ賞受賞。

シュペーナー, P.J.〔1635～1705〕Spener, Philipp Jakob

◇キリスト教の主要神学者　下　リシャール・シモンからカール・ラーナーまで　F.W.グラーフ編　教文館　2014.9　p cm　〈索引あり〉　Ⓘ978-4-7642-7384-9　Ⓝ191.028

内容　ヨハン・ゲアハルト（トーマス・カウフマン著　安酸敏眞訳）　リシャール・シモン（クリストファー・フォイクト著　安酸敏眞訳）　フィリップ・ヤコブ・シュペーナー　ヨハン・ヨアヒム・シュパルディング（アルブレヒト・ボイテル著　安酸敏眞訳）　フリードリヒ・シュライアマハー（ウルリヒ・バルト著　安酸敏眞訳）　ヨゼフ・クロイトゲン（ペーター・ヴァルター著　安酸敏眞訳）　セーレン・キルケゴール（ハ

イコ・シュルツ著　安酸敏眞訳）ユリウス・ヴェルハウゼン（ミカエル・バウアー著　佐藤貴史訳）アドルフ・フォン・ハルナック（ヨハン・ヒンリヒ・クラウセン著　安酸敏眞訳）アルフレッド・ロワジー／クラウス・アルノルト／著　安酸敏眞／訳．エルンスト・トレルチ（フリードリヒ・ヴィルヘルム・グラーフ著　安酸敏眞訳）ルドルフ・ブルトマン　パウル・ティリッヒ（アルフ・クリストファーセン著　佐藤貴史訳）カール・バルト（イェルク・ディールケン著　安酸敏眞訳）ラインホールド・ニーバー　H・リチャード・ニーバー（リチャード・クルーター著　安酸敏眞訳）カール・ラーナー（ローマン・A・ジーベンロック訳）

＊多彩にして曲折に富む2000年の神学史の中で、特に異彩を放つ古典的代表者を精選し、彼らの生涯・著作・影響を通して神学の争点と全体像を描き出す野心的試み。下巻では正統主義の時代から20世紀に至るまでの17名の神学者を紹介する。

シューベルト, F.P. 〔1797~1828〕
Schubert, Franz

◇〈フランツ・シューベルト〉の誕生—喪失と再生のオデュッセイ　堀朋平著　法政大学出版局　2016.3　322,73p　22cm　〈文献あり　索引あり〉　5500円　①978-4-588-42016-0　Ⓝ762.346

内容　序章　シューベルトの時代　第1章　共生と孤独　第2章　規範と自由　第3章　教化育成の黄昏　第4章　啓蒙から幻想へ　第5章　憂鬱な詩人と超越の欲望　第6章　一致と過去

＊—そして、きみは天才になった。青年が大作曲家へと孵化するには、かけがえのない友と出会い、そして別れねばならなかった。19世紀ヴィーンを背景に、自筆譜や書簡を駆使して描き出される未曾有のドラマ。気鋭の著者、渾身の音楽思想劇！

◇フランツ・シューベルト—あるリアリストの音楽的肖像　ハンス＝ヨアヒム・ヒンリヒセン著，堀朋平訳　アルテスパブリッシング　2017.4　178,11p　21cm　（叢書ビブリオムジカ）〈文献あり　索引あり〉　2200円　①978-4-86559-159-0　Ⓝ762.346

◇シューベルトのオペラ—オペラ作曲家としての生涯と作品　井形ちづる著　新装版　水曜社　2018.12　270,8p　19cm　（アルス選書）〈文献あり　索引あり〉　2500円　①978-4-88065-452-2　Ⓝ766.1

内容　1　シューベルトの生きた時代と生い立ち　2　最初のジングシュピール—1811~1814　3　初期のジングシュピールとオペラ—1815~1816　4　中期の舞台作品—1818~1821　5　円熟期の大作—1821~1823　6　舞台作品における白鳥の歌—1827~1828　7　まとめ

＊知られざる横顔、歌曲王はなぜオペラを書き続けたのか？　全19作品の作品成立の背景・登場人物・あらすじ・音楽的特徴・上演史を詳述。

シューマン, C. 〔1819~1896〕
Schumann, Clara

◇クララ・シューマン　モニカ・シュテークマン著．玉川裕子訳　春秋社　2014.9　219,26p　20cm　〈文献あり　作品目録あり　年譜あり　年表あり　索引あり〉　2800円　①978-4-393-93585-9　Ⓝ762.34

内容　音楽家への道　二重生活　幸福と現実　演奏会プログラム—戦略　作曲家として、ピアニストとして　郷愁、最後の調べ

＊ピアニストとして、作曲家として、教育者として…新しい美学の規範を確立しつつ、19世紀の音楽界に多大な足跡を残した芸術家の生涯。定評ある「ロ・ロ・ロ伝記叢書」の俗流解釈を排した堅実な評伝。

◇シューマンの結婚—語られなかった真実　ピート・ワッキー・エイステン著．風間三咲訳　音楽之友社　2015.4　166,8p　19cm　〈年譜あり　索引あり〉　2000円　①978-4-276-21532-0　Ⓝ762.34

内容　ロベルト・シューマン—法律家か音楽家か　ピアノ教師フリードリヒ・ヴィーク　ロベルトの将来をめぐる三つの書簡　ライプツィヒでのロベルト　二人の婚約者—クララとエルネスティーネ　失意のウィーン　四つの条件　訴訟の始まり　シューマンの展望とヴィークの異議　裁判のゆくえ　「歌曲の年」の裏側で　弁護士アイネルトの活躍　名誉博士号をめぐって　リストとシューマン　画策するシューマン　もうひとつの訴訟　シューマン家の家計簿　和解へ

＊ヴィーク（父フリードリヒ）VSヴィーク（娘クララ）。才能あふれるピアニストである愛娘が、不品行な作曲家との結婚を望んだとき—父親はほんとうに「頑固でわからずやな男」だったのか!?19世紀当時の訴訟資料を通じて、音楽史上もっとも有名な愛の物語の知られざる真相に迫る。

シューマン, R.A. 〔1810~1856〕
Schumann, Robert Alexander

◇シューマンの結婚—語られなかった真実　ピート・ワッキー・エイステン著，風間三咲訳　音楽之友社　2015.4　166,8p　19cm　〈年譜あり　索引あり〉　2000円　①978-4-276-21532-0　Ⓝ762.34

内容　ロベルト・シューマン—法律家か音楽家か　ピアノ教師フリードリヒ・ヴィーク　ロベルトの将来をめぐる三つの書簡　ライプツィヒでのロベルト　二人の婚約者—クララとエルネスティーネ　失意のウィーン　四つの条件　訴訟の始まり　シューマンの展望とヴィークの異議　裁判のゆくえ　「歌曲の年」の裏側で　弁護士アイネルトの活躍　名誉博士号をめぐって　リストとシューマン　画策するシューマン　もうひとつの訴訟　シューマン家の家計簿　和解へ

＊ヴィーク（父フリードリヒ）VSヴィーク（娘クララ）。才能あふれるピアニストである愛娘が、不品行な作曲家との結婚を望んだとき—父親はほんとうに「頑固でわからずやな男」だったのか!?19世紀当時の訴訟資料を通じて、音楽史上もっとも有名な愛の物語の知られざる真相に迫る。

◇ロマン派の音楽家たち—恋と友情と革命の青春譜　中川右介著　筑摩書房　2017.4　363p　18cm　（ちくま新書 1252）〈文献あり〉　1000円　①978-4-480-06959-7　Ⓝ762.3

内容　第1章　ベートーヴェン・チルドレン（~一八二八年）　ひとつの「出逢い」　リストが入れなかった音

楽院 ほか） 第2章 革命と青春の旅立ち（一八二九〜一八三二年）（"田園交響曲"の衝撃 蘇った"マタイ受難曲" ほか） 第3章 恋の季節（一八三三〜一八三五年）（オペラの現場へ リストの「運命の女」 ほか） 第4章 青春の決着（一八三六〜一八四一年）（引き裂かれた恋 逃げた婚約者を追って ほか）

* メンデルスゾーン（一八〇九年）、ショパン（一八一〇年）、シューマン（一八一〇年）、リスト（一八一一年）、ワーグナー（一八一三年）。国は別々だが、一八一〇年前後に生まれた彼らは、友人として緩やかなサークルをつくり刺激しあいながら、"新しい音楽"を創作した。溢れる才能と情熱を生み出したそのネットワークとはどのようなものだったか。恋愛や交流、時代の波は、大作曲家たちの作品にどのような影響を与えたか。同時代を生きた巨人たちの人生から、十九世紀に花開いたロマン派音楽の深奥に迫る！

◇大作曲家の病跡学—ベートーヴェン，シューマン，マーラー 小松順一著 星和書店 2017.11 93p 20cm 〈文献あり〉 1800円 ⓘ978-4-7911-0968-5 Ⓝ762.34

内容 孤高の求道者ベートーヴェン—「交響曲第九番ニ短調」（人格についての検討 「第九」の演奏の一つのあり方） 晩年のシューマンの病理性—「ヴァイオリン協奏曲ニ短調」（生活史及び病歴の概要 生活史と病歴から見る病跡 ヴァイオリン協奏曲ニ短調 ほか） 境界線の美学マーラー「交響曲第一番ニ長調」（マーラーの生活史 マーラーに関する文献的展望 「交響曲第一番ニ長調」の検討 ほか）

* 精神病、自殺の危機さえあったベートーヴェン。精神を病い、精神病院で亡くなったシューマン。彼らの楽曲を詳しく検討することによって、その精神病理に鋭く迫る！

シュミット, B.〔1968〜〕 Schmid, Benjamin

◇偉大なるヴァイオリニストたち 2 チョン・キョンファから五嶋みどり、ヒラリー・ハーンまで ジャン＝ミシェル・モルク著，神奈川夏子訳 ヤマハミュージックメディア 2017.4 356,8p 21cm 〈文献あり〉 3400円 ⓘ978-4-636-92333-9 Ⓝ762.8

内容 ボリス・ベルキン チョン・キョンファ ピンカス・ズーカーマン オーギュスタン・デュメイ ピエール・アモイヤル ドミトリ・シトコヴェツキー ナイジェル・ケネディ シュロモ・ミンツ ヴィクトリア・ムローヴァ チョーリャン・リン〔ほか〕

* 外科医でもある筆者による桁外れに鋭い考察に基づく評論集。使用楽器や練習法などはもちろん、デビューの裏側や生い立ち、家族関係などに迫り、素顔を描き出す。歴史的名演を収録したCD-ROM付き。

シュミット, C.〔1888〜1985〕 Schmitt, Carl

◇ヒトラーと哲学者—哲学はナチズムとどう関わったか イヴォンヌ・シェラット著，三ツ木道夫，大久保友博訳 白水社 2015.1 362,60p 20cm 〈文献あり 索引あり〉 3800円 ⓘ978-4-560-08412-0 Ⓝ134.9

内容 第1部 ヒトラーの哲学者（ヒトラー—「天才的バーテンダー」 毒入りの杯 協力者たち ヒトラーを支えた法哲学者—カール・シュミット ヒトラーの超人—マルティン・ハイデガー） 第2部 ヒトラーの対抗者（悲劇—ヴァルター・ベンヤミン 亡命—テオドーア・アドルノ ユダヤ人女性—ハンナ・アーレント 殉教者—クルト・フーバー ニュルンベルク裁判とその後）

* 思想と行動をめぐる迫真の哲学ノンフィクション。カント以降の反ユダヤ的言辞を跡づけた上で、ナチスに加担した者と迫害された者の生き方を描き出す注目作。哲学することの倫理的基盤を問う。

◇カール・シュミットと五人のユダヤ人法学者 初宿正典著 成文堂 2016.10 568p 22cm 〈年譜あり 索引あり〉 9000円 ⓘ978-4-7923-0600-7 Ⓝ321.234

内容 1 カール・シュミット（ケルン時代のシュミット—ケルゼンの罷免問題にも触れながら シュミットの憤激の書簡—シュミットvs.カース ほか） 2 エーリヒ・カウフマン（シュミットとカウフマン カウフマンの"ニコラスゼー・ゼミナール") 3 ゲルハルト・ライプホルツ（ライプホルツにおける亡命と抵抗 シュミットとライプホルツ—その関わりに関する覚え書き ほか） 4 フーゴ・プロイス（プロイスのヴァイマル憲法構想 資料1 「裏返しの官憲国家？」—ヴァイマル憲法草案起草者プロイスの誕生 ほか） 5 フリッツ・シュティーア＝ゾムロ（シュティーア＝ゾムロとヴァイマル憲法構想）

シュミット, F.〔1554〜1634〕 Schmidt, Franz

◇死刑執行人—残された日記と、その真相 ジョエル・F・ハリントン著，日暮雅通訳 柏書房 2014.8 376p 図版26p 20cm 〈文献あり〉 2200円 ⓘ978-4-7601-4447-1 Ⓝ322.34

内容 第1章 弟子時代 第2章 キャリアの始まり—遍歴修業時代 第3章 親方として 第4章 賢人として 第5章 治療師として

* 人々から恐れられ、蔑まれていた、16世紀死刑執行人。人体を知りつくしていたがゆえの、医療家としての顔。本人の告白から浮かびあがる、処刑人の真の姿を描く。

シュミット, M.〔1929〜〕 Schmidt, Maarten

◇宇宙を見た人たち—現代天文学入門 二間瀬敏史著 海鳴社 2017.10 270p 19cm 1800円 ⓘ978-4-87525-335-8 Ⓝ440.28

内容 第1部 天文学に強力な"道具箱"を提供した観測家たち（ヘンリエッタ・スワン・リービット—宇宙の"物差し"を見つけた ハーバード・コンピューターズ"一の才媛 ジョージ・ヘール—巨大望遠鏡時代に道を拓く ほか） 第2部 科学的宇宙論の開拓者たち（アルベルト・アインシュタイン—現代宇宙論の開拓者 カール・シュヴァルツシルト—塹壕で重力場方程式の解を発見 ほか） 第3部 天文学を豊かにした人びと（クライド・トンボー—新しい太陽系領域に挑んだ人 アーサー・エディントン—恒星天文学の父 ほか） 第4部 "観測の窓"拡大に情熱を傾けた人びと（カール・ジャンスキー—電波天文学の生みの親 早川幸男—戦後の焼け跡で"全波長天文学"への道を敷く ほか）

* 宇宙は、ブラックホール、超新星爆発、暗黒物質、暗黒エネルギーなど、さまざまな"魔物"や不可思

議な現象の存在なしには考えられない。この驚天動地の現代天文学の歴史を築いてきた巨人たち—その活躍を、時代背景・生い立ち・人柄などを交え、いきいきと伝える。

シュモラー, G.〔1838〜1917〕
Schmoller, Gustav von

◇ドイツ歴史学派の研究　田村信一著　日本経済評論社　2018.3　345p　22cm　〈他言語標題：HISTORISCHE SCHULE DER DEUTSCHEN NATIONALÖKONOMIE　索引あり〉　4800円　①978-4-8188-2495-9　Ⓝ331.5

内容　第1章 ドイツ歴史学派　第2章 ヴィルヘルム・ロッシャーの歴史的方法—『歴史的方法による国家経済学講義要綱』刊行150周年にあたって　第3章 国民経済から資本主義へ—ロッシャー, シュモラー, ゾンバルト　第4章 グスタフ・シュモラーの生涯と学説—社会問題から経済社会学へ　第5章 グスタフ・シュモラーの方法論—『国民経済、国民経済学および方法』訳者解題　第6章 社会政策の経済思想：グスタフ・シュモラー　第7章 シュルツェ＝ゲーヴァニッツの社会政策思想—『社会平和』を中心に　第8章 近代資本主義論の生成—ゾンバルト『近代資本主義』(初版1902)の意義について　第9章 資本主義とエコロジー—ゾンバルトの近代資本主義論　補論 小林昇とドイツ経済思想史研究

＊歴史学派とは何か。ロッシャー、シュモラー、ゾンバルトなど代表的研究者の膨大な業績の分析を通し、新たな視点からの全体像を解明。歴史学派研究の頂点に立つ力作。

シュライアマハー, F.〔1768〜1834〕
Schleiermacher, Friedrich

◇ディルタイ全集　第9巻　シュライアーマッハーの生涯　上　ディルタイ著, 西村晧, 牧野英二編集代表　森田孝, 麻生建, 薗田坦, 竹田純郎, 齋藤智志編集校閲　法政大学出版局　2014.7　1262,20p　22cm　〈文献あり　索引あり〉　27000円　①978-4-588-12109-8　Ⓝ134.9

内容　第1部 青少年時代と最初の人間形成　一七六八年-一七九六年(家系の宗教的精神　ヘルンフート派の教育　ほか)　第2部 充実した生活-自らの世界観を生き生きと叙述した時期　一七九六年-一八〇二年(新しい世界観の形成としてのドイツ文学　ベルリン　ほか)　第3部 シュトルプでの孤独—プラトンの再興と新しい倫理学の批判的な準備(離別と新たな人間関係　ほか)　第4部 ハレ大学—体系・キリスト教との対決(ヴュルツブルクへの招聘とハレでの教授職　ハレ　ほか)

＊近代ドイツ思想の真髄を示す伝記的研究の最高傑作。観念論哲学やロマン派文学と歩みをともにし、近代の新しい宗教性を告知した神学者の生涯を、西洋精神史の全体的地平のなかで叙述した伝記研究の白眉にして不朽の書。待望の本邦初訳！

◇キリスト教の主要神学者　下　リシャール・シモンからカール・ラーナーまで　F.W.グラーフ編　教文館　2014.9　p　cm　〈索引あり〉　①978-4-7642-7384-9　Ⓝ191.028

内容　ヨハン・ゲアハルト(トーマス・カウフマン著　安酸敏眞訳)　リシャール・シモン(クリストファー・フォイクト著　安酸敏眞訳)　フィリップ・ヤコブ・シュペーナー　ヨアヒム・シュパルディング(アルブレヒト・ボイテル著　安酸敏眞訳)　フリードリヒ・シュライアマハー(ウルリヒ・バルト著　安酸敏眞訳)　ヨゼフ・クロイトゲン(ペーター・ヴァルター著　安酸敏眞訳)　セーレン・キルケゴール(ハイコ・シュルツ著　安酸敏眞訳)　ユリウス・ヴェルハウゼン(ミカエル・バウアー著　佐藤貴史訳)　アドルフ・フォン・ハルナック(ヨハン・ヒンリヒ・クラウセン著　安酸敏眞訳)　アルフレッド・ロワジー/クラウス・アルノルト/著　安酸敏眞/訳．エルンスト・トレルチ(フリードリヒ・ヴィルヘルム・グラーフ著　安酸敏眞訳)　ルドルフ・ブルトマン　パウル・ティリッヒ(アルフ・クリストファーセン著　佐藤貴史訳)　カール・バルト(イェルク・ディールケン著　安酸敏眞訳)　ラインホールド・ニーバー H・リチャード・ニーバー(リチャード・クルーター著　安酸敏眞訳)　カール・ラーナー(ローマン・A・ジーベンロック著　安酸敏眞訳)

＊多彩にして曲折に富む2000年の神学史の中で、特に異彩を放つ古典的代表者を精選し、彼らの生涯・著作・影響を通して神学の争点と全体像を描き出す野心的試み。下巻では正統主義の時代から20世紀に至るまでの17名の神学者を紹介する。

◇キリスト教思想の形成者たち—パウロからカール・バルトまで　ハンス・キュンク著, 片山寛訳　新教出版社　2014.10　345p　20cm　2900円　①978-4-400-32423-2　Ⓝ191.028

内容　パウロ—キリスト教の世界宗教への夜明け　オリゲネス—古代とキリスト教精神の偉大な統合　アウグスティヌス—ラテン的・西方的神学の父　トマス・アクィナス—大学の学問と教皇の宮廷神学　マルチン・ルター—パラダイム転換の古典的事例としての福音への回帰　フリードリヒ・シュライエルマハー—近代の薄明の中の神学　カール・バルト—ポストモダンへの移行における神学　エピローグ—時代にかなった神学への指針

＊キリスト教史にパラダイム転換を画した7人。バチカンから教授資格を停止された神学界の異端児が、鮮やかな筆致でキリスト教の大思想家たちの生涯と思想、その光と影を描き出す。

◇ディルタイ全集　第10巻　シュライアーマッハーの生涯　下　ディルタイ著, 西村晧, 牧野英二編集代表　森田孝, 麻生建, 薗田坦, 竹田純郎, 三浦國泰編集校閲　法政大学出版局　2016.11　1193,43p　22cm　〈文献あり　索引あり〉　26000円　①978-4-588-12110-4　Ⓝ134.9

内容　第1部 哲学としてのシュライアーマッハーの体系(体系の発展史的, 精神史的前提　哲学としての体系の遂行)　第2部 神学としてのシュライアーマッハーの体系(キリスト教の歴史におけるシュライアーマッハーの立場　ほか)　第3部 過去のプロテスタント解釈学と対決するシュライアーマッハーの解釈学の体系(シュライアーマッハー以前の解釈学　解釈学成立後のシュライアーマッハーの解釈学　シュライアーマッハーの解釈学とそれ以前の体系との比較)

＊上巻の伝記研究に続く、弁証法、倫理学、国家論、美学、自然学、心理学の諸領域を包括する哲学体系、プロテスタント神学・解釈学の伝統を革新する宗教論の試み。

シュラーゲター, A.L. 〔1894～1923〕
Schlageter, Albert Leo

◇暴力の経験史―第一次世界大戦後ドイツの義勇軍経験1918～1923　今井宏昌著　京都　法律文化社　2016.5　311p　22cm　〈他言語標題：Erfahrungsgeschichte der Gewalt　文献あり　年表あり　索引あり〉　6400円　①978-4-589-03768-8　Ⓝ392.34

[内容] 序章「政治の野蛮化」？　第1章 ドイツ革命期における義勇軍運動の形成と展開　第2章 裏切りの共和国―アルベルト・レオ・シュラーゲターの義勇軍経験　第3章 共和国の防衛―ユリウス・レーバーの義勇軍経験　第4章 コミュニストとの共闘―ヨーゼフ・ベッポ・レーマーの義勇軍経験　第5章 ルール闘争期における義勇軍経験の交差　終章 義勇軍経験と戦士たちの政治化

シュリ・K.パッタビ・ジョイス 〔1915～2009〕
Sri Krishna Pattabhi Jois

◇グルジ―弟子たちが語るアシュタンガヨガの師、パッタビ・ジョイス　ガイ・ドナヘイ, エディ・スターン著, 的野裕子訳　サウザンブックス社　2018.1　823p　21cm　7400円　①978-4-909125-04-0　Ⓝ498.3

[内容] 一九七〇年代―アシュタンガヨガはいかにして西欧に来たか（デヴィッド・ウィリアムス　ナンシー・ギルゴフ ほか）　マイソールの住人たち（N・V・アナンタ・ラマヤー　T・S・クリシュナムルティー ほか）　練習、練習―アシュタンガヨガの広がり（チャック・ミラー　グラム・ノースフィールド ほか）　世界的なコミュニティ（ジョセフ・ダナム　ジョン・スコット ほか）

＊多くの弟子や生徒に「グルジ」と呼ばれ、慕われたアシュタンガヨガの師、シュリ・K.パッタビ・ジョイス。厳しくも愛情あふれる指導を直接受けた弟子たちが語る、グルジの教えと人柄とは―。世界中に広まったヨガの真髄を伝える貴重な書。

ジュリーニ, C.M. 〔1914～2005〕
Giulini, Carlo Maria

◇偉大なる指揮者たち―トスカニーニからカラヤン、小澤、ラトルへの系譜　クリスチャン・メラン著, 神奈川夏子訳　ヤマハミュージックメディア　2014.11　389,7p　21cm　2800円　①978-4-636-90301-0　Ⓝ762.8

[内容] アルトゥーロ・トスカニーニ　ウィレム・メンゲルベルク　セルゲイ・クーセヴィツキー　ピエール・モントゥー　ブルーノ・ワルター　サー・トーマス・ビーチャム　レオポルド・ストコフスキー　エルネスト・アンセルメ　オットー・クレンペラー　ヴィルヘルム・フルトヴェングラー〔ほか〕

＊指揮の特徴や楽団員からの評価、生い立ちや普段の振る舞い、家族関係など、50人のマエストロたちの素顔を描き出す。オーケストラ指揮の知られざる側面に迫った評伝集。

シュリーマン, H. 〔1822～1890〕
Schliemann, Heinrich

◇ギリシア考古学の父シュリーマン―ティリンス遺跡原画の全貌　天理大学附属天理参考館編　山川出版社　2015.4　127p　21cm　〈MUSAEA JAPONICA 13〉〈文献あり　年譜あり〉　1700円　①978-4-634-64829-6　Ⓝ231

[内容] 第1章 シュリーマンの生涯（シュリーマンの軌跡　シュリーマンが見た幕末の横浜と江戸）　第2章 シュリーマンの魅せられた世界（ギリシア美術の歴史　ギリシア・ローマ美術資料図版・解説）　第3章 ティリンス遺跡と原画（ティリンス遺跡ティリンス遺跡原画図版・解説）　第4章 黎明期の考古学と報告書（地中海の考古学　アナトリアの考古学　メソポタミアの考古学　パレスチナの考古学　古代エジプト　資料図版・解説　調査報告書初版本 資料図版・解説）　終章 シュリーマンの今日的評価

＊シュリーマンの人物像を知る第一級の史料が現れた。トロイアやミケーネの発掘ののち、彼は六二歳にしてギリシアのティリンス遺跡の発掘調査を行った。そのとき描かせた遺構や遺物の原画28枚、この中には彼の直筆のものも含まれる。これらの原画が語る真実を今ここに伝える。シュリーマンが来日して150周年、ティリンス遺跡発掘報告書を発刊して130周年にあたる2015年、ギリシア考古学を生み出したシュリーマンの実像に迫る。

シュルマン, D. 〔1949～〕 Shulman, David

◇屈服しない人々　ツヴェタン・トドロフ著, 小野潮訳　新評論　2018.9　322p　19cm　〈索引あり〉　2700円　①978-4-7948-1103-5　Ⓝ311.15

[内容] 第1章 エティ・ヒレスム　第2章 ジェルメーヌ・ティヨン　第3章 ボリス・パステルナーク　第4章 アレクサンドル・ソルジェニーツィン　第5章 ネルソン・マンデラとマルコムX　第6章 現代のふたりの屈服しない人物―ダヴィッド・シュルマンとエドワード・スノーデン

ジュレク, S. 〔1973～〕 Jurek, Scott

◇NORTH 北へ―アパラチアン・トレイルを踏破して見つけた僕の道　スコット・ジュレク著, 栗木さつき訳　NHK出版　2018.9　358p　19cm　2000円　①978-4-14-081754-4　Ⓝ782.3

[内容] ギヴ・アンド・テイク　最南部（おのれの愛する人生を生きよ　僕なりの最高傑作　南部の大学教授、ホーティの予告　南部が負ける方に賭けるな）　ヴァージニア州（悪いほうに転がるばっかりじゃない　南部のホスピタリティー　スピードゴート、登場）　中部大西洋沿岸地域（ロックシルヴェニア　苦悩とともに走る）　ニューイングランド（マジで最悪の状況　ヴァーマッド　特殊部隊）　メイン州（精霊と踊る　一〇〇マイルの悪夢　最後の最後まで気を抜くな　もっとも偉大な山）

＊とにかく前進を続けろ。一点に集中しろ。いまに存在しろ。ウルトラマラソン界の王者スコット・ジュレクは、40代で壁に突き当たり、新たな挑戦を決意する。それは、全米No.1トレイルであるアパラチアン・トレイルの最速踏破記録（FKT）を樹立すること。襲いくる脚の激痛、孤独感、幻覚。神秘的で荘厳な原生自然との闘い。妻ジェイリーや仲間に支えられながらも、立ちはだかる壁はあまりに高い。それでも走り続ける本当の理由は何なのか―。46日8時間7分にわたる、激闘を描いた極

限のドラマ。

シュレーバー, D.P. 〔1842～1911〕
Schreber, Daniel Paul

◇ある神経病者の回想録　ダニエル・パウル・シュレーバー著，渡辺哲夫訳　講談社　2015.10　629p　15cm　〈講談社学術文庫 2326〉〈筑摩書房 1990年刊の再刊　文献あり　索引あり〉　1500円　①978-4-06-292326-2　Ⓝ493.76

[内容]神と不死性　神の国の危機？/魂の殺害　最初の神経病と二度目の神経病の初期における個人的体験続き/神経言語（内なる声）/思想強迫/世界秩序が要請する事情としての脱男性化　個人的体験の続き/幻影/「視霊者」　個人的体験の続き/独特の病的現象/幻影　ピエルゾン博士の精神病院での入院生活期間における個人的体験/「試練に曝された魂」　ゾンネンシュタインへの移送/光線交流における変化/「記録方式」/「天体への接合」　ゾンネンシュタインでの個人的体験/光線交流の随伴現象としての「妨害」/「気分造り」　奇蹟による肉体的な完璧さの損傷〔ほか〕

＊「神」の言葉を聞き、崩壊した世界を救済するために女性となって「神」の子を身ごもる…そんな妄想に襲われ、苦しめられた男は、みずからの壮絶な闘いを生々しく記録した。フロイト、ラカン、カネッティ、ドゥルーズ＆ガタリなど、知の巨人たちに衝撃を与え、二〇世紀思想に不可逆的な影響を与えた稀代の書物。第一級の精神科医による渾身の全訳！

◇シュレーバー回想録　D・P・シュレーバー著，尾川浩, 金関猛訳　中央公論新社　2015.10　596p　18cm　〈中公クラシックス W81〉〈平凡社 1991年刊の加筆改訳　文献あり　索引あり〉　3200円　①978-4-12-160160-5　Ⓝ493.76

[内容]回想録　補遺　資料 治産宣告取消訴訟の記録

＊父の抑圧で中年にいたって修業時代を蹉跌する。彼の心の奥底にわだかまっていたものとは何か。フロイトやラカンを驚嘆させた奇書。

シュレンマー, O. 〔1888～1943〕
Schlemmer, Oskar

◇よき人々の系譜　阿部祐太著　阿部出版　2015.1　413p　20cm　〈文献あり〉　2000円　①978-4-87242-326-6　Ⓝ280

[内容]第1章 無限の未知を受け入れる（司馬光「誠実な者こそ正しく勇ましい」　ディドロ「学問の目的は、真理を知る喜びにある」　シュレンマー「人間的な営みの積み重ねが社会の向上をもたらす」）　第2章 語りえぬもの、見えぬものに本質がある（マティス「目に見えない真理を描く」　阿南惟弥「魂に沿うことで人は喜び感動する」　シュレンマー「有限な身体と無限の意識は表裏一体」）　第3章 生かされて生きていることの自覚（道元「無常の中で常なるものを知る」　ヤスパース「幸せに生きることは、幸せに死ぬこと」　ブランクーシ「無私が大いなる力を引き寄せる」）　第4章 自然と自分のつながりを再認識する（トルストイ「幸福とは自然と共にあること」　ナポレオン「人間は自然界に生かされる弱き者である」　ヴェルヌ「科学は万能ではない」）　第5章 人生の行方は自分で決める（勝海舟「経験が自分を育てる」　サン＝テグジュペリ「真理も幸福も自分の内より創造する」　ミレー「現実はすべて崇高なり」）

＊従来の歴史観にとらわれず、新しい視点から古今東西の歴史上の著名人を再評価。時代や地域は違っていても、彼らの足跡に共通する生き方、考え方の本質を明らかにし、現代人がよりよく生きるための指針を提示する。前著『よき人々の歴史』（日本図書館協会選定図書）に続く新たな伝記の書。

シュワルツェネッガー, A. 〔1947～〕
Schwarzenegger, Arnold

◇シュワルツェネッガー主義　てらさわホーク著　洋泉社　2018.8　295p　19cm　〈他言語標題：ARNOLD SCHWARZENEGGER-ISM!!　文献あり〉　1600円　①978-4-8003-1532-8　Ⓝ778.253

[内容]第1章 シュワルツェネッガーの黎明期　第2章 『ターミネーター』の衝撃　第3章 決定打『コマンドー』　第4章 シュワルツェネッガー快進撃　第5章 コメディアン, シュワルツェネッガー　第6章 『トータル・リコール』という特異点　第7章 『ターミネーター2』という問題作　第8章 シュワルツェネッガー、大いにつまずく『ラスト・アクション・ヒーロー』　第9章 低迷期　第10章 シュワルツェネッガー都へ行く　第11章 それからのシュワルツェネッガー

＊すごい肉体！すごい顔！すごい映画！暴力と愛嬌！一世を風靡した筋肉派映画スターアーノルド・シュワルツェネッガー！その波乱万丈、滅茶苦茶な人生を全力で追いかける！『コマンドー』『ターミネーター』だけじゃない！オーストリアからボディビルダーとして世界の頂点に立ち、ハリウッドで天下を取り、政治に進出、そこから転落。それでもどっこい生きている！誰もが魅了された最後の英雄、その人生のすべて！

シュワルト, S. 〔1958～〕　Schwardt, Sara

◇リンドグレーンと少女サラ―秘密の往復書簡　アストリッド・リンドグレーン, サラ・シュワルト著, 石井登志子訳　岩波書店　2015.3　270p　20cm　2300円　①978-4-00-022085-9　Ⓝ949.8

＊『長くつ下のピッピ』を生んだ児童文学作家リンドグレーンが、たったひとり対話する相手は、問題を抱えた思春期の少女サラでした。心の内面を打ち明ける少女に、作家は愛情と信頼を寄せ、共感やユーモアに満ちた言葉で、はげまし続けたのです。いま、時を経て、ふたりの八〇通以上の手紙が、一冊の本になりました。子どもから大人まで、すべてのひとに贈る、ある友情の記録。

シュンペーター, J.A. 〔1883～1950〕
Schumpeter, Joseph Alois

◇シュンペーターの資本主義論　菊地均著　日本経済評論社　2015.1　353p　22cm　〈文献あり　索引あり〉　5500円　①978-4-8188-2372-3　Ⓝ332.06

[内容]序論 問題視角と研究課題　第1部 シュンペーターの生涯と思想（シュンペーターに対する評価）　第2部 シュンペーターの資本主義像とその学説的位置（シュンペーター理論体系の基礎　資本主義にお

ける発展と変動の理論的展開） 第3部 資本主義のパラドックス（企業家とイノベーションの理論 シュンペーターにおける資本主義の現代的意義）
* シュンペーターを読み解き、資本主義の未来を展望する。「統一発展理論」を主張し、経済学にイノベーションという概念を持ち込んだシュンペーターが、いかに新しい課題を資本主義の転換期に提供してきたかを語る。

◇よき人々の系譜 阿部祐太著 阿部出版 2015.1 413p 20cm 〈文献あり〉 2000円 ①978-4-87242-326-6 Ⓝ280

内容 第1章 無限の未知を受け入れる（司馬光「誠実な者こそ正しく勇ましい」 ディドロ「学問の目的は、真理を知る喜びにある」 シュンペーター「人間的営みの積み重ねが社会の向上をもたらす」） 第2章 語りえぬもの、見えぬものに本質がある（マティス「目に見えない真理を描く」 世阿弥「魂に沿うことで人は喜び感動する」 シュレンマー「有限な身体と無限の意識は表裏一体」） 第3章 生かされて生きていることの自覚（道元「無常の中で常なるものを知る」 ヤスパース「幸せに生きることは、幸せに死ぬこと」 プランクージ「無私が大いなる力を引き寄せる」） 第4章 自然と自分のつながりを再認識する（トルストイ「幸福とは自然と共にあること」 ナポレオン「人間は自然界に生かされる弱き者である」 ヴェルヌ「科学は万能ではない」） 第5章 人生の行方は自分で決める（勝海舟「経験が自分を育てる」 サン＝テグジュペリ「真理も幸福も自分の内より創造する」 ミレー「現実はすべて崇高なり」）

* 従来の歴史観にとらわれず、新しい視点から古今東西の歴史上の著名人を再評価。時代や地域は違っていても、彼らの足跡に共通する共通する生き方、考え方の本質を明らかにし、現代人がよりよく生きるための指針を提示する。前著『よき人々の歴史』（日本図書館協会選定図書）に続く新たな伝記の書。

◇なぜ今、シュンペーターなのか 秋元征紘著 クロスメディア・パブリッシング 2015.10 271p 19cm 〈文献あり 年表あり 発売：インプレス〉 1580円 ①978-4-8443-7436-7 Ⓝ331.72

内容 序章 なぜ今、シュンペーターが注目を集めているのか 第1章 シュンペーターとの出会い 第2章 「企業家」の時代の到来 第3章 シュンペーターの経済理論と人生の軌跡 第4章 企業の目的は顧客を創造することである 第5章 シュンペーターからドラッカーに継承されたもの 第6章 イノベーションで世界を変えたジョブズ 第7章 「企業家ビジョン」の原点に戻り、世界を変える 第8章 「企業家ビジョン」を自分のものとするために

* イノベーションとは何か、どうやって起こすのか―。アップル、グーグル、フェイスブックなどの劇的な発展は100年も前に予言されていた。外資4社のトップを経て、注目のスタートアップ企業数社の経営に携わる著者が鋭く指摘する、現代のグローバル企業の「成長原理」。

◇シュンペーター――社会および経済の発展理論 エスベン・スロス・アンデルセン著、小谷野俊夫訳 一灯舎 2016.6 423,27p 20cm 〈マクミラン経済学者列伝〉 〈文献あり 索引あり〉 2500円 ①978-4-907600-43-3 Ⓝ331.72

内容 はじめに 出生から青年時代――一八八三・一九一三年 均衡経済学から発展経済学へ 企業者対経済活動 シュンペーターの標準的な例としての鉄道化 幕間劇――一九一四・二五年 社会発展の一般理論に向けて 経済学者の小さなメッカ――一九二五・三二年 ハーバード大学教授と研究計画――一九三二・四二年 晩年のシュンペーターの三部作とシュンペーターのモデル 資本主義のエンジンの基本的な働き 資本主義のエンジンへの複雑な働き 資本主義発展の経済史 資本主義のエンジンの変容 資本主義のエンジンと長期的な社会発展 晩年――一九四三・五〇年

* シュンペーターの主要な著作をたどりながら、著作間の主題の結びつき、シュンペーターが追求し解明しようとしていた問題、経済学や社会学に対して抱いていた考えなどを詳しく解説。

◇文化科学の次元―シュンペーター，アメーバ，消費税免税事業者，そしてウィトゲンシュタイン，米国市場復活，英語新古典複合 菊地均教授北海商科大学名誉教授岩崎一郎教授北海商科大学名誉教授退職記念 菊地均，岩崎一郎，中島茂幸，横田榮一，村松祐二，原子智樹著 札幌 共同文化社 2016.10 223p 21cm 〈共同刊行：札幌コロキウム 著作目録あり 文献あり〉 1800円 ①978-4-87739-289-5 Ⓝ041.3

内容 シュンペーター評伝（菊地均） アメーバと長離散化について（岩崎一郎） 消費税法における免税事業者についての一考察（中島茂幸） 非対象的知のパラダイム（横田榮一） 変化する自動車リーディング市場への対応と競争戦略（村松祐二） 物理学用語の英語新古典複合語（原子智樹）

シュンマクス〔340頃～402〕
Quintus Aurelius Symmachus

◇ローマ帝国の東西分裂 南雲泰輔著 岩波書店 2016.3 208,115p 22cm 〈文献あり 索引あり〉 7000円 ①978-4-00-002602-4 Ⓝ232.8

内容 第1章 問題の所在―ローマ帝国の東西分裂をめぐって 第2章 シュンマクス―「永遠の都」ローマ市と食糧供給 第3章 ルフィヌス―新しい「首都」コンスタンティノープル市の官僚の姿 第4章 ルキアノス―帝国東部宮廷における官僚の権力基盤 第5章 エウトロピオス―帝国東部宮廷における宦官権力の確立 第6章 スティリコ―帝国西部宮廷における「蛮族」の武官と皇帝家の論理 第7章 アラリク―イリュリクム道の分割と帝国の分裂 終章―ローマ帝国の東西分裂とは何か

* ローマ史上の画期とされる帝国の東西分裂とは、何だったのか。歴史を動かした文武の官僚たちを主人公に、ローマ帝国の解体過程を描き出す。膨大な研究史の洗い直しと緻密な史料分析をふまえて、古代史の大問題に取り組み、新しい歴史像の提示を試みる。

ジョイス，J.〔1882～1941〕 Joyce, James

◇ジョイスの戦争―短篇集『ダブリンの市民』の作品「姉妹」「恩寵」にみる教会批判 金田法子著 中央公論事業出版（発売） 2015.8 342p 22cm 〈他言語標題：Joyce's War 文献あり 年譜あり 索引あり〉 3800円 ①978-4-89514-446-9 Ⓝ930.278

内容 第1章 ジョイス研究の変遷と本研究の意義・方

法　第2章 文学作品と文学手法　第3章 「姉妹」にみる教会批判　第4章 「恩寵」にみる教会批判　第5章 近代アイルランド史とジョイスの「二人の主人」　第6章 ジョイスの生涯(1)―誕生から大学卒業まで　第7章 ジョイスの生涯(2)―大学卒業以降、生涯を終えるまで

◇ジェイムズ・ジョイス　金田法子著　清水書院　2016.6　215p　19cm　(Century Books―人と思想 194)〈文献あり　年譜あり　索引あり〉　1200円　Ⓘ978-4-389-42194-6　Ⓝ930.278

内容　1 ジョイスの生涯(家系　誕生～幼少期　小学校時代―教会への反発と素地の確立　中学校・高校時代―教会への反発から憎悪へ　大学時代　大学卒業以降　自発的亡命　作家ジョイスの誕生―『室内楽』『ダブリンの市民』―発刊　著名作家へ―『若い芸術家の肖像』　世界的作家へ―『ユリシーズ』『ユリシーズ』以降)　2 ジョイスの文学作品・文学手法(文学作品　文学手法　文学に対する姿勢)　3 ジョイスとアイルランド史―概観(古代から十九世紀まで　十九世紀以降のアイルランド)

＊本書では、厳しい貧困や眼病、娘の精神の病の発症など様々な困難と戦いながら生きたジョイスの生涯を辿り、彼の語るアイルランドの歴史を紐解きながら、人間ジョイスを考え、その思想の背景を探っていく。

◇ブルームの歳月―トリエステのジェイムズ・ジョイス1904-1920　ジョン・マッコート著，宮田恭子訳　水声社　2017.6　467p　22cm　〈文献あり　索引あり〉　7000円　Ⓘ978-4-8010-0239-5　Ⓝ930.278

内容　序論　第1章 東に向かって(トリエステの十日間　シベリアの作家)　第2章 「タリ・イースティ」の肖像(ジョイスの「イタリアの倉庫」　腰を据える　ほか)　第3章 民族とは何か(ローマの幕間　シュミッツ/ズヴェーヴォ　ほか)　第4章 「われらがわるしきトリエステ」(ダブリンの事件　映画館のパイオニア　ほか)　第5章 忍び寄る戦争の影のもとでの成功(「亡命生活」への回帰と『亡命者たち』『ジアコモ・ジョイス』　ほか)

＊20世紀初頭の多民族・多言語・多文化都市トリエステ。『ユリシーズ』の主人公ブルームの人物像はどのように形成され、『フィネガンズ・ウェイク』の言語はどのような刺激を得て創造されたか。ジョイスの芸術と都市の関係を浮き彫りにする。

小アグリッピナ
　⇒アグリッピナ を見よ

ジョコビッチ, N.〔1987～〕　Djokovic, Novak

◇ノバク・ジョコビッチ伝　クリス・バウワース著，渡邊玲子訳　実業之日本社　2016.5　317p　19cm　1900円　Ⓘ978-4-408-45595-2　Ⓝ783.5

内容　多民族の血　ノーレとイェツァ　NATOの空爆下で　父と息子　熱狂の始まり　現代のセルビア　体調不良と体質改善　チャンピオンとは心の中から生まれるもの　セルビアのスポーツ　夢見たテニスのチャンピオン　家族を持って　「与える」人に　セルビアについて

＊祖国セルビアの特殊事情、両親のこと、有能な女性コーチとの出会い…テニス界のスーパースターとして、世界平和を願う一人の男として、いまを生きるジョコビッチのすべてがここに彫り込まれる！

ショコラ〔19世紀〕　Chocolat

◇ショコラ―歴史から消し去られたある黒人芸人の数奇な生涯　ジェラール・ノワリエル著，舘葉月訳　集英社インターナショナル　2017.1　571p　20cm　〈発売：集英社〉　3200円　Ⓘ978-4-7976-7337-1　Ⓝ779.5

内容　ハバナ生まれの若い奴隷の物語をいかにして発見したか　ショコラはビルバオで漂白されそこねたラファエルはいかにして「ショコラ」になったか　手ひどく殴られて　歴史家はなぜ主人公が悪魔との契約書にサインしたと考えたか　ショコラはうまく切り抜けた　世界の人気者　カラモコ・ドゥアッタラ　ラファエルはよく響く大笑いでどのように批判をはね返したか　なぜラファエルは不名誉な役を受け入れたのか　〔ほか〕

＊19世紀末の華やかなりしパリで、人気随一の芸人となった元奴隷の黒人がいた。だが、芸は認められたが、「人間」と認められることはなかった…。われわれの心にひそむ「差別」の根源を問う、真実のヒューマン・ドラマ！

ジョージⅥ〔1895～1952〕　George Ⅵ

◇イギリス王室 愛と裏切りの真実―エリザベス女王とダイアナ元妃からキャサリン妃まで　渡邉みどり著　主婦と生活社　2016.8　191p　19cm　〈年表あり〉　1300円　Ⓘ978-4-391-14869-5　Ⓝ288.4933

内容　エリザベス女王、カミラ夫人、キャサリン妃　ジョージ6世とエリザベス王妃　エリザベス女王とフィリップ王子　女王エリザベス2世とエディンバラ公　マーガレット王女の悲劇　ウィンザー王家20世紀の事件簿　ダイアナとチャールズ皇太子　王室の試練、90年代は悪い年　ウィリアム王子とキャサリン妃　メディアと王室　終章エピローグ―赦しの女王

＊女王90歳、ダイアナ妃が亡くなって20年。ささやかれる「スキップ・ジェネレーション」の噂。母として王族として懸命に生き、ほんとうの愛を求めて闘ってきた女性たちの物語。

ショスタコービチ, D.D.〔1906～1975〕
Shostakovich, Dmitriĭ Dmitrievich

◇わが父ショスタコーヴィチ　ミハイル・アールドフ編，田中泰子監修，カスチョールの会訳　オンデマンド版　音楽之友社　2014.7　203p　21cm　2800円　Ⓘ978-4-276-39901-3　Ⓝ762.38

内容　疎開、そして"第七交響曲"の初演　作曲　プロコーフィエフ、そして"第八交響曲"の作曲　ロストロポーヴィチ　モスクワの最初のアパート　体操　リハーサル　交通規則　ドイツ人捕虜　カレリア地方の別荘　〔ほか〕

◇ショスタコーヴィチ―引き裂かれた栄光　亀山郁夫著　岩波書店　2018.3　398,43p　20cm　〈他言語標題：Shostakovich　文献あり　年譜あり　索引あり〉　3300円　Ⓘ978-4-00-061258-6　Ⓝ762.38

内容　プロローグ　1 前衛としての栄光(誕生―一九

○六～一九二七　前衛の青春——一九二七～一九三〇　岐路——一九三二～一九三七）　2　二枚舌による抵抗——圧政と戦火の中で（大テロル、または失地回復——一九三七～一九四一　戦争交響曲——一九四一～一九四五　受難と歓喜——一九四五～一九五三）　3　影との闘い、または贖罪（栄光との闘い——一九五三～一九六八　内省と試練、または遺書としての音楽——一九六八～一九七五）　エピローグ

＊ロシア音楽史の中で最も激しい毀誉褒貶にさらされる作曲家、ドミートリー・ショスタコーヴィチ。ロシア革命、大テロル、世界大戦、スターリン独裁など激動の20世紀ソ連に生きたこの芸術家は、どのようにして歴史の悲劇を生きのびたのか。音楽に秘められた彼の権力への抵抗のメッセージとは？　ソ連崩壊後の最新の資料と解釈を踏まえた、権力と芸術をめぐる人間ドラマ。

◇ショスタコーヴィチとスターリン　ソロモン・ヴォルコフ著，亀山郁夫，梅津紀雄，前田和泉，古川哲訳　慶應義塾大学出版会　2018.4　525，15p　20cm　〈索引あり〉　5800円　Ⓘ978-4-7664-2499-7　Ⓝ762.38

内容　プロローグ　皇帝と詩人　第1章　幻影と誘惑　第2章　一九三六年—原因と結果　第3章　一九三六年—スフィンクスの目前で　第4章　皇帝の慈悲　第5章　戦争—憂慮と大勝利　第6章　一九四八年—「あらゆる場所に火を光らせ、敵を根絶せよ！」　第7章　断末魔の痙攣と皇帝の死　エピローグ　スターリンの陰に

＊ソヴィエト社会主義時代、独裁者スターリンにたいし抵抗とも服従ともいいがたい両義的な態度をとったショスタコーヴィチ。彼が生み出した作品もまた、時にプロパガンダ風であり、時に反体制的であるような二重性を帯びていた。著者ヴォルコフは、ショスタコーヴィチ再評価の機運をつくった前著『ショスタコーヴィチの証言』刊行四半世紀を経て、歴史的な裏付けをとりつつ、独自の手法により作曲家の実像にさらに迫ろうと試みている。本書では、内面的なジレンマを抱えながらも、スターリンと直接わたりあうショスタコーヴィチ。ロシア史上の独特の人格、聖愚者に見立て、権力者との対峙の仕方を詳細に分析しているのである。スターリンは冷酷な顔をもつと同時に、芸術を愛する独裁者でもあった。しかし単に芸術家を庇護したわけではなく、彼らを国家的プロパガンダに利用し、弾圧した。パステルナーク、マンデリシターム、ブルガーコフ、エイゼンシュテイン、ゴーリキー、プロコフィエフ…同時代の芸術家との関わりのなかで、ショスタコーヴィチは全体主義と芸術の相克をどのように乗り越えようとしたのか、スリリングに描き出していく。

ジョスリン, E.P. 〔1869～1962〕
Joslin, Elliott Proctor

◇エリオット・P・ジョスリン——糖尿病診療のパイオニア　ドナルド・M・バーネット著，堀田饒訳　ライフサイエンス出版　2016.12　175p　19cm　1800円　Ⓘ978-4-89775-350-8　Ⓝ493.1

内容　第1章　一九〇六年—最初の住所：ベイ・ステート通り八一、ボストン（ジョスリンの診療所　オスラーの教科書　ジョスリン医師の初期の論文：一八九八・一九〇六　ほか）　第2章　一九三四年—二度目の住所：ベーカークリニック、ディーコネス通り、ボストン（初期インスリン時代—教科書の第五版　ジョスリン医師の初期の仲間　患者としての医師　ほか）　第3章　一九五七年—三番目の住所：ジョスリン通り（広場）一五とピルグリム通り一七〇、ボストン（賞賛の時　優しい別れ　変革の嵐　ほか）　エピローグ：最後の肖像写真

＊インスリン登場前から黎明期における糖尿病診療にエリオット・P.ジョスリンはどう立ち向かったのか。生涯を糖尿病の治療に捧げ、つねに患者に寄り添ってきた「糖尿病臨床の父」E・P・ジョスリン。ジョスリン糖尿病センターの医師が描くその人生の歩み。

ジョゼフィーヌ・ド・ボアルネ
⇒ボアルネ, J. を見よ

ジョセフォビッツ, L. 〔1977～〕
Josefowicz, Leila Bronia

◇偉大なるヴァイオリニストたち　2　チョン・キョンファから五嶋みどり、ヒラリー・ハーンまで　ジャン=ミシェル・モルク著，神奈川夏子訳　ヤマハミュージックメディア　2017.4　356,8p　21cm　〈文献あり〉　3400円　Ⓘ978-4-636-92333-9　Ⓝ762.8

内容　ボリス・ベルキン　チョン・キョンファ　ピンカス・ズーカーマン　オーギュスタン・デュメイ　ピエール・アモイヤル　ドミトリ・シトコヴェツキー　ナイジェル・ケネディ　シュロモ・ミンツ　ヴィクトリア・ムローヴァ　チョーリャン・リン〔ほか〕

＊外科医でもある筆者による桁外れに鋭い考察に基づく評伝集。使用楽器や練習法などはもちろん、デビューの裏側や生い立ち、家族関係などに迫り、素顔を描き出す。歴史的名演を収録したCD-ROM付き。

ジョーダン, M. 〔1963～〕　Jordan, Michael

◇マイケル・ジョーダン—父さん。僕の人生をどう思う？　ローランド・レイゼンビー著，佐良土茂樹，佐良土賢樹訳　東邦出版　2016.11　734p　19cm　2000円　Ⓘ978-4-8094-1432-9　Ⓝ783.1

内容　ホリー・シェルター　負けず嫌い　ダイヤモンド　1軍漏れ　23番　変貌　ファイブスター　マイケル　新入生　新しい何か〔ほか〕

＊肩をすくめる仕草、伝説的なショット、語り草となったインフルエンザの試合、そうした名でスポーツ史に深く刻まれる壮麗なシーンを生み出したのは、ほかでもないマイケル・ジョーダンである。彼に思いを馳せるとき、大半の人間が、どちらに転ぶともわからない接戦で放たれた象徴的なシュートを思い浮かべる—そう、リムに当たることなくネットに吸い込まれるシュートだ。しかし、数えきれないほどの偉大さの反面、影の部分もある。容赦なく闘争を仕掛ける姿や、ギャンブルに明け暮れる姿だ。こうした様々な人間性を偏りなく描き出した伝説は決して存在しなかった—今、このときまでは。ここには、選手として、時代や文化の象徴として、そしてひとりの人間として、初めて明らかにされるマイケル・ジョーダンの真実の姿がある。

ショパン, F. 〔1810～1849〕 Chopin, Frédéric

◇パリのヴィルトゥオーゾたち―ショパンとリストの時代　ヴィルヘルム・フォン・レンツ著, 中野真帆子訳　改訂版　ハンナ　2016.4　1冊　21cm　〈初版：ショパン 2004年刊　付属資料：47p：訳注篇　文献あり〉　1900円　①978-4-907121-55-6　Ⓝ762.347

|内容| 第1章 リストFranz Liszt―偉大なる英知　第2章 ショパンFrederic Chopin―ピアノのラファエロ

＊時代の預言者、リストとの出会い、世界がパリ中心に回っていた時代、風変わりなリストのレッスン、ショパンのレッスン、ベートーヴェンを語る、ジョルジュ・サンドの振る舞い、マイアベーアとの論争、他。

◇ロマン派の音楽家たち―恋と友情と革命の青春譜　中川右介著　筑摩書房　2017.4　363p　18cm　（ちくま新書 1252）〈文献あり〉　1000円　①978-4-480-06959-7　Ⓝ762.3

|内容| 第1章 ベートーヴェン・チルドレン（～一八二八年）「出逢い」（ひとつの冒険　リストが入れなかった音楽院　ほか）　第2章 革命と青春の旅立ち（一八二九～一八三二年）（「田園交響曲」の衝撃　蘇った「マタイ受難曲」　ほか）　第3章 恋の季節（一八三三～一八三五年）（オペラの現場へ　リストの「運命の女」ほか）　第4章 青春の決算（一八三六～一八四一年）（引き裂かれた恋　逃げた婚約者を追って　ほか）

＊メンデルスゾーン（一八〇九年）、ショパン（一八一〇年）、シューマン（一八一〇年）、リスト（一八一一年）、ワーグナー（一八一三年）。国は別々だが、一八一〇年前後に生まれた彼らは、友人として緩やかなサークルをつくり刺激しあいながら、"新しい音楽"を創作した。溢れる才能と情熱を生み出したそのネットワークとはどのようなものだったか。恋愛や交流、時代の波は、大作曲家たちの作品にどのような影響を与えたか。同時代を生きた巨人たちの人生から、十九世紀に花開いたロマン派音楽の深奥に迫る！

ジョバンニ・ピーコ・デラ・ミランドラ
⇒ピコ・デラ・ミランドラ を見よ

ショピノ, R. 〔1952～〕 Chopinot, Régine

◇身体感覚の旅―舞踊家レジーヌ・ショピノとパシフィックメルティングポット　梅原賢一郎, 本間直樹, 髙嶋慈, 那須誠, レジーヌ・ショピノ著, 富田大介編　吹田　大阪大学出版会　2017.1　185p　図版24p　19cm　〈表紙のタイトル：Voyage de la proprioception〉　2300円　①978-4-87259-555-0　Ⓝ769.3

|内容| 1 批評（「PACIFIKMELTINGPOT」という身体―多声的な包容の時空間へ向けて）　2 自伝（身体感覚の旅 Biography＆主要作品）　3 映像と哲学（ドキュメンタリーフィルムPACIFIKMELTINGPOT/In Situ Osaka 表現することから解き放たれるとき）　4 美学（肉と舞踊）

＊ダンスを伝え、継いでゆくときの本質とは何か。振付家の仕事とは？　肉、持続、共同体、懐かせる…。

哲学者や批評家、アーティストらの織りなす珠玉のテキスト。

ジョブズ, S. 〔1955～2011〕 Jobs, Steve

◇スティーブ・ジョブズ―アップルをつくった天才　実業家・アップル創業者〈アメリカ〉　筑摩書房編集部著　筑摩書房　2014.8　190p　19cm　（ちくま評伝シリーズ〈ポルトレ〉）〈他言語標題：Steve Jobs　文献あり　年譜あり〉　1200円　①978-4-480-76611-3　Ⓝ289.3

|内容| 第1章 コンピュータとの出合い（コンピュータとの出合い　魔法の機械 ほか）　第2章 ウォズの魔法使い（ベトナム戦争時代の少年　盟友登場 ほか）　第3章 俳句禅堂（エンジニアとヒッピー　ありがとうも、さよならも言わない ほか）　第4章 リンゴの木の下で（自家製コンピュータクラブ　ウォズの悟り ほか）　第5章 失楽園と復活（人は自分が本当は何がほしいのかわからない　億万長者になる ほか）

＊「これ、売れるんじゃないか」すべては、そのひと言から始まった。夢を次々と現実にしていった男の物語。

◇スティーブ・ジョブズ―青春の光と影　脇英世著　東京電機大学出版局　2014.10　481,12p　19cm　〈文献あり　索引あり〉　2500円　①978-4-501-55280-0　Ⓝ289.3

|内容| スティーブ・ジョブズの誕生と生みの親　スティーブ・ジョブズの育ての親と幼少年時代　スティーブ・ウォズニアック　二人のスティーブ　ヒッピーと反戦運動の高揚　ティモシー・リアリーとババ・ラム・ダス　クリスアン・ブレナン　リード・カレッジ　アタリとノーラン・ブッシュネル　マイクロ・コンピュータ革命の日は来た、しかし…　スティーブ・ウォズニアック立つ　アップル誕生　アップル2　アップルの再編　マイクロ・コンピューター業界の変貌　華々しい成功の陰に

◇天才を生んだ孤独な少年期―ダ・ヴィンチからジョブズまで　熊谷高幸著　新曜社　2015.3　222p　20cm　〈文献あり　索引あり〉　1900円　①978-4-7885-1424-9　Ⓝ141.18

|内容| 1章 天才と孤独　2章 レオナルド・ダ・ヴィンチ　3章 アイザック・ニュートン　4章 トーマス・アルヴァ・エジソン　5章 夏目漱石　6章 アルベルト・アインシュタイン　7章 スティーブ・ジョブズ　8章 天才と現代

＊天才の少年期には共通する「心の癖」があった。自閉症から日本語まで幅広い視点で研究する著者が、脳科学の発見も取り入れ天才たちの人生をたどりなおす、新しい天才論！

◇レノンとジョブズ―変革を呼ぶフール　井口尚樹著　彩流社　2015.6　251p　19cm　（フィギュール彩 32）〈他言語標題：JOHN LENNON AND STEVE JOBS〉　1800円　①978-4-7791-7032-4　Ⓝ767.8

|内容| 第1部（道化と愚直（A Fool Such As I）　リンゴとリング（Forbidden Fruit） ほか）　第2部（禅と円（Money For Nothing）　日本と英国（East - West） ほか）　第3部（弾みと歪み（Stoned Soul Picnic）　66とロール（Like A Hurricane） ほか）　第4部（フロンティアと銃（Bang Bang）　ドレミと日系人（Milk and Honey） ほか）　第5部（ロード

とムービー（In Dreams） 反体制と反動（Heroes And Villains）ほか
- ＊世界を変えたふたりの変人。洋の東西を問わず愚者は世界を拓く！ レノンとジョブズの共通点は意外に多い。父母に放棄された子、直感と変貌の人、既成のスタイルを打ち破るクリエイター。ゆえに失敗もするが、それが西洋原理（合理主義、資本主義、キリスト文明）の行き詰りを打破する。

◇偉人の選択100 STEVE JOBS 田中イデア著 立東舎 2015.7 223p 18cm 〈文献あり 発売：リットーミュージック〉 1000円 Ⓘ978-4-8456-2624-3 Ⓝ289.3
- 内容 1 1955・1975―幼少・青年期 2 1975・1980―アップル設立期 3 1980・1985―Mac開発期 4 1985・1997―新会社設立期 5 1997・2005―アップル復帰期 6 2005・2011―アップル黄金期

◇スティーブ・ジョブズ 1 ウォルター・アイザックソン著，井口耕二訳 講談社 2015.9 570p 15cm （講談社＋α文庫 G260-1）〈2011年刊の増補〉 850円 Ⓘ978-4-06-281614-4 Ⓝ289.3
- 内容 子ども時代―捨てられて、選ばれる おかしなふたり―ふたりのスティーブ ドロップアウト―ターンオン、チューンイン アタリとインド―禅とゲームデザインというアート アップル―ターンオン、ブートアップ、ジャックイン アップル2―ニューエイジの夜明け クリスアンとリサ―捨てられた過去を持つ男 ゼロックスとリサ―グラフィカルユーザインターフェース 株式公開―富と名声を手にする マック誕生―革命を起こしたいと君は言う… 〔ほか〕
- ＊アップル・コンピュータ（パソコン）、ピクサー（アニメ映画）、iPodやiTunes（音楽）、iPhone（電話）、iPad（タブレット）、DTP、そしてアップルストア（小売店）…。完璧を求める情熱と猛烈な実行力とで「舐めたくなるほど」魅力的な製品を次々と生み出し、上記の業界、いや、あらゆる業界に革命をもたらした歴史的なイノベーター、スティーブ・ジョブズ。彼の生涯を克明に綴り、世界中を感動させた、あの公式伝記が、ついに文庫になって登場！

◇スティーブ・ジョブズ 2 ウォルター・アイザックソン著，井口耕二訳 講談社 2015.9 561p 15cm （講談社＋α文庫 G260-2）〈2011年刊の増補〉 850円 Ⓘ978-4-06-281615-1 Ⓝ289.3
- 内容 再臨―野獣、ついに時機めぐり来たる 王政復古―今日の敗者も明日は勝者に転じるだろう シンク・ディファレント―iCEOのジョブズ デザイン原理―ジョブズとアイブのスタジオ iMac―hello (again) CEO―経験を積んでもなおクレージー アップルストア―ジーニアスバーとイタリアの砂岩 デジタルハブ―iTunesからiPod iTunesストア―ハーメルンの笛吹き ミュージックマン―人生のサウンドトラック 〔ほか〕
- ＊一度は裏切られた古巣アップルへの復帰―iMacのヒットを契機にiPod、そしてiPhone、iPadと、世界を熱狂させる製品を次々と出し、世人は彼を「史上最高の経営者、イノベーター」と称えた。だが、絶頂期の彼を病魔が襲う…スティーブ・ジョブズの後半生の活躍を描いた本書・第2巻では、死後に発表された、「最後の日々」「葬儀の模様」を記した終章を新たに収録。あの「シンク・ディファレント」な世界が再びよみがえる！

◇スティーブ・ジョブズの言葉―愛について、仕事について、インスピレーションについて、そして死について 国際文化研究室編 ゴマブックス 2015.12 239p 19cm 〈「人生を変えるスティーブ・ジョブズスピーチ」（2015年2月刊）の改題、増補改訂版 年譜あり〉 1280円 Ⓘ978-4-7771-1738-3 Ⓝ289.3
- 内容 第1章 仕事と人生―アップルがやらないとどこもやらない。だから我々はここにいるんだ。 第2章 プライドとインスピレーション―真に優れたものには芸術家とはほとんど違いがないと思う。 第3章 困難と信念―最後にはそれらの能力を束ねる重力のようなものが必要。 第4章 情熱と戦い―苦境のアップルを救う方法。戦略がある完璧な製品を作るんだ。 追章 ハングリーであれ！ 愚かであれ！―スタンフォード大学学位授与式でのスピーチ。

◇スティーブ・ジョブズ最後の言葉 国際文化研究室編 ゴマブックス 2016.3 174p 19cm 〈「スティーブ・ジョブズの言葉」（2015年刊）の改題、増補改訂版 年譜あり〉 1380円 Ⓘ978-4-7771-1780-2 Ⓝ289.3
- 内容 1 働くことについて（仕事に身が入らないとき 小さな仕事の価値を考えるとき ほか） 2 困難と向き合う（頼れる人が見つからないとき いいアイデアが思いつかないとき ほか） 3 夢を叶える（自分探しについて考えたとき ヤル気だけが取り柄と感じるとき ほか） 4 幸せとは（生きがいについて考えるとき 仕事は何のためにするか考えるとき ほか）
- ＊病床のスティーブ・ジョブズが世界に向けて発した最期のメッセージ。そこには世界トップビジネスマンならではの人生観、死生観、幸福論が詰め込まれていた一。ほか、シチュエーション別に読みたいジョブズの名言集を収録。ふとしたときに彼からの励ましを受け取りたいあなたに必携の書。

◇スティーブ・ジョブズ 人生を変革する言葉―産業界の革命児に学ぶ〈世界を変革する〉力 ダイアプレス 2016.7 191p 19cm （DIA Collection）〈文献あり 年譜あり〉 815円 Ⓘ978-4-8023-0169-5 Ⓝ289.3

◇スティーブ・ジョブズ―無謀な男が真のリーダーになるまで 上 ブレント・シュレンダー，リック・テッツェリ著，井口耕二訳 日本経済新聞出版社 2016.9 332p 19cm 2000円 Ⓘ978-4-532-32100-0 Ⓝ289.3
- 内容 第1章 ガーデン・オブ・アラーのスティーブ・ジョブズ 第2章 「ビジネスマンにはなりたくない」 第3章 突破と崩壊 第4章 次なるNeXT 第5章 もうひとつの賭け 第6章 ビル・ゲイツの来訪 第7章 運 第8章 まぬけ、ろくでなし、一国一城の主
- ＊アップル追放から復帰までの12年間。この混沌の時代こそが、ジョブズを大きく変えた。人生最後の10年間に彼が示したビジョン、理解力、忍耐力は、いずれもこの時期に育まれた一。それは、どのようにしてなのか。元「フォーチュン」誌記者が、25年にわたる取材から、若きジョブズの苦闘を描く。

◇スティーブ・ジョブズ―無謀な男が真のリーダーになるまで 下 ブレント・シュレンダー，リック・テッツェリ著，井口耕二訳 日本経済

新聞出版社　2016.9　348p　19cm　〈文献あり〉　2000円　①978-4-532-32101-7　Ⓝ289.3

内容　第9章 ちょっとおかしい人たちなのかもしれない　第10章 勘を頼りに歩む　第11章 最善を尽くす　第12章 ふたつの決断　第13章 スタンフォード大学　第14章 ピクサー安住の地　第15章 十全なるウィジェット　第16章 死角、怨念、肘鉄　第17章 「僕はくそ野郎だからと言ってやれ」

＊ジョブズの復帰がなければ、アップルはまちがいなく消えていた。長く「お山の大将」として他者を圧してきた男が、苦難の末に学び、身につけたものは何か。他人をばかにせず相手を理解させられない「自分」を責める、独善的にならず周囲の意見に耳を傾ける…。天賦の才のみを武器に戦ってきた男は、比類なき「リーダー」へと成長し、アップルを、ゆっくり、慎重に再生へと導いていった。偉大なアーティストから偉大なCEOへ。こうして、彼は「スティーブ・ジョブズ」になった。

◇ジョブズ100の言葉―ITで「世界」を変えた男の生き方　堀江貴文監修　宝島社　2016.10　223p　19cm　〈文献あり　年譜あり〉　1000円　①978-4-8002-5975-2　Ⓝ289.3

内容　第1章 イノベーション（お金目的では成功しない　品質にこだわる　ほか）　第2章 リーダーシップ（自分の会社　自分がいるべき場所　ほか）　第3章 価値観（日本の禅の魅力　旅をしよう　ほか）　第4章 キャラクター（養子という境遇　スティーブ・ウォズニアック　ほか）

＊2011年、惜しくもその生涯を閉じたアップルの創業者スティーブ・ジョブズ。Macintosh、iMac、iPod、iPhone、iPad、iTunes…。ヒット商品・コンテンツを多数生み出した偉人を突き動かしたクリエイティブな思考、イノベーションを起こす決断力とは!?

◇スティーブ・ジョブズ　2　アップル3とリサの蹉跌　脇英世著　東京電機大学出版局　2017.4　425,14p　19cm　〈他言語標題：Steve Jobs　文献あり　索引あり〉　2500円　①978-4-501-55530-6　Ⓝ289.3

内容　リサ・ニコール・ブレナンの生まれた土地　スティーブ・ジョブズを取り巻く女性達　ビジカルクと意外なアップル2の大成功　悲運のアップル3　ゼロックスとパロアルト研究所　アラン・ケイ　ALTOの誕生　スティーブ・ジョブズのPARC訪問　リサの開発と悲劇　マッキントッシュの開発の始まり　マッキントッシュの開発の本格化　マーケティング部門の組織化

◇スティーブ・ジョブズ　3　マッキントッシュの栄光と悲惨　脇英世著　東京電機大学出版局　2017.4　329,12p　19cm　〈他言語標題：Steve Jobs　文献あり　索引あり〉　2500円　①978-4-501-55540-5　Ⓝ289.3

内容　第13章 新社長ジョン・スカリー　第14章 アップル・コンピュータのデザイン戦略　第15章 マッキントッシュの売り込み　第16章 「一九八四年」　第17章 マッキントッシュの売上率低下　第18章 レーザーライターとDTP　第19章 アップルトークとマッキントッシュ・オフィス　第20章 スティーブ・ジョブズの楽園追放　終章

◇なぜジョブズは禅の生き方を選んだのか？　桑原晃弥,藤原東演著　京都PHP研究所　2017.8　222p　19cm　〈文献あり　年譜あり〉　1400円　①978-4-569-83469-6　Ⓝ188.8

内容　第1章 人生と禅（仏教には「初心」という言葉がある。初心を持つのはすばらしいことだ。　禅は体験に価値を置いていた。知的理解より意義あるものを発見していた。　ほか）　第2章 ひらめきと禅（直感はとてもパワフルなんだ。　香りや匂いを嗅ぎ当てて決定を下す。　ほか）　第3章 ビジネスと禅（ここにないものは向こうにもない。　なすべき仕事を手がけてきた。それは私の人生だ。　ほか）　第4章 忍耐と禅（振り返れば、今が最高の時だったと思うだろう。　次々とことが起こる時は、本当に大切なものは何かを考えろ。　ほか）　第5章 一期一会と禅（点と点は将来何らかの形で結びつく。　ここで未来をつくるんだ。　ほか）

＊Macintosh、iMac、iPod、iTunes、iPhone…。数々の独創的な製品で世界をリードし続けた男の創造の秘密を明らかにする。

◇スティーブ・ジョブズ神の仕事術―図解 不可能を可能にする40の成功法則　桑原晃弥著　PHP研究所　2018.1　205p　15cm　（PHP文庫　く27-9）「2011年刊の加筆・修正　文献あり〉　620円　①978-4-569-76803-8　Ⓝ335.13

内容　巻頭特集 世界を変えた男の仕事術を徹底検証！スティーブ・ジョブズのここがすごい！　1 結果を出すための"ジョブズ流 神のスピード術"（限界を超えるほど仕事に打ち込め。成功は後からついてくる。　スピードにこだわれ。常識を覆す速さが信じられない結果を出す　まずやってみよ。やることからすべては始まる　ほか）　2 世界を変える製品を創造する"ジョブズ流 神のアイデア術"（強烈な問題意識を持て。創造性とはものごとを結びつける力だ　不満やグチを放置するな。アイデアのもとは小さな気づきから　現場に足を運べ。発想は現場に行くことで磨かれる　ほか）　3 本当に欲しい夢を実現するための"ジョブズ流 神の人生術"（「これをやりたい！」と思えるものを持て。情熱が人生を決める　自分がやりたいことを持て。本当に欲しいものをつくれ　仕事に夢を持て。夢こそ最高の製品をつくるためのエンジンだ　ほか）

＊「ひと晩で成果を上げて欲しい―」。3カ月かかる仕事に対して部下にそう求めたスティーブ・ジョブズは、非常識なスピードこそが"信じられない成果"を生み出すことを知っていた。本書はiMac、iPod、iPhoneなど「世界を変える製品」を数多く創造した天才的な仕事術を、図解で徹底的にレクチャー。「金なし、技術なし、人脈なし」の状態から、とてつもない夢を実現させた男の成功法則に迫る！

◇スティーブ・ジョブズ　4　楽園追放とピクサー創立　脇英世著　東京電機大学出版局　2018.3　440,15p　19cm　〈他言語標題：Steve Jobs　文献あり　索引あり〉　2900円　①978-4-501-55630-3　Ⓝ289.3

内容　アップル・コンピュータ追放と訴訟の追い打ち　ジャックリング・ハウスにひるがえる海賊旗　ネクスト本社の移転　ターゲットを絞り準備を整える　強敵 サン・マイクロシステムズ　アンセル・アダムス　エドウィン・ランド　ジョージ・ルーカスの帝国　スター・ウォーズ　NYITコンピュータ・グラフィックス研究所　ルーカス・フィルムのコンピュータ部門　ルーカス・フィルムのゲームへの進出　ザ・ド

ショヘンハ

ロイド・ワークス スティーブ・ジョブズによるピクサー買収 アニメーションへの転進と大逆転

◇Becoming Steve Jobs―ビジョナリーへの成長物語 上 ブレント・シュレンダー, リック・テッツェリ著, 井口耕二訳 日本経済新聞出版社 2018.4 381p 16cm 〈日経ビジネス人文庫 し16-1〉〈「スティーブ・ジョブズ 上」(2016年刊)の改題〉 900円 ⓘ978-4-532-19858-9 Ⓝ289.3

内容 第1章 ガーデン・オブ・アラーのスティーブ・ジョブズ 第2章「ビジネスマンにはなりたくない」 第3章 突破と崩壊 第4章 次なるNeXT 第5章 もうひとつの賭け 第6章 ビル・ゲイツの来訪 第7章 運 第8章 まぬけ、ろくでなし、一国一城の主

＊アップル追放から復帰までの12年間。この混沌の時代こそが、ジョブズを大きく変えた。人生最後の10年間に彼が示したビジョン、理解力、忍耐力は、いずれもこの時期に育まれた。横柄で無鉄砲な男は、どのようにビジョナリーにまで登り詰めたのか。25年以上にわたり彼を取材してきた記者がアップルの全面協力を得て、ジョブズの人間的成長を描いた話題作。

◇Becoming Steve Jobs―ビジョナリーへの成長物語 下 ブレント・シュレンダー, リック・テッツェリ著, 井口耕二訳 日本経済新聞出版社 2018.4 388p 16cm 〈日経ビジネス人文庫 し16-2〉〈「スティーブ・ジョブズ 下」(2016年刊)の改題 文献あり〉 900円 ⓘ978-4-532-19859-6 Ⓝ289.3

内容 第9章 ちょっとおかしい人たちなのかもしれない 第10章 勘を頼りに歩む 第11章 最善を尽くす 第12章 ふたつの決断 第13章 スタンフォード大学 第14章 ピクサー安住の地 第15章 十全なヴィジェット 第16章 死角、怨念、肘鉄 第17章「僕はくそ野郎だからと言ってやれ」

＊生まれながらにして偉大なリーダーは存在しない。成長して偉大なリーダーになるのだ。破綻寸前のアップルに復帰し、少しずつ着実に会社を再生させたジョブズが、苦難の末に身につけたリーダーとしての能力とは何か。ティム・クック、ジョナサン・アイブ、ジョン・ラセター、ロバート・アイガーら、ありのままのジョブズを知る人物が全面協力した決定版。

◇スティーブ・ジョブズ―グラフィック伝記 ケヴィン・リンチ著, 明浦綾子訳, 林信行日本語版監修 実業之日本社 2018.10 268p 23cm 2000円 ⓘ978-4-408-33823-1 Ⓝ289.3

内容 宇宙に衝撃を与える 創造性は何かをつなぎ合わせること クレイジーな人たちに乾杯 さぁ始めよう 心の自転車のように シンプルは複雑よりずっと大変 未来を発明する ひたすらスゴイもの メチャクチャすごい 時代は変わる〔ほか〕

＊伝記＋インフォグラフィック。まったく新しい視点でジョブズの生きざまを見る!

ショーペンハウアー, A. 〔1788〜1860〕
Schopenhauer, Arthur

◇ショーペンハウアー 遠山義孝著 新装版 清水書院 2014.9 254p 19cm （Century Books―人と思想 77）〈文献あり 年譜あり 索引あり〉 1000円 ⓘ978-4-389-42077-2 Ⓝ134.6

内容 1 ショーペンハウアーの生涯(学者への夢 哲学大系の完成 仕上げの時代 夕映の中で) 2 ショーペンハウアーの思想(ショーペンハウアーと現代 表象と意志 苦悩と解脱 生と死について 共苦＝同情の倫理学とインド哲学 実践哲学の優位―カントへの影響 ニーチェへの影響と仏教の理念 意志の否定と諦念 ショーペンハウアーを生かす道)

◇ショーペンハウアー兵役拒否の哲学―戦争・法・国家 伊藤貴雄著 京都 晃洋書房 2014.10 283,7p 22cm 〈索引あり〉 4100円 ⓘ978-4-7710-2551-6 Ⓝ134.6

内容 新たなショーペンハウアー像を描く意義 第1部 修業時代―哲学の「高きアルプス」へ挑む―(カント哲学との出会い―若き哲学徒はなぜ根拠律を論じたか(1) フィヒテ哲学との対決―若き哲学徒はなぜ根拠律を論じたか(2)) 第2部 兵役拒否―「私の祖国はドイツよりももっと大きい」(根拠律の社会哲学―フィヒテ対ショーペンハウアー 思想としての兵役拒否―近代国家思想に関する試論(1) 永遠平和論の背面―近代国家思想に関する試論(2)) 第3部 主著誕生―『意志と表象としての世界』へ(エゴイズムの闘争―自然法論 エゴイズムの調停―国家契約論・刑法論 エゴイズムの克服―共同性論) ショーペンハウアーの遺産

ジョミニ, A.H. 〔1779〜1869〕
Jomini, Antoine Henri

◇ジョミニの戦略理論―『戦争術概論』新訳と解説 今村伸哉編著 芙蓉書房出版 2017.12 410p 21cm 3500円 ⓘ978-4-8295-0729-2 Ⓝ391.3

内容 第1部 ジョミニ『戦争術概論―戦略、大戦術および軍事政策の主要な方策に関する新分析的描写』(戦略(作戦方式 作戦地域 作戦基地 戦勝点および戦略線、戦域の決勝点、作戦目標 ほか)) 第2部 解説・ジョミニの著書と戦略理論(ジョミニの生涯と経歴 ジョミニの著書と著作過程 ジョミニの軍事思想の形成と戦略概念 ジョミニ戦略理論の評価と批判 ほか)

＊孫子、クラウゼヴィッツ同様著名な戦略思想家ジョミニは正しく読まれてきたのか？ 不変の戦略原則を見つけ出したジョミニの主著『戦争術概論』の画期的新訳とジョミニ戦略理論の詳細な解説。フランス語版原著から翻訳された初めての訳書。

ショルティ, G. 〔1912〜1997〕 Solti, Georg

◇偉大なる指揮者たち―トスカニーニからカラヤン、小澤、ラトルへの系譜 クリスチャン・メルラン著, 神奈川夏子訳 ヤマハミュージックメディア 2014.11 389,7p 21cm 2800円 ⓘ978-4-636-90301-0 Ⓝ762.8

内容 アルトゥーロ・トスカニーニ ウィレム・メンゲルベルク セルゲイ・クーセヴィツキー ピエール・モントゥー ブルーノ・ワルター サー・トーマス・ビーチャム レオポルド・ストコフスキー エルネスト・アンセルメ オットー・クレンペラー ヴィルヘルム・フルトヴェングラー〔ほか〕

＊指揮の特徴や楽団員からの評価、生い立ちや普段

の振る舞い、家族関係など、50人のマエストロたちの素顔を描き出す。オーケストラ指揮の知られざる側面に迫った評伝集。

ジョレス, J.L.〔1859〜1914〕
Jaures, Jean Leon

◇ジャン・ジョレス1859-1914—正義と平和を求めたフランスの社会主義者　ヴァンサン・デュクレール著, 大嶋厚訳　吉田書店　2015.10　337p 図版　〔16〕枚　20cm　〈年譜あり〉　3900円　①978-4-905497-36-3　Ⓝ289.3

内容　第1部 歴史の中のジョレス（想像世界の持つ力　生きたジョレスのイメージ　伝説と栄光　歴史を記述する）　第2部 ジョレスの物語（共和主義者、愛国者にして批判者の誕生　社会問題から社会主義へ　一人の知識人・市民として一世紀の変わり目で　社会主義と戦争）

＊ドレフュスを擁護し、第一次大戦開戦阻止のために奔走するなかで暗殺された「フランス史の巨人」その生涯と死後の運命を描く。政治によって不平等は減らせる。共和国とは、民主主義とは…口絵多数！

ジョーンズ, D.W.〔1934〜2011〕
Jones, Diana Wynne

◇ファンタジーを書く—ダイアナ・ウィン・ジョーンズの回想　ダイアナ・ウィン・ジョーンズ著, 市田泉, 田中薫子, 野口絵美訳　徳間書店　2015.3　349p 22cm　〈文献あり 著作目録あり〉　3500円　①978-4-19-863925-9　Ⓝ934.7

内容　1 ダイアナ・ウィン・ジョーンズが回想する（森の中の子どもたち　"指輪物語"の物語の形　大人の文学、子どもの文学？　ガーディアン賞をもらったとき　C.S.ルイスの"ナルニア国ものがたり"を読むほか）　2 ダイアナ・ウィン・ジョーンズを回想する（わたしの半生　ダイアナ・ウィン・ジョーンズとの対話　家族から見たダイアナとその作品（子どものためのファンタジー　ダイアナの葬儀での挨拶））

＊英国で「ファンタジーの女王」、「英国の宝」と呼ばれた作家ダイアナ・ウィン・ジョーンズ。スタジオジブリの映画「ハウルの動く城」の原作者としても知られる作家が、自身の子ども時代と半生を回想し、トールキンやC.S.ルイス、マーヴィン・ピークの作品を評論し、若い作家たちに創作の技法について語りかける…。つねに新しく、読者を惹きつける魔法のファンタジーを書き続けた作家が、子どもの本やファンタジーについて、創作や修業時代について書いたさまざまな文章を、自身で選び抜いて遺した、「物語の生まれるところ」を平易な言葉で解き明かす刺激的な一冊。ジョーンズ研究の第一人者バトラーと著者の対話や、人気作家ニール・ゲイマンによる序文も収録。

ジョンズ, G.〔1942〜〕　Johns, Glyn

◇サウンド・マン—大物プロデューサーが明かしたロック名盤の誕生秘話　グリン・ジョンズ著, 新井崇嗣訳　シンコーミュージック・エンタテイメント　2016.3　355p 19cm　〈作品目録あり　索引あり〉　2500円　①978-4-401-64195-6　Ⓝ767.8

内容　少年期から青年期　ジャック・グッド　日曜のセッション　1960年、初セッション　60年代前半、シンガー・ソングライター/フリーランス・プロデューサー　62年、ステュ　ノルウェーの娘　62年、その後　フリーに　アンドルー・オールダム〔ほか〕

＊ビートルズ、ストーンズからツェッペリン、クラプトン、イーグルスまで、数々のビッグネームと組んだ匠の人生。

ジョンソン, B.〔1947〜〕　Johnso, Brian

◇AC/DC評伝—モンスターバンドを築いた兄弟たち　ジェシー・フィンク著, 中山美樹訳　DU BOOKS　2018.7　391p 図版16p 21cm　〈文献あり 年譜あり 索引あり　発売：ディスクユニオン〉　2800円　①978-4-86647-020-7　Ⓝ764.7

内容　ノイズ・ポルーション—AC/DCとはいったい何者なのか。関係者にやるヤング兄弟に纏わる証言の数々　Good Times—すべてはイージービーツのジョージ・ヤングの失敗から始まった　Evie—マルコム＆アンガスのキャリアのスタートとスティーヴィー・ライトのこと　ロング・ウェイ・トゥ・ザ・トップ—「コアラ・冷やしたラガービール・AC/DC」、グラスゴー出身の兄弟たちがオーストラリアの代名詞となるまでの道　ジェイルブレイク—アメリカ進出で葬られた名曲と『悪事と地獄』。アトランティック・レコードの過ち　ロック魂—切り捨てられた男たち　突然解雇されたマーク・エヴァンスと、伝説のロゴをデザインしたジェラルド・ウエルタのこと　リフ・ラフ—アルバム『パワーエイジ』による不協和音。苦労をともにしたマネージャーと偉大なる兄ジョージとの離別　地獄のハイウェイ—完璧主義のロバート・ジョン・ランジがもたらした最高の音と、バンド最愛のボン・スコットの死　バック・イン・ブラック—過去から未来へ。ブライアン・ジョンソンの参加と、「ダイナミクス」と「間」が極められた音の創出。世紀のヒット作の舞台裏とは　狂った夜—ボン・スコットの亡霊　アルバム『バック・イン・ブラック』収録の楽曲の作詞は誰によるものなのか〔ほか〕

＊アルバムの総売り上げ全世界で2億枚以上。40年以上、完全なる"リフ"で客を躍らせてきた、ハードロック界の覇者。そこには絶対ブレナイ信念と固すぎる兄弟の絆と膨大な屍（切り捨てられた人々）の山がある。ニューヨーカー誌・クラシック・ロック誌など、多数のメディアで大絶賛！ AC/DCに纏わるエピソードを網羅した名著。

ジョンソン, D.〔1943〜〕　Johnson, Davey

◇デーブ・ジョンソンをおぼえてますか？　田窪潔著　彩americanan社　2016.9　206p 19cm　（フィギュール彩　70）〈他言語標題：DO YOU REMEMBER MR.DAVEY JOHNSON？〉　1800円　①978-4-7791-7075-1　Ⓝ783.7

内容　第1章 東京ジャイアンツ　第2章 アメリカンイヤーズ　第3章 逆襲　第4章 なぜジョンソンは日本人の記憶に残るのか

＊「背番号5」の彼を知る「デーブ・ジョンソン目撃世代」。彼が日本にいた昭和五十、五十一年、小学

校低学年であった昭和四十二、四十三年生まれの世代がボーダーラインではないだろうか。本書は日本と浅からぬ関係、因縁のあるデーブ・ジョンソンについて書かれたものである。彼を振り返るとは「日本」を振り返ること。デーブ・ジョンソンを見つめ直すとは私たち「日本人」を見つめ直すこと。デーブ・ジョンソンは日本人にとって映し鏡のような存在。時代とともに生きたアメリカ人野球選手と日本とをめぐる波瀾万丈の愛憎物語。

ジョンソン, E. 〔1681～1728〕
Johnson, Estherer

◇三人物語―ヴァネッサ・ジョン・ステラ 渡辺孔二著 姫路 スプリング 2016.4 309p 19cm 〈文献あり〉 2100円 ①978-4-905449-09-6 Ⓝ930.268
* 世界で300年近く読み継がれている「ガリヴァ旅行記」の原作者ジョンが書いた一番長い詩を贈った相手がヴァネッサで、ジョンに一番長い思い出の記を書かせたのがステラである。そして、この3人をめぐる、これまでで一番長い物語が本書である。

ジョンソン, L.B. (米大統領) 〔1908～1973〕
Johnson, Lyndon Baines

◇オリバー・ストーンが語るもうひとつのアメリカ史 2 ケネディと世界存亡の危機 オリバー・ストーン, ピーター・カズニック著 熊谷玲美, 小坂恵理, 関根光宏, 田沢恭子, 桃井緑美子訳 早川書房 2015.7 472p 16cm (ハヤカワ文庫 NF 440) 960円 ①978-4-15-050440-3 Ⓝ253.07

内容 第5章 冷戦―始めたのは誰か?（第二次大戦後の荒廃 ひとり活況を示すアメリカ ほか） 第6章 アイゼンハワー―高まる軍事的緊張（米ソ対立は本当に避けられなかったか？ ますます増える原爆の備蓄数 ほか） 第7章 JFK―「人類史上、最も危険な瞬間」（新しい指導者、フルシチョフ ソ連のスプートニク・ショック ほか） 第8章 LBJ―道を見失った帝国（ケネディ暗殺の余波 「偉大な社会」を目指したジョンソン新大統領 ほか） 第9章 ニクソンとキッシンジャー―「狂人」と「サイコパス」（「覇権国家アメリカ」というビジョンは共有する二人 反戦の大きなうねりに乗って ほか）

* 第二次大戦後の冷戦は、通説とは異なりアメリカが主導していた。むしろアメリカは核戦争の瀬戸際にたびたび世界を追いやっていた。そして軍事介入という形で混迷する南米やアジアの諸国を操り、帝国の版図を広げていた―ベトナム戦争で泥沼にはまり、世界にその素顔を曝すまでは。不世出の指導者ケネディはなぜ死なねばならなかったのか。「もしケネディが暗殺されなかったら」を考えさせられる歴史超大作第2弾。

◇偉大な社会を目指した大統領リンドン・B・ジョンソン―転換期の米国 今博著 志學社 2017.11 237p 19cm （戦後アメリカ大統領シリーズ 3）〈文献あり 年譜あり 索引あり〉 1800円 ①978-4-904180-72-3 Ⓝ289.3

内容 第1部 リンドン・B・ジョンソン大統領論（ジョンソンの生涯 若き日のジョンソン 多数派院内総務 ジョンソン ジョンソンと1964年の大統領選挙 ジョンソンと1966年の中間選挙） 第2部 "ジョンソンの時代"（1964年の米国―偉大な社会計画・トンキン湾事件・大統領選挙 1965年の米国―偉大な社会の建設・ベトナム戦争拡大・ワッツ暴動 1966年の米国―ベトナム戦争の深刻化・ハト派の登場・中間選挙 1967年の米国―ベトナム戦争の泥沼化・反戦運動・黒人暴動 1968年の米国―ジョンソン不出馬・R.ケネディとキングの暗殺） 第3部 「トンキン湾決議」とベトナム戦争の拡大（ベトナム戦争 トンキン湾決議 ベトナム戦争の教訓） 第4部 日米関係の新展開―沖縄返還の"兆し"（日米首脳会談（1965年1月12日、13日）―自主外交と沖縄返還の始動 日米首脳会談（1967年11月14日、15日）―「責任ある協力関係」を目指して） 第5部 レディ・バード・ジョンソン（若き日のレディ・バード ファースト・レディ=レディバード 社会事業家=レディ・バード） 結語 トランプ新政権の発足

ジョンソン, L.B. (米大統領夫人) 〔1912～2007〕
Johnson, Lady Bird

◇現代アメリカの「女性政治家」 藤本一美, 濱賀祐子編著 学文社 2016.4 222p 22cm 〈索引あり〉 2500円 ①978-4-7620-2648-5 Ⓝ312.8

内容 第1章 レディ・バード・ジョンソン大統領夫人 第2章 ナンシー・ペロシ連邦下院議員 第3章 コンドリーザ・ライス国務長官 第4章 ヒラリー・R.クリントン国務長官 第5章 カーラ・アンダーソン・ヒルズ米通商代表部代表 第6章 サラ・ペイリン アラスカ州知事 第7章 ケイ・A.オア ネブラスカ州知事 第8章 ジェニファー・M.グランホルム ミシガン州知事

ジョンソン, R. 〔1911～1938〕
Johnson, Robert

◇LOVE IN VAIN―ロバート・ジョンソン1911-1938 ジャン・ミッシェル・デュポン, メッツォ著 椎名ゆかり, 小出斉, 原正人訳 ジュリアンパブリッシング 2015.10 68p 20×31cm 〈英語抄訳付 文献あり 作品目録あり〉 3220円 ①978-4-86457-261-3 Ⓝ767.8
* ブルースの伝説的ミュージシャン、ロバート・ジョンソンは27歳で死んだ。おそらくは恋敵に毒殺されて。天才的ギタリストにして神がかりの詩人。彼はローリング・ストーンズやボブ・ディラン、エリック・クラプトン、ホワイト・ストライプスといったミュージシャンたちにインスピレーションを与えた。謎めいた魅力溢れる人物のポートレイトにして、1930年代ミシシッピの人種差別を生きる黒人たちの日常を描いた年代記。

ジョンソン, S. 〔1709～1784〕
Johnson, Samuel

◇カーライル選集 2 英雄と英雄崇拝 トマス・カーライル著 入江勇起男訳 デジタル・オンデマンド版 日本教文社 2014.8 368,7p 21cm 〈印刷・製本：デジタル・オンデマンド出版センター 索引あり〉 2900円 ①978-4-531-02642-5 Ⓝ938.68

内容 第1講 神としての英雄―オウディン、異教・スカ

ンディナヴィアの神話　第2講　予言者としての英雄—マホメット・回教　第3講　詩人としての英雄—ダンテ、シェイクスピア　第4講　牧師としての英雄—ルーテル・宗教改革、ノックス・清教　第5講　文人としての英雄—ジョンソン、ルソー、バーンズ　第6講　帝王としての英雄—クロムウェル、ナポレオン、近代革命主義

◇あなたの人生の意味—先人に学ぶ「惜しまれる生き方」　デイヴィッド・ブルックス著，夏目大訳　早川書房　2017.1　478p　19cm　2300円　Ⓘ978-4-15-209666-1　Ⓝ159

内容　第1章　大きな時代の変化　第2章　天職—フランシス・パーキンズ　第3章　克己—ドワイト・アイゼンハワー　第4章　闘いの人生—ドロシー・デイ　第5章　自制心—ジョージ・マーシャル　第6章　人間の品位—ランドルフとラスティン　第7章　愛—ジョージ・エリオット　第8章　神の愛—アウグスティヌス　第9章　自己省察—サミュエル・ジョンソンとモンテーニュ　第10章　大きい私

＊人間には2種類の美徳がある。「履歴書向きの美徳」と「追悼文向きの美徳」だ。つまり、履歴書に書ける経歴と、葬儀で偲ばれる故人の人柄。生きる上ではどちらも大切だが、私たちはつい、前者ばかりを考えて生きてはいないだろうか？ベストセラー『あなたの人生の科学』で知られる『ニューヨーク・タイムズ』のコラムニストが、アイゼンハワーからモンテーニュまで、さまざまな人生を歩んだ10人の生涯を通じて、現代人が忘れている内的成熟の価値と「生きる意味」を根源から問い直す。『エコノミスト』などのメディアで大きな反響を呼び、ビル・ゲイツら多くの識者が深く共鳴したベストセラー。

ジョンソン, W.〔1947～〕Johnson, Wilko

◇不滅療法—ウィルコ・ジョンソン自伝　ウィルコ・ジョンソン著，石川千晶訳　リットーミュージック　2017.2　365p　20cm　（Guitar magazine）　2300円　Ⓘ978-4-8456-2990-9　Ⓝ767.8

内容　キャンヴェイ島の大洪水　テレキャスターとアイリーン　ニューカッスル大学　インド、カトマンズへの旅　ドクター・フィールグッド結成　赤と黒のシャツ　社会派としての顔　"ウィルコ・ジョンソン"の誕生　代表曲"She Does It Right"、"Roxette"　パブ・ロック・シーンを席巻［ほか］

＊父からの虐待、メンバー間の軋轢、最愛の妻との別れ、突然の余命宣告…"奇跡のギタリスト"が波瀾万丈の半生を綴る。

シラー, J.C.F.〔1759～1805〕Schiller, Johann Christoph Friedrich von

◇ゲーテとシラー——ある友情の歴史　リューディガー・ザフランスキー著，川島淳夫訳　土浦IPC出版センター・ビブロス　2014.6　336p　21cm　3000円　Ⓘ978-4-901291-36-1　Ⓝ940.268

◇シラー　内藤克彦著　新装版　清水書院　2015.9　219p　19cm　（Century Books—人と思想　41）〈文献あり　年譜あり　索引あり〉　1000円　Ⓘ978-4-389-42041-5　Ⓝ940.268

内容　1　疾風怒濤の青春（生い立ち　カール学院　試練と友情）　2　新天地ヴァイマル（大学教授就任と結婚　芸術家としての使命）　3　ゲーテとともに（古典主義への序奏　ドイツ古典主義）

◇シラー小伝　相原隆夫著　近代文藝社　2015.9　104p　20cm　〈文献あり〉　1200円　Ⓘ978-4-7733-7987-7　Ⓝ940.268

内容　第1章「偉人伝」　第2章　幼少時～カール学院　第3章　カール学院時代　第4章　脱出、放浪、創作　第5章　三人のシャルロッテ　第6章　員外教授　第7章　友　第8章　日本人にとってのゲーテとシラー　第9章　美学論文「人間の美的教育」、「優美と品位」　第10章　結び

＊マルチ人間・シラーの軌跡を貫く捩れのない「一本の線」とは何か!?シラーが生涯に亘り奮闘努力して求め続けたものを追体験することは、私達がこれから行くべき道を模索する努力の手懸かりとなってくれる。

◇ゲーテ＝シラー往復書簡集　上　ゲーテ，シラー著，森淑仁、田中亮平、平山令二、伊藤貴雄訳　潮出版社　2016.7　476p　20cm　3500円　Ⓘ978-4-267-02041-4　Ⓝ940.268

内容　一七九四年　一七九五年　一七九六年　一七九七年

◇ゲーテ＝シラー往復書簡集　下　ゲーテ，シラー著，森淑仁、田中亮平、平山令二、伊藤貴雄訳　潮出版社　2016.7　549,47p　20cm　〈文献あり　著作目録あり　索引あり〉　3900円　Ⓘ978-4-267-02042-1　Ⓝ940.268

内容　一七九八年　一七九九年　一八〇〇年　一八〇一年　一八〇二年　一八〇三年　一八〇四年　一八〇五年〔ほか〕

＊約11年で交わされた1000通以上の書簡を上下巻に収載。シラーがいなければ『ファウスト』は執筆されなかった。名作誕生の背景にあった二大巨匠による迫真の記録！日本ゲーテ協会・森淑仁前会長によるあとがき、1798年～1805年の書簡、ゲーテ研究家による詳細な解説、上下巻を網羅した、ゲーテとシラーの作品、人名、地名の索引を収録！

シーラッハ, B.〔1907～1974〕Schirach, Baldur Benedikt von

◇ヒトラーの共犯者—12人の側近たち　下　グイド・クノップ著，高木玲訳　原書房　2015.12　416,5p　20cm　〈2001年刊の新装版　文献あり〉　2800円　Ⓘ978-4-562-05272-1　Ⓝ234.074

内容　1　抹殺者—アドルフ・アイヒマン　2　ヒトラー・ユーゲント団員—バルドゥール・フォン・シーラハ　3　影の男—マルティン・ボルマン　4　手先—ヨアヒム・フォン・リッベントロープ　5　死刑執行人—ローラント・フライスラー　6　死の医師—ヨーゼフ・メンゲレ

＊ヒトラーならびにそのもっとも身近にいた側近たちを描いたドキュメンタリーで、世界的な反響をおさめた。上巻に続いてグイド・クノップのチームが目を向けたのは、ヒトラーの支配を確立し、その計画を実行にうつした男たちである。履行補助者である彼らの肖像によって、実際の「自発的執行者」の性格が具体的に描き出されてゆく。彼らがいなければ、ヒトラーの恐怖政治は成立しなかっ

シリュルニク, B.〔1937～〕 Cyrulnik, Boris

◇心のレジリエンス―物語としての告白　ボリス・シリュルニク著，林昌宏訳　吉田書店　2014.12　126p　20cm　1500円　ⓘ978-4-905497-26-4　Ⓝ289.3

内容 ポンドラ(Pondaurat)　封印された感情　逮捕　シナゴーグ　あきらめない

＊ユダヤ人一斉検挙の夜，フランス・ボルドーで逮捕された6歳の少年は，ひそかに脱出し生き延びた…

シルビアン, D.〔1958～〕 Sylvian, David

◇デイヴィッド・シルヴィアン　クリストファー・ヤング著，沼崎敦子訳　Pヴァイン　2016.4　543p　22cm　(Ele-king books)〈文献あり　発売：日販アイ・ピー・エス〉　4500円　ⓘ978-4-907276-53-9　Ⓝ767.8

◇JAPAN 1974-1984―光と影のバンド全史　アンソニー・レイノルズ著，飯村淳子訳　シンコーミュージック・エンタテイメント　2017.7　315p　25cm　〈文献あり　作品目録あり〉　3700円　ⓘ978-4-401-64403-2　Ⓝ764.7

内容 第1章 出会いとはじまり　第2章 真夜中を突っ走れ　第3章 あいまいな選択肢を手中に　第4章 アルファヴィル　第5章 1980　第6章 1980 2　第7章 アートと派閥　第8章 鈍力の太鼓　第9章 バーニング・ブリッジズ　第10章 歓待の声　終章 終わりなき愛を夢見て

＊日本を愛し，日本に愛された孤高のバンド，ジャパン。独自の美意識を貫いた10年を総括し，その謎めいた素顔に迫る初の評伝。「ミュージック・ライフ」の秘蔵写真，インタビュー記事を加えた日本特別編集版！

ジロー, ジャン
⇒メビウス を見よ

シンダーハンネス〔1778頃～1803〕 Schinderhannes

◇ドイツ奇人街道　森貴史，細川裕史，溝井裕一著　吹田　関西大学出版部　2014.7　331p　19cm　〈文献あり〉　2000円　ⓘ978-4-87354-586-8　Ⓝ283.4

内容 フレンスブルク・ひとりの女性の勇敢なる挑戦―ベアーテ・ウーゼ(Beate Uhse，1919～2001)　エッカーンフェルデ・「不死の男」の終焉―サン＝ジェルマン伯爵(Graf von Saint Germain，1691？～1784)　ハンブルク・ドイツの「海賊王」の運命―クラウス・シュテルテベーカー(Klaus Störtebeker，？～1400)　メルン・中世を旅したイタズラ者―ティル・オイレンシュピーゲル(Till Eulenspiegel，1300ごろ～50)　シュタインフーデ・シュタインフーデ湖の怪魚―ヤーコプ・クリュソストムス・プレトリウス(Jakob Chrysostomus Praetorius，1730～？)　ボーデンヴェルダー・「ほらふき男爵」の笑えない人生―ヒエロニュムス・フォン・ミュンヒハウゼン(Hieronymus von Münchhausen，1720～97)　ベルリン・絶滅動物を「よみがえらせてしまった」動物園長―ルッツ・ヘック(Lutz Heck，1892～1983)　ライプツィヒ・「魔法使いファウスト」の実像をあばく―ゲオルギウス・ファウストゥス(Georgius Faustus，1460/80～1540ごろ)　インゴルシュタット・秘密結社イルミナティの真実―アダム・ヴァイスハウプト(Adam Weishaupt，1748～1830)　アンスバッハ・ヨーロッパを騒がせた謎の少年―カスパー・ハウザー(Kaspar Hauser，？～1833)　フリードリヒスハーフェン・伯爵の空への異常な愛情―フェルディナント・ツェッペリン伯爵(Ferdinand Graf von Zeppelin，1838～1917)　ジンメルン(ライン・モーゼル地方)・ライン地方の山賊たち―シンダーハンネスとシュヴァルツァー・ペーター(Schinderhannes，1777？～1803/Schwarzer Peter，1752～1812)

シンドラー, A.〔1795～1864〕 Schindler, Anton

◇ベートーヴェン捏造―名プロデューサーは嘘をつく　かげはら史帆著　柏書房　2018.10　319p　19cm　〈年表あり〉　1700円　ⓘ978-4-7601-5023-6　Ⓝ762.34

内容 序曲 発覚　第1幕 現実(世界のどこにでもある片田舎　会議は踊る，されど捕まる　虫けらはフロイデを歌えるか ほか)　間奏曲 そして本当に盗人になった　第2幕 嘘(騙るに堕ちる　プロデューサーズ・バトル　嘘vs嘘の抗争 ほか)　終曲 未来

＊犯人は，誰よりもベートーヴェンに忠義を尽くした男だった―。音楽史上最大のスキャンダル「会話帳改竄事件」の全貌に迫る歴史ノンフィクション。

シンドラー, O.〔1908～1974〕 Schindler, Oskar

◇シンドラーに救われた少年　レオン・レイソン著，古草秀子訳　河出書房新社　2015.7　214p　20cm　1650円　ⓘ978-4-309-22635-4　Ⓝ936

内容 プロローグ―オスカー・シンドラーとの再会　1章 嵐の前の日々　2章 ドイツ軍のポーランド侵攻　3章 地獄の日々のはじまり　4章 「浄化」という名の虐殺　5章 引き裂かれた絆　6章 完全に正気を失った世界で　7章 プワシュフ収容所と瀕死の日々　8章 シンドラーのリスト　9章 生と死の岐路　10章 移動虐殺部隊の恐怖　エピローグ―自由という遺産

＊これ以上，悪いことが起こりませんように…！「シンドラーのリスト」に載った最年少のユダヤ人による証言録。ユダヤ人大虐殺の過酷な体験を生き延びた少年と家族。「最悪の状況で最善のことをした」ごく普通の人間＝シンドラーの本当の勇気とは，何だったか？「ニューヨークタイムズ」ミドル・グレード部門第1位！　アメリカ図書館協会優秀児童書受賞！

【ス】

スアレス, L.〔1987～〕 Suárez, Luis

◇スアレス神憑　ルーカ・カイオーリ著，真喜志

順子, 宮崎真紀訳　亜紀書房　2014.12　293p　19cm　1800円　Ⓘ978-4-7505-1421-5　Ⓝ783.47

内容　絆　誰もがきみを愛してる　強いアイデンティティ　温泉とオレンジとベビーフットボール　南への長い道　熱いハート　驚異—ルベン・ソサとの対話　ある愛の物語　時限爆弾　無限大—マルティン・ラサルテとの対話　〔ほか〕

＊"神が憑いた男"の数奇な幼少期から、オランダやプレミアリーグでの華々しい活躍、ブラジルW杯での噛みつき事件、そしてバルセロナ移籍に至るまでの毀誉褒貶の半生記。ウルグアイの至宝、いまバルサへ！

◇理由—ルイス・スアレス自伝　ルイス・スアレス著, ピーター・ジェンソン, シド・ロウ著, 山中忍訳　ソル・メディア　2015.3　463p　19cm　〈年譜あり〉　1800円　Ⓘ978-4-905349-23-5　Ⓝ783.47

内容　1 ラブストーリー—ウルグアイで見つけた愛　2 オランダの学校—アヤックスで会得した思考力　3 スアレスの手—南アフリカW杯の"セーブ"と南米制覇　4 じゃあ7番だ—リバプールの伝統とプレミアの洗礼　5「人種差別者」—エブラとの衝突で負った消えない傷　6 ロジャーズの革命—新たな哲学と"SAS"の結成　7 あと一歩で—手のひらから滑り落ちたリーグ優勝　8 それがアンフィールド—ファンとともに歩んだ忘れがたき旅路　9 我がイングランド—第二の故郷を破ったブラジルW杯

＊価値観のズレ！いやいや理解できる。彼が一線を越えるのには理由がある。三度の噛み付き、ハンド、ダイブ、人種差別発言…数々の騒動について本人が明かす驚きの見解！

スイ, アナ
⇒アナ・スイ を見よ

スウィフト, J.〔1667〜1745〕
Swift, Jonathan

◇ジョナサン・スウィフトの生涯—自由を愛した男　塩谷清人著　彩流社　2016.3　259,35p　20cm　〈他言語標題：Jonathan Swift　文献あり　年譜あり　索引あり〉　3000円　Ⓘ978-4-7791-2208-8　Ⓝ930.268

内容　アイルランドとスウィフト　スウィフト家、生い立ち（一六六七・八九年）　テンプル家とキルルート（一六八九・一七〇〇年）　ララカの司祭、教会の仕事（一七〇〇・七年）『桶物語』、『書物合戦』、『精霊の機械作用についての講話』　ロンドンへ、初穂料返還交渉（一七〇七・九年）　政治的活動の絶頂期（一七一〇・一四年）—『ステラへの手紙』、『カデナスとヴァネッサ』　アイルランドでの憂愁の日々（一七一四・二〇年）　活動の再開、アイルランド問題へ（一七二〇・二三年）　愛国者スウィフトの誕生（一七二四・二五年）『ドレイピア書簡』　最後のイングランド訪問（一七二六・二七年）『ホリーヘッド日記』『ガリヴァー旅行記』（一七二六年）　ステラの死、そしてアイルランドのために（一七二八・二九年）　詩作を中心とする最後の活動（一七三〇・三三年）　老齢、晩年、死（一七三四・四五年）—『奴婢訓』と『洗練された会話』

＊脱線、ブラックユーモア、風刺、そして諧謔—自在に、痛烈に、時代に噛みついた作家。執筆の原動力となった「怒り」と「自由の希求」の源はどこにあったのか。『ガリヴァー旅行記』を含むさまざまな著作物や書簡なども用い、スウィフト像を再検証する。

◇三人物語—ヴァネッサ・ジョン・ステラ　渡辺孔二著　姫路スプリング　2016.4　309p　19cm　〈文献あり〉　2100円　Ⓘ978-4-905449-09-6　Ⓝ930.268

＊世界で300年近く読み継がれている「ガリヴァ旅行記」の原作者ジョンが書いた一番長い詩を贈った相手がヴァネッサで、ジョンに一番長い思い出の記を書かせたのがステラである。そして、この3人をめぐる、これまでで一番長い物語が本書である。

スウィフト, T.〔1989〜〕
Swift, Taylor

◇テイラー・スウィフト ザ・プラチナム・エディション　リヴ・スペンサー著, 中村有以訳　カンゼン　2015.7　300p　21cm　1800円　Ⓘ978-4-86255-300-3　Ⓝ767.8

ズーカーマン, P.〔1948〜〕
Zukerman, Pinchas

◇偉大なるヴァイオリニストたち　2　チョン・キョンファから五嶋みどり、ヒラリー・ハーンまで　ジャン＝ミシェル・モルク著, 神奈川夏子訳　ヤマハミュージックメディア　2017.4　356,8p　21cm　〈文献あり〉　3400円　Ⓘ978-4-636-92333-9　Ⓝ762.8

内容　ボリス・ベルキン　チョン・キョンファ　ピンカス・ズーカーマン　オーギュスタン・デュメイ　ピエール・アモイヤル　ドミトリ・シトコヴェツキー　ナイジェル・ケネディ　シュロモ・ミンツ　ヴィクトリア・ムローヴァ　チョーリャン・リン〔ほか〕

＊外科医でもある筆者による桁外れに鋭い考察に基づく評伝集。使用楽器や練習法などはもちろん、デビューの裏側や生い立ち、家族関係などに迫り、素顔を描き出す。歴史的名演を収録したCD・ROM付き。

スカルノ〔1901〜1970〕
Soekarno

◇スカルノ—インドネシア「建国の父」と日本　後藤乾一, 山﨑功共著　オンデマンド版　吉川弘文館　2017.10　216p　19cm　（歴史文化ライブラリー　117）〈文献あり　原本：2001年刊〉　2300円　Ⓘ978-4-642-75517-7　Ⓝ289.2

スカルラッティ, D.〔1685〜1757〕
Scarlatti, Domenico

◇ドメニコ・スカルラッティ　ラルフ・カークパトリック著, 原田宏治監訳, 門野良典訳　音楽之友社　2018.11　503p　21cm　7400円　Ⓘ978-4-276-22216-8　Ⓝ762.7

内容　幼年時代　若き鷲　父からの遺産　教会と劇場　リスボンの総大司教区　スペインの風景　音楽狂の治世　王家のソナタ　スカルラッティのハープシコード　スカルラッティの和声　スカルラッティ・ソナタの解剖　スカルラッティ・ソナタの演奏

*バッハ、ヘンデルと同じ1685年生まれのドメニコ・スカルラッティは、近代的な鍵盤奏法の確立者としてその名を知られていたが、20世紀半ばまでその生涯は謎に包まれていた。本書は、空前の研究調査でその謎に迫り、残された全555曲のチェンバロソナタの分析を通してその全体像を初めて明らかにした、カークパトリック畢生の歴史的名著。

スキピオ・アフリカヌス〔236～184頃B.C.〕
Publius Cornelius Scipio Africanus Major

◇ローマ帝国人物列伝　本村凌二著　祥伝社　2016.5　303p　18cm　〈祥伝社新書　463〉　840円　①978-4-396-11463-3　Ⓝ283.2

内容　1 建国期―建国期のローマ（ブルトゥス―共和政を樹立した初代執政官　キンキナトゥス―ワシントンが理想とした指導者 ほか）　2 成長期―成長期のローマ（アッピウス―インフラ整備など、類稀なる先見性　ファビウス―耐えがたきを耐える「ローマの盾」ほか）　3 転換期―転換期のローマ（クラッスス―すべてを手に入れた者が欲したもの　大ポンペイウス―カエサルに敗れた大武将 ほか）　4 最盛期―最盛期のローマ（ゲルマニクス―夭逝した理想のプリンス　ネロ―気弱な犯罪者だった暴君 ほか）　5 衰亡期―衰亡期のローマ（ガリエヌス―動乱期の賢帝　ディオクレティアヌス―混乱を鎮めた軍人皇帝 ほか）

*ローマの歴史には、独裁も革命もクーデターもあり、「パクス・ロマーナ」と呼ばれた平和な時代もあった。君主政も共和政も貴族政もポピュリズムもあり、多神教も一神教もあった。まさに「歴史の実験場」であり、教訓を得るのに、これほどの素材はない。歴史を学ぶには制度や組織は無視できないが、そこに人間が存在したことを忘れてはならないだろう。本書は、一〇〇〇年を超えるローマ史を五つの時代に分け、三二人の生涯と共に追うものである。賢帝あり、愚帝あり、英雄から気丈な女性、医学者、宗教家まで。壮大な歴史叙事詩であり、歴史は人なり―を実感する一冊。

スキャパレッリ, E.〔1890～1973〕
Schiaparelli, Elsa

◇20世紀ファッションの文化史―時代をつくった10人　成実弘至著　新装版　河出書房新社　2016.1　302p　19cm　〈文献あり〉　1800円　①978-4-309-24746-5　Ⓝ593.3

内容　チャールズ・ワース―ファッションデザイナー誕生　ポール・ポワレ―オリエント、装飾と快楽　ガブリエル・シャネル―モダニズム、身体、機械　エルザ・スキャパレッリ―ファッションとアート　クレア・マッカーデル―アメリカンカジュアルの系譜　クリスチャン・ディオール―モードとマーケティング　マリー・クアント―ストリートから生まれた流行　ヴィヴィアン・ウエストウッド―記号論的ゲリラ闘争　コム・デ・ギャルソン―ファッションを脱構築する　マルタン・マルジェラ―リアルクロースを求めて　二〇世紀ファッションの創造性

*ポワレ、シャネル、ディオールから、コム・デ・ギャルソン、マルジェラまで、彼らはファッションの地平をどう切り開いてきたか。20世紀ファッションの到達点をあらためて考察する、新しいファッション文化史。

スキラッチ, S.〔1964～〕
Schillaci, Salvatore

◇ゴールこそ、すべて―90年イタリアW杯得点王サルヴァトーレ・スキラッチ自伝　サルヴァトーレ・スキラッチ, アンドレア・メルクリオ著，利根川晶子訳　洋泉社　2017.3　325p　19cm　1600円　①978-4-8003-1200-6　Ⓝ783.47

内容　プロローグ―「俺はマフィアじゃない」　絶望や犯罪に溺れないための浮き輪　「1万リラ」の賭けの代償　本物のゴールマウスに決めた、初めてのゴール　命の危険から、またもやサッカーが俺を救ってくれた　シチリア州代表と「ビチクレッタ」　「おめえの幸運は、何か知ってるか？　ボロ雑巾」　初めての体験―そして、プロへの第一歩　たった7分で終わったプリマヴェーラ時代　メッシーナでの初ゴール〔ほか〕

*「俺のサッカーは戦術の檻には収まりきらない。本能のままにプレーすることこそ、俺の最大の武器だ」。90年イタリア杯得点王にして、Jリーグ・ジュビロ磐田でもプレーした、シチリア島が生んだ"ナチュラル・ボーン・ストライカー"スキラッチ―スキラッチが、その波乱に満ちた半生のすべてを語る初の自伝！

スクリャービン, A.N.〔1871～1915〕
Scriabin, Aleksandr Nikolayevich

◇スクリャービン―晩年に明かされた創作秘話　レオニード・サバネーエフ著，森松皓子訳　音楽之友社　2014.10　285,7p　20cm　〈索引あり〉　3600円　①978-4-276-22650-0　Ⓝ762.38

内容　次第に見えてきたスクリャービンの姿　"交響曲第三番"と"法悦の詩"　交際の環、"プロメテウス"、神智学　スクリャービンの親族―親族に理解されない幻想的人類史　クーセヴィツキーとの断絶　日常的芸術志向―性的恍惚で終わる神秘劇？　三つのソナタの進捗　神秘劇への記譜法・調性の色―"プロメテウス"と神秘劇との中間に序幕　神秘劇実現のためのインドへの夢―プランチャニー―フランスによる英国礼賛　のしかかるパートナーとの問題―"光の交響曲"への彼自身の解説　神秘劇の前にその序幕を書く―スクリャービンの音楽論を中心に　第一次大戦、序幕の準備が本格化　長期の演奏旅行の果てに―没後に展開された俗悪化

*本書は、晩年のスクリャービン（1871‐1915）を間近で見た友人レオニード・サバネーエフ（1881‐1968）による貴重な「記録」である。本書の思索―神智学の隙間から覗き見た西欧ロマン主義の独自の解釈―、当時のロシア音楽界、家族のことなど、多くがスクリャービン自身の言葉で語られている。初版は1925年にモスクワで出版されたものの、サバネーエフが西側へ亡命したこともあり旧ソビエト政権下では注目されず、2003年に再刊された。長く読み継がれているスクリャービンの最重要文献、待望の日本語訳である。

スコット, B.〔1946～1980〕
Scott, Ronald Belford "Bon"

◇AC/DC評伝―モンスターバンドを築いた兄弟たち　ジェシー・フィンク著，中山美樹訳

DU BOOKS 2018.7 391p 図版16p 21cm 〈文献あり 年譜あり 索引あり 発売：ディスクユニオン〉 2800円 ⓘ978-4-86647-020-7 Ⓝ764.7

内容 ノイズ・ポルーション―AC/DCとはいったい何者なのか。関係者にやるヤング兄弟に纏わる証言の数々 Good Times―すべてはイージービーツのジョージ・ヤングの失敗から始まった Evie―マルコム＆アンガスのキャリアのスタートとスティーヴィー・ライトのこと ロング・ウェイ・トゥ・ザ・トップ―「コアラ・冷やしたラガービール・AC/DC」、グラスゴー出身の兄弟たちがオーストラリアの代名詞となるまでの道 ジェイルブレイク―アメリカ進出で葬られた名曲と『悪事と地獄』。アトランティック・レコードの過ち ロック魂―切り捨てられた男たち 突然解雇されたマーク・エヴァンスと、伝説的なロゴをデザインしたジェラルド・ウエルタのこと リフ・ラフーアルバム『パワーエイジ』による不協和音。苦労をともにしたマネージャーと偉大なる兄ジョージとの決別 地獄のハイウェイ―完璧主義のロバート・ジョン・ランジがもたらした最高の音と、バンド最愛のボン・スコットの死 バック・イン・ブラック―過去から未来へ。ブライアン・ジョンソンの参加と、「ダイヤミクス」と「間」が極められた音の創出。世紀のヒット作の舞台裏とは 狂った夜―ボン・スコットの亡霊 アルバム『バック・イン・ブラック』収録の楽曲の作詞は誰によるものなのか 〔ほか〕

＊アルバムの総売り上げ全世界で2億枚以上。40年以上、完全なる"リフ"で客を踊らせてきた、ハードロック界の覇者。そこには絶対ブレナイ信念と固すぎる兄弟の絆と膨大な屍（切り捨てられた人々）の山があった―。ニューヨーカー誌・クラシック・ロック誌など、多数のメディアで大絶賛！AC/DCに纏わるエピソードを網羅した名著。

スコット, R.F. 〔1868～1912〕
Scott, Robert Falcon

◇南極のスコット 中田修著 新装版 清水書院 2015.9 233p 19cm （Century Books―人と思想 147）〈文献あり 索引あり〉 1000円 ⓘ978-4-389-42147-2 Ⓝ297.9091

内容 第1章 南極探検以前のスコット（スコットの生きたイギリス 幼少期のスコット ほか） 第2章 ディスカバリー号の南極探検―第一次探検（スコット以前の南極探検 ディスカバリー号探検家の誕生 ほか） 第3章 テラ・ノバ号の南極探検―第二次探検（一）（出発まで 南極までの航海 ほか） 第4章 テラ・ノバ号の南極探検―第二次探検（二）（支援班の帰り旅 エバンズ岬基地の状況 ほか）

スコトゥス, J.D. 〔1266?～1308〕
Scotus, Johannes Duns

◇キリスト教の主要神学者 上 テルトゥリアヌスからカルヴァンまで F.W.グラーフ編, 片柳榮一監訳 教文館 2014.8 360,5p 21cm 3900円 ⓘ978-4-7642-7383-2 Ⓝ191.028

内容 マルキオン（八五頃‐一六〇頃） カルタゴのテルトゥリアヌス（二/三世紀） オリゲネス（一八六‐二五四） ニュッサのグレゴリオス（三四〇頃‐三九四以後） アウグスティヌス（三五四‐四三〇） カンタベリーのアンセルムス（一〇三三/一〇三四‐一一〇九） クレルヴォーのベルナール（一〇九〇‐一一五三） トマス・アクィナス（一二二四/一二二五‐一二七四） マイスター・エックハルト（一二六〇頃‐一三二八） ヨハネス・ドゥンス・スコトゥス（一二六五/一二六六‐一三〇八） ロベルト・ベラルミーノ（一五四二‐一六二一）

＊多彩にして曲折に富む2000年の神学史の中で、特に異彩を放つ古典的代表者を精選し、彼らの生涯・著作・影響を通して神学の争点と全体像を描き出す野心的試み。正統と異端が織り成すダイナミズムによって生まれた神学の魅力と核心を、第一級の研究者が描き出す。上巻では古代から宗教改革期に活躍した16名の神学者を紹介する。

スコリモフスキ, J. 〔1938～〕
Skolimowski, Jerzy

◇イエジー・スコリモフスキ読本―「亡命」作家43年の軌跡 遠山純生編・著 boid 2014.8 155p 21cm 〈文献あり 作品目録あり 年譜あり〉 1500円 ⓘ978-4-9904938-8-2 Ⓝ778.2349

内容 イエジー・スコリモフスキとの対話1（イエジー・スコリモフスキ述 ジャン＝アンドレ・フィエスキ, リュック・ムレ, クロード・オリエ聞き手） イエジー・スコリモフスキとの対話2（イエジー・スコリモフスキ述 ミシェル・ドゥライエ聞き手） 異郷と故郷のあいだ

スタイルズ, H. 〔1994～〕 Styles, Harry

◇ワン・ダイレクション―僕らの話をしよう。 ワン・ダイレクション著, 鮎川晶訳 宝島社 2014.11 350p 26cm 2350円 ⓘ978-4-8002-3294-6 Ⓝ767.8

内容 リアムの章 ナイルの章 ハリーの章 ゼインの章 ルイの章 5人で語った1D

＊止まらない1D旋風！5人が自ら語った公式自叙伝。

スタインベック, J. 〔1902～1968〕
Steinbeck, John

◇ジョン・スタインベック 中山喜代市著 新装版 清水書院 2016.3 278p 19cm （Century Books―人と思想 188）〈文献あり 年譜あり 索引あり〉 1200円 ⓘ978-4-389-42188-5 Ⓝ930.278

内容 第1部 ジョン・スタインベックの生涯（作家の誕生と少年時代（一九〇二年～一八年） 大学時代と作家修業時代（一九一九年～二九年） カリフォルニア時代（一九三〇年～三九年） ポスト・カリフォルニア時代（一九四〇年～四九年） ニューヨーク時代（一九五〇年～六八年） 第2部 スタインベックの主要作品と思想（初期の作品 『はつかねずみと人間』『怒りのぶどう』『キャナリー・ロウ』『エデンの東』『われらが不満の冬』）

＊ノーベル文学賞を受賞したアメリカの文豪スタインベックの魅力はまず、読んでおもしろいである。ヘミングウェイにないユーモアに富んでいる。そういうおもしろさを生み出すのが彼の文体である。『天の牧場』『トーティーヤ・フラット』『はつかねずみと人間』はいうまでもなく、どの小説を

読んでいても機知とユーモアに満ちた、心あたたまる描写に出くわしてしまう。皮肉の響きも心地よい。スタインベックの小説は一見、素朴でやさしくみえるが、読みすすめるにつれてその奥の深さに驚かされる。彼の文学的流出が、旧約聖書や新約聖書、アーサー王伝説、聖杯探求、アメリカの神話、アメリカの夢に根ざしていて、その芸術性も豊かである。本書はこのような知的想像力をもって読者を鼓舞し導いてくれるスタインベックの魅力を解き明かす。

スターリン, I.V. 〔1878〜1953〕
Stalin, Iosif Vissarionovich

◇スターリン―「非道の独裁者」の実像　横手慎二著　中央公論新社　2014.7　318p　18cm（中公新書 2274）〈文献あり　年譜あり　索引あり〉　900円　①978-4-12-102274-5　289.3

[内容] 第1章 ゴリの少年　第2章 カフカースの革命家　第3章 コーバからスターリンへ　第4章 ロシアの革命と内戦　第5章 権力闘争の勝者　第6章 最高指導者　第7章 ヒトラーとの戦い　第8章 アメリカとの戦い　終章 歴史的評価をめぐって

＊「非道の独裁者」―日本人の多くが抱くスターリンのイメージだろう。一九二〇年代末にソ連の指導的地位を固めて以降、農業集団化や大粛清により大量の死者を出し、晩年は猜疑心から側近を次々逮捕させた。だが、それでも彼を評価するロシア人が今なお多いのはなぜか。ソ連崩壊後の新史料をもとに、グルジアに生まれ、革命家として頭角を現し、最高指導者としてヒトラーやアメリカと渡りあった生涯をたどる。

◇スターリン秘史―巨悪の成立と展開　1　統一戦線・大テロル　不破哲三著　新日本出版社　2014.11　323p　20cm　2000円　①978-4-406-05835-3　Ⓝ312.38

[内容] ディミトロフ。ナチス権力との対決（ディミトロフの逮捕　その時、ドイツには何が起こっていたか　ナチスの法廷を舞台にした激闘　モスクワでのディミトロフ）　コミンテルン第七回大会（三〇年代初頭―ファシズムの台頭　第七回大会に向かっての苦闘　第七回大会ではどのような決定がされたか　コミンテルンの自己批判ぬきの路線転換　コミンテルンの機構はどうつくりかえられたか）　大テロル（スターリンと反対派との闘争のなかあらわれるキーロフの暗殺　「反革命陰謀」のシナリオ―その "進化" の三つの段階　虚構の「反革命陰謀」シナリオは誰が作成したのか　「大テロル」の真相は、なぜ半世紀もの間隠されてきたのか　コミンテルンと「大テロル」　スターリンは「大テロル」で何を目的としたのか）　「スターリン秘史」―巨悪の真相に迫る

◇スターリン秘史―巨悪の成立と展開　2　転換・ヒトラーとの同盟へ　不破哲三著　新日本出版社　2015.2　302p　20cm　2000円　①978-4-406-05858-2　Ⓝ312.38

[内容] 第6章 巨悪への画期。変質の理論面での特徴（変質の過程をたどる　「大テロル」―決定的な変質　『ソ連共産党（ボ）小史』の発行　レーニン全集、マルクス・エンゲルス全集のスターリン的編集　「大テロル」後の世界の共産主義運動）　第7章 フランス・スペイン・中国（上）（フランスの場合―人民戦線政府への共産党の参加問題　スペイン内戦とスター

リン戦略）　第8章 フランス・スペイン・中国（下）（中国。西安事変と抗日統一戦線）　第9章 スターリンとヒトラーの接近（ミュンヘンの衝撃　独ソ交渉の第一段階　英仏ソ三国交渉とは何だったか　ヒトラー、ついに動き出す　三国軍事会談。スターリンの采配ぶり）　第10章 独ソ不可侵条約。ポーランド分割（一九三九年八月の大転換　二つの覇権主義国家の政治同盟　ポーランドの分割から抹殺へ）

◇スターリン秘史―巨悪の成立と展開　3　大戦下の覇権主義 上　不破哲三著　新日本出版社　2015.5　286p　20cm　2000円　①978-4-406-05894-0　Ⓝ312.38

[内容] 第11章 コミンテルンの迷走（ディミトロフは「カーテン」の外に　世界大戦の開始。戦争規定の変転　新たな戦争規定。平和の主要な敵はだれか）　第12章 三九〜四〇年のヨーロッパ戦線（ソ連の領土拡大作戦　ドイツの戦争体制への協力　フランス共産党の場合）　第13章 一九四〇年夏。スターリンとヒトラー（スターリン、勢力圏秘密協定の実施を急ぐヒトラー。戦略の大転換を決定　三国軍事同盟。結成事情　ベルリン会談の準備）　第14章 ベルリン会談の深層（スターリンはモロトフにどんな指示を与えたか　ベルリン会談。何が議論されたか　スターリン、侵略国家同盟への参加を決断　ヒトラー、「バルバロッサ作戦」の準備命令を発令）　第15章 謀略のバルカン作戦（上）（ベルリン会談前後のディミトロフ　中国。蒋介石政権との抗争　日ソ中立条約とスターリン）

◇スターリン秘史―巨悪の成立と展開　4　大戦下の覇権主義 中　不破哲三著　新日本出版社　2015.9　310p　20cm　2000円　①978-4-406-05920-6　Ⓝ312.38

[内容] 第16章 謀略のバルカン作戦（下）（火を噴くユーゴスラヴィア　コミンテルン解散への決断　スターリン、党と政府の最高責任者に　独ソ対戦発動）　第17章 独ソ戦始まる（開戦の日のスターリン　スターリンは無能な戦争指導者だったか　大戦経過のあらまし）　第18章 反ヒトラー連合とポーランド問題（上）（英ソ連合とソ連＝ポーランド協定　政策転換。ポーランド解体から独立国家の容認へ　"カチンの森" 事件を逆手に取る）　第19章 反ヒトラー連合とポーランド問題（下）（ワルシャワ蜂起　ヤルタ会談と政権問題　ポーランド問題。四年間の総決算）　第20章 ユーゴスラヴィア解放戦争（上）（本題に入る前に　解放の国民解放戦争をめざす　武装闘争開始、蜂起の波が全国に広がる　モスクワとのあいだで　スターリンの真意はどこにあったか）

◇ブラッドランド―ヒトラーとスターリン大虐殺の真実　上　ティモシー・スナイダー著、布施由紀子訳　筑摩書房　2015.10　346p　20cm　2800円　①978-4-480-86129-0　Ⓝ239

[内容] 序論 ヒトラーとスターリン　第1章 ソ連の飢饉　第2章 階級テロル　第3章 民族テロル　第4章 モロトフ＝リッベントロップのヨーロッパ　第5章 アポカリプスの経済学　第6章 最終解決

＊ウクライナ、ベラルーシ、ポーランド。ドイツとソ連に挟まれ、双方から蹂躙されたその地で何があったのか？　歴史の闇に封印された真実がいま明らかに―。世界30カ国で刊行、圧倒的な讃辞を集めた全米ベストセラー。知られざる大量殺戮の全貌。

◇ブラッドランド―ヒトラーとスターリン大虐殺の真実　下　ティモシー・スナイダー著、布施

由紀子訳　筑摩書房　2015.10　302,95p　20cm　〈文献あり　索引あり〉　3000円　⓵978-4-480-86130-6　Ⓝ239

内容　第7章 ホロコーストと報復と　第8章 ナチスの死の工場　第9章 抵抗の果てに　第10章 民族浄化　第11章 スターリニストの反ユダヤ主義　結論 人間性

＊ホロコーストには、ほんの一部の死者しか数えられていない。民間人犠牲者1400万人という事実は、いかにして封印されたのか？ 戦後も政治に翻弄された人々の不都合な真実―。アーレント賞ほか12以上の賞に輝いた歴史書の金字塔。

スターリン秘史―巨悪の成立と展開　5　大戦下の覇権主義 下　不破哲三著　新日本出版社　2015.12　367p　20cm　2200円　⓵978-4-406-05940-4　Ⓝ312.38

内容　第21章 ユーゴスラヴィア解放戦争(下)(「人民政府が樹立するな」―スターリンの突然の指示　チトー、対連合国外交に踏み切る　ほか)　第22章 コミンテルン解散の虚実(上)(スターリン、突然、解散を指示する　コミンテルン解散の本当の動機は？　ほか)　第23章 コミンテルン解散の虚実(下)(フランスの抵抗闘争。フランス共産党とドゴール　ギリシアの解放闘争を襲った悲劇　ほか)　第24章 大戦の終結(ヤルタ会談と対日戦　日本。戦争指導部の末期症状　ほか)　第25章 東ヨーロッパ制圧(スターリンの戦後ヨーロッパ構想　ブルガリア。一九四年の九月蜂起　ほか)

スターリン秘史―巨悪の成立と展開　6　戦後の世界で　不破哲三著　新日本出版社　2016.3　297,25p　20cm　〈索引あり〉　2000円　⓵978-4-406-05959-6　Ⓝ312.38

内容　第26章 コミンフォルム(一九四七年九月。コミンフォルム結成　ユーゴスラヴィア。批判から追放へ　チトー政権打倒に「テロ裁判」作戦を発動　スターリンのヨーロッパ戦略の決算表)　第27章 中国革命とスターリン(スターリンの戦後中国構想　中国内戦下、スターリンの二面作戦　ミコヤン訪中。劉少奇訪ソ　アジア・太平洋州の全域に中国型武装闘争の大波を　スターリンの目は日本と北朝鮮に)　第28章 一九五〇年(上)(ソ連＝中国の同盟関係に道を開く　布石＝日本、朝鮮、安保理　中ソ新条約と『毛沢東選集』左翼支援基金の創設。五〇年五月)　第29章 一九五〇年(下)(朝鮮戦争。「南進」準備・開戦・快進撃から逆転の危機へ　スターリン書簡(ゴトワルトあて)は何を語っているか　中国の参戦。スターリン＝周恩来会談始末　中国義勇軍の参戦は戦局を一変させた　日本共産党の干渉の深化。「北京機関」。軍事方針)　第30章 一九五一～五三年(朝鮮戦争終結。アジア「第二戦線」戦略の総決算　スターリン、最後の時期の死)

◇現代史とスターリン―『スターリン秘史―巨悪の成立と展開』が問いかけたもの　不破哲三, 渡辺治著　新日本出版社　2017.6　349p　20cm　〈年表あり〉　2200円　⓵978-4-406-06139-1　Ⓝ312.38

内容　はじめに―スターリンとのかかわり　現代史の見直しと『スターリン秘史』1 反ファシズム統一戦線と「大テロル」の時期(一九三四～三九年)　2 独ソ提携の時期(一九三九～四一年)　3 反ファシズム世界戦争の時期(一九四一～四五年)　4「冷戦」とスターリン戦略(一九四五～五三年)　総論的に

―現代史の見方が変わってくる

＊『スターリン秘史』の新たで鋭角的な視角を解き明かす。

ジョレス・メドヴェージェフ, ロイ・メドヴェージェフ選集　1［上］　歴史の審判に向けて―スターリンとスターリン主義について　上　佐々木洋解題・監修, 名越陽子訳　ロイ・メドヴェージェフ著　現代思潮新社　2017.10　538p　22cm　5600円　⓵978-4-329-10001-6　Ⓝ088

内容　第1部 スターリンの党への抜擢と地位の高まり(全連邦共産党(ボリシェヴィキ)党首としてのスターリン　スターリンの反対派との闘い　農業集団化と工業化実施上におけるスターリンの誤謬と犯罪　一九三〇年代初頭の国内・国外情勢の緊迫化　スターリンの新たな犯罪)　第2部 スターリンによる国家と党の権力奪取(S.M.キーロフの暗殺。旧反対派指導者たちに対する裁判　党と国家の主要幹部要員に対する打撃(一九三七・一九三八年)　一九三九・一九四一年の復権と弾圧について　審理と拘禁に用いた不法な方法)

＊地下出版された本書のタイプ原稿がKGBに押収され、「反ソ活動」の容疑者として迫害・監視下にありながら、旧ソ連邦内の逃避行を重ねる著者ロイ。そのただ中でタイプ稿をアメリカで出版することを決断、やがて独・仏・伊・日などの各国で翻訳され、世界的に反響を呼んだ。その後ロイのもとには、矯正労働収容所で命を落とした囚人の家族や生き延びた元囚人の証言が、作家や友人たちが秘匿し封印していた諸文書や回想が多数寄せられ、彼は大幅に改稿した。大著『共産主義とは何か』の増補・改訂新版。

◇ジョレス・メドヴェージェフ, ロイ・メドヴェージェフ選集　1［下］　歴史の審判に向けて―スターリンとスターリン主義について　下　佐々木洋解題・監修, 名越陽子訳　ロイ・メドヴェージェフ著　現代思潮新社　2017.10　428,41p　22cm　〈索引あり〉　5000円　⓵978-4-329-10002-3　Ⓝ088

◇ローズヴェルトとスターリン―テヘラン・ヤルタ会談と戦後構想　上　スーザン・バトラー著, 松本幸重訳　白水社　2017.10　380,38p　図版12p　20cm　3800円　⓵978-4-560-09575-1　Ⓝ319.53038

内容　第1章 戦時下の大西洋を渡る　第2章 テヘランへ向けて　第3章 テヘラン　第4章 第一印象　第5章 心の通い合い　第6章 同盟関係を固める　第7章 スターリン、国家像を探す　第8章 バルバロッサ作戦　第9章 ローズヴェルト、スターリンと第二戦線　第10章 戦後構想

＊チャーチルとの複雑な関係から、米国からの膨大な援助物資(レンドリース)、戦後国際秩序を見据えての「信頼構築」まで、巨頭二人の知られざる交流とは？ 米国の著述家が書簡・電信など新史料を駆使して、逸話満載で描く現代史の焦点！

◇ローズヴェルトとスターリン―テヘラン・ヤルタ会談と戦後構想　下　スーザン・バトラー著, 松本幸重訳　白水社　2017.10　343,66p　図版16p　20cm　〈文献あり　索引あり〉　3800円　⓵978-4-560-09576-8　Ⓝ319.53038

|内容| 第11章 問題と解法　第12章 新兵器―原子爆弾　第13章 ヤルタ　第14章 世界を構築する　第15章 問題を決着させる　第16章 ヤルタ直後に生じた問題　第17章 ローズヴェルト死す　第18章 ホプキンス、軌道回復のために奮闘

＊ローズヴェルト急逝から、トルーマン登場、原爆投下、ソ連の対日参戦、米ソ関係の急変まで、偉大な指導者を喪った戦後世界に新たな"恐怖"が闊歩する。米国の著述家が書簡・電信など新史料を駆使して、逸話満載で描く現代史の焦点！

◇スターリン―超大国ソ連の独裁者　中嶋毅著　山川出版社　2017.12　102p　21cm　(世界史リブレット人　89)〈文献あり　年譜あり〉　800円　①978-4-634-35089-2　Ⓝ289.3

|内容| 独裁者の死　1 地下活動家から歴史の表舞台へ　2 レーニンの後継者　3 スターリンの「上からの革命」　4 テロルと戦争　5 超大国の指導者

＊ロシア帝国の支配下にあったグルジアで靴職人の子に生まれ、社会主義ソ連の最高指導者となったスターリン。彼はソ連国家をアメリカ合衆国と並ぶ超大国へと導いたが、それは反対者を容赦なく弾圧し国民に多大な犠牲を強いた長い道のりであった。独ソ戦に勝利した偉大な指導者か、大量抑圧を推進した冷酷非道な独裁者か、スターリンに対する評価は今日も揺れ動く。本書はソ連国家の確立と拡大に重ねあわせて彼の生涯を描き出す。

◇ショスタコーヴィチとスターリン　ソロモン・ヴォルコフ著、亀山郁夫、梅津紀雄、前田和泉、古川哲訳　慶應義塾大学出版会　2018.4　525,15p　20cm　〈索引あり〉　5800円　①978-4-7664-2499-7　Ⓝ762.38

|内容| プロローグ 皇帝と詩人　第1章 幻影と誘惑　第2章 一九三六年―原因と結果　第3章 一九三六年―スフィンクスの目前で　第4章 皇帝の慈悲　第5章 戦争―憂慮と大勝利　第6章 一九四八年―「あらゆる場所に目を光らせ、敵を根絶せよ！」　第7章 断末魔の痙攣と皇帝の死　エピローグ スターリンの陰に

＊ソヴィエト社会主義時代、独裁者スターリンにたいし抵抗とも服従ともいいがたい両義的な態度をとったショスタコーヴィチ。彼が生み出した作品もまた、時にプロパガンダ風であり、時に反体制的であるような二重性を帯びていた。著者ヴォルコフは、ショスタコーヴィチ再評価の機運をつくった前著『ショスタコーヴィチの証言』刊行四半世紀を経て、歴史的裏付けをとりつつ、独自の手法により作曲家の実像にさらに迫ろうと試みている。本書は、内面的なジレンマを抱えながら、スターリンと直接わたりあうショスタコーヴィチを、ロシア史上の独特の人格、聖愚者に見立て、権力者との対峙の仕方を詳細に分析しているのである。スターリンは冷酷な顔をもつと同時に、芸術を愛する独裁者でもあった。しかし単に芸術家を庇護したわけではなく、彼らを国家的プロパガンダに利用し、弾圧した。パステルナーク、マンデリシターム、ブルガーコフ、エイゼンシュテイン、ゴーリキー、プロコーフィエフ…同時代の芸術家との関わりのなかで、ショスタコーヴィチは全体主義と芸術の相克をどのように乗り越えようとしたのか、スリリングに描き出していく。

スタール, N.〔1914～1955〕
Staël, Nicolas de

◇色彩の饗宴―二〇世紀フランスの画家たち　小川栄二著　平凡社　2015.7　325p　図版13p　22cm　〈他言語標題：LA FÊTE DES COULEURS〉　5200円　①978-4-582-83685-1　Ⓝ723.35

|内容| 第1章 現代絵画への展望（バルテュス―孤高の絵画愛　デュビュッフェ―現代のプリミティフ、創造の原初から　スタール―地中海の光）　第2章 二〇世紀の巨匠たち（ピカソ―"もの"の侵入、色彩の復権　マティス―色彩の悦び　ブラック―鳥たちの飛翔）　第3章 色彩と夢と現実（ミロ―"自由なる自由"を友に　シャガール―オペラ座天井画に見る夢）　第4章 日常性への眼差し（ボナール―絵画への愛、日常への愛　デュフィ―海と音楽　レジェ―二〇世紀前衛の"プリミティフ"）　第5章 田園・環境・エコロジー（エステーヴ―華やぐ大地　ビシエール―現代の牧歌）

＊なぜあの名画は生まれたのだろうか？ ピカソ、ミロ、シャガールからバルテュスまで現代フランス絵画を色彩豊かにいろどる13人の画家たちのその生涯を振り返り、知られざる素顔に迫る。

スタール夫人〔1766～1817〕
Stael-Holstein, Anne Louise Germaine (Necker), baronne de

◇スタール夫人　佐藤夏生著　新装版　清水書院　2015.9　227p　19cm　(Century Books―人と思想　185)〈文献あり　年譜あり　索引あり〉　1000円　①978-4-389-42185-4　Ⓝ950.268

|内容| 1 スタール夫人の生涯（サロンの少女　結婚、そして革命　ナポレオンの台頭　亡命の旅路）　2 スタール夫人の思想（革命を乗り越えるために　ロマン主義理論の形成　旅する想像力　自由を求めて　スタール夫人の現在）

◇評伝 スタール夫人と近代ヨーロッパ―フランス革命とナポレオン独裁を生きぬいた自由主義の母　工藤庸子著　東京大学出版会　2016.10　290,63p　22cm　〈年譜あり　索引あり〉　6500円　①978-4-13-010131-8　Ⓝ950.268

|内容| 第1章 生い立ち―ルイ十六世の大臣ネッケルの娘――一七六六～八九年（母の秘蔵っ子　啓蒙の世紀と女たちのサロン　ほか）　第2章 革命とサロンのユートピア――一七八九～九五年（王権の失墜　スタール夫人のサロン（第一期）　ほか）　第3章 政治の季節――一七九五～一八〇〇年（選択としての共和主義　『国内平和についての省察』（一七九五年執筆、死後出版一八二〇年）『情念論』（一七九六年）　総裁政府とスタール夫人のサロン（第二期）　ほか）　第4章 文学と自由主義――一八〇〇～一〇年（革命の終結と独裁者ボナパルト　『文学論』（一八〇〇年）―「新旧論争」から「南と北の文明論」へ　ほか）　第5章 反ナポレオンと諸国民のヨーロッパ――一八一〇～一七年（宗教と哲学とロマン主義―到達点としての「精神の昂揚」　亡命者としてヨーロッパを見る―『追放十年』（死後出版一八二〇年）　ほか）

＊革命勃発時のパリに生き、スタール男爵の妻となったジェルメーヌ―彼女は並々ならぬ情熱で革命に参画し、卓越した政治論を残した。独裁に抗いな

がら個人の自由を求めつづけたスタール夫人の知的営みとその生涯を、著作の綿密な分析を通して跡づける「知性の評伝」。「近代ヨーロッパ」を問い直す、比類なき挑戦の書。

スタンダール〔1783～1842〕 Stendhal

◇世界の十大小説 上 W.S.モーム著，西川正身訳 岩波書店 2015.5 316p 15cm （岩波文庫） 780円 Ⓘ4-00-322544-9 Ⓝ904

内容 1 小説とは何か 2 ヘンリー・フィールディングと『トム・ジョーンズ』3 ジェイン・オースティンと『高慢と偏見』 4 スタンダールと『赤と黒』 5 バルザックと『ゴリオ爺さん』 6 チャールズ・ディケンズと『デイヴィッド・コパーフィールド』

＊世界の十大小説として選んだ十篇を、実作者の視点から論じたユニークな文学論。まず作家の生涯と人物について語り、作者への人間的な興味を土台に、痛快な筆さばきで作品を解説する。（上）では『トム・ジョーンズ』『高慢と偏見』『赤と黒』『ゴリオ爺さん』『デイヴィッド・コパーフィールド』を取上げる。（全2冊）

◇スタンダール 鈴木昭一郎著 新装版 清水書院 2015.9 255p 19cm （Century Books—人と思想 52）〈文献あり 年譜あり 索引あり〉 1000円 Ⓘ978-4-389-42052-9 Ⓝ950.268

内容 序章 ドフィネ・アルプスとグルノーブル 1 愛されざる故郷 2 幸福と、そのありか 3 崇高と優しさを求めて 4 「小説」へのあゆみ 5 崇高化された恋する人びと 終章 "VISSE,SCRISSE,AMO"

スタン・リー〔1922～2018〕 Stan Lee

◇スタン・リーとの仕事 長濱博史他著 洋泉社 2017.9 207p 19cm （映画秘宝セレクション） 1400円 Ⓘ978-4-8003-1320-1 Ⓝ726.101

内容 序章 スタン・リーとの仕事への想い 第1章 スタン・リーという生き方 第2章 スタン・リーのコミック人生年表（生い立ち～1960年代） 第3章 スタン・リーと日本との関わり 第4章 スタン・リーとの仕事（前編） 第5章 奇跡の合作『THE REFLECTION』の世界 第6章 スタン・リーが生んだヒーローたち 第7章 スタン・リーとの仕事（後編） 第8章 スタン・リーのコミック人生年表（1970年代～現在） 第9章 スーパーヒーロー・コミックスの"言語"を発明した人―スタン・リー

＊スパイダーマンなど多くのヒーローを生み出し、アメリカン・コミックスの人気を不動のものにした偉大なる男スタン・リー。彼と『蟲師』の鬼才・長濱博史が二人三脚で作り上げた最新アニメ『THE REFLECTION』。彼らの10年以上に渡る交流と制作過程を振り返りながら、スタン・リーの魅力と創作術をひもとく。

スタンリー・スミス，V.〔1950～〕 Stanley-Smith, Venetia

◇幸せは自分の中にある―ベニシア、イギリス貴族の娘。 ベニシア・スタンリー・スミス著，竹林正子訳 KADOKAWA 2017.2 217p 20cm （Venetia's story 1） 1600円 Ⓘ978-4-04-601935-6 Ⓝ289.3

内容 第1章 イギリス貴族に生まれて―貴族とは、生まれつきのものではなく、その人の行動で示すべきもの（私の父の物語 私の母の物語 ほか） 第2章 義理の父との思い出（乳母に育てられた幼少期―フランス人のナニー、ディンディン 二番目の父――番ハンサムだったフレディおじさん ほか） 第3章 ベニシアの社交界デビューへの道のり（社交界デビューへの道のり サンモリッツでのスキー事件 ほか） 第4章 絶望から立ち直った子供時代―父デレクとの永遠の別れ（ショッキングな出来事―母の四度目の結婚 四番目の父 物静かなジョンおじさん ほか）

＊ベニシアが、イギリス貴族に生まれながら京都大原の里山暮らしを選んだのはなぜ？ こころの平穏を求めるベニシアの旅路はここから始まった。

スタンレー，P.〔1952～〕 Stanley, Paul

◇ポール・スタンレー自伝―モンスター～仮面の告白～ ポール・スタンレー，ティム・モーア著，迫田はつみ訳，増田勇一監修 シンコーミュージック・エンタテイメント 2014.9 522p 22cm 〈作品目録あり 索引あり〉 2800円 Ⓘ978-4-401-64007-2 Ⓝ767.8

内容 第1章 逃げ隠れ出来ないんだぜベイビー 第2章 生きるために街角に立つ 第3章 いい時もあれば悪い時もあるありとあらゆる思いを味わってきた 第4章 プレッシャーをかけられて 第5章 心の痛みへと続くハイウェイ 第6章 永遠に

＊デビュー40周年を迎えた"地獄の軍団"KISSのフロントマンポール・スタンレー初の自伝、待望の日本語版が登場！ ポールの本当の姿がここにある…！日本語版のみの特典として、『ミュージック・ライフ』『BURRN！』などから原著にはない貴重な秘蔵写真を多数追加して写真ページを倍増。さらに40年にわたってリリースされてきたKISS関連の作品群をまとめたディスコグラフィーも収録！

スチーブンソン，G.〔1781～1848〕 Stephenson, George

◇ワットとスティーヴンソン―産業革命の技術者 大野誠著 山川出版社 2017.10 94p 21cm （世界史リブレット人 59）〈文献あり 年譜あり〉 800円 Ⓘ978-4-634-35059-5 Ⓝ289.3

内容 「自助の精神」とともに 1 スコットランド啓蒙の技師―ワットの前半生 2 産業革命のエンジン―ワットの後半生 3 炭鉱の蒸気機関工―スティーヴンソンの前半生 4 鉄道の時代を切り拓く―スティーヴンソンの後半生 「才能と勤労によって」をモットーに

＊動力と輸送を劇的に転換して現代の工業社会を生み出した蒸気機関と蒸気機関車。発明者のワットとスティーヴンソンの生涯を追いながら、これらの発明の基盤を明らかにする。『ジェントルマンと科学』（世界史リブレット34）で好評を得た著者が本書で浮き彫りにしたのは、イギリス科学技術のもう一つの伝統を形成した技術者たちの世界。その独自な価値観に迫る。

ズットナー，B.〔1843～1914〕 Suttner, Bertha von

◇平和のために捧げた生涯―ベルタ・フォン・

ズットナー伝　ブリギッテ・ハーマン著，糸井川修，中村実生，南守夫訳　明石書店　2016.6　688p　20cm　〈世界人権問題叢書 96〉〈著作目録あり　索引あり〉　6500円　Ⓘ978-4-7503-4357-0　Ⓝ940.268

内容　キンスキー伯爵令嬢　家庭教師と秘書　コーカサスにて　作家生活　武器を捨てよ　平和協会の設立　反ユダヤ主義との闘い　ハーグ平和会議　人間的な、あまりに人間的な　ノーベル平和賞　有力者たちへの期待　同盟相手　女性問題　大戦争を前に

スッラ〔138～78B.C.〕
Lucius Cornelius Sulla Felix

◇ローマ帝国人物列伝　本村凌二著　祥伝社　2016.5　303p　18cm　〈祥伝社新書 463〉　840円　Ⓘ978-4-396-11463-3　Ⓝ283.2

内容　1 建国期—建国期のローマ（ブルトゥス—共和政を樹立した初代執政官　キンキナトゥス—ワシントンが理想とした指導者　ほか）　2 成長期—成長期のローマ（アッピウス—インフラ整備など、類稀なる先見性　ファビウス—耐えがたきを耐える「ローマの盾」　ほか）　3 転換期—転換期のローマ（クラッスス—すべてを手に入れた者が欲したもの　大ポンペイウス—カエサルに敗れた大武将　ほか）　4 最盛期—最盛期のローマ（ゲルマニクス—夭逝した理想のプリンス　ネロ—気弱な犯罪者だった暴君　ほか）　5 衰亡期—衰亡期のローマ（ガリエヌス—動乱期の賢帝　ディオクレティアヌス—混乱を鎮めた軍人皇帝　ほか）

＊ローマの歴史には、独裁も革命もクーデターもあり、「パクス・ロマーナ」と呼ばれた平和な時代もあった。君主政も共和政も貴族政もポピュリズムもあり、多神教も一神教もあった。まさに「歴史の実験場」であり、教訓を得るのに、これほどの素材はない。歴史を学ぶには制度や組織は無視できないが、そこに人間が存在したことを忘れてはならないだろう。本書は、一〇〇〇年を超えるローマ史を五つの時代に分け、三二人の生涯と共に追うものである。賢帝あり、愚帝あり、英雄から気丈な女性、医学者、宗教家まで。壮大な歴史叙事詩であり、歴史は人なり—を実感する一冊。

スティーブンズ, J.L.〔1805～1852〕
Stephens, John Lloyd

◇マヤ探検記—人類史を書きかえた偉大なる冒険　上　ウィリアム・カールセン著，森夏樹訳　青土社　2018.5　338p　図版16p　19cm　2800円　Ⓘ978-4-7917-7060-1　Ⓝ295.7091

内容　1 探検（一八三九年、南へ　川上へ　ミコ山　パスポート　ほか）　スティーブンズ　2 政治（廃墟　カレーラ　戦争　マラリア　ほか）　キャザウッド

＊古代の遺跡に魅せられた二人の男は、いつしか固い絆で結ばれて、それぞれの夢を中央アメリカの熱帯雨林に見出した。猛烈な暑さ、すべてを包む湿気、いたるところから襲ってくるハエや蚊や毒ヘビ、マラリアや黄熱病の焼けるような苦しみ、石だらけの道や行く手を阻む沼地、そして遺跡を守るようにして無限に繁茂する植物たち。それは、まさに命をかけた冒険だった。マチュピチュ発見よりも60年以上前に人類がはたした壮大な足跡をたどる。オリジナル図版多数。

◇マヤ探検記—人類史を書きかえた偉大なる冒険　下　ウィリアム・カールセン著，森夏樹訳　青土社　2018.5　391,7p　19cm　〈文献あり　索引あり〉　2800円　Ⓘ978-4-7917-7061-8　Ⓝ295.7091

内容　3 考古学（過去への旅　パレンケ　ウシュマル「すばらしい」　ほか）　マヤ人　4 友人たち（古代遺跡の景観　蒸気　パナマ　地峡横断　ほか）　エピローグ

＊密林のジャングルで彼らが見たのは、誰も想像すらしていなかった高度な文明の痕跡だった—。コパン、キリグア、パレンケ、ティカル、ウシュマル、チチェン・イッツァ、トゥルム…。歴史を刷新するほどの成果をあげて旅を終えた二人の冒険家は、歩みを止めることなくさらなる遠大な夢へと突き進む。激動の19世紀、ゴールドラッシュ直前の熱く揺れ動くアメリカ大陸で、アメリカ考古学を創始した二人の波乱に満ちた人生の行き着く先とは。『ニューヨーク・タイムズ』ベストセラー。

スティムソン, H.L.〔1867～1950〕
Stimson, Henry Lewis

◇ヘンリー・スティムソン回顧録　上　ヘンリー・L・スティムソン，マックジョージ・バンディ著，中沢志保，藤田怜史訳　国書刊行会　2017.6　377p　22cm　4600円　Ⓘ978-4-336-06148-5　Ⓝ312.53

内容　第1部　いくつもの戦いの場（連邦検事として　ローズヴェルト、タフトとともに　責任ある政府　変容する世界　一市民として　フィリピン総督）　第2部　薬の槍を手に（建設的な国務長官前半期　破滅の始まり　極東危機　決断力のなさが招いた悲劇　再び一市民へ　全面戦争に向けて）

＊その時アメリカでは何が起こっていたのか—アメリカはいかなる問題を抱えていたのか。20世紀前半の半世紀近い間、フィリピン総督、国務長官、陸軍長官など、アメリカ政府の要職に就き、原爆投下など、数々の政策決定にその中核メンバーとして参画したヘンリー・スティムソンが、その生涯を多角的に語りつくした回顧録。

◇ヘンリー・スティムソン回顧録　下　ヘンリー・L・スティムソン，マックジョージ・バンディ著，中沢志保，藤田怜史訳　国書刊行会　2017.6　416,13p　22cm　〈年表あり　索引あり〉　4800円　Ⓘ978-4-336-06149-2　Ⓝ312.53

内容　第3部　危機の時代（武装を求める　一年目　疑惑の谷　戦争始まる　軍隊と大戦略　戦時中の陸軍　全面動員いへの取り組み　陸軍と海軍　陸軍と大連合　平和の始まり　原爆と日本の降服　原爆とロシアとの協調　公職最後の日々）

＊パールハーバーから原爆投下へ—アメリカはいかにして決断を下したのか。セオドア・ローズヴェルト、タフト、フランクリン・ローズヴェルト、トルーマンら歴代アメリカ大統領との生々しいやりとり、チャーチルやスターリン、ムッソリーニら各国要人との息詰まる駆け引き、激動する世界の渦中で分裂の危機に瀕したアメリカ—当事者だけが語りうる証言の数かずが歴史の舞台裏を明らかにする。

スティリコ〔365〜408〕 Flavius Stilicho
◇ローマ帝国の東西分裂　南雲泰輔著　岩波書店　2016.3　208,115p　22cm　〈文献あり　索引あり〉　7000円　Ⓘ978-4-00-002602-4　Ⓝ232.8

内容 第1章 問題の所在―ローマ帝国の東西分裂をめぐって　第2章 シュンマクス―「永遠の都」ローマ市と食糧供給　第3章 ルフィヌス―新しい「首都」コンスタンティノープル市の官僚の姿　第4章 ルキアノス―帝国東部宮廷における官僚の権力基盤　第5章 エウトロピオス―帝国東部宮廷における宦官権力の確立　第6章 スティリコ―帝国西部宮廷における「蛮族」の武官と皇帝家の論理　第7章 アラリック―イリュリクム道の分割と帝国の分裂　終章―ローマ帝国の東西分裂とは何か

＊ローマ史上の画期とされる帝国の東西分裂とは、何だったのか。歴史を動かした文武の官僚たちを主人公に、ローマ帝国の解体過程を描き出す。膨大な研究史の洗い直しと緻密な史料分析をふまえて、古代史の大問題に取り組み、新しい歴史像の提示を試みる。

スティル, A.T.〔1828〜1917〕 Still, Andrew Taylor
◇A.T.スティルの世界―オステオパシーの父　M.A.レイン原著，古賀正秀監訳，太田陽太郎訳　新版　たにぐち書店　2017.8　157p　21cm　〈初出：谷口書店1990年刊〉　3000円　Ⓘ978-4-86129-320-7　Ⓝ492.75

ステッグマイヤー, R.〔1971〜〕 Stegmayer, Risa
◇リサ・ステッグマイヤーのグローバルキッズを育てる！　リサ・ステッグマイヤー著　小学館　2016.3　126p　21cm　1400円　Ⓘ978-4-09-388408-2　Ⓝ779.9

内容 1 グローバルママ流子育てストーリー（香港で第一子を妊娠・出産　第一子出産エピソード　カリスマ・ナニーの育児書を片手に子育てスタート！　国によって常識が違う！　授乳のこと、離乳食のこと ほか）　2 "世界に通用する"子どもを育てたい（私がバイリンガルになれた3つの理由　母が語ってくれた、グローバルな子育ての思い　子どもたちもバイリンガルに育てたい！　日本の子育て、海外の子育て ほか）

＊アメリカ生まれ、日本育ち。香港で出産、シンガポールで子育て中。バイリンガルタレント リサ・ステッグマイヤー流の子育ては、世界の子育て"いいとこミックス"。育児の常識は国の数、文化の数、人の数だけ違っているもの。「色々あっていい」から、安心できて、元気になれる！"世界に通用する子ども"を育てるヒントも満載！

ステラ
⇒ジョンソン, E. を見よ

ステルン, D.〔1805〜1876〕 Stern, Daniel
◇巡礼の年―リストと旅した伯爵夫人の日記　マリー・ダグー著，近藤朱蔵訳　青山ライフ出版　2018.7　413p　21cm　〈背・表紙・カバー背・カバー表紙の責任表示（誤植）：マリー・タグー　文献あり　著作目録あり　発売：星雲社〉　2000円　Ⓘ978-4-434-24528-2　Ⓝ289.3

ストウ, W.W.〔1912〜1981〕 Sutow, Wataru Walter
◇小児科医ドクター・ストウ伝―日系二世・原水爆・がん治療　長澤克治著　平凡社　2015.11　286p　20cm　〈年譜あり〉　2000円　Ⓘ978-4-582-51333-2　Ⓝ289.3

内容 序章 ドクター・ストウを知っていますか　第1章 ルーツ　第2章 苦学と日米開戦　第3章 広島へ　第4章 傷痍　第5章 ヒューストン　第6章 マーシャル諸島　第7章 懸け橋　終章 遺産　特別寄稿『小児科医ドクター・ストウ伝―日系二世・原水爆・がん治療』を読んで（日野原重明）

＊取材から12年余―。日系二世の小児科医69年の生涯がいま初めて、見えてきた！

ストコフスキー, L.〔1882〜1977〕 Stokowski, Leopold Antoni
◇偉大なる指揮者たち―トスカニーニからカラヤン、小澤、ラトルへの系譜　クリスチャン・メルラン著，神奈川夏子訳　ヤマハミュージックメディア　2014.11　389,7p　21cm　2800円　Ⓘ978-4-636-90301-0　Ⓝ762.6

内容 アルトゥーロ・トスカニーニ　ウィレム・メンゲルベルク　セルゲイ・クーセヴィツキー　ピエール・モントゥー　ブルーノ・ワルター　サー・トーマス・ビーチャム　レオポルド・ストコフスキー　エルネスト・アンセルメ　オットー・クレンペラー　ヴィルヘルム・フルトヴェングラー〔ほか〕

＊指揮の特徴や楽団員からの評価、生い立ちや普段の振る舞い、家族関係など、50人のマエストロたちの素顔を描き出す。オーケストラ指揮の知られざる側面に迫った評伝集。

ストーム, M.〔1976〜〕 Storm, Morten
◇イスラム過激派二重スパイ　モーテン・ストーム，ポール・クルックシャンク，ティム・リスター著，庭田よう子訳　亜紀書房　2016.7　508p　20cm　（亜紀書房翻訳ノンフィクション・シリーズ 2-8）　2700円　Ⓘ978-4-7505-1438-3　Ⓝ391.6

内容 砂漠の道―二〇〇九年九月中旬　ギャング、女の子たち、そして神―一九七六年・九七年　改宗―一九九七年初頭・夏　アラビア―一九九七年晩夏・九八年夏　ロンドニスタン―一九九八年夏・二〇〇年初頭　アメリカに死を―二〇〇年初頭・二年春　家庭不和―二〇〇二年夏・〇五年春　MI5、ルートンに来る―二〇〇五年春・秋　シャイフとの出会い―二〇〇五年後半・〇六年晩夏　崩壊―二〇〇六年晩夏・〇七年春〔ほか〕

＊鬱屈を抱えたデンマーク生まれの白人青年は、偶然出会ったアッラーの教えに救いを見出し、イスラム過激派に傾倒していくが、やがてその「大義」に疑問を抱いて棄教、CIAやイギリス、デンマークのスパイとなり、テロとの戦いの最前線に立つ。過激派の大物たちとの交流、危険きわまりない砂

漠での暗殺作戦、情報機関の暗躍、裏切り。スパイ活動の内幕と波乱万丈の体験を赤裸々に語る衝撃の告白！

ストラディバリ, A. 〔1644〜1737〕
Stradivari, Antonio

◇ストラディヴァリとグァルネリ—ヴァイオリン千年の夢　中野雄著　文藝春秋　2017.7　254p　18cm　〈文春新書 1132〉　920円　Ⓘ978-4-16-661132-4　Ⓝ763.42

内容　第1章 ヴァイオリンの価値とは何か　第2章 ヴァイオリンという楽器1—その起源と完成度の高さ　第3章 ヴァイオリンという楽器2—ヴァイオリンを構成する素材と神秘　第4章 アントニオ・ストラディヴァリの生涯と作品　第5章 グァルネリ・デル・ジェスの生涯と作品　第6章 閑話休題　第7章 コレクター抄伝　第8章 銘器と事故　最終章 封印された神技

＊ヴァイオリンほど不思議なものはない。三百年前に作られた木製楽器が、骨董品ではなく、現役としてナンバーワンの地位を占めているのである。頂点に位置する二人の名工の作品を軸に、なぜ、これほどまでに高価なのか、なぜ、これほどまでに美しい音色なのか、その謎と神秘に迫る。

◇修復家だけが知るストラディヴァリウスの真価　中澤宗幸著　毎日新聞出版　2018.9　268p　20cm　2000円　Ⓘ978-4-620-32542-2　Ⓝ763.42

内容　写真でひもとくヴァイオリンの世界　第1章 ヴァイオリンの誕生—奇跡の楽器の成り立ちをひもとく　第2章 天才名工 アントニオ・ストラディヴァリ—謎に満ちた生涯と作品　第3章 ストラディヴァリウスの秘密—その音色はどこから来るのか　第4章 数奇な運命を辿るストラディヴァリウス—名器の伝説と真実　第5章 名器と演奏家を巡る物語　第6章 ヴァイオリン修復者の仕事—修復・調整・製作　巻末特別付録 ヴァイオリンを作る

＊300年の時を超えて、名器として生き続けることができたのはなぜか？ 修復の世界的権威が、ストラディヴァリウスの謎を解き明かす。

ストラビンスキー, I.F. 〔1882〜1971〕
Stravinsky, Igor Fyodorovich

◇ドラマチック・ロシア in JAPAN　4　日露異色の群像30—文化・相互理解に尽くした人々　続　長塚英雄責任編集　生活ジャーナル　2017.12　531p　22cm　〈3の出版者：東洋書店〉　2800円　Ⓘ978-4-88259-166-5　Ⓝ319.1038

内容　レフ・メーチニコフ (1838 - 1888) 西郷が呼んだロシアの革命家　ニコライ・ラッセル (1850 - 1930) 子孫が伝える二〇世紀の世界人の記憶　黒богу義文 (? - 1918) 東京外国語露語科からペテルブルグ大学東洋語学部へ　小西増太郎 (1861 - 1939) トルストイとスターリンに会った日本人—激動の昭和を生きた祖父小西増太郎　ニコライ・マトヴェーエフ (1865 - 1941) マトヴェーエフと戦後ロシア人観光団　徳富蘆花 (1868 - 1927) 日本におけるトルストイ受容の先駆者として　セルギイ・チホミーロフ (1871 - 1945) 日本の府主教セルギイ—その悲劇の生涯　内田良平 (1874 - 1937)「黒龍会」内田良平のロシア観　瀬沼夏葉 (1875 - 1915) 瀬沼夏葉とチェーホフ作品の翻訳　相馬黒光 (1875 - 1955) "アンビシャスガール" とロシア文化〔ほか〕

ストリジャーク, L.A. 〔1927〜2009〕
Strizhak, Leon Abramovich

◇記憶のなかの日露関係—日露オーラルヒストリー　日ロ歴史を記録する会編　彩流社　2017.5　387p　22cm　4000円　Ⓘ978-4-7791-2328-3　Ⓝ334.438

内容　1 小野寺百合子　2 佐藤休　3 丸山直元　4 伊藤弘　5 中田光男　6 フセヴォロド・ヴァシーリエヴィチ・チェウソフ　7 都沢行雄　8 ヴィクトル・マカーロヴィチ・キム　9 レオン・アブラーモヴィチ・ストリジャーク

＊日本、満州、ソ連…。戦前の暮らしから戦中、戦後へ、9名の波瀾の修業時代を通して語りかける記憶にとどめたい "知られざる歴史" の断面！

ストルーベ, P.B. 〔1870〜1944〕
Struve, Pyotr Berngardovich

◇レーニンの誤りを見抜いた人々—ロシア革命百年、悪夢は続く　鈴木肇著　恵雅堂出版　2014.11　233p　18cm　〈年表あり　文献あり〉　1060円　Ⓘ978-4-87430-039-8　Ⓝ238.07

内容　ロシア社民主義の英才ポトレソフレーニンの同志から政敵へ/親西欧・「祖国防衛派」を率いる ロシア社民主義の父アクセリロード—「反レーニン、反独裁」を貫く/柔軟な戦術家、広い国際人脈 栄冠を取り戻すプレハーノフ—レーニンの危険性を見破る/亡命37年、祖国防衛の愛国者に マルクス学大家の明暗—リャザーノフとニコラエフスキー 改革一筋の人民社会党—過激ロシアで良識を貫く/ドイツとロシアの社民党—深い絆をレーニンが断つ/「右派」の力が明暗を分ける 救国思想家ストルーヴェを知ろう—独裁と戦い、自由保守主義を大成 レーニンも恐れた名将ウランゲリ—クリミア撤退で十四万人余を救う/ロシア国内戦史の大逆転を

ストレームグレン, B.G.D. 〔1908〜1987〕
Strömgren, Bengt Georg Daniel

◇現代天文学史—天体物理学の源流と開拓者たち　小暮智一著　京都　京都大学学術出版会　2015.12　634p　22cm　〈他言語標題：History of Modern Astronomy　文献あり　年表あり　索引あり〉　4900円　Ⓘ978-4-87698-882-2　Ⓝ440.12

内容　第1部 天体分光学 (「新天文学」の開幕　星の分光分類とHD星表)　第2部 星の構造と進化論 (星の進化論とHR図表　熱核反応と星の進化論)　第3部 銀河天文学と宇宙論 (銀河と星雲の世界　銀河系の発見　宇宙論の源流)　第4部 現代天文学 (日本における天体物理学の黎明　現代天文学への展開)

＊初めて星の化学組成を明らかにしたロンドンのアマチュア天文家ハギンズ、太陽をガス体と見なした特許調査官レーン、自作の望遠鏡で天空を探査した音楽家ハーシェル…18世紀末から19世紀中葉にかけて現代天文学の扉を開いた彼らは、いずれも縁のないアマチュア天文家だった。星の位置と運動を対象とする古典天文学から天体の物理的構造を探る天体物理学へ、その転換期を担っ

た人々の生涯と研究を軸に、現代天文学の歴史をたどる。

ストーン, B. 〔1974～〕 Stone, Biz

◇ツイッターで学んだいちばん大切なこと―共同創業者の「つぶやき」 ビズ・ストーン著, 石垣賀子訳 早川書房 2014.9 326p 19cm 1600円 Ⓘ978-4-15-209484-1 Ⓝ007.35

内容 はじめに 天才を名乗る こんなの楽勝? 毎日が新しい日 ポッドキャスト王を降りる 制約の効能 人間、群れをつかむ 幸せをつかむ ツイッタークジラの登場 明るい面に目を向ける 小さなツール、大きな変化 五億ドルのオファー 群集の知恵 事実を操る 宿題をしない方針 新しいルール 二五ドルの遥かなる道のり 新しい資本主義 新たな動き つながりあう社会の希望

＊140字のつぶやきが世界のみんなをつないだ! 自分の思いを短文で発信する―たったそれだけのシンプルなサービスが、2億7000万人に愛され、社会を動かすようになったのはなぜ? 共同創業者のビズ・ストーンが、ツイッターの誕生秘話や裏話をユーモアたっぷりにつづる。「チャンスは自分で作り出せ!」「最悪のシナリオを受け入れる覚悟をしないかぎり、最高のシナリオは手に入らない」など、成功するためのヒントが満載。

ズナイダー, N. 〔1975～〕 Znaider, Nikolaj

◇偉大なるヴァイオリニストたち 2 チョン・キョンファから五嶋みどり、ヒラリー・ハーンまで ジャン=ミシェル・モルク著, 神奈川夏子訳 ヤマハミュージックメディア 2017.4 356,8p 21cm 〈文献あり〉 3400円 Ⓘ978-4-636-92333-9 Ⓝ762.8

内容 ボリス・ベルキン チョン・キョンファ ピンカス・ズーカーマン オーギュスタン・デュメイ ピエール・アモイヤル ドミトリ・シトコヴェツキー ナイジェル・ケネディ シュロモ・ミンツ ヴィクトリア・ムローヴァ チョーリャン・リン 〔ほか〕

＊外科医でもある筆者による桁外れに鋭い考察に基づく評伝集。使用楽器や練習法などはもちろん、デビューの裏側や生い立ち、家族関係などに迫り、素顔を描き出す。歴史的名演を収録したCD-ROM付き。

スノーデン, E. 〔1983～〕 Snowden, Edward Joseph

◇スノーデン、監視社会の恐怖を語る―独占インタビュー全記録 小笠原みどり著 毎日新聞出版 2016.12 191p 19cm 1400円 Ⓘ978-4-620-32410-4 Ⓝ316.1

内容 序章 なぜ私はスノーデンをインタビューすることになったのか―日本のデジタル監視成立期を素描しつつ 第1章 たった一人の倫理的告発 第2章 危険を冒して真実を語る者―スノーデン独占インタビュー実現まで 第3章 「僕が横田基地でやっていた工作活動」―スノーデンと日本 第4章 「ターゲット・トーキョー」の衝撃―NSAの日本での謀略活動 第5章 監視はテロを防げるか―殺戮と監視の連鎖をめぐって 第6章 現代の監視はどこから来たのか 終章 監視が未来を消滅させる―スノーデンのプライバシー論

＊米国の世界同時監視システムの真実を告発して世界を震撼させたスノーデンに、日本人ジャーナリストが初の長時間インタビューを敢行。スノーデンの日本での工作活動の全貌、民間企業を抱き込んで行う通信傍受の実態、世論操作と市民運動破壊の方法、日米関係の不平等、監視と戦争の危険な関係…現代の恐るべき支配のすべてが明らかになる。

◇屈服しない人々 ツヴェタン・トドロフ著, 小野潮訳 新評論 2018.9 322p 19cm 〈索引あり〉 2700円 Ⓘ978-4-7948-1103-5 Ⓝ311.15

内容 第1章 エティ・ヒレスム 第2章 ジェルメーヌ・ティヨン 第3章 ボリス・パステルナーク 第4章 アレクサンドル・ソルジェニーツィン 第5章 ネルソン・マンデラとマルコムX 第6章 現代のふたりの屈服しない人物―ダヴィッド・シュルマンとエドワード・スノーデン

スパラヤツ
⇒スーペャ・ラ を見よ

スピノザ, B. 〔1632～1677〕 Spinoza, Benedictus de

◇スピノザ チャールズ・ジャレット著, 石垣憲一訳 講談社 2015.1 333p 19cm (講談社選書メチエ 592―知の教科書)〈文献あり 索引あり〉 1750円 Ⓘ978-4-06-258595-8 Ⓝ135.2

内容 第1部 はじめに(一七世紀のオランダ スピノザの生涯と思想 『知性改善論』) 第2部 『エチカ』を読む(『エチカ』の概説 『エチカ』第1部神について 『エチカ』第2部精神と認識について 『エチカ』第3部感情について 『エチカ』第4部倫理について 『エチカ』第5部精神の力と至福について) 第3部 政治的著作について(『神学政治論』『国家論』) 後記 スピノザが与えた影響について

＊一七世紀オランダが生んだ大哲学者スピノザ。刊行当時は禁書処分にされるほど危険視されたその著作は、ヘーゲルやニーチェによって人類の偉大な財産とみなされ、二〇世紀にはドゥルーズやネグリに再発見された。本書は、スピノザの生涯と思想形成をたどったあと、難解をもって知られる主要著作を概観し、主著『エチカ』の全容を明快に解説する。本格的スピノザ入門の決定版!

◇スピノザ 工藤喜作著 新装版 清水書院 2015.9 216p 19cm (Century Books―人と思想 58)〈文献あり 年譜あり 索引あり〉 1000円 Ⓘ978-4-389-42058-1 Ⓝ135.2

内容 1 スピノザの時代(一七世紀のオランダ 宗教と文化 ユダヤ人社会) 2 スピノザの生涯(破門以前 破門後の生活と研究 晩年) 3 スピノザの思想(著書と論文 神とは何か 人間の精神について 人間の感情について 人間の隷属について 人間の自由について 宗教と政治について)

◇スピノザの学説に関する書簡 F.H.ヤコービ著, 田中光訳 知泉書館 2018.4 431,49p 22cm 〈文献あり 年譜あり 索引あり〉 7000円 Ⓘ978-4-86285-273-1 Ⓝ135.2

内容 第1部 スピノザの学説に関する書簡(スピノザの

学説に関するモーゼス・メンデルスゾーン氏宛の書簡　人間の拘束性と自由についての予備的命題　スピノザの学説に関して〕　第2部　スピノザの学説に関する書簡へのもろもろの付録（ノラのジョルダーノ・ブルーノからの抜粋―『原因・原理・一者について』無神論について―ディオクレスからディオティーマヘ　「別の世界の事物」―ハーマンの言葉　ヘルダーの「神」について　ヘルダーのスピノザ主義への批判　スピノザとライプニッツ　思弁哲学の歴史―スピノザ主義の成立　キケロ『義務について』）

* 本書は1785年に刊行され、ヘーゲルなどに大きな影響を与え、カント、ゲーテをはじめドイツ思想界を巻き込んだ「汎神論論争（スピノザ論争）」発端の書である。巻末には訳者によるヤコービの紹介と年譜、『スピノザ書簡』各版の異同情報を付す。

スビルー, B.〔1844～1879〕
Soubirous, Bernadette

◇ベルナデッタの自分誌　ベルナデッタ著，森谷美麗，森谷峰雄共訳　神戸　シオン出版社　2016.9　81p　21cm　〈発売：星雲社〉　750円　①978-4-434-22192-7　Ⓝ198.2235

◇酒井しょうこと辿る　聖母マリアに出会う旅―フランス3人の聖女を訪ねて　酒井しょうこ著　亜紀書房　2018.10　141p　21cm　〈文献あり〉　1900円　①978-4-7505-1565-6　Ⓝ198.2235

内容　1 パリ　聖女カタリナ・ラブレ（聖カタリナ・ラブレの生涯　コラム 不思議のメダイ　ガイド パリ　沈黙の聖女・カタリナが暮らした街　ほか）　2 ルルド・バルトレス・ヌヴェール　聖女ベルナデッタ・スビルー（聖ベルナデッタ・スビルーの生涯　コラム ロザリオの祈り　コラム 聖歌（あめのきさき）　ほか）　3 リジュー　聖女テレーズ・マルタン（聖テレーズ・マルタンの生涯　ガイド リジュー　薔薇の聖女・テレーズが暮らした街　しょうこのおすすめ　ほか）

* 聖女の生涯とゆかりの地を、美しい写真とともに紹介。世界有数の巡礼地ルルドをはじめ、パリ、ヌヴェール、リジューを網羅した一冊。

スピルバーグ, S.〔1946～〕
Spielberg, Steven

◇スピルバーグ―その世界と人生　リチャード・シッケル著，大久保清朗，南波克行訳　西村書店　2015.12　259p　27cm　〈作品目録あり〉　3800円　①978-4-89013-721-3　Ⓝ778.253

内容　激突！　続・激突！／カージャック　JAWS／ジョーズ　未知との遭遇　1941　レイダース／失われたアーク"聖櫃"　E.T.　インディ・ジョーンズ／魔宮の伝説　カラーパープル　太陽の帝国　〔ほか〕

* スピルバーグに出会う、出会いなおす、またとない機会。初めて明かされるスピルバーグ自身の貴重な発言の数々。『激突！』から『リンカーン』までの全28作を400枚以上の迫力ある美しいカラー図版とともに解説。

スプリングスティーン, B.〔1949～〕
Springsteen, Bruce

◇ボーン・トゥ・ラン―ブルース・スプリングスティーン自伝　上　ブルース・スプリングスティーン著，鈴木恵, 加賀山卓朗他訳　早川書房　2016.9　364p　20cm　2400円　①978-4-15-209640-1　Ⓝ767.8

内容　第1部「成長するってこと」（おれの通り　わが家　教会　イタリア系　アイルランド系　ほか）　第2部 明日なき暴走（「明日なき暴走」　ジョン・ランダウ　「涙のサンダー・ロード」　大当たり　Eストリート・バンド　ほか）

* この本は、ブルースのファンにとっては驚くべき情報の宝庫だ。しかしそれがすべてではない。『ボーン・トゥ・ラン』は伝説のロック・スターの単なる回想録ではない。労働者、夢見る人々、親と子、恋人たち、孤独な人、アーティスト、変わり者など、ロックンロールの聖なる川で洗礼を受けたいと思うあらゆる人たちのための本なのだから。ブルースほどのパフォーマーが、自身の物語をここまでの熱意と勢いで語ることはまずない。この自伝には最高のソングライターの真の感情と、自分の経験について深く考えぬいた男の知恵が詰まっている。

◇ボーン・トゥ・ラン―ブルース・スプリングスティーン自伝　下　ブルース・スプリングスティーン著，鈴木恵, 加賀山卓朗他訳　早川書房　2016.9　357p　20cm　2400円　①978-4-15-209641-8　Ⓝ767.8

内容　第2部 明日なき暴走（承前）（投下　休憩　「ザ・リバー」　ヒッツヴィル　ハロー・ウォールズ　ほか）　第3部「リヴィング・プルーフ」（「リヴィング・プルーフ」　赤毛の革命　変化　ロスが燃えている　ゴーイン・トゥ・ザ・チャペル　ほか）

スプリング=ライス, C.〔1859～1918〕
Spring Rice, Cecil Arthur

◇ヘンリ・アダムズとその時代―世界大戦の危機とたたかった人々の絆　中野博文著　彩流社　2016.3　255p　19cm　〈フィギュール彩 49〉〈他言語標題：HENRY ADAMS AND HIS TIMES　索引あり〉　1900円　①978-4-7791-7057-7　Ⓝ253.065

内容　ファースト・レディとレディ・リンゼイ―一九三九年、イギリス国王夫妻の訪米　クローヴァの青春　アダムズ家の人々―平和と和解のための戦い　祖国復興の理想　首都ワシントンの社交界と政党組織　アダムズ夫妻にとっての日本への旅立ち　一九世紀末フランスから見た世界　門戸開放通牒に込められた思い　崩壊してゆく世界のなかで　世界大戦の勃発　託された希望―エレノアとエリザベス

* ヘンリ・アダムズは19世紀のアメリカに生まれ、外交官、ジャーナリストとして働いた人である。彼は急死した妻クローヴァを偲んで明治期の日本と太平洋を旅し、衝撃的な体験をする。新しい文明観を身につけた彼のもとには、魅力的な若者たちが集まる。中国奥地を探検した元フランス軍将校W.W.ロックヒル。西部の荒野でカウボーイ暮らしをしたシオドア・ローズヴェルト。イギリス外交官で詩人のセシル・スプリング=ライス。彼らはいずれも日露戦争の講和で立役者となる人々であった。本書はこうしたアダムズ夫妻とその友人たちの人生の軌跡をたどり、世界平和のために戦った人々の活躍を描いたものである。

スベーデンボリ, E. 〔1688～1772〕
Swedenborg, Emanuel

◇エマソン選集 6 代表的人間像 ラルフ・ウォルドー・エマソン著 酒本雅之訳 デジタル・オンデマンド版 日本教文社 2014.8 266,7p 21cm 〈印刷・製本：デジタル・オンデマンド出版センター 索引あり〉 2300円 ⓘ978-4-531-02636-4 Ⓝ938.68

[内容]第1章 哲学に生きる人―プラトン 補説 あたらしいプラトン訳にせっして 第2章 神秘に生きる人―スエーデンボルグ 第3章 懐疑に生きる人―モンテーニュ 第4章 詩歌に生きる人―シェイクスピア 第5章 世俗に生きる人―ナポレオン 第6章 文学に生きる人―ゲーテ

◇スエデンボルグ 鈴木大拙著 講談社 2016.10 264p 16cm 〈講談社文芸文庫 すE2〉〈「鈴木大拙全集 第24巻」（岩波書店 1969年刊）の改題、抜粋 年譜あり〉 1500円 ⓘ978-4-06-290324-0 Ⓝ198.952

[内容]スエデンボルグ 新エルサレムとその教説―スエデンボルグ著 鈴木貞太郎（大拙）訳
＊若き日にアメリカで仏教の研究、紹介に専心していた屈指の仏教学者・鈴木大拙が衝撃を受けたキリスト教の神秘主義神学者・スウェーデンボルグの人物像と思想を広く一般読者に伝えるために著した評伝。主著『天界と地獄』の翻訳に続き、安易な理解を拒絶するその思想の精髄を見事に析出し、入門にも好個の一冊。同じく大拙訳「新エルサレムとその教説」を併録。

スベトラーノフ, Y.F. 〔1928～2002〕
Svetlanov, Yevgeny Fyodorovich

◇偉大なる指揮者たち―トスカニーニからカラヤン、小澤、ラトルへの系譜 クリスチャン・メルラン著, 神奈川夏子訳 ヤマハミュージックメディア 2014.11 389,7p 21cm 2800円 ⓘ978-4-636-90301-0 Ⓝ762.8

[内容]アルトゥーロ・トスカニーニ ウィレム・メンゲルベルク セルゲイ・クーセヴィツキー ピエール・モントゥー ブルーノ・ワルター サー・トーマス・ビーチャム レオポルド・ストコフスキー エルネスト・アンセルメ オットー・クレンペラー ヴィルヘルム・フルトヴェングラー〔ほか〕
＊指揮の特徴や楽団員からの評価、生い立ちや普段の振る舞い、家族関係など、50人のマエストロたちの素顔を描き出す。オーケストラ指揮の知られざる側面に迫った評伝集。

スーペャ・ラ 〔1859～1925〕 Supayalat

◇ビルマのラストエンペラー――ティーボー王とスーペャ・ラ王妃 H.フィールディング卿著, 藤崎一雄訳 創英社/三省堂書店 2018.7 247p 19cm 〈他言語標題：Burma's Last Emperor〉 1300円 ⓘ978-4-86659-037-0 Ⓝ289.2

[内容]ビルマ人 ミンドン王 ミンドン王の死 新王とその后 大虐殺 宮廷の日々 宮殿での夕べ 王の即位式 スティーマー犬 (THE "STEAMER" DOG) 王の愛人 ヤン・アゥン王子の死 王室の料理法 王女とその恋人 愛と死 幼い王女 南部の暗雲 満月の最後の饗宴 戦争の評議会 最後の道程 川を遡る大艦隊 王統治下の外国人商人たち 真実のニュース？ 降伏 最後の夜明け 二つ並んだ船上の星

スペンサー, H. 〔1820～1903〕
Spencer, Herbert

◇社会学の起源―創始者との対話 竹内真澄著 本の泉社 2015.10 174p 19cm 〈文献あり 年譜あり〉 1300円 ⓘ978-4-7807-1248-3 Ⓝ361.2

[内容]第1部 コントの社会学（生い立ちから カソリック系ブルジョワ家族の影響 ほか） 第2部 スペンサーの社会学（生い立ちから 一五歳で発表した「救貧法について」 ほか） 第3部 マルクスの社会理論（生い立ちから 労働力の商品化と社会学 ほか） 第4部 一九世紀社会学の歴史構造（社会学の基本的構造 社会史と理論史 ほか）

◇進化論物語 垂水雄二著 バジリコ 2018.2 243p 20cm 〈文献あり〉 2000円 ⓘ978-4-86238-236-8 Ⓝ467.5

[内容]序論 ダーウィンと進化論 第1章 反ダーウィンの旗印に仕立て上げられた学者―ラマルク 第2章 生物学の革新を目指した保守派の巨魁―キュヴィエ 第3章 進化論を踏み台に栄達した進歩主義者―ハクスリー 第4章 進化論を誤らせた社会学者―スペンサー 第5章 優生学への道を切り拓いた発生学者―ヘッケル 第6章 進化の総合説の仕上げ人―ドブジャンスキー 結び 進化論の現在
＊生き物はどこから来て、どこへ行くのか。人々の世界認識を変えた生物学史上の金字塔、ダーウィン進化論。ダーウィン進化論を取り巻く六人の学者たち、ラマルク、キュヴィエ、ハクスリー、スペンサー、ヘッケル、ドブジャンスキー、それぞれの栄光と挫折のドラマ。

スマイリー, E.F. 〔1956～〕
Smiley, Edward Forbes, Ⅲ

◇古地図に憑かれた男―史上最大の古地図盗難事件の真実 マイケル・ブランディング著, 森夏樹訳 青土社 2015.4 415,7p 図版7枚 20cm 〈文献あり 索引あり〉 3600円 ⓘ978-4-7917-6854-7 Ⓝ289.3

[内容]探検家と泥棒 小さな望み 新世界 最多勝利を知る者 カタログ第1号 強気で渡り合う 上方向離脱 セベックの争い 紛失した地図、紛失したカード 闇が始まった！ 罪状否認 地図探索 テラ・インコグニタ
＊その日、イェール大学である男が捕まった。アメリカでも屈指の古地図ディーラーであるエドワード・フォーブス・スマイリー三世。めくるめく古地図の世界を紹介しながら、稀代の古地図泥棒の人生の謎にせまる渾身のドキュメント。

スミス, A. 〔1723～1790〕 Smith, Adam

◇アダム・スミス―マクミラン経済学者列伝 ガヴィン・ケネディ著, 小谷野俊夫訳 一灯舎

2014.2 351,18p 20cm 〈文献あり 著作目録あり 索引あり〉 2500円 ⓘ978-4-907600-05-1 Ⓝ331.42

内容 はじめに：今なぜアダム・スミスなのか　適正の十分な証拠：彼の前半生―二九歳直前にグラスゴー大学教授になるまで　初期段階の社会　かくも弱く不完全な生き物である人間　統治と法の一般原理　人間の本来の性向―分業と交易　当初の状態が続いていた―商業前の時代　ついに商業の時代が現れる　勤勉な人びとを仕事に就ける　生産的な人々のために資金を増やそう―経済成長の理論　非常に激しい攻撃―重商主義に対する批判　見えざる手―スミスの意図に反した誤用　平和、軽い税、正義　アダム・スミスの遺産

＊アダム・スミスの思想を社会と経済がどのように機能しているかに関するスミスの半ば隠された歴史および社会発展の理解の応用事例を教材として紹介。「見えざる手」の理論家や「自由放任主義」や「自由貿易」の主唱者という見方が極めて限定的なものであることを示し、アダム・スミスをより正確にみるよう忠告している。

◇アダム・スミスとその時代　ニコラス・フィリップソン著，永井大輔訳　白水社　2014.7　379,39p 20cm 〈文献あり 索引あり〉 2800円　ⓘ978-4-560-08369-7 Ⓝ331.42

内容 カーコーディでの生い立ち　グラスゴー、グラスゴー大学、フランシス・ハチソンの「啓蒙」　独学（一七四〇～四六年）―オックスフォードとデイヴィッド・ヒューム　啓蒙初期のエディンバラ　スミスのエディンバラ講義―推測的歴史　グラスゴー大学道徳哲学教授・その一（一七五一～五九年）　『道徳感情論』と商業のもつ文明化の力　グラスゴー大学道徳哲学教授・その二（一七五九～六三年）　ヨーロッパ大陸でのスミスとバクルー公爵（一七六四～六六年）　ロンドン、カーコーディ、『国富論』の執筆（一七六六～七六年）　『国富論』とスミスの「グレート・ブリテンにおける商業の構造全体に対する…激越きわまる批判」　ヒュームの死　エディンバラでの晩年（一七七八～九〇年）

＊誘拐された幼少期から、母との閉じた日々、ヒュームの友情、執拗な隠匿癖まで、「経済学の祖」の全体像を初めて示した決定版評伝。

◇アダム＝スミス　浜林正夫、鈴木亮共著　新装版　清水書院　2014.9 238p 19cm（Century Books―人と思想 84）〈文献あり 年譜あり 索引あり〉 1000円　ⓘ978-4-389-42084-0 Ⓝ331.42

内容 1 スミスの時代と生涯（ロッホ・ローモンドの歌　ふるさとの町　文芸の興隆　大学教授として　フランス旅行　『国富論』の誕生　晩年の日々） 2 スミスの思想と学問（人間の把握　社会形成の原理　富と道徳と法　新しい歴史観　商業社会　三大階級の社会　富裕への道　独占と特権への批判　国家の役割） 3 スミスと現代（スミスと日本　スミス研究の意義）

スミス・ラコフ, J.〔1972～〕
Smith Rakoff, Joanna

◇サリンジャーと過ごした日々　ジョアンナ・ラコフ著，井上里訳　柏書房　2015.4 367p 20cm 2200円　ⓘ978-4-7601-4574-4 Ⓝ930.278

内容 第1章 オール・オブ・アス　第2章 冬（表紙、書体、装丁　散らかった本棚　ワールドワイドウェブ）　第4章 夏（売り込み　感情教育　雨の三日間）　第5章 秋　第6章 ふたたび、冬

＊『ジェリーだ。きみのボスに話があってかけたんだけどね』…わたしがとった電話の相手は、J.D.サリンジャー。90年代、ニューヨーク。古き時代の名残をとどめる老舗出版エージェンシー。老作家の言葉に背中をおされながら、新米アシスタントが夢を追う。本が生まれる現場での日々を、印象的に綴った回想録。

スュラン, J.J.〔1600～1665〕
Surin, Jean-Joseph

◇ジャン＝ジョゼフ・スュラン―一七世紀フランス神秘主義の光芒　渡辺優著　慶應義塾大学出版会　2016.10 439,27p 22cm 〈他言語標題：Jean-Joseph Surin　文献あり 索引あり〉 7500円　ⓘ978-4-7664-2368-6 Ⓝ198.2235

内容 一七世紀フランス神秘主義とジャン＝ジョゼフ・スュラン　経験の学知　名もなき証言者たちとの呼応　スュランと反神秘主義　純粋な愛と純粋な信仰　信仰への回帰　永遠の城外区にて　結論　スュランのテクストについて

スライファー, V.M.〔1875～1969〕
Slipher, Vesto Melvin

◇現代天文学史―天体物理学の源流と開拓者たち　小暮智一著　京都　京都大学学術出版会　2015.12 634p 22cm 〈他言語標題：History of Modern Astronomy　文献あり 年表あり 索引あり〉 4900円　ⓘ978-4-87698-882-2 Ⓝ440.12

内容 第1部 天体分光学（「新天文学」の開幕　星の分光分類とHD星表）　第2部 星の構造と進化論（星の進化論とHR図表　熱核反応と星の進化論）　第3部 銀河天文学と宇宙論（銀河と星雲の世界　銀河系の発見　宇宙論の源流）　第4部 現代天文学へ（日本における天体物理学の黎明　現代天文学への展開）

＊初めて星の化学組成を明らかにしたアマチュア天文家ハギンス、太陽をガス体と見なした特許調査官レーン、自作の望遠鏡で天空を探査した音楽家ハーシェル…18世紀末から19世紀中葉にかけて現代天文学の扉を開いた彼らは、いずれも学界に縁のないアマチュア天文家だった。星の位置と運動を対象とする古典天文学から天体の物理的構造を探る天体物理学へ、その転換期を担った人々の生涯と研究を軸に、現代天文学の歴史をたどる。

スーリィ, J.〔1842～1915〕Soury, Jules

◇中枢神経系―構造と機能　理論と学説の批判的歴史　中世・近代篇　ジュール・スーリィ著，萬年甫, 新谷昌宏訳　みすず書房　2018.11 451p 22cm 〈文献あり 索引あり〉 20000円　ⓘ978-4-622-08744-1 Ⓝ491.371

内容 中世（コンスタンティヌス・アフリカヌス　アヴィケンナ ほか）　近代（ヴァロリオ　フェルネル

ほか) ガルとシュプルツハイム　サルペトリエール学派―ドレイ、フォヴィル、ピネル＝グランシャン、ロスタン　脳局在の発見―フリッチュとヒッツィヒ
* 脳と神経と身体と心を知るための通史。現在の研究からみた訳者の補足を本文・注に記す。巻末にジュール・スーリィ「わが生涯」を付す。詳細な「参考図書」「人名索引」を完備。「中世・近代篇」には、ガレノス以後から19世紀末「脳局在説」までの学説と注釈を収録。11年コンスタンティヌス・アフリカヌスからデカルト、カント、サルペトリエール学派をへてブロカの"大脳の機能局在の原理"、フリッチュ、ヒッツィヒまで。比類なき医学・科学・哲学史の大古典、完結。

スルタノフ, A. [1969～2005]　Sultanov, Alexei

◇アレクセイ・スルタノフ―伝説の若き天才ピアニスト　アルバン・コジマ著　アルファベータブックス　2017.12　213,6p　19cm 〈文献あり　索引あり〉　2000円　①978-4-86598-047-9 Ⓝ762.2964

内容 1 情熱を燃焼させた若き天才ピアニスト(神は天才がお好き　生まれ故郷はウズベキスタンのタシュケント　"自分式"の音楽創り　ピアニストとしてのスルタノフ　スルタノフの作品、解釈、演奏)　2 スルタノフと時代を共にしたピアニストたち(若きヴィルトゥオーソ　二十一世紀のピアノの魔術師　燃えるロマン)　3 スルタノフの遺産―語りかけるYou Tube動画(動画のすばらしさ　独奏としてのステージ演奏　管弦楽と共に―ピアノ協奏曲　データでみるステージ演奏)
* 音楽史に残るショパンコンクール幻の第1位…！19歳で国際ピアノコンクールを制し、天才ソリスト誕生といわれたアレクセイ・スルタノフ(1969-2005)。「ショパン音楽の偉大な解釈者」と評価されながらも斃れた若き天才ピアニストの豊かな音楽性を描く。「You Tube動画」解読も収録。

スレイター, T.　Slater, Tracy

◇米国人博士、大阪で主婦になる。　トレイシー・スレイター著, 高月園子訳　亜紀房　2016.10　375p　19cm　(亜紀書房翻訳ノンフィクション・シリーズ 2-11)　1900円　①978-4-7505-1441-3　Ⓝ367.4

内容 1 出発　2 ハネムーン期　3 崩壊期　4 再統合期　5 自律期　6 受容期　エピローグ
* 日本に興味があったわけではない。まして、日本人男性が好みだったわけでもない。生涯、故郷ボストンで暮らしていくつもりだった。しかし―神戸で芽生えた"講師"と"生徒"の思わぬ恋は、いつしか大阪とボストンを往復する掛け替えのない愛へと変わっていった。国際結婚、異国での慣れない生活、不妊治療…葛藤と喜びに満ちた、その奮闘の日々。

スレイマンⅠ [1494～1566]　Suleiman Ⅰ

◇オスマン帝国の栄光とスレイマン大帝　三橋冨治男著　清水書院　2018.5　198p　19cm (新・人と歴史拡大版 25) 〈1984年刊の表記や仮名遣い等一部を変更　文献あり　年譜あり　索引

あり〉　1800円　①978-4-389-44125-8　Ⓝ227.4

内容 序章　イスラムの世界　1 世界の帝王(オスマン帝国の出現　スレイマン時代の到来 ほか)　2 世界制覇の夢(最初の試練　西方への触手 ほか)　3 世界のトルコへ(東進と南進と　最後の遠征)　4 スレイマンの世界(トルコ帝国の内幕　イスタンブールの繁栄 ほか)
* 一四世紀から二〇世紀の初めにかけての西アジアの歴史は、オスマン帝国の動きを中軸として展開された、といっても過言ではない。ことに一五世紀から一六世紀は「トルコの世紀」とよばれるほどのである。しかし従来のヨーロッパ中心にすぎた世界史の中で、トルコやイスラムの社会・文化はいわば付け足しの感をまぬがれなかった。本書は、アジア・ヨーロッパ・アフリカにまたがる雄大なイスラム帝国の支配者であるスレイマン大帝の人物と業績を通して、一六世紀の世界史のうち東洋と西洋をつなぐ中間帯の歴史の空白部をうめた画期的な書であるといえる。

スローニム, E. [1931～]　Slonim, Eva

◇13歳のホロコースト―少女が見たアウシュヴィッツ　エヴァ・スローニム著, 那波かおり訳　亜紀書房　2015.11　234p　20cm (亜紀書房翻訳ノンフィクション・シリーズ 2-5)　2300円　①978-4-7505-1435-2　Ⓝ936

内容 子供時代―ブラチスラヴァ　パリサーディ通り　一九三〇年初頭　ヴァイス家とケルペル家―ブラチスラヴァ　パリサーディ通り　一九三〇年代　悪い予感―ブラチスラヴァ　パリサーディ通り　一九三八年　襲来―ブラチスラヴァ　パリサーディ通り　一九三九年　なぜ立ち去らなかったのか？―ブラチスラヴァ　パリサーディ通り　一九四一年　祖父の旅立ち―ブラチスラヴァ　ユダヤ人街　一九四一年冬　義務―ユダヤ人街からふたたびパリサーディ六〇へ　一九四二年夏　わたしたちの声が聞こえますか？―ブラチスラヴァ　ドブロヴィチョヴァ通り　一九四二年贖罪日　ゲットー―ブラチスラヴァ　クラリスカー通り　一九四三年春　誰が生き、誰が死ぬのか―ブラチスラヴァ　クラリスカー通り　一九四三年贖罪日 [ほか]
* 魂と肉体を破壊されながら、少女は何を思い、何を見たのか？　絆の強い家族と満ち足りた日々を送っていたエヴァ。しかし、ナチス・ドイツの襲来とともにその暮らしは一変する。街なかでの憎悪の言葉と暴力、妹とふたりきりの潜伏生活、屈辱的な拷問、ヨーゼフ・メンゲレによる人体実験。80歳を過ぎた著者がトラウマを超えて語る。

スワミ・ラーマ [1925～1996]　Swami Rama

◇ヒマラヤ聖者　最後の教え―伝説のヨガ・マスターの覚醒と解脱スワミ・ラーマその生と死　上　パンディット・ラジマニ・ティグナイト著, 伍原みかる訳　ヒカルランド　2017.1　361p　19cm　2778円　①978-4-86471-432-7　Ⓝ126.6

内容 第1部「ラーマへつづく道」―霊性修養(はじまり―ヒマラヤの聖者スワミ・ラーマ、誕生と成長　最高峰から来た聖者―師ババジとヒマラヤ聖者の伝説　聖者とともに―熟練僧の教え、ついに、大いなる祝福、つきせぬ恩寵　自らの修め手―出家・遊行・巡礼　シャンカラチャリヤ―霊性と世俗、両極を生きる　ラーマの道―ラーマ神の足跡をたどる)

セイホマリ

＊ヒマラヤでマスターたちに育てられた幼少期、ヨガ体系を学び、ガンジー、タゴールなどの薫陶を受けた多感な青年期―。スワミジの叡智に満ちたメッセージを後世に伝える一冊。

◇ヒマラヤ聖者最後の教え―伝説のヨガ・マスターの覚醒と解脱スワミ・ラーマその生と死 下　パンディット・ラジマニ・ティグナイト著, 伍原みかる訳　ヒカルランド　2017.2　295p　19cm　2778円　①978-4-86471-433-4　Ⓝ126.6

内容　第2部「使命を果たす」―東洋と西洋（使命がはじまる―東洋と西洋を超えた"霊性"　霊性と科学―西洋の科学を知り、東洋の霊性を示す　アメリカに根ざす―「ヒマラヤン・インスティテュート・オブ・ヨガ・サイエンス・アンド・フィロソフィー」　恩寵と祝福の教え―美の波紋、至福の波紋　炎と光の道は続く―炎の熱に耐え、光へと至る　午後一一時―最後の教え）

＊東洋の神秘と叡智を西洋に広めることに、力を注ぎ、奇跡の秘儀を見せる一方で、科学者、実業家として社会貢献に力を尽くす一生。晩年を共に過ごした著者が見たスワミジの姿とそのメッセージを綴る。

【セ】

聖母マリア
⇒マリア（聖母）を見よ

セイラー, R.H.〔1945～〕
Thaler, Richard H.

◇行動経済学の逆襲　リチャード・セイラー著, 遠藤真美訳　早川書房　2016.7　527p　20cm　〈文献あり〉　2800円　①978-4-15-209625-8　Ⓝ331

内容　第1部　エコンの経済学に疑問を抱く　1970～78年　第2部　メンタル・アカウンティングで行動を読み解く　1979～85年　第3部　セルフコントロール問題に取り組む　1975～88年　第4部　カーネマンの研究室に入り浸る　1984～85年　第5部　経済学者と闘う　1986～94年　第6部　効率的市場仮説に抗う　1983～2003年　第7部　シカゴ大学に赴任する　1995年～現在　第8部　意思決定をナッジする　2004年～現在

＊伝統的な経済学の大前提に真っ向から挑んだ行動経済学。そのパイオニアが、自らの研究者人生を振り返りつつ、"異端の学問"が支持を集めるようになった過程をユーモアたっぷりに描く。行動経済学は、学界の権威たちから繰り返し糾弾されながらも、どのように反撃して強くなっていったのか？　これからどう発展し、世界を変えていけるのか？　"ナッジ"の提唱者がすべてを書き尽くした渾身の力作。

セウェルス〔146～211〕
Lucius Septimius Severus

◇ローマ帝国人物列伝　本村凌二著　祥伝社　2016.5　303p　18cm　（祥伝社新書　463）　840円　①978-4-396-11463-3　Ⓝ283.2

内容　1　建国期―建国期のローマ（ブルトゥス―共和政を樹立した初代執政官　キンキナトゥス―ワシントンが理想とした指導者　ほか）　2　成長期―成長期のローマ（アッピウス―インフラ整備など、類稀なる先見性　ファビウス―耐えがたきを耐えた「ローマの盾」　ほか）　3　転換期―転換期のローマ（クラッスス―すべてを手に入れたいもの　大ポンペイウス―カエサルに敗れた大武将　ほか）　4　最盛期―最盛期のローマ（ゲルマニクス―夭逝した理想のプリンス　ネロ―気弱な大罪者だった暴君　ほか）　5　衰亡期―衰亡期のローマ（ガリエヌス―動乱期の賢帝　ディオクレティアヌス―混乱を鎮めた軍人皇帝　ほか）

＊ローマの歴史には、独裁も革命もクーデターもあり、「パクス・ロマーナ」と呼ばれた平和な時代もあった。君主政も共和政も貴族政もポピュリズムもあり、多神教も一神教もあった。まさに「歴史の実験場」であり、教訓を得るのに、これほどの素材はない。歴史を学ぶには制度や組織は無視できないが、そこに人間が存在したことを忘れてはならないだろう。本書は、一〇〇〇年を超えるローマ史を五つの時代に分け、三二人の生涯と共に追うものである。賢帝あり、愚帝あり、英雄から気丈な女性、医学者、宗教家まで。壮大な歴史叙事詩であり、歴史は人なり―を実感する一冊。

セガレン, V.〔1878～1919〕　Segalen, Victor

◇ヴィクトル・セガレン伝　ジル・マンスロン著, 木下誠訳　水声社　2015.3　683p　22cm　〈文献あり　著作目録あり　索引あり〉　10000円　①978-4-8010-0087-2　Ⓝ951.7

内容　第1部　ブルターニュの幼年時代　第2部　学業の歳月　第3部　最初の旅　第4部　音楽から書くことへ　第5部　中の帝国から自己自身の帝国へ　第6部「もう後ろしか見ない」　第7部「この心地よい墓は私の墓だ」

＊ブルターニュからポリネシアへ、ゴーギャンとランボーの経験、ドビュッシーとの共作、中国の旅、"多様性"の美学としての"エグゾティスム"常に新たなその作品…時代に先駆けたセガレンの生＝作品の全貌！

セーガン, C.〔1934～1996〕
Sagan, Carl Edward

◇宇宙を見た人たち―現代天文学入門　二間瀬敏史著　海鳴社　2017.10　270p　19cm　1800円　①978-4-87525-335-8　Ⓝ440.28

内容　第1部　天文学に強力な"道具箱"を提供した観測家たち（ヘンリエッタ・スワン・リービット―宇宙の"物差し"を見つけた　ハーバード・コンピューターズ"の才媛　ジョージ・ヘール―巨大望遠鏡時代に道を拓く　ほか）　第2部　科学的宇宙論の開拓者たち（アルベルト・アインシュタイン―現代宇宙論の開拓者　カール・シュヴァルツシルト―重力場方程式の解を発見　ほか）　第3部　天文学を豊かにした人びと（クライド・トンボー―新しい太陽系領域に挑んだ人　アーサー・エディントン―恒星天文学の父　ほか）　第4部　"観測の窓"拡大に情熱を傾けた人びと（カール・ジャンスキー―電波天文学の生みの親　早川幸男―戦後の焼け跡で"全波長天文学"への道を敷く　ほか）

＊宇宙は、ブラックホール、超新星爆発、暗黒物質、暗黒エネルギーなど、さまざまな"魔物"や不可思

議な現象の存在なしには考えられない。この驚天動地の現代天文学の歴史を築いてきた巨人たち―その活躍を、時代背景・生い立ち・人柄などを交え、いきいきと伝える。

ゼークト, H.〔1866～1936〕
Seeckt, Hans von

◇一軍人の思想　ゼークト著, 篠田英雄訳　岩波書店　2018.5　188p　18cm　〈岩波新書〉〈第5刷(第1刷1940年)〉　760円　①978-4-00-400067-9　⑩390.4

[内容] 標語(一九二八年)　象徴(フリードリヒ大王誕辰記念日(一九二八年)　シュリーフェン伯爵生記念日(一九二八年)　ヒンデンブルク(一九二七年)　スェーデンの古軍旗(一九二三年)　記念碑(一九二三年)) 問題(政治家と将帥(一九二八年)　達成せられ得る目的(一九二八年)　現代陸軍論(一九二八年)　国防(一九三〇年)　国家と軍(一九二八年)ほか)　軍人の本質(一九二八年)　ゼークト小傳

＊ヴェルサイユ条約の軍備制限条項に束縛されながらも、巧みに旧軍の中核を保持し、ドイツ国防軍の基礎を確立させた将軍フォン・ゼークト。その軍事的思考はクラウゼヴィッツに立脚し、プロイセン将校の伝統的知性のあり方を十二分に伝える。「軍人の本質」ほか数篇の論考を収録。

セゲラ, J.〔1934～〕
Séguéla, Jacques

◇広告に恋した男―洗剤から大統領までを売る広告マンの仕事術　ジャック・セゲラ著, 小田切慎平, 菊地有子訳　ソーシャルキャピタル　2018.6　263p　19cm　(絶版新書)　2000円　①978-4-9909240-4-9　⑩674.4

[内容] こうしてルー・セゲラ社が生まれた　一九六九年　まるでライオン狩りに行くみたいだ　一九七〇年　海辺の村、まるごと売ります　一九七一年　巨匠ダリをくどくには　一九七二年　地方にネットワークをひろげる　一九七三年　ボスたちにつぶされてたまるか！　一九七四年　いまや決断の時がきた　一九七五年　フランスをノーブランド商品でめつくせ　一九七六年　ミッテランの選挙キャンペーンを手がける　一九七七年　広告はほんとうに必要なんだろうか？　一九七八年〔ほか〕

セザンヌ, P.〔1839～1906〕
Cezanne, Paul

◇セザンヌと鉄斎―同質の感動とその由縁　山岸恒雄著　京都　思文閣出版　2015.5　334p　22cm　〈文献あり　索引あり〉　2800円　①978-4-7842-1796-0　⑩723.35

[内容] 第1章　本書の目的(ブルーノ・タウトの言及　タウト以外の評論　印象批評から論証へ)　第2章　研究の方法と基礎資料(直接的な影響関係の有無　『セザンヌの手紙』精読　鉄斎画賛の研究　作品の熟覧と模写)　第3章　セザンヌの自然観(長く豊かな自然との接触　セザンヌの手紙　セザンヌの東洋的な自然観　セザンヌ絵画理論の新たな解釈)　第4章　鉄斎の実像(万里の路　画賛に表れる鉄斎の本音　儒者を標榜する神官鉄斎　アイヌ風俗中の意味)　第5章　同質の感動とその由縁(二人の画家に共通するもの　タンペラマンと気韻生動について　絵画の同質性　タウトの感性)

＊フランスの画家ポール・セザンヌと富岡鉄斎。両者の絵の同質性については、以前より指摘があったが、その理由については、明かされていない。本書は、この同質性が何に由来するものなのか、また何を意味するものなのかを、両画家の生い立ちや教育、思想、哲学、人生観、芸術観等から明かす。

◇セザンヌ　アレックス・ダンチェフ著, 二見史郎, 蜂巣泉, 辻井忠男訳　みすず書房　2015.11　430,109p　図版40p　22cm　〈文献あり　索引あり〉　9000円　①978-4-622-07905-7　⑩723.35

[内容] プロローグ―的確な目　へぼ絵かきとへぼ作家　パパ　すべての過剰は兄弟だ　思い切ってやる　アナーキストの絵　丸ぼちゃ　トカゲ　まだまだ元気旺盛(Semper Virens)　制作　われは人間なり(Homo Sum)　案山子　未完のままに(Non Finito)

＊日々、外に出て写生をする。思考に囚われず、ひたすら描き、制作する。先行資料と最新研究の読解により、これまでの伝説を乗りこえ、その真姿に迫った、セザンヌ伝の決定版。カラー図版80頁。

◇セザンヌ論―その発展の研究　ロジャー・フライ著, 辻井忠男訳　新装版　みすず書房　2015.11　174p　図版54p　20cm　〈年譜あり〉　3000円　①978-4-622-07971-2　⑩723.35

[内容] セザンヌ略年譜　セザンヌ論

＊ブルームズベリー・グループの美術評論家が、ロマン主義的な表現からプッサン流の古典主義への深化をたどる。

セッキ, P.A.〔1818～1878〕
Secchi, Pietro Angelo

◇現代天文学史―天体物理学の源流と開拓者たち　小暮智一著　京都　京都大学学術出版会　2015.12　634p　22cm　〈他言語標題：History of Modern Astronomy　文献あり　年表あり　索引あり〉　4900円　①978-4-87698-882-2　⑩440.12

[内容] 第1部　天体分光学(「新天文学」の開幕　星の分光分類とHD星表)　第2部　星の構造と進化論(星の進化論とHR図表　熱核反応と星の進化)　第3部　銀河天文学と宇宙論(銀河と星雲の世界　銀河の発見　宇宙論の源流)　第4部　現代天文学へ(日本における天体物理学の黎明　現代天文学への展開)

＊初めて星の化学組成を明らかにしたロンドンのアマチュア天文家ハギンス、太陽を太陽と見なした特許調査官レーン、自作の望遠鏡で天空を探査した音楽家ハーシェル…18世紀末から19世紀中葉にかけて現代天文学の扉を開いた彼らは、いずれも学界に縁のないアマチュア天文家だった。星の位置と運動を対象とする古典天文学から天体の物理的構造を探る天体物理学へ、その転換期を担った人々の生涯と研究を軸に、現代天文学の歴史をたどる。

ゼップ
⇒アラーベルガー, J. を見よ

セツラ, J.〔1713～1784〕　Serra, Junípero

◇国王の道(エル・カミノ・レアル)―メキシコ植

民地散歩「魂の征服」街道を行く　阿部修二著　未知谷　2015.12　242p 図版16p　20cm　〈文献あり 年表あり〉　3000円　①978-4-89642-486-7　Ⓝ198.27

内容　第1部（ゴルダ山脈のフニペロ・セッラ神父　フニペロ・セッラ神父の生い立ち　ゴルダ山脈の布教村　ほか）　第2部（北へ　カリフォルニア半島　セッラ神父、最前線への道行き　ほか）　第3部（修道士たちの夢の後先　コロラド川の不幸なる事件　北方の探検隊　ほか）

＊メキシコ市からサン・フランシスコへ、険しい山を越えて徒歩三〇〇〇キロ。スペイン人修道士たちの旅を追う。

セナ, A.〔1960〜1994〕 Senna, Ayrton

◇確信犯—アイルトン・セナ　レオ・トゥッリーニ著，天野久樹訳　三栄書房（発売）　2015.9　236p　19cm　1556円　①978-4-7796-2661-6　Ⓝ788.7

内容　第1章 帰郷　第2章 無常の風　第3章 栄光と挫折の地　第4章 永遠の鈴鹿　第5章 侵略者　第6章 型破りな男　第7章 継承者の条件

＊事前に激白していたプロスト撃墜の決意。「1989年の鈴鹿で"彼"がしたことを今度は僕がする。弾き出してやる—躊躇はしない」これまでの記者人生で最も魅力的なインタビューだった」アイルトン・セナの最後の"旅"に奇しくも同行した同い年のイタリア人ジャーナリストが綴る10年間の物語。

セネカ, L.A.〔4B.C.〜65A.D.〕 Seneca, Lucius Annaeus

◇セネカ　角田幸彦著　新装版　清水書院　2014.9　279p　19cm　（Century Books―人と思想 186）〈文献あり 年譜あり 索引あり〉　1000円　①978-4-389-42186-1　Ⓝ131.5

内容　1 セネカの生涯—セネカとその時代　はじめに—セネカの生涯の概略と現代的意義（幼年時代　ティベリウスの時代（一四〜三七年）　カリグラの時代（三七〜四一年）　クラウディウスの時代（四一〜五四年）　ネロの時代（五四〜六八年）—特にセネカの死六五年まで　セネカの晩年　補章二つ）　2 セネカの思想（哲学者セネカの独自性　哲学・倫理学著作　道徳書簡集　自然研究　悲劇作品におけるセネカの展望　改めて今セネカを学ぶ意義）

◇セネカ 哲学する政治家—ネロ帝宮廷の日々　ジェイムズ・ロム著，志内一興訳　白水社　2016.5　315,45p　20cm　〈文献あり 索引あり〉　3400円　①978-4-560-08497-7　Ⓝ131.5

内容　序章 二人のセネカ　第1章 自殺（1）—一四九年以前　第2章 王殺し—四九年〜五四年　第3章 兄弟殺し—五四年〜五五年　第4章 母親殺し—五五年〜五九年　第5章 妻殺し—五九年〜六二年　第6章 全燔祭—六二年〜六四年　第7章 自殺（2）—六四年〜六六年　終章 安楽死—六八年とその後

＊命がけの政争の渦中にあって、簡素で勤勉な生き方をほめたたえたセネカ。理想と現実のはざまで苦悩する生涯を、斬新な視点から描く。

ゼノビア女王〔240頃〜274以降〕 Septimia Bathzabbai Zenobia

◇新書 英雄伝―戦史に輝く将星たち　有坂純著　学研教育出版　2015.10　407p　19cm　〈文献あり　発売：学研マーケティング〉　1600円　①978-4-05-406350-1　Ⓝ283

内容　ペルシア戦争を起こした男—アリスタゴラス伝　わが故郷は遙か—ディオニュシオス伝　われら死にきと—レオニダス伝　サラミスよ、汝は女の産める子らを滅ぼさん—テミストクレス伝　賞金首女王—アルテミシア一世伝　三つの問い—エパメイノンダス伝　偉大なる敵—ハンニバル伝　オリュンポスの落日—アエミリウス・パウルス伝　賽は投げられた—ユリウス・カエサル伝　帝国の夢—ゼノビア女王伝　疾風の衛青・霍去病伝　戦いは、まだ始まっていない—ジョン・ポール＝ジョーンズ伝　第一級の戦士—ダヴー元帥伝

＊かつて雑誌『タクテクス』（ホビージャパン刊）で熱狂的に支持された伝説の連載が、待望の単行本化！古代ギリシアからナポレオン時代まであまたの英傑が生き生きと甦る！

ゼノン〔335〜264B.C.〕 Zēnōn

◇エピクロスとストア　堀田彰著　新装版　清水書院　2014.9　245p　19cm　（Century Books―人と思想 83）〈文献あり 著作目録あり 年譜あり 索引あり〉　1000円　①978-4-389-42083-3　Ⓝ131.6

内容　1 エピクロスの生涯と著作（エピクロスの生涯　エピクロスの著作）　2 エピクロスの思想（規準論（知識論）　自然学　倫理学）　3 ゼノンの生涯とストアの著作（ゼノンの生涯　ストアの著作）　4 ストアの思想（知識論　自然学　倫理学）

◇ギリシア哲学30講 人類の最初の思索から　上「存在の故郷」を求めて　日下部吉信著　明石書店　2018.11　418p　19cm　〈年表あり 索引あり〉　2700円　①978-4-7503-4742-4　Ⓝ131

内容　ギリシア哲学俯瞰　ミレトスの哲学者(1) タレス　ミレトスの哲学者(2) アナクシマンドロス　ミレトスの哲学者(3) アナクシメネス　ピュタゴラス　アルキュタス　ヘラクレイトス　エレア派 故郷喪失の哲学者クセノパネス　エレア派 パルメニデス　エレア派 ゼノンとメリッソス　エンペドクレス　アナクサゴラス　デモクリトス　ハイデガーと原初の哲学者たち—アナクシマンドロス、ヘラクレイトス、パルメニデス

＊ギリシア哲学の権威にしてハイデガー研究の第一人者でもある著者が、存在の故郷を求めるべく古代ギリシアの文献を読み解き、その自然哲学を「みずみずしい姿」で蘇らせると同時に、そこで繰り広げられた哲学者たちの抗争の帰結としての現代人の歪んだ思考に高らかに異を唱える。過激にして痛快な現代文明批判の書（上下巻）。

セプティミウス・セウェルス
⇒セウェルス を見よ

セミョーノフ, G.M.〔1840〜1946〕
Semyonov, Grigorii Mikhailovich
◇西伯利亞出兵物語―大正期, 日本軍海外派兵の苦い記憶　土井全二郎著　潮書房光人社　2014.8　276p　20cm　〈文献あり〉　2200円　①978-4-7698-1575-4　Ⓝ210.69

[内容]第1章 シベリアお菊　第2章 風雲児 島田元太郎　第3章 諜報員 石光真清　第4章 おらが総理 田中義一　第5章 アタマン・セミヨノフ　第6章 社会主義中尉 長山直厚　第7章 パルチザン 佐藤三千夫　第8章 革命軍飛行士 新保清　第9章 尼港副領事 石田虎松　第10章「無名の師」総決算

＊第一次世界大戦最後の年, 日米英仏など7ヵ国合同で始まった「シベリア出兵」。日本が72,000名の兵力を投入した, 革命下ロシアでの5年にわたる知られざる戦争の実相を, 出兵に関わった9人の男女の数奇な運命をたどりつつ描き出す。「無名の師」(名分なき戦い)と批判された100年前の海外派兵秘史!

セラ, フニベロ
⇒セッラ, J. を見よ

ゼーリガー, H.H.R.〔1849〜1924〕
Seeliger, Hugo Hans Ritter von
◇現代天文学史―天体物理学の源流と開拓者たち　小暮智一著　京都　京都大学学術出版会　2015.12　634p　22cm　〈他言語標題：History of Modern Astronomy　文献あり　年表あり　索引あり〉　4900円　①978-4-87698-882-2　Ⓝ440.12

[内容]第1部 天体分光学(「新天文学」の開幕　星の分光分類とHD星表)　第2部 星の構造と進化論(星の進化論とHR図表　熱核反応と星の進化論)　第3部 銀河天文学と宇宙論(銀河と星雲の世界　銀河系の発見　宇宙論の源流)　第4部 現代天文学へ(日本における天体物理学の黎明　現代天文学への展開)

＊初めて星の化学組成を明らかにしたロンドンのアマチュア天文家ハギンス, 太陽をガス体とみなした特許調査官レーン, 自作の望遠鏡で天空を探査した音楽家ハーシェル…18世紀末から19世紀中葉にかけて現代天文学の扉を開いた彼らは, いずれも学界に縁のないアマチュアだった。星の位置と運動を対象とする古典天文学から天体の物理的構造を探る天体物理学へ, その転換期を担った人々の生涯と研究を軸に, 現代天文学の歴史をたどる。

セル, G.〔1897〜1970〕Szell, George
◇偉大なる指揮者たち―トスカニーニからカラヤン, 小澤, ラトルへの系譜　クリスチャン・メルラン著, 神奈川夏子訳　ヤマハミュージックメディア　2014.11　389,7p　21cm　2800円　①978-4-636-90301-0　Ⓝ762.8

[内容]アルトゥーロ・トスカニーニ　ウィレム・メンゲルベルク　セルゲイ・クーセヴィツキー　ピエール・モントゥー　ブルーノ・ワルター　サー・トーマス・ビーチャム　レオポルド・ストコフスキー　エルネスト・アンセルメ　オットー・クレンペラー　ヴィルヘルム・フルトヴェングラー〔ほか〕

＊指揮の特徴や楽団員からの評価, 生い立ちや普段の振る舞い, 家族関係など, 50人のマエストロたちの素顔を描き出す。オーケストラ指揮の知られざる側面に迫った評伝集。

セール, M.〔1930〜2019〕Serres, Michel
◇世界戦争　ミシェル・セール著, 秋枝茂夫訳　法政大学出版局　2015.8　229p　20cm　(叢書・ウニベルシタス 1030)　2800円　①978-4-588-01030-9　Ⓝ319.8

[内容]序章　第1章 乱闘　第2章 大洪水　第3章 戦争　第4章 戦争からテロリズムへ　第5章 世界戦争　第6章"世界"の方舟　第7章 再び乗船

＊古来から現在までさまざまなかたちで出現する戦争について, 現在フランスで活躍する最も高名な哲学者が自身の記憶を辿り, 自伝的な逸話とともに, 暴力, 抗争, テロリズム, 法とその起源の問題を論じる。

ゼル, S.〔1941〜〕　Zell, Sam
◇逆張り投資家サム・ゼル―5000億円儲けた「墓場のダンサー」　サム・ゼル著, 長尾慎太郎監修, 井田京子訳　パンローリング　2018.2　328p　19cm　(ウィザードブックシリーズ 259)　1800円　①978-4-7759-7228-1　Ⓝ289.3

[内容]あり得ない人生　怖いもの知らずのスタート　自分のルール　墓場のダンサー　地獄へ　カサンドラ　ゴッドファーザーの提案　視界ゼロ　国境はない　私の会社を支えるカルチャー　違いを生み出す　偉大さを目指して

＊本書は, 著者が強調したいことをまとめたもので, 読者と彼がオーナーとビジネスの場を巡りながら, 成功談は誠実かつユーモアを交え, 失敗談はその過程で学んだこと(ここが重要!)を率直に語っている。これは次世代の革命児や起業家や投資家にとって, 欠かすことのできない指針となるだろう。

セルギイ府主教
⇒チホミーロフ, S. を見よ

ゼルドビッチ, Y.B.〔1914〜1987〕
Zel'dovich, Yakov Borisovich
◇宇宙を見た人たち―現代天文学入門　二間瀬敏史著　丸善出版　2017.10　270p　19cm　1800円　①978-4-87525-335-8　Ⓝ440.28

[内容]第1部 天文学に強力な"道具箱"を提供した観測家たち(ヘンリエッタ・スワン・リービット―宇宙の"物差し"を見つけた"ハーバード・コンピューターズ"一の才媛　ジョージ・ヘール―巨大望遠鏡時代に道を拓く ほか)　第2部 科学的宇宙論の開拓者たち(アルベルト・アインシュタイン―現代宇宙論の開拓者　カール・シュヴァルツシルト―塹壕で重力加方程式の解を発見 ほか)　第3部 天文学を豊かにした人びと(クライド・トンボー―新しい太陽系領域に挑んだ人　アーサー・エディントン―恒星天文学の父 ほか)　第4部"観測の窓"拡大に情熱を傾けた人びと(カール・ジャンスキー―電波天文学の生みの親　早川幸男―戦後の焼け跡で"全波長天文学"への道を敷く ほか)

セルトリウス〔122頃〜72〕
Quintus Sertorius

◇英雄伝　4　プルタルコス著，城江良和訳　京都　京都大学学術出版会　2015.5　573p　20cm　〈西洋古典叢書 G089〉〈布装　付録資料：月報 114〉　4600円　Ⓘ978-4-87698-910-2　Ⓝ283.1

内容 キモンとルクルス（キモン　ルクルス　キモンとルクルスの比較）ニキアスとクラッスス（ニキアス　クラッスス　ニキアスとクラッススの比較）セルトリウスとエウメネス（セルトリウス　エウメネス　セルトリウスとエウメネスの比較）アゲシラオスとポンペイユス（アゲシラオス　ポンペイユス　アゲシラオスとポンペイユスの比較）

＊アレクサンドロスの書記官エウメネスやローマ共和政末期の政治家ポンペイユスら傑物たちの事績を伝える。

セルバー, R.〔1909〜1997〕 Serber, Robert

◇平和、戦争と平和―先端核科学者の回顧録　Robert Serber著，Robert P.Crease編集，今野廣一訳　丸善プラネット　2016.9　279p　22cm　〈文献あり　索引あり　発売：丸善出版〉　3500円　Ⓘ978-4-86345-304-3　Ⓝ559.7

内容 第1部　平和：PEACE（フィラデルフィアとマディソン，1909 - 1934　バークレーとバサデナ，1934 - 1938　アーバナ，1938 - 1942）　第2部　戦争：WAR（バークレーとロスアラモス，1942 - 1945　テニア，廣島と長崎，1945）　第3部　再びの平和：PEACE AGAIN（バークレー，1946 - 1951　コロンビアとブルックヘヴン，1951 - 1967　ニューヨークとセント・ジョン，1968 - 1997）

＊本書はマンハッタン計画の主要メンバーでロバート・オッペンハイマーの親友である人物の回顧録である。ロバート・サーバーは彼の生涯を第2次世界大戦前，大戦中，大戦後に分け，廣島，長崎への原爆投下余波の直截報告と伴に感動的に語ってくれた。米国の歴史におけるその時代の人々，事件および論争など―それは恐らく米国科学で最もエキサイトな時代であった―が生き生きとした彼の生涯をもたらしたのだ。ブラック・ホールからクォークの発見までオッペンハイマーの内部サークルでの刺激的な事物から（エキサイトメント）より，本書は20世紀の最も重要な理論物理学者の1人であるサーバーの直截な（incisive）人物描写ともなっている。

セルフ, D.〔1928〜〕 Selfe, Daphne

◇人生は、いくつになっても素晴らしい　ダフネ・セルフ著，西山佑訳　幻冬舎　2018.6　198p　20cm　1300円　Ⓘ978-4-344-03316-0　Ⓝ289.3

内容 美の秘訣は、たくさん笑うこと　うまくいかないときは、それでいい　心地よく感じることを選択する　いろいろなことに関心を持つ　人に会わなく

ても、メイクする　靴がつないだ縁　勝ち気で前向きな母　本書は、時間が経っても色あせない　社交的で音楽好きな一家　長くは続かなかった裕福な生活〔ほか〕

＊90歳、現役モデル。人生、まだまだ素敵なことばかり。歳を重ねたからこそわかる、日々の幸せの探し方。

セン, A.〔1933〜〕 Sen, Amartya

◇〈境界〉を生きる思想家たち　栩木玲子編　法政大学出版局　2016.3　221p　19cm　〈国際社会人叢書　2〉　1900円　Ⓘ978-4-588-05312-2　Ⓝ280

内容 第1章　E.H.カー（1892 - 1982）―「自己意識」の歴史学　第2章　ハンナ・アーレント（1906 - 1975）―20世紀の暴力を「思考」した女　第3章　オクタビオ・パス（1914 - 1998）―異文化との対話者　第4章　ジャン・ルーシュ（1917 - 2004）―関係の生成を撮る映像人類学者　第5章　エドゥアール・グリッサン（1928 - 2011）―「関係」の詩学から全 - 世界へ　第6章　山口昌男（1931 - 2013）―「知」的なピーターパンのために　第7章　アマルティア・セン（1933 - ）―自由と正義のアイデア　第8章　寺山修司（1935 - 1983）―ポエジイにしか越境はない「詩人」　第9章　ベネディクト・アンダーソン（1936 - 2015）―地域研究から世界へ

＊世界に対するまなざしを研ぎ澄ませた9人の思想家が描く鮮やかな軌跡！

セント・ジェイムズ, L.〔1947〜〕 St. James, Lyn

◇ガソリンアレイの向こうで―リン・セント・ジェイムズ、我がレース人生　リン・セント・ジェイムズ著，石田依子訳　大阪　大阪教育図書　2016.2　452p　20cm　2800円　Ⓘ978-4-271-31028-0　Ⓝ788.7

ゼンメルワイス, I.F.〔1818〜1865〕
Semmelweis, Ignác Fülöp

◇手洗いの疫学とゼンメルワイスの闘い　玉城英彦著　人間と歴史社　2017.2　223p　21cm　〈文献あり　年譜あり〉　1800円　Ⓘ978-4-89007-207-1　Ⓝ498.6

内容 第1部　ゼンメルワイスの闘い（感染症と手洗い　産褥熱の悲劇　ゼンメルワイスの闘い）　第2部　手洗いの疫学（グローバル化時代の手洗い　「疫学」とは何か　疫学の新たな展開―ゼンメルワイスから学ぶもの）

＊歴史上初めて手洗い・消毒の重要性を訴え、接触感染による産褥熱の死から若い母親たちを守った感染防護の父・ゼンメルワイス―。その悲劇の生涯と研究のあり方を疫学的観点から検証し、事実に基づく科学的視点の重要性を説く！

【ソ】

ソクラテス〔～399B.C.〕 Sōkratēs

◇古代ギリシアの思想家たち—知の伝統と闘争
髙畠純夫著　山川出版社　2014.8　103p
21cm　（世界史リブレット人 6）〈文献あり　年表あり〉　800円　Ⓘ978-4-634-35006-9　Ⓝ131

内容　謎の思想家　1　叙事詩と抒情詩の世界　2　哲学者とソロン　3　前五世紀のアテナイ　4　アンティフォン　5　ソクラテス

＊古代ギリシアの思想家たちは何を残したのだろうか。哲学思想にかぎらず、さまざまなところにあらわれる思想はまちがいなく彼らの残した大きな遺産である。さらに思考することの大事さと楽しみも、彼らは伝え残している。この書で、彼らの思想の中味がどのようなものであったかを語るとともに、どのような状況下で思想がつくられたかを考えた。アンティフォンとソクラテスを生んだアテナイの知の状況と、ソクラテス的思考が長く残ったゆえんが示されよう。

◇ソクラテス　中野幸次著　新装版　清水書院
2015.9　204p　19cm　（Century Books—人と思想 3）〈文献あり　年譜あり　索引あり〉　1000円　Ⓘ978-4-389-42003-1　Ⓝ131.2

内容　1　ソクラテスの生涯（永遠の哲人　ソクラテスの生きた時代　ソクラテスの活動　ソクラテスとソフィスト　ソクラテスの弟子）　2　ソクラテスの思想（アポロンの使徒　無知の知　産婆術　永遠なるもの（イデア）　最後にさし示すもの　ソクラテスの遺産）

◇ソクラテス—われらが時代の人　ポール・ジョンソン著, 中山元訳　日経BP社　2015.12
290p　20cm　〈発売：日経BPマーケティング〉　2200円　Ⓘ978-4-8222-5081-2　Ⓝ131.2

内容　第1章　生ける人として、腹話術の人形として　第2章　幸福になる才能のある冗談好きな醜男　第3章　ソクラテスとオプティミズムの頂点にあるアテナイ　第4章　哲学の天才、ソクラテス　第5章　ソクラテスと正義　第6章　アテナイの道徳的な退廃とソクラテスの死　第7章　ソクラテス、哲学が人間に乗り移った男

＊カリスマ的魅力を持った哲学の祖！　等身大のソクラテス。古代ギリシアの「幸福になる才能のある冗談好きな醜男」を描いた評伝。

◇クセノフォーン　ソークラテスの思い出　佐々木理訳　岩波書店　2016.7　294,16p　15cm　〈岩波文庫〉〈第40刷（第1刷1963年）〉　900円　Ⓘ4-00-336031-1　Ⓝ131.22

＊アテーナイの軍人クセノフォーンが、己れの見聞のままに忠実に、師と仰いだ哲学者ソークラテースの姿を記した追想録。師への告発にたいする反論に始まって日常の言行を述べながら教育論にいたる全篇から、ソークラテースの人となりが生き生きと浮び上がってくる。歴史的ソークラテース像を知るうえでの貴重な一書。

◇哲学の誕生—ソクラテスとは何者か　納富信留著　筑摩書房　2017.4　356,10p　15cm　（ちくま学芸文庫　ノ7-2）〈「哲学者の誕生」（2005年刊）の改題、改訂、補論「「ソクラテス対ソフィスト」はプラトンの創作か」を追加　年表あり〉　1200円　Ⓘ978-4-480-09794-1　Ⓝ131.2

内容　第1章　ソクラテスの死—プラトン『パイドン』の語り　第2章　ソクラテスと哲学の始まり　第3章　ソクラテスの記憶　第4章　ソクラテス裁判をめぐる攻防　第5章　アルキビアデスの誘惑　第6章　「無知の知」を退けて—日本に渡ったソクラテス　補論　「ソクラテス対ソフィスト」はプラトンの創作か

＊哲学はソクラテスとともに始まったと見なされてきた。だが、何も著作を残さなかったソクラテスが、なぜ最初の哲学者とされるのか。それを、彼とその弟子のプラトン、アリストテレスという3人の天才による奇跡的な達成と考える従来の哲学史観では、致命的に見落とされたものがある。ソクラテスが何者だったかをめぐり、同時代の緊張のなかで多士済々の思想家たちが繰り広げた論争から、真に哲学が形成されていく動的なプロセスだ。圧倒的な量の文献を丹念に読み解き、2400年前、古代ギリシアで哲学が生まれるその有り様を浮き彫りにした『哲学者の誕生：ソクラテスをめぐる人々』の増補改訂版。

◇裸足のソクラテス—哲学の祖の実像を追う　八木雄二著　春秋社　2017.8　273p　20cm　〈表紙のタイトル：ΣΩΚΡΑΤΗΣ　文献あり〉　3200円　Ⓘ978-4-393-32373-1　Ⓝ131.2

内容　第1章　神託と不惑の人生　第2章　善美な夫に善美な妻—『家政』（1）　第3章　家僕と家財の管理は妻の仕事—『家政』（2）　第4章　農業は人に優しい仕事—『家政』（3）　第5章　人生自慢の宴—『饗宴』（1）　第6章　愛の教説—『饗宴』（2）　第7章　善き家政家は善美な人—『家政』（4）　第8章　ソクラテスが生を賭けた「人間並みの知恵」

＊プラトンが歪めてきたソクラテスの姿。しかし、これまで重視されなかったクセノポンの著作には、その本当の思想と人となりがいきいきと描かれていた。善美を求め、政治から距離を置き、人の知の限界を悟り、ふたたび宴会の席から突然歌いだし、へんてこな体操を考案するソクラテス。これが真のソクラテスだ！　クセノポンの『ソクラテスの思い出』『ソクラテスの弁明』『饗宴』『家政』、それにプラトンの作品ではめずらしくソクラテスの肉声を伝えると思われる『ソクラテスの弁明』を加えて、重要箇所を翻訳し、丁寧な註釈を加えつつ、それらの証言からソクラテスの思想と人となりを再現。いまよみがえる哲学の祖の真の姿。

◇プラトン　ソクラテスの弁明　岸見一郎著　KADOKAWA　2018.8　208p　19cm　（角川選書 1002—シリーズ世界の思想）〈年譜あり〉　1500円　Ⓘ978-4-04-703636-9　Ⓝ131.3

内容　ソクラテスの生涯（裁判　ソクラテスの徳　相対主義を超えて　プラトン）　『ソクラテスの弁明』（弁明の前に—真実を語ること　中傷の起源　古くからの告発者への弁明　人間教育　デルポイの神託ほか）

＊幸福であるためには、何が自分にとって「善」であるかを知っていなければならない。これが知恵や真実を知る意味であり、これを知る善悪の知が魂を優れたものにする—。古代ギリシア哲学の白眉ともいえる『ソクラテスの弁明』の全文を新訳とわかりやすい新解説で読み解く。「徳」と訳さ

ソシュール, F. 〔1857～1913〕
Saussure, Ferdinand de

◇ソシュールの政治的言説　金澤忠信著　調布　月曜社　2017.5　154p　22cm　(古典転生 14)〈文献あり〉　3000円　①978-4-86503-044-0　Ⓝ289.3

[内容] 序章 差し挟まれたテクスト　第1章 イギリス批判　第2章 アルメニア人虐殺事件　第3章 ドレフュス事件　終章 ヴュフラン城にて

＊20世紀末に発見された新たな文書群を駆使し、ボーア戦争、アルメニア人虐殺、ドレフュス事件に際してのソシュールの知られざる政治的立場を読み解く。19世紀末の歴史的事件に向き合う一人のスイス人、一人の知識人としての姿を浮き彫りにする、かつてない労作。

◇ソシュールと歴史言語学　神山孝夫、町田健、柳沢民雄著、日本歴史言語学会編集　千葉　日本歴史言語学会　2017.12　274p　21cm　(歴史言語学モノグラフシリーズ 1)〈文献あり　索引あり〉　発売: 大学教育出版 (岡山)　2500円　①978-4-86429-488-1　Ⓝ801

[内容] ソシュールの生涯と業績 (神山孝夫)　Mémoire〈覚え書〉とラリンガル理論 (神山孝夫)　リトアニア語アクセントの研究 (柳沢民雄)　Cours〈講義〉と歴史言語学 (町田健)　座談会抄録 (神山孝夫、町田健、柳沢民雄述)

ソトマイヨール, S. 〔1954～〕
Sotomayor, Sonia

◇私が愛する世界　ソニア・ソトマイヨール著、長井篤司訳　亜紀書房　2018.10　430p 図版9枚　20cm　(亜紀書房翻訳ノンフィクション・シリーズ 3-6)　2600円　①978-4-7505-1555-7　Ⓝ289.3

＊アルコール依存症の父を早くに失い、母とのあいだに根深い葛藤を抱え、幼少から糖尿病を患ってきた著者。恵まれぬ環境で夢を追った息を呑む半生の記録—アメリカ合衆国初、"ヒスパニック系女性"最高裁判事が見た夢。

ソバハニ, M. 〔1955～〕　Sobhani, Masoud

◇憎まない—「おかげさま」と「憎まない」たった2つの日本語で幸運を呼び込んだペルシャ人のお話　マスウド・ソバハニ著　ブックマン社　2017.7　215p　19cm　1500円　①978-4-89308-883-3　Ⓝ289.2

[内容] 序章 嘘をついてはいけません。嘘は、憎しみを出す源です。　第1章 たとえ憎まれても、愛しなさい。愛し続けなさいと母は言いました。　第2章 日本に来て、異文化に触れながら、自分が何者なのかが見えてきます。　第3章 お金を持っているのなら、人を育てるために使ってください。　附章 和合—誰とも対立しない生き方が、本当はいちばん強いのです。

＊イランで生まれ、宗教弾圧を逃れてアメリカへ。ニューヨークで若くして起業。そして30年前、運命に導かれるようにして日本で生きることを決意。外国人初ロータリークラブ会長 (高松南) にまでなった著者に教わる、幸福になれる人生の習慣。

ソビアック, Z. 〔1995～2013〕　Sobiech, Zach

◇つらいのが僕でよかった　ローラ・ソビアック著、田内志文訳　サンマーク出版　2015.1　414p　19cm　1600円　①978-4-7631-3424-0　Ⓝ936

[内容] 今と向き合え、未来は未来だ　スポーツ少年だったころ　お尻に現れた異変　人生が一変した…永遠に　骨肉腫の知らせ　化学療法の旅路　私の「言ってはいけないこと」リスト　目前に迫ってきたゴール　新たな病巣　人生は一変したのだ、またしても [ほか]

＊骨肉腫に侵され、18歳でこの世を去った少年、ザック。彼が残した美しい別れの曲、「クラウズ (Clouds)」はラジオやYouTubeを通じて世界中の人々に感動をもたらし、やがてヒットチャートを駆け上がった一。世界を少しだけ変えた少年の母親が綴った、感動の物語。

ソビエッチ, ザック
⇒ソビアック, Z. を見よ

ゾラ, E. 〔1840～1902〕
Zola, Emile Edouard Charles Antoine

◇ゾラ　尾﨑和郎著　新装版　清水書院　2015.9　219p　19cm　(Century Books—人と思想 73)〈文献あり　年譜あり　索引あり〉　1000円　①978-4-389-42073-4　Ⓝ950.268

[内容] 1 エミール・ゾラの生涯 (ロマン主義に心酔して　絶望と放浪と　若きジャーナリスト　ベスト・セラー作家　告発と亡命と)　2 エミール=ゾラの思想 (戦争と右翼に抗して　『ルーゴン・マッカール双書』『三都市双書』 "告発 (われ弾劾す)" ユートピアを求めて)

ゾルゲ, R. 〔1895～1944〕　Sorge, Richard

◇ゾルゲの見た日本　ゾルゲ著、みすず書房編集部編　新装版　みすず書房　2017.7　227p　20cm　2600円　①978-4-622-08633-8　Ⓝ210.7

[内容] 1 日本の軍部　2 東京における軍隊の叛乱 (二・二六事件)　3 日本の農業問題　4 日中戦争中の日本経済　5 日本の膨張　6 日本の政治指導　7 日本における私の調査　付 秘密通信 (東京‐モスクワ)　歴史のなかでの「ゾルゲ事件」(小尾俊人)

＊1930年代、日本を舞台に世界を変えた男、リヒャルト・ゾルゲ、スパイとして、ジャーナリストとして、知識人として、ゾルゲは戦前の日本で、われわれが失いつつある「昭和」の時代に何を見たか。日本についての論考7篇に、モスクワ宛「秘密通信」を収録。巻末には、戦後の冷戦構造にまで影響をあたえた「ゾルゲ事件」の全体像を示し、小尾俊人「歴史のなかでの「ゾルゲ事件」」を付す。

◇日米開戦へのスパイ—東條英機とゾルゲ事件　孫崎享著　祥伝社　2017.7　352p　19cm　〈文

献あり 索引あり〉 1700円 ⓘ978-4-396-61609-0 Ⓝ210.7

内容 序章 仏アバス通信社支局長のゾルゲ回顧 第1章 近衛内閣瓦解とゾルゲ事件 第2章 冷戦とゾルゲ事件 第3章 つながる糸――一九四一年十月十五日の動き、近衛内閣の崩壊、尾崎秀実の逮捕、ニューマンの離日、ウォルシュ司教の離日 第4章 ゾルゲ報告とソ連極東軍の西への移動 第5章 米国を参戦に向かわせるため動く英国安全保障調整局 第6章 ゾルゲ事件の評価

＊昭和史に刻まれる諜報事件、驚愕の真相。ゾルゲを嵌めたのはあの男だった?!元外務省国際情報局長が、これまでの「ゾルゲ事件」の定説を覆し、もうひとつの「日米開戦の正体」を説き明かす。

ソルジェニーツィン, A.I. 〔1918〜2008〕
Solzhenitsyn, Alexandr Isaevich

◇屈服しない人々 ツヴェタン・トドロフ著，小野潮訳 新評論 2018.9 322p 19cm 〈索引あり〉 2700円 ⓘ978-4-7948-1103-5 Ⓝ311.15

内容 第1章 エティ・ヒレスム 第2章 ジェルメーヌ・ティヨン 第3章 ボリス・パステルナーク 第4章 アレクサンドル・ソルジェニーツィン 第5章 ネルソン・マンデラとマルコムX 第6章 現代のふたりの屈服しない人物―ダヴィッド・シュルマンとエドワード・スノーデン

ソロー, H.D. 〔1817〜1862〕
Thoreau, Henry David

◇ソロー日記 夏 ヘンリー・ソロー著，H.G.O.ブレーク編，山口晃訳 彩流社 2015.6 425, 19p 20cm 〈索引あり〉 4200円 ⓘ978-4-7791-1902-6 Ⓝ935.6

＊花々が咲き誇り、緑燃ゆる夏。鳥たちはいまはもう、みんなやって来た。さあ、川遊びへ、山歩きへ！自然と思索を愛したヘンリー・ソローの日記のうち、1838〜60年の6月1日〜7月10日まで。

◇世界を変えた森の思想家―心にひびくソローの名言と生き方 上岡克己編著 研究社 2016.3 224p 19cm 〈文献あり 年譜あり 索引あり〉 2200円 ⓘ978-4-327-47232-0 Ⓝ930.268

内容 第1章 若きソロー(コンコード―我が故郷 知的独立宣言―人間らしい独立した生活 モラトリアム宣言―教育と教師辞職事件 日記をつけよ 恋愛論―青春時代の苦悩) 第2章 世界を変えた本『市民の反抗』(『市民の反抗』「マサチューセッツ州における奴隷制度」「ジョン・ブラウン大尉を弁護して」) 第3章 人生を変えた本『森の生活』(ネイチャーライティング(自然文学)の胎動 散歩の心得 『森の生活』) 第4章 緑のソロー(1)(自然と風景―大地を師とする 変貌する大地 エコロジーの目覚め 先住民インディアンに学ぶ) 第5章 緑のソロー(2)(自然保護の提唱 ラディカルな環境主義宣言)

＊「石を崇拝する」、「ニレの木を議員に」。世界の偉大な指導者、ガンジー、キング牧師、さらにはアメリカの大統領さえも動かす思想や名言、『市民の反抗』や『森の生活』を通して日本人読者にもなじみのあるアメリカの作家ソロー、非暴力と先駆的な環境思想に迫る。

◇ソロー日記 秋 ヘンリー・ソロー著，H.G.O.ブレーク編，山口晃訳 彩流社 2016.12 487, 14p 20cm 〈索引あり〉 4500円 ⓘ978-4-7791-1903-3 Ⓝ935.6

＊リスの頬袋も、あなたのポケットも森の恵みで満たされる秋、季節と思考が成熟していく。ソローが書き留めたコンコードの日々の記録、1837〜61年の9月21日〜12月20日まで。

◇ソロー日記 冬 ヘンリー・ソロー著，H.G.O.ブレーク編，山口晃訳 彩流社 2018.6 449, 13p 20cm 〈索引あり〉 4500円 ⓘ978-4-7791-1904-0 Ⓝ935.6

＊過ぎゆく日々の豊穣と孤独。瞳をこらし、耳をそばだて、人と自然を記録した1837〜61年12月21日〜2月23日までの日記。

ソロス, G. 〔1930〜〕 Soros, George

◇伝説の7大投資家―リバモア・ソロス・ロジャーズ・フィッシャー・リンチ・バフェット・グレアム 桑原晃弥著 KADOKAWA 2017.6 239p 18cm （角川新書 K-139）〈文献あり〉 800円 ⓘ978-4-04-082146-7 Ⓝ338.18

内容 第1章 「ウォール街のグレートベア」ジェシー・リバモア 第2章 「イングランド銀行を潰した男」ジョージ・ソロス 第3章 「百聞は一見に如かず」ジム・ロジャーズ 第4章 「成長株集中投資の大家」フィリップ・フィッシャー 第5章 「伝説のファンドマネジャー」ピーター・リンチ 第6章 「オマハの賢人」ウォーレン・バフェット 第7章 「バフェットの師」ベンジャミン・グレアム

＊「ウォール街のグレートベア」(リバモア)、「イングランド銀行を潰した男」……。数々の異名を持つ男たちは「個人投資家」という一般的なイメージを遙かに超える影響力を行使してきた―。

ソロス, T. 〔1894〜1968〕 Soros, Tivadar

◇仮面のダンス―ジョージ・ソロスの一家はいかにしてナチ党支配下のハンガリーを生き延びたのか ティヴァダル・ソロス著，ハンフリー・トンキン編，三田地昭典訳，山本明代監訳 現代企画室 2017.6 401p 19cm （企画：安藤紫〉 2200円 ⓘ978-4-7738-1710-2 Ⓝ999.16

内容 歴史的・地理的背景 ドイツ軍に出会う ユダヤ人評議会 身分証明書を求めて ちょっとしたユダヤ哲学 最初の実験 偽造者の間で 田舎のゲットー 脱出 一九四四年六月六日―ノルマンディ上陸 [ほか]

＊1944年3月から翌45年2月まで、戦況の不利に喘ぐ終末期のナチス・ドイツに占領されたハンガリーの首都ブダペシュト。ユダヤ系ハンガリー人の法律家ティヴァダル・ソロスは、妻と義母、そして二人の息子や親しい友人たちとともに生き延びるために、「仮面」をつけて生活する道を選択した。極限状態にあっても冷静さとユーモアを失わず、偽造の身分証や隠れ家を求めて繰り広げられる頭脳ゲーム。結果として、家族の全員と数多くのユダヤ人の命を救ったティヴァダルが、濃密な一年弱の経験を語った自叙伝が本書である。20世紀前半のハンガリーにおけるユダヤ人社会や、これまで日本に紹介されることが少なかったドイツ軍占領下の

ブダペシュトの様子を克明に描くと同時に、投資家、社会事業家として世界に名を馳せた息子ジョージ・ソロスの思想を育んだ背景も明らかにする。

ソンダース, C.M. 〔1918〜2005〕
Saunders, Cicely Mary

◇シシリー・ソンダース―近代ホスピス運動の創始者　シャーリー・ドゥブレイ, マリアン・ランキン著, 若林一美監訳, 若林一美, 若山隆良, 棚瀬多喜雄, 岡田要, 小林麻衣子, 五十嵐美奈訳　増補新装版　日本看護協会出版会　2016.5　559p　19cm〈年表あり〉　2800円　①978-4-8180-1939-3　Ⓝ289.3

【タ】

ダイアー, W.W. 〔1940〜2015〕
Dyer, Wayne Walter

◇今だからわかること　ウエイン・W・ダイアー著, 采尾英理訳　ナチュラルスピリット　2018.11　581p　19cm　2980円　①978-4-86451-282-4　Ⓝ289.1

 内容 幼少期のウエイン・ダイアー　溺れた兄とじんましん　『秘密の花園』に魅せられて　クーパー先生から学んだこと　転校生がやってきた　憧れだったテレビショーへの出演　僕のヒーロー, ソローとの出会い　書くことと生きる目的　父親への思い　軍隊生活での葛藤〔ほか〕

＊ウエイン・W・ダイアーの自叙伝。細かい観察力・記憶力と透徹した視点から見えたものとは!?スピリチュアルの哲人が放つ, 人生において大切なこと。

ダイアナ（プリンセス・オブ・ウェールズ）
〔1961〜1997〕 Diana, Princess of Wales

◇イギリス王室　愛と裏切りの真実―エリザベス女王とダイアナ元妃からキャサリン妃まで　渡邉みどり著　主婦と生活社　2016.8　191p　19cm〈年表あり〉　1300円　①978-4-391-14869-5　Ⓝ288.4933

 内容 エリザベス女王, カミラ夫人, キャサリン妃　ジョージ6世とエリザベス王妃　エリザベス女王とフィリップ王子　女王エリザベス2世とエディンバラ公　マーガレット王女の悲劇　ウィンザー王家20世紀の事件簿　ダイアナとチャールズ皇太子　王室の試練, 90年代は思い年　ウィリアム王子とキャサリン妃　メディアと王室　終章エピローグ―赦しの女王

＊女王90歳, ダイアナ妃が亡くなって20年。ささやかれる「スキップ・ジェネレーション」の噂。母として王族として懸命に生き, ほんとうの愛を求めて闘ってきた女性たちの物語。

◇ダイアナ妃　命をかけた最後の恋―アナザーストーリーズ　運命の分岐点　河出書房新社編集部編　河出書房新社　2016.8　1冊　19cm〈他言語標題：Diana Frances　文献あり　年譜あり〉　1500円　①978-4-309-02483-7　Ⓝ289.3

 内容 1 少女の憧れ（少女が夢見た「真実の愛」　孤独で劣等感に満ちた少女時代　ほか）　2「世紀の結婚」の光と影（ハネムーン中の亀裂　カミラ夫人の影　ほか）　3 破局と自由の狭間で（不倫には不倫を虚しさを埋めるために　ほか）　4 最後の恋とあの日（「真実の愛」の予感　運命の出会い　ほか）

＊最も親しかった人たちへの直接取材と歴史的スクープで鮮やかに描く愛と苦悩の36年。20年目に明かされた全真相！

大アントニオス
⇒アントニオス　を見よ

大カトー
⇒カトー（大）　を見よ

大キュロス
⇒キュロスⅡ（大王）　を見よ

タイゲ, K. 〔1900〜1951〕 Teige, Karel

◇カレル・タイゲ―ポエジーの探求者　阿部賢一著　水声社　2017.12　340p　20cm〈シュルレアリスムの25時〉〈表紙のタイトル：Karel Teige 1900-1951　文献あり　年譜あり〉　3500円　①978-4-8010-0301-9　Ⓝ289.3

 内容 序章「埋葬」されなかった前衛芸術　第1章 デヴィエトスィル　第2章 ポエティスム　第3章 建築批評　第4章 現実をめぐる複数のイズム　第5章 流れに抗うシュルレアリスム　第6章 内的モデル　第7章 夢, コラージュ　終章 タイゲとポエジー　付録 カレル・タイゲ評論集

＊チェコ・シュルレアリスム運動の理論的テクストの他, コラージュ作品を多数収録！前衛芸術を牽引し, 雑誌を創刊し, 装幀を手がけ, コラージュを残した, チェコ・シュルレアリスム運動の最重要人物カレル・タイゲ。モスクワとパリに挟まれたプラハという磁場で終生"ポエジー"を謳った理論家の全貌を明らかにする。

タイソン, M. 〔1966〜〕 Tyson, Mike

◇真相―マイク・タイソン自伝　マイク・タイソン著, ジョー小泉監訳, 棚橋志行訳　楓書店　2014.7　669p　図版32p　19cm〈発売：ダイヤモンド社〉　2700円　①978-4-478-02902-2　Ⓝ788.3

大ポンペイウス
⇒ポンペイウス　を見よ

大マリウス
⇒マリウス　を見よ

ダーウィン, C.R. 〔1809〜1882〕
Darwin, Charles Robert

◇ダーウィン　江上生子著　新装版　清水書院　2015.9　210p　19cm（Century Books―人と思想 66）〈文献あり　年譜あり　索引あり〉　1000円　①978-4-389-42066-6　Ⓝ289.3

内容 1 ダーウィンのあゆみ（冒険の夢　「進化」の旅へ　進化理論をうちたてるまで　人間ダーウィン）　2 ダーウィンの進化論（進化論と『種の起原』発生・遺伝・進化　ヒトとは何か　世界への視野）

◇ダーウィンの生涯　八杉龍一著　改版　岩波書店　2018.9　214p　18cm　（岩波新書）〈第29刷（第1刷1950年）〉　820円　①978-4-00-416054-0　Ⓝ289.3

内容 こうして彼の人間ができた（エジンバラで　生家　ケンブリッジで　ほか）　偉大な航海（動揺（船と心と）　ライエルの地質学　パンパスとガラパゴス　ほか）　静かなダウン（結婚　ダウンの生活・――地質学と動物学　『種の起源』・――自然淘汰説の成立　ほか）

＊ダーウィンほど多く伝記が書かれ、その生涯が知られている科学者はほかにいない。しかし、その伝記もほとんどが晩年の自伝によっていた。久しくダーウィンに傾倒する著者は、学校時代やビーグル号航海の際の書簡、記録等の直接資料をもとに、彼の青年時代を鮮明にとらえ、偉大な科学者の人間的発展を情熱をこめて描き出した。

タキトゥス〔200～276〕
Marcus Claudius Tacitus

◇ローマ皇帝群像　4　アエリウス・スパルティアヌス他著，井上文則訳・解題　京都　京都大学学術出版会　2014.9　323,53p　20cm＋（西洋古典叢書 L025）〈付属資料：8p：月報109　布装　年表あり　索引あり〉　3700円　①978-4-87698-486-2　Ⓝ232.8

内容 神君クラウディウスの生涯（トレベリウス・ポリオ）　神君アウレリアヌスの生涯（シラクサのフラウィウス・ウォピスクス）　タキトゥスの生涯（シラクサのフラウィウス・ウォピスクス）　プロブスの生涯（シラクサのフラウィウス・ウォピスクス）　フィルムス、サトゥルニヌス、プロクルス、ボノッス、すなわち四人の僭称帝たちの生涯（シラクサのフラウィウス・ウォピスクス）　カルス、カリヌス、ヌメリアヌスの生涯（シラクサのフラウィウス・ウォピスクス）

＊軍人皇帝時代も後半に入り危機克服の兆しが現われる。異色のローマ皇帝伝記集、堂々の完結！本邦初訳刊。

ダグデール, F.〔1879～1937〕
Dugdale, Florence Emily

◇トマス・ハーディの文学と二人の妻―「帝国」「階級」「ジェンダー」「宗教」を問う　土屋倭子著　音羽書房鶴見書店　2017.10　403p　19cm　〈文献あり　索引あり〉　3500円　①978-4-7553-0403-3　Ⓝ930.268

内容 序章　トマス・ハーディの文学と二人の妻　第1章　作家ハーディの誕生―最初の妻エマ・ラヴィーニア・ギフォード　第2章　農村と都会―ドーセットとロンドン　第3章　田舎屋から邸宅へ―マックス・ゲイトに移り住む　第4章　ヴィクトリア朝の「女」の言説を覆す―『ダーバヴィル家のテス』（一八九一）　第5章　ヴィクトリア朝の価値観を斬る―『日陰者ジュード』（一八九六）　第6章　小説家から詩人へ　第7章　フローレンス・エミリー・ダグデイルの登場　第8章　トマス・ハーディ晩年の成果とフローレンス・ハーディの栄光と苦悩　終章　トマス・ハーディと二人の妻が遺したもの

＊トマス・ハーディと妻たちの栄光と苦悩と確執の歳月をたどり、文学と歴史が交錯するハーディ文学生成の「真実」に迫る。「帝国」「階級」「ジェンダー」「宗教」を問い、多数の貴重な図版を配した著者渾身のハーディ文学論。

ダグラス, F.〔1818～1895〕
Douglass, Frederick

◇アメリカの奴隷制を生きる―フレデリック・ダグラス自伝　フレデリック・ダグラス著，樋口映美監修，専修大学文学部歴史学科南北アメリカ史研究会訳　彩流社　2016.1　185,23p　19cm　〈索引あり〉　1800円　①978-4-7791-2194-4　Ⓝ289.3

内容 第1章　奴隷に生まれて　第2章　ロイド大佐のホーム・プランテーション　第3章　ロイド大佐と奴隷たち　第4章　罪に問われぬ殺人　第5章　ロイド大佐のもとを去る―あこがれのボルティモアへ　第6章　新しい主人と港町ボルティモア　第7章　読み書きの習得―自由への手がかり　第8章　遺産の分配―奴隷制への怒り　第9章　「キリスト教徒」マスター・トマス　第10章　抵抗―奴隷調教師コーヴィとの対峙・仲間との逃亡計画・造船所での闘い　第11章　逃亡―ニューベッドフォードでの出会い　追補　二つの「キリスト教」

＊奴隷として生まれ、独学で読み書きを覚えた過酷な半生を描く！19世紀前半の20年前、「人間性」を破壊する奴隷制に抗して生き、ついに逃亡するまでの、ダグラスが「人間として生きた」苦難の道のり。本書は、「奴隷制」の本質を描き出す貴重な記録でもある。19世紀半ばに書かれながら、今でもアメリカで多くの人々に読み継がれる。「人間として生きる」ことが、洋の東西を問わず、現在でも切実な問題として問われているからであろう。

◇コーネル・ウェストが語るブラック・アメリカ―現代を照らし出す6つの魂　コーネル・ウェスト著，クリスタ・ブッシェンドルフ編，秋元由紀訳　白水社　2016.8　291,15p　19cm　〈年譜あり　索引あり〉　2400円　①978-4-560-09249-1　Ⓝ316.853

内容 はじめに―いまこそ預言者的精神を語り継ごう　第1章　火のついた魂は美しい―フレデリック・ダグラス　第2章　ブラック・フレイム―W.E.B.デュボイス　第3章　良心の炎―マーティン・ルーサー・キング、ジュニア　第4章　民主的実存主義の熱―エラ・ベイカー　第5章　革命の炎―マルコムX　第6章　預言者の炎―アイダ・B.ウェルズ　終章　オバマ時代の預言者的精神

＊今もっとも注目される論客が賢人たちに託して語り尽くした普遍的なアメリカ論。

竹鶴リタ〔1894～1961〕
Cowan, Jessie Roberta "Rita"

◇マッサンとリタ―ジャパニーズ・ウイスキーの誕生　オリーヴ・チェックランド著，和気洋子訳　NHK出版　2014.8　237p　20cm　〈「リタとウイスキー」（日本経済評論社 1998年刊）の

改題、増補・改訂　文献あり　年譜あり〉　2000円　Ⓘ978-4-14-081656-1　Ⓝ289.1

内容　ウイスキー修業時代（日本から来た青年　日本酒とイミテーション・ウイスキー　ほか）　寿屋勤務時代（本格ウイスキーへの夢―山崎　遙かなる異郷のリタ　ほか）　起業家時代（企業創立へ―余市ウイスキー蒸留所　夕日のリタ　ほか）　挑戦、そして成功（マッサンとリタの四〇年　竹鶴政孝、「命の水」ウスケボー）

＊日本とスコッチはこうして出会った。本場スコットランドからウイスキーづくりの技術を持ち帰った男・竹鶴政孝。そして、かの地で運命的に出会い、彼を支え続けた妻・リタ。スコットランド蒸留所修業、猛反対された国際結婚、北の大地・余市での独立。戦時中、外国人妻としてのリタの奮闘…。夫妻の波乱の生涯を俯瞰。NHK連続テレビ小説「マッサン」夫妻の足跡を、英国人研究者が丹念に辿るノンフィクション。

◇竹鶴とリタの夢―余市とニッカウヰスキー創業物語　千石涼太郎著　双葉社　2014.9　223p　19cm　〈文献あり〉　1300円　Ⓘ978-4-575-30744-3　Ⓝ289.1

内容　第1章　ウイスキーの父、広島の造り酒屋に生まれる　第2章　本場スコットランドでウイスキーを学ぶ　第3章　鳥井信治郎と日本初のウイスキーづくり　第4章　新たなる旅立ち、新天地余市へ　第5章　ニッカの再出発、そして別れのとき　リタが愛した町・余市　特別ガイド　余市蒸溜所の歩き方

＊朝ドラ「マッサン」のモデル、竹鶴政孝・リタ夫妻の生涯。日本初のウイスキー造りへの情熱と苦難と希望を描く。特別ガイド「余市蒸溜所の歩き方」付き。

◇リタの鐘が鳴る―竹鶴政孝を支えたスコットランド女性の生涯　早瀬利之著　朝日新聞出版　2014.9　247p　15cm　（朝日文庫　は40-1)〈朝日ソノラマ　1995年刊の加筆訂正〉　600円　Ⓘ978-4-02-264746-7　Ⓝ289.1

＊スコットランドの田舎で暮らしていたリタは、日本からウイスキー造りを学びに来た留学生・竹鶴政孝と恋をして結ばれる。竹鶴の人生は苦労の連続だったが、リタは「あなたのウイスキーが必ず喜ばれるときがくる」と、折れそうになる夫を励まし続けた。一人の女性の純愛物語。

◇ウイスキーとダンディズム―祖父・竹鶴政孝の美意識と暮らし方　竹鶴孝太郎著　KADOKAWA　2014.10　234p　18cm　（角川oneテーマ21　D-43）〈文献あり　年譜あり〉　800円　Ⓘ978-4-04-102372-3　Ⓝ289.1

内容　第1章　食事と酒を楽しみ、人生を豊かに過ごす（竹鶴家のルールと作法　テーブルマナーは子どものうちから厳しく躾ける　ほか）　第2章　よく遊び、よく仕事をする（余市川での鮎釣り　接待は鮎料理と鮎料理　ほか）　第3章　信念を貫いて生きる（転んでもただでは起きない一嗅覚に敏感にした（？）鼻のケガ　機を見るに敏な性格　ほか）　第4章　政孝とリタ　「柔道」は日本のウイスキー史の隠れたキーワード　政孝とリタの恋　ほか）　第5章　お洒落は自分らしいスタイルで（自分のスタイルを持て　ウイスキーを学ぶことはお洒落を学ぶこと　ほか）

＊朝ドラマで話題！　男らしい生き方からウイスキーの味わい方まで、"マッサン"が愛した本物とは？

常に本物を愛し、ウイスキーを、経営を、家族との愛を全力で愛しぬいた竹鶴政孝を、孫の目から描く！

◇マッサン語録―ニッカ創業者・竹鶴政孝と妻リタの生きた道　菊地秀一著　宝島社　2014.10　127p　21cm　〈文献あり　年譜あり〉　1200円　Ⓘ978-4-8002-3194-9　Ⓝ289.1

内容　第1章　「共に歩んだリタへの言葉」（恋している相手のためなら、どんな苦労も厭わない　師・弟子の連係プレーで国際結婚を両親に認めさせた　ほか）　第2章　「ウイスキーへの愛の言葉」（小さなことでもノートに記録したからこそ、日本初のウイスキーができた　ウイスキーづくりはからだで覚えるものだ　ほか）　第3章　「経営者・竹鶴の言葉」（ウイスキーを完成させるために用意された雇用期間は10年だった　余市こそがウイスキーづくりにうってつけの場所だった　ほか）　第4章　「竹鶴政孝、人生を語る」（長じて人生を振り返るたび、天命を強く感じるようになった　少年期の自炊生活が私の味覚をつくりあげた　ほか）

＊竹鶴が残した名言と感動の夫婦愛の物語。

◇「マッサンの妻」竹鶴リタが大切にしたもの―IN LOVING MEMORY OF RITA TAKETSURU　竹鶴孝太郎著　集英社　2015.1　92p　21cm　〈文献あり　年譜あり〉　1000円　Ⓘ978-4-08-781565-8　Ⓝ289.1

内容　竹鶴リタという女性　祖母、竹鶴リタのこと。　1　スコットランドの日々　2　大阪、横浜時代　3　余市時代　4　晩年　竹鶴家の食卓よりリタさん直伝スコットランド料理レシピ　リタの愛用品。　リタを知る15のキーワード。　スペシャル対談　竹鶴孝太郎×シャーロット・ケイト・フォックス「竹鶴リタという生き方。」

＊孫として、おばあちゃんの生き方を残したかった。「マッサンの妻」が愛した家族、暮らし、夢―。ここでしか見られない秘蔵写真で素顔に迫る。

◇リタと旅する。―日本のウイスキーの父「竹鶴政孝」を支えた妻　いのちのことば社フォレストブックス　2015.1　95p　17cm　（Forest Books）〈文献あり　年譜あり〉　1200円　Ⓘ978-4-264-03304-2　Ⓝ289.1

内容　1章　旅のはじまり。(竹鶴リタ　100年前の国際結婚　ほか）　2章　大阪を旅する。(大阪での生活　ふたりの住んだ街　ほか）　3章　鎌倉・小樽・余市を旅する。(きっと違って見えた横浜の港　夫婦に関する聖書の教え　ほか）　4章　リタと旅する。(リタと戦争　政孝からのラブレター　ほか）

＊生涯を日本で終えたリタの信仰と足跡を求めて、あなたも旅してみませんか？

タゴール, R.〔1861～1941〕
Tagore, Rabindranath

◇アジア再興―帝国主義に挑んだ志士たち　パンカジ・ミシュラ著　園部哲訳　白水社　2014.11　411,31p　20cm　〈文献あり　索引あり〉　3400円　Ⓘ978-4-560-08395-6　Ⓝ220.6

内容　第1章　隷属するアジア　第2章　アフガーニーの風変わりなオデュッセイア　第3章　梁啓超のいる中国とアジアの運命　第4章　一九一九年、世界史の転換　第5章　タゴール、東亜へ行く―亡国から来た男　第

6章 作り直されたアジア
＊近代化に直面した知識人たちの情熱と苦悩。現代の中国、インド、イスラーム世界をかたち作る源泉となった知識人・活動家たちの足跡を追い、大きな歴史地図の中に今の国際情勢を位置づける意欲作!

◇タゴール　丹羽京子著　新装版　清水書院　2016.5　262p　19cm　〈Century Books――人と思想 119〉〈文献あり　年譜あり　索引あり〉　1200円　Ⓘ978-4-389-42119-9　Ⓝ126.9

内容 第1章 一九一三年、ノーベル賞受賞　第2章 詩人をめぐる論争　第3章 黄金のベンガル　第4章 歌いmy演じる　第5章 「世界」「ふたり」の「わたし」　第6章 女性たち　第7章 詩に生きる

＊一九一三年、ベンガルの詩人タゴールは、一冊の詩集によって、アジア人のみならず非ヨーロッパ人として初めてノーベル文学賞を受賞した。以来、タゴールは世界的な詩人として高く評価され、ロマン・ロランやガンディーといった国内外の著名人と親交を結び、世界各国を訪問し、日本にも通算五回訪れている。タゴールの時代には、インド亜大陸はイギリスの支配下にあったが、独立国になると同時に二国となった今日でも、タゴールがインド、バングラデシュ双方の誇りであることは、二国ともがタゴール作詩作曲の歌を国歌と制定していることからもうかがえる。タゴールという存在はベンガルの文化的支柱であり、またその珠玉の詩はベンガル人のこころの支えになっている。この偉大な詩人の軌跡を描き出し、その今日的な意味を問う。

◇新たな地球文明の詩を――タゴールと世界市民を語る　バラティ・ムカジー,池田大作著　第三文明社　2016.10　397p　20cm　〈文献あり　索引あり〉　1600円　Ⓘ978-4-476-05055-4　Ⓝ126.9

内容 第1章 「大いなる未来」を見つめて（人類を結ぶ文化と芸術の懸け橋　若き可能性を育む教育　東西を結ぶ哲学）　第2章 「女性が輝く世紀」の実現へ（母こそ人類愛と平和の原点　女性の力と時代創造　未来を開くヒューマニズムの精神）　第3章 信念と行動の人タゴール（タゴールと非暴力の思想　人間主義の夜明け　民衆のエンパワーメントと詩心）　第4章 「生命の尊厳」を時代精神に（時代が希求する新たな生命哲学　対話は不信の壁を超えて　人間と環境の調和）　第5章 青年の力と情熱の連帯（「教育のための社会」への挑戦　生命の讃歌　教育の光　アショーカ王の治世と精神遺産　開かれた対話の精神）

＊インドの詩聖、タゴールの全貌に迫る。"人間の内なる力"を探究した詩人の珠玉の思想と信念が、現代に輝く。

◇タゴールの世界――我妻和男著作集　我妻和男著　第三文明社　2017.11　751p　22cm　〈著作目録あり　年譜あり　索引あり〉　7000円　Ⓘ978-4-476-03370-0　Ⓝ126.9

内容 1 飛翔するタゴール　2 タゴールと日本　3 インドの心　4 インドの言語　5 私自身のこと　付 デーミアン　我妻夫妻のこと

＊タゴール研究に身を献じ、日印文化交流の懸け橋として生きた碩学の論考を集成。インドの心とベンガル文化を知る!

タサカ, J.Y.〔1914〜2013〕
Tasaka, Jack Yoshitami

◇ハワイ日系社会ものがたり――ある帰米二世ジャーナリストの証言　白水繁彦,鈴木啓編　御茶の水書房　2016.9　279p　21cm　〈他言語標題：A History of Hawai'i's Japanese　年表あり　索引あり〉　2800円　Ⓘ978-4-275-02054-3　Ⓝ334.476

内容 第1部 序論・ハワイ日系史と話者ジャック田坂（なぜ「田坂の語り」を取り上げるか　インタビュー社会学――研究方法をめぐって　ハワイおよびハワイ日系人をめぐる基本的なクェスチョン）　第2部 本論・ジャック田坂の語りを聞く（戦前の日系社会について　「敵性外国人」　戦後の生活　ハワイ日系メディアをめぐって　日系社会裏話）

＊ハワイ日系人はどう生きてきたか。日系社会ウォッチャーの本音トーク。その労働・起業・教育・交際・メディア・娯楽・性…戦前戦後のハワイ日系社会を縦横に語り尽くす。日系人概略史、詳細な注や年譜・年表付き。

ダダ, A.〔1860〜1907〕　Dadas, Albert

◇マッド・トラベラーズ――ある精神疾患の誕生と消滅　イアン・ハッキング著、江口重幸、大前晋、下地明友、三脇康生、ヤニス・ガイタニディス訳　岩波書店　2017.8　319,22p　22cm　〈文献あり　索引あり〉　5400円　Ⓘ978-4-00-024822-8　Ⓝ493.7

内容 第1章 最初の遁走者　第2章 ヒステリーかてんかんか？　第3章 複数のニッチ　第4章 五つの問いと五つの答え　補遺（何がアルベールを苦しめたのか？　さまよえるユダヤ人　ドイツの「徘徊衝動」）　ドキュメント（アルベールの話 一八七二年〜一八八六年五月　アルベールの観察記録 一八八六年六月〜一八八七年二月　夢 一八八七年五月〜一八八九年九月　病原性の夢 一八九二年　実験 一八八八年、一八九三年　エピローグ 一九〇七年）

＊一九世紀末のフランスを中心に流行し、その後まもなく消え去った精神疾患「徘徊自動症」。なぜそれがその時その地域にだけ出現し、消滅したのか？そもそもその疾患は実在のものなのか？　ボルドーからモスクワまで遁走の旅をした最初の事例アルベール・ダダの資料を詳細に分析し、疾病と社会との相互作用を劇的に描き出したイアン・ハッキングの代表作。

タッパー, M.F.〔1810〜1889〕
Tupper, Martin Farquhar

◇バンヴァードの阿房宮――世界を変えなかった十三人　ポール・コリンズ著、山田和子訳　白水社　2014.8　425,21p　20cm　〈文献あり　著作目録あり〉　3600円　Ⓘ978-4-560-08385-7　Ⓝ283

内容 バンヴァードの阿房宮――ジョン・バンヴァード　贋作は永遠に――ウィリアム・ヘンリー・アイアランド　空洞地球と極地の穴――ジョン・クリーヴズ・シムズ　N線の目を持つ男――ル・ブロンロ　音で世界を語る――ジャン・フランソワ・シュドル　種を蒔いた人――イーフレイム・ウェールズ・ブル　台湾人ロンドンに現わる――ジョージ・サルマナザール　ニューヨーク

空圧地下鉄道—アルフレッド・イーライ・ビーチ　死してもはや語ることなし—マーティン・ファークワー・タッパー　ロミオに生涯を捧げて—ロバート・コーツ　青色光狂騒曲—オーガスタス・J・プレゾントン　シェイクスピアの墓をあばく—ディーリア・ベーコン　宇宙は知的生命でいっぱい—トマス・ディック
＊その時、歴史は動かなかった！世界最長のパノラマ画、地球空洞説、驚異の放射線 "N線"、音楽言語、空圧式地下鉄、新発見のシェイクスピア劇…壮大な夢を追求し、敗れ去った人々の数奇な物語。

ターナー, J.M.W. 〔1775〜1851〕
Turner, Joseph Mallord William

◇もっと知りたいターナー—生涯と作品　荒川裕子著　東京美術　2017.11　79p　26cm　〈アート・ビギナーズ・コレクション〉〈文献あり　索引あり〉　2000円　①978-4-8087-1094-1　Ⓝ723.33

内容　序章　早熟の風景画家 1775 - 1789（0〜14歳）　第1章　ロイヤル・アカデミーにて 1790 - 1801（15〜26歳）　第2章　オールド・マスターの超克 1802 - 1818（27〜43歳）　第3章　イタリアの光に導かれて 1819 - 1839（44〜64歳）　第4章　色彩のシンボリズム 1840 - 1851（65〜76歳）　終章　ターナーのレガシー

ダネイ, フレデリック
⇒クイーン, E. を見よ

ダバディ, F. 〔1974〜〕　Dabadie, Florent

◇サッカー通訳戦記—戦いの舞台裏で "代弁者" が伝えてきた言葉と魂　加藤路教著　カンゼン　2016.5　247p　19cm　1600円　①978-4-86255-320-1　Ⓝ783.47

内容　1　間瀬秀一　通訳から監督へ、オシムを超えようとする男　2　フローラン・ダバディ　激情をかみ砕くパリよりの使者　3　鈴木國弘　サッカーの神を間近で崇めた最高の信徒　4　鈴木徳昭　ワールドカップにもっとも近づいた日々の記憶　5　髙橋建登　知られざる韓国スターの苦悩を解したハングルマスター　6　山内直　忠実に指揮官の怒りを伝えた無色透明な存在　7　中山和也　ブラジルと日本に愛された明朗快活の極意　8　小森隆弘　マルチリンガル、流れ流れてフットサル界の中枢へ　9　塚田貴志　空爆後のセルビアで憶えた言葉が生涯の友に　10　白沢敬典　ガンジーさんと呼ばれて—敬虔な通訳の姿
＊オシム、トルシエ、ジーコ…名将・名選手の陰に名通訳あり—。サッカー通訳10人が紡ぐ激闘の記憶。

ダビエル, J. 〔1693〜1762〕　Daviel, Jacques

◇ジャック・ダヴィエル—近代白内障手術の先駆者　濱田嶺次郎著　幻冬舎メディアコンサルティング　2018.10　202p　19cm　〈文献あり　発売：幻冬舎〉　1200円　①978-4-344-91906-8　Ⓝ289.3

内容　第1章　青春時代　第2章　プロヴァンス地方のペスト流行時代　第3章　眼科学の独立と宣伝　第4章　新たな手術法の公式な誕生　第5章　栄光の頂点　第6章　ジャックの晩年

＊現役の眼科医が魅了された、ある "天才" の驚異の人生。ルイ十五世の王付き眼科医、ジャック・ダヴィエルが生涯をかけて追い求めた「見える」ための不断の努力に、二十一世紀の私たちの胸をも打つ壮大なストーリーがあった―。知られざる白内障の歴史を読み解く。フランス啓蒙時代（十八世紀）。ノルマンディー地方の質素な家庭に生まれた一人の男が医学界における最大級の名誉を得るまでの挑戦と成功の軌跡。

ダブー, L.N. 〔1770〜1823〕
Davout, Louis-Nicolas

◇新書　英雄伝—戦史に輝く将星たち　有坂純著　学研教育出版　2015.10　407p　19cm　〈文献あり　発売：学研マーケティング〉　1600円　①978-4-05-406350-1　Ⓝ283

内容　ペルシア戦争を起こした男—アリスタゴラス伝　わが故郷は遙か—ディオニュシオス伝　われら死にきと—レオニダス伝　サラミスよ、汝は女の産める子らを滅ぼさん—テミストクレス伝　賞金首女王—アルテミジア一世伝　三つの問い—エパメイノンダス伝　偉大なる敵—ハンニバル伝　オリュンポスの落日—アエミリウス・パウルス伝　賽は投げられた—ユリウス・カエサル伝　帝国の夢—ゼノビア女王伝　疾風一衛青・霍去病伝　戦いは、まだ始まっていない—ジョン・ポール＝ジョーンズ伝　第一級の戦士—ダヴー元帥伝
＊かつて雑誌『タクテクス』（ホビージャパン刊）で熱狂的に支持された伝説の連載が、待望の単行本化！古代ギリシアからナポレオン時代まであまたの英傑が生き生きと甦る！

タブマン, H. 〔1820/21〜1913〕
Tubman, Harriet

◇列伝アメリカ史　松尾弌之著　大修館書店　2017.6　309p　20cm　〈他言語標題：Movers in American History　年表あり　索引あり〉　2300円　①978-4-469-24605-6　Ⓝ285.3

内容　ポカホンタス—征服された新天地の象徴　アン・ハッチンソン—異議申し立ての系譜　トマス・ジェファソン—アメリカ独立宣言の起草者　ハリエット・タブマン—逃亡奴隷に居場所を用意した女性　メリー・B.エディ—金ぴか時代の治癒方法　ジョン・D.ロックフェラー—豊かなアメリカを作りあげた「強盗貴族」　セオドア・ローズベルト—二〇世紀を形づくった大統領　チャールズ・A.リンドバーグ—機械と共存した英雄　フランクリン・D.ローズベルト—パックス・アメリカーナをもたらした大統領　チャーリー・チャップリン—繁栄の時代の反逆児　ジョン・F.ケネディ—期待に満ちた時代の若い大統領　ベティ・フリーダン—対抗文化運動のうねり　リチャード・M.ニクソン—多様性の時代に立ち向かった大統領　バラク・H.オバマ—希望を信じ忍耐を貫いた黒人大統領　ドナルド・J.トランプ—人民の人民による人民のための政治
＊ポカホンタスからトランプまで。時代に影響を与えた人々の人生の物語を通していきいきと描く魅力あふれるアメリカ史。

ターベル, I.M. 〔1957～1944〕
Tarbell, Ida Minerva

◇アイダ・ターベル―ロックフェラー帝国を倒した女性ジャーナリスト　古賀純一郎著　旬報社　2018.6　437p　20cm　〈他言語標題：Ida Tarbell　文献あり〉　2800円　Ⓘ978-4-8451-1543-3　Ⓝ289.3

内容 第1章　アイダ・ターベルとは　第2章　フランス留学時代―ジャーナリストの素養を涵養　第3章　ニューヨーク修業時代　第4章　ロックフェラー帝国と激突　第5章　地獄の番犬との邂逅　第6章　米革新主義時代とターベル　第7章　『スタンダード石油の歴史』の解剖　第8章　ロックフェラー帝国の解体

＊独占企業・スタンダード石油の悪辣な実態と手法を暴き、巨大企業を解体に追い込んだ、闘うジャーナリストの物語。

タマル　Tamar

◇イエス・キリストの系図を彩る女性たち　平山澄江著　キリスト新聞社　2016.12　116p　18cm　〈聖書を学ぶ入門シリーズ〉　1000円　Ⓘ978-4-87395-714-2　Ⓝ193

内容 第1章　タマル（タマルの結婚　未亡人になったタマル ほか）　第2章　ラハブ（何かが起こりそう　偵察に来た二人の男　ほか）　第3章　ルツ（飢きんを逃れて　ルツの決意　ほか）　第4章　「ウリヤの妻」バテ・シェバ（イスラエル、王制となる　サウル王の背信　ほか）　第5章　マリヤ（祭司ザカリヤ　受胎告知　ほか）

＊本書では、イエス・キリストの系図に登場する女性について考えていきます。

タメット, D. 〔1979～〕　Tammet, Daniel

◇ぼくには数字が風景に見える　ダニエル・タメット著，古屋美登里訳　2014.6　325p　15cm　〈講談社文庫 た125-1〉　730円　Ⓘ978-4-06-277860-2　Ⓝ289.3

内容 青いと赤い言葉　幼年時代　稲妻に打たれて学校生活がはじまった　仲間はずれ　思春期をむかえ　リトアニア行きの航空券　恋に落ちて　語学の才能　πのとても大きな一片　『レインマン』のキム・ピークに会う　アイスランド語を一週間で

＊4は内気で物静か、89は舞う雪のよう。ダニエルは数字に色や感情、動きを感じる共感覚者だ。円周率2万桁を暗記し10言語を操るが、アスペルガー症候群で人の感情が分からない。「普通になりたい」と苦悩する彼が、「人と違う」自分を認めて辿りついた生き方とは。不思議な脳と柔らかな心を持つ青年の感動の手記。

ダライ・ラマXIII 〔1876～1933〕
Dalai Lama XIII

◇ダライ・ラマとチベット―1500年の関係史　大島信三著　芙蓉書房出版　2017.9　289p　21cm　〈文献あり〉　2500円　Ⓘ978-4-8295-0720-9　Ⓝ180.9

内容 チベット仏教の本家で閉じられた法王制　ダライ・ラマ一四世の誕生秘話と遙かなるルーツ　古代チベット王国の興亡とチベット仏教の変遷　世にも不思議な生まれ変わりという相続システム　ダライ・ラマ一世、二世、三世、四世の説話と史実　ダライ・ラマ五世、六世、七世、八世の劇的人生　ダライ・ラマ九世、一〇世、一一世、一二世と摂政とネーチュン神託師　ダライ・ラマ一三世の前半生と外国勢との関係　チベットを目指した明治の日本青年たち　ダライ・ラマ一三世と西太后と大谷光瑞〔ほか〕

＊現在の14世と先代13世を中心に、古代チベット王国までさかのぼって歴代ダライ・ラマの人物像を描く。明治・大正期にチベットを目指した河口慧海、能海寛、寺本婉雅、成田安輝、青木文教、多田等観、矢島保治郎などについても取り上げ、なぜチベットが注目されてきたのかを明らかにする。2014年にダライ・ラマ14世が「転生相続システム」の廃止発言。これに対する中国の対応など、これからのチベットから目が離せない！

ダライ・ラマXIV 〔1935～〕　Dalai Lama XIV

◇チベットわが祖国―ダライ・ラマ自叙伝　ダライ・ラマ著，木村肥佐生訳　新版　中央公論新社　2015.12　497p　16cm　〈中公文庫 タ3-2〉〈初版：中央公論社　1989年刊　年表あり〉　1400円　Ⓘ978-4-12-206212-2　Ⓝ180.9

内容 農夫の息子　悟りを求めて　心の平和　隣人・中国　侵略　共産中国との出会い　漢僧のもとで　インド巡礼の旅　決起　ラサの危機　脱出　亡命、海外流浪へ　現在と将来

＊農村に生まれ、四歳でチベット仏教最高位「ラマ」と認定されたダライ・ラマ十四世。革命後の中国の軍事介入により亡命を余儀なくされ、インドに中央チベット政府を樹立するまでを描いた自伝。ダライ・ラマ亡命後の最新チベット情勢を盛り込んだ新版。

◇ダライ・ラマ　子どもと語る　クラウディア・リンケ著，森内薫，中野真紀訳　春秋社　2016.8　239p　20cm　〈文献あり〉　1800円　Ⓘ978-4-393-13408-5　Ⓝ180.9

内容 第1部　ダライ・ラマという人（智慧の大海　獅子の玉座に座る男の子　「すべての人々が幸せになりますように」―仏教の基礎）　第2部　ダライ・ラマの言葉（二一世紀の世代に語るダライ・ラマのスピーチ　ダライ・ラマへの質問―内面的価値とよき人生について　平和と正義についての質問　宗教についての質問　ダライ・ラマの人生についての質問　親と教師たちへ）

＊どうすればやさしくなれるの？　恋したことある？　死ぬのは怖い？　これらの質問は、ドイツの子どもたちがダライ・ラマに投げかけたものだ。ダライ・ラマの答えは思慮深く夢想的で、ときには意外で、そしてつねに、きわめて率直だった。本書にはこれらの対話がいきいきと再現されている。ダライ・ラマは幼少期を法王として敬われながらポタラ宮殿で過ごした。彼のそうした生い立ちを若い読者に向けて語ると同時に、著者クラウディア・リンケはダライ・ラマの教えの基本や、仏教の基本概念についてもやさしく説明している。

◇ダライ・ラマとチベット―1500年の関係史　大島信三著　芙蓉書房出版　2017.9　289p　21cm　〈文献あり〉　2500円　Ⓘ978-4-8295-0720-9　Ⓝ180.9

内容 チベット仏教の本家で閉じられた法王制　ダラ

イ・ラマ一四世の誕生秘話と遙かなるルーツ　古代チベット王国の興亡とチベット仏教の変遷　世にも不思議な生まれ変わりという相続システム　ダライ・ラマ一世、二世、三世、四世の説話と史実　ダライ・ラマ五世、六世、七世、八世の劇的人生　ダライ・ラマ九世、一〇世、一一世、一二世と摂政とネーチュン神託師　ダライ・ラマ一三世の前半生と外国勢との関係　チベットを目指した明治の日本青年たち　ダライ・ラマ一三世と西太后と大谷光瑞〔ほか〕

＊現在の14世と先代13世を中心に、古代チベット王国までさかのぼって歴代ダライ・ラマの人物像を描く。明治・大正期にチベットを目指した河口慧海、能海寛、寺本婉雅、成田安輝、青木文教、多田等観、矢島保治郎などについても取り上げ、なぜチベットが注目されてきたのかを明らかにする。2014年にダライ・ラマ14世が「転生相続システム」の廃止発言。これに対する中国の対応など、これからのチベットから目が離せない！

タラーソフ, V.〔1947～〕　Tarasov, Vladimir

◇トリオ　ウラジーミル・タラーソフ著，鈴木正美訳　法政大学出版局　2016.1　310,14p　20cm　〈作品目録あり〉　3600円　①978-4-588-41030-7　Ⓝ764.78

内容　第1章 二人での演奏 "OPUS A DUE"（トリオへの一歩、あるいは六〇年代半ばのアルハンゲリスク　ヴィリニュスの都、カフェ「ネリンガ」ほか）　第2章 企画 "CONSILIUM"（トリオのはじまり、そしてソ連のジャズ・フェスティヴァルの周辺では何が起こっていたのか　友人たちについて　ほか）　第3章 徐々に "POCO A POCO"（ワルシャワ。トリオの最初の海外への出国。ウィリス・カノーヴァー、トリオの西側への初めての招待、そして、それがソ連でどのように行われたのか　ほか）　第4章 さらに続く "POISEGUE"（トリオ一〇周年　ルーマニアにて　ほか）　第5章 だんだんゆるやかに "RITARDANDO"（モスクワ。第一二回若者と学生の全世界フェスティヴァル　オランダ　ほか）

＊今日の新しいジャズを創り出した生ける伝説のドラマーの自伝。写真図版多数。ディスコグラフィー付き。

ダリ, S.〔1904～1989〕　Dalí, Salvador

◇もっと知りたいサルバドール・ダリ―生涯と作品　村松和明著　東京美術　2016.7　79p　26cm　（アート・ビギナーズ・コレクション）〈文献あり 索引あり〉　2000円　①978-4-8087-1064-4　Ⓝ723.36

内容　第1章 カタルーニャに生まれて 1904‐1929（0～25歳）（ダリの原風景　初期の自画像/家族の肖像　ほか）　第2章 シュルレアリスムの時代 1929‐1939（25～35歳）（記憶の因子　ダブル・イメージ　ほか）　第3章 アメリカに愛されて 1939‐1948（35～44歳）（アメリカの夢　戦争の暗雲　ほか）　第4章 スペインへの帰還―波乱の晩年 1948‐1989（44～84歳）（幾何学的宗教画　原子の時代　ほか）

＊奇人、ナルシスト、偏執狂…天才画家ダリの真の姿とは？

ダーリ, V.I.〔1801～1872〕　Dal', Vladimir Ivanovich

◇言葉に命を―ダーリの辞典ができるまで　ポルドミンスキイ著，尾家順子訳　横浜　群像社　2017.8　266p　20cm　〈文献あり 著作目録あり 年譜あり〉　2000円　①978-4-903619-78-1　Ⓝ289.3

内容　第1章 旅支度　第2章 しっかりした根から　第3章 始まり　第4章 プーシキンの強い求めで　第5章 地方色　第6章 焚火はひとりで組めぬ　第7章 ことわざは言い得て妙　第8章 偉業　付記 多年にわたる責務―「識字」をめぐるダーリの見解再読の試み

＊全四巻、二十万語の辞書をひとりで完成させた言葉の収集家ウラジーミル・ダーリ。民衆の間で使われている生きた言葉を生涯かけて集め続け、言葉の意味や用法よりも言葉そのものの深みと広がりを伝えることに心をくだき、独自の配列の辞書にたどりついたダーリ。その後の世代にとって辞書の代名詞ともなったダーリの営みは、ロシア文化の重要な光源であると同時に、いまの私たちが抱える言葉の問題にまで届く光を放っている。名だたるロシアの作家たちが頼りにし敬意をはらったダーリの歩みを知る本格評伝。

ダリ, ガラ

⇒ガラ・エリュアール を見よ

ダリオ, R.〔1949～〕　Dalio, Ray

◇リスク・テイカーズ―相場を動かす8人のカリスマ投資家　川上穣著　日本経済新聞出版社　2014.10　302p　19cm　〈文献あり 年表あり〉　1800円　①978-4-532-35620-0　Ⓝ338.18

内容　第1章 大物アクティビストの日本上陸―ダニエル・ローブ　第2章 世界最高の稼ぎ手―デイビッド・テッパー　第3章 リーマン危機の予言者―デイビッド・アインホーン　第4章 改革の伝道師か、不幸の使者か―ビル・アックマン　第5章 中国に挑む空売り王―ジム・チェイノス　第6章 世界最大のヘッジファンド―レイ・ダリオ　第7章 日本国債売りの急先鋒―カイル・バス　第8章 オマハの賢人、バリュー投資を語る―ウォーレン・バフェット　終章 カリスマ投資家の時代

＊ローブ、ダリオ、バフェットら8人で投資総額30兆円！巨額の利益を稼ぎ出す孤高の投資家の知られざる素顔。

◇40兆円の男たち―神になった天才マネジャーたちの素顔と投資法　マニート・アフジャ著，長尾慎太郎監修，スペンサー倫亜訳　パンローリング　2015.3　415p　20cm　（ウィザードブックシリーズ 224）　2800円　①978-4-7759-7184-0　Ⓝ338.8

内容　第1章 レイ・ダリオ―グローバルマクロの達人　第2章 ピエール・ラグランジュとティム・ウォン―人間対マシン　第3章 ジョン・ポールソン―リスクアービトラジャー　第4章 マーク・ラスリーとソニア・ガードナー―ディストレス債券の価値探求者　第5章 デビッド・テッパー―恐れを知らない先発者　第6章 ウィリアム・A.アックマン―アクティビストの答え　第7章 ダニエル・ローブ―毒舌で有名なマネジャー　第8章 ジェームズ・チェイノス―金融界

の探偵　第9章 ボアズ・ワインシュタイン―デリバティブの草分け
* ヘッジファンドのマネジャーはポジションの評価を行ったりファンドの利益を増やそうと考えるときに、どのような投資基準で判断を下し、そしてどのような戦略を使っているのか―これまで語られなかった内容を、大物のマネーマネジャーたちが自らの言葉で語っている。本書の著者であるマニート・アフジャはCNBCのヘッジファンド専門家として活躍する一方で、マーケットの達人に顔が広い。最新作である本書のなかで、その達人たちの半生を初めて公にしたという点で、本書は革新的である！　本書は超一流のファンドマネジャーとの対談を収録し、謎の多いヘッジファンド業界を広く紹介している

タルコフスキー, A.A. 〔1932～1986〕
Tarkovskiĭ, Andreĭ Arsen'evich

◇タルコフスキーとその時代―秘められた人生の真実　西周成著　増補改訂版　清廉アルトアーツ　2017.6　157p　19cm　〈文献あり〉　1100円　Ⓘ978-4-9909397-5-5　Ⓝ778.238

タルターリャ 〔1499/1500～1557〕
Tartaglia（Niccolò Fontana）

◇天才数学者はこう解いた、こう生きた―方程式四千年の歴史　木村俊一［著］　講談社　2016.4　285p　15cm　（講談社学術文庫 2360）〈文献あり　索引あり〉　1000円　Ⓘ978-4-06-292360-6　Ⓝ410.28

内容　プロローグ 大発見と天才伝説　第1章 古代の方程式―バビロニア、エジプト、ギリシア、アラブ世界（パピルスと粘土板の天才たち　ギリシア数学の黄金時代　方程式を発明した男、アル＝フワーリズミ）　第2章 伊・仏・英「三国志」―数学のルネッサンス（イタリア・ルネッサンス　ヨーロッパ数学の復活　フランスの数学革命　そのころイギリスでは）　第3章 ニュートンとラグランジュと対称性―科学革命からフランス革命まで（対称性の発見、ニュートンの奇跡　ラグランジュと代数学の基本定理）　第4章 一九世紀の伝説的天才―アーベルとガロア（悲劇のアーベル　ガロア、謎の決闘に死す）　エピローグ 未解決問題のフロンティア
* 万物は数であるという謎の数学教団を組織したピタゴラス、抜群の工学的センスを持つアルキメデス、三次方程式の解の公式を知っていた数学勝負師タルターリャ、フェンシングの達人デカルト…。小数、負の数、虚数、超越数…。方程式との格闘は、数のフロンティア拡大の歴史でもあったのだ。四千年の数学史を一気に駆け抜ける痛快無比の入門書！

タレス 〔624頃～546頃B.C.〕 Thalēs

◇ギリシア哲学30講 人類の原初の思索から　上　「存在の故郷」を求めて　日下部吉信著　明石書店　2018.4　418p　19cm　〈年表あり　索引あり〉　2700円　Ⓘ978-4-7503-4742-4　Ⓝ131

内容　ギリシア哲学瞥鑑　ミレトスの哲学者(1) タレス　ミレトスの哲学者(2) アナクシマンドロス　ミレトスの哲学者(3) アナクシメネス　ピュタゴラス　アルキュタス　ヘラクレイトス　エレア派 故郷喪失の哲学者クセノパネス　エレア派 パルメニデス　エレア派 ゼノンとメリッソス　エンペドクレス　アナクサゴラス　デモクリトス　ハイデガーと原初の哲学者たち―アナクシマンドロス、ヘラクレイトス、パルメニデス
* ギリシア哲学の権威にしてハイデガー研究の第一人者でもある著者が、存在の故郷を求むべく古代ギリシアの文献を読み解き、その自然哲学を「みずみずしい姿」で蘇らせると同時に、そこで繰り広げられた哲学者たちの抗争の帰結としての現代人の歪んだ思考に高らかに異を唱える。過激にして痛快な現代文明批判の書（上下巻）。

ダレス, A. 〔1893～1969〕 Dulles, Allen

◇ダレス兄弟―国務長官とCIA長官の秘密の戦争　スティーブン・キンザー著，渡辺惣樹訳　草思社　2015.11　590p　20cm　〈索引あり〉　3700円　Ⓘ978-4-7942-2166-7　Ⓝ289.3

内容　第1部 兄弟（語られない出来事　ジョンの出世とアレン おもしろみのない兄弟　ウォールストリートから来た男）　第2部 六人の怪物たち（イラン工作　グアテマラ工作：共産主義にのめり込んだ男　非情と悪知恵　インドネシア工作：自己陶酔の大統領　コンゴ動乱、顎髭の過激主義者　鬚をはやした強い男）　第3部 二十世紀（神の顔をした男）
* 国務長官ジョン・フォスターとCIA長官アレンのダレス兄弟は、第二次大戦後の世界を裏表の強権で制圧しつづけた。アメリカ外交はなぜ間違ってしまうのか？　その経歴を通じて米国の行動原理を解き明かした圧巻の評伝。

ダレス, J.F. 〔1888～1959〕 Dulles, John Foster

◇ダレス兄弟―国務長官とCIA長官の秘密の戦争　スティーブン・キンザー著，渡辺惣樹訳　草思社　2015.11　590p　20cm　〈索引あり〉　3700円　Ⓘ978-4-7942-2166-7　Ⓝ289.3

内容　第1部 兄弟（語られない出来事　ジョンの出世とアレン おもしろみのない兄弟　ウォールストリートから来た男）　第2部 六人の怪物たち（イラン工作　グアテマラ工作：共産主義にのめり込んだ男　非情と悪知恵　インドネシア工作：自己陶酔の大統領　コンゴ動乱、顎髭の過激主義者　鬚をはやした強い男）　第3部 二十世紀（神の顔をした男）
* 国務長官ジョン・フォスターとCIA長官アレンのダレス兄弟は、第二次大戦後の世界を裏表の強権で制圧しつづけた。アメリカ外交はなぜ間違ってしまうのか？　その経歴を通じて米国の行動原理を解き明かした圧巻の評伝。

タロン, B. Tallon, Ben

◇夢とスランプを乗りこなせ―ぼくがクリエイターとして生きていく方法　ベン・タロン著，千葉敏生訳　英治出版　2016.11　285p　19cm　1900円　Ⓘ978-4-86276-224-5　Ⓝ726.501

内容　子どものころ、好きだったもの　君だけの情熱を見つけよう　不安と模索の学生生活　ようこそフリーランスの世界へ　無職からのスタート　フリーランサーの営業術　山あり谷ありのフリーランス

生活　はじめての都会暮らし　さらなる高みを目指して　悠々自適なノマド・ライフ　大スランプ時代　フリーランサーのお金事情　夢は、叶う
* キャリアにつながる自分の個性を見出すには？　何度も訪れるスランプを乗り越えるには？　プロとして好きなことに向き合うには？　共感エピソードと日々のTIPS満載で語る、フリーランスのトップクリエイターの舞台裏。

ダン, J. 〔1572～1631〕 Donne, John

◇ジョン・ダン研究　髙橋正平著　名古屋　三恵社　2017.12　216p　21cm　2000円　①978-4-86487-756-5　Ⓝ931.5

内容 ダンはカトリックか―1590年代のダンの宗教的立場について　『イグナティウスの秘密会議』におけるジョン・ダンのコペルニクス像　『神学論集』におけるアングリカンとしてのジョン・ダン　ジョン・ダンと『被造物の書』　ロヨラの『無知』とマキアヴェリ―ジョン・ダンの『イグナティウスの秘密会議』における二つのマキアヴェリ像　ジェームズ一世の "novelist" としてジョン・ダン "Innovator"―『イグナティウスの秘密会議』におけるダンのジェームズ一世擁護について　ジョン・ダンとMariana. de Rege.l.1.c.7―マリアナは「王殺し」論者か　RatioからSapientiaへ―ジョン・ダンの理性と信仰をめぐって　"who" の先行詞は "thou" か "me" か―ジョン・ダンの "A Valediction : Forbidding Mourning" の2つの日本語訳について　ロマン派以前の形而上詩批判〔ほか〕

タンギー, Y. 〔1900～1955〕 Tanguy, Yves

◇イヴ・タンギー―アーチの増殖　長尾天著　水声社　2014.12　333p　22cm　〈文献あり〉　5000円　①978-4-8010-0075-9　Ⓝ723.35

内容 序論　アーチの増殖　第1章　生涯、作品、先行言説　第2章　イメージの領域　第3章　デ・キリコの無意味　第4章　無用な記号の消滅　第5章　未知の物体　第6章　生命形態的　第7章　タンギーの星　第8章　セージの答え　結論

* 我々をたえず読解へと誘いながら、けっして語りえない領域を指し示すイヴ・タンギーのイメージ。デ・キリコ、シュルレアリスム、心霊学、バイオモーフィズム、エスと集合的無意識、そして2番目のパートナーであるケイ・セージ…タンギーを取り巻く様々なコンテクストを通して、"語りえないイメージ" の構造を解き明かす。

◇語るタンギー　タンギー著，長尾天編訳　水声社　2016.1　260p　20cm　〈文献あり〉　2800円　①978-4-8010-0134-3　Ⓝ723.35

内容 シュルレアリスム的遊戯　重さと色　オブジェの非合理的認識について　オブジェの生命　一九三四年の対話　絵画は何処へ行く？　イヴ・タンギーに聞く　無題　創造のプロセス　コネチカットでの降霊会　タンギーは補足する　タンギー、コネチカット、セージ　ポール・エリュアールへの書簡　マルセル・ジャンへの書簡

* シュルレアリスムの画家としては珍しく理論的テクストを書かなかったイヴ・タンギー。わずかな資料に残された彼の声は、何を語り、何を語らないのか。アンケート・インタビュー・書簡を網羅した、寡黙な画家のテクスト集成。

ダンテ・アリギエーリ 〔1265～1321〕 Dante Alighieri

◇カーライル選集　2　英雄と英雄崇拝　トマス・カーライル著，入江勇起男訳　デジタル・オンデマンド版　日本教文社　2014.8　368,7p　21cm　〈印刷・製本：デジタル・オンデマンド出版センター　索引あり〉　2900円　①978-4-531-02642-5　Ⓝ938.68

内容 第1講　神としての英雄―オウディン、異教・スカンディナヴィアの神話　第2講　予言者としての英雄―マホメット・回教　第3講　詩人としての英雄―ダンテ、シェイクスピア　第4講　牧師としての英雄―ルーテル・宗教改革、ノックス・清教　第5講　文人としての英雄―ジョンソン、ルソー、バーンズ　第6講　帝王としての英雄―クロムウェル、ナポレオン、近代革命主義

◇新生　ダンテ著，平川祐弘訳　河出書房新社　2015.7　253p　15cm　〈河出文庫　タ2-4〉　720円　①978-4-309-46411-4　Ⓝ971

* 『神曲』でダンテを天国へと導く永遠の女性、ベアトリーチェ。彼女への思いを込めて、ダンテ九歳のときの出会いから死別までをみずみずしく描いた、若き日の心の自伝。三十一の詩に自註ともいうべき文章を添えて編まれた、清新体派の代表作にして、文学史上に輝く不滅の抒情詩集。『神曲』の名訳者がおくる口語訳決定版。

◇ダンテ　野上素一著　新装版　清水書院　2016.6　237p　19cm　〈Century Books―人と思想 65〉〈文献あり　年譜あり　索引あり〉　1200円　①978-4-389-42065-9　Ⓝ971

内容 1　ダンテの生涯―郷愁のダンテ　2　放浪の旅路の詩―『神曲』の中のイタリア　3　ダンテとローマ教皇―教皇への敬意と批判　4　ダンテの著作―詩人として、思想家として　5　ダンテと自然科学―中世からルネサンスへ

* われわれは普通、ダンテ、シェイクスピア、ゲーテに近代文学の三つの頂点をみる。シェイクスピアもゲーテも十分研究されている日本では、今度はダンテを研究すべきである。

ダンヌンツィオ, G. 〔1863～1938〕 D'Annunzio, Gabriele

◇ダンヌンツィオ誘惑のファシスト　ルーシー・ヒューズ＝ハレット著，柴野均訳　白水社　2017.7　648,22p　20cm　〈文献あり　索引あり〉　9200円　①978-4-560-09560-7　Ⓝ970.268

内容 第1部　この人を見よ（ザ・パイク（カワカマス）　目撃証言　六カ月）　第2部　さまざまな流れ（信仰　栄光　愛の死　ほか）　第3部　戦争と平和（戦争　平和　全燔祭の町　ほか）

* ジョイス、プルースト、三島由紀夫を魅了し、ムッソリーニに先駆けた男。イタリアの国民的詩人にしてナショナリストのデマゴーグ、色事師にして戦争の英雄―いくつもの貌を持つ奇才のスキャンダラスな生涯に迫る、評伝の決定版。サミュエル・ジョンソン賞、コスタ賞、ダフ・クーパー賞トリプル受賞！　図版多数収録。

【チ】

チェイノス, J.〔1957～〕 Chanos, James

◇リスク・テイカーズ—相場を動かす8人のカリスマ投資家　川上穣著　日本経済新聞出版社　2014.10　302p　19cm　〈文献あり　年表あり〉　1800円　①978-4-532-35620-0　Ⓝ338.18

[内容]第1章 大物アクティビストの日本上陸―ダニエル・ローブ　第2章 世界最高の稼ぎ手―デイビッド・テッパー　第3章 リーマン危機の予言者―デイビッド・アインホーン　第4章 改革の伝道師か、不幸の使者か―ビル・アックマン　第5章 中国に挑む空売り王―ジム・チェイノス　第6章 世界最大のヘッジファンド―レイ・ダリオ　第7章 日本国債売りの急先鋒―カイル・バス　第8章 オマハの賢人、バリュー投資を語る―ウォーレン・バフェット　終章 カリスマ投資家の時代

＊ローブ、ダリオ、バフェットら8人で投資総額30兆円！ 巨額の利益を稼ぎ出す孤高の投資家の知られざる素顔。

◇40兆円の男たち—神になった天才マネジャーたちの素顔と投資法　マニート・アフジャ著，長尾慎太郎監修，スペンサー倫亜訳　パンローリング　2015.3　415p　20cm　〈ウィザードブックシリーズ 224〉　2800円　①978-4-7759-7184-0　Ⓝ338.8

[内容]第1章 レイ・ダリオ―グローバルマクロの達人　第2章 ピエール・ラグランジュとティム・ウォン―人間対マシン　第3章 ジョン・ポールソン―リスク・アービトラジャー　第4章 マーク・ラスリーとソニア・ガードナー―ディストレス債券の価値探求者　第5章 デビッド・テッパー―恐れを知らない先発者　第6章 ウィリアム・A.アックマン―アクティビストの答え　第7章 ダニエル・ローブ―毒舌で有名なマネジャー　第8章 ジェームズ・チェイノス―金融界の探偵　第9章 ボアズ・ワインシュタイン―デリバティブの草分け

＊ヘッジファンドのマネジャーはポジションの評価を行ったりファンドの利益を増やそうと考えるときに、どのような投資基準で判断を下し、そしてどのような戦略を使っているのか―これまで語られなかった内容を、大物のマネーマネジャーたちが自らの言葉で語っている。本書の著者であるマニート・アフジャはCNBCのヘッジファンド専門家として活躍する一方で、マーケットの達人に顔が広い。最新作である本書のなかで、その達人たちの半生を初めて公にしたという点で、本書は革新的である！ 本書は超一流のファンドマネジャーとの対談を収録し、謎の多いヘッジファンド業界を広く紹介している

チェウソフ, V.V.〔1920～2007〕 Cheusov, Vsevolod Vasil'evich

◇記憶のなかの日露関係—日露オーラルヒストリー　日ロ歴史を記録する会編　彩流社　2017.5　387p　22cm　4000円　①978-4-7791-2328-3　Ⓝ334.438

[内容]1 小野寺百合子　2 佐藤休　3 丸山直光　4 伊藤弘　5 中田光男　6 フセヴォロド・ヴァシーリエヴィチ・チェウソフ　7 都沢行雄　8 ヴィクトル・マカーロヴィチ・キム　9 レオン・アブラーモヴィチ・ストリジャーク

＊日本、満州、ソ連…。戦前の暮らしから戦中、戦後へ、9名の波瀾の修業時代を通して語りかける記憶にとどめたい"知られざる歴史"の断面！

チェ・ゲバラ
⇒ゲバラ, E. を見よ

チェスタトン, G.K.〔1874～1936〕 Chesterton, Gilbert Keith

◇チェスタトン　山形和美著　新装版　清水書院　2015.9　254p　19cm　〈Century Books—人と思想 172〉〈初版のタイトル：G.K.チェスタトン　文献あり　年譜あり　索引あり〉　1000円　①978-4-389-42172-4　Ⓝ930.278

[内容]1 チェスタトンの生涯（家族　学生時代　人生への船出　"GKCとは誰のことか"　ブラウン神父登場　病気そして旅　ローマへの道―カトリックへの改宗　改宗後、そして死）　2 チェスタトンの作品と思想（『色とりどりの国』正統と異端―『異端者の群れ』、『正統思想』　永遠へのヴィジョン―『アッシジの聖フランチェスコ』、『聖トマス=アクィナス』、『人間と永遠』　ブラウン神父の叡知―『ブラウン神父探偵物語』　小説のパターン―『ノッティングヒルのナポレオン』、『木曜の男』、『球と十字架』　詩的形象　伝記的肖像―『ブラウニング伝』、『ディケンズ伝』、『チョーサー伝』、『ショー伝』）　3 チェスタトンの受容

チェーホフ, A.〔1860～1904〕 Chekhov, Anton Pavlovich

◇チェーホフについて—人間、そして、巨匠　コルネイ・チュコフスキー［著］，斎藤徹訳［東京］　東京図書出版　2014.11　352p　20cm　〈発売：リフレ出版［東京］〉　2000円　①978-4-86223-798-9　Ⓝ980.268

＊チェーホフの作品に内在する「光」とは？ 著者は、誤ったチェーホフの人間像を正してから、作家の創作技法の解明に進む。

◇わが心のチェーホフ　佐藤清郎著　以文社　2014.12　217p　20cm　2400円　①978-4-7531-0322-5　Ⓝ980.268

[内容]チェーホフの孤独　チェホンテからチェーホフへ　チェーホフの醒めた眼　「退屈な話」という題名　「賭け」の広がり―生き方の選択　チェーホフとストア哲学―「六号室」の世界　「幸福なんてない」（『手帖』）　「黒衣の僧」―チェーホフとドストエフスキー　チェーホフと『伝道の書』『三人姉妹』のテーマ―チェーホフの本音　「どっちだって同じさ」―加藤周一の観劇評　「桜の園」の時代性と永遠性　再び「桜の園」について―カターエフ説再考　「自然法爾」（親鸞）と「自然法則」（チェーホフ）　横顔のチェーホフ　チェーホフ・その死　チェーホフ小伝―生涯とその時代　チェーホフと神西清

＊農奴の孫、医師・作家のチェーホフには、すべてを離れて見る眼を持っていた。そこから笑いと哀しみ、優しさと厳しさが生まれる。名著『チェーホ

フの生涯』から半世紀、94歳の著者が書き溜めたエッセイ風のチェーホフ論。

◇チェーホフの恋　藤倉一郎著　近代文藝社　2015.9　134p　20cm　〈他言語標題：Антон Павлович Чехов　文献あり〉　1000円　①978-4-7733-7990-7　Ⓝ980.268
[内容]第1章 リーカとの恋　第2章 リジヤ・アヴィーロワとの恋　第3章 チェーホフの女性関係について
＊女性心理を知りつくしたチェーホフは女性を愛したか、そして女性は幸せだったか。

◇チェーホフ―七分の絶望と三分の希望　沼野充義著　講談社　2016.1　381p　20cm　〈他言語標題：Чехов　文献あり　年譜あり　索引あり〉　2500円　①978-4-06-219685-7　Ⓝ980.268
[内容]第1章 失われた子供時代　第2章 かわいい魂ちゃん　第3章 ふたりのリジヤ　第4章 チェーホフとユダヤ人問題　第5章 狂気と牢獄　第6章 小さな動物園　第7章 霊性の幸う国で　第8章 革命の女たち　第9章 悲劇か、喜劇か？　第10章 サハリンへ！　第11章 病の歴史　第12章 私は死ぬ
＊チェーホフとは何者だったのか？ 19世紀末ロシアで人間の本質を見つめ続けた冷徹なリアリストが、なぜ時空を超えた現代的な作家として愛されるのか？ 子供、ユダヤ人、オカルト、革命、女たち…。ロシア文学の第一人者が、世紀末を彩るモチーフをまじえ、最新研究をふまえて描く！

◇わが兄チェーホフ　ミハイル・チェーホフ著，宮島綾子訳　東洋書店新社　2018.2　376p　19cm　〈年譜あり　索引あり　発売：垣内出版〉　2200円　①978-4-7734-2024-1　Ⓝ980.268
[内容]第1章〈チェーホフ家の系譜　家族と生地タガンローグ　家庭演劇〉（タガンローグでの少年時代　父の破産と逃亡）　第3章〈家を失った家族、モスクワへ移る　三年間に十二回の引っ越し　貧困生活　チェーホフの大学入学　初めての雑誌掲載〉　第4章〈雑誌『目覚し時計』、『破片』、『こおろぎ』など〉　第5章〈初めての患者　『かもめ』のモチーフとなるレヴィタンの恋〉　第6章〈バーブキノの生活　コルシ座で『イワノフ』公演〉　第7章〈兄ニコライの死　『森の精』公演　最初の喀血　劇作家オストロフスキイのエピソード〉　第8章〈サハリンへの旅　ヨーロッパでのチェーホフ　ボギモヴォでの生活　『決闘』執筆　退československについてのワグネリとの論争〉　第9章〈メーリホヴォの地主となる　チェーホフ家の蜜月　短編『黒衣の修道僧』『かもめ』を書いた離れ〉　第10章〈一八九二年の飢饉　病の重さ自覚　父の死　『かもめ』初公演　全作品の著作権をマルクス社に譲渡　ニースとパリ　モスクワを引き払いヤルタへ　アカデミー名誉会員に　結婚と死〉
＊最晩年と少年期の数年をのぞき、家族として共に過ごした5歳下の弟ミハイルが描くチェーホフ。兄アントンが作家として、一人の人間として自己を形成していく過程をあたたかな目で描き出す。チェーホフの人生の中核をなした様々な出会いと作品、ペシミスティックとされる作風と対照をなす実生活における素顔など、作家像を豊かに彩るあらたな書。

チェリビダッケ，S.〔1912～1996〕
Celibidache, Sergiu
◇偉大なる指揮者たち―トスカニーニからカラヤン、小澤、ラトルへの系譜　クリスチャン・メルラン著，神奈川夏子訳　ヤマハミュージックメディア　2014.11　389,7p　21cm　2800円　①978-4-636-90301-0　Ⓝ762.8
[内容]アルトゥーロ・トスカニーニ　ウィレム・メンゲルベルク　セルゲイ・クーセヴィツキー　ピエール・モントゥー　ブルーノ・ワルター　サー・トーマス・ビーチャム　レオポルド・ストコフスキー　エルネスト・アンセルメ　オットー・クレンペラー　ヴィルヘルム・フルトヴェングラー〔ほか〕
＊指揮の特徴や楽団員からの評価、生い立ちや普段の振る舞い、家族関係など、50人のマエストロたちの素顔を描き出す。オーケストラ指揮の知られざる側面に迫った評伝集。

チェン，N.〔1999～〕　Chen, Nathan
◇挑戦者たち―男子フィギュアスケート平昌五輪を超えて　田村明子著　新潮社　2018.3　220p　20cm　1400円　①978-4-10-304034-7　Ⓝ784.65
[内容]プロローグ―2018年2月12日　第1章 ディック・バトン「楽しんだ選手が勝つ」　第2章 パトリック・チャン「自分がいたいのはこの場をおいて他にない」　第3章 エフゲニー・プルシェンコ「ぼくにはスケートが必要」　第4章 都築章一郎「彼の中ではイメージができている」　第5章 ハビエル・フェルナンデス「ハッピーな気持ちで終えるために」　第6章 羽生結弦「劇的に勝ちたい」　第7章 ネイサン・チェン「プレッシャーは感じるけれど」　第8章 宇野昌磨「成長していく自分を見てもらいたい」　第9章 平昌オリンピック 決戦の時　エピローグ―2018年2月18日
＊フィギュアスケートを25年に亘り取材し、会見通訳も務めるジャーナリストが綴る、選ばれし者たちの素顔。

チェンバレン，B.H.〔1850～1935〕
Chamberlain, Basil Hall
◇ラフカディオ・ハーン、B.H.チェンバレン往復書簡　東洋文庫監修　勉誠出版　2016.10　2冊（セット）　32×24cm　（東洋文庫善本叢書 第2期―欧文貴重書 1）〈解説：平川祐弘　東洋文庫蔵の複製〉　140000円　①978-4-585-28221-1　Ⓝ935.6

◇チェンバレンの琉球・沖縄発見　山口栄鉄著　芙蓉書房出版　2016.11　178p　19cm　1800円　①978-4-8295-0693-6　Ⓝ219.9
[内容]1 チェンバレンと琉球弧との繋がり（那覇港に降り立った壮年期の学究　祖父キャプテン・ホールの古典的名著　ウランダー墓に眠る一水兵の霊 ほか）　2 チェンバレンの琉球・沖縄見聞録（地理と風土　歴史と民族的特性　住民の風俗習慣 ほか）　3 チェンバレンの「琉球語概観」（初期琉球語サンプルと『沖縄対話』標準首里語と地方語　琉球語の派生、系統図 ほか）
＊明治期の日本に滞在し最も有名な日本研究家として知られるチェンバレンの琉球研究のエッセンス。

◇平川祐弘決定版著作集　第11巻 破られた友情―ハーンとチェンバレンの日本理解　平川祐弘著　勉誠出版　2017.5　388p　22cm　4200円

Ⓘ978-4-585-29411-5　Ⓝ908
内容 日本理解とは何であったのか——チェンバレンとハーンの破られた友情（頭で理解した日本　心で愛した日本）　日本回帰の軌跡——埋もれた思想家　雨森信成（洋行帰りの保守主義者　ハーンの影の人　埋もれた市井の思想家　日本回帰の系譜）　開化の舞踏会（野蛮から文明へ　西欧化の社交界）
＊明治の二人の日本解釈者、ハーンとチェンバレンは互いに認めたが、ハーンの死後、チェンバレンは意見を一変し、ハーンを貶めた。ではハーンのようなsympathetic understanding of Japan同情ある日本理解は学者としてあるまじき行為であるのか。

チーテルマン, C. 〔1853～1941〕
Zitelmann, Clara Louise

◇松野クララを偲んで　宮里暁美, 小林恵子編著　宮里研究室　2017.7　197p　26cm　〈文献あり　年譜あり〉　3000円　Ⓘ978-4-87779-107-0　Ⓝ289.1

チホミーロフ, S. 〔1871～1945〕
Tikhomirov, Georgiy Alexeyevich "Sergius"

◇ドラマチック・ロシアin JAPAN　4　日露異色の群像30—文化・相互理解に尽くした人々　続　長塚英雄責任編集　生活ジャーナル　2017.12　531p　22cm　〈3の出版者：東洋書店〉　2800円　Ⓘ978-4-88259-166-5　Ⓝ319.1038
内容 レフ・メーチニコフ（1838-1888）西郷が呼んだロシアの革命家　ニコライ・ラッセル（1850-1930）子孫が伝える二〇世紀の世界人の記憶　黒野義文（?-1918）東京外語露科からペテルブルグ大学東洋語学部へ　小西増太郎（1861-1939）トルストイとスターリンに会った日本人——激動の昭和を生きた祖父小西増太郎　ニコライ・マトヴェーエフ（1865-1941）マトヴェーエフと戦後最初のロシア人観光団　徳富蘆花（1868-1927）日本におけるトルストイ受容の先駆者として　セルギイ・チホミーロフ（1871-1945）日本の府主教セルギーとその悲劇の半生　内田良平（1874-1937）「黒龍会」内田良平のロシア観　瀬沼夏葉（1875-1915）瀬沼夏葉とチェーホフ作品の翻訳　相馬黒光（1875-1955）"アンビシャスガール"とロシア文化〔ほか〕

チマッティ, V. 〔1879～1965〕
Cimatti, Vincenzo

◇チマッティ神父　日本を愛した宣教師　テレジオ・ボスコ著, ガエタノ・コンプリ編訳　新装改訂版　ドン・ボスコ社　2015.5　87p　19cm　（DBブックレット）〈年譜あり〉　500円　Ⓘ978-4-88626-582-1　Ⓝ198.22
内容 ドン・ボスコを見つめた子　オカリナのオーケストラ　お母さん、さようなら　インクの樽に入る忙しい大学生と教師　博士、そして神父へ　教会学校の責任者となる　戦時中の助け合い運動　「母を思うとき…」　慕われる院長・校長に〔ほか〕

チャイコフスキー, P.I. 〔1840～1893〕
Tchaikovsky, Peter Ilich

◇チャイコーフスキイ伝—アダージョ・ラメントーソはレクイエムの響き　上巻　小松佑子著　文芸社　2017.6　366p　19cm　1700円　Ⓘ978-4-286-18184-4　Ⓝ762.38

◇チャイコーフスキイ伝—アダージョ・ラメントーソはレクイエムの響き　下巻　小松佑子著　文芸社　2017.6　450p　19cm　〈文献あり〉　1700円　Ⓘ978-4-286-18185-1　Ⓝ762.38

チャスラフスカ, V. 〔1942～2016〕
Cáslavská, Věra

◇桜色の魂—チャスラフスカはなぜ日本人を50年も愛したのか　長田渚左著　集英社　2014.9　269p　20cm　〈文献あり〉　1800円　Ⓘ978-4-08-780739-4　Ⓝ781.5
内容 序章　復活と謎　第1章　日本との出会い　第2章　生立ち　第3章　二つの五輪　第4章　冬　第5章　光　第6章　闇　第7章　再　終章　桜色の魂
＊東京五輪（1964年）女子体操金メダリスト、ベラ・チャスラフスカ。当時、多くの日本人を魅了した彼女はその後、激動の人生を送ることになる。そしてその傍らには、いつも日本人の姿があった——。名花と呼ばれたアスリートと日本との深い絆を描いたノンフィクション。

◇近代オリンピックのヒーローとヒロイン　池井優著　慶應義塾大学出版会　2016.12　365p　20cm　〈文献あり〉　2600円　Ⓘ978-4-7664-2389-1　Ⓝ780.28
内容 ピエール・ド・クーベルタン—近代オリンピックの創始者　嘉納治五郎—日本初代のIOC委員　金栗四三—"日本マラソンの父"となったオリンピックの敗者　人見絹枝—日本女子初のメダリスト　西竹一—バロン西と呼ばれた馬術大障害の優勝者　織田幹雄—日本人最初のゴールドメダリスト　「前畑がんばれ！」—日本初のオリンピック女子金メダリスト西田修平・大江季雄—ベルリンの死闘と"友情のメダル"　ジェシー・オーエンス—ベルリンで四つのメダルを獲った黒人選手　清川正二—オリンピックの金メダリスト、IOC委員　古橋廣之進—戦後日本に希望を与えてくれた「フジヤマのトビウオ」　猪谷千春—冬季五輪初のメダリスト、そしてIOC委員　アベベ・ビキラ—ローマ、東京と二大会を制覇したマラソンの王者　大松博文—「東洋の魔女」に金メダルを獲らせた"鬼"の指導者　日本サッカー界を改革したドイツ人コーチ—デットマール・クラマーと日本代表チーム　ベラ・チャスラフスカー「プラハの春」にゆれた体操の女王　男子バレーボールに革命をもたらした監督—松平康隆と日本男子バレーボール　モスクワ五輪ボイコットに泣いた選手たち—政治に翻弄されたオリンピック　北島康介—オリンピック三大会でメダル獲得のスイマー
＊四年に一度のスポーツの祭典、オリンピックはこれまで数々のヒーロー、ヒロインを生んだ。クーベルタン、嘉納治五郎や前畑秀子、「東洋の魔女」、そして大会を支えた裏方たちまで—。祭典を彩ったひとびとのドラマを、豊富なエピソードとともに描き出す。

チャーチル, W. 〔1874～1965〕
Churchill, Winston

◇わが半生　W・チャーチル著, 中村祐吉訳　中

央公論新社　2014.10　452p　18cm　（中公クラシックス　W78）〈角川文庫　1965年刊の再編集〉　2500円　Ⓘ978-4-12-160151-3　Ⓝ289.3

◇チャーチル―日本の友人　林幹人著　Sophia University Press上智大学出版　2015.3　302, 20p　22cm　〈他言語標題：W.S.Churchill　文献あり　発売：ぎょうせい〉　2500円　Ⓘ978-4-324-09943-8　Ⓝ289.3

内容　幼少のとき　軍務と政治　監獄からの脱走　国会議員となる　権力を担う　結婚　国家のために　海軍大臣　空を飛ぶ　大戦とダルダネス　最前線へ　ヴェルサイユ条約とロシア革命　チャートウェル　社会主義日販　財務大臣　充実のとき　孤立への道　真実のとき　第二次世界大戦へ　首相としてイギリスの戦い　ロシアの苦悩　日本の登場　過労と重病の中で　ノルマンディを越えて　勝利への道　日本の悲劇　鉄のカーテン　再び首相に　造物主の前で

＊激動の20世紀を縦横に生き切った偉大な軍人・政治家にして、多くの文字を残しノーベル文学賞も受賞した文筆家。日本やユダヤ人との関係、妻との愛情あふれる手紙交換などその私生活にも焦点を当て、新しいチャーチル像を描き出す。

◇チャーチル―不屈の指導者の肖像　ジョン・キーガン著, 富山太佳夫訳　岩波書店　2015.8　225p　20cm　〈文献あり〉　2800円　Ⓘ978-4-00-023887-8　Ⓝ289.3

◇チャーチル　ソフィー・ドゥデ著, 神田順子訳　祥伝社　2015.9　275p　18cm　（祥伝社新書437―ガリマール新評伝シリーズ）〈年譜あり〉　900円　Ⓘ978-4-396-11437-4　Ⓝ289.3

内容　舞台と舞台裏　学校時代　人生の戦線　ボーア人の国のウィンストン　頭角を現わす光る虫　ガリポリ！　塹壕体験を経て武器を磨くまで　二つの世界の間で　二つの戦争の間で　全権を手中に　バトル・オブ・フランス　バトル・オブ・ブリテン　すべての前線で　大同盟　勝利と敗北　新たな闘い　政権復帰　終幕　「偉大な芸術家」

＊圧倒的不利な戦況にあっても、一瞬たりとも祖国の勝利を疑わず、ドイツ軍の空襲の下、国民の心を一つにし、アメリカの参戦を実現させ、ついには連合国に勝利をもたらした最大の功労者、「英国版　鉄の宰相」は、いかにしてうまれたか。

◇チャーチル―イギリス帝国と歩んだ男　木畑洋一著　山川出版社　2016.2　86p　21cm　（世界史リブレット人　97）〈文献あり　年譜あり〉　800円　Ⓘ978-4-634-35097-7　Ⓝ289.3

内容　多くの顔をもつ男　1　帝国主義者の誕生　2　政治家としての台頭　3　帝国の変容に抗して　4　それでも帝国は解体した

＊20世紀のイギリスを代表する政治家チャーチルは、植民地支配が拡大する帝国主義の時代の開始とともに生まれ、脱植民地化の時代に植民地が独立していくなかで世を去った。ジャーナリストとして植民地戦争に臨んだ若い日から、彼はその生涯を通じて、世界最大の支配地域をもったイギリス帝国を守っていくことを重視した。本書は、2度にわたる首相時代を含む曲折に富んだ彼の一生を、帝国との関連に焦点をあてて描いていく。

◇チャーチル・ファクター―たった一人で歴史と世界を変える力　ボリス・ジョンソン著, 石塚雅彦, 小林恭子訳　プレジデント社　2016.4　496,11p　19cm　〈文献あり　年表あり〉　2300円　Ⓘ978-4-8334-2167-6　Ⓝ289.3

内容　ヒトラーと断固として交渉せず　もしチャーチルがいなかったら　裏切り者のいかさま師　毒父、ランドルフ　命知らずの恥知らず　ノーベル文学賞を受賞した文才　演説の名手は一日にして成らず　尊大にして寛大　妻クレメンティーン　代表的英国人〔ほか〕

＊「チャーチルの存在は、経済構造が歴史を動かすなどという、人間軽視の唯物史観に対(„する強力な反証だ」イギリスで最も注目される現役政治家が、20世紀最高のリーダーを次世代に伝えるために筆を執った。

◇人間チャーチルからのメッセージ―不安な豊かさの時代に生きる私たちへ　松本正著　小学館スクウェア　2017.12　215p　19cm　〈文献あり　年譜あり　索引あり〉　1400円　Ⓘ978-4-7979-8753-9　Ⓝ289.3

◇英国の危機を救った男チャーチル―なぜ不屈のリーダーシップを発揮できたのか　谷光太郎著　芙蓉書房出版　2018.6　246p　19cm　〈文献あり　年譜あり〉　2000円　Ⓘ978-4-8295-0737-7　Ⓝ289.3

内容　第1章　チャーチルの人間像　第2章　乱世の政治家チャーチル　第3章　強力なリーダーシップで戦争指導　第4章　東奔西走するチャーチル　第5章　ソ連との共闘を模索するチャーチル　第6章　連合国首脳会談に奔走するチャーチル　第7章　あまりにもお粗末な日本のリーダーシップ

＊ヨーロッパの運命を握った指導者の強烈なリーダーシップと知られざる人間像を描いたノンフィクション。ナチス・ドイツに徹底抗戦し、ヨーロッパの命運を握ったチャーチルは、ワシントン、モスクワ、カサブランカ、ケベック、カイロ、テヘラン、ヤルタ、ポツダムと、連続する首脳会談実現のためエネルギッシュに東奔西走した。ルーズベルトとスターリンの動きも詳しく描き、さらには東條英機とも比較して、非常時に求められるリーダー像に迫る。

◇ガンディーとチャーチル　上　1857-1929　アーサー・ハーマン著, 田中洋二郎監訳, 守田道夫訳　白水社　2018.7　380,30p　図版10p　20cm　〈年表あり　索引あり〉　4000円　Ⓘ978-4-560-09641-3　Ⓝ289.3

内容　チャーチル家とラージ　ランドルフ卿、権を握る　権力の幻影―ガンディー家、インド、英国支配　目覚め―ロンドンと南アにおけるガンディー　一八八八～一八八五　目覚め2―インドのチャーチル　一八九六～一八九九　戦いにおける人々　一八九～一九〇〇　一点に集中する道　一九〇〇～一九〇六　短い出会い　一九〇六～一九〇九　転換点　一九〇九～一九一〇　分かれ道　一九一一～一九一四　はるかなる橘頭堡　一九一四～一九一五　ガンディーの戦い　一九一五～一九一八　流血の惨事　一九一九～一九二〇　非協力　一九二〇～一九二二　運命の逆転　一九二二～一九二六

＊敗者たちが創った、新たな時代。戦争と平和、革命と反動、英雄と民衆、そして勝利と敗北―二十世紀とは果たして何だったのか？　二人の巨人の人

◇**チャーチルと第二次世界大戦**　山上正太郎著　清水書院　2018.7　221p　19cm　〈新・人と歴史拡大版 30〉〈1984年刊の表記や仮名遣い等一部を変更　文献あり　年譜あり　索引あり〉　1800円　①978-4-389-44130-2　Ⓝ289.3

内容　1　政治家としての哀歓（人生の門出　一つの大戦の試練　一九二〇年代　ほか）　2　ヒトラーとの対決（「事実は夢よりもまさっている」　ブリテンの戦い　ヘス事件という奇妙なドラマ　ほか）　3　ある時代の終わり（国民の審判のもとで　冷戦から平和共存へ　死に至るまで）

＊ゆったりとくゆらす葉巻、人差し指と中指とでつくるVサイン—それらは暴虐なファシズムの侵略とたたかうイギリス人にとって、いや、世界中の人々にとって、輝かしい抵抗のシンボルであった。しかし、第二次世界大戦が起こらなかったならば、かれウィンストン・チャーチルの名はイギリス史の片隅にとどまったかもしれない。まさしく「時が人を得、人が時を得た」というべきであろう。本書は、この大戦を中心として、二〇世紀最大の「個性」の一つを興味深く伝えようと試みたものである。

◇**ガンディーとチャーチル　下　1929-1965**　アーサー・ハーマン著，田中洋二郎監訳，守田道夫訳　白水社　2018.9　390,40p　20cm　〈文献あり　年表あり　索引あり〉　4000円　①978-4-560-09642-0　Ⓝ289.3

内容　チャーチル家とラージ　ランドルフ卿、実権を握る　権力の幻影—ガンディー家、インド、英国支配　目覚め—ロンドンと南アにおけるガンディー　一八八八〜一八九五　目覚め2—インドのチャーチル　一八八六〜一八九九　戦いにおける人々　一八八九〜一九〇〇　一点に集中する首　一九〇〇〜一九〇六　短い出会い　一九〇六〜一九一〇　転換点　一九〇九〜一九一〇　分かれ道　一九一一〜一九一四　はるかなる橋頭堡　一九一四〜一九一五　ガンディーの戦い　一九一六〜一九一八　流血の惨事　一九一九〜一九二〇　非協力　一九二〇〜一九二二　運命の逆転　一九二二〜一九二九

＊そして、すべては崩れた…ヴィクトリア朝末期のニューエイジ運動を揺籃に、帝国の中心と辺境で翻弄された二人の人生の悲しい結末。ピュリツァー賞最終候補作。

◇**チャーチルは語る**　チャーチル述，マーティン・ギルバート編，浅岡政子訳　河出書房新社　2018.9　618p　20cm　3980円　①978-4-309-20751-3　Ⓝ289.3

内容　第1章　一八七〇年代後半・一九一三年　若き日々　第2章　一九一四・一九一八年　第一次世界大戦　第3章　一九一九・一九三八年　大戦間　第4章　一九三九・一九四〇年　第二次世界大戦　前期　第5章　一九四一・一九四五年　第二次世界大戦　後期　第6章　一九四六・一九六九年　戦後

＊「絶対に屈してはならない。絶対に…」チャーチルの公式伝記作家による全200篇の「名言集・名演説集」決定版！　発言の時代背景と解説を付し、あらゆる文脈から集めた珠玉の言葉。言葉を最大の武器とし、演説の名手でもあったチャーチルの経験、考え、困難の足跡をたどる。

チャップリン, C.〔1889〜1977〕
Chaplin, Charlie

◇**チャップリン—作品とその生涯**　大野裕之著　中央公論新社　2017.4　365p　16cm　〈中公文庫　お90-1〉〈文献あり　作品目録あり〉　920円　①978-4-12-206401-0　Ⓝ778.233

内容　チャップリンの誕生　"放浪紳士チャーリー"の誕生　"放浪紳士チャーリー"の完成　チャップリンの黄金時代　世界旅行と日本　チャップリンの闘い　追放された「世界市民」　チャップリンのラストシーン

＊「このような時代においては、笑いは、狂気に対しての安全弁となるのです」。四〇〇巻のNGフィルムを全て閲覧した著者が、初期の短編、『街の灯』『独裁者』等の名作から幻となった遺作「フリーク」まで、喜劇王が作品に込めたメッセージを読み解き、新たな実像を提示する画期的評伝。文庫書き下ろし。

◇**チャップリン自伝—若き日々**　チャールズ・チャップリン著，中里京子訳　新潮社　2017.4　413p　16cm　（新潮文庫　チ-2-1）　710円　①978-4-10-218503-2　Ⓝ778.233

＊ロンドンの薄汚れた劇場で、母の代役として五歳で初舞台を踏んだチャップリン。母の精神病院収容、継母の虐待、アル中の父の死…度重なる苦難に襲われ、救貧院・孤児院を転々とした少年は旅回りの一座で子役にありつく。やがてコメディアンの才能を見出され渡米すると、草創期の映画界に引き抜かれ、夢のような日々が始まった。大スターまでの階段を一気に登りつめた「喜劇王」の前半生。

◇**列伝アメリカ史**　松尾弌之著　大修館書店　2017.6　309p　20cm　〈他言語標題：Movers in American History　年表あり　索引あり〉　2300円　①978-4-469-24605-6　Ⓝ285.3

内容　ポカホンタス—征服された新天地の象徴　アン・ハッチンソン—異議申し立ての系譜　トマス・ジェファソン—アメリカ独立宣言の起草者　ハリエット・タブマン—逃亡奴隷に居場所を用意した女性　メリー・B.エディー—金ぴか時代の治癒方法　ジョン・D.ロックフェラー—豊かなアメリカを作りあげた「強盗貴族」　セオドア・ローズベルト—二〇世紀を形づくった大統領　チャールズ・A.リンドバーグ—機械と共存した英雄　フランクリン・D.ローズベルト—パックス・アメリカーナをもたらした大統領　チャーリー・チャップリン—繁栄の時代の反逆児　ジョン・F.ケネディ—期待に満ちた時代の若い大統領　ベティ・フリーダン—対抗文化運動のうねり　リチャード・M.ニクソン—多様性の時代に立ち向かった大統領　バラク・H.オバマ—希望を信じ忍耐を貫いた黒人大統領　ドナルド・J.トランプ—人民の人民による人民のための政治

＊ポカホンタスからトランプまで。時代に影響を与えた人々の人生の物語を通していきいきと描く魅力あふれるアメリカ史。

◇**チャップリン自伝—栄光と波瀾の日々**　チャールズ・チャップリン著，中里京子訳　新潮社　2018.1　688p　16cm　（新潮文庫　チ-2-2）〈作品目録あり〉　990円　①978-4-10-218504-9　Ⓝ778.233

＊アメリカン・ドリームをまさに体現し、億万長者と

映画スターが集う社交界の主人公となったチャップリンは、『キッド』『街の灯』など名作を次々と世に送り出していく。私生活では、二度の離婚、奔放な女性関係を体験するが、対独参戦を促す演説が曲解され、戦後、「赤狩り」の嵐の中、アメリカを追われる。スイスに移住した75歳の著者が自ら人生のありのままを振り返った世界的ベストセラー。

◇偉人を生んだざんねんな子育て　三田晃史著　高陵社書店　2018.9　260p　19cm　〈文献あり〉　1500円　Ⓘ978-4-7711-1031-1　Ⓝ599

[内容]第1章 小学校1年生での退学―女優 黒柳徹子さん　第2章 父親からの無能との評価―科学者 湯川秀樹さん　第3章 暴力の中での成長―作家 曾野綾子さん　第4章 母に捨てられたとの思い―作家 井上靖さん　第5章 家出した父と幼くして亡くした弟の影―心理学者 河合隼雄さん　第6章 働かない父と憂鬱な母の狭間で―推理作家 アガサ・クリスティーさん　第7章 母の病と極貧の中から―喜劇王 チャールズ・チャップリンさん

チャペック, K.〔1890～1938〕　Čapek, Karel

◇カレル・チャペック―小さな国の大きな作家　飯島周著　平凡社　2015.12　279p　18cm　（平凡社新書 798）〈文献あり 著作目録あり 年譜あり〉　820円　Ⓘ978-4-582-85798-6　Ⓝ989.5

[内容]第1章 世に出るまで（クラコノシュの庭―少年時代　プラハとの出会い）　第2章 ジャーナリスト、作家として（日々の流れの岸辺で　ロボット誕生　郵便屋さんとおまわりさん　旅人の眼　キュビスム的認識―哲学的認識論三部作　政治的動物―政治と文化のかかわり　山椒魚との闘い―ファシズムへの抵抗）　第3章 趣味に生きる（多様な園芸　犬と猫の飼育―間違いからの出発　園芸の楽しみ　カレル・チャペックの死　カレルと日本）　第4章 カレルの周辺の人たち（トーマス・マンとの交流　兄ヨゼフ　妻オルガ　義姉ヤルミラ　友人ランゲル　金曜会）

＊『ロボット』や『山椒魚戦争』などのSFから、『ダーシェンカ』『園芸家の一年』などのユーモア溢れるエッセイまで、幅広い作品で知られるカレル・チャペック。あたたかく優しいまなざしで、自然やふつうの人々を描く一方、「ジャーナリストとしての観察眼、哲学者としての思考力、作家としての表現力」を武器に、権力やファシズムと闘い続けた。彼の生涯と作品を辿り、その魅力と全体像に迫る。チェコで、日本で、世界で、今も愛され続ける秘密。

チャールズ皇太子〔1948～〕　Charles, Prince of Wales

◇イギリス王室 愛と裏切りの真実―エリザベス女王とダイアナ元妃からキャサリン妃まで　渡邉みどり著　主婦と生活社　2016.8　191p　19cm　〈年表あり〉　1300円　Ⓘ978-4-391-14869-5　Ⓝ288.4933

[内容]エリザベス女王、カミラ夫人、キャサリン妃　ジョージ6世とエリザベス王妃　エリザベス女王とフィリップ王子　女王エリザベス2世とエディンバラ公　マーガレット王女の悲劇　ウィンザー王家20世紀の事件簿　ダイアナとチャールズ皇太子　王室の試練、90年代は悪い年　ウィリアム王子とキャサリン妃　メディアと王室　終章エピローグ―赦しの女王

＊女王90歳、ダイアナ妃が亡くなって20年。ささやかれる「スキップ・ジェネレーション」の噂。母として王族として懸命に生き、ほんとうの愛を求めて闘ってきた女性たちの物語。

チャン, M.〔1972～〕　Chang, Michael Te-Pei

◇マイケル・チャン 勝利の秘訣―自伝　マイケル・チャン著、マイク・ヨーキー編、山形優子フットマン訳、持田明広監修　いのちのことば社　2017.10　327p　19cm　（Forest Books）　1800円　Ⓘ978-4-264-03642-5　Ⓝ783.5

[内容]パリの春　グランドスラム―タイトルへの道　押し寄せてきた名声　ジュニア・テニス時代　異なる道をとって　プロへの道　兄がコーチとなって　急降下　引っ越し　人をとる漁師に　精錬の年月　与えるということ　Q&A よく聞かれる質問 次は何？　最終段階の成功

＊史上最年少17歳3か月でグランドスラム優勝！　逆境にも最後まであきらめない―不屈のメンタルを支えたものとは？

チャン, P.〔1990～〕　Chan, Patrick Lewis Wai-Kuan

◇挑戦者たち―男子フィギュアスケート平昌五輪を超えて　田村明子著　新潮社　2018.3　220p　20cm　1400円　Ⓘ978-4-10-304034-7　Ⓝ784.65

[内容]プロローグ―2018年2月12日　第1章 ディック・バトン「楽しんだ選手が勝つ」　第2章 パトリック・チャン「自分がいたいのはこの場をおいて他にない」　第3章 エフゲニー・プルシェンコ「ぼくにはスケートが必要」　第4章 都築章一郎「彼のイメージができている」　第5章 ハビエル・フェルナンデス「ハッピーな気持ちで終えるために」　第6章 羽生結弦「劇的に勝ちたい」　第7章 ネイサン・チェン「プレッシャーは感じるけれど」　第8章 宇野昌磨「成長していく自分を見てもらいたい」　第9章 平昌オリンピック 決戦の時　エピローグ―2018年2月18日

＊フィギュアスケートを25年に亘り取材し、会見通訳も務めるジャーナリストが綴る、選ばれし者たちの素顔。

チャン, S.〔1980～〕　Chang, Sarah

◇偉大なるヴァイオリニストたち 2　チョン・キョンファから五嶋みどり、ヒラリー・ハーンまで　ジャン＝ミシェル・モルク著、神奈川夏子訳　ヤマハミュージックメディア　2017.4　356,8p　21cm　〈文献あり〉　3400円　Ⓘ978-4-636-92333-9　Ⓝ762.8

[内容]ボリス・ベルキン　チョン・キョンファ　ピンカス・ズーカーマン　オーギュスタン・デュメイ　ピエール・アモイヤル　ドミトリ・シトコヴェツキー　ナイジェル・ケネディ　シュロモ・ミンツ　ヴィクトリア・ムローヴァ　チョーリャン・リン〔ほか〕

＊外科医でもある筆者による桁外れに鋭い考察に基づく評伝集。使用楽器や練習法などはもちろん、デビューの裏側や生い立ち、家族関係などに迫り、素

顔を描き出す。歴史的名演を収録したCD‐ROM付き。

チャンドラグプタⅡ〔4～5世紀〕
Chandragupta Ⅱ

◇悪の歴史―隠されてきた「悪」に焦点をあて、真実の人間像に迫る　東アジア編下　南・東南アジア編　上田信編著　清水書院　2018.8　469p　19cm　2400円　①978-4-389-50065-8　Ⓝ204

内容　東アジア編（下）（太宗（宋）―「燭影斧声の疑い」のある準開国皇帝　王安石―北宋滅亡の元凶とされる「拗相公」　徽宗―「風流天子」と専権宰相蔡京　賈似道―宋王朝の滅亡を導いたとされる「蟋蟀宰相」　フビライ（世祖）―元朝建国の英雄の光と陰　ほか　南・東南アジア編（カニシュカ―中央アジアとインドの支配者　チャンドラグプタ二世―兄の王位を簒奪し、その妻を娶った帝王　ラッフルズ―住民の在地支配者への服属を強化した自由主義者　ガンディー―最晩年の挫折と孤立）

＊"悪"の心が権力をもたらすのか!?歴史を紡いだ偉人たちの実相に迫る衝撃の書。

チャンドラセカール, S.〔1910～1995〕
Chandrasekhar, Subrahmanyan

◇現代天文学史―天体物理学の源流と開拓者たち　小暮智一著　京都　京都大学学術出版会　2015.12　634p　22cm　〈他言語標題：History of Modern Astronomy　文献あり　年表あり　索引あり〉　4900円　①978-4-87698-882-2　Ⓝ440.12

内容　第1部 天体分光学（「新天文学」の開幕　星の分光分類とHD星表）　第2部 星の構造と進化論（星の進化論とHR図表　熱核反応と進化論）　第3部 銀河天文学と宇宙論（銀河と星雲の世界　銀河系の発見　宇宙論の源流）　第4部 現代天文学へ（日本における天体物理学の黎明　現代天文学への展開）

＊初めて星の化学組成を明らかにしたロンドンのアマチュア天文家ハギンス、太陽をガス体と見なした特許調査官レーン、自作の望遠鏡で天空を探査した音楽家ハーシェル…18世紀から19世紀中葉にかけて現代天文学の扉を開いた彼らは、いずれも学界に縁のないアマチュア天文家だった。星の位置と運動を対象とする古典天文学から天体の物理的構造を探る天体物理学へ、その転換期を担った人々の生涯と研究を軸に、現代天文学の歴史をたどる。

◇ブラックホールを見つけた男　上巻　アーサー・I・ミラー著，阪本芳久訳　草思社　2015.12　348p　16cm　（草思社文庫　ミ1-1）　1050円　①978-4-7942-2171-1　Ⓝ440.12

内容　第1部（決定的な衝突のとき　イギリスへ旅立つまで　天体物理学の巨人、エディントン　エディントンの味方と敵　英国への旅立ちから運命の日まで　エディントンの真意　新天地アメリカへ　一つの時代の終わり）

＊この宇宙にはブラックホールが存在する―1930年、その事実を初めて理論的に指摘したのは、インドから来た19歳の天才少年、チャンドラセカールだった。しかし、学界の重鎮であるエディントンは、この天体物理学最大の発見を根拠なく否定し、嘲笑の的にした。その結果、ブラックホールの研究は40年近くも停滞し、チャンドラセカールの人生にも大きな影を落とすことになる。科学の発展の裏で繰り広げられてきた、あまりに人間的な科学者たちのドラマを進歩の過程とともに描く。

◇ブラックホールを見つけた男　下巻　アーサー・I・ミラー著，阪本芳久訳　草思社　2015.12　356p　16cm　（草思社文庫　ミ1-2）〈文献あり〉　1050円　①978-4-7942-2172-8　Ⓝ440.12

内容　第2部（星の研究をはじめた物理学者たち　水爆開発と超新星の研究　ありえないことが現実に）　第3部（姿を現わしたブラックホール　美しいものを前にしての戦慄　心の奥底、ブラックホールの奥底）

＊ブラックホールの可能性を指摘したチャンドラセカールの発見は長い歳月を経て、科学とはまったく別の国際情勢―水爆の開発競争においてふたたび注目を集めることになる。ブラックホールが生まれる際に起こる「超新星爆発」のガンマ線が、核攻撃と混同され、世界大戦を誘発する可能性があるとわかったのだ。ブラックホール研究草創期の科学者たちのドラマを中心に、冷戦時代の軍拡競争がもたらした成果から最新事情まで、天体物理学最大の発見がたどった数奇な歴史を説き明かす。

◇宇宙を見た人たち―現代天文学入門　二間瀬敏史著　海鳴社　2017.10　270p　19cm　1800円　①978-4-87525-335-8　Ⓝ440.28

内容　第1部 天文学に強力な"道具箱"を提供した観測家たち（ヘンリエッタ・スワン・リービット―宇宙の"物差し"を見つけた"ハーバード・コンピューターズ"一の才媛　ジョージ・ヘール―巨大望遠鏡時代に道を拓く　ほか）　第2部 科学的宇宙論の開拓者たち（アルベルト・アインシュタイン―現代宇宙論の開拓者　カール・シュヴァルツシルト―塹壕で重力場方程式の解を発見　ほか）　第3部 天文学を豊かにした人びと（クライド・トンボー―新しい太陽系領域に挑んだ人　アーサー・エディントン―恒星天文学の父　ほか）　第4部 "観測の窓"拡大に情熱を傾けた人びと（カール・ジャンスキー―電波天文学の生みの親　早川幸男―戦後の焼け跡で「全波長天文学」への道を敷く　ほか）

＊宇宙は、ブラックホール、超新星爆発、暗黒物質、暗黒エネルギーなど、さまざまな"魔物"や不可思議な現象の存在なしには考えられない。この驚天動地の現代天文学の歴史を築いてきた巨人たち―その活躍と、時代背景・生い立ち・人柄などを交え、いきいきと伝える。

チューリング, A.M.〔1912～1954〕
Turing, Alan Mathison

◇ノイマン・ゲーデル・チューリング　高橋昌一郎著　筑摩書房　2014.10　283p　19cm　（筑摩選書　0102）〈文献あり〉　1600円　①978-4-480-01603-4　Ⓝ410.28

内容　第1章 ジョン・フォン・ノイマン（ジョン・フォン・ノイマン「数学者」　「数学者」解題　ノイマンの生涯と思想）　第2章 クルト・ゲーデル（クルト・ゲーデル「数学基礎論における幾つかの基本的定理とその帰結」　「数学基礎論における幾つかの基本的定理とその帰結」解題　ゲーデルの生涯と思想）

第3章 アラン・チューリング（アラン・チューリング『計算機械と知性』『計算機械と知性』解説 チューリングの生涯と思想）
＊今日のコンピュータの礎を築いたジョン・フォン・ノイマン、不完全性定理で数学・論理学の歴史を根底から変えたクルト・ゲーデル、思考する機械への道を拓いたアラン・チューリング。いずれも今日の科学と哲学に多大な影響をもたらした天才たちである。同時代に生きた彼らは、互いに触発され、時に議論し、相互に意識しながら実に多くの業績を残した。比類なき頭脳と個性をもった三人は、いかに関わり、何を考え、どう生きたか。それは今日の世界にいかなる意味を持つのか。彼ら自身の言葉からその思想の本質に迫る。

◇エニグマ アラン・チューリング伝 上 アンドルー・ホッジス著，土屋俊，土屋希和子訳 勁草書房 2015.2 412p 20cm 2700円 ①978-4-326-75053-5 Ⓝ289.3
内容 1 論理的なるもの（集団の精神 真理の精神 新しい人びと リレー競争）
＊史上最強の暗号解読者、コンピュータ科学の創始者、そしてその後の数奇な人生がここに。

◇エニグマ アラン・チューリング伝 下 アンドルー・ホッジス著，土屋俊，土屋希和子，村上祐子訳 勁草書房 2015.8 520,13p 20cm 〈索引あり〉 2700円 ①978-4-326-75054-2 Ⓝ289.3
内容 2 物理的なるもの（助走 水銀の遅延 グリーンウッドの木 渚にて）
＊あらゆるチューリング評伝のルーツとなった決定版伝記！「イミテーション・ゲーム」原作。アカデミー賞脚色賞受賞！

◇チューリングの大聖堂—コンピュータの創造とデジタル世界の到来 上 ジョージ・ダイソン著，吉田三知世訳 早川書房 2017.3 426p 16cm （ハヤカワ文庫 NF 491—[〈数理を愉しむ〉シリーズ]）〈2013年刊の二分冊〉 1060円 ①978-4-15-050491-5 Ⓝ548.2
内容 第1章 一九五三年 第2章 オルデン・ファーム 第3章 ヴェブレンのサークル 第4章 ノイマン・ヤーノシュ 第5章 MANIAC 第6章 フルド219 第7章 6J6 第8章 V40 第9章 低気圧の発生
＊現代のデジタル世界の発端は、数学者チューリングの構想した「チューリングマシン」に行きつく。理論上の存在だったそのマシンを現実に創りあげたのが万能の科学者フォン・ノイマン。彼の実現した「プログラム内蔵型」コンピュータが、デジタル宇宙を創成しているのだ。開発の舞台となった高等研究所に残る文献や写真資料、インタビュー取材をもとに編まれた、決定版コンピュータ「創世記」。第49回日本翻訳出版文化賞受賞。

◇チューリングの大聖堂—コンピュータの創造とデジタル世界の到来 下 ジョージ・ダイソン著，吉田三知世訳 早川書房 2017.3 390p 16cm （ハヤカワ文庫 NF 492—[〈数理を愉しむ〉シリーズ]）〈2013年刊の二分冊〉 1060円 ①978-4-15-050492-2 Ⓝ548.2
内容 第10章 モンテカルロ 第11章 ウラムの悪魔 第12章 バリチェリの宇宙 第13章 チューリングの大聖堂 第14章 技術者の夢 第15章 自己複製オートマトンの理論 第16章 マッハ九 第17章 巨大コンピュータの物語 第18章 三九番めのステップ
＊科学者たちがコンピュータ開発を成し遂げられたのは、学問の自由と独立を守るプリンストンの高等研究所という舞台あればこそであった。そこでフォン・ノイマンはどう立ち回り、アインシュタインやゲーデルを擁した高等研究所はいかにしてその自由性を得られたのか。彼らの開発を支えた科学者・技術者はどのように現代に直結する偉業を成し遂げたか。大戦後の混乱に埋もれていた歴史事情を明らかにした大作。

チョードリー, A.B. 〔1928～〕
Choudhry, Bharati

◇インド独立の志士「朝子」 笠井亮平著 白水社 2016.4 265,5p 20cm 〈文献あり 索引あり〉 2300円 ①978-4-560-08495-3 Ⓝ289.2
内容 プロローグ—出征 第1章 父と母の物語—インド独立運動家の両親のもとに生まれて 第2章 上京—昭和高女への進学 第3章 転機—チャンドラ・ボース登場 第4章 南へ—女学生「朝子」から兵士「アシャ」へ 第5章 入隊—インド国民軍婦人部隊とアシャ 第6章 絶望と混乱—インド国民軍の終焉 第7章 祖国の地—インド独立とビハール州での新生活 エピローグ—「アシャ」と「朝子」のあいだで
＊一九四五年五月、チャンドラ・ボースと、その側近だった父サハーイの影響を受け、インド国民軍婦人部隊に入隊した「朝子」ことアシャ。日本で生まれ育ち、若くしてインド独立運動に身を投じた彼女とその家族の数奇な運命を通して、気鋭の研究者が日印関係史に新たな視角をもたらした傑作ノンフィクション。

【ツ】

ツィオルコフスキー, K.E. 〔1857～1935〕
Tsiolkovskii, Konstantin Eduardovich

◇宇宙飛行の父ツィオルコフスキー—人類が宇宙へ行くまで 的川泰宣著 勉誠出版 2017.12 306p 19cm 〈他言語標題：Tsiolkovsky：The Father of Space Travel 他言語標題：Циолковский—Отец Космонавтики〉 1800円 ①978-4-585-22196-8 Ⓝ289.3
内容 プロローグ—あるコサックのはなし ツィオルコフスキーの幼年時代 失意—空想と知への脱却 一人ぼっちのモスクワ 家庭教師—ヴャートカそしてリャザン テロリズムと宇宙飛行 雌伏—あのボロフスクへ 『地球と宇宙への幻想』—カルーガの炎(1) 一九〇三年・奇跡の年—カルーガの炎(2) 宇宙SFの歴史に輝く『地球の外で』〔ほか〕
＊幼少期に病気で聴力を失うも、独学でロケットの理論を打ち立てたロシア人科学者。これまで日本で紹介されなかったこの宇宙開発における最重要人物の偉業を「宇宙の語り部」的川泰宣が書き下ろす。

ツィンマーマン, F.P. 〔1965～〕
Zimmermann, Frank Peter

◇偉大なるヴァイオリニストたち 2 チョン・キョンファから五嶋みどり、ヒラリー・ハーンまで ジャン＝ミシェル・モルク著 神奈川夏子訳 ヤマハミュージックメディア 2017.4 356,8p 21cm 〈文献あり〉 3400円 Ⓘ978-4-636-92333-9 Ⓝ762.8

内容 ボリス・ベルキン チョン・キョンファ ピンカス・ズーカーマン オーギュスタン・デュメイ ピエール・アモイヤル ドミトリ・シトコヴェツキー ナイジェル・ケネディ シュロモ・ミンツ ヴィクトリア・ムローヴァ チョーリャン・リン〔ほか〕

＊外科医でもある筆者による桁外れに鋭い考察に基づく評伝集。使用楽器や練習法などはもちろん、デビューの裏側や生い立ち、家族関係などに迫り、素顔を描き出す。歴史的名演を収録したCD‐ROM付き。

ツェッペリン, F. 〔1838～1917〕
Zeppelin, Ferdinand Adolf Heinrich August Graf von

◇ドイツ奇人街道 森貴史，細川裕史，溝井裕一著 吹田 関西大学出版部 2014.7 331p 19cm 〈文献あり〉 2000円 Ⓘ978-4-87354-586-8 Ⓝ283.4

内容 フレンスブルク‐ひとりの女性の勇敢なる挑戦—ベアーテ・ウーゼ（Beate Uhse, 1919～2001） エッカーンフェルデ‐「不死の男」の終焉—サン＝ジェルマン伯爵（Graf von Saint Germain, 1691？～1784） ハンブルク‐ドイツの「海賊王」の運命—クラウス・シュテルテベーカー（Klaus Störtebeker, ?～1400） メルン‐中世を旅したイタズラ者—ティル・オイレンシュピーゲル（Till Eulenspiegel, 1300ごろ～50） シュタインフーデ‐シュタインフーデ湖の怪魚—ヤーコプ・クリュソトムス・プレトリウス（Jakob Chrysostomus Praetorius, 1730～？） ボーデンヴェルダー‐「ほらふき男爵」の笑えない人生—ヒエロニムス・フォン・ミュンヒハウゼン（Hieronymus von Münchhausen, 1720～97） ベルリン‐絶滅動物を「よみがえらせてしまった」動物園長—ルッツ・ヘック（Lutz Heck, 1892～1983） ライプツィヒ‐「魔法使いファウスト」の実像をあばく—ゲオルギウス・ファウストゥス（Georgius Faustus, 1460/80～1540ごろ） インゴルシュタット‐秘密結社イルミナティの真実—アダム・ヴァイスハウプト（Adam Weishaupt, 1748～1830） アンスバッハ‐ヨーロッパを騒がせた謎の少年—カスパー・ハウザー（Kaspar Hauser, ?～1833） フリードリヒスハーフェン‐伯爵の空への異常な愛情—フェルディナント・ツェッペリン伯爵（Ferdinand Graf von Zeppelin, 1838～1917） ジンメルン（ライン・モーゼル地方）‐ライン地方の山賊たち—シンダーハンネスとシュヴァルツァー・ペーター（Schinderhannes, 1777？～1803/Schwarzer Peter, 1752～1812）

ツェトキン, K. 〔1857～1933〕 Zetkin, Klara

◇クラーラ・ツェトキーン—ジェンダー平等と反戦の生涯 伊藤セツ著 増補改訂版 御茶の水書房 2018.6 1043p 23cm 〈他言語標題：Clara Zetkin 文献あり 年譜あり 索引あり〉 15000円 Ⓘ978-4-275-02092-5 Ⓝ289.3

内容 第1部 おいたち・青春・亡命—ヴィーデラウ・ライプツィヒ・パリ（1857～1890）（少女時代—ヴィーデラウ村 青春—ライプツィヒ 亡命—パリでのオシップ・ツェトキーンとの生活 ほか） 第2部 ドイツ社会民主党と第2インターナショナル—シュツットガルト時代（1891～1914）（シュツットガルトでの生活と活動—フリードリヒ・ツンデル／ローザ・ルクセンブルクの出現 ドイツ社会民主党の女性政策とローザ・ルクセンブルクとの交友 『平等』の編集・内容と変遷、リリー・ブラウンとの論争、クラーラの追放 ほか） 第3部 戦争と革命（世界大戦・ロシア革命・ドイツ革命と女性 ドイツ共産党とコミンテルンの間で レーニンとクラーラの、「女性問題」と「3月行動」に関する対話 ほか）

＊第20回（2013年）社会政策学会賞学術賞受賞。

ツェートマイアー, T. 〔1961～〕
Zehetmair, Thomas

◇偉大なるヴァイオリニストたち 2 チョン・キョンファから五嶋みどり、ヒラリー・ハーンまで ジャン＝ミシェル・モルク著 神奈川夏子訳 ヤマハミュージックメディア 2017.4 356,8p 21cm 〈文献あり〉 3400円 Ⓘ978-4-636-92333-9 Ⓝ762.8

内容 ボリス・ベルキン チョン・キョンファ ピンカス・ズーカーマン オーギュスタン・デュメイ ピエール・アモイヤル ドミトリ・シトコヴェツキー ナイジェル・ケネディ シュロモ・ミンツ ヴィクトリア・ムローヴァ チョーリャン・リン〔ほか〕

＊外科医でもある筆者による桁外れに鋭い考察に基づく評伝集。使用楽器や練習法などはもちろん、デビューの裏側や生い立ち、家族関係などに迫り、素顔を描き出す。歴史的名演を収録したCD‐ROM付き。

ツェラン, P. 〔1920～1970〕 Celan, Paul

◇ツェランの詩を読みほどく 相原勝［著］ みすず書房 2014.11 258p 20cm 〈文献あり 年譜あり〉 3600円 Ⓘ978-4-622-07867-8 Ⓝ941.7

内容 チェルノヴィッツ（一九二〇～四一年）—処女詩集『骨壺からの砂』1 チェルノヴィッツからブカレストへ（一九四二～四五年）—『骨壺からの砂』2 ブカレスト（一九四六年）—『骨壺からの砂』3 ブカレストからウィーンへ、そしてパリ定住（一九四七～四八年）—『骨壺からの砂』4 一九四九～五〇年—第一詩集『ケシと記憶』1 一九五一～五二年—『ケシと記憶』2・第二詩集『閾から閾へ』1 一九五三年—『閾から閾へ』2 一九五四年—『閾から閾へ』3 一九五五～五八年—第三詩集『言葉の格子』一九五九～六二年—第四詩集『誰でもない者の薔薇』 一九六三～六五年—第五詩集『息の転回』 一九六六～七〇年—第六詩集『糸筋の太陽』以後

＊西欧と死の国、忘却の家＝ドイツ語、キリスト教とユダヤ人、シオニズムとの葛藤、ネオナチとの闘い、人間イエスに倣って…。41編の"詩と真実"に迫る初めての読解。

◇ツェラーン 森治著 新装版 清水書院

2016.9 232p 19cm 〈Century Books―人と思想 129〉〈文献あり 年譜あり 索引あり〉 1200円 ⓘ978-4-389-42129-8 Ⓝ941.7

内容 1 詩人となるまで―パウル＝アンチェル（故郷ブコヴィナ 幼少年時代 大学時代 迫害の嵐 再出発） 2 詩人として―パウル・ツェラーン（死をめぐって 回帰する時間 深淵への下降 「水」との出会い 無の栄光 他者 否定性の実現 裏返しの讃歌）

＊ユダヤ人ツェラーンの原体験は第二次世界大戦中の迫害、なかんずく強制収容所での両親と同胞の死である。非人間的な極限状況を生きのびた詩人はアドルノがいうアウシュヴィッツ後の不可能な時代にあって、詩の可能性を追求した。不可能から可能への転換には詩人の内部での限界突破という決定的な出来事が絡んでいるが、その通過が逆に絶望的な限界に対して積極的・能動的にはたらくのである。傷はすでに傷のままに癒され、創として創造への契機となる。詩人は倒錯的ともいえる強い信念をもって、新たな現実と対話としての詩の相手を求めて一歩を踏み出す。解体した言葉と世界は新たな結合のもとに、可能的な言葉世界へと再構築される。本書では、ともすれば消極的になるツェラーン読解を反転させ、肯定的・積極的な面を解明する姿勢を貫こうとする。

ツェル, K. 〔1497/98?～1562〕 Zell, Katharina

◇カタリナ・シュッツ・ツェル―16世紀の改革者の生涯と思想 エルシー・アン・マッキー著, 南純監訳, 小林宏和, 石引正志訳 札幌 一麦出版社 2018.12 478p 23cm 〈文献あり〉 8000円 ⓘ978-4-86325-108-3 Ⓝ198.3852

内容 第1部 16世紀の改革者の生涯（若き日のカタリナ プロテスタント宗教改革の到来とパートナーシップの誕生 カタリナ・シュッツとマテウス・ツェルの結婚―春の協力関係 変化する環境の中での共同作業―夏、そして秋の日々 冬―悲嘆と荒廃 ただキリストのみ、無党派人 闘う教会の母、第一世代の証人 最後の事態―最後まで辛抱強く、信仰的に） 第2部 カタリナ・シュッツ・ツェルの思想（信徒改革者の聖書的世界 敬虔なプロテスタント信徒の基本的な神学 カタリナ・シュッツ・ツェルの敬虔―活動する実践神学者 物語ることと著作すること―著作者と歴史家カタリナ・シュッツ・ツェル カタリナ・シュッツ・ツェルの思想における女性、信徒、言語 カタリナ・シュッツ・ツェルの肖像―彼女の自己理解と同時代人たちの見方）

＊ラテン語を習得した男性の改革者ではなく、女性信徒改革者の視点と言葉から、会衆席の側から、宗教改革が進みつつあったストラスブールの街と人々の緊迫した様子を描く。この"平凡"な女性が、宗教改革を広い視野で見渡すことのできる「のぞき窓」なのである。E.A.マッキーが、カタリナの「ゴーストライター」となりきり、16世紀ヨーロッパの注目すべき女性改革者の物語が語られる！

ツォンカパ 〔1357～1419〕 Tsong-kha-pa

◇チベット仏教発展史略 王森著, 田中公明監訳, 三好祥子訳 科学出版社東京 2016.5 377p 22cm 〈文献あり 年譜あり 索引あり〉 発売：国書刊行会〉 8800円 ⓘ978-4-336-05969-7 Ⓝ180.9

内容 第1章 吐蕃時代のチベット仏教 第2章 仏教の復興と広がり 第3章 ニンマ派 第4章 カダム派 第5章 サキャ派 第6章 カギュ派 第7章 その他諸派 第8章 ゲルク派（黄教） 第9章 元代の十三万戸について 第10章 明代におけるウー・ツァンの政治状況 付録1 ツォンカパ伝論 付録2 ツォンカパ年譜

＊チベット研究第一人者の手による、チベット仏教史解説の決定版！ 吐蕃末期からサキャ政権成立まで、400年に及ぶ分裂期を中心に、チベット族に関する鋭い分析を交えながらチベット仏教の発展史を系統立てて解説。また、きわめて独創的な「チベット十三万戸」に関する論考や、チベット仏教最大宗派ゲルク派の始祖ツォンカパ研究の代表的論文『ツォンカパ伝論』『ツォンカパ年譜』も収載。チベット学を志すものにとっての必携書である。

ツビッキー, F. 〔1898～1974〕 Zwicky, Fritz

◇宇宙を見た人たち―現代天文学入門 二間瀬敏史著 海鳴社 2017.10 270p 19cm 1800円 ⓘ978-4-87525-335-8 Ⓝ440.28

内容 第1部 天文学に強力な"道具箱"を提供した観測家たち（ヘンリエッタ・スワン・リービット―宇宙の"物差し"を見つけた「ハーバード・コンピューターズ」一の才媛 ジョージ・ヘール―巨大望遠鏡時代に道を拓く ほか） 第2部 科学的宇宙論の開拓者たち（アルベルト・アインシュタイン―現代宇宙論の開拓者 カール・シュヴァルツシルト―塹壕で重力場方程式の解を発見 ほか） 第3部 天文学を豊かにした人びと（クライド・トンボー―新しい太陽系領域に挑んだ人 アーサー・エディントン―恒星天文学の父 ほか） 第4部 "観測の窓"拡大に情熱を傾けた人びと（カール・ジャンスキー―電波天文学の生みの親 早川幸男―戦後の焼け跡で"全波長天文学"への道を敷く ほか）

＊宇宙は、ブラックホール、超新星爆発、暗黒物質、暗黒エネルギーなど、さまざまな"魔物"や不可思議な現象の存在なしには考えられない。この驚天動地の現代天文学の歴史を築いてきた巨人たち―その活躍を、時代背景・生い立ち・人柄などを交え、いきいきと伝える。

ツーベイ・レイク, F. 〔1849～1868〕 Toovey Lake, Frank

◇瀬戸内海の浜辺に眠る若者―激動の幕末の飛沫の中で 木村秀雄著 第4版 丸亀 イギリス士官レキ研究会 2014.12 82p 22×30cm 〈瀬戸内海国立公園指定80周年 背のタイトル：瀬戸内海の浜辺に眠る若者の墓 発行所：まほろば工房〉 非売品 Ⓝ289.3

ツルネン・マルテイ 〔1940～〕 Turunen, Martti

◇使命―ツルネン・マルテイの自叙伝 ツルネンマルテイ著 皓星社 2017.12 270p 20cm 〈他言語標題：MISSION〉 2000円 ⓘ978-4-7744-0648-0 Ⓝ289.1

内容 第1章 ヤーコンヴァーラ村から日本へ（故郷は

ヤーコンヴァーラ村　故郷を離れる　ほか）　第2章　難局に立つ（苦しい別れの挨拶　日本人パートナーを探す　ほか）　第3章　青い目の議員誕生（不意の閃き　選挙の助人が現れる　ほか）　第4章　国会議員としての一二年間（喜びと感謝と責任感　通らなかった法案　ほか）　第5章　終の棲家（二〇一三年、最後の選挙　鎌倉の「ルオムの家」　ほか）

＊1967年に来日、「在日」歴50年。宣教師辞任、離婚、4回の落選、お遍路…「森と湖の国」から「森と海の国」へ。青い目の元国会議員が語る「挫折と希望」のヒストリア。

【テ】

デイ, D.〔1897～1980〕Day, Dorothy

◇あなたの人生の意味—先人に学ぶ「惜しまれる生き方」　デイヴィッド・ブルックス著，夏目大訳　早川書房　2017.1　478p　19cm　2300円　①978-4-15-209666-1　Ⓝ159

内容　第1章　大きな時代の変化　第2章　天職—フランシス・パーキンス　第3章　克己—ドワイト・アイゼンハワー　第4章　闘いの人生—ドロシー・デイ　第5章　自制心—ジョージ・マーシャル　第6章　人間の品位—ランドルフとラスティン　第7章　愛—ジョージ・エリオット　第8章　神の愛—アウグスティヌス　第9章　自己省察—サミュエル・ジョンソンとモンテーニュ　第10章　大きい私

＊人間には2種類の美徳がある。「履歴書向きの美徳」と「追悼文向きの美徳」だ。つまり、履歴書に書ける経歴と、葬儀で偲ばれる故人の人柄。生きる上でどちらも大切だが、私たちはつい、前者ばかりを考えて生きてはいないだろうか？ベストセラー『あなたの人生の科学』で知られる『ニューヨーク・タイムズ』のコラムニストが、アイゼンハワーからモンテーニュまで、さまざまな人生を歩んだ10人の生涯を通じて、現代人が忘れている内的成熟の価値と「生きる意味」を根源から問い直す。『エコノミスト』などのメディアで大きな反響を呼び、ビル・ゲイツら多くの識者が深く共鳴したベストセラー。

ディー, J.〔1527～1608〕Dee, John

◇神の聖なる天使たち—ジョン・ディーの精霊召喚一五八一～一六〇七　横山茂雄著　研究社　2016.2　446p　22cm　〈文献あり　年譜あり　索引あり〉　6400円　①978-4-327-37740-3　Ⓝ289.3

内容　「神の聖なる天使」あるいは「偽りの霊」「哲学的研究」あるいは「恐るべき迷妄」「水晶の中の幻影」「七の神秘なる統治」「おぞましい嘘」「粉薬」、「本」、「巻物」　錬金の夢、海彼の富　「エノクの書」　始原の言語　ポーランドからの賓客　モートレイクからプラハへ　皇帝との謁見　追放命令　「神の新たなる掟」あるいは「闇の眷属」　栄華と失墜　旅路の果て

＊天使の言語「エノク語」は解読可能なのか？ディーの膨大な手稿を読み解き、余白の書き込みや抹消部分に至るまで丹念に目を通し、さらに同時代の資料を博捜することで明らかにする、驚愕の真相。

ディオクレティアヌス〔244～311〕Gaius Aurelius Valerius Diocletianus

◇ローマ帝国人物列伝　本村凌二著　祥伝社　2016.5　303p　18cm　(祥伝社新書463)　840円　①978-4-396-11463-3　Ⓝ283.2

内容　1　建国期—建国期のローマ（ブルトゥス—共和政を樹立した初代執政官　キンキナトゥス—ワシントンが理想とした指導者　ほか）　2　成長期—成長期のローマ（アッピウス—インフラ整備など、類稀なる先見性　ファビウス—耐えがたきを耐えた「ローマの盾」　ほか）　3　転換期—転換期のローマ（クラッスス—すべてを手に入れた者が欲したもの　大ポンペイウス—カエサルに敗れた大武将　ほか）　4　最盛期—最盛期のローマ（ゲルマニクス—夭逝した理想のプリンス　ネロ—気弱な犯罪者だった暴君　ほか）　5　衰亡期—衰亡期のローマ（ガリエヌス—動乱期の賢帝　ディオクレティアヌス—混乱を鎮めた軍人皇帝　ほか）

＊ローマの歴史には、独裁も革命もクーデターもあり、「パクス・ロマーナ」と呼ばれた平和な時代もあった。君主政も共和政も貴族政もポピュリズムもあり、多神教も一神教もある。まさに「歴史の実験場」であり、教訓を得るのに、これほどの素材はない。歴史を学ぶには制度や組織は無視できないが、そこに人間が存在したことを忘れてはならないだろう。本書は、一〇〇〇年を超えるローマ史を五つの時代に分け、三二人の生涯を追いつつ追うものである。賢帝あり、愚帝あり、英雄から気丈な女性、医学者、宗教家まで。壮大な歴史叙事詩であり、歴史は人なり—を実感する一冊。

ディオニュシオス〔紀元前5世紀〕Dionysius the Phocaean

◇新書　英雄伝—戦史に輝く将星たち　有坂純著　学研教育出版　2015.10　407p　19cm　〈文献あり〉　発売：学研マーケティング　1600円　①978-4-05-406350-1　Ⓝ283

内容　ペルシア戦争を起こした男—アリスタゴラス伝　わが故郷は遙か—ディオニュシオス伝　われら死にきと—レオニダス伝　サラミスよ、汝は女の産める子らを滅ぼさん—テミストクレス伝　賞金首女王—アルテミシア一世伝　三つの問い—エパメイノンダス伝　偉大なる敵—ハンニバル伝　オリュンポスの落日—アエミリウス・パウルス伝　賽は投げられた—ユリウス・カエサル伝　帝国の夢—ゼノビア女王伝　疾風—衛青・霍去病伝　戦いは、まだ始まっていない—ジョン・ポール＝ジョーンズ伝　第一級の戦士—ダヴー元帥伝

＊かつて雑誌『タクテクス』（ホビージャパン刊）で熱狂的に支持された伝説の連載が、待望の単行本化！古代ギリシアからナポレオン時代まであまたの英傑が生き生きと甦る！

ディオール, C.〔1905～1957〕Dior, Christian

◇20世紀ファッションの文化史—時代をつくった10人　成実弘至著　新装版　河出書房新社　2016.1　302p　19cm　〈文献あり〉　1800円　①978-4-309-24746-5　Ⓝ593.3

内容　チャールズ・ワース—ファッションデザイナー誕

生　ポール・ポワレーオリエント、装飾と快楽　ガブリエル・シャネルーモダニズム、身体、機械　エルザ・スキャパレッリーファッションとアート　レア・マッカーデルーアメリカンカジュアルの系譜　クリスチャン・ディオールーモードとマーケティング　マリー・クアントーストリートから生まれた流行　ヴィヴィアン・ウエストウッドー記号論的ゲリラ闘争　コム・デ・ギャルソンーファッションを脱構築するマルタン・マルジェラーリアルクロースを求めて　二〇世紀ファッションの創造性

＊ポワレ、シャネル、ディオールから、コム・デ・ギャルソン、マルジェラまで、彼らはファッションの地平をどう切り開いてきたか。20世紀ファッションの到達点をあらためて考察する、新しいファッション文化史。

ディキンスン, E.〔1830〜1886〕
Dickinson, Emily

◇エミリ・ディキンスンーアメジストの記憶　大西直樹著　彩流社　2017.8　159p　19cm　（フィギュール彩 96）〈他言語標題：EMILY DICKINSON　文献あり 年譜あり〉 1700円　Ⓘ978-4-7791-7098-0　Ⓝ931.6

内容 第1章 ある詩人の一生　第2章 孤独のなかで　第3章 戦争と恋　第4章 「エミリ・ディキンスン」を創った人　第5章 孤高の詩、その手強さ

＊白いドレスに身を包んで隠遁生活を送り、無名のままこの世を去ったひとりの女性。しかし、その死後に遺品のなかから発見された約一八〇〇篇もの詩群により、彼女はアメリカを代表する詩人と評価されるに至った。その名はエミリ・ディキンスン。唯一無二の詩はいかに生み出されたのか。その生涯と詩を、彼女の生きた時代と文化から考える。

ディキンソン, J.〔1732〜1808〕
Dickinson, John

◇アメリカ独立の光と翳　今津晃著　清水書院　2018.4　243p　19cm　（新・人と歴史拡大版 23）〈1976年刊の表記や仮名遣い等一部を改めて再刊　文献あり 年譜あり 索引あり〉 1800円　Ⓘ978-4-389-44123-4　Ⓝ253.04

内容 プロローグ 独立は宣言された！　1 ジョージ・ワシントンー農園主から将軍へ　2 サミュエル・アダムズー「アメリカ革命のカトー」 3 ジョン・ディキンソンー和解派の闘将　4 トマス・ハッチンソンー国王の召使を自任して　5 ジョーゼフ・ギャロウェイー執念に生きた王党派　エピローグー独立とは何であったのか

＊歴史が大きく旋回する時、個人や集団の明暗も一層増幅された形で現れてくる。それは、アメリカ独立の舞台に登った主演者たちにおいても、さまざまな陰影を描いている。ある者は、愛国派としての信念を貫いて独立の歓喜にひたり、また、ある者は、王党派としての悲哀を味わい亡命先の異郷で果てた。本書は、こうした激動の時代を生きた、かれらの喜怒哀楽を描くことによって、人物史からなるアメリカ革命史像を構成し、現代アメリカの源流を鋭く探った力作である。

ディクソン, A.　Dixon, Allan

◇Journey on the Road—旅の途中　アラン・ディクソン著　SAVIC　2018.5　127p　21cm 〈発売：大誠社〉 1500円　Ⓘ978-4-86518-077-0　Ⓝ289.3

内容 ADOVANTURE WILL NEVER END—MY ROAD MOVIES　ALLAN DIXON'S STORY　1 ダブリンの街角から　2 国境の道の上で　3 世界の空の下で　QUESTION&ANSWER　ALLAN WITH HAPPY ANIMALS

＊人生に必要なのはスマホと冒険だ！　大自然を旅し、動物とのセルフィーを撮り、60万人にフォローされる世界最高の仕事！　動物セルフィーでInstagramフォロワー60万人！　ブラックな働き方、終わらない仕事、つまらない日常…人生の消耗戦から抜け出すためのバイブル！　自己発信が世界を動かし、個のサバイバル能力が求められる現代社会。ラップトップとスマホだけを手に世界を飛び回る彼の物語には誰もがHAPPYに生きるヒントが凝縮されている！

ディケンズ, C.〔1812〜1870〕
Dickens, Charles

◇世界の十大小説　上　W.S.モーム著，西川正身訳　岩波書店　2015.5　316p　15cm　（岩波文庫） 780円　Ⓘ4-00-322544-9　Ⓝ904

内容 1 小説とは何か　2 ヘンリー・フィールディングと『トム・ジョーンズ』 3 ジェイン・オースティンと『高慢と偏見』 4 スタンダールと『赤と黒』 5 バルザックと『ゴリオ爺さん』 6 チャールズ・ディケンズと『デイヴィッド・コパーフィールド』

＊世界の十大小説として選んだ十篇を、実作者の視点から論じたユニークな文学論。まず作家の生涯と人物について語り、作家への人間的な興味を土台に、痛快な筆さばきで作品を解説する。（上）では『トム・ジョーンズ』『高慢と偏見』『赤と黒』『ゴリオ爺さん』『デイヴィッド・コパーフィールド』を取り上げる。（全2冊）

◇チャールズ・ディケンズ　アンドルー・サンダーズ著，田村真奈美訳　彩流社　2015.5　372,13p　20cm　（時代のなかの作家たち 4）〈文献あり 年表あり 索引あり〉 3800円　Ⓘ978-4-7791-1704-6　Ⓝ930.268

内容 第1章 ディケンズの生涯　第2章 「われわれの時代」—ディケンズ、政治、社会　第3章 文化のコンテクスト　第4章 都市社会—ロンドンと階級　第5章 功利主義、宗教、歴史　第6章 科学と技術　第7章 ディケンズを再コンテクスト化する

＊ヴィクトリア朝が生んだ"比類なき"作家！　『オリヴァー・トゥイスト』『大いなる遺産』などで知られるディケンズは、当代きっての人気を誇った。当時の世相や文化をあらためて読み込むことでいま読者を惹きつけてやまない魅力の本質を探る。

ディシェイザー, J.〔1912〜2008〕
DeShazer, Jacob

◇憎しみを越えて—宣教師ディシェイザー　平和の使者になった真珠湾報復の爆撃手　ドナルド・M・ゴールドスタイン、キャロル・アイコ

ディシェイザー・ディクソン共著，藤原祥隆訳　いのちのことば社　2017.8　285p　19cm　〈文献あり〉　1800円　①978-4-264-03850-4　Ⓝ198.32

内容　軍隊の訓練　作戦　捕虜　裁判と判決　暗殺　孤独　喜びに満たされて　収容所における忍耐　死の苦い味　自由の甘い味　知識の探求　シアトルパシフィック大学での学生生活　〔ほか〕

＊復讐に燃え日本空襲に志願，捕虜収容所での虐待と屈辱，その独房に射した光とは？　真珠湾攻撃総隊長・淵田美津雄を変えた仇敵との出逢い／愛と赦しの軌跡。

ディズニー，R.E.〔1930〜2009〕
Disney, Roy Edward

◇ロイ・E・ディズニーの思い出―ディズニーアニメーション新黄金時代を創る　デイビッド・A・ボッサート著，上杉隼人訳　講談社　2017.11　254p　20cm　2000円　①978-4-06-220447-7　Ⓝ778.253

内容　第1章 資産家でも価値と本質を重んじる　第2章 慈善活動と寛大さ　第3章 誘えばいつでも来てくれた　第4章 ヨットへのあふれる情熱　第5章 自家用機で世界を行く　第6章 ディズニー社の使命を守る　第7章「デスティーノ」とアカデミー賞　第8章 別れの時　第9章 新たな旅立ち

＊ロイ・E.ディズニーは、ウォルト・ディズニーの兄、ロイ・O.ディズニーの長男として生まれた。つまり、ウォルトの甥にあたる。1980年代の初め、ディズニー社がアニメーション映画でヒット作に恵まれず、危機に瀕した時、株主として経営陣の入れ替えに奔走した。そして新経営陣と一緒に、ディズニーアニメーションの立て直しに尽力し、『リトル・マーメイド』『美女と野獣』『アラジン』など、大ヒット作を連発し、新黄金時代を創ったのだ。また、プライベートではヨットをこよなく愛し、本格的なレースにも出場している。ロイと親交のあった人たちが、彼との思い出をいとおしく語ってくれる。

ディズレーリ，B.〔1804〜1881〕
Disraeli, Benjamin

◇最高の議会人グラッドストン　尾鍋輝彦著　清水書院　2018.7　231p　19cm　〈新・人と歴史 拡大版 29〉〈1984年刊の表記や仮名遣い等一部を変更　文献あり　年譜あり　索引あり〉　1800円　①978-4-389-44129-6　Ⓝ289.3

内容　1 表舞台に出るまでの三人（奴隷所有者の子、グラッドストン　ユダヤ人ディズレーリ ほか）　2 自由主義の戦い（三人が結婚するまで　自由貿易への歩み）　3 保守党の暗い谷間（不安定な連立内閣つづき　自由党員グラッドストン）　4 立憲政治の絶頂（第一次ディズレーリ内閣　第一次グラッドストン内閣 ほか）　5 グランド・オールド・マン（グランド・オールド・マン）

＊乱闘、強行採決、選挙違反にみちている日本の議会政治と比べて、一九世紀以来のイギリスの議会政治は、模範的なものであったように思われていた。はたして、本当にそうだったのだろうか？　女王がやたらに政治に介入し、また、採決のときに党

員が分裂して四政党、五政党の政治の如き状態を示すなど、必ずしも模範的ではなかったのである。本書は、それらの問題をグラッドストン、ディズレーリ、ヴィクトリア女王の三人の絡み合いを中心に、人間味と人間臭さを加えて述べたものである。

ディーツ，R.〔1902〜1971〕Dietz, Rolf

◇ミュンスター法学者列伝―中央大学・ミュンスター大学交流30周年記念　トーマス・ヘェーレン編著，山内惟介訳　八王子　中央大学出版部　2018.11　568p　21cm　〈日本比較法研究所翻訳叢書 80〉〈索引あり〉　6700円　①978-4-8057-0381-6　Ⓝ322.8

内容　旧制大学―アントン・マティアス・シュプリックマン（1749年〜1833年）　ルードルフ・ヒス（1870年〜1938年）―ミュンスター大学のスイス人刑法学者　ハンス・バーゲンコップ（1901年〜1983年）―ミュンスター大学地方自治研究所創設者　脇役から主役へ―国法学者、フリートリッヒ・クライン（1908年〜1974年）　正義のための戦いの中で―刑事訴訟法学者、カール・ペータース（1904年〜1998年）　ミュンスター大学の租税法―オットマール・ビューラー（1884年〜1965年）　生活事実から法へ―ヴァルター・エルマン（1904年〜1982年）　ミュンスターのフリースラント出身者―ハリー・ヴェスターマン（1909年〜1986年）　マックス・カーザー（1906年〜1997年）―学者生活のダイジェスト　ヘルムート・シェルスキィ（1912年〜1984年）―幸福感溢れる世代の遅すぎた懐疑　行政法学―ハンス＝ユリウス・ヴォルフ（1898年〜1976年）　刑法学者―ヨハネス・ヴェセルス（1923年〜2005年）　波乱の時代の労働法―アルフレート・ヒュック（1889年〜1975年）とロルフ・ディーツ（1902年〜1971年）　環境法・都市計画法―ヴェルナー・ホッペ（1930年〜2009年）　あなたはどのように判断されるか？―ハンス・プロクス（1920年〜2009年）　学理と実務における保険法―ヘルムート・コロサー（1934年〜2004年）　オットー・ザンドロック―（1930年〜2017年）　ベルンハルト・グロスフェルト―（1933年〜）

ティツィアーノ〔1488?〜1576〕Titian

◇ティツィアーノ―聖愛と俗愛　ステファノ・ズッフィ著，森田義之、細野喜代訳　西村書店東京出版編集部　2015.7　87p　27cm　〈名画の秘密〉〈年譜あり〉　2800円　①978-4-89013-729-9　Ⓝ723.37

内容　法外な値のついた傑作　主題の謎をめぐる仮説―答えは水盤の底にあった　これほど愛からかけ離れた事件はない―戦争とある貴族の絞首刑からすべては始まった　快楽と結婚愛への誘い　輝かしき美女　ティツィアーノの愛と結婚　図版：『聖愛と俗愛』（全図）　部分解説（丘の上の城館と草むらの野兎　春の盛り　理想的な花嫁　花々と装身具―結婚のシンボル ほか）　年譜：ティツィアーノの生涯とその時代

＊ティツィアーノが20代半ばに描いたこの傑作は、伝統的に『聖愛と俗愛』と呼ばれてきたが、この題名は、作品をめぐる謎を解くうえで手がかりになるわけではない。白い衣装を着けて観賞者のほうを見ている女性と彼女に視線を向けている裸体の女性のあいだには、どんな関係があるのだろう

ディッキンソン, B. 〔1958～〕
Dickinson, Bruce

◇ブルース・ディッキンソン自伝　ブルース・ディッキンソン著，迫田はつみ訳　シンコーミュージック・エンタテイメント　2018.9　447p　21cm　3000円　Ⓘ978-4-401-64614-2　Ⓝ767.8

内容 1958年に生まれて　火星の生活　学校が望むならくれてやる　天使のごとき成り上がり　薫製ニシンの復讐　思いがけない冒険　娘達を外へ出すなやばい小型バス　堕落へとまっしぐら　クスリをめぐるメロドラマ〔ほか〕

＊アイアン・メイデンのヴォーカリスト初の自伝!!

ディック, P.K. 〔1928～1982〕
Dick, Philip K.

◇フィリップ・K・ディックの世界　ポール・ウィリアムズ著，小川隆訳　河出書房新社　2017.8　259p　21cm　〈ペヨトル工房1991年刊の一部訳　著作目録あり　年譜あり〉　2800円　Ⓘ978-4-309-20733-9　Ⓝ930.278

内容 消える現実　紙の上ですごした生涯　住居侵入事件1　三度の神経症　「彼らは小人なんだ、ポール」　どん底の生活のなかで死ぬこと　住居侵入事件2　アンフェタミンと記憶喪失症　「一貫してすばらしい活躍をつづけている」　神に呑みこまれて夢を見たのはどちらだったのか？

＊生涯の秘密、創作の背景、独自の世界観…稀代の作家に盟友が深く鋭い洞察でせまった唯一無二のロング・インタビュー、待望の復刊！

ディック, T. 〔1774～1857〕 Dick, Thomas

◇バンヴァードの阿房宮―世界を変えなかった十三人　ポール・コリンズ著，山田和子訳　白水社　2014.8　425,21p　20cm　〈文献あり　著作目録あり〉　3600円　Ⓘ978-4-560-08385-7　Ⓝ283

内容 バンヴァードの阿房宮―ジョン・バンヴァード　贋作は永遠に―ウィリアム・ヘンリー・アイアランド　空洞地球と極地の穴―ジョン・クリーヴズ・シムズ　N線の目を持つ男―ルネ・ブロンロ　音で世界を語る―ジャン・フランソワ・シュドル　種を蒔いた人―イーフレイム・ウェールズ・ブル　台湾人ロンドンに現わる―ジョージ・サルマナザール　ニューヨーク空圧地下鉄道―アルフレッド・イーライ・ビーチ　死してもはや語ることなし―マーティン・ファークワ・タッパー　ロミオに生涯を捧げて―ロバート・コーツ　青色光狂騒曲―オーガスタス・J　プレゾントン　シェイクスピアの墓をあばく―ディーリア・ベーコン　宇宙は知的生命でいっぱい―トマス・ディック

＊その時、歴史は動かなかった！　世界最長のパノラマ画、地球空洞説、驚異な放射線"N線"、音楽言語、空圧式地下鉄、新発見のシェイクスピア劇…壮大な夢を追求し、敗れ去った人々の数奇な物語。

ティトゥス 〔39～81〕
Titus Flavius Caesar Vespasianus Augustus

◇ローマ皇帝伝　下　スエトニウス著，国原吉之助訳　岩波書店　2018.5　403,20p　15cm　〈岩波文庫〉　1130円　Ⓘ4-00-334402-2　Ⓝ232.8

内容 第4巻　カリグラ　第5巻　クラウディウス　第6巻　ネロ　第7巻（ガルバ　オト　ウィテリウス）　第8巻（ウェスパシアヌス　ティトゥス　ドミティアヌス）

＊我が妹を妻とし、帝国資産をまたたく間に蕩尽したあげく自らを神と崇めよと命ずるカリグラ。権力を争って母を殺し、さらに首都に火を放って遠望する都の美しさに恍惚とするネロ。簡潔直截に次々と繰りだされてゆく豊富な逸話の中から、放恣残虐の限りを尽す歴代ローマ皇帝たちの姿がなまなましく立ち現われてくる。

ディートリヒ, M. 〔1904～1992〕
Dietrich, Marlene

◇オリンピアと嘆きの天使―ヒトラーと映画女優たち　中川右介著　毎日新聞出版　2015.12　341p　19cm　〈他言語標題：Olympia und Der Blauer Engel　文献あり〉　1500円　Ⓘ978-4-620-32346-6　Ⓝ778.234

内容 第1章　舞姫　第2章　聖山　第3章　天使　第4章　聖林　第5章　政権　第6章　大会　第7章　祭典　第8章　前夜　第9章　戦争　第10章　廃墟　終章　一九六〇年

＊祖国を離れ闘った女と、栄光を得て全てを喪った女。芸術家・文化人は国家権力とどのような距離をとるべきなのか。五輪、戦争、そして廃墟－。才能と運命に翻弄された女たちの物語。

ディドロ, D. 〔1713～1784〕 Diderot, Denis

◇よき人々の系譜　阿部祐太著　阿部出版　2015.1　413p　20cm　〈文献あり〉　2000円　Ⓘ978-4-87242-326-6　Ⓝ280

内容 第1章　無限の未知を受け入れる（司馬光「誠実な者こそ正しく勇ましい」　ディドロ「学問の目的は、真理を知る喜びにある」　シュンペーター「人間的な営みの積み重ねが社会の向上をもたらす」）　第2章　語りえぬもの、見えぬものに本質がある（マティス「目に見えない真理を描く」　世阿弥「魂に沿うことで人は喜び感動する」　シュレンマー「有限な身体と無限の意識は表裏一体」）　第3章　生かされて生きていることの自覚（道元「無常の中で常なるものを知る」　ヤスパース「幸福に生きることは、幸せに死ぬこと」　ブランクーシ「無私が大いなる力を引き寄せる」）　第4章　自然と自分のつながりを再認識する（トルストイ「幸福とは自然と共にあること」　ナポレオン「人間は自然界に生かされる弱き者である」　ヴェルヌ「科学は万能ではない」）　第5章　人生の行方は自分の内より決める（勝海舟「経験による」　サン＝テグジュペリ「真理も幸福も自分の内より創造する　ミレー「現実はすべて崇高なり」）

＊従来の歴史観にとらわれず、新しい視点から古今東西の歴史上の著名人を再評価。時代や地域は違っていても、彼らの足跡に共通する生き方、考え方

の本質を明らかにし、現代人がよりよく生きるための指針を提示する。前著『よき人々の歴史』(日本図書館協会選定図書)に続く新たな伝記の書。

◇一八世紀近代の臨界—ディドロとモーツァルト
鷲見洋一著　ぷねうま舎　2018.7　392p　20cm　4300円　Ⓘ978-4-906791-94-1　Ⓝ135.3

内容「むすぶ」ことと「ほどく」こと—我流の勉強論 1 ディドロ読み歩き(不在についての考察—脅迫状、恋愛小説、そして恋文へ ソフィー・ヴォラン書翰を読む—一七六二年の場合 ディドロの『ラ・カルリエール夫人』を読む 二つの国内旅行—ディドロとメネトラの紀行文 『ラモーの甥』の昔と今―博識異聞 『ラモーの甥』の末裔たち モーツァルトからディドロまで—即興論の資格から ディドロはいかに読まれてきたか) 2 モーツァルトのいる風景(文学にみる一八世紀 怪物的神童とパリ—一七六三・六四年の滞在 喪失と自由—一七七八年、パリ 国王さまざま—一七九一年の周辺 奇人と天才の話—ヨーロッパ世紀末のモーツァルト) 「いたみ」と「かなしみ」のトポス

＊知られざる生の深みへ。モーツァルトとディドロ、音楽と書翰・対話に表現された、近代的な孤の天国と地獄、時代を超える二つの創造、"ハ短調ピアノ・ソナタ"と"百科全書"。名づけようのない哀しみと、知の巨大な集積の企てとが交叉する地点に、近代の始原と極北とをとらえる。半世紀をかけた一八世紀研究の結晶。

デイビス, M.〔1926〜1991〕Davis, Miles

◇マイルス・デイヴィス自伝　マイルス・デイヴィス, クインシー・トゥループ著, 中山康樹訳　シンコーミュージック・エンタテイメント　2015.4　499,12p　21cm　〈『マイルス・デイビス自叙伝 1・2』(宝島社文庫 2000年刊)の改題、改訂　索引あり〉　3000円　Ⓘ978-4-401-64119-2　Ⓝ764.78

＊音楽はもちろん、歴代メンバー他ミュージシャンについてや、女性関係、黒人差別、クスリ、ファッションなど、遠慮一切なしの赤裸々トーク炸裂で、生のマイルスを感じられる名著。

◇マイルス・デイヴィスが語ったすべてのこと—マイルス・スピークス　小川隆夫著　河出書房新社　2016.10　373p　20cm　〈年譜あり〉　2500円　Ⓘ978-4-309-27770-7　Ⓝ764.78

内容 マイルスがキャンセルしたいといっている その時代の最高にヒップな音楽をやりたい オレの前で二度とテープレコーダーは出すな この間のようにオレの脚を診てくれないか？ いつだってバードを捜し回っていた ディス・イズ・ユア・ドクター 新しいものをクリエイトしている人間は光り輝いている 周りがオレをそういう存在にしてしまった 自分がわかってないヤツとは一緒に演奏できない それをやると、オレにどれだけの得がある？ クールなのにもホットな躍動感がなくちゃダメだ 番号はソイツに聞いておけって 海賊版か？ 光の具合で、絵の感じが変わると思わないか？　So what？ 訴えられたら被ったもんじゃないからな それまでのオレがすべて凝縮されていた ここで待っていろ In Memory Of Sir Miles Davis 1926-1991

＊日本で最もマイルスに接近したジャズ・ジャーナリストによる"マイルス体験記"。二〇回近くに及ぶ直接取材によってマイルスの全貌に迫るドキュメンタリー。インタビュー嫌いで知られるマイルスが、自宅で料理をしながら、ホテルで衣装のチェックをしながら、そして大好きな絵を描きながら、これまでの人生を振り返りジャズ論を展開する"奇蹟"を、読者は目の当たりにするだろう。本書から、これまで描かれることのなかったマイルスの肉声が聞こえてくる。逝去の一週間前に行なわれた"ラスト・インタビュー"の模様も余すところなく収録。

◇マイルス・デイヴィスの真実　小川隆夫著　講談社　2016.10　708p　15cm　〈講談社＋α文庫 G291-1〉〈平凡社 2002年刊の加筆・修正　文献あり〉　1200円　Ⓘ978-4-06-281691-5　Ⓝ764.78

内容 生い立ちと少年時代 ニューヨーク修業時代 マイルス時代の始まり 新たなる音楽への旅立ち モードの探求 黄金のクインテット フュージョン時代の幕開け さらなる躍進 マイルス流ファンクの誕生 ロング・ブレイクと奇蹟のカムバック 独自の境地へ さらなるサウンドを求めて 新天地での試行錯誤 マイルスは永遠なり

＊マスコミ嫌いで有名だったジャズの帝王、マイルス・デイヴィスに最も近づいた日本人ジャズ・ジャーナリストによる真実の声の数々。マイルス本人への20回近くにおよぶインタビューと関係者100人以上の証言によって綴られた"決定版マイルス・デイヴィス物語"が待望の文庫化！

◇エレクトリック・マイルス　ポール・ティンゲン著, 麦谷尊雄訳　水声社　2018.9　478p　22cm　〈文献あり 作品目録あり〉　6000円　Ⓘ978-4-8010-0354-5　Ⓝ764.78

内容 リッスン チェンジ フリーダム ジャズ・ダンス ニュー・ディレクションズ ソーサラーズ・ブリュー カインド・オブ・ブルース 「ファー・イン」 アライブ・イン・ザ・プレゼント・モーメント オン・オブ ファイナル・フロンティア〔ほか〕

＊ミュージシャン、友人・知人など50人を超える関係者へのインタビューから得られた証言の数々をもとに、エレクトリック期以降の四半世紀(1967〜1991)、人跡未踏の音楽の極北に挑み続けた"ジャズの帝王"マイルス・デイヴィスの軌跡を徹底解剖。今なお燦然と輝く神秘的なサウンドと、それを支えた深遠なひとり繊細な人間性―人生そのものが音楽であった鬼才マイルスが放つ、超人的創造力の火花を目撃せよ！

ティベリウス〔42B.C.〜37A.D.〕
Tiberius Julius Caesar

◇ローマ皇帝伝　上　スエトニウス著, 国原吉之助訳　岩波書店　2018.5　339p　15cm　〈岩波文庫〉　970円　Ⓘ4-00-334401-4　Ⓝ232.8

内容 第1巻 カエサル 第2巻 アウグストゥス 附録 神君アウグストゥスの業績録 第3巻 ティベリウス

＊カエサル(シーザー)からドミティアヌス帝まで、帝政ローマに君臨した元首12人の伝記集。著者スエトニウス(70頃〜130頃)は皇帝付きの秘書官。公文書のみならず、同時代の世評・諷刺・落書の類まで細かい渉猟し、ふんだんに散りばめられた逸話は皇帝の知られざる個人生活にまで及ぶ。本邦初の完訳版。(全2冊)

ティーボー〔1859〜1916〕 Thibaw

◇ビルマのラストエンペラー――ティーボー王とスーペャ・ラ王妃　H.フィールディング卿著, 藤崎一雄訳　創英社/三省堂書店　2018.7　247p　19cm　〈他言語標題：Burma's Last Emperor〉　1300円　Ⓘ978-4-86659-037-0　Ⓝ289.2

内容　ビルマ人　ミンドン王　ミンドン王の死　新王とその后　大虐殺　宮廷の日々　宮殿の夕べ　王の即位式　スティーマー犬(THE"STEAMER"DOG)　王の愛人　ヤンァゥン王子の死　王室の料理法　王女とその恋人　愛と死　幼い王女　南部の暗雲　満月の最後の饗宴　戦争の評議会　最後の道程　川を遡る大艦隊　王統治下の外国人商人たち　真実のニュース？　降伏　最後の夜明け　二つ並んだ船上の星

ディミトロフ, G.〔1882〜1949〕 Dimitrov, Georgi

◇スターリン秘史――巨悪の成立と展開　1　統一戦線・大テロル　不破哲三著　新日本出版社　2014.11　323p　20cm　2000円　Ⓘ978-4-406-05835-3　Ⓝ312.38

内容　ディミトロフ。ナチス権力との対決(ディミトロフの逮捕　その時、ドイツには何が起こっていたか　ナチスの法廷を舞台にした激闘　モスクワでのディミトロフ　コミンテルン第七回大会(三〇年代初頭――ファシズムの台頭　第七回大会に向かっての苦闘　第七回大会ではどのような転換が決定されたか　コミンテルンの自己批判ぬきの路線転換　コミンテルンの機構はどうつくりかえられたか)　大テロル(スターリンと反対派との闘争史をふりかえる　キーロフの暗殺　「反革命陰謀」のシナリオ――その"進化"の三つの段階　虚構の「反革命陰謀」シナリオは誰が作成したのか　「大テロル」の真相は、なぜ半世紀もの間隠されてきたのか　コミンテルンと「大テロル」　スターリンは「大テロル」で何を目的としたのか)　「スターリン秘史」――巨悪の真相に迫る

ティムール〔1336〜1405〕 Timur

◇ティムール――草原とオアシスの覇者　久保一之著　山川出版社　2014.12　88p　21cm　〈世界史リブレット人　36〉〈文献あり　年譜あり〉　800円　Ⓘ978-4-634-35036-6　Ⓝ289.2

内容　世界史上のティムールの存在感　1　ティムールの台頭とティムール朝の成立　2　征服活動の展開　3　イスラームとモンゴルの間で　4　為政者としてのティムールの功績　5　晩年のティムールにみられる変化

＊中央アジアが生んだ稀代の英雄ティムールは、「草原とオアシスの世界」に強大な帝国を築き、中央アジアと西アジアに新たな時代をもたらしたばかりか、はるか中国や西ヨーロッパ諸国とも交渉をもった。史上における存在感は鮮烈であり、後代に及ぼした影響は、はかり知れない。本書はティムールの生涯や事蹟を追うことに終始せず、彼が「モンゴル」の面影を色濃く残しながらも新時代のすぐれた指導者であったことを説明している。

ティヨン, G.〔1907〜2008〕 Tillion, Germaine

◇屈服しない人々　ツヴェタン・トドロフ著, 小野潮訳　新評論　2018.9　322p　19cm　〈索引あり〉　2700円　Ⓘ978-4-7948-1103-5　Ⓝ311.15

内容　第1章　エティ・ヒレスム　第2章　ジェルメーヌ・ティヨン　第3章　ボリス・パステルナーク　第4章　アレクサンドル・ソルジェニーツィン　第5章　ネルソン・マンデラとマルコムX　第6章　現代のふたりの屈服しない人物――ダヴィッド・シュルマンとエドワード・スノーデン

ディラン, B.〔1941〜〕 Dylan, Bob

◇ダウン・ザ・ハイウェイ――ボブ・ディランの生涯　ハワード・スーンズ著, 菅野ヘッケル訳　新装版　河出書房新社　2016.11　477p　22cm　〈文献あり　作品目録あり〉　3700円　Ⓘ978-4-309-27792-9　Ⓝ767.8

内容　第1章　北国の少年時代　第2章　栄光に向かって　第3章　夢の都　第4章　神の道へ　第5章　全力疾走　第6章　いかな暮らし　第7章　ふたたびツアーに　第8章　信仰　第9章　まばらな光　第10章　まだ暗くない

＊3年以上の歳月と、250人以上のインタヴュー取材と徹底した調査をもとに、克明に解き明かされたボブ・ディランの多くの謎と秘密。音楽と私生活、恋愛など、初めて知る数々の真実！

◇ボブ・ディランのルーツ・ミュージック――ノーベル文学賞受賞の背景　鈴木カツの活字ラジオ　鈴木カツ著　リットーミュージック　2017.6　327p　19cm　(Guitar magazine)〈他言語標題：Roots Music of BOB DYLAN　白夜書房2010年刊に書き下ろしを加え再編集　文献あり〉　1600円　Ⓘ978-4-8456-3058-5　Ⓝ767.8

内容　第1章　ノーベル文学賞受賞のあれこれ　第2章　独自の詩創作(歌詞)に影響を与えた音楽家(さまざまな音楽背景　ロックンロール狂だった十代　南部カントリーにはまって…　ニューヨーク・フォーク・シーンからの影響　黒人音楽、ブルースに触発された青年時代　聴き狂ったトラッド・ソング)　第3章　ボブ・ディランのルーツ・グラフィティ　第4章　1962年−1966年オリジナル・アルバム全曲ガイド　第5章　ディランの衛星ラジオ放送『テーマ・タイム・ラジオ・アワー』の全貌

＊祝！　ノーベル文学賞受賞！　ボブ・ディランのアルバムを50年余"新譜"として聴いてきた著者による遠大な考察。ディランのルーツをLOOK BACK！

◇ノー・ディレクション・ホーム――ボブ・ディランの日々と音楽　ロバート・シェルトン著, エリザベス・トムソン, パトリック・ハンフリーズ編, 樋口武志, 田元明日菜, 川野太郎訳　ポプラ社　2018.6　839,52p　22cm　〈文献あり　作品目録あり　年譜あり　索引あり〉　7800円　Ⓘ978-4-591-15839-5　Ⓝ767.8

内容　Prelude　時代は変わった　「ここで声を荒らげないでくれ」　ミシシッピ川を隔てて　トーキング・グリニッチ・ヴィレッジ・ブルース　寂しき西四丁目――六一番地　御用詩人ではなく　ロール・オーヴァー・

グーテンベルク　いくつかの地獄の季節　オルフェウスがプラグを差し込む　闘技場のなかで〔ほか〕
＊本書の著者、ロバート・シェルトンがボブ・ディランに会ったとき、若きシンガーはニューヨークに降り立ったばかりだった。シェルトンはすぐにディランの友人となり、擁護者となる。1961年、シェルトンは『ニューヨーク・タイムズ』紙に、ディランの登場を告げる記事を書く。それはポピュラー音楽の歴史を変える伝説のレビューとなった。ディランの信頼を受け本書の執筆にとりかかった著者は、膨大な歳月を注ぎ、ディランと関わった人たちへのインタヴューを敢行する。ディランの家族、幼少期を過ごしたヒビングの友人たち、ミネアポリスの同級生、ミュージシャン仲間、マネージャーのアルバート・グロスマン、詩人アレン・ギンズバーグ…。20年の歳月をかけて完成した本書は、巨大な時代のうねりのなかに閃光を放つ詩人と世界の関係を描いた、評伝文学の金字塔である。

ディーリアス, F.〔1862〜1934〕
Delius, Frederick
◇ソング・オブ・サマー—真実のディーリアス　エリック・フェンビー著，小町碧訳，向井大策監修　アルテスパブリッシング　2017.11　321，11p 19cm 〈年譜あり　索引あり〉　2400円
①978-4-86559-171-2　Ⓝ762.33

ティリッヒ, P.〔1886〜1965〕 Tillich, Paul
◇キリスト教の主要神学者　下　リシャール・シモンからカール・ラーナーまで　F.W.グラーフ編　教文館　2014.9　p　cm 〈索引あり〉
①978-4-7642-7384-9　Ⓝ191.028
内容 ヨハン・ゲアハルト（トーマス・カウフマン著　安酸敏眞訳）　リシャール・シモン（クリストファー・フォイクト著　安酸敏眞訳）　フィリップ・ヤコブ・シュペーナー　ヨハン・ヨアヒム・シュパルディング（アルブレヒト・ボイテル著　安酸敏眞訳）　フリードリヒ・シュライアマハー（ウルリヒ・バルト著　安酸敏眞訳）　ヨゼフ・クロイトゲン（ペーター・ヴァルター著　安酸敏眞訳）　セーレン・キルケゴール（ハイコ・シュルツ著　安酸敏眞訳）　ユリウス・ヴェルハウゼン（ミカエル・バウアー著　佐藤貴史訳）　アドルフ・フォン・ハルナック（ヨハン・ヒンリヒ・クラウセン著　安酸敏眞訳）　アルフレッド・ロワジー／クラウス・アルノルト／著　安酸敏眞／訳。エルンスト・トレルチ（フリードリヒ・ヴィルヘルム・グラーフ著　安酸敏眞訳）　ルドルフ・ブルトマン　パウル・ティリッヒ（アルフ・クリストファーセン著　佐藤貴史訳）　カール・バルト（イェルク・ディールケン著　安酸敏眞訳）　ラインホールド・ニーバー　H・リチャード・ニーバー（リチャード・クルーター著　安酸敏眞訳）　カール・ラーナー（ローマン・A・ジーベンロック著　安酸敏眞訳）
＊多彩にして曲折に富む2000年の神学史の中で、特に異彩を放つ古典的代表者を精選し、彼らの生涯・著作・影響を通して神学の争点と全体像を描き出す野心的試み。下巻では正統主義の時代から20世紀に至るまでの17名の神学者を紹介する。

◇ティリッヒ　大島末男著　新装版　清水書院　2014.9　229p 19cm （Century Books—人と思想 135）〈文献あり　年譜あり　索引あり〉

1000円　①978-4-389-42135-9　Ⓝ191
内容 1 ティリッヒの生涯（夢みる楽園—本質（存在）　混乱する世界—実存　新しい大地—生）　2 ティリッヒの思想—『組織神学』（シェリング論　『諸学の体系』宗教哲学　組織神学序論　理性と啓示　存在と神　神の実在性　実存とキリスト　キリストの現実性　生と聖霊　歴史と神の国）

◇精神の自己主張—ティリヒ＝クローナー往復書簡1942-1964　フリードリヒ・ヴィルヘルム・グラーフ，アルフ・クリストファーセン編，茂牧人，深井智朗，宮崎直美訳　未來社　2014.11　189p 19cm （転換期を読む 24）　2200円
①978-4-624-93444-6　Ⓝ191
内容 第1部 精神の自己主張—リヒャルト・クローナーとパウル・ティリヒ往復書簡　第2部 パウル・ティリヒとリヒャルト・クローナー往復書簡、及び関連文書　第3部 訳者解題—二人の亡命知識人の精神史的考察
＊近年の調査で発見されたドイツの神学者パウル・ティリヒと哲学者リヒャルト・クローナー、およびまたちの往復書簡33通を翻訳。ナチスの圧政から逃れ、亡命先のアメリカでも辛苦を経験した両家族が出会いの奇跡と友情の温もり、そして生への敬虔なる信仰をめぐって交わした対話の記録。

◇パウル・ティリヒ—「多く赦された者」の神学　深井智朗著　岩波書店　2016.2　287p 19cm （岩波現代全書 084）〈文献あり〉　2400円
①978-4-00-029184-2　Ⓝ191
内容 序章 彼は「ジキルとハイド」だったのか　第1章 神学者となるまで、あるいは父からの脱出　第2章 世俗の中での神学者、あるいは教会制度からの脱出　第3章 アメリカへの亡命、あるいは民族からの脱出　第4章 ブロードウェーでのデビューと成功まで、あるいは自分自身からの脱出　第5章 永遠の解放と自己演出　終章 パウル・ティリヒという生き方
＊第一次大戦前のドイツに生まれ、ナチスから逃れてアメリカに渡った二〇世紀の代表的神学者にして、哲学にも大きな影響を与えたパウル・ティリヒ。「脱出」と「境界線」という言葉に象徴されるその生涯と思想を、未完成性や破綻の側面をも含めて読み解き、宗教的個人主義時代のさきがけとして、ティリヒの神学・思想の現代的意義を問いなおす。

ティール, P.A.〔1967〜〕
Thiel, Peter Andreas
◇ピーター・ティール—世界を手にした「反逆の起業家」の野望　トーマス・ラッポルト著，赤坂桃子訳　飛鳥新社　2018.5　315p 19cm 〈他言語標題：Peter Thiel Die Biografie〉　1574円　①978-4-86410-601-6　Ⓝ289.3
内容 はじめに なぜ世界は「この男」に注目するのか？　第1章 はじまりの地、スタンフォード大学　第2章 「競争する負け犬」になるな—挫折からのペイパル創業　第3章 常識はずれの起業・経営戦略—ペイパル、パランティアはなぜ成功したのか？　第4章 持論を発信する—『ゼロ・トゥ・ワン』と『多様性の神話』スキャンダル　第5章 成功のカギは「逆張り思考」—スタートアップの10ルール　第6章 ティールの投資術—なぜ彼の投資は成功するのか？　第7

章 テクノロジーを権力から解放せよ—ティールのリバタリアン思想　第8章 影のアメリカ大統領?—トランプ政権を操る　第9章 ティールの未来戦略—教育、宇宙、長寿に賭ける　おわりに テクノロジーがひらく自由な未来へ
* シリコンバレーの大物は、みんな「この男」に学んでいる。ジョブズ、ザッカーバーグを超える無敵の男、その全戦略と破壊的思考法にせまる初の本!

ディーン, C.〔1895〜?〕 Dean, Charles

◇わたしはこうして執事になった　ロジーナ・ハリソン著, 新井潤美監修, 新井雅代訳　白水社　2016.12　369p　20cm　2600円　①978-4-560-09527-0　Ⓝ591.0233

[内容] 1 プロローグ　2 ゴードン・グリメット　3 エドウィン・リー　4 チャールズ・ディーン　5 ジョージ・ワシントン　6 ピーター・ホワイトリー　7 エピローグ
* 華麗なる時代の最後の輝きの日々—執事には誰がどんな経験をへてなるのか。執事になった人なれなかった人、貴族の大邸宅や在米イギリス大使館に勤めた五人が語る、笑いと苦労、時に涙の職業人生。『おだまり、ローズ』の著者がおくる、男性使用人の世界。

ディーン, R.〔1955〜〕 Dean, Rob

◇JAPAN 1974-1984—光と影のバンド全史　アンソニー・レイノルズ著, 飯村淳子訳　シンコーミュージック・エンタテイメント　2017.7　315p　25cm　〈文献あり 作品目録あり〉3700円　①978-4-401-64403-2　Ⓝ764.7

[内容] 第1章 出会いとはじまり　第2章 真夜中を突っ走れ　第3章 あいまいな選択肢を手中に　第4章 アルファヴィル　第5章 1980　第6章 1980 2　第7章 アートと派閥　第8章 鈇力の太鼓　第9章 バーニング・ブリッジズ　第10章 歓待の声　終章 終わりなき愛を夢見て
* 日本を愛し、日本に愛された孤高のバンド、ジャパン。独自の美意識を貫いた10年を総括し、その謎めいた素顔に迫る初の評伝。「ミュージック・ライフ」の秘蔵写真、インタビュー記事を加えた日本特別編集版!

テオドシウスⅠ〔347〜395〕 Flavius Theodosius Augustus / Theodosius I

◇ローマ帝国人物列伝　本村凌二著　祥伝社　2016.5　303p　18cm　（祥伝社新書 463）840円　①978-4-396-11463-3　Ⓝ283.2

[内容] 1 建国期—建国期のローマ（ブルトゥス—共和政を樹立した初代執政官　キンキナトゥス—ワシントンが理想とした指導者 ほか）　2 成長期—成長期のローマ（アッピウス—インフラ整備など、類稀なる先見性　ファビウス—耐えがたきを耐える「ローマの盾」 ほか）　3 転換期—転換期のローマ（クラッスス—すべてを手に入れた者が欲したもの　大ポンペイウス—カエサルに敗れた大武将 ほか）　4 最盛期—最盛期のローマ（ゲルマニクス—夭逝した理想のプリンス　ネロ—気弱な犯罪者だった暴君 ほか）　5 衰亡期—衰亡期のローマ（ガリエヌス—動乱期の

賢帝　ディオクレティアヌス—混乱を鎮めた軍人皇帝 ほか）
* ローマの歴史には、独裁も革命もクーデターもあった。君主政も共和政も貴族政もポピュリズムもあり、多神教も一神教もあった。まさに「歴史の実験場」であり、教訓を得るのに、これほどの素材はない。歴史を学ぶには制度や組織は無視できないが、そこに人間が存在したことを忘れてはならないだろう。本書は、一〇〇〇年を超えるローマ史を五つの時代に分け、三二人の生涯と共に追うものである。賢帝あり、愚帝あり、英雄から気丈な女性、医学者、宗教家まで。壮大な歴史叙事詩であり、歴史は人なり—を実感する一冊。

デカルト, R.〔1596〜1650〕 Descartes, René

◇デカルトの旅／デカルトの夢—『方法序説』を読む　田中仁彦著　岩波書店　2014.7　375,6p　15cm　（岩波現代文庫—学術 314）〈文献あり〉1360円　①978-4-00-600314-2　Ⓝ135.23

[内容] 1 ワレ、イカナル人生ノ道ヲ歩ムベキカ（ラ・フレーシュ学院　ベークマンとの出会い　バラ十字団を求めて　ドナウ河畔の冬　三つの夢　方法としてのアレゴリー　「炉部屋」を出て—コスモスの崩壊）　2 ワレ思う、故ニワレ在り（炎の自由思想　一六二三年、パリ　九ヵ月の形而上学研究　ワレ思う、故ニワレ在り　宗教と科学の間）
* 近代世界の誕生を告知した不朽の名著『方法序説』。ルネサンスの黄昏に天動説的コスモスの崩壊を目撃したデカルトは、カオスと化した世界を手探りで進み、ついに近代という新しい世界の原理を探りあてた。謎のバラ十字団を追う青春彷徨と「炉部屋の夢」を追体験し、『方法序説』に結実したデカルトの精神のうちに近代の誕生のドラマを再現する。

◇デカルト　伊藤勝彦著　新装版　清水書院　2014.9　209p　19cm　（Century Books—人と思想 11）〈文献あり 年譜あり 索引あり〉1000円　①978-4-389-42011-6　Ⓝ135.23

[内容] 1 哲学者にいたる道（生いたち　進路の確定　カオスからコスモスへ　方法に従っての放浪　『宇宙論』をめぐって　宇宙の中心に位するもの　死にいたるまで）　2 五つの哲学的著作（『方法序説』『規則論』『省察』『哲学原論』『情念論』）　3 哲学者の人間像（孤独なる哲学者の像　精神の自己内還帰　抽象化と具体化　意識から存在へ）

◇デカルト全書簡集　第7巻　1646-1647　デカルト著, 岩佐宣明, 山田弘明, 小沢明也, 曽我千亜紀, 野々村梓, 武藤整司, 長谷川暁人　クレール・フォヴェルグ訳　知泉書館　2015.1　384p　23cm　7000円　①978-4-86285-203-8　Ⓝ135.23

◇デカルト全書簡集　第3巻　1638-1639　デカルト著, 武田裕紀, 香川知晶, 安西なつめ, 小沢明也, 曽我千亜紀, 野々村梓, 東慎一郎, 三浦伸夫, 山上浩嗣, クレール・フォヴェルグ訳　知泉書館　2015.2　362p　23cm　〈文献あり 索引あり〉6000円　①978-4-86285-204-5　Ⓝ135.23

[内容] デカルトからフェルマへ—1638年7月27日「フェ

ルマの接線論をめぐって」　ホイヘンスからデカルトへ―ベルヘン・オプ・ゾーム付近　1638年7月30日「アルディからハインシウスへの依頼、ストラーテンの溶解物質」　メルセンヌからデカルトへ―1638年8月1日「モラン宛書簡に対するお礼」　モランからデカルトへ―パリ　1638年8月12日「光の伝達、粒子の運動」　レギウスからデカルトへ―1638年8月18日「レギウスとデカルトとの縁」　デカルトからホーヘランデへ―1638年8月「コメニウス批判」　デカルトからホイヘンスへ―1638年8月19日「自分の幾何学への世間の無理解、ストラーテンの溶解物質」　デカルトからレネリへ―1638年8月20日「レネリの仲介について」　デカルトからメルセンヌへ―1638年8月23日「サイクロイドの接線、四辺形の問題、葉形線」　デカルトから「プレンビウス」へ（1638年8月？）「血液循環」〔ほか〕

＊デカルト（1596‐1650）は730通以上の膨大な往復書簡を残した。それらはラテン語、フランス語、オランダ語で書かれ、わが国で翻訳されているのは30％ほどで、数学や物理学に関わる書簡は割愛されてきた。本シリーズ全8巻は研究者の使用に耐える翻訳を作成し、簡潔な歴史的、テキスト的な訳注を施して、基礎資料として長く活用されることを期して企画された。本巻では1638年8月から1639年12月までの63通の書簡が扱われる。

◇ユークリッドの窓―平行線から超空間にいたる幾何学の物語　レナード・ムロディナウ著，青木薫訳　筑摩書房　2015.2　418p　15cm　〈ちくま学芸文庫 Ａ6-1―〔Math ＆ Science〕〉〈日本放送出版協会 2003年刊の再刊〉　1400円　①978-4-480-09645-6　Ⓝ414.02

内容　第1部 ユークリッドの物語（最初の革命 課税のための幾何学 ほか）　第2部 デカルトの物語（位置の革命 緯度と経度 ほか）　第3部 ガウスの物語（曲がった空間の革命 プトレマイオスの過ち ほか）　第4部 アインシュタインの物語（光速革命 若きアインシュタインのマイケルソンとエーテルという概念 ほか）　第5部 ウィッテンの物語（奇妙な革命 シュワーツにしか見えない美しいひも ほか）

＊紀元前の古代ギリシャ。単なる測量術にすぎなかった人類の知恵を、「幾何学」という一つの学問にまで高めた数学者がいた。ユークリッドだ。円と直線の組み合わせで描かれる世界観はその後のものの見方を決定づけ、幾何学に革命が起こるたびに、より深い真実が明らかになってきた。ガウスの非ユークリッド幾何学、アインシュタインの相対性理論、そしてウィッテンのひも理論。世界の見方は古代以来変わり続け、数学と物理の深い関係が今、明らかになりつつある。ユークリッドが開いたのは、宇宙の姿を見せてくれる窓だったのだ。『スタートレック』の脚本家が誘う3000年のタイムトラベル。

◇デカルト全書簡集　第6巻　1643-1646　デカルト著，倉田隆，山田弘明，久保田進一，クレール・フォヴェルグ訳　知泉書館　2015.12　410p　23cm　〈文献あり　索引あり〉　6000円　①978-4-86285-223-6　Ⓝ135.23

内容　エリザベトからデカルトへ　ハーグ　1643年7月1日「心身の相互作用への疑問」　デカルトからベヴェルヴェイクへ　エフモント・アン・デン・フフ　1643年7月5日「心臓の運動と血液の循環」　デカルトからコルヴィウスへ　エフモント・アン・デン・フフ　1643年7月5日「ヴォエティウス論難の正当性」　デカルトからユトレヒト市参事会へ　エフモント・アン・デン・フフ　1643年7月6日「ユトレヒト市参事会の召喚に対する返答」　デカルトからコルヴィウスへ　1643年7月6日「オクターブの音階」　デカルトからウィレムへ　アムステルダム　1643年7月10日「返答の印刷とウィレムへの送付」　デカルトからホイヘンスへ　アムステルダム　1643年7月10日「助言への感謝」　デカルトからブラントへ　エフモント・アン・デン・フフ　1643年7月18日「時計の修理」　デカルトからコルヴィウスへ　エフモント・アン・デン・フフ　1643年9月5日「ベヴェルヴェイクとの約束、キルヒャー、ウェンデリヌス」　デカルトから某へ　エフモント・アン・デン・フフ　1643年9月15日‐23日「ユトレヒトの動向」〔ほか〕

＊本巻では1643年7月から1646年初頭までの132通の書簡が扱われる。これらの書簡には、大学組織や行政を巻き込んだ新旧の哲学論争に関わる「ユトレヒト紛争」（1641‐43）、「フローニンゲン訴訟」の記録、そして『哲学原理』の出版（1644）などに関連した自然学・形而上学の議論から、本巻の半数近くを占めるエリザベト王女との往復書簡での多岐にわたる活発な議論が収録されている。

◇デカルトと西洋近世の哲学者たち　山田弘明著　知泉書館　2016.1　290,7p　22cm　〈索引あり〉　6000円　①978-4-86285-224-3　Ⓝ135.23

内容　第1部 デカルト哲学の形成（ポンポナッツィとトマス・アクィナス―魂の不死性をめぐって　デカルトと理性 コギトと機械論）　第2部 書簡をめぐって（デカルト＝ベークマン往復書簡　某氏＝デカルト往復書簡（一六四一年七・八月）　デカルトの書簡集とその意義）　第3部 同時代の人たち（アルノーとライプニッツ　ガッサンディの生涯とデカルト　パスカルの精神と西田幾多郎）　第4部 デカルトの受容と哲学の諸問題（近代日本とデカルト哲学　ことばと人間　西洋哲学における生と死）

＊デカルト哲学を中心に、その哲学史的文脈や影響などを多岐にわたる視点から考察し、17世紀の思想的転換の意義を探った長きにわたる研究成果である。書簡集の完訳など新たな環境が整備されるなかで、今後のデカルト研究にとって刺激に富んだ一書である。

◇デカルト全書簡集　第4巻　1640-1641　デカルト著　大西克智，津崎良典，三浦伸夫，武田裕紀，中澤聡，石田隆太，鈴木泉訳　知泉書館　2016.2　407p　23cm　〈索引あり〉　6400円　①978-4-86285-227-4　Ⓝ135.23

内容　レギウスおよびエミリウスからデカルトへ．ユトレヒト・1640年1月―レネリ追悼演説、プレンビウスとレギウス、レギウスとヴォエティウス　デカルトからホイヘンスへ・サントポール・1640年1月3日―スタンビウン＝ワーセナール論争　ホイヘンスからデカルトへ・ハーグ・1640年1月8日―スタンビウン＝ワーセナール論争　デカルトからメルセンヌへ・1640年1月29日―スタンビウンの奸計、落体と重力、白黒の大理石、衝撃の力、弓、紐と滑車、メイソニエ　デカルトからメイソニエへ・1640年1月29日―コナリウス、記憶に関わる形質　デカルトからワーセナールへ・ライデン・1640年2月1日―スタンビウン＝ワーセナール論争（二項数から立方根を抽出する方法）　デカルトからホーヘランデへ・1640年2月8日―『イデア・マテマティカ』、数学における歴史と学知、コメニウスの『汎知学』ホイヘンスからデカルトへ・ハーグ・1640年3月8日―「若

テカルト

い数学者」の『円錐曲線論』、或る奇跡譚　デカルトからメルセンヌへ・サントポール・1640年3月11日―物体の衝撃、落下、速度、その他自然学の諸問題　デカルトからホイヘンスへ・サントポール・1640年3月12日―奇跡譚、望遠鏡作成、スタンピウン〔ほか〕

*本巻では1640年1月から1641年7月までの81通の書簡が扱われる。これらの書簡は、1640年春に書き上げた主著『省察』初版の出版（1641年8月）へ向け、草稿の回覧や、印刷・表題などの準備に奔走する姿、また『方法序説および三試論』をめぐる数学・自然学に関する多くの新旧学問論争の闘士としての姿など、形而上学・自然学研究にまたがったデカルトの円熟した思索活動の記録である。

◇デカルト全書簡集　第8巻 1648-1655　デカルト著　安藤正人、山田弘明、吉田健太郎、クレール・フォヴェルグ訳　知泉書館　2016.2　378p　23cm　〈年譜あり　索引あり〉　6000円　①978-4-86285-226-7　Ⓝ135.23

内容　デカルトからボロへ 1648年―病身のボロへの助言　デカルトからエリザベトへ エフモント・ビンネン 1648年1月31日―『学識論』、動物、最高善　デカルトからメルセンヌへ エフモント・ビンネン 1648年1月31日―水銀柱の高さ、デザルグの実験、パリ訪問の予定　ブラッセからデカルトへ ハーグ 1648年2月7日―シャニュとの会見打合せ　デカルトからメルセンヌへ エフモント・ビンネン 1648年2月7日―水銀柱の高さ、パリ訪問の予定　デカルトからボロへ エフモント・ビンネン 1648年2月7日―ユトレヒト紛争、ボロとの会見打合せ　デカルトへ ユトレヒト 1648年2月9日―『掲貼文書への覚え書』への答弁　デカルトからユトレヒトの参事官へ エフモント・ビンネン 1648年2月21日―弁駁書の添え書き　デカルトからシャニュへ エフモント・ビンネン 1648年2月21日―女王への文書、フランス旅行の予定　デカルトからピコへ エフモント・ビンネン 1648年2月28日―従僕の扱い方への忠言〔ほか〕

*デカルト（1596‐1650）は730通以上の膨大な往復書簡を残した。それらはラテン語、フランス語、オランダ語で書かれ、わが国で翻訳されているのは30％ほどで、数学や物理学に関わる書簡は割愛されてきた。本巻は1648年1月から不意の死に見舞われた1650年初頭までの88通、年譜補遺として9通の書簡を収録。これらの書簡には、アルノーや若い英国人学者との学術的交流、エリザベト王女の行く末を案ずる姿、そしてクリスティナ王女のスウェーデン招聘など、最晩年のデカルトの姿が記録されている。最終巻の本巻には、「デカルト略年表」と「全書簡一覧」を収録、今後の研究にとって貴重な資料となろう。

◇天才数学者はこう解いた、こう生きた―方程式四千年の歴史　木村俊一［著］　講談社　2016.4　285p　15cm　（講談社学術文庫 2360）〈文献あり　索引あり〉　1000円　①978-4-06-292360-6　Ⓝ410.28

内容　プロローグ 大発見と天才伝説　第1章 古代の方程式―バビロニア、エジプト、ギリシア、アラブ世界（パピルスと粘土板の天才たち　ギリシア数学の黄金時代　方程式を発明した男、アル＝フワーリズミ）　第2章 伊・仏・英「三国志」―数学のルネッサンス　フランスの数学革命　そのころイギリスでは）

第3章 ニュートンとラグランジュと対称性―科学革命からフランス革命まで（対称性の発見、ニュートンの奇跡　ラグランジュと代数学の基本定理）　第4章 一九世紀の伝説的天才―アーベルとガロア（悲劇のアーベル　ガロア、謎の決闘に死す）　エピローグ 未解決問題のフロンティア

*万物は数であるという謎の数学教団を組織したピタゴラス、抜群の工学的センスを持つアルキメデス、三次方程式の解の公式を知っていた数学勝負師タルターリャ、フェンシングの達人デカルト…。小数、負の数、虚数、超越数…。方程式との格闘は、数のフロンティア拡大の歴史でもあったのだ。四千年の数学史を一気に駆け抜ける痛快無比の入門書。

◇デカルト ユトレヒト紛争書簡集―1642-1645　デカルト著、山田弘明、持田辰郎、倉田隆訳　知泉書館　2017.12　351p　23cm　〈年表あり　索引あり〉　6200円　①978-4-86285-266-3　Ⓝ135.23

内容　ディネ師宛書簡（山田弘明訳）　ヴォエティウス宛書簡（持田辰郎、倉田隆訳）　ユトレヒト市参事会宛弁明書簡（山田弘明訳）　付属文書（アカデミー評議会の議決（山田弘明訳）　序文への補足（山田弘明訳）　ユトレヒト・アカデミーの証言（持田辰郎訳）　ユトレヒト市参事会の告示（倉田隆訳）　デカルトからユトレヒト市参事会への書簡（倉田隆訳）　ユトレヒト市参事会の判決（山田弘明、持田辰郎、倉田隆訳）　デカルトからフランス大使への請願書（倉田隆訳）　フローニンゲン・アカデミー評議会の判決（倉田隆訳））

*デカルト（1596‐1650）の『方法序説および三試論』（1637）や『省察』（1641）が刊行され、その思想はオランダの諸大学に浸透していった。それら新しい思想を好意的に受け入れる人々が出てきた反面、デカルトの「新哲学」の台頭をこころよく思わない人々もいた。その筆頭ともいうべき、プロテスタントの牧師で、ユトレヒト大学の学長ヴォエティウスは「新哲学」の追放を画策した。その後、新旧思想の対立をめぐり大学、市参事会、アカデミーを巻き込む一連の論争が展開し、それが「ユトレヒト紛争」である。本書は、ユトレヒト紛争の発端となったデカルトによる『ディネ師宛書簡』（1642）と『ヴォエティウス宛書簡』（1643）、そして紛争を総括した『ユトレヒト市参事会宛弁明書簡』（1645）、これらデカルトによる三つの公開書簡と、この紛争にまつわる八つの付属文書を収録する。本書簡群はフランスでもあまり注目されてこなかったが、著作とは違った、論争家としてのデカルトの知られざる側面が垣間見えるとともに、新哲学として登場したデカルト思想が時代と如何に格闘し受容されていったのかを伝える興味深いドキュメントである。

◇デカルトと哲学書簡　山田弘明著　知泉書館　2018.7　258p　23cm　〈索引あり〉　5000円　①978-4-86285-277-9　Ⓝ135.23

内容　第1部 デカルトの生活と思想（誕生1596年～『方法序説』前後1638年　『省察』準備期1639年～『哲学原理』1644年　『情念論』準備期1645年～客死1650年）　第2部 精神と身体（心身合一の世界―デカルト哲学と西田幾多郎　心身の相互関係―エリザベト書簡と『情念論』　精神と身体との区別〔ほか〕　第3部 論争のさなかで（ヘンリクス・レギウス　アントワーヌ・アルノー　ヘンリー・モア）

* 17世紀のヨーロッパにおいて、書簡は公開を前提としたものも多く、学問にとって重要な情報・意見交換のツールであった。デカルトも当時の多くの学者たちと往復書簡を交わしており、737通が残されている。そこでのやり取りを通してデカルトは自らの思想を練り、著作を残していった。彼にとって書簡は、思索の場であり、まさに「知性の実験室」であった。第1部「デカルトの生活と思想」では、膨大な全書簡の中から特に印象的な文言を年代順に取り上げ、デカルトの生涯と思索を辿る。第2部「精神と身体」では、デカルト哲学の中でも重大な課題である心身問題に焦点を絞り考察。西田哲学との比較や、デカルトが精神と身体との区別をどう考えたのかをエリザベトなどとの書簡から読解する。第3部「論争のさなかで」では、レギウス、アルノー、モアとデカルトの往復書簡での論争を検討する。デカルト自身の立場の特異性や同時代の論争相手がデカルト哲学を受容した実態が浮かび上がる。本書は、書簡をも含めたテキスト読解による今後のデカルト研究の基礎資料となるだろう。

テーゲ, J. 〔1970〜〕 Teege, Jennifer

◇祖父はアーモン・ゲート―ナチ強制収容所所長の孫　ジェニファー・テーゲ, ニコラ・ゼルマイヤー著, 笠井宣明訳　原書房　2014.8　259p　20cm　〈文献あり〉　2500円　①978-4-562-05084-0　Ⓝ234.074

内容　序章　発見　1章　私は大量殺人者の孫　2章　プワショフ強制収容所の支配者　祖父アーモン・ゲート　3章　所長夫人　祖母ルート・イレーネ・カルダー　4章　死者と過ごした人生　母モニカ・ゲート　5章　被害者の孫　イスラエルの友だち　6章　クラクフの花

* ジェニファー・テーゲは、ドイツ人とナイジェリア人との間に生まれ、養親のもとで成長し、後にイスラエルで大学教育を受けた。家族の秘密に直面した彼女は、音信不通だった生みの母親と再会する。このままでは、ユダヤ人の友達に対して顔向けができないし、自分の子供にも納得してもらいたい。ジャーナリストのニコラ・ゼルマイヤーとともに、家族史を調査して過去の現場を訪れ、イスラエルとポーランドへ行き来しながら、実母の家族、養母の家族が崩壊しかねない衝撃に、傷つきながらも真摯に向かい合う。

デ・サバタ, V.

⇒サバタ, V. を見よ

テストビド, G.L. 〔1849〜1891〕 Testevuide, Germain Léger

◇テストヴィド神父書簡集―明治の東海道を歩いた宣教師　中島昭子著　ドン・ボスコ社　2017.5　245p　21cm　〈文献あり　年表あり〉　1200円　①978-4-88626-621-7　Ⓝ198.22

テスラ, N. 〔1856〜1943〕 Tesla, Nikola

◇知られざる天才ニコラ・テスラ―エジソンが恐れた発明家　新戸雅章著　平凡社　2015.2　245p　18cm　〈平凡社新書 765〉〈文献あり〉　820円　①978-4-582-85765-8　Ⓝ289.3

内容　テスラ・ルネサンス　天才と直観　交流システム　決定的な勝利　新たな挑戦　無線革命　世界システム　ニューヨークの秋　終わりなき奮闘　死とテスラ伝説　テスラと日本　テスラとは何者か　二一世紀のテスラ

* 「電気の世紀」と言われる二十世紀。電気の魔術師と呼ばれ、この時代を切り開いた偉大な天才発明家がいた。彼の名は、ニコラ・テスラ。その先駆的なアイデアは、一世紀近く経ったいまでも技術革新の発想の源泉となっている。アメリカのベンチャー企業家たちも尊敬する天才発明家が、ついに神秘のベールを脱ぐ。

テッパー, D. 〔1957〜〕 Tepper, David

◇リスク・テイカーズ―相場を動かす8人のカリスマ投資家　川上穣著　日本経済新聞出版社　2014.10　302p　19cm　〈文献あり　年表あり〉　1800円　①978-4-532-35620-0　Ⓝ338.18

内容　第1章　大物アクティビストの日本上陸―ダニエル・ローブ　第2章　世界最高の稼ぎ手―デイビッド・テッパー　第3章　リーマン危機の予言者―デイビッド・アインホーン　第4章　改革の伝道師か、不幸の使者か―ビル・アックマン　第5章　中国に挑む空売り王―ジム・チェイノス　第6章　世界最大のヘッジファンド―レイ・ダリオ　第7章　日本国債売りの急先鋒―カイル・バス　第8章　オマハの賢人、バリュー投資を語る―ウォーレン・バフェット　終章　カリスマ投資家の時代

* ローブ、ダリオ、バフェットら8人で投資総額30兆円！　巨額の利益を稼ぎ出す孤高の投資家の知られざる素顔。

◇40兆円の男たち―神になった天才マネジャーたちの素顔と投資法　マニート・アフジャ著, 長尾慎太郎監修, スペンサー倫representing　パンローリング　2015.3　415p　20cm　〈ウィザードブックシリーズ 224〉　2800円　①978-4-7759-7184-0　Ⓝ338.8

内容　第1章　レイ・ダリオ―グローバルマクロの達人　第2章　ピエール・ラグランジュとティム・ウォン―人間対マシン　第3章　ジョン・ポールソン―リスクアービトラジャー　第4章　マーク・ラスリーとソニア・ガードナー―ディストレス債券の価値探求者　第5章　デビッド・テッパー―恐れを知らない先発者　第6章　ウィリアム・A.アックマン―アクティビストの答え　第7章　ダニエル・ローブ―毒舌で有名なマネジャー　第8章　ジェームズ・チェイノス―金融界の探偵　第9章　ボアズ・ワインシュタイン―デリバティブの草分け

* ヘッジファンドのマネジャーはポジションの評価を行ったりファンドの利益を増やそうと考えるときに、どのような投資基準で判断を下し、そしてどのような戦略を使っているのか―これまで語られなかった内容を、大物のマネーマネジャーたちが自らの言葉で語っている。本書の著者であるマニート・アフジャはCNBCのヘッジファンド専門家として活躍する一方で、マーケットの達人に顔が広い。最新作である本書のなかで、その達人たちの半生を初めて公にしたという点で、本書は革新的である！　本書は超一流のファンドマネジャーとの対談を収録し、謎の多いヘッジファンド業界を広く紹介している

テツラフ, C. 〔1966～〕 Tetzlaff, Christian
◇偉大なるヴァイオリニストたち 2 チョン・キョンファから五嶋みどり、ヒラリー・ハーンまで ジャン＝ミシェル・モルク著, 神奈川夏子訳 ヤマハミュージックメディア 2017.4 356,8p 21cm 〈文献あり〉 3400円 ①978-4-636-92333-9 Ⓝ762.8
[内容] ボリス・ベルキン チョン・キョンファ ピンカス・ズーカーマン オーギュスタン・デュメイ ピエール・アモイヤル ドミトリ・シトコヴェツキー ナイジェル・ケネディ シュロモ・ミンツ ヴィクトリア・ムローヴァ チョーリャン・リン〔ほか〕
＊外科医でもある筆者による桁外れに鋭い考察に基づく評伝集。使用楽器や練習法をはじめ、デビューの裏側や生い立ち、家族関係などに迫り、素顔を描き出す。歴史的名演を収録したCD・ROM付き。

デーニッツ, K. 〔1891～1980〕 Dönitz, Karl
◇ヒトラーの共犯者—12人の側近たち 上 グイド・クノップ著, 高木玲訳 原書房 2015.12 376,6p 20cm 〈2001年刊の新装版 文献あり〉 2800円 ①978-4-562-05271-4 Ⓝ234.074
[内容] 1 火つけ役—ヨーゼフ・ゲッベルス 2 ナンバー・ツー—ヘルマン・ゲーリング 3 実行者—ハインリヒ・ヒムラー 4 代理人—ルドルフ・ヘス 5 建築家—アルベルト・シュペーア 6 後継者—カール・デーニッツ
＊ヒトラーの共犯者たちをとりまいていた多くの人々と会談し、家族や友人や同僚をはじめとする当時の人々にインタビューした。その多くは、今回初めて発言した人々である。彼はまた個人的な文書も閲覧した。さらには、ロシアならびにイギリスの公文書館から新しい資料も発掘した。これによって、鉤十字のもとでの権力の、全体的な姿があらわになってくる。これまで知られていなかった多くの事実が明らかにされ、ナチ体制のたぐいまれな歴史となっている。はじめて明かされる「神」の執行人たちの全記録。ドイツTV金獅子賞、バイエルン・テレビ賞受賞。

デバイ, P. 〔1884～1966〕 Debye, Peter Joseph William
◇ヒトラーと物理学者たち—科学が国家に仕えるとき フィリップ・ボール著, 池内了, 小畑史哉訳 岩波書店 2016.9 401,12p 20cm 〈文献あり 索引あり〉 3700円 ①978-4-00-005887-2 Ⓝ420.28
[内容] 手の汚れたノーベル賞受賞者 保守的に 物理学は再建されなければならない 何か新しいものの始まり 知的自由は過去のこと 科学に仕えることは国家に仕えること 北欧科学は見込みがありそうだ 流れに逆らって泳ぐことはできない 人々が死んでいる！ 科学者として、あるいは人間として 未知の破壊力 ハイゼンベルクはほとんど黙っていた われわれはそのふりをしていただけなのだ 権力や名声には無関係と思える科学や科学者が、結果として政権に奉仕することになっていったのはなぜか。プランク、ハイゼンベルク、デバイという三人の著名なノーベル賞学者を中心に、最新の資料や新証言から見えてくる人間の弱さ・したたかさを徹底的に問う。彼らはいったい何を守ろうとしたのか。それは過去の話ではない。

デービス, M. 〔1897～1961〕 Davies, Marion
◇ミストレス—野望の女性史 レイ・エドワルド著, 勝野憲昭訳 近代文藝社 2015.5 253p 19cm 2000円 ①978-4-7733-7974-7 Ⓝ283
[内容] 第1章 サタンとの対話—モンテスパン侯爵夫人（一六四一～一七〇七） 第2章 提督の遺言—エマ・ハミルトン（一七六五～一八一五） 第3章 生への渇望—ジョルジュ・サンド（一八〇四～一八七六） 第4章 運命の回廊—エヴァ・ブラウン（一九一二～一九四五） 第5章 ピグマリオンのガラテア—マリオン・デーヴィス（一八九七～一九六一）
＊群衆の中から上流社会の頂点を極めた女達。その命運を分けたものとは？ そしてその先は？ 異彩を放つ五人のミストレスの栄光と悲惨、その生きた時代に独自のフラッシュを当てるノンフィクション・ノヴェル。

テプフェール, R. 〔1799～1846〕 Töpffer, Rodolphe
◇テプフェール—マンガの発明 ティエリ・グルンステン, ブノワ・ペータース著, 古永真一, 原正人, 森田直子訳 法政大学出版局 2014.4 263p 22cm 〈文献あり 年譜あり 索引あり〉 3200円 ①978-4-588-42013-9 Ⓝ726.101
[内容] 1 顔と線—テプフェール的ジグザグ（観相学の再発見 新たな言語 リーニュ・クレルの源泉へ 写真あるいは線のない顔 自由への思考） 2 ある芸術の誕生（1830年以前のカリカチュアと民衆版画 テプフェール氏がマンガを発明する マンガはテプフェールの後継者？） 3 テプフェール自身の語るテプフェール（ある実施要綱に関する考察 『ジャボ氏の物語』への注記 『ジャボ氏の物語』海賊版に関する注記 『転写石版試作集』への注記 カムとの往復書簡 観相学試論） 補遺 テプフェールのマンガ
＊西洋世界で初めて、物語を展開するコマ割りマンガを制作して、その最初の理論化まで遂行した異才ロドルフ・テプフェール。その生涯と作品を、現代最高のマンガ研究者・批評家が紹介し、作家の歴史的意義を明確に位置づけつつ画期的著作。線と記号による芸術としての、マンガの起源と現在に関心をもつ万人に必読の書。『観相学試論』ほか、テプフェール自身の理論的テクストも収録。

デボス, R.M. 〔1926～2018〕 DeVos, Richard Marvin
◇Simply Rich—アムウェイ共同創業者の人生と教訓 リッチ・デヴォス著 日刊工業新聞社 2014.12 318p 図版16p 20cm （B&Tブックス） 2000円 ①978-4-526-07329-8 Ⓝ289.3
[内容] 第1部 行動、姿勢、そして環境（正しい環境で育って 生涯続くパートナーシップの始まり 挑むか嘆くか(Try or Cry) 自立の意志がある人を支えたい） 第2部 セリング・アメリカ（アメリカを売

り込む)(アメリカン・ウェイ 人々に支えられて 批判の横やり アメリカン・ウェイの世界展開 講演の名手として オーランド・マジックのオーナーとなって) 第3部 人々の人生を豊かにする人(富と名声 家族がくれた豊かさ 神の恵みによって救われた罪人 グランドラピッズ再生 アメリカ国民としての愛国心 心臓移植が与えてくれた希望 南太洋への帆船の旅 果たすべき約束)

＊リッチ・デヴォス氏自叙伝の決定版。敬虔なキリスト教信者としての生い立ちから、世界最大企業の一つであるアムウェイの共同創業者として成功を収めるまでの歩みを通じ、仕事、信仰、家族、価値観を率直に振り返る。

テミストクレス〔524/520頃〜459/455頃B.C.〕
Themistocles

◇新書 英雄伝―戦史に輝く将星たち 有坂純著 学研教育出版 2015.10 407p 19cm 〈文献あり 発売:学研マーケティング〉 1600円 ①978-4-406350-1 Ⓝ283

内容 ペルシア戦争を起こした男―アリスタゴラス伝 わが故郷は遙か―ディオニュシオス伝 われら死にきと―レオニダス伝 サラミスよ、汝は女の産める子らを滅ぼさん―テミストクレス伝 賞金首女王―アルテミシア一世伝 三つの問い―エパメイノンダス伝 偉大なる敵―ハンニバル伝 オリュンポスの落日―アエミリウス・パウルス伝 賽は投げられた―ユリウス・カエサル伝 帝国の夢―ゼノビア女王伝 疾風―衛青・霍去病伝 戦いは、まだ始まっていない―ジョン・ポール=ジョーンズ伝 第一級の戦士―ダヴー元帥伝

＊かつて雑誌『タクテクス』(ホビージャパン刊)で熱狂的に支持された伝説の連載が、待望の単行本化！古代ギリシアからナポレオン時代まであまたの英傑が生き生きと甦る！

テミルカーノフ, Y.K.〔1938〜〕
Temirkanov, Yuri Khatuevich

◇ユーリー・テミルカーノフ モノローグ ユーリー・テミルカーノフ, ジャミーリャ・ハガロヴァ著, 小川勝也訳 アルファベータブックス 2018.2 311p 21cm 2500円 ①978-4-86598-049-3 Ⓝ762.38

内容 第1部 職業=指揮者(父の遺訓 ナリチクの音楽学校―レニングラード 音楽院と大学院―ヴィオラ奏者と指揮者 全ソ連指揮者コンクールの勝利―フィルハーモニー・アカデミー・オーケストラ キーロフ劇場―有名な演出の数々 フィルハーモニー二度の選出 海外での仕事―世界の素晴らしいオーケストラ 名人技の秘訣―楽譜の解読 ジャンルとしてのオペラは死に体) 第2部 世界観(私はソヴィエトが崩壊して良かったと思います 芸術は頽廃を救う カバルダ出身のペテルブルク人) 第3部 私的空間(家族 友人 私は果報者です)

＊ロシア音楽界の巨匠が未来へ向けて語る貴重な記憶。今まで公に語らなかった生い立ちや数々の芸術活動、祖国への想い、自らの世界観などについてインタビューをもとに再構成した自叙伝。

デモクリトス〔460頃〜370頃B.C.〕
Democritus

◇ギリシア哲学30講 人類の原初の思索から 上 「存在の故郷」を求めて 日下部吉信著 明石書店 2018.11 418p 19cm 〈年表あり 索引あり〉 2700円 ①978-4-7503-4742-4 Ⓝ131

内容 ギリシア哲学俯瞰 ミレトスの哲学者(1)タレス ミレトスの哲学者(2)アナクシマンドロス ミレトスの哲学者(3)アナクシメネス エレア派 故郷喪失の哲学者クセノパネス エレア派 パルメニデス エレア派 ゼノンとメリッソス エンペドクレス アナクサゴラス デモクリトス ハイデガーと原初の哲学者たち―アナクシマンドロス、ヘラクレイトス、パルメニデス

＊ギリシア哲学の権威にしてハイデガー研究の第一人者でもある著者が、存在の故郷を求めるべく古代ギリシアの文献を読み解き、その自然哲学を「みずみずしい姿」で蘇らせると同時に、そこで繰り広げられた哲学者たちの抗争の帰結としての現代人の歪んだ思考に高らかに異を唱える。過激にして痛快な現代文明批判の書(上下巻)。

デューイ, J.〔1859〜1952〕Dewey, John

◇J.デューイ 山田英世著 新装版 清水書院 2016.2 186p 19cm 〈Century Books―人と思想 23〉〈文献あり 年譜あり 索引あり〉 1200円 ①978-4-389-42023-9 Ⓝ133.9

内容 1 精神的風土(はじめに行動ありき 思想への求心) 2 ジョン・デューイの生涯(うつくしい湖水のほとりで―少年時代 知識の園へ―シャンプレイン湖をはなれて―大学院時代 人生へのかどで―ミシガン時代 独自の思想の形成―シカゴ時代 書斎から街頭へ―コロンビア時代 晩年) 3 ジョン=デューイの思想(概観 倫理学―知性と自由 教育理論―実験学校のこころみ 社会哲学―民主主義の理論 論理学―探求の理論)

＊ジョン=デューイはアメリカ合衆国の東北、ニューイングランドの山あいにあるシャンプレイン湖のほとりに生まれ、この地方のきびしいけれども、しかし美しい自然をゆりかごとして育った。少年の頃に歩きまわった山や川や湖水の思い出、それに、新聞配達や材木の数しらべなどの小遣いかせぎをやらせたかれの家のきどらないくったのなさは、生涯を通じてかれの思想に、自然への郷愁と庶民的なあたたかさを与えずにはおかなかった。かれの思想が淡々としていて、おごるところもなければはったりもなく、それでいて人の心にほのぼのとしたぬくもりを与えてくれるのは、かれの幼少時をはぐくんだ素朴なニューイングランドの自然と社会が、かれの思想のふるさとであったからである。歌を忘れたカナリアである現代人に、デューイは、もっと謙虚になれと語りかけているかのようである。

デュ・カン, M.〔1822〜1894〕
Du Camp, Maxime

◇凡庸な芸術家の肖像―マクシム・デュ・カン論 上 蓮實重彥著 講談社 2015.5 526,14p 16cm 〈講談社文芸文庫 はM3〉 2200円 ①978-4-06-290271-7 Ⓝ950.268

『凡庸な芸術家の肖像』への序章　『凡庸な芸術家の肖像』第1部（蕩児の成熟　蕩児は予言する　特権者の代弁　開かれた詩人の誠実　韻文の蒸気機関車　ほか）　『凡庸な芸術家の肖像』第2部（崩壊・転向・真実　夢幻劇の残骸や　外面の痛み＝内面の痛み　シチリア島の従軍記者　ふたたび成熟についてほか）

＊畢生の大作『『ボヴァリー夫人』論』（二〇一四年）の執筆がすでに開始されていた一九七〇年代、著者の心奥深くに忽然と燻りだしたフランスの作家マクシム・デュ・カン。今では"フロベールの才能を欠いた友人"としてのみ知られるこの謎多き人物の足跡をたどる本書は、あなた自身ではないあなたの物語でもある。凡庸とは、才能とは何を意味するのか。現代批評の頂点。

◇凡庸な芸術家の肖像—マクシム・デュ・カン論　下　蓮實重彥著　講談社　2015.6　471,42p　16cm　〈講談社文芸文庫　はM4〉〈作品目録あり　年譜あり〉　2200円　Ⓟ978-4-06-290274-8　Ⓝ950.268

内容　『凡庸な芸術家の肖像』第2部（承前）（素朴な政治主義者　回想記作者の悲劇　犠牲者の言説　魔女とテロル　性と権力の間　ほか）　『凡庸な芸術家の肖像』第3部（母と革命　臆病な話者は何を恐れるか　四輪馬車と鉄鎖　足の悲劇　旅行靴と風見鶏　ほか）

＊"凡庸"は人類にとってささかも普遍的な概念ではなく、ある時期に"発明"された優れて歴史的な現実であり、その歴史性はいまなおわれわれにとって同時代のものだ——一八四八年の二月革命、ルイ＝ナポレオンのクーデタ及び第二帝政への移行が、なぜ私たちの現実に影を落としているのか。スリリングな論考はマクシムの"凡庸"な生涯と交叉しつつ、大団円を迎える。芸術選奨文部大臣賞受賞。

デュ・ゲクラン, B.〔1320〜1380〕
Du Guesclin, Bertrand

◇中世ヨーロッパの騎士　フランシス・ギース著　椎野淳訳　講談社　2017.5　318p　15cm　〈講談社学術文庫　2428〉〈文献あり〉　1050円　Ⓟ978-4-06-292428-3　Ⓝ230.4

内容　第1章　騎士とは何か　第2章　黎明期の騎士　第3章　第一回十字軍の騎士　第4章　吟遊詩人と騎士道の文学　第5章　ウィリアム・マーシャル—全盛期の騎士道　第6章　テンプル騎士団—兵士、外交官、銀行家　第7章　ベルトラン・デュ・ゲクラン——四世紀の騎士　第8章　一五世紀のイングランドの騎士—サー・ジョン・ファストルフとパストン家　第9章　騎士道の長い黄昏

＊豪壮な城、華麗な騎馬試合、孤独な諸国遍歴—中世ヨーロッパを彩った戦士たち。十字軍やテンプル騎士団の活躍から、吟遊詩人と騎士道物語の誕生、上級貴族にのしあがったウィリアム・マーシャルや、ブルターニュの英雄ベルトラン・デュ・ゲクランの生涯、さらに、『ドン・キホーテ』でパロディ化された騎士階級が、近代の中に朽ちていくまでを描く。

デュシャン, M.〔1887〜1968〕
Duchamp, Marcel

◇マルセル・デュシャンとアメリカ—戦後アメリカ美術の進展とデュシャン受容の変遷　平芳幸浩著　京都　ナカニシヤ出版　2016.7　311p　20cm　〈他言語標題：Marcel Duchamp and the United States　文献あり　索引あり〉　3400円　Ⓟ978-4-7795-1063-2　Ⓝ723.35

内容　第1章　はじめに　第2章　記述するデュシャン/記述されるデュシャン——九三〇・四〇年代を中心に　第3章　画家であること、ダダであること——ジョーンズ、ラウシェンバーグとデュシャン　第4章　芸術とマルチプリシティ、マルチ・プルアウトとしての芸術　第5章　ポップ・アートとレディメイド—vulgarityの表象を巡って　第6章　コスースの位置、グリンバーグの位置　第7章　与えられたとせよ　1.芸術作品　2.マルセル・デュシャン　第8章　結びに

＊1950-70年代アメリカ、新芸術の旗手たちは、デュシャン/レディメイドに何を見、何を望んだか？ ネオ・ダダ、フルクサス、ポップ・アート、コンセプチュアル・アート…それぞれの視線/言説の先にデュシャンを捉える。

◇マルセル・デュシャンとチェス　中尾拓哉著　平凡社　2017.7　341,49p　22cm　〈文献あり　索引あり〉　4800円　Ⓟ978-4-582-28448-5　Ⓝ723.35

内容　序章　二つのモノグラフの間に　第1章　絵画からチェスへの移行　第2章　名指されない選択の余地　第3章　四次元の目には映るもの　第4章　対立し和解する永久運動　第5章　遺された一手をめぐって　第6章　創作行為、白と黒と灰と

＊気鋭の美術評論家がチェスとデュシャンの失われた関係を解き明かし、制作論の精緻な読み解きから造形の根源へと至る、スリリングにしてこの上なく大胆な意欲作。生誕130年、レディメイド登場100年！

◇マルセル・デュシャン　アフタヌーン・インタヴューズ—アート、アーティスト、そして人生について　マルセル・デュシャン著、カルヴィン・トムキンズ聞き手、中野勉訳　河出書房新社　2018.9　181p　20cm　2100円　Ⓟ978-4-309-25606-1　Ⓝ723.35

＊1964年、カルヴィン・トムキンズはニューヨーク市西10丁目のマルセル・デュシャン宅で何度も午後を過ごし、インタヴューを行なった。そこから立ち現われるデュシャンは、くつろいだ様子ながら慧眼、遊び心あふれる独自の原理に則って生きるひとりの人間、そしてアーティストだ。この自由をもとに彼は、人生そのものと同じくらい予測不可能で複雑で驚きに満ちたアートをつくり出していたのである。本書のインタヴューの全貌がおおやけになるのは、今回が実に初めて。序に代えてトムキンズがアーティスト、導き手、友人としてのデュシャンに思いをめぐらせるインタヴューも併録された本書によって、コンテンポラリー・アート界において今も決定的な影響を持ちつづける彼の、斬新なアイデアの数々、そして軽さと明るさに満ちた生の軌跡がついに明らかになる。

◇マルセル・デュシャンとは何か　平芳幸浩著　河出書房新社　2018.10　300p　19cm　〈他言語標題：What is Marcel Duchamp？　文献あり〉　2500円　Ⓟ978-4-309-25609-2　Ⓝ723.35

内容　第1章　画家としてのデュシャン—遅れてきたキュビスト　第2章　レディメイドを発明する　第3章

「花嫁」と「独身者」の世界　第4章　「アート」ではない作品を作ることは可能か　第5章　アートとチェス—Iとmeのちょっとしたゲーム　第6章　美術館に投げ込まれる「遺作」—現代アートとデュシャン

＊マルセル・デュシャンっていったい何なんだ。超一流の画家でもなければ、世界の名だたる美術館に作品が飾られているわけでもない。男性用小便器を"泉"と名づけて偽のサインをして展覧会に出品しようとしたり、工業製品がそのままアート作品になる方法論を編み出したり。巨大なガラスに謎の図像を描いた作品を未完成のまま放置したり。キネティック・アートの先駆と言われ、コンセプチュアル・アートすら始めてしまった人。で、もう一度問うけれど、「あらゆる現代アートの祖」と言われるデュシャンって、じゃあいったい何なんだ？　本書は、ブリリアントなデュシャン研究で吉田秀和賞を受賞した第一人者による、最新の研究成果を反映した平明でポップな書きおろしデュシャン入門。謎に満ちた彼の人生と作品、そして作品以外のもろもろまで、手に取るようにわかります。

テューダー, T.〔1914〜2008〕Tudor, Tasha

◇母ターシャの思い出—ニューハンプシャーで暮らした日々　セス・テューダー著，食野雅子訳　KADOKAWA　2014.12　155p　21cm　〈他言語標題：Memories of Tasha Tudor,My Mother〉　1600円　①978-4-04-067200-7　Ⓝ726.601

内容　キッチン　室内でガーデニング　新年の祝い　音楽の楽しみ　本読み　人形遊び　バレンタインデー　ワシントンの誕生日　メープルシロップ作り　お茶の時間〔ほか〕

＊晩年を過ごしたバーモント以上に広大なニューハンプシャーの農場で、若い母親ターシャは4人の子育てを楽しみ、数えきれない動物の世話をし、農作物を作り、絵本作家の仕事をした。働くことと楽しむことの絶妙なバランス！

◇ターシャ・テューダーへの道　食野雅子著　主婦と生活社　2018.4　105p　23cm　〈他言語標題：My Road to Tasha Tudor　文献あり〉　2400円　①978-4-391-15116-9　Ⓝ726.601

内容　第1部　バーモントのターシャを見つめて（ターシャとの出会い　バーモントへ　コーギコテージ　裏口からどうぞ　柔軟で臨機応変　ほか）　第2部　ターシャの生い立ちを追って（川の流れ　ボストン　レディングへ　結婚、そしてニューハンプシャー　編集者アン・ベネデュースとの出会い　ほか）

＊ターシャに出会い、ターシャのことを日本に紹介し続けてきた翻訳家・食野雅子さんが語る"素顔のターシャ"。実際にお会いしたターシャさん、どんな方だったのでしょう。

デュビュッフェ, J.〔1901〜1985〕Dubuffet, Jean Philippe Arthur

◇色彩の饗宴—二〇世紀フランスの画家たち　小川栄二著　平凡社　2015.7　325p　図版13p　22cm　〈他言語標題：LA FÊTE DES COULEURS〉　5200円　①978-4-582-83685-1　Ⓝ723.35

内容　第1章　現代絵画への展望（バルテュス—孤高の絵画愛　デュビュッフェ—現代のプリミティフ、創造の原初から　スタール—地中海の光）　第2章　二〇世紀の巨匠たち（ピカソ—"もの"の侵入、色彩の復権　マティス—色彩の悦び　ブラック—鳥たちの飛翔）　第3章　色彩と夢と現実（ミロ—"自由なる自由"を友に　シャガール—オペラ座天井画に見た夢）　第4章　日常性への眼差し（ボナール—絵画への愛、日常への愛　デュフィ—海と音楽　レジェ—二〇世紀前衛の"プリミティフ"）　第5章　田園・環境・エコロジー（エステーヴ—華やぐ大地　ビシエール—現代の牧歌）

＊なぜあの名画は生まれたのだろうか？　ピカソ、ミロ、シャガールからバルテュスまで現代フランス絵画を色彩豊かにいろどる13人の画家たちのその生涯を振り返り、知られざる素顔に迫る。

デュフィ, R.〔1877〜1953〕Dufy, Raoul

◇色彩の饗宴—二〇世紀フランスの画家たち　小川栄二著　平凡社　2015.7　325p　図版13p　22cm　〈他言語標題：LA FÊTE DES COULEURS〉　5200円　①978-4-582-83685-1　Ⓝ723.35

内容　第1章　現代絵画への展望（バルテュス—孤高の絵画愛　デュビュッフェ—現代のプリミティフ、創造の原初から　スタール—地中海の光）　第2章　二〇世紀の巨匠たち（ピカソ—"もの"の侵入、色彩の復権　マティス—色彩の悦び　ブラック—鳥たちの飛翔）　第3章　色彩と夢と現実（ミロ—"自由なる自由"を友に　シャガール—オペラ座天井画に見た夢）　第4章　日常性への眼差し（ボナール—絵画への愛、日常への愛　デュフィ—海と音楽　レジェ—二〇世紀前衛の"プリミティフ"）　第5章　田園・環境・エコロジー（エステーヴ—華やぐ大地　ビシエール—現代の牧歌）

＊なぜあの名画は生まれたのだろうか？　ピカソ、ミロ、シャガールからバルテュスまで現代フランス絵画を色彩豊かにいろどる13人の画家たちのその生涯を振り返り、知られざる素顔に迫る。

デュボイス, W.E.B.〔1868〜1963〕Du Bois, William Edward Burghardt

◇コーネル・ウェストが語るブラック・アメリカ—現代を照らし出す6つの魂　コーネル・ウェスト著，クリスタ・ブッシェンドルフ編，秋元由紀訳　白水社　2016.8　291,15p　19cm　〈年譜あり　索引あり〉　2400円　①978-4-560-09249-1　Ⓝ316.853

内容　はじめに—いまこそ預言者的精神を語り継ごう　第1章　火のついた魂は美しい—フレデリック・ダグラス　第2章　ブラック・フレイム—W.E.B.デュボイス　第3章　良心の炎—マーティン・ルーサー・キング、ジュニア　第4章　民主的実存主義の熱—エラ・ベイカー　第5章　革命の炎—マルコムX　第6章　預言者の炎—アイダ・B.ウェルズ　終章　オバマ時代の預言者的精神

＊今もっとも注目される論客が賢人たちに託して語り尽くした普遍的なアメリカ論。

◇平和のための闘い　W・E・B・デュボイス著，本田量久訳　西東京　ハーベスト社　2018.12　252p　21cm　2800円　①978-4-86339-102-4

ⓝ289.3

内容 誕生日 アフリカ問題協議会 旅行する習慣 平和会議 平和情報センター 上院議員選挙への立候補 起訴 誕生日の晩餐会 起訴された犯罪者 弁護のための巡礼 ああ、ロギーよ！ 裁判 釈放 解釈

＊生誕150年—冷戦対立が深刻化する20世紀半ば、欧米諸国の人種差別・植民地支配・戦争に抗い、汎アフリカ主義や人種平等・世界平和を訴え続けたアメリカの黒人社会学者・活動家デュボイスの半自伝的記録。

デュマ, A.〔1802〜1870〕 Dumas, Alexandre

◇アレクサンドル＝デュマ 辻昶, 稲垣直樹著 新装版 清水書院 2016.3 237p 19cm（Century Books—人と思想 139）〈文献あり 年譜あり 索引あり〉 1200円 ⓘ978-4-389-42139-7 ⓝ950.268

内容 1 デュマ文学誕生の秘密 2 デュマがデュマになるまで 3 デュマはなぜ成功したか 4 小説家への飛躍 5 ベストセラー作家として 6 巨人の時代の終焉 7 デュマのあとにデュマはなし

＊ジャーナリズム、文学の隆盛を含めて、近代という今の社会のシステムが確立した一九世紀。『三銃士』一作で二億円見当、『モンテ・クリスト伯爵』で二億数千万円等々…年収数億円を誇った稀代の流行作家アレクサンドル＝デュマ。彼はまた、七億円の豪邸を建て、客席数一七〇〇の専用劇場を創設して破産した無類の浪費家でもあった。比類なきグルメで『料理大事典』の著者。射撃の名手で七月革命に軍功を立て、二月革命直後の国会議員選挙に立候補して落選した。三〇人以上の愛人を擁し、「子供は百人は下らない」と豪語した。近代が最も近代らしかった一九世紀フランスの枠のなかで、近代人が最も近代人らしく発現したデュマという人物を捉えなおす。近代の延長である現代がより鮮明に見えてくると同時に、二一世紀を貫く社会システム変革の予感にきっと私たちはおののかされることだろう。

デュマ, T.A.〔1762〜1806〕 Dumas, Thomas Alexandre

◇ナポレオンに背いた「黒い将軍」—忘れられた英雄アレックス・デュマ トム・リース著, 高里ひろ訳 白水社 2015.5 346,87p 20cm 〈文献あり〉 3600円 ⓘ978-4-560-08426-7 ⓝ289.3

内容 第1部（砂糖工場 黒人法典 ノルマン征服 ほか） 第2部（革命の夏 "血による再生" "黒人の心臓も自由を求めて鼓動する" ほか） 第3部（遠征の指導者 「共和主義という讒言」 炎上する夢 ほか）

＊文豪デュマ・ペールの父にして、「有色人種」で初めて将軍に昇進したデュマは、捕虜となって牢獄に囚われてしまう…。『モンテ・クリスト伯』のモデルとなった風雲児の数奇な生涯。「革命と戦争の時代」を活写する歴史読物！ ピュリツァー賞「伝記部門」受賞作品。

デュメイ, A.〔1949〜〕 Dumay, Augustin

◇偉大なるヴァイオリニストたち 2 チョン・キョンファから五嶋みどり、ヒラリー・ハーンまで ジャン＝ミシェル・モルク著, 神奈川夏子訳 ヤマハミュージックメディア 2017.4 356,8p 21cm 〈文献あり〉 3400円 ⓘ978-4-636-92333-9 ⓝ762.8

内容 ボリス・ベルキン チョン・キョンファ ピンカス・ズーカーマン オーギュスタン・デュメイ ピエール・アモイヤル ドミトリ・シトコヴェツキー ナイジェル・ケネディ シュロモ・ミンツ ヴィクトリア・ムローヴァ チョーリャン・リン〔ほか〕

＊外科医でもある筆者による桁外れに鋭い考察に基づく評伝集。使用楽器や練習法などはもちろん、デビューの裏側や生い立ち、家族関係などに迫り、素顔を描き出す。歴史的名演を収録したCD・ROM付き。

デューラー, A.〔1471〜1528〕 Dürer, Albrecht

◇イラストで読む奇想の画家たち 杉全美帆子著 河出書房新社 2014.12 127p 21cm 〈文献あり 年表あり〉 1600円 ⓘ978-4-309-25558-3 ⓝ723.3

内容 第1章 西洋美術史に見る「奇想絵画の系譜」 第2章 奇想の画家たち—作品と人生（ボス デューラー カラヴァッジョ ゴヤ ブレイク ルドン ルソー）

＊ちょっと不気味で、妙に心に残る絵を描いた画家の人生とは!?我が道を行く奇才の画家たちのおもしろエピソードが満載！ 豊富な作品とイラストでその生涯にせまる、待望の一冊。

デュラス, M.〔1914〜1996〕 Duras, Marguerite

◇私はなぜ書くのか マルグリット・デュラス著, レオポルディーナ・パッロッタ・デッラ・トッレ聞き手, 北代美和子訳 河出書房新社 2014.11 222p 20cm 〈作品目録あり 年譜あり〉 2200円 ⓘ978-4-309-20666-0 ⓝ950.278

内容 幼年期 パリ時代 ひとつのエクリチュールの道程 テクスト分析のために 文学 批評 登場人物のギャラリー 映画 演劇 情熱 ひとりの女 場所

＊ヴェトナムでの幼少期に始まるその生涯と、多岐にわたる創作活動を初めて網羅的にまとめたインタビュー集。デュラス愛読者には、作家自身による貴重な作品解説であり、デュラス初心者には、デュラスによるデュラス入門書といえる一冊。

テーラー, J.H.〔1832〜1905〕 Taylor, James Hudson

◇19世紀の聖人ハドソン・テーラーとその時代 八木哲郎著 キリスト新聞社 2015.3 368p 22cm 〈文献あり 年譜あり〉 2300円 ⓘ978-4-87395-666-4 ⓝ198.32

デリダ, J.〔1930～2004〕Derrida, Jacques

◇デリダ　上利博規著　新装版　清水書院　2014.9　205p　19cm　(Century Books—人と思想 175)〈文献あり　年譜あり　索引あり〉　1000円　①978-4-389-42175-5　Ⓝ135.5

内容 1 思想の生成(哲学前夜　フッサール現象学の通過　文学との交差　デリダの哲学)　2 思想の広がり(哲学の終焉？　テレコミュニカシオンと伝達　哲学と教育　「来たるべき掟」のエクリチュール)

◇デリダ伝　ブノワ・ペータース著，原宏之，大森晋輔訳　白水社　2014.12　769,76p　22cm〈著作目録あり　索引あり〉　10000円　①978-4-560-09800-4　Ⓝ135.5

内容 第1部 ジャッキー(エチオピア皇帝　アルジェの太陽の下で　ルイ＝ル＝グラン中高学校の塀の中で　ほか)　第2部 デリダ(フッサールからアルトーへ　アルチュセールの影の下で　エクリチュールそのもの　ほか)　第3部 ジャック・デリダ(脱構築の領土　ハイデガー事件からド・マン事件へ　熾烈な記憶　ほか)　付録

＊哲学者ジャック・デリダの全貌をとらえた初めてにして決定版の伝記。家族や友人ら関係者たちへのインタビュー、手書き書簡、未公開写真…膨大な資料とともに彼の生涯と思想を物語る。

◇翻訳そして/あるいはパフォーマティヴ—脱構築をめぐる対話　ジャック・デリダ著，豊崎光一著・訳，守中高明監修　法政大学出版局　2016.9　177p　20cm　(叢書・ウニベルシタス 1048)　2000円　①978-4-588-01048-4　Ⓝ135.5

内容 1 誘惑としてのエクリチュール—絵葉書、翻訳、哲学　2 哲学とパフォーマティヴ

＊対話が開く知の核心。デリダが最も信頼する相手と語り合い、難解で知られるその哲学について、講義や講演でも見せることがない率直な語り口でデリダ自身が明らかにし、豊崎光一が"翻訳"で応答する。アルジェリア生まれのユダヤ人としての来歴、言語との関係、自身の哲学のさまざまな概念、ハイデガー、ブランショ、レヴィナス、セール、フーコー、ドゥルーズらとの関係までを語る。世界初の書籍化。

テルトゥリアヌス(カルタゴの)〔160?～220?〕Quintus Septimius Florens Tertullianus

◇キリスト教の主要神学者　上　テルトゥリアヌスからカルヴァンまで　F.W.グラーフ編，片柳榮一監訳　教文館　2014.8　360,5p　21cm　3900円　①978-4-7642-7383-2　Ⓝ191.028

内容 マルキオン(八五頃-一六〇頃)　カルタゴのテルトゥリアヌス(二/三世紀)　オリゲネス(一八五/一八六-二五四)　ニュッサのグレゴリオス(三四〇頃-三九四以後)　アウグスティヌス(三五四-四三〇)　カンタベリーのアンセルムス(一〇三三/一〇三四-一一〇九)　クレルヴォーのベルナール(一〇九〇-一一五三)　トマス・アクィナス(一二二四/一二二五-一二七四)　マイスター・エックハルト(一二六〇頃-一三二八)　ヨハネス・ドゥンス・スコトゥス(一二六五/一二六六-一三〇八)　ロベルト・ベラルミーノ(一五四二-一六二一)

＊多彩にして曲折に富む2000年の神学史の中で、特に異彩を放つ古典的代表者を精選し、彼らの生涯・著作・影響を通して神学の争点と全体像を描き出す野心的試み。正統と異端が織り成すダイナミズムから生まれた神学の魅力と核心を、第一級の研究者が描き出す。上巻では古代から宗教改革期に活躍した16名の神学者を紹介する。

デル・ボスケ, V.〔1950～〕Del Bosque, Vicente

◇評伝　デル・ボスケ—スペイン代表、南アフリカW杯優勝の真実　ルーカ・カイオーリ著，タカ大丸訳　プレジデント社　2014.6　253p　19cm　〈年譜あり〉　1600円　①978-4-8334-2084-6　Ⓝ783.47

内容 南アフリカW杯まで(セラフィン・ホセ・ブエノ(出身地サラマンカの幼なじみ)　アントニオ・マルティーニョ、"トニェーテ"(レアル・マドリードユースの元指導者、選手としてのデル・ボスケを発掘)　カルロス・アロンソ・ゴンサレス、"サンティジャーナ"(レアル・マドリードの元チームメイト)　ほか)　南アフリカW杯(ホセ・アントニオ・カマーチョ(元スペイン代表監督)　"ペペ"・レイナ(スペイン代表GK、SSCナポリ所属)　ジョアン・カプデビラ(スペイン代表DF、RCDエスパニョール所属)　ほか)　南アフリカW杯の後(ホセ・ボノ(スペイン国会議長)　アンジェリカ・リデル(スペイン代表の女優)　フェラン・アドリアとハビエル・アルビス(スペインの有名レストラン「エル・ブジ」のシェフとスペイン代表専属の調理人)　ほか)　今(ビセンテ・デル・ボスケ)

＊デル・ボスケと彼を取り巻く人々が語る卓越したリーダーの資質とは。ブラジルW杯優勝候補筆頭！スペイン代表監督の素顔。

テレサ(アビラの)〔1515～1582〕Teresa of Ávila

◇あなたのために私は生まれた—聖テレサの生涯とことば　東京カルメル会女子修道院，ホアン・カトレット編　ドン・ボスコ社　2014.12　84p　19cm　700円　①978-4-88626-579-1　Ⓝ198.2236

テレサ(コルカタの)〔1910～1997〕Mother Teresa of Calcutta

◇マザーテレサ　来て、わたしの光になりなさい！　マザーテレサ著，ブライアン・コロディエチュック編集と解説，里見貞代訳　女子パウロ会　2014.11　594,39p　19cm　2600円　①978-4-7896-0730-8　Ⓝ198.22

内容 あなたの手を神のみ手にゆだね、神と共に歩みなさい　イエスのために、何か美しいことを　来て、わたしの光になりなさい！　苦しむイエスの心に、喜びをもたらすために　これ以上遅らせないで。わたくしを抑えないでほしい　「暗いあばら家」の中へ　教会誕生の暗闇　十字架にはりつけられたイエスの渇き　神よ、この未知の痛みは、何とつらいことでしょう　わたくしは暗闇を愛するようになった　みこころままに　神はご自分の偉大さを示すために、無にひとしいものを使われる　キリストを輝かせて

＊初めて公開された私的書簡。あの、ほほ笑みのかげにマザーテレサの闇と苦悩。

◇マザーテレサ　和田町子著　新装版　清水書院　2015.9　223p　19cm　（Century Books—人と思想 44）〈文献あり　年譜あり　索引あり〉　1000円　①978-4-389-42044-4　Ⓝ198.22

内容　1 召命と修道生活（少小期　修道生活）　2 貧しき者への旅立ち（神の愛の宣教者会　仕えるために　連帯の輪）　3 平和の祈り（アシジのフランシスコ　キリストの渇きに）　4 世界の眼に（名声と批判と）

◇世界を変えた10人の女性—お茶の水女子大学特別講義　池上彰著　文藝春秋　2016.5　344p　16cm　（文春文庫 い81-6）　670円　①978-4-16-790619-1　Ⓝ280

内容　第1章 アウンサンスーチー—政治家　第2章 アニータ・ロディック—実業家　第3章 マザー・テレサ—カトリック教会修道女　第4章 ベティ・フリーダン—女性解放運動家　第5章 マーガレット・サッチャー—元英国首相　第6章 フローレンス・ナイチンゲール—看護教育家　第7章 マリー・キュリー—物理学者・化学者　第8章 緒方貞子—元国連難民高等弁務官　第9章 ワンガリ・マータイ—環境保護活動家　第10章 ベアテ・シロタ・ゴードン—元GHQ職員

＊近現代史を塗り変える仕事をした女性達。その生涯と業績、賛否分かれる評価を池上教授が解説し女子学生達と徹底討論。「田中真紀子」による解散、「中絶否定」が議論を呼んだマザー・テレサ、不倫でバッシングされたマリー・キュリー。意外な側面も見ることで人間と歴史への理解が深まる真の啓蒙書と呼ぶべき一冊。

テレーズ（リジューの）〔1873〜1897〕
Thérèse de Lisieux

◇リジュのテレーズ　菊地多嘉子著　新装版　清水書院　2015.9　204p　19cm　（Century Books—人と思想 125）〈文献あり　年譜あり　索引あり〉　1000円　①978-4-389-42125-0　Ⓝ198.2235

内容　1 カルメル会入会まで（マルタン家の人々とテレーズの幼年時代　人生の第二期　神のみを求めて）　2 信頼とゆだねの道（無の体験　愛による解放　「小さい道」の発見）　3 死を予感しつつ（新たな上昇　「私の天職、それは愛です」　暗い夜に）　4 永遠の光へ（聖母マリアとテレーズ　「天国の扉を前に」）

◇酒井しょうこと辿る　聖母マリアに出会う旅—フランス3人の聖女を訪ねて　酒井しょうこ著　亜紀書房　2018.10　141p　21cm　〈文献あり〉　1900円　①978-4-7505-1565-6　Ⓝ198.2235

内容　1 パリ 聖女カタリナ・ラブレ（聖カタリナ・ラブレの生涯　コラム 不思議のメダイ　ガイド パリ 沈黙の聖女・カタリナが暮らした街　ほか）　2 ルルド・バルトレス・ヌヴェール 聖女ベルナデッタ・スビル（聖ベルナデッタ・スビルーの生涯　コラム ロザリオの祈り　コラム 聖歌（あめのきさき）　ほか）　3 リジュー 聖女テレーズ・マルタン（聖テレーズ・マルタンの生涯　ガイド リジュー 聖女テレーズが暮らした街　しょうこのおすすめ　ほか）

＊聖女の生涯とゆかりの地を、美しい写真とともに紹介。世界有数の巡礼地ルルドをはじめ、パリ、ヌヴェール、リジューを網羅した一冊。

テンジン・ギャツォ
⇒ダライ・ラマⅩⅣ を見よ

【ト】

ドイル, A.C.〔1859〜1930〕
Doyle, Arthur Conan

◇名探偵ホームズとドイル—ヴィクトリア時代の一つの人生、二つの履歴書　河村幹夫著　海竜社　2014.8　374p　19cm　〈他言語標題: Sherlock Holmes and A.Conan Doyle　年譜あり〉　1800円　①978-4-7593-1388-8　Ⓝ933.7

内容　第1章 ホームズとドイルが活躍した時代風景—大英帝国の光と影のはざまで　第2章 名探偵ホームズ、彗星のごとく現る—盟友ワトソンとの出会いと華々しい活躍　第3章 ドイル、苦闘の医学生時代—貧乏と家庭崩壊の中で　第4章 ホームズ、一躍スターダムへ—ホームズ物語の大成功　第5章 妻と恋人の間で深まる苦悩の日々—ドイルの「二重生活」の始まり　第6章 作家としての絶頂期と第一次大戦—大英帝国の不滅を信じて　第7章 心霊主義への転換、そして「次なる世界へ」—文豪コナン・ドイルは、次なる世界で生き続ける

＊1854年生まれのホームズは1903年に引退したが、今も生きている。1859年生まれのドイルは1930年に「次なる世界」に旅立った。同時代を生き抜いたこの二人にはどのような接点があり、愛憎があったのだろう。二人は何を夢みたのか、どんな恋をしたのか、何を求めたのか、そして人生の最後の拠り所をどこにみつけたのか。交錯する2人の男の人生を丹念に描いた大著！

◇シャーロック・ホームズの世紀末　富山太佳夫著　増補新版　青土社　2015.1　508p　20cm　2800円　①978-4-7917-6837-0　Ⓝ930.278

内容　1（ベイカー街221Bの政治学　ドイル家の秘密 ほか）　2（「ストランド・マガジン」画家リチャード・ドイル ほか）　3（大英帝国の中で—コナン・ドイル心理年譜付き　戦争屋 ほか）　4（避妊とスピリチュアリズム—アニー・ベザント　スピリチュアリズムと進化思想 ほか）

＊夜霧の世紀末ロンドンに名探偵ホームズが目撃したのは一猟奇殺人、植民地戦争、女権拡張と労働争議、美女の噂とボクシング、あるいは優生学、進化論、そして神秘思想など、多種多様な思惑がうごめく大英帝国の素顔だった。時代の波に翻弄されるホームズの航跡を辿り、今日の消費社会を先取りした大英帝国の虚実をリアルに抉る画期的世紀末文化論。芸術選奨新人賞受賞、日本シャーロック・ホームズ大賞受賞。

◇コナン・ドイルは語る—リセットのシナリオ　三上直子, 山川蓮著　伊勢 サラ企画　2016.6　226p　19cm　〈文献あり　発売:地湧社〉　1800円　①978-4-88503-237-0　Ⓝ147

内容　第1章 コナン・ドイルの生涯（作家からスピリチュアリストへ　スピリチュアリズムに関する著書）　第2章 あの世からの訂正メッセージ（没後のエピソード　メッセージが送られてくるまで　低層界にとらわれていた理由　死後の世界の階層図　心霊主義の問題点　善悪について　未来への警告）　第

3章 いま語る「リセット・リスタート」のシナリオ
◇評伝コナンドイルの真実　河村幹夫著　鎌倉かまくら春秋社　2018.5　392p　22cm　〈文献あり　著作目録あり　年譜あり〉　4500円
Ⓣ978-4-7740-0752-6　Ⓝ930.278

トインビー, A.J.〔1889〜1975〕
Toynbee, Arnold Joseph

◇トインビー　吉澤五郎著　新装版　清水書院　2015.9　212p　19cm　(Century Books―人と思想 69)〈文献あり　年譜あり　索引あり〉　1000円　Ⓣ978-4-389-42069-7　Ⓝ289.3
内容 1 トインビーの生涯と思索(トインビー家の人びと　トインビーの学風　古典教育と新しい人間教育―教育論　若い世代への期待)　2 トインビーの歴史観(西洋中心史観の克服　『歴史の研究』の構想　歴史の意味と目標)　3 トインビーの宗教観(高度宗教の成立　高度宗教の役割　文明にとっての宗教　現代宗教の課題)　4 トインビーと日本(日本への関心　近代化の意義と問題点　世界の未来と日本)

トウェイン, M.〔1835〜1910〕 Twain, Mark

◇評伝 マーク・トウェイン　1　アメリカ建国と作家の誕生　飯塚英一著　彩流社　2014.10　440p　20cm　〈他言語標題：Mark Twain：A Biography　文献あり〉　4500円　Ⓣ978-4-7791-2048-0　Ⓝ930.268
内容 第1章 アメリカ合衆国の誕生　第2章 一八三五年 サム・クレメンズ誕生　第3章 ミズーリ州ハンニバル　第4章 憧れのミシシッピ川パイロット　第5章 開戦前夜　第6章 南北戦争　第7章「マーク・トウェイン」誕生　第8章 遅咲きの青春を謳歌　第9章 パックツアー「聖地巡礼の旅」　第10章 旅行記作家として全米デビュー
＊『トム・ソーヤーの冒険』『ハックルベリー・フィンの冒険』の作者の生涯は、リンカーンら偉大な同時代人と並走した波瀾に満ちた歴史絵巻である。国民的作家の本邦初の本格的評伝！

◇マーク・トウェイン完全なる自伝 Volume2　マーク・トウェイン著, カリフォルニア大学マーク・トウェインプロジェクト編, 和栗了, 山本祐子, 渡邊眞理子訳　柏書房　2015.6　1032p 図版16p　22cm　〈文献あり　年譜あり　索引あり〉　17000円　Ⓣ978-4-7601-4581-2　Ⓝ934.6
内容 一九〇六年口述自伝, 四月〜一二月　一九〇七年口述自伝, 一月〜二月 補遺
＊家族への溢れる愛情、執筆と出版への限りない情熱。その一方で、投資での失敗、友人の裏切り、出会った人物についての辛辣な評価など…人間マーク・トウェインの内面に鋭く迫る、待望の第2巻！

◇マーク・トウェインはこう読め　和栗了著　柏書房　2016.10　423p　20cm　〈他言語標題：How to Enjoy Mark Twain　文献あり　著作目録あり　年譜あり　索引あり〉　2800円　Ⓣ978-4-7601-4752-6　Ⓝ930.268
内容 マーク・トウェインとは、そして自伝とは？　テネシーの土地、あるいは父親を求めて　母に届かなかった手紙　母親、その似て非なる存在　故郷を喪失して―ミズーリ州フロリダ礼賛　ハンニバルのものかたり―ハンニバルの実像　マーク・トウェインは泳げたか？　マーク・トウェインの夢　失敗にめげるな、アメリカ人よ　発明家マーク・トウェインの成功〔ほか〕
＊死後100年を経て封印がとけた、完全な自伝。それはトウェイン一流の「騙りだった」―自伝、書簡、作品を縦横無尽に行き来し、100年後の今、トウェインの素顔を探る。死してなお墓場から語る、稀代の作家のメッセージ。

◇マーク・トウェイン 完全なる自伝 Volume3　マーク・トウェイン著, カリフォルニア大学マーク・トウェインプロジェクト編, 和栗了, 山本祐子訳　柏書房　2018.7　1013p 図版16p　22cm　〈文献あり　年譜あり　索引あり〉　17000円　Ⓣ978-4-7601-4986-5　Ⓝ934.6
内容 マーク・トウェイン自伝(一九〇七年口述自伝、三月〜一二月　一九〇八年口述自伝, 一月〜一二月　一九〇九年口述自伝, 一月〜一二月)　アシュクロフト・ライオン原稿　補遺(サミュエル・L・クレメンズ小年表　家族伝記　アシュクロフト・ライオンに関する年表　自伝的覚え書きと伝記の素描)
＊100年前の文章が、21世紀の私たちに遺したひとつのメッセージ。アメリカという国を見つめ、家族を見つめ、未来を見つめた作家の眼差し。あれから、世界は変わったのだろうか―。時代を超えて読みつがれる作家、マーク・トウェイン。全3巻にわたる自伝の完結編！

ドゥエニャス, J.B.〔1911〜1944〕
Dueñas, Jesus Baza

◇戦禍を記念する―グアム・サイパンの歴史と記憶　キース・L.カマチョ著, 西村明, 町泰樹訳　岩波書店　2016.9　269,37p　22cm　5400円
Ⓣ978-4-00-061152-7　Ⓝ210.75
内容 序章 戦争・記憶・歴史　第1章 忠誠と解放　第2章 マリアナ諸島における第二次世界大戦　第3章 戦争の爪あと　第4章 宗教的行列から市民的パレードへ　第5章 英雄なき地　第6章 記憶と歴史の周縁で　第7章 ドゥエニャス神父の生涯と死
＊「枝分かれした」戦争の記憶。敗北と勝利、死と生き残り、占領と解放…先住民の主体的な戦争記憶の問題を通して、太平洋の歴史を捉え直す。

ドゥクパ・クンレー〔1455〜1529〕
Drukpa Kunley

◇ブータンの瘋狂聖―ドゥクパ・クンレー伝　ゲンデュン・リンチェン編, 今枝由郎訳　岩波書店　2017.12　238p　15cm　(岩波文庫 33-344-1)　720円　Ⓣ978-4-00-333441-6　Ⓝ180.9
内容 1章 家系と瘋狂(家系　出家と修行 ほか)　2章 中央ブータン訪問(ブムタンのクジェ・ラカン寺院での事蹟　テルトン(埋蔵宝典発掘僧)ペマ・リンパとの出会い)　3章 西ブータンでの事蹟(1)(ブータンに向け矢を放つ　矢はチベ地方のツェワンの家に当たる ほか)　4章 西ブータンでの事蹟(2)(タキンの起源　ブータン人への説法 ほか)　5章 西ブータンでの事蹟(3)(ジリガンで聖水を授ける　ジリガンでの説法 ほか)
＊瘋狂聖の愛称を冠されるドゥクパ・クンレー(1455

- 1529）は、ブータン人に語り継がれ、賛仰されてきた遊行僧。本来の仏教から堕落し形骸化した教団を痛烈に批判し、奔放な振る舞いとユーモアで民衆に仏教の真理を伝えた。型破りの遍歴、奇行、聖と俗にわたる逸話集は、ブータン仏教を知るための古典作品である。

トゥーサン, J.〔1887～1976〕
Toussant, Jeanne

◇カルティエを愛した女たち　川島ルミ子著　集英社インターナショナル　2014.9　213p　22cm　〈タイトルは奥付による.標題紙・背のタイトル：Cartier,Joaillier des Femmes　発売：集英社〉　2300円　Ⓘ978-4-7976-7271-8　Ⓝ755.3

内容　Prologue 比類なきカルティエ、比類なき女たち　Grace Kelly 1929‐1982 輝きと夢をモナコにもたらしたグレース公妃　Barbara Hutton 1912‐1979 かわいそうな金持ちの小さな女の子バーバラ・ハットン　Jeanne Toussaint 1887‐1976 ジュエリーの香りがするジャンヌ・トゥーサン　Queen Alexandra 1844‐1925 麗しのアレクサンドラ王妃　Princess Olga Paley 1866‐1929 愛と悲劇を生きたパーレイ公妃　The Duchess of Windsor 1896‐1986 愛は王位よりも強しウィンザー公爵夫人　Marie Bonaparte 1882‐1962 ナポレオン皇帝の血をひくマリー・ボナパルト　Empress Eugénie 1826‐1920 第二帝政の華麗な花、ユウジェニー皇后

トゥサン・ルベルチュール〔1743～1803〕
Toussaint Louverture

◇黒いナポレオン──ハイチ独立の英雄トゥサン・ルヴェルチュールの生涯　ジャン＝ルイ・ドナディウー著，大嶋厚訳　えにし書房　2015.11　285p　21cm　〈年表あり〉　3000円　Ⓘ978-4-908073-16-8　Ⓝ289.3

内容　理解が困難なものを理解するために　ヒョウの息子　「私は奴隷だった、隠すことはない」　"ファトラ・バトン"　「奴隷制の重荷が取り除かれた」　"自由黒人"トゥサン・ブレダ　獲得で"いくつかの知識"　"高潔なバイヨン"に学んだこと　「私は大事業を行うために生まれた」　「国王軍の軍医」　「わが名はトゥサン・ルヴェルチュール」　「草原のケンタウロス」から「黒人の筆頭者」　ヒ─ドマングの終身総督　「自由の木の幹」　"先駆者"の遺産

＊世界初の黒人奴隷が建国した国家ハイチの独立（1804年独立宣言）に先駆的な役割を果たした"黒いナポレオン"トゥサン・ルヴェルチュールの生涯を丁寧にたどる本格評伝。とくに今まで研究されなかった前半生を粘り強い調査で明らかにした貴重な書。

ドゥーセ, D.〔1961～〕　Doucet, Dominique

◇ドミニクドゥーセ、リスタート！　ドミニク・ドゥーセ著　津　伊勢新聞社　2014.11　237p　19cm　1500円　Ⓘ978-4-903816-29-6　Ⓝ289.3

ドゥチュケ, R.〔1940～1979〕
Dutschke, Rudi

◇学生リーダー、ルディ・ドゥチュケの夢見た1968年のドイツ　小澤真男著　文芸社　2018.11　143p　19cm　〈文献あり〉　1100円　Ⓘ978-4-286-19509-4　Ⓝ377.96

トゥッティ, C.F.〔1951～〕
Tutti, Cosey Fanni

◇アート・セックス・ミュージック　コージー・ファニ・トゥッティ著，坂本麻里子訳　Pヴァイン　2018.9　494p　21cm　(ele-king books)〈発売：日販アイ・ピー・エス〉　4600円　Ⓘ978-4-909483-05-8　Ⓝ764.7

2パック〔1971～1996〕　Tupac

◇丸屋九兵衛が選ぶ、2パックの決めゼリフ　丸屋九兵衛執筆＆編集　スペースシャワーネットワーク　2017.12　187p　19cm　(SPACE SHOWER BOOKS)〈他言語標題：2Pacalypse Now & Then〉　1200円　Ⓘ978-4-909087-06-5　Ⓝ767.8

内容　第1章 時には準宝石のように　第2章 黒豹たちの故郷で　第3章 世界を敵に回しても　第4章 天国はそう遠くない　第5章 勇者はただ一度だけ　第6章 咲く薔薇、散る薔薇

＊映画『オール・アイズ・オン・ミー』で字幕を監修したブラックカルチャー紹介の第一人者が、2パックの名フレーズを解説しながら、彼の生涯とその時代背景について多角的に描き出す。25年の人生を走り抜けた天才の魅力と多面性を浮き彫りにする、ヒップホップ／アメリカ文化エッセイ集。

ドゥビィ, ジェラール
⇒エレディア, M. を見よ

トゥプテン・ギャツォ
⇒ダライ・ラマⅩⅢ を見よ

ドゥペストル, R.〔1926～〕
Depestre, René

◇《クレオール》な詩人たち　2　恒川邦夫著　思潮社　2018.3　357p　19cm　3200円　Ⓘ978-4-7837-3812-1　Ⓝ950.29

内容　第6章 ニコラス・ギェン──キューバ革命の"国民的詩人"　第7章 ジャック・ルーマン──現代ハイチ文学の"父"　第8章 マグロワール＝サン─トード──ハイチの"呪われた詩人"　第9章 ルネ・ドゥペストル──稀代の"遍歴詩人"　第10章 フランケチエンヌ──"スピラリスム"の創始者　第11章 モンショアシーマルチニックのクレオール語詩人　第12章 カリブ海の友だち──テレーズ・レオタン、アンリ・コルバン、ロジェ・パルスマン、エルネスト・ペパン

＊"革命"と"カリブ海性"を刻む詩群──クレオール文学の第一人者が、カリブ海の詩人たちを体系的かつ網羅的に紹介する決定版。さまざまな交流を手がかりに、魅惑にみちた詩群を訳出し、各詩人の生きざまを活写する。

ドゥルーズ, G. 〔1925～1995〕
Deleuze, Gilles

◇ドゥルーズ　船木亨著　新装版　清水書院　2016.8　216p　19cm　(Century Books―人と思想 123)〈文献あり　年譜あり　索引あり〉　1200円　①978-4-389-42123-6　Ⓝ135.5

内容 1 ドゥルーズの経歴(『アンチ・エディプス』まで　五月革命とその背景　構造主義との関わりとそれ以降)　2『アンチ・エディプス』の宇宙(欲望と知性　欲望する機械　器官なき身体　欲望の論理学　スキゾ分析)　3 ドゥルーズ主義の哲学(思想史的研究とヒューム論　ベルクソンとニーチェ　表現の世界　差異の哲学)

＊一九六〇年代以降、わが国に紹介されてきた現代フランス思想のなかで、『アンチ・オイディプス』という書物は、一段の光彩を放っている。学生時代、ゼミに初めて出席した時、研究室の中を聞いたこともない概念が飛びかっていた。それが当時の最先端の思想であり、その時代の意義を最もラディカルに表現していた書物であるということに気づかされたのは、数年のちのことである。現在でもその書物の意義は決して薄められてはいないと思われるが、ある程度の時がたって、いまや、そのような稀有な書物を世に出したドゥルーズの哲学とはどのようなものであったか、明らかにされなければならない時期にきている。というのも、その哲学こそ、いよいよ今後の世界の思想が進んでいくべき方向を示しているのではないかと考えられるようになってきているからである。

◇ドゥルーズ書簡とその他のテクスト　ジル・ドゥルーズ著、宇野邦一、堀千晶訳　河出書房新社　2016.8　400,4p　20cm　〈索引あり〉　3800円　①978-4-309-24769-4　Ⓝ135.5

内容 書誌の計画　書簡(アラン・ヴァンソン宛て　クレマン・ロセ宛て　フランソワ・シャトレ宛て　ほか)　デッサンと様々なテクスト(五つのデッサン　三つの読解―ブレイエ、ラヴェル、ル・センヌ　フェルディナン・アルキエ『シュルレアリスムの哲学』ほか)　初期テクスト(女性の叙述―性をもつ他者の哲学のために　キリストからブルジョアジーへ　発言と輪郭　ほか)

＊ガタリ、フーコー、クロソウスキー、そして親しい友人たちに宛てられた哲学者の素顔をつたえる手紙、重要なヒューム講義、『アンチ・オイディプス』についての対話などの未刊行テクスト、生前は刊行を禁じられた初期論考を集成。

ドガ, E. 〔1834～1917〕 Degas, Edgar

◇印象派という革命　木村泰司著　筑摩書房　2018.10　306p　15cm　(ちくま文庫 き33-2)〈集英社 2012年刊の再刊　文献あり〉　950円　①978-4-480-43547-7　Ⓝ723.35

内容 序章 なぜ日本人は「印象派」が好きなのか　第1章 フランス古典主義と美術アカデミーの流れ―フランス絵画の伝統はいかに作られたか？　第2章 エドゥアール・マネ―モダン・ライフを描いた生粋のパリジャン　第3章 クロード・モネ―色彩分割法を見いだした近代風景画の父　第4章 ピエール=オーギュスト・ルノワール―人々に夢を与えた肖像画の大家　第5章 エドガー・ドガ―完璧なデッサンで人の動きを瞬間的に捉えた達人　第6章 ベルト・モリゾ＆メアリー・カサット―表現の自由を求めた二人の女性画家

＊モネ、ドガ、ルノワール。日本人に人気の印象派の絵は、優しいイメージでとらえられがちです。しかし、じつは美術史に変容をもたらした革新的な芸術運動でした。作品の裏側には、近代社会の幕開けによって、人びとがはじめて味わうことになった孤独や堕落が隠されています。本書では、印象派の絵を合わせ鏡として、時代精神が近代にいかに向き合ったのかを読み解きます。図版資料100点以上収載。

ドーキンス, R. 〔1941～〕 Dawkins, Richard

◇ドーキンス自伝 1　好奇心の赴くままに―私が科学者になるまで　リチャード・ドーキンス著、垂水雄二訳　早川書房　2014.5　431p　20cm　2800円　①978-4-15-209457-5　Ⓝ289.3

内容 遺伝子と探検帽　ケニアでの従軍生活　湖の国　山のなかのイーグル校　さらばアフリカ　ソールズベリーの尖塔の下で　「おまえたちのイギリスの夏はもう終わったのだ」　ネーン川沿いの学校　夢みる尖塔　仕事のやり方を学ぶ　西海岸のドリームタイム　コンピューター中毒　行動の文法　不滅の遺伝子　来し方を振り返る

＊生物学者として世界的なベストセラーを多数もち、科学啓蒙家としても活躍、最近では舌鋒鋭い宗教批判と、多方面に活動をくりひろげる「思想家」ドーキンス。そうした多彩な人物がどういう生涯をへて形成されたかは、生物学界だけでなく思想・科学に携わるすべての人の関心事だったが、ようやくドーキンス自身の声でその生い立ちの語られる時が来た！　父母の配慮につつまれ好奇心を育んだアフリカの幼少時代、奇妙な決まりごとといじめの問題に心悩ませたパブリック・スクール時代から、動物行動学の師、ティンバーゲンとの出会いに始まる研究者時代に入り、思わぬ経緯で世界的ベストセラー『利己的な遺伝子』を刊行するまでを描く。待望のドーキンス自伝(2部作の第1部)。

◇ドーキンス自伝 2　ささやかな知のロウソク―科学に捧げた半生　リチャード・ドーキンス著、垂水雄二訳　早川書房　2017.2　629p　20cm　〈著作目録あり〉　3700円　①978-4-15-209671-5　Ⓝ289.3

内容 ある祝宴での回想　大学教師のつとめ　ジャングルの教え　怠け者よ、アナバチのところへ行け―進化経済学　学会巡礼の物語　クリスマス講演　至福の島　出版社を得るものは恵みを得る　テレビの裏側　ディベートと出会い　シモニー教授職　編まれた本の糸を解きほぐす　もとに戻る

＊『延長された表現型』から『神は妄想である』まで、話題作の意図と裏話を本人が詳細に語る解説、クリスマス講演「日本出張版」のエピソードや、ダイオウイカを見にお忍びで来日したときのエピソードなど、ファン必読の自伝完結篇。

ド・ゴール, C. 〔1890～1970〕
De Gaulle, Charles

◇ドゴールと自由フランス―主権回復のレジスタンス　渡辺和行著　京都　昭和堂　2017.12　340,16p　22cm　〈年表あり　索引あり〉　5200円　①978-4-8122-1702-3　Ⓝ235.068

[内容] 第1章 自由フランスの誕生(敗戦とドゴール ロンドンのフランス人 自由フランスの誕生) 第2章 領土の獲得(南太平洋・アフリカ 連合国との軋轢 北アフリカ上陸) 第3章 中央政府の樹立と国民の支持(植民地防衛評議会からフランス国民委員会へ 全国抵抗評議会 フランス国民解放委員会) 第4章 フランス解放と主権の回復(コルシカ解放と諮問議会の成立 フランス共和国臨時政府 パリ解放)
＊ドイツの支配から主権をとりかえすためにドゴールの組織した「自由フランス」。植民地に足場を置いたその組織は、英米とも、国内レジスタンスとも、そしてフランス国外の対独組織とも、決して良好な関係ではなかった。この組織とドゴールは、いかにしてフランスにもどり、主権を回復したのか。その足取りに迫る。

ド・ジッター, W. 〔1872～1934〕
De Sitter, Willem

◇現代天文学史―天体物理学の源流と開拓者たち 小暮智一著 京都 京都大学学術出版会 2015.12 634p 22cm 〈他言語標題：History of Modern Astronomy 文献あり 年表あり 索引あり〉 4900円 Ⓘ978-4-87698-882-2 Ⓝ440.12
[内容] 第1部 天体分光学(「新天文学」の開幕 星の分光分類とHD星表) 第2部 星の構造と進化論(星の進化論とHR図表 熱核反応と星の進化論) 第3部 銀河天文学と宇宙論(銀河と星雲の世界 銀河系の発見 宇宙論の源流) 第4部 現代天文学へ(日本における天体物理学の黎明 現代天文学への展開)
＊初めて星の化学組成を明らかにしたロンドンのアマチュア天文家ハギンス、太陽をガス体と見なした特許調査官レーン、自作の望遠鏡で天空を探査した音楽家ハーシェル…18世紀末から19世紀中葉にかけて現代天文学の扉を開いた彼らは、いずれも学界に属さないアマチュア天文家だった。星の位置と運動を対象とする古典天文学から天体の物理的構造を探る天体物理学へ、その転換期を担った人々の生涯と研究を軸に、現代天文学の歴史をたどる。

ドージャー, C.K. 〔1879～1933〕
Dozier, Charles Kelsey

◇Dozier―西南学院の創立者C.K.ドージャー夫妻の生涯 西南学院創立100周年記念 西南学院百年史編纂委員会企画・編集 福岡 西南学院 2016.5 205p 21cm 〈英語抄訳付 「Seinan spirit」(1996年刊)と「日本のC.K.ドージャー」(2002年刊)の改題、合本、復刻改訂版 年譜あり 発売：花乱社(福岡)〉 1400円 Ⓘ978-4-905327-57-8 Ⓝ198.62
[内容] 1 チャールズ・ケルシィ・ドージャーの生涯(家系と少年時代 マーサー大学時代 ほか) 2 モード・パーク・ドージャーの生涯(サザン・バプテスト神学校時代、チャールズ・ケルシィ・ドージャーとの出会い 来日後の活動 ほか) 3 日本のC.K.ドージャー――西南学院の創立者 4 資料(思い出の記 ドージャー夫妻関係年譜 ほか)

ドージャー, M.B. 〔1881～1972〕
Dozier, Maude Burke

◇Dozier―西南学院の創立者C.K.ドージャー夫妻の生涯 西南学院創立100周年記念 西南学院百年史編纂委員会企画・編集 福岡 西南学院 2016.5 205p 21cm 〈英語抄訳付 「Seinan spirit」(1996年刊)と「日本のC.K.ドージャー」(2002年刊)の改題、合本、復刻改訂版 年譜あり 発売：花乱社(福岡)〉 1400円 Ⓘ978-4-905327-57-8 Ⓝ198.62
[内容] 1 チャールズ・ケルシィ・ドージャーの生涯(家系と少年時代 マーサー大学時代 ほか) 2 モード・パーク・ドージャーの生涯(サザン・バプテスト神学校時代、チャールズ・ケルシィ・ドージャーとの出会い 来日後の活動 ほか) 3 日本のC.K.ドージャー――西南学院の創立者 4 資料(思い出の記 ドージャー夫妻関係年譜 ほか)

ドス, D. 〔1919～2006〕 Doss, Desmond

◇デズモンド・ドス―もうひとつの真実 フランシス・M.ドス著，福音社編集部訳 立川 福音社 2017.6 121p 21cm 1000円 Ⓘ978-4-89222-496-6 Ⓝ392.53

トスカニーニ, A. 〔1867～1957〕
Toscanini, Arturo

◇偉大なる指揮者たち―トスカニーニからカラヤン、小澤、ラトルへの系譜 クリスチャン・メルラン著 神奈川夏子訳 ヤマハミュージックメディア 2014.11 389,7p 21cm 2800円 Ⓘ978-4-636-90301-0 Ⓝ762.8
[内容] アルトゥーロ・トスカニーニ ウィレム・メンゲルベルク セルゲイ・クーセヴィツキー ピエール・モントゥー ブルーノ・ワルター サー・トーマス・ビーチャム レオポルド・ストコフスキー エルネスト・アンセルメ オットー・クレンペラー ヴィルヘルム・フルトヴェングラー 〔ほか〕
＊指揮の特徴や楽団員からの評価、生い立ちや普段の振る舞い、家族関係など、50人のマエストロたちの素顔を描き出す。オーケストラ指揮の知られざる側面に迫る評伝集。

◇身近で見たマエストロトスカニーニ サミュエル・チョツィノフ著，石坂廬訳 アルファベータブックス 2017.11 237p 20cm 2000円 Ⓘ978-4-86598-042-4 Ⓝ762.37
[内容] 出会い イタリア音楽を愛す ムッシェンハイム夫妻 ヴェルディを敬愛 愉快な晩餐会 トリック好きのマエストロ 厳格な音楽家としての顔 磁石に興味深々 バイロイト音楽祭に客演 イゾリーノを訪ねる 〔ほか〕
＊トスカニーニの右腕として行動を共にしてきたNBC交響楽団音楽監督のチョツィノフが描いた伝説の指揮者の素顔！一切の妥協を排した厳格な音楽家としての顔、プライベートで見せるユーモラスな一面、NBC交響楽団への招致の経緯やファシズムとの闘いを生き生きと綴る。60年ぶり新訳で刊行。

ドストエフスキー, F. 〔1821～1881〕
Dostoyevsky, Fyodor

◇ドストエフスキー　ヴィリジル・タナズ著，神田順子，ベリャコワ・エレーナ訳　祥伝社　2014.7　410p　18cm　〈祥伝社新書 374―ガリマール新評伝シリーズ〉〈年譜あり〉　1000円　Ⓘ978-4-396-11374-2　Ⓝ980.268

内容 神学から医学へ転じた父　ミハイロフ宮殿　デビュー作の成功と秘密結社　処刑場からシベリア行きの橇　流刑者の結婚　ドタバタ恋愛喜劇と『死の家の記録』　陰鬱なドタバタ喜劇　『罪と罰』への胎動　伴侶を求めて　しんじつ美しい人間〔ほか〕

＊ルーマニア出身、パリを中心に活躍する戯曲作家、演出家による新しい評伝。『死の家の記録』『罪と罰』『白痴』『悪霊』『永遠の良人』『カラマーゾフの兄弟』『作家の日記』執筆の背景にあるものとは─。社会の危機、人間の危機を追究しつづけた作家の生涯を追いつつ、その謎を解く鍵を探る。

◇ドストエフスキイ　井桁貞義著　新装版　清水書院　2014.9　247p　19cm　〈Century Books 人と思想 82〉〈文献あり　年譜あり　索引あり〉　1000円　Ⓘ978-4-389-42082-6　Ⓝ980.268

内容 1 デビューまで　2 『貧しき人々』―"テクストの出会い"と"出会いのテクスト"　3 "ユートピア"の探求　4 『地下室の手記』―"アンチ・ヒーロー"による"反物語"　5 宗教生活　6 『罪と罰』―再構築と破壊　7 カタログ式西欧旅行案内　8 『悪霊』―レールモントフとニーチェを結ぶもの　9 ジャーナリスト・ドストエフスキイ　10 『カラマーゾフの兄弟』―修道僧と"聖なる愚者"たち

◇世界の十大小説　下　W.S.モーム著，西川正身訳　岩波書店　2015.5　349p　15cm　〈岩波文庫〉　840円　Ⓘ4-00-322545-7　Ⓝ904

内容 7 フローベールと『ボヴァリー夫人』　8 ハーマン・メルヴィルと『モウビー・ディック』　9 エミリー・ブロンテと『嵐が丘』　10 ドストエフスキーと『カラマーゾフの兄弟』　11 トルストイと『戦争と平和』　12 結び

＊「結局のところ、作家が読者にあたえ得るものと言っては、自分自身をおいてほかにない」とモームは言う。〈下〉では『ボヴァリー夫人』『モウビー・ディック』『嵐が丘』『カラマーゾフの兄弟』『戦争と平和』の五篇について語った後、作家十人がそろって出席する想像上のパーティが開かれる

トッド, E. 〔1951～〕 Todd, Emmanuel

◇トッド自身を語る　エマニュエル・トッド著，石崎晴己編訳　藤原書店　2015.11　216p　20cm　〈著作目録あり〉　2200円　Ⓘ978-4-86578-048-2　Ⓝ289.3

ドッド, W.E. 〔1869～1940〕 Dodd, William Edward

◇第三帝国の愛人―ヒトラーと対峙したアメリカ大使一家　エリック・ラーソン著，佐久間みかよ訳　岩波書店　2015.9　407p　20cm　2600円　Ⓘ978-4-00-061069-8　Ⓝ289.3

ドーティ, C. 〔1984～〕 Doughty, Caitlin

◇煙が目にしみる―火葬場が教えてくれたこと　ケイトリン・ドーティ著，池田真紀子訳　国書刊行会　2016.8　371p　20cm　〈文献あり〉　2400円　Ⓘ978-4-336-06071-6　Ⓝ933.7

内容 バイロンのひげ剃り　バービー・サプライズ　どんと！　ゼリーに刺した爪楊枝　スイッチを押すのは？　ピンク・カクテル　悪魔の子供たち　インスタント火葬　自然体は不自然　おお、哀れなヨリック　エロスとタナトス　バブル現象　グスル　ソロで初仕事　セコイアの森　死の学校　遺体搬送車　アルス・モリエンディ　放蕩娘（エピローグに代えて）

＊火葬技師見習いとして就職した初日から一人前の葬儀屋になるまでの日々と、そこから得た哲学を本音で熱く語る回想録。

ドナティ, G.B. 〔1826～1873〕 Donati, Giovanni Battista

◇現代天文学史―天体物理学の源流と開拓者たち　小暮智一著　京都　京都大学学術出版会　2015.12　634p　22cm　〈他言語標題：History of Modern Astronomy　文献あり　年表あり　索引あり〉　4900円　Ⓘ978-4-87698-882-2　Ⓝ440.12

内容 第1部 天体分光学（「新天文学」の開幕　星の分光分類とHD星表）　第2部 星の構造と進化論（星の進化論とHR図表　熱核反応と星の進化論）　第3部 銀河天文学と宇宙論（銀河と星雲の世界　銀河系の発見　宇宙の源流）　第4部 現代天文学史（日本における天体物理学の黎明　現代天文学への展開）

＊初めて星の化学組成を明らかにしたロンドンのアマチュア天文家ハギンス、太陽をガス体と見なした特許調査官レーン、自作の望遠鏡で天空を探査した音楽家ハーシェル…18世紀末から19世紀中葉にかけて現代天文学の扉を開いた彼らは、いずれも学界に縁のないアマチュア天文家だった。星の位置と運動を対象とする古典天文学から天体の物理的構造を探る天体物理学へ、その転換期を担った人々の生涯と研究を軸に、現代天文学の歴史をたどる。

ドナ・ロタ
⇒ ロタ・デ・マチェード・ソアレス を見よ

ドビュッシー, C. 〔1862～1918〕 Debussy, Claude

◇ドビュッシー―香りたつ音楽　島松和正著　講談社エディトリアル　2017.7　347p　20cm　〈他言語標題：CLAUDE DEBUSSY　文献あり〉　2200円　Ⓘ978-4-907514-80-8　Ⓝ762.35

内容 プロローグ 音楽の新しい時代への前奏曲　第1章 ヴィクトリーヌの時代（一八六二～一八七九年）　第2章 ヴァニエ夫人の時代（一八八〇～一八八九年）　第3章 ギャビーの時代（一八八九～一八九八年）　第4章 リリーの時代（一八九八～一九〇五年）　第5章 エンマとシュシュの時代（一九〇五～一九一八年）　エピローグ シュシュの手紙

＊没後100年記念。ドビュッシー評伝の新境地。スキャンダル多き天才作曲家を支えた女神たちへの

◇ドビュッシーと歩くパリ　中井正子著　新装版　アルテスパブリッシング　2018.4　135p　21cm　〈他言語標題：DEBUSSY À PARIS　著作目録あり　作品目録あり〉　2200円　①978-4-86559-177-4　Ⓝ293.53093

◇ドビュッシー最後の一年　青柳いづみこ著　中央公論新社　2018.12　237p　18cm　〈他言語標題：La dernière année de Debussy　文献あり〉　1600円　①978-4-12-005148-7　Ⓝ762.35
  内容 ドビュッシー最後の一年（一九一七年までのドビュッシー　石炭が欲しい！　終わりたがらないヴァイオリン・ソナタ　一九一七年五月五日　六人組とのすれ違い　パラードとペトルーシュカ　バスクの避暑地はピアニストだらけ　本当に最後のコンサート　シェイクスピアへの偏愛　アッシャー家の崩壊　アンドレ・カプレ ほか）　ヴィクトル・セガレンとドビュッシー――沈黙の音楽をめぐって
  ＊没後100年。55歳で生涯を閉じた作曲家の「終活」を追う。最晩年に凝縮された真実の姿とは？演奏・解釈・研究の第一人者による最新のドビュッシー論。

ドブジャンスキー, G.D.〔1900～1975〕
Dobzhansky, Theodosius Grygorovych
◇進化論物語　垂水雄二著　バジリコ　2018.2　243p　20cm　〈文献あり〉　2000円　①978-4-86238-236-8　Ⓝ467.5
  内容 序論　ダーウィンと進化論　第1章　反ダーウィンの旗印に仕立て上げられた学者――ラマルク　第2章　生物学の革新を目指した保守派の巨魁――キュヴィエ　第3章　進化論を踏み台に栄達した進歩主義者――ハクスリー　第4章　進化論を誤らせた社会学者――スペンサー　第5章　優生学への道を切り拓いた発生学者――ヘッケル　第6章　進化の総合説の仕上げ人――ドブジャンスキー　結び　進化論の現在
  ＊生き物はどこから来て、どこへ行くのか。人々の世界認識を変えた生物学史上の金字塔、ダーウィン進化論。ダーウィン進化論を取り巻く六人の学者たち、ラマルク、キュヴィエ、ハクスリー、スペンサー、ヘッケル、ドブジャンスキー、それぞれの栄光と挫折のドラマ。

ドホナーニ, C.〔1929～〕
Dohnányi, Christoph von
◇偉大なる指揮者たち―トスカニーニからカラヤン、小澤、ラトルへの系譜　クリスチャン・メルラン著　神奈川夏子訳　ヤマハミュージックメディア　2014.11　389,7p　21cm　2800円　①978-4-636-90301-0　Ⓝ762.8
  内容 アルトゥーロ・トスカニーニ　ウィレム・メンゲルベルク　セルゲイ・クーセヴィツキー　ピエール・モントゥー　ブルーノ・ワルター　サー・トーマス・ビーチャム　レオポルド・ストコフスキー　エルネスト・アンセルメ　オットー・クレンペラー　ヴィルヘルム・フルトヴェングラー ほか
  ＊指揮の特徴や楽団員からの評価、生い立ちや普段の振る舞い、家族関係など、50人のマエストロたちの素顔を描き出す。オーケストラ指揮の知られざる側面に迫った評伝集。

トポランスキー, L.〔1944～〕
Topolansky, Lucía
◇信念の女（ひと）、ルシア・トポランスキー――ホセ・ムヒカ夫人　激動の人生　佐藤美由紀著　双葉社　2017.4　220p　19cm　〈文献あり〉　1400円　①978-4-575-31241-6　Ⓝ289.3
  内容 第1章　ルーツ　第2章　闘争　第3章　生への執着　第4章　世界でもっとも貧しいファーストレディ　第5章　信念の女　第6章　ルシアとペペ、その日常
  ＊裕福な家庭で育った双子の美少女は、なぜ、革命家になったのか―ベストセラー『世界でもっとも貧しい大統領ホセ・ムヒカの言葉』で注目!!ムヒカに多大な影響を与える妻ルシアの凛々しい生き様を追ったノンフィクション!!

ドボルザーク, A.〔1841～1904〕
Dvořák, Antonín
◇ドヴォルジャーク―その人と音楽・祖国　黒沼ユリ子著　冨山房インターナショナル　2018.9　368p　22cm　〈『わが祖国チェコの大地よ』（リブリオ出版 1987年刊）の改題、大幅に修正・加筆〉　2800円　①978-4-86600-051-0　Ⓝ762.348
  内容 1　少年トニーク（イ長調とニ長調　ネラホゼヴェス村 ほか）　2　修行時代のアントン（ズロニツェの鐘の音　リーマン先生とテリンカ ほか）　3　作曲家への歩み（フス派と"讃歌"　思わぬ人との再会 ほか）　4　海を越えたチェコ音楽（イギリスでの成功と「ごほうび」　芸術家と祖国 ほか）
  ＊音楽と人間、そして音楽が、音楽家が持ちうる力。ドヴォルジャークの真の人間像が、数々の名曲が鮮やかによみがえる！子どもから大人までを魅了する読み物。

トマス, D.〔1914～1953〕　Thomas, Dylan
◇ディラン・トマス―海のように歌ったウェールズの詩人　木村正俊,太田直也編　彩流社　2015.7　389p　21cm　〈他言語標題：DYLAN THOMAS　文献あり　年譜あり　索引あり〉　4200円　①978-4-7791-2084-8　Ⓝ931.7
  内容 序論　ディラン・トマスの現在　1　ディラン・トマスの生涯　2　ディラン・トマスの始原の世界―自然の中に潜む力と暗黒の影　3　ディラン・トマスの主な作品を読み解く　4　ディラン・トマスの諸相　5　ディラン・トマスゆかりの地
  ＊20世紀の最も偉大な詩人の一人に数えられ、その幻想的な作風と、あまりにも短く鮮烈な人生（39歳で没す）を駆け抜けた伝説の詩人。ボブ・ディランも憧れ、日本にも熱烈なファンが多い詩人の生涯、業績にあらゆる角度から迫る。

トマス・アクィナス〔1225?～1274〕
Thomas Aquinas
◇キリスト教の主要神学者　上　テルトゥリアヌスからカルヴァンまで　F.W.グラーフ編、片柳榮一監訳　教文館　2014.8　360,5p　21cm　3900円　①978-4-7642-7383-2　Ⓝ191.028
  内容 マルキオン（八五頃‐一六〇頃）　カルタゴのテルトゥリアヌス（二/三世紀）　オリゲネス（一八五

／一八六 - 二五四） ニュッサのグレゴリオス（三四〇頃 - 三九四以後） アウグスティヌス（三五四 - 四三〇） カンタベリーのアンセルムス（一〇三三／一〇三四 - 一一〇九） クレルヴォーのベルナール（一〇九〇 - 一一五三） トマス・アクィナス（一二二四／一二二五 - 一二七四） マイスター・エックハルト（一二六〇頃 - 一三二八） ヨハネス・ドゥンス・スコトゥス（一二六五／一二六六 - 一三〇八） ロベルト・ベラルミーノ（一五四二 - 一六二一）

＊多彩にして曲折に富む2000年の神学史の中で、特に異彩を放つ古典的代表者を精選し、彼らの生涯・著作・影響を通して神学の争点と全体像を描き出す野心的試み。正統と異端が織り成す神学の魅力と核心を、第一級の研究者が描き出す。上巻では古代から宗教改革期に活躍した16名の神学者を紹介する。

◇キリスト教思想の形成者たち—パウロからカール・バルトまで　ハンス・キュンク著，片山寛訳　新教出版社　2014.10　345p　20cm　2900円　①978-4-400-32423-2　Ⓝ191.028

[内容] パウロ—キリスト教の世界宗教への夜明け　オリゲネス—古代とキリスト教精神の偉大な統合　アウグスティヌス—ラテン的・西方的神学の父　トマス・アクィナス—大学の学問と教皇の宮廷神学　マルチン・ルター—パラダイム転換の古典的事例としての福音への回帰　フリードリヒ・シュライエルマハー—近代の薄明の中の神学　カール・バルト—ポストモダンへの移行における神学　エピローグ—時代にかなった神学への指針

＊キリスト教史にパラダイム転換を画した7人。バチカンから教授資格を停止された神学界の異端児が、鮮やかな筆致でキリスト教の大思想家たちの生涯と思想、その光と影を描き出す。

◇キリスト教的学識者—宗教改革時代を中心に　E.H.ハービソン著，根占献一監訳，大川なつか，高津秀之，高津美和訳　知泉書館　2015.2　231, 24p　20cm　〔ルネサンス叢書〕〈布装　索引あり〉　3000円　①978-4-86285-205-2　Ⓝ191.028

[内容] 第1章 キリスト教的召命としての学問—ヒエロニムスからアクィナスまで（キリスト教的学識者の召命 ヒエロニムス、アウグスティヌス、ピエール・アベラール、トマス・アクィナス）　第2章 学芸復興（ルネサンス）—アリストテレスからコレットまで（学芸復興（ルネサンス）とキリスト教的学識者 ペトラルカ、ロレンツォ・ヴァッラ、ジョヴァンニ・ピーコ・デッラ・ミランドラ、ジョン・コレット）　第3章 エラスムス　第4章 ルター　第5章 カルヴァン

＊聖書では知恵（学識）は信仰の障害物になると語られ、反主知主義の伝統的潮流が存在する。キリスト教徒にとっての学問とは何か。宗教改革は聖書の意味に対する学者の洞察に始まり、それは学識者の運動、大学教授や学生による出来事、学者による革命となった。歴史上、エラスムス、ルター、カルヴァンに代表されるこの時代ほどキリスト教的学識者の威信が高まり強い影響力をもったことはない。人々の学ぶ熱意や、学問に対する尊敬と信頼が広まったのである。本書は彼らに影響を与えた先駆者の検討を通じて、彼らがいかにその使命を天職として感得し、学問への情熱とキリスト教信仰を一致させたか、さらにその営みがキリスト教の発展に与えた影響など、今まで神学者や歴史家が軽視してきたテーマに独自の光を投じた。著

者は「アテネとエルサレム、アカデミーと教会とは何の関係があるのか？」という問いから、古代の教父学者ヒエロニムスとアウグスティヌス、中世の神学者アベラールとトマス・アクィナス、ルネサンス人文主義者ペトラルカとヴァッラやピーコたちの業績と、宗教改革期の学識者を有機的に関連づけて考察することにより、キリスト教とギリシア・ローマ文化の微妙な折衝を見事に描く。類書のない基本的文献である。

◇トマス＝アクィナス　稲垣良典著　新装版　清水書院　2016.7　222p　19cm　（Century Books—人と思想 114）〈文献あり　年譜あり　索引あり〉　1200円　①978-4-389-42114-4　Ⓝ132.2

[内容] 1 幼少年時代—山城と修道院　2 ナポリ大学時代—アリストテレスとドミニコ会　3 修業時代—ケルンとパリ　4 神学教授として—トミズムの誕生　5 イタリア時代—トミズムの成熟　6 第二回パリ時代—挑戦と応答　7 帰郷と最後の旅—思索への没入と啓示　おわりに—トマスと現代

＊中世の精神文化を代表する偉大な作品といえば、だれでもゴシック大聖堂と共にトマス＝アクィナスの『神学大全』をあげる。しかし多くの人は、いわば遙かな時代の記念碑であるかのようにトマスを遠くから眺め、讃え、そしてそのまま行き過ぎてしまう。近づいてその生の声に耳を傾ける人は稀である。たしかに、ラテン語の膨大な著作の奥にいるトマスその人と出会うことは難しい。トマスの同時代人たちは、かれを「革新者」として讃え、あるいは危険視したが、その「革新」の深い意味は理解しなかった。しかし、トマスを斥けるところから出発した近代思想が、あらゆる面で行きづまっているように見える今日、もう一つの「選択肢」としてのトマス思想を見直す必要があるのではないか。本書はトマスの生の声を伝え、読者をトマスその人との出会いに導こうとする試みである。

◇トマス・アクィナス人と著作　J.-P.トレル著，保井亮人訳　知泉書館　2018.10　741p　19cm　（知泉学術叢書 4）〈文献あり　年表あり　索引あり〉　6500円　①978-4-86285-280-9　Ⓝ132.2

[内容] 波乱に富んだ青年時代（1224/25 - 45年）　アルベルトゥス・マグヌスの弟子（1245 - 52年）　パリで教えた最初の年月（1252 - 56年）　聖書の教師（1256 - 59年）　托鉢修道会の弁護者　イタリアへの帰還—『対異教徒大全』オルヴィエト滞在（1261 - 65年）　ローマでの年月（1265 - 68年）—『神学大全』への着手　ローマ時代の他の著作　新たなパリ滞在—教義上の対決〔ほか〕

＊本書は、トマス・アクィナス（1225 - 74）の生涯と著作についての詳細で的確な紹介に加え独自の見解を展開した、世界で定評の画期的な概説書である。トマス研究者のみならず中世の思想や歴史など他分野の研究者にとっても、中世思想とその背景を知る上で必携の一書。著者はトマス作品の批判的校訂版であるレオニーナ版の編集経験を生かし、修道士、教師として活動したトマスの多岐にわたる著作を詳細に検討し、著作の背景や執筆年代、さらに正確な内容を分かりやすく説明しつつ貴重な情報を提供する。英、独、伊、西、葡などすでに7か国語に翻訳されており、本書は最新の改訂に基づく決定版である。

ド・マン, P.〔1919〜1983〕 De Man, Paul

◇ポール・ド・マンの戦争　土田知則著　彩流社　2018.5　224p　19cm　（フィギュール彩 101）〈他言語標題：LA GUERRE DE PAUL DE MAN　文献あり　索引あり〉　1800円　Ⓟ978-4-7791-7103-1　Ⓝ289.3

内容 「卑俗な」という危うげな一語に託して　ポール・ド・マンと二人のコラボラトゥール　歴史から言語へ　ポール・ド・マンと「物質性」に関する二つの解釈系列　「ポール・ド・マン事件」とは何だったのか

ドミティアヌス〔51〜96〕 Titus Flavius Domitianus

◇ローマ皇帝伝　下　スエトニウス著，国原吉之助訳　岩波書店　2018.5　403,20p　15cm（岩波文庫）　1130円　Ⓟ4-00-334402-2　Ⓝ232.8

内容 第4巻 カリグラ　第5巻 クラウディウス　第6巻 ネロ　第7巻（ガルバ　オト　ウィテリウス）　第8巻（ウェスパシアヌス　ティトゥス　ドミティアヌス）

＊我が妹を妻とし、帝国資産をまたたく間に蕩尽したあげく自らを神と崇めよと命ずるカリグラ。権力を争って母を殺し、さらに首都に火を放って遠望する焔の美しさに恍惚とするネロ。簡潔直截に次々と繰りだされてゆく豊富な逸話の中から、放恣残虐の限りを尽す歴代ローマ皇帝たちの姿がなまなましく立ち現われてくる。

ドーム, A.（ガラス工芸家ドーム兄弟の兄）〔1853〜1909〕 Daum, Auguste

◇エミール・ガレとドーム兄弟―Darvish gallery Collection　Fedal Management有限会社編集，山根郁信監修　神戸　Fedal Management　2015.11　109p　31cm　〈他言語標題：Emile Gallé et les frères Daum　発売：ベースボール・マガジン社〉　2700円　Ⓟ978-4-583-10943-5　Ⓝ751.5

内容 エミール・ガレ　エミール・ガレ略歴　エミール・ガレコレクション　Once upon a time in Carnac―エミール・ガレ「ルファンのタコ」　ガレのエグゾティスム―ペルシャ美術からの影響　エミール・ガレと日本をめぐって　ドーム兄弟　ドーム兄弟とその工房　ドーム兄弟コレクション　ナンシー派　L'Ecole de Nancy　マイゼンタール―エミール・ガレの創作の源流を訪ねて

ドーム, A.（ガラス工芸家ドーム兄弟の弟）〔1864〜1930〕 Daum, Antonin

◇エミール・ガレとドーム兄弟―Darvish gallery Collection　Fedal Management有限会社編集，山根郁信監修　神戸　Fedal Management　2015.11　109p　31cm　〈他言語標題：Emile Gallé et les frères Daum　発売：ベースボール・マガジン社〉　2700円　Ⓟ978-4-583-10943-5　Ⓝ751.5

内容 エミール・ガレ　エミール・ガレ略歴　エミール・ガレコレクション　Once upon a time in Carnac―エミール・ガレ「ルファンのタコ」　ガレのエグゾティスム―ペルシャ美術からの影響　エミール・ガレと日本をめぐって　ドーム兄弟　ドーム兄弟とその工房　ドーム兄弟コレクション　ナンシー派　L'Ecole de Nancy　マイゼンタール―エミール・ガレの創作の源流を訪ねて

トムリンソン, L.〔1991〜〕 Tomlinson, Louis

◇ワン・ダイレクション―僕らの話をしよう―。ワン・ダイレクション著，鮎川晶訳　宝島社　2014.11　350p　26cm　2350円　Ⓟ978-4-8002-3294-6　Ⓝ767.8

内容 リアムの章　ナイルの章　ハリーの章　ゼインの章　ルイの章　5人で語った1D

＊止まらない1D旋風！5人が自ら語った公式自叙伝。

ドメネク・イ・モンタネル, L.〔1850〜1923〕 Domènech i Montaner, Lluís

◇カタルーニャ建築探訪―ガウディと同時代の建築家たち　入江正之著　早稲田大学出版部　2017.3　169p　21cm　（早稲田大学理工研叢書シリーズ No.29）　2000円　Ⓟ978-4-657-17001-9　Ⓝ523.36

内容 第1章 カタルーニャ・バルセロナの街へようこそ　街を歩く　第2章 タラゴナ―街々の建築を造形・装飾した異才の建築家　ジュゼップ・ジュジョール・イ・ジーベルト　第3章 バルセロナ―"カタルーニャ・ムダルニズマ"を駆動させた建築家　ルイス・ドメーネック・イ・モンタネル　第4章 ジロナ―中世都市の近代化を進めた建築家　ラファエル・マゾー・イ・バレンティー　第5章 タラッザ―繊維業を興した街の建築家　ルイス・ムンクニル・イ・バレリャーダ　第6章 ガウディ誌論―日本に初めてガウディを紹介した建築家　今井兼次

ド・モーガン, W.〔1839〜1917〕 De Morgan, William

◇ウィリアム・ド・モーガンとヴィクトリアン・アート　吉村典子著　京都　淡交社　2017.4　213,26p　図版16p　22cm　〈他言語標題：William De Morgan and Victorian Art　文献あり　年譜あり　索引あり〉　2300円　Ⓟ978-4-473-04179-1　Ⓝ751.3

内容 第1部 「近代」を体現する人々（数学者の父と慈善活動家の母のもとで　「アート」の世界へ―「絵画」ではない何か　「モリス・マーシャル・フォークナー商会」、そして陶制作へ）　第2部 「アーティスト・ポター」ヘ―ド・モーガン製陶所の設立と展開（ド・モーガン工房設立までの陶制作　ド・モーガン製陶所の設立と展開　ド・モーガン製陶所の製品）　第3部 突き抜ける「アート」―仲間との「ロマンス」（「アート」をめぐって　ド・モーガンとモリス、そして仲間たちと　画家、そして、妻のイーヴリンと）　第4部 「アート」と空間―ド・モーガン・タイルの愛好家たち（数奇者の家―「レイトン・ハウス」　イスラーム・ブームとタイルづくしの家―「デベナム・ハウス」　建築家ショーと中産階級の住まい―「アドコート」　湖水地方の別邸―「ブ

ラックウェル」　船旅ブームとタイル―「豪華客船」の室札)

＊19世紀イギリス、ヴィクトリア女王の時代に、独創的な色と文様のタイルで人びとの暮らしに彩りと潤いを与えたド・モーガン。その事績をたどり、背景をなす多彩な「アート」の実像に迫る。

ドライサー, T. 〔1871～1945〕
Dreiser, Theodore

◇シオドア＝ドライサー　岩元巖著　新装版　清水書院　2016.7　240p　19cm （Century Books―人と思想 154）〈文献あり　年譜あり　索引あり〉　1200円　Ⓘ978-4-389-42154-0　Ⓝ930.278

|内容| 1 シオドア・ドライサーの生涯―成功の夢を追い続けた男（貧しい移民の子　青春の苦闘　新聞記者への道　セントルイス時代　放浪の記者生活　大都会での挫折　成功の崩し　『シスター・キャリー』の挫折　「不道徳」というレッテルの重圧　大作家への道　華麗なる時代　不満足な晩年）　2 シオドア＝ドライサーの作品と思想（『シスター・キャリー』『ジェニー・ゲアハート』『資本家』『アメリカの悲劇』『悲劇的なアメリカ』　晩年の心境を描く〈とりで〉　むすび）

＊『アメリカの悲劇』の作者シオドア＝ドライサーは一九世紀末から二〇世紀前半を生きたもっともアメリカ的な小説家だった。彼はドイツからの移民の子として貧困の中に育ち、自学自習で小説家としての成功を夢見て、苦労をしながら奮闘した人である。少年期から青年期まで、様々な職に就きながら、新聞記者、雑誌編集者を経て、念願の小説家となり、やがては当時の文学時流であった自然主義文学の代表的作品を世に問うまでとなった。晩年彼は必ずしも小説家として十全の時を送ることはできなかったが、ドライサーの生涯はまさに「アメリカの夢」を見、実現させようと努力した軌跡である。ここにアメリカに生きる男の典型があったと読者は感ずるはずである。

ドライヤー, J.L.E.
⇒ドレイヤー, J.L.E. を見よ

トラークル, G. 〔1887～1914〕　Trakl, Georg

◇ゲオルク・トラークル―生の断崖を歩んだ詩人　リューディガー・ゲルナー著，中村朝子訳　青土社　2017.11　439p　20cm　3400円　Ⓘ978-4-7917-7022-9　Ⓝ941.6

|内容| 三和音で響く序　1 終局的な始まり―『一九〇九年集』2 「酩酊の中でお前はすべてを理解する」―トラークルの有毒な創作　3 境界を越える試み―ウィーン・インスブルック・ヴェネツィア・ベルリンそれとも至る所がザルツブルクなのか　4 一九一三年『詩集』　5 詩的な色彩世界あるいは〈詩の〉「わたし」の問題　6 死に向かって詩作する。一つの自画像と「死んでいく者たちとの出会い」　7 「夢のなかのセバスティアン」あるいは「悪の変容」　8 「塀に沿って」。詩に描かれた世界の終末の様相　9 生まれぬもののなかで後生に生き続ける

＊暗い時代に生き、生の深淵からの叫びをうたった詩人の魂の軌跡。第一次世界大戦に向かう旧世界ヨーロッパの没落のただ中を生き、罪の意識に苦悩し、存在することの痛みをうたった詩人トラークル。言葉の音楽的な響き、独特な色彩にいろどられた幻覚、救済を求める絶望的な叫び。その作品と生涯を自在に行き来しながら、リルケやヴィトゲンシュタインを驚嘆させ、ハイデガーを深い哲学的思索に誘ったその詩作の真髄に迫る第一級の評伝。

ドラッカー, P. 〔1909～2005〕
Drucker, Peter Ferdinand

◇ドラッカー入門―未来を見通す力を手にするために　上田惇生, 井坂康志著　新版　ダイヤモンド社　2014.8　305p　20cm （他言語標題: Introduction to Peter F.Drucker　著作目録あり　年譜あり　索引あり）　1800円　Ⓘ978-4-478-02857-5　Ⓝ289.3

◇ドラッカー―人・思想・実践　ドラッカー学会監修, 三浦一郎, 井坂康志編著　文眞堂　2014.10　254p　21cm 〈索引あり〉　2800円　Ⓘ978-4-8309-4837-4　Ⓝ335.1

|内容| 文化と文明の懸け橋としてのマネジメント　第1部 人と思想（脱「昨日の世界」の哲学―ウィーン、フランクフルトの時代　ポストモダンの哲学　二人の社会分析家―オースティンとドラッカー）　第2部 知的世界（イノベーションの発明　事業活動の両輪―マーケティングとイノベーション　戦略論の地平　マネジメント・スコアカードの有効性をめぐって　非営利組織における展開　知識、技術、文明　社会生態学―知の新戦略を開く）　第3部 実践（コンサルタントとしてのドラッカー　社会生態学者ドラッカーに学ぶ　『現代の経営』と私の経営　革新こそが新たな伝統を生む　学びと実践）　リベラル・アーツとしてのマネジメント

＊「経営」のドラッカー像を大胆に脱し、「新時代の哲人」としての新たな相貌を示す。ドラッカーがプロの核心を明かした1970年のインタビュー「コンサルタントの条件」を収載！

◇ビジネススクールでは教えてくれないドラッカー　菊澤研宗著　祥伝社　2015.4　219p　18cm （祥伝社新書 409）〈文献あり〉　780円　Ⓘ978-4-396-11409-1　Ⓝ335.1

|内容| 第1部 経営学の科学主義とドラッカー（ドラッカーを読まない平凡な経営学者　米国で台頭する科学主義　統計学のお遊びになってしまった経営学　科学的経営学が陥る「不条理」）　第2部 ドラッカーの経営学を読む（ドラッカーの生い立ち　ドラッカーのマネジメント論　ドラッカーのマネジメント論の目的とは　ドラッカーのマネジメント論　ドラッカーの経営組織論）　第3部 人間主義的マネジメントとは―ドラッカー、カント、小林秀雄（経済主義と人間主義の統合としてのカント哲学　日本人と自律的マネジメント　小林秀雄「大和心」とマネジメント）

＊日本ではかねてより人気の高いドラッカーのマネジメント理論だが、経営学の本場であるアメリカでは、もはや学問としては一顧だにされない。その大きな理由は、経営学の「科学化」にある。統計学を乱用した悪しき科学主義により、ドラッカー経営学の真の意味が理解されず、単なる統計の「お遊び」の様相を呈しているのだ。しかし、本当にドラッカーは役に立たないのだろうか。著者は「合理的」な経営者が陥る不条理に着目し、ドラッ

◇ドラッカーと私―経営学の父とテキサスの企業家の魂の交流　ボブ・ビュフォード著，井坂康志訳　NTT出版　2015.10　176p　20cm　1600円　①978-4-7571-2347-2　Ⓝ289.3

内容　「お帰りくださいね」　「警戒せよ、白き馬にまたがれる者を」　出会い　ピーターの本当の仕事　ピーターの人間的魅力　ピーターに教わったこと　成功から価値へ　人生後半戦のゲームプラン　ピーターと牧師たち　大きくなれ、さもなくば去れ　目的を持ったイノベーション　最高の教師にして友　神からの問い　社会を救うということ

＊テキサスでCATV会社を経営していた企業家が、ドラッカーの門を叩いた。GM、P&G、GE、IBMなど名だたる大企業にアドバイスする大物コンサルタントが自分を相手にしてくれるだろうか。しかし、ドラッカーは温かく迎え入れ、交流が始まる。コンサルタントとクライアントという関係を超えて、二人の関係は深まっていく。後半生をビジネス以外のものに打ち込みたいと考えた著者。アメリカの企業に疑問を持ち始めていたドラッカー。二人は非営利組織の支援に残りの人生を賭けた。人は何をなすべきかを考えさせるドラッカーと企業家の真実の物語。

◇山岡流経営学の真髄はすべてドラッカーから学んだ　山岡歳雄著　万来舎　2016.8　309p　19cm　〈文献あり〉　1600円　①978-4-908493-06-5　Ⓝ335.1

内容　ドラッカーとデミング　ドラッカーとの最初の出会い――九六〇（昭和三五）年　ドラッカーをメインとしたマネジメントシステムの素創り――九六一（昭和三六）年　ヒューストンの思い出「工学博士建設」合格認定――九六二（昭和三七）年　再び渡米：超短期留学"マネジメント学専攻"九八日――九六二（昭和三七）年　渋沢栄一記念財団等、ドラッカーの視察に同行――九六三（昭和三八）年　クオリティ・マネジメントシステムのポイントを学ぶ――九六八（昭和四三）年　ドラッカーら来日――九七〇（昭和四五）年　シカゴ、サンフランシスコ、ワシントン――九七八～七九（昭和五三～五四）年　西ドイツ、フランス、イギリスにて――九八二（昭和五七）年　海外調査団とアメリカ視察――九八四（昭和五九）年　経営管理システムの体系化を目指し、論議と講演――九八八（昭和六三）年

＊もう一つのドラッカー物語。1960年、ドラッカー初来日時、日本の案内役を託されて以来、54年におよぶドラッカーとの交流に加え、デミングとも30年の交流を続けた、著者の貴重な体験が凝縮された一冊。

◇日本に来たドラッカー　初来日編　山下淳一郎著，日本経営協会監修　同友館　2016.11　356p　20cm　〈文献あり〉　1800円　①978-4-496-05240-8　Ⓝ335.1

内容　第1話　ドラッカーの初来日「ドラッカー招聘」――一九五七年ドラッカーへの講演依頼　第2話　ドラッカーとの懇談会「これからの働き方」――一九五九年七月六日東京　第3話　ドラッカーの講演「日本は世界の見本となる」――一九五九年七月七日東京　第4話　ドラッカーのセミナー1日目「トップマネジメント」――一九五九年七月一五日箱根　第5話　ドラッカーのセミナー2日目「リーダーの育成」――一九五九年七月一六日箱根　第6話　ドラッカーのセミナー3日目「組織の人間関係」――一九五九年七月一七日箱根　第7話　ドラッカーの手紙「日本へのメッセージ」――一九五九年八月二〇日デンバー

◇思想家ドラッカーを読む―リベラルと保守のあいだで　仲正昌樹著　NTT出版　2018.2　310p　19cm　〈文献あり　年表あり〉　1800円　①978-4-7571-2369-4　Ⓝ289.3

内容　第1章　ウィーンのドラッカー（世紀転換期のウィーンとユダヤ人　"傍観者"の視点とは？　ほか）　第2章　守るべきものとは何か？―ドラッカーの保守主義（法学徒としてのドラッカー　保守主義者シュタール　ほか）　第3章　なぜファシズムと闘うのか？―ドラッカーの自由主義（ファシズム全体主義とは何か？　マルクス主義はなぜ大衆を裏切ったのか？　ほか）　第4章　思想としての「マネジメント」（ドラッカーの経済思想　「イノベーション」の思想史的意義　ほか）　終章　弱き個人のための共同体としての企業（リベラルと保守のあいだで　政治哲学における位置づけ　ほか）

＊20世紀を代表する経営学者ドラッカー。そのあまたの著作の背景には共同体という свое辺を先ず"弱い個人"がファシズムやポピュリズムに流されることなくいかに生き抜くかの、たゆまぬ思索があった。"思想"の観点からその精髄を明らかにするこれまでにない入門書。

◇P・F・ドラッカー―マネジメント思想の源流と展望　井坂康志著　文眞堂　2018.9　307p　22cm　〈他言語標題：Peter Ferdinand Drucker　文献あり　索引あり〉　3300円　①978-4-8309-5006-3　Ⓝ289.3

内容　ドラッカー研究の現在　第1部　時代観察と"初期"言論（ウィーンの時代　フランクフルトの時代観察　躍動する保守主義としてのアメリカ産業社会）　第2部　基礎的視座の形成と展開（観察と応答の基本的枠組み　自由にして機能する社会への試み　知識社会の構想）　第3部　内的対話と交流（F.J.シュタール―継続と変革　E.パーク―正統性と保守主義　W.ラーテナウ―精神的な産業人ほか）

＊ドラッカーのマネジメントはいかなる思想的契機によって養われ、生成を遂げてきたか―。今まで知られることのなかったヨーロッパ時代の言動を中心に、主要著作に継承される世界観の核、もしくはヴィジョンの中枢にある最も祖型的な思惑を見出し、マネジメントをはじめ著作全般に通底する基本的視座、そして展望上の視軸を考察する。

ドラモンド, B. 〔1953～〕
Drummond, Bill（William Ernest）

◇The KLF―ハウス・ミュージック伝説のユニットはなぜ100万ポンドを燃やすにいたったのか　ジョン・ヒッグス著，中島由華訳　河出書房新社　2018.6　266p　20cm　〈年譜あり〉　3000円　①978-4-309-27953-4　Ⓝ764.7

内容　プロローグ　一〇〇万ポンドを燃やした馬鹿者ども　第1部　ウサギの耳（エリスとエコー　光明とイルミナティ　シリウスとシンクロニシティ　魔術とムーア　人間とムーム―ほか）　第2部　角（儀式　旅　潜水　終焉　目に見えない流れ　ほか）

＊深遠なる思想家か？目立ちたがりのバカ者どもか？

無断サンプリング、チルアウト、そして自爆―その結成から、成功の果てに大金を燃やすまでの「奇行」の数々が、初めて白日の下にさらされる。イギリス本国で高い評価を得たハウスミュージックのレジェンド、決定版評伝!

トラヤヌス〔53〜117〕
Marcus Ulpius Nerva Trajanus Augustus

◇ローマ帝国人物列伝　本村凌二著　祥伝社　2016.5　303p　18cm　〈祥伝社新書 463〉　840円　Ⓘ978-4-396-11463-3　Ⓝ283.2

内容　1 建国期―建国期のローマ（ブルトゥス―共和政を樹立した初代執政官　キンキナトゥス―ワシントンが理想とした指導者 ほか）　2 成長期―成長期のローマ（アッピウス―インフラ整備など、類稀なる先見性　ファビウス―耐えがたきを耐える「ローマの盾」 ほか）　3 転換期―転換期のローマ（クラッスス―すべてを手に入れた者が欲したもの　大ポンペイウス―カエサルに敗れた大武将 ほか）　4 最盛期―最盛期のローマ（ゲルマニクス―夭逝した理想のプリンス　ネロ―気弱な犯罪者だった暴君 ほか）　5 衰亡期―衰亡期のローマ（ガリエヌス―動乱期の賢帝　ディオクレティアヌス―混乱を鎮めた軍人皇帝 ほか）

＊ローマの歴史には、独裁も革命もクーデターもあったが、「パクス・ロマーナ」と呼ばれた平和な時代もあった。君主政も共和政も貴族政もポピュリズムもあり、多神教も一神教もあった。まさに「歴史の実験場」であり、教訓を得るのに、これほどの素材はない。歴史を学ぶには制度や組織は無視できないが、そこに人間が存在したことを忘れてはならないだろう。本書は、一〇〇〇年を超えるローマ史を五つの時代に分け、三二人の生涯と共に追うものである。賢帝あり、愚帝あり、英雄から気丈な女性、医学者、宗教家まで。壮大な歴史叙事詩であり、歴史は人なりを実感する一冊。

トランプ, D.〔1946〜〕　Trump, Donald

◇D・トランプ破廉恥な履歴書　ジョン・オドンネル, ジェームズ・ラザフォード著, 植山周一郎訳　飛鳥新社　2016.4　294p　19cm　〈『経営者失格』（1992年刊）の改題・再編集した新装版〉　1204円　Ⓘ978-4-86410-488-3　Ⓝ335.13

内容　トランプの虚と実　会社を疲弊させるワンマン経営　大衆を嫌っていた「ヒーロー」　対決を好み、競争をあおる　コスト計算なき放漫経営　冷酷非情な「取引の達人」　部下に要求すること　自意識過剰のふるまい　かけがえなき腹心の死　トランプ一流の保身術　バブルの申し子　大物ギャンブラー, 柏木昭男　神から人間への転落　トランプ最後の大ばくち　帝国崩壊の足音　トランプと決別した日

＊この男を大統領に選んでは絶対にいけない！全世界が混乱に陥る。元側近の告発。28年前、彼はすでに"大統領への野心"を打ち明けていた！ドナルド・トランプという男を解説した「訳者あとがき」も必読！

◇人生は爆発だ！最狂トランプ伝説　ハート・シーリー著, 前田和男訳・解説　ビジネス社　2016.5　128p　18cm　900円　Ⓘ978-4-8284-1880-3　Ⓝ289.3

内容　第1章 私はアメリカの何を変えたいのか？　第2章 私はなぜこれほどまでに愛されるのか？　第3章 私はなぜ成功を収めることができたのか？

＊全米が泣いた！怒った！歓喜した！数々の名言・暴言・妄言から見える「トランプ現象」の真実!!

◇アメリカはなぜトランプを選んだか　開高一希著　文藝春秋　2016.7　190p　19cm　〈表紙のタイトル：Why American chose〈uch a ×× ×××× guy〉Donald Trump？〉　1200円　Ⓘ978-4-16-390498-6　Ⓝ289.3

内容　第1章 トランプ・タワーで行った出馬宣言　第2章 Make America Great Again　第3章 日本は核兵器を持つだろう　第4章 政府はビジネスのように　第5章 女性差別主義者？　第6章 トランプによるトランプ　第7章 なぜトランプ旋風を止められなかったか　第8章 トランプのスピーチ術

＊暴言放言と言われてもその言葉には力がある。全世界が注視する実像に迫る！

◇いまこそ知りたいドナルド・トランプ　アメリカ大統領選挙研究会著　水王舎　2016.7　126p　21cm　〈文献あり〉　1200円　Ⓘ978-4-86470-056-6　Ⓝ289.3

内容　1 ドナルド・トランプとはどういう人物なのか？（ドナルド・トランプという男　ドナルド・トランプの性格　揺らぐことのないポリシー ほか）　2 トランプと政治（色物トランプが怒濤の快進撃　どうして大統領選に立候補したのか？　支持層は白人の低中所得層 ほか）　3 トランプの暴言＆迷言セレクト52　4 50億ドルを稼ぐビジネス術（なぜトランプは50億ドルを稼げたのか　市場調査と経験に裏打ちされた直感　50億ドルを稼ぐ勝者の宣伝力 ほか）

＊米大統領に一番近い男は世界を滅ぼす破壊者か？生い立ち、家族、経営手腕、4度の破産…様々な角度から見えてくる全米を熱狂させる男の人物像！

◇金のつくり方は億万長者に聞け！―大富豪トランプの金持ち入門　ドナルド・J・トランプ著, Meredith McIver［著］, 石原薫訳　扶桑社　2016.7　315p　18cm　〈2004年刊の加筆修正、新書版化〉　1300円　Ⓘ978-4-594-07498-2　Ⓝ159

内容　序 本書を読むべき50億の理由　第1部 ドナルド・トランプの経営塾　第2部 ドナルド直伝「見習い」のための成功術　第3部 金、金、金、金　第4部 交渉のコツ　第5部 トランプ流ライフスタイル　第6部 「アプレンティス」の内幕

＊全米50万部のベストセラー。バブルも不況も生き抜き、アメリカ大統領をめざすトランプ氏が成功するビジネス・金儲けのコツをあなたに教えます!!

◇ドナルド・トランプ, 大いに語る　ドナルド・トランプ述, セス・ミルスタイン編, 講談社編訳　講談社　2016.7　181p　18cm　〈講談社＋α新書 736-1C〉〈英語併記〉　840円　Ⓘ978-4-06-272953-6　Ⓝ289.3

内容　国内政策について　アメリカについて　国際情勢について　選挙運動について　対立候補について　他の政治家について　メディアについて　ポップ・カルチャーについて　ビジネスについて　自身について　人生訓について

＊いざ、大統領へ!!彼の言葉は、なぜ響くのか？全米が熱狂、失笑、激怒した、トランプの"迷"言集。

◇ドナルド・トランプ奇跡を起こす10倍思考　平

トランプ

睦夫著　経済界　2016.7　189p　18cm　（経済界新書 051）〈文献あり　年譜あり〉　800円　Ⓘ978-4-7667-2061-7　Ⓝ159

内容　第1章 現実的な夢より「偉大な夢」を追え―10倍思考とは何か　第2章 見上げるな、「小さなことだ」と見下ろせ―10倍思考のやり方　第3章 話術は「プロレス」だと割り切れ―10倍思考の言葉術　第4章 頬を打たれたら「戦車」で撃ち返せ―10倍思考の不敗術　第5章 「悪事もできるが悪事はしない」人と組め―10倍思考の人心掌握術　第6章 執念深さを成功法にしろ―10倍思考の定着　終章 「普通」ではない未来を目ざそう―10倍思考のこれから

＊口は悪い、だがこの発想と行動力、地上最強。「暴言王」がなぜ米国民の心を攫んで離さないのか。一代で巨万の富を築いたトランプ「成功の要諦」を学ぶ。ブレイクスルーを起こす最強の自己啓発書。

◇ドナルド・トランプ―劇画化するアメリカと世界の悪夢　佐藤伸行著　文藝春秋　2016.8　222p　18cm　（文春新書 1089）　780円　Ⓘ978-4-16-661089-1　Ⓝ289.3

内容　トランプとレーガン　トランプ家創業者はドイツ貧農　トランプをつくった男　トランプはやはり問題児だった　トランプの結婚　トランプのビジネス　政治家トランプの肖像　「怒りの時代精神」　トランプの宗教戦争　福音派とトランプ　「封じ込めドクトリン」：あとがきに代えて　二一世紀の「アメリカ問題」

＊空疎なポピュリストか？歴代大統領一番人気のレーガンの再来か？トランプはレーガンの劇場型政治を模倣しているが、俳優というより劇画コミックの主人公だ。しかもトランプもそのことを自認している。大統領選も自分のビジネスに利用する男が本当に世界最重要国の大統領になってしまうのか？

◇トランプ　マイケル・クラニッシュ, マーク・フィッシャー著, 野中香方子, 池村千秋, 鈴木恵, 土方奈美, 森嶋マリ訳　文藝春秋　2016.10　541p　20cm　2100円　Ⓘ978-4-16-390539-6　Ⓝ289.3

◇熱狂の王ドナルド・トランプ　マイケル・ダントニオ著, 高取芳彦, 吉川南訳　クロスメディア・パブリッシング　2016.10　382p　20cm　〈文献あり　発売：インプレス〉　1780円　Ⓘ978-4-8443-7498-5　Ⓝ289.3

内容　クロンダイクからブルックリン、クイーンズへ　少年王ドナルド　見習い時代　恐怖都市　ドナルド、ミッドタウンを救う　トランプ、タワーを建てる　セレブへの仲間入り　だまされる者のトランプ運の尽き　トランプ、見世物になる　ニュー・トランプ　トランプ、出馬する　トランプ、テレビショーに出演する　「私の美点の一つは…」　その悪評は海外に

＊ピュリッツァー賞受賞ジャーナリストによる徹底取材！政治はもちろん、経済、人種、メディア、貧困、格差…いまアメリカが直面するリアルな問題が、この男の軌跡から見えてくる。

◇列伝アメリカ史　松尾弌之著　大修館書店　2017.6　309p　20cm　〈他言語標題：Movers in American History　年表あり　索引あり〉　2300円　Ⓘ978-4-469-24605-6　Ⓝ285.3

内容　ポカホンタス―征服された新天地の象徴　アン・ハッチンソン―異議申し立ての系譜　トマス・ジェファソン―アメリカ独立宣言の起草者　ハリエット・タブマン―逃亡奴隷に居場所を用意した女性　メリー・B.エディー―金ぴか時代の治癒方法　ジョン・D.ロックフェラー―豊かなアメリカを作りあげた「強盗貴族」　セオドア・ローズベルト―二〇世紀を形づくった大統領　チャールズ・A.リンドバーグ―機械と共存した英雄　フランクリン・D.ローズベルト―バックス・アメリカーナをもたらした大統領　チャーリー・チャップリン―繁栄の時代の反逆児　ジョン・F.ケネディー―期待に満ちた時代の若い大統領　ベティ・フリーダン―対抗文化運動のうねり　リチャード・M.ニクソン―多様性の時代に立ち向かった大統領　バラク・H.オバマ―希望を信じ忍耐を貫いた黒人大統領　ドナルド・J.トランプ―人民の人民による人民のための政治

＊ポカホンタスからトランプまで。時代に影響を与えた人々の人生の物語を通していきいきと描く魅力あふれるアメリカ史。

◇世界を動かす巨人たち　経済人編　池上彰著　集英社　2017.7　250p　18cm　（集英社新書 0889）〈文献あり〉　760円　Ⓘ978-4-08-720889-4　Ⓝ280

内容　第1章 ジャック・マー　第2章 ルパート・マードック　第3章 ウォーレン・バフェット　第4章 ビル・ゲイツ　第5章 ジェフ・ベゾス　第6章 ドナルド・トランプ　第7章 マーク・ザッカーバーグ　第8章 グーグルを作った二人―ラリー・ペイジ、セルゲイ・ミハイロビッチ・ブリン　第9章 コーク兄弟―チャールズ・コーク、デビッド・コーク

＊この11人の大富豪こそ、真の「実力者」。池上彰が、歴史を動かす「個人」から現代世界を読み解く人気シリーズ最新刊！

◇米国アウトサイダー大統領―世界を揺さぶる「異端」の政治家たち　山本章子著　朝日新聞出版　2017.12　250,7p　19cm　（朝日選書 967）〈文献あり〉　1500円　Ⓘ978-4-02-263068-1　Ⓝ312.53

内容　序章 アウトサイダー大統領とは　第1章 アメリカ経済の変遷と中東　第2章 アメリカと同盟国　第3章 日米同盟の半世紀　第4章 アメリカはなぜトランプを選んだか　終章 アメリカの実像を見据えて

＊2017年、米国史上初の公職経験のない大統領が誕生した。大方の予想を裏切ったトランプ政権誕生は、アメリカの政治が、日米関係が、根本から変わりうることを意味する。私たちが、これまでの日米関係にとらわれずに、いまアメリカ人が望む国益や対外政策とは何か、その背景にあるアメリカが抱える諸問題とは何かを考えるべき時期が来ているのだ。本書は、ワシントンのアウトサイダーであることが国民から評価されて大統領に選ばれた6人にスポットをあてる。アイゼンハワー、カーター、レーガン、クリントン、ブッシュ（子）、トランプ…彼らの共通点、登場した時代背景、対外成策の傾向など、内政・外交を多角的に論じていく。彼らは大きな変化を求める世論が生んだ「時代の寵児」であり、彼らを知ることは、アメリカを取り巻く状況と課題の変遷を知ることになろう。

◇バノン悪魔の取引―トランプを大統領にした男の危険な野望　ジョシュア・グリーン著, 秋山勝訳　草思社　2018.3　334p　19cm　1800円　Ⓘ978-4-7942-2325-8　Ⓝ314.8953

|内容| はじめに その男、バノン 第1章 大統領選投票日 第2章 トランプの屈辱 第3章 バノンの足跡 第4章 危険な世界観 第5章 国境の「壁」 第6章 マーサー家の人々 第7章 ブライトバート 第8章 トランプ出馬 第9章 裏表のないポピュリズム 第10章 戦略家バノン 第11章 ヒラリー撃破 おわりに 暗黒の時代

＊ネットメディアを武器にトランプを大統領に仕立てた男スティーブ・バノン。大統領選の舞台裏にアメリカ社会の驚くべき地殻変動が見える。「トランプ劇場」の舞台袖にはつねにこの男が控えていた。トランプを激怒させ、バノンを解任させた衝撃の書。ニューヨークタイムズ・ベストセラー第1位。

◇より高き忠誠―真実と嘘とリーダーシップ
ジェームズ・コミー著, 藤田美菜子, 江戸伸禎訳
光文社 2018.8 434p 19cm 1900円
Ⓘ978-4-334-96219-7 Ⓝ317.953

|内容| 人生 われらのもの いじめっ子 意味 安易な人生 線路の上 確証バイアス フーバーの影 ワシントン流の聞き方 ロードキル(轢死)〔ほか〕

＊今こそ問う、指導者の倫理とは？ トランプ大統領にクビにされた元FBI長官が明かす、政権の裏側。

トランプ, I.（米大統領の元妻）〔1949～〕
Trump, Ivana Marie

◇トランプ家の謎―この美女たちが世界を操る！
悟空出版編集部編 悟空出版 2017.1 93p 21cm 1100円 Ⓘ978-4-908117-30-5 Ⓝ288.3

|内容| 第1章 トランプ家の肖像（トランプ・ファミリー相関図 トランプ一族の歴史） 第2章 イヴァンカ美のクロニクル（世界一のパーフェクト・レディ 大統領ファミリーの最終兵器 世界を見下ろして育った少女時代 モデル・イヴァンカの実力は？ 人気沸騰中のイヴァンカ・ブランド セレブたちと華やか交遊 スーパーエリート家族の日常） 第3章 トランプ・ファミリー美女列伝（メラニア・トランプ マーラ・メイプルズ イヴァナ・トランプ ヴァネッサ・トランプ ララ・ユナスカ ティファニー・トランプ） 第4章 大統領に愛された美女たち（ドナルド・トランプのド派手女性遍歴 トランプ政権の女性たち） 第5章 トランプ父娘の錬金術（自己愛こそが『トランプ』の強み！ トランプの生家に人気が殺到 ホワイトハウスは金ピカになるのか 歴史を受け継ぐ美少女たち）

＊才色兼備イヴァンカ、玉の輿メラニア―トランプ帝国の豪華女性キャラがまるわかり！ ホワイトハウスを彩る美魔女たちの正体！

トランプ, I.（米大統領の娘）〔1981～〕
Trump, Ivanka Marie

◇トランプ家の謎―この美女たちが世界を操る！
悟空出版編集部編 悟空出版 2017.1 93p 21cm 1100円 Ⓘ978-4-908117-30-5 Ⓝ288.3

|内容| 第1章 トランプ家の肖像（トランプ・ファミリー相関図 トランプ一族の歴史） 第2章 イヴァンカ美のクロニクル（世界一のパーフェクト・レディ 大統領ファミリーの最終兵器 世界を見下ろして育った少女時代 モデル・イヴァンカの実力は？ 人気沸騰中のイヴァンカ・ブランド セレブたちと華やか交遊 スーパーエリート家族の日常） 第3章 トランプ・ファミリー美女列伝（メラニア・トランプ マーラ・メイプルズ イヴァナ・トランプ ヴァネッサ・トランプ ララ・ユナスカ ティファニー・トランプ） 第4章 大統領に愛された美女たち（ドナルド・トランプのド派手女性遍歴 トランプ政権の女性たち） 第5章 トランプ父娘の錬金術（自己愛こそが『トランプ』の強み！ トランプの生家に人気が殺到 ホワイトハウスは金ピカになるのか 歴史を受け継ぐ美少女たち）

＊才色兼備イヴァンカ、玉の輿メラニア―トランプ帝国の豪華女性キャラがまるわかり！ ホワイトハウスを彩る美魔女たちの正体！

トランプ, M.〔1970～〕 Trump, Melania

◇トランプ家の謎―この美女たちが世界を操る！
悟空出版編集部編 悟空出版 2017.1 93p 21cm 1100円 Ⓘ978-4-908117-30-5 Ⓝ288.3

|内容| 第1章 トランプ家の肖像（トランプ・ファミリー相関図 トランプ一族の歴史） 第2章 イヴァンカ美のクロニクル（世界一のパーフェクト・レディ 大統領ファミリーの最終兵器 世界を見下ろして育った少女時代 モデル・イヴァンカの実力は？ 人気沸騰中のイヴァンカ・ブランド セレブたちと華やか交遊 スーパーエリート家族の日常） 第3章 トランプ・ファミリー美女列伝（メラニア・トランプ マーラ・メイプルズ イヴァナ・トランプ ヴァネッサ・トランプ ララ・ユナスカ ティファニー・トランプ） 第4章 大統領に愛された美女たち（ドナルド・トランプのド派手女性遍歴 トランプ政権の女性たち） 第5章 トランプ父娘の錬金術（自己愛こそが『トランプ』の強み！ トランプの生家に人気が殺到 ホワイトハウスは金ピカになるのか 歴史を受け継ぐ美少女たち）

＊才色兼備イヴァンカ、玉の輿メラニア―トランプ帝国の豪華女性キャラがまるわかり！ ホワイトハウスを彩る美魔女たちの正体！

◇トランプ就任演説―対訳 トランプ述,『CNN English Express』編集部編 朝日出版社 2017.2 95p 21cm 〈他言語標題：The Inaugural Address of Donald Trump 年表あり〉 926円 Ⓘ978-4-255-00980-3 Ⓝ312.53

|内容| トランプのツイッター爆弾発言集 ラリー・キングによるインタビュー「エゴのないやつは成功しない！」 メラニア・トランプの半生 モデルからファーストレディへ 就任後100日の行動計画 当選後初の記者会見 トランプ大統領就任演説

＊「当選後初の記者会見」―CNN記者とバトル！「就任後100日の行動計画」も収録！

トランプ, T.〔1993～〕
Trump, Tiffany Ariana

◇トランプ家の謎―この美女たちが世界を操る！
悟空出版編集部編 悟空出版 2017.1 93p 21cm 1100円 Ⓘ978-4-908117-30-5 Ⓝ288.3

|内容| 第1章 トランプ家の肖像（トランプ・ファミリー相関図 トランプ一族の歴史） 第2章 イヴァンカ美のクロニクル（世界一のパーフェクト・レディ 大統領ファミリーの最終兵器 世界を見下ろして育った少女時代 モデル・イヴァンカの実力は？ 人気沸騰中のイヴァンカ・ブランド セレブたちと華やか交遊 スーパーエリート家族の日常） 第3章 ト

トランプ

ランプ・ファミリー美女列伝(メラニア・トランプ　マーラ・メイプルズ　イヴァナ・トランプ　ヴァネッサ・トランプ　ララ・ユナスカ　ティファニー・トランプ)　第4章　大統領に愛された美女たち(ドナルド・トランプのド派手女性遍歴　トランプ政権の女性たち)　第5章　トランプ父娘の錬金術(自己愛こそが『トランプ』の強み！　トランプの生家に人気が殺到　ホワイトハウスは金ピカになるのか　歴史を受け継ぐ美少女たち)
* 才色兼備イヴァンカ、玉の輿メラニア―トランプ帝国の豪華女性キャラがまるわかり！ホワイトハウスを彩る美魔女たちの正体！

トランプ, V. 〔1977～〕　Trump, Vanessa

◇トランプ家の謎―この美女たちが世界を操る！　悟空出版編集部編　悟空出版　2017.1　93p　21cm　1100円　①978-4-908117-30-5　Ⓝ288.3

内容　第1章　トランプ家の肖像(トランプ・ファミリー相関図　トランプ一族の歴史)　第2章　イヴァンカ　美のクロニクル(世界一のパーフェクト・レディ　大統領ファミリーの最終兵器　世界を見下ろして育った少女時代　モデル・イヴァンカの実力は？　人気沸騰中のイヴァンカ・ブランド　セレブたちと華やか交遊　スーパーエリート家族の日常)　第3章　トランプ・ファミリー美女列伝(メラニア・トランプ　マーラ・メイプルズ　イヴァナ・トランプ　ヴァネッサ・トランプ　ララ・ユナスカ　ティファニー・トランプ)　第4章　大統領に愛された美女たち(ドナルド・トランプのド派手女性遍歴　トランプ政権の女性たち)　第5章　トランプ父娘の錬金術(自己愛こそが『トランプ』の強み！　トランプの生家に人気が殺到　ホワイトハウスは金ピカになるのか　歴史を受け継ぐ美少女たち)
* 才色兼備イヴァンカ、玉の輿メラニア―トランプ帝国の豪華女性キャラがまるわかり！ホワイトハウスを彩る美魔女たちの正体！

トランプ, ララ
⇒ユナスカ, L. を見よ

トランプラー, R.J. 〔1886～1956〕　Trumpler, Robert Julius

◇現代天文学史―天体物理学の源流と開拓者たち　小暮智一著　京都　京都大学学術出版会　2015.12　634p　22cm　〈他言語標題：History of Modern Astronomy　文献あり　年表あり　索引あり〉　4900円　①978-4-87698-882-2　Ⓝ440.12

内容　第1部　天体分光学(「新天文学」の開幕　星の分光分類とHD星表)　第2部　星の構造と進化論(星の進化論とHR図表　熱核反応と星の進化論)　第3部　銀河天文学と宇宙論(銀河と星雲の世界　銀河系の発見　宇宙論の源流)　第4部　現代天文学へ(日本における天体物理学の黎明　現代天文学への展開)
* 初めて星の化学組成を明らかにしたロンドンのアマチュア天文家ハギンス、星の進化と見なした特許調査官レーン、自作の望遠鏡で天空を探査した音楽家ハーシェル…18世紀末から19世紀中葉にかけて現代天文学の扉を開いていた彼らは、いずれも学界に縁のないアマチュア天文家だった。星の位置と運動を対象とする古典天文学から天体の物理的構造を探る天体物理学へ、その転換期を担った人々の生涯と研究を軸に、現代天文学の歴史をたどる。

トランボ, D. 〔1905～1976〕　Trumbo, Dalton

◇トランボ―ハリウッドに最も嫌われた男　ブルース・クック著，手嶋由美子訳　世界文化社　2016.7　451p　19cm　2000円　①978-4-418-16509-4　Ⓝ778.253

内容　冬のライオン　コロラド　デーヴィス・パーフェクション・ベーカリー　駆け出し作家時代　クレオとジョニー　戦争の時代　ハリウッド・テン　ブラックリスト時代の始まり　ケンタッキーでの日々　売り込み　ブラックリストを破る　現実の世界で　ヒーローと悪漢
* 1940年代のアメリカ、赤狩りの時代。ハリウッドですべての仕事を奪われてもなお家族と仲間のために偽名で仕事をこなし、2本の作品でオスカーを受賞した脚本家、ダルトン・トランボ。理不尽さをものともしない不屈の半生をインタビューで追った傑作ノンフィクション。映画『トランボ　ハリウッドに最も嫌われた男』原作。

◇ダルトン・トランボ―ハリウッドのブラックリストに挙げられた男　ジェニファー・ワーナー著，梓澤登訳　七つ森書館　2016.8　154p　20cm　〈文献あり　作品目録あり　年譜あり〉　1600円　①978-4-8228-1660-5　Ⓝ778.253

内容　1章　青年期　2章　若き日の経験　3章　共産主義とブラックリスト　4章　ブラックリスト時代の生活　5章　後半生　6章　死、遺されたもの
* 1940年代末のハリウッドで「赤狩り」という共産主義者排除のキャンペーンが行われ、著名な脚本家であるダルトン・トランボは牢獄に捕らえられた。刑期終了後、ペンネームで書いた『ローマの休日』『黒い牡牛』で2度もアカデミー賞を受賞。ハリウッドに実名復帰後も、『ジョニーは戦場へ行った』『パピヨン』など数々の名作を書く。不屈の精神を持つ人物の生涯を追う。

ドール, M. 〔1923～2005〕　Dor, Milo

◇廃墟のドイツ1947―「四七年グループ」銘々伝　ハンス・ヴェルナー・リヒター著，飯島光夫訳　河出書房新社　2015.8　295p　20cm　3800円　①978-4-309-20683-7　Ⓝ940.27

内容　蝶たちの曖昧宿で―イルゼ・アイヒンガー　十三階のクリスヤーン―カール・アメリー　にぎやかな通りを行って、誰もそれに気がつかなかったら―アルフレート・アンデルシュ　グルーネ森でのサイクリング―インゲボルク・バッハマン　きみもぼく位、金が好きかい？―ハインリヒ・ベル　セルビアは死なねばならぬ―ミロ・ドール　マルクトブライトでの涙―ギュンター・アイヒ　フルシチョフの海水パンツを穿いて―ハンス・マグヌス・エンツェンスベルガー　誕生日祝いとしてジーモン・ダッハを―ギュンター・グラス　寝巻きのズボン―ヴォルフガング・ヒルデスハイマー　太陽チョパルツ人のカラカラ笑い―ヴァルター・ヘレラー　君の忠実なる側近(パラディーン)―ヴァルター・イェンス　ダンスの相手へのつどい―ウーヴェ・ヨーンゾン　我々はみな、いい人だった―ハンス・マイヤー　敵多きほど、功高し―マルセル・ライヒ・ラニツキ　おお

マルティン―喧嘩好きではないにしろ、喧嘩っ早い アレマン人―マルティン・ヴァルザー マラーの太鼓―ペーター・ヴァイス
* 文学の"呼び声"をきけ。ナチス崩壊、東西分裂―廃墟と化した1947年ドイツで産声をあげ、グラス、ツェランら数々の世界的才能を輩出した「四七年グループ」とは何だったのか？ リーダーであるH・W・リヒターによる愛情あふれる回想録。困難な戦後と、若き作家たちの情熱が生んだ奇蹟の時間。

トルカチェフ, A. 〔1927〜1986〕
Tolkachev, Adolf

◇最高機密エージェント―CIAモスクワ諜報戦 デイヴィッド・E・ホフマン著，花田知恵訳 原書房 2016.7 434p 図版16p 20cm 〈年表あり〉 2800円 ①978-4-562-05336-0 Ⓝ391.6

内容 新時代のエージェント モスクワ支局の女性工作員 情報源"スフィア"は信用できるのか 接触スパイ志願の理由 トルカチェフの要求 スパイ・カメラ 機密情報と自殺用ピル 一〇億ドルのスパイ 国外脱出作戦〔ほか〕

* ピュリッツァー賞記者による秘録中の秘録！ 機密資料開示でついに明らかになった超大物スパイの実像！

ドルジェタク 〔1016?〜1110以降?〕
Rdo rje grags / Ra Lotsawa Dorje Drag

◇性と呪殺の密教―怪僧ドルジェタクの闇と光 正木晃著 増補 筑摩書房 2016.7 343p 15cm （ちくま学芸文庫 マ30-3）〈初版：講談社 2002年刊 文献あり〉 1200円 ①978-4-480-09735-4 Ⓝ180.9

内容 第1章 チベット密教誕生への道 第2章 ドルジェタク登場 第3章 光と闇 第4章 ドルジェタク以降 第5章 チベット仏教の最終解釈 補章 聖典解釈から生まれる暴力

* 性行為の歓喜が心身の力を極限まで高め、究極の智恵をもたらすという理論を根拠に、修行に導入された「性的ヨーガ」。不正義の人が悪事を成す前に、浄土に送り届けることは救済にほかならないという思想に基づく「呪殺」。チベット密教には、いまだ秘匿された教義が数多く存在する。なぜうした奥義がチベットで歓迎されるに至ったのか。その背景を解き明かしつつ、知られざる神秘に迫る。国や地域と時代を問わず、宗教にあまねく内在する暴力とエロティシズムの原理にまで鋭く切り込んだ一章を増補。宗教の本質を抉り出す驚異の密教入門書。

トルストイ, L. 〔1828〜1910〕 Tolstoy, Leo

◇よき人々の系譜 阿部祐太著 阿部出版 2015.1 413p 20cm 〈文献あり〉 2000円 ①978-4-87242-326-6 Ⓝ280

内容 第1章 無限の未知を受け入れる（司馬光「誠実な者こそ正しく勇ましい」 ディドロ「学問の目的は、真理を知る喜びにある」 シュンペーター「人間的な営みの積み重ねが社会の向上をもたらす」） 第2章 語りえぬもの、見えぬものに本質がある（マティス「目に見えない真理を描く」 世阿弥「魂に沿うことで人は喜び感動する」 シュレンマー「有限な身体と無限の意識は表裏一体」） 第3章 生かされて生きていることの自覚（道元「無常の中で常なるものを知る」 ヤスパース「幸せに生きることは、幸せに死ぬこと」 ブランクーシ「無私が大いなる力を引き寄せる」） 第4章 自然と自分のつながりを再認識する（トルストイ「幸福とは自然と共にあること」 ナポレオン「人間は自然界に生かされる弱き者である」 ヴェルヌ「科学は万能ではない」） 第5章 人生の行方は自分で決める（勝海舟「経験が自分を育てる」 サン＝テグジュペリ「真理も幸福も自分の内より創造する」 ミレー「現実はすべて崇高なり」）

* 従来の歴史観にとらわれず、新しい視点から古今東西の歴史上の有名人を再評価。時代や地域は違っていても、彼らの足跡に共通する生き方、考え方の本質を明らかにし、現代人がよりよく生きるための指針を提示する。前著『よき人々の歴史』（日本図書館協会選定図書）に続く新たな伝記の書。

◇世界の十大小説 下 W.S.モーム著，西川正身訳 岩波書店 2015.5 349p 15cm （岩波文庫） 840円 ④4-00-322545-7 Ⓝ904

内容 7 フローベールと『ボヴァリー夫人』 8 ハーマン・メルヴィルと『モウビー・ディック』 9 エミリー・ブロンテと『嵐が丘』 10 ドストエフスキーと『カラマーゾフの兄弟』 11 トルストイと『戦争と平和』 12 結び

* 「結局のところ、作家が読者にあたえ得るものと言っては、自分自身をおいてほかにない」とモームは言う。（下）では『ボヴァリー夫人』『モウビー・ディック』『嵐が丘』『カラマーゾフの兄弟』『戦争と平和』の五篇について語った後、作家十人がそろって出席する想像上のパーティが開かれる

◇トルストイ 八島雅彦著 新装版 清水書院 2015.9 216p 19cm （Century Books―人と思想 162）〈文献あり 著作目録あり 年譜あり 索引あり〉 1000円 ①978-4-389-42162-5 Ⓝ980.268

内容 第1部 トルストイの生涯（ヤースナヤ・ポリャーナ 農民たち 『幼年時代』と二つの戦争 文学者たちの中で ふたたび農民たちの中へ 豊饒の十五年 新たな仕事の始まり 闘いに次ぐ闘い 家出） 第2部 トルストイの思想（教育について 権力と愛をめぐって 芸術について 思想家トルストイの役割 最後のメッセージ）

◇トルストイの実像 ボリス・スーシコフ著，糸川紘一訳 横浜 群像社 2015.10 397p 19cm 3000円 ①978-4-903619-57-6 Ⓝ980.268

内容 現代文明の「喉に刺さった骨」 トルストイの主要な人格的要素―その生物学的かつ社会史的確認 レーニンの鏡に映ったトルストイ トルストイの家庭騒動 「私の思想はすべて…」 トルストイとテイヤール・ド・シャルダンの人間現象論 アルザマスの恐怖―または失われた不死性を求めて トルストイの演劇と創造的芸術の問題 なぜ作者は『戦争と平和』を『饒舌なたわごと』と呼んだのか 芸術家としてのトルストイ―またはなぜ作者は『アンナ・カレーニナ』を『忌まわしいもの』と呼んだのか 古巣への回帰 私たちはどこへ漂って行くのか―「精神的エスペラント」か、プーシキンか

◇トルストイ 新しい肖像 E・J・ディロン著，成田富夫訳 横浜 成文社 2017.9 342p

20cm　3400円　①978-4-86520-024-9　Ⓝ980.268

内容　祖先　幼年時代―耕耘の頃　少年時代―播種の頃　大学への準備　最初の理想　教えるために学ぶことを断念する決意　トルストイの芸術　私とトルストイとの個人的関係　トルストイと私がW.T.ステッドに手を打つように仕向けた話　トルストイの弟子たちの中の私の友人〔ほか〕

＊問題作『クロイツェル・ソナタ』翻訳秘話、心ならずも巻き込まれた「新聞戦争」、文豪を取り巻く人々との温かい交わり…知られざる逸話に満ちた、アイルランド生まれの知識人による記録。19世紀末葉、文学作品の翻訳から始まり、トルストイとの個人的関係を築いていった著者ならではの体験と、そこから育まれた観測。新たなトルストイ像を形造る試みを通じて、若くして一生の思いを懐き続けたロシアを語る、著者の遺作、遺言ともいえる作品。

ドルプミュラー, J.H.〔1869～1945〕
Dorpmüller, Julius Heinrich

◇鉄道人とナチス―ドイツ国鉄総裁ユリウス・ドルプミュラーの二十世紀　鳩澤歩著　国書刊行会　2018.3　358p　20cm　〈文献あり　年表あり　索引あり〉　3400円　①978-4-336-06256-7　Ⓝ686.234

内容　第1章　プロイセン王国の技官―十九世紀「ドイツ」鉄道史のなかのドルプミュラー親子（19世紀末まで）　第2章　ドイツ帝国の海外鉄道―中国行きの鉄道技師（1908～1914）　第3章　帝国の崩壊―第一次大戦下ドイツへの帰還（1914～1918）　第4章　ライヒスバーンの誕生―「愛されない共和国」とドーズ案（1918～1926）　第5章　ドイツ・ライヒスバーン総裁―相対的安定期から大不況へ（1926～1933）　第6章　ヒトラーといかにつきあうか―強制的同質化のゆくえ（1933～1937）　第7章　ナチ政府の交通大臣―抗議者、アウトバーン、「鉄道の戦争」（1937～1942）　第8章　「死への列車」をはしらせて―ユダヤ人移送の実行と敗戦直後の死（1942～1945）

＊古い社会的偏見にさらされた技術官僚が異例ながら、二十世紀史の激しい社会変化のなかで異例の栄達をとげ、戦間期のドイツ国鉄（ライヒスバーン）総裁として国際的な名声を得た鉄道人ユリウス・ドルプミュラー。若き日の中国行を、世界大戦と革命を経験し、ヴァイマール共和国の崩壊後にはナチス・ドイツの暴力的な支配に迎合、ついに鉄道行政の責任者として戦争とユダヤ人虐殺にも加担するまでを、ドイツ社会経済史の枠組みで描く初の評伝。

トルボット, W.H.F.〔1800～1877〕
Talbot, William Henry Fox

◇自然の鉛筆　ウィリアム・ヘンリー・フォックス・トルボット著，青山勝訳，マイケル・グレイ図版監修・解説　京都　赤々舎　2016.1　95,95p　31cm　4000円　①978-4-86541-043-3　Ⓝ740

内容　自然と鉛筆―レイコックの日々　光の言葉―「自然の鉛筆」をめぐって　トルボットの生涯と『自然の鉛筆』『リテラリー・ガゼット』誌の編集長宛の手紙三通　写真と彫刻あるいは互恵性　"写真"をめぐる三つの断章　団栗と写真

＊写真術の発見に至るまでの経緯やその重要性をトルボット自らの記した文章と、写真図版を一枚一枚に添えられた文章の、初の完全訳。かつてない精緻なディテールと豊かな階調をそなえた原寸大の図版で、当時のプリントの状態が鮮やかに蘇る。あわせて『自然の鉛筆』をめぐる写真家、美術家、研究者によるエッセイと、トルボット自身の重要な言葉を収載。「写真史」の域を超える本書の現代的意義と未知の魅力を照らし出す。

トルーマン, H.S.〔1884～1972〕
Truman, Harry S.

◇原爆を落とした男たち―マッド・サイエンティストとトルーマン大統領　本多巍耀著　芙蓉書房出版　2015.10　363p　21cm　〈文献あり　年表あり〉　2700円　①978-4-8295-0660-8　Ⓝ210.75

内容　第1章　昇格大統領トルーマン（大統領に明かされた原爆開発の秘密　ハリー・トルーマンの半生）　第2章　ロス・アラモス原爆研究所（イーストパレス通り一〇九番地　ホジソン・サンタフェ　IBM601型パンチカードシステム　ほか）　第3章　ポツダム会談（米ソ亀裂の発端となったアメリカ兵捕虜　モロト外相に放ったトルーマンのワンツーパンチ　ほか）　第4章　玉音放送までの四週間（スターリンの子守歌（近衛公爵特使派遣）　チャーチル、表舞台を去る　ほか）

＊"原爆投下は戦争終結を早め、米兵だけでなく多くの日本人の命を救った"という戦後の原爆神話のウソをあばいた迫真のノンフィクション。原爆の開発から投下までの、科学者の「狂気」、投下地点をめぐる政治家の駆け引き、B‐29エノラ・ゲイ搭乗員たちの「恐怖」…

◇まさかの大統領―ハリー・S・トルーマンと世界を変えた四カ月　A・J・ベイム著，河内隆弥訳　国書刊行会　2018.11　573p　22cm　〈文献あり　年譜あり　索引あり〉　3800円　①978-4-336-06259-8　Ⓝ312.53

内容　第1部　1945年4月12日　第2部　ハリー・S.トルーマンの政治修行　第3部　1945年4～5月　第4部　1945年6～7月　第5部　リトルボーイ、ファットマン、ポツダム

＊歴史を大きく変えた「普通の男」！　対日戦末期、その重大決断とは…？　最新資料で明らかにするアメリカ政治メカニズムの謎。

ドレイパー, H.〔1837～1882〕　Draper, Henry

◇現代天文学史―天体物理学の源流と開拓者たち　小暮智一著　京都　京都大学学術出版会　2015.12　634p　22cm　〈他言語標題：History of Modern Astronomy　文献あり　年表あり　索引あり〉　4900円　①978-4-87698-882-2　Ⓝ440.12

内容　第1部　天体分光学（「新天文学」の開幕　星の分光分類とHD星表）　第2部　星の構造と進化論（星の進化論とHR図表　熱核反応と星の進化論）　第3部　銀河天文学と宇宙論（銀河と星雲の世界　銀河系の発見　宇宙論の源流）　第4部　現代天文学（日本における天体物理学の黎明　現代天文学への展開）

＊初めて星の化学組成を明らかにしたロンドンのア

ドレイヤー, J.L.E. 〔1852～1926〕
Dreyer, John Louis Emil

◇現代天文学史―天体物理学の源流と開拓者たち　小暮智一著　京都　京都大学学術出版会　2015.12　634p　22cm　〈他言語標題：History of Modern Astronomy　文献あり　年表あり　索引あり〉　4900円　①978-4-87698-882-2　Ⓝ440.12

内容　第1部 天体分光学（「新天文学」の開幕　星の分光分類とHD星表）　第2部 星の構造と進化論（進化論とHR図表　熱核反応と星の進化論）　第3部 銀河天文学と宇宙論（銀河と星雲の世界　銀河系の発見　宇宙論の源流）　第4部 現代天文学へ（日本における天体物理学の黎明　現代天文学への展開）

＊初めて星の化学組成を明らかにしたロンドンのアマチュア天文家ハギンズ、太陽をガス体と見なした特許調査官レーン、自作の望遠鏡で天空を探査した音楽家ハーシェル…18世紀末から19世紀中葉にかけて現代天文学の扉を開いた彼らは、いずれも学界に縁のないアマチュア天文家だった。星の位置と運動を対象とする古典天文学から天体の物理的構造を探る天体物理学へ、その転換期を担った人々の生涯と研究を軸に、現代天文学の歴史をたどる。

トレルチ, E. 〔1865～1923〕
Troeltsch, Ernst

◇キリスト教の主要神学者　下　リシャール・シモンからカール・ラーナーまで　F.W.グラーフ編　教文館　2014.9　p　cm　〈索引あり〉　①978-4-7642-7384-9　Ⓝ191.028

内容　ヨハン・ゲアハルト（トーマス・カウフマン著　安酸敏眞訳）　リシャール・シモン（クリストファー・フォイクト著　安酸敏眞訳）　フィリップ・ヤコブ・シュペーナー　ヨハン・ヨアヒム・シュパルディング（アルブレヒト・ボイテル著　安酸敏眞訳）　フリードリヒ・シュライアマハー（ウルリヒ・バルト著　安酸敏眞訳）　ヨゼフ・クロイトゲン（ペーター・ヴァルター著　安酸敏眞訳）　セーレン・キルケゴール（ハイコ・シュルツ著　安酸敏眞訳）　ユリウス・ヴェルハウゼン（ミカエル・バウアー著　佐藤貴史訳）　アドルフ・フォン・ハルナック（ヨハン・ヒンリヒ・クラウセン著　安酸敏眞訳）　アルフレッド・ロワジー（クラウス・アルノルト/著　安酸敏眞/訳．エルンスト・トレルチ（フリードリヒ・ヴィルヘルム・グラーフ著　安酸敏眞訳）　ルドルフ・ブルトマン　パウル・ティリッヒ（アルフ・クリストファーセン著　佐藤貴史訳）　カール・バルト（イェルク・ディールケン著　安酸敏眞訳）　ラインホールド・ニーバー　H・リチャード・ニーバー（リチャード・クルーター著　安酸敏眞訳）　カール・ラーナー（ローマン・A・ジーベンロック著　安酸敏眞訳）

＊多彩にして曲折に富む2000年の神学史の中で、特に異彩を放つ古典的代表者を精選し、彼らの生涯・著作・影響を通して神学の争点と全体像を描き出す野心的試み。下巻では正統主義の時代から20世紀に至るまでの17名の神学者を紹介する。

◇トレルチにおける歴史と共同体　小柳敦史著　知泉書館　2015.9　247p　23cm　〈文献あり　索引あり〉　4600円　①978-4-86285-218-2　Ⓝ191

内容　第1部 歴史に開かれた本質探究を目指して―トレルチ思想の体系と展開（人格性を救うために―世紀転換期のドイツ・プロテスタンティズム　「倫理学の根本問題」とトレルチの思想体系　トレルチの思想展開における「本質」概念の意味　ほか）　第2部 第一次世界大戦とエルンスト・トレルチ（リベラル・ナショナリストとしてのトレルチ　「学問における革命」に対する期待と懸念　第一次大戦と新たな神学の動向―キリスト教思想における前衛と後衛）　第3部 未来へと向かうための歴史的思考（保守革命とトレルチ　コンサヴァティヴとリベラル　未来へと向かうための歴史的思考―トレルチの「構成」の理念）

＊トレルチ（1865‐1923）は26歳でゲッティンゲンで教授資格を取得以来、時代を代表する神学者、歴史家としてキリスト教神学、宗教哲学、歴史哲学、宗教社会学など多領域にわたり多くの業績を残した。本書は世紀転換期から1910年代前半のドイツ・プロテスタンティズムの状況とそこでのトレルチの位置づけ、さらに第一次世界大戦の勃発と敗戦、ドイツ帝国の終焉とヴァイマール共和国の成立という波乱の時代の中で格闘する彼の思索と時代診断に関わる「歴史的思考」の意味を中心に考察する。トレルチ思想の全体像を一貫した新たな視点から探究した意欲的な試みである。

トンボー, C. 〔1906～1997〕
Tombaugh, Clyde William

◇宇宙を見た人たち―現代天文学入門　二間瀬敏史著　海鳴社　2017.10　270p　19cm　1800円　①978-4-87525-335-8　Ⓝ440.28

内容　第1部 天文学に強力な"道具箱"を提供した観測家たち（ヘンリエッタ・スワン・リービット―宇宙の"物差し"を見つけた"ハーバード・コンピューターズ"一の才媛　ジョージ・ヘール―巨大望遠鏡時代に道を拓く　ほか）　第2部 科学的宇宙論の開拓者たち（アルベルト・アインシュタイン―現代宇宙論の開拓者　カール・シュヴァルツシルト―漸век で重力場方程式の解を与えた人　ほか）　第3部 天文学を豊かにした人びと（クライド・トンボー―新しい太陽系領域に挑んだ人　アーサー・エディントン―恒星天文学の父　ほか）　第4部 "観測の窓"拡大に情熱を傾けた人びと（カール・ジャンスキー―電波天文学の生みの親　早川幸男―戦後の焼け跡で"全波長天文学"への道を敷く　ほか）

＊宇宙は、ブラックホール、超新星爆発、暗黒物質、暗黒エネルギーなど、さまざまな"魔物"や不可思議な現象の存在なしには考えられない。この驚天動地の現代天文学の歴史を築いてきた巨人たち―その活躍を、時代背景・生い立ち・人柄などを交え、いきいきと伝える。

ドン・ボスコ
⇒ボスコ, G.M. を見よ

【ナ】

ナイアド, D. 〔1949～〕 Nyad, Diana
◇対岸へ。―オーシャンスイム史上最大の挑戦 ダイアナ・ナイアド著, 菅しおり訳 三賢社 2016.12 385p 20cm 2500円 Ⓘ978-4-908655-04-3 Ⓝ785.2
内容 危機 猛毒 父 母 裏切り ニューヨーク 転機：マンハッタン島一周 初めての挑戦 ハバナ 引退後〔ほか〕
＊息をのむほど壮大な挑戦―外洋では、耳はスイムキャップで覆われ、ゴーグルはやがて曇り、感覚がほぼ完全に遮断された極限状態となる。波酔い、嘔吐、低体温症、幻覚…。生存を脅かす苦痛が、くり返しおとずれる。ハバナ～キー・ウェスト間、フロリダ海峡一八〇km。渦や反流を伴う激しいメキシコ湾流が荒れ狂い、海中にはとりわけ危険な生きものが待ち受ける、すべてのウルトラ・スイマーにとって別格の海域。冒険を支えたチームは総勢四四名。彼女は六四歳、五度目の挑戦で泳ぎ切ることに成功した。これはエベレスト登頂よりはるかにスリリングな、人間の常識を超えた感動の記録だ。

ナイチンゲール, F. 〔1820～1910〕 Nightingale, Florence
◇実像のナイチンゲール リン・マクドナルド著, 金井一薫監訳, 島田将夫, 小南吉彦訳 現代社 2015.4 396p 20cm 〈文献あり 索引あり〉 1800円 Ⓘ978-4-87474-168-9 Ⓝ289.3
◇ナイチンゲール讃歌 城ケ端初子編著 サイオ出版 2015.6 143p 21cm 〈索引あり〉 1800円 Ⓘ978-4-907176-35-8 Ⓝ289.3
◇ナイチンゲール 小玉香津子著 新装版 清水書院 2015.9 261p 19cm （Century Books 人と思想 155）〈文献あり 年譜あり 索引あり〉 1800円 Ⓘ978-4-389-42155-7 Ⓝ289.3
内容 1 兆し 2 目覚め 3 待機 4 助走 5 その時 6 陸軍の衛生改革 7 看護発見 8 余波
◇世界を変えた10人の女性―お茶の水女子大学特別講義 池上彰著 文藝春秋 2016.5 344p 16cm （文春文庫 い81-6） 670円 Ⓘ978-4-16-790619-1 Ⓝ280
内容 第1章 アウンサンスーチー―政治家 第2章 アニータ・ロディック―実業家 第3章 マザー・テレサ―カトリック教会修道女 第4章 ベティ・フリーダン―女性解放運動家 第5章 マーガレット・サッチャー―元英国首相 第6章 フローレンス・ナイチンゲール―看護教育学者 第7章 マリー・キュリー―物理学者・化学者 第8章 緒方貞子―元国連難民高等弁務官 第9章 ワンガリ・マータイ―環境保護活動家 第10章 ベアテ・シロタ・ゴードン―元GHQ職員
＊近現代史を塗り変える仕事をした女性達。その生涯と業績、賛否分かれる評価を池上教授が解説し女子学生達と徹底討論。「田中真紀子」説もあるアウンサンスーチー、「中絶否定」が論議を呼んだマザー・テレサ、不倫でバッシングされたマリー・キュリー。意外な側面も見ることで人間と歴史への理解が深まる真の啓蒙書と呼ぶべき一冊。

◇新編 若き知性に 宮本百合子著 新日本出版社 2017.7 191p 19cm 〈年譜あり〉 1600円 Ⓘ978-4-406-06155-1 Ⓝ914.6
内容 1 若き知性に（知性の開眼 新しい船出―女らしさの昨日、今日、明日 自信のあるなし 幸福の感覚 列のこころ ものわかりよさ 異性の友情 明日をつくる力 人間の結婚―結婚のモラル 離婚について 若い人たちの意志） 2 真実に生きた女性たち（マクシム・ゴーリキイによって描かれた婦人 フロレンス・ナイチンゲールの生涯 キュリー夫人 ケーテ・コルヴィッツの画業）
＊列のこころ、ものわかりよさ、異性の友情、明日をつくる力、人間の結婚―結婚のモラル…新しい時代に響き合う知性と良心の言葉。
◇闘うナイチンゲール―貧困・疫病・因襲的社会の中で 徳永哲著 福岡 花乱社 2018.5 279,7p 図版8p 20cm 〈文献あり〉 2800円 Ⓘ978-4-905327-87-5 Ⓝ289.3
◇ナイチンゲール 神話と真実 ヒュー・スモール著, 田中京子訳, 川島みどり解説 新版 みすず書房 2018.12 269,23p 19cm 3600円 Ⓘ978-4-622-08758-8 Ⓝ289.3
内容 1 野心 2 クリミア戦争 3 戦後検証 4 隠蔽 5 復響 6 名声と神話 資料 「鶏のとさか」―ナイチンゲールが作成した最も有名な統計図表（一八五八年）
＊「ランプを持った天使」として慈愛、献身の代名詞のように崇め奉られてきたフローレンス・ナイチンゲール。クリミアで名声を得ながら、帰国後、看護の現場に背を向けつづけたことは、後世の伝記作者たちを悩ませてきた謎だった。病院看護の仕事と、後進の看護婦の指導・育成をかつてあれほど激しく望んだ彼女が、いったいなぜ？ 戦争終結の翌年、1万6千人の兵士の死をもたらした責任を追及する王位委員会が開かれた。ナイチンゲール自身が積極的に開催を働きかけた王位委員会が終了した直後、彼女は虚脱状態に陥り、10年もの間病床にあった。以後、完全に健康を取り戻すことなく、それでも一生をつうじて、政府や医学界を相手に苛烈な公衆衛生改革へと自らを駆り立てていったナイチンゲール。その原動力となった「罪の意識」とは。どんな事実に彼女は辿りついたのか。没後より出版の相次いだナイチンゲール伝のいずれにも抜け落ちていたある真実を、偶然残された2通の手紙を導きの糸として追ったFlorence Nightingale：Avenging Angelからほぼ20年。新たに公開されたナイチンゲールの書簡やイギリス議会の記録をもとに、初版では謎に終わっていたところに納得のゆく結論を得た改訂版から、結論の加筆を生かした待望の新版。

ナイト, C.T. 〔1965～〕 Knight, Christopher Thomas
◇ある世捨て人の物語―誰にも知られず森で27年

間暮らした男　マイケル・フィンケル著, 宇丹貴代実訳　河出書房新社　2018.7　233p　20cm　1850円　⓵978-4-309-20745-2　Ⓝ289.3
* 孤独は究極の幸せだ！ 現代社会のしがらみをすべて捨てて、森で一人で生きていたい…。人間にとっての孤独や自由、幸福とはなにかを考える。

ナイト, P. 〔1938〜〕
Knight, Philip Hampson

◇SHOE DOG—靴にすべてを。　フィル・ナイト著, 大田黒奉之訳　東洋経済新報社　2017.11　548p　19cm　1800円　⓵978-4-492-04617-3　Ⓝ589.75

内容　夜明け　アスリート人生　第1部（1962 オニツカとブルーリボン　1963 会計士として　1964 レジェンド・バウワーマン　1965 巨漢ヘイズ　ほか）　第2部（1975 プリとの別れ　1976 バットフェイス　1977 ゴールラインは存在しない　1978 2500万ドルの請求　ほか）　夜　死ぬまでにしたいこと
* 世界最高のブランド、ナイキを創った男。

ナーガセーナ長老 〔紀元前2世紀〕
Nāgasena

◇ミリンダ王—仏教に帰依したギリシャ人　森祖道, 浪花宣明共著　新装版　清水書院　2016.7　221p　19cm　（Century Books—人と思想 163）〈文献あり　年譜あり　索引あり〉　1200円　⓵978-4-389-42163-2　Ⓝ183.95

内容　1 伝記篇（伝記検討の資料と方法　西北インドのギリシャ人国家　ミリンダ王の生涯と事績　ギリシャ人の仏教信奉　釈尊没後の仏教教団の展開　ナーガセーナ長老の生涯　王と長老の出会いと対論）　2 経典篇（経典の原型　パーリ語原典　漢訳『那先比丘経』説一切有部系のテキスト）　3 思想篇（無我の思想　業論　輪廻思想　修行　涅槃論）　4 付篇　ミリンダ王故地旅行記（パキスタンとは　旅行日記）
* 紀元前二世紀の中頃、インド西北部（今のパキスタン・パンジャーブ州など）を中心に広大な地域を支配していたギリシャ人のミリンダ王（ギリシャ名はメナンドロス）と、当時の仏教教団の優れた指導者ナーガセーナ長老との間に、仏教の教理思想の根本をめぐって鋭い対話討論が交わされた。それはギリシャ思想とインド仏教思想の対決でもあった。その結果、王は仏教に帰依した。問答の内容は、古代インド語の一種であるパーリ語で書かれた『ミリンダ王の問い』という大変ユニークな経典や、その漢訳『那先比丘経』など、現存の資料によって詳しく知ることができる。本書は、右の二人の伝記や時代背景、経典の成立伝播翻訳の歴史、対論の教理思想の解説に、現地踏査の旅行記を付した書である。このように本書は、東西の思想文化交流の一歴史を平易に語る。

ナーガールジュナ 〔2〜3世紀〕
Nāgārjuna

◇龍樹『根本中頌』を読む　桂紹隆, 五島清隆著　春秋社　2016.10　402p　20cm　〈文献あり〉　3400円　⓵978-4-393-13588-4　Ⓝ183.93

内容　龍樹『根本中頌』（ムーラ・マドゥヤマカ・カーリカー）翻訳編（桂紹隆）（翻訳への注記　帰敬句　四縁の考察　歩行行為の三時による考察　十二処の考察　ほか）　龍樹『根本中頌』（ムーラ・マドゥヤマカ・カーリカー）解説編（五島清隆）（龍樹（ナーガールジュナ）の思想　龍樹の著作　龍樹の生涯）
* 『中論』の画期的な現代語訳！ サンスクリット原典からの全訳。諸注釈にとらわれず、龍樹本来の空思想を読み解く。あわせて龍樹の思想、著作、生涯を解説。

◇龍樹の遺跡の発見—インド、マンセル・ラームテク遺跡　アニル・クマール・ガイクワード著, 中村晃朋訳　六一書房　2018.1　586,12p　21cm　5000円　⓵978-4-86445-096-6　Ⓝ183.93

内容　第1章 序論　第2章 龍樹伝説　第3章 龍樹関連の考古学的証拠　第4章 医学その他、科学への龍樹の貢献と古代インド医学　第5章 龍樹の著作　第6章 新聞の諸見解

ナセル, G.A. 〔1918〜1970〕
Nasser, Gamal Abdel

◇ナセル—アラブ民族主義の隆盛と終焉　池田美佐子著　山川出版社　2016.4　104p　21cm　（世界史リブレット人 98）〈文献あり　年譜あり〉　800円　⓵978-4-634-35098-4　Ⓝ289.3

内容　ナセルなきあとの「ナセル」　1 「七月革命」への道のり　2 ナセルの権力掌握　3 スエズ運河国有化とアラブ連合共和国成立　4 ナセルの「社会革命」　5 アラブ民族主義の終焉
* 1952年にエジプトに「7月革命」を成功させた無名の将校ナセルは、スエズ運河の国有化宣言を契機に、アラブ民族主義を掲げてアラブの民衆を熱狂の渦に巻き込んだ。そしてアラブ民族主義は1967年の第三次中東戦争の敗北とともに消えた。しかし、ナセルの究極の願いは今も生き続けている。それは、祖国の真の独立であり、ふつうの人々の尊厳や権利の保障であった。その願いの実現は、2011年の革命を経験したエジプトだけでなく、私たちの課題でもある。

ナダール, F. 〔1820〜1910〕　Nadar, Félix

◇写真家ナダール—空から地下まで十九世紀パリを活写した鬼才　小倉孝誠著　中央公論新社　2016.9　203p　22cm　〈文献あり〉　2600円　⓵978-4-12-004886-9　Ⓝ740.235

内容　第1章 パリのボヘミアン　第2章 政治と風刺画　第3章 肖像写真家ナダール　第4章 地下世界を撮る　第5章 気球の冒険　第6章 一八七〇年以降
* 世界初の空中写真、地下水道の照明撮影、デュマ、ユゴー、サンドなどの肖像写真。ボヘミアン的作家、ジャーナリスト、風刺画家、気球冒険家、熱血共和主義者という多彩な顔をもつ近代写真術の開祖の生涯と業績を辿り、書簡と自伝的著作や様々な証言に依拠しながら同時代の文化空間を再構成する。初の本格的ナダール論。図版多数。

◇時代を「写した」男　ナダール—1820-1910　石井洋二郎著　藤原書店　2017.11　486p　図版76p　22cm　〈文献あり　年譜あり　索引あり〉　8000円　⓵978-4-86578-144-1　Ⓝ740.235

ナバロ, R.　Navarro, Ramón

◇The fisherman's son—ラモン・ナバロのスピリット　鎌倉　パタゴニア　2015.7　144p　24cm　〈執筆：クリス・マロイほか〉　2950円　Ⓘ978-4-908335-00-6　Ⓝ785.3

ナビラ・レフマン
⇒レフマン, N. を見よ

ナフィーシー, A.〔1948〜〕Nafisi, Azar

◇語れなかった物語—ある家族のイラン現代史　アーザル・ナフィーシー著, 矢倉尚子訳　白水社　2014.9　384p　20cm　〈年表あり〉　3200円　Ⓘ978-4-560-08374-1　Ⓝ289.2

　内容　第1部　ファミリー・フィクション（セイフィー　腐った遺伝子 ほか）　第2部　教訓と学び（家を離れる　ルーダーベの物語 ほか）　第3部　父の投獄（一般犯罪者　獄中日記 ほか）　第4部　反乱と革命（幸福な家族　デモ ほか）

　＊政治家だった「毒親」との確執、家族や一族を飲み込んでいく政界の陰謀やイラン・イスラム革命後の政府の弾圧…。『テヘランでロリータを読む』の著者による、心揺さぶる回想録。

ナボコフ, V.V.〔1899〜1977〕Nabokov, Vladimir Vladimirovich

◇記憶よ、語れ—自伝再訪　ウラジーミル・ナボコフ著, 若島正訳　作品社　2015.8　393,6p　20cm　〈索引あり〉　3400円　Ⓘ978-4-86182-536-1　Ⓝ980.278

　＊ナボコフ研究の第一人者による完訳決定版。過去と現在、フィクションとノンフィクションの狭間を自由に往き来し、夢幻の世界へと誘うナボコフの「自伝」。ナボコフが隠したものを見つけましょう！

◇アメリカのナボコフ—塗りかえられた自画像　秋草俊一郎著　慶應義塾大学出版会　2018.5　328,27p　20cm　〈年譜あり　索引あり〉　2800円　Ⓘ978-4-7664-2522-2　Ⓝ930.278

　内容　序章　ナボコフと読者たち　第1章　亡命の傷—アメリカのロシアで　第2章　ナボコフロリン—アメリカ・デビューとモダニズム出版社　第3章　注釈のなかのナボコフ—『エヴゲーニイ・オネーギン』訳注から映画へ　第4章　フィルムのなかのナボコフ—ファインダー越しに見た自画像　第5章　日本文学のなかのナボコフ—戦後日本のシャドーキャノン　第6章　カタログのなかのナボコフ—正典化、死後出版、オークション

　＊新大陸に移住後、『ロリータ』によってスキャンダラスな形で知られたナボコフは、いかにアメリカの大作家へと上りつめたのか。芸術家、文学者たちと意図的に自己イメージを操作しながら、亡命者から「世界文学」への道程を歩んでいった作家の姿を、本邦初公開となる膨大な新資料を通じて描きだし、従来のナボコフ像を一新する。図版多数。

ナポレオン Ⅰ 〔1769〜1821〕Napoleon I

◇エマソン選集　6　代表的人間像　ラルフ・ウォルドー・エマソン著　酒本雅之訳　デジタル・オンデマンド版　日本教文社　2014.8　266,7p　21cm　〈印刷・製本：デジタル・オンデマンド出版センター　索引あり〉　2300円　Ⓘ978-4-531-02636-4　Ⓝ938.68

　内容　第1章　哲学に生きる人—プラトン　補説　あたらしいプラトン訳にせっして　第2章　神秘に生きる人—スエーデンボルグ　第3章　懐疑に生きる人—モンテーニュ　第4章　詩歌に生きる人—シェイクスピア　第5章　世俗に生きる人—ナポレオン　第6章　文学に生きる人—ゲーテ

◇カーライル選集　2　英雄と英雄崇拝　トマス・カーライル著　入江勇起男訳　デジタル・オンデマンド版　日本教文社　2014.8　368,7p　21cm　〈印刷・製本：デジタル・オンデマンド出版センター　索引あり〉　2900円　Ⓘ978-4-531-02642-5　Ⓝ938.68

　内容　第1講　神としての英雄—オウディン、異教・スカンディナヴィアの神話　第2講　予言者としての英雄—マホメット・回教　第3講　詩人としての英雄—ダンテ、シェイクスピア　第4講　牧師としての英雄—ルーテル・宗教改革、ノックス・清教　第5講　文人としての英雄—ジョンソン、ルソー、バーンズ　第6講　帝王としての英雄—クロムウェル、ナポレオン、近代革命主義

◇よき人々の系譜　阿部祐太著　阿部出版　2015.1　413p　20cm　〈文献あり〉　2000円　Ⓘ978-4-87242-326-6　Ⓝ280

　内容　第1章　無限の未知を受け入れる（司馬光「誠実な者こそ正しく勇ましい」　ディドロ「学問の目的は、真理を知る喜びにある」　シュンペーター「人間的な営みの積み重ねが社会の向上をもたらす」）　第2章　語りえぬもの、見えぬものに本質がある（マティス「目に見えない真理を描く」　世阿弥「魂に沿うことで人は喜び感動する」　シュレンマー「有限な身体と無限の意識は表裏一体」）　第3章　生かされて生きていることの自覚（道元「無常の中で常なるものを知る」　ヤスパース「幸せに生きることは、幸せに死ぬこと」　ブランクーシ「無私が大いなる力を引き寄せる」）　第4章　自然と自分のつながりを再認識する（トルストイ「幸福とは自然と共にあること」　ナポレオン「人間は自然界に生かされる弱き者である」　ヴェルヌ「科学は万能ではない」）　第5章　人生の行方は自分で決める（勝海舟「経験が自分を育てる」　サン＝テグジュペリ「真理も幸福も自分の内より創造する」　ミレー「現実はすべて崇高なり」）

　＊従来の歴史観にとらわれず、新しい視点から古今東西の歴史上の著名人を再評価。時代や地域は違っていても、彼らの足跡に共通する共き方、考え方の本質を明らかにし、現代人がよりよく生きるための指針を提示する。前著『よき人々の歴史』（日本図書館協会選定図書）に続く新たな伝記の書。

◇世界劇場駆け抜けるナポレオン—臨場感あふれる解説で、楽しみながら歴史を"体感"できる　神野正史著　ベレ出版　2015.11　315p　21cm　〈文献あり〉　1600円　Ⓘ978-4-86064-454-3　Ⓝ289.3

　内容　第1章　生い立ち　第2章　将軍時代　第3章　第一統領時代　第4章　皇帝時代（隆盛期）　第5章　皇帝時代（絶頂期）　第6章　皇帝時代（没落期）

　＊フランス革命末期から百日天下までのヨーロッパの

◇図説ナポレオン―政治と戦争 フランスの独裁者が描いた軌跡 松嶌明男著 河出書房新社 2016.1 169p 22cm 〈ふくろうの本〉〈文献あり 年表あり〉 2000円 ①978-4-309-76236-4 Ⓝ289.3

> 内容 序章 ナポレオンを語るということ 第1章 ナポレオンの人物像 第2章 ナポレオンと政治 第3章 ナポレオンとフランス経済 第4章 ナポレオンと宗教 第5章 ナポレオンと戦争 第6章 ナポレオン名勝負一〇選 第7章 一八一〇年、ナポレオンに訪れた危機 第8章 ナポレオン帝国の崩壊 第9章 セント・ヘレナ島で伝説となるナポレオン

＊立身出世を果たし、皇帝にまで上り詰めた栄達の軌跡。革新的な戦法で列強の大軍を次々と撃破し、フランスに不滅の栄光をもたらした常勝将軍。革命の成果を広く周辺国にもたらして絶対主義と身分制の旧弊を打破し、西ヨーロッパの大半を覆う大帝国を建設して新しい時代を拓いた征服者。全ヨーロッパを駆け抜けた「ナポレオン」の生涯をたどり、伝説の数々を読み解く、決定版！ 気鋭の学者が書き下ろした渾身のナポレオン論。ナポレオンによってフランス人の心性はどう変化したのか？

◇ナポレオンとバイエルン―王国の始まり マルクス・ユンケルマン著, 辻伸浩訳 堺 銀河書籍 2016.9 371p 21cm 〈文献あり 発売：星雲社〔東京〕〉 2800円 ①978-4-434-22463-8 Ⓝ234.061

> 内容 フランスとバイエルン 革命の影 旧帝国の崩壊 同盟 バイエルンの解放 王冠 ライン連邦 上からの革命 大陸体制 ナポレオンとカール大公 最も輝かしい進軍 ティロールの反乱 離反 ロシアでの惨事 崩壊 ナポレオンの失墜 一つの時代の終わりと後世への影響

◇ナポレオンと神 竹下節子著 青土社 2016.11 276p 20cm 〈他言語標題：Napoléon-Naufrage d'un homme providentiel 文献あり 年表あり〉 2600円 ①978-4-7917-6949-0 Ⓝ289.3

> 内容 第1部 ナポレオンと神―創造者か支配者か（ヨーロッパ精神世界のナポレオン ナポレオンとローマ教皇 ナポレオンの宗教観 ナポレオンと一神教皇 ナポレオンの「十字架の道」） 第2部 そして、神になる（ナポレオンと二つの教会 教皇と皇帝と王 「人が神になる」可能性とキリスト教 最後のレトリック） 第3部 ナポレオンの聖蹟（ナポレオンと秘教 ナポレオンとエジプトの神々 「宇宙の大建築家」ナポレオン ナポレオンとヒトラー ナポレオンと日本人）

＊世界は驚愕し、民衆は夢を抱いた。夢を現実化する革命児か、はたまた新たな抑圧を企てる独裁者か。神たろうと世界史の中心舞台に躍り出た、ナポレオンの叡知と野心。権力・宗教問題の苛烈な暗闘の淵から浮上する、ヨーロッパ精神の核心を活写する。思想史研究の新地平。

◇ナポレオン時代―英雄は何を遺したか アリステア・ホーン著, 大久保庸子訳 中央公論新社 2017.12 302p 18cm 〈中公新書2466〉〈文献あり 年表あり 索引あり〉 960円 ①978-4-12-102466-4 Ⓝ235.064

> 内容 序章 ナポレオン時代 第1章 権力への意志 第2章 時代はいつも次代を夢見る 第3章 運は女性のようなもの 第4章 栄光を求めて 第5章 建築・施工主 第6章 帝政様式 第7章 帝国の娯楽 第8章 ロマン主義の表象 第9章 没落 第10章 ラシーヌ通りにコサック兵が 終章 一つの時代の終焉

＊若き砲兵将校としてフランス革命に参加したナポレオンは、数々の軍功により頭角を現した。クーデタで政権を奪取し、ついには皇帝に即位。欧州大陸を制圧して広大な帝国を築く。軍事以外にも不朽の事績として民法典の編纂が知られるが、彼の影響力は建造物、室内装飾、ファッションから教育制度などにまで広く及んだ。近現代フランス史の泰斗が、一代の英雄の全盛期を活写し、その「遺産」を検証する。

◇ナポレオン―最後の専制君主、最初の近代政治家 杉本淑彦著 岩波書店 2018.2 225,7p 18cm 〈岩波新書 新赤版1706〉〈文献あり 年譜あり〉 840円 ①978-4-00-431706-7 Ⓝ289.3

> 内容 第1章 コルシカ島 第2章 頭角 第3章 政権欲―第一次イタリア戦役 第4章 イスラームとの遭遇 第5章 敗残将軍が凱旋将軍となる 第6章 大陸の覇者 第7章 時代のはざまに生きる 第8章 暗転

＊時代に遅れていると同時に、時代に先駆けてもいた―歴史家は彼をこう評する。コルシカという周縁の地に生をうけ、革命の荒波を乗り切り、皇帝にまで登りつめたナポレオンとは、いかなる人間なのか。若き日のナポレオン人士としての行動、エジプト遠征、プロパガンダ等のあらたな視点も盛り込み、歴史のなかの生涯を描きだす。

◇武藤山治とナポレオン 武藤治太著 大阪 國民會館 2018.3 54p 21cm 〈國民會館叢書98〉〈年譜あり〉 400円 Ⓝ289.3

◇王たちの最期の日々 下 パトリス・ゲニフェイ編, 神田順子訳 原書房 2018.6 185p 20cm 2000円 ①978-4-562-05571-5 Ⓝ288.4935

> 内容 11 ルイ一三世の短い一年―一六四二・四三年 12 沈む大きな太陽―ルイ一四世―一七一五年九月一日 13 ルイ一五世の臨終―一七七四年五月 14 ルイ一六世、予告された終焉の記録 15 セント・ヘレナ、一八二一年五月五日、一七時四九分ナポレオン一世 16 人は彼を「牡蠣のルイ」とよんだ―ルイ一八世―一八二四年九月一七日 17 シャルル一〇世の二度の死 18 ルイ＝フィリップの悲しみ―一八五〇年八月二六日 19 鷲の黄昏―最後の皇帝、ナポレオン三世の最期

＊君主の死はその人生にとって非常に重要なできごとである。後世に残る当人のイメージを決定づけるからだ。模範的な態度と威厳をもって、臨終の苦しみに立ち向かい、崇高さの頂点をめざさねばならないゆえに、君主にとってその最期は、伝説のはじまりとなるのだ。

ナポレオンⅢ〔1808〜1873〕 Napoleon Ⅲ

◇王たちの最期の日々 下 パトリス・ゲニフェイ編, 神田順子訳 原書房 2018.6 185p

20cm　2000円　①978-4-562-05571-5　Ⓝ288.4935

内容　11 ルイ一三世の短い一年—一六四二・四三年　12 沈む大きな太陽—ルイ一四世—一七一五年九月一日　13 ルイ一五世の臨終—一七七四年五月　14 ルイ一六世、予告された終焉の記録　15 セント・ヘレナ、一八二一年五月五日、一七時四九分ナポレオン一世　16 人は彼を「牡蠣のルイ」とよんだ—ルイ一八世——八二四年九月一七日　17 シャルル一〇世の二度の死　18 ルイ＝フィリップの悲しみ—一八五〇年八月二六日　19 鷲の黄昏—最後の皇帝、ナポレオン三世の最期

＊君主の死はその人生にとって非常に重要なできごとである。後世に残る当人のイメージを決定づけるからだ。模範的な態度と威厳をもって、臨終の苦しみに立ち向かい、崇高なる頂点をめざさねばならないゆえに、君主にとってその最期は、伝説のはじまりとなるのだ。

◇世界史の10人　出口治明著　文藝春秋　2018.9　322p　16cm　〈文春文庫 て11-1〉　760円　①978-4-16-791146-1　Ⓝ280

内容　第1部 世界史のカギはユーラシア大草原にあり（バイバルス—奴隷からスルタンに上りつめた革命児　クビライ一五代目はグローバルなビジネスパーソン ほか）　第2部 東も西も「五胡十六国」（武則天—「正史」では隠された女帝たちの実力　王安石—生まれるのが早すぎた改革の天才）　第3部 「ゲルマン民族」はいなかった？（アリエノール—「ヨーロッパの祖母」が聴いた子守唄　フェデリーコ二世—ローマ教皇を無視した近代人）　第4部 ヨーロッパはいつ誕生したのか（エリザベス一世—「優柔不断」こそ女王の武器　エカチェリーナ二世—ロシア最強の女帝がみせた胆力　ナポレオン3世—甥っ子は伯父さんを超えられたのか）

＊未来を見据えるビジネスパーソンこそ歴史に学べ。優れた人物を選ぶ基準は「何を成し遂げたか、何を残したか」という結果責任である。保険業界に「革命」を起こした著者が、世界史の真のリーダー10人を厳選する。従来注目されなかった女性の指導者、ユーラシア大陸を駆け巡った英雄、東西の多彩な人物を語る。

【 ニ 】

ニキアス〔470〜413B.C.〕　Nicias

◇英雄伝　4　プルタルコス著、城江良和訳　京都　京都大学学術出版会　2015.5　573p　20cm　〈西洋古典叢書 G089〉〈布装　付属資料：8p・月報 114〉　4600円　①978-4-87698-910-2　Ⓝ283.1

内容　キモンとルクルス（キモン　ルクルス　キモンとルクルスの比較）　ニキアスとクラッスス（ニキアス　クラッスス　ニキアスとクラッススの比較）　セルトリウスとエウメネス（セルトリウス　エウメネス　セルトリウスとエウメネスの比較）　アゲシラオスとポンペイユス（アゲシラオス　ポンペイユス　アゲシラオスとポンペイユスの比較）

＊アレクサンドロスの書記官エウメネスやローマ共和政末期の政治家ポンペイユスら傑物たちの事績を伝える。

ニクソン, R.〔1913〜1994〕
Nixon, Richard Milhous

◇オリバー・ストーンが語るもうひとつのアメリカ史　2　ケネディと世界存亡の危機　オリバー・ストーン、ピーター・カズニック著　熊谷玲美、小坂恵理、関根光宏、田沢恭子、桃井緑美子訳　早川書房　2015.7　472p　16cm　〈ハヤカワ文庫 NF 440〉　960円　①978-4-15-050440-3　Ⓝ253.07

内容　第5章 冷戦—始めたのは誰か？（第二次大戦後の荒廃　ロシアへの活況を示すアメリカ ほか）　第6章 アイゼンハワー—高まる軍事的緊張（米ソ対立は本当に避けられなかったか？　ますます増える原爆の備蓄数 ほか）　第7章 JFK—「人類史上、最も危険な瞬間」（新しい指導者、フルシチョフ　ソ連のスプートニク・ショック ほか）　第8章 LBJ—道を見失った帝国（ケネディ暗殺の余波　「偉大な社会」を目指したジョンソン新大統領 ほか）　第9章 ニクソンとキッシンジャー—「狂人」と「サイコパス」（「覇権国家アメリカ」というビジョンは共有する二人　反戦の大きなうねりに乗って ほか）

＊第二次大戦後の冷戦も、通説とは異なりアメリカが主導していた。むしろアメリカは核戦争の瀬戸際にたびたび世界を追いやっていた。そして軍事介入という形で混迷する南米やアジアの諸国を操り、帝国の版図を広げていた—ベトナム戦争で泥沼にはまり、世界にその素顔を曝すまでは。不世出の指導者ケネディはなぜ死なねばならなかったのか。「もしケネディが暗殺されなかったら」を考えさせられる歴史超大作第2弾。

◇列伝アメリカ史　松尾弌之著　大修館書店　2017.6　309p　20cm　〈他言語標題：Movers in American History　年表あり　索引あり〉　2300円　①978-4-469-24605-6　Ⓝ285.3

内容　ポカホンタス—征服された新天地の象徴　アン・ハッチンソン—異議申し立ての系譜　トマス・ジェファソン—アメリカ独立宣言の起草者　ハリエット・タブマン—逃亡奴隷に居場所を用意した女性　メリー・B.エディ—金ぴか時代の治癒方法　ジョン・D.ロックフェラー—豊かなアメリカを作りあげた「強盗貴族」　セオドア・ローズベルト—二〇世紀を形づくった大統領　チャールズ・A.リンドバーグ—機械と共存した英雄　フランクリン・D.ローズベルト—パックス・アメリカーナをもたらした大統領　チャーリー・チャップリン—繁栄の時代の反逆児　ジョン・F.ケネディ—期待に満ちた時代の若い大統領　ベティ・フリーダン—対抗文化運動のうねり　リチャード・M.ニクソン—多様性の時代に立ち向かった大統領　バラク・H.オバマ—希望を信じ忍耐を貫いた黒人大統領　ドナルド・J.トランプ—人民の人民による人民のための政治

＊ポカホンタスからトランプまで。時代に影響を与えた人々の人生の物語を通していきいきと描く魅力あふれるアメリカ史。

ニコラウス・クザーヌス, C.〔1401〜1464〕
Nicolaus Cusanus, Cardinal

◇ニコラウス・クザーヌスとその時代　K・フラッシュ著、矢内義顕訳　知泉書館　2014.8　159,3p　20cm　〈布装　文献あり　年譜あり　索引あり〉　2500円　①978-4-86285-193-2　Ⓝ132.4

|内容| 誕生と金　さまざまな関係　最初の企て　理念の取引所バーゼル―『普遍的調和について』　教皇使節団　知ある無知―『知ある無知』　遍歴時代新たな思想―『推測について』他　マルケでの休息時間―『知恵・精神・秤の実験に関する無学者の対話』　トルコ人との戦争と永続的な平和―『信仰の平和』　人は神を観ることができるのか―『神を観ることについて』『緑柱石』　認識の確信と教会の堕落―『可能現実存在』『相等性について』『非他なるもの』『知恵の狩猟』『テオリアの最高段階について』　トーディにおける最後　クザーヌスの世紀

＊富裕な商人の子ニコラウス・クザーヌス（1401-64）は、中世と近世の転換期に生きた人物である。彼はパドヴァに遊学して法学博士となり、そこで芽吹き始めたルネサンス運動と多くの知友に巡り合った。クザーヌスのみならず広範な中世哲学の業績を踏まえた碩学による独創的で含蓄ある叙述は、多岐にわたる著作と生涯の関係、さらに思想史的な文脈にまで及び、中世から近世の研究者、初学者から専門家まで、必読のクザーヌス入門。

ニコラエフスキー, B.I.〔1887〜1966〕
Nicolaevsky, Boris Ivanovich

◇レーニンの誤りを見抜いた人々―ロシア革命百年、悪夢は続く　鈴木肇著　恵雅堂出版　2014.11　233p　18cm　〈年表あり　文献あり〉　1060円　Ⓘ978-4-87430-039-8　Ⓝ238.07

|内容| ロシア社民主義の英才ポトレソフ―レーニンの同志から政敵へ／親西欧・「祖国防衛派」を率いる　ロシア社民主義の父アクセリロード―「反レーニン、反独裁」を貫く／柔軟な戦術家、広い国際人脈　栄冠を取り戻すプレハーノフ―レーニンの危険性を見破る／亡命37年、祖国防衛の愛国者　マルクス学大家の明暗―リャザーノフとニコラエフスキー　改革一筋の人民社会党―過激ロシアで良識を貫く　ドイツとロシアの社民党―深い絆をレーニンが断つ／「右派」の力が明暗を分ける　救国思想家ストルーヴェを知ろう―独裁と戦い、自由保守主義を大成　レーニンも恐れた名将ウランゲリ―クリミア撤退で十四万人余を救う／ロシア国内戦史の大逆転を

ニコルズ, A.B.〔1819〜1906〕
Nicholls, Arthur Bell

◇ミスター・シャーロット・ブロンテ―アーサー・ベル・ニコルズの生涯　アラン・H・アダムソン著，樋口陽子訳　彩流社　2015.2　316,5p　20cm　〈文献あり　索引あり〉　4200円　Ⓘ978-4-7791-2075-6　Ⓝ930.268

|内容| 第1章 背景としてのアイルランド　第2章 マカーシー氏　第3章 マカーシー氏の恋　第4章 白馬の騎士の短い勝利　第5章 遺言の執行　第6章 バナハーへの帰郷　第7章 版権の争い

＊天才作家を潰した夫!?妻シャーロットや義父パトリックとの関係、妻の死後に巻き起こったプライバシーを巡る攻防、ハワース住民との軋轢、余生―ブロンテ家最後のひとりの定説を覆す。"わたしのいとしいひと (my dear boy)"と呼ばれた夫の真実を新資料を用いて検証。

ニコルソン, J.〔1950〜〕
Nicholson, Jim (Harold James)

◇スパイの血脈―父子はなぜアメリカを売ったのか？　ブライアン・デンソン著，国弘喜美代訳　早川書房　2017.5　414p　19cm　2000円　Ⓘ978-4-15-209686-9　Ⓝ391.653

|内容| 柵をはめられたスパイ　最後の取引　"バットマン"の闇　転身　対スパイ協力体制　第二のオルドリッチ・エイムズ　ラングレー内でのスパイvs.スパイ　ゲームオーバー　裏切りの代償　売国奴を慕った息子　「手伝う気はあるか」　ロシア領事館へ　"ジョージ"という名の老スパイ　メキシコシティでの取引　リマでの取引　鍋のなかのロブスター　告白　受刑者番号734520　スパイ親子の罪と罰　最後の資産

＊CIAの要職にあったジム・ニコルソンは、なぜ祖国を裏切る道を選んだのか？　いかにして息子ネイサンを共謀者に仕立て上げたのか？　そして、すべてを陰で操るロシアの思惑は？　ピュリッツァー賞最終候補にも選ばれたベテラン記者が、全米を震撼させたスパイ事件の真実に迫る。ハリウッド映画化で話題のベストセラー・ノンフィクション。

ニコルソン, N.〔1984〜〕　Nicholson, Nathan

◇スパイの血脈―父子はなぜアメリカを売ったのか？　ブライアン・デンソン著，国弘喜美代訳　早川書房　2017.5　414p　19cm　2000円　Ⓘ978-4-15-209686-9　Ⓝ391.653

|内容| 柵をはめられたスパイ　最後の取引　"バットマン"の闇　転身　対スパイ協力体制　第二のオルドリッチ・エイムズ　ラングレー内でのスパイvs.スパイ　ゲームオーバー　裏切りの代償　売国奴を慕った息子　「手伝う気はあるか」　ロシア領事館へ　"ジョージ"という名の老スパイ　メキシコシティでの取引　リマでの取引　鍋のなかのロブスター　告白　受刑者番号734520　スパイ親子の罪と罰　最後の資産

＊CIAの要職にあったジム・ニコルソンは、なぜ祖国を裏切る道を選んだのか？　いかにして息子ネイサンを共謀者に仕立て上げたのか？　そして、すべてを陰で操るロシアの思惑は？　ピュリッツァー賞最終候補にも選ばれたベテラン記者が、全米を震撼させたスパイ事件の真実に迫る。ハリウッド映画化で話題のベストセラー・ノンフィクション。

ニコロ・フォンタナ・タルタリア
⇒タルターリャを見よ

ニーチェ, F.W.〔1844〜1900〕
Nietzsche, Friedrich Wilhelm

◇ニーチェ　工藤綏夫著　新装版　清水書院　2014.9　237p　19cm　（Century Books―人と思想 22）〈文献あり　年譜あり　索引あり〉　1000円　Ⓘ978-4-389-42022-2　Ⓝ134.94

|内容| 1 ニーチェの精神風土（ニーチェ思想の反時代的な時代性　ニーチェが生きた時代　時代の三大思想潮流とニーチェ　ニーチェをとりまく自然）　2 ニーチェの生涯（「小さい坊さん」の生い立ち―幼年時代　魂の独立を求めて―プフォルタ学院時代　良師の理解ある導きのもとで―大学生時代　青年と時

代の教師ニーチェ――バーゼル大学教授時代　自由なる精神の漂泊――病気と孤独のたたかい　たたかうニヒリスト――新たな価値定立者としての自立　狂気の中での生の黄昏――小児の心への帰郷）　3 ニーチェの思想（ニーチェ思想の根本性格　ニーチェ思想の発展段階　ディオニュソス的世界観　自由精神の哲学　ニヒリズム対決の倫理　ニーチェ思想と現代）

◇この人を見よ　ニーチェ著，西尾幹二訳　23刷改版　新潮社　2015.7　247p　15cm　〈新潮文庫〉　460円　①978-4-10-203507-8　Ⓝ134.94

内容　なぜ私はかくも賢明なのか　なぜ私はかくも怜悧なのか　なぜ私はかくもよい本を書くのか　悲劇の誕生　反時代的考察　人間的な、あまりに人間的な　曙光　悦ばしき学問　ツァラトゥストラかく語りき　善悪の彼岸　道徳の系譜　偶像の黄昏　ヴァーグナーの場合　なぜ私は一個の運命であるのか

＊本書はニーチェ発狂の前年に成った最後の著作である。"この人"とはニーチェ自身を指し、本書では自らの著作と思考の全体について、彼が時代とどう対決し、個々の著作はどういう動機によって書かれたかが、解明される。価値の根本転換を説くニーチェの思考の到達点が簡明に語られているので、ニーチェ最高の入門書として、また風変りな自伝としても読むことが出来る。新訳決定版。

◇ニーチェと女性たち一鞭を越えて　キャロル・ディース著，眞田収一郎訳・解説　風濤社　2015.8　361p　20cm　〈索引あり〉　4200円　①978-4-89219-401-6　Ⓝ134.94

内容　第1部（家族と友人たち　ニーチェと永遠に女性なるもの　ニーチェと「新しい（めざめた）女性」）第2部（創造的な女性たちに与えたニーチェの影響　ニーチェと女性フェミニストたち）

＊女嫌いニーチェーにもかかわらずなぜニーチェのもとに殺到するのか。妹エリザベートとの愛憎、ルー・ザロメとの失恋の痛手、表現主義芸術家、女性解放運動フェミニストまでの共鳴するその思想。ニーチェが交流し、また影響を与えた40数名の女性。母性的な女性に惹かれ、女性を永遠に妊娠する目標を持つものとしたニーチェ。女性の性の喜びを強く肯定し、女性解放運動に「自由」への展望を与えたニーチェ。実際にニーチェと交流のあったものから、ニーチェの人を「自由」にする思想に共鳴した作家・美術家やフェミニストまで、ヴィルヘルム皇帝時代の家父長的な社会の女性たちを論じる、ニーチェ思想、芸術、フェミニズムを横断する一書。

◇ニーチェ入門　清水真木著　筑摩書房　2018.1　264,5p　15cm　〈ちくま学芸文庫　S39-1〉〈「ニーチェ」（講談社 2003年刊）の改題　年譜あり　索引あり〉　1100円　①978-4-480-09830-6　Ⓝ134.94

内容　プロローグ―新しき海へ　ニーチェの生涯と思想　ニーチェのキーワード　ニーチェ百景　著作解題　ブックガイド

＊現代思想に多大な影響を与え、今なお多くの著作が読み継がれているニーチェ。しかしアフォリズム的に書かれたその文章は、他の哲学者にはない魅力である一方で彼の思想の核心を捉えにくくもしている。ニーチェは終生何について考えていたのか？　実はそこには「健康と病気」をめぐる洞察がある、と著者は述べる。みずからも病に苦しみつつ、その経験の中から「身体の健康とは何か、精神の健康とは何か」という身近な問題意識への思索を深めていったのだ。ニーチェの生涯や思想、キーワードを平明に解説し、その思想のもつアクチュアリティを浮かび上がらせる入門書。

ニーバー，H.R. 〔1894～1962〕
Niebuhr, Helmut Richard

◇キリスト教の主要神学者　下　リシャール・シモンからカール・ラーナーまで　F.W.グラーフ編　教文館　2014.9　p　cm　〈索引あり〉　①978-4-7642-7384-9　Ⓝ191.028

内容　ヨハン・ゲアハルト（トーマス・カウフマン著　安酸敏眞訳）　リシャール・シモン（クリストファー・フォイクト著　安酸敏眞訳）　フィリップ・ヤコブ・シュペーナー　ヨハン・ヨアヒム・シュパルディング（アルブレヒト・ボイテル著　安酸敏眞訳）　フリードリヒ・シュライアマハー（ウルリヒ・バルト著　安酸敏眞訳）　ヨゼフ・クロイトゲン（ペーター・ヴァルター著　安酸敏眞訳）　セーレン・キルケゴール（ハイコ・シュルツ著　安酸敏眞訳）　ユリウス・ヴェルハウゼン（ミカエル・バウアー著　佐藤貴史訳）　アドルフ・フォン・ハルナック（ヨハン・ヒンリヒ・クラウセン著　安酸敏眞訳）　アルフレッド・ロワジー（クラウス・アルノルト／著　安酸敏敏訳／. エルンスト・トレルチ（フリードリヒ・ヴィルヘルム・グラーフ著　安酸敏眞訳）　ルドルフ・ブルトマン　パウル・ティリッヒ（アルフ・クリストファーセン著　佐藤貴史訳）　カール・バルト（イェルク・ディールケン著　安酸敏眞訳）　ラインホールド・ニーバー　H・リチャード・ニーバー（リチャード・クルーター著　安酸敏眞訳）　カール・ラーナー（ローマン・A・ジーベンロック著　安酸敏眞訳）

＊多彩にして曲折に富む2000年の神学史の中で、特に異彩を放つ古典的代表者を精選し、彼らの生涯・著作・影響を通して神学の争点と全体像を描き出す野心的試み。下巻では正統主義の時代から20世紀に至るまでの17名の神学者を紹介する。

◇はじめてのニーバー兄弟　S.R.ペイス著，佐柳文男訳　教文館　2015.6　265,5p　19cm　〈文献あり　索引あり〉　2100円　①978-4-7642-6718-3　Ⓝ191

内容　第1章 出発　第2章 世界の中にある教会　第3章 キリスト教現実主義　第4章 世界大戦の渦中における神学　第5章 啓示と責任　第6章 変えることのできない現実を受容する　第7章 ニーバー兄弟の遺産

＊第一次大戦から冷戦の時代、蔓延する悪に対峙しながらキリスト者の正義を求めて苦闘したニーバー兄弟。アメリカ史を代表する神学者の生涯と思想。

ニーバー，R. 〔1892～1971〕
Niebuhr, Reinhold

◇キリスト教の主要神学者　下　リシャール・シモンからカール・ラーナーまで　F.W.グラーフ編　教文館　2014.9　p　cm　〈索引あり〉　①978-4-7642-7384-9　Ⓝ191.028

内容　ヨハン・ゲアハルト（トーマス・カウフマン著　安酸敏眞訳）　リシャール・シモン（クリストファー・フォイクト著　安酸敏眞訳）　フィリップ・ヤコブ・シュペーナー　ヨハン・ヨアヒム・シュパルディング（アルブレヒト・ボイテル著　安酸敏眞訳）　フリードリヒ・シュライアマハー（ウルリヒ・バルト著　安

酸敏眞訳）ヨゼフ・クロイトゲン（ペーター・ヴァルター著 安酸敏眞訳）セーレン・キルケゴール（ハイコ・シュルツ著 安酸敏眞訳）ユリウス・ヴェルハウゼン（ミカエル・バウアー著 佐藤貴史訳）アドルフ・フォン・ハルナック（ヨハン・ヒンリヒ・クラウゼン著 安酸敏眞訳）アルフレッド・ロワジー／クラウス・アルノルト／著 安酸敏眞／訳．エルンスト・トレルチ（フリードリヒ・ヴィルヘルム・グラーフ著 安酸敏眞訳）ルドルフ・ブルトマン パウル・ティリッヒ（アルフ・クリストファーセン著 佐藤貴史訳）カール・バルト（イェルク・ディールケン著 安酸敏眞訳）ラインホールド・ニーバー H・リチャード・ニーバー（リチャード・クルーター著 安酸敏眞訳）カール・ラーナー（ローマン・A・ジーベンロック著 安酸敏眞訳）

* 多彩にして曲折に富む2000年の神学史の中で、特に異彩を放つ古典的代表者を精選し、彼らの生涯・著作・影響を通して神学の争点と全体像を描き出す児心的試み。下巻では正統主義の時代から20世紀に至るまでの17名の神学者を紹介する。

◇ はじめてのニーバー兄弟 S.R.ペイス著, 佐柳文男訳 教文館 2015.6 265,5p 19cm 〈文献あり 索引あり〉 2100円 ①978-4-7642-6718-3 Ⓝ191

内容 第1章 出発 第2章 世界の中にある教会 第3章 キリスト教現実主義 第4章 世界大戦の渦中における神学 第5章 啓示と責任 第6章 変えることのできない現実を受容する 第7章 ニーバー兄弟の遺産

* 第一次大戦から冷戦の時代、蔓延する悪に対峙しながらキリスト者の正義を求めて苦闘したニーバー兄弟。アメリカ史を代表する神学者の生涯と思想。

ニュートン, I. 〔1642～1727〕 Newton, Isaac

◇ 天才を生んだ孤独な少年期―ダ・ヴィンチからジョブズまで 熊谷高幸著 新曜社 2015.3 222p 20cm 〈文献あり 索引あり〉 1900円 ①978-4-7885-1424-9 Ⓝ141.18

内容 1章 天才と孤独 2章 レオナルド・ダ・ヴィンチ 3章 アイザック・ニュートン 4章 トーマス・アルヴァ・エジソン 5章 夏目漱石 6章 アルベルト・アインシュタイン 7章 スティーブ・ジョブズ 8章 天才と現代

* 天才の少年期には共通する「心の癖」があった。自閉症から日本語まで幅広い視点で研究する著者が、脳科学の発見も取り入れ天才たちの人生をたどりなおす、新しい天才論！

◇ 光と重力 ニュートンとアインシュタインが考えたこと――一般相対性理論とは何か 小山慶太著 講談社 2015.8 294p 18cm （ブルーバックス B-1930）〈索引あり〉 1080円 ①978-4-06-257930-8 Ⓝ420.2

内容 第1章 奇跡の年―天才性の爆発（エリザベス女王の嘆き ニュートンの回想 ほか） 第2章 光―天才を捉えしもの（プリズムを手にしたニュートン 像 光の変容説 ほか） 第3章 重力―統一への指向（カントとコペルニクス 地動説は天動説の相似形 ほか） 第4章 近代物理学の発展―ニュートンの遺産（ニュートンが示した扁平な地球の形 地球測量の大冒険 ほか） 第5章 現代物理学の発展―アインシュタインの遺産（パラパラ動画「少年と原子」 電子顕微鏡による原子の撮影 ほか）

* 1665年、ペストの流行で閉鎖された大学を去り、孤独の中で次々と大発見を成し遂げたニュートン。それから240年後、特許庁で働きながらひとりで特殊相対性理論を作り上げたアインシュタイン。ともに孤独を愛し、研究に没頭することを好んだ二人の天才がとらえたテーマ「光」と「重力」を通して、彼らの思考をしらせます。

◇ 天才数学者はこう解いた、こう生きた―方程式四千年の歴史 木村俊一［著］ 講談社 2016.4 285p 15cm （講談社学術文庫 2360）〈文献あり 索引あり〉 1000円 ①978-4-06-292360-6 Ⓝ410.28

内容 プロローグ 大発見と天才伝説 第1章 古代の方程式―バビロニア、エジプト、ギリシア、アラブ世界（パピルスと粘土板の天才たち ギリシア数学の黄金時代 方程式を発明した男、アル＝フワーリズミ） 第2章 伊・仏・英「三国志」―数学のルネッサンス（イタリア・ルネッサンス、ヨーロッパ数学の復活 フランスの数学革命 そのころイギリスでは） 第3章 ニュートンとラグランジュと対称性―科学革命からフランス革命まで（対称性の発見、ニュートンの奇跡 ラグランジュと代数学の基本定理） 第4章 一九世紀の伝説的天才―アーベルとガロア（悲劇のアーベル ガロア、謎の決闘に死す） エピローグ 未解決問題のフロンティア

* 万物は数であるという謎の数学教団を組織したピタゴラス、抜群の工学的センスを持つアルキメデス、三次方程式の解の公式を知っていた数学勝負師タルターリャ、フェンシングの達人デカルト…。小数、負の数、虚数、超越数…。方程式との格闘は、数のフロンティア拡大の歴史でもあったのだ。四千年の数学史を一気に駆け抜ける痛快無比の入門書！

◇ 大人が読みたいニュートンの話―万有引力の法則の「完成」はリンゴが落ちて22年後だった!? 石川憲二著 日刊工業新聞社 2017.9 134p 19cm （B&Tブックス）〈文献あり 年表あり〉 1200円 ①978-4-526-07751-7 Ⓝ289.3

内容 プロローグ ニュートンがリンゴで発見○○○○ 第1章 ニュートンは松尾芭蕉と同時代の人 第2章 「万有引力の法則」発見に伴うエトセトラ 特別講座 重力について人類はどう考えてきたか？ 第3章 近代科学の父か、最後の魔術師か？ エピローグ ニュートンに学ぶ人生設計術

* 偶然をチャンスに変え、必ず成果を引き出す人生力の磨き方。

◇ 数学をつくった天才たち 立田奨著 辰巳出版 2018.3 191p 19cm 「天才たちの数学の世界」（綜合図書 2015年刊）の改題、加筆・再編集〉 1200円 ①978-4-7778-2051-1 Ⓝ410.28

内容 1 数学の礎をつくった3人の巨匠（アルキメデス―人類史上第一級といえる科学者 アイザック・ニュートン―微分・積分学の祖 カール・フリードリヒ・ガウス―19世紀最大の数学者） 2 数学の歴史をつくった巨人たち（ベルンハルト・リーマン―未だ解かれることのない難問を提唱 レオンハルト・オイラー―最高に美しい公式を作り上げた盲目の数学者 アンリ・ポアンカレ―宇宙の形の解明に一歩迫った直観タイプの数学者 ほか） 3 数学の新たな道を開拓した天才たち（アレクサンドル・グロタンディーク―スキーム論を築き新しい数論を打ち

立てた21世紀最大の数学者　小平邦彦―ヘルマン・ワイルに見いだされた日本人初のフィールズ賞を受賞　グレゴリー・ペレルマン―ポアンカレ予想を解決しても社会的名誉を辞退　ほか〕

＊定理、公式、理論…わからなくても面白い！生きるために数学をする≠「数学」のために生きる。数奇な運命をたどった、愛すべき変人（天才）の生涯！

◇ニュートンとコーヒータイム　マイケル・ホワイト著，大森充香訳　三元社　2018.11　137p　16cm　（コーヒータイム人物伝）〈文献あり　索引あり〉　1500円　①978-4-88303-469-7　Ⓝ289.3

内容　アイザック・ニュートン（1642‐1727）小伝　ニュートンとコーヒータイム（幼少期の心の傷　ひらめき　手ほどき　激しい争い　信仰の変化　るつぼのなかに見た光　古代の秘密　引力と運動　光の性質について　優れた望遠鏡　新たなスタート　ロンドンでの生活　王立協会　素晴らしき遺産〕

＊万有引力の法則、運動の法則、微積分法、光学理論…、現代科学の基礎を次々発見して、自他ともみとめる天才アイザック・ニュートン。「気むずかし屋でオカルト好きの錬金術師」というなぞめいたイメージもつきまとう彼の実像に、架空のインタビュアーがせまります。

ニューマン, J.H.〔1801～1890〕
Newman, John Henry

◇J・H・ニューマン研究　川中なほ子著　習志野教友社　2015.5　446p　21cm　2800円　①978-4-907991-12-8　Ⓝ198.2233

内容　J・H・ニューマンの列福にあたって　J・H・ニューマン枢機卿の列福式に参列して　ニューマンの著作について　ニューマン枢機卿の紋章「心が心に語りかける」　ニューマンの神学観　福者J・H・ニューマン枢機卿のローマ・カトリック教会への転会の鍵　ニューマン枢機卿の紋章「心が心に語りかける」の共生学的意義　J・H・ニューマンの教父研究　『キリスト教教理発展論』の現代的意義　J・H・ニューマンの『キリスト教教理発展論』　『大学の理念』　人格共同体としての大学教育　『承認の原理』　思い いかけるもの　J・H・ニューマンの『承認の原理』再考　J・H・ニューマンの教会理解を生み育んだ英国　「教義に関して信徒に聞く」禁書の背景　ノーフォーク公爵への書簡　J・H・ニューマンの枢機卿拝命と受諾　自由主義との闘い　ニューマンの詩論　J・H・ニューマン研究復興　ニューマン研究の最近の動向　オクスフォード・ムーヴメント一五〇周年国際会議　イエス・キリストを信じるとは　ニューマンのマリア論　ニューマンの希望と祈り　『聖母マリア第二のエバ』編集・翻訳出版に際して

ニール, V.〔1961～〕Neil, Vince

◇ミュージック・ライフが見たモトリー・クルー　シンコーミュージック・エンタテイメント　2015.2　1冊　27cm　〈他言語標題：MÖTLEY CRÜE in "MUSIC LIFE"〉　2800円　①978-4-401-64111-6　Ⓝ767.8

＊ミュージック・ライフ完全復刻!!モトリー・クルー黄金時代の決定版。デビュー時の超貴重インタビューから直筆アンケート、世界制覇まで―ミュージック・ライフだから迫ることができた素顔がここにある!!

ニールセン, C.〔1865～1931〕Nielsen, Carl

◇カール・ニールセン自伝　フューン島の少年時代―デンマークの国民的作曲家　カール・ニールセン著，長島要一訳　彩流社　2015.9　231,23p　20cm　〈表紙のタイトル：Min Fynske Barndom of Carl Nielsen　文献あり　作品目録あり　年譜あり〉　2800円　①978-4-7791-2171-5　Ⓝ762.3895

内容　はじめに　誕生から幼年期　少年時代　瓦工場とサムソン　小学校時代　学校と農場　兄たち　初舞台　姉たち　宴会の音楽師たち　木靴　牧師　迷信　新しい家　両親　私の会ったさまざまな人びと　商店の見習い　ラッパ兵　兵長のピアノ　年上の女　野営演習　音楽的発展　十六歳の読書　軍楽隊の人びと　父の話　音楽への道　オーデンセからコペンハーゲンへ

＊同郷のアンデルセンと同様、貧しい家に生まれたニールセンは、宴会のヴァイオリン弾きから、デンマークが誇る国民的作曲家になり、素朴で心に響く歌曲から交響曲、オペラまで数多くの作品を残した。『フューン島の少年時代』は、幼少期の成長の過程が、のちの人格形成にとっていかに重要であるかを、心温まる筆致で見事に描き、デンマーク文学史に残る自伝文学の傑作である。詳細な「訳者解説」、年譜・主要作品一覧・曲紹介・家系図・地図等を付し、ニールセンの生涯と音楽世界を紹介する。

ニルソン, H.〔1941～1994〕Nilsson, Harry

◇ハリー・ニルソンの肖像　アリン・シップトン著，奥田祐士訳　国書刊行会　2017.12　427,64p　22cm　〈文献あり　作品目録あり　索引あり〉　4600円　①978-4-336-06247-5　Ⓝ767.8

内容　1941　古い机　リッチランド氏の好きな歌　窓をあけよう　ガッタ・ゲット・アップ　もしあなただったら　僕を忘れないで　灯りを消して　パーフェクト・デイ　イッソ・ソー・イージー〔ほか〕

＊大ヒット曲 "うわさの男" "ウィザウト・ユー" で知られるアメリカのシンガー・ソングライター、ハリー・ニルソンの初にして決定版伝記がついに登場！ビートルズの面々が絶賛した変幻自在の声をもつ不世出のアーティストの波瀾にみちた生涯を、ジョン・レノン、リンゴ・スターらとの伝説的交遊やレコード制作秘話など豊富なエピソードとともに描く。

ニン, A.〔1903～1977〕Nin, Anaïs

◇リノット―少女時代の日記1914-1920　アナイス・ニン著，杉崎和子訳　水声社　2014.8　252p　20cm　2500円　①978-4-8010-0048-3　Ⓝ935.7

内容　一九一四年　一九一五年　一九一六年　一九一七年　一九一九年　一九二〇年

＊のちに "性" の作家として世界的に知られる小説家となり、ヘンリー・ミラーらと愛の遍歴をかさねた女性が、11歳のニューヨークへの移住から初恋、豊富な読書、母への想い、そして17歳の大冒険へのあこがれを多感な思春期の日々を繊細な感性

でいきいきと描く。

◇アナイス・ニンの日記　アナイス・ニン著，矢口裕子編訳　水声社　2017.3　536p　20cm
〈索引あり〉　5000円　①978-4-8010-0218-0
Ⓝ935.7
内容　初期の日記　第二巻（一九二〇・二三）　初期の日記　第三巻　妻の日記（一九二三・二七）　初期の日記　第一巻（一九二七・三一）　アナイス・ニンの日記　第一巻（一九三一・三四）　アナイス・ニンの日記　第二巻（一九三四・三九）　アナイス・ニンの日記　第三巻（一九三九・四四）　アナイス・ニンの日記　第四巻（一九四四・四七）　アナイス・ニンの日記　第五巻（一九四七・五五）　アナイス・ニンの日記　第六巻（一九五五・六六）　アナイス・ニンの日記　第七巻（一九六六・七四）
＊17歳から74歳の死まで、ヘンリー・ミラー、その妻ジューン、アントナン・アルトー、オットー・ランクほか作家・芸術家たちとの交遊、恋愛、そして作家としての葛藤を綴った膨大な日記から、奔放、かつ繊細に生きたニンの生涯をたどる。

◇〈作家ガイド〉アナイス・ニン　アナイス・ニン研究会編　彩流社　2018.5　268,34p　21cm
〈文献あり　著作目録あり　作品目録あり　年譜あり　索引あり〉　2800円　①978-4-7791-2433-4
Ⓝ930.278
内容　1　アナイス・ニン作品ガイド（『私のD.H.ロレンス論』『ガラスの鐘の下で』ほか）　2　アナイス・ニンを知る/読むキーワード（精神分析　分身　日本におけるアナイス・ニン受容　アナイス・ニンとフェミニズム　ほか）
＊生涯をとおして書き続けた、膨大な"日記"で知られる作家、アナイス・ニン（1903～77）。没後40年を経ても色褪せない魅力とは何か—全著作の「作品ガイド」、アナイスを知るための「キーワード」、華やかな交友関係を浮き彫りにする「取り巻く人々」等から解説。全体像に迫る初のガイドブック！「年譜」「書誌」「文学地図」付。

【ヌ】

ヌメリアヌス〔253～284〕
Marcus Aurelius Numerius Numerianus
◇ローマ皇帝群像　4　アエリウス・スパルティアヌス他著，井上文則訳・解題　京都　京都大学学術出版会　2014.9　323,53p　20cm＋（西洋古典叢書 L025）〈付属資料：8p；月報109　布装　年表あり　索引あり〉　3700円
①978-4-87698-486-2　Ⓝ232.8
内容　神君クラウディウスの生涯（トレベリウス・ポリオ）　神君アウレリアヌスの生涯（シラクサのフラウィウス・ウォピスクス）　タキトゥスの生涯（シラクサのフラウィウス・ウォピスクス）　プロブスの生涯（シラクサのフラウィウス・ウォピスクス）　フィルムス、サトゥルニヌス、プロクルス、ボノッス、すなわち四人の僭称帝たちの生涯（シラクサのフラウィウス・ウォピスクス）　カルス、カリヌス、ヌメリアヌスの生涯（シラクサのフラウィウス・ウォピスクス）
＊軍人皇帝時代も後半に入り危機克服の兆しが現われる。異色のローマ皇帝伝記集、堂々の完結！　本邦初訳。

【ネ】

ネイスン, J.〔1940～〕　Nathan, John
◇ニッポン放浪記—ジョン・ネイスン回想録　ジョン・ネイスン著，前沢浩子訳　岩波書店　2017.11　336p　19cm　2800円　①978-4-00-061234-0　Ⓝ934.7
内容　もし音楽が恋の糧なら…　まゆみ　三島由紀夫　大江健三郎　人情劇こもごも　アメリカに帰る　サマー・ソルジャー　フルムーン・ランチ　破綻　ユダヤ人に囲まれて　金まみれの日々　ストックホルム　いつかきた道　日本との距離　エピローグ　漱石に導かれて
＊戦後文壇がその絶頂期を迎えていた1960年代、ニッポン。著者は最も才能ある作家たちと親しく交わり、三島由紀夫、大江健三郎時代の寵児たちが生み出す作品を翻訳、世界にその作品世界を知らしめていく。翻訳家、映画監督としてマルチな才能を武器に日本中を駆け回ったジョン・ネイスンによる日本文学の黄金時代、そして日米文化交渉の生きた証言録。

ネイマール〔1992～〕　Neymar
◇あなたの知らない85のネイマール—A to Zで語る僕の素顔　ネイマール・ジュニオール著，藤波真矢訳　フロムワン　2014.6　128p　21cm〈発売：朝日新聞出版〉　1650円　①978-4-02-190248-2　Ⓝ783.47
内容　得点王　サイン　バルセロナ　ベッチーニョ　サッカーボール　FIFAバロンドール　オール・コンクール賞　雑誌の表紙　おもちゃ　下部組織〔ほか〕
＊ブラジル代表のエースがキーワードをもとに"正真正銘の自分"を明かす。親子で読みたい世界的ストライカーの自伝。

ネクラーソフ, N.A.〔1821～1878〕
Nekrasov, Nikolai Alekseevich
◇偉くない「私」が一番自由　米原万里著，佐藤優編　文藝春秋　2016.4　382p　16cm　（文春文庫　よ21-7）　720円　①978-4-16-790598-9
Ⓝ914.6
内容　三людのお願い　キャビアをめぐる虚実　氏か育ちか　不眠症に効く最良最強の薬　夏休み、子どもや犬猫の溢れるエネルギーを家事に生かそう　グルジアの居酒屋　日の丸よりも日の丸弁当なのだ　夢を描いて抜け抜けした祖父と父一わが家の　夕食　夕食は敵にやれ！　プラハからの帰国子女〔ほか〕
＊ロシア語会議通訳、作家・エッセイストとして活躍した米原万里の作品を、盟友・佐藤優がよりぬいた傑作選。メインディッシュは、初公開の東京外語大卒業論文、詩人ネクラーソフの生涯。ロシア、食、言葉をめぐる名エッセイ、単行本未収録作品などをロシア料理のフルコースに見立て、佐藤シェフの解説付きで紹介する。

ネブカドネザルⅡ〔～562B.C.〕
Nebuchadnezzar Ⅱ

◇ネブカドネザル2世―バビロンの再建者　山田重郎著　山川出版社　2017.1　95p　21cm　(世界史リブレット人 3)〈文献あり　年表あり〉800円　①978-4-634-35003-8

[内容] ネブカドネザル2世の伝説と史実　1 古代メソポタミア文明とバビロン　2 新バビロニア王国の興隆とネブカドネザル2世　3 ネブカドネザル2世の治世と帝国の広域支配　4 新バビロニア王国の王宮組織と国家行政　5 建設事業、祭儀とネブカドネザルの記憶

＊聖書と古典古代の著作に記された伝説の都市バビロンは、不可思議な繁栄と滅びの象徴として人々の想像力をかきたててきた。紀元前7世紀末から前6世紀にかけて、新バビロニア王としてメソポタミアとシリアにまたがる帝国を確立し、バビロンを卓越した帝国首都に築き上げたネブカドネザル2世もかつては伝説的な人物だった。しかし、19世紀以来、考古学的調査によりバビロンの都市遺構が明らかにされ、発見された楔形文字文書がネブカドネザルとその時代について新情報をもたらした。こうした同時代の「証言」に照らして、ネブカドネザルとその時代の実像に迫る。

ネラン, G.〔1920～2011〕Neyrand, Georges

◇ザビエルの夢を紡ぐ―近代宣教師たちの日本語文学　郭南燕著　平凡社　2018.3　328p　20cm　〈索引あり〉　4000円　①978-4-582-70358-0　Ⓝ197.021

[内容] 序章 日本へのザビエルの贈りもの　第1章 日本に情熱を燃やしたザビエル　第2章 ザビエルの予言へ呼応する近代宣教師たち　第3章 日本人に一生を捧げたヴィリオン神父　第4章 日本人を虜にしたカンドウ神父　第5章 詩的な宣教者―ホイヴェルス神父　第6章 型破りの布教―ネラン神父　終章 日本人とともに日本文化を創る試み

＊キリスト教が初めて日本に伝来してから460年余。日本語で話し、そして記述した数多くの神父たちの行いは、日本と日本人に有形無形の豊かな財産をもたらした。先駆者フランシスコ・ザビエルから20世紀のジョルジュ・ネランまで5人の宣教師を取り上げ、彼らの業績と人柄をつぶさに語る、最新の研究。

ネルー, J.〔1889～1964〕Nehru, Jawaharlal

◇ネルー　中村平治著　新装版　清水書院　2014.9　214p　19cm　(Century Books―人と思想 32)〈文献あり　年表あり　索引あり〉1000円　①978-4-389-42032-1　Ⓝ289.2

[内容] 1 ネルーの生涯(現代インドが誇る政治家　ネルーの生いたちとその背景)　2 ネルーの思想(ネルーの歴史観　ネルーの社会・文化論　ネルーの経済思想　ネルーの政治思想　現代インドの課題とネルー)

ネルウァ〔35～98〕
Marcus Cocceius Nerva Caesar Augustus

◇ローマ帝国人物列伝　本村凌二著　祥伝社　2016.5　303p　18cm　(祥伝社新書 463)840円　①978-4-396-11463-3　Ⓝ283.2

[内容] 1 建国期―建国期のローマ(ブルトゥス―共和政を樹立した初代執政官　キンキナトゥス―ワシントンが理想とした指導者　ほか)　2 成長期―成長期のローマ(アッピウス―インフラ整備など、類稀なる先見性　ファビウス―耐えがたきを耐える「ローマの盾」　ほか)　3 転換期―転換期のローマ(クラッスス―すべてを手に入れた者が欲したもの　大ポンペイウス―カエサルに敗れた大武将　ほか)　4 最盛期―最盛期のローマ(ゲルマニクス―夭逝した理想のプリンス　ネロ―気弱な犯罪者だった暴君　ほか)　5 衰亡期―衰亡期のローマ(ガリエヌス―動乱期の賢帝　ディオクレティアヌス―混乱を鎮めた軍人皇帝　ほか)

＊ローマの歴史には、独裁も革命もクーデターもあり、「パクス・ロマーナ」と呼ばれた平和な時代もあった。君主政も共和政も貴族政もポピュリズムもあり、多神教も一神教もあった。まさに「歴史の実験場」であり、教訓を得るのに、これほどの素材はない。歴史を学ぶには制度や組織は無視できないが、そこに人間が存在したことを忘れてはならないだろう。本書は、一〇〇〇年を超えるローマ史を五つの時代に分け、三二人の生涯と共に追うものである。賢帝あり、愚帝あり、英雄から気丈な女性、医学者、宗教家まで。壮大な歴史叙事詩であり、歴史は人なり―を実感する一冊。

ネロ〔37～68〕
Nero Claudius Caesar Augustus Germanicus

◇ローマ帝国人物列伝　本村凌二著　祥伝社　2016.5　303p　18cm　(祥伝社新書 463)840円　①978-4-396-11463-3　Ⓝ283.2

[内容] 1 建国期―建国期のローマ(ブルトゥス―共和政を樹立した初代執政官　キンキナトゥス―ワシントンが理想とした指導者　ほか)　2 成長期―成長期のローマ(アッピウス―インフラ整備など、類稀なる先見性　ファビウス―耐えがたきを耐える「ローマの盾」　ほか)　3 転換期―転換期のローマ(クラッスス―すべてを手に入れた者が欲したもの　大ポンペイウス―カエサルに敗れた大武将　ほか)　4 最盛期―最盛期のローマ(ゲルマニクス―夭逝した理想のプリンス　ネロ―気弱な犯罪者だった暴君　ほか)　5 衰亡期―衰亡期のローマ(ガリエヌス―動乱期の賢帝　ディオクレティアヌス―混乱を鎮めた軍人皇帝　ほか)

＊ローマの歴史には、独裁も革命もクーデターもあり、「パクス・ロマーナ」と呼ばれた平和な時代もあった。君主政も共和政も貴族政もポピュリズムもあり、多神教も一神教もあった。まさに「歴史の実験場」であり、教訓を得るのに、これほどの素材はない。歴史を学ぶには制度や組織は無視できないが、そこに人間が存在したことを忘れてはならないだろう。本書は、一〇〇〇年を超えるローマ史を五つの時代に分け、三二人の生涯と共に追うものである。賢帝あり、愚帝あり、英雄から気丈な女性、医学者、宗教家まで。壮大な歴史叙事詩であり、歴史は人なり―を実感する一冊。

◇ローマ皇帝伝　下　スエトニウス著、国原吉之助訳　岩波書店　2018.5　403,20p　15cm　(岩波文庫)　1130円　①4-00-334402-2　Ⓝ232.8

内容 第4巻 カリグラ 第5巻 クラウディウス 第6巻 ネロ 第7巻(ガルバ オト ウィテリウス) 第8巻(ウェスパシアヌス ティトゥス ドミティアヌス)
*我が妹を妻とし、帝国資産をまたたく間に蕩尽したあげく自らを神と崇めよと命ずるカリグラ。権力を争って母を殺し、さらに首都に火を放って遠望する焔の美しさに恍惚とするネロ。簡潔直截に次々と繰りだされてゆく豊富な逸話の中から、放恣残虐の限りを尽す歴代ローマ皇帝たちの姿がなまなましく立ち現われてくる。

【ノ】

ノア, T. 〔1984~〕 Noah, Trevor
◇トレバー・ノアー生まれたことが犯罪!? トレバー・ノア著, 齋藤慎子訳 英治出版 2018.5 405p 19cm 1800円 ①978-4-86276-257-3 Ⓝ779.9
内容 第1部(走れ 生まれたことが犯罪 トレバー、お祈りして ほか) 第2部(桑の木 思春期の、長く、ぎこちなく、ときに悲劇的で、いたたまれないことだらけの恋の教訓 その1「バレンタインデー」 アウトサイダー ほか) 第3部(いいぞ、ヒトラー! チーズボーイ 世間は守ってくれない ほか)
*全米で最も熱いコメディアンをつくったのはアパルトヘイトと偉大な母だった。NEW YORK TIMES2017ベストブック。

ノイアー, M. 〔1986~〕 Neuer, Manuel
◇マヌエル・ノイアー伝記 ディートリッヒ・シュルツェ=マルメリンク著, 吉田奈保子, 山内めぐみ訳 実業之日本社 2017.2 349p 19cm 1600円 ①978-4-408-45573-0 Ⓝ783.47
内容 冒険の予感 ゲルゼンキルヘンのモナコ シャルケの教え ファン・デル・サール、レーマン、ブットーフィールドプレーヤー型GKの誕生 世界の頂点に向かって ドイツ代表の背番号1として 「コアン・ノイアー」 「もっと上に行きたい」 新たな挑戦 2年間で6つのトロフィー ワールドカップ優勝 グアルディオラのもとで "完全無欠のゴールキーパー"
*新時代型GK誕生のルーツー足元の技術の高さ、リベロのようなプレースタイル…現代サッカーが求めるGK像を体現するその秘訣が明らかに!!

ノグチ, I. 〔1904~1988〕 Noguchi, Isamu
◇石を聴く—イサム・ノグチの芸術と生涯 ヘイデン・ヘレーラ著, 北代美和子訳 みすず書房 2018.2 544,8p 22cm 〈索引あり〉 6800円 ①978-4-622-08675-8 Ⓝ712.53
内容 両親 ディア・ベイビー 東京 茅ヶ崎 セント・ジョセフ・カレッジ インターラーケン ラ・ポート ぼくは彫刻家になった ぼくは不滅の人びとと並び立つでしょう 大樹の陰から外へ〔ほか〕
*時に挑み、時に触れる—アメリカ人の母と日本人の父のあいだに生まれ、第2次世界大戦をはさんで東西を往来しつづけた20世紀の世界的彫刻家。周囲の人々の新たな証言とともに資料を駆使して波瀾万丈の生涯をたどりつつ、変幻自在な彫刻群のみならずランドスケープ、庭園、パブリックアート、舞台装置、家具・照明など多ジャンルにわたる作品の誕生を克明に解き明かしたノグチ伝の決定版。図版多数収録。

ノース, M. 〔1830~1890〕 North, Marianne
◇ガリヴァーの訪れた国—マリアンヌ・ノースの明治八年日本紀行 柄戸正著 万来舎 2014.9 171p 19cm 〈文献あり〉 1200円 ①978-4-901221-81-8 Ⓝ289.3
内容 1 世界旅行 2 横浜 3 東京 4 神戸、大阪 5 京都 6 ドイツ、オーストリア紀行 7 帰国
*イザベラ・バード、ゴードン・カミングとともに明治初期、開国間もない日本にやってきた世界の女性探検家にして植物画家、マリアンヌ・ノース。彼女が書き残した手記を手がかりに、旅に生きたその半生を描く決定版評伝。

ノックス, J. 〔1510~1572〕 Knox, John
◇カーライル選集 2 英雄と英雄崇拝 トマス・カーライル著 入江勇起男訳 デジタル・オンデマンド版 日本教文社 2014.8 368,7p 21cm 〈印刷・製本:デジタル・オンデマンド出版センター 索引あり〉 2900円 ①978-4-531-02642-5 Ⓝ938.68
内容 第1講 神としての英雄—オウディン、異教・スカンディナヴィアの神話 第2講 予言者としての英雄—マホメット・回教 第3講 詩人としての英雄—ダンテ、シェイクスピア 第4講 牧師としての英雄—ルーテル・宗教改革、ノックス・清教 第5講 文人としての英雄—ジョンソン、ルソー、バーンズ 第6講 帝王としての英雄—クロムウェル、ナポレオン、近代革命主義

ノボトニー, W. 〔1920~1944〕 Nowotny, Walter
◇撃墜王ヴァルテル・ノヴォトニー—ドイツ空軍類まれなるエースの航跡 服部省吾著 潮書房光人新社 2018.12 388p 16cm (光人社NF文庫は1099) 〈潮書房光人社 2012年刊の再刊 文献あり〉 920円 ①978-4-7698-3099-3 Ⓝ289.3
内容 第1章 大空へ 第2章 事は志に反したが 第3章 不時着帰還 第4章 ロシアという所 第5章 スロースターター 第6章 撃墜マシン始動 第7章 戦闘機隊の猛者も人間 第8章 世界初のジェット戦闘機隊 第9章 戦うコマンド・ノヴォトニー 第10章 撃墜王二十三歳の終焉
*戦闘経験を積み、チームワークを工夫し、血のにじむような努力によって成長したノヴォトニーのシュヴァルム(四機編隊)。みずからも生還できる戦闘機乗りたらんとして、幾多の撃墜王たちの空戦の極意を会得すべく研鑽を重ねた著者が、不滅の個人スコアを記録した若きエースの激闘の日々と、その空戦技量の真髄を描く。

ノーマン, D. 〔1864～1941〕 Norman, Daniel

◇ノーマン家とライシャワー家―日本と北米の関係構築にはたした役割　高嶋幸世著　シーズ・プランニング　2016.12　259p　21cm　〈発売：星雲社〉　2800円　①978-4-434-22906-0　Ⓝ288.3

　内容　序章 関連研究史の紹介と背景説明（問題の所在 ノーマン家とライシャワー家にまつわる研究史のまとめ ほか）　第1章 偉大なる父たちの影響（ダニエル・ノーマンとオーガスト・ライシャワーの略伝　農民の子どもダニエル・ノーマン ほか）　第2章 兄たちの戦いと悲劇（ハワード・ノーマンとロバート・ライシャワーの略伝　ハワード・ノーマンとロバート・ライシャワーの幼少時代 ほか）　第3章 弟たちの栄光と悲劇、そして忘却（ハーバート・ノーマンとエドウィン・ライシャワーの略伝　ハーバートとエドウィンの交友 ほか）　第4章 妻たちの人生―喜びと悲しみ（グエン・ノーマンとハル・松方・ライシャワーの略伝　グエン・プライ・ノーマン―名士の子として、児童教育の専門家として ほか）

ノーマン, E.H. 〔1909～1957〕 Norman, Egerton Herbert

◇安藤昌益に魅せられた人びと―みちのく八戸からの発信　近藤悦夫著　農山漁村文化協会　2014.10　378p　19cm　（ルーラルブックス）　2000円　①978-4-540-14213-0　Ⓝ121.59

　内容　狩野亨吉　依田荘介　ハーバート・ノーマン　山田鑑二　上杉修　八戸在住発見後の研究　渡辺没後の研究　村上壽秋　石垣忠吉　三宅正彦　寺尾五郎　『全集』後の周辺　『儒道統之図』をめぐって　還俗後の活動　昌益医学を継承する数々の医書　稿本『自然真営道』の完成に向けて

◇ノーマン家とライシャワー家―日本と北米の関係構築にはたした役割　高嶋幸世著　シーズ・プランニング　2016.12　259p　21cm　〈発売：星雲社〉　2800円　①978-4-434-22906-0　Ⓝ288.3

　内容　序章 関連研究史の紹介と背景説明（問題の所在 ノーマン家とライシャワー家にまつわる研究史のまとめ ほか）　第1章 偉大なる父たちの影響（ダニエル・ノーマンとオーガスト・ライシャワーの略伝　農民の子どもダニエル・ノーマン ほか）　第2章 兄たちの戦いと悲劇（ハワード・ノーマンとロバート・ライシャワーの略伝　ハワード・ノーマンとロバート・ライシャワーの幼少時代 ほか）　第3章 弟たちの栄光と悲劇、そして忘却（ハーバート・ノーマンとエドウィン・ライシャワーの略伝　ハーバートとエドウィンの交友 ほか）　第4章 妻たちの人生―喜びと悲しみ（グエン・ノーマンとハル・松方・ライシャワーの略伝　グエン・プライ・ノーマン―名士の子として、児童教育の専門家として ほか）

ノーマン, G. 〔1909～2003〕 Norman, Gwen

◇ノーマン家とライシャワー家―日本と北米の関係構築にはたした役割　高嶋幸世著　シーズ・プランニング　2016.12　259p　21cm　〈発売：星雲社〉　2800円　①978-4-434-22906-0　Ⓝ288.3

ノーマン, W.H.H. 〔1905～1987〕 Norman, William Howard Heal

◇ノーマン家とライシャワー家―日本と北米の関係構築にはたした役割　高嶋幸世著　シーズ・プランニング　2016.12　259p　21cm　〈発売：星雲社〉　2800円　①978-4-434-22906-0　Ⓝ288.3

　内容　序章 関連研究史の紹介と背景説明（問題の所在 ノーマン家とライシャワー家にまつわる研究史のまとめ ほか）　第1章 偉大なる父たちの影響（ダニエル・ノーマンとオーガスト・ライシャワーの略伝　農民の子どもダニエル・ノーマン ほか）　第2章 兄たちの戦いと悲劇（ハワード・ノーマンとロバート・ライシャワーの略伝　ハワード・ノーマンとロバート・ライシャワーの幼少時代 ほか）　第3章 弟たちの栄光と悲劇、そして忘却（ハーバート・ノーマンとエドウィン・ライシャワーの略伝　ハーバートとエドウィンの交友 ほか）　第4章 妻たちの人生―喜びと悲しみ（グエン・ノーマンとハル・松方・ライシャワーの略伝　グエン・プライ・ノーマン―名士の子として、児童教育の専門家として ほか）

【ハ】

ハイエク, F. 〔1899～1992〕 Hayek, Friedrich August von

◇ケインズかハイエクか―資本主義を動かした世紀の対決　ニコラス・ワプショット著．久保恵美子訳　新潮社　2016.8　616p　16cm　（新潮文庫　シ-38-25―〔Science & History Collection〕）〈文献あり〉　890円　①978-4-10-220051-3　Ⓝ331.74

　内容　魅力的なヒーロー―ケインズがハイエクの崇拝対象になるまで　一九一九～二七年　帝国の終焉―ハイエクがハイパーインフレを直接経験する　一九一九～二四年　戦線の形成―ケインズが「自然な」経済秩序を否定する　一九二三～二九年　スタンリーとリヴィングストン―ケインズとハイエクが初めて出会う　一九二八～三〇年　リバティ・バランスを射った男―ハイエクがウィーンから到着する　一九三一年　暁の決闘―ハイエクがケインズの『貨幣論』を辛辣に批評する　一九三一年　応戦―ケインズとハイエクが衝突する　一九三一年　イタリア人の仕事―ケインズがピエロ・スラッファに論争の継続を

依頼する 一九三二年 『一般理論』への道―コストゼロの失業対策 一九三二～三三年 ハイエクの驚愕―『一般理論』が反響を求める 一九三二～三六年 ケインズが米国を魅了する―ルーズベルトとニューディールを支持する若手経済学者たち 一九三六年 第六章 どうしようもなく行き詰まる―ハイエクがみずからの『一般理論』を書く 一九三六～四一年 先の見えない道―ハイエクがケインズの対応策を仲裁に結びつける 一九三七～四六年 わびしい年月―モンペルラン・ソサエティーとハイエクのシカゴ移住 一九四四～六九年 ケインズの時代―三十年にわたる米国の無双の繁栄 一九四六～八〇年 ハイエクの反革命運動―フリードマン、ゴールドウォーター、サッチャー、レーガン 一九六三～八八年 戦いの再開―淡水学派と海水学派 一九八九～二〇〇八年 そして勝者は…―「大不況」の回避 二〇〇八年以降

＊大きな政府か、小さな政府か―。経済と政治を百年にわたって揺るがし続ける大命題をめぐり、対立した経済学の二大巨頭。世界恐慌からの回復期にあって、二人の天才はなぜ異なる対応に衝突したのか。正しかったのは一体どちらなのか。学界から政界へ、イギリスからアメリカへと舞台を移しながら繰り返された激しい抗争、そして知られざる信頼と友情の物語を巧みに描いた力作評伝。

◇ハイエク―社会学方法論を巡る闘いと経済学の行方　ブルース・コールドウェル著, 八木紀一郎監訳, 田村勝省訳　一灯舎　2018.4　538,46p　21cm　3900円　Ⓘ978-4-907600-55-6　Ⓝ331.72

内容　第1部 オーストリア学派とそれに敵対する学派―歴史主義・社会主義・実証主義（メンガーの『国民経済学原理』ドイツ歴史学派 方法論争 マックス・ヴェーバーと歴史学派の凋落 ほか）　第2部 ハイエクの旅路（ウィーンのハイエク 貨幣の理論と方法論 ロンドン・スクール・オブ・エコノミクスのハイエク 一九三〇年代の方法論争 ほか）　第3部 ハイエクの挑戦（旅路の果てに―ハイエクの多様な遺産 エピローグ：二〇世紀の経済学に関する瞑想）　補遺

＊フリードリヒ・A・ハイエクは経済学の業績はもちろん、それ以外の分野における業績について、20世紀における秀でた経済理論家の1人とみなされている。数十年間にわたる学術活動の中に、心理学、政治哲学、思想史、社会科学方法論など多岐にわたる分野で貢献した。本書で示される著者の分析はまさしく才気縦横である。ハイエクの思想だけでなく、経済学史や思想史、科学哲学に関心のある方にとっても読み応えのある内容となっている。

バイエル, F. 〔1803～1863〕
Beyer, Ferdinand

◇バイエルの謎―日本文化になったピアノ教則本　安田寛著　新潮社　2016.3　309p　16cm　〈新潮文庫 や-75-1〉〈音楽之友社 2012年刊の再刊〉　550円　Ⓘ978-4-10-120286-0　Ⓝ763.2

内容　バイエルをめぐる日本人の愛憎　バイエルを日本に持ってきたのは誰か？　初版はいつ出版されたのか？　バイエル偽名説　チェルニー・バイエル同一人物説　バイエル初版　驚異の多作家　最古のバイエル エディション研究　静かにした手　シュークリーム　改築申請書　最後の秘密

＊ミドミドミソミド…。誰もが習う初級ピアノ教則本として、明治以来100年以上、日本人の音楽教育の基礎を担った「バイエル」。でも、その作者の経歴はなぜか誰も知らない。疑問に感じた著者はチェルニー偽名説、ペンネーム説など通説を再検討する中で、各国のオリジナル初版を手がかりに、そのルーツを探す旅に出た。遠く異郷で出会った驚きの新事実とは？　魅惑の音楽紀行が始まる！

◇『バイエル』原典探訪―知られざる自筆譜・初版譜の諸相　安田寛監修, 小野亮祐, 多田純一, 長尾智絵著　音楽之友社　2016.4　126p　31cm　〈表紙のタイトル：Ferdinand August BEYER École Préliminaire de Piano〉　3000円　Ⓘ978-4-276-14385-2　Ⓝ763.2

内容　第1部 作曲家バイエルと『バイエルピアノ教則本』　第2部 『バイエルピアノ教則本』初版　第3部 『バイエル』の多彩な原典（どれが初版なのか？　自筆譜発見　『バイエル』は驚異のベストセラーだった　初版のテキストクリティーク　初版から読み解く『バイエル』の音楽　日本で使用されてきた『バイエル』の歴史）

＊これが『バイエル』の本当の姿だ！　初版の『バイエルピアノ教則本』全ページを本邦初公開！　自筆譜発見の経緯や初版と比較した上での意味、詳細な解説付き。グローバルなベストセラーとして、日本の音楽文化に重要な影響を与えた楽譜の、知られざる実像。

ハイゼンベルク, W.K. 〔1901～1976〕
Heisenberg, Werner Karl

◇ハイゼンベルク　小出昭一郎著　新装版　清水書院　2016.5　227p　19cm　〈Century books 人と思想 98〉〈文献あり 年譜あり 索引あり〉　1200円　Ⓘ978-4-389-42098-7　Ⓝ289.3

内容　1 現代物理学の始まり　2 ハイゼンベルクの生い立ち　3 ミュンヘン大学時代　4 量子力学の誕生　5 量子力学の確立　6 地獄への道　7 第二次世界大戦とハイゼンベルク　8 敗戦後のハイゼンベルク

＊二〇世紀に入って物理学は革命的な変貌をとげたが、そうして出来た現代物理学の二本の主柱が相対性理論と量子力学である。相対性理論が殆どアインシュタイン一人によって造られたのに対し、量子力学の建設には多数の人々が貢献した。それは、ここ山梨から見える孤高の富士山と南アルプスの山脈に似ている。その南アルプスの最高峰北岳にたとえられるのがハイゼンベルクである。二度の世界大戦を敗戦国ドイツ人として経験し、ナチス時代にも祖国で苦難に耐えた人間としてのハイゼンベルクの生きざまから、ときには反面教師として、多くの教訓を学ぶ。

◇ヒトラーと物理学者たち―科学が国家に仕えるとき　フィリップ・ボール著, 池内了, 小畑史哉訳　岩波書店　2016.9　401,12p　20cm　〈文献あり 索引あり〉　3700円　Ⓘ978-4-00-005887-2　Ⓝ420.28

内容　手の汚れたノーベル賞受賞者　可能なかぎり保守的に　物理学は再建されなければならない　何か新しいものの始まり　知的自由は過去のこと　科学に仕えることは国家に仕えること　北欧科学は見込みがありそうだ　流れに逆らって泳ぐことはできない　手が死んでいる！　科学者として、あるいは

ハイダル, M. 〔1499/1550～1551〕
Haidar, Mīrzā

◇移動と交流の近世アジア史　守川知子編著　札幌　北海道大学出版会　2016.3　284p　22cm　〈他言語標題：Travel,Migration and Interaction in Early Modern Asia　布装　索引あり〉　5200円　Ⓣ978-4-8329-6817-2　Ⓝ220.04

- 内容　第1部 移住（インド洋海域世界のイラン人―シャーにわたった人びとを中心に〈守川知子〉　近世南アジアにおける人的移動の記録と記憶―デカンのムスリム王朝の出自説をめぐって〈真下裕之〉　マンギト朝政権の対シーア派聖戦とメルヴ住民の強制移住〈木村暁〉）　第2部 旅（オスマン海軍提督のアラブへの帰還―北インド、中央アジア、イランを通って〈今松泰〉　ミールザー・ハイダルの生涯と彼のバダフシャーンへの旅〈間野英二〉　明清交替期の地方士大夫と旅―福建寧化県の李世熊を中心として〈三木聰〉　第3部 居住（1730年前後作製のスーラト絵図を読み解く〈長島弘〉　17～18世紀初頭のインドにおけるアルメニア商人とイギリス東インド会社―「1688年協約」をめぐって〈重松伸司〉　近世バタヴィアのモール人〈島田竜登〉）

ハイティンク, B.J.H. 〔1929～〕
Haitink, Bernard Johan Herman

◇偉大なる指揮者たち―トスカニーニからカラヤン、小澤、ラトルへの系譜　クリスチャン・メルラン著，神奈川夏子訳　ヤマハミュージックメディア　2014.11　389,7p　21cm　2800円　Ⓣ978-4-636-90301-0　Ⓝ762.8

- 内容　アルトゥーロ・トスカニーニ　ウィレム・メンゲルベルク　セルゲイ・クーセヴィツキー　ピエール・モントゥー　ブルーノ・ワルター　サー・トーマス・ビーチャム　レオポルド・ストコフスキー　エルネスト・アンセルメ　オットー・クレンペラー　ヴィルヘルム・フルトヴェングラー〔ほか〕
- ＊指揮の特徴や楽団員からの評価、生い立ちや普段の振る舞い、家族関係など、50人のマエストロたちの素顔を描き出す。オーケストラ指揮の知られざる側面に迫った評伝集。

ハイデガー, F. 〔1894～1980〕
Heidegger, Fritz

◇マルティンとフリッツ・ハイデッガー―哲学とカーニヴァル　ハンス・ディーター・ツィンマーマン著，平野嘉彦訳　平凡社　2015.3　287p　20cm　〈文献あり〉　3000円　Ⓣ978-4-582-70338-2　Ⓝ134.96

- 内容　小さな町　両親　教区　鐘撞き　先祖　フリッツ　道化　教師　一九三四年のカーニヴァル　一九三三年の革命〔ほか〕
- ＊もうひとりのハイデガー。マルティンの哲学を理解しようと思う者は、在郷の弟フリッツのことを知るべきである。「存在の哲学」への驚くべき手引。

ハイデガー, M. 〔1889～1976〕
Heidegger, Martin

◇ハイデッガー　新井恵雄著　新装版　清水書院　2014.9　193p　19cm　〈Century Books―人と思想 35〉〈文献あり　年譜あり　索引あり〉　1000円　Ⓣ978-4-389-42035-2　Ⓝ134.96

- 内容　1 ハイデッガーの歩んできた道（哲学への道　基礎存在論の時代　存在の思索の時代　現代の特徴）　2 ハイデッガーの思想（『存在と時間』形而上学　存在の思索）

◇ハイデガー―存在の歴史　高田珠樹著　講談社　2014.10　391p　15cm　〈講談社学術文庫 2261〉〈『現代思想の冒険者たち 08』(1996年刊)の改題　文献あり　著作目録あり　年譜あり　索引あり〉　1200円　Ⓣ978-4-06-292261-6　Ⓝ134.96

- 内容　序章 ギリシャの旅　第1章 カトリックの庇護の中で　第2章 葛藤と模索　第3章 雌伏の時代　第4章 『存在と時間』　第5章 ナチズムへの加担と後年の思索
- ＊存在が荒々しく立ち現れると同時に隠蔽され忘却されていった古代ギリシャ以来、存在の把握は劇的に変動し、現在、忘却の彼方に明滅するものとしてのみ存在は現前する―。存在論の歴史を解体・破壊し、根源的な存在経験を取り戻すべく構想された『存在と時間』の成立過程を追い、「在る」ことを根源的に捉えようとしたハイデガーの思想の精髄にせまる。

◇ハイデガー読本　秋富克哉, 安部浩, 古荘真敬, 森一郎編　法政大学出版局　2014.11　331,62p　21cm　〈索引あり〉　3400円　Ⓣ978-4-588-15070-8　Ⓝ134.96

- 内容　第Ⅰ部 前期ハイデガーの思索―最初期から『存在と時間』まで（神学という由来　ハイデガーの生い立ち〈古荘真敬〉　「カントへ還れ」から「事象そのものへ」―問いの出発点〈村井則夫〉　事実性の解釈学―初期フライブルク期という「道」〈池田喬〉　アリストテレスの現象学的解釈―そこに胎としたもの〈森秀樹〉　カントの現象学的解釈―超越論的時間地平の発見〈齋藤元紀〉　基礎存在論の成立と理念―『存在と時間』Ⅰ〈安部浩〉　世界・他者・自己―『存在と時間』Ⅱ〈松本直樹〉　内存在・気遣い・真理―『存在と時間』Ⅲ〈古荘真敬〉　死と良心―『存在と時間』Ⅳ〈森一郎〉　時間性・日常性・歴史性―『存在と時間』Ⅴ〈伊藤徹〉　「時間と存在」のゆくえ―『存在と時間』Ⅵ〈仲原孝〉　神は存在論にたずさわるか『カントと形而上学の問題』をめぐって〈安部浩〉）　第Ⅱ部 中期ハイデガーの思索―一九三〇年代から第二次世界大戦まで（メタ形而上学、不安と退屈、自由―「形而上学」の展開〈瀧将之〉　学長ハイデガーの大学改革構想―『ドイツ大学の自己主張』〈轟孝夫〉　もっとも無気味なものへの問い―『形而上学入門』〈小林信之〉　「芸術作品の根源」〈小林信之〉　思索的な詩作を詩作的に思索すること―ヘルダーリン解釈

ハイテカ

（神尾和寿）　ニーチェとユンガー——ニヒリズムと形而上学の超克をめぐって（山本與志隆）　現代の窮迫から第一の原初へ——『哲学への寄与論稿』Ⅰ（秋富克哉）　躍動と根拠づけ——『哲学への寄与論稿』Ⅱ（山本英輔）　将来する者たちと最後の神——『哲学への寄与論稿』Ⅲ（関口浩）　真理概念の変容——『真理の本質について』『プラトンの真理論』『世界像の時代』（相楽勉）　別の原初への道——『原初について』『野の道での会話』（松本啓二朗）　迷いのなかを進む六本の道『杣道』をめぐって（秋富克哉）　第Ⅲ部　後期ハイデガーの思索——第二次世界大戦から最晩年まで（西洋哲学の原初——「アナクシマンドロスの箴言」を中心に（陶久明日香）　近代ヨーロッパの終焉——「ニーチェの言葉〈神は死んだ〉」「詩人は何のために」（小野真）　思索という行為——『「ヒューマニズム」について』『何が思索を命ずるのか』（菊地惠善）　現代技術の本質——『ブレーメン講演』『技術と転回』『放下』（後藤嘉也）　世界に住むということ——「物」「建てる、住む、考える」「詩人的に人間は住む」（稲田知己）　差異と没根拠——「同一性の命題」と「根拠の命題」（井上克人）　世界を開示する言葉——『言葉への途上』（橋本武志）　精神医学との対話——『ツォリコーン・ゼミナール』（梶谷真司）　存在の出来事としての性起——『時間と存在』（嶺秀樹）　特別寄稿　ハイデガーと「世界ユダヤ人組織」——「黒ノート」をめぐって（ペーター・トラヴニー／陶久明日香・安部浩訳）　付録　ハイデガー全集の全貌（監修：齋藤元紀／陶久明日香／松本直樹）

＊存在という出来事への根源的問いを通じて、現代思想に決定的衝撃を与えた、二十世紀最大の哲学者ハイデガー。その前期・中期・後期へと展開する思索の歩みを、日本の研究者の総力を挙げて論じ、これまでの研究史を更新する試み。『全集』各巻ごとの内容概観、「黒ノート」をめぐる特別寄稿も収録。

◇ヒトラーと哲学者——哲学はナチズムとどう関わったか　イヴォンヌ・シェラット著, 三ツ木道夫, 大久保友博訳　白水社　2015.1　362,60p　20cm　〈文献あり　索引あり〉　3800円　①978-4-560-08412-0　Ⓝ134.9

内容　第1部　ヒトラーの哲学者（ヒトラー——「天才的バーテンダー」　毒入りの杯　協力者たち　ヒトラーを支えた法哲学者——カール・シュミット　ヒトラーの超人——マルティン・ハイデガー）　第2部　ヒトラーの対抗者（悲劇——ヴァルター・ベンヤミン　亡命——テオドーア・アドルノ　ユダヤ人女性——ハンナ・アーレント　殉教者——クルト・フーバー　ニュルンベルク裁判とその後）

＊思想と行動をめぐる迫真の哲学ノンフィクション。カント以降の反ユダヤ的言辞を跡づけた上で、ナチスに加担した者と迫害された者の生き方を描き出す注目作。哲学することの倫理的基盤を問う。

◇マルティンとフリッツ・ハイデッガー——哲学とカーニヴァル　ハンス・ディーター・ツインマーマン著, 平野嘉彦訳　平凡社　2015.3　287p　20cm　〈文献あり〉　3000円　①978-4-582-70338-2　Ⓝ134.96

内容　小さな町　両親　教区　鐘撞き　先祖　フリッツ　道化　教師　一九三四年のカーニヴァル　一九三三年の革命　〔ほか〕

＊もうひとりのハイデッガー。マルティンの哲学を理解しようと思う者は、在郷の弟フリッツのことを知るべきである。「存在の哲学」への驚くべき手引。

◇90分でわかるハイデガー　ポール・ストラザーン著, 浅見昇吾訳　WAVE出版　2015.4　131p　20cm　〈年表あり〉　1000円　①978-4-87290-741-4　Ⓝ134.96

内容　ハイデガー——思想の背景　ハイデガー——生涯と作品　ハイデガーの言葉

＊存在とは何か？　大哲学者・ハイデガーとは何者だったのか？　ニヒリズムの席巻する世界からの救済者？　それともサイコパス？　ナチスへの迎合、ハンナ・アーレントとの恋。謎に満ちた思想と人生を探る。

◇ハイデガー読本　続　秋富克哉, 安部浩, 古荘真敬, 森一郎編　法政大学出版局　2016.5　339,56p　21cm　〈文献あり　索引あり〉　3300円　①978-4-588-15077-7　Ⓝ134.96

内容　第1部　哲学の伝統との対話——古代ギリシアから近代ドイツまで（アナクシマンドロス、ヘラクレイトス、パルメニデス——原初の思索家たち　プラトン——豊かな暗闇　アリストテレス『形而上学』第一巻第一〜二章が人を感激させる理由　ほか）　第2部　二十世紀の潮流のなかで——思索者たちの遭遇（ニーチェ、ヴェーバー——「学問の危機」をめぐって　ディルタイ、ヨルク『存在と時間』成立の一大ドキュメント　ベルクソン、マルセル——希望をめぐって　ほか）　第3部　ハイデガー以後と現代思想——他なる思考の競演（ブロッホ、ローゼンツヴァイク、ベンヤミン——反転する時間、革命としての歴史　アドルノ、ハーバーマス、ホネット——危機の時代の生存と哲学　リクール『短い道』と「長い道」　ほか）

＊哲学史との対決、現代思想との対話。生涯の思索をつぶさにたどった決定版の入門書『ハイデガー読本』の続編。古代以来の哲学史と現代思想の流れのうちにハイデガーを位置づけ、そのひらかれた窓を通して精神史全体を眺望する。古今の思想家との緊張にみちた対決・交渉・影響関係を描き出し、日本での受容史をも一望。精鋭執筆陣50名の知を結集した必携の一冊！

◇ハイデガー入門　竹田青嗣著　講談社　2017.4　299p　15cm　〈講談社学術文庫　2424〉〈文献あり〉　1000円　①978-4-06-292424-5　Ⓝ134.96

内容　第1章「存在」問題について（来歴　「存在」問題の提起　ほか）　第2章『存在と時間』1——人間存在の本質の探究（「人間存在の探究」についての全体の構図　人間はどういう存在者か　ほか）　第3章『存在と時間』2——死の現存在分析（全体存在と「死」　証し、良心、決意性　ほか）　第4章「存在」の探究—後期ハイデガー（後期ハイデガーを読むために　「存在」とは何か—空け開け、無、明るみ　ほか）　第5章　哲学としてのハイデガー（ナチズムとハイデガー　ハイデガー「存在」論の意義　ほか）

＊マルティン・ハイデガー（一八八九-一九七六年）は「20世紀最大の哲学者」として、今なお光を放ち続けている。しかし、その思想は難解で謎めいている。本書は主著『存在と時間』から後期思想に至る展開を平易に描き、物議を醸したナチズムとの関わりをも概観する決定版入門書である。混迷する21世紀の思想と政治を考える上で必携の書、ついに文庫化！

◇共存在の教育学——愛を黙示するハイデガー　田中智志著　東京大学出版会　2017.6　471,35p　22cm　〈布装　文献あり　索引あり〉　11000円　①978-4-13-051336-4　Ⓝ371.1

|内容| 序章 教育と存在論―共存在と愛　第1章 存在に向かう思考―ハイデガーの「学び」　第2章 共鳴共振する存在―ハイデガー/ティリッヒの「つながり」　第3章 アガペーと共存在―パウロ/バディウの「弱さの力」　第4章 愛と共現前―マルセルの「コミュニオン」　第5章 教育の再構成へ―デューイの「協同性」　第6章 愛と信―ハイデガー/ナンシーの「共存在」　第7章 共存在の主体―ハイデガー/デリダの「生き残り」　第8章 共同性の基層―ハイデガーの「響き」　終章 教育の呼応存在論―愛を黙示するハイデガー

◇アーレント＝ハイデガー往復書簡―1925-1975　ハンナ・アーレント, マルティン・ハイデガー著, ウルズラ・ルッツ編, 大島かおり, 木田元共訳　新装版　みすず書房　2018.5　330,52p　22cm　〈著作目録あり　索引あり〉　6400円　①978-4-622-08711-3　Ⓝ134.96

|内容| 一九二五‐七五年の手紙とその他の文書（まなざし　再会　秋　エピローグ）　補遺（文書1から168までについての注記　遺稿からの補足的記録文書　編者のあとがき）

◇ギリシア哲学30講　人類の原初の思索から　上「存在の故郷」を求めて　日下部吉信著　明石書店　2018.11　418p　19cm　〈年表あり　索引あり〉　2700円　①978-4-7503-4742-4　Ⓝ131

|内容| ギリシア哲学俯瞰　ミレトスの哲学者(1) タレス　ミレトスの哲学者(2) アナクシマンドロス　ミレトスの哲学者(3) アナクシメネス　ピュタゴラス　アルキュタス　ヘラクレイトス　エレア派　故郷喪失の哲学者クセノパネス　エレア派　パルメニデス　エレア派　ゼノンとメリッソス　エンペドクレス　アナクサゴラス　デモクリトス　ハイデガーと原初の哲学者たち―アナクシマンドロス, ヘラクレイトス, パルメニデス

＊ギリシア哲学の権威にしてハイデガー研究の第一人者でもある著者が, 存在の故郷を求めるべく古代ギリシアの文献を読み解き, その自然哲学を「みずみずしい姿」で蘇らせると同時に, そこで繰り広げられた哲学者たちの抗争の帰結としての現代人の歪んだ思考に高らかに異を唱える。過激かつ痛快な現代文明批判の書（上下巻）。

ハイドリヒ, R.〔1904～1942〕
Heydrich, Reinhard

◇ヒトラーの絞首人ハイドリヒ　ロベルト・ゲルヴァルト著, 宮下嶺夫訳　白水社　2016.12　460,64p図版16p　20cm　〈文献あり　索引あり〉　4800円　①978-4-560-09521-8　Ⓝ289.3

|内容| 第1章 プラハに死す　第2章 若きラインハルト　第3章 ハイドリヒの誕生　第4章 帝国の敵と戦う　第5章 戦争のリハーサル　第6章 大量殺戮の実験　第7章 世界を敵として　第8章 保護領の支配者　第9章 破壊の遺産

＊ホロコーストの悪名高い主犯の生涯―トーマス・マンに「絞首人」と呼ばれ,「ユダヤ人絶滅政策」を急進的に推進した男の素顔に迫る。最新研究を踏まえた, 初の本格的な評伝。

ハイドン, F.J.〔1732～1809〕
Haydn, Franz Joseph

◇ハイドンの音符たち―池辺晋一郎の「新ハイドン考」　池辺晋一郎著　音楽之友社　2017.3　181p　22cm　2600円　①978-4-276-20069-2　Ⓝ762.346

|内容| 早くも貫かれた個性！―弦楽四重奏曲作品1　工夫に満ちた晩年の傑作―トランペット協奏曲　ユニークなフレーズの構築―協奏交響曲変ロ長調　1人で3つの名の父！―クラヴィーア・ソナタ集　規則が何だ！ 私が規則です―交響曲その1　シンフォニックで気宇壮大―ミサを3曲　「4大」のうちの2つ！―2つのチェロ協奏曲　当時の人気を想ってみます―歌曲いくつか　揺り籠の中のスケルツォ―弦楽四重奏曲作品33　ヘンデルに負けじ！―オラトリオ『四季』　作曲は嵐の夜のごとし…―交響曲《朝》《昼》《晩》　どんな時も真摯な創作姿勢―ロンドン・トリオ　喜劇への大真面目なアプローチ―オペラ『月の世界』　作曲くしつつほくそ笑んだかな？―協奏曲3つ　やりたい放題, 怖いものなし―交響曲76, 90番　幻想？ 奇想？ どちらでも―…「幻想曲」へ　クラヴィーアのための　ホルンの完成を先取り―ホルン協奏曲　時代と時代とに橋をかけた作曲家―クラヴィーア・トリオ　時代を超えたユニークさ―弦楽四重奏曲《ひばり》ほか　充実の主題作り―《V字》と《オックスフォード》　全てのページに自信があふれ…―「十字架上のキリストの最後の7つの言葉」　晩年。だが進取の心―ザロモン・セット第1期から200年を隔てても今も刺激的！―ザロモン・セット第2期　音楽史上希有な作曲家―オラトリオ『天地創造』

＊「交響曲の父」「弦楽四重奏曲の父」「ピアノ・ソナタの父」といわれるハイドンの膨大なる作品群から, 現代の作曲家・池辺晋一郎が64曲を厳選し, "音符たち"と真剣対話。常に「新しさ」を求め, やりたい放題の怖いものなし, の天才に向けてひと言…「そりゃ, ないぜ, ハイドン先生！」

ハイネ, H.〔1797～1856〕　Heine, Heinrich

◇ハイネ　一條正雄著　新装版　清水書院　2016.3　197p　19cm　（Century Books―人と思想 151）〈文献あり　年譜あり　索引あり〉　1200円　①978-4-389-42151-9　Ⓝ941.6

|内容| 第1章 ドイツ時代のハイネ（幼年時代と学校時代―デュッセルドルフ（一七九七‐一八一五）　徒弟時代―フランクフルト, ハンブルク（一八一五‐一八一九）　大学時代―ボン, ベルリン, ゲッティンゲン（一八一九‐一八二五）　自由な文筆家として―ハンブルク, ミュンヘン（一八二五‐一八二七）『歌の本』（一八二七）　ドイツ時代の終わり（一八二八‐一八三一））　第2章 フランス時代のハイネ（パリ生活の始まり（一八三一‐一八三五）「若いドイツ」派の禁止『アッタ＝トロル』『新詩集』　ドイツへの旅と『冬物語』　晩年のハイネ（一八四八‐一八五六））

＊ハイネの「人と思想」は, この詩人が実に魅力に富む存在であることを教える。たとえば, 惨憺たるドイツの状況をリアルに描く唯一可能な形式と見定めた「詩」を, 彼は生涯貫いた。抒情詩『歌の本』『新詩集』『ロマンツェーロ』と, 叙事詩『アッタ・トロル』『ドイツ・冬物語』にそのことの経緯は明らかである。ヘーゲル, マルクス等と交わり,

明日のドイツへの歴史的展望に抜きんでた高い理解を示しつつ、光輝ある孤立を保った最後のロマン主義詩人にして最初の現代詩人であった。芸術家・護民官・使徒ハイネは、生涯の後半を政治・社会革命の遊歩道パリで過ごす著述稼業の草分けでもあった。このヨーロッパ文化の危機の告知者は、キリスト教とユダヤ教の狭間で苦闘した。ハイネ受容の幅広い流れは、現代の思想や芸術、ことに音楽につながっている。

ハイネ, W. 〔1827〜1885〕 Heine, Wilhelm

◇ペリーとともに―画家ハイネがみた幕末と日本人　ハイネ原著, フレデリック・トラウトマン著, 座卓勝之訳　三一書房　2018.7　284p　19cm　〈文献あり　年譜あり〉　2800円　Ⓣ978-4-380-18000-2　Ⓝ210.5953

[内容] ハイネの生涯　ハイネ、日本遠征隊に加わる　琉球へ―最初の訪問　ペリー提督、琉球王朝へ公式訪問　小笠原諸島（ボニン・アイランズ）　再び琉球へ　江戸湾へ―最初の訪問　幕府高官との会見　マカオでの幕間劇　マカオでの幕間劇（続）　琉球へ―三度目の訪問　再び江戸湾へ　交渉の開始　下田　下田（続）　函館　日本からの出航　最後の琉球訪問　帰国

＊ペリー日本遠征艦隊の従軍画家、ウィリアム・ハイネの回顧録。2020年、浦賀奉行所開設300周年。芸術家であるハイネの目を通して描かれた初めて接する日本の人々、風景・風俗、食べ物や建物、そして動植物などの叙述やスケッチが、時間を超えてわたしたちにリアルに伝わる。それが本書『ペリーとともに』の魅力でもある。

バイバルス 〔1223?〜1277〕 Baibars

◇世界史の10人　出口治明著　文藝春秋　2015.10　293p　19cm　〈他言語標題：TEN LEADERS OF WORLD HISTORY　文献あり〉　1400円　Ⓣ978-4-16-390352-1　Ⓝ280.4

[内容] 第1部　世界史のカギはユーラシア大草原にあり（バイバルス―奴隷からスルタンに上りつめた革命児　クビライ―五代目はグローバルなビジネスパーソン　バーブル―新天地インドを目指したベンチャー精神）　第2部　東も西も「五胡十六国」（武則天―「正史」では隠された女帝たちの実力　王安石―生まれるのが早すぎた改革の天才）　第3部　「ゲルマン民族」はいなかった？（アリエノール―「ヨーロッパの祖母」が聴いた子守唄　フェデリーコ二世―ローマ教皇を無視した近代人）　第4部　ヨーロッパはいつ誕生したのか（エリザベス一世―「優柔不断」こそ女王の武器　エカチェリーナ二世―ロシア最強の女帝がみせた胆力　ナポレオン三世―甥っ子は伯父さんを超えられたのか？）

＊人間の脳みそが変わらないかぎり、過去と同じようなことは起こりうる。つまり、歴史は未来の問題の解決に役立つのです。まして、現代のように日本が世界と密接にリンクしていると、「それ、外国であった話でしょう？」とはいっても言えません。将来、何が起こるかは誰にもわからないけれど、世界史は必ず役に立つ。教材は過去にしかないからです。

◇世界史の10人　出口治明著　文藝春秋　2018.9　322p　16cm　（文春文庫 て11-1）　760円　Ⓣ978-4-16-791146-1　Ⓝ280

[内容] 第1部　世界史のカギはユーラシア大草原にあり（バイバルス―奴隷からスルタンに上りつめた革命児　クビライ―五代目はグローバルなビジネスパーソン　ほか）　第2部　東も西も「五胡十六国」（武則天―「正史」では隠された女帝たちの実力　王安石―生まれるのが早すぎた改革の天才）　第3部　「ゲルマン民族」はいなかった？（アリエノール―「ヨーロッパの祖母」が聴いた子守唄　フェデリーコ二世―ローマ教皇を無視した近代人）　第4部　ヨーロッパはいつ誕生したのか（エリザベス一世―「優柔不断」こそ女王の武器　エカチェリーナ二世―ロシア最強の女帝がみせた胆力　ナポレオン3世―甥っ子は伯父さんを超えられたのか？）

＊未来を見据えるビジネスパーソンこそ歴史に学べ。優れた人物を選ぶ基準は「何を成し遂げたか、何を残したか」という結果責任である。保険業界に「革命」を起こした著者が、世界史の真のリーダー10人を厳選する。従来注目されなかった女性の指導者、ユーラシア大陸を駆け巡った英雄、東西の多彩な人物を語る。

バイマー・ヤンジン Bema Yangjan

◇幸せへの近道―チベット人の嫁から見た日本と故郷　バイマーヤンジン著　時事通信出版局　2014.12　191p　20cm　〈年譜あり　発売：時事通信社〉　1400円　Ⓣ978-4-7887-1381-9　Ⓝ762.229

[内容] 1　私の生まれ育った故郷チベットと家族　2　高校へ進学し音楽大学を目指す　3　いじめに遭った大学時代　4　夫と出会い日本行きを決心　5　驚くことだらけの日本での暮らし　6　日本の不思議の秘密は「教育」と「頑張る力」　7　チベットに学校をつくろう　8　東日本大震災の被災地支援で学んだこと

＊チベットの遊牧民の家に生まれ、いま、日本で歌手としてステージに立つかたわら故郷の村々に学校をつくり続ける。持ち前の明るさとバイタリティーで運命を切り拓いてきたバイマーヤンジンが語る故郷への想いと日本への愛、そして「幸せへの近道」とは…

ハイム, S. 〔1913〜2001〕 Heym, Stefan

◇ハイム小伝―現代史を駆け抜けたユダヤ人作家　貫橋宣夫著訳　文芸社　2018.8　144p　19cm　1100円　Ⓣ978-4-286-19499-8　Ⓝ940.278

バイヤース, A. Byers, Aruna Rea

◇覚醒の道―マスターズ・メッセンジャー　アルーナ・バイヤース著, 中嶋恵訳, 加藤成泰, スキップ・スワンソン監訳　ナチュラルスピリット　2017.12　338p　19cm　〈JMA・アソシエイツステップワークス事業部　2012年刊の新編集〉　2100円　Ⓣ978-4-86451-254-1　Ⓝ147

[内容] 第1部　覚醒前（目覚めのとき　用意された舞台　苦しみから探求へ　チャネリング　ビジョンクエスト　ほか）　第2部　覚醒後（覚醒が深まる　覚醒が深まるプロセス―楽しい罠　エニアグラム　瞑想　クンダリーニ　ほか）

＊サンジェルマンのチャネル、師パパジとの出会いによる覚醒、数々の出会いと経験を通して、日本

へ。チャネリングと覚醒の統合。普通の女性の普通でない修業時代を正確に記した自叙伝。新編集で待望の復刊!

ハウ, A.L. 〔1852～1943〕 Howe, Annie Lyon
◇主に望みをおいて―日本の幼児教育に貢献したアニー L.ハウ　西垣光代著　キリスト新聞社出版事業課　2014.12　168p　22cm　〈文献あり　著作目録あり　年譜あり〉　2200円　①978-4-87395-661-9　Ⓝ289.3

内容　第1章 アニー L.ハウの生涯と活動(誕生から幼児教育を志すまで(1852～1876)　幼稚園教育の学びと実践(1876～1887)　宣教師として来日、保育界での活動前期(1887～1903)　帰米、「シカゴ・フレーベル協会幼稚園教師養成所」　再来日、保育界での活動後期(1906～1927)　引退勧告・辞任・帰国・受賞、終焉(1927～1943)　ハウ家と頌栄との第二次世界大戦後の交流)　第2章 ハウの保育理念と実践(ハウのフレーベル理解と保育理念　頌栄幼稚園の保育)　第3章 保育者の養成(頌栄保母伝習所の設立　ハウの保育者観と保育者の養成　ハウの弟子たちの働き)　終章 信仰者、教育者、アニー・ハウ

＊明治・大正期の政治的・思想的圧力のもとで、信仰と信念とを持って日本の幼児教育と保育者養成に貢献した婦人宣教師・ハウの生涯と活動、保育理念と実践。

バウアー, F. 〔1903～1968〕 Bauer, Fritz
◇フリッツ・バウアー―アイヒマンを追いつめた検事長　ローネン・シュタインケ著、本田稔訳　アルファベータブックス　2017.8　390p　19cm　〈文献あり　索引あり〉　2500円　①978-4-86598-025-7　Ⓝ289.3

内容　第1章 アイヒマンを裁判にかけたドイツ人―フリッツ・バウアーの秘密　第2章 ユダヤ教徒としての生活―戦後の評価が定まらない法律家が語らないこと　第3章 一九二一年から二五年までの人格形成期―才能の開花　第4章 ワイマール共和国の裁判官―浮上する災いとの闘いのなかで　第5章 強制収容所と一九四九年までの亡命　第6章 七月二〇日の人々の名誉回復―フリッツ・バウアーの功績　第7章 「謀殺者は我々のそばにいる」―検察官の心模様　第8章 偉大なるアウシュヴィッツ裁判 一九六三～一九六五年―その主要な成果　第9章 私生活の防衛―フリッツ・バウアーの葛藤　第10章 孤独への道―フリッツ・バウアーの悲劇的な運動　第11章 一九六八年の浴槽での死

＊ドイツの未来のため、これからを担う若い世代のためにも、過去の戦争犯罪(強制収容所とホロコースト)と向き合わなければならない…。ナチスの戦争犯罪の追及に生涯を捧げた検事長の評伝!!

ハウザー, K. 〔1812?～1833〕 Hauser, Kaspar
◇ドイツ奇人街道　森貴史、細川裕史、溝井裕一著　吹田　関西大学出版部　2014.7　331p　19cm　〈文献あり〉　2000円　①978-4-87354-586-8　Ⓝ283.4

内容　フレンスブルク・ひとりの女性の勇敢なる挑戦―ベアーテ・ウーゼ(Beate Uhse、1919～2001)　エッカーンフェルデ・「不死の男」の終焉―サン=ジェルマン伯爵(Graf von Saint Germain、1691?～1784)　ハンブルク・ドイツの「海賊王」の運命―クラウス・シュテルテベーカー(Klaus Störtebeker、?～1400)　メルン・中世を旅したイタズラ者―ティル・オイレンシュピーゲル(Till Eulenspiegel、1300ごろ～50)　シュタインフーデ・シュタインフーデ湖の怪魚―ヤーコプ・クリュソストムス・プレトリウス(Jakob Chrysostomus Praetorius、1730～?)　ボーデンヴェルダー・「ほらふき男爵」の笑えない人生―ヒエロニムス・フォン・ミュンヒハウゼン(Hieronymus von Münchhausen、1720～97)　ベルリン・絶滅動物を「よみがえらせてしまった」動物園長―ルッツ・ヘック(Lutz Heck、1892～1983)　ライプツィヒ・「魔法使いファウスト」の実像をあばく―ゲオルギウス・ファウストゥス(Georgius Faustus、1460/80～1540ごろ)　インゴルシュタット・秘密結社イルミナティの真実―アダム・ヴァイスハウプト(Adam Weishaupt、1748～1830)　アンスバッハ・ヨーロッパを騒がせた謎の少年―カスパー・ハウザー(Kaspar Hauser、?～1833)　フリードリヒスハーフェン・伯爵の空への異常な愛情―フェルディナント・ツェッペリン伯爵(Ferdinand Graf von Zeppelin,1838～1917)　ジンメルン(ライン・モーゼル地方)・ライン地方の山賊たち―シンダーハンネスとシュヴァルツァー・ペーター(Schinderhannes, 1777?～1803/Schwarzer Peter,1752～1812)

バウシュ, P. 〔1940～2009〕 Bausch, Pina
◇さよならピナ、ピナバイバイ　ジョー・アン・エンディコット著，加藤範子訳　叢文社　2016.1　254p　19cm　2000円　①978-4-7947-0754-3　Ⓝ769.34

＊ピナ・バウシュと歩んだ日々―その舞台裏。ピナが熱愛したダンサー、エンディコット。綴られた真実の物語。

パウリ, W. 〔1900～1958〕 Pauli, Wolfgang
◇パウリ=ユング往復書簡集1932-1958―物理学者と心理学者の対話　ヴォルフガング・パウリ、カール・グスタフ・ユング著，湯浅泰雄、黒木幹夫、渡辺学監修　相模原　ビイング・ネット・プレス　2018.8　411p　22cm　〈訳：太田恵ほか　文献あり　年譜あり〉　6300円　①978-4-908055-13-3　Ⓝ289.3

内容　パウリ=ユング往復書簡 1932～1958　付録(「ヴォルフガンク・パウリ教授」と明記された未発表の論説「背景物理 Hintergrundsphysik」の現代的実例　パウリのH・R・シュヴィーツァー(プロティノスの専門家)宛二通の書簡　パウリ自身による要約 宇宙線についてのパウリの所見 共時性についてのユングの手書きで未公表の覚え書き 年譜)　解説(ユングとパウリの出会いが意味するもの―往復書簡集をめぐって　往復書簡集におけるパウリ　パウリの"背景物理"という考え方　パウリ=ユング往復書簡集の背景と前景―両者の関係を中心にして)

＊集合的無意識、共時性に関する重要文献。ノーベル物理学賞受賞者パウリの見た夢を、心理学の巨人ユングとパウリ自身が分析。二人の書簡は、物理学と心理学の枠を越え、錬金術、超心理、UFO、易にまで及び、科学と心(魂)の接点を探る。

パウルス（テーバイの）〔226/227～341〕
Paul of Thebes

◇砂漠に引きこもった人々―キリスト教聖人伝選集　戸田聡編訳　教文館　2016.3　305p　22cm　3500円　Ⓘ978-4-7642-7406-8　Ⓝ192

内容　ヒエロニュムス『テーバイのパウルス伝』（プロローグ―最初に砂漠に住んだ修道者は誰か　迫害と殉教の時代 ほか）　アタナシオス『アントニオス伝』（誕生から子ども時代まで　召命 ほか）　ヒエロニュムス『ヒラリオン伝』（誕生から、修道者になるまで　悪魔による最初の試み ほか）　ヒエロニュムス『囚われの修道士マルクス伝』（マルクスとその連れ合い　マルクスの生い立ちと、彼が修道士になるまで ほか）　著者不明『エジプト人マカリオス伝』ギリシア語版（マカリオスの両親　財産を失う ほか）

＊修道制の起源を解き明かす"物語"。アントニオス、マカリオスほか4世紀に砂漠で隠遁生活を送った「最初の修道者たち」の生涯を、教父ヒエロニュムスやアタナシオスがドラマティックに描いた、キリスト教的伝記の古典と称えられる作品群。初の邦訳を含む5篇を収録。古代キリスト教の豊かな精神性を汲み取ることができる偉大な源泉！

パウルス・マケドニクス, L.A.〔229～160B.C.〕 Paullus Macedonicus, Lucius Aemilius

◇新書 英雄伝―戦史に輝く将星たち　有坂純著　学研教育出版　2015.10　407p　19cm　〈文献あり　発売：学研マーケティング〉　1600円　Ⓘ978-4-05-406350-1　Ⓝ283

内容　ペルシア戦争を起こした男―アリスタゴラス伝　わが故郷は遙か―ディオニュシオス伝　われら死にきて―レオニダス伝　サラミスよ、汝は女の産める子を滅ぼさん―テミストクレス伝　賞金首女王―アルテミシア一世伝　三つの問い―エパメイノンダス伝　偉大なる敵―ハンニバル伝　オリュンポスの落日―アエミリウス・パウルス伝　賽は投げられた―ユリウス・カエサル伝　帝国の夢―ゼノビア女王伝　疾風一衛青・霍去病伝　戦いは、まだ始まっていない―ジョン・ポール―ジョーンズ伝　第一級の戦士―ダヴー元帥伝

＊かつて雑誌『タクテクス』（ホビージャパン刊）で熱狂的に支持された伝説の連載が、待望の単行本化！古代ギリシアからナポレオン時代まであまたの英傑が生き生きと甦る！

パウロ〔?～65?〕 Paul the Apostle

◇キリスト教思想の形成者たち―パウロからカール・バルトまで　ハンス・キュンク著，片山寛訳　新教出版社　2014.10　345p　20cm　2900円　Ⓘ978-4-400-32423-2　Ⓝ191.028

内容　パウロ―キリスト教の世界宗教への夜明け　オリゲネス―古代キリスト教精神の偉大な統合　アウグスティヌス―ラテン的・西方的神学の父　トマス・アクィナス―大学の学問と教皇の宮廷神学　マルチン・ルター―パラダイム転換の古典的事例としての福音　フリードリヒ・シュライエルマッハー―近代の薄明の中の神学　カール・バルト―ポストモダンへの移行における神学　エピローグ―時代にかなった神学への指針

＊キリスト教史にパラダイム転換を画した7人。バチカンから教授資格を停止された神学界の異端児が、鮮やかな筆致でキリスト教の大思想家たちの生涯と思想、その光と影を描き出す。

◇パウロ―ギリシア・ローマ世界に生きた使徒　岩上敬人著　いのちのことば社　2014.12　271p　19cm　〈年譜あり〉　1600円　Ⓘ978-4-264-03273-1　Ⓝ193.71

内容　新約聖書とパウロの歴史的背景　パウロの生い立ちと教育　パリサイ派ユダヤ人・迫害者サウロ　パウロの回心と召命　回心後のパウロの足取り　アンテオケ教会とパウロ　第一次伝道旅行　ガラテヤ人への手紙の執筆　エルサレム会議　第二次伝道旅行　第三次伝道旅行　パウロの逮捕・ローマへ　ローマの獄中で　パウロの晩年

＊紀元1世紀のユダヤ教の思想や神学を背景に、激動の社会と文化の中を生きた使徒パウロを、新たな視点から読み解く。

◇パウロ　八木誠一著　新装版　清水書院　2015.9　229p　19cm　（Century Books―人と思想 63）〈文献あり　年表あり　索引あり〉　1000円　Ⓘ978-4-389-42063-5　Ⓝ192.8

内容　1 パウロの生涯（生まれと育ち　キリスト教迫害　回心　第一回伝道旅行と使徒会議　第二回伝道旅行　第三回伝道旅行　ローマへ）　2 パウロ神学の基礎構造（パウロの問いかけ　超越者　エゴイズム　律法　福音　信仰による義認）　3 パウロ神学の構造と中心問題（律法主義（倫理）から宗教へ　律法主義の本質と克服　キリストと人間　「キリストのからだ」としての教会　パウロ神学の二重構造）

◇井上洋治著作選集　3　キリストを運んだ男―パウロの生涯　井上洋治著　日本キリスト教団出版局　2015.11　241p　22cm　2500円　Ⓘ978-4-8184-0913-2　Ⓝ190.8

内容　第1章　迫害者パウロの回心―ダマスコのキリスト体験　第2章　ファリサイ派の人と徴税人の祈り　第3章　回心への道程　第4章　原始キリスト教におけるアンティオキアとエルサレム　第5章　パウロの第一次伝道旅行―セレウキア、キプロス、ペルゲ、アンティオキア、イコニオン、リストラ、デルベ　第6章　パウロの第二次伝道旅行―タルソス、キリキアの峡門、デルベ、リストラ、トロアス、ネアポリス、フィリピ、テサロニケ、ベレア、アテネ、コリント、エルサレム　第7章　パウロの第三次伝道旅行とローマへの旅―タルソ、エフェソ、フィリピ、コリント、エルサレム、マルタ、ローマ　井上洋治アーカイブス（小さき聖テレジアの跡を追って……（遠藤周作、井上洋治述）　漂泊の風の中に聖霊を感じている…（遠藤周作、井上洋治述））　コトバの使徒（若松英輔）　詩歌が生まれるキリストの道（山根道公）

＊キリストの福音を異邦世界に伝えるために苦闘した、パウロの生涯と思想を辿る書。また、井筒俊彦のイスラーム思想等にも示唆を得つつ、日本文化にも通底し得る一神教的神把握を模索した結実をも語る。

◇パウロ―十字架の使徒　青野太潮著　岩波書店　2016.12　198p　18cm　（岩波新書 新赤版 1635）〈文献あり〉　760円　Ⓘ978-4-00-431635-0　Ⓝ192.8

内容　第1章　パウロの生涯（生い立ち　謎の青年時代 ほか）　第2章　パウロの手紙（正典としてのパウロ

の手紙　パウロの手紙はどう読まれたか ほか）　第3章 十字架の神学（イエスの最期　十字架につけられたままのキリスト ほか）　第4章 パウロの思想と現代（パウロの思想の影響　神の啓示をめぐって ほか）

＊キリスト教の礎を築き、世界宗教への端緒をひらいたパウロ（紀元前後‐六〇年頃）。この人物なくして、今日のキリスト教はないと言っても過言ではない。アウグスティヌス、ルターに多大な影響を与えたといわれる、パウロの「十字架の逆説」とは何か。波乱と苦難の生涯をたどり、「最初の神学者」の思想の核心をさぐる。

パウンド, E.L. 〔1885～1972〕
Pound, Ezra Loomis

◇歴史の中のエズラ・パウンド　野上秀雄著　文沢社　2014.9　362p　20cm　2400円　①978-4-907014-01-8　Ⓝ931.7

内容　敗北の日　第1部 世紀末（フロンティアとギルデッド・エイジ　ロンドンのアヴァンギャルドたち　ジャポニスム）　第2部 モダン・エイジ（アメリカの二〇世紀　ロンドンのモダニズム前夜　イマジズム　ヴォーティシズム　大戦　社会信用論　パリのアメリカ人　ラパロの詩人　嵐の三〇年　第二次世界大戦）　第3部 戦後（ゴリラの檻と精神病院　釈放と老後　二〇世紀の記念碑）　付録 エッセイ

＊二〇世紀の文学史、芸術史、そして経済史、政治史の嵐の中を激しく生き、記念碑的長編詩『キャントウズ』を残した世紀最高峰とされる米国人詩人の生涯。

◇ヘミングウェイとパウンドのヴェネツィア　今村楯夫, 真鍋晶子著　彩流社　2015.1　227p　19cm　（フィギュール彩 26）〈他言語標題：HEMINGWAY AND POUND IN VENEZIA　文献あり〉　1900円　①978-4-7791-7026-3　Ⓝ930.278

内容　第1部 ヘミングウェイとヴェネツィア（ヴェネツィアへの旅路　魅惑のヴェネツィア運河からの眺め　華麗なるグリッティ・パレス・ホテル　ヘミングウェイとダヌンツィオ　ヴェネツィア断想　ヴェネツィアからヘミングウェイ負傷の地へ　雨に濡れた少女 アドリアーナ　イヴァンチッチ家の別荘　ヴェネツィアの市場）　第2部 パウンドとヴェネツィア（一九〇八年ヴェネツィアとの出逢い　秘密の巣　サン・ミケーレ墓の島　カルパッチョの頭蓋骨　宝石箱サンタ・マリア・デイ・ミラコリ　ヘミングウェイとパウンド　ひとつの水脈）

＊ヘミングウェイとパウンドはともにアメリカに生まれ、人生の大半を外国に暮らした。ふたりは事物を直視し、極限まで文字を削り、言葉の響きに耳を傾け、言葉を紡いだ。時間はたえず現在にありながらも意識は時間を遡行し、過去は現在と共振し、新たな時空を生み出した。定型を打ち破り、常に実験的な挑戦を続けた。そのふたりがヴェネツィアで交錯する。しかし、それは地理的空間的な交錯であり、ともにヴェネツィアを謳うという芸術的で精神的な交感であった。

ハオプト, C. 〔2008～〕 Haupt, Christian
◇ぼくはのっぽの大リーガーだった―前世記憶をもつ野球少年の、真実の物語　キャシー・バード著, 釘宮律子訳　ナチュラルスピリット　2018.7　294p　図版16p　20cm　2000円　①978-4-86451-273-2　Ⓝ289.3

内容　野球フィーバー　ベーブ・ルースに意地悪された？　パパみたいのっぽだった　古い魂　わだかまり　ルー・ゲーリッグを見つける　憑依か、それとも頭がおかしいのか　スプリング・フィーバー　ぼくを野球へつれてって　始球式 〔ほか〕

＊2歳の息子が、野球史に残る大リーガーの真実を語りはじめた―。家族に起こった奇跡を母親が丁寧に書き下ろした、衝撃の実話！

バーガー, P.L. 〔1929～2017〕
Berger, Peter Ludwig

◇退屈させずに世界を説明する方法―バーガー社会学自伝　ピーター・バーガー著, 森下伸也訳　新曜社　2015.5　362p　20cm　〈著作目録あり　索引あり〉　3800円　①978-4-7885-1432-4　Ⓝ289.3

内容　第1章 十二番街のバルザック　第2章 ありえない地平　第3章 派閥から挫折せる帝国へ　第4章 地球をトレッキングする社会学　第5章 あまたの神と無数の中国人　第6章 過ぐる政治的小旅行　第7章 ムブウワンとギューターシュローヘ　第8章 ソロイストではなく指揮者として　第9章 第一バイオリンを弾く

＊「十二番街のバルザック」をめざした学生時代から、世界中を駆けめぐる学者になった現在まで、その旺盛な活動の根底にあったのは、退屈させずに世界を説明したいという欲望。イリッチとの出会いなどの興味深いエピソードもまじえながらたどる、バーガー・ファン必読の学問的自伝。

パガニーニ, N. 〔1782～1840〕
Paganini, Niccolò

◇悪魔と呼ばれたヴァイオリニスト―パガニーニ伝　浦久俊彦著　新潮社　2018.7　221p　18cm　（新潮新書 775）〈文献あり 年譜あり〉　760円　①978-4-10-610775-7　Ⓝ762.37

内容　第1章 悪魔誕生　第2章 ナポレオン一族との奇縁　第3章 喝采と栄華の日々　第4章 悪魔に魂を奪われた音楽家たち　第5章 晩年と死　第6章 パガニーニ幽霊騒動　第7章 神秘の楽器ヴァイオリン

＊ニコロ・パガニーニ。全身黒ずくめの姿で繰り出す超絶技巧で人々を熱狂させた、空前絶後のヴァイオリニストである。「悪魔ブーム」をブランディングに用い、巨万の富を築いた守銭奴にして女好き。「無神論者」の烙印を押され、遺体となっても欧州をさまよった彼には、「幽霊となっても音楽を奏でている」との伝説も生まれた。十九世紀に鮮やかな刻印を残した「西洋音楽史のメフィストフェレス」、本邦初の伝記。

パーキンズ, F. 〔1880～1965〕
Perkins, Frances

◇あなたの人生の意味―先人に学ぶ「惜しまれる生き方」　デイヴィッド・ブルックス著, 夏目大訳　早川書房　2017.1　478p　19cm　2300円　①978-4-15-209666-1　Ⓝ159

内容 第1章 大きな時代の変化　第2章 天職—フランシス・パーキンズ　第3章 克己—ドワイト・アイゼンハワー　第4章 闘いの人生—ドロシー・デイ　第5章 自制心—ジョージ・マーシャル　第6章 人間の品位—ランドルフとラスティン　第7章 愛—ジョージ・エリオット　第8章 神の愛—アウグスティヌス　第9章 自己省察—サミュエル・ジョンソンとモンテーニュ　第10章 大きい私

＊人間には2種類の美徳がある。「履歴書向きの美徳」と「追悼文向きの美徳」だ。つまり、履歴書における経歴と、葬儀で偲ばれる故人の人柄。生きる上ではどちらも大切だが、私たちはつい、前者ばかりを考えて生きてはいないだろうか？ ベストセラー『あなたの人生の科学』で知られる『ニューヨーク・タイムズ』のコラムニストが、アイゼンハワーからモンテーニュまで、さまざまな人生を歩んだ10人の生涯を通じて、現代人が忘れている内的成熟の価値と「生きる意味」を根源から問い直す。『エコノミスト』などのメディアで大きな反響を呼び、ビル・ゲイツら多くの識者が深く共鳴したベストセラー。

パーキンズ, M.E.〔1884～1947〕
Perkins, Maxwell Evarts

◇名編集者パーキンズ 上　A・スコット・バーグ著，鈴木主税訳　草思社　2015.6　499p　16cm　(草思社文庫 バ1-1)　1200円　①978-4-7942-2132-3　Ⓝ289.3

内容 第1部(本当のもの　楽園にて　生い立ち　拡張の年　新しい家　仲間たち　人格者　心のこもったささやかな援助)　第2部(信頼の危機　助言者として　悲しみの日々　女と男)

＊ヘミングウェイ、フィッツジェラルド、トマス・ウルフ—アメリカの文学史に名を残すことになる若き作家たちを発掘し、その才能を引き出した伝説の名編集者パーキンズの評伝。作家に寄り添う編集者として、時にはカウンセラーとなり、恋愛相談役となり、マネージャー、金貸しの役割まで果たした。その熱意溢れる仕事ぶりを支えたのは「この世に書物ほど大切なものはない」という信念だった。全米図書賞受賞作。

◇名編集者パーキンズ 下　A・スコット・バーグ著，鈴木主税訳　草思社　2015.6　484p　16cm　(草思社文庫 バ1-2)　1200円　①978-4-7942-2133-9　Ⓝ289.3

内容 時間との戦い　第3部(再び故郷に帰る　危機のとき　手紙　訣別　悲しみの風　第4部(すべてのものの季節　縮小のとき　灰色と黒の肖像　最後)

＊アメリカ文学がもっとも輝きを放った時代、『偉大なるギャツビー』『日はまた昇る』『天使よ故郷を見よ』などの名作をつぎつぎと世に送り出し、一時代を築き上げた名編集者パーキンズ。世界恐慌や第二次世界大戦の社会不安、作家との死別、家庭の不和や悲劇に直面しながらも、たゆむことなく仕事に向かい続けた人生だった。出版に情熱のすべてを賭けたパーキンズの仕事と人間像を描きだす。全米図書賞受賞作。

ハギンズ, W.〔1824～1910〕
Huggins, William

◇現代天文学史—天体物理学の源流と開拓者たち　小暮智一著　京都　京都大学学術出版会　2015.12　634p　22cm　〈他言語標題：History of Modern Astronomy　文献あり　年表あり　索引あり〉　4900円　①978-4-87698-882-2　Ⓝ440.12

内容 第1部 天体分光学(「新天文学」の開幕　星の分光分類とHD星表)　第2部 星の構造と進化論(星の進化論とHR図表　熱核反応と星の進化論)　第3部 銀河天文学と宇宙論(銀河と星雲の世界　銀河系の発見　宇宙論の源流)　第4部 現代天文学へ(日本における天体物理学の黎明　現代天文学への展開)

＊初めて星の化学組成を明らかにしたアマチュア天文家ハギンズ、太陽をガス体と見なした特許調査官レーン、自作の望遠鏡で天空を探査した音楽家ハーシェル…18世紀末から19世紀中葉にかけて現代天文学の扉を開いた彼らは、いずれも学界に縁のないアマチュア天文家だった。星の位置と運動を対象とする古典天文学から天体の物理的構造を探る天体物理学へ、その転換期を担った人々の生涯と研究を軸に、現代天文学の歴史をたどる。

パーク, R.〔1917～2010〕Park, Ruth

◇ルース・パーク自伝 上巻　カッコウを胸に抱きしめて　ルース・パーク著，柿田紀子，川本光子訳　万葉舎　2018.12　484p　18cm　1500円　①978-4-86050-092-4　Ⓝ930.278

内容 第1章 テ・クイティの修道院小学校時代　第2章 十代前半、オークランドからグレン・アフラへ　第3章 十代後半、再びオークランドして、そしてタネカハ・バレーへ　第4章 青年期、オークランド・スター社で働く日々

◇ルース・パーク自伝 下巻　冥府の川に釣り糸を垂れる　ルース・パーク著，柿田紀子，川本光子訳　万葉舎　2018.12　511p　18cm　1500円　①978-4-86050-093-1　Ⓝ930.278

内容 第1章 単身シドニーへ、そして結婚　第2章 苦難の作家生活、そして父の死、夫の急逝　第3章 禅との出会いとノーフォーク島での日々

パークス, H.S.〔1828～1885〕
Parkes, Harry Smith

◇幕末維新を動かした8人の外国人　小島英記著　東洋経済新報社　2016.1　335p　19cm　〈文献あり〉　1700円　①978-4-492-06198-5　Ⓝ210.58

内容 第1章 黒船のペリー　第2章 古武士プチャーチン　第3章 敬虔なハリス　第4章 文人外交官オールコック　第5章 幕府を支援したロッシュ　第6章 豪腕パークス　第7章 倒幕の理論家サトウ　第8章 倒幕商人グラバー

＊「外圧」の歴史はここから始まった！ 幕末日本を振り回した外国人の軌跡をたどることで、国内抗争だけでは見えてこなかった明治維新の実像を明らかにした渾身の大作。

ハクスリー, T.H.〔1825～1895〕
Huxley, Thomas Henry

◇進化論物語　垂水雄二著　バジリコ　2018.2

243p 20cm 〈文献あり〉 2000円 ⓘ978-4-86238-236-8 Ⓝ467.5

内容 序論 ダーウィンと進化論 第1章 反ダーウィンの旗印に仕立て上げられた学者—ラマルク 第2章 生物学の革新を目指した保守派の巨魁—キュヴィエ 第3章 進化論を踏み台に栄達した進歩主義者—ハクスリー 第4章 進化論を誤らせた社会学者—スペンサー 第5章 優生学への道を切り拓いた発生学者—ヘッケル 第6章 進化の総合説の仕上げ人—ドブジャンスキー 結び 進化論の現在

＊生き物はどこから来て、どこへ行くのか。人々の世界認識を変えた生物学史上の金字塔、ダーウィン進化論。ダーウィン進化論を取り巻く六人の学者たち、ラマルク、キュヴィエ、ハクスリー、スペンサー、ヘッケル、ドブジャンスキー、それぞれの栄光と挫折のドラマ。

バークリー, G. 〔1685〜1753〕
Berkeley, George

◇観念論の教室 冨田恭彦著 筑摩書房 2015.9 238p 18cm 〈ちくま新書 1143〉〈文献あり〉 800円 ⓘ978-4-480-06848-4 Ⓝ133.3

内容 第1章 原点—バークリの生涯 第2章 助走—世界を記号と見る 第3章 前史 第4章 飛躍—ヒベルニア観念論 第5章 再考—否定の否定 第6章 魅力

＊私が手に持っている花は存在する。私はそう思っている。だが、その花は、私が見たり触れたりするのとはかかわりなく、存在していると言えるのだろうか—物の、それ自体としての存在を否定し、私たちに知覚されている限りにおいてのみ存在すると説く「観念論」。繰り返し提出されるこの考えに、なぜ人間は深くとらわれるのか。本書は、元祖・観念論者ジョージ・バークリの思想を論じ、観念論には「明るい観念論」と「暗い観念論」の二種類が存在すると説く。「存在するのは自分の心だけ」という独我論的発想とは真逆の、もう一つの魅力ある側面をたどる。

バークレー, R.F. 〔1930〜1977〕
Barkley, Robert Frank

◇常識を破り、プライドを貫く。一患者が求める真の歯科医療を追求した予防歯科のレジェンド オーラルケア著 オーラルケア 2018.1 71p 19cm 1500円 ⓘ978-4-925102-37-7 Ⓝ497.9

ハケット, J. 〔1953〜〕 Hackett, Jeremy

◇MR CLASSIC YESTERDAY & TOMORROW ジェレミー・ハケット本文・撮影, 長谷川喜美翻訳・プロデュース 万来舎 2016.11 171p 30cm 〈日本語英語併記〉 3700円 ⓘ978-4-908493-09-8 Ⓝ289.3

内容 1 ミスター・クラシックになる方法 Being Mr. Classic 2 イエスタデイ＆トゥモロー Yesterday&Tomorrow（私のお気に入り My Favourite Find 靴 Shoes 時計 Watches フォックス・ブラザーズ" とフランネル Fox Brothers&Flannel ある男のダイアリー Diary of a somebody ドッグ・デイ・アフタヌーン Dog Day Afternoon パートナーシップ Partnerships グッドウッド・リバイバル Goodwood Revival 家族の休日 Family Holidays インド：私を魅了する国 India：A Country That has Inspired Me 旅の土産 Souvenir from the trip パッキング Packing 日本：京都、福岡、神戸、東京 Japan：Kyoto,Fukuoka, Kobe and Tokyo イエスタディ＆トゥモロー フォトエキシビジョン Yesterday&Tomorrow Photo Exhibition） 3 紳士になる方法 Being a Gentleman

＊ハケット氏、本国に先駆け日本の読者へ初の書籍化！英国を代表する紳士服ブランド "ハケットロンドン" の創業者にして、会長のジェレミー・ハケット氏が、自らの生い立ちから、男はいかに装うか、そのルールまで、英国紳士の美学を軽妙洒脱に語ったエッセー＆フォトブック。

ハーゲン, K. 〔1922〜〕 Hagen, Kirsten

◇北欧から来た宣教師—戦後日本と自由キリスト教会 大谷渡著 大阪 東方出版 2018.5 233p 20cm 〈索引あり〉 2800円 ⓘ978-4-86249-327-9 Ⓝ198.997

内容 序章 中国から台湾、そして日本へ 第1章 瀬戸伝道のはじまり 第2章 神の子らの肖像 第3章 母の愛、ハーゲンの生い立ち 第4章 一枚の写真から、福井伝道 第5章 十字架の幻を見た青年 第6章 奥越前とランヒル・ラヴォス 第7章 デンマークから越前、加賀へ

＊1950年代、復興し激変していく日本各地の若者と信者も教会もない地で伝道した人びととの出会いと交歓。

パーゲンコップ, H. 〔1901〜1983〕
Pagenkopf, Hans

◇ミュンスター法学者列伝—中央大学・ミュンスター大学交流30周年記念 トーマス・ヘェーレン編著, 山内惟介編訳 八王子 中央大学出版部 2018.11 568p 21cm 〈日本比較法研究所翻訳叢書 80〉〈索引あり〉 6700円 ⓘ978-4-8057-0381-6 Ⓝ322.8

内容 旧制大学—アントン・マティアス・シュプリックマン（1749年〜1833年） ルードルフ・ヒス（1870年〜1938年）—ミュンスター大学のスイス人刑法史学者 ハンス・パーゲンコップ（1901年〜1983年）—ミュンスター大学地方自治研究所創設者 脇となって主役へ—国法学者、フリードリッヒ・クライン（1908年〜1974年） 正義のための戦いの中で—刑事訴訟法学者、カール・ペータース（1904年〜1998年） ミュンスター大学の租税法—オットマール・ビューラー（1884年〜1965年） 生活事実から法へ—ヴァルター・エルマン（1904年〜1982年） ミュンスターのフリースラント出身者—マックス・ヴェスターマン（1909年〜1986年） マックス・カーザー（1906年〜1997年）—学生生活のダイジェスト ヘルムート・シェルスキィ（1912年〜1984年）—幸福感溢れる世代の遅ずれの懐疑 行政法学者—ユリウス・ヴォルフ（1898年〜1976年） 刑法学者—ヨハネス・ヴェセルス（1923年〜2005年） 波乱の時代の労働法—アルフレート・ヒュック（1889年〜1975年）とロルフ・ディーツ（1902年〜1971年） 環境法・都市計画法—ヴェルナー・ホッペ（1930年〜2009年） あなたはどのように判断されるか？—ハンス・ブロクス（1920年〜2009年） 学理と実務における保険法—ヘルムート・コロサー（1934年〜2004

年）　オットー・ザンドロック―（1930年～2017年）　ベルンハルト・グロスフェルト―（1933年～）

バコン, Y. 〔1929～〕 Bacon, Yehuda

◇生きる勇気―アウシュヴィッツ70年目のメッセージ　クリスタ・シュパンバウアー，トーマス・ゴンシオア著，笠井宣明訳　原書房　2015.7　215p　20cm　〈文献あり〉　2200円　①978-4-562-05178-6　Ⓝ946

[内容] 1章 それでも、生きる―エスター・ベシャラーノ　2章 私たちは堂々としていた―エーファ・プスタイ　3章 人間よ、お前はどこにいるんだ？―イェファダ・バコン　4章 すべてのものには詩がある―グレタ・クリングスベルク

＊朽ちることのない勇気、抵抗、人間の尊厳。戦後70年を経て、4人の音楽家・画家らが語った真実の声。絶滅収容所に至る差別と、アウシュヴィッツで地獄を体験した生還者にとって瀕死の経験から生き残るために得た智恵とは？何が生きる力を与えてきたのか？ホロコーストの過去の苦しみとともに、希望を抱いて生きてきた4人の印象的な証言と信念を記録している。

バザーリ, G. 〔1511～1574〕 Vasari, Giorgio

◇「芸術」をつくった男　イングリッド・ローランド，ノア・チャーニー著，北沢あかね訳　柏書房　2018.8　464p　20cm　〈文献あり〉　2700円　①978-4-7601-5025-0　Ⓝ702.37

[内容] 序(失われたダ・ヴィンチ　ヴァザーリ作『列伝』の読み方)　第1部(陶工から絵描きへヴァザーリの祖先と最初の教師たち　アレッツォからフィレンツェへ ほか)　第2部(陶工からの美術家　フィレンツェ、ヴェネツィア、ローマ ほか)　第3部(センプレ・イン・モート(絶えず動く)　フィレンツェにおける大改革 ほか)

＊ミケランジェロを"天才"に仕立てた本。文字による肖像画は、世界の見方をいかに変えたか。美術史のバイブル『美術家列伝』と画家であり歴史家、そして創作者、ジョルジョ・ヴァザーリ。

バザーリア, F. 〔1924～1980〕 Basaglia, Franco

◇精神病院のない社会をめざして―バザーリア伝　ミケーレ・ザネッティ，フランチェスコ・パルメジャーニ著，鈴木鉄忠，大内紀彦訳　岩波書店　2016.9　227,9p　19cm　〈文献あり　年譜あり〉　2700円　①978-4-00-061149-7　Ⓝ369.28

[内容] 序章 なぜバザーリアを想起するのか(改革以前のイタリアの精神病院　バザーリアの思想と実践 ほか)　第1章 ヴェネツィアとパドヴァ(学問的な歩み　幼少期から青年期に過ごしたヴェネツィア ほか)　第2章 ゴリツィアとパルマ(ゴリツィアでの「啓示」　改革に着手 ほか)　第3章 トリエステ(新たな出発―ザネッティ県代表とバザーリア院長変革の再開 ほか)　第4章 ローマへとバザーリアへ(マニコミオの終焉へ―一九七八年「一八〇号法」の制定　トリエステからローマへ ほか)

＊「精神病院のない社会」という、多くの人々が夢見ては断念してきた一つの理想。それを不屈の信念で実現した人がいた。イタリア人精神科医フランコ・バザーリアである。彼は非人間的な収容・隔離が横行していた精神医療の世界に、どのような変革をもたらしたのか。バザーリアと二人三脚で歩んだトリエステの政治家ザネッティと、ジャーナリストのパルメジャーニが、その生涯を克明に描き出す。

バージェ・モレリオ, P.A. 〔1955～〕 Valle Molerio, Pedro Antonio

◇リアル・キューバ音楽　ペドロ・バージェ，大金とおる著，吉野ゆき子訳　ヤマハミュージックメディア　2015.10　285p　15cm　(1冊でわかるポケット教養シリーズ)〈2009年刊の再刊　文献あり〉　950円　①978-4-636-91758-1　Ⓝ762.591

[内容] 第1章 カマグエイからハバナへ　第2章 クラリネットとの出会い　第3章 軍楽隊へ　第4章 プロの世界へ　第5章 兄弟バンド結成　第6章 日本へ　第7章 キューバの音楽・私の音楽

＊世界的人気を誇るキューバ・ミュージシャンが教える"本当のキューバ音楽"ガイド!!キューバ音楽の歴史から音楽的特性、楽しみ方、ミュージシャン達を取り巻く生活や環境までを描く。キューバ音楽の魅力にたっぷりと浸れる1冊！

ハーシェル, F.W. 〔1738～1822〕 Herschel, Frederick William

◇現代天文学史―天体物理学の源流と開拓者たち　小暮智一著　京都　京都大学学術出版会　2015.12　634p　22cm　〈他言語標題：History of Modern Astronomy　文献あり　年表あり　索引あり〉　4900円　①978-4-87698-882-2　Ⓝ440.12

[内容] 第1部 天体分光学(「新天文学」の開幕　星の分光分類とHD星表)　第2部 星の構造と進化論(星の進化論とHR図表　熱核反応と星の進化)　第3部 銀河天文学と宇宙論(銀河と星雲の世界　銀河系の発見　宇宙論の源流)　第4部 現代天文学へ(日本における天体物理学の黎明　現代天文学への展開)

＊初めて星の化学組成を明らかにしたロンドンのアマチュア天文家ハギンス、太陽をガス体と見なした特許調査官レーン、自作の望遠鏡で天空を探査した音楽家ハーシェル…18世紀末から19世紀中葉にかけて現代天文学の扉を開いた彼らは、いずれも学界に縁のないアマチュア天文家だった。星の位置と運動を対象とする古典天文学から天体の物理的構造を探る天体物理学へ、その転換期を担った人々の生涯と研究を軸に、現代天文学の歴史をたどる。

ハーシェル, J.F.W. 〔1792～1871〕 Herschel, John Frederick William

◇現代天文学史―天体物理学の源流と開拓者たち　小暮智一著　京都　京都大学学術出版会　2015.12　634p　22cm　〈他言語標題：History of Modern Astronomy　文献あり　年表あり　索引あり〉　4900円　①978-4-87698-882-2　Ⓝ440.12

[内容] 第1部 天体分光学(「新天文学」の開幕　星の分

光分類とHD星表）　第2部　星の構造と進化論（星の進化論とHR図表　熱核反応と星の進化論）　第3部　銀河天文学と宇宙論（銀河と星雲の世界　銀河系の発見　宇宙論の源流）　第4部　現代天文学へ（日本における天体物理学の黎明　現代天文学への展開）
＊初めて星の化学組成を明らかにしたロンドンのアマチュア天文家ハギンス、太陽をガス体と見なした特許調査官レーン、自作の望遠鏡で天空を探査した音楽家ハーシェル…18世紀末から19世紀中葉にかけて現代天文学の扉を開いた彼らは、いずれも学界に縁のないアマチュア天文家だった。星の位置と運動を対象とする古典天文学から天体の物理的構造を探る天体物理学へ、その転換期を担った人々の生涯と研究を軸に、現代天文学の歴史をたどる。

パシャンド, D.〔1963～〕　Pajand, Daria

◇そして人生は続く―あるペルシャ系ユダヤ人の半生　辻圭秋著　風響社　2017.12　64p　21cm　（ブックレット《アジアを学ぼう》別巻13）〈文献あり〉　800円　Ⓘ978-4-89489-799-1　Ⓝ289.2

内容　1　本書の理解のために（中東系ユダヤ人小史　イラン・ユダヤ・イスラエル）　2　革命前のイランに生まれて（エスファハーンとユダヤ人　家族・学校・言語　ムスリムの学校に編入　差別・反ユダヤ主義　音楽）　3　革命、戦争、そして脱出（革命　戦争と結婚　脱出を決意する　闇に潜んで山を越える）　4　乳と蜜の流れる約束の地にて（移民収容センターにて　ヘブライ語のクラスにて　イスラエル社会に飛び込む　ユダヤ系イラン人から、ペルシャ系ユダヤ人に）
＊ユダヤ系イラン人の半生。イランで生い立ち、革命、戦争、そしてパキスタンからイスラエルへの決死行。「約束の地」での暮らしは、激動の歴史以上の波乱の人生を聴く。

パース, C.S.〔1839～1914〕　Peirce, Charles Sanders

◇パース　岡田雅勝著　新装版　清水書院　2014.9　219p　19cm　（Century Books―人と思想 146）〈文献あり　年譜あり　索引あり〉　1000円　Ⓘ978-4-389-42146-5　Ⓝ133.9

内容　1　アメリカとアメリカ的思想の根　2　パースの生まれ　3　沿岸測量部とプラグマティズム　4　ジョンズ・ホプキンズ大学への就職の話と再婚　5　失楽園――一八九〇年から一九〇〇年の時期　6　パースの晩年――一九〇〇・一九一四年　7　パースの哲学

◇パースの哲学について本当のことを知りたい人のために　コーネリス・ドヴァール著　大沢秀介訳　勁草書房　2017.7　266,14p　20cm　〈文献あり　索引あり〉　3200円　Ⓘ978-4-326-15447-0　Ⓝ133.9

内容　第1章　生涯と著作　第2章　数学と哲学　第3章　現象学とカテゴリー　第4章　規範学としての論理学　第5章　論理学あるいは記号の理論　第6章　科学哲学　第7章　プラグマティズム　第8章　真理と実在　第9章　こころ、神、宇宙
＊プラグマティズム、記号論、現象学、数学等、広大なパース哲学の全体像を明快に解き明かす。没

後百年を経過してようやくあらわれた入門書の決定版。

バス, K.〔1969～〕　Bass, J. Kyle

◇リスク・テイカーズ―相場を動かす8人のカリスマ投資家　川上穣著　日本経済新聞出版社　2014.10　302p　19cm　〈文献あり　年表あり〉　1800円　Ⓘ978-4-532-35620-0　Ⓝ338.18

内容　第1章　大物アクティビストの日本上陸―ダニエル・ローブ　第2章　世界最強の稼ぎ手―デイビッド・テッパー　第3章　リーマン危機の予言者―デイビッド・アインホーン　第4章　改革の伝道師か、不幸の使者か―ビル・アックマン　第5章　中国に挑む空売り王―ジム・チェイノス　第6章　世界最大のヘッジファンド―レイ・ダリオ　第7章　日本国債売りの急先鋒―カイル・バス　第8章　オマハの賢人、バリュー投資を語る―ウォーレン・バフェット　終章　カリスマ投資家の時代
＊ローブ、ダリオ、バフェットら8人で投資総額30兆円！　巨額の利益を稼ぎ出す孤高の投資家の知られざる素顔。

パス, O.〔1914～1998〕　Paz Lozano, Octavio

◇〈境界〉を生きる思想家たち　栩木玲子編　法政大学出版局　2016.3　221p　19cm　（国際社会人叢書 2）　1900円　Ⓘ978-4-588-05312-2　Ⓝ280

内容　第1章　E.H.カー（1892‐1982）―「自己意識」の歴史学　第2章　ハンナ・アーレント（1906‐1975）―20世紀の暴力を「思考」した女　第3章　オクタビオ・パス（1914‐1998）―異文化との対話者　第4章　ジャン・ルーシュ（1917‐2004）―関係の生成を撮る映像人類学者　第5章　エドゥアール・グリッサン（1928‐2011）―「関係」の詩学から全‐世界へ　第6章　山口昌男（1931‐2013）―「知」的なピーターパンのために　第7章　アマルティア・セン（1933‐）―自由と正義のアイデア　第8章　寺山修司（1935‐1983）―ポエジイによって越境した"詩人"　第9章　ベネディクト・アンダーソン（1936‐2015）―地域研究から世界へ
＊世界に対するまなざしを研ぎ澄ませた9人の思想家が描く鮮やかな軌跡！

ハーズ, R.H.〔1953～〕　Herz, Robert H.

◇会計の変革―財務報告のコンバージェンス、危機および複雑性に関する年代記　ロバート（ボブ）・H・ハーズ著，杉本徳栄，橋本尚訳　同文舘出版　2014.12　327p　21cm　3600円　Ⓘ978-4-495-20131-9　Ⓝ336.92

内容　第1章　私の49年の半生　第2章　道筋をつける　第3章　ストック・オプション論争―第2弾　第4章　国際的コンバージェンス　第5章　金融危機　第6章　複雑性　第7章　回顧と展望
＊財務報告の大いなる挑戦、変革、好機の時代に関する教訓と提言！　Herz元FASB議長の貴重な回顧録！

バースカラⅡ〔1114～1185〕　Bhāskara Ⅱ

◇インド代数学研究―『ビージャガニタ』＋『ビージャパッラヴァ』全訳と注　バースカラ

原著, クリシュナ原注, 林隆夫著　恒星社厚生閣　2016.10　9,608p　27cm　〈文献あり〉　24000円　①978-4-7699-1576-8　Ⓝ411

|内容| 第1部 序説（バースカラ：人と著作　クリシュナ：人と著作　『ビージャガニタ』ほか）　第2部『ビージャガニタ』+『ビージャパッラヴァ』（正数負数に関する六種（BG1‐4、E1‐4）　ゼロに関する六種（BG5‐6、E5）　未知数に関する六種（BG7‐12、E6‐10）ほか）　第3部 付録（『ビージャガニタ』の詩節　『ビージャガニタ』の問題　『ビージャパッラヴァ』中の引用　ほか）

＊インドを代表する数学・天文学者の一人バースカラの代数書「ビージャガニタ」とそれに対するクリシュナの注釈書「ビージャパッラヴァ」の本邦初の全訳、ならびに原著者と著作に関する詳細な解説。時代を先駆けた多元不定方程式の解法やインド数学独自の文字式の使用など、インド数学の独創性とその魅力を余すところなく伝える。

パスカル, B.　〔1623〜1662〕　Pascal, Blaise

◇パスカル　小松攝郎著　新装版　清水書院　2016.6　193p　19cm　（Century Books―人と思想 12）〈文献あり　年譜あり　索引あり〉　1200円　①978-4-389-42012-3　Ⓝ135.25

|内容| 1 はじめに（パスカルという人　パスカルの時代　パスカルの生涯と業績）　2 パスカルの生涯と思想（子ども時代　ルアンの時代　最初の回心　社交生活　決定的回心　ポール-ロワイヤル　プロヴァンシャル　晩年）　3 パスカルの人間論的思想（幾何学の精神と繊細の精神　考える葦　気晴らし）

＊ブレーズ=パスカルはフランスの天才的な、ユニークな思想家である。法服貴族の子に生まれ手ずから父の教育を受けた。少年時代は主として数学を勉強し、またジャンセニスムの宗教に接した。一六四七年パリに出て、社交界に入った。一九五四年恩寵を体験し、決定的に回心した。当時、ジャンセニストとジェズイットとの争いが激化していたが、パスカルはジャンセニストの陣営に加わり、匿名で『プロヴァンシアル』を出し、ジェズイットを攻撃した。その後『キリスト教弁証論』の執筆にかかったが、死によって中断された。その未完のノートが『パンセ』と呼ばれるものである。パスカルは一生、病苦にさいなまれ、また思想的にも悩んだ。パスカルの「生涯と思想」が、じかにわれわれに訴えるのもこの点である。

パステルナーク, B.L.　〔1890〜1960〕　Pasternak, Boris Leonidovich

◇永遠と軛―ボリース・パステルナーク評伝詩集　ボリース・パステルナーク著, 工藤正廣編訳　未知谷　2015.9　292p　20cm　2000円　①978-4-89642-481-2　Ⓝ981

|内容| 手紙・シャラーモフ　ウラルに病む　一九三六年ペレデルキノに住む　万事休す　"ジヴリットの手記"　三七年夏　生きのびること　メイエルホリド　永遠の仕事を〔ほか〕

◇パステルナーク　前木祥子著　新装版　清水書院　2015.9　258p　19cm　（Century Books―人と思想 145）〈文献あり　年譜あり　索引あり〉　1000円　①978-4-389-42145-8　Ⓝ980.278

|内容| 1 詩に至る道　2 『わが妹人生』　3 革命と新しい国家　4 二〇年代の作品と韻文小説『スペクトルスキー』　5 大粛清の時代へ　6 『第二の誕生』と『安全通行証』　7 第二次世界大戦とその後　8 『ドクトル・ジバゴ』事件　9 『ドクトル・ジバゴ』と詩集『晴れわたるとき』　10 エピローグ

◇屈服しない人々　ツヴェタン・トドロフ著, 小野潮訳　新評論　2018.9　322p　19cm　〈索引あり〉　2700円　①978-4-7948-1103-5　Ⓝ311.15

|内容| 第1章 エティ・ヒレスム　第2章 ジェルメーヌ・ティヨン　第3章 ボリス・パステルナーク　第4章 アレクサンドル・ソルジェニーツィン　第5章 ネルソン・マンデラとマルコムX　第6章 現代のふたりの屈服しない人物―ダヴィッド・シュルマンとエドワード・スノーデン

パストリアス, J.　〔1951〜1987〕　Pastorius, Jaco

◇ジャコ・パストリアス―エレクトリック・ベースの神様が遺してくれたもの　松下佳男著　DU BOOKS　2014.12　237p　19cm　〈文献あり　年譜あり　発売：ディスクユニオン〉　2000円　①978-4-907583-17-0　Ⓝ767.8

◇ジャコ・パストリアスの肖像　ビル・ミルコウスキー著, 湯浅恵子訳　立東舎　2016.5　415p　15cm　（立東舎文庫 ひ1-1）〈作品目録あり　発売：リットーミュージック〉　900円　①978-4-8456-2808-7　Ⓝ767.8

|内容| 序章 ジャコ―人と神話　第1章 若き日々　第2章 オン・ザ・ロード　第3章 ウェザー・リポート　第4章 ワード・オブ・マウス　第5章 失意の時代　第6章 終焉　第7章 ジャコの思い出　第8章 ジャコふたたび

＊フレットレスのフェンダー・ジャズ・ベースという愛器を操り、これまでの概念を覆す唯一無二のプレイで、ベースという楽器の可能性を広げ、その後のミュージシャンたちにも多大な影響を与えた伝説のベーシスト、ジャコ・パストリアス。彼の音楽の原体験から、ベースという楽器との出会い、ミュージシャンとしての輝かしい栄光、そしてあまりに悲劇的すぎる最期へと続く、激しく刹那的な35年のストーリーが、数多くの有名ミュージシャンの証言を交え語られていく。天才ベーシストの、成功への足跡はもちろん、その後に訪れた闇をも克明に描いたリアル・ストーリー。ベーシストやジャズ愛好家のみならず、すべての音楽ファンに贈る一冊である。

ハセイン, R.　〔1961〜〕　Hassaïne, Réda

◇三重スパイ―イスラム過激派を監視した男　小倉孝保著　講談社　2015.5　334p　20cm　〈文献あり〉　1800円　①978-4-06-219484-6　Ⓝ391.6

|内容| 序章 対面（イスラム過激主義のカリスマ　「表現の自由」に搦め捕られる殺人教唆）　第1章 アルジェの太陽（ハセインとの出会い　トリプル・エージェント　ほか）　第2章 アルジェリア（一人の遺影の前でイッころされてもおかしくなかった　ほか）　第3章 フランス（五ヶ月ぶりに落ち着いた生活　アブ・

ムハンマドに会いに行く ほか） 第4章 英国（フランスとの契約解除 ロンドン警視庁に乗り込む ほか） 第5章 地上の人に（M15との対立 英国政府からのしっぺ返し ほか） 第6章 霧の恐怖（テロリストよりも怖い世界 「ジハードに勝った」ほか）
* 過激派からは殺害宣告を受け、M15からは切り捨てられる。そこで男がとった行動とは？ 発端は祖国を救うためだった。アルジェリアからフランス、そしてイギリスのMI5へ―。三ヵ国の諜報機関を渡り歩いた「トリプル・エージェント」レダ・ハセインの数奇な50年。昂奮の国際ノンフィクション！ 毎日新聞の名物ジャーナリストが長期密着した前代未聞の「三重スパイ」の実像！

パーソンズ, L.A. 〔1930〜〕
Parsons, LaSalle Allan

◇ぐすーよー「ラサール」でーびるーこよなく沖縄を愛する宣教師の物語 ラサール・パーソンズ著, 石川清司編 〔那覇〕 沖縄・生と死と老いをみつめる会 2017.4 209p 19cm 〈発売：沖縄タイムス社出版部〔那覇〕〉 1500円 ①978-4-87127-671-9 Ⓝ198.22
* 「ぐすーよー ちゅー うがなびら 沖縄へ来て、もうすぐ60年です これまで生きてきて良かった 沖縄へ来て良かった あなたに出会えて良かった」。ニューヨーク出身で沖縄をこよなく愛し今や「うちなーんちゅ」となったラサール神父の自分史。

パーソンズ, W. 〔1800〜1867〕
Parsons, William

◇現代天文学史―天体物理学の源流と開拓者たち 小暮智一著 京都 京都大学学術出版会 2015.12 634p 22cm 〈他言語標題：History of Modern Astronomy 文献あり 年表あり 索引あり〉 4900円 ①978-4-87698-882-2 Ⓝ440.12
[内容] 第1部 天体分光学（「新天文学」の開幕 星の分光分類とHD星表） 第2部 星の構造と進化論（星の進化論とHR図表 熱核反応と星の進化論） 第3部 銀河天文学と宇宙論（銀河と星雲の銀河系の発見 宇宙論の源流） 第4部 現代天文学へ（日本における天体物理学の黎明 現代天文学への展開）
* 初めて星の化学組成を明らかにしたロンドンのアマチュア天文家ハギンス、太陽をガス体と見なした特許調査官レーン、自作の望遠鏡で天空を探査した音楽家ハーシェル…18世紀末から19世紀中葉にかけて現代天文学の扉を開いた彼らは、いずれも学界に縁のないアマチュア天文家だった。星の位置と運動を対象とする古典天文学から天体の物理的構造を探る天体物理学へ、その転換期を担った人々の生涯と研究を軸に、現代天文学の歴史をたどる。

バタイユ, G. 〔1897〜1962〕
Bataille, Georges

◇バタイユとその友たち 水声社 2014.7 419p 21cm （別冊水声通信） 3000円 ①978-4-8010-0046-9 Ⓝ950.278
[内容] 1（フィリップ・ソレルスインタビュー―偉大なバタイユ 至高者（ジョルジュ・バタイユ） ほか） 2（一九五二年一〇月一八日付のノート（ノート十一、未発表断章）（ジョルジュ・バタイユ） アンリ・バストゥロー『人間の傷』評（ジョルジュ・バタイユ） ほか） 3（問われる共同体―ナンシーとブランショによるバタイユの共同体から出発して（岩野卓司） バタイユとブランショの分かちもったもの―「一九五二年一〇月一八日付のノート」から出発して（郷原佳以） ほか） 4（ヘーゲルとの最初の格闘（レーモン・クノー） アレクサンドル・コジェーヴとの対話―哲学者に関心はなく賢人を探し求めています（ジル・ラブージュ） ほか） 5（バタイユとサルトル―カミュの「歴史に対する反抗」を巡って（伊藤直） 実存の肢暈―バタイユのレヴィナス読解をめぐって（伊原木大祐） ほか）
* 反抗か、共謀か。ソレルス、サルトル、ブルトン、ブランショ、ヴァール…同時代の思想家とバタイユの知られざる関係を明らかにし、新たなバタイユ像に肉薄する！ バタイユ「至高者」ほか、本邦初訳のテクストも多数収録。

バターソン, G.N. 〔1920〜2012〕
Patterson, George Neilson

◇チベット・謀略と冒険の史劇―アメリカと中国の狭間で 倉知敬著 社会評論社 2017.6 357p 19cm 2300円 ①978-4-7845-1359-8 Ⓝ222.5
[内容] 序章 二十世紀チベット史の軌跡が語るものは何か 第1章 米空軍輸送機がチベットに墜落した―その背景にある英露米中の絡み合い 第2章 米諜報局CIA密使のチベット高原縦断記録―アメリカの本格的介入が始まった 第3章 東西冷戦の孤児となったチベット―カンバ族の蜂起と冷徹な国際情勢の矛盾 第4章 チベット解放を目論むCIA謀略顛末記―ゲリラ蜂起武器空輸、米印連携ムスタンゲリラ、中印国境紛争支援 第5章 チベット支援に生涯を捧げた冒険男パターソンの物語―秘境探検から民族抵抗の軌跡まで、その真相を語る証人 第6章 チベット民族壊滅を図った中国共産党政権の残虐行為を暴く―勇敢な英国女性が企てた、その証拠を探究する旅 第7章 モンゴル族が人民解放軍チベット侵略を先導した最強の騎馬軍団を育てたのは満州国関東軍だった 第8章 「天」の国は「夷」を駆逐する―チベット民族抗争史の背景にある中国共産党政権「百年マラソン」戦略 終章 チベットの教訓
* 民族独立抗争の主役となった志士、東西冷戦の国際情勢のなかで活躍した諜報員、民族支援に挺身した宣教師、人権擁護に燃えるジャーナリストなどの足跡をたどり、チベット民族抗争に命を賭けた人びとの冒険の物語を読み解く。

ハチャトゥリアン, S. 〔1985〜〕
Khachatryan, Sergey

◇偉大なるヴァイオリニストたち 2 チョン・キョンファから五嶋みどり、ヒラリー・ハーンまで ジャン＝ミシェル・モルク著, 神奈川夏子訳 ヤマハミュージックメディア 2017.4 356,8p 21cm 〈文献あり〉 3400円 ①978-4-636-92333-9 Ⓝ762.8
[内容] ボリス・ベルキン チョン・キョンファ ピンカス・ズーカーマン オーギュスタン・デュメイ ピエール・アモイヤル ドミトリ・シトコヴェツキー

ナイジェル・ケネディ　シュロモ・ミンツ　ヴィクトリア・ムローヴァ　チョーリャン・リン〔ほか〕
 ＊外科医でもある筆者による桁外れに鋭い考察に基づく評伝集。使用楽器や練習法などはもちろん、デビューの裏側や生い立ち、家族関係などに迫り、素顔を描き出す。歴史的名演を収録したCD・ROM付き。

ハック, F.W.〔1887～1949〕
Hack, Friedrich Wilhelm

◇ドクター・ハック―日本の運命を二度にぎった男　中田整一著　平凡社　2015.1　341p　20cm　〈他言語標題：Friedrich Wilhelm Hack　文献あり　年表あり〉　1700円　Ⓘ978-4-582-83680-6　Ⓝ289.3

 内容　序章 神戸港に降り立った密使　第1章 フライブルク　第2章 二つの顔―武器商人と秘密情報員　第3章 原節子と「武士の娘」　第4章 二・二六事件と日独接近　第5章 運命の岐路　第6章 漏洩した日独の秘密　第7章 スイスの諜報員　第8章 和平工作とハック　第9章 刀折れ矢尽きて　終章 ハックの遺言

 ＊1936年2月8日、神戸港に降り立った日独合作映画の撮影隊一行に、一人の英国紳士風の男が混じっていた。その名はフリードリッヒ・ハック。皆からドクター・ハックと呼ばれた人物である。彼の職業はドイツの軍用飛行機や船舶、それらの関連技術の輸入に携わる日本海軍および陸軍のエージェント。訪日の目的は、本来のビジネスに加えて、日独合作映画の下打ち合わせに、さらにはヒトラーの側近リッベントロップとベルリン日本陸軍駐在武官・大島浩の間で進んでいた外交交渉に関わる密命を帯びていた―。ナチスと日本を結びつけた十字架を背負い、日米間の終戦工作を担ったドイツ人スパイ。女優・原節子誕生にも立ち会った、その謎に満ちた生涯。

パッサバンティ, J.〔1302頃～1357〕
Passavanti, Jacopo

◇地獄と煉獄のはざまで―中世イタリアの例話から心性を読む　石坂尚武著　知泉書館　2016.3　507,15p　22cm　8500円　Ⓘ978-4-86285-231-1　Ⓝ198.2237

 内容　第1部 序論（キリスト教と「改悛」　パッサヴァンティの例話集の書かれた背景　例話とパッサヴァンティの作品　パッサヴァンティの生涯）　第2部 パッサヴァンティ『真の改悛の鑑』（全四九話）（死から蘇生した男と地獄の罰　裕福に育てられた若いドミニコ会士　死に際で回心した騎士　ほか）　第3部 カヴァルカ例話選集（キリスト教徒は復讐をしない　不平を言うな　神の裁きと人間の裁き　ほか）

 ＊本書では、ドミニコ会司祭パッサヴァンティの例話集『真の改悛の鑑』の初めての近代語訳を試みるとともに、テキストの丹念な分析と詳細な注解で、ペストや飢饉による終末的危機からの救済を求めて必死に生きた中世の人々の思考や行動を明らかにする。富裕層は死後の救済を求めて教会に多額の金銭を寄進し、高まりゆく信仰への情熱は多くの教会建築や絵画を生み出した。それらに関連したイタリアを中心とした二百数十点に及ぶ著者の手による写真と簡潔な説明から、14世紀の危機を生きた人々のありのままの姿を伝え、近代へと転換する時代の予兆を示している。

バッソンピエール, A.〔1873～1956〕
Bassompierre, Albert de

◇ベルギー大使の見た戦前日本―バッソンピエール回想録　アルベール・ド・バッソンピエール著，磯見辰典訳　講談社　2016.8　327p　15cm　（講談社学術文庫　2380）〈「在日十八年」（鹿島出版会 1972年刊）の改題、再編集〉　1100円　Ⓘ978-4-06-292380-4　Ⓝ289.3

 内容　第1章 航海、東京到着（一九二一年）　第2章 最初の休暇（一九二一～一九二三年）　第3章 九月一日の大震災（一九二三～一九二四年）　第4章 最初の休暇と天皇の崩御（一九二五～一九二七年）　第5章 即位式と二度目の休暇（一九二八～一九三〇年）　第6章 満洲問題と三度目の休暇（一九三一～一九三三年）　第7章 ベルギー王室の不幸と日本の生活（一九三三～一九三六年）　第8章 日本におけるスポーツ　第9章 四度目の休暇と最後の日本滞在（一九三六～一九三九年）

 ＊欧州随一の親日国の大使として駐在すること十八年、バッソンピエールは日本近代史の転換点に身を置いた。関東大震災、大正の終焉と昭和天皇即位の大礼、満洲事変、相次ぐ要人へのテロ…。練達の外交官の目に極東の一帝国とその指導層はどう映じたのか。東京、軽井沢、日光で展開される古き良き社交に戦争の気配が忍び寄る。「戦前」を知る比類なき証言。

パッタビ・ジョイス
⇒シュリ・K.パッタビ・ジョイス を見よ

ハッチンズ, R.M.〔1899～1977〕
Hutchins, Robert Maynard

◇ロバート・メイナード・ハッチンズの生涯と教育哲学　鶴田義男著　近代文藝社　2014.10　460p　20cm　〈文献あり〉　2500円　Ⓘ978-4-7733-7919-8　Ⓝ371.1

 内容　第1部 ハッチンズの生涯（生い立ちとオバーリン(Oberlin)時代　兵役に就く　Yale大学法学部　ほか）　第2部 ハッチンズの教育哲学（Great Booksを通じての自由学芸（liberal arts）の習得　ハッチンズの教育哲学　ハッチンズの文化秩序観　ほか）　第3部 ハッチンズの教育哲学の評価（Louis J.A.Mercierの批判　Paul L.Essetの批判　Ruth Strangの批判　ほか）

 ＊30歳の若さでシカゴ大学総長に就任して以来、50年にわたりアメリカ国民の知的生活・道徳的勇気を鼓舞し続けた天才、ロバート・メイナード・ハッチンズ博士。アメリカ原子爆弾研究の総括責任者として、広島・長崎への原爆投下を阻止できなかった衝撃により、「世界政府」による平和を希求するに至る―。

ハッチンソン, A.〔1591～1643〕
Hutchinson, Anne

◇列伝アメリカ史　松尾弐之著　大修館書店　2017.6　309p　20cm　〈他言語標題：Movers in American History　年表あり　索引あり〉

ハツチンソ

2300円 ①978-4-469-24605-6 Ⓝ285.3

内容 ポカホンタス—征服された新天地の象徴 アン・ハッチンソン—異議申し立ての系譜 トマス・ジェファソン—アメリカ独立宣言の起草者 ハリエット・タブマン—逃亡奴隷に居場所を用意した女性 メリー・B.エディー—金ぴか時代の治癒方法 ジョン・D.ロックフェラー—豊かなアメリカを作りあげた「強盗貴族」 セオドア・ローズヴェルト—二〇世紀を形づくった大統領 チャールズ・A.リンドバーグ—機械と共存した英雄 フランクリン・D.ローズベルト—パックス・アメリカーナをもたらした大統領 チャーリー・チャップリン—繁栄の時代の反逆児 ジョン・F.ケネディ—期待に満ちた時代の若い大統領 ベティ・フリーダン—対抗文化運動のうねり リチャード・M.ニクソン—多様性の時代に立ち向かった大統領 バラク・H.オバマ—希望を信じ忍耐を貫いた黒人大統領 ドナルド・J.トランプ—人民の人民による人民のための政治

＊ポカホンタスからトランプまで。時代に影響を与えた人々の人生の物語を通していきいきと描く魅力あふれるアメリカ史。

ハツチンソン, T. 〔1711〜1780〕
Hutchinson, Thomas

◇アメリカ独立の光と翳 今津晃著 清水書院 2018.4 243p 19cm （新・人と歴史拡大版 23）〈1976年刊の表記や仮名遣い等一部を改めて再刊 文献あり 年譜あり 索引あり〉 1800円 ①978-4-389-44123-4 Ⓝ253.04

内容 プロローグ—独立は宣言された！ 1 ジョージ・ワシントン—農園主から将軍へ 2 サミュエル・アダムズ—「アメリカ革命のカトー」 3 ジョン・ディキンソン—和解派の闘将 4 トマス・ハッチンソン—国王の召使を自任して 5 ジョーゼフ・ギャロウェイ—執念に生きた王党派 エピローグ—独立とは何であったのか？

＊歴史が大きく旋回する時、個人や集団の明暗も一層増幅された形で現れてくる。それは、アメリカ独立の舞台に登った主演者たちのうえにも、さまざまな陰影を描いている。ある者は、愛国派としての信念を貫いて独立の歓喜にひたり、また、ある者は、王党派としての悲哀を味わい亡命先の異郷で果てた。本書は、こうした激動の時代を生きた、かれらの喜怒哀楽を描くことによって、人物史からなるアメリカ革命史像を構成して、現代アメリカの源流を鋭く探った力作である。

ハットン, B. 〔1912〜1979〕 Hutton, Barbara

◇カルティエを愛した女たち 川島ルミ子著 集英社インターナショナル 2014.9 213p 22cm 〈タイトルは奥付による.標題紙・背のタイトル：Cartier,Joaillier des Femmes 発売：集英社〉 2300円 ①978-4-7976-7271-8 Ⓝ755.3

内容 Prologue 比類なきカルティエ、比類なき女たち Grace Kelly 1929‐1982 輝きと夢をモナコにもたらしたグレース公妃 Barbara Hutton 1912‐1979 かわいそうな金持ちの小さな女の子バーバラ・ハットン Jeanne Toussaint 1887‐1976 ジュリーの香りがするジャンヌ・トゥーサン Queen Alexandra 1844‐1925 麗しのアレクサンドラ王妃 Princess Olga Paley 1866‐1929 愛と悲劇を生き

たパーレイ公妃 The Duchess of Windsor 1896‐1986 愛は王位よりも強しウィンザー公爵夫人 Marie Bonaparte 1882‐1962 ナポレオン皇帝の血をひくマリー・ボナパルト Empress Eugénie 1826‐1920 第二帝政の華麗な花、ユュジェニー皇后

バッハ, C.P.E. 〔1714〜1788〕
Bach, Carl Philipp Emanuel

◇バッハの四兄弟—フリーデマン、エマヌエル、フリードリヒ、クリスティアン—歴史と現代に響く音楽 久保田慶一著 音楽之友社 2015.3 243,28p 19cm （オルフェ・ライブラリー）〈作品目録あり 年譜あり〉 2200円 ①978-4-276-37110-1 Ⓝ762.34

内容 兄弟の絆と離散（偉大な父のもとに生まれて 時代と社会を共有して） ヴィルヘルム・フリーデマン・バッハ（歴史と現代におけるフリーデマン クラヴィーア音楽の伝統と革新 教会カンタータにおける伝統の継承） カール・フィーリップ・エマヌエル・バッハ（歴史と現代におけるエマヌエル 多感化されるクラヴィーア音楽 チャレンジする室内楽 マルチメディアの協奏曲 パッチワークのような受難曲） ヨハン・クリストフ・フリードリヒ・バッハ（歴史と現代におけるフリードリヒ 宗教音楽の隠れた継承者 古典派の響き バッハ一族として） ヨハン・クリスティアン・バッハ（歴史と現代におけるヨハン・クリスティアン 学習成果としての宗教曲 教会で演奏された交響曲）

バッハ, J.C. 〔1735〜1782〕
Bach, Johann Christian

◇バッハの四兄弟—フリーデマン、エマヌエル、フリードリヒ、クリスティアン—歴史と現代に響く音楽 久保田慶一著 音楽之友社 2015.3 243,28p 19cm （オルフェ・ライブラリー）〈作品目録あり 年譜あり〉 2200円 ①978-4-276-37110-1 Ⓝ762.34

内容 兄弟の絆と離散（偉大な父のもとに生まれて 時代と社会を共有して） ヴィルヘルム・フリーデマン・バッハ（歴史と現代におけるフリーデマン クラヴィーア音楽の伝統と革新 教会カンタータにおける伝統の継承） カール・フィーリップ・エマヌエル・バッハ（歴史と現代におけるエマヌエル 多感化されるクラヴィーア音楽 チャレンジする室内楽 マルチメディアの協奏曲 パッチワークのような受難曲） ヨハン・クリストフ・フリードリヒ・バッハ（歴史と現代におけるフリードリヒ 宗教音楽の隠れた継承者 古典派の響き バッハ一族として） ヨハン・クリスティアン・バッハ（歴史と現代におけるヨハン・クリスティアン 学習成果としての宗教曲 教会で演奏された交響曲）

バッハ, J.C.F. 〔1732〜1795〕
Bach, Johann Christoph Friedrich

◇バッハの四兄弟—フリーデマン、エマヌエル、フリードリヒ、クリスティアン—歴史と現代に響く音楽 久保田慶一著 音楽之友社 2015.3 243,28p 19cm （オルフェ・ライブラリー）〈作品目録あり 年譜あり〉 2200円 ①978-4-276-37110-1 Ⓝ762.34

バッハ, J.S.〔1685～1750〕
Bach, Johann Sebastian

◇バッハ―「音楽の父」の素顔と生涯　加藤浩子著　平凡社　2018.6　343p　18cm　〈平凡社新書 878〉〈文献あり　年譜あり〉　920円　①978-4-582-85878-5　Ⓝ762.34

|内容| 第1章　バッハとルター（時代の子バッハ　バッハはルターから生まれた　ほか）　第2章　バッハへの旅―街でたどる生涯（ヴェヒマル―「パン屋」から生まれたバッハ一族のふるさと　アイゼナッハ―生まれ故郷はドイツ文化の一大中心地　ほか）　第3章　オルガンと世俗カンタータでたどるバッハの足跡（バッハのオルガン紀行―シュテルムタール、アルテンブルク、ハレ、ハンブルク　世俗カンタータの舞台を訪ねて―ヴァイセンフェルス、ヴィーダーアウ、ソインマーマンのコーヒーハウス）　第4章　家庭人バッハ（二人の妻とその素顔　マリア・バルバラ・バッハ―バッハの結婚式　ほか）　第5章　バッハ・ディスクガイド

＊世間並みの立身出世を願い、子どもの行く末を心配し、ときには喧嘩をし、妻を亡くして北の街へ傷心旅行に出る―。西洋音楽史上最大の作曲家は、敬虔なルター派教徒にして、なによりも普通の家庭人だった。そのなかにあって、「偉大なる常識人」は、現在でも聴きつがれる珠玉の名曲を生み出しつづけた…。彼が暮らしたドイツの街をたどりながら、生涯と作品の秘密に迫る。

バッハ, W.F.〔1710～1784〕
Bach, Wilhelm Friedemann

◇バッハの四兄弟―フリーデマン、エマヌエル、フリードリヒ、クリスティアン―歴史と現代に響く音楽　久保田慶一著　音楽之友社　2015.3　243,28p　19cm　（オルフェ・ライブラリー）〈作品目録あり　年譜あり〉　2200円　①978-4-276-37110-1　Ⓝ762.34

|内容| 兄弟の絆と離散（偉大な父のもとに生まれて　時代と社会を共有して）　ヴィルヘルム・フリーデマン・バッハ（歴史と現代におけるフリーデマン　クラヴィーア音楽の伝統と革新　教会カンタータにおける伝統の継承）　カール・フィーリップ・エマヌエル・バッハ（歴史と現代におけるエマヌエル　多感化されるクラヴィーア音楽　チャレンジする室内楽　マルチメディアの協奏曲　パッチワークのような受難曲）　ヨハン・クリストフ・フリードリヒ・バッハ（歴史と現代におけるフリードリヒ　宗教音楽の隠れた継承者　古典派の響き　バッハ一族として）　ヨハン・クリスティアン・バッハ（歴史と現代におけるヨハン・クリスティアン　学習成果としての宗教曲　教会で演奏された交響曲）

バッハマン, I.〔1926～1973〕
Bachmann, Ingeborg

◇廃墟のドイツ1947―「四七年グループ」銘々伝　ハンス・ヴェルナー・リヒター著，飯吉光夫訳　河出書房新社　2015.8　295p　20cm　3800円　①978-4-309-20683-7　Ⓝ940.27

|内容| 蝶たちの曖昧宿で―イルゼ・アイヒンガー　十三階のクリスヤーン―カール・アメリー　にぎやかな通りを行って、誰もそれに気がつかなかったら―アルフレート・アンデルシュ　グルーネ森でのサイクリング―インゲボルク・バッハマン　きみもぼく位、金が好きかい？―ハインリヒ・ベル　セルビアは死なねばならない―ミロ・ドール　マルクトブライトでの涙―ギュンター・アイヒ　フルシチョフの海水パンツを穿いて―ハンス・マグヌス・エンツェンスベルガー　誕生日祝いとしてジーモン・ダッハを―ギュンター・グラス　寝返りきのズボン―ヴォルフガング・ヒルデスハイマー　上部プファルツ人のカラカラ笑い―ヴァルター・ヘレラー　君の忠実なる側近（パラディーン）―ヴァルター・イェンス　ダンスの相手への誘い―ウーヴェ・ヨーンゾーン　我々はみな、いい人だった―ハンス・マイヤー　敵多きほど、功高し―マルセル・ライヒ＝ラニツキ　おおマルティン―喧嘩好きではないにしろ、喧嘩っ早いアレマン人―マルティン・ヴァルザー　マラーの太鼓―ペーター・ヴァイス

＊文学の"呼び声"をきけ。ナチス崩壊、東西分裂―廃墟と化した1947年ドイツで産声をあげ、グラス、ツェランら数々の世界的才能を輩出した「四七年グループ」とは何だったのか？　リーダーであるH・W・リヒターによる愛情あふれる回想記。困難なる戦後と、若き作家たちの情熱が生んだ奇跡の時間。

◇インゲボルク・バッハマンの文学　髙井絹子著　鳥影社　2018.4　317p　22cm　〈文献あり〉　2500円　①978-4-86265-672-8　Ⓝ940.278

|内容| 第1章　五〇年代のバッハマン（バッハマンの文学的履歴　抒情詩人としての成功　成功の裏側　ほか）　第2章　散文作品の展開（バッハマンの文学観―『フランクフルト講義集』を手掛かりに　短篇集『三十歳』概観　「ゴモラへの一歩」の諸相　ほか）　第3章　ある文学スキャンダルの顛末（文学スキャンダルとは何か　フリッシュとバッハマン　抒情詩「ボヘミアは海辺にある」―「ガンテンバイン」に対する最初の文学的応答　ほか）

＊1950年代、鮮烈な抒情詩により戦後ドイツ文学の「希望」とまで呼ばれたインゲボルク・バッハマン。60年代以降の作品の評価は、常にスキャンダルと共にあった。そして73年、謎の多い死をむかえる。作家と作品の全体像に迫る画期的評論。

ハッブル, E.P.〔1889～1953〕
Hubble, Edwin Powell

◇現代天文学史―天体物理学の源流と開拓者たち　小暮智一著　京都　京都大学学術出版会　2015.12　634p　22cm　〈他言語標題：History of Modern Astronomy　文献あり　年表あり　索引あり〉　4900円　①978-4-87698-882-2　Ⓝ440.

◇宇宙を見た人たち―現代天文学入門 二間瀬敏史著 海鳴社 2017.10 270p 19cm 1800円 ⓘ978-4-87525-335-8 Ⓝ440.28

内容 第1部 天文学に強力な"道具箱"を提供した観測家たち（ヘンリエッタ・スワン・リービット―宇宙の"物差し"を見つけた"ハーバード・コンピューターズ"の才媛　ジョージ・ヘール―巨大望遠鏡時代に道を拓く　ほか）　第2部 科学的宇宙論の開拓者たち（アルベルト・アインシュタイン―現代宇宙論の開拓者　カール・シュヴァルツシルト―暫虜で重力場方程式の解を発見　ほか）　第3部 天文学を豊かにした人びと（クライド・トンボー―新しい太陽系領域に挑んだ人　アーサー・エディントン―恒星天文学の父　ほか）　第4部 "観測の窓"拡大に情熱を傾けた人びと（カール・ジャンスキー―電波天文学の生みの親　早川幸男―戦後の焼け跡で"全波長天文学"への道を敷く ほか）

＊宇宙は、ブラックホール、超新星爆発、暗黒物質、暗黒エネルギーなど、さまざまな"魔物"や不可思議な現象の存在なしには考えられない。その驚天動地の現代天文学の歴史を築いてきた巨人たち―その活躍を、時代背景・生い立ち・人柄などを交え、いきいきと伝える。

バッラ, L. 〔1407頃〜1457〕 Valla, Lorenzo

◇キリスト教的学識者―宗教改革時代を中心に E.H.ハービソン著, 根占献一監訳, 大川なつか, 髙津秀之, 高津美和訳　知泉書館　2015.2　231, 24p 20cm （〔ルネサンス叢書〕）〈布装 索引あり〉 3000円 ⓘ978-4-86285-205-2 Ⓝ191.028

内容 第1章 キリスト教的召命としての学問―ヒエロニムスからアクィナスまで（キリスト教的学識者の召命 ヒエロニムス、アウグスティヌス、ピエール・アベラール、トマス・アクィナス）　第2章 学芸復興（ルネサンス）―ペトラルカからコレットまで（学芸復興（ルネサンス）とキリスト教的学識者 ペトラルカ、ロレンツォ・ヴァッラ、ジョヴァンニ・ピーコ・デッラ・ミランドラ、ジョン・コレット）　第3章 エラスムス　第4章 ルター　第5章 カルヴァン

＊聖書では知恵（学識）は信仰の障害物になると語られ、反主知主義の伝統的潮流が存在する。キリスト教徒にとっての学問とは何か。宗教改革は聖書の意味に対する学者の洞察に始まり、それは学識者の運動、大学教授や学生による出来事、学者による革命となった。歴史上、エラスムス、ルター、カルヴァンに代表されるこの時代ほどキリスト教的学識者の威信が高まり強い影響力をもったことはない。人々の学ぶ熱意や、学問に対する尊敬と信頼が広まったのである。本書は彼らに影響を与えた先駆者の検討を通じて、彼らがいかにその使命を天職として感得し、学問への情熱とキリスト教信仰を一致させたか、さらにその営みがキリスト教の発展に与えた影響など、今まで神学者や歴史家が軽視してきたテーマに独自の光を投じた。著者は「アテネとエルサレム、アカデミーと教会とは何の関係があるのか？」という問いから、古代の教父学者ヒエロニムスとアウグスティヌス、中世の神学者アベラールとトマス・アクィナス、ルネサンス人文主義者ペトラルカとヴァッラやピーコたちの業績と、宗教改革期の学識者を有機的に関連づけて考察することにより、キリスト教とギリシア・ローマ文化の微妙な折衝を見事に描く。類書のない基本的文献である。

バーデ, W.H.W. 〔1893〜1960〕 Baade, Wilhelm Heinrich Walter

◇現代天文学史―天体物理学の源流と開拓者たち 小暮智一著　京都　京都大学学術出版会　2015.12　634p 22cm 〈他言語標題：History of Modern Astronomy　文献あり　年表あり　索引あり〉 4900円　ⓘ978-4-87698-882-2 Ⓝ440.12

内容 第1部 天体分光学（「新天文学」の開幕　星の分光分類とHD星表）　第2部 星の構造と進化論（星の進化論とHR図表　熱核反応と星の進化論）　第3部 銀河天文学と宇宙論（銀河と星雲の世界　銀河系の発見　宇宙論の源流）　第4部 現代天文学へ（日本における天体物理学の黎明　現代天文学への展開）

＊初めて星の化学組成を明らかにしたロンドンのアマチュア天文家ハギンズ、太陽をガス体と見なした特許調査官レーン、自作の望遠鏡で天空を探査した音楽家ハーシェル…18世紀末から19世紀中葉にかけて現代天文学の扉を開いた彼らは、いずれも学界に縁のないアマチュア天文家だった。星の位置と運動を対象とする古典天文学から天体の物理的構造を探る天体物理学へ、その転換期を担った人々の生涯と研究を軸に、現代天文学の歴史をたどる。

パーディ, A. 〔1979〜〕 Purdy, Amy

◇義足でダンス―両足切断から始まった人生の旅 エイミー・パーディ, ミシェル・バーフォード著, 藤井留美訳　辰巳出版　2018.3　351p 20cm 1800円　ⓘ978-4-7778-2047-4 Ⓝ784.39

内容 見知らぬ人　砂漠の白日夢　かがり火とスノーボード　新しい世界　急転回　目覚め　グラウンドシフト　懐かしいわが家　新しいシーズン　ギフト　つながること　アクションプラン　過渡期　新しい地平　競技　新しい役割　ソチ　宇宙のリズム

＊人生は、起きたことで決まるのではなく、起きたことにどう対応するかで決まるのだ。ラスベガス生まれの19歳の女の子を突然襲った細菌性髄膜炎。昏睡状態での臨死体験。生と死の間をさまよいながら、エイミー・パーディは生きることを選んだ。両足を失い、病気と闘い続けた彼女は、逆境をは

ねのけてふたたび自分の足で歩いた―両足義足のパラリンピアン、魂の旅の物語。

ハーディ, G.H.〔1877～1947〕 Hardy, Godfrey Harold

◇**無限の天才―夭逝の数学者・ラマヌジャン** ロバート・カニーゲル著，田中靖夫訳　新装版　工作舎　2016.9　381p　22cm　〈文献あり　年譜あり　索引あり〉　5500円　①978-4-87502-476-7　Ⓝ289.2

内容 第1章 冷厳なる寺院にて 1887‐1903　第2章 歓喜に満ちて 1903‐1908　第3章 庇護者を求めて 1908‐1913　第4章 ハーディ G・H・ハーディ・1913まで　第5章「自己紹介をさせて下さい…」1913‐1914　第6章 ラマヌジャンの春 1914‐1916　第7章 イギリスの冷気 1916‐1918　第8章「やや変調をきたして」1918‐現在

＊植民地としてイギリスの統治下にあったインドの田舎町にうまれ、独学でつぎつぎに公式を発見した不世出の天才ラマヌジャン。イギリスでエリート教育をうけ、大陸の数学に遅れをとっていたイギリスの純粋数学を一気に最先端レベルに引き上げたG.H.・ハーディ。生まれも育ちもまったく異にする二人の天才が、ひたすら「真理」を求めてイギリスで共同研究をはじめ、輝かしい成果をあげてゆく…

バーディ, J.R.〔1987～〕 Vardy, Jamie Richard

◇**ジェイミー・ヴァーディ―英国一の成り上がりストライカー**　フランク・ウォーロール著，タカ大丸訳　徳間書店　2016.6　293p　19cm　〈年譜あり〉　1600円　①978-4-19-864196-2　Ⓝ783.47

内容 ある寒さが募る冬の日に　遅れて来た最強の戦士　青色に染まる　王者の風格　降格からの大脱出　歴代レジェンドたちの足跡　最高のレジェンド・リネカーとのシンクロ　ファン・ニステルローイ超え　記録を破った男　人生の頂点へ向けて　イングランド代表としての期待　フランスを夢見て　欧州行きの切符　"悪ガキ"伝説　第2のヴァーディを育てるために　粗削りのダイヤモンド　Jamie Vardy's'aving a party　伝説はさらに続く

＊共に闘った岡崎慎司も心酔する成り上がりストライカーの素顔。生い立ちから、ノンプロ時代、プレミアリーグの激闘からイングランド代表まで、日本初の伝記！

◇**ジェイミー・ヴァーディ自伝―人生はジャイアントキリング！**　ジェイミー・ヴァーディ著，小林玲子訳　日本文芸社　2017.3　319p　図版16p　19cm　1800円　①978-4-537-26166-0　Ⓝ783.47

内容 体には「青と白」の血が流れている　夢を失ったアマチュア生活　「制御不能」になる！　「スジ」は通す　「イングランド代表にだってなれる！」　新星「ヴァーディ」の誕生　レスターでエースナンバー「9」を背負う　人生最強の「サポーター」　「大脱走」に成功する　ついに「イングランド代表」の切符を手に　無念の「レッテル」を踏み台にして　プレミアリーグ史上初の「金字塔」！　レスター

チーム全員が「シーザー」　栄光のプレミアリーグ王者へ

＊2015‐16シーズン、降格候補だったレスターは夢のような1年を迎える―優勝オッズ5000倍という数字を跳ねのけてプレミアリーグ王者となり、ヴァーディは史上初の11試合連続ゴールを達成。ありとあらゆる下馬評を覆して頂点をつかんだ青年が、自身の言葉で包み隠さず語った「自伝」。

ハーディ, T.〔1840～1928〕 Hardy, Thomas

◇**トマス＝ハーディ**　倉持三郎著　新装版　清水書院　2016.4　213p　19cm　（Century Books―人と思想 152）〈文献あり　年譜あり　索引あり〉　1200円　①978-4-389-42152-6　Ⓝ930.268

内容 1 トマス・ハーディの生涯（生い立ち　ロンドンでの修業　コーンウォルの恋人　小説家としての出発　故郷を小説の舞台に　小説家としての栄光と苦難　小説家から詩人へ）　2 トマス・ハーディの思想（真実を凝視する作家　キリスト教に対する懐疑　特権階級批判　ヴィクトリア朝の偽善に対する反発　社会的弱者への同情）

＊トマス＝ハーディは、十九世紀から二十世紀にかけて活躍したイギリスの代表的小説家・詩人である。ハーディの生まれ育ったドーセット州は美しい自然に恵まれている。ハーディは、その大地の上で働く人たちを愛し、その心情を表現した。また近くにいた小動物、鳥、家畜に愛情を寄せた。動物愛護の気持ちを抱き続け、動物を虐待する人間を告発した。

◇**トマス・ハーディの文学と二人の妻―「帝国」「階級」「ジェンダー」「宗教」を問う**　土屋倭子著　音羽書房鶴見書店　2017.10　403p　19cm　〈文献あり　索引あり〉　3500円　①978-4-7553-0403-3　Ⓝ930.268

内容 序章 トマス・ハーディの文学と二人の妻　第1章 作家ハーディの誕生―最初の妻エマ・ラヴィニア・ギフォード　第2章 農村と都会―ドーセットとロンドン　第3章 田舎家から邸宅へ―マックス・ゲイトに移り住む　第4章 ヴィクトリア朝の「女」の言説を覆す―『ダーバヴィル家のテス』（一八九一）　第5章 ヴィクトリア朝の価値観を斬る―『日陰者ジュード』（一八九六）　第6章 小説家から詩人へ　第7章 フローレンス・エミリー・ダグデイルの登場　第8章 トマス・ハーディ晩年の成果とフローレンス・ハーディの栄光と苦悩　終章 トマス・ハーディと二人の妻が遺したもの

＊トマス・ハーディと妻たちの栄光と苦悩と確執の歳月をたどり、文学と歴史が交錯するハーディ文学生成の「真実」に迫る。「帝国」「階級」「ジェンダー」「宗教」を問い、多数の貴重な図版を配した著者渾身のハーディ文学論。

パティニール, J.〔1485?～1524〕 Patinir, Joachim

◇**青のパティニール　最初の風景画家**　石川美子著　みすず書房　2014.12　299,25p　図版16p　21cm　〈文献あり　索引あり〉　5000円　①978-4-622-07844-9　Ⓝ723.358

内容 第1章 作品はどれか？　第2章 謎の生涯　第3章 風景画のほうへ　第4章 青の世界　第5章 聖人

たちのいる風景　第6章 時の闇と光
* 歴史の闇から浮かび上がった、16世紀ネーデルラントの画家パティニール。その絵のきわめて独特な世界にわけいり、ヨーロッパにおける「風景」という概念の発生をとらえた、絵画と文学のハイブリッドな研究エッセー。

バテ・シェバ
⇒バト・シェバ を見よ

パデレフスキ, I.J.〔1860～1941〕
Paderewski, Ignace Jan

◇パデレフスキ自伝—闘うピアニスト　上　イグナツィ・ヤン・パデレフスキ, メアリー・ロートン共著, 湯浅玲子訳　ハンナ　2016.6　331p　21cm　〈索引あり〉　1900円　Ⓘ978-4-907121-58-7　Ⓝ762.349

内容 第1章 少年時代　第2章 ワルシャワの学生時代　第3章 ベルリンと音楽界　第4章 ウィーン レシェティツキとルービンシュタイン　第5章 早すぎた成功　第6章 パリとオランダ晩餐旅行　第7章 ロンドンとベルリンの謎　第8章 ロンドンの思い出　第9章 アメリカ

* 遅咲きのピアニスト、そして後にポーランド首相を務めたパデレフスキが遺した回想録。国民的英雄が抱えていた苦悩とは…。上巻は少年時代からアメリカ演奏旅行まで（1860～1892）

◇パデレフスキ自伝—闘うピアニスト　下　イグナツィ・ヤン・パデレフスキ, メアリー・ロートン共著, 湯浅玲子訳　ハンナ　2016.7　271p　21cm　〈索引あり〉　1500円　Ⓘ978-4-907121-59-4　Ⓝ762.349

内容 第10章 聴衆と政治的な迂回　第11章 2度目のアメリカ訪問　第12章 幕間の作曲家　第13章 ロシア演奏旅行　第14章 スイスの家　第15章 最速で上り詰めた頂点　第16章 オーストラリアとニュージーランド　第17章 ピアノへの嫌悪感　第18章 悲しい出来事　第19章 祭りの日　第20章 補遺篇 パデレフスキの生涯

* 「芸術家は、仕事を続けながら戦場で死ぬべきだ」度重なる指の不調とスランプ、そして忍び寄る戦争の影。人気絶頂にあったパデレフスキを政治活動へと向かわせたものは何だったのか…新たに書き下ろした補遺篇「パデレフスキの生涯」掲載。下巻、ヨーロッパ演奏旅行から第一次世界大戦勃発まで（1892～1914）。

ハート, C.〔1966～〕　Hart, Carl L.

◇ドラッグと分断社会アメリカ—神経科学者が語る「依存」の構造　カール・ハート著, 寺町朋子訳　早川書房　2017.1　409p　20cm　3000円　Ⓘ978-4-15-209667-8　Ⓝ368.81

内容 私の出自　あの前とあと　ビッグママ　性教育　ラップと報酬　薬物と銃　選択とチャンス　基本軍事訓練　「家庭とは憎しみがあるところ」　迷路　ワイオミング州 いまだに単なる一人の黒んぼ　実験参加者の行動　胸を突く出来事　新たなクラック　救いを求めて　虚構ではなく事実にもとづいた薬物政策

* 「薬物常用者」とされるアメリカ人は2000万人にものぼり、過剰摂取による死亡者が増えつづけている。有効な対策にならない薬物政策はどこから生まれたのか。神経科学者が規制の歴史をたどり、薬物が人体にもたらす影響を実証することで、従来の依存のイメージを問いなおす。なぜ科学的な裏づけのある政策がまかり通るのか。この政策の犠牲者はだれなのか。マイアミの貧困地区から身を起こし、アフリカ系アメリカ人として初めてコロンビア大学の自然科学系終身教授についた著者が、自らの人生をかけて告発する。PEN/E・O・ウィルソン科学文芸賞を受賞し、"ニューヨーク・タイムズ"紙や"ボストン・グローブ"紙などで絶賛された科学啓蒙書。

バード, I.L.〔1831～1904〕
Bird, Isabella Lucy

◇イザベラ・バードの旅の世界—ツイン・タイム・トラベル　金坂清則著　平凡社　2014.9　161p　23×30cm　〈他言語標題：In the Footsteps of Isabella Bird 英語併記　訳：アドバンティジ・リンクス　年譜あり〉　3600円　Ⓘ978-4-582-27812-5　Ⓝ290.9

内容 ツイン・タイム・トラベル イザベラ・バードの旅の世界—第1期～第6期（カナダ・アメリカ合衆国オセアニア・ハワイ諸島　アメリカ合衆国西部 日本　中国南部・コーチシナ・マレー半島およびシナイ半島　アイルランド　小チベット　ペルシャ・クルディスタン　極東　極東揚子江流域　極東日本　モロッコ）　旅の点描　イザベラ・バードの旅行記初版本　英国にイザベラの故郷と縁の地を訪ねて

* ヴィクトリア女王統治下の19世紀英国にあって、50年にわたり世界の辺境を旅し、膨大な旅行記を著わした、史上屈指の女性旅行家イザベラ・バード。鋭敏な感性と明晰な頭脳、並外れた勇気と行動力、率直なこころをもって、旅先の自然と人間・社会を的確にとらえ、鮮やかに描いたその文は、当時も、今も、人びとを魅了する。真摯な研究を通して彼女に魅せられた一人の研究者が、その足跡を辿り同じ地に立ち、写真を通して、二つの旅を重ね合わせる試み。

◇イザベラ・バードと日本の旅　金坂清則著　平凡社　2014.10　271p　18cm　（平凡社新書754）〈年譜あり〉　880円　Ⓘ978-4-582-85754-2　Ⓝ289.3

内容 第1章 旅と旅行記を正しく理解するために（旅と旅行記を科学する　旅行記の読みの定理　ほか）　第2章 イザベラ・バード旅の生涯（誕生からカナダ・アメリカの旅まで—第1期の旅　オーストラリア、ハワイ諸島、ロッキー山脈そして日本の旅—第2期・第3期の旅　ほか）　第3章 一八七八年の日本の旅の特質（地域的・期間的限定のない旅　特別の旅行免状によって可能となった旅　ほか）　第4章 連携する支援と協力（パークス公使夫妻の支援　その他の支援と協力）　第5章 日本の旅と旅行記がもたらしたもの（バードと関係者にとっての意義　バードの旅と旅行記が欧米にもたらしたもの　ほか）

* イザベラ・ルーシー・バード（一八三一～一九〇四）は、世界を旅しその魅力的な紀行文でヴィクトリア時代を代表する旅行家となった。とりわけ『日本奥地紀行』（『日本の未踏の地』）はよく知られている。当時は外国人の旅行に厳しい制限があった

にもかかわらず、長期にわたる日本各地への旅ができたのはなぜだろうか? また、この旅を計画したのは本人なのだろうか? 国際的に高い評価を得ているバード研究者が、その生涯と日本の旅の真実を描き出す。

◇ザック担いでイザベラ・バードを辿る―紀行とエッセイ 『日本奥地紀行』の旅・研究会編 あけび書房 2017.9 174p 22cm 〈文献あり〉 2200円 Ⓘ978-4-87154-153-4 Ⓝ291.09

内容 第1部 紀行 イザベラ・バードを辿る(日光編 会津西街道・越後街道編 越後・米沢街道前編 越後・米沢街道後編 羽州街道前編 ほか) 第2部 エッセイ イザベラ・バードの旅を巡って(もうひとつの未踏の径―イザベラ・バードが見た日本人の宗教観 イザベラ・バードは伊勢神宮外宮正殿に参拝したのか 女王陛下のイザベラ・バード イザベラ・バードを伝える人たち 道・街道 ほか)

◇新にっぽん奥地紀行―イザベラ・バードを鉄道でゆく 芦原伸著 天夢人 2018.7 316p 19cm 〈他言語標題:A train journey of "Unbeaten Tracks in Japan" 文献あり 発売:山と渓谷社〔東京〕〉 1600円 Ⓘ978-4-635-82058-5 Ⓝ291.09

内容 横浜―日本の青春時代に思いをはせる 東京―攘夷の嵐と首都のきらめき 日光―妖精みいる美しい宿で 会津―日本は「おとぎの国」ではないか 大内宿―バード、奥会津の宿場町をゆく 新潟―水の都で出会った伝道師たち 置賜―実り豊かな東洋のアルカディア 上山―温泉・城下町で長旅の疲れを癒やす 秋田―明るく陽気な風景と祭りの賑わい 大館―船の事故にも動じなかった鋼の淑女〔ほか〕

*明治日本の最果てを歩いた英国淑女。

バト・シェバ Bathsheba

◇イエス・キリストの系図を彩る女性たち 平山澄江著 キリスト新聞社 2016.12 116p 18cm 〈聖書を学ぶ入門シリーズ〉 1000円 Ⓘ978-4-87395-714-2 Ⓝ193

内容 第1章 タマル(タマルの結婚 未亡人になったタマル ほか) 第2章 ラハブ(何かが起こりそう 偵察に来た二人の男 ほか) 第3章 ルツ(飢きんを逃れて ルツの決意 ほか) 第4章 「ウリヤの妻」バテ・シェバ(イスラエル、王制となる サウル王の背信 ほか) 第5章 マリヤ(祭司ザカリヤ 受胎告知 ほか)

*本書では、イエス・キリストの系図に登場する女性について考えていきます。

ハートマン, C.S. 〔1867~1944〕
Hartmann, Carl Sadakichi

◇演ずる道化サダキチ・ハートマン伝―東と西の精神誌 田野勲著 京都 ミネルヴァ書房 2018.1 387,10p 22cm 〈人と文化の探究14〉〈文献あり 著作目録あり 年譜あり 索引あり〉 7000円 Ⓘ978-4-623-08105-9 Ⓝ289.3

内容 サダキチ・ハートマンとは何者なのか? サダキチ・ハートマンの生い立ち サダキチ・ハートマンとウォルト・ホイットマン 若き芸術家の誕生 ハートマンのアメリカ美術論 ハートマンの日本美術論 躍動する才能 ハートマン、アメリカ人になる? ホイッスラーを通じてのアイデンティティーの追求 ジャポニスムの実践によるアイデンティティーの確立 ハリウッドのハートマン 演技する道化の最期

*幕末長崎出島で生まれたサダキチ・ハートマン。十四歳でアメリカに移住後、渡欧を繰り返し、当時の芸術家と交流する。その後ニューヨークを拠点として日本文化を紹介、チャップリンらと知り合いハリウッド映画に出演する。その人生は放浪と女性、借金などのトラブルの繰り返しだった。しかし、それは、道化を演じた生涯だったのではないか。二〇世紀初頭「ボヘミアンの王」として名を馳せた、日独の血を引いた知られざる人物の生涯を追う。

ハドリアヌス 〔76~138〕
Publius Aelius Trajanus Hadrianus

◇ローマ帝国人物列伝 本村凌二著 祥伝社 2016.5 303p 18cm 〈祥伝社新書 463〉 840円 Ⓘ978-4-396-11463-3 Ⓝ283.2

内容 1 建国期―建国期のローマ(ブルトゥス―共和政を樹立した初代執政官 キンキナトゥス―ワシントンが理想とした指導者 ほか) 2 成長期―成長期のローマ(アッピウス―インフラ整備の父、類稀なる先見性 ファビウス―耐えがたきを耐える「ローマの盾」 ほか) 3 転換期―転換期のローマ(グラックス―すべてを手に入れた者が欲したもの 大ポンペイウス―カエサルに敗れた大武将 ほか) 4 最盛期―最盛期のローマ(ゲルマニクス―夭逝した理想のプリンス ネロ―気弱な犯罪者だった暴君 ほか) 5 衰亡期―衰亡期のローマ(ガリエヌス―動乱期の賢帝 ディオクレティアヌス―混乱を鎮めた軍人皇帝 ほか)

*ローマの歴史には、独裁も革命もクーデターもあり、「パクス・ロマーナ」と呼ばれた平和な時代もあった。君主政も共和政も貴族政もポピュリズムもあり、多神教も一神教もあった。まさに「歴史の実験場」であり、教訓を得るのに、これほどの素材はない。歴史を学ぶには制度や組織は無視できないが、そこに人間が存在したことを忘れてはならないだろう。本書は、一〇〇〇年を超えるローマ史を五つの時代に分け、三二人の生涯と共に追うものである。賢帝あり、愚帝あり、英雄から気丈な女性、医学者、宗教家まで。壮大な歴史叙事詩であり、歴史は人なり―を実感する一冊。

バトン, D. 〔1929~〕
Button, Richard Totten "Dick"

◇挑戦者たち―男子フィギュアスケート平昌五輪を超えて 田村明子著 新潮社 2018.3 220p 20cm 1400円 Ⓘ978-4-10-304034-7 Ⓝ784.65

内容 プロローグ―2018年2月12日 第1章 ディック・バトン「楽しんだ選手が勝つ」 第2章 パトリック・チャン「自分がいたいのはこの場をおいて他にない」 第3章 エフゲニー・プルシェンコ「ぼくにはスケートが必要」 第4章 都築章一郎「彼の中ではイメージができている」 第5章 ハビエル・フェルナンデス「ハッピーな気持ちで終えるために」 第6章 羽生結弦「劇的に勝ちたい」 第7章 ネイサン・チェン「プレッシャーは感じるけれど」 第8章 宇野昌磨「成長していく自分を見てもらいたい」 第9章

平昌オリンピック　決戦の時　エピローグ―2018年2月18日
＊フィギュアスケートを25年に亘り取材し、会見通訳も務めるジャーナリストが綴る、選ばれし者たちの素顔。

バートン, G. 〔1943～〕 Burton, Gary

◇ゲイリー・バートン自伝　ゲイリー・バートン著，熊木信太郎訳　論創社　2017.5　469p 図版36p　20cm　〈他言語標題：GARY BURTON　作品目録あり　索引あり〉　3800円　Ⓘ978-4-8460-1625-8　Ⓝ764.7

内容 第1部 青年時代　第2部 修行時代　第3部 独り立ち　第4部 さらなる飛躍　第5部 壮年期　第6部 前進

＊グラミー賞受賞7回。50年以上ジャズ界を牽引したヴィブラフォン奏者の軌跡。ジャズにロックを取り入れた初の本格的"フュージョン"バンドのリーダーであり、近年ゲイであることを公表した数少ないジャズミュージシャンの内面に迫る初の本格的自伝。

バーナード, E.E. 〔1857～1923〕 Barnard, Edward Emerson

◇現代天文学史―天体物理学の源流と開拓者たち　小暮智一著　京都　京都大学学術出版会　2015.12　634p 22cm　〈他言語標題：History of Modern Astronomy　文献あり　年表あり　索引あり〉　4900円　Ⓘ978-4-87698-882-2　Ⓝ440.12

内容 第1部 天体分光学(「新天文学」の開幕　星の分光分類とHD星表)　第2部 星の構造と進化論(星の進化論とHR図表　熱核反応と星の進化論)　第3部 銀河天文学と宇宙論(銀河と星雲の世界　銀河系の発見　宇宙の源流)　第4部 現代天文学へ(日本における天体物理学の黎明　現代天文学への展開)

＊初めて星の化学組成を明らかにしたロンドンのアマチュア天文家ハギンス、太陽をガス体と見なした特許調査官レーン、自作の望遠鏡で天空を探査した音楽家ハーシェル…18世紀末から19世紀中葉にかけて現代天文学の扉を開いた彼らは、いずれも学界に縁のないアマチュア天文家だった。星の位置と運動を対象とする古典天文学から天体の物理的構造を探究する天体物理学へ、その転換期を担った人々の生涯と研究を軸に、現代天文学の歴史をたどる。

バナミリー, E. 〔1688～1723〕 Vanhomrigh, Esther

◇三人物語―ヴァネッサ・ジョン・ステラ　渡辺孔二著　姫路　スプリング　2016.4　309p 19cm　〈文献あり〉　2100円　Ⓘ978-4-905449-09-6　Ⓝ930.268

＊世界で300年近く読み継がれている「ガリヴァ旅行記」の原作者ジョンが書いた一番長い詩を贈った相手がヴァネッサで、ジョンに一番長い思い出の記を書かせたのがステラである。そして、この3人をめぐる、これまでで一番長い物語が本書である。

バーナンキ, B. 〔1953～〕 Bernanke, Ben

◇危機と決断―前FRB議長ベン・バーナンキ回顧録　上　ベン・バーナンキ著，小此木潔監訳，石垣憲一，川崎剛，永峯涼，西崎香訳　KADOKAWA　2015.12　350p 図版16p　20cm　1900円　Ⓘ978-4-04-102365-5　Ⓝ338.253

内容 1 序曲(一般市民の暮らし　学問の森の中で　理事就任　マエストロのオーケストラで　サブプライム危機　ルーキー・シーズン)　2 危機(最初の微震動、最初の対応　一歩手前　終わりの始まり　ベアー・スターンズ　アジア市場が開く前に　ファニーとフレディの長く暑い夏　リーマン、ダム決壊す)

＊金融政策の舵を取った当人が語る、全米でベストセラーの話題作。米国の歴史で最悪の金融恐慌、その闘いの全てを今、明かす。

◇危機と決断―前FRB議長ベン・バーナンキ回顧録　下　ベン・バーナンキ著，小此木潔監訳，石垣憲一，川崎剛，永峯涼，西崎香訳　KADOKAWA　2015.12　419p 20cm　〈文献あり　索引あり〉　1900円　Ⓘ978-4-04-102366-2　Ⓝ338.253

内容 (上巻から) 2 危機(AIG「それで私は怒っている」議会へ　五〇%の壁　寒風　政権移行期　危機は金融から経済へ)　3 後遺症(量的緩和―正攻法の終わり　新しい金融システムの構築　QE2―偽りの夜明け　逆風　出口騒動)

＊量的緩和と利上げ、新しい金融システム、イエレン現議長…FRBの戦略決定の背景では、一体、何が起きているのか。

バヌヌ, M. 〔1954～〕 Vanunu, Mordechai

◇反核の闘士ヴァヌヌと私のイスラエル体験記　ガリコ美恵子著　論創社　2017.1　231p 20cm　〈他言語標題：Mordechai Vanunu & Galiko Mieko〉　1800円　Ⓘ978-4-8460-1589-3　Ⓝ289.3

内容 第1章 ヴァヌヌの闘い(イスラエルへの移民　ディモーナ核開発研究所　ほか)　第2章 イスラエルに暮らして(何も知らずにイスラエルへ　ユダヤ教徒の暮らし　ほか)　第3章 パレスチナ連帯へ踏みだす(ヴァヌヌ釈放　ノーベル平和賞辞退の手紙　ほか)　第4章 ヴァヌヌ再び刑務所へ(土地を奪われ、水も奪われたパレスチナ　アラビア語を学びながら　ほか)　第5章 ヴァヌヌに自由を(最初の夫シモンの死　ヴァヌヌ再釈放)

＊1991年、夫と共にイスラエルに移住した著者は、離婚後、さまざまな職業に就きイスラエル社会に溶け込んでいくが、2006年、ヴァヌヌとの出会いで大きくその人生の軌跡を変えることになる！

バネッサ
⇒バナミリー, E. を見よ

バノン, S.K. 〔1953～〕 Bannon, Stephen Kevin

◇バノン悪魔の取引―トランプを大統領にした男の危険な野望　ジョシュア・グリーン著，秋山

勝訳　草思社　2018.3　334p　19cm　1800円　①978-4-7942-2325-8　Ⓝ314.8953

内容　はじめに　その男、バノン　第1章　大統領選投票日　第2章　トランプの屈辱　第3章　バノンの足跡　第4章　危険な世界観　第5章　国境の「壁」　第6章　マーサー家の人々　第7章　ブライトバート　第8章　トランプ出馬　第9章　裏表のないポピュリズム　第10章　戦略家バノン　第11章　ヒラリー撃破　おわりに　暗黒の時代

＊ネットメディアを武器にトランプを大統領に仕立てた男スティーブ・バノン。大統領選の舞台裏にアメリカ社会の驚くべき地殻変動が見える。「トランプ劇場」の舞台袖にはつねにこの男が控えていた。トランプを激怒させ、バノンを解任させた衝撃の書。ニューヨークタイムズ・ベストセラー第1位。

ハーバー, F.〔1868〜1934〕Haber, Fritz

◇大気を変える錬金術—ハーバー、ボッシュと化学の世紀　トーマス・ヘイガー［著］，渡会圭子訳　新装版　みすず書房　2017.9　303,29p　20cm　〈文献あり　索引あり〉　4400円　①978-4-622-08658-1　Ⓝ574.6

内容　第1部　地球の終焉（危機の予測　硝石の価値　グアノの島　ほか）　第2部　賢者の石（ユダヤ人、フリッツ・ハーバー　BASFの賭け　ターニングポイント　ほか）　第3部　SYN（ハーバーの毒ガス戦　敗戦の屈辱　新たな錬金術を求めて　ほか）

＊空中窒素固定法という化学史上最大の発明が生物圏を変容させ、戦争を駆動した戦慄の歴史を掘り起こす。

ハーバーマス, J.〔1929〜〕Habermas, Jurgen

◇ハーバーマス　小牧治, 村上隆夫共著　新装版　清水書院　2015.9　226p　19cm　（Century Books—人と思想　176）〈文献あり　年譜あり　索引あり〉　1000円　①978-4-389-42176-2　Ⓝ361.234

内容　1　ハーバーマスの軌跡（敗戦と祖国分裂　フランクフルト学派　実証主義論争と学生反乱　ドイツの秋　歴史家論争とドイツ統一）　2　ハーバーマスの思想（政治と公共性　認識と関心　社会科学の論理　コミュニケーション的行為の理論　近代—未完のプロジェクト　法と道徳）

ハビビ, B.J.〔1936〜〕Habibie, Bacharuddin Jusuf

◇ハビビとアイヌン—大統領になった天才エンジニア、夫婦愛の半世紀　バハルディン・ユスフ・ハビビ著，平中英二訳　書籍工房早山　2014.9　370p　21cm　〈年表あり〉　1900円　①978-4-904701-41-6　Ⓝ289.2

ハビビ, H.A.〔1937〜2010〕Habibie, Hasri Ainun

◇ハビビとアイヌン—大統領になった天才エンジニア、夫婦愛の半世紀　バハルディン・ユスフ・ハビビ著，平中英二訳　書籍工房早山　2014.9　370p　21cm　〈年表あり〉　1900円　①978-4-904701-41-6　Ⓝ289.2

ハーフェズ〔1325/26〜1389/90〕Ḥāfiẓ

◇イスラームの神秘主義—ハーフェズの智慧　嶋本隆光著　京都　京都大学学術出版会　2014.10　15,237p　19cm　（学術選書　066）〈文献あり　索引あり〉　1800円　①978-4-87698-866-2　Ⓝ167.8

内容　第1章　現代という時代　第2章　イスラーム神秘主義（スーフィズム）の歴史と教義　第3章　スーフィズムの教義と用語　第4章　ハーフェズの生涯とその時代　第5章　修業時代の意味—私はなぜ生まれて、どこにいたのか　第6章　酒と恋と—遊興か求道か　第7章　神智と理性—信頼できない分別知　第8章　神智にたどり着くのは誰か　第9章　神秘主義と現代社会

＊イスラームの神秘主義（スーフィズム）は、イスラームの智慧の本質を開示する。なかでも、独自の発展を遂げたペルシアの神秘詩においてたくみに表現されている。この真実にいくらかでも肉薄することがなければ、イスラームの根本思想は理解できない。本書では、イラン（ペルシア）を中心にイスラーム世界の人びとに愛される神秘詩人ハーフェズの詩を取り上げ、詩の裏に隠された宗教的メタファーを読み取り、平明な解説を加える。

バフェット, W.〔1930〜〕Buffett, Warren

◇スノーボール—ウォーレン・バフェット伝　上　アリス・シュローダー著，伏見威蕃訳　改訂新版　日本経済新聞出版社　2014.5　524p　図版16p　15cm　（日経ビジネス人文庫　し13-1）〈索引あり〉　1000円　①978-4-532-19733-9　Ⓝ289.3

内容　第1部　バブル（格好悪いほうの話　サン・バレー　習慣の生き物　ほか）　第2部　内なるスコアカード（説教壇　バスタブ障害物競走　休戦記念日　ほか）　第3部　競馬場（グレアム・ニューマン　どちらの側に立つか　隠れた輝き　ほか）

＊世界でも最も有名な投資会社バークシャー・ハザウェイの会長兼CEOにして、世界で最も尊敬される大投資家ウォーレン・バフェット。その知られざる生活、価値観、投資戦略、そして後継者とは？　自伝を書かないと公言してきたバフェットがただ一人信頼した著者に執筆を許可し、5年以上の歳月をかけた決定版伝記。偉大なる投資家が人生とビジネスをあますところなく語った全米大ベストセラー。

◇スノーボール—ウォーレン・バフェット伝　中　アリス・シュローダー著，伏見威蕃訳　改訂新版　日本経済新聞出版社　2014.6　516p　15cm　（日経ビジネス人文庫　し13-2）〈索引あり〉　1000円　①978-4-532-19734-6　Ⓝ289.3

内容　第3部　競馬場（承前）（乾いた火口　梳毛とはなにか　ジェット・ジャック　ほか）　第4部　歌うスージー（キャンディー・ハリー　"オマハ・サン"　二匹の濡れネズミ　ほか）　第5部　ウォール街の王様（ファラオ　ローズ　レッカー車を呼んでこい　ほか）

＊一投資家から、ビジネス界の有力者へ—保険事業

から得た「手持ち金」を投資に回す「バフェット流投資術」を確立し、ガイコを傘下に収め、ワシントン・ポストの取締役にもなったバフェット。この間、マンガーとも完全なパートナーになる。だが妻スージーはバフェットから離れていく。1960年代から90年代まで、資産が1000万ドルから20億ドル以上に膨らみ、全米十指の資産家に登り詰めるバフェットを描く。

◇スノーボール―ウォーレン・バフェット伝 下 アリス・シュローダー著，伏見威蕃訳 改訂新版 日本経済新聞出版社 2014.6 513p 15cm (日経ビジネス人文庫 L13-3)〈索引あり〉 1000円 ⓘ978-4-532-19735-3 Ⓝ289.3

内容 第5部 ウォール街の王様(承前)(親指しゃぶりで頬がこける 怒れる神々 宝くじ クマなんどうでもいい ほか) 第6部 預り証(精霊 セミコロン 最後のケイ・パーティー 金持ちによる、金持ちのための ほか)

＊ITバブルに見向きもしなかったバフェットは「時代遅れ」と世間から悪評を立てられる。だが断固たる決意でバブルを乗り切ると、その名声はますます高まり、ついには「オマハの賢人」と呼ばれるまでに。改訂新版で加わった63章と64章ではリーマン危機後の対応が描かれる。バフェットが生涯をかけて丹念に大きくした「スノーボール」の全貌が、本書にはある。

◇リスク・テイカーズ―相場を動かす8人のカリスマ投資家 川上穰著 日本経済新聞出版社 2014.10 302p 19cm〈文献あり 年表あり〉 1800円 ⓘ978-4-532-35620-0 Ⓝ338.18

内容 第1章 大物アクティビストの日本上陸―ダニエル・ローブ 第2章 世界最高の稼ぎ手―デイビッド・テッパー 第3章 リーマン危機の予言者―デイビッド・アインホーン 第4章 改革の伝道師か、不幸の使者か―ビル・アックマン 第5章 中国に挑む空売り王――ジム・チェイノス 第6章 世界最大のヘッジファンド―レイ・ダリオ 第7章 日本国債売りの急先鋒―カイル・バス 第8章 オマハの賢人、バリュー投資を語る―ウォーレン・バフェット 終章 カリスマ投資家の時代

＊ローブ、ダリオ、バフェットら8人で投資総額30兆円！ 巨額の利益を稼ぎ出す孤高の投資家の知られざる素顔。

◇伝説の7大投資家―リバモア・ソロス・ロジャーズ・フィッシャー・リンチ・バフェット・グレアム 桑原晃弥著 KADOKAWA 2017.6 239p 18cm (角川新書 K-139)〈文献あり〉 800円 ⓘ978-4-04-082146-7 Ⓝ338.18

内容 第1章 「ウォール街のグレートベア」ジェシー・リバモア 第2章 「イングランド銀行を潰した男」ジョージ・ソロス 第3章 「百聞は一見に如かず」ジム・ロジャーズ 第4章 「成長株集中投資の大家」フィリップ・フィッシャー 第5章 「伝説のファンドマネジャー」ピーター・リンチ 第6章 「オマハの賢人」ウォーレン・バフェット 第7章 「バフェットの師」ベンジャミン・グレアム

＊「ウォール街のグレートベア」(リバモア)、「イングランド銀行を潰した男」(ソロス)…。数々の異名を持つ男たちは「個人投資家」という一般的なイメージを遙かに超える影響力を行使してきた―。

◇バフェットの重要投資案件20―1957-2014 イェフェイ・ルー著，長尾慎太郎監修，井田京子訳 パンローリング 2017.6 484p 20cm (ウィザードブックシリーズ 249)〈文献あり〉 3800円 ⓘ978-4-7759-7217-5 Ⓝ338.183

内容 第1部 投資組合の時代(一九五七―一九六八年)(一九五八年―サンボーン・マップ・カンパニー 一九六一年―デンプスター・ミル・マニュファクチャリング・カンパニー ほか) 第2部 中期(一九六八―一九九〇年)(一九六七年―ナショナル・インデムニティ・カンパニー 一九七二年―シーズキャンディーズ ほか) 第3部 後期(一九九〇―二〇一四年)(一九八九年―USエア・グループ 一九九〇年―ウェルズ・ファーゴ ほか) 第4部 私が学んだこと(バフェットの投資戦略の進化 私たちがバフェットから学べること)

＊1950年代以降、ウォーレン・バフェットと彼のパートナーたちは、20世紀の流れを作ってきた最も利益率が高い会社のいくつかに出資してきた。しかし、彼らはそれが正しい投資先だということを、どのようにして知ったのだろうか。前途有望な会社を探すために、何に注目したのだろうか。そして、何をどう分析すれば、彼らと同じような投資ができるのだろうか。本書は、長年、投資の成功パターンを探してきたバフェット信奉者への贈り物とも言える1冊で、バフェットの長期投資のポートフォリオを詳細に分析している。

◇世界を動かす巨人たち 経済人編 池上彰著 集英社 2017.7 250p 18cm (集英社新書 0889)〈文献あり〉 760円 ⓘ978-4-08-720889-4 Ⓝ280

内容 第1章 ジャック・マー 第2章 ルパート・マードック 第3章 ウォーレン・バフェット 第4章 ビル・ゲイツ 第5章 ジェフ・ベゾス 第6章 ドナルド・トランプ 第7章 マーク・ザッカーバーグ 第8章 グーグルを作った二人―ラリー・ペイジ、セルゲイ・ミハイロビッチ・ブリン 第9章 コーク兄弟―チャールズ・コーク、デビッド・コーク

＊この11人の大富豪こそ、真の「実力者」だ。池上彰が、歴史を動かす「個人」から現代世界を読み解く人気シリーズ最新刊！

◇ウォーレン・バフェットはこうして最初の1億ドルを稼いだ―若き日のバフェットに学ぶ最強の投資哲学 グレン・アーノルド著，岩本正明訳 ダイヤモンド社 2018.3 352p 19cm 1800円 ⓘ978-4-478-10411-8 Ⓝ338.183

内容 第1部 投資家バフェットの足跡を追う(ウォーレン・バフェットの物語をはじめよう 若かりし頃と投資事業組合 バークシャー・ハサウェイの登場 実践的投資を追求するベンジャミン・グレアム学派 バフェットがグレアムから学んだその他の教訓) 第2部 ヤング・バフェットの22の投資(シティ・サービス―バフェット11歳。はじめての株 ガイコ―企業を分析するために週末に会社を訪問 クリーブランド・ワーステッド・ミルズとガソリンスタンド―間違いを犯さない投資家はいない。バフェットの2つの失敗 ロックウッド・アンド・カンパニー―干し草の山の中から一本の針を探せ！ サンボーン・マップス―会社を変革するため株式を大量取得)

＊あのバフェットにも、駆け出し時代があった！ 本書はバフェットが最初の1億ドルを作るまでに注目。彼の資産形成や投資哲学に最も大きな影響を与えたとされる銘柄を読み解きながら、賢い投資家に

なるためのヒントや教訓を学ぶ。

ハーブ栗間
⇒栗間ハーブ を見よ

ハーブト, C.
⇒ハオプト, C. を見よ

ハブリーチェク・ボロフスキー, K.〔1821～1856〕Havlíček-Borovský, Karel
◇カレル・ハヴリーチェク伝—あるチェコ人の生涯—ジャーナリスト、詩人そして政治家 1821-1856　山下貞雄著　牧歌舎東京本部　2015.10　239p　20cm　〈他言語標題：Karel Havlíček　文献あり　年譜あり　発売：星雲社〉　1600円　①978-4-434-21027-3　Ⓝ289.3
　内容 カレル少年　汎スラヴ主義　神学校の学生生活　図書館での出会いと思想形成　ロシアへの道：ポーランドの違和感　ロシアのシルエット　さらばロシア：決別　ティルとの論争：チェコ愛国主義文学批判　民族再生運動の旗手　革命の勃発〔ほか〕
　＊近代チェコの政治的ジャーナリズムの創始者にして詩人、批評家としても活躍、"チェコ・ジャーナリズムの至宝""民族の申し子"とたたえられたハヴリーチェクの波瀾の生涯を描く。

パブリチェンコ, L.M.〔1916～1974〕Pavlychenko, Liudmyla Mykhaïlivna
◇最強の女性狙撃手—レーニン勲章を授与されたリュドミラの回想　リュドミラ・パヴリチェンコ著、龍和子訳　原書房　2018.12　421,5p　図版16p　20cm　2400円　①978-4-562-05611-8　Ⓝ289.3
　内容 工場の壁　明日戦争がはじまれば　プルト川からドニエストル川まで　最前線　タタルカの戦い　海を渡って　伝説のセヴァストポリ　森の小道　第二次攻勢　決闘　名もなき高地にて　一九四二年春　赤軍司令官からの言葉　モスクワの星　ワシントンへの派遣団　愛しい人　大海に浮かぶ島　「同志スターリンはわれわれに命じた…」　退役！
　＊1941年6月にヒトラーが「バルバロッサ作戦」を発動すると、赤軍に入隊すべくキエフ大学を中退。ソ連軍の凄腕の女性狙撃手のひとりとなり、1年もたないうちに、敵狙撃手29名をふくむ確認戦果309という記録をうちたてた。また1942年には、ソ連の欧米派遣団の一員としてホワイトハウスを訪問し、大統領夫人エレノア・ルーズヴェルトと長く続く友情を築いた。

バーブル〔1483～1530〕Babur
◇バーブル・ナーマ—ムガル帝国創設者の回想録　1　バーブル著、間野英二訳注　平凡社　2014.9　368p　18cm　〈東洋文庫 853〉〈「バーブル・ナーマの研究 3」(松香堂 1998年刊)の改題、改訂新版　布装　年譜あり〉　3000円　①978-4-582-80853-7　Ⓝ225.04
　内容 第1部 フェルガーナ（中央アジア）（八九九年（一四九三・九四年）の出来事　九〇〇年（一四九四・九五年）の出来事　九〇一年（一四九五・九六年）の出来事　九〇二年（一四九六・九七年）の出来事　九〇三年（一四九七・九八年）の出来事　九〇四年（一四九八・九九年）の出来事　九〇五年（一四九九・一五〇〇年）の出来事　九〇六年（一五〇〇・〇一年）の出来事　九〇七年（一五〇一・〇二年）の出来事　九〇八年（一五〇二・〇三年）の出来事）
　＊中央アジアに生まれ育ち、インドにムガル帝国を創設したバーブルは優れた文人でもあった。その経験と見聞を簡潔で明晰な文体で記した回想録。テュルク散文史上最高傑作の訳注。
◇バーブル・ナーマ—ムガル帝国創設者の回想録　2　バーブル著、間野英二訳注　平凡社　2014.11　389p　18cm　〈東洋文庫 855〉〈「バーブル・ナーマの研究 3」(松香堂 1998年刊)の改題、改訂新版　布装　年譜あり〉　3100円　①978-4-582-80855-1　Ⓝ225.04
　内容 第2部 カーブル（アフガニスタン）（九一〇年（一五〇四・〇五年）の出来事　九一一年（一五〇五・〇六年）の出来事　九一二年（一五〇六・〇七年）の出来事　九一三年（一五〇七・〇八年）の出来事　九一四年（一五〇八・〇九年）の出来事　九二五年（一五一九年）の出来事）
　＊ティムールとチンギス・ハンの血を引くバーブルはインドにムガル朝を樹立した。その道のりを自伝的に辿る稀有のドキュメント。第2巻は20～30代を過ごしたアフガニスタン時代。(全3巻)
◇バーブル・ナーマ—ムガル帝国創設者の回想録　3　バーブル著、間野英二訳注　平凡社　2015.1　433p　18cm　〈東洋文庫 857〉〈「バーブル・ナーマの研究 3」(松香堂 1998年刊)の改題、改訂新版　布装　年譜あり　索引あり〉　3200円　①978-4-582-80857-5　Ⓝ225.04
　内容 第3部 ヒンドゥスターン（インド）（九三二年（一五二五・二六年）の出来事　九三三年（一五二六・二七年）の出来事　九三四年（一五二七・二八年）の出来事　九三五年（一五二八・二九年）の出来事　九三六年（一五二九・三〇年）の出来事）
　＊「バーブルの時代」ともいうべき時空を切り開いた武人の魅力あふれる記録を、世界的研究者による訳注で読む。第3巻はインドに王朝を樹立し、亡くなるまで。人名索引を付す。
◇世界史の10人　出口治明著　文藝春秋　2015.10　293p　19cm　〈他言語標題：TEN LEADERS OF WORLD HISTORY　文献あり〉　1400円　①978-4-16-390352-1　Ⓝ280.4
　内容 第1部 世界史のカギはユーラシアの大草原にあり（バイバルス—奴隷からスルタンに上りつめた革命児　クビライ五代目はグローバルなビジネスパーソン　バーブル—新天地インドを目指したベンチャー精神）　第2部 東も西も「五胡十六国」(武則天—「正史」では隠された女帝たちの実力　王安石—生まれるのが早すぎた改革の天才）　第3部 「ゲルマン民族」はいなかった？（アリエノール—「ヨーロッパの祖母」が聴いた子守唄　フェデリーコ二世—ローマ教皇を無視した近代人）　第4部 ヨーロッパはいつ誕生したのか（エリザベス一世—「優柔不断」こそ女王の武器　エカチェリーナ二世—ロシア最強の女帝がみせた胆力　ナポレオン三世—甥っ子は伯父さんを超えられたのか？）
　＊人間の脳みそが変わらないかぎり、過去と同じよ

うなことは起こりうる。つまり、歴史は未来の問題の解決に役立つのです。まして、現代のように日本が世界と密接にリンクしていると、「それ、外国であった話でしょう？」とはけっして言えません。将来、何が起こるかは誰にもわからないけれど、世界史は必ず役に立つ。教材は過去にしかないからです。

パーマー, A. 〔1976〜〕 Palmer, Amanda
◇お願いの女王一人はなぜ彼女の頼みを聞き入れたくなるのか　アマンダ・パーマー著，中島由華訳　早川書房　2016.5　482p　19cm　2500円　Ⓘ978-4-15-209616-6　Ⓝ767.8
＊クラウドファンディングで集めた120万ドルでアルバムを制作して話題になり、TEDカンファレンスで講演を行なって大反響を呼んだインディーズミュージシャンがいる。本書の著者、アマンダ・パーマーだ。クラウド時代の新たな人と人とのつながりを模索する人々が賛辞を惜しまない、アマンダの生き方。そのありのままを自らの言葉で綴った「上手なお願いのしかた」、待望の邦訳。

ハミルトン, A. 〔1869〜1970〕 Hamilton, Alice
◇働く人のための探偵―米産業医学の祖女性医師アリス・ハミルトンを知っていますか？　ステファニー・サンマルチノ・マクファーソン著，東敏昭,吉村美穂訳　第3版　産業医学振興財団　2015.3　114p　21cm　〈年表あり　英語併記〉　1200円　Ⓘ978-4-915947-56-8　Ⓝ289.3
内容　働く人のための探偵　The worker's detective

ハミルトン, E 〔1765〜1815〕 Hamilton, Emma
◇ミストレス―野望の女性史　レイ・エドゥワルド著，勝野憲昭訳　近代文藝社　2015.5　253p　19cm　2000円　Ⓘ978-4-7733-7974-7　Ⓝ283
内容　第1章　サタンとの対話―モンテスパン侯爵夫人（一六四一〜一七〇七）　第2章　提督の遺言―エマ・ハミルトン（一七六五〜一八一五）　第3章　生への渇望―ジョルジュ・サンド（一八〇四〜一八七六）　第4章　運命の回廊―エヴァ・ブラウン（一九一二〜一九四五）　第5章　ピグマリオンのガラテア―マリオン・デーヴィス（一八九七〜一九六一）
＊群衆の中から上流社会の頂点を極めた女達。その運命を分けたものとは？そしてその先は？異彩を放つ五人のミストレスの栄光と悲惨、その生きた時代に独自のフラッシュを当てるノンフィクション・ノヴェル。

ハメネイ, A. 〔1939〜〕 Khamenei, Sayyid Ali Hosseini
◇世界を動かす巨人たち　政治家編　池上彰著　集英社　2016.4　222p　18cm　（集英社新書0828）〈文献あり　年譜あり〉　740円　Ⓘ978-4-08-720828-3　Ⓝ260
内容　第1章　東西対立を再燃させる男ウラジーミル・プーチン　第2章　第二の「鉄の女」アンゲラ・メルケル　第3章　アメリカ初の女性大統領をめざすヒラ

リー・クリントン　第4章　第二の「毛沢東」か習近平　第5章　独裁者化するレジェップ・タイイップ・エルドアン　第6章　イランの「最高指導者」アリー・ハメネイ
＊多くの無名の人たちによって、歴史は創られる。しかし時に、極めて個性的で力のある人物が、その行く先を大きく変えることがある。本書では、まさに現代史の主要登場人物とでもいうべき六人の政治家を取り上げた。ロシアのプーチン、ドイツのメルケル、アメリカのヒラリー、中国の習近平、トルコのエルドアン、イランのハメネイ。彼らの思想と行動を理解することなく、今を語ることは不可能である。超人気ジャーナリストによる待望の新シリーズ第1弾。世界を動かす巨大な「個人」に肉薄する！

林アメリー 〔1933〜〕 Hayashi, Amélie
◇アメリーのきものやわらか暮らし　林アメリー著　いきいき株式会社出版局　2015.8　121p　21cm　〈他言語標題：Grande diversité de la métamorphose du kimono par Amélie〉　1500円　Ⓘ978-4-906912-18-6　Ⓝ289.1
内容　第1章　これまでの日々（プリンセスの服を作りたい　日本に出会い、伴侶に出会う　日本のきものは世界一すばらしい　日本の地で作る洋服に惹かれるパッチワークの始まりは、机の引き出しの片付けから）　第2章　今の暮らし（布で部屋を飾る　食堂は食堂、居間は居間。目的以外のことはしない　大事なものを、布で守る　何事もフレキシブルに。料理もね　かりんはちょっと私の自慢　お友だちを招く）　第3章　これからの私（病が見つかっても　故郷が遠く離れていても　どんなところにも、美しいものが必ずある　La Vie―私が美しいと思うもの）
＊パリ・オートクチュール育ちのアメリーは、「日本のきもの」に魅せられた。アメリーの暮らしのヒント。

バラ, J.H. 〔1832〜1920〕 Ballagh, James Hamilton
◇新島襄と明治のキリスト者たち―横浜・築地・熊本・札幌バンドとの交流　本井康博著　教文館　2016.3　389,7p　22cm　〈索引あり〉　3800円　Ⓘ978-4-7642-9969-6　Ⓝ198.321
内容　1　新島襄と四つの「バンド」　2　横浜バンド（S.R.ブラウン　J.H.バラ　植村正久　井深梶之助　押川方義　本多庸一　松ији介石　塚津高明）　3　築地バンド（C.カロザース　田村直臣　原胤昭）　4　熊本バンド（L.L.ジェーンズ　小崎弘道）　5　札幌バンド（W.S.クラーク　内村鑑三　新渡戸稲造　大島正健）
＊知られざる明治キリスト教界の人間模様。宣教師や、多くの明治期プロテスタントの指導者たちと関わり、教派間の友好関係と衝突・軋轢の狭間にいた新島襄。記録や手紙、ミッション資料から人物交流を読みとき、新島本人と、各教派のキリスト者たちそれぞれの知られざる人物像を浮き彫りにする。

◇ジェームズ・バラの若き日の回想―日本最初のプロテスタント教会を創った　ジェームズ・バラ著，飛田妙子訳　キリスト新聞社　2018.5　224p　19cm　〈文献あり　年譜あり〉　1500円

ⓘ978-4-87395-744-9　Ⓝ198.3862

バラ, L.〔～1884〕　Ballagh, Lydia

◇明治学院歴史資料館資料集　第10集 1　バラ学校を支えた二人の女性―ミセス・バラとミス・マーシュの書簡　Lydia Ballagh, Belle Marsh 著　明治学院歴史資料館　2015.3　79p 図版6p　21cm　〈編集代表：長谷川一〉　800円　Ⓝ377.28

内容　ミセス・バラの書簡 Children's work for children, 1877（翻訳）　Children's work for children, 1877（オリジナル）　Woman's work for children, 1878-1879（翻訳）　Woman's work for children, 1878-1879（オリジナル）　ミス・マーシュの書簡（翻訳）

パラマス, グレゴリオス

⇒グレゴリオス・パラマス を見よ

バリ, F.〔1934～〕　Valli, Frankie

◇フランキー・ヴァリ＆ザ・フォー・シーズンズのすべて　斎藤充正著　スペースシャワーネットワーク　2015.5　679p 20cm　〈〔SPACE SHOWER BOOKS〕〉〈背・表紙のタイトル：All About Frankie Valli & The 4 Seasons〉　2800円　ⓘ978-4-907435-58-5　Ⓝ767.8

内容　第1章 フォー・シーズンズ前夜（トミー・デヴィートがヴァラエティ・トリオを結成するまで　天使の歌声の持ち主、フランキー・カステルチオ ほか）　第2章 フォー・シーズンズ黄金時代（シングル "シェリー"で大ブレイク　アルバム "シェリー＆イレヴン・アザーズ" ほか）　第3章 進化するフォー・シーズンズ（シングル "（ユーア・ゴナ）ハート・ユアセルフ"　"君のもとに帰りたい"/アルバム "ワーキング・マイ・ウェイ・バック・トゥ・ユー" ほか　ほか）　第4章 フォー・シーズンズは永遠に（シングル "ホワットエヴァー・ユー・セイ/スリーピング・マン"　ボブ・グリムのその後と、デミトリー・カラスの参加 ほか）

＊映画/ミュージカル『ジャージー・ボーイズ』で話題沸騰のフォー・シーズンズ。誰も知らなかった60～70年代米ポップス界最強アイコンの軌跡が今ここに明らかに！「シェリー」「君の瞳に恋してる」など不滅の名曲誕生の裏側に迫る渾身の書き下ろし!!

ハリス, N.〔1949～〕　Harris, Norman W.

◇ビンテージ・ギターをビジネスにした男―ノーマン・ハリス自伝　ノーマン・ハリス著, 石川千晶訳　リットーミュージック　2017.7　375p 21cm　(Guitar magazine)〈索引あり〉　2500円　ⓘ978-4-8456-3072-1　Ⓝ289.3

内容　マイアミ・デイズ　徴兵委員会'69　一路カリフォルニアへ　エレクトリック・ベース界のヘンドリックス　組合費、楽器店、買取の戦略　元ビートルズとの邂逅　ロビーという名の紳士　エディーのカスタム・ストラト　レイ "クラッシュ" コリガンの映画村　ハリウッド映画への貢献 ［ほか］

＊ロサンゼルスで老舗ギター・ショップNorman's Rare Guitarsを営むノーマン・ハリスが書き下ろしたビンテージ・ギター・ビジネスの舞台裏。ジョージ・ハリスン、ボブ・ディラン、ロビー・ロバートソン、ジョン・フォガティなどトップ・ミュージシャンにとっておきのギターを売ってきた彼が、自らの半生を振り返りながら実際の取引の様子を生々しく描き出す。自らの秘蔵ギター・コレクションも大公開。前書きはリッチー・サンボラとジョー・ボナマッサ。

ハリス, R.〔1948～〕　Harris, Robert

◇アウトサイダーの幸福論　ロバート・ハリス著　集英社　2015.2　217p 18cm　（集英社新書0775）　740円　ⓘ978-4-08-720775-0　Ⓝ289.3

内容　プロローグ アウトサイダー――その6つの条件（明確な方向性・目的意識　順応力 ほか）　第1章 運命のダイスを転がせ（運―女神が微笑むとき　泣く―感情を押し殺したクールガイなんて ほか）　第2章 闇の中で跳躍しろ（ポジティヴ・シンキング―無理に上げない。あるがままに…　恋愛―火傷しそうな熱いコーヒーをすすれ ほか）　第3章 善も悪も超えた場所で（直感―感じるままに生きてきた…　自分探し―「自分探し」はゴミ箱へ ほか）　第4章 瞬間の中に永遠を感じる（偶然―偶然という名の必然　父と子―セオリーのない不思議な関係 ほか）

＊ロバート・ハリスとは何者か？ 作家にしてラジオ・ナビゲーターである以前に彼は、一九五〇年代にアメリカから世界へカウンター・カルチャー（対抗文化）を発信した "ビートニク" の末裔である。その、ありきたりのルールには縛られない無頼なライフスタイルを経てつかんだ珠玉の知恵を、二〇のキーワードごとに紹介する。一度きりの人生を全力で楽しむために必要なのは何か？ アウトサイダーだからこそ語れる、路上と放浪の人生哲学。

ハリス, T.〔1804～1878〕　Harris, Townsend

◇幕末維新を動かした8人の外国人　小島英記著　東洋経済新報社　2016.1　335p 19cm　〈文献あり〉　1700円　ⓘ978-4-492-06198-5　Ⓝ210.58

内容　第1章 黒船のペリー　第2章 古武士ブチャーチン　第3章 敬虔なハリス　第4章 文人外交官オールコック　第5章 幕府を支援したロッシュ　第6章 豪腕パークス　第7章 倒幕の理論家サトウ　第8章 倒幕商人グラバー

＊「外圧」の歴史はここから始まった！ 幕末日本を振り回した外国人の軌跡をたどることで、国内抗争だけでは見えてこなかった明治維新の実像を明らかにした渾身の大作。

ハリスン, G.〔1943～2001〕　Harrison, George

◇ザ・ビートルズ・サウンド最後の真実　ジェフ・エメリック, ハワード・マッセイ著, 奥田祐士訳　河出書房新社　2016.4　589p 21cm　〈新装版 白夜書房 2009年刊の加筆・改題あり〉　4200円　ⓘ978-4-309-27716-5　Ⓝ767.8

内容　プロローグ 一九六六　秘宝　アビイ・ロード三番地　ビートルズとの出会い　初期のセッション　ビートルマニア　ハード・デイズ・ナイト　創意と

ハリソン

工夫―"リボルバー"の舞台裏 ここにいられて最高です、ほんとにワクワクしています―"サージェント・ペパー"のスタート 傑作がかたちに―"ペパー"のコンセプト 愛こそはすべて…そして長いお休み―『マジカル・ミステリー・ツアー』と『イエロー・サブマリン』 ぼくが辞めた日―"ホワイト・アルバム"の舞台裏 嵐のあとの静けさ―"ホワイト・アルバム"以降の日々 金床とベッドと三人の拳銃使い―"アビイ・ロード"の舞台裏 とどのつまりは―"アビイ・ロード"の完成 穴の修理―アップル時代 ドブとトカゲとモンスーン―"バンド・オン・ザ・ラン"の舞台裏 ビートルズ以降の人生―エルヴィス・コステロから"アンソロジー"まで 今日、ニュースを読んだよ、いやはや

*1966年『リボルバー』から1969年『アビイ・ロード』まで、ビートルズのレコーディング現場にいた唯一のエンジニアが語る、ファブ・フォー、創作の秘密の全貌。

◇ザ・ビートルズ史―誕生 上 マーク・ルイソン著, 山川真理, 吉野由樹, 松田ようこ訳 河出書房新社 2016.11 813p 20cm 〈索引あり〉 4900円 Ⓘ978-4-309-27789-9 Ⓝ767.8

[内容] 前史(リバプールの我が家で――一八四五年～一九四五年 少年たち――一九四五年～五四年 ほか) 一年目、一九五八年――一緒になることを考える(俺たちはどこへ行くんだい、ジョニー――一九五八年一月～五月 これが俺の人生だ――一九五八年六月～一二月) 二年目、一九五九年――三人のイカした奴ら(乱暴なテディ・ボーイのような存在――一九五九年一月～七月 私とカスバへいらっしゃい――一九五九年八月～一二月) 三年目 一九六〇年――適性と、自信と、継続性と(幕は切って落とされた ハイヨー、ハイヨー、シルヴァー…進め!――一九六〇年一月～五月 ほか)

*4人のルーツからサウンドの完成まで徹底した事実検証で描き直し、ジョンの「マザー神話」などの数々の真相が次々と明かされる! これまで語り継がれてきた「ビートルズ神話」を覆す新事実満載! 事件の現場にいた多くの人々を新たに取材、メンバーや関係者のインタビューを数多く発掘、利用し得るすべての一次資料(書簡、契約書、写真、音源など)を駆使し、「事実」にこだわり抜いた新しいビートルズ史!

◇ザ・ビートルズ史―誕生 下 マーク・ルイソン著, 山川真理, 吉野由樹, 松田ようこ訳 河出書房新社 2016.11 838p 図版16p 20cm 〈索引あり〉 4900円 Ⓘ978-4-309-27790-5 Ⓝ767.8

[内容] 四年目、一九六一年――ロックの時代到来(ビッグ・ボッピン・ビートルズ――一九六一年一月～三月 ピーデルズ、プレリーを知る――一九六一年四月～六月 スープと汗とロックンロール――一九六一年七月～九月 パリを旅するナーク・ツインズ――一九六一年一〇月～一二月 ほか) 五年目、一九六二年――常に誠実であれ(選択肢――一九六二年一月一日～二月五日 きちんと音楽を聴かせる――一九六二年二月六日～三月八日 奴ら対ぼくら――一九六二年三月九日～四月一〇日 ビートルズになれた男――一九六二年四月一〇日～一三日 ほか)

*リバプールでの爆発的成功からデビュー・ヒットまでを再検証。成功の裏に隠された苦労や葛藤、デビューにまつわる新事実もえぐり出す! これまで語り継がれてきた「ビートルズ神話」を覆す新事実

満載! デビューまでにビートルズがカバーしライブ演奏した曲の全貌に迫る! レノン=マッカートニー・コンビの成長過程を詳細に辿り、どの曲がいつどちらの手で書かれていたのかまでも解明!

◇ビートルズが分かる本―4人が語る自身とビートルズ 小林七生著 広島 溪水社 2017.1 246p 21cm 〈文献あり〉 1800円 Ⓘ978-4-86327-378-8 Ⓝ764.7

[内容] 第1章 出生からクオリーメンまで 第2章 ハンブルク、ビートルズの成立(1960～1962) 第3章 有名になった―ビッグ・バン、膨張・爆発 第4章 アメリカと世界 第5章 変化のきざし 第6章 東京受難マニラ・アメリカ―ツアーに疑問 第7章 スタジオ・アーティスト、新生ビートルズ 第8章 各人の作風、ヨーコ 第9章 ビートルズ4人の旅立ち 終章 私のビートルズ

*天命を受けたリバプールの少年4人は世界を熱狂させ人々をしがらみから解放した。ほどなく生活感を得た4人は自分たちを表現し、そして各自の人生を希求し無常観に至った。

ハリソン, R. 〔1899～1989〕
Harrison, Rosina

◇おだまり、ローズ―子爵夫人付きメイドの回想 ロジーナ・ハリソン著, 新井潤美監修, 新井雅代訳 白水社 2014.8 364p 20cm 2400円 Ⓘ978-4-560-08381-9 Ⓝ591.0233

[内容] 1 子供時代 2 いざお屋敷奉公に 3 アスター家との出会い 4 レディ・アスターとわたしの仕事 5 わたしが仕事になじむまで 6 おもてなしは盛大に 7 アスター家の人々 8 戦争中の一家族 9 叶えられた念願 10 宗教と政治 11 最後の数年間

*笑いと感動で描く、お屋敷の内側、型破りな貴婦人と型破りなメイドの35年間。20世紀前半、「古き良きイギリス」最後の時代のお屋敷を内側から描いた、すぐれた一次史料であると同時に映画のようにドラマチックで感動的な半生記。

バリニャーノ, A. 〔1538～1606〕
Valignano, Alessandro

◇キリシタン時代とイエズス会教育―アレッサンドロ・ヴァリニャーノの旅路 桑原直己著 知泉書館 2017.4 196p 20cm 〈布装 索引あり〉 3000円 Ⓘ978-4-86285-254-0 Ⓝ198.27

[内容] 序章 第1章 霊操の性格とその成立 第2章 『イエズス会学事規程』におけるイエズス会学校 第3章 A・ヴァリニャーノの外的旅路―その生涯と業績 第4章 A・ヴァリニャーノの内的旅路―日本における布教方針を支えた「識別」 第5章 キリシタン時代における日本のイエズス会学校教育 第6章 『日本のカテキズモ』―A・ヴァリニャーノの日本仏教批判

*東インド巡察師A・ヴァリニャーノの活動を通して、キリシタン時代のイエズス会の教育事業を軸に日本への宣教活動を独自な視点から紹介する。イエズス会教育の基本『イエズス会学事規程』(1599年)の教育理念は、キリスト教的人文主義とスコラ学の総合にあった。ヴァリニャーノは日本人の合理性を考え最先端の自然科学を紹介し、トリエント公会議の最新の神学を日本に伝えた。またギリシ

ア語とギリシア古典に代えて日本語教育と日本の古典教育を採用し、先駆的な現地への適応主義の立場で対応した。本書では日本に建設されたセミナリヨ、ノヴィシアード(修練院)、コレジヨ、教区神学校などの沿革や教育内容を明らかにする。

ハリルホジッチ, V. 〔1952〜〕 Halilhodžić, Vahid

◇ハリルホジッチ思考―成功をもたらす指揮官の流儀　東邦出版編　東邦出版　2015.5　189p　19cm　1400円　①978-4-8094-1320-9　Ⓝ783.47

内容 1 ハリルホジッチの流儀―妥協なき指揮官のこれまでとこれから　2 その苛烈な人生―ユーゴスラビアという背景　3 監督ヴァイドと人間ハリルホジッチ―フランス時代の肖像　4 "亡霊"がリーグを制した日―クロアチアでの1年　5 成功と失敗―あまり語られることのないキャリアの側面　6 隣国のハリルホジッチ評―彼をナメていた韓国　7・4-2-3-1―ワールドカップで輝いたアルジェリアの戦術

◇ハリルホジッチ勝利のスパイラル　ローラン・ジャウィ, リオネル・ロッソ著, 栩澤美香訳　日本文芸社　2015.8　302p　20cm　1900円　①978-4-537-26122-6　Ⓝ783.47

内容 序章 敗れざる「不死鳥」　第1章 ハリルホジッチの「勝利の魔術」　第2章「サッカー・師・伴侶」―故郷での三つの出会い　第3章 エース・ストライカーの誕生―ナントからPSGへ　第4章 幸福な日々から戦火の中へ―故国ボスニア　第5章「冬の時代」の試練に耐える　第6章 新天地カサブランカで頂点に立つ　第7章「ハリルホジッチの精神」は十年残る　第8章「つわもの」去る―PSGとの蜜月と離別　第9章 アルジェリア、そして日本へ―ワールドカップの指揮官　特別篇 ハリルホジッチ代表監督インタビュー

＊新生サッカー日本代表を率いる闘将の波乱万丈の人生。敗れざる不死鳥の軌跡！ フランス人ジャーナリストによる唯一の本格評伝。

◇砕かれたハリルホジッチ・プラン―日本サッカーにビジョンはあるか？　五百蔵容著　星海社　2018.5　237p　18cm　〈星海社新書　131〉〈発売：講談社〉　980円　①978-4-06-512240-2　Ⓝ783.47

内容 第1部 日本代表監督・ハリルホジッチの事績(日本代表・試行錯誤の歴史とハリルホジッチ(1) W杯を目指す強化の歴史　ハリルホジッチのプレゼンテーション　ハリルホジッチのゲーム(1) 2014年6月30日　ハリルホジッチのゲーム(2) 2017年8月31日　日本代表・試行錯誤の歴史とハリルホジッチ(2)　エリア戦略の展望 ほか)　第2部 日本サッカーにビジョンはあるか？(ハリルホジッチはロシアで通用したか？(1) 戦術家としての優位性　ハリルホジッチはロシアで通用したか？(2) 戦術の問題、日本の問題　日本サッカーとハリルホジッチ「コミュニケーション問題」という悲劇)

＊2018年4月9日、ヴァイド・ハリルホジッチ日本代表監督解任。たえず強い批判と誤解に晒されながら、見事ロシアW杯への切符を獲得してしまった世界屈指の戦術家の挑戦は、志半ばで砕かれることになりました。だからこそ本書では、世界の潮流に立ち遅れた日本サッカーを変革しようとした

この名将の戦略・戦術を徹底的に分析し、招聘の立役者と霜田正浩氏(元日本サッカー協会技術委員長)の貴重な証言とともに、次代へと引き継ぐことを目指します。同時に、本大会目前に下されたこの決断に正当性はあったのか、日本サッカーが失ってしまったものは何か、日本サッカーの向かう先はどこか、を強く問いたいと思います。

バリーン, A. 〔1857〜1918〕 Ballin, Albert

◇客船の時代を拓いた男たち　野間恒著　交通研究協会　2015.12　222p　19cm　〈交通ブックス220〉〈文献あり 年表あり 索引あり　発売：成山堂書店〉　1800円　①978-4-425-77191-2　Ⓝ683.5

内容 1 イザンバード・ブルーネル―時代に先行した巨船に命をかけた技術者　2 サミュエル・キュナードとエドワード・コリンズ―熾烈なライバル競争を展開した北大西洋の先駆者たち　3 浅野総一郎―日の丸客船で太平洋航路に切り込んだ日本人　4 ハーランド&ウルフをめぐる人びと―美しい船造りに取り組んだネイバル・アーキテクトたち　5 アルベルト・バリーン―ドイツ皇帝の恩寵のもと世界一の海運会社に育てあげた海運人　6 和辻春樹―京都文化を体したスタイリッシュな客船を産みだしたネイバル・アーキテクト　7 ウィリアム・ギブズ―20世紀の名客船ユナイテッド・ステーツを産んだネイバル・アーキテクト

＊船を造り、運航させることに人生を捧げた熱き男たちの物語！ 19世紀から20世紀初頭、欧州各国では速くて、大きな大西洋航路定期船を造ることに国威をかけて凌ぎを削っていた。やがて巨大な豪華客船への挑戦が始まる。他方、アメリカは国が持つ世界一の船造りに情熱を燃やす。そして日本では、海運会社の誕生、海外にいくつもの航路を開設し、美しい客船が造られていく。本書の主人公は、これらの船を造った男たち。ライバル船会社との熾烈な争い、海難事故、戦争など数々の至難を乗り越えながら船造りに挑み続けた彼らのドラマである。

バーリン, I. 〔1909〜1997〕 Berlin, Isaiah

◇J.S.ミルとI.バーリンの政治思想　山下重一著, 泉谷周三郎編集・解説　御茶の水書房　2016.9　361p　23cm　〈著作目録あり〉　7200円　①978-4-275-02053-6　Ⓝ311.233

内容 第1部 J・S・ミルの一八三〇年代における思想形成と政治的ジャーナリズム(一八三四年までの思想的模索　一八三三・四年の政治的ジャーナリズム『ロンドン・レヴュー』から『ロンドン・アンド・ウェストミンスター・レヴュー』へ　一八三五・七年の政治評論　カナダ問題とダラム擁立運動　思想形成の成果)　第2部 バーリンにおける自由論と価値多元論(価値多元論の系譜　自由論と価値多元論)　第3部 解説(泉谷周三郎)　第4部 山下重一先生の著訳書・論文目録　第5部 父のこと(山下政一)

ハル, C. 〔1871〜1955〕 Hull, Cordell

◇ハル回顧録　コーデル・ハル著, 宮地健次郎訳　改版　中央公論新社　2014.11　345p　16cm　(中公文庫　ハ16-1)　1000円　①978-4-12-206045-6　Ⓝ319.53

内容 ルーズヴェルトとの交友　ニューディーラーとの関係　外国使臣に対する態度　ロンドン経済会議　モーレーとのいざこざ　通商協定への努力　関税引下げ政策の危機　戦前の米英仏関係　孤立主義者とのたたかい　軍備拡大の決意〔ほか〕

＊一九四一年、日米交渉の最中に「ハル・ノート」を突きつけ、日本に対米開戦を決意させたことで知られるハルは、「国際連合の父」としてノーベル平和賞を受賞した、戦後体制の樹立者でもあった。十二年にわたり国務長官としてルーズヴェルト政権を支えた外交官が綴る国際政治の舞台裏。

バール, E.〔1922〜2015〕　Bahr, Egon

◇西ドイツ外交とエーゴン・バール　アンドレアス・フォークトマイヤー著，岡田浩平訳　三元社　2014.8　495,55p　22cm　〈文献あり　索引あり〉　6000円　Ⓘ978-4-88303-360-7　Ⓝ319.34039

内容 矛盾にみちた青少年時代――一九四五年までの人生歴スケッチ　エーゴン・バール―冷戦の戦士？　戦争の終結から壁の建設まで　ベルリンの壁構築がバールの東方政策・ドイツ政策構想にもった意義　「接近による変化」　未公刊書の草稿　一九六五／六六年　大連立　東方諸条約の政策　東方政策の危機？　付論 緊張緩和政策を通じての発展途上国政策　国連事務局長バール―知的な人選ミス？　分断のなかにチャンスを求めて　二つの平和条約―諦念それとも希望？　統一――夢が現実となる？　バールのドイツ構想の中心的観念の総括　エーゴン・バールの「内なるハシゴ」　結びの考察

＊西ドイツ外交の歴史でもっとも興味深いのは「東方外交」であろう。建国以来西側ばかりに目を向けていたものを、ソビエト初め東欧諸国との関係改善に力を入れて懸案を解決しようと大きくカジを切った。これが、西ドイツ外交のもっとも躍動した時代を築き、世界の注目を集め、悲願のドイツ統一への道を切り拓いていったのである。その主役にはヴィリー・ブラントの名が挙げられるが、構想上・実践上影の主役を務めたのはエーゴン・バールであった。西ドイツ外交に果たしたバールの考えを中心にすえ、ドイツ統一前後までの外交の舞台裏を詳述する。

ハール, L.V.〔1958〜〕　Gaal, Louis Van

◇ルイ・ファン・ハール―鋼鉄のチューリップ　マーテン・メイヤー著，田邊雅之監訳　カンゼン　2014.12　451p　19cm　2100円　Ⓘ978-4-86255-280-8　Ⓝ783.47

内容 若き日々。サッカー選手としてのファン・ハール　スパルタとAZの明暗　アヤックス、そしてオランダ学派　鋼鉄のチューリップ　アムステルダムでの黄金時代　ファン・ハールと神　バルセロナ　オランダ代表監督　そして再び、バルセロナとアヤックスへ　ファン・ハールとメディア〔ほか〕

＊名将か暴君か、サッカー界に投じられた「劇薬」。「鋼鉄のチューリップ」と呼ばれし鬼才の濃厚かつ壮絶なバイオグラフィー。

バルー, P.〔1934〜2016〕　Barouh, Pierre

◇ピエール・バルーとサラヴァの時代　松山晋也著　青土社　2017.9　234,4p　19cm　〈他言語標題：Âge de SARAVAH et PIERRE BAROUH　索引あり〉　2200円　Ⓘ978-4-7917-7002-1　Ⓝ767.8

内容 第1章 サラヴァ前史　第2章 サラヴァの黄金時代　第3章 ピエール・バルー、日本へ行く　第4章 90年代サラヴァの新展開　第5章 21世紀のサラヴァ

＊ボサノヴァ、映画『男と女』、加藤和彦やYMOとの交流…俳優として、シンガーソングライターとして、プロデューサーとして、そしてレーベルのオーナーとして、数々の輝かしい軌跡を遺し、2016年に世を去ったピエール・バルー。その壮大な仕事の全体像を、高橋幸宏、鈴木慶一、牧村憲一ら当事者の新証言をまじえながら描き出す、世界初となるピエール・バルー／サラヴァの決定版バイオグラフィー。

パール, R.〔1886〜1967〕　Pal, Radhabinod

◇二十世紀と格闘した先人たち――一九〇〇年アジア・アメリカの興隆　寺島実郎著　新潮社　2015.9　390p　16cm　（新潮文庫　て-10-2）〈「二十世紀から何を学ぶか 下　一九〇〇年への旅　アメリカの世紀、アジアの自尊」(2007年刊)の改題、加筆・修正〉　630円　Ⓘ978-4-10-126142-3　Ⓝ280.4

内容 第1章 アメリカの世紀がアジア太平洋にもたらしたもの（太平洋の転換点となった米西戦争での米国の勝利　明治の青年に夢を与えたクラーク博士の実像と足跡　ヘンリー・ルース、「アメリカの世紀」を推進した男　フランクリン・ルーズヴェルトの対日観の歴史的変遷　敗戦後の日本を「支配」した「極端な人」マッカーサー　付マッカーサー再考への旅――呪縛とトラウマからの脱却）　第2章 国際社会と格闘した日本人（「太平洋の橋」になろうとした憂国の国際人、新渡戸稲造　キリストに生きた武士、内村鑑三の高尚なる生涯　禅の精神を世界に発信した、鈴木大拙という存在　六歳の津田梅子を留学させた明治という時代　「亡命学者」野口英世の生と死　高峰譲吉の栄光とその悲しみ　近代日米史を予言した男、朝河貫一の苦闘と日米関係　近代石炭産業の功労者、松本健次郎と日本の二十世紀　情報戦争の敗北者だった大鳥浩駐独大使）　第3章 アジアの自尊を追い求めた男たち（アジアの再興を図ろうとした岡倉天心の夢　「偉大なる魂」ガンディーの重い問い掛け　インドが見つめていた日本――チャンドラ・ボースとパル判事　革命家・孫文が日本に問いかけたもの　魯迅が否定した馬々虎々　不倒翁・周恩来の見た日本）　第4章 二十世紀再考―付言しておくべきことと総括（一九〇〇年エルサレム―アラブ・イスラエル紛争に埋め込まれたもの　一九〇〇香港―英国のアジア戦略　総括―結局、日本にとって二十世紀とは何だったか）

＊二十世紀初頭、アジア太平洋で「アメリカの世紀」が始まる。日本は近代化の道をひた走り、ガンディー、孫文、魯迅などアジアの巨星は解放と独立を目指した。新渡戸稲造、鈴木大拙、津田梅子…激動の世紀を懸命に生きた先人の足跡を追い、今を生きる智慧と歴史の潮流を問う一冊。

バルガス・リョサ, M.〔1936〜〕　Vargas Llosa, Mario

◇水を得た魚―マリオ・バルガス・ジョサ自伝

マリオ・バルガス・ジョサ著, 寺尾隆吉訳　水声社　2016.3　504p　20cm　4000円　Ⓘ978-4-8010-0156-5　Ⓝ964

内容　私の父という男　サン・マルティン広場　恐ろしいリマ　民主戦線　幸運な士官候補生　宗教、市町村、先祖　ジャーナリズムとボヘミアン生活　モビミエント・リベルタッド　ルーチョ叔父　公修業時代活　同志アルベルト　陰謀家と龍　勇敢な小サルトル　御用知識人　フリア叔母さん　大きな変化　ミトラ鳥　汚い戦争　パリ旅行　終着点

＊ノーベル賞作家、自らをたどる二つの貌をもつ作家自らが、幼年時代の思い出から職業作家になるまでを回想する"青春期"、そして大統領選立候補から敗北までを描いた"壮年期"を交互に語る"小説的"自伝。

パルゴア, J.B. 〔1805～1862〕
Pallegoix, Jean-Baptiste

◇もうひとつの『王様と私』　石井米雄著　めこん　2015.1　222p　22cm　〈文献あり　索引あり〉　2500円　Ⓘ978-4-8396-0286-4　Ⓝ223.7

内容　もうひとつの『王様と私』（産業革命の時代　若き日の『王様』　ビクとなったモンクット　シャムのカトリック　パルゴア伝　ほか）　解説　王様の国の内と外——九世紀中葉のシャムをめぐる「世界」（バウリング条約　「未知の砂漠」　シャムと「ラオス」　シャムとビルマ　チェントゥン戦争　ほか）

バルザック, H. 〔1799～1850〕
Balzac, Honoré de

◇バルザック　高山鉄男著　新装版　清水書院　2014.9　224p　19cm　〈Century Books—人と思想　168〉〈文献あり　作品目録あり　年譜あり　索引あり〉　1000円　Ⓘ978-4-389-42168-7　Ⓝ950.268

内容　1 生い立ち　2 修業時代　3 文壇への登場　4 模索と成熟　5 『人間喜劇』の成立　6 枯渇と終焉

◇世界の十大小説　上　W.S.モーム著, 西川正身訳　岩波書店　2015.5　316p　15cm　（岩波文庫）　780円　Ⓘ4-00-322544-9　Ⓝ904

内容　1 小説とは何か　2 ヘンリー・フィールディングと『トム・ジョーンズ』　3 ジェイン・オースティンと『高慢と偏見』　4 スタンダールと『赤と黒』　5 バルザックと『ゴリオ爺さん』　6 チャールズ・ディケンズと『デイヴィッド・コパーフィールド』

＊世界の十大小説として選んだ十篇を、実作者の視点から論じたユニークな文学論。まず作家の生涯と人物について語り、作家への人間的な興味を土台に、痛快な筆さばきで作品を解説する。（上）では『トム・ジョーンズ』『高慢と偏見』『赤と黒』『ゴリオ爺さん』『デイヴィッド・コパーフィールド』を取上げる。（全2冊）

◇バルザック王国の裏庭から—『リュジェリーの秘密』と他の作品集　バルザック著, 宇多直久編　横浜　春風社　2017.2　289p　20cm　2500円　Ⓘ978-4-86110-544-9　Ⓝ953.6

内容　1 作品集（ヴィクトル・ラティエ宛の手紙（一八三〇年七月）　クロッキー　「パリの小僧のお礼の仕方」　ファンタジー『石のダンス』　「パリだより」　第一一信　「物乞うひと」　ジュルマ・カロー宛の手紙（一八三二年一月）「パリからジャワへの旅」抄　ハンスカ夫人宛の手紙（一八三三年三月）「神の木鐸たち」　ハンスカ夫人宛の手紙（一八三六年三月）　ハンスカ夫人宛の手紙（一八三六年一〇月））　2 『リュジェリーの秘密—哲学研究』（シャルル九世の一夜　マリー・トゥシェ　策略対策略）

パルスマン, R. 〔1944～〕 Parsemain, Roger

◇《クレオール》な詩人たち　2　恒川邦夫著　思潮社　2018.3　357p　19cm　3200円　Ⓘ978-4-7837-3812-1　Ⓝ950.29

内容　第6章 ニコラス・ギエン—キューバ革命の"国民的詩人"　第7章 ジャック・ルーマン—現代ハイチ文学の"父"　第8章 マグロワール=サン=トード—ハイチの"呪われた詩人"　第9章 ルネ・ドゥペストル—稀代の"遍歴詩人"　第10章 フランケチエンヌ—"スピリスム"の創始者　第11章 モンショアシー—マルチニックのクレオール語詩人　第12章 カリブ海の友だち—テレーズ・レオタン、アンリ・コルバン、ロジェ・パルスマン、エルネスト・ペパン

＊"革命"と"カリブ海性"を刻む詩群—クレオール文学の第一人者が、カリブ海の詩人たちを体系的かつ網羅的に紹介する決定版。さまざまな交流を手がかりに、魅惑にみちた詩群を訳出し、各詩人の生きざまを活写する。

バルテュス 〔1908～2001〕 Balthus

◇色彩の饗宴—二〇世紀フランスの画家たち　小川栄二著　平凡社　2015.7　325p　図版13p　22cm　〈他言語標題：LA FÊTE DES COULEURS〉　5200円　Ⓘ978-4-582-83685-1　Ⓝ723.35

内容　第1章 現代絵画への展望（バルテュス—孤高の絵画　デュビュッフェ—現代のプリミティフ、創造の原初から　スタール—地中海の光）　第2章 二〇世紀の巨匠たち（ピカソ—"もの"の侵入、色彩の復権　マティス—色彩の悦び　ブラック—鳥たちの飛翔）　第3章 色彩と夢と現実（ミロ—"自由なる自由"を友に　シャガール—オペラ座天井画に見た夢）　第4章 日常性への眼差し（ボナール—絵画への愛、日常への愛　デュフィ—海と音楽　レジェ—二〇世紀前衛の"プリミティフ"）　第5章 田園・環境・エコロジー（エステーヴ—華やぐ大地　ビシエール—現代の牧歌）

＊なぜあの名画は生まれたのだろうか？　ピカソ、ミロ、シャガールからバルテュスまで現代フランス絵画を色彩豊かにいろどる13人の画家たちのその生涯を振り返り、知られざる素顔に迫る。

バルト, K. 〔1886～1968〕 Barth, Karl

◇キリスト教の主要神学者　下　リシャール・シモンからカール・ラーナーまで　F.W.グラーフ編　教文館　2014.9　p　cm　〈索引あり〉　Ⓘ978-4-7642-7384-9　Ⓝ191.028

内容　ヨハン・ゲアハルト（トーマス・カウフマン著　安酸敏眞訳）　リシャール・シモン（クリストファー・フォイクト著　安酸敏眞訳）　フィリップ・ヤコブ・シュペーナー　ヨハン・ヨアヒム・シュパルディング（アルブレヒト・ボイテル著　安酸敏眞訳）　フリードリヒ・シュライアマハー（ウルリヒ・バルト　安

酸敏眞訳）　ヨゼフ・クロイトゲン（ペーター・ヴァルター著　安酸敏眞訳）　セーレン・キルケゴール（ハイコ・シュルツ著　安酸敏眞訳）　ユリウス・ヴェルハウゼン（ミカエル・バウアー著　佐藤貴史訳）　アドルフ・フォン・ハルナック（ヨハン・ヒンリヒ・クラウセン著　安酸敏眞訳）　アルフレッド・ロワジー／クラウス・アルノルト／著　安酸敏眞／訳．エルンスト・トレルチ（フリードリヒ・ヴィルヘルム・グラーフ著　安酸敏眞訳）　ルドルフ・ブルトマン　パウル・ティリッヒ（アルフ・クリストファーセン著　佐藤貴史訳）　カール・バルト（イェルク・ディールケン著　安酸敏眞訳）　ラインホールド・H・リチャード・ニーバー（リチャード・クルーター著　安酸敏眞訳）　カール・ラーナー（ローマン・A・ジーベンロック著　安酸敏眞訳）

＊多彩にして曲折に富む2000年の神学史の中で、特に異彩を放つ古典的代表者を精選し、彼らの生涯・著作・影響を通して神学の争点と全体像を描き出す野心的試み。下巻では正統主義の時代から20世紀に至るまでの17名の神学者を紹介する。

◇キリスト教思想の形成者たち―パウロからカール・バルトまで　ハンス・キュンク著，片山寛訳　新教出版社　2014.10　345p　20cm　2900円　①978-4-400-32423-2　Ⓝ191.028

内容　パウロ―キリスト教の世界宗教への夜明け　オリゲネス―古代とキリスト教精神の偉大な統合　アウグスティヌス―ラテン的・西方的神学の父　トマス・アクィナス―大学の学問と教皇の宮廷神学　マルチン・ルター―パラダイム転換の古典的事例としての福音への回帰　フリードリヒ・シュライエルマッハー―近代の薄明の中の神学　カール・バルト―ポストモダンへの移行における神学　エピローグ―時代にかなった神学への指針

＊キリスト教史にパラダイム転換を画した7人。バチカンから教授資格を停止された神学界の異端児が、鮮やかな筆致でキリスト教の大思想家たちの生涯と思想、その光と影を描き出す。

◇カール・バルト＝滝沢克己往復書簡―1934-1968　S・ヘネッケ，A・フェーネマンス編，寺園喜基訳，カール・バルト，滝沢克己著　新教出版社　2014.12　275p　20cm　〈他言語標題：Karl Barth-Katsumi Takizawa Briefwechsel　索引あり〉　2700円　①978-4-400-31075-4　Ⓝ191.9

内容　滝沢からバルトへ―ボン　一九三三年一〇月二四日　滝沢からバルトへ―ボン　一九三四年一二月四日　滝沢からバルトへ―ボン　一九三五年四月三日　滝沢からバルトへ―マールブルク　一九三五年五月一九日　滝沢からバルトへ―ボイロン　一九三五年七月一日　滝沢からバルトへ―キルヒドルフ　一九三五年八月一〇日　滝沢からバルトへ―キルヒドルフ　一九三五年八月一七日　滝沢からバルトへ―キルヒドルフ　一九三五年八月二五日　複写―キルヒドルフ　一九三五年八月一九日〔ほか〕

＊神学的立場を異にし緊張関係をはらみながらも、終始深い信頼関係で結ばれ、戦前から戦後にかけて30年以上にわたり師弟の交わりを保ったバルトと滝沢。二人の間で交わされた興味尽きない81通の書簡。

◇カール・バルト破局のなかの希望　福嶋揚著　ぷねうま舎　2015.1　341,23p　22cm　〈他言語標題：Karl Barth A Hope in the Midst of Catastrophe　文献あり　索引あり〉　6400円　①978-4-906791-40-8　Ⓝ191.9

内容　死の陰の谷において―二一世紀にバルトを読む　第1部　永生と今生のあいだ（時間と永遠　聖霊・魂・肉体　人間の死とキリストの死）　第2部　人間世界の自己破壊を超えて（生命への畏敬について―バルトとアルバート・シュヴァイツァー　自殺について―バルトと滝沢克己　戦争について　人生の一回性について）　第3部　正義・和解・未来（倫理の源泉としての義認―バルトとハンス・キュンク　生命の光　希望に基づく闘争―『教会教義学』の未完の終末論　バルトの唯一の終末論講義）　死から生へと向かう希望

＊宗教思想史に転換を印した神学の巨人、その"可能性の中心"を今日に生かすために。主著『教会教義学』と正面から向き合い、生涯を賭けた思索の構造をたどり、そのダイナミックな力動を支えた、啓示の根幹に迫る。「死から生へ」―現代の危機を生きのびる道を照らす、"信"に発する逆転のヴィジョン。

◇カール＝バルト　大島末男著　新装版　清水書院　2015.9　231p　19cm　（Century Books―人と思想　75）〈文献あり　年譜あり　索引あり〉　1000円　①978-4-389-42075-8　Ⓝ191.9

内容　1　バルトの生涯（弁証法神学への道　神学方法論の確立　大著『教会教義学』に取り組みつつ　『教会教義学』の途上で）　2　バルトの思想『教会教義学』（歴史と神学　逆転の歴史　神の言葉　教会と神学　聖書　神の認識　神の現実性　神の選び　創造と人間　和解　キリスト　聖霊）

◇カール・バルト―神の愉快なパルチザン　宮田光雄著　岩波書店　2015.12　277p　19cm　（岩波現代全書　080）〈文献あり〉　2500円　①978-4-00-029180-4　Ⓝ191.9

内容　第1章　警鐘を鳴らすザイルに手をかけて　第2章　全体主義的な"均制化"に抗して　第3章　ヒトラーのヨーロッパ支配と闘う　第4章　東西対立と冷戦の論理を越えて　第5章　自由と解放への希望　終章「治めていたもう方がおられる」

＊二〇世紀のキリスト教を代表する思想家・神学者カール・バルト（一八八六―一九六八）。一九二〇年代に、神の啓示の絶対性を説く"危機神学"で神学・思想界に衝撃を与え、ナチ政権が成立するとプロテスタント諸教派を超えた抵抗運動なした。危機の時代にあっても、希望とユーモアを武器に現実と格闘し続けた、その思想と政治的活動にいま何を見るべきか。

◇バルトこぼればなし　マックス・ツェルヴェーガー著，渡邊恵子著・訳　札幌　一麦出版社　2016.6　111p　20cm　〈他言語標題：Barth and his unknown episodes〉　2000円　①978-4-86325-096-3　Ⓝ191.9

内容　義父カール・バルトの思い出（マックス・ツェルヴェーガー著　渡邊恵子訳）　カールおじいちゃんの思い出（渡邊恵子著）　クリスマス・メッセージ（カール・バルト著　小川圭治訳）

◇バルト自伝　カール・バルト著，佐藤敏夫編訳　新教出版社　2018.4　139p　18cm　（新教新書　277）〈1961年刊の再刊〉　1200円　①978-4-400-34050-8　Ⓝ191.9

内容　1　一九二八から一九三八年まで　2　一九三八か

バルト, R. 〔1915～1980〕 Barthes, Roland

◇言語のユートピア─ロラン・バルトをめぐって　諸田和治著　ハンナ　2015.7　222p　19cm　〈文献あり〉　2500円　①978-4-907121-45-7　Ⓝ950.278

内容　1章 ロラン・バルトの遍歴と軌跡　2章 後期バルトについての素描　3章 変化する社会と言語─バルトのデジタル的足跡　4章 解読のためのキイワード　5章 砕かれた書物─テクストをめぐって　6章 映像と映画へのバルトの執着　7章 意味の解体と創造　8章 言語への挑戦

＊バルトの目指すものは、言語が一つの意味に凝固しない場所である。それが、言語のどこにもない場所＝ユートピアへの希求である。

◇喪の日記　ロラン・バルト著，石川美子訳　新装版　みすず書房　2015.12　293p　20cm　3600円　①978-4-622-07977-4　Ⓝ955.7

内容　喪の日記　一九七七年一〇月二六日─一九七八年六月二一日　日記のつづき　一九七八年六月二四日─一九七八年一〇月二五日　（新たなつづき）一九七八年一〇月二五日─一九七九年九月一五日　日付のない断章　マムについてのメモ

＊愛する母アンリエットの死から書き起こされた断章群。「この悲しみをエクリチュールに組みこむこと」バルトが遺した苦悩の刻跡にして懇命の物語。生誕100年。

◇書簡の時代─ロラン・バルト晩年の肖像　アントワーヌ・コンパニョン著，中地義和訳　みすず書房　2016.12　211p　20cm　3800円　①978-4-622-08563-8　Ⓝ955.7

＊われわれの友情を再考すること、その各段階をあらためてたどり直し、記憶を掘り起こし、彼から受けた恩恵を確認し、彼が与えてくれたもに感謝すること。

◇文人伝─孔子からバルトまで　ウィリアム・マルクス著，本田貴久訳　水声社　2017.3　317p　20cm　〈文献あり　索引あり〉　3200円　①978-4-8010-0180-0　Ⓝ902.8

内容　誕生　身体　性別　時間割　教育　試験　書斎　経済　家庭〔ほか〕

＊過去のテクストを読み、注釈を入れ、ときには未来に向けてテクストを書く者＝文人とはいかなる存在なのか？　古今東西の文人たちを─孔子から菅原道真、そしてロラン・バルトまで─さまざまな"生"を題材に、その誕生から死までの"文人の一生"を24章で描きだす。

バルトーク, B. 〔1881～1945〕 Bartók, Béla

◇バルトークの民俗音楽の世界─子供のためのピアノ作品を題材に　パップ晶子著　音楽之友社　2015.8　150p　21cm　〈他言語標題：A népzene világa Bartók zongoradarabjaiban〉　1850円　①978-4-276-14372-2　Ⓝ762.347

内容　ハンガリー人は私たちと同じアジア起源（5音音階発見の感動　ハンガリーの伝統を継承するセーケイ　味わい深い古風な旋律）　第1章 ハンガリー民謡の世界（3つのグループ　感動の名曲）　第2章 ルーマニアの器楽の旋律とコリンダの世界（ルーマニア民俗音楽に夢中になったバルトーク　ルーマニア人のルーツ）　第3章 スロヴァキア民謡の世界（スロヴァキアは民謡の宝庫　"子供のために1"ハンガリー編と"子供のために2"スロヴァキア編の特色の違いとは　"子供のために2"に出てくる歌のジャンル）

＊1904年、使用人リディが口ずさんだ素朴なメロディを聞いたバルトークは、真のハンガリー精神は農村で伝承されている民族音楽にあると確信した。その後、バルトークはハンガリー、ルーマニア、スロヴァキアの民俗音楽の旋律を採集、分析し、創意豊かな作曲技法を確立する。そうして生まれたバルトーク作品の旋律は、なぜ独特な魅力を放つのだろう。本書は、バルトークの子供のための作品を題材に、その旋律構造、音階、音程、リズム、イントネーション、拍子、歌詞の意味などを分かりやすく説明する。バルトーク作品をレッスンに取り入れたい指導者、バルトーク作品を演奏したい学習者、そして何より、バルトーク作品を愛するすべての人に贈る。

◇バルトーク音楽のプリミティヴィズム　太田峰夫著　慶應義塾大学出版会　2017.9　261,11p　22cm　〈他言語標題：Bartók Béla　文献あり　索引あり〉　4500円　①978-4-7664-2472-0　Ⓝ762.347

内容　1（民俗音楽の「精神」を求めて─バルトークの文化ナショナリズムとモダニズム　音楽のナショナリズムからプリミティヴィズムへ─バルトークと一九一〇年前後）　2（イデオロギーとしての「農民音楽」─バルトークの民謡研究と近代的な藝術観　音楽史の中の「農民音楽」─ストラテジーの複合性　クライマックスのストラテジー─バルトークの器楽曲をめぐって）　3（民謡研究者バルトークの用語法─音楽構造の解釈の歴史性　プリミティヴィズムの新たな展開─ストラヴィンスキーの新古典主義と一九二六年のバルトーク）

＊西洋音楽に多大な影響を与えた作曲家バルトーク・ベーラ（1881-1945）は、ハンガリーでは、自国の民謡を採集・研究した「文化英雄」とされている。本書では、バルトークの創作における、モダニスト作曲家としての一面と、文化ナショナリズムの一面とが、どのような関わりをもっていたのかを分析し、バルトークの作品様式にも同じ二面性があらわれていることを論証する。そして彼が、民俗音楽の「プリミティヴィズム」を取り込むことで、自らの芸術性を拡大していったさまを、豊富な譜例をもとに明らかにしていく。

◇バルトーク音楽論選　ベーラ・バルトーク著，伊東信宏，太田峰夫訳　筑摩書房　2018.6　287p　15cm　（ちくま学芸文庫　ハ48-1）　1200円　①978-4-480-09839-9　Ⓝ762.3

内容　1 民俗音楽研究（ブダペストでの講演　なぜ、そしていかに民俗音楽を採集するのか）　2 諸民族の音楽（ハンガリー人の農民音楽　スロヴァキア人の農民音楽〔ほか〕）　3 作曲家論と同時代の音楽について（リストに関する諸問題　コダーイ・ゾルターンほか）　4 講義と自伝（ハーヴァード大学での講義

ハルトルタ

自伝
＊20世紀最大の作曲家のひとりであるバルトーク（1881・1945）。彼はまた、ハンガリーやルーマニアなど中欧・東欧の各地で民謡を採集するという、民俗音楽研究者としての顔をもっている。音楽が無調へと向かい、より抽象化していく時代の中、バルトークはなぜ、そしていかにして民俗音楽を採集するのか？ 本書は彼が自ら採譜した民謡を楽譜つきで紹介・考察した論考のほか、コダーイ、ドビュッシー、ラヴェルなど同時代の作曲家についての批評、ハーヴァード大学で行われた講義録など計15篇を精選。文庫オリジナルのアンソロジー。

バルトルタ, M.〔1897～1961〕
Valtorta, Maria

◇自叙伝 マリア・ヴァルトルタ著，殿村直子訳 春秋社 2018.4 564,17p 20cm 5000円 ①978-4-393-21713-9 Ⓝ289.3

[内容] 第1章 育児放棄する母のもとで 第2章 父の悲しみ、寄宿学校にて 第3章 フィレンツェ、従姉と叔父 第4章 一九三〇年の夏 第5章 超雪的な至福 第6章 寝たきりの日々 第7章 父の死 付録 自叙伝に添えて

＊過酷な運命を内に秘めながら、神の摂理を生き抜いた聖女の不朽の記録。

バルトン, W.K.〔1856～1899〕
Burton, William Kinnimond

◇バルトン先生、明治の日本を駆ける！―近代化に献身したスコットランド人の物語 稲場紀久雄著 平凡社 2016.10 341p 20cm 〈年表あり〉 2800円 ①978-4-582-82483-4 Ⓝ289.3

[内容] バルトンの夢を追って 故郷エディンバラ 知の巨峰、父ジョン・ヒル・バートン ウイリー誕生、バルトン幼少期 技術者への道、バルトン青年期 永訣と自立と ロンドンでの活躍、そして日本へ バルトン先生の登場 国境を越えた連帯 首都東京の上下水道計画 日本の写真界に新風 浅草十二階―夢のスカイ・スクレイパー 濃尾大震災の衝撃 望郷―愛の絆 迫るペスト禍と台湾行の決心 台湾衛生改革の防人 永遠の旅立ち 満津と多満―打ち続く試練 ブリンクリ一家に守られて 多満の結婚とその生涯

＊謎に包まれたバルトン先生の全貌解明！ 帝国大学教授としてコレラ禍から日本を救うため、上下水道の整備を進める一方、日本初のタワー・浅草十二階の設計を指揮、さらに写真家として小川一真の師でもあったバルトン先生。彼の貴重な写真も多数収録。

ハルナック, A.〔1851～1930〕
Harnack, Adolf von

◇キリスト教の主要神学者 下 リシャール・シモンからカール・ラーナーまで F.W.グラーフ編 教文館 2014.9 p cm 〈索引あり〉 ①978-4-7642-7384-9 Ⓝ191.028

[内容] ヨハン・ゲアハルト（トーマス・カウフマン著 安酸敏眞訳） リシャール・シモン（クリストファー・フォイクト著 安酸敏眞訳） フィリップ・ヤコプ・シュペーナー ヨハン・ヨアヒム・シュパルディング（アルブレヒト・ボイテル著 安酸敏眞訳） フリードリヒ・シュライアマハー（ウルリヒ・バルト著 安酸敏眞訳） ヨゼフ・クロイトゲン（ペーター・ヴァルター著 安酸敏眞訳） セーレン・キルケゴール（ハイコ・シュルツ著 安酸敏眞訳） ユリウス・ヴェルハウゼン（ミカエル・バウアー著 佐藤貴史訳） アドルフ・フォン・ハルナック（ヨハン・ヒンリヒ・クラウセン著 安酸敏眞訳） アルフレッド・ロワジー（クラウス・アルノルト／著 安酸敏眞訳. エルンスト・トレルチ（フリードリヒ・ヴィルヘルム・グラーフ著 安酸敏眞訳） ルドルフ・ブルトマン パウル・ティリッヒ（アルフ・クリストファーセン著 佐藤貴史訳） カール・バルト（イェルク・ディールケン著 安酸敏眞訳） ラインホールド・ニーバー H・リチャード・ニーバー（リチャード・クルーター著 安酸敏眞訳） カール・ラーナー（ローマン・A・ジーベンロック著 安酸敏眞訳）

＊多彩にして曲折に富む2000年の神学史の中で、特に異彩を放つ古典的代表者を精選し、彼らの生涯・著作・影響を通して神学の争点と全体像を描き出す野心的試み。下巻では正統主義の時代から20世紀に至るまでの17名の神学者を紹介する。

バルビエリ, R.〔1957～〕 Barbieri, Richard

◇JAPAN 1974-1984―光と影のバンド全史 アンソニー・レイノルズ著，飯村淳子訳 シンコーミュージック・エンタテイメント 2017.7 315p 25cm 〈文献あり 作品目録あり〉 3700円 ①978-4-401-64403-2 Ⓝ764.7

[内容] 第1章 出会いとはじまり 第2章 真夜中を突っ走れ 第3章 あいまいな選択肢を手中に 第4章 アルファヴィル 第5章 1980 第6章 1980 2 第7章 アートと派閥 第8章 鋼力の太鼓 第9章 バーニング・ブリッジズ 第10章 歓待の声 終章 終わりなき愛を夢見て

＊日本を愛し、日本に愛された孤高のバンド、ジャパン。独自の美意識を貫いた10年を総括し、その謎めいた素顔に迫る初の評伝。「ミュージック・ライフ」の秘蔵写真、インタビュー記事を加えた日本特別編集版！

パルメニデス〔500/475B.C.～?〕
Parmenides

◇ギリシア哲学30講 人類の原初の思索から 上 「存在の故郷」を求めて 日下部吉信著 明石書店 2018.11 418p 19cm 〈年表あり 索引あり〉 2700円 ①978-4-7503-4742-4 Ⓝ131

[内容] ギリシア哲学俯瞰 ミレトスの哲学者(1) タレス ミレトスの哲学者(2) アナクシマンドロス ミレトスの哲学者(3) アナクシメネス ピュタゴラス アルキュタス ヘラクレイトス エレア派 故郷喪失の哲学者クセノパネス エレア派 パルメニデス エレア派 ゼノンとメリッソス エンペドクレス アナクサゴラス デモクリトス ハイデガーと原初の哲学者たち―アナクシマンドロス、ヘラクレイトス、パルメニデス

＊ギリシア哲学の権威にしてハイデガー研究の第一人者でもある著者が、存在の故郷を求めるべく古代ギリシアの文献を読み解き、その自然哲学を「みずみずしい姿」で蘇らせると同時に、そこで繰り広げられた哲学者たちの抗争の帰結としての現代人の歪んだ思考に高らかに異を唱える。過激にし

て痛快な現代文明批判の書(上下巻)。

パレー, P. 〔1886～1979〕 Paray, Paul

◇偉大なる指揮者たち―トスカニーニからカラヤン、小澤、ラトルへの系譜　クリスチャン・メルラン著, 神奈川夏子訳　ヤマハミュージックメディア　2014.11　389,7p　21cm　2800円　①978-4-636-90301-0　Ⓝ762.8

内容　アルトゥーロ・トスカニーニ　ウィレム・メンゲルベルク　セルゲイ・クーセヴィツキー　ピエール・モントゥー　ブルーノ・ワルター　サー・トーマス・ビーチャム　レオポルド・ストコフスキー　エルネスト・アンセルメ　オットー・クレンペラー　ヴィルヘルム・フルトヴェングラー　[ほか]

＊指揮の特徴や楽団員からの評価、生い立ちや普段の振る舞い、家族関係など、50人のマエストロたちの素顔を描き出す。オーケストラ指揮の知られざる側面に迫った評伝集。

パーレイ公妃 〔1865/66～1929〕 Paley, Olga

◇カルティエを愛した女たち　川島ルミ子著　集英社インターナショナル　2014.9　213p　22cm　〈タイトルは奥付による.標題紙・背のタイトル：Cartier,Joaillier des Femmes　発売：集英社〉　2300円　①978-4-7976-7271-8　Ⓝ755.3

内容　Prologue 比類なきカルティエ、比類なき女たち　Grace Kelly 1929‐1982 輝きと夢をモナコにもたらしたグレース公妃　Barbara Hutton 1912‐1979 かわいそうな金持ちの小さな女の子バーバラ・ハットン　Jeanne Toussaint 1887‐1976 ジュエリーの香りがするジャンヌ・トゥーサン　Queen Alexandra 1844‐1925 麗しのアレクサンドラ王妃　Princess Olga Paley 1866‐1929 愛と悲劇を生きたパーレイ公妃　The Duchess of Windsor 1896‐1986 愛は王位よりも強しウィンザー公爵夫人　Marie Bonaparte 1882‐1962 ナポレオン皇帝の血をひくマリー・ボナパルト　Empress Eugénie 1826‐1920 第二帝政の華麗な花,ユュジェニー皇后

ハレビ, E. 〔1934～〕 Halevy, Efraim

◇イスラエル秘密外交―モサドを率いた男の告白　エフライム・ハレヴィ著, 河野純治訳　新潮社　2016.8　520p　16cm　〈新潮文庫 シ‐38‐24‐[Science & History Collection]〉〈「モサド前長官の証言「暗闇に身をおいて」」(光文社 2007年刊)の改題　年表あり〉　790円　①978-4-10-220066-7　Ⓝ391.6

内容　闇の外へ　イラン・イラク戦争の終結　戦争への秒読み　湾岸戦争の足跡、その光と影　中東紛争に対する国際的関心　プロフェッショナル・レベル―平和維持の第三の要素　イスラエル・ヨルダン和平条約　和平条約締結までの三か月　さまざまな指導者と国の思い出　時代の変化と優先事項の変化　メシャル事件　新長官の最優先事項　傲慢、尊大、自信過剰　新時代の到来―国家間の仲介役としての諜報員　情報の政治的操作　シャロンの功績　責任を負うことと責めを負うこと　現在の新たな視点　外交―可能なことを実行する技術

＊ときに外務省に先んじて他国と交渉し、敵国要人の暗殺さえいとわぬ世界最強の諜報組織モサド。そ

の中枢で28年間にわたりスパイ活動に従事し、長官にまで登りつめた著者による衝撃の回想録。中東の裏面史を知り尽くした冷徹な目で何を見たのか。中東戦争、湾岸戦争、イラク戦争をくぐり抜けてきた男が語るインテリジェンスとは。

バレーラ, D. 〔1943～〕 Varella, Drauzio

◇移民の町サンパウロの子どもたち　ドラウジオ・ヴァレーラ著, 伊藤秋仁監訳、フェリペ・モッタ監修, 松葉隆, 北島衛, 神谷加奈子訳　大津　行路社　2018.3　195p　22cm　2000円　①978-4-87534-392-9　Ⓝ289.3

内容　ブラースの町で　両手を上げて　ブラジルをよりよく知るための12章

バレリー, P. 〔1871～1945〕 Valéry, Ambroise Paul Toussaint Jules

◇ポール・ヴァレリー―1871・1945　ドニ・ベルトレ著, 松田浩則訳　新装版　法政大学出版局　2015.5　723,71p　19cm　〈叢書・ウニベルシタス〉　9000円　①978-4-588-14014-3　Ⓝ951.7

内容　第1部 青少年期　第2部 パリ　第3部 騒音と沈黙　第4部 作家　第5部 旅する精神　第6部 師匠とその分身

◇ヴァレリー　山田直著　新装版　清水書院　2016.8　234p　19cm　〈Century Books―人と思想 99〉〈文献あり　年譜あり　索引あり〉　1200円　①978-4-389-42099-4　Ⓝ950.278

内容　序章 栄光の実像と虚像　1 ヴァレリーの家系　2 青春時代と沈黙の二〇年　3 「ジェノヴァの危機」と自己革命　4 精神の日記『カイエ』5 デカルトへの傾倒　6 ヴァレリーの科学思想　7 ヴァレリーの政治思想

＊私たちは今、私たち人類自身が産みだした科学技術の巨大な怪物を扱いかね、逆にこれによって翻弄されている。この事実は、一部の識者だけでなく、現在、世界的規模で論じられている核問題・環境汚染問題・臓器移植問題などによって、私たちのすべてが身近なものとして痛感させられている。科学の急速な進歩に人間の心と精神が追いつけなくなっている現状は誰の目にも明らかで、もしヴァレリーが生きていたら何といったであろうか、と思わざるをえない。彼はすでに約一世紀前の一九一九年に「精神の危機」を発表し、技術偏重によって商品化した科学を指弾して、人類に警鐘を打ち鳴らしている。ところが人間は彼の警告を無視して反対の方向へつっ走り、彼が恐れていたような今日の危機を招いてしまった。どうすれば私たち正しく機能している精神を復活させ、人間性を取りもどすことができるだろうか。今こそヴァレリーを読み、彼から学ぶべきである。

バレンボイム, D. 〔1942～〕 Barenboim, Daniel

◇偉大なる指揮者たち―トスカニーニからカラヤン、小澤、ラトルへの系譜　クリスチャン・メルラン著, 神奈川夏子訳　ヤマハミュージックメディア　2014.11　389,7p　21cm　2800円　①978-4-636-90301-0　Ⓝ762.8

|内容| アルトゥーロ・トスカニーニ　ウィレム・メンゲルベルク　セルゲイ・クーセヴィツキー　ピエール・モントゥー　ブルーノ・ワルター　サー・トーマス・ビーチャム　レオポルド・ストコフスキー　エルネスト・アンセルメ　オットー・クレンペラー　ヴィルヘルム・フルトヴェングラー〔ほか〕
＊指揮の特徴や楽団員からの評価、生い立ちや普段の振る舞い、家族関係など、50人のマエストロたちの素顔を描き出す。オーケストラ指揮の知られざる側面に迫った評伝集。

ハーロウ, H.F. 〔1905〜1981〕
Harlow, Harry Frederick

◇愛を科学で測った男—異端の心理学者ハリー・ハーロウとサル実験の真実　デボラ・ブラム著，藤澤隆史，藤澤玲子訳　白揚社　2014.7　429p　20cm　3000円　Ⓘ978-4-8269-0175-8　Ⓝ141.62

|内容| 弧を描いて飛ぶ愛　ハリー・ハーロウの誕生　人の手に触れてもらえない　アルファ雄　好奇心の箱　愛の本質　完璧な母　愛の連鎖　箱の中の赤ちゃん　冷たい心、温かい手　愛の教訓　行き過ぎの愛
＊画期的な「代理母」実験や悪名高き隔離実験で愛の本質を追究した天才心理学者の破天荒な人生と愛の心理学の変遷をピュリッツァー賞受賞作家が余すところなく描き尽くす。

ハーン, H. 〔1979〜〕
Hahn, Hilary

◇偉大なるヴァイオリニストたち　2　チョン・キョンファから五嶋みどり、ヒラリー・ハーンまで　ジャン＝ミシェル・モルク著，神奈川夏子訳　ヤマハミュージックメディア　2017.4　356,8p　21cm　〈文献あり〉　3400円　Ⓘ978-4-636-92333-9　Ⓝ762.8

|内容| ボリス・ベルキン　チョン・キョンファ　ピンカス・ズーカーマン　オーギュスタン・デュメイ　ピエール・アモイヤル　ドミトリ・シトコヴェツキー　ナイジェル・ケネディ　シュロモ・ミンツ　ヴィクトリア・ムローヴァ　チョーリャン・リン〔ほか〕
＊外科医でもある筆者による桁外れに鋭い考察に基づく評伝集。使用楽器や練習法などはもちろん、デビューの裏側や生い立ち、家族関係などに迫った、素顔を描き出す。歴史的名演を収録したCD・ROM付き。

ハーン, L. 〔1850〜1904〕
Hearn, Patrick Lafcadio

◇小泉八雲—日本を見つめる西洋の眼差し　作家・ジャーナリスト〈ギリシャ、日本〉　筑摩書房編集部著　筑摩書房　2015.12　188p　19cm　（ちくま評伝シリーズ〈ポルトレ〉）〈文献あり　年譜あり〉　1200円　Ⓘ978-4-480-76631-1　Ⓝ930.268

|内容| プロローグ　さすらい人の二つの旅　第1章　パトリックからラフカディオへ　第2章　辣腕記者ハーン　第3章　島から島へ　第4章　松江の幸福　第5章　「振り子」の日々　第6章　東洋でも西洋でもない夢　巻末エッセイ「むじな、または顔のない人」赤坂憲雄
＊帰るべき故郷のない男が、世界各地を転々とした末に遠く異国の地に見出した安らぎとは？

◇ラフカディオ・ハーンの魅力　西川盛雄著　新宿書房　2016.2　285p　20cm　2800円　Ⓘ978-4-88008-459-6　Ⓝ930.268

|内容| プロローグ　ラフカディオ・ハーンの魅力—パッションからミッションへ　1（ハーンの遺産　ハーン最晩年の頃　ラフカディオ・ハーンと移民　小泉清一命の輪郭を求めて　ほか）　2（ラフカディオ・ハーンとアイルランド—「三つ子の魂百まで」の系譜　ハーンの言語観　ハーンと漱石の試験問題　ハーンと漱石のホイットマン観　ほか）　エピローグ　小泉時さん追悼の詩—一時さんの記憶
＊父はアイルランド人、母はギリシャ人、生まれながらのコスモポリタンラフカディオ・ハーン。世界を旅し日本人・小泉八雲として生を終えたその多彩な魅力を紹介！

◇へるん百話—小泉八雲先生こぼれ話集　梶谷泰之著，内田融監修，村松真吾編注　改訂新版　松江　八雲会　2016.8　193p　21cm　（へるんさんの旅文庫　3）〈文献あり〉　1500円　Ⓝ930.268

◇出雲に於ける小泉八雲　根岸磐井著，復刻版出雲に於ける小泉八雲編集委員会編　復刻版〔出版地不明〕　根岸道子　2016.9　205p　19cm　〈印刷：今井印刷〔米子〕〉　1111円　Ⓘ978-4-86611-042-4　Ⓝ930.268

◇ラフカディオ・ハーン、B.H.チェンバレン往復書簡　東洋文庫監修　勉誠出版　2016.10　2冊（セット）　32×24cm　（東洋文庫善本叢書　第2期・欧文貴重書　1）〈解説：平川祐弘　東洋文庫蔵の複製〉　140000円　Ⓘ978-4-585-28221-1　Ⓝ935.6

◇へるん先生の汽車旅行—小泉八雲と不思議の国・日本　芦原伸著　集英社　2017.3　286p　16cm　（集英社文庫　あ79-1）〈集英社インターナショナル　2014年刊の再刊　文献あり〉　600円　Ⓘ978-4-08-745558-8　Ⓝ930.268

|内容| 津波　アムトラックの車窓から—ニューヨークからシンシナティへ　わが青春のシンシナティ　憂愁のカナダ横断鉄道—トロントからヴァンクーヴァーへ　東海道を行く（一）—横浜から焼津へ　東海道を行く（二）—焼津から姫路へ　中国山地越え、ハーンの変貌—姫路から松江へ　ハーン、不思議の国に入る—松江・出雲　ヘルンとセツの新婚旅行—日本海、伯耆国の旅　西南戦争の残影—熊本にて　神戸へ、新聞社への復帰—熊本から神戸へ　人生の終着、東京へ—神戸から東京への旅　生神様
＊『怪談』で知られる小泉八雲こと、ラフカディオ・ハーン。親の愛を知らずに育ち、イギリスから単身、アメリカに渡った彼は、極貧生活の果て、原稿料を稼ぎにルポライターとして来日した。時は明治、鉄道の時代。横浜から始まり、日本各所で暮らし、やがて帰化—そんな彼を日本に惹きつけたものは何だったのか？「へるん先生」と親しまれた男の軌跡を辿る中で見えてくる、"日本魂"を再発見！

◇平川祐弘決定版著作集　第10巻　小泉八雲—西洋脱出の夢　平川祐弘著　勉誠出版　2017.4　390p　22cm　4800円　Ⓘ978-4-585-29410-8

Ⓝ908

内容 第1章 小泉八雲の心の眼　第2章 子供を捨てた父—ハーンの民話と漱石の『夢十夜』 第3章 泉の乙女—ハーンの再話文学の秘密　第4章 稲むらの火　第5章 一異端児の霊の世界—来日以前と以後のハーン　第6章 草ひばりの歌—ハーンにおける民俗学と文学

＊「信頼できる最大の批評家は読者である。それも日々の読者でなく、何代にもわたる読者である」ハーンの東大講義を引いて平川は結論する、「小泉八雲ことハーンを読者の今なお好しとしている」と。日本人の心をとらえたハーンの魅力を鮮やかに蘇らせた評伝。

◇平川祐弘決定版著作集　第11巻 破られた友情—ハーンとチェンバレンの日本理解　平川祐弘著　勉誠出版　2017.5　388p　22cm　4200円　①978-4-585-29411-5　Ⓝ908

内容 日本理解とは何であったのか—チェンバレンとハーンの破られた友情（頭で理解した日本　心で愛した日本）　日本回帰の軌跡—埋もれた思想家　雨森信成（洋行帰りの保守主義者—ハーンの影の人　埋もれた市井の思想家　日本回帰の系譜）　開化の舞踏会（野蛮から文明へ　西欧化の社交界）

＊明治の二人の日本解釈者、ハーンとチェンバレンは互いに認めたが、ハーンの死後、チェンバレンは意見を一変し、ハーンを貶めた。ではハーンのようなsympathetic understanding of Japan同情ある日本理解は学者としてあるまじき行為であるのか。

◇平川祐弘決定版著作集　第15巻　ハーンは何に救われたか　平川祐弘著　勉誠出版　2017.8　527p　22cm　6000円　①978-4-585-29415-3　Ⓝ908

内容 まえがき—日本でハーンは救われずに死んだのか　1（捨子に私に救われたハーンと母なる海　『鳥取の布団の話』と『マッチ売りの少女』　ほか）　2（盆踊りの系譜—ハーンからモラエスへ　手にまつわる怪談—ハーン、ルファニュ、モーパッサン　ほか）　3（小泉八雲と永遠の女性　母親のいるふるさと—小泉八雲と萩原朔太郎　ほか）　4（ハーンと俳句　ハーンと神道　ほか）　5（ハーンにまつわる『初期英文伝記集成』について　英文『小泉八雲書簡集完全版』The Complete Letters of Lafcadio Hearnの刊行について　ほか）

＊横浜に上陸したハーンは青い瞳の混血児を見てハッとした。ダブリンの少年時のみじめな自分を思い出したからである。そんなハーンはいかにして捨子の境涯から脱け出し、救われたか。平川の新著は、泳ぎを習い、自立し、日本でアット・ホームとなるハーンを描く。

◇小泉八雲、開かれた精神（オープン・マインド）の航跡。—小泉八雲記念館図録　小泉凡監修, 小泉八雲記念館編集　第2版　松江　小泉八雲記念館　2018.11　103p　23cm　〈他言語標題：Lafcadio Hearn: Tracing the Fourney of an Open Mind　英語併記　訳：ヘザー・ディクソン　横山純子　文献あり　著作目録あり　年譜あり　発売：山陰中央新報社（松江）〉　1800円　①978-4-87903-219-5　Ⓝ930.268

内容 第1章 小泉八雲記念館の収蔵品　第2章 小泉八雲の生涯　第3章 小泉八雲のオープン・マインド　第4章 小泉八雲記念館

バンギーサ　Vaṅgīsa

◇原始仏教聖典資料による釈尊伝の研究　19 個別研究篇 4　森章司著, 釈尊伝研究会編　中央学術研究所　2014.9　226p　30cm　〈中央学術研究所紀要 モノグラフ篇 no.19〉〈他言語標題：A study of the biography of Sakya-muni based on the early Buddhist scriptural sources〉　Ⓝ182.8

内容 釈尊アンガ（Aṅga）国訪問年の推定　ジーヴァカ（Jīvaka）の諸事績年代の推定　詩人ヴァンギーサ（Vaṅgīsa）の生涯　4人のプンナとそれぞれの事績年代の推定　アングリマーラ（Aṅgulimāla）帰信年の推定　ニガンタ・ナータプッタ（Nigaṇṭha Nātaputta）死亡年の推定　東園鹿子母講堂（Pubbārāma Migāramātupāsāda）寄進年の推定　釈迦族滅亡年の推定　「涅槃経」の遊行ルート

パンクハースト, S.〔1882～1960〕
Pankhurst, Estelle Sylvia

◇サフラジェット—英国女性参政権運動の肖像とシルビア・パンクハースト　中村久司著　大月書店　2017.10　285p　19cm　〈文献あり〉　2000円　①978-4-272-53044-1　Ⓝ314.8913

内容 プロローグ（英国女性の活躍と社会変革　本書の構成 ほか）　1 サフラジェット（「サフラジェット」という造語　マンチェスターで誕生 ほか）　2 私たちのシルビア（「人民軍」を組織した「パシフィスト」　女性解放と労働者階級の解放をともにした ほか）　エピローグ（一九二八年平等参政権法と初の女性大臣　一〇〇〇人のジャンヌ・ダルク ほか）

＊サフラジェットの全体像をつたえる日本初の歴史ドキュメント！ パンクハースト夫人、クリスタベル、シルビア、ペシック＝ローレンス夫妻、アニー・ケニー、エミリー・デイビソン、メアリー・リー、貴族のコンスタンス・リットン、ドラモンド夫人。一人ひとりに、かけがえのない人生があり、闘争への情熱と貢献があった—。100年前の彼女たちの苦闘と雄姿が、ビビッドに描き出される！

ハンケ, J.〔1966～〕　Hanke, John

◇ジョン・ハンケ世界をめぐる冒険—グーグルアースからイングレス、そしてポケモンGOへ　ジョン・ハンケ著, 飯田和敏取材・構成, 飯田一史構成　星海社　2017.11　174p　20cm　〈他言語標題：Adventures on Foot　文献あり　発売：講談社〉　1600円　①978-4-06-510555-9　Ⓝ289.3

内容 コンピュータとの出会い　グーグルアースを生み出した場所　ナイアンティックの誕生　イングレス前夜　サンフランシスコの戦い　イングレス　日本　ポケモンGO　自分を燃やしつくせ

＊グーグルアースからイングレス、そしてポケモンGOへ—。Googleを飛び出し、ナイアンティック社を創業したジョン・ハンケは、常に革命的なプロダクトを世界に送り出し、人々を熱狂させつづけてきた。テキサスの田舎町を抜け出したかった幼少期、プログラミングにのめりこんだ学生時代。巨大企業Googleでの成功と葛藤。そして、ナイアンティックでの自由な挑戦へ—。世界が今もっと

パンケイエフ, S. 〔1886/87〜1979〕 Pankejeff, Sergei

◇狼男による狼男―フロイトの「最も有名な症例」による回想　Sergius Pankejeff原著，ミュリエル・ガーディナー編著，馬場謙一訳　みすず書房　2014.9　319,11p　20cm　〈索引あり〉　5400円　①978-4-622-07848-7　Ⓝ146.1

内容 第1部 狼男の回想録(子ども時代の思い出 一九〇五・一九〇八年―無意識の悲哀　一九〇八年―スペインの城　一九〇九・一九一四年―移り変わる決心　一九一四・一九一九年―分析の後　一九一九・一九三八年―日常生活　一九三八年―クライマックス)　第2部 精神分析と狼男(ジグムント・フロイトの思い出〔狼男〕　フロイトの「ある幼児期神経症の病歴より」への補遺(一九二八年)　ルース・マック・ブランスウィック))　第3部 後年の狼男(狼男との出会い(一九三八・一九四九年)　狼男との再会(一九五六年)　老いゆく狼男　診断的印象)(ミュリエル・ガーディナー)

*「フロイトの執筆したすべての症例史の中で最も精緻で、最も重要なものである」(J.ストレイチィ)とまで評される論考「ある幼児期神経症の病歴より」。その名著のなかで提示された症例「狼男」こそセルゲイ・パンケイエフの人生は、フロイトと精神分析に出会うことでどのように変わったのだろうか？　姉や両親との暮らし、フロイトの精神分析をはじめとする数々の治療体験、ロシア革命と二度の世界大戦、そして最愛の妻テレーゼの死…。狼男自身による回想録を中心に、フロイトの後に彼に精神分析の記録、晩年の狼男を支えたミュリエル・ガーディナーによる多面的考察が加えられ、狼男の90年以上におよぶ生涯が詳らかにされる。フロイトの「最も有名な症例」として生きた男の真実の姿に迫る、精神分析学の重要古典。

ハンコック, H. 〔1940〜〕 Hancock, Herbie

◇ハービー・ハンコック自伝―新しいジャズの可能性を追う旅　ハービー・ハンコック，リサ・ディッキー著，川嶋文丸訳　DU BOOKS　2015.8　413p 図版16p　21cm　〈作品目録あり　索引あり　発売：ディスクユニオン〉　2800円　①978-4-907583-33-0　Ⓝ764.78

ハンサード, A.W. 〔1821〜1866〕 Hansard, Albert William

◇幕末明治 新聞ことはじめ―ジャーナリズムをつくった人びと　奥武則著　朝日新聞出版　2016.12　278p　19cm　〈朝日選書 952〉　1500円　①978-4-02-263052-0　Ⓝ070.21

内容 序章 清八と字平衛の受難―ジャーナリズム以前　第1章 ジョセフ・ヒコの悲哀―「新聞の父」再考　第2章 ハンサードの志―新聞がやってきた　間奏その1 青年旗本の悲劇―池田長発　第3章 柳河春三の無念―原点としての「中外新聞」　第4章 岸田吟香の才筆―新聞記者の誕生　間奏その2 旧幕臣の矜持―成島柳北　第5章 福地源一郎の言い分―「御用記者」と呼ばれて　間奏その3 鉛活字の誕生まで―本木昌造　第6章 ブラックの栄光―「日新真事誌」の時代

*幕末の激動の中から明治日本が生まれる過程で、長崎、横浜、東京などで次々に新聞が生まれた。読者はかぞえるほど、販売も取材網もなく、手書きのものもあった。草創期の新聞の苦闘とそこに見られたジャーナリズム精神の萌芽を、9人の新聞人の生涯を通じて描く。出自、個性、文章、めざしたものもさまざまだったが、各人の挑戦、苦労、挫折の全体が、近代国家に不可欠な、報道と言論の舞台としての新聞というニューメディアを育てていった。ジャーナリズムを育てた新聞という媒体には、誕生時から、政府の干渉、党派的報道、販売競争など今日に通じる問題も見られる。今、新聞・テレビの時代を経てネット時代の到来を迎え、ジャーナリズムが変貌をとげようとしている。その針路を考えるうえで先人たちの歴史は示唆に富んでいる。

バーン＝ジョーンズ, E.C. 〔1833〜1898〕 Burne-Jones, Edward Coley

◇バーン＝ジョーンズの世界　平松洋著　KADOKAWA　2014.12　159p　21cm　〈文献あり　年表あり〉　2200円　①978-4-04-600981-4　Ⓝ723.33

内容 1 若き日の出会いと初期作品　2 レッド・ハウスからモリス商会へ　3 さらなる模索の時代と運命の女　4 水彩画家の協会脱退と「至福の7年」　5 作品の成就と名声　6 アヴァロンへの旅立ち

*ラファエル前派から唯美主義へ。バーン＝ジョーンズの甘美な世界。

バンス, J.D. 〔1984〜〕 Vance, J.D.

◇ヒルビリー・エレジー―アメリカの繁栄から取り残された白人たち　J.D.ヴァンス著，関根光宏，山田文訳　光文社　2017.3　418p　19cm　1800円　①978-4-334-03979-0　Ⓝ289.3

内容 アパラチア 貧困という故郷―崇拝すべき男たち、避けられぬ不都合な事実　中流に移住したヒルビリーたち―1950年代、工場でそして豊かさを求めて　追いかけてくる貧困、壊れはじめた家族―暴力、アルコール、薬物…場違いな白人たち　スラム化する郊外―現実を見ない住民たち　家族の中の、果てのない諍い―下がる成績、不健康な子どもたち　次々と変わる父親たち、そして、実の父親との再会　支えてくれた祖父の死―悪化する母の薬物依存、失われた逃げ場　狼に育てられる子どもたち　一生徒をむしばむ家庭生活　私を変えた祖母との3年間―安定した日々、与えてくれた希望　海兵隊での日々―学習性無力感からの脱出　白人労働者がオバマを嫌う理由―オハイオ州立大学入試で見えてきたこと　イェール大学ロースクールに通い種一エリートの世界で感じた葛藤と、自分の気質　裕福な人たちは何を持っているのか？―成功者たちの社会習慣、ルールのちがうゲーム　自分のなかの怪物との闘い―逆境的児童期体験(ACE)　何がヒルビリーを救うのか？―本当の問題は家庭内で起こっている

*ニューヨーク生まれの富豪で、貧困や労働者階級と接点がないトランプが、大統領選で庶民の心を掴んだのを不思議に思う人もいる。だが、彼は、プロの市場調査より、自分の直感を信じるマーケティ

バーンズ, R. 〔1759～1796〕 Burns, Robert

◇カーライル選集 2 英雄と英雄崇拝 トマス・カーライル著 入江勇起男訳 デジタル・オンデマンド版 日本教文社 2014.8 368,7p 21cm 〈印刷・製本：デジタル・オンデマンド出版センター 索引あり〉 2900円 ①978-4-531-02642-5 Ⓝ938.68

内容 第1講 神としての英雄―オウディン、異教・スカンディナヴィアの神話 第2講 予言者としての英雄―マホメット・回教 第3講 詩人としての英雄―ダンテ、シェイクスピア 第4講 牧師としての英雄―ルーテル・宗教改革、ノックス・清教 第5講 文人としての英雄―ジョンソン、ルソー、バーンズ 第6講 帝王としての英雄―クロムウェル、ナポレオン、近代革命主義

バーンスタイン, L. 〔1918～1990〕 Bernstein, Leonard

◇偉大なる指揮者たち―トスカニーニからカラヤン、小澤、ラトルへの系譜 クリスチャン・メルラン著 神奈川夏子訳 ヤマハミュージックメディア 2014.11 389,7p 21cm 2800円 ①978-4-636-90301-0 Ⓝ762.8

内容 アルトゥーロ・トスカニーニ ウィレム・メンゲルベルク セルゲイ・クーセヴィツキー ピエール・モントゥー ブルーノ・ワルター サー・トーマス・ビーチャム レオポルド・ストコフスキー エルネスト・アンセルメ オットー・クレンペラー ヴィルヘルム・フルトヴェングラー〔ほか〕

＊指揮の特徴や楽団員からの評価、生い立ちや普段の振る舞い、家族関係など、50人のマエストロたちの素顔を描き出す。オーケストラ指揮の知られざる側面に迫った評伝集。

◇バーンスタイン音楽を生きる レナード・バーンスタイン, エンリーコ・カスティリオーネ著, 西本晃二監訳, 笠羽映子訳 新装版 青土社 2018.5 198,5p 19cm 〈年譜あり 索引あり〉 1900円 ①978-4-7917-7067-0 Ⓝ762.53

内容 1 少年時代と初期の音楽体験 2 「マエストロ、カラスさんですよ！」 3 作曲の技法 4 指揮の技法 5 グスタフ・マーラー 6 自由への讃歌 7 「いえ、もう指揮はしないね」

＊生誕100年、最後のインタビュー集。音楽の霊感にとりつかれた少年時代の記憶から、鮮烈なスカラ座デビュー、「ウェスト・サイド・ストーリー」制作秘話、マーラーへの深い共感、ベルリンの壁コンサートにかりたてた真摯な平和への希求まで、音楽に人生を捧げたバーンスタインのすべて。80年代半ばから死の直前までつづけられたインタヴューをまとめた、貴重なドキュメント。

◇バーンスタインの生涯 上 ハンフリー・バートン著, 棚橋志行訳 新版 青土社 2018.5 492p 図版16p 19cm 〈初版：福武書店 1994年刊〉 2800円 ①978-4-7917-7065-6 Ⓝ762.53

内容 プロローグ―葬儀 第1部 アメリカ人音楽家の教育 一九一八年～一九四三年（黎明期 家庭生活 地方少年の成長 一九三二年～一九三五年 ほか） 第2部 ヘイへの道 一九四三年～一九五七年（『エレミア』交響曲と『ファンシー・フリー』『オン・ザ・タウン』 初のアメリカ人指揮者、初めて自分のオーケストラを手に入れる ほか） 第3部 何かがやってくる一作曲の時代 一九五二年～一九五七年（ショービジネスへの帰還 陽動作戦 スカラ座からブロードウェイへ ほか）

＊生誕から、ワルターの代役としての衝撃デビュー、「ウエストサイド物語」の大成功まで―初公開の書簡、関係者の証言をもとに、二十世紀音楽界の立役者バーンスタインの生涯を詳細に描く。

◇バーンスタインの生涯 下 ハンフリー・バートン著, 棚橋志行訳 新版 青土社 2018.5 490p 図版16p 19cm 〈初版：福武書店 1994年刊 作品目録あり 年譜あり〉 2800円 ①978-4-7917-7066-3 Ⓝ762.53

内容 第4部 ニューヨーク・フィルハーモニック時代 一九五七年～一九六九年（法定相続人、指揮をするニューヨーク・フィルハーモニックの音楽監督 ロシアへ愛をこめて ほか） 第5部 崩壊 一九六九年～一九七八年（ラディカル・シック―過激派気どりの名士たち ハーヴァード大学ノートン教授 危機と破局） 第6部 黄昏ではなく 一九七八年～一九九〇年（『静かな場所』へ 王侯の来訪 生きている伝説 ほか）

＊ニューヨーク・フィルの音楽監督時代から、ウィーンとの蜜月、病苦と戦い抜いた晩年まで―初公開の書簡、関係者の証言をもとに、二十世紀音楽界の立役者バーンスタインの生涯を詳細に描く。

ハンセン, S. 〔1949～〕 Hansen, Stan

◇全日本プロレス超人伝説 門馬忠雄著 文藝春秋 2014.7 218p 18cm （文春新書 981） 〈文献あり〉 800円 ①978-4-16-660981-9 Ⓝ788.2

内容 ジャイアント馬場 王道プロレスの牽引者 ジャンボ鶴田 完全無欠のエース ザ・デストロイヤー 「日本のレスラー」になった魔王 アブドーラ・ザ・ブッチャー 血染めの凶器使い ミル・マスカラス 千の顔を持つ男 大仁田厚 ジュニアヘビー級の尖兵 ザ・ファンクス テキサス・ブロンコの心意気 スタン・ハンセン&ブルーザー・ブロディ 不沈艦と超獣「最強コンビ」 ザ・グレート・カブキ 毒霧噴く「東洋の神秘」 三沢光晴 男気のファイター 小橋建太 病魔に勝った鉄人 天龍源一郎 不滅の負けじ魂 ジョー樋口 厳しく優しいプロレスの番人

＊馬場の「32文ロケット砲」完成秘話、岐阜の病院に極秘入院した鶴田、妻に逃げられたデストロイヤー、乱闘で警察沙汰となったブッチャー…初めて明かされる超人たちの素顔。

◇日は、また昇る。―男の引き際と、闘うべきとき スタン・ハンセン著 徳間書店 2015.11 287p 19cm 〈他言語標題：THE SUN ALSO RISES〉 1800円 ①978-4-19-864046-0 Ⓝ788.2

内容 第1章 プロレス以後の人生 第2章 スターダム

への道　第3章 肉体を懸けたビジネス　第4章 日本人のスピリッツ　第5章 プロフェッショナルの流儀　第6章 次世代に伝えるべきもの　巻末特別対談 スタン・ハンセン×天龍源一郎
＊ラリアットに熱狂し、ロングホーンに唱和したかつての「Youth！」世代におくる。日本を最も熱くさせた男の生き様、哲学。教えてくれ、ハンセン。プロレスとは、人生とは一。独占書き下ろし、親愛なる日本へ捧ぐ！

ハンター, J.〔1728～1793〕 Hunter, John

◇近代医学の先駆者―ハンターとジェンナー　山内一也著　岩波書店　2015.1　202,7p　19cm　（岩波現代全書 054）〈文献あり〉　1900円
①978-4-00-029154-5　Ⓝ493.82
 内容 第1章 近代医学以前―天然痘の脅威　第2章 ドリトル先生の時代　第3章 ジェンナーと天然痘　第4章 ジェンナーが遺してくれたもの　第5章 日本の近代医学と牛痘種痘　第6章 ジェンナーの予言―天然痘の根絶
＊18世紀末、医学は科学と呪術が渾然一体としていた。しかし自然を観察し、自然に学ぶナチュラリストが医学を変えた。その代表的な人物が解剖医ハンターと種痘の発見者ジェンナーである。ヒューマニストでもあった彼らの生涯と業績を、種痘の歴史とともに紹介する。ナチュラリストの誠実な研究姿勢に学ぶ意義は現代でも大きい。

ハン・トゥア〔15～16世紀〕 Hang Tuah

◇マラッカ王国の英雄ハントゥア―琉球に残る交流の歴史　ハシム・ムサ, ロハイダ・カマルディン著, ザイド・ムハマド・ズィン, 新井卓治訳　日本マレーシア協会　2018.2　123,6p　19cm〈文献あり　発売：紀伊國屋書店〉　2000円
①978-4-87738-487-6　Ⓝ223.9
 内容 第1章 マレーシア社会におけるハントゥアの人物像　第2章 東洋と西洋における歴史上の偉人達の古文書と遺物による実在証明　第3章 マレー世界の史料に基づくマラッカ王国とハントゥアの実在証明　第4章 ハントゥアとマラッカ王国の存在を証明する海外の一次史料　第5章 まとめ　資料
＊本書は、マラッカ王国の最盛期に活躍したラクサマナ（海軍提督）・ハントゥアについて、詳細な調査を行い、その実在を明らかにするものである。著者は、日本の沖縄県で教育庁の協力を得調査を行い、本書の結論を導き出している。琉球王国の史料と遺物から、ハントゥアの実在が証明されている。マラッカ王国と琉球王国との外交関係は、研究者によって信頼のおける史料として認知されている『歴代宝案』に、はっきりと記録されている。また、別の史料では、ハントゥアはマラッカ王国の使節として、インド、トルコ、パタニへ派遣されたとも記述されており、その姿を世界各地に留めているのである。本書は『ハントゥア物語』など、マレー世界の史料に依るだけでなく、琉球王国の信頼おける史料にも依拠し、書かれたものである。

ハンニバル〔247～182B.C.〕 Hannibal

◇新書 英雄列伝―戦史に輝く将星たち　有坂純著　学研教育出版　2015.10　407p　19cm　〈文献あり　発売：学研マーケティング〉　1600円
①978-4-05-406350-1　Ⓝ283
 内容 ペルシア戦争を起こした男―アリスタゴラス伝　わが故郷は遙か―ディオニュシオス伝　われら死にきと―レオニダス伝　サラミスよ、汝は女の産める子らを滅ぼさん―テミストクレス伝　賞金首女王―アルテミシア一世伝　三つの問い―エパメイノンダス伝　偉大なる敵―ハンニバル伝　オリュンポスの落日―アエミリウス・パウルス伝　賽は投げられた―ユリウス・カエサル伝　帝国の夢―ゼノビア女王伝　疾風―衛青・霍去病伝　戦いは、まだ始まっていない―ジョン・ポール＝ジョーンズ伝　第一級の戦士―ダウ元帥伝
＊かつて雑誌『タクテクス』（ホビージャパン刊）で熱狂的に連載されていた伝説の連載が、待望の単行本化！古代ギリシアからナポレオン時代まであまたの英傑が生き生きと甦る！

◇地中海世界の覇権をかけてハンニバル　長谷川博隆著　新訂版　清水書院　2017.6　251p　19cm　（新・人と歴史拡大版 13）〈表紙・背のタイトル：地中海の覇権をかけてハンニバル　文献あり　年譜あり　索引あり〉　1800円
①978-4-389-44113-5　Ⓝ209.3
 内容 序　1 カルタゴの栄光　2 獅子の子として　3 地中海世界の覇権をめざし　4 戦局の転換　5 敗戦に逆落とし　6 国家再建と再起への道
＊機略縦横、ローマに抗して戦い続けたカルタゴの名将、ハンニバル…。アルプス越え、カンナエの包囲戦をはじめとした挿話はよく知られているが、雄大な抱負、そして経綸の才を有した「大政治家」ハンニバルの真の姿は、意外なほど知られていない。本書は、将軍としてのハンニバルはもちろんのこと、ローマに抗しつつ、祖国のため、63年の生涯を生き抜いたハンニバルを、地中海世界最大の視野を有した大政治家として、その姿をあますところなく著わしえた唯一のものである。

バンヴァード, J.〔1815～1891〕 Banvard, John

◇バンヴァードの阿房宮―世界を変えなかった十三人　ポール・コリンズ著, 山田和子訳　白水社　2014.8　425,21p　20cm　〈文献あり　著作目録あり〉　3600円　①978-4-560-08385-7　Ⓝ283
 内容 バンヴァードの阿房宮―ジョン・バンヴァード　贋作は永遠に―ウィリアム・ヘンリー・アイアランド　空洞地球と極地の穴―ジョン・クリーヴズ・シムズ　N線の目を持つ男―ルネ・ブロンロ　音で夢を語る―ジャン・フランソワ・シュドル　種を蒔いた人―イーフレイム・ウェールズ・ブル　台湾人ロンドンに現るー―ジョージ・サルマナザール　ニューヨーク空圧地下鉄道―アルフレッド・イーライ・ビーチ　死してもはや語ることなし―マーティン・ファークワ・タッパー　ロミオに生涯を捧げて―ロバート・コーツ　青色光狂騒曲―オーガスタス・J・プレゾントン　シェイクスピアの墓をあばく―ディーリア・ベーコン　宇宙は知的生命でいっぱい―トマス・ディック
＊その時、歴史は動かなかった！世界最長のパノラマ画、地球空洞説、驚異な放射線"N線"、音楽言語、空圧式地下鉄、新発見のシェイクスピア劇…壮大な夢を追求し、敗れ去った人々の数奇な物語。

【ヒ】

ピアゼムスキー, A. 〔1947～2017〕
Wiazemsky, Anne
◇それからの彼女　アンヌ・ヴィアゼムスキー著，原正人訳　DU BOOKS　2018.7　275p　19cm　〈索引あり　発売：ディスクユニオン〉　2400円　Ⓘ978-4-86647-051-1　Ⓝ953.7
[内容]　一九六八年五月　うるわしの春　同志を解放しろ！　革命の歌　バリケードの夜　カンヌ映画祭移動祝祭日　大人たちの五月　ローリング・ストーンズ　六月〔ほか〕
＊幸せな結婚生活を望む彼女を待ち受けていたのは、激動の五月革命と、社会運動に傾倒していく夫の姿だった。一。フランソワ・トリュフォー、フィリップ・ガレル、ベルナルド・ベルトルッチ、ジョン・レノン＆ポール・マッカートニー、ミック・ジャガーなど、時代の寵児たちの中でゴダールの妻として過ごした1年を、みずみずしく、時にユーモラスに描いた話題作。

ビーアド, C.A. 〔1874～1948〕
Beard, Charles Austin
◇日本地方自治の群像　第7巻　佐藤俊一著　成文堂　2016.12　326p　20cm　〈成文堂選書60〉　3500円　Ⓘ978-4-7923-3356-0　Ⓝ318.2
[内容]　第1章　方面委員制度の設計・運用者と"公私"関係の変転―小河滋次郎と林市蔵（小河滋次郎と林市蔵の足跡　恤救規則から大阪府の方面委員制度へ―小河滋次郎　ほか）　第2章　田川大吉郎の立憲政治論と都市経営論（詳らかにされた田川大吉郎の巡歴　社会改良論と立憲政治論　ほか）　第3章　C.A.ビアードの市政学と『東京市政論』（C・A・ビアードの業績と生涯　経済と政治と行政の関係論　ほか）　第4章　ゼロからの村づくり・秋田県大潟村の五〇年―宮田正馗村長を中心に（自治なきゼロからの村づくり（一九六四〜一九七六年）　制限自治制から完全自治制下での村づくり（一九七六〜二〇〇〇年）　ほか）
＊戦前から現在に至る日本地方自治の思想と実践に大きな足跡を残した人物の再発掘シリーズ第7巻。日本の地方自治に関するこれまでの文献の論述・分析をより豊かなものにする、注目の書である。

ピアフ, E. 〔1915～1963〕 Piaf, Edith
◇エディット・ピアフという生き方　山口路子著　KADOKAWA　2015.3　251p　15cm　〈新人物文庫　や-1-7〉〈文献あり　年譜あり〉　750円　Ⓘ978-4-04-601184-8　Ⓝ767.8
[内容]　魂を揺さぶる歌声　だからこそ、今の私があるだから私はそれに執着する　だから私は彼らをコレクションする　だから彼らは男たちを愛する　だから私は恋に溺れる　だから私は彼のあとを追わない　だから私はプロポーズする　だから私は彼を許さない　だから私は浪費する　だから私は諦めない　だからこそ、私は私の人生を愛する　命がけで生きることの美しさ
＊パリのストリートシンガーから出発し、世界の歌姫としてその栄光を極めた歌手エディット・ピアフ。魂を揺さぶる歌声は、いまも多くの人に感動を与え続けている。華やかな恋から生まれた『バラ色の人生』や悲劇の恋から生まれた『愛の讃歌』など、多くの名曲は彼女の「がむしゃらな情熱」、そして「愚かなまでに愛を信じる魂」とともにあった。ピアフが残した言葉とともに、命がけで生きることの魅力を描きだす、胸熱くなる一冊。

◇愛の讃歌―エディット・ピアフの生きた時代　加藤登紀子著　東京ニュース通信社　2016.6　208p　22cm　〈TOKYO NEWS BOOKS〉〈他言語標題：hymne à l'amour　文献あり　年譜あり　発売：徳間書店〉　2000円　Ⓘ978-4-19-864184-9　Ⓝ767.8
[内容]　ピアフの人生をたどってパリを歩く　プロローグ―ピアフに魅せられて50年　第1章　ピアフの生きた時代　第2章　ピアフの誕生　第3章　ヒトラーの時代　第4章　戦後のピアフ　第5章　ピアフの奇跡　エピローグ―私の『ピアフ物語』対談：フランシス・レイとの25年ぶりの再会　登紀子ピアフを歌う
＊フランスの国民的歌手、エディット・ピアフ生誕から100年。ピアフを敬愛してやまない歌手の加藤登紀子がいまだに謎の部分も多いピアフの生涯をたどって行く。

ビアンキ, A. 〔1958～〕 Bianchi, Anthony
◇前例より、前進！―青い目の市会議員"奮戦記"　ビアンキ　アンソニー著　名古屋　風媒社　2014.10　214p　19cm　1500円　Ⓘ978-4-8331-1109-6　Ⓝ318.255
[内容]　第1章　英語教師としての出発　第2章　市会議員を目指す　第3章　ドキドキの初質問　第4章　アメリカでの思わぬ反響　第5章　ニューヨークから日本へ　第6章　政治という"正義"　第7章　市長選への挑戦　第8章　議会　議会改革は議会"機能化"
＊ニューヨーク・ブルックリン生まれのアメリカ人が、日本の地方都市・犬山（愛知県）の街に魅せられ、移住を決意。でもこの国の政治って何だか変だ？　もっと住みよい街にするために、市会議員選挙に立候補。そして、まさかのトップ当選―！　今や議員生活10年の著者が語る、"政治参加のススメ"。

ビーイナ, G. 〔1886～1940〕 Wegener, Gerda
◇女流画家ゲアダ・ヴィーナと「謎のモデル」―アール・デコのうもれた美女画　荒俣宏著　新書館　2016.3　255p　21cm　〈作品目録あり〉　1800円　Ⓘ978-4-403-12025-1　Ⓝ723.3895
[内容]　第1部「パリ―女性の生活維新」と「アートの力」　異装の競演　ガール・アート―収集家の「セレンディピティ」に始まる　ポルノグラフィーとは異なる「美女賛美」　ゲアダ・ヴィーナの再評価）　第2部（「デンマークの女」と「女になった男」の出会い　代用モデルに選ばれた男　パリの「三人暮らし」と憂鬱の始まり　リリの自立とパリの遊興生活　育っていく「リリ・クールトー」、萎えていく「アイナ・ヴィーイナ」　ほか）
＊「リリーのすべて」（早川書房刊）のモデルとなった奇跡の夫婦画家の埋もれた評伝画集。その魅力にとりつかれた荒俣宏が20年来のコレクションを公開!!

ヒエロニムス〔342/347?~420〕 Hieronymus

◇キリスト教的学識者―宗教改革時代を中心に E.H.ハービソン著，根占献一監訳，大川なつか，高津秀之，高津美和訳　知泉書館　2015.2　231, 24p　20cm　（〔ルネサンス叢書〕）〈布装　索引あり〉　3000円　Ⓘ978-4-86285-205-2　Ⓝ191.028

内容　第1章 キリスト教的召命としての学問―ヒエロニムスからアクィナスまで（キリスト教的学識者の召命，ヒエロニムス，アウグスティヌス，ピエール・アベラール，トマス・アクィナス）　第2章 学芸復興（ルネサンス）―ペトラルカからコレットまで（学芸復興（ルネサンス）とキリスト教的学識者 ペトラルカ，ロレンツォ・ヴァッラ，ジョヴァンニ・ピーコ・デッラ・ミランドラ，ジョン・コレット）　第3章 エラスムス　第4章 ルター　第5章 カルヴァン

＊聖書では知恵（学識）は信仰の障害物になると語られ，反主知主義の伝統的潮流が存在する。キリスト教徒にとっての学問とは何か。宗教改革は聖書の意味に対する学者の洞察に始まり，それは学識者の運動，大学教授や学生による出来事，学者による革命となった。歴史上，エラスムス，ルター，カルヴァンに代表されるこの時代ほどキリスト教的学識者の威信が高まり強い影響力をもったことはない。人々の学ぶ熱意や，学問に対する尊敬と信頼が広まったのである。本書は彼らに影響を与えた先駆者の検討を通じて，彼らがいかにその使命を天職として感得し，学問への情熱とキリスト教信仰を一致させたか，さらにその営みがキリスト教の発展に与えた影響など，今まで神学者や歴史家が軽視してきたテーマに独自の光を投じた。著者は「アテネとエルサレム，アカデミーと教会とは何の関係があるのか？」という問いから，古代の教父学者ヒエロニムスとアウグスティヌス，中世の神学者アベラールとトマス・アクィナス，ルネサンス人文主義者ペトラルカとヴァッラやピーコたちの業績と，宗教改革期の学識者を有機的に関連づけて考察することにより，キリスト教とギリシア・ローマ文化の微妙な折衝を見事に描く。類書のない基本的文献である。

◇ヒエロニュムスの聖書翻訳　加藤哲平著　教文館　2018.3　361p　22cm　〈文献あり　索引あり〉　5200円　Ⓘ978-4-7642-7424-2　Ⓝ198.22

内容　「ヘブライ的真理」とは何か　第1部 ヒエロニュムスの世界（ヒエロニュムスの生涯と著作　教父学とユダヤ教科学の弁証法―近代ヒエロニュムス研究史の一断面　ギリシア・ラテン聖書学の歴史―七十人訳，ヘクサプラ，ウルガータ）　第2部 ヒエロニュムスの思想（ギリシア語かヘブライ語か―ヒエロニュムスの翻訳論　新約聖書における旧約引用―ウルガータ聖書序文と『翻訳の最高の種類について』から　ヘブライ人，使徒，キリスト―「ヘブライ的真理」を裏付ける3種の権威者　結論と展望）　第3部 ヒエロニュムスの言葉（ウルガータ聖書序文 全訳と注解（石川立，加藤哲平訳））

＊真理は"ヘブライ語"原典にある！ウルガータ聖書の翻訳者として不朽の名を残す教父ヒエロニュムス。彼の翻訳理論の底流にあった「ヘブライ的真理」の思想とは何か？新約における旧約引用から解き明かされる神学的聖書理解の核心！「ウルガータ聖書序文」の全訳（共訳：石川立）を収録。

ピオッツィ, H.L.〔1741~1821〕 Piozzi, Hester Lynch

◇ジョンソン博士とスレイル夫人の旅日記―ウェールズ（1774年）とフランス（1775年）　ジョンソン，スレイル著，市川泰男，諏訪部仁，稲村善二，江藤秀一訳　八王子　中央大学出版部　2017.3　315,11p　20cm　（中央大学人文科学研究所翻訳叢書 17）　2300円　Ⓘ978-4-8057-5416-0　Ⓝ935.6

内容　1　一七七四年のウェールズ（ウェールズの旅―サミュエル・ジョンソン　ジョンソン博士とのウェールズの旅―スレイル夫人）　2　一七七五年のフランス（フランス紀行―サミュエル・ジョンソン　フランス紀行―スレイル夫人）　3　解説にかえて（ジョンソンの旅　ヘスター・リンチ・ピオッツィ（スレイル夫人）小伝）

ピオット, P.〔1949~〕 Piot, Peter

◇ノー・タイム・トゥ・ルーズ―エボラとエイズと国際政治　ピーター・ピオット著，宮田一雄，大村朋子，樽井正義訳　慶應義塾大学出版会　2015.3　464,10p 図版16p　20cm　〈索引あり〉　2700円　Ⓘ978-4-7664-2197-2　Ⓝ493.87

内容　第1部（青い魔法瓶の中のウィルス　ついに冒険の旅へ ほか）　第2部（エボラから性感染症へ　アメリカへ，そして帰国 ほか）　第3部（新たな流行病　プロジェクトSIDA ほか）　第4部（国際官僚として　水の中のサメ ほか）

＊エボラウイルスの発見者，ピーター・ピオット氏の回顧録。HIV感染症対策の最前線に立ち続け，国際政治に翻弄されながらも，闘い続けた日々。

ビオン, W.〔1897~1979〕 Bion, Wilfred Ruprecht

◇精神分析家の生涯と理論―連続講義　大阪精神分析セミナー運営委員会編　岩崎学術出版社　2018.7　367p　21cm　3800円　Ⓘ978-4-7533-1138-5　Ⓝ146.1

内容　第1講 フロイト―その生涯と精神分析（福本修述）　第2講 アンナ・フロイト―その生涯と児童分析（中村留貴子述）　第3講 エリクソン―その生涯とライフサイクル論（鑪幹八郎述）　第4講 クライン―その生涯と創造性（飛谷渉述）　第5講 ウィニコット―児童精神科医であるとともに精神分析家であること（館直彦述）　第6講 ビオン―夢想することと・思索すること（松木邦裕述）　第7講 サリヴァン―その生涯と対人関係論（横井公一述）　第8講 コフート―その生涯と自己心理学，その先に彼が見たもの（富樫公一述）　第9講 間主観性理論・関係精神分析と米国の精神分析（吾妻壮述）　特別対談「精神分析を生きること」（狩野力八郎，松木邦裕述）

ピカソ, P.〔1881~1973〕 Picasso, Pablo

◇ピカソ 1　神童―1881-1906　ジョン・リチャードソン著，木下哲夫訳　白水社　2015.2　719,83p　23cm　〈索引あり〉　12000円　Ⓘ978-4-560-09251-4　Ⓝ723.35

内容　マラガ　パブロ・ルイス・ピカソ，息子そして

跡継ぎ　ラ・コルーニャ　バルセロナへ　宗教的な主題　マドリード一八九七-九八　オルタ・デ・エブロ　バルセロナ一八九九　"四匹の猫"　我は王なり〔ほか〕
* 伝説的な誕生から少年時代を経て、「青の時代」、「ばら色の時代」、そして傑作"アヴィニョンの娘たち"に至る軌跡を解き明かす。全四巻の決定版、待望の刊行開始！

◇色彩の饗宴―二〇世紀フランスの画家たち　小川栄二著　平凡社　2015.7　325p 図版13p　22cm　〈他言語標題：LA FÊTE DES COULEURS〉　5200円　①978-4-582-83685-1　Ⓝ723.35
  内容 第1章 現代絵画への展望（バルテュス―孤高の絵画愛　デュビュッフェ―現代のプリミティフ、創造の原初から　スタール―地中海の光）　第2章 二〇世紀の巨匠たち（ピカソ―"もの"の侵入、色彩の復権　マティス―色彩の悦び　ブラック―鳥たちの飛翔）　第3章 色彩と夢と現実（ミロ―"自由なる自由"を友に　シャガール―オペラ座天井画に見た夢）　第4章 日常性への眼差し（ボナール―絵画への愛、日常への愛　デュフィ―海と音楽　レジェ―二〇世紀前衛の"プリミティフ"）　第5章 田園・環境・エコロジー（エステーヴ―華やぐ大地　ビシエール―現代の牧歌）
  * なぜあの名画は生まれたのだろうか？ ピカソ、ミロ、シャガールからバルテュスまで現代フランス絵画を色彩豊かにいろどる13人の画家たちのその生涯を振り返り、知られざる素顔に迫る。

◇ピカソ―二十世紀美術断想　粟津則雄著　生活の友社　2016.2　237p　20cm　2000円　①978-4-915919-99-2　Ⓝ723.35
  * 恐るべき写実、青の時代の憂愁と哀しみ、バラ色の時代のロマンティック、20世紀絵画を根源から揺るがせたキュビスムなど、様々な貌を持つピカソを知の巨人・粟津則雄が独自の眼で考察してゆく。

◇巨匠探究―ゲーテ・ゴッホ・ピカソ　前川整洋著　図書新聞　2016.4　256p　20cm　2000円　①978-4-88611-468-6　Ⓝ940.268
  内容 第1部 ゲーテ（生い立ち　就学時代　『若きウェルテルの悩み』について ほか）　第2部 ゴッホ（ゴッホへの誘い　ゴッホ展を見学して　苦難の生涯 ほか）　第3部 ピカソ（ピカソとの出会い　抽象絵画へのプレリュード　青の時代とバラ色の時代 ほか）

◇ピカソの世紀　続　ゲルニカと戦争、そして栄光と孤独―1937-1973　ピエール・カバンヌ著，中村隆夫訳　西村書店　2016.4　973p　20cm　〈年譜あり　索引あり〉　5500円　①978-4-89013-745-9　Ⓝ723.35
  内容 ゲルニカ（一九三七・一九三八）　幸せの時、再び（一九三八）「どうしろっていうんだ、扉は見張られていたのに…」（一九三九・一九四三）　フランソワーズとの生活（一九四三・一九四六）　ああ！ 美しい日々（一九四六・一九四八）　戦争と平和（一九四九・一九五三）　ジャックリーヌ、守護のスフィンクス（一九五四・一九五五）　ピカソというミステリーはない（一九五五・一九五七）　イカロス、イカロス、そして『草上の昼食』（一九五八・一九六〇）　画家とモデル（一九六一・一九六五）　ドン・パブロの栄光（一九六五・一九七〇）「いささか想像を絶する人物…」（一九七一・一九七三）　ピカソ以後（一九七三・一九九一）
  * 故国スペインの民が戦火に焼かれる姿に苦悶するピカソ、女性たちが自分をとり合う姿を楽しむピカソ、高まる名声のなか孤独に苛まれるピカソ、老いに抗うかのように爆発的な創作を続けるピカソ…。"ゲルニカ""泣く女""平和の白鳩"などの誕生秘話とともに、とてつもなく多面的でエネルギッシュな天才の後半生を描きだす。

◇ピカソ 2　キュビストの叛乱―1907-1916　ジョン・リチャードソン著，木下哲夫訳　白水社　2016.5　677,81p　23cm　〈索引あり〉　12000円　①978-4-560-09252-1　Ⓝ723.35
  内容 「現代生活の画家」　レモンド　セザンヌとピカソ　画家の溜まり場　三人の女　ラ・リュー＝デ＝ボワ　キュビスムの足音　二度目のオルタ訪問　ボヘミアン暮らしに別れを告げる　カダケス一九一〇〔ほか〕
  * 未完の傑作"アヴィニョンの娘たち"に始まり、問題作『パラード』に至る若きピカソの革命。盟友ブラックとの出会い、画商やコレクターとの縁、新たな恋人たちの登場、迫り来る第一次世界大戦の影…キュビスムの誕生から新古典主義時代の到来までを克明に描く。ピカソ伝の最高峰、待望の第二巻！

◇ピカソ 3　意気揚々―1917-1932　ジョン・リチャードソン著，木下哲夫訳　白水社　2017.6　595,109p 図版48p　23cm　〈索引あり〉　15000円　①978-4-560-09253-8　Ⓝ723.35
  内容 ローマとロシア・バレエ団（一九一七年）　ナポリ　『パラード』バレエ団のスペイン訪問　オルガとバルセロナに滞在する（一九一七年秋）　モンルージュの自宅に戻る（一九一七・一八年冬）　結婚（一九一八年夏）　アポリネールの死（一九一八年）　ラ・ボエシ通り（一九一八・一九年）　ロンドンと『三角帽子』（一九一九年）〔ほか〕
  * 『パラード』、『三角帽子』などセルゲイ・ディアギレフ率いるロシア・バレエ団との共同作業、最初の妻オルガとの結婚、そして新たなミューズ、マリー＝テレーズとの出会い。キュビスム、新古典主義をさらにさらなる高みへ―巨匠の壮年期15年の歩みを克明にたどる、円熟の第三巻！

◇ピカソ再考　松原典子編　上智大学ヨーロッパ研究所　2018.3　55p　21cm　〈上智大学ヨーロッパ研究所研究叢書 11〉　Ⓝ723.35
  内容 講演　マネ，ピカソ，マネ（ロランス・マドリーヌ述）　拝啓・親愛なるピカソ、親愛なる巨匠：ピカソとイタリア（カテリナ・ザッピア述）

ピーク, B. 〔1927～1992〕
Peak, Robert "Bob" M.

◇アートオブ ボブ・ピーク　トム・ピーク著，倉田ありさ訳　マール社　2018.10　384p　26cm　4500円　①978-4-8373-0678-8　Ⓝ726.5
  内容 生い立ちと青年時代　広告　出版物　ファッション　映画　音楽　自動車のデザイン　スポーツ　旅行　『タイム』誌〔ほか〕
  * 幻の画集、日本初上陸。芸術と広告を融合することで、アートの歴史を変えた天才イラストレーター。

ビクトリア

ビクトリア（イギリス女王）〔1819～1901〕
Victoria, Queen of Great Britain

◇ヴィクトリア女王の王室―側近と使用人が語る大英帝国の象徴の真実　ケイト・ハバード著，橋本光彦訳　原書房　2014.11　466,3p　20cm　〈文献あり〉　2800円　①978-4-562-05113-7　Ⓝ288.4933
　内容　第1部「女王はとても幸せな女性なのです」（一八三八年，ウィンザー城　醜聞と危機　愛に満ちた宮廷　育児担当責任者，サラ・リトルトン　ほか）　第2部「わたしの心は完全に粉々になってしまいました」（頼れる誰か　秘書官，ヘンリー・ポンソンビー　バルモラル城での流儀　東方問題と内政問題　ほか）
　＊大英帝国の最盛期をつくりあげた女王の素顔を知る者たちだけが描ける英国史。女官，秘書官，主治医，首席司祭，インド人使用人といった女王に仕えた人々が遺した大量の日記や書簡から浮かび上がる英国王室のドラマ。

◇ヴィクトリア―英国女王伝　イーディス・シットウェル著，藤本真理子訳　書肆山田　2015.3　429p　20cm　3500円　①978-4-87995-910-2　Ⓝ289.3

◇王妃たちの最期の日々　下　ジャン＝クリストフ・ビュイッソン，ジャン・セヴィリア編，神田順子，土居佳代子，山川洋子訳　原書房　2017.4　228p　20cm　2000円　①978-4-562-05386-5　Ⓝ288.493
　内容　11　トリアノンから断頭台へ―マリー・アントワネット／パリ，一七九三年一〇月一六日　12　息子の復讐―ロシアのエカチェリーナ二世／サンクトペテルブルク，一七九六年一一月六日（太陽暦一一月一七日）　13　皇后の二度の死―ジョゼフィーヌ・ド・ボアルネ／リュエル＝マルメゾン，一八一四年五月二九日　14　苦しみつづけ，さまよいつづけた魂の飛翔―オーストリア皇妃エリーザベト（愛称シシ）／ジュネーヴ，一八九八年九月一〇日　15　一つの時代の終焉―ヴィクトリア女王／ワイト島，オズボーン・ハウス，一九〇一年一月二二日　16　呪われた王妃―ドラガ・オブレノヴィチ／ベオグラード，一九〇三年六月一一日　17　ロマノフ朝最後の皇后の死にいたる苦難の道―アレクサンドラ・フョードロヴナ／エカテリンブルク，一九一八年七月一七日　18　フランス最後の皇后―ウジェニー・ド・モンティジョ／マドリード，一九二〇年七月一一日　19　精神を闇に閉ざされての六〇年―シャルロッテ・フォン・ベルギエン／バウハウト城，一九二七年一月一九日　20　あまりに理不尽な死―ベルギー王妃アストリッド／キュスナハト・アム・リギ，一九三五年八月二九日
　＊マリー＝アントワネット，エカチェリーナ2世，ジョゼフィーヌ，エリーザベト（シシ）…信仰心，病魔，処刑台…世界史に大きな影響をあたえたさまざまな人生と運命を描く物語！

◇図説ヴィクトリア女王―英国の近代化をなしげた女帝　デボラ・ジャッフェ著，二木かおる訳　原書房　2017.9　365p　22cm　〈文献あり　年表あり〉　3800円　①978-4-562-05429-9　Ⓝ289.3
　内容　アレクサンドリー・ヴィクトリア王女　若き女王　戴冠式　女王の結婚　ヴィクトリアとアルバートの最初の一〇年間　ロイヤル・ファミリー　一九世紀中頃　喪に服す　寡婦　ヴィクトリアの大英帝国　国民すべての女王　女王としての六〇年間　最晩年
　＊波乱万丈の生涯と，大英帝国の黄金時代。200点以上の写真や絵画を駆使し，その生涯から社会，政治，世相，文化まであますところなく解説したヴィジュアル評伝。

◇最高の議会人グラッドストン　尾鍋輝彦著　清水書院　2018.7　231p　19cm　〈新・人と歴史　拡大版　29〉〈1984年刊の表記や仮名遣い等一部を変更　文献あり　年譜あり　索引あり〉　1800円　①978-4-389-44129-6　Ⓝ289.3
　内容　1　表舞台に出るまでの三人（奴隷所有者の子，グラッドストン　ユダヤ人ディズレーリ　ほか）　2　自由主義の戦い（三人が結婚するまで　自由貿易への歩み）　3　保守党の暗い谷間（不安定な連立内閣つづき　自由党員グラッドストン）　4　立憲政治の絶頂（第一次ディズレーリ内閣　第一次グラッドストン内閣　ほか）　5　グランド・オールド・マン（グランド・オールド・マン）
　＊乱闘，強行採決，選挙違反にみちている日本の議会政治と比べて，一九世紀以来のイギリスの議会政治は，模範的なものであったように思われている。はたして，本当にそうだったのだろうか？　女王がやたらに政治に介入し，また，採決のときに党員が分裂して四政党，五政党の政治の如き状態を示すなど，必ずしも模範的ではなかったのである。本書は，それらの問題をグラッドストン，ディズレーリ，ヴィクトリア女王の三人の絡み合いを中心に，人間味と人間臭さとを加えて述べたものである。

◇図説ヴィクトリア女王の生涯―王宮儀式から愛の行方まで　村上リコ著　河出書房新社　2018.9　139p　22cm　〈ふくろうの本〉〈文献あり　年譜あり〉　1800円　①978-4-309-76274-6　Ⓝ289.3
　内容　第1章　即位の準備　一八一九～一八三七　第2章　戴冠式と政治　一八三七～一八三九　第3章　ヴィクトリアの王宮　一八三七～一八八〇　第4章　結婚への道　一八二八～一四四〇　第5章　女王の住まいと家庭生活　一八三七～一八六〇　第6章　万博と戦争　一八五一～一八五八　第7章　喪服の女王と男たち　一八六一～一八八三　第8章　帝国の栄光　一八六八～一八八九　第9章　終わりのとき　一九〇〇～一九〇一
　＊19世紀の英国をかたちづくった比類なき女性君主の一代記。戴冠式・結婚式・万博に戦争に記念式典。応接間，正餐室，好きな食べ物から更衣室，寝室まで。華麗なる英国王宮の儀式と女王の私生活の実態にせまる。

ビーコ, G.B.〔1668～1744〕
Vico, Giambattista

◇ヴィーコ自叙伝　ジャンバッティスタ・ヴィーコ著，福鎌忠恕訳　新装版　法政大学出版局　2015.11　447p　20cm　〈叢書・ウニベルシタス　289〉〈索引あり〉　5000円　①978-4-588-14022-8　Ⓝ137
　内容　ジャンバッティスタ＃ヴィーコ本人自身によって執筆された生涯（自叙伝本文―1725・28年に執筆　自叙伝補遺―1728・31年に執筆）　ヴィッラロー

ザ侯爵補記（補記本文―1818年）　参考論文・文献（ヴィーコとル・クレール　思想史における「伝説」（légendes）の諸問題―モンテスキューとヴィーコをめぐって）

　＊ヴィーコはどう生き、どう学んだか。逆境・不遇を強いられた半生、「こうであり、それ以外ではなかった」蹉跌と曲折の多い思想形成を回顧し、主著『新科学』という「寛大な復讐」の成るまでを語る。難文で小迷宮の如き原典の完訳に、精細極まる訳註と参考論文2篇を付し、本格的なヴィーコ探索に読者を誘う。

◇ヴィーコ論集成　上村忠男著　みすず書房　2017.11　460,48p　22cm　10000円　Ⓘ978-4-622-08665-9　Ⓝ137

　内容　プロローグ　ヴィーコとヨーロッパ的科学の危機　第1部　ヴィーコ―学問の起源へ（ヴィーコの懐疑　自然学者ヴィーコ　ほか）　第2部　専攻研究（数学と医学のあいだで―ヴィーコとナポリの自然探求者たち　喩としての『自伝』森のバロック　ヴィーコのゼノン）　第3部　雑録（B.クローチェの『ヴィーコの哲学』　K.レーヴィットのヴィーコ論　サイードとヴィーコ　修辞のバロック　スピノザ、ヴィーコ、現代政治思想　ヴィーコー「科学革命」の内破にむけて　バロックとポストモダン）

　＊学問に必要なのは、認識可能なものと不可能なものを区別する原理である。主著『新しい学』を筆頭に、徹底した学問批判を展開したイタリアの哲学者ジャンバッティスタ・ヴィーコ（1668 - 1744）。今まさに学ぶところの多いその思考と生涯を研究してきた第一人者による長年にわたる論考を、ここに一書にする。学者としての緻密さと思想家としての奥行きを兼ね備えた、著者のヴィーコ研究の集大成。

ビゴツキー, L.S.〔1896～1934〕
Vygotskiĭ, Lev Semenovich

◇ヴィゴツキーの思想世界―その形成と研究の交流　佐藤公治著　新曜社　2015.5　273,27p　19cm　〈文献あり　索引あり〉　2400円　Ⓘ978-4-7885-1428-7　Ⓝ140.1

　内容　第1章　ヴィゴツキー、その研究と生涯　第2章　ヴィゴツキーの『芸術心理学』―ロシア・フォルマリズムを超えて　第3章　ヴィゴツキーがみた文学の世界―ハムレット、寓話、スターン　第4章　ヴィゴツキーとエイゼンシュテイン―芸術創造をめぐる交流　第5章　ヴィゴツキーとシペート―その言語論と意味世界論　第6章　ヴィゴツキーとゲシュタルト心理学

　＊ヴィゴツキー理論をどう読むべきか？　一連の研究を通して言いたかったこととは？　人間精神に対するヴィゴツキー思想の生成発展過程を哲学者、心理学者、芸術家たちとの思想的対話から検証。ヴィゴツキー理論を固定化してしまうことなく、彼が解かなかったものも含めて、さらに展開してゆく。

◇天才心理学者ヴィゴツキーの思想と運命　イーゴリ・レイフ著，広瀬信雄訳　京都　ミネルヴァ書房　2015.10　171,15p　20cm　〈文献あり　年譜あり　索引あり〉　3000円　Ⓘ978-4-623-07438-9　Ⓝ140.1

　内容　第1章　心理学のモーツァルトと三人組　第2章　田舎町が生んだ芸術心理学　第3章　自らの闘病と障害児教育改革　第4章　思想劇としての心理学授業　第5章　子どもの思考と言語―心理学の宝石箱　第6章　心理学の世界遺産―名著『思考と言語』第7章　優しい父親ヴィゴツキー　終章　「愛よ、おまえにありがとう…」―L.S.ヴィゴツキーの、ある自筆サインの物語

　＊10年あまりの間に150を超える著書、論文、記事を発表し、「心理学のモーツァルト」とも称されたヴィゴツキー。そのどん欲なまでの研究活動を追い、思想の原点を探る。

◇ヴィゴツキーの生涯　A・A・レオンチェフ著，菅田洋一郎監訳，広瀬信雄訳　新装改訂版　新読社　2017.1　287p　22cm　2600円　Ⓘ978-4-7880-4122-6　Ⓝ140.238

　内容　第1章　心理学におけるモーツァルト　第2章　新しい人間についての科学　第3章　心理学をどのように築いたのか　第4章　支援のための理解　第5章　子どもの宇宙世界　第6章　意識の小宇宙　第7章　新機軸への突破口　第8章　高層心理学　第9章　モスクワからハリコフへ、ハリコフからモスクワへ　第10章　思想の承認と神話の暴露

◇ヴィゴツキー評伝―その生涯と創造の軌跡　広瀬信雄著　明石書店　2018.8　241p　20cm　（明石ライブラリー　165）〈文献あり　索引あり〉　2700円　Ⓘ978-4-7503-4710-3　Ⓝ289.3

　内容　第1章　故郷ベラルーシの日々　第2章　大学時代　第3章　芸術心理学への歩み　第4章　教育心理学への道　第5章　欠陥学を心理学の光に　第6章　心理学の危機　第7章　回想のヴィゴツキー　第8章　生命尽きてなお

◇ヴィゴツキーの生きた時代〈19世紀末～1930年代〉のロシア・ソビエト心理学―ヴィゴツキーを補助線にその意味を読み解く　中村和夫著　福村出版　2018.9　297p　22cm　〈文献あり　索引あり〉　5000円　Ⓘ978-4-571-23058-5　Ⓝ140.238

　内容　第1部　10月革命前の争乱期におけるロシアの心理学（革命前の社会的、政治的な状況　革命前の心理学の状況　同時代の日本との比較と日本での受けとめ）　第2部　10月革命後～スターリン独裁の成立期（1917～1930年代）におけるソビエト心理学（革命後～スターリン独裁の成立期の社会的、政治的な状況　革命後～スターリン独裁の成立期の心理学の状況　同時代の日本での受けとめ）　第3部　ヴィゴツキー理論と現代をつなぐ（ヴィゴツキー理論と身体運動意味論―内言の意味と身体との接点）

ピコ・デラ・ミランドラ〔1463～1494〕
Giovanni Pico della Mirandola

◇キリスト教的学識者―宗教改革時代を中心に　E.H.ハービソン著，根占献一監訳，大川なつか，高津秀之，高津美和訳　知泉書館　2015.2　231,24p　20cm　（〔ルネサンス叢書〕）〈布装　索引あり〉　3000円　Ⓘ978-4-86285-205-2　Ⓝ191.028

　内容　第1章　キリスト教的召命としての学問―ヒエロニムスからアクィナスまで（キリスト教的学識者の召命　ヒエロニムス、アウグスティヌス、ピエール・アベラール、トマス・アクィナス）　第2章　学芸復興

(ルネサンス)─ペトラルカからコレットまで(学芸復興(ルネサンス)とキリスト教的学識者 ペトラルカ、ロレンツォ・ヴァッラ、ジョヴァンニ・ピーコ・デッラ・ミランドラ、ジョン・コレット) 第3章 エラスムス 第4章 ルター 第5章 カルヴァン

＊聖書では知恵(学識)は信仰の障害物になると語らぬ、反主知主義の伝統的潮流が存在する。キリスト教徒にとっての学問とは何か。宗教改革は聖書の意味に対する学者の洞察に始まり、それは学識者の運動、大学教授や学生による出来事、学者による革命となった。歴史上、エラスムス、ルター、カルヴァンに代表されるこの時代ほどキリスト教的学識者の威信が高まり影響力をもったことはない。人々の学ぶ熱意や、学問に対する尊敬と信頼が広がったのである。本書は彼らに影響を与えた先駆者の検討を通じて、彼らがいかにその使命を天職として体得し、学問への情熱とキリスト教信仰を一致させたか、さらにその営みがキリスト教の発展に与えた影響など、今まで神学者や歴史家が軽視してきたテーマに独自の光を投じた。著者は「アテネとエルサレム、アカデミーと教会とは何の関係があるのか？」という問いから、古代の教父学者ヒエロニムスとアウグスティヌス、中世の神学者アベラールとトマス・アクィナス、ルネサンス人文主義者ペトラルカとヴァッラやピーコたちの業績と、宗教改革期の学識者を有機的に関連づけて考察することにより、キリスト教とギリシア・ローマ文化の微妙な折衝を見事に描く。類書のない基本的文献である。

ピサロ, C. 〔1830～1903〕 Pissarro, Camille

◇ピサロ─永遠の印象派 クレール・デュラン゠リュエル・スノレール著，藤田治彦監修，遠藤ゆかり訳 大阪 創元社 2014.8 142p 18cm (「知の再発見」双書 165)〈文献あり 年譜あり 索引あり〉 1600円 ①978-4-422-21225-8 Ⓝ723.35

内容 第1章 アンティル諸島からパリへ 第2章 印象派の冒険 第3章 印象派から新印象派へ 第4章 最後の住居エラニーと最初の成功 第5章 都市シリーズ 資料篇─永遠の印象派

ピサロ, F. 〔1475?～1541〕 Pizarro, Francisco

◇コルテスとピサロ─遍歴と定住のはざまで生きた征服者 安村直己著 山川出版社 2016.11 91p 21cm (世界史リブレット人 48)〈文献あり 年譜あり〉 800円 ①978-4-634-35048-9 Ⓝ289.3

内容 世界史のなかのアメリカ大陸征服 1 征服までの道のり 2 アステカ王国の征服へ 3 パナマ、カハマルカ、クスコ 4 王室の介入と夢の挫折 5 征服から内戦へ 歴史の審判

＊アメリカ大陸の「発見」は征服に直結しない。広大な領域をスペインの植民地としたのはコルテスとピサロだった。彼らは高度な文明を有したアステカ王国とインカ帝国をわずかな手勢でもどのように征服したのか。これだけの功績をあげた二人がその夢をはたせずに死を迎えたのはなぜのか。当時のスペインの政治・社会情勢、カリブ海での経験、先住民社会の内部事情、征服者同士の対立、国王カール五世の思惑から、これらの疑問の解明を試みる。

ビシエール, R. 〔1886～1964〕 Bissière, Roger

◇色彩の饗宴─二〇世紀フランスの画家たち 小川栄二著 平凡社 2015.7 325p 図版13p 22cm 〈他言語標題：LA FÊTE DES COULEURS〉 5200円 ①978-4-582-83685-1 Ⓝ723.35

内容 第1章 現代絵画への展望(バルテュス─孤高の絵画愛 デュビュッフェ─現代のプリミティブ、創造の原初から スタール─地中海の光) 第2章 二〇世紀の巨匠たち(ピカソ─"もの"の侵入、色彩の復権 マティス─色彩の悦び ブラック─鳥たちの飛翔) 第3章 色彩と夢と現実(ミロー"自由なる自由"を友に シャガール─オペラ座天井画に見た夢) 第4章 日常性への眼差し(ボナール─絵画への愛、日常への愛 デュフィ─海と音楽 レジェ─二〇世紀前衛の"プリミティフ") 第5章 田園・環境・エコロジー(エステーヴ─華やぐ大地 ビシエール─現代の牧歌)

＊なぜあの名画は生まれたのだろうか？ ピカソ、ミロ、シャガールからバルテュスまで現代フランス絵画を色彩豊かにいろどる13人の画家たちのその生涯を振り返り、知られざる素顔に迫る。

ビショップ, E. 〔1911～1979〕 Bishop, Elizabeth

◇めずらしい花 ありふれた花─ロタと詩人ビショップとブラジルの人々の物語 カルメン・L.オリヴェイラ著，小口未散訳 水声社 2016.2 363p 図版16p 20cm 〈文献あり〉 3500円 ①978-4-8010-0131-2 Ⓝ289.3

内容 一九七八年、ボストン おお、旅人よ みだらな花梗 昔シナの王さまがおったとさ 一九九四年、リオデジャネイロ 日々の暮らし 八百屋が幸運を運んでくる 美しきピンドラーマ ドナ・ロタ ウアーイ─なぜ？〔ほか〕

＊リオデジャネイロの新公園造成を発案したロタとアメリカの詩人ビショップ。そそり立つ岩と雲の漂う家、女性同士の「家庭」、シダに囲まれた愛の暮し。やがて家は建築賞、詩集はピュリッツァー賞に輝くが、公園事業がふたりの間に距離を生む。1950・60年代の軍政に向かう不穏な国で、政治的な後ろ楯と仲間を失い、ロタは詩人との絆に賭けてニューヨークへ渡るが…。闇に埋もれた先駆的女性のかがやきを蘇らせ、詩人の飛躍を促したブラジル生活を、親友たちの証言で初めて公にした二重の評伝！

ヒス, R. 〔1870～1938〕 His, Rudolf

◇ミュンスター法学者列伝─中央大学・ミュンスター大学交流30周年記念 トーマス・ヘェーレン編著，山内惟介編訳 八王子 中央大学出版部 2018.11 568p 21cm (日本比較法研究所翻訳叢書 80)〈索引あり〉 6700円 ①978-4-8057-0381-6 Ⓝ322.8

内容 旧制大学─アントン・マティアス・シュプリックマン(1749年～1833年) ルードルフ・ヒス(1870

年～1938年)―ミュンスター大学のスイス人刑法史学者― ハンス・バーゲンコップ(1901年～1983年)―ミュンスター大学地方自治研究所創設者―脇役から主役へ―国法学者、フリートリッヒ・クライン(1908年～1974年) 正義のための戦いの中で―刑事訴訟法学者、カール・ペータース(1904年～1998年) ミュンスター大学の租税法―オットマール・ビューラー(1884年～1965年) 生活事実から法へ―ヴァルター・エルマン(1904年～1982年) ミュンスターのフリースラント出身者―ハリー・ヴェスターマン(1909年～1986年) マックス・カーザー(1906年～1997年)―学者生活のダイジェスト ヘルムート・シェルスキィ(1912年～1984年)―幸福感溢れる世代の遅すぎた懐疑 行政法学―ハンス＝ユリウス・ヴォルフ(1898年～1976年) 刑法学者―ヨハネス・ヴェセルス(1923年～2005年) 波乱の時代の労働法―アルフレート・ヒュック(1889年～1975年)とロルフ・ディーツ(1902年～1971年) 環境法・都市計画法―ヴェルナー・ホッペ(1930年～2009年) あなたはどのように判断されるか？―ハンス・プロクス(1920年～2009年) 学理と実務における保険法―ヘルムート・コロサー(1934年～2004年) オットー・ザンドロック―(1930年～2017年) ベルンハルト・グロスフェルトー(1933年～)

ビスコンティ, T. 〔1944～〕 Visconti, Tony
◇ボウイ、ボランを手がけた男―トニー・ヴィスコンティ自伝 トニー・ヴィスコンティ著, 前むつみ訳 シンコーミュージック・エンタテイメント 2017.2 438p 21cm 2500円 ①978-4-401-64354-7 Ⓝ764.7
[内容] プロローグ 着陸 誕生、バナナ、ヘロイン、結婚 マーク・ボランとの出会い 人生いろいろあるから面白い ド派手にいこう 神話と伝説 懲りない人 ホーム＆アウェイ 我、ベルリンっ子 すべてが変わっていく モダン・ライフ 基本に戻って 一周回って元通り
＊デヴィッド・ボウイ、T.レックスの名プロデューサーがすべてを明かす！ 関わったアーティストたちの実像はもちろん、当時の音楽シーンが生き生きと描かれたリアルな一冊。全ロック・ファン必読！

ピストリウス, M. 〔1975～〕 Pistorius, Martin
◇ゴースト・ボーイ マーティン・ピストリウス, ミーガン・ロイド・デイヴィス著, 長澤あかね訳 PHP研究所 2015.12 325p 20cm 1800円 ①978-4-569-82709-4 Ⓝ936
[内容] 時間を数える 暗闇の迷子 意識が戻った瞬間 箱に閉じ込められるということ 介護士のヴァーナ ゴースト・ボーイの覚醒 両親のけんかの原因は… 変化 介護士たち 日課 [ほか]
＊植物状態。医師はあきらめ、両親は泣いた。―だけど、ぼくには意識があった。 10年の沈黙を経て、修業時代を取り戻した少年の物語。 世界26か国で絶賛「とてつもない自伝!!」NYタイムズベストセラーリスト4位。

ビスマルク, O. 〔1815～1898〕 Bismarck, Otto
◇ビスマルク―ドイツ帝国を築いた政治外交術 飯田洋介著 中央公論新社 2015.1 254p 18cm (中公新書 2304)〈文献あり 年譜あり〉 860円 ①978-4-12-102304-9 Ⓝ289.3
[内容] 第1章 「破天荒なビスマルク」として―ある若きユンカーの苦悩 第2章 代議士として―政治家ビスマルクの「修業時代」 第3章 外交官として―外交家ビスマルクの「遍歴時代」 第4章 プロイセン首相として―革命を起こされるよりは起こす 第5章 北ドイツ連邦宰相として―「プロイセンの政治家」から「ドイツの政治家」へ 第6章 ドイツ帝国宰相として―ビスマルク体制下のドイツ帝国 第7章 「誠実なる仲買人」として―ビスマルク体制下のヨーロッパ 第8章 カリスマの存在へ―フリードリヒスルーでの晩年
＊一九世紀ヨーロッパを代表する政治家、ビスマルクの業績は華々しい。一八七一年のドイツ帝国創建、三度にわたるドイツ統一戦争での勝利、欧州に同盟システムを構築した外交手腕、普通選挙や社会保険制度の導入。しかし彼の評価は「英雄」から「ヒトラーの先駆者」まで揺れ動いてきた。「鉄血宰相」「誠実なる仲買人」「白色革命家」など数多の異名に彩られたドイツ帝国宰相、その等身大の姿と政治外交術の真髄に迫る。

◇ビスマルク 加納邦光著 新装版 清水書院 2015.9 248p 19cm (Century Books―人と思想 182)〈文献あり 年譜あり 索引あり〉 1000円 ①978-4-389-42182-3 Ⓝ289.3
[内容] 1 生い立ちから結婚まで(ビスマルク誕生前後のドイツ状況 幼年時代 初等教育、中等教育 ほか) 2 政治家ビスマルク(政治への道 三月革命 反革命 ほか) 3 ビスマルクの人物像と業績(ビスマルクの敵 ビスマルクの人物像と業績の総括)

ビゼー, G. 〔1838～1875〕 Bizet, Georges
◇愛と裏切りの作曲家たち 中野京子著 光文社 2015.3 237p 16cm (光文社知恵の森文庫 tな5-1)〈「かくも罪深きオペラ」(洋泉社 1999年刊)の改題、修正〉 640円 ①978-4-334-78669-4 Ⓝ766.1
[内容] ビゼー 「世にも恐ろしい災い」「カルメン」 ヴェーバー すべては愛のために「魔弾の射手」 ベッリーニ 嫉妬が産んだ名作「ノルマ」 ヴァーグナー 過剰な執着心―「さまよえるオランダ人」 ロッシーニ 美食と神経過敏―「セビーリャの理髪師」 モーツァルト 神童の傲慢―「フィガロの結婚」 ヴェルディ 「道を踏み外した女」「椿姫」 プッチーニ オペラ以上の悲劇「蝶々夫人」
＊名作の誕生する過程には作品に負けないほど劇的な事件がかくされている。スキャンダラスと言っていいほどのそれらの出来事は、別の見方をすれば作曲家本人のがむしゃらな闘争ともいえる。「カルメン」「フィガロの結婚」「蝶々夫人」ほか知っておきたい名作オペラのあらすじと、その作曲家たちの壮絶な生涯を、同時に読める一冊！ 待望の文庫化。

ピタゴラス 〔582?～496?B.C.〕 Pythagoras
◇象徴哲学大系 2 秘密の博物誌 マンリー・P・ホール著, 大沼忠弘, 山田耕士, 吉村正和訳 新版 京都 人文書院 2014.11 282p 図版

12p　22cm　4000円　①978-4-409-03083-7　Ⓝ115.7

内容　ピュタゴラスの生涯と哲学　ピュタゴラスの数学　象徴体系における人間の肉体　ヒラム伝説　ピュタゴラスの音楽論と色彩論　魚・虫・獣・爬虫類・鳥　花・植物・果実・木　石・金属・宝石　典礼魔法と妖術　四大元素とその住民　ヘルメスの薬学・化学・治療学

＊ピュタゴラスの数学や音楽・色彩論他、日頃何げなく見過ごしている動・植物や金属・宝石などの自然の万象にひそむ驚くべきシンボリックな世界の解明を通して古代の叡智を探る。

◇天才数学者はこう解いた、こう生きた─方程式四千年の歴史　木村俊一［著］　講談社　2016.4　285p　15cm　〈講談社学術文庫 2360〉〈文献あり　索引あり〉　1000円　①978-4-06-292360-6　Ⓝ410.28

内容　プロローグ　大発見と天才伝説　第1章　古代の方程式─バビロニア、エジプト、ギリシア、アラブ世界（パピルスと粘土板の天才たち　ギリシア数学の黄金時代　方程式を発明した男、アル＝フワーリズミ）　第2章　伊・仏・英「三国志」─数学のルネッサンス（イタリア・ルネッサンス、ヨーロッパ数学の復活　フランスの数学革命　そのころイギリスでは）　第3章　ニュートンとラグランジュと対称性─科学革命からフランス革命まで（対称性の発見、ニュートンの奇跡　ラグランジュと代数学の基本定理）　第4章　一九世紀の伝説的天才─アーベルとガロア（悲劇のアーベル　ガロア、謎の決闘に死す）　エピローグ　未解決問題のフロンティア

＊万物は数であるという謎の数学教団を組織したピタゴラス、抜群の工学的センスを持つアルキメデス、三次方程式の解の公式を知っていた数学勝負師タルターリャ、フェンシングの達人デカルト…。小数、負の数、虚数、超越数…。方程式との格闘は、数のフロンティア拡大の歴史でもあったのだ。四千年の数学史を一気に駆け抜ける痛快無比の入門書！

◇ギリシア哲学30講　人類の原初の思索から　上　「存在の故郷」を求めて　日下部吉信著　明石書店　2018.11　418p　19cm　〈年表あり　索引あり〉　2700円　①978-4-7503-4742-4　Ⓝ131

内容　ギリシア哲学俯瞰　ミレトスの哲学者(1) タレス　ミレトスの哲学者(2) アナクシマンドロス　ミレトスの哲学者(3) アナクシメネス　ピュタゴラス　アルクュタス　ヘラクレイトス　エレア派　故郷喪失の哲学者クセノパネス　エレア派　パルメニデス　エレア派　ゼノンとメリッソス　エンペドクレス　アナクサゴラス　デモクリトス　ハイデガーと原初の哲学者たち─アナクシマンドロス、ヘラクレイトス、パルメニデス

＊ギリシア哲学の権威にしてハイデガー研究の第一人者でもある著者が、存在の故郷を求めるべく古代ギリシアの文献を読み解き、その自然哲学を「みずみずしい姿」で蘇らせると同時に、そこで繰り広げられた哲学者たちの抗争の帰結としての現代人の歪んだ思考に高らかに異を唱える。過激にして痛快な現代文明批判の書（上下巻）。

ビーチ, A.E.〔1826〜1896〕
Beach, Alfred Ely

◇バンヴァードの阿房宮―世界を変えなかった十三人　ポール・コリンズ著，山田和子訳　白水社　2014.8　425,21p　20cm　〈文献あり　著作目録あり〉　3600円　①978-4-560-08385-7　Ⓝ283

内容　バンヴァードの阿房宮―ジョン・バンヴァード　贋作は永遠に―ウィリアム・ヘンリー・アイアランド　空洞地球と極地の穴―ジョン・クリーヴズ・シムズ　N線の目を持つ男―ルネ・ブロンロ　音で世界を語る―ジャン・フランソワ・シュドル　種を蒔いた人―イーフレイム・ウェールズ・ブル　台湾人ロンドンに現わる―ジョージ・サルマナザール　ニューヨーク空圧地下鉄道―アルフレッド・イーライ・ビーチ　死してもはや語ることなし―マーティン・ファークワ・タッパー　ロミオに生涯を捧げて―ロバート・コーン　青色光狂騒曲―オーガスタス・J プレゾントン　シェイクスピアの墓をあばく―ディーリア・ベーコン　宇宙は知的生命でいっぱい―トマス・ディック

＊その時、歴史は動かなかった！ 世界最長のパノラマ画、地球空洞説、驚異な放射線"N線"、音楽言語、空圧式地下鉄、新発見のシェイクスピア劇…壮大な夢を追求し、敗れ去った人々の奇妙な物語。

ビーチャム, T.〔1879〜1961〕
Beecham, Thomas

◇偉大なる指揮者たち─トスカニーニからカラヤン、小澤、ラトルへの系譜　クリスチャン・メルラン著，神奈川夏子訳　ヤマハミュージックメディア　2014.11　389,7p　21cm　2800円　①978-4-636-90301-0　Ⓝ762.8

内容　アルトゥーロ・トスカニーニ　ウィレム・メンゲルベルク　セルゲイ・クーセヴィツキー　ピエール・モントゥー　ブルーノ・ワルター　サー・トーマス・ビーチャム　レオポルド・ストコフスキー　エルネスト・アンセルメ　オットー・クレンペラー　ヴィルヘルム・フルトヴェングラー〔ほか〕

＊指揮の特徴や楽団員からの評価、生い立ちや普段の振る舞い、家族関係など、50人のマエストロたちの素顔を描き出す。オーケストラ指揮の知られざる側面に迫った評伝集。

ヒッカム, H.〔1943〜〕
Hickam, Homer Hadley, Jr.

◇ロケットボーイズ　上巻　ホーマー・ヒッカム・ジュニア著，武者圭子訳　草思社　2016.2　337p　16cm　（草思社文庫 ヒ2-1）　900円　①978-4-7942-2185-8　Ⓝ289.3

内容　コールウッド　スプートニク　母　父　クウェンティン　バイコフスキーさん　ケープ・コールウッド　基地の建設　ジェイク・モスビー　ライリー先生　ロケットキャンディ

＊1957年、ソ連の人工衛星スプートニクがアメリカ上空を横切った。夜空を見上げ、その輝きに魅せられた高校生四人組がいた。「このまま炭鉱町の平凡な高校生でいいのか。そうだ、僕らもロケットをつくろう！」たび重なる打ち上げ失敗にも、父の反対や町の人々の嘲笑にもめげず、四人はロケットづくりに没頭する。そして、いつしか四人はロケット

ボーイズと呼ばれ、町の人気者になっていた。しかし根っからの炭鉱の男である父だけは認めてくれない—。のちにNASAのエンジニアになった著者の青春の自伝。

◇ロケットボーイズ 下巻 ホーマー・ヒッカム・ジュニア著 武者圭子訳 草思社 2016.2 377p 16cm (草思社文庫 ヒ2-2) 900円 Ⓟ978-4-7942-2186-5 Ⓝ289.3

内容 機械工たち ロケットの本 炭柱の倒壊 州警察 決断 ヴァレンタイン 落盤事故 再出発 オーデルの宝物 亜鉛ウィスキー燃料 理想のロケット 科学フェア インディアナポリスへ着ていく服 全国大会

＊寝る間も惜しんで一心に打ち込むロケットボーイズたちの姿に、やがて町の人々は協力しはじめる。斜陽を迎えつつあった炭鉱町で、彼らの挑戦は人々に新たな希望を与えたのだ。だが、炭鉱労働者の父は相変わらず見向きもしない。「僕の手でロケットを完成させて、父に認めさせてみせる！」その決意を胸に、自作ロケットで科学フェアに参加する。父と子の溝は、はたして埋められるのか—。NASAの元エンジニアが宇宙を夢見た青春時代を振り返り、夢をもちつづけることの大切さを教える成長物語。

ピッカリング, E.C. 〔1846～1919〕
Pickering, Edward Charles

◇現代天文学史—天体物理学の源流と開拓者たち 小暮智一著 京都 京都大学学術出版会 2015.12 634p 22cm 〈他言語標題：History of Modern Astronomy 文献あり 年表あり 索引あり〉 4900円 Ⓟ978-4-87698-882-2 Ⓝ440.12

内容 第1部 天体分光学(「新天文学」の開幕 星の分光分類とHD星表) 第2部 星の構造と進化論(星の進化論とHR図表 熱核反応と星の進化論) 第3部 銀河天文学と宇宙論(銀河と星雲の世界 銀河系の発見 宇宙論の源流へ) 第4部 現代天文学へ(日本における天体物理学の黎明 現代天文学への展開)

＊初めて星の化学組成を明らかにしたロンドンのアマチュア天文家ハギンズ、太陽をガス体と見なした特許調査官レーン、自作の望遠鏡で天空を探査した音楽家ハーシェル…18世紀末から19世紀中葉にかけて現代天文学の扉を開いた彼らは、いずれも学界に縁のないアマチュア天文家だった。星の位置と運動を対象とする古典天文学から天体の物理的構造を探る天体物理学へ、その転換期を担った人々の生涯と研究を軸に、現代天文学の歴史をたどる。

ビッケル, L.W. 〔1866～1917〕
Bickel, Luke Washington

◇しまなみ人物伝 村上貢著 海文堂出版 2015.8 258p 20cm 〈年表あり〉 1800円 Ⓟ978-4-303-63426-1 Ⓝ281.74

内容 第1部 日本の夜明けの時代に(伊能忠敬—尾道辺の測量 瀬戸田の仙太郎—海外漂流 永井重助—福宮丸の海難と対米賠償交渉 水先人北野由兵衛—千島艦衝突事件) 第2部 未来を夢見た先輩たち(田坂他太郎—海運創成期のパイオニア 小林善四郎—初代弓削商船学校長の生涯 ビッケル船長—伝道船「福音丸」と弓削商船学校 中堀貞五郎—「うらなり君」のモデルと今治 浜根岸太郎—初代・二代の生涯 濱田国太郎—海員組合草創時代 麻生イト—女傑の生涯 小山亮—嵐は強い木を育てる)

ヒッチコック, A.J. 〔1899～1980〕
Hitchcock, Alfred Joseph

◇ヒッチコック エリック・ロメール, クロード・シャブロル著 木村建哉, 小河原あや訳 インスクリプト 2015.1 261p 20cm 〈作品目録あり 索引あり〉 2800円 Ⓟ978-4-900997-51-6 Ⓝ778.253

内容 第1章 イギリス時代(初期の映画 ゲインズボロー時代(一九二三・一九二七) サイレントの終わり、トーキーの始まり ブリティッシュ・インターナショナル時代(一九二七・一九三二) ゴーモン＝ブリティッシュ時代(一九三四・一九三七) ゲインズボロー＝メイフラワー時代(一九三七・一九四五)) 第2章 アメリカ時代(1)セルズニックと共に(一九三九・一九四五) 第3章 アメリカ時代(2)『ロープ』から『知りすぎていた男』まで(一九四八・一九五六)(コンティニュイティの征服『ロープ』(一九四八) 秘密と告白『山羊座のもとに』(一九四九) 名人芸『舞台恐怖症』(一九五〇) 数と形象『見知らぬ乗客』(一九五一) 殉教の誘惑『私は告白する』(一九五三) 第三の次元『ダイヤルMを廻せ！』(一九五四) 母型『裏窓』(一九五四) 修辞学の精華『泥棒成金』(一九五五) 善人か悪人か『ハリーの災難』(一九五五) 「サスペンス」の彼岸に『知りすぎていた男』(一九五六)) 結論 『間違えられた男』(一九五六)

＊1957年フランス、二人の駆け出しの映画作家が、世界で初めてヒッチコックの全作品を徹底的に論じ上げた—。秘密と告白、運命と意志、悪の誘惑、堕罪と救済、そしてサスペンス。通俗的な娯楽映画という世評に抗し、ヒッチコックの華麗な演出に潜む形而上学的主題へと迫った、ヌーヴェルヴァーグによる「作家主義」の記念碑的書物。

◇ヒッチコック映画読本 山田宏一著 平凡社 2016.12 323p 20cm 〈年譜あり 索引あり〉 2000円 Ⓟ978-4-582-28263-4 Ⓝ778.253

内容 第1章 アルフレッド・ヒッチコック覚え書(「たかが映画じゃないか」とヒッチコックは言った 「俳優は家畜だ」とヒッチコックは言った ほか) 第2章 ヒッチコック的美女と犯罪(イングリッド・バーグマン『汚名』を中心に グレース・ケリーとヒッチコック的「亭主狩り」美女群 ほか) 第3章 イギリス時代のヒッチコック映画(ヒッチコック以前のヒッチコック『快楽の園』から『リッチ・アンド・ストレンジ(おかしな成金夫婦)』まで 最初の「真のヒッチコック映画」—『下宿人』 ほか) 第4章 戦時下のヒッチコック映画(対談/蓮實重彥 ヒッチコックと「落ちる」こと—『海外特派員』 ヒッチコックのロマンチック・コメディー—『スミス夫妻』 ほか) 第5章 アルフレッド・ヒッチコックは永遠に(ヒッチコック的時間と宙吊り空間—『ロープ』から『裏窓』へ ヒッチコックの家庭劇—『知りすぎていた男』 ほか)

＊「サスペンスの巨匠」のすべて。「映画」の神様・ヒッチコックへの長年の愛と感謝を余すことなく伝える、著者畢生の決定版。各国品への丁寧な解説に加えて、キム・ノヴァク、フランソワ・トリュ

ヒトラー, A.〔1889～1945〕 Hitler, Adolf

◇ヒトラーとナチスのすべて　毒島刀也, 田中健介, 仲田裕之著　電波実験社　2014.8　182p　21cm　1500円　①978-4-86490-019-5　Ⓝ234.074

内容　第1章 ヒトラーの熱狂と破滅（ヒトラーのドイツ権力掌握への暗闘　リアル・ヒトラー　牙を剥く鉤十字　墜ちた偶像, 長き戦後）　第2章 ヒトラーの野望と戦争（成すは絶えなき千年紀　吹き荒れる嵐　魔王の眷属　魔女の大釜）

＊膨大な写真と貴重映像で徹底検証。人類史上最大の悲劇を生んだ独裁者。特別付録に, ナチス党大会ドキュメント「意志の勝利」完全収録DVD。

◇ヒトラーの時代　野田宣雄著　文藝春秋　2014.8　361p　16cm　〈文春学藝ライブラリー――歴史 5〉　1450円　①978-4-16-813022-9　Ⓝ230.7

内容　ヒトラーの政権への道　「世界観」につかれた独裁者　ヒトラーの初期の外交　ローマ・ベルリン枢軸の形成　ヒトラーをむかえるフランスとイギリス　スターリン体制の栄光と悲惨　ローズヴェルトの登場　ひろがる極東の戦火　ミュンヘン会談　ヒトラーとスターリンの条約　ヒトラーの進撃　真の世界戦争へ　戦局の転機　不自然な同盟　戦火の終熄

＊ヒトラー独裁の確立とナチス・ドイツの急速な擡頭, それが国際政治にひきおこしてゆく波紋, そして大戦勃発から終結まで――二十世紀を揺るがした十九年の複雑怪奇な歴史を解きあかした第二次世界大戦史。ヒトラーとは何者だったのか？

◇ヒトラーはなぜユダヤ人を憎悪したか――『わが闘争』と『アンネの日記』林順治著　彩流社　2014.11　244p　20cm　〈文献あり〉　2700円　①978-4-7791-2060-2　Ⓝ234.074

内容　序章　『わが闘争』と『アンネの日記』　第1章 アドルフ・ヒトラー　第2章 ユダヤ人の危機　第3章 ヒトラーの類まれなる性格　第4章 アウシュヴィッツ　第5章 アンネ・フランクの日記　終章 フロイトと『モーセと一神教』

＊ヒトラーとアンネ・フランクは恐怖と絶望のアウシュヴィッツで結びつく。『わが闘争』にフロイトが突きとめた"神経症"の病理を見, 能弁家にして大衆心理を知るヒトラーが陥ったマルキシズム打倒のためにはユダヤ人を絶滅しなければならないという強迫観念に襲われたヒトラーの深層心理とナチの歩みを追いながら, ホロコーストに至る道を辿る。

◇ヒトラーと第三帝国―なぜ国民はこの男を選んでしまったのか!?　オールカラー決定版　歴史群像編集部編　学研パブリッシング　2014.12　125p　二八cm　〈「ヒトラーと第三帝国の真実」(2013年刊)と「ヒトラーと第二次大戦の真実」(2013年刊)からの抜粋, 加筆, 再構成　発売：学研マーケティング〉　560円　①978-4-05-406193-4　Ⓝ234.074

内容　ナチス・ドイツクロニクル　独裁者ヒトラーの素顔　第三帝国というディストピア　独裁者の「指揮・居住」空間　ナチスの犯罪と戦後　ナチス人物ファイル

◇ヒトラーランド―ナチの台頭を目撃した人々　アンドリュー・ナゴルスキ著, 北村京子訳　作品社　2014.12　526p　20cm　〈文献あり〉　2800円　①978-4-86182-510-1　Ⓝ234.072

内容　第1章 ノイローゼの街で―敗戦直後, そしてヒトラー登場　第2章 幸せな時代―一九二四～一九二九年, ビアホール一揆と運命の分かれ目　第3章 クジラか雑魚か―ヒトラーの台頭　第4章 「わたしが手本を見せてやる」―一九三三年一月ナチス政権誕生, 三月全権委任法　第5章 「ドイツを出ろ。いますぐに」―一九三三年, 偽りの平和　第6章 サッカーとクリケット―ヒトラー支配下の"新生"ドイツ　第7章 ナチとダンスを―一九三四年, "長いナイフの夜"と, "ヒトラーランド"　第8章 いかれ帽子屋のランチョンパーティ―一九三六年, ベルリン・オリンピック　第9章 軍服と銃―一九三九年, "アンシュルス", ミュンヘン協定, "水晶の夜"　第10章 孤独な島で―一九三九年, 第二次大戦開戦　第11章 リスとファシズム―一九三九～一九四〇年, 開戦後　第12章 終幕

＊新証言・資料―当時, ドイツ人とは立場の違う「傍観者」在独アメリカ人たちのインタビューによる証言, 個人の手紙, 未公開資料などが語る, 知られざる"歴史の真実"。キッシンジャー元国務長官, ワシントン・ポスト, エコノミスト, ニューズウィーク等各紙誌書評が激賞！

◇ヒトラーのウィーン　中島義道著　筑摩書房　2015.1　262p　15cm　〈ちくま文庫 な27-6〉〈新潮社 2012年刊の再刊　文献あり〉　840円　①978-4-480-43243-8　Ⓝ289.3

内容　ウィーン西駅　シュトゥンペル通り三十一番地　造形美術アカデミー　シェーンブルン宮殿　国立歌劇場　ウィーン大学　国会議事堂　浮浪者収容所　独身者施設　リンツ　ブラウナウ　英雄広場

＊二十世紀最大の「怪物」アドルフ・ヒトラー。画家にとって十七歳で訪れた都市・ウィーンにおいて彼の夢は潰える。決定的な挫折を味わい, ユダヤ人への憎悪をかきたてたであろう, その青春時代。「最も美しいものと最も醜いものが自然に同居する不可解な街」ウィーンで若きヒトラーの足跡をたどりながら, 怪物とその誕生の不可解さを捕らえる試み。

◇独裁者は30日で生まれた―ヒトラー政権誕生の真相　H.A.ターナー・ジュニア著, 関口宏道訳　白水社　2015.5　255,28p　20cm　〈文献あり〉　2700円　①978-4-560-08428-1　Ⓝ312.34

内容　第1章 陸軍元帥, 伍長, そして将軍　第2章 陰謀　第3章 勝利　第4章 幻想　第5章 放棄　第6章 奈落　第7章 確定性, 偶然性, 責任の問題　付録 モスクワ・ドキュメント

＊敗北した選挙, 枯渇する党資金, 突撃隊の叛乱。なぜヒトラーは首相になれたのか？　大資本がヒトラー独裁を準備したというマルクス主義的見解を批判し, 米独歴史学界で大論争を巻き起こした碩学が辿りついた結論。

◇ヴァイマル憲法とヒトラー――戦後民主主義からファシズムへ　池田浩士著　岩波書店　2015.6　286p　19cm　〈岩波現代全書 068〉　2500円　①978-4-00-029168-2　Ⓝ234.074

内容　1 もう一つの戦後民主主義とドイツのファシズム（戦争とファシズムの世紀　一九三三年一月三〇

日―ヒトラー内閣の誕生　ナチスは合法的に国家権力を掌握した　革命運動としてのナチズム）　2 ドイツの敗戦、もっとも民主的な憲法（民族・国家・国民　ドイツ革命からヴァイマル共和国へ　ヴァイマル憲法と最初の戦後民主主義　匕首伝説の説得力）　3 戦争する国をボランティアが担う（ファシズムとは何か？　国民はなぜナチズムを支持したのか？　自発性と社会参加―善意とやる気の組織化　「労働奉仕」の法制化と義務化）　4 死と政治（ヴァルハラという靖国神社　ヒトラー政権はまず最初に誰を抹殺したか？　国家儀礼から戦争国家へ―ファシズム政治の大道　ボランティア労働からホロコーストまで）　5 遙かな国の遠い昔ではなく（ふたたびファシズムとは何か？　ナチス・ドイツと歴史認識　二つの憲法、二つの戦後民主主義　「戦争のできる国」から「戦争する国」へ）

＊第一次世界大戦後の戦後民主主義を体現するヴァイマル憲法下で、ヒトラーは人心を掌握し、合法的に荒権を獲得した。ドイツ国民を魅了したナチズムの本質を抉り出し、新たなファシズムの到来に警鐘を鳴らす。

◇ヒトラーとナチ・ドイツ　石田勇治著　講談社　2015.6　363p　18cm　〈講談社現代新書 2318〉〈文献あり　年表あり〉　920円　①978-4-06-288318-4　Ⓝ234.074

内容　第1章 ヒトラーの登場（若きヒトラー　政治家への転機　ナチ党の発足まで　党権力の掌握　クーデターへ）　第2章 ナチ党の台頭（カリスマ・ヒトラーの原型　「ヒトラー裁判」と「我が闘争」　ヒトラーはどのようにナチ党を再建したのか　ヒトラー、ドイツ政治の表舞台へ）　第3章 ヒトラー政権の成立（ヒトラー政権の誕生　大統領内閣　議会制民主主義の崩壊）　第4章 ナチ体制の確立（二つの演説　合法的に独裁権力を手に入れる　授権法の成立　民意の転換　体制の危機）　第5章 ナチ体制下の内政と外交（ヒトラー政府とナチ党の変容　雇用の安定をめざす　国民を統合する　大国ドイツへの道）　第6章 レイシズムとユダヤ人迫害（ホロコーストの根底にあったもの　ヒトラー政権下でユダヤ人政策はいかに行われていったか）　第7章 ホロコーストと絶滅戦争（親衛隊とナチ優生社会　第二次世界大戦をホロコースト　絶滅収容所の建設　ヒトラーとホロコースト）

＊なぜ文明国ドイツにヒトラー独裁政権が誕生したのか？「人類の歴史における闇」ともいえるヒトラー政権時代。その数々の疑問に最新研究をふまえ、答える！ ヒトラーの実像からホロコーストの真実までを描く決定版！

◇ブラッドランド―ヒトラーとスターリン大虐殺の真実　上　ティモシー・スナイダー著, 布施由紀子訳　筑摩書房　2015.10　346p　20cm　2800円　①978-4-480-86129-0　Ⓝ239

内容　序論 ヒトラーとスターリン　第1章 ソ連の飢饉　第2章 階級テロル　第3章 民族テロル　第4章 モロトフ＝リッベントロップのヨーロッパ　第5章 アポカリプスの経済学　第6章 最終解決

＊ウクライナ、ベラルーシ、ポーランド。ドイツとソ連に挟まれ、双方から蹂躙されたその地で何があったのか？　歴史の闇に封印された真実がいま明らかに―。世界30カ国で刊行、圧倒的な讃辞を集めた全米ベストセラー。知られざる大量殺戮の全貌。

◇ブラッドランド―ヒトラーとスターリン大虐殺の真実　下　ティモシー・スナイダー著, 布施由紀子訳　筑摩書房　2015.10　302,95p　20cm　〈文献あり　索引あり〉　3000円　①978-4-480-86130-6　Ⓝ239

内容　第7章 ホロコーストと報復と　第8章 ナチスの死の工場　第9章 抵抗の果てに　第10章 民族浄化　第11章 スターリニストの反ユダヤ主義　結論 人間性

＊ホロコーストには、ほんの一部の死者しか数えられていない。民間人犠牲者1400万人という事実は、いかにして封印されたのか？　戦後も政治に翻弄された人々の不都合な真実―。アーレント賞ほか12以上の賞に輝いた歴史書の金字塔。

◇絶対的宣伝―ナチス・プロパガンダ　2 宣伝的人間の研究―ヒトラー　草森紳一著　文遊社　2015.12　422p　図版32p　19cm　〈番町書房 1979年刊の再刊〉　3000円　①978-4-89257-122-0　Ⓝ311.8

内容　民衆の孤独を撃つ―アドルフ・ヒットラー『わが闘争』ヒットラーの柔らかい髪―わが身を典型化し、宣伝に供する　ヒットラーの妖眼―青い目の伝説とその宣伝　ヒットラー青少年団　平和の倦忘―「ハイル・ヒットラー」と女性の涙　アドルフおじさん―「子供の好きなヒットラー」のイメージ宣伝　対談 陳列効果と象徴　附録1 ヒットラーとレーニンの煽動術　附録2 ムッソリーニのスキンシップ　跋章 知識と官能の無力

＊ナチスとは何か―宣伝から探る、その本質。世論は「つくりあげる」ものである―巧妙な大衆操作により、少年たちに銃をとらせた「宣伝的人間」ヒットラーの正体。

◇ヒトラー　上　1889-1936―傲慢　イアン・カーショー著, 川喜田敦子訳　石田勇治監修　白水社　2016.1　611,190p　図版32p　22cm　〈文献あり　索引あり〉　8000円　①978-4-560-08448-9　Ⓝ289.3

内容　夢と挫折　転落　高揚と憤激　才能の発見　ビアホールの扇動家　「太鼓たたき」　指導者の登場　運動の掌握　躍進　権力に向かって　独裁体制の確立　権力の合法的な掌握　総統のために

＊誕生から独裁成立までの前半生を活写、ヒトラー研究の金字塔！ 学識と読みやすさを兼ね備え、複雑な構造的要因の移りゆきを解明。英国の泰斗による圧巻の評伝。

◇ヒトラー　下　1936-1945―天罰　イアン・カーショー著, 石田勇治監修　福永美和子訳　白水社　2016.5　870,274p　図版48p　22cm　〈文献あり　索引あり〉　11000円　①978-4-560-08449-6　Ⓝ289.3

内容　不断の急進化　膨張への推進力　ジェノサイド・メンタリティの兆し　誤算　一か八か　解き放たれた野蛮　権力の頂点　「絶滅戦争」の構想　決戦　「予言」の実行　最後の大博打　包囲されて　奇跡を願って　悪運　絶体絶命　奈落へ　破滅

＊権威の頂点から総統地下壕の最期まで後半生を活写、ヒトラー研究の金字塔！ なぜ未曾有の侵略戦争とホロコーストは起きたのか？　なぜヒトラーとドイツは自己破壊へ突き進んだのか？　口絵写真48頁、地図8点収録。ウルフソン歴史賞受賞作品。

◇野戦病院でヒトラーに何があったのか―闇の二十八日間、催眠治療とその結果　ベルンハル

ヒトラ

ト・ホルストマン著，瀬野文教訳　草思社　2016.6　325p　20cm　2500円　①978-4-7942-2210-7　Ⓝ289.3

内容　伝説の誕生　アメリカからの秘密報告によって明るみに出た新事実　ヒトラーを失明から救った精神科医エドムント・フォルスター　一九一八年十月十四日、ヒトラー、トラウマにより失明　パーゼヴァルク野戦病院におけるヒトラー　毒ガスによる失明は仮病だったのか　ヒステリー症状、失明、催眠フォルスターの手記をもとに書かれたエルンスト・ヴァイスの小説『目撃者』より　『目撃者』を解釈する　精神療法医ハイディ・バイティンガーによるヒトラーの心理鑑定　催眠療法の後遺症　ヒトラーが見た「幻覚」とは　フォルスターの患者が首吊りになった　フォルスター暗殺命令　消された将軍たち　フォルスターの弟、定年をまえに解雇される　その後のパーゼヴァルク　フォルスター手記の足取り

＊ヒトラーは1918年10月第一次大戦末期ベルギー戦線で毒ガス攻撃に遭い失明し、ドイツ東部のパーゼヴァルク野戦病院に収容される。そこで精神医学の権威エドムント・フォルスター教授に催眠治療を施され回復した。戦争が終わりミュンヘンに現れたヒトラーは以前の「卑屈で目立たない」男ではなく、異様な目の光を持った政治家・大衆煽動者に変貌していた。パーゼヴァルクの28日間に何があったのか。独裁者を誕生させた決定的瞬間に光を当て、これまで多くの研究書が見逃してきた歴史のミステリーを解き明かす。

◇ヒトラーと第二次世界大戦　三宅正樹著　新訂版　清水書院　2017.5　269p　19cm〈新・人と歴史拡大版　10〉〈文献あり　年譜あり　索引あり〉　1800円　①978-4-389-44110-4　Ⓝ289.3

内容　1　ドイツ国防軍とヒトラー（ホスバッハ覚書　国防軍掌握まで）　2　中央ヨーロッパの覇者として（オーストリア合併とチェコスロヴァキア解体　独ソ不可侵条約からポーランド分割へ　ヨーロッパ制覇）　3　東京・モスクワ・ベルリン（ベルヒテスガーデン会談と荻窪会談　日独伊三国同盟）　4　ヒトラー・モロトフ会談（モロトフとリッベントロップ　モロトフとヒトラー）

＊世界恐慌と数百万に及ぶ失業者の氾濫からの脱出を願って、ドイツ国民は、ヒトラーの率いるナチ党に期待を寄せたのである。しかし、ヒトラーは、独裁権を掌握すると、戦争への道をつき進んだ。ミュンヘン会談で回復されたかに見えた平和は、ドイツ軍のポーランド侵攻によって、わずか一年で粉砕された。とくに運命的に作用したのは、対ソ戦指令である。本書は、ヒトラーの戦争計画を史料に則して詳細に展開させ、ヒトラーと日本との関係にも日独伊三国同盟締結の過程で言及した、ユニークなヒトラー伝である。

◇ヒトラーとは何か　セバスチャン・ハフナー著，瀬野文教訳　草思社　2017.8　316p　16cm（草思社文庫　ハ1-1）〈年譜あり〉　980円　①978-4-7942-2292-3　Ⓝ289.3

内容　第1章　遍歴　第2章　実績　第3章　成功　第4章　誤謬　第5章　失敗　第6章　犯罪　第7章　背信

＊「今日の世界は、それが私たちに気に入ろうが入るまいが、ヒトラーがつくった世界である（中略）かつて歴史上の人物で、さして長くない生涯のうちに、これほど根底から世界をひっくり返し、しかもその影響があとまで長く続いた人間が、ヒ

トラーをおいて他にいただろうか」（本文より）画家になり損ねた我の強いオーストリア人青年はいかにして人類史上類を見ない独裁者になったのか？ナチスの興亡を同時代人として体験したジャーナリストがヒトラーの野望の軌跡を臨場感あふれる筆致で描いた傑作評伝。独自のヒトラー解釈で話題を読んだ名著の新訳版。

◇写真でたどるアドルフ・ヒトラー——独裁者の幼少期から家族、友人、そしてナチスまで　マイケル・ケリガン著，白須清美訳　原書房　2017.9　319p　22cm〈文献あり　索引あり〉　3800円　①978-4-562-05433-6　Ⓝ289.3

内容　第1章　子供時代　第2章　芸術家の肖像　第3章　前線　第4章　政治家としての始まり　第5章　わが闘争、わが成功　第6章　権力を握る　第7章　戦争への回帰　第8章　厄介な遺産

＊200点以上の貴重な写真資料、充実したトピック・コラムとともに独裁者の生涯と激動の時代をたどる。

◇ヒトラー野望の地図帳　サカイヒロマル著　電波社　2017.11　307p　21cm〈文献あり〉　1400円　①978-4-86490-107-9　Ⓝ209.74

内容　第1章　第2次世界大戦前夜のヨーロッパ―ヒトラーの台頭（ヒトラーの人格が形成された、オーストリアでの少年・青年時代　ヒトラーはニートだった？　ウィーンでの青年時代　ほか）　第2章　第2次世界大戦が勃発！　ヨーロッパを制圧するヒトラー（第2次世界大戦1発目の銃声が響いたポーランドの要塞　オランダを蹂躙したナチスドイツ——その痕跡を追い、アムステルダムを歩く　ほか）　第3章　泥沼化する第2次世界大戦、狂い始めるヒトラーの野望（ヒトラーの猛攻に耐えたロンドン！　ヨーロッパ最後の砦イギリス　ヒトラーの参戦要請を拒否！　会談で見せたフランコ総統のしたたかさ　ほか）　第4章　第2次世界大戦終局―ヒトラーの帝国崩壊へ（ヒトラーの野望を打ち砕く端緒となった、ノルマンディー上陸作戦　大女優オードリー・ヘップバーンが暮らした街、アーネムでの戦い　ほか）

＊生誕の地から自ら命を絶った現場まで、ヒトラーの足跡をつぶさに辿った戦跡探訪記!!　ヒトラーゆかりの地を訪ね、その痕跡を追い求めてくまなく探索。時系列に沿って展開していくことによって、第2次世界大戦の全体像をも浮かび上がらせた、著者渾身の処女作！

◇ヒトラー『わが闘争』とは何か　クロード・ケテル著，太田佐絵子訳　原書房　2018.1　269p　20cm　3200円　①978-4-562-05473-2　Ⓝ311.8

内容　『わが闘争』がふたたび物議を醸しているときに『わが闘争』以前のヒトラーはどんな人物だったのか　『わが闘争』はどのようにして誕生したのか　『わが闘争』は何を語っているのか　『わが闘争』は「第三帝国」のこれからの犯罪を予告しているのか　『わが闘争』はヒトラーの唯一の著書か　『わが闘争』はドイツでどれくらい流通したのか　フランスは『わが闘争』を黙殺したのか　『わが闘争』の各国での出版と反響はどのようなものだったのか　『わが闘争』はニュルンベルク裁判で言及されたのか　『わが闘争』は今日までどのように扱われたのか　『わが闘争』を燃やすべきか

＊フランス国立科学研究センター（CNRS）研究部長の歴史学者が、物議をかもし続けてきた『わが闘争』の内容とその受容・反発の歴史をときあかす。

◇1924—ヒトラーが"ヒトラー"になった年　ピー

ター・ロス・レンジ著，菅野楽章訳　亜紀書房　2018.3　319,26p　20cm　〈亜紀書房翻訳ノンフィクション・シリーズ 3-4〉〈文献あり〉　3000円　①978-4-7505-1536-6　Ⓝ289.3

[内容]　プロローグ　不可解な躍進　ミッション発見　魅了された集団　高まる圧力　熱い秋　ミュンヘン一揆(プッチ)　どん底　反逆罪裁判　歴史の裁き　世界再編　ボス　聖典　二度目のチャンス　再出発　エピローグ　その後に起きたこと

＊一介の"チンピラ"にすぎなかった男は、如何にして"総統"になったのか？　1924年はヒトラーの挫折の年でもあり、挫折を栄光に変えるための転換の年でもあった。ミュンヘン一揆に敗れ、獄中で過ごした知られざるヒトラーの一年に、膨大な資料から肉薄する歴史ノンフィクション！

◇ヒトラーの家—独裁者の私生活はいかに演出されたか　デスピナ・ストラティガコス著，北村京子訳　作品社　2018.10　418,75p　22cm　〈文献あり　索引あり〉　4600円　①978-4-86182-712-9　Ⓝ234.074

[内容]　第1部(ヒトラー、家を構える—一九二八年、独身生活に訪れた転換期　首相の暮らし—古い邸宅、新しい体制　洗練されたインテリア—一九三五年、プリンツレゲンテン広場のアパートの改装　ヴァッヘンフェルト・ハウスからベルクホーフへ—帝国を代表する家庭　ゲルディ・トロースト—ヒトラーが選んだもうひとりの建築家)　第2部(選挙政治と「私人ヒトラー」の発明　アルプスの誘惑—プロパガンダと「山の男」　ベルヒテスガーデンの名士—外国報道における神話の形成　戦争と英語圏メディアにおける私人ヒトラーの扱いの変化　地下室の秘密—爆撃、略奪、ヒトラーの家庭生活の再解釈　ほか)

＊第三帝国時代の膨大な史料をひもとき、邸宅の設計図から、インテリアや家具などの詳細、知られざる重要人物、当時の内外の報道に至るまで詳述。ナチズムの恐るべき実態に新たな角度から迫る。

ビバー, J.C.〔1949～〕　Biver, Jean-Claud

◇間違える勇気。—ジャン=クロード・ビバーの経営学　ジェラール・ルラルジュ著，笹根由恵訳　幻冬舎　2018.2　305p　19cm　1400円　①978-4-344-03261-3　Ⓝ535.2092345

[内容]　情熱がすべてを可能にする　分かち合い、尊重し、許す　最初であること、他と違うこと、唯一無二であること　明日は昨日より素晴らしくなければならない　モノ本来の機能を超える仕かけを生む　最初の一歩を必ず成功させる　伝統のなかで革新する(出資金を10年で約3000倍に)　再建するための、破壊　征服のアドレナリンが好きだ　自分の直観に従い、伝統を打ち破る〔ほか〕

＊本書で描かれているのは、型破りの起業家、ジャン・クロード・ビバーのキャリアである。1980年代や90年代に日本のクオーツ式腕時計の到来に直面し、次々とブランパンを再生、オメガを一新、ウブロを飛躍させ、スイスの時計製造の名を高らしめた。今日、彼はLVMHグループ時計部門のプレジデントに就いている。彼の成功は、企業や経営、革新にたいする非常に強いビジョンと切り離せない。そのビジョンが彼を新たな道の開拓者であり発明家たらしめるのである。

B.B.キング
⇒キング, B.B. を見よ

ビベーカーナンダ, S.〔1863～1902〕
Vivekananda, Swami

◇ヴィヴェーカーナンダの物語—スワーミー・ヴィヴェーカーナンダの生涯における注目すべきできごとと彼の言葉　逗子　日本ヴェーダーンタ協会　2014.5　127p　19cm　〈スワーミー・ヴィヴェーカーナンダ生誕150周年記念出版〉　800円　①978-4-931148-56-7　Ⓝ126.9

[内容]　第1章　スワーミー・ヴィヴェーカーナンダ(1863～1902)　第2章　スワーミー・ヴィヴェーカーナンダの生涯における貴重なできごと　第3章　スワーミー・ヴィヴェーカーナンダと日本　第4章　シカゴ宗教者会議でのスワーミー・ヴィヴェーカーナンダ

◇ヴィヴェーカーナンダの物語—スワーミー・ヴィヴェーカーナンダの生涯における注目すべきできごとと彼の言葉　改訂版　逗子　日本ヴェーダーンタ協会　2018.7　127p　19cm　〈スワーミー・ヴィヴェーカーナンダ生誕150周年記念出版物〉　900円　①978-4-931148-70-3　Ⓝ126.9

ヒムラー, G.〔1929～2018〕　Himmler, Gudrun

◇ナチの子どもたち—第三帝国指導者の父のもとに生まれて　タニア・クラスニアンスキ著，吉田春美訳　原書房　2017.9　269,23p　20cm　〈文献あり〉　2500円　①978-4-562-05432-9　Ⓝ283.4

[内容]　グドルーン・ヒムラー—ナチズムの「お人形さん」　エッダ・ゲーリング—「ナチ・ドイツのネロの小さなプリンセス」　ヴォルフ・R.ヘス—最後の戦犯の陰にいる子ども　ニクラス・フランク—真実への欲求　マルティン・アドルフ・ボルマン・ジュニア—「クレーンツィ」あるいは皇太子　ヘースの子どもたち—アウシュヴィッツの司令官の子孫たち　シュベーアの子どもたち—「悪魔の建築家」一族　ロルフ・メンゲレ—「死の天使」の息子　ドイツの歴史？

＊ナチ高官たちは何を行い、戦後、自らの罪にどう向き合ったのか。子どもたちは父の姿をどのように見つめたのか。本名を隠して生きた者、極右運動に走る者…。さまざまな人生を追い、語られざる現代史に迫る。

ヒムラー, H.〔1900～1945〕
Himmler, Heinrich Luitpold

◇ヒトラーの共犯者—12人の側近たち　上　グイド・クノップ著，高木玲訳　原書房　2015.12　376,6p　20cm　〈2001年刊の新装版　文献あり〉　2800円　①978-4-562-05271-4　Ⓝ234.074

[内容]　1　火つけ役—ヨーゼフ・ゲッベルス　2　ナンバー・ツー—ヘルマン・ゲーリング　3　実行者—ハインリヒ・ヒムラー　4　代理人—ルドルフ・ヘス　5　建築家—アルベルト・シュペーア　6　後継者—カール・デーニッツ

＊ヒトラーの共犯者たちをとりまいていた多くの人々

ヒメナ

と会談し、家族や友人や同僚をはじめとする当時の人々にインタビューした。その多くは、今回初めて発言した人々である。彼はまた個人的な文書も閲覧した。さらには、ロシアならびにイギリスの公文書館から新しい資料も発掘した。これによって、鉤十字のもとでの権力の、全体的な姿がたちあらわれてくる。これまで知られていなかった多くの事実が明らかにされ、ナチ体制のたぐいまれな歴史となっている。はじめて明かされる「神」の執事たちの全記録。ドイツTV金獅子賞、バイエルン・テレビ賞受賞。

ヒメナ
⇒ムーニョス, J. を見よ

ビュイヤール, É. 〔1868～1940〕
Vuillard, Édouard

◇ヴュイヤール―ゆらめく装飾画　ギィ・コジュヴァル著，小泉順也監修，遠藤ゆかり訳　大阪創元社　2017.1　158p　18cm　(「知の再発見」双書　166)〈文献あり　年譜あり　索引あり〉1600円　①978-4-422-21226-5　Ⓝ723.35

内容 第1章 ナビ派であることが意味するもの　第2章 まるで芝居のように　第3章 閉ざされた室内の駆け引き　第4章 大装飾画　第5章 時間の作用　第6章 楽園にて　資料篇―ゆらめく装飾画

ピュタゴラス
⇒ピタゴラス を見よ

ヒュック, A. 〔1889～1975〕 Hueck, Alfred

◇ミュンスター法学者列伝―中央大学・ミュンスター大学交流30周年記念　トーマス・ヘェーレン編著，山内惟介編訳　八王子　中央大学出版部　2018.11　568p　21cm　(日本比較法研究所翻訳叢書　80)〈索引あり〉　6700円　①978-4-8057-0381-6　Ⓝ322.8

内容 旧制大学―アントン・マティアス・シュブリックマン(1749年～1833年)　ルードルフ・ヒス(1870年～1938年)―ミュンスター大学のスイス人刑法史学者　ハンス・バーゲンコップ(1901年～1983年)―ミュンスター大学地方自治研究所創設者　脇役から主役へ―国法学者、フリートリッヒ・クライン(1908年～1974年)　正義のための戦いの中で―刑事訴訟法学者、カール・ペータース(1904年～1998年)　ミュンスター大学の租税法―オットマール・ビューラー(1884年～1965年)　生活事実から法へ―ヴァルター・エルマン(1904年～1982年)　ミュンスターのフリースラント出身者―ハリー・ヴェスターマン(1909年～1986年)　マックス・カーザー(1906年～1974年)―学者生活のダイジェスト　ヘルムート・シェルスキィ(1912年～1984年)―幸福感溢れる世代の遅すぎた懐郷　行政法学―ハンス=ユリウス・ヴォルフ(1898年～1976年)　刑法学者―ヨハネス・ヴェセルス(1923年～2005年)　波乱の時代の労働法―アルフレート・ヒュック(1889年～1975年)とロルフ・ディーツ(1902年～1971年)　環境法・都市計画法―ヴェルナー・ホッペ(1930年～2009年)　あなたはどのように判断されるか？―ハンス・ブロクス(1920年～2009年)　学理と実務にお

ける保険法―ヘルムート・コロサー(1934年～2004年)　オットー・ザンドロック―(1930年～2017年)　ベルンハルト・グロスフェルト―(1933年～)

ビュフォード, B. 〔1939～2018〕 Buford, Bob

◇ドラッカーと私―経営学の父とテキサスの企業家の魂の交流　ボブ・ビュフォード著，井坂康志訳　NTT出版　2015.10　176p　20cm　1600円　①978-4-7571-2347-2　Ⓝ289.3

内容 「お帰りくださいね」　「警戒せよ、白き馬にまたがれる者を」　出会い　ピーターの本当の仕事　ピーターの人間的魅力　ピーターに教わったこと　成功から価値へ　人生後半戦のゲームプラン　ピーターと牧師たち　大きくなる、さもなくば去れ　目的を持ったイノベーション　最高の教師にして友　神からの問い　社会を救うということ

＊テキサスでCATV会社を経営していた企業家が、ドラッカーの門を叩いた。GM、P&G、GE、IBMなど名だたる大企業にアドバイスする大物コンサルタントが自分を相手にしてくれるだろうか。しかし、ドラッカーは温かく迎え入れ、交流が始まる。コンサルタントとクライアントという関係を超えて、二人の関係は深まっていく。後半生をビジネス以外のものに打ち込みたいと考えた著者。アメリカの企業に知財支援で残りの人生を賭けた。二人は非営利組織の支援に残りの人生を賭けた。人は何をなすべきかを考えさせるドラッカーと企業家の真実の物語。

ヒューム, D. 〔1711～1776〕 Hume, David

◇ヒューム　泉谷周三郎著　新装版　清水書院　2014.9　227p　19cm　(Century Books―人と思想　80)〈文献あり　年譜あり　索引あり〉1000円　①978-4-389-42080-2　Ⓝ133.3

内容 1 ヒュームの生涯(ヒュームの時代　ヒュームの生涯)　2 ヒュームの思想(知性を主題として　情念を主題として　道徳を主題として　宗教思想　政治思想　経済思想　ヒュームから学ぶこと)

◇悪魔と裏切者―ルソーとヒューム　山崎正一，串田孫一著　筑摩書房　2014.11　248p　15cm　(ちくま学芸文庫　ヤ23-1)〈河出書房新社　1978年刊の再刊〉　1100円　①978-4-480-09641-8　Ⓝ135.34

内容 最初の鄭重なる書翰往復　パリの会合　ロンドンに到着　嵐の前　宣戦布告　ルソーの言い分　永遠の訣別　『争論文書』の公表　弥次馬　健全さの悪　ルソー英国を去る

＊十八世紀の大思想家による伝説のケンカを、山崎・串田両氏が丹念なる状況説明を付して再現。母国を追われたルソーをイギリスに温かく迎えたヒューム。しかし二人の友情はルソーの激しい思い込みからほどなくして破綻する。突然狂気に満ちた絶縁状を送りつけられたヒュームは、戸惑いつつも己の名声を守るべく、往復書簡に註を付して公刊。対するルソーは、自己の良心と真摯に向き合えば答えは明白との一点張り。近代哲学の二面性を、それぞれ別の方向から突き詰めた二人だからこそ起きた衝突。読んで大笑いするのも一興。しかしここには最も純粋な思想の言葉が満ち溢れている。

◇デイヴィッド・ヒューム―哲学から歴史へ　ニ

コラス・フィリップソン著，永井大輔訳　白水社　2016.2　208,15p　20cm　〈文献あり　年表あり　索引あり〉　2200円　Ⓘ978-4-560-08485-4　Ⓝ133.3

内容　第1章 生涯と著述　第2章 政治、洗練、文人たち　第3章 懐疑論、科学、人間の自然史　第4章 イングランドの歴史に向けた哲学者の思索　第5章 『イングランド史』・その一―スチュアート王家と"比類なき国制"の起源　第6章 『イングランド史』・その二―テューダー王家と初期イングランド史　第7章 哲学、歴史、『イングランド史』

＊忘れ去られた大著『イングランド史』に分け入り、哲学から歴史へ向かった巨人の足跡を初めて明らかにした決定版評伝。

◇ヒュームの人と思想―宗教と哲学の間で　中才敏郎著　大阪　和泉書院　2016.3　161p　19cm　(人文学のフロンティア大阪市立大学人文選書　6)〈文献あり〉　1600円　Ⓘ978-4-7576-0791-0　Ⓝ133.3

内容　第1部 哲学三都物語―ヒュームとパリ、ロンドン、エディンバラ(スコットランド啓蒙　北のアテネ一七一一・三七 ほか)　第2部 ヒュームの読み方―ヒュームの因果論と懐疑論(ヒュームのレッテル　ヒュームの「観念説」と人間の自然本性 ほか)　第3部 奇蹟と蓋然性―ヒュームの宗教哲学(一)(ヒュームと宗教　奇蹟論の背景 ほか)　第4部 真なる宗教と偽なる宗教―ヒュームの宗教哲学(二)(宗教的仮説―「知性研究」第一一節　人間本性における宗教の起源―『自然史』 ほか)

＊本書は、18世紀のイギリスを代表する哲学者であるデイヴィッド・ヒュームの思想を読み解こうとする試みである。第一部は、ヒューム哲学を醸成した三つの都市、パリ、ロンドン、エディンバラの情景を交えつつ、ヒューム思想の時代背景を跡づける。第二部は、ヒュームの主著と目される『人間本性論』を取り上げ、ヒューム哲学の基礎を成す「知性論」の読み方について論じる。第三部と第四部は、ヒュームの宗教哲学を取り上げる。ヒュームは宗教と哲学の間で自らの論理を徹底徹尾追求した。第三部では、当時最も物議を醸したヒュームの奇蹟論が論じられ、第四部は、神の存在証明の一つである計画性からの論証に関するヒュームの議論とその哲学的意義を考察する。

ビューラー, O. 〔1884〜1965〕
Bühler, Ottmar

◇ミュンスター法学者列伝―中央大学・ミュンスター大学交流30周年記念　トーマス・ヘェーレン編，山内惟介訳　八王子　中央大学出版部　2018.11　568p　21cm　(日本比較法研究所翻訳叢書　80)〈索引あり〉　6700円　Ⓘ978-4-8057-0381-6　Ⓝ322.8

内容　旧制大学―アントン・マティアス・シュブリックマン(1749年〜1833年)　ルードルフ・ヒス(1870年〜1938年)―ミュンスター大学のスイス人刑法学者　ハンス・バーゲンコップ(1901年〜1983年)―ミュンスター大学地方自治研究所創設者　脇役から主役へ―国法学者、フリートリッヒ・クライン(1908年〜1974年)　正義のための戦いの中で―刑事訴訟法学者、カール・ペータース(1904年〜1998年)　ミュンスター大学の租税法―オットマール・ビューラー(1884年〜1965年)　生活事実から法へ―ヴァルター・エルマン(1904年〜1982年)　ミュンスターのフリースラント出身者―ハリー・ヴェスターマン(1909年〜1986年)　マックス・カーザー(1906年〜1997年)―学者生活のダイジェスト　ヘルムート・シェルスキィ(1912年〜1984年)―幸福感溢れる世代の遅すぎた懐疑　行政法学―ハンス＝ユリウス・ヴォルフ(1898年〜1976年)　刑法学者―ヨハネス・ヴェセルス(1923年〜2005年)　波乱の時代の労働法―アルフレート・ヒュック(1889年〜1975年)とロルフ・ディーツ(1902年〜1971年)　環境法・都市計画法―ヴェルナー・ホッペ(1930年〜2009年)　あなたはどのように判断されるか？―ハンス・ブロクス(1920年〜2009年)　学理と実務における保険法―ヘルムート・コロサー(1934年〜2004年)　オットー・ザンドロック―(1930年〜2017年)　ベルンハルト・グロスフェルト―(1933年〜)

ピラティス, J.H. 〔1880〜1967〕
Pilates, Joseph Hubertus

◇ピラティスバイブル―創始者J・H・ピラティスの信念と哲学、そして真髄　櫻井淳子著　現代書林　2018.7　181p　21cm　〈他言語標題：THE PILATES BIBLE　文献あり〉　2000円　Ⓘ978-4-7745-1707-0　Ⓝ781.4

内容　PROLOGUE 私の人生を変えたピラティスとの運命的な出会い(ピラティスとの出会いは偶然から　逆境のなかでの船出 ほか)　1 継承されるべきピラティスの真実の歴史(ジョセフ・ピラティスの生き方を知ることの意味　病弱だった幼少期のジョセフ・ピラティス ほか)　2 創始者が伝えたかった「ピラティスの真髄」とは(ジョーが目指していたこと　リハビリによるイブ・ジェントリーの復活と痛すぎる失望 ほか)　3 「本来の自分」を取り戻すピラティス(そもそもコントロロジーとは何なのか？　ピラティスが「難しい」といわれる理由 ほか)　EPILOGUE ピラティスを愛する人々へ(生涯続くピラティスの学び　PMAの活動から見るピラティスの未来 ほか)

ビラーニ, C. 〔1973〜〕　Villani, Cédric

◇定理が生まれる―天才数学者の思索と生活　セドリック・ヴィラーニ著，池田思朗、松永りえ訳　早川書房　2014.4　308p　20cm　〈文献あり〉　2600円　Ⓘ978-4-15-209452-0　Ⓝ410

＊フィールズ賞数学者による自伝的数学ノンフィクション。新定理の論文が国際誌にアクセプトされるまでの経緯を率直な「数学者の言葉」で表現した、これまでにないユニークな「天才数学者の告白」。京都、プリンストン、リヨン、ハイデラバードをめぐる遍歴を書き留める断章のなかで、旅を共にする同僚と論じあい、メールを通じて共同研究者との議論に火花を散らす。

ヒラリオン 〔291〜371〕　Hilarion

◇砂漠に引きこもった人々―キリスト教聖人伝選集　戸田聡編訳　教文館　2016.3　305p　22cm　3500円　Ⓘ978-4-7642-7406-8　Ⓝ192

内容　ヒエロニュムス『テーバイのパウルス伝』(プロローグ―最初に砂漠に住んだ修道者は誰か　迫害と殉教の時代 ほか)　アタナシオス『アントニオス

ヒリヨン

伝』（誕生から子ども時代まで　召命 ほか）　ヒエロニュムス『ヒラリオン伝』（誕生から、修道者になるまで　悪魔による最初の試み ほか）　ヒエロニュムス『囚われの修道士マルクス伝』（マルクスとその連れ合い　マルクスの生い立ちと、彼が修道士になるまで ほか）　著者不明『エジプト人マカリオス伝』ギリシア語版（マカリオスの両親　財産を失う ほか）
* 修道制の起源を解き明かす"物語"。アントニオス、マカリオスら4世紀に砂漠で隠遁生活を送った「最初の修道者たち」の生涯を、教父ヒエロニュムスやアタナシオスらがドラマティックに描いた、キリスト教伝記の古典とも称えられる作品群。初の邦訳を含む5篇を収録。古代キリスト教の豊かな精神性を汲み取ることができる偉大な源泉！

ビリヨン, A.〔1843～1932〕 Villion, Aimé

◇奈良まち奇豪列伝　安達正興著　奈良　奈良新聞社　2015.7　335p　20cm　1500円　①978-4-88856-134-1　Ⓝ281.65

内容　第1章 石崎勝蔵（生知　生い立ちと修行時代 ほか）　第2章 工藤利三郎（生い立ち　奈良へ行こう ほか）　第3章 左門米造『古都の草飛行』北村信昭米造さんと飛行機 ほか）　第4章 ヴィリョン神父（奈良まちの伴天連　迫害あり、喜びあり ほか）　付録 吉村長慶『清国事情』抜粋現代訳　解説 蚕食される清帝国を旅した文明論）
* ひと昔まえ、明治・大正の激動期の奈良まちには、眩いばかりの偉大な「変人」、つまり「奇豪」たちが生きていた。人間的には、品性申し分のない偉人もいれば、気難しい人物まで各人各様の個性であるが、「奇豪」と呼ぶべき共通項がある。本書では、奈良まちに住んでいた奇豪たちの中から4人を選び、付録として宇宙菴吉村長慶が著した『清国事情』からごく一部を現代訳して掲載しました。

◇ザビエルの夢を紡ぐ—近代宣教師たちの日本語文学　郭南燕著　平凡社　2018.3　328p　20cm　〈索引あり〉　4000円　①978-4-582-70358-0　Ⓝ197.021

内容　序章 日本へのザビエルの贈りもの　第1章 日本に情熱を燃やしたザビエル　第2章 ザビエルの予言へ呼応する近代宣教師たち　第3章 日本人に一生を捧げたヴィリオン神父　第4章 日本人を虜にしたカンドウ神父　第5章 詩的な宣教者—ホイヴェルス神父　第6章 型破りの布教—ネラン神父　終章 日本人とともに日本文化を創る試み
* キリスト教が初めて日本に伝来してから460年余。日本語で話し、そして記述した数多くの神父たちの行いは、日本と日本人に有形無形の豊かな財産をもたらした。先駆者フランシスコ・ザビエルから20世紀の「酒場神父」ジョルジュ・ネランまで5人の宣教師を取り上げ、彼らの業績と人柄をつぶさに語る、最新の研究。

ピール, F.〔～2009〕 Veal, Frank

◇心の糸車—太平洋戦争が紡ぐ人間愛　橋本妊壽奈著　栄光出版社（制作）　2017.7　173p　27cm　〈他言語標題：THE SPINNING WHEEL OF HEARTS　英語抄訳付　訳：篠塚暁江〉　1500円　①978-4-7541-0161-9　Ⓝ289.1

内容　平和の糸を紡いで　草稿を読んで　橋本妊壽奈さんに感謝し故會田作治郎さんの御魂に捧ぐ　一冊の手帳から始まった遺族探しにかかわって　戦争の記憶　會田作治郎さんの足跡調査資料集
* 遺された手帳と財布に託された日本兵とアメリカ兵の絆。太平洋戦争の激戦地で一人の日本兵が儚く散った。いつまでも戦争を終わらせることのできないアメリカ兵がいた。二人の足跡を辿る著者が、残された家族たちの姿から戦後70年の心の軌跡を追う。

ヒルズ, C.A.〔1934～〕 Hills, Carla Anderson

◇現代アメリカの「女性政治家」　藤本一美、濱賀祐子編著　学文社　2016.4　222p　22cm　〈索引あり〉　2500円　①978-4-7620-2648-5　Ⓝ312.8

内容　第1章 レディ・バード・ジョンソン大統領夫人　第2章 ナンシー・ペロシ連邦下院議長　第3章 コンドリーザ・ライス国務長官　第4章 ヒラリー・R.クリントン国務長官　第5章 カーラ・アンダーソン・ヒルズ米通商代表部代表　第6章 サラ・ペイリン アラスカ州知事　第7章 ケイ・A.オア ネブラスカ州知事　第8章 ジェニファー・M.グランホルム ミシガン州知事

ヒルデスハイマー, W.〔1916～1991〕 Hildesheimer, Wolfgang

◇廃墟のドイツ1947—「四七年グループ」銘々伝　ハンス・ヴェルナー・リヒター著、飯吉光夫訳　河出書房新社　2015.8　295p　20cm　3800円　①978-4-309-20683-7　Ⓝ940.27

内容　蝶たちの曖昧宿で—イルゼ・アイヒンガー　十三階のクリスチャン—カール・アメリー　にぎやかな通りを行って、誰もそれに気がつかなかったら—アルフレート・アンデルシュ　ケルーネ森でのサイクリング—インゲボルク・バッハマン　きみもぼく位、金が好きかい？—ハインリヒ・ベル　セルビアは死なねばならない—ミロ・ドール　マルクトブライトでの涙—ギュンター・アイヒ　フルシマーの海水パンツを穿いて—ハンス・マグヌス・エンツェンスベルガー　誕生日祝いとしてジーモン・ダッハを—ギュンター・グラス　寝巻きのズボン—ヴォルフガング・ヒルデスハイマー　上部プファルツ人のカラカラ笑い—ヴァルター・ヘレラー　君の忠実なる側近（パラディーン）—ヴァルター・イェンス　ダンスの相手からの誘い—ウーヴェ・ヨーンゾーン　我々はみな、いい人だった—ハンス・マイヤー　敵多きほど、功高し—マルセル・ライヒ＝ラニツキ　おおマルティン—喧嘩好きではないにしろ、喧嘩っ早いアレマン人—マルティン・ヴァルザー　マラーの太鼓—ペーター・ヴァイス
* 文学の"呼び声"をきけ。ナチス崩壊、東西分裂—廃墟と化した1947年ドイツで産声をあげ、グラス、ツェランら数々の世界的才能を輩出した「四七年グループ」とは何だったのか？　リーダーであるH・W・リヒターによる愛情あふれる回想録。困難なる戦後と、若き作家たちの情熱が生んだ奇蹟の時間。

ヒルベルト, D. 〔1862〜1943〕 Hilbert, David

◇リーマンと代数関数論―西欧近代の数学の結節点　高瀬正仁著　東京大学出版会　2016.11　303p　22cm　〈他言語標題：Bernhard Riemann and the Theory of Algebraic Functions〉　文献あり　索引あり　4800円　①978-4-13-061311-8　Ⓝ413.5

内容 第1章 代数関数とは何か―オイラーの関数概念とその変容（関数概念を振り返って　関数の世界と曲線の世界 ほか）　第2章 カナリアのように歌う―リーマンの「面」の発見（修業時代　ベルリンの数学者たち ほか）　第3章 楕円関数論のはじまり―楕円関数の等分と変換に関するアーベルの理論（楕円関数論の二つの起源―萌芽の発見と虚数乗法論への道　クレルレの手紙 ほか）　第4章 アーベル関数の理論―ヤコビの逆問題の探究（「パリの論文」からアーベル関数論へ　アーベル積分の等分と変換に関するヤコビとエルミートの理論）　第5章 多変数代数関数論の夢―リーマンを越えて（ガウスの『アリトメチカ研究』とヒルベルトの第12問題　岡潔の遺稿「リーマンの定理」と多変数代数関数論の夢）

＊数学の巨人たちの夢の系譜をたどる。オイラー、ガウス、アーベル、ヤコビ、ヒルベルト、岡潔、…。関数概念のはじまりから、リーマンのアーベル関数論、そして多変数代数関数論へ。論文と史実から読み解かれた数学の世界へ、精密で巧みな文章が読者を誘う。

ビルヘルムⅡ 〔1859〜1941〕 WilhelmⅡ

◇ヴィルヘルム2世―ドイツ帝国と命運を共にした「国民皇帝」　竹中亨著　中央公論新社　2018.5　222p　18cm　（中公新書 2490）〈文献あり〉　820円　①978-4-12-102490-9　Ⓝ289.3

内容 第1章 二人のヴィルヘルム（武人「カイゼル」「女性的」な皇帝 ほか）　第2章 「個人統治」への意志（外務省での衝突　争点としての労働者問題 ほか）　第3章 世界帝国への夢（フィンランドの島にて　歴史の転換点か？ ほか）　第4章 世界大戦へ（第一次世界大戦の主役か　大戦への導火線 ほか）　第5章 晩年（単調な日々　ドルンの城館 ほか）

＊1888年にドイツ皇帝として即位したヴィルヘルム2世（1859〜1941）。統一の英雄「鉄血宰相」ビスマルクを罷免し、自ら国を率いた皇帝は、海軍力を増強し英仏露と対立、第一次世界大戦勃発の主要因をつくった。1918年、敗戦とともにドイツ革命が起きるとオランダへ亡命、ドイツ皇室は消滅。統一国民国家の草創期、ふたつの世界大戦という激動の時代とともに歩んだ、最後のドイツ皇帝の実像。

◇ヴィルヘルム二世と第一次世界大戦　義井博著　清水書院　2018.11　243p　19cm　（新・人と歴史拡大版 31）〈「カイザーの世界政策と第一次世界大戦」（1984年刊）の改題　年譜あり　索引あり〉　1800円　①978-4-389-44131-9　Ⓝ234.065

内容 1 カイザーの世界政策（ビスマルクとカイザー親政の開始 ほか）　2 大海軍の建設（結集政策　イギリスとの同盟交渉 ほか）　3 包囲体制下のドイツ（極東政策　内政改革と国際的地位 ほか）　4 第一次大戦と帝政ドイツの崩壊（大戦の勃発　大戦下のドイツ外交 ほか）

ビルモラン, L. 〔1902〜1969〕 Vilmorin, Louise de

◇最強の女―ニーチェ、サン＝テグジュペリ、ダリ…天才たちを虜にした5人の女神　鹿島茂著　祥伝社　2017.10　436p　19cm　〈他言語標題：LA FEMME LA PLUS FORTE〉　1900円　①978-4-396-61619-9　Ⓝ283

内容 第1章 ルイーズ・ド・ヴィルモラン（二十世紀前半最強のミューズ　結核療養のベッドの上で ほか）　第2章 リー・ミラー（二十一世紀の女性たちのロール・モデル　二つの不幸 ほか）　第3章 ルー・ザロメ（「二大巨人」と「最高の詩人」の心を捉えた女性　ロシア世襲貴族ザロメ家 ほか）　第4章 マリ・ド・エレディア（ジェラール・ドゥヴィル（世紀末のパリで名声を博した「最強の女」　高踏派の巨匠、ジョゼ＝マリア・ド・エレディアの三姉妹 ほか）　第5章 ガラ（シュールレアリスムの三巨頭を手に入れた女　ポール・エリュアール ほか）

＊『ツァラトゥストラはかく語りき』『星の王子さま』…歴史に残る傑作誕生の背後には彼女たちの存在があった。世紀末から20世紀のパリ。有名文化人のミューズとなり、自らも燦然と輝いた女たちの壮絶な人生。

ヒレスム, E. 〔1914〜1943〕 Hillesum, Etty

◇屈服しない人々　ツヴェタン・トドロフ著, 小野潮訳　新評論　2018.9　322p　19cm　〈索引あり〉　2700円　①978-4-7948-1103-5　Ⓝ311.15

内容 第1章 エティ・ヒレスム　第2章 ジェルメーヌ・ティヨン　第3章 ボリス・パステルナーク　第4章 アレクサンドル・ソルジェニーツィン　第5章 ネルソン・マンデラとマルコムX　第6章 現代のふたりの屈服しない人物―ダヴィッド・シュルマンとエドワード・スノーデン

ピレツキ, W. 〔1901〜1948〕 Pilecki, Witold

◇アウシュヴィッツを志願した男―ポーランド軍大尉、ヴィトルト・ピレツキは三度死ぬ　小林公二著　講談社　2015.5　269p　20cm　〈文献あり〉　1700円　①978-4-06-219493-8　Ⓝ289.3

内容 第1部 ポーランド消滅（ヴィトルト・ピレツキのうまれた時代　ドイツとソ連に挟まれて ほか）　第2部 潜入！アウシュヴィッツの九四八日（働けば自由になれる　ダブルサーティーン―収容者番号4859 ほか）　第3部 ワルシャワ蜂起へ（解放感から蘇る記憶　ドイツ兵の銃弾をくぐり抜け ほか）　第4部 祖国との闘いそして死（亡命政府と臨時政権の対立　スターリンに支配される世界 ほか）

＊ヒトラーに戦いを挑み、スターリンに反旗を翻し、最後は祖国に命を奪われる。「死の淵」へ948日間潜入し、かつ脱走を果たした兵士が見た、『夜と霧』も描けなかった殺戮の真実。絶滅収容所解放から70年。歴史から40年抹殺された男の生涯。

ピロスマニ, N. 〔1862?〜1918〕 P'irosmanašvili, Niko

◇放浪の聖画家ピロスマニ　はらだたけひで著　集英社　2014.12　254p　18cm　（集英社新書

ヒンク

—ヴィジュアル版 037V〉〈文献あり〉 1200円 ①978-4-08-720767-5 Ⓝ723.2991
内容 第1章 生い立ち 第2章 看板 第3章 人物 第4章 歴史 第5章 動物 第6章 信仰 第7章 宴会 第8章 風景 第9章 大作

* 「私の絵をグルジアに飾る必要はない。なぜならピロスマニがいるからだ」と、かのパブロ・ピカソに言わしめた孤高の画家ニコ・ピロスマニ。一八六二年に東グルジアの貧しい農家に生まれ、日々の糧とひきかえに酒場に飾る絵や看板を描き、一九一八年、孤独の内に亡くなったと伝えられる。作風はイコン（聖画像）の系譜をひき、今も多くの人を魅了し続けている。本書はオールカラーでその代表作を完全収録。漂泊する天才の魅力を余すところなく伝える。

ヒンク, W. 〔1943～〕 Hink, Werner

◇ウィーン・フィルコンサートマスターの楽屋から ウェルナー・ヒンク語り, 小宮正安構成・訳 アルテスパブリッシング 2017.11 277p 20cm 〈他言語標題：AUS DEM KÜNSTLERZIMMER VOM KONZERTMEISTER DER WIENER PHILHARMONIKER〉 1800円 ①978-4-86559-170-5 Ⓝ762.346

【フ】

ファインマン, R.P. 〔1918～1988〕 Feynman, Richard Phillips

◇ファインマンさんの流儀—量子世界を生きた天才物理学者 ローレンス・M・クラウス著, 吉田三知世訳 早川書房 2015.5 446p 16cm （ハヤカワ文庫 NF 432—〈数理を愉しむ〉シリーズ）〈文献あり〉 1100円 ①978-4-15-050432-8 Ⓝ289.3
内容 第1部 偉大さへの道（光, カメラ, 作用 量子の宇宙 新しい考え方 量子の国のアリス 終わりと始まり 無垢の喪失 偉大さへの道 ここより無限に 無限を馴らす 鏡におぼろに映ったもの） 第2部 宇宙の残りの部分（心の問題と問題の核心 宇宙を整理しなおす 鏡に映った像に隠されているもの 気晴らしと楽しみ・喜び 宇宙の尻尾をねじり回す 上から下まで 真実, 美, そして自由）

* 粒子は時空をさかのぼる？ 重力の大きさは何で決まる？ もしもアインシュタインがいなかったら？ 20世紀, 万物の謎解きに飽くなき探究心で挑んだ奇想天外な量子物理学者がいた。ノーベル賞を受賞したファインマン。抜群の直観力で独創的な理論を構築し, 大学の講義録が今やバイブルとなった彼の人物像と, 量子コンピュータや宇宙物理など最先端科学に残したその功績を, 人気サイエンスライターが描く評伝。

◇ファインマンさん最後の授業 レナード・ムロディナウ著, 安平文子訳 筑摩書房 2015.9 233p 15cm （ちくま学芸文庫 ム6-2—〔Math ＆ Science〕）〈メディアファクトリー 2003年刊の再刊 文献あり 著作目録あり〉

1000円 ①978-4-480-09690-6 Ⓝ289.3
内容 おとなりは, ファインマンさん—ガンと闘うノーベル賞受賞者 ファインマンとの出会い—イスラエルの小さな図書館にて カルテクへの招待—僕はフリーエージェント 電子のふるまい—バビロニア人タイプVSギリシャ人タイプ 知恵くらべ—「サルにできるなら, 君にもできる」 科学の探偵—誰がシャーロック・ホームズになれるのか？ 物理とストリップ—「強い力」から逃れろ！ 想像の翼—ファインマンは, いつだってインコースを走る 世界を変えるひも一目には見えない六つの次元 空腹の方程式を解く—結婚披露宴には平服で〔ほか〕

* 「僕は昔から, 一番難しい問題が好きなんだ…そうやって自分を過大評価して, 自分を夢中にさせるんだ」。ファインマンの語る言葉はいつだって魅力的。それは, 彼が科学も人生もとことん楽しんでいたからだ。名門研究所にホープとして招かれ, ファインマンの同僚となった若き日の著者もまた虜になった。物理学に自分の居場所を見つけられずにいたムロディナウ。そんな彼を時に悩ませ, そして最後に勇気を与えたファインマンの言葉とは—。「クォーク」の名付け親マレー・ゲルマンや, ひも理論の立役者ジョン・シュワルツなど一級の物理学者たちの様子も生き生きと描きだす珠玉のノンフィクション。

ファウスト, I. 〔1972～〕 Faust, Isabelle

◇偉大なるヴァイオリニストたち 2 チョン・キョンファから五嶋みどり, ヒラリー・ハーンまで ジャン＝ミシェル・モルク著, 神奈川夏子訳 ヤマハミュージックメディア 2017.4 356,8p 21cm 〈文献あり〉 3400円 ①978-4-636-92333-9 Ⓝ762.8
内容 ボリス・ベルキン チョン・キョンファ ピンカス・ズーカーマン オーギュスタン・デュメイ ピエール・アモイヤル ドミトリ・シトコヴェツキー ナイジェル・ケネディ シュロモ・ミンツ ヴィクトリア・ムローヴァ チョーリャン・リン〔ほか〕

* 外科医でもある筆者による桁外れに鋭い考察に基づく評伝集。使用楽器や練習法などはもちろん, デビューの裏側や生い立ち, 家族関係などに迫り, 素顔を描き出す。歴史的名演を収録したCD-ROM付き。

ファウストゥス, J.G. 〔1480?～1540?〕 Faustus, Johann Georg

◇ドイツ奇人街道 森貴史, 細川裕史, 溝井裕一著 吹田 関西大学出版部 2014.7 331p 19cm 〈文献あり〉 2000円 ①978-4-87354-586-8 Ⓝ283.4
内容 フレンスブルク・ひとりの女性の勇敢なる挑戦—ベアーテ・ウーゼ（Beate Uhse, 1919～2001） エッカーンフェルデ・「不死の男」の終焉—サン＝ジェルマン伯爵（Graf von Saint Germain, 1691?～1784） ハンブルク・ドイツの「海賊王」の運命—クラウス・シュテルテベーカー（Klaus Störtebeker, ?～1400） メルン・中世を旅したイタズラ者—ティル・オイレンシュピーゲル（Till Eulenspiegel, 1300ごろ～50） シュタインフーデ・シュタインフーデ湖の怪魚—ヤーコプ・クリュソストムス・プレトリウス（Jakob Chrysostomus Praetorius, 1730

〜?) ボーデンヴェルダー-「ほらふき男爵」の笑えない人生—ヒエロニムス・フォン・ミュンヒハウゼン (Hieronymus von Münchhausen, 1720〜97) ベルリン-絶滅動物を「よみがえらせてしまった」動物園長—ルッツ・ヘック (Lutz Heck, 1892〜1983) ライプツィヒ-「魔法使いファウスト」の実像をあばく—ゲオルギウス・ファウストゥス (Georgius Faustus, 1460/80〜1540ごろ) インゴルシュタット-秘密結社イルミナティの真実—アダム・ヴァイスハウプト (Adam Weishaupt, 1748〜1830) アンスバッハ-ヨーロッパを騒がせた謎の少年—カスパー・ハウザー (Kaspar Hauser, ? 〜1833) フリードリヒスハーフェン-伯爵の空への異常な愛情—フェルディナント・ツェッペリン伯爵 (Ferdinand Graf von Zeppelin, 1838〜1917) ジンメルン (ライン-モーゼル地方)-ライン地方の山賊たち—シンダーハンネスとシュヴァルツァー・ペーター (Schinderhannes, 1777? 〜1803/Schwarzer Peter, 1752〜1812)

ファジーカス, N. 〔1985〜〕 Fazekas, Nick

◇バスケットボールサミット—Bリーグ川崎ブレイブサンダース 受け継がれるチームスピリット 『バスケットボールサミット』編集部編著 カンゼン 2018.4 111p 26cm 〈他言語標題:BASKETBALL SUMMIT 奥付のタイトル関連情報(誤植):Bリーグ川崎ブレイブサンダーズ〉 1400円 ⓘ978-4-86255-458-1 Ⓝ783.1

内容 川崎ブレイブサンダース誕生までの道程 INTERVIEW 篠山竜青 栗原貴宏 辻直人—選手たちが語るブレイブサンダースの過去と今、そして未来 INTERVIEW 北卓也ヘッドコーチ—常勝軍団を率いる指揮官の現役修業時代と指導哲学 INTERVIEW ニック・ファジーカス—その半生とチーム愛を語る Bリーグ最強助っ人のインサイドストーリー INTERVIEW 長谷川技一チームを支える必殺仕事人の秘めたる思い INTERVIEW 谷口光貴 青木保憲 林翔太郎—ここで僕たちは強くなっていく! ブレイブサンダースホール潜入レポート 徹底放談 藤井祐眞人小澤智将—メンバーの素顔は俺たちに聞け! 独断と偏見で語るチームメイト評 INTERVIEW MISUZU (Brave Thunders Cheerleadersディレクター)—ブレイブサンダースらしさを創り出すチアリーディングチームのアイデンティティ INTERVIEW 大島頼昌 (通訳)—外国籍選手との固い絆 INTERVIEW 吉岡淳平 (フィジカルパフォーマンスマネージャー)—選手を支えるプロフェッショナルの仕事術〔ほか〕

ファストルフ, J. 〔1378?〜1459〕 Fastolf, John

◇中世ヨーロッパの騎士 フランシス・ギース著, 椎野淳訳 講談社 2017.5 318p 15cm (講談社学術文庫 2428) 〈文献あり〉 1050円 ⓘ978-4-06-292428-3 Ⓝ230.4

内容 第1章 騎士とは何か 第2章 黎明期の騎士 第3章 第一回十字軍の騎士 第4章 吟遊詩人と騎士道の文学 第5章 ウィリアム・マーシャル—全盛期の騎士道 第6章 テンプル騎士団—兵士、外交官、銀行家 第7章 ベルトラン・デュ・ゲクラン—一四世紀の騎士 第8章 一五世紀のイングランドの騎士—サー・ジョン・ファストルフとパストン家 第9章 騎士道の長い黄昏

＊豪壮な城、華麗な騎馬試合、孤独な諸国遍歴—中世ヨーロッパを彩った戦士たち。十字軍やテンプル騎士団の活躍から、吟遊詩人と騎士道物語の誕生、上級貴族にのしあがったウィリアム・マーシャルや、ブルターニュの英雄ベルトラン・デュ・ゲクランの生涯、さらに、『ドン・キホーテ』でパロディ化された騎士階級が、近代の中に朽ちていくまでを描く。

ファスビンダー, R.W. 〔1945〜1982〕 Fassbinder, Rainer Werner

◇ファスビンダー, ファスビンダーを語る 第2・3巻 ライナー・ヴェルナー・ファスビンダー著, ローベルト・フィッシャー編, 明石政紀訳 boid 2015.8 462,93p 21cm 〈作品目録あり 索引あり 発売:JRC〉 5500円 ⓘ978-4-86538-038-5 Ⓝ778.234

内容 一九七二芸術映画なんかよりハリウッド映画の物語のほうがいい (クレスティアン・ブロー・トムセン聞き手) 一九七二やってみる者だけがやり方を学ぶ (コリナ・ブロッハー聞き手) 一九七三希望の美学 (クレスティアン・ブロー・トムセン聞き手) 一九七三別の類の正直さ (アンドレ・ミュラー聞き手) 一九七四わかっているのは人間のことだけ (ヴィルフリート・ヴィーガント聞き手) 一九七四読む映画 (クレスティアン・ブロー・トムセン聞き手) 一九七四現実の意味 (ジャック・グラン聞き手) 一九七五カニバリズムと吸血鬼 (クレスティアン・ブロー・トムセン聞き手) 一九七六自分だけが相手という孤独 (アンドレ・ミュラー聞き手) 一九七七映画をつくるぼくの動機は変わった (フローリアン・ホップ聞き手) 一九七七苦しみを享受するほうが、苦しみに耐えるよりずっといい (クレスティアン・ブロー・トムセン聞き手) 一九七八社会がぼくを正直にさせる程度には、ぼくは正直だ (ペーター・W・ヤンゼン聞き手) 一九七九映画とは愛の対象 (アルノー・ツィーベル聞き手) 一九八〇想像力と金 (ペーター・W・ヤンゼン聞き手) 一九八〇特定の語り口は危険だ (クレスティアン・ブロー・トムセン聞き手) 一九八〇分別くさいものにはいっさい興味なし (ヴォルフガング・リマー, フリッツ・ルムラー聞き手) 一九八一ヤバいことになりかねない状況 (ジョルジュ・ベンサン聞き手) 一九八二わたしはこの世の至福 (ビーオン・シュタインボルン, リューディガー・フォン・ナーゾー聞き手) 一九八二ぼくはこの映画がつくれるように生きてきたに違いない (ディーター・シードラ聞き手)

ファビウス 〔275〜203B.C.〕 Quintus Fabius Maximus Verrucosus Cunctator

◇ローマ帝国人物列伝 本村凌二著 祥伝社 2016.5 303p 18cm (祥伝社新書 463) 840円 ⓘ978-4-396-11463-3 Ⓝ283.2

内容 1 建国期—建国期のローマ (ブルトゥス—共和政を樹立した初代執政官 キンキナトゥス—ワシントンが理想とした指導者 ほか) 2 成長期—成長期のローマ (アッピウス—インフラ整備など、類稀なる先見性 ファビウス—耐えがたきを耐える「ローマの盾」 ほか) 3 転換期—転換期のローマ (クラッスス—すべてを手に入れた者が欲したもの 大ポン

ベイウス—カエサルに敗れた大武将 ほか) 4 最盛期—最盛期のローマ (ゲルマニクス—夭逝した理想のプリンス　ネロ—気弱な犯罪者だった暴君 ほか) 5 衰亡期—衰亡期のローマ (ガリエヌス—動乱期の賢帝　ディオクレティアヌス—混乱を鎮めた軍人皇帝 ほか)

*ローマの歴史には、独裁も革命もクーデターもあり、「パクス・ロマーナ」と呼ばれた平和な時代もあった。君主政も共和政も貴族政もポピュリズムもあり、多神教も一神教もあった。まさに「歴史の実験場」であり、教訓を得るのに、これほどの素材はない。歴史を学ぶには制度や組織は無視できないが、そこに人間が存在したことを忘れてはならないだろう。本書は、一〇〇〇年を超えるローマ史を五つの時代に分け、三二人の生涯と共に追うものである。賢帝あり、愚帝あり、英雄から気丈な女性、医学者、宗教者まで。壮大な歴史叙事詩であり、歴史は人なり一を実感する一冊。

ファーブル, J.H. 〔1823〜1915〕
Fabre, Jean-Henri

◇ファーブル驚異の博物学図鑑　イヴ・カンブフォール著、瀧下哉代、奥本大三郎訳　エクスナレッジ　2016.3　191p　29cm　〈フランス語抄訳付　文献あり　年譜あり　索引あり〉　3600円　①978-4-7678-2072-9　Ⓝ486

内容　はじめに (ジャン＝アンリ・ファーブルの生涯　春の饗宴 (『ファーブル昆虫記』)　『ファーブル昆虫記』より抜粋 (狩りバチ: 狩人の本能　自然界の掃除屋　ウェルギリウスとラ・フォンテーヌ　野生のミツバチ　虫たちの旅　クモとサソリ　ガやチョウとその幼虫　カマキリとその他の狩人　本能の知性　味、色、音)　ファーブルをめぐって (ファーブルときのこ　ファーブルの後継者たち　略年表)

*かのダーウィンに「類い稀な観察者」と評されたジャン＝アンリ・ファーブル (1823〜1915年)。彼が情熱の限りを注ぎ込み、昆虫の習性を見事に描写した『昆虫記』全10巻は、読む者の魂を揺さぶらずにはおかない。世界を席巻した、たぐいまれなこの作品の中から、本書は最も有名な箇所を選び抜き、色鮮やかな、新たなイラストや写真を添えて現代に甦らせた。

ファラデー, M. 〔1791〜1867〕
Faraday, Michael

◇光と電磁気ファラデーとマクスウェルが考えたこと—電場とは何か？　磁場とは何か？　小山慶太著　講談社　2016.8　269p　18cm　(ブルーバックス B-1982)〈索引あり〉　980円　①978-4-06-257982-7　Ⓝ427.02

内容　第1章 ファラデーと王立研究所　第2章 マクスウェルとキャヴェンディッシュ研究所　第3章 ファラデーの実験とマクスウェルの理論　第4章 ファラデーと科学の劇場　第5章 マクスウェルと物理学の悪魔　第6章 ファラデー、マクスウェル 最後の仕事

*貧しく満足な教育を受けられなかったにもかかわらず天性の実験センスで科学を切り拓いたファラデー。大地主の跡取りでケンブリッジ大卒のエリート、早くから数学に特別な才能を発揮したマクスウェル。育った環境も、科学へのアプローチも対照的な二人の天才の共演によって、電磁気学が完成されていく過程をたどる。

◇ファラデーとマクスウェル　後藤憲一著　新装版　清水書院　2016.8　214p　19cm　(Century Books—人と思想 115)〈文献あり　年譜あり　索引あり〉　1200円　①978-4-389-42115-1　Ⓝ289.3

内容　1 ファラデーの一生と人となり (少青年時代　王立研究所について　大陸旅行　研究所復帰と結婚　電磁誘導の発見　電気分解・静電気その他の研究　磁気光学・反磁性その他の研究)　2 マクスウェルの一生と人となり (幼年時代　中高生時代　大学時代　アバディーン大学教授時代　グレンレーア隠遁時代　キャヴェンディッシュ研究所時代)　3 ファラデー・マクスウェルの場の思想と電磁気学の完成 (電磁気学諸法則の発見　電磁気学の完成　場の思想の発展)　ファラデーとマクスウェルの文通

*人類が初めて「火」の存在を知り、それを使いこなすようになったとき、その生活は格段の進展をしたように、人類が「電気」と「電波」を生活に取り入れるようになったとき、今日の文明社会が始まったといってよかろう。この電気と電波の利用の道を拓いたのは、ファラデーとマクスウェルであった。これより人類が受けた恩恵は計り知れないものがあり、そのことは、電気と電波のない世界を想像してみれば、ただちに実感されるであろう。さらに、二人によって見いだされた電気磁気の法則は、ニュートンの力学の法則に比肩するもので、両者は物体の現象を律する最も基本的な二本柱といわれる。さて、一方は小学校しか出ていない鍛冶屋の倅から、一方は地主の一人息子から出発して、これをなしとげるまでを振り返りながら、その偉業を理解してもらえるよう述べてみよう。

◇物理学を変えた二人の男—ファラデー、マクスウェル、場の発見　ナンシー・フォーブス、ベイジル・メイホン著、米沢富美子、米沢恵美訳　岩波書店　2016.9　295,5p　20cm　〈索引あり〉　3200円　①978-4-00-006324-1　Ⓝ289.3

内容　本屋の丁稚から研究所の丁稚へ 一七九一・一八一三　今は「化学」と呼ばれる研究分野 一八一三・一八二〇　電気と磁気の長い歴史 一六〇〇・一八二〇　円形方向に作用する力 一八二〇・一八三一　電磁誘導—磁気の変化が電気を起こす 一八三一・一八四〇　推測が遙かな未来を先取りする 一八四〇・一八五七　称号なしのマイケル・ファラデーのままで 一八五七・一八六七　「これはどうなっているの？教えて」 一八三一・一八五〇　ケンブリッジでの切磋琢磨の日々 一八五〇・一八五六　「力線」を「仮想流体」との類推で説明する 一八五四・一八五六　ここは冗談が通じない 一八五六・一八六〇　光は電磁波だった！ 一八六〇・一八六三　これは大当たり (！) だと思う 一八六三・一八六五　田舎暮らし 一八六五・一八七一　キャヴェンディッシュ研究所の創設 一八七一・一八七九　マクスウェル信奉者たち 一八五〇・一八九〇　科学史の新しい時代 一八九〇年以降

*科学史に燦然と輝く二人の男は、いかにして電磁場を発見し、ニュートン以来の機械的な世界観を覆す革新的な「場」の理論を作り出したのか。鍛冶屋の息子で、何でも自分で確かめる真摯な態度を貫いた実験家ファラデーと、地主で弁護士の息子で、天才数学理論家でありながら飄軽で奇抜な面ももつマクスウェル。場の発見を主軸に二人の生涯を描く。

ファルドゥーリス=ラグランジュ, M.〔1910～1994〕Fardoulis-Lagrange, Michel

◇ミシェル・ファルドゥーリス=ラグランジュ―神話の声、非人称の声　國分俊宏著　水声社　2017.12　284p　20cm　(シュルレアリスムの25時)〈表紙のタイトル：Michel Fardoulis-Lagrange 1910-1994　文献あり　年譜あり〉3000円　①978-4-8010-0302-6　Ⓝ950.278

内容 序章 神話と日常のまざりあう世界　第1章 生涯　第2章 三等列車の乗客　第3章 死者とともに　第4章 無力な者たちの闘い　第5章 神話の声、非人称の声　終章 それらは同時に私のうちにあり、かつ外部にある　付録 ミシェル・ファルドゥーリス=ラグランジュ小説選

＊"一にして全なる"世界を志向する"小説=詩"『セバスチヤン、子ども、そしてオレンジ』をはじめ、本邦初訳の作品を収録！バタイユやレリスの激賞を受け、シュルレアリスム・グループの傍らで秘教的な言語世界を構築した、カイロ生まれのギリシア人、ミシェル・ファルドゥーリス=ラグランジュ。事物の根源をまなざす解き明かされえない詩的散文をつぶさに辿り、人称という装置に収まりきらない詩人の「声」に耳を傾けた。

ファン・エイク, J.〔1390～1440〕Van Eyck, Jan

◇ファン・エイク―アルノルフィーニ夫妻の肖像　ステファノ・ズッフィ著、千速敏男訳　西村書店東京出版編集部　2015.10　79p　27cm　(名画の秘密)〈年譜あり〉　2800円　①978-4-89013-730-5　Ⓝ723.358

内容 わたしたちに必要な最後のもの　ある傑作の国際的な遍歴　謎の「エルノール・ル・フィン」―アルノルフィーニか、愚かな寝取られ男か　室内の世界　ファン・エイクは、あらゆることを考えた。わたしたちのことも含めて。　図版："アルノルフィーニ夫妻の肖像"(全図)　部分解説　年譜：ファン・エイクの生涯とその時代

＊ヤン・ファン・エイクが描いた"アルノルフィーニ夫妻の肖像"は、世界で最も有名な美術作品のひとつであり、画集やポスター、絵はがきなどを通じてこれまでに数多くの複製がつくられてきた。だが、この作品はいったい何をあらわしているのだろうか？よりつきつめて言うならば、新婚夫婦の寝室という最もプライベートな空間に私たちが踏み込むとき、いったい、どのような「神秘」が待ちうけているのだろうか？私たちは、この絵の細部をひとつひとつ眺め、思いがけない発見をしてはとまどう。ファン・エイクという画家は、徹底的な細密描写を重ねることで驚異的な写実主義に到達した。夫婦の寝室という「親密」な場面をつつましく描きながら、画家はそこには普遍的な「小宇宙」を凝縮している。また巧みな光の描写によって、私たちにあたかもこの寝室に招待されているかのように感じさせる。そして、背後の壁に描かれた凸面鏡(この驚くべき仕掛け！)は、そこに映し出された画中の空間を拡張するだけでなく、夫妻のほかにさらに2人の人物が存在することをも示唆する。その2人は絵を観ている私たちかもしれない―。このようにして私たちは、作品の鑑賞者から画中の登場人物となり、時間の止まったこの寝室へと神秘の力で運び込まれるのである。そして最後に、最も重要な問題が私たちに立ちふさがる。ここに描かれた人物は誰なのだろうか？それは、ほんとうにアルノルフィーニ夫妻なのだろうか？

ファンク, D., Jr.〔1941～〕Funk, Dory, Jr.

◇全日本プロレス超人伝説　門馬忠雄著　文藝春秋　2014.7　218p　18cm　(文春新書 981)〈文献あり〉　800円　①978-4-16-660981-9　Ⓝ788.2

内容 ジャイアント馬場 王道プロレスの牽引者　ジャンボ鶴田 完全無欠のエース　ザ・デストロイヤー「日本のレスラー」になった魔王　アブドラ・ザ・ブッチャー 血染めの図管使い　ミル・マスカラス 千の顔を持つ男　大仁田厚 ジュニアヘビー級の尖兵　ザ・ファンクス テキサス・ブロンコの心意気　スタン・ハンセン＆ブルーザー・ブロディ 不沈艦と超獣「最強コンビ」　ザ・グレート・カブキ 毒霧噴く"東洋の神秘"　三沢光晴 男気のファイター　小橋健太 病魔に勝った鉄人　天龍源一郎 不滅の負けじ魂　ジョー樋口 厳しく優しいプロレスの番人

＊馬場の「32文ロケット砲」完成秘話、岐阜の病院に極秘入院した鶴田、妻に逃げられたデストロイヤー、乱闘で警察沙汰となったブッチャー…初めて明かされる超人たちの素顔。

ファンク, T.〔1944～〕Funk, Terry

◇全日本プロレス超人伝説　門馬忠雄著　文藝春秋　2014.7　218p　18cm　(文春新書 981)〈文献あり〉　800円　①978-4-16-660981-9　Ⓝ788.2

内容 ジャイアント馬場 王道プロレスの牽引者　ジャンボ鶴田 完全無欠のエース　ザ・デストロイヤー「日本のレスラー」になった魔王　アブドラ・ザ・ブッチャー 血染めの図管使い　ミル・マスカラス 千の顔を持つ男　大仁田厚 ジュニアヘビー級の尖兵　ザ・ファンクス テキサス・ブロンコの心意気　スタン・ハンセン＆ブルーザー・ブロディ 不沈艦と超獣「最強コンビ」　ザ・グレート・カブキ 毒霧噴く"東洋の神秘"　三沢光晴 男気のファイター　小橋健太 病魔に勝った鉄人　天龍源一郎 不滅の負けじ魂　ジョー樋口 厳しく優しいプロレスの番人

＊馬場の「32文ロケット砲」完成秘話、岐阜の病院に極秘入院した鶴田、妻に逃げられたデストロイヤー、乱闘で警察沙汰となったブッチャー…初めて明かされる超人たちの素顔。

ファン・ドールン, C.J.〔1837～1906〕Van Doorn, Cornelis Johannes

◇明治なりわいの魁―日本に産業革命をおこした男たち　植松三十里著　ウェッジ　2017.2　192p　21cm　〈文献あり　年表あり〉　1800円　①978-4-86310-176-0　Ⓝ281

内容 1章 魁の時代(高島秋帆―長崎豪商の西洋砲術と波高の生涯　江川坦庵―伊豆韮山に現存する反射炉と品川台場　片寄平蔵―蒸気船の燃料を供給した常磐炭鉱の開祖)　2章 技の時代(鍋島直正―佐賀の反射炉と三重津海軍所の創設　本木昌造―日本語

の活版印刷を広めた元長崎通詞　堤磯右衛門—公共事業の請負から石鹸の祖に　上田寅吉—船大工から日本造船史上の一大恩人へ　大島高任—鉄の産地で高炉を建設した南部藩士）　3章　生業の時代（尾高惇忠—富岡製糸場初代場長の知られざる来歴　ファン・ドールン—猪苗代湖からの疎水開削を実現　加唐為重—生命保険に医療を入れて発展　油屋熊八—別府温泉で本格的な観光業をスタート　竹鶴政孝—本物のウィスキーを日本にもたらす　松永安左エ門—電力再編の三年間のためにあった長き生涯）

＊高島秋帆、江川坦庵、片寄平蔵、鍋島直正、本木昌造、堤磯右衛門、上田寅吉、大島高任、尾高惇忠、ファン・ドールン、加唐為重、油屋熊八、竹鶴政孝、松永安左エ門。幕末から明治の暴風の中、理想の日本をつくるべく未来を見据えて、最善を尽くした十四人の男たちの物語。貴重な写真を多数収録！

ファン・メーヘレン, H. 〔1889〜1947〕
Van Meegeren, Han

◇フェルメール　生涯の謎と全作品　大友義博監修　宝島社　2015.10　93p　26cm　「『魅惑のフェルメール全仕事』（2015年1月刊）の改題、加筆修正、書き下ろしを加え再構成　年表あり　索引あり」　1300円　①978-4-8002-4495-6　Ⓝ723.359

内容　謎の画家フェルメール43年の生涯　1　フェルメールの全仕事　フェルメール全作品の大きさ比較　2　ここで見られる！フェルメール作品所蔵美術館　3　フェルメールと同時代のオランダの画家たち　4　天才贋作者ハン・ファン・メーヘレンの"全仕事"

＊フェルメールの全37作品を、参考図版を多用し詳しく解説！フェルメール作品を所蔵している欧米の17美術館を地図とともに紹介！フェルメールに直接または間接的に影響を与えた画家たちの素顔！ナチスをも手玉に取った20世紀最大の贋作者メーヘレンの生涯！

フィウェル, E.A. 〔1902〜1990〕
Whewell, Elizabeth Alice

◇嵐の日本へ来たアメリカ女性—宣教師ベティ・フィウェルの軌跡　石黒次夫, 石黒イサク著　いのちのことば社　2018.10　177p　19cm　1000円　①978-4-264-03962-4　Ⓝ198.99

内容　第1章　セディのヴィジョンとステップ（美濃ミッション創立者の横顔　美濃ミッションの設立）　第2章　ベティの足跡（宣教師ベティ・フィウェルを育むだもの　いよいよ日本へ　神社参拝拒否による弾圧事件　帰国と太平洋戦争）　第3章　再び日本へ（備えられた出会い　ベティと石黒兄弟）

＊昭和初期、美濃ミッションに赴任した若きアメリカ女性たち。富国強兵に走る異के国日本、神社参拝拒否への弾圧の中、彼女たちが示した信仰と愛、神の御業の記録。創立者ワイドナーから2代目、3代目と世代を越えて引き継がれた"信仰のミッション"の活動。幾多の難関を乗り越えて生き抜いた伝道師たちのノンフィクション。

フィスク, B. 〔1911〜1940〕 Fiske, Billy

◇伝説のアイスレーサー—初期冬季五輪ボブスレー野郎、それぞれの金メダル　アンディ・ブル著, 高瀬明彦訳　パーソナルケア出版部　2016.9　350p　20cm　1800円　①978-4-89493-054-4　Ⓝ784.8

＊北米初の冬季オリンピック大会の目玉はボブスレー競技。コースは危険極まりなかった。自信満々のドイツ代表とたたかう米国代表は銀行家の御曹司、ソングライター、元ボクサー、ダンディーな博徒の四人組。「サンモリッツがなしえたことはレークプラシッドにもできる」と五輪招致の立役者は意気込むが?! 2015英国ウィリアムヒル・スポーツブック・オブ・ザ・イヤー最終候補作。"クール・ランニング"と"華麗なるギャツビー"を掛け合わせたような異色のノンフィクション・ノベル！

フィックス, B. Fickes, Bob

◇ある瞑想家の冒険—悟りに至るまでの半生、そしてその後　ボブ・フィックス著, 釘宮律子訳　ナチュラルスピリット　2014.9　298p　19cm　1800円　①978-4-86451-134-6　Ⓝ147

内容　開眼　マハリシとの出会い　ふたつの世界に生きて　境界線を越えて　一九六八年歴史を巡り抜ける旅：映画『イージー・ライダー』　ボブ・フィックス版　教師用トレーニング　初期の教師体験　マハリシの示した驚きの現象　一年間のトレーニング　すべては移り変わる　アセンデッド・マスターとのつながりに気づいて　ジャブー・ヒーリングとババジ　瞑想　誓い　サナート・クマラ：目醒めよ。今がそのときだ

＊世界的な瞑想家の波乱にとんだ半生。「悟り」とはどういうものか？それに至る道のりとは？そしてチャネリングの本質とは？悟りの時代に生きるためのメッセージ。

フィッシャー, B. 〔1943〜2008〕
Fischer, Bobby

◇ボビー・フィッシャーを探して　フレッド・ウェイツキン著, 若島正訳　みすず書房　2014.9　354,3p　20cm　2800円　①978-4-622-07852-4　Ⓝ796.9

内容　チェスの神童を育てて　フィッシャーの遺産　ワシントン広場　ブルース・パンドルフィーニ　大ニューヨーク・オープン大会　モスクワに向けたトレーニング　列柱の間　マルク・ドヴォレツキー　ヴォロージャ　教師の会　[ほか]

＊6歳でチェスを始め、子供らしい無邪気さでチェスに取り組みながら加速度的に強くなる息子ジョッシュ。そのまばゆいほどの才能に父親は深くいれ込むが、幼い息子はそんな周囲の思いに多感に反応しつつも、仮借のない勝負の世界で成長してゆく。チェスの神童ジョッシュとその父親である著者が、伝説の棋士ボビー・フィッシャーへの憧憬を胸に歩んだ道のりを描く。

◇完全なるチェス—天才ボビー・フィッシャーの生涯　フランク・ブレイディー著, 佐藤耕士訳　文藝春秋　2015.8　615p　16cm　〈文春文庫　フ33-1〉〈文献あり〉　1140円　①978-4-16-790435-7　Ⓝ796.9

内容　小さなチェスの奇跡　天賦の才能　クイーン・サクリファイス　アメリカの神童　冷戦のグラディエーター　宿敵との激戦　アインシュタイン理論

フィッシャー, C.J.
Fisher, Catherine Jane

◇涙のあとは乾く　キャサリン・ジェーン・フィッシャー著，井上里訳　講談社　2015.5　252p　20cm　1600円　Ⓘ978-4-06-219496-9　Ⓝ936

内容 プロローグ　赤と白と青の痣　冷え切った正義　ホテル・カリフォルニア　歩く死体の日記　起立　わたしは降参しない　わたしのこの小さな光　ハッピーバースデー　ファザー　メンフィス・マン　秘密協定　わたしたちには秘密がある　母の愛　アイ・アム・ウーマン　足元で動く大地　わたしも彼にレイプされた　アメリカへ　裁判の日　手放すこと　障子に映った影　得るものはない　雨にぬれても　譲るべきこと　山にのぼりて告げよ

＊この日も、いつもと変わらない一日のはずだった…。横須賀で起きたレイプ事件。被害者が犯人を追い詰めるまでの感動と勇気の回想録！

フィッシャー, J. 〔1983〜〕　Fischer, Julia

◇偉大なるヴァイオリニストたち　2　チョン・キョンファから五嶋みどり，ヒラリー・ハーンまで　ジャン＝ミシェル・モルク著，神奈川夏子訳　ヤマハミュージックメディア　2017.4　356,8p　21cm　〈文献あり〉　3400円　Ⓘ978-4-636-92333-9　Ⓝ762.8

内容 ボリス・ベルキン　チョン・キョンファ　ピンカス・ズーカーマン　オーギュスタン・デュメイ　ピエール・アモイヤル　ドミトリ・シトコヴェツキー　ナイジェル・ケネディ　シュロモ・ミンツ　ヴィクトリア・ムローヴァ　チョーリャン・リン　[ほか]

＊外科医でもある筆者による桁外れに鋭い考察に基づく評伝集。使用楽器や練習法などはもちろん、デビューの裏側や生い立ち、家族関係などに迫り、素顔を描き出す。歴史的名演を収録したCD・ROM付き。

フィッシャー, P. 〔1907〜2004〕
Fisher, Philip Arthur

◇伝説の7大投資家―リバモア・ソロス・ロジャーズ・フィッシャー・リンチ・バフェット・グレアム　桑原晃弥著　KADOKAWA　2017.6　239p　18cm　〈角川新書 K-139〉〈文献あり〉　800円　Ⓘ978-4-04-082146-7　Ⓝ338.18

内容 第1章「ウォール街のグレートベア」ジェシー・リバモア　第2章「イングランド銀行を潰した男」ジョージ・ソロス　第3章「百聞は一見に如かず」ジム・ロジャーズ　第4章「成長株集中投資の大家」フィリップ・フィッシャー　第5章「伝説のファンドマネジャー」ピーター・リンチ　第6章「オマハの賢人」ウォーレン・バフェット　第7章「バフェットの師」ベンジャミン・グレアム

＊「ウォール街のグレートベア」（リバモア）、「イングランド銀行を潰した男」（ソロス）…。数々の異名を持つ男たちは「個人投資家」という一般的なイメージを遙かに超える影響力を行使してきた―。

フィッツジェラルド, F.C. 〔1896〜1940〕
Fitzgerald, Francis Scott

◇フィッツジェラルド／ヘミングウェイ往復書簡集―Dear Ernest,Dear Scott　スコット・フィッツジェラルド，アーネスト・ヘミングウェイ著，宮内華代子編訳，佐藤美知子校閲　増補改訂版　英光社　2018.10　298p　21cm　〈英語抄訳付　初版：文藝春秋企画出版部　2009年刊　年譜あり〉　2000円　Ⓘ978-4-87097-175-2　Ⓝ935.7

内容 (H)7・1　スペイン、プルゲーテ　僕にとって天国とは、妻と子供たちが居る本宅と、各階に1人ずつ愛人が住んでいる9階建ての別宅があるところだ。僕は手紙を書くのが好きだ。　(F)11・30消印　フランス、パリ　先日は迷惑かけてすまなかった。『ポスト』が2750ドルに原稿料引上げ。マコールモン事件。　(H)12・15　オーストリア、シュルンス　ツルゲーネフ、トーマス・マン、小説の主題としての戦争について。　(H)12・24頃　オーストリア、シュルンス　「雨の中の猫」、「季節はずれ」について。ハンク・ウェールズ、ハロルド・スターンズ、マコールモンのこと。シカゴ・ポストの『われらの時代に』の批評。　(H)1925年12・31・1926年1・1　オーストリア　リヴライト社より『春の奔流』の出版を断られたので君から紹介されていたスクリブナーズ社のパーキンズに原稿を送りたい。　(H)4・20頃　フランス、パリ　ジョナサン・ケイプ社から『われらの時代に』の出版申込み、『春の奔流』をスクリブナーズ社から出版予定。『日はまた昇る』のタイプ原稿完成。君がいくつかノーベル賞がとれる。　(H)5・4　フランス、パリ　『春の奔流』5月21日に出版予定、『日はまた』の原稿はすでに送った。昨日マーフィ夫妻がパリに到着。D・バーカー、セルデス夫妻たちはスペインに行っている。　(H)5・20頃　スペイン、マドリード　『われらの時代に』について君が書いた書評の件でお詫び。今日の闘牛は中止になった。『日はまた』を息子にすすめている理由。　(F)6　フランス、ジュアン・レ・パン　『日はまた昇る』に対する助言。　(F)8あるいは9　フランス、ジュアン・レ・パン　禁酒して猛烈に仕事中。12月10日ニューヨークへ出航予定。〔ほか〕

フィネガン, W. 〔1952〜〕　Finnegan, William

◇バーバリアンデイズ―あるサーファーの人生哲学　ウィリアム・フィネガン著，児島修訳　エイアンドエフ　2018.8　562p　19cm　〈[A&F BOOKS]〉　2800円　Ⓘ978-4-909355-04-1　Ⓝ289.3

内容 1　ダイヤモンドヘッド沖―ホノルル、1966〜67年　2　潮の香り―カリフォルニア、1956〜65年　3　革命の衝撃―カリフォルニア、1968年　4　空にキスするから待って―マウイ島、1971年　5　波を求めて

フイヒテ

―南太平洋、1978年　6 ラッキーカントリー――オーストラリア、1978〜79年　7 未知なる方へ――アジア、アフリカ、1979〜81年　8 海と現実との狭間で――サンフランシスコ、1983〜86年　9 咆哮―マデイラ島、1994〜2003年　10 海の真ん中に落ちる山――ニューヨーク市、2002〜15年
＊波を友とし、若者は大人の男になった。半世紀のクロニクル。ピューリッツァー賞受賞作（2016年「伝記・自叙伝部門」）。

フィヒテ, J.G.〔1762〜1814〕
Fichte, Johann Gottlieb

◇フィヒテを読む　ギュンター・ツェラー著，中川明才訳　京都　晃洋書房　2014.11　136,19p　20cm　〈文献あり　索引あり〉　2200円　Ⓘ978-4-7710-2584-4　Ⓝ134.3
内容 第1章 フィヒテを読む　第2章 生涯と作品の概観　第3章 哲学的思惟―カントとともに、カントに抗して、そしてカント以後　第4章 自由の体系　第5章 存在・知・世界　第6章 将来の哲学　第7章 フィヒテ―昨日・今日・明日
＊超越論哲学と道徳哲学のはざまで。ドイツ古典哲学研究の第一人者による、読解のための新しい指標。

◇フィヒテ　福吉勝男著　新装版　清水書院　2015.9　207p　19cm（Century Books―人と思想 90）〈文献あり　年譜あり　索引あり〉　1000円　Ⓘ978-4-389-42090-1　Ⓝ134.3
内容 1 フィヒテの生涯（少・青年期の渇望　チューリヒにて　カント訪問　フランス革命への憧憬　イェナ大学への赴任　ベルリンへの追放　浄福な生き方　ドイツ国民へのアピール　闘う学者）　2 フィヒテの思想（根源となるもの　フランス革命後のヨーロッパとドイツの課題　「自由」の理想主義　知識学の根本思想　知識学の展開―所有・文化と生存権　宗教的世界観の確立　「自由」獲得のプログラム―「現象学」の成立　歴史意識と「浄福な生」「現象学」の展開　「自由」への国民教育―『ドイツ国民に告ぐ』の精神　フィヒテを生かす道）

フィランジェーリ, G.〔1752〜1788〕
Filangieri, Gaetano

◇ナポリ―フィランジェーリへの旅　中村喜美郎著　〔出版地不明〕　フィランジェーリ研究所　2017.3　115p　27cm　〈文献あり〉　Ⓝ289.3

フィーリー, G.M.〔1903〜1996〕
Feely, Gertrude Marie

◇主が共にいませば―G.M.フィーリー宣教師が日本の教会に遺したもの　西垣二一監修，日本基督教団兵庫教区フィーリー記念室委員会編　大阪　かんよう出版　2017.6　155,138p　20cm　〈文献あり　年譜あり〉　2400円　Ⓘ978-4-906902-86-6　Ⓝ198.72
内容 序論　第1章 生い立ちと宣教師になるまで　第2章 教育宣教師としての来日と大分での働き　第3章 フィリピンでの五年間　第4章 コロンビア大学時代と教育学博士論文　第5章 戦後の再来日と働きの始まり―青年指導原理とその実現　第6章 クリスチャンユースセンター　第7章 青年指導の実際と理念　第8章 宣教師隠退と晩年　第9章 兵庫教区クリスチャン・センターとフィーリー記念室

フィリップ（エディンバラ公）〔1921〜〕
Prince Philip, Duke of Edinburgh

◇イギリス王室　愛と裏切りの真実―エリザベス女王とダイアナ元妃からキャサリン妃まで　渡邉みどり著　主婦と生活社　2016.8　191p　19cm　〈年表あり〉　1300円　Ⓘ978-4-391-14869-5　Ⓝ288.4933
内容 エリザベス女王、カミラ夫人、キャサリン妃　ジョージ6世とエリザベス王妃　エリザベス王女とフィリップ王子　女王エリザベス2世とエディンバラ公　マーガレット王女の悲劇　ウィンザー王家20世紀の事件簿　ダイアナとチャールズ皇太子　王室の試練、90年代は悪い年　ウィリアム王子とキャサリン妃　メディアと王室　終章エピローグ―赦しの女王
＊女王90歳、ダイアナ妃が亡くなって20年。ささやかれる「スキップ・ジェネレーション」の噂。母として王族として懸命に生き、ほんとうの愛を求めて闘ってきた女性たちの物語。

フィリップⅡ〔1165〜1223〕　Philippe Ⅱ

◇王たちの最期の日々　上　パトリス・ゲニフェイ編，神田順子，谷口きみ子訳　原書房　2018.6　200p　20cm　2000円　Ⓘ978-4-562-05570-8　Ⓝ288.4935
内容 1 一人の皇帝の死、そして伝説のはじまり――カール大帝（シャルルマーニュ）―アーヘン、八一四年　2 非力な王のまことに目立たぬ死――ユーグ・カペー―九九六年　3 きわめて政治的な死――フィリップ二世――一二二三年七月一四日　4 「われわれはエルサレムに向かう」――チュニスで死の床にあった聖王ルイ九世の言葉――一二七〇年　5 最期まで王――シャルル五世の死――三八〇年九月一六日　6 不人気だった国王のひかえめな死――ルイ一一世――一四八三年八月三〇日　7 フランソワ一世の模範的な死――一五四七年三月三一日　8 アンリ二世の最期――一五五九年七月一〇日　9 アンリ三世暗殺――一五八九年八月一日　10 アンリ四世の最期の日々――一六一〇年
＊カール大帝からナポレオン3世にいたるまで、フランスという国をつくったおもな君主たちは、どのように死を迎えたのだろうか？　現代屈指の歴史研究者を執筆者に迎え、学術的な正確さと読みものとしての面白さを追求し、この疑問にはじめて答える。

フィールディング, H.〔1707〜1754〕
Fielding, Henry

◇世界の十大小説　上　W.S.モーム著，西川正身訳　岩波書店　2015.5　316p　15cm　（岩波文庫）　780円　Ⓘ4-00-322544-9　Ⓝ904
内容 1 小説とは何か　2 ヘンリー・フィールディングと『トム・ジョーンズ』　3 ジェイン・オースティンと『高慢と偏見』　4 スタンダールと『赤と黒』　5 バルザックと『ゴリオ爺さん』　6 チャールズ・ディケンズと『デイヴィッド・コパーフィールド』
＊世界の十大小説として選んだ作品を、実作者の視点から論じたユニークな文学論。まず作家の生涯と人物について語り、作家への人間的な興味を土

台に、痛快な筆さばきで作品を解説する。(上)では『トム・ジョーンズ』『高慢と偏見』『赤と黒』『ゴリオ爺さん』『デイヴィッド・コパーフィールド』を取上げる。(全2冊)

フィルビー, K. 〔1912～1988〕 Philby, Kim

◇キム・フィルビー——かくも親密な裏切り　ベン・マッキンタイアー著, 小林朋則訳　中央公論新社　2015.5　447p　20cm　〈文献あり〉　2700円　Ⓘ978-4-12-004719-0　Ⓝ289.3

 内容 見習いスパイ　セクションⅤ　オットーと坊やブー、ブー、ベイビー、俺はスパイ　三人の青年スパイ　ドイツからの亡命者　ソヴィエトからの亡命者　期待の星　荒れる海　ホメロスの冒険物語　桃追いはぎ貴族　第三の男　ベイルートの男　居ついた狐　前途きわめて有望な将校　君だろうと思っていたよ　ティータイム　蒸発　三人の老いたスパイ
 *冷戦下の世界を震撼させた英国史上最も悪名高い二重スパイ。そのソ連亡命までの30年に及ぶ離れ業を、M16同僚との血まみれの友情を軸に描き出す。

フェイゲン, D. 〔1948～〕 Fagen, Donald

◇ヒップの極意　ドナルド・フェイゲン著, 奥田祐士訳　DU BOOKS　2014.7　259p　20cm　〈発売：ディスクユニオン〉　2000円　Ⓘ978-4-925064-75-0　Ⓝ767.8

フェデラー, R. 〔1981～〕 Federer, Roger

◇ロジャー・フェデラー伝　クリス・バウワース著, 渡邊玲子訳　実業之日本社　2016.9　323p　19cm　〈文献あり〉　Ⓘ978-4-408-45602-7　Ⓝ783.5

 内容 第1章 チャンピオンの少年時代　第2章 プロへの転向　第3章 グランドスラム・チャンピオン　第4章 大敵ナダル　第5章 ビッグ4　第6章 最高のプレーヤー
 *やっぱり、フェデラー。テニスの素晴らしさを教えてくれたのは、あなたです！ありがとう、ロジャー。やんちゃな少年がどのようにして人格者になっていったのか、本書には、そのすべてが書かれています。

◇ロジャー・フェデラー　マーク・ホジキンソン著, 鈴木佑依子訳　東洋館出版社　2016.11　272p　23cm　〈文献あり　索引あり〉　1900円　Ⓘ978-4-491-03236-8　Ⓝ783.5

 内容 1 テニス狂時代　2 モーツァルトVS.メタリカ　3 ル・プチ・ピート　4 囁きのようなフットワーク　5 きつく張られたガット　6 世界最強　7 バレリーナVS.ボクサー　8 スウェーデンのミューズ　9 赤い封筒　10 よき夫、よき父、そして億万長者
 *相手の裏をかくサーブ、27種類のフォアハンド、ゲームの流れを変えるボレー、誰よりも静かなステップ、観る者すべてを魅了する美しいプレー——史上最高のオールラウンダー、その強さの秘密を解き明かす！

フェデリーコⅡ 〔1194～1250〕 Federico Ⅱ

◇世界史の10人　出口治明著　文藝春秋　2015.10　293p　19cm　〈他言語標題：TEN LEADERS OF WORLD HISTORY　文献あり〉　1400円　Ⓘ978-4-16-390352-1　Ⓝ280.4

 内容 第1部 世界史のカギはユーラシア大草原にあり（バイバルス—奴隷からスルタンに上りつめた革命児　クビライ—五代目はグローバルなビジネスパーソン　バーブル—新天地インドを目指したベンチャー精神）　第2部 東も西も「五胡十六国」(武則天—「正史」では隠された女帝たちの実力　王安石—生まれるのが早すぎた改革の天才)　第3部 「ゲルマン民族」はいなかった？(アリエノール—「ヨーロッパの祖母」が聴いた子守唄　フェデリーコ二世—ローマ教皇を無視した近代人)　第4部 ヨーロッパはいつ誕生したのか(エリザベス一世—「優柔不断」こそ女王の武器　エカチェリーナ二世—ロシア最強の女帝がみせた胆力　ナポレオン三世—甥っ子は伯父さんを超えられたのか？)
 *人間の脳みそが変わらないかぎり、過去と同じようなことは起こりうる。つまり、歴史は未来の問題の解決に役立つのです。まして、現代のように日本が世界と密接にリンクしていると、「それ、外国であった話でしょう？」とはけっして言えません。将来、何が起こるかは誰にもわからないけれど、世界史は必ず役に立つ。教材は過去にしかないからです。

◇世界史の10人　出口治明著　文藝春秋　2018.9　322p　16cm　（文春文庫　て11-1）　760円　Ⓘ978-4-16-791146-1　Ⓝ280

 内容 第1部 世界史のカギはユーラシア大草原にあり（バイバルス—奴隷からスルタンに上りつめた革命児　クビライ—五代目はグローバルなビジネスパーソン　バーブル）　第2部 東も西も「五胡十六国」(武則天—「正史」では隠された女帝たちの実力　王安石—生まれるのが早すぎた改革の天才)　第3部 「ゲルマン民族」はいなかった？（アリエノール—「ヨーロッパの祖母」が聴いた子守唄　フェデリーコ二世—ローマ教皇を無視した近代人)　第4部 ヨーロッパはいつ誕生したのか(エリザベス一世—「優柔不断」こそ女王の武器　エカチェリーナ二世—ロシア最強の女帝がみせた胆力　ナポレオン3世—甥っ子は伯父さんを超えられたのか？)
 *未来を見据えるビジネスパーソンこそ歴史に学べ。優れた人物を選ぶ基準は「何を成し遂げたか、何を残したか」という結果責任である。保険業界に「革命」を起こした著者が、世界史の真のリーダー10人を厳選する。従来注目されなかった女性の指導者、ユーラシア大陸を駆け巡った英雄、東西の多彩な人物を語る。

フェデリーコ・ダ・モンテフェルトロ 〔1422～1482〕 Federico da Montefeltro

◇イタリアの鼻—ルネサンスを拓いた傭兵隊長フェデリーコ・ダ・モンテフェルトロ　ベルント・レック, アンドレアス・テンネスマン著, 藤川芳朗訳　中央公論新社　2017.11　341p　20cm　〈文献あり　索引あり〉　3200円　Ⓘ978-4-12-005020-6　Ⓝ289.3

 内容 イタリアの鼻　ウルビーノ伯爵　鷲と鍵とティアラ　芸術と国家と戦争稼業　権力ゲーム　メタウロ川沿いの"小都市"　モンテフェルトロ対マラテスタ　芸術の支配者　都市という形をとった宮殿　戦争と平和　公爵　ヴィオランテの腕の中
 *ウルビーノの領主の非嫡子として生まれながら傭

兵隊長として財をなし、画家ピエロ・デッラ・フランチェスカや建築家ラウラーナ、マルティーニを育て絢爛豪華な宮殿を建設。権謀術数渦巻く15世紀を生き抜いた男の生涯と功績から初期ルネサンスの実態を解読。

フェノロサ, E.F. 〔1853～1908〕
Fenollosa, Ernest Francisco

◇響きあう東西文化―マラルメの光芒、フェノロサの反影　宗像衣子著　京都　思文閣出版　2015.10　351,21p　22cm　〈文献あり　索引あり〉　5400円　Ⓘ978-4-7842-1814-1　Ⓝ702.16

[内容] 1 文芸に見る自然観（マラルメの"無" 俳句とハイカイ "主体"の表現 バルト再考）2 創造における逆説性（中枢としての音楽 世紀末芸術の錯綜 ロダンが結ぶ社会と芸術）3 芸術表現の交流（マラルメの「骰子一擲」から マチスの"余白"、現代へ 詩と絵と書における"空無" 東山魁夷が紡ぐ東西芸術）4 伝統文化の現代性（九鬼周造とフランス象徴主義 フェノロサの総合芸術観 フェノロサ「漢字考」と「能楽論」の文芸価値）

＊本書は、一九世紀フランス象徴主義の巨匠・詩人ステファヌ・マラルメ（一八四二‐九八）について文学的考察を起点に進められた諸芸術（美術・音楽）の相関的研究から、明治近代化の黎明期に、日本の伝統芸術・文化を欧米に紹介してその価値を究めたアーネスト・フェノロサ（一八五三‐一九○八）との関係へと至るものであり、日本の芸術文化の交流の諸相および日本文化の価値を、現代に向けて照らし出すものである。著者の一〇年にわたるマラルメ探究の成果、そのエッセンスをまとめた一書。

◇コスモポリタンの蓋棺録―フェノロサと二人の妻　平岡ひさよ著　京都　宮帯出版社　2015.11　366p　20cm　〈文献あり　索引あり〉　1800円　Ⓘ978-4-8016-0015-7　Ⓝ289.3

[内容] 第1章 フェノロサの墓は三井寺にある　第2章 異邦人、仏教に帰依する　第3章 海を渡る日本美術　第4章 フェノロサと二人の妻　第5章 安息の訪れ　第6章 法明院への道

＊日本の美に魅せられたフェノロサには二人の妻がいた。明治十一年（一八七八）、フェノロサは、最初の妻とともに東京大学の御雇い外国人教師として日本へ来た。それから三十年、二人の妻との天空へ続く怒涛のような人生が始まった。

フェヒナー, G.T. 〔1801～1887〕
Fechner, Gustav Theodor

◇フェヒナーと心理学　山下恒男著　現代書館　2018.9　446p　22cm　〈著作目録あり〉　6800円　Ⓘ978-4-7684-3565-6　Ⓝ134.7

[内容] プロローグ 謎の男フェヒナー 1 フェヒナーの生涯と仕事 2 精神物理学の構想（1）―物理学から 3 精神物理学の構想（2）―心理学から 4 美学入門の方法 5 「快・不快」と数理心理学の系譜 6 フェヒナーとフロイト 7 フェヒナーにおける宗教・科学と世界観 エピローグ それでも残る謎 附録 G.Th.フェヒナーの著作および論文の年代順目録

＊「現代心理学誕生の鍵」を握るフェヒナー。米国心理学を「予見」していたかのような、彼のプラクティカルな志向を、残されたテキストから読み解く大胆な試み！ 神秘主義者とまで言われる、彼の実証主義的な側面に光りを当てた。

フェラーリ, L. 〔1929～2005〕　Ferrari, Luc

◇リュック・フェラーリ センチメンタル・テールズ―あるいは自伝としての芸術　リュック・フェラーリ著，椎名亮輔訳　アルテスパブリッシング　2016.3　279p　20cm　2700円　Ⓘ978-4-86559-136-1　Ⓝ762.35

フェリペⅢ 〔1578～1621〕　Felipe Ⅲ

◇フェリペ3世のスペイン―その歴史的意義と評価を考える　松原典子編　［東京］　上智大学ヨーロッパ研究所　2015.3　129p　21cm　（上智大学ヨーロッパ研究所研究叢書 8）〈文献あり〉　Ⓝ236.05

[内容] 講演 フェリペ3世統治期におけるスペイン王国の転換（ホセ・マルティネス・ミジャン述）パネル フェリペ3世期の歴史学的見直し（坂本宏述）　フェリペ3世期のポルトガル（荻野恵述）　フェリペ3世期の文学と権力（吉田彩子述）　フェリペ3世期の宮廷美術（松原典子述）

フェルシェリノ, C.V. 〔1962～〕
Felscherinow, Christiane Vera

◇クリスチアーネの真実―薬物依存、売春、蘇生への道　クリスチアーネ・V・フェルシェリノ著，阿部寿美代訳　中央公論新社　2015.1　317p　20cm　〈協力：ソニア・ヴコヴィッチ〉　2500円　Ⓘ978-4-12-004681-0　Ⓝ289.3

[内容] 最悪の人生　アメリカン・ドリーム　麻薬中毒　アンナ プレッツェンゼー女子刑務所　希望の島々　迷走　フィリップ、私の子　誘拐　育ての家族　壊れた家族　つきまとう影　未来のない過去

＊少女は13歳。ヘロイン中毒で、売春婦だった。逮捕後の人生に待っていたのは…。信じがたい話しかし、実話。ヨーロッパ各国でベストセラーに。ついに日本語版登場。

フェルセン, H.A. 〔1755～1810〕
Fersen, Hans Axel von

◇マリー・アントワネットの暗号―解読されたフェルセン伯爵との往復書簡　エヴリン・ファー著，ダコスタ吉村花子訳　河出書房新社　2018.8　490p　20cm　〈文献あり 年表あり 索引あり〉　3950円　Ⓘ978-4-309-22735-1　Ⓝ289.3

[内容] 第1章 書簡分析 第2章 失われた書簡（一七八〇・八年） 第3章 書簡 第4章 判読部分の写真

＊うずまく陰謀、希望、憔悴、絶望―そして燃え尽きる最後の恋。最新技術を駆使した解読により、明らかになった、フランス革命という時代を生き抜こうとした王妃と同時代の人々の姿。

フェルナンデス, J. 〔1991～〕
Fernández López, Javier

◇チーム・ブライアン 300点伝説　ブライアン・

オーサー著，樋口豊監修，野口美恵構成・翻訳　講談社　2017.1　285p　19cm　1400円　⓵978-4-06-220118-6　Ⓝ784.65

内容　第1章 平昌への始動 2014・2015年シーズン　第2章 私たちの強さの秘密　第3章 2人の世界王者，2人の戦友 2015・2016年シーズン　第4章 300点の「マイルストーン」　第5章 プレオリンピック 2016・2017年シーズン　第6章 オリンピックとチーム・ブライアン　終章 ブライアン・オーサー＆ハビエル・フェルナンデス師弟対談

＊あの笑顔の理由、あの雄叫びの真相、あの激闘の舞台裏。さらに異次元の未来へ！ 名コーチが語る、羽生結弦、ハビエル・フェルナンデスの物語。

◇挑戦者たち―男子フィギュアスケート平昌五輪を超えて　田村明子著　新潮社　2018.3　220p　20cm　1400円　⓵978-4-10-304034-7　Ⓝ784.65

内容　プロローグ―2018年2月12日　第1章 ディック・バトン「楽しんだ選手が勝つ」　第2章 パトリック・チャン「自分がいたいのはこの場をおいて他にない」　第3章 エフゲニー・プルシェンコ「ぼくにはスケートが必要」　第4章 都築章一郎「彼の中ではイメージができている」　第5章 ハビエル・フェルナンデス「ハッピーな気持ちで終えるために」　第6章 羽生結弦「劇的に勝ちたい」　第7章 ネイサン・チェン「プレッシャーは感じるけれど」　第8章 宇野昌磨「成長していく自分を見てもらいたい」　第9章 平昌オリンピック 決戦の時　エピローグ―2018年2月18日

＊フィギュアスケートを25年に亘り取材し、会見通訳も務めるジャーナリストが綴る、選ばれし者たちの素顔。

フェルナンデス，T.〔1964～〕
Fernandes, Tony

◇フライング・ハイ―エアアジア、F1、プレミアリーグ　トニー・フェルナンデス著，堀川志野舞訳　パンローリング　2018.10　308p　19cm　（ウィザードブックシリーズ 267）　1600円　⓵978-4-7759-7240-3　Ⓝ289.3

内容　まえがき 夢が詰まったおやつ箱　少年時代　イギリスへ　荒野の時代　音楽業界の仕事　思い切って夢を見る　高く飛ぶ　惨事　エアアジアの旅路　グラウンド・スピード　ブーア―QPR　最高のゲーム　チューン・アップ　「アプレンティス」の最後　Now Everyone Can Fly（誰もが空を飛べる時代）

＊2013年、著者は英ヴァージングループオーナーのR・ブランソンと、F1チーム成績の賭けに勝利。ブランソンが、エアアジアのCAユニフォーム姿で接客サービスを行ったエピソードが話題に。気さくでユーモラスな人柄で人気のマレーシアの伝説的実業家の半生記。

フェルメール，J.〔1632～1675〕
Vermeer, Johannes

◇フェルメール 生涯の謎と全作品　大友義博監修　宝島社　2015.10　93p　26cm　〈「魅惑のフェルメール全仕事」（2015年1月刊）の改題、加筆修正、書き下ろしを加え再構成　年表あり　索引あり〉　1300円　⓵978-4-8002-4495-6　Ⓝ723.359

内容　謎の画家フェルメール43年の生涯　1 フェルメールの全仕事　フェルメール全作品の大きさ比較　2 ここで見られる！ フェルメール作品所蔵美術館　3 フェルメールと同時代のオランダの画家たち　4 天才贋作者ハン・ファン・メーヘレンの"全仕事"

＊フェルメールの全37作品を、参考図版を多用し詳しく解説！ フェルメール作品を所蔵している欧米の17美術館を地図とともに紹介！ フェルメールに直接または間接的に影響を与えた画家たちの素顔！ ナチスをも手玉に取った20世紀最大の贋作者メーヘレンの生涯！

◇フェルメール、無言の叫び　森耕治著　〔出版地不明〕　森耕治　2016.2　95p　26cm　（森耕治叢書 第2巻）　2000円　Ⓝ723.359

◇もっと知りたいフェルメール―生涯と作品　小林頼子著　改訂版　東京美術　2017.8　19,87p　26cm　（アート・ビギナーズ・コレクション）〈索引あり〉　1800円　⓵978-4-8087-1093-4　Ⓝ723.359

内容　プロローグ 画家フェルメールの誕生　第1章 物語画家を目指して　第2章 風俗画家への転身　第3章 成熟の時代　第4章 爛熟と再びの模索　エピローグ 遺された家族と作品のその後

◇VS.フェルメール―美の対決フェルメールと西洋美術の巨匠たち　小林頼子，今井澄子，望月典子，青野純子著　八坂書房　2018.9　173p　26cm　〈文献あり〉　2400円　⓵978-4-89694-253-8　Ⓝ723.359

内容　三つの視点―フェルメールとその時代のオランダ美術を読み解くために　対決編（テーマの理解　モティーフの描き方と解釈　表象のための方法　特徴的な表現）　フェルメールと対決相手の基本情報（フェルメールの生涯　フェルメール関連略年表　フェルメール全作品解説（&索引）　対決相手の生涯（&索引））　フェルメール以前、そして以後を知るために（初期ネーデルラント絵画の伝統とフェルメール "窓辺で手紙を読む女"―本を読む聖女から手紙を読む女性へ　フェルメールと風俗画―美術マーケット・幾何学的透視法との対話　ポスト・フェルメールの時代を生きる画家たち―18世紀初頭のオランダ風俗画の魅力をめぐって　17世紀パリの「風俗画」事情―ル・ナン兄弟の農民風俗画）

＊描くテーマの理解から、モティーフの扱い方、画法、フェルメールに特徴的な表現まで、多岐にわたるポイントにフォーカスし、国や時代を越えた作品との対比によって、フェルメール作品を多層的に味わい尽くす！ フェルメールを通して新たな絵画鑑賞のヒントを発見し、西洋美術に対する一歩進んだ関心へとつなげるに格好の書。17世紀オランダ絵画総論、フェルメールの生涯&全作品解説、対戦相手の画家紹介、さらに理解を深めるために気鋭の研究者による論考、文献案内などを付す。

◇フェルメール―作品と生涯　小林頼子著　KADOKAWA　2018.10　254p 図版36p　15cm　（〔角川ソフィア文庫〕　[F201-1]）〈角川文庫 2008年刊の加筆・修正〉　920円　⓵978-4-04-400442-2　Ⓝ723.359

内容　第1章 フェルメールの生涯　第2章 物語画家から風俗画家へ　第3章 洗練、そして完成　第4章 模

索の始まり　第5章 都市へ向けられた眼差し　新版補論 様式選択の背景
＊17世紀オランダで活躍したフェルメール。宗教画や神話画から転向し、勃興したばかりの市民階級が求める風俗画の制作へと乗り出した画家は、"牛乳を注ぐ女""真珠の耳飾りの少女"といった名作を手がけていく。現実のようでいて現実でない魔術的な光と空間の描写は、いかにして生まれたのか。全作品をカラーで収録し、その真筆性をめぐる議論とともに、様式論を1冊に凝縮。政治や絵画市場などの背景に迫る補論を付した増補版。

◇フェルメール最後の真実　秦新二，成田睦子著　文藝春秋　2018.10　239p　16cm　〈文春文庫は15-2〉〈文献あり　作品目録あり〉　1000円　Ⓘ978-4-16-791147-8　Ⓝ723.359

内容 第1章 謎めいた画家フェルメール（謎だらけのフェルメール　師匠は誰だったのか　ほか）　第2章 フェルメールとの出会い（シーボルトからフェルメールへ　画集のなかで出会った『真珠の耳飾りの少女』ほか）　第3章 旅に出るフェルメール（旅をさせるということ　世界的ブームの仕掛け人ウィーロック氏ほか）　第4章 日本でフェルメール展を開催する（おそるおそる踏みだした最初の企画展　ウィーロック氏の指導　ほか）

＊世界に30数点しかないフェルメール作品。それを動かすのは「フェルメール・マン」と呼ばれる国際シンジケートの男たち。ウィーロック、リトケなど世界の美術館の花形学芸員たちが繰り広げる虚々実々の交渉を、企画展プロデューサーがリアルに描く。これを読めばフェルメール展鑑賞が劇的に面白くなる！　全作品カラー掲載。

フェレンツィ, S.〔1873〜1933〕
Ferenczi, Sándor

◇フェレンツィの時代―精神分析を駆け抜けた生涯　森茂起著　京都　人文書院　2018.4　238p　20cm　〈他言語標題：The Times of Sándor Ferenczi　文献あり〉　3600円　Ⓘ978-4-409-34052-3　Ⓝ146.1

内容 第1章 ブダペスト一九三二―『臨床日記』　第2章 ウィーン一九〇八―ベルクガッセ　第3章 アメリカ一九〇九―キングメイカー、スタンレー・ホール　第4章 ブダペスト一九一八―戦争神経症　第5章 バーデン・バーデン一九二二―クリスマスの手紙　第6章 アメリカ一九二六―新世界　第7章 ヴィースバーデン一九三二―言説の混乱　第8章 ブダペスト一九三三―最後の日々

＊生命分析、身体論、リラクセイション法、外傷論など、精神分析の辺境への探求をたゆまず続けたフェレンツィ。その理論と実践は、今日益々注目をあびている。フロイト、ユング、ランク、グロデック、サリヴァンなどとの交流、国際精神分析学会の黎明期を情熱的に牽引した活動、独自の理論と技法の模索と発展といったフェレンツィの歩みはどのようなものだったのか。革命に燃えた父と厳格な母のもとで育ち、複雑な女性関係をもったフェレンツィの生涯を、ヨーロッパ大陸とアメリカ大陸にまたがりつつ、その時代背景とともに、浮き彫りにする。

フェントン, M.A.〔1850〜1937〕
Fenton, Montague Arthur

◇シルビア物語　中村和夫著　宇都宮　随想舎　2018.12　145p　19cm　1200円　Ⓘ978-4-88748-363-7　Ⓝ486.8

内容 序章 契機と資料　第1章 フェントン（フェントンの来日　東北での採집旅行　北海道での採集旅行）　第2章 中原和郎　第3章 戦後の再発見　第4章 シルビア嬢の墓碑

＊1877（明治10）年7月11日、英国人フェントンは英語学校生の田中舘愛橘と石川千代松を伴い、チョウの採集旅行のため東京を旅立った…。小さなチョウのロマンに満ちた物語はこうして始まった。

フォイエルバッハ, L.A.〔1804〜1872〕
Feuerbach, Ludwig Andreas

◇四人のカールとフォイエルバッハ―レーヴィットから京都学派とその「左派」の人間学へ　ダウプ マルクス バルト レーヴィット　服部健二著　こぶし書房　2015.9　377,5p　20cm　〈文献あり　索引あり〉　3800円　Ⓘ978-4-87559-307-2　Ⓝ134.5

内容 序論 四人のカールとフォイエルバッハ　第1章 カール・ダウプとフォイエルバッハ　第2章 『死と不死に関する諸思想』における汎神論的自然観と主観主義批判　第3章 『論理学形而上学序論講義』における汎神論的自然哲学と感覚概念　第4章 カール・マルクスとフォイエルバッハ　第5章 カール・バルトとフォイエルバッハ　第6章 カール・レーヴィットとフォイエルバッハ　補章 ルートヴィヒ・フォイエルバッハ―人と思想

＊「自然とは何か」という問いは、人間を問うことに等しい。近代的人間観の革命をもたらしたフォイエルバッハ人間学を中心軸に、ダウプ、マルクス、バルト、レーヴィットらと「四人のカール」の思考をたどり、西田幾多郎をはじめとする京都学派への波及を探る。20年にわたる思索を費やした巨編。

◇フォイエルバッハ　宇都宮芳明著　新装版　清水書院　2016.7　224p　19cm　（Century Books―人と思想 70）〈文献あり　年譜あり　索引あり〉　1200円　Ⓘ978-4-389-42070-3　Ⓝ134.5

内容 1 修業の時代（生い立ち　大学時代　博士論文と『死と不死』）　2 批判の時代（ブルックベルクにて　ヘーゲル哲学批判　主著『キリスト教の本質』）　3 激動の時代（将来の哲学のために　三月革命　ハイデルベルクでの講演）　4 晩年と影響（『神統記』『唯心論と唯物論』　ひとびとへの影響）

フォーゲル, H.C.〔1841〜1907〕
Vogel, Hermann Carl

◇現代天文学史―天体物理学の源流と開拓者たち　小暮智一著　京都　京都大学学術出版会　2015.12　634p　27cm　〈他言語標題：History of Modern Astronomy　文献あり　年表あり　索引あり〉　4900円　Ⓘ978-4-87698-882-2　Ⓝ440.12

内容 第1部 天体分光学（「新天文学」の開幕　星の分光分類とHD星表）　第2部 星の構造と進化論（星の

進化論とHR図表　熱核反応と星の進化論）　第3部　銀河天文学と宇宙論（銀河と星雲の世界　銀河系の発見　宇宙論の源流）　第4部　現代天文学へ（日本における天体物理学の黎明　現代天文学への展開）
＊初めて星の化学組成を明らかにしたロンドンのアマチュア天文家ハギンス、太陽をガス体と見なした特許調査官レーン、自作の望遠鏡で天空を探査した音楽家ハーシェル…18世紀末から19世紀中葉にかけて現代天文学の扉を開いた彼らは、いずれも学界に縁のないアマチュア天文家だった。星の位置と運動を対象とする古典天文学から天体の物理的構造を探る天体物理学へ、その転換期を担った人々の生涯と研究を軸に、現代天文学の歴史をたどる。

フォーサイス, P.T.〔1848～1921〕
Forsyth, Peter Taylor

◇祈りの精神　P.T.フォーサイス著，斎藤剛毅訳　新版　しののめ出版　2017.12　192p　19cm〈発売：キリスト新聞社〉　1600円　①978-4-87395-736-4　Ⓝ198.34
内容　ウォーターハウス夫人に　1　祈りの本性　2　ねばり強い祈り　3　不断の祈り　4　牧師ととりなしの祈り　5　時にかなった祈り　6　祈りと道徳的精神　7　祈りの自然性　フォーサイス略伝
＊真実の祈りを信仰生活の中に実現するために。P.T.フォーサイスの古典的名著が装いも新たに出版！

フォシャール, P.〔1678～1761〕
Fauchard, Pierre

◇概説　ピエール・フォシャール歯科外科医―近代歯科医学の端緒、最初の歯科医学書および200年前の歯科医に関する論述　ベルンハード・W.ワインバーガー著，髙山直秀訳　時空出版　2015.11　114p　22cm　〈奥付の責任表示：著者　髙山直秀　文献あり　年表あり〉　3500円　①978-4-88267-062-9　Ⓝ497.02
内容　歯科医学の登場　歯科専門職への修練　フォシャールの生涯　最初の歯科学教科書の原稿　歯科を専門職として確立した本　歯科教育の先駆者　『歯科外科医』―18世紀の歯科の知識　『歯科外科医』記述対象となっている主題　フォシャールと解剖学　フォシャールと齲蝕および歯痛　フォシャールと抜歯および歯科手術　フォシャールと歯列不正の矯正　フォシャールと歯槽膿漏　フォシャールと歯の充填　フォシャールと義歯　フォシャールの恩恵
＊米国の歯科矯正専門医として著名で、歯科医史学の造詣が深い大家B.ワインバーガーが、1941年に"近代歯科学の父"フォシャールの生涯と業績をコンパクトにまとめた概説書。海軍外科医見習いから始まり、パリで名声を博して殆ど成功するほどの成功を収め、83歳で没するまでの生涯。著書『歯科外科医』の内容全体の概説と重要な主題を詳述。知られざる業績と人物像を多くの興味深い図版とわかりやすい解説で紹介。

フォード, G.R.〔1913～2006〕
Ford, Gerald Rudolph

◇オリバー・ストーンが語るもうひとつのアメリカ史　3　帝国の緩やかな黄昏　オリバー・ストーン，ピーター・カズニック著　金子浩，柴田裕之，夏目大訳　早川書房　2015.7　549p　16cm　（ハヤカワ文庫 NF 441）　1100円　①978-4-15-050441-0　Ⓝ253.07
内容　第10章　デタントの崩壊―真昼の暗黒（フォード大統領の時代―アメリカの受けた痛手　南ベトナムの敗北と、反故にされたベトナムへの資金供与協定　ほか）　第11章　レーガン時代―民主主義の暗殺（「想像を絶する」、レーガン大統領の知的レベル　「ラテンアメリカがあんなにたくさんの国に分かれていたなんて驚いた」　ほか）　第12章　冷戦の終結―機会の逸失（ゴルバチョフ、冷戦の終結を宣言　ブッシュ・シニア―「究極のエスタブリッシュメント」大統領候補　ほか）　第13章　ブッシュ＝チェイニー体制の瓦解―「イラクでは地獄の門が開いている」（イスラム過激派による9・11テロの衝撃　ネオコンにとって、9・11は「新たな真珠湾のような」好機だった　ほか）　第14章　オバマ―傷ついた帝国の運営（「救済者」と思えたオバマは、事態をより悪化させた　経済顧問はほぼ全員、金融危機を招いたルービンの手下―彼らは嬉々として銀行家たちを救済した　ほか）
＊ソ連との緊張緩和の機運は政権内のタカ派により圧殺された。ソ連崩壊後単独の覇権を握ったアメリカは世界の警察のごとく振舞い始めるが、史上最低と呼ばれる大統領のもと、国内経済の瓦解が始まった。しかし9・11テロの打撃を口実に軍事費は増大し続ける。国民は改革の兆しを期に初の黒人大統領、オバマに託すが、希望はすぐに失望に変わった…頽廃が忍び寄る「帝国」の病理を容赦なく描き出す歴史超大作完結篇。

◇強運のアメリカ大統領・ジェラルド・R・フォード―功績と足跡　邊牟木廣海著　志學社　2016.4　297p　19cm　（戦後アメリカ大統領シリーズ 1）〈文献あり　年譜あり　索引あり〉　2200円　①978-4-904180-60-0　Ⓝ289.3
内容　第1章　幼少期から青年期まで（1913～1941）　第2章　弁護士時代・海軍時代（1941～1948）　第3章　下院議員時代（1948～1969）　第4章　リチャード・M.ニクソン大統領時代（1969～1974）　第5章　副大統領時代（1973～1974）　第6章　大統領時代（1974～1977）　第7章　第2期目の大統領を目指して（1975～1976）　第8章　大統領職引退後の生活（1977～2006）　第9章　ファースト・レディーと家族関係

フォード, H.〔1863～1947〕　Ford, Henry

◇自動車王フォードが語るエジソン成功の法則　ヘンリー・フォード，サミュエル・クラウザー著，鈴木雄一監修・訳　新装版　言視舎　2018.5　157p　19cm　〈年譜あり〉　1400円　①978-4-86565-123-2　Ⓝ289.3
内容　1　エジソンとの出会い　2　少年時代の我が理想の人　3　エジソンがもたらした恩恵　4　実用の意味　5　エジソンの天才　6　発明の方法　7　成功のよろこび　8　あらゆるものへの興味　9　いつ仕事をして、いつ眠るのか　10　書物を超えた教育　11　エジソンの精神は生きていく
＊エジソンはただの発明王ではない。商品化をつねに意識し、実現する起業家・事業家の先駆者だった！技術大国・日本の再生にいまこそ必要なエジ

フォルスタ

ソン＝フォードの発想。

フォルスター, E. 〔1878〜1933〕 Forster, Edmund

◇野戦病院でヒトラーに何があったのか―闇の二十八日間，催眠治療とその結果　ベルンハルト・ホルストマン著，瀬野文教訳　草思社　2016.6　325p　20cm　2500円　Ⓘ978-4-7942-2210-7　Ⓝ289.3

内容 伝説の誕生　アメリカからの秘密報告によって明るみに出た新事実　ヒトラーを失明から救った精神科医エドムント・フォルスター　一九一八年十月十四日，ヒトラー，トラウマにより失明　パーゼヴァルク野戦病院におけるヒトラー　毒ガスによる失明は仮病だったのか　ヒステリー症状，失明，催眠　フォルスターの手記をもとに書かれたエルンスト・ヴァイスの小説『目撃者』より　『目撃者』を解釈する　精神療法医ハイディ・バイティンガーによるヒトラーの心理鑑定　催眠療法の後遺症　ヒトラーが見た"幻覚"とは　フォルスターの患者が首相になった　フォルスター暗殺命令　消された将軍たち　フォルスターの弟，定年をまえに解雇される　その後のパーゼヴァルク　フォルスター手記の足取り

＊ヒトラーは1918年10月第一次大戦末期ベルギー戦線で毒ガス攻撃に遭い失明し，ドイツ東部のパーゼヴァルク野戦病院に収容される。そこで精神医学の権威エドムント・フォルスター教授に催眠治療を施され回復した。戦争が終わりミュンヘンに現れたヒトラーは以前の「卑屈で目立たない」男ではなく，異様な目の光を持った政治家・大衆煽動者に変貌していた。パーゼヴァルクの28日間に何があったのか。独裁者を誕生させた決定的瞬間に光を当て，これまで多くの研究書が見逃してきた歴史のミステリーを解き明かす。

フォルナ, A. 〔1964〜〕 Forna, Aminatta

◇シエラレオネの真実―父の物語，私の物語　アミナッタ・フォルナ著，澤良世訳　亜紀書房　2018.10　465p　19cm　〈亜紀書房翻訳ノンフィクション・シリーズ 3-7〉〈年表あり〉　2400円　Ⓘ978-4-7505-1558-8　Ⓝ936

＊シエラレオネ人の父とスコットランド人の母をもつ作家が，幼い日に父と自分たち家族，そして名もなき人々を襲った国家の暴力と悲しい記憶を自らたどったノンフィクション。

フォルラン, D. 〔1979〜〕 Forlán, Diego

◇フットボールサミット　第24回　美しく危険な男フォルラン―金獅子のフットボーラーは日本サッカーに何をもたらすのか　『フットボールサミット』議会編著　カンゼン　2014.8　226p　21cm　〈他言語標題：Football Summit〉　1300円　Ⓘ978-4-86255-268-6　Ⓝ783.47

内容 美しき男の生い立ち(藤坂ガルシア千鶴)　フォルラン効果の現在地(木村元彦著　岡野雅夫述)　"ガンジーさん"が語るフォルランの素顔(桑村健太著　白沢敬典述)　フォルランのプロフェッショナリズム(桑村健太著　安虎鎮，塩谷瑛利，石田慎也述)　チームメイトが語るフォルランの真価(桑村健太

セレッソ大阪加入記者会見(桑村健太構成　ディエゴ・フォルラン述)　フォルラン来日の真相(藤江直人著　木村精孝述)　兄が語るディエゴ・フォルラン(編集部質問・構成　パブロ・フォルラン述)　万能型ストライカーの活かし方(西部謙司)　ディエゴ・フォルラン研究所(飯尾篤史)　セレッソ大阪ストライカー列伝(吉村憲文)　スペイン黄金期の追憶(ダビド・ガルシア・メディーナ著　江間慎一郎述)　フォルランファミリー心を揺さぶる物語(ダビド・ガルシア・メディーナ著　江間慎一郎訳)　フォルランを生んだウルグアイという小国家(粕川哲男著　松原良香述)　ウルグアイの英雄ディエゴ・フォルラン(海江田哲朗著　エドゥアルド・ブズー，フェルナンド・ベレダ述)　セレッソ大阪にフォルランイズムは根付くか(藤江直人)

フォンタナ, L. 〔1899〜1968〕 Fontana, Lucio

◇ルチオ・フォンタナとイタリア20世紀美術―伝統性と革新性をめぐって　谷藤史彦著　中央公論美術出版　2016.8　491p　22cm　〈文献あり　年譜あり　索引あり〉　6800円　Ⓘ978-4-8055-0767-4　Ⓝ702.37

内容 序章 伝統性と革新性をめぐって　第1章 伝統性の問題　第2章 革新性の問題　第3章 絵画の問題　第4章 フォンタナの日本への影響　結論

＊それは絵画か，彫刻か？　カンヴァスに走る「切り裂き」，穿たれた無数の「穴」，ネオン，ブラックライト—イタリア20世紀を代表する芸術家ルチオ・フォンタナ（1899 - 1968）が切り拓いた「新しい空間概念」とは何だったのか。同時代の美術思潮を貫く「伝統性」と「革新性」の中で，その芸術の形成と展開を紐解く。本邦初のモノグラフ。

フォン・ノイマン, J. 〔1903〜1957〕 Von Neumann, John

◇ノイマン・ゲーデル・チューリング　高橋昌一郎著　筑摩書房　2014.10　283p　19cm　〈筑摩選書 0102〉〈文献あり〉　1600円　Ⓘ978-4-480-01603-4　Ⓝ410.28

内容 第1章 ジョン・フォン・ノイマン(ジョン・フォン・ノイマン「数学者」　「数学者」解題　ノイマンの生涯と思想)　第2章 クルト・ゲーデル(クルト・ゲーデル「数学基礎論における幾つかの基本的定理とその帰結」　「数学基礎論における幾つかの基本的定理とその帰結」解題　ゲーデルの生涯と思想)　第3章 アラン・チューリング(アラン・チューリング『計算機械と知性』『計算機械と知性』解題　チューリングの生涯と思想)

＊今日のコンピュータの礎を築いたジョン・フォン・ノイマン，不完全性定理で数学・論理学の歴史を根底から変えたクルト・ゲーデル，思考する機械への道を拓いたアラン・チューリング。いずれも今日の科学と哲学に多大な影響をもたらした天才たちである。同時代に生きた彼らは，互いに触発され，時に議論し，相互に意識しながら実に多くの業績を残した。比類なき頭脳と個性をもった三人は，いかに関わり，何を考え，どう生きたか。それは今日の世界にいかなる意味を持つのか。彼ら自身の言葉からその思想の本質に迫る。

◇チューリングの大聖堂―コンピュータの創造と

デジタル世界の到来　上　ジョージ・ダイソン著，吉田三知世訳　早川書房　2017.3　426p　16cm　〈ハヤカワ文庫 NF 491—[〈数理を愉しむ〉シリーズ]〉〈2013年刊の二分冊〉　1060円　Ⓘ978-4-15-050491-5　Ⓝ548.2

内容　第1章 一九五三年　第2章 オルデン・ファーム　第3章 ヴェブレンのサークル　第4章 ノイマン・ヤーノシュ　第5章 MANIAC　第6章 フルド219　第7章 6J6　第8章 V40　第9章 低気圧の発生

＊現代のデジタル世界の発端は，数学者チューリングの構想した「チューリングマシン」に行きつく。理論上の存在だったそのマシンを現実に創りあげたのが万能の科学者フォン・ノイマン。彼の実現した「プログラム内蔵型」コンピュータが，デジタル宇宙を創成したのだ。開発の舞台となった高等研究所に残る文献や写真資料，インタビュー取材をもとに編まれた，決定版コンピュータ「創世記」。第49回日本翻訳出版文化賞受賞。

◇チューリングの大聖堂―コンピュータの創造とデジタル世界の到来　下　ジョージ・ダイソン著，吉田三知世訳　早川書房　2017.3　390p　16cm　〈ハヤカワ文庫 NF 492—[〈数理を愉しむ〉シリーズ]〉〈2013年刊の二分冊〉　1060円　Ⓘ978-4-15-050492-2　Ⓝ548.2

内容　第10章 モンテカルロ　第11章 ウラムの悪魔　第12章 バリチェリの宇宙　第13章 チューリングの大聖堂　第14章 技術者の夢　第15章 自己複製オートマトンの理論　第16章 マッハ九　第17章 巨大コンピュータの物語　第18章 三九番めのステップ

＊科学者たちがコンピュータ開発を続けられたのは，学問の自由と独立を守るプリンストンの高等研究所という舞台あればこそであった。そこでフォン・ノイマンはどう立ち回り，アインシュタインやゲーデルを擁した高等研究所はいかにしてその自由性を得られたのか。彼らの開発を支えた科学者・技術者はどのように現代に直結する偉業を成し遂げたのか。大戦後の混乱に埋もれていた歴史事情を明らかにした大作。

◇数学をつくった天才たち　立田奨著　辰巳出版　2018.3　191p　19cm　〈「天才たちのつくった数学の世界」(綜合図書 2015年刊) の改題，加筆・再編集〉　1200円　Ⓘ978-4-7778-2051-1　Ⓝ410.28

内容　1 数学の礎をつくった3人の巨匠 (アルキメデス―人類史上第一級といえる科学者　アイザック・ニュートン―微分・積分学の祖　カール・フリードリヒ・ガウス―19世紀最大の数学者)　2 数学の歴史をつくった巨人たち (ベルンハルト・リーマン―未だ解かれることのない未解決問題を提唱　レオンハルト・オイラー―最高に美しい公式を作り上げた盲目の数学者　アンリ・ポアンカレ―宇宙の形の解明に一歩迫った直観タイプの数学者　ほか)　3 数学の新たな道を開拓した天才たち (アレクサンドル・グロタンディーク―スキーム論を築き新しい数論を打ち立てた21世紀最大の数学者　小平邦彦―ヘルマン・ワイルに見いだされ日本人初のフィールズ賞を受賞　グレゴリー・ペレルマン―ポアンカレ予想を解決しても社会的名誉を辞退　ほか)

＊定理，公式，理論…わからなくても面白い！生きるために数学をする≠「数学」のために生きる。数奇な運命をたどった，愛すべき変人(天才)の生涯！

ブカナン, M.E.W.　[1866〜1956]
Buchanan, Mary Emma Wilson
◇ウィルソン姉妹―弘前女学校第6代，第9代校長　柏崎節子著　[出版地不明]　柏崎節子　2018.4　145p　26cm　〈年譜あり〉　Ⓝ376.41

ブーゲンハーゲン, J.　[1485〜1558]
Bugenhagen, Johann
◇ヨハネス・ブーゲンハーゲン―もうひとりの宗教改革者　伊勢田奈緒著　日本評論社　2017.12　244p　22cm　〈他言語標題：Johannes Bugenhagen　文献あり　年譜あり〉　3800円　Ⓘ978-4-535-56363-6　Ⓝ192.3

内容　第1部 ルターとともに歩んだ宗教改革者ブーゲンハーゲン (宗教改革者ブーゲンハーゲンが辿った宗教改革への道　宗教改革者ブーゲンハーゲンの目指した教育改革―ブーゲンハーゲン自身の生き方を支えたもの　ブーゲンハーゲンの苦悩―デンマーク王クリスチャン三世に宛てた書簡からブーゲンハーゲンがヨナ書から学んだこと―ルターの「ヨナ書」から学び，さらに発展させたブーゲンハーゲンの「ヨナ書」理解　ルター亡き後のブーゲンハーゲンの抵抗　史料 (ブーゲンハーゲンからクリスチャン三世への書簡 (ブーゲンハーゲン)　敬愛するマルティン・ルター博士に向けた，ポンメルン博士ブーゲンハーゲン牧師になったヴィッテンベルクにおける告別説教 (ブーゲンハーゲン))　第2部 ルターの運動の影響 (ポーランドにおける宗教改革運動の受容　キリスト教擁護者としての皇帝カール五世についての一考察　一六世紀ネーデルラントにおける宗教改革運動　ルターの宗教改革を支えた音楽の役割　民衆本『ティル・オイレンシュピーゲル』と宗教改革運動)

フーコー, L.　[1819〜1868]
Foucault, Léon
◇フーコーの振り子に魅せられて　鈴木将著　丸善プラネット　2018.10　160p　19cm　〈文献あり　年譜あり〉　発売：丸善出版　1200円　Ⓘ978-4-86345-389-0　Ⓝ423.6

内容　第1章 私が作ったフーコーの振り子 (振り子ができるまでの経過　実験の結果)　第2章 フーコーの振り子が地球の自転を証明するまで (大地は平らだと思われていた―人類の誕生から　地球は丸い―ギリシャ時代から探し求めたその証拠　地球はどのように動いているのか―コペルニクスにはじまるその証拠探し ほか)　第3章 フーコーの生涯と業績 (フーコーの生い立ちから―不遇で過ぎた短い生涯　フーコーの業績―あまり知られていない研究　フーコーと出会った人たち―支援を惜しまなかったナポレオン三世にも ほか)

＊著者が，どのようにして都立高校にフーコーの振り子 (7m) を作ることができたか，その経過と他に例のない生徒との24時間連続測定や，2年あまり毎日動かしし続けた記録。また，あまり知られていないレオン・フーコーの生涯と業績について，関係のある写真や図版を多数取り入れ，歴史の流れにそって記述してある。

フーコー, M. 〔1926～1984〕
Foucault, Michel

◇フーコー　今村仁司, 栗原仁著　新装版　清水書院　2016.4　220p　19cm　（Century Books―人と思想 158）〈文献あり　年譜あり　索引あり〉　1200円　Ⓘ978-4-389-42158-8　Ⓝ135.57

[内容] 第1部 フーコーの生涯　第2部 フーコーの思想（初期の思想（一九六〇年代）　中期の思想（一九七〇年代）　後期の思想（一九八〇年代））

＊本書では、フーコーの思想を理解するために、第一部の生涯編においてその時代背景や数々の知的交流を紹介し、第二部の思想編においては彼が投げかけた哲学的諸問題とその変遷をたどる。

◇ミシェル・フーコー、経験としての哲学―方法と主体の問いをめぐって　阿部崇著　法政大学出版局　2017.11　317,15p　22cm　〈他言語標題：Michel Foucault : la philosophie comme expérience　文献あり　索引あり〉　4000円　Ⓘ978-4-588-15085-2　Ⓝ135.57

[内容] 序論　第1部 知の考古学に向けて――九五四・一九六六年（出発点―心理学の時代　一九六一年―『狂気と非理性』と人間学批判　考古学という方法とその問題）　第2部 転換点と断絶―一九六六・一九六九年（『言葉と物』―考古学の限界点　新たな方法に向かって　『知の考古学』とその方法）　第3部 系譜学の時代―一九七〇年以後（系譜学の導入　研究の様態としての系譜学　主体と主体性）　結論

＊あらゆる経験的な価値を自明なものとせず、その自明性を歴史的な生成過程のうちに置き直すフーコー。「権力」「狂気」「性」の系譜を洗い出しながら、その意味を鍛え直し、変容させ、新たな概念を立ち上げ、分析の領域を拡き、哲学的思考の新たな様態を導入する。主体、統治、真理、歴史、考古学から系譜学へ。フーコーの思考の変動を動態的に描き出し、その "哲学" とともに新たなフーコーを誕生させる。

ブーシェ, F. 〔1703～1770〕
Boucher, François

◇ロココを織る―フランソワ・ブーシェによるボーヴェ製作所のタピスリー　小林亜起子著　中央公論美術出版　2015.6　456p　22cm　〈布装　文献あり　索引あり〉　15000円　Ⓘ978-4-8055-0739-1　Ⓝ753.3

[内容] 第1章 ボーヴェ製作所におけるブーシェの制作活動　第2章 連作 "イタリアの祭り"（一七三六年）　第3章 連作 "プシュケの物語"（一七四一年）　第4章 連作 "中国主題のタピスリー"（一七四二年）　第5章 連作 "神々の愛"（一七四八年）　第6章 連作 "オペラの断章"（一七五一年）　第7章 連作 "高貴なパストラル"（一七五五年）

プーシキン, A.S. 〔1799～1837〕
Pushkin, Aleksandr Sergeevich

◇プーシキンの恋―自由と愛と憂国の詩人　都築政昭著　近代文藝社　2014.11　395p　20cm　〈文献あり　年譜あり〉　2500円　Ⓘ978-4-7733-7932-7　Ⓝ980.268

[内容] プロローグ 命知らずの反骨の詩人　第1章 ミューズに愛された憂国の詩人　第2章 詩人の誕生―リツェイ時代の中で　第3章 南ロシアの配所の青春　第4章 母の領地ミハイルスコエに幽閉　第5章 皇帝監視下の自由　第6章 ロシアの青春・韻文小説『エヴゲーニイ・オネーギン』　第7章 結婚の光と影　第8章 決闘、そして死　エピローグ 愛され続けるプーシキン

＊絶世の美女と謳われた妻ゆえの決闘により、37歳の若さで散った天才詩人の生涯。恋に生き、命知らずの反権力を貫いた「ロシアの良心」の疾走する青春と、芸術の女神に愛された傑作の言葉の燦然たる魅力。

プジョル, J. 〔～1988〕 Pujol, Juan

◇二重スパイコード・ネーム《ガルボ》―史上最も偉大なダブル・エージェントがノルマンディー上陸作戦を成功に導くまで　ジェイソン・ウェブスター著, 安原和見訳　河出書房新社　2016.8　393,11p　20cm　〈文献あり〉　2400円　Ⓘ978-4-309-22679-8　Ⓝ391.63

[内容] 一九四一～四二年―イングランド　一九四一年秋―スペイン　一九四一年十二月―リスボン　一九四二年四月―イングランド南部　一九一二～三九年―スペイン　一九三九～四一年―スペイン、ポルトガル　一九四一年―リスボン　一九四一年十二月二五日―東部戦線南方　一九四二年春―ロンドン　一九四二年春～夏―ロンドン〔ほか〕

＊ノルマンディー上陸作戦を成功させた二重スパイの真相。英国諜報機関と手を組んでスパイ活動と偽装工作を実践、ナチスを翻弄し、連合軍を勝利に導いた一人のスペイン人がいた―手に汗握るノンフィクション。

プスタイ, É. 〔1925～〕 Pusztai, Éva

◇生きる勇気―アウシュヴィッツ70年目のメッセージ　クリスタ・シュパンバウアー, トーマス・ゴンシオア著, 笠井宣明訳　原書房　2015.7　215p　20cm　〈文献あり〉　2200円　Ⓘ978-4-562-05178-6　Ⓝ946

[内容] 1章 それでも、生きる―エスター・ベシャラーノ　2章 私たちは堂々としていた―エーファ・プスタイ　3章 人間よ、お前はどこにいるんだ？―イェファダ・バコン　4章 すべてのものには詩がある―グレタ・クリングスベルク

＊朽ちることのない勇気、抵抗、人間の尊厳。戦後70年を経て、4人の音楽家・画家らが語った真実の声。絶滅収容所に至る差別と、アウシュヴィッツで地獄を体験した生還者として瀬戸の経験から生き残るために得た智恵とは？ 何が生きる力を与えてきたのか？ ホロコーストの過去の苦しみとともに、希望を抱いて生きてきた4人の印象的な証言と信念を記録している。

ブゼル, A.S. 〔1866～1936〕
Buzzell, Anny Syrena

◇ブゼル先生とバイブル・クラスの学生たち―近代日本の人間形成　影山礼子著　横浜　関東学院大学出版会　2015.3　318p　22cm　〈年譜あり　索引あり　発売：丸善出版〉　2400円　Ⓘ978-4-901734-59-2　Ⓝ198.62

◇米国人宣教師ミス・ブゼル―みちのくの遠野での15年　藤代裕子著　名古屋　ブイツーソリューション　2018.11　154p　22cm　〈年譜あり　文献あり〉　1200円　Ⓘ978-4-86476-642-5　Ⓝ198.62

プチジャン, B. 〔1829～1884〕
Petitjean, Bernard

◇サンタ・マリアの御像はどこ？―プチジャン司教の生涯　谷真介著　女子パウロ会　2014.10　227p　15cm　（パウロ文庫）〈文献あり〉　1000円　Ⓘ978-4-7896-0741-4　Ⓝ198.22
|内容| 盛り上がった天主堂献堂式　開きかけた国の門戸　「サンタ・マリアの御像はどこ？」　金比羅山の森のなかで　イワンナと幼いドミンゴ　最初の授洗者に自分の霊名を　バスチャンの予言と伝説　多忙すぎる日々のなかで　プチジャン司教の生いたち　プチジャンの一大決心〔ほか〕

プチャーチン, E.V. 〔1803～1883〕
Putyatin, Evfimii Vasilievich

◇幕末維新を動かした8人の外国人　小島英記著　東洋経済新報社　2016.1　335p　19cm　〈文献あり〉　1700円　Ⓘ978-4-492-06198-5　Ⓝ210.58
|内容| 第1章 黒船のペリー　第2章 古武士プチャーチン　第3章 敬虔なハリス　第4章 大人外交官オールコック　第5章 幕府を支援したロッシュ　第6章 豪腕パークス　第7章 倒幕の理論家サトウ　第8章 倒幕商人グラバー
＊「外圧」の歴史はここから始まった！幕末日本を振り回した外国人の軌跡をたどることで、国内抗争だけでは見えてこなかった明治維新の実像を明らかにした渾身の大作。

◇川路聖謨とプチャーチン―今蘇える幕末の日露外交史　匂坂ゆり著　桜美林大学北東アジア総合研究所　2016.9　156p　18cm　（北東アジア新書―人と歴史）〈年表あり　文献あり〉　800円　Ⓘ978-4-904794-77-7　Ⓝ210.5938
|内容| 第1章 幕臣としての川路聖謨―海外情勢に揺れる幕府の中で（川路の生い立ち　異国との出会い　ほか）　第2章 ロシア帝国の極東開拓―エフィム・プチャーチンの派遣に至るまで（プチャーチンの経歴　日本への派遣理由　ほか）　第3章 全権の到着を待つ（ロシア使節団、長崎滞在―日本全権の到着を待つ（ロシア使節団、長崎到着　プチャーチンの対日姿勢　ほか）　第4章 両国使節団の初対面・長崎交渉（第一次交渉）（両者の初対面　長崎交渉開始　ほか）　第5章 下田交渉（第二次交渉）・日露和親条約締結（下田交渉開始　安政東海大地震発生　ほか）
＊「日露問題」最大の懸案、北方領土問題の源流を追う。「日露和親条約」の形成過程を検証。

プーチン, V.V. 〔1952～〕
Putin, Vladimir Vladimirovich

◇プーチン―人間的考察　木村汎著　藤原書店　2015.4　622p　22cm　〈年譜あり　索引あり〉　5500円　Ⓘ978-4-86578-023-9　Ⓝ289.3
|内容| 体制　方法　住宅　柔道　KGB　東独　市役所　盗作　上昇　人誑し　人脈　贅沢　家族　マッチョ　転換
＊今、世界がその動向（思惑や出方）を固唾をのんで見守っているロシアのプーチン大統領。ロシア学の権威が、世界に先駆け、「政治的スフィンクス」の実像を解明。

◇プーチンの実像―証言で暴く「皇帝」の素顔　朝日新聞国際報道部著　朝日新聞出版　2015.10　349p　19cm　〈年表あり〉　1800円　Ⓘ978-4-02-251322-9　Ⓝ312.38
|内容| 第1部 KGBの影（ドレスデンの夜　国家崩壊のトラウマ　KGBとプーチン　人たらし）　第2部 権力の階段（初めての訪日　改革派市長の腹心　権力の階段　インタビュー）　第3部 孤高の「皇帝」（コソボとクリミアをつなぐ線　G8への愛憎　権力の独占　欧州が見たプーチン　「皇帝」の孤独　プーチンはどこに向かう）　第4部 三期目のプーチンと日本（「引き分け」の舞台裏　プーチン訪日への模索）
＊プーチンの素顔を知る人の証言から、実像に迫る！

◇世界を動かす巨人たち　政治家編　池上彰著　集英社　2016.4　222p　18cm　（集英社新書0828）〈文献あり　年譜あり〉　740円　Ⓘ978-4-08-720828-3　Ⓝ280
|内容| 第1章 東西対立を再燃させる男ウラジーミル・プーチン　第2章 第二の「鉄の女」アンゲラ・メルケル　第3章 アメリカ初の女性大統領をめざすヒラリー・クリントン　第4章 第二の「毛沢東」が習近平　第5章 独裁者化するレジェップ・タイイップ・エルドアン　第6章 イランの「最高指導者」アリー・ハメネイ
＊多くの無名の人たちによって、歴史は創られる。しかし時に、極めて個性的で力のある人物が、その行く先を大きく変えることがある。本書では、まさに現代史の主要登場人物とでもいうべき六人の政治家を取り上げた。ロシアのプーチン、ドイツのメルケル、アメリカのヒラリー、中国の習近平、トルコのエルドアン、イランのハメネイ。彼らの思想と行動を理解することなく、今を語ることは不可能である。超人気ジャーナリストによる待望の新シリーズ第1弾。世界を動かす巨大な「個人」に肉薄する！

◇プーチン―内政的考察　木村汎著　藤原書店　2016.11　620p　22cm　〈年譜あり　索引あり〉　5500円　Ⓘ978-4-86578-093-2　Ⓝ289.3
|内容| 体験　思想　制度　軍事改革　文民統制　国防相　メディア　NGO　国際NGO　ナヴァーリヌィ　モスクワ市長選　危機　当確　存続　衰退　今後
＊言論弾圧、経済疲弊、頭脳流出―混迷のロシアは何処に向かうのか？プーチンはロシアをどう変えてきたか？ロシア史上、稀に見る長期政権を継続中のプーチン。「強いロシアの再建」を掲げ、国内には苛酷な圧政を敷く一方、経済は低迷、内政の矛盾は頂点に達している。ロシア研究の碩学が沈みゆく大国"プーチンのロシア"の舞台裏を詳細かつ多角的に検証する。

◇プーチンの世界―「皇帝」になった工作員　フィオナ・ヒル, クリフォード・G・ガディ著, 濱野大道, 千葉敏生訳, 畔蒜泰助監修　新潮社　2016.12　522p　20cm　〈年表あり　索引あり〉　3200円　Ⓘ978-4-10-507011-3　Ⓝ312.38

◇プーチンとロシア人　木村汎著　産経新聞出版　2018.1　326p　20cm　〈「ソ連とロシア人」(蒼洋社 1980年刊)の改題、改訂版　発売：日本工業新聞社〔[東京]〕〉　1800円　Ⓘ978-4-8191-1331-1　Ⓝ302.38

内容　第1部 工作員、現わる(プーチンとは何者なのか？　ボリス・エリツィンと動乱時代　国家主義者　歴史家　サバイバリスト　アウトサイダー　自由経済主義者　ケース・オフィサー　システム)　第2部 工作員、始動(ステークホルダーたちの反乱　プーチンの世界　プーチンの「アメリカ教育」　ロシア、復活　国外の工作員)

内容　はじめに　プーチンを知る必要性　背景一日本とは対照的な地勢的環境　性格一自由を求め、かつ混沌を嫌う二面性　政治一「力は正義なり」が中央集権化を生む　外交一強い国にも強気、弱い国にも強気　軍事一不安ゆえの「過剰防衛」癖　交渉一交渉は闘争の手段　連続一体制変化で「新しい人間」は必ずしも生まれず　労働一資源依存症で働くことは大嫌い　技術一外国からの拝借思想の限界　社会一奇妙な結託、プーチンと国民は共犯者　おわりに　人間学的アプローチを超えて

＊交渉は闘争、交渉は戦争、交渉は武器。ロシア人の国境観、領土観、戦争観は日本人とまったく異なる。彼らには「固有の領土」という概念はない。防衛的膨張主義―防衛の名目のもとに、結果においてはきっとした膨張に終わる―に代表されるロシア人の本質を知らなければプーチンは解けない。今後6年間、トータル24年、ロシアのトップに君臨する男は、どんなトリックで自国を実力以上に見せているか！

◇プーチン―外交的考察　木村汎著　藤原書店　2018.3　693p　22cm　〈年譜あり　索引あり〉　6500円　Ⓘ978-4-86578-163-2　Ⓝ319.38

内容　主体　装置　論理　特徴　武器輸出　ソフト・パワー　EEU(ユーラシア経済連合)　ハイブリッド戦争―ロシアvsウクライナの闘い　アジア太平洋　中国　中国リスク　ブレグジット―英国EU離脱の影響　中東　オバマ　トランプ

＊ロシア・ゲート、シリア介入、クリミア併合―プーチンの狙いは何か？　プーチンは世界をどう捉えているか？　内政の停滞をよそに、世界を相手に危険な外交政策を続ける"プーチン・ロシア"。我が国ロシア研究の泰斗が、膨大な資料と事例をもとに、その真意を読み解く。第32回正論大賞受賞者による、「人間篇」「内政篇」に続く三部作、遂に完結！

フック, R. 〔1635～1703〕 Hooke, Robert

◇ニュートンに消された男ロバート・フック　中島秀人著　KADOKAWA　2018.12　355,5p　15cm　〔〔角川ソフィア文庫〕　〔K130-1〕〕　〈「ロバート・フック」(朝日新聞社 1996年刊)の改題、加筆・修正　文献あり　索引あり〉　1080円　Ⓘ978-4-04-400390-6　Ⓝ289.3

内容　文庫版まえがき―ロバート・フックの肖像　序　ワイト島への旅立ち―フックの実像を求めて　1 科学者フックの誕生(ワイト島からオクスフォードへ　科学者フックの誕生　王立協会とグレシャム・カレッジ)　2 フックの科学的業績(ミクロの世界の探究　気体研究への取り組み　フックの日常生活　ほか)　3 二人の巨人(ニュートンの登場―光学論争の始ま

り　巨人の肩に乗って―美しき和解？　落体の軌道についての論争　ほか)　あとがき―若き日の先端研に捧ぐ

＊「フックの法則」に細胞の「発見」。いまも教科書で誰もが名前を目にする科学者であり、17世紀に時代の寵児として活躍した男、フック。しかし、彼の肖像画は1枚も残されていない。それは、死後にニュートンが彼を学界から消していったからだ。なぜニュートンの論敵となったのか？　彼はどんな生涯を送り、どのような研究をしていたのか？　抹殺されたもう1人の天才、フックの業績と実像に迫る!!大佛次郎賞を受賞した本格科学評伝。

フッサール, E. 〔1859～1938〕 Husserl, Edmund

◇フッサール　加藤精司著　新装版　清水書院　2015.9　208p　19cm　〈Century Books―人と思想 72〉〈文献あり　年譜あり　索引あり〉　1000円　Ⓘ978-4-389-42072-7　Ⓝ134.95

内容　1 フッサールの歩んだ道―生涯と著作(修学時代　ハレ時代　ゲッチンゲン時代　フライブルク時代)　2 フッサールの思想―哲学と思索(純粋論理学―『論理学研究』還元と志向性―『イデーン』　他者問題―『デカルト的省察』　危機と生活世界―『危機』　超越論主義―『ブリタニカ』草稿　フッサールと今日)

ブッシェル, R. 〔1910～1944〕 Bushell, Roger

◇大脱走―英雄〈ビッグX〉の生涯　サイモン・ピアソン著.吉井智津訳　小学館　2014.12　621p　15cm　〈小学館文庫 ヒ3-1〉　924円　Ⓘ978-4-09-412046-2　Ⓝ289.3

内容　大脱走　自由の味　渡英　ケンブリッジとスキー　ハイ・ソサエティ　チェルシー・ボーイズ　開戦前夜　大空へ　はじめての交戦　捕虜〔ほか〕

＊一九六三年に公開された映画『大脱走』に登場する"ビッグX"のモデルとなった、ロジャー・ブッシェル少佐の一生を描いたはじめての伝記。二〇一一年に、帝国戦争博物館にブッシェル少佐の遺族から寄贈された、本人の手紙や日記、公文書などの記録、そして生存者からはじめて明かされた証言により、人物像に迫る。アフリカで過ごした幼少期から、ケンブリッジ大学を経て補助空軍部隊に入隊、ブローニュ上空で撃墜されるまでのロジャーの半生、そして第二次大戦中最大の"大脱走"に至るまでの、彼の生きた時代の様子が生き生きと描かれた傑作ノンフィクション。

ブッシュ, F. 〔1890～1951〕 Busch, Fritz

◇偉大なる指揮者たち―トスカニーニからカラヤン、小澤、ラトルへの系譜　クリスチャン・メルラン著,神奈川夏子訳　ヤマハミュージックメディア　2014.11　389,7p　21cm　2800円　Ⓘ978-4-636-90301-0　Ⓝ762.8

内容　アルトゥーロ・トスカニーニ　ウィレム・メンゲルベルク　セルゲイ・クーセヴィツキー　ピエール・モントゥー　ブルーノ・ワルター　サー・トーマス・ビーチャム　レオポルド・ストコフスキー　エルネスト・アンセルメ　オットー・クレンペラー　ヴィ

ブッシュ, G.H.W. 〔1924〜2018〕
Bush, George Herbert Walker

◇レーガン、ゴルバチョフ、ブッシュ―冷戦を終結させた指導者たち　和田修一著　一藝社　2014.9　284p　21cm　〈他言語標題：Reagan, Gorbachev, and Bush　文献あり　索引あり〉　2200円　①978-4-86359-089-2　Ⓝ319.53038

◇オリバー・ストーンが語るもうひとつのアメリカ史　3　帝国の緩やかな黄昏　オリバー・ストーン，ピーター・カズニック著　金子浩，柴田裕之，夏目大訳　早川書房　2015.7　549p　16cm　(ハヤカワ文庫　NF 441)　1100円　①978-4-15-050441-0　Ⓝ253.07

内容　第10章 デタントの崩壊―真昼の暗黒 (フォード大統領の時代―アメリカの受けた痛手　南ベトナムの敗北と、反故にされたベトナムへの資金供与協定 ほか)　第11章 レーガン時代―民主主義の暗殺 (「想像を絶する」、レーガン大統領の知的レベル 「ラテンアメリカがあんなにたくさんの国に分かれていたなんて驚いたよ」 ほか)　第12章 冷戦の終結―機会の逸失 (ゴルバチョフ、冷戦の終結を宣言　ブッシュ・シニアー「究極のエスタブリッシュメント」大統領候補 ほか)　第13章 ブッシュ＝チェイニー体制の瓦解―「イラクでは地獄の門が開いている」(イスラム過激派による9・11テロの衝撃　ネオコンにとって、9・11は「新たな真珠湾のような」好機だった ほか)　第14章 オバマ―傷ついた帝国の運営 (「救済者」と思えたオバマは、事態をより悪化させた　経済顧問はほぼ全員、金融危機を招いたルービンの手下―彼らは嬉々として銀行家たちを救済した ほか)

＊ソ連との緊張緩和の機運は政権内のタカ派により圧殺された。ソ連崩壊後単独の覇権を握ったアメリカは世界の警察のごとく振舞い始めるが、史上最低と呼ばれる大統領のもと、国内経済の瓦解が始まった。しかし9・11テロの打撃を口実に軍事費は増大し続ける。国民は改革の兆しを初の黒人大統領、オバマに託すが、希望はすぐに失望に変わった…頽廃が忍び寄る「帝国」の病理を容赦なく描き出す歴史超大作完結篇。

ブッシュ, G.W. 〔1946〜〕
Bush, George Walker

◇オリバー・ストーンが語るもうひとつのアメリカ史　3　帝国の緩やかな黄昏　オリバー・ストーン，ピーター・カズニック著　金子浩，柴田裕之，夏目大訳　早川書房　2015.7　549p　16cm　(ハヤカワ文庫　NF 441)　1100円　①978-4-15-050441-0　Ⓝ253.07

内容　第10章 デタントの崩壊―真昼の暗黒 (フォード大統領の時代―アメリカの受けた痛手　南ベトナムの敗北と、反故にされたベトナムへの資金供与協定 ほか)　第11章 レーガン時代―民主主義の暗殺 (「想像を絶する」、レーガン大統領の知的レベル 「ラテンアメリカがあんなにたくさんの国に分かれていたなんて驚いたよ」 ほか)　第12章 冷戦の終結―機会の逸失 (ゴルバチョフ、冷戦の終結を宣言　ブッシュ・シニアー「究極のエスタブリッシュメント」大統領候補 ほか)　第13章 ブッシュ＝チェイニー体制の瓦解―「イラクでは地獄の門が開いている」(イスラム過激派による9・11テロの衝撃　ネオコンにとって、9・11は「新たな真珠湾のような」好機だった ほか)　第14章 オバマ―傷ついた帝国の運営 (「救済者」と思えたオバマは、事態をより悪化させた　経済顧問はほぼ全員、金融危機を招いたルービンの手下―彼らは嬉々として銀行家たちを救済した ほか)

＊ソ連との緊張緩和の機運は政権内のタカ派により圧殺された。ソ連崩壊後単独の覇権を握ったアメリカは世界の警察のごとく振舞い始めるが、史上最低と呼ばれる大統領のもと、国内経済の瓦解が始まった。しかし9・11テロの打撃を口実に軍事費は増大し続ける。国民は改革の兆しを初の黒人大統領、オバマに託すが、希望はすぐに失望に変わった…頽廃が忍び寄る「帝国」の病理を容赦なく描き出す歴史超大作完結篇。

◇米国アウトサイダー大統領―世界を揺さぶる「異端」の政治家たち　山本章子著　朝日新聞出版　2017.12　250,7p　19cm　(朝日選書 967)　〈文献あり〉　1500円　①978-4-02-263068-1　Ⓝ312.53

内容　序章 アウトサイダー大統領とは　第1章 アメリカ経済の変遷と中東　第2章 アメリカと同盟国　第3章 日米同盟の半世紀　第4章 アメリカはなぜトランプを選んだか　終章 アメリカの実像を見据えて

＊2017年、米国史上初の公職経験のない大統領が誕生した。大方の予想を裏切ったトランプ政権誕生は、アメリカの政治が、日米関係が、根本的に変わりうることを意味する。私たちが、これまでの日米関係にとらわれずに、いまアメリカ人が望む国益や対外政策とは何か、その背景にあるアメリカが抱える諸問題とは何かを考えるべき時期が来ているのだ。本書は、ワシントンのアウトサイダーであることが国民から評価されて大統領に選ばれた6人にスポットをあてる。アイゼンハワー、カーター、レーガン、クリントン、ブッシュ(子)、トランプ…彼らの共通点、登場した時代背景、対外成策の傾向など、内政・外交を多角的に論じていく。彼らは大きな変化を求める世論が生んだ「時代の寵児」であり、彼らを知ることは、アメリカを取り巻く状況と課題の変遷を知ることになろう。

ブッシュ, L.W. 〔1946〜〕　Bush, Laura Welch

◇ローラ・ブッシュ自伝―脚光の舞台裏　ローラ・ブッシュ著，村井理子訳　中央公論新社　2015.5　500p　20cm　〈索引あり〉　2600円　①978-4-12-004702-2　Ⓝ289.3

内容　窓ガラスの向こう側　夢と、ほこりと　身軽な旅　ホワイトハウスの百三十二部屋　テロリズムとこの世界の良心　グランママ・ローラと呼ばれて　私が再び訪れる場所　プレイリー・チャペルの朝

＊飾り気のない人柄で稀有の人気を博したファーストレディが職務に対する高い意識と主婦の目線でホワイトハウスの「日常」を明らかにする―。臨場感たっぷりに描かれるのは熾烈な選挙戦や9・11当日の緊迫など政権の舞台裏。そして、読書好きの

フツチニ

物静かな少女を育んだ故郷テキサス州の風土、高校時代に自ら招いた痛ましい事故のこと…。心に秘めた感情をも果敢につづって熱い支持を集めた全米ベストセラー。

プッチーニ, G. 〔1858~1924〕
Puccini, Giacomo Antonio Domenico Michele Secondo Maria

◇愛と裏切りの作曲家たち 中野京子著 光文社 2015.3 237p 16cm (光文社知恵の森文庫 tな5-1)〈「かくも罪深きオペラ」(洋泉社 1999年刊)の改題、修正〉 640円 Ⓘ978-4-334-78669-4 Ⓝ766.1

内容 ビゼー「世にも恐ろしい災い」「カルメン」 ヴェーバー すべては愛のために「魔弾の射手」 ベッリーニ 嫉妬が産んだ名作「ノルマ」 ヴァーグナー 過剰な執着心―「さまよえるオランダ人」 ロッシーニ 美食と神経過敏―「セビーリャの理髪師」 モーツァルト 神童の傲慢―「フィガロの結婚」 ヴェルディ 「道を踏み外した女」「椿姫」 プッチーニ オペラ以上の悲劇「蝶々夫人」

＊名作の誕生する過程には作品に負けないほど劇的な事件がかくされている。スキャンダラスと言っていいほどのそれらの出来事は、別の見方をすれば作曲家本人がむしゃらな闘争ともいえる。「カルメン」「フィガロの結婚」「蝶々夫人」ほか知っておきたい名作オペラのあらすじと、その作曲家たちの壮絶な生涯を、同時に読める一冊！ 待望の文庫化。

フニペロ・セラ
⇒セッラ, J. を見よ

フーバー, H.〔1874~1964〕 Hoover, Herbert

◇日米戦争を起こしたのは誰か―ルーズベルトの罪státルフーバー大統領回顧録を論ず 藤井厳喜、稲村公望、茂木弘道著 勉誠出版 2016.1 286p 19cm 1500円 Ⓘ978-4-585-23036-6 Ⓝ253.07

内容 序(加瀬英明) 座談会 "FREEDOM BETRAYED"をめぐって(誰が戦争を仕掛けたかー過ったアメリカの政策 戦争を引き起こした狂気)(藤井厳喜、稲村公望、茂木弘道述) ウェデマイヤー将軍の回想―第二次大戦に勝者なし(藤井厳喜) いま明らかになった大東亜戦争の真相―「FREEDOM BETRAYED」の衝撃(稲村公望) 日米戦争は狂人の欲望から―フーバー三一代大統領の証言(茂木弘道)

＊アメリカの封印50年今、事実が鮮明に!!2011年刊行の元アメリカ大統領フーバーの衝撃の大著。

◇裏切られた自由―フーバー大統領が語る第二次世界大戦の隠された歴史とその後遺症 上 ハーバート・フーバー著、ジョージ・H・ナッシュ編、渡辺惣樹訳 草思社 2017.7 702p 22cm 8800円 Ⓘ978-4-7942-2275-6 Ⓝ209.74

内容 第1部(自由人が苦しむことになる知的頽廃と倫理的背信 開戦前年(一九三八年)の各国の状況分析 アメリカ外交政策の革命的大転換 一九三九年のヨーロッパ、人類の敵となる怪物たち 共産主義者とナチスによるヨーロッパ征服 アメリカの干渉： 言葉以上、戦争の一歩手前の行動 アメリカ国民の洗脳 アメリカ外交の革命的転換 恒久平和実現のチャンスがあったフランクリン・ルーズベルト 戦争への道) 第2部(度重なる会談)

＊本書は第31代アメリカ大統領ハーバート・フーバー(任期1929~33)が第二次世界大戦の過程を詳細に検証した回顧録である。第二次世界大戦とは何だったのか―。従来の見方とは真っ向から対立する歴史観をもつ本書は長い間、公にされなかったが、2011年に米国で刊行され議論を呼んでいる。さまざまな情報にアクセスできたアメリカの最高権力者が、20年の歳月をかけて完成させた第一級の史料である。

◇誰が第二次世界大戦を起こしたのか―フーバー大統領『裏切られた自由』を読み解く 渡辺惣樹著 草思社 2017.7 222p 19cm 1700円 Ⓘ978-4-7942-2277-0 Ⓝ209.74

内容 1章 ハーバート・フーバーの生い立ち(少年時代 スタンフォード大学時代、豪州での経験 ほか) 2章 『裏切られた自由』を読み解くその一：共産主義の拡散とヨーロッパ大陸の情勢(「編者序文」を読み解く：なぜ出版が遅れたのか、歴史修正主義とは何か ルーズベルト外交の最初の失敗、ソビエトの国家承認 ほか) 3章 『裏切られた自由』を読み解くその二：チェンバレンの「世紀の過ち」とルーズベルトの干渉(ルーズベルトの尻尾が見えた「隔離演説」 行動を起こしたヒトラー(一)ズデーテンラント併合とミュンヘン協定 ほか) 4章 『裏切られた自由』を読み解くその三：ルーズベルトの戦争準備(中立法修正、干渉主義の最初の勝利 国民世論工作 ほか) 5章 連合国首脳は何を協議したのか(二回のワシントン会談 対独戦争優先の決定、原爆開発 カサブランカ会談 無条件降伏要求 ほか)

＊ヒトラー、チャーチル、ルーズベルト…悲劇の元凶はいったい誰だったのか？ 大著『裏切られた自由』を翻訳した歴史家がその記述をもとに浮き彫りにする歴史の真実！ そして、日米開戦、原爆投下の真相とは？

◇裏切られた自由―フーバー大統領が語る第二次世界大戦の隠された歴史とその後遺症 下 ハーバート・フーバー著、ジョージ・H・ナッシュ編、渡辺惣樹訳 草思社 2017.11 591p 図版16p 22cm 〈索引あり〉 8800円 Ⓘ978-4-7942-2276-3 Ⓝ209.74

内容 第2部(度重なる会談その五：ヤルタ会談(一九四五年二月四日~十一日) 度重なる会談その六：大西洋憲章精神の死亡 トルーマン政権の始まり 度重なる会談その七：ポツダム会談とその後) 第3部 ケーススタディ(ポーランドの歴史 中国の衰亡 朝鮮のケーススタディ ドイツへの復讐)

＊本書は第31代アメリカ大統領ハーバート・フーバー(任期1929~33)が第二次世界大戦の過程を詳細に検証した回顧録である。第二次世界大戦とは何だったのか―。従来の見方とは真っ向から対立する歴史観をもつ本書は長い間、公にされなかったが、2011年に米国で刊行され議論を呼んでいる。さまざまな情報にアクセスできたアメリカの最高権力者が、20年の歳月をかけて完成させた第一級の史料である。

◇誤解された大統領―フーヴァーと総合安全保障構想 井口治夫著 名古屋 名古屋大学出版会 2018.2 366,48p 22cm 〈索引あり〉 5800円 Ⓘ978-4-8158-0904-1 Ⓝ312.53

内容 フーヴァーによる総合安全保障政策の構想とその展開　立身出世と人道支援活動　人道支援から総合安全保障の模索へ　政治家フーヴァー——第一次世界大戦後の対応から大統領へ　米国のフィリピン防衛　マッカーサー、アイゼンハワー、フェラーズ　ジョン・フォスター・ダレス——共和党右派と穏健派の間　米国参戦に至るローズヴェルト外交とフーヴァー　共和党右派とマッカーサー大統領候補擁立運動——一九四一〜四四年　第二次世界大戦の終結とフーヴァーの政治的復活　戦後のマッカーサー大統領候補擁立運動　共和党右派と共和党穏健派・リベラリズム支持派との攻防　米国政治の長老フーヴァー——対ソ政策、世界食糧調査団、行政改革　フーヴァーの生涯とその遺産

＊大恐慌への対応を批判され、無能とされた大統領。しかし人道支援・環境保護などの先駆的政策は、今日狭く理解されがちな「人間の安全保障」の起源でもある。共和党右派、マッカーサー、アイゼンハワーなどの米国政治の群像を鮮やかに捉え、日本の占領政策にも新たな光を投げかける。

フーバー, K. 〔1893〜1943〕 Huber, Kurt

◇ヒトラーと哲学者—哲学はナチズムとどう関わったか　イヴォンヌ・シェラット著, 三ツ木道夫, 大久保友博訳　白水社　2015.1　362,60p　20cm　〈文献あり　索引あり〉　3800円　Ⓘ978-4-560-08412-0　Ⓝ134.9

内容 第1部 ヒトラーの哲学者（ヒトラー——「天才的バーテンダー」　毒入りの杯　協力者たち　ヒトラーを支えた法哲学者——カール・シュミット　ヒトラーの超人——マルティン・ハイデガー）　第2部 ヒトラーの対抗者（悲劇——ヴァルター・ベンヤミン　亡命——テオドール・アドルノ　ユダヤ人女性——ハンナ・アーレント　殉教者——クルト・フーバー　ニュルンベルク裁判をへて、その後）

＊思想と行動をめぐる迫真の哲学ノンフィクション。カント以降の反ユダヤ的言辞を跡づけた上で、ナチスに加担した者と迫害された者の生き方を描き出す注目作。哲学することの倫理的基盤を問う。

ブーバー, M. 〔1878〜1965〕 Buber, Martin

◇聖書翻訳者ブーバー　堀川敏寛著　新教出版社　2018.2　325p　22cm　〈他言語標題：Buber als Bibelübersetzer　文献あり　索引あり〉　4100円　Ⓘ978-4-400-11069-9　Ⓝ193.09

内容 序論　ブーバー研究の現状と方法論（ブーバー研究の動向　ブーバー自身の研究スタイル　ブーバー研究の動向に対する筆者の見解　本研究の視点・方法・独自性）　第1編 我−汝から聖書へ（基礎的存在論：関係内存在　汝の始原性と神の蝕　宗教性の再評価　倫理と宗教性　ブーバーと宗教性）　第2編 聖書から我−汝へ（ブーバー聖書翻訳の評価　聖書言語論　聖書翻訳の方法論　ブーバー方法論の聖書学的位置づけ　神名の翻訳における我−汝　ヤコブ物語の対面における我−汝　アブラハム物語における予言者の特徴　予言者イザヤから第2イザヤへ　予言者の問題と翻訳の意義　汝としての聖書）

＊ブーバーはなぜ聖書翻訳を志したのか。その翻訳の特質とは何か。それは彼の対話的哲学とどのように関係するのか—。従来ほとんど考究されてこなかった「聖書翻訳者としてのブーバー」を明らかにし、その思想世界に挑んだ労作。

ブハーリン, N. 〔1888〜1938〕 Bukharin, Nikolaĭ

◇ブハーリン裁判一付—我々は粛清裁判記録をどう読みとるべきか　ソ連邦司法人民委員部, トロツキー編著, 鈴木英夫他訳　風塵社　2018.1　254p　19cm　〈復刊ライブラリー——革命のオルタナティヴ〉〈鹿砦社 1972年刊の再刊　年表あり〉　2500円　Ⓘ978-4-7763-0074-8　Ⓝ327.938

内容 1「右翼悪＝トロツキー派連合」公判記録（公訴状　求刑　被告ブハーリンの訊問　被告ブハーリンの訊問の続き　証人の訊問　ほか）　2 参考資料・論文（ブハーリンの遺書　ブハーリンの略歴　トロツキーの論考）　3 粛清年表　4 我々は粛清裁判記録をどう読みとるべきか

＊オーウェル『1984』の原型ともいえるモスクワ見世物裁判。ドストエフスキー的な法廷ドラマを再現する。

ブヒクロサン, T. 〔1839〜1894〕 Buhicrosan, Tannaker

◇ロンドン日本人村を作った男—謎の興行師タナカー・ブヒクロサン1839-94　小山騰著　藤原書店　2015.8　360p 図版16p　20cm　〈文献あり　年譜あり〉　3600円　Ⓘ978-4-86578-038-3　Ⓝ289.3

内容 幕末・明治期の軽業見世物興行とジャポニスム　第1部 駐日英・仏公使館員時代（一八五九-六六年）（日本への来航と横浜在住時代　横浜鎖港談判使節団とともに渡仏　通債事件と興行師への転身）　第2部 軽業見世物興行師時代（一八六七-八一年）（ブレックマンとドラゴン一座　タナカー・ブヒクロサンの誕生　英国の軽業見世物事情とブヒクロサン　「ジャパン・エンターテインメント」ゴダユー一座　こぼれ話—オーストラリアへの移住）　第3部「ロンドン日本人村」仕掛け人時代（一八八三-九四年）（日本の美術品および日本製品の流行　ロンドン日本人村の開業——一八八五年　先行した二つの万国博覧会の影響　ロンドン日本人村の経営と"住民"雇用事情　ロンドン日本人村の焼失と再建　ロンドン日本人村の残した影響　軽業興行の変遷とブヒクロサンの最期）　日英博覧会余聞——一九一〇年

＊1859年、幕末の混乱渦中に日本に来航し、英・仏の駐日領事館通訳として雇われるも、欧米で注目を集める「軽業見世物」の興行師に転身し、日本人一座を率いて世界各地で公演、ついに1885年ロンドン「日本人村」を仕掛けた謎のオランダ人の正体とは？　もう一つの"ジャポニスム"、軽業見世物興行を通じて、19世紀後半の日英関係史に迫る。

ブフォード, ボブ

⇒ビュフォード, B. を見よ

フーヘル, P. 〔1903〜1981〕 Huchel, Peter

◇ペーター・フーヘル—現代詩への軌跡　土屋洋二著　横浜　春風社　2016.1　401p　20cm　3200円　Ⓘ978-4-86110-481-7　Ⓝ941.7

内容 第1章 幻の処女詩集（鮮やかなデビュー　資質の発見　ほか）　第2章『詩集』（「少年の池」　ヨーロッパ悲しき一九三〇年　ほか）　第3章 第二詩集

『国道 国道』(『意味と形式』の出発 ヨハネス・R. ベッヒャー ほか) 第4章 それから(ベルリン 別れ)
*20世紀ドイツ、激動の時代と切り結んだ詩人の生。追憶の抒情的自然詩は、ナチスの政治的抑圧やドイツ分断の悲劇により、いかなる変貌を遂げたのか。同時代の社会的・思想的背景のなかで作品を評価する、初の本格的評伝。

◇ペーター・フーヘルの世界——その人生と作品 斉藤寿雄著・訳 鳥影社 2016.8 321p 22cm 2800円 ⓘ978-4-86265-570-7 Ⓝ941.7
内容 第1章 ペーター・フーヘルの人生(少年時代 青年時代 第二次世界大戦後 ほか) 第2章 作品解釈(『ポーランドの草刈り人夫』Der polnische Schnitter 『少年の池』Der Knabenteich 『十月の光』Oktoberlicht ほか) 第3章 訳詩抄(『詩集』『街道 街道』 『余命』 『第九時』)
*浮かび上がる全体像。旧東ドイツの代表的詩人で、文学雑誌『意味と形式』の初代編集長として有名なペーター・フーヘル。困難に満ちたその生涯を紹介し、それと関連づけて読者の理解に必要と思われる作品解釈をつけ、さらに主要の詩の翻訳をまとめた画期的書。

プミポン
⇒ラーマⅨ を見よ

フラー, J.F.C. 〔1878〜1966〕 Fuller, John Frederick Charles

◇機動の理論——勝ち目をとことん追求する柔軟な思考 木元寛明著 SBクリエイティブ 2017.11 190p 18cm (サイエンス・アイ新書 SIS-391)〈文献あり 索引あり〉 1000円 ⓘ978-4-7973-9140-4 Ⓝ391.3
内容 第1章 Plan 1919 (幻の「Plan 1919」——敵司令部を攻撃して、指揮系統を麻痺させる J.F.C.フラーと戦車——フラーは歩兵将校で、戦車とは無縁だった ほか) 第2章 幻の野外要務令(幻のマニュアル1 スイスの山荘で速記者に口述した 幻のマニュアル2 英国や米国では無視された ほか) 第3章 実戦へ適用された機動戦理論(電撃戦の衝撃1 ハインツ・グデーリアン将軍 電撃戦の衝撃2 ドイツ国防軍機甲師団の誕生 ほか) 第4章 現代に生きる機動戦理論(機動戦理論の継承——フラーの理論は現代も生きている イスラエル国防軍(IDF)1 負けることが許されない宿命の国家 ほか) 第5章 「戦いの原則」の創始者(ナポレオンの戦いを分析したフラー 「戦いの原則」制定の経緯1 『野外要務令』に採用された8原則——「戦いの原則」制定の経緯2 ほか)
*第1次大戦では、連合軍もドイツ軍も正面から突破に固執して膨大な死傷者を出し、塹壕戦が長期に及びました。これを打開するために生まれたのが戦車で、その運用方法が「機動戦理論」です。機動戦理論は英陸軍退役将校J.F.C.フラーが生み出し、第2次大戦でドイツ軍、ソ連軍が確立し、大戦後にイスラエル軍、米陸軍、米海兵隊が発展させ、現代に受け継がれています。本書では、陸上自衛隊の第71戦車連隊長、陸将補を務めた著者が、豊富な図版やイラスト、写真を用いて機動戦理論の本質を解説。

フラー, L. 〔1862〜1928〕 Fuller, Loie

◇ロイ・フラー——元祖モダン・ダンサーの波乱の生涯 山本順二著 名古屋 風媒社 2018.10 246p 19cm 2000円 ⓘ978-4-8331-3178-0 Ⓝ769.53
内容 開幕 西ове娘 かりそめの結婚 光のダンス ヨーロッパへの旅立ち 憧れのパリ ロシアの落とし穴 パリという学校 天文学者 エジソン 清朝の高官 万国博覧会 音二郎・貞奴 イサドラ・ダンカン マリー王太子妃 ロダン キュリー夫妻 花子 アフリカの王様 人生の達人 『私の人生の十五年』 母の死 ガブ ダンス学校 第一次世界大戦 王妃の物語『命のユリ』アメリカの罠 閉幕
*異色のダンサー、本邦初の評伝! 日本初の女優「マダム貞奴」や、ロダンのモデルにもなった女優「花子」を見出し、ヨーロッパで花開かせたことでも知られ、「光の魔術師」として革新的なパフォーマンスや舞台芸術をつくったダンサーの情熱的人生を描く。

フラー, S. 〔1912〜1997〕 Fuller, Samuel

◇サミュエル・フラー自伝——わたしはいかに書き、闘い、映画をつくってきたか サミュエル・フラー, クリスタ・ラング・フラー, ジェローム・ヘンリー・ルーズ著, 遠山純生訳 boid 2015.12 756,27p 21cm 〈索引あり 作品目録あり 発売:JRC〉 6000円 ⓘ978-4-86538-045-3 Ⓝ778.253
内容 第1部〈幸運の一撃 頭から先に飛び込む ほか〉 第2部(ビッグ・レッド・ワン ハスキー ほか) 第3部(あぶく商売ははじけてしまう 最初の成熟した西部劇 ほか) 第4部(ひっつかんで、ひっぱたいて、揺さぶってやれ 男根でいっぱい ほか) 第5部(お互いさま サメたち ほか) 第6部(第三の顔 フランスの大黒柱 ほか)
*新聞記者からキャリアをスタートし、第二次世界大戦では歩兵として従軍、その後『拾った女』(53)『四十挺の拳銃』(57)『ショック集団』(63)『裸のキッス』(64)『最前線物語』(80)『ホワイト・ドッグ』(82)など、ジャンルを問わず常に刺激的な映画作品を監督し続けた、アメリカの映画監督サミュエル・フラー(1912〜97)。また『気狂いピエロ』(ジャン=リュック・ゴダール、65)、『ことの次第』(ヴィム・ヴェンダース、81)、『1941』(スティーヴン・スピルバーグ、79) などに出演し、世界中の多くの監督たちに愛された男。かつて犯罪事件記者であった彼の歴史は、そのままアメリカの歴史の光と闇を浮かび上がらせる。本書は、ひとりの映画監督の自伝であり、20世紀という映画の時代の物語である。

ブライアリー, S. 〔1981〜〕 Brierley, Saroo

◇25年目の「ただいま」——5歳で迷子になった僕と家族の物語 サルー・ブライアリー著, 舩山むつみ訳 静山社 2015.9 286p 19cm 1600円 ⓘ978-4-86389-314-6 Ⓝ289.3
内容 記憶をたどって 迷子 カルカッタ 救出 新しい生活 養父母の物語 オーストラリアの青春 探索 故郷への旅 再会 過去とつながる かよいあう心 コルカタへ、再び

＊5歳の時、兄とはぐれて迷子になったサルー。彼は運よくオーストラリア人夫妻の元へ養子にいき、幸せな暮らしを送っていた。しかし、彼はインドの家族を忘れたわけではなかった。立派な青年へと成長した彼は、わずかな記憶を頼りに、自分の故郷を探すためグーグル・アースという「地図の旅」をはじめた―。

ブライアント, K. 〔1978～〕 Bryant, Kobe

◇コービー・ブライアント失う勇気―最高の男になるためさ！　ローランド・レイゼンビー著，大西玲央訳　東邦出版　2017.11　702p　19cm　2000円　①978-4-8094-1527-2　Ⓝ783.1

内容　1 ジェリーだろう、ジャムはシェイクしない（ザ・パスト　父権　ほか）　2 神童（コービー・ビーン　ザ・ファニー・ガイ　ほか）　3 選ばれし者（サマー・ラヴ　ザ・ライジング　ほか）　4 カリフォルニア・スターズ（パシフィック・パリセーズ　寓話を続けよう　ほか）　5 マンバ（ロッキー・マウンテン　ダメージ　ほか）

＊NBAで最も好き嫌いが分かれた選手の生き様を。

ブライス, R.H. 〔1898～1964〕 Blyth, Reginald Horace

◇イギリス生まれの日本文学研究者R・H・ブライス（Reginald Horace Blyth）研究―足跡と業績　吉村侑久代著　札幌　林檎屋文庫　2016.10　203p　21cm　〈年譜あり　著作目録あり　文献あり〉　2500円　①978-4-905542-07-0　Ⓝ289.3

フライスラー, R. 〔1893～1945〕 Freisler, Roland

◇ヒトラーの共犯者―12人の側近たち　下　グイド・クノップ著，高木玲訳　原書房　2015.12　416,5p　20cm　〈2001年刊の新装版　文献あり〉　2800円　①978-4-562-05272-1　Ⓝ234.074

内容　1 抹殺者―アドルフ・アイヒマン　2 ヒトラー・ユーゲント団員―バルドゥール・フォン・シーラッハ　3 影の男―マルティン・ボルマン　4 手先―ヨアヒム・フォン・リッペントロープ　5 死刑執行人―ローラント・フライスラー　6 死の医師―ヨーゼフ・メンゲレ

＊ヒトラーならびにそのもっとも身近にいた側近たちを描いたドキュメンタリーは、世界的な成功をおさめた。上巻に続いてグイド・クノップのチームが目を向けたのは、ヒトラーの支配を確立し、その計画を実行にうつした男たちである。履行補助者である彼らの肖像によって、実際の「自発的執行者」の性格が具体的に描き出されてゆく。彼らがいなければ、ヒトラーの恐怖政治は成立しなかったのである。はじめて明かされる「神」の執行人たちの全記録。ドイツTV金獅子賞、バイエルン・テレビ賞受賞。

◇ヒトラーの裁判官フライスラー　ヘルムート・オルトナー著，須藤正美訳　白水社　2017.4　319,52p　20cm　〈文献あり　年譜あり　索引あり〉　3400円　①978-4-560-09539-3　Ⓝ289.3

内容　プロローグ　ある死刑判決―またはローラント・フライスラー第二のキャリア　第1章 祝典　第2章 カッセル生まれの弁護士　第3章 一つの民族、一つの帝国、一人の総統、そして一つの司法　第4章 国務長官兼著述家　第5章 裏切り者と民族の敵　第6章 政治の一兵卒　第7章 民族の名において　第8章 七月二〇日　第9章 終焉　第10章 ゼロ時間に非ず

＊独裁者に仕えた「血の裁判官」の実相に迫る！ ナチス抵抗運動の青年グループ「白バラ」の被告人をはじめ、無数の死刑判決を下した「人民法廷」長官の生涯、ヒトラー体制下と戦後ドイツの司法の闇を暴く、戦慄の書。著者特別寄稿「記憶と忘却について日本語版読者の皆さまへ」、「死刑判決文」・図版・史料多数収録。

フラウィウス・クラウディウス・ユリアヌス
⇒ユリアヌス を見よ

ブラウダー, B. 〔1964～〕 Browder, Bill

◇国際指名手配―私はプーチンに追われている　ビル・ブラウダー著，山田美明，笹森みわこ，石垣賀子訳　集英社　2015.6　378p　20cm　2200円　①978-4-08-781572-6　Ⓝ289.3

内容　好ましからざる人物　共産主義の家族に反抗するには　チップとウィンスロップ　「寒い夜に温めてくれる女性をご用意できます」　不渡りの小切手　ムルマンスクのトロール船団　ラ・レオポルダ　グリーンエイカーズ　ダボスの床で眠る　優先株〔ほか〕

＊不正を追及しようとしてプーチンの敵となった米国人ビジネスマンの、命がけの闘い！

ブラウン, A. 〔1983～〕 Braun, Adam

◇えんぴつの約束―一流コンサルタントだったぼくが、世界に200の学校を建てたわけ　アダム・ブラウン著，関美和訳　飛鳥新社　2014.11　299p　19cm　1500円　①978-4-86410-375-6　Ⓝ335.8

内容　ひとと違う道を歩む　居心地のいい場所を出る生かされている意味を知る　一本の鉛筆で変わる人生もある　名刺ひとつで大きなことができる　ツーリストは見物し、トラベラーは模索する　許可を求めない　ひらめきをつかみとる　大きな夢も、理由のない小さな行動からはじまる　信用は日々作られる〔ほか〕

＊歩め、「喜んで語れる人生」を。1本のえんぴつから始まった天職をさがす青年の旅。全米で感動の渦を巻き起こしたベストセラー・ノンフィクション、待望の日本語版！

ブラウン, E. 〔1912～1945〕 Braun, Eva Anna Paula

◇ミストレス―野望の女性史　レイ・エドゥワルド著，勝野憲昭訳　近代文藝社　2015.5　253p　19cm　2000円　①978-4-7733-7974-7　Ⓝ283

内容　第1章 サタンとの対話―モンテスパン侯爵夫人（一六四一～一七〇七）　第2章 提督の遺言―エマ・ハミルトン（一七六五～一八一五）　第3章 生への渇望―ジョルジュ・サンド（一八〇四～一八七六）　第4章 運命の回廊―エヴァ・ブラウン（一九一二～一九四五）　第5章 ピグマリオンのガラテア―マリオン・デーヴィス（一八九七～一九六一）

＊群衆の中から上流社会の頂点を極めた女達。その命運を分けたものとは？ そしてその先は？ 異彩を放つ五人のミストレスの栄光と悲惨、その生きた時代に独自のフラッシュを当てるノンフィクション・ノヴェル。

ブラウン, J.（奴隷制度廃止運動家）〔1800～1859〕 Brown, John

◇ジョン・ブラウンの屍を越えて―南北戦争とその時代　松本昇，高橋勤，君塚淳一編　金星堂　2016.3　356p　19cm　2700円　①978-4-7647-1154-9　Ⓝ253.06

内容　第1章 ハーパーズ・フェリーから南北戦争へ（「ジョン・ブラウンの屍」という歌　妻メアリー・ブラウンのハーパーズ・フェリー　ジョン・ブラウン，ヒギンソン，ディキンスン　「リパブリック讃歌」とジュリア・ウォード・ハウ　潜航するジョン・ブラウン―ジュール・ヴェルヌの南北戦争）　第2章 ニューイングランドの風土（死の修辞学　ラルフ・ウォルド・エマソンと奴隷解放運動　リディア・マリア・チャイルド『ジョン・ブラウン書簡』からの一年―理想主義からリアリズムの想像力へ　世界改良のアメリカンドリーム―『セプティミアス・フェルトン』再読　最近のメルヴィル批評におけるジョン・ブラウン）　第3章 ジョン・ブラウンの反響（W.E.Bデュボイスによる伝記『ジョン・ブラウン』―ブラウンは「殉教の聖人」か「狂信的過激奴隷廃止論者」なのか？　南部作家とジョン・ブラウン―ロバート・ペン・ウォレン『ジョン・ブラウン伝』を中心に　ジョン・ブラウンの「動く砦」―記憶の変遷とその展示を巡って　ジョン・ブラウンと九・一一後のテロリズム　お玉杓子はジョン・ブラウンの子―替え歌としての「ジョン・ブラウンの屍」）

＊過激な奴隷制廃止論者として知られるジョン・ブラウンの晩年を中心に、彼と関係する人たちと当時の精神的・政治的風土、そして彼が後世に与えた影響を照射した書物である。

ブラウン, J.（実業家）〔1948～〕 Browne, John

◇カミングアウト―LGBTの社員とその同僚に贈るメッセージ　ジョン・ブラウン著，松本裕訳　英治出版　2018.9　299p　20cm　1900円　①978-4-86276-259-7　Ⓝ367.9

内容　1 逃げ隠れ　2 美と偏狭　3 深く隠れて　4 亡霊と恐怖　5 カミングアウトはビジネスのためになる　6 カミングアウトで得られるもの　7 オピニオンリーダーと象徴　8 ガラスを打ち破る　9 クローゼットの外へ

＊BPを世界最大級のエネルギー企業へと育て上げ、「世界で最も尊敬されるCEO」にも選ばれた著者を、前代未聞のスキャンダルが襲った。少年期から隠し続けてきた秘密が暴露され、心も名誉も傷つき、屈辱的な辞職に至る。だが、それは新たな素晴らしい人生の始まりだった―。LGBTの人々は職業生活の中でどのような問題に直面し得るのか。同僚は、企業は、彼らをどう支え、どう協働していけるのか。誰もが自分自身でいられる職場をつくるため、あなたには何ができるだろうか。世界的なビジネスリーダーが職業人生の中でゲイである自分を隠し続けた日々とカミングアウトの経験、そして100人以上のLGBTの人々への取材から語る、職場における性的少数者と周囲の人々へのメッセージ。

ブラウン, L.R.〔1934～〕 Brown, Lester Russell

◇レスター・ブラウン自伝―人類文明の存続をめざして　レスター・ブラウン著，林良博，織田創樹監訳　ワールドウォッチジャパン　2014.6　309p　21cm　〈日本語版編集協力：環境文化創造研究所〉　2750円　①978-4-948754-47-8　Ⓝ289.3

内容　農務長官に注目された駆け出しの農業分析官―レスター・ブラウン　貧しいながらも堅実な農家に育つ一本、とくに伝記が好きで偉人をめざす　私が一七歳、弟が一四歳でトマト生産に没頭する―収益でフォードの新品トラクターを購入　ラトガーズ大学で農業理学を専攻する―農学部は人類文明の存続に貢献できる　インドの農村にて研修生活を送る―あまりにも多い人口、あまりにも狭い農地　インドの大干ばつをアメリカ産コムギで救う―延べ六〇〇隻で一〇〇〇万トンを緊急輸送　農務省の最年少局長を辞してシンクタンクへ移る―ニクソン政権を忌避して研究と執筆に専念　ワールドウォッチ研究所を創設する―世界中で翻訳された年次刊行物『地球白書』環境情報で世界をリードするワールドウォッチ研究所―メディアとの協働をなにより重視　「中国は遠からず大量の穀物輸入を必要とする！」―私の予測をめぐる中国政府筋との論争　アースポリシー研究所を創設する―持続可能な世界をめざして『プランB』を提案　人類文明存続のために、『プランB』を世界に浸透させる―翻訳出版、海外講演ツアー、テレビ出演　回想―「引退せず、心身の許すかぎり思考し、発信するのが目標です」

ブラウン, R.〔1916～2001〕 Brown, Rosemary

◇詩的で超常的な調べ―霊界の楽聖たちが私に授けてくれたもの　ローズマリー・ブラウン著，平川富士男訳　国書刊行会　2014.11　349,3p　図版14p　20cm　〈著作目録あり　索引あり〉　2900円　①978-4-336-05831-7　Ⓝ147.3

内容　第1章 始まり　第2章 どうして私が？　第3章 作曲家たちの計画　第4章 リスト　第5章 死後の世界　第6章 ショパン　第7章 その他の作曲家たち　第8章 ヒーリング　第9章 証拠

＊彼女に曲を授けた楽聖たちの「計画」とは？ リスト、ショパン、ベートーヴェン、シューベルト、ブラームス、ドビュッシー、ラフマニノフ…ある日を境に霊界の楽聖たちからの「新曲」を次々に受け取ることになった寡婦ローズマリー。1960～70年代のイギリスでセンセーショナルな話題に富んだ音楽霊媒による、「死後の世界」の不思議に満ち溢れた驚愕の自伝、ついに邦訳！

ブラウン, S.R.〔1810～1880〕 Brown, Samuel Robbins

◇キリスト教学校教育史話―宣教師の種蒔きから成長した教育共同体　大西晴樹著　教文館　2015.2　220p　19cm　2600円　①978-4-7642-6991-0　Ⓝ377.21

内容　第1章 「ピューリタン」ヘボン―その光と影　第

2章 アメリカ長老・改革教会宣教師ヘボン、ブラウン、フルベッキの功績―W.E.グリフィスによる伝記から　第3章 二〇世紀初葉の日本基督教会と明治学院　第4章 キリスト教大学設立運動と教育同盟　第5章 神社参拝とキリスト教学校　第6章 「キリスト教学校教育論」論争史　第7章 教育同盟の一〇〇年、そして未来に向けての五つの提言

＊宣教師の働きから芽生えたプロテスタント・キリスト教による学校教育は、近現代史にどのような足跡を残し、信教と教育の自由を脅かす諸問題とどう対峙してきたのか？ 明治学院大学、キリスト教学校教育同盟で重職を歴任した著者が、日本のキリスト教学校教育の淵源からその将来までを通観する小史。

◇新島襄と明治のキリスト者たち―横浜・築地・熊本・札幌バンドとの交流　本井康博著　教文館　2016.3　389,7p　22cm　〈索引あり〉　3800円　①978-4-7642-9969-6　Ⓝ198.321

内容 1 新島襄と四つの「バンド」　2 横浜バンド(S.R.ブラウン　J.H.バラ　井深梶之助　押川方義　本多庸一　松村介石　粟津高明)　3 築地バンド(C.カロザース　田村直臣　原胤昭)　4 熊本バンド(L.L.ジェーンズ　小崎弘道)　5 札幌バンド(W.S.クラーク　内村鑑三　新渡戸稲造　大島正健)

＊知られざる明治キリスト教界の人間模様。宣教師や、多くの明治期プロテスタントの指導者たちと関わり、教派間の友好関係と衝突・軋轢の狭間にいた新島襄。記録や手紙、ミッション資料から人物交流を読みとき、新島本人と、各教派のキリスト者たちそれぞれの知られざる人物像を浮き彫りにする。

フラウンホーファー, J.〔1787～1826〕
Fraunhofer, Joseph von

◇現代天文学史―天体物理学の源流と開拓者たち　小暮智一著　京都　京都大学学術出版会　2015.12　634p　22cm　〈他言語標題：History of Modern Astronomy　文献あり　年表あり　索引あり〉　4900円　①978-4-87698-882-2　Ⓝ440.12

内容 第1部 天体分光学(「新天文学」の開幕　星の分光分類とHD星表)　第2部 星の構造と進化論(星の進化論とHR図表　熱核反応と星の進化論)　第3部 銀河天文学と宇宙論(銀河と星雲の世界　銀河系の発見　宇宙の源流)　第4部 現代天文学へ(日本における天体物理学の黎明　現代天文学への展開)

＊初めて星の化学組成を明らかにしたロンドンのアマチュア天文家ハギンス、太陽をガス体と見なし特許調査官ロゼレン、自作の望遠鏡で天空を探査した音楽家ハーシェル…18世紀末から19世紀中葉にかけて現代天文学の扉を開いた彼らは、いずれも学問に縁のないアマチュア天文家だった。星の位置と運動を対象とする古典天文学から天体の物理的構造を探る天体物理学へ、その転換期を担った人々の生涯と研究を軸に、現代天文学の歴史をたどる。

ブラック, G.〔1882～1963〕Braque, Georges

◇色彩の饗宴―二〇世紀フランスの画家たち　小川栄二著　平凡社　2015.7　325p　図版13p　22cm　〈他言語標題：LA FÊTE DES COULEURS〉　5200円　①978-4-582-83685-1　Ⓝ723.35

内容 第1章 現代絵画への展望(バルテュス―孤高の絵画愛　デュビュッフェ―現代のプリミティフ、創造の原点から　スタール―地中海の光)　第2章 二〇世紀の巨匠たち(ピカソ―"もの"の侵入、色彩の復権　マティス―色彩の悦び　ブラック―鳥たちの飛翔)　第3章 色彩と夢と現実(シャガール―オペラ座天井画に見た夢)　第4章 日常性への眼差し(ボナール―絵画への愛、日常への愛　デュフィ―海と音楽　レジェ―二〇世紀前衛の"プリミティフ")　第5章 田園・環境・エコロジー(エステーヴ―華やぐ大地　ビシエール―現代の牧歌)

＊なぜあの名画は生まれたのだろうか？ ピカソ、ミロ、シャガールからバルテュスまで現代フランス絵画を色彩豊かにいろどる13人の画家たちのその生涯を振り返り、知られざる素顔に迫る。

ブラック, J.R.〔1827～1880〕
Black, John Reddie

◇ジョン・レディ・ブラック―近代日本ジャーナリズムの先駆者　奥武則著　岩波書店　2014.10　319,9p　22cm　〈表紙のタイトル：John Reddie Black　文献あり　年譜あり〉　6800円　①978-4-00-025998-9　Ⓝ070.21

内容 はじめに 幕末・明治の新聞人　1 来日までの軌跡(スコットランドに生まれて　オーストラリアへの移住　新天地での成功と挫折　インド、中国を遍歴―「歌手ブラック」として)　2 新聞人の誕生(ヨコハマ英字新聞戦争のなかで　『ジャパン・ヘラルド』主筆として　『ジャパン・ガゼット』と『ファー・イースト』の創刊　新聞と政府の蜜月―「左院御用」に　「民撰議員設立建白書」掲載の波紋)　3 新聞人としての矜持(仕掛けられた「罠」―「左院お雇い」の顛末　『万国新聞』創刊と発行停止―最後の日々)　おわりに 新聞人ブラックの墓標

＊幕末・維新期の日本において、論説を重視し世論を喚起するための公器としての新聞のあり方を追求し続けたイギリス人ジョン・レディ・ブラック。彼が志した理想の新聞は、なぜ挫折に追い込まれたのか。時の政府と衝突しつつも、「政論新聞の時代」を切り開き、日本のジャーナリズム史に大きな足跡を刻んだ新聞人ブラックの全貌にせまる。

◇幕末明治 新聞ことはじめ―ジャーナリズムをつくった人びと　奥武則著　朝日新聞出版　2016.12　278p　19cm　(朝日選書 952)　1500円　①978-4-02-263052-0　Ⓝ070.21

内容 序章 清八と宇平衛の受難―ジャーナリズム以前　第1章 ジョセフ・ヒコの悲哀―「新聞の父」再考　第2章 ハンサードの志―新聞がやってきた　間奏その1 青年旗本の悲劇―池田長発　第3章 柳河春三の無念―原点としての『中外新聞』　第4章 岸田吟香の才筆―新聞記者の誕生　間奏その2 旧幕臣の矜持―成島柳北　第5章 福地源一郎の言い分―「御用記者」と呼ばれて　間奏その3 ձ活字の創業者―本木昌造　第6章 ブラックの栄光―「日新真事誌」の時代

＊幕末の激動の中から明治日本が生まれる過程で、長崎、横浜、東京などで次々に新聞が生まれた。読者

はかぞえるほど、活字も販路も取材網もなく、手書きのものもあった。草創期の新聞の苦闘とそこに見られたジャーナリズム精神の萌芽を、9人の新聞人の生涯を通じて描く。出自、個性、文章、めざしたものもさまざまだったが、各人の挑戦、苦労、挫折の全体が、不可欠な、報道と言論の舞台としての新聞というニューメディアを育てていった。ジャーナリズムを育てた新聞という媒体には、誕生時から、政府の干渉、党派的報道、販売競争など今日に通じる問題も見られる。今、新聞・テレビの時代を経てネット時代を迎え、ジャーナリズムが変貌をとげようとしている。その針路を考えるうえで先人たちの歴史は示唆に富んでいる。

ブラック・ホーク〔1767～1838〕 Black Hawk

◇ブラック・ホークの自伝―あるアメリカン・インディアンの闘争の日々　ブラック・ホーク著，アントワーヌ・ルクレール編，高野一良訳　風濤社　2016.11　249p　20cm　〈年譜あり〉　2800円　①978-4-89219-422-1　Ⓝ289.3

内容　祖父と"白い人"　戦士ブラック・ホーク誕生　新たなる"白い人"との交わり　イギリスとアメリカの戦争　和平条約へのサイン　我々の土地、我々の暮らし　再びの試練　故郷を占拠する白人入植者　故郷を離れる　ミシシッピー川を再び渡る〔ほか〕

＊アメリカン・インディアンの自伝。ソーク族のリーダー。南北戦争の数十年前、急拡大するアメリカ合衆国の脅威の下、ソーク族は故郷喪失の危機に瀕する一戦うか！屈するか！リーダーたちの逡巡、さまざまな友情。虐げられし者たちの声を聞け！アメリカの歴史上初めて、インディアン自らの一生を書物の形に仕立て上げ、ベストセラーとなった貴重な戦記、あるいは民族誌。

ブラッドベリ, R.〔1920～2012〕 Bradbury, Ray

◇猫のパジャマ　R・ブラッドベリ著，中村融訳　河出書房新社　2014.1　347p　15cm　（河出文庫 ブ6-3）　880円　①978-4-309-46393-3　Ⓝ933.7

内容　さなぎ　島　夜明け前　酉長万歳　ふだんどおりにすればいいのよ　まさしく、オロスコ！　シケイロス、然り！　屋敷　ジョン・ウィルクス・ブース／ワーナー・ブラザーズ／MGM／NBC葬儀列車　用心深い男の死　猫のパジャマ　三角関係　マフィオーソ・セメント・ミキサー　幽霊たち　帽子はどこだ、急きょなんだ？　変身　ルート66　趣味の問題　雨が降ると憂鬱になる〈ある追憶〉　おれの敵はみんなくたばった　完全主義者　エピローグR・B、G・K・C&G・B・S永遠なるオリエント急行　連れて帰ってくれ

＊「あたしは猫好きなの」「ぼくだってそうさ」―仔猫を拾った見知らぬ男女の出会いをめぐる、最高のラブストーリー「猫のパジャマ」をはじめ、初期の傑作「さなぎ」他、修業時代の断片を描いたスケッチ、SF、奇譚など、巨匠ブラッドベリのすべてが詰まった短篇集。絶筆となった自伝的エッセイ「連れて帰ってくれ」を特別収録。

プラトン〔427～347B.C.〕 Plato

◇エマソン選集　6　代表的人間像　ラルフ・ウォルドー・エマソン著，酒本雅之訳　デジタル・オンデマンド版　日本教文社　2014.8　266,7p　21cm　〈印刷・製本：デジタル・オンデマンド出版センター　索引あり〉　2300円　①978-4-531-02636-4　Ⓝ938.68

内容　第1章　哲学に生きる人―プラトン　補説　あたらしいプラトン訳にせっして　第2章　神秘に生きる人―スエーデンボルグ　第3章　懐疑に生きる人―モンテーニュ　第4章　詩歌に生きる人―シェイクスピア　第5章　世俗に生きる人―ナポレオン　第6章　文学に生きる人―ゲーテ

◇プラトン　中野幸次著　新装版　清水書院　2014.9　194p　19cm　（Century Books―人と思想 5）〈文献あり　年譜あり　索引あり〉　1000円　①978-4-389-42005-5　Ⓝ131.3

内容　1　プラトンの生涯（ソクラテスとの邂逅　プラトンの生まれた時代―戦争と頽廃　ソクラテスの刑死―プラトンの回心　プラトンの前半生―苦悩と遍歴の時代　プラトンの活動―アカデメイア創立による講義と哲学の深化　晩年のプラトン―理想国への情熱と著述　プラトンの著作―多彩にして巨視的）　2　プラトンの思想（真理の旅人―永遠の発展と愛への対応　理想国における人間の条件―愛知への純粋無私なる参加　学の形成とその方法の成立―弁証法の世界　純粋存在と現象の世界―善のイデアとそれにあずかるもの）

◇プラトン　ミヒャエル・エルラー著，三嶋輝夫，田中伸司，髙橋雅人，茶谷直人訳　講談社　2015.10　382p　19cm　（講談社選書メチエ 608―知の教科書）〈文献あり　年表あり　索引あり）　1850円　①978-4-06-258611-5　Ⓝ131.3

内容　その人物と生涯　作品と著者　文脈の中のプラトン　継承と刷新―プラトンの文化批判　ソクラテスの徒プラトン―認識への道　プラトンと言語　プラトンの人間学　「この世からの脱出へ」（『テアイテトス』176a‐b）―経験界とイデア　プラトンの主要教説　プラトンの実践哲学　魂のセラピーとしての自然についての考察　プラトンと善き生　後世への影響

＊ソクラテスの弟子にしてアリストテレスの師、プラトン。『ソクラテスの弁明』『国家』『饗宴』『政治家』をはじめとする作品で提示されたイデア、魂、宇宙と人間といった概念は、二千年を超えてわれわれの思索の礎でありつづけている。プラトンの生涯と作品、思想内容、そして西洋思想史における展開を丁寧に解説する、最新研究をふまえたプラトン入門の決定版！

◇西洋哲学の起源　荻野弘之,桑原直己著　放送大学教育振興会　2016.3　260p　21cm　（放送大学教材）〈索引あり　発売：〔NHK出版〕〉　3000円　①978-4-595-31603-6　Ⓝ131

内容　古代ギリシア哲学の誕生―ソクラテス以前　ソフィストとソクラテス―自然から人間へ　プラトンの生涯と哲学（1）―対話劇とアポリアの意味　プラトンの哲学（2）―イデア論と魂の不滅　アリストテレスの哲学（1）―その生涯と著作、論理と自然理解　アリストテレスの哲学（2）―徳と幸福　ヘレニズム時代の哲学―生の技法　帝政ローマ時代の哲学―救済と超越　『旧約聖書』―キリスト教の前史としてのユダヤ教　イエスとキリスト教の成立　教父の世界　中世初期の哲学　盛期スコラ学とイスラム哲学

トマス・アクィナス　中世後期の諸思潮

◇先史学者プラトン―紀元前一万年―五千年の神話と考古学　メアリー・セットガスト著，山本貴光，吉川浩満訳　朝日出版社　2018.4　477p　19cm　〈文献あり　索引あり〉　2800円　①978-4-255-01049-6　Ⓝ230.2

内容　第1部　前八五〇〇年の戦争（神官の物語　前九〇〇年以前の地中海―南西ヨーロッパ　ほか）　第2部　プラトンの物語と神話の並行性（人びとが親しんだギリシア神話　エジプト神話と考古学　ほか）　第3部　新石器革命、第一期（ヘルモクラテス　ギリシアの考古学―前七五〇〇・五五〇〇年　ほか）　第4部　チャタル・ヒュユク―前六二〇〇・五三〇〇年代（「時ならぬ輝きと複雑さ」　8層とチャタルのハゲタカという主題　ほか）　第5部　新石器革命、第二期（ザラシュトラの背景と教え　イランの考古学―前五五〇〇・五〇〇〇年　ほか）

＊戦争も、信仰も、アートも、先史時代に始まった。プラトンが記した大戦争と同時期に武器や要塞が現れる？　定住革命前に信仰の転換が起きていた？　神話と考古学の最古層に「文明以前の人類世界」を探る刺激的試論。

ブラフマーナンダ　〔1863～1922〕
Brahmananda

◇永遠の伴侶―スワーミー・ブラフマーナンダの生涯と教え　改訂版　逗子　日本ヴェーダーンタ協会　2016.7　328p　19cm　1300円　①978-4-931148-59-8　Ⓝ126.9

内容　1　マハーラージの生涯（幼年・少年時代　ラーマクリシュナのもとで　若い僧として　僧団の長グルとしてのマハーラージ　神秘的ヴィジョン　他界）　2　追憶（スワーミー・アンビカーナンダ　スワーミー・ニルヴァーナナンダ　スワーミー・アパルナーナンダ　スワーミー・サットプラカーシャーナンダ　スワーミー・オンカレーシュワラナンダ　ターラー　スワーミー・ヴィッギャーナーナンダ　スワーミー・ヴィッシュダーナンダ　スワーミー・アセシャーナンダ　ボシ・セン　一信者）　3　マハーラージの教え

ブラベック・レッツマット, P.　〔1944～〕
Brabeck-Letmathe, Peter

◇知られざる競争優位―ネスレはなぜCSVに挑戦するのか　フリードヘルム・シュヴァルツ著，石原薫訳　ダイヤモンド社　2016.4　240p　図版16p　19cm　2000円　①978-4-478-02870-4　Ⓝ619.89

内容　第1章　ネスレ主催の朝食会―ダボス会議のもう一つの顔　第2章　トップへの道―グローバル企業の後継者はこうして選ばれた　第3章　未来に向けた"青写真"―ブランド再構築、新たな戦略領域、組織変革　第4章　頂上に立てば、より遠くまで見渡せる―ブラベックの情熱、そして横顔　第5章　CSV・共通価値の創造―ネスレはなぜCSVに挑戦するのか　第6章　ブラベックの次なる使命―ネスレはウエルビーイング企業を目指すのか

＊「共通価値の創造」（CSV）を実践し、誰もが勝者となる世界を創り出す。世界最大の食品・飲料会社でトップを務めるピーター・ブラベックの経営哲学。

ブラマンテ, D.　〔1444?～1514〕
Bramante, Donato

◇ブラマンテ盛期ルネサンス建築の構築者　稲川直樹，桑木野幸司，岡北一孝著　NTT出版　2014.12　469,89p　図版16p　22cm　〈文献あり　索引あり〉　6400円　①978-4-7571-4335-7　Ⓝ523.37

内容　第1章　一五世紀ウルビーノの建築文化とブラマンテの修行時代　第2章　宮廷芸術家　第3章　スフォルツァ家の建築家　第4章　教皇庁の建築家　第5章　ブラマンテとユリウス二世　第6章　ランドスケープ・アーキテクトとして　第7章　ブラマンテの遺産

＊ブラマンテがいなければ、一六世紀以降の建築史が全く別のものになっていたと考えられるほど、後世に及ぼした影響は大きい。フィレンツェに始まったルネサンス建築を、実験的な試みによって新たな段階へと導いた人物こそがブラマンテであった。ブラマンテ研究の第一人者と有力若手建築史家による決定版。

ブラームス, J.　〔1833～1897〕
Brahms, Johannes

◇ベートーヴェン・ブラームス・モーツァルトその音楽と病―総合病院内科医がその病歴から解き明かす　小林修三著　大阪　医薬ジャーナル社　2015.5　143p　21cm　2600円　①978-4-7532-2730-3　Ⓝ762.34

内容　第1章　人の生き様をみる内科医（内科医は名探偵シャーロック・ホームズ　犯人探し）　第2章　ベートーヴェン編（1770～1827年）（症例検討会―CPC（clinico・pathological conference）ふうに　ベートーヴェンの音楽とは　ほか）　第3章　ブラームス編（1833～1897年）（ブラームスの音楽との出会い　ブラームスのクラリネット五重奏曲　ほか）　第4章　モーツァルト編（1756～1791年）（音楽と病　モーツァルトの死因　ほか）　第5章　医療と音楽―医学と音楽の共通点（感動とは　表現力と医療事故―「医師といえど言葉を操る人間である」　ほか）

＊偉大なる作曲家、ベートーヴェン・ブラームス・モーツァルト。しかし、その華やかなイメージの裏には、病に悩まされた人生があった。クラシックをこよなく愛する著者が、内科医ならではの視点で、その死の原因に迫る。作曲活動の時期にあった病とはどんなものであったのか。芸術家の人生を紐解きながら詳細に解説された本書では、作曲の裏に隠された彼らの意外な素顔も垣間みえる。

◇ブラームスとその時代　クリスティアン・マルティン・シュミット著，江口直光訳　西村書店東京出版編集部　2017.11　330p　図版28p　22cm　（大作曲家とその時代シリーズ）〈文献あり　作品目録あり　年譜あり　索引あり〉　4500円　①978-4-89013-778-7　Ⓝ762.34

内容　年譜　ブラームスと同時代の作曲家　さまざまな視点（政治的・社会的背景とブラームスの位置　ブラームスの歴史観　さまざまな曲種　変奏配列　形式　民謡と「民謡調」　歌曲　受容　資料とその伝承）

フランク, A.〔1929～1945〕
Frank, Annelies Marie

◇アンネ・フランク　早乙女勝元著　新日本出版社　2017.10　222p　20cm　〈他言語標題：ANNE FRANK　「母と子でみるアンネ・フランク」(草土文化 1984年刊)と「アウシュビッツと私」(草土文化 1980年刊)の改題，合本，新版　文献あり〉　1800円　Ⓘ978-4-406-06178-0　Ⓝ209.74

[内容]　アンネ・フランク 隠れ家を守った人たち(隠れ家への第一歩　隠れ家までのアンネは…　隠れ家生活七六一日間　隠れ家から収容所へ　隠れ家を守った人たち ほか)　アウシュビッツと私(アウシュビッツ強制収容所へ　「労働は自由への道」と書かれている　貨車が乗り入れた降車場はビルケナウ(アウシュビッツ第二)だ　みんなにさようなら　アウシュビッツの役割 ほか)

＊約150万人が無念の死をとげたアウシュビッツ。『アンネの日記』で知られる少女の隠れ家と，家族を見守ったミープ夫妻に直接取材した「アンネ・フランク 隠れ家を守った人たち」。作者が現地を初めて訪れた時の気持ちと，なぜ虐殺が起きたのかを伝える「アウシュビッツと私」。いまの日本にもつながる作者渾身の2作品を収録。

フランク, K.〔1911～1989〕　Franck, Kaj

◇カイ・フランクへの旅―"フィンランド・デザインの良心"の軌跡をめぐる　小西亜希子著，永禮賢写真　グラフィック社　2017.12　223p　26cm　〈他言語標題：A JOURNEY INTO KAJ FRANCK　文献あり　年譜あり　索引あり〉　3200円　Ⓘ978-4-7661-3054-6　Ⓝ573.2

[内容]　PROLOGUE 旅の始まり―ティーマ，カルティオ　01 カイ・フランクが歩いた道―生涯の歩みをたどる旅　02 世界中で愛され続けるプロダクト―タイムレスデザインへの旅　03 知られざる作品と素顔に出会う―タウノ・タルナコンへの旅　04 在りし日のカイ・フランクの横顔―人々の記憶をめぐる旅　05 今も出会える名作を探して―ヴィンテージプロダクトに出会う旅　EPILOGUE 旅の終わり―サントリーニ島

＊知られざるカイ・フランクを探して。Teema, Kartio…誕生から60年以上を経てなお色褪せないタイムレスデザインはいかにして生まれたのか―レジェンドの人生と仕事にせまるデザイン紀行。

プランク, M.〔1858～1947〕
Planck, Max Karl Ernst Ludwig

◇プランク　高田誠二著　新装版　清水書院　2015.9　196p　19cm　(Century Books―人と思想 100)〈文献あり　年譜あり　索引あり〉　1000円　Ⓘ978-4-389-42100-7　Ⓝ289.3

[内容]　1 現代ハイテク社会の中のプランク理論　2 物理学史の中のプランク　3 人間マックス・プランク　4 日本学術史の中のプランク

◇ヒトラーと物理学者たち―科学が国家に仕えるとき　フィリップ・ボール著，池内了，小畑史哉訳　岩波書店　2016.9　401,12p　20cm　〈文献あり　索引あり〉　3700円　Ⓘ978-4-00-005887-2　Ⓝ420.28

[内容]　手の汚れたノーベル賞受賞者　可能なかぎり保守的に　物理学は再建されなければならない　何か新しいものの始まり　知的自由は過去のこと　科学に仕えることは国家に仕えること　北欧科学は見込みがありそうだ　流れに逆らって泳ぐことはできない　手が死んでいる！　科学者として，あるいは人間として　未知の破壊力　ハイゼンベルクはほとんど黙っていた　われわれはそのふりをしていただけなのだ　私たちは同じ言葉を使っているのか

＊権力や名声には無関係と思える科学や科学者が，結果として政権に奉仕することになっていったのはなぜか。プランク，ハイゼンベルク，デバイという三人の著名なノーベル賞学者を中心に，最新の資料や新証言から見えてくる人間の弱さ・したたかさを徹底的に問う。彼らはいったい何を守ろうとしたのか。それは過去の話ではない。

フランク, N.〔1939～〕　Frank, Niklas

◇ナチの子どもたち―第三帝国指導者の父のもとに生まれて　タニア・クラスニアンスキ著，吉田春美訳　原書房　2017.9　269,23p　20cm　〈文献あり〉　2500円　Ⓘ978-4-562-05432-9　Ⓝ283.4

[内容]　グドルーン・ヒムラー―ナチズムの「お人形さん」　エッダ・ゲーリング―「ナチ・ドイツのネロの小さなプリンセス」　ヴォルフ・R.ヘス―最後の戦犯の陰にいる子ども　ニクラス・フランク―真実への欲求　マルティン・アドルフ・ボルマン・ジュニア―「クレーンツィ」あるいは皇太子　ヘースの子どもたち―アウシュヴィッツの司令官の子孫たち　シュペーアの子どもたち―「悪魔の建築家」の一族　ロルフ・メンゲレ―「死の天使」の息子　ドイツの歴史？

＊ナチ高官たちは何を行い，戦後，自らの罪にどう向き合ったのか。子どもたちは父の姿をどのように見つめたのか。本名を隠して生きた者，極右運動に走る者…。さまざまな人生を追い，語られざる現代史に迫る。

ブランクーシ, C.〔1876～1957〕
Brâncuși, Constantin

◇よき人々の系譜　阿部祐太著　阿部出版　2015.1　413p　20cm　〈文献あり〉　2000円　Ⓘ978-4-87242-326-6　Ⓝ280

[内容]　第1章 無限の未知を受け入れる(司馬光「誠実な者こそ正しく勇ましい」　ディドロ「学問の目的は，真理を知る喜びにある」　シュンペーター「人間的な営みの積み重ねが社会の向上をもたらす」)　第2章 語りえぬもの，見えぬものに本質がある(マティス「目に見えない真理を描く」　世阿弥「魂に沿うことで人は喜び感動する」　シュレンマー「有限な身体と無限の意識は表裏一体」)　第3章 生かされて生きていることの自覚(道元「無常の中で常なるものを知る」　ヤスパース「幸せに生きることは，幸せに死ぬこと」　ブランクーシ「無私が大いなる力を引き寄せる」)　第4章 自然と自分のつながりを再認識する(トルストイ「幸福とは自然と共にあること」　ナポレオン「人間は自然界に生かされる弱き者である」　ヴェルヌ「科学は万能ではない」)　第5章 人生の行方は自分で決める(勝海舟「経験が自分を育てる」　サン＝テグジュペリ「真理も幸福も

自分の内より創造する　ミレー「現実はすべて崇高なり」）
＊従来の歴史観にとらわれず、新しい視点から古今東西の歴史上の著名人を再評価。時代や地域は違っていても、彼らの足跡に共通する共き方、考え方の本質を明らかにし、現代人がよりよく生きるための指針を提示する。前著『よき人々の歴史』（日本図書館協会選定図書）に続く新たな伝記の書。

フランクリン, A.〔1942～2018〕
Franklin, Aretha

◇アレサ・フランクリン　リスペクト　デイヴィッド・リッツ著，新井崇嗣訳　シンコーミュージック・エンタテイメント　2016.2　507,19p　22cm　〈作品目録あり　索引あり〉　3000円　Ⓘ978-4-401-64101-7　Ⓝ767.8

内容 1 聖なる源（父と娘　不安定 ほか）　2 コロンビア（最大にして最高　ひも紳士 ほか）　3 アトランティック（ネヴァー・ラウド　突っ走りつづけろ ほか）　4 アリスタ（父のいちばんのお気に入り/お父さん子　再び軌道に ほか）　5 冬の雌ライオン（アレサが望むもの　オールディーズ・バット・グッディーズ ほか）

＊信頼すべき筋がすべてを明らかにした、クイーン・オブ・ソウル伝記の決定版。アレサの足跡が、そしてその途中で何度も遭遇したけた外れの栄光と深い失意の数々が、近親者、友人、関係者らの膨大な証言と資料をもとに感動的な筆致で描かれている。

フランクリン, B.〔1706～1790〕
Franklin, Benjamin

◇フランクリン自伝―古典翻訳　ベンジャミン・フランクリン著，鶴見俊輔訳　土曜社　2015.7　269p　19cm　〈英語抄訳付　年譜あり〉　1850円　Ⓘ978-4-907511-13-5　Ⓝ289.3

◇渋沢栄一とフランクリン―2人の偉人に学ぶビジネスと人生の成功法則　齋藤孝著　致知出版社　2016.5　190p　19cm　〈他言語標題: Eiichi Shibusawa and Franklin　年譜あり〉　1500円　Ⓘ978-4-8009-1108-7　Ⓝ289.1

内容 第1章 資本主義の父といわれた二人の男　第2章 フランクリンの足跡―アメリカの資本主義の礎を築く　第3章 渋沢栄一の足跡―国家社会の為に此の事業を起こす　第4章 フランクリンの「十三徳」　第5章 渋沢栄一の『論語』第6章 渋沢栄一とフランクリンから何を学ぶか

◇平川祐弘決定版著作集　第8巻　進歩がまだ希望であった頃―フランクリンと福沢諭吉　平川祐弘著　勉誠出版　2017.3　234,8p　22cm　〈索引あり〉　3600円　Ⓘ978-4-585-29408-5　Ⓝ908

内容 日米の好一対　白石と諭吉　フランクリンの略伝　福沢の略伝　こくめいな人　封建的秩序への反撥　郷里脱出　食うこと、飲むこと　着ること、着ないこと　a self‐made man〔ほか〕

＊片やフランクリンはすべての「ヤンキーの父」、片や福沢諭吉は明治日本の"intellectual father"、独立に向かう米国と、開国に向かう日本をこの二人

の偉人の自伝ほど見事に語った文学はない。日米の対比評伝は比較精神史上の最高の好取組である。

フランクル, V.E.〔1905～1997〕
Frankl, Viktor Emil

◇フランクル　諸富祥彦著　講談社　2016.1　230p　19cm　〈講談社選書メチエ　616―知の教科書〉〈文献あり〉　1500円　Ⓘ978-4-06-258619-1　Ⓝ289.3

内容 自己の内面の空虚であることを認めざるをえないときに、人はフランクルを読む　第1部 フランクルの生涯と思想形成　第2部 フランクル思想のキーワード（「苦悩する存在」　バイ・ザイン（もとにあること）―精神のリアリティ　実存的空虚―「心の穴」　幸福のパラドックス―求めれば求めるほど、逃げていく　「人生の問い」の転換　意味への意思　次元的存在論―「魂が深く満たされた病者」と「魂の空虚な健常者」　魂のケア―しかし宗教ではなく心理―精神拮抗作用　脱内省―自分の内側を見つめるのは、やめなさい　あなたがこの世に生まれてきた「意味」　あなたの人生に与えられた「使命」　第3部 作品解説（『医師による魂のケア―ロゴセラピーと実存分析の基礎づけ』『ある心理学者の強制収容所体験』『苦悩する人間―苦悩の擁護論の試み』『生きがい喪失の悩み―現代の精神療法』『聞き届けられることのなかった意味への叫び―心理療法とヒューマニズム』）

＊二〇世紀の名著『夜と霧』『それでも人生にイエスと言う』の著者にして、ロゴセラピー（実存分析）を実践する心理療法家。ウィーンのユダヤ人家庭に生まれたフランクルは、精神科医として活躍し始めてまもなく、ナチスの政策により強制収容所に送られる。尊厳を踏みにじられ希望を失っていく収容所で、それでも人間に生きる意味はあるのか。苛酷な体験を通じて考え抜かれ到達した「苦悩する存在」というフランクルの人間観と思想の深さに迫る。

◇『夜と霧』ビクトール・フランクルの言葉　ビクトール・フランクル著，諸富祥彦訳著　ベストセラーズ　2016.2　213p　15cm　〈ワニ文庫 P-286〉〈コスモス・ライブラリー 2012年刊の加筆修正　文献あり〉　670円　Ⓘ978-4-584-39386-4　Ⓝ289.3

内容 第1章 強制収容所での体験　第2章 愛することについて　第3章 生きることの「むなしさ」について　第4章 人生の「苦しみ」について　第5章 生きる意味について　第6章 仕事について　第7章 幸福について　第8章 時間と老いについて　第9章 人間について　第10章 神について　第11章 生きることがつらい人へ―心理療法的助言と苦しみへの対処法

＊ナチスの強制収容所における体験を綴った名著『夜と霧』の著者であり、「生きる意味」を見出していく心理療法、実存分析（ロゴセラピー）の創始者であるビクトール・フランクルが読者に熱く語りかける「魂」を鼓舞するメッセージ。「強制収容所での体験」「愛すること」「生きることの「むなしさ」」「人生の「苦しみ」」「生きる意味」「仕事」「幸福」「時間と老い」「人間」「神」について、フランクルの言葉を選り抜いて紹介する。

◇フランクル『夜と霧』への旅　河原理子著　朝日新聞出版　2017.4　303,22p　15cm　〈朝日文庫 か63-1〉〈平凡社 2012年刊の再刊　文献あ

り 著作目録あり 年表あり〉 800円 Ⓘ978-4-02-261898-6 Ⓝ946
[内容] 序章 生きる意味 第1章『夜と霧』を抱きしめて 第2章 フランクルの灯―読み継ぐ人たち 第3章 強制収容所でほんとうに体験したこと 第4章 ヴィクトールとエリー 第5章 本がよみがえるとき 終章 あたかも二度目を生きるように
＊強制収容所体験の記録『夜と霧』をはじめ、精神科医フランクルの著作が、日本中で静かに読み継がれている。越えがたい苦しみを抱えながら、フランクルの言葉を生きる支えとする人々と、彼の人生をたどり、「それでも人生にイエスと言う」思想の深奥を追う。

◇人生はあなたに絶望していない―V・E・フランクル博士から学んだこと 永田勝太郎著 致知出版社 2017.11 174p 19cm 1300円 Ⓘ978-4-8009-1163-6 Ⓝ598.4
[内容] 第1章 私の奇跡体験とフランクル先生の教え(死の淵からの生還―私自身の体験1 至高体験とミッションの創造―私自身の体験2) 第2章 ビクトール・フランクル先生と私(自らが生きる主体は「自分」にある ビクトール・フランクル先生の生涯 実存分析の医学への展開 ほか) 第3章 人生はあなたに絶望していない―ビクトール・フランクル先生来日講演録(フランクル先生ご夫妻の来日 フロイト、アドラーとの交流 強制収容所の経験 ほか)

フランケチエンヌ〔1936～〕 Frankétienne

◇《クレオール》な詩人たち 2 恒川邦夫著 思潮社 2018.3 357p 19cm 3200円 Ⓘ978-4-7837-3812-1 Ⓝ950.29
[内容] 第6章 ニコラス・ギエン―キューバ革命の"国民的詩人" 第7章 ジャック・ルーマン―現代ハイチ文学の"父" 第8章 マグロワール=サン=トード―ハイチの"呪われた詩人" 第9章 ルネ・ドゥペストル―稀代の"遍歴詩人" 第10章 フランケチエンヌ―"スピラリスム"の創始者 第11章 モンショア シーマルチニックのクレオール語詩人 第12章 カリブ海の友だち―テレーズ・レオタン、アンリ・コルバン、ロジェ・パルスマン、エルネスト・ペパン
＊"革命"と"カリブ海性"を刻む詩群―クレオール文学の第一人者が、カリブ海の詩人たちを体系的かつ網羅的に紹介する決定版。さまざまな交流を手がかりに、魅惑にみちた詩群を訳出し、各詩人の生きざまを活写する。

フランコ, F.〔1892～1975〕 Franco, Francisco

◇カストロとフランコ―冷戦期外交の舞台裏 細田晴子著 筑摩書房 2016.3 250p 18cm (ちくま新書 1177)〈文献あり〉 820円 Ⓘ978-4-480-06886-6 Ⓝ319.591036
[内容] 序章 三角関係―キューバ・スペイン・米国 第1章 対比列伝―正反対に見える二人の共通項 第2章 形容矛盾―革命前後のキューバとカストロ 第3章 独立自尊―カストロ・キューバからのスペインの独自外交 第4章 遠交近攻―国際社会におけるキューバとスペイン 第5章 大義名分―大義ある人々からプラグマティストへ 第6章 世代交代―ポスト・フランコ=カストロ時代 終章 万物流転―歴史に名を残すのは
＊社会主義革命を成し遂げたキューバの英雄カストロ、スペイン人民戦線を打倒し長く独裁体制を敷いたフランコ。一見したところ正反対の両者には密かな、そして強いつながりがあった。強固な反米意識と愛国心、そしてスペイン・ガリシア地方にルーツを持つこの二人に注目してこそ、初めてキューバ革命以降のアメリカ・キューバ・スペイン間の複雑な外交関係が読み解けるのだ。未開拓の外交史料を駆使して、冷戦下の国際政治の舞台裏を明かし、危機を回避した二人の実像に迫る。

ブーランジェ, N.〔1887～1979〕 Boulanger, Nadia

◇ナディア・ブーランジェ―名音楽家を育てた"マドモアゼル" ジェローム・スピケ著 大西穫訳 彩流社 2015.9 217,13p 22cm〈文献あり 索引あり〉 2800円 Ⓘ978-4-7791-2136-4 Ⓝ760.7
＊夭折した天才作曲家の妹リリへの想い、ストラヴィンスキーやラヴェル、ポール・ヴァレリーらとの交流、ディナ・リパッティやコープランドといった若き才能の育成…クラシック界の錚々たる顔ぶれに彩られた"マドモアゼル"の生涯。

フランシスコ (アッシジの)〔1182～1226〕 Francesco d'Assisi, Saint

◇酒井しょうこと辿る聖フランチェスコの足跡―アッシジ聖なる風景 酒井しょうこ著 サンパウロ 2015.4 127p 21cm〈文献あり〉 1800円 Ⓘ978-4-8056-3621-3 Ⓝ198.2237

◇アシジの聖フランシスコ伝記資料集―Fontes Franciscani フランシスコ会日本管区訳・監修 教文館 2015.11 809,9p 22cm (キリスト教古典叢書)〈索引あり〉 7800円 Ⓘ978-4-7642-1810-9 Ⓝ198.2237
[内容] チェラノのトマス『聖フランシスコの生涯(第一伝記)』『会の発祥もしくは創設(無名のペルージア伝)』『三人の伴侶による伝記』 チェラノのトマス『魂の憧れの記録(第二伝記)』 聖ボナヴェントゥラ『聖フランシスコの大伝記』 聖ボナヴェントゥラ『聖フランシスコの小伝記』『完全の鏡』『聖フランシスコの小さき花』 聖なるフランシスコの帰天についての回状(兄弟エリヤ) アシジのフランシスコの列聖に関する勅書(グレゴリオ九世)
＊新たな修道生活の創始者にして中世最大の聖人に関する、最も初期の証言を集成した源泉資料集。"教会改革者"の姿を描き出したチェラノのトマスによる初の公式伝記『生涯』、聖ボナヴェントゥラによる神学的著作『大伝記』、珠玉の文学作品として名高い『小さき花』など、初の邦訳を含む聖人伝8作品を収録。

◇アッシジのフランチェスコ 川下勝著 新装版 清水書院 2016.9 222p 19cm (Century Books―人と思想 184)〈文献あり 年譜あり 索引あり〉 1200円 Ⓘ978-4-389-42184-7 Ⓝ198.2237
[内容] 1 恵まれた環境の中から(吟遊詩人と騎士道 心の旅路 親しい者との決別) 2 修道会設立と新しい生き方(道を求めて 世界史的な出会い 「小さき者」と清貧 生き方の柱 聖クララ会) 3 修道

会の発展(イスラムとの出会い 生活の規範 自然を慈しむ心 平和への願い) 4 フランチェスコの人間性(クリスマスと瞑想 時空を越して 無学なる者の叡智) 5 晩年のフランチェスコ(「太陽の賛歌」ウンブリアの落日 終章)

＊第二次世界大戦後、自由主義陣営と社会主義陣営の対立が続いた。二〇世紀の終わりに東欧で社会主義体制が崩壊し世界平和への歩みが進むかに見えた。しかし、二極対立の陰にあった民族主義や極端な宗教的原理主義に基づく政治運動が吹き出し、世界平和の実現がいかに困難かを実感させた。また、人類は快適な生活と環境保護というジレンマの中で、資源の無制限な利用、限度をこえた開発などに有効な手段をとることができないでいる。自然科学の分野では、人間の生命の領域にまで踏み込み、人間の尊厳に対する冒瀆ともいえる行為を行おうとするものもいる。一三世紀に生きたフランチェスコは、キリスト教とイスラム教の二極対立の中で、他宗教との対話を試み、対立する陣営に赴いて平和の実現に尽力した。フランチェスコの時代からすでに八〇〇年が経過しているが、かれの自然との一体感、人間の尊厳と自然への敬意、対話の実現と平和への熱望は、時代を超えて、今もなお生き続け、現代人に雄弁に語りかけている。

フランシスコ(教皇)〔1936～〕 Franciscus

◇教皇フランシスコの挑戦―闇から光へ ポール・バレリー著, 南條俊二訳 春秋社 2014.10 328p 20cm 2800円 ⓘ978-4-393-33335-8 Ⓝ198.22

＊世界中の驚きと歓喜のうちに誕生した新教皇フランシスコ。だが、歓喜の光にはまた闇もつきまとう。カトリックの総本山バチカンの複雑怪奇な権力構造と山積するスキャンダル。アルゼンチンの軍事政権時代、管区長としてスラムで働く司祭2人を修道会から追放し、拷問部隊の餌食になることを許した疑惑。さまざまな関係者の思惑が渦巻くなかで、新教皇はカトリック教会を光へと導くことができるのか。英国のバチカン専門家で社会派のジャーナリストが、多角的なインタビューも含めて、教皇庁の内幕や世界情勢、アルゼンチンの国内政治を丹念に取材し、新教皇の半生と現在、今後に待ち受ける試練をドキュメント・タッチで描く。

◇教皇フランシスコ キリストとともに燃えて―偉大なる改革者の人と思想 オースティン・アイヴァリー著, 宮崎修二訳 明石書店 2016.2 627p 20cm 2800円 ⓘ978-4-7503-4297-9 Ⓝ198.22

内容 第1章 遥か遠く、遥か昔に―1936・1957 第2章 使命―1958・1966 第3章 嵐の中のパイロット―1967・1974 第4章 対立の坩堝―1975・1979 第5章 追放された指導者―1980・1992 第6章 羊の匂いがする司教―1993・2000 第7章 ガウチョ枢機卿―2001・2007 第8章 他の人のための人―2008・2012 第9章 コンクラーベ2013 エピローグ 大いなる改革

＊二〇一三年三月、南米大陸およびイエズス会から史上初めて選ばれた教皇フランシスコ。世界最大の宗教に内側から挑み、人生のすべてをカトリック教会改革に捧げてきたその道のりは、決して平坦なものではなかった。ロング・インタビューと膨大な資料に基づいて、その思想と生涯を詳細に描いた本格的評伝。

フランシスコ・ザビエル

⇒ザビエル, F. を見よ

ブランショ, M.〔1907～2003〕 Blanchot, Maurice

◇モーリス・ブランショ―不可視のパートナー クリストフ・ビダン著, 上田和彦, 岩野卓司, 郷原佳以, 西山達也, 安原伸一朗訳 水声社 2014.12 623p 22cm〈著作目録あり 索引あり〉 8000円 ⓘ978-4-8010-0027-8 Ⓝ950.278

内容 カンのブランショ―系譜、生誕、子ども時代 一九〇七年・一九一八年 音楽と家族の思い出―シャロンのマルグリット・ブランショ 一九二〇年代 「死のフェルト帽」―病気 一九二二年・一九二三年 銀の柄頭の杖―ストラスブール大学 一九二〇年代 闇のなかの閃光―エマニュエル・レヴィナスとの出会い 一九二五年・一九三〇年 「イリヤ」―哲学修業 一九二七年・一九三〇年 信念の組み合わせ―パリと極右の世界 一九三〇年代 「マハトマ・ガンディー」―ブランショの最初期のテクスト 一九三一年 拒否、1 精神の革命―『ルヴュ・フランセーズ』誌/『レアクシオン』誌/『ルヴュ・デュ・シエクル』誌 一九三一年・一九三二年 ジャーナリスト、反ヒトラー主義者、国民革命家―『ジュルナル・デ・デバ』紙/『ランパール』紙/『オ・ゼクート』紙/『ルヴュ・デュ・ヴァンティエム・シエクル』誌 一九三一年・一九三五年〔ほか〕

＊「顔のない作家」の写真を暴露するような伝記ではなく、ブランショの生と作品を批判的な精神を保ちながらも丹念に読み、ブランショにおける「自伝的なもの」を炙り出そうとするモーリス・ブランショ評伝の決定版。最新のモーリス・ブランショ研究文献目録を収録。

フランソワⅠ〔1494～1547〕 François Ⅰ

◇フランソワ一世―フランス・ルネサンスの王 ルネ・ゲルダン著, 辻谷泰志訳 国書刊行会 2014.12 519,19p 図版16p 22cm〈文献あり 年表あり 索引あり〉 6000円 ⓘ978-4-336-05868-3 Ⓝ289.3

内容 プロローグ 誕生から即位まで(一四九四・一五一五) /少年時代 宮廷) 第1部 即位からカンブレーの和平まで(一五一五・一五二九)(一五一五年のフランス 統治の始まり ほか) 第2部 カンブレーの和平から死まで(一五二九・一五四七)(フランソワ一世の宮廷 敗北の翌日 ほか) 付録(フランソワ一世治下の王領地収入 フランソワ一世時代のフランスの行政および司法組織の概略 ほか)

＊戦乱の世に生まれ生涯を血煙の中にすごしながらも、人文主義者として芸術をこよなく愛し、レオナルド・ダ・ヴィンチ、チェリーニなどを招来しフランス・ルネサンスへの道を開いた王。戦いと芸術に彩られた波乱の人生を克明に描いた決定版評伝。

◇王たちの最期の日々 上 パトリス・ゲニフェイ編, 神田順子, 谷口きみ子訳 原書房 2018.6 200p 20cm 2000円 ⓘ978-4-562-05570-8 Ⓝ288.4935

内容 1 一人の皇帝の死、そして伝説のはじまり―カール大帝(シャルルマーニュ)―アーヘン、八一四年 2 非力な王のまことに目立たぬ死―ユーグ・カペー

九九六年　3　きわめて政治的な死―フィリップ二世――一二二三年七月一四日　4　「われわれはエルサレムに向かう！」―チュニスで死の床にあった聖王ルイ九世の言葉――一二七〇年　5　最期まで王―シャルル五世の死――三八〇年九月一六日　6　不人気だった国王のひかえめな死―ルイ一一世――一四八三年八月三〇日　7　フランソワ一世の模範的な死――一五四七年三月三一日　8　アンリ二世の最期――一五五九年七月一〇日　9　アンリ三世暗殺――一五八九年八月一日　10　アンリ四世の最期の日々――一六一〇年
＊カール大帝からナポレオン3世にいたるまで、フランスという国をつくったおもな君主たちは、どのように死を迎えたのだろうか？　現代屈指の歴史研究者を執筆者に迎え、学術的な正確さと読みものとしての面白さを追求し、この疑問にはじめて答える。

フランソワーズ・アテナイス
⇒モンテスパン侯爵夫人　を見よ

ブランダイス, L.D.〔1856～1941〕
Brandeis, Louis Dembitz

◇憲法と裁判官―自由の証人たち　鵜飼信成著，日弁連法務研究財団編　日本評論社　2016.5　212p　20cm　〈JLF選書〉〈岩波書店 1960年刊の再刊〉　900円　Ⓣ978-4-535-52181-0　Ⓝ327.953
[内容]第1篇　憲法と裁判官（自由人の生涯―ブランダイスの人と思想　法の中立論者―ホームズ判事　自由の思想と思想の自由―ホームズ判事の場合　価値の選択―カルドーゾの法思想　虐げられた者のために―ブラック判事の記録　リベラルな裁判官―ダグラス判事の生活と思想）　第2篇　憲法と政治（自由の証人　独立宣言以前）　第3篇　裁判と国民（サッコとヴァンゼッチの遺産　スウィージー教授事件の判決について　番人の番をする者は誰か）

ブラント, A.〔1907～1983〕Blunt, Anthony

◇アントニー・ブラント伝　ミランダ・カーター著，桑子利男訳　中央公論新社　2016.12　598p　22cm　〈文献あり　索引あり〉　5000円　Ⓣ978-4-12-004771-8　Ⓝ289.3
[内容]牧師の息子　パブリックスクール時代　学部生時代　怒れる若者　特別研究員　シンパ　勧誘　人材発掘人　美術史家　兵士　スパイ　成功　共犯者　所長　私人　著作家　悔い改めざる改悛者　裏切り者
＊英国の機密情報を長年ソ連に漏洩し続けた「ケンブリッジ・ファイヴ」。その一人にして、コートールド美術研究所を率いた著名な美術史家。「スパイ、同性愛、国を裏切り、女王まで窮地に追い込んだ悪党」と激しく指弾されるアントニー・ブラントとは、どのような人物なのか。戦争と革命に翻弄された20世紀の裂に光を当てる傑作評伝。オーウェル賞、王立文学協会賞受賞！

ブラント, R.〔1948～〕Plant, Robert

◇ロバート・プラント―A LIFE　ポール・リース著，水島ぱぎい訳　ヤマハミュージックメディア　2014.12　323p　21cm　〈文献あり〉

2900円　Ⓣ978-4-636-90500-7　Ⓝ767.8
[内容]第1部　萌芽の時代（ブラックカントリー　悪魔の音楽　モッズの王様　ほか）　第2部　飛翔の時代（ドカーン！ドカーン！ドカーン！　ヴァルハラ　ブロンドのエルヴィス　ほか）　第3部　ソロの時代（悪魔ばらい　シー・オブ・ラブ　トール・クール・ワン　ほか）
＊世界はやつの足元にひざまずいた。幼少期から青年時代、突然の成功、そして息子や友人の悲劇的な死。史上最高のバンド、レッド・ツェッペリンの「輝ける神」として君臨したロバート・プラントの知られざる半生が明かされる。

ブラント, W.〔1913～1992〕Brandt, Willy

◇ヴィリー・ブラントの生涯　グレゴーア・ショレゲン著，岡田浩平訳　三元社　2015.7　307, 7p　22cm　〈索引あり〉　4000円　Ⓣ978-4-88303-386-7　Ⓝ289.3
[内容]第1章　出発―ひとり流れに抗して　1913‐1933　第2章　遍歴の旅―追われる者として国外に　1933‐1948　第3章　上昇―「世界の果て」における展望　1948‐1966　第4章　落とし穴―権力の中心で　1966‐1974　第5章　逃避―政治家としてたえず旅の途上　1974‐1987　第6章　辿り着く―愛国者の家路　1987‐1992　補章　ヴィリー・ブラントについて知る
＊生誕百年―ブラント伝のベストセラー！　ドイツも戦後70年、同じ敗戦国でも、日本とは大きな違いを見せている。その違いを出すのに大きく貢献したのがヴィリー・ブラント。戦後処理に真摯な態度で臨み、東西対立のなか相互和解に奮闘する。この世界一級クラスの政治家を抜きにしてドイツの戦後は語れない。ブラント研究の第一人者が波瀾に富んだブラントの生涯をつづる。

プリーシビン, M.M.〔1873～1954〕
Prishvin, Mikhail Mikhaĭlovich

◇プリーシヴィンの日記―1914-1917　ミハイル・プリーシヴィン著，太田正一編訳　横浜　成文社　2018.2　526p　22cm　〈年譜あり〉　6400円　Ⓣ978-4-86520-025-6　Ⓝ985
[内容]一九一四年の日記　一九一五年の日記　一九一六年の日記　一九一七年の日記（一九一八年一月二日まで）　プリーシヴィン略年譜（一八七三～一九二〇）　付録三題
＊未曾有の戦争の勃発、母の死、ロマノフ王朝の崩壊、二つの革命。誰もが渦中にあり、翻弄されずには済まなかった。

フリーダン, B.〔1921～2006〕
Friedan, Betty

◇世界を変えた10人の女性―お茶の水女子大学特別講義　池上彰著　文藝春秋　2016.5　344p　16cm　〈文春文庫い81-6〉　670円　Ⓣ978-4-16-790619-1　Ⓝ280
[内容]第1章　アウンサンスーチー―政治家　第2章　アニータ・ロディック―実業家　第3章　マザー・テレサ―カトリック教会修道女　第4章　ベティ・フリーダン―女性解放運動家　第5章　マーガレット・サッ

チャー―元英国首相　第6章 フローレンス・ナイチンゲール―看護教育学者　第7章 マリー・キュリー―物理学者・化学者　第8章 緒方貞子―元国連難民高等弁務官　第9章 ワンガリ・マータイ―環境保護活動家　第10章 ベアテ・シロタ・ゴードン―元GHQ職員
* 近現代史を塗り変える仕事をした女性達。その生涯と業績、賛否分かれる評価を池上教授が解説し女子学生達と徹底討論。「田中真紀子」説もあるアウンサンスーチー、「中絶否定」が論議を呼んだマザー・テレサ、不倫でバッシングされたマリー・キュリー。意外な側面も見ることで人間と歴史への理解が深まる真の啓蒙書と呼ぶべき一冊。

◇列伝アメリカ史　松尾弌之著　大修館書店　2017.6　309p　20cm　〈他言語標題：Movers in American History　年表あり　索引あり〉　2300円　①978-4-469-24605-6　Ⓝ285.3
[内容] ポカホンタス―征服された新天地の象徴　アン・ハッチンソン―異議申し立ての系譜　トマス・ジェファソン―アメリカ独立宣言の起草者　ハリエット・タブマン―逃亡奴隷に居場所を用意した女性　メリー・B.エディ―金びか時代の治癒方法　ジョン・D.ロックフェラー―豊かなアメリカを作りあげた「強盗貴族」　セオドア・ローズベルト―二〇世紀を形づくった大統領　チャールズ・A.リンドバーグ―機械と共存した英雄　フランクリン・D.ローズベルト―パックス・アメリカーナをもたらした大統領　チャーリー・チャップリン―繁栄の時代の反逆児　ジョン・F.ケネディ―期待に満ちた時代の若い大統領　ベティ・フリーダン―対抗文化運動のうねり　リチャード・M.ニクソン―多様性の時代に立ち向かった大統領　バラク・H.オバマ―希望を信じ忍耐を貫いた黒人大統領　ドナルド・J.トランプ―国民の人民による人民のための政治
* ポカホンタスからトランプまで。時代に影響を与えた人々の人生の物語を通していきいきと描く魅力あふれるアメリカ史。

フリッチャイ, F.〔1914～1963〕
Fricsay, Ferenc

◇偉大なる指揮者たち―トスカニーニからカラヤン、小澤、ラトルへの系譜　クリスチャン・メルラン著，神奈川夏子訳　ヤマハミュージックメディア　2014.11　389,7p　21cm　2800円　①978-4-636-90301-0　Ⓝ762.8
[内容] アルトゥーロ・トスカニーニ　ウィレム・メンゲルベルク　セルゲイ・クーセヴィツキー　ピエール・モントゥー　ブルーノ・ワルター　サー・トーマス・ビーチャム　レオポルド・ストコフスキー　エルネスト・アンセルメ　オットー・クレンペラー　ヴィルヘルム・フルトヴェングラー〔ほか〕
* 指揮の特徴や楽団員からの評価、生い立ちや普段の振る舞い、家族関係など、50人のマエストロたちの素顔を描き出す。オーケストラ指揮の知られざる側面に迫った評伝集。

◇伝説の指揮者フェレンツ・フリッチャイ―自伝・音楽論・讃辞・記録・写真　フェレンツ・フリッチャイ著，フリードリヒ・ヘルツフェルト編，野口剛夫訳・編　アルファベータブックス　2015.3　286p　22cm　〈叢書・20世紀の芸術と文学〉〈作品目録あり　年譜あり〉　3200円　①978-4-87198-312-9　Ⓝ762.347
[内容] 第1部 フェレンツ・フリッチャイの著述（私の幼少期と青年期　「そのような教えを喜ばない者は、人としてはふさわしくない」　私の道　モーツァルトとバルトーク）　第2部 フェレンツ・フリッチャイを偲んで（フリードリヒ・ヘルツフェルト編）（写真集　追悼文集（リヒャルト・フリッチャイ氏讃・ヤーノシュ・エンゲ）　フェリ君の思い出（イムレ・パロ）　歌劇“ダントンの死”の初演（ゴットフリート・フォン・アイネム）　エピソード　ちょっとした悪戯ほか））　第3部 フィレンツェ・フリッチャイの資料（ディスコグラフィー　放送録音　演奏記録　年譜）
* 音楽に魂を捧げた指揮者が書き遺した、「モーツァルトとバルトーク」論。他に、自伝的エッセイ、共演者・関係者による追悼文、生涯にわたる写真、演奏・録音記録を収録。

ブリテン, C.〔1933～〕　Brittain, Clive

◇クライヴ・ブリテン―微笑みの開拓者　ロビン・オークリー著，合田直弘訳，日本競走馬協会監修　日本競走馬協会　2016.12　324p　25cm　〈年譜あり〉　Ⓝ788.5

フリードマン, A.A.〔1888～1925〕
Friedmann, Alexander Alexandrovich

◇現代天文学史―天体物理学の源流と開拓者たち　小暮智一著　京都　京都大学学術出版会　2015.12　634p　22cm　〈他言語標題：History of Modern Astronomy　文献あり　年表あり　索引あり〉　4900円　①978-4-87698-882-2　Ⓝ440.12
[内容] 第1部 天体分光学（「新天文学」の開幕　星の分光分類とHD星表）　第2部 星の構造と進化論（星の進化論とHR図表　熱核反応と星の進化）　第3部 銀河天文学と宇宙論（銀河と星雲の世界　銀河系の発見　宇宙論の源流）　第4部 現代天文学へ（日本における天体物理学の黎明　現代天文学への展開）
* 初めて星の化学組成を明らかにしたロンドンのアマチュア天文家ハギンス、太陽をガス体と見なした特許調査官レーン、自作の望遠鏡で天空を探査した音楽家ハーシェル…18世紀末から19世紀中葉にかけて現代天文学の扉を開いた彼らは、いずれも学界に縁のないアマチュア天文家だった。星の位置と運動を対象とする古典天文学から天体の物理的構造を探る天体物理学へ、その転換期を担った人々の生涯と研究を軸に、現代天文学の歴史をたどる。

フリードリヒⅡ（神聖ローマ皇帝）
⇒フェデリーコⅡ を見よ

フリードリヒⅡ（プロセイン王）〔1712～1786〕
FriedrichⅡ

◇フリードリヒ大王―祖国と寛容　屋敷二郎著　山川出版社　2016.12　112p　21cm　〈世界史リブレット人　55〉〈文献あり　年譜あり〉　800円　①978-4-634-35055-7　Ⓝ289.3
[内容] 「第一の下僕」　1 ホーエンツォレルン家とプロ

イセンの伝統　2　修業時代　3　大王への道　4　寛容の「祖国」を求めて
＊「第一の下僕」と自らを位置づけた若きフリードリヒは、果敢な対外戦争によって「大王」となった。文人でありたいという生来の願望を抑え、激動の治世をつうじて自己を律した「老フリッツ」は、寛容・衡平・自由を重んじ、自ら率先して祖国に奉仕することで、市民の主体性を「下から」導き出そうとした。本書は、啓蒙絶対君主の典型とされるフリードリヒ大王の生涯をたどり、啓蒙とは何か、プロイセン国家とは何だったのかを考える。

ブリューゲル, P.〔1525?～1569〕
Bruegel, Pieter

◇ブリューゲルへの招待　朝日新聞出版編　朝日新聞出版　2017.4　95p　26cm　〈文献あり〉1400円　Ⓘ978-4-02-251469-1　Ⓝ723.358
[内容] パーフェクト鑑賞講座　ブリューゲルを「語る」ための5つのキーワード　もし現代の日本に「バベルの塔」が出現したら!?　ブリューゲル30作品誌上ギャラリー　美術史家小池寿子が語る　画家を育んだ時代　華麗なる "ブリューゲルの子孫たち"　11年間で2作が真作に！　私のブリューゲル　ちょっと美術史　ネーデルラントの画家たち　農民の営みを描いたブリューゲルの謎に満ちた生涯を辿ってみよう　"オランダ"のソウルフード　ブリューゲルの時代　ブリューゲルに出会える！　世界の美術館
＊初めてでも楽しく鑑賞できる、ブリューゲル入門。

◇ブリューゲルとネーデルラント絵画の変革者たち　ブリューゲルほか画, 幸福輝著　東京美術　2017.4　143p　26cm　（ToBi selection）〈索引あり〉　2400円　Ⓘ978-4-8087-1081-1　Ⓝ723.359087
[内容] 第1部　ブリューゲルの世界（ブリューゲルの足跡と作品　民衆の暮らしと諺の世界　聖書―フランドルの宗教劇　世界風景を超えて）　第2部　ブリューゲルとネーデルラント絵画（ネーデルラント絵画の中のブリューゲル―「民衆」「怪奇幻想」「風景」　民衆―人々の姿と日々の暮らし　怪奇幻想―もうひとつの写実　風景―ネーデルラント絵画とともに）

◇ブリューゲルの世界　森洋子著　新潮社　2017.4　159p　22cm　（とんぼの本）〈文献あり　年譜あり〉　1800円　Ⓘ978-4-10-602274-6　Ⓝ723.358
[内容] 第1章　アントワープからブリュッセルへ―ブリューゲル40数年の軌跡　第2章　広場のブリューゲル―諺・祝祭と禁欲・子供　第3章　聖書―ヒエロニムス・ボスなど先人画家への挑戦　第4章　農民の季節の仕事と楽しみ　第5章　ブリューゲルは語る―寓意画の世界
＊広場で遊びに熱中する子どもたち。雄大な自然のなかで、労働にいそしむ農民たち。そして、群衆のなかに埋没する聖書の主人公―。あっと驚く構図に超絶密技法で、16世紀フランドルの人々の営みを写し取った画家ピーテル・ブリューゲル。その全真筆41点を、5つの切り口で世界的研究者が徹底解説。新発見の『聖マルティンのワイン祭り』や油彩画のルーツとなった版画作品、かつて人脈や信仰心、五世代にわたる一族の活躍などについても触れた、ブリューゲルの全画業に迫る最新版にして決定版。

ブリン, S.M.〔1973～〕
Brin, Sergey Mikhailovich

◇世界を動かす巨人たち　経済人編　池上彰著　集英社　2017.7　250p　18cm　（集英社新書0889）〈文献あり〉　760円　Ⓘ978-4-08-720889-4　Ⓝ280
[内容] 第1章　ジャック・マー　第2章　ルパート・マードック　第3章　ウォーレン・バフェット　第4章　ビル・ゲイツ　第5章　ジェフ・ベゾス　第6章　ドナルド・トランプ　第7章　マーク・ザッカーバーグ　第8章　グーグルを作った二人―ラリー・ペイジ、セルゲイ・ミハイロビッチ・ブリン　第9章　コーク兄弟―チャールズ・コーク、デビッド・コーク
＊この11人の大富豪こそ、真の「実力者」だ。池上彰が、歴史を動かす「個人」から現代世界を読み解く人気シリーズ最新刊！

プリンス〔1958～2016〕Prince

◇プリンス論　西寺郷太著　新潮社　2015.9　239p　18cm　（新潮新書 634）　760円　Ⓘ978-4-10-610634-7　Ⓝ767.8
[内容] 第1章　天才、登場！（Minneapolis Genius）　第2章　紫の革命（The Purple Revolution）　第3章　ペイズリー・パーク王朝（The Paisley Park Dynasty）　第4章 ☙（ラブ・シンボル）＝かつてプリンスと呼ばれたアーティスト　第5章　解放と帰還（Emancipation to Way Back Home）　第6章　さらなる自由へ（Free Urself）
＊それは一人の天才音楽家による "紫の革命" だった―。奇想天外なヴィジュアル、ポップにしてアヴァンギャルドな作曲術とド平凡で崇高な歌詞でヒットを連発、世界の頂点に立ったプリンス。彼を師と仰ぐ著者が、同じ音楽家ならではの視点で、その生い立ちから現在に至る、孤独な表現者の栄光の旅路を追う。"パープル・レイン" しか知らない人も、ディープなファンも、脳内にその音楽が高らかに鳴り響く、革命的プリンス論！

◇プリンス―戦略の貴公子　ブライアン・モートン著, 壁谷さくら訳　2版　スペースシャワーブックス　2016.6　286p　20cm　（初版：ブルース・インターアクションズ 2008年刊　発売：スペースシャワーネットワーク〉　2381円　Ⓘ978-4-907435-84-4　Ⓝ767.8
＊芸術とビジネスを両立させた男。アメリカの神話になった男「戦慄の評伝」、緊急着版。

◇プリンス1958-2016　モビーン・アザール著, 長谷川町蔵日本語版監修, 五十嵐涼子訳　スペースシャワーネットワーク　2016.11　143p　28cm　（〔SPACE SHOWER BOOKS〕）〈作品目録あり〉　2800円　Ⓘ978-4-907435-88-2　Ⓝ767.8
[内容] すべてのサウンド―1971　普遍的なテーマ―1978　特別なもの―1978　観客の口にアレを突っこむ―1980　君を忘れない―1980　ウェアハウス―1982　濡れた夜―1983　めまい―1983　パーカー―1984　紫のカーペットを歩いたきらびやかな人たち―1984〔ほか〕
＊プリンスのバック・バンドのメンバー、エンジニア、ツアーマネージャー、幼なじみらの81の証言と貴重なヴィジュアルを100点近く収録！　紫の闇

から切り出した28人の証言。

◇プリンス録音術―エンジニア、バンド・メンバーが語るレコーディング・スタジオのプリンス　ジェイク・ブラウン著，押野素子訳　DU BOOKS　2018.12　374p　21cm　〈発売：ディスクユニオン〉　2500円　①978-4-86647-068-9　Ⓝ767.8

内容　レコーディング・スタジオに生きた「現代のモーツァルト」　プリンス・ロジャーズ・ネルソンの誕生―音楽一家に生まれて 1958年～1968年　壊れた家庭、傷ついた心―音楽への没入、親友との出会い 1969年～1972年　セントラル高校での日々―自己の形成、モリス・デイとの出会い 1972年～1973年　グランド・セントラル・コーポレーションの躍進―16歳での初レコーディング 1974年～1975年　ムーンサウンド・スタジオ―「スタジオ生活」のはじまり 1976年春　ワーナー・ブラザーズとの契約―自己流で掴んだメジャー・デビュー 1976年～1977年　For You―メジャー・レーベル初のセルフ・プロデュースによるデビュー作 1978年　PRINCE（2nd Album）―女人禁制、夜型、常識外のレコーディング 1979年　Dirty Mind―真に自由なスタジオ・ワークが生んだ最初の傑作 1980年　Controversy―プリンス流ワンマン・バンド録音術の確立 1981年　1999―ザ・レヴォリューションとの出会いで飛躍した創造性 1982年　Purple Rain―バンドの勢いと緻密なスタジオ・ワークが生んだ運命のヒット作 1984年　Around The World In A Day―イメージチェンジを求め実験性と創造性は頂点へ 1985年　Parade―ウェンディ＆リサの蜜月、クレア・フィッシャーとの邂逅 1986年　Sign'O'The Times―楽園ペイズリー・パークで進化したワンマン・バンド 1987年　The Black Album―スタジオにおける負の感情が生み出した、私的なファンク・アルバム 1987年　Lovesexy―新メンバーとつくりあげたバンドマンとしてのプリンスの真骨頂 1988年　Batman―サンプラーを駆使したプリンス流テクノ（ロジー）・ミュージック 1989年　Graffiti Bridge―過去（ソウル／ファンク）と未来（ヒップホップ）の架け橋に 1990年　Diamonds And Pearls―ベストメンバーとのジャムから生まれた普遍的なバンド作品 1991年　21章 Love Symbol―革新的という呪縛から逃れ、ソウル／ファンクの王道を行く 1993年　プリンスの音楽が永遠の命を得た日― 2016年4月21日

＊プリンスのレコーディングに的を絞った唯一の書。本人と関係者の証言からスタジオでのプリンスにせまる。

プリンス，E.D.〔1969～〕　Prince, Erik Dean

◇ブラックウォーター――世界最強の傭兵企業　ジェレミー・スケイヒル著，益岡賢，塩山花子訳　作品社　2014.8　530p　20cm　3400円　①978-4-86182-496-8　Ⓝ393.25

内容　バグダッド「血の日曜日」　巨万の富　プリンスの生い立ち　ブラックウォーター参入前のファルージャ　ブッシュの家臣を警護する　スコッティ戦争に行く　奇襲攻撃　我々はファルージャを制圧する　二〇〇四年四月一日、イラク・ナジャフ　ブラックウォーターで働くアメリカ人のために　ミスター・プリンス、ワシントンへ行く　カスピ海パイプライン・ドリーム　チリの男　「戦争の売春婦たち」　コーファー・ブラック本気の戦い　「死の部隊」と傭兵と「エルサルバドル方式」

ジョゼフ・シュミッツ　クリスチャン兵士　ブラックウォーター・ダウン―ルイジアナのバグダッド　円卓の騎士

＊"殺しのライセンス"を持つ米の"影の軍隊"は、世界で何をやっているのか？　イラク戦争での民間人の虐殺、アルカイダ幹部など反米分子の暗殺、シリア反体制派への軍事指導などの驚くべき実態、そして米の政財界の暗部との癒着を初めて暴き、世界に衝撃を与えた書！

ブル，E.W.〔1806～1895〕　Bull, Ephraim Wales

◇バンヴァードの阿房宮―世界を変えなかった十三人　ポール・コリンズ著，山田和子訳　白水社　2014.8　425,21p　20cm　〈文献あり　著作目録あり〉　3600円　①978-4-560-08385-7　Ⓝ283

内容　バンヴァードの阿房宮―ジョン・バンヴァード　贋作は永遠に―ウィリアム・ヘンリー・アイアランド　空洞地球と極地の穴―ジョン・クリーヴズ・シムズ　N線の目を持つ男―ルネ・ブロンロ　音で世界を語る―ジャン・フランソワ・シュドル　種を蒔いた人―イーフレイム・ウェールズ・ブル　台湾人ロンドンに現わる―ジョージ・サルマナザール　ニューヨーク空圧地下鉄道―アルフレッド・イーライ・ビーチ　死してもはや語ることなし―マーティン・ファークワ・タッパー　ロミオに生涯を捧げて―ロバート・コーツ　青色光狂騒曲―オーガスタス・J　プレゾントン　シェイクスピアの墓をあばく―ディーリア・ベーコン　宇宙は知的生命でいっぱい―トマス・ディック

＊その時、歴史は動かなかった！　世界最長のパノラマ画、地球空洞説、驚異な放射線"N線"、音楽言語、空圧式地下鉄、新発見のシェイクスピア劇…壮大な夢を追求し、敗れ去った人々の数奇な物語。

ブルクハルト，J.〔1818～1897〕　Burckhardt, Jakob

◇ブルクハルト　西村貞二著　新装版　清水書院　2015.9　224p　19cm　〈Century Books―人と思想 97〉〈文献あり　年譜あり　索引あり〉　1000円　①978-4-389-42097-0　Ⓝ289.3

内容　1 バーゼルの聖者　2 ロマンティックな遍歴　3 過渡期の状況　4 美の園への招待　5 近代文化の原像　6 危機の予見者　7 ブルクハルトとニーチェ　8 明朗なペシミスト

プルシェンコ，E.V.〔1982～〕　Plushenko, Evgeni Viktorovich

◇挑戦者たち―男子フィギュアスケート平昌五輪を超えて　田村明子著　新潮社　2018.3　220p　20cm　1400円　①978-4-10-304034-7　Ⓝ784.65

内容　プロローグ―2018年2月12日　第1章 ディック・バトン「楽しんだ選手が勝つ」　第2章 パトリック・チャン「自分がいたいのはこの場をおいて他にない」　第3章 エフゲニー・プルシェンコ「ぼくにはスケートが必要」　第4章 都築章一郎「彼の中ではイメージができている」　第5章 ハビエル・フェルナンデス「ハッピーな気持ちで終えるために」　第6章 羽生結弦「劇的に勝ちたい」　第7章 ネイサン・チェ

ン「プレッシャーは感じるけれど」 第8章 宇野昌磨「成長していく自分を見てもらいたい」 第9章 平昌オリンピック 決戦の時 エピローグ—2018年2月18日
＊フィギュアスケートを25年に亘り取材し、会見通訳も務めるジャーナリストが綴る、選ばれし者たちの素顔。

プルースト, M.〔1871～1922〕
Proust, Marcel

◇プルーストの黙示録—『失われた時を求めて』と第一次世界大戦 坂本浩也著 慶應義塾大学出版会 2015.3 271,21p 20cm 〈他言語標題：L'apocalypse selon Proust 文献あり 索引あり〉 3200円 Ⓘ978-4-7664-2208-5 Ⓝ950.278

内容 序章 戦時中のプルースト氏 第1章 パリ空襲と「ワルキューレ」 第2章 オリエント化するパリ 第3章 「私」の愛国心と芸術観 第4章 「復員文学」における暴力 第5章 軍事戦略と動員の力学 第6章 二十世紀の『戦争と平和』

＊人類に未曾有の被害をもたらした世界大戦のさなかに、作家は何を思い、長大な小説の終盤に戦争を組み込んだのか？ たんなる愛国主義にも反戦主義にも回収されない、プルーストの政治的・社会的・美学的ポジションを再定義する。

◇プルースト 石木隆治著 新装版 清水書院 2016.8 213p 19cm （Century Books—人と思想 127）〈文献あり 年譜あり 索引あり〉 1200円 Ⓘ978-4-389-42127-4 Ⓝ950.278

内容 第1部 プルーストの生涯（幼年時代 リセ時代 青年時代 創作の時代） 第2部 プルーストの作品と思想（初期の作品 『失われた時を求めて』）

＊マルセル・プルーストはフランスの十九世紀末から二十世紀初頭のベル・エポックに生きた作家で、フランスの歴史の中でも最も優美な時代の空気を吸いながら、『失われた時を求めて』という唯一の作品を書き上げることに一生を投じた人物である。彼の書いた作品は、当然にも優雅で美しい。けれども、十九世紀末の象徴派のような、過去を感傷的に喚起している作品だと考えるならば、これほど間違った想像はないだろう。この作品は全体としてはきわめて健全に書かれた作品であり、その結果として最後に得られる世界は二十世紀にふさわしい輝かしい美の世界である。プルーストを読むことによってわれわれは見る目を刷新され、われわれの日常がどれほどの魅力をもって輝いているか気づかされることになるだろう。

ブルース・リー
⇒リー, B. を見よ

ブルックナー, A.〔1824～1896〕
Bruckner, Anton

◇ブルックナー研究 レオポルト・ノヴァーク著, 樋口隆一訳 音楽之友社 2018.4 199p 21cm 〈索引あり〉 2750円 Ⓘ978-4-276-22606-7 Ⓝ762.346

内容 1 ブルックナー 人間と音楽（ブルックナーの偉大さについて—没後75年に寄せて ブルックナー 矛盾のはざまの天才 ほか） 2 ブルックナー 教会音楽と交響曲のはざまに（ブルックナーの"ミサ曲ヘ短調" ブルックナーにおける交響様式と教会様式 ほか） 3 ブルックナー 作品の形式（第7交響曲のフィナーレ楽章—ひとつの形式研究 ブルックナーの形式意志—第5交響曲のフィナーレ楽章を例にほか） 4 『ブルックナー全集』の方法論（ブルックナーの作品と現代 ブルックナーの第8交響曲とその第2稿 ほか）

＊全集校訂者が生涯をかけて綴った数々の論文から17本を厳選。

ブルデュー, P.〔1930～2002〕
Bourdieu, Pierre

◇ブルデュー闘う知識人 加藤晴久著 講談社 2015.9 286p 19cm （講談社選書メチエ 606）〈著作目録あり〉 1750円 Ⓘ978-4-06-258609-2 Ⓝ361.235

内容 第1章 人間ブルデュー 第2章 知識人ブルデュー 第3章 同時代知識人に対する評価 第4章 社会学者ブルデュー 第5章 ブルデュー社会学の理論的骨格 終章 若い読者のために—ブルデューの何をどう読むか

＊ピレネー山脈に近い小村に生まれ、パリの名門高等中学校から最高学府エコル・ノルマル・スュペリュールに進んだブルデュー。哲学を修めた後、一兵卒として赴いたアルジェリアでの体験は社会学専攻でも問題意識の決定的転換をもたらす。現実に強い関心を持ち、批判的知識人たらんとしたブルデュー。政治問題にコミットする一方、理論構築にも抜きん出ていたブルデュー。ハビトゥス、界、文化資本などの概念を創出し、社会の動力学を極めた社会学者の「生きた知」を解読する。

ブルトゥス〔？～509B.C.〕
Lucius Iunius Brutus

◇ローマ帝国人物列伝 本村凌二著 祥伝社 2016.5 303p 18cm （祥伝社新書 463） 840円 Ⓘ978-4-396-11463-3 Ⓝ283.2

内容 1 建国期—建国期のローマ（ブルトゥス—共和政を樹立した初代執政官 キンキナトゥス—ワシントンが理想とした指導者 ほか） 2 成長期—成長期のローマ（アッピウス—インフラ整備など、類稀なる先見性 ファビウス—耐えがたきを耐える「ローマの盾」 ほか） 3 転換期—転換期のローマ（クラッスス—すべてを手に入れた者が欲したもの 大ポンペイウス—カエサルに敗れた大武将 ほか） 4 最盛期—最盛期のローマ（ゲルマニクス—夭逝した理想のプリンス ネロ—気弱な犯罪者だった暴君 ほか） 5 衰亡期—衰亡期のローマ（ガリエヌス—動乱期の賢帝 ディオクレティアヌス—混乱を鎮めた軍人皇帝 ほか）

＊ローマの歴史には、独裁も革命もクーデターもあり、「パクス・ロマーナ」と呼ばれた平和な時代もあった。君主政も共和政も貴族政もポピュリズムもあり、多神教も一神教もあった。まさに「歴史の実験場」であり、教訓を得るのに、これほどの素材はない。歴史を学ぶには制度や組織は無視できないが、そこに人間が存在したことを忘れてはならないだろう。本書は、一〇〇〇年を超えるローマ史を五つの時代に分け、三二人の生涯と共に追

うものである。賢帝あり、愚帝あり、英雄から気丈な女性、医学者、宗教家まで。壮大な歴史叙事詩であり、歴史は人なり―を実感する一冊。

フルトベングラー, W.〔1886～1954〕
Furtwängler, Wilhelm

◇フルトヴェングラーを超えて　野口剛夫著　青弓社　2014.10　256p　19cm　2000円　Ⓘ978-4-7872-7365-9　Ⓝ762.34

内容　1 フルトヴェングラーと私（フルトヴェングラーを見上げて　音楽と政治―戯曲『どちらの側に立つか』を観て　「音楽と出合う」ということ）　2 フルトヴェングラーの語り部たち（「百二歳の少女」つぃに逝く―エリーゼベト・フルトヴェングラー夫人を偲ぶ　テーリヒェンの『あと四十日』をめぐって　追悼講演「フルトヴェングラーとの語らい」―仙北谷晃一氏を偲んで　セバスチャン・クラーネルトに聞く）　3 フルトヴェングラーと芸術家たち（フルトヴェングラーのバッハ　フルトヴェングラーとベートーヴェン『第九番』での霊妙なる祈りのようなアダージョ　ブルックナー―「真の普遍妥当性」を目指して　フルトヴェングラーの自作自演　フルトヴェングラーと岡本太郎　佐村河内問題というわけではないが）　4 東京フルトヴェングラー研究会（音楽家フルトヴェングラーの誕生―フルトヴェングラー百二十回目の誕生日をベートーヴェンとともに祝う　東京フルトヴェングラー研究会管弦楽団第十三回定期演奏会―ブルックナーへの捧げもの　フルトヴェングラーの『交響曲第三番嬰ハ短調』について　東京フェルトヴェングラー・フェスト二〇〇九）　5 フルトヴェングラーを超えて（対談「フルトヴェングラーの人間と音楽」：宇野功芳×野口剛夫　フルトヴェングラーを超えて―「フルヴェン聴きのきわみ」になるなかれ）

＊フルトヴェングラーという究極の音楽家との運命を変えるような出会いを契機に、自らの研究会を立ち上げ、指揮、研究、執筆に打ち込んだ著者の20年間の思索と活動の記録を一冊にまとめる。宇野功芳との対談、バッハ、ベートーヴェンから岡本太郎に及ぶ多彩でユニークな論考で構成。

◇偉大なる指揮者たち―トスカニーニからカラヤン、小澤、ラトルへの系譜　クリスチャン・メルラン著，神奈川夏子訳　ヤマハミュージックメディア　2014.11　389,7p　21cm　2800円　Ⓘ978-4-636-90301-0　Ⓝ762.8

内容　アルトゥーロ・トスカニーニ　ウィレム・メンゲルベルク　セルゲイ・クーセヴィツキー　ピエール・モントゥー　ブルーノ・ワルター　サー・トーマス・ビーチャム　レオポルド・ストコフスキー　エルネスト・アンセルメ　オットー・クレンペラー　ヴィルヘルム・フルトヴェングラー〔ほか〕

＊指揮の特徴や楽団員からの評価、生い立ちや普段の振る舞い、家族関係など、50人のマエストロたちの素顔を描き出す。オーケストラ指揮の知られざる側面に迫った評伝集。

◇フルトヴェングラーとトーマス・マン―ナチズムと芸術家　クラウス・カンツォーク著，三浦淳訳　アルテスパブリッシング　2015.3　237,8p　21cm　（叢書ビブリオムジカ）〈索引あり〉2500円　Ⓘ978-4-86559-119-4　Ⓝ762.34

◇フルトヴェングラーと私たち―東京フルトヴェングラー研究会創立20周年記念論集「心から心へ」　野口剛夫編　アルファベータブックス　2015.7　266p　21cm　2000円　Ⓘ978-4-86598-700-3　Ⓝ762.34

内容　第1部　東京フルトヴェングラー研究会創立20周年へのメッセージ（アンドレアス・フルトヴェングラー　セバスチャン・クラーネルト　ほか）　第2部　記念論集『心から心へ』バックナンバー・アンコール集（第1～11号　2003‐2013年度）（音楽に真向かうということ　「精神の不在」への警鐘としてのフルトヴェングラーの音楽　ほか）　第3部　記念論集『心から心へ』（2014年　第12号）（詩編抄「フルトヴェングラーを詠む」　セイレーンの誘惑、オルフェウスの堅琴　ナチとフルトヴェングラーの音楽観　ほか）　第4部　東京フルトヴェングラー研究会20年間の歩み（1995‐2014年度）

◇フルトヴェングラー研究　セバスチャン・クラーネルト編，野口剛夫訳　音と言葉社　2015.8　154p　21cm　〈発売：アルファベータブックス〉　3000円　Ⓘ978-4-86598-701-0　Ⓝ762.34

内容　フルトヴェングラーとテンポ　フルトヴェングラーに見る、演奏の魅力と誠実　ヴィルヘルム・フルトヴェングラーとイギリス　フルトヴェングラーの作曲家としての自己理解　作曲家としてのヴィルヘルム・フルトヴェングラー芸術家のエトス　世紀末の一人の指揮者が見たヴィルヘルム・フルトヴェングラー　ヴィルヘルム・フルトヴェングラーと彼の手記（1924‐1954）の意義　プフィッツナーとフルトヴェングラー　シンポジウムでの討論　ヴィルヘルム・フルトヴェングラーとエルネスト・アンセルメ二人の意見の一致について

＊本書は1997年ドイツのイエナ大学で行われた「第1回フルトヴェングラー・ターゲ」の講演録の全訳である。フルトヴェングラーをたんに指揮者としてだけではなく、作曲家、思想家としての面にも光を当てようとするこの学会は、エリーザベト・フルトヴェングラー夫人らフルトヴェングラー・ファミリーも列席し、戦後のフルトヴェングラー研究において画期的な業績を残すものだった。ヨアヒム・マッツナー、ヴェルナー・テーリヒェン、アレクサンダー・アルブレヒトら、重要な関係者や研究者による証言と提言は全て初出のものばかりで、我が国の研究者・音楽愛好家にも必読である。

◇フルトヴェングラーの地平―行き交いの断片に垣間見るドラマを追って　飯田昭夫著　現代書館　2015.9　322p　20cm　〈文献あり〉　2700円　Ⓘ978-4-7684-7653-6　Ⓝ762.34

内容　フルトヴェングラーと人々その（一）ヘルベルト・フォン・カラヤン―大衆化の流れを挟んで　フルトヴェングラーの回心―ワーグナー指揮者誕生　フルトヴェングラーと人々その（二）ヨーゼフ・カイルベルト―意中の師弟？　モルダウを吹きわたる風―クラシック音楽の行方　フルトヴェングラーと人々その（三）アルトゥーロ・トスカニーニ―嫉妬について　フルトヴェングラーの指揮姿―名演の不思議な揺りかご　フルトヴェングラーと人々その（四）トーマス・マン―試問に揺らぐ非難の虚妄　フルトヴェングラーの裏技―「現代音楽」を聴いていくなかでフルトヴェングラーと人々その（五）セルジュ・チェリビダッケ―訣別が意味したもの　フルトヴェングラー晩年の演奏活動―生涯現役の壮烈　フルトヴェングラーと人々その（六）リヒャルト・シュトラウス

―鎮魂の和解　ある時代への挽歌―ブラームス『交響曲 四番』フルトヴェングラーと人々その（七）ブルーノ・ワルター―もう一人いる？　信じること　の周辺―共同体としての聴衆
＊同時代人たちとの波乱に満ちた交流のはざまで、不朽の名演奏に込めた想いとは？ そして孤高の巨匠の葛藤と苦闘の足跡を、いまだかつて語られることのなかった斬新な視点から描いた珠玉の随想。

◇フルトヴェングラーとの語らい―音楽に真向かうということ　仙北谷晃一著，野口剛夫編　アルファベータブックス　2016.3　235p　20cm　2500円　①978-4-86598-010-3　Ⓝ762.34

[内容] 1 論文・論説・エッセイ（フルトヴェングラーの言葉　救済としての芸術―フルトヴェングラーの芸術理念をめぐって　フルトヴェングラーの立場　「すべて偉大なるものは単純である」―晩年のフルトヴェングラーとベートーヴェン　音楽に真向かうということ　ベートーヴェン、フルトヴェングラー、そしてトーマス・マン―ドイツの内面性をめぐって）　2 講演（フルトヴェングラーの芸術の根底にあるもの―音楽と静寂そのほか　フルトヴェングラー歿後五十年に憶う）　3 翻訳書のあとがき（ダニエル・ギリス編『フルトヴェングラー頌』フランク・ティース編『フルトヴェングラーの手紙』エリーザベト・フルトヴェングラー『回想のフルトヴェングラー』）　4 書評（芸術による知の時代の救済―W.フルトヴェングラー『フルトヴェングラーの手記』　喧騒の中の大指揮者―B・W・ヴェスリンク『フルトヴェングラー』）
＊フルトヴェングラーが音楽することによって招来した「心の共同体」を現代によみがえらせることはいかにして可能か。フルトヴェングラー著作の翻訳者として知られる著者が、巨匠の精神と交流し生まれた珠玉の論説集。

ブルトマン, R. 〔1884～1976〕
Bultmann, Rudolf

◇キリスト教の主要神学者　下　リシャール・シモンからカール・ラーナーまで　F.W.グラーフ編　教文館　2014.9　p　cm　〈索引あり〉　①978-4-7642-7384-9　Ⓝ191.028

[内容] ヨハン・ゲアハルト（トーマス・カウフマン著　安酸敏眞訳）　リシャール・シモン（クリストファー・フォイクト著　安酸敏眞訳）　フィリップ・ヤコプ・シュペーナー　ヨハン・ヨアヒム・シュパルディング（アルブレヒト・ボイテル著　安酸敏眞訳）　フリードリヒ・シュライアマハー（ウルリヒ・バルト著　安酸敏眞訳）　ヨゼフ・クロイトゲン（ペーター・ヴァルター著　安酸敏眞訳）　セーレン・キルケゴール（ハイコ・シュルツ著　安酸敏眞訳）　ユリウス・ヴェルハウゼン（ミカエル・バウアー著　佐藤貴史訳）　アドルフ・フォン・ハルナック（ヨハン・ヒンリヒ・クラウセン著　安酸敏眞訳）　アルフレッド・ロワジー／クラウス・アルノルト／著　安酸敏眞／訳．エルンスト・トレルチ（フリードリヒ・ヴィルヘルム・グラーフ著　安酸敏眞訳）　ルドルフ・ブルトマン　パウル・ティリッヒ（アルフ・クリストファーセン著　佐藤貴史訳）　カール・バルト（イェルク・ディールケン著　安酸敏眞訳）　ラインホルド・ニーバー／H・リチャード・ニーバー（リチャード・クルーター著　安酸敏眞訳）　カール・ラーナー（ローマン・A・ジーベンロック著　安酸敏眞訳）

＊多彩にして曲折に富む2000年の神学史の中で、特に異彩を放つ古典的代表者を精選し、彼らの生涯・著作・影響を通して神学の争点と全体像を描き出す心憎い試み。下巻では正統主義の時代から20世紀に至るまでの17名の神学者を紹介する。

◇ブルトマン　笠井恵二著　新装版　清水書院　2015.9　204p　19cm　〈Century Books―人と思想 46〉〈文献あり　年譜あり　索引あり〉　1000円　①978-4-389-42046-8　Ⓝ191

[内容] 1 学者となるまで（学生時代　学位と大学教授資格）　2 『共観福音書伝承史』と『イエス』（様式史的研究　弁証法神学運動への参加　画期的な『イエス』ナチスの支配　イエスの到来の意味について）　3 非神話化をめぐって（非神話化の提唱　奇跡についてボンヘッファーの評価　目に見えない世界についてバルトの対応　ブルンナーとゴーガルテン）　4 ブルトマンの業績（非神話化以外の著作・論文　ブルトマンの歴史観）　5 ブルトマンと継承者たち（愛と誠実の人　ブルトマンを継承する人々）

ブルトン, A. 〔1896～1966〕 Breton, André

◇あの日々のすべてを想い起こせ―アンドレ・ブルトン最後の夏　ラドヴァン・イヴシック著，松本完治訳　京都　エディション・イレーヌ　2016.9　160p　21cm　〈著作目録あり〉　2500円　①978-4-9909157-0-4　Ⓝ950.278

[内容] あの日々のすべてを想い起こせ―アンドレ・ブルトン最後の夏（ラドヴァン・イヴシック）　屈せざる孤独の森―ブルトンとイヴシック "解題にかえて"（松本完治）
＊1966年晩夏、ブルトンの死に至る衝撃の真実が今、明かされる！　晩年のブルトンと行動を共にした著者が、圧制下のザグレブから逃れ、パリでブルトンに出会い、その死に立ち会うまでの記憶を綴った渾身の回想録。

ブルーナ, D. 〔1927～2017〕 Bruna, Dick

◇ディック・ブルーナ　ミッフィーと歩いた60年　森本俊司著　ブルーシープ　2015.4　267p　19cm　〈他言語標題：Dick Bruna　年譜あり　著作目録あり〉　1800円　①978-4-908356-00-1　Ⓝ726.601

[内容] 序章 知られざるブルーナ　1章 夢のような少年時代　2章 戦争の影　3章 破天荒な青年時代　4章 デザイナーとして　5章 ブルーナの芸術理論　6章 うさこちゃんの世界　7章 日本への思い　8章 ブルーナ、未来へ　終章 今日よりももっといいものを。もっともっとシンプルに
＊いま、大人にこそ知ってほしい。だれもが笑顔になる絵本の秘密。ブルーナとその関係者に取材を続けてきた森本俊司が、絵本に込められた作者の想いに迫る。

◇ミッフィーからの贈り物―ブルーナさんがはじめて語る人生と作品のひみつ　ディック・ブルーナ著，講談社編　講談社　2015.4　190p　15cm　〈講談社文庫 ふ80-1〉〈『ディック・ブルーナ』（2005年刊）の改題、一部改訂　文献あり　年表あり〉　690円　①978-4-06-293079-6　Ⓝ726.601

内容 第1章 ミッフィーは小さな友だち　第2章 なつかしい日々　第3章 ブルーナ・スタイルへの出発　第4章 ミッフィーとブラック・ベア　第5章 「好きなこと」を見つめて　第6章 自分のスタイル　第7章 絵本の登場人物たち　第8章 まっすぐに正直に

＊「ミッフィー」の作者、ディック・ブルーナさんがはじめて語ってくれたインタビュー集『ディック・ブルーナ ぼくのこと、ミッフィーのこと』の文庫版です。ミッフィー誕生のひみつや夢を実現するヒント、失敗ののりこえかたなどブルーナさんから届いたことばの贈り物をあなたへ。

◇ディック・ブルーナのすべて　改訂版　講談社　2018.2　127p　24cm　〈他言語標題：All about Dick Bruna　文献あり　著作目録あり　年譜あり〉　2800円　Ⓘ978-4-06-220968-7　Ⓝ726.601

内容 1 ブルーナ絵本の人気者たち（ミッフィー　ボリス＆バーバラ　ほか）　2 ブルーナ世界の秘密（6色のメッセージ　シンプルの法則　ほか）　3 ディック・ブルーナの素顔（ディック・ブルーナ物語　ブルーナの一日　ほか）　4 ブルーナの国・オランダ紀行（ブルーナゆかりの地を訪ねて　ブルーナ読者を訪ねて）　5 世界に広がるブルーナの仕事（装丁　ポスター　ほか）

＊ミッフィーの生みの親・ディック・ブルーナへのインタビュー、誕生から生涯をたどるブルーナ物語、初めての絵本から遺作となった未発表絵本まで紹介した永久保存版。

ブルーナー, J.S. 〔1915～2016〕
Bruner, Jerome Seymour

◇幼児教育入門―ブルーナーに学ぶ　サンドラ・シュミット著, 野村和訳　明石書店　2014.6　210p　21cm　〈文献あり〉　2500円　Ⓘ978-4-7503-4034-0　Ⓝ376.11

内容 第1章 ジェローム・ブルーナーの生い立ちとの時代　第2章 ジェローム・ブルーナーの心の人生　第3章 心と意味　第4章 素晴らしき赤ちゃん　第5章 コミュニケーションから話すことへ　第6章 名付けと指示の学習　第7章 依頼と質問の学習　第8章 ペダゴジーと学習　第9章 ナラティヴ：物語をつくる

◇ブルーナーの「文化心理学」と教育論―「デューイとブルーナー」再考　嶋口裕基著　勁草書房　2018.11　446p　22cm　〈索引あり〉　9000円　Ⓘ978-4-326-25130-8　Ⓝ371.253

内容 序章 本書の研究目的と構成　第1章 「文化心理学」の形成過程1―生い立ちから第二次世界大戦まで　第2章 「文化心理学」の形成過程2―知覚の研究から乳幼児の言語獲得研究まで　第3章 「文化心理学」の構造　第4章 形成過程から見る『教育という文化』における教育論の特徴　第5章 「2つの思考様式」と「構成主義」の吟味　第6章 「2つの思考様式」と教育　第7章 「フォークペダゴジー」　第8章 「デューイとブルーナー」再考の必要性　第9章 「デューイとブルーナー」再考　終章 本書の要約と今後の課題

＊『教育の過程』を著したJ・ブルーナーの教育論は、「文化心理学」の提唱の前後でどう変遷したのか。その後の著作、『教育という文化』に代表される教育論を詳細に論究するとともに、J・デューイの教育論との比較検討も行う。

ブルーネル, I. 〔1806～1859〕
Brunel, Isambard Kingdom

◇客船の時代を拓いた男たち　野間恒著　交通研究協会　2015.12　222p　19cm　（交通ブックス 220）〈文献あり　年表あり　索引あり　発売：成山堂書店〉　1800円　Ⓘ978-4-425-77191-2　Ⓝ683.5

内容 1 イザンバード・ブルーネル―時代に先行した巨船にかけた技術者　2 サミュエル・キュナードとエドワード・コリンズ―熾烈なライバル競争を展開した北大西洋の先駆者たち　3 浅野総一郎―日の丸客船で太平洋航路に切り込んだ日本人　4 ハーランド＆ウルフをめぐる人びとと美しい船造りに取り組んだネイバル・アーキテクトたち　5 アルベルト・バリーン―ドイツ皇帝の恩愛のもと世界一の海運会社に育てあげた海運人　6 和辻春樹―京都文化を体したスタイリッシュな客船を産みだしたネイバル・アーキテクト　7 ウィリアム・ギブズ―20世紀の名客船ユナイテッド・ステーツを産んだネイバル・アーキテクト

＊船を造り、運航させることに人生を捧げた熱き男たちの物語！　19世紀から20世紀初頭、欧州各国では速く、大きな大西洋航路定期船を造ることに国威をかけて凌ぎを削っていた。やがて巨大な豪華客船への挑戦が始まる。他方、アメリカは国が持つ世界一の船造りに情熱を燃やす。そして日本では、海運会社の誕生、海外にいくつもの航路を開設し、美しい客船が造られていく。本書の主人公は、これらの船を造った男たち。ライバル船会社との熾烈な争い、海難事故、戦争など数々の至難を乗り越えながらも船造りに挑み続けた彼らのドラマである。

ブルーノ（ケルンの）〔1030頃～1101〕
Bruno von Köln

◇沈黙すればするほど人は豊かになる―ラ・グランド・シャルトルーズ修道院の奇跡　杉崎泰一郎著　幻冬舎　2016.7　182p　18cm　（幻冬舎新書 す-8-1）〈文献あり〉　780円　Ⓘ978-4-344-98423-3　Ⓝ198.25

内容 第1章 修道院とはどのようなところか（世界のさまざまな修道院　日本における修道院　ほか）　第2章 ヨーロッパの修道院の歴史（修道院の成り立ち1―エジプトのアントニオス　修道院の成り立ち2―エジプトのパコミオス　ほか）　第3章 ラ・グランド・シャルトルーズ修道院のあゆみ（秘境を訪ねて　ケルンのブルノ―その生い立ちと経歴　ほか）　第4章 孤独と沈黙の生活（修道院までの道のり　門前へ　ほか）　第5章 共同生活と修道院の管理運営（和やかな仲間たち　修道院の管理運営　ほか）

＊机、寝台、祈祷台のほかは、ほとんど何もない個室で、一日の大半を祈りに捧げる。孤独と沈黙と清貧の日々―フランス南東部の山中にあるラ・グランド・シャルトルーズ修道院では、男性修道士たちが、九〇〇年前と変わらぬ厳しい修行生活を、いまも送っている。溢れるモノと情報の中に生きる私たちよりも、彼らのほうが、はるかに自由で豊かで幸せに見えるのはなぜなのか？　映画『大いなる沈黙へ』で感動を呼んだ神秘の修道院の歴史とそこでの生活から、修業時代に真に必要なもの

ブルビッツ, グドルーン
⇒ヒムラー, G. を見よ

フルベッキ, G.〔1830〜1898〕
Verbeck, Guido Fridolin

◇キリスト教学校教育史話―宣教師の種蒔きから成長した教育共同体　大西晴樹著　教文館　2015.2　220p　19cm　2600円　①978-4-7642-6991-0　Ⓝ377.21

> 内容 第1章「ピューリタン」ヘボン―その光と影　第2章 アメリカ長老・改革教会宣教師ヘボン、ブラウン、フルベッキの功績―W.E.グリフィスによる伝記から　第3章 二〇世紀初葉の日本基督教会と明治学院　第4章 キリスト教大学設立運動と教育同盟　第5章 神社参拝とキリスト教学校　第6章「キリスト教学校教育論」論争史　第7章 教育同盟の一〇〇年、そして未来に向けての五つの提言

＊宣教師の働きから芽生えたプロテスタント・キリスト教による学校教育は、近現代史にどのような足跡を残し、信教と教育の自由を脅かす諸問題とどう対峙してきたのか？　明治学院大学で、キリスト教学校教育同盟で重職を歴任した著者が、日本のキリスト教学校教育の淵源からその将来までを通観する小史。

◇近代国家「明治」の養父G.F.フルベッキ博士の長崎時代　森田吉, 長崎学院長崎外国語大学「新長崎学研究センター」準備室著　〔出版地不明〕　粟屋曠　2016.3　199p　30cm　〈文献あり　年譜あり〉　Ⓝ198.3862

ブルーベリ, M.A.〔1856〜1910〕
Vrubel', Mikhail Aleksandrovich

◇デーモンの画家ミハイル・ヴルーベリ―その生涯と19世紀末ロシア　植田樹著　彩流社　2016.12　328,13p　22cm　〈他言語標題：Художник Демона МИХАИЛ ВРУБЕЛЬ　文献あり　年表あり　索引あり〉　3500円　①978-4-7791-2278-1　Ⓝ723.38

> 内容 第1章 画家への道（生い立ち　美術院に再入学）　第2章 キエフでの夢と挫折（キエフへの旅立ち　ビザンチン美術との出会い　ほか）　第3章 モスクワの表舞台で（一文無しの漂着者　富豪マーモントフとの出会い　ほか）　第4章 艶れたデーモン（忍び寄る狂気　狂気の発現　ほか）

＊異端の天才画家、初の本格的な評伝！　信念の生き様と彼を取り巻く芸術家たち。

ブルーム, M.〔1978〜〕　Bloom, Molly

◇モリーズ・ゲーム　モリー・ブルーム著, 越智睦訳　ハーパーコリンズ・ジャパン　2018.5　455p　15cm　（ハーパーBOOKS NF・73・1）　944円　①978-4-596-55086-6　Ⓝ289.3

> 内容 第1部 ビギナーズ・ラック　第2部 ハリウッディング　第3部 プレイング・ザ・ラッシュ　第4部 クーラー　第5部 チップアンドチェア　第6部 コールドデック

＊田舎からLAに出てきたばかりのモリーはある晩、裕福な経営者からプライベートなポーカーの手伝いを頼まれた。連絡先リストにはレオナルド・ディカプリオら大物セレブや有名資産家の名が並び、一晩で稼いだチップは月収を超えた。その夜を境にして、モリーは億単位の金が動く極秘ポーカーの主催者へと瞬く間にのしあがっていく。FBIに逮捕される朝まで―。謀略に満ちた裏社会の回顧録！

ブルンストローム, S.〔1898〜1988〕
Brunnstrom, Signe

◇伝記 シグネ ブルンストローム―理学療法の先駆者、臨床の大家そして誰よりも人々を愛し、愛された女性の物語　ジェイ・シュライコーン著, 古澤正道, ラトン桃子訳　シービーアール　2018.11　254p　21cm　〈著作目録あり〉　2200円　①978-4-908083-38-9　Ⓝ289.3

ブルンヒルド〔543頃〜613〕　Brunhilda

◇王妃たちの最期の日々　上　ジャン＝クリストフ・ビュイッソン, ジャン・セヴィリア編, 神田順子, 土居佳代子, 谷口きみ子訳　原書房　2017.4　240p　20cm　2000円　①978-4-562-05385-8　Ⓝ288.493

> 内容 1 破れた夢―クレオパトラ/アレクサンドリア、紀元前三〇年八月　2 殺された殺人者―アグリッピーナ/ナポリ湾にて、五九年三月　3 責め苦を受けて果てた王妃―ブルンヒルド/ルネーヴ、六一三年　4 高齢のカーアリエノール・ダキテーヌ/ポワティエ、一二〇四年三月三一日　5 敬虔なキリスト教徒としての死―カトリック女王イサベル一世/メディナ・デル・カンポ、一五〇四年一一月二六日　6 斬首された女王―メアリ・ステュアート/フォザリンゲイ、一五八七年二月八日　7 孤独な最期―カトリーヌ ド・メディシス/ブロワ、一五八七年一月五日　8 かくも長き臨終の苦しみ―アンヌ・ドートリッシュ/パリ、一六六六年一月二〇日　9 プロテスタントに生まれカトリックとして死ぬ―スウェーデン女王クリスティーナ/ローマ、一六八九年四月一九日　10 模範的な死―マリア＝テレジア/ウィーン、一七八〇年一一月二九日

＊クレオパトラ、メアリ・ステュアート、カトリーヌ・ド・メディシス、マリア＝テレジア…尊厳、狂気、孤独、幽閉…世界史に大きな影響をあたえたさまざまな人生と運命を描く物語！

ブレイク, W.〔1757〜1827〕　Blake, William

◇イラストで読む奇想の画家たち　杉全美帆子著　河出書房新社　2014.12　127p　21cm　〈文献あり　年表あり〉　1600円　①978-4-309-25558-3　Ⓝ723.3

> 内容 第1章 西洋美術史に見る「奇想絵画の系譜」　第2章 奇想の画家たち―作品と人生（ボス　デューラー　カラヴァッジョ　ゴヤ　ブレイク　ルドン　ルソー）

＊ちょっと不気味で、妙に心に残る絵を描いた画家の人生とは!?　我が道を行く奇才の画家たちのおもしろエピソードが満載！　豊富な作品とイラストでその生涯にせまる、待望の一冊。

フレイザー, A.〔1952〜2015〕 Fraser, Andy
◇フリー・ザ・コンプリート―伝説のブリティッシュ・ブルース・ロックバンド、栄光と苦悩　デヴィッド・クレイトン, トッド・K.スミス著, 葛葉哲哉訳　Du Books　2017.11　277p　31cm　〈発売：ディスクユニオン〉　4200円　Ⓘ978-4-86647-024-5　Ⓝ764.7
[内容] ポール・コゾフ　サイモン・カーク　ポール・ロジャース　アンディ・フレイザー　胎動―High Octane Blues　熱情―Tons Of Sobs　亀裂―I'll Be Creeping　停滞―Growing Pains　暁光―All Right Now　陶酔―Freemania〔ほか〕
＊本書に書かれているのは、フリーの盛衰である。シングルとアルバムがヒットした興奮の日々、そして、それが原因となり、1971年、最初の解散を迎える。短い期間を駆け抜けたバンド（コゾフ・カーク・テツ・ラビット、ピース、トビー）を経て、1972年に再結成。その理由が語られる。1973年、最終的な解散。それがバッド・カンパニー、シャーク、バック・ストリート・クローラーにつながり、1976年、ポール・コゾフが悲劇的な最後を遂げる。フリーは本当に終わったのであった。

ブレゲ, A.L.〔1747〜1823〕 Bréguet, Abraham Louis
◇ブレゲの生涯　デイビッド・ライオネル・サロモンズ著, 松下健治校正・翻訳　浜松　フュゼ　2016.4　290p　21cm　〈アンティーク時計学叢書〉〈他言語標題：The life of Breguet　文献あり　英語併記〉　Ⓘ978-4-908795-00-8　Ⓝ535.2

ブーレーズ, P.〔1925〜2016〕 Boulez, Pierre
◇偉大なる指揮者たち―トスカニーニからカラヤン、小澤、ラトルへの系譜　クリスチャン・メルラン著, 神奈川夏子訳　ヤマハミュージックメディア　2014.11　389,7p　21cm　2800円　Ⓘ978-4-636-90301-0　Ⓝ762.8
[内容] アルトゥーロ・トスカニーニ　ウィレム・メンゲルベルク　セルゲイ・クーセヴィツキー　ピエール・モントゥー　ブルーノ・ワルター　サー・トーマス・ビーチャム　レオポルド・ストコフスキー　エルネスト・アンセルメ　オットー・クレンペラー　ヴィルヘルム・フルトヴェングラー
＊指揮の特徴や楽団員からの評価、生い立ちや普段の振る舞い、家族関係など、50人のマエストロたちの素顔を描き出す。オーケストラ指揮の知られざる側面に迫った評伝集。

◇ブーレーズ／ケージ往復書簡―1949-1982　ブーレーズ, ケージ著, J.=J.ナティエ,R.ピアンチコフスキ編, 笠羽映子訳　みすず書房　2018.4　323p　22cm　〈索引あり〉　6200円　Ⓘ978-4-622-08685-7　Ⓝ762.35
[内容] ピエール・ブーレーズからジョン・ケージに宛てた手紙（おそらく1949年5月22日）　シュザンヌ・テズナス宅においてジョン・ケージのプリペアード・ピアノのための"ソナタと間奏曲"を紹介する目的でピエール・ブーレーズが用意した原稿（1949年6月17日）　ピエール・ブーレーズからジョン・ケージに宛てた手紙（1949年11月27日）　ジョン・ケージからピエール・ブーレーズに宛てた手紙　日曜日、12月4日（1949年）　ジョン・ケージ「現代音楽の存在理由」（1949年）　ピエール・ブーレーズからジョン・ケージに宛てた手紙（1950年1月3日、11日および12日）　ジョン・ケージからピエール・ブーレーズに宛てた手紙　1月17日（1950年）　ピエール・ブーレーズからジョン・ケージに宛てた手紙（1950年4月）　ジョン・ケージからピエール・ブーレーズに宛てた手紙（1950年2月末から3月7日の間）　ジョン・ケージからピエール・ブーレーズに宛てた手紙（1950年4月半ば）〔ほか〕
＊20世紀の音楽・芸術を代表したジョン・ケージとピエール・ブーレーズ。二人の50通に及ぶ往復書簡と論考から明らかになる現代音楽創造の現場と二人の共感、距離感、決裂…待望のドキュメント。

プレストン, K.〔1984〜〕 Preston, Katherine
◇吃音を生きる―言葉と向き合う私の旅路　キャサリン・プレストン著, 辻絵里訳　東京書籍　2014.8　328p　19cm　〈文献あり　索引あり〉　1600円　Ⓘ978-4-487-80877-9　Ⓝ936
[内容] 第1部　英国にて（創造神話　どうすればいいの？　鏡に囲まれて　戦術戦　恋愛遊戯の技法　ガラスの天井を築く　治療法を求めて）　第2部　アメリカにて（言葉という綱　愛という名の治療薬　ロールモデル　手放すことを学ぶ）
＊吃音のある英国人女性による自叙伝。吃り始めた7歳の頃から、米国に渡って吃音と共に生きることを受け入れる20代後半までの過程が、生き生きとした筆致で描かれており、同時に、数多くの吃音当事者とその家族、専門家、スピーチセラピストへのインタビューをはじめ、米国における吃音研究の現況、治療法の歴史、映画『英国王のスピーチ』評などの記述が組み込まれ、吃音の問題を主観と客観の両面から多角的に見つめた作品となっている。

プレスラー, M.〔1923〜〕 Pressler, Menahem
◇メナヘム・プレスラーのピアノ・レッスン―音楽界の至宝が語る、芸術的な演奏へのヒント　永久保存版全23曲のレッスンコメント収録　ウィリアム・ブラウン著, 瀧川淳訳　音楽之友社　2017.10　287p　21cm　〈文献あり　索引あり〉　3700円　Ⓘ978-4-276-14802-4　Ⓝ762.53
[内容] 1　教師としての人生（略歴　レッスン室　プレスラーが受けた教育　ドビュッシー・コンクール　アメリカで得たチャンス　ほか）　2　レッスン（バッハ、ヨハン・セバスティアン　バルトーク、ベーラ　ベートーヴェン、ルートヴィヒ・ヴァン　ブラームス、ヨハネス　ショパン、フレデリック　ほか）
＊ボザール・トリオでの活動で室内楽界に金字塔を打ち立て、90歳にしてベルリン・フィルとの初共演を果たした伝説的ピアニスト、プレスラー。なぜ、彼の演奏には心揺さぶられるのか―？　その秘訣がこの1冊で明かされる。半生、音楽のつくり方、演奏を芸術にまで高める方法、効率的な練習方法…そして、全23曲の実際のレッスンコメントを小節ごとにまとめた "Part 2" は永久保存版です!!

プレスリー, E. 〔1935～1977〕
Presley, Elvis

◇エルヴィスの真実―ゴスペルを愛したプレスリー　ジョー・モスケイオ著，中嶋典子訳　いのちのことば社フォレストブックス　2016.8　228,4,6p 図版32p 19cm　(Forest Books)　2000円　①978-4-264-03319-6　Ⓝ767.8

プレゾントン, A.J. 〔1808～1894〕
Pleasonton, Augustus James

◇バンヴァードの阿房宮―世界を変えなかった十三人　ポール・コリンズ著，山田和子訳　白水社　2014.8　425,21p 20cm　〈文献あり 著作目録あり〉　3600円　①978-4-560-08385-7　Ⓝ283

内容　バンヴァードの阿房宮―ジョン・バンヴァード　贋作は永遠に―ウィリアム・ヘンリー・アイアランド　空洞地球と極地の穴―ジョン・クリーヴズ・シムズ　N線の目を持つ男―ルネ・ブロンロ　音で世界を語る―ジャン・フランソワ・シュドル　種を蒔いた人―イーフレイム・ウェールズ・ブル　台湾人ロンドンに現る―ジョージ・サルマナザール　ニューヨーク空圧地下鉄道―アルフレッド・イーライ・ビーチ　死してもはや語ることなし―マーティン・ファークワ・タッパー　ロミオに生涯を捧げて―ロバート・コーツ　青色光狂騒曲―オーガスタス・J プレゾントン　シェイクスピアの墓をあばく―ディーリア・ベーコン　宇宙は知的生命でいっぱい―トマス・ディック

＊その時、歴史は動かなかった！ 世界最長のパノラマ画、地球空洞説、驚異な放射線"N線"、音楽言語、空圧式地下鉄、新発見のシェイクスピア劇…壮大な夢を追求し、敗れ去った人々の数奇な物語。

プレトリウス, J.C. 〔1730～1797?〕
Praetorius, Jakob Chrysostomus

◇ドイツ奇人街道　森貴史，細川裕史，溝井裕一著　吹田　関西大学出版部　2014.7　331p 19cm　〈文献あり〉　2000円　①978-4-87354-586-8　Ⓝ283.4

内容　フレンスブルク・ひとりの女性の勇敢なる挑戦―ベアーテ・ウーゼ(Beate Uhse、1919～2001)　エッカーンフェルデ・「不死の男」の終焉―サン＝ジェルマン伯爵(Graf von Saint Germain、1691？～1784)　ハンブルク・ドイツの「海賊王」の運命―クラウス・シュテルテベーカー(Klaus Störtebeker、？～1400)　メルン・中世を旅したイタズラ者―ティル・オイレンシュピーゲル(Till Eulenspiegel、1300ごろ～50)　シュタインフーデ・シュタインフーデ湖の怪魚―ヤーコプ・クリュソストムス・プレトリウス(Jakob Chrysostomus Praetorius、1730～？)　ボーデンヴェルダー・「ほらふき男爵」の笑えない人生―ヒエロニムス・フォン・ミュンヒハウゼン(Hieronymus von Münchhausen、1720～97)　ベルリン・絶滅動物を「よみがえらせてしまった」動物園長―ルッツ・ヘック(Lutz Heck、1892～1983)　ライプツィヒ・「魔法使いファウスト」の実像をあばく―ゲオルギウス・ファウストゥス(Georgius Faustus、1460/80～1540ごろ)　インゴルシュタット・秘密結社イルミナティの真実―アダム・ヴァイスハウプト(Adam Weishaupt、1748～1830)　アンスバッハ・ヨーロッパを騒がせた謎の少年―カスパー・ハウザー(Kaspar Hauser、？～1833)　フリードリヒスハーフェン・伯爵の空への異常な愛情―フェルディナント・ツェッペリン伯爵(Ferdinand Graf von Zeppelin,1838～1917)　ジンメルン(ライン・モーゼル地方)・ライン地方の山賊たち―シンダーハンネスとシュヴァルツァー・ペーター(Schinderhannes,1777？～1803/Schwarzer Peter,1752～1812)

フレネル, A.J. 〔1788～1827〕
Fresnel, Augustin Jean

◇灯台の光はなぜ遠くまで届くのか―時代を変えたフレネルレンズの軌跡　テレサ・レヴィット著，岡田好惠訳　講談社　2015.10　299p 18cm　(ブルーバックス B-1939)〈索引あり〉　1080円　①978-4-06-257939-1　Ⓝ557.5

内容　序章 暗く危険な海　第1章 それは、一人の男の野望から始まった　第2章「灯台の光」への挑戦　第3章 より確かな輝きを求めて　第4章 引き継がれた遺志　第5章 遅れをとった大国、アメリカ　第6章 南北戦争と灯台　第7章 黄金時代の到来

＊1800年代、海難事故が相次いでいたフランスで、暗い海を明るく照らす灯台が求められていた。小さな光を効率よく、より遠くまで届けるにはどうすればいいか―その難題に挑んだのがフレネルだった。多くの命を救い、人々を魅了した、世界中に広まったフレネルレンズとは何か。いわゆるオタクで内気だった青年が信念を貫いて築きあげた19世紀の偉大な業績に迫る。

プレハーノフ, G.V. 〔1856～1918〕
Plekhanov, Georgij Valentinovich

◇レーニンの誤りを見抜いた人々―ロシア革命百年、悪夢は続く　鈴木肇著　恵雅堂出版　2014.11　233p 18cm　〈年表あり　文献あり〉　1060円　①978-4-87430-039-8　Ⓝ238.07

内容　ロシア社民主義の英才ポトレソフ―レーニンの同志から政敵へ／親西欧・「祖国防衛派」を率いるロシア社民主義の父アクセリロード―「反レーニン、反独裁」を貫く／柔軟な戦術家、広い国際人脈　栄誉を取り戻すプレハーノフ―レーニンの危険性を見破る／亡命37年、祖国防衛の愛国者に　マルクス学大家の明暗―リャザーノフとニコラエフスキー　改革一筋の人民社会党―過激ロシアで良識を貫く　ドイツとロシアの社民党―深い絆をレーニンが断つ／「右派」の力が明暗を分ける　救国思想家ストルーヴェを知ろう―独裁と戦い、自由保守主義を大成　レーニンも恐れた名将ウランゲリ―クリミア撤退で十四万人余を救う／ロシア国内戦史の大逆転を

ブレヒト, B. 〔1898～1956〕 Brecht, Bertolt

◇ブレヒト　岩淵達治著　新装版　清水書院　2015.9　232p 19cm　(Century Books―人と思想 64)〈文献あり 年譜あり 索引あり〉　1000円　①978-4-389-42064-2　Ⓝ940.278

内容　1 ブレヒトの旅立ち(ドイツとブレヒト　既成演劇への挑戦　ファシズム前夜) 2 戦火のヨーロッパ(デンマークの藁屋根の下で　靴紐のように国を変えながら) 3 イージー・ゴーイングの国で(アメリカのドイツ人) 4 実践の途上で(帰郷と再建)

◇メイエルホリドとブレヒトの演劇　キャサリン・ブリス・イートン著，谷川道子，伊藤愉編訳　町田　玉川大学出版部　2016.11　338p　20cm　〈索引あり〉　3800円　Ⓘ978-4-472-30309-8　Ⓝ772

内容　第1章 ブレヒトのメイエルホリド演劇との出会い　第2章「誰もが私を見るように、私にも皆が見えるように」　第3章「役者は、舞台の小さな台の皿に取り分けて給仕されるべきだ」　第4章「これ見よがしのプロレタリア的なみすぼらしさ」　第5章 結論—トロイの木馬　付録　論考

＊激動の時代を生きた二人の演劇人の関係を歴史と文化交流のなかに生き生きと描き出す。本書の深い理解へ誘うベンヤミンのエッセイ（本邦初訳）と谷川道子、伊藤愉、鴻英良の論考を収録。

フレーベル, F.W.A.〔1782〜1852〕
Fröbel, Friedrich Wilhelm August

◇フレーベルの晩年—死と埋葬　エレオノーレ・ヘールヴァルト編，小笠原道雄，野尻慎二訳　東信堂　2014.8　214p　19cm　〈著作目録あり〉　2200円　Ⓘ978-4-7989-1244-8　Ⓝ289.3

内容　1 フレーベルの再婚　2 プロイセンにおける幼稚園禁止令　3 リーベンシュタインでの教育者会議　4 最後の活動—一八五一年から五二年にかけての冬　5 七〇歳の誕生日　6 ゴータでの教師会議　7 死と埋葬　8 補遺

＊フレーベルの晩年を伝える資料は意外なほど少ない。本書は、フレーベルの使徒ともいうべき、フレーベル運動における重要な教育者・著述家の編纂により、フレーベル晩年の再婚、フレーベル式幼稚園禁止令による波紋、病と死、そしてその葬送に至る生活と諸活動を生き生きと描き出した貴重な文献である。

◇フレーベル　小笠原道雄著　新装版　清水書院　2014.9　263p　19cm　（Century Books—人と思想　164）〈文献あり　年譜あり　索引あり〉　1000円　Ⓘ978-4-389-42164-9　Ⓝ289.3

内容　1 生涯と活動（幼年時代と少年時代　徒弟と遍歴の時代　カイルハウ—球体的教育のモデル　スイス時代　晩年　影響）　2 作品（主著『人間の教育』（一八二六年）　遊具—遊具への関心　家庭育児書『母の歌と愛撫の歌』（一八四四年））

◇遊びが子どもを育てる—フレーベルの〈幼稚園〉と〈教育遊具〉　マルギッタ・ロックシュタイン著，小笠原道雄監訳，木内陽一，松村納央子訳　福村出版　2014.12　97p　22cm　〈文献あり　年譜あり〉　2500円　Ⓘ978-4-571-11034-4　Ⓝ376.1234

内容　フリードリヒ・フレーベル博物館について　フリードリヒ・フレーベルの生涯（子ども時代と青年時代　1805年、教職に就くことを決意する）　遊びと教育遊具（"与えられしもの"　第1教育遊具—球体　第2教育遊具—球体、円柱、立方体　第3教育遊具—立方体の集合　第4教育遊具—新たな形、直方体　第5教育遊具—"屋根の形"　第6教育遊具—さまざまな形の直方体　平面の教育遊具—木製の色板　折り紙と切り絵　直線の作業具　点の作業具　多様な素材を組み合わせる）　フリードリヒ・フレーベルの年譜　よりよくフレーベルを知るために

◇フレーベル教育学入門—生涯と教育思想　豊泉清浩著　川島書店　2017.3　194p　21cm　〈文献あり〉　2200円　Ⓘ978-4-7610-0916-8　Ⓝ371.234

内容　第1部 フレーベルの生涯（生い立ち　教育者を目指す　学園創設から幼児教育へ　幼稚園の創設　晩年）　第2部 フレーベルの教育学（『人間の教育』における教育原理　学校構想から幼児教育へ　幼稚園の構想　父性と母性　フレーベル主義幼稚園の展開）

＊『フレーベル教育学研究』の解説書ならびに入門書。第一部では、フレーベルの生涯について、生い立ちから青年時代へ、そして学園の創設と挫折、遊具の開発、幼稚園の創設と普及、幼稚園禁止令といった流れを、彼の心の葛藤と不屈の精神に焦点を当てて描いた。第二部では、フレーベル教育学について、『人間の教育』における教育原理、学校構想から幼児教育へ、幼稚園の構想、父性と母性、フレーベル主義幼稚園の展開について論じている。

フレミング, W.P.〔1857〜1911〕
Fleming, Williamina Paton Stevens

◇現代天文学史—天体物理学の源流と開拓者たち　小暮智一著　京都　京都大学学術出版会　2015.12　634p　22cm　〈他言語標題：History of Modern Astronomy　文献あり　年表あり　索引あり〉　4900円　Ⓘ978-4-87698-882-2　Ⓝ440.12

内容　第1部 天体分光学（「新天文学」の開幕　星の分光分類とHD星表）　第2部 星の構造と進化論（星の進化論とHR図表　熱核反応と星の進化論）　第3部 銀河天文学と宇宙論（銀河と星雲の世界　銀河系の発見　宇宙論の源流）　第4部 現代天文学へ（日本における天体物理学の黎明　現代天文学への展開）

＊初めて星の化学組成を明らかにしたロンドンのアマチュア天文家ハギンス、太陽をガス体と見なした特許調査官レーン、自作の望遠鏡で天空を探査した音楽家ハーシェル…18世紀末から19世紀中葉にかけて現代天文学の扉を開いた彼らは、いずれも学界に縁のないアマチュア天文家だった。星の位置と運動を対象とする古典天文学から天体の物理的構造を探る天体物理学へ、その転換期を担った人々の生涯と研究を軸に、現代天文学の歴史をたどる。

ブレーン, G.〔1749〜1834〕Blane, Gilbert

◇壊血病—医学の謎に挑んだ男たち　スティーブン・R・バウン著，中村哲也監修，小林政子訳　国書刊行会　2014.8　262p　20cm　（希望の医療シリーズ）〈文献あり　年表あり〉　2500円　Ⓘ978-4-336-05799-0　Ⓝ493.13

内容　第1章 一八世紀の航海—壊血病の時代　第2章 壊血病—海の疫病　第3章 南洋での大惨事と勝利—アンソン卿の悲劇の航海　第4章 見失われた発見—治療法の研究が始まる　第5章 予防の片鱗—ジェームズ・リンドとソールズベリー号上の実験　第6章 もつれをほどく—ロブと芽芽汁と海の実験　第7章 ジェームズ・クック船長の太平洋航海　第8章 影響力のある男—ギルバート・ブレーンと西インド諸島艦隊　第9章 大陸封鎖—壊血病の撲滅とナポレオン　結び 謎の解明

＊大航海時代、200万人の船乗りが壊血病に命を奪わ

れた。恐怖の病にリンド医師、クック船長、ブレーン卿が挑む!!

フレンケル, E. 〔1968～〕 Frenkel, Edward

◇数学の大統一に挑む　エドワード・フレンケル著，青木薫訳　文藝春秋　2015.7　484p　20cm　2200円　Ⓘ978-4-16-390280-7　Ⓝ410

内容　はじめに　隠されたつながりを探して　人はいかにして数学者になるのか？　その数学がクォークを発見した　五番目の問題　寒さと逆境に立ち向かう研究所　ブレイド群　独裁者の流儀　大統一理論　「フェルマーの最終定理」　ロゼッタストーン　次元の影　日本の数学者の論文から着想を得る　泌尿器科の診断と数学の関係　ハーバードからの招聘　「層」という考え方　ひとつの架け橋をかける　量子物理学の双対性　物理学者は数学者の地平を再発見する　愛の数式を探して　われわれの旅に終わりはない

＊憧れのモスクワ大学の力学数学部の試験に全問正解したにもかかわらず父親がユダヤ人であるために不合格。それでも少年は諦めず、数学を学び続けた。「ブレイド群」「リーマン面」「ガロア群」「カッツ・ムーディ代数」「層」「圏」…、まったく違ってみえる様々な数学の領域。しかし、そこには不思議なつながりがあった。やがて少年は数学者として、異なる数学の領域に架け橋をかける「ラングランズ・プログラム」に参加。それを量子物理学にまで拡張することに挑戦する。ソ連に生まれた数学者の自伝がそのまま、数学の壮大なプロジェクトを叙述する。

ブレンバヤル・ビレクト 〔1930～〕

◇脱南者が語るモンゴルの戦中戦後―1930～1950　ブレンバヤル・ビレクト述，佐々木健悦訳・補説　社会評論社　2015.4　282p　19cm　〈文献あり〉　2200円　Ⓘ978-4-7845-1353-6　Ⓝ289.2

内容　第1話　脱南者ブレンバヤル・ビレクト氏との出会い　第2話　我が故郷―南モンゴル・オルドスの地　第3話　小学校時代―百霊廟、フフ・ホト、張家口にて　第4話　蒙古軍官養成幼年学校　第5話　逃避行　第6話　憧れの国に至る―モンゴル人民共和国　第7話　国営農場での日々　第8話　ウランバートル第一中学校入学　補遺　近現代のモンゴル諸族の南北移住とその後

＊現在、モンゴル国第二の都市ダルハルに在住のビレクト氏からの「聞書」。故郷・オスドルの地誌・風物・行事・生活習慣、日本軍占領下の学校生活や南北モンゴル統一独立運動などの社会状況が詳細に証言されている。北モンゴルへの脱出後の体験をも含め、第二次世界大戦前後（一九三〇～一九五〇）のモンゴルの社会・歴史が照らし出される貴重な記録。

ブレンワルド, K. 〔1838～1899〕 Brennwald, Kaspar

◇ブレンワルドの幕末・明治ニッポン日記―知られざるスイス・日本の交流史　横浜開港資料館編　日経BP社　2015.11　252p　図版16p　20cm　〈発売：日経BPマーケティング〉　2000円　Ⓘ978-4-8222-5112-3　Ⓝ210.59345

内容　第1部　幕末・明治のスイスと日本（日本とスイスの通商条約の過程で　日本に向かう旅程で　居留地での暮らし　スイス人と日本の近代産業　さまざまな事件の中で）　第2部　カスパー・ブレンワルドの日記から（シンガポール滞在中の日記（一八六三年二月一日～一六日）　中国各地で記された日記（一八六三年三月六日～一九日）　使節団の来日（一八六三年四月一六日～二二日）　エンペラー号について記した日記（一八六三年五月三一日～六月四日）　横浜での消防ポンプ実験（一八六三年八月二四日～二六日）ほか）

＊激動の幕末期に来日したシイベル・ブレンワルド社（現在のスイス商社DKSHのルーツ）の創業者が残した貴重な日記を専門家が解説。歴史的写真を収録。

フロイス, L. 〔1532～1597〕 Fróis, Luís

◇ルイス・フロイスが見た異聞・織田信長　時空旅人編集部編　三栄書房　2018.9　223p　18cm　（サンエイ新書 11）　880円　Ⓘ978-4-7796-3735-3　Ⓝ210.48

内容　序章　信長、天下布武への布石　第1章　フロイス日本上陸から畿内での布教開始まで　第2章　信長とフロイスの出会い　第3章　太田牛一が語れなかった武将像　第4章　信長の覇業、その目撃者となる　終章　秀吉による天下統一と迫害　巻末付録　信長の戦いを検証す！

＊数ある織田信長の記録のなかで、宣教師ルイス・フロイスが綴った歴史書『日本史』の面白さは群を抜いた存在である。ポルトガルのカトリック司祭として戦国時代の日本を訪れた彼は、織田信長たち戦国武将と実際に出会い、10年以上の時間をかけて驚くほど緻密な記録を残した。織田信長とは一体どのような人物だったのか？　そこには後世の想像ではない、生々しいまでの人間・信長が描かれている。戦国時代研究の第一級史料『日本史』をもとにフロイスと信長、そして当時の戦国武将たちとの交流を紐解く。

フロイト, A. 〔1895～1982〕 Freud, Anna

◇精神分析家の生涯と理論―連続講義　大阪精神分析セミナー運営委員会編　岩崎学術出版社　2018.7　367p　21cm　3800円　Ⓘ978-4-7533-1138-5　Ⓝ146.1

内容　第1講　フロイト―その生涯と精神分析（福本修述）　第2講　アンナ・フロイト―その生涯と児童分析（中村留貴子述）　第3講　エリクソン―その生涯とライフサイクル論（鑪幹八郎述）　第4講　クライン―その生涯と創造性（飛谷渉述）　第5講　ウィニコット―児童精神科医であるとともに精神分析家であること（館直彦述）　第6講　ビオン―夢想すること・思索すること（松木邦裕述）　第7講　サリヴァン―その生涯と対人関係論（横井公一述）　第8講　コフート―その生涯と自己心理学、その先に彼が見たもの（富樫公一述）　第9講　間主観性理論・関係精神分析と米国の精神分析（吾妻壮述）　特別対談「精神分析を生きること」（狩野力八郎、松木邦裕述）

フロイド, L. 〔1922～2011〕 Freud, Lucian

◇ルシアン・フロイドとの朝食―描かれた人生　ジョーディ・グレッグ著，小山太一、宮本朋子訳

みすず書房　2016.1　327,28p 図版12p　21cm 〈索引あり〉　5500円　Ⓘ978-4-622-07944-6 Ⓝ723.33
　内容　朝食　ストーキング　若き日々　女性遍歴の始まり　オブセッション　ローナが遺したもの　キャロライン　絵の具　愛人たち　ある娘の物語　晩年の二人もモデル　ディーラーたち、そしてギャンブル　子孫　フィナーレ
　＊肖像画、というには剥き出しすぎる人間の姿を描きつづけたこの画家は、いったいなにに囚われていたのか？ 青年のとき一枚の絵に出くわして以来、フロイトを追いかけてきたイギリス人ジャーナリストが、本人との会話や彼を知る身近な人々（家族、友人、モデル、美術関係者…）への取材をもとにあらわす、初めて公刊されたルシアン・フロイド伝。

フロイト, S.〔1856～1939〕 Freud, Sigmund
◇比べてわかる！ フロイトとアドラーの心理学　和田秀樹著　青春出版社　2014.8　187p　18cm （青春新書INTELLIGENCE PI-430）〈文献あり〉　900円　Ⓘ978-4-413-04430-1　Ⓝ146.13
　内容　序章 "役に立つ"心理学へ―なぜ今、アドラー心理学なのか　1章 二人の心理学の出会い―共同研究者としてのフロイトとアドラー　2章 ぶつかる心理学―そして、みなフロイトから去っていく？　3章 否定されるフロイト、忘れ去られたアドラー　4章 そして再評価されるアドラーとフロイト　5章 心理学は今、どこまで人の心を癒やせるようになったか　終章 フロイト・アドラーから100年、より良く生きるための心理学
　＊「無意識」「コンプレックス」…なんてもはや時代遅れ？ 共同研究者から対極の道へ―2大巨匠のその後から、心理学の「いま」が見えてくる！

◇フロイド選集　17　自らを語る　ジグムンド・フロイド著　懸田克躬訳　〔改訂版〕デジタル・オンデマンド版　日本教文社　2014.8　353,8p　21cm　〈印刷・製本：デジタル・オンデマンド出版センター　著作目録あり　索引あり〉　2800円　Ⓘ978-4-531-02617-3　Ⓝ146.13
　内容　自らを語る　精神分析運動の歴史について　精神分析について

◇フロイトとユング―精神分析運動とヨーロッパ知識社会　上山安敏著　岩波書店　2014.9　492,35p　15cm　（岩波現代文庫―学術 316）〈文献あり　索引あり〉　1600円　Ⓘ978-4-00-600316-6　Ⓝ146.1

◇フロイトのモーセ―終わりのあるユダヤ教と終わりのないユダヤ教　ヨセフ・ハイーム・イェルシャルミ著, 小森謙一郎訳　岩波書店　2014.9　277p　20cm　〈文献あり〉　3900円　Ⓘ978-4-00-024697-2　Ⓝ146.13
　内容　第1章 第四の屈辱　第2章 ジークムント・フロイト、ユダヤの歴史家　第3章 父の宗教、息子の宗教、「ユダヤ民族特有の事柄」　第4章 一つの事例史？　第5章 フロイトとのモノローグ
　＊なぜフロイトは最晩年になってモーセ論を書いたのか―公刊直後から今日まで、多くの者を悩ませてきたその謎に、ユダヤ史の世界的権威が正面から挑む。同時代のコンテクスト、父ヤーコプによるユダヤ教育の実態に歴史家として分け入り、謎の核心に迫っていく本書は、ジャック・デリダやエドワード・サイードをはじめ、幾多の議論を巻き起こしてきた。すでに古典となった書物、待望の邦訳をついに刊行。

◇ウィーン大学生フロイト―精神分析の始点　金関猛著　中央公論新社　2015.3　287p　20cm （中公叢書）〈文献あり〉　1800円　Ⓘ978-4-12-004690-2　Ⓝ289.3
　内容　第1章 ウィーン大学生フロイト　第2章 フロイトの最初の論文　第3章 エルンスト・ブリュッケ　第4章 ウィーン大学における哲学との出会い　第5章 フロイトとニーチェ　第6章 フロイトと科学
　＊ウィーン大学医学部に入学し、医学界の権威ブリュッケにその力量を認められたフロイトは神経学者として出発する。本書は実証的科学主義の洗礼を受けた学生時代の七年半に焦点を当て、そこで出会った動物学、生理学、哲学などの様々な学問や交流を精査、また当時、発表した論文から精神分析創始に至る萌芽を見出す。巻末に、ウィーン大学においてフロイトが履修した講義リストと主な人物の関係図を収録。

◇フロイトの〈夢〉―精神分析の誕生　秋吉良人著　岩波書店　2016.1　245p　19cm　（岩波現代全書 081）〈文献あり〉　2300円　Ⓘ978-4-00-029181-1　Ⓝ146.13
　内容　第1章 幽霊たち―父ヤーコプと友フリース　第2章 フロイトとフリース　第3章 自己分析の開始、エディプス、糞便からの解放　第4章 死と父になる「歩み」　第5章 「三人の運命の女神」の夢　第6章 父の系譜と母の死　第7章 「父の詩」の方へ　第8章 "夢"のあと　補遺 フリースの『生命の流れ』における父親の除外
　＊『夢解釈』出版（一九〇〇）以前のフロイトが最も親しく手紙を交わしたヴィルヘルム・フリース。正教授職への道を閉ざされ学界でも受け入れられない若きフロイトはこのベルリンの耳鼻科医に自ら見た"夢"とそれについての考察を書き送った。二人の交流の記録を丹念にたどって当時のフロイトの特異な思考世界に分け入り、精神分析誕生の秘密をさぐるとともに従来軽視されてきたフリースのフロイトに対する影響を詳細に描き出す。

◇図解ヒトのココロがわかるフロイトの話　山竹伸二監修　日本文芸社　2016.3　127p　21cm 〈文献あり〉　680円　Ⓘ978-4-537-26137-0 Ⓝ146.13
　内容　1 フロイトってどんな人？　2 無意識を知る　3 夢のしくみ　4 心の発達を知る　5 心を守る働きを知る　6 心を治す方法を知る　7 役に立つ精神分析　8 フロイトが本当に伝えたかったこと
　＊教養としての精神分析入門。

◇ひとはなぜ戦争をするのか　アルバート・アインシュタイン, ジグムント・フロイト著, 浅見昇吾訳　講談社　2016.6　111p　15cm　（講談社学術文庫 2368）〈「ヒトはなぜ戦争をするのか？」（花風社 2000年刊）の改題、再構成〉　500円　Ⓘ978-4-06-292368-2　Ⓝ319.8
　内容　フロイトへの手紙 アルバート・アインシュタイン　アインシュタインへの手紙 ジグムント・フロイト
　＊一九三二年、国際連盟がアインシュタインに依頼し

た。「今の文明においてもっとも大事だと思われる事柄を、いちばん意見を交換したい相手と書簡を交わしてください」。選んだ相手はフロイト、テーマは「戦争」だった―。宇宙と心、二つの闇に理を見出した二人が、人間の本性について真摯に語り合う。ひとは戦争をなくせるのか？

◇フロイト　鈴村金彌著　新装版　清水書院　2016.6　188p　19cm　〈Century Books―人と思想 24〉〈文献あり　年譜あり　索引あり〉　1200円　①978-4-389-42024-6　Ⓝ146.13

[内容] 1 ジグムント・フロイトの生涯（フロイトの誕生　学生フロイト　若きフロイト　風雪に耐えた孤独の十年　輝ける精神分析学の開花　老いたフロイト）　2 フロイトの思想（フロイトの思想の特色　欲動―人間をゆり動かすもの　心的装置―パーソナリティ　無意識のうちに働く心のメカニズム　夢の分析と解釈　文化論）

＊八歳でシェイクスピアを読み、一七歳で高等学校（シュペール・ギムナジウム）を首席で卒業するというほどに、ジグムント＝フロイトは幼いころからその天分をきらめかせていた。しかし、学問上かれを有名にするような業績が真に実現されたのは、むしろ中年をすぎてからであった。これは、天才の生涯としては、めずらしいことである。しかも、かれのいわゆる「性的」な理論は、当時の社会から手きびしい反撃を受けた。そのうえ、かれがユダヤ人であったことは、その生涯をいっそう苦難に満ちたものにした。ナチスに故郷を追われ、異郷の地ロンドンでその生涯を閉じたのも、そのためであった。このような苦闘の生涯を通じてつねにかれをよく理解し暖かく包んでくれたのは、妻のマルタ＝ベルナイスと娘のアンナであった。

◇精神分析再考―アタッチメント理論とクライエント中心療法の経験から　林もも子著　みすず書房　2017.5　185,17p　22cm　〈文献あり　索引あり〉　3600円　①978-4-622-08532-4　Ⓝ146.815

[内容] 第1章 精神分析学の発展と批判（フロイトの生涯　フロイトとユングとシュピールライン　ほか）　第2章 心の構造と機能（エス　自我　ほか）　第3章 精神分析的にみる人間の発達（E.H.エリクソンの貢献と限界　男性中心主義への批判）　第4章 心理療法における見立てと精神分析（心理療法における二つのモデル　クライエントにとって信頼できる治療者―クライエント中心療法とアタッチメント理論の視点から　ほか）　第5章 心理療法の営みと精神分析（自由を得る営みとしての心理療法　転移・逆転移関係と治療空間の閉鎖性　ほか）

＊精神分析はいま、どう理解し、心理療法の現場でどのように用いていけばよいのだろうか？　実証研究の不足、男性中心主義の限界…豊富な臨床経験から"伝統"を再考し、精神分析を描きなおす。

◇ジークムント・フロイト伝―同時代のフロイト、現代のフロイト　エリザベト・ルディネスコ著, 藤野邦夫訳　講談社　2018.5　564,33p　22cm　〈文献あり　著作目録あり　索引あり〉　6800円　①978-4-06-219988-9　Ⓝ146.13

[内容] 第1部 フロイトの生活（はじまり　愛、嵐、野望　ほか）　第2部 フロイト、征服（すばらしいベル・エポック　弟子たちと反体制派たち　ほか）　第3部 住まいのなかのフロイト（啓蒙の暗い光　家族、イヌ、品物　ほか）　第4部 フロイト、最後のとき（フェ

ティッシュの医学と宗教のあいだ　ヒトラーに直面して　ほか）

＊精神分析の始祖・フロイトの生涯を精緻に辿った決定版。

◇精神分析家の生涯と理論―連続講義　大阪精神分析セミナー運営委員会編　岩崎学術出版社　2018.7　367p　21cm　3800円　①978-4-7533-1138-5　Ⓝ146.1

[内容] 第1講 フロイト―その生涯と精神分析（福本修述）　第2講 アンナ・フロイト―その生涯と児童分析（中村留貴子述）　第3講 エリクソン―その生涯とライフサイクル論（鑪幹八郎述）　第4講 クライン―その生涯と創造性（飛谷渉述）　第5講 ウィニコット―児童精神科医であるとともに精神分析家であること（館直彦述）　第6講 ビオン―夢想すること・思索すること（松木邦裕述）　第7講 サリヴァン―その生涯と対人関係論（横井公一述）　第8講 コフート―その生涯と自己心理学、その先に彼が見たもの（富樫公一述）　第9講 間主観性理論・関係精神分析と米国の精神分析（吾妻壮述）　特別対談「精神分析を生きること」（狩野力八郎、松木邦裕述）

ブロクス, H.〔1920～2009〕　Brox, Hans

◇ミュンスター法学者列伝―中央大学・ミュンスター大学交流30周年記念　トーマス・ヘェーレン編著, 山内惟介訳　八王子　中央大学出版部　2018.11　568p　21cm　〈日本比較法研究所翻訳叢書 80〉〈索引あり〉　6700円　①978-4-8057-0381-6　Ⓝ322.8

[内容] 旧制大学―アントン・マティアス・シュプリックマン（1749年～1833年）　ルードルフ・ヒス（1870年～1938年）―ミュンスター大学のスイス人刑法史学者　ハンス・バーゲンコップ（1901年～1983年）―ミュンスター大学地方自治研究所創設者　脇役から主役へ―国法学者、フリードリッヒ・クライン（1908年～1974年）　正義のための戦いの中で―刑事訴訟法学者、カール・ペータース（1904年～1998年）　ミュンスター大学の租税法―オットマール・ビューラー（1884年～1965年）　生活事実から法へ―ヴァルター・エルマン（1904年～1982年）　ミュンスターのフリースラント出身者―ハリー・ヴェスターマン（1909年～1986年）　マックス・カーザー（1906年～1997年）―学者生活のダイジェスト　ヘルムート・シェルスキィ（1912年～1984年）―幸福感溢れる世代の遅すぎた懐疑　行政法学―ハンス＝ユリウス・ヴォルフ（1898年～1976年）　刑法学者―ヨハネス・ヴェセルス（1923年～2005年）　波乱の時代の労働法―アルフレート・ヒュック（1889年～1975年）とロルフ・ディーツ（1902年～1971年）　環境法・都市計画法―ヴェルナー・ホッペ（1930年～2009年）　あなたはどのように判断されるか？―ハンス・ブロクス（1920年～2009年）　学理と実務における保険法―ヘルムート・コロサー（1934年～2004年）　オットー・ザンドロック―（1930年～2017年）　ベルンハルト・グロスフェルト―（1933年～）

プロクルス〔?～281頃〕　Proculus

◇ローマ皇帝群像　4　アエリウス・スパルティアヌス他著, 井上文則訳・解題　京都　京都大学学術出版会　2014.9　323,53p　20cm＋（西洋古典叢書 L025）〈付属資料：8p：月報

109　布装　年表あり　索引あり〉　3700円　①978-4-87698-486-2　Ⓝ232.8

内容 神君クラウディウスの生涯(トレベリウス・ポリオ)　神君アウレリアヌスの生涯(シラクサのフラウィウス・ウォピスクス)　タキトゥスの生涯(シラクサのフラウィウス・ウォピスクス)　プロブスの生涯(シラクサのフラウィウス・ウォピスクス)　フィルムス、サトゥルニヌス、プロクルス、ボノスス、すなわち四人の僭称帝たちの生涯(シラクサのフラウィウス・ウォピスクス)　カルス、カリヌス、ヌメリアヌスの生涯(シラクサのフラウィウス・ウォピスクス)

＊軍人皇帝時代も後半に入り危機克服の兆しが現われる。異色のローマ皇帝伝記集、堂々の完結！本邦初訳。

プロコフィエフ, S.S. 〔1891～1953〕
Prokofiev, Sergei Sergeevich

◇ドラマチック・ロシアin JAPAN　4　日露異色の群像30─文化・相互理解に尽くした人々　続　長塚英雄責任編集　生活ジャーナル　2017.12　531p　22cm　〈3の出版者：東洋書店〉　2800円　①978-4-88259-166-5　Ⓝ319.1038

内容 レフ・メーチニコフ(1838‐1888)西郷が呼んだロシアの革命家　ニコライ・ラッセル(1850‐1930)子孫が伝える二〇世紀的世界人の記憶　黒野義文(？‐1918)東京外国語学校からペテルブルグ大学東洋語学部へ　小西増太郎(1861‐1939)トルストイとスターリンに会った日本人─激動の昭和を生きた祖父小西増太郎　ニコライ・マトヴェーエフ(1865‐1941)マトヴェーエフと戦後最初のロシア人観光団　徳富蘆花(1868‐1927)日本におけるトルストイ受容の先駆者として　セルギイ・チホミーロフ(1871‐1945)日本の府主教セルギイ─その悲劇の半生　内田良平(1874‐1937)「黒龍会」内田良平のロシア観　瀬沼夏葉(1875‐1915)瀬沼夏葉とチェーホフ作品の翻訳　相馬黒光(1875‐1955)"アンビシャスガール"とロシア文化〔ほか〕

フロスト, E. 〔1873～1938〕 Frost, Elinor

◇エリノア・フロスト─ある詩人の妻　サンドラ・L.キャッツ著，藤本雅樹訳　京都　晃洋書房　2017.1　211,12p　22cm　〈文献あり　索引あり〉　3500円　①978-4-7710-2784-8　Ⓝ289.3

内容 「なぎ倒された花」　「再々生を望んだ愛」　「花摘み」　「でも世の中は邪悪で」　「君もこないかい」　「種まき」　「黄金の部屋」　「楽園に放り込まれて」　「いく人かの魔女たち」　「最も信頼しあった夫婦」　「翼を合わせて」

フロスト, R. 〔1874～1963〕 Frost, Robert

◇エリノア・フロスト─ある詩人の妻　サンドラ・L.キャッツ著，藤本雅樹訳　京都　晃洋書房　2017.1　211,12p　22cm　〈文献あり　索引あり〉　3500円　①978-4-7710-2784-8　Ⓝ289.3

内容 「なぎ倒された花」　「再々生を望んだ愛」　「花摘み」　「でも世の中は邪悪で」　「君もこないかい」　「種まき」　「黄金の部屋」　「楽園に放り込まれて」　「いく人かの魔女たち」　「最も信頼しあった夫婦」　「翼を合わせて」

ブロック, M.L.B. 〔1886～1944〕
Bloch, Marc Léopold Benjamin

◇マルク・ブロックを読む　二宮宏之著　岩波書店　2016.1　294,16p　15cm　(岩波現代文庫─学術　340)〈文献あり　著作目録あり　年譜あり〉　1260円　①978-4-00-600340-1　Ⓝ201

内容 第1講　時代に立ち向かうブロック(ブロックとの出会い　過去の重荷　歴史家ブロック　試煉のとき)　第2講　学問史のなかのブロック(新しい学問の胎動　『アナール』誌創刊　三位一体─ベール・フェーヴル・ブロック)　第3講　作品の仕組みを読む(三의の主著(1)『王の奇跡』三つの主著(2)『フランス農村史の基本性格』)　第4講　作品の仕組みを読む(つづき)(三つの主著(3)『封建社会』　歴史家の仕事─『歴史のための弁明』)　第5講　生きられた歴史

＊『封建社会』『王の奇跡』などの著書で知られ、L.フェーヴルとともに雑誌『アナール』を創刊し、現代歴史学に革命を起こした歴史家マルク・ブロック。ユダヤ系の出自を持ち激動の時代を生きた、その波瀾万丈の生涯と三つの主著、学問史における位置づけなどについて、アナール学派の方法に学び、自らの「社会史」を追求したフランス史の碩学である著者が、わかりやすく解説する。

ブロディ, B. 〔1946～1988〕 Brody, Bruiser

◇全日本プロレス超人伝説　門馬忠雄著　文藝春秋　2014.7　218p　18cm　(文春新書　981)〈文献あり〉　800円　①978-4-16-660981-9　Ⓝ788.2

内容 ジャイアント馬場　王道プロレスの牽引者　ジャンボ鶴田　完全無欠のエース　ザ・デストロイヤー　「日本のレスラー」になった魔王　アブドラ・ザ・ブッチャー　血染めの凶器使い　ミル・マスカラス　千の顔を持つ男　大仁田厚　ジュニアヘビー級の失兵　ザ・ファンクス　テキサス・ブロンコの心意気　スタン・ハンセン&ブルーザー・ブロディ　不沈艦と超獣「最強コンビ」　ザ・グレート・カブキ　毒霧噴く"東ête の神秘"　三沢光晴　男気のファイター　小橋健太　病魔に勝った鉄人　天龍源一郎　不滅の負けじ魂　ジョー樋口　厳しく優しいプロレスの番人

＊馬場の「32文ロケット砲」完短秘話、岐阜の病院に極秘入院した鶴田、妻に逃げられたデストロイヤー、乱闘で警察沙汰となったブッチャー…初めて明かされる超人たちの素顔。

◇ブルーザー・ブロディ─30年目の帰還　斎藤文彦著　ビジネス社　2018.7　237p　19cm　〈他言語標題：Bruiser Brody　文献あり〉　1500円　①978-4-8284-2033-2　Ⓝ788.2

内容 プロローグ　「ブロディが死んだ」という奇妙なウワサ　第1章　プロレスラー、ブルーザー・ブロディ誕生とその栄光　第2章　フミ・サイトーが見たブロディという人物　第3章　ハンセン、ブッチャーらが語る刺殺事件の衝撃　第4章　ブロディはどのように殺されたのか　第5章　ブルーザー・ブロディの遺したもの　エピローグ　For the best night of their lives

＊超獣！　キングコング！　インテリジェント・モンスター！　世界に衝撃を与えた刺殺事件から30年！不世出のレスラーの知られざる人生を語る。

プロブス〔232〜282〕
Marcus Aurelius Probus

◇ローマ皇帝群像 4 アエリウス・スパルティアヌス他著,井上文則訳・解題 京都 京都大学学術出版会 2014.9 323,53p 20cm＋(西洋古典叢書 L025)〈付属資料：8p：月報109 布装 年表あり 索引あり〉 3700円 Ⓘ978-4-87698-486-2 Ⓝ232.8

内容 神君クラウディウスの生涯(トレベリウス・ポリオ) 神君アウレリアヌスの生涯(シラクサのフラウィウス・ウォピスクス) タキトゥスの生涯(シラクサのフラウィウス・ウォピスクス) プロブスの生涯(シラクサのフラウィウス・ウォピスクス) フィルムス、サトゥルニヌス、プロクルス、ボノスス、すなわち四人の僭称帝たちの生涯(シラクサのフラウィウス・ウォピスクス) カルス、カリヌス、ヌメリアヌスの生涯(シラクサのフラウィウス・ウォピスクス)

＊軍人皇帝時代も後半に入り危機克服の兆しが現れる。異色のローマ皇帝伝記集、堂々の完結！ 本邦初訳。

フローベール, G.〔1821〜1880〕
Flaubert, Gustave

◇世界の十大小説 下 W.S.モーム著,西川正身訳 岩波書店 2015.5 349p 15cm (岩波文庫) 840円 Ⓘ4-00-322545-7 Ⓝ904

内容 7 フローベールと『ボヴァリー夫人』 8 ハーマン・メルヴィルと『モウビー・ディック』 9 エミリー・ブロンテと『嵐が丘』 10 ドストエフスキーと『カラマーゾフの兄弟』 11 トルストイと『戦争と平和』 12 結び

＊「結局のところ、作家が読者にあたえ得るものと言っては、自分自身をおいてほかにない」とモームは言う。(下)では『ボヴァリー夫人』『モウビー・ディック』『嵐が丘』『カラマーゾフの兄弟』『戦争と平和』の五篇について語った後、作家十人がそろって出席する想像上のパーティが開かれる

フロム, E.〔1900〜1980〕 Fromm, Erich

◇フロム 安田一郎著 新装版 清水書院 2016.2 208p 19cm (Century Books―人と思想 60)〈文献あり 年譜あり 索引あり〉 1200円 Ⓘ978-4-389-42060-4 Ⓝ146.1

内容 1 人間フロム(その生いたちと戦争の時代) 2 精神分析とマルクス主義の統合(分析的社会心理学 母権と父権 権威の心理学) 3 新フロイト派の形成(『自由からの逃走』フロイト理論の修正 愛の理論 悪―攻撃性と破壊性)

＊フロムは二六歳のとき外面的にはユダヤ教の信仰を捨てたが、その影響はのちのちまで彼の生活と著書に色濃く残った。親しい人の集まりで、彼は好んでユダヤの古い歌を歌ったと伝えられている。しかし各一方で、彼は、マルクス主義の解説書を書くほど、マルクス主義についての造詣が深かった。彼のなかではそれらは完全に統合されて彼はマルクスの疎外について語るときも、旧約聖書の文句を引用するのを忘れなかった。晩年彼は老子の教えに共鳴したが、それは、「正言は反するがごとし」(真理は逆説的である)と説く老子の思想が

弁証法的だと考えたためであった。第二次世界大戦後に登場した思想家のなかで、フロムほどその著書が広く読まれた人はいないが、それは、左右・東西にまたがるその該博な知識によるところが大きいように思われる。

ブロムシュテット, H.〔1927〜〕
Blomstedt, Herbert

◇ヘルベルト・ブロムシュテット自伝―音楽こそわが天命 ヘルベルト・ブロムシュテット著,ユリア・スピノーラ聞き手,力武京子訳,樋口隆一日本語版監修 アルテスパブリッシング 2018.10 245,15p 20cm 〈作品目録あり 年譜あり 索引あり〉 2500円 Ⓘ978-4-86559-192-7 Ⓝ762.3893

ブロンテ, A.〔1820〜1849〕 Brontë, Anne

◇ブロンテ姉妹と15人の男たちの肖像―作家をめぐる人間ドラマ 岩上はる子, 惣谷美智子編著 京都 ミネルヴァ書房 2015.9 326,5p 20cm (MINERVA歴史・文化ライブラリー 27)〈索引あり〉 3800円 Ⓘ978-4-623-07416-7 Ⓝ930.26

内容 第1部 姉妹を取りまく男たち(パトリック・ブロンテ―「厳格な父」の神話 ブランウェル・ブロンテ―家の希望の星、あるいは敗北者 コンスタンタン・エジェ―妻子あるカリスマ教師 スミス・エルダー社主ジョージ・スミス―出版界の貴公子 アーサー・ベル・ニコルズ―シャーロットの大切な「いい人」 G・H・ルイス―「尊敬の念」と「悔しさ」とW・M・サッカレー―自伝性と匿名性をめぐって) 第2部 作品に息づく男たち(チャールズ・ウェルズリー『習作』―うら若き作家のアイデンティティ エドワード・ロチェスター『ジェイン・エア』―(再)形成されてきた魅惑的人物 シン・ジョン・リヴァーズ『ジェイン・エア』―ミッショナリーの欲望の深層 ヒースクリフ『嵐が丘』―その「男」を考える エドガー・リントン『嵐が丘』―書斎の紳士 ヒンドリー・アーンショー『嵐が丘』―もう一人のアウトサイダー ポール・エマニュエル『ヴィレット』―第三の「ロマンティック・ヒーロー」 アーサー・ハンティンドン『ワイルドフェル館の住人』―英国紳士の言い分)

＊シャーロット、エミリ、アンのブロンテ三姉妹は、ヴィクトリア朝時代に登場した英国作家であり、代表作『ジェイン・エア』『嵐が丘』などはいまもなお読み継がれ、本国イギリスのみならず日本でも高い人気を誇る。本書は実在と虚構とを問わず、姉妹の人生を横切った多彩な男たちを取りあげ、新しい角度から伝記や作品を読み直す野心的な試みである。時間と場所の隔たりを超えて、ブロンテ姉妹の生きざまを追い求めたユニークな書。

◇ブロンテ姉妹 青山誠子著 新装版 清水書院 2016.2 242p 19cm (Century Books―人と思想 128)〈文献あり 年譜あり 索引あり〉 1200円 Ⓘ978-4-389-42128-1 Ⓝ930.26

内容 1 ブロンテ姉妹の生涯(子ども時代 幻想と現実 苦難の青春 作家への道) 2 ブロンテ姉妹の作品と思想(『ジェイン＝エア』『嵐が丘』と詩 ブロンテ姉妹の宗教観)

＊ブロンテ姉妹は、イギリスの女性作家のなかで、日本でもっとも親しまれてきた存在である。とくにシャーロットの『ジェイン＝エア』、エミリの『嵐が丘』は、広く知られ、多くの人々を感動させてきた。末娘のアンの作品にも独自の魅力がある。ブロンテ姉妹の特異な環境や悲劇的な人生を、私たちはともすると感傷や先入観をもって見がちである。本書は、保守的な一九世紀英国社会の中で、悲惨ともいえる運命と闘いながら、女性の経済的、社会的、そして精神的自立をめざして生き、女性の自己表現のために書いた雄々しいブロンテ三姉妹の人生と作品に新しい光を当て直し、その思想的側面が浮かび上がるように配慮して書かれたものである。

◇歴史のなかのブロンテ　マリアン・トールマレン編、内田能嗣、海老根宏監修、大田美和、清水伊津代、白井義昭、橋本清一、廣野由美子監訳　大阪　大阪教育図書　2016.12　443,113p　22cm　〈訳：日本ブロンテ協会会員　文献あり　年譜あり　索引あり〉　7000円　Ⓘ978-4-271-31031-0　Ⓝ930.26

内容　第1部　場所、人物、出版（ブロンテ姉妹当時のハワース　ハワース牧師館での家庭生活　ブロンテ姉妹の生涯と作品にゆかりのある北イングランドの場所　ほか）　第2部　研究、批評、翻案、翻訳（ブロンテの伝記――一つのジャンルの概観　十九世紀中葉におけるブロンテ姉妹批評の動向　ブロンテ研究と批評一九二〇年・一九七〇年　ほか）　第3部　歴史的・文化的背景（宗教　哲学的・知的背景　教育　ほか）

ブロンテ, C.〔1816～1855〕
Brontë, Charlotte

◇ミスター・シャーロット・ブロンテ――アーサー・ベル・ニコルズの生涯　アラン・H・アダムソン著、樋口陽子訳　彩流社　2015.2　316,5p　20cm　〈文献あり　索引あり〉　4200円　Ⓘ978-4-7791-2075-6　Ⓝ930.268

内容　第1章　背景としてのアイルランド　第2章　マカーシー氏　第3章　マカーシー氏の恋　第4章　白馬の騎士の短い勝利　第5章　遺言の執行　第6章　バナハーへの帰郷　第7章　版権の争い

＊天才作家を潰した夫!?妻シャーロットや義父パトリックとの関係、妻の死後に巻き起こったプライバシーを巡る攻防、ハワース住民との軋轢、余生――ブロンテ家最後のひとりの定説を覆す。"わたしのいとしいひと(my dear boy)"と呼ばれた夫の真実を新資料を用いて検証。

◇ブロンテ姉妹と15人の男たちの肖像――作家をめぐる人間ドラマ　岩上はる子、惣谷美智子編著　京都　ミネルヴァ書房　2015.9　326,5p　20cm　（MINERVA歴史・文化ライブラリー　27）〈索引あり〉　3800円　Ⓘ978-4-623-07416-7　Ⓝ930.26

内容　第1部　姉妹を取りまく男たち（パトリック・ブロンテ――「厳格な父」の神話　ブランウェル・ブロンテ――一家の希望の星、あるいは敗北者　コンスタンタン・エジェ――妻子あるカリスマ教師　スミス・エルダー社主ジョージ・スミス――出版界の貴公子　アーサー・ベル・ニコルズ――シャーロットの大切な「いい人」　G・H・ルイス――「尊敬の念」と「悔しさ」とW・M・サッカレー――自伝性と匿名性をめぐって）　第2部　作品に息づく男たち（チャールズ・ウェルズリー『習作』――うら若き作家のアイデンティティー　エドワード・ロチェスター『ジェイン・エア』――(再)形成されてきた魅惑的人物　シン・ジョン・リヴァーズ『ジェイン・エア』――ミッショナリーの欲望の深層　ヒースクリフ『嵐が丘』――その「男」を考える　エドガー・リントン『嵐が丘』――書斎の紳士　ヒンドリー・アーンショー『嵐が丘』――内なるアウトサイダー　ポール・エマニュエル『ヴィレット』――第三の「ロマンティック・ヒーロー」　アーサー・ハンティンドン『ワイルドフェル館の住人』――英国紳士の言い分）

＊シャーロット、エミリ、アンのブロンテ三姉妹は、ヴィクトリア朝時代に登場した英国作家であり、代表作『ジェイン・エア』『嵐が丘』などはいまもなお読み継がれ、本国イギリスのみならず日本でも高い人気を誇る。本書は実在と虚構とを問わず、姉妹の人生を横切った多彩な男たちを取りあげ、新しい角度から伝記や作品を読み直す野心的な試みである。時間と場所の隔たりを超えて、ブロンテ姉妹の生きざまを追い求めたユニークな書。

◇ブロンテ姉妹　青山誠子著　新装版　清水書院　2016.2　242p　19cm　（Century Books――人と思想　128）〈文献あり　年譜あり　索引あり〉　1200円　Ⓘ978-4-389-42128-1　Ⓝ930.26

内容　1　ブロンテ姉妹の生涯（子ども時代　幻想と現実　苦難の青春　作家への道）　2　ブロンテ姉妹の作品と思想（『ジェイン＝エア』『嵐が丘』と詩　ブロンテ姉妹の宗教観）

＊ブロンテ姉妹は、イギリスの女性作家のなかで、日本でもっとも親しまれてきた存在である。とくにシャーロットの『ジェイン＝エア』、エミリの『嵐が丘』は、広く知られ、多くの人々を感動させてきた。末娘のアンの作品にも独自の魅力がある。ブロンテ姉妹の特異な環境や悲劇的な人生を、私たちはともすると感傷や先入観をもって見がちである。本書は、保守的な一九世紀英国社会の中で、悲惨ともいえる運命と闘いながら、女性の経済的、社会的、そして精神的自立をめざして生き、女性の自己表現のために書いた雄々しいブロンテ三姉妹の人生と作品に新しい光を当て直し、その思想的側面が浮かび上がるように配慮して書かれたものである。

◇歴史のなかのブロンテ　マリアン・トールマレン編、内田能嗣、海老根宏監修、大田美和、清水伊津代、白井義昭、橋本清一、廣野由美子監訳　大阪　大阪教育図書　2016.12　443,113p　22cm　〈訳：日本ブロンテ協会会員　文献あり　年譜あり　索引あり〉　7000円　Ⓘ978-4-271-31031-0　Ⓝ930.26

内容　第1部　場所、人物、出版（ブロンテ姉妹当時のハワース　ハワース牧師館での家庭生活　ブロンテ姉妹の生涯と作品にゆかりのある北イングランドの場所　ほか）　第2部　研究、批評、翻案、翻訳（ブロンテの伝記――一つのジャンルの概観　十九世紀中葉におけるブロンテ姉妹批評の動向　ブロンテ研究と批評一九二〇年・一九七〇年　ほか）　第3部　歴史的・文化的背景（宗教　哲学的・知的背景　教育　ほか）

ブロンテ, E.〔1818～1848〕　Brontë, Emily

◇世界の十大小説　下　W.S.モーム著、西川正身訳　岩波書店　2015.5　349p　15cm　（岩波文

庫〕 840円 ④4-00-322545-7 Ⓝ904

|内容| 7 フローベールと『ボヴァリー夫人』 8 ハーマン・メルヴィルと『モウビー・ディック』 9 エミリー・ブロンテと『嵐が丘』 10 ドストエフスキーと『カラマーゾフの兄弟』 11 トルストイと『戦争と平和』 12 結び

＊「結局のところ、作家が読者にあたえ得るものと言っては、自分自身をおいてほかにない」とモームは言う。(下)では『ボヴァリー夫人』『モウビー・ディック』『嵐が丘』『カラマーゾフの兄弟』『戦争と平和』の五篇について語った後、作家十人がそろって出席する想像上のパーティが開かれる

◇ブロンテ姉妹と15人の男たちの肖像―作家をめぐる人間ドラマ 岩上はる子、惣谷美智子編著 京都 ミネルヴァ書房 2015.9 326,5p 20cm (MINERVA歴史・文化ライブラリー 27)〈索引あり〉 3800円 ①978-4-623-07416-7 Ⓝ930.26

|内容| 第1部 姉妹を取りまく男たち(パトリック・ブロンテ―「厳格な父」の神話 ブランウェル・ブロンテ―一家の希望の星、あるいは敗北者 コンスタンタン・エジェ―妻子あるカリスマ教師 スミス・エルダー社主ジョージ・スミス―出版界の貴公子 アーサー・ベル・ニコルズ―シャーロットの大切な「いい人」 G・H・ルイス―「尊敬の念」と「悔しさ」とW・M・サッカレー―自伝性と匿名性をめぐって) 第2部 作品に息づく男たち(チャールズ・ウェルズリー『習作』―うら若き作家のアイデンティティ エドワード・ロチェスター『ジェイン・エア』―(再)形成されてきた魅惑的人物 シン・ジョン・リヴァーズ『ジェイン・エア』―ミッショナリーの欲望の深層 ヒースクリフ『嵐が丘』―その「男」を考える エドガー・リントン『嵐が丘』―書斎の紳士 ヒンドリー・アーンショー『嵐が丘』―内なるアウトサイダー ポール・エマニュエル『ヴィレット』―第三の「ロマンティック・ヒーロー」 アーサー・ハンティンドン『ワイルドフェル館の住人』―英国紳士の言い分)

＊シャーロット、エミリ、アンのブロンテ三姉妹は、ヴィクトリア朝時代に登場した英国作家であり、代表作『ジェイン・エア』『嵐が丘』などはいまもなお読み継がれ、本国イギリスのみならず日本でも高い人気を誇る。本書は実在と虚構とを問わず、姉妹の人生を横切った多彩な男たちを取りあげ、新しい角度から伝記や作品を読み直す野心的な試みである。時間と場所の隔たりを超えて、ブロンテ姉妹の生きざまを追い求めたユニークな書。

◇ブロンテ姉妹 青山誠子著 新装版 清水書院 2016.2 242p 19cm (Century Books―人と思想 128)〈文献あり 年譜あり 索引あり〉 1200円 ①978-4-389-42128-1 Ⓝ930.26

|内容| 1 ブロンテ姉妹の生涯(子ども時代 幻想と現実 苦難の青春 作家への道) 2 ブロンテ姉妹の作品と思想(『ジェイン=エア』『嵐が丘』と詩 ブロンテ姉妹の宗教観)

＊ブロンテ姉妹は、イギリスの女性作家のなかで、日本でもっとも親しまれてきた存在である。とくにシャーロットの『ジェイン=エア』、エミリの『嵐が丘』は、広く知られ、多くの人々を感動させてきた。末娘のアンの作品にも独自の魅力がある。ブロンテ姉妹の特異な環境や悲劇的な人生を、私たちともすると感傷や先入観をもって見がちであ

る。本書は、保守的な一九世紀英国社会の中で、悲惨ともいえる運命と闘いながら、女性の経済的、社会的、そして精神的自立をめざして生き、女性の自己表現のために書いた雄々しいブロンテ三姉妹の人生と作品に新しい光を当て直し、その思想的側面が浮かび上がるように配慮して書かれたものである。

◇歴史のなかのブロンテ マリアン・トールマレン編、内田能嗣、海老根宏監修、太田美和、清水伊津代、白井義昭、橋本清一、廣野由美子監訳 大阪 大阪教育図書 2016.12 443,113p 22cm (訳：日本ブロンテ協会会員 文献あり 年譜あり 索引あり〉 7000円 ①978-4-271-31031-0 Ⓝ930.26

|内容| 第1部 場所、人物、出版(ブロンテ姉妹当時のハワース牧師館での家庭生活 ブロンテ姉妹の生涯と作品にゆかりのある北イングランドの場所 ほか) 第2部 研究、批評、翻案、翻訳(ブロンテの伝記―一つのジャンルの概観 十九世紀中葉におけるブロンテ批評の動向 ブロンテ研究と批評 一九二〇年-一九七〇年 ほか) 第3部 歴史的・文化的背景(宗教 哲学的・知的背景 教育 ほか)

ブロンロ, R. 〔1849〜1930〕
Blondlot, Prosper-René

◇バンヴァードの阿房宮―世界を変えなかった十三人 ポール・コリンズ著, 山田和子訳 白水社 2014.8 425,21p 20cm 〈文献あり 著作目録あり〉 3600円 ①978-4-560-08385-7 Ⓝ283

|内容| バンヴァードの阿房宮―ジョン・バンヴァード 贋作は永遠に―ウィリアム・ヘンリー・アイアランド 空洞地球と極地の穴―ジョン・クリーヴズ・シムズ N線の目を持つ男―ルネ・ブロンロ 音で世界を語る―ジャン・フランソワ・シュドル 種を蒔いた人―イーフレイム・ウェールズ・ブル 台湾人ロンドンに現わる―ジョージ・サルマナザール ニューヨーク空圧地下鉄道―アルフレッド・イーライ・ビーチ 死してもはや語ることなし―マーティン・ファークワ・タッパー ロミオに生涯を捧げて―ロバート・コーツ 青色光狂騒曲―オーガスタス・J・プレゾントン シェイクスピアの墓をあばく―ディーリア・ベーコン 宇宙は知的生命でいっぱい―トマス・ディック

＊その時、歴史は動かなかった！ 世界最長のパノラマ画、地球空洞説、驚異な放射線"N線"、音楽言語、空圧式地下鉄、新発見のシェイクスピア劇…壮大な夢を追求し、敗れ去った人々の数奇な物語。

フンボルト, A. 〔1769〜1859〕
Humboldt, Alexander von

◇最後の博物学者アレクサンダー=フォン=フンボルトの生涯 佐々木博著 古今書院 2015.8 262p 22cm 〈文献あり 年譜あり 索引あり〉 5400円 ①978-4-7722-2019-4 Ⓝ289.3

|内容| 今なぜアレクサンダー・フォン=フンボルトか？ 灰色で友だちもいない幼少期 四つの大学で勉学 鉱山官時代 海外探検への自立 アメリカ探検旅行 アメリカからの帰還と二年間のベルリン滞在 アメリカ旅行をまとめるパリ滞在期 ベルリン帰還と市民講座 ロシア・中央アジア探検 宮廷貴族にして

科学の支援者　晩年の生活　今日に残したもの

◇フンボルトの冒険―自然という〈生命の網〉の発明　アンドレア・ウルフ著, 鍛原多惠子訳　NHK出版　2017.1　493,6p　20cm　〈著作目録あり〉　2900円　①978-4-14-081712-4　Ⓝ289.3

内容　第1部 旅立ち―アイデアの誕生（始まり　想像力と自然―ヨハン・ヴォルフガング・フォン・ゲーテとフンボルト　ほか）　第2部 到着―アイデアの収集（南米　大草原とオリノコ川　ほか）　第3部 帰還―アイデアの整理（ヨーロッパ　ベルリン　ほか）　第4部 影響―アイデアの広がり（ふたたびベルリンへ　ロシア　ほか）　第5部 新世界―アイデアの進化（大洪水以来の偉人　人間と自然―ジョージ・パーキンス・マーシュとフンボルト　ほか）

＊19世紀前半、ナポレオンと並ぶ絶大な影響力をもち、胸躍る冒険と緻密な観測で世界中を魅了した稀有な科学者フンボルト。その目は、植生や山肌の細部を読みとると同時に、自然と人間のあらゆる現象の連鎖を鋭く見抜いた。科学を起点として、政治、経済、歴史等あらゆる分野を俯瞰し、「地球はひとつの生命である」と唱えたのだ。環境破壊や武力紛争等、自然と人間の営みが複雑に絡み合う現代において、博物学最後の巨人の今日的意味を描き出し、科学界をはじめ欧米メディアで絶賛された決定版伝記、ついに邦訳！

フンボルト, W.〔1767～1835〕
Humboldt, Wilhelm von

◇フンボルト　西村貞二著　新装版　清水書院　2015.9　201p　19cm　（Century Books―人と思想　86）〈文献あり　年譜あり　索引あり〉　1000円　①978-4-389-42086-4　Ⓝ134.3

内容　1 青春彷徨　2 政治のなかの人間学　3 新人文主義の形成　4 プロイセン改革をになう　5 国家への転回　6 クリオの相貌　7 美しい老年

【ヘ】

ベアリング＝グールド, E.〔1871～1961〕
Baring-Gould, Edith

◇英国聖公会宣教協会の日本伝道と函館アイヌ学校―英国人女性エディス・ベアリング　田辺陽子編著, 西口忠著, フィリップ・ビリングズリー監修　横浜　春風社　2018.2　188p　21×22cm　〈他言語標題：The Church Missionary Society's Japan mission and the Hakodate Ainu School　文献あり　英語併記〉　2600円　①978-4-86110-580-7　Ⓝ198.37

内容　1 エディス・ベアリング＝グールドの写真アルバム（北海道（札幌・函館）　東京・群馬・岐阜　大阪　松江・四国（徳島）　九州（福岡・熊本・長崎））　2 明治時代における英国聖公会宣教協会の北海道伝道とアイヌ教育―函館アイヌ学校を中心に（田辺陽子）　3 ベアリング＝グールド師とCMS日本伝道の視察旅行―本州・四国・九州（西口忠）

＊1894（明治27）年、23歳で日本を訪れ、カメラを手に日本中を旅した英国人女性。アルバムと日記から見る明治日本と宣教師の果たした役割。

ベイカー, E.〔1903～1986〕Baker, Ella

◇コーネル・ウェストが語るブラック・アメリカ―現代を照らし出す6つの魂　コーネル・ウェスト著, クリスタ・ブッシェンドルフ編, 秋元由紀訳　白水社　2016.8　291,15p　19cm　〈年譜あり　索引あり〉　2400円　①978-4-560-09249-1　Ⓝ316.853

内容　はじめに―いまこそ預言者的精神を語り継ごう　第1章 火のついた魂は美しい―フレデリック・ダグラス　第2章 ブラック・フレイム―W.E.B.デュボイス　第3章 良心の炎―マーティン・ルーサー・キング, ジュニア　第4章 民主的実存主義の熱―エラ・ベイカー　第5章 革命の炎―マルコムX　第6章 預言者の炎―アイダ・B.ウェルズ　終章 オバマ時代の預言者的精神

＊今もっとも注目される論客が賢人たちに託して語り尽くした普遍的なアメリカ論。

ヘイグ, M.〔1975～〕Haig, Matt

◇#生きていく理由―うつ抜けの道を、見つけよう　マット・ヘイグ著, 那波かおり訳　早川書房　2018.4　317p　19cm　〈文献あり〉　1500円　①978-4-15-209759-0　Ⓝ934.7

内容　1 落ちる（僕が死んだ日　なぜうつは理解されにくいのか　ほか）　2 底を打つ（桜の花の季節に　ヤブのなかを進む　ほか）　3 浮上（一回目のパニック発作のさなかに考えること　千回目のパニック発作のさなかに考えること　ほか）　4 生きる（広告の裏があふれ返った世界で　恐ろしいキノコ雲を想像しながら　ほか）　5 ありのままに（ヤワな心バンザイ！　ショーペンハウアーより少しだけ幸せになる方法　ほか）

＊24歳のとき、青年マット・ヘイグの修業時代は地獄に落ちた。うつと不安神経症のダブルパンチ。死ぬしかない、と考えた。だけど彼は、ユーモアと読書と家族の助けを得て「#生きていく理由」そして未来への希望を見出していく―AmazonUKで922の5つ星、感動の自伝的エッセイ。

ペイジ, L.〔1973～〕
Page, Lawrence Edward "Larry"

◇世界を動かす巨人たち　経済人編　池上彰著　集英社　2017.7　250p　18cm　（集英社新書0889）〈文献あり〉　760円　①978-4-08-720889-4　Ⓝ280

内容　第1章 ジャック・マー　第2章 ルパート・マードック　第3章 ウォーレン・バフェット　第4章 ビル・ゲイツ　第5章 ジェフ・ベゾス　第6章 ドナルド・トランプ　第7章 マーク・ザッカーバーグ　第8章 グーグルを作った二人―ラリー・ペイジ, セルゲイ・ミハイロビッチ・ブリン　第9章 コーク兄弟―チャールズ・コーク, デビッド・コーク

＊この11人の大富豪こそ、真の「実力者」。池上彰が、歴史を動かす「個人」から現代世界を読み解く人気シリーズ最新刊！

ペイジ, S.〔1906～1982〕Paige, Satchel

◇史上最高の投手はだれか　佐山和夫著　完全版　潮出版社　2017.7　435p　16cm　（潮文庫

さ-1) 900円 ⓟ978-4-267-02087-2 Ⓝ783.7
内容 驚くべきニュース 雑草の中 バック・オニールに会う 作られた式典 フィルムの中のサッチ スピードとコントロール 晴れのち曇り、そして晴れ プロフェッショナル エイジレス・サッチ 年齢をめぐって〔ほか〕
＊1920〜40年代、ニグロリーグで最高の速球を投げ、生涯通算2000勝、シーズン105試合登板104勝、42歳でメジャーリーグデビューし、計6シーズンで28勝、最後の登板は59歳。同時代を過ごした人たちの証言などにより語られていく記憶の中のサチェル・ペイジ。第3回潮賞・ノンフィクション部門受賞作に大幅加筆修正した完全版。

ベイヤー, ディック
⇒ザ・デストロイヤー を見よ

ベイユ, S. 〔1909〜1943〕 Weil, Simone
◇ヴェーユ 冨原眞弓著 新装版 清水書院 2015.9 211p 19cm （Century Books—人と思想 107）〈文献あり 年譜あり 索引あり〉 1000円 ⓟ978-4-389-42107-6 Ⓝ135.5
内容 1 少女・青年期 2 激動の三〇年代 3 さいごの人 4 思索の収穫 5 民間伝承の研究 6 名前のない信仰
◇ディートリッヒ・ボンヘッファーとシモーヌ・ヴェイユ—応答性の研究 ヴィヴェンヌ・ブラックバーン著, 池永倫明, 池永順一共訳 いのちのことば社（発売） 2015.12 348p 21cm 〈文献あり 著作目録あり 索引あり〉 2800円 ⓟ978-4-264-03456-8 Ⓝ198.3234
内容 第1章 二次資料（論争 ボンヘッファーとヴェイユの著述におけるキリスト者の応答性の概念—論議に対する本研究の貢献） 第2章 キリストの召命への応答（青年時代 近代西洋哲学の伝統 キリストの召し 転換） 第3章 応答性と責任性（他者への応答性—この概念の最初の表明 枠組み 応答性と責任制 申し開きの責任） 第4章 応答性と苦難（民の苦難 個人の苦難 主の祈り キリストの苦難） 第5章 応答性と世界（現実の把握 応答の明るさと真理の追求 西欧の人間性 社会秩序 再生—将来）
＊ナチス支配のゆえに生命を失った二人の思想家は、世俗化を強める社会をどう理解していたのか。どのように関わろうとしたのか。
◇シモーヌ・ヴェイユ 水声社 2017.12 293p 21cm （別冊水声通信） 2800円 ⓟ978-4-8010-0320-0 Ⓝ135.5
内容 1（マルロー作『人間の条件』に関して（シモーヌ・ヴェイユ） 植民地体制について "断片"（シモーヌ・ヴェイユ） ジャン・ポステルナークへの手紙（シモーヌ・ヴェイユ） ほか） 2（シモーヌ・ヴェイユ（アルベール・カミュ） シモーヌ・ヴェイユの性格（ジョルジュ・バタイユ） 聖書に抗するシモーヌ・ヴェイユ（エマニュエル・レヴィナス） ほか） 3（情動的テクストにおける根本的問い（ロベール・シュナヴィエ） 解だけから式がない・最晩年のヴェイユに見る歴史のポリティックとミスティック（有田英也） カタストロフ前夜のシモーヌ・ヴェイユ—「ヒトラー主義」、「力」と「聖なるもの」（渡名

喜庸哲） ほか）
＊時の大戦の解決を図るべく無謀としか思えない計画をはじめ政治活動に奔走する一方、ローマ帝国から近代国家に潜む「力」の論理を看破し、キリスト教とは一線を画す「犠牲」の精神へ到達したシモーヌ・ヴェイユ。行動と思想に一貫したラディカルな思考に、いま応答する。

ペイリン, S. 〔1964〜〕 Palin, Sarah Louise
◇現代アメリカの「女性政治家」 藤本一美, 濱賀祐子編著 学文社 2016.4 222p 22cm 〈索引あり〉 2500円 ⓟ978-4-7620-2648-5 Ⓝ312.8
内容 第1章 レディ・バード・ジョンソン大統領夫人 第2章 ナンシー・ペロシ連邦下院議長 第3章 コンドリーザ・ライス国務長官 第4章 ヒラリー・R.クリントン国務長官 第5章 カーラ・アンダーソン・ヒルズ米通商代表部代表 第6章 サラ・ペイリン アラスカ州知事 第7章 ケイ・A.オア ネブラスカ州知事 第8章 ジェニファー・M.グランホルム ミシガン州知事

ペイン, L. 〔1993〜〕 Payne, Liam
◇ワン・ダイレクション—僕らの話をしよう。 ワン・ダイレクション著, 鮎川晶訳 宝島社 2014.11 350p 26cm 2350円 ⓟ978-4-8002-3294-6 Ⓝ767.8
内容 リアムの章 ナイルの章 ハリーの章 ゼインの章 ルイの章 5人で語った1D
＊止まらない1D旋風！5人が自ら語った公式自叙伝。

ベケット, S. 〔1906〜1989〕 Beckett, Samuel
◇サミュエル・ベケット 高橋康也著 白水社 2017.11 206,13p 18cm （白水uブックス 1132）〈研究社出版 1971年刊にベケット追悼文と吉岡実の関連エッセイを併せて収録 文献あり 著作目録あり〉 1400円 ⓟ978-4-560-72132-2 Ⓝ950.278
内容 道化の肖像 道化の誕生 道化の修業 道化の完成 道化の終末 道化の遺言
＊いつの時代にも、新しい読者を獲得し読ける稀有な作家、サミュエル・ベケット。ゴドーとは何者なのか。ベケットの半生とその時代を辿りつつ、"道化"の誕生から終末までを代表作を中心に読み解く。第一人者によるベケット入門の名著。著者のベケット追悼文と吉岡実の関連エッセイを併記。

ヘーゲル, G.W.F. 〔1770〜1831〕 Hegel, Georg Wilhelm Friedrich
◇ヘーゲル宗教哲学入門 岩波哲男著 松戸 理想社 2014.7 383,31p 22cm 〈文献あり 索引あり〉 4500円 ⓟ978-4-650-10547-6 Ⓝ134.4
内容 1 背景（青年ヘーゲルの思想形成と宗教—シュトゥットガルト時代を中心に ヘーゲルの思考の特質—大論理学を手がかりとして ヘーゲルと歴史 ヘーゲルと宗教 ヘーゲルとキリスト教 ほか） 2 ベルリンのヘーゲル（後期のヘーゲル ベルリンへ

宗教哲学講義　規定された宗教　完成した宗教　ほか）

◇ヘーゲル　澤田章著　新装版　清水書院　2015.9　265p　19cm　（Century Books─人と思想 17）〈文献あり　年譜あり　索引あり〉　1000円　①978-4-389-42017-8　Ⓝ134.4
　内容　1 若い日の体験と思想─自由・愛・運命の探求（幼・少年時代のこと─非凡と凡庸　立ち遅れのドイツ　ヴュルテンベルクの事情　革命の時代の大学生活─チュービンゲン時代　若い日の遍歴と思索─ベルンおよびフランクフルト時代）　2 哲学者としての道─苦悩と栄光（イエナでのヘーゲル─ナポレオンと不朽の名著　わが道─四十にして惑わず─ニュルンベルク時代　ハイデルベルク大学でのヘーゲル─哲学体系の完成　ベルリン大学でのヘーゲル─栄光の晩年）　3 ヘーゲルと現代思想（後世への影響）

◇ヘーゲルハンドブック─生涯・作品・学派　W.イェシュケ著，神山伸弘，久保陽一，座小田豊，島崎隆，高山守，山口誠一訳　知泉書館　2016.6　727p　27cm　〈文献あり　著作目録あり　年譜あり　索引あり〉　16000円　①978-4-86285-234-2　Ⓝ134.4
　内容　1 生涯（シュトゥットガルト（1770-88年）　テュービンゲン（1788-93年）　ベルン（1793-96年）　ほか）　2 作品（テュービンゲンからベルンへの移転（1793-94年）　ベルン時代の構想（1795-96年）　フランクフルト時代の構想（1797-1800年）　ほか）　3 学派（三月革命を前にした時代の初期における哲学の状況　宗教をめぐる論争　法と国家をめぐる論争　ほか）
　＊本書はヘーゲルの著作の発展史の概観と、ヘーゲルが提示し解決しようとした体系的な諸問題の概観を与え、最新の研究を位置づける試みである。著者は批判版ヘーゲル全集の編集を主導し、その研究はドイツ古典哲学全般に及ぶ。本書は文献学的歴史的研究の立場からテキスト・クリティーク、発展史、概念史、背景事情、影響史など最新の研究成果に基づいて、バランスの取れた斬新な解釈を展開する。確かなテキストに拠って、難解な内容を読み解くとともに、概念史から発展史、研究史に関する該博な知識を駆使し、膨大な研究蓄積をも見渡して書かれた驚嘆すべき画期的な手引書である。ヘーゲル研究のみならず近代哲学の研究者にとっても本書は無視することができない基本文献となろう。

◇ヘーゲル哲学入門　滝口清榮著　社会評論社　2016.9　190p　19cm　（SQ選書 11）〈年譜あり〉　1800円　①978-4-7845-1840-1　Ⓝ134.4
　内容　第1章 青年期─思想の革命と新たな世界の予感　第2章 ひとりの哲学者としてたつ─変転する時代のなかで　第3章 過去への憧憬、未来への願望。否、現在に立つ─ヘーゲル社会哲学の成立　第4章 『精神現象学』─意識は世界をくまなく遍歴し、経験する　第5章 哲学者として羽ばたく─ニュルンベルク時代、ハイデルベルク時代　第6章 西南ドイツ立憲運動、そしてヘーゲルの法哲学講義　第7章 ベルリン時代─多産な講義活動、学派の形成　第8章 ヘーゲル哲学、その後そして現代
　＊ヘーゲルをめぐる批評の歴史は、思想界、読書界に多くの話題を提供してきました。近年では、フランスのポスト・モダンの思潮が、ヘーゲル哲学を、「小さな物語」をないがしろにして、それを回収する「大きな物語」と批判したことは、記憶に新しいところです。さまざまな批評は、とりもなおさずヘーゲル哲学の豊かな話題性を示しています。ヘーゲル哲学は、およそみずから何かを考えようとする人々にとって、ポジティブであれネガティブであれ思想的対話の相手となってくれます。読者のみなさんも、この相手から豊かな思索の糧を手にすることができるでしょう。

◇ヘーゲル・セレクション　G.W.F.ヘーゲル著，廣松渉，加藤尚武編訳　平凡社　2017.2　333p　16cm　（平凡社ライブラリー 852）〈「世界の思想家 12」（1976年刊）の改題　文献あり　著作目録あり　索引あり〉　1500円　①978-4-582-76852-7　Ⓝ134.4
　内容　思想と生涯　近代哲学の体系的完成者ヘーゲル（加藤尚武）　1 哲学の性格（時代の嫡子　二元の超克　絶対の確知）　2 視座と方法（実体は主体　理性は現実　弁証の理法）　3 論理と自然（神義と始元　論理の展開　自然の哲理）　4 人間と社会（精神と人倫　労働と社会　理性と国家）　5 歴史と摂理（自由の実現　理性の狡智　神との宥和）
　＊神学徒として出発するも、カント、フィヒテの影響とフランス革命への共感から、哲学の道を歩んだヘーゲル。キリスト教的絶対者ではない形でカントの二元論を克服しようと、論理学、自然哲学、精神哲学を展開し、国家、市民、社会、歴史に飽くなき関心を抱き続けたヘーゲルの巨大な哲学体系を見渡す、名アンソロジーにして最良の入門書！

◇ヘーゲル─人と思想　寄川条路著　京都　晃洋書房　2018.11　188,10p　19cm　〈文献あり　索引あり〉　2000円　①978-4-7710-3117-3　Ⓝ134.4
　内容　ヘーゲルの生涯（一七七〇年～一八三一年）　初期論集（一七八五年～一八〇〇年）　批判論集（一八〇一年～一八〇三年）　体系草稿（一八〇三年～一八〇六年）　精神現象学（一八〇七年）　教育論集（一八〇八年～一八一六年）　論理学（一八一二年～一八一六年）　エンチクロペディー（一八一七年～一八三〇年）　法の哲学（一八二一年）　後期論集（一八一七年～一八三一年）　ヘーゲル学派（一八三一年～一八九〇年）　ヘーゲルと現代思想　ヘーゲルと現代社会
　＊この1冊でヘーゲルのすべてがわかる。論理から自然へ、社会から国家へ、政治から経済へ、法律から歴史へ、芸術から宗教へ、あらゆるものを包み込む、壮大な学問の体系。ヘーゲルの全作品を読み解いて、21世紀の現代を解き明かす。

ベーコン, D.〔1811～1859〕
Bacon, Delia Salter

◇バンヴァードの阿房宮─世界を変えなかった十三人　ポール・コリンズ著，山田和子訳　白水社　2014.8　425,21p　20cm　〈文献あり　著作目録あり　索引あり〉　3600円　①978-4-560-08385-7　Ⓝ283
　内容　バンヴァードの阿房宮─ジョン・バンヴァード　贋作は永遠に─ウィリアム・ヘンリー・アイアランド　空洞地球と極地の穴─ジョン・クリーヴズ・シムズ　N線の目を持つ男─ルネ・ブロンロ　音で世界を語る─ジャン・フランソワ・シュドル　種を蒔いた人─イーフレイム・ウェールズ・ブル　台湾人ロンドンに

現わる—ジョージ・サルマナザール　ニューヨーク空圧地下鉄道—アルフレッド・イーリイ・ビーチ　死してもはや語ることなし—マーティン・ファークワ・タッパー　ロミオに生涯を捧げて—ロバート・コーツ　青色光狂騒曲—オーガスタス・J　プレゾントン　シェイクスピアの墓をあばく—デイーリア・ベーコン　宇宙は知的生命でいっぱい—トマス・ディック

＊その時、歴史は動かなかった！世界最長のパノラマ画、地球空洞説、驚異な放射線"N線"、音楽言語、空圧式地下鉄、新発見のシェイクスピア劇…壮大な夢を追求し、敗れ去った人々の数奇な物語。

ベーコン, F.〔1909～1992〕Bacon, Francis

◇フランシス・ベーコン　マーティン・ハマー著, 手嶋由美子訳　京都　青幻舎　2014.6　145p　25×18cm　(SEIGENSHA FOCUS)〈文献あり　年譜あり〉　2800円　①978-4-86152-432-5　Ⓝ723.33

内容　現代の巨匠　ベーコンとの対峙　FOCUS1　シルヴェスターによるインタビュー　FOCUS2　ベーコンと実存主義　FOCUS3　イメージソースとしての写真　形成期(1920-1954年)　FOCUS4　"絵画", 1946年　FOCUS5　叫び口　FOCUS6　セルゲイ・エイゼンシュテイン　FOCUS7　教皇シリーズ　中期(1955-1970年)　FOCUS8　肖像画—「生き生きとした感じ」を求めて　FOCUS9　磔刑　後期(1970-1992年)　FOCUS10　ベーコンのアトリエ

＊強烈な衝撃を見る者にあたえ、現代社会の悲劇をもっとも象徴すると評されるベーコンの絵画。生と死、偶発と制御、革新と伝統。あらゆる矛盾とパラドックスを生む作品と、波乱万丈の生涯をたどる。ピカソと並ぶ20世紀の巨匠、そのミステリアスにして稀有な魅力を豊富な参考図版と最新の論考で紹介する。

◇僕はベーコン　キティ・ハウザー文, クリスティナ・クリストフォロウ絵, 岩崎亜矢監訳, 金成希訳　パイインターナショナル　2014.11　80p　23cm　(芸術家たちの素顔　4)〈文献あり〉　1600円　①978-4-7562-4574-8　Ⓝ723.33

◇ベーコン　石井栄一著　新装版　清水書院　2016.2　203p　19cm　(Century Books—人と思想　43)〈文献あり　年譜あり　索引あり〉　1200円　①978-4-389-42043-7　Ⓝ133.2

内容　1　革新の時代(イギリスの宗教改革　絶対王政と第一次産業革命)　2　ベーコンの生涯(エリザベス朝の花園　孤独の影　またたく栄光　巨星墜つ)　3　ベーコンの著作と思想(学問の改革をめざして　学問の擁護と分類—『学問の前進』と『大革新』と『新機関』　ベーコンの遺したもの)

＊ベーコンは、人類の福祉の発明家たらんとした哲学者であった。そのため彼は、広い分野の学問を手がけ、理論と実践の統一をめざし、学問の正しい方法の発明を企てたのである。彼にこうした遠大な夢を抱かせた背景として、当時のイギリスでは第一線的な政治、宗教的雰囲気の中で育ったことが挙げられよう。厳格なカルヴィニストの母アン、国璽相の父ニコラスの薫陶のもとに、自然環境にめぐまれ、典型的な田園地帯にあったヨーク・ハウスとゴランベリ・ハウスとで幼時を過ごしたのである。学問上の大計画を達成するため、下院議員から大法官にまで登りつめ、国王の廷臣を自任した彼。しかし、晩年の彼は収賄によって失脚した。ゴランベリ・ハウスに隠棲した。それでも彼は、最後まで研究と著述に専念しつづけた、科学の精神の鼓吹者であった。

◇フランシス・ベイコン・インタヴュー　デイヴィッド・シルヴェスター著, 小林等訳　筑摩書房　2018.6　308p　15cm　(ちくま学芸文庫ヘ11-1)〈「肉への慈悲」(1996年刊)の改題、改訳〉　1300円　①978-4-480-09854-2　Ⓝ723.33

内容　インタヴュー1（1962年）写実主義の崖っぷちを歩いているような絵を描きたいのです。　インタヴュー2（1966年）私のかねてからの願いは、大勢の人物が登場するにもかかわらず物語を伴わない絵を描きたいということなのです。　インタヴュー3（1971・73年）重要なのは隔たりです。絵が見る者から遠ざかっていくことです。　インタヴュー4（1974年）不公正は人生の本質だと思います。　インタヴュー5（1975年）自分は今ここにいるけど、存在しているのはほんの一瞬であって、壁にとまっている蠅のようにたちまちはたかれてしまうのだ、という事実です。　インタヴュー6（1979年）「明日が来ては去り、また明日が来ては去り、そしてまた明日が来る」　インタヴュー7（1979年）偶然によって有機的な絵の土台が形成されると、自分の批評的な側面が活動を始め、その土台をさらに発展させていけるのです。　インタヴュー8（1982年）絵画にはもう自然主義的なリアリズムなどありえないのです、新たなリアリズムを創造して、古いリアリズムを洗い流し、神経組織に直接伝わるようなものにするべきなのです。　インタヴュー9（1984年）芸術作品が残酷に見えるのは、現実が残酷だからです。

＊歪んだ人物の顔、強烈な色彩。混沌を極めたアトリエから生み出されるベイコンの三幅対(トリプティック)は、特異な秩序をもって観る者に訴えかけてくる—「写実主義の崖っぷちを歩いているような絵を描きたいのです」。ベイコンが絵画を通じて表現しようとしたのは、まさに残酷なまでの生々しい現実だった—「芸術作品が残酷に見えるのは、現実が残酷だからです」。20世紀を代表する画家フランシス・ベイコンが自身の過去や制作過程について語った貴重な対談集『肉への慈悲』、待望の文庫化。

ベシャラーノ, E.〔1924～〕Bejarano, Esther

◇生きる勇気—アウシュヴィッツ70年目のメッセージ　クリスタ・シュパンバウアー, トーマス・ゴンシオア著, 笠井宣明訳　原書房　2015.7　215p　20cm　〈文献あり〉　2200円　①978-4-562-05178-6　Ⓝ946

内容　1章　それでも、生きる—エスター・ベシャラーノ　2章　私たちは堂々としていた—エーファ・プスタイ　3章　人間よ、お前はどこにいるんだ？—イェファダ・バコン　4章　すべてのものには詩がある—グレタ・クリングスベルク

＊朽ちることのない勇気、抵抗、人間の尊厳。戦後70年を経て、4人の音楽家・画家らが語った真実の声。絶滅収容所に至る差別と、アウシュヴィッツで地獄を体験した生還者として瀕死の経験から生き残るために得た智恵とは？　何が生きる力を与えてきたのか？　ホロコーストの過去の苦しみとともに、希望を抱いて生きてきた4人の印象的な証言と

信念を記録している。

ヘス, R. 〔1894～1987〕
Hess, Rudolf Walter Richard

◇ヒトラーの共犯者―12人の側近たち　上　グイド・クノップ著，高木玲訳　原書房　2015.12　376,6p　20cm　〈2001年刊の新装版　文献あり〉　2800円　Ⓘ978-4-562-05271-4　Ⓝ234.074
内容　1 火つけ役―ヨーゼフ・ゲッベルス　2 ナンバー・ツー―ヘルマン・ゲーリング　3 実行者―ハインリヒ・ヒムラー　4 代理人―ルドルフ・ヘス　5 建築家―アルベルト・シュペーア　6 後継者―カール・デーニッツ
＊ヒトラーの共犯者たちをとりまいていた多くの人々と会談し、家族や友人や同僚をはじめとする当時の人々にインタビューした。その多くは、今回初めて発言した人々である。彼はまた個人的な文書も閲覧した。さらには、ロシアならびにイギリスの公文書館から新しい資料も発掘した。これによって、鉤十字のもとでの権力の、全体的な姿がたちあらわれてくる。これまで知られていなかった多くの事実が明らかにされ、ナチ体制のたぐいまれな歴史となっている。はじめて明かされる「神」の執行人たちの全記録。ドイツTV金獅子賞、バイエルン・テレビ賞受賞。

ヘス, W.R. 〔1937～2001〕
Hess, Wolf Rüdiger

◇ナチの子どもたち―第三帝国指導者の父のもとに生まれて　タニア・クラスニアンスキ著，吉田春美訳　原書房　2017.9　269,23p　20cm　〈文献あり〉　2500円　Ⓘ978-4-562-05432-9　Ⓝ283.4
内容　グドルーン・ヒムラー―ナチズムの「お人形さん」　エッダ・ゲーリング―「ナチ・ドイツのネロの小さなプリンセス」　ヴォルフ・R.ヘス―最後の戦犯の息子　ニクラス・フランク―真実への欲求　マルティン・アドルフ・ボルマン・ジュニア―「クレーンツィ」あるいは皇太子　ヘースの子どもたち―アウシュヴィッツの司令官の子孫たち　シュペーアの子どもたち―「悪魔の建築家」の一族　ロルフ・メンゲレ―「死の天使」の息子　ドイツの歴史？
＊ナチ高官たちは何を行い、戦後、自らの罪にどう向き合ったのか。子どもたちは父の姿をどのように見つめたのか。本名を隠して生きた者、極右運動に走る者…。さまざまな人生を追い、語られざる現代史に迫る。

ベース, カイル
⇒バス，K. を見よ

ベスターマン, H. 〔1909～1986〕
Westermann, Harry

◇ミュンスター法学者列伝―中央大学・ミュンスター大学交流30周年記念　トーマス・ヘェーレン編著，山内惟介訳編　八王子　中央大学出版部　2018.11　568p　21cm　（日本比較法研究所翻訳叢書　80）〈索引あり〉　6700円　Ⓘ978-4-8057-0381-6　Ⓝ322.8
内容　旧制大学―アントン・マティアス・シュブリックマン（1749年～1833年）　ルードルフ・ヒス（1870年～1938年）―ミュンスター大学のスイス人刑法学者　ハンス・バーゲンコップ（1901年～1983年）―ミュンスター大学地方自治研究所創設者　脇役から主役へ―国法学者、フリートリッヒ・クライン（1908年～1974年）　正義のための戦いの中で―刑事訴訟法学者、カール・ペータース（1904年～1998年）　ミュンスター大学の租税法―オットマール・ビューラー（1884年～1965年）　生活事実から法へ―ヴァルター・エルマン（1904年～1982年）　ミュンスターのフリースラント出身者―ハリー・ヴェスターマン（1909年～1986年）　マックス・カーザー（1906年～1997年）―学者生活のダイジェスト　ヘルムート・シェルスキィ（1912年～1984年）―幸福感溢れる世代の遅すぎた懐疑　行政法学―ハンス＝ユリウス・ヴォルフ（1898年～1976年）　刑法学者―ヨハネス・ヴェセルス（1923年～2005年）　波乱の時代の労働法―アルフレート・ヒュック（1889年～1975年）とロルフ・ディーツ（1902年～1971年）　環境法・都市計画法―ヴェルナー・ホッペ（1930年～2009年）　あなたはどのように判断されるか？―ハンス・ブロクス（1920年～2009年）　学理と実務における保険法―ヘルムート・コロサー（1934年～2004年）　オットー・ザンドロック―（1930年～2017年）　ベルンハルト・グロスフェルト―（1933年～）

ペスタロッチ, J.H. 〔1746～1827〕
Pestalozzi, Johann Heinrich

◇ペスタロッチ　長尾十三二，福田弘共著　新装版　清水書院　2014.9　208p　19cm　（Century Books―人と思想　105）〈文献あり　年譜あり　索引あり〉　1000円　Ⓘ978-4-389-42105-2　Ⓝ289.3
内容　1 貧民救済のために（少年時代　青年時代　農場経営と民衆教育）　2 文筆家として（『隠者の夕暮』『リーンハルトとゲルトルート』　「立法と子供殺し」　フランス革命とペスタロッチ　『人類の発展における自然の歩みに関するわたしの探求』）　3 教育家として（「シュタンス便り」　『ゲルトルート児童教育法』　イヴェルドン学園）　4 晩年のペスタロッチ（理想と現実と　知己を後世にまつ）　5 ペスタロッチ運動の発展（スイスのペスタロッチ運動　ドイツのペスタロッチ運動　イギリスのペスタロッチ運動　アメリカのペスタロッチ運動　日本のペスタロッチ運動）

◇ヨハン・ハインリッヒ・ペスタロッチ　ダニエル・トレーラー著，乙訓稔監訳，大沢裕，椋木香子訳　東信堂　2015.4　167p　20cm　〈年譜あり　索引あり〉　2200円　Ⓘ978-4-7989-1295-0　Ⓝ289.3
内容　第1章　一八世紀中期のチューリッヒ―経済的・文化的繁栄および革命の策動　第2章　ペスタロッチの青年期―共和制の革命家　第3章　農業、初期の産業とキリスト教的共和制　第4章　古代共和制と近代の自然法　第5章　フランスの共和制、古典的共和主義と内面的道徳　第6章　ヘルヴェチア共和国と「方法」の発見　第7章　宣伝と学園の成功　第8章　証人としてのペスタロッチのカリスマと問題　第9章　教育家の政治的遺言とその使命　第10章　確信、没落と始められた崇拝

◇ペスタロッチーに還れ―教育的格差・貧困・偏見に挑む　黒澤英典著　学文社　2015.9　295p　22cm　〈文献あり　年譜あり　索引あり〉　4600円　①978-4-7620-2559-4　Ⓝ289.3

[内容]　序章　いま、なぜペスタロッチーか　第1章『隠者の夕暮』の覚書―ペスタロッチーの教育思想の源流　第2章『シュタンツ便り』の考察―「生活が陶冶する」教育的真実を求めて　第3章『探究』の考察―新しいペスタロッチー像を求めて　第4章『ゲルトルート児童教育法の考察』―民衆の自己解放の真の学力を求めて　第5章『ランゲンタールの講演』―祖国存亡の危機と教育による再建　第6章『白鳥の歌』の考察―八一年の生涯の回顧　第7章　ペスタロッチーの墓碑銘―ペスタロッチーの生涯から学ぶもの

◇青年期におけるペスタロッチの思想形成　羽根田秀実著　青山ライフ出版　2017.3　109p　21cm　①978-4-86450-271-9　Ⓝ371.2345

◇ペスタロッチーに還れ―教育的格差・貧困・偏見に挑む　黒澤英典著　第2版　学文社　2018.8　295p　22cm　〈文献あり　年譜あり　索引あり〉　4600円　①978-4-7620-2809-0　Ⓝ289.3

[内容]　序章　いま、なぜペスタロッチーか　第1章『隠者の夕暮』の覚書―ペスタロッチーの教育思想の源流　第2章『シュタンツ便り』の考察―「生活が陶冶する」教育的真実を求めて　第3章『探究』の考察―新しいペスタロッチー像を求めて　第4章『ゲルトルート児童教育法の考察』―民衆の自己解放の真の学力を求めて　第5章『ランゲンタールの講演』―祖国存亡の危機と教育による再建　第6章『白鳥の歌』の考察―八一年の生涯の回顧　第7章　ペスタロッチーの墓碑銘―ペスタロッチーの生涯から学ぶもの　資料

ベズッコ, F. 〔1850～1864〕
Besucco, Francis

◇オラトリオの少年たち―ドメニコ・サヴィオ、ミケーレ・マゴーネ、フランチェスコ・ベズッコの生涯　ジョヴァンニ・ボスコ著，浦田慎二郎監訳，佐倉泉，中村〈五味〉妙子訳　ドン・ボスコ社　2018.6　375p　21cm　(サレジオ家族霊性選集 Antologia di Salesianità)　1200円　①978-4-88626-630-9　Ⓝ198.2237

ベスプッチ, A. 〔1451～1512〕
Vespucci, Amerigo

◇アメリゴ＝ヴェスプッチ　篠原愛人著　新装版　清水書院　2016.4　255p　18cm　(Century Books―人と思想 192)〈文献あり　年譜あり　索引あり〉　1200円　①978-4-389-42192-2　Ⓝ289.3

[内容]　プロローグ　ヴェスプッチ問題　1　フィレンツェでの日々―メディチ家の陰で　2　セビーリャへ―ベラルディ、コロンとの出会い　3　自ら、海へ―第一回航海は行われたのか　4　一四九九―一五〇〇年オヘーダ隊での航海　5　ポルトガル王旗のもとで―第三回航海　6　再び、セビーリャへ―香料諸島をめざして　7　公刊書簡に「アメリカ」　エピローグ　コロンとアメリゴの世界認識　補遺　アメリゴ＝ヴェスプッチの私信(翻訳)

＊本書は、知名度のわりに知られていない、謎に満ちたアメリゴ＝ヴェスプッチの実像に迫るものである。

ベセルス, J. 〔1923～2005〕
Wessels, Johannes

◇ミュンスター法学者列伝―中央大学・ミュンスター大学交流30周年記念　トーマス・ヘェーレン編著，山内惟介編訳　八王子　中央大学出版部　2018.11　568p　21cm　(日本比較法研究所翻訳叢書 80)〈索引あり〉　6700円　①978-4-8057-0381-6　Ⓝ322.8

[内容]　旧制大学―アントン・マティアス・シュブリックマン(1749年～1833年)　ルードルフ・ヒス(1870年～1938年)―ミュンスター大学のスイス人刑法史学者　ハンス・バーゲンコップ(1901年～1983年)―ミュンスター大学地方自治研究所創設者　脇役から主役へ―国法学者、フリットリッヒ・クライン(1908年～1974年)　正義のための戦いの中で―刑事訴訟法学者、カール・ペータース(1904年～1998年)　ミュンスター大学の租税法―オットマール・ビューラー(1884年～1965年)　生活事実から法へ―ヴァルター・エルマン(1904年～1982年)　ミュンスターのフリースラント出身者―ハリー・ヴェスターマン(1909年～1986年)　マックス・カージー(1906年～1997年)―学者生活のダイジェスト　ヘルムート・シェルスキィ(1912年～1984年)―幸福感溢れる世代の遅すぎた懐旧　行政法学―ハンス・ユリウス・ヴォルフ(1898年～1976年)　刑法学者―ヨハネス・ヴェセルス(1923年～2005年)　波乱の時代の労働法―アルフレート・ヒュック(1889年～1975年)とロルフ・ディーツ(1902年～1971年)　環境法・都市計画法―ヴェルナー・ホッペ(1930年～2009年)　あなたはどのように判断されるか?―ハンス・プロクス(1920年～2009年)　学理と実務における保険法―ヘルムート・コロサー(1934年～2004年)　オットー・ザンドロック―(1930年～2017年)　ベルンハルト・グロスフェルト―(1933年～)

ベゾス, J. 〔1964～〕　Bezos, Jeffrey

◇ジェフ・ベゾス―アマゾンをつくった仕事術　桑原晃弥著　講談社　2014.8　206p　19cm　〈文献あり　年譜あり〉　1400円　①978-4-06-219030-5　Ⓝ024.53

[内容]　第1章　行動は熟考より正しい―「決断」がアマゾンをつくった　第2章　道なき道こそ近道だ―「発見」がアマゾンをつくった　第3章　未体験を商品化する―「便利!」がアマゾンをつくった　第4章　お客様の時間を節約せよ―「速さ」がアマゾンをつくった　第5章　解決策は「徹底的に!」―「仕事術」がアマゾンをつくった　第6章　儲けを投資に使い切る―「利益無視」がアマゾンをつくった　第7章　一生単位で一日を見直す―「長期戦略」がアマゾンをつくった

＊一冊で読める、稀代の経営者の生い立ちから成長の軌跡、そして珠玉の言葉の数々。道なき道こそ近道だ。世界の消費スタイルを変えた男の生き方に学べ。

◇世界を動かす巨人たち　経済人編　池上彰著　集英社　2017.7　250p　18cm　(集英社新書

0889)〈文献あり〉　760円　①978-4-08-720889-4　Ⓝ280

|内容| 第1章 ジャック・マー　第2章 ルパート・マードック　第3章 ウォーレン・バフェット　第4章 ビル・ゲイツ　第5章 ジェフ・ベゾス　第6章 ドナルド・トランプ　第7章 マーク・ザッカーバーグ　第8章 グーグルを作った二人―ラリー・ペイジ、セルゲイ・ミハイロビッチ・ブリン　第9章 コーク兄弟―チャールズ・コーク、デビッド・コーク

＊この11人の大富豪こそ、真の「実力者」です。池上彰が、歴史を動かす「個人」から現代世界を読み解く人気シリーズ最新刊！

◇「アマゾン」をつくったジェフ・ベゾス　未来と手を組む言葉　武井一巳著　青春出版社　2018.12　187p　18cm　〈青春新書INTELLIGENCE PI-558〉〈文献あり〉　920円　①978-4-413-04558-2　Ⓝ024.067

|内容| Prologue マアゾンを率いる―ベゾスが示す新しい時代の成功法則　1 何を扱うかではなく、どんなサービスを目指すか―企業の成功と成長について　2 大事なことは二者択一では考えない一仕事への向き合い方とチャレンジ精神　3 ビジネスチャンスは「非効率」なところにあり―サービスの本質について　4 答えは「シンプル」に考えた先にある―真の顧客第一主義とは何か　5 прибыль挑み続けるための、たった1つの方法―未来と手を組むための選択と決断

＊答えは常に「シンプル」に考えた先にある。世界最大のオンライン通販企業をつくり上げたカリスマ経営者が身をもって示した仕事・人生・未来の切り拓き方。

◇宇宙の覇者ベゾスvsマスク　クリスチャン・ダベンポート著、黒輪篤嗣訳　新潮社　2018.12　395p　20cm　〈年表あり〉　2300円　①978-4-10-507081-6　Ⓝ538.09253

|内容| 「着陸」　第1部 できるはずがない（「ばかな死に方」　ギャンブル　「小犬」　「まったく別の場所」　ほか）　第2部 できそうにない（「ばかになって、やってみよう」　リスク　四つ葉のクローバー　「信頼できる奴か、いかれた奴か」　ほか）

＊桁外れの資産と野心を持つ異能の経営者が、「未来のプラットフォーム」の覇権を狙う。強烈な個性がぶつかり合う開発競争の最前線！

ペーター, S.〔1752～1812〕
Peter, Schwarzer

◇ドイツ奇人街道　森貴史,細川裕史,溝井裕一著　吹田　関西大学出版部　2014.7　331p　19cm　〈文献あり〉　2000円　①978-4-87354-586-8　Ⓝ283.4

|内容| フレンスブルク・ひとりの女性の勇敢なる挑戦―ベアーテ・ウーゼ（Beate Uhse,1919～2001）　エッカーンフェルデ・「不死の男」の終焉―サン・ジェルマン伯爵（Graf von Saint Germain, 1691？～1784）　ハンブルク・ドイツの「海賊王」の運命―クラウス・シュテルテベーカー（Klaus Störtebeker,？～1400）　メルン・中世を旅したイタズラ者―ティル・オイレンシュピーゲル（Till Eulenspiegel, 1300ごろ～50）　シュタインフーデ・シュタインフーデ湖の怪魚―ヤーコブ・クリュソストムス・プレトリウス（Jakob Chrysostomus Praetorius, 1730

～？）　ボーデンヴェルダー・「ほらふき男爵」の笑えない人生―ヒエロニムス・フォン・ミュンヒハウゼン（Hieronymus von Münchhausen, 1720～97）　ベルリン・絶滅動物を「よみがえらせてしまった」動物園長―ルッツ・ヘック（Lutz Heck, 1892～1983）　ライプツィヒ・「魔法使いファウスト」の実像をあばく―ゲオルギウス・ファウストゥス（Georgius Faustus, 1460/80～1540ごろ）　インゴルシュタット・秘密結社イルミナティの真実―アダム・ヴァイスハウプト（Adam Weishaupt, 1748～1830）　アンスバッハ・ヨーロッパを騒がせた謎の少年―カスパー・ハウザー（Kaspar Hauser, ？～1833）　フリードリヒスハーフェン・伯爵の空への異常な愛情―フェルディナント・ツェッペリン伯爵（Ferdinand Graf von Zeppelin,1838～1917）　ジンメルン（ライン・モーゼル地方）・ライン地方の山賊たち―シンダーハンネスとシュヴァルツァー・ペーター（Schinderhannes, 1777？～1803/Schwarzer Peter,1752～1812）

ペータース, K.〔1904～1998〕
Peters, Karl Albert Joseph

◇ミュンスター法学者列伝―中央大学・ミュンスター大学交流30周年記念　トーマス・ヘェーレン編著, 山内惟介編訳　八王子　中央大学出版部　2018.11　568p　21cm　〈日本比較法研究所翻訳叢書 80〉〈索引あり〉　6700円　①978-4-8057-0381-6　Ⓝ322.8

|内容| 旧制大学―アントン・マティアス・シュブリックマン（1749年～1833年）　ルードルフ・ヒス（1870年～1938年）―ミュンスター大学のスイス人刑法学者　ハンス・バーゲンコップ（1901年～1983年）―ミュンスター大学地方自治研究所創設者　脇役から主役へ―国法学者、フリードリッヒ・クライン（1908年～1974年）　正義のための戦いの中で―刑事訴訟法学者、カール・ペータース（1904年～1998年）　ミュンスター大学の租税法―オットマール・ビューラー（1884年～1965年）　生活事実から法へ―ヴァルター・エルマン（1904年～1982年）　ミュンスターのフリーゼラント出身者―ハリー・ヴェスターマン（1909年～1986年）　マックス・カーザー（1906年～1997年）―学者生活のダイジェスト　ヘルムート・シェルスキィ（1912年～1984年）―幸福感溢れる世代の遅すぎた懐疑　行政法学―ユリウス・ヴォルフ（1898年～1976年）　刑法学者―ヨハネス・ヴェセルス（1923年～2005年）　波乱の時代の労働法―アルフレート・ヒュック（1889年～1975年）とロルフ・ディーツ（1902年～1971年）　環境法・都市計画法―ヴェルナー・ホッペ（1930年～2009年）　あなたはどのように判断されるか？―ハンス・ブロクス（1920年～2009年）　学理と実務における保険法―ヘルムート・コロサー（1934年～2004年）　オットー・ザンドロック（1930年～2017年）　ベルンハルト・グロスフェルト―（1933年～）

ベッカム, D.〔1975～〕　Beckham, David

◇DAVID BECKHAM　デイビッド・ベッカム著, 斉藤健仁訳　日之出出版　2014.6　288p　27cm　〈本文は日本語〉　3700円　①978-4-89198-144-0　Ⓝ783.47

＊デイビッド・ベッカム自伝。自身が選んだ150点余りのお気に入り写真とともに、サッカーと歩んだ20年間の選手人生を振り返る。

ベック, J. 〔1944～〕 Beck, Jeff

◇ジェフ・ベック｜孤高のギタリスト　上　マーティン・パワー著，細川真平日本版監修，前むつみ訳　ヤマハミュージックメディア　2015.8　290p　21cm　2400円　①978-4-636-90568-7　Ⓝ767.8

内容　調査開始　小さな池の二匹の鯉　重力圏からの脱出　魔法のファズボックス現る　アメリカ万歳　しぼみ始めた現実　悪魔の出陣　どんな雲でも…　ニューヨーク・タイムズのおかげでした　牡蠣に入った砂粒　覆水盆に返らず　音量よりもパワー　そして三人になった

＊世界最高のギタリスト、ジェフ・ベック。彼の生い立ちからヤードバーズ加入、ジェフ・ベック・グループを経てBBAの試みまで、世界でもっとも偉大で衝撃的なギタリストの真実と軌跡を解き明かす。ヤードバーズ時代からプライベートショットまで、貴重な写真を多数掲載！

◇ジェフ・ベック｜孤高のギタリスト　下　マーティン・パワー著，細川真平日本版監修，前むつみ訳　ヤマハミュージックメディア　2015.8　325,12p　21cm　〈作品目録あり〉　2400円　①978-4-636-91736-9　Ⓝ767.8

内容　転換は休養にも勝る　復讐は蜜の味　ハマー・タイム　スペース・メタルの侵略　休息期間（車はますますピカピカに）　迷走の1980年代　老犬も新しい芸を覚える　トゥワングの黙示録　ギターで世界を燃やす　体を張って　友情に支えられて　物事は移り変われども

＊突然の休養、グループ結成と空中分解、衝撃的な音楽実験の数々、伝説の共演…そして、ジェフ・ベックはロックの殿堂入りを果たした。クールでやんちゃなギター殺人者の軌跡をつづる。ビッグミュージシャンとのコラボショットなどレア写真を多数掲載！ディスコグラフィ付。

ヘック, L. 〔1892～1983〕 Heck, Lutz（Ludwig Georg Heinrich）

◇ドイツ奇人街道　森貴史，細川裕史，溝井裕一著　吹田　関西大学出版部　2014.7　331p　19cm　〈文献あり〉　2000円　①978-4-87354-586-8　Ⓝ283.4

内容　フレンスブルク・ひとりの女性の勇敢なる挑戦─ベアーテ・ウーゼ（Beate Uhse,1919～2001）　エッカーンフェルデ・「不死の男」の終焉─サン=ジェルマン伯爵（Graf von Saint Germain, 1691?～1784）　ハンブルク・ドイツの「海賊王」の運命─クラウス・シュテルテベーカー（Klaus Störtebeker,？～1400）　メルン・中世を旅したイタズラ者─ティル・オイレンシュピーゲル（Till Eulenspiegel, 1300ごろ～50）　シュタインフーデ・シュタインフーデ湖の怪魚─ヤーコプ・クリュソストムス・プレトリウス（Jakob Chrysostomus Praetorius, 1730～？）　ボーデンヴェルダー・「ほらふき男爵」の笑えない人生─ヒエロニムス・フォン・ミュンヒハウゼン（Hieronymus von Münchhausen, 1720～97）　ベルリン・絶滅動物を「よみがえらせてしまった」動物園長─ルッツ・ヘック（Lutz Heck, 1892～1983）　ライプツィヒ・「魔法使いファウスト」の実像をあばく─ゲオルギウス・ファウストゥス（Georgius Faustus, 1460/80～1540ごろ）　インゴルシュタット・秘密結社イルミナティの真実─アダム・ヴァイスハウプト（Adam Weishaupt, 1748～1830）　アンスバッハ・ヨーロッパを騒がせた謎の少年─カスパー・ハウザー（Kaspar Hauser, ？～1833）　フリードリヒスハーフェン・伯爵の空への異常な愛情─フェルディナント・ツェッぺリン伯爵（Ferdinand Graf von Zeppelin,1838～1917）　ジンメルン（ライン・モーゼル地方）・ライン地方の山賊たち─シンダーハンネスとシュヴァルツァー・ペーター（Schinderhannes, 1777？～1803/Schwarzer Peter,1752～1812）

ベックマン, M. 〔1884～1950〕 Beckmann, Max

◇マックス・ベックマン─近代芸術における伝統の問題　ハンス・ベルティンク著，岡部由紀子訳　三元社　2015.1　255p　20cm　〈文献あり〉　2700円　①978-4-88303-370-6　Ⓝ723.34

内容　第1章　一人のドイツ人の伝記とその反響　第2章　美術史の鏡に照らして　第3章　古典的レパートリー　第4章　社会の中の芸術家　第5章　芸術における神話、あるいは神話としての芸術　第6章　ベックマンの語り手としての自我

＊近代芸術がパリ画壇で花開いていた20世紀初頭、激動のドイツにあって対立する"近代性"と"伝統"との調停点に伝統の力を近代精神で満たすこと、伝統の真っただ中で伝統の力を呼び覚ますこと─を求めつづけた画家マックス・ベックマン。画家が生きた時代の歴史的文脈を解明し、彼を同時代の美術史のなかに位置づけることで、描くことによって思索した画家ベックマンの芸術の本質に迫るモノグラフ。

ヘッケル, E. 〔1834～1919〕 Haeckel, Ernst Heinrich Philipp August

◇ヘッケルと進化の夢（ファンタジー）──元論、エコロジー、系統樹　佐藤恵子著　工作舎　2015.9　417p　20cm　〈文献あり　著作目録あり　年譜あり　索引あり〉　3200円　①978-4-87502-466-8　Ⓝ289.3

内容　第1部　生涯と一元論の構想（ヘッケルの生涯と一九世紀ドイツ─進化論との遭遇および一元論への開眼　一元論と『有機体の一般形態学』資料篇　『有機体の一般形態学』の章立てと概要）　第2部　一元論のもたらしたもの─文化・社会への影響（魅惑的な生物発生原則　ミッシングリンクの夢─ガストレア、モネラ、ビテカントロプス　科学の自由についてドイツ一元論者同盟と教会離脱運動　ヘッケルの人種主義と優生思想　エコロジーの誕生　プランクトン論争　自然の芸術形態　結晶の魂─結晶、ゼーレ、実体則）

＊本書は、毀誉褒貶に満ちたその多彩な断片をつなぎ合わせ、「ヘッケルという織物」の全体像を、可能なかぎり具体的に再現する試みでもある。

◇進化論物語　垂水雄二著　バジリコ　2018.2　243p　20cm　〈文献あり〉　2000円　①978-4-86238-236-8　Ⓝ467.5

内容　序論　ダーウィンと進化論　第1章　反ダーウィンの旗印に仕立て上げられた学者─ラマルク　第2章　生物学の革新を目指した保守派の巨魁─キュヴィエ　第3章　進化論を踏み台に栄達した進歩主義者─ハクスリー　第4章　進化論を誤らせた社会学者─ス

ペンサー　第5章 優生学への道を切り拓いた発生学者—ヘッケル　第6章 進化の総合説の仕上げ人—ドブジャンスキー　結び　進化論の現在
＊生きものはどこから来て、どこへ行くのか。人々の世界認識を変えた生物学史上の金字塔、ダーウィン進化論。ダーウィン進化論を取り巻く六人の学者たち、ラマルク、キュヴィエ、ハクスリー、スペンサー、ヘッケル、ドブジャンスキー、それぞれの栄光と挫折のドラマ。

ヘッセ, H.〔1877～1962〕　Hesse, Hermann

◇ヘッセ　井упад貢夫著　新装版　清水書院　2015.9　236p　19cm　〈Century Books—人と思想 89〉〈文献あり　年譜あり　索引あり〉　1000円　Ⓟ978-4-389-42089-5　Ⓝ940.278
内容　1 早熟な少年（ヘッセの家系　幼年時代　学校との闘い　混乱と模索）　2 甘美な青春作家（作家としての出発と成功　幸福な日々　第一次大戦の勃発　新たなる覚醒）　3 西欧の賢者（内面への道　実現と理想の狭間で　第二次大戦と困窮の日々　円熟と晩年）

ベッセル, F.W.〔1784～1846〕　Bessel, Friedrich Wilhelm

◇現代天文学史—天体物理学の源流と開拓者たち　小暮智一著　京都　京都大学学術出版会　2015.12　634p　22cm　〈他言語標題：History of Modern Astronomy　文献あり　年表あり　索引あり〉　4900円　Ⓟ978-4-87698-882-2　Ⓝ440.12
内容　第1部 天体分光学「新天文学」の開幕　星の分光分類とHR星表）　第2部 星の構造と進化論（星の進化論とHR図表　熱核反応と星の進化）　第3部 銀河天文学と宇宙論（銀河と星雲の世界　銀河系の発見　宇宙論の源流）　第4部 現代天文学へ（日本における天体物理学の黎明　現代天文学への展開）
＊初めて星の化学組成を明らかにしたロンドンのアマチュア天文家ハギンス、太陽をガス体と見なした特許調査官レーン、自作の望遠鏡で天空を探査した音楽家ハーシェル…18世紀末から19世紀中葉にかけて現代天文学の扉を開いた彼らは、いずれも学界に縁のないアマチュア天文家だった。星の位置と運動を対象とする古典天文学から天体の物理的構造と進化を探る天体物理学へ、その転換期を担った人々の生涯と研究を軸に、現代天文学の歴史をたどる。

ペッタッツォーニ, R.〔1883～1959〕　Pettazzoni, Raffaele

◇イタリア宗教史学の誕生—ペッタッツォーニの宗教思想とその歴史的背景　江川純一著　勁草書房　2015.1　241,70p　22cm　〈他言語標題：La nascita della storia delle religioni in Italia　文献あり　著作目録あり　年表あり　索引あり〉　4500円　Ⓟ978-4-326-10241-9　Ⓝ161
内容　第1部 宗教史学誕生までの道程（ペッタッツォーニの生涯と著作　モデルニズモ・イタリアーノ—宗教史学とローマ・カトリックの関係　ペッタッツォーニ宗教史学の萌芽—『サルデーニャ原始宗教』読解から）　第2部 宗教史学講座の設置とファシズム（宗教史学講座の設置をめぐって　ファシズム期のイタリア宗教史学）　第3部 最高存在研究—ペッタッツォーニ宗教史学の基幹（最高存在研究の系譜　最高存在をめぐる事例研究）　第4部 宗教史学と宗教運動（あらゆる現象は生成物である（ogni phainómenon è un genómenon）」—ペッタッツォーニ宗教史学の基本原理　ペッタッツォーニ宗教史学の継承—デ・マルティーノの宗教論　学問の自由と宗教の自由—宗教史学がもたらしたもの　ペッタッツォーニ宗教史学と宗教運動—結論に代えて）
＊特定の宗教の立場に立たずに、宗教について語る「宗教史学」。そこではキリスト教も「未開宗教」も同じカテゴリーに入れられる。この近代西欧的な学問が、もっとも明確な形で生まれたのは、カトリックの総本山ヴァティカンを抱くイタリアの地、宗教史学者のR・ペッタッツォーニによってであった。時代はムッソリーニ政権下…。

ベッリーニ, G.〔1430頃～1516〕　Bellini, Giovanni

◇黎明のアルストピア—ベッリーニからレオナルド・ダ・ヴィンチへ　金山弘昌監修　ありな書房　2018.5　446p　22cm　〈イタリア美術叢書 1—初期ルネサンス〉〈他言語標題：RENASCENTIA PRIMA ARSTOPIA IN AURORA　執筆：ダニエル・W・メイズほか　索引あり〉　6000円　Ⓟ978-4-7566-1860-3　Ⓝ702.37
内容　プロローグ イタリア初期ルネサンス美術と「時代の眼」　プレリュード ジョヴァンニ・ベッリーニとヴェネツィア絵画　第1章 ジョヴァンニ・ベッリーニ—出生、親子関係、独立　第2章 ウェヌス/フロレンティアー再生された古代絵画としてのボッティチェッリ"ウェヌスの誕生"が意味するもの　第3章 ピントリッキオのアパルタメント・ボルジア—古代との出会いと初期ルネサンスの変容　第4章 レオナルド・ダ・ヴィンチ「岩窟の聖母」と「無原罪懐胎の聖母」信仰　第5章「ロレンツォの館よりも豪壮な」——五世紀末フィレンツェの政治経済的文脈におけるパラッツォ・ストロッツィ　第6章 文学的ロレンツォ・デ・メディチとイタリア文学　第7章 思想的ルネサンスの教皇と人文主義者　エピローグ イタリア・ルネサンス美術の光彩を求めて—「時代の眼」と「マテリアリティ」
＊ジョヴァンニ・ベッリーニの出生の秘密に、ウェヌス/フロレンティアの古代表象に、アレクサンデル六世のボルジア・ゴールドに、レオナルドの"岩窟の聖母"の秘話に、フィレンツェの大パラッツォの建設秘話に、俗語文学を愛でるロレンツォ豪華王に、ヴァティカンに花開いた人文主義に、初期ルネサンスの芸術郷のネクタルを！

ベッリーニ, V.〔1801～1835〕　Bellini, Vincenzo

◇愛と裏切りの作曲家たち　中野京子著　光文社　2015.3　237p　16cm　〈光文社知恵の森文庫 tな5-1〉〈『かくも罪深きオペラ』（洋泉社 1999年刊）の改題、修正〉　640円　Ⓟ978-4-334-78669-4　Ⓝ766.1
内容　ビゼー「世にも恐ろしい災い」「カルメン」　ヴ

ェーバー すべては愛のために「魔弾の射手」 ベッリーニ 嫉妬が産んだ名作「ノルマ」 ヴァーグナー 過剰な執着心—「さまよえるオランダ人」 ロッシーニ 美食と神経過敏—「セビーリャの理髪師」 モーツァルト 神童の傲慢—「フィガロの結婚」 ヴェルディ「道を踏み外した女」「椿姫」 プッチーニ オペラ以上の悲劇「蝶々夫人」

＊名作の誕生する過程には作品に負けないほど劇的な事件がかくされている。スキャンダラスと言っていいほどのそれらの出来事は、別の見方をすれば作曲家本人のがむしゃらな闘争ともいえる。「カルメン」「フィガロの結婚」「蝶々夫人」ほか知っておきたい名作オペラのあらすじと、その作曲家たちの壮絶な生涯を、同時に読める一冊！ 待望の文庫化。

ベーテ, H.A. 〔1906～2005〕
Bethe, Hans Albrecht

◇現代天文学史—天体物理学の源流と開拓者たち 小暮智一著 京都 京都大学学術出版会 2015.12 634p 22cm 〈他言語標題：History of Modern Astronomy 文献あり 年表あり 索引あり〉 4900円 ①978-4-87698-882-2 Ⓝ440.12

内容 第1部 天体分光学（「新天文学」の開幕 星の分光分類とHD星表） 第2部 星の構造と進化論（星の進化論とHR図表 熱核反応と星の進化論） 第3部 銀河天文学と宇宙論（銀河と星雲の世界 銀河系の発見 宇宙論の源流） 第4部 現代天文学へ（日本における天体物理学の黎明 現代天文学への展開）

＊初めて星の化学組成を明らかにしたロンドンのアマチュア天文家ハギンス、太陽をガス体と見なした特許調査官レーン、自作の望遠鏡で天空を探査した音楽家ハーシェル…18世紀末から19世紀中葉にかけて現代天文学の扉を開いた彼らは、いずれも学界に縁のないアマチュア天文家だった。星の位置と運動を対象とする古典天文学から天体の物理的構造を探る天体物理学へ、その転換期を担った人々の生涯と研究を軸に、現代天文学の歴史をたどる。

◇宇宙を見た人たち—現代天文学入門 二間瀬敏史著 海鳴社 2017.10 270p 19cm 1800円 ①978-4-87525-335-8 Ⓝ440.28

内容 第1部 天文学に強力な"道具箱"を提供した観測家たち（ヘンリエッタ・スワン・リービット—宇宙の"物差し"を見つけた ハーバード・コンピューターズの才媛 ジョージ・ヘール—巨大望遠鏡時代に道を拓く ほか） 第2部 科学的宇宙論の開拓者たち（アルベルト・アインシュタイン—現代宇宙論の開拓者 カール・シュヴァルツシルト—難壕で重力方程式の解を発見 ほか） 第3部 天文学を豊かにした人びと（クライド・トンボー—新しい太陽系領域に挑んだ人 アーサー・エディントン—恒星天文学の父 ほか） 第4部 "観測の窓"拡大に情熱を傾けた人びと（カール・ジャンスキー—電波天文学の生みの親 早川幸男—戦後の焼け跡で"全波長天文学"への道を敷く ほか）

＊宇宙は、ブラックホール、超新星爆発、暗黒物質、暗黒エネルギーなど、さまざまな"魔物"の不可思議な現象の存在なしには考えられない。この驚天動地の現代天文学の歴史を築いてきた巨人たちの活躍を、時代背景・生い立ち・人柄などを交え、いきいきと伝える。

ペティ, W. 〔1623～1687〕 Petty, William

◇経済・社会と医師たちの交差—ペティ、ケネー、マルクス、エンゲルス、安藤昌益、後藤新平たち 日野秀逸著 本の泉社 2017.10 175p 19cm 1300円 ①978-4-7807-1653-5 Ⓝ498.04

内容 序に代えて—医師・医学と経済・社会 1部 マルクス・エンゲルスと医師・医学（マルクス・エンゲルス全集に登場する271人の医師たち マルクス・エンゲルスと親族や友人の医師たち マルクスたちは自然科学に強い関心を払った 医師と科学研究 経済学研究の先行者としての医師たち ほか） 2部 日本における先駆者たち—安藤昌益と後藤新平（安藤昌益（1703～1762） 後藤新平（1857～1929））

ペティット, A. 〔1972～〕
Pettitte, Andrew Eugene "Andy"

◇コア・フォー—ニューヨーク・ヤンキース黄金時代、伝説の四人 フィル・ペペ著，ないとうふみこ訳 作品社 2015.12 312p 20cm 1800円 ①978-4-86182-564-4 Ⓝ783.7

内容 マリアノ・リベラ登場 頼れるアンディ 南からきた男 カラマズーの少年 GM、ジーン・マイケル 3Aコロンバス・クリッパーズ ニューヨーク、ニューヨーク 「おめでたいジョー」 特別なルーキー ワールドチャンピオン〔ほか〕

＊1990～2000年代にヤンキースの黄金期を築き、5度のワールドチャンピオンに導いたデレク・ジーター、マリアノ・リベラ、ホルヘ・ポサダ、アンディ・ペティットの戦いの軌跡。ロングコラム「松井秀喜」、ジーターの引退を描く「最終章」は、日本語版のための特別書き下ろし！

ヘディン, S.A. 〔1865～1952〕
Hedin, Sven Anders

◇大谷光瑞とスヴェン・ヘディン—内陸アジア探検と国際政治社会 白須淨眞編 勉誠出版 2014.9 448p 23cm 〈年譜あり 索引あり〉 6500円 ①978-4-585-22096-1 Ⓝ292.29

内容 第1部 光瑞とヘディンの交流とヘディンの来日（光瑞とヘディンの交流 ヘディンの日本招聘—東京地学協会と大谷光瑞 ヘディン来日と日本政府及び日本の諸機関の対応 ヘディンの来日—近代日本とヘディンとチベット ヘディンの西本願寺訪問とその記録写真 ヘディンの見た西本願寺—建築学からの新たな提起） 第2部 大谷探検隊の楼蘭調査と「李柏文書」（第二次大谷探検隊・橘瑞超の楼蘭調査とその波紋 西城長史文書としての「李柏文書」） 第3部 関係資料の紹介と解説（大谷光瑞がヘディンに宛てた電報と書簡の紹介 明治天皇のヘディンへの「謁見」と「勲一等瑞宝章」叙勲決定に係わる日本政府（内閣）と関係各省の記録 ヘディン歓迎に対するスウェーデン国王の関係者叙勲に係わる外務省と日本政府（内閣）の記録—堀賢雄を中心として アルマ著 "Mein Bruder Sven"が語るヘディンの来日 『教海一瀾』掲載のヘディンの西本願寺訪問の記録 『中外日報』掲載のヘディンの日本訪問の記録 橘瑞超の楼蘭調査に関するスタインの記録—ハンガリー科学アカデミー所蔵メモ 付編 参考資料）

＊20世紀初頭の内陸アジアで探検活動を展開した光瑞とヘディン。ふたりの接近は、英露が対立から協調へ一挙に大転換した近代外交革命のなかでどのような役割を演じたのか。ヘディンの"来日"とふたりの"接近"、探検の舞台となった"チベット"と"楼蘭"。4つの視点から浮かび上がる、東西探検家の知られざる交流とその歴史的意義。極めて複雑な国際政治情勢のなか、ふたりの探検家が作りだした歴史の"秘境"にするどく迫る。

◇探検家ヘディンと京都大学―残された60枚の模写が語るもの　田中和子編、佐藤兼永撮影　京都　京都大学学術出版会　2018.3　278p　30cm　〈索引あり〉　6800円　①978-4-8140-0149-1　Ⓝ292.29091

内容　図録―残された模写とヘディンの原画、現代のチベット（池田巧）　探検大学の源流（山極壽一）　1908年、京都におけるヘディン歓迎行事とその特質（田中和子）　ヘディンによる京都滞在の遺産（田中和子）　20世紀初頭の国際政治社会と日本（白須淨眞）　ヘディン・インパクト（高本康子）　探検・科学・異文化理解（松田素二）　芸術家ならびに写真家としてのスウェン・ヘディン（ホーカン・ヴォルケスト著　田中和子訳）　ヘディンと漢籍（木津祐子、田中和子）

ペテロ
⇒ペトロ を見よ

ベトガー, F.〔1888〜1981〕
Bettger, Franklin Lyle "Frank"

◇熱意は通ず―フランクリンの富と福の原理　フランク・ベトガー著、池田恒雄訳　土曜社　2014.11　217p　18cm　〈「外交販売の秘訣」（恒文社 1962年刊）の改題、復刊〉　1500円　①978-4-907511-09-8　Ⓝ673.3

内容　第1部 社長が会いたいといっている（比類のない風変わりなゲーム　プロ入りのきっかけ　三割打者への成長と大リーグ入り　ウィンゴを呼び寄せよう　社長が会いたいといっている ほか）　第2部 いかにして私のラインアップを変えたか（フランクリンの成功の秘密　秘密の成分　人生を十年長く延ばす方法　奇跡は起こった　熱意を持って行動せよ ほか）
＊失敗から成功へ―大転回をとげたセールスマンが熱く、かつ静かに人生を語る。富と福と友に恵まれた男が次の世代に伝えようとした明朗で簡潔な行動術とは。

ベートーベン, L.〔1770〜1827〕
Beethoven, Ludwig van

◇ベートーヴェン・ブラームス・モーツァルトその音楽と病―総合病院内科医がその病歴から解き明かす　小林修三著　大阪　医薬ジャーナル社　2015.5　143p　21cm　2600円　①978-4-7532-2730-3　Ⓝ762.34

内容　第1章 人の生き様をみる内科医（内科医は名探偵シャーロック・ホームズ　犯人探し）　第2章 ベートーヴェン編（1770〜1827年）（症例病理検討会―CPC（clinico - pathological conference）ふうに ベートーヴェンの音楽とは ほか）　第3章 ブラームス編（1833〜1897年）（ブラームスの音楽との出会い　ブラームスのクラリネット五重奏曲 ほか）　第4章 モーツァルト編（1756〜1791年）（音楽と病 モーツァルトの死因 ほか）　第5章 医療と音楽―医学と音楽の共通点（感動とは 表現力と医療事故―「医師といえど言葉を操る人間である」 ほか）

＊偉大なる作曲家、ベートーヴェン・ブラームス・モーツァルト。しかし、その華やかなイメージの裏には、病に悩まされた人生があった。クラシックをこよなく愛する著者が、内科医ならではの視点で、その死の原因に迫る。作曲活動の背景にあった病とはどんなものであったのか。芸術家の人生を紐解きながら詳細に解説された本書では、作曲の裏に隠された彼らの意外な素顔も垣間みえる。

◇ベートーヴェン器楽・室内楽の宇宙　中村孝義著　春秋社　2015.11　341,5p　20cm　〈文献あり 作品目録あり〉　2800円　①978-4-393-93203-2　Ⓝ762.34

内容　序章 ベートーヴェンと器楽　第1章 ベートーヴェンの歩んだ道―創作を読み解く鍵をさがして　第2章 ピアノ・ソナタの世界　第3章 ピアノ＋α 音楽の対話　第4章 弦楽四重奏曲の宇宙　第5章 ベートーヴェンの器楽・室内楽作品の特徴
＊彼が成し遂げた一大革命とは？　人間の情感を余すところなく描き、世界と人間精神の究極の理想を指し示す。その音楽の力の源をさぐる。

◇大作曲家の病跡学―ベートーヴェン, シューマン, マーラー　小松順一著　星和書店　2017.11　93p　20cm　〈文献あり〉　1800円　①978-4-7911-0968-5　Ⓝ762.34

内容　孤高の求道者ベートーヴェン―「交響曲第九番ニ短調」（人格についての検討　「第九」の演奏の一つのあり方）　晩年のシューマンの病理性―「ヴァイオリン協奏曲ニ短調」（生活史及び病歴の概要　生活史と病歴から見る病跡　ヴァイオリン協奏曲ニ短調 ほか）　境界線の美学マーラー―「交響曲第一番ニ長調」（マーラーの生活史　マーラーに関する文献的展望　「交響曲第一番ニ長調」の検討 ほか）
＊精神病、自殺の危機さえあったベートーヴェン。精神を患い、精神病院で亡くなったシューマン。彼らの楽曲を詳しく検討することによって、その精神病理に鋭く迫る！

◇ベートーヴェンの生涯　青木やよひ著　平凡社　2018.5　324p　16cm　（平凡社ライブラリー 867）〈2009年刊の再刊　年譜あり 索引あり〉　1400円　①978-4-582-76867-1　Ⓝ762.34

内容　第1章 ボン時代のベートーヴェン（家系と生い立ち　作曲家への道 ほか）　第2章 ウィーン生活の光と影（幸運の星の下で　激動の時代の始まりと名声の確立 ほか）　第3章 豊かな創造の時期（絶望から「新しい道へ」　巨匠のプロフィール ほか）　第4章 栄光と絶望の『日記』（人生の星の時間　挫折と名声の下で ほか）　第5章 人類へのメッセージ（内と外との平和を求めて　『ミサ』から『第九』へ ほか）
＊自然と女性を愛し、ピアノを弾いて友を慰め、冗談を言って笑いあい、ときに恋で盲目になる。一方で、進行する難聴や体調不良、押し寄せる革命戦争、逮捕の危機―。"隣人ベートーヴェン"をいきいきと描き出した名著、待望の再刊。手紙、日記、会話帳、友人たちの証言など最新の資料を駆使し、バッハ、ヘンデル、モーツァルトの音楽とどのように出会い、カントの哲学やインド思想をいかに

自らのものとしたのかを解明。従来の諸説を大幅に書き換え、まったく新しいベートーヴェン像を提示する。

◇ベートーヴェン像 再構築　大崎滋生著　春秋社　2018.6　3冊(セット)　21cm　18000円
①978-4-393-93211-7　Ⓝ762.34
内容　序章　第1部 体系的考察(スケッチ研究の意味するもの 「作品の完成」について 「作曲の完了」と「創作活動の完了」の間にあるもの—シンフォニー第5番を例にして ベートーヴェンの創作活動としての楽譜出版 各出版社との関係概念 ほか)　第2部 歴史的考察(ボン時代1 ケルン大司教選帝侯ボン宮廷—ケルンとボンの関係/権力トライアングル ボン時代2 最初期(1782・86年)の創作—年齢問題/"第1回ヴィーン旅行"の全面的見直し/ライヒャとの交友/宮廷オペラ団上演への参加　ボン時代3 ボン時代後期の諸作品—とくにヨーゼフ2世葬送カンタータ、レオポルト2世戴冠カンタータ・騎士バレエについて/ハイドンのボン来訪/ヴィーンへの旅立ち　1790年代 ヴィーン音楽界の一般状況—ベートーヴェン到着当時のヴィーン音楽界の実力者・ライヴァルたち　1793〜95年 ヴィーンでの再出発—作品1の作曲・出版はいつか/ベートーヴェンとハイドンとの関係について/逸話によって創出された対立関係 ほか)　終章 ベートーヴェンの経済生活について—1827年最後の日々/遺言と遺産 そこから経済生活を遡る
＊最新の基礎研究—「書簡交換全集」「会話帖全集」「楽譜新全集」校訂報告の全的把握と「新作品目録」によって実現した全く新しいベートーヴェン像の地平。

◇ベートーヴェン捏造—名プロデューサーは嘘をつく　かげはら史帆著　柏書房　2018.10　319p　19cm　〈年表あり〉　1700円　①978-4-7601-5023-6　Ⓝ762.34
内容　序曲 発覚　第1幕 現実(世界のどこにでもある片田舎　会議は踊る、されど捕まる　虫けらはフロイデを歌えるか ほか)　間奏曲 本当に盗人になった　第2幕 嘘(騙るに堕ちる　プロデューサーズ・バトル　嘘vs嘘の抗争 ほか)　終曲 未来
＊犯人は、誰よりもベートーヴェンに忠義を尽くした男だった—。音楽史上最大のスキャンダル「会話帳改竄事件」の全貌に迫る歴史ノンフィクション。

ペトラルカ, F. 〔1304〜1374〕
Petrarca, Francesco

◇キリスト教的学識者—宗教改革時代を中心に　E.H.ハービソン著、根占献一監訳、大川なつか、高津秀之、高津美和訳　知泉書館　2015.2　231,24p　20cm　〔ルネサンス叢書〕〈布装　索引あり〉　3000円　①978-4-86285-205-2　Ⓝ191.028
内容　第1章 キリスト教的召命としての学問—ヒエロニムスからアクィナスまで(キリスト教的学識者の召命 ヒエロニムス、アウグスティヌス、ピエール・アベラール、トマス・アクィナス)　第2章 学芸復興(ルネサンス)—ペトラルカからコレットまで(学芸復興(ルネサンス)とキリスト教的学識者 ペトラルカ、ロレンツォ・ヴァッラ、ジョヴァンニ・ピーコ・デッラ・ミランドラ、ジョン・コレット)　第3章 エラスムス　第4章 ルター　第5章 カルヴァン

＊聖書では知恵(学識)は信仰の障害物になると語られ、反主知主義の伝統的潮流があった。キリスト教徒にとっての学問とは何か。宗教改革は聖書の意味に対する学者の洞察に始まり、それは学識者の運動、大学教授や学生による出来事、学者による革命となった。歴史上、エラスムス、ルター、カルヴァンに代表されるこの時代ほどキリスト教的学識者の威信が高まり強い影響力をもったことはない。人々の学ぶ熱意や、学問に対する尊敬と信頼が広まったのである。本書は彼らに影響を与えた先駆者の検討を通じて、彼らがいかにその使命を天職として感得し、学問への情熱とキリスト教信仰を一致させたか、さらにその営みがキリスト教の発展に与えた影響など、今まで神学者や歴史家が軽視してきたテーマに独自の光を投じた。著者は「アテネとエルサレム、アカデミーと教会とは何の関係があるのか?」という問いから、古代の教父学者ヒエロニムスとアウグスティヌス、中世の神学者アベラールとトマス・アクィナス、ルネサンス人文主義者ペトラルカとヴァッラやピーコたちの業績と、宗教改革期の学識者を有機的に関連づけて考察することにより、キリスト教とギリシア・ローマ文化の微妙な折衝を見事に描く。類書のない基本的文献である。

ペトロ 〔?〜67頃?〕　Petrus / Peter, Saint

◇ペトロ　川島貞雄著　新装版　清水書院　2014.9　277p　19cm　(Century Books—人と思想 187)〈文献あり　年表あり　索引あり〉　1000円　①978-4-389-42187-8　Ⓝ192.8
内容　1 活動の背景(ペトロの世界　イエスの弟子となるまで)　2 イエスに従う(ガリラヤからエルサレムへ　エルサレムからローマへ　殉教者として)　補遺 新約聖書諸文書のペトロ像

ペトロジーノ, G. 〔1860〜1909〕
Petrosino, Giuseppe

◇ブラック・ハンド—アメリカ史上最凶の犯罪結社　スティーヴン・トールティ著、黒原敏行訳　早川書房　2018.10　366p　19cm　〈文献あり　著作目録あり〉　2500円　①978-4-15-209803-0　Ⓝ368.6
内容　プロローグ「大いなる、血の凍るような恐怖」「この、世界の半分の首都」「人狩りの達人」「死ぬほど恐い」「謎の六人」「大反乱」爆発 恐怖の波　「将軍」「悪人たちの恐怖の的」　生まれるのは一度、死ぬのも一度　「情け容赦の無い戦争」　反撃　秘密捜査隊　紳士　シチリア島で　黒い馬　ヤギの町　復帰
＊巨大な悪と名刑事の息詰まる闘い。20世紀初頭のアメリカ。非道のかぎりを尽くす犯罪結社ブラック・ハンドに、「イタリア系のシャーロック・ホームズ」と称される男が立ち向かう! 傑作ノンフィクション。

ベニャフスキ, H. 〔1835〜1880〕
Wieniawski, Henri

◇ヘンリック・ヴェニャフスキ—ポーランドの天才バイオリニスト、作曲家　エドムンド・グラプコフスキ著、足達和子訳　冨山房インターナ

ショナル 2016.8 172p 19cm 1800円 ①978-4-86600-013-8 Ⓝ762.349

内容 1 パリに留学、ペテルスブルグでソリストに（家族がやらなかった楽器を「この子は有名になりますよ！」ほか） 2 各国各地でのコンサート（デンビナの舞踏会 オランダの異常現象 ほか） 3 独特な音楽家気質（ヴィースバーデンからの手紙 プロイセン国王のためにプレイするということ ほか） 4 命がけの巡業と最期（アメリカでの不協和音 婦人とお世辞には注意を！ ほか）

＊日本初の評伝。ヘンリック・ヴェニャフスキは、世界のバイオリン界で最も優れた個性のバイオリニストである。また、彼の作品は今も生き、最も著名なバイオリニストたちがその作品を演奏する作曲家である。本書は、幼児期から最期の日々まで、血が通い、骨格もある、人間としてのヴェニャフスキを描く。

ベネディクトゥスXVI〔1927～〕 Benedictus XVI

◇教皇ベネディクトゥス一六世─「キリスト教的ヨーロッパ」の逆襲 今野元著 東京大学出版会 2015.3 448,43p 22cm 〈他言語標題：Benedictus PP.XVI 文献あり 年表あり 索引あり〉 7800円 ①978-4-13-021081-2 Ⓝ198.22

内容 序章「キリスト教的ヨーロッパ」の再発見（政教不分離の国ドイツ 保守派ドイツ人の教皇選出） 第1章 ヨーロッパ内のオリエント（ローマ＝カトリック教会の形成 販近代主義への道 ほか） 第2章 ヒトラー・ドイツの神学校生─一九二七年・一九四五年（オーバーバイエルンでの出生 ゲオルク・ラッツィンガー神父 ほか） 第3章 公会議の神学顧問─一九四五年・一九六六年（一九四五年ドイツ「修正」か「破壊」か 「神学の神童」─司祭叙品と神学研究 ほか） 第4章 時流に抗する大学教授─一九六六年・一九七七年（一九六〇年代ドイツ「破壊」による「修正」の否定 テュービンゲン大学正教授への就任 ほか） 第5章 祖国バイエルンの司牧者─一九七七年・一九八二年（ミュンヒェンとフライジング大司教への就任 ミュンヒェン時代の意見表明 ほか） 第6章 ヴァティカンの甲冑枢機卿─一九八二年・二〇〇五年（教理省長官への就任 『信仰の状況について』─ヴィットーリオ・メッソーリとの対話 ほか） 第7章 聖ペトロの後継者─二〇〇五年・二〇一三年（「ハバームス・パーバム」「ロゴスの聖座」と「開き過ぎない教皇庁」 ほか） 終章 聖座のノンコンフォーミスト

＊2013年、異例の生前退位により姿を消した第265代ローマ教皇。彼はどこから来て、カトリック教会をどこへ導こうとしたのか？ 出生から退位まで、ヨーロッパ再生を願い闘い抜いた生涯を描く。

ベーバー, M.〔1864～1920〕 Weber, Max

◇マックス・ヴェーバー講義 小林純著 唯学書房 2015.1 380p 19cm 〈索引あり 発売：アジール・プロダクション〉 3000円 ①978-4-902225-93-8 Ⓝ361.234

内容 自覚的に生きる 資本主義の精神 ルネサンスと宗教改革 プロテスタンティズムの倫理 主権・倫理・営利 ヴェーバー命題の方法的基礎 社会科学的認識 文化諸領域 呪術・宗教・物神崇拝 宗教社会学の基本的問題設定 現状肯定の宗教 現世拒否の宗教 使命預言の宗教 『職業としての学問』─意味の覚醒 経済学者ヴェーバー小伝

＊今こそ、ヴェーバーの宗教社会学を学べ！ 西欧合理主義の源流をさぐる。『プロテスタンティズムの倫理と資本主義の精神』から『世界宗教の経済倫理』まで。

◇マックス＝ヴェーバー 住谷一彦, 小林純, 山田正範著 新装版 清水書院 2015.9 243p 19cm〈Century Books─人と思想 78〉〈文献あり 年譜あり 索引あり〉 1000円 ①978-4-389-42078-9 Ⓝ361.234

内容 1 ヴェーバーの肖像（複雑な家系と若きヴェーバー 勉学と苦悩と 創造の新局面と問題意識 第一次世界大戦と晩年のヴェーバー） 2 ヴェーバーとドイツ帝国─『政治論集』を中心に（『国民国家と経済政策』社会政策学会と工業労働者 知的世界のスケッチと第一次世界大戦 「新秩序下の議会と政府」 「大統領」と「職業としての政治」） 3 ヴェーバーの社会科学方法論（社会科学の前提─認識を生み出す価値 社会科学の方法─客観的認識の客体的条件 価値自由─客観的認識の主体的条件 責任倫理─価値判断と事実認識の統一）

ペパン, E.〔1950～〕 Pépin, Ernest

◇《クレオール》な詩人たち 2 恒川邦夫著 思潮社 2018.3 357p 19cm 3200円 ①978-4-7837-3812-1 Ⓝ950.29

内容 第6章 ニコラス・ギエン─キューバ革命の"国民的詩人" 第7章 ジャック・ルーマン─現代ハイチ文学の"父" 第8章 マグロワール＝サン・トード・ハイチの"呪われた詩人" 第9章 ルネ・ドゥペストル─稀代の"遍歴詩人" 第10章 フランケチエンヌ─"スピリスム"の創始者 第11章 モンショアシーマルチニックのクレオール語詩人 第12章 カリブ海の友だち─テレーズ・レオタン、アンリ・コルバン、ロジェ・パルスマン、エルネスト・ペパン

＊"革命"と"カリブ海性"を刻む詩群─クレオール文学の第一人者が、カリブ海の詩人たちを体系的かつ網羅的に紹介する決定版。さまざまな交流を手がかりに、魅惑にみちた詩群を訳出し、各詩人の生きざまを活写する。

ヘプバーン, A.〔1929～1993〕 Hepburn, Audrey

◇オードリー・ヘップバーンという生き方 山口路子著 KADOKAWA 2014.9 222p 15cm〈新人物文庫〉〈増刷（初刷2012年）〉 733円 ①978-4-04-602898-3 Ⓝ778.253

内容 美しく強いヴェール どうしても失いたくないものは何ですか？ チャンスを逃してはいませんか？ 自分自身についてのどのくらい知っていますか？ それはあなたが本当にしたいことですか？ 女らしさの見せ方を知っていますか？ どんな種類の存在感を身につけたいですか？ 自分の限界をどこに設定しますか？ 変化することを望みますか？ 人生で何を恐れますか？ 自分の使命について考えたことがありますか？ この世に残したいメッセージがありますか？ 生きる原動力は何ですか？ 生命力の最も大切なもの

＊愛は心の奥深くにある感情、生命力の最も大切なものです。「永遠の妖精」と謳われ、いまもなお世界中から愛されている女優、オードリー・ヘップバーン。コケティッシュな笑顔、洗練されたスタイル、二度の結婚、二人の息子たち、そして晩年のユニセフ親善大使としての慈善活動。ブレのない完璧な人生。けれどその陰で彼女は不合理なほどに愛情に飢え、悲しみをかかえていた…。オードリー語録とともに気品あるスタイルを描き出す、あたたかな色彩にいろどられた一冊。

◇オードリー・ヘップバーン―世界に愛された銀幕のスター 俳優〈イギリス〉 筑摩書房編集部著 筑摩書房 2015.9 171p 19cm （ちくま評伝シリーズ〈ポルトレ〉）〈他言語標題： Audrey Hepburn 文献あり 年譜あり〉 1200円 Ⓘ978-4-480-76637-3 Ⓝ778.253

内容 第1章 孤独な少女時代 第2章 バレエという希望と戦争の影 第3章 エンターテインメントの世界へ 第4章 映画とファッションのミューズ 第5章 本当の幸福、平和への願い 巻末エッセイ「コンプレックスを魅力に変えて」（山咲トオル）

＊「コンプレックスを武器に」スクリーンの"妖精"が輝き続けられた理由。

◇オードリーat Home―母の台所の思い出 レシピ、写真、家族のものがたり ルカ・ドッティ著、ルイージ・スピノーラ共著、網野千代美訳 名古屋 フォーインスクリーンプレイ事業部（発売） 2016.6 263p 25cm 〈文献あり 年譜あり 索引あり〉 3600円 Ⓘ978-4-89407-552-8 Ⓝ778.253

内容 1 オランダ：戦争と失くした家 2 ハリウッド：新しい領域の発見 3 ローマ：妻として、母として 4 スイス：母のパラダイス 5 基本的なこと：幸福の定義 6 本当に大切なこと：母の遺産

＊今なお世を魅了し続ける女優オードリー・ヘップバーンが愛したものに思いを巡らせ、息子ルカ・ドッティが語る母の生涯。彼女の最愛の子どもたち、友人、動物たちと過ごした日々を、50種類のお気に入りレシピと250枚以上の家族写真、思い出の品、プライベートなエピソードの数々で描き出す。真のオードリーの家庭の姿がこの一冊に。

◇永遠のオードリー・ファッション テレンス・ペッパー、ヘレン・トロンペテラー著、矢ী明美子, 岡田悠佳子訳 二見書房 2016.8 174p 27cm 〈文献あり 年譜あり〉 2800円 Ⓘ978-4-576-16104-4 Ⓝ778.253

内容 オードリー・ヘプバーン、モダン・アイコンへの変容 オードリー・ヘプバーン回顧展・展示作品（幼年期、そしてイギリスでデビュー ニューヨークの舞台から映画の世界へ 60年代映画とファッション 写真 受け継ぐもの、そして晩年） オードリーの生涯

＊ロンドンで絶賛された"大回顧展"を完全収録！ 初公開の写真で塗り変えられた麗しきレジェンドあなたは知っていますか？ 本当のオードリーの姿を…

ベブレン, T. 〔1857～1929〕
Veblen, Thorstein

◇ヴェブレン 宇沢弘文著 岩波書店 2015.10 242p 19cm （岩波人文書セレクション）〈2000年刊の再刊〉 2300円 Ⓘ978-4-00-028818-7 Ⓝ331.76

内容 第1部 ソースティン・ヴェブレン―その人と思想（疾風怒涛の時代（Sturm und Drang） シカゴ大学のヴェブレン スタンフォードのヴェブレン スタンフォード大学を去って） 第2部 ヴェブレンを継ぐ人々（ジョン・メイナード・ケインズ『一般理論』 ジョーン・ロビンソンと「経済学の第二の危機」 リベラリズムの思想と経済学 ジェーン・ジェイコブスと『アメリカの大都市の死と生』『自動車の社会的費用』と社会的共通資本 サミュエル・ボウルズと『アメリカ資本主義と学校教育 二つの「レール・ノヴァルム」』）

＊『有閑階級の理論』など独創的な業績を残し、経済学において制度学派を創始したヴェブレン。その生涯と人となりを数々のエピソードとともに描き出しながら、難解とされるヴェブレン経済学のきわめて今日的な意義を明らかにする。行き詰まった経済学が再生するための原点と道筋を、誰にでも読める平明な語りで浮き彫りにする。

ヘボン, J.C. 〔1815～1911〕
Hepburn, James Curtis

◇キリスト教学校教育史話―宣教師の種蒔きから成長した教育共同体 大西晴樹著 教文館 2015.2 220p 19cm 2600円 Ⓘ978-4-7642-6991-0 Ⓝ377.21

内容 第1章「ピューリタン」ヘボン―その光と影 第2章 アメリカ長老・改革教会宣教師ヘボン、ブラウン、フルベッキの功績―W.E.グリフィスによる伝記から 第3章 二〇世紀初葉の日本基督教会と明治学院 第4章 キリスト教大学設立運動と教育同盟 第5章 神社参拝とキリスト教学校 第6章「キリスト教学校教育論」論争史 第7章 教育同盟の一〇〇年、そして未来に向けての五つの提言

＊宣教師の働きから芽生えたプロテスタント・キリスト教による学校教育は、近現代史にどのような足跡を残し、信教と教育の自由を脅かす諸問題とどう対峙してきたのか？ 明治学院大学、キリスト教学校教育同盟で重職を歴任した著者が、日本のキリスト教学校教育の淵源からその将来までを通観する小史。

ヘミングウェイ, E. 〔1899～1961〕
Hemingway, Ernest

◇ヘミングウェイとパウンドのヴェネツィア 今村楯夫, 真鍋晶子著 彩流社 2015.1 227p 19cm （フィギュール彩 26）〈他言語標題： HEMINGWAY AND POUND IN VENEZIA 文献あり〉 1900円 Ⓘ978-4-7791-7026-3 Ⓝ930.278

内容 第1部 ヘミングウェイとヴェネツィア（ヴェネツィアへの旅路 魅惑のヴェネツィア運河からの眺め 華麗なるグリッティ・パレス・ホテル ヘミングウェイとダヌンツィオ ヴェネツィア断想 ヴェネツィアからヘミングウェイ負傷の地へ 雨に濡れた少女 アドリアーナ イヴァンチッチ家の別荘 ヴェネツィアの市場） 第2部 パウンドとヴェネツィア（一九〇八年ヴェネツィアとの出逢い 聖サン・ミケーレ墓地の島 カルパッチョの頭蓋骨 宝石箱サンタ・マリア・デイ・ミラコリ ヘミングウェ

イとパウンド ひとつの水脈）
＊ヘミングウェイとパウンドはともにアメリカに生まれ、人生の大半を外国に暮らした。ふたりは事物を直視し、極限まで文字を削り、言葉の響きに耳を傾け、言葉を紡いだ。時間はたえず現在にありながら意識は時間を遡行し、過去は現在と共振し、新たな時空を生み出した。定型を打ち破り、常に実験的な挑戦を続けた。そのふたりがヴェネツィアで交錯する。しかし、それは地理的空間的な交錯であり、ともにヴェネツィアを謳うという芸術的的で精神的な交感であった。

◇アーネスト・ヘミングウェイ、神との対話　高野泰志著　京都　松籟社　2015.3　252,10p　20cm　〈文献あり　索引あり〉　2400円　①978-4-87984-334-0　Ⓝ930.278

内容　序章　第1章　ニック・アダムズと「伝道の書」─オークパークとピューリタニズム（恐怖の引き金　オークパークの光と闇　「神の恵みに救われて」と「伝道の書」　ほか）　第2章　信仰途上のジェイク─スコープス裁判と聖地巡礼（信仰途上のジェイク　ブライアンの死　ビセンテ・ヒローネス物語　ほか）　第3章　届かない祈り─戦争とカトリシズム（祈りの意味　隠蔽された告白　失敗する祈り　ほか）　第4章　異端審問にかけられたキャサリン（パウロの特権　不道徳な語り手　ノリ・メ・タンゲレ　ほか）　第5章　信者には何もやるな─出産と自殺の治療法（教会建ての医学から　ある信者への手紙　父と子と自殺　ほか）　第6章　革命家の祈り─政治と宗教の狭間で（革命か教会か　共産主義とカトリックの排他性　神を失った共和国側と神に守られる反乱軍　ほか）　第7章　サンチャゴとキリスト教的マゾヒズム（ヘミングウェイ・ヒーローとキリスト　痛みのスペクタル化　聖痕と男根　ほか）　第8章　ニック・アダムズと楽園の悪夢（晩年にたどりついた楽園　ニックの原罪　健全な宗教と病んだ魂の宗教　ほか）　終章　ヘミングウェイが見た神の光

＊ヘミングウェイの宗教に対する姿勢は終生、揺れ動いていた。信仰を持ちたいと願いながら、持てないでいる苦しみ─ヘミングウェイの生涯続いた信仰をめぐる葛藤を、いわば神との挑戦的な対話をたどり、ヘミングウェイ作品を読み直す試み。

◇ヘミングウェイの愛したスペイン　今村楯夫著　風濤社　2015.11　245p　20cm　〈文献あり　年譜あり〉　2800円　①978-4-89219-406-1　Ⓝ930.278

内容　スペインに魅了されたヘミングウェイ　国境を巡って─1923vs.1953　闘牛の美学　闘牛とゴヤの故郷─サラゴーサ〜フエンデトードス　白い象のような山なみ─カセタス駅での出来事　白いアスパラガス─パンフレス　同時代の画家とヘミングウェイ　ミロの故郷への旅─モンロッチ　世界で一番おいしいレストラン─マドリッド1　「世界の首都」のレストラン─マドリッド2　エル・グレコの世界─トレド　ゴヤの霊廟─マドリッド3

＊ヘミングウェイ研究の第一人者が闘牛書『午後の死』を片手に足跡をたどりスペインを巡る。闘牛場、ゴヤ、ミロ、大聖堂、レストランetc.同じ風景に見、思い、感じ、発見したもの。文学論・美術論・紀行。

◇スペイン紀行─ヘミングウェイとともに内戦の跡を辿る　今村楯夫著　札幌　柏艪舎　2017.10　202p　19cm　〈文献あり　発売：星雲社〔東京〕〉　1500円　①978-4-434-23908-3　Ⓝ933.7

内容　第1部　スペインの光と影の揺らぎ（サグラダ・ファミリア　垂直の自由を求めて　ミロ美術館　タホ川からテージョ川へ　ほか）　第2部　『誰がために鐘は鳴る』の世界（ヘミングウェイと内戦　『誰がために鐘は鳴る』の舞台　その史実と虚構　川辺のセキレイ　ほか）　第3部　NANA（北米通信）とスペイン内戦（ヘミングウェイと北米通信　ベルチテ　失われた村　丘の上の古都、テルエル　ほか）

＊世界の激動期にあって、"行動する作家"としてその激流に身を投じたヘミングウェイ。スペイン内戦の戦地を辿りながら、その足跡を追う。スペイン内戦の体験をもとに書き上げられたヘミングウェイ『誰がために鐘は鳴る』彼はなぜ、そこまで強くスペインに魅かれたのか。

◇フィッツジェラルド/ヘミングウェイ往復書簡集─Dear Ernest,Dear Scott　スコット・フィッツジェラルド,アーネスト・ヘミングウェイ著,宮内華代子編訳,佐藤美知子校閲　増補改訂版　英光社　2018.10　298p　21cm　〈英語抄訳付　初版：文藝春秋企画出版部　2009年刊　年譜あり〉　2000円　①978-4-87097-175-2　Ⓝ935.7

内容　（H）7・1　スペイン、ブルゲーテ　僕にとって天国とは、妻と子供たちが居る本宅と、各階に1人ずつ愛人が住んでいる9階建ての別館があるところ。僕は手紙を書くのが好きだ。（F）11・30消印　フランス、パリ　先日は迷惑かけてすまなかった。『ポスト』が2750ドルに原稿料引上げ。マコールモン家。（H）12・15　オーストリア、シュルンス　ツルゲーネフ、トーマス・マン、小説の主題としての戦争について。（H）12・24頃　オーストリア、シュルンス　「雨の中の猫」、「季節はずれ」について。ハンク・ウェールズ、ハロルド・スターンズ、マコールモンのこと。シカゴ・ポストの『われらの時代に』の批評。（F）1925年12・31－1926年1・1　オーストリア、シュルンス　リヴライト社より『春の奔流』の出版を断られたので君から紹介されていたスクリブナーズ社のパーキンズに原稿を送りった。（H）4・20頃　フランス、パリ　ジョナサン・ケイプ社から『われらの時代に』の出版申込み、『春の奔流』をスクリブナーズ社から出版予定。『日はまた昇る』のタイプ原稿完成。君ならいつかノーベル賞がとれる。（H）5・4　フランス、パリ　『春の奔流』5月21日に出版予定、『日はまた』の原稿はすでに送った。昨日マーフィ夫妻がパリに到着、D・パーカー、セルデス夫妻たちはスペインに行っている。（H）5・20頃　スペイン、マドリード　『われらの時代に』ついて君が書いた書評の件でお詫び。今日の闘牛は中止になった。『日はまた』を息子に捧げる理由。（F）6　フランス、ジュアン・レ・パン　『日はまた昇る』に対する助言。（F）8あるいは9　フランス、ジュアン・レ・パン　禁酒して猛烈に仕事中。12月10日ニューヨークに出航予定。〔ほか〕

ベーム，K.〔1894〜1981〕　Böhm, Karl
◇偉大なる指揮者たち─トスカニーニからカラヤン、小澤、ラトルへの系譜　クリスチャン・メルラン著，神奈川夏子訳　ヤマハミュージックメディア　2014.11　389,7p　21cm　2800円　①978-4-636-90301-0　Ⓝ762.8

内容　アルトゥーロ・トスカニーニ　ウィレム・メンゲルベルク　セルゲイ・クーセヴィツキー　ピエール・

モントゥー　ブルーノ・ワルター　サー・トーマス・ビーチャム　レオポルト・ストコフスキー　エルネスト・アンセルメ　オットー・クレンペラー　ヴィルヘルム・フルトヴェングラー〔ほか〕
＊指揮の特徴や楽団員からの評価、生い立ちや普段の振る舞い、家族関係など、50人のマエストロたちの素顔を描き出す。オーケストラ指揮の知られざる側面に迫った評伝集。

ベーメ, J.〔1575～1624〕Böhme, Jakob

◇無底と意志―形而上学―ヤーコプ・ベーメ研究　薗田坦著　創文社　2015.12　209,3p　22cm　〈文献あり　索引あり〉　5000円　Ⓘ978-4-423-17158-5　Ⓝ132.4

[内容]第1部 ヤーコブ・ベーメの生涯と事蹟　第2部 無底と意志・形而上学（無底・意志・自然―J.ベーメの意志・形而上学について　J.ベーメにおける神と世界創造―自然の「七つの性質」をめぐって　J.ベーメにおける創造と悪の起源　自由と悪―J.ベーメの「無底」をめぐって）　第3部 ヤーコプ・ベーメの思想的背景（ルネサンスの自然観について―N.クザーヌスからJ.ベーメへ　J.ベーメとグノーシス主義　ベーメとシェリング―神・自然・無底をめぐって）　第4部 ベーメ断想（『アウローラ』について　ゲルリッツ紀行）

ヘラクレイトス〔540頃～480頃B.C.〕Hērakleitos

◇ギリシア哲学30講 人類の原初の思索から　上「存在の故郷」を求めて　日下部吉信著　明石書店　2018.11　418p　19cm　〈年表あり　索引あり〉　2700円　Ⓘ978-4-7503-4742-4　Ⓝ131

[内容]ギリシア哲学俯瞰　ミレトスの哲学者(1) タレス　ミレトスの哲学者(2) アナクシマンドロス　ミレトスの哲学者(3) アナクシメネス　ピュタゴラス　アルクタス　ヘラクレイトス　エレア派 故郷喪失の哲学者クセノパネス　エレア派 パルメニデス　エレア派 ゼノンとメリッソス　エンペドクレス　アナクサゴラス　デモクリトス　ハイデガーと原初の哲学者たち―アナクシマンドロス、ヘラクレイトス、パルメニデス

＊ギリシア哲学の権威にしてハイデガー研究の第一人者でもある著者が、存在の故郷を求めるべく古代ギリシアの文献を読み解き、その自然哲学を「みずみずしい姿」で蘇らせると同時に、そこで繰り広げられた哲学者たちの抗争の帰結としての現代人の歪んだ思考に高らかに異を唱える。過激にして痛快な現代文明批判の書（上下巻）。

ベラスケス, D.〔1599～1660〕Velázquez, Diego

◇宮廷人ベラスケス物語　西川和子著　彩流社　2015.3　234p　20cm　〈他言語標題：Velázquez,vida en la corte　文献あり〉　2500円　Ⓘ978-4-7791-2100-5　Ⓝ723.36

[内容]第1章 駆け出しセビーリャ時代　第2章 絵を携えマドリッドへ　第3章 修行と勉学―宮廷画家のイタリア旅行　第4章 大量の絵を必要とした一六三〇年代のマドリッド　第5章 歴史画・神話画・宗教画　第6章 今度は絵画の買い付け―第二回イタリア旅行　第7章 王家の肖像　第8章 貴族への道　第9章 謎多き二枚の大作

＊スペイン王家を現代に蘇らせる「画家の中の画家」ベラスケス。「宮廷画家」とは異なる相貌にも光を当てた読み物。「真実を描く画家」のもう一つの人生！

◇もっと知りたいベラスケス―生涯と作品　大髙保二郎, 川瀬佑介著　東京美術　2018.2　95p　26cm　（アート・ビギナーズ・コレクション）〈索引あり〉　2000円　Ⓘ978-4-8087-1102-3　Ⓝ723.36

[内容]1 1599～1622年 0～23歳 セビーリャ時代―修業時代から駆け出しの画家へ　2 1623～1631年 24～32歳 宮廷画家の階梯と肖像―葛藤から超越へ　3 1632～1648年 33～49歳 成熟する芸術―イタリア帰国後の活躍　4 1649～1660年 50～61歳 晩年の栄達―絵画芸術の完成

＊絵画にしか成し得ないリアリズム。新しいベラスケス像をお見せします。

◇ベラスケス―宮廷のなかの革命者　大髙保二郎著　岩波書店　2018.5　269,3p　18cm　（岩波新書 新赤版 1721）〈文献あり〉　960円　Ⓘ978-4-00-431721-0　Ⓝ723.36

[内容]1 画家の誕生―聖・俗の大都市セビーリャとボデゴン　2 「絵筆をもって王に仕える」―フェリペ四世の肖像から「バッコスの勝利」へ　3 ローマでの出会い―ヴィラ・メディチと古代への感興　4 絵画装飾の総監督―「ブレダ開城」をピークに　5 ふたたびイタリアへ―「教皇インノケンティウス一〇世」から"鏡のヴィーナス"へ　6 封印された野望―晩年の日々と"ラス・メニーナス"へ　終章 晩年の活動と近現代への遺産

＊没落の影忍びよる黄金時代のスペイン、王宮の奥で密やかに「絵画の革命」を起こしたベラスケス。画家としても廷臣としても王に重用され、後世でも「画家たちの画家」と絶賛された人生には、しかし、生涯隠し続けた秘密があった―。絵画史の傑作"ラス・メニーナス"を導きの糸に「革命」の真相に迫る、決定版評伝。

ベラスコ, A.〔1909～2003〕Alcázar de Velasco, Angel

◇伝説の秘密諜報員ベラスコ―"天皇の金塊"の真実を知っていた男　高橋五郎著　学研パブリッシング　2014.9　383p　18cm　（MU NONFIX）〈発売：学研マーケティング〉　1000円　Ⓘ978-4-05-406131-6　Ⓝ391.6

[内容]序章 ミカドとスパイの戦友　第1章 "スパイ"の肖像　第2章 ナチス・ドイツの亡霊　第3章 世界のスパイ　第4章 ナチズムの深淵　第5章 原爆の背後に蠢く黒い面々　第6章 世界勢力と国賊たち　第7章 世界連邦政府の企み　第8章 地球規模の悪事　第9章 疑わしきものの真実

＊第二次大戦中"スパイ"として世界を股にかけた男・ベラスコ。彼が筆者だけに語った"秘話"にして"遺言"は、あまりにも無慈悲なものだった。ペテンにして究極の"ヤラセ"であった戦争―罪なき国民の命と財産を奪い去った"金融資本家"という名のギャングたち―ベラスコが住み処とした"特殊世界"は、いかなるルールが支配し、いかなる住人たちがいたのか。そして、ベラスコはなぜ昭和天

皇を"戦友"と呼んだのか…。あらゆる歴史認識や常識を覆す、"超スパイ"ベラスコの告白が今、明らかになる!

ベラルミーノ, R. 〔1542~1621〕
Bellarmino, Roberto Francesco Romolo

◇キリスト教の主要神学者 上 テルトゥリアヌスからカルヴァンまで F.W.グラーフ編, 片柳榮一監訳 教文館 2014.8 360,5p 21cm 3900円 ①978-4-7642-7383-2 Ⓝ191.028

[内容] マルキオン(八五頃・一六〇頃) カルタゴのテルトゥリアヌス(二/三世紀) オリゲネス(一八五/一八六-二五四) ニュッサのグレゴリオス(三四〇頃-三九〇以後) アウグスティヌス(三五四-四三〇) カンタベリーのアンセルムス(一〇三三/一〇三四-一一〇九) クレルヴォーのベルナール(一〇九〇-一一五三) トマス・アクィナス(一二二四/一二二五-一二七四) マイスター・エックハルト(一二六〇頃-一三二八) ヨハネス・ドゥンス・スコトゥス(一二六五/一二六六-一三〇八) ロベルト・ベラルミーノ(一五四二-一六二一)

＊多彩にして曲折に富む2000年の神学史の中で、特に異彩を放つ古典的代表者を精選し、彼らの生涯・著作・影響を通して神学の争点と全体像を描き出す野心的試み。正統と異端が織り成すダイナミズムによって生まれた神学の魅力と核心を、第一級の研究者が描き出す。上巻では古代から宗教改革期に活躍した16名の神学者を紹介する。

ペリー, J. 〔1950~〕 Perry, Joe

◇ジョー・ペリー自伝—エアロスミスと俺の人生 ジョー・ペリー, デヴィッド・リッツ著, 細川真平日本版監修, 森幸子訳 ヤマハミュージックメディア 2015.6 550p 21cm 〈索引あり〉 3000円 ①978-4-636-90569-4 Ⓝ767.8

[内容] 第1章 懐胎 第2章 エアロスミス誕生 第3章 クラシック・アルバム 第4章 ジョー・ペリー・プロジェクト 第5章 2度目の栄光、そして転落(そしてまた栄光へ) 第6章 21世紀のロック

＊生い立ちからエアロスミスでの熱狂の日々、スティーヴン・タイラーとの愛憎関係など、貴重なエピソードが満載。100点以上の写真を掲載！

ペリー, M. 〔1794~1858〕
Perry, Matthew Calbraith

◇幕末維新を動かした8人の外国人 小島英記著 東洋経済新報社 2016.1 335p 19cm 〈文献あり〉 1700円 ①978-4-492-06198-5 Ⓝ210.58

[内容] 第1章 黒船のペリー 第2章 古武士プチャーチン 第3章 敬慕なハリス 第4章 文人外交官オールコック 第5章 幕府を支援したロッシュ 第6章 豪腕パークス 第7章 倒幕の理論家サトウ 第8章 倒幕商人グラバー

＊「外圧」の歴史はここから始まった！幕末日本を振り回した外国人の軌跡をたどることで、国内抗争だけでは見えてこなかった明治維新の実像を明らかにした渾身の大作。

ヘリゲル, E. 〔1884~1955〕 Herrigel, Eugen

◇オイゲン・ヘリゲル小伝—弓道による禅の追求 池沢幹彦著 仙台 東北大学出版会 2018.4 111p 19cm 〈他言語標題：Eugen Herrigel-Zen and Kyudo：A Brief History 文献あり〉 2200円 ①978-4-86163-309-6 Ⓝ134.8

[内容] 第1篇 ヘリゲルと日本の人々—『弓と禅』の背景(ドイツでのヘリゲル 日本でのヘリゲル 帰国後のヘリゲル) 第2篇 ヘリゲルの弓の帰還—『弓と禅』の反響(『弓と禅』の影響 ヘリゲルの弓) 付録 「弓の分」による弓力の表示

＊『弓と禅』の著者オイゲン・ヘリゲルは哲学者として日本人に何を伝え、弓道を通して日本から何を学んだか。

ヘリング, K. 〔1958~1990〕 Haring, Keith

◇キース・ヘリング アートはすべての人のために。 中村キース・ヘリング美術館監修 美術出版社 2017.8 199p 30cm 〈本文：日英両文〉 4000円 ①978-4-568-10494-3 Ⓝ723.53

[内容] 1 中村キース・ヘリング美術館所蔵作品 2 キース・ヘリングをめぐって(ストリートからアートへ 80年代ニューヨークを駆け抜けた伝説のアーティスト ヘリングの活動と80年代日本のアート界 マンハッタンダウンタウン'80s KEITH HAIRING'S DEAD,HEAE'S A NEWBORN BABY ゲイ・アポカリプス 人生とアートにおける偉大な学徒 トニー・シャフラジが見たヘリング キースを森に放つ キースのビートは止まらない) 3 美術館10年の歩み(美術館の10年間 キース・ヘリング・タイムライン キース・ヘリングの活動と美術館運営 キュレーターズ・セレクション) 4 キース・ヘリングと日本(来日時の取材記事 斬新な発想で描く若者の登場 子供たちとの共同制作 子供たちに未来を託して 日本での活動を物語る品々 広島平和プロジェクト ポップショップ東京) 資料編

＊1981年、地下鉄のグラフィティ活動から始まり、1990年に亡くなるまで、その活動期間はたった の10年間。1983年には来日。87年には東京多摩市のパルテノン多摩で子供たちとの共同制作を行うなど日本との縁も深い。2017年に開館10周年を迎えた中村キース・ヘリング美術館の所蔵品を中心に、HIV・エイズ予防啓発活動や児童福祉活動も展開したヘリングの精力的な創造活動の軌跡を追う。

ヘール, G. 〔1868~1938〕
Hale, George Ellery

◇宇宙を見た人たち—現代天文学入門 二間瀬敏史著 海鳴社 2017.10 270p 19cm 1800円 ①978-4-87525-335-8 Ⓝ440.28

[内容] 第1部 天文学に強力な"道具箱"を提供した観測家たち(ヘンリエッタ・スワン・リービット—宇宙の"物差し"を見つけた "ハーバード・コンピューターズ"—の才媛 ジョージ・ヘール—巨大望遠鏡時代に道を拓く ほか) 第2部 科学的宇宙論の開拓者たち(アルベルト・アインシュタイン—現代宇宙論の開拓者 カール・シュヴァルツシルト—塹壕で重力場方程式の解を発見 ほか) 第3部 天文学を豊かにした人びと(クライド・トンボー—新しい太陽系領域に挑

んだ人　アーサー・エディントン―恒星天文学の父　ほか）　第4部　"観測の窓" 拡大に情熱を傾けた人び（カール・ジャンスキー―電波天文学の生みの親　早川幸男―戦後の焼け跡で「全波長天文学」への道を敷く　ほか）

＊宇宙は、ブラックホール、超新星爆発、暗黒物質、暗黒エネルギーなど、さまざまな不可思議な現象の存在なしには考えられない。この驚天動地の現代天文学の歴史を築いてきた巨人たち―その活躍を、時代背景・生い立ち・人柄などを交え、いきいきと伝える。

ベル, H.〔1917〜1985〕
Böll, Heinrich Theodor

◇廃墟のドイツ1947―「四七年グループ」銘々伝　ハンス・ヴェルナー・リヒター著，飯吉光夫訳　河出書房新社　2015.8　295p　20cm　3800円　①978-4-309-20683-7　Ⓝ940.27

内容　蝶たちの曖昧宿で―イルゼ・アイヒンガー　十三階のクリスヤーン―カール・アメリー　にぎやかな通りを行って、誰もそれに気がつかなかった―アルフレート・アンデルシュ　グルーネ森でのサイクリング―インゲボルク・バッハマン　きみもぼく位、金が好きかい？―ハインリヒ・ベル　セルビアは死なねばならぬ―ミロ・ドール　マルクトブライトでの涙―ギュンター・アイヒ　フルシチョフの海水パンツを穿いて―ハンス・マグヌス・エンツェンスベルガー　誕生日祝いとしてジーケーン・ダッハを―ギュンター・グラス　寝巻きのズボン―ヴォルフガング・ヒルデスハイマー　上部プファルツ人のカラカラ笑い―ヴァルター・ヘレラー　君の忠実なる側近―ヴァルター・イェンス　ダンスの相手への誘い―ウーヴェ・ヨーンゾーン　我々はみな、いい人だった―ハンス・マイヤー　敵多きほど、功高し―マルセル・ライヒ＝ラニッキ　おおマルティン―喧嘩好きではないしろ、喧嘩っ早いアレマン人―マルティン・ヴァルザー　マラーの太鼓―ペーター・ヴァイス

＊文学の「呼び声」をきけ。ナチス崩壊、東西分裂―廃墟と化した1947年ドイツで産声をあげ、グラス、ツェランら数々の世界的才能を輩出した「四七年グループ」とは何だったのか？　リーダーであるH・W・リヒターによる愛情あふれる回想録。困難なる戦後と、若き作家たちの情熱が生んだ奇蹟の時間。

ベル, J.〔1967〜〕　Bell, Joshua

◇偉大なるヴァイオリニストたち　2　チョン・キョンファから五嶋みどり、ヒラリー・ハーンまで　ジャン＝ミシェル・モルク著，神奈川夏子訳　ヤマハミュージックメディア　2017.4　356,8p　21cm　〈文献あり〉　3400円　①978-4-636-92333-9　Ⓝ762.8

内容　ボリス・ベルキン　チョン・キョンファ　ピンカス・ズーカーマン　オーギュスタン・デュメイ　ピエール・アモイヤル　ドミトリ・シトコヴェツキー　ナイジェル・ケネディ　シュロモ・ミンツ　ヴィクトリア・ムローヴァ　チョーリャン・リン〔ほか〕

＊外科医でもある筆者による桁外れに鋭い考察に基づく評論集。使用楽器や練習法などはもちろん、デビューの裏側や生い立ち、家族関係などに迫り、素顔を描き出す。歴史的名演を収録したCD－ROM付き。

ベール, P.〔1647〜1706〕　Bayle, Pierre

◇ピエール・ベール関連資料集　補巻　良心の自由　野沢協編訳　法政大学出版局　2015.1　387p　22cm　14000円　①978-4-588-12025-1　Ⓝ135.2

内容　1　ジョン・ロック『寛容書簡』ラテン語版（ハウダ、一六八九年）関係（アンリ・バナージュ・ド・ボーヴァルによる紹介（学芸新聞『学芸著作史』の一六八九年九月号、記事二）　ジャン・ル・クレールによる紹介（学芸新聞『古今東西文庫』の一六八九年十二月号、記事十四）　ジョン・ロック『寛容についての手紙』（ロッテルダムで一七一〇年に出版されたフランス語版ロック著作集に収められた『寛容書簡』の仏訳））　2　ザームエル・プーフェンドルフ『キリスト教と市民生活の関係』（ストックホルム、一六八七年）の仏訳『市民生活との関係におけるキリスト教論』（ユトレヒト、一六九〇年）　3　ゲラルト・ノートの二講話関係（ジャン・ル・クレールによる『主権者の権力についての講話』の紹介（学芸新聞『精撰文庫』の一七〇五年、第七巻、記事六、第四節）　ジャン・ル・クレールによる『良心の自由についての講話』の紹介（学芸新聞『精撰文庫』の一七〇七年、第十一巻、記事七の後半）　ゲラルト・ノート『講話二篇―主権者の権力について、および、良心の自由について』、ジャン・バルベラックによる仏訳（アムステルダム、一七〇七年））

＊ベールの時代の政治・神学的言説を一望する『関連資料集』補巻。ロック『寛容についての手紙』、プーフェンドルフ『市民生活との関係におけるキリスト教論』（本邦初訳）、ノート『講話二篇』（同）とそれらの周辺テキストという、イギリス、ドイツ、オランダ発の重要文献を収める本書は、当時展開されたヨーロッパ規模の寛容論の全容を明るみに出す。本資料集を振り返る「訳者あとがき」付。

ベルイマン, I.〔1918〜2007〕
Bergman, Ingmar

◇ベルイマン　小松弘著　新装版　清水書院　2015.9　225p　19cm　（Century Books―人と思想 166）〈文献あり　年譜あり　索引あり〉　1000円　①978-4-389-42166-3　Ⓝ778.23893

内容　1　夢の世界・劇場世界（若き演出家の誕生　脚本家から映画監督へ　ベルイマン的世界の芽生え）　2　夏のよろこび（青春映画の世界　人生の希望と絶望）　3　光と影の形而上学（国際的名声へ　神の沈黙の三部作　人間のドラマ）　4　現代人の苦悩（新たな創作世界を求めて　自らについて語ること）

ベルキン, B.〔1948〜〕　Belkin, Boris

◇偉大なるヴァイオリニストたち　2　チョン・キョンファから五嶋みどり、ヒラリー・ハーンまで　ジャン＝ミシェル・モルク著，神奈川夏子訳　ヤマハミュージックメディア　2017.4　356,8p　21cm　〈文献あり〉　3400円　①978-4-636-92333-9　Ⓝ762.8

内容　ボリス・ベルキン　チョン・キョンファ　ピンカス・ズーカーマン　オーギュスタン・デュメイ　ピエール・アモイヤル　ドミトリ・シトコヴェツキー

ナイジェル・ケネディ　シュロモ・ミンツ　ヴィクトリア・ムローヴァ　チョーリャン・リン〔ほか〕
　＊外科医でもある筆者による桁外れに鋭い考察に基づく評伝集。使用楽器や練習法などはもちろん、デビューの裏側や生い立ち、家族関係などに迫り、素顔を描き出す。歴史的名演を収録したCD‐ROM付き。

ベルク, A.〔1885～1935〕Berg, Alban

◇アルバン・ベルク─地獄のアリア　田代櫂著　春秋社　2015.10　363,13p　20cm　〈文献あり　索引あり〉　3800円　Ⓘ978-4-393-93202-5　Ⓝ762.346

内容　少年アルバン　ヴィーンの青春　初期の創作　無調の時代　兵士アルバン　十二音の時代　あるヴィーン子の肖像　『ヴォツェック』初演　秘められた恋　パンドラの箱　「主よ、御心にかなうなら」　終幕

　＊寡作ゆえの珠玉。生粋のロマンティカーが志向した斬新な表現語法と音楽的ドラマ。シェーンベルク、ヴェーベルンとは異なる道を歩んだ独自の前衛精神。新ヴィーン楽派、現代音楽の青春。

ベルグワール, S.
⇒クイック, T. を見よ

ヘルダーリン, F.〔1770～1843〕Hölderlin, Friedrich

◇ヘルダリーン　小磯仁著　新装版　清水書院　2016.4　245p　19cm　(Century Books―人と思想　171)〈文献あり　年譜あり　索引あり〉　1200円　Ⓘ978-4-389-42171-7　Ⓝ941.6

内容　1　詩人としての出発を前に（幼少年時代　テュービンゲン時代）　2　詩人独立をめざして（家庭教師として　大きな希望と挫折―ディオーティマへの愛）　3　新しい詩作の開始（帰郷と詩作と）　4　故郷と異国という故郷に（再び家庭教師として　寄食者として）　5　最後期のヘルダリーン（ツィンマー家の下宿人として）

　＊ヘルダリーン、我々は彼を何と名づけたらよいのか？　ハイデガーの言う「詩人の詩人」が不十分なのではない。しかし彼の孤独な存在自身が、詩作世界のあまりの切実さと巨大さが、同時代をすり抜け、独り屹立しながら古代に、未来すなわち現代へと飛翔した。人間のどんな権力も暴力も、彼を狂気へと追い込ייますことは、詩人存在そのものを破壊しつくすことはできなかった。何故なら生あるものの抹殺の不可能を、小説『ヒュペーリオン』でも明言しているからである。また、もし彼の愛を言うなら、精神の病のさなかでも、死者となった一女性を最後まで記憶しつづけようとした勇気を指摘すれば足りる。そして来たるべき時代を幻視しつつ、明確な詩作意志により驚嘆に値する故郷世界を、ひとつの普遍として愛する全自然のなかに創造したその勇気。

ヘルツ, H.〔1857～1894〕Hertz, Heinrich

◇ハインリッヒ・ヘルツ　ミヒャエル・エッケルト著，重光司訳　東京電機大学出版局　2016.9　275p　20cm　〈文献あり　年譜あり〉　2000円　Ⓘ978-4-501-62990-8　Ⓝ289.3

内容　プロローグ　自由ハンザ都市の伝統　エンジニアか、物理学者か　物理学の帝国宰相のもとでの教え　天職としての物理学者　キール大学での私講師仕事、生活、変化への憧れ　火花実験　導線上の波　電気力の伝播　ボンからの招聘　電気力学から力学原理へ　そんなに悲しまないでください　追憶

　＊ハインリッヒ・ヘルツ（1857～1894）はもっとも偉大な物理学者の一人です。電磁波の発見によって、彼の名前は不滅になりました。ストリート、学校、研究所そしてハンブルクのテレビ塔は彼の名前にちなんでいます。周波数の単位（一秒あたりの振動数）として「ヘルツ」が知れ渡っています。しかし、ヘルツの生涯と業績についてはあまりよく知られていません。この評伝は、ハンブルクで生まれた自然科学者が物理学をどのようにして改革したかを紹介しています。

ヘルツ, ロバート
⇒ハーズ, R.H. を見よ

ヘルツシュプルング, E.〔1873～1967〕Hertzsprung, Ejnar

◇現代天文学史―天体物理学の源流と開拓者たち　小暮智一著　京都　京都大学学術出版会　2015.12　634p　22cm　〈他言語標題：History of Modern Astronomy　文献あり　年表あり　索引あり〉　4900円　Ⓘ978-4-87698-882-2　Ⓝ440.12

内容　第1部　天体分光学（「新天文学」の開幕　星の分光分類とHD星表）　第2部　星の構造と進化論（星の進化論とHR図表　熱核反応と星の進化論）　第3部　銀河天文学と宇宙論（銀河と星雲の世界　銀河系の発見　宇宙論の源流）　第4部　星から天体物理学へ（日本における天体物理学の黎明　現代天文学への展開）

　＊初めて星の化学組成を明らかにしたロンドンのアマチュア天文家ハギンズ、太陽をガス体と見なした特許調査官レーン、自作の望遠鏡で天空を探した音楽家ハーシェル…18世紀末から19世紀中葉にかけて現代天文学の扉を開いた彼らは、いずれも学界に縁のないアマチュア天文家だった。星の位置と運動を対象とする古典天文学から天体の物理的構造を探る天体物理学へ、その転換期を担った人々の生涯と研究を軸に、現代天文学の歴史をたどる。

ヘルツ＝ゾマー, A.〔1903～2014〕Herz-Sommer, Alice

◇アリスの奇跡―ホロコーストを生きたピアニスト　キャロライン・ステシンジャー著，谷口由美子訳　悠書館　2015.8　273,14p　20cm　〈文献あり　年譜あり〉　2200円　Ⓘ978-4-86582-006-5　Ⓝ762.348

内容　アリスとフランツ・カフカ　寛容なる心　ジャガイモの皮をむきながら　ピアノのレッスン　新たな始まり　ブリキのスプーン　もう歳だなんて言わないで　音楽はわたしたちの食べ物　ヒトラーがユダヤ人に与えた町　スナップ写真　ガラスの檻の男　きつい言葉は一切なし　初めての飛行　ピアノ教師アリス　友だちの輪

*アリス・ヘルツ=ゾマーは1903年に、チェコのプラハの裕福なユダヤ人の家庭に生を亨けた。音楽の才能に恵まれ、第二次世界大戦が勃発するまでは、コンサート・ピアニストとしてデビューを飾り、将来を嘱望されていた。ナチス・ドイツによりチェコが保護領とされると、まず母が、そして自身も夫と幼い息子とともにテレジエンシュタットの強制収容所に送られるが、持ち前の楽天主義と、何よりも音楽に支えられた、過酷な収容所生活を生き延びる（母と夫はついに生還できなかった）。未曾有の悪と憎悪に人生を蹂躙されたにもかかわらず、"憎悪は憎悪を生むだけ"怒りや憎しみではなく、赦しを、をモットーに、ほほえみとユーモアを絶やすことなく、110歳まで生きたアリス・ヘルツ=ゾマーの、感動的な旅路の物語。

ベルディ, G. 〔1813～1901〕
Verdi, Giuseppe Fortunino Francesco

◇愛と裏切りの作曲家たち　中野京子著　光文社　2015.3　237p 16cm　〈光文社知恵の森文庫 tな5-1〉〈「かくも罪深きオペラ」（洋泉社 1999年刊）の改題、修正〉　640円　①978-4-334-78669-4　Ⓝ766.1

内容 ビゼー「世にも恐ろしい災い」「カルメン」　ヴェーバー すべては愛のために「魔弾の射手」　ベッリーニ 嫉妬が産んだ名作「ノルマ」　ヴァーグナー 過剰な執着心―「さまよえるオランダ人」　ロッシーニ 美食と神経過敏―「セビーリャの理髪師」　モーツァルト 神童の傲慢―「フィガロの結婚」　ヴェルディ「道を踏み外した女」「椿姫」　プッチーニ オペラ以上の悲劇「蝶々夫人」

*名作の誕生する過程には作品に負けないほど劇的な事件がかくされている。スキャンダラスと言っていいほどのそれらの出来事は、別の見方をすれば作曲家本人のふしだらな醜行ともいえる。「カルメン」「フィガロの結婚」「蝶々夫人」ほか知っておきたい名作オペラのあらすじと、その作曲家たちの壮絶な生涯を、同時に読める一冊！待望の文庫化。

ベルナール（クレルボーの）〔1090～1153〕
Bernard de Clairvaux

◇キリスト教の主要神学者　上　テルトゥリアヌスからカルヴァンまで　F.W.グラーフ編，片柳榮一監訳　教文館　2014.8　360,5p 21cm　3900円　①978-4-7642-7383-2　Ⓝ191.028

内容 マルキオン（八五頃・一六〇頃）　カルタゴのテルトゥリアヌス（二/三世紀）　オリゲネス（一八五/一八六・二五四）　ニュッサのグレゴリオス（三四〇頃・三九四以後）　アウグスティヌス（三五四・四三〇）　カンタベリーのアンセルムス（一〇三三/一〇三四・一一〇九）　クレルヴォーのベルナール（一〇九〇・一一五三）　トマス・アクィナス（一二二四/一二二五・一二七四）　マイスター・エックハルト（一二六〇頃・一三二八）　ヨハネス・ドゥンス・スコトゥス（一二六五/一二六六・一三〇八）　ロベルト・ベラルミーノ（一五四二・一六二一）

*多彩にして曲折に富む2000年の神学史の中で、特に異彩を放つ古典的代表者を精選し、彼らの生涯・著作・影響を通して神学の争点と全体像を描き出す野心的試み。正統と異端が織り成すダイナミズムによって生まれた神学の魅力と核心を、第一級の研究者が描き出す。上巻では古代から宗教改革期に活躍した16名の神学者を紹介する。

ベルニーニ, G.L. 〔1598～1680〕
Bernini, Gian Lorenzo

◇ベルニーニ―その人生と彼のローマ　フランコ・モルマンド著，吾妻靖子訳　一灯舎　2016.12　529,57p 20cm　〈文献あり 索引あり〉　3800円　①978-4-907600-44-0　Ⓝ702.37

内容 序文 初めて英語で書かれたベルニーニの伝記　第1章 ナポリ生まれの神童　第2章 至高のインプレサリオ　第3章 ベルニーニの苦悩と恍惚　第4章 ベルニーニと教皇アレクサンデル七世　第5章 ルイ十四世の宮廷におけるローマの芸術家　第6章「我が名声は衰えてゆくだろう」

*多くの優れた彫刻と建築物を生み出したベルニーニは、ローマが生んだバロック芸術の代表的な巨匠である。ベルニーニについて書かれた本はあるが、ベルニーニそのものにはほとんど関心を払っていない。本書の主要な目的は、「ベルニーニその人」、つまり検閲を経ない、血と肉を備えた人間を描くことではあるが、彼の職業生活における画期的な事件や家族の歴史についてもページを割いている。また、ベルニーニだけでなく、十七世紀のローマ人の生活に、間接的であっても影響を与えた大きな出来事や社会問題、人物についても言及している。教皇ウルバヌス八世が述べた有名な言葉「ベルニーニはローマのために作られ、ローマはベルニーニのために作られた」の通り、ベルニーニの生涯は、彼の愛したローマという都市と密接に関わっていた。したがってこの伝記は、ベルニーニという芸術家の伝記であるばかりでなく、十七世紀のローマの肖像でもある。読者は、その人生が、スキャンダル、陰謀、そしてさまざまな人間関係のドラマに溢れた、常に愛すべきとは言えなくても、実に興味深い人物について多くを知ることができるだろう。

ベルヌ, J.G. 〔1828～1905〕
Verne, Jules Gabriel

◇よき人々の系譜　阿部祐太著　阿部出版　2015.1　413p 20cm　〈文献あり〉　2000円　①978-4-87242-326-6　Ⓝ280

内容 第1章 無限の未知を受け入れる（司馬光「誠実な者こそ正しく勇ましい」　ディドロ「学問の目的は、真理を知る喜びにある」　シュンペーター「人間的な営みの積み重ねが社会の向上をもたらす」）　第2章 語りえぬもの、見えぬものに本質がある（マティス「目に見えない真理を描く」　世阿弥「魂に沿うことで人は喜び感動する」　ラレンマー「有限な身体と無限の意識は表裏一体」）　第3章 生かされて生きていることの自覚（道元「無常の中で常なるものを知る」　ヤスパース「幸せに生きることは、幸せに死ぬこと」　ブランクーシ「無私が大いなる力を引き寄せる」）　第4章 自然と自分のつながりを再認識する（トルストイ「幸福とは自然と共にあること」　ナポレオン「人間は自然界に生かされる弱き者である」　ヴェルヌ「科学は万能ではない」）　第5章 人生の行方は自分で決める（勝海舟「経験が自分を育てる」　サン＝テグジュペリ「真理も幸福も自分の内より創造する」　ミレー「現実はすべて崇高なり」）

＊従来の歴史観にとらわれず、新しい視点から古今東西の歴史上の著名人を再評価。時代や地域は違っていても、彼らの足跡に共通する生き方、考え方の本質を明らかにし、現代人がよりよく生きるための指針を提示する。前著『よき人々の歴史』（日本図書館協会選定図書）に続く新たな伝記の書。

ベルハウゼン, J.〔1844～1918〕
Wellhausen, Julius

◇キリスト教の主要神学者　下　リシャール・シモンからカール・ラーナーまで　F.W.グラーフ編　教文館　2014.9　p　cm　〈索引あり〉
①978-4-7642-7384-9　Ⓝ191.028

内容 ヨハン・ゲアハルト（トーマス・カウフマン著　安酸敏眞訳）　リシャール・シモン（クリストファー・フォイクト著　安酸敏眞訳）　フィリップ・ヤコブ・シュペーナー　ヨハン・ヨアヒム・シュパルディング（アルブレヒト・ボイテル著　安酸敏眞訳）　フリードリヒ・シュライアマハー（ウルリヒ・バルト著　安酸敏眞訳）　ヨゼフ・クロイトゲン（ペーター・ヴァルター著　安酸敏眞訳）　セーレン・キルケゴール（ハイコ・シュルツ著　安酸敏眞訳）　ユリウス・ヴェルハウゼン（ミカエル・バウアー著　佐藤貴史訳）　アドルフ・フォン・ハルナック（ヨハン・ヒンリヒ・クラウセン著　安酸敏眞訳）　アルフレッド・ロワジー／クラウス・アルノルト／著　安酸敏眞／訳．エルンスト・トレルチ（フリードリヒ・ヴィルヘルム・グラーフ著　安酸敏眞訳）　ルドルフ・ブルトマン　パウル・ティリッヒ（アルフ・クリストファーセン著　佐藤貴史訳）　カール・バルト（イェルク・ディールケン著　安酸敏眞訳）　ラインホールド・ニーバーH・リチャード・ニーバー（リチャード・クルーター著　安酸敏眞訳）　カール・ラーナー（ローマン・A・ジーベンロック著　安酸敏眞訳）

＊多彩にして曲折に富む2000年の神学史の中で、特に異彩を放つ古典的代表者を精選し、彼らの生涯・著作・影響を通して神学の争点と全体像を描き出す野心的試み。下巻では正統主義の時代から20世紀に至るまでの17名の神学者を紹介する。

ベルペトウア〔～203〕　Perpetuae

◇ベルペトウアの殉教―ローマ帝国に生きた若き女性の死とその記憶　ジョイス・E・ソールズベリ著，後藤篤子監修，田畑賀世子訳　白水社　2018.8　279,64p　20cm　〈文献あり　索引あり〉　5200円　①978-4-560-09648-2　Ⓝ198.22

内容 第1章 ローマ　第2章 カルタゴ　第3章 キリスト教共同体　第4章 牢獄　第5章 闘技場　第6章 余波

＊紀元203年のカルタゴ。闘技場で野獣刑に処された、キリスト教徒の殉教の記憶を鮮烈に蘇らせる。

ベルルスコーニ, S.〔1936～〕
Berlusconi, Silvio

◇ベルルスコーニの時代―崩れゆくイタリア政治　村上信一郎著　岩波書店　2018.2　274p　18cm　（岩波新書　新赤版　1705）　840円　①978-4-00-431705-0　Ⓝ312.2

内容 第1章 実業界の覇者　第2章 闇を支配する　第3章 政治の覇者へ　第4章 長い過渡期―模索するイタリア　第5章 ポップなカリスマ―長期政権　終章 "パルティートクラツィア"から"ポルノクラツィア"へ

＊大衆的な人気、マフィアとの癒着、メディアの買収…民主主義の復興を模索するイタリアに、新たな腐敗の構図をもたらした"先駆的"なポピュリスト政治家シルヴィオ・ベルルスコーニ。現在にも至る政治的迷走をもたらしたスキャンダラスな政治家とはどのような人物なのか。その実像に迫るイタリア現代史。

ベルレーヌ, P.M.〔1844～1896〕
Verlaine, Paul

◇ヴェルレーヌ　野内良三著　新装版　清水書院　2016.8　238p　19cm　（Century Books―人と思想 121）〈文献あり　年譜あり　索引あり〉　1200円　①978-4-389-42121-2　Ⓝ951.6

内容 1 ヴェルレーヌを求めて（ヴェルレーヌの位置　不幸な星のもとに生まれて）　2 哀れなレリアン（両親の愛に包まれて　青春彷徨）　3 青春の墓標（『サチュルニヤン詩集』『雅なうたげ』）　4 愛の嵐（マチルド　ランボー　『ロマンス・サン・パロール』）　5 エロスとアガペー（回心　『知恵』　晩年の栄光と悲惨）

＊フランスの詩人ヴェルレーヌ。マラルメと並び称される象徴主義の大詩人。その生涯は波乱に富み、スキャンダルに満ちている。天才少年詩人ランボーとの運命的な出会い、「十字架の道行き」、ブリュッセルでの発砲事件、独房生活。デカダンスを地でいく酒と官能に溺れる日々。こうした泥だらけの人生からせつせつと胸に訴えかける、平明にして陰影に富んだ名品の数々が生み出される。本書は一見矛盾する詩人の生涯と作品に通底する論理を剔出し、そのポエジーの秘密に迫る、簡にして要を得たヴェルレーヌの入門書である。

ベルンハルト, T.〔1931～1989〕
Bernhard, Thomas

◇私のもらった文学賞　トーマス・ベルンハルト著、池田信雄訳　みすず書房　2014.6　162p　20cm　3200円　①978-4-622-07846-3　Ⓝ944.7

内容 私のもらった文学賞（グリルパルツァー賞　ドイツ産業連盟文化栄誉賞　自由ハンザ都市ブレーメン文学賞　ユーリウス・カンペ賞　オーストリア国家賞文学部門賞　アントン・ヴィルドガンス賞　フランツ・テオドーア・チョコーア賞　連邦商工会議所文学賞　ビュヒナー賞）　スピーチ集（自由ハンザ都市ブレーメン文学賞受賞式のスピーチ　オーストリア国家賞文学部門賞受賞式のスピーチ　ゲオルク・ビュヒナー賞受賞式のスピーチ　退会の辞）

＊小説『消去』で日本の読者の度肝を抜き、多くのファンを獲得したオーストリアの作家ベルンハルト。文学界のグレン・グールドとも評される孤高の人が、絵画的文章で文学賞の状況を綴ったなった自伝的エッセー。笑いと涙と感動がないまぜになった、空前絶後の書。

ペレック, G.〔1936～1982〕　Perec, Georges

◇ジョルジュ・ペレック―制約と実存　塩塚秀一郎著　中央公論新社　2017.5　451p　20cm

（中公選書 028）　2600円　ⓘ978-4-12-110028-3　Ⓝ950.278

内容　第1章 制約が語る―『煙滅』におけるリポグラムの意味（リポグラムのもつ意味　『煙滅』日本語訳　ほか）　第2章 制約下の自伝―『Ｗあるいは子供の頃の思い出』におけるフィクションと自伝（フィクションと自伝　「ぼくには子供の頃の思い出がない」　ほか）　第3章 制約と自由の相克―『人生 使用法』における諸プロジェクトの表象（「プラン」と「定めがたさ」　『人生 使用法』の概略　ほか）　第4章 発見術としての制約―「さまざまな空間」はなぜ幸福な書物なのか（幸福な書物　共感を呼ぶ手法　ほか）

＊ユダヤ系移民の子としてパリに生誕したペレックは、第二次世界大戦によって戦争孤児となり、想像を絶する人生の断絶を体験した。のち特異な言語遊戯小説の制作者となり、評価は歿後ますます高まっている。本書は、日常・自伝・遊戯・物語の四分類よりペレックの総合的読解に挑み、二〇世紀後半を彗星の如く駆け抜けた作家の魅力へと縦横に迫る。

ヘレラー, W.〔1922～2003〕
Höllerer, Walter

◇廃墟のドイツ1947―「四七年グループ」銘々伝　ハンス・ヴェルナー・リヒター著，飯吉光夫訳　河出書房新社　2015.8　295p　20cm　3800円　ⓘ978-4-309-20683-7　Ⓝ940.27

内容　蝶たちの曖昧宿で―イルゼ・アイヒンガー　十三階のクリスヤーン―カール・アメリー　にぎやかな通りを行って、誰もそれに気がつかなかったら―アルフレート・アンデルシュ　グルーネ森でのサイクリング―インゲボルク・バッハマン　きみもぼく位、金が好きかい？―ハインリヒ・ベル　セルビアは死なねばならぬ―ミロ・ドール　マルクトブライトでの涙―ギュンター・アイヒ　フルシチョフの海水パンツを穿いて―ハンス・マグヌス・エンツェンスベルガー　誕生日祝いとしてジーモン・ダッハを―ギュンター・グラス　寝巻きのズボン―ヴォルフガング・ヒルデスハイマー　上部プファルツ人のカラカラ笑い―ヴァルター・ヘレラー　君の忠実なる側近（パラディーン）―ヴァルター・イェンス　ダンスの相手への誘い―ウーヴェ・ヨーンゾン　我々はみな、いい人だった―ハンス・マイヤー　敵多きほど、功高し―マルセル・ライヒ＝ラニツキ　おおマルティン喧嘩好きではないにしろ、喧嘩早いアレマン人―マルティン・ヴァルザー　マラーの太鼓―ペーター・ヴァイス

＊文学の"呼び声"をきけ。ナチス崩壊、東西分裂―廃墟と化した1947年ドイツで産声をあげ、グラス、ツェランら数々の世界的才能を輩出した「四七年グループ」とは何だったのか？　リーダーであるH・W・リヒターによる愛情あふれる回想録。困難なる戦後と、若き作家たちの情熱が生んだ奇蹟の時間。

ペーレルス, F.J.〔1910～1945〕
Perels, Friedrich Justus

◇フリードリヒ・ユストゥス・ペーレルス―告白教会の顧問弁護士　雨宮栄一著　新教出版社　2014.11　311p　20cm　〈他言語標題：Friedrich Justus Perels　文献あり　年譜あり　索引あり〉　3100円　ⓘ978-4-400-21320-8　Ⓝ289.3

内容　序に代えて―レールター街におけるペーレルスの虐殺　幼少年時代　大学時代　強制的同質化の波　それぞれの葛藤と模索　告白教会顧問弁護士として　第二次世界大戦勃発前夜　第二次世界大戦下での働き　政治的抵抗運動への参与　ボンヘッファー逮捕の前後　七月二十日事件　レールター刑務所　終りに

＊フリードリヒ・ユストゥス・ペーレルスは、35歳に満たぬ若さでナチに処刑された弁護士。彼は法律家という専門職の立場からドイツ教会闘争を支え、更には反ナチ抵抗運動に参与した。本書は、その短い生涯を克明に追いながら、従来神学者や牧師のみが注目されてきた教会闘争の中で、信徒の働きを明らかにした貴重な労作。

ペレルマン, G.Y.〔1966～〕
Perelman, Grigori Yakovlevich

◇数学をつくった天才たち　立田奨著　辰巳出版　2018.3　191p　19cm　〈「天才たちのつくった数学の世界」（綜合図書 2015年刊）の改題、加筆・再編集〉　1200円　ⓘ978-4-7778-2051-1　Ⓝ410.28

内容　1 数学の礎をつくった3人の巨匠（アルキメデス―人類史上第一級といえる科学者　アイザック・ニュートン―微分・積分学の祖　カール・フリードリヒ・ガウス―19世紀最大の数学者）　2 数学の歴史をつくった巨人たち（ベルンハルト・リーマン―未だ解かれることのない未解決問題を提唱　レオンハルト・オイラー―最高に美しい公式を作り上げた盲目の数学者　アンリ・ポアンカレ―宇宙の形の解明に一歩足のた直観タイプの数学者 ほか）　3 数学の新たな道を開拓した天才たち（アレクサンドル・グロタンディー―スキーム論を築き新しい数論を打ち立てた21世紀最大の数学者　小平邦彦―ヘルマン・ワイルに見いだされ日本人初のフィールズ賞を受賞　グレゴリー・ペレルマン―ポアンカレ予想を解決しても社会的名誉を辞退 ほか）

＊定理、公式、理論…わからなくても面白い！　生きるために数学をする≠「数学」のために生きる。数奇な運命をたどった、愛すべき変人（天才）の生涯！

ベーレンス, P.〔1868～1940〕
Behrens, Peter

◇ペーター・ベーレンス―モダン・デザイン開拓者の一生　アラン・ウィンザー著，椎名耕輔世訳　創英社／三省堂書店　2014.11　253p　21cm　〈文献あり　索引あり〉　2315円　ⓘ978-4-88142-865-8　Ⓝ523.34

内容　若年期と教育　ダルムシュタットのベーレンス　ダルムシュタットの劇場と展覧会　文字芸術と活字芸術　1902年～07年　ベーレンスとAEG　新古典主義的な主題　1907年～14年　工業・事務・展示建造物　1911年～19年　1920年・30年代

＊転換期のドイツで、伝統と革新の狭間で文化の発展に尽力し名声を馳せるも、晩年はナチス時代に突入し不本意な一生を終えた独学の建築家ベーレンス。語られることの少なかった生涯を検証することで、「19世紀末の自然ロマン主義的な曲線様式」と「20世紀のバウハウスの合理的な幾何学様式」に

一筋の水脈が見えて来る。「バウハウス前夜」の理解を深める革新の一冊。

◇ペーター・ベーレンス—モダン・デザイン開拓者の一生　アラン・ウィンザー著，椎名輝世訳　改訂版　創英社／三省堂書店　2018.12　274p　21cm　〈文献あり　年譜あり　索引あり〉　2315円　①978-4-86659-054-7　Ⓝ523.34

内容　若年期と教育　ダルムシュタットのベーレンス　ダルムシュタットの劇場と展覧会　文字芸術と活字芸術　1902年〜07年　ベーレンスとAEG　新古典主義的な主題　1907年〜14年　工業・事務・展示建造物　1911年〜19年　1920年・30年代

＊"LESS IS MORE"「少なくする」こと、それは「豊かにする」こと—それはベーレンスの金言でもあった。転換期のドイツで、伝統と革新の狭間で文化の発展に尽力し名声を馳せるも、晩年はナチス時代に突入し不本意な一生を終えた独学の建築家ベーレンス。語られることの少なかった生涯を検証することで、「19世紀末の自然ロマン主義的な曲線様式」と「20世紀のバウハウスの合理的な幾何学様式」に一筋の水脈が見えて来る。「バウハウス前夜」の理解を深める革新の一冊。

ペロー, C. 〔1613〜1688〕　Perrault, Claude

◇知覚と建築—クロード・ペロー『五種類の円柱』とその読解史　土居義岳著　中央公論美術出版　2017.2　460p　22cm　13000円　①978-4-8055-0778-0　Ⓝ523.35

内容　翻訳　クロード・ペロー『太古人たちの方法による五種類の円柱のオルドナンス』　クロード・ペロー年譜　解題（ヴォルフガング・ヘルマン『クロード・ペローの理論』一九七三年　ジョゼフ・リクワート『最初の近代人たち』一九八〇年　アルベルト・ペレス＝ゴメス『建築と近代科学の危機』一九八三年　アントワーヌ・ピコン『クロード・ペローあるいはある古典主義者の好奇心』一九八八年　アルベルト・ペレス＝ゴメス『五種類の円柱』英語版　一九九三年　序文　アントワーヌ・ピコン『ウィトウィウス建築十書』フランス語版　一九九五年　序文）　知覚と建築—クロード・ペロー『太古人たちの方法による五種類の円柱のオルドナンス』の読み方

ペロシ, N. 〔1940〜〕
Pelosi, Nancy Patricia D'Alesandro

◇現代アメリカの「女性政治家」　藤本一美，濱賀祐子編著　学文社　2016.4　222p　22cm　〈索引あり〉　2500円　①978-4-7620-2648-5　Ⓝ312.8

内容　第1章　レディ・バード・ジョンソン大統領夫人　第2章　ナンシー・ペロシ連邦下院議長　第3章　コンドリーザ・ライス国務長官　第4章　ヒラリー・R.クリントン国務長官　第5章　カーラ・アンダーソン・ヒルズ米通商代表部代表　第6章　サラ・ペイリン　アラスカ州知事　第7章　ケイ・A.オア　ネブラスカ州知事　第8章　ジェニファー・M.グランホルム　ミシガン州知事

ベロネーゼ 〔1528〜1588〕　Veronese

◇ヴェロネーゼ—カナの婚宴　マルコ・カルミナーティ著，越川倫明，山本樹訳　西村書店東京出版編集部　2015.7　79p　27cm　（名画の秘密）〈年譜あり〉　2800円　①978-4-89013-728-2　Ⓝ723.37

内容　ヴェネツィア、サン・ジョルジョ修道院の祝宴　「ヴェローナの画家パウロ・カリアール殿」　1562年—『カナの婚宴』に関する契約　『カナの婚宴』を読む　宴席の客たちは誰か　『カナの婚宴』の遍歴　図版：『カナの婚宴』（全図）　部分解説（キリストと聖母マリア　ぶどう酒の奇跡　ソムリエ　宴会の世話役　ほか）　年譜：ヴェロネーゼの生涯とその時代

＊「カナの婚宴（婚礼）」は、ヨハネ福音書のなかで語られるキリストの最初の奇跡の話だ。これに着想を得て、ヴェネツィアのサン・ジョルジョ・マッジョーレ修道院の食堂を飾るための、このヴェロネーゼの壮大な傑作は注文された。画家は、婚宴に招かれた客たちのために、魅力的な細部を満載した豪華な祝宴をあつらえ、絵のなかに、少なくとも2つの謎をしのばせた。それは、真の主役である新郎新婦が誰なのか？　そしてとりわけ、2人のために演奏をしている楽士たちが誰なのか？「ソムリエ」「フォーク」「食卓のご馳走」「楽士たち」「空と鐘塔」「降り注ぐ薔薇の花」…17のキーワードから名画を読み解く。

ベーン, A. 〔1640〜1689〕　Behn, Aphra

◇アフラ・ベーン—「閨秀作家」の肖像　福岡利裕著　彩流社　2017.2　522,11p　22cm　〈索引あり〉　6500円　①978-4-7791-2273-6　Ⓝ930.258

内容　『オルノーコ』の梗概とその評価　スリナムの状況　アフラ・ベーンの保守性　アフラ・ベーンの出生と経歴—「回想録」を中心に　第二次オランダ・イギリス戦争とアフラ・ベーンのスパイ活動　奴隷制および奴隷貿易　女性の状況（社会的地位、教育など）—ジェンダーの視角から　アフラ・ベーンの文学活動、結婚寸描など　人種、ヨーロッパ中心主義　王政復古期の政治と宗教、アフラ・ベーンの文学活動（再）など　スリナムとギニアの実情、自国民中心主義　オルノーコ伝説

＊妖艶な美女か、スパイか、フェミニストか…英文学史上初の女性職業作家、アフラ・ベーンの代表作『オルノーコ』を中心にたどる！

ベンゲル, A. 〔1949〜〕　Wenger, Arsène

◇アーセン・ヴェンゲル—アーセナルの真実　ジョン・クロス著，岩崎晋也訳　東洋館出版社　2016.10　462p　19cm　1800円　①978-4-491-03265-8　Ⓝ783.47

内容　無名の外国人　フランス革命　帰化英国人　栄光の試合　インビンシブルズ　UEFAチャンピオンズリーグ　誘惑　無冠の日々　流出　宿敵　メディアとの関係　インテリジェント・ワン　ファンの声　新しい夜明け　2014年FAカップ優勝　トレーニングと戦術　2014年夏　結論　聖トッテリンガムズデイ

＊1996年、一人のフランス人がイングランドのFCを率いることになった。彼は瞬く間にチームを立て直し、プレミアリーグ屈指の強豪に育て上げた。あれから、20年—。世にも美しいプレースタイルと歴史に残る無敗優勝。低迷、そして復活。フット

ボールを変えた革命家と名門チームのすべてを描いた物語。

ベンゲーロフ, M. 〔1974～〕 Vengerov, Maxim

◇偉大なるヴァイオリニストたち　2　チョン・キョンファから五嶋みどり、ヒラリー・ハーンまで　ジャン＝ミシェル・モルク著，神奈川夏子訳　ヤマハミュージックメディア　2017.4　356,8p　21cm　〈文献あり〉　3400円　①978-4-636-92333-9　Ⓝ762.78

内容 ボリス・ベルキン　チョン・キョンファ　ピンカス・ズーカーマン　オーギュスタン・デュメイ　ピエール・アモイヤル　ドミトリ・シトコヴェツキー　ナイジェル・ケネディ　シュロモ・ミンツ　ヴィクトリア・ムローヴァ　チョーリャン・リン〔ほか〕

＊外科医でもある筆者による桁外れに鋭い考察に基づく評伝集。使用楽器や練習法などはもちろん、デビューの裏側や生い立ち、家族関係などに迫り、素顔を描き出す。歴史的名演を収録したCD-ROM付き。

ベンサム, J. 〔1748～1832〕 Bentham, Jeremy

◇ベンサム　山田英世著　新装版　清水書院　2014.9　185p　19cm　〈Century Books-人と思想 16〉〈奥付の責任表示読み（誤植）：やまだひでお　文献あり　年譜あり　索引あり〉　1000円　①978-4-389-42016-1　Ⓝ133.4

内容 1 ベンサムの生涯（孤独な「哲学者」　波乱の青春　みのり多き時代　隠者の夕暮れ）　2 ベンサムの思想（功利の原理　政治と教育　経済思想　アジアとベンサム）

ヘンダーソン, T.J. 〔1798～1844〕 Henderson, Thomas James

◇現代天文学史―天体物理学の源流と開拓者たち　小暮智一著　京都大学学術出版会　2015.12　634p　22cm　〈他言語標題：History of Modern Astronomy　文献あり　年表あり　索引あり〉　4900円　①978-4-87698-882-2　Ⓝ440.12

内容 第1部 天体分光学（「新天文学」の開幕　星の分光分類とHD星表）　第2部 星の構造と進化論（星の進化論とHR図表　熱核反応と星の進化論）　第3部 銀河天文学と宇宙論（銀河と星雲の世界　銀河系の発見　宇宙論の源流）　第4部 現代天文学（日本における天体物理学の黎明　現代天文学への展開）

＊初めて星の化学組成を明らかにしたロンドンのアマチュア天文家ハギンス、太陽をガス体と見なした特許調査官レーン、自作の望遠鏡で天空を探査した音楽家ハーシェル…18世紀末から19世紀中葉にかけて現代天文学の扉を開いた彼らは、いずれも学界に縁のないアマチュア天文家だった。星の位置と運動を対象とする古典天文学から天体の物理的構造を探る天体物理学へ、その転換期を担った人々の生涯と研究を軸に、現代天文学の歴史をたどる。

ベンデリウス, レナ・マリア

⇒レーナ・マリア　を見よ

ヘンデル, G.F. 〔1685～1759〕 Händel, Georg Friedrich

◇ヘンデルが駆け抜けた時代―政治・外交・音楽ビジネス　三ケ尻正著　春秋社　2018.6　183,21p　19cm　〈文献あり　作品目録あり　年譜あり　索引あり〉　2100円　①978-4-393-93212-4　Ⓝ762.33

内容 序章 ヘンデルの生きた時代　第1章 旧来のヘンデル像　第2章 オラトリオ"メサイア"に隠されたメッセージ―反政府勢力のプロパガンダ？　第3章 "水上の音楽"の伝説を見直す―ヘンデル・スパイ説？　第4章 オペラ"ジュリアス・シーザー"の謎―忠臣にされた政敵セスト　第5章 政治とオペラ・オラトリオ―時事問題エンターテインメント　第6章 音楽家の才能とは？―バロック音楽家の就職活動と転職　第7章 バッハと政治・外交の関わりを推理する―「音楽の父」の意外な野心　第8章 ヘンデルと政治の出会い―スペイン継承戦争で翻弄されるイタリアで　第9章 史上初のフリーランス作曲家として―イギリスの政情とヘンデル　第10章 ヘンデルの伝記を読み直す

＊あるときは敵対勢力の情勢を探るエージェントとして、またあるときは民心を操る名プロデューサーとして、スペイン継承戦争に翻弄されるイタリアやジャコバイト問題に揺れるイギリスなど権謀術数の渦巻くヨーロッパを渡り歩き、数々のオペラやオラトリオを残してきた音楽家ヘンデルの実像に迫る！

ヘンドリックス, J. 〔1942～1970〕 Hendrix, Jimi

◇ジミ・ヘンドリックス―Life　キース・シャドウィック著，TOブックス編集部編訳　TOブックス　2014.7　477p　22cm　4000円　①978-4-86472-255-1　Ⓝ767.8

内容 シアトル・ボーイ　バンドデビュー（1957年～1961年5月）　クラークスヴィルへの最終列車（1961年6月～1963年秋）　地獄へのハイウェイ、その帰還（1963年11月～1965年4月）　ニューヨーク・スカッフル（1965年5月～1966年6月）　ジミ・ヘンドリックスの誕生（1966年6月～10月）　パリとロンドンでのライブ（1966年10月～12月）　ゲット・エクスペリエンスト（1967年1月～4月）　メリルボーンからモントレーへ（1967年5月～9月）　分岐点（1967年10月～12月）　『エレクトリック・レディランド』への道（1968年1月～4月）　アメリカが呼んでいる（1968年5月～8月）　太陽は昇らない（1968年9月～12月）　満員のアルバート・ホール・コンサート（1969年1月～3月）　今日のジャムにエクスペリエンスは要らない（1969年4月～6月）　すべてのシステムが止まる（1969年7月～9月）　延々と続くトラブル（1969年10月～12月）　燃えさかる橋（1969年12月～1970年3月）　早すぎた死、不朽の芸術性（1970年4月～7月）　早すぎた死、不朽の芸術性（1970年8月～9月）

＊1966年のデビューから70年の急逝まで活動期間わずか4年ながら、圧倒的な影響力と存在感を示すロック・レジェンド。革新的なギター・プレイと驚異的な作曲センスで27年の人生を駆け抜けた革命児は何を考え、どのような人生を歩んだのか？　夭逝から40年以上経つ今なお「歴史上最も偉大なギタリスト」と呼ばれるロックの伝説ジミ・ヘンドリックスの人生（Life）を克明に描く決定版！

ベンヤミン, W. 〔1892～1940〕 Benjamin, Walter

◇ベンヤミン 村上隆夫著 新装版 清水書院 2014.9 207p 19cm（Century Books—人と思想 88）〈文献あり 年譜あり 索引あり〉 1000円 ①978-4-389-42088-8 ⑲940.278

内容 1 ベンヤミンの生涯（ベルリンの幼年時代 青年運動と戦争の時代 ワイマール時代 亡命の時代 最後の日々） 2 ベンヤミンの思想（青春の形而上学 批評の理論 ドイツ・ロマン主義の芸術批評とゲーテの親和力 ドイツ悲劇の根源 プルーストとカフカ 複製技術時代の芸術 言語哲学と収集癖 パリの遊歩術 歴史の概念について）

◇ヒトラーと哲学者―哲学はナチズムとどう関わったか イヴォンヌ・シェラット著, 三ツ木道夫, 大久保友博訳 白水社 2015.1 362,60p 20cm 〈文献あり 索引あり〉 3800円 ①978-4-560-08412-0 ⑲134.9

内容 第1部 ヒトラーの哲学者（ヒトラー――「天才的バーテンダー」 毒入りの杯 協力者たち ヒトラーを支えた法哲学者―カール・シュミット ヒトラーの超人―マルティン・ハイデガー） 第2部 ヒトラーの対抗者（悲劇―ヴァルター・ベンヤミン 亡命―テオドーア・アドルノ ユダヤ人女性―ハンナ・アーレント 殉教者―クルト・フーバー ニュルンベルク裁判とその後）

＊思想と行動をめぐる迫真の哲学ノンフィクション。カント以降の反ユダヤ的言辞を跡づけた上で、ナチスに加担した者と迫害された者の生き方を描き出す注目作。哲学することの倫理的基盤を問う。

◇〈新訳・評注〉歴史の概念について ヴァルター・ベンヤミン著, 鹿島徹訳・評注 未來社 2015.7 248,3p 19cm 〈文献あり 索引あり〉 2600円 ①978-4-624-01193-2 ⑲944.7

内容 イントロダクション—時代・生涯・テクスト（執筆当時の歴史状況―コミンテルン人民戦線戦術と独ソ不可侵条約 自死にいたるまでのベンヤミンの軌跡―未定稿として遺されたテクスト 現存する複数の原稿について 参考資料―断章と先行翻訳）「歴史の概念について」（「歴史哲学テーゼ」）

＊"危機"を前に、かれはなぜ"歴史"を問うのか―このときまであまり顧みられなかった、1981年発見のタイプ原稿を底本に据えた新訳。他のバージョンの原稿を踏まえた評注を附し、未完の遺稿の新たな相貌を浮かび上がらせる。

◇ヴァルター・ベンヤミン/グレーテル・アドルノ往復書簡—1930-1940 ヴァルター・ベンヤミン, グレーテル・アドルノ著, ヘンリー・ローニッツ, クリストフ・ゲッデ編, 伊藤白, 鈴木直, 三島憲一訳 みすず書房 2017.11 396,6p 22cm 〈索引あり〉 7800円 ①978-4-622-07989-7 ⑲945.7

＊婚約者アドルノを14年間待ち続けた孤独なビジネスウーマン。亡命と困窮の中で思考を深めた知的アヴァンギャルド。ファシズムの荒れ狂う時代に、情熱と友情の間を揺れうごく180通を初公刊。

ヘンリーⅦ 〔1457～1509〕 Henry Ⅶ

◇冬の王―ヘンリー七世と黎明のテューダー王朝 トマス・ペン著, 陶山昇平訳 彩流社 2016.7 477p 22cm 〈文献あり 年譜あり 年表あり〉 4500円 ①978-4-7791-2244-6 ⑲233.051

内容 プロローグ―白薔薇の復讐遂げし赤薔薇 第1部 血と薔薇（粛清の果てに スペインからの花嫁 飽くなき魔手 王妃の死） 第2部 流転する世界（不信の連鎖 法律顧問評議会 我らが第二の宝 破談追い詰められたサフォーク伯 新天地） 第3部 貪婪の王国（押し黙る法の支配 騎士道の若き守護者 徴収システムの完成 死の技法 春の訪れ）

＊イギリス薔薇戦争（1455 - 85）を制し、相争った白薔薇（ヨーク家）と赤薔薇（ランカスター家）を和解させたヘンリー七世。国内にもたらされた安定の影で、人々を震撼させたその手法とは…。英国国教会を成立させたヘンリー八世や、イングランドの黄金時代を現出したエリザベス一世につながるテューダー朝の幕開けを、書簡や帳簿等の一次資料も渉猟し、鮮やかに描き出す。

ヘンリー, A. 〔1922～1997〕 Henry, Aaron

◇アメリカ公民権の炎―ミシシッピ州で闘ったアロン・ヘンリー アロン・ヘンリー, コンスタンス・カリー著, 樋口映美訳 彩流社 2014.6 376,18p 22cm 〈年譜あり 索引あり〉 4500円 ①978-4-7791-2023-7 ⑲289.3

内容 聖書と暦とシアーズ通販カタログ ボーイスカウトの大将 「誰とも対等に」 コットン・ボール・コート 「分離すれど平等」という嘘 準備はできた 空っぽの箱 ミスター・ドーアの約束 非道なたくらみ 「神よ、奴らを許したまえ」［ほか］

＊知る人ぞ知るアメリカ南部の黒人活動家。気取らず親切で勇気ある不屈の闘志で地元に根を下ろし、"閉ざされた社会"に風穴を開けた人生！

【 ホ 】

ボー, E. 〔1881～1961〕 Beaux, Ernest

◇シャネルN°5の謎―帝政ロシアの調香師 大野斉子著 横浜 群像社 2015.2 311p 19cm 2300円 ①978-4-903619-50-7 ⑲576.72

内容 第1章（名香シャネルN°5 シャネルN°5のルーツ シャネルN°5からロシアへ） 第2章（香りの歴史 文学と香り） 第3章（香水産業の近代化 帝政ロシアにおける香水産業の誕生 啓蒙と美） 第4章（ロシアの香水産業の歴史 ロシア香水産業の実態 香りの復活） 第5章（エルネスト・ボーのモスクワ時代 エルネスト・ボーの軍隊時代 エルネスト・ボーのフランス時代）

＊世界で最も有名な香水シャネルN°5を生み出した亡命ロシア人の調香師とはどんな人物だったのか。古来から王侯貴族が身にまとい、近代以来多くの女性たちを魅了してきた香りの歴史をたどり、独自の発展をしたロシアの香水産業から文学に描かれた匂いの世界までを視野に入れ、芸術としての香水を追求したロシアの天才調香師の秘められた姿を浮き彫りにする。

ホ

ポー, E.A. 〔1809～1849〕 Poe, Edgar Allan
◇エドガー・アラン・ポーの復讐　村山淳彦著
未来社　2014.11　243,10p　19cm　2800円
Ⓘ978-4-624-61038-8　Ⓝ930.268
内容 まえがき―ポーと一人称　売文家の才気と慚愧　「アッシャー家」脱出から回帰へ　「群集の人」が犯す罪とは何か　黒猫と天邪鬼　「盗まれた手紙」の剰余　「メロンタ・タウタ」の政治思想　ポー最後の復讐　付論　ポーとドライサー
＊文章で食べるためには売れなければならない。しかし売れるための文章は自分が本当に書きたかったものだろうか…アメリカで初めて売文のみで生計を立てた作家エドガー・アラン・ポーのジレンマに迫る。

◇エドガー＝A＝ポー　佐渡谷重信著　新装版
清水書院　2016.4　253p　19cm　〈Century Books―人と思想　94〉〈文献あり　年譜あり　索引あり〉　1200円　Ⓘ978-4-389-42094-9
Ⓝ930.268
内容 1　エドガー＝アラン＝ポーの生涯（ポーの血筋　アラン家の一員　ほか）　2　エドガー＝A＝ポーの思想（宇宙観とパスカル　死生観と闇の思想　ほか）　3　詩における愛と美の讃歌（プラトニズムの"愛"　夢の中の幻想と愛　ほか）　4　小説における"滅び"のヴィジョン（"滅び"とは何か　「モレラ」―愛の滅びと再生　ほか）
＊ポーの生涯は悲惨をきわめた。しかし、その悲惨の本当の姿を知る者は少ないのである。その悲惨さは純粋に生きようとすることから生まれたものであれば、私たちは"生"の不条理を嘆かざるを得ない。しかも、ポーは一九世紀前半の政治的にも、知的にも未熟なアメリカ社会の中で、知のために生きるより"愛"と"美"のために生涯を捧げた。金銭のために死ぬことよりも"愛"のために死ぬことを喜びとしたのである。人生は偉大な闇である。偉大なる闇の中にこそポーの芸術が"神霊"の光を放って、われわれの魂の中に浸透するとき、誰もが寂寞の感にうたれるであろう。ポーの生涯と、その芸術の真髄を知る者のみが己の人生を語る資格を手にするのである。そしてポーの生の苦悩と愛の葛藤は人類の永遠のアポリアでもある。

◇エドガー・アラン・ポーとテロリズム―恐怖の文学の系譜　西山智則著　彩流社　2017.6　270p　19cm　〈フィギュール彩　89〉〈他言語標題：EDGAR ALLAN POE AND TERRORISM　文献あり〉　1800円　Ⓘ978-4-7791-7090-4　Ⓝ930.268
内容 序論　われらの同時代人エドガー・アラン・ポー―恐怖と向きあうために　第1章　湯まれた文学（Purloined Letters）―分身小説と版権の詩学　第2章　猿たちのテロリズム―オランウータンの影　第3章　ゆがんだ眼の男たち―光学的欺瞞の物語　第4章　博物館の帝国―再生をめぐる夢と悪夢　第5章　戦慄の絆―フリークショー／文学におけるシャム双生児　第6章　アメリカン・シアターとしてのフリークショー―人種の構築/脱構築のパフォーマンス
＊商業作家ポーは本を売るために多彩な戦略を練りあげ手段を選ばなかったが、本書は、文学研究者はもちろん一般の読者にも著者の声を届けるべく、ポーが煽情性を煽ったように不気味な図版を散りばめ、専門性を避けて読みやすい一冊になっている。

る。そう、本書は、サブカルチャーとポーを「ハイブリッド」に論じてゆく。サブカルチャーで「偽装」し、サブカルチャーに「寄生」したポー論でもある。

ボアソナード, G. 〔1825～1910〕
Boissonade, Gustave Émile
◇ボワソナードと国際法―台湾出兵事件の透視図
大久保泰甫著　岩波書店　2016.11　344,6p　22cm　〈索引あり〉　7200円　Ⓘ978-4-00-024794-8　Ⓝ319.1022
内容 第1章　フランス時代のボワソナード―学問的思想的ルーツを中心として（パリ法科大学の学生時代―一八五二年法学博士となるまで　人道思想の形成―二月革命（一八四八年）の刻印　ほか）　第2章　遠景―一九世紀西洋国際社会の二つの顔（岩倉使節団へのビスマルク・スピーチ―国際法のレアリスト的観方　「国際法学士院」と「国際法の改革と法典化協会」　ほか）　第3章　前触れ―外務卿副島種臣の使清（一八七三年）（米国領事リゼンドルと台湾原住民による虐殺事件　清国への副島使節派遣　ほか）　第4章　台湾蕃地事務局設置から出兵へ（一八七四年）―「無主地先占」法理の採用（台湾蕃地事務局設置から出兵強行へ　ボワソナードの回答書　ほか）　第5章　北京交渉始末（一八七四年九・一〇月）―大久保利通、ボワソナード、ウェード、総理衙門の王大臣（基礎的事実と概観　交渉プロセスの諸段階　ほか）
＊国立公文書館所蔵の2冊の皮革装豪華本『勃氏趣旨書』。外交交渉に臨む大久保利通へ提出されたボワソナードの仏文「覚書」19点から描かれる台湾出兵事件の全容。

ボアルネ, J. 〔1763～1814〕
Beauharnais, Joséphine de
◇王妃たちの最期の日々　下　ジャン＝クリストフ・ビュイッソン, ジャン・セヴィリア編, 神田順子, 土居佳代子, 山川洋子訳　原書房　2017.4　228p　20cm　2000円　Ⓘ978-4-562-05386-5
Ⓝ288.493
内容 11　トリアノンから断頭台へ―マリー＝アントワネット／パリ、一七九三年一〇月一六日　12　息子の復讐―ロシアのエカチェリーナ二世／サンクトペテルブルク、一七九六年一一月六日（太陽暦一一月一七日）　13　皇后の二度の死―ジョゼフィーヌ・ド・ボアルネ／リュエイユ＝マルメゾン、一八一四年五月二九日　14　苦しみつづけ、さまよいつづけた魂の飛翔―オーストリア皇妃エリーザベト（愛称シシ）／ジュネーヴ、一八九八年九月一〇日　15　一つの時代の終焉―ヴィクトリア女王／ワイト島、オズボーン・ハウス、一九〇一年一月二二日　16　呪われた王妃―ドラガ・オブレノヴィチ／ベオグラード、一九〇三年六月一一日　17　ロマノフ朝最後の皇后の死にいたる苦難の道―アレクサンドラ・フョードロヴナ／エカテリンブルク、一九一八年七月一七日　18　フランス最後の皇后―ウジェニー・ド・モンテイジョ／マドリード、一九二〇年七月一一日　19　精神を闇に閉ざされての六〇年―シャルロッテ・フォン・ベルギエン／バウハウト城、一九二七年一一月一九日　20　あまりに理不尽な死―ベルギー王妃アストリッド／キュスナハト・アム・リギ、一九三五年八月二九日
＊マリー＝アントワネット、エカチェリーナ2世、ジョゼフィーヌ、エリーザベト（シシ）…信仰心、病魔、

処刑台…世界史に大きな影響をあたえたさまざまな人生と運命を描く物語！

◇年をとるほど愛される女になる方法―フランス女性の永遠の憧れジョゼフィーヌに学ぶ　伊藤緋紗子著　河出書房新社　2018.5　189p　19cm　1400円　⒤978-4-309-02687-9　Ⓝ159.6

[内容]第1章 彼女が愛される秘密　第2章「洗練」を身につける　第3章「セクシー」を目覚めさせる　第4章「美しさ」を自分に課す　第5章 彼の「最愛の女」になる　第6章 年を重ねるほど「輝く自分」になる

＊波瀾万丈な人生をおくったジョゼフィーヌ―初めての夫の裏切りと死別、二人の子どもを抱えての愛人生活、年下のナポレオンとの再婚と戴冠、そして別れ…彼女の生き様は、フランスをはじめとするヨーロッパで、今日どんな王妃から愛されている。若さや美貌ではなく、年を重ねたからこそ身につけることのできる「セダクション」―愛される鍵を、彼女の生き方や実践していたちょっとした心遣い、装い、自己演出などから学ぶ一冊。

ポアンカレ, H. 〔1854～1912〕
Poincaré, Jules-Henri

◇数学をつくった天才たち　立田奨著　辰巳出版　2018.3　191p　19cm　〈「天才たちのつくった数学の世界」（綜合図書 2015年刊）の改題、加筆・再編集〉　1200円　⒤978-4-7778-2051-1　Ⓝ410.28

[内容]1 数学の礎をつくった3人の巨匠（アルキメデス―人類史上第一級といえる科学者　アイザック・ニュートン―微分・積分学の祖　カール・フリードリヒ・ガウス―19世紀最大の数学者）　2 数学の歴史をつくった巨人たち（ベルンハルト・リーマン―未だ解かれることのない未解決問題を提唱　レオンハルト・オイラー―最高に美しい公式を作り上げた盲目の数学者　アンリ・ポアンカレ―宇宙の形の解明に一歩迫った直観タイプの数学者 ほか）　3 数学の新たな道を開拓した天才たち（アレクサンドル・グロタンディーク―スキーム論を築き新しい数論を打ち立てた21世紀最大の数学者　小平邦彦―ヘルマン・ワイルに見いだされ日本人初のフィールズ賞を受賞　グレゴリー・ペレルマン―ポアンカレ予想を解決しても社会的名誉を辞退 ほか）

＊定理、公式、理論…わからなくても面白い！生きるために数学をする≠「数学」のために生きる。数奇な運命をたどった、愛すべき変人（天才）の生涯！

ホイッスラー, J.M. 〔1834～1903〕
Whistler, James McNeill

◇日本美術を愛した蝶―ホイッスラーとジャポニスム　野上秀雄著　文沢社　2017.1　253,21p　22cm　〈索引あり〉　3200円　⒤978-4-907014-02-5　Ⓝ723.33

[内容]パリ、一八五五年　ロンドン、一八五九年　ジャポニスム　レアリスムとの離別　ノクターン　エクレクティスムと肖像画　ピーコック・ルームとホワイト・ハウス　ラスキンと美術批評　一八七九年　北斎と暁斎　フリーアとフェノロサ　ホイッスラーとジャポニスム　十時の講演

＊美とは何か、美術とは一。日本美術を愛し、パリとロンドンで19世紀西洋美術の変革に挑んだ巨匠の美術思想の変遷をたどる。

ボイド＝オール, J. 〔1880～1971〕
Boyd-Orr, John Boyd Orr, Baron

◇イギリス食料政策論―FAO初代事務局長J.B.オール　服部正治著　日本経済評論社　2014.12　287p　22cm　〈索引あり〉　5600円　⒤978-4-8188-2357-0　Ⓝ611.31

[内容]第1章 第二次世界大戦までのオール　第2章 第二次世界大戦下のイギリス食料政策論　第3章 FAOの成立とオール　第4章 世界食料委員会提案の挫折　終章 食料政策論におけるナショナルとインターナショナル　付論「自由貿易国民」の興隆と解体

＊国連FAO初代事務局長オールの食料政策論を検討し、第二次大戦直後の世界の食料危機のなかで、食料輸入大国イギリスが抱えた内外の視点の対立と関連の構造を解明する。

ボイドン, F.L. 〔1879～1972〕
Boyden, Frank Learoyd

◇ボイドン校長物語―アメリカン・プレップスクールの名物校長伝　ジョン・マクフィー著,藤倉皓一郎訳　京都　ナカニシヤ出版　2014.10　104p　19cm　1800円　⒤978-4-7795-0889-9　Ⓝ376.453

[内容]廃校寸前から最高クラスの名門校へ　校長らしくない校長　校長先生の天分　校長先生のスポーツ教育　校長先生の生い立ち　学校のある町―デアフィールドの歴史　ミセス・ボイドン　校長先生と無口な少年―トム・アシュレイ　校長先生の危機―デアフィールド校の資金難　教師と生徒と校長先生　校長先生の入学選考　校長先生の演出　校長先生の手紙

＊廃校寸前から全米屈指の名門校へと育て上げた校長先生の一代記。

ホイベルス, H. 〔1890～1977〕
Heuvers, Hermann

◇ザビエルの夢を紡ぐ―近代宣教師たちの日本語文学　郭南燕著　平凡社　2018.3　328p　20cm　〈索引あり〉　4000円　⒤978-4-582-70358-0　Ⓝ197.021

[内容]序章 日本へのザビエルの贈りもの　第1章 日本に情熱を燃やしたザビエル　第2章 ザビエルの予言へ呼応する近代宣教師たち　第3章 日本人に一生を捧げたヴィリオン神父　第4章 日本人を虜にしたカンドウ神父　第5章 詩的な国民―ホイヴェルス神父　第6章 型破りの布教―ネラン神父　終章 日本人とともに日本文化を創る試み

＊キリスト教が初めて日本に伝来してから460年余。日本語で話し、そして記述した数多くの神父たちの行いは、日本と日本人に有形無形の豊かな財産をもたらした。先駆者フランシスコ・ザビエルから20世紀の「酒場神父」ジョルジュ・ネランまで5人の宣教師を取り上げ、彼らの業績と人柄をつぶさに語る、最新の研究。

ホイラ

ホイーラー, J.A.〔1911～2008〕
Wheeler, John Archibald

◇宇宙を見た人たち―現代天文学入門　二間瀬敏史著　海鳴社　2017.10　270p　19cm　1800円　①978-4-87525-335-8　Ⓝ440.28

内容　第1部　天文学に強力な"道具箱"を提供した観測家たち（ヘンリエッタ・スワン・リービット―宇宙の"物差し"を見つけた"ハーバード・コンピューターズ"一の才媛　ジョージ・ヘール―巨大望遠鏡時代に道を拓く　ほか）　第2部　科学的宇宙論の開拓者たち（アルベルト・アインシュタイン―現代宇宙論の開拓者　カール・シュヴァルツシルト―塹壕で重力場方程式の解を発見　ほか）　第3部　天文学を豊かにした人びと（クライド・トンボー―新しい太陽系領域に挑んだ人　アーサー・エディントン―恒星天文学の父　ほか）　第4部　"観測の窓"拡大に情熱を傾けた人びと（カール・ジャンスキー―電波天文学の生みの親　早川幸男―戦後の焼け跡で"全波長天文学"への道を敷く　ほか）

＊宇宙は、ブラックホール、超新星爆発、暗黒物質、暗黒エネルギーなど、さまざまな"魔物"や不可思議な存在なしには考えられない。この驚天動地の現代天文学の歴史を築いてきた巨人たち―その活躍を、時代背景・生い立ち・人柄などを交え、いきいきと伝える。

ホイル, F.〔1915～2001〕Hoyle, Fred

◇現代天文学史―天体物理学の源流と開拓者たち　小暮智一著　京都　京都大学学術出版会　2015.12　634p　22cm　〈他言語標題：History of Modern Astronomy〉　文献あり　年表あり　索引あり〉　4900円　①978-4-87698-882-2　Ⓝ440.12

内容　第1部　天体分光学（「新天文学」の開幕　星の分光分類とHD星表　星の構造と進化論（星の進化論とHR図表　熱核反応と星の進化論）　第3部　銀河天文学と宇宙論（銀河と星雲の世界　銀河系の発見　宇宙論の源流）　第4部　現代天文学へ（日本における天体物理学の黎明　現代天文学への展開）

＊初めて星の化学組成を明らかにしたロンドンのアマチュア天文家ハギンズ、太陽をガス体と見なした特許調査官レーン、自作の望遠鏡で天空を探査した音楽家ハーシェル…18世紀末から19世紀中葉にかけて現代天文学の扉を開いた彼らは、いずれも学界に縁のないアマチュア天文家だった。星の位置と運動を対象とする古典天文学から、星の物理的構造を探る天体物理学へ、その転換期を担った人々の生涯と研究を軸に、現代天文学の歴史をたどる。

◇宇宙を見た人たち―現代天文学入門　二間瀬敏史著　海鳴社　2017.10　270p　19cm　1800円　①978-4-87525-335-8　Ⓝ440.28

内容　第1部　天文学に強力な"道具箱"を提供した観測家たち（ヘンリエッタ・スワン・リービット―宇宙の"物差し"を見つけた"ハーバード・コンピューターズ"一の才媛　ジョージ・ヘール―巨大望遠鏡時代に道を拓く　ほか）　第2部　科学的宇宙論の開拓者たち（アルベルト・アインシュタイン―現代宇宙論の開拓者　カール・シュヴァルツシルト―塹壕で重力場方程式の解を発見　ほか）　第3部　天文学を豊かにした人びと（クライド・トンボー―新しい太陽系領域に挑んだ人　アーサー・エディントン―恒星天文学の父　ほか）　第4部　"観測の窓"拡大に情熱を傾けた人びと（カール・ジャンスキー―電波天文学の生みの親　早川幸男―戦後の焼け跡で"全波長天文学"への道を敷く　ほか）

＊宇宙は、ブラックホール、超新星爆発、暗黒物質、暗黒エネルギーなど、さまざまな"魔物"や不可思議な存在なしには考えられない。この驚天動地の現代天文学の歴史を築いてきた巨人たち―その活躍を、時代背景・生い立ち・人柄などを交え、いきいきと伝える。

◇宇宙を旅する生命―フレッド・ホイルと歩んだ40年　チャンドラ・ウィックラマシンゲ著, 松井孝典監修, 所源亮訳　恒星社厚生閣　2018.4　265p　21cm　〈文献あり　索引あり〉　2500円　①978-4-7699-1617-8　Ⓝ461.6

内容　生命の起源：旅への誘い　ケンブリッジでの出会い　湖水地方のハイキング　星々に囲まれて　炭素塵という発想へ　理論を打ち立てる　天文学研究所の開設：実り多き年　変化の風が吹いて　カーディフでの日々　宇宙に生命を探す　彗星が運んだ生命、宇宙から来た病原体　生命の最初の兆候　細菌雲の予測は正しかった　惑星の生命　進化は宇宙から　試される理論　化石をめぐる議論　ハレー彗星の遺産　もう一つの宇宙論　最後の10年間　2012年から振り返る

＊「生命は、はたして地球の温かい原始スープで誕生したのだろうか？」彗星パンスペルミア論を打ち立て、科学界に旋風を巻き起こした反骨の研究者たちの、生命の起源をめぐる長い旅の物語が始まる！　20世紀屈指の天文学者フレッド・ホイルとともに歩んだ著者の科学に関するユニークな遍歴を綴った。

ボウイ, D.〔1947～2016〕Bowie, David

◇ボウイ・トレジャーズ　マイク・エヴァンス著, 野中モモ訳　スペースシャワーネットワーク　2016.8　62p　26×29cm　4800円　①978-4-907435-81-3　Ⓝ767.8

内容　少年時代　1960年代：デイヴィー・ジョーンズからデヴィッド・ボウイへ　デヴィッド・ボウイ　スペース・オディティ（AKAデヴィッド・ボウイ）1970年代：ジギーからベルリンへ　世界を売った男／ハンキー・ドリー　ジギー・スターダスト　アラジン・セイン／ピンナップス　ダイアモンドの犬　ヤング・アメリカン〔ほか〕

＊豪華付録17点封入。完全限定生産2000部。

◇デヴィッド・ボウイ―気高きアーティストの軌跡　ウェンディ・リー著, 江上泉訳　ヤマハミュージックメディア　2017.1　320,16p　図版16p　21cm　〈文献あり　作品目録あり〉　2600円　①978-4-636-93091-7　Ⓝ767.8

内容　ビギニング　スターボーイ　下積み時代　セクシャル・ラビリンス　モダン・ラヴ　ワイルド・サイドにて　スターマン　ジギー　スーパースターマン　チェンジド　ヤング・アメリカン　フォーリング　気のふれかけた男優　ベルリン　ジャスト・ア・ジゴロ　アッシュズ　ヒロイン夢語り　ゴールデン・イヤーズ　ホエア・ヒー・イズ・ナウ　ラザルス

＊依存症との闘い、ゲイからバイセクシャル、ヘテロセクシャルまで飽くことのないセックスライフ

と、そのとめどない性遍歴、ロンドンの労働者階級の街に暮らした幼少時代、成功を見据えたひたむきな努力、その原動力となった家庭内のごたごた。彼をよく知る者たちへの詳細なインタビューを通して、マイホームパパとしての顔からスーパーモデル"イマン"との四半世紀以上にわたる幸せな結婚生活まで、無数のイメージに隠されたボウイの素顔を描く。

◇デヴィッド・ボウイ―変幻するカルト・スター　野中モモ著　筑摩書房　2017.1　254p　18cm　〈ちくま新書1234〉〈文献あり〉　840円　Ⓘ978-4-480-06941-2　Ⓝ767.8

内容　第1章　郊外少年の野望(1947-1966)　第2章　ソロ・デビューからの試行錯誤(1966-1971)　第3章　ジギー・マニア(1972-1973)　第4章　変身を重ねるカルト・スター(1973-1979)　第5章　インターナショナル・スーパースター(1980-1992)　第6章　"大人のロックスター"の存在感(1992-2006)　第7章　仕掛けられたグランドフィナーレ(2013-2016)

＊二〇一六年一月、アルバム『★(ブラックスター)』発表のわずか二日後に逝去したデヴィッド・ボウイ。彼は、一九四七年に生まれ、ロックン・ロールの勃興からデジタル音楽配信の時代をひとつも生き抜き、最後まで創造をやめなかった。きらびやかなグラム・ロックの英雄ジギー・スターダストの衝撃、『レッツ・ダンス』での世界制覇、そして最後に残された『★』…今もなお輝きを放つ数々の作品をもって愛され続けるボウイの創造の旅をたどる。

◇デヴィッド・ボウイ　インタヴューズ　デヴィッド・ボウイ述、ショーン・イーガン編、迫田はつみ、田村亜紀訳　シンコーミュージック・エンタテイメント　2017.1　671p　21cm　〈索引あり〉　3000円　Ⓘ978-4-401-64335-6　Ⓝ767.8

内容　過剰な深読みは止めて欲しい、と懇願する変わり種デヴィッド・ボウイ　オー・ユー・プリティ・シング(まったく、この可愛いヤツめ)　ドーチェスターのデヴィッド　さよならジギー、そしてアラジン・セインに丁重なるご挨拶を　ボウイ、自分の声を探し当てる　ボウイ、スプリングスティーンに会う　ボウイ：今や僕は一人前のビジネスマンだよ　さよならジギー、そして…　デヴィッド・ボウイとの12分間　エリート主義者の告白〔ほか〕

＊1969年から2003年までのインタビュー記事から厳選した珠玉の32本をノーカットで一挙掲載！ボウイが語る、ボウイのリアル。

◇評伝　デヴィッド・ボウイ―日本に降り立った異星人　吉村栄一著　DU BOOKS　2017.1　389p　図版16p　19cm　〈文献あり　作品目録あり　発売：ディスクユニオン〉　2200円　Ⓘ978-4-86647-008-5　Ⓝ767.8

◇ミュージック・ライフが見たデヴィッド・ボウイ　シンコーミュージック・エンタテイメント　2017.1　1冊(ページ付なし)　27cm　〈他言語標題：DAVID BOWIE in "MUSIC LIFE"〉　2800円　Ⓘ978-4-401-64401-8　Ⓝ767.8

＊ミュージック・ライフ表紙、デビュー時の超貴重インタビュー、衝撃の初来日、ロック史を変えた70年代黄金期の胸中、80年代スーパースター時代の舞台裏―ミュージック・ライフだからこそ目撃することができたデヴィッド・ボウイの黄金時代を秘蔵写真とスペシャル記事で完全密封。

◇ヒーローズ―ベルリン時代のデヴィッド・ボウイ　トビアス・ルター著, 沼崎敦子訳　Pヴァイン　2017.3　303p　20cm　〈他言語標題：Heroes　発売：日販アイ・ピー・エス〉　3500円　Ⓘ978-4-907276-76-8　Ⓝ767.8

ボウカム, R.〔1946～〕Bauckham, Richard

◇人生を聖書と共に―リチャード・ボウカムの世界　リチャード・ボウカム, マーク・エリオット, 伊藤明生, 岡山英雄, 山口希生, 浅野淳博, 小林高徳, 横田法路, 遠藤勝信著, 山口秀生, 山口希生訳　新教出版社　2016.11　119p　20cm　1600円　Ⓘ978-4-400-32456-0　Ⓝ193.5

内容　ボウカムから〈人生を聖書と共に〉(リチャード・ボウカム著　山口希生訳))　ボウカムの人と作品(リチャード・ボウカム著　山口希生訳)　(マーク・エリオット著　山口秀生訳)　『ユダ書と初期キリスト教会におけるイエスの家族』(伊藤明生)　『預言の頂点―ヨハネ黙示録の研究』(岡山英雄)　『分かれ道―何が起き、なぜ起きたのか』(山口希生)　『イエスとその目撃者たち―目撃者証言としての福音書』(浅野淳博)　『イエスとイスラエルの神―「十字架につけられた神」と新約聖書における神としてのキリスト論』(小林高徳)　『他の被造物と共に生きる―緑の聖書解釈と神学』(横田法路)　『栄光の福音書―ヨハネ神学の中心主題』(遠藤勝信)

＊リチャード・ボウカムは、新約聖書学から組織神学、キリスト教倫理にいたる広範な領域で開拓的な業績を上げてきた超人的学者である。本書の巻頭には、そのボウカムの信仰自伝「人生を聖書と共に」を配し、第二部では、彼の膨大な仕事から主要作品を7点取り上げ、内容と意義を解説する。執筆者たちは皆、著書を通して、また直接指導を受けることで、ボウカムから深く学恩を被った者たち。格好の「ボウカム入門」であり、聖書神学の最先端への案内ともなっている。

ボーエン, I.S.〔1898～1973〕Bowen, Ira Sprague

◇現代天文学史―天体物理学の源流と開拓者たち　小暮智一著　京都　京都大学学術出版会　2015.12　634p　22cm　〈他言語標題：History of Modern Astronomy　文献あり　年表あり　索引あり〉　4900円　Ⓘ978-4-87698-882-2　Ⓝ440.12

内容　第1部　天体分光学(「新天文学」の開幕　星の分光分類とHD星表)　第2部　星の構造と進化論(星の進化論とHR図表　熱核反応と星の進化論)　第3部　銀河天文学と宇宙論(銀河と星雲の世界　銀河系の発見　宇宙論の源流)　第4部　現代天文学へ(日本における天体物理学の黎明　現代天文学への展開)

＊初めて星の化学組成を明らかにしたロンドンのアマチュア天文家ハギンス、太陽をガス体として特許調査官レーン、自作の望遠鏡で天空を探査した音楽家ハーシェル…18世紀末から19世紀中葉にかけて現代天文学の扉を開いた彼らは、いずれも学界に縁のないアマチュア天文家だった。星の位置と運動を対象とする古典天文学から天体の物理的構造を探る天体物理学へ、その転換期を担った人々の生涯と研究を軸に、現代天文学の歴史をたどる。

ホエン

ボーエン, J. 〔1979～〕 Bowen, James
◇ボブがくれた世界―ぼくらの小さな冒険　ジェームズ・ボーエン著，服部京子訳　辰巳出版　2014.12　277p　20cm　1600円　①978-4-7778-1429-9　Ⓝ289.3
> 内容　寝ずの番人　新しいパフォーマンス　ボブ，自転車に乗る　不思議なカップル　幽霊に出会う　ゴミに夢中　屋根の上の猫　見ようとしなければ何も見えない　ビッグ・ナイト・アウト　明日が見えない日々　クール　愉快なボブ　出る杭は打たれる　決別　新しい毎日　ドクター・ボブ　ひとすじの光　スター誕生

＊野良猫ボブと出会い、人生を取り戻した元ホームレスの青年ジェームズ。"お互いに見つけ合った"ふたりの暮らしは愛とユーモアにあふれていたがそこにはさらなる困難が待ち受けていた…世界中が感動したベストセラー『ボブという名のストリート・キャット』続編！

ホガーティ, R. Hogarty, Rio
◇スーパー母さんダブリンを駆ける―一四〇人の子どもの里親になった女性の覚え書き　リオ・ホガーティ作，高橋歩訳　未知谷　2016.5　239p　20cm　2500円　①978-4-89642-497-3　Ⓝ289.3
> 内容　第1部　素晴らしい子ども時代（ジャネットの出産　リオの誕生　悪戯盛り　イチゴ摘み　ヒューイとの出会い　大型トラックの運転）　第2部　母親から陸軍元帥へ（フランスの子ジャッキーと弟　ジミーとテッド　スーザンの不幸　ジーニー四歳　北アイルランドの子どもたち　一四番目の子チャーリー　グレイスの子どもたち　ホームヘルパー　シスターの施設　夏の休暇とアメリカ旅行　人質事件　カウンセリング　ピープルオブザイヤー賞）

＊はじまりは11歳の頃、困っていた同級生を連れて帰ってきたこと。トラックを駆り、マーケットを廻る行く先々で路頭に迷う子どもたちがいる。「できることは何でもするわ！」40年で一四〇人の子どもを預かりいつも超弩級の愛情と手助けを惜しまなかったアイルランドの肝っ玉母さんの半生。2010年ピープルオブザイヤー賞Inspiring Mum of the Year受賞のパワフル母さん、半生記。

ポカホンタス 〔1595頃～1617〕 Pocahontas
◇列伝アメリカ史　松尾弌之著　大修館書店　2017.6　309p　20cm　〈他言語標題：Movers in American History　年表あり　索引あり〉　2300円　①978-4-469-24605-6　Ⓝ285.3
> 内容　ポカホンタス―征服された新天地の象徴　アン・ハッチンソン―異議申し立ての系譜　トマス・ジェファソン―アメリカ独立宣言の起草者　ハリエット・タブマン―逃亡奴隷に居場所を用意した女性　メリー・B.エディ―金ぴか時代の治癒方法　ジョン・D.ロックフェラー―豊かなアメリカを作りあげた「強盗貴族」　セオドア・ローズベルト―二〇世紀を形づくった大統領　チャールズ・A.リンドバーグ―機械と共存した英雄　フランクリン・D.ローズベルト―バックス・アメリカーナをもたらした大統領　チャーリー・チャップリン―繁栄の時代の反逆児　ジョン・F.ケネディ―期待に満ちた時代の若い大統領　ベティ・フリーダン―対抗文化運動のう

ねり　リチャード・M.ニクソン―多様性の時代に立ち向かった大統領　バラク・H.オバマ―希望を信じ忍耐を貫いた黒人大統領　ドナルド・J.トランプ―人民の人民による人民のための政治

＊ポカホンタスからトランプまで。時代に影響を与えた人々の人生の物語を通していきいきと描く魅力あふれるアメリカ史。

ホーキング, J. 〔1944～〕 Hawking, Jane
◇無限の宇宙―ホーキング博士とわたしの旅　ジェーン・ホーキング著，堀川志野舞訳　静山社　2018.10　575p　20cm　2200円　①978-4-86389-452-5　Ⓝ289.3

＊スティーヴン・ホーキングとの運命的な出会いと恋、ALSの発症を知りながらの結婚、生まれてきた子どもたち、博士としての華々しい栄光としだいに自由を奪われていく身体、そんな、わたしたちの旅の行方は…。

ホーキング, S. 〔1942～2018〕 Hawking, Stephen
◇ホーキング博士人類と宇宙の未来地図　竹内薫著　宝島社　2018.10　223p　19cm　〈他言語標題：Stephen William Hawking The future chart of humanity and the universe　文献あり　年譜あり〉　1300円　①978-4-8002-8680-2　Ⓝ443.9
> 内容　第1章「車椅子のニュートン」と呼ばれた男（波瀾万丈を地で行くホーキングの生涯　科学者としての業績は？　ほか）　第2章　人生や現実に対し期待と幻想を抱かない（「常に最悪を考える」人生観　病を得てすべてがボーナスになる　ほか）　第3章　宇宙の始まりと神、死について（「宇宙に始まりがある」ことの証明　無神論者がカトリック教会に歓迎される　ほか）　第4章　時間の正体と未来へのまなざし（時間の流れは一方通行なのか？　宇宙論的な時間の矢は不可逆なのか？　ほか）

＊ALS（筋萎縮性側索硬化症）の発症、二度の結婚、科学者としての成功、大ベストセラー著者としての不動の人生―数奇な人生を送った「車椅子のニュートン」の人生と宇宙への眼差しに触れる。

◇無限の宇宙―ホーキング博士とわたしの旅　ジェーン・ホーキング著，堀川志野舞訳　静山社　2018.10　575p　20cm　2200円　①978-4-86389-452-5　Ⓝ289.3

＊スティーヴン・ホーキングとの運命的な出会いと恋、ALSの発症を知りながらの結婚、生まれてきた子どもたち、博士としての華々しい栄光としだいに自由を奪われていく身体、そんな、わたしたちの旅の行方は…。

ボーゲル, E. 〔1930～〕 Vogel, Ezra Feivel
◇人生の転機　桜の花出版編集部著　新装版　桜の花出版　2014.10　278p　18cm　〈表紙のタイトル：The Turningpoint　初版の出版者：維摩書房　発売：星雲社〉　890円　①978-4-434-19776-5　Ⓝ281.04
> 内容　第1章　三枝成彰氏（作曲家）　第2章　エズラ・ヴォーゲル氏（ハーバード大学教授）　第3章　牛尾治

朗氏（ウシオ電機会長）　第4章 故・冨士信夫氏（歴史研究家）　第5章 故・轉法輪奏氏（大阪商船三井前会長）　第6章 故・佐原真氏（国立民族博物館長）　第7章 千住博氏（日本画家）　第8章 吉原すみれ氏（パーカッショニスト）　第9章 故・渡邊格氏（生命科学者・慶応大学名誉教授）　第10章 椎名武雄氏（日本IBM会長）
＊誰しもに必ず訪れる人生のターニングポイント。誰しもに人生がある。誰しもに苦悩と辛酸と希望と賞賛がある。そして、誰しもに転機が訪れる。

ポサダ, J. 〔1971～〕
Posada Villeta, Jorge Rafael

◇コア・フォー――ニューヨーク・ヤンキース黄金時代、伝説の四人　フィル・ペペ著，ないとうふみこ訳　作品社　2015.12　312p　20cm　1800円　Ⓘ978-4-86182-564-4　Ⓝ783.7

[内容] マリアノ・リベラ登場　頼れるアンディ　南からきた男　カラマズーの少年　GM、ジーン・マイケル　3Aコロンバス・クリッパーズ　ニューヨーク　ニューヨーク　「おめでたいジョー」　特別なルーキー　ワールドチャンピオン〔ほか〕

＊1990～2000年代にヤンキースの黄金期を築き、5度のワールドチャンピオンに導いたデレク・ジーター、マリアノ・リベラ、ホルヘ・ポサダ、アンディ・ペティットの戦いの軌跡。ロングコラム「松井秀喜」、ジーターの引退を描く「最終章」は、日本語版のための特別書き下ろし！

ボス, H. 〔1450頃～1516〕　Bosch, Hieronymus

◇イラストで読む奇想の画家たち　杉全美帆子著　河出書房新社　2014.12　127p　21cm　〈文献あり　年表あり〉　1600円　Ⓘ978-4-309-25558-3　Ⓝ723.3

[内容] 第1章 西洋美術史に見る「奇想絵画の系譜」　第2章 奇想の画家たち――作品と人生（ボス　デューラー　カラヴァッジョ　ゴヤ　ブレイク　ルドン　ルソー）

＊ちょっと不気味で、妙に心に残る絵を描いた画家の人生とは!?我が道を行く奇才の画家たちのおもしろエピソードが満載！　豊富な作品とイラストでその生涯にせまる、待望の一冊。

ボース, S.C. 〔1897～1945〕
Bose, Subhas Chandra

◇二十世紀と格闘した先人たち――一九〇〇年アジア・アメリカの興隆　寺島実郎著　新潮社　2015.9　390p　16cm　〈新潮文庫　て-10-2〉〈「二十世紀から何を学ぶか 下 一九〇〇年への旅 アメリカの世紀、アジアの自尊」(2007年刊)の改題、加筆・修正〉　630円　Ⓘ978-4-10-126142-3　Ⓝ280.4

[内容] 第1章 アメリカの世紀がアジア太平洋にもたらしたもの（太平洋の転換点となった米西戦争での米国の勝利　明治の青年に夢を与えたクラーク博士の実像と足跡　ヘンリー・ルース、「アメリカの世紀」を推進した男　フランクリン・ルーズベルトの対日観の歴史的変遷　敗戦後の日本を「支配」した「極端な人」マッカーサー　付マッカーサー再考への旅――呪縛とトラウマからの脱却）　第2章 国際社会と格闘した日本人（「太平洋の橋」になろうとした憂国の国際人、新渡戸稲造　キリストに生きた武士、内村鑑三の高尚なる生涯　禅の精神を世界に発信した、鈴木大拙という存在　六歳の津田梅子を留学させた明治という時代　「亡命学者」野口英世の生と死　高峰譲吉の栄光とその悲しみ　日本近代史を予言した男、朝河貫一の苦悩と日米関係　近代石炭産業の功労者、松本健次郎と日本の二十世紀　情報戦争の敗北者だった大島浩駐独大使）　第3章 アジアの自尊を追い求めた男たち（アジアの再興を図ろうとした岡倉天心の夢　「偉大なる魂」ガンディーの重い問い掛け　インドが見つめていたーチャンドラ・ボースとパル判事　革命家・孫文が日本に問いかけたもの　魯迅が否定した馬々虎々　不倒翁・周恩来の見た日本）　第4章 二十世紀再考――付言しておくべきことと総括（一九〇〇年エルサレム――アラブ・イスラエル紛争に埋め込まれたもの　一九〇〇年香港・英国のアジア戦略　総括――結局、日本にとって二十世紀とは何だったのか）

＊二十世紀初頭、アジア太平洋で「アメリカの世紀」が始まる。日本は近代化の道をひた走り、ガンディー、孫文、魯迅などアジアの巨星は解放と独立を目指した。新渡戸稲造、鈴木大拙、津田梅子…激動の世紀を懸命に生きた先人の足跡を追い、今を生きる智慧と歴史の潮流を問う一冊。

ボスコ, G.M. 〔1815～1888〕
Bosco, Giovanni Melchiorre

◇ドン・ボスコ ガイドブック　サレジオ会日本管区編，浦田慎二郎監修　ドン・ボスコ社　2015.8　151p　21cm　〈他言語標題：Don BOSCO GUIDEBOOK　文献あり　年譜あり　年表あり〉　1200円　Ⓘ978-4-88626-596-8　Ⓝ198.2237

◇ドン・ボスコ――若者にささげた生涯　テレジオ・ボスコ著，浦田慎二郎監修，竹下ふみ訳　新装改訂版　ドン・ボスコ社　2016.12　69p　19cm　（DBブックレット）〈文献あり　年譜あり〉　500円　Ⓘ978-4-88626-613-2　Ⓝ198.2237

[内容] 9歳の夢　野原での曲芸　兄との対立　農家で働く　決定的な出会い　毎日10キロメートルの道を「ドン・ボスコ」となる　地下牢の用具は　「ぼくはバルトロメオ・ガレッリです」　移動オラトリオ　病院から墓地へ　ドラムと警官たち　二人の神父が精神病院に　見習い少年たちの奇跡　500人の子どもたちに一人のお母さん　「ぼくはみなし子で、バルセジアから来ました」　廊下で靴屋　台所で仕立て屋　神が送った犬　トリノの道ばたに死の訪れ　大きな計画の実現

ホーソーン, N. 〔1804～1864〕
Hawthorne, Nathaniel

◇ナサニエル・ホーソーン伝　ランダル・スチュアート著，丹羽隆昭訳　開文社出版　2017.1　432p　22cm　〈文献あり　索引あり〉　3700円　Ⓘ978-4-87571-088-2　Ⓝ930.268

[内容] 第1章 先祖と少年時代　第2章 大学時代、一八二一年・一八二五年　第3章 「孤独の時代」、一八二五年・一八三七年　第4章 求愛、結婚、旧牧師館、一八三八年・一八四五年　第5章 セイラムと『緋文字』、一八四六年・一八五〇年　第6章 メルヴィルと

バークシャー地方で、一八五〇年・一八五一年　第7章　ウェスト・ニュートンとウェイサイド、一八五一年・一八五三年　第8章　イングランド、一八五三年・一八五七年　第9章　イタリア、一八五八年・一八五九年　第10章　もういちどウェイサイド、一八六〇年・一八六四年　第11章　作品集成

ポター, B.〔1866〜1943〕Potter, Beatrix

◇ビアトリクス・ポター物語―ピーターラビットの生みの親　サラ・グリストウッド著, 本田佐良訳　スペースシャワーネットワーク　2016.7　160p　26cm　(SPACE SHOWER BOOKS)　〈文献あり　索引あり〉　2500円　Ⓘ978-4-907435-82-0　Ⓝ930.278

◇ミス・ポターの夢をあきらめない人生―ピーターラビットとともに歩く　伝農浩子著　新装版　講談社　2016.7　143p　19cm　〈初版：徳間書店2007年刊　文献あり　著作目録あり　年表あり〉　1300円　Ⓘ978-4-06-220190-2　Ⓝ930.278

内容　第1章　ピーターラビットが生まれるための時間―想像力と画力を培った子供時代　一八六六〜一八八五年　〇〜一九歳(四階の子供部屋と小動物だけが唯一の世界　自然の中で過ごした避暑地の生活　名士で多趣味な父を通して知り合った人たち)　第2章　菌類に魅せられ、自立を模索した時間―迷い続けた二〇代　一八八六〜一八九五年　二〇〜二九歳(ピーターラビットやベンジャミン・バニーたちとの出会い　カード用のイラストで挿絵画家としてデビュー　男女差別の末に諦めた菌類研究者への道)　第3章　ピーターラビットが世に出た瞬間―自力でつかみ取った自由と愛と成功　一八九六〜一九〇五年　三〇〜三九歳(奔走の末、出版にこぎつけた『ピーターラビットのおはなし』　あまりに純粋で劇的な初めての恋　憧れ続けた湖水地方へ、傷心の移住)　第4章　次々と作品が生まれ出た時間―作家活動、そして穏やかな結婚生活　一九〇六〜一九二〇年　四〇〜五四歳(生活に根ざしたお話を描き続ける　自然・景観保全が結びついた幸せな結婚　自然や権利を守るために政治活動にも取り組む)　第5章　農婦としての充実した時間―自然と共に生きるもうひとつの世界へ　一九二一〜一九四三年　五五〜七七歳(優秀な農婦として、牧羊の仕事に熱中　ナショナル・トラストへの多大な貢献　穏やかな最期。そして土地、建物や資産を寄贈)

◇ピーターラビットの世界へ―ビアトリクス・ポターのすべて　河野芳英著　河出書房新社　2016.8　159p　23cm　〈文献あり　年譜あり〉　2400円　Ⓘ978-4-309-20713-1　Ⓝ930.278

内容　第1章　ビアトリクス・ポターの生涯　第2章　物語誕生秘話　第3章　作品の新たな楽しみ方　第4章　ビアトリクスが好きだったもの　第5章　挿絵画家としての第6章　日本でも愛されつづけるピーターラビット　第7章　ビアトリクスゆかりの地をたどる　第8章　交流のあった人々　第9章　さらに広がるピーターラビットの世界

＊ビアトリクス・ポター生誕150周年記念刊行！とにかく可愛い‼世界一有名なウサギ、ピーターラビットをはじめ、時を超えて親しまれるポター作品。作品誕生秘話、知られざる謎に迫るファン待望の書。初公開のイラスト多数！

◇ピーターラビットのすべて―ビアトリクス・ポターと英国を旅する　辻丸純一文・写真, 河野芳英監修　小学館　2016.9　119p　21cm　〈他言語標題：All about Peter Rabbit　文献あり　年譜あり〉　1600円　Ⓘ978-4-09-388507-2　Ⓝ930.278

内容　ストーリー(世界中で愛され続けるうさぎの物語『ピーターラビットのおはなし』　ビアトリクスが暮らした湖水地方のヒルトップ農場へ　ヒルトップ農場の庭の美しさが映える『こねこのトムのおはなし』　農場で飼うあひるの実話がもとになった『あひるのジマイマのおはなし』　ヒルトップの暮らしがかいま見える『ひげのサムエルのおはなし』　ビアトリクス・ポターの記憶をたどる旅(スコットランド　ウェールズ　湖水地方　イングランド東部　南東イングランド　ほか)　ビアトリクス・ポターの生涯

＊約350点の風景写真とイラストでたどる、おはなしの舞台と作者の生涯。オールカラー。24話の物語ガイド付き。

◇ビアトリクス・ポターが愛した庭とその人生―ピーターラビットの絵本の風景　マルタ・マクドウェル著, 宮木陽子訳　西村書店東京出版編集部　2016.11　323p　20cm　〈文献あり　索引あり〉　2500円　Ⓘ978-4-89013-754-1　Ⓝ930.278

内容　第1部　園芸家としての人生(発芽期　分枝期　開花期　定着期　成熟期　結実期)　第2部　ビアトリクスの庭の一年(冬　春　夏　秋)　第3部　ビアトリクスの庭を訪ねて　付録

＊ピーターラビットの作者ビアトリクス・ポター。ポターのおはなしに動物とともに登場する植物たちは、生き生きととてもリアルに描かれています。ポターは執筆活動のかたわら、庭づくりにいそしみ、みずから畑で花々や野菜を育てました。挿絵に描かれた植物や庭の風景は、実際に彼女の身近にあったものなのです。本書では、まず第1部でポターの人生をたどりながら、そこに園芸がいかに大きくかかわっていたのかを紹介。第2部では、ポターが実際にどんな庭づくりをしていたのかを、四季をとおして美しい写真や愛らしい挿絵とともに眺めます。第3部では、現在訪れることのできる、ロンドンや湖水地方のポターゆかりの各地をご案内します。作品の中で本人の手紙や日記などを手がかりに、マルタ・マクドウェルが現役の園芸家ならではの視点で、ポターの作品のなかにひそむ楽しい発見を伝えてくれます。

ボッシュ, C.〔1874〜1940〕Bosch, Carl

◇大気を変える錬金術―ハーバー、ボッシュと化学の世紀　トーマス・ヘイガー［著］, 渡会圭子訳　新装版　みすず書房　2017.9　303,29p　20cm　〈文献あり　索引あり〉　4400円　Ⓘ978-4-622-08658-1　Ⓝ574.6

内容　第1部　地球の終焉(危機の予測　硝石の価値　グアノの島　ほか)　第2部　賢者の石(ユダヤ人、フリッツ・ハーバー　BASFの賭け　ターニングポイント　ほか)　第3部　SYN(ハーバーの毒ガス戦　敗戦の屈辱　新たな錬金術を求めて　ほか)

＊空中窒素固定法という化学史上最大の発明が生物圏を変容させ、戦争を駆動した戦慄の歴史を掘り

ボッティチェリ, S.〔1444?～1510〕 Botticelli, Sandro

◇ボッティチェリとリッピーイラストで読むジョルジョ・ヴァザーリの「芸術家列伝」 古山浩一イラスト,古玉かりほ編,柾谷美奈訳 芸術新聞社 2015.4 102p 21cm〈他言語標題：Botticelli and Lippi 文献あり 年表あり〉1650円 Ⓟ978-4-87586-437-0 Ⓝ723.37

[内容] 1 革なめし職人の家に生まれ、リッピの工房へ 2 ヴェロッキオ工房へ―レオナルドと会う 3 ヴァザーリのギャラリートーク 4 共和制のもとで絶大な権力者であり続けたメディチ家 5 ヴィーナスのモデルとプリマヴェーラのインスパイア 6 システィーナ礼拝堂の壁画のため、ローマへ 7 ボッティチェリの素顔―いたずら好きで愛嬌者!? 8 修道士サヴォナローラとボッティチェリ 9 ボッティチェリの晩年の真実

＊やさしい美術書No.1。ヴィーナス誕生の画家の真実。フィレンツェの華と影を語る450年前の名著を現代風に再生！ ヴァザーリの課外授業によるダンテ『神曲』制作秘話も収録。

ボットゥーラ, M.〔1962～〕 Bottura, Massimo

◇世界一のレストラン オステリア・フランチェスカーナ 池田匡克著 河出書房新社 2017.11 207p 図版7枚 22cm 2500円 Ⓟ978-4-309-28655-6 Ⓝ596.23

[内容] 1 世界一のレストラン"オステリア・フランチェスカーナ"（10キロの彼方に テーブルの下から眺めた世界―1962～1985年 ほか） 2 "オステリア・フランチェスカーナ"の偉大なる12皿（5種類の異なる温度、熟成、テクスチャーのパルミジャーノ・レッジャーノ モルタデッラのパニーノの思い出 ほか） 3 マッシモ・ボットゥーラとの対話（料理人は旅をしろ―マッシモ・ボットゥーラへのインタビュー "オステリア・フランチェスカーナ"で働く日本人―紺藤敬彦ほか） 4 ドキュメント・東京での48時間 5 "オステリア・フランチェスカーナ"の食卓（ミラノ・ザ・モール「サンペレグリノ ヤングシェフ」コンクール―ガラ・ディナー シェフズ・テーブルでの晩餐 ほか）

＊現存する世界最高の料理人はいかにして生まれたか―月ündに追い豊富な写真で魅せた世界初のドキュメント。マッシモ・ボットゥーラの思考と創造の秘密に迫る。「偉大なる12皿」代表的な料理のレシピも初公開。

ホッファー, E.〔1902～1983〕 Hoffer, Eric

◇エリック・ホッファー自分を愛する100の言葉―「働く哲学者」の人生論 小川仁志著 PHPエディターズ・グループ 2018.10 235p 19cm〈他言語標題：ERIC HOFFER 100 WORDS TO LOVE YOURSELF 文献あり 発売：PHP研究所〉1600円 Ⓟ978-4-569-84152-6 Ⓝ289.3

[内容] 1 自己について 2 人生について 3 仕事について 4 人間関係について 5 モチベーションについて 6 セルフコントロールについて 7 学びについて 8 成長について 9 世間について 10 自由について

＊7歳で失明、18歳で天涯孤独となり、28歳で自殺未遂。その後、日雇い労働者として放浪の生活を送り、独学で哲学者を志す―。アメリカで大きな反響を呼んだ哲学者の人生に学ぶ。

ホッブズ, T.〔1588～1679〕 Hobbes, Thomas

◇ホッブズ 田中浩著 新装版 清水書院 2014.9 228p 19cm（Century Books―人と思想 49）〈文献あり 年譜あり 索引あり〉1000円 Ⓟ978-4-389-42049-9 Ⓝ133.2

[内容] 1 ホッブズに先行した時代と思想（近代国家の特色―「一つの権力」「一つの法」 ホッブズ解釈の困難性・複雑性 イギリス伝統の政治思想 一七世紀前半の「憲法闘争」と政治思想） 2 ホッブズの生涯（大学卒業まで 修業時代 亡命時代 帰国から死まで） 3 ホッブズの思想体系（ホッブズ思想の中核―政治思想 ホッブズの「人間論」 ホッブズの「主権論」 ホッブズの「宗教論」 ホッブズ思想の影響力）

◇ホッブズ―リヴァイアサンの哲学者 田中浩著 岩波書店 2016.2 169p 18cm（岩波新書 新赤版 1590）〈文献あり 年譜あり〉800円 Ⓟ978-4-00-431590-2 Ⓝ133.2

[内容] 第1章 危機の時代の申し子、ホッブズ（「危機の時代」や「変革期」に大思想家が現れる 『自伝』と『オービーの名士小伝』 ほか） 第2章 ホッブズ政治学の確立（キャヴェンディッシュ家へ 古典と歴史研究 ほか） 第3章 近代国家論の生誕（亡命第一号 『市民論』の出版 ほか） 第4章 『リヴァイアサン』の後脚執筆（帰国後の研究活動 『物体論』と『人間論』 ほか） 第5章 近代政治思想史上におけるホッブズの意義（イギリスの「二つの革命」と民主主義思想の形成―ピューリタン革命から名誉革命へ ハントン、ハリントン、ロック ほか）

＊「万人の万人にたいする闘争」に終止符を打つために主権の確立を提唱したホッブズは、絶対君主の擁護者なのか、それとも、人間中心の政治共同体を構想した民主主義論者なのか。近代国家論の基礎を築いたにもかかわらず、ホッブズほど毀誉褒貶の激しい哲学者はいない。第一人者がその多面的な思想と生涯を描いた決定版評伝。

ホッペ, W.〔1930～2009〕 Hoppe, Werner

◇ミュンスター法学者列伝―中央大学・ミュンスター大学交流30周年記念 トーマス・ヘェーレン編著,山内惟介訳 八王子 中央大学出版部 2018.11 568p 21cm（日本比較法研究所翻訳叢書 80）〈索引あり〉6700円 Ⓟ978-4-8057-0381-6 Ⓝ322.8

[内容] 旧制大学―アントン・マティアス・シュプリックマン（1749年～1833年） ルードルフ・ヒス（1870年～1938年）―ミュンスター大学のスイス人刑法学者 ハンス・バーゲンコップ（1901年～1983年）―ミュンスター大学地方自治研究所創設者 脇役から主役へ―国法学者、フリートリッヒ・クライン（1908年～1974年） 正義のための戦いの中で―刑事訴訟法学者、カール・ペータース（1904年～1998

年）　ミュンスター大学の租税法―オットマール・ビューラー（1884年～1965年）　生活事実から法へ―ヴァルター・エルマン（1904年～1982年）　ミュンスターのフリースラント出身者―ハリー・ヴェスターマン（1909年～1986年）　マックス・カーザー（1906年～1997年）―学者生活のダイジェスト　ヘルムート・シェルスキィ（1912年～1984年）―幸福感溢れる世代の遅すぎた懐疑　行政法学―ハンス＝ユリウス・ヴォルフ（1898年～1976年）　刑法学者―ヨハネス・ヴェセルス（1923年～2005年）　波乱の時代の労働法―アルフレート・ヒュック（1889年～1975年）とロルフ・ディーツ（1902年～1971年）　環境法・都市計画法―ヴェルナー・ホッペ（1930年～2009年）　あなたはどのように判断されるか？―ハンス・ブロクス（1920年～2009年）　学理と実務における保険法―ヘルムート・コロサー（1934年～2004年）　オットー・ザンドロック（1930年～2017年）　ベルンハルト・グロスフェルト―（1933年～）

ボーデイン, A.〔1956～〕　Bourdain, Anthony

◇キッチン・コンフィデンシャル　アンソニー・ボーデイン著，野中邦子訳　土曜社　2015.3　354p　19cm　〈新潮社2001年刊の新装版〉　1850円　①978-4-907511-00-5　Ⓝ289.3

|内容| 前菜　ファーストコース　セカンドコース　サードコース　デザート　コーヒーと煙草

ホート, H.〔1885～1971〕　Hoth, Hermann

◇パンツァー・オペラツィオーネン―第三装甲集団司令官「バルバロッサ」作戦回顧録　ヘルマン・ホート著，大木毅編・訳・解説　作品社　2017.9　460p　20cm　〈文献あり　年譜あり〉　3600円　①978-4-86182-653-5　Ⓝ391.2074

|内容| 第1章 序説　第2章 歴史　第3章 国境地帯における敵の撃砕―六月二十二日～七月一日　第4章 ヒトラー大本営　第5章 ミンスクからドヴィナ川へ―一九四一年七月一日～七日　第6章 スモレンスクの戦い―七月八日～十六日　第7章 スモレンスク包囲陣の維持―七月十六日～八月八日　第8章 モスクワ、キエフ、もしくはレニングラード　第9章 ヴャジマ戦に至るまでの作戦

＊総統に直言、陸軍参謀総長に異議、戦車将軍に反論。兵士たちから"親父"と慕われ、ロンメル、マンシュタインに並び称される将星、"知られざる作戦の名手"が、勝敗の本質、用兵思想、戦術・作戦・戦略のあり方、前線における装甲部隊の活用、戦史研究の意味、そして人類史上最大の戦い独ソ戦の実相を自ら語る。貴重な原書オリジナル図版全収録。

ボトベ, A.P.〔1895～1964〕　Botved, Anders Peter

◇大正十五年のヒコーキ野郎―デンマーク人による飛行新記録とアジア見聞録　長島要一著　原書房　2016.8　337p　20cm　〈文献あり〉　2800円　①978-4-562-05338-4　Ⓝ289.3

|内容| 序章 出発の準備　第1章 東京から東洋へ　第2章 中国での混沌　第3章 北京から日本領韓国へ　第4章 日本到着　東京滞在　歓迎の日々　第5章 シベリア飛行で帰国　付記1 当時日本に滞在していたデンマーク人　付記2 一九二五年アンデルセン没後五十周年記念祭

＊一九二六年三月十六日にコペンハーゲンを離陸したボトヴェ大尉は、カラチやバンコク、広東などを経て、東京を目指した。往路では海賊の村に不時着するなどさまざまなトラブルに巻き込まれながらも、日本滞在中には大歓迎を受け、帰路で世界記録を達成した飛行の全容を追う。リンドバーグの時代、東京・ヨーロッパ間の飛行で新記録を樹立したデンマーク人の冒険談！

ボトレソフ, A.N.〔1869～1934〕　Potresov, Alexander Nikolayevich

◇レーニンの誤りを見抜いた人々―ロシア革命百年、悪夢は続く　鈴木肇著　恵雅堂出版　2014.11　233p　18cm　〈年表あり　文献あり〉　1060円　①978-4-87430-039-8　Ⓝ238.07

|内容| ロシア社民主義の英才ポトレソフ―レーニンの同志から政敵へ／親西欧・「祖国防衛派」を率いる　ロシア社民主義の父アクセリロード―「反レーニン、反powersinto」を貫く／柔軟な戦術家、広い国際人脈　栄冠を取り戻すプレハーノフ―レーニンの危険性を見破る／亡命37年、祖国防衛の愛国者に　マルクス学大家の明暗―リャザーノフとニコラエフスキー　改革一筋の人民社会党―過激ロシアでは良識を貫く　ドイツとロシアの社民党―深い絆をレーニンが断つ／「右派」の力が明暗を分ける　救国思想家ストルーヴェを知ろう―独裁と戦い、自由保守主義を大成　レーニンも恐れた名将ウランゲリ―クリミア撤退で十四万人余を救う／ロシア国内戦史の大逆転か

ボードレール, C.P.〔1821～1867〕　Baudelaire, Charles Pierre

◇いくつもの顔のボードレール　前川整洋著　図書新聞　2014.7　309p　20cm　〈表紙のタイトル：Baudelaire　文献あり〉　2000円　①978-4-88611-458-7　Ⓝ951.6

|内容| 1 人生の遍歴　2 象徴主義とレアリスム　3 西脇順三郎の『ボードレールと私』4 サルトルの『ボードレール』　5 『悪の華』　6 『パリの憂鬱』　7 美術評論と芸術の現代性　8 悪の哲学　9 ボードレールとは何か

ボナパルト, M.〔1882～1962〕　Bonaparte, Marie

◇カルティエを愛した女たち　川島ルミ子著　集英社インターナショナル　2014.9　213p　22cm　〈タイトルは奥付による.標題紙・背のタイトル：Cartier,Joaillier des Femmes　発売：集英社〉　2300円　①978-4-7976-7271-8　Ⓝ755.3

|内容| Prologue 比類なきカルティエ、比類なき女たち　Grace Kelly 1929‐1982 輝きと夢をモナコにもたらしたグレース公妃　Barbara Hutton 1912‐1979 かわいそうな金持ちの小さな女の子バーバラ・ハットン　Jeanne Toussaint 1887‐1976 ジュエリーの香りがするジャンヌ・トゥーサン　Queen Alexandra 1844‐1925 麗しのアレクサンドラ王妃　Princess Olga Paley 1866‐1929 愛と悲劇を生きたパーレイ公妃　The Duchess of Windsor 1896‐1986 愛は王位よりも強しウィンザー公爵夫人

Marie Bonaparte 1882-1962 ナポレオン皇帝の血をひくマリー・ボナパルト　Empress Eugénie 1826-1920 第二帝政の華麗な花, ユウジェニー皇后

ボナパルト, ナポレオン
⇒ナポレオンⅠを見よ

ボナール, P. 〔1867〜1947〕 Bonnard, Pierre

◇色彩の饗宴―二〇世紀フランスの画家たち　小川栄二著　平凡社　2015.7　325p 図版13p 22cm 〈他言語標題：LA FÊTE DES COULEURS〉　5200円　Ⓣ978-4-582-83685-1 Ⓝ723.35

内容 第1章 現代絵画への展望（バルテュス―孤高の絵画愛　デュビュッフェ―現代のプリミティフ、創造の原初から　スタール―地中海の光）　第2章 二〇世紀の巨匠たち（ピカソ―"もの"の侵入、色彩の復権　マティス―色彩の悦び　ブラック―鳥たちの飛翔）　第3章 色彩と夢と現実（ミロ―"自由なる自由"を友に　シャガール―オペラ座天井画に見た夢）　第4章 日常性への眼差し（ボナール―絵画への愛、日常への愛　デュフィ―海と音楽　レジェ―二〇世紀前衛の"プリミティフ"）　第5章 田園・環境・エコロジー（エステーヴ―華やぐ大地　ビシエール―現代の牧歌）

＊なぜあの名画は生まれたのだろうか？ ピカソ、ミロ、シャガールからバルテュスまで現代フランス絵画を色彩豊かにいろどる13人の画家たちのその生涯を振り返り、知られざる素顔に迫る。

◇もっと知りたいボナール―生涯と作品　高橋明也監修・著, 島本英明著　東京美術　2018.9　79p 26cm 〈アート・ビギナーズ・コレクション〉〈文献あり　索引あり〉　2000円　Ⓣ978-4-8087-1115-3　Ⓝ723.35

内容 序章 画家前夜。葛藤の日々―1867-1888年（0〜21歳）　第1章 ナビ派の中核メンバーとして―1889-1900年（22〜33歳）（グラフィズム―素描、版画、ポスター　"日本かぶれのナビ"と呼ばれて　都市における現代生活　エロティックな表現　傑作クローズアップ1「庭の女性たち」）　第2章 都市から自然へ―1901-1924年（34〜57歳）（親密さ漂う室内風景　都会の生活から郊外の自然へ　依頼で手がけた大型装飾画　神話的世界を描く）　第3章 転機となった・カネ時代―1925-1939年（58〜72歳）（代表的な画題となった「浴女」　現実と虚構。食卓の風景　コラム 自在な視点を感じさせるボナールの写真　傑作クローズアップ2「浴槽の裸婦」）　第4章 ル・ボスケでの晩年―1940-1947年（73〜79歳）（自然で暮らし自然を描く）

ボヌフォワ, Y. 〔1923〜2016〕 Bonnefoy, Yves

◇イヴ・ボヌフォワとともに　清水茂著　舷燈社　2014.11　267p 24cm 〈年譜あり〉　2500円　Ⓣ978-4-87782-128-9　Ⓝ951.7

内容 1 イヴ・ボヌフォワの辿った道（幼年時代　後背地　シュールレアリスムとの出会い　シュールレアリスムからの離別　イタリアへの旅　「ドゥーヴ」の登場　『昨日 荒蕪と在って』とその周辺　散らばったもの、分割し得ぬもの）　2（"詩"の発端にあるもの　地上的現実と"詩"の空間―『彷徨する生』をめぐって）　3（イヴ・ボヌフォワとアルベルト・ジャコメッティ　ふたつの「モランディ」―イヴ・ボヌフォワのある改稿をめぐって　イヴ・ボヌフォワと短詩型の問題　ボヌフォワの「詩と音楽」について）

ボノッス 〔?〜280頃〕 Bonosus

◇ローマ皇帝群像　4　アエリウス・スパルティアヌス他著, 井上文則訳・解題　京都　京都大学学術出版会　2014.9　323,53p 20cm＋（西洋古典叢書 L025）〈付属資料：8p；月報 109　布装　年表あり　索引あり〉　3700円　Ⓣ978-4-87698-486-2　Ⓝ232.8

内容 神君クラウディウスの生涯（トレベリウス・ポリオ）　神君アウレリアヌスの生涯（シラクサのフラウィウス・ウォピスクス）　タキトゥスの生涯（シラクサのフラウィウス・ウォピスクス）　プロブスの生涯（シラクサのフラウィウス・ウォピスクス）　フィルムス、サトゥルニヌス、プロクルス、ボノッス、すなわち四人の僭称帝たちの生涯（シラクサのフラウィウス・ウォピスクス）　カルス、カリヌス、ヌメリアヌスの生涯（シラクサのフラウィウス・ウォピスクス）

＊軍人皇帝時代も後半に入り危機克服の兆しが現われる。異色のローマ皇帝伝記集、堂々の完結！ 本邦初訳。

ポパー, K.R. 〔1902〜1994〕 Popper, Karl Raimund

◇ポパー　川村仁也著　新装版　清水書院　2015.9　218p 19cm （Century Books―人と思想 85）〈文献あり　年譜あり　索引あり〉　1000円　Ⓣ978-4-389-42085-7　Ⓝ133.5

内容 1 イギリス定住までの歩み―思想を育んだ時代背景　2 科学の論理―「科学とは何か」を求めて　3 歴史法則主義―マルキシズムへの反旗　4 開かれた社会―先哲たちの犯した誤ち　5 三つの世界―相互に関わりあうもの　6 自己―「人間」その創造的なもの　7 マルクス主義者の応答―ポパーへのアンチテーゼ　8 現代社会に生きる「人間」―ポパーが探りつづけるもの

◇ポパーとウィトゲンシュタインとのあいだで交わされた世上名高い10分間の大激論の謎　デヴィッド・エドモンズ, ジョン・エーディナウ著, 二木麻里訳　筑摩書房　2016.12　449,7p 15cm （ちくま学芸文庫 エ13-1）「ポパーとウィトゲンシュタインとのあいだで交わされた世上名高い一〇分間の大激論の謎」（2003年刊）の改題　文献あり　年譜あり　索引あり〉　1600円　Ⓣ978-4-480-09759-0　Ⓝ134.97

内容 「火かき棒事件」　くいちがう証言　ウィトゲンシュタインの魔力　魔法つかいの弟子たち　第三の男、ベルトランド・ラッセル　ケンブリッジ大学哲学科　ウィーンという都市　ウィトゲンシュタイン宮殿のコンサート　かつてユダヤ人として　ポパー、『わが闘争』を読む〔ほか〕

＊1946年秋、ケンブリッジ大学のとある部屋でポパーとウィトゲンシュタインは初めて顔を合わせた。哲学が扱うべき問題は何か。このテーマを

めぐって二人は激論を交わし、興奮のあまり火かき棒を振り回り合ったという。哲学の"革命児"ウィトゲンシュタイン、対するは偉大な伝統に掉さすポパー。彼らのすれ違いは避けられない運命だったのか？　二人の哲学的背景、そして複雑な時代状況を解きほぐしてみせた筆さばきは、「感嘆するほど明晰」と『タイム』紙によって絶賛された。BBCジャーナリストによる傑作ノンフィクション！

ボバディーリャ, N.A. 〔1511?～1590〕
Bobadilla, Nicolaus Alphonsus
◇イグナチオの心を悩ませた2人の仲間——ボバディーリャ神父とロドリゲス神父の生涯　ホアン・カトレット著, 髙橋敦子訳　習志野　教友社　2015.4　113p　19cm　〈文献あり〉　900円　①978-4-907991-13-5　Ⓝ198.22

ボ・バルディ, L. 〔1914～1992〕
Bo Bardi, Lina
◇リナ・ボ・バルディ——ブラジルにもっとも愛された建築家　リナ・ボ・バルディ作, 和多利恵津子監修　TOTO出版　2017.11　287p　25cm　〈英語併記　タイトルは奥付による. 標題紙・表紙のタイトル：LINA BO BARDI　文献あり　年譜あり〉　4300円　①978-4-88706-369-3　Ⓝ520.87
|内容|建築作品（ガラスの家　サンパウロ美術館　SESCポンペイア文化センター　サンタ・マリア・ドス・アンジョス教会　ほか）　建築周辺のデザイン（家具デザイン　キュレーションと会場デザイン　舞台と劇場デザイン　植栽デザイン　ほか）　リナ・ボ・バルディの生涯（自伝——1914～51年　年表）
＊ブラジル建築の近代化、民主化を進め、ブラジル文化の中心人物であり続けた女性建築家リナ・ボ・バルディ。ダイナミックな写真と貴重な図面等の資料で作品を紹介するとともに、家具デザインやキュレーションなど、幅広いクリエーションの全容も詳しく紹介。

ホプキンス, H.L. 〔1890～1946〕
Hopkins, Harry Lloyd
◇ルーズヴェルトとホプキンス　ロバート・シャーウド著, 村上光彦訳　未知谷　2015.6　1298p　22cm　〈みすず書房 1957年刊の再刊　索引あり〉　14000円　①978-4-89642-474-4　Ⓝ312.53
|内容|第1部　一九四一年以前——ハリー・ホプキンズの教育（スー・シティからワシントンへ　失業救済計画　ほか）　第2部　一九四一年——単なることば以上のもの（水まきホース　ダウニング街十番地　ほか）　第3部　一九四二年——きわどい差（アーケーディア会談　ヴィシー政策　ほか）　第4部　一九四三年——第二戦線（カサブランカ会談　政治扇形戦区　ほか）　第5部　一九四四年、一九四五年——勝利と死（第四期　不和の始まり　ほか）

ホーフマンスタール, H. 〔1874～1929〕
Hofmannsthal, Hugo Hofmann, Edler von
◇リヒャルト・シュトラウスとホーフマンスタール　三宅新三著　青弓社　2016.12　339p　19cm　〈文献あり〉　3000円　①978-4-7872-7393-2　Ⓝ762.34
|内容|序章　リヒャルト・シュトラウスとホーフマンスタール　第1章　『エレクトラ』——クンドリ、サロメ、エレクトラ　第2章　『ばらの騎士』——モーツァルトとヴァーグナーのはざまで　第3章　『ナクソス島のアリアドネ』——総合芸術作品への実験的試み　第4章　『影のない女』——二十世紀における『魔笛』の試み　第5章　『エジプトのヘレナ』——神話オペラの挫折　第6章　『アラベラ』——ホーフマンスタールの白鳥の歌　終章　晩年のリヒャルト・シュトラウス
＊20世紀初頭、オペラ史上最高のコンビと言われる作曲家と詩人の共同作業によって、『ばらの騎士』など6つのオペラが生まれた。それらは、近代オペラの頂点とされたヴァーグナーの楽劇を乗り越えるための様々な試みであった。膨大な往復書簡の綿密な読解と斬新な作品解釈を通して、23年間にわたるふたりの協力関係の全容を明らかにする。

ポポフ, K. 〔1903～1990〕 Popov, Konstantin
◇ドラマチック・ロシア in JAPAN　4　日露異色の群像30——文化・相互理解に尽くした人々　続　長塚英雄責任編集　生活ジャーナル　2017.12　531p　22cm　〈3の出版者：東洋書店〉　2800円　①978-4-88259-166-5　Ⓝ319.1038
|内容|レフ・メーチニコフ（1838‐1888）西郷が呼んだロシアの革命家　ニコライ・ラッセル（1850‐1930）子供が伝える二〇世紀の世界人の記憶　黒野義文（？‐1918）東京外国語学科からペテルブルグ大学東洋語学部へ　小西増太郎（1861‐1939）トルストイとスターリンに会った日本人——激動の昭和を生きた祖父小西増太郎　ニコライ・マトヴェーエフ（1865‐1941）マトヴェーエフと戦後最初のロシア人観光団　徳富蘆花（1868‐1927）日本におけるトルストイ受容の先駆者として　セルギイ・チホミーロフ（1871‐1945）日本の府主教セルギイ——その悲劇の半生　内田良平（1874‐1937）「黒龍会」内田良平のロシア観　瀬沼夏葉（1875‐1915）瀬沼夏葉とチェーホフ作品の翻訳　相馬黒光（1875‐1955）"アンビシャスガール"とロシア文化〔ほか〕

ボーボワール, S. 〔1908～1986〕
Beauvoir, Simone de
◇ボーヴォワール　村上益子著　新装版　清水書院　2016.2　214p　19cm　（Century Books——人と思想　74）〈文献あり　年譜あり　索引あり〉　1200円　①978-4-389-42074-1　Ⓝ950.278
|内容|1　ボーヴォワールの生涯（娘時代　教師時代　作家・思想家の時代）　2　ボーヴォワールの思想（思想の特徴　自由論　他人論）　3　ボーヴォワールの主要著作（『第二の性』『老い』
＊ボーヴォワールにあって、その天与の才能としてもっとも際立っているものは、幸福への才能である。彼女はのべている。「私は一生のうちで、自分ほど幸福に対する才能に恵まれた人間に会ったことはないし、また私ほど頑強にしゃにむに幸福に

向かって突進していった人間を知らない。…もし人が栄光を私に差し出してくれたとしても、それが幸福に対する喪であったなら、私は栄光を拒否しただろう」と。女性という不利な条件のもとで、真面目と頑固にうちされた彼女の幸福へのがむしゃらな突進を、彼女の自伝は克明に語っている。その意味で、彼女の自伝は個性的な傑作である。彼女にとっては、書くことすら、この"生きる試み"の中の一つにすぎない。山を歩きまわり、自転車・車を乗りまわし、恋する、生気溢れる彼女の生涯と思想を捉えなおすことを試みた。

ポムゼル, B. 〔1911～2017〕
Pomsel, Brunhilde

◇ゲッベルスと私―ナチ宣伝相秘書の独白　ブルンヒルデ・ポムゼル, トーレ D. ハンゼン著, 石田勇治監修, 森内薫, 赤坂桃子訳　紀伊國屋店　2018.6　268p　20cm　〈索引あり〉　1900円　Ⓘ978-4-314-01160-0　Ⓝ234.074

内容：「私たちは政治に無関心だった」――一九三〇年代ベルリンでの青春時代　「ヒトラーはともかく、新しかった」――国営放送局へ　「少しだけエリートな世界」――国民啓蒙宣伝省に入る　「破滅まで、忠誠を」――宣伝最後の日々　「私たちは何も知らなかった」――抑留と、新たな出発　「私たちに罪はない」――一〇三歳の総括

＊ヒトラーの右腕としてナチ体制を牽引したヨーゼフ・ゲッベルスの103歳の元秘書が、69年の沈黙を破り当時を回想する。

ホメイニー, A.R. 〔1900～1989〕
Khomeini, Ayatollah Ruhollah

◇ホメイニー――イラン革命の祖　富田健次著　山川出版社　2014.12　95p　21cm　（世界史リブレット人 100）〈文献あり 年譜あり〉　800円　Ⓘ978-4-634-35100-4　Ⓝ312.272

内容：1 ホメイニー師の葬儀　1 イラン革命への道のり　2 激動下の新体制づくり　3 緊張と弛緩の狭間で　4 ホメイニー師の思想の諸側面

＊イラン革命を指導したホメイニーは、近代西欧化を是とする世界の趨勢のなか、西欧から「逆行」との批判を浴びつつイスラームの法規と道徳を具現する社会構築をめざした。その思想の背後には法学者としてのみならずイスラーム神秘哲学やプラトンの哲人王の思想が流れている。イスラーム覚醒の声として、被抑圧者救済の主張とともに世界に向けて発せられた彼と革命のメッセージは、その後のイスラーム世界各地でのあまたな出来事の後景をなしているといえよう。

◇すべては1979年から始まった―21世紀を方向づけた反逆者たち　クリスチャン・カリル著, 北川知子訳　草思社　2015.1　467,19p　19cm　〈文献あり〉　2300円　Ⓘ978-4-7942-2102-5　Ⓝ209.75

内容：不安の高まり　辰年　「粗figure野だが、歓迎すべき無秩序状態」　革命家の帝王　トーリー党の暴徒　旅する教皇ヨハネ・パウロ二世　イマーム　銃を片手に　預言者のプロレタリアート　事実に基づき真実を求める〔ほか〕

＊なぜ、「宗教」と「市場」は、ここまで台頭したのか？宗教原理主義と市場原理主義が、圧倒的に支配する21世紀の世界を運命づけた時代の転換点と4人の反逆者――サッチャー, 鄧（とう）小平, ホメイニー, ヨハネ・パウロ二世――の足跡をたどる実録・現代史！

ポラニー, K. 〔1886～1964〕
Polanyi, Karl

◇カール・ポランニーの経済学入門―ポスト新自由主義時代の思想　若森みどり著　平凡社　2015.8　314p　18cm　（平凡社新書 784）〈文献あり 索引あり〉　880円　Ⓘ978-4-582-85784-9　Ⓝ331.2347

内容：第1章 カール・ポランニーの生涯と思想　第2章 市場社会の起源―産業革命と自己調整的市場経済というユートピアの誕生　第3章 市場ユートピアという幻想―経済的自由主義の欲望と社会の自己防衛　第4章 劣化する新自由主義―繰り返される市場社会の危機、無力化される民主主義　第5章 市場社会を超えて、人間の経済へ　終章 人間の自由を求めて―ポスト新自由主義のヴィジョン

＊経済的自由主義の欲望の果てに待つディストピアを超えて、二〇世紀の名著『大転換』にこれからを生き抜くためのヒントを探る。今こそ知りたい、ポランニーのすべてが詰まった一冊！

ボラ・ブランカ 〔1952～〕
Bora Buranka

◇四方山話―落ちこぼれ海外駐在員の奮闘記　ボラ・ブランカ著　文芸社　2014.11　238p　19cm　1400円　Ⓘ978-4-286-15647-7　Ⓝ289.1

ホーラン, N. 〔1993～〕
Horan, Niall

◇ワン・ダイレクション―僕らの話をしよう―。　ワン・ダイレクション著, 鮎川晶訳　宝島社　2014.11　350p　26cm　2350円　Ⓘ978-4-8002-3294-6　Ⓝ767.8

内容：リアムの章　ナイルの章　ハリーの章　ゼインの章　ルイの章　5人で語った1D

＊止まらない1D旋風！5人が自ら語った公式自叙伝。

ボーリズ, W.M. 〔1880～1964〕
Vories, William Merrell

◇神の国の種を蒔こう―キリスト教メッセージ集　ウィリアム・メレル・ヴォーリズ著, 木村晟監修, 岡田学編　新教出版社　2014.5　339p　20cm　2000円　Ⓘ978-4-400-52678-0　Ⓝ198.34

内容：神の国の種を蒔こう（「湖畔の声」第一号発刊の辞――一九一二年（明治四十五年）　勇気を持って自分の主義を貫くこと――一九一二年（明治四十五年）　世界の一致団結――一九一二年（大正元年）　聖書の研究――一九一二年（大正元年）　一粒の信仰（一粒のからし種　近江に着く　バイブルクラス　共同生活　ほか）　付録 日々の瞑想（M・B著）

＊ヴォーリズは日本人を深く愛し、自ら日本に帰化し、滋賀県近江八幡を拠点に、建築家、教育者、実業家、伝道者として超人的に働いた。本書は、彼の多彩な活動を生み出したキリスト教信仰を示す、主に『湖畔の声』誌に寄稿された珠玉のエッセイ71編および自伝的エッセイ「一粒の信仰」等を収

録。激動の時代をひたすら神の国を目指して走った一信徒の軌跡が鮮やかに。

ホール, B.〔1788～1844〕 Hall, Basil

◇英人バジル・ホールと大琉球―来琉二百周年を記念して 山口栄鉄著 不二出版 2016.3 218p 19cm 〈他言語標題：Captain Basil Hall and the Great Ryukyu 文献あり 索引あり〉 1900円 ⓘ978-4-8350-7869-4 Ⓝ219.9

内容 1 英人キャプテン・バジル・ホール来琉二百周年 2 大英帝国の「琉球国礼賛」―十九世紀初頭の英文書評誌より 3 バジル・ホール略伝 4 大琉球島賛歌 5 琉球王国とイギリス 6 英艦長バジル・ホールとナポレオンの琉球談義始末 7 伊波普猷の「ナポレオンと琉球」 8 ホールの僚友クリフォード―琉球伝道史上の一先覚 9 ジョージ・H.カーの「英軍人来琉」記 10 講演 西洋人の心に届いた島人の志情、肝心

＊琉球が世界を駆け抜ける―二百年前の名著「琉球航海記」の足跡を辿る。

ホール, R.K.〔～1981〕 Hall, Robert K.

◇"幻"の日本語ローマ字化計画―ロバート・K・ホールと占領下の国字改革 茅島篤編 くろしお出版 2017.6 261p 21cm 3700円 ⓘ978-4-87424-737-2 Ⓝ811.98

内容 第1章 ロバート・K.ホール来日前の日本語表記改革関連文書(ホールの提言とその評価 ホールの反論と再提言) 第2章 米国教育使節団への国語改革関連文書(ドナルド・R.ニューゼント中佐(総司令部CI&E局長代理)覚書 対日米国教育使節団へのオリエンテーション国語改革講義録 「暫定的研究―国語表記改革研究」から採録の資料 ロバート・K・ホールの日本語ローマ字化5ヶ年計画案) 第3章 国語改革方針転換となった文書(CI&E特別会議想定問答文書 CI&E特別会議議事録 ホールの部下、国語改革担当官ドーンハイムの両親宛手紙抜粋) 第4章 ロバート・K.ホールの回想録・インタビュー記録(回想録「漢字かローマ字か」 論文「戦後日本の発展に於ける教育―国語改革再考」 インタビュー記録(オーラル・ヒストリー)) 第5章 ロバート・K.ホールの人物像(CI&Eの主な関係者評 山崎匡輔の回想録に見るホール像)

＊占領下、一人の米軍士官が計画した日本語ローマ字化。戦後の日本語表記にも影響を与えた、幻の計画に迫る史料集。知られざる終戦直後の攻防！

ホール, S.〔1932～2014〕 Hall, Stuart

◇スチュアート・ホール―イギリス新自由主義への文化論的批判 牛渡亮著 東信堂 2017.5 240p 20cm 〈文献あり 索引あり〉 2600円 ⓘ978-4-7989-1363-6 Ⓝ289.3

内容 序章 文化と新自由主義 第1章 福祉国家の黄金時代と無階級社会 第2章 逸脱とモラル・パニック 第3章 サッチャリズムの文化政治 第4章 「新しい時代」の意味 第5章 ニューレイバーの歩んだ「第三の道」 終章 新自由主義の行進は続いていく 補論 ホールの教育論

＊混迷の戦後イギリス社会を生きたホールの文化政治論―新自由主義を掲げ英国病からの脱却をめざしたサッチャリズムや、貧困との戦いを宣言して第三の道を歩んだ新しい労働党は、戦後のイギリス社会を救いきれない。グローバリズムにより複雑化するイギリスは、EU離脱へと舵を切ったことでさらに混迷の度を加えている。本書は、戦後のイギリスを生きたスチュアート・ホールの新自由主義論を軸に、混沌とした現代イギリス社会のゆくえを読み解く新進気鋭の労作である。

ボルグ, B.〔1956～〕 Borg, Björn

◇ボルグとマッケンロー―テニスで世界を動かした男たち スティーヴン・ティグナー著, 西山志緒訳 ハーパーコリンズ・ジャパン 2018.9 380p 19cm 1900円 ⓘ978-4-596-55132-0 Ⓝ783.5

内容 天使と悪童 芝生の上の野蛮人たち 次なる犠牲者 ゆっくりとした死 クイーンズの魔王 さすらいのパーク・アベニュー 灰の谷 試合の表面的な要素をはぎ取る 愛を糧にして高みを目指す ミスター・癇癪持ち〔ほか〕

＊道なき荒野からテニス史を切り拓いた先駆者たち―いまのテニス界はこうして創りあげられた！

ホルクハイマー, M.〔1895～1973〕 Horkheimer, Max

◇ホルクハイマー 小牧治著 新装版 清水書院 2014.9 247p 19cm （Century Books―人と思想 108）〈文献あり 年譜あり 索引あり〉 1000円 ⓘ978-4-389-42108-3 Ⓝ134.9

内容 1 哲学者への歩み 2 社会研究所とともに 3 伝統的理論と批判理論 4 権威主義的人間と権威主義的国家 5 啓蒙の弁証法 6 理性の腐蝕 7 ドイツ帰還 8 管理社会と自由 9 絶対他者へのあこがれ 10 過去によせて―新聞報道

ポール＝ジョーンズ, J.〔1747～1792〕 Paul Jones, John

◇新書 英雄伝―戦史に輝く将星たち 有坂純著 学研教育出版 2015.10 407p 19cm 〈文献あり〉 1600円 ⓘ978-4-05-406350-1 Ⓝ283

内容 ペルシア戦争を起こした男―アリスタゴラス伝 わが故郷は遙か―ディオニュシオス伝 われら死にきと―レオニダス伝 サラミスよ、汝は女の産める子らを滅ぼさん―テミストクレス伝 賞金首女王―アルテミシア一世伝 三つの問い―エパメイノンダス伝 偉大なる敵―ハンニバル伝 オリュンポスの落日―アエミリウス・パウルス伝 賽は投げられた―ユリウス・カエサル伝 帝国の夢―ゼノビア女王伝 疾風―衛青・霍去病伝 戦いは、まだ始まっていない―ジョン・ポール＝ジョーンズ伝 第一級の戦士―ダヴー元帥伝

＊かつて雑誌『タクテクス』(ホビージャパン刊)で熱狂的に支持された伝説の連載が、待望の単行本化！古代ギリシアからナポレオン時代まであまたの英傑が生き生きと甦る！

ポールソン, J.A. 〔1955～〕
Paulson, John Alfred

◇40兆円の男たち―神になった天才マネジャーたちの素顔と投資法　マニート・アフジャ著，長尾慎太郎監修，スペンサー倫亜訳　パンローリング　2015.3　415p　20cm　〈ウィザードブックシリーズ 224〉　2800円　①978-4-7759-7184-0　Ⓝ338.8

　[内容]第1章 レイ・ダリオ―グローバルマクロの達人　第2章 ピエール・ラグランジュとティム・ウォン―人間対マシン　第3章 ジョン・ポールソン―リスクアービトラジャー　第4章 マーク・ラスリーとソニア・ガードナー―ディストレス債券の価値探求者　第5章 デビッド・テッパー―恐れを知らない先発者　第6章 ウィリアム・A.アックマン―アクティビストの答え　第7章 ダニエル・ローブ―毒舌で有名なマネジャー　第8章 ジェームズ・チェイノス―金融界の探偵　第9章 ボアズ・ワインシュタイン―デリバティブの草分け

　＊ヘッジファンドのマネジャーはポジションの評価を行ったりファンドの利益を増やそうと考えるときに，どのような投資基準で判断を下し，そしてどのような戦略を使っているのか―これまで語られなかった内容を，大物のマネーマネジャーたちが自らの言葉で語っている。本書の著者であるマニート・アフジャはCNBCのヘッジファンド専門家として活躍する一方で，マーケットの達人に顔が広い。最新作である本書のなかで，その達人たちの半生を初めて公にしたという点で，本書は革新的である！本書は超一流のファンドマネジャーとの対談を収録し，謎の多いヘッジファンド業界を広く紹介している

ポルティーリョ, A. 〔1914～1994〕
Portillo, Álvaro del

◇サクスム―アルバロ・デル・ポルティーリョの生涯　ジョン・F.カヴァデール著，宮代泰子訳　習志野　教友社　2017.5　264p　21cm　〈文献あり〉　1800円　①978-4-907991-33-3　Ⓝ198.22

ボルテール, F.M.A. 〔1694～1778〕
Voltaire, François Marie Arouet de

◇ヴォルテール回想録　ヴォルテール著，福鎌忠恕訳　中央公論新社　2016.10　279p　18cm　（中公クラシックス W90）〈大修館書店 1989年刊の改訂　索引あり〉　1800円　①978-4-12-160169-8　Ⓝ135.2

ボルト, U. 〔1986～〕 Bolt, Usain

◇ウサイン・ボルト自伝　ウサイン・ボルト著，生島淳訳　集英社インターナショナル　2015.5　381p 図版16p　19cm　〈発売：集英社〉　2300円　①978-4-7976-7277-0　Ⓝ782.3

　[内容]俺はこの地球に走るために生まれてきた　チャンピオンのように歩く　最大の敵は俺自身だ　大舞台に凡人は震え，スーパースターは興奮する　駆け足の人生　王者の心と，鋼鉄の意志　「乗り越えるべき瞬間」の発見　痛みか，栄光か　今こそ走るときだ　自分のものをつかみとれ！　勝利の経済　神からのメッセージ　一瞬の油断，一生の後悔　俺の時間がやってきた　俺はレジェンドだ　ロケットでロシアへ，そして…

　＊俺は生きるレジェンドだ！100メートル9秒58（世界記録），オリンピック3種目連覇，世界陸上200メートル3連覇―数々の偉業を成し遂げてきたスプリンターがはじめて明かす驚きのライフ・ストーリー。

ボルノー, O.F. 〔1903～1991〕
Bollnow, Otto Friedrich

◇ボルノー教育学研究　上巻　広岡義之著　増補版　風間書房　2018.1　306,9,62p　22cm　〈初版：創言社 1998年刊　索引あり〉　2700円　①978-4-7599-2217-2　Ⓝ371.234

　[内容]第1章 ボルノーの生涯と思想について　第2章 ボルノーの哲学的人間学の根本問題　第3章 ボルノーの教育学的解釈学　第4章 ボルノーの教育実践論　補論 第1章 ボルノーにおける「練習の精神」の教育学的意義　補論 第2章 道徳の時間「特別の教科 道徳」の内容項目とボルノーにおける徳論の共通点

ボルフ, C. 〔1679～1754〕 Wolff, Christian

◇クリスティアン・ヴォルフのハレ追放顛末記―ドイツ啓蒙の哲学者　山本道雄著　京都　晃洋書房　2016.8　266,6p　22cm　（ドイツ啓蒙思想の一潮流 2）〈索引あり〉　4100円　①978-4-7710-2771-8　Ⓝ134.1

　[内容]第1論文 改訂版・ドイツ啓蒙の哲学者クリスティアン・ヴォルフのハレ追放顛末記（ブレスラウ時代　ライプチッヒ時代　ハレ時代　ほか）　第2論文 ヴォルフ『世界論』第三部 世界・秩序―ヴォルフ『世界論』研究完結編（世界と自然　奇蹟　完全性　ほか）　第3論文 カントの経験の哲学（カントの経験的実在論　経験的実在論の射程　第二類推論から第二力学法則論へ　ほか）

　＊1721年，ヨーロッパ思想界のスーパースターであるクリスティアン・ヴォルフはプロイセンのフリードリヒ王（一世）から突然，国外追放かさもなければ絞首刑という宣告を受ける。当時の思想界を震撼させたこの大事件の背景は何か。その思想的意味は。内外の研究成果を旺盛に渉猟しながら，この事件の顛末を辿る。あわせてディドロ，ヴォルテールらのフランス百科全書派とヴォルフの思想的連関にも及ぶ。わが国では未踏の研究領域である。

ボルフ, H.J. 〔1898～1976〕
Wolff, Hans Julius

◇ミュンスター法学者列伝―中央大学・ミュンスター大学交流30周年記念　トーマス・ヘェーレン編著，山内惟介編訳　八王子　中央大学出版部　2018.11　568p　21cm　（日本比較法研究所翻訳叢書 80）〈索引あり〉　6700円　①978-4-8057-0381-6　Ⓝ322.8

　[内容]旧制大学―アントン・マティアス・シュプリックマン（1749年～1833年）　ルードルフ・ヒス（1870年～1938年）―ミュンスター大学のスイス人刑法史学者　ハンス・パーゲンコップ（1901年～1983年）

—ミュンスター大学地方自治研究所創設者　脇役から主役へ—国法学者、フリートリッヒ・クライン（1908年〜1974年）　正義のための戦いの中で—刑事訴訟法学者、カール・ペータース（1904年〜1998年）　ミュンスター大学の租税法—オットマール・ビューラー（1884年〜1965年）　生活事実から法へ—ヴァルター・エルマン（1904年〜1982年）　ミュンスターのフリースラント出身者—ハリー・ヴェスターマン（1909年〜1986年）　マックス・カーザー（1906年〜1997年）—学者生活のダイジェスト　ヘルムート・シェルスキィ（1912年〜1984年）—幸福感溢れる世代の遅すぎた懐柔　行政法学—ハンス＝ユリウス・ヴォルフ（1898年〜1976年）　刑法学者—ヨハネス・ヴェセルス（1923年〜2005年）　波乱の時代の労働法—アルフレート・ヒュック（1889年〜1975年）とロルフ・ディーツ（1902年〜1971年）　環境法・都市計画法—ヴェルナー・ホッペ（1930年〜2009年）　あなたはどのように判断されるか？—ハンス・ブロクス（1920年〜2009年）　学理と実務における保険法—ヘルムート・コロサー（1934年〜2004年）　オットー・ザンドロック（1930年〜2017年）　ベルンハルト・グロスフェルト—（1933年〜）

ボルフ, M. 〔1863〜1932〕　Wolf, Max

◇現代天文学史—天体物理学の源流と開拓者たち　小暮智一著　京都　京都大学学術出版会　2015.12　634p　22cm　〈他言語標題：History of Modern Astronomy　文献あり　年表あり　索引あり〉　4900円　Ⓘ978-4-87698-882-2　Ⓝ440.12

内容　第1部　天体分光学（「新天文学」の開幕　星の分光分類とHD星表）　第2部　星の構造と進化論（星の進化論とHR図表　熱核反応と星の進化論）　第3部　銀河天文学と宇宙論（銀河と星雲の世界　銀河系の発見　宇宙論の源流）　第4部　現代天文学へ（日本における天体物理学の黎明　現代天文学への展開）

＊初めて星の化学組成を明らかにしたロンドンのアマチュア天文家ハギンス、太陽をガス体と見なした特許調査官レーン、自作の望遠鏡で天空を探査した音楽家ハーシェル…18世紀末から19世紀中葉にかけて現代天文学の扉を開いた彼らは、いずれも学界に縁のないアマチュア天文家だった。星の位置と運動を対象とする古典天文学から天体の物理的構造を探る天体物理学へ、その転換期を担った人々の生涯と研究を軸に、現代天文学の歴史をたどる。

ホールブライシュ, B. 〔1927〜〕　Halbreich, Betty

◇人生を変えるクローゼットの作り方—あなたが素敵に見えないのは、その服のせい　ベティ・ホールブライシュ, レベッカ・ペイリー著, 野間けい子訳　集英社　2017.11　375p　19cm　1600円　Ⓘ978-4-08-781643-3　Ⓝ593.36

内容　ONE　シカゴ。深窓の令嬢　孤独なクリスマス　TWO　御曹司との結婚。この不安はなに？　マリンブルーの行方　THREE　マンハッタンの社交界で。妻として、母として、嫁として　FOUR　終焉。浪費、浮気…。振り向いてくれなかった夫　FIVE　弱肉強食のジャングルで。私にしかできないこと　SIX　フィッティングルームの母として。持ち帰ってほしいもの　SEVEN　映画、テレビドラマへの進出。センスと知識で難問解決　EIGHT　必要とされたい。買い物セラピストとして　NINE　愛した人たちの旅立ち　不条理を思う、朝の喪失感　TEN　八六歳、老いてますます盛ん。私は働くおばあさん

＊ニューヨーク、マンハッタン五番街の高級老舗デパート、バーグドルフ・グッドマンに、世界中のセレブを顧客に持つパーソナルショッパーがいる。恵まれた幼少期、華やかな結婚生活と破綻、自殺未遂、乳がん…。そんな彼女を救ったのは審美眼と独特のファッションセンス。40代後半にしてバーグドルフ・グッドマンでの仕事に就くと、持ち前のユーモアとセンスで伝説のパーソナルショッパーと呼ばれるまでの成功を収める。90歳にして現役！NYの伝説のパーソナルショッパーが語る、「人生」と「ファッション」。

ポル・ポト 〔〜1996〕　Pol Pot

◇ポル・ポトと三人の男　永瀬一哉著　八王子　揺籃社　2017.1　177p　21cm　〈年表あり〉　1500円　Ⓘ978-4-89708-376-6　Ⓝ289.2

内容　第1部　ポル・ポトに感謝する男—コン・デュオン（ポル・ポトの「心理戦」　第一三一局　もう一つの戦争　ほか）　第2部　ポル・ポトの処刑を見た男—リム・サロ-ム（サクンとの出会い　地方の農家の三男坊　内戦勃発　ほか）　第3部　ポル・ポトを潰した男—イー・チエン（イー・チエンを知っていますか　生まれ　第四一五師団　ほか）

ボルマン, M.A., Jr. 〔1930〜2013〕　Bormann, Martin Adolf

◇ナチの子どもたち—第三帝国指導者の父のもとに生まれて　タニア・クラスニアンスキ著, 吉田春美訳　原書房　2017.9　269,23p　20cm　〈文献あり〉　2500円　Ⓘ978-4-562-05432-9　Ⓝ283.4

内容　グドルーン・ヒムラー—ナチズムの「お人形さん」　エッダ・ゲーリング—「ナチ・ドイツのネロの小さなプリンセス」　ヴォルフ・R.ヘス—最後の戦犯の陰にいる子ども　ニクラス・フランク—真実への欲求　マルティン・アドルフ・ボルマン・ジュニア—「クレーンツィ」あるいは皇太子　ヘースの子どもたち—アウシュヴィッツの司令官の子孫たち　シュペーアの子どもたち—「悪魔の建築家」の一族　ロルフ・メンゲレ—「死の天使」の息子　ドイツの歴史？

＊ナチ高官たちは何を行い、戦後、自らの罪にどう向き合ったのか。子どもたちは父の姿をどのように見つめたのか。本名を隠して生きた者、極右運動に走る者…。さまざまな人生を追い、語られざる現代史に迫る。

ボルマン, M.L. 〔1900〜1945〕　Bormann, Martin Ludwig

◇ヒトラーの共犯者—12人の側近たち　下　グイド・クノップ著, 高木玲訳　原書房　2015.12　416,5p　20cm　〈2001年刊の新装版　文献あり〉　2800円　Ⓘ978-4-562-05272-1　Ⓝ234.074

内容　1　抹殺者—アドルフ・アイヒマン　2　ヒトラー・ユーゲント団員—バルドゥール・フォン・シーラハ　3　影の男—マルティン・ボルマン　4　手先—ヨ

アヒム・フォン・リッベントロープ　5　死刑執行人—ローラント・フライスラー　6　死の医師—ヨーゼフ・メンゲレ

＊ヒトラーならびにそのもっとも身近にいた側近たちを描いたドキュメンタリーは、世界的な成功をおさめた。上巻に続いてガイド・クノップのチームが目を向けたのは、ヒトラーの支配を確立し、その計画を実行にうつした男たちである。履行補助者である彼らの肖像によって、実際の「自発的執行者」の性格が具体的に描き出されてゆく。彼らがいなければ、ヒトラーの恐怖政治は成立しなかったのである。はじめて明かされる「神」の執行人たちの全記録。ドイツTV金獅子賞、バイエルン・テレビ賞受賞。

ホーレー, F. 〔1906～1961〕　Hawley, Frank

◇書物に魅せられた英国人—フランク・ホーレーと日本文化　横山學著　オンデマンド版　吉川弘文館　2018.10　197p　19cm　〔歴史文化ライブラリー　163〕〈文献あり　年譜あり　原本：2003年刊〉　2300円　Ⓘ978-4-642-75563-4　Ⓝ289.3

ポレート, M. 〔1250?～1310〕　Porete, Marguerite

◇鏡・意志・魂—ポレートと呼ばれるマルグリットとその思想　村上寛著　京都　晃洋書房　2018.12　175p　22cm　〈文献あり　索引あり〉　4000円　Ⓘ978-4-7710-3111-1　Ⓝ192.3

　内容　第1部　ポレートの身分と異端問題（ポレートと『単純な魂の鏡』14世紀初頭までのベギン運動　「ベギン」としてのポレート　異端判決引用文に対する解釈）　第2部　意志概念と愛（魂の辿る七つの段階と第五段階における変容　自由意思　意志概念）　第3部　知性認識とその構造（「女性神秘家」における理性と経験　知性と認識　再帰的自意志）

＊『鏡』における「意志の滅却」が意味するものとは。1310年のパリにて、聖職者から異端の烙印を押されたにも関わらず、自説を撤回せずその思想を広めようとしたために処刑された女性—マルグリット・ポレート。彼女の唯一の著作である『単純な魂の鏡』における意志の滅却を契機とした「魂の完成」について、その思想全体を体系的に明らかにし、意志概念と知性概念の本質に迫る。

ポーロ, M. 〔1254～1323?〕　Polo, Marco

◇マルコ・ポーロ『東方見聞録』を読み解く　海老澤哲雄著　山川出版社　2015.12　88p　21cm　〔世界史リブレット人　35〕〈文献あり　年譜あり〉　800円　Ⓘ978-4-634-35035-9　Ⓝ289.3

　内容　マルコ・ポーロの資料としての『東方見聞録』　1　父ニコロと叔父マテオの第一次東方旅行　2　フビライ宮廷のマルコ　3　マルコの帰国と『東方見聞録』

＊13世紀、マルコ・ポーロは地中海世界から陸路で中国へ到り、異国に十数年滞在したのち、海路で故国に戻った。そして希有の記録『東方見聞録』を残し、それによって歴史上もっとも有名な人物の一人となった。しかし、彼自らは自らを語ること少なく、その人物像はなかなか窺い知れない。本書では、あらためてその記録を深く読み解き、とくに異国におけるマルコの姿に光をあてた。

◇マルコ・ポーロとルスティケッロ—物語「世界の記」を読む　高田英樹著　近代文藝社　2016.12　702p　22cm　〈他言語標題：Marco Polo & Rusticello　文献あり〉　5000円　Ⓘ978-4-7733-8018-7　Ⓝ292.09

　内容　1　はじめに（マルコとダンテ　写本たち）　2　「世界の記」（序章　往路　グラン・カンとカンバルク大都　ほか）　3　おわりに（旅と書　マルコとボッカッチォ）　4　「メリアドゥス」（抄訳）

＊新マルコ・ポーロ論。知っていましたか？　書いたのはルスティケッロであること、その後も誰かが書き加えたこと、版によって大きく異なり、驚くべき新たな事どもの書かれてあることを。

◇マルコ＝ポーロ—東西世界を結んだ歴史の証人　佐口透著　清水書院　2017.7　235p　19cm　〔新・人と歴史拡大版　16〕〈1984年刊を表記や仮名遣い等一部を改めて再刊　文献あり　年譜あり　索引あり〉　1800円　Ⓘ978-4-389-44116-6　Ⓝ289.3

　内容　1　マルコ＝ポーロ登場の前夜　2　東方旅行　3　クビライの帝国　4　未知の世界の見聞録　5　東西世界の交流　6　マルコ＝ポーロの遺産

＊一二世紀の中ごろ、ヴェネツィア生まれのマルコ＝ポーロは、二五年にもわたる東方への空前絶後の大旅行の途についたのである。彼は単に旅行家、商人であったのみならず、ローマ教皇特使の任をも帯びていた。ローマ教皇とモンゴル帝国とを結ぶ東西交渉の檜舞台で、マルコは何を考え、何を観察し、いかに行動したのであろうか。本書は、マルコの実像をもとめて "東方見聞録" を細かに読み返しつつ、その裏面より新しい視点で、マルコを生き生きと捉え直した力作である。

ホロウィッツ, B. 〔1966～〕　Horowitz, Ben

◇HARD THINGS—答えがない難問と困難にきみはどう立ち向かうか　ベン・ホロウィッツ著、滑川海彦、髙橋信夫訳　日経BP社　2015.4　389p　20cm　〈発売：日経BPマーケティング〉　1800円　Ⓘ978-4-8222-5085-0　Ⓝ336

　内容　第1章　妻のフェリシア、パートナーのマーク・アンドリーセンと出会う　第2章　生き残ってやる　第3章　直感を信じる　第4章　物事がうまくいかなくなるとき　第5章　人、製品、利益を大切にする—この順番で　第6章　事業継続に必須な要素　第7章　やるべきことに全力で集中する　第8章　起業家のための第一法則—困難な問題を解決する法則はない　第9章　わが人生の始まりの終わり

＊強力ライバルからの反撃、会社売却、起業、急成長、資金ショート、無理な上場、バブル破裂、株価急落、最大顧客の倒産、売上9割を占める顧客の解約危機、3度のレイオフ、上場廃止の危機—。壮絶すぎる実体験を通して著者が得た教訓は、あらゆる困難（ハード・シングス）、に立ち向かう人に知恵と勇を与える。シリコンバレーのスター経営者に慕われる最強投資家からのアドバイス。

ホロビッツ, V. 〔1903～1989〕 Horowitz, Vladimir

◇ホロヴィッツ—20世紀最大のピアニストの生涯と全録音　中川右介,石井義興著　アルファベータブックス　2018.4　284,67p　19cm　〈文献あり　作品目録あり〉　2500円　Ⓘ978-4-86598-053-0　Ⓝ762.53

ホワイトリー, P. 〔1930～〕 Whiteley, Peter

◇わたしはこうして執事になった　ロジーナ・ハリソン著, 新井潤美監修, 新井雅代訳　白水社　2016.12　369p　20cm　2600円　Ⓘ978-4-560-09527-0　Ⓝ591.0233

内容　1 プロローグ　2 ゴードン・グリメット　3 エドウィン・リー　4 チャールズ・ディーン　5 ジョージ・ワシントン　6 ピーター・ホワイトリー　7 エピローグ

＊華麗なる時代の最後の輝きの日々—執事には誰がどんな経験をへてなるのか。執事になった人なれなかった人、貴族の大邸宅や在米イギリス大使館に勤めた五人が語る、笑いと苦労、時に涙の職業人生。『おだまり、ローズ』の著者がおくる、男性使用人の世界。

ボワレ, P. 〔1879～1944〕 Poiret, Paul

◇20世紀ファッションの文化史—時代をつくった10人　成実弘至著　新装版　河出書房新社　2016.1　302p　19cm　〈文献あり〉　1800円　Ⓘ978-4-309-24746-5　Ⓝ593.3

内容　チャールズ・ワース—ファッションデザイナー誕生　ポール・ポワレ—オリエント、装飾と快楽　ガブリエル・シャネル—モダニズム、身体、機械　エルザ・スキャパレッリ—ファッションとアート　クレア・マッカーデル—アメリカンカジュアルの系譜　クリスチャン・ディオール—モードとマーケティング　マリー・クアント—ストリートから生まれた流行　ヴィヴィアン・ウエストウッド—記号論的ゲリラ闘争　コム・デ・ギャルソン—ファッションを脱構築しよう　マルタン・マルジェラ—リアルクロースを求めて　二〇世紀ファッションの創造性

＊ポワレ、シャネル、ディオールから、コム・デ・ギャルソン、マルジェラまで、彼らはファッションの地平をどう切り開いてきたか。20世紀ファッションの到達点をあらためて考察する、新しいファッション文化史。

ボンディ, H. 〔1919～2005〕 Bondi, Hermann

◇現代天文学史—天体物理学の源流と開拓者たち　小暮智一著　京都　京都大学学術出版会　2015.12　634p　22cm　〈他言語標題：History of Modern Astronomy　文献あり　年表あり　索引あり〉　4900円　Ⓘ978-4-87698-882-2　Ⓝ440.12

内容　第1部 天体分光学（「新天文学」の開幕　星の分光分類とHD星表）　第2部 星の構造と進化論（星の進化論とHR図表　熱核反応と星の進化論）　第3部 銀河天文学と宇宙論（銀河と星雲の世界　銀河系の発見　宇宙論の源流）　第4部 現代天文学へ（日本における天体物理学の黎明　現代天文学への展開）

＊初めて星の化学組成を明らかにしたロンドンのアマチュア天文家ハギンス、太陽をガス体と見なした特許調査官レーン、自作の望遠鏡で天空を探した音楽家ハーシェル…18世紀末から19世紀中葉にかけて現代天文学の扉を開いた彼らは、いずれも学界に縁のないアマチュア天文家だった。星の位置と運動を対象とする古典天文学から天体の物理的構造を探る天体物理学へ、その転換期を担った人々の生涯と研究を軸に、現代天文学の歴史をたどる。

ボンド, M. 〔1926～2017〕 Bond, Michael

◇パディントンベアの世界—愛蔵版　ジャパンタイムズ編　ジャパンタイムズ　2018.5　94p　21cm　〈他言語標題：All About Paddington Bear〉　1400円　Ⓘ978-4-7890-1691-9　Ⓝ933.7

内容　パディントンてどんなくま？　パディントンをとりまく人々　パディントンの冒険と失敗　パディントン百面相　作者マイケル・ボンドの足跡　娘カレンが語る父マイケル・ボンド　『くまのパディントン』を英語で読んでみよう　パディントンでたどるロンドン街歩き　パディントンが愛される理由　パディントンで知るイギリスらしさ〔ほか〕

＊世界でもっとも愛されているクマ、パディントンのすべてが詰まったファンブック！

ポンペイウス 〔106～48B.C.〕 Gnaeus Pompeius Magnus

◇英雄伝　4　プルタルコス著, 城江良和訳　京都　京都大学学術出版会　2015.5　573p　20cm　〈西洋古典叢書 G089〉〈布装　付属資料：8p・月報 114〉　4600円　Ⓘ978-4-87698-910-2　Ⓝ283.1

内容　キモンとルクルス（キモン　ルクルス　キモンとルクルスの比較）　ニキアスとクラッスス（ニキアス　クラッスス　ニキアスとクラッススの比較）　セルトリウスとエウメネス（セルトリウス　エウメネス　セルトリウスとエウメネスの比較）　アゲシラオスとポンペイウス（アゲシラオス　ポンペイウス　アゲシラオスとポンペイウスの比較）

＊アレクサンドロスの書記官エウメネスやローマ共和政末期の政治家ポンペイウスら傑物たちの事績を伝える。

◇ローマ帝国人物列伝　本村凌二著　祥伝社　2016.5　303p　18cm　〈祥伝社新書 463〉　840円　Ⓘ978-4-396-11463-3　Ⓝ283.2

内容　1 建国期—建国期のローマ（ブルトゥス—共和政を樹立した初代執政官　キンキナトゥス—ワシントンが理想とした指導者　ほか）　2 成長期—成長期のローマ（アッピウス—インフラ整備など、類稀なる先見性　ファビウス—耐えがたきを耐えた「ローマの盾」　ほか）　3 転換期—転換期のローマ（クラッスス—すべてを手に入れた者が欲したもの　大ポンペイウス—カエサルに敗れた大武将　ほか）　4 最盛期—最盛期のローマ（ゲルマニクス—夭逝した理想のプリンス　ネロ—気弱な犯罪者だった暴君　ほか）　5 衰亡期—衰亡期のローマ（ガリエヌス—動乱期の賢帝　ディオクレティアヌス—混乱を鎮めた軍人皇帝　ほか）

＊ローマの歴史には、独裁も革命もクーデターもあ

り、「パクス・ロマーナ」と呼ばれた平和な時代もあった。君主政も共和政も貴族政もポピュリズムもあり、多神教も一神教もあった。まさに「歴史の実験場」であり、教訓を得るのに、これほどの素材はない。歴史を学ぶには制度や組織は無視できないが、そこに人間が存在したことを忘れてはならないだろう。本書は、一〇〇〇年を超えるローマ史を五つの時代に分け、三二人の生涯と共に追うものである。賢帝から、愚帝から、英雄から気丈な女性、医学者、宗教家まで。壮大な歴史叙事詩であり、歴史は人なりーを実感する一冊。

ボンヘッファー, D.〔1906～1945〕
Bonhoeffer, Dietrich

◇ボンヘッファー 村上伸著 新装版 清水書院 2014.9 242p 19cm〈Century Books—人と思想 92〉〈文献あり 年譜あり 索引あり〉 1000円 ①978-4-389-42092-5 Ⓝ198.3234

内容 1 牧師が暗殺計画に加わるまで(衝撃的な問題「キリスト者」としてのボンヘッファー 「同時代人」としてのボンヘッファー 国防軍情報部に入ったボンヘッファー ボンヘッファーの逮捕と獄中生活) 2 ディートリッヒ=ボンヘッファーをめぐる人々(家族 神学上の師 告白教会の仲間たち 婚約者マリア) 3 ボンヘッファーが残した思想的インパクト(『倫理』『獄中書簡集』における新しい思想)

◇はじめてのボンヘッファー S.R.ヘインズ,L.B.ヘイル著, 船本弘毅訳 教文館 2015.1 214,5p 19cm〈文献あり 索引あり〉 1800円 ①978-4-7642-6713-8 Ⓝ198.3234

内容 第1章 生涯 第2章 教会として存在するキリスト 第3章 高価な恵み 第4章 代理と形成としての倫理学 第5章 非宗教的キリスト教 第6章 遺産
＊第二次大戦下のドイツで、ナチスに対しては徹底した抵抗運動を繰り広げ、教会に対してはラディカルな問いを投げかけたボンヘッファーの生涯と思想を学ぶ。

◇ボンヘッファーを読む—ドイツ語原典でたどる、ナチスに抵抗した神学者の軌跡 河崎靖著 現代書館 2015.11 190p 20cm〈文献あり 年譜あり〉 2700円 ①978-4-7684-5776-4 Ⓝ198.3234

内容 第1部 ディートリッヒ・ボンヘッファー(Dietrich Bonhoeffer)の生涯(1906-1945)(1930年代初頭 ドイツへのまなざし 1933年 教会闘争 1933～34年 告白教会 1933～39年 ナチスの勢力拡大 1939年 罪責告白) 第2部 オリジナルテキストでボンヘッファーを読む(『抵抗と信従』新年後の主日に読むための説教(「マタイ」2:13-23) 「マルコ福音書」(第9章)についての説教 「誘惑」 『共に生きる生活』 韻文テキスト 『幸運と不運』)
＊なぜ牧師はヒトラー暗殺を企てたのか？ ドイツ語テキスト原典から、ボンヘッファーの "抵抗の思想" を詳らかにした初の試み。

◇ディートリッヒ・ボンヘッファーとシモーヌ・ヴェイユ—応答性の研究 ヴィヴェンヌ・ブラックバーン著, 池永倫明, 池永順ー共訳 いのちのことば社(発売) 2015.12 348p 21cm

〈文献あり 著作目録あり 索引あり〉 2800円 ①978-4-264-03456-8 Ⓝ198.3234

内容 第1章 二次資料(論争 ボンヘッファーとヴェイユの著述におけるキリスト者の応答性の概念—論議に対する本研究の貢献) 第2章 キリストの召命への応答(青年時代 近代西洋哲学の伝統 キリストの召し 転換) 第3章 応答性と責任性(他者への応答性—この概念の最初の表明 枠組み 応答性と責任制 申し開きの責任) 第4章 応答性と苦難(民の苦難 個人の苦難 主の祈り キリストの苦難) 第5章 応答性と世界(現実の把握 応答性と分野の選択 西欧の人間性 社会秩序 再生一将来)
＊ナチス支配のゆえに生命を失った二人の思想家は、世俗化を強める社会をどう理解していたのか。どのように関わろうとしていたのか。

【マ】

マー, J.(ギタリスト)〔1963～〕
Marr, Johnny

◇ジョニー・マー自伝—ザ・スミスとギターと僕の音楽 ジョニー・マー著, 丸山京子訳 シンコーミュージック・エンタテイメント 2017.9 447p 21cm〈索引あり〉 2800円 ①978-4-401-64423-0 Ⓝ767.8

内容 エミリーの店 アードウィック・グリーン ペトロール・ブルー テラス席 ウィゼンショウ ウエスト・ビュー タウン アンジー ストリートのためのステージ衣装 X〔ほか〕
＊マンチェスターのギター小僧、夢を叶える—ザ・スミスの元メンバーによる初の日本語版自伝！ 幼い頃にギターとファッションに魅せられた男が、やがて歴史に名を刻むミュージシャンになって自己実現していく。ザ・スミス5年間の真実はもちろん、その後のザ・プリテンダーズから、ザ・ザ、エレクトロニック、ジョニー・マー&ザ・ヒーラーズ、モデスト・マウス、ザ・クリブスまで、幅広く多彩な活動に才能を惜しみなく捧げてきた稀代のギタリストの哲学が、ここにある。

マー, J.(実業家)〔1964～〕 Ma, Jack

◇Alibabaアリババの野望—世界最大級の「ITの巨人」ジャック・マーの見る未来 王利芬,李翔著, 鄭重,祖axis澄訳 KADOKAWA 2015.3 374p 20cm〈年譜あり〉 1700円 ①978-4-04-102746-2 Ⓝ673.36

内容 ジャック・マーは私の起業に最も影響を与えた人だった 一九九二年、最初の起業—海博翻訳社—起業分野の選択 「中国イエローページ」の成功と失敗—起業の方向性を見つける 一九九七年一二月、体外貿易経済合作部にて—起業チームの選択 一九九九年一月、「湖畔花園」でアリババを設立する—はっきりとしたヴィジョンを立てる 一九九九年、蔡崇信のアリババ加入—資本市場を理解する人材の必要性 一九九九年一〇月、一度目の資金調達—ゴールドマンサックス—いかにして投資を勝ち取るか 二〇〇〇年一月、ソフトバンク孫正義からの投資—理想的な投資家 二〇〇〇年、初めての危機、そして

リストラ―事業規模を拡大するときこそもっとも間違いを犯しやすい　二〇〇〇年九月、西湖論剣、企業文化の形成―勢いを作る

＊「未来をリスペクトし、恐れよ」BtoB、BtoC、CtoCのオンライン・マーケット、日中間最大の貿易サイト…最注目のインターネット企業グループ、その起業前夜から、米国株式市場上場まで、急成長の軌跡を追う。ここにビジネス・起業のヒントがある！

◇世界を動かす巨人たち　経済人編　池上彰著　集英社　2017.7　250p　18cm　（集英社新書0889）〈文献あり〉　760円　①978-4-08-720889-4　N280

内容　第1章 ジャック・マー　第2章 ルパート・マードック　第3章 ウォーレン・バフェット　第4章 ビル・ゲイツ　第5章 ジェフ・ベゾス　第6章 ドナルド・トランプ　第7章 マーク・ザッカーバーグ　第8章 グーグルを作った二人―ラリー・ペイジ、セルゲイ・ミハイロビッチ・ブリン　第9章 コーク兄弟―チャールズ・コーク、デビッド・コーク

＊この11人の大富豪こそ、真の「実力者」。池上彰が、歴史を動かす「個人」から現代世界を読み解く人気シリーズ最新刊！

マイク, F. 〔1967〜〕　Mike, Fat

◇NOFX自伝―間違いだらけのパンク・バンド成功指南　NOFX、ジェフ・アルリス著、志水亮訳　Du Books　2017.12　521p　19cm　〈発売：ディスクユニオン〉　2500円　①978-4-86647-036-8　N764.7

＊元祖！メロコア!!世界一アホなバンドに音楽活動と性生活の充実を学ぶ。30年以上におよぶ喜劇、悲劇、そして、予期せぬ（？）大成功の裏側を、メンバー自身が語り倒す！　暴露本かつ自叙伝!!

マイコラス, L. 〔1988〜〕　Mikolas, Lauren

◇Fearless Charm　Lauren Mikolas著　双葉社　2016.5　109p　25cm　1500円　①978-4-575-31135-8　N289.1

内容　1 My Lifestyle（Morning Routine 朝の習慣　Before Bed Routine 夜の習慣　Healthy Cleaning 自然派お掃除術）　2 Beauty & Make-up（Skin Care Routine 毎日のスキンケア　Make-up Favorites お気に入りメイク＆コスメ　Hari Products ヘアケアのこだわり　Workout Anywhere ヘルシービューティを作るエクササイズ）　3 Love & Relationships（Family & Childhood 家族と子どもの頃　Love For Yourself 自分を愛すること　Meeting My Husband 夫との出会い　Our Wedding Day 私たちの幸せな結婚式　Our Relationship Philosophy いつまでも愛される理由）　4 Cooking,Entertaining and Interior（My Eating Philosophy 食について　Entertaining パーティのおもてなし　Interior Design インテリア作りのコツ）　5 Fashion & Travel（Special Shoot 特別とり下ろし　My Fashion Staples 私スタイルのマストアイテム　Travel Essentials 旅の必需品）

＊毎日の習慣・料理・インテリア・美容・ファッション・結婚・愛について。プロ野球・巨人軍マイコラス投手の"美しすぎる妻"ローレン・マイコラス初のLIFESTYLE BOOK。

マイネッケ, F. 〔1862〜1954〕　Meinecke, Friedrich

◇マイネッケ　西村貞二著　新装版　清水書院　2016.3　192p　19cm　（Century Books―人と思想 61）〈文献あり　年譜あり　索引あり〉　1200円　①978-4-389-42061-1　N289.3

内容　1 遠い道（歴史への志向　シュトラスブルクからベルリンへ　ナチスとのたたかい）　2 師、友、そして論敵（回想の師　或る友情　論争）　3 政治と歴史（近代ヨーロッパ精神史の座標）　4 政治の基礎づけ（国民国家　クラートスとエートス　ヒトラー主義の告発）　5 歴史の基礎づけ（「個と普遍」・「自由と必然」　価値と因果　個性と発展）

＊現代ドイツ最大の歴史家マイネッケは、九一年にわたる生涯において、ビスマルク第二帝国の建設と終焉、ヒトラー第三帝国の崩壊という歴史的変動を身をもって体験し、これを自己の研究に刻印づけた。その意味でかれの苦渋にみちながらも輝かしい業績は、ドイツ近代一〇〇年の象徴ともいえるであろう。しかしマイネッケにとって歴史学は学問であると同時に学問以上のものである。いいかえれば生の痛切な問題でもあった。「政治」と「歴史」を座標軸として展開したマイネッケ史学は、枝葉末節を事としがちな現代歴史学について改めて反省をうながし、かれの悪戦苦闘はわれわれを深く感動させずにはおかない。

マイヤー, H. 〔1907〜2001〕　Mayer, Hans

◇廃墟のドイツ1947―「四七年グループ」銘々伝　ハンス・ヴェルナー・リヒター著、飯吉光夫訳　河出書房新社　2015.8　295p　20cm　3800円　①978-4-309-20683-7　N940.27

内容　蝶たちの曖昧宿で―イルゼ・アイヒンガー　十三階のクリスヤーン―カール・アメリー　にぎやかな通りを行って、誰もそれに気がつかなかったら―アルフレート・アンデルシュ　グルーネ森でのサイクリング―インゲボルク・バッハマン　きみもえら位、金が好きかい？―ハインリヒ・ベル　セルビアは死なねばならぬ―ミロ・ドール　マルクトブライトでの涙―ギュンター・アイヒ　フルシチョフの海水パンツを穿いて―ハンス・マグヌス・エンツェンスベルガー　誕生日祝いとしてジーモン・ダッハを―ギュンター・グラス　寝巻きのズボン―ヴォルフガング・ヒルデスハイマー　上部ブファルツ人のカラカラ笑い―ヴァルター・ヘレラー　君の忠実なる側近（パラディーン）―ヴァルター・イェンス　ダンスの相手への誘い―ウーヴェ・ヨーンゾーン　我々はみな、いい人だった―ハンス・マイヤー　敵多きほど、功高し―マルセル・ライヒ＝ラニツキ　おおマルティン―喧嘩好きではないにしろ、喧嘩っ早いアレマン人―マルティン・ヴァルザー　マラーの太鼓―ペーター・ヴァイス

＊文学の"呼び声"をきけ。ナチス崩壊、東西分裂―廃墟と化した1947年ドイツで産声をあげ、グラス、ツェランら数々の世界的才能を輩出した「四七年グループ」とは何だったのか？　リーダーであるH・W・リヒターによる愛情あふれる回想録。困難なる戦後と、若き作家たちの情熱が生んだ奇蹟の時間。

マイヤー, J.R. 〔1814～1878〕
Mayer, Julius Robert von

◇現代天文学史—天体物理学の源流と開拓者たち 小暮智一著 京都 京都大学学術出版会 2015.12 634p 22cm 〈他言語標題：History of Modern Astronomy 文献あり 年表あり 索引あり〉 4900円 ①978-4-87698-882-2 Ⓝ440.12

内容 第1部 天体分光学（「新天文学」の開幕 星の分光分類とHD星表） 第2部 星の構造と進化論（星の進化論とHR図表 熱核反応と星の進化論） 第3部 銀河天文学と宇宙論（銀河と星雲の世界 銀河系の発見 宇宙論の源流） 第4部 現代天文学へ（日本における天体物理学の黎明 現代天文学への展開）

＊初めて星の化学組成を明らかにしたロンドンのアマチュア天文家ハギンス、太陽をガス体と見なした特許調査官レーン、自作の望遠鏡で天空を探査した音楽家ハーシェル…18世紀末から19世紀中葉にかけて現代天文学の扉を開いた彼らは、いずれも学界に縁のないアマチュア天文家だった。星の位置と運動を対象とする古典天文学から天体の物理的構造を探る天体物理学へ、その転換期を担った人々の生涯と研究を軸に、現代天文学の歴史をたどる。

マイヤース, A.A. 〔1970～〕
Meyers, Anne Akiko

◇偉大なるヴァイオリニストたち 2 チョン・キョンファから五嶋みどり、ヒラリー・ハーンまで ジャン＝ミシェル・モルク著, 神奈川夏子訳 ヤマハミュージックメディア 2017.4 356,8p 21cm 〈文献あり〉 3400円 ①978-4-636-92333-9 Ⓝ762.8

内容 ボリス・ベルキン チョン・キョンファ ピンカス・ズーカーマン オーギュスタン・デュメイ ピエール・アモイヤル ドミトリ・シトコヴェツキー ナイジェル・ケネディ シュロモ・ミンツ ヴィクトリア・ムローヴァ チョーリャン・リン〔ほか〕

＊外科医でもある筆者による桁外れに鋭い考察に基づく評伝集。使用楽器や練習法などはもちろん、デビューの裏側や生い立ち、家族関係などに迫り、素顔を描き出す。歴史的名演を収録したCD‐ROM付き。

マウンダー, E.W. 〔1851～1928〕
Maunder, Edward Walter

◇現代天文学史—天体物理学の源流と開拓者たち 小暮智一著 京都 京都大学学術出版会 2015.12 634p 22cm 〈他言語標題：History of Modern Astronomy 文献あり 年表あり 索引あり〉 4900円 ①978-4-87698-882-2 Ⓝ440.12

内容 第1部 天体分光学（「新天文学」の開幕 星の分光分類とHD星表） 第2部 星の構造と進化論（星の進化論とHR図表 熱核反応と星の進化論） 第3部 銀河天文学と宇宙論（銀河と星雲の世界 銀河系の発見 宇宙論の源流） 第4部 現代天文学へ（日本における天体物理学の黎明 現代天文学への展開）

＊初めて星の化学組成を明らかにしたロンドンのアマチュア天文家ハギンス、太陽をガス体と見なした特許調査官レーン、自作の望遠鏡で天空を探査した音楽家ハーシェル…18世紀末から19世紀中葉にかけて現代天文学の扉を開いた彼らは、いずれも学界に縁のないアマチュア天文家だった。星の位置と運動を対象とする古典天文学から天体の物理的構造を探る天体物理学へ、その転換期を担った人々の生涯と研究を軸に、現代天文学の歴史をたどる。

マエムラ, F. 〔1941～1967〕 Maemura, Freddy

◇チェ・ゲバラと共に戦ったある日系二世の生涯—革命に生きた侍 マリー前村ウルタード, エクトル・ソラーレス前村著, 伊高浩昭監修, 松枝愛訳 キノブックス 2017.9 329p 図版16p 19cm 〈『革命の侍』（長崎出版 2009年刊）の改題、改稿 文献あり 年表あり〉 1800円 ①978-4-908059-80-3 Ⓝ289.3

内容 侍の最期—エクトル記 幼年時代—マリー記 純吉の力—マリー記 救済の精神—マリー記 医者の夢—マリー記 キューバへ—マリー記 革命への傾倒—マリー記 社会のための医師—マリー記 ボリビアのゲリラ—エクトル記 ゲバラのボリビア到着と準備—エクトル記〔ほか〕

＊革命の英雄、没後50年。いま共に甦る、もう一人の"ゲバラ"、フレディ前村。当時を知る者たちの証言から、日本人の血を引く戦士とチェが率いたゲリラの最期を克明に描き出す。貴重な写真資料も掲載。

マカリオス（エジプトの）〔300頃～391頃〕
Macarius of Egypt

◇砂漠に引きこもった人々—キリスト教聖人伝選集 戸田聡編訳 教文館 2016.3 305p 22cm 3500円 ①978-4-7642-7406-8 Ⓝ192

内容 ヒエロニュムス『テーバイのパウルス伝』（プロローグ—最初に砂漠に住んだ修道者は誰か 迫害と殉教の時代 ほか） アタナシオス『アントニオス伝』（誕生から子ども時代まで 召命 ほか） ヒエロニュムス『ヒラリオン伝』（誕生から、修道者になるまで 悪魔による最初の試み ほか） ヒエロニュムス『囚われの修道士マルクス伝』（マルクスとその連れ合い マルクスの生い立ちと、彼が修道士になるまで ほか） 著者不明『エジプト人マカリオス伝』ギリシア語版（マカリオスの両親 財産を失う ほか）

＊修道制の起源を解き明かす"物語"。アントニオス、マカリオスほか4世紀に砂漠で隠遁生活を送った「最初の修道者たち」の生涯を、教父ヒエロニュムスやアタナシオスらがドラマティックに描いた、キリスト教的伝記の古典と称される作品群。初の邦訳を含む5篇を収録。古代キリスト教の豊かな精神性を汲み取ることができる偉大な源泉！

マーガレット・ローズ（スノードン伯爵夫人）〔1930～2002〕 Margaret Rose Armstrong-Jones

◇イギリス王室 愛と裏切りの真実—エリザベス女王とダイアナ元妃からキャサリン妃まで 渡邉みどり著 主婦と生活社 2016.8 191p

19cm 〈年表あり〉 1300円 ①978-4-391-14869-5 Ⓝ288.4933

内容 エリザベス女王、カミラ夫人、キャサリン妃 ジョージ6世とエリザベス王妃 エリザベス王女とフィリップ王子 女王エリザベス2世とエディンバラ公 マーガレット王女の悲劇 ウィンザー王家20世紀の事件簿 ダイアナとチャールズ皇太子 王室の試練、90年代は悪い年 ウィリアム王子とキャサリン妃 メディアと王室 終章エピローグ―愛しの女王

＊女王90歳、ダイアナ妃が亡くなって20年。ささやかれる「スキップ・ジェネレーション」の噂。母として王族として懸命に生き、ほんとうの愛を求めて闘ってきた女性たちの物語。

マキャベッリ, N.〔1469～1527〕
Machiavelli, Niccolò

◇マキァヴェッリ―激動の転換期を生きぬく 北田葉子著 山川出版社 2015.2 79p 21cm （世界史リブレット人 49）〈文献あり 年譜あり〉 800円 ①978-4-634-35049-6 Ⓝ289.3

内容 マキァヴェッリの虚像と実像 1 マキァヴェッリにおける伝統と革新 2 書記官マキァヴェッリ 3 共和政と君主政 4 歴史をみる目 5 近世の国家へ

＊マキァヴェッリは、一般には目的のためには手段を選ばない権謀術策主義で悪名高い。一方、学問の世界では、彼の思想は重視されており、その研究は膨大な数に上る。しかし彼の思想を中心に置くのではなく、彼の生きた時代に重心を置いて彼をみた研究は多くない。本書はマキァヴェッリの人生と著作をとおし、中世から近世への転換期をみる。そこには知の巨人としてではなく、時代に翻弄された一人の人間としてのマキァヴェッリがあらわれる。

◇マキアヴェリ 西村貞二著 新装版 清水書院 2016.6 192p 19cm （Century Books―人と思想 54）〈文献あり 年譜あり 索引あり〉 1200円 ①978-4-389-42054-3 Ⓝ289.3

内容 1 マキアヴェリの時代（フィレンツェの発展 メディチ家盛衰記 イタリア諸国の情勢） 2 マキアヴェリの生涯（共和政府にはいるまで 東奔西走 照る日曇る日 著述活動） 3 マキアヴェリの思想（ローマ讃歌―『政略論』の世界 マキアヴェリズムの実像―『君主論』の世界 運命と必然―歴史の世界） 4 マキアヴェリの影響（絶対主義時代のマキアヴェリ 一九世紀のマキアヴェリ 現代のマキアヴェリ）

◇60分で名著快読 マキァヴェッリ『君主論』 河島英昭監修, 造事務所編著 日本経済新聞出版社 2016.7 302p 15cm （日経ビジネス人文庫 か15-1）〈文献あり〉 850円 ①978-4-532-19799-5 Ⓝ311.237

内容 1『君主論』とマキァヴェッリの基礎知識（波瀾万丈だったマキァヴェッリの生涯 イタリアの歴史 ほか） 2 君主国の種類と統治方法（世襲によって統治される君主国 複合の君主国 ほか） 3 君主に必要な資質（つねに変わり続ける情勢への対応力 よからぬ者になりうる技 ほか） 4 戦える組織をつくる（軍隊と法律を整える 自分の軍をもつ ほか） 5 統治を維持する（国を守るのは君主の力量 当初敵対した者を味方にする ほか）

＊果敢に行動し運命をねじ伏せよ、恐れられつつも、軽蔑や憎悪を買ってはならない、追随者のおべっかや甘言いかに惑わされるな、人びとの支持こそが最大の武器だ―。発表から500年が過ぎた今も多くの指導者に愛読されている戦略・リーダー論のエッセンスを、図解とともに徹底解説。

マーキュリー, F.〔1946～1991〕
Mercury, Freddie

◇クイーンの真実 ピーター・ヒンス著, 迫田はつみ訳 シンコーミュージック・エンタテイメント 2016.7 316p 図版24p 21cm 2700円 ①978-4-401-64276-2 Ⓝ767.8

内容 なにがあろうとショーはやらねばならない（クルーは準備OK―フレディはどこ？） ほかの人を頼む―アンコール（俺のはダブルで） アメリカ（お願いだから優しくしてくれ） ロサンジェルス（果物、ナッツにフレークの入ったチョコレート・バーのように） 日本（背の高い若者達は逃走中） 旅の気晴らし（損害は総て自己負担で―さもないと日当から差し引きます） 呪われた日（さもなきゃいったい誰のせいだっていうんだ？） レコーディング（ローディ、ポップ・スターを殺害） モントルー（番号の窓口座に穴のあいたチーズそしてユーモアを無視したクリニック） ミュンヘン（折り畳まれ、小さな封筒に入っている紙が私の手許にある） ロンドン（懐かしの故郷―税金の都合上滞在は6日になって1日のみ） 列車、船そして飛行機―バス、トラックそして車（書類を見せていただけますか？） 南アメリカ（1グラムあたりいくら？） サン・シティ（向こうに見えるのはなんだ） 総て終わったと思った（あともうちょっと）

＊バンド初のインサイド・ストーリー!!メンバーとの信頼関係やスリリングなステージ上のトラブル、世界を回る長いツアーでの苦労、プロの仕事振りから乱痴気騒ぎまで、ロック黄金時代のリアルな光と陰を、まさにその現場にいたローディが明かす"もうひとつのロックン・ロール・ライフ"

マクスウェル, J.C.〔1831～1879〕
Maxwell, James Clerk

◇光と電磁気 ファラデーとマクスウェルが考えたこと―電場とは何か？ 磁場とは何か？ 小山慶太著 講談社 2016.8 269p 18cm （ブルーバックス B-1982）〈索引あり〉 980円 ①978-4-06-257982-7 Ⓝ427.02

内容 第1章 ファラデーと王立研究所 第2章 マクスウェルとキャヴェンディッシュ研究所 第3章 ファラデーの実験とマクスウェルの理論 第4章 ファラデーと科学の劇場 第5章 マクスウェルと物理学の悪魔 第6章 ファラデー、マクスウェル 最後の仕事

＊貧しく満足な教育を受けられなかったにもかかわらず天性の実験センスで科学を切り拓いたファラデー。大地主の跡取りでケンブリッジ大卒のエリート、早くから数学に特別な才能を発揮したマクスウェル。育った環境も、科学へのアプローチも対照的な二人の天才の共演によって、電磁気学が完成されていく過程をたどる。

◇ファラデーとマクスウェル 後藤憲一著 新装版 清水書院 2016.8 214p 19cm （Century Books―人と思想 115）〈文献あり 年譜あり 索引あり〉 1200円 ①978-4-389-42115-1 Ⓝ289.3

内容 1 ファラデーの一生と人となり（少青年時代　王立研究所について　大陸旅行　研究所復帰と結婚　電磁誘導の発見　電気分解・静電気その他の研究　磁気光学・反磁性その他の研究）　2 マクスウェルの一生と人となり（幼年時代　中高生時代　大学時代　アバディーン大学教授時代　グレンレアー隠遁時代　キャヴェンディッシュ研究所時代）　3 ファラデー・マクスウェルの場の思想と電磁気学の完成（電磁気学諸法則の発見　電磁気学の完成　場の思想の発展）　ファラデーとマクスウェルの文通

＊人類が初めて「火」の存在を知り、それを使いこなすようになったとき、その生活は格段の進展をしたように、人類が「電気」と「電波」を生活に取り入れるようになったとき、今日の文明社会が始まったといってよかろう。この電気と電波の利用の道を拓いたのは、ファラデーとマクスウェルであった。それより人類が受けた恩恵は計り知れないものがあり、そのことは、電気と電波のない世界を想像してみれば、ただちに実感されるであろう。さらに、二人によって見いだされた電気磁気の法則は、ニュートンの力学の法則に比肩するもので、両者は物体の現象を律する最も基本的な二本柱といわれる。さて、一方は小学校しか出ていない鍛冶屋の次男から、一方は地主の一人息子から出発して、これをなしとげるまでを振り返りながら、その偉業を理解してもらえるよう述べてみよう。

◇物理学を変えた二人の男─ファラデー、マクスウェル、場の発見　ナンシー・フォーブス，ベイジル・メイホン著，米沢富美子，米沢恵美訳　岩波書店　2016.9　295,5p　20cm　〈索引あり〉　3200円　Ⓘ978-4-00-006324-1　Ⓝ289.3

内容 本屋の丁稚から研究所の丁稚へ　一七九一・一八一三　今は「化学」と呼ばれる研究分野　一八一三・一八二〇　電気と磁気の長い歴史　一六〇〇・一八二〇　円形方向に作用する力　一八二〇・一八三一　電磁誘導─磁気の変化が電気を起こす　一八三一・一八四〇　推測が遙かな未来を先取りする　一八四〇・一八五七　称号なしのマイケル・ファラデーのままで　一八五七・一八六七　「これはどうなっているの？教えて」　一八三一・一八五〇　ケンブリッジでの切磋琢磨の日々　一八五〇・一八五四　「力線」を「仮想流体」との類推で説明する　一八五四・一八五六　ここは冗談が通じない　一八五六・一八六〇　光は電磁波だった！　一八六〇・一八六五　これは大当たり（！）だと思う　一八六三・一八六五　田舎暮らし　一八六五・一八七一　キャヴェンディッシュ研究所の創設　一八七一・一八七九　マクスウェル信奉者たち　一八五〇・一八九〇　科学史の新しい時代　一八九〇年以降

＊科学史に燦然と輝く二人の男は、いかにして電磁場を発見し、ニュートン以来の機械的な世界観を覆す革新的な「場」の理論を作り出したのか。鍛冶屋の息子で、何でも自分で確かめる真摯な態度を貫いた実験家ファラデーと、地主で弁護士の息子で、群を抜いた天才理論家でありながら剽軽で奇抜な面ももつマクスウェル。場の発見を主軸に二人の生涯を描く。

マクドナルド, H.〔1970～〕
Macdonald, Helen

◇オはオオタカのオ　ヘレン・マクドナルド著，山川純子訳　白水社　2016.10　370p　20cm　2800円　Ⓘ978-4-560-09509-6　Ⓝ787.6

内容 第1部（辛抱強さ　失って　小さな世界　ホワイト先生　しっかり掴まえて　ほか）　第2部（フリーで飛ぶ　絶滅　隠れる　恐怖　アップル・デイ　ほか）

＊幼い頃から鷹匠になる夢を抱いて育ち、最愛の父の死を契機にオオタカを飼い始めた「私」。ケンブリッジの荒々しく美しい自然を舞台に、新たな自己と世界を見いだす鮮烈なメモワール。2014年度コスタ賞伝記部門＆年間最優秀賞。サミュエル・ジョンソン賞ノンフィクション部門。

マクマレー, J.〔1891～1976〕
Macmurray, John

◇ジョン・マクマレー研究─キリスト教と政治・社会・宗教　宮平望著　新教出版社　2017.9　232p　21cm　〈文献あり　年譜あり　索引あり〉　2400円　Ⓘ978-4-400-32766-0　Ⓝ133.5

内容 序章　ジョン・マクマレー研究　第一章　ジョン・マクマレーの生涯と思想　第二章　共産主義と民主主義　第三章　社会と共同体　第四章　宗教と信仰共同体　結章　ジョン・マクマレーへの批判的評価

＊日本人の手になる初の本格研究。ジョン・マクマレー（John Macmurray, 1891-1976）はスコットランド出身のキリスト教哲学者。第一次大戦での従軍体験の後、共産主義の問題と向き合い、「関係としての人間存在」に着目した深い人間論に基づく独自の共同体思想を形成した。また後年はキリスト友会に属し、平和主義者としても影響力をもった。トニー・ブレア前イギリス首相に影響を与えた思想家としても注目されている。

マグリット, R.〔1898～1967〕
Magritte, René

◇もっと知りたいマグリット─生涯と作品　南雄介監修著，福満葉子著　東京美術　2015.3　79p　26cm　（アート・ビギナーズ・コレクション）〈文献あり　索引あり〉　1800円　Ⓘ978-4-8087-1018-7　Ⓝ723.358

内容 第1章　母の死─模索時代1898・1925（0～27歳）（スタイルの模索）　第2章　シュルレアリスムへの道　1925・1930（27～32歳）（シュルレアリスムの発見　夢の世界　切り裂かれた世界　暴力とエロス　言葉とイメージ）　第3章　イメージの詩学1930・1939（32～41歳）（問題と解答　メタモルフォーズ　不在の表象　眼差しのエロティシズム）　第4章　戦火をくぐりぬけて1939・1950（41～52歳）（不安の時代　ルノワールの時代　ヴァッシュの時代）　第5章　「マグリット」への回帰1950・1967（52～68歳）（紳士たち　石化する世界　尺度の問題　見えるものと見えないもの　青空）

＊世界は謎と不条理に満ちている。シュルレアリスム絵画の入門書としてもおすすめ！

◇ルネ・マグリット国家を背負わされた画家　利根川由奈著　水声社　2017.3　273p　22cm　〈文献あり　索引あり〉　4000円　Ⓘ978-4-8010-0238-8　Ⓝ723.358

内容 第1部　マグリット作品に表されているもの・表されていないもの─マグリット作品の造形的特徴（マグリット作品の持つイメージの力─「マグリットらしい」"赤いモデル"　思考のイメージ化─「マグリッ

トらしくない」陽光に満ちたシュルレアリスム　マグリットの装飾芸術と広告　マグリット作品の地理的・時代的普遍性）　第2部　ベルギー美術史とマグリット―展覧会におけるマグリットの文脈（ベルギー美術の伝統を担うマグリット―「ベルギー美術の幻想性―ボスからマグリットまで」展マグリット解釈の現在性―ヤン・フートのマグリット解釈　アメリカ美術の前衛性を備えるマグリット―「ベルギーの美術：一九二〇―一九六〇」展）　第3部　対外文化政策とマグリット―マグリットの公共事業作品の役割（パレ・デ・コングレの壁画 "神秘のバリケード"　王立サベナ・ベルギー航空の広告 "空の鳥"）
＊シュルレアリスムを代表する画家なら、現代美術や広告へ影響を与えながらも、詩と思考を絵画に求めて孤高に描き続けた、のだろうか？ベルギー王立航空会社の広告、王立施設の壁画、王立美術館の待遇、教育省主催の企画展…文化政策によって「ベルギー美術史」へと巻き込まれた、もう一人のマグリット！

マクリントック, B.〔1902～1992〕 McClintock, Barbara

◇ノーベル賞学者バーバラ・マクリントックの生涯―動く遺伝子の発見　RAY SPANGENBURG, DIANE KIT MOSER著，大坪久子，田中順子，土本卓，福井希一共訳　養賢堂　2016.8　136p　21cm　〈年譜あり〉1800円　Ⓘ978-4-8425-0552-7　Ⓝ289.3

マグロワール＝サン＝トード, C.〔1912～1971〕 Magloire-Saint-Aude, Clément

◇《クレオール》な詩人たち　2　恒川邦夫著　思潮社　2018.3　357p　19cm　3200円　Ⓘ978-4-7837-3812-1　Ⓝ950.29
内容　第6章　ニコラス・ギエン―キューバ革命の "国民的詩人"　第7章　ジャック・ルーマン―現代ハイチ文学の "父"　第8章　マグロワール＝サン＝トード―ハイチの "呪われた詩人"　第9章　ルネ・ドゥペストル―稀代の "遍歴詩人"　第10章　フランケチエンヌ― "スピラリスム" の創始者　第11章　モンショアシーマルチニックのクレオール語詩人　第12章　カリブ海の友だち―テレーズ・レオタン，アンリ・コルバン，ロジェ・パルスマン，エルネスト・ペパン
＊ "革命" と "カリブ海性" を刻む詩群―クレオール文学の第一人者が、カリブ海の詩人たちを体系的かつ網羅的に紹介する決定版。さまざまな交流を手がかりに、魅惑にみちた詩群を訳出し、各詩人の生きざまを活写する。

マクロン, E.〔1977～〕 Macron, Emmanuel

◇エマニュエル・マクロン―フランスが生んだ革命児　伴野文夫著　幻冬舎メディアコンサルティング　2017.9　150p　19cm　〈発売：幻冬舎〔東京〕〉　1000円　Ⓘ978-4-344-97183-7　Ⓝ312.35
内容　第1章　マクロン革命が目指すもの　第2章　極右ポピュリストと米英メディア　第3章　マクロン―メルケルの仏独同盟新時代　第4章　EUと中国の「一帯一路」　第5章　日本は今こそ経済自立の時　第6章 "奇蹟の子" マクロンの人間と思想　参考資料『Révolution』の概要
＊仏史上最年少（39歳）大統領、25歳年上の教師と大恋愛の末に結婚、ロスチャイルド銀行で金融修業…。マクロンとはいったい何者か？　元NHK国際経済担当解説委員の著者が、マクロン著『Révolution（革命）』を読み解く待望の書。

◇エマニュエル・マクロン―フランス大統領に上り詰めた完璧な青年　アンヌ・フルダ著，加藤かおり訳　プレジデント社　2018.4　287p　20cm　2000円　Ⓘ978-4-8334-2275-8　Ⓝ312.35
内容　そして "マニュ" は夢を見た… "神の子" マニとマネット、「愛するのはあなただけ」　生きること、愛すること　生涯唯一の女性、ブリジット　エマニュエル・マクロンと文学　人を魅了する力　代父と兄たち "システムの申し子" の家族環境―ジャン＝ピエール、ジャック、アラン、ダヴィド　社交界とセレブたちとの交流　政界の未確認飛行物体（UFO）　若き成功者としての大統領
＊欧州の超名門投資銀行勤務を経て、颯爽と登場した史上最年少大統領の素顔をベテラン政治ジャーナリストが描く。

◇革命―仏大統領マクロンの思想と政策　エマニュエル・マクロン著，山本知子，松永りえ訳　ポプラ社　2018.4　373p　19cm　2700円　Ⓘ978-4-591-15835-7　Ⓝ312.35
内容　第1部　思想（私は何者か　私が信じるもの　私たちフランス人は何者なのか？　ほか）　第2部　戦略（未来への投資　フランスで生産し、地球を守ること　すべての子供たちに学ぶ機会を　ほか）　第3部　未来（フランスの意志　いかにしてフランス国民を守るか　運命をコントロールする　ほか）
＊自らが語る生い立ち、フランス再興戦略、欧州の政治・経済の展望。世界の変化を掴む必読書。

マコウ, R.〔1980～〕 McCaw, Richie

◇突破！　リッチー・マコウ自伝　リッチー・マコウ，グレッグ・マクギー，斉藤健仁，野辺優子訳　東邦出版　2016.3　395p　19cm　1800円　Ⓘ978-4-8094-1365-0　Ⓝ783.48
内容　G.A.B　悪い予感　すべてをしくじった　ビッグ・スカイ　ロビー、テッド、スミシー、そしてシャグ　カンタベリー物語　適者生存　「十字軍」クルセイダーズでの戦い　臨戦態勢　ウェノ・ウノ〔ほか〕
＊ラグビー世界最強チーム "オールブラックス" の偉大なるキャプテン―その苦悩と栄光の軌跡を。

マゴーネ, M.〔1845～1859〕 Magone, Michael

◇オラトリオの少年たち―ドメニコ・サヴィオ、ミケーレ・マゴーネ、フランチェスコ・ベズッコの生涯　ジョヴァンニ・ボスコ著，浦田慎二郎監訳，佐倉岳，中村〈五味〉妙子訳　ドン・ボスコ社　2018.6　375p　21cm　（サレジオ家族霊性選集 Antologia di Salesianità 2）　1200円　Ⓘ978-4-88626-630-9　Ⓝ198.2237

マザー・テレサ

⇒テレサ（コルカタの）を見よ

マザー・マチルド
⇒ラクロ, M. を見よ

マーシャル, A.W. 〔1921～2019〕
Marshall, Andrew W.

◇帝国の参謀――アンドリュー・マーシャルと米国の軍事戦略　アンドリュー・クレピネヴィッチ, バリー・ワッツ著，北川知子訳　日経BP社　2016.4　502p　20cm　〈発売：日経BPマーケティング〉　2800円　Ⓘ978-4-8222-5149-9　Ⓝ392.53

内容：第1章 自ら学ぶ 一九二一～一九四九年　第2章 ランド研究所時代前半 一九四九～一九六〇年　第3章 優れた分析手法を求めて 一九六一～一九六九年　第4章 ネットアセスメントの誕生 一九六九年～一九七三年　第5章 国防総省へ 一九七三年～一九七五年　第6章 ネットアセスメントの成熟 一九七六～一九八〇年　第7章 冷戦時代の終盤 一九八一～一九九一年　第8章 軍事革命 一九九一～二〇〇〇年　第9章 アジア太平洋地域への転換 二〇〇一～二〇一四年　結論

＊ネットアセスメント、「軍事における革命」アジア太平洋シフトのスーパー軍師の実像とは？ そのコスト強要戦略で旧ソ連を崩壊に導き、「ペンタゴンのヨーダ」と呼ばれた男。93歳で退任するまで40年以上にわたり、国防長官に仕えた天才軍事戦略家の評伝。

マーシャル, G. 〔1880～1959〕
Marshall, George Catlett

◇あなたの人生の意味――先人に学ぶ「惜しまれる生き方」　デイヴィッド・ブルックス著，夏目大訳　早川書房　2017.1　478p　19cm　2300円　Ⓘ978-4-15-209666-1　Ⓝ159

内容：第1章 大きな時代の変化　第2章 天職――フランシス・パーキンズ　第3章 克己――ドワイト・アイゼンハワー　第4章 闘いの人生――ドロシー・デイ　第5章 自制心――ジョージ・マーシャル　第6章 人間の品位――ランドルフとラスティン　第7章 愛――ジョージ・エリオット　第8章 神の愛――アウグスティヌス　第9章 自己省察――サミュエル・ジョンソンとモンテーニュ　第10章 大きい私

＊人間には2種類の美徳がある。「履歴書向きの美徳」と「追悼文向きの美徳」だ。つまり、履歴書に書ける経歴と、葬儀で偲ばれる故人の人柄。生きる上でどちらも大切だが、私たちはつい、前者ばかりを考えて生きてはいないだろうか？ ベストセラー『あなたの人生の科学』で知られる『ニューヨーク・タイムズ』のコラムニストが、アイゼンハワーからモンテーニュまで、さまざまな人生を歩んだ10人の生涯を通じて、現代人が忘れている内的成熟の価値と「生きる意味」を根源から問い直す。『エコノミスト』などのメディアで大きな反響を呼び、ビル・ゲイツら多くの識者が深く共鳴したベストセラー。

マーシャル, W. 〔1146頃～1219〕
Marshall, William

◇中世ヨーロッパの騎士　フランシス・ギース著，椎野淳訳　講談社　2017.5　318p　15cm　〈講談社学術文庫 2428〉〈文献あり〉　1050円　Ⓘ978-4-06-292428-3　Ⓝ230.4

内容：第1章 騎士とは何か　第2章 黎明期の騎士　第3章 第一回十字軍の騎士　第4章 吟遊詩人と騎士道の文学　第5章 ウィリアム・マーシャル――全盛期の騎士道　第6章 テンプル騎士団――兵士、外交官、銀行家　第7章 ベルトラン・デュ・ゲクラン――一四世紀の騎士　第8章 一五世紀のイングランドの騎士――サー・ジョン・ファストルフとパストン家　第9章 騎士道の長い黄昏

＊豪壮な城、華麗な騎馬試合、孤独な諸国遍歴――中世ヨーロッパを彩った戦士たち。十字軍やテンプル騎士団の活躍から、吟遊詩人と騎士道物語の誕生、上級貴族にのしあがったウィリアム・マーシャルや、ブルターニュの英雄ベルトラン・デュ・ゲクランの生涯、さらに、『ドン・キホーテ』でパロディ化された騎士階級が、近代の中に朽ちていくまでを描く。

マーシュ, B. Marsh, Belle

◇明治学院歴史資料館資料集 第10集 1　バラ学校を支えた二人の女性――ミセス・バラとミス・マーシュの書簡　Lydia Ballagh, Belle Marsh著　明治学院歴史資料館　2015.3　79p 図版6p　21cm　〈編集代表：長谷川一〉　800円　Ⓝ377.28

内容：ミセス・バラの書簡　Children's work for children, 1877（翻訳）　Children's work for children, 1877（オリジナル）　Woman's work for children, 1878-1879（翻訳）　Woman's work for children, 1878-1879（オリジナル）　ミス・マーシュの書簡（翻訳）

マスク, E. 〔1971～〕 Musk, Elon

◇天才イーロン・マスク銀河一の戦略　桑原晃弥著　経済界　2014.12　207p　18cm　〈経済界新書 047〉〈文献あり 年譜あり〉　800円　Ⓘ978-4-7667-2057-0　Ⓝ289.3

内容：第1章 自分で自分の発想を制限するな――南アフリカの貧しい移民が富豪に駆け上がる　第2章 すごくなるにはすごい相手と組む――小企業テスラがトヨタ、パナソニックを動かす　第3章 恐れは無視せよ、進むのが遅くなる――新企業スペースXがアメリカの威信を背負う　第4章 絶望は強烈なモチベーションにつながるか――一人の執念が自動車一〇〇年の歴史を揺るがす　第5章 大事なのは成長率。成功率とは限らない――ソーラーシティの太陽光発電が原発をしのぎ始める　第6章 明るい未来を信じられる仕事をせよ――壮大な「夢物語」がイノベーションを進める　第7章 人をあっと驚かせる事業こそおもしろい――コストダウンが火星移住を手の届く現実にする

＊この男は何者か？ 正体と基本戦略を明かす！

◇史上最強のCEOイーロン・マスクの戦い　竹内一正著　PHP研究所　2015.3　233p　18cm　〈PHPビジネス新書 328〉〈文献あり 年譜あり〉　870円　Ⓘ978-4-569-82373-7　Ⓝ289.3

内容：第1章 「人類と地球を救う」壮大な挑戦　第2章 南アフリカの少年が抱いた夢と憧れ　第3章 とてつもない失敗をする度胸　第4章 型破りすぎる発想　第5章 進化の連続が成功を引き寄せる　第6章

マスコ

巨大な敵に平然と挑む
＊今、アメリカで最も熱い注目を浴びる経営者といえばこの人、イーロン・マスクだ。現在手掛けている事業は、電気自動車、太陽光発電、そして民間初の宇宙ロケット開発。これらはすべて共通の目的のもとに進められている。そのゴールとは「環境悪化が進む地球を守り、人類を火星に移住させる」こと。荒唐無稽にも見えるが、プロジェクトは着実に前進している。既存の方法論や権力との戦いを描きつつ、新時代の経営者の要件をあぶり出す。

◇イーロン・マスク―未来を創る男　アシュリー・バンス著，斎藤栄一郎訳　講談社　2015.9　318p 図版16p　19cm　1700円　Ⓘ978-4-06-219633-8　Ⓝ289.3

|内容| イーロン・マスクの世界―「次の」ジョブズはこの男　少年時代―祖国・南アフリカの甘くて苦い記憶　新大陸へ―壮大な冒険の始まり　初めての起業―成功への第一歩を踏み出すまで　ペイパル・マフィア―栄光と挫折とビッグマネー　宇宙を目指せ―ロケット事業に乗り出すまで　100%の電気自動車―テスラモーターズという革命　苦悩の時代―生き残りをかけた闘い　軌道に乗せる―火星移住まで夢は終わらない　リベンジ―21世紀の自動車を世に出す　次なる野望―イーロン・マスクの「統一理論」

＊驚異的な頭脳と集中力、激しすぎる情熱とパワーで、宇宙ロケットから超高性能の電気自動車まで「不可能」を次々と実現させてきた男―。「いま、世界が最も注目する経営者」のすべてを描く。

◇イーロン・マスク―破壊者か創造神か　竹内一正著　朝日新聞出版　2016.11　253p　15cm　（朝日文庫　た64-1）〈「イーロン・マスクの野望」（2013年刊）の改題、全面改稿　文献あり〉　660円　Ⓘ978-4-02-261880-1　Ⓝ289.3

|内容| 1章　新たな旅立ち　2章　素人集団の戦い　3章　新世紀のクルマをつくれ　4章　偉業達成への飛翔　5章　巨大な敵に打ち勝て　6章　不可能だから挑む　7章　破壊者から創造神へ　8章　イーロンが描く未来

＊世界で最も注目されている天才経営者イーロン・マスク。宇宙ロケットのスペースX、電気自動車のテスラモーターズ、太陽エネルギーのソーラーシティを率い、100万人の火星移住計画を実現可能なものとしてつき進める。「人類と地球を救う！」という彼が描く未来とは？

◇イーロン・マスク―世界をつくり変える男　竹内一正著　ダイヤモンド社　2018.1　222p　19cm　〈他言語標題：Elon Musk　文献あり〉　1400円　Ⓘ978-4-478-10284-8　Ⓝ289.3

|内容| イーロン・マスクとは何者なのか？　理想を掲げた現実主義者になる―ビジョンに実行力を近づける社会全体を見ろ、世界の本質を担え！―スケール感を2段階アップして考える　どんな失敗でも、正面から受け入れる―絶望をモチベーションに昇華するギブン・コンディションを超えろ―「ワク」を取っ払う図太さ　学校の成功なんかで満足しない―21世紀を切り拓く起業家の正体　最後はトップがリスクを取る―やり抜く組織はリーダーがつくる　常識は疑え、ルールを壊せ―絶望をモチベーションに昇華する　すべてを、ハイスピードで実行する―頭脳とフットワークの両輪を回す　相手が強敵でも、怯まず唯一の攻撃は合理的かつ客観的に―常にオープンであれ―自ら「矢面に立つ」覚悟を持つ　本質に立ち戻って考える―日本企業にこそ必要な思考法　世界を変えるビジネスモデルを構築する―点から線に、線から面に拡大せよ　時流に乗り、大勝負に出る―勝敗の見極め方　株主の言うことなんか聞くな！―ぶれない信念が壁を壊す

＊株主の言うことなんか、聞くな。本質に立ち戻り、考えろ「ギブン・コンディション」を超えろ。検索でもSNSでもECでも世界は変わらない―イーロン・マスク入門・最新版！

◇イーロン・マスクの世紀　兼松雄一郎著　日本経済新聞出版社　2018.6　414p　19cm　〈他言語標題：The Age of Elon Musk　文献あり　年譜あり〉　1600円　Ⓘ978-4-532-32211-3　Ⓝ509.253

|内容| さらばアップル―米国製造業の革命　ロボットと愛―トヨタをあざ笑う　解けるエジソンの呪い―電力の未来　「ザッカーバーグは分かってない」―AI終末論　トランプとの伴走―近似形の二人　マルキシズム2・0―シリコンバレーの不安　アキレスと2匹の亀―異端投資の生態系　米都市の生と死―蝸牛とブガッティ　アイアンマンのダークサイド―殺人マーケティング　起業家の建国神話―物語が育むアメリカ　方舟と民主主義―紅いディストピア　トム少佐の退屈―マスクがまだ語っていないこと

＊EV、都市開発、人類の火星移住…奇才の野望とともに世界は変わり始めた。前シリコンバレー特派員が実態に迫る！

◇宇宙の覇者ベゾスvsマスク　クリスチャン・ダベンポート著，黒輪篤嗣訳　新潮社　2018.12　395p　20cm　〈年表あり〉　2300円　Ⓘ978-4-10-507081-6　Ⓝ538.09253

|内容| 「着陸」　第1部　できるはずがない（「ばかな死に方」　ギャンブル　「小犬」　「まったく別の場所」　ほか）　第2部　できそうにない（「ばかになって、やってみよう」　リスク　四つ葉のクローバー　「信頼できる奴か、いかれた奴か」　ほか）

＊桁外れの資産と野心を持つ異能の経営者が、「未来のプラットフォーム」の覇権を狙う。強烈な個性がぶつかり合う開発競争の最前線！

マスコ, J.T. 〔1950～〕
Masuko, João Toshiei

◇ひとびとの精神史　第7巻　終焉する昭和―1980年代　杉田敦編　岩波書店　2016.2　333p　19cm　2500円　Ⓘ978-4-00-028807-1　Ⓝ281.04

|内容| 1　ジャパン・アズ・ナンバーワン（中曽根康弘―「戦後」を終わらせる意志　上野千鶴子―消費社会と一五年安保のあいだ　高木仁三郎―「核の時代」と市民科学者　大橋正義―バブルに浮かれる経営者たち）　2　国際化とナショナリズム（ジョアン・トシエイ・マスコ―「第二の故郷」で挑戦する日系ブラジル人　安西賢誠―「靖国」と向き合った真宗僧侶　宮崎駿―職人共同体というユートピア　『地球の歩き方』創刊メンバー―日本型海外旅行の精神）　3　天皇と大衆（奥崎謙三―神軍平等兵の怨霊を弔うために　朴正恵と蔡成泰―民族教育の灯を守る　美空ひばり―生きられた神話　知花昌一―日の丸を焼いた日）

＊戦後の「総決算」からなし崩しの転換へ。経済大国化による新たなナショナリズムと、国際化・多様化とのせめぎ合い。

マズロー, A.H.〔1908～1970〕
Maslow, Abraham Harold

◇マズロー心理学入門―人間性心理学の源流を求めて　中野明著　アルテ　2016.5　188p　19cm　〈他言語標題：Introduction to Maslow Psychology　索引あり　発売：星雲社〉　1800円　①978-4-434-22013-5　Ⓝ140.1

内容　第1章　アブラハム・マズローの人と思想　第2章　欲求の階層　第3章　自己実現　第4章　至高経験と自己超越　第5章　ユーサイキアン・マネジメント　第6章　ユーサイキアは実現できるのか

＊人間性心理学の源流に位置するマズロー心理学とは何か？　著名な欲求階層論から自己実現、さらに至高経験と自己超越からユーサイキアン・マネジメントまでをマズローの生涯に沿って解説する。

マゼール, L.〔1930～2014〕　Maazel, Lorin

◇偉大なる指揮者たち―トスカニーニからカラヤン、小澤、ラトルへの系譜　クリスチャン・メルラン著　神奈川夏子訳　ヤマハミュージックメディア　2014.11　389,7p　21cm　2800円　①978-4-636-90301-0　Ⓝ762.8

内容　アルトゥーロ・トスカニーニ　ウィレム・メンゲルベルク　セルゲイ・クーセヴィツキー　ピエール・モントゥー　ブルーノ・ワルター　サー・トーマス・ビーチャム　レオポルド・ストコフスキー　エルネスト・アンセルメ　オットー・クレンペラー　ヴィルヘルム・フルトヴェングラー〔ほか〕

＊指揮の特徴や楽団員からの評価、生い立ちや普段の振る舞い、家族関係など、50人のマエストロたちの素顔を描き出す。オーケストラ指揮の知られざる側面に迫った評伝集。

マゾー・イ・バレンティー, R.〔1880～1935〕
Masó i Valentí, Rafael

◇カタルーニャ建築探訪―ガウディと同時代の建築家たち　入江正之著　早稲田大学出版部　2017.3　169p　21cm　（早稲田大学理工研叢書シリーズ No.29）　2000円　①978-4-657-17001-9　Ⓝ523.36

内容　第1章　カタルーニャ・バルセロナの街へようこそ街を歩く　第2章　タラゴナ―街々の建築を造形・装飾した異才の建築家　ジュゼップ・ジュジョール・イ・ジーベルト　第3章　バルセロナ"カタルーニャ・ムダルニズマ"を駆動させた建築家　ルイス・ドメーネック・イ・モンタネル　第4章　ジロナ―中世都市の近代化を進めた建築家　ラファエル・マゾー・イ・バレンティー　第5章　タラッザ―繊維業で栄えた街の建築家　ルイス・ムンクニル・イ・バリェラダ　第6章　ガウディ試論―日本に初めてガウディを紹介した建築家　今井兼次

マータイ, W.〔1940～2011〕
Maathai, Wangari

◇ワンガリ・マータイ―「MOTTAINAI」で地球を救おう　環境保護運動家〈ケニア〉　筑摩書房編集部著　筑摩書房　2014.12　172p　19cm　（ちくま評伝シリーズ〈ポルトレ〉）〈他言語標題：Wangari Muta Maathai　文献あり　年譜あり〉　1200円　①978-4-480-76625-0　Ⓝ289.3

内容　第1章　自然と物語に包まれて　第2章　自由の国へ　第3章　ケニアでの新生活　第4章　試練　第5章　モンスタービルをやっつけろ　第6章　希望の種をまく　巻末エッセイ「若き日、転機を生かす感性と自我意識」（柳田邦男）

＊大切な自然を守るために小さくても出来ることから始め、それが世界平和への道につながった。

◇世界を変えた10人の女性―お茶の水女子大学特別講義　池上彰著　文藝春秋　2016.5　344p　16cm　（文春文庫　い81-6）　670円　①978-4-16-790619-1　Ⓝ280

内容　第1章　アウンサンスーチー―政治家　第2章　アニータ・ロディック―実業家　第3章　マザー・テレサ―カトリック教会修道女　第4章　ベティ・フリーダン―女性解放運動家　第5章　マーガレット・サッチャー―元英国首相　第6章　フローレンス・ナイチンゲール―看護教育学者　第7章　マリー・キュリー―物理学者・化学者　第8章　緒方貞子―元国連難民高等弁務官　第9章　ワンガリ・マータイ―環境保護活動家　第10章　ベアテ・シロタ・ゴードン―元GHQ職員

＊近現代史を塗り変える仕事をした女性達。その生涯と業績、賛否分かれる評価を池上教授が解説し女子学生達と徹底討論。「田中真紀子」説もあるアウンサンスーチー、「中絶否定」が議論を呼んだマザー・テレサ、不倫でバッシングされたマリー・キュリー。意外な側面も見ることで人間と歴史への理解が深まる真の啓蒙書と呼ぶべき一冊。

◇へこたれないUNBOWED―ワンガリ・マータイ自伝　ワンガリ・マータイ著　小池百合子訳　小学館　2017.6　530p　15cm　（小学館文庫　マ5-1）〈「へこたれない」(2007年刊)の改題、加筆〉　880円　①978-4-09-406417-9　Ⓝ289.3

内容　始まり　耕す　学校教育―そして非常事態へ　アメリカン・ドリーム　ケニアの独立、私の自立　専門知識をもたない森林官たち　試練の時代　変化の種　自由への闘争　自由への転機　闘いは続く　政治の扉を開ける　立ち上がり、歩こう　希望の大樹

＊日本人が忘れかけていた「もったいない」の心を世界に広め、「グリーンベルト運動」のため三〇〇〇万本もの植林を達成。アフリカ人女性として初のノーベル平和賞を受賞した、ケニア人女性政治家のワンガリ・マータイ氏。差別、裏切り、不当逮捕などの、度重なる苦難を乗り越え、「地球の未来」のために戦い続けた不屈の人生を綴った感動の自伝。

マタ・ハリ〔1876～1917〕　Mata Hari

◇マタ・ハリ伝―100年目の真実　サム・ワーヘナー著　井上篤夫訳　えにし書房　2017.12　393p　図版16p　22cm　3000円　①978-4-908073-46-5　Ⓝ289.3

＊没後100年。マタ・ハリ評伝の、古典的名著本邦初訳！　これは世紀の冤罪か―放蕩な女スパイのレッテルを貼られながらも、気高く死んでいった女性の生涯を辿り、真の姿に迫る本格評伝。本人が遺した貴重な一次資料を駆使して書かれた唯一の書。第一次世界大戦期、各国の思惑が交錯する諜報の世界に巻き込まれ、スパイの嫌疑をかけられた彼

女は本当に有罪だったのか？

マタール, H. 〔1970～〕 Matar, Hisham

◇帰還—父と息子を分かつ国　ヒシャーム・マタール著，金原瑞人，野沢佳織訳　京都　人文書院　2018.11　309p　19cm　3200円　①978-4-409-13041-4　Ⓝ930.278

内容 トラップドア　黒のスーツ　海　陸地　ブロッサー　詩　健康か？　家族は？　休戦とクレメンタイン　父と息子　旗　最後の光　ベンガジ　前世のこと　銃弾　マクシミリアン　キャンペーン　独裁者の息子　行儀のいいハゲワシ　談話　何年何ヶ月　骨　パティオ

＊1979年，リビア。反体制運動のリーダーだった父がエジプトに亡命。だが11年後に拉致され，消息を絶った。2011年，カダフィ政権が崩壊。息子のヒシャームは，ついに故郷の地に降り立つ—。バラク・オバマ，C・アディーチェ，カズオ・イシグロが絶賛する世界的ベストセラー。ピューリッツァー賞（伝記部門）受賞。

マッカーサー, D. 〔1880～1964〕 MacArthur, Douglas

◇マッカーサー大戦回顧録　ダグラス・マッカーサー著，津島一夫訳　改版　中央公論新社　2014.7　529p　16cm　（中公文庫 マ13-1)〈年譜あり〉　1400円　①978-4-12-205977-1　Ⓝ210.75

内容 第1章 敗北の記　第2章 ニューギニア戦　第3章 戦略の転換　第4章 フィリピン戦　第5章 廃墟の日本　第6章 占領の課題　第7章 占領政策

＊「アイ・シャル・リターン」。日本軍の攻勢の前に撤退を余儀なくされた米陸軍きっての名将は，公約通りフィリピンを奪回し，連合国最高司令官として日本本土に立った。晩年のマッカーサーが自らの生涯を綴った『回想記』より，太平洋戦争勃発から日本占領統治に至るまでを抜粋収録。

◇マッカーサーの二千日　袖井林二郎著　改版　中央公論新社　2015.7　452p　15cm　（中公文庫）　1300円　①978-4-12-206143-9　Ⓝ210.77

内容 「オレンジ戦略案」の長い影　アイ・シャル・リターン　青い眼の大君　「解放軍」の虚妄　勝者は裁く　法を与えるもの　「改革」をめぐる人間力学　神と人とに奉仕せん　「マイ・デア・ゼネラル」　「逆コース」という名の協奏曲　勝利に代るものなし？：老兵は消えゆかず

＊「青い目の将軍」はなぜ，敵国の統治に成功したのか。連合国最高司令官のパーソナリティと，日本人の民族性を軸として，内外の資料を駆使してあぶり出した，今なお現代日本を拘束する「占領期」の内実とは。日本人研究者によるマッカーサー評伝の嚆矢にして金字塔。

◇二十世紀と格闘した先人たち—一九〇〇年アジア・アメリカの興隆　寺島実郎著　新潮社　2015.9　390p　16cm　（新潮文庫 て-10-2)〈「二十世紀から何を学ぶか 下 一九〇〇年への旅 アメリカの世紀，アジアの自尊」(2007年刊) の改題, 加筆・修正〉　630円　①978-4-10-126142-3　Ⓝ280.4

内容 第1章 アメリカの世紀がアジア太平洋にもたらしたもの（太平洋の転換点となった米西戦争での米国の勝利　明治の青年に夢を与えたクラーク博士の実像と足跡　ヘンリー・ルース「アメリカの世紀」を推進した男　フランクリン・ルーズベルトの対日観の歴史的変遷　敗戦後の日本を「支配」した「極端な人」マッカーサー　付マッカーサー再考への旅——呪縛とトラウマからの脱却）　第2章 国際社会と格闘した日本人（「太平洋の橋」になろうとした憂国の国際人、新渡戸稲造　キリストに生きた武士、内村鑑三の高尚なる生涯　禅の精神を世界に発信した、鈴木大拙という存在　六歳の津田梅子を留学させた明治という時代　「亡命学者」野口英世の生と死　高峰譲吉の栄光とその悲しみ　日本近代史を予言した男、朝河貫一の苦闘と日米関係　近代石炭産業の功労者、松本健次郎と日本の二十世紀　情報戦争の敗北者だった大島浩駐独大使）　第3章 アジアの自尊を追い求めた男たち（アジアの再興を図ろうとした岡倉天心の夢　「偉大な魂」ガンディーの重い問い掛け　インドが見つめている一チャンドラ・ボースとパル判事　革命家・孫文が日本に問いかけたもの　魯迅が否定した馬virtue虎々　不倒翁・周恩来の見た日本）　第4章 二十世紀再考—付言しておくべきことと総括（一九〇〇年エルサレム—アラブ・イスラエル紛争に埋め込まれたもの　一九〇〇年香港—英国のアジア戦略　総括—結局、日本にとって二十世紀とは何だったか）

＊二十世紀初頭、アジア太平洋で「アメリカの世紀」が始まる。日本は近代化の道をひた走り、ガンディー、孫文、魯迅などアジアの巨星は解放と独立を目指した。新渡戸稲造、鈴木大拙、津田梅子…激動の世紀を懸命に生きた先人の足跡を追い、今を生きる智慧と歴史の潮流を問う一冊。

◇老兵は死なず—ダグラス・マッカーサーの生涯。ジェフリー・ペレット著，林義勝，寺澤由紀子，金澤宏明，武井望，藤田怜史訳　鳥影社　2016.1　1162,42p　20cm　〈索引あり〉　5800円　①978-4-86265-528-8　Ⓝ289.3

内容 ラッパの音　至福の日々　軍団、軍団、そして軍団　痛ましいジョーク　木工　兵士の中の兵士　顕著な特徴　よろしい！　アメリカ人はあきらめないのだ　陸軍のダルタニアン〔ほか〕

＊マッカーサーの公式の軍事記録、報告書及び通信記録、そして日誌や私文書や個人の日記や生存者とのインタビューなど多様な資料を駆使して生涯を描いた本格的な伝記。生誕から第二次世界大戦終結時に日本が正式に降伏文書に署名した1945年9月までを主に扱っている。

◇マッカーサーと日本占領　半藤一利著　PHP研究所　2016.5　263p　20cm　1600円　①978-4-569-82581-6　Ⓝ210.762

内容 前口上　神社と銅像　第1話 「青い眼の大君」の日々　第2話 昭和天皇の"戦い"　第3話 十一回の会談・秘話　第4話 「ヒロヒトを吊るせ」　第5話 本間は断罪されねばならぬ

＊廃墟から立ち上がりここまできた我ら日本人。国家目標を見失った今こそ、見直したい"あの時代"！

マッカーデル, C. 〔1905～1958〕 McCardell, Claire

◇20世紀ファッションの文化史—時代をつくった10人　成実弘至著　新装版　河出書房新社

2016.1　302p　19cm　〈文献あり〉　1800円　①978-4-309-24746-5　Ⓝ593.3

内容　チャールズ・ワース―ファッションデザイナー誕生　ポール・ボワレ―オリエント、装飾と快楽　ガブリエル・シャネル―モダニズム、身体、機械　エルザ・スキャパレッリ―ファッションとアート　クレア・マッカーデル―アメリカンカジュアルの系譜　クリスチャン・ディオール―モードとマーケティング　マリー・クアント―ストリートから生まれた流行　ヴィヴィアン・ウエストウッド―記号論的ゲリラ闘争　コム・デ・ギャルソン―ファッションの地平を脱構築する　マルタン・マルジェラ―リアルクロースを求めて　二〇世紀ファッションの創造性

＊ポワレ、シャネル、ディオールから、コム・デ・ギャルソン、マルジェラまで、彼らはファッションの地平をどう切り開いてきたか。20世紀ファッションの到達点をあらためて考察する、新しいファッション文化史。

マッカートニー, P.〔1942～〕
McCartney, Paul

◇獄中で聴いたイエスタデイ　瀧島祐介著　鉄人社　2015.9　223p　19cm　〈文献あり　年表あり〉　1300円　①978-4-86537-040-9　Ⓝ289.1

内容　カツアゲ、売血…生きるためには何でもすることかなかった　地元のヤクザから刃物を槍で刺され、瀕死の重体に　密室トリックを使った火災保険金詐欺の手口とは　留置場からの脱走　シャバに出たら世の中がビートルズ一色だった！　まさか組が解散しているなんて　私とポールの人生を支えた"妻の存在"　日本刀でメッタ刺しに。寝込みを襲ってきた相手は　私がストリッパーの派遣業で大儲けしていた時、ポールは　私がフィリピン・マニラで、商売仲間を射殺した理由〔ほか〕

◇ザ・ビートルズ・サウンド最後の真実　ジェフ・エメリック, ハワード・マッセイ著, 奥田祐士訳　河出書房新社　2016.4　589p　21cm　〈新装版　白夜書房 2009年刊の加筆　索引あり〉　4200円　①978-4-309-27716-5　Ⓝ767.8

内容　プロローグ　一九六六　秘宝　アビイ・ロード三番地　ビートルズとの出会い　初期のセッション　ビートルマニア　ハード・デイズ・ナイト　創意と工夫―"リボルバー"の舞台裏　ここにいられて最高です、ほんとにワクワクしています―"サージェント・ペパー"のスタート　傑作がかたちに―"ペパー"のコンセプト　愛こそはすべて、そして長いお休み―『マジカル・ミステリー・ツアー』と『イエロー・サブマリン』　ぼくが辞めた日―"ホワイト・アルバム"の舞台裏　嵐のあとの静けさ―"ホワイト・アルバム"以降の日々　金床とベッドと三人の拳銃使い―"アビイ・ロード"の舞台裏　とどのつまりは―"アビイ・ロード"の完成　穴の修理　アップル時代　ドブとトカゲとモンスーン―"バンド・オン・ザ・ラン"の舞台裏　ビートルズ以降の人生―エルヴィス・コステロから"アンソロジー"まで　今日、ニュースを読んだよ　いやはや

＊1966年『リボルバー』から1969年『アビイ・ロード』まで、ビートルズのレコーディング現場にいた唯一のエンジニアが語る、ファブ・フォー、創作の秘密の全貌。

◇ポール・マッカートニー告白　ポール・マッカートニー述, ポール・デュ・ノイヤー著, 奥田祐士訳　DU BOOKS　2016.6　537p　図版16p　21cm　〈作品目録あり　索引あり〉　発売：ディスクユニオン〉　3000円　①978-4-907583-58-3　Ⓝ767.8

内容　第1部（今日の語らい　マッカートニーをインタビューするということ　アイスキャンディを手にしたロックンローラー　マッカートニーが語るリヴァプール、子ども時代、そして音楽への目覚め　ビートルになる法　ぼくらは子どもだったのさ、ね？　まだまだ若かった　トップのてっぺん　つまり、歴史の現場に居合わせてことさ　ロックがアートにああ、わかったの。きみたちはもうキュートでいたくないんだな―ボブ・ディラン、1967年、ポール・マッカートニーに　ほか）　第2部（やり残した仕事　ビートルズ以降のビートルたち　アポロ・C・ヴァーマス氏　ぼくはかなりいい引き立て役だ。箔をつけるのがうまいんだよ　夢の実現　マッカートニーの語る曲づくり　魔法の実験　ソングライターのさらなる告白　ほほ笑みの向こう側　ポール・マッカートニーは自分のことをどう思っているのだろう？　ほか）

＊幼少期からはじまる音楽遍歴、創作の秘密と葛藤、自らの活動を支える信念、直面する老い―。36年間におよぶ著者との対話から、素顔のポール・マッカートニーが浮かび上がる。

◇ザ・ビートルズ史―誕生　上　マーク・ルイソン著, 山川真理, 吉野由樹, 松田ようこ訳　河出書房新社　2016.11　813p　20cm　〈索引あり〉　4900円　①978-4-309-27789-9　Ⓝ767.8

内容　前史（リバプールの我が家で―一八四五年～一九四五年　少年たち―一九四五年～五四年　ほか）　一年目、一九五八年―一緒になることを考える（俺たちはどこへ行くんだい、ジョニー―一九五八年一月～五月　これが俺の人生だ―一九五八年六月～一二月）　二年目、一九五九年―三人のイカした奴ら（乱暴なテディ・ボーイのような存在―一九五九年一月～七月　私とカスパへいらっしゃい―一九五九年七月～一二月）　三年目、一九六〇年―適性と、自信と、継続性と（幕は切って落とされた　ハイヨー、ハイヨー、シルヴァー…進め！―一九六〇年一月～五月　ほか）

＊4人のルーツからサウンドの完成まで徹底した事実検証で描き直し、ジョンの「マザー神話」などの数々の真相が次々と明かされる！　これまで語り継がれてきた「ビートルズ神話」を覆す新事実満載！　事件の現場にいた多くの人々を新たに取材、メンバーや関係者のインタビューを数多く発掘、利用し得るすべての一次資料（書簡、契約書、写真、音源など）を駆使し、「事実」にこだわり抜いた新しいビートルズ史！

◇ザ・ビートルズ史―誕生　下　マーク・ルイソン著, 山川真理, 吉野由樹, 松田ようこ訳　河出書房新社　2016.11　838p　図版16p　20cm　〈索引あり〉　4900円　①978-4-309-27790-5　Ⓝ767.8

内容　四年目、一九六一年―ロックの時代到来（ビッグ・ビート・ボッピン・ビートルズ―一九六一年一月～三月　ビーデルス、ブレリーを一九六一年四月～六月　スープと汗とロックンロール―一九六一年七月～九月　パリを旅するナーク・ツインズ―一九六一年一〇月一日～一四日　ほか）　五年目、

一九六二年―常に誠実であれ〔選択肢―一九六二年一月一日～二月五日　きちんと音楽を聴かせる―一九六二年二月六日～三月八日　奴ら対ばくら―一九六二年三月九日～四月一〇日　ビートルズになれた男―一九六二年四月一〇日～一三日　ほか〕
*リバプールでの爆発的成功からデビュー・ヒットまでを再検証。成功の裏に隠された4人の葛藤、デビューにまつわる新事実もえぐり出す！これまで語り継がれてきた「ビートルズ神話」を覆す新事実満載！デビューまでにビートルズがカバーしライブ演奏した曲の全貌に迫る！レノン＝マッカートニー・コンビの成長過程を詳細に辿り、どの曲がいつどちらの手で書かれていたのかまでも解明！

◇ビートルズが分かる本―4人が語る自身とビートルズ　小林七生著　広島　溪水社　2017.1　246p　21cm　〈文献あり〉　1800円　Ⓘ978-4-86327-378-8　Ⓝ764.7
内容　第1章 出生からクオリーメンまで　第2章 ハンブルク、ビートルズの成立（1960～1962）　第3章 有名になった―ビッグ・バン、膨張・爆発　第4章 アメリカと世界　第5章 変化のきざし　第6章 東京受難マニラ・アメリカーツアーに疑問　第7章 スタジオ・アーティスト、新生ビートルズ　第8章 各人の作風、ヨーコ　第9章 ビートルズ4人の旅立ち　終章 私のビートルズ
*天命を受けたリバプールの少年4人は世界を熱狂させ人々をしがらみから解放した。ほどなく生活感を得た4人は自分たちを表現し、そして各自の人生を希求し無常観に至った。

◇ポール・マッカートニー ザ・ライフ　フィリップ・ノーマン著，石垣憲一，竹田純子，中川泉訳　KADOKAWA　2017.2　731p　図版32p　22cm　〈他言語標題：PAUL McCARTNEY THE LIFE　作品目録あり　索引あり〉　3800円　Ⓘ978-4-04-104319-6　Ⓝ767.8
内容　プロローグ オール・アワ・イエスタデイズ　第1部 天国への階段　第2部 バーナム＆ベイリー・ビートル　第3部 家、家族、愛　第4部 その重荷を背負って　第5部 バック・イン・ザ・ワールド　エピローグ またな、フィル
*ポール・マッカートニーの了解と、家族や近しい友人らの協力を得て執筆された初のバイオグラフィー。ビートルズ時代から現在に至るまで、半世紀分のポピュラー音楽と文化を見事なまでに描き出している。幻に終わった来日公演やヘザー・ミルズとの離婚騒動など、陰の面もためらうことなく描くファン必携の一冊。

マックス, P.〔1937～〕　Max, Peter

◇ピーター・マックスの世界―アメリカン・サイケデリック・ポップアートの巨匠　ピーター・マックス，ヴィクター・ザーベル著，堀口容子訳　グラフィック社　2014.5　287p　22cm　3300円　Ⓘ978-4-7661-2609-9　Ⓝ723.53
内容　第1章 世界各地の影響　第2章 若い日の教育　第3章 悟りとコスミック・アート　第4章 60年代から新ミレニアムへ　作品
*本書は、ピーター・マックス本人による初の自伝であり、オフィシャルブックである。少年時代の感動的な物語や、世界的名声を得てからのことなど、「アーティストとしての修業時代の旅」が詳しく綴られている。そこには、普通の人なら、夢の中や子どものころにしか持てない「驚きとインスピレーション」に、常に回帰しようと努力するピーター・マックスの姿が克明に記録されている。同時に、アートの世界で上っていった階段を、年代を追って語りながら、時々立ち止まっては、クリエイティブな天性や多くの愛するものたち、日常に美を見いだす力について広く振り返り、自ら「アーティスト、ピーター・マックス」の姿を解き明かしていく。数々の名作が掲載され（一部書籍初掲載作品も含む）、ヴィジュアルの面からもピーター・マックスの全貌に迫る。この多彩な作品群は、世界有数の人気アーティストの、作品の背後にあるインスピレーションの源を明らかにするものである。

マッケイガン, D.〔1964～〕　McKagan, Duff

◇ダフ・マッケイガン自伝―イッツ・ソー・イージー：アンド・アザー・ライズ　ダフ・マッケイガン著，川原真理子訳　Du Books　2017.4　427p　21cm　〈年譜あり　発売：ディスクユニオン〉　2800円　Ⓘ978-4-907583-47-7　Ⓝ764.7

マッケンロー, J.〔1959～〕　McEnroe, John

◇ボルグとマッケンロー―テニスで世界を動かした男たち　スティーヴン・ティグナー著，西山志緒訳　ハーパーコリンズ・ジャパン　2018.9　380p　19cm　1900円　Ⓘ978-4-596-55132-0　Ⓝ783.5
内容　天使と悪童　芝生の上の野蛮人たち　次なる犠牲者　ゆっくりと滅ぶ　クイーンズの魔王　さすらいのパーク・アベニュー　灰の谷　試合の表面的な要素をはぎ取る　愛を糧にして高みを目指す　ミスター・癇癪持ち〔ほか〕
*道なき荒野からテニス史を切り拓いた先駆者たち―いまのテニス界はこうして創りあげられた！

松野クララ
⇒チーテルマン, C. を見よ

マッハ, E.〔1838～1916〕　Mach, Ernst

◇マッハとニーチェ―世紀転換期思想史　木田元著　講談社　2014.11　349p　15cm　（講談社学術文庫 2266）〈新書館 2002年刊の再刊　文献あり　年譜あり〉　1130円　Ⓘ978-4-06-292266-1　Ⓝ134.7
内容　序論―マッハとニーチェ　力学的自然観とは―ヘルムホルツの到達点　実証主義の風潮―もう一つの予備的考察　エルンスト・マッハの生涯―風車と流れるもの　現象学的物理学の構想―マッハの思想1　感性的要素一元論―マッハの思想2　ゲシュタルト理論の成立　マッハと現象学の系譜　アインシュタインとフリードリッヒ・アードラーの交友　レーニンとロシア・マッハ主義者たち　ウィトゲンシュタイン／ウィーン学団／ケルゼン「力への意志」―ニーチェの哲学　ホーフマンスタールとフッサール　ムージルに現れるマッハ／ニーチェ体験　マッハに感応するヴァレリーとムージル　二十世紀思想の展開
*二十世紀思想の源泉はどこにあるのか。十九世紀に眼を向け、物理学者マッハと古典文献学者ニー

チェを二つの焦点とした時、その影響圏はこれまで見たことのない景色として立ち現れる。力学的自然観の否定、形而上学の批判という立場への共振として生まれた現象学、ゲシュタルト理論、相対性理論、論理実証主義など二十世紀思想への深い影響とは？

マティス, H.〔1869～1954〕Matisse, Henri
◇よき人々の系譜　阿部祐太著　阿部出版　2015.1　413p　20cm　〈文献あり〉　2000円　Ⓣ978-4-87242-326-6　Ⓝ280
[内容] 第1章 無限の未知を受け入れる（司馬光「誠実な者こそ正しく勇ましい」 ディドロ「学問の目的は、真理を知る喜びにある」 シュンペーター「人間的な営みの積み重ねが社会の向上をもたらす」）　第2章 語りえぬもの、見えぬものに本質がある（マティス「目に見えない真理を描く」 世阿弥「魂に沿うことで人は喜び感動する」 シュレンマー「有限な身体と無限の意識は表裏一体」）　第3章 生かされて生きていることの自覚（道元「無常の中で常なるものを知る」 ヤスパース「幸せに生きることは、幸せに死ぬこと」 ブランクーシ「無私が大いなる力を引き寄せる」）　第4章 自然と自分のつながりを再認識する（トルストイ「幸福とは自然と共にあること」 ナポレオン「人間は自然界に生かされる弱き者である」 ヴェルス「科学は万能ではない」）　第5章 人生の行方は自分で決める（勝海舟「経験が自分を育てる」 サン＝テグジュペリ「真理も幸福も自分の内より創造する」 ミレー「現実はすべて崇高なり」）
＊従来の歴史観にとらわれず、新しい視点から古今東西の歴史上の著名人を再評価。時代や地域は違っていても、彼らの足跡に共通する生き方、考え方の本質を明らかにし、現代人がよく生きるための指針を提示する。前著『よき人々の歴史』（日本図書館協会選定図書）に続く新たな伝記の書。

◇僕はマティス　キャサリン・イングラム文，アニエス・ドクールシェル絵，岩崎亜矢紀訳，富永佐知子訳　パイインターナショナル　2015.4　72p　23cm　（芸術家たちの素顔　6）〈文献あり〉　1600円　Ⓣ978-4-7562-4628-8　Ⓝ723.35

◇色彩の饗宴——二〇世紀フランスの画家たち　小川栄二著　平凡社　2015.7　325p　図版13p　22cm　〈他言語標題：LA FÊTE DES COULEURS〉　5200円　Ⓣ978-4-582-83685-1　Ⓝ723.35
[内容] 第1章 現代絵画への展望（バルテュス—孤高の絵画愛　デュビュッフェ—現代のプリミティフ、創造の原初から　スタール—地中海の光）　第2章 二〇世紀の巨匠たち（ピカソ—"もの"の侵入、色彩の復権　マティス—色彩の悦び　ブラック—鳥たちの飛翔）　第3章 色彩と夢と現実（ミロ—"自由なる自由"を友に　シャガール—オペラ座天井画に見た夢）　第4章 日常性への眼差し（ボナール—絵画への愛、日常への愛　デュフィ—海と音楽　レジェ—二〇世紀前衛の「プリミティフ」）　第5章 田園・環境・エコロジー（エステーヴ—華やぐ大地　ビシエール—現代の牧歌）
＊なぜ名画は生まれたのだろうか？ ピカソ、ミロ、シャガールからバルテュスまで現代フランス絵画を色彩豊かにいろどる13人の画家たちのその生涯を振り返り、知られざる素顔に迫る。

◇もっと知りたいマティス——生涯と作品　天野知香著　東京美術　2016.8　79p　26cm　（アート・ビギナーズ・コレクション）〈索引あり〉　2000円　Ⓣ978-4-8087-1049-1　Ⓝ723.35
[内容] PROLOGUE 遅い出発 フォーヴ以前—1869～1904 0 - 35歳　1 "野獣"と"肘掛け椅子"—1905～1911年 36 - 42歳　2 モロッコ旅行から第一次世界大戦へ—1912～1916年 43 - 47歳　3 画家とモデル オダリスクの時代—1917～1929年 48 - 60歳　4 装飾の仕事 壁画と挿絵—1930～1939年 61 - 70歳　5 色彩とデッサンの葛藤—1940～1947年 71 - 78歳　EPILOGUE 絵画を超えて—1948～1954年 79 - 84歳

◇マティスとルオー 友情の手紙　アンリ・マティス，ジョルジュ・ルオー著，ジャクリーヌ・マンク編，後藤新治他訳，パナソニック汐留ミュージアム監修　みすず書房　2017.1　263, 61p 図版19枚　22cm　〈年譜あり 索引あり〉　3500円　Ⓣ978-4-622-08564-5　Ⓝ723.35
[内容] 1906 - 07年 サロン・ドートンヌ事件　1930年 ふたりのマティス　1934年 画商との確執　1937 - 38年 絵付けと舞台美術　1941年 占領地区と自由地区　1944年 解放前夜　1945年 ボノマという画家　1946年「黒は色である」　1947年 ヴォラール裁判　1949年 聖なる芸術　1951年 古いなかよし　1952 ユネスコ世界会議　1952-53年 最後の邂逅に向けて—マティスへの質問状　1954年 エピローグ
＊気質も画風も好対照。そめゆえに惹かれ合い、ライバルとして高め合ってきたマティスとルオー。ふたりはパリ国立美術学校のギュスターヴ・モロー教室で出会って以来、マティスの死の直前まで50年にわたり手紙を交わし、家族ぐるみの交流をつづけた。恩師との思い出、フォーヴィスムの誕生、画商への愛憎、贋作騒動、「聖なる芸術」への熱情——ふたりの巨匠の創作の舞台裏。図版75点、詳細年譜、関連地図を収録。

◇マティス 画家のノート　マティス[著], 二見史郎訳　新装版　みすず書房　2018.7　398, 37p　22cm　〈文献あり 年譜あり 索引あり〉　6400円　Ⓣ978-4-622-08731-1　Ⓝ723.35
[内容] 画家のノート　絵の仕事　バーンズ財団の『ダンス』について　デッサンと色彩の永遠の葛藤　私は本造りをどんな風にやったか　『ジャズ』と切り紙絵　ヴァンスの札拝堂　メッセージ
＊感情と芸術表現、空間の表現、デッサンと色彩の葛藤、表現者と自然との同化、表現の記号、アメリカの都市空間と現代美術、オセアニアの光と地中海の光、中国や日本の画家の自然に対する態度、浮世絵からうけたこと、オリエント、ビザンチン、ロシア・イコン、プリミティヴ芸術、レジスタンス活動で捕えられた妻と娘についての心痛、闘病と仕事のこと、切り紙絵、彫刻、ヴァンス礼拝堂など多くが語られている本書はマティスを広い視野から見直すための大きな手がかりとなるだろう。

マディソン, J.〔1751～1836〕Madison, James
◇アメリカ歴代大統領大全　第1シリーズ〔4〕建国期のアメリカ大統領 4（ジェームズ・マディソン伝記事典）　西川秀和著　岡山　大学

教育出版　2016.8　330p　22cm　〈文献あり　年譜あり　年表あり〉　3600円　①978-4-86429-173-6　Ⓝ312.8

マーティン, G.〔1926〜2016〕
Martin, George

◇ザ・ビートルズ・サウンドを創った男―耳こそはすべて　ジョージ・マーティン著, 吉成伸幸, 一色真由美訳　新装版　河出書房新社　2016.12　405p　19cm　〈初版のタイトル：ビートルズ・サウンドを創った男　年譜あり〉　2800円　①978-4-309-27726-4　Ⓝ767.8

[内容] クラシカル・プリマー―音楽入門　パラーツ＆パレッツ―音の色彩　アビイ・ロード―EMIレコード　耳こそはすべて―音の講座　コミック・カッツ―失敗談のかずかず　三人寄れば文殊の知恵―モノラルからステレオへ　ハード・デイズ＆ナイト―ビートルズとのレコーディング　ケーキを重ねて焼くよう―マルチ・トラック講座　アメリカ陥落―世界に躍り出たビートルズ　アップル・パイの分け前―プロデューサーの経済状態　ペパー軍曹の進撃―『サージェント・ペパーズ・ロンリー・ハーツ・クラブ・バンド』のレコーディング　ライト・イン・ザ・ピクチャー―サウンド・トラック講座　レコード作りのエンジェルたち―レコーディング・プロデューサーとは　空気の上に建てる―AIRスタジオ講座　明日のことはわからない―レコードの未来

＊ジョージ・マーティンとブライアン・エプスタインがいなかったらビートルズは生まれていなかった！音楽プロデューサーの役割に大きな影響を与えた男の創造の秘密と, 知られざるビートルズのエピソードを自ら語った唯一の本。

マードック, K.R.〔1931〜〕
Murdoch, Keith Rupert

◇世界を動かす巨人たち　経済人編　池上彰著　集英社　2017.7　250p　18cm　〈集英社新書0889〉〈文献あり〉　760円　①978-4-08-720889-4　Ⓝ280

[内容] 第1章 ジャック・マー　第2章 ルパート・マードック　第3章 ウォーレン・バフェット　第4章 ビル・ゲイツ　第5章 ジェフ・ベゾス　第6章 ドナルド・トランプ　第7章 マーク・ザッカーバーグ　第8章 グーグルを作った二人―ラリー・ペイジ, セルゲイ・ミハイロビッチ・ブリン　第9章 コーク兄弟―チャールズ・コーク, デビッド・コーク

＊この11人の大富豪こそ, 真の「実力者」。池上彰が, 歴史を動かす「個人」から現代世界を読み解く人気シリーズ最新刊！

マトベーエフ, N.〔1865〜1941〕
Matveev, Nikolaĭ

◇ドラマチック・ロシアin JAPAN　4　日露異色の群像30―文化・相互理解に尽くした人々　続　長塚英雄責任編集　生活ジャーナル　2017.12　531p　22cm　〈3の出版者：東洋書店〉　2800円　①978-4-88259-166-5　Ⓝ319.1038

[内容] レフ・メーチニコフ(1838‐1888)西郷が呼んだロシアの革命家　ニコライ・ラッセル(1850‐1930)子孫が伝える二〇世紀の世界人の記憶　黒野義文(？‐1918)東京外語露語科からペテルブルグ大学東洋語学部へ　小西増太郎(1861‐1939)トルストイとスターリンに会った日本人―激動の昭和を生きた祖父小西増太郎　ニコライ・マトヴェーエフ(1865‐1941)マトヴェーエフと戦後最初のロシア人観光団　徳富蘆花(1868‐1927)日本におけるトルストイ受容の先駆者として　セルギイ・チホミーロフ(1871‐1945)日本の府主教セルギイ―その悲劇の半生　内田良平(1874‐1937)「黒龍会」内田良平のロシア観　瀬沼夏葉(1875‐1915)瀬沼夏葉とチェーホフ作品の翻訳　相馬黒光(1875‐1955)"アンビシャスガール"とロシア文化〔ほか〕

マネ, E.〔1832〜1883〕
Manet, Édouard

◇マネ　ジョルジュ・バタイユ著, 江澤健一郎訳　調布　月曜社　2016.7　173p　図版27枚　18cm　（芸術論叢書）〈文献あり　年譜あり〉　3600円　①978-4-86503-033-4　Ⓝ723.35

[内容] マネの優雅さ　非人称的な転覆　主題の破壊　"オランピア"のスキャンダル　秘密　疑念から至上の価値へ　年譜　簡略書誌　訳者解説　もうひとつの近代絵画論『マネ』

＊伝統から解放された近代絵画の誕生。われわれは新しい世界に入り込み,"オランピア"で幕が開ける―晩年の高名な画家論, 待望の新訳。

◇印象派という革命　木村泰司著　筑摩書房　2018.10　306p　15cm　（ちくま文庫 き33-2）〈集英社 2012年刊の再刊　文献あり〉　950円　①978-4-480-43547-7　Ⓝ723.35

[内容] 序章 なぜ日本人は「印象派」が好きなのか　第1章 フランス古典主義と美術アカデミーの流れ―フランス絵画の伝統はいかに作られたか？　第2章 エドゥアール・マネ―モダン・ライフを描いた生粋のパリジャン　第3章 クロード・モネ―色彩分割法を見いだした近代風景画の父　第4章 ピエール＝オーギュスト・ルノワール―見る人に夢を与え続けた肖像画の大家　第5章 エドガー・ドガ―完璧なデッサンで人の動きを瞬間的に捉えた達人　第6章 ベルト・モリゾ＆メアリー・カサット―表現の自由を求めた二人の女性画家

＊モネ, ドガ, ルノワール。日本人に人気の印象派の絵は, 優しいイメージでとらえられがちです。しかし, じつは美術史に変容をもたらした革新的な芸術運動でした。作品の裏側には, 近代社会の幕開けによって, 人びとがはじめて味わうことになった孤独や堕落が隠されています。本書では, 印象派の絵を合わせ鏡として, 時代精神が近代にいかに向き合ったのかを読み解きます。図版資料100点以上収載。

◇エドゥアール・マネ―西洋絵画史の革命　三浦篤著　KADOKAWA　2018.10　299,20p　19cm　（角川選書 607）〈文献あり〉　2000円　①978-4-04-703581-2　Ⓝ723.35

[内容] 1　過去からマネへ（成熟するイメージ環境　イタリア絵画―ティツィアーノとラファエロ　スペイン絵画―ベラスケスとゴヤ　フランドル・オランダ絵画とフランス絵画）　2　マネと「現在」（近代都市に生きる画家　主題としてのパリ　画像のアッサンブラージュ　近代画家の展示戦略）　3　マネから未来へ（印象派―ドガとモネ　セザンヌとゴーガン　二十世紀美術―ピカソを中心に　マネと現代アート）

＊印象派が産声をあげる直前の19世紀パリ。画家マネのスキャンダラスな作品は官展落選の常連であったが、伝統絵画のイメージを自由に再構成するその手法こそ、デュシャン、ピカソ、ウォーホルら現代アートにも引き継がれてゆく絵画史の革命だった。模倣と借用によって創造し、古典と前衛の対立を超えてしまう過激な画家は、芸術のルールをいかにして変えたのか。謎めいた絵画作品の魅力と、21世紀へと続くその影響力に迫る。

マハーパジャーパティー
Mahāpajāpatī Gotamī

◇マハーパジャーパティー——最初の比丘尼　ショバ・ラニ・ダシュ著、福田琢訳　京都　法藏館　2015.9　190p　19cm　〈文献あり〉　2200円　①978-4-8318-8178-6　Ⓝ182.8

内容　第1章 母として（名称　家族・血縁・誕生から結婚まで ほか）　第2章 在家信女として（優婆夷になる　衣を捧げる ほか）　第3章 尼僧として（出家の決意　僧団に入る ほか）　第4章 その最後（パーリ資料の伝承　漢文資料の伝承『増一阿含経』『根本説一切有部毘奈耶雑事』『仏母般泥洹（えん）経』およびその他のテキスト）

＊慈愛と苦悩に満ちたブッダの母の物語。

マフノ, N.I. 〔1889～1934〕
Makhno, Nestor Ivanovich

◇マフノ叛乱軍史——ロシア革命と農民戦争　アルシーノフ著、奥野路介訳　風塵社　2017.11　301p　19cm　（復刊ライブラリー——革命のオルタナティヴ）〈鹿砦社 1973年刊の再刊〉　2800円　①978-4-7763-0072-4　Ⓝ238.6

内容　人民とボリシェヴィキ　大ロシアとウクライナの十月　蜂起するウクライナ——マフノ　ヘトマンの没落——ペトリューラ党、ボリシェヴィキ　マフノ叛乱軍　大後退戦と勝利　叛乱軍の誤算——ボリシェヴィキ再び解放区を襲う　反ヴランゲリ統一戦線とその後　民族問題とユダヤ問題　戦士たち、その生と死　マフノ主義とアナキズム

マホメット
⇒ムハンマド を見よ

ママイ, J. 〔1918～2014〕 Mamai, Jüsüp

◇現代のホメロス——叙事詩マナスの語り手ジュスプ・ママイ評伝　アディル・ジュマトゥルドゥ、トカン・イサク著、西脇隆夫訳　名古屋　ブイツーソリューション　2016.10　340p　21cm　〈年譜あり　文献あり　著作目録あり〉　3500円　①978-4-86476-447-6　Ⓝ762.2962

マヤコフスキー, V.V. 〔1893～1930〕
Mayakovsky, Vladimir Vladimirovich

◇私自身　ヴラジーミル・マヤコフスキー著、小笠原豊樹旧訳　土曜社　2017.4　69p　18cm　（マヤコフスキー叢書）　952円　①978-4-907511-35-7　Ⓝ984

＊36歳で「謎の死」をとげる詩人が、29歳と35歳の

二回にわけて書き遺した唯一の自伝。詩的なものへの反撥、三度の逮捕歴、ロシア未来派の誕生、あの大きなルバーシカ、戦争と革命、後年詩人に災いをなす「転向」のことなどが断章式に語られる。未来派マニフェスト「社会の趣味を殴る」も全文収録。

マーラー, G. 〔1860～1911〕 Mahler, Gustav

◇マーラーを識る——神話・伝説・俗説の呪縛を解く　前島良雄著　アルファベータブックス　2014.12　217p　19cm　〈文献あり〉　1800円　①978-4-87198-313-6　Ⓝ762.346

内容　マーラーの交響曲において「標題」とは何か　交響曲第一番　アルマの回想録の嘘　交響曲第二番　戦時下の日本でマーラーが鳴り響いた日々　交響曲第三番　交響曲第四番　マーラーとバイロイト　交響曲第五番　交響曲第六番　交響曲第七番　ヴァルターもプレンベラーも弟子ではない　交響曲第八番"大地の歌"は交響曲か？　フルトヴェングラーはマーラーが苦手だったのか　交響曲第九番　交響曲第十番

＊第1番は"巨人"ではない/第2番を"復活"とは名づけていない/第3番のタイトルが無視される謎/第4番の最初の構想は謎が多い/第5番こそ第1番である/第6番の"悲劇的"はタイトルではない/第7番を"夜の歌"と呼ぶのは間違いだ/第8番を"千人の交響曲"と呼ばれることをマーラーは拒否した/第9番は幸福な日々の中で書かれた/第10番の未完の理由。これまでの通説を覆し、作品鑑賞を革新する、衝撃の書！

◇大作曲家の病跡学——ベートーヴェン, シューマン, マーラー　小松順一著　星和書店　2017.11　93p　20cm　〈文献あり〉　1800円　①978-4-7911-0968-5　Ⓝ762.34

内容　孤高の求道者ベートーヴェン——「交響曲第九番ニ短調」人格についての検討　「第九」の演奏の一つのあり方）　晩年のシューマンの病理性——「ヴァイオリン協奏曲ニ短調」（生活史及び病歴の概要　生活史と病歴から見る病跡　ヴァイオリン協奏曲ニ短調 ほか）　境界線の美学マーラー——「交響曲第一番ニ長調」（マーラーの生活史　マーラーに関する文献的展望　「交響曲第一番ニ長調」の検討 ほか）

＊精神病、自殺の危機さえあったベートーヴェン。精神を患い、精神病院で亡くなったシューマン。彼らの楽曲を詳しく検討することによって、その精神病理に鋭く迫る！

マライーニ, D. 〔1936～〕 Maraini, Dacia

◇ダーチャと日本の強制収容所　望月紀子著　未來社　2015.3　245p　19cm　〈著作目録あり〉　2200円　①978-4-624-60118-8　Ⓝ970.2

内容　ダーチャ・マライーニと父と妹の著書と母のノート　マライーニ家の人たち　小さな旅人　日本　札幌　宮沢レーン事件　京都　「さようなら、京都」　"もうひとつの物語"——天白の収容所　東南海地震と名古屋空襲　広済寺　再会と帰国　その後のマライーニ家の人たち　痩せっぽちの少女　『ヴァカンス』後のダーチャ・マライーニの作品

＊「ドウシテ, パパチャン、ドウシテ？」イタリアの作家・詩人・劇作家であるダーチャ・マライーニ。民族学者の父・フォスコ・マライーニとともに一家

で来日、2歳から9歳までを日本で過ごし、終戦までの約2年間、名古屋の強制収容所でのあまりにも苛酷な飢えや寒さを経験した。フェミニズム、68年の「異議申し立て」の旗手として時代を駆け抜けてきた作家の原風景となった"もうひとつの物語"。

マラドーナ, D. 〔1960～〕 Maradona, Diego

◇マラドーナ独白—1986年のメキシコW杯 ディエゴ・アルマンド・マラドーナ著, 宮崎真紀訳 東洋館出版社 2018.6 293p 図版16p 19cm (TOYOKAN BOOKS) 1800円 ①978-4-491-03544-4 Ⓝ783.47

内容 第1章 誰も望まなかった代表チーム 第2章 あの何度かのミーティングでチャンピオンが生まれた 第3章 マラドーナをぶっつぶせ 第4章 マンマ・ミーア 第5章 FIFAと対決する 第6章 メキシコでラプラタ川を渡る 第7章 これもある種の決勝戦だった 第8章 マラドーナ対マラドーナ 第9章 そうとも、世界一だ 第10章 次のチャンピオン

＊神の手、五人抜き、W杯優勝—サッカー界の英雄が、三十年越しに"伝説の大会"を振り返る。そして、メッシとアルゼンチンの未来についても…。サッカーを愛するすべての人に捧げる、スポーツノンフィクション!!

マラマッド, B. 〔1914～1986〕 Malamud, Bernard

◇ある作家の生—バーナード・マラマッド伝 フィリップ・デイヴィス著, 勝井伸子訳 英宝社 2015.4 699p 20cm 〈年譜あり 索引あり〉 3800円 ①978-4-269-82044-9 Ⓝ930.278

内容 第1の生(受け継ぐもの 長い思春期) 第2の生(オレゴン 『アシスタント』「僕にはできるからだ」) 第3の生(中年の始まり 「我々の人生にはある種の貧しさが必要なのだ」『修理屋』から『ドゥービン氏の冬』まで ドゥービン氏の冬) 最後の生(「あなたが深く彫られたように、あなたは深く埋められる」)

＊死後30年、マラマッドの人生がなぜ秘密裡にされてきたのかを探り、彼の誕生から死の瞬間までを明らかにし、独自の表現の獲得・構築過程を緻密に語る、初の伝記。作品のモデルとなったアーリーン・ヘイマンによる追悼の短編"本邦初訳を収録"。

マララ・ユスフザイ
⇒ユスフザイ, M. を見よ

マラルメ, S. 〔1842～1898〕 Mallarmé, Stéphane

◇響きあう東西文化—マラルメの光芒、フェノロサの反影 宗像衣子著 京都 思文閣出版 2015.10 351,21p 22cm 〈文献あり 索引あり〉 5400円 ①978-4-7842-1814-1 Ⓝ702.16

内容 1 文芸に見る自然観(マラルメの"無" 俳句とハイカイ "主体"の表現 バルト再考) 2 創造における逆説性(中枢としての音楽 世紀末芸術の錯綜 マラルメの「骰子一擲」からマチスの"余白"、現代へ 詩と絵と書における"空無" 東山魁夷が紡ぐ東西芸術) 4 伝統文化の現代性(九鬼周造とフランス象徴主義 フェノロサの総合芸術観 フェノロサ『漢字考』と「能楽論」の文芸価値)

＊本書は、一九世紀フランス象徴主義の巨匠・詩人ステファヌ・マラルメ(一八四二‐九八)について文学的考察を起点に進められた諸芸術(美術・音楽)の相関的研究から、明治近代化の黎明期の、日本の伝統芸術・文化を欧米に紹介してその価値を究めたアーネスト・フェノロサ(一八五三‐一九〇八)との関連へと至るものであり、東西の芸術文化の交流の諸相および日本文化の価値を、現代に向けて照らし出すものである。著者の一〇年にわたるマラルメ研究の成果、そのエッセンスをまとめた一書。

マーリー, B. 〔1945～1981〕 Marley, Bob

◇ボブ・マーリー—よみがえるレゲエ・レジェンド 菅原光博、藤田正著 Pヴァイン 2015.2 157p 26cm (ele-king books)〈他言語標題：BOB MARLEY 作品目録あり 年譜あり 発売：日販アイ・ピー・エス〉 2600円 ①978-4-907276-28-7 Ⓝ767.8

マリア(聖母) Maria

◇聖母マリアの秘密—今も続くメジュゴリエでの奇跡 菊谷泰明著 青鷗社 2016.2 454p 19cm 〈文献あり 発売：出版文化社〉 1800円 ①978-4-88338-592-8 Ⓝ191.17

内容 旅立ち 導き ファティマの祭典 サンチャゴへの道 ルルドの奇跡 ローマへの道 聖ファティマ教会 ファティマの予言 メジュゴリエ 聖母マリアと聖ヨハネ 聖母マリアの秘密

＊世界的な聖地として知られているルルドやファティマ…。だが、聖母マリアのご出現は過去の出来事ではない。東欧のメジュゴリエで、今も聖母のご出現を受けている"幻視者"達がいる。日本人初のインタビューを行なった筆者に打ち明けられた、聖母マリアの驚くべき"秘密"とは！

◇マリア 吉山登著 新装版 清水書院 2016.5 193p 19cm (Century Books—人と思想 142)〈文献あり 索引あり〉 1200円 ①978-4-389-42142-7 Ⓝ192.85

内容 第1章 聖書とマリア 第2章 教会とマリア 第3章 現代人のマリア 第4章 歴史と終末から見たマリア 第5章 マリア崇敬の主なテーマ 第6章 マリア崇敬の現状 第7章 二一世紀のマリア研究

＊人類の歴史の中で、イエスの母マリアほど、あらゆる時代、あらゆる民族の中で愛された女性はいない。マリアの子どもイエス=キリストへの愛が、人々を母マリアにも愛着させるのである。だがマリアの場合、親子関係が同時に救い主なる神と救われるべき人間の一人という、救いの恵みの関係にある。したがってイエスの母マリアには、イエスの母としての敬愛以上に救いの恵みに満たされた者に対する敬愛があり、イエスの救いの尊さに目覚めるにつれて、イエスの母マリアに対する崇敬が高まっていくのである。カトリック教会の中においてマリア崇敬・マリア信心が、歴史を通して広まり、豊かになっていったのは、イエスとその救いの業に対する神学的理解が深まったことと深い関係がある。

◇イエス・キリストの系図を彩る女性たち　平山澄江著　キリスト新聞社　2016.12　116p　18cm　（聖書を学ぶ入門シリーズ）　1000円　Ⓘ978-4-87395-714-2　Ⓝ193

内容　第1章　タマル（タマルの略式結婚　未亡人になったタマル　ほか）　第2章　ラハブ（何かが起こりそう　偵察に来た二人の男　ほか）　第3章　ルツ（飢きんを逃れて　ルツの決意　ほか）　第4章　「ウリヤの妻」バテ・シェバ（イスラエル、王制となる　サウル王の背信　ほか）　第5章　マリヤ（祭司ザカリヤ　受胎告知　ほか）

＊本書では、イエス・キリストの系図に登場する女性について考えていきます。

マリア・テレジア〔1717～1780〕
Maria Theresa

◇マリー・アントワネットとマリア・テレジア秘密の往復書簡　マリー・アントワネット,マリア・テレジア著，パウル・クリストフ編，藤川芳朗訳　岩波書店　2015.10　436,5p　19cm　（岩波人文書セレクション）〈2002年刊の再刊　年譜あり　索引あり〉　3300円　Ⓘ978-4-00-028819-4　Ⓝ289.3

内容　一七七〇年（書簡1・6）　一七七一年（書簡7・20）　一七七二年（書簡21・27）　一七七三年（書簡28・42）　一七七四年（書簡43・57）　一七七五年（書簡58・62、A・C、63・69）　一七七六年（書簡70・87）　一七七七年（書簡88・93、D、94・106）　一七七八年（書簡107・136）　一七七九年（書簡137・150）　一七八〇年（書簡151・158、E、159・167、F）

＊一七七〇年、フランス王家に輿入れした娘を案じた母は、自らの死の間際までの一一年間、極秘の書簡で娘を諭し続けた。ウィーン国立公文書館に保管されているマリー・アントワネットのオリジナルの手紙とマリア・テレジアの手紙の控えを完全翻刻。あるときは微笑ましく、あるときは緊張感溢れる母娘の細やかなやりとりの背後に、宮廷の複雑な人間模様と、革命前夜の不穏な社会情勢が生々しく浮かび上がる。

◇王妃たちの最期の日々　上　ジャン＝クリストフ・ビュイッソン,ジャン・セヴィリア編，神田順子,土居佳代子,谷口きみ子訳　原書房　2017.4　240p　20cm　2000円　Ⓘ978-4-562-05385-8　Ⓝ288.493

内容　1 破れた夢―クレオパトラ/アレクサンドリア、紀元前三〇年八月　2 殺された殺人者―アグリッピーナ/ナポリ湾にて、五九年三月　3 責め苦を受けて果てた王妃―ブルンヒルド/ルヌーヴ、六一三年　4 高齢の力―アリエノール・ダキテーヌ/ポワティエ、一二〇四年三月三一日　5 敬虔なキリスト教徒としての死―カトリック女王イザベル一世/メディナ・デル・カンポ、一五〇四年一一月二六日　6 斬首された女王―メアリ・ステュアート/フォザリンゲイ、一五八七年二月八日　7 孤独な娘―カトリーヌ・ド・メディシス/ブロワ、一五八七年一月五日　8 かくも長き臨終の苦しみ―アンヌ・ドートリッシュ/パリ、一六六六年一月二〇日　9 プロテスタントに生まれカトリックとして死す―スウェーデン女王クリスティーナ/ローマ、一六八九年四月一九日　10 模範的な死―マリア＝テレジア/ウィーン、一七八〇年一一月二九日

＊クレオパトラ、メアリ・ステュアート、カトリーヌ・ド・メディシス、マリア＝テレジア…尊厳、狂気、孤独、幽閉…世界史に大きな影響をあたえたさまざまな人生と運命を描く物語！

マリア・フョードロブナ〔1847～1894〕
Maria Fyodorovna

◇残酷な王と悲しみの王妃　2　中野京子著　集英社　2015.10　248p　19cm　〈文献あり　年譜あり〉　1600円　Ⓘ978-4-08-771633-7　Ⓝ288.493

内容　第1章　ルートヴィヒ二世　第2章　アレクサンドル三世妃マリア　第3章　カルロス四世　第4章　カロリーネ・マティルデ

＊彼らには許されなかった。平穏な日々も、愛も、死も…。人気シリーズ『怖い絵』『名画の謎』の著者が、ルートヴィヒ二世ほか、王族たちの壮絶な人生を辿る好評歴史読み物第2弾。図版多数掲載！

マリー・アントワネット〔1755～1793〕
Marie Antoinette

◇ヴァレンヌ逃亡―マリー・アントワネット運命の24時間　中野京子著　文藝春秋　2014.8　278p　16cm　（文春文庫　な58-2)〈「マリー・アントワネット運命の24時間」（朝日新聞出版2012年刊）の改題　年表あり〉　610円　Ⓘ978-4-16-790165-3　Ⓝ235.06

内容　1章　運命の六月二十日　2章　緻密に、大胆に　3章　脱出の夜　4章　フェルゼンを欠く　5章「王が拉致された！」　6章　急がぬ旅　7章　踏みつけられた者の怒り　8章　追いつめられてゆく　9章　真夜中のヴァレンヌ　10章　運命の回転　11章　王は不動　12章　ヴァレンヌの朝

＊フランス革命の転換点となった有名な逃亡事件はなぜ失敗したか。愛のため命がけで計画を練ったフェルゼン、狂おしいほどに優柔不断なルイ16世、「贅沢と傲慢」のマリー・アントワネットの真実。嫉妬、楽観、逡巡。濃密な人間ドラマと追いつ追われつの迫真の攻防戦24時間の再現は、息も継げない第一級の面白さ！　中野京子の傑作エンタテインメント。

◇マリー・アントワネット―フランス革命と対決した王妃　安達正勝著　中央公論新社　2014.9　259p　18cm　（中公新書　2286)〈年譜あり〉　880円　Ⓘ978-4-12-102286-8　Ⓝ289.3

内容　序章　バラ色の門出　第1章　ヴェルサイユ宮殿　第2章　トリアノンの女王　第3章　革命勃発　第4章　チュイルリ宮殿　第5章　革命の嵐の中で　第6章　囚われの日々　終章　歴史は流転する

＊名門ハプスブルク家に生まれたマリー・アントワネットは、フランス王妃となり、ヴェルサイユ宮殿で華麗なる日々を過ごしていた。一七八九年のフランス革命勃発で運命が急変。毅然と反革命の姿勢を貫き、三十七歳の若さで断頭台の露と消えた。悪しき王妃として断罪された彼女が、後世で高い人気を得、人々の共感を集めているのはなぜか。彼女が目指した「本当の王妃」とは何だったのか。栄光と悲劇の生涯を鮮やかに描く。

◇マリー・アントワネット―華麗な遺産がかたる王妃の生涯　エレーヌ・ドラレクス，アレクサンドル・マラル，ニコラ・ミロヴァノヴィチ著，

マリアント

岩澤雅利訳 原書房 2015.3 220p 27cm 〈文献あり〉 5000円 Ⓘ978-4-562-05141-0 Ⓝ289.3
|内容| ウィーンの宮廷で 王太子妃 王妃 母として、恋する女として 動乱の時代 悲劇の最期
＊栄華をきわめた王宮の遺香。絢爛のヴェルサイユ—宮殿建築、肖像画、服飾と工芸、庭園を一望する。

◇マリー・アントワネットとマリア・テレジア秘密の往復書簡 マリー・アントワネット,マリア・テレジア編,パウル・クリストフ編、藤川芳朗訳 岩波書店 2015.10 436,5p 19cm (岩波人文書セレクション)〈2002年刊の再刊 年譜あり 索引あり〉 3300円 Ⓘ978-4-00-028819-4 Ⓝ289.3
|内容| 一七七〇年(書簡1‐6) 一七七一年(書簡7‐20) 一七七二年(書簡21‐27) 一七七三年(書簡28‐42) 一七七四年(書簡43‐57) 一七七五年(書簡58‐62、A‐C、63‐69) 一七七六年(書簡70‐87) 一七七七年(書簡88‐93、B、94‐106) 一七七八年(書簡107‐136) 一七七九年(書簡137‐150) 一七八〇年(書簡151‐158、E、159‐167、F)
＊一七七〇年、フランス王家に興入れした娘を案じた母は、自らの死の間際までの一一年間、極秘の書簡で娘を諭し続けた。ウィーン国立公文書館に保管されているマリー・アントワネットのオリジナルの手紙とマリア・テレジアの手紙の控えを完全翻刻。あるときは微笑ましく、あるときは緊張感溢れる母娘の細やかなやりとりの背後に、宮廷の複雑な人間模様と、革命前夜の不穏な社会情勢が生々しく浮かび上がる。

◇美術品でたどるマリー・アントワネットの生涯 中野京子著 NHK出版 2016.9 203p 18cm (NHK出版新書 497)〈文献あり 年譜あり〉 1000円 Ⓘ978-4-14-088497-3 Ⓝ289.3
|内容| ハプスブルク家のプリンセス 変わりはじめた国際地図 嫁ぎ先ブルボン家 王太子妃としての生活 神に選ばれた王妃 ロココの薔薇 忍び寄る革命 「パリへ」 逃亡失敗とフェルゼン 引き裂かれた家族 忘れ得ぬ王妃
＊フランスの栄華をきわめたヴェルサイユの歴史。なかでも最も魅惑的な人物として語り継がれる悲劇のヒロイン、マリー・アントワネットーその三十八年の生涯を、「ヴェルサイユ宮殿(監修)マリー・アントワネット展」の出展作品を題材にしながら紐といていく。王妃の運命を決めた"偶然・暗転・想定外"(コラム)を収載。

◇マリー・アントワネットの嘘 惣領冬実,塚田有那著 講談社 2016.9 174p 19cm 1100円 Ⓘ978-4-06-220272-5 Ⓝ289.3
|内容| 第1章 マリー・アントワネットの七つの嘘(「パンがなければ、お菓子を食べればいいじゃない」は誰のセリフ? ベッドに隠された謎―ルイ十六世は不能だった? ほか) 第2章 マンガ家と美術館のコラボはどうやって誕生したか(ヴェルサイユ宮殿の誘い 歴史探偵・惣領冬実のプロファイリング ほか) 第3章 「歴史美術の職人」として(百科事典への欲望 「描く」ことで見えてくる真実 ほか) 第4章 対談・萩尾望都×惣領冬実「マンガ、それは異端者のための芸術」(妄想VSプロファイリング!?―史実へのアプローチ 衣装は、時代を反映する芸術 ほか) 第5章 マンガが、社会を変えていく(鼎談「マンガ」は新しい血を必要としている)
＊夫はチビでデブの気弱な国王、不能の夫に欲求不満でフェルセンと密通、「パンがなければ、お菓子を食べればいいじゃない」発言、離宮は王妃の淫らな社交場だった…etc.その歴史、ぜんぶ嘘でした。ヴェルサイユ宮殿、そしてマリー・アントワネット協会が監修した史上初の漫画企画『マリー・アントワネット』。その作者である惣領冬実が「真実のマリー・アントワネット」に出会うまでの製作秘話のすべてがこの一冊に。

◇麗しのマリー・アントワネット―ヴェルサイユ宮殿での日々 エレーヌ・ドラレクス著,ダコスタ吉村花子訳 グラフィック社 2016.10 222p 24cm 3800円 Ⓘ978-4-7661-2931-1 Ⓝ289.3
|内容| アイコン 皇女から王太子妃へ 「ヨーロッパで最も美しい王国の妃」 粋な王妃 トリアノンの王妃 モードの王妃 美の王妃 享楽の王妃 恋する王妃 そして母として 田園の王妃
＊宮殿、調度品、アクセサリー、絵画が、マリー・アントワネットの素顔まで紐解く―。皇女として、王妃として、母として、そして一人の女性として、恋し、愛し、喜び、悲しみ、絶望した、「王妃の中の王妃」のすべてが解き明かされる!

◇最新王妃マリー・アントワネット美の肖像 世界文化社 2016.11 127p 26cm 〈他言語標題:Marie-Antoinette,image de la beauté 家庭画報特別編集 「王妃マリー・アントワネット美の肖像」(2011年刊)の改題、改訂新版 文献あり 年譜あり〉 1852円 Ⓘ978-4-418-16240-6 Ⓝ289.3
|内容| 第1章 ブルボン王朝の栄華と王妃マリー・アントワネット―ヴェルサイユ宮殿物語(ヴェルサイユ ルイ15世の時代 ルイ16世と王妃マリー・アントワネット:運命の力 ほか) 第2章 マリー・アントワネット心の軌跡―ハプスブルクの皇女からフランス王妃へ 第3章 王妃を巡る美の遺産―宮廷肖像画、モード、食卓芸術(絵画に描かれたマリー・アントワネット 女流宮廷画家ヴィジェ・ル・ブランと王妃 マリー・アントワネットが新風を吹き込んだモード ほか)
＊神聖ローマ帝国のハプスブルク家皇女として生まれ14歳でブルボン王家へと興入れしたマリー・アントワネット。のちにフランス王国ルイ16世となる、この王太子との結婚は、アントワネットを波乱の一生へと導くことになる。フランス革命という歴史の奔流にのまれ、37歳で断頭台の露と消えた短い生涯。マリー・アントワネットが生きた証と彼女が愛でた美の遺産をヴェルサイユ宮殿に訪ね、ウィーン国立古文書館に残る王妃の書簡からその心の成長と真実を探る。

◇マリー・アントワネットの髪結い―素顔の王妃を見た男 ウィル・バショア著,阿部寿美代訳 原書房 2017.2 353p 20cm 〈文献あり 年譜あり〉 2800円 Ⓘ978-4-562-05366-7 Ⓝ289.3
|内容| 第1部 熱狂(魔術師レオナール デュ・バリー夫人 マリー・アントワネット 王妃とその民をとりこにする 「プーフ・サンティマンタル」) 第2部 王妃の腹心(髪結いの噂話 王妃の気性 テアトル・

ド・ムッシュー）　第3部 革命の暗雲（運命の宴　王室一家の逃亡　もうひとりのレオナール　運命の伝言　亡命先のレオナール）　第4部 生きのびるための戦い（悲しい出来事　今は亡き王妃　レオナール、ふたたび櫛をとる妃　十六年後　レオナール最後の策略）
* 高くそびえる奇抜な髪形を考案、あふれる才能と天才的な技術を持ち、王妃が終生信頼を寄せた髪結い、レオナール・オーティエが見た激動の時代。日常生活、ファッション、人間関係、革命、逃亡事件、その後の混乱…彼の回顧録を精査しながら再構成。間近にいた者のみが知りえた王妃の真実の姿。

◇王妃たちの最期の日々　下　ジャン＝クリストフ・ビュイッソン，ジャン・セヴィリア編，神田順子，土居佳代子，山川洋子訳　原書房　2017.4　228p　20cm　2000円　①978-4-562-05386-5　Ⓝ288.493

内容　11 トリアノンから断頭台へ―マリー＝アントネット/パリ、一七九三年一〇月一六日　12 息子の復讐―ロシアのエカチェリーナ二世/サンクトペテルブルク、一七九六年一一月六日（太陽暦一一月一七日）　13 皇后の二度の死―ジョゼフィーヌ・ド・ボアルネ/リュエイユ＝マルメゾン、一八一四年五月二九日　14 苦しみつづけ、さまよいつづけた魂の飛翔―オーストリア皇后エリーザベト（愛称シシ）/ジュネーヴ、一八九八年九月一〇日　15 一つの時代の終焉―ヴィクトリア女王/ワイト島、オズボーン・ハウス、一九〇一年一月二二日　16 呪われた王妃―ドラガ・オブレノヴィチ/ベオグラード、一九〇三年六月一一日　17 ロマノフ朝最後の皇后の死にいたる苦難の道―アレクサンドラ・フョードロヴナ/エカテリンブルク、一九一八年七月一七日　18 フランス最後の皇后ウジェニー・ド・モンティジョ/マドリード、一九二〇年七月一一日　19 精神を闇に閉ざされての六〇年―シャルロッテ・フォン・ベルギエン/バウハウト城、一九二二年一月一九日　20 あまりに理不尽な死―ベルギー王妃アストリッド/キュスナハト・アム・リギ、一九三五年八月二九日
* マリー＝アントワネット、エカチェリーナ2世、ジョゼフィーヌ、エリーザベト（シシ）…信仰心、病魔、処刑台…世界史に大きな影響をあたえたさまざまな人生と運命を描く物語！

◇フランス王妃列伝―アンヌ・ド・ブルターニュからマリー＝アントワネットまで　阿河雄二郎，嶋中博章編　京都　昭和堂　2017.7　283,21p　20cm　〈他言語標題：Vies des reines de France　文献あり　年表あり　索引あり〉　2800円　①978-4-8122-1632-3　Ⓝ288.4935

内容　第1章 アンヌ・ド・ブルターニュ―二人のフランス王と結婚した王妃　第2章 クロード・ド・フランス―ブルターニュをフランスに統合した王妃　第3章 カトリーヌ・ド・メディシス―理想的結婚に挫折した王妃　第4章 ルイーズ・ド・ロレーヌ―アンリ三世と恋愛結婚した王妃　第5章 マルグリット・ド・ヴァロワ―「王妃マルゴ」の世界　第6章 マリー・ド・メディシス―リシュリューと対決した剛毅な王妃　第7章 アンヌ・ドートリッシュ―ルイ一四世の母として生きた王妃　第8章 マリー・テレーズ・ドートリッシュ―ルイ一四世とフランスを愛した王妃　第9章 マリー・レクザンスカ―家族を愛した慎ましやかな王妃　第10章 マリー・アントワネット・ドートリッシュ―宮廷の落日を彩り革命に散った王妃

* 最新の研究成果をもとに、激動の時代を生きた一〇人のフランス王妃の姿をドラマティックかつリアルに描き出す。彼女たちの生きざま、王妃の役割、王妃と政治について真摯に考察した、日本とフランスの歴史家による新たな王妃論。巻末には近世フランス王妃一五人の略歴等を付した。

◇マリー・アントワネットの最期の日々　上　エマニュエル・ド・ヴァレスキエル著，土居佳代子訳　原書房　2018.4　233p　20cm　2000円　①978-4-562-05477-0　Ⓝ289.3

内容　第1幕 牢獄　第2幕 外国女　第3幕 被告人
* 1793年の10月14日から16日にかけての3日と2夜をかけ、革命は、マリー・アントワネットを裁き、処刑した。彼女の有罪はすでに前もって決まっていた。フランスの元王妃と裁き手たちの、パリ革命裁判所の「自由の法廷」におけるこのドラマティックな対決は、出口なしの、互いに耳を貸すことのない対話、力比べだった。2017年度コンブール・シャトーブリアン賞受賞の名著、待望の翻訳！

◇マリー・アントワネットの最期の日々　下　エマニュエル・ド・ヴァレスキエル著，土居佳代子訳　原書房　2018.4　122,72p　20cm　〈索引あり〉　2000円　①978-4-562-05478-7　Ⓝ289.3

内容　第4幕 「死の騎士」
* 著者は、この裁判に、今まで公開されたことのなかった資料によって光をあて、被告人である王妃と告発者たち、彼らの恐れ、勇気、確信、幻想、そして憎しみを描く。この裁判は、革命の転換点のひとつであっただけでなく、恐怖時代の一つの頂点を画した。男と女、徳と裏切り、平等と特権、フランスとヨーロッパ、共和制と王制を映す鏡でもあった。未公開資料をもとに、王妃最期の3日間をドラマティックに描く！

◇マリー・アントワネットの暗号―解読されたフェルセン伯爵との往復書簡　エヴリン・ファー著，ダコスタ吉村花子訳　河出書房新社　2018.8　490p　20cm　〈文献あり　年表あり　索引あり〉　3950円　①978-4-309-22735-1　Ⓝ289.3

内容　第1章 書簡分析　第2章 失われた書簡（一七八〇・八八年）　第3章 書簡　第4章 判読部分の写真
* うずまく陰謀、希望、憔悴、絶望―そして燃え尽きる最後の恋。最新技術を駆使した解読により、明らかになった、フランス革命という時代を生き抜こうとした王妃と同時代の人々の姿。

マリ・ウージェニー, M.〔1817～1898〕
Marie Eugenie, Mere

◇聖マリ・ウージェニーの生涯―聖母被昇天修道会創立者　エレン・マリー・ボリス著，前島由起子，小川信訳，野村榮子監修　箕面　聖母被昇天修道会　2016.4　189p　21cm　非売品　Ⓝ198.2235

マリウス〔157～86B.C.〕Gaius Marius

◇ローマ帝国人物列伝　本村凌二著　祥伝社　2016.5　303p　18cm（祥伝社新書　463）　840円　①978-4-396-11463-3　Ⓝ283.2

内容　1 建国期―建国期のローマ（ブルトゥス―共和政

を樹立した初代執政官　キンキナトゥス—ワシントンが理想とした指導者　ほか）　2 成長期—成長期のローマ（アッピウス—インフラ整備など、類稀なる先見性　ファビウス—耐えがたきを耐える「ローマの盾」　ほか）　3 転換期—転換期のローマ（クラッスス—すべてを手に入れた男が欲したもの　大ポンペイウス—カエサルに敗れた大武将　ほか）　4 最盛期—最盛期のローマ（ゲルマニクス—夭逝した理想のプリンス　ネロ—気弱な犯罪者だった暴君　ほか）　5 衰亡期—衰亡期のローマ（ガリエヌス—動乱期の賢帝　ディオクレティアヌス—混乱を鎮めた軍人皇帝　ほか）

＊ローマの歴史には、独裁も革命もクーデターもあり、「パクス・ロマーナ」と呼ばれた平和な時代もあった。君主政も共和政も貴族政もポピュリズムもあり、多神教も一神教もあった。まさに「歴史の実験場」であり、教訓を得るのに、これほどの素材はない。歴史を学ぶには制度や組織は無視できないが、そこに人間が存在したことを忘れてはならないだろう。本書は、一〇〇〇年を超えるローマ史を五つの時代に分け、三二人の生涯と共に追うものである。賢帝あり、愚帝あり、英雄から気丈な女性、医学者、宗教家まで。壮大な歴史叙事詩であり、歴史は人なり—を実感する一冊。

マリク, Z. 〔1993～〕 Malik, Zayn

◇ワン・ダイレクション—僕らの話をしよう—。ワン・ダイレクション著，鮎川晶訳　宝島社　2014.11　350p　26cm　2350円　①978-4-8002-3294-6　Ⓝ767.8

内容 リアムの章　ナイルの章　ハリーの章　ゼインの章　ルイの章　5人で語った1D

＊止まらない1D旋風！5人が自ら語った公式自叙伝。

マリー＝テレーズ・ドートリッシュ 〔1638～1683〕 Marie Thérèse d'Autriche

◇フランス王妃列伝—アンヌ・ド・ブルターニュからマリー＝アントワネットまで　阿河雄二郎，嶋中博章編　京都　昭和堂　2017.7　283,21p　20cm　〈他言語標題：Vies des reines de France　文献あり　年表あり　索引あり〉　2800円　①978-4-8122-1632-3　Ⓝ288.4935

内容 第1章　アンヌ・ド・ブルターニュ—二人のフランス王と結婚した王妃　第2章　クロード・ド・フランス—ブルターニュをフランスに統合した王妃　第3章　カトリーヌ・ド・メディシス—理想の実現に挫折した王妃　第4章　ルイーズ・ド・ロレーヌ—アンリ三世と恋愛結婚した王妃　第5章　マルグリット・ド・ヴァロワ—「王妃マルゴ」の世界　第6章　マリー・ド・メディシス—リシュリューと対決した剛毅な王妃　第7章　アンヌ・ドートリッシュ—ルイ一四世の母として生きた王妃　第8章　マリー＝テレーズ・ドートリッシュ—ルイ一四世とフランスを愛した王妃　第9章　マリー・レクザンスカ—家族を愛した慎ましやかな王妃　第10章　マリー＝アントワネット・ドートリッシュ—宮廷の落日を彩り革命に散った王妃

＊最新の研究成果をもとに、激動の時代を生きた一〇人のフランス王妃の姿をドラマティックかつリアルに描き出す。彼女たちの生きざま、王妃の役割、王妃と政治について真摯に考察した、日本とフランスの歴史家による新たな王妃論。巻末には近世フランス王妃一五人の略歴等を付した。

マリー・ド・メディシス 〔1575～1642〕 Marie de Médicis

◇フランス王妃列伝—アンヌ・ド・ブルターニュからマリー＝アントワネットまで　阿河雄二郎，嶋中博章編　京都　昭和堂　2017.7　283,21p　20cm　〈他言語標題：Vies des reines de France　文献あり　年表あり　索引あり〉　2800円　①978-4-8122-1632-3　Ⓝ288.4935

内容 第1章　アンヌ・ド・ブルターニュ—二人のフランス王と結婚した王妃　第2章　クロード・ド・フランス—ブルターニュをフランスに統合した王妃　第3章　カトリーヌ・ド・メディシス—理想の実現に挫折した王妃　第4章　ルイーズ・ド・ロレーヌ—アンリ三世と恋愛結婚した王妃　第5章　マルグリット・ド・ヴァロワ—「王妃マルゴ」の世界　第6章　マリー・ド・メディシス—リシュリューと対決した剛毅な王妃　第7章　アンヌ・ドートリッシュ—ルイ一四世の母として生きた王妃　第8章　マリー＝テレーズ・ドートリッシュ—ルイ一四世とフランスを愛した王妃　第9章　マリー・レクザンスカ—家族を愛した慎ましやかな王妃　第10章　マリー＝アントワネット・ドートリッシュ—宮廷の落日を彩り革命に散った王妃

＊最新の研究成果をもとに、激動の時代を生きた一〇人のフランス王妃の姿をドラマティックかつリアルに描き出す。彼女たちの生きざま、王妃の役割、王妃と政治について真摯に考察した、日本とフランスの歴史家による新たな王妃論。巻末には近世フランス王妃一五人の略歴等を付した。

マリー・レクザンスカ 〔1703～1768〕 Marie Leszczyńska

◇フランス王妃列伝—アンヌ・ド・ブルターニュからマリー＝アントワネットまで　阿河雄二郎，嶋中博章編　京都　昭和堂　2017.7　283,21p　20cm　〈他言語標題：Vies des reines de France　文献あり　年表あり　索引あり〉　2800円　①978-4-8122-1632-3　Ⓝ288.4935

内容 第1章　アンヌ・ド・ブルターニュ—二人のフランス王と結婚した王妃　第2章　クロード・ド・フランス—ブルターニュをフランスに統合した王妃　第3章　カトリーヌ・ド・メディシス—理想の実現に挫折した王妃　第4章　ルイーズ・ド・ロレーヌ—アンリ三世と恋愛結婚した王妃　第5章　マルグリット・ド・ヴァロワ—「王妃マルゴ」の世界　第6章　マリー・ド・メディシス—リシュリューと対決した剛毅な王妃　第7章　アンヌ・ドートリッシュ—ルイ一四世の母として生きた王妃　第8章　マリー＝テレーズ・ドートリッシュ—ルイ一四世とフランスを愛した王妃　第9章　マリー・レクザンスカ—家族を愛した慎ましやかな王妃　第10章　マリー＝アントワネット・ドートリッシュ—宮廷の落日を彩り革命に散った王妃

＊最新の研究成果をもとに、激動の時代を生きた一〇人のフランス王妃の姿をドラマティックかつリアルに描き出す。彼女たちの生きざま、王妃の役割、王妃と政治について真摯に考察した、日本とフランスの歴史家による新たな王妃論。巻末には近世フランス王妃一五人の略歴等を付した。

マルキオン〔2世紀〕 Marcion

◇キリスト教の主要神学者 上 テルトゥリアヌスからカルヴァンまで F.W.グラーフ編，片柳榮一監訳 教文館 2014.8 360,5p 21cm 3900円 ①978-4-7642-7383-2 ⓃⒷ191.028

内容 マルキオン（八五頃・一六〇頃） カルタゴのテルトゥリアヌス（二/三世紀） オリゲネス（一八五/一八六・二五四） ニュッサのグレゴリオス（三四〇頃・三九四以後） アウグスティヌス（三五四・四三〇） カンタベリーのアンセルムス（一〇三三/一〇三四・一一〇九） クレルヴォーのベルナール（一〇九〇・一一五三） トマス・アクィナス（一二二四/一二二五・一二七四） マイスター・エックハルト（一二六〇頃・一三二八） ヨハネス・ドゥンス・スコトゥス（一二六五/一二六六・一三〇八） ロベルト・ベラルミーノ（一五四二・一六二一）

＊多彩にして曲折に富む2000年の神学史の中で、特に異彩を放つ古典的代表者を精選し、彼らの生涯・著作・影響を通して神学の争点と全体像を描き出す野心的試み。正統と異端が織り成すダイナミズムによって生まれた神学の魅力とín核心を、第一級の研究者が描き出す。上巻では古代から宗教改革期に活躍した16名の神学者を紹介する。

マルクス（修道士）〔～390頃〕 Malchus of Syria

◇砂漠に引きこもった人々―キリスト教聖人伝選集 戸田聡編訳 教文館 2016.3 305p 22cm 3500円 ①978-4-7642-7406-8 Ⓝ192

内容 ヒエロニュムス『テーバイのパウルス伝』（プロローグ―最初に砂漠に住んだ修道者は誰か 迫害と殉教の時代 ほか） アタナシオス『アントニオス伝』（誕生から子ども時代まで 召命 ほか） ヒエロニュムス『ヒラリオン伝』（誕生から、修道者になるまで 悪魔による最初の試み ほか） ヒエロニュムス『囚われの修道士マルクス伝』（マルクスとその連れ合い マルクスの生い立ちと、彼が修道士になるまで ほか） 著者不明『エジプト人マカリオス伝』ギリシア語版（マカリオスの両親 財産を失う ほか）

＊修道制の起源を解き明かす"物語"。アントニオス、マカリオスほか4世紀に砂漠で隠遁生活を送った「最初の修道者たち」の生涯を、教父ヒエロニュムスやアタナシオスらがドラマティックに描いた、キリスト教的伝記の古典と称えられる作品群。初の邦訳を含む5篇を収録。古代キリスト教の豊かな精神性を汲み取ることができる偉大な源泉！

マルクス, K.〔1818～1883〕 Marx, Karl

◇世界精神マルクス―1818-1883 ジャック・アタリ著，的場昭弘訳 藤原書店 2014.7 579p 22cm 〈文献あり 年譜あり 索引あり〉 4800円 ①978-4-89434-973-5 Ⓝ289.3

内容 1 ドイツの哲学者――一八一八・四三年 2 ヨーロッパの革命家――一八四三年十月・四九年八月 3 イギリスの経済学者――一八四九年八月・五六年三月 4 インターナショナルの主人――一八五六年四月・六四年十二月 5 『資本論』の思想家――一八六五年一月・七一年十月 6 最後の戦い――一八七一年十二月・八三年三月 7 世界精神

＊"グローバリゼーション"とその問題性を予見していたのは、マルクスだけだった。そして今こそ、マルクスを冷静に、真剣に、有効に語ることができた。その比類なき精神は、どのように生まれ、今も持続しているのか。マルクスの実像を描きえた、唯一の伝記。

◇若者よ、マルクスを読もう 2 蘇るマルクス 内田樹，石川康宏著 京都 かもがわ出版 2014.9 254p 19cm 1600円 ①978-4-7803-0714-6 Ⓝ309.3

内容 第1部 対談・もしマルクスが現代の日本に蘇ったら!?（思想史のなかでのマルクスの位置づけ 現代日本の政治社会状況とマルクス） 第2部 往復書簡・『フランスにおける階級闘争』『ルイ・ボナパルトのブリュメール一八日』 第3部 往復書簡・『賃金、価格および利潤』（『賃金・価格・利潤』） 第4部 『若者よ、マルクスを読もう』第1巻をめぐって（第1巻をめぐる往復書簡 韓国語版への序文 マルクスに学び、現代を読解する）

◇マルクスを読みなおす 德川家広著 筑摩書房 2014.11 284p 19cm 〈筑摩選書 0103〉〈文献あり〉 1600円 ①978-4-480-01610-2 Ⓝ309.3

内容 第1章 マルクスの生きた時代（時代の産物 旧体制フランス、改革に失敗す ほか） 第2章 一八四八年の危機と『コミュニスト宣言』（「コミュニズム」とは何か マルクスの挑発 ほか） 第3章 亡命と挫折、そして『資本論』の誕生（ロンドンでの窮乏生活 最高傑作『ルイ・ボナパルトのブリュメール十八日』 ほか） 第4章 マルクスの誤解、スミスの嘘（マルクスの資本主義観 アダム・スミスの「革命性」 ほか） 第5章 今日、マルクスを読む意味はあるのか（『資本論』第一巻の刊行と反響 ロシアで読み継がれた理由 ほか）

＊一九世紀、勃興する資本主義とその帰趨について類example のない分析を行ったカール・マルクス。冷戦終結後、世界経済の激動と貧富の差の拡大により、再びこの巨人への関心が高まっている。だが実際のところ、彼の思想は今どこまで有効なのか。著者は『資本論』をはじめとする代表的著作から、マルクスの誤解や夢想を突きとめ、今日的意義を取り出していく。正確な時代把握と読解から思想家像を描きなおす意欲作。

◇経済思想―その歴史的視点から 長峰章編著 学文社 2015.4 204p 22cm 〈他言語標題：Economic Thought 年表あり 索引あり〉 2200円 ①978-4-7620-2541-9 Ⓝ331.2

内容 第1章 重商主義の経済思想（国富の流通論敵考察 経済学の胎動） 第2章 重農主義の経済思想（ケネーの生涯と著作 ケネーの経済思想と時代背景 ほか） 第3章 古典学派の経済思想（アダム・スミス トマス・ロバート・マルサス ほか） 第4章 マルクスの経済思想（マルクスの生涯と著作―時代背景を織り交ぜて 資本主義の歴史的把握 ほか） 第5章 歴史学派の経済思想（歴史学派の時代背景 旧歴史学派 ほか） 第6章 限界革命の経済思想（メンガー ジェヴォンズ ほか） 第7章 ケインズおよびその後の経済思想（マーシャル マクロ経済学の誕生とケインズ学派 ほか）

◇マルクス―ある十九世紀人の生涯 上 ジョナサン・スパーバー著，小原淳訳 白水社 2015.7 370p 20cm 2800円 ①978-4-560-08445-8

マルクス

Ⓝ289.3
内容 第1部 形成（息子　学生　編集者　亡命者　革命家）　第2部 格闘（反逆者　追放者）
＊思想、政治、私生活を時代の文脈に連関させながら、ドイツ近現代史の泰斗が、巨匠の全体像を厳正に描く。

◇マルクス―ある十九世紀人の生涯　下　ジョナサン・スパーバー著，小原淳訳　白水社　2015.7　348,29p　20cm　〈文献あり　年譜あり〉　2800円　①978-4-560-08446-5　Ⓝ289.3
内容 第2部 格闘（観察者　活動家）　第3部 遺産（理論家　経済学者　私人　老兵　偶像）
＊思想、政治、私生活を時代の文脈に連関させながら、ドイツ近現代史の泰斗が、巨匠の全体像を厳正に描く。

◇マルクス　小牧治著　新装版　清水書院　2015.9　238p　19cm　（Century Books―人と思想 20）〈文献あり　年譜あり　索引あり〉　1000円　①978-4-389-42020-8　Ⓝ289.3,134.53
内容 1 幸福な生いたちと自己形成（この人を探訪しよう！　マルクスが登場してくる舞台　幸せな幼少時代と、その理想　多感の学生時代）　2 波らんといばらの道―理論形成と実践活動（青年ヘーゲル学派　『ライン新聞』での体験と反省　人間の解放をめざして―パリ時代のみのり　唯物史観と剰余価値論の育成　『共産党宣言』二月革命と『新ライン新聞』　ロンドン亡命とどん底生活　科学的社会主義の仕上げ―『資本論』の完成　最期の力をしぼって実践活動へ―第一インターナショナルの創立から解散へ　肉体は死んでも、仕事は生きつづける）

◇社会学の起源―創始者の対話　竹内真澄著　本の泉社　2015.10　174p　19cm　〈文献あり　年譜あり〉　1300円　①978-4-7807-1248-3　Ⓝ361.2
内容 第1部 コントの社会学（生い立ちから　カソリック系ブルジョワ家族の影響　ほか）　第2部 スペンサーの社会学（生い立ちから　一五歳で発表した「救貧法について」　ほか）　第3部 マルクスの社会理論（生い立ちから　労働力の商品化と社会学　ほか）　第4部 一九世紀社会学の歴史構造（社会学の基本的構造　社会史と理論史　ほか）

◇カール・マルクス―「資本主義」と闘った社会思想家　佐々木隆治著　筑摩書房　2016.4　263p　18cm　（ちくま新書 1182）〈文献あり　年譜あり〉　860円　①978-4-480-06889-7　Ⓝ289.3
内容 第1章 資本主義を問うに至るまで（1818～1848年）―初期マルクスの新しい唯物論（人間カール・マルクスの実像　多感な大学時代　文学から哲学へ　ほか）　第2章 資本主義の見方を変える（1848～1867年）―マルクスの経済学批判（『資本論』の見方1―商品の秘密　『資本論』の見方2―貨幣の力の源泉　『資本論』の見方3―資本の力と賃労働という特殊な働き方　ほか）　第3章 資本主義とどう闘うか（1867～1883年）―晩期マルクスの物質代謝の思想（変化したマルクスのヴィジョン　改良闘争への高い評価　アソシエーションとしての共産主義　ほか）
＊マルクスの理論はさまざまな悪罵を投げつけられてきた。だが、カール・マルクスその人の理論は、今なお社会変革の最強の武器であり続けている。本書は最新の文献研究からカール・マルクスの実像に迫り、その思想の核心を明らかにする。これま

で知られてこなかった晩期マルクスの経済学批判のアクチュアリティが、今ここに甦る！

◇マルクス最後の旅　ハンス・ユルゲン・クリスマンスキ著，猪股和夫訳　太田出版　2016.6　167p　20cm　〈文献あり　年譜あり〉　2400円　①978-4-7783-1525-2　Ⓝ289.3
内容 第1章 ロンドンから地中海岸へ　第2章 アルジェ　第3章 モンテカルロ、カジノ資本主義　第4章 ロンドンに帰る、そして死
＊エンゲルスが闇に葬った『資本論』の核心とは―『資本論』の続巻を構想しつつ最後の旅に赴いたマルクス。残された膨大なメモや記録、史実の中からマルクスの旅を再現し、ドイツの社会学の泰斗が描く、大胆な仮説。

◇経済・社会と医師たちの交差―ペティ、ケネー、マルクス、エンゲルス、安藤昌益、後藤新平たち　日野秀逸著　本の泉社　2017.10　175p　19cm　1300円　①978-4-7807-1653-5　Ⓝ498.04
内容 序に代えて―医師・医学と経済　1部 マルクス・エンゲルスと医師・医学（マルクス・エンゲルス全集に登場する271人の医師たち　マルクス・エンゲルスと親族や友人の医師たち　マルクスたちは自然科学に強い関心を払った　医師と科学研究　経済学研究の先行者としての医師たち　ほか）　2部 日本における先駆者たち―安藤昌益と後藤新平（安藤昌益（1703～1762）　後藤新平（1857～1929））

◇マルクス伝　1　フランツ・メーリング著，栗原佑訳　大月書店　2018.3　348p　19cm　（ワイド版国民文庫）〈国民文庫 1975年刊の再刊〉　2600円　①978-4-272-98021-5　Ⓝ289.3
内容 第1章 少年時代　第2章 ヘーゲル学徒　第3章 パリ亡命　第4章 フリードリヒ・エンゲルス　第5章 ブリュッセル亡命　第6章 革命と反革命

◇マルクス伝　2　フランツ・メーリング著，栗原佑訳　大月書店　2018.3　316p　19cm　（ワイド版国民文庫）〈国民文庫 1975年刊の再刊〉　2600円　①978-4-272-98022-2　Ⓝ289.3
内容 第7章 ロンドン亡命　第8章 エンゲルス＝マルクス　第9章 クリミア戦争と恐慌　第10章 王朝的変革　第11章 インタナショナルの発端　第12章 『資本論』

◇マルクス伝　3　フランツ・メーリング著，栗原佑訳　大月書店　2018.3　245,45p　19cm　（ワイド版国民文庫）〈国民文庫 1975年刊の再刊　索引あり〉　2600円　①978-4-272-98023-9　Ⓝ289.3
内容 第13章 全盛期のインタナショナル　第14章 インタナショナルの衰亡　第15章 晩年の一〇年

◇カール・マルクス入門　的場昭弘著　作品社　2018.9　391p　19cm　〈文献あり　年譜あり〉　2600円　①978-4-86182-683-2　Ⓝ289.3
内容 第1部 マルクスの足跡を訪ねて―マルクスとその時代（マルクスはどこに住んでいたか　マルクスの旅　家族、友人との旅）　第2部 マルクスは何を考えたか―マルクスの思想と著作（哲学に関する著作　政治に関する著作　経済に関する著作　ジャーナリストとしての著作　政治活動家としての著作）エピソード
＊マルクスは、どんな本を読んで、何を食べ、どこに

住んでいたのか？ などなど、その人となりや、生涯の家族と友人、そして思わず笑ってしまうエピソードや思想を深く豊かに理解するための主要著作案内を網羅。圧倒的な資料収集と最新の研究成果を反映させたマルクス学の第一人者による決定版入門書。これ一冊で、マルクスとマルクス主義をまるごと理解！

◇若者よ、マルクスを読もう 3 アメリカとマルクス―生誕200年に 内田樹, 石川康宏著 京都 かもがわ出版 2018.9 286p 19cm 1800円 ①978-4-7803-0984-3 Ⓝ309.3

内容 第1部 往復書簡『フランスにおける（の）内乱』（石川康宏から内田樹へ（2017年12月30日） 内田樹から石川康宏へ（2018年3月30日）） 第2部 報告と批評 アメリカとマルクス（報告 アメリカとマルクス・マルクス主義―受容と凋落（内田樹） 批評 現代アメリカ型「マルクス主義」への道（石川康宏）） 第3部 報告と批評 生誕二〇〇年のマルクス（報告 マルクスとは何者であり続けてきたか（石川康宏） 批評 現実から生まれた理論、外部から来た理論（内田樹）） 第4部 新華社への回答『若マル』の著者が語る生誕二〇〇年のマルクス（マルクスを読むことにはどういう意味があるのか（内田樹） 資本主義の改革と本当の社会主義のために（石川康宏））

＊マルクスの見方、読み方が変わる！

◇アナザー・マルクス マルチェロ・ムスト著, 江原慶, 結城剛志訳 八王子 堀之内出版 2018.11 504p 19cm 〈文献あり〉 3500円 ①978-4-909237-37-8 Ⓝ289.3

内容 子供の頃、青年時代、そして大学での勉学 経済学との出会い 恐慌を待ちわびて 『経済学批判要綱』の頃 カール・フォークトとの論争 『資本論』―未完の批判 国際労働者協会の創立 一八七一年―パリの革命 バクーニンとの対立 人生の煩わしさと新しい研究の地平 国際政治とロシア論争 オールド・ニックの苦しみ モールの最後の旅

＊マルクスの思想を見直す「マルクス・リバイバル」を世界中で発信するイタリアのマルクス研究者による新しいカール・マルクスを描く伝記。

◇21世紀のいま、マルクスをどう学ぶか 山田敬男, 牧野広義, 萩原伸次郎編著 学習の友社 2018.12 203p 21cm 〈年譜あり〉 1800円 ①978-4-7617-1445-1 Ⓝ309.3

内容 1 マルクスの生き方と思想（マルクスの生き方を考える 個人の尊重とマルクス 未来を先取りする労働組合） 2 資本主義の分析と批判（マルクスの経済危機分析とわたしたち―『資本論』を現代にどう生かすか 『資本論』の視点で、AI（人工知能）やICT革命を考える 現代資本主義批判としての疎外・物象化論 「資本主義の限界」と変革の展望） 3 社会変革と未来社会（労働者階級の成長・発展とマルクス・エンゲルス 日常生活と政治意識 マルクスが資本主義の先に見た社会 マルクスの視点から日本の変革主体と労働運動を考える）

マルクス・アウレリウス・アントニヌス〔121～180〕 Marcus Aurelius Antoninus

◇ローマ帝国人物列伝 本村凌二著 祥伝社 2016.5 303p 18cm （祥伝社新書 463） 840円 ①978-4-396-11463-3 Ⓝ283.2

内容 1 建国期―建国期のローマ（ブルトゥス―共和政を樹立した初代執政官 キンキナトゥス―ワシントンが理想とした指導者 ほか） 2 成長期―成長期のローマ（アッピウス―インフラ整備など、類稀なる先見性 ファビウス―耐えがたきを耐える「ローマの盾」 ほか） 3 転換期―転換期のローマ（クラッスス―すべてを手に入れた者が欲しきもの 大ポンペイウス―カエサルに敗れた大武将 ほか） 4 最盛期―最盛期のローマ（ゲルマニクス―夭逝した理想のプリンス ネロ―気弱な犯罪者だった暴君 ほか） 5 衰亡期―衰亡期のローマ（ガリエヌス―動乱期の賢帝 ディオクレティアヌス―混乱を鎮めた軍人皇帝 ほか）

＊ローマの歴史には、独裁も革命もクーデターもあり、「パクス・ロマーナ」と呼ばれた平和な時代もあった。君主政も共和政も貴族政もポピュリズムもあり、多神教も一神教もあった。まさに「歴史の実験場」であり、教訓を得るのに、これほどの素材はない。歴史を学ぶには制度や組織は無視できないが、そこに人間が存在したことを忘れてはならないだろう。本書は、一〇〇〇年のローマ史を五つの時代に分け、三二人の生涯と共に追うものである。賢帝あり、愚帝あり、英雄から気丈な女性、医学者、宗教家まで。壮大な歴史叙事詩であり、歴史は人なり―を実感する一冊。

マルクス・クラウディウス・タキトゥス
⇒タキトゥス を見よ

マルクス・リキニウス・クラッスス
⇒クラッスス を見よ

マルグリット・ド・バロワ〔1553～1615〕
Marguerite de Valois

◇フランス王妃列伝―アンヌ・ド・ブルターニュからマリー＝アントワネットまで 阿河雄二郎, 嶋中博章編 京都 昭和堂 2017.7 283,21p 20cm 〈他言語標題：Vies des reines de France 文献あり 索引あり〉 2800円 ①978-4-8122-1632-3 Ⓝ288.4935

内容 第1章 アンヌ・ド・ブルターニュ―二人のフランス王と結婚した王妃 第2章 クロード・ド・フランス―ブルターニュをフランスに統合した王妃 第3章 カトリーヌ・ド・メディシス―理想の実現に挫折した王妃 第4章 ルイーズ・ド・ロレーヌ―アンリ三世と恋愛結婚した王妃 第5章 マルグリット・ド・ヴァロワー「王妃マルゴ」の世界 第6章 マリー・ド・メディシス―リシュリューと対決した剛毅な王妃 第7章 アンヌ・ドートリッシュ―ルイ一四世の母として生きた王妃 第8章 マリー＝テレーズ・ドートリッシュ―ルイ一四世とフランスを愛した王妃 第9章 マリー・レクザンスカ―家族を愛した慎ましやかな王妃 第10章 マリー＝アントワネット・ドートリッシュ―宮廷の落日を彩り革命に散った王妃

＊最新の研究成果をもとに、激動の時代を生きた一〇人のフランス王妃の姿をドラマティックかつリアルに描き出す。彼女たちの生きざま、王妃の役割、王妃と政治について真摯に記述する。これはフランスの歴史家による新たな王妃論で、巻末には近世フランス王妃一五人の略歴等を付した。

マルケビチ, I.〔1912〜1983〕
Markevitch, Igor

◇偉大なる指揮者たち―トスカニーニからカラヤン、小澤、ラトルへの系譜　クリスチャン・メルラン著，神奈川夏子訳　ヤマハミュージックメディア　2014.11　389,7p　21cm　2800円　Ⓘ978-4-636-90301-0　Ⓝ762.8

内容　アルトゥーロ・トスカニーニ　ウィレム・メンゲルベルク　セルゲイ・クーセヴィツキー　ピエール・モントゥー　ブルーノ・ワルター　サー・トーマス・ビーチャム　レオポルド・ストコフスキー　エルネスト・アンセルメ　オットー・クレンペラー　ヴィルヘルム・フルトヴェングラー〔ほか〕

＊指揮の特徴や楽団員からの評価、生い立ちや普段の振る舞い、家族関係など、50人のマエストロたちの素顔を描き出す。オーケストラ指揮の知られざる側面に迫った評伝集。

マルコムX〔1925〜1965〕　Malcolm X

◇コーネル・ウェストが語るブラック・アメリカ―現代を照らし出す6つの魂　コーネル・ウェスト著，クリスタ・ブッシェンドルフ編，秋元由紀訳　白水社　2016.8　291,15p　19cm　〈年譜あり　索引あり〉　2400円　Ⓘ978-4-560-09249-1　Ⓝ316.853

内容　はじめに―いまこそ預言者的精神を語り継ごう　第1章　火のついた魂は美しい―フレデリック・ダグラス　第2章　ブラック・フレイム―W.E.B.デュボイス　第3章　良心の炎―マーティン・ルーサー・キング, ジュニア　第4章　民主的実存主義の熱―エラ・ベイカー　第5章　革命の炎―マルコムX　第6章　預言者の炎―アイダ・B.ウェルズ　終章　オバマ時代の預言者的精神

＊今もっとも注目される論客が賢人たちに託して語り尽くした普遍的なアメリカ論。

◇屈服しない人々　ツヴェタン・トドロフ著，小野潮訳　新評論　2018.9　322p　19cm　〈索引あり〉　2700円　Ⓘ978-4-7948-1103-5　Ⓝ311.15

内容　第1章　エティ・ヒレスム　第2章　ジェルメーヌ・ティヨン　第3章　ボリス・パステルナーク　第4章　アレクサンドル・ソルジェニーツィン　第5章　ネルソン・マンデラとマルコムX　第6章　現代のふたりの屈服しない人物―ダヴィッド・シュルマンとエドワード・スノーデン

マルサス, T.R.〔1766〜1834〕
Malthus, Thomas Robert

◇マルサス書簡のなかの知的交流―未邦訳史料と思索の軌跡　柳田芳伸,山崎好裕編　京都　昭和堂　2016.11　292,21p　22cm　〈他言語標題：Intellectual exchange in Malthus's letters　索引あり〉　3600円　Ⓘ978-4-8122-1607-1　Ⓝ331.43

内容　第1章　マルサス＝ゴドウィン人口論争の一展開―マルサスのゴドウィン宛て書簡（一七九八年八月二〇日）を中心に　第2章　『人口論』第二版書評以降のA・ヤングとマルサスの知的交流　第3章　救貧法改革におけるウィットブレッドとマルサスの交流　第4章　マルサスとバーネル―アイルランドの一〇分の一税制度の改革と関連して　第5章　地金論争後期におけるジェフリー、ホーナーとマルサス―ホーナーの金融思想に与えたマルサスの影響を中心に　第6章　救貧法をめぐるマルサスとチャーマーズ　第7章　マルサス植民地政策論の態様と変遷―ウィルモット・ホートン宛てマルサス書簡の調査から　第8章　マルサスとケンブリッジ帰納論者―ヒューウェル宛てマルサス書簡を通して　補論　『マルサス書簡のなかの知的交流』現地図書館奮闘記

マルサリス, W.〔1961〜〕　Marsalis, Wynton

◇ウィントン・マルサリスは本当にジャズを殺したのか？　中山康樹著　シンコーミュージック・エンタテイメント　2015.8　270p　20cm　1800円　Ⓘ978-4-401-64173-4　Ⓝ764.78

内容　「ジャズのない時代」に生まれたジャズ・ミュージシャン　1981年7月、東京　許されざる黒さ（Unforgivable Blackness）　クラシックvsジャズ　ジャズを知らないジャズ・メッセンジャー　ウィントン・マルサリスの肖像　ウィントン・マルサリス作品体系（序）　ウィントン体制の確立　ジャズ帝国：ジャズ・アット・リンカーン・センターの歴史と全貌　「グループ」としての変遷と挑戦　ウィントン・マルサリスが変えたもの　そして誰もいなくなった？　アメリカン・ミュージックとしてのジャズ　ウィントン・マルサリスはジャズを殺したのか

＊「マイルス・デイヴィスに最も近い日本人」と言われ、マイルスに関する多くの著書を書き続けた中山康樹が急逝。あとに残された原稿は、意外にもウィントン・マルサリスのジャズを論じたものだった。日本のジャズファンが忘れ去った天才に、中山が最後にこだわったのはなぜか？　ウィントンのなにが、病床の中山を鼓舞したのか？　この「謎」は解けるのか？

マルジェラ, M.〔1957〜〕　Margiela, Martin

◇20世紀ファッションの文化史―時代をつくった10人　成実弘至著　新装版　河出書房新社　2016.1　302p　19cm　〈文献あり〉　1800円　Ⓘ978-4-309-24746-5　Ⓝ593.3

内容　チャールズ・ワース―ファッションデザイナー誕生　ポール・ポワレ―オリエント、装飾と快楽　ガブリエル・シャネル―モダニズム、身体、機械　エルザ・スキャパレッリ―ファッションとアート　クレア・マッカーデル―アメリカカジュアルの系譜　クリスチャン・ディオール―モードとマーケティング　マリー・クアント―ストリートから生まれた流行　ヴィヴィアン・ウエストウッド―記号論的ゲリラ闘争　コム・デ・ギャルソン―ファッションを脱構築する　マルタン・マルジェラ―リアルクロースを求めて　二〇世紀ファッションの創造性

＊ポワレ、シャネル、ディオールから、コム・デ・ギャルソン、マルジェラまで、彼らはファッションの地平をどう切り開いてきたか。20世紀ファッションの到達点をあらためて考察する、新しいファッション文化史。

マルティネス, P. 〔1971～〕
Martínez, Pedro

◇ペドロ・マルティネス自伝　ペドロ・マルティネス,マイケル・シルバーマン著,　児島修訳　東洋館出版社　2017.7　478p　19cm　2000円　Ⓘ978-4-491-03350-1　Ⓝ783.7

内容　プロローグ　第1部 1971‐1989年　第2部 1990‐1993年　第3部 1993‐1997年　第4部 1998‐2001年　第5部 2002‐2004年　第6部 2004年‐　エピローグ

＊細身の身体ながら150キロを超える速球とコントロール抜群のカーブ、そして投手に最も必要な強い心を武器に、1990年代後半から2000年代前半のMLBを席巻。サイ・ヤング賞を3度獲得し、"地上最強の投手"と呼ばれた。いったい彼は、どのような気持ちで打者に対峙し、薙ぎ倒していったのか。ドミニカで過ごした貧しい少年時代から、栄華を極めたレッドソックス時代、そして引退まで、そのすべてを語る。

マレーン, C. 〔1979～〕　Mullane, Chad

◇世にも奇妙なニッポンのお笑い　チャド・マレーン著　NHK出版　2017.12　205p　18cm　（NHK出版新書　539）　780円　Ⓘ978-4-14-088539-0　Ⓝ779.14

内容　第1話 オーストラリアの田舎者、日本のお笑いにハマる　第2話 ツッコミは日本にしかないんかい　第3話 ところ変われば笑いも変わる　第4話 若手貧乏芸人サバイバル・ハイウェイ　第5話 東京でお笑いをやるということ　第6話 師匠の背中と先輩の押し入れ　第7話 ここが違うよ、日本とオーストラリア　第8話 笑いを翻訳するのは難しい　第9話 日本のお笑いは世界に通じるか

＊笑いを求めて三千里。故郷オーストラリアから日本で芸人になるためにやってきた若者が飛びこんだのは、世にも稀なる芸道だった！不自由にも見える芸人の上下関係の秘密から、「ツッコミ」「どつき」「ひな壇トーク」などの特殊性、そして"笑い"を翻訳して海外に届けることの難しさ。苦節20年、お笑い界の荒波を生き抜いてきた外国人漫才師が、日本のお笑いの本領と秘めたる可能性をしゃべり倒す！

マロリー, G.L. 〔1886～1924〕
Mallory, George Leigh

◇沈黙の山嶺（いただき）―第一次世界大戦とマロリーのエヴェレスト　上　ウェイド・デイヴィス著,　秋元由紀訳　白水社　2015.6　392p　20cm　3200円　Ⓘ978-4-560-08433-5　Ⓝ292.58

内容　第1章 グレート・ゲーブル　第2章 想像上のエヴェレスト　第3章 攻撃計画　第4章 ヒンクスの目　第5章 マロリー登場　第6章 エヴェレストの入り口　第7章 目の見えない鳥　第8章 東側からのアプローチ

＊19世紀の植民地主義が終焉を迎え、大戦へと突き進んで甚大な被害を出した英国―。その威信回復の象徴となったのがエヴェレスト初登頂の夢だった。兵士として隊員として、常に死と隣り合わせだった若者たちの「生」を描いた傑作ノンフィクション！サミュエル・ジョンソン賞受賞。

◇沈黙の山嶺（いただき）―第一次世界大戦とマロリーのエヴェレスト　下　ウェイド・デイヴィス著,　秋元由紀訳　白水社　2015.6　401,8p　図版12p　20cm　〈文献あり　索引あり〉　3400円　Ⓘ978-4-560-08434-2　Ⓝ292.58

内容　第9章 ノース・コル　第10章 夢にまで見た頂上　第11章 フィンチの勝利　第12章 生命の糸　第13章 生の代償は死である

＊隊員26名中20名がかつて兵士・軍医だった。血みどろの塹壕戦をからくも生き抜き、世界最高峰の頂をめざして命を懸けた元兵士たち―。気鋭の人類学者が執筆に10年をかけ、彼らの生きざまを通して「時代」に息を吹き込んだ歴史ノンフィクション大作！サミュエル・ジョンソン賞受賞。

マン, T. 〔1875～1955〕　Mann, Thomas

◇フルトヴェングラーとトーマス・マン―ナチズムと芸術家　クラウス・カンツォーク著,　三浦淳訳　アルテスパブリッシング　2015.3　237,8p　21cm　（叢書ビブリオムジカ）〈索引あり〉　2500円　Ⓘ978-4-86559-119-4　Ⓝ762.34

◇トーマス・マン　村田經和著　新装版　清水書院　2015.9　215p　19cm　（Century Books―人と思想　40）〈年譜あり　索引あり〉　1000円　Ⓘ978-4-389-42040-6　Ⓝ940.278

内容　1 精神的生活形式としてのリューベク　2 『ブッデンブローク家の人々』　3 魔の山への道　4 ヴァイマル共和国　5 ゲーテのまねび―神話の世界へ　6 精神の高貴　7 日本におけるトーマス・マン

◇トーマス・マン日記　1918-1921　トーマス・マン著,　森川俊夫, 伊藤暢章, 洲崎惠三, 前田良三共訳　紀伊國屋書店　2016.3　827p　20cm　〈索引あり〉　17000円　Ⓘ978-4-314-01133-4　Ⓝ945.7

内容　一九一八年　一九一九年　一九二〇年　一九二一年　補遺

◇闘う文豪とナチス・ドイツ―トーマス・マンの亡命日記　池内紀著　中央公論新社　2017.8　226p　18cm　（中公新書　2448）　820円　Ⓘ978-4-12-102448-0　Ⓝ940.278

内容　1（クヌート・ハムスンの場合　レマルクのことほか）　2（大戦勃発の前夜　ドイツ軍、パリ入城　ほか）　3（封印の仕方　「白バラ」をめぐって　ほか）　4（ニュルンベルク裁判　父と子　ほか）

＊大作『ブッデンブローク家の人々』で若くして名声を獲得し、五十四歳でノーベル文学賞を受賞したドイツ人作家トーマス・マン。だが、ファシズム台頭で運命は暗転する。体制に批判的なかれをナチスは国外追放に。以降、アメリカをおもな拠点に、講演やラジオ放送を通じてヒトラー打倒を訴え続け、その亡命生活は二十年近くに及んだ。激動の時代を、マンはどう見つめ、記録したか。遺された浩瀚な日記から浮かび上がる闘いの軌跡。

マンシュタイン, E. 〔1887～1973〕
Manstein, Erich von

◇ヒトラーの元帥マンシュタイン　上　マンゴ

マンスフイ

ウ・メルヴィン著，大木毅訳　白水社　2016.11　422,67p　図版16p　20cm　5000円　Ⓐ978-4-560-09518-8　Ⓝ289.3

〈内容〉第1章 プロイセンの子　第2章 昇る星ライヒスヴェーア時代　第3章 ヒトラーに仕える　第4章 権力の中枢にて　第5章 再び戦争へ　第6章 勝利の設計者　第7章 輝ける夏　第8章 フランスからロシアへ　第9章 装甲軍団長　第10章 クリミア戦役

＊「名将」の光と影，実像に迫る評伝の決定版！ 生誕からエリート参謀，ヒトラーに仕えたフランス侵攻，クリミア戦役まで，英国陸軍少将の著者が新史料や私文書を渉猟し，その栄光と挫折の生涯を精彩に描く。著者による「日本語版への序文」，カラー口絵地図・写真多数収録。

◇ヒトラーの元帥マンシュタイン　下　マンゴウ・メルヴィン著，大木毅訳　白水社　2016.11　389,87p　図版16p　20cm　〈文献あり 著作目録あり　年譜あり　索引あり〉　5000円　Ⓐ978-4-560-09519-5　Ⓝ289.3

〈内容〉第11章 スターリングラードへの虚しき戦い　第12章 かいま見た勝利　第13章 クルスクの敗北　第14章 二正面の闘争　第15章 最後の闘争　第16章 罪と罰

＊ナチ犯罪・戦争犯罪にどこまで関与したのか？ スターリングラード包囲戦から，ヒトラーによる解任，敗戦と戦犯裁判まで，英国陸軍少将の著者が新史料や私文書を渉猟し，その栄光と挫折の生涯を精彩に描く。「訳者解説」，人名索引・年譜，カラー口絵地図・写真多数収録。

◇マンシュタイン元帥自伝――軍人の生涯より　エーリヒ・フォン・マンシュタイン著，大木毅訳　作品社　2018.4　543,9p　20cm　〈索引あり〉　3600円　Ⓐ978-4-86182-688-7　Ⓝ289.3

〈内容〉第1部 ライヒスヴェーア（革命と休戦がドイツ軍人の精神的姿勢におよぼした影響　混沌のなかの軍人たち　「創設期のライヒスヴェーア」　ライヒスヴェーアと共和国　軍中央にて ほか）　第2部 平時の第三帝国におけるライヒスヴェーアとヴェーアマハト（第三軍管区参謀長　陸軍総司令部　ヒンデンブルクの死去からヒトラーによる統帥権掌握までの，国防軍のナチ国家に対する姿勢の変化　OKHとOKW　男爵フォン・フリッチュ上級大将の解任 ほか）　一九一九年から一九三九年までの平和な時代の回顧　付録 ドイツ陸軍の軍政・軍令機構

＊アメリカに「最も恐るべき敵」といわしめた，「最高の頭脳」は，いかに創られたのか？ 栄光ある一族の歴史，侍童を務めた第二帝政カイザーの宮廷，陸軍士官学校，第一次大戦とドイツ革命，ヴァイマル共和国とヒトラーの影，ソ連訪問と赤軍将校たちとの交遊，軍中枢とナチス体制との角逐，そしてなによりも軍隊統合と「委任戦術」(Auftragstaktik)など，「勝利」を可能にしたプロイセン・ユンカーの矜持，参謀の責務，組織運用の妙を自ら語る。

マンスフィールド, K.〔1888〜1923〕
Mansfield, Katherine

◇キャサリン・マンスフィールド――荒地を吹き渡る風のように自由に　手塚裕子著，横浜　春風社　2017.12　333,12p　20cm　〈他言語標題: Katherine Mansfield　年譜あり　文献あり〉　3200円　Ⓐ978-4-86110-553-1　Ⓝ930.278

〈内容〉ロンドン留学　風吹く荒地へ　『ニュー・エイジ』――新しい時代　マンスフィールドとマリの恋と幻滅　ミューズ　失われた無垢を探し求めて　アロエの舟に乗って　落ち着きのない，自由な楽園の小鳥　連帯する女性作家　運命の日〔ほか〕

＊祖国ニュージーランドを離れ，イギリスやヨーロッパ各地を漂泊しながら34歳で夭逝した女性作家，キャサリン・マンスフィールド。激しく生き，愛し，書き続けた生涯を克明に描き出す，本格的評伝。写真多数掲載。

マンスール, A.J.〔712?〜775〕
Manṣūr, Abū Jaʿfar

◇マンスール――イスラーム帝国の創建者　高野太輔著　山川出版社　2014.10　76p　21cm　（世界史リブレット人 20）〈文献あり 年譜あり〉　800円　Ⓐ978-4-634-35020-5　Ⓝ289.2

〈内容〉イスラーム帝国の創建者　1 革命の嵐のなかで　2 血塗られた覇業　3 帝都バグダードの建設　4 帝王をめぐる人々

＊アッバース朝の実質的な建国者であるカリフ・マンスールは，ティグリス河畔に新都バグダードを造営し，東西6000kmにもおよぶ巨大なイスラーム帝国の基盤を築き上げた。我が国では知られていない偉大な帝王の生涯を，アラビア語の年代記に残された無数の逸話をもとによみがえらせる。

マンソン, C.〔1934〜2017〕　Manson, Charles

◇ファミリー　上巻　エド・サンダース著，小鷹信光訳　草思社　2017.2　384p　16cm　（草思社文庫 サ2-1）〈1977年刊を上・下巻に2分冊〉　1200円　Ⓐ978-4-7942-2257-2　Ⓝ368.5

〈内容〉1 ファミリー――マンソン・ファミリーの誕生から一九六九年中ごろまで（裏目にでた執行猶予処分　監房を逃れて　暴力への旅を駆りたてたもの　ポランスキー夫妻　スパーン映画牧場――九六八年　死の谷――一九六八年　死の谷からキャノーガ・パークへ　ヘルター・スケルター　秘教結社OTOのソラー・ロッジ　ドナー峠　スパーン・ランチ――一九六九年四月・六月　いなごたち――一九六九年七月　恐怖を克服する）

＊1967年，「ラヴの夏」を迎えようとしていたサンフランシスコに突如，現われたチャールズ・マンソンは，巧みな弁舌と異常な性能力で，十代のフラワーチルドレンたちを惹きつけ，「ファミリー」を形成していく。マイクロバスで気ままに旅をするヒッピー集団だった彼らは，いつしか悪魔崇拝に取り憑かれ，戦闘的な殺人集団へと変貌していく。マンソンの生い立ちからファミリーの誕生，連続猟奇殺人の始まりまでを克明にたどるロングドキュメント。

◇ファミリー　下巻　エド・サンダース著，小鷹信光訳　草思社　2017.2　319p　16cm　（草思社文庫 サ2-2）〈1977年刊を上・下巻に2分冊〉　1200円　Ⓐ978-4-7942-2258-9　Ⓝ368.5

〈内容〉2 殺人――一九六九年六月二十五日から八月十五日まで（ゲイリー・ヒンマンの死　地獄の穴への金敷台　シエロ通りの死　プールサイドをおおう恐怖の波　二日目の夜）　3 マンソン逮捕――一九六九年八月十六日から十二月一日まで（捜索　狂気と暴力

―スパーン・ランチ、一九六九年八月十日・三十一日 砂漠のロンメル将軍―バーカー・ランチ、一九六九年九月 ディーンバギー戦闘部隊 マンソン逮捕―一九六九年九月二十日・十月十二日 真相の解明―一九六九年十月・十一月)

＊チャールズ・マンソン率いるファミリーは1969年夏、映画監督ロマン・ポランスキーの妻で臨月を迎えていた女優シャロン・テートらを惨殺し、スーパーマーケットのオーナー、ラビアンカ夫妻を殺害する「テート＝ラビアンカ事件」を起こし、全米を震撼させる。その後も西海岸を中心に次々と猟奇的な殺人事件を起こしていく。アメリカのある若者の一集団が、どのような経緯をたどり、殺人集団と化したのか。膨大な公判資料やインタビュー取材から、その実態がリアルな筆致で書き綴られる。

マンデラ, N. 〔1918〜2013〕 Mandela, Nelson

◇ネルソン・マンデラ―アパルトヘイトを終焉させた英雄 政治家・黒人解放運動家〈南アフリカ〉 筑摩書房編集部著 筑摩書房 2014.9 185p 19cm 〈ちくま評伝シリーズ〈ポルトレ〉〉他言語標題：Nelson Mandela 文献あり 年譜あり〉 1200円 ①978-4-480-76624-3 Ⓝ289.3

内容 第1章 トランスカイから来た青年 第2章 フリーダム・ファイター 第3章 島流し 第4章 獄中で学んだこと 第5章 アパルトヘイトの終わり 第6章 「虹の国」のマンデラ 巻末エッセイ「ネルソン・マンデラと「人間性の徹底」」(緒方貞子)

＊27年間、獄中でも闘いつづけた不屈の闘士で、粘りづよい交渉人であり、野菜作りを愛する「普通の人」だった。

◇二人のマンデラ―知られざる素顔 ジョン・カーリン著、新田享子訳 潮出版社 2014.12 235p 19cm 1700円 ①978-4-267-01995-1 Ⓝ289.3

内容 第1章 大統領とジャーナリスト 第2章 大きな期待 第3章 知られざる孤独 第4章 命懸けの説得 第5章 最後の敵 第6章 私たちのヒーロー 第7章 白い涙 第8章 高潔の人

＊27年にわたる牢獄生活から解放された後も、マンデラには未曾有の困難が待ち受けていた。白人極右勢力の台頭、黒人同士の内紛、くすぶるクーデター、頻発するテロ、暗殺の危機、さらには妻の犯罪、破綻した家族、そして離婚…。マンデラは、こうした苦悩や失意と引き換えに、その偉大な勝利を収めてきた。本書は、20年にわたりマンデラを取材しつづけてきたジャーナリストによる、聖人でもスーパーマンでもない、知られざる一人の男を描いたドキュメンタリーである。

◇ネルソン・マンデラ私の愛した大統領―秘書が見つめた最後の19年 ゼルダ・ラグレインジ著、長田雅子訳 明石書店 2016.9 451p 19cm 3600円 ①978-4-7503-4392-1 Ⓝ289.3

内容 第1部 マディバに会うまで―1970‐1994(少女時代 変化) 第2部 大統領府時代―1994‐1999(ネルソン・マンデラに出会う マンデラ大統領の元で働く 大統領と旅する 大統領任期の終わり) 第3部 マンデラ財団時代―1999‐2008(マンデラ財団を立ち上げる 世界の指導者たちを相手にする 忙しい引退生活 旅の終わり) 第4部 最後の日々―2009‐2013(最後まで共に 別れ また会う日まで)

＊白人の若きアフリカーナ女性と反アパルトヘイト運動の闘士、かつてはかけ離れた存在だったふたりが育んだ、信頼と愛情の物語。個人秘書として長年マンデラに仕えた者のみが知る偉人の素顔や、等身大のひとりの女性が成長していく、かけがえのない日々を印象的に綴る。

◇屈服しない人々 ツヴェタン・トドロフ著、小野潮訳 新評論 2018.9 322p 19cm 〈索引あり〉 2700円 ①978-4-7948-1103-5 Ⓝ311.15

内容 第1章 エティ・ヒレスム 第2章 ジェルメーヌ・ティヨン 第3章 ボリス・パステルナーク 第4章 アレクサンドル・ソルジェニーツィン 第5章 ネルソン・マンデラとマルコムX 第6章 現代のふたりの屈服しない人物―ダヴィッド・シュルマンとエドワード・スノーデン

◇ネルソン・マンデラ―その世界と魂の記録 ロジャー・フリードマン著、ベニー・グール写真, 金原瑞人, 松浦直美訳 西村書店東京出版編集部 2018.11 304p 27cm 4600円 ①978-4-89013-793-0 Ⓝ289.3

内容 第1章 星の誕生 第2章 少年時代 第3章 革命家 第4章 裁判と試練 第5章 夜明け前の暗闇 第6章 平和的解決の世話役 第7章 国民の大統領 第8章 引退生活 第9章 終焉

＊生誕100年。彼なら今、この世界にどんな提言をするだろう。27年間の獄中生活後、南アフリカ共和国大統領となり人種隔離政策撤回のために闘った伝説の指導者。貴重な初公開写真、多数。

マンビー, A. 〔1828〜1910〕 Munby, Arthur

◇美しき汚れ―アーサー・マンビーとヴィクトリア朝期女性労働者の表象 吉本和弘著 横浜春風社 2015.3 263p 20cm 〈年譜あり 文献あり〉 3000円 ①978-4-86110-442-8 Ⓝ366.38

内容 第1章 アーサーとハナの物語 第2章 女性労働者の肖像 第3章 「手」の隠喩と労働の記号論 第4章 女性労働者の黒さと男性化 第5章 ハナが観たバイロンの悲劇『サルダナパラス』 第6章 階級・ジェンダーの表象と写真の登場

＊ヴィクトリア朝時代の弁護士アーサー・マンビーと特権階級の女性労働者ハナ・カルウィックとの階級を越えた愛情関係を、写真や日記などの豊富な資料をもとに考察。写真という当時最新のテクノロジーが果たした役割についても論及する。

マン・レイ 〔1890〜1976〕 Man Ray

◇マン・レイ軽さの方程式 木水千里著 三元社 2018.6 327,54p 22cm 〈他言語標題：Man Ray‐Équation de légèreté 文献あり〉 4500円 ①978-4-88303-459-8 Ⓝ723.35

内容 1部 マン・レイの非芸術的活動(モード写真―境界の芸術家 ポートレート写真―芸術界への参入のための戦略) 2部 シュルレアリストとしてのマン・レイ受容(シュルレアリストの写真理解 写真キャプションとしてのシュルレアリスム) 3部 芸術の価値基準―フランス・ドイツ・アメリカのモダニズムとポストモダニズム(一九二〇・三〇年代のマン・レ

イの写真についての記事を通してみるフランス型モダニズム　マン・レイのレイヨグラフとモホリ＝ナジのフォトグラムの比較から考察するドイツにおけるモダニズム　ほか）　4部　マン・レイにおける芸術の価値基準（永続する作品―映画作品とモード写真をやめた理由　一九六〇年代の作品を永続させる方法―一九六六年の大回顧展にみる歴史化の拒否　ほか）　5部　結論・美術史におけるマン・レイの位置づけ―抽象と具象のトランス・アトランティック
＊マン・レイ（1890‐1976）はダダイスム、シュルレアリスムなど20世紀の華々しい芸術運動の一員として理解されてきた。だが、絵画、写真、オブジェ、映画など、媒体にしばられることなく機智と謎に満ちた創作を続けた彼の思想は、そうした時流を超えたものだった。芸術には進歩がなく、それゆえ自身の作品は永続すると断言するマン・レイ。現代美術の問題を先鋭的に体現する芸術家マン・レイを再定義する。

【ミ】

ミケランジェロ・ブオナローティ〔1475～1564〕　Michelangelo Buonarroti

◇ミケランジェロとヴァザーリーイラストで読む「芸術家列伝」　古山浩一イラスト，古玉かりほ編訳　芸術新聞社　2014.12　111p　21cm　〈他言語標題：Michelangelo and Vasari　文献あり　年表あり〉　1650円　①978-4-87586-417-2　Ⓝ702.37
|内容| 石の街で育った少年時代　初めて鑿と鉄槌を持った運命の日　24歳のローマデビュー「ピエタ」　ダヴィデは不格好な大理石から誕生した　レオナルド・ダ・ヴィンチと世紀の対決！　40年も苦悩したユリウス二世の墓廟　嫉妬と陰謀のシスティーナ礼拝堂　権威に振り回されるミケランジェロ　ミケランジェロ、戦争の軍事技師になる　人生をかけて「最後の審判」を描くまで　そして最後の偉業サン・ピエトロ大聖堂へ　さぁミケランジェロ
＊あの天才の素顔がわかるルネサンス人間絵巻。450年前の名著をわかりやすく再生しました。

◇ミケランジェロ　裸身の神曲―聖アウグスチヌスの光のなかで　三輪公忠著　彩流社　2016.3　240,22p　20cm　〈文献あり〉　2800円　①978-4-7791-2210-1　Ⓝ702.37
|内容| 愉悦と懲罰の芸術　メディチ家のフィレンツェ　神はご自身の似姿に人間を創られたのだから　血脈の誇り　木彫の磔像　ローマへの道　説教師サヴォナローラの終末論　二十代で彫刻家として名声確立、そしてレオナルドとの確執　割礼の無いダヴィデ像とダヴィデの血脈　アダムに見るミケランジェロの男気　教皇ユリウス二世の霊廟　システィーナ礼拝堂のフレスコ画　異様な自画像と美丈夫トンマーゾ・デ・カヴァリエーリとの邂逅　システィーナ礼拝堂のフレスコ画の修復工事が完了して　鼻つぶれのミケランジェロとノアの次男ハムとその裔　ヴィットリアの愛に浸ったミケランジェロ　老いの知と老いる哀しみ　ミケランジェロ芸術の手段とかたち　思いつくままに
＊美の入り口から神を追い求めたミケランジェロの恋と正義の真実。英語文献を駆使して現代にその意義を問う。

◇ミケランジェロ周航　坂口昌明著　ぷねうま舎　2016.6　213p　20cm　〈文献あり〉　2800円　①978-4-906791-58-3　Ⓝ702.37
|内容| 闘うルネサンス―ミケランジェロ『リーメ』私観（サン・ピエトロのピエタ　神の足裏　システィーナの霹靂　低声で語れ）　パリ、ヴェルサイユ周航（パリ三夜ից　ヴェルサイユ逍遙記）
＊ミケランジェロとは誰だったのか。在野の詩人・民俗学者である著者が、定説にもたれず、自らの足と目で作品と向き合い、その精神の秘密に肉迫する。美と自由の伝道者か、狂気の芸術家か。システィーナ礼拝堂天井画と祭壇画『最後の審判』に見る人体の輝き、そして詩集「リーメ」に綴られた祈りと懊悩…。ヴェルサイユ宮殿に結晶した、王権と教権の虚飾の美と対比しつつ、真に新しい精神の旗手たりえた、そのほんとうの闘いを浮かび上がらせる。ルネサンスに匹敵する壮大な転換を生きつつある、21世紀のわれわれに託された、著者渾身の遺書。

◇ミケランジェロとコーヒータイム　ジェイムズ・ホール著，大木麻利子訳　三元社　2016.8　147p　16cm　（コーヒータイム人物伝）〈文献あり　索引あり〉　1500円　①978-4-88303-392-8　Ⓝ702.37
|内容| ミケランジェロ（1475‐1564）小伝　ミケランジェロとコーヒータイム（独学の反逆児　身体美　天才の「線」―詩とデッサン　メスあるいは知の最前線　「神のごとき」か　「きわめて人間的」か　専制君主と民主主義者　女性の表現　巨人主義　大理石マニア　画家は己を描くもの　完成と未完成　天国か地獄か）
＊彫刻、絵画、建築、詩、あらゆる分野でイタリア・ルネサンス期を代表するミケランジェロ。巨大な大理石彫刻"ダヴィデ"やシスティーナ礼拝堂の"最後の審判"など空前絶後の壮大な作品を独力で仕上げ、「神のごとき」と賞賛された驚異の天才は、辛辣さでも超一流の強烈な個性の人でした。人類史上もっとも偉大な芸術家の生涯と実像をさあ、彼自身に語ってもらいましょう。

◇ミケランジェロ　ジャック・ラング，コラン・ルモワーヌ著，塩谷敬訳　未來社　2017.5　280p　19cm　〈年譜あり〉　2800円　①978-4-624-71101-6　Ⓝ702.37
|内容| 昼と夜　神のごときアーティストの肖像　開かれた工房　メディチ家の審美眼　雪の彫刻　最高傑作の『ピエタ』『ダビデ』像、政治的イコン　対抗意識・この誠実な競争相手　未完成の妙味　システィナ礼拝堂、この死んだ絵　ひとつの墓碑から別の墓碑へ　最後の憂鬱　神の黄昏
＊「ダビデ」像、「ピエタ」像、システィナ礼拝堂天井画、そして壁画「最後の審判」など数多くの傑作を世に送ったルネサンス期の巨匠、ミケランジェロ。その作品がもつ一般大衆的側面や影響力、そして普遍的アンガージュマンについて、フランス文化政策のエキスパートと新進気鋭の美術史家が解明に挑む。

◇もっと知りたいミケランジェロ―生涯と作品　池上英洋著　東京美術　2017.6　79p　26cm　（アート・ビギナーズ・コレクション）〈文献あり　索引あり〉　2000円　①978-4-8087-1085-9

Ⓝ702.37

内容 第1章 修業時代—ルネサンス期のイタリアに生まれて 1475〜94年 0〜19歳　第2章 鮮烈なデビュー—野心と飛躍 1495〜1507年 20〜32歳　第3章 教皇の芸術家—万能人への道 1508〜25年 33〜50歳　第4章 動乱の時代—新様式の誕生 1526〜37年 51〜62歳　第5章 苦悩の晩年—衰えを知らぬ建築家 1538〜44年 63〜69歳　第6章 独身の終生—敬愛する人、家族、弟子 1545〜58年 70〜83歳　第7章 死と神格化—同時代と後世の評価 1559〜64年 84〜88歳

◇ミケランジェロ研究　カルロ・デル・ブラーヴォ著, 甲斐教行訳　中央公論美術出版　2018.8　256p　22cm　2700円　Ⓘ978-4-8055-0856-5　Ⓝ702.37

内容 『トンド・ドーニ』とその額縁　システィーナ天井画小論　想像力の諸段階　ユリウス二世墓碑をめぐる対話　ミケランジェロの『二人の公爵』『審判図』をめぐって　『ロンダニーニのピエタ』の諸案について　ラファエッロ研究

ミシュレ, J. 〔1798〜1874〕　Michelet, Jules

◇全体史の誕生—若き日の日記と書簡　J.ミシュレ著, 大野一道編訳　藤原書店　2014.9　315p　20cm　3000円　Ⓘ978-4-89434-987-2　Ⓝ289.3

内容 序 全体史の誕生—ミシュレの青春　学問とは何か　一八二五年八月十七日、コレージュ・サント=バルブでの賞与授与式にて　少年時代の思い出—覚え書　青春日記——八二〇年五月四日—一八二七年七月十二日（抄）　アイデア日記——八一八・一—一八二九（抄）　わが読書日記——八一八・一八二九付　ミシュレ—親友ボワンソ往復書簡（抄）

＊アナール歴史学の父、ミシュレは、古典と友情の海から誕生した。万巻の書を読み精神の礎を築き、親友と真情を語り合い人間の核心を見つめたミシュレの青春時代の日記や書簡から、その稀有な精神の源に迫る。

ミショー, L.H. 〔1895〜1976〕
Michaux, Lewis H.

◇ハーレムの闘う本屋—ルイス・ミショーの生涯　ヴォーンダ・ミショー・ネルソン著, R・グレゴリー・クリスティイラスト, 原田勝訳　あすなろ書房　2015.2　179p　26cm　1800円　Ⓘ978-4-7515-2752-8　Ⓝ289.3

内容 第1部 1904年・1922年—ブタ泥棒　第2部 1922年・1937年—これで幸せなのか？　第3部 1937年・1945年—わたしは、「いわゆるニグロ」でない。　第4部 1946年・1956年—適切なる宣伝活動の拠点　第5部 1958年・1966年—真実がもとでもめるのなら、もめればいい。　第6部 1966年・1968年—切りたおされている時にだまって立っているのは樹木だけだ。　第7部 1968年・1976年—そろそろ、店をたたもう。

＊1939年、ニューヨーク7番街に、風変わりな書店が誕生した。ナショナル・メモリアル・アフリカン・ブックストア。黒人が書いた、黒人についての本だけを売る店。「ニグロは本を読まない」と言われていた時代、世間の嘲笑をよそに、黒人に本を、そして、知識を広めることに尽力したルイス・ミショーの生涯とは…？

ミック・マーズ 〔1951〜〕　Mick Mars

◇ミュージック・ライフが見たモトリー・クルー　シンコーミュージック・エンタテイメント　2015.2　1冊　27cm　〈他言語標題：MÖTLEY CRÜE in "MUSIC LIFE"〉　2800円　Ⓘ978-4-401-64111-6　Ⓝ767.8

＊ミュージック・ライフ完全復刻!!モトリー・クルー黄金時代の決定版。デビュー時の超貴重インタビューから直筆アンケート、世界制覇まで—ミュージック・ライフだから迫ることができた素顔がここにある!!

ミッテラン, F. 〔1916〜1996〕
Mitterrand, François

◇ミッテラン—カトリック少年から社会主義者の大統領へ　ミシェル・ヴィノック著, 大嶋厚訳　吉田書店　2016.8　499p 図版16p　20cm　〈文献あり 年譜あり 索引あり〉　3900円　Ⓘ978-4-905497-43-1　Ⓝ289.3

内容 「バレス的な少年」　フランシスク勲章とロレーヌの十字架　永遠の大臣　アルジェリアの暴風　共和国の長だちをまとめて　改宗者　四〇万票差で勝利　社会主義との別れ　君主　偉大さを求めて　治世の終わり

＊フランス現代史に深い刻印を残した政治家の生涯を、一級の歴史家が描く。

ミドルトン, ケイト
⇒キャサリン（ケンブリッジ公夫人）を見よ

ミトロプーロス, D. 〔1896〜1960〕
Mitropoulos, Dimitris

◇偉大なる指揮者たち—トスカニーニからカラヤン、小澤、ラトルへの系譜　クリスチャン・メルラン著, 神奈川夏子訳　ヤマハミュージックメディア　2014.11　389,7p　21cm　2800円　Ⓘ978-4-636-90301-0　Ⓝ762.8

内容 アルトゥーロ・トスカニーニ　ウィレム・メンゲルベルク　セルゲイ・クーセヴィツキー　ピエール・モントゥー　ブルーノ・ワルター　サー・トーマス・ビーチャム　レオポルド・ストコフスキー　エルネスト・アンセルメ　オットー・クレンペラー　ヴィルヘルム・フルトヴェングラー〔ほか〕

＊指揮の特徴や楽団員からの評価、生い立ちや普段の振る舞い、家族関係など、50人のマエストロたちの素顔を描き出す。オーケストラ指揮の知られざる側面に迫った評伝集。

ミネッティ, E. 〔1902〜1970〕
Minetti, Enrico

◇スカラ座の思い出—コンサートマスターから見たマエストロの肖像　エンリーコ・ミネッティ著, 石橋典子訳　国分寺 スタイルノート　2015.2　159p　24cm　2400円　Ⓘ978-4-7998-0140-6　Ⓝ762.37

内容 1 デ・サバタを訪ねて—サンタ・マルゲリータ、一九六八年　2 ミトロプーロスの思い出　3 シェ

ルヘンとの一日　4　少年代記　5　再び戦火で荒廃した世界　6　グイード・カンテッリの思い出　7　エンツォ・マルティネンギ　8　マスカーニの思い出　9　エンリーコ・ポーロの思い出　10　戦争と劇場―スカラ座の爆撃　11　オーケストラから見たアルトゥーロ・トスカニーニ

＊マスカーニなど作曲家の人物像、プッチーニの葬儀で指揮するトスカニーニなど、間近にいたコンサートマスターならではの臨場感あふれる描写。スカラ座に登場したスター指揮者とコンサートマスターとして接してきた著者の回顧録。

ミュシャ, A.〔1860～1939〕Mucha, Alphonse

◇ミュシャ―パリの華、スラヴの魂　小野尚子、本橋弥生、阿部賢一、鹿島茂著　新潮社　2018.2　158p　22cm　（とんぼの本）〈他言語標題：Alfons Mucha　文献あり　年譜あり〉　1800円　①978-4-10-602279-1　Ⓝ723.348

内容　読み解き "スラヴ叙事詩"　"スラヴ叙事詩" から見えてくるミュシャ　ムハをめぐる複数の文脈―プラハ、スラヴ、そしてフリーメイソン　傑作選　乱れ咲きのパリ時代　ミュシャが演出した "目覚めたつもりの夢"　ざっくり分かるパリのミュシャ　チェコガイド　ミュシャを追いかけて

＊ベル・エポックのパリで華々しく活躍したアルフォンス・ミュシャ。しかし功成り名遂げるほどに故郷チェコへの想いを強めた彼は、50歳を前に帰郷。そこで約16年をかけて描き出したのが、スラヴ民族に捧ぐ壮大な歴史スペクタクルと呼ぶべき "スラヴ叙事詩" でした。時代に翻弄され、いまなお謎多きミュシャ芸術の到達点を、プラハでの撮り下ろし写真とともに徹底読解。パリ時代の傑作やチェコガイドも収録し、あなたの知らないミュシャの素顔に迫ります。

ミュッセ, A.〔1810～1857〕Musset, Alfred de

◇ミュッセ　野内良三著　新装版　清水書院　2016.9　226p　19cm　（Century Books―人と思想　170）〈文献あり　年譜あり　索引あり〉　1200円　①978-4-389-42170-0　Ⓝ951.6

内容　1　恋とポエジーにあこがれて（詩人への道　『スペインとイタリアの物語』）　2　ロマン派の異端児（プロの文筆家として　霊感の詩学）　3　世紀の恋（ジョルジュ・サンドに恋して　『世紀児の告白』をめぐって）　4　苦悩の詩学（大恋愛のあとで成熟と本領―『新詩集』）　5　劇作家として（詩魂の枯渇　ミュッセの演劇）

＊アルフレッド＝ミュッセは、ラマルチーヌ、ヴィニー、ユゴーと並んでフランス・ロマン派四大詩人の一人で、ロマン派の中でも一番「ロマン派的」な詩人だった。「愛したあとで、絶えず愛さなければならない」と歌った詩人にふさわしくその生涯は華麗な女性遍歴に彩られている。とりわけ、パリで花咲きヴェネチアで散った男装の麗人ジョルジュ＝サンドとの「世紀の恋」は文学史上あまりにも有名である。青春と恋愛の哀歓をせつせつと歌い上げた名品を数多く残す一方で、『夜には恋はすまじ』『マリアンヌの気まぐれ』など優雅で洗練された戯曲も書いた。その芝居は今なおしばしば上演されている。本書は、そうしたミュッセの活き活きとした真の姿を描こうとした、待望久し

い、わが国で最初の評伝である。

ミュラー, W.〔1794～1827〕Müller, Wilhelm

◇ヴィルヘルム・ミュラーの生涯と作品―『冬の旅』を中心に　渡辺美奈子著　仙台　東北大学出版会　2017.7　306p　21cm　〈他言語標題：Wilhelm Müller's Life and Works　「ヴィルヘルム・ミュラーの詩作と生涯」（日本博士論文登録機構　2010年刊）の改題、改稿　文献あり　年表あり〉　4000円　①978-4-86163-276-1　Ⓝ941.6

内容　序章　研究の目的と方法　第1章　少年期（1794年～1812年夏）　第2章　解放戦争従軍時代（1812年秋～1814年夏）　第3章　ブリュッセルから故郷へ（1814年秋～冬）　第4章　ベルリン時代（1815年～1817年夏）　第5章　成熟期（1817年8月～1825年）　第6章　晩年（1826年～1827年9月）　終章　ミュラーとシューベルト

＊詩人は何を探し求めたのか。時代背景とともにその生涯と精神を丹念に読み解き作品に「何がいかに描かれているか」を問う独創的研究。

ミューラー＝ブロックマン, J.〔1914～1996〕Müller-Brockmann, Josef

◇遊びある真剣、真剣な遊び、私の人生―解題：美学としてのグリッドシステム　ヨゼフ・ミューラー＝ブロックマン著、佐賀一郎監訳・解題、村瀬庸子訳　ビー・エヌ・エヌ新社　2018.5　261p　23cm　〈文献あり　年譜あり〉　3200円　①978-4-8025-1103-2　Ⓝ727.02345

内容　1　自伝（遊びある真剣、真剣な遊び、私の人生）　2　作品（ポスター1951‐1994）　3　解題（美学としてのグリッドシステム）　4　資料

＊デザイナーとしてどう生きるのか、20世紀を代表する、デザイナーの人生譚。主要なポスター作品群（1951‐1994）を収録し、グリッドシステムの成立背景と技術解説などの解題を増補した日本オリジナル編集版。

ミュンシュ, C.〔1891～1968〕Munch, Charles

◇偉大なる指揮者たち―トスカニーニからカラヤン、小澤、ラトルへの系譜　クリスチャン・メルラン著、神奈川夏子訳　ヤマハミュージックメディア　2014.11　389,7p　21cm　2800円　①978-4-636-90301-0　Ⓝ762.8

内容　アルトゥーロ・トスカニーニ　ウィレム・メンゲルベルク　セルゲイ・クーセヴィツキー　ピエール・モントゥー　ブルーノ・ワルター　サー・トーマス・ビーチャム　レオポルド・ストコフスキー　エルネスト・アンセルメ　オットー・クレンペラー　ヴィルヘルム・フルトヴェングラー〔ほか〕

＊指揮の特徴や楽団員からの評価、生い立ちや普段の振る舞い、家族関係など、50人のマエストロたちの素顔を描き出す。オーケストラ指揮の知られざる側面に迫った評伝集。

ミュンター, J. 〔1844〜1921〕
Münter, Johanne

◇明治の国際人・石井筆子―デンマーク女性ヨハンネ・ミュンターとの交流　長島要一著　新評論　2014.10　239p　19cm　〈文献あり 年譜あり〉　2400円　ⓘ978-4-7948-0980-3　Ⓝ289.1

[内容] 第1章 鹿鳴館―和装の通訳婦人　第2章 渡辺筆子の娘時代　第3章 小鹿島果との結婚と女子教育　第4章 ヨハンネ・ミュンターの日本滞在　第5章 ヨハンネの回想記『日本の思い出』から　第6章 回想記『日本の思い出』に描かれている筆子　第7章 筆子の打ち明け話―親密の時　第8章 その後の筆子　第9章 帰国後のヨハンネ　第10章 ヨハンネの手紙と筆子の返事

＊明治期にヨーロッパへの女子留学生として脚光を浴び、皇室に重宝されながら称賛に値する人生を送り、知的障害者教育の世界でも意義深い事業を成し遂げていたにもかかわらず、なぜか現在「無名の人」と呼ばれている筆子。日本における婦人教育の発展と、女性の自立に貢献することを夢見たにもかかわらず、日の当たらない場所で縁の下の力持ちになることを選んだ筆子。苦難が多かった筆子の人生において支えになったのはキリスト教であり、夫の石井亮一であったと思われるが、実は、地球の反対側に、筆子の不幸な身を心配してくれていたデンマーク婦人ヨハンネ・ミュンターがいた。ヨハンネの回想記『日本の思い出』(1905年)などの新史料に光を当てることで、筆子の若く潑剌としていた知られざる日々を蘇らせ、世界的な視野で婦人教育の問題を思い描いていた筆子の様子を紹介した。

ミュンヒハウゼン, H. 〔1720〜1797〕
Münchhausen, Karl Friedrich Hieronymus Freiherr von

◇ドイツ奇人街道　森貴史、細川裕史、溝井裕一著　吹田　関西大学出版部　2014.7　331p　19cm　〈文献あり〉　2000円　ⓘ978-4-87354-586-8　Ⓝ283.4

[内容] フレンスブルク・ひとりの女性の勇敢なる挑戦―ベアーテ・ウーゼ(Beate Uhse, 1919〜2001)　エッカーンフェルデ・「不死の男」の終焉―サン＝ジェルマン伯爵(Graf von Saint Germain, 1691？〜1784)　ハンブルク・ドイツの「海賊王」の運命―クラウス・シュテルテベーカー(Klaus Störtebeker,？〜1400)　メルン・中世を旅したイタズラ者―ティル・オイレンシュピーゲル(Till Eulenspiegel, 1300ごろ〜50)　シュタインフーデ・シュタインフーデ湖の怪魚―ヤーコプ・クリュソストムス・プレトリウス(Jakob Chrysostomus Praetorius, 1730〜？)　ボーデンヴェルダー・「ほらふき男爵」の笑えない人生―ヒエロニムス・フォン・ミュンヒハウゼン(Hieronymus von Münchhausen, 1720〜97)　ベルリン・絶滅動物を「よみがえらせてしまった」動物園長―ルッツ・ヘック(Lutz Heck, 1892〜1983)　ライプツィヒ・「魔法使いファウスト」の実像をあばく―ゲオルギウス・ファウストゥス(Georgius Faustus, 1460/80〜1540ごろ)　インゴルシュタット・秘密結社イルミナティの真実―アダム・ヴァイスハウプト(Adam Weishaupt, 1748〜1830)　アンスバッハ・ヨーロッパを騒がせた謎の少年―カスパー・ハウザー(Kaspar Hauser,？〜1833)　フリードリヒスハーフェン・伯爵の空への異常な愛情―フェルディナント・ツェッペリン伯爵(Ferdinand Graf von Zeppelin, 1838〜1917)　ジンメルン(ライン・モーゼル地方)・ライン地方の山賊たち―シンダーハンネスとシュヴァルツァー・ペーター(Schinderhannes, 1777？〜1803/Schwarzer Peter, 1752〜1812)

ミラー, H. 〔1891〜1980〕 Miller, Henry

◇『北回帰線』物語―パリのヘンリー・ミラーとその仲間たち　本田康典著　水声社　2018.2　486p　20cm　〈文献あり〉　4500円　ⓘ978-4-8010-0316-3　Ⓝ933.7

[内容] 1 1930年『北回帰線』へ1　2 1931年『北回帰線』へ2　3 1932年『北回帰線』へ3　4 1933年『北回帰線』へ4　5 1934年『北回帰線』へ5　6 1935年以降―反響と拡散　7 1970年以降―日本上陸

＊『北回帰線』誕生にまつわるエピソードを、ブラッサイ、ルイス・ブニュエル、エズラ・パウンド、バーニー・ロセットらとの交友を軸に、アメリカでの発禁本がいかにベストセラーとなっていったかを縦横に綴る"書物"の伝記。

ミラー, L. 〔1907〜1977〕
Miller, Lee / Elizabeth

◇最強の女―ニーチェ、サン＝テグジュペリ、ダリ…天才たちを虜にした5人の女神　鹿島茂著　祥伝社　2017.10　436p　19cm　〈他言語標題：LA FEMME LA PLUS FORTE〉　1900円　ⓘ978-4-396-61619-9　Ⓝ283

[内容] 第1章 ルイーズ・ド・ヴィルモラン(二十世紀前半最強のミューズ　結核療養のベッドの上で ほか)　第2章 リー・ミラー(二十一世紀の女性たちのロール・モデル　二つの不幸 ほか)　第3章 ルー・サロメ(「二大巨人」と「最高の詩人」の心を捉えた女性　ロシア世襲貴族ザロメ家 ほか)　第4章 マリ・ド・エレディア(ジェラール・ドゥヴィル)(世紀末のパリで名声を博した「最強の女」　高踏派の巨匠、ジョゼ＝マリア・ド・エレディアの三姉妹 ほか)　第5章 ガラ(シュールレアリスムの三巨頭を手に入れた女　ポール・エリュアール ほか)

＊『ツァラトゥストラはかく語りき』『星の王子さま』…歴史に残る傑作誕生の背後には彼女たちの存在があった。世紀末から20世紀のパリ。有名文化人のミューズとなり、自らも燦然と輝いた女たちの壮絶な人生。

ミラレーパ 〔1038〜1122〕 Mi-la-ras-pa

◇チベットのロックスター―仏教聖者ミラレーパ魂の声　渡邊温子著　風響社　2015.10　48p　21cm　〈ブックレット《アジアを学ぼう》38〉　〈文献あり〉　600円　ⓘ978-4-89489-783-0　Ⓝ180.9

[内容] 1 悪縁を順縁へ(悪縁としての母　仏教の道へ　隠遁生活)　2 ミラレーパの仏教思想(苦しみを糧とする　欲望の現れ　衆生利益の為に)　3 現代を生きるミラレーパ(ミラレーパの仮面舞踏　様々なミラレーパの行事　消えゆくチベット文化)

＊民衆の尊崇を受ける聖者を、チベット人の眼差しから描く。各地を遊行し、瞑想修行に明け暮れ、大いなる悟りを得たミラレーパ。自身の体験したも

ミラン, C. 〔1969～〕 Millan, Cesar

◇ザ・カリスマドッグトレーナーシーザー・ミランの犬が教えてくれる大切なこと　シーザー・ミラン, メリッサ・ジョー・ペルティエ著, 藤井留美訳　日経ナショナルジオグラフィック社　2017.9　279p　19cm　（NATIONAL GEOGRAPHIC）〈文献あり〉　発売：日経BPマーケティング〉　2000円　①978-4-86313-384-6　Ⓝ645.6

内容　1 尊重すること　2 自由であること　3 自信　4 偽らないこと　5 許すこと　6 知恵　7 立ちなおること　8 受けいれること

＊全世界で支持されるドッグトレーナー、シーザー・ミランが語る犬と生きる幸せと愛。犬とともに生き、犬に導かれてきた波瀾の半生を振り返り、愛、敬意、素直さ、自信、許し、知恵、立ち直ることなど、犬に学んだすべてを語る。ダディ、ジュニアといったおなじみの犬をはじめ、心を打つ犬とのエピソードが満載。

ミリンダ王
⇒メナンドロスⅠ を見よ

ミル, J.S. 〔1806～1873〕 Mill, John Stuart

◇J・S・ミル　菊川忠夫著　新装版　清水書院　2015.9　209p　19cm　（Century Books—人と思想 18）〈文献あり　年譜あり　索引あり〉　1000円　①978-4-389-42018-5　Ⓝ133.4

内容　1 J・S・ミルの生涯（現代に生きる思想家　ミルの生いたち　青年時代　豊かな思想家の誕生　社会的円熟）　2 J・S・ミルの思想（ミルの著作　ミルの経済思想　ミルの倫理思想　ミルの社会思想　ミルの『自由論』ミルの政治思想　ミルと婦人解放運動　ミルとマルクス）

◇J.S.ミルとI.バーリンの政治思想　山下重一著, 泉谷周三郎編集・解説　御茶の水書房　2016.9　361p　23cm　〈著作目録あり〉　7200円　①978-4-275-02053-6　Ⓝ311.233

内容　第1部　J・S・ミルの一八三〇年代における思想形成と政治的ジャーナリズム（一八三四年までの思想的模索　一八三三-四年の政治的ジャーナリズム『ロンドン・レヴュー』から『ロンドン・アンド・ウェストミンスター・レヴュー』へ　一八三五-七年の政治評論　カナダ問題とダラム擁立運動　思想形成の成果）　第2部　バーリンにおける自由論と価値多元論（価値多元論の系譜　自由論と価値多元論）　第3部　解説（泉谷周三郎）　第4部　山下重一先生の著訳書・論文目録　第5部　父のこと（山下政一）

ミルザハニ, M. 〔1977～2017〕 Mirzakhani, Maryam

◇数学をつくった天才たち　立田奨著　辰巳出版　2018.3　191p　19cm（「天才たちのつくった数学の世界」(綜合図書 2015年刊) の改題, 加筆・再編集〉　1200円　①978-4-7778-2051-1　Ⓝ410.28

内容　1 数学の礎をつくった3人の巨匠（アルキメデス—人類史上第一級といえる科学者　アイザック・ニュートン—微分・積分学の祖　カール・フリードリヒ・ガウス—19世紀最大の数学者）　2 数学の歴史をつくった巨人たち（ベルンハルト・リーマン—未解かれることのない未解決問題を提唱　レオンハルト・オイラー—最高に美しい公式を作り上げた盲目の数学者　アンリ・ポアンカレ—宇宙の形の解明に挑んだ直観タイプの数学者　ほか）　3 数学の新たな道を開拓した天才たち（アレクサンドル・グロタンディー—スキーム論を築き新しい数論を打ち立てた21世紀最大の数学者　小平邦彦—ヘルマン・ワイルに見いだされ日本人初のフィールズ賞を受賞　グレゴリー・ペレルマン—ポアンカレ予想を解決しても社会的名誉を辞退　ほか）

＊定理、公式、理論…わからなくても面白い！生きるために数学をする≠「数学」のために生きる。数奇な運命をたどった、愛すべき変人（天才）の生涯！

ミルトン, J. 〔1608～1674〕 Milton, John

◇ミルトン　新井明著　新装版　清水書院　2016.5　212p　19cm　（Century Books—人と思想 134）〈文献あり　年譜あり　索引あり〉　1200円　①978-4-389-42134-2　Ⓝ931.5

内容　第1章　ミルトン略伝—デッサンふうに　第2章　一六二八年の夏—叙事詩への志向　第3章　牧歌の時代　第4章　イタリア旅行—ひとつの幕間　第5章　論客として　第6章　ソネットと口述　第7章　王政復古前後　第8章　『楽園の喪失』をめぐって　第9章　最後の二作品　別項　ミルトンの神学

＊若きひとりの文人が革命の渦中に投げこまれ、自ら予想もしなかった人生行路を歩むことになる。が、その間に私的にも公的にも張らざるをえなかった論陣と、身に受けざるをえなかった失明その他の不幸の重なりが、かえってかれを大いなる叙事詩人として成長させてゆくための思想的かつ文学的な滋養となった。ミルトン（一六〇八-七四）を文学史上の偉人として祭り上げることなく、時のただなかを、ひとりの人間としての労苦を背負いつつ、「真実の戦うキリスト信徒」として生きとおした姿に迫る。

◇新井明選集　1　ミルトン研究　新井明著　リトン　2018.9　434p　22cm　〈他言語標題：The Selected Works of Akira Arai　英語抄訳付〉　5000円　①978-4-86376-066-0　Ⓝ918.68

内容　ミルトン　楽園の喪失—今に語るミルトン　ミルトンと自然　ミルトンと現代詩　ミルトンと王政復古　繁野天来の『ミルトン力者サムソン』繁野天来とミルトン　塚本虎二訳口語聖書と『ミルトン楽園の喪失』　ミルトンと寛容　晩秋のロバート・フロスト　そこに詩があった　西の詩・東の詩　文芸と自然　藤井武とミルトン　エリオットの二つのミルトン論　詩の自立　文学のこころ　日本でミルトンを読むということ

ミル・マスカラス 〔1942～〕 Mil Máscaras

◇全日本プロレス超人伝説　門馬忠雄著　文藝春秋　2014.7　218p　18cm　（文春新書 981）〈文献あり〉　800円　①978-4-16-660981-9

Ⓝ788.2
内容 ジャイアント馬場 王道プロレスの牽引者　ジャンボ鶴田 完全無欠のエース　ザ・デストロイヤー「日本のレスラー」になった魔王　アブドーラ・ザ・ブッチャー 血染めの凶器使い　ミル・マスカラス 千の顔を持つ男　大仁田厚 ジュニアヘビー級の尖兵　ザ・ファンクス テキサス・ブロンコの心意気　スタン・ハンセン＆ブルーザー・ブロディ 不沈艦と超獣「最強コンビ」　ザ・グレート・カブキ 毒霧噴く"東洋の神秘"　三沢光晴 男気のファイター　小橋建太 病魔に勝った鉄人　天龍源一郎 不滅の負けじ魂　ジョー樋口 厳しく優しいプロレスの番人
＊馬場の「32文ロケット砲」完成秘話、岐阜の病院に極秘入院した鶴田、妻に逃げられたデストロイヤー、乱闘で警察沙汰となったブッチャー…初めて明かされる超人たちの素顔。

ミルン, A.A. 〔1882〜1956〕 Milne, Alan Alexander

◇グッバイ・クリストファー・ロビン―『クマのプーさん』の知られざる真実　アン・スウェイト著，山内玲子，田中美保子訳　国書刊行会　2018.8　331p　20cm　〈著作目録あり〉　2700円　①978-4-336-06260-4　Ⓝ930.278
内容 1 劇作家　2 クリストファー・ロビンの誕生　3 ぼくたちがとても小さかったころ　4 プーの始まり　5 クマのプーさん　6 章の終わり
＊プーやその仲間たちの無邪気で安穏とした世界とあまりに対照的な影と真実。それを知ることで、プーやクリストファー・ロビンの魔法の森の安らぎと輝きは増し、いっそう愛おしくなる。人間の幸福の真実を映し出す名著、待望の翻訳！

ミルン, C.R. 〔1920〜1996〕 Milne, Christopher Robin

◇グッバイ・クリストファー・ロビン―『クマのプーさん』の知られざる真実　アン・スウェイト著，山内玲子，田中美保子訳　国書刊行会　2018.8　331p　20cm　〈著作目録あり〉　2700円　①978-4-336-06260-4　Ⓝ930.278
内容 1 劇作家　2 クリストファー・ロビンの誕生　3 ぼくたちがとても小さかったころ　4 プーの始まり　5 クマのプーさん　6 章の終わり
＊プーやその仲間たちの無邪気で安穏とした世界とあまりに対照的な影と真実。それを知ることで、プーやクリストファー・ロビンの魔法の森の安らぎと輝きは増し、いっそう愛おしくなる。人間の幸福の真実を映し出す名著、待望の翻訳！

ミレー, J.F. 〔1814〜1875〕 Millet, Jean-François

◇よき人々の系譜　阿部祐太著　阿部出版　2015.1　413p　20cm　〈文献あり〉　2000円　①978-4-87242-326-6　Ⓝ280
内容 第1章 無限の未知を受け入れる（司馬光「誠実な者こそ正しく勇ましい」 ディドロ「学問の目的は、真理を知る喜びにある」　シュンペーター「人間的な営みの積み重ねが社会の向上をもたらす」）　第2章 語りえぬもの、見えぬものに本質がある（マティス「目に見えない真理を描く」　世阿弥「魂に沿うことで人は喜び感動する」　シュレンマー「有限な身体と無限の意識は表裏一体」）　第3章 生かされて生きていることの自覚（道元「無常の中で常なるものを知る」　ヤスパース「幸せに生きることは、幸せに死ぬこと」　プランクーシ「無心が大いなるものを引き寄せる」）　第4章 自然と自分のつながりを再認識する（トルストイ「幸福とは自然と共にあること」　ナポレオン「人間は自然界に生かされる弱き者である」　ヴェルヌ「科学は万能ではない」）　第5章 人生の行方は自分で決める（勝海舟「経験が自分を育てる」　サン＝テグジュペリ「真理も幸福も自分の内より創造する」　ミレー「現実はすべて崇高なり」）
＊従来の歴史観にとらわれず、新しい視点から古今東西の歴史上の著名人を再評価。時代や地域は違っていても、彼らの足跡に共通する生き方、考え方の本質を明らかにし、現代人がよりよく生きるための指針を提示する。前著『よき人々の歴史』（日本図書館協会選定図書）に続く新たな伝記の書。

ミレー, エフィー

⇒グレイ, エフィー を見よ

ミロ, J. 〔1893〜1983〕 Miro, Joan

◇色彩の饗宴―二〇世紀フランスの画家たち　小川栄二著　平凡社　2015.7　325p　図版13p　22cm　〈他言語標題：LA FÊTE DES COULEURS〉　5200円　①978-4-582-83685-1　Ⓝ723.35
内容 第1章 現代絵画への展望（バルテュス―孤高の絵画愛　デュビュッフェ―現代のプリミティフ、創造の原初から　スタール―地中海の光）　第2章 二〇世紀の巨匠たち（ピカソ―"もの"の侵入、色彩の復権　マティス―色彩の悦び　ブラック―鳥たちの飛翔）　第3章 色彩と夢と現実（ミロ―"自由なる自由"を友に　シャガール―オペラ座天井画に見た夢）第4章 日常性への眼差し（ボナール―絵画への愛、日常への愛　デュフィー海と音楽　レジェ―二〇世紀前衛の"プリミティフ"）　第5章 田園・環境・エコロジー（エステーヴ―華やぐ大地　ビシエール―現代の牧歌）
＊なぜあの名画は生まれたのだろうか？ ピカソ、ミロ、シャガールからバルテュスまで現代フランス絵画を色彩豊かにいろどる13人の画家たちのその生涯を振り返り、知られざる素顔に迫る。

ミンツ, S. 〔1957〜〕 Mintz, Shlomo

◇偉大なるヴァイオリニストたち 2　チョン・キョンファから五嶋みどり、ヒラリー・ハーンまで　ジャン＝ミシェル・モルク著，神奈川夏子訳　ヤマハミュージックメディア　2017.4　356,8p　21cm　〈文献あり〉　3400円　①978-4-636-92333-9　Ⓝ762.8
内容 ボリス・ベルキン　チョン・キョンファ　ピンカス・ズーカーマン　オーギュスタン・デュメイ　ピエール・アモイヤル　ドミトリ・シトコヴェツキー　ナイジェル・ケネディ　シュロモ・ミンツ　ヴィクトリア・ムローヴァ　チョーリャン・リン〔ほか〕
＊外科医でもある筆者による桁外れに鋭い考察に基づく評伝集。使用楽器や練習法などはもちろん、デ

ビューの裏側や生い立ち、家族関係などに迫り、素顔を描き出す。歴史的名演を収録したCD‐ROM付き。

【ム】

ムジブル・ロホマン〔1920〜1975〕
Mujibur Rahman

◇バングラデシュ建国の父シェーク・ムジブル・ロホマン回想録　シェーク・ムジブル・ロホマン著、渡辺一弘訳　明石書店　2015.8　614p　20cm　(世界歴史叢書)〈年譜あり　索引あり〉　7200円　①978-4-7503-4197-2　Ⓝ289.2

内容　第1部　政治の道へ(シェークの家　はじめての投獄　ベンガル大飢饉　ほか)　第2部　新生パキスタン(ダカでの活動開始　ウルドゥー語国語化の動き　東ベンガル新政府との軋轢　ほか)　第3部　政権の道へ(言語運動　政治活動再開　中国へ　ほか)

＊この本には自伝の書かれた背景、シェーク家の先祖たち、ボンゴボンドゥ自身の生い立ち、幼年期、学生時代に関する描写とともに、社会および政治的事件、ベンガル大飢饉、ビハールやコルカタで起きた騒乱、コルカタを中心としたベンガル州ムスリム学生連盟やムスリム連盟の政治活動、インドとパキスタンの分離独立から1954年までの東ベンガルの政治状況、パキスタンの中央政府と東ベンガル州政府を牛耳ったムスリム連盟政府による圧政、ベンガルの言語運動、アワミ連盟とアワミ学生連盟の設立、統一戦線結成と選挙での勝利に続く政権樹立、アダムジー・ジュード工場での暴動、パキスタン中央政府による差別的統治、政府による陰謀事件に関する詳細な記述と、それらの事柄についての著者自身の体験が綴られている。著者の牢獄での暮らし、両親、子どもたち、そして何よりも、ボンゴボンドゥの政治生活を常に側から支え、励まし続けた妻のことが記されている。加えて中国、インド、また西パキスタン訪問の記録も本書に特別な味わいを与えている。

ムージル, R.〔1880〜1942〕Musil, Robert

◇ムージル伝記　3　カール・コリーノ著、早坂七緒, 北島玲子, 赤司英一郎, 堀田真紀子, 高橋完治, 渡辺幸子, 満留伸一郎訳　法政大学出版局　2015.12　p1395〜1968　105,91p　図版16p　20cm　(叢書・ウニベルシタス　916)〈文献あり　年譜あり　索引あり〉　9800円　①978-4-588-00916-7　Ⓝ940.278

内容　「そこではドイツの緊迫した精神生活がじかに感じとれるので…」―ベルリンという知的な環境。一九三一年〜一九三三年　「これ以上はもう無理だ」―一九三〇年代前半の困難な出版事情、経済的困窮、ベルリン・ムージル協会の設立　「特性のない男」から「特性のない民族」「特性のない男」第二巻の反響　「歴史の混乱ではなく、歴史の一段階」か？―ムージルと一九三三年以後の政治　転居して、長らく窮状に、出版業者のこと子どもたち、ムージル基金の設立　非政府的人間の政治的登場―「文化擁護のための国際作家会議」とその帰結　「轟音が響き、あえぐ世界のただなかの、ほんのささやかな物語」―『生前の遺稿』生の危機と愚かさ、生命にかかわる愚かな言動―オーストリア等属国家の末期　感情と情熱のいとなみ―『特性のない男』ゲラ刷りの章(一九三八年)　「この空の下では息ができない」―オーストリア併合とムージルの亡命　「この世で最良の地」―スイスでの亡命生活―チューリヒ　ペンション・フォルトゥーナ　「まるでぼくはもう存在していないかのようだ」―ジュネーブ時代　「あまりに長く続く不遇の日々に、力つきて」―作品を蘇らせるためのマルタの報われぬ戦い

＊反戦・反ファシズムと文化の擁護を目指したパリ国際作家会議では孤立し、ナチスからは禁書とされ、亡命を余儀なくされるムージル。それに対して長編の完成を願ってベルリンやウィーンで「ムージル協会」が設立され、トーマス・マンやブロッホらの懸命の救援活動が続く。「作家以上のもの、あるいはまた同様に、作家とはまったく違う何か別のもの」とも称されたムージルの"真正さ"を保つ精神の最後の光がここにある。『特性のない男』の刊行からその死までを描く完結編。詳細な「年譜および居住・滞在の軌跡」を付す。

ムター, A.S.〔1963〜〕
Mutter, Anne-Sophie

◇偉大なるヴァイオリニストたち　2　チョン・キョンファから五嶋みどり、ヒラリー・ハーンまで　ジャン＝ミシェル・モルク著、神奈川夏子訳　ヤマハミュージックメディア　2017.4　356,8p　21cm　〈文献あり〉　3400円　①978-4-636-92333-9　Ⓝ762.8

内容　ボリス・ベルキン　チョン・キョンファ　ピンカス・ズーカーマン　オーギュスタン・デュメイ　ピエール・アモイヤル　ドミトリ・シトコヴェツキー　ナイジェル・ケネディ　シュロモ・ミンツ　ヴィクトリア・ムローヴァ　チョーリャン・リン〔ほか〕

＊外科医でもある筆者による桁外れに鋭い考察に基づく評伝集。使用楽器や練習法などはもちろん、デビューの裏側や生い立ち、家族関係などに迫り、素顔を描き出す。歴史的名演を収録したCD‐ROM付き。

ムッソリーニ, B.〔1883〜1945〕
Mussolini, Benito

◇ムッソリーニ―ファシズム序説　木村裕主著　新装版　清水書院　2015.9　225p　19cm　(Century Books―人と思想　130)〈文献あり　年譜あり　索引あり〉　1000円　①978-4-389-42130-4　Ⓝ289.3

内容　1　近代国家に向けて(若き日のムッソリーニ　革命への目覚め)　2　政治家としての登場(政治家への大きな夢　ファシストへの道　ファシズムの旗揚げ)　3　ファシズムへの道(中央政界へ　「ローマ進軍」へ　ファシズム時代への突入)　4　統帥として(独裁体制の完成　ファシズムの理念と植民地拡大　ヒトラーとの邂逅)　5　第二次世界大戦とムッソリーニ(大戦への参戦　失脚、そして傀儡政権　最期の日々)

◇ムッソリーニ―イタリア人の物語　ロマノ・ヴルピッタ著　筑摩書房　2017.8　440p　15cm　(ちくま学芸文庫　ワ28-1)〈中央公論新社　2000年刊の再刊　文献あり　年譜あり　索引

あり〉　1400円　⑪978-4-480-09807-8　Ⓝ289.3

内容　序章　ムッソリーニというイタリア人　第1章　鍛冶屋の息子　第2章　放浪と反抗の時代　第3章　ローマへの道　第4章　全体国家の形成　第5章　女性遍歴　第6章　試練としての戦争　第7章　幻の共和国　終章　ムッソリーニの神話

＊鍛冶屋の息子として生まれた男は、いかにして統一以来のイタリアを象徴する指導者となったか。パレート、ソレル、ニーチェの影響下での思想形成、資本主義と社会主義を一挙に否定する「第三の道」の追求、国民ファシスト党の結成と政権獲得、多彩な女性遍歴、第二次世界大戦の敗北、そしてパルチザンによる殺害―。その生涯は、新しい社会を創造するための天命の意識に貫かれていた。従来のイメージを刷新するのみならず、一個の叙事詩にも比せられる卓抜なムッソリーニ伝。

ムーティ, R.〔1941〜〕　Muti, Riccardo

◇偉大なる指揮者たち―トスカニーニからカラヤン、小澤、ラトルへの系譜　クリスチャン・メルラン著，神奈川夏子訳　ヤマハミュージックメディア　2014.11　389,7p　21cm　2800円　①978-4-636-90301-0　Ⓝ762.8

内容　アルトゥーロ・トスカニーニ　ウィレム・メンゲルベルク　セルゲイ・クーセヴィツキー　ピエール・モントゥー　ブルーノ・ワルター　サー・トーマス・ビーチャム　レオポルド・ストコフスキー　エルネスト・アンセルメ　オットー・クレンペラー　ヴィルヘルム・フルトヴェングラー　〔ほか〕

＊指揮の特徴や楽団員からの評価、生い立ちや普段の振る舞い、家族関係など、50人のマエストロたちの素顔を描き出す。オーケストラ指揮の知られざる側面に迫った評伝集。

ムーディ, S.〔1803〜1885〕　Moodie, Susanna

◇英系カナダ文学研究―ジレンマとゴシックの時空　長尾知子著　彩流社　2016.11　259,27p　20cm　〈文献あり　年表あり　索引あり〉　3400円　①978-4-7791-2260-6　Ⓝ930.299

内容　第1部　序論―カナダ文学をめぐるカナダ事情（カナダ的ジレンマの背景―カナダ文学の受容と英系カナダ文学をめぐるジレンマ　ゴシックの系譜―古典ゴシック小説から英系カナダのゴシックへ）　第2部　コロニアル作家の選択―ゴシック小説か移民体験記か〈辺境カナダのゴシック『ワクースタ』―カナダ人作家、ジョン・リチャードソンの挑戦　女性移民作家スザンナ・ムーディの軌跡―伝記的背景と『未開地で苦難に耐えて』受容）　第3部　カナダ西部の表象―北西部開拓神話とスモールタウンの形象（現代カナダ小説の先駆け―ハワード・オヘイガン『テイ・ジョン』の語りと多声をめぐって　ハワード・オヘイガンのカナダ的時空―『テイ・ジョン』から『スクール・マームの木』まで　シンクレア・ロスの時空とジレンマの構図―『私と私の家に関しては』から『医師のメモリアル』まで）　第4部　カナダの中心オンタリオ―女性をめぐる「ゴシック」の時空（ゴシック・パロディ〜マーガレット・アトウッド『レディ・オラクル』―二十世紀中葉のカナダと女性作家　女性ゴシック〜ジェイン・アーカート『ワールプール』―ゴシックの呪縛「家庭の天使」と「死の混沌」）

＊英系カナダ文学に通底するジレンマとゴシック。隣国アメリカとは似て非なるカナダの文学とは―リチャードソン、ムーディ、オヘイガン、ロス、アトウッド、アーカート…英系カナダ文学の鮮を築いた作家・作品を「ジレンマ」と「ゴシック」から捉え直し、カナダ文学のルーツを探る。

ムニクー, P.〔1825〜1871〕　Mounicou, Pierre

◇七つの御悲しみの聖母天主堂創設者パリ外国宣教会宣教師ピエール・ムニクー師と同僚宣教師の書簡―1868年7月―1871年10月　神戸における日本再宣教　ショファイユの幼きイエズス修道会訳　改訂版　宝塚　ショファイユの幼きイエズス修道会日本管区　2014.3　89p　26cm　Ⓝ198.2235

ムーニョス, J.〔1060〜1128〕　Muñoz, Jimena

◇忘却の彼方に〈運命の人ヒメナ〉―スペインの歴史に埋もれたレオン王家の足跡　藏納設子著　中央公論事業出版　2018.1　194p　20cm　〈文献あり〉　1200円　①978-4-89514-482-7　Ⓝ236

内容　エル・ビエルソ　アルフォンソとヒメナ　ローマ教会　ヒメナ、暗闇時代　アルフォンソ、栄光の日々　ガリシア伯爵とポルトガル伯爵　アルフォンソの挫折　後継者　永眠の地　テバイダ・ベルシアナ　ヒメナの行方　千年の命

＊11世紀、激動の時代を迎えたスペインで、カスティーリャ=レオン王アルフォンソ6世の寵愛を受けた伯爵令嬢ヒメナの運命は…。

ムハンマド〔570頃〜632〕　Muḥammad

◇カーライル選集　2　英雄と英雄崇拝　トマス・カーライル著　入江勇起男訳　デジタル・オンデマンド版　日本教文社　2014.8　368,7p　21cm　〈印刷・製本：デジタル・オンデマンド出版センター　索引あり〉　2900円　①978-4-531-02642-5　Ⓝ938.68

内容　第1講　神としての英雄―オウディン、異教・スカンディナヴィアの神話　第2講　予言者としての英雄―マホメット・回教　第3講　詩人としての英雄―ダンテ、シェイクスピア　第4講　牧師としての英雄―ルーテル・宗教改革、ノックス・清教　第5講　文人としての英雄―ジョンソン、ルソー、バーンズ　第6講　帝王としての英雄―クロムウェル、ナポレオン、近代革命主義

◇ムハンマド―世界を変えた預言者の生涯　カレン・アームストロング著，徳永里砂訳　国書刊行会　2016.1　257p　20cm　2700円　①978-4-336-05939-0　Ⓝ167.28

内容　第1章　マッカ　第2章　ジャーヒリーヤ　第3章　ヒジュラ　第4章　ジハード　第5章　サラーム

＊宗教学者カレン・アームストロングが描く、預言者「ムハンマド」の生涯。9.11以降、一部の欧米メディアはムハンマドを救いがたい戦争中毒者だと主張して、十字軍時代に遡るイスラームへの「伝統的な敵意」を持ち続けている。

ムハンマド・アブドゥフ〔1849～1905〕
Muhammad 'Abduh

◇ムハンマド・アブドゥフ―イスラームの改革者　松本弘著　山川出版社　2016.6　87p　21cm　(世界史リブレット人 84)〈文献あり　年表あり〉　800円　ⓃISBN 978-4-634-35084-7　Ⓝ289.2

[内容]　引き裂かれる社会のなかで　1 青年時代　2 革命と国外追放　3 国民法廷判事とアズハル改革　4 最高ムフティーと立法議会議員　5 思想と運動の関連

＊近代エジプトのウラマー、ムハンマド・アブドゥフの名をイスラーム世界で知らぬ者はいない。しかし、いったい何をなした人物なのかとなると知る者は少ない。この不思議な人物は、伝統と近代文明に引き裂かれる社会にあって、その二極分化の解消に努めた。彼の「中間を行く」姿勢は、現代イスラームがもっとも必要としているものを指し示しているようにみえる。

ムヒカ, J.〔1935～〕
Mujica Cordano, José Alberto

◇悪役―世界でいちばん貧しい大統領の本音　アンドレス・ダンサ、エルネスト・トゥルボヴィッツ著、大橋美帆訳　汐文社　2015.10　321p　19cm　1700円　ⓃISBN 978-4-8113-2249-0　Ⓝ289.3

[内容]　大統領候補　大統領　無礼者　アナーキスト　模範　カウディージョ　ずる賢いキツネ　証人　老人　預言者　伝説

＊これほど愛された政治家が日本にいるだろうか!?　給料の90％を寄付し、愛車は1987年製のフォルクスワーゲン。稀代の政治家が語る政治、人生とは。

◇ホセ・ムヒカ世界でいちばん貧しい大統領　アンドレス・ダンサ、エルネスト・トゥルボヴィッツ著、大橋美帆訳　KADOKAWA　2016.3　330p　15cm　(角川文庫　ム3-1)〈「悪役」(汐文社 2015年刊)の改題、加筆修正〉　760円　ⓃISBN 978-4-04-104327-1　Ⓝ289.3

[内容]　大統領候補　大統領　無礼者　アナーキスト　模範　カウディージョ　ずる賢いキツネ　証人　老人　預言者　伝説

＊世界が抱える諸問題の根源は、我々の生き方そのものにあると説いた伝説的スピーチで、一躍時の人となった南米ウルグアイ前大統領ホセ・ムヒカ。一国の長でありながら庶民の生活を貫き、国民の目線に立ち続ける柔和で読書好きな老人の生涯は、貧困、ゲリラ活動、投獄など衝撃の過去に満ちていた。「私が大統領を辞めたら本にしてもいいよ」―19年にわたる現地取材を基に著した歴史的ルポが満を持して遂に文庫化！

◇世界で一番貧しい大統領と呼ばれたホセ・ムヒカ―心を揺さぶるスピーチ　国際情勢研究会編　ゴマブックス　2016.6　141p　19cm　1280円　ⓃISBN 978-4-7771-1800-7　Ⓝ289.3

[内容]　1 「国連持続可能な開発会議」におけるムヒカ大統領(当時)のスピーチ(「国連持続可能な開発会議」とは　ムヒカ大統領(当時)のスピーチ　ほか)　2 ムヒカ大統領(当時)、南米諸国連合(UNASUR)会長の就任演説(南米諸国連合(UNASUR)とは　ムヒカ大統領(当時)のスピーチ(概要))　3 ホセ・ムヒカ氏の履歴書(ホセ・ムヒカ氏とは　ムヒカ氏の母国ウルグアイ　ほか)　4 ムヒカ氏の言葉―なぜ、われわれの心を打つのか？(自分自身について　幸せについて　ほか)　5 東京外国語大学での講演(共存共栄を祈り若者へエール　「生きる」こと自体が奇跡、意味を持つ　ほか)

＊世界中を感動の渦に巻き込んだ、心を揺さぶる珠玉の言葉。初来日講演全文掲載。地上にある最も重要なものとは？「貧困」の本当の意味とは？人として生きるための処方箋。

◇ホセ・ムヒカ　日本人に伝えたい本当のメッセージ　萩一晶著　朝日新聞出版　2016.12　237p　18cm　(朝日新書 596)〈文献あり　年譜あり〉　780円　ⓃISBN 978-4-02-273696-3　Ⓝ289.3

[内容]　第1章 ムヒカさんが伝えたかったこと　第2章 花売りからの出発　第3章 大統領への道　第4章 哲人政治家が残したもの　第5章「ムヒカ現象」が映した日本のいま　第6章 もっと幸福感のある社会に　第7章 ホセ・ムヒカさん独占インタビュー

＊2016年春、南米ウルグアイの前大統領、ホセ・ムヒカ氏が来日し、心に残る数々の言葉を残して帰国した。だが我々は、ムヒカ氏が本当に言いたかったことを理解したか？「世界一貧しい大統領」という売り込みが何か誤解を生ませなかったか？「貧乏でも幸福になれる」と伝えるために、わざわざ日本に来たのではないのだ。ムヒカ氏の真意を確かめるため現地に飛び、3度の単独インタビューに成功。ムヒカ大統領が誕生した背景、成熟した民主主義について考える。

ムーヒナ, E.〔1924～1991〕
Mukhina, Elena Vladimirovna

◇レーナの日記―レニングラード包囲戦を生きた少女　エレーナ・ムーヒナ著、佐々木寛,吉原深和子訳　みすず書房　2017.9　339p　20cm　3400円　ⓃISBN 978-4-622-08641-3　Ⓝ986

＊1941年9月、ナチス・ドイツ軍は250万の市民が暮らすレニングラードの包囲に入った。包囲は872日間におよび、80万人以上が犠牲となる。飢餓と爆撃と酷寒の都市で、食べ物と言葉への執着が命をつないだ。16歳の少女が圧倒的筆力でとらえた独ソ戦下の生活。発掘された「レニングラードの『アンネの日記』」。

ムラビンスキー, E.A.〔1903～1988〕
Mravinsky, Evgeny Aleksandrovich

◇偉大なる指揮者たち―トスカニーニからカラヤン、小澤、下野への系譜　クリスチャン・メルラン著、神奈川夏子訳　ヤマハミュージックメディア　2014.11　389,7p　21cm　2800円　ⓃISBN 978-4-636-90301-0　Ⓝ762.8

[内容]　アルトゥーロ・トスカニーニ　ウィレム・メンゲルベルク　セルゲイ・クーセヴィツキー　ピエール・モントゥー　ブルーノ・ワルター　サー・トーマス・ビーチャム　レオポルド・ストコフスキー　エルネスト・アンセルメ　オットー・クレンペラー　ヴィルヘルム・フルトヴェングラー〔ほか〕

＊指揮の特徴や楽団員からの評価、生い立ちや普段の振る舞い、家族関係など、50人のマエストロたちの素顔を描き出す。オーケストラ指揮の知られ

ざる側面に迫った評伝集。

ムローバ, V.〔1959〜〕 Mullova, Viktoria

◇偉大なるヴァイオリニストたち 2 チョン・キョンファから五嶋みどり、ヒラリー・ハーンまで ジャン=ミシェル・モルク著、神奈川夏子訳 ヤマハミュージックメディア 2017.4 356,8p 21cm 〈文献あり〉 3400円 Ⓘ978-4-636-92333-9 Ⓝ762.8

内容 ボリス・ベルキン チョン・キョンファ ピンカス・ズーカーマン オーギュスタン・デュメイ ピエール・アモイヤル ドミトリ・シトコヴェツキー ナイジェル・ケネディ シュロモ・ミンツ ヴィクトリア・ムローヴァ チョーリャン・リン〔ほか〕

＊外科医でもある筆者による桁外れに鋭い考察に基づく評伝集。使用楽器や練習法などはもちろん、デビューの裏側や生い立ち、家族関係などに迫り、素顔を描き出す。歴史的名演を収録したCD・ROM付き。

ムンク, E.〔1863〜1944〕 Munch, Edvard

◇MUNCH ステフン・クヴェーネラン作・画, 枇谷玲子訳 誠文堂新光社 2018.8 287p 26cm 〈本文は日本語 文献あり 年譜あり〉 2000円 Ⓘ978-4-416-51850-2 Ⓝ726.1

＊世界的に有名な名画のひとつ「叫び」を描いたエドヴァルド・ムンクの伝記グラフィックノベル。ノルウェーで最も権威ある文学賞"ブラーゲ賞"のノンフィクション作品賞受賞!!常に向き合い続けた「生と死」、描くことへと突き動かした「狂気」共にその時代を生きた錚々たる芸術家たちの声が、天才画家「ムンク」をあぶりだしていく—

◇ムンクの世界—魂を叫ぶひと 田中正之監修 平凡社 2018.9 127p 22cm （コロナ・ブックス 214）〈文献あり 年譜あり〉 1700円 Ⓘ978-4-582-63513-3 Ⓝ723.3894

内容 名画"叫び"がもっと面白くなる4つの視点 第1章 クリスチャニア—絵画への目覚め 第2章 フランスへ—新しい表現を求めて 第3章 ドイツでの悪名と名声—「生のフリーズ」 第4章 版画の表現力—多彩な試み 第5章 彷徨の時代—苦悩と新たな展開 第6章 祖国ノルウェーへ—内面的主題の探求 創作の舞台、祖国ノルウェーをめぐる ムンクの生い立ち ムンクはいかにして「狂気の画家」となったか

＊名画「叫び」の画家エドヴァルド・ムンクの画業とその生涯に迫る。

◇ムンクへの招待 朝日新聞出版著 朝日新聞出版 2018.10 111p 26cm 〈文献あり〉 1500円 Ⓘ978-4-02-251576-6 Ⓝ723.3894

内容 What'sムンク？ TOPIC 西洋美術史の中のムンク ムンクが部屋に飾りにくい絵を描いた理由 ムンクの生涯 ターニングポイント一名画のストーリー 北欧の中のノルウェー バイキングの血はどこへ？ 冷めた国民性が、前衛画家ムンクを生んだ ムンク30作品 誌上ギャラリー More MUNCH ムンクのモダン・アイ 生命論 生命とは何か？ ちょっと美術史 ムンクは、どこから来たのか HUMAN ムンクを巡る人々 19世紀の哲学者「ニーチェ」 THEN その時、日本は TRIP ムンクの旅

＊「叫び」が何枚もある理由とは？ 豪華愛蔵版・一挙

16ページ増量!!ムンクの名画64作品収録。

◇もっと知りたいムンク—生涯と作品 千足伸行監修・著、冨田章著 東京美術 2018.10 79p 26cm （アート・ビギナーズ・コレクション）〈索引あり〉 1800円 Ⓘ978-4-8087-1121-4 Ⓝ723.3894

内容 序章 「病と死の家」に生まれて—1863 - 1883 0〜20歳 第1章 クリスチャニアからパリへ—1884 - 1891 21〜28歳（クリスチャニア・ボエーム 印象派との出会い ほか） 第2章 「不安の時代」の画家—1892 - 1907 29〜44歳（ムンク・スキャンダル 文学者との交流 ほか） 第3章 死から生へ至る画家—1908 - 1944 45〜80歳（オスロ大学講堂壁画 労働者と風景 ほか） 終章 ムンクの遺産

ムンクニル・イ・パレリャーダ, L.〔1868〜1931〕 Muncunill i Parellada, Lluis

◇カタルーニャ建築探訪—ガウディと同時代の建築家たち 入江正之著 早稲田大学出版部 2017.3 169p 21cm （早稲田大学理工研叢書シリーズ No.29） 2000円 Ⓘ978-4-657-17001-9 Ⓝ523.36

内容 第1章 カタルーニャ・バルセロナの街へようこそ 街を歩く 第2章 タラゴナ—街々の建築を造形・装飾した異才の建築家 ジュゼップ・ジュジョール・イ・ジーベルト 第3章 バルセロナ—"カタルーニャ・ムダルニズマ"を駆動させた建築家 ルイス・ドメーネック・イ・モンタネル 第4章 ジロナ中世都市の近代化を進めた建築家 ラファエル・マゾー・イ・バレンティー 第5章 タラッサ—繊維業で栄えた街の建築家 ルイス・ムンクニル・イ・パレリャーダ 第6章 ガウディ試論—日本に初めてガウディを紹介した建築家 今井兼次

【メ】

メアリ・ステュアート〔1542〜1587〕 Mary Stuart

◇王妃たちの最期の日々 上 ジャン=クリストフ・ビュイッソン, ジャン・セヴィリア編、神田順子, 土居佳代子, 谷口きみ子訳 原書房 2017.4 240p 20cm 2000円 Ⓘ978-4-562-05385-8 Ⓝ288.493

内容 1 破れた夢—クレオパトラ/アレクサンドリア、紀元前三〇年八月 2 殺された殺人者—アグリッピーナ/ナポリ湾にて、五九年三月 3 責め苦を受けて果てた王妃—ブルンヒルド/ルネーヴ、六一三年 4 高齢のカー—アリエノール/ポワティエ、一二〇四年三月三一日 5 敬虔なキリスト教徒としての死—カトリック女王イサベル一世/メディナ・デル・カンポ、一五〇四年一一月二六日 6 斬首された女王—メアリ・ステュアート/フォザリンゲイ、一五八七年二月八日 7 孤独な最期—カトリーヌ・ド・メディシス/ブロワ、一五八七年一月五日 8 かくも長き臨終の苦しみ—アンヌ・ドートリッシュ/パリ、一六六六年一月二〇日 9 プロテスタントに生まれカトリックとして死す—スウェーデン女王クリスティーナ/ローマ、一六八九年四月

一九日　10 模範的な死─マリア＝テレジア／ウィーン、一七八〇年一一月二九日
＊クレオパトラ、メアリ・ステュアート、カトリーヌ・ド・メディシス、マリア＝テレジア…尊厳、狂気、孤独、幽閉…世界史に大きな影響をあたえたさまざまな人生と運命を描く物語！

メイエルホリド, V.E.〔1874～1940〕
Meierkhol'd, Vsevolod Emil'ievich

◇メイエルホリドとブレヒトの演劇　キャサリン・ブリス・イートン著，谷川道子，伊藤愉編訳　町田　玉川大学出版部　2016.11　338p　20cm　〈索引あり〉　3800円　①978-4-472-30309-8　⑩772

内容　第1章 ブレヒトのメイエルホリド演劇との出会い　第2章 「誰もが私を見るように、私にも皆が見えるように」　第3章 「役者は、舞台の小さな台の皿に取り分けて給仕されるべきだ」　第4章 「これ見よがしのプロレタリア的なみすぼらしさ」　第5章 結論─トロイの木馬　付録 論考
＊激動の時代を生きた二人の演劇人の関係を歴史と文化交流のなかに生き生きと描き出す。本書の深い理解へと誘うベンヤミンのエッセイ（本邦初訳）と谷川道子、伊藤愉、鴻英良の論考を収録。

メイプルズ, M.〔1963～〕 Maples, Marla Ann

◇トランプ家の謎─この美女たちが世界を操る！　悟空出版編集部編　悟空出版　2017.1　93p　21cm　1100円　①978-4-908117-30-5　⑩288.3

内容　第1章 トランプ家の肖像（トランプ・ファミリー相関図　トランプ一族の歴史）　第2章 イヴァンカ美のクロニクル（世界一のパーフェクト・レディ　大統領ファミリーの最終兵器　世界を見下ろして育った少女時代　モデル・イヴァンカの実力は？　人気沸騰中のイヴァンカ・ブランド　セレブたちと華やか交遊　スーパーエリート家族の日常）　第3章 トランプ・ファミリー美女列伝（メラニア・トランプ　マーラ・メイプルズ　イヴァナ・トランプ　ヴァネッサ・トランプ　ララ・ユナスカ　ティファニー・トランプ）　第4章 大統領に愛された美女たち（ドナルド・トランプのD派手女性遍歴　トランプ政権の女性たち）　第5章 トランプ父娘の錬金術（自己愛こそが「トランプ」の強み！　トランプの家系に人気が殺到　ホワイトハウスは金ピカになるのか　歴史を受け継ぐ美少女たち）
＊才色兼備イヴァンカ、玉の輿メラニア─トランプ帝国の豪華女性キャラがまるわかり！　ホワイトハウスを彩る美魔女たちの正体！

メイヤー, M.A.〔1975～〕
Meyer, Marissa Ann

◇FAILING FAST─マリッサ・メイヤーとヤフーの闘争　ニコラス・カールソン著，長谷川圭訳　KADOKAWA　2015.10　415p　19cm　1800円　①978-4-04-103388-3　⑩289.3

内容　プロローグ ボビーは五セントもっていた　スパーキーのビッグマシン　ゴッドファーザー計画　マイクロソフトのビッグオファー　グーグルとマリッサの進化　孫正義とジャック・マー　サード・ポイント　裸のCEO　白羽の矢　希望　「アリババの傘」がなくなる日　失敗はできるだけ早く　エピローグ マリッサはヤフーを救えるのか
＊グーグル副社長からヤフーCEOへ。迷走する組織に現れた彼女は救世主か破壊者か？ 喰うか、喰われるかネット業界の熾烈な内幕。

メサウーディ, K.〔1958～〕
Messaoudi, Khalida

◇アルジェリアの闘うフェミニスト　ハーリダ・メサウーディ著，エリザベート・シェムラ聞き手，中島和子訳　水声社　2015.7　277p　20cm　〈年譜あり〉　3000円　①978-4-8010-0123-7　⑩367.2433

内容　「もうけもの」の年月　青春時代のイスラーム「内の内」の女たち　ヴォルテールとアヴェロエスの娘　家族法、恥辱の法　ホメイニなんて知らない！　混迷の教育現場　一九八八年十月選挙を自問し続けて　アルジェリアの爆弾─FIS　FISの核にあるもの「性」　選挙中止─歴史的誤謬か、愛国的義務か　袋小路からの脱出は可能か？　エピローグ─アルジェリアのそれから
＊1988年10月の大規模デモから1992年の選挙中止にまで至る、原理主義者の急激な台頭と民主主義の怒れる要請は、どのようにして起こったのか？ 世俗主義と共和制への信念、日和見主義の一党体制、女性の権利の退行、教育に忍び込むイデオロギー、凄惨なテロ、そして原理主義者による「死刑」宣言…激動の半生を通してフェミニズムの闘士、ハーリダ・メサウーディが語る。

メーチニコフ, L.I.〔1838～1888〕
Mechnikov, Lev Ilyich

◇ドラマチック・ロシアin JAPAN 4　日露異色の群像30─文化・相互理解に尽くした人々　続　長塚英雄責任編集　生活ジャーナル　2017.12　531p　22cm　〈3の出版者：東洋書店〉　2800円　①978-4-88259-166-5　⑩319.1038

内容　レフ・メーチニコフ（1838‐1888）西郷が呼んだロシアの革命家　ニコライ・ラッセル（1850・1930）子孫が伝える二〇世紀の世界人の記憶　黒野義文（？‐1918）東京外国語学科からペテルブルグ大学東洋語学部へ　小西増太郎（1861‐1939）トルストイとスターリンに会った日本人─激動の昭和を生きた祖父小西増太郎　ニコライ・マトヴェーエフ（1865‐1941）マトヴェーエフと戦後最初のロシア人観光団　徳富蘆花（1868‐1927）日本におけるトルストイ受容の先駆者として　セルギイ・チホミーロフ（1871‐1945）日本の府主教セルギイ─その悲劇の半生　内田良平（1874‐1937）「黒龍会」内田良平のロシア観　瀬沼夏葉（1875‐1915）瀬沼夏葉とチェーホフ作品の翻訳　相馬黒光（1875‐1955）"アンビシャスガール"とロシア文化〔ほか〕

メッシ, L.〔1987～〕　Messi, Lionel

◇リオネル・メッシ　MESSIGRAPHICA　サンジーヴ・シェティ著，関麻衣子訳　東洋館出版社　2017.7　253p　23cm　〈索引あり〉　1900円　①978-4-491-03331-0　⑩783.47

内容　幼少期　その名を轟かせよ　沈みゆく船上での

研鑽　新たな師の激励―そして頂点へ　エル・クラシコ―宿敵レアル・マドリードとの戦い　エースとエースの対決　アルゼンチン代表―その輝きと苦悩　肩の力を抜き、生まれ変わる　返り咲き―すべてにおける王者へ　再び王座へ―何度も、何度も　戻ってきたスター―そして未来へ　若きレオよ、どこへ行く　さあ、レオ、こちらへ―ところで君はどこに座るんだ？　メッシであること―その存在の価値　素晴らしき師、そして仲間

＊史上最高のフットボーラー、偉大な軌跡を追う！写真とデータ、そして膨大な証言によって構成！かつてない"メッシ伝"、ついに刊行!!

メッセンジャー, R.〔1981～〕
Messenger, Randall Jerome "Randy"

◇ランディ・メッセンジャー―すべてはタイガースのために　ランディ・メッセンジャー著　洋泉社　2018.8　207p　19cm　〈他言語標題：Randall Jerome "Randy" Messenger〉　1300円　①978-4-8003-1512-0　Ⓝ783.7

内容　第1章 こんなに違う！ 日本とアメリカの野球　第2章 タイガースの素晴らしき仲間たち　第3章 メッセの流儀　第4章 恥ずかしがり屋がメジャーリーガーになった日　第5章 ぼくの大好きなもの―奥深きラーメンの世界　巻末特別寄稿 元チームメイトだから知っているメッセンジャー

＊虎の絶対的エース初の著書!!虎一筋に生きると決めた最強助っ人が初めて明かすタイガースへの思い、そして成功哲学。

メディチ, C.〔1389～1464〕
Medici, Cosimo de'

◇神からの借財人コジモ・デ・メディチ―十五世紀フィレンツェにおける一事業家の成功と罪　西藤洋著　法政大学出版局　2015.8　267,12p　22cm　〈文献あり　索引あり〉　3800円　①978-4-588-37403-6　Ⓝ289.3

内容　第1章 ウスラをむさぼる者を待ち受けているのは　第2章 宥恕されうる利得、されえない利得　第3章 十三、十四世紀のフィレンツェとメディチの事業の創業　第4章 コジモの追放、帰還とメディチ・レジームの形成　第5章 コジモの時代のメディチの事業（1）―その概要、組織、そしてひと　第6章 コジモの時代のメディチの事業（2）―その収益は宥恕されうるものであったか？　第7章 コジモ・デ・メディチのパトロネージ　第8章 それはつぐないの行為であったか？　結びにかえて―煉獄のコジモ

＊遠隔地交易の発展と商業都市の勃興にともない、富をなす事業家が次々に現れた中世後期のヨーロッパ。しかし、教会法はウスラ＝利子をむさぼる行為を許されざる大罪とみなしていた。ウスラをめぐる聖職者達の言葉と、メディチ家の巨人コジモの生涯をたどり、そのパトロネージに秘められた贖罪の悲願を明らかにする。

メナシェ, D.〔1973～2014〕　Menasche, David

◇人生という教室―プライオリティ・リストが教えてくれたこと　ダヴィード・メナシェ著，川田志津訳　東洋館出版社　2014.7　253p　19cm　1600円　①978-4-8096-7742-7　Ⓝ289.3

内容　余命宣告　感謝祭　告白　天職　理想の教師　最年少　名前の由来　初日　言葉の魔法　プライオリティ・リスト〔ほか〕

＊高校の英語教師として生徒たちから厚い信頼を受けているダヴィード・メナシェは、脳腫瘍に冒され余命宣告を受ける。その後6年に及ぶ病魔との闘いの末、生きがいであった教職を去ることを余儀なくされる。しかしメナシェは、教育者であり続けることを諦めなかった。すべての治療を止め、先の困難な道にひるむことなく、人生という名の新たな教室に踏み出す。「一人でアメリカを旅しながら元教え子たちを訪ねる」という大胆な計画をフェイスブックで発表するメナシェ、「僕は彼らの人生に影響を与えることができたのか」、麻痺した身体を杖で支え、バスや列車を乗り継ぎながら、マイアミ・ニューヨーク・米中部・サンフランシスコまでの1万3000キロの旅路で、大勢の教え子との再会を果たす。たどりついた人生の教訓とは？

メナンドロスⅠ〔155頃～130頃B.C.〕
Menandros Ⅰ

◇ミリンダ王―仏教に帰依したギリシャ人　森祖道，浪花宣明共著　新装版　清水書院　2016.7　221p　19cm　〈Century Books―人と思想 163〉〈文献あり　年譜あり　索引あり〉　1200円　①978-4-389-42163-2　Ⓝ183.95

内容　1 伝記篇（伝記検討の資料と方法　西北インドのギリシャ人国家　ミリンダ王の生涯と事績　ギリシャ人の仏教信奉　釈尊没後の仏教団の展開　ナーガセーナ長老の生涯　王と長老の出会いと対論）　2 経典篇（経典の原型　パーリ語原典　漢訳『那先比丘経』説一切有部系のテキスト）　3 思想篇（無我の思想　業論　輪廻思想　修行　涅槃論）　4 付篇　ミリンダ王故地旅行記（パキスタンとは　旅行日記）

＊紀元前二世紀の中頃、インド西北部（今のパキスタン・パンジャーブ州など）を中心に広大な地域を支配していたギリシャ人のミリンダ王（ギリシャ名はメナンドロス）と、当時の仏教教団の優れた指導者ナーガセーナ長老との間に、仏教の教理思想の根本をめぐって鋭い対話討論が交わされた。それはギリシャ思想とインド仏教思想の対決でもあった。その結果、王は仏教に帰依した。古代インド語の一種であるパーリ語で書かれた『ミリンダ王の問い』という大変ユニークな経典や、の漢訳『那先比丘経』など、現存の資料によって詳しく知ることができる。本書は、右の二人の伝記や時代背景、経典の成立伝播翻訳の歴史、対論の教理思想の解説に、現地踏査の旅行記を付した書である。このように本書は、東西の思想文化交流の一歴史を平易に語る。

メビウス〔1938～2012〕　Moebius

◇メビウス博士とジル氏―二人の漫画家が語る創作の秘密　ヌマ・サドゥール著，原正人訳　小学館集英社プロダクション　2017.3　509p　22cm　〈著作目録あり〉　4000円　①978-4-7968-7660-5　Ⓝ726.101

内容　第1章 1974・1975年フォントネー メビウス氏とジル博士　第2章 1988・1989年カーニュ／パリ メビウス博士とジル氏（コミュニティー生活の始まり　大麻とシャーマン　グループ　ほか）　第3章 1975/

1988年ジルとメビウス(ペンネーム 『まわり道』『アルザック』ほか) 第4章 2000－2011年カーニュ/パリ 20年後の補足(あれから数十年 導師の時代 フランス帰国とビジネス ほか)
＊世界中の名だたるクリエイターが多大な影響を受けたフランスの伝説的漫画家メビウスことジャン・ジロー。作風により二つの名前を使い分けてきたメビウス/ジルが自身の半生と創作の裏側を語った唯一にして決定版のインタビュー集。貴重な図版の他、アレハンドロ・ホドロフスキー、スタン・リー、フェデリコ・フェリーニなど、メビウスゆかりの著名人による寄稿文・インタビューも収録。

メラー, C.〔1940～〕 Möller, Christian
◇魂への配慮としての説教—12の自伝的・神学的出会い クリスティアン・メラー著, 小泉健訳 教文館 2014.11 334p 19cm 2600円 ①978-4-7642-6715-2 Ⓝ191.028

内容 第1部 声 Stimme(ハイデルベルク大学就任講義 ゲアハルト・フォン・ラート—もしくは、声の形成としての説教学 マルティン・ルター—もしくは、福音の「口頭性」 クラウス・ペーター・ヘルチ—もしくは、福音の響きの音色 パウル・ゲアハルト—もしくは、讃美歌による説教と天のはしご) 第2部 今日 Heute(ハンス・ヨアヒム・イーヴァント—もしくは、時を告げる言葉としての説教 エルンスト・フックス—もしくは、福音の言葉の出来事 カール・バルト—もしくは、囚われている人々に解放を ディートリヒ・ボンヘッファー—もしくは、キリストのために旧約聖書を説教する) 第3部 聞くこと Hören(ルードルフ・ボーレン—もしくは、第二の説教者としての聞き手 加藤常昭—もしくは、魂への配慮に満ちた説教の根源 ヘルバート・クリム—もしくは、教会の心臓の鼓動 また手のわざとしてのリタージーとディアコニア セーレン・キェルケゴール—もしくは、個人、聴衆、そして共同体)

＊ルター、キェルケゴール、イーヴァント、ボンヘッファー、バルト、ボーレン、加藤常昭など、時代・地域を越えて活躍した12名の神学者との豊かな出会いと対話を通して、神の言葉を伝える喜びと説教の核心に迫る。現代ドイツを代表する実践神学者による自伝的説教論。

メリッソス〔470頃B.C.～?〕 Mélissos ó Sámios
◇ギリシア哲学30講 人類の原初の思索から 上「存在の故郷」を求めて 日下部吉信著 明石書店 2018.11 418p 19cm 〈年表あり 索引あり〉 2700円 ①978-4-7503-4742-4 Ⓝ131

内容 ギリシア哲学俯瞰 ミレトスの哲学者(1) タレス ミレトスの哲学者(2) アナクシマンドロス ミレトスの哲学者(3) アナクシメネス ピュタゴラス アルキュタス ヘラクレイトス エレア派 故郷喪失の哲学者クセノパネス エレア派 パルメニデス エレア派 ゼノンとメリッソス エンペドクレス アナクサゴラス デモクリトス ハイデガーと原初の哲学者たち—アナクシマンドロス、ヘラクレイトス、パルメニデス

＊ギリシア哲学の権威にしてハイデガー研究の第一人者でもある著者が、存在の故郷をあまねく古代ギリシアの文献を読み解き、その自然哲学を「みずみずしい姿」で蘇らせると同時に、そこで繰り広げられた哲学者たちの抗争の帰結としての現代人の歪んだ思考に高らかに異を唱える。過激にして痛快な現代文明批判の書(上下巻)。

メリマン, B.〔1747?～1805〕 Merriman, Brian
◇ブライアン・メリマン『真夜中の法廷』—十八世紀アイルランド語詩の至宝 ブライアン・メリマン著, 京都アイルランド語研究会訳・著 彩流社 2014.12 227,112p 22cm 〈英語抄訳付 文献あり 索引あり〉 4000円 ①978-4-7791-2058-9 Ⓝ993.21

内容 第1部 ブライアン・メリマン『真夜中の法廷』 第2部 解説(ブライアン・メリマン伝記 写本・テクスト・英訳 『真夜中の法廷』の韻律 アシュリングの枠組み 英語文学・スコットランド文学との関わり 同時代アイルランド詩人の影響 「エニス詩人会議」と政治・社会背景 英語文学への影響のはじまり—W.B.イェイツとフランク・オコーナーにとってのメリマン 『真夜中の法廷』の歴史的、社会的意義) 第3部 テクスト解説

＊18世紀末、アイルランド語詩の伝統が衰えゆくなかで、アイルランド語で書かれた幻想的パロディ—ブライアン・メリマン(1750頃‐1805)の『真夜中の法廷』。本書は、『真夜中の法廷』の日本語訳とともに、英語による文法解釈、メリマン論を集約した類例がない貴重な内容となっている。原詩と英語解釈、語彙ノートもついて、アイルランド語の学習にも最適!

メルケル, A.〔1954～〕 Merkel, Angela
◇強い国家の作り方—欧州に君臨する女帝メルケルの世界戦略 ラルフ・ボルマン著, 村瀬民子訳 ビジネス社 2014.10 255p 19cm 〈年譜あり 年表あり〉 1800円 ①978-4-8284-1770-7 Ⓝ312.34

内容 旧東ドイツ出身の、オペラ好きな女性物理学者メルケルの決断は「ユーロ救済」 社会主義国から来たメルケルがなぜ「保守派」に 三・一一フクシマ原発事故後の素早い「脱原発」決断 「旧東ドイツ風リベラル」から「自由主義・資本主義」へ メルケルは「二一世紀の戦争」にどう対応したか ドイツの「国家理性」は今も「ナチス否定」 「福祉国家」のためにお金を稼ぐ資本主義 あざやかな「連立の魔術師」 ドイツをEUの盟主に押し上げる 「危機の時代」に光るメルケルの統治力

＊ドイツ本国で大ベストセラー! 旧東ドイツ出身の物理学者にすぎないメルケルが、なぜ欧州に君臨する巨魁となったのか? ドイツを代表するジャーナリストが、その実像を鋭利な筆で暴きだす話題作、日本上陸!

◇世界最強の女帝メルケルの謎 佐藤伸行著 文藝春秋 2016.2 253p 18cm 〈文春新書1067〉 780円 ①978-4-16-661067-9 Ⓝ312.34

内容 はじめに—「危険な女帝」か「聖女」か 培養基の東ドイツ メルケル立つ 統一宰相の「お嬢ちゃん」 魔女メルケルの「父親殺し」 独中ユーラシア提携の衝撃 メルケルを盗撮するアメリカ ロシア愛憎 メルケル化した欧州 リケジョのマキャベリスト あとがきに代えて—中韓の術中に嵌まるなかれ

＊独首相メルケルは一見冴えない理系女子。ところが、いまや「EU大統領」のような存在に。東独出身の野暮ったい物理学者はいかにして権力を手にしたのか？ そしてメルケル率いるドイツはどこに向かうのか？ 今日の世界を揺るがす「ドイツ問題」の核心に迫る。

◇世界を動かす巨人たち　政治家編　池上彰著　集英社　2016.4　222p　18cm　（集英社新書0828）〈文献あり　年譜あり〉　740円　①978-4-08-720828-3　Ⓝ280

内容 第1章 東西対立を再燃させる男ウラジーミル・プーチン　第2章 第二の「鉄の女」アンゲラ・メルケル　第3章 アメリカ初の女性大統領をめざすヒラリー・クリントン　第4章 第二の「毛沢東」が習近平　第5章 独裁者化するレジェップ・タイイップ・エルドアン　第6章 イランの「最高指導者」アリー・ハメネイ

＊多くの無名の人たちによって、歴史は創られる。しかし現在、極めて個性的で力のある人物が、その行く先を大きく変えることがある。本書では、まさに現代史の主要登場人物とでもいうべき六人の政治家を取り上げた。ロシアのプーチン、ドイツのメルケル、アメリカのヒラリー、中国の習近平、トルコのエルドアン、イランのハメネイ。彼らの思想と行動を理解することなく、今を語ることは不可能である。超人気ジャーナリストによる待望の新シリーズ第1弾。世界を動かす巨大な「個人」に肉薄する！

◇メルケルと右傾化するドイツ　三好範英著　光文社　2018.2　316p　18cm　（光文社新書930）　840円　①978-4-334-04336-0　Ⓝ312.34

内容 序章 危機の震源地ドイツ　第1章 共産主義体制の孤児（幼年、少女時代）　第2章 雌伏の女性物理学者（大学、研究者時代）　第3章 民主化の嵐に突入（「民主的出発」、副院長時代）　第4章 首相への階段（閣僚、野党指導者時代）　第5章 危機管理首相（第1次政権）　第6章 ギリシャと原発（第2次政権）　第7章 世界の救世主か破壊者か（第3次、4次政権）

＊英国のEU離脱、トランプ大統領誕生、そして2017年9月のドイツ総選挙における右派政党（AfD）の躍進—いずれの危機にも深く関わってきたのがメルケルだった。危機解決のために尽力する姿が印象深いが、実はいずれにおいてもメルケルの政策こそが、危機を醸成し促進することに関わっていた。本書では、先の選挙で4選を確実にしたメルケルの生涯と業績をできるだけ客観的にたどり、その強さの秘密を分析する。同時に、メルケル率いるドイツこそ世界の地殻変動の一つの震源地ではないかという仮説に基づき、論を展開していく。メルケルは世界の救世主か？ それとも破壊者か？『ドイツリスク』で山本七平賞特別賞を受賞した著者による画期的な論考！

◇わたしの信仰—キリスト者として行動する　アンゲラ・メルケル著　フォルカー・レージング編，松永美穂訳　新教出版社　2018.11　249p　20cm　2300円　①978-4-400-40745-4　Ⓝ289.3

内容 1 信仰と告白（わたしの人生の模範　奇跡を求めない　信仰する心を奪う　新しい教皇についてもっと知りたい）　2 宗教と一般社会（神はあやつり人形を望まれませんでした　政治的日常におけるカトリックの特色　宗教改革の精神を世界のなかに持ち込む）　3 ヨーロッパと世界（わたしたちのヨーロッパ人としてのアイデンティティは大部分においてキリスト教的なのです　平和は発展の母である）　4 社会と正義（どの時代も独自の賢明さを育てなければいけません　社会における人々の結びつき　地を従わせよ　未知の場所へ出て行く）　5 難民危機とその果ての連帯と開かれた社会とは矛盾しない　自律要求と自立支援による統合　信教の自由が持つ高い価値）

＊東独で牧師の娘として成育、統一後は少壮政治家として頭角を現し、2005年以来ドイツ首相を12年以上務めているアンゲラ・メルケル。福島原発事故後に原発からの撤退を決断し、また難民危機に際して積極的な受け入れを指示するなど、その政策は現代世界に大きな影響を及ぼしている。彼女が教会関係の集会などで語った講演やインタビューなど16編を収録。その信仰観・社会観・人生観を余すところなく伝える注目の書。

メルシエ, L. 〔1740～1814〕
Mercier, Louis-Sébastien

◇近代フランス小説の誕生　植田祐次編　水声社　2017.8　242p　22cm　4000円　①978-4-8010-0281-4　Ⓝ950.26

内容 第1部 黎明期小説の諸相と試み（カンディードの顎ひげ　小説『新エロイーズ』におけるオペラ　羽虫の科学、牧人の知—ベルナルダン・ド・サン＝ピエールにおける科学と小説　多作家メルシエの生涯と作品　父と息子をつなぐ物語—『わが父の生涯』から『ムッシュー・ニコラ』へ ほか）　第2部 継承から展開へ（"アタラの埋葬"を読み解く—文学と美術と歴史の交錯　『危険な関係』を読むボードレール　『ブヴァールとペキュシェ』における殉教者の挿話—ヴォルテールの読書ノートを中心に　サドの継承者フロベール）

＊18世紀のフランスにおいて、美学的・道徳的批判にさらされ、文学の下流に甘んじていた近代小説は、どのようにして自らを洗練させ、19世紀には文学の中心を担うまでに至ったのか。ヴォルテール、ルソー、レチフ、サン＝ピエール、メルシエ、サドからその諸相を明らかにする。

メルドー, B. 〔1970～〕　Mehldau, Brad

◇リマリックのブラッド・メルドー　牧野直也著　アルテスパブリッシング　2017.6　250,6p　21cm〈ポスト・ジャズからの視点 1〉〈他言語標題：Brad Mehldau In Limerick　索引あり〉　1900円　①978-4-86559-164-4　Ⓝ764.7

メルビル, H. 〔1819～1891〕
Melville, Herman

◇世界の十大小説　下　W.S.モーム著，西川正身訳　岩波書店　2015.5　349p　15cm　（岩波文庫）　840円　①4-00-322545-7　Ⓝ904

内容 7 フローベールと『ボヴァリー夫人』　8 ハーマン・メルヴィルと『モウビー・ディック』　9 エミリー・ブロンテと『嵐が丘』　10 ドストエフスキーと『カラマーゾフの兄弟』　11 トルストイと『戦争と平和』　12 結び

＊「結局のところ、作家が読者にあたえ得るものと言っては、自分自身をおいてほかにない」とモーム

は言う。(下)では『ボヴァリー夫人』『モウビー・ディック』『嵐が丘』『カラマーゾフの兄弟』『戦争と平和』の五篇について語った後、作家十人がそろって出席する想像上のパーティが開かれる

メルビン, E.〔1966～〕 Melvin, Eric
◇NOFX自伝―間違いだらけのパンク・バンド成功指南　NOFX、ジェフ・アルリス著、志水亮訳　Du Books　2017.12　521p　19cm　〈発売:ディスクユニオン〉　2500円　①978-4-86647-036-8　Ⓝ764.7
　＊元祖！メロコア!!世界一アホなバンドに音楽活動と性生活の充実を学ぶ。30年以上におよぶ喜劇、悲劇、そして、予期せぬ(？)大成功の裏側を、メンバー自身が語り倒す！暴露本かつ自叙伝!!

メルロ, T.〔1894～1964〕 Merlo, Tecla
◇よいたよりの使者―シスター・テクラ・メルロの生涯　オルガ・アンブロージ著、アグネス・レト訳　女子パウロ会　2015.2　239p　15cm （パウロ文庫）〈聖パウロ女子修道会　1965年刊の再刊〉　600円　①978-4-7896-0748-3　Ⓝ198.2237
　内容　まれに見る円満な女性　家庭教育　少女時代・青春時代　一大決心　総長―プリマ・マエストラ　隠れた美徳　信仰・剛毅・優しさ　神への愛　人びとへの愛　プリマ・マエストラの祈り　宣教に燃える心　いのちの奉献　人びとは語る

メルロ＝ポンティ, M.〔1908～1961〕 Merleau-Ponty, Maurice
◇メルロ＝ポンティ　村上隆夫著　新装版　清水書院　2014.9　215p　19cm （Century Books―人と思想 112）〈文献あり　年譜あり　索引あり〉　1000円　①978-4-389-42112-0　Ⓝ135.55
　内容　1　メルロ＝ポンティの生涯（最後の「良き時代」「人民戦線」の時代　「抵抗運動」の時代　「レ・タン・モデルヌ」の時代　「レクスプレス」の時代）　2　メルロ＝ポンティの思想（『行動の構造』『知覚の現象学』　歴史と身体　言語と身体　絵画と身体　『見えるものと見えないもの』）
◇メルロ＝ポンティ読本　松葉祥一、本郷均、廣瀬浩司編　法政大学出版局　2018.3　358,62p　21cm　〈著作目録あり　索引あり〉　3600円　①978-4-588-15092-0　Ⓝ135.55
　内容　メルロ＝ポンティの生涯とその時代　第1部　前期―知覚の現象学へ（『道程　一九三五―一九五一』（「知覚の本性」）―メルロ＝ポンティの原点　『行動の構造』―行動主義批判と内観について　ほか）　第2部　中期―政治・言語・哲学（『ヒューマニズムとテロル―共産主義の問題に関する試論』―道徳と政治の突き合わせ　『意味と無意味』―生まれつつある意味　ほか）　第3部　後期―野生の存在論へ（『ジョルジュ・シャルボニエとの対話』―語り、旅する哲学者　『眼と精神』―晩年の存在論に至る思考の深化　ほか）　第4部　講義―思想の生成の場（『ソルボンヌ講義』―後期思想にいたる原資蓄積過程　『感覚的世界と表現の世界』―「表現」の概念から知覚・運動・身体図式を捉え直す　ほか）　第5部　メルロ＝ポ

ンティ哲学の拡張（認知科学とメルロ＝ポンティ―GOFAIからエナクティヴ・アプローチまで　フェミニズムとメルロ＝ポンティ―規範を生きる身体の経験　ほか）
　＊メルロ＝ポンティの知覚と身体への問いは、現象学、実存主義、構造主義などの現代思想全般に計り知れぬインパクトを与え、その影響は、哲学から、言語学、心理学、そして、政治、芸術、医療へと広がる。本読本は、未邦訳も含めたほぼすべての著作を詳しく紹介、さらには看護学、リハビリテーション、認知科学、フェミニズム、教育学などの実践領域へと拡張し、その思想の全貌を明らかにする。

メロン, アーロン
⇒山川アーロン（阿倫）を見よ

メンゲルベルク, W.〔1871～1951〕 Mengelberg, Joseph Willem
◇偉大なる指揮者たち―トスカニーニからカラヤン、小澤、ラトルへの系譜　クリスチャン・メルラン著、神奈川夏子訳　ヤマハミュージックメディア　2014.11　389,7p　21cm　2800円　①978-4-636-90301-0　Ⓝ762.8
　内容　アルトゥーロ・トスカニーニ　ウィレム・メンゲルベルク　セルゲイ・クーセヴィツキー　ピエール・モントゥー　ブルーノ・ワルター　サー・トーマス・ビーチャム　レオポルド・ストコフスキー　エルネスト・アンセルメ　オットー・クレンペラー　ヴィルヘルム・フルトヴェングラー〔ほか〕
　＊指揮者の特徴や楽団員からの評価、生い立ちや普段の振る舞い、家族関係など、50人のマエストロたちの素顔を描き出す。オーケストラ指揮の知られざる側面に迫った評伝集。

メンゲレ, J.〔1911～1979〕 Mengele, Josef
◇ヒトラーの共犯者―12人の側近たち　下　グイド・クノップ著、高木玲訳　原書房　2015.12　416,5p　20cm　〈2001年刊の新装版　文献あり〉　2800円　①978-4-562-05272-1　Ⓝ234.074
　内容　1　抹殺者―アドルフ・アイヒマン　2　ヒトラー・ユーゲント団長―バルドゥール・フォン・シーラッハ　3　影の男―マルティン・ボルマン　4　手先―ヨアヒム・フォン・リッベントロープ　5　死刑執行人―ローラント・フライスラー　6　死の医師―ヨーゼフ・メンゲレ
　＊ヒトラーならびにそのもっとも身近にいた側近たちを描いたドキュメンタリーは、世界的な成功をおさめた。上巻に続いてガイド・クノップのチームが目を向けたのは、ヒトラーの支配を確立し、その計画を実行にうつした男たちである。履行補助者である彼らの肖像によって、実際の「自発的執行者」の性格が具体的に描き出されていく。彼らがいなければ、ヒトラーの恐怖政治は成立しなかったのである。はじめて明かされる「神」の執行人たちの全記録。ドイツTV金獅子賞、バイエルン・テレビ賞受賞。

メンゲレ, R.〔1944～〕 Mengele, Rolf
◇ナチの子どもたち―第三帝国指導者の父のもと

に生まれて　タニア・クラスニアンスキ著，吉田春美訳　原書房　2017.9　269,23p　20cm　〈文献あり〉　2500円　⑪978-4-562-05432-9　Ⓝ283.4

内容　グドルーン・ヒムラー—ナチズムの「お人形さん」　エッダ・ゲーリング—「ナチ・ドイツのネロの小さなプリンセス」　ヴォルフ・R.ヘス—最後の戦犯の陰にいる子ども　ニクラス・フランク—真実への欲求　マルティン・アドルフ・ボルマン・ジュニア—「クレーンツィ」あるいは皇太子　ヘースの子どもたち—アウシュヴィッツの司令官の子孫たち　シュペーアの子どもたち　「悪魔の建築家」の一族　ロルフ・メンゲレ—「死の天使」の息子　ドイツの歴史？

＊ナチ高官たちは何を行い、戦後、自らの罪にどう向き合ったのか。子どもたちは父の姿をどのように見つめたのか。本名を隠して生きた者、極右運動に走る者…。さまざまな人生を追い、語られざる現代史に迫る。

メンデス, J.〔1966～〕　Mendes, Jorge

◇サッカー代理人ジョルジュ・メンデス　ミゲル・クエスタ,ジョナタン・サンチェス著，木村浩嗣訳　ソル・メディア　2015.7　269p　19cm　1600円　⑪978-4-905339-24-2　Ⓝ783.47

内容　第1章 ゼロから人脈を築く "魔法"（"メンデス効果"で移籍市場を創造する　時代を先取りする男の原風景 ほか）　第2章 イングランドに架ける橋（新天地への窓口となったケニヨン　リカルド・カルバーリョ、"ファミリー"の成功物語 ほか）　第3章 ロナウドとともに世界の頂点へ（17歳の「才能の塊」ロナウド発見、母親を陥落　いざ冒険へ。ファーガソンとの初対面で交通事故 ほか）　第4章 名門クラブと監督の最高の仲人（メンデスの唯一無二のベンチ　モウリーニョとの最初のビジネスはサメとともに ほか）　第5章 無名選手をスターにする錬金術（メンデスの宝石たちが形作る星座　現代のおとぎ話を実現したハメス・ロドリゲス ほか）

＊君はどこでプレーしたい？　数々の無名選手に "奇跡" を起こしてきた魔法のフレーズ。"奇跡を起こす男" の人脈は、欧州サッカーの「未来」を創る。当事者たちが全面協力したメンデス公認本。大物移籍の知られざる舞台裏とは—？

メンデルスゾーン, F.〔1809～1847〕　Mendelssohn-Bartholdy, Felix

◇ロマン派の音楽家たち—恋と友情と革命の青春譜　中川右介著　筑摩書房　2017.4　363p　18cm　（ちくま新書 1252）〈文献あり〉　1000円　⑪978-4-480-06959-7　Ⓝ762.3

内容　第1章 ベートーヴェン・チルドレン（〜一八二八年）（ひとつの「出逢い」　リストが入れなかった音楽院 ほか）　第2章 革命と青春の旅立ち（一八二九〜一八三二年）（「田園交響曲」の衝撃　蘇った "マタイ受難曲" ほか）　第3章 恋の季節（一八三三〜一八三五年）（オペラの現場へ　リストの「運命の女」 ほか）　第4章 青春の決着（一八三六〜一八四一年）（引き裂かれた恋　逃げた婚約者を追って ほか）

＊メンデルスゾーン（一八〇九年）、ショパン（一八一〇年）、シューマン（一八一〇年）、リスト（一八一一年）、ワーグナー（一八一三年）。国は別々だが、一八一〇年前後に生まれた彼らは、友人として緩やかなサークルをつくり刺激しあいながら、"新しい音楽" を創作した。溢れる才能と情熱を生み出したそのネットワークとはどのようなものだったか。恋愛や交流、時代の波は、大作曲家たちの作品にどのような影響を与えたか。同時代を生きた巨人たちの人生から、十九世紀に花開いたロマン派音楽の深奥に迫る！

メンデルスゾーン, M.〔1729～1786〕　Mendelssohn, Moses

◇メンデルスゾーンの形而上学—また一つの哲学史　藤井良彦著　東信堂　2017.1　326p　22cm　（立正大学大学院文学研究科研究叢書）〈文献あり 索引あり〉　4200円　⑪978-4-7989-1408-4　Ⓝ134.1

内容　序論　第1章 メンデルスゾーンの「懸賞論文」（1762年）　第2章 カントの「証明根拠」に関する書評（1764年）　第3章 ヘルツ宛の手紙（1778年）　第4章 メンデルスゾーンのスピノザ解釈　第5章 『朝の時間』（1785年）　第6章 『朝の時間』第五講〜第六講　第7章 『朝の時間』第八講〜第十二講　第8章 『朝の時間』第十三講〜第十五講　第9章 『朝の時間』第十六講〜第十七講　結論

＊脱「講壇哲学」が示す「哲学する自由」。カントやレッシングの友人で、神の存在証明に関する著作等、顕著な業績を挙げながら、生涯工場に勤め続けて「一度も大学に行ったことがない」メンデルスゾーンは、哲学が大学人の専有物ではなく、全ての人に開かれた知であることを如実に示す研究者である。本書はこの在野哲学者の全てを、主著『朝の時間』はじめ詳細に論考した日本初の研究であり、大学人即ち「講壇哲学」全盛のわが国に「哲学する自由」の意義を伝える、渾身の労作である。

メンデルスゾーン＝ヘンゼル, F.〔1805～1847〕　Mendelssohn Hensel, Fanny

◇ファニー・メンデルスゾーン＝ヘンゼル—時代に埋もれた女性作曲家の生涯　ウテ・ビュヒター＝レーマー著，米澤孝子訳，宮原勇監訳　横浜　春風社　2015.1　246p　20cm　〈年譜あり〉　2300円　⑪978-4-86110-421-3　Ⓝ762.34

内容　序論　メンデルスゾーン家　教育　ファニーとフェリックス姉弟　ヴィルヘルム・ヘンゼル　イタリア旅行　「日曜音楽会」　最期　作曲作品　エピローグ

＊大作曲家の道を歩んだ弟の影で、姉は「よき主婦たれ」という規範と演奏そして作曲への志の間で引き裂かれた…。才女の生涯と時代状況、遺された作品。パガニーニ、ウェーバー、リスト、グノー、シューマン夫妻、哲学者ヘーゲル、作家シャミッソーを訪れた彼女のサロンについてなど、豊富な図版と共に紹介する本格的評伝。

【モ】

モア, T.〔1478～1535〕　More, Thomas

◇エラスムス＝トマス・モア往復書簡　エラス

ス,トマス・モア著,沓掛良彦,高田康成訳　岩波書店　2015.6　442,4p　15cm　〈岩波文庫 33-612-3〉〈年譜あり　索引あり〉　1080円　①978-4-00-336123-8　Ⓝ132.6
* 『痴愚神礼讃』の エラスムス と 『ユートピア』のトマス・モア―。その固い友情がのちに伝説化されるまでになった二人の往復書簡全五十通に、十六世紀ヨーロッパにおける知識人の交流・活動の様子や政局を読む。ルネサンスと宗教改革を内側から語る貴重な証言。

モウリーニョ, J.〔1963～〕
Mourinho, José

◇Mourinho―ジョゼ・モウリーニョ自伝　ジョゼ・モウリーニョ著,澤山大輔訳　東邦出版　2016.4　261p　22cm　〈英語併記〉　2800円　①978-4-8094-1375-9　Ⓝ783.47
内容 イントロダクション　SLベンフィカ　ウニオン・レイリア　FCポルト　チェルシーFC　インテル・ミラノ　レアル・マドリードCF　チェルシーFC　余録
* "スペシャル・ワン"ジョゼ・モウリーニョ初の自伝。

モーガン, W.W.〔1906～1994〕
Morgan, William Wilson

◇現代天文学史―天体物理学の源流と開拓者たち　小暮智一著　京都　京都大学学術出版会　2015.12　634p　22cm　〈他言語標題：History of Modern Astronomy　文献あり　年表あり　索引あり〉　4900円　①978-4-87698-882-2　Ⓝ440.12
内容 第1部 天体分光学(「新天文学」の開幕　星の分光分類とHD星表)　第2部 星の構造と進化論(星の進化論とHR図表　熱核反応と星の進化論)　第3部 銀河天文学と宇宙論(銀河と星雲の発見　銀河系の源流)　第4部 現代天文学(日本における天体物理学の黎明　現代天文学への展開)
* 初めて星の化学組成を明らかにしたロンドンのアマチュア天文家ハギンズ、太陽をガス球と見なし特許調査官レーン、自作の望遠鏡で天空を探査した音楽家ハーシェル…18世紀末から19世紀中葉にかけて現代天文学の扉を開いた彼らは、いずれも学界に縁のないアマチュア天文家だった。星の位置と運動を対象とする古典天文学から天体の物理的構造を探る天体物理学へ、その転換期を担った人々の生涯と研究を軸に、現代天文学の歴史をたどる。

モーザー, M.〔1853～1912〕　Moser, Michael

◇明治初期日本の原風景と謎の少年写真家―ミヒャエル・モーザーの「古写真アルバム」と世界旅行　アルフレッド・モーザー著,ペーター・パンツァー監修,宮田奈奈訳　洋泉社　2016.7　8,191p　21cm　〈年譜あり〉　2500円　①978-4-8003-0977-8　Ⓝ210.6
内容 第1章 オーストリアの山里から世界へ(一五歳で帝国東アジア遠征隊に参加　地中海からアフリカ西岸を南下,喜望峰、インド洋を渡り、アジア大陸へ到着　香港から北上し、上海へ)　第2章 日本での生活のはじまり(長崎に到着　横浜での生活と ブラックとの出会い　箱根への撮影旅行　日本橋魚河岸の事件　浅草寺の賑わい)　第3章 通訳としてウィーン万博へ(横浜港から出発　ウィーン万博と家族との再会　写真技術を修得し、日本へ帰国)　第4章 二度目の日本滞在(変わりゆく東京の風景　日本人の暮らしや習慣について)　第5章 フィラデルフィア万博から故郷への旅(太平洋を渡りフィラデルフィア万博へ　帰郷する決意　大西洋を渡りアルトアウスゼーへ　帰郷後、写真家として活躍する)
* 日本写真史の空白を埋める発見。明治2年、オーストリアからやってきた16歳の写真家は、たった一人、日本に残る決意をした！　日本滞在7年、さらに地球2周分の世界旅行を実現した若き写真家は、帰国後、日本での思い出を2冊の写真アルバムに遺していた!!

◇少年写真家の見た明治日本―ミヒャエル・モーザー日本滞在記　ミヒャエル・モーザー著,宮田奈奈,ペーター・パンツァー編　勉誠出版　2018.6　379p　22cm　〈索引あり〉　6500円　①978-4-585-22209-5　Ⓝ291.09
内容 1 手書きの日記「東アジアに向かう旅で経験したこと」　2 書簡　3 手書きの日記　4 手書きの日記　5 旅行記　6 手書きの日記・新聞に掲載された日記　7 エッセイ　8 自伝的エッセイ
* 明治2年、困難に満ちた航海を乗り越え、遠くオーストリアより一人の少年が日本にたどり着いた。16歳のミヒャエル・モーザーである。そして、彼は新天地にとどまり写真家として生きることを決めた…航海の道行き、そして日本での滞在の中で書き残したモーザー自身による日記・書簡類をひもとき、時代を浮かび上がらせる豊富な写真資料と共に彼の見聞した明治初期の世界を浮き彫りにする。

モース, E.S.〔1838～1925〕
Morse, Edward Sylvester

◇モース博士と江の島　藤沢　藤沢市文書館　2018.3　89p　21cm　〈藤沢市史ブックレット 9〉　Ⓝ289.3

モーセ〔紀元前16世紀または紀元前13世紀〕
Moses

◇フロイトのモーセ―終わりのあるユダヤ教と終わりのないユダヤ教　ヨセフ・ハイーム・イェルシャルミ著,小森謙一郎訳　岩波書店　2014.9　277p　20cm　〈文献あり〉　3900円　①978-4-00-024697-2　Ⓝ146.13
内容 第1章 第四の屈辱　第2章 ジークムント・フロイト、ユダヤの歴史家　第3章 父の宗教、息子の宗教、「ユダヤ民族特有の事柄」　第4章 一つの事例史？　第5章 フロイトとのモノローグ
* なぜフロイトは最晩年になってモーセ論を書いたのか―公刊直後から今日まで、多くの者を悩ませてきたその謎に、ユダヤ史の世界的権威が正面から挑む。同時代のコンテクスト、父ヤーコブによるユダヤ教育の実態に歴史家として分け入り、謎の核心に迫っていく本書は、ジャック・デリダやエドワード・サイードをはじめ、幾多の議論を巻き起こしてきた。すでに古典となった書物、待望の邦訳をついに刊行。

◇エジプト人モーセ―ある記憶痕跡の解読　ヤ

ン・アスマン［著］，安川晴基訳　藤原書店　2017.1　429p　22cm　〈索引あり〉　6400円　①978-4-86578-104-5　Ⓝ193.21

モーゼス, R. 〔1888～1981〕　Moses, Robert

◇評伝　ロバート・モーゼス―世界都市ニューヨークの創造主　渡邉泰彦著　鹿島出版会　2018.5　299p　19cm　〈他言語標題：Robert Moses　文献あり　年譜あり　索引あり〉　2600円　①978-4-306-07341-8　Ⓝ518.8

内容　第1章　若きモーゼス　第2章　モーゼス大奮闘　第3章　州につづいて市の公園事業も掌握　第4章　交通網整備　第5章　黄金期　第6章　マンハッタン都心部の青写真　第7章　住宅供給事業　第8章　モーゼスの苦悩　第9章　潰えた夢　第10章　モーゼス再評価の動き

＊ジェイン・ジェイコブズの宿敵、ロバート・モーゼス。ふたりに共通しているのは、両者とも都市に暮らす生活者のために、より快適な都市を創造しようとしている点だ。モーゼスもまた、都市の魅力を十分認識していて、都市の疲弊、郊外への人口流出を引き戻すために、都市のインフラをいっそう充実させることに注力したのである。

モーツァルト, C. 〔1763～1842〕　Mozart, Constanze

◇コンスタンツェ・モーツァルト―「悪妻」伝説の虚実　小宮正安著　講談社　2017.3　318p　19cm　〈講談社選書メチエ 644〉〈文献あり〉　1850円　①978-4-06-258647-4　Ⓝ289.3

内容　序章　琥珀のなかの「蝿」　第1章　モーツァルト家vs.ウェーバー家　第2章　コンスタンツェという女性　第3章　「理想のモーツァルト伝」のために　第4章　加速する「悪妻」イメージ　第5章　伝説は覆されたか？　第6章　日出ずる国のコンスタンツェ　終章　彼女を語るとき、ひとは…

＊彼女を語るとき、ひとはなぜか取り乱してしまう。まるでついに己のみすぼらしい夢を暴露されてしまったかのように。芸術を愛し理解するとは、いったいどういうことなのか？　天才の妻とは、いかなる存在だとよかったのか？　二百年にわたる「極端な評価」の数々を読み解き、虚心に真の姿を検証する試み。

モーツァルト, W.A. 〔1756～1791〕　Mozart, Wolfgang Amadeus

◇パリのモーツァルト―その光と影　澤田義博著　アカデミア・ミュージック　2014.3　158p　21cm　〈文献あり〉　1500円　①978-4-87017-085-8　Ⓝ762.346

内容　第1章　はじめに　第2章　第1回目のパリ訪問　第3章　第2回目のパリ滞在　第4章　第3回目のパリ訪問　第5章　パリがモーツァルトに与えたもの　第6章　その後のパリ（18世紀末以降）　第7章　20世紀以降のパリのモーツァルト　第8章　現代のパリとモーツァルト　第9章　終わりに　資料編

＊某メガ・バンク・パリ支店長が書いた、パリとモーツァルト論！

◇モーツァルトその音楽と生涯―名曲のたのしみ、吉田秀和　第2巻　吉田秀和著，西川彰一校訂　学研パブリッシング　2014.8　325,6p　22cm　〈他言語標題：Wolfgang Amadeus Mozart His Music and Life　監修協力：安田和信　発売：学研マーケティング〉　3200円　①978-4-05-800273-5　Ⓝ762.346

内容　1「ルーチョ・シッラ」1772年　2　ウィーン弦楽四重奏曲 1773年　3　リタニアとミサ・ブレヴィス 1774年　4　初期のピアノ・ソナタ 1774年　5「恋の花作り」1775年　6　ヴァイオリン協奏曲 1775年　7「牧人の王」1775年　8　木管のためのディヴェルティメント 1776年　9　ハフナー・セレナーデ 1776年

＊吉田秀和がこよなく愛した作曲家、モーツァルト。7年にわたってリスナーに語りかけ、日本のモーツァルト・ファンを育てた一時代の記録である。

◇モーツァルトその音楽と生涯―名曲のたのしみ、吉田秀和　第3巻　吉田秀和著，西川彰一校訂　学研パブリッシング　2014.10　323,7p　22cm　〈他言語標題：Wolfgang Amadeus Mozart His Music and Life　監修協力：安田和信　発売：学研マーケティング〉　3200円　①978-4-05-800274-2　Ⓝ762.346

内容　1　ピアノ協奏曲「ジュノム」（1777年）　2　フルート協奏曲（1778年）　3　ピアノ・ソナタ イ短調（1778年）　4　協奏交響曲K三六四（1779年）　5「エジプトの王タモス」（1779年）　6　荘厳ミサ曲とヴェスペレ（1780年）　7「イドメネオ」（1780年）　8　ヴァイオリン・ソナタ（1781年）　9「後宮からの誘拐」（1782年）

＊吉田秀和がこよなく愛した作曲家、モーツァルト。7年にわたってリスナーに語りかけ、日本のモーツァルト・ファンを育てた一時代の記録である。

◇モーツァルトその音楽と生涯―名曲のたのしみ、吉田秀和　第4巻　吉田秀和著，西川彰一校訂　学研パブリッシング　2014.12　325,7p　22cm　〈他言語標題：Wolfgang Amadeus Mozart His Music and Life　監修協力：安田和信　発売：学研マーケティング〉　3200円　①978-4-05-800275-9　Ⓝ762.346

内容　1「ハフナー交響曲」1782年　2「ハ短調ミサ」1783年　3「リンツ交響曲」1783年　4　弦楽四重奏曲「狩」1784年　5　ピアノ協奏曲K四六六/K四六七 1785年　6「劇場支配人」1786年　7「フィガロの結婚」1786年　8「プラハ交響曲」1786年

◇モーツァルトその音楽と生涯―名曲のたのしみ、吉田秀和　第5巻　吉田秀和著，西川彰一校訂，安田和信監修協力　学研パブリッシング　2015.2　341,6p　22cm　〈他言語標題：Wolfgang Amadeus Mozart His Music and Life　発売：学研マーケティング〉　3200円　①978-4-05-800276-6　Ⓝ762.346

内容　1「アイネ・クライネ・ナハトムジーク」1787年　2「ドン・ジョヴァンニ」1787年　3「交響曲第三十九番」1788年　4　ソプラノのためのアリア 1789年　5「コジ・ファン・トゥッテ」1790年　6　弦楽五重奏曲ト短調 1790年　7　ピアノ協奏曲K五九五 1791年　8「魔笛」1791年　9「皇帝ティートの慈悲」＆レクイエム　1791年　10　補遺

＊吉田秀和がこよなく愛した作曲家、モーツァルト。7

モツアルト

年にわたってリスナーに語りかけ、日本のモーツァルト・ファンを育てた一時代の記録である。

◇愛と裏切りの作曲家たち　中野京子著　光文社　2015.3　237p　16cm　（光文社知恵の森文庫　tな5-1)〈「かくも罪深きオペラ」（洋泉社1999年刊）の改題、修正〉　640円　①978-4-334-78669-4　Ⓝ766.1

内容　ビゼー「世にも恐ろしい災い」「カルメン」　ヴェーバー　すべては愛のために「魔弾の射手」　ベッリーニ　嫉妬が産んだ名作「ノルマ」　ヴァーグナー　過剰な執着心―「さまよえるオランダ人」　ロッシーニ　美食と神経過敏―「セビーリャの理髪師」　モーツァルト　神童の傲慢―「フィガロの結婚」　ヴェルディ　道を踏み外した女」「椿姫」　プッチーニ　オペラ以上の悲劇「蝶々夫人」

＊名作の誕生する過程には作品に負けないほど劇的な事件がかくされている。スキャンダラスと言っていいほどのそれらの出来事は、別の見方をすれば作曲家本人がむしゃらな闘争ともいえる。「カルメン」「フィガロの結婚」「蝶々夫人」ほか知っておきたい名作オペラのあらすじと、その作曲家たちの壮絶な生涯を、同時に読める一冊！　待望の文庫化。

◇モーツァルト―カラー版作曲家の生涯　田辺秀樹著　新潮社　2015.3　191,15p　15cm　（新潮文庫）〈第二十二刷（第1刷1984年）〉　590円　①978-4-10-137401-7　Ⓝ762.346

内容　遊び心の街　神童がやってくる　オペラの国イタリア　宮仕えの青年作曲家　若者はさすらいの旅に出る　故郷との訣別　輝けるウィーンの日々　奔出する創作力　プラハからの招待　重みが浮かび、軽みが沈む　失意と窮迫の中から　燃え尽きる一年　モーツァルトは生きている

＊ひとたびモーツァルトの音楽の美しさにとりつかれると、二度とその魅力からのがれることはできない。限りないやさしさと慰めに満ちたモーツァルトの音楽こそは、神が人間に与えた賜り物である。―多数の貴重な写真を駆使して、稀有の天才35年の生涯をたどったオリジナル・カラー文庫。年譜、作品表、および第一線の音楽家によるモーツァルトへのオマージュ12編を付す。

◇ベートーヴェン・ブラームス・モーツァルトその音楽と病―総合病院内科医がその病歴から解き明かす　小林修三著　大阪　医薬ジャーナル社　2015.5　143p　21cm　2600円　①978-4-7532-2730-3　Ⓝ762.34

内容　第1章　人の生き様をみる内科医（内科医は名探偵シャーロック・ホームズ　犯人探し）　第2章　ベートーヴェン編（1770〜1827年）（症例病理検討会―CPC（clinico‐pathological conference）ふうに　ベートーヴェンの音楽とは　ほか）　第3章　ブラームス編（1833〜1897年）（ブラームスの音楽との出会い　ブラームスのクラリネット五重奏曲　ほか）　第4章　モーツァルト編（1756〜1791年）（音楽と病　モーツァルトの死因　ほか）　第5章　医療と音楽―医学と音楽の共通点（感動とは　表現力と医療事故―「医師といえど言葉を操る人間である」　ほか）

＊偉大なる作曲家、ベートーヴェン・ブラームス・モーツァルト。しかし、その華やかなイメージの裏には、病に悩まされた人生があった。クラシックをこよなく愛する著者が、内科医ならではの視点で、その死の原因に迫る。作曲活動の背景にあった病とはどんなものであったのか。芸術家の人生を紐解きながら詳細に解説された本書では、作曲の裏に隠された彼らの意外な素顔も垣間みえる。

◇モーツァルトと女性たち―家族、友人、音楽　ジェイン・グラヴァー著，中矢一義監修，立石光子訳　白水社　2015.11　444,28p　20cm　〈文献あり　索引あり〉　4600円　①978-4-560-08473-1　Ⓝ762.346

内容　前奏曲　モーツァルトの家族　モーツァルトのもうひとつの家族　モーツァルトとオペラの女性たち　モーツァルト亡きあと　後奏曲

＊モーツァルトの生涯において女性たちとのかかわりは何をもたらしたか、オペラに起用した歌手たちに合わせて、その音楽がどのような形をとっていったかを描く。

◇モーツァルト最後の四年―栄光への門出　クリストフ・ヴォルフ著，礒山雅訳　春秋社　2015.12　249,42p　20cm　〈文献あり　索引あり〉　2500円　①978-4-393-93200-1　Ⓝ762.346

内容　プロローグ　モーツァルト、一七八八〜一七九一―避けがたい終焉か、新しい始まりか　第1章　宮廷への任命―モーツァルトとサリエーリ　第2章　外の世界の探索　第3章　あくなき大志―作曲の地平を拡大する　第4章　「真のオペラ」と「魔笛」　第5章　「崇高悲愴様式による教会音楽」と「レクイエム」　第6章　「作曲しましたが、まだ書き下していません」―ついに聴かれることのなかった音楽

＊「晩年」の作品群は、現世への惜別の辞か？　飽くなき創造の新たな一歩か？

◇モーツァルト―作曲家の物語　ひのまどか著　新潮社　2016.1　350p　16cm　（新潮文庫　ひ‐40-1)〈リブリオ出版1990年刊の再刊　文献あり〉　590円　①978-4-10-120266-2　Ⓝ762.346

内容　プロローグ　1　ブレンナー峠をこえて　2　栄光と称賛の日々　3　少年オペラ作曲家　4　イタリア病　5　求職の旅　6　悲しみの都パリ　7　コロレドとの争い　8　あまい生活　9　「ドン・ジョヴァンニ」　10　涙の日々　そして、いま

＊音楽に天賦の才を持ち、「トルコ行進曲」、オペラ「フィガロの結婚」、「アイネ・クライネ・ナハトムジーク」など、世に残る数々の名曲を生み出したモーツァルト。父親とともにヨーロッパの宮廷を歴訪し、喝采と称賛を浴びた神童時代から、病と困窮のうちに死を迎えた不遇の晩年まで、豊富な資料と綿密な現地取材で描く、作曲家の波瀾の生涯。

◇コンスタンツェ・モーツァルト―「悪妻」伝説の虚実　小宮正安著　講談社　2017.3　318p　19cm　（講談社選書メチエ　644)〈文献あり〉　1850円　①978-4-06-258647-4　Ⓝ289.3

内容　序章　琥珀のなかの「蠅」　第1章　モーツァルト家vs.ウェーバー家　第2章　コンスタンツェという女性　第3章　「理想のモーツァルト伝」のために　第4章　加速する「悪妻」イメージ　第5章　伝説は覆されたか？　第6章　日出ずる国のコンスタンツェ　終章　彼女を語るとき、ひとは…

＊彼女を語るとき、ひとはなぜか取り乱してしまう。まるでついに己のみすぼらしい夢を暴露されてしまったかのように。芸術を愛し理解するとは、いったいどういうことなのか？　天才の妻とは、いかな

る存在であればよかったのか? 二百年にわたる「極端な評価」の数々を読み解き、虚心に真の姿を検証する試み。

◇モーツァルトの人生―天才の自筆楽譜と手紙　ジル・カンタグレル著, 博多かおる訳　西村書店東京出版編集部　2017.4　222p　30cm　〈年表あり　索引あり〉　4800円　Ⓘ978-4-89013-768-8　Ⓝ762.346

内容　第1章 わが息子の奇跡の才能　第2章 この奇跡を世界に示さなければ　第3章 ザルツブルクがぼくにとってどれだけ我慢ならないところかおわかりいただけたら　第4章 さようなら、ぼくの天使。さようなら、ぼくのハート、ぼくの目の前にいつも神がいます　第6章 ウィーンの人々よりむしろプラハの人たちのために　第7章 正直なところ、このオペラを実に楽しみにしています　第8章 もっとも偉大な作曲家…　第9章 親愛なる友、立派な盟友　第10章 人間の最上の友

＊稀代の音楽家の素顔と創作の秘密に迫る貴重な1冊。カラー図版230点以上。妻や父に宛てたユーモラスで愛情深い手紙や友へ借金を乞う手紙、また『フィガロの結婚』や『交響曲第41番(ジュピター)』などの自筆楽譜から浮かび上がる天才の真の姿!

◇一八世紀近代の臨界―ディドロとモーツァルト　鷲見洋一著　ぷねうま舎　2018.7　392p　20cm　4300円　Ⓘ978-4-906791-94-1　Ⓝ135.3

内容　「むすぶ」ことと「ほどく」こと―我流の勉強論　1 ディドロ読み歩き(不在についての考察―脅迫状、恋愛小説、そして恋文へ　ソフィー・ヴォラン書翰を読む――七六二年の場合　ディドロの『ラ・カルリエール夫人』を読む　二つの国内旅行―ディドロとメネトラの紀行文　『ラモーの甥』の昔と今―博論異聞　『ラモーの甥』の末裔たち　モーツァルトからディドロまで―即興論の資格から　ディドロはいかに読まれてきたか)　2 モーツァルトのいる風景(文学に見る一八世紀 怪物的神童とパリ一七六三・六四年の滞在　喪失と自由――七七八年、パリ国王さまざま――七九一年の周辺　奇人と天才の話―ヨーロッパ世紀末のモーツァルト)「いたみ」と「かなしみ」のトポス

＊知られざる生の深みへ。モーツァルトとディドロ、音楽と書翰・対話に表現された、近代的な孤の天国と地獄。そして、時代を超える二つの創造、"イ短調ピアノ・ソナタ"と『百科全書』。名づけようのない哀しみと、知の巨大な集積の企てとが交叉する地点に、近代の始原と極北とをとらえる。半世紀をかけた一八世紀研究の結晶。

モディ, N.〔1950～〕　Modi, Narendra Damodardas

◇インド、大国化への道。―日本の未来を決めるのは、インド　森尻純夫著　而立書房　2016.11　293p　19cm　〈他言語標題：INDIA : The Road to Great Power〉　1900円　Ⓘ978-4-88059-397-5　Ⓝ302.25

内容　1章 カーストとはなんなのか(カースト、その成り立ちの歴史　「縁なき衆生」こそ、日印の民俗に共通する多数派 ほか)　2章 新首相ナレンドラ・モディ(新首相ナレンドラ・モディと出身地グジャラート州の地政、歴史　ナレンドラ・モディの歩いた道 ほか)　3章 農政学から民俗へ―日本とインドの共通点(「農政学」を唱えた先覚者、柳田國男　柳田國男の農政学と山下一仁の農協解体論 ほか)　4章 二〇一六年、未来へ発進する日本とインド(オバマ大統領が仕掛けるインド重視　中国の攻勢 ほか)

＊語り言葉で解きほぐすインドと日本へのメッセージ―21世紀の半ばには、インドは世界一の人口を擁し、経済規模は世界5位内の総生産量(GDP)を誇る大国になるといわれています。2014年に成立したナレンドラ・モディ政権は、「メイク・イン・インディア」を提唱し、ITサーヴィスで世界に跳躍したインドから、実体経済である製造業を主眼とした体制へと方向転換しました。現地大学に勤務しながら20年以上もの間インドを見つめてきた著者が、改革のキーパーソンである首相ナレンドラ・モディの生い立ちまで遡り、その目指すところを解説。インドという国の捉え方、日本とのパートナーシップの可能性、アメリカ・中国を交えたアジア地域のパワーバランスについて、仔細に語り尽くします。

モディアノ, P.〔1945～〕　Modiano, Patrick

◇モディアノ中毒―パトリック・モディアノの人と文学　松崎之貞著　国書刊行会　2014.12　251p　20cm　〈言語標題：Le Monde Modianesque 著作目録あり〉　2500円　Ⓘ978-4-336-05875-1　Ⓝ950.278

内容　第1章 小伝―自殺した犬～それはわたしだ(自伝としての『血統書』ジャン・モディアノ ほか)　第2章 技法―迷宮としての世界(「記憶の芸術」霧のなかを手さぐりで… ほか)　第3章 物語世界～(1)―ナチス占領下のパリ(占領下パリのフランス人　「ぼくはб存在しないんです」ほか)　第4章 物語世界～(2)―年上の聖母たち(孤児の群像　年上の庇護者たち ほか)　第5章 物語世界～(3)―パリの"語り部"(パリの地霊　故郷喪失者たち ほか)　付録 全作品紹介

＊「私は何者か」「家族とは何か」「占領下パリのユダヤ人」といったテーマを通じ、現代の定かならぬ"生"と"愛"を語り続ける"モディアノ世界"の全容に迫る。日本初のモディアノ考!　2014年ノーベル文学賞受賞"モディアノ世界"のすべてがわかる!

モーティマー, C.〔1952～〕　Mortimer, Charlie

◇定職をもたない息子への手紙　ロジャー・モーティマー, チャーリー・モーティマー著, 田内志文訳　ポプラ社　2015.2　237p　20cm　1600円　Ⓘ978-4-591-14309-4　Ⓝ289.3

内容　一九六七年・一九七〇年「このおびただしい電話代の請求書を同封する」　一九七一年・一九七五年「小切手をすべて煙草に換えたりしないように!」　一九七六年・一九七九年「面倒なことに首を突っ込んでいないことを祈る」　一九八〇年・一九八三年「今、お前は何をして働いているのだろう?」　一九八四年・一九九一年「ともあれ、生きているようで何よりだ」

＊英国競馬の記者である父から息子へ、25年間にわたって綴られたユーモラスな手紙―歳月が織りなす父子のドラマが尺々と胸に迫る。英国発、世にも奇妙なベストセラー! 歳月を経て息子が編む、亡き父へのオマージュ。

モーティマー, R. 〔1909～1991〕
Mortimer, Roger

◇定職をもたない息子への手紙　ロジャー・モーティマー, チャーリー・モーティマー著, 田内志文訳　ポプラ社　2015.2　237p　20cm　1600円　①978-4-591-14309-4　Ⓝ289.3

内容　一九六七年-一九七〇年「このおびただしい電話代の請求書を同封する」　一九七一年-一九七五年「小切手をすべて煙草に換えたりしないように！」　一九七六年-一九七九年「面倒なことに首を突っ込んでいないことを祈る」　一九八〇年-一九八三年「今、お前は何をして働いているのだろう？」　一九八四年-一九九一年「ともあれ、生きているようで何よりだ」

＊英国競馬の記者である父から息子へ、25年間にわたって綴られたユーモラスな手紙―歳月が織りなす父子のドラマが仄々と胸に迫る。英国発、世にも奇妙なベストセラー！　歳月を経て息子が編む、亡き父へのオマージュ。

モドリッチ, L. 〔1985～〕　Modric, Luka

◇ルカ・モドリッチ―永遠に気高き魂　ビセンテ・アスピタルテ, ホセ・マヌエル・プエルタス著, 江ური慎一郎訳　カンゼン　2018.10　277p　19cm　1700円　①978-4-86255-488-8　Ⓝ783.47

内容　ダルマチアの才能　戦争難民　榴弾の中での練習　大きなる失望　ボスニア・ヘルツェゴビナ、成熟の証明　最後のレンタル移籍　愚か者たちのリーグスター　バルカン半島のクライフから、単なるルカ・モドリッチへ　並外れたポリバレント性〔ほか〕

＊戦争難民となった幼少期。不遇から這い上がりチャンスを掴んだクロアチア時代、レアル・マドリーでの栄光と名声、ロシアW杯で母国を準優勝に導きMVP獲得。稀有な才能と不屈の闘志で逆境を乗り越えてきた傷だらけの英雄の壮大な叙事詩。

モネ, C. 〔1840～1926〕　Monet, Claude

◇僕はモネ　サラ・パップワース文, オード・ヴァン・リン絵, 岩崎亜矢訳, 高橋香代子訳　パイインターナショナル　2015.12　70p　23cm　(芸術家たちの素顔 7)〈文献あり〉　1600円　①978-4-7562-4701-8　Ⓝ723.35

◇モネのあしあと―私の印象派鑑賞術　原田マハ著　2016.11　153p　18cm　(幻冬舎新書 は-13-1)〈文献あり〉　760円　①978-4-344-98444-8　Ⓝ723.35

内容　プロローグ　私とモネとの出会い　第1章　モネが生きた新しい時代　第2章　印象派絵画の新しさ　第3章　モネのあしあとを追って　第4章　小説「ジヴェルニーの食卓」について　第5章　マハによるモネのあしあと案内　エピローグ　いま、改めてモネと出会う意味

＊印象派といえばルノワール、ゴッホ、セザンヌ。常に破格の高値で取引されるようになった彼らも、かつてはフランスアカデミーの反逆児だった。その嚆矢ともいうべき画家が、クロード・モネ(一八四〇-一九二六)である。"印象・日の出"(一八七三年作)が「印象のままに描いた落書き」と酷評された

のが「印象派」のはじまりだ。風景の一部を切り取る構図、筆跡を残す絵筆の使い方、モチーフの極端な抽象化、見る者を絵に没入させる魔術をモネはいかにして手に入れたのか？　アート小説の旗手がモネのミステリアスな人生と印象派の潮流を徹底解説。

◇クロード・モネ―狂気の眼と「睡蓮」の秘密　ロス・キング著, 長井那智子訳　亜紀書房　2018.8　366,41p　図版16p　22cm　〈文献あり〉　3800円　①978-4-7505-1554-0　Ⓝ723.35

内容　タイガーとハリネズミ　モネの家のほとりで　水の風景　偉大なプロジェクト　未知の世界へ　大装飾画　大きなアトリエ　戦火の下で　深い憂慮　ランスの微笑み〔ほか〕

＊戦争、病、そして芸術。晩年の代表作「睡蓮」大装飾画はいかにして描かれたのか？　第一次世界大戦、白内障による失明の危機、愛する人々の死…。様々な困難に見舞われながら描かれ続けた大装飾画の創作背景と、晩年の画家の知られざる生活に、豊富な資料を用いて迫った傑作ノンフィクション！

◇印象派という革命　木村泰司著　筑摩書房　2018.10　306p　15cm　(ちくま文庫 き33-2)〈集英社 2012年刊の再刊　文献あり〉　950円　①978-4-480-43547-7　Ⓝ723.35

内容　序章　なぜ日本人は「印象派」が好きなのか　第1章　フランス古典主義と美術アカデミーの流れ―フランス絵画の伝統はいかに作られたか？　第2章　エドゥアール・マネ―モダン・ライフを描いた生粋のパリジャン　第3章　クロード・モネ―色彩分割法を見いだした近代風景画の父　第4章　ピエール＝オーギュスト・ルノワール―見る人に夢を与え続けた肖像画の大家　第5章　エドガー・ドガ―完璧なデッサンで人の動きを瞬間的に捉えた達人　第6章　ベルト・モリゾ＆メアリー・カサット―表現の自由を求めた二人の女性画家

＊モネ、ドガ、ルノワール。日本人に人気の印象派の絵は、優しいイメージでとらえられがちです。しかし、じつは美術史に変容をもたらした革新的な芸術運動でした。作品の裏側には、近代社会の幕開けによって、人びとがはじめて味わうこととなった孤独や堕落が隠されています。本書では、印象派の絵を合わせ鏡として、時代精神が近代にいかに向き合ったのかを読み解きます。図版資料100点以上収載。

モーパッサン, G. 〔1850～1893〕
Maupassant, Guy de

◇モーパッサン　村松定史著　新装版　清水書院　2015.9　238p　19cm　(Century Books―人と思想 131)〈文献あり　年譜あり　索引あり〉　1000円　①978-4-389-42131-1　Ⓝ950.268

内容　1　モーパッサンの生涯(温暖なノルマンティーで役人暮らしと文学への道　ほか)　2　モーパッサンの文学世界(詩作品　中・短編小説　ほか)　3　長編小説の構築(冷徹さと憐れみと―『女の一生』内的矛盾の発見―『ベラミ』　ほか)　4　紀行作家として(南方への旅―『太陽の下へ』　南フランス周航―『水の上』　ほか)

◇モーパッサンの修業時代―作家が誕生するとき　足立和彦著　水声社　2017.10　361p　22cm　〈文献あり〉　5000円　①978-4-8010-0283-8

Ⓝ950.268

モラエス, W.〔1854〜1929〕　Morais, Wenceslau José de Sousa de

◇孤愁―サウダーデ　新田次郎, 藤原正彦著　文藝春秋　2015.5　727p　16cm　〈文春文庫に1-44〉〈文献あり〉　1150円　ⓘ978-4-16-790362-6　Ⓝ913.6

[内容]美しい国　領事代理　砲艦千鳥　赤い海　ネムの木　野砲十門　スナイドル銃実包　信任状捧呈式　別離　外人墓地〔ほか〕

＊「孤愁」とは、「愛するものの不在により引き起こされる胸の疼くような思いや懐かしさ」のこと。ポルトガルの外交官モラエスは、明治後期に来日、日本の自然、文化、女性を愛し、その著作で、日本の素晴しさ、日本人の美徳を世界に知らしめた。父・新田次郎の未完の絶筆を息子・藤原正彦が書き継いだ力作評伝。

◇新モラエス案内―もうひとりのラフカディオ・ハーン　深沢暁著　アルファベータブックス　2015.11　278,5p　20cm　〈文献あり　年譜あり　索引あり〉　2500円　ⓘ978-4-86598-005-9　Ⓝ289.3

[内容] 1 モラエスの軌跡(モラエスの生涯　モラエスをめぐる女性たち　モラエスの文学と主要作品)　2 モラエスとハーン(二人の作家の共通点と相違点　モラエスが現代に語りかけるもの)　3 日本人文学者とモラエス(佐藤春夫とモラエス　吉井勇とモラエス　新田次郎とモラエス　司馬遼太郎とモラエス　遠藤周作とモラエス　瀬戸内寂聴とモラエス　花野富蔵とモラエス　佃實夫とモラエス)　4 モラエス新考(モラエスとハイカイ―翻訳の方法と実践　モラエス来徳日時とルートについての一考察　サウダーデとポルトガル人―バスコアイスとモラエスの事例に触れて)

＊ハーンとの比較論、日本人文学者のモラエス観など新たな視点からの探究！徳島に隠棲し、日本文化をポルトガルに紹介し続けた文学者の軌跡。

◇モラエス読本　モラエス読本編集委員会編著〔徳島〕　モラエス会　2017.7　200,9p　26cm　〈文献あり　著作目録あり　年譜あり〉　1000円　ⓘ978-4-903805-24-5　Ⓝ289.3

モーリ, A.C.P.〔1866〜1952〕　Maury, Antonia Caetana de Paiva Pereira

◇現代天文学史―天体物理学の源流と開拓者たち　小暮智一著　京都　京都大学学術出版会　2015.12　634p　22cm　〈他言語標題：History of Modern Astronomy　文献あり　年表あり　索引あり〉　4900円　ⓘ978-4-87698-882-2　Ⓝ440.12

[内容]第1部 天体分光学(「新天文学」の開幕　星の分光分類とHD星表)　第2部 星の構造と進化論(星の進化論とHR図表　熱核反応と星の進化論)　第3部 銀河天文学と宇宙論(銀河と星雲の世界　銀河系の発見　宇宙論の源流)　第4部 現代天文学へ(日本における天体物理学の黎明　現代天文学への展開)

＊初めて星の化学組成を明らかにしたロンドンのアマチュア天文家ハギンス、太陽をガス体と見なした特許調査官レーン、自作の望遠鏡で天空を探査した音楽家ハーシェル…18世紀末から19世紀中葉にかけて現代天文学の扉を開いた彼らは、いずれも学界に縁のないアマチュア天文家だった。星の位置と運動を対象とする古典天文学から天体の物理構造を探る天体物理学へ、その転換期を担った人々の生涯と研究を軸に、現代天文学の歴史をたどる。

モリス, W.〔1834〜1896〕　Morris, William

◇評伝 ウィリアム・モリス　蛭川久康著　平凡社　2016.6　547p　22cm　〈文献あり　年譜あり　索引あり〉　5800円　ⓘ978-4-582-83731-5　Ⓝ750.233

[内容]第1部「楡の館」から「赤い家」(一八三四〜五八)(ウォルサムストウとエッピングの森　オックスフォードの風景―中世とオックスフォード運動　北フランス、ゴシック大聖堂の旅〔ほか〕)　第2部「赤い家」から「ケルムスコット領主館」(一八六〇〜八二)(「赤い家」―"家というより一篇の詩だ"　モリス・マーシャル・フォークナー商会　モリス・デザインの先行者たち〔ほか〕)　第3部 ケルムスコット領主館からケルムスコット・ハウス(一八八三〜九六)(ケルムスコット領主館―"太古の安らぎを秘めたまたとない隠れ家"　彩described手稿本『詩の本』　モリスのコンフィダントとジョージアーナ・バーン＝ジョーンズ〔ほか〕)

＊ケルムスコット・プレスに代表される近代デザインの父、優れた詩人にして社会主義者。生涯を通じて美と真実とその表現を真摯に求め、絶え間ない前進を続けた輝かしい「知の多面体」ウィリアム・モリスの生涯と作品とを叙述する、本邦初の全編書き下ろし評伝。

◇ウィリアム・モリスの遺したもの―デザイン・社会主義・手しごと・文学　川端康雄著　岩波書店　2016.12　305,12p　20cm　〈他言語標題：William Morris and His Legacy　年表あり　索引あり〉　2600円　ⓘ978-4-00-022233-4　Ⓝ750.233

[内容] 1 タペストリーの詩人(「この硬い、宝石のような炎で」―モリス/ペイター/ワイルド　ファンタジー作家としてのウィリアム・モリス―『世界のはての泉』をめぐって　ウィリアム・モリスと書物芸術　ウィリアム・モリスとプリンティング　「奇妙な二人組」―ウィリアム・モリスとE・B・バックスの協働作業　タペストリーの詩人)　2 日本への波動(大槻憲二とモリス誕生百年祭　御木本隆三とラスキン文庫の日々　宮澤賢治と羅須地人協会　柳宗悦とウィリアム・モリス―我孫子時代とレッド・ハウス時代　小野二郎のウィリアム・モリス研究)　3 ヴィクトリア朝と現代―アナーキー、そして美(ヴェネツィアの石の重み―ジョン・ラスキン『ゴシックの本質』をめぐって　ヴィクトリアン・モダニズム―レイチェル・テユーコルスキー著『審美眼』を読む　「最後のラファエル前派」―フィオーナ・マッカーシーのバーン＝ジョーンズ伝を読む　モリス的ユートピアの諸変奏―フィオーナ・マッカーシー『アナーキーと美』をめぐって)

＊一九世紀、ヴィクトリア朝を代表する詩人、デザイナーであり、社会主義者でもあったウィリアム・モリス。彼の壁紙や織物のデザインは自然の成長の感覚に満ち、いまも色あせない魅力を放つ。染

色やタペストリーの「職人」としても一流だったモリスは、その本業のかたわらで韻文・散文で物語（ロマンス）を多く執筆。晩年はケルムスコット・プレスで「理想の書物」造りに打ち込んだ。英文学者であり、『ユートピアだより』などモリス作品の代表的な翻訳者でもある著者による、モリスとその時代に関する論考・エッセイを集める。多彩な活動の全貌を追いながら、一見別々な仕事に通底するモリスの思想と仕事の流儀を探り、さらに柳宗悦、宮澤賢治らモリスに影響を受けた日本の芸術家・思想家たちの軌跡をたどる一五章。

◇ウィリアム・モリス―英国の風景とともにめぐるデザインの軌跡　藤田治彦監修・章解説，織作峰子フォト・エッセイ　〔金沢〕ウィリアム・モリス出版委員会　2017.12　157p　26cm　〈他言語標題：William Morris　文献あり　年譜あり　発売：梧桐書院〉　2100円　Ⓘ978-4-340-02720-0　Ⓝ757.0233

内容 第1章 若きモリスが出会ったデザインの源泉―少年期から青年期"1834 - 1859"　第2章 田園風景とメトロポリス―レッド・ハウスからクイーン・スクエアへ"1859 - 1871"　第3章 モリスの理想の住まい―ケルムスコット・マナー"1871 - 1896"　第4章 染めと織りに魅せられて―ケルムスコット・ハウスとマートン・アビー"1878 - 1896"　第5章 書物をめぐる冒険―ケルムスコット・プレス"1891 - 1896"　第6章 アーツ・アンド・クラフツ運動とモリスの仲間たち

＊"いちご泥棒"や"兄弟うさぎ"はどこから生まれたのだろう。実際のモリス作品の色を忠実に再現した図版とともにモリスゆかりの地とその歴史を眺め、モリスデザインの軌跡を探る一冊。

モリスン, T.〔1931～〕　Morrison, Toni

◇トニ＝モリスン　吉田廸子著　新装版　清水書院　2016.4　263p　19cm（Century Books―人と思想 159）〈文献あり　年譜あり　索引あり〉　1200円　Ⓘ978-4-389-42159-5　Ⓝ930.278

内容 1 先祖の戦いと文化の誕生　2 唱う友たちの伝統　3 トニ＝モリスンの世界　4 黒人女性の生を視つめて　5 フォークロアの再生　6 記憶としての歴史　7 モリスンの批評

＊一九九三年黒人女性として初めてのノーベル文学賞を受賞したモリスンは、白人支配の下で「見えない存在」として生きたアメリカの黒人の姿を四世紀の歴史の中から掘り起こし、この人の内なる世界に声と言葉を与えた。彼女の思想を、アフリカ系アメリカ人の歴史と現在、そして文化を背景に解明する。

モリゾ, B.〔1841～1895〕　Morisot, Berthe

◇印象派という革命　木村泰司著　筑摩書房　2018.10　306p　15cm（ちくま文庫 き33-2）〈集英社 2012年刊の再刊　文献あり〉　950円　Ⓘ978-4-480-43547-7　Ⓝ723.35

内容 序章 なぜ日本人は「印象派」が好きなのか　第1章 フランス古典主義と美術アカデミー―フランス絵画の伝統はいかに作られたか？　第2章 エドゥアール・マネ―モダン・ライフを描いた生粋のパリジャン　第3章 クロード・モネ―色彩分割法を見いだした近代風景画の父　第4章 ピエール＝オーギュスト・ルノワール―見る人に夢を与え続けた肖像画の大家　第5章 エドガー・ドガ―完璧なデッサンで人の動きを瞬間的に捉えた達人　第6章 ベルト・モリゾ＆メアリー・カサット―表現の自由を求めた二人の女性画家

＊モネ、ドガ、ルノワール。日本人に人気の印象派の絵は、優しいイメージでとらえられがちです。しかし、じつは美術史に変容をもたらした革新的な芸術運動でした。作品の裏側には、近代社会の幕開けによって、人びとがはじめて味わうことになった孤独と堕落が隠されています。本書では、印象派の絵を合わせ鏡として、時代精神が近代にいかに向き合ったのかを読み解きます。図版資料100点以上収載。

モリソン, G.E.〔1862～1920〕　Morrison, George Ernest

◇G・E・モリソンと近代東アジア―東洋学の形成と東洋文庫の蔵書　東洋文庫監修, 岡本隆司編　勉誠出版　2017.9　289,4p　20cm　〈索引あり〉　2800円　Ⓘ978-4-585-22189-0　Ⓝ018.22

内容 座談会1 モリソン文庫の来歴と魅力　第1部 東アジアのなかのモリソン（モリソンとその時代　朝河貫一とモリソン　二十一ヵ条要求とモリソン）　第2部 モリソンパンフレットの世界（モリソンとパンフレット・コレクション　上海、黄浦江を掘る（一九〇七―一九一〇）―モリソンパンフレット内資料の位置づけ　アヘン問題とモリソン）　座談会2 モリソンパンフレットの世界

＊アジア地域の歴史文献95万冊を有する世界に誇る東洋学の拠点、東洋文庫。その蔵書形成の基盤には、ひとりのジャーナリストの存在があった―清末民国期という激動の時代を中国で過ごし、東アジアと世界をつないだG.E.モリソン。各地に残された資料、書籍を中心とした比類なきコレクションから、近年研究の進展を見せる貴重なパンフレット（小冊子）類を紐解くことにより、時代と共にあった彼の行動と思考を明らかにし、東洋文庫の基底に流れる思想を照射する。

モルターラ, E.〔1851～1940〕　Mortara, Edgardo

◇エドガルド・モルターラ誘拐事件―少年の数奇な運命とイタリア統一　デヴィッド・I・カーツァー著，漆原敦子訳　早川書房　2018.8　568p　20cm　〈文献あり〉　3000円　Ⓘ978-4-15-209790-3　Ⓝ198.22

内容 ドアを叩く音　教皇領のユダヤ人　信仰を守る絶望の日々　メズーサと十字架―エドガルド、ローマへ行く　求道者の家　もとの父と新しい父　教皇ピウス九世　批判された教皇　召使いの性生活〔ほか〕

＊1858年、ボローニャ。異端審問官の命令によりユダヤ人商人モモロ・モルターラの自宅を警察隊が突然訪れた。彼らの目的は、モモロの6歳の息子エドガルドを家族から引き離し、時の教皇ピウス九世のもとへ護送することだった。エドガルドはなぜ連れ去られたのか？ ユダヤ人一家の悲劇は国際世論の同情を集めついには列強が乗り出すことになる。傑作歴史ノンフィクション。ピュリッツァー賞受賞の歴史学者が知られざるドラマを描く全米図書賞最終候補作。

モレゾン, H.G.〔1926~2008〕
Molaison, Henry Gustav

◇ぼくは物覚えが悪い―健忘症患者H・Mの生涯　スザンヌ・コーキン著，鍛原多惠子訳　早川書房　2014.11　469p　20cm　2600円　①978-4-15-209501-5　Ⓝ493.73

[内容] 悲劇の序章　「明らかに実験的な手術」　ペンフィールドとミルナー　三〇秒　思い出はかくのごとく　「自分と議論する」　符号化，貯蔵，検索　覚えることのない記憶（運動スキルの学習　古典的条件づけ，知覚学習，プライミング）　ヘンリーの世界　事実の知識　上がる名声，悪化する体調　ヘンリーの遺産

＊神経科学史上最もよく研究された患者，脳科学に関心のある万人が知る患者H・Mの生涯と，彼がもたらした神経科学の成果を明かす，驚きと感動のドキュメント。

モレル, E.〔1840~1871〕　Morel, Edmund

◇エドモンド・モレル―鉄道御普請最初より　林田治男著　京都　ミネルヴァ書房　2018.8　336,6p　20cm　（ミネルヴァ日本評伝選）〈文献あり　年譜あり　索引あり〉　3500円　①978-4-623-08424-1　Ⓝ289.3

[内容] 序章　モレルとは何者か　第1章　英国時代　第2章　技師となる　第3章　鉄道と関わる　第4章　日本へ　第5章　日本在勤　第6章　貢献と動機

＊エドモンド・モレル（一八四〇~一八七一）明治初期のお雇い外国人。英国人初代技師長として鉄道建設を指揮し，日本の近代化を支えた。在職期間二〇カ月弱という短いなかで果たした功績は高く評価されている。日英の膨大な一次資料から経歴を明らかにし，「三・六軌間」（三フィート六インチ）決定の舞台裏も描く。

モロゾフ, V.F.〔1911~1999〕
Morozoff, Valentine Fedorovich

◇ドラマチック・ロシアin JAPAN　4　日露異色の群像30―文化・相互理解に尽くした人々　続　長塚英雄責任編集　生活ジャーナル　2017.12　531p　22cm　〈3の出版者：東洋書店〉　2800円　①978-4-88259-166-5　Ⓝ319.1038

[内容] レフ・メーチニコフ（1838・1888）西郷が呼んだロシアの革命家　ニコライ・ラッセル（1850・1930）子孫が伝える二〇世紀の世界人の記憶　黒野義文（？・1918）東京外国語露語科からペテルブルグ大学東洋語学部へ　小西増太郎（1861・1939）トルストイとスターリンに会った日本人―激動の昭和を生きた祖父小西増太郎　ニコライ・マトヴェーエフ（1865・1941）マトヴェーエフと戦後最初のロシア人観光団　徳富蘆花（1868・1927）日本におけるトルストイ受容の先駆者として　セルギイ・チホミーロフ（1871・1945）日本の府主教セルギイ―その悲劇の半生　内田良平（1874・1937）「黒龍会」内田良平のロシア観　瀬沼夏葉（1875・1915）瀬沼夏葉とチェーホフ作品の翻訳　相馬黒光（1875・1955）"アンビシャスガール"とロシア文化　〔ほか〕

モンク, T.S.〔1920~1982〕
Monk, Thelonious Sphere

◇セロニアス・モンク独創のジャズ物語　ロビン・ケリー著，小田中裕次訳　シンコーミュージック・エンタテイメント　2017.10　673,30p　22cm　〈索引あり〉　3700円　①978-4-401-64473-5　Ⓝ764.7

[内容] ノースカロライナ　ニューヨーク　サンファンヒル　伝道師との旅　ルビー・マイ・ディア　ミントンズ・プレイハウス　ハーレムから五二丁目へ　ラウンド・ミッドナイト　ビバップ　ブルーノート　〔ほか〕

＊ビル・エヴァンス，キース・ジャレットと並び人気の高いジャズ・ピアニスト，セロニアス・モンク。本書は，謎と伝説に包まれた独創のジャズ音楽家，セロニアス・モンクの生涯とその実像に迫った初のノンフィクションのジャズ物語！

モンクット
⇒ラーマⅣ　を見よ

モンゴメリ, L.M.〔1874~1942〕
Montgomery, Lucy Maud

◇アンが愛した聖書のことば―『赤毛のアン』を大人読み　宮葉子著　いのちのことば社フォレストブックス　2014.5　143p　18cm　〈表紙のタイトル：Words of the Bible that Anne loved　文献あり〉　1100円　①978-4-264-03135-2　Ⓝ933.7

[内容] 『赤毛のアン』の読書会始め　アン，ことばを熱愛する　扉その内側から　アンが愛した聖書のことば（主の祈り）　マリラ，新しい愛の出現　マシュウ，神の愛　ギルバート，赦しと和解の物語　牧師夫人モンゴメリという人生　村岡花子とアン　天国をこころに持つ　新しい朝　道の曲がり角

＊アンという女の子が私たちを幸せにする理由。『赤毛のアン』の新しい魅力を発見する楽しみとは…。NHK朝の連続ドラマ「花子とアン」のヒロイン，翻訳者・村岡花子の生涯も紹介。

モンショアシ〔1946~〕　Monchoachi

◇《クレオール》な詩人たち　2　恒川邦夫著　思潮社　2018.3　357p　19cm　3200円　①978-4-7837-3812-1　Ⓝ950.29

[内容] 第6章　ニコラス・ギエン―キューバ革命の"国民的詩人"　第7章　ジャック・ルーマン―現代ハイチ文学の"父"　第8章　マグロワール＝サン＝トード―ハイチの"呪われた詩人"　第9章　ルネ・ドゥペストル―稀代の"遍歴詩人"　第10章　フランケチエンヌ―"スピリリスム"の創始者　第11章　モンショアシ―マルチニックのクレオール語詩人　第12章　カリブ海の友だち―テレーズ・レオタン，アンリ・コルバン，ロジェ・パルスマン，エルネスト・ペパン

＊"革命"と"カリブ海性"を刻む詩群―クレオール文学の第一人者が，カリブ海の詩人たちを体系的かつ網羅的に紹介する決定版。さまざまな交流を手がかりに，魅惑にみちた詩群を訳出し，各詩人の生きざまを活写する。

モンタギュー, I.〔1904〜1984〕
Montagu, Ivor Goldsmid Samuel

◇ピンポン外交の陰にいたスパイ　ニコラス・グリフィン著，五十嵐加奈子訳　柏書房　2015.8　422p 図版12p 20cm 〈文献あり〉　2600円　①978-4-7601-4620-8　Ⓝ319.22053

[内容] 1 西洋（高貴な幼少時代　反骨精神 ほか）　2 東洋（卓球場の山賊　トロイのハト ほか）　3 東洋と西洋の出会い（にらみあう世界　平和の種 ほか）　4 余波（リターンマッチ　みごとなパフォーマンス ほか）

＊一九七〇年代初頭、アメリカと中国の間に劇的な宥和を生んだ「ピンポン外交」。そこには五〇年前にさかのぼる、一人の男の存在があった…イギリス名門貴族の出身にして、社会主義者、映画プロデューサーで国際卓球連盟会長、アイヴァー・モンタギューの活躍と、卓球を巧みに取り入れてゆく中国の姿を描く。中国が卓球王国となるきっかけを作ったスパイと、激動の二十世紀・年代記。

モンテスパン侯爵夫人〔1640〜1707〕
Françoise Athénaïs de Mortemart, marquise de Montespan

◇ミストレス―野望の女性史　レイ・エドゥワルド著，勝野憲昭訳　近代文藝社　2015.5　253p 19cm　2000円　①978-4-7733-7974-7　Ⓝ283

[内容] 第1章 サタンとの対話―モンテスパン侯爵夫人（一六四一〜一七〇七）　第2章 提督の遺言―エマ・ハミルトン（一七六五〜一八一五）　第3章 生への渇望―ジョルジュ・サンド（一八〇四〜一八七六）　第4章 運命の回廊―エヴァ・ブラウン（一九一二〜一九四五）　第5章 ピグマリオンのガラテア―マリオン・デーヴィス（一八九七〜一九六一）

＊群衆の中から上流社会の頂点を極めた女達。その命運を分けたものとは？そしてその先は？異彩を放つ五人のミストレスの栄光と悲惨、その生きた時代に独自のフラッシュを当てるノンフィクション・ノヴェル。

モンテーニュ, M.〔1533〜1592〕
Montaigne, Michel de

◇エマソン選集　6 代表的人間像　ラルフ・ウォルドー・エマソン著，酒本雅之訳　デジタル・オンデマンド版　日本教文社　2014.8　266,7p 21cm 〈印刷・製本：デジタル・オンデマンド出版センター　索引あり〉　2300円　①978-4-531-02636-4　Ⓝ938.68

[内容] 第1章 哲学に生きる人―プラトン　補説 あたらしいプラトン訳にせっして　第2章 神秘に生きる人―スエーデンボルグ　第3章 懐疑に生きる人―モンテーニュ　第4章 詩歌に生きる人―シェイクスピア　第5章 世俗に生きる人―ナポレオン　第6章 文学に生きる人―ゲーテ

◇モンテーニュよく生き、よく死ぬために　保苅瑞穂著　講談社　2015.9　397p 15cm　（講談社学術文庫 2322）〈「モンテーニュ私記」（筑摩書房 2003年刊）の改題〉　1200円　①978-4-06-292322-4　Ⓝ954.5

[内容] 第1部 乱世に棲む（怒りについて―人食い人種か　野蛮か　宗教戦争の渦中で　道草―新しい橋ポン＝ヌフ余聞　宗教戦争の批判―あるいは文明と野蛮）　第2部 モンテーニュはどう生きたか（ある転機について―「レーモン・スボンの弁護」をめぐって　世界、この私を映す鏡　変化の相のもとに　果樹園にて―日々が静かであるために）

＊モンテーニュの生涯をたどりながら『エセー』の重要な言葉を引用しつつ考察し、またモンテーニュの生涯に戻っていく。名文家として知られるフランス文学者が長年にわたって胸の内に秘めてきたモンテーニュへの思いを解き放ち、書き綴った名著。そのおだやかなまなざしに貫かれた筆致から、人類の偉大な遺産である巨大な書物の全容が浮かび上がる。

◇モンテーニュ　大久保康明著　新装版　清水書院　2016.7　215p 19cm　（Century Books―人と思想 169）〈文献あり　年譜あり　索引あり〉　1200円　①978-4-389-42169-4　Ⓝ950.258

[内容] 現代の読者と『エセー』　1 時代の中のモンテーニュ（ルネサンスとユマニスム　法官生活　『エセー』の執筆　イタリア旅行　ボルドー市長として　晩年―『エセー』全三巻上梓）　2 モンテーニュの思想―『エセー』を中心に（著作の意味　『エセー』における「自己」　モンテーニュの「懐疑」　自由なエセー　『エセー』における言語表現　『エセー』における連続と不連続　モンテーニュと後代）

＊ルネサンスの気風も宗教上の対立によって弱まりつつあった一六世紀後半のフランスに、地方貴族として生きた独特の著作家ミシェル・ド・モンテーニュ。彼はその唯一の著書『エセー』（『随想録』）によってわが国でも広く知られている。人間について自由な思索を展開したフランス・モラリストの系譜の始点に位置し、その特徴を鮮やかに発揮した存在として、教養人・読書人に愛好されてきた本書は、彼の生涯を時代に照らして描いた後、その示す多様な思索の相貌を整理して、『エセー』に依拠して素描する。そのようにして得られるモンテーニュ像は、今日の最新の研究とも呼応して、おそらく読者の予想を越えて明確な輪郭とともにあり、「自己」を掘り下げる豊饒な営み、人間の活動の場に立ち会う鋭利な眼差しを感じさせるであろう。透徹した主観が、自己を含む世界をどう見たのか、大きな関心をもって接してほしい。

◇あなたの人生の意味―先人に学ぶ「惜しまれる生き方」　デイヴィッド・ブルックス著，夏目大訳　早川書房　2017.1　478p 19cm　2300円　①978-4-15-209666-1　Ⓝ159

[内容] 第1章 大きな時代の変化　第2章 天職―フランシス・パーキンズ　第3章 克己―ドワイト・アイゼンハワー　第4章 闘いの人生―ドロシー・デイ　第5章 自制心―ジョージ・マーシャル　第6章 人間の品位―ランドルフとラスティン　第7章 愛―ジョージ・エリオット　第8章 神の愛―アウグスティヌス　第9章 自己省察―サミュエル・ジョンソンとモンテーニュ　第10章 大きい私

＊人間には2種類の美徳がある。「履歴書向きの美徳」と「追悼文向きの美徳」である。が、履歴書に書ける経歴と、葬儀で偲ばれる故人の人柄。生きる上ではどちらも大切だが、私たちはつい、前者ばかりを重んじて生きてはいないだろうか。ベストセラー『あなたの人生の科学』で知られる『ニューヨーク・タイムズ』のコラムニストが、アイゼン

ハワーからモンテーニュまで、さまざまな人生を歩んだ10人の生涯を通じて、現代人が忘れている内的成熟の価値と「生きる意味」を根源から問い直す。『エコノミスト』などのメディアで大きな反響を呼び、ビル・ゲイツら多くの識者が深く共鳴したベストセラー。

モントゥー, P. 〔1875〜1964〕 Monteux, Pierre

◇偉大なる指揮者たち―トスカニーニからカラヤン、小澤、ラトルへの系譜 クリスチャン・メルラン著. 神奈川夏子訳 ヤマハミュージックメディア 2014.11 389,7p 21cm 2800円 ①978-4-636-90301-0 Ⓝ762.8

内容 アルトゥーロ・トスカニーニ ウィレム・メンゲルベルク セルゲイ・クーセヴィツキー ピエール・モントゥー ブルーノ・ワルター サー・トーマス・ビーチャム レオポルド・ストコフスキー エルネスト・アンセルメ オットー・クレンペラー ヴィルヘルム・フルトヴェングラー〔ほか〕

＊指揮の特徴や楽団員からの評価、生い立ちや普段の振る舞い、家族関係など、50人のマエストロたちの素顔を描き出す。オーケストラ指揮の知られざる側面に迫った評伝集。

モンロー, J. 〔1758〜1831〕 Monroe, James

◇アメリカ歴代大統領大全 第1シリーズ〔5〕建国期のアメリカ大統領 5（ジェームズ・モンロー伝記事典 ジョン・クインジー・アダムズ伝記事典） 西川秀和著 岡山 大学教育出版 2017.5 297p 22cm 〈年譜あり 年表あり〉3600円 ①978-4-86429-174-3 Ⓝ312.8

内容 ジェームズ・モンロー（概要 出身州/生い立ち 家庭環境 学生時代 職業経験 大統領選挙戦 政権の特色と課題 副大統領/閣僚/最高裁長官 引退後の活動/後世の評価 ファースト・レディ/子ども 趣味/エピソード/宗教 演説 日本との関係） ジョン・クインジー・アダムズ

モンロー, M. 〔1926〜1962〕 Monroe, Marilyn

◇生粋―マリリン・モンロー、あるいは虐待された少女の夢 桐ケ谷まり著 鎌倉 冬花社 2016.6 204p 19cm 〈奥付の責任表示役割（誤植）：訳者 文献あり〉 1500円 ①978-4-908004-11-7 Ⓝ778.253

内容 第1章 なぜマリリン・モンローか 第2章 恋人たち 第3章 マリリンの遺産 第4章 女、そしてアーティスト 第5章 宿命

＊孤児院で、死ぬことばかりを考えていたマリリン・モンロー。わたしもおんなじだ！ 生きていれば愛にめぐりあう、と教えてくれたのはマリリン。

【ヤ】

ヤコビ, C.G.J. 〔1804〜1851〕 Jacobi, Carl Gustav Jacob

◇リーマンと代数関数論―西欧近代の数学の結節点 高瀬正仁著 東京大学出版会 2016.11 303p 22cm 〈他言語標題：Bernhard Riemann and the Theory of Algebraic Functions 文献あり 索引あり〉 4800円 ①978-4-13-061311-8 Ⓝ413.5

内容 第1章 代数関数とは何か―オイラーの関数概念とその変容（関数概念を振り返って 関数の世界と曲線の世界 ほか） 第2章 カナリアのように歌う―リーマンの「面」の発見（修業時代 ベルリンの数学者たち ほか） 第3章 楕円関数論のはじまり―楕円関数の等分と変換に関するアーベルの理論（楕円関数論の二つの起源―萌芽の発見と虚数乗法論への道 クレルレへの手紙 ほか） 第4章 アーベル関数の理論―ヤコビの逆問題の探究（「パリの論文」からアーベル関数論へ アーベル積分の等分と変換に関するヤコビとエルミートの理論） 第5章 多変数代数関数論の夢―リーマンを越えて（ガウスの『アリトメチカ研究』とヒルベルトの第12問題 岡潔の遺稿「リーマンの定理」と多変数代数関数論の夢）

＊数学の巨人たちの夢の系譜をたどる。オイラー、ガウス、アーベル、ヤコビ、ヒルベルト、岡潔、…。関数概念のはじまりから、リーマンのアーベル関数論、そして多変数代数関数論へ。論文と史実から読み解かれた数学の世界へ、精密で巧みな文章が読者を誘う。

ヤスパース, K. 〔1883〜1969〕 Jaspers, Karl

◇ヤスパース 宇都宮芳明著 新装版 清水書院 2014.9 198p 19cm 〈Century Books―人と思想 36〉〈文献あり 年表あり 索引あり〉 1000円 ①978-4-389-42036-9 Ⓝ134.9

内容 1 ヤスパースの歩んできた道（第一次世界大戦まで 第一次世界大戦から第二次世界大戦へ 戦中から戦後にかけて） 2 ヤスパースの思想（ヤスパースの哲学 ヤスパースの歴史観 人類の未来のために）

◇よき人々の系譜 阿部祐太著 阿部出版 2015.1 413p 20cm 〈文献あり〉 2000円 ①978-4-87242-326-6 Ⓝ280

内容 第1章 無限の未知を受け入れる（司馬光「誠実な者こそ正しく勇ましい」 ディドロ「学問の目的は、真理を知る喜びにある」 シュンペーター「人間的な営みの積み重ねが社会の向上をもたらす」） 第2章 語りえぬもの、見えぬものに本質がある（マティス「目に見えない真理を描く」 世阿弥「魂に沿うことで人は喜び感動する」 シュレンマー「有限な身体と無限の意識は表裏一体」） 第3章 生かされて生きていることの自覚（道元「無常の中で常なるものを知る」 ヤスパース「幸せに生きることは、幸せに死ぬこと」 ブランクーシ「無私が大いなる力を引き寄せる」） 第4章 自然と自分のつながりを再認識する（トルストイ「幸福とは自然と共にあること」 ナポレオン「人間は自然界に生かされる弱き

者である」 ヴェルヌ「科学は万能ではない」） 第5章 人生の行方は自分で決める（勝海舟「経験が自分を育てる」 サン＝テグジュペリ「真理も幸福も自分の内より創造する」 ミレー「現実はすべて崇高なり」）
＊従来の歴史観にとらわれず、新しい視点から古今東西の歴史上の著名人を再評価。時代や地域は違っていても、彼らの足跡に共通する生き方、考え方の本質を明らかにし、現代人がよりよく生きるための指針を提示する。前著『よき人々の歴史』（日本図書館協会選定図書）に続く新たな伝記の書。

ヤッフェ, D.S.〔1914〜2007〕
Jaffe, Daniel S.

◇大川周明と狂気の残影―アメリカ人従軍精神科医とアジア主義者の軌跡と邂逅 エリック・ヤッフェ著，樋口武志訳 明石書店 2015.7 350p 20cm 2600円 ⓘ978-4-7503-4219-1 Ⓝ289.1

内容 東京裁判での奇行 若き哲学者/愛国者 ライム・アヴェニューの家 天からの使命 未解決事項 昭和維新 軍精神科医になるまで 軍国解放への戦い 衰弱 無意識の意識 審判 東洋と西洋の魂
＊祖父の診断は正しかったのか？ その診断書を手に、孫が真相追及の旅に出た―。

ヤニツカ, S.J.〔1911〜2005〕
Janicki, Sarna Julia

◇ホロコーストを生き抜く―母の伝記と娘の回想 イレーナ・パウエル著，河合秀和訳 彩流社 2018.3 437,6p 22cm 〈文献あり〉 4600円 ⓘ978-4-7791-2428-0 Ⓝ289.3

内容 戦前（母の生地タルタクフを求めて 母の青春 戦争（ソ連支配の幕間劇 ナチの占領―猛攻 ナチの占領―一人打って出る 解放） 戦後（ドイツ人撤退以後のシロンスク地方 母に見守られて―子供時代の光景 目撃した歴史 父の保護の下で 旅立ち そしてその後―エピローグに代えて）
＊乳飲み子を抱えた一人の母親が「死神を騙し抜いて生き延びた」話を、ことあるごとに娘に語り続けた一母親の言葉を通して描き出された "記憶に留めるべき悲劇の時代" の証言。ホロコーストに関する多数の回想記や研究書のなかでも異色の一冊。

山川アーロン（阿倫）〔1921〜2012〕
Yamakawa, Aaron

◇日本人になったユダヤ人―「フェイラー」ブランド創業者の哲学 大江舜著 アートデイズ 2017.11 213p 19cm 〈年譜あり〉 1400円 ⓘ978-4-86119-269-2 Ⓝ289.1

内容 第1章 四つのパスポート 第2章 脱出 第3章 運命の出会い 第4章 セレンディピティ 第5章 売れなかった「ベストセラー」 第6章 国籍 第7章 ビジネス戦記 第8章 僕は僕なのだ 第9章 星に帰る
＊50歳の時、それまでの生活をすべて捨てスーツケースひとつで羽田空港に降り立った男、アーロン・メロン。彼は、その後わずか数年で、日本女性の心を虜にする「フェイラー」ブランドを創りあげ、日本人「山川阿倫」になった。何が彼を大成功に導

いたのか？ その波瀾万丈の物語！

ヤーレン, H.〔1969〜〕 Jahren, Anne Hope

◇ラボ・ガール―植物と研究を愛した女性科学者の物語 ホープ・ヤーレン著，小坂恵理訳 京都 化学同人 2017.7 387p 19cm 〈文献あり〉 2600円 ⓘ978-4-7598-1936-6 Ⓝ289.3

内容 第1部 根と葉（生い立ちとラボ "木の一生" "待ち続ける種子" ほか） 第2部 幹と節（"アメリカ南部" 愉快なクリスマス "菌との共生" ほか） 第3部 花と果実（"植物の上陸" 譲り受けた実験設備 "冬支度" ほか）
＊研究を一生の仕事にすることを志した一人の女性が、男性中心の学問の世界で、理想のラボを築きあげていく情熱的な生き様を綴ったサイエンス・メモワール。著者ヤーレンの魅力はもちろんのこと、信頼できる相棒とともに苦境を乗り越えていく、友情と信頼のエピソードが胸を打つ。人生とのアナロジーを想起させる植物の章が随所に挟まれ、文学作品のような魅力にもあふれる。

ヤン, E.〔1947〜2007〕 Yang, Edward

◇エドワード・ヤン―再考/再見 フィルムアート社編 フィルムアート社 2017.8 460,9p 21cm 〈他言語標題：Edward Yang 文献あり 作品目録あり 年譜あり〉 3000円 ⓘ978-4-8459-1641-2 Ⓝ778.2224

内容 1 Introduction―"Are You Lonesome Tonight？" 2 父の肖像―教え子たちが語るエドワード・ヤン 3 エドワード・ヤンの軌跡―全映画作品論 4 エドワード・ヤンという出来事 5 夢の時代のあとで 6 エドワード・ヤンをめぐる複数のまなざし 7 Outro―"He is our music"
＊台北から20世紀末の世界を照らした、エドワード・ヤンとその映画にわたしたちは再会する。没後10年、生誕70年のいま、貴重な関係者証言と充実の論考を一挙収録！

ヤング, A.〔1955〜〕 Young, Angus

◇AC/DC評伝―モンスターバンドを築いた兄弟たち ジェシー・フィンク著，中山美樹訳 DU BOOKS 2018.7 391p 図版16p 21cm 〈文献あり 年譜あり 索引あり〉 発売：ディスクユニオン 2800円 ⓘ978-4-86647-020-7 Ⓝ764.7

内容 ノイズ・ポリューション―AC/DCとはいったい何者なのか。関係者にやるヤング兄弟に纏わる証言の数々 Good Times―すべてはイージービーツのジョージ・ヤングの失敗から始まった Evie―マルコム＆アンガスのキャリアのスタートとスティーヴィー・ライトのこと ロング・ウェイ・トゥ・ザ・トップ―「コアラ・冷やしたラガービール・AC/DC」、グラスゴー出身の兄弟たちがオーストラリアの代名詞となるまでの道 ジェイルブレイク―アメリカ進出で葬られた名曲と『悪事と地獄』 アトランティック・レコードの過ち ロック魂―切り捨てられた男たち 突然解雇されたマーク・エヴァンスと、伝説的なロゴをデザインしたジェラルド・ウエルポのことリフ・ラフ―アルバム『パワーエイジ』による不協和音。苦労をともにしたマネージャーと偉大なる兄

ジョージとの離別　地獄のハイウェイ―完璧主義のロバート・ジョン・ランジがもたらした最高の音と、バンド最愛のボン・スコットの死　バック・イン・ブラック―過去から未来へ。ブライアン・ジョンソンの参加と、「ダイナミクス」と「間」が極められた音の創出。世紀のヒット作の舞台裏とは　狂った夜―ボン・スコットの亡霊　アルバム『バック・イン・ブラック』収録の楽曲の作詞は誰によるものなのか〔ほか〕

　＊アルバムの総売り上げ全世界で2億枚以上。40年以上、完全なる"リフ"で客を躍らせてきた、ハードロック界の覇者。そこには絶対ブレない信念と固すぎる兄弟の絆と膨大な屍(切り捨てられた人々)の山があった―。ニューヨーカー誌・クラシック・ロック誌など、多数のメディアで大絶賛！AC/DCに纏わるエピソードを網羅した名著。

ヤング, G.〔1947～2017〕　Young, George
◇AC/DC評伝―モンスターバンドを築いた兄弟たち　ジェシー・フィンク著，中山美樹訳　DU BOOKS　2018.7　391p　図版16p　21cm　〈文献あり　年譜あり　索引あり　発売：ディスクユニオン〉　2800円　①978-4-86647-020-7
　Ⓝ764.7
　内容 ノイズ・ポルーション―AC/DCとはいったい何者なのか。関係者にやるヤング兄弟に纏わる証言の数々　Good Times―すべてはイージービーツのジョージ・ヤングの失敗から始まった　Evie―マルコム＆アンガスのキャリアのスタートとスティーヴィー・ライトのこと　ロング・ウェイ・トゥ・ザ・トップ―「コアラ・冷やしたラガービール・AC/DC」、グラスゴー出身の兄弟たちがオーストラリアの代名詞となるまでの道　ジェイルブレイク―アメリカ進出で葬られた名曲と『悪事と地獄』。アトランティック・レコードの過ち　ロック魂―切り捨てられた男たち　突然解雇されたマーク・エヴァンスと、伝説的なロゴをデザインしたジェラルド・ウエルタのこと　リフ・ラフ―アルバム『パワーエイジ』による不協和音。苦労をともにしたマネージャーと偉大なる兄ジョージとの離別　地獄のハイウェイ―完璧主義のロバート・ジョン・ランジがもたらした最高の音と、バンド最愛のボン・スコットの死　バック・イン・ブラック―過去から未来へ。ブライアン・ジョンソンの参加と、「ダイナミクス」と「間」が極められた音の創出。世紀のヒット作の舞台裏とは　狂った夜―ボン・スコットの亡霊　アルバム『バック・イン・ブラック』収録の楽曲の作詞は誰によるものなのか〔ほか〕

　＊アルバムの総売り上げ全世界で2億枚以上。40年以上、完全なる"リフ"で客を躍らせてきた、ハードロック界の覇者。そこには絶対ブレない信念と固すぎる兄弟の絆と膨大な屍(切り捨てられた人々)の山があった―。ニューヨーカー誌・クラシック・ロック誌など、多数のメディアで大絶賛！AC/DCに纏わるエピソードを網羅した名著。

ヤング, M.〔1953～2017〕　Young, Malcolm
◇AC/DC評伝―モンスターバンドを築いた兄弟たち　ジェシー・フィンク著，中山美樹訳　DU BOOKS　2018.7　391p　図版16p　21cm　〈文献あり　年譜あり　索引あり　発売：ディスクユニオン〉　2800円　①978-4-86647-020-7

ヤンセン, J.〔1978～〕　Jansen, Janine
◇偉大なるヴァイオリニストたち　2　チョン・キョンファから五嶋みどり、ヒラリー・ハーンまで　ジャン＝ミシェル・モルク著，神奈川夏子訳　ヤマハミュージックメディア　2017.4　356,8p　21cm　〈文献あり〉　3400円　①978-4-636-92333-9　Ⓝ762.8
　内容 ボリス・ベルキン　チョン・キョンファ　ピンカス・ズーカーマン　オーギュスタン・デュメイ　ピエール・アモイヤル　ドミトリ・シトコヴェツキー　ナイジェル・ケネディ　シュロモ・ミンツ　ヴィクトリア・ムローヴァ　チョーリャン・リン〔ほか〕
　＊外科医でもある筆者による桁外れに鋭い考察にもとづく評伝集。使用楽器や練習法などはもちろん、デビューの裏側や生い立ち、家族関係などに迫り、素顔を描き出す。歴史的名演を収録したCD・ROM付き。

ヤンソン, T.〔1914～2001〕　Jansson, Tove
◇ムーミンの生みの親、トーベ・ヤンソン　トゥーラ・カルヤライネン著，セルボ貴子，五十嵐淳訳　河出書房新社　2014.9　372p　22cm　〈文献あり　著作目録あり〉　3800円　①978-4-309-20658-5　Ⓝ949.8
　内容 父の芸術、母の挿絵　青春と戦争　働け、そして愛せよ　ムーミンの世界　有名になるということ　世界に羽ばたくムーミン一家　でも、すてきな貝も、みせる人がいないと、さびしいわ　画家としての再

ヤンソンス

出発　子どものための子どもについての読み物　自由と色彩の発見　人生と人生について　別れの言葉
* 「働け、そして愛せよ」彫刻家の父と画家の母を持ち、世界中で愛されるムーミン一家を創った稀代の芸術家、トーベヤンソン。その知られざる側面と色鮮やかに生きた姿を丁寧に描いた決定版・評伝。

◇トーベ・ヤンソン─仕事、愛、ムーミン　ボエル・ウェスティン著，畑中麻紀，森下圭子共訳　講談社　2014.11　629p　図版16p　20cm　〈年譜あり〉　3600円　①978-4-06-219258-3　Ⓝ949.8

[内容]　誕生　家族　芸術家の卵　迷いのとき　戦争と家族　ムーミンの登場　色彩を取り戻した戦後　情熱の嵐　広がるムーミンの世界　果敢な挑戦　寒風の中の温もり　表現への渇望　島の哲学　石と物語　ムーミン谷再訪　旅する画家　言葉の時代
* ムーミンの作者、トーベ・ヤンソンの決定版評伝。トーベが遺した日記、手紙、メモなどを、生前に親交のあった研究者ボエル・ウェスティンが丹念に読み解き、ムーミンの物語、一般小説、絵画との関係にも言及しながら、その人物像に迫ってゆく。フィンランドの大自然と激動の時代背景のなかで、仕事と愛を胸に、何よりも自分に正直に生きることを貫いたトーベ。86年間の人生は、突き進む激しさと、止むことのない好奇心と、小さきものたちを慈しむ愛情にあふれていた。

ヤンソンス, M. 〔1943〜〕
Jansons, Mariss Ivars Georgs

◇偉大なる指揮者たち─トスカニーニからカラヤン、小澤、ラトルへの系譜　クリスチャン・メルラン著，神奈川夏子訳　ヤマハミュージックメディア　2014.11　389,7p　21cm　2800円　①978-4-636-90301-0　Ⓝ762.8

[内容]　アルトゥーロ・トスカニーニ　ウィレム・メンゲルベルク　セルゲイ・クーセヴィツキー　ピエール・モントゥー　ブルーノ・ワルター　サー・トーマス・ビーチャム　レオポルド・ストコフスキー　エルネスト・アンセルメ　オットー・クレンペラー　ヴィルヘルム・フルトヴェングラー〔ほか〕
* 指揮の特徴や楽団員からの評価、生い立ちや普段の振る舞い、家族関係など、50人のマエストロたちの素顔を描き出す。オーケストラ指揮者の知られざる側面に迫った評伝集。

【ユ】

ユウジェニー皇后
⇒ウジェニー・ド・モンティジョ を見よ

ユーグ・カペー〔938頃〜996〕Hugues Capet

◇王たちの最期の日々　上　パトリス・ゲニフェイ編，神田順子，谷口きみ子訳　原書房　2018.6　200p　20cm　2000円　①978-4-562-05570-8　Ⓝ288.4935

[内容]　1　一人の皇帝の死、そして伝説のはじまり─カール大帝（シャルルマーニュ）─アーヘン、八一四年　2　非力な王のまことに目立たぬ死─ユーグ・カペー─九九六年　3　きわめて政治的な死─フィリップ二世─一二二三年七月一四日　4　「われわれはエルサレムに向かう！」─チュニスで死の床にあった聖王ルイ九世の言葉─一二七〇年　5　最期まで王─シャルル五世の死─一三八〇年九月一六日　6　不人気だった国王のひかえめな死─ルイ一一世─一四八三年八月三〇日　7　フランソワ一世の模範的な死─一五四七年三月三一日　8　アンリ二世の最期─一五五九年七月一〇日　9　アンリ三世暗殺─一五八九年八月一日　10　アンリ四世の最期の日々─一六一〇年
* カール大帝からナポレオン3世にいたるまで、フランスという国をつくったおもな君主たちは、どのように死を迎えたのだろうか？　現代屈指の歴史研究者を執筆者に迎え、学術的な正確さと読みものとしての面白さを追求し、この疑問にはじめて答える。

ユークリッド
⇒エウクレイデス（アレクサンドリアの）を見よ

ユーケス, W. 〔1916〜〕Joekes, Willem

◇よい旅を　ウィレム・ユーケス著，長山さき訳　新潮社　2014.7　134p　20cm　1600円　①978-4-10-506771-7　Ⓝ949.36

[内容]　1　オランダ領東インド軍　2　日本　3　ジャワ島　4　捕えられて　5　刑務所での日々　6　女性抑留所と別れ　7　こだま
* 戦前の神戸での穏やかな暮らし。旧オランダ領東インド、日本軍刑務所での過酷な日々。戦争を生き抜いた、ある知日家オランダ人の回想録。

ユゴー, V.M. 〔1802〜1885〕Hugo, Victor Marie

◇ヴィクトル＝ユゴー　辻昶，丸岡高弘著　新装版　清水書院　2014.9　225p　19cm　(Century Books─人と思想　68)〈文献あり　年譜あり　索引あり〉　1000円　①978-4-389-42068-0　Ⓝ950.268

[内容]　1　ヴィクトル・ユゴーの生涯（砲声と軍馬の蹄の音のさなかに　王政復古と文壇への登場　栄光と挫折　クーデターに抵抗して　共和主義のシンボル）　2　ヴィクトル＝ユゴーの思想（文学の解放─ロマン主義の文学理論　社会参加の文学　政治の季節─一八四八〜五一　神秘思想と巨大な作品群）

ユスフザイ, M. 〔1997〜〕Yousafzai, Malala

◇マララ─教育のために立ち上がり、世界を変えた少女　マララ・ユスフザイ，パトリシア・マコーミック著，道傳愛子訳　岩崎書店　2014.10　289p　図版16p　20cm　〈年表あり〉　1700円　①978-4-265-86013-5　Ⓝ289.2

[内容]　第1部　タリバンがやってくる前（鳥のように自由に　夢　ほか）　第2部　渓谷をおおう影（ラジオ・ムッラー　スワート渓谷のタリバン　ほか）　第3部　声をあげはじめる（発言の機会　ある女子生徒の日記　ほか）　第4部　タリバンの標的（殺害予告　春のきざし　ほか）　第5部　新たな生活、故郷を遠く離れて（バーミンガムという町　問題と解決　ほか）

＊ノーベル平和賞受賞後最新刊！武装勢力タリバンに襲撃された少女マララと，若い読者に向けての書きおろし。小学校高学年から一般。

◇ナビラとマララ―「対テロ戦争」に巻き込まれた二人の少女　宮田律著　講談社　2017.3
170p　19cm　1200円　Ⓘ978-4-06-220484-2
Ⓝ316.4

内容　第1章 ナビラさんの来日（日本に来られなくなった理由　新聞記者のインタビューを受けて　ほか）　第2章 ナビラさんを巻き込んだ「対テロ戦争」（「アメリカ同時多発テロ」が起きるまで　アフガニスタンだけでは終わらなかった　ほか）　第3章 暴力に屈しないマララさんの活動（マララさんがねらわれた理由　女子教育をさまたげているもの　ほか）　第4章 ナビラさんが暮らす「部族地域」（パキスタンと日本のつながり～被災地への支援　パキスタンと日本のつながり～仏教と経済　ほか）　第5章 ナビラさんの入学・通学（学びたいナビラさんへの支援　ナビラさんに会いにペシャワールへ　ほか）

＊ナビラ・レフマンさんとマララ・ユースフザイさん。マララさんを襲ったのがイスラム過激派だったのに対し，ナビラさんに向けてミサイルを発射したのは，アメリカの無人機「ドローン」でした。マララさんはノーベル平和賞を受賞しましたが，ナビラさんの身に降りかかったことを知る人は，ほとんどいません。加害者の違いこそが，二人のその後の境遇を決定づけたのです。二人の少女の身の上に何が起きたのかを紹介しながら，アメリカとイスラムの関係の変遷や，パキスタンの部族地域の実態について，現代イスラム研究で知られる宮田律氏が解説します。

ユダ（イスカリオテの）〔～30/33頃〕
Judas, Iscariot

◇イスカリオテのユダ　カール・バルト著，吉永正義訳　新教出版社　2015.9（第2刷）　199p　19cm　（新教セミナーブック 40）　2200円　Ⓘ978-4-400-30241-4　Ⓝ192.8

内容　第1編 神の恵みの選び（神の恵みの選びについての正しい教説の課題　イエス・キリストの選び　教会の選び　個人の選び）　第2編 イスカリオテのユダ（使徒の一人としてのユダ，ユダの罪　ユダの役割と意義）

＊新約聖書の中で最も暗い謎の人物。なぜ彼は選ばれ，捨てられたか。バルトによる徹底的な解明。本書は，『教会教義学』第2巻「神論」の第7章「神の恵みの選び」の第35節「個人の選び」における，イスカリオテのユダの選びを論じた綿密な注記部分を分冊化したもの。巻頭にオットー・ウェーバーの解説を付す。

◇ユダとは誰か―原始キリスト教と『ユダの福音書』の中のユダ　荒井献著　講談社　2015.11　283p　15cm　（講談社学術文庫 2329）〈岩波書店 2007年刊の再刊　文献あり〉　960円　Ⓘ978-4-06-292329-3　Ⓝ192.8

内容　1 原始キリスト教とユダ（イスカリオテのユダ―名称の由来とその意味　イエスとの再会―マルコ福音書のユダ　銀貨三十枚の値打ち―マタイ福音書のユダ　裏切りと神の計画―ルカ文書のユダ　盗人にして悪魔―ヨハネ福音書のユダ）　2 使徒教父文書・新約聖書外典のユダ（正統と異端の境―使徒教父文書と新約聖書外典のユダ　十三番目のダイモーン―『ユダの福音書』読解）　3 ユダとは誰か（歴史の中のユダ）

＊キリスト教世界で「裏切り者」「密告者」の汚名を一身に受けてきたユダ。イエスへの裏切りという「負の遺産」はどう読み解くべきなのか。原始キリスト教におけるユダ像の変容を正典四福音書と『ユダの福音書』に追い，初期カトリシズムとの関係から正統的教会にとってのユダと「歴史のユダ」に迫る。イエスの十字架によっても救われない者とは誰か。

◇キリストと〈ユダ〉―四つの福音書が語ること　小野寺泉著　札幌　一麦出版社　2018.11　168p　18cm　1600円　Ⓘ978-4-86325-115-1　Ⓝ192.8

内容　第1章 福音書とは何か　第2章 イエス・キリストの弟子たち　第3章 ガリラヤ地方とユダヤ地方　第4章 使徒としてのユダ　第5章 ユダの働き　第6章 ユダとは何者か　第7章 ユダの取引　第8章 いわゆる裏切り者の「接吻」　第9章 後悔するユダ　第10章 ユダの死と彼の救いについて　第11章 結びにかえて―旅するキリストの民

＊裏切り者ユダ？　福音書は，ユダをどのように描いているのか。ユダは彼なりにイエス・キリストとその神の国運動を救おうとして奔走していたらしい…。そして，ユダは「裏切り者」とよばれ，さらに「悪魔」とよばれるようになった。イエス・キリストを救おうとしたのに，どうして裏切ったことになるのか？

ユナスカ, L.〔1982～〕　Yunaska, Lara

◇トランプ家の謎―この美女たちが世界を操る！　悟空出版編集部編　悟空出版　2017.1　93p　21cm　1100円　Ⓘ978-4-908117-30-5　Ⓝ288.3

内容　第1章 トランプ家の肖像（トランプ・ファミリー相関図　トランプ一族の歴史）　第2章 イヴァンカ美のクロニクル（世界一のパーフェクト・レディ　大統領ファミリーの最終兵器　世界を見下ろして育った少女時代　モデル・イヴァンカの実力は？　人気沸騰中のイヴァンカ・ブランド　セレブたちと華やか交遊　スーパーエリート家族の日常）　第3章 トランプ・ファミリー美女列伝（メラニア・トランプ　マーラ・メイプルズ　イヴァナ・トランプ　ヴァネッサ・トランプ　ララ・ユナスカ　ティファニー・トランプ）　第4章 大統領に愛された美女たち（ドナルド・トランプの派手女性遍歴　トランプ政権の女性たち）　第5章 トランプ父娘の錬金術（自己愛こそが『トランプ』の強み！　トランプの生家に人気が殺到　ホワイトハウスは金ピカになるのか　歴史を受け継ぐ美少女たち）

＊才色兼備イヴァンカ，玉の輿メラニア―トランプ帝国の豪華女性キャラがまるわかり！　ホワイトハウスを彩る美魔女たちの正体！

ユヌス, M.〔1940～〕　Yunus, Muhammad

◇ムハマド・ユヌス自伝　上　ムハマド・ユヌス，アラン・ジョリ著，猪熊弘子訳　早川書房　2015.9　289p　16cm　（ハヤカワ文庫 NF 444）〈1998年刊の上下2分冊〉　880円　Ⓘ978-4-15-050444-1　Ⓝ289.2

内容　第1部 はじまり（一九四〇年～一九七六年）―ジ

ョブラ村から世界銀行へ(ジョブラ村にて―教科書から実践へ　世界銀行との関係　チッタゴン、ボクシラート通り二〇番地　少年時代の情熱　アメリカ留学(一九六五年～一九七二年)　結婚とバングラデシュ独立(一九六七年～一九七一年)　チッタゴン大学時代(一九七二年～一九七六年)　三人農場での実験(一九七四年～一九七六年)　銀行経営に乗り出す(一九七六年六月))　第2部 実験階段(一九七六年～一九七八年)(男性ではなく女性に貸す理由　バルダで隠されている女性たち　グラミンの女性行員　グラミンに参加する方法　返済方法　グラミンと一般の銀行との違い　農業銀行の実験プロジェクト(一九七七年～一九七九年)　聖なるイードの日(一九七七年))

*貧しい人に無担保で少額のお金を貸し、それを元手に事業を始めさせ、経済的に自立するよう支援する「バングラデシュで始まった「マイクロクレジット」は、世界中の貧困撲滅に大きく貢献した。次世代のビジネスモデルとして、ユニクロなどの大手企業からも注目を集めている。この画期的な手法を発案し、ノーベル平和賞を受賞したユヌスとは、どのような人物なのか？ 社会を変えるために闘った男が自ら語る、真実の物語。

◇ムハマド・ユヌス自伝　下　ムハマド・ユヌス，アラン・ジョリ著，猪熊弘子訳　早川書房　2015.9　313p 16cm　〈ハヤカワ文庫 NF 445〉〈1998年刊の上下2分冊〉　880円　①978-4-15-050445-8　Ⓝ289.2

内容 第3部 創造(一九七九年～一九九〇年)(最初はゆっくり始めよう(一九七八年～一九八三年)　心の壁を打ち破る ほか)　第4部 世界への広がり(世界のマイクロクレジット組織　合衆国での展開 ほか)　第5部 哲学(経済学の発見―社会の意識が自由市場を操る　自己雇用の原点に戻る ほか)　第6部 新たなる展開(一九九〇年～一九九七年)(住宅ローン・プログラム　健康プログラム ほか)　第7部 新しい世界へ(最も貧しい人々を助ける世界　マイクロクレジット・サミット ほか)

*社会問題を解決しながら経済的リターンを得る「ソーシャル・ビジネス」によって、貧困のない世界は実現するのか？ ユヌスの地道な歩みが実を結び、小さな村で産声をあげたグラミン銀行。貧しい人向けの住宅ローンや健康保険といった新規事業を次々に立ち上げ、ヒラリー・クリントンら世界の有力者の支持も集めるまでに、大きく飛躍していく。人間が持つ能力を信じ、果敢にチャレンジし続けたユヌスの半生。

ユリアヌス〔331/332～363〕
Flavius Claudius Julianus

◇ユリアヌス―逸脱のローマ皇帝　南川高志著　山川出版社　2015.12　102p 21cm　〈世界史リブレット人 8〉〈文献あり 年譜あり〉　800円　①978-4-634-35008-3　Ⓝ289.3

内容 「背教者」ユリアヌスとローマ帝国の運命　1 コンスタンティヌス大帝のローマ帝国　2 囚われの日々　3 副帝ユリアヌス　4 ローマ皇帝ユリアヌスの誕生　5 伝統宗教の復興　6 ペルシア戦線での悲劇

*「背教者」と呼ばれるユリアヌスは、コンスタンティヌス大帝の甥として生まれながら、幼くして両親を失い、孤独で幸薄い幼少年期を生きた。そのユリアヌスが、数奇な運命によってローマ皇帝となった。本書は、文学・哲学を愛する青年だったユリアヌスが突然帝国政治の渦中に放り込まれ、逸脱を繰り返しながらも伝統宗教の復興や対外遠征などの課題に立ち向かったその姿を追いながら、後期ローマ帝国の実相を描き出そうと試みる。

◇ローマ帝国人物列伝　本村凌二著　祥伝社　2016.5　303p 18cm　〈祥伝社新書 463〉　840円　①978-4-396-11463-3　Ⓝ283.2

内容 1 建国期―建国期のローマ(ブルトゥス―共和政を樹立した初代執政官　キンキナトゥス―ワシントンが理想とした指導者 ほか)　2 成長期―成長期のローマ(アッピウス―インフラ整備など、類稀なる先見性　ファビウス―耐えがたきを耐える「ローマの盾」 ほか)　3 転換期―転換期のローマ(クラッスス―すべてを手に入れた者が欲したもの　大ポンペイウス―カエサルに敗れた大武将 ほか)　4 最盛期―最盛期のローマ(ゲルマニクス―夭逝した理想のプリンス　ネロ―気弱な犯罪者だった暴君 ほか)　5 衰亡期―衰亡期のローマ(ガリエヌス―動乱期の賢帝　ディオクレティアヌス―混乱を鎮めた軍人皇帝 ほか)

*ローマの歴史には、独裁も革命もクーデターもあり、「パクス・ロマーナ」と呼ばれた平和な時代もあった。君主政も共和政も貴族政もポピュリズムもあり、多神教も一神教もあった。まさに「歴史の実験場」であり、教訓を得るのに、これほどの素材はない。歴史を学ぶには制度や組織は無視できないが、そこに人間が存在したことを忘れてはならないだろう。本書は、一〇〇〇年を超えるローマ史を五つの時代に分け、三二人の生涯と共に追うものである。賢帝あり、愚帝あり、英雄から気丈な女性、医学者、宗教家まで。壮大な歴史叙事詩であり、歴史は人なりーを実感する一冊。

◇ユリアヌスの信仰世界―万華鏡のなかの哲人皇帝　中西恭子著　慶應義塾大学出版会　2016.10　277,88p 22cm　〈表紙のタイトル：Flavius Claudius Julianus　文献あり 索引あり〉　7500円　①978-4-7664-2382-2　Ⓝ289.3

内容 第1章 万華鏡のなかの哲人皇帝　第2章 幻影の文人共同体を求めて―単独統治期以前のユリアヌスの精神的形成　第3章 理想の潰走―ユリアヌスの宗教政策とその具現化の過程　第4章 ユリアヌスの信仰世界1―現状の認識　悪しきミュートスを語る者たち　第5章 ユリアヌスの信仰世界2―理想国家の宗教　第6章 理想化されたギリシアへの当惑―ナジアンゾスのグレゴリオスのユリアヌス批判　おわりに―万華鏡のなかの哲人皇帝、ふたたび

*ユリアヌスはなぜキリスト教に背いたのか？ やんごとなき生まれの文人が政治に出遭う時、本人さえも予想しなかったディストピアが開かれてゆく。―「背教者」として知られる古代ローマの哲人皇帝ユリアヌスの信仰世界を、緻密な史料分析によって明らかにする意欲作。

◇背教者の肖像―ローマ皇帝ユリアヌスをめぐる言説の探究　添谷育志著　京都 ナカニシヤ出版　2017.10　331p 20cm　〈索引あり〉　3000円　①978-4-7795-1186-8　Ⓝ289.3

内容 第1章 ユリアヌスに誘われて(ユリアヌスとの再会　二〇世紀ギリシアへの旅)　第2章 二〇世紀初頭の日本、そしてヨーロッパへの旅(ユリアヌスってだれ？　だれが『神々の死』を読んだのか？―メレシコフスキイという謎　反転する『死者の書』

―あるいは『死者の書』は『生＝性者の書』だったロマン主義者、ユリアヌス？　辻邦生『背教者ユリアヌス』とはなんだったのか？）　第3章 歴史を生みだすユリアヌス（歴史・物語・小説　辻『背教者ユリアヌス』とヴィダル『ユリアヌス―ある小説』との比較　ユリアヌス帝の遺産―ギボンという男、『ローマ帝国衰亡史』という書物、啓蒙という精神風土）　おわりに　「ポスト真実」の時代におけるリベラル・アイロニスト

＊"背教者"を超える「何者か」であればこそ。賛否を超え語られ続ける理由。無数に描かれたユリアヌス像の交叉の先に「リベラル・アイロニスト」という生のスタイルが浮かぶ。

◇ローマ帝政の歴史 1　ユリアヌス登場　アンミアヌス・マルケリヌス著、山沢孝至訳　京都　京都大学学術出版会　2017.10　342,30p　20cm　（西洋古典叢書 L029）〈布装　付属資料：8p：月報 130　年表あり　索引あり〉　3800円　①978-4-8140-0096-8　Ⓝ232.8
＊4世紀にも活動した、「古代ローマ最後の歴史の大家」とも称されるギリシア系歴史家がラテン語で著わした本書は、タキトゥスの後を継ぐべく、ネルウァ帝からウァレンス帝までを扱うものだったが、最初の部分が失われ、伝存するのはユリアヌス帝を中心とする同時代史のみ。本分冊では、正帝コンスタンティウス2世治下、兄ガルスの後を受けた副帝ユリアヌスの台頭が描かれる。本邦初訳。

ユリウス・カエサル
⇒カエサル、G.J. を見よ

ユング、C.G.〔1875～1961〕
Jung, Carl Gustav

◇フロイトとユング―精神分析運動とヨーロッパ知識社会　上山安敏著　岩波書店　2014.9　492,35p　15cm　（岩波現代文庫―学術 316）〈文献あり　索引あり〉　1600円　①978-4-00-600316-6　Ⓝ146.1

◇ユング　林道義著　新装版　清水書院　2015.9　218p　19cm　（Century Books―人と思想 59）〈文献あり　年譜あり　索引あり〉　1000円　①978-4-389-42059-8　Ⓝ146.15
内容　1 心はもう一つの現実　2 ユングの人となり―両面性　3 ユングとフロイト、そしてタイプ論　4 人格の危機と統合―個性化　5 自分の宗教・自分の神話　6 文明批判とナチス論　7 ユング思想の特質

◇ユング―魂の現実性　河合俊雄著　岩波書店　2015.9　314,9p　15cm　（岩波現代文庫―学術 330）〈「現代思想の冒険者たち 03」（講談社 1998年刊）の改題、加筆修正、「ユング『赤の書』以後―文庫版への補遺」を加えて再刊　文献あり　著作目録あり　年譜あり　索引あり〉　1260円　①978-4-00-600330-2　Ⓝ146.15
＊フロイト（1856―1939）から袂を分かって個人を超えた無意識を強調し、独自の心理学・心理療法の理論を打ち立て、文学・宗教・芸術などより様々な分野に影響を与えたユング（1875―1961）。ユングはなぜ心理学、錬金術、宗教など、神秘主義的ともいえる対象を取り上げたのか。そのラディカルな

思想に真正面から取り組んだ知的評伝。

◇パウリ＝ユング往復書簡集 1932-1958―物理学者と心理学者の対話　ヴォルフガング・パウリ、カール・グスタフ・ユング著、湯浅泰雄、黒木幹夫、渡辺学監修　相模原　ビイング・ネット・プレス　2018.8　411p　22cm　〈訳：太田恵ほか　文献あり　年譜あり〉　6300円　①978-4-908055-13-3　Ⓝ289.3
内容　パウリ＝ユング往復書簡 1932～1958　付録（「ヴォルフガンク・パウリ教授」と明記された未発表の論説「背景物理 Hintergrundsphysik」の現代的実例　パウリのH・R・シュヴィーツァー（プロティノスの専門家）宛二通の書簡　パウリ自身による要約　宇宙線についてのパウリの所見　共時性についてのユングの手書きで未公表の覚え書き　年譜）　解説（ユングとパウリの出会いが意味するもの―往復書簡集をめぐって　往復書簡集におけるパウリ　パウリの"背景物理"という考え方　パウリ＝ユング往復書簡集の背景と前景―両者の関係を中心にして）
＊集合的無意識、共時性に関する重要文献。ノーベル物理学賞受賞者パウリの見た夢を、心理学の巨人ユングとパウリ自身が分析。二人の書簡は、物理学と心理学の枠を越え、錬金術、超心理、UFO、易にまで及び、科学と心（魂）の接点を探る。

【ヨ】

ヨガナンダ、P.〔1893～1952〕
Yogananda, Paramahansa

◇パラマハンサ・ヨガナンダの友情と結婚　パラマハンサ・ヨガナンダ著、廣常仁慧訳　岡山　三雅　2014.3　187p　21cm　（叡知シリーズ）〈発売：星雲社〉　2000円　①978-4-434-20551-4　Ⓝ126.6
内容　第1章 友情　第2章 利己主義の愚さ　第3章 友人になる方法　第4章 霊的な結婚と家庭生活　第5章 別離と喪失　第6章 すべての友人の友人
＊友情・愛・性・結婚・子供、その背後にある霊的な絆の神秘にせまる。

ヨセフ　Joseph

◇父となる旅路―聖書の失敗例に学ぶ子育て　豊田信行著　いのちのことば社　2016.3　383p　19cm　1900円　①978-4-264-03471-1　Ⓝ191.7
内容　序章 父の生涯と死　第1章 父から子として受け入れられること―苦しみに対する根源的な救い　第2章 子として愛されなかったアブシャロムの苦悩　第3章 放蕩息子の父　第4章 ヤコブの修業時代における神の摂理―心砕かれること　第5章 ヨセフの生涯―神の摂理と赦し　第6章 モーセ　第7章 ヨブの修業時代における神の摂理―完成された修業時代　終章 理想化された父親像
＊理想的な父親でなくていい！　ダビデ、イサク、ヤコブ…信仰の英雄たちも父親としては失敗だらけ。その失敗から見えてくる父性ならではの役割とは？　幼い日に父を亡くした著者の喪失からの回復と神との和解、そして自身も父親となっていく経験を、

聖書の登場人物と重ねながら綴る。

ヨツフム, E.〔1902〜1987〕 Jochum, Eugen

◇偉大なる指揮者たち—トスカニーニからカラヤン、小澤、ラトルへの系譜　クリスチャン・メルラン著，神奈川夏子訳　ヤマハミュージックメディア　2014.11　389,7p　21cm　2800円　①978-4-636-90301-0　ⓃS762.8

内容　アルトゥーロ・トスカニーニ　ウィレム・メンゲルベルク　セルゲイ・クーセヴィツキー　ピエール・モントゥー　ブルーノ・ワルター　サー・トーマス・ビーチャム　レオポルド・ストコフスキー　エルネスト・アンセルメ　オットー・クレンペラー　ヴィルヘルム・フルトヴェングラー〔ほか〕

＊指揮の特徴や楽団員からの評価、生い立ちや普段の振る舞い、家族関係など、50人のマエストロたちの素顔を描き出す。オーケストラ指揮の知られざる側面に迫った評伝集。

ヨナス, H.〔1903〜1993〕 Jonas, Hans

◇ハンス・ヨナスを読む　戸谷洋志著　八王子　堀之内出版　2018.1　228p　19cm　1800円　①978-4-909237-34-7　Ⓝ134.9

内容　第1章 ヨナスの人生　第2章 テクノロジーについて—技術論　第3章 生命について—哲学的生命論　第4章 人間について—哲学的人間学　第5章 責任について—責任概念の構造　第6章 未来倫理について—形而上学的演繹　第7章 神について—神話の思想

＊ハイデガーの弟子であり、アーレントの親友でもあったハンス・ヨナスは、欧米では著名な哲学者でありながら、今まで日本ではあまり注目されてきませんでした。しかし、生命科学や科学技術をめぐる彼の考察は、非常に今日的なテーマとして、徐々に関心を集めつつあります。初学者にもわかりやすくまとめられた日本初となるハンス・ヨナスの入門書です。

ヨハネXXIII〔1881〜1963〕 Johannes XXIII

◇第二バチカン公会議を開いた教皇ヨハネ二十三世　青山玄著　女子パウロ会　2014.12　70p　19cm　700円　①978-4-7896-0747-6　Ⓝ198.22

内容　1 効果的な公会議を開催することのむずかしさ　2 アンジェロ・ジュゼッペ・ロンカーリ、その生い立ちと神学校生活　3 神学校教育、修道生活教育が本来目指しているもの　4 司祭としてのロンカーリの姿勢と働き　5 教皇庁に無視され続けた大司教の苦悩　6 「お人よしの教皇大使」と言われて　7 世界を驚かせたローマ教皇登位

ヨハネス・ア・ラスコ〔1499〜1560〕 Johannes à Lasco

◇ヨハネス・ア・ラスコ—1499-1560 イングランド宗教改革のポーランド人　バージル・ホール著，堀江洋文訳　札幌　一麦出版社　2016.4　107p　19cm　〈文献あり〉　2200円　①978-4-86325-095-6　Ⓝ198.386

ヨハネ・パウロII〔1920〜2005〕 Iohannes Paulus II

◇教皇ヨハネ・パウロ二世のことば—一九七九年、初めての祖国巡礼　加藤久子著　東洋書店　2014.12　79p　21cm　（ポーランド史史料叢書 4）〈他言語標題：Homilie Jana Pawła 2 文献あり〉　1500円　①978-4-86459-199-7　Ⓝ198.22

内容　第1章 アウシュヴィッツにて（ポーランド人にとってのアウシュヴィッツ　アウシュヴィッツの聖人コルベ神父　ビルケナウ強制収容所跡地で行われたミサでの説教—全訳と訳注　会場の反応　国内メディアは教皇のアウシュヴィッツ訪問をどう報じたか）　第2章 祖国に至る道のり（ポーランド人教皇の誕生　統一労働者党とカトリック教会　教皇のポーランド訪問に向けた党と教会の駆け引き　訪問の発表）　第3章 教皇を迎える国内での準備（党・政府による準備　教会による準備—クラクフ大司教区にて）　第4章 教皇ヨハネ・パウロ二世の足跡をたどる（ワルシャワ　グニェズノ　チェンストホヴァ　クラクフ）　第5章 教皇ヨハネ・パウロ二世のポーランド訪問が残したもの

◇すべては1979年から始まった—21世紀を方向づけた反逆者たち　クリスチャン・カリル著，北川知子訳　草思社　2015.1　467,19p　19cm　〈文献あり〉　2300円　①978-4-7942-2102-5　Ⓝ209.75

内容　不安の高まり　辰年　「粗野だが、歓迎すべき無秩序状態」　革命家の帝王　トーリー党の暴徒　旅する教皇ヨハネ・パウロ二世　イマーム　銃を片手に　預言者のプロレタリアート　事実に基づき真実を求める〔ほか〕

＊なぜ、「宗教」と「市場」は、ここまで台頭したのか？　宗教原理主義と市場原理主義が、圧倒的に支配する21世紀の世界を運命づけた時代の転換点と4人の反逆者—サッチャー、鄧（とう）小平、ホメイニー、ヨハネ・パウロ二世—の足跡をたどる実録・現代史！

ヨーンゾン, U.〔1934〜1984〕 Johnson, Uwe

◇廃墟のドイツ1947—「四七年グループ」銘々伝　ハンス・ヴェルナー・リヒター著，飯吉光夫訳　河出書房新社　2015.8　295p　20cm　3800円　①978-4-309-20683-7　Ⓝ940.27

内容　蝶たちの曖昧宿で—イルゼ・アイヒンガー　十三階のクリスヤーン—カール・アメリー　にぎやかな通りを行って、誰もそれに気がつかなかったら—アルフレート・アンデルシュ　グルーネ森でのサイクリング—インゲボルク・バッハマン　きみもぼく位、金が好きかい？—ハインリヒ・ベル　セルビアは死なねばならぬ—ミロ・ドール　マルクトブライトでの涙—ギュンター・アイヒ　フルヒタチョフの海水パンツを穿いて—ハンス・マグヌス・エンツェンスベルガー　誕生日祝いとしてジーモン・ダッハを—ギュンター・グラス　寝巻きのズボン—ヴォルフガング・ヒルデスハイマー　上部プファルツ人のカラカラ笑い—ヴァルター・ヘレラー　君の忠実なる側近（パラディーン）—ヴァルター・イェンス　ダンスの相手への誘い—ウーヴェ・ヨーンゾン　我々みな、いい人だった—ハンス・マイヤー　敵多きほど、功高し—マルセル・ライヒ・ラニツキ　おお

マルティン—喧嘩好きではないにしろ、喧嘩っ早いアレマン人—マルティン・ヴァルザー　マラーの太鼓—ペーター・ヴァイス
* 文学の"呼び声"をきけ。ナチス崩壊、東西分裂—廃墟と化した1947年ドイツで産声をあげ、グラス、ツェランら数々の世界的才能を輩出した「四七年グループ」とは何だったのか？　リーダーであるH・W・リヒターによる愛情あふれる回想録。困難なる戦後と、若き作家たちの情熱が生んだ奇蹟の時間。

【ラ】

ライエンデッカー, J.C.〔1874～1951〕
Leyendecker, Joseph Christian
◇アートオブJ.C.ライエンデッカー　J.C.ライエンデッカー画，ローレンス・カトラー，ジュディ・ゴフマン・カトラー著，大久保ゆう訳　マール社　2016.10　256p　25cm　〈他言語標題：The Art of J.C.LEYENDECKER　文献あり　年譜あり　索引あり〉　2900円　①978-4-8373-0644-3　Ⓝ726.5
内容　アメリカン・イラストレーションの黄金時代　ライエンデッカーの生涯　ライエンデッカー・ルック　ライエンデッカーとアメリカ写象主義者—歴史の観点から
* 「母の日には花を贈る」「赤い服に白いヒゲ、お腹の出たサンタクロース」「商品のシンボルキャラクター」…すべてライエンデッカーの発想から世に定着したものである。ライエンデッカーはたぐいまれな技術と表現力を身につけた画家/イラストレーターであると同時に、すぐれたデザイナーであり、プロデューサーでもあった。ライエンデッカーの600枚以上の原画・写真・広告・雑誌の表紙とともに、こんにちまで残されていた多くの謎を解明し、真実の姿をあぶり出す。

ライオン, A.〔1908～1987〕　Lion, Alfred
◇ブルーノート・レコード—妥協なき表現の軌跡　リチャード・ヘイヴァーズ著，行方均日本版監修，小巻靖子，荒井理子訳　ヤマハミュージックメディア　2014.11　399p　29cm　〈索引あり〉　7800円　①978-4-636-90445-1　Ⓝ764.78
内容　第1章　ジャズの街　第2章　ニューヨーク　新天地を求めて　第3章　ジャズの伝道者　第4章　男の世界　第5章　冬のライオン　第6章　時代をつなぐ　第7章　時は来た、役者は揃った
* ブルーノート・アーカイヴからの未公開資料を初公開。未使用アーティストショットやコンタクトシートも多数掲載。創設者アルフレッド・ライオンの幼少期からブルーノート創立までの歩み。創業前夜、隆盛期、冬の時代、そして再生へ。リード・マイルズによるジャケットデザインの変遷。著名アーティストからの多数のコメント。

ライコネン, K.〔1979～〕　Raikkonen, Kimi
◇知られざるキミ・ライコネン　カリ・ホタカイネン著，五十嵐淳訳監修，和泉由妃，川合遥香訳　三栄書房　2018.10　344p　22cm　〈年譜あり〉

3200円　①978-4-7796-3756-8　Ⓝ788.7
内容　無言でいられる場所　1メートルすら　果てしなく遠い2秒　さすらいの一家　水を含んだ藁のかたまり　いや、私にはわからるんだ　大きくて小さな世界　生みの親　ドライバーの誕生　堅苦しい学校〔ほか〕
* 寡黙な少年が「アイスマン」になるまで。本書は、決して裕福とは言えない家庭で育った、ひとりの人間の物語だ。彼は誰もが経験することはできない特別な職業—F1ドライバーとして頂点まで登りつめた。彼の仕事、家族、信頼関係、愛、余暇など、これまでの人生で経験したドラマティックな瞬間を綴っている。ライコネン本人に加えて、母親、兄弟、妻、信頼すべき友人、マネージャー、メカニック、さらに他のドライバーたちの声が物語に彩を添える。『知られざるキミ・ライコネン』は、激しくもあり、それでいてユーモアもあり、そして何より心を打つ一冊だ。ふだん口数の少ない人間が何を話すのか、有名なのに、実は、よく知られていない人間が何を考えているか、本書を読み終えた読者は知ることになるだろう。

ライシャワー, A.K.〔1879～1971〕
Reischauer, August Karl
◇ノーマン家とライシャワー家—日本と北米の関係構築にはたした役割　髙嶋幸世著　シーズ・プランニング　2016.12　259p　21cm　〈発売：星雲社〉　2800円　①978-4-434-22906-0　Ⓝ288.3
内容　序章　関連研究史の紹介と背景説明（問題の所在　ノーマン家とライシャワー家にまつわる研究史のまとめ　ほか）　第1章　偉大なる父たちの影響（ダニエル・ノーマンとオーガスト・ライシャワーの略伝　農民の子どもダニエル・ノーマン　ほか）　第2章　兄たちの戦いと悲劇（ハワード・ノーマンとロバート・ライシャワーの略伝　ハワード・ノーマンとロバート・ライシャワーの幼少時代　ほか）　第3章　弟たちの栄光と悲劇、そして忘却（ハーバート・ノーマンとエドウィン・ライシャワーの略伝　ハーバートとエドウィンの交友　ほか）　第4章　妻たちの人生—喜びと悲しみ（グエン・ノーマンとハル・松方・ライシャワーの略伝　グエン・ブライ・ノーマン—名士の子として、児童教育の専門家として　ほか）

ライシャワー, E.O.〔1910～1990〕
Reischauer, Edwin Oldfather
◇ノーマン家とライシャワー家—日本と北米の関係構築にはたした役割　髙嶋幸世著　シーズ・プランニング　2016.12　259p　21cm　〈発売：星雲社〉　2800円　①978-4-434-22906-0　Ⓝ288.3
内容　序章　関連研究史の紹介と背景説明（問題の所在　ノーマン家とライシャワー家にまつわる研究史のまとめ　ほか）　第1章　偉大なる父たちの影響（ダニエル・ノーマンとオーガスト・ライシャワーの略伝　農民の子どもダニエル・ノーマン　ほか）　第2章　兄たちの戦いと悲劇（ハワード・ノーマンとロバート・ライシャワーの略伝　ハワード・ノーマンとロバート・ライシャワーの幼少時代　ほか）　第3章　弟たちの栄光と悲劇、そして忘却（ハーバート・ノーマンとエドウィン・ライシャワーの略伝　ハーバートと

エドウィンの交友 ほか）　第4章 妻たちの人生―喜びと悲しみ（グエン・ノーマンとハル・松方・ライシャワーの略伝　グエン・プライ・ノーマン―名士の子として、児童教育の専門家として ほか）

ライシャワー, R.K.〔1907～1937〕Reischauer, Robert Karl

◇ノーマン家とライシャワー家―日本と北米の関係構築にはたした役割　高嶋幸世著　シーズ・プランニング　2016.12　259p　21cm　〈発売：星雲社〉　2800円　①978-4-434-22906-0　Ⓝ288.3

内容 序章 関連研究史の紹介と背景説明（問題の所在 ノーマン家とライシャワー家にまつわる研究史のまとめ ほか）　第1章 偉大なる父たちの影響（ダニエル・ノーマンとオーガスト・ライシャワーの略伝　農民の子どもダニエル・ノーマン ほか）　第2章 兄たちの戦いと悲劇（ハワード・ノーマンとロバート・ライシャワーの略伝　ハワード・ノーマンとロバート・ライシャワーの幼少時代 ほか）　第3章 弟たちの栄光と悲劇、そして忘却（ハーバート・ノーマンとライシャワーの略伝　ハーバートとエドウィンの交友 ほか）　第4章 妻たちの人生―喜びと悲しみ（グエン・ノーマンとハル・松方・ライシャワーの略伝　グエン・プライ・ノーマン―名士の子として、児童教育の専門家として ほか）

ライス, C.〔1954～〕Rice, Condoleezza

◇現代アメリカの「女性政治家」　藤本一美、濱賀祐子編著　学文社　2016.4　222p　22cm　〈索引あり〉　2500円　①978-4-7620-2648-5　Ⓝ312.8

内容 第1章 レディ・バード・ジョンソン大統領夫人　第2章 ナンシー・ペロシ連邦下院議員　第3章 コンドリーザ・ライス国務長官　第4章 ヒラリー・R.クリントン国務長官　第5章 カーラ・アンダーソン・ヒルズ米通商代表部代表　第6章 サラ・ペイリン アラスカ州知事　第7章 ケイ・A.オア ネブラスカ州知事　第8章 ジェニファー・M.グランホルム ミシガン州知事

ライト, O.〔1871～1948〕Wright, Orville

◇ライト兄弟―イノベーション・マインドの力　デヴィッド・マカルー著，秋山勝訳　草思社　2017.5　422p 図版48p　19cm　〈文献あり〉　2200円　①978-4-7942-2278-7　Ⓝ289.3

内容 第1部（始まりの物語　大空への夢　風が吹く場所　揺るぎない決意）　第2部（一九〇三年十二月十七日　ハフマン・プレーリーの空　第一級の見本　勝利のル・マン）　第3部（墜落　至福のとき　歓喜の日）

＊1903年12月17日、ノースカロライナ州キティホーク近郊のキルデビルヒルズ。ウィルバーとオーヴィルの兄弟は、12馬力のエンジンを搭載した「ライトフライヤー号」で有人動力飛行に初めて成功した。人類を地上から解き放つこの革新技術を実現させた兄弟の苦闘と家族の愛情に支えられた足跡を、膨大な量の日記や報道記事、家族との手紙などの資料を駆使して描き切った評伝、決定版。ニューヨークタイムズ・ベストセラー第1位、アマゾンThe Best Books of 2015。

ライト, W.〔1867～1912〕Wright, Wilbur

◇ライト兄弟―イノベーション・マインドの力　デヴィッド・マカルー著，秋山勝訳　草思社　2017.5　422p 図版48p　19cm　〈文献あり〉　2200円　①978-4-7942-2278-7　Ⓝ289.3

内容 第1部（始まりの物語　大空への夢　風が吹く場所　揺るぎない決意）　第2部（一九〇三年十二月十七日　ハフマン・プレーリーの空　第一級の見本　勝利のル・マン）　第3部（墜落　至福のとき　歓喜の日）

＊1903年12月17日、ノースカロライナ州キティホーク近郊のキルデビルヒルズ。ウィルバーとオーヴィルの兄弟は、12馬力のエンジンを搭載した「ライトフライヤー号」で有人動力飛行に初めて成功した。人類を地上から解き放つこの革新技術を実現させた兄弟の苦闘と家族の愛情に支えられた足跡を、膨大な量の日記や報道記事、家族との手紙などの資料を駆使して描き切った評伝、決定版。ニューヨークタイムズ・ベストセラー第1位、アマゾンThe Best Books of 2015。

ライドン, J.〔1956～〕Lydon, John

◇ジョン・ライドン新自伝―怒りはエナジー　ジョン・ライドン著，田村亜紀訳　シンコーミュージック・エンタテイメント　2016.5　607p　22cm　〈作品目録あり　索引あり〉　3300円　①978-4-401-64167-3　Ⓝ767.8

内容 お前の歩くべき道がその足元から現れんことを　生まれた意味　初めての内便所　ジョニーは何だろうと分きの中へ　俺は絶対諦めない　不吉の影を振り払え　ハンマーとノミでパンドラの箱をこじ開ける　頭がおかしくなってたって、捕まらずに済むわけじゃない　変化ほど素晴らしいものはない　ガッカリなんてしてないぜ、ハッピーだ　ジョニー・クッカー　自信がつけば未来に目が向けられるようになる　自然が俺の真の姿を明らかにしてくれた　歴史と悲嘆…それは天からの贈り物　もっと沖を目指して

＊故人だろうと容赦なし！、"クソ野郎"マルコムとの解散後にも続く確執と、ようやくその決着がついての、セックス・ピストルズ再結成～ツアーへと至る舞台裏。少年時代やPiL、タレント活動～プライベートからファッション、パンク哲学まで、あけすけに語り尽くした「検閲お断り」の俺様ジョニー、最新自伝！

ライナー, F.〔1888～1963〕Reiner, Fritz

◇偉大なる指揮者たち―トスカニーニからカラヤン、小澤、ラトルへの系譜　クリスチャン・メルラン著，神奈川夏子訳　ヤマハミュージックメディア　2014.11　389,7p　21cm　2800円　①978-4-636-90301-0　Ⓝ762.8

内容 アルトゥーロ・トスカニーニ　ウィレム・メンゲルベルク　セルゲイ・クーセヴィツキー　ピエール・モントゥー　ブルーノ・ワルター　サー・トーマス・ビーチャム　レオポルド・ストコフスキー　エルネスト・アンセルメ　オットー・クレンペラー　ヴィルヘルム・フルトヴェングラー〔ほか〕

＊指揮の特徴や楽団員からの評価、生い立ちや普段の振る舞い、家族関係など、50人のマエストロたちの素顔を描き出す。オーケストラ指揮の知られざる側面に迫った評伝集。

ライヒャルト, J.F. 〔1752〜1814〕
Reichardt, Johann Friedrich

◇ライヒャルト―ゲーテ時代の指導的音楽家　滝藤早苗著　慶應義塾大学出版会　2017.12　544,38p　22cm　〈文献あり　著作目録あり　作品目録あり　年譜あり　索引あり〉　14000円　Ⓘ978-4-7664-2489-8　Ⓝ762.34

内容　第1章　ライヒャルトの豊かな音楽生活（ライヒャルト略伝　音楽評論家としての活動）　第2章　ライヒャルトとオペラ（イタリア・オペラとフランス・オペラ　ドイツ・オペラ　北ドイツにおけるライヒャルトの作品への評価）　第3章　ライヒャルトとリート（リート作曲家としての活動　北ドイツの同時代人たちのリート観　『少年の魔法の角笛』とライヒャルト）　第4章　ライヒャルトと宗教音楽（「真の教会音楽」をめぐる問題　ライヒャルトにとっての「真の教会音楽」　ライヒャルトの与えた影響について）　第5章　ライヒャルトと器楽（器楽作曲家としての活動　ウィーン古典派との関係　ライヒャルトの音楽美学思想）

＊ある時は宮廷楽長、またある時は卓越した音楽評論家。ゲーテやホフマンにも影響を与え、北ドイツの音楽界を牽引したヨハン・フリードリヒ・ライヒャルトの活躍を描き出す労作。

ライヒ＝ラニツキ, M. 〔1920〜2013〕
Reich-Ranicki, Marcel

◇廃墟のドイツ1947―「四七年グループ」銘々伝　ハンス・ヴェルナー・リヒター著, 飯吉光夫訳　河出書房新社　2015.8　295p　20cm　3800円　Ⓘ978-4-309-20683-7　Ⓝ940.27

内容　蝶たちの曖昧宿で―イルゼ・アイヒンガー　十三階のクリスヤーン―カール・アメリー　にぎやかな通りを行って、誰もそれに気がつかなかったら―アルフレート・アンデルシュ　グルーネ森でのサイクリング―インゲボルク・バッハマン　きみもぼく位、金が好きかい？―ハインリヒ・ベル　セルビアは死なねばならぬ―ミロ・ドール　ヘルスブライトでの涙―ギュンター・アイヒ　フルシチョフの海水パンツを穿いて―ハンス・マグヌス・エンツェンスベルガー　誕生日祝いとしてジーモン・ダッハを―ギュンター・グラス　寝巻きのズボン―ヴォルフガング・ヒルデスハイマー　上部プファルツ人のカラカラ笑い―ヴァルター・ヘレラー　君の忠実なる側近（パラディーン）―ヴァルター・イェンス　ダンスの相手への誘い―ウーヴェ・ヨーンゾーン　我々はみな、いい人だった―ハンス・マイヤー　敵多きほど、功高し―マルセル・ライヒ・ラニツキ　おおマルティン―喧嘩好きではないにしろ、喧嘩一早いアレマン人―マルティン・ヴァルザー　マラーの太鼓―ペーター・ヴァイス

＊文学の"呼び声"をきけ。ナチス崩壊、東西分裂―廃墟と化した1947年ドイツで産声をあげ、グラス、ツェランら数々の世界的才能を輩出した「四七年グループ」とは何だったのか？　リーダーであるH・W・リヒターによる愛情あふれる回想録。困難なる戦後と、若き作家たちの情熱が生んだ奇蹟の時間。

ライプニッツ, G.W. 〔1646〜1716〕
Leibniz, Gottfried Wilhelm

◇ライプニッツ　酒井潔著　新装版　清水書院　2014.9　286,9p　19cm　（Century Books―人と思想 191）〈文献あり　年譜あり　索引あり〉　1000円　Ⓘ978-4-389-42191-5　Ⓝ134.1

内容　第1部　ライプニッツの生涯（幼年期・少年期（一六四六〜六一）　大学時代―ライプツィヒ、イェナ、アルトドルフ（一六六一〜六七）　マインツ選帝侯に仕える（一六六八〜七二）　パリのライプニッツ（一六七二〜七六）　ほか）　第2部　ライプニッツの思想（遺稿、研究史、ライプニッツにおける哲学思想と諸学　論理学・普遍学　宗教思想と神学　法学　ほか）

ラウ, Y.M. 〔1937〜〕
La'u, Yiśra'el Me'ir

◇深淵より　ラビ・ラウ回想録―ホロコーストから生還した少年の物語　イスラエル・メイル・ラウ著, 滝川義人訳　ミルトス　2015.6　382p　図版16p　21cm　2500円　Ⓘ978-4-89586-159-5　Ⓝ199

内容　第1部　刃物、そして火、薪（最初の記憶―蹂躙、潰滅　家族の絆　命を救った言葉　ブッヘンヴァルト―暗黒のトンネルと一条の光　解放　ほか）　第2部　雄羊の角笛（追憶　イスラエルを守る者　イスラエルの主席ラビとして　イツハク・ラビン―崩壊した懸け橋　ローマ教皇との対話　ほか）

＊ユダヤ教のカリスマ的指導者の数奇な自叙伝。

ラウシェンバーグ, R. 〔1925〜2008〕
Rauschenberg, Robert

◇越境と覇権―ロバート・ラウシェンバーグと戦後アメリカ美術の世界的台頭　池上裕子著　三元社　2015.12　347,59p　22cm　〈文献あり　索引あり〉　4600円　Ⓘ978-4-88303-389-8　Ⓝ702.53

内容　序章　「大いなる越境者」、ロバート・ラウシェンバーグ　第1章　巴里のアメリカ人―アメリカ美術の世界市場開拓　第2章　ヴェネツィアでの勝利―アメリカのスペクタクルとアレゴリー　第3章　ストックホルムでの衝突―"モノグラム"の栄光と転落　第4章　東京との対話―異文化コミュニケーションとその不全　終章　「アメリカ」を代表するアーティストへ　付録　ロバート・ラウシェンバーグの不安と内省―ダンテ『神曲』地獄篇のための三十四枚のドローイング

＊一九六四年のヴェネツィア・ビエンナーレでアメリカ人初の大賞を受賞し、世界的名声を得たロバート・ラウシェンバーグ。彼の越境性に着目し、戦後の国際美術シーンにおけるパリからニューヨークへの覇権の移行を、世界美術史の見地からつぶさに検証する。

ラカン, J. 〔1901〜1981〕　Lacan, Jacques

◇ラカン入門　向井雅明著　筑摩書房　2016.3　412p　15cm　（ちくま学芸文庫　ム7-1）〈「ラカン対ラカン」（金剛出版　1988年刊）の改題、増

補、改訂〉 1400円 ⓘ978-4-480-09676-0 Ⓝ146.1
内容 第1部 前期ラカン（鏡と時間 言語構造 欲望） 第2部 中期ラカン（精神分析の倫理 同一化と対象a 精神分析の四基本概念） 第3部 後期ラカン（ジョイスの方へ——二一世紀の精神分析）
＊ラカンを理解する最短ルートは、その理論を歴史的に辿ることだ。鏡像段階、対象a、想像界・象徴界・現実界など多種多様な概念を駆使し、壮大な理論を構築したラカン。その理論は、精神分析のあり方を刷新し、人文・社会科学全般に大きな影響を与えた。本書では、その思想を前期・中期・後期に腑分けし、関心の移り変わりや認識の深化に注目しながら、各時期の理論を丹念に比較・検討していく。なぜラカンはこれほどに多彩な概念を創造し、理論的変遷を繰り返したのか。彼が一貫して問い続けてきたこととは何だったのか。その難解な謎に挑んだ好著、『ラカン対ラカン』増補改訂版。

◇ラカン真理のパトス——一九六〇年代フランス思想と精神分析 上尾真道著 京都 人文書院 2017.3 342p 20cm 〈索引あり〉 4500円 ⓘ978-4-409-34050-9 Ⓝ146.1
内容 第1章 戦後フランスの心・政治——ラカン思想の舞台 第2章 理論の実践——アルチュセールとの距離 第3章 真理への情熱——ラカンのエピステモロジー 第4章 運命とのランデブー——ラカン、ドゥルーズ、ストア哲学 第5章 精神分析実践とマゾヒズム——教育の舞台装置 第6章 行為と言説——六八年五月の闘の上で 第7章 "科学"時代の享楽身体 結論に代えて——「すべてでない」時代に
＊1960年代政治の季節、それは精神分析にとっても画期となる時代であった。医者でもなく心理士でもない特異な存在としての精神分析家、何としてもラカンはそれを歴史のうねりの中から生み出す必要があった。起伏に満ちたその運動の軌跡を、具体的文脈に沿い同時代の視点から捉える、気鋭による白熱の論考。

◇ラカンの哲学——哲学の実践としての精神分析 荒谷大輔著 講談社 2018.3 269p 19cm （講談社選書メチエ 671） 1750円 ⓘ978-4-06-258674-0 Ⓝ146.1
内容 序 精神分析の哲学、哲学の精神分析 第1章 唯物論——意識現象の存在について：一九五三年 第2章 言語論——「叡智的世界」の理念性について：一九五三〜五六年 第3章 発生論——エディプス・コンプレックスの形成について：一九五六〜六〇年 第4章 数理論——理念的なものの構造について：一九六一〜六二年 第5章 実践論——革命について：一九六三〜七〇年 第6章 生成変化——多様な構造化の可能性について：一九七一〜八一年
＊ジャック・ラカン（一九〇一一八一年）は精神分析家だったのか？ フロイトの理論を刷新し、精神分析を創出し続けた不世出の存在であるラカン。晦渋難解で容易に人を寄せ付けないラカンは、しかし「哲学」として読むことで明確に理解できる。「唯物論」、「言語論」、「発生論」などのテーマを見出し、ラカンの全思想を年代順に通覧していく初の試み。気鋭の哲学者による前人未到の達成！

ラーキン, P. 〔1922〜1985〕 Larkin, Philip

◇フィリップ・ラーキン——愛と詩の生涯 高野正夫著 横浜 春風社 2016.2 277,10p 20cm 〈文献あり 索引あり〉 3200円 ⓘ978-4-86110-477-0 Ⓝ931.7
内容 1（人生と自己愛 交際と社会、批評と詩との関わり 結婚と妻） 2（『北航船』に見られるW・B・イェイツの影響 詩人と亡霊との関わり 「気高い生者」と「気高い死者」） 3（ラーキン没後のイギリス演劇界に見られる関心と評価 悲しい家とモニカ・ジョーンズ） 4（ナーサリーライムとの関わり モニカ・ジョーンズへの手紙に見られるピーターラビットへの愛着 「おとぎ話」と「もしも彼女が」に見られるナーサリーライムの要素）
＊「英国の最も偉大な戦後の詩人」（『タイムズ』）の想像力の源泉は何だったのか？ 2010年に公刊された『モニカへの書簡集』も参照しつつ、女性関係、ピーターラビットへの執着、W.B.イェイツからの影響など、これまでにない視点から詩人ラーキンの姿を明らかにする。

ラグランジュ, J.L. 〔1736〜1813〕 Lagrange, Joseph-Louis

◇天才数学者はこう解いた、こう生きた——方程式四千年の歴史 木村俊一［著］ 講談社 2016.4 285p 15cm （講談社学術文庫 2360）〈文献あり 索引あり〉 1000円 ⓘ978-4-06-292360-6 Ⓝ410.28
内容 プロローグ 大発見と天才伝説 第1章 古代の方程式——バビロニア、エジプト、ギリシア、アラブ世界（パピルスと粘土板の天才たち ギリシア数学の黄金時代 方程式を発明した男、アル＝フワーリズミ） 第2章 伊・仏・英「三国志」——数学のルネサンス（イタリア・ルネッサンス、ヨーロッパ数学の復活 フランスの数学革命 そのころイギリスでは） 第3章 ニュートンとラグランジュと科学革命——フランス革命まで（対称性の発見、ニュートンの奇跡 ラグランジュと代数学の基本定理） 第4章 一九世紀の伝説的天才——アーベルとガロア（悲劇のアーベル ガロア、謎の決闘に死す） エピローグ 未解決問題のフロンティア
＊万物は数であるという謎の数学教団を組織したピタゴラス、抜群の工学的センスを持つアルキメデス、三次方程式の解の公式を知っていた数学勝負師タルターリャ、フェンシングの達人デカルト…。小数、負の数、虚数、超越数…。方程式との格闘は、数のフロンティア拡大の歴史でもあったのだ。四千年の数学史を一気に駆け抜ける痛快無比の入門書！

ラグランジュ, P. 〔1962〜〕 Lagrange, Pierre

◇40兆円の男たち——神になった天才マネジャーたちの素顔と投資法 マニート・アフジャ著，長尾慎太郎監修，スペンサー倫亜訳 パンローリング 2015.3 415p 20cm （ウィザードブックシリーズ 224） 2800円 ⓘ978-4-7759-7184-0 Ⓝ338.8
内容 第1章 レイ・ダリオ——グローバルマクロの達人 第2章 ピエール・ラグランジュとティム・ウォン——人間対マシン 第3章 ジョン・ポールソン——リスクアービトラジャー 第4章 マーク・ラスリーとソニア・ガードナー——ディストレス債券の価値探求者

第5章 デビッド・テッパー―恐れを知らない先発者 第6章 ウィリアム・A.アックマン―アクティビストの答え 第7章 ダニエル・ローブ―毒舌で有名なマネジャー 第8章 ジェームズ・チェイノス―金融界の探偵 第9章 ボアズ・ワインシュタイン―デリバティブの草分け

＊ヘッジファンドのマネジャーはポジションの評価を行ったりファンドの利益を増やそうと考えるときに、どのような投資基準で判断を下し、そしてどのような戦略を使っているのか―これまで語られなかった内容を、大物のマネーマネジャーたちが自らの言葉で語っている。本書の著者であるマニート・アフジャはCNBCのヘッジファンド専門家として活躍する一方で、マーケットの達人に顔が広い。最新作である本書のなかで、その達人たちの半生を初めて公にしたという点で、本書は革新的である！本書は超一流のファンドマネジャーとの対談を収録し、謎の多いヘッジファンド業界を広く紹介している

ラクリン, J. 〔1974～〕 Rachlin, Julian

◇偉大なるヴァイオリニストたち 2 チョン・キョンファから五嶋みどり、ヒラリー・ハーンまで ジャン＝ミシェル・モルク著, 神奈川夏子訳 ヤマハミュージックメディア 2017.4 356,8p 21cm 〈文献あり〉 3400円 ⓘ978-4-636-92333-9 Ⓝ762.8

内容 ボリス・ベルキン チョン・キョンファ ピンカス・ズーカーマン オーギュスタン・デュメイ ピエール・アモイヤル ドミトリ・シトコヴェツキー ナイジェル・ケネディ シュロモ・ミンツ ヴィクトリア・ムローヴァ チョーリャン・リン〔ほか〕

＊外科医でもある筆者による桁外れに鋭い考察に基づく評伝集。使用楽器や練習法などはもちろん、デビューの裏側や生い立ち、家族関係などに迫り、素顔を描き出す。歴史的名演を収録したCD・ROM付き。

ラグレインジ, Z. 〔1970～〕 La Grange, Zelda

◇ネルソン・マンデラ私の愛した大統領―秘書が見つめた最後の19年 ゼルダ・ラグレインジ著, 長田雅子訳 明石書店 2016.9 451p 19cm 3600円 ⓘ978-4-7503-4392-1 Ⓝ289.3

内容 第1部 マディバに会うまで―1970・1994（少女時代 変化） 第2部 大統領府時代―1994・1999（ネルソン・マンデラの元で働く 大統領と旅する 大統領任期の終わり） 第3部 マンデラ財団時代―1999・2008（マンデラ財団を立ち上げる 世界の指導者たちを相手にする 忙しい引退生活の終わり） 第4部 最後の日々―2009・2013（最後まで共に 別れ また会う日まで）

＊白人の若きアフリカーナ女性と反アパルトヘイト運動の闘士、かつてはかけ離れた存在だったふたりが育んだ、信頼と愛情の物語。個人秘書として長年マンデラに仕えた者のみが知る偉人の素顔や、等身大のひとりの女性が成長していく、かけがえのない日々を印象的に綴る。

ラクロ, M. 〔1814～1911〕 Raclot, Mathilde

◇ひとすじの道―最初の来日修道女マザー・マチルドの生涯 横浜雙葉学園監修 日本カメラ社 2016.3 95p 27cm 〈年表あり〉 2000円 ⓘ978-4-8179-2154-3 Ⓝ198.22

内容 第1章 誕生からラングルの寄宿学校（シュリオヴィル ビュニエヴィル ドンレミ ラングル） 第2章 幼きイエス会の修道女マチルド（ルアン アミアン パリ セット） 第3章 アジアでの宣教活動（ペナン マラッカ シンガポール） 第4章 日本での宣教活動（横浜 東京 静岡） 第5章 晩年のマザー・マチルド

ラザファード, L.M. 〔1816～1892〕 Rutherfurd, Lewis Morris

◇現代天文学史―天体物理学の源流と開拓者たち 小暮智一著 京都 京都大学学術出版会 2015.12 634p 22cm 〈他言語標題：History of Modern Astronomy 文献あり 年表あり 索引あり〉 4900円 ⓘ978-4-87698-882-2 Ⓝ440.12

内容 第1部 天体分光学（「新天文学」の開幕 星の分光分類とHD星表） 第2部 星の構造と進化論（星の進化論とHR図表 熱核反応と星の進化論） 第3部 銀河天文学と宇宙論（銀河と星雲の世界 銀河系の発見 宇宙論の源流） 第4部 現代天文学へ（日本における天体物理学の黎明 現代天文学への展開）

＊初めて星の化学組成を明らかにしたロンドンのアマチュア天文家ハギンス、太陽をガス体と見なした特許調査官レーン、自作の望遠鏡で天空を探査した音楽家ハーシェル…18世紀末から19世紀中葉にかけて現代天文学の扉を開いた彼らは、いずれも学界に縁のないアマチュア天文家だった。星の位置と運動を対象とする古典天文学から天体の物理的構造を探る天体物理学へ、その転換期を担った人々の生涯と研究を軸に、現代天文学の歴史をたどる。

ラジニーシ, バグワン・シュリ 〔1931～1990〕 Rajneesh, Bhagwan Shree

◇OSHO・反逆の軌跡―異端の神秘家 ヴァサント・ジョシ著, 宮川義弘訳 市民出版社 2018.10 388p 21cm 2600円 ⓘ978-4-88178-260-6 Ⓝ126.9

内容 家族 青少年期：冒険の年 光明 ネオ・サニヤス：沼地に咲く蓮 シュリ・ラジニーシ・アシュラム：合流の場 沈黙の賢人 アメリカ ラジニーシプーラム シーラ、そしてラジニーシプーラムの上空に漂う暗雲 正義と民主主義の滑稽さ 国でのたたかい ワールド・ツアー 彼は戻った あなたに私の夢を託す

＊20世紀の稀有な神秘家・OSHOの生涯と活動を余すところなく弟子が綴る魂の伝記。悩み惑う日常からの脱却と、真理の探究を促す自由と覚醒の足跡。

ラーション, C. 〔1853～1919〕 Larsson, Carl

◇カール・ラーション―スウェーデンの暮らしと愛の情景 カール・ラーション画, 荒屋鋪透著 東京美術 2016.11 159p 26cm（ToBi

ラスカサス

selection〉〈他言語標題：CARL LARSSON 文献あり 著作目録あり 年譜あり〉 2600円 ⓘ978-4-8087-1068-2 Ⓝ723.3893

|内容| 1 ようこそ『わたしの家』へ―スンドボーンの画家の家（『わたしの家』―画家の美学と思想を語る一冊 『わたしの家』画集『わたしの家』出版の経緯と、ドイツでの翻訳出版 ほか） 2 線描表現への道（挿絵と壁画に同じ情熱を注いだ画家 芸術家村グレー＝シュル＝ロワン 芸術のパトロン、ポントゥス・フュシュテンベリー ほか） 3 画集と挿絵、書物の仕事（オリジナリティあふれる書物の世界 アウグスト・ストリンドベリとの仕事 『シンゴアッラ物語』 ほか）

＊スウェーデンでもっとも愛され、親しまれている19世紀の国民画家。

ラス＝カサス, B. 〔1484～1566〕
Las Casas, Bartolomé de

◇ラス＝カサス 染田秀藤著 新装版 清水書院 2016.3 229p 19cm （Century Books―人と思想 143）〈文献あり 年譜あり 索引あり〉 1200円 ⓘ978-4-389-42143-4 Ⓝ198.2236

|内容| 1 修道士となるまで 2 修道士として 3 正義の実現とインディアスの改革をめざして 4 「人類はひとつ」 5 晩年のラス＝カサス 6 「黒い伝説」

＊「インディオの使徒」とか「アメリカの父」と称えられる一方、「偏執狂」とか「売国奴」と罵られてきた一六世紀のスペイン人宣教師ラス＝カサス。世界史上、ラス＝カサスほど、その作品がいく久しく欧米の列強諸国に政治的に利用されて、正反対の極端な評価を受けてきた人物も稀有である。「人類はひとつ」という信念にもとづいて、新世界の住民のみならず、黒人や虐げられた人々の人間としての尊厳、生命と自由を守ることに半生を捧げた行動する人ラス＝カサス。ヨーロッパ中心主義的な歴史解釈の孕む独善性を指摘した一六世紀の異色の「歴史家」ラス＝カサス。波乱に富んだ彼の人生と数多くの著作は、国境なき社会の到来に直面して、異なる言語や文化を担う人々との平和共存のあり方を模索する現在、数多くのことを教示してくれることだろう。

ラスキン, J. 〔1819～1900〕 Ruskin, John

◇ジョン・ラスキンの労働者教育―「見る力」の美学 横山千晶著 横浜 慶應義塾大学教養研究センター 2018.3 113p 19cm （慶應義塾大学教養研究センター選書 18）〈文献あり 発売：慶應義塾大学出版会〉 700円 ⓘ978-4-7664-2515-4 Ⓝ366.7

|内容| はじめに―1854年10月、ロンドン 1 労働者大学の創立 2 ジョン・ラスキンと労働者大学 3 労働者大学、開校する 4 労働者大学とラスキンの関係 5 素描クラスの教授法 6 ロセッティと新たな兄弟団 7 労働者大学以後 おわりに―「描くことは生きることを変える」

ラスティン, B. 〔1912～1987〕
Rustin, Bayard

◇あなたの人生の意味―先人に学ぶ「惜しまれる生き方」 デイヴィッド・ブルックス著, 夏目大訳 早川書房 2017.1 478p 19cm 2300円 ⓘ978-4-15-209666-1 Ⓝ159

|内容| 第1章 大きな時代の変化 第2章 天職―フランシス・パーキンズ 第3章 克己―ドワイト・アイゼンハワー 第4章 闘いの人生―ドロシー・デイ 第5章 自制心―ジョージ・マーシャル 第6章 人間の品位―ランドルフ・エリオット 第7章 愛―ジョージ・エリオット 第8章 神の愛―アウグスティヌス 第9章 自己省察―サミュエル・ジョンソンとモンテーニュ 第10章 大きい私

＊人間には2種類の美徳がある。「履歴書向きの美徳」と「追悼文向きの美徳」だ。つまり、履歴書に書ける経歴と、葬儀で偲ばれる故人の人柄。生きる上ではどちらも大切だが、私たちはつい、前者ばかりを考えて生きてはいないだろうか？ ベストセラー『あなたの人生の科学』で知られる『ニューヨーク・タイムズ』のコラムニストが、アイゼンハワーからモンテーニュまで、さまざまな人生を歩んだ10人の生涯を通じて、現代人が忘れている内的成熟の価値と「生きる意味」を根源から問い直す。『エコノミスト』などのメディアで大きな反響を呼び、ビル・ゲイツら多くの識者が深く共鳴したベストセラー。

ラスネール, P.F. 〔1800～1836〕
Lacenaire, Pierre-François

◇ラスネール回想録―十九世紀フランス詩人＝犯罪者の手記 ピエール＝フランソワ・ラスネール著, 小倉孝誠, 梅澤礼訳 平凡社 2014.8 319p 16cm （平凡社ライブラリー 816）〈年譜あり〉 1500円 ⓘ978-4-582-76816-9 Ⓝ289.3

|内容| 第1章 少年時代 第2章 学校時代 第3章 放浪生活 第4章 パリでの犯罪 第5章 社会復帰の試み 第6章 詩作のとき 第7章 転落 第8章 最期の日々

＊「私は社会の災いとなることを決意した」―残酷な殺人者でありながら、知的で洗練された物腰と冷徹かつ文学的な弁舌で人々を魅了したラスネール。彼こそは、世間を相手どり、自ら言説の主体となった最初の犯罪者だった。スタンダール、ユゴー、ドストエフスキーの作品の源となり、ブルトン、カミュ、ワイルドらの関心を引いた、十九世紀フランス社会の象徴的産物にして犯罪文化の結節点たる男の獄中記。

ラスリー, M. 〔1959～〕 Lasry, Marc

◇40兆円の男たち―神になった天才マネジャーたちの素顔と投資法 マニート・アフジャ著, 長尾慎太郎監修, スペンサー倫亜訳 パンローリング 2015.3 415p 20cm （ウィザードブックシリーズ 224） 2800円 ⓘ978-4-7759-7184-0 Ⓝ338.8

|内容| 第1章 レイ・ダリオ―グローバルマクロの達人 第2章 ピエール・ラグランジュとティム・ウォン―人間対マシン 第3章 ジョン・ポールソン―リスクアービトラジャー 第4章 マーク・ラスリーとソニア・ガードナー―ディストレス債券の価値探求者 第5章 デビッド・テッパー―恐れを知らない先発者 第6章 ウィリアム・A.アックマン―アクティビストの答え 第7章 ダニエル・ローブ―毒舌で有名なマネジャー 第8章 ジェームズ・チェイノス―金融界

の探偵　第9章 ボアズ・ワインシュタイン―デリバティブの草分け
＊ヘッジファンドのマネジャーはポジションの評価を行ったりファンドの利益を増やそうと考えるときに、どのような投資基準で判断を下し、そしてどのような戦略を使っているのか―これまで語られなかった内容を、大物のマネーマネージャーたちが自らの言葉で語っている。本書の著者であるマニート・アフジャはCNBCのヘッジファンド専門家として活躍する一方で、マーケットの達人に顔が広い。最新作である本書のなかで、その達人たちの半生を初めて公にしたという点で、本書は革新的である！本書は超一流のファンドマネジャーとの対談を収録し、謎の多いヘッジファンド業界を広く紹介している

ラッシュ, P. 〔1897～1979〕 Rusch, Paul
◇キープへの道―昭和史を拓いたポール・ラッシュ　エリザベス・アン・ヘンフィル著, 松平信久, 北條鎮雄訳　立教大学出版会　2018.3　334p　22cm　〈文献あり 年表あり 索引あり　発売：丸善雄松堂〉　3800円　Ⓣ978-4-901988-34-6　Ⓝ198.42
|内容| ヨナ以来の出来事　神と国とのために Pro Deo et Patria 頼るべきもの　殺傷しない刃　八紘一宇―一つ屋根の下の世界　スミレだより　言葉という賜物　APO（陸海軍軍事郵便局）500番目　ヒゼキヤ王の時代　フロントガラスを通して　秘められた変革　聖アンデレへの貢ぎもの　フェアに来たれ　丘を目指して
＊立教大学での教授・宣教師としての働き、聖路加病院の拡充整備の支援、聖徒アンデレ同胞会（BSA）の設立と主導、日本聖公会の再建活動、キープ協会の創設と運営、大学生の英語力の育成、アメリカンフットボールの導入と普及など多岐にわたって活躍したポール・ラッシュ。関東大震災後の復興援助のために来日以来、その後の生涯の大半を日本で送り、そのエネルギーのすべてを日本のために注いだ。その活動の範囲は日本とアメリカ、カナダ、東アジア諸国など国際的な広がりを見せるものであった。本書では、ポールの歩みを様々なエピソードを交えながら多彩にまた多面にわたって描き出す。

ラッセル, B. 〔1872～1970〕 Russell, Bertrand
◇ラッセル　金子光男著　新装版　清水書院　2014.9　225p　19cm　（Century Books―人と思想 30）〈文献あり 年譜あり 索引あり〉　1000円　Ⓣ978-4-389-42030-7　Ⓝ133.5
|内容| 1 孤独から希望への人間形成（二〇世紀の巨人ラッセル　イギリス社会とラッセル家の伝統　孤独な少年時代の悩み　希望にみちた青春時代　不朽の業績への礎石を築く　ケンブリッジの講師となる）　2 世紀の思想家の理論と実践活動（第一次世界大戦と思想の転回　マルクス主義への賛否　内外ともに平穏な著作活動　ビーコン・ヒル学校のころ　アメリカでの波瀾と再来日のとき　往年の叛逆者ついに寵児となる　新分野の開拓と仕上げ　科学兵器の登場と人類の危機　世界平和運動の実践に乗り出すヒューマニストとしてのラッセル）

◇ロジ・コミックス―ラッセルとめぐる論理哲学入門　アポストロス・ドクシアディス, クリストス・パパディミトリウ作, アレコス・パパダトス, アニー・ディ・ドンナ画, 松本剛史訳, 高村夏輝監修　筑摩書房　2015.7　347p　21cm　〈文献あり〉　2700円　Ⓣ978-4-480-84306-7　Ⓝ726.1
|内容| 1 ペンブローク荘　2 魔法使いの弟子　3 遍歴時代　4 パラドクス　5 論理哲学戦争　6 不完全性
＊20世紀を代表する哲学者にして、数学者・論理学者でもあるバートランド・ラッセル。彼が自身の半生を振り返りながら、真理探究への飽くなき情熱を語り始める一。「混乱した世界を救えるのは科学だ」と信じ、数学のための論理的基礎を築くという目標に取りつかれた若き日々。フレーゲ、ヒルベルト、ゲーデルといった個性的な思想家たちとの親交、師ホワイトヘッドとの妥協なき共同執筆、エキセントリックな天才弟子ウィトゲンシュタインとの相克。世界大戦へと向かう激動の時代、偉大な天才思索者たちは真理の探究のため、狂気のぎりぎりまで、果てしない情熱をそそいでいく。波乱に満ちた群像ドラマを追いながら、現代哲学・論理学の分かりやすい入門書として読むこともできる。洗練されたデザインも美しいオールカラーのグラフィック・ノベル。世界的ベストセラー、待望の邦訳。

ラッセル, H.N. 〔1877～1957〕 Russell, Henry Norris
◇現代天文学史―天体物理学の源流と開拓者たち　小暮智一著　京都　京都大学学術出版会　2015.12　634p　22cm　〈他言語標題：History of Modern Astronomy　文献あり 年表あり 索引あり〉　4900円　Ⓣ978-4-87698-882-2　Ⓝ440.12
|内容| 第1部 天体分光学（「新天文学」の開幕　星の分光分類とHD星表）　第2部 星の構造と進化論（星の進化論とHR図表　熱核反応と星の進化論）　第3部 銀河天文学と宇宙論（銀河と星雲の世界　銀河系の発見　宇宙論の源流）　第4部 現代天文学へ（日本における天体物理学の黎明　現代天文学への展開）
＊初めて星の化学組成を明らかにしたロンドンのアマチュア天文家ハギンス、太陽をガス体と見なした特許調査官レーン、自作の望遠鏡で天空を探査した音楽家ハーシェル…18世紀末から19世紀中葉にかけて現代天文学の扉を開いた彼らは、いずれも学界に縁のないアマチュア天文家だった。星の位置と運動を対象とする古典天文学から天体物理学へ、その転換期を担った人々の生涯と研究を軸に、現代天文学の歴史をたどる。

ラッセル, N. 〔1850～1930〕 Russel, Nikolai
◇ドラマチック・ロシアin JAPAN　4 日露異色の群像30―文化・相互理解に尽くした人々　続　長塚英雄責任編集　生活ジャーナル　2017.12　531p　22cm　〈3の出版者：東洋書店〉　2800円　Ⓣ978-4-88259-166-5　Ⓝ319.1038
|内容| レフ・メーチニコフ（1838‐1888）西郷が呼んだロシアの革命家　ニコライ・ラッセル（1850‐1930）

子孫が伝える二〇世紀の世界人の記憶　黒野義文（？－1918）東京外語露語科からペテルブルグ大学東洋語学部へ　小西増太郎（1861-1939）トルストイとスターリンに会った日本人―激動の昭和を生きた祖父小西増太郎　ニコライ・マトヴェーエフ（1865-1941）マトヴェーエフと戦後最初のロシア人観光団　徳富蘆花（1868-1927）日本におけるトルストイ受容の先駆者として　セルギイ・チホミロフ（1871-1945）日本の府主教セルギイ―その悲劇の半生　内田良平（1874-1937）「黒龍会」内田良平のロシア観　瀬沼夏葉（1875-1915）瀬沼夏葉とチェーホフ作品の翻訳　相馬黒光（1875-1955）"アンビシャスガール"とロシア文化〔ほか〕

ラッフルズ, T.S.〔1781～1826〕　Raffles, Thomas Stamford

◇悪の歴史―隠されてきた「悪」に焦点をあて、真実の人間像に迫る　東アジア編下　南・東南アジア編　上田信編著　清水書院　2018.8　469p　19cm　2400円　①978-4-389-50065-8　Ⓝ204

内容　東アジア編（下）（太宗（宋））―「燭影斧声の疑」のある準関国皇帝　王安石―北宋滅亡の元凶とされる「拗相公」　徽宗―「風流天子」と専権宰相蔡京　賈似道―宋王朝の滅亡を導いたとされる「蟋蟀宰相」　フビライ（世祖）―元朝建国の英雄の光と陰（ほか）　南・東南アジア編（カニシカ―中央アジアとインドの支配者　チャンドラグプタ二世―兄の王位を簒奪し、その父を葬った帝王　ラッフルズ―住民の在地支配者への服属を強化した自由主義者　ガンディー―最晩年の挫折と孤立）

＊"悪"の心が権力をもたらすのか⁉歴史を紡いだ偉人たちの実相に迫る衝撃の書。

ラトル, S.D.〔1955～〕　Rattle, Simon Denis

◇偉大なる指揮者たち―トスカニーニからカラヤン、小澤、ラトルへの系譜　クリスチャン・メルラン著，神奈川夏子訳　ヤマハミュージックメディア　2014.11　389,7p　21cm　2800円　①978-4-636-90301-0　Ⓝ762.8

内容　アルトゥーロ・トスカニーニ　ウィレム・メンゲルベルク　セルゲイ・クーセヴィツキー　ピエール・モントゥー　ブルーノ・ワルター　サー・トーマス・ビーチャム　レオポルド・ストコフスキー　エルネスト・アンセルメ　オットー・クレンペラー　ヴィルヘルム・フルトヴェングラー〔ほか〕

＊指揮の特徴や楽団員からの評価、生い立ちや普段の振る舞い、家族関係など、50人のマエストロたちの素顔を描き出す。オーケストラ指揮者の知られざる側面に迫った評伝集。

ラーナー, K.〔1904～1984〕　Rahner, Karl

◇キリスト教の主要神学者　下　リシャール・シモンからカール・ラーナーまで　F.W.グラーフ編　教文館　2014.9　p　cm　〈索引あり〉　①978-4-7642-7384-9　Ⓝ191.028

内容　ヨハン・ゲアハルト（トーマス・カウフマン著　安酸敏眞訳）　リシャール・シモン（クリストファー・フォイクト著　安酸敏眞訳）　フィリップ・ヤコブ・シュペーナー　ヨハン・ヨアヒム・シュパルディング（アルブレヒト・ボイテル著　安酸敏眞訳）　フリードリヒ・シュライアマハー（ウルリヒ・バルト著　安酸敏眞訳）　ヨゼフ・クロイトゲン（ペーター・ヴァルター著　安酸敏眞訳）　セーレン・キルケゴール（ハイコ・シュルツ著　安酸敏眞訳）　ユリウス・ヴェルハウゼン（ミカエル・バウアー著　佐藤貴史訳）　アドルフ・フォン・ハルナック（ヨハン・ヒンリヒ・クラウセン著　安酸敏眞訳）　アルフレッド・ロワジー／クラウス・アルノルト／著　安酸敏眞／訳．エルンスト・トレルチ（フリードリヒ・ヴィルヘルム・グラーフ著　安酸敏眞訳）　ルドルフ・ブルトマン　パウル・ティリッヒ（アルフ・クリストファーセン著　佐藤貴史訳）　カール・バルト（イェルク・ディールケン著　安酸敏眞訳）　ラインホルド・ニーバー　H・リチャード・ニーバー（リチャード・クルーター著　安酸敏眞訳）　カール・ラーナー（ローマン・A・ジーベンロック著　安酸敏眞訳）

＊多彩にして曲折に富む2000年の神学史の中で、特に異彩を放つ古典的代表者を精選し、彼らの生涯・著作・影響を通して神学の争点と全体像を描き出す野心的試み。下巻では正統主義の時代から20世紀に至るまでの17名の神学者を紹介する。

ラニエリ, C.〔1951～〕　Ranieri, Claudio

◇奇跡のコーチング―クラウディオ・ラニエリ伝記　ガブリエル・マルコッティ，アルベルト・ポルヴェロージ著，田島大訳　TAC株式会社出版事業部　2016.12　322p　20cm　1800円　①978-4-8132-6800-0　Ⓝ783.47

内容　指揮官ラニエリの原点を築いた場所　冷静な戦術眼と周囲からの熱き信頼　指揮官・ラニエリの誕生　選手を信じるラニエリの対話術と交渉術　マラドーナ・ショックを払拭させたナポリ時代　アルテミオ・フランキの忘れられぬ夜　スペインでの成功と失敗　ティンカーマンはこうして生まれた　自分自身への飽くなき野望と挑戦　ラニエリが初めて監督を名乗れた日　人心掌握術とモチベーション操作　新たなる挑戦―ギリシャ代表監督　愛すべき芝生のにおいがする場所へ　優勝への布石となる構想　チームの結束を高めたピザパーティー　ヴァーディーという埋もれた才能　奇跡へのカウントダウン　高まる偉業への機運　自宅で迎えた優勝の瞬間　優勝は本当に5000分の1だったのか？

＊英ブックメーカー5000倍の奇跡！「レスター」を優勝に導いたコーチング術が明かされる。

ラハブ　Rahab

◇イエス・キリストの系図を彩る女性たち　平山澄江著　キリスト新聞社　2016.12　116p　18cm　〈聖書を学ぶ入門シリーズ〉　1000円　①978-4-87395-714-2　Ⓝ193

内容　第1章　タマル（タマルの結婚　未亡人になったタマル　ほか）　第2章　ラハブ（何かが起こりそう　偵察に来た二人の男　ほか）　第3章　ルツ（飢きんを逃れて　ルツの決意　ほか）　第4章　「ウリヤの妻」バテ・シェバ（イスラエル、王制となる　サウル王の背信　ほか）　第5章　マリヤ（祭司ザカリヤ　受胎告知　ほか）

＊本書では、イエス・キリストの系図に登場する女性について考えていきます。

ラファエロ・サンティ〔1483～1520〕
Raffaello Santi

◇ラファエロ―アテネの学堂　マルコ・カルミナーティ著，渡辺晋輔訳　西村書店東京出版編集部　2015.10　79p　27cm　（名画の秘密）〈年譜あり〉　2800円　Ⓘ978-4-89013-732-9　Ⓝ723.37

　内容 ユリウス2世とラファエロよくある「口利き」　ヴァティカン宮殿内，ラファエロの諸室　署名の間　ラファエロの傑作 "アテネの学堂"　図版："アテネの学堂"（全図）　部分解説　年譜：ラファエロの生涯とその時代

　＊ヴァティカン宮殿のフレスコ画 "アテネの学堂" には，58人もの人物が登場する。中央のプラトンとアリストテレスを囲む人々の中には，古代の重要な賢者たちが認められる。ラファエロは，思想と人類の英知の歴史を空間的（人文学によって解釈される正真正銘の "哲学の殿堂" である）に統合すると同時に，才能あふれる同時代人たちの何人かを古代の思想家の姿で表わすことによって―ラファエロ自身が含まれているのも偶然ではない―，時間的にも統合している。ともあれ，本書で語られる多様かつ緻密な仮説以上に心が動かされる発見は，この完全なる "傑作" の驚くべき特質を理解することにあるだろう。この作品は，ラファエロというルネサンス人の新たな自覚によって神話的な過去から取り戻され，見直され，具体的な形で実現された，人類の思想のきわめて "神聖" な性質の讃歌なのだ。

◇ラファエロ―作品と時代を読む　越川倫明，松浦弘明，甲斐教行，深田麻里亜著　河出書房新社　2017.12　283p　図版16p　20cm　〈他言語標題：Raffaello　文献あり　年譜あり〉　3500円　Ⓘ978-4-309-25586-6　Ⓝ723.37

　内容 序章 ラファエロ―時代と人間像　第1章 ウルビーノからフィレンツェへ―フィレンツェ時代の三大聖母子画　第2章 "署名の間" の装飾におけるイメージ・ソース―プラトンとダンテ　第3章 激烈なるラファエロ― "ヘリオドロスの追放"（一五一一年）　第4章 ローマ第一の画家として―教皇レオ一〇世時代のラファエロ　第5章 テヴェレ河畔の "愛の館" ―ヴィッラ・ファルネジーナにおける古代神話画　第6章 最後の大作― "キリストの変容"（一五一八・二〇年）

　＊ラファエロ作品の奥，さらに奥へ―。三七歳という短い生涯で，何を描き，何を伝えたかったのか。教皇，貴族らの陰謀が交錯するルネサンスという時代を読み，そこで彼がいかなる創造をなしとげたかを，代表作から分析する。

ラブクラフト, H.P.〔1890～1937〕
Lovecraft, Howard Phillips

◇H・P・ラヴクラフト―世界と人生に抗って　ミシェル・ウエルベック著，星埜守之訳　国書刊行会　2017.11　205p　20cm　〈文献あり〉　1900円　Ⓘ978-4-336-06177-5　Ⓝ930.278

　内容 第1部 もう一つの世界（儀礼としての文学）　第2部 攻撃の技術（晴れやかな自殺のように物語を始めよ　臆することなく人生に大いなる否を宣告せよ　そのとき，大伽藍の偉容が見えるだろう　そしてあなたの五感，いわく言い難い錯乱のベクトルは完全な狂気の図式を描きだすだろう　それは時間の名づけ難い構造のなかに迷い込むだろう）　第3部 ホロコースト（反伝記　ニューヨークの衝撃　人種的憎悪　わたしたちはハワード・フィリップス・ラヴクラフトから魂を生贄にするすべをいかに学ぶことができるのか　世界と人生に抗って）

　＊「クトゥルフ神話」の創造者としてカルト的人気を誇るホラー作家H.P.ラヴクラフトの生涯と作品を，熱烈な偏愛を込めて語り尽くす！

ラプスレー, M.〔1949～〕　Lapsley, Michael

◇記憶の癒し―アパルトヘイトとの闘いから世界へ　マイケル・ラプスレー著，西原廉太監修，榊原英美子，吉谷かおる訳　聖公会出版　2014.10　394p　19cm　3000円　Ⓘ978-4-88274-269-2　Ⓝ198.42

　内容 第1部 爆撃とその余波（手紙爆弾　回復 ほか）　第2部 自由の闘士（信仰篤き少年時代　南アフリカ―引き裂かれた国 ほか）　第3部 癒す者として歩み出す（南アフリカへの帰還―新しい自己の確立　歴史の呪縛を解き放つ ほか）　第4部 世界規模の宣教（ルワンダと集団殺戮　オーストラリアの盗まれた世代 ほか）

　＊著者は，聖公会の聖使修士会に属する司祭。デズモンド・ツツ大主教らとともに南アフリカのアパルトヘイト撤廃運動家として献身。そのため1990年手紙爆弾テロに遭い，両手と片方の目の視力を失った。その体験から，著者は被害者として居続けることから勝利者となるため，苦難にある人々の癒しの旅路に寄り添うことを選び取った。本書はその魂の軌跡を綴ったもの。故ネルソン・マンデラ元大統領が絶賛した話題の一冊。昨年，韓国釜山で開催されたWCC総会での著者の閉会礼拝は多くの人に感動を与え，話題の人となった。

ラフマニノフ, S.〔1873～1943〕
Rachmaninoff, Sergei

◇ラフマニノフ―生涯，作品，録音　マックス・ハリソン著，森松皓子訳　音楽之友社　2016.5　359,60p　22cm　〈文献あり　索引あり〉　4350円　Ⓘ978-4-276-22622-7　Ⓝ762.38

　内容 音楽家誕生前の情景　家族の崩壊　ズヴェーレフとモスクワ　作曲の開始　ズヴェーレフとの断絶　イヴァーノフカへ　さらなる作曲作品　卒業に向けて　『アレコ』と音楽院卒業　"フリー・アーティスト" としての最初の活躍〔ほか〕

　＊作曲家，ピアニスト，指揮者，その全貌を描くラフマニノフ大全。生涯を追いながら，ほぼ全作品を網羅。ラフマニノフ自身の録音も記録。詳細な作品索引，譜例付き。

◇ラフマニノフの想い出　A・ゴリデンヴェイゼル, M・シャギニャン他著，沓掛良彦監訳，平野恵美子，前田ひろみ訳　水声社　2017.7　403p　22cm　〈文献あり〉　4500円　Ⓘ978-4-8010-0275-3　Ⓝ762.38

　内容 S・V・ラフマニノフについての覚え書　回想録から　無題　S・V・ラフマニノフについてのラフマニノフに関する個人的回想　S・V・ラフマニノフラフマニノフについて　回想記『人生と舞台』よりラフマニノフの想い出　いかにして私はセルゲイ・

ワシリエヴィチ・ラフマニノフの肖像画を描いたか。 ラフマニノフ
 ＊ラフマニノフを親しく知る芸術家や家族、12人による回想録集。寡黙で控えめだが、冗談好きで寛大、時に自分の才能を疑い不安に苛まれる"人間"ラフマニノフの姿とその音楽を生んだ背景が、様々なエピソードから鮮やかに浮かび上がる。

ラブレ, C.〔1806～1876〕 Labouré, Catherine

◇酒井しょうこと辿る 聖母マリアに出会う旅―フランス3人の聖女を訪ねて 酒井しょうこ著 亜紀書房 2018.10 141p 21cm 〈文献あり〉 1900円 ①978-4-7505-1565-6 Ⓝ198.2235
 内容 1 パリ 聖女カタリナ・ラブレ（聖母カタリナ・ラブレの生涯 コラム 不思議のメダイ ガイド パリ 沈黙の聖女・カタリナが暮らした街 ほか） 2 ルルド・バルトレス・ヌヴェール 聖女ベルナデッタ・スビルー（聖ベルナデッタ・スビルーの生涯 コラム ロザリオの祈り コラム 聖歌（あめのきさき） ほか） 3 リジュー 聖女テレーズ マルタン（聖テレーズ・マルタンの生涯 ガイド リジュー 薔薇の聖女・テレーズが暮らした街 しょうこのおすすめ ほか）
 ＊聖女の生涯とゆかりの地を、美しい写真とともに紹介。世界有数の巡礼地ルルドをはじめ、パリ、ヌヴェール、リジューを網羅した一冊。

ラベッソン＝モリアン, F.〔1813～1900〕 Ravaisson-Mollien, Félix

◇新訳ベルクソン全集 7 思考と動くもの アンリ・ベルクソン著, 竹内信夫訳 白水社 2017.6 353,14p 20cm （付属資料：11p：月報 7） 4100円 ①978-4-560-09307-8 Ⓝ135.4
 内容 1 序論（第一部）真実性の増大 真実的なものの退行的運動 2 序論（第二部）問題の所在について 3 可能的なものと現実的なもの 4 哲学的直観 5 変化の知覚 6 形而上学入門 7 クロード・ベルナールの哲学 8 ウィリアム・ジェームズのプラグマティズムについて 9 ラヴェッソンの人生と作品
 ＊哲学者であるとともに科学者、そして文人でもある知の巨人。ベルクソンの統一的な全体像がわかる、本邦初の個人完訳。

ラボアジエ, A.L.〔1743～1794〕 Lavoisier, Antoine Laurent

◇ラヴォアジエ 中川鶴太郎著 新装版 清水書院 2016.5 232p 19cm （Century Books—人と思想 101）〈文献あり 年譜あり 索引あり〉 1200円 ①978-4-389-42101-4 Ⓝ289.3
 内容 1 なにごとにも長い伝統がある 2 青年ラヴォアジエ化学革命へのりだす 3 酸素のドラマの主役として 4 昼間は役人、夜は学者 5 大革命、そして断頭台へ 6 化学はラヴォアジエの拓いた道を進んだ
 ＊やがて近代化学の創立者となるラヴォアジエが、パリの街路照明の改良に関する懸賞論文で国王の金賞を受けたのは、二二歳の時であった。二四歳で、悪名高い徴税請負人の職と、名誉ある科学アカデミー会員の地位を同時に手に入れた彼は、豊かな財力と非凡な知力に物を言わせて「化学革命」を開始する。シュタール以来のフロジストン理論を追放し、新元素表による、物質観の歴史を変革した。フランス革命に際しては、科学者としてメートル法の制定に腐心し、また、重農派の財政家として銀行の整備、アシニャ通貨の制定にも関与した。しかし、革命の急進化により穏健な改革派のラヴォアジエを断頭台へ送る。五〇歳八か月の生涯であった。単なる「科学偉人伝」ではなく、一八世紀フランスの歴史と文化の中で生きた、人間ラヴォアジエの物語。

ラーマⅣ〔1804～1868〕 Rama Ⅳ

◇もうひとつの「王様と私」 石井米雄著 めこん 2015.1 222p 22cm 〈文献あり 索引あり〉 2500円 ①978-4-8396-0286-4 Ⓝ223.7
 内容 もうひとつの「王様と私」（産業革命の時代 若き日の「王様」 ピクとなったモンクット シャムのカトリック パルゴア伝 ほか） 解説 王様の国の内と外――九世紀中葉のシャムをめぐる「世界」（バウリング条約 「未知の砂漠」 シャムと「ラオス」 シャムとビルマ チェントゥン戦争 ほか）

◇現実主義者の選択―先哲の人生に学ぶ 松本正著 大阪 ホルス出版 2016.4 348p 19cm 〈文献あり〉 1500円 ①978-4-905516-08-8 Ⓝ280
 内容 第1部「王様と私」モンクット王―ブロードウェイのミュージカルに描かれた国王の姿は真実？（僧侶から国王へ 英仏との外交戦 「私の番が来た」） 第2部「風見鶏」初代ハリファクス侯爵―英国の政治・外交の伝統を築く（名政治家ほど忘れられる 観察眼に長けた雄弁家 名誉革命 ほか） 第3部「海軍の至宝」堀悌吉提督―山本、古賀両元帥らと平和を求めて（第1次ロンドン海軍軍縮会議 「艦隊派」、「条約派」を駆逐して真珠湾へ 歴史家）
 ＊歴史に埋もれてきた3人の先哲は、冷徹に現実を見据えて自国の進路を計算した。ミュージカル「王様と私」で世界に知られるようになったモンクット王、イングランドの名誉革命を指導した初代ハリファクス侯爵、米英との平和を希求した旧日本海軍の堀悌吉中将は、何を歴史から学ぶのかを後世の人びとに教えている。

ラーマⅨ〔1927～2016〕 Rama Ⅸ

◇タイ国王を支えた人々―プーミポン国王の行幸と映画を巡る奮闘記 櫻田智恵著 風響社 2017.12 64p 21cm （ブックレット《アジアを学ぼう》45）〈文献あり〉 800円 ①978-4-89489-794-6 Ⓝ289.2
 内容 1 プーミポン国王とは（プーミポン国王の家族と突然の即位 プーミポンの帰国セレモニーとアメリカの思惑） 2 美しき奉迎風景―その誕生（プーミポン国王の地方行幸 地方行幸はする？しない？ 急ごしらえの初行幸 行幸の「成功」とは―奉迎方法の重要視） 3 美しき奉迎風景―その定着（奉迎セレモニーの成功なるか？―史上初の東北部行幸 奉迎セレモニーの緻密な準備 奉迎経験を後世に伝えープライドをかけた北部での奉迎 奉迎のマニュアル化―繰り返され身体化される奉迎セレモニー） 4 美しき奉迎風景の美しくない舞台裏（膨れ上がる予算―行幸行の危機 泣いた警察官―忘れ去られ

た下級役人たち　膨大な随行員の管理　死者の出る会議―奉迎準備に奔走する知事代理）　5「陛下の映画」がやってくる（「陛下の映画」とは何か　「陛下の映画」は誰が撮る？　「陛下の映画」が行く　「陛下の映画」の効果とゲーオクワン）

＊陛下の宣伝部長とそのイメージ戦略。ぶっつけ本番だった初期の行幸。美しき奉迎風景は国民の敬愛を産みだし、「陛下の映画」により国王は「国の象徴」となった。

ラーマクリシュナ〔1836～1886〕
Ramakrishna

◇ラーマクリシュナ　堀内みどり著　新装版　清水書院　2016.3　261p　19cm　〈Century Books―人と思想 157〉〈文献あり　年譜あり　索引あり〉　1200円　①978-4-389-42157-1　Ⓝ126.9

内容　序章 ラーマクリシュナとその時代（ラーマクリシュナについて　ラーマクリシュナの生きた時代）　第1章 ラーマクリシュナの生涯（誕生　少年時代　カルカッタでの修行　神体験―カーリー・マー　ラーマクリシュナ、人々を導く　ヴィヴェーカーナンダとの出会い　ラーマクリシュナ、永遠の旅立ち　サーラダー・デーヴィーについて）　第2章 ラーマクリシュナの思想（インド思想とラーマクリシュナ　ラーマクリシュナの思想）

＊ラーマクリシュナはインドの聖者としてよく知られています。その豊富な神秘体験からほとばしり出たことばは、神を求める人々の心を捉えました。今や全世界に一七〇を超える拠点を持つラーマクリシュナ運動は、このラーマクリシュナの教えをその弟子ヴィヴェーカーナンダが実践した成果といえましょう。すべての宗教はただ一つの永遠の宗教の諸々の形態だとし、宗派、教派などの枠を超えてすべての人々の精神（霊性）の向上に寄与しようとしています。ですから、ラーマクリシュナや彼の教えが醸し出している「やさしさ」や「思い」は、インドの思想的伝統を基盤としながらも、時空を超えて多様な価値観の中で生きている現代の私たちに働きかけてきます。物心両面において、「前進しなさい」と常に励ましてくれるラーマクリシュナに本書でどうぞ出会ってください。

ラマヌジャン, S.〔1887～1920〕
Ramanujan Aiyangar, Srinivasa

◇無限の天才―夭逝の数学者・ラマヌジャン　ロバート・カニーゲル著, 田中靖夫訳　新装版　工作舎　2016.9　381p　22cm　〈文献あり　年譜あり　索引あり〉　5500円　①978-4-87502-476-7　Ⓝ289.2

内容　第1章 冷厳なる寺院にて 1887 - 1903　第2章 歓喜に満ちて 1903 - 1908　第3章 庇護者を求めて 1908 - 1913　第4章 ハーディ G・H・ハーディ - 1913まで　第5章「自己紹介をさせて下さい…」1913 - 1914　第6章 ラマヌジャンの春 1914 - 1916　第7章 イギリスの冷気 1916 - 1918　第8章「やや変調をきたして」1918 - 現在

＊植民地としてイギリスの統治下にあったインドの田舎町にうまれ、独学でつぎつぎに公式を発見した不世出の天才ラマヌジャン。イギリスでエリート教育をうけ、大陸の数学に遅れをとっていたイ

ギリスの純粋数学を一気に最先端レベルに引き上げたG.H.・ハーディ。生まれも育ちもまったく異にする二人の天才が、ひたすら「真理」を求めてイギリスで共同研究をはじめ、輝かしい成果をあげてゆく…

◇ラマヌジャン―その生涯と業績に想起された主題による十二の講義　G.H.ハーディ著, 髙瀬幸一訳　丸善出版　2016.9　384p　22cm　（数学クラシックス　第30巻）〈文献あり　索引あり〉　5600円　①978-4-621-06529-7　Ⓝ410

内容　インド人数学者Ramanujan　Ramanujanと素数の理論　滑らかな数　解析的数論のさらなるいくつかの問題　格子点問題　分割数に関するRamanujanの業績　超幾何級数　分割数の漸近的理論　数を平方数の和として表すこと　Ramanujanの関数T（n）　定積分　楕円およびモジュラー関数

＊本書は数学者ラマヌジャンの業績から想起された一連の評論である。著者のハーディは自身も解析的数論の大家であり、ラマヌジャンを見出し、また彼との共同研究を通じて他の誰よりもラマヌジャンをよく知っていると自他ともに認める第一人者である。

◇ラマヌジャン探検―天才数学者の奇蹟をめぐる　黒川信重著　岩波書店　2017.2　110p　19cm　（岩波科学ライブラリー 258）〈文献あり〉　1200円　①978-4-00-029658-8　Ⓝ413.5

内容　ラマヌジャンとは　素数の積とラマヌジャン　ラマヌジャン数学に接するには　ラマヌジャンと多重化　無限に魅せられたラマヌジャン　ラマヌジャン予想―100年前の衝撃　ラマヌジャンと保型性　いろいろなリーマン予想　ラマヌジャンからフェルマー予想の解決へ　ラマヌジャンと深リーマン予想　ラマヌジャンからリーマン予想へ　ラマンジャン予想と私

＊およそ100年前、インド生まれの天才数学者ラマヌジャンはわずか30年ほどの生涯に数多くの公式を発見した。ヒンズー教の女神に伝授されたと彼が信じた、奇蹟ともいえるこれら公式は、数学の未来を照らし出し、フェルマーの大定理、リーマン予想や物理学の最先端でも活かされている。ラマヌジャンの数学とその着想を存分に味わい尽くす。

◇数学をつくった天才たち　立田奨著　辰巳出版　2018.3　191p　19cm　〈「天才たちのつくった数学の世界」（綜合図書 2015年刊）の改題、加筆・再編集〉　1200円　①978-4-7778-2051-1　Ⓝ410.28

内容　1 数学の礎をつくった3人の巨匠（アルキメデス―人類史上第一級といえる科学者　アイザック・ニュートン―微分・積分学の祖　カール・フリードリヒ・ガウス―19世紀最大の数学者）　2 数学の歴史をつくった巨人たち（ベルンハルト・リーマン―未だ解かれることのない未解決問題を提唱　レオンハルト・オイラー―最高に美しい公式を作り上げた盲目の数学者　アンリ・ポアンカレ―宇宙の形の解明に一歩迫った直観タイプの数学者　ほか）　3 数学の新たな道を開拓した天才たち（アレクサンドル・グロタンディーク―スキーム論を築き新たな数論を打ち立てた21世紀最大の数学者　小平邦彦―ヘルマン・ワイルに見いだされ日本初のフィールズ賞を受賞　グレゴリー・ペレルマン―ポアンカレ予想を解決しても社会的名誉を辞退　ほか）

＊定理、公式、理論…わからなくても面白い！生きる

ラマルク, J.B. 〔1744～1829〕
Lamarck, Jean-Baptiste

◇進化論物語　垂水雄二著　バジリコ　2018.2　243p　20cm　〈文献あり〉　2000円　①978-4-86238-236-8　Ⓝ467.5

内容　序論 ダーウィンと進化論　第1章 反ダーウィンの旗印に仕立て上げられた学者―ラマルク　第2章 生物学の革新を目指した保守派の巨魁―キュヴィエ　第3章 進化論を踏み台に栄達した進歩主義者―ハクスリー　第4章 進化論を誤らせた社会学者―スペンサー　第5章 優生学への道を切り拓いた発生学者―ヘッケル　第6章 進化の総合説の仕上げ人―ドブジャンスキー　結び 進化論の現在

＊生き物はどこから来て、どこへ行くのか。人々の世界認識を変えた生物学史上の金字塔、ダーウィン進化論。ダーウィン進化論を取り巻く六人の学者たち、ラマルク、キュヴィエ、ハクスリー、スペンサー、ヘッケル、ドブジャンスキー、それぞれの栄光と挫折のドラマ。

ラム, C. 〔1775～1834〕　Lamb, Charles

◇チャールズ・ラムの演劇論―理想と現実の狭間に立って　安田蕃著　大阪　大阪教育図書　2015.5　640p　22cm　〈無言語標題は：On Charles Lamb's Theory of Drama　布装　文献あり　作品目録あり　年譜あり　年表あり　索引あり〉　7500円　①978-4-271-21037-5　Ⓝ930.268

内容　第1部 ラムの伝記を追って（初めての観劇体験について―所謂「純粋感情」を巡って　ラムとシドンズ夫人　ラムとアン・シモンズ―"Dream Children: A Reverie"を読んで　ラムとコールリッジ―"my gentle‐hearted Charle's"　「ロンドン児」について―ラムとジャーナリズム　ラムの「ホガース論」について―ヒューマニスト・ラムの片鱗）　第2部 ラムの演劇論（ラムの初期演劇批評について―彼の「リチャード三世」論を巡って　Dramatistとしてのラム―笑劇「H氏」の上演を巡って　Specimen's Notesについて―ラムの「詩劇論」への途　ラムのシェイクスピア悲劇論―所謂「上演不可能」論を巡って　ラムの「技巧的喜劇」論について―"On the Artificial Comedy of the Last Century"を読んで　チャールズ・ラムの「劇的錯覚」観について―"Stage illusion"を読んで）　第3部 ラムの俳優論（ラムとファニー・ケリー―ラムの演劇観の一面　ラムのエリストン論　ラムのマンデン論―「マンデンの演技について」を読んで）

ラモー, J.P. 〔1683～1764〕
Rameau, Jean-Philippe

◇ラモー 芸術家にして哲学者―ルソー・ダランベールとの「ブフォン論争」まで　村山則子著　作品社　2018.5　374p　22cm　〈文献あり　年譜あり　索引あり〉　4200円　①978-4-86182-687-0　Ⓝ762.35

内容　第1部 芸術家ラモー（十八世紀の音楽傾向とラモーの経歴五十歳まで　"イッポリートとアリシー"

ラモーとヴォルテールとの"サムソン"　オペラ＝コミック嚆矢としての"プラテー"　その他の舞台作品とラモーの台本作家　ほか）　第2部 哲学者ラモー（ラモーの音楽理論書　ラモーとダランベールとの論争　「ブフォン論争」　ラモーとルソーとの論争　哲学者ラモーの晩年）

＊彼の作品を契機とした世紀の論争からラモーの全貌を解明する。フランス伝統のトラジェディ・リリックとイタリア由来の新しいオペラ・ブッファ。両者の影響の下に、旋律を含めた音楽理念の基本に和声を据え、独自の世界を追求したラモー。18世紀フランス知識人を巻き込んだ「ブフォン論争」を軸にラモーの音楽と思想を解明する。

ランシエール, J. 〔1940～ 〕
Rancière, Jacques

◇平等の方法　ジャック・ランシエール著，市田良彦,上尾真道,信友建志,箱田徹訳　航思社　2014.10　389p　19cm　〈索引あり〉　3400円　①978-4-906738-08-3　Ⓝ135.5

内容　第1章 生成過程（幼年時代と青年時代　高師時代の教育　ほか）　第2章 いくつもの線（相続と特異性　反体系的体系性　ほか）　第3章 閾（脱神秘化あるいは脱構築　コンセンサスと愚鈍　ほか）　第4章 現在（可能なものの地図作成　現在の姿、「ポリス」のあり方　ほか）

＊「分け前なき者」の分け前をめぐる政治思想と、「感覚的なものの分割」をめぐる美学思想は、いかに形成され、いかに分けられたものとなるか。世界で最も注目される思想家が、みずからの思想を平易なことばで語るロング・インタビュー。

ランスキー, M. 〔1902～1983〕　Lansky, Meyer

◇ラスベガスを創った男たち　烏賀陽正弘著　論創社　2016.6　199p　19cm　〈年表あり〉　1500円　①978-4-8460-1542-8　Ⓝ253.88

内容　第1章 ラスベガスのパイオニア（フラミンゴ・ホテル 刎頸の友　ほか）　第2章 禁酒法の廃止（禁酒法の不人気　犯罪シンジケートの誕生　ほか）　第3章 ラスベガスの誕生（待望のラスベガスへ　ラスベガス小史　ほか）　第4章 フラミンゴ・ホテルの完成と悲劇（待望のホテル建設に着手　ホテルのオープンと挫折　ほか）　第5章 ますます繁栄するラスベガス（ハワード・ヒューズの登場　ヒューズの失脚　ほか）

＊カジノとマフィアの社会学。ラスベガスのパイオニアともいえるバグジー・シーゲル、彼を陰から支えていたM.ランスキー、その2人を配下に暗躍していたラッキー・ルチアーノ。旧知の仲である3人のマフィアの生涯をたどり、カジノ一大都市ラスベガスの実態に迫る！

ランズマン, C. 〔1925～2018〕
Lanzmann, Claude

◇パタゴニアの野兎―ランズマン回想録 上　クロード・ランズマン著，中原毅志訳　京都　人文書院　2016.3　316p　20cm　3200円　①978-4-409-03091-2　Ⓝ778.235

＊青年期のレジスタンス活動、ドゥルーズやサルトルの恋人だった妹の死、サルトルとの交友、ボー

ヴォワールとの同棲、ベルリン封鎖時代のドイツ、イスラエルへの旅…。多彩なエピソードと、深い哲学的考察のなかにユダヤ系フランス人としての自己を問い、その波乱に富んだ人生を赤裸々に語る。

◇パタゴニアの野兎―ランズマン回想録 下 クロード・ランズマン著，中原毅志訳 京都 人文書院 2016.4 308p 20cm 3200円 ⓘ978-4-409-03092-9 Ⓝ778.235
  *イスラエル・パレスチナ問題、アルジェリア戦争、ファノンの最期、北朝鮮女性との逢瀬、解放前の中国への旅、ポーランド政府との確執など映画『ショア』をめぐる撮影秘話…。多彩なエピソードと、深い哲学的考察のなかにユダヤ系フランス人としての自己を問い、その波乱に富んだ人生を赤裸々に語る。サルトルやボーヴォワールと共に生きた、闘う知識人ランズマンによる自伝。

ランツ, J.〔1914〜2007〕
Rantz, Joseph Harry "Joe"

◇ヒトラーのオリンピックに挑め―若者たちがボートに託した夢 上 ダニエル・ジェイムズ・ブラウン著，森内薫訳 早川書房 2016.7 366p 16cm （ハヤカワ文庫 NF 470）〈「ヒトラーのオリンピックに挑んだ若者たち」（2014年刊）の改題、二分冊〉 980円 ⓘ978-4-15-050470-0 Ⓝ785.5
  内容 第1部 彼らが通り過ぎてきた季節 一八八九年-一九三三年（すべてのはじまり。一九三三年、シアトル ジョー・ランツの幼年時代 イギリスから来たボート職人 捨てられた一五歳 初めての競技ボート） 第2部 打たれ強く 一九三四年（心はボートの中に！ 全米チャンピオン 新しいコーチ） 第3部 ほんとうに大切なこと 一九三五年（熾烈な争い スランプ）
  *1930年代、大恐慌時代のアメリカ西部。ジョー・ランツはワシントン大学に進みボート部に入る。上流階級のスポーツであるボートだが、部員の多くは労働者階級。ジョーは彼らとレギュラーの座を争い練習漬けの毎日を送る。部員たちの最終目標はベルリン五輪。それはナチス政権下で行なわれようとしていた―"ニューヨーク・タイムズ"No.1ベストセラーに輝く真実の物語。

◇ヒトラーのオリンピックに挑め―若者たちがボートに託した夢 下 ダニエル・ジェイムズ・ブラウン著，森内薫訳 早川書房 2016.7 364p 16cm （ハヤカワ文庫 NF 471）〈「ヒトラーのオリンピックに挑んだ若者たち」（2014年刊）の改題、二分冊〉 980円 ⓘ978-4-15-050471-7 Ⓝ785.5
  内容 第3部 ほんとうに大切なこと 一九三五年（承前）（グランドクーリーダムにて ドイツの変化） 第4部 神の域から 一九三六年（悲願の仲間入り 逆転 アメリカ代表クルー 巨大な幻影 ベルリン・オリンピック開会式 窮地 ゴールライン 九人の栄光）
  *ジョー・ランツら9人のクルーはスランプにおちいっていた。皆の心はバラバラ、オールの運びは乱れていた。鬼コーチは厳しい特訓を課し、ボート職人は仲間の大切さを説く。心をひとつにした彼らは並みいる強豪を抑え全米代表に選ばれる。ベルリンではヒトラーが威信をかけ五輪の準備を進め

ていた。決戦の地でジョーたちを待ち受けていたのは…全米220万部を突破したスポーツ・ノンフィクションの傑作。

ランドルフ, A.P.〔1889〜1979〕
Randolph, A. Philip

◇あなたの人生の意味―先人に学ぶ「惜しまれる生き方」 デイヴィッド・ブルックス著，夏目大訳 早川書房 2017.1 478p 19cm 2300円 ⓘ978-4-15-209666-1 Ⓝ159
  内容 第1章 大きな時代の変化 第2章 天職―フランシス・パーキンズ 第3章 克己―ドワイト・アイゼンハワー 第4章 闘いの人生―ドロシー・デイ 第5章 自制心―ジョージ・マーシャル 第6章 人間の品位―ランドルフとラスティン 第7章 愛―ジョージ・エリオット 第8章 神の愛―アウグスティヌス 第9章 自己省察―サミュエル・ジョンソンとモンテーニュ 第10章 大きい私
  *人間には2種類の美徳がある。「履歴書向きの美徳」と「追悼文向きの美徳」だ。つまり、履歴書に書ける経歴と、葬儀で偲ばれる故人の人柄。生きる上でどちらも大切だが、私たちはつい、前者ばかりを考えて生きてはいないだろうか？ベストセラー『あなたの人生の科学』で知られる『ニューヨーク・タイムズ』のコラムニストが、アイゼンハワーからモンテーニュまで、さまざまな人生を歩んだ10人の生涯を通じて、現代人が忘れている内的成熟の価値と「生きる意味」を根源から問い直す。『エコノミスト』などのメディアで大きな反響を呼び、ビル・ゲイツら多くの識者が深く共鳴したベストセラー。

ランバス, W.R.〔1854〜1921〕
Lambuth, Walter Russell

◇W・R・ランバスの使命と関西学院の鉱脈 神田健次著 西宮 関西学院大学出版会 2015.9 232p 21cm 2500円 ⓘ978-4-86283-206-1 Ⓝ198.72
  内容 第1部 W・R・ランバスの使命（W・R・ランバスの瀬戸内宣教圏構想 南メソヂスト監督教会によって創設された教会と学校 中国におけるW・R・ランバス宣教師の足跡を求めて 草創期のエキュメニカル運動とW・R・ランバス） 第2部 関西学院の鉱脈（キリスト教学校教育同盟と関西学院―ベーツ院長の関わりを中心として 民藝運動と関西学院―雑誌『工藝』を中心として 暁明館の成立と変遷―関西学院社会奉仕会の足跡を求めて 関西学院神学部の教育と思想の特色―韓国からの留学生との関係で 世界宣教の系譜と戦後の神学部同窓）

ランペドゥーザ, G.T.〔1896〜1957〕
Lampedusa, Giuseppe Tomasi di

◇ランペドゥーザ全小説 ジュゼッペ・トマージ・ディ・ランペドゥーザ著，脇功，武谷なおみ訳 作品社 2014.8 565p 20cm 〈附・スタンダール論〉 5400円 ⓘ978-4-86182-487-6 Ⓝ973
  内容 山猫 短編集（幼年時代の想い出 喜びと掟 セイレーン 盲目の子猫たち） スタンダール論

＊戦後イタリア文学にセンセーションを巻きおこしたシチリアの貴族作家、初の集大成！ストレーガ賞受賞長編『山猫』、傑作短編『セイレーン』、回想録「幼年時代の想い出」等に加え、著者が敬愛するスタンダールへのオマージュを収録。

【リ】

リー, B.〔1940〜1973〕Lee, Bruce
◇ブルース・リー命を焼きつけた100分　河出書房新社編集部編　河出書房新社　2016.10　139p　19cm　〈アナザーストーリーズ 運命の分岐点〉〈文献あり 作品目録あり 年譜あり〉　1500円　Ⓘ978-4-309-02510-0　Ⓝ778.22239
内容　1 路上での闘い（闘い続ける理由とは？　「ドラゴン」を背負って ほか）　2 自分との闘い（100ドルを手にアメリカへ　カンフーを世界の武術に ほか）　3 見えない敵との闘い（ハリウッド映画主演を夢見て　武術家生命の危機 ほか）　4 時間との闘い（タイトルに「ドラゴン」を　尽きることのないトラブルの種 ほか）
＊なぜ、人々はこの映画にこれほど熱狂したのか。関係者への独自取材で明らかになった、遺作「燃えよドラゴン」に至る壮絶な32年間の物語。

リー, E.〔1886〜?〕Lee, Edwin
◇わたしはこうして執事になった　ロジーナ・ハリソン著, 新井潤美監修, 新井雅代訳　白水社　2016.12　369p　20cm　2600円　Ⓘ978-4-560-09527-0　Ⓝ591.0233
内容　1 プロローグ　2 ゴードン・グリメット　3 エドウィン・リー　4 チャールズ・ディーン　5 ジョージ・ワシントン　6 ピーター・ホワイトリー　7 エビローグ
＊華麗なる時代の最後の輝きの日々—執事には誰がどんな経験をへてなるのか。執事になった人なれなかった人、貴族の大邸宅や在米イギリス大使館に勤めた五人が語る、笑いと苦労、時に涙の職業人生。『おだまり、ローズ』の著者がおくる、男性使用人の世界。

リー, I.L.〔1877〜1934〕Lee, Ivy Ledbetter
◇アイビー・リー—世界初の広報・PR業務　河西仁著　同友館　2016.10　210p　19cm　〈他言語標題：Ivy Lee　文献あり〉　1800円　Ⓘ978-4-496-05242-2　Ⓝ674.253
内容　序章 アイビー・リーの人物像　第1章 20世紀初頭のアメリカの経済環境とメディア事情　第2章 世界初の本格的広報業務の始まり　第3章 不祥事を広報活動で沈静化　第4章 PRの父としての業績の評価　第5章 リーの過ち：誤信と誤解　第6章 現代の広報エージェントとの共通課題　終章 本書の意義とリーに関する書籍や論文

リー, L.〔1902〜1995〕Rie, Lucie
◇ルーシー・リー モダニズムの陶芸家　エマニュエル・クーパー著, 西マーヤ訳　ヒュース・テン　2014.7　329p　25cm　〈布装 文献あり 年譜あり 索引あり〉　発売：六耀社　5400円　Ⓘ978-4-89737-778-0　Ⓝ751.3
内容　あ、ウィーン1902‐1912　模範的な生徒1912‐1922　ろくろに魅せられて1922‐1926　自分自身の工房1926‐1930　センスある若き陶工1930‐1935　明日はまた別の日1935‐1938　ハイクラス・ポター1938‐1941　陶芸家とボタン作り1940‐1945　自分自身の方法で作れば良い1945‐1950　際立った力量1950‐1958　有機的な図形と空間へのアプローチ1958‐1967　都会的な陶芸家、都会的なポット1967‐1980　陶芸は私の仕事です1980‐1990　ポットの永続性1990‐1995

◇Lucie Rie—ルーシー・リーの陶磁器たち The life and work of Lucie Rie 1902-1995　エマニュエル・クーパー著, 刈茅由美訳　スペースシャワーネットワーク　2015.3　86p　26cm　〈10刷 初刷：ブルース・インターアクションズ 2005年刊　文献あり 年譜あり〉　2381円　Ⓘ978-4-907435-57-8　Ⓝ751.3
内容　陶芸家ルーシー・リーの生涯　現代的なもの—ルーシー・リーとウィーン　ボタン作り、すべてはここから始まった　最後の生徒 ルーシー先生の思い出　収集の歓び　高潔ということ　都市に生きた陶芸家　作陶の流れ　ルーシー・リーの陶芸ノート　年譜
＊白いエプロン、白い服、白いスニーカーで美しい作品をつくりつづけた陶芸家ルーシー・リーの伝記＆作品・レシピ集。88P・フルカラーレシピノート掲載。

リー, T.〔1962〜〕Lee, Tommy
◇ミュージック・ライフが見たモトリー・クルー　シンコーミュージック・エンタテイメント　2015.2　1冊　27cm　〈他言語標題：MÖTLEY CRÜE in "MUSIC LIFE"〉　2800円　Ⓘ978-4-401-64111-6　Ⓝ767.8
＊ミュージック・ライフ完全復刻!!モトリー・クルー黄金時代の決定版。デビュー時の超貴重インタビューから直撃アンケート、世界制覇まで—ミュージック・ライフだから迫ることができた素顔がここにある!!

リー, マンフレッド・ベニントン
⇒クイーン, E. を見よ

リクール, P.〔1913〜2005〕Ricœur, Paul
◇リクール読本　鹿島徹, 越門勝彦, 川口茂雄編　法政大学出版局　2016.7　393,5p　21cm　〈年譜あり 索引あり〉　3400円　Ⓘ978-4-588-15078-4　Ⓝ135.5
内容　第1部 リクールと二十一世紀の世界（リクールと歴史の理論—哲学的歴史理論の射程　リクールと物語り論—「分析哲学的ヴァリアント」を軸に ほか）　第2部 リクールと現代哲学（現代思想の交差点としてのリクール—二十世紀の哲学的証人　リクールとナベール—「根源的肯定」から「証し」へ ほか）　第3部 リクールと社会科学（アナール派歴史

学の変遷―社会史と物語　テクスト解釈学と文化社会学―「行為をテクストとみなす」という方法をめぐって　ほか　第4部 リクールと近代哲学（リクールとベルクソン―生の哲学の影　リクールとディルタイ―ディルタイの解釈学は「ロマン主義的解釈学」なのか？　ほか）

＊20世紀後半の哲学界にあって、実存哲学や精神分析、構造主義や分析哲学との幅広い思想的交渉を保ちつつ、他に類を見ない独自の地歩を築いたポール・リクール。歴史＝物語の解釈学で知られた第一級の哲学者が残した膨大な仕事をテーマごとに掘り下げ、その驚くべき多面性を一望のもとに概観する、最高の執筆陣による本邦初の読本。主要著作解題とキーワード解説、略年譜も付す。

リシュリュー, A.J.P.〔1585〜1642〕
Richelieu, Armand Jean du Plessis

◇ルイ14世とリシュリュー―絶対王政をつくった君主と宰相　林田伸一著　山川出版社　2016.4　87p　21cm　（世界史リブレット人 54）〈文献あり　年譜あり〉　800円　①978-4-634-35054-0　Ⓝ289.3

内容　1 宰相への階段をのぼるリシュリュー　2 リシュリューと三つの敵　3 ルイ14世の少年時代とフロンドの乱　4 太陽王の神話　5 国王の栄光とフランスの疲弊

＊フランス絶対王政を確立へと導いたルイ13世の宰相リシュリュー。そのあとを受けて絶対王政の最盛期を現出させ、国内外にその権威を誇示したルイ14世。彼らは強力な国家権力の体現者として、つねに語られイメージされてきた。だが、彼らは実際にはどのようにしてその権力を掌握し、行使したのだろうか。そのことを、近年研究の進んでいる近世という時代に特有の人的結合関係や権力秩序のなかにおくことで、明らかにしていこう。

リスト, F.（経済学者）〔1789〜1846〕
List, Friedrich

◇異色の経済学者フリードリッヒ・リスト　諸田實著　横浜　春風社　2018.1　248,10p　19cm　〈他言語標題：Friedrich List　文献あり〉　2700円　①978-4-86110-576-0　Ⓝ289.3

内容　1（異色の経済学者―フリードリッヒ・リスト　未完の「遺作」の謎―「ドイツ人の政治的・経済的国民統一」の「続き」　「国民経済学」の体系―リストのプラン）　2（『国民的体系』のリストと『ライン新聞』のマルクス―ブリュッゲマンを中心に、リストのメーザー受容について）　3（本の目次　リストとモール『経済学の国民的体系』の書評をめぐって二人の対話　妻への手紙（愛の傷）　補論 リスト『経済学の国民的体系』のドイツ語版と外国語版

＊主著の出版から170年余、リストは、経済のグローバル化への対抗軸としていまも世界中で読まれている。「異色の経済学者」の実像を描き、晩年の謎に迫る。

リスト, F.（作曲家・ピアニスト）〔1811〜1886〕
Liszt, Franz

◇パリのヴィルトゥオーゾたち―ショパンとリストの時代　ヴィルヘルム・フォン・レンツ著　中野真帆子訳　改訂版　ハンナ　2016.4　1冊　21cm　〈初版：ショパン 2004年刊　付属資料：47p；訳注篇　文献あり〉　1900円　①978-4-907121-55-6　Ⓝ762.347

内容　第1章 リストFranz Liszt―偉大なる英知　第2章 ショパンFrederic Chopin―ピアノのラファエロ

＊時代の預言者、リストとの出会い、世界がパリ中心に回っていた時代、風変わりなリストのレッスン、ショパンのレッスン、ベートーヴェンを語る、ジョルジュ・サンドの振る舞い、マイアベーアとの論争、他。

◇ロマン派の音楽家たち―恋と友情と革命の青春譜　中川右介著　筑摩書房　2017.4　363p　18cm　（ちくま新書 1252）〈文献あり〉　1000円　①978-4-480-06959-7　Ⓝ762.3

内容　第1章 ベートーヴェン・チルドレン（〜一八二八年）（ひとつの「出逢い」　リストが入れなかった音楽院　ほか）　第2章 革命と青春の旅立ち（一八二九〜一八三二年）（「田園交響曲」の衝撃　蘇った「マタイ受難曲」　ほか）　第3章 恋の季節（一八三三〜一八三五年）（オペラの現場へ　リストの「運命の女」　ほか）　第4章 青春の決着（一八三六〜一八四一年）（引き裂かれた恋　逃げた婚約者を追って　ほか）

＊メンデルスゾーン（一八〇九年）、ショパン（一八一〇年）、シューマン（一八一〇年）、リスト（一八一一年）、ワーグナー（一八一三年）。国は別々だが、一八一〇年前後に生まれた彼らは、友人として緩やかなサークルをつくり刺激しあいながら、"新しい音楽"を創作した。溢れる才能と情熱を生み出したそのネットワークとはどのようなものだったか。恋愛や交流、時代の波は、大作曲家たちの作品にどのような影響を与えたか。同時代を生きた巨人たちの人生から、十九世紀に花開いたロマン派音楽の深奥に迫る！

リタ
⇒竹鶴リタ を見よ

リーチ, B.〔1887〜1979〕Leach, Bernard

◇柳宗悦とバーナード・リーチ往復書簡―letters from 1912 to 1959　日本民藝館資料集　柳宗悦, バーナード・リーチ著, 岡村美穂子, 鈴木禎宏監修, 日本民藝館学芸部編　日本民藝館　2014.7　431p　21cm　〈本文は英語〉　Ⓝ289.1

リーチ, M.〔1988〜〕Leitch, Michael

◇日本ラグビーヒーロー列伝―歴史に残る日本ラグビー名選手 All about JAPAN RUGBY 1970-2015　ベースボール・マガジン社編著　ベースボール・マガジン社　2016.2　175p　19cm　1500円　①978-4-583-11001-1　Ⓝ783.48

内容　第1章 2015年 ワールドカップの英雄（五郎丸歩　リーチ, マイケル　廣瀬俊朗　大野均　堀江翔太　ほか）　第2章 ヒーロー列伝 1970年〜2015年（坂田好弘　原進　藤原優　森重隆　松尾雄治　ほか）

＊五郎丸歩だけじゃない！ 坂田好弘、平尾誠二、林敏之…世代を超えて語り継がれる名選手。

リッター, A.〔1826～1908〕 Ritter, August

◇現代天文学史―天体物理学の源流と開拓者たち　小暮智一著　京都　京都大学学術出版会　2015.12　634p　22cm　〈他言語標題：History of Modern Astronomy　文献あり　年表あり　索引あり〉　4900円　Ⓘ978-4-87698-882-2　Ⓝ440.12

内容　第1部　天体分光学（「新天文学」の開幕　星の分光分類とHD星表　第2部　星の構造と進化論（星の進化論とHR図表　熱核反応と星の進化論）　第3部　銀河天文学と宇宙論（銀河と星雲の世界　銀河系の発見　宇宙論の源流）　第4部　現代天文学へ（日本における天体物理学の黎明　現代天文学への展開）

＊初めて星の化学組成を明らかにしたロンドンのアマチュア天文家ハギンス、太陽をガス体と見なした特許調査官レーン、自作の望遠鏡で空を探査した音楽家ハーシェル…18世紀末から19世紀中葉にかけて現代天文学の扉を開いた彼らは、いずれも学界に縁のないアマチュア天文家だった。星の位置と運動を対象とする古典天文学から天体の物理的構造を探る天体物理学へ、その転換期を担った人々の生涯と研究を軸に、現代天文学の歴史をたどる。

リッター, G.〔1888～1967〕 Ritter, Gerhard

◇リッター　西村貞二著　新装版　清水書院　2015.9　200p　19cm（Century Books―人と思想　126）〈文献あり　年譜あり　索引あり〉　1000円　Ⓘ978-4-389-42126-7　Ⓝ289.3

内容　1　生涯と業績　2　権力と倫理　3　ヒトラーへの抵抗　4　ドイツのミリタリズム　5　二人の巨匠　6　リッター史学の方法と使命

リット, D.〔1986～〕 Litt, David

◇24歳の僕が、オバマ大統領のスピーチライターに?!　デビッド・リット著．山田美明訳　光文社　2018.5　471p　19cm　2000円　Ⓘ978-4-334-96218-0　Ⓝ312.53

内容　序　エアフォースワンのルッコラ・サラダ　第1部　オバマ・ボット（有頂天　ホワイトハウスの仕事につかない方法　採用決定　権力の回廊　トイレのサーモン　ほか）　第2部　私たちが歴史に占める（ささやかな）場所（ヒトラーの地獄のジュース　聖なる闘い　一文なし　バケツ　ほか）　終章　ソリを踏みつぶす

＊歴史に残る名演説の舞台裏。お笑い担当スピーチライターが描く、オバマ大統領の素顔とホワイトハウスの内幕。エスクァイア誌ブックオブザイヤー。ニューヨークタイムズベストセラー。

リッピ, F.〔1406～1469〕 Lippi, Filippo

◇ボッティチェリとリッピ―イラストで読むジョルジョ・ヴァザーリの「芸術家列伝」　古山浩一イラスト，古玉かりほ編，柾谷美奈訳　芸術新聞社　2015.4　102p　21cm　〈他言語標題：Botticelli and Lippi　文献あり　年表あり〉　1650円　Ⓘ978-4-87586-437-0　Ⓝ723.37

内容　1　革なめし職人の家に生まれ、リッピの工房へ　2　ヴェロッキオ工房へ―レオナルドと会う　3　ヴァザーリのギャラリートーク　4　共和制のもとで絶大な権力者であり続けたメディチ家　5　ヴィーナスのモデルとプリマヴェーラのインスパイア　6　システィーナ礼拝堂の壁画のため、ローマへ　7　ボッティチェリの素顔―いたずら好きで愛嬌者!?　8　修道士サヴォナローラとボッティチェリ　9　ボッティチェリの晩年の真実

＊やさしい美術書No.1。ヴィーナス誕生の画家の真実。フィレンツェの華と影を語る450年前の名著を現代風に再生！ヴァザーリの課外授業によるダンテ『神曲』制作秘話も収録。

リップシュタット, D.E.〔1947～〕 Lipstadt, Deborah Esther

◇否定と肯定―ホロコーストの真実をめぐる闘い　デボラ・E・リップシュタット著，山本やよい訳　ハーパーコリンズ・ジャパン　2017.11　581p　15cm　（ハーパーBOOKS NF・リ1・1）　1194円　Ⓘ978-4-596-55075-0　Ⓝ327.933

内容　第1部　前奏曲（私生活と学生生活のオデッセイ　弁護方針　アウシュヴィッツ科学捜査の旅　ほか）　第2部　裁判（"全員起立!"　証言台のアーヴィング　否定者ではなく犠牲者　一連の文書　ほか）　第3部　余波（判決の日　鳴り続ける電話、詩篇、眠れぬ生存者たち　山のような感謝の言葉　道化の衣装　ほか）

＊「ナチスによる大量虐殺はなかった」そう主張する、イギリス人歴史家アーヴィング。彼を"史実を歪曲したホロコースト否定者"と断じたユダヤ人歴史学者リップシュタットは、反対に名誉毀損で訴えられる。裁判に勝つには、ホロコーストが事実だと法廷で証明するしかない。だが予想に反し、アーヴィングの主張は世間の関心を奪っていく―。実際にあった世紀の法廷闘争の回顧録。映画原作!

リッベントロップ, J.〔1893～1946〕 Ribbentrop, Joachim von

◇ヒトラーの共犯者―12人の側近たち　下　グイド・クノップ著，高木玲訳　原書房　2015.12　416,5p　20cm　〈2001年刊の新装版　文献あり〉　2800円　Ⓘ978-4-562-05272-1　Ⓝ234.074

内容　1　抹殺者―アドルフ・アイヒマン　2　ヒトラー・ユーゲント団員―バルドゥール・フォン・シーラッハ　3　影の男―マルティン・ボルマン　4　手先―ヨアヒム・フォン・リッベントロープ　5　死刑執行人―ローラント・フライスラー　6　死の医師―ヨーゼフ・メンゲレ

＊ヒトラーならびにそのもっとも身近にいた側近たちを描いたドキュメンタリーは、世界的な成功をおさめた。上巻に続いてガイド・クノップのチームが目を向けたのが、ヒトラーの支配を確立し、その計画を実行にうつした男たちである。履歴補助者である彼らの肖像によって、実際の「自発的執行者」の性格が具体的に描き出されてゆく。彼らがいなければ、ヒトラーの恐怖政治は成り立たなかったのである。はじめて明かされる「神」の執行人たちの全記録。ドイツTV金獅子賞、バイエルン・テレビ賞受賞。

リード, L.〔1942～2013〕 Reed, Lou
◇ワイルド・サイドの歩き方―ルー・リード伝 ジェレミー・リード著, 大鷹俊一日本版監修, 本田佐良訳 スペースシャワーブックス 2015.6 463p 図版24p 20cm 〈索引あり 発売：スペースシャワーネットワーク〉 3200円 ①978-4-907435-61-5 Ⓝ767.8
[内容]僕は待ち人 おまえの息子たちを殺す 君の肩にゼリーをのせよう 助けてくれ、ニューヨークの星たちよ 俺には刺激が必要だ アップタウンのごみ いつもこうなんだ 汚らしい大通り たくさんの人が死ぬのを見てきた 親とのセックス（マザーファッカー） 響きと怒り 緩慢な幻惑
＊本書においてルー・リードが手放しで称賛されている箇所はほとんどない。ルー・リードの人生やキャリアは矛盾に満ち、ありえない方向へ変化し、暴力的であった。著者はそのことを浮き彫りにすると同時に、思索に富んだ曲や詩についても分析している。本書は、パンクのゴッドファーザーというレッテルを安易に貼られているルー・リードの、もっと複雑な内面を鋭い洞察力で描き出した名著である。

リトビーノフ, M.M.〔1876～1951〕 Litvinov, Maksim Maksimovich
◇リトヴィーノフ―ナチスに抗したソ連外交官 斎藤治子著 岩波書店 2016.2 238,7p 20cm 〈年表あり〉 3200円 ①978-4-00-025572-1 Ⓝ289.3
[内容]第1章 革命家から外交官へ 第2章 孤立脱却のための外交 第3章 軍縮外交―国際連盟軍縮会議準備委員会での活動とパリ不戦条約（ケロッグ＝ブリアン条約） 第4章 ナチス・ドイツへの危惧とアメリカとの国交復活 第5章 国際連盟加盟とスペイン戦争 第6章 ミュンヘン協定の衝撃 第7章 解任、そして独ソ不可侵条約 第8章 再び外交の舞台へ―英米ソ連合に向けて 終章 リトヴィーノフの描く戦後世界
＊『わが闘争』にヒトラーの凶暴をいち早く見抜いたリトヴィーノフは、その計略を知るべく警鐘を鳴らす。「明日では遅すぎる！」しかし、各国の思惑やさまざまな事情はナチの急速な台頭を許した。大粛清を生き抜き、侵略を否定してねばり強く完全軍縮をめざし、平和理念を貫いたロシア外交官の生涯を描く。

リネール, T.〔1989～〕 Riner, Teddy
◇最強の柔道家リネール テディ・リネール著, 神奈川夏子訳 エクスナレッジ 2016.7 191p 19cm 1600円 ①978-4-7678-2154-2 Ⓝ789.2
[内容]第1章 アスリートの楽園で 第2章 どうってとない！ 第3章 柔道はダンスだ！ 第4章 トップレベル・スポーツ選手への道 第5章 大人にって 第6章 勝つための儀式 第7章 いろいろな出会い 第8章 いつになったら一本勝ちするんだ？ 第9章 チャンピオン・テディ
＊柔道100キロ超級の絶対王者が初めて語る、27年の人生とその強さの秘密。史上最年少の18歳で世界チャンピオンとなって以来、世界柔道選手権大会では8連覇を成し遂げ、ロンドンオリンピックでも金メダルに輝いた、重量級史上最強の柔道家が余すところなく語った初の自伝。

リーパー, S.L.〔1947～〕 Leeper, Steven Lloyd
◇アメリカ人が伝えるヒロシマ―「平和の文化」をつくるために スティーブン・リーパー著 岩波書店 2016.2 63p 21cm （岩波ブックレット No.944） 520円 ①978-4-00-270944-4 Ⓝ319.8
[内容]第1章 日本との「ご縁」 第2章 ヒロシマを世界に伝えたい―全米原爆展（1） 第3章 アメリカ人とヒバクシャ―全米原爆展（2） 第4章 核兵器をなくすために 第5章 核兵器禁止条約をつくる エピローグ 「戦争文化」から「平和文化」へ
＊被爆者の思いを世界に伝え、平和をつくりたい。著者は、広島で翻訳・通訳の仕事をするなかで被爆者と知り合い、深い影響を受けた。その後平和活動に取り組み、外国人として初の広島平和文化センターの理事長になった。自らの半生を振り返りながら、被爆者への思い、全米113都市で開催した原爆巡回展の思い出、そして、世界平和のリーダーとしての日本への期待を語る。

リバデネイラ, P.〔1526～1611〕 Ribadeneyra, Pedro de
◇ペドロ・デ・リバデネイラ神父の生涯―聖イグナチオの最初の伝記者 ホアン・カトレット著, 高橋敦子訳 習志野 教友社 2015.1 106p 19cm 〈文献あり〉 900円 ①978-4-907991-08-1 Ⓝ198.22
[内容]第1章 家族と教育（1526～1549年） 第2章 学院の教師であり、聖イグナネス総長の大使となる（1549～1556年） 第3章 ライネス総長時代のリバデネイラ神父（1557～1565年） 第4章 ボルハ総長とメルクリアン総長のもとに（1565～1573年） 第5章 人生の終わりまでスペインに住み、著述に励む（1574～1611年） 第6章 最初の『聖イグナチオ伝』の著者 第7章 『聖イグナチオの統治のしかた』の著者、リバデネイラ神父
＊若くして聖イグナチオに従い、忠実にその使命を生きたリバデネイラ神父の歩みとは一初期イエズス会員の労苦と困難のうちにある「キリストへの愛」を示す。

リバモア, J.L.〔1877～1940〕 Livermore, Jesse Lauriston
◇伝説の7大投資家―リバモア・ソロス・ロジャーズ・フィッシャー・リンチ・バフェット・グレアム 桑原晃弥著 KADOKAWA 2017.6 239p 18cm （角川新書 K-139）〈文献あり〉 800円 ①978-4-04-082146-7 Ⓝ338.18
[内容]第1章 「ウォール街のグレートベア」ジェシー・リバモア 第2章 「イングランド銀行を潰した男」ジョージ・ソロス 第3章 「百聞は一見に如かず」ジム・ロジャーズ 第4章 「成長株集中投資の大家」フィリップ・フィッシャー 第5章 「伝説のファンドマネジャー」ピーター・リンチ 第6章 「オマハの賢人」ウォーレン・バフェット 第7章 「バフェ

トの師」ベンジャミン・グレアム
＊「ウォール街のグレートベア」（リバモア）、「イングランド銀行を潰した男」（ソロス）…。数々の異名を持つ男たちは「個人投資家」という一般的なイメージを遙かに超える影響力を行使してきた―。

リヒター, G.〔1932～〕 Richter, Gerhard

◇評伝 ゲルハルト・リヒター ディートマー・エルガー著，清水穣訳 美術出版社 2017.12 379,32p 図版17枚 22cm 〈索引あり〉 4600円 ①978-4-568-20272-4 Ⓝ723.34

内容 ドレスデン 第2回ドクメンタ、1959年 新たなスタート、デュッセルドルフ クットナー、リューク、ポルケ 資本主義リアリズム 初期の個展―ミュンヘン、デュッセルドルフ、ベルリン、ヴッパータール 初期のフォト・ペインティング、そしてマルセル・デュシャン 無名の画像―家族の物語 カラーチャート 風景〔ほか〕

＊戦後の美術を代表する画家の一人であるゲルハルト・リヒター。1932年、東ドイツのドレスデンに生まれながらも、ジャクソン・ポロックやフォンタナの影響を受け、西ドイツへ移住。写真をキャンバスに描き出すというスタイルを生み出し、その後もグレイ・ペインティング、カラーチャート、風景画、アブストラクト・ペインティングと、いまなお進化を続けている。1984年よりリヒターのアトリエに勤めていた著者ディートマー・エルガーがリヒターの言葉とともに、その人生と、作品の変遷を追ったドキュメンタリーのような評伝。

リービット, H.S.〔1868～1921〕 Leavitt, Henrietta Swan

◇現代天文学史―天体物理学の源流と開拓者たち 小暮智一著 京都 京都大学学術出版会 2015.12 634p 22cm 〈他言語標題：History of Modern Astronomy 文献あり 索引あり〉 4900円 ①978-4-87698-882-2 Ⓝ440.12

内容 第1部 天体分光学（「新天文学」の開幕 星の分光分類とHD星表 星の構造と進化論（星の進化論とHR図表 熱核反応と星の進化論 第3部 銀河天文学と宇宙論（銀河と星雲の世界 銀河系の発見 宇宙論の源流） 第4部 現代天文学へ（日本における天体物理学の黎明 現代天文学への展開）

＊初めて星の化学組成を明らかにしたロンドンのアマチュア天文家ハギンス、太陽をガス体と見なした特許調査官レーン、自作の望遠鏡で天空を探査した音楽家ハーシェル…18世紀末から19世紀中葉にかけて現代天文学の扉を開いた彼らは、いずれも学界に縁のないアマチュア天文家だった。星の位置と運動を対象とする古典天文学から天体の物理的構造を探る天体物理学へ、その転換期を担った人々の生涯と研究を軸に、現代天文学の歴史をたどる。

◇宇宙を見た人たち―現代天文学入門 二間瀬敏史著 海鳴社 2017.10 270p 19cm 1800円 ①978-4-87525-335-8 Ⓝ440.28

内容 第1部 天文学に強力な"道具箱"を提供した観測家たち（ヘンリエッタ・スワン・リービット―宇宙の"物差し"を見つけたハーバード・コンピューターズ―の才媛 ジョージ・ヘール―巨大望遠鏡時代の

道を拓く ほか） 第2部 科学的宇宙論の開拓者たち（アルベルト・アインシュタイン―現代宇宙論の開拓者 カール・シュヴァルツシルト―瀕死の重力場方程式の解を発見 ほか） 第3部 天文学を豊かにした人びと（クライド・トンボー―新しい太陽系領域に挑んだ人 アーサー・エディントン―恒星天文学の父 ほか） 第4部 "観測の窓"拡大に情熱を傾けた人びと（カール・ジャンスキー―電波天文学の生みの親 早川幸男―戦後の焼け跡で"全波長天文学"への道を敷く ほか）

＊宇宙は、ブラックホール、超新星爆発、暗黒物質、暗黒エネルギーなど、さまざまな"魔物"や不可思議な現象の存在なしには考えられない。この驚天動地の現代天文学の歴史を築いてきた巨人たち―その活躍を、時代背景・生い立ち・人柄などを交え、いきいきと伝える。

リヒテル, S.〔1915～1997〕 Richter, Sviatoslav

◇リヒテルと私 河島みどり著 草思社 2015.8 300p 16cm 〈草思社文庫 か5-1〉 950円 ①978-4-7942-2146-9 Ⓝ762.38

内容 1 巨匠の素顔（家族の愛情に包まれて育つ モスクワ音学院の駄々っ子 敬愛するプロコフィエフのこと ほか） 2 ヨーロッパへの旅（フランス片田舎のコンサート ヴェネツィアで巨匠の誕生日を祝う マーゼルの伯爵館の復活祭 ほか） 3 日本への旅（シベリアの旅を楽しむ なぜ日本を愛したのか 巨匠の演奏を支えた調律師たち ほか）

＊音楽を愛し、世界を旅することを愛し、日本を愛したリヒテル。20世紀を代表するロシアの大ピアニストの素顔を通訳として、親しい友人として、見つめつづけた筆者がつづる回顧録。演奏にかける情熱、リヒテル流芸術の楽しみ方、そして子どものように天真爛漫な素顔を数々のエピソードとともに語る。

リブ, G.〔1948～〕 Ribes, Guy

◇ピカソになりきった男 ギィ・リブ著，鳥取絹子訳 キノブックス 2016.8 254p 19cm 1600円 ①978-4-908059-45-2 Ⓝ723.35

内容 逮捕された日 娼館の日々と絵心の芽生え 司法取引の結果 路上で生活した青の時代 ピカソとの邂逅 画商たちとの豪遊 大量生産の水彩画家 贋作作家としての試用期間 贋作の正しい作り方 贋作とアート市場 バラ色の飽食の時代 ミステリアスな死と狂い出した歯車 アート市場のからくり 最後の仕事仲間 流れ作業化した贋作制作 逮捕、そして自由の消滅 裁判で明らかになったこと 贋作を失った人生 映画スタッフとして返り咲き 贋作作家のレッテル

＊ピカソ、ダリ、シャガール…。30年間、贋作を作り続けた男が明かす、美術界の知られざる実態。真作証明書つきで贋作が出回るからくりとは？ アート業界の大組織、大物たちが、実名で生々しく描かれる衝撃のノンフィクション。

リーフェンシュタール, L.〔1902～2003〕 Riefenstahl, Leni

◇オリンピアと嘆きの天使―ヒトラーと映画女優たち 中川右介著 毎日新聞出版 2015.12

341p 19cm 〈他言語標題:Olympia und Der Blaue Engel 文献あり〉 1500円 ⓘ978-4-620-32346-6 Ⓝ778.234

内容 第1章 舞姫 第2章 聖山 第3章 天使 第4章 聖林 第5章 政権 第6章 大会 第7章 祭典 第8章 前夜 第9章 戦争 第10章 廃墟 終章 一九六〇年

＊祖国を離れ闘った女と、栄光を得て全てを喪った女。芸術家・文化人は国家権力とどのような距離をとるべきなのか。五輪、戦争、そして廃墟―。才能と運命に翻弄された女たちの物語。

リベラ, M.〔1969～〕 Rivera, Mariano

◇クローザー―マリアノ・リベラ自伝 マリアノ・リベラ, ウェイン・コフィー著, 金原瑞人, 樋渡正人訳 作品社 2015.11 351p 20cm 1800円 ⓘ978-4-86182-558-3 Ⓝ783.7

内容 魚と威厳 海の苦難 バス二台, 投球九回 ガルフ・コーストの衝撃 故障 再起 救援と信念 一九二七年の再来 聖書と頂上 ニューヨーク, ニューヨーク 世界が変わった日 トロフィー計画 喪失 声援と野次 欠場願い 最後の日 新しい居場所と懐かしい感覚 それぞれの道 膝の負傷 サンドマン, 引退 エピローグ―希望の隠れ家

＊MLB記録の652セーブをあげた史上最高のクローザーが、母国パナマで父の船に乗っていた漁師時代、ドラフト外でのヤンキース入団、5度のワールドシリーズ制覇をはじめとする栄光の数々、そして2013年の引退まで、自らのすべてを語り尽くす！

◇コア・フォー―ニューヨーク・ヤンキース黄金時代、伝説の四人 フィル・ペペ著, ないとうふみこ訳 作品社 2015.12 312p 20cm 1800円 ⓘ978-4-86182-564-4 Ⓝ783.7

内容 マリアノ・リベラ登場 頼れるアンディ 南からきた男 カラマズーの少年 GM、ジーン・マイケル 3Aコロンバス・クリッパーズ ニューヨーク、ニューヨーク 「おめでたいジョー」 特別なルーキー ワールドチャンピオン〔ほか〕

＊1990～2000年代にヤンキースの黄金期を築き、5度のワールドチャンピオンに導いたデレク・ジーター、マリアノ・リベラ、ホルヘ・ポサダ、アンディ・ペティットの戦いの軌跡。ロングコラム「松井秀喜」、ジーターの引退を描く「最終章」は、日本版のための特別書き下ろし！

リーマン, G.F.B.〔1826～1866〕 Riemann, Georg Friedrich Bernhard

◇リーマンと代数関数論―西欧近代の数学の結節点 高瀬正仁著 東京大学出版会 2016.11 303p 22cm 〈他言語標題:Bernhard Riemann and the Theory of Algebraic Functions 文献あり 索引あり〉 4800円 ⓘ978-4-13-061311-8 Ⓝ413.6

内容 第1章 代数関数とは何か―オイラーの関数概念とその変容(関数概念を振り返って 関数の世界と曲線の世界 ほか) 第2章 カナリアのように歌う―リーマンの「面」の発見(修業時代 ベルリンの数学者たち ほか) 第3章 楕円関数論のはじまり―楕円関数の等分と変換に関するアーベルの理論(楕円関数論の二つの起源―萌芽の発見と虚数乗法論への道 クレルレの手紙 ほか) 第4章 アーベル関数の理論―ヤコビの逆問題の探究(「パリの論文」からアーベル関数論へ アーベル積分の等分と変換に関するヤコビとエルミートの理論) 第5章 多変数代数関数論の夢―リーマンを越えて(ガウスの『アリトメチカ研究』とヒルベルトの第12問題 岡潔の遺稿「リーマンの定理」と多変数代数関数論の夢)

＊数学の巨人たちの夢の系譜をたどる。オイラー、ガウス、アーベル、ヤコビ、ヒルベルト、岡潔、…。関数概念のはじまりから、リーマンのアーベル関数論、そして多変数代数関数論へ。論文と史実から読み解かれた数学の世界へ、精密で巧みな文章が読者を誘う。

◇数学をつくった天才たち 立田奨著 辰巳出版 2018.3 191p 19cm 〈「天才たちのつくった数学の世界」(綜合図書 2015年刊)の改題、加筆・再編集〉 1200円 ⓘ978-4-7778-2051-1 Ⓝ410.28

内容 1 数学の礎をつくった3人の巨匠(アルキメデス―人類史上第一級といえる科学者 アイザック・ニュートン―微分・積分学の祖 カール・フリードリヒ・ガウス―19世紀最大の数学者) 2 数学の歴史をつくった巨人たち(ベルンハルト・リーマン―未だ解かれることのない未解決問題を提唱 レオンハルト・オイラー―最高に美しい公式を作り上げた盲目の数学者 アンリ・ポアンカレ―宇宙の形の解明に一歩迫る直観タイプの数学者 ほか) 3 数学の新たな道を開拓した天才たち(アレクサンドル・グロタンディー―スキーム論を築き新しい数論を打ち立てた21世紀最大の数学者 小平邦彦―ヘルマン・ワイルに見いだされ日本人初のフィールズ賞を受賞 グレゴリー・ペレルマン―ポアンカレ予想を解決しても社会的名誉を辞退 ほか)

＊定理、公式、理論…わからなくても面白い！生きるために数学をする≠「数学」のために生きる。数奇な運命をたどった、愛すべき変人(天才)の生涯！

◇リーマン教授にインタビューする―ゼータの起源から深リーマン予想まで 小山信也著 青土社 2018.4 209p 19cm 〈他言語標題:interviews Prof.Bernhard Riemann〉 1800円 ⓘ978-4-7917-7063-2 Ⓝ412.3

内容 第1部 リーマン予想とは(出逢い ゼータの起源 リーマン教授と複素数 リーマン予想と量子化) 第2部 どれくらい未解決なのか(ヒルベルトからミレニアム問題へ 苦闘の歴史) 第3部 解決に向けた道(セルバーグ・ゼータ関数 絶対数学 深リーマン予想) 数学の地平

＊150年が経っても未だ全貌が見えない、数学史上最大の難問「リーマン予想」。現代の日本人数学者が、19世紀ドイツにタイムスリップし、予想の"その後"を語り尽くす！ 数学への愛がくれた、奇蹟の対話。

リーメンシュナイダー, T.〔～1531〕 Riemenschneider, Tilman

◇リーメンシュナイダー―その人と作品 杉田達雄著 水声社 2017.8 225p 図版32p 22cm 〈他言語標題:RIEMENSCHNEIDER 文献あり 年譜あり〉 4000円 ⓘ978-4-8010-0256-2 Ⓝ712.34

内容 序 リーメンシュナイダーとは何者か 第1章 マ

リヤサノフ

リア・マグダレーナ祭壇　第2章 聖血祭壇　第3章 十二使徒祭壇　第4章 マリア祭壇　第5章 磔刑祭壇　第6章 皇帝ハインリヒ二世とその妃クニグンデの石棺　第7章 哀泣祭壇　付録 佐々木基一とリーメンシュナイダー

＊ドイツ後期ゴシック彫刻の極北。宗教改革から農民戦争へとつづく動乱の16世紀ドイツ、静と動、重量感と浮遊感、官能と理知、瞑想と法悦が渾然一体となった大規模な祭壇彫刻をはじめ、多数の作品を残したリーメンシュナイダーの生涯と作品を、70余点の図版をともに克明にたどる。

◇新・祈りの彫刻―リーメンシュナイダーと同時代の作家たち　福田緑著　丸善プラネット　2018.8　243p　27cm　〈他言語標題：Skulptur als Gebet　文献あり　作品目録あり　年表あり　発売：丸善出版〔東京〕〉　5500円　①978-4-86345-381-4　Ⓝ712.34

内容 第1部 リーメンシュナイダーを歩く―祈りの彫刻26点(中世ドイツの作家作品を紹介するにあたって　ドイツ国内　ドイツ国外)　第2部 中世ドイツを歩く―祈りの彫刻38点(ハンス・ムルチャー　ニコラウス・ゲルハルト・フォン・ライデン　ミヒャエル・パッハー　ほか)　第3部 資料編(中世ドイツの作家たち　作品一覧について　中世ドイツおよびイタリアルネサンスの作家たち　主な作品一覧　ほか)

＊本邦第3弾リーメンシュナイダー写真集完結編。ティルマン・リーメンシュナイダーは中世ドイツの彫刻家。まだ見ぬ彼の作品とともに同時代の、個性的で魅力的な作家の作品を訪ね歩く。

リャザーノフ, D.B.〔1870～1938〕
Riazanov, David Borissovitch

◇レーニンの誤りを見抜いた人々―ロシア革命百年、悪夢は続く　鈴木肇著　恵雅堂出版　2014.11　233p　18cm　〈年表あり　文献あり〉　1060円　①978-4-87430-039-8　Ⓝ238.07

内容 ロシア社民主義の英才ポトレソフ―レーニンの同志から政敵へ／親西欧・「祖国防衛派」を率いる　ロシア社民主義の父アクセリロード―「反レーニン、反独裁」を貫く／柔軟な戦術家、広い国際人脈　栄冠を取り戻すプレハーノフ―レーニンの危険性を告発／亡命37年、祖国防衛の愛国者に　マルクス学大家の明暗―リャザーノフとニコラエフスキー　改革一筋の人民社会党―過激ロシアで良識を貫く　ドイツとロシアの社民党―深い絆をレーニンが断つ／「右派」の力が明暗を分ける　救国思想家ストルーヴェを知ろう―独裁と戦い、自由保守主義を大成　レーニンも恐れた名将ウランゲリ―クリマ撤退で十四万人余を救う／ロシア国内戦史の大逆転か

リュー, D.〔1989～〕 Rye, Daniel

◇ISの人質―13カ月の拘束、そして生還　プク・ダムスゴー著, 山田美明訳　光文社　2016.9　485p　18cm　〈光文社新書 841〉　1300円　①978-4-334-03944-8　Ⓝ316.4

内容 ジム、誕生日おめでとう　ヘデゴーのエリート体操選手　シリア周遊旅行　首の鎖　小児病院の人質たち　ダニエルとジェームズ　ダニエル、月が見える　囚人服で見た世界　暗闇からのメール　実験　お母さん、ダニエルだよ　再び自由に　砂漠の死

＊拘束に至る過程、拷問、他の人質たちとの共同生活、日常的な暴力、身代金交渉、家族による募金活動、そして間一髪の生還―。地獄を見た、24歳の写真家の過酷な体験を、著名ジャーナリストが丹念な周辺取材とともに書き下ろす。衝撃のノンフィクション。佐藤優氏推薦・解説。

リヨン, M.〔1797～1849〕 Lyon, Mary

◇メレイライヲン一代記を読む　川上律子, 杉村みどり編著　同成社　2017.12　286p　21cm　〈文献あり　年表あり〉　1500円　①978-4-88621-780-6　Ⓝ289.3

内容 『メレイライヲン一代記』原本複写　『メレイライヲン一代記』現代語訳　『メレイライヲン一代記』解題　付録(諸資料と年表)

リルケ, R.M.〔1875～1926〕
Rilke, Rainer Maria

◇リルケの最晩年―呪縛されていた『ドゥイノの悲歌』の完成を果たして新境地へ　太田光一著　郁朋社　2015.10　240p　20cm　1500円　①978-4-87302-607-7　Ⓝ940.278

内容 1 大戦と二人の若い女性(一九一四年秋・一九一八年末)　2 スイス移住―不安と恩寵(一九一九年夏・一九二〇年秋)　3 メリーヌーリルケ最後の恋人(一九一九年夏・一九二六年末)　4『猫』と『C・W伯の遺稿から』―焦りと絶望(一九二〇年秋・一九二一年春)　5 新しい隠れ家ミュゾットの館(一九二一年六月・一九二六年末)　6『ドゥイノの悲歌』の完成(・一九二二年二月)　7 ジッドとピエール(一九二二年四月・)　8 解き放たれて―フランス語詩集(一九二二年・一九二六年)　9 ヴァル=モンからパリへ(一九二三年・一九二五年)　10 小詩集『窓』(一九二四年・一九二六年)　11 壮絶な死(一九二六年十二月―一九二七年葬送まで)

＊自らを完成していくスイス時代の波乱に満ちた生活と作品を描く…

◇リルケ　星野慎一, 小磯仁共著　新装版　清水書院　2016.4　237p　19cm　〈Century books 一人と思想 161〉〈文献あり　年譜あり　索引あり〉　1200円　①978-4-389-42161-8　Ⓝ941.7

内容 1 東西を越えた彼岸に(なぜリルケの詩は世界的に読まれるか　リルケと俳句)　2 若き日のリルケ(リルケの故郷　ロシア旅行と詩業の土台)　3 ロダンとのめぐり逢い(最初のパリ滞在　『マルテの手記』―創作における画期)　4『マルテの手記』以後(漂泊の旅　悲しめぐり逢い―ベンヴェヌータ)　5 晩年のリルケ(第一次世界大戦中のリルケ　ミュゾットの館と『ドゥイノの哀歌』)

＊リルケは哲学用語を用いずに現代の人間と事物の存在内容を根底から問い、歌った詩人だった。その思想性は、日本の俳句に出会い、短詩型と俳人の詠風に西洋のエピグラムとは異質の、自分の詩との深い関わりを認める鋭い柔軟性に貫かれていた。彼の詩精神のこの越境性こそリルケの巨きさにほかならない。この巨きさに少しでも近づくことが、あの何処かへの我々の応答であろう。本書は、彼がいかにして作品を生み出したかを生涯にわたり叙述し、それらが異なる文化・言語圏へと遠く越え出ても示しつづけてやまない豊饒な文学世界へのひとつの道案内となることを念じた。

リンカーン, A. 〔1809〜1865〕 Lincoln, Abraham

◇余の尊敬する人物　矢内原忠雄著　岩波書店　2018.4　222p　18cm　〈岩波新書〉〈第43刷（第1刷1940年）〉　820円　Ⓣ4-00-400017-3　Ⓝ280

内容 エレミヤ（預言者の自覚　申命記改革 ほか）　日蓮（立正安國論　龍の口法難 ほか）　リンコーン（青年時代　洲會議員より大統領當選まで ほか）　新渡戸博士（入學式演説　新渡戸博士の教育精神 ほか）

＊優れた学者であると共に、毅然たる信念に生きる人として知られる著者が、その尊敬する人物の中からエレミヤ、日蓮、リンカーン、新渡戸稲造の四人を選び、その生を溌剌と描いたものが本書である。太平洋戦争中にこの書が生まれたことの重みと併せて、彼らの宗教的信念の深さは、今日なおわれわれの心を打つ。

リンゴ・スター 〔1940〜〕 Ringo Starr

◇ザ・ビートルズ・サウンド最後の真実　ジェフ・エメリック, ハワード・マッセイ著, 奥田祐士訳　河出書房新社　2016.4　589p　21cm　〈新装版　白夜書房 2009年刊の加筆　索引あり〉　4200円　Ⓣ978-4-309-27716-5　Ⓝ767.8

内容 プロローグ　一九六六　秘宝　アビイ・ロード三番地　ビートルズとの出会い　初期のセッション　ビートルマニア　ハード・デイズ・ナイト　創意と工夫―"リボルバー"の舞台裏　ここにいられて最高です、ほんとにワクワクしています―"サージェント・ペパー"の スタート　傑作がかたちに―"ペパー"のコンセプト　愛こそはすべて…そして長いお休み―『マジカル・ミステリー・ツアー』と『イエロー・サブマリン』　ぼくが辞めた日―"ホワイト・アルバム"の舞台裏　嵐のあとの静けさ―"ホワイト・アルバム"以降の日々　金床とベッドと三人の拳銃使い―"アビイ・ロード"の完成　穴の修理―アップル時代　ドブとカゲとモンスーン―"バンド・オン・ザ・ラン"の舞台裏　ビートルズ以降の人生―エルヴィス・コステロから"アンソロジー"まで　今日、ニュースを読んだよ、いやはや

＊1966年『リボルバー』から1969年『アビイ・ロード』まで、ビートルズのレコーディング現場にいた唯一のエンジニアが語る、ファブ・フォー、創作の秘密の全貌。

◇ザ・ビートルズ史―誕生　上　マーク・ルイソン著, 山川真理, 吉野由樹, 松田ようこ訳　河出書房新社　2016.11　813p　20cm　〈索引あり〉　4900円　Ⓣ978-4-309-27789-9　Ⓝ767.8

内容 前史（リバプールの我が家で―一八四五年～一九四五年　少年たち―一九四五年～五四年 ほか）　一年目、一九五八年―一緒になることを考える（俺たちはどこへくんだい、ジョニー―一九五八年一月～五月　これが俺の人生だ―一九五八年六月～一二月）　二年目、一九五九年―三人のイカした奴ら（乱暴なテディ・ボーイのような存在―一九五九年一月～七月　私とカスパへいらっしゃい―一九五九年八月～一二月）　三年目　一九六〇年―適性と、自信と、継続性と（幕は切って落とされた　ハイヨー、ハイヨー、シルヴァー…進め！―一九六〇年一月～五月 ほか）

＊4人のルーツからサウンドの完成まで徹底した事実検証で描き直し、ジョンの「マザー神話」などの数々の真相が次々と明かされる！　これまで語り継がれてきた「ビートルズ神話」を覆す新事実満載！　事件の現場にいた多くの人々を新たに取材、メンバーや関係者のインタビューを数多く発掘、利用し得るすべての一次資料（書簡、契約書、写真、音源など）を駆使して、「事実」にこだわり抜いた新しいビートルズ史！

◇ザ・ビートルズ史―誕生　下　マーク・ルイソン著, 山川真理, 吉野由樹, 松田ようこ訳　河出書房新社　2016.11　838p　図版16p　20cm　〈索引あり〉　4900円　Ⓣ978-4-309-27790-5　Ⓝ767.8

内容 四年目、一九六一年―ロックの時代到来（ビッグ・ビート・ポッピン・ビートルズ―一九六一年一月～三月　ビーデルズ、ブレリーを知る―一九六一年四月～六月　スープと汗とロックンロール―一九六一年七月～九月　パリを旅するナーク・ツインズ―一九六一年一〇月～一二月 ほか）　五年目、一九六二年―常に誠実であれ（選択肢―一九六二年一月一日～二月五日　きちんと音楽を聴かせる―一九六二年二月六日～三月八日　奴ら対ぼくら―一九六二年三月九日～四月一〇日　ビートルズになれた男―一九六二年四月一〇日～一三日 ほか）

＊リバプールでの爆発的成功からデビュー・ヒットまでを再検証。成功の裏に隠された4人の葛藤、デビューにまつわる新事実もえぐり出す！これまで語り継がれてきた「ビートルズ神話」を覆す新事実満載！　デビューまでにビートルズがカバーしライブ演奏した曲の全貌に迫る！　レノン＝マッカートニー・コンビの成長過程を詳細に辿り、どの曲がいつどちらの手で書かれていたのかまでも解明！

◇ビートルズが分かる本―4人が語る自身とビートルズ　小林七生著　広島　溪水社　2017.1　246p　21cm　〈文献あり〉　1800円　Ⓣ978-4-86327-378-8　Ⓝ764.7

内容 第1章　出生からクオリーメンまで　第2章　ハンブルク、ビートルズの成立（1960〜1962）　第3章　有名になった―ビッグ・バン、膨張・爆発　第4章　アメリカと世界　第5章　変化のきざし　第6章　東京受難マニラ・アメリカツアーに疑問　第7章　スタジオ・アーティスト、新生ビートルズ　第8章　各人の作風、ヨーコ　第9章　ビートルズ4人の旅立ち　終章　私のビートルズ

＊天命を受けたリバプールの少年4人は世界を熱狂させ人々をしがらみから解放した。ほどなく生活感を得た4人は自分たちを表現し、そして各自の人生を希求し無常観に至った。

リンチ, P. 〔1944〜〕 Lynch, Peter

◇伝説の7大投資家―リバモア・ソロス・ロジャーズ・フィッシャー・リンチ・バフェット・グレアム　桑原晃弥著　KADOKAWA　2017.6　239p　18cm　〈角川新書 K-139〉〈文献あり〉　800円　Ⓣ978-4-04-082146-7　Ⓝ338.18

内容 第1章　「ウォール街のグレートベア」ジェシー・リバモア　第2章　「イングランド銀行を潰した男」ジョージ・ソロス　第3章　「百聞は一見に如かず」ジム・ロジャーズ　第4章　「成長株集中投資の大家」フィリップ・フィッシャー　第5章　「伝説のファンドマネジャー」ピーター・リンチ　第6章　「オマハ

の賢人」ウォーレン・バフェット　第7章「バフェットの師」ベンジャミン・グレアム
＊「ウォール街のグレートベア」(リバモア)、「イングランド銀行を潰した男」(ソロス)…。数々の異名を持つ男たちは「個人投資家」という一般的なイメージを遙かに超える影響力を行使してきた―。

リンド, J. 〔1716～1794〕 Lind, James

◇壊血病―医学の謎に挑んだ男たち　スティーブン・R・バウン著，中村哲也監修，小林政子訳　国書刊行会　2014.8　262p　20cm　〈希望の医療シリーズ〉〈文献あり　年表あり〉　2500円　①978-4-336-05799-0　Ⓝ493.13

内容　第1章　一八世紀の航海―壊血病の時代　第2章　壊血病―海の疫病　第3章　南洋での大惨事と勝利―アンソン卿の悲劇の航海　第4章　見失われた発見―治療法の研究が始まる　第5章　予防の片鱗―ジェームズ・リンドとソールズベリー号上の実験　第6章　もつれをほどく―ロブと麦芽汁と海の実験　第7章　ジェームズ・クック船長の太平洋航海　第8章　影響力のある男―ギルバート・ブレーンと西インド諸島艦隊　第9章　大陸封鎖―壊血病の撲滅とナポレオン　結び　謎の解明

＊大航海時代、200万人の船乗りが壊血病に命を奪われた。恐怖の病にリンド医師、クック船長、ブレーン卿が挑む!!

リンドグレーン, A. 〔1907～2002〕 Lindgren, Astrid

◇リンドグレーンと少女サラ―秘密の往復書簡　アストリッド・リンドグレーン，サラ・シュワルト著，石井登志子訳　岩波書店　2015.3　270p　20cm　2300円　①978-4-00-022085-9　Ⓝ949.8

＊『長くつ下のピッピ』を生んだ児童文学作家リンドグレーンが、たったひとり文通を続けた相手は、問題を抱えた思春期の少女サラでした。心の内面を打ち明ける少女に、作家は愛情と信頼を寄せ、共感やユーモアに満ちた言葉で、はげまし続けたのです。いま、時を経て、ふたりの100通以上の手紙が、一冊の本になりました。子どもから大人まで、すべてのひとに贈る、ある友情の記録。

◇リンドグレーンの戦争日記―1939-1945　アストリッド・リンドグレーン著，石井登志子訳　岩波書店　2017.11　339,7p　20cm　〈著作目録あり　年譜あり〉　3400円　①978-4-00-025574-5　Ⓝ949.85

内容　一九三九年　一九四〇年　一九四一年　一九四二年　一九四三年　一九四四年　一九四五年

＊作家デビュー以前のリンドグレーンが書いた六年に及ぶ「戦争日記」。日記帳には、新聞や雑誌の切り抜きが貼りつけられ、戦争中立国スウェーデンに暮らす三〇代の二児の母親が見つけ続けたリアルタイムの第二次世界大戦と、家族の日常が綴られている―何が起きているのかを知り、考えるために。そして誕生したのが、『長くつ下のピッピ』だった。リンドグレーンの原点であり、歴史ドキュメントとしても貴重な日記の全文を初公開。

リンドバーグ, C.A. 〔1902～1974〕 Lindbergh, Charles Augustus

◇リンドバーグ第二次大戦日記　上　チャールズ・A・リンドバーグ著，新庄哲夫訳　KADOKAWA　2016.7　391p　15cm　(〔角川ソフィア文庫〕〔M118-1〕)〔「孤高の鷲　上」(学研M文庫　2002年刊)の改題〕　1120円　①978-4-04-400165-0　Ⓝ289.3

内容　大戦前夜―ヨーロッパで(大英帝国、老いたり――一九三八年)　戦争が平和か帰国――一九三九年　ロンドン炎上米国で――一九四〇年)　大戦前夜―米本国で(ファシスト呼ばわりされて――一九四一年)

＊「われわれは確かに軍事的な意味での勝利を得た。しかしもっと広い意味から考えれば、われわれは戦争に敗北したように思われてならぬ」大西洋無着陸横断飛行や人工心臓装置の開発など、数々の偉業を成した英雄リンドバーグ。唯一残した日記は、第2次大戦という西欧文明崩壊への証言だった。断固として訴えた米国の参戦反対、ルーズベルト大統領との確執、軍需産業の国際的な内幕―戦後25年を経て公開された、衝撃の記録。

◇リンドバーグ第二次大戦日記　下　チャールズ・A・リンドバーグ著，新庄哲夫訳　KADOKAWA　2016.7　393p　15cm　(〔角川ソフィア文庫〕〔M118-2〕)〔「孤高の鷲　下」(学研M文庫　2002年刊)の改題　年譜あり〉　1120円　①978-4-04-400166-7　Ⓝ289.3

内容　大戦前夜―米本国で(承前)(ファシスト呼ばわりされて――一九四一年)　戦時下―米本国で(現役復帰、かなわず――一九四二年)　戦時下―米本国で(戦場も根回しだ――一九四三年)　最前線―南太平洋で(日本軍と対峙した日々――一九四四年)　終戦時―ヨーロッパで(廃墟の中に立つ――一九四五年)

＊「ドイツ人がヨーロッパでユダヤ人になしたと同じようなことを、われわれは太平洋で日本人に行ってきたのである」開戦後、陸軍パイロットとして南太平洋に派遣されたリンドバーグ。ラバウルでの壮絶な空爆戦、零戦との一騎打ち―そこで目にしたのは米兵による日本軍捕虜の蛮行であった。戦争がもたらす残虐行為の連鎖、アメリカの自由と民主主義とは、人類が目指した文明化とは何なのか。未来への警句が、今なお重く響く。

◇列伝アメリカ史　松尾弌之著　大修館書店　2017.6　309p　20cm　〈他言語標題：Movers in American History　年表あり　索引あり〉　2300円　①978-4-469-24605-6　Ⓝ285.3

内容　ポカホンタス―征服された新天地の象徴　アン・ハッチンソン―異議申し立ての系譜　トマス・ジェファソン―アメリカ独立宣言の起草者　ハリエット・タブマン―逃亡奴隷に居場所を用意した女性　メリー・B.エディー―金ぴか時代の治療方法　ジョン・D.ロックフェラー―豊かなアメリカを作りあげた「強盗貴族」　セオドア・ローズベルト―二〇世紀を形づくった大統領　チャールズ・A.リンドバーグ―機械と共存した英雄　フランクリン・D.ローズベルト―パックス・アメリカーナをもたらした大統領　チャーリー・チャップリン―繁栄の時代の反逆児　ジョン・F.ケネディ―期待に満ちた時代の若い大統領　ベティ・フリーダン―対抗文化運動のうねり　リチャード・M.ニクソン―多様性の時代に立ち向かった大統領　バラク・H.オバマ―希望を

信じ忍耐を貫いた黒人大統領　ドナルド・J・トランプ―人民の人民による人民のための政治
＊ポカホンタスからトランプまで。時代に影響を与えた人々の人生の物語を通していきいきと描く魅力あふれるアメリカ史。

【ル】

ルアール, C. 〔1879～1941〕
Rouart, Christine

◇印象派のミューズ―ルロル姉妹と芸術家たちの光と影　ドミニク・ボナ著，永田千奈訳　白水社　2015.8　337,6p　20cm　2800円　①978-4-560-08450-2　Ⓝ702.35

内容　数奇な運命をたどった一枚の絵　ルロル姉妹―芸術のなかで育った二人　アンリ・ルロル―絵画と音楽の接点　クロード・ドビュッシー―ピアノとスキャンダル　エルネスト・ショーソン―メランコリーの響き　アルチュール・フォンテーヌ―労働と信仰　オーギュスト・ルノワール―あふれる色彩と光　アンリ・ルアールとドガ　ウジェーヌ・ルアールとジッド―イヴォンヌの夫の二面性　ルイ・ルアール―クリスティーヌと嫌われ者の夫　不幸のはじまり―ショーソンの死　夫婦生活の試練　ドレフュス事件　マリー・フォンテーヌ―女神の反抗　夫婦の不幸、それぞれのかたち　オークション―長老ルアールの死　クローデルとヴァレリー―戦時下の詩人たち　姉妹のその後　古き良き時代の終わり　オランジュリー美術館の誕生

＊ルノワール、ドガ、ドニ、ドビュッシー、ショーソン、ジッド、ヴァレリー…。ふたりの周囲には常に芸術家や作家がいた。深い絆で結ばれた姉妹はそろって同じ家に嫁ぐ。そこに待っていた運命は…。美術、音楽、文学―交差する人間模様。

ルアール, Y. 〔1877～1944〕 Rouart, Yvonne

◇印象派のミューズ―ルロル姉妹と芸術家たちの光と影　ドミニク・ボナ著，永田千奈訳　白水社　2015.8　337,6p　20cm　2800円　①978-4-560-08450-2　Ⓝ702.35

内容　数奇な運命をたどった一枚の絵　ルロル姉妹―芸術のなかで育った二人　アンリ・ルロル―絵画と音楽の接点　クロード・ドビュッシー―ピアノとスキャンダル　エルネスト・ショーソン―メランコリーの響き　アルチュール・フォンテーヌ―労働と信仰　オーギュスト・ルノワール―あふれる色彩と光　アンリ・ルアールとドガ　ウジェーヌ・ルアールとジッド―イヴォンヌの夫の二面性　ルイ・ルアール―クリスティーヌと嫌われ者の夫　不幸のはじまり―ショーソンの死　夫婦生活の試練　ドレフュス事件　マリー・フォンテーヌ―女神の反抗　夫婦の不幸、それぞれのかたち　オークション―長老ルアールの死　クローデルとヴァレリー―戦時下の詩人たち　姉妹のその後　古き良き時代の終わり　オランジュリー美術館の誕生

＊ルノワール、ドガ、ドニ、ドビュッシー、ショーソン、ジッド、ヴァレリー…。ふたりの周囲には常に芸術家や作家がいた。深い絆で結ばれた姉妹はそろって同じ家に嫁ぐ。そこに待っていた運命は…。美術、音楽、文学―交差する人間模様。

ルイ IX 〔1214～1270〕 Louis IX

◇王たちの最期の日々　上　パトリス・ゲニフェイ編，神田順子，谷口きみ子訳　原書房　2018.6　200p　20cm　2000円　①978-4-562-05570-8　Ⓝ288.4935

内容　1　一人の皇帝の死、そして伝説のはじまり―カール大帝（シャルルマーニュ）―アーヘン、八一四年　2　非力な王のまことに目立たぬ死―ユーグ・カペー―九九六年　3　きわめて政治的な死―フィリップ二世――二二三年七月一四日　4　「われわれはエルサレムに向かう！」―チュニスで死の床にあった聖王ルイ九世の言葉――二七〇年　5　最期まで王―シャルル五世の死――三八〇年九月一六日　6　不人気だった国王のひかえめな死―ルイ一一世――四八三年八月三〇日　7　フランソワ一世の模範的な死――五四七年三月三一日　8　アンリ二世の最期――五五九年七月一〇日　9　アンリ三世暗殺――五八九年八月一日　10　アンリ四世の最期の日々――六一〇年

＊カール大帝からナポレオン3世にいたるまで、フランスという国をつくったおもな君主たちは、どのように死を迎えたのだろうか？　現代屈指の歴史研究者を執筆者に迎え、学術的な正確さと読みものとしての面白さを追求し、この疑問にはじめて答える。

ルイ XI 〔1423～1483〕 Louis XI

◇フランス史〈中世〉　6　ジュール・ミシュレ著，桐村泰次訳　論創社　2017.11　484p　20cm　〈他言語標題：HISTOIRE DE FRANCE：LE MOYEN AGE　索引あり〉　4500円　①978-4-8460-1664-7　Ⓝ235.04

内容　第13部　ルイ十一世の即位（統治の始まり（一四六一～一四六三年））　ルイ十一世の改革（一四六二～一四六四年））　第14部　ルイ十一世の試練（封建勢力（公益同盟）の反撃（一四六五年））　第15部　ルイ十一世の巻き返し（ノルマンディーの奪還　ディナンの蹂躙（一四六六年）ほか）　第16部　外国からの牽制（王弟シャルルの死（一四六九～一四七二年）　ドイツ、スイスとの関わり（一四七三～一四七五年）ほか）　第17部　近代への序曲（スイス人との戦争（一四七六年）　シャルル突進公の死（一四七六～一四七七年）ほか）

＊滅亡寸前から蘇ったフランスをルイ十一世はいかにして近代的国家に変えたのか、"中世編"全六巻完結。

◇王たちの最期の日々　上　パトリス・ゲニフェイ編，神田順子，谷口きみ子訳　原書房　2018.6　200p　20cm　2000円　①978-4-562-05570-8　Ⓝ288.4935

内容　1　一人の皇帝の死、そして伝説のはじまり―カール大帝（シャルルマーニュ）―アーヘン、八一四年　2　非力な王のまことに目立たぬ死―ユーグ・カペー―九九六年　3　きわめて政治的な死―フィリップ二世――二二三年七月一四日　4　「われわれはエルサレムに向かう！」―チュニスで死の床にあった聖王ルイ九世の言葉――二七〇年　5　最期まで王―シャルル五世の死――三八〇年九月一六日　6　不人気だった国王のひかえめな死―ルイ一一世――四八三年八月三〇日　7　フランソワ一世の模範的な死――五四

七年三月三一日　8　アンリ二世の最期——五五九年七月一〇日　9　アンリ三世暗殺——五八九年八月一〇日　アンリ四世の最期の日々——六一〇年
* カール大帝からナポレオン3世にいたるまで、フランスという国をつくったおもな君主たちは、どのように死を迎えたのだろうか？ 現代屈指の歴史研究者を執筆者に迎え、学術的な正確さと読みものとしての面白さを追求し、この疑問にはじめて答える。

ルイXIII 〔1601～1643〕 Louis XIII

◇図説ブルボン王朝　長谷川輝夫著　河出書房新社　2014.7　127p　22cm　（ふくろうの本）〈文献あり 年表あり〉 1800円　①978-4-309-76219-7　Ⓝ235.05

内容 第1章 ブルボン王朝の誕生——アンリ四世　第2章 戦う国王——ルイ一三世　第3章 「偉大な世紀」の大王——ルイ一四世　第4章 繁栄の時代の国王——ルイ一五世　第5章 悲劇の国王——ルイ一六世　第6章 フランス革命と絶対王政の終焉　第7章 復古王政のブルボン王朝——ルイ一八世とシャルル一〇世

* フランス王室、絶頂期の輝き。相次ぐ戦争と国土拡張、絢爛たる宮廷文化の中で渦巻く愛憎、そして革命による幕切れ——王たちの激動の生涯とともにたどる、フランス王朝の栄華と衰亡。ブルボン王朝のすべてがわかる決定版ビジュアルガイド！

◇王たちの最期の日々　下　パトリス・ゲニフェイ編，神田順子訳　原書房　2018.6　185p　20cm　2000円　①978-4-562-05571-5　Ⓝ288.4935

内容 11 ルイ一三世の短い一年——一六四二・四三年　12 沈む大きな太陽——ルイ一四世——一七一五年九月一日　13 ルイ五世の臨終——一七七四年五月　14 ルイ一六世、予告された終焉の記録　15 セント・ヘレナ、一八二一年五月五日、一七時四九分ナポレオン一世　16 人は彼を「牡蠣のルイ」とよんだ——ルイ一八世——一八二四年九月一六日　17 シャルル一〇世の二度の死　18 ルイ＝フィリップの悲しみ——一八五〇年八月二六日　19 鷲の黄昏——最後の皇帝、ナポレオン三世の最期

* 君主の死はその人生にとって非常に重要なできごとである。後世に残る当人のイメージを決定づけるからだ。模範的な態度と威厳をもって、臨終の苦しみに立ち向かい、崇高さの頂点をめざさねばならないゆえに、君主にとってその最期は、伝説のはじまりとなるのだ。

ルイXIV 〔1638～1715〕 Louis XIV

◇図説ブルボン王朝　長谷川輝夫著　河出書房新社　2014.7　127p　22cm　（ふくろうの本）〈文献あり 年表あり〉 1800円　①978-4-309-76219-7　Ⓝ235.05

内容 第1章 ブルボン王朝の誕生——アンリ四世　第2章 戦う国王——ルイ一三世　第3章 「偉大な世紀」の大王——ルイ一四世　第4章 繁栄の時代の国王——ルイ一五世　第5章 悲劇の国王——ルイ一六世　第6章 フランス革命と絶対王政の終焉　第7章 復古王政のブルボン王朝——ルイ一八世とシャルル一〇世

* フランス王室、絶頂期の輝き。相次ぐ戦争と国土拡張、絢爛たる宮廷文化の中で渦巻く愛憎、そして革命による幕切れ——王たちの激動の生涯とともにたどる、フランス絶対王政の栄華と衰亡。ブルボン王朝のすべてがわかる決定版ビジュアルガイド！

◇ルイ14世とリシュリュー——絶対王政をつくった君主と宰相　林田伸一著　山川出版社　2016.4　87p　21cm　（世界史リブレット人 54）〈文献あり 年譜あり〉 800円　①978-4-634-35054-0　Ⓝ289.3

内容 1 宰相への階段をのぼるリシュリュー　2 リシュリュー、三つの敵　3 ルイ14世の少年時代とフロンドの乱　4 太陽王の神話　5 国王の栄光とフランスの疲弊

* フランス絶対王政を確立へと導いたルイ13世の宰相リシュリュー。そのあとを受けて黄金期を現出させ、国内外にその権威を誇示したルイ14世。彼らは強力な国家権力の体現者として、つねに語られイメージされてきた。だが、彼らは実際にはどのようにしてその権力を掌握し、行使したのだろうか。そのことを、近年研究の進んでいる近世という時代に特有の人的結合関係や権力秩序のなかにおくことで、明らかにしていこう。

◇太陽王ルイ14世——ヴェルサイユの発明者　鹿島茂著　KADOKAWA　2017.2　412p　19cm　〈他言語標題：Louis 14 Roi-Soleil　年表あり〉 2500円　①978-4-04-400173-5　Ⓝ235.05

内容 ルイ十四世の誕生　策士マザランの計画　宰相マザランと黒い枢機卿　個性豊かな陰謀の脇役たち　血塗られた内乱の結末　偉大なる、苦い初恋　マザランの死がもたらしたもの　「二人の王は要らない」　宮廷社会のパラドックス　壮絶なる宮廷サバイバル〔ほか〕

* 「太陽王」と称されたフランス史上もっとも名高い王、ルイ14世。72年という長き治世の最大の業績——絶対王政と「ヴェルサイユ」の発明を、フランス文学研究の第一人者ならではの視点で語り尽くす、本格・痛快・歴史評伝！

◇図説ルイ14世——太陽王とフランス絶対王政　佐々木真著　河出書房新社　2018.3　151p　22cm　（ふくろうの本）〈文献あり 年譜あり〉 1800円　①978-4-309-76269-2　Ⓝ235.05

内容 第1章 幼年ルイ一四世　第2章 フロンド　第3章 親政の開始と初期の改革　第4章 対外関係と軍隊・戦争　第5章 ルイ一四世の芸術政策　第6章 ヴェルサイユ宮殿　第7章 治世の絶頂期　第8章 晩年のルイ一四世　おわりに 歴史のなかのルイ一四世

* 「朕は国家なり」「絶対王政」を象徴する、ルイ14世。近代国家への道筋をつけながらも、彼は早すぎた改革者でもあった。バレエや芸術を愛し、ヴェルサイユ宮殿を作った「太陽王」！ その知られざる素顔を明らかにする、最新の歴史研究の成果を盛り込んだ評伝。決定版!!

◇ルイ14世 フランス絶対王政の虚実　千葉治男著　清水書院　2018.5　215p　19cm　（新・人と歴史拡大版 26）〈1984年刊の表記や仮名遣い等一部を変更　文献あり　年譜あり　索引あり〉 1800円　①978-4-389-44126-5　Ⓝ235.05

内容 序 この時代をどうとらえるか　1 動乱と危機の時代——少年王ルイ一四世（リシュリューと三十年戦争　マザランとフロンドの乱）　2 太陽王の親政——「朕は国家なり」（親政のしくみ　コルベールとその政策）　3 ヴェルサイユ宮殿の栄華——宮廷と古典主義（ルイ一四世とヴェルサイユ　古典主義の文学と

芸術　ほか）　4 落日のルイ一四世―王と戦争と民衆（フランスとヨーロッパ　ルイ一四世の戦争　ほか）　むすび―ルイ一四世の死
＊ルイ一四世は、太陽王の名で知られる代表的な絶対君主といわれる。そしてこの時代は、フランスがヨーロッパの中心として栄えた「ルイ一四世の大世紀」といわれる。ところが、これとまったく反対に、この一七世紀は「悲惨と危機の世紀」ともいわれている。繁栄と悲惨、安定と危機、どうして相反する評価がおこなわれるのであろうか。それは、絶対王政の「建前」と実態とに大きなへだたりがあるからだ。本書は漠然とした幻想を拒否し、時代の虚像と実像を描き出すことによって歴史の真実を提供する。

◇王たちの最期の日々　下　パトリス・ゲニフェイ編，神田順子訳　原書房　2018.6　185p　20cm　2000円　Ⓣ978-4-562-05571-5　Ⓝ288.4935
[内容] 11 ルイ一三世の短い一年――一六四二・四三年　12 沈む大きな太陽――ルイ一四世――一七一五年九月一日　13 ルイ一五世の臨終――一七七四年五月　14 ルイ一六世、予告された終焉の記録　15 セント・ヘレナ、一八二一年五月五日、一七時四九分ナポレオン一世　16 人は彼を「牡蠣のルイ」とよんだ――ルイ一八世――一八二四年九月一七日　17 シャルル一〇世の二度の死　18 ルイ＝フィリップの悲しみ――一八五〇年八月二六日　19 鷲の黄昏――最後の皇帝、ナポレオン三世の最期
＊君主の死はその人生にとって非常に重要なできごとである。後世に残る当人のイメージを決定づけるからだ。模範的な態度と威厳をもって、臨終の苦しみに立ち向かい、崇高さの頂点をめざさねばならないゆえに、君主にとってその最期は、伝説のはじまりとなるのだ。

ルイⅩⅤ〔1710〜1774〕　Louis XV
◇図説ブルボン王朝　長谷川輝夫著　河出書房新社　2014.7　127p　22cm　（ふくろうの本）〈文献あり　年表あり〉　1800円　Ⓣ978-4-309-76219-7　Ⓝ235.05
[内容] 第1章 ブルボン王朝の誕生―アンリ四世　第2章 戦う国王―ルイ一三世　第3章 「偉大な世紀」の大王―ルイ一四世　第4章 繁栄の時代の国王―ルイ一五世　第5章 悲劇の国王―ルイ一六世　第6章 フランス革命と絶対王政の終焉　第7章 復古王政のブルボン王―ルイ一八世とシャルル一〇世
＊フランス王室、絶頂期の輝き。相次ぐ戦争と国土拡張、絢爛たる宮廷文化の中で渦巻く愛憎、そして革命による幕切れ―王たちの激動の生涯とともにたどる、フランス絶対王政の栄華と衰亡。ブルボン王朝のすべてがわかる決定版ビジュアルガイド！

◇王たちの最期の日々　下　パトリス・ゲニフェイ編，神田順子訳　原書房　2018.6　185p　20cm　2000円　Ⓣ978-4-562-05571-5　Ⓝ288.4935
[内容] 11 ルイ一三世の短い一年――一六四二・四三年　12 沈む大きな太陽――ルイ一四世――一七一五年九月一日　13 ルイ一五世の臨終――一七七四年五月　14 ルイ一六世、予告された終焉の記録　15 セント・ヘレナ、一八二一年五月五日、一七時四九分ナポレオン一世　16 人は彼を「牡蠣のルイ」とよんだ――ルイ一八世――一八二四年九月一七日　17 シャルル一〇世

ルイⅩⅥ〔1754〜1793〕　Louis XVI
◇図説ブルボン王朝　長谷川輝夫著　河出書房新社　2014.7　127p　22cm　（ふくろうの本）〈文献あり　年表あり〉　1800円　Ⓣ978-4-309-76219-7　Ⓝ235.05
[内容] 第1章 ブルボン王朝の誕生―アンリ四世　第2章 戦う国王―ルイ一三世　第3章 「偉大な世紀」の大王―ルイ一四世　第4章 繁栄の時代の国王―ルイ一五世　第5章 悲劇の国王―ルイ一六世　第6章 フランス革命と絶対王政の終焉　第7章 復古王政のブルボン王―ルイ一八世とシャルル一〇世
＊フランス王室、絶頂期の輝き。相次ぐ戦争と国土拡張、絢爛たる宮廷文化の中で渦巻く愛憎、そして革命による幕切れ―王たちの激動の生涯とともにたどる、フランス絶対王政の栄華と衰亡。ブルボン王朝のすべてがわかる決定版ビジュアルガイド！

◇王たちの最期の日々　下　パトリス・ゲニフェイ編，神田順子訳　原書房　2018.6　185p　20cm　2000円　Ⓣ978-4-562-05571-5　Ⓝ288.4935
[内容] 11 ルイ一三世の短い一年――一六四二・四三年　12 沈む大きな太陽――ルイ一四世――一七一五年九月一日　13 ルイ一五世の臨終――一七七四年五月　14 ルイ一六世、予告された終焉の記録　15 セント・ヘレナ、一八二一年五月五日、一七時四九分ナポレオン一世　16 人は彼を「牡蠣のルイ」とよんだ――ルイ一八世――一八二四年九月一七日　17 シャルル一〇世の二度の死　18 ルイ＝フィリップの悲しみ――一八五〇年八月二六日　19 鷲の黄昏――最後の皇帝、ナポレオン三世の最期
＊君主の死はその人生にとって非常に重要なできごとである。後世に残る当人のイメージを決定づけるからだ。模範的な態度と威厳をもって、臨終の苦しみに立ち向かい、崇高さの頂点をめざさねばならないゆえに、君主にとってその最期は、伝説のはじまりとなるのだ。

ルイⅩⅧ〔1755〜1824〕　Louis XVIII
◇図説ブルボン王朝　長谷川輝夫著　河出書房新社　2014.7　127p　22cm　（ふくろうの本）〈文献あり　年表あり〉　1800円　Ⓣ978-4-309-76219-7　Ⓝ235.05
[内容] 第1章 ブルボン王朝の誕生―アンリ四世　第2章 戦う国王―ルイ一三世　第3章 「偉大な世紀」の大王―ルイ一四世　第4章 繁栄の時代の国王―ルイ一五世　第5章 悲劇の国王―ルイ一六世　第6章 フランス革命と絶対王政の終焉　第7章 復古王政のブルボン王―ルイ一八世とシャルル一〇世
＊フランス王室、絶頂期の輝き。相次ぐ戦争と国土拡張、絢爛たる宮廷文化の中で渦巻く愛憎、そして革命による幕切れ―王たちの激動の生涯とともにたどる、

どる。フランス絶対王政の栄華と衰亡。ブルボン王朝のすべてがわかる決定版ビジュアルガイド！

◇王たちの最期の日々　下　パトリス・ゲニフェイ編，神田順夫訳　原書房　2018.6　185p　20cm　2000円　①978-4-562-05571-5　Ⓝ288.4935

内容　11 ルイ一三世の短い一年——一六四二・四三年　12 沈む大きな太陽——ルイ一四世——一七一五年九月一日　13 ルイ一五世の臨終——一七七四年五月　14 ルイ一六世，予告された終焉の記録　15 セント・ヘレナ，一八二一年五月五日，一七時四九分ナポレオン一世　16 人は彼を「牡蛎のルイ」とよんだ——ルイ一八世——一八二四年九月一七日　17 シャルル一〇世の二度の死　18 ルイ＝フィリップの悲しみ——一八五〇年八月二六日　19 鷲の黄昏——最後の皇帝，ナポレオン三世の最期

＊君主の死はその人生にとって非常に重要なできごとである。後世に残る当人のイメージを決定づけるからだ。模範的な態度と威厳をもって，臨終の苦しみに立ち向かい，崇高さの頂点をめざさねばならないゆえに，君主にとってその最期は，伝説のはじまりとなるのだ。

ルイ, C.S.〔1898~1963〕
Lewis, Clive Staples

◇C.S.ルイスの生涯——憧れと歓びの人　A・E・マクグラス著，佐柳文男訳　教文館　2015.5　531,23p　22cm　〈文献あり　索引あり〉　4900円　①978-4-7642-7396-2　Ⓝ930.278

内容　第1部 序幕(ダウン郡のなだらかな山並み——アイルランドでの幼年時代　一八九八・一九〇八年(〇・一〇歳)　醜い国イギリス——就学時代　一九〇八・一九一七年(一〇・一九歳) ほか)　第2部 オクスフォード大学(数々の欺瞞，初めての発見——オクスフォード大学特別研究員の誕生　一九一九・一九二七年(二一・二九歳)　モードリン学寮特別研究員，家族，そして友情——モードリン学寮における出発　一九二七・一九三〇年(二九・三二歳) ほか)　第3部 ナルニア国(現実を再構成する——ナルニア国創造　ナルニア国——想像された世界を探索する)　第4部 ケンブリッジ大学(ケンブリッジ大学への移籍——モードリン学寮　一九五四・一九六〇年(五六・六二歳)　死別，病気，死——最晩年　一九六〇・一九六三年(六二・六四歳))　第5部 死の後(ルイス現象)

＊名作『ナルニア国物語』の生みの親，C.S.ルイス。彼の壮大な物語世界の内奥には，どのような思想が潜んでいるのか？ 神の再発見，トールキンとの友情，妻を得た喜びと死との対峙…。神学者が克明に描きだす，深い思索と信仰に貫かれた生涯。

◇C.S.ルイスの読み方——物語で真実を伝える　A.E.マクグラス著，佐柳文男訳　教文館　2018.10　243p　19cm　〈文献あり〉　2300円　①978-4-7642-6737-4　Ⓝ930.278

内容　1 壮大なパノラマ—人生の意味についてC.S.ルイスが考えたこと　2 信頼すべき旧友たち—友愛についてC・S・ルイスが考えたこと　3 物語で創られる世界—『ナルニア国』と物語の重要性　4 世界の主とライオン—アスランとキリストの生き方についてC・S・ルイスが考えたこと　5 信仰について語る—護教論の方法についてC・S・ルイスが考えたこと　6 学問・知識を愛すること—教育についてC・S・ルイスが考えたこと　7 苦しみにどう立ち向かうか—痛みの問題についてC・S・ルイスが考えたこと　8 さらに高く，さらに深く—希望と天国についてC・S・ルイスが考えたこと　補論1 C・S・ルイスに関する参考文献　補論2 C・S・ルイス略歴

＊人間の内面を変革する物語。『ナルニア国物語』で多くのファンを得たルイス。無神論者だった彼が信仰へと接近する心の軌跡が，豊かな作品世界。友愛，苦しみ，希望などのテーマから，生きること，信じることの本質について語る。

ルイス, J.R.〔1940~〕　Lewis, John Robert

◇MARCH　1　非暴力の闘い　ジョン・ルイス，アンドリュー・アイディン作，ネイト・パウエル画，押野素子訳　岩波書店　2018.3　121p　25cm　〈本文は日本語〉　1900円　①978-4-00-061263-0　Ⓝ726.1

＊バラク・オバマの大統領就任式の日，ジョン・ルイス下院議員は，これまでの道のりを振り返っていた。それは長い長い闘いの歴史だった。アラバマ州の片田舎で育った少年時代，修業時代を変えたキング牧師との出会い，ナッシュビル学生運動の誕生，そしてランチ・カウンターでの座り込み…。南部の農場で生まれ育った少年が，いかにして差別に対抗する非暴力の手法を学び，運動に身を投じるようになったのか。公民権運動の闘士，ジョン・ルイスの半生を追いながら，人種隔離が法によって定められていた時代から，現代までの長い道のりを鮮明に描き出す。自伝であると同時に，公民権運動の流れを当事者の目線でふりかえった，傑作グラフィック・ノベル第一弾。ニューヨーク・タイムズ・ベストセラー・リスト第1位，コレッタ・スコット・キング賞オナーブック，全米図書館協会が選ぶ "ティーン向け優秀グラフィック・ノベル・トップ10"。

◇MARCH　2　ワシントン大行進　ジョン・ルイス，アンドリュー・アイディン作，ネイト・パウエル画，押野素子訳　岩波書店　2018.4　178p　25cm　〈本文は日本語〉　2400円　①978-4-00-061264-7　Ⓝ726.1

＊ナッシュビルでの座り込みが成功したあと，ジョン・ルイスは非暴力の手段を通じて社会を変える運動にますますのめり込んでいく。だが仲間とともにバスに乗り込んで向かった深南部では，かつてない試練に向き合うことになる。容赦のない暴行，残忍な警察，放火，殺人。若い運動家たちは引き裂かれるような恐怖にさいなまれながら，時には命を危険にさらしてまで闘いつづける。その勇気はマーティン・ルーサー・キング牧師をはじめとする指導者や，政治家たちの心をも動かしていった。やがてSNCC(学生非暴力調整委員会)の委員長に選出されたジョン・ルイスは，1963年のワシントン大行進に最年少の演説者として登壇する。アメリカ公民権運動の歴史を振り返る "MARCH" 三部作。フリーダム・ライドからワシントン大行進までの姿を描く，激動の第二巻。

◇MARCH　3　セルマ勝利をわれらに　ジョン・ルイス，アンドリュー・アイディン作，ネイト・パウエル画，押野素子訳　岩波書店　2018.5　246p　25cm　〈本文は日本語〉　2700円　①978-4-00-061265-4　Ⓝ726.1

＊1963年の秋，公民権運動はアメリカの意識に深く浸透していた。SNCC(学生非暴力調整委員会)の

委員長として、ジョン・ルイスは若き活動家たちを導いていく。絶え間のない直接行動を通して、あからさまな不正を訴えるSNCCだったが、危険もますます増える。ジム・クロウ法（人種隔離法）の下でおこなわれる脅迫、暴行、殺人—。残された希望は、抑圧された南部の黒人たちの声に形を与えることだった。ルイスたちは、黒人の有権者を増やすために、人種差別の牙城、ミシシッピ州にボランティアを送り込む。またそこに集まった活動家たちはミシシッピ自由民主党を結成して、民主党の全国大会で黒人の権利がいかに排除されているかを訴えるが…。多大な犠牲を払い、また組織の亀裂に苦しみながらも、25歳のジョン・ルイスはアラバマ州セルマでの行進にのぞむ。公民権運動の歴史を描くグラフィック・ノベル三部作、堂々の最終巻。

ルイーズ・ド・ロレーヌ＝ヴォーデモン〔1553～1601〕Louise de Lorraine-Vaudémont

◇フランス王妃列伝—アンヌ・ド・ブルターニュからマリー＝アントワネットまで　阿河雄二郎，嶋中博章編　京都　昭和堂　2017.7　283,21p　20cm　〈他言語標題：Vies des reines de France　文献あり　年表あり　索引あり〉　2800円　①978-4-8122-1632-3　Ⓝ288.4935

[内容] 第1章 アンヌ・ド・ブルターニュ―二人のフランス王と結婚した王妃　第2章 クロード・ド・フランス―ブルターニュをフランスに統合した王妃　第3章 カトリーヌ・ド・メディシス―理想の実現に挫折した王妃　第4章 ルイーズ・ド・ロレーヌ―アンリ三世と恋愛結婚した王妃　第5章 マルグリット・ド・ヴァロワ―「王妃マルゴ」の世界　第6章 マリー・ド・メディシス―リシュリューと対決した剛毅な王妃　第7章 アンヌ・ドートリッシュ―ルイ一四世の母として生きた王妃　第8章 マリー＝テレーズ・ドートリッシュ―ルイ一四世とフランスを愛した王妃　第9章 マリー・レクザンスカ―家族を愛した慎ましやかな王妃　第10章 マリー・アントワネット・ドートリッシュ―宮廷の落日を彩り革命に散った王妃

＊最新の研究成果をもとに、激動の時代を生きた一〇人のフランス王妃の姿をドラマティックかつリアルに描き出す。彼女たちの生きざま、王妃の役割、王政と政治について真摯に考察した、日本とフランスの歴史家による新たな王妃論。巻末には近世フランス王妃一五人の略歴等を付した。

ルイ・ナポレオン

⇒ナポレオンⅢを見よ

ルイ＝フィリップⅠ〔1773～1850〕Louis-Philippe Ⅰ

◇王たちの最期の日々　下　パトリス・ゲニフェイ編，神田順子訳　原書房　2018.6　185p　20cm　2000円　①978-4-562-05571-5　Ⓝ288.4935

[内容] 11 ルイ一三世の短い一年——一六四二・四三年　12 沈む大きな太陽—ルイ一四世—一七一五年九月一日　13 ルイ一五世の臨終——一七七四年五月　14 ルイ一六世、予告された終焉の記録　15 セント・ヘレナ、一八二一年五月五日、一七時四九分ナポレオン一世　16 人は彼を「牡蠣のルイ」とよんだ—ル

イ一八世——一八二四年九月一七日　17 シャルル一〇世の二度の死　18 ルイ＝フィリップの悲しみ——一八五〇年八月二六日　19 鷲の黄昏—最後の皇帝、ナポレオン三世の最期

＊君主の死はその人生にとって非常に重要なできごとである。後世に残る当人のイメージを決定づけるからだ。模範的な態度と威厳をもって、臨終の苦しみに立ち向かい、崇高さの頂点をめざさねばならないゆえに、君主にとってその最期は、伝説のはじまりとなるのだ。

ルオー, G.〔1871～1958〕Rouault, Georges

◇マティスとルオー　友情の手紙　アンリ・マティス，ジョルジュ・ルオー著，ジャクリーヌ・マンク編，後藤新治他訳，パナソニック汐留ミュージアム監修　みすず書房　2017.1　263,61p　図版19枚　22cm　〈年譜あり　索引あり〉　3500円　①978-4-622-08564-5　Ⓝ723.35

[内容] 1906・07年　サロン・ドートンヌ事件　1930年 ふたりのマティス　1934年 画商との確執　1937-38年 絵付けと舞台美術　1941年 占領地区と自由地区　1944年 解放前夜　1945年 オーヴェルニュ画家　1946年「黒は色である」　1947年 ヴォラール裁判　1949年 聖なる芸術　1951年 古いなかつま　1952年 ユネスコ世界会議　1952-53年 最後の邂逅に向けて—マティスへの質問状　1954年 エピローグ

＊気質も画風も好対照。そめゆえに惹かれ合い、ライバルとして高め合ってきたマティスとルオー。ふたりはパリ国立美術学校のギュスターヴ・モロー教室で出会って以来、マティスの死の直前まで50年にわたり手紙を交わし、家族ぐるみの交流をつづけた。恩師との思い出、フォーヴィスムの誕生、画商への愛憎、贋作騒動、「聖なる芸術」への熱情—ふたりの巨匠の創作の舞台裏。図版75点、詳細年譜、関連地図を収録。

ルカサー, S.〔1957～〕Lukather, Steve

◇スティーヴ・ルカサー自伝—福音書—TOTOと時代の「音」を作った男たち　スティーヴ・ルカサー著，川村まゆみ訳　DU BOOKS　2018.11　399p　図版16p　21cm　〈発売：ディスクユニオン〉　2800円　①978-4-86647-044-3　Ⓝ764.7

[内容] 音楽の黄金時代は、絶対に記録して保存しとかなきゃならない　ビートルズの天啓。いじめられまくった俺には音楽が救いだった　12歳で初めてスタジオ録音を経験。親父からの最高の贈り物はレスポール・デラックス　ポーカロ兄弟・ベイチとの出会い。スタジオ・ミュージシャンになるという夢へ　ハイスクール卒業。セッション・ミュージシャンの道へ　ボズ・スキャッグスのおかげで開いた扉、そしてTOTOファースト・アルバム制作へ　TOTO始動！『宇宙の騎士』制作秘話　『宇宙の騎士』リリース。酷評の嵐だったが、300万枚売れたぜ！　『ハイドラ』『21 AT 33』『ミドル・マン』ベイクド・ポテトで腕を磨く〔ほか〕

＊AOR/西海岸シーンの黄金時代とその後を語った、初の自伝。ボズ・スキャッグス、マイケル・ジャクソン『スリラー』レコーディング、ポーカロの死を乗り越えて…。

ルカーチ, G. 〔1885～1971〕
Lukács, György

◇ルカーチと革命の時代―『歴史と階級意識』への道　安岡直著　御茶の水書房　2016.4　249, 3p　23cm　〈文献あり　索引あり〉　5000円　①978-4-275-02042-0　Ⓝ139.3

|内容| 第1章 世紀末ハンガリーとルカーチ―観念的革命論の起源　第2章 ルカーチとハンガリー革命―観念的革命論と革命の観念性　第3章 ルカーチにおける内的危機と過渡期の思想―『歴史と階級意識』の成立過程　第4章 ルカーチの党理論―「組織問題の方法的考察」と反セクト主義の限界　第5章 階級意識の理論―「物化とプロレタリアートの意識」における社会的意識論　結論 『歴史と階級意識』から「ブルム・テーゼ」へ

ル・カレ, J. 〔1931～〕　Le Carré, John

◇地下道の鳩―ジョン・ル・カレ回想録　ジョン・ル・カレ著, 加賀山卓朗訳　早川書房　2017.3　362p　20cm　2500円　①978-4-15-209674-6　Ⓝ930.278

|内容| 秘密情報部を厭うなかれ　グロブケ博士の法律　公式訪問　引き金にかかった指　心当たりのあるかたへ　イギリスの司法制度　イワン・セーロフの背信　遺産　無実の男ムラット・クルナズ　現地に出かける〔ほか〕

＊東西冷戦、中東問題、ベルリンの壁崩壊、テロとの戦い―刻々と変化する国際情勢を背景に、ル・カレは小説を執筆し、『寒い国から帰ってきたスパイ』、『ティンカー、テイラー、ソルジャー、スパイ』に始まるスマイリー三部作、『リトル・ドラマー・ガール』などの名作を世に送り出してきた。本書は、巨匠と謳われる彼の回想録である。その波瀾に満ちた人生と創作の秘密をみずから語っている。イギリスの二大諜報機関MI5とMI6に在籍していこと。詐欺師だった父親の奇想天外な生涯と母親、家族のこと。ジョージ・スマイリーなどの小説の登場人物のモデル。中東などの紛争地帯での取材やソ連崩壊前後のロシアへの訪問。二重スパイ、キム・フィルビーへの思い。PLO（パレスチナ解放機構）のアラファト議長、"ソ連水爆の父"サハロフ、サッチャー首相らとの出会い。作家グレアム・グリーン、ジョージ・スマイリーを演じたアレック・ギネス、キューブリック、コッポラなどの映画監督との交流と、実現しなかった数々の映画化の企画。謎に満ちた作家ル・カレの真実が明かされる、読書界待望の話題作。

◇ジョン・ル・カレ伝　上　アダム・シズマン著, 加賀山卓朗, 鈴木和博訳　早川書房　2018.5　491p　20cm　〈索引あり〉　3000円　①978-4-15-209766-8　Ⓝ930.278

|内容| 一文なしの億万長者　「われわれは上をめざす」　神と強欲の神　霧のなかをさまよう　国に尽くす　「タールのちっぽけなコレッジ」　「本当におしまいだ」　貧しくとも幸せ　「最初にミルク、次いでインド産の紅茶」　「袋小路のような場所」〔ほか〕

＊ル・カレ本人への長時間のインタビュー、彼の所蔵する膨大な資料などをもとに、近親者、友人、諜報機関の同僚の協力を得て完成させた画期的大作。スパイ小説の巨匠の実像を描く決定版伝記。

◇ジョン・ル・カレ伝　下　アダム・シズマン著, 加賀山卓朗, 鈴木和博訳　早川書房　2018.5　475p　20cm　〈文献あり　著作目録あり　索引あり〉　3000円　①978-4-15-209767-5　Ⓝ930.278

|内容| 落ち着かない豊かさのなかで　苦悩を遠ざける　「お父様に対するあなたの態度は失礼でした」　「何が起きているのか、誰か教えてくれないか？」　"愛の泥棒"　モスクワ・ルール　「次はいったい何を書くつもりだ？」　「われわれの印象をくすぐってくれる」　シークレット・センター　「ミスター・アングリー」〔ほか〕

＊大学時代に行なった諜報活動、諜報機関MI5、MI6での任務の詳細、友人の妻との不倫、離婚と再婚など、秘められた事実が明らかに！　知られざる真実が今、明かされる！

◇地下道の鳩―ジョン・ル・カレ　回想録　ジョン・ル・カレ著, 加賀山卓朗訳　早川書房　2018.10　457p　16cm　（ハヤカワ文庫 NV 1441）〈著作目録あり〉　1180円　①978-4-15-041441-2　Ⓝ934.7

|内容| 秘密情報部を厭うなかれ　グロブケ博士の法律　公式訪問　引き金にかかった指　心当たりのあるかたへ　イギリスの司法制度　イワン・セーロフの背信　遺産　無実の男ムラット・クルナズ　現地に出かける〔ほか〕

＊東西冷戦、中東問題、ベルリンの壁崩壊、テロとの戦い―一流動する国際情勢を背景に、ル・カレはスパイ小説の名作を次々と発表してきた。本書は巨匠と謳われる彼の回想録である。イギリスの二大諜報機関MI5とMI6に在籍していた、詐欺師だった父親の驚愕の生涯、紛争地域での取材、サッチャー首相、作家グレアム・グリーンたちとの交流など、波瀾に満ちた修業時代と創作の秘密をみずから語る話題作。

ルキアノス 〔?～393/395〕　Lucianus

◇ローマ帝国の東西分裂　南雲泰輔著　岩波書店　2016.3　208,115p　22cm　〈文献あり　索引あり〉　7000円　①978-4-00-002602-4　Ⓝ232.8

|内容| 第1章 問題の所在―ローマ帝国の東西分裂をめぐって　第2章 シュンマクス―「永遠の都」ローマ市と食糧供給　第3章 ルフィヌス―新しい「首都」コンスタンティノープル市の官僚の姿　第4章 ルキアノス―帝国東部宮廷における官僚の権力基盤　第5章 エウトロピオス―帝国東部宮廷における宦官権力の確立　第6章 スティリコ―帝国西部宮廷における「蛮族」の武官と皇帝家の論理　第7章 アラリック―イリュリクム道の分割と帝国の分裂　終章 ローマ帝国の東西分裂とは何か

＊ローマ史上の画期とされる帝国の東西分裂とは、何だったのか。歴史を動かした文武の官僚たちを主人公に、ローマ帝国の解体過程を描き出す。膨大な研究史の洗い直しと緻密な史料分析をふまえて、古代史の大問題に取り組み、新しい歴史像の提示を試みる。

ルキウス・コルネリウス・スッラ
⇒スッラ を見よ

ルキウス・ドミティウス・アウレリアヌス
⇒アウレリアヌス を見よ

ルキウス・ユニウス・ブルトゥス
⇒ブルトゥス を見よ

ル＝グウィン, U.K.〔1929～2018〕
Le Guin, Ursula Kroeber

◇ファンタジーと言葉　アーシュラ・K.ル＝グウィン著，青木由紀子訳　岩波書店　2015.3　345p　15cm　（岩波現代文庫―文芸 260）〈2006年刊の改訂、一部を割愛　著作目録あり〉1100円　①978-4-00-602260-0　Ⓝ934.7
[内容] 個人的なこと（自己紹介　インディアンのおじさん　わたしの愛した図書館）　これまでに読んできたもの（幸福な家庭はみな　現実にそこにはないもの―『ファンタジーの本』とJ.L.ボルヘス　子どもの読書・老人の読書―マーク・トウェイン『アダムとイブの日記』内なる荒れ地―「眠り姫」と「密猟者」、そしてシルヴィア・タウンゼンド・ウォーナーについての追記）　いま考えていること（"事実"そして/あるいは/プラス"フィクション"　遺伝決定論について　犬、猫、そしてダンサー―美について考えたこと　コレクター、韻を踏む者、ドラマー　語ることは耳傾けること　"終わりのない戦い"）
＊『ゲド戦記』シリーズの作者が、鋭い言語感覚とウィットに富んだ文章で、ファンタジーを紡ぐ想像力や言葉、さらに生い立ちや子どもの頃の思い出、愛読書などについて自由に、軽やかに語る。ル＝グウィン文学の神髄がたっぷり詰まったエッセイ集。巻末におもな邦訳作品のリストを付す。

ルクッルス〔118～56B.C.〕
Lucius Licinius Lucullus

◇英雄伝　4　プルタルコス著，城江良和訳　京都　京都大学学術出版会　2015.5　573p　20cm　（西洋古典叢書 G089）〈布装　付属資料：8p；月報 114〉　4600円　①978-4-87698-910-2　Ⓝ283.1
[内容] キモンとルクルス（キモン　ルクルス　キモンとルクルスの比較）　ニキアスとクラッスス（ニキアス　クラッスス　ニキアスとクラッススの比較）　セルトリウスとエウメネス（セルトリウス　エウメネス　セルトリウスとエウメネスの比較）　アゲシラオスとポンペイユス（アゲシラオス　ポンペイユス　アゲシラオスとポンペイユスの比較）
＊アレクサンドロスの書記官エウメネスやローマ共和政末期の政治家ポンペイユスら偉物たちの事績を伝える。

ルグラン, M.〔1932～〕　Legrand, Michel

◇ミシェル・ルグラン自伝―ビトゥイーン・イエスタデイ・アンド・トゥモロウ　ミシェル・ルグラン著，ステファン・ルルージュ共著，高橋明子訳，濱田高志監修　アルテスパブリッシング　2015.7　279p　図版24p　21cm　〈索引あり〉2800円　①978-4-86559-122-4　Ⓝ764.7

ル・コルビュジエ〔1887～1965〕
Le Corbusier

◇もっと知りたい！ル・コルビュジエ―生涯と作品　林美佐著　東京美術　2015.3　95p　26cm　（アート・ビギナーズ・コレクション）〈文献あり　年譜あり〉　2000円　①978-4-8087-1026-2　Ⓝ523.35
[内容] 1 故郷ラ・ショー＝ド＝フォンでの修業時代（家族と、師との出会い　ファレ邸　ほか）　2 パリでの建築家デビュー（レマン湖畔の"小さな家"　ラ・ロッシュ＋ジャンヌレ邸　ほか）　3 暗い時代を乗り越えるために（スイス学生会館　ナンジェセール・エ・コリ通りのデパート　ほか）　4 戦後の活躍、総合芸術を目指して（ユニテ・ダビタシオン　ロンシャンの礼拝堂　ほか）

◇ル・コルビュジエ書簡撰集　ル・コルビュジエ著，ジャン・ジャンジェ編・序，千代章一郎訳・註解　中央公論美術出版　2016.6　661p　図版16p　27cm　〈文献あり　年譜あり　索引あり〉35000円　①978-4-8055-0764-3　Ⓝ523.35
[内容] 謝辞　緒言　序文　書簡集　宛先一覧　宛先略歴　索引　図版一覧　参考文献

◇ル・コルビュジエが見たい！　加藤道夫監修　洋泉社　2016.9　189p　18cm　（新書y 301）〈文献あり　年譜あり〉　1100円　①978-4-8003-1023-1　Ⓝ523.35
[内容] 第1章 国立西洋美術館を見る（日仏友好の架け橋となった美術館　日本の近代建築プロジェクト始動　ほか）　第2章 近代建築家ル・コルビュジエの誕生（「ル・コルビュジエ」になるまで　建築界の革命児ル・コルビュジエ誕生　ほか）　第3章 新たな建築を目指したル・コルビュジエ（時代の寵児　新たな挑戦　世界遺産登録建築）　第4章 都市計画の夢とル・コルビュジエの果てしない挑戦（戦う建築家　見果てぬ夢をかたちに　世界遺産登録建築）　第5章 ル・コルビュジエと日本の弟子たち（"コルビュジエ"を引き継ぐ日本人　ル・コルビュジエと日本）
＊二〇一六年、東京・上野の国立西洋美術館をはじめ、ル・コルビュジエの手がけた世界七カ国の十七資産が世界文化遺産に登録された。二十世紀の建築に大きな影響を与えた彼の作品や思想はどのようなものだったのか。世界遺産に登録されたすべての建築を豊富な写真で読み解くとともに、その人生を辿ることでル・コルビュジエの全体像に迫る。

◇ル・コルビュジエがめざしたもの―近代建築の理論と展開　五十嵐太郎著　青土社　2018.8　416,4p　20cm　2600円　①978-4-7917-7085-4　Ⓝ523.35
[内容] 序（ル・コルビュジエは何者だったのか？　ル・コルビュジエと日本）　1 ル・コルビュジエがめざしたもの（歴史の変わり目に飛翔するル・コルビュジエ　都市計画という新しい問題系　ほか）　2 日本のモダニズム（日本の現代建築とル・コルビュジエ　鎌倉近代美術館が誕生した一九五〇年代を振り返る　ほか）　3 海外のモダニズム（建築家K氏の部屋―テラーニの現代性か思考するためのモノローグ　モダン・マスターズ　ほか）　4 モダニズム理論とその限界（建築理論の系譜　近代建築を広報した男―ジークフリード・ギーディオン　ほか）
＊世界文化遺産登録のル・コルビュジエ作品群は、絢爛としてわれわれを挑発し続ける―。合理性・機能性に富むデザインばかりか、広大な都市計画も射程に世界を震撼させた「近代建築の原則」の革

新性。その大胆でダイナミックな展開を、建築史・建築批評の第一人者が果敢に現場踏査する。

ルーシュ, J. 〔1917〜2004〕 Rouch, Jean

◇〈境界〉を生きる思想家たち　栩木玲子編　法政大学出版局　2016.3　221p　19cm　（国際社会人叢書 2）　1900円　①978-4-588-05312-2　Ⓝ280

内容　第1章 E.H.カー（1892-1982）―「自己意識」の歴史学　第2章 ハンナ・アーレント（1906-1975）―20世紀の暴力を「思考」した女　第3章 オクタビオ・パス（1914-1998）―異文化との対話者　第4章 ジャン・ルーシュ（1917-2004）―関係の生成を撮る映像人類学者　第5章 エドゥアール・グリッサン（1928-2011）―「関係」の詩学から全-世界へ　第6章 山口昌男（1931-2013）―"知"的なピーターパンのために　第7章 アマルティア・セン（1933- ）―自由と正義のアイデア　第8章 寺山修司（1935-1983）―ポエジイによって越境した"詩人"　第9章 ベネディクト・アンダーソン（1936-2015）―地域研究から世界へ

＊世界に対するまなざしを研ぎ澄ませた9人の思想家が描く鮮やかな軌跡！

ルース, B. 〔1894〜1948〕 Ruth, Babe

◇ベーブ・ルース―OHTANIがめざす二刀流ホームラン王　鈴木惣太郎, 氏田秀男著　松戸弘文出版　2018.11　205p　18cm　〈文献あり　索引あり〉　1000円　①978-4-87520-236-3　Ⓝ783.7

内容　第1章 BOSTON（私の渡米日誌 "野球の偉人" ベーブ・ルース　第2章 NEW YORK（ルース移籍の内輪話　ホームラン・ベイカー ほか）　第3章 HOME RUN&HOME RUN（ベーブ・ルースの復活　研究の末に名投手を破る ほか）　第4章 ET CETERA（投打は左だが文字を書くのは右手　20年間にサイン20万回 ほか）　第5章 JAPAN（日本へルースを迎える計画　成功したオドールの努力 ほか）

＊日本からアメリカ・メジャーリーグベースボールへはばたき、今もっとも注目を浴びているプレイヤーが大谷翔平！ そのOHTANIといえば投打に活躍する二刀流！ 実は100年前にも"野球の神様"がその偉業を成し遂げていた。その名はベーブ・ルース！ 本書には「知っているつもりで、もっと知りたい」ベーブ・ルースの真実がここにある！

ルース, H. 〔1898〜1967〕 Luce, Henry Robinson

◇二十世紀と格闘した先人たち―一九〇〇年アジア・アメリカの興隆　寺島実郎著　新潮社　2015.9　390p　16cm　（新潮文庫　て-10-2）〈「二十世紀から何を学ぶか 下 一九〇〇年への旅 アメリカの世紀、アジアの自尊」（2007年刊）の改題、加筆・修正〉　630円　①978-4-10-126142-3　Ⓝ280.4

内容　第1章 アメリカの世紀がアジア太平洋にもたらしたもの（太平洋の転換点となった米西戦争での米国の勝利　明治の青年に夢を与えたクラーク博士の実像と足跡　ヘンリー・ルース、「アメリカの世紀」を推進した男　フランクリン・ルーズベルトの対日観の歴史的変遷　敗戦後の日本を「支配」した「極端な人」マッカーサー　付マッカーサー再考への旅―呪縛とトラウマからの脱却）　第2章 国際社会と格闘した日本人（「太平洋の橋」になろうとした憂国の国際人、新渡戸稲造　キリストに生きた武士、内村鑑三の高尚なる生涯　禅の精神を世界に発信した、鈴木大拙という存在　六歳の津田梅子を留学させた明治という時代　「亡命学者」野口英世の生と死　高峰譲吉の栄光とそれの悲しみ　日本近代史を予言した男、朝河貫一の苦闘と日米関係　近代石炭産業の功労者、松本健次郎と日本の二十世紀　情報戦争の敗北者だった大鳥浩駐独大使）　第3章 アジアの自尊を追い求めた男たち（アジアの再興を図ろうとした岡倉天心の夢　「偉大な魂」ガンディーの重い問い掛け　インドが見つめている―チャンドラ・ボースとパル判事　革命家・孫文が日本に問いかけたもの　魯迅が否定した馬々虎々　不倒翁・周恩来の見た日本）　第4章 二十世紀再考―付言しておくべきことと総括（一九〇〇年エルサレム―アラブ・イスラエル紛争に埋め込まれたもの　一九〇〇年香港―英国のアジア戦略　総括―結局、日本にとって二十世紀とは何だったか）

＊二十世紀初頭、アジア太平洋で「アメリカの世紀」が始まる。日本は近代化の道をひた走り、ガンディー、孫文、魯迅などアジアの巨星は解放と独立を目指し日本近代史と、新渡戸稲造、鈴木大拙、津田梅子…激動の世紀を懸命に生きた先人の足跡を追い、今を生きる智慧と歴史の潮流を問う一冊。

ルスティケロ・ダ・ピサ 〔13世紀〕 Rusticiano da Pisa

◇マルコ・ポーロとルスティケッロ―物語「世界の記」を読む　高田英樹著　近代文藝社　2016.12　702p　22cm　〈他言語標題：Marco Polo & Rustichello　文献あり〉　5000円　①978-4-7733-8018-7　Ⓝ292.09

内容　1 はじめに（マルコとダンテ　写本たち）　2「世界の記」（序章　往路　グラン・カンとカンバルク大都 ほか）　3 おわりに（旅と書　マルコとボッカッチョ）　4「メリアドゥス」（抄訳）

＊新マルコ・ポーロ論。知っていましたか？ 書いたのはルスティケッロであること、その後も誰かが書き加えたこと、版によって大きく異なり、驚くべき新たな事どもの書かれてあることを。

ルーズベルト, F.D. 〔1882〜1945〕 Roosevelt, Franklin Delano

◇フランクリン・ローズヴェルト 上　日米開戦への道　ドリス・カーンズ・グッドウィン著, 砂村榮利子, 山下淑美訳　中央公論新社　2014.8　567p　20cm　4200円　①978-4-12-004645-2　Ⓝ289.3

内容　決戦の時が来た　BBガンを構えた数人の坊やたち　ハドソンに遡る　ここに居るとつぶされてしまいそう　国家の一大事（ノー・オーディナリー・タイム）　私は曲芸師だ　彼女にはお手上げだ　民主主義の兵器工廠　通常営業　偉大な時を生きていた　まったくの別世界　兵隊ごっこに興じる二人の少年

＊アメリカ史上、唯一四選された大統領の決定版評

伝。大恐慌からの再建と第二次世界大戦を指導したFDRの素顔と浮気に悩む妻エレノアとの愛憎やホワイトハウス、米国民の実情を克明に描く。上巻は中立からの方針転換、日米開戦へ。ピュリツァー賞受賞作。

◇フランクリン・ローズヴェルト　下　激戦の果てに　ドリス・カーンズ・グッドウィン著, 砂村榮利子, 山下淑美訳　中央公論新社　2014.9　573p　20cm　〈索引あり〉　4200円　Ⓘ978-4-12-004646-9　Ⓝ289.3

内容　何かご支援できることは？　たまげた、フランクのおやじさんじゃねえか！　反撃開始だ！　こんな偉大な男と会ったのは初めてなのです　決して忘れられない光景でした　心ゆくまで眠りたい　宙吊り状態で　老大家はまだ捨てたものではない　猛烈に忙しい女　祖国はいいものだ皆が涙している　新たな国が誕生しつつある

＊第二次世界大戦の勝利を目前に！　大統領の見果てぬ夢とは？　欧州や太平洋で激戦が繰り広げられる中、社会活動に専心する妻エレノアの尽力により、マイノリティの支持を得たFDRは史上初の四選を果たすが、最期の時が刻々と迫っていた。図版多数収録。ピュリツァー賞受賞作。

◇ルーズベルトの開戦責任―大統領が最も恐れた男の証言　ハミルトン・フィッシュ著, 渡辺惣樹訳　草思社　2014.9　357p　20cm　〈文献あり　索引あり〉　2700円　Ⓘ978-4-7942-2062-2　Ⓝ253.07

内容　大統領と個人崇拝　アメリカ参戦への画策　若者を外国の戦場に送ってはならない　容共派に囲い込まれたFDR　イギリスを戦争に駆り立てたFDR　イギリス第一主義者：ウィンストン・チャーチル　ルーズベルトの対仏軍事支援密約（一九三九年）　ルーズベルトのフランスへの裏切り　ジョセフ・ケネディ駐英大使　リッベントロップ独外相との会談（一九三九年八月十四日）〔ほか〕

＊「大統領は何がなんでも戦争をしたかった」ポーランドに圧力をかけ、議会を欺いて世界を大戦に導いたルーズベルトの責任を厳しく追及。同時代の重要政治家による歴史的証言。

◇ルーズベルトの死の秘密―日本が戦った男の死に方　スティーヴン・ロマゾウ, エリック・フェットマン著, 渡辺惣樹訳　草思社　2015.3　350p　20cm　〈年表あり　索引あり〉　2700円　Ⓘ978-4-7942-2116-2　Ⓝ289.3

内容　名演説家の躓き　ウィルソン大統領の悪しき先例　死の危機を乗り越えて　大統領職に耐える身体だったのか　平凡な軍医の出世　眉の上のシミ　終わりの始まり　ハワード・ブルーエン医師はいつから関与したか　四選を目指そうか　噂の拡散　「FDRは回復する。彼はいつでもそうだった」　ヤルタ怪談（一九五四年二月）　予想できた事態　いまだに続く隠蔽工作　やまない疑惑　「ルーズベルトの死」の教訓

＊その死はなぜアメリカのタブーであり続けるのか。神経科学専門医とジャーナリストが死の真因を追究。第二次大戦の重大局面を主導した大統領の特異な人物像を冷徹に描き出す。

◇ルーズヴェルトとホプキンズ　ロバート・シャーウッド著, 村上光彦訳　未知谷　2015.6　1298p　22cm　〈みすず書房 1957年刊の再刊　索引あり〉　14000円　Ⓘ978-4-89642-474-4　Ⓝ312.53

内容　第1部　一九四一年以前―ハリー・ホプキンズの教育（スー・シティからワシントンへ　失業救済計画　ほか）　第2部　一九四一年―単なることば以上のもの（水まきホース　ダウニング街十番地　ほか）　第3部　一九四二年―きわどい差（アーケーディア会談　ヴィシー政策　ほか）　第4部　一九四三年―第二戦線（カサブランカ会談　政治扇形戦区　ほか）　第5部　一九四四年、一九四五年―勝利と死（第四期　不和の始まり　ほか）

◇二十世紀と格闘した先人たち―一九〇〇年アジア・アメリカの興隆　寺島実郎著　新潮社　2015.9　390p　16cm　〈新潮文庫　て-10-2〉　〈「二十世紀から何を学ぶか　下　一九〇〇年への旅　アメリカの世紀、アジアの自尊」（2007年刊）の改題、加筆・修正〉　630円　Ⓘ978-4-10-126142-3　Ⓝ280.4

内容　第1章　アメリカの世紀がアジア太平洋にもたらしたもの（太平洋の転換点となった米西戦争での米国の青年に夢を与えたクラーク博士の実像と足跡　ヘンリー・ルース、「アメリカの世紀」を推進した男　フランクリン・ローズベルトの対日観の歴史的変遷　敗戦後の日本を「支配」した「極端な人」マッカーサー　付マッカーサー再考への旅――呪縛とトラウマからの脱却）　第2章　国際社会と格闘した日本人（「太平洋の橋」になろうとした憂国の国際人、新渡戸稲造　キリストに生きた武士、内村鑑三の高邁なる生涯　禅の精神を世界に発信した、鈴木大拙という存在　六歳の津田梅子を留学させた明治という時代　「亡命学者」野口英世の生と死　高峰譲吉の栄光とその悲しみ　日本近代史を予言した男、朝河貫一の苦闘と日米関係　近代石炭産業の功労者、松本健次郎と日本の二十世紀　情報戦争の敗北者だった大島浩駐独大使）　第3章　アジアの自尊を追い求めた男たち（アジアの再興を図ろうとした岡倉天心の夢　「偉大な魂」ガンディーの重い問い掛け　インドが見つめている不思議　チャンドラ・ボースとパル判事　革命家・孫文が日本に問いかけたもの　魯迅が否定した馬々虎々　不倒翁・周恩来の見た日本）　第4章　二十世紀再考―付言しておくべきことと総括（一九〇〇年エルサレム―アラブ・イスラエル紛争に埋め込まれた中心　一九〇〇香港―英国のアジア戦略　総括―結局、日本にとって二十世紀とは何だったか）

＊二十世紀初頭、アジア太平洋で「アメリカの世紀」が始まる。日本は近代化の道をひた走り、ガンディー、孫文、魯迅などアジアの巨星は解放と独立を目指した。新渡戸稲造、鈴木大拙、津田梅子…激動の世紀を懸命に生きた先人の足跡を追い、今を生きる智慧と歴史の潮流を問う一冊。

◇ルーズベルト一族と日本　谷光太郎著　中央公論新社　2016.2　261p　20cm　〈文献あり　年譜あり〉　2000円　Ⓘ978-4-12-004828-9　Ⓝ289.3

内容　第1部　セオドア・ルーズベルト（生い立ち　ルーズベルトを巡る人々　海軍次官　大統領時代　ルーズベルトによる改革　大統領辞任後）　第2部　フランクリン・ルーズベルト（家系　政治家の道へ　第一次世界大戦勃発　ニューヨーク州知事から大統領に　大統領就任から第二次世界大戦まで　第二次世界大戦　ルーズベルト・チャーチル会談　ルーズベルトの死）

＊親日セオドアと反日フランクリン。両大統領の実績と経歴の類似点と相違点を検証しながら日米の近代史を新たな視点で見つめ直す。図版多数収録。

◇ルーズベルトの開戦責任―大統領が最も恐れた男の証言　ハミルトン・フィッシュ著，渡辺惣樹訳　草思社　2017.4　427p　16cm　〈草思社文庫　フ2-1〉〈文献あり　索引あり〉　1000円　①978-4-7942-2266-4　Ⓝ253.07

内容　大統領と個人崇拝　アメリカ参戦への画策　若者を外国の戦場に送ってはならない　容共派に囲い込まれたFDR　イギリスを戦争に駆り立てたFDR　イギリス第一主義者：ウィンストン・チャーチル　ルーズベルトの対仏軍事支援密約（一九三九年）　ルーズベルトのフランスへの裏切り　ジョセフ・ケネディ駐英大使　リッベントロップ独外相との会談（一九三九年八月十四日）〔ほか〕

＊ニューディール政策を厳しく批判し、米国伝統の非干渉主義の立場から、第二次大戦への関与に反対していた著者ハミルトン・フィッシュ下院議員（当時）は、フランクリン・ルーズベルト大統領が最も恐れ、かつ最も憎んでいた共和党の重鎮である。フィッシュは真珠湾攻撃後のルーズベルトの対日宣戦布告に同調するも、のちに大統領が日本への最後通牒を隠していたことを知り、日本との戦争は対ドイツ参戦の前段にすぎず、チャーチルとルーズベルトこそがアメリカをこの戦争に巻き込んだ張本人であると確信するに至る。本書は、大戦前夜の米政権の内幕を知る政治家が自ら書き残した、現代史の相貌を根底から覆す驚くべき証言である。

◇列伝アメリカ史　松尾弌之著　大修館書店　2017.6　309p　20cm　〈他言語標題：Movers in American History　年表あり　索引あり〉　2300円　①978-4-469-24605-6　Ⓝ285.3

内容　ポカホンタス―征服された新天地の象徴　アン・ハッチンソン―異議申し立ての系譜　トマス・ジェファソン―アメリカ独立宣言の起草者　ハリエット・タブマン―逃亡奴隷に居場所を用意した女性メリー・B.エディ―金ぴか時代の治癒方法　ジョン・D.ロックフェラー―豊かなアメリカを作りあげた「強盗貴族」　セオドア・ローズベルト―二〇世紀を形づくった大統領　チャールズ・A.リンドバーグ―機械と戦った英雄　フランクリン・D.ローズベルト―パックス・アメリカーナをもたらした大統領　チャーリー・チャップリン―繁栄の時代の反逆児　ジョン・F.ケネディ―期待に満ちた時代の若い大統領　ベティ・フリーダン―対抗文化運動のうねり　リチャード・M.ニクソン―多様性の時代に立ち向かった大統領　バラク・H.オバマ―希望を信じ忍耐を貫いた黒人大統領　ドナルド・J.トランプ―人民の人民による人民のための政治

＊ポカホンタスからトランプまで。時代に影響を与えた人々の人生の物語を通していきいきと描く魅力あふれるアメリカ史。

◇ローズヴェルトとスターリン―テヘラン・ヤルタ会談と戦後構想　上　スーザン・バトラー著，松本幸重訳　白水社　2017.10　380,38p　図版12p　20cm　3800円　①978-4-560-09575-1　Ⓝ319.53036

内容　第1章　戦時下の大西洋を渡る　第2章　テヘランへ向けて　第3章　テヘラン　第4章　第一印象　第5章　心の通い合い　第6章　同盟国を固める　第7章　スターリン、同盟国を探す　第8章　バルバロッサ作戦　第9章　ローズヴェルト、スターリンと第二戦線　第10章　戦後構想

＊チャーチルとの複雑な関係から、米国からの膨大な援助物資（レンドリース）、戦後国際秩序を見据えての「信頼構築」まで、巨頭二人の知られざる交流とは？　米国の著述家が書簡・電信など新史料を駆使して、逸話満載で描く現代史の焦点！

◇ローズヴェルトとスターリン―テヘラン・ヤルタ会談と戦後構想　下　スーザン・バトラー著，松本幸重訳　白水社　2017.10　343,66p　図版16p　20cm　〈文献あり　索引あり〉　3800円　①978-4-560-09576-8　Ⓝ319.53038

内容　第11章　問題と解法　第12章　新兵器―原子爆弾　第13章　ヤルタ　第14章　世界を構築する　第15章　問題を決着させる　第16章　ヤルタ直後に生じた問題　第17章　ローズヴェルト死す　第18章　ホプキンス、軌道回復のために奮闘

＊ローズヴェルト急逝から、トルーマン登場、原爆投下、ソ連の対日参戦、偉大な指導者を喪った戦後世界に新たな「恐怖」が闊歩する。米国の著述家が書簡・電信など新史料を駆使して、逸話満載で描く現代史の焦点！

◇裏口からの参戦―ルーズベルト外交の正体1933-1941　上　チャールズ・カラン・タンシル著，渡辺惣樹訳　草思社　2018.8　526p　20cm　3800円　①978-4-7942-2348-7　Ⓝ209.74

◇裏口からの参戦―ルーズベルト外交の正体1933-1941　下　チャールズ・カラン・タンシル著，渡辺惣樹訳　草思社　2018.8　534p　20cm　〈索引あり〉　3800円　①978-4-7942-2349-4　Ⓝ209.74

◇ローズベルト―ニューディールと第二次世界大戦　新川健三郎著　清水書院　2018.11　227p　19cm　〈新・人と歴史拡大版　32〉〈「ルーズベルト」（1984年刊）の改題　文献あり　年譜あり　索引あり〉　1800円　①978-4-389-44132-6　Ⓝ289.3

内容　序　危機の時代の指導者として　1　貴族的政治家の誕生　2　ニューディールの登場　3　民主化の進展と行きづまり　4　困難な中立の道　5　国際社会の再建をめざして　あとがき―ローズヴェルトの遺産

＊一九二九年に勃発した大恐慌により、繁栄と平和の夢は破られ、アメリカのみならず世界は深刻な危機に陥った。経済秩序は破綻し、ファシズム諸国が台頭するなかで国際対立も深まった。この危機の時代に登場し、ニューディールと第二次世界大戦の遂行にあたり、卓越した指導力を発揮したのが、F・D・ローズヴェルトだった。本書は、国内改革と国際平和という課題に取り組んだかれの人間像と当時の歴史の動向を描いたものだが、これらは現在の重要な課題になっているともいえよう。

ルーズベルト, T.〔1858〜1919〕
Roosevelt, Theodore

◇ルーズベルト一族と日本　谷光太郎著　中央公論新社　2016.2　261p　20cm　〈文献あり　年譜あり〉　2000円　①978-4-12-004828-9　Ⓝ289.3

内容 第1部 セオドア・ルーズベルト(生い立ち　ルーズベルトを巡る人々　海軍次官　大統領時代　ルーズベルトによる改革　大統領辞任後)　第2部 フランクリン・ルーズベルト(家系　政治家の道へ　第一次世界大戦勃発　ニューヨーク州知事から大統領に　大統領就任から第二次世界大戦まで　第二次世界大戦　ルーズベルト・チャーチル会談　ルーズベルトの死)

＊親日セオドアと反日フランクリン。両大統領の実績と経歴の類似点と相違点を検証しながら日米の近代史を新たな視点で見つめ直す。図版多数収録。

◇ヘンリ・アダムズとその時代—世界大戦の危機とたたかった人々の絆　中野博文著　彩流社　2016.3　255p　19cm　(フィギュール彩 49)　〈他言語標題：HENRY ADAMS AND HIS TIMES　索引あり〉　1900円　Ⓘ978-4-7791-7057-7　Ⓝ253.065

内容 ファースト・レディとレディ・リンゼイ—一九三九年、イギリス国王夫妻の訪米　クローヴァの青春　アダムズ家の人々—平和と和解のための戦い　祖国復興の理想　首都ワシントンの社交界と政党組織　アダムズ夫妻にとっての日本　異境への旅立ち　一九世紀末フランスから見た世界　門戸開放通牒に込められた思い　崩壊していく世界のなかで　世界大戦の勃発　託された希望—エレノアとエリザベス

＊ヘンリ・アダムズは19世紀のアメリカに生まれ、外交官、ジャーナリストとして働いた人である。彼は急死した妻クローヴァを偲んで明治期の日本と太平洋を旅し、衝撃的な体験をする。新しい文明観を身につけた彼のもとには、魅力的な若者たちが集まる。中国奥地を探険した元フランス軍将校W.W.ロックヒル。西部の荒野でカウボーイ暮らしをしたシオドア・ローズヴェルト。イギリス外交官で詩人のセシル・スプリング＝ライス。彼らはいずれも日露戦争の講和で立役者となる人々である。本書はこうしたアダムズ夫妻とその友人たちの人生の軌跡をたどり、世界平和のために戦った人々の活躍を描いたものである。

◇大統領の冒険—ルーズベルト、アマゾン奥地への旅　キャンディス・ミラード著，カズヨ・フリードランダー訳　エイアンドエフ　2016.4　475p　20cm　2600円　Ⓘ978-4-9907065-3-1　Ⓝ289.3

◇列伝アメリカ史　松尾弌之著　大修館書店　2017.6　309p　20cm　〈他言語標題：Movers in American History　年表あり　索引あり〉　2300円　Ⓘ978-4-469-24605-6　Ⓝ285.3

内容 ポカホンタス—征服された新天地の象徴　アン・ハッチンソン—異議申し立ての系譜　トマス・ジェファソン—アメリカ独立宣言の起草者　ハリエット・タブマン—逃亡奴隷に居場所を用意した女性　メリー・B.エディー—金ぴか時代の治癒方法　ジョン.D.ロックフェラー—豊かなアメリカを作りあげた「強盗貴族」　セオドア・ローズベルト—二〇世紀を形づくった大統領　チャールズ・A.リンドバーグ—機械と共存した英雄　フランクリン・D.ローズベルト—パックス・アメリカーナをもたらした大統領　チャーリー・チャップリン—繁栄の時代の反逆児　ジョン・F.ケネディ—期待に満ちた時代の若い大統領　ベティ・フリーダン—対抗文化運動のうねり　リチャード・M.ニクソン—多様性の時代に立ち向かった大統領　バラク・H.オバマ—希望を信じ忍耐を貫いた黒人大統領　ドナルド・J.トランプ—人民の人民による人民のための政治

＊ポカホンタスからトランプまで。時代に影響を与えた人々の人生の物語を通していきいきと描く魅力あふれるアメリカ史。

ルソー, H. 〔1844〜1910〕 Rousseau, Henri

◇アンリ・ルソー　ドーラ・ヴァリエ著，五十嵐賢一訳　書肆半日閑　2014.8　315p　22cm　〈年譜あり〉　3241円　Ⓘ978-4-921152-05-5　Ⓝ723.35

◇イラストで読む奇想の画家たち　杉全美帆子著　河出書房新社　2014.12　127p　21cm　〈文献あり　年表あり〉　1600円　Ⓘ978-4-309-25558-3　Ⓝ723.3

内容 第1章 西洋美術史に見る「奇想絵画の系譜」　第2章 奇想の画家たち—作品と人生(ボス　デューラー　カラヴァッジョ　ゴヤ　ブレイク　ルドン　ルソー)

＊ちょっと不気味で、妙に心に残る絵を描いた画家の人生とは!?我が道を行く奇才の画家たちのおもしろエピソードが満載！豊富な作品とイラストでその生涯にせまる、待望の一冊。

◇アンリ・ルソー—〈自作を語る画文集〉楽園の夢　アンリ・ルソー画と文，藤田尊潮訳編　八坂書房　2015.1　135p　22cm　〈文献あり　年譜あり〉　2200円　Ⓘ978-4-89694-184-5　Ⓝ723.35

内容 1844‐93—41歳のデビュー　1894‐1904—税関吏から画家へ　1905‐10—終の棲家で

＊ルソー自身の言葉で綴る生涯と作品。パリの入市税関で働く日曜画家であったため、通称「税関吏ルソー」。19世紀後半に41歳でデビューし、展覧会に出した絵は子供が描いたようだと嘲笑されたが、詩人アポリネールやピカソの称賛を受けて、後年には高い評価を得る。今日でも多くの謎に包まれたルソーの書簡やインタビューなどに見える本人の言葉と、そこで言及される作品を集成し、画家自身にとっての真実を探る"オリジナル画文集"

◇祝宴の時代—ベル・エポックと「アヴァンギャルド」の誕生　ロジャー・シャタック著，木下哲夫訳　白水社　2015.8　498,30p　20cm　〈文献あり　索引あり〉　4400円　Ⓘ978-4-560-08454-0　Ⓝ702.353

内容 第1部 新世紀(古き良き時代　四人四色)　第2部 若返り(アンリ・ルソー—一八四四‐一九一〇(近代美術のお手本　作品)　エリック・サティ—一八六六‐一九二五(モンマルトルのピアノ弾き　醜聞、倦怠、戸棚音楽)　アルフレッド・ジャリ—一八七三‐一九〇七(幻覚による自殺　詩人・パタフィジシャン)　ギヨーム・アポリネール—一八八〇‐一九一八(アヴァンギャルドの座元　画家・詩人))　第3部 新世紀到来(静穏な芸術　最後の祝宴)

＊ルソー、サティ、ジャリ、アポリネール。時代を画した四人の芸術家が体現する「前衛」の精神と驚くべき共時性。刊行から半世紀余りを経て今なお示唆に富む名著、待望の邦訳！

ルソー, J.J.〔1712～1778〕
Rousseau, Jean-Jacques

◇カーライル選集　2　英雄と英雄崇拝　トマス・カーライル著　入江勇起男訳　デジタル・オンデマンド版　日本教文社　2014.8　368,7p　21cm　〈印刷・製本：デジタル・オンデマンド出版センター　索引あり〉　2900円　Ⓣ978-4-531-02642-5　Ⓝ938.68

内容　第1講　神としての英雄—オウディン、異教・スカンディナヴィアの神話　第2講　予言者としての英雄—マホメット・回教　第3講　詩人としての英雄—ダンテ、シェイクスピア　第4講　牧師としての英雄—ルーテル・宗教改革、ノックス・清教　第5講　文人としての英雄—ジョンソン、ルソー、バーンズ　第6講　帝王としての英雄—クロムウェル、ナポレオン、近代革命主義

◇悪魔と裏切り者—ルソーとヒューム　山崎正一, 串田孫一著　筑摩書房　2014.11　248p　15cm　〈ちくま学芸文庫　ヤ23-1〉〈河出書房新社　1978年刊の再刊〉　1100円　Ⓣ978-4-480-09641-8　Ⓝ135.34

内容　最初の鄭重なる書翰往復　パリの会合　ロンドン到着　嵐の前　宣戦布告　ルソーの言い分　永遠の訣別　『争論文書』の公表　弥次馬　健全さの悪　ルソー英国を去る

＊十八世紀の大思想家による伝説のケンカを、山崎・串田両氏が丹念な状況説明を付して再現。母国を追われたルソーをイギリスに温かく迎えたヒューム。しかし二人の友情はルソーの激しい思い込みからほどなくして破綻する。突然狂気に満ちた絶縁状を送りつけられたヒュームは、戸惑いつつも己の名声を守るべく、往復書簡に註を付して公刊。対するルソーは、自己の良心と真摯に向き合えば答えは明白との一点張り。近代哲学の二面性を、それぞれ別の方向から突き詰めた二人だからこそ起きた衝突。読んで大笑いするのも一興。しかしここには最も純粋な思想の言葉が満ち溢れている。

◇ルソー　透明と障害　ジャン・スタロバンスキー著, 山路昭訳　新装版　みすず書房　2015.7　463p　20cm　4500円　Ⓣ978-4-622-07928-6　Ⓝ135.34

内容　1『学問芸術論』2　社会批判　3　孤独　4　ヴェールに被われた像　5　ラ・ヌーヴェル・エロイーズ　6　誤解　7　自伝の問題　8　病　9　終身の禁錮　10　水晶の透明

＊ルソーを崩壊させかねなかった彼の精神的緊張の問題に関心を集中、その作品群のなかに分け入って、"透明"をキイ概念として、精巧で詳細な内面的伝記を構成した。ルソー研究の画期的な業績。内的世界と文学・思想的営為の対応を緻密に分析する。

◇ルソー　中里良二著　新装版　清水書院　2015.9　222p　19cm　〈Century Books—人と思想　14〉〈文献あり　索引あり〉　1000円　Ⓣ978-4-389-42014-7　Ⓝ135.34

内容　1　ルソーの生涯（ルソーの時代　ルソーの時代の思想状況　ルソーの人とその影響　ルソーの生涯）　2　ルソーの思想（ルソーの求めたもの　文明批判　人間の間の不平等はいかにして生まれるか　ルソーの教育思想　子ども尊重の教育　五歳以下の子どもの教育について　五歳から十二歳までの教育　十二歳から十五歳までの教育　十五歳以後の教育　女子の教育　理想の社会—社会契約論　一般意志と主権　主権について　理想の国家）

◇〈期待という病〉はいかにして不幸を招くのか—ルソー『エミール』を読み直す　坂倉裕治著　現代書館　2018.4　214p　20cm　〈いま読む！名著〉〈文献あり〉　2200円　Ⓣ978-4-7684-1013-4　Ⓝ371.235

内容　序章　正気を失わないために　第1章『エミール』を読み解くための前提（ルソーの生い立ちと『エミール』出版までの経緯　『エミール』の難しさ　日本で読みつがれてきた『エミール』）　第2章『エミール』が語る「真理」（自然にかなった秩序　身体的存在から精神的存在へ　現実社会に生きる道徳的存在の苦しみ）　第3章「魅力を磨く競争」を問う（もちものを見せびらかしたいという欲望　競われるぜいたく　ナルシシズムと利己愛）　終章「とめどなき期待」という病

＊"理想の教育論"という従来のイメージを根底からくつがえす壮大な思考実験。文明で「悪＝悪」を斬る。自分を他人と比べ、優位に立とうとするはてしない競争が、とめどなくふくらませていく"期待という病"。私たちはこれにどのように向かい合ったらよいのか。いま！　の問題意識で名著を読み直す人気シリーズ。

ルター, M.〔1483～1546〕　Luther, Martin

◇カーライル選集　2　英雄と英雄崇拝　トマス・カーライル著　入江勇起男訳　デジタル・オンデマンド版　日本教文社　2014.8　368,7p　21cm　〈印刷・製本：デジタル・オンデマンド出版センター　索引あり〉　2900円　Ⓣ978-4-531-02642-5　Ⓝ938.68

内容　第1講　神としての英雄—オウディン、異教・スカンディナヴィアの神話　第2講　予言者としての英雄—マホメット・回教　第3講　詩人としての英雄—ダンテ、シェイクスピア　第4講　牧師としての英雄—ルーテル・宗教改革、ノックス・清教　第5講　文人としての英雄—ジョンソン、ルソー、バーンズ　第6講　帝王としての英雄—クロムウェル、ナポレオン、近代革命主義

◇キリスト教の主要神学者　上　テルトゥリアヌスからカルヴァンまで　F.W.グラーフ編, 片柳榮一監訳　教文館　2014.8　360,5p　21cm　3900円　Ⓣ978-4-7642-7383-2　Ⓝ191.028

内容　マルキオン（八頃 - 一六〇頃）　カルタゴのテルトゥリアヌス（二/三世紀）　オリゲネス（一八五/一八六 - 二五四）　ニュッサのグレゴリオス（三四〇頃 - 三九四以後）　アウグスティヌス（三五四 - 四三〇）　カンタベリーのアンセルムス（一〇三三/一〇三四 - 一一〇九）　クレルヴォーのベルナール（一〇九〇 - 一一五三）　トマス・アクィナス（一二二四/一二二五 - 一二七四）　マイスター・エックハルト（一二六〇頃 - 一三二八）　ヨハネス・ドゥンス・スコトゥス（一二六五/一二六六 - 一三〇八）　ロベルト・ベラルミーノ（一五四二 - 一六二一）

＊多彩にして曲折に富む2000年の神学史の中で、特に異彩を放つ古典的代表者を精選し、彼らの生涯・著作・影響を通して神学の争点と全体像を描き出す野心的試み。正統と異端が織り成すダイナミズムによって生まれた神学の魅力と核心を、第一級

の研究者が描き出す。上巻では古代から宗教改革期に活躍した16名の神学者を紹介する。

◇キリスト教思想の形成者たち―パウロからカール・バルトまで ハンス・キュンク著, 片山寛訳 新教出版社 2014.10 345p 20cm 2900円 ①978-4-400-32423-2 Ⓝ191.028

内容 パウロ―キリスト教の世界宗教への夜明け オリゲネス―古代とキリスト教精神の偉大な統合 アウグスティヌス―ラテン的・西方的神学の父 トマス・アクィナス―大学の学問と教皇の宮廷神学 マルチン・ルター―パラダイム転換の古典的事例としての福音への回帰 フリードリヒ・シュライエルマッハー―近代の薄明の中の神学 カール・バルト―ポストモダンへの移行における神学 エピローグ―時代にかなった神学への指針

＊キリスト教史にパラダイム転換を画した7人。バチカンから教授資格を停止された神学界の異端児が、鮮やかな筆致でキリスト教の大思想家たちの生涯と思想、その光と影を描き出す。

◇キリスト教的学識者―宗教改革時代を中心に E.H.ハービソン著, 根占献一監訳, 大川なつか, 高津秀之, 高津美和訳 知泉書館 2015.2 231,24p 20cm 〔ルネサンス叢書〕〈布装 索引あり〉 3000円 ①978-4-86285-205-2 Ⓝ191.028

内容 第1章 キリスト教的召命としての学問―ヒエロニムスからアクィナスまで(キリスト教的学識者の召命 ヒエロニムス, アウグスティヌス, ピエール・アベラール, トマス・アクィナス) 第2章 学芸復興(ルネサンス)―ペトラルカからコレットまで(学芸復興(ルネサンス)とキリスト教的学識者 ペトラルカ, ロレンツォ・ヴァッラ, ジョヴァンニ・ピーコ・デッラ・ミランドラ, ジョン・コレット) 第3章 エラスムス 第4章 ルター 第5章 カルヴァン

＊聖書では知恵(学識)は信仰の障害物になると語られ、反知主義の伝統的潮流が存在する。キリスト教徒にとっての学問とは何か。宗教改革は聖書の意味に対する学者の洞察に始まり、それは学識者の運動、大学教授や学生による出来事、学者による革命となった。歴史上、エラスムス、ルター、カルヴァンに代表されるこの時代ほどキリスト教的学識者の威信が高まり強い影響力をもったことはない。人々の学ぶ熱意や、学問に対する尊敬と信頼が広まったのである。本書は彼らに影響を与えた先駆者の検討を通じて、彼らがいかにその使命を天職として感得し、学問への情熱とキリスト教信仰を一致させたか、その営みがキリスト教の発展に与えた影響など、今まで神学者や歴史家が軽視してきたテーマに独自の光を投じた。著者は「アテネとエルサレム、アカデミーと教会とは何の関係があるのか？」という問いに答え、古代の教父学者ヒエロニムスとアウグスティヌス、中世の神学者アベラールとトマス・アクィナス、ルネサンス人文主義者ペトラルカとヴァッラやピーコたちの業績と、宗教改革期の学識者を有機的に関連づけて考察することにより、キリスト教とギリシア・ローマ文化の微妙な折衝を見事に描く。類のない基本的文献である。

◇ルター 小牧治, 泉谷周三郎共著 新装版 清水書院 2015.9 214p 19cm (Century Books 一人と思想 9)〈文献あり 年譜あり 索引あり〉 1000円 ①978-4-389-42009-3 Ⓝ198.3234

内容 1 ルターの住んだとき・ところ(そのころの民衆の生活 ルネサンスをささえた商人貴族 ルター宗教改革の背景) 2 マルチン・ルターの生涯(中世的雰囲気につつまれて 恵みの神をもとめて 宗教改革ののろし ローマとの対決 宗教改革運動の進展 挫折と再起 晩年) 3 ルターの思想(ルター研究について 若きルターの神学―『ローマ書講義』 宗教改革の発端―『九五か条の提題』 ローマとの対決―宗教改革の三大文書 宗教改革運動の進展―『この世の権威について』 ルターと農民戦争 ルターとエラスムス―「自由意志」論争を中心として ルター思想の意義)

◇ルターの十字架の神学―マルティン・ルターの神学的突破 A.E.マクグラス著, 鈴木浩訳 教文館 2015.10 289,17p 22cm 〈文献あり 索引あり〉 4200円 ①978-4-7642-7400-6 Ⓝ198.3234

内容 第1部 背景、中世後期の神学者としてのルター(一五〇九‐一五一四年)(ヴィッテンベルクでの宗教改革の夜明け ヴィッテンベルクにおける宗教改革の源流―人文主義、唯名論、アウグスティヌス的伝統 中世後期の神学者としてのルター) 第2部 突破、変わりゆくルター(一五一四‐一五一九年)(驚くべき新たな義の定義(Mira et nova diffinitio iustitiae)―ルターによる神の義の発見 十字架だけがわれわれの神学である(Crux sola est nostra theologia)―十字架の神学の出現(一五一四‐一五一九年)

＊宗教改革の最大の争点であった義認論をめぐって、ルターが従来の「栄光の神学」から「十字架の神学」へと至った道筋を、中世末期の神学的背景に照らして検証。宗教改革思想の知的・霊的潮流を最新の歴史的・神学的研究をもとに分析する画期的な試み。福音主義的信仰を理解するために必読の書。

◇ルター自伝 マルティン・ルター著, 藤田孫太郎編訳 新教出版社 2017.5 163p 18cm (新教新書 276)〈1959年刊の改版〉 1200円 ①978-4-400-22125-8 Ⓝ198.3234

◇ドイツ旅行で見つけたルターの偉業―今も続く宗教改革のうねり 井関康子, 杉野マリ子著 文芸社 2017.6 110p 19cm 〈文献あり〉 1100円 ①978-4-286-18176-9 Ⓝ198.3852

＊キリスト教信仰の「ルーツ」とも言えるマルチン・ルターの生涯と、その足跡を辿った旅行記、そして日本で宗教改革がどのような展開をみせたかを、高校の教科書などから探った意欲作。宗教が危機に瀕し、ルターが果敢にそれに立ち向かった「宗教改革」からちょうど500年。満を持して出版された、キリスト教信仰が生み出す、愛と勇気ある生き方が伝わってくる一冊です。

◇どうしてルターの宗教改革は起こったか―ペストと社会史から見る 石坂尚武著 京都 ナカニシヤ出版 2017.10 152p 18cm 1800円 ①978-4-7795-1218-6 Ⓝ230.52

内容 はじめに―ペストは宗教改革に作用した大きな要因のひとつであった 第1章 課題と"峻厳な神"の視点 第2章 "善き神"の支配と一二世紀・一三世紀の時代―ペストに先行する安定の時代 第3章 "峻厳な神"とドイツにおけるペストの流行 第4章 青少年期ルターの周辺とペスト―宗教改革の提起頃ま

でのルターの半生　第5章 "峻厳な神"ゆえのルターの告解の秘跡の拒否　おわりに——"峻厳な神"の支配

◇二つの宗教改革―ルターとカルヴァン　H.A.オーバーマン［著］，日本カルヴァン学会，日本カルヴァン研究会訳　教文館　2017.10　304,9p　22cm　〈索引あり〉　3500円　①978-4-7642-7413-6　Ⓝ192.3

　内容　第1章 嵐が発生する　第2章 ルターと新しい方法（via moderna）―宗教改革的転回の哲学的背景　第3章 マルティン・ルター――獅子の洞窟の中の修道士　第4章 宗教改革――終末、現代、未来　第5章 ルターからヒトラーへ　第6章 宗教改革時代の聖画像をめぐる論争　第7章 歴史的カルヴァンの回復を目指して　第8章 ヨーロッパ宗教改革の新たな見取り図　第9章 最前線―亡命者たちの宗教改革　第10章 カルヴァンの遺産――その偉大さと限界

　＊ルターは本当に「最初のプロテスタント」なのか？カルヴァンの「偉大さ」と「限界」はどこにあるのか？　神学史と社会史の複合的視点から中世後期と宗教改革の連続性を明らかにし、宗教改革研究に画期的な影響を及ぼした歴史家オーバーマンの本邦初訳書。

◇宗教改革の現代的意義―宗教改革五〇〇年記念講演集　日本キリスト教文化協会編　教文館　2018.6　181p　21cm　1500円　①978-4-7642-9977-1　Ⓝ192.3

　内容　ルターの生涯と宗教改革（小田部進一述）　恩寵論再認（江口再起）　宗教改革と美術（遠山公一述）　ルターの音楽観とその受容（佐藤望述）　ルターの戦争観と現代（野々瀬浩司述）　世界史の中の宗教改革（近藤勝彦述）

◇ルター―ヨーロッパ中世世界の破壊者　森田安一著　山川出版社　2018.8　100p　21cm　（世界史リブレット人　050）〈文献あり　年譜あり〉　800円　①978-4-634-35050-2　Ⓝ198.3852

　内容　ヨーロッパ中世世界の破壊者　1 改革者ルターの誕生　2 カトリックとの戦い　3 改革運動の展開　4 ルター派容認への道

　＊長い宗教改革という見解が盛んになっている。たしかに歴史現象を長いスパンでみる必要がある。しかし、そのなかでも歴史的な決定的瞬間がどこにあるのかをみきわめなければならない。修道士として葛藤の日々をすごしたルターにとって信仰義認論を展開したことはそれにあたる。ルターはその新しい信念をたずさえ、カトリック体制や過激派宗教改革と戦い、結果的ではあるが近代社会の扉へと近づいた。扉を開くまでにはいたらなかったが、それまでの過程を追ってみた。

ルチアーノ, L.C.〔1897〜1962〕
Luciano, "Lucky" Charles

◇ラスベガスを創った男たち　烏賀陽正弘著　論創社　2016.6　199p　19cm　〈年表あり〉　1500円　①978-4-8460-1542-8　Ⓝ253.88

　内容　第1章 ラスベガスのパイオニア（フラミンゴ・ホテル　刎頸の友　ほか）　第2章 禁酒法の廃止（禁酒法の不人気　犯罪シンジケートの誕生　ほか）　第3章 ラスベガスの誕生（待望のラスベガスへ　ラスベガス小史　ほか）　第4章 フラミンゴ・ホテルの完成と悲劇（待望のホテル建設に着手　ホテルのオープンと挫折　ほか）　第5章 ますます繁栄するラスベガス（ハワード・ヒューズの登場　ヒューズの失脚　ほか）

　＊カジノとマフィアの社会学。ラスベガスのパイオニアともいえるバグジー・シーゲル、彼を陰から支えていたM.ランスキー、その2人を配下に暗躍していたラッキー・ルチアーノ。旧知の仲である3人のマフィアの生涯をたどり、カジノ一大都市ラスベガスの実態に迫る！

ルチアーノ, M.〔1964〜〕　Luciano, Mario

◇ゴッドファーザーの血　マリオ・ルチアーノ著　双葉社　2018.4　268p　19cm　〈他言語標題：The blood of Mafia〉　1500円　①978-4-575-31352-9　Ⓝ289.3

◇破界―山口組系組員になったゴッドファーザー末裔の数奇な運命　マリオ・ルチアーノ著　徳間書店　2018.6　284p　20cm　〈文献あり〉　1800円　①978-4-19-864639-3　Ⓝ289.3

　内容　1 マフィアの故郷 シシリア（シシリア人　忌避される家名　農地がマフィアを生んだ　ただ地獄で生きるために　モンテレーブレの王　血は血で磨かれる　"純血と家名"を裏切って）　2 1906年 紐育（1906年　ワスプと移民　イタリア系犯罪組織11.0　組織犯罪ネットワーク　市長より権力を持ったギャング　聖バレンタインデーの虐殺　1969年・ブロンクス　少年Theft Auto団　復讐　逮捕　犯罪と死　最初の「ボスの中のボス」ドン・ヴィーと　修羅たちの邂逅　「暴」と「知」　黄金の人材　殺人株式会社　転換　「シシリアの晩？」の夜　血の帰還　掟　儀式 初忿　転落）　3 DRUG&ARMS（暗黒街作戦　ハスキー計画　麻薬の王　死を呼ぶ街　死の商人「ARMS」　PLO　麻薬と戦争　冷戦商法　帰還と別離　不吉な白い海　裏切り　微笑みのテロリスト　暗転　煉獄にて　安息　黒いアルバイト　山口組と「モンタナ・ジョー」　「殺しの集団」　イタリア人ではなかった　山一抗争勃発とフィリピン革命）　4 五代目山口組三代目山健組（暴力団　出会い　東京　安息　接触　謎　正体　紙袋　傷　戦士の出迎え　西海家連合会　アヤコ　盃―SAKAZUKI　皇民党事件―佐川急便事件）

　＊「生か死か」―私を捉えて離さない"血界"を自ら破らなければならない。

ルツ　Ruth

◇イエス・キリストの系図を彩る女性たち　平山澄江著　キリスト新聞社　2016.12　116p　18cm　（聖書を学ぶ入門シリーズ）　1000円　①978-4-87395-714-2　Ⓝ193

　内容　第1章 タマル（タマルの結婚　未亡人になったタマル　ほか）　第2章 ラハブ（何かが起こりそう　偵察に来た二人の男　ほか）　第3章 ルツ（飢えきった町を逃れて　ルツの決意　ほか）　第4章 「ウリヤの妻」バテ・シェバ（イスラエル、王制となる　サウル王の背信　ほか）　第5章 マリヤ（祭司ザカリヤ　受胎告知　ほか）

　＊本書では、イエス・キリストの系図に登場する女性について考えていきます。

ルテステュ, A. 〔1971～〕 Letetsu, Agnès

◇パリ・オペラ座のエトワール アニエス・ルテステュ自伝 アニエス・ルテステュ, ジェラール・マノニ著, 木下伴江訳 世界文化社 2018.3 302p 20cm 〈文献あり 作品目録あり〉 3000円 ①978-4-418-18501-6 Ⓝ769.935

内容 バレエと出会った頃 身体の記憶 教わることから教えることへ コンクール プルミエール・ダンスーズ エトワール 自分とは違う性格を演じる身体は敵か味方か 振付家の流儀 音楽について… パートナー 衣装をデザインすること、着用することと 舞台で コール・ド・バレエ ツアーと招待 パリ・オペラ座 メディアとの関わり キャリアの「終わり」

＊アニエス・ルテステュは、パリ・オペラ座のみならず、ボリショイ劇場、ミラノ・スカラ座、東京、キューバなど、世界の権威ある劇場を活躍の舞台としてきたエトワール・ダンスーズである。彼女のレパートリーは、『椿姫』『ジゼル』など情熱的、具象的な役から、コンテンポラリーの抽象的な表現、アブストラクトにまで及ぶ。卓越した技巧が、彼女の素晴らしい演技を支えている。彼女の踊りを目にした者は、その深みとオリジナリティーを決して忘れることができない。ジェラール・マノニとの共著であるこの書籍において、ダンサーにして衣装デザイナー、バレエ教師でもある彼女は、舞踊についての広大なテーマを記した。修業時代、後進の指導、精神と身体の関係、主要な役、友人でもあり敵でもある身体、振付家たちとの関係…。これほど多岐にわたるテーマを、偉大なダンサーが、率直かつ詳細に、そして知的に、私たちに明かすのは稀有なことだ。

ルドゥー, C.N. 〔1736～1806〕 Ledoux, Claude Nicolas

◇ユートピア都市の書法―クロード＝ニコラ・ルドゥの建築思想 小澤京子著 法政大学出版局 2017.7 262,18p 22cm 〈他言語標題：L'écriture de la ville utopique 文献あり 索引あり〉 4000円 ①978-4-588-78609-9 Ⓝ523.35

内容 序論（本著の概要と意義 ルドゥ研究の系譜 ルドゥの生涯、主な建築作品と『建築論』の経緯） 第1部 建築は詩のごとく（Ut poesis architectura）（建築の綴字法 円と球体 「語る建築」とアルファベットの結合術 エンブレムとしての建築 文字と可読性） 第2部 性的建築と身体管理の契機―醇化・教育・監視（建築の性的身体 文筆家ルドゥの陰画としての建築家サド 教育と労働における性的な契機 連帯と結合） 第3部 書物の中の／書物としての理想都市（イメージとテクストの関連 入信儀礼から終末へ イメージとテクストの協働と裏切り 世界のモデルとしての書物） 第4部 世界創造主としての建築家（宇宙の建築家 宇宙と都市 眼としての建築（家） 世界創造の模倣と「建築の起源」の再演）

＊ルドゥの建築と都市をめぐる構想は、「文字」と「言語」、「語り」についての方法論の模索でもあった。幻視的や奇矯といった形容とともに、"呪われた建築家"とされてきた従来の像を刷新し、その特異性の本質を明らかにする。建築の起源としての幾何学性志向、都市構想と性愛、性的建築と身体管理、書物の構造が出来させる仮構的な都市空間―。新たな言語創造者による「都市の書法」の追究とともに、時代の認識と欲望のあり方を炙り出す。

ルートビヒⅡ 〔1845～1886〕 Ludwig Ⅱ

◇残酷な王と悲しみの王妃 2 中野京子著 集英社 2015.10 248p 19cm 〈文献あり 年譜あり〉 1600円 ①978-4-08-771633-7 Ⓝ288.493

内容 第1章 ルートヴィヒ二世 第2章 アレクサンドル三世妃マリア 第3章 カルロス四世 第4章 カロリーネ・マティルデ

＊彼らには許されなかった。平穏な日々も、愛も、死も…。人気シリーズ『怖い絵』『名画の謎』の著者が、ルートヴィヒ二世ほか、王族たちの壮絶な人生を辿る好評歴史読み物第2弾。図版多数掲載！

ルドルフⅡ 〔1552～1612〕 Rudolf Ⅱ

◇神聖ローマ皇帝ルドルフ2世との対話 伊藤哲夫著 井上書院 2016.10 507p 22cm 〈布装 文献あり〉 4200円 ①978-4-7530-2291-5 Ⓝ289.3

内容 1 スペイン宮廷にて少年時代を送る 2 従兄のスペイン王子ドン・カルロス 3 父帝マクシミリアン二世と離宮ノイゲボイロ 4 神聖ローマ皇帝へ 5 プラハの都市と皇帝ルドルフ二世の宮廷文化 6 晩年―失意の皇帝ルドルフ二世

ルドン, O. 〔1840～1916〕 Redon, Odilon

◇イラストで読む奇想の画家たち 杉全美帆子著 河出書房新社 2014.12 127p 21cm 〈文献あり 年表あり〉 1600円 ①978-4-309-25558-3 Ⓝ723.3

内容 第1章 西洋美術史に見る「奇想絵画の系譜」 第2章 奇想の画家たち―作品と人生（ボス デューラー カラヴァッジョ ゴヤ ブレイク ルドン ルソー）

＊ちょっと不気味で、妙に心に残る絵を描いた画家の人生とは!?我が道を行く奇才の画家たちのおもしろエピソードが満載！豊富な作品とイラストでその生涯にせまる、待望の一冊。

ルナチャルスキー, A.V. 〔1875～1933〕 Lunacharsky, Anatoly Vasilievich

◇恐怖政治を生き抜く―女傑コロンタイと文人ルナチャルスキー 鈴木肇著 恵雅堂出版 2016.1 249p 18cm 〈年譜あり 年表あり 文献あり〉 920円 ①978-4-87430-049-7 Ⓝ289.3

内容 第1部 コロンタイ（反骨の貴族将軍の目覚めた娘 女性解放、"自由恋愛"は実らず 造反で党の中枢からはずされる スターリンに"降格"を願い出る 才能と人脈を生かし、名外交官へ 現代史の大パノラマの中で 北欧情勢を正しく評価、講和に貢献 重病の中で『回想録』を書き続ける） 第2部 ルナチャルスキー（比類なき博識にレーニンも驚く 貴族の子・学者が社民運動に 哲学と宗教で激しい論争へ レーニンは頑として和解を拒否 粛清の影が） コロンタイ関連論文 炎の労働者革命家シリャプニコフ

＊スターリンの恐怖政治の犠牲者は膨大な数にのぼる。1934年の党大会に出席した約2000人の代議員

中、1939年の党大会に出席できたのはわずか3%だった。ほとんどが処刑や自殺に追い込まれ、レーニン時代からの高級幹部もその例外ではなかった。その恐怖政治を、ヨーロッパ初の女性閣僚となったフェミニズムの先駆者コロンタイと、ソ連の初代教育大臣となったルナチャルスキーがどのように生き抜いたか? 現実にあった"社会主義国家"を照射する一冊。

ルノワール, P.A. 〔1841～1919〕
Renoir, Pierre-Auguste

◇ルノワールへの招待 朝日新聞出版編 朝日新聞出版 2016.4 95p 26cm 〈文献あり〉 1600円 ⓘ978-4-02-251373-1 ⓝ723.35

内容 パーフェクト鑑賞講座 ルノワールを「語る」ための5つのキーワード 私のルノワール 松下奈緒さん ルノワール30作品誌上ギャラリー 私のルノワール 石井リーサ明理さん 多作の画家ルノワールの事件簿 ルノワールの時代 ルノワールの名画に会いに行こう! 人生の歓びを描きつづけた画家の78年の生涯を辿ってみよう ちょっと美術史19世紀に生きた"現代"を描いた画家たち ルノワールに出会える! 世界の美術館ガイド

*絵の具を混ぜずに使ったのは何のため? 帽子をかぶった人が多い理由とは? いつまででも楽しく鑑賞できるルノワール入門。44作品収録。

◇印象派という革命 木村泰司著 筑摩書房 2018.10 306p 15cm (ちくま文庫 き33-2) 〈集英社 2012年刊の再刊 文献あり〉 950円 ⓘ978-4-480-43547-7 ⓝ723.35

内容 序章 なぜ日本人は「印象派」が好きなのか 第1章 フランス古典主義と美術アカデミーの流れ—フランス絵画の伝統はいかに作られたか? 第2章 エドゥアール・マネ—モダン・ライフを描いた生粋のパリジャン 第3章 クロード・モネ—色彩分割法を見いだした近代風景画の父 第4章 ピエール=オーギュスト・ルノワール—見る人に歓びを与え続けた肖像画の大家 第5章 エドガー・ドガ—完璧なデッサンで人の動きを瞬間的に捉えた達人 第6章 ベルト・モリゾ&メアリー・カサット—表現の自由を求めた二人の女性画家

*モネ、ドガ、ルノワール。日本人に人気の印象派の絵は、優しいイメージでとらえられがちです。しかし、じつは美術史に変容をもたらした革新的な芸術運動でした。作品の裏側には、近代社会の幕開けによって、人びとがはじめて味わうことになった孤独や堕落が隠されています。本書では、印象派の絵を合わせ鏡として、時代精神が近代にいかに向き合ったのかを読み解きます。図版資料100点以上収載。

ルビッチ, E. 〔1892～1947〕 Lubitsch, Ernst

◇ルビッチ・タッチ ハーマン・G・ワインバーグ著, 宮本高晴訳 国書刊行会 2015.4 517, 15p 22cm 〈索引あり〉 4500円 ⓘ978-4-336-05908-6 ⓝ778.234

内容 ルビッチ・タッチ(ドイツ時代 アメリカ・サイレント時代 アメリカ・トーキー時代) 脚本家の回想(サムソン・ラファエルソン ウォルター・ライシュ) さまざまなルビッチ賛(「『灼熱の情花』撮影現場にて」ハーバート・ハウ 「『三人の女』評」ロバート・E・シャーウッド 「『三人の女』について」ハンス・ザックス ほか) ルビッチは映画の君主であった(フランソワ・トリュフォー) 永遠のエルンスト・ルビッチ(山田宏一) 付録 ルビッチ俳優名鑑・ルビッチ流都会喜劇の監督たち エルンスト・ルビッチフィルモグラフィー

*ビリー・ワイルダーが師と仰ぎ、フランソワ・トリュフォーがオマージュを捧げ、小津安二郎が影響を受けた、粋で軽妙洒脱な艶笑喜劇の名匠、エルンスト・ルビッチ。『極楽特急』『ニノチカ』『生きるべきか死ぬべきか』など、今なお宝石のごとく輝く数々の傑作をものした天才監督についての緻密な評伝と脚本家インタビュー、当時の批評や関係者の証言で"ルビッチ・タッチ"とは何かを解き明かす古典的名著がついに登場。

ルービン, I.I. 〔1886～1937〕
Rubin, Isaak Il'ich

◇マルクス貨幣論概説 イサーク・イリイチ・ルービン著, 竹永進編訳 法政大学出版局 2016.12 332,3p 22cm 〈索引あり〉 5800円 ⓘ978-4-588-64005-6 ⓝ331.6

内容 1 マルクス貨幣論概説(マルクスにおける価値の理論と貨幣の理論 貨幣の必然性 商品の使用価値と交換価値のあいだの矛盾の結果としての貨幣 貨幣の発生 貨幣と抽象的・社会的労働 価値尺度 流通手段 蓄蔵貨幣) 2 イ・イ・ルービンと草稿「マルクス貨幣論概説」 3 一九二二年から一九三一年までのルービン著作目録 4 関連資料(ルービンシチナ ルービンのマルクス貨幣理論解釈 ルービンの経済学史と西欧経済学者に対する批判 ルービン指導下でのマルクス・エンゲルス研究所の経済学部門 二度の逮捕のあいだ—イサーク・イ・ルービンの生涯と著作活動における知られざる期間 付録一九三七年一一月二三日のイサーク・イリイチ・ルービンの証言) 5 編訳者解説 イ・イ・ルービンの「マルクス貨幣論概説」(マルクスの資本主義理論における貨幣論と価値論 貨幣生成論と価値実体規定 価値尺度としての貨幣 蓄蔵貨幣)

*1930年代のスターリン体制下で粛清され、戦後の西側世界でその理論的業績を高く評価されたソビエト・ロシアの経済学者ルービン。代表作『マルクス価値論概説』と対をなす本書は、草稿が2011年に初公刊された貴重な論文であり、さらにルービンの仕事の歴史的意義を詳説する編者ヴァーシナ氏および訳者による論考、ドイツ語訳版の解説等も併録する。20世紀経済学史への貢献。

ルービン, V. 〔1928～2016〕
Rubin, Vera Florence Cooper

◇宇宙を見た人たち—現代天文学入門 二間瀬敏史著 海鳴社 2017.10 270p 19cm 1800円 ⓘ978-4-87525-335-8 ⓝ440.28

内容 第1部 天文学に強力な"道具箱"を提供した観測家たち(ヘンリエッタ・スワン・リービット—宇宙の"物差し"を見つけた"ハーバード・コンピューターズ"一の才媛 ジョージ・ヘール—巨大望遠鏡時代に道を拓く ほか) 第2部 科学的宇宙論の開拓者たち(アルベルト・アインシュタイン—現代宇宙論の開拓者 カール・シュヴァルツシルト—塹壕で重力場方程式の解を発見 ほか) 第3部 天文学を豊かにした人びと(クライド・トンボー—新しい太陽系領域に挑

んだ人　アーサー・エディントン―恒星天文学の父　ほか）　第4部 "観測の窓"拡大に情熱を傾けた人び と（カール・ジャンスキー―電波天文学の生みの親　早川幸男―戦後の焼け跡で "全波長天文学" への道を敷く　ほか）

＊宇宙は、ブラックホール、超新星爆発、暗黒物質、暗黒エネルギーなど、さまざまな "魔物" や不可思議な現象の存在なしには考えられない。この驚天動地の現代天文学の歴史を築いてきた巨人たち―その活躍を、時代背景・生い立ち・人柄などを交え、いきいきと伝える。

ルフィヌス〔335頃〜395〕Flavius Rufinus

◇ローマ帝国の東西分裂　南雲泰輔著　岩波書店　2016.3　208,115p　22cm　〈文献あり　索引あり〉　7000円　Ⓘ978-4-00-002602-4　Ⓝ232.8

内容　第1章 問題の所在―ローマ帝国の東西分裂をめぐって　第2章 シュンマクス―「永遠の都」ローマ市と食糧供給　第3章 ルフィヌス―新しい「首都」コンスタンティノープル市の官僚の姿　第4章 ルキアノス―帝国東部宮廷における官僚の権力基盤　第5章 エウトロピオス―帝国東部宮廷における宦官権力の確立　第6章 スティリコ―帝国西部宮廷における「蛮族」の武官と皇帝家の論理　第7章 アラリック―イリュリクム道の分割と帝国の分裂　終章―ローマ帝国の東西分裂とは何か

＊ローマ史上の画期とされる帝国の東西分裂とは、何だったのか。歴史を動かした文武の官僚たちを主人公に、ローマ帝国の解体過程を描き出す。膨大な研究史の洗い直しと緻密な史料分析をふまえて、古代史の大問題に取り組み、新しい歴史像の提示を試みる。

ルーマン, J.〔1907〜1944〕Roumain, Jacques

◇《クレオール》な詩人たち 2　恒川邦夫著　思潮社　2018.3　357p　19cm　3200円　Ⓘ978-4-7837-3812-1　Ⓝ950.29

内容　第6章 ニコラス・ギエン―キューバ革命の "国民的詩人"　第7章 ジャック・ルーマン―現代ハイチ文学の "父"　第8章 マグロワール＝サン＝トード―ハイチの "呪われた詩人"　第9章 ルネ・ドゥペストル―稀代の "遍歴詩人"　第10章 フランケチエヌ― "スピラリスム" の創始者　第11章 モンショアシーマルチニックのクレオール語詩人　第12章 カリブ海の友だち―テレーズ・レオタン、アンリ・コルバン、ロジェ・パルスマン、エルネスト・ペパン

＊"革命" と "カリブ海性" を刻む詩群―クレオール文学の第一人者が、カリブ海の詩人たちを体系的かつ網羅的に紹介する決定版。さまざまな交流を手がかりに、魅惑にみちた詩群を訳出し、各詩人の生きざまを活写する。

ルメートル, G.H.〔1894〜1966〕Lemaître, Georges-Henri

◇現代天文学史―天体物理学の源流と開拓者たち　小暮智一著　京都　京都大学学術出版会　2015.12　634p　22cm　〈他言語標題：History of Modern Astronomy　文献あり　年表あり　索引あり〉　4900円　Ⓘ978-4-87698-882-2　Ⓝ440.

12

内容　第1部 天体分光学（「新天文学」の開幕　星の分光分類とHD星表）　第2部 星の構造と進化論（星の進化論とHR図表　熱核反応と星の進化論）　第3部 銀河天文学と宇宙論（銀河と星雲の世界　銀河系の発見　宇宙論の源流）　第4部 現代天文学（日本における天体物理学の黎明　現代天文学の展開）

＊初めて星の化学組成を明らかにしたロンドンのアマチュア天文家ハギンス、太陽をガス体と見なした特許調査官レーン、自作の望遠鏡で天空を探査した音楽家ハーシェル…18世紀末から19世紀中葉にかけて現代天文学の扉を開いた彼らは、いずれも学界に縁のないアマチュア天文家だった。星の位置と運動を対象とする古典天文学から天体の物理的構造を探る天体物理学へ、その転換期を担った人々の生涯と研究を軸に、現代天文学の歴史をたどる。

◇宇宙を見た人たち―現代天文学入門　二間瀬敏史著　海鳴社　2017.10　270p　19cm　1800円　Ⓘ978-4-87525-335-8　Ⓝ440.28

内容　第1部 天文学に強力な "道具箱" を提供した観測家たち（ヘンリエッタ・スワン・リービット―宇宙の "物差し" を見つけた "ハーバード・コンピューターズ" の才媛　ジョージ・ヘール―巨大望遠鏡時代に道を拓く　ほか）　第2部 科学的宇宙論の開拓者たち（アルベルト・アインシュタイン―現代宇宙論の開拓者　カール・シュヴァルツシルト―塹壕で重力場方程式の解を発見　ほか）　第3部 天文学を豊かにした人びと（クライド・トンボー―新しい太陽系領域に挑んだ人　アーサー・エディントン―恒星天文学の父　ほか）　第4部 "観測の窓" 拡大に情熱を傾けた人びと（カール・ジャンスキー―電波天文学の生みの親　早川幸男―戦後の焼け跡で "全波長天文学" への道を敷く　ほか）

＊宇宙は、ブラックホール、超新星爆発、暗黒物質、暗黒エネルギーなど、さまざまな "魔物" や不可思議な現象の存在なしには考えられない。この驚天動地の現代天文学の歴史を築いてきた巨人たち―その活躍を、時代背景・生い立ち・人柄などを交え、いきいきと伝える。

ルメール, C.〔1979〜〕Lemaire, Christophe

◇クリストフ・ルメール　挑戦―リーディングジョッキーの知られざる素顔　平松さとし著　KADOKAWA　2018.6　254p　19cm　1300円　Ⓘ978-4-04-602378-0　Ⓝ788.5

内容　第1章 騎手、クリストフ・ルメールの誕生―カットクォーツ、ヴェスポーン他　第2章 一流騎手への道―ディヴァインプロポーションズ、プライド、ナタゴラ他　第3章 短期免許で日本競馬へ―ハーツクライ、カネヒキリ、ダンスインザムード他　第4章 フランスの名手、JRA騎手になる。―ウオッカ、メジャーエンブレム、ベルシャザール他　第5章 ダービージョッキー―ソウルスターリング、レイデオロ、エピカリス他　第6章 日本馬で凱旋門賞へ―サトノダイヤモンド、マカヒキ他　第7章 リーディングジョッキー―ディアドラ、アーモンドアイ他　Special Interview さらなる飛躍を誓って

＊JRA最多勝利騎手が、信頼する著者に語った、「競馬」へのあくなき想い。フランス、そして日本の愛馬たちとのレース回顧もたっぷり収録！

ルーメル, K. 〔1916〜2011〕 Luhmer, Klaus

◇ルーメル神父94年歳月アルバム集―生誕100年記念2016年9月28日　髙祖敏明編　学苑社　2016.10　276p　31cm　〈他言語標題：Pater Klaus Luhmer SJ 94 Jahre in Photos und Dokumenten　他言語標題：Fr. Klaus Luhmer SJ photos and documents of 94 years　年譜あり〉　Ⓝ198.22

【レ】

レイソン, L. 〔1929〜2013〕 Leyson, Leon

◇シンドラーに救われた少年　レオン・レイソン著, 古草秀子訳　河出書房新社　2015.7　214p　20cm　1650円　Ⓘ978-4-309-22635-4　Ⓝ936

[内容] プロローグ―オスカー・シンドラーとの再会　1章 嵐の前の日々　2章 ドイツ軍のポーランド侵攻　3章 地獄の日々のはじまり　4章 「浄化」という名の虐殺　5章 引き裂かれた絆　6章 完全に正気を失った世界で　7章 プワシュフ収容所と瀕死の日々　8章 シンドラーのリスト　9章 生と死の岐路　10章 移動虐殺部隊の恐怖　エピローグ―自由という遺産

＊これより, 悪いことが起こらせはしない…！「シンドラーのリスト」に載った最年少のユダヤ人による証言録。ユダヤ人大虐殺の過酷な体験を生き延びた少年と家族。「最悪の状況で最善のことをした」ごく普通の人間＝シンドラーの本当の勇気とは, 何だったか？「ニューヨークタイムズ」ミドル・グレード部門第1位！ アメリカ図書館協会優秀児童書受賞！

レイトン, E.T. 〔1903〜1984〕 Layton, Edwin Thomas

◇米海軍から見た太平洋戦争情報戦―ハワイ無線暗号解読機関長と太平洋艦隊情報参謀の活躍　谷光太郎著　芙蓉書房出版　2016.9　253p　19cm　〈奥付のタイトル関連情報（誤植）：ハワイ無線暗号解読機関長と太平洋艦隊情報参謀　文献あり〉　1800円　Ⓘ978-4-8295-0688-2　Ⓝ391.2074

[内容] 1「情報」の視点から見た戦争　2 米海軍の情報戦のキーマン, ロシュフォートとレイトン　3 三年間の日本留学で日本語をマスター　4 帰国後は情報参謀　5 ロシュフォート, ハワイの暗号解読機関の長に　6 真珠湾奇襲前後の無線傍受・解読態勢　7 サンゴ海海戦までの情報戦　8 サンゴ海海戦と情報戦　9 ミッドウエー海戦とロシュフォート　10 ロシュフォートの更迭　11 太平洋戦争終了後のロシュフォートとレイトン

＊日本はなぜ「情報戦」に敗れたのか。米国側の動静を詳しく分析したノンフィクション。ミッドウエー海戦で日本海軍敗戦の端緒を作ったハワイの無線暗号解読機関長ロシュフォート中佐, ニミッツ太平洋艦隊長官を支えた情報参謀レイトンの二人の「日本通」軍人を軸に, 日本人には知られていない米国海軍情報機関の実像を生々しく描く。

レオタン, T. 〔1947〜〕 Léotin, Térèz

◇《クレオール》な詩人たち　2　恒川邦夫著　思潮社　2018.3　357p　19cm　3200円　Ⓘ978-4-7837-3812-1　Ⓝ950.29

[内容] 第6章 ニコラス・ギエン―キューバ革命の"国民的詩人"　第7章 ジャック・ルーマン―現代ハイチ文学の"父"　第8章 マグロワール＝サン＝トード―ハイチの"呪われた詩人"　第9章 ルネ・ドゥペストル―稀代の"遍歴詩人"　第10章 フランケチエンヌ―"スピラリスム"の創始者　第11章 モンショアシーマルチニックのクレオール語詩人　第12章 カリブ海の友だち―テレーズ・レオタン, アンリ・コルバン, ロジェ・パルスマン, エルネスト・ペパン

＊"革命"と"カリブ海性"を刻む詩群―クレオール文学の第一人者が, カリブ海の詩人たちを体系的かつ網羅的に紹介する決定版。さまざまな交流を手がかりに, 魅惑にみちた詩群を訳出し, 各詩人の生きざまを活写する。

レオナルド・ダ・ビンチ 〔1452〜1519〕 Leonardo da Vinci

◇精神科医が見たレオナルド・ダ・ヴィンチ　一條貞雄著　第2版　近代文芸社　2014.9　178p　19cm　〈文献あり　年表あり〉　1800円　Ⓘ978-4-7733-7948-8　Ⓝ702.37

[内容] 第1部 「最後の晩餐」に見る"隠し絵"（イタリア・ルネサンス時代の絵画に見られる自画像　レオナルドの作品に自画像はないか？　レオナルドの"自画像"とは果たして自画像か？　ほか）　第2部 "モナ・リザ"のモデルは誰？（レオナルド・ダ・ヴィンチの生い立ち　"モナ・リザ"の歴史　"モナ・リザ"のモデルは実在の女性という"証拠"　ほか）　第3部 精神科医が見たレオナルド・ダ・ヴィンチ（レオナルド・ダ・ヴィンチをめぐる疑問　出生の秘密　レオナルドには放浪癖があったのか？　ほか）

＊レオナルドの父母との関わり, 親子の深層心理を探る。

◇天才を生んだ孤独な少年期―ダ・ヴィンチからジョブズまで　熊谷高幸著　新曜社　2015.3　222p　20cm　〈文献あり　索引あり〉　1900円　Ⓘ978-4-7885-1424-9　Ⓝ141.18

[内容] 1章 天才と孤独　2章 レオナルド・ダ・ヴィンチ　3章 アイザック・ニュートン　4章 トーマス・アルヴァ・エジソン　5章 夏目漱石　6章 アルベルト・アインシュタイン　7章 スティーブ・ジョブズ　8章 天才と現代

＊天才の少年期には共通する「心の癖」があった。自閉症から日本語まで幅広い視点で研究する著者が, 脳科学の発見も取り入れ天才たちの人生をたどりなおす, 新しい天才論！

◇ダ・ヴィンチの右脳と左脳を科学する　レナード・シュレイン著, 日向やよい訳　ブックマン社　2016.4　334p 図版16p　20cm　〈文献あり〉　1800円　Ⓘ978-4-89308-857-4　Ⓝ702.37

[内容] 芸術／科学　メディチ家／教皇　ミラノ／バチカン　心／脳　レオナルド／ルネサンス美術　ルネサンス美術／現代美術　デュシャン／レオナルド　ペテン師／レオナルド　創造性　恐怖／渇望／美　レオナルド／理論　レオナルド／発明　感情／記憶　空間と時間／時空　レオナルド／遠隔透視　レオナルドの脳　レオ

ナルド/非同時性　進化/絶滅
＊才能は、脳科学で解明できるのか？『モナ・リザ』『最後の晩餐』『アンギアーリの戦い』『人体解剖図』…数々の傑作を世に遺した天才、レオナルド・ダ・ヴィンチの頭脳の秘密が最新科学で今、明らかに！米国ベストセラー医師が医学的見地から考察する知的冒険の書。

◇僕はダ・ヴィンチ　ヨースト・カイザー文，クリスティナ・クリストフォロウ絵，岩崎亜矢監訳，市中芳江訳　パイインターナショナル　2016.4　76p　23cm　（芸術家たちの素顔　9）〈文献あり〉　1600円　①978-4-7562-4760-5　Ⓝ723.37

◇レオナルド・ダ・ヴィンチの秘密―天才の挫折と輝き　コスタンティーノ・ドラッツィオ著，上野真弓訳　河出書房新社　2016.7　317p　図版16p　20cm　〈年譜あり〉　2800円　①978-4-309-25566-8　Ⓝ702.37

内容　家庭の秘密　最先端の向こう　大胆な弟子　リアルさを求めて　何でもする覚悟　画家、それとも吟遊楽人？　人体への飽くなき興味　ついに宮廷へ　逆転劇、息をのむ名作　感情豊かな聖画　新たな挑戦　奇跡の名画　確立されたスタイル　ローマの異邦人　終焉

＊巨匠の人生と作品を知る知的冒険の旅へ、ようこそ！謎多き天才の生涯を絵画作品を追いながら最新の情報とともに生き生きと物語った決定版！

◇ダ・ヴィンチ絵画の謎―カラー版　斎藤泰弘著　中央公論新社　2017.3　195p　18cm　（中公新書　2425）〈文献あり〉　1000円　①978-4-12-102425-1　Ⓝ723.37

内容　『モナリザ』は女装したダ・ヴィンチか　最初の風景素描と『受胎告知』フィレンツェ時代の自然観　ミラノ公国付きの技術者　スコラ自然学との出会い　ミラノ時代の地質学調査　『聖アンナと聖母子』の謎　大地隆起理論への疑問　世界終末の幻想　「どうぞ其処を退いてください　あなたにも遮るのです」　わたしがどうしてあなたに向かって微笑んでいるのか、分かる？　ザッペリ説にも問題が　晩年のレオナルド

＊誰もが知っている『モナリザ』。しかし、よくよく見ればさまざまな謎に満ちている。モデルは誰か、なぜ微笑を湛えているのか。なぜ左右の背景はつながっていないのか、そもそもなぜこんなに荒涼とした風景なのか。鏡文字で書かれたダ・ヴィンチの手稿を研究し、彼の抱く世界観を知悉する著者が、俗説を退けながら、現存する主要な絵画のテーマや来歴について、ダ・ヴィンチ自身のものの見方に立って解説する。

◇レオナルド＝ダ＝ヴィンチ―ルネサンスと万能の人　西村貞二著　清水書院　2017.3　247p　19cm　（新・人と歴史拡大版　03）〈1984年刊を、表記などを改めて再刊　文献あり　年譜あり　索引あり〉　1800円　①978-4-389-44103-6　Ⓝ702.37

内容　1　ルネサンス的人間―その背景（ルネサンス的人間　政治と社会　思潮　自然の発見）　2　万能の人―その諸相（科学者の場合　政治家の場合　芸術家の場合　出現の条件）　3　レオナルド＝ダ＝ヴィンチ―その生涯と業績（青春時代の霧　彷徨と探求　故郷喪失者　生々流転

＊西洋絵画史における最大の芸術家、独創的な科学者・技術者としてのレオナルド＝ダ・ヴィンチの名は、あまりにもよく知られているが、かれが歩んだ苦難の道はそれほど知られていない。はなやかなルネサンス文化のかげに権謀の渦まく政争や混沌とした社会のなかで、レオナルドはいかに自己を発見し形成したのか。本書は、ルネサンス史の精通者たる著者が、レオナルドの謎にみちた生涯を、かれ自身から、かれの背景にある社会から解明する。

◇もっと知りたいレオナルド・ダ・ヴィンチ―生涯と作品　裾分一弘監修　改訂版　東京美術　2018.3　17,79p　26cm　（アート・ビギナーズ・コレクション）　1800円　①978-4-8087-1106-1　Ⓝ702.37

内容　第1章　修業時代（受胎告知　風景の習作（アルノ川の風景）　ジネヴラ・デ・ベンチの肖像　聖ヒエロニムス　三博士礼拝）　第2章　宮廷芸術家としての時代（岩窟の聖母　人体のプロポーション）　第3章　研究に打ち込む時代（白貂を抱く婦人　最後の晩餐）　第4章　晩年の時代（モナ・リザ（ラ・ジョコンド）　聖アンナと聖母子　洗礼者ヨハネ）

レオニダスⅠ〔?～480B.C.〕Leonidas Ⅰ

◇新書　英雄伝―戦史に輝く将星たち　有坂純著　学研教育出版　2015.10　407p　19cm　〈文献あり　発売：学研マーケティング〉　1600円　①978-4-05-406350-1　Ⓝ283

内容　ペルシア戦争を起こした男―アリスタゴラス伝　わが故郷は遙か―ディオニュシオス伝　われら死にきと―レオニダス伝　サラミスの、汝は女の産める子らを滅ぼさん―テミストクレス伝　賞金首女王―アルテミシア一世伝　三つの問い―エパミノンダス伝　偉大なる敵―ハンニバル伝　オリュンポスの落日―アエミリウス・パウルス伝　賽は投げられた―ユリウス・カエサル伝　帝国の夢―ゼノビア女王伝　疾風・青青・霍去病伝　戦いは、まだ始まっていない―ジョン・ポール＝ジョーンズ伝　第一級の戦士―ダヴー元帥伝

＊かつて雑誌『タクテクス』（ホビージャパン刊）で熱狂的に連載された伝説の連載が、待望の単行本化！古代ギリシアからナポレオン時代まであまたの英傑が生き生きと甦る！

レーガン, R.〔1911～2004〕Reagan, Ronald

◇レーガン、ゴルバチョフ、ブッシュ―冷戦を終結させた指導者たち　和田修一著　一藝社　2014.9　284p　21cm　〈他言語標題：Reagan, Gorbachev,and Bush　文献あり　索引あり〉　2200円　①978-4-86359-089-2　Ⓝ319.53038

◇オリバー・ストーンが語るもうひとつのアメリカ史　3　帝国の緩やかな黄昏　オリバー・ストーン, ピーター・カズニック著　金子浩, 柴田裕之, 夏目大訳　早川書房　2015.7　454p　16cm　（ハヤカワ文庫　NF　441）　1100円　①978-4-15-050441-0　Ⓝ253.07

内容　第10章　デタントの崩壊―真昼の暗黒（フォード大統領の時代―アメリカの受けた痛手　南ベトナムの敗北と、反故にされたベトナムへの資金供与協定ほか）　第11章　レーガン時代―民主主義の暗殺（「想

像を絶する」、レーガン大統領の知的レベル 「ラテンアメリカがあんなにたくさんの国に分かれていたなんて驚いたよ」 ほか〕 第12章 冷戦の終結―機会の逸失(ゴルバチョフ、冷戦の終結を宣言 ブッシュ・シニア「究極のエスタブリッシュメント」 大統領候補 ほか〕 第13章 ブッシュ=チェイニー体制の瓦解―「イラクでは地獄の門が開いている」(イスラム過激派による9・11テロの衝撃 ネオコンにとって、9・11は「新たな真珠湾のような」好機だった ほか〕 第14章 オバマ―傷ついた帝国の運営(「救済者」と思えたオバマは、事態をより悪化させた 経済顧問はほぼ全員、金融危機を招いたルービンの手下―彼らは嬉々として銀行家たちを救済した ほか〕

＊ソ連との緊張緩和の機運は政権内のタカ派により圧殺された。ソ連崩壊後単独の覇権を握ったアメリカは世界の警察のごとく振舞い始めるが、史上最低と呼ばれる大統領のもと、国内経済の瓦解が始まった。しかし9・11テロの打撃を口実に軍事費は増大し続ける。国民は改革の兆しを黒人大統領、オバマに託すが、希望はすぐに失望に変わった…頽廃が忍び寄る「帝国」の病理を容赦なく描き出す歴史壮大作完結篇。

◇米国アウトサイダー大統領―世界を揺さぶる「異端」の政治家たち 山本章子著 朝日新聞出版 2017.12 250,7p 19cm 〈朝日選書967〉〈文献あり〉 1500円 Ⓘ978-4-02-263068-1 Ⓝ312.53

内容 序章 アウトサイダー大統領とは 第1章 アメリカ経済の変遷と中東 第2章 アメリカと同盟国 第3章 日米同盟の半世紀 第4章 アメリカはなぜトランプを選んだか 終章 アメリカの実像を見据えて

＊2017年、米国史上初の公職経験のない大統領が誕生した。大方の予想を裏切ったトランプ政権誕生は、アメリカの政治、日米関係が、根本から変わりうることを意味する。私たちが、これまでの日米関係にとらわれずに、いまアメリカ人が望む国益や対外政策とは何か、その背景にあるアメリカが抱える諸問題とは何かを考えるべき時期が来ているのだ。本書は、ワシントンのアウトサイダーであることから評価されて大統領に選ばれた6人にスポットをあてる。アイゼンハワー、カーター、レーガン、クリントン、ブッシュ(子)、トランプ…彼らの共通点、登場した時代背景、対外政策の傾向など、内政・外交を多角的に論じていく。彼らは大きな変化を求める世論が生んだ「時代の寵児」であり、彼らを知ることは、アメリカを取り巻く状況と課題の変遷を知ること。

◇銀幕の大統領ロナルド・レーガン―現代大統領制と映画 村田晃嗣著 有斐閣 2018.3 610p 20cm 〈他言語標題：Ronald Reagan, President of the Silver Screen 文献あり 年表あり 索引あり〉 3900円 Ⓘ978-4-641-14923-6 Ⓝ312.53

内容 序章 二十世紀アメリカの文化と政治 研究の視角 第1章 「僕の残り半分はどこだ？」 メディアによる人格形成 第2章 『バック・トゥ・ザ・フューチャー』と一九五〇年代 第3章 「赤狩り」 右派のFDR」市民政治家の台頭 第4章 レーガンの時代の始まり 第5章 再選をめざして 第6章 任務完了！ 「われわれが勝ち、彼らが負ける」 終章 比較の中の「銀幕の大統領」

＊アメリカを再び偉大に！ ハリウッドからホワイトハウスに転じた、ただ一人の大統領ロナルド・レーガン。その生涯を通して、20世紀アメリカにおける現代大統領制と映画、また政治と文化の相互作用を分析・考察する。

レギュイエ, D. 〔1952～〕 Léguillier, Dominique

◇私はドミニク―「国境なき医師団」そして「国境なき子どもたち」とともに一人道援助の現場でたどってきた道のり― ドミニク・レギュイエ著, 金珠理訳 合同出版 2017.11 213p 図版16p 21cm 〈年表あり〉 1500円 Ⓘ978-4-7726-1329-3 Ⓝ369.4

内容 「非営利団体？」 他者との出会い 国境なき医師団(MSF)に参加 1984年、エチオピア 日本へ ラスト・フロンティア 1995年1月17日 青少年向けプロジェクト 小さな5円玉 五つの命 〔ほか〕

レジェ, F. 〔1881～1955〕 Léger, Fernand

◇色彩の饗宴―二〇世紀フランスの画家たち 小川栄二著 平凡社 2015.7 325p 図版13p 22cm 〈他言語標題：LA FÊTE DES COULEURS〉 5200円 Ⓘ978-4-582-83685-1 Ⓝ723.35

内容 第1章 現代絵画への展望(バルテュス―孤高の絵画愛 デュビュッフェ―現代のプリミティフ、創造の原初から スタール―地中海の光) 第2章 二〇世紀の巨匠たち(ピカソ―"もの"の侵入、色彩の復権 マティス―色彩の悦び ブラック―鳥たちの飛翔) 第3章 色彩と夢と現実(ミロ―"自由なる自由"を友に シャガール―オペラ座天井画に見た夢) 第4章 日常性への眼差し(ボナール―絵画への愛、日常への愛 デュフィ―海と音楽 レジェ―二〇世紀前衛の「プリミティフ」) 第5章 田園・環境・エコロジー(エステーヴ―華やぐ大地 ビシエール―現代の牧歌)

＊なぜあの名画は生まれたのだろうか？ ピカソ、ミロ、シャガールからバルテュスまで現代フランス絵画を色彩豊かにいろどる13人の画家たちのその生涯を振り返り、知られざる素顔に迫る。

レスピナス, J. 〔1732～1776〕 Lespinasse, Julie de

◇恋文―パリの名花レスピナス嬢悲話 保苅瑞穂著 筑摩書房 2014.7 413p 20cm 4400円 Ⓘ978-4-480-80451-8 Ⓝ289.3

内容 第1部 哀しい星の下に(ある少女時代 ジュリ、パリ社交界に登場する ジュリ、パリでサロンを開く ジュリ、スペインの貴公子に恋をする 最後の抱擁) 第2部 炎のラブレター(二人目の恋人 孤独の日々 残された二つの指輪 病める魂 愛の死)

＊18世紀パリ、サロンの女王がつづった恋愛史に名高い激しくも美しいラブレター。薄倖な星のもとに生まれ、驚くべき知性とエスプリで多くの人を魅了したレスピナス嬢の数奇な恋の運命を、憂愁漂う華麗な世紀を背景に、透徹した明晰さで思いをつづった美しく悲しい愛の手紙に光をあてながら描く。

レップマン, J.〔1891〜1970〕 Lepman, Jella
◇子どもの本がつなぐ希望の世界—イェラ・レップマンの平和への願い　日本国際児童図書評議会40周年記念出版委員会編，早川敦子，板東悠美子監修　彩流社　2016.3　227,3p　19cm　2200円　①978-4-7791-2220-0　Ⓝ019.5
内容　第1部　イェラ・レップマンとIBBYの誕生（「子どもたちに本を」—イェラ・レップマンの人と仕事　荒れ地からの出発—IBBYの原点　世界に開かれた「本の城」—ミュンヘン国際児童図書館）　第2部　国際アンデルセン賞—子どもの本のノーベル賞（国際アンデルセン賞—IBBYの理念の体現　温かい網に包まれて—受賞までの道程　物語の木、あるいは上橋菜穂子論のための素描　想像する力）　第3部　JBBYの歩み、そしてこれから（私にとってIBBYとは—いま「3・11絵本プロジェクトいわて」とともに　世界地図が変わりゆくなかで—私たちに問われていること(IBBY/JBBY元会長　島多代氏に聞く）　JBBYの歩み）
＊第二次世界大戦で荒廃したドイツから、「本」を通して、子どもたちの心に希望の種を蒔くことを、世界に発信したイェラ・レップマン―。レップマンの熱い思いは、国際児童図書評議会（IBBY）や国際アンデルセン賞に受け継がれ、震災後の日本でも、子どもたちの心を支え続けています。

レドモンド, M.〔1963〜〕 Redmond, Michael
◇棋士マイケル・レドモンド　マイケル・レドモンド著　出版芸術社　2015.8　205p　19cm　1400円　①978-4-88293-484-4　Ⓝ795
内容　1 GOING TO JAPAN　2 修行の日々　3 夢が実現、プロ棋士へ　4 NHK囲碁講座の講師に　5 私の実戦から　6 私と碁の現在・将来
＊10歳で囲碁と出会い、碁の面白さに魅了され、来日。日本でプロ棋士に―人気棋士の知られざる素顔に迫る！

レナード, D. Leonard, Dion
◇ゴビ—僕と125キロを走った、奇跡の犬　ディオン・レナード著，夏目大訳　ハーパーコリンズ・ジャパン　2018.5　349p　19cm　1600円　①978-4-596-55127-6　Ⓝ782.3
＊2016年初夏。7日間かけて250kmを走るゴビ砂漠マラソンに挑戦するためスコットランドからやってきたディオンは、レース2日目、スタート地点に紛れこんだ小さな迷い犬が自分をじっと見ているのに気づいた。犬はなぜか彼のそばを離れず、レースが始まると一緒に走り出す。この出会いが、ディオンの人生を大きく変えていくことに―。

レーナ・マリア〔1968〜〕 Lena Maria（Vendelius）
◇それでも夢をもって―両腕なき愛のゴスペルシンガー　レーナ・マリア著，今村博子訳　いのちのことば社フォレストブックス　2014.4　127p　19cm　（Forest Books）　1000円　①978-4-264-03136-9　Ⓝ762.3893
内容　1章 夢　2章 すてきな両親の元に生まれて　3章 人と違う私が好き　4章 困難な出来事　5章 大切な国、日本　6章 表現する喜び　7章 愛について　8章 それでも夢をもって
＊パラリンピックでの活躍、歌手デビューと成功、結婚と挫折。困難を乗り越え、希望を歌い続けるスウェーデンの歌姫。そのアメイジングな半生。

レーナルト, P.〔1862〜1947〕 Lenard, Philipp
◇アインシュタインとヒトラーの科学者—ノーベル賞学者レーナルトはなぜナチスと行動を共にしたのか　ブルース・J・ヒルマン，ビルギット・エルトル＝ヴァグナー，ベルント・C・ヴァグナー著，大山晶訳　原書房　2016.2　301p　20cm　〈文献あり　索引あり〉　2500円　①978-4-562-05293-6　Ⓝ289.3
内容　引き合わない勝利　事件の核心　親密さは軽蔑の元　興味深い夕べ　論争する紳士たち　逃したチャンス　ストックホルムのレーナルト　アインシュタイン対フサウラの小数皇　危険な選択　レーナルトとヒトラー　ドイツ物理学　学会の不純物　ヒムラーtpハイゼンベルク　わが人生に悔いなし
＊「アインシュタインのようなユダヤ人のインチキ科学者を認めるわけにはいかない」ヒトラーの科学顧問となったノーベル賞物理学者フィリップ・レーナルト。彼とアインシュタインとの確執から生まれた大きな溝が、その後の科学の流れを変えてしまったのだ。国家が支配する科学は滅びる。はじめて語られるナチスをめぐる科学者論争。

レーニン, V.I.〔1870〜1924〕 Lenin, Vladimir Il'ich
◇レーニンの格闘—マルクス主義のロシアへの土着化　北井信弘著　西田書店　2014.9　302p　20cm　（経済建設論　第2巻）　2400円　①978-4-88866-585-8　Ⓝ332.38
内容　1 新経済政策をめぐる諸問題（レーニンの過渡期経済建設の解明　新経済政策の理論的基礎づけ　レーニンの貨幣廃止の構想　実践論的アプローチの欠如）　2 レーニンの苦闘（労働組合論争からつかみとるべきもの　穀物徴発と貧農委員会創設にはらまれている問題　「労働者統制」の理論と実践）　3 マルクス主義のロシアへの適用（かえりみられなかったマルクスの手紙　一九〇三年の農業綱領「切取地綱領」）　分化する農民層の分析　「ブルジョア的土地国有化」の革命をめざす「二つの道」論　見落されたのは富農育成政策!?　晩年のマルクスをつきうごかしていたもの）
＊労働、貨幣、土地、組織…。理論と実践、歴史的風土…。のりこえるべき諸問題を一身に受け止め、転換期に立ちむかうレーニンと同志たちの格闘を克明に描出する。

◇レーニン—二十世紀共産主義運動の父　和田春樹著　山川出版社　2017.5　103p　21cm　（世界史リブレット人　73）〈文献あり　年表あり〉　800円　①978-4-634-35073-1　Ⓝ289.3
内容　レーニンと名乗った理由　1 革命家の形成　2 志をえられぬ歳月　3 世界戦争のなかでの開眼　4 峻厳な革命指導者　5 レーニン最後の闘い
＊ロシアは専制君主が支配する国であり、解放を求める人々の運動が絶えることのない国であった。し

レノン

かし、20世紀になっても革命は成功せず、専制権力の国ロシアは世界戦争に突入した。専制の打倒を求めてきた革命家レーニンは世界戦争と闘うことに全力投球し、生まれかわった。世界戦争から解放されるにはドイツの「戦争社会主義」を採用すればいい。フランス革命など、テロルの発動も躊躇しない。十月革命で権力を握ったレーニンは、ソ連共産党の最高指導者として世界共産主義運動をつくりだした。さて飛躍の結果はどうなるのか。

◇レーニン権力と愛 上 ヴィクター・セベスチェン著,三浦元博,横山司訳 白水社 2017.12 360,21p 20cm 3800円 ①978-4-560-09585-0 Ⓝ289.3

内容 クーデター 貴族の巣 牧歌的な幼年期 兄の絞首刑 警察国家 革命教育 弁護士ウラジーミル・イリイッチ ナージャ マルクス主義者の求愛 言葉、真実、論法 海外経験〔ほか〕

＊同志より、妻と愛人に信を置いた革命家の「素顔」。生誕から革命前夜まで、書簡など新史料を駆使して、その人間像と真髄に迫る傑作評伝！

◇レーニン権力と愛 下 ヴィクター・セベスチェン著,三浦元博,横山司訳 白水社 2017.12 355,49p 20cm 〈文献あり 索引あり〉 3800円 ①978-4-560-09586-7 Ⓝ289.3

内容 革命―第一幕 封印列車 フィンランド駅へ 政治空白 「平和、土地、パン」 戦争の利得 捨て身の賭け 七月の日々 逃亡の身 革命―第二幕〔ほか〕

＊「善を望みながら、悪を生み出した」革命家の悲劇。10月革命から志半ばの病死まで、人間模様と逸話を通して、その人生と時代を活写する傑作評伝！

レノン, J.〔1940～1980〕Lennon, John

◇レノンとジョブズ―変革を呼ぶフール 井口尚樹著 彩流社 2015.6 251p 19cm （フィギュール彩 32）〈他言語標題：JOHN LENNON AND STEVE JOBS〉 1800円 ①978-4-7791-7032-4 Ⓝ767.8

内容 第1部(道化と愚直(A Fool Such As I) リンゴとリング(Forbidden Fruit) ほか) 第2部(禅と円(Money For Nothing) 日本と英国(East-West) ほか) 第3部(弾みと歪み(Stoned Soul Picnic) 66とロール(Like A Hurricane) ほか) 第4部(フロンティアと銃(Bang Bang) ドレミと日系人(Milk and Honey) ほか) 第5部(ロードとムービー(In Dreams) 反体制と反動(Heroes And Villains) ほか)

＊世界を変えたふたりの変人。洋の東西を問わず愚者は世界を拓く！ レノンとジョブズの共通点は意外に多い。父母に放棄された子、直感と変貌の人、既成のスタイルを打ち破るクリエイター。ゆえに失敗もするが、それが西洋原理（合理主義、資本主義、キリスト文明）の行き詰まりを打破する。

◇ザ・ビートルズ・サウンド最後の真実 ジェフ・エメリック,ハワード・マッセイ著 奥田祐士訳 河出書房新社 2016.4 589p 21cm 〈新装版 白夜書房 2009年刊の加筆 索引あり〉 4200円 ①978-4-309-27716-5 Ⓝ767.8

内容 プロローグ 一九六六 秘宝 アビイ・ロード三番地 ビートルズとの出会い 初期のセッション ビートルマニア ハード・デイズ・ナイト 創意と工夫―"リボルバー"の舞台裏 ここにいられて最高です、ほんとにワクワクしています―"サージェント・ペパー"のスタート 傑作がかたちに―"ペパー"のコンセプト 愛こそはすべて…そして長いお休み―"マジカル・ミステリー・ツアー"と『イエロー・サブマリン』 ぼくが辞めた日―"ホワイト・アルバム"の舞台裏 嵐のあとの静けさ―"ホワイト・アルバム"以降の日々 金床とベッドと三人の拳銃使い―"アビイ・ロード"の舞台裏 どのつまりは―"アビイ・ロード"の完成 穴の修理―アップル時代 ドブとトカゲとモンスーン―"バンド・オン・ザ・ラン" ビートルズ以降の日々 エルヴィス・コステロから"アンソロジー"まで 今日、ニュースを読んだよ、いやはや

＊1966年『リボルバー』から1969年『アビイ・ロード』まで、ビートルズのレコーディング現場にいた唯一のエンジニアが語る、ファブ・フォーの、創作の秘密の全貌。

◇ザ・ビートルズ史―誕生 上 マーク・ルイソン著,山川真理,吉野由樹,松田ようこ訳 河出書房新社 2016.11 813p 20cm 〈索引あり〉 4900円 ①978-4-309-27789-9 Ⓝ767.8

内容 前史(リバプールの我が家で―一八五年～一九四五年 少年たち―一九四五年～五四年 ほか) 一年目、一九五八年―一緒になることを考える(俺たちはどこへ行くんだい、ジョニー―一九五八年一月～五月 これが俺の人生だ―一九五八年六月～一二月) 二年目、一九五九年―三人のイカした奴ら(乱暴なテディ・ボーイのような存在―一九五九年一月～七月 私とカスパへいらっしゃい―一九五九年七月～一二月) 三年目 一九六〇年―適性とと、自信と、継続性と(幕は切って落とされた ハイヨー、ハイヨー、シルヴァー…進め！―一九六〇年一月～五月 ほか)

＊4人のルーツからサウンドの完成まで徹底した事実検証で描き直し、ジョンの「マザー神話」などの数々の真相が次々と明かされる！ これまで語り継がれてきた「ビートルズ神話」を覆す新事実満載！ 事件の現場にいた多くの人々を新たに取材、メンバーや関係者のインタビューを数多く駆使、利用し得るすべての一次資料（書簡、契約書、写真、音源など）を駆使し、「事実」にこだわり抜いた新しいビートルズ史！

◇ザ・ビートルズ史―誕生 下 マーク・ルイソン著,山川真理,吉野由樹,松田ようこ訳 河出書房新社 2016.11 838p 図版16p 20cm 〈索引あり〉 4900円 ①978-4-309-27790-5 Ⓝ767.8

内容 四年目、一九六一年―ロックの時代到来(ビッグ・ビート・ボッピン・ビートルズ―一九六一年一月～三月 ビーデルズ、プレリーを知る―一九六一年四月～六月 スープと汗とロックンロール―一九六一年七月～九月 パリを旅するナーク・ツインズ―一九六一年一〇月一日～一四日 ほか) 五年目、一九六二年―常に誠実であれ(選択肢―一九六二年一月～二月五日 きちんと音楽を聴かせよ―一九六二年二月六日～三月八日 奴ら対ぼくら―一九六二年三月九日～四月一〇日 ビートルズになれた男―一九六二年四月一〇日～一三日 ほか)

＊リバプールでの爆発的成功からデビュー・ヒットまでを再検証。成功の裏に隠された4人の葛藤、デビューにまつわる新事実もえぐり出す！ これまで

語り継がれてきた「ビートルズ神話」を覆す新事実満載！ デビューまでにビートルズがカバーしたライブ演奏した曲の全貌に迫る！ レノン＝マッカートニー・コンビの成長過程を詳細に辿り、どの曲がいつどちらの手で書かれていたのかまでも解明！

◇ビートルズが分かる本─4人が語る自身とビートルズ　小林七生著　広島　溪水社　2017.1　246p 22cm　〈文献あり〉　1800円　Ⓘ978-4-86327-378-8　Ⓝ764.7

内容　第1章 出生からクオリーメンまで　第2章 ハンブルク、ビートルズの成立（1960〜1962）　第3章 有名になった一曲―ビッグ・バン、膨張・爆発　第4章 アメリカと世界　第5章 変化のきざし　第6章 東京受難マニラ・アメリカツアーに疑問　第7章 スタジオ・アーティスト、新生ビートルズ　第8章 各人の作風、私のビートルズ　第9章 ビートルズ4人の旅立ち　終章 私のビートルズ

＊天命を受けたリバプールの少年4人は世界を熱狂させ人々をしがらみから解放した。ほどなく生活感を得た4人は自分たちを表現し、そして各自の人生を希求し無常観に至った。

レーバー, J.　〔1891〜1945〕　Leber, Julius

◇暴力の経験史─第一次世界大戦後ドイツの義勇軍経験1918〜1923　今井宏昌著　京都　法律文化社　2016.5　311p 22cm　〈他言語標題：Erfahrungsgeschichte der Gewalt　文献あり　年表あり　索引あり〉　6400円　Ⓘ978-4-589-03768-8　Ⓝ392.34

内容　序章「政治の野蛮化」？　第1章 ドイツ革命期における義勇軍運動の形成と展開　第2章 裏切りとの共和国―アルベルト・レオ・シュラーゲターの義勇軍経験　第3章 共和国の防衛―ユリウス・レーバーの義勇軍経験　第4章 コミュニストとの共闘―ヨーゼフ・ベッポ・レーマーの義勇軍経験　第5章 ルール闘争期における義勇軍経験の交差　終章 義勇軍経験と戦士たちの政治化

レービ, P.　〔1919〜1987〕　Levi, Primo

◇プリーモ・レーヴィ─失われた声の残響　ガブリエッラ・ポーリ、ジョルジョ・カルカーニョ著，二宮大輔訳　水声社　2018.5　510p 20cm　〈他言語標題：Primo Levi〉　4500円　Ⓘ978-4-8010-0337-8　Ⓝ970.278

内容　ケンタウロス　新しい受肉　詩、奇妙な感染症　研究所から書き物机に　休暇の合間　分水嶺　「我々が黙れば、誰が口を開くのか？」　与えることと持つこと　幸せな創造物〔ほか〕

＊新聞や雑誌、ラジオやテレビでの録音、録画されたテープ、または講演、討論のリポート、学生との対話や個人的な会話の記録…。レーヴィがさまざまな場で語った膨大な記録を巧みに組み立てなおし、いまだ謎につつまれる作家の人物像と、創作の秘密をあらわにする迫真の書。

レビ＝ストロース, C.　〔1908〜2009〕　Levi-Strauss, Claude

◇レヴィ＝ストロース　吉田禎吾、板橋作美、浜本満共著　新装版　清水書院　2015.9　220p 19cm　（Century Books─人と思想 96）〈文献あり　年譜あり　索引あり〉　1000円　Ⓘ978-4-389-42096-3　Ⓝ389

内容　1 レヴィ＝ストロースの人と業績　2 レヴィ＝ストロースと『親族の基本構造』（インセスト・タブーと交換　婚姻規則の問題　『親族の基本構造』の構造主義）　3 神話の研究（神話の分析方法　神話の三つの方法─対立、変換、媒介　神話は何のためにあるのか）　4 野生の思考と構造主義（文化相対主義　トーテミズム　普遍的な"人間精神"　構造主義の影響）

レビナス, E.　〔1906〜1995〕　Lévinas, Emmanuel

◇評伝 レヴィナス─生と痕跡　サロモン・マルカ著，斎藤慶典、渡名喜庸哲、小手川正二郎訳　慶應義塾大学出版会　2016.2　413,16p 20cm　〈文献あり〉　4200円　Ⓘ978-4-7664-2287-0　Ⓝ135.5

内容　1 さまざまな場所（カウナス　ストラスブール　フライブルク・イム・ブライスガウ　パリ　捕囚生活　東方イスラエリット師範学校の日々　ラシー講義　タルムード講話）　2 さまざまな顔（水先案内人と流れ星―ヴァールとシュシャーニ　悪しき天才―ハイデガー　分身にして裏面―デリダ　近さと遠さ―リクール　文書管理人と先駆者たち―ブーバーとレヴィ・ブリュル　ヒュラーヴと紹介者たち　貴族と枢機卿―カステッリとヨハネ＝パウロ二世　典礼と日常生活―娘シモーヌと孫ダヴィッド　モンテーニュとラ・ボエシー―ネルソン博士　ゴーゴリの鼻―息子ミカエル　世間からの認知　イェルサレムのレヴィナス）

＊哲学的生はいかに形成されるのか。ユダヤ教の中に一つの哲学的洞察を認め、自らそれを生きた哲学者レヴィナス。レヴィナスを一つの結節点とする知的ネットワーク、20世紀ヨーロッパ・ユダヤ精神史を描く、レヴィナス評伝の決定版。

レーピン, V.　〔1971〜〕　Repin, Vadim

◇偉大なるヴァイオリニストたち　2 チョン・キョンファから五嶋みどり、ヒラリー・ハーンまで　ジャン＝ミシェル・モルク著，神奈川夏子訳　ヤマハミュージックメディア　2017.4　356,8p 21cm　〈文献あり〉　3400円　Ⓘ978-4-636-92333-9　Ⓝ762.8

内容　ボリス・ベルキン　チョン・キョンファ　ピンカス・ズーカーマン　オーギュスタン・デュメイ　ピエール・アモイヤル　ドミトリ・シトコヴェツキー　ナイジェル・ケネディ　シュロモ・ミンツ　ヴィクトリア・ムローヴァ　チョーリャン・リン〔ほか〕

＊外科医でもある筆者による桁外れに鋭い考察に基づく評伝集。使用楽器や練習法などはもちろん、デビューの裏側や生い立ち、家族関係などに迫り、素顔を描き出す。歴史的名演を収録したCD-ROM付き。

レーブ, J.　〔1960〜〕　Löw, Joachim

◇パーフェクトマッチ─ヨアヒム・レーヴ勝利の哲学　クリストフ・バウゼンヴァイン著，木崎伸也、ユリア・マユンケ訳　二見書房　2015.5

317p 19cm 1600円 ①978-4-576-15041-3 Ⓝ783.47

内容 栄光なき選手時代 スイスでの監督修行 威厳を取り戻せなかった指導者 未知なる世界への旅 W杯勝利のための戦略 新しいドイツサッカーの誕生 完璧な代表監督への道のり 山頂を目指す旅団結、そして新チーム誕生へ 無冠でも喜びに沸いたドイツ 見えはじめたタイトル 過信がもたらした敗戦 不安の残るW杯予選 パーフェクトマッチの夢 監督席の哲学者

＊2014W杯優勝。史上最強の代表チームはどのように生まれたのか。ドイツ代表監督の「勝つ」ための哲学を徹底分析。

レフマン, N.〔2004〜〕 Rehman, Nabila

◇ナビラとマララ―「対テロ戦争」に巻き込まれた二人の少女 宮田律著 講談社 2017.3 170p 19cm 1200円 ①978-4-06-220484-2 Ⓝ316.4

内容 第1章 ナビラさんの来日（日本に来られなくなった理由 新聞記者のインタビューを受けて ほか） 第2章 ナビラさんを巻き込んだ「対テロ戦争」（「アメリカ同時多発テロ」が起きるまで アフガニスタンだけでは終わらなかった ほか） 第3章 暴力に屈しないマララさんの活動（マララさんがねらわれた理由 女子教育をさまたげているもの ほか） 第4章 ナビラさんが暮らす「部族地域」（パキスタンと日本のつながり〜被災地への支援 パキスタンと日本のつながり〜仏教と経済 ほか） 第5章 ナビラさんの入学・通学（学びたいナビラさんへの支援 ナビラさんに会いにペシャワールへ ほか）

＊ナビラ・レフマンさんとマララ・ユースフザイさん。マララさんを襲ったのがイスラム過激派だったのに対し、ナビラさんに向けてミサイルを発射したのは、アメリカの無人機「ドローン」でした。マララさんはノーベル平和賞を受賞しましたが、ナビラさんの身に降りかかったことを知る人は、ほとんどいません。加害者の違いこそが、二人のその後の境遇を決定づけたのです。二人の少女の身の上に何が起きたのかを紹介しながら、アメリカとイスラムの関係の変遷や、パキスタンの部族地域の実態について、現代イスラム研究で知られる宮田律氏が解説します。

レーマー, J.B.〔1892〜1944〕 Römer, Josef "Beppo"

◇暴力の経験史―第一次世界大戦後ドイツの義勇軍経験1918〜1923 今井宏昌著 京都 法律文化社 2016.5 311p 22cm 〈他言語標題：Erfahrungsgeschichte der Gewalt 文献あり 年表あり 索引あり〉 6400円 ①978-4-589-03768-8 Ⓝ392.34

内容 序章「政治の野蛮化」？ 第1章 ドイツ革命期における義勇軍運動の形成と展開 第2章 裏切りの共和国―アルベルト・レオ・シュラーゲターの義勇軍経験 第3章 共和国の防衛―ユリウス・レーバーの義勇軍経験 第4章 コミュニストとの共闘―ヨーゼフ・ベッポ・レーマーの義勇軍経験 第5章 ルール闘争期における義勇軍経験の交差 終章 義勇軍経験と戦士たちの政治化

レミー
⇒キルミスター, L. を見よ

レーモンド, A.〔1888〜1976〕 Raymond, Antonin

◇磯崎新と藤森照信のモダニズム建築談義 磯崎新, 藤森照信著 六耀社 2016.8 331p 21cm 〈年表あり〉 3600円 ①978-4-89737-829-9 Ⓝ523.07

内容 序 語られなかった、戦前・戦中を切り抜けてきた「モダニズム」 第1章 アントニン・レーモンドと吉村順三―アメリカと深く関係した二人 第2章 前川國男と坂倉準三―戦中のフランス派 第3章 白井晟一と山口文象―戦前にドイツに渡った二人 第4章 大江宏と吉阪隆正―戦後一九五〇年代初頭に渡航、「国際建築」としてのモダニズムを介して自己形成した二人

＊国立代々木競技場をつくった丹下健三がなぜ、世界の頂点に立つことができたのか。それは、日本のモダニズムの成立過程にあった。戦前、戦中と切り抜けてきた「日本のモダニズム」を辿っていったとき、見えてきたのは、「モダニズムの核」。磯崎新と藤森照信が自由に語り合った建築談義第2弾。

レーン, J.H.〔1819〜1880〕 Lane, Jonathan Homer

◇現代天文学史―天体物理学の源流と開拓者たち 小暮智一著 京都 京都大学学術出版会 2015.12 634p 22cm 〈他言語標題：History of Modern Astronomy 文献あり 年表あり 索引あり〉 4900円 ①978-4-87698-882-2 Ⓝ440.12

内容 第1部 天体分光学（「新天文学」の開幕 星の分光分類とHD星表） 第2部 星の構造と進化論（星の進化論とHR図表 熱核反応と星の進化論） 第3部 銀河天文学と宇宙論（銀河と星雲の世界 銀河系の発見 宇宙論の源流） 第4部 現代天文学へ（日本における天体物理学の黎明 現代天文学への展開）

＊初めて星の化学組成を明らかにしたロンドンのアマチュア天文家ハギンス、太陽をガス体と見なした特許調査官レーン、自作の望遠鏡で天空を探査した音楽家ハーシェル…18世紀末から19世紀中葉にかけて現代天文学の扉を開いた彼らは、いずれも学界に縁のないアマチュア天文家だった。星の位置と運動を対象とする古典天文学から天体の物理的構造を探る天体物理学へ、その転換期を担った人々の生涯と研究を軸に、現代天文学の歴史をたどる。

レンナー, K.〔1870〜1950〕 Renner, Karl

◇カール・レンナー―1870-1950 ジークフリート・ナスコ著, 青山孝徳訳 横浜 成文社 2015.11 206p 20cm 〈年譜あり〉 2000円 ①978-4-86520-013-3 Ⓝ289.3

内容 一八人兄弟姉妹の末子 大学と労働運動 著述家と政治家 第一次共和国への入り口にて 典型的な連立の首相 講和代表団長 連立の終焉 荒野に呼ばわる者 二度の逮捕 ヒットラーに抗して、しかし、合邦には賛成 自ら再浮上 スターリンの

お蔭による首相　ソ連の操り人形ではない　西側連合国もまた承認　連邦大統領
＊ハプスブルク帝国、第一次共和国、オーストロ・ファシズム、ヒットラー・ドイツによる併合、第二次大戦後、露米仏による分割占領―。揺れ動く東西の狭間で、粘り強くオーストリアを率いた「国父」の肖像。

レンブラント・ファン・レイン〔1606〜1669〕
Rembrandt Harmenszoon van Rijn

◇レンブラントとイタリア・ルネサンス　ケネス・クラーク著、尾崎彰宏，芳野明訳　新装版　法政大学出版局　2015.7　276,52p　20cm　〈叢書・ウニベルシタス 368〉〈文献あり　索引あり〉　3200円　①978-4-588-14021-1　Ⓝ723.359
内容 1 反古典主義者レンブラント　2 レンブラントと盛期ルネサンス　3 レンブラントとモニュメンタルな美術の伝統　4 レンブラントとヴェネツィア派　5 レンブラントと一四〇〇年代の美術

◇レンブラント　エルンスト・ファン・デ・ウェテリンク著，メアリー・モートン訳　木楽舎　2016.9　223p　26cm　〈第2刷　文献あり〉　2500円　①978-4-86324-108-4　Ⓝ723.359
内容 名声と評価　少年時代　ライデン時代（1625年〜1631年）　第一次アムステルダム時代（1631年〜1635年）　第二次アムステルダム時代（1636年〜1642年）　第三次アムステルダム時代（1643年〜1658年）　第四次アムステルダム時代（1658年〜1669年）　レンブラントの晩年　エピローグ・1669年から現在までのレンブラント
＊レンブラント研究の第一人者が解き明かす。17世紀オランダ黄金時代が生んだ偉大な芸術家の生涯。オランダレンブラント・リサーチ・プロジェクト公認、新解釈のために厳選された作品約180点を収録。

【ロ】

ロイ, M.〔1882〜1966〕 Loy, Mina
◇モダニスト　ミナ・ロイの月世界案内―詩と芸術　フウの会編　水声社　2014.8　387p　22cm　〈文献あり　年譜あり〉　4000円　①978-4-8010-0042-1　Ⓝ931.7
内容 詩篇（生も死もない　分娩　人間シリンダー　ほか）　散文（未来派のアフォリズム　フェミニスト・マニフェスト　ガートルード・スタイン　ほか）　ミナ・ロイとともに（月世界の案内人、ミナ・ロイの生涯（吉川佳代）　ミナ・ロイ―世紀の詩人（ロジャー・L.コノヴァー）　「ジョアンズへのラヴソング」―逸脱する恋愛ポリティックス（吉川佳代）　ほか）
＊エズラ・パウンド、T・S・エリオットらの賛辞を浴びた前衛詩人にして、マルセル・デュシャンにも影響を与えた芸術家の全体像を多面的に彫琢する本邦初の試み。

ローウェンスタイン, R.〔1933〜2014〕 Loewenstein, Rupert
◇ローリング・ストーンズを経営する―貴族出身・"ロック最強の儲け屋"マネージャーによる40年史　プリンス・ルパート・ローウェンスタイン著，湯浅恵子訳　河出書房新社　2015.3　249p　20cm　2000円　①978-4-309-24697-0　Ⓝ767.8
＊ロックを"ビジネス"に変えた男。税金逃れでイギリスから逃亡、ベロ・マークのマーチャンダイズを発明し、「ローリング・ストーンズ」の名跡を売り渡す大博打まで―"ストーンズ"というビッグ・ビジネスを一手に引き受けた辣腕マネージャーの半生記。

ロサン・トゥプテン〔1950〜〕 Lobsang Tubten Jigme Gyatso
◇アジャ・リンポチェ回想録―モンゴル人チベット仏教指導者による中国支配下四十八年の記録　アジャ・ロサン・トゥプテン著，馬場裕之訳，三浦順子監訳　福岡　集広舎　2017.10　500,13p　21cm　〈表紙のタイトル：Arjia Rinpoche The Autobiography　年譜あり　索引あり〉　2778円　①978-4-904213-51-3　Ⓝ180.9
内容 幼年時代　「宗教改革」の災難　寺院の半開放タシルンポ寺にて　パンチェン大師が「反革命」になる　文化大革命の災難　災難の後の再生　落ち着かない獅子法座　鄧小平の政策　クンブム寺の修復その他　政治と秘密　前世の因縁　命がけのパンチェン秘密に亡命　彼岸での修行　恨みのためではなく予防のために
＊チベットにおける幼少での即位から覚悟の亡命までを語る波乱の半生記。

ローシー, G.V.〔1867〜1940〕 Rosi, Giovanni Vittorio
◇浅草オペラ舞台芸術と娯楽の近代　杉山千鶴，中野正昭編　森話社　2017.2　290p　20cm　2800円　①978-4-86405-108-8　Ⓝ766.1
内容 序論（浅草オペラという近代）　第1章 浅草オペラの源流（大正オペラの祖ローシーの"空白時代"を探る―バランシンに繋がった波瀾万丈なる生涯　浅草の翻訳歌劇の歌詞―ベアトリッセがベアトリ丈ちゃんになるまで）　第2章 浅草オペラの女たち（高木徳子とアイドルの時代　澤モリノの生涯―浅草オペラの「女王」の足跡）　第3章 浅草オペラの舞踊と演劇（浅草オペラの舞踊　オペラ座と音楽家・小松耕輔の仕事―浅草オペラにおける名作オペラのダイジェスト版）　第4章 浅草オペラのメディア（歌劇雑誌と浅草オペラ・ファン　浅草オペラから舞踊小唄まで―佐々紅華の楽歴）
＊大正時代の浅草で熱狂的な人気を博した「浅草オペラ」。理想的な西洋の芸術と、日本の大衆や現実の興行が出合うなかで誕生し、大正の芸術と娯楽を彩りながら、やがて昭和のモダニズム文化にもつながった浅草オペラの人と舞台を多角的にさぐる。

ロジャーズ, J.（米海軍提督）〔1812〜1882〕 Rodgers, John
◇カロライン・フート号が来た！―ペリーとハリスのはざまで　山本有造著　名古屋　風媒社　2017.2　165p　21cm　〈文献あり　年譜あり　索引あり〉　2000円　①978-4-8331-3175-9

Ⓝ210.5953

内容 第1章 カロライン・フート号婦人図をめぐる若干の考察（カロライン・フート号の来日 「下田亜米利加婦人図」をめぐって） 補論 エドワード・エジャトンの玉泉寺「銀板写真」とルイーザ・リード 第2章 ロジャーズ司令官の下田と箱館（北太平洋派遣合衆国測量遠征隊 カロライン・フート号の下田 ロジャーズ司令官の下田 ロジャーズ司令官の箱館 ロジャーズ司令官の帰国 ロジャーズ報告とその波紋 下田協約とその後） 第3章 下田「欠乏品交易」とその周辺—カロライン・フート号「貨幣問題」を中心に（ペリー来航と「一ドル＝一分替え」の発生 「欠乏品交易」と「欠乏会所」 欠乏品交易の価格と価額 日本における「銀高・金安」問題 フート号「輸入関税」問題とその処理 ハリス着任と「一ドル＝三分替え」の成立 フート号「未払金」問題とその処理）

＊一八五五年三月一五日の夕暮れ、アメリカ商船カロライン・E・フート号が下田港に来航。平服の紳士、妙齢の婦人と二人の幼い子供連れで上陸した。彼らは何を求めて日本を訪れ、日本に何を見たのか。そして、日本人は彼らに何を見たのか…。日米関係もう一つの原点。

ロジャーズ, J.（投資家）〔1942〜〕 Rogers, Jim

◇伝説の7大投資家―リバモア・ソロス・ロジャーズ・フィッシャー・リンチ・バフェット・グレアム　桑原晃弥著　KADOKAWA　2017.6　239p　18cm　〈角川新書 K-139〉〈文献あり〉800円　Ⓘ978-4-04-082146-7　Ⓝ338.1

内容 第1章「ウォール街のグレートベア」ジェシー・リバモア 第2章「イングランド銀行を潰した男」ジョージ・ソロス 第3章「百聞は一見に如かず」ジム・ロジャーズ 第4章「成長株集中投資の大家」フィリップ・フィッシャー 第5章「伝説のファンドマネジャー」ピーター・リンチ 第6章「オマハの賢人」ウォーレン・バフェット 第7章「バフェットの師」ベンジャミン・グレアム

＊「ウォール街のグレートベア」（リバモア）、「イングランド銀行を潰した男」（ソロス）…。数々の異名を持つ男たちは「個人投資家」という一般的なイメージを遙かに超える影響力を行使してきた。

ロジャーズ, P.〔1949〜〕 Rodgers, Paul

◇フリー・ザ・コンプリート―伝説のブリティッシュ・ブルース・ロックバンド、栄光と苦悩　デヴィッド・クレイトン,トッド・K.スミス著, 葛葉哲哉訳　Du Books　2017.11　277p　31cm　〈発売：ディスクユニオン〉　4200円　Ⓘ978-4-86647-024-5　Ⓝ764.7

内容 ポール・コゾフ　サイモン・カーク　ポール・ロジャーズ　アンディ・フレイザー　胎動—High Octane Blues　熱情—Tons Of Sobs　亀裂—I'll Be Creeping　停滞—Growing Pains　暁光—All Right Now　陶酔—Freemania〔ほか〕

＊本書に書かれているのは、フリーの盛衰である。シングルとアルバムがヒットした興奮の日々、そして、1971年が原因となり、最初の解散を迎える。短い期間を駆け抜けたバンド（コゾフ・カーク・テツ・ラビット、ピース、トビー）を経て、1972年に再結成。その理由が語られる。1973年、最終的な解散。それがバッド・カンパニー、シャークス、バック・ストリート・クローラーにつながり、1976年、ポール・コゾフが悲劇的な最後を遂げる。フリーは本当に終わったのであった。

ロシュフォート, J.〔1900〜1976〕 Rochefort, Joseph

◇米海軍から見た太平洋戦争情報戦―ハワイ無線暗号解読機関長と太平洋艦隊情報参謀の活躍　谷光太郎著　芙蓉書房出版　2016.9　253p　19cm　〈奥付のタイトル関連情報（誤植）：ハワイ無線暗号解読機関長と太平洋艦隊情報参謀　文献あり〉　1800円　Ⓘ978-4-8295-0688-2　Ⓝ391.2074

内容 1「情報」の視点から見た戦争 2 米海軍の情報戦のキーマン、ロシュフォートとレイトン 3 三年間の日本留学で日本語をマスター 4 帰国後は情報参謀 5 ロシュフォート、ハワイの暗号解読機関の長に 6 真珠湾奇襲前後の無線傍受・解読態勢 7 サンゴ海海戦までの情報戦 8 サンゴ海海戦と情報戦 9 ミッドウエー海戦と情報戦 10 ロシュフォートの更迭 11 太平洋戦争終了後のロシュフォートとレイトン

＊日本はなぜ「情報戦」に敗れたのか。米国側の動静を詳しく分析したノンフィクション。ミッドウエー海戦で日本海軍敗戦の端緒を作ったハワイの無線暗号解読機関長ロシュフォート中佐、ニミッツ海軍長官を支えた情報参謀レイトンの二人の「日本通」軍人を軸に、日本人には知られていない米国海軍情報機関の実像を生々しく描く。

ロス, S.〔1962〜〕 Ross, Suzanne

◇漆に魅せられて―The best things in life…　スザーン・ロス著　桜の花出版　2015.9　191p　21cm　〈発売：星雲社〉　1400円　Ⓘ978-4-434-21012-9　Ⓝ752

内容 漆 うるし 言葉では表現できない美しさ　ロンドン時代 一人遊びが上手な少女 クリエイティブな家族 いいものは自分で作る豊かな暮らし 子供時代の想い出 辛い経験も次のステップのための神様の導き アートの道へ 漆の本当の美を見つけて 初めて来た日本 何とかなるわ… Oh my goodness！ 日本の美意識 アンバランスの中のバランス 縁を大切にする 物事にはすべて意味がある 輪島の暮らし 古民家を改造した自宅 漆の道は苦労の連続 本格的な修行を始めて 牛小屋を改造した工房 大地震でもビクともしなかった昔の柱構造 日本の四季の美しさ 自然からエネルギーをもらって自然に返す お客さんと心を結ぶ 作り手の思いに使い手の工夫が加わって完成する 漆の魅力 日本人と縄文文明 日本の漆を取り戻そう 消え行く九千年の漆文化 万能の素材 これほど自由な表現ができる素材は他にない 漆と日本の若い人たちが未来に希望を持てるように パッションを持って夢を追いかけよう かけがえのない、あなたらしさを大切に イギリス人から見た日本 良いところがどんどん捨てている日本人 自分の修業時代を楽しもう 子育てが終わってから第二の修業時代を あとがき いまを精一杯生きる

＊美しい自然の残る能登半島で、古民家を改装した

自宅と工房に暮らすイギリス人「漆アーティスト」スザーン・ロスさん。アートスクールの学生の時、展覧会で江戸時代の漆の硯箱に出会い、その魅力にひかれて22歳で来日。以来、30年間、漆の限りない魅力を極めようと、様々な表現を求めて「漆道」に励んでいる。しかし、9000年以上の歴史を持つ世界最古の日本の漆文化と、日本人の精神性が、いま消えようとしているという。本書には、日々の自然とのふれあいから生み出される、美しい作品や、手作りで改装した工房、能登の美しい自然の写真も満載。著者の生い立ちや、来日当初の微笑ましいエピソード、そして、著者が修業時代で大切にしていることを、楽しく語った初のエッセイ集。わたしたち日本人が忘れかけている日本の美しさ、素晴らしさを再発見する本!「伝統文化を失ってはいけません! なぜなら、日本人の伝統的精神は世界を救うことができるからです!」「日本人は世界のお兄さんであることを思い出して!」

ロス卿（第3代）
⇒パーソンズ，W. を見よ

ローズベルト，F.D.
⇒ルーズベルト，F.D. を見よ

ローズベルト，T.
⇒ルーズベルト，T. を見よ

ローゼンツバイク，F.〔1886～1929〕
Rosenzweig, Franz

◇フランツ・ローゼンツヴァイク―生と啓示の哲学　丸山空大著　慶應義塾大学出版会　2018.10　425,68p　22cm　〈他言語標題：Franz Rosenzweig　文献あり　年譜あり　索引あり〉　7000円　①978-4-7664-2568-0　Ⓝ134.9

内容　序 ローゼンツヴァイクと二〇世紀のドイツ・ユダヤ人社会　第1部 生の問題としての宗教―改宗をめぐる決断 一九〇五・一九一四（青年ローゼンツヴァイクの思想 キリスト教への改宗の前夜―神、歴史、ヘーゲル 宗教との対峙 ほか）第2部 啓示概念の探求と『救済の星』一九一五・一九一九（ユダヤ人に「なる」こと―ユダヤ教教育への取り組み 真理はいかに自らを顕わすか―言葉、啓示、真理 啓示と人間 ほか）第3部 日常的生の聖化と恩寵 一九二〇・一九二九（律法とユダヤ人としての生―能動性と受動性の溶化 神的現実性の経験をめぐって―証言の哲学）

＊43歳で他界したドイツのユダヤ人思想家、ローゼンツヴァイク。彼の若年期から晩年までの思想的展開とその到達点を明らかにする。初期におけるドイツ近代史への関心、キリスト教への改宗の断念、主著『救済の星』における独自の救済史的思想の展開―。さらに後期思想における、一人ひとりの日常の生と宗教の関係の追究、自ら力を傾けたユダヤ教の宗教教育の実践等から、彼の思考の深化と全体像を解明する。

ローゼンベルク，A.〔1893～1946〕
Rosenberg, Alfred

◇悪魔の日記を追え―FBI捜査官とローゼンベルク日記　ロバート・K.ウィットマン，デイヴィッド・キニー著，河野純治訳　柏書房　2017.7　505p 図版12p　20cm　〈文献あり〉　2700円　①978-4-7601-4875-2　Ⓝ234.074

内容　消失と発見―一九四九～二〇一三（十字軍戦士「何もかもなくなった」「邪悪なる者の心を覗きこむ」）不安定な日々―一九一八～一九三九（「運命の継子たち」「この地で最も嫌われている新聞!」夜のとばり ほか）戦争―一九三九～一九四六（「これからの苦難」売り込み パリの盗人たち ほか）

＊ヒトラーの思想をささえた、アルフレート・ローゼンベルク。狂気の独裁者に従う凡庸な夢想家を裁くのは、故国を追われたひとりの男。世界を混乱に陥れた日記の行方を追って、捜査官は100年前の歴史と向き合う…

ロタ・デ・マチェード・ソアレス〔1910～1967〕Lota de Macedo Soares

◇めずらしい花 ありふれた花―ロタと詩人ビショップとブラジルの人々の物語　カルメン・L.オリヴェイラ著，小口未散訳　水声社　2016.2　363p 図版16p　20cm　〈文献あり〉　3500円　①978-4-8010-0131-2　Ⓝ289.3

内容　一九七八年、ボストン　おお、旅人よ みだらな花梗 昔シナの王さまがおったとさ 一九九四年、リオデジャネイロ　日々の暮らし 八百屋が幸運を運んでくる 美しきビンドラーマ ドナ・ロタ ウアーイーなぜ？〔ほか〕

＊リオデジャネイロの新公園造成を発案したロタとアメリカの詩人ビショップ。そそり立つ岩と雲の漂う家、女同士の「家庭」、シダに囲まれた愛の暮らし。やがて家は建築賞、詩集はピュリッツァ賞に輝くが、公園事業がふたりの距離を生む。1950・60年代の軍政に向かう不穏な国で、政治的後ろ楯と仲間を失い、ロタは詩人との絆でニューヨークへ渡るが…。闇に埋もれた先駆的女性のかがやきを蘇らせ、詩人の飛躍を促したブラジル生活を、親友たちの証言で初めて公にした二重の評伝!

ロダン，A.〔1840～1917〕Rodin, Auguste

◇ロダン 天才のかたち　ルース・バトラー著，馬渕明子監修，大屋美那，中山ゆかり訳　白水社　2016.6　542,59p　23cm　〈文献あり　年譜あり〉　7800円　①978-4-560-08498-4　Ⓝ712.35

内容　第1部 一八六〇・一八七九年（一八六〇年、パリのロダン家 姉マリアの誓願 ほか）第2部 一八八〇・一八八九年（ロダンはいかにして"扉"の注文を得たのか 静けさと創造性―"扉"のための模索 ほか）第3部 一八八九・一八九八年（天才たちの記念像―『バスティアン＝ルパージュ』『クロード・ロラン』『ヴィクトル・ユゴー』天才に捧げるさらなる記念像『バルザック』『ボードレールの墓碑』 ほか）第4部 一八九九・一九一七年（事業家としてのロダン 異端者の勝利 ほか）

＊彫刻家は孤独だった。そして、苦闘の末におとずれた名声は、彼をいっそう孤独にした。大彫刻家の真の姿に迫る決定版評伝。

ローターン, J.P.〔1785～1853〕 Roothaan, Joannes Philippus

◇ヤン・ローターン神父の生涯―イエズス会の第2の創立者　ホアン・カトレット著, 高橋敦子訳　習志野　教友社　2014.6　142p　19cm　1000円　Ⓘ978-4-907991-00-5　Ⓝ198.22

ロチ, P.〔1850～1923〕 Loti, Pierre

◇恋人たちの風景―ピエール・ロチと行くロマン紀行　伊原正躬著　大阪　竹林館　2015.5　209p　20cm　〈他言語標題：Paysage d'amour　文献あり〉　1600円　Ⓘ978-4-86000-303-6　Ⓝ950.268

内容 第1章 ピエール・ロチ（Pierre Loti）　第2章 トルコの恋人（Turque）―小説『アジヤデ』をめぐる旅　第3章 タヒチの恋人（Tahiti）―小説『ララフ（ロチの結婚）』をめぐる旅　第4章 日本の恋人（Japon）―小説『お菊さん』をめぐる旅　第5章 西アフリカの恋人（Sénégal）―小説『アフリカ騎兵』をめぐる旅　第6章 氷島の恋人（Islande）―小説『氷島の漁夫』をめぐる旅

＊フランス生まれの軍人、ピエール・ロチは1870年、海軍少尉に任命され、軍務で世界各地を巡った。そして、現地の若い女性と恋をし、そのロマンスを小説に著した。21世紀の今、著者はその足跡を辿り、彼のロマンティシズムとエキゾティシズム、そして時代の香りを伝える。

ロッキャー, J.N.〔1836～1920〕 Lockyer, Joseph Norman

◇現代天文学史―天体物理学の源流と開拓者たち　小暮智一著　京都　京都大学学術出版会　2015.12　634p　22cm　〈他言語標題：History of Modern Astronomy　文献あり　年表あり　索引あり〉　4900円　Ⓘ978-4-87698-882-2　Ⓝ440.12

内容 第1部 天体分光学（「新天文学」の開幕　星の分光分類とHD星表）　第2部 星の構造と進化論（星の進化論とHR図表　熱核反応と星の進化論）　第3部 銀河天文学と宇宙論（銀河と星雲の世界　銀河系の発見　宇宙論の源流）　第4部 現代天文学へ（日本における天体物理学の黎明　現代天文学への展開）

＊初めて星の化学組成を明らかにしたロンドンのアマチュア天文家ハギンス、太陽をガス体と見なしに特許調査官レーン、自作の望遠鏡で天空を探査した音楽家ハーシェル…18世紀末から19世紀中葉にかけて現代天文学の扉を開いた彼らは、いずれも学界に縁のないアマチュア天文家だった。星の位置と運動を対象とする古典天文学から天体の物理的構造を探る天体物理学へ、その転換期を担った人々の生涯と研究を軸に、現代天文学の歴史をたどる。

ロック, J.〔1632～1704〕 Locke, John

◇ロック　田中浩, 浜林正夫, 平井俊彦, 鎌井敏和共著　新装版　清水書院　2015.9　186p　19cm　（Century Books―人と思想 13）〈文献あり　年譜あり　索引あり〉　1000円　Ⓘ978-4-389-42013-0　Ⓝ133.2

内容 1 ロックの時代と生涯（ロックの時代　学生生活　哲学と政治　祖国をあとに　はなやかな晩年）　2 ロックの思想（ロックの政治思想　ロックの経済思想　ロックの哲学思想　ロックの宗教思想　ロックの教育思想）

◇ロック入門講義―イギリス経験論の原点　冨田恭彦著　筑摩書房　2017.12　340p　15cm　（ちくま学芸文庫 ト9-3）　1200円　Ⓘ978-4-480-09833-7　Ⓝ133.2

内容 第1章 ロック略伝―一六三二年～一七〇四年　第2章 観念はヴェールではない―仮説の論理の無理解に抗して　第3章 経験論―「白紙」からの出発　第4章 感覚と概念的把握―ロックを心像論者とする誤解に抗して　第5章 抽象観念説はナンセンス？―もう一つの流言　第6章 単純観念を求めて―可感的単純観念と可想的単純観念　第7章 観察の理論普荷性への視点―モリニュー問題　第8章 現代指示理論の二重のさきがけ―記述主義と反記述主義のはざまで　第9章 創造的変化の思想―ローティの批判にもかかわらず彼の先駆者として

＊「人間の知識の起源と確実性を探求し、あわせて信念や意見の根拠を探求することが私の目的である」。ジョン・ロックは、近代哲学の基盤というべき「認識論」において、最初のアプローチを試みた一人である。しかし、その仕事に対しては誤読が重ねられ、真意は充分に捉えられてこなかった。例えば、ロックは心の直接的対象を観念と設定したため世界へのアプローチを不可能にしてしまったという批判等だ。イギリス経験論の原点となったロックの思想の真意とはどのようなものだったのか？　社会思想・政治哲学でも知られるロックの形而上学的真価に迫る。平明な筆致による、書下ろし学芸文庫オリジナル。

◇ジョン・ロック―神と人間との間　加藤節著　岩波書店　2018.5　3,216p　18cm　（岩波新書　新赤版 1720）〈年譜あり〉　820円　Ⓘ978-4-00-431720-3　Ⓝ133.2

内容 プロローグ―実像をもとめて　第1章 生涯　第2章 思想世界の解読―方法の問題　第3章 政治と宗教―「神の作品」の認識＝寛容論　第4章 生と知―「神の作品」の認識＝道徳論　エピローグ―ロックからの問い

＊自由で平等な市民社会の原理を探究し、民主義の基礎を築いたジョン・ロック。啓蒙の時代を準備した「光」の思想家の背景には、「神なしではますことのできない」宗教性と、「影」を色濃く帯びた思想的特質がある。自由、信仰、寛容、知性…資料と歴史を読み解き、人間にとっての基本的価値を根底から見つめなおす。

ロックヒル, W.W.〔1854～1914〕 Rockhill, William Woodville

◇ヘンリ・アダムズとその時代―世界大戦の危機とたたかった人々の絆　中野博文著　彩流社　2016.3　255p　19cm　（フィギュール彩 49）〈他言語標題：HENRY ADAMS AND HIS TIMES　索引あり〉　1900円　Ⓘ978-4-7791-7057-7　Ⓝ253.065

内容 ファースト・レディとレディ・リンゼイ―一九三九年、イギリス国王夫妻の訪米　クローヴァの青春　アダムズ家の人々―平和と和解のための戦い

祖国復興の理想　首都ワシントンの社交界と政党組織　アダムズ夫妻にとっての日本　異境への旅立ち　一九世紀末フランスから見た世界　門戸開放通牒に込められた思い　崩壊してゆく世界のなかで　世界大戦の勃発　託された希望―エレノアとエリザベス

＊ヘンリ・アダムズは19世紀のアメリカに生まれ、外交官、ジャーナリストとして働いた人である。彼は急死した妻クローヴァを偲んで明治期の日本と太平洋を旅し、衝撃的な体験をする。新しい文明観を身につけた彼のもとには、魅力的な若者たちが集まる。中国奥地を探検した元フランス軍将校W.W.ロックヒル。西部の荒野でカウボーイ暮らしをしたシオドア・ローズヴェルト。イギリス外交官で詩人のセシル・スプリング＝ライス。彼らはいずれも日露戦争の講和で立役者となる人々であった。本書はこうしたアダムズ夫妻とその友人たちの人生の軌跡をたどり、世界平和のために戦った人々の活躍を描いたものである。

ロックフェラー, D. 〔1915～2017〕
Rockefeller, David

◇ロックフェラー回顧録　上巻　デイヴィッド・ロックフェラー著，楡井浩一訳　新潮社　2014.12　541p　16cm　〈新潮文庫　シ-38-19〉　790円　①978-4-10-218631-2　Ⓝ289.3

|内容| 祖父　父と母　子ども時代　旅行　ロックフェラー・センター　ハーヴァード大学　偉大な経済学者に学ぶ　論文、結婚、就職　戦争　チェース銀行への就職　第二の本職になるはじまり　チェース・マンハッタン銀行の誕生　対立　困難な過渡期　グローバルな銀行を創る　舵取り　ソ連との関わり　竹のカーテンを越えて中国へ

＊石油王と呼ばれた祖父の莫大な遺産を受け継ぎ、政治では副大統領と州知事が輩出したロックフェラー家。ニューヨークの都市計画にも深く関与した一族の現当主が語る九十余年の人生、それはアメリカの現代史そのものだった―。チェース銀行頭取として世界の首脳と出会い、各国の政界の要人とのコネクションを武器に、民間外交を精力的に繰り広げた著者の華麗なる人生。

◇ロックフェラー回顧録　下巻　デイヴィッド・ロックフェラー著，楡井浩一訳　新潮社　2014.12　489p　16cm　〈新潮文庫　シ-38-20〉　750円　①978-4-10-218632-9　Ⓝ289.3

|内容| 中東の"バランス"を保つ使者　生き残るOPEC　仕事上の悩み　家庭内の悩み　兄弟間の対立　シャー　目標の履行　ニューヨーク、ニューヨーク　誇り高き国際主義者　国境の南　近代美術への情熱　帰ってきたロックフェラー・センター　パートナーシップ

＊国際金融家として米中の国交樹立に多大な影響を与え、三極委員会を創設し、日米欧関係に大きく寄与したD・ロックフェラー。一方で芸術やその助成にも精魂を傾け、一家の拠点である都市ニューヨークへの投資や慈善活動を惜しまなかった。そして一人の父として、時に反発する子どもとの関係に苦悩しながら、一族を継ぐ者たちに限りない愛情を注いだ。激動の生涯が明らかにされる。

ロックフェラー, J. 〔1839～1937〕
Rockefeller, John Davidson

◇列伝アメリカ史　松尾弌之著　大修館書店　2017.6　309p　20cm　〈他言語標題：Movers in American History　年表あり　索引あり〉　2300円　①978-4-469-24605-6　Ⓝ285.3

|内容| ポカホンタス―征服された新天地の象徴　アン・ハッチンソン―異議申し立ての系譜　トマス・ジェファソン―アメリカ独立宣言の起草者　ハリエット・タブマン―逃亡奴隷に居場所を用意した女性　メリー・B.エディー―金ぴか時代の治癒方法　ジョン・D.ロックフェラー―豊かなアメリカを作りあげた「強盗貴族」　セオドア・ローズベルト―二〇世紀を形づくった大統領　チャールズ・A.リンドバーグ―機械と共存した英雄　フランクリン・D.ローズベルト―パックス・アメリカーナをもたらした大統領　チャーリー・チャップリン―繁栄の時代の反逆児　ジョン・F.ケネディ―期待に満ちた時代の若い大統領　ベティ・フリーダン―対抗文化運動のうねり　リチャード・M.ニクソン―多様性の時代に立ち向かった大統領　バラク・H.オバマ―希望を信じ忍耐を貫いた黒人大統領　ドナルド・J.トランプ―人民の人民による人民のための政治

＊ポカホンタスからトランプまで。時代に影響を与えた人々の人生の物語を通していきいきと描く魅力あふれるアメリカ史。

ロッシーニ, G.A. 〔1792～1868〕
Rossini, Gioachino Antonio

◇愛と裏切りの作曲家たち　中野京子著　光文社　2015.3　237p　16cm　〈光文社知恵の森文庫　tな5-1〉「かくも罪深きオペラ」（洋泉社 1999年刊）の改題、修正〉　640円　①978-4-334-78669-4　Ⓝ766.1

|内容| ビゼー　「世にも恐ろしい災い」「カルメン」　ヴェーバー　すべては愛のために「魔弾の射手」　ベッリーニ　嫉妬が産んだ名作「ノルマ」　ヴァーグナー　過剰な執着心―「さまよえるオランダ人」　ロッシーニ　美食と神経過敏―「セビーリャの理髪師」　モーツァルト　神童の傲慢―「フィガロの結婚」　ヴェルディ　「道を踏み外した女」「椿姫」　プッチーニ　オペラ以上の悲劇「蝶々夫人」

＊名作の誕生する過程には作品に負けないほど劇的な事件がかくされている。スキャンダルと言っていいほどのそれらの出来事は、別の見方をすれば作曲家本人のがむしゃらな闘争ともいえる。「カルメン」「フィガロの結婚」「蝶々夫人」ほか知っておきたい名作オペラのあらすじと、その作曲家たちの壮絶な生涯を、同時に読める一冊！待望の文庫化。

ロッシュ, L. 〔1809～1901〕 Roches, Léon

◇敗北の外交官ロッシュ―イスラーム世界と幕末江戸をめぐる夢　矢田部厚彦著　白水社　2014.10　389,3p　20cm　〈索引あり〉　2700円　①978-4-560-08399-4　Ⓝ289.3

|内容| 1 もう一つの"一八三〇年年代記"―イスラーマンティスムの三十二年（ロマンティスム　美少女ハディージャ　イスラーム教徒ウマル・ウルド・ルーシュ　英雄アブデルカーデル　インテルメッツォ―ローマへの

道メッカ経由　英雄アブデルカーデル　征服者ビョジョー元帥とアルジェリア派遣軍の星座　ナポレオン三世一馬上のサン＝シモン）　2 野望と失望一江戸の四年、そしてその後（夜明け前　駐日全権公使　徳川軍事政権西洋化の試み　文明化の使命と植民地主義　オリエンタリズム）
* 幕末江戸で勇名を轟かせた駐日仏公使ロッシュとは何者だったのか？　前任地イスラームにおける破天荒。十九世紀を席巻したロマン主義とサン＝シモン主義を手掛かりにその実像に迫る！　元駐フランス大使渾身の書き下ろし！

◇幕末維新を動かした8人の外国人　小島英記著　東洋経済新報社　2016.1　335p　19cm　〈文献あり〉　1700円　①978-4-492-06198-5　Ⓝ210.58
内容 第1章 黒船のペリー　第2章 古武士プチャーチン　第3章 敬虔なハリス　第4章 文人外交官オールコック　第5章 幕府を支援したロッシュ　第6章 豪腕パークス　第7章 倒幕の理論家サトウ　第8章 倒幕商人グラバー
* 「外圧」の歴史はここから始まった！　幕末日本を振り回した外国人の軌跡をたどることで、国内抗争だけでは見えてこなかった明治維新の実像を明らかにした渾身の大作。

ローティ, R. 〔1931～2007〕 Rorty, Richard

◇ローティ一連帯と自己超克の思想　冨田恭彦著　筑摩書房　2016.11　306p　19cm　（筑摩選書0138）〈著作目録あり〉　1700円　①978-4-480-01644-7　Ⓝ133.9
内容 第1章 生涯（一九三一年～二〇〇七年）　第2章 言語論的転回　第3章 自己解体　第4章 自然の鏡に抗して　第5章 連帯・語彙・ハイデッガー　第6章 ロマン主義的感性　第7章 社会正義
* プラグマティズムの最重要の思想家として、いま再び注目を集めるリチャード・ローティ。その政治的・社会的言説は、『哲学と自然の鏡』等の論著が提示する近現代哲学批判と通底している。彼の哲学は、絶対的真理にすがろうとする「客観性志向」を思考停止として疑問視し、自らを乗り越えていくための力として言語を捉え直した。ローティ個人と最も密接に交流のあった著者が、多面的な思想を平易明快に解説し、哲学史の系譜のなかで一つの筋へと繋げて見せる、決定版解説書。

ロディック, A. 〔1942～2007〕 Roddick, Anita Lucia

◇世界を変えた10人の女性―お茶の水女子大学特別講義　池上彰著　文藝春秋　2016.5　344p　16cm　（文春文庫　い81-6）　670円　①978-4-16-790619-1　Ⓝ280
内容 第1章 アウンサンスーチー―政治家　第2章 アニータ・ロディック―実業家　第3章 マザー・テレサ―カトリック教会修道女　第4章 ベティ・フリーダン―女性解放運動家　第5章 マーガレット・サッチャー―元英国首相　第6章 フローレンス・ナイチンゲール―看護教育学者　第7章 マリー・キュリー―物理学者・化学者　第8章 緒方貞子―元国連難民高等弁務官　第9章 ワンガリ・マータイ―環境保護活動家　第10章 ベアテ・シロタ・ゴードン―元GHQ職員
* 近現代史を塗り変える仕事をした女性達。その生涯と業績、賛否分かれる評価を池上教授が解説し女子学生達と徹底討論。「田中真紀子」説もあるアウンサンスーチー、「中絶否定」が論議を呼んだマザー・テレサ、不倫でバッシングされたマリー・キュリー。意外な側面も見ることで人間と歴史への理解が深まる真の啓蒙書と呼ぶべき一冊。

ロトチェンコ, A.M. 〔1891～1956〕 Rodchenko, Aleksandr Mikhailovich

◇ロトチェンコとソヴィエト文化の建設　河村彩著　水声社　2014.11　371p　22cm　〈他言語標題：RODCHENKO AND CONSTRUCTION OF SOVIET CULTURE　文献あり〉　6000円　①978-4-8010-0076-6　Ⓝ702.38
内容 第1部 絵画からコンストラクションへ（システムとしての絵画　コンストラクション）　第2部 デザイン一生活建設（生産主義理論　事物は同志―家具のデザイン　意味と造形の組織化）　第3部 写真―社会主義の視覚的言語（視覚の革命　ドキュメンタリーと集団制作　『建設のソ連邦』）
* 革命期ソヴィエト、ロトチェンコが夢見たものとは―抽象画・デザイン・写真などの視覚表現を刷新したロトチェンコ。これまでの研究書では取り上げられなかった抽象画やフォトモンタージュなどを分析し、同時代の芸術家や批評家の理論および実践との関係をたどる。アートを超えた、社会主義社会の生活文化の創造があきらかになる。

ロドリゲス, J. 〔1991～〕 Rodríguez, James

◇ハメス・ロドリゲス 信じる　ネルソン・フレディ・パディーリャ著，金関あさ，ゴンサロ・ロブレド訳　実業之日本社　2015.8　261p　19cm　1600円　①978-4-408-45556-3　Ⓝ783.47
内容 第1章 サッカーとの出会い（フィクションと現実の狭間で　ボールと感情　最強のチーム　国を知り、海を知る　負けず嫌いな少年）　第2章 プロ生活のスタート（巨大トロフィー　サッカーで食べていくのは楽じゃない　コロンビア版メッシ　父ハメスの告白）　第3章 挫折と成長（どこでプロになるか　バンフィエルドとホームシック　本書のきっかけ―ラ・ボンボネーラ・スタジアムにて　ドラゴンの精神　億万長者で頼りになる父親）　第4章 世界のトップへ（代表チームの10番がW杯の最優秀選手に　冷たいモナコから熱いレアル・マドリードへ　友人たちのその後。そして、ハメスの未来は？　ハメスと日本）
* 23歳で世界最強クラブの10番を背負った"若きファンタジスタ"はいかにして生まれたのか。

ロドリゲス, S. 〔1510～1579〕 Rodrigues, Simão

◇イグナチオの心を悩ませた2人の仲間―ボバディーリャ神父とロドリゲス神父の生涯　ホアン・カトレット著，高橋敦子訳　習志野　教友社　2015.4　113p　19cm　〈文献あり〉　900円　①978-4-907991-13-5　Ⓝ198.22

ロナウド, C.〔1985~〕 Ronaldo, Cristiano
◇クリスティアーノ・ロナウド―生きる神話、知られざる素顔　竹澤哲著　徳間書店　2018.4　350p 図版16p　19cm　〈文献あり〉　1600円　ⓘ978-4-19-864610-3　Ⓝ783.47
＊本書は15年以上にわたり、本人、家族、関係者に取材を続けてきた著者が綴った巻頭カラー16ページ付き、総ページ368ページの「ロナウドの完全決定本」！　サッカー界の頂点に君臨する、クリスティアーノ・ロナウド。ユーロ2016優勝、レアル・マドリードでの世界一、5度目のバロンドール獲得…。そしてキャリアの集大成として挑む、ワールドカップロシア大会。そんなロナウドの人格やプレースタイルはどう形成され、どうモチベーションを保っているのか。出生の秘密、マデイラ島での少年時代、愛する家族、世界への旅立ち、マンチェスター・ユナイテッド時代、レアル・マドリードへの移籍、ライバル、メッシとの戦い、そしてポルトガル代表での活躍。数々のキーパーソンへの取材を通し浮き彫りになるポルトガルという国の歴史、民俗、文化…。さあ、ロナウドの人生を一緒に旅しよう！

ロバートソン, D.H.〔1890~1963〕 Robertson, Dennis Holme
◇デニス・ロバートソン　ゴードン・フレッチャー著，下平裕之訳　勁草書房　2015.11　386,28p　20cm　〈経済学の偉大な思想家たち 2〉〈文献あり　索引あり〉　4800円　ⓘ978-4-326-59892-2　Ⓝ331.74
内容 デニス・ロバートソン：その人と経済学　青年時代：人生への教訓　ケンブリッジの学生時代：光と闇　逃避のための試み：1 経済学と兵役　社会進歩の経済学　景気循環の理論　『産業変動の研究』の解剖　景気循環・経済成長と厚生　一九二〇年代：名声の確立　文体の特色〔ほか〕

ロバートソン, R.〔1943~〕 Robertson, Robbie
◇ロビー・ロバートソン自伝―ザ・バンドの青春　ロビー・ロバートソン，奥田祐士訳　Du Books　2018.10　519p　22cm　〈発売：ディスクユニオン〉　3800円　ⓘ978-4-86647-053-5　Ⓝ764.7
＊はじめてすべてを綴った。ボブ・ディランとの怒濤のツアー、地下室での音楽探求、ザ・バンド解散まで。語り継がれる60年代~70年代の神話。

ロビンソン, B.〔1938~2014〕 Robinson, Bill
◇キャッチ アズ キャッチ キャン入門―ビル・ロビンソン伝　格闘技の原点　鈴木秀樹著　日貿出版社　2017.1　287p　26cm　3600円　ⓘ978-4-8170-6017-4　Ⓝ788.1
内容 第1章 基本（構え　左前の理由 ほか）　第2章 テイクダウン（テイクダウンのポイント　カラーアンドエルボー ほか）　第3章 ブレイクダウン（ブレイクダウンのポイント　ディフェンスポジション ほか）　第4章 スープレックス（スープレックスのポイント　ボディースラム ほか）
＊"人間風車"ビル・ロビンソンから受け継いだキャッチ アズ キャッチ キャンをこの一冊に。

ローブ, D.〔1961~〕 Loeb, Daniel Seth
◇リスク・テイカーズ―相場を動かす8人のカリスマ投資家　川上穣著　日本経済新聞出版社　2014.10　302p　19cm　〈文献あり　年表あり〉　1800円　ⓘ978-4-532-35620-0　Ⓝ338.18
内容 第1章 大物アクティビストの日本上陸―ダニエル・ローブ　第2章 世界最高の稼ぎ手―デイビッド・テッパー　第3章 リーマン危機の予言者―デイビッド・アインホーン　第4章 改革の伝道師か、不幸の使者か―ビル・アックマン　第5章 中国に挑む空売り王―ジム・チェイノス　第6章 世界最大のヘッジファンド―レイ・ダリオ　第7章 日本国債売りの急先鋒―カイル・バス　第8章 オマハの賢人、バリュー投資を語る―ウォーレン・バフェット　終章 カリスマ投資家の時代
＊ローブ、ダリオ、バフェットら8人で投資総額30兆円！　巨額の利益を稼ぎ出す孤高の投資家の知られざる素顔。

◇40兆円の男たち―神になった天才マネジャーたちの素顔と投資法　マニート・アフジャ著，長尾慎太郎監修，スペンサー倫亜訳　パンローリング　2015.3　415p　20cm　〈ウィザードブックシリーズ 224〉　2800円　ⓘ978-4-7759-7184-0　Ⓝ338.8
内容 第1章 レイ・ダリオ―グローバルマクロの達人　第2章 ピエール・ラグランジュとティム・ウォン―人間対マシン　第3章 ジョン・ポールソン―リスクアービトラジャー　第4章 マーク・ラスリーとソニア・ガードナー―ディストレス債券の価値探求者　第5章 デビッド・テッパー―恐れを知らない先発者　第6章 ウィリアム・A.アックマン―アクティビストの答え　第7章 ダニエル・ローブ―毒舌で有名なマネジャー　第8章 ジェームズ・チェイノス―金融界の探偵　第9章 ボアズ・ワインシュタイン―デリバティブの草分け
＊ヘッジファンドのマネジャーはポジションの評価を行ったりファンドの利益を増やそうと考えるときに、どのような投資基準で判断を下し、そしてどのような戦略を使っているか―これまで語られなかった内容を、大物のマネーマネジャーたちが自らの言葉で語っている。本書の著者であるマニート・アフジャはCNBCのヘッジファンド専門家として活躍する一方で、マーケットの達人に顔が広い。最新作である本書のなかで、その達人たちの半生を初めて公にしたという点で、本書は革新的である！　本書は超一流のファンドマネジャーとの対談を収録し、謎の多いヘッジファンド業界を広く紹介している

ロブ＝グリエ, A.〔1922~2008〕 Robbe-Grillet, Alain
◇もどってきた鏡　アラン・ロブ＝グリエ著，芳川泰久訳　水声社　2018.10　302p　20cm　〈フィクションの楽しみ〉　2800円　ⓘ978-4-8010-0362-0　Ⓝ953.7
内容 七年後の反復/コラントとはだれだったか？/彼は何しにわが家に来たのか？/八〇年代の反-知性的な反動　自分について語る/理論はすり減り、硬

直する/作者という概念 なぜ私は書くのか？/私はここで一つの冒険に身を投じる オー＝ジュラ対大洋/海の悪夢/ブルターニュでの子供時代 ガッサンディ通りの夜の亡霊 小説と自伝/断片にケリをつける/不可能な物語/テクストの操作子 これは虚構だ/恐怖/『インド物語集』とブルターニュの伝説/慣れ親しんだ幽霊たちの存在 コラントとトリスタン/小説の登場人物たちもまたさまよえる魂であり、そこに彼らの非現実性が生じる コラントが私の父を訪ねる/『黒の館』/夜の音/岩石からすする鈍い音 ケランゴフの家と地下の石油タンク/祖父カニュ/イメージとかけら（カラス）/物語を作り上げる 歴史的過去と死/サルトルと自由/新しい小説―この瞬間、内なる闘争〔ほか〕

＊ヌーヴォーロマンの旗手であり、実験的な文学を世に出してきた作家による自伝でありながら、自らの作品について文学観を赤裸々に語る、ロブ＝グリエ自身によるロブ＝グリエ。幼少期の思い出から、デビュー作『消しゴム』執筆時、作家になってからの講演旅行まで、さまざまな自伝的回想と幻想的なフィクションの織り交ぜられた、知られざるロブ＝グリエの世界！

ロプシャイト, W.〔1822〜1893〕
Lobscheid, William

◇ヴィルヘルム・ロプシャイト―異文化交流の先駆者 照山直子著 鳳書房 2014.9 129p 20cm 〈布装 年譜あり〉 2000円 ①978-4-902455-34-2 Ⓝ198.32

ロベスピエール, M.〔1758〜1794〕
Robespierre, Maximilien Marie Isidore de

◇シャルロット・ロベスピエールの回想録をひもとく マリくにこ著 文芸社 2016.9 151p 20cm 〈文献あり〉 1300円 ①978-4-286-17514-0 Ⓝ289.3

◇ロベスピエール ピーター・マクフィー著，高橋暁生訳 白水社 2017.3 378,61p 20cm 〈文献あり 年表あり 索引あり〉 3600円 ①978-4-560-09535-5 Ⓝ289.3

内容 著者の掌中の粘土 「きまじめで、大人びて、勉勉な」少年―アラス―七五八〜六九年 成功へのとても強い希求―パリ―七六九〜八一年 たいへんに有能な男―アラス―七八一〜八四年 独身は反抗心を強めるように―アラス―七八四〜八九年 つねに私は勝利しつつある―一七八九年のヴェルサイユ ア ウゲイアースの家畜小屋掃除に挑戦しながら―パリ―七八九〜九一年 数多くの、執念深い敵ども―アラス―七九一年 人民の復讐―パリ―七九一〜九二年 諸君は革命なしの革命を望むのか―パリ―七九二〜九三年 「完全なる再生」―パリ―七九三年七月〜十二月 「変節する者たち」―パリ―七九四年一月〜六月 「最も不幸な生を生きる男」―パリ―七九四年七月 「この新しいプロクルステス」

＊恐怖政治によって革命を破滅に追い込んだ独裁者でもなく、共和国の徳を謳いあげた「清廉の人」でもなく未来に夢破れるとともに、不安に駆られた、一人の若者…新しい時代と青年の挫折…世界的機械による決定版。

◇ロベスピエール―世論を支配した革命家 松浦義弘著 山川出版社 2018.3 103p 21cm （世界史リブレット人 061）〈文献あり 年譜あり〉 800円 ①978-4-634-35061-8 Ⓝ289.3

ロマノフ, O.〔1950〜 〕 Romanoff, Olga

◇オリガ・ロマノフ―わたしはプリンセス オリガ・ロマノフ公女著，井川歩美訳 東洋書店新社 2018.6 304p 図版20p 20cm 〈発売：垣内出版〉 2500円 ①978-4-7734-2031-9 Ⓝ289.3

内容 ロマノフの遺産 母方の親族 わたしの子ども時代 ケント州のおてんば娘 社交界デビュー ハイランドでダンスを プロヴェンダー 子どもたち プロヴェンダーの老朽化 修繕 失われた遺産 回想

＊かつて広大なロシア帝国を支配しながら、1917年の革命で断絶した世界史上屈指の王朝ロマノフ家。ロマノフ王朝最後の皇帝、ニコライ二世の処刑から100年―生き残った者たちの上に通り過ぎた一世紀という歳月とはどのようなものであったか。最後の皇帝につながる血筋を受ける著者が、一家に語り継がれてきたプライベートな記憶を明かすとともに、自身の波乱に満ちた人生を活き活きと描き出す。これぞ生ける歴史！

ロメロ, G.A.〔1940〜2017〕
Romero, George Andrew

◇ジョージ・A・ロメロ―偉大なるゾンビ映画の創造者 伊東美和, 山崎圭司, ノーマン・イングランド他著 洋泉社 2017.10 334p 19cm （映画秘宝セレクション） 1600円 ①978-4-8003-1323-2 Ⓝ778.253

内容 『ゾンビ』観る者の人生を変えてしまう映画 ジョージ・A.ロメロとは何者か 恐怖映画史上の一大革命『ナイト・オブ・ザ・リビングデッド』 ゾンビという偉大なる発明『ナイト・オブ・ザ・リビングデッド』（大畑創） 幻の2作目？『There's Always Vanilla』 ロメロの政治的スタンス『ジョージ・A.ロメロ/悪魔の儀式』 災厄と恐怖映画、ロメロの日本初の上陸作品『ザ・クレイジーズ細菌兵器の恐怖』 80代の童貞吸血鬼、その悲哀の物語『マーティン/呪われた吸血少年』 異端な青春映画の金字塔『マーティン』について（井口昇） 世界中の度肝を抜いたロメロの真打登場！『ゾンビ』〔ほか〕

＊「地獄から死者が溢れ出し、地上を歩き出す」1979年、日本において『ゾンビ』が劇場公開された。世評とは裏腹に、その凄まじい残酷描写とクールな語り口、そして力強い映画の魅力に圧倒された若い映画ファンたちの評価によって、『ジョージ・A.ロメロ』はそして監督のジョージ・A.ロメロはモダンホラー映画のシンボルとなった。しかし、果たして素顔のロメロを、我々はどこまで知っているというのか？恐怖映画の流れを変えてしまった男に肉薄する！

ロラン, C.〔1600〜1682〕 Lorrain, Claude

◇クロード・ロラン―十七世紀ローマと理想風景画 小針由起隆著 論創社 2018.3 249,33p 22cm 〈文献あり 年譜あり 索引あり〉 3600円 ①978-4-8460-1684-5 Ⓝ723.35

内容 1 理想風景画の「兆候」（一六世紀ローマの風景画事情 ローマの外国人画家たち アンニーバレ・カ

ラッチの貢献） 2 理想風景画の「誕生」（カンパーニャにおける自然研究 一六三〇年代の達成と飛躍 一六四〇年代の理想風景画） 3 理想風景画の「諸相」（クロードとプッサン クロードと「ロクス・アモエヌス」 理想風景画とステージ・デザイン オウィディウスとウェルギリウス） 4 理想風景画と「一九世紀」（ふたたびカンパーニャについて 「断片」の絵画の興隆）
  ＊カンパーニャを愛し、牧歌的な情景を描き続けたクロード・ロラン。自然の探求から「理想風景画」の基盤をつくった画家を軸に、17世紀風景画の成立と展開、そして19世紀の自然主義との関連を描き出す。

ロラン, R. 〔1866～1944〕 Rolland, Romain

◇ロマン＝ロラン 村上嘉隆、村上益子共著 新装版 清水書院 2015.9 218p 19cm （Century Books——人と思想 26）〈文献あり 年譜あり 索引あり〉 1000円 ⓘ978-4-389-42026-0 Ⓝ950.278
  内容 1 ロマン＝ロランのおいたちと生涯（家系の木 修業時代 ロランの結婚と離婚 人民戦線とロラン ロランと女性 ロマン＝ロランと音楽） 2 ロマン＝ロランの思想（ロマン＝ロランの哲学 ロマン＝ロランとペシミズム ロマン＝ロランとオプティミズム ロマン＝ロランと革命 『魅せられたる魂』 ロランとベートーヴェン研究）

ロリニカイテ, M. 〔1927～2016〕 Rolnikaytė, Mashe

◇マーシャの日記——ホロコーストを生きのびた少女 マーシャ・ロリニカイテ著、清水陽子訳 新日本出版社 2017.8 253p 20cm 〈年表あり〉 2200円 ⓘ978-4-406-06141-4 Ⓝ989.9
  内容 第1部 占領下のヴィリニュス（ドイツ軍の侵攻 次つぎに出される命令 ポナールィの森での銃殺 ほか） 第2部 ゲットーに入れられる（職人は第一ゲットーに 第二ゲットーの閉鎖 一九四二年 ほか） 第3部 強制収容所に送られる（ラトビアへ カイゼルヴァルト強制収容所 シュトラスデンホーフ強制収容所 ほか）
  ＊バルト海沿岸にある森と湖の美しい国・リトアニア。1941年、ナチス・ドイツ侵攻後に始まったユダヤ人狩りで、わずか半年の間にほぼ10万人が虐殺された。アンネ・フランクと同年代の少女・マーシャは、ゲットーおよび強制収容所での苛酷な体験を目に耳に心に刻みつけた——！ 少女・マーシャが、強制収容所での苛酷な迫害のさなかに、信念をもって書きつづけた真実の記録。

ロールズ, J. 〔1921～2002〕 Rawls, John

◇ジョン・ロールズと万民の法 板橋亮平著 大阪 パレード 2016.9 221p 19cm （Parade books） 3000円 ⓘ978-4-86522-096-4 Ⓝ319

ロレンス, D.H. 〔1885～1930〕 Lawrence, David Herbert

◇作家ロレンスは、こう生きた ジョン・ワーゼン著、中林正身訳 南雲堂 2015.11 558p 図版16p 22cm 〈索引あり〉 5800円 ⓘ978-4-523-29326-2 Ⓝ930.278
  内容 生まれ故郷——一八八五・一八九五 社会に出る——一八九五・一九〇二 炭坑夫の息子が詩を書く——一九〇二・一九〇五 独り立ちするとき——一九〇五・一九〇八 クロイドン——一九〇八・一九一〇 愛と死——一九一〇 大病の年——一九一一・一九一二 フリーダ・ウィークリー——一九一二 『息子と恋人』と結婚——一九一二・一九一四 戦時下のイングランドで——一九一四・一九一五〔ほか〕
  ＊生誕130年目にして鮮烈に上書きされるロレンス！ 真摯に生き抜いた彼の文学の神髄に迫る秀逸の評伝！

◇一人の詩人と二人の画家——D・H・ロレンスとニューメキシコ クヌド・メリル著、木村公一、倉田雅美、伊藤芳子訳 横浜 春風社 2016.3 471,14p 22cm 〈索引あり〉 4100円 ⓘ978-4-86110-498-5 Ⓝ930.278
  内容 第1部 タオス 第2部 デルモンテ牧場 第3部 再びタオスへ 第4部 カリフォルニア
  ＊ロレンスと二人のデンマーク人画家のクヌド・メリルとカイ・ゲチェが、アメリカ南部を旅したときの回想。生身のロレンスを活写し、その創造精神を明らかにする。

◇D.H.ロレンス 倉持三郎著 新装版 清水書院 2016.4 237p 19cm （Century books——人と思想 79）〈文献あり 索引あり 年譜あり〉 1200円 ⓘ978-4-389-42079-6 Ⓝ930.278
  内容 1 D・H・ロレンスの生涯（ロレンスの生きた時代 生い立ち 作家としての出発 新しい女性との出会い 大戦の渦中で 地霊を求める旅 ヨーロッパに戻って） 2 D・H・ロレンスの思想（生命主義 キリスト教批判 性の浄化 社会体制批判 ヨーロッパ文明を超えて 人間は万物の尺度ではない）
  ＊D・H・ロレンスは、わが国では、『チャタレー夫人の恋人』の作者としては知られているが、その生涯や思想について十分に知られているとはいえない。本書では、その思想がどのようなものであり、それがどのようにして形成されてきたかを、できるだけわかりやすい言葉で述べた。

◇D.H.ロレンス書簡集 8 1917～1918 D.H.ロレンス著 吉村宏一, 有為楠泉, 石原浩澄, 福田圭三 ほか訳 松柏社 2016.12 678p 20cm 〈索引あり〉 4800円 ⓘ978-4-7754-0230-6 Ⓝ935.7
  内容 第1部 一九一七年（ヒルダ・オールディントン（Aldington,Hilda）への書簡 エスター・アンドリューズ（Andrews,Esther）への書簡 レディ・シンシア・アスキス（Asquith,Lady Cynthia）への書簡 ゴードン・キャンベル（Campbell,Gordon）への書簡） 第2部 一九一八年（レディ・シンシア・アスキス（Asquith,Lady Cynthia）への書簡 シリル・ボーモント（Beaumont,Cyril）への書簡 J・D・ベレスフォード（Beresford,J.D.）への書簡 レディス・ベリー（Berry,Lettice）への書簡 ほか）
  ＊第一次世界大戦終結までの、ロレンスの苦闘の軌跡。兵役検査、スパイ嫌疑によるコーンウォール退去命令。度重なる苦難の中、豊かな精神生活を求めて真摯に生きる作家の、雌伏の2年間を明らかにする！ 1917年～18年の書簡343編を収録。

ロレンス, T.E. 〔1888〜1935〕
Lawrence, Thomas Edward

◇砂漠の反乱　T・E・ロレンス著　小林元訳　改版　中央公論新社　2014.5　309p　16cm　（中公文庫 ロ6-2)〈年譜あり〉　1000円　Ⓘ978-4-12-205953-5　Ⓝ289.3

内容 ジッダ行　アラブの指導者　フェイサルの陣営　新たな任務　ウェジュフめざして　アラブ軍の増強　戦局の発展　アカバ遠征　炎熱とのたたかい　アレンビーとの会見〔ほか〕

＊第一次世界大戦時、ドイツと同盟するトルコ帝国を内部から揺さぶるべく、アラブの反乱を支援するため英国が送り込んだ「アラビアのロレンス」。その戦いを綴った膨大な手記『知恵の七柱』を、自らの手で簡潔かつスピーディな文体で再編集した本書は、謎に満ちたロレンスを知るための入口である。

◇ロレンスがいたアラビア　上　スコット・アンダーソン著　山村宜子訳　白水社　2016.10　403p 図版16p　20cm　2800円　Ⓘ978-4-560-09243-9　Ⓝ230.7

内容 第1部（聖地の「プレイボーイたち」　変わり種別のところ、質のいいもの　最後の一〇〇万マイルきた混乱　秘密を守る人たち　背信）　第2部（戦いを交える　キングメーカーになる男　無の中に収まって　欺瞞の霧）

＊アラブ世界をめぐって渦巻く欺瞞、密約、だまし討ち。T・E・ロレンスとは何者だったのか？　第一次世界大戦中、アラブ世界を舞台に暗躍した四人のスパイの一人としてロレンスを位置づけ、英、仏、独、露、米、とオスマン帝国の思惑とアラブ側の反応を重ね合わせて、中東がかたち作られていく過程を重層的に描いた歴史ノンフィクション！ "全米批評家協会賞" 最終候補作。

◇ロレンスがいたアラビア　下　スコット・アンダーソン著　山村宜子訳　白水社　2016.10　326,46p　20cm　〈文献あり 索引あり〉　2800円　Ⓘ978-4-560-09244-6　Ⓝ230.7

内容 第2部（大胆な企て　アカバ）　第3部（傲慢　炎に向かって　募る怒り　孤独な追跡　ダマスカス）　エピローグ―パリ

＊ロレンスはいかにして「アラビアのロレンス」になったのか？　ヨーロッパ戦線から遠く離れた砂漠を舞台に、ときに並行して、ときに交錯する四人のスパイたち―。戦況によってめまぐるしく変わる彼らの立ち位置を丁寧に追い、今日の中東紛争の淵源となった時代を躍動感あふれる筆致で描いた注目の歴史大作。"全米批評家協会賞" 最終候補作。

ロワジー, A. 〔1857〜1940〕　Loisy, Alfred

◇キリスト教の主要神学者　下　リシャール・シモンからカール・ラーナーまで　F.W.グラーフ編　教文館　2014.9　p　cm　〈索引あり〉　Ⓘ978-4-7642-7384-9　Ⓝ191.028

内容 ヨハン・ゲアハルト（トーマス・カウフマン著　安酸敏眞訳）　リシャール・シモン（クリストファー・フォイクト著　安酸敏眞訳）　フィリップ・ヤコプ・シュペーナー／ヨハキム・ヨアヒム・シュペーディング（アルブレヒト・ボイテル著　安酸敏眞訳）　フリードリヒ・シュライアマハー（ウルリヒ・バルト著　安酸敏眞訳）　ヨゼフ・クロイトゲン（ペーター・ヴァルター著　安酸敏眞訳）　セーレン・キルケゴール（ハイコ・シュルツ著　安酸敏眞訳）　ユリウス・ヴェルハウゼン（ミカエル・バウアー著　佐藤貴史訳）　アドルフ・フォン・ハルナック（ヨハン・ヒンリヒ・クラウゼン著　安酸敏眞訳）　アルフレッド・ロワジー／クラウス・アルノルト（安酸敏眞訳）　エルンスト・トレルチ（フリードリヒ・ヴィルヘルム・グラーフ著　安酸敏眞訳）　ルドルフ・ブルトマン／パウル・ティリッヒ（アルフ・クリストファーセン著　佐藤貴史訳）　カール・バルト（イェルク・ディールケン著　安酸敏眞訳）　ラインホールド・ニーバーH・リチャード・ニーバー（リチャード・クルーター著　安酸敏眞訳）　カール・ラーナー（ローマン・A・ジーベンロック著　安酸敏眞訳）

＊多彩にして曲折に富む2000年の神学史の中で、特に異彩を放つ古典的代表者を精選し、彼らの生涯・著作・影響を通して神学の争点と全体像を描き出す野心的試み。下巻では正統主義の時代から20世紀に至るまでの17名の神学者を紹介する。

ロンドン, C. 〔1871〜1955〕
London, Charmian

◇アメリカン・ドリーマーズ―チャーミアン・ロンドンとジャック・ロンドン　クラリス・スタッズ著　大矢健,岡崎清,衣川清子,小古間甚一,小林一博訳　明文書房　2016.12　560p 図版16p　22cm　〈文献あり 索引あり〉　2800円　Ⓘ978-4-8391-0943-1　Ⓝ930.278

内容 第1部 捉えがたきエデンの園（悲しみに生まれる　違うけれど同じ　放浪者　飼い慣らす　永遠なる探究）　第2部 地上の楽園（神が定めし愛の人　協力する同志　ハワイの幻想　暗黒の島々　ソノマという楽園　大地を耕す）　第3部 荒野から救済へ（告白　砕かれた夢　世界に疲れて　新たに見出された魂　再生）

＊アメリカン・ドリームという新しい領域への挑戦をつづけた男女の夢と魂の足跡。

ロンドン, J. 〔1876〜1916〕　London, Jack

◇ジャック・ロンドンと鹿児島―その相互の影響関係　森孝晴著　鹿児島　髙城書房　2014.12　224p　21cm　〈他言語標題：Jack London and Kagoshima, Japan　文献あり　年表あり　年譜あり　著作目録あり〉　2000円　Ⓘ978-4-88777-156-7　Ⓝ930.278

内容 第1部（鹿児島とカリフォルニア、ジャック・ロンドンと日本　ジャック・ロンドンに対する薩摩武士の影響―黒木為楨（もと）の場合　長沢鼎の武士道精神について―手紙の下書きに触れて　ジャック・ロンドンに対する薩摩武士の影響―長沢鼎の場合）　第2部（椋鳩十と鹿児島―ロンドンの影響と松風まで　ジャック・ロンドンと薩摩文人―椋鳩十の動物小説へのロンドンの影響　椋の山窩小説群と猟師物語『野性の谷間』へのロンドンの視点でロンドンを読む―『白い牙』と共生の論理　ジャック・ロンドンと椋鳩十―椋はロンドンの「戦争」も読んだ　ジャック・ロンドンと椋鳩十―「戦争」と『マヤの一生』　ジャック・ロンドンと薩摩文人―宮原晃一郎と山本実彦の場合）

◇アメリカン・ドリーマーズ―チャーミアン・ロ

ンドンとジャック・ロンドン　クラリス・ス
タッズ著，大矢健，岡崎清，衣川清子，小古間甚
一，小林一博訳　明文書房　2016.12　560p　図
版16p　22cm　〈文献あり　索引あり〉　2800円
　Ⓘ978-4-8391-0943-1　Ⓝ930.278
　内容　第1部　捉えがたきエデンの園（悲しみに生まれる　違うけれど同じ　放浪者　飼い慣らす　永遠なる探究）　第2部　地上の楽園（神が定めし愛の人　協力する同志　ハワイの幻想　暗黒の島々　ソノマという楽園　大地を耕す）　第3部　荒野から救済へ（告白　砕かれた夢　世界に疲れて　新たに見出された魂　再生）
　＊アメリカン・ドリームという新しい領域への挑戦をつづけた男女の夢と魂の足跡。

ロンム，M.I.〔1901〜1971〕
Romm, Mikhail Il'ich
◇ロシア映画の先駆者たち（ピリガヴィーエ）―ミハイル・ロンム監督とその時代　前田恵著〔出版地不明〕〔前田恵〕2017.5　145p　19cm　〈年譜あり〉　500円　Ⓝ778.238

ロンメル，E.〔1891〜1944〕
Rommel, Erwin Johannes Eugen
◇「砂漠の狐」回想録―アフリカ戦線1941〜43　エルヴィン・ロンメル著，大木毅訳　作品社　2017.12　443p　20cm　3400円　Ⓘ978-4-86182-673-3　Ⓝ391.2074
　内容　第1章　最初のラウンド　第2章　戦車の決闘　第3章　一度きりのチャンス　第4章　主導権の転換　第5章　希望なき戦い　第6章　一大退却行　第7章　戦線崩壊　第8章　闇来たりぬ（ある回顧）
　＊本書は、「砂漠の狐」として知られたエルヴィン・ロンメル元帥の遺稿。ロンメルは、1943年にアフリカ戦線の指揮を解かれたのちも、イタリア戦線の視察、さらにはフランスにおいてB軍集団司令官として来るべき連合軍の上陸作戦に対応するための準備作業を進めるなど、多忙な日々を送っていた。その間、わずかな時間をみては、アフリカ戦線の経験をつづった回想録を執筆していたのだった。1944年、ヒトラー暗殺計画に加担したかどで、ロンメルは服毒自殺を強要され、この回想録も未完となった。しかし、ロンメル回想録という歴史的な資料を眠らせておくにはいかないと、かつてその参謀長をつとめたフリッツ・バイエルライン将軍とルチー＝マリア未亡人が遺された原稿を整理し、解説を付して、1950年に上梓した。しかし、本書は、日本においては、ほとんど存在さえ知られていなかった。当事者が歴史をかたる、極めて重要な資料である。

【ワ】

ワイス，P.〔1916〜1982〕
Weiss, Peter Ulrich
◇廃墟のドイツ1947―「四七年グループ」銘々伝　ハンス・ヴェルナー・リヒター著，飯吉光夫訳　河出書房新社　2015.8　295p　20cm　3800円　Ⓘ978-4-309-20683-7　Ⓝ940.27
　内容　蝶たちの曖昧宿で―イルゼ・アイヒンガー　十三階のクリスヤーン―カール・アメリー　にぎやかな通りを行って、誰もそれに気がつかなかったか―アルフレート・アンデルシュ　グルーネ森でのサイクリング―インゲボルク・バッハマン　きみもぼく位、金が好きかい？―ハインリヒ・ベル　セルビアは死なねばならない―ミロ・ドール　マルクトブライトでの涙―ギュンター・アイヒ　フルシチョフの海水パンツを穿いて―ハンス・マグヌス・エンツェンスベルガー　誕生日祝いとしてジーモン・ダッハを―ギュンター・グラス　寝ลきのズボン―ヴォルフガング・ヒルデスハイマー　上部ファルツ人のカラカラ笑い―ヴァルター・ヘレラー　君の忠実なる側近（パラディーン）―ヴァルター・イェンス　ダンスの相手への誘い―ウーヴェ・ヨーンゾーン　我々はみな、いい人だった―ハンス・マイヤー　敵多きほど、功高し―マルセル・ライヒ・ラニツキ　おおマルティン―喧嘩好きではないにしろ、喧嘩早いアレマン人―マルティン・ヴァルザー　マラーの太鼓―ペーター・ヴァイス
　＊文学の"呼び声"をきけ。ナチス崩壊、東西分裂―廃墟と化した1947年ドイツで産声をあげ、グラス、ツェランら数々の世界的才能を輩出した「四七年グループ」とは何だったのか？　リーダーであるH・W・リヒターによる愛情あふれる回想録。困難なる戦後と、若き作家たちの情熱が生んだ奇蹟の時間。

ワイスハウプト，A.〔1748〜1830〕
Weishaupt, Adam
◇ドイツ奇人街道　森貴史，細川裕史，溝井裕一著　吹田　関西大学出版部　2014.7　331p　19cm　〈文献あり〉　2000円　Ⓘ978-4-87354-586-8　Ⓝ283.4
　内容　フレンスブルク・ひとりの女性の勇敢な挑戦―ベアーテ・ウーゼ（Beate Uhse、1919〜2001）　エッカーンフェルデ・「不死の男」の終焉―サン＝ジェルマン伯爵（Graf von Saint Germain、1691？〜1784）　ハンブルク・ドイツの「海賊王」の運命―クラウス・シュテルテベーカー（Klaus Störtebeker、？〜1400）　メルン・中世を旅したイタズラ者―ティル・オイレンシュピーゲル（Till Eulenspiegel、1300ごろ〜50）　シュタインフーデ・シュタインフーデ湖の怪魚―ヤーコプ・クリュソストムス・プレトリウス（Jakob Chrysostomus Praetorius、1730〜？）　ボーデンヴェルダー・「ほらふき男爵」の笑えない人生―ヒエロニムス・フォン・ミュンヒハウゼン（Hieronymus von Münchhausen、1720〜97）　ベルリン・絶滅動物を「よみがえらせてしまった」動物園長―ルッツ・ヘック（Lutz Heck、1892〜1983）　ライプツィヒ・「魔法使いファウスト」の実像をあばく―ゲオルギウス・ファウストゥス（Georgius Faustus、1460/80〜1540ごろ）　インゴルシュタット・秘密結社イルミナティの真実―アダム・ヴァイスハウプト（Adam Weishaupt、1748〜1830）　アンスバッハ・ヨーロッパを騒がせた謎の少年―カスパー・ハウザー（Kaspar Hauser、？〜1833）　フリードリヒスハーフェン・伯爵の空への異常な愛情―フェルディナント・ツェッペリン伯爵（Ferdinand Graf von Zeppelin、1838〜1917）　ジンメルン（ライン・モーゼル地方）・ライン地方の山賊たち―シンダーハンネスとシュヴァルツァー・ペーター（Schinderhannes、

1777?～1803/Schwarzer Peter,1752～1812〕

ワイツゼッカー, C.F.〔1912～2007〕
Weizsäcker, Carl Friedrich Freiherr von

◇現代天文学史―天体物理学の源流と開拓者たち 小暮智一著 京都 京都大学学術出版会 2015.12 634p 22cm 〈他言語標題：History of Modern Astronomy 文献あり 年表あり 索引あり〉 4900円 ①978-4-87698-882-2 Ⓝ440.12

内容 第1部 天体分光学(「新天文学」の開幕 星の分光分類とHD星表) 第2部 星の構造と進化論(星の進化論とHR図表 熱核反応と星の進化論) 第3部 銀河天文学と宇宙論(銀河と星雲の世界 銀河系の発見 宇宙論の源流) 第4部 現代天文学へ(日本における天体物理学の黎明 現代天文学への展開)

＊初めて星の化学組成を明らかにしたロンドンのアマチュア天文家ハギンス、太陽をガス体と見なし特許調査官レーン、自作の望遠鏡で天空を探査した音楽家ハーシェル…18世紀末から19世紀中葉にかけて現代天文学の扉を開いた彼らは、いずれも学界に縁のないアマチュアだった。星の位置と運動を対象とする古典天文学から天体の物理的構造を探る天体物理学へ、その転換期を担った人々の生涯と研究を軸に、現代天文学の歴史をたどる。

ワイツゼッカー, R.F.〔1920～2015〕
Weizsacker, Richard Freiherr von

◇ヴァイツゼッカー 加藤常昭著 新装版 清水書院 2015.9 222p 19cm (Century Books―人と思想 111)〈文献あり 年譜あり 索引あり〉 1000円 ①978-4-389-42111-3 Ⓝ289.3

内容 第1章 テキスト「一九八五年五月八日」("あの演説" テキスト「一九八五年五月八日」 想起と和解) 第2章 言葉の力に生きる大統領("壁"と対峙して 大統領とは 無力にして 統一の日に) 第3章 歴史の重荷を自ら負いつつ(貴族の子 戦争体験 父と子 七月の思い出 人間のための政治) 第4章 橋を渡すために(新しいヨーロッパ 愛は政治的秩序の尺度となり得るか 平和への憧れ) 第5章 自由の拠点(キリスト者として 自由の中に堅く立って 再び「自由の中に堅く立って」)

ワイトリング, W.C.〔1808～1871〕
Weitling, Wilhelm Christian

◇革命職人ヴァイトリング―コミューンからアソシエーションへ 石塚正英著 社会評論社 2016.10 560p 22cm 〈他言語標題：Revolutionärer Geselle W.Weitling 文献あり 著作目録あり 年譜あり 索引あり〉 5600円 ①978-4-7845-1842-5 Ⓝ309.334

内容 当該分野の研究史と本研究の目標 第1部 前期ヴァイトリング―一八四八年以前・ヨーロッパ(ドイツ手工業職人の結社運動 同時代思想との比較における歴史認識と現状批判 ヴァイトリングの社会思想) 第2部 後期ヴァイトリング―一八四八年以後・アメリカ(コミューン論からアソシアシオン論へ アメリカ民主主義に対抗する社会的民主主義) ヴァイトリング思想の統一的全体像を求めて

＊1808年マグデブルクに生まれたファガント(漂泊者)であるヴァイトリングは、さながら19世紀初頭ドイツの下層社会に出現した第2のイエスであった。1838年ドイツ手工業職人の結社・義人同盟に加入。1839年5月、ブランキと四季協会のパリ蜂起に参加。革命論をめぐるマルクスとの論争。1848年のベルリン革命にいたるまで、共同体(コミューン)創出をめざした結社運動に奔走する。ベルリン革命の敗北後、北アメリカに亡命。1852年ブルードンの影響を受けて、ニューヨークで労働者協同企業を創立し、アソシアニストとして活動する。本書は、この19世紀ドイツの革命職人ヴィルヘルム・ヴァイトリングの思想的展開と運動の軌跡を追究する。そのことをとおして、19世紀の労働者運動のゲマインシャフト＝コミューンからアソシアシオン＝アソシエーションへの時代思潮の転回を詳細に検証する。この歴史的理論的解明は、1917年のロシア・ボルシェヴィキ革命の負の教訓をふまえ、現代における労働者革命の原点と構想を探究するための貴重な営為である。

ワイル, K.〔1900～1950〕 Weill, Kurt
◇クルト・ヴァイル―生真面目なカメレオン 田代櫂著 春秋社 2017.8 331,19p 20cm 〈文献あり 索引あり〉 3500円 ①978-4-393-93209-4 Ⓝ762.34

内容 序 モダニストの魂 第1章 故郷デッサウ 第2章 ベルリンのモダニスト 第3章 ブレヒトとの邂逅 第4章 光の海ベルリン 第5章 ナチスとの軋轢 第6章 パリのヴァイル 第7章 ヴァイルからワイルへ 第8章 成功と戦争 第9章 戦後の日々

＊表現主義的作品からブロードウェイ・ミュージカルまで、多彩な劇音楽を陸続として生み出していった、飽くなき創造精神の軌跡。

ワイル, S.〔1897～1976〕 Weil, Saly
◇伝説の総料理長サリー・ワイル物語 神山典士著 草思社 2015.6 355p 16cm (草思社文庫 こ3-1)〈「初代総料理長サリー・ワイル」(講談社 2005年刊)の改題 文献あり〉 980円 ①978-4-7942-2135-3 Ⓝ596.23

内容 プロローグ 原点―二〇〇五年 第1章 邂逅―二〇〇四年 第2章 誕生―一九二七年 第3章 革命―一九二七年～一九四六年 第4章 挫折―一九四一～一九四六年 第5章 再会―一九五六年 第6章 胎動―一九六〇～七〇年代 第7章 使命―一九一二年 エピローグ 伝承―二〇〇四年

＊かつて1920年代、日本に本格フランス料理を伝えた伝説のシェフがいた。その人物はスイス人サリー・ワイル。横浜のホテルニューグランドの初代総料理長として腕をふるい、ホテルオークラの小野正吉、東京プリンスホテルの木沢武男、日活ホテルの馬場久…数多くの名だたる料理人を育てあげた。その系譜は今も日本のフランス料理界に脈々と息づいている。ワイルが日本の西洋料理界にもたらした革命を克明にたどり、その情熱の根源に迫った力作！

ワイルド, C.〔1858～1898〕
Wilde, Constance

◇オスカー・ワイルドの妻コンスタンス―愛と哀しみの生涯　フラニー・モイル著，那須省一訳　福岡　書肆侃侃房　2014.11　527p　19cm　2500円　Ⓘ978-4-86385-165-8　Ⓝ930.268

[内容] 両親の罪　ひどい悪趣味　ヒマワリとユリ　「バンソーンが花嫁をめとることに」　冷蔵庫の中のスミレ　情熱と無関心　文芸夫婦　「女性にはキスしないこと」　"Qui patitur vincit"「耐える者が勝つ」　私の愛するお母様　暗くて辛い森　現代のマーサ　非難の応酬　マダム・ホランド　人生とはあな恐ろしいもの

＊膨大な手紙と資料発掘により明かされたオスカー・ワイルド夫妻の真実！時代は19世紀末の英国。天才の名を欲しいままにした希代の劇作家「オスカー・ワイルド」の美貌の妻コンスタンスは、オスカーの同性愛発覚と投獄によって奈落の底へ。ふたりの栄光の日々とその後の苦悩に満ちた生涯が心を打つ。

ワイルド, O.〔1854～1900〕　Wilde, Oscar

◇オスカー・ワイルドの妻コンスタンス―愛と哀しみの生涯　フラニー・モイル著，那須省一訳　福岡　書肆侃侃房　2014.11　527p　19cm　2500円　Ⓘ978-4-86385-165-8　Ⓝ930.268

[内容] 両親の罪　ひどい悪趣味　ヒマワリとユリ　「バンソーンが花嫁をめとることに」　冷蔵庫の中のスミレ　情熱と無関心　文芸夫婦　「女性にはキスしないこと」　"Qui patitur vincit"「耐える者が勝つ」　私の愛するお母様　暗くて辛い森　現代のマーサ　非難の応酬　マダム・ホランド　人生とはあな恐ろしいもの

＊膨大な手紙と資料発掘により明かされたオスカー・ワイルド夫妻の真実！時代は19世紀末の英国。天才の名を欲しいままにした希代の劇作家「オスカー・ワイルド」の美貌の妻コンスタンスは、オスカーの同性愛発覚と投獄によって奈落の底へ。ふたりの栄光の日々とその後の苦悩に満ちた生涯が心を打つ。

◇オスカー・ワイルドの文学作品　新谷好著　英宝社　2018.2　411p　20cm　〈布装　年譜あり　索引あり〉　5200円　Ⓘ978-4-269-72149-4　Ⓝ930.268

[内容] はじめに　オスカー・ワイルドの人生と作品について（アイルランド時代（一八五四・七三）　オックスフォード大学時代（一八七四・八）ほか）　第1章　短編小説、物語、長編小説（『アーサー・サヴィル卿の犯罪とその他の物語』　ワイルドの「模範的な百万長者」とドイルの「捩れた唇の男」について　ほか）　第2章　劇作品（『ヴェラ、あるいはニヒリストたち』について　『パデュア公爵夫人』について　ほか）　第3章　詩作品（『スフィンクス』について　『書簡―獄に繋がれて』と『レディング監獄のバラッド』について）

＊親友のロスはオスカーをこう評した「彼の著作は彼の才能の色あせた影を映すにすぎない」と。「道徳廃棄論者」と自認するワイルドの精神の軌跡を彼の文学作品に辿る。

ワインシュタイン, B.〔1973～〕
Weinstein, Boaz

◇40兆円の男たち―神になった天才マネジャーたちの素顔と投資法　マニート・アフジャ著，長尾慎太郎監修，スペンサー倫亜訳　パンローリング　2015.3　415p　20cm　〈ウィザードブックシリーズ　224〉　2800円　Ⓘ978-4-7759-7184-0　Ⓝ338.8

[内容] 第1章　レイ・ダリオ―グローバルマクロの達人　第2章　ピエール・ラグランジュとティム・ウォン―人間対マシン　第3章　ジョン・ポールソン―リスクアービトラジャー　第4章　マーク・ラスリーとソニア・ガードナー―ディストレス債券の価値探求者　第5章　デビッド・テッパー―恐れを知らない先発者　第6章　ウィリアム・A.アックマン―アクティビストの答え　第7章　ダニエル・ローブ―毒舌で有名なマネジャー　第8章　ジェームズ・チェイノス―金融界の探偵　第9章　ボアズ・ワインシュタイン―デリバティブの草分け

＊ヘッジファンドのマネジャーはポジションの評価を行ったりファンドの利益を増やそうと考えるときに、どのような投資基準で判断を下し、そしてどのような戦略を使っているのか―これまで語られなかった内容を、大物のマネーマネジャーたちが自らの言葉で語っている。本書の著者であるマニート・アフジャはCNBCのヘッジファンド専門家として活躍する一方で、マーケットの達人に顔が広い。最新作である本書のなかで、この達人たちの半生を初めて公にしたという点で、本書は革新的である！本書は超一流のファンドマネジャーとの対談を収録し、謎の多いヘッジファンド業界を広く紹介している

ワーウィッカー, J.〔1955～〕
Warwicker, John

◇john warwicker the incomplete work and opinions of an amateur　John Warwicker作　＋81publishers/ディー・ディー・ウェーブ　2016.4　1冊（ページ付なし）　27cm　〈日本語英語併記　タイトルは背・表紙による．奥付のタイトル：amateur　発売：河出書房新社〉　3600円　Ⓘ978-4-309-92088-7　Ⓝ727.087

＊tomatoの創業メンバーであり、Underworldのアート・ディレクターでもあるジョン・ワーウィッカーのエッセイ＆作品集。生い立ちからtomato結成までの経緯、Underworldとの関係性、ブランディング感、アートへのアプローチなど、いままで語られること無かった秘話とこれまでの作品満載の全208ページにわたる集大成の一冊。

ワーグナー, C.〔1837～1930〕
Wagner, Cosima

◇コジマの日記―リヒャルト・ワーグナーの妻　3　1871.11～1873.4　コジマ・ワーグナー著，三光長治,池上純一,池上弘子訳　平塚　東海大学出版部　2017.10　679p　22cm　〈布装　文献あり　年譜あり　索引あり〉　6800円　Ⓘ978-4-486-02123-0　Ⓝ289.3

ワーグナー, R.〔1813〜1883〕
Wagner, Richard

◇愛と裏切りの作曲家たち　中野京子著　光文社　2015.3　237p　16cm　〈光文社知恵の森文庫 な5-1〉〈「かくも罪深きオペラ」(洋泉社 1999年刊)の改題、修正〉　640円　①978-4-334-78669-4　Ⓝ766.1

内容　ビゼー　「世にも恐ろしい災い」「カルメン」　ヴェーバー　すべては愛のために「魔弾の射手」　ベッリーニ　嫉妬が産んだ名作「ノルマ」　ヴァーグナー　過剰な執着心―「さまよえるオランダ人」　ロッシーニ　美食と神経過敏―「セビーリャの理髪師」　モーツァルト　神童の傲慢―「フィガロの結婚」　ヴェルディ「道を踏み外した女」「椿姫」　プッチーニ　オペラ以上の悲劇「蝶々夫人」

＊名作の誕生する過程には作品に負けないほど劇的な事件がかくされている。スキャンダラスと言っていいほどのそれらの出来事は、別の見方をすれば作曲家本人がむしゃらな闘争ともいえる。「カルメン」「フィガロの結婚」「蝶々夫人」ほか知っておきたい名作オペラのあらすじと、その作曲家たちの壮絶な生涯を、同時に読める一冊！待望の文庫化。

◇ヴァーグナーの反ユダヤ思想とナチズム―『わが闘争』のテクストから見えてくるもの　鈴木淳子著　アルテスパブリッシング　2015.9　165p　21cm　〈叢書ビブリオムジカ Bibliomúsica〉〈文献あり〉　2400円　①978-4-86559-126-2　Ⓝ762.34

内容　第1章 ヴァーグナーの反ユダヤ観形成に至るまで　第2章 ヴァーグナーの反ユダヤ思想とナチズム(「音楽におけるユダヤ性」と『わが闘争』ヴァーグナーの「再生論」と『わが闘争』)　第3章 キリスト教の信仰にひそむ排他性と反ユダヤ主義　第4章 ヴァーグナーとヒトラーの反ユダヤ主義的態度における類似性　第5章 ヒトラーにとってのヴァーグナー　結び

＊ヴァーグナーの著作や作品に色濃く流れる反ユダヤ観は、ヒトラーの思想形成に多大な影響を与えた。ナチスの聖典であり、現在もドイツ国内では出版が禁止されているヒトラーの著作『わが闘争』の原文と彼らの主張を比較考証し、その関係を明らかにする。ヴァーグナー芸術の暗部を白日の下にさらした前著『ヴァーグナーと反ユダヤ主義―「未来の芸術作品」と19世紀後半のドイツ精神』の続編。

◇ヴァーグナーの反ユダヤ思想とナチズム―『わが闘争』のテクストから見えてくるもの　鈴木淳子著　第2版　アルテスパブリッシング　2015.12　165p　21cm　〈叢書ビブリオムジカ Bibliomúsica〉〈文献あり〉　2400円　①978-4-86559-126-2　Ⓝ762.34

◇愛犬たちが見たリヒャルト・ワーグナー　ケルスティン・デッカー著, 小山田豊訳　白水社　2016.1　349,13p　20cm　〈文献あり〉　2900円　①978-4-560-08487-8　Ⓝ762.34

内容　ロッバー、あるいは『さまよえるオランダ人』(アアカワイソウナイヌ　天命は自分で決める ほか)　ヴェーヌスベルクのペプス(ある犬の子供時代　リヒャルト！自由を！聖霊の騎士！ ほか)　トリスタン、生きるのに疲れた馬、そしてブルドッグのレオ(「ワーグナーは悪いやつ」　ヴェネツィアの死んだニワトリあるいはワーグナー、第二幕 ほか)　老犬たちの逃避行(捕まった白いプードル　盗難事件 ほか)　王様の花壇を荒らすニーベルンゲン(「愛するボールに R・W」　贈り物 ほか)

＊犬たちがいなかったら、ワーグナーはワーグナーたりえなかった？　笑いと感動、時には呆れつつも心揺さぶられる、敬意と皮肉とユーモアに満ちた斬新な評伝。

◇ロマン派の音楽家たち―恋と友情と革命の青春譜　中川右介著　筑摩書房　2017.4　363p　18cm　〈ちくま新書 1252〉〈文献あり〉　1000円　①978-4-480-06959-7　Ⓝ762.3

内容　第1章 ベートーヴェン・チルドレン(〜一八二八年)(ひとつの「出逢い」　リストが入れなかった音楽院 ほか)　第2章 革命と青春の旅立ち(一八二九〜一八三二年)(「田園交響曲」の衝撃　蘇った"マタイ受難曲" ほか)　第3章 恋の季節(一八三三〜一八三五年)(オペラの現場　リストの「運命の女」 ほか)　第4章 青春の決着(一八三六〜一八四一年)(引き裂かれた恋　逃げた婚約者を追って ほか)

＊メンデルスゾーン(一八〇九年)、ショパン(一八一〇年)、シューマン(一八一〇年)、リスト(一八一一年)、ワーグナー(一八一三年)。国は別々だが、一八一〇年前後に生まれた彼らは、友人として緩やかなネットワークをつくり刺激しあいながら、"新しい音楽"を創作した。溢れる才能と情熱を生み出したそのネットワークとはどのようなものだったか。恋愛や交流、時代の波は、大作曲家たちの作品にどのような影響を与えたか。同時代を生きた巨人たちの人生から、十九世紀に花開いたロマン派音楽の深奥に迫る！

◇コジマの日記―リヒャルト・ワーグナーの妻　3　1871.1〜1873.4　コジマ・ワーグナー著, 三光長治, 池上純一, 池上弘子訳　平塚　東海大学出版部　2017.10　679p　22cm　〈布装　文献あり　年譜あり　索引あり〉　6800円　①978-4-486-02123-0　Ⓝ289.3

ワシントン, G.(米大統領)〔1732〜1799〕
Washington, George

◇アメリカ大統領戦記 1775-1783―〔1〕独立戦争とジョージ・ワシントン　1　兵頭二十八著　草思社　2015.6　341p　20cm　〈他言語標題：Chronicles of US Presidents and Their Wars 文献あり〉　2400円　①978-4-7942-2128-5　Ⓝ253.01

内容　1 若きジョージ・ワシントン　2 ノースブリッヂの銃声　3 ボストン包囲戦　4 独立宣言　5 イギリス軍の南部作戦　6 ニューヨークの攻防　7 ニュージャージー退却戦　8 名将ハウの退場　9 サラトガの快勝

＊アメリカはいかにして超強国に成り上がったか。歴代大統領の戦史をつぶさに描き、アメリカの強さの秘密を解き明かす。新視点で描くアメリカ通史シリーズ開始！「ジェンキンズの耳の戦い」から1777年のサラトガ会戦までが取り上げられ、未来の第一代大統領ジョージ・ワシントンらの戦う姿が登場する。

◇アメリカ人の物語　1　青年将校ジョージ・ワ

シントン　西川秀和著　悠書館　2017.1　505p　20cm　2800円　⑪978-4-86582-020-1　Ⓝ285.3

内容　第1章 ワシントン家の人びと(物語の舞台　銀のスプーン ほか)　第2章 若き日のワシントン(物語の舞台　湧きいずる希望の源泉 ほか)　第3章 新世界の覇権(物語の舞台　青雲の志 ほか)　第4章 大農園主ワシントン(物語の舞台　華麗なる転身 ほか)　第5章 独立戦争へ至る道(物語の舞台　母と青年 ほか)

＊なぜアメリカ人はイギリスから独立しようと考えたのか。野心溢れる青年ワシントンの人生を追いながら独立戦争勃発までの動乱を描く。

◇アメリカ大統領戦記　1775-1783-〔2〕　独立戦争とジョージ・ワシントン　2　兵頭二十八著　草思社　2017.2　398p　20cm　〈他言語標題：Chronicles of US Presidents and Their Wars〉　2800円　⑪978-4-7942-2240-4　Ⓝ253.01

内容　前巻までのあらすじ　ヴァレーフォージからの再出撃　モンマスの戦い―北部で最後の大規模会戦　期待された一七七八年の夏―ロードアイランドでの海陸連合作戦の躓き　一七七八年末までの対インディアン作戦　カリブ海における英仏両軍の攻防　南部の戦局　焦点　ニューイングランド方面の余炎　過酷な冬営、焦点のチャールストン市　十八世紀最悪の冬営　チャールストン市、陥落す　ロシャンボーが登場するまで南部内陸部での長期ゲリラ戦　次の主戦場はヴァジニア！　決着はヨークタウン

＊新視点による米国通史シリーズの第二巻となる本書では、フランス参戦からヨークタウンで英コーンウォリス将軍が降伏して帰趨が決し、83年に英軍が撤退するまでが活写される。過酷な冬営、モンマスの戦い、南部戦線、チェサピーク湾海戦。ヨーロッパ列強の対立の構図が重なる戦いのなかで、軍の総司令官ワシントンは大政治家へと変貌を遂げ、米軍は鍛え直され、精強さを増してゆく。米国のその後の戦い方のすべてのパターンがここに凝縮されている。

◇アメリカ人の物語　2　革命の剣ジョージ・ワシントン　上　西川秀和著　悠書館　2017.10　490p　20cm　2800円　⑪978-4-86582-021-8　Ⓝ285.3

内容　第1章 大命降下　第2章 ボストン解放　第3章 極北の地へ　第4章 血塗られた夏の日　第5章 運命を決する十日間　第6章 首都陥落

＊勝利か死か。アメリカの独立を賭けた10日間が始まる。

◇アメリカ独立の光と翳　今津晃著　清水書院　2018.4　243p　19cm　〈新・人と歴史拡大版23〉(1976年刊の表記や仮名遣い等一部を改めて再刊　文献あり　年譜あり　索引あり〉　1800円　⑪978-4-389-44123-4　Ⓝ253.04

内容　プロローグ―独立は宣言された！　1 ジョージ・ワシントン―農園主から将軍へ　2 サミュエル・アダムズ―「アメリカ革命のカトー」　3 ジョン・ディキンソン―和解派の闘将　4 トマス・ハッチンソン―国王の召使を自任して　5 ジョーゼフ・ギャロウェイ―執念に生きた王党派　エピローグ―独立とは何であったのか？

＊歴史が大きく旋回する時、個人や集団の明暗も一層増幅された形で現れてくる。それは、アメリカ独立の舞台に登った主演者たちのうえにも、さまざまな陰影を描いている。ある者は、愛国派としての信念を貫いて独立の歓喜にひたり、また、ある者は、王党派としての悲哀を味わい亡命先の異郷で果てた。本書は、こうした激動の時代を生きた、かれらの喜怒哀楽を描くことによって、人物史からなるアメリカ革命史像を構成し、現代アメリカの源流を鋭く探った力作である。

◇アメリカ人の物語　3　革命の剣ジョージ・ワシントン　下　西川秀和著　悠書館　2018.6　495p　20cm　2800円　⑪978-4-86582-022-5　Ⓝ285.3

内容　第1章 サラトガの衝撃　第2章 厳冬のフォージ渓谷　第3章 大同盟　第4章 南部戦線　第5章 ヨークタウンの勝利　第6章 講和成立

＊栄光を決する時は今。必勝を期して大陸軍は遥かなるヨークタウンへ。

ワシントン, G.（英国・執事）〔1915〜〕
Washington, George

◇わたしはこうして執事になった　ロジーナ・ハリソン著，新井潤美監修，新井雅代訳　白水社　2016.12　369p　20cm　2600円　⑪978-4-560-09527-0　Ⓝ591.0233

内容　1 プロローグ　2 ゴードン・グリメット　3 エドウィン・リー　4 チャールズ・ディーン　5 ジョージ・ワシントン　6 ピーター・ホワイトリー　7 エピローグ

＊華麗なる時代の最後の輝きの日々―執事には誰がどんな経験をへてなるのか。執事になった人なれなかった人、貴族の大邸宅や在米イギリス大使館に勤めた五人が語る、笑いと苦労、時に涙の職業人生。『おだまり、ローズ』の著者がおくる、男性使用人の世界。

ワース, C.〔1825〜1895〕
Worth, Charles Frederick

◇20世紀ファッションの文化史―時代をつくった10人　成実弘至著　新装版　河出書房新社　2016.1　302p　19cm　〈文献あり〉　1800円　⑪978-4-309-24746-5　Ⓝ593.3

内容　チャールズ・ワース―ファッションデザイナー誕生　ポール・ポワレ―オリエント、装飾と快楽　ガブリエル・シャネル―モダニズム、身体、機械　エルザ・スキャパレッリ―ファッションとアート　クレア・マッカーデル―アメリカンカジュアルの系譜　クリスチャン・ディオール―モードとマーケティング　マリー・クアント―ストリートから生まれた流行　ヴィヴィアン・ウエストウッド―記号論的ゲリラ闘争　コム・デ・ギャルソン―ファッションを脱構築する　マルタン・マルジェラ―リアルクロースを求めて　二〇世紀ファッションの創造性

＊ポワレ、シャネル、ディオールから、コム・デ・ギャルソン、マルジェラまで、彼らはファッションの地平をどう切り開いてきたか。20世紀ファッションの到達点をあらためて考察する、新しいファッション文化史。

ワーズワス, D. 〔1771～1855〕
Wordsworth, Dorothy

◇スコットランド、一八〇三年―ワーズワス兄妹とコールリッジの旅　安藤潔著　横浜　春風社　2017.1　198p　19cm　〈文献あり〉　2700円　①978-4-86110-529-6　Ⓝ930.28

　内容　第1章 同行三人 ワーズワス兄妹とコールリッジの旅―ケジックからロッホ・ローモンド、トゥロサックスまで（旅立ちまで　カーライル経由ボーダー越え ほか）　第2章 コールリッジのスコットランド一人旅（一人旅に至る経緯　一人旅―アロチャー、タルベットからグレンコー、バラチューリッシュ ほか）　第3章 ワーズワスの二人旅―アーガイル・アンド・ビュート以降のハイランズ（アロチャーからインヴェラレイ、キルチャーン城、ダルマリー　ダルマリーからティニュイルト、アピン経由グレンコー ほか）　第4章 ワーズワスとスコットの出会い―スコットランド・ローランズ、一八〇三年九月（スターリングからエディンバラへ―旅を続けるワーズワス兄妹　ロスリン/ラスウェイド―スコット宅訪問 ほか）

＊詩人ワーズワス、その妹ドロシー、コールリッジが旅したスコットランド。ドロシーの『旅行記』やコールリッジのノートブックを資料に、現地へも赴き三人の足取りを辿る。

ワーズワス, W. 〔1770～1850〕
Wordsworth, William

◇評伝 ワーズワス　出口保夫著　研究社　2014.11　403p　22cm　〈文献あり 年表あり 索引あり〉　4500円　①978-4-327-47231-3　Ⓝ931.6

　内容　幼少の日々・家庭の喪失　ケンブリッジと大陸旅行　フランス革命とヴァロンとの恋　レースダウンと雑誌『フィランソロピスト』『抒情歌謡集』とオルフォースデン　ゴスロー・冬の旅と、グラスミア・帰郷　『抒情歌謡集』改訂版と恋人との再会　結婚と『序曲』の完成　『二巻詩集』と漂流する家と友　ライダル・マウントと『逍遙』　ウォータールー以後と詩人の名声　老いゆく日々・光と影

＊著者渾身のワーズワス評伝！ 生涯故里の「大地の歌」を唱いつづけた、偉大なる詩人の生涯。

◇スコットランド、一八〇三年―ワーズワス兄妹とコールリッジの旅　安藤潔著　横浜　春風社　2017.1　198p　19cm　〈文献あり〉　2700円　①978-4-86110-529-6　Ⓝ930.28

　内容　第1章 同行三人 ワーズワス兄妹とコールリッジの旅―ケジックからロッホ・ローモンド、トゥロサックスまで（旅立ちまで　カーライル経由ボーダー越え ほか）　第2章 コールリッジのスコットランド一人旅（一人旅に至る経緯　一人旅―アロチャー、タルベットからグレンコー、バラチューリッシュ ほか）　第3章 ワーズワスの二人旅―アーガイル・アンド・ビュート以降のハイランズ（アロチャーからインヴェラレイ、キルチャーン城、ダルマリー　ダルマリーからティニュイルト、アピン経由グレンコー ほか）　第4章 ワーズワスとスコットの出会い―スコットランド・ローランズ、一八〇三年九月（スターリングからエディンバラへ―旅を続けるワーズワス兄妹　ロスリン/ラスウェイド―スコット宅訪問 ほか）

＊詩人ワーズワス、その妹ドロシー、コールリッジが旅したスコットランド。ドロシーの『旅行記』やコールリッジのノートブックを資料に、現地へも赴き三人の足取りを辿る。

ワッツ＝ダントン, T. 〔1832～1914〕
Watts-Dunton, Theodore

◇セオドア・ワッツ＝ダントン評伝―持論・評論・書評概説と原文テキスト付　河村民部著　英宝社　2015.9　531p　22cm　〈文献あり〉　5600円　①978-4-269-72137-1　Ⓝ931.6

ワット, J. 〔1736～1819〕 Watt, James

◇ワットとスティーヴンソン―産業革命の技術者　大野誠著　山川出版社　2017.10　94p　21cm　（世界史リブレット人 59）〈文献あり 年譜あり〉　800円　①978-4-634-35059-5　Ⓝ289.3

　内容　「自助の精神」とともに　1 スコットランド啓蒙の技師―ワットの前半生　2 産業革命のエンジン―ワットの後半生　3 炭鉱の蒸気機関工―スティーヴンソンの前半生　4 鉄道の時代を切り拓く―スティーヴンソンの後半生　「才能と勤労によって」をモットーに

＊動力と輸送を劇的に転換して現代の工業社会を生み出した蒸気機関と蒸気機関車。発明者のワットとスティーヴンソンの生涯を追いながら、これらの発明の基盤を明らかにする。『ジェントルマンと科学』（世界史リブレット34）で好評を得た著者が本書で浮き彫りにしたのは、イギリス科学技術のもう一つの伝統を形成した技術者たちの世界。その独自な価値観に迫る。

ワノフスキー, A.A. 〔1874～1967〕
Vannovskiĭ, Aleksandr Alekseevich

◇火山と日本の神話―亡命ロシア人ワノフスキーの古事記論　桃山堂編、アレクサンドル・ワノフスキー、鎌田東二、野村律夫、保立道久、蒲池明弘著　桃山堂　2016.2　269p　21cm　〈文献あり〉　2000円　①978-4-905342-05-2　Ⓝ913.2

　内容　第1部 アレクサンドル・ワノフスキー『火山と太陽』ほか（火山と太陽―古事記神話の新解釈　運命の謎―古事記神話を研究した道程について　大きな運命を担う人―地下運動時代のレーニンを語る）　第2部 『火山と太陽』を読む（火山と黙示録―鎌田東二 京都大学教授（宗教哲学、日本思想史）　地球の時間、人間の時間―野村律夫 島根大学教授（地質学）　歴史学からみる火山神話―保立道久 東京大学名誉教授（歴史学））　第3部 評伝ワノフスキー「火山と革命」（ロシアにて　大正時代から戦前の日々　晩年の輝き）　第4部 火山と神話の現場からの報告（日向神話と火山　出雲神話と火山）

＊ロシアの革命家で日本への亡命者ワノフスキーは、古事記の根幹に火山の記憶を発見した―。戦後まもなく出版された『火山と太陽』を復刻。同書を手がかりに日本列島の火山神話の謎に迫る。

ワルザー, M. 〔1927～〕 Walser, Martin

◇廃墟のドイツ1947―「四七年グループ」銘々伝　ハンス・ヴェルナー・リヒター著、飯吉光夫訳　河出書房新社　2015.8　295p　20cm　3800円

①978-4-309-20683-7　Ⓝ940.27
内容　蝶たちの曖昧宿で―イルゼ・アイヒンガー　十三階のクリスヤーン―カール・アメリー　にぎやかな通りを行って、誰もそれに気がつかなかったら―アルフレート・アンデルシュ　グルーネ森でのサイクリング―インゲボルク・バッハマン　きみもぼく位、金が好きかい？―ハインリヒ・ベル　セルビアは死なねばならぬ―ミロ・ドール　マルクトブライトでの涙―ギュンター・アイヒ　フルシチョフの海水パンツを穿いて―ハンス・マグヌス・エンツェンスベルガー　誕生日祝いとしてジーモン・ダッハを―ギュンター・グラス　寝巻きのズボン―ヴォルフガング・ヒルデスハイマー　上部プファルツ人のカラカラ笑い―ヴァルター　君の忠実なる側近（パラディーン）―ヴァルター・イェンス　ダンスの相手への誘い―ウーヴェ・ヨーンゾーン　我々はみな、いい人だった―ハンス・マイヤー　敵多きほど、功高し―マルセル・ライヒ＝ラニツキ　おおマルティン喧嘩好きではないにしろ、喧嘩ぞ早いアレマン人―マルティン・ヴァルザー　マラーの太鼓―ペーター・ヴァイス
＊文学の"呼び声"をきけ。ナチス崩壊、東西分裂―廃墟と化した1947年ドイツで産声をあげ、グラス、ツェランら数々の世界的才能を輩出した「四七年グループ」とは何だったのか？リーダーであるH・W・リヒターによる愛情あふれる回想録。困難なる戦後と、若き作家たちの情熱が生んだ奇蹟の時間。

ワルジッツ, E. 〔1906～1983〕
Warsitz, Erich
◇ファーストジェットパイロット―ドイツ人テストパイロット エーリッヒ・ヴァルジッツの物語　ルッツ・ヴァルジッツ著，宮脇史生訳　イカロス出版　2015.6　177p　21cm　2500円
①978-4-8022-0037-0　Ⓝ289.3
内容　エーリッヒ・ヴァルジッツ機長の回想　ロケット熱　決死隊　ノイハルデンベルクでの飛行テスト　ペーネミュンデ　ハインケルHe176プロジェクト　He176―製作と開発　ハインケルHe176―空中への跳躍　ハインケルHe176―初飛行　ヒトラーへのデモ飛行　総統官邸　ハインケル178―極秘開発　世界初のジェット飛行　デモ飛行　開発中止　1941年フランス―前線部隊の指導　ハインケルHe280か、それともエッサーシュミットMe262か　シベリア抑留　1951-1982年
＊世界で初めてジェット機を駆った男の物語。有人ロケット機He176、ターボジェット機He178のテストパイロット、エーリッヒ・ヴァルジッツの伝記を初邦訳！

ワルター, B. 〔1876～1962〕　Walter, Bruno
◇偉大なる指揮者たち―トスカニーニからカラヤン、小澤、ラトルへの系譜　クリスチャン・メルラン著，神奈川夏子訳　ヤマハミュージックメディア　2014.11　389,7p　21cm　2800円
①978-4-636-90301-0　Ⓝ762.8
内容　アルトゥーロ・トスカニーニ　ウィレム・メンゲルベルク　セルゲイ・クーセヴィツキー　ピエール・モントゥー　ブルーノ・ワルター　サー・トーマス・ビーチャム　レオポルド・ストコフスキー　エルネスト・アンセルメ　オットー・クレンペラー　ヴィルヘルム・フルトヴェングラー〔ほか〕
＊指揮の特徴や楽団員からの評価、生い立ちや普段の振る舞い、家族関係など、50人のマエストロたちの素顔を描き出す。オーケストラ指揮の知られざる側面に迫った評伝集。

◇ブルーノ・ワルター―音楽に楽園を見た人　エリック・ライディング，レベッカ・ペチェフスキー著，高橋宣也訳　音楽之友社　2015.1　584,88p　22cm　〈作品目録あり　索引あり〉　6500円　①978-4-276-21799-7　Ⓝ762.34
内容　ブルーノ・シュレジンガー―ベルリン、ケルン、ハンブルク　一八七六・一八九六　カペルマイスター・ワルター―ブレスラウ、プレスブルク、リガ、ベルリン　一八九六・一九〇〇　マーラーの副官―ウィーン　一九〇一・一九〇七　作曲家として、指揮者として―ウィーン　一九〇八・一九一〇　初演続き―ウィーン、ミュンヘン　一九一一・一九一二　音楽総監督―ミュンヘン　一九一三・一九一五　デリア―ミュンヘン　一九一五・一九二二　新世界と旧世界―アメリカ、ベルリン　一九二二・一九二五　新しいオペラ・カンパニー―ベルリン　一九二五・一九二九　ゲヴァントハウスカペルマイスター―ライプツィヒ　一九二九・一九三三　再び放浪の身に―一九三三・一九三六　怒りの日へのヴィーン、パリ　一九三六・一九三九　東西両岸の客演指揮者―ニューヨーク、ロサンゼルス　一九三九・一九四七　音楽顧問―ニューヨーク　一九四七・一九四九　得たものと失ったもの―ロサンゼルス、ニューヨーク、ヨーロッパ　一九四九・一九五六　モーストリー・モーツァルト　一九五六・一九六一　コロンビア交響楽団―ロサンゼルス　一九五七・一九六二
＊膨大な資料を渉猟し、巨匠を知る人々を訪ねて、その足跡をつぶさに追った大著、待望の完訳。

ワールブルク, A. 〔1866～1929〕
Warburg, Aby
◇ヴァールブルク著作集　別巻2　怪物から天球へ―講演・書簡・エッセイ　アビ・ヴァールブルク著　伊藤博明，加藤哲弘訳著，石井朗企画構成　ありな書房　2014.10　462p　22cm　〈索引あり〉　4500円　①978-4-7566-1435-3　Ⓝ708
内容　第1章　占星術と古代世界（東から西へと展開する「異邦の天球」の恒星天界図　惑星像の南から北への遍歴とそのイタリアへの帰還　ほか）　第2章　フィレンツェの美術と文化（新たに発見されたアンドレア・デル・カスターニョのフレスコ　フィレンツェのニンフ　ほか）　第3章　イコノロジー（美術史学の諸傾向　ブルクハルト演習最終日　ほか）　第4章　ハンブルク大学と文化科学図書館（自治体の責務と公共の精神政治学　課題は中間にある　ほか）　第5章　同時代への文化政治学的発言（アメリカのチャップ・ブック　フォルクスハイムでの画像展示会　ほか）
＊ダイモーンの古代崇拝の魔術的・ヘレニズム的呪縛を解き、古典古代を再創出する、時空を貫き、表象の闇をとりはらい、世界の隠された徴を顕わにする、イコノロジーというテクノ＝イデアの精華！

ワロン, H. 〔1879～1962〕　Wallon, Henri
◇アンリ・ワロン　その生涯と発達思想―21世紀のいま「発達のグランドセオリー」を再考する　加藤義信著　福村出版　2015.10　221p　22cm

〈文献あり 年表あり 索引あり〉 2800円
①978-4-571-23053-0 Ⓝ143
内容 第1部 アンリ・ワロンの人と思想(アンリ・ワロンの人と生涯 アンリ・ワロンの発達思想の現代性 アンリ・ワロンの発達論はなぜ難解か?) 第2部 アンリ・ワロンの発達思想:各論(アンリ・ワロンの発達思想のエッセンス アンリ・ワロンの表象発生論 アンリ・ワロンの描画発達論―リリアン・ルルサとの共同研究を中心として)

ワント, G. 〔1912〜2002〕 Wand, Günter

◇偉大なる指揮者たち―トスカニーニからカラヤン、小澤、ラトルへの系譜 クリスチャン・メルラン著, 神奈川夏子訳 ヤマハミュージックメディア 2014.11 389,7p 21cm 2800円
①978-4-636-90301-0 Ⓝ762.8
内容 アルトゥーロ・トスカニーニ ウィレム・メンゲルベルク セルゲイ・クーセヴィツキー ピエール・モントゥー ブルーノ・ワルター サー・トーマス・ビーチャム レオポルド・ストコフスキー エルネスト・アンセルメ オットー・クレンペラー ヴィルヘルム・フルトヴェングラー〔ほか〕
＊指揮の特徴や楽団員からの評価、生い立ちや普段の振る舞い、家族関係など、50人のマエストロたちの素顔を描き出す。オーケストラ指揮の知られざる側面に迫った評伝集。

【ン】

ンクルマ, K. 〔1909〜1972〕 Nkrumah, Kwame

◇ンクルマ―アフリカ統一の夢 砂野幸稔著 山川出版社 2015.4 88p 21cm (世界史リブレット人 99)〈文献あり 年譜あり〉 800円
①978-4-634-35099-1 Ⓝ289.3
内容 アフリカの黒い星 1 ゴールドコースト植民地とンクルマ 2 アメリカ留学とアフリカ解放の夢 3 ガーナ独立への道 4 新植民地主義との戦い
＊ンクルマはアフリカの他の植民地に先駆けてガーナを独立に導き、さらに全アフリカ解放の戦いの先頭に立とうとしたが、軍部によるクーデタで失脚した。アフリカ統一の夢にこだわりすぎて政権運営に失敗したという批判も少なくない。しかし、この「失敗」とは何だったのだろうか。むしろそれは、アフリカにおける脱植民地化がいかに困難な事業であったかを示しているのではないか。一人のアフリカ人指導者の事跡を通して、アフリカの脱植民地化の時代を考えてみたい。

原綴索引

【 A 】

Aalto, Aino →アールト, A. 22
Abbado, Claudio →アバド, C. 16
Abdullah the Butcher →アブドーラ・ザ・ブッチャー 16
Abebe Bikila →アベベ・ビキラ 16
Abel, Niels Henrik →アーベル, N.H. 17
Abélard, Pierre →アベラール, P. 17
Ackman, William Albert →アックマン, W.A. 12
Adams, Henry →アダムズ, H. 11
Adams, John Quincy →アダムズ, J.Q. 11
Adams, Samuel →アダムズ, S. 11
Addario, Lynsey →アダリオ, L. 11
Adi Shankara →シャンカラ 173
Adler, Alfred →アドラー, A. 13
Adorno, Gretel →アドルノ, G. 13
Adorno-Wiesengrund, Theodor Ludwig →アドルノ, T. 13
Afanassiev, Valéry →アファナシエフ, V. 16
al-Afghānī, Sayyid Jamāl al-Dīn →アフガーニー, J. 16
Agamben, Giorgio →アガンベン, G. 9
Agesilaus Ⅱ →アゲシラオス Ⅱ 10
agnèss b. →アニエス・ベー 15
Agrippina, Julia →アグリッピナ 10
Aichinger, Ilse →アイヒンガー, I. 3
Aikenhead, Mary →エイケンヘッド, M. 44
Airy, George Biddell →エアリー, G.B. 44
Aisek, Kimiuo →アイセック, K. 1
Aizawa, Susumu →アイザワ, S. 1
Ajātaśatru →アジャータシャトル 10
Akselrod, Pavel Borisovich →アクセリロード, P. 9
Alain →アラン 19
Alaric Ⅰ →アラリック Ⅰ 19
Albers, Anni →アルバース, A. 23
Alcázar de Velasco, Angel →ベラスコ, A. 406
Alcock, Rutherford →オールコック, R. 64
Alekhina, Mariia →アリョーヒナ, M. 21
Alexander, Christopher →アレグザンダー, C. 23
Alexander, Fanny Grey Wilson →アレキサンダー, F.G.W. 23
Alexander Ⅲ →アレクサンドロス Ⅲ 24
Alexandra af Denmark →アレクサンドラ・オブ・デンマーク 24
Alexandra Feodrovna →アレクサンドラ・フョードロブナ 24
Alfonso Ⅵ →アルフォンソ Ⅵ 23
Ali, Muhammad →アリ, M. 19
Aliénor d'Aquitaine →アリエノール・ダキテーヌ 20
Allen, Woody →アレン, W. 25
Allerberger, Josef →アラーベルガー, J. 19
Allilueva, Svetlana →アリルーエワ, S. 21
Almeida, Luis de →アルメイダ, L. 23
Aloysio Del Col →アロイジオ・デルコル 26
Alpert, Stephen M. →アルパート, S.M. 23
Althusser, Louis →アルチュセール, L. 22
Ambrosius →アンブロシウス 31
Amery, Carl →アメリー, C. 18
Ammann, Jakob →アマン, J. 18
Amoyal, Pierre →アモイヤル, P. 18
Amundsen, Roald →アムンセン, R. 19
Anandamayi Ma →アーナンダマイー・マー 15
Anaxagoras →アナクサゴラス 14
Anaximandros →アナクシマンドロス 14
Anaximenes of Miletus →アナクシメネス 14
Ančerl, Karel →アンチェル, K. 28
Andersch, Alfred →アンデルシュ, A. 28
Andersen, Hans Christian →アンデルセン, H.C. 29
Anderson, Benedict Richard O'Gorman →アンダーソン, B. 27
Anderson, Marian →アンダーソン, M. 28
Anderson, Taylor →アンダーソン, T. 28
Andraka, Jack →アンドレイカ, J. 30
Andreas-Salomé, Lou →ザロメ, L. 157
Angelou, Maya →アンジェロウ, M. 27
Annan, Kofi Atta →アナン, K.A. 15
Anna Sui →アナ・スイ 15
Anne d'Autriche →アンヌ・ドートリッシュ 30
Anne de Bretagne →アンヌ・ド・ブルターニュ 31
Anselm, Saint, Archbishop of Canterbury →アンセルムス 27
Ansermet, Ernest Alexandre →アンセルメ, E. 27
Antiphôn →アンティフォン 28
Antoninus Pius →アントニヌス・ピウス 30
Antonius →アントニオス 30
Antonius, Marcus →アントニウス, M. 29
Apollinaire, Guillaume →アポリネール, G. 18
Appius Claudius Caecus →アッピウス・クラウディウス・カエクス 12
Archimedes →アルキメデス 21
Archytas →アルキュタス 22
Arcimboldi, Giuseppe →アルチンボルド, G. 22
Ardizzone, Edward →アーディゾーニ, E. 12
Arendt, Hannah →アーレント, H. 25
Arini, Ni Ketut →アリニ, N.K. 21

Aristagoras →アリスタゴラス………… 20
Aristotelēs →アリストテレス…………… 20
Armbruster, Ludwíg →アルムブルスター,
　L.……………………………………… 23
Arrupe, Pedro →アルペ, P.…………… 23
Artemisia I →アルテミシア I ………… 22
Arup, Ove Nyquist →アラップ, O.N.…… 19
Astrid de Suède →アストリッド・ド・ス
　エード ………………………………… 10
Atanasoff, John Vincent →アタナソフ, J.
　V. ……………………………………… 11
Atatürk, Mustafa Kemâl →アタテュルク,
　M.K.…………………………………… 10
Auer, Leopold →アウアー, L.…………… 6
Augustinus, Aurelius, Saint, Bp. of Hippo
　→アウグスティヌス, A.………………… 6
Augustus, Gaius Octavius →アウグストゥ
　ス ……………………………………… 8
Aulus Vitellius Germanicus →ウィテリウ
　ス ……………………………………… 36
Aung San Suu Kyi →アウン・サン・スー・
　チー …………………………………… 8
Austen, Jane →オースティン, J.……… 59
Auster, Paul →オースター, P.………… 59
Autié, Léonard →オティエ, L.………… 60

【B】

Baade, Wilhelm Heinrich Walter →バー
　デ, W.H.W. ………………………… 302
Babur →バーブル ……………………… 309
Bach, Carl Philipp Emanuel →バッハ, C.
　P.E.…………………………………… 300
Bach, Johann Christian →バッハ, J.C. … 300
Bach, Johann Christoph Friedrich →バッ
　ハ, J.C.F. …………………………… 300
Bach, Johann Sebastian →バッハ, J.S. … 301
Bach, Wilhelm Friedemann →バッハ, W.
　F. ……………………………………… 301
Bachmann, Ingeborg →バッハマン, I.… 301
Bacon, Delia Salter →ベーコン, D. …… 393
Bacon, Francis →ベーコン, F.………… 394
Bacon, Yehuda →バコン, Y. …………… 295
Bahr, Egon →バール, E.……………… 314
Baibars →バイバルス ………………… 289
Baker, Ella →ベイカー, E.…………… 391
Ballagh, James Hamilton →バラ, J.H. … 310
Ballagh, Lydia →バラ, L. …………… 311
Ballin, Albert →バリーン, A. ………… 313
Balthus →バルテュス ………………… 315
Balzac, Honoré de →バルザック, H. … 315
Bannon, Stephen Kevin →バノン, S.K.… 306
Banvard, John →バンバード, J.……… 324

Barbieri, Richard →バルビエリ, R.…… 318
Barenboim, Daniel →バレンボイム, D. … 319
Baring–Gould, Edith →ベアリング＝グー
　ルド, E.……………………………… 391
Barkley, Robert Frank →バークレー, R.
　F.……………………………………… 294
Barnard, Edward Emerson →バーナード,
　E.E.…………………………………… 306
Barouh, Pierre →バルー, P.…………… 314
Barth, Karl →バルト, K.……………… 315
Barthes, Roland →バルト, R.………… 317
Bartók, Béla →バルトーク, B.………… 317
Basaglia, Franco →バザーリア, F.…… 295
Bass, J. Kyle →バス, K.……………… 296
Bassompierre, Albert de →バッソンピエー
　ル, A.………………………………… 299
Bataille, Georges →バタイユ, G.…… 298
Bathsheba →バト・シェバ …………… 305
Bauckham, Richard →ボウカム, R.…… 419
Baudelaire, Charles Pierre →ボードレー
　ル, C.P.……………………………… 424
Bauer, Fritz →バウアー, F.…………… 290
Bausch, Pina →バウシュ, P.…………… 290
Bayle, Pierre →ベール, P.…………… 408
Beach, Alfred Ely →ビーチ, A.E.…… 332
Beard, Charles Austin →ビーアド, C.A. … 325
Beauharnais, Joséphine de →ボアルネ,
　J.……………………………………… 416
Beauvoir, Simone de →ボーボワール, S. … 426
Beaux, Ernest →ボー, E.……………… 415
Beck, Jeff →ベック, J. ……………… 398
Beckett, Samuel →ベケット, S.……… 392
Beckham, David →ベッカム, D. ……… 397
Beckmann, Max →ベックマン, M.…… 398
Beecham, Thomas →ビーチャム, T.…… 332
Beethoven, Ludwig van →ベートーベン,
　L.……………………………………… 401
Behn, Aphra →ベーン, A.…………… 413
Behrens, Peter →ベーレンス, P.……… 412
Bejarano, Esther →ベシャラーノ, E.… 394
Belkin, Boris →ベルキン, B.………… 408
Bell, Joshua →ベル, J.………………… 408
Bellarmino, Roberto Francesco Romolo →
　ベラルミーノ, R.…………………… 407
Bellini, Giovanni →ベッリーニ, G.…… 399
Bellini, Vincenzo →ベッリーニ, V.…… 399
Bema Yangjan →バイマー・ヤンジン … 289
Benedictus XVI →ベネディクトゥスXVI … 403
Benjamin, Walter →ベンヤミン, W.…… 415
Bentham, Jeremy →ベンサム, J.……… 414
Berg, Alban →ベルク, A.……………… 409
Berger, Peter Ludwig →バーガー, P.L. … 292
Bergman, Ingmar →ベルイマン, I.…… 408
Berkeley, George →バークリー, G.…… 294

Berlin, Isaiah →バーリン, I. ………………313
Berlusconi, Silvio →ベルルスコーニ, S. ……411
Bernanke, Ben →バーナンキ, B. ……………306
Bernard de Clairvaux →ベルナール（クレルボーの）………………………………410
Bernhard, Thomas →ベルンハルト, T. ……411
Bernini, Gian Lorenzo →ベルニーニ, G. L. …………………………………………410
Bernstein, Leonard →バーンスタイン, L. ‥323
Bessel, Friedrich Wilhelm →ベッセル, F. W. ………………………………………399
Besucco, Francis →ベズッコ, F. ……………396
Bethe, Hans Albrecht →ベーテ, H.A. ………400
Bettger, Franklin Lyle "Frank" →ベトガー, F. ………………………………………401
Beyer, Ferdinand →バイエル, F. ……………285
Bezos, Jeffrey →ベゾス, J. …………………396
Bhāskara Ⅱ →バースカラⅡ ………………296
Bianchi, Anthony →ビアンキ, A. ……………325
Bickel, Luke Washington →ビッケル, L. W. ………………………………………333
Bion, Wilfred Ruprecht →ビオン, W. ………326
Bird, Isabella Lucy →バード, I.L. …………304
Bishop, Elizabeth →ビショップ, E. …………330
Bismarck, Otto →ビスマルク, O. ……………331
Bissière, Roger →ビシエール, R. ……………330
Biver, Jean–Claud →ビバー, J.C. …………337
Bizet, Georges →ビゼー, G. …………………331
Black, John Reddie →ブラック, J.R. ………365
Black Hawk →ブラック・ホーク ……………366
Blake, William →ブレイク, W. ………………380
Blanchot, Maurice →ブランショ, M. ………371
Blane, Gilbert →ブレーン, G. ………………383
Bloch, Marc Léopold Benjamin →ブロック, M.L.B. ………………………………387
Blomstedt, Herbert →ブロムシュテット, H. ……………………………………………388
Blondlot, Prosper–René →ブロンロ, R. ……390
Bloom, Molly →ブルーム, M. ………………380
Blunt, Anthony →ブラント, A. ………………372
Blyth, Reginald Horace →ブライス, R. H. ……………………………………………363
Bobadilla, Nicolaus Alphonsus →ボバディーリャ, N.A. …………………………426
Bo Bardi, Lina →ボ・バルディ, L. …………426
Böhm, Karl →ベーム, K. ……………………405
Böhme, Jakob →ベーメ, J. …………………406
Boissonade, Gustave Émile →ボアソナード, G. ……………………………………416
Böll, Heinrich Theodor →ベル, H. …………408
Bollnow, Otto Friedrich →ボルノー, O. F. ……………………………………………429
Bolt, Usain →ボルト, U. ……………………429
Bonaparte, Marie →ボナパルト, M. ………424

Bond, Michael →ボンド, M. …………………432
Bondi, Hermann →ボンディ, H. ……………432
Bonhoeffer, Dietrich →ボンヘッファー, D. ……………………………………………433
Bonnard, Pierre →ボナール, P. ………………425
Bonnefoy, Yves →ボヌフォワ, Y. ……………425
Bonosus →ボノスス ……………………………425
Bora Buranka →ボラ・ブランカ ……………427
Borg, Björn →ボルグ, B. ……………………428
Bormann, Martin Adolf →ボルマン, M.A., Jr. …………………………………………430
Bormann, Martin Ludwig →ボルマン, M. L. ……………………………………………430
Bosch, Carl →ボッシュ, C. …………………422
Bosch, Hieronymus →ボス, H. ………………421
Bosco, Giovanni Melchiorre →ボスコ, G. M. ……………………………………………421
Bose, Subhas Chandra →ボース, S.C. ……421
Botticelli, Sandro →ボッティチェリ, S. ……423
Bottura, Massimo →ボットゥーラ, M. ………423
Botved, Anders Peter →ボトベ, A.P. ………424
Boucher, François →ブーシェ, F. ……………356
Boulanger, Nadia →ブーランジェ, N. ………370
Boulez, Pierre →ブーレーズ, P. ……………381
Bourdain, Anthony →ボーデイン, A. ………424
Bourdieu, Pierre →ブルデュー, P. …………376
Bowen, Ira Sprague →ボーエン, I.S. ………419
Bowen, James →ボーエン, J. ………………420
Bowie, David →ボウイ, D. …………………418
Boyden, Frank Learoyd →ボイドン, F.L. ‥417
Boyd–Orr, John Boyd Orr, Baron →ボイド＝オール, J. ………………………………417
Brabeck–Letmathe, Peter →ブラベック・レッツマット, P. …………………………367
Bradbury, Ray →ブラッドベリ, R. …………366
Brahmananda →ブラフマーナンダ ……………367
Brahms, Johannes →ブラームス, J. …………367
Bramante, Donato →ブラマンテ, D. ………367
Brâncuși, Constantin →ブランクーシ, C. ‥368
Brandeis, Louis Dembitz →ブランダイス, L.D. …………………………………………372
Brandt, Willy →ブラント, W. ………………372
Braque, Georges →ブラック, G. ……………365
Braun, Adam →ブラウン, A. ………………363
Braun, Eva Anna Paula →ブラウン, E. ……363
Brecht, Bertolt →ブレヒト, B. ………………382
Bréguet, Abraham Louis →ブレゲ, A.L. ‥381
Brennmann, Kaspar →ブレンワルド, K. ……384
Breton, André →ブルトン, A. ………………378
Brierley, Saroo →ブライアリー, S. …………362
Brin, Sergey Mikhailovich →ブリン, S. M. ……………………………………………374
Brittain, Clive →ブリテン, C. ………………373
Brody, Bruiser →ブロディ, B. ………………387

Brontë, Anne →ブロンテ, A. ……………388
Brontë, Charlotte →ブロンテ, C. …………389
Brontë, Emily →ブロンテ, E. ……………389
Browder, Bill →ブラウダー, B. ……………363
Brown, John →ブラウン, J.(奴隷制度廃止運動家) …………………………364
Brown, Lester Russell →ブラウン, L.R. ……364
Brown, Rosemary →ブラウン, R. …………364
Brown, Samuel Robbins →ブラウン, S. R. ……………………………………364
Browne, John →ブラウン, J.(実業家) ……364
Brox, Hans →ブロクス, H. ………………386
Bruckner, Anton →ブルックナー, A. ………376
Bruegel, Pieter →ブリューゲル, P. …………374
Bruna, Dick →ブルーナ, D. ……………378
Brunel, Isambard Kingdom →ブルーネル, I. ………………………………………379
Bruner, Jerome Seymour →ブルーナー, J. S. …………………………………379
Brunhilda →ブルンヒルド ………………380
Brunnstrom, Signe →ブルンストローム, S. ……………………………………380
Bruno von Köln →ブルーノ(ケルンの) ……379
Bryant, Kobe →ブライアント, K. …………363
Buber, Martin →ブーバー, M. ……………361
Buchanan, Mary Emma Wilson →ブカナン, M.E.W. ……………………………355
Buffett, Warren →バフェット, W. …………307
Buford, Bob →ビュフォード, B. …………338
Bugenhagen, Johann →ブーゲンハーゲン, J. ……………………………………355
Buhicrosan, Tannaker →ブヒクロサン, T. ……………………………………361
Bühler, Ottmar →ビューラー, O. …………339
Bukharin, Nikolaĭ →ブハーリン, N. ………361
Bull, Ephraim Wales →ブル, E.W. ………375
Bultmann, Rudolf →ブルトマン, R. ………378
Burckhardt, Jakob →ブルクハルト, J. ……375
Burne–Jones, Edward Coley →バーン＝ジョーンズ, E.C. ……………………322
Burns, Robert →バーンズ, R. ……………323
Burton, Gary →バートン, G. ………………306
Burton, William Kinnimond →バルトン, W.K. ……………………………………318
Busch, Fritz →ブッシュ, F. ………………358
Bush, George Herbert Walker →ブッシュ, G.H.W. …………………………………359
Bush, George Walker →ブッシュ, G.W. ……359
Bush, Laura Welch →ブッシュ, L.W. ………359
Bushell, Roger →ブッシェル, R. …………358
Button, Richard Totten "Dick" →バトン, D. ……………………………………305
Buzzell, Anny Syrena →ブゼル, A.S. ……356
Byers, Aruna Rea →バイヤース, A. ………289

【 C 】

Caesar, Gaius Julius →カエサル, G.J. ……67
Cage, John →ケージ, J. ……………………128
Caillois, Roger →カイヨワ, R. ……………65
Caldecott, Randolph →コールデコット, R. ……………………………………144
Calvery, Wesley →カルバリ, W. …………82
Calvin, Jean →カルバン, J. ………………82
Camilla, Duchess of Cornwall →カミラ(コーンウォール公爵夫人) ……………76
Camões, Luiz de →カモンイス, L. …………77
Campan, Jeanne–Louise–Henriette →カンパン, J.L.H. ……………………………89
Campanella, Tommaso →カンパネッラ, T. ……………………………………89
Camus, Albert →カミュ, A. ………………76
Canaris, Wilhelm →カナリス, W. …………73
Candau, Sauveur Antoine →カンドウ, S. ……88
Canisius, Petrus →カニジオ, P. ……………74
Cannon, Annie Jump →キャノン, A.J. ……92
Cantillon, Richard →カンティヨン, R. ……87
Cantor, Georg →カントール, G. …………88
Capa, Robert →キャパ, R. ………………92
Čapek, Karel →チャペック, K. ……………232
Capuçon, Renaud →カピュソン, R. ………74
Caravaggio, Michelangelo Merisi da →カラバッジョ, M.M. …………………………78
Carlos IV →カルロスIV ……………………83
Carlyle, Thomas →カーライル, T. …………77
Carnegie, Dale →カーネギー, D. …………74
Caroline Mathilde af Storbritannien →カロリーネ・マティルデ・ア・ストアブリタニエン ………………………………85
Carr, Edward Hallett →カー, E.H. ………65
Carrothers, Christopher →カロザース, C. …85
Carson, Rachel Louise →カーソン, R.L. ……71
Carter, Dan →カーター, D. ………………71
Carter, James Earl "Jimmy" →カーター, J.E. ……………………………………72
Cartier–Bresson, Henri →カルティエ＝ブレッソン, H. ………………………………81
Cary, Otis →ケーリ, O. ……………………135
Casals, Pablo →カザルス, P. ………………69
Casanova, Giacomo →カサノバ, G. …………69
Cáslavská, Věra →チャスラフスカ, V. ……229
Cassatt, Mary Stevenson →カサット, M.S. ……………………………………68
Castellion, Sébastien →カステリョ, S. ………69
Castiglione, Giuseppe →カスティリオーネ, G. ……………………………………69

Castro, Fidel →カストロ, F.	69
Castro, Raúl →カストロ, R.	70
Catherine, Duchess of Cambridge →キャサリン（ケンブリッジ公夫人）	92
Catherine de Médicis →カトリーヌ・ド・メディシス	73
Catherwood, Frederick →キャザーウッド, F.	92
Cato Censorius, Marcus Porcius →カトー（大）	73
Cauty, Jimmy →コーティ, J.	140
Cavendish, Margaret Lucas →キャベンディッシュ, M.L.	93
Cayce, Edgar →ケイシー, E.	125
Celan, Paul →ツェラン, P.	235
Celibidache, Sergiu →チェリビダッケ, S.	228
Cezanne, Paul →セザンヌ, P.	211
Chagall, Marc →シャガール, M.	168
Chamberlain, Basil Hall →チェンバレン, B.H.	228
Chan, Patrick Lewis Wai–Kuan →チャン, P.	232
Chandragupta Ⅱ →チャンドラグプタⅡ	233
Chandrasekhar, Subrahmanyan →チャンドラセカール, S.	233
Chanel, Gabrielle Bonheur "Coco" →シャネル, C.	169
Chang, Michael Te–Pei →チャン, M.	232
Chang, Sarah →チャン, S.	232
Chanos, James →チェイノス, J.	227
Chaplin, Charlie →チャップリン, C.	231
Chapo →エル・チャポ	53
Charlemagne →カール大帝	81
Charles, Prince of Wales →チャールズ皇太子	232
Charles Ⅴ →シャルルⅤ	172
Charles Ⅵ →シャルルⅥ	172
Charles Ⅹ →シャルルⅩ	172
Charlotte von Belgien →シャルロッテ・フォン・ベルギエン	173
Chekhov, Anton Pavlovich →チェーホフ, A.	227
Chen, Nathan →チェン, N.	228
Chesterton, Gilbert Keith →チェスタトン, G.K.	227
Cheusov, Vsevolod Vasil'evich →チェウソフ, V.V.	227
Chocolat →ショコラ	185
Chopin, Frédéric →ショパン, F.	187
Chopinot, Régine →ショピノ, R.	187
Choudhry, Bharati →チョードリー, A.B.	234
Christ, Jesus →キリスト	95
Christian, Charlie →クリスチャン, C.	113
Christie, Agatha →クリスティー, A.	113
Christie, Dugald →クリスティー, D.	113
Churchill, Winston →チャーチル, W.	229
Cicero, Marcus Tullius →キケロ, M.T.	90
Cimatti, Vincenzo →チマッティ, V.	229
Clapton, Eric →クラプトン, E.	111
Clark, William Smith →クラーク, W.S.	108
Claude de France →クロード・ド・フランス	123
Claudel, Paul →クローデル, P.	123
Clausewitz, Carl Philipp Gottlieb von →クラウゼビッツ, C.	107
Cleese, John →クリーズ, J.	112
Cleopatra →クレオパトラ	120
Cliburn, Van →クライバーン, V.	106
Clinton, Bill →クリントン, B.	116
Clinton, George →クリントン, G.	116
Clinton, Hillary Rodham →クリントン, H.R.	116
Cluytens, André →クリュイタンス, A.	115
Coates, Robert →コーツ, R.	137
Cobain, Kurt →コバーン, K.	141
Cobbett, Walter Willson →コベット, W.W.	142
Cobbi, Jane →コビー, J.	141
Cohen, Steven A. →コーエン, S.	136
Colburn, Bettye Vaughn →コルバーン, B.V.	146
Coleridge, Samuel Taylor →コールリッジ, S.T.	146
Colet, John →コレット, J.	146
Collado, Diego →コリャード, D.	143
Collins, Edward Knight →コリンズ, E.	144
Collins, Wilkie →コリンズ, W.	144
Comenius, Johann Amos →コメニウス, J.A.	142
Comey, James Brien →コミー, J.B.	142
Compagnon, Antoine →コンパニョン, A.	149
Comte, Auguste →コント, A.	148
Comte de Saint–Germain →サン＝ジェルマン伯爵	158
Conant, James Bryant →コナント, J.B.	140
Condorcet, Jean–Antoine–Nicolas de Caritat, marquis de →コンドルセ, N.	149
Cone, James H. →コーン, J.H.	147
Constantinus Ⅰ →コンスタンティヌスⅠ	148
Cook, James →クック, J.	105
Copernicus, Nicolaus →コペルニクス, N.	142
Corbin, Henry →コルバン, H.	146
Cornelia Scipionis Africana →コルネリア・アフリカナ	145
Cortés, Hernán →コルテス, H.	144
Coubertin, Pierre de Frédy, baron de →クーベルタン, P.	105
Cousteau, Jacques →クストー, J.	104

Cowan, Jessie Roberta "Rita" →竹鶴リ
タ ……………………………………………… 219
Cramer, Dettmar →クラマー, D. …………… 111
Cranach, Lucas →クラーナハ, L. …………… 110
Crane, Stephen →クレイン, S. ……………… 120
Crelle, August Leopold →クレルレ, A.L. … 121
Creme, Benjamin →クレーム, B. …………… 121
Crépin, Fleury Joseph →クレパン, F.J. …… 121
Crick, Francis →クリック, F. ………………… 114
Cromwell, Oliver →クロムウェル, O. ……… 124
Cruyff, Johan →クライフ, J. ………………… 106
Culianu, Ioan P. →クリアーヌ, I.P. ………… 112
Cullwick, Hannah →カルウィック, H. ……… 80
Cunard, Samuel →キュナード, S. …………… 94
Curie, Marie →キュリー, M. ………………… 94
Curie, Pierre →キュリー, P. ………………… 95
Curtis, Heber Doust →カーチス, H.D. ……… 72
Cussiánovich, Alejandro →クシアノビッ
チ, A. ………………………………………… 104
Cuvier, Georges →キュビエ, G. ……………… 94
Cyrulnik, Boris →シリュルニク, B. ………… 194
Cyrus Ⅱ →キュロスⅡ(大王) ………………… 95

【 D 】

Dabadie, Florent →ダバディ, F. …………… 222
Dadas, Albert →ダダ, A. …………………… 221
Dal', Vladimir Ivanovich →ダーリ, V.I. …… 224
Dalai Lama XIII →ダライ・ラマXIII ……… 223
Dalai Lama XIV →ダライ・ラマXIV ……… 223
Dalí, Gala Eluard →ガラ・エリュアール … 77
Dalí, Salvador →ダリ, S. …………………… 224
Dalio, Ray →ダリオ, R. …………………… 224
D'Annunzio, Gabriele →ダンヌンツィオ,
G. ……………………………………………… 226
Dante Alighieri →ダンテ・アリギエーリ … 226
Darwin, Charles Robert →ダーウィン, C.
R. ……………………………………………… 218
Daum, Antonin →ドーム, A. (ガラス工芸
家ドーム兄弟の弟) ………………………… 262
Daum, Auguste →ドーム, A. (ガラス工芸
家ドーム兄弟の兄) ………………………… 262
Daviel, Jacques →ダビエル, J. ……………… 222
Davies, Marion →デービス, M. ……………… 248
Davis, Miles →デイビス, M. ………………… 241
Davout, Louis–Nicolas →ダブー, L.N. ……… 222
Dawkins, Richard →ドーキンス, R. ………… 257
Day, Dorothy →デイ, D. …………………… 237
Dean, Charles →ディーン, C. ……………… 244
Dean, Rob →ディーン, R. ………………… 244
Debussy, Claude →ドビュッシー, C. ……… 259

Debye, Peter Joseph William →デバイ,
P. ……………………………………………… 248
Dee, John →ディー, J. ……………………… 237
Degas, Edgar →ドガ, E. …………………… 257
De Gaulle, Charles →ド・ゴール, C. ……… 257
Del Bosque, Vicente →デル・ボスケ, V. … 253
Deleuze, Gilles →ドゥルーズ, G. …………… 257
Delius, Frederick →ディーリアス, F. ……… 243
De Man, Paul →ド・マン, P. ……………… 262
Democritus →デモクリトス ………………… 249
De Morgan, William →ド・モーガン, W. … 262
Depestre, René →ドゥペストル, R. ………… 256
Derrida, Jacques →デリダ, J. ……………… 253
Descartes, René →デカルト, R. …………… 244
DeShazer, Jacob →ディシェイザー, J. …… 238
De Sitter, Willem →ド・ジッター, W. …… 258
DeVos, Richard Marvin →デボス, R.M. …… 248
Dewey, John →デューイ, J. ………………… 249
Diana, Princess of Wales →ダイアナ(プリ
ンセス・オブ・ウェールズ) ……………… 218
Dick, Philip K. →ディック, P.K. …………… 240
Dick, Thomas →ディック, T. ……………… 240
Dickens, Charles →ディケンズ, C. ………… 238
Dickinson, Bruce →ディッキンソン, B. …… 240
Dickinson, Emily →ディキンスン, E. ……… 238
Dickinson, John →ディキンソン, J. ………… 238
Diderot, Denis →ディドロ, D. ……………… 240
Dietrich, Marlene →ディートリヒ, M. …… 240
Dietz, Rolf →ディーツ, R. ………………… 239
Dimitrov, Georgi →ディミトロフ, G. ……… 242
Dionysius the Phocaean →ディオニュシオ
ス ……………………………………………… 237
Dior, Christian →ディオール, C. …………… 237
Disney, Roy Edward →ディズニー, R.E. … 239
Disraeli, Benjamin →ディズレーリ, B. …… 239
Dixon, Allan →ディクソン, A. ……………… 238
Djokovic, Novak →ジョコビッチ, N. ……… 185
Dobzhansky, Theodosius Grygorovych →
ドブジャンスキー, G.D. …………………… 260
Dodd, William Edward →ドッド, W.E. …… 259
Dohnányi, Christoph von →ドホナーニ,
C. ……………………………………………… 260
Domènech i Montaner, Lluís →ドメネク・
イ・モンタネル, L. ………………………… 262
Donati, Giovanni Battista →ドナティ, G.
B. ……………………………………………… 259
Dönitz, Karl →デーニッツ, K. ……………… 248
Donne, John →ダン, J. …………………… 226
Dor, Milo →ドール, M. …………………… 268
Dorpmüller, Julius Heinrich →ドルブミュ
ラー, J.H. …………………………………… 270
Doss, Desmond →ドス, D. ………………… 258

原綴索引　　　　　　　　　　　　　EUC

Dostoyevsky, Fyodor　→ドストエフスキー, F. 259
Doucet, Dominique　→ドゥーセ, D. 256
Doughty, Caitlin　→ドーティ, C. 259
Douglass, Frederick　→ダグラス, F. 219
Doyle, Arthur Conan　→ドイル, A.C. 254
Dozier, Charles Kelsey　→ドージャー, C.K. 258
Dozier, Maude Burke　→ドージャー, M.B. 258
Draper, Henry　→ドレイパー, H. 270
Dreiser, Theodore　→ドライサー, T. 263
Dreyer, John Louis Emil　→ドレイヤー, J.L.E. 271
Drucker, Peter Ferdinand　→ドラッカー, P. 263
Drukpa Kunley　→ドゥクパ・クンレー 255
Drummond, Bill（William Ernest）　→ドラモンド, B. 264
Du Bois, William Edward Burghardt　→デュボイス, W.E.B. 251
Dubuffet, Jean Philippe Arthur　→デュビュッフェ, J. 251
Du Camp, Maxime　→デュ・カン, M. 249
Duchamp, Marcel　→デュシャン, M. 250
Dueñas, Jesus Baza　→ドゥエニャス, J.B. 255
Dufy, Raoul　→デュフィ, R. 251
Dugdale, Florence Emily　→ダグデール, F. 219
Du Guesclin, Bertrand　→デュ・ゲクラン, B. 250
Dulles, Allen　→ダレス, A. 225
Dulles, John Foster　→ダレス, J.F. 225
Dumas, Alexandre　→デュマ, A. 252
Dumas, Thomas Alexandre　→デュマ, T.A. 252
Dumay, Augustin　→デュメイ, A. 252
Duras, Marguerite　→デュラス, M. 252
Dürer, Albrecht　→デューラー, A. 252
Dutschke, Rudi　→ドゥチュケ, R. 256
Dvořák, Antonín　→ドボルザーク, A. 260
Dyer, Wayne Walter　→ダイアー, W.W. 218
Dylan, Bob　→ディラン, B. 242

【E】

Ebrahim, Zak　→エブラヒム, Z. 49
Eckhart, Meister　→エックハルト, M. 47
Eddington, Arthur Stanley　→エディントン, A.S. 47
Eddy, Mary Baker　→エディー, M.B. 47
Edison, Thomas Alva　→エジソン, T. 46

Edward Ⅷ　→エドワードⅧ 48
Ehnes, James　→エーネス, J. 48
Eich, Günter　→アイヒ, G. 2
Eichmann, Adolf　→アイヒマン, A. 2
Eidt, Johannes　→アイト, J. 2
Einhorn, David　→アインホーン, D. 6
Einstein, Albert　→アインシュタイン, A. 3
Einstein, Elizabeth Roboz　→アインシュタイン, E.R. 6
Einstein, Hans Albert　→アインシュタイン, H.A. 6
Eisenhower, Dwight David　→アイゼンハワー, D. 1
Elbe, Lili　→エルベ, L. 54
Eldred, Bradley Ross　→エルドレッド, B.R. 54
El Hefe　→エル・ヘフェ 54
Eliade, Mircea　→エリアーデ, M. 50
Elias, Norbert　→エリアス, N. 50
Eliot, George　→エリオット, G. 50
Eliot, Thomas Stearns　→エリオット, T.S. 51
Elisabeth von Wittelsbach　→エリーザベト 52
Elizabeth Ⅰ　→エリザベスⅠ 51
Elizabeth Ⅱ　→エリザベスⅡ 52
Elizabeth of the Trinity　→エリザベット（三位一体の）...... 52
Elliott, John Huxtable　→エリオット, J.H. 51
Embree, John F.　→エンブリー, J. 56
Emden, Jacob Robert　→エムデン, J.R. 49
Empedocles　→エンペドクレス 56
Endicott, Josephine Ann　→エンディコット, J.A. 56
Engels, Friedrich　→エンゲルス, F. 55
Enghien, Louis-Antoine-Henri de Bourbon　→アンギャン公・ルイ・アントワーヌ 27
Enke, Robert　→エンケ, R. 55
Enzensberger, Hans Magnus　→エンツェンスベルガー, H.M. 56
Epaminondas　→エパメイノンダス 48
Epicurus　→エピクロス 48
Epstein, Brian Samuel　→エプスタイン, B.S. 48
Erasmus, Desiderius　→エラスムス, D. 49
Erdoğan, Recep Tayyip　→エルドアン, R.T. 53
Erdős, Paul　→エルデシュ, P. 53
Erickson, Gary　→エリクソン, G. 51
Erikson, Erik Homburger　→エリクソン, E.H. 51
Erman, Walter Alexander　→エルマン, W.A. 54
Estève, Maurice　→エステーブ, M. 47
Euclīdēs　→エウクレイデス（アレクサンドリアの）...... 44

Eugénie de Montijo →ウジェニー・ド・モンティジョ ……………………………… 42
Eulenspiegel, Till →オイレンシュピーゲル, T. …………………………………… 57
Euler, Leonhard →オイラー, L. ……………… 57
Eumenes →エウメネス(カルディアの) ……… 45
Eutropius →エウトロピウス …………………… 45

【 F 】

Fabre, Jean–Henri →ファーブル, J.H. ……344
Fagen, Donald →フェイゲン, D. ……………349
Faraday, Michael →ファラデー, M. …………344
Fardoulis–Lagrange, Michel →ファルドゥーリス＝ラグランジュ, M. ………………345
Fassbinder, Rainer Werner →ファスビンダー, R.W. …………………………………343
Fastolf, John →ファストルフ, J. ………………343
Fauchard, Pierre →フォシャール, P.………353
Faust, Isabelle →ファウスト, I. …………… 342
Faustus, Johann Georg →ファウストゥス, J.G.………………………………………………342
Fazekas, Nick →ファジーカス, N. …………343
Fechner, Gustav Theodor →フェヒナー, G.T. ……………………………………………350
Federer, Roger →フェデラー, R. ……………349
Federico Ⅱ →フェデリーコⅡ ………………349
Federico da Montefeltro →フェデリーコ・ダ・モンテフェルトロ ……………………349
Feely, Gertrude Marie →フィーリー, G.M. ……………………………………………348
Felipe Ⅲ →フェリペⅢ ………………………350
Felscherinow, Christiane Vera →フェルシェリノ, C.V. …………………………………350
Fenollosa, Ernest Francisco →フェノロサ, E.F. ……………………………………………350
Fenton, Montague Arthur →フェントン, M.A. ……………………………………………352
Ferenczi, Sándor →フェレンツィ, S. ………352
Fernandes, Tony →フェルナンデス, T. ……351
Fernández López, Javier →フェルナンデス, J. ………………………………………350
Ferrari, Luc →フェラーリ, L. ………………350
Fersen, Hans Axel von →フェルセン, H.A. ………………………………………………350
Feuerbach, Ludwig Andreas →フォイエルバッハ, L.A. …………………………………352
Feynman, Richard Phillips →ファインマン, R.P. ……………………………………342
Fichte, Johann Gottlieb →フィヒテ, J.G. ……………………………………………………348
Fickes, Bob →フィックス, B. …………………346

Fielding, Henry →フィールディング, H. ……348
Filangieri, Gaetano →フィランジェーリ, G. …………………………………………………348
Finnegan, William →フィネガン, W. ………347
Fischer, Bobby →フィッシャー, B. …………346
Fischer, Julia →フィッシャー, J. ……………347
Fisher, Catherine Jane →フィッシャー, C.J. ……………………………………………347
Fisher, Philip Arthur →フィッシャー, P. ‥347
Fiske, Billy →フィスク, B. ……………………346
Fitzgerald, Francis Scott →フィッツジェラルド, F.C. …………………………………347
Flaubert, Gustave →フローベール, G. ……388
Flavius Claudius Julianus →ユリアヌス ……490
Flavius Rufinus →ルフィヌス ………………531
Flavius Stilicho →スティリコ ………………203
Flavius Theodosius Augustus / Theodosius I →テオドシウスⅠ ………………………244
Fleming, Williamina Paton Stevens →フレミング, W.P. ……………………………383
Fontana, Lucio →フォンタナ, L. ……………354
Ford, Gerald Rudolph →フォード, G.R. ……353
Ford, Henry →フォード, H. …………………353
Forlán, Diego →フォルラン, D. ………………354
Forna, Aminatta →フォルナ, A. ……………354
Forster, Edmund →フォルスター, E. ………354
Forsyth, Peter Taylor →フォーサイス, P.T. ……………………………………………353
Foucault, Léon →フーコー, L. ………………355
Foucault, Michel →フーコー, M. ……………356
Francesco d'Assisi, Saint →フランシスコ(アッシジの) …………………………………370
Franciscus →フランシスコ(教皇) …………371
Franck, Kaj →フランク, K. …………………368
Franco, Francisco →フランコ, F. ……………370
François I →フランソワⅠ ……………………371
Françoise Athénaïs de Mortemart, marquise de Montespan →モンテスパン侯爵夫人 …484
Frank, Annelies Marie →フランク, A. ………368
Frank, Niklas →フランク, N. ………………368
Frankétienne →フランケチエンヌ …………370
Frankl, Viktor Emil →フランクル, V.E. ……369
Franklin, Aretha →フランクリン, A. ………369
Franklin, Benjamin →フランクリン, B. ……369
Fraser, Andy →フレイザー, A. ………………381
Fraunhofer, Joseph von →フラウンホーファー, J. ………………………………………365
Freisler, Roland →フライスラー, R. ………363
Frenkel, Edward →フレンケル, E. ……………384
Fresnel, Augustin Jean →フレネル, A.J. ‥382
Freud, Anna →フロイト, A. …………………384
Freud, Lucian →フロイド, L. ………………384
Freud, Sigmund →フロイト, S. ………………385
Fricsay, Ferenc →フリッチャイ, F. …………373

Friedan, Betty →フリーダン, B. ……………372
Friedmann, Alexander Alexandrovich →フ
　リードマン, A.A. ……………………………373
Friedrich Ⅱ →フリードリヒⅡ (プロセイン
　王) ……………………………………………373
Fröbel, Friedrich Wilhelm August →フ
　レーベル, F.W.A. ……………………………383
Fróis, Luís →フロイス, L. ………………………384
Fromm, Erich →フロム, E. ………………………388
Frost, Elinor →フロスト, E. ……………………387
Frost, Robert →フロスト, R. ……………………387
Fuller, John Frederick Charles →フラー,
　J.F.C. …………………………………………362
Fuller, Loie →フラー, L. …………………………362
Fuller, Samuel →フラー, S. ……………………362
Funk, Dory, Jr. →ファンク, D., Jr. …………345
Funk, Terry →ファンク, T. ……………………345
Furtwängler, Wilhelm →フルトベング
　ラー, W. ………………………………………377

【 G 】

Gaal, Louis Van →ハール, L.V. ……………314
Gaius Aurelius Valerius Diocletianus →
　ディオクレティアヌス …………………………237
Gaius Julius Caesar Augustus Germanicus
　→カリグラ ……………………………………79
Gaius Julius Saturninus →サトゥルニヌス ‥153
Gaius Marius →マリウス ………………………451
Galbraith, John Kenneth →ガルブレイス,
　J.K. ……………………………………………83
Galenos →ガレノス ………………………………83
Galilei, Galileo →ガリレイ, G. …………………79
Galland, Adolf →ガーランド, A. ………………79
Gallé, Émile →ガレ, É. …………………………83
Galloway, Joseph →ギャロウェイ, J. ………93
Galois, Evariste →ガロア, E. …………………84
Gama, Vasco da →ガマ, V. ……………………75
Gamow, George →ガモフ, G. …………………77
Gandhi, Indira Priyadarshini →ガン
　ディー, I.P. ……………………………………85
Gandhi, Mohandas Karamchand →ガン
　ディー, M.K. …………………………………85
García Robles, Alfonso →ガルシア・ロブ
　レス, A. ………………………………………80
Gardner, Sonia →ガードナー, S. ……………73
Garibaldi, Giuseppe →ガリバルディ, G. ……79
Garnier, Frederic Louis →ガルニエ, F.L. ……81
Garrel, Philippe →ガレル, P. …………………84
Garvey, Marcus →ガーベイ, M. ………………75
Gassendi, Pierre →ガッサンディ, P. …………72

Gaston Ⅲ de Foix dit Fébus →ガストン・
　フェビュス ……………………………………70
Gates, Bill →ゲイツ, B. ………………………126
Gates, Robert Michael →ゲーツ, R.M. ……128
Gauck, Joachim →ガウク, J. …………………66
Gaudí y Cornet, Antonio →ガウディ, A. ……67
Gauss, Carl Friedrich →ガウス, C.F. …………66
Gazzaniga, Michael S. →ガザニガ, M.S. ……69
Gehry, Frank Owen →ゲーリー, F.O. ………134
Geithner, Timothy Franz →ガイトナー,
　T.F. ……………………………………………65
Genet, Jean →ジュネ, J. ………………………176
George →ゲオルギウス …………………………127
George Ⅵ →ジョージⅥ ………………………185
Gerda Taro →ゲルダ・タロー …………………135
Gergiev, Valery Abisalovich →ゲルギエフ,
　V.A. ……………………………………………135
Gerhard, Johann →ゲアハルト, J. ……………125
Germanicus Julius Caesar →ゲルマニクス ‥136
Gerrard, Steven →ジェラード, S. ……………164
Gesell, Silvio →ゲゼル, S. ……………………128
Ghosn, Carlos →ゴーン, C. ……………………147
Giacomelli, Mario →ジャコメッリ, M. ………169
Giacometti, Alberto →ジャコメッティ,
　A. ………………………………………………169
Gibbs, William →ギブズ, W. ……………………91
Gide, André →ジッド, A. ………………………166
Gifford, Emma Lavinia →ギフォード, E.
　L. ………………………………………………91
Gilbert, Paul →ギルバート, P. ………………100
Giovanni Pico della Mirandola →ピコ・デ
　ラ・ミランドラ ……………………………329
Gitlis, Ivry →ギトリス, I. ………………………91
Giulini, Carlo Maria →ジュリーニ, C.M. ‥182
Givenchy, Hubert de →ジバンシィ, H. ……167
Gladstone, William Ewart →グラッドスト
　ン, W.E. ………………………………………110
Glass, Philip →グラス, P. ……………………109
Glasser, William →グラッサー, W. …………109
Glissant, Édouard →グリッサン, É. …………114
Glover, Thomas Blake →グラバー, T.B. ‥110
Gluzman, Vadim →グルズマン, V. ……………118
Gnaeus Pompeius Magnus →ポンペイウ
　ス ………………………………………………432
Gödel, Kurt →ゲーデル, K. ……………………130
Godwin, Fanny Imlay →ウルストンクラフ
　ト, F.I. …………………………………………43
Goebbels, Joseph →ゲッベルス, J. …………128
Goethe, Johann Wolfgang von →ゲーテ,
　J.W. …………………………………………129
Gogh, Vincent van →ゴッホ, V. ………………138
Gold, Thomas →ゴールド, T. …………………145
Goldsmith, Lynn →ゴールドスミス, L. ……145
Gonne, Maud →ゴン, M. ………………………148

Gorbachev, Mikhail Sergeevich →ゴルバチョフ, M.S. 146
Gordon, Beate Sirota →ゴードン, B.S. 140
Gordon, Kim →ゴードン, K. 140
Gordon, Lorraine →ゴードン, L. 140
Gorham, William R. →ゴーハム, W.R. 141
Göring, Edda →ゲーリング, E. 135
Göring, Hermann Wilhelm →ゲーリング, H.W. 135
Gorky, Maksim →ゴーリキー, M. 143
Goshkevich, Iosif →ゴシケービチ, Io. 137
Göth, Amon Leopold →ゲート, A.L. 130
Göth, Monika →ゲート, M. 130
Gould, Glenn →グールド, G. 118
Goya y Lucientes, Francisco José de →ゴヤ, F.J. 143
Grabiński, Stefan →グラビンスキ, S. 110
Graham, Benjamin →グレアム, B. 119
Graham, Katharine →グラハム, K. 110
Gramsci, Antonio →グラムシ, A. 111
Granholm, Jennifer Mulhern →グランホルム, J.M. 111
Grass, Günter →グラス, G. 109
Grassonelli, Giuseppe →グラッソネッリ, G. 109
Gray, Effie →グレイ, E.(ラスキンとミレーの妻) 119
Gray, Eileen →グレイ, E.(デザイナー・建築家) 119
Greene, Graham →グリーン, G. 115
Greenspan, Alan →グリーンスパン, A. 115
Gregorios Palamas →グレゴリオス・パラマス 121
Gregory of Nyssa →グレゴリオス(ニュッサの) 120
Grenier, Roger →グルニエ, R. 119
Griezmann, Antoine →グリーズマン, A. ...114
Grigor'ev, Mikhail Petrovich →グリゴーリエフ, M.P. 112
Grimm, Jakob →グリム, J. 114
Grimm, Wilhelm →グリム, W. 114
Grimmet, Gordon →グリメット, G. 114
Grossfeld, Bernhard →グロスフェルト, B. 122
Grothendieck, Alexandre →グロタンディーク, A. 122
Grotius, Hugo →グロティウス, H. 123
Grove, Andrew Stephen →グローブ, A.S. 124
Grumbach, Argula von →グルムバッハ, A. 119
Guardiola, Josep →グアルディオラ, J. 103
Guarneri →グァルネリ・デル・ジェズ 103
Guattari, Félix →ガタリ, F. 72

Guevara, Ernesto →ゲバラ, E. 133
Guido d'Arezzo →グイード・ダレッツォ ...103
Guillén, Nicolás →ギエン, N. 90
Gundert, Wilhelm →グンデルト, W. 125
Gutenberg, Johann →グーテンベルク, J. ..105
Gygax, Gary →ガイギャックス, G. 65

【 H 】

Haber, Fritz →ハーバー, F. 307
Habermas, Jurgen →ハーバーマス, J. 307
Habibie, Bacharuddin Jusuf →ハビビ, B.J. 307
Habibie, Hasri Ainun →ハビビ, H.A. 307
Hack, Friedrich Wilhelm →ハック, F.W. 299
Hackett, Jeremy →ハケット, J. 294
Haeckel, Ernst Heinrich Philipp August →ヘッケル, E. 398
Ḥāfiẓ →ハーフェズ 307
Hagen, Kirsten →ハーゲン, K. 294
Hahn, Hilary →ハーン, H. 320
Haidar, Mīrzā →ハイダル, M. 286
Haig, Matt →ヘイグ, M. 391
Haitink, Bernard Johan Herman →ハイティンク, B.J.H. 286
Halbreich, Betty →ホールブライシュ, B. ...430
Hale, George Ellery →ヘール, G. 407
Halevy, Efraim →ハレビ, E. 319
Halévy, Elie →アレビ, E. 25
Halifax, George Savile, Marquis of →サビル, G. 154
Halilhodžić, Vahid →ハリルホジッチ, V. ...313
Hall, Basil →ホール, B. 428
Hall, Robert K. →ホール, R.K. 428
Hall, Stuart →ホール, S. 428
Hamilton, Alice →ハミルトン, A. 310
Hamilton, Emma →ハミルトン, E 310
Hancock, Herbie →ハンコック, H. 322
Händel, Georg Friedrich →ヘンデル, G.F. 414
Hang Tuah →ハン・トゥア 324
Hanke, John →ハンケ, J. 321
Hannibal →ハンニバル 324
Hansard, Albert William →ハンサード, A.W. 322
Hansen, Stan →ハンセン, S. 323
Hardy, Godfrey Harold →ハーディ, G.H. ..303
Hardy, Thomas →ハーディ, T. 303
Haring, Keith →ヘリング, K. 407
Harlow, Harry Frederick →ハーロウ, H.F. 320
Harnack, Adolf von →ハルナック, A. 318

Harnoncourt, Nikolaus →アーノンクール, N. 15
Harris, Norman W. →ハリス, N. 311
Harris, Robert →ハリス, R. 311
Harris, Townsend →ハリス, T. 311
Harrison, George →ハリスン, G. 311
Harrison, Rosina →ハリソン, R. 312
Hart, Carl L. →ハート, C. 304
Hartmann, Carl Sadakichi →ハートマン, C.S. 305
Hassaïne, Réda →ハセイン, R. 297
Haupt, Christian →ハオプト, C. 292
Hauser, Kaspar →ハウザー, K. 290
Havlíček–Borovský, Karel →ハブリーチェク・ボロフスキー, K. 309
Hawking, Jane →ホーキング, J. 420
Hawking, Stephen →ホーキング, S. 420
Hawley, Frank →ホーレー, F. 431
Hawthorne, Nathaniel →ホーソーン, N. 421
Hayashi, Amélie →林アメリー 310
Haydn, Franz Joseph →ハイドン, F.J. 288
Hayek, Friedrich August von →ハイエク, F. 284
Hearn, Patrick Lafcadio →ハーン, L. 320
Heck, Lutz (Ludwig Georg Heinrich) →ヘック, L. 398
Hedin, Sven Anders →ヘディン, S.A. 400
Hegel, Georg Wilhelm Friedrich →ヘーゲル, G.W.F. 392
Heidegger, Fritz →ハイデガー, F. 286
Heidegger, Martin →ハイデガー, M. 286
Heine, Heinrich →ハイネ, H. 288
Heine, Wilhelm →ハイネ, W. 289
Heisenberg, Werner Karl →ハイゼンベルク, W.K. 285
Hellé, André →エレ, A. 54
Hemingway, Ernest →ヘミングウェイ, E. 404
Henderson, Thomas James →ヘンダーソン, T.J. 414
Hendrix, Jimi →ヘンドリックス, J. 414
Henri II →アンリⅡ 31
Henri III →アンリⅢ 31
Henri IV →アンリⅣ 32
Henry, Aaron →ヘンリィ, A. 415
Henry VII →ヘンリーⅦ 415
Hepburn, Audrey →ヘプバーン, A. 403
Hepburn, James Curtis →ヘボン, J.C. 404
Hērakleitos →ヘラクレイトス 406
Heredia, Marie de →エレディア, M. 55
Hermite, Charles →エルミート, C. 54
Herrigel, Eugen →ヘリゲル, E. 407
Herschel, Frederick William →ハーシェル, F.W. 295
Herschel, John Frederick William →ハーシェル, J.F.W. 295
Hertz, Heinrich →ヘルツ, H. 409
Hertzsprung, Ejnar →ヘルツシュプルング, E. 409
Herz, Robert H. →ハーズ, R.H. 296
Herzen, Aleksandr →ゲルツェン, A. 136
Herz–Sommer, Alice →ヘルツ＝ゾマー, A. 409
Hess, Rudolf Walter Richard →ヘス, R. 395
Hess, Wolf Rüdiger →ヘス, W.R. 395
Hesse, Hermann →ヘッセ, H. 399
Heuvers, Hermann →ホイベルス, H. 417
Heydrich, Reinhard →ハイドリヒ, R. 288
Heym, Stefan →ハイム, S. 289
Hickam, Homer Hadley, Jr. →ヒッカム, H. 332
Hieronymus →ヒエロニムス 326
Hilarion →ヒラリオン 339
Hilbert, David →ヒルベルト, D. 341
Hildesheimer, Wolfgang →ヒルデスハイマー, W. 340
Hillesum, Etty →ヒレスム, E. 341
Hills, Carla Anderson →ヒルズ, C.A. 340
Himmler, Gudrun →ヒムラー, G. 337
Himmler, Heinrich Luitpold →ヒムラー, H. 337
Hink, Werner →ヒンク, W. 342
His, Rudolf →ヒス, R. 330
Hitchcock, Alfred Joseph →ヒッチコック, A.J. 333
Hitler, Adolf →ヒトラー, A. 334
Hobbes, Thomas →ホッブズ, T. 423
Hoffer, Eric →ホッファー, E. 423
Hofmannsthal, Hugo Hofmann, Edler von →ホーフマンスタール, H. 426
Hogarty, Rio →ホガーティ, R. 420
Hölderlin, Friedrich →ヘルダーリン, F. 409
Höllerer, Walter →ヘレラー, W. 412
Honnold, Alex →オノルド, A. 61
Hooke, Robert →フック, R. 358
Hoover, Herbert →フーバー, H. 360
Hopkins, Harry Lloyd →ホプキンズ, H. L. 426
Hoppe, Werner →ホッペ, W. 423
Horan, Niall →ホーラン, N. 427
Horkheimer, Max →ホルクハイマー, M. 428
Horowitz, Ben →ホロウィッツ, B. 431
Horowitz, Vladimir →ホロビッツ, V. 432
Hoth, Hermann →ホート, H. 424
Howe, Annie Lyon →ハウ, A.L. 290
Hoyle, Fred →ホイル, F. 418
Hubble, Edwin Powell →ハッブル, E.P. 301
Huber, Kurt →フーバー, K. 361

Huchel, Peter →フーヘル, P. ……………361
Hueck, Alfred →ヒュック, A. ……………338
Huggins, William →ハギンス, W. …………293
Hugo, Victor Marie →ユゴー, V.M. ………488
Hugues Capet →ユーグ・カペー ……………488
Hull, Cordell →ハル, C. ……………313
Humboldt, Alexander von →フンボルト, A. …………………………………………390
Humboldt, Wilhelm von →フンボルト, W. …………………………………………391
Hume, David →ヒューム, D. ……………338
Hunter, John →ハンター, J. ………………324
Husserl, Edmund →フッサール, E. …………358
Hutchins, Robert Maynard →ハッチンズ, R.M. ………………………………………299
Hutchinson, Anne →ハッチンソン, A. ……299
Hutchinson, Thomas →ハッチンソン, T. …300
Hutton, Barbara →ハットン, B. ……………300
Huxley, Thomas Henry →ハクスリー, T. H. …………………………………………293

【 I 】

Ibn al–Nafīs, ʿAlī ibn Abī al-Ḥazm →イブン・ナフィス ……………………………34
Ibn Batuta →イブン・バットゥータ ………34
Ignatieff, Michael →イグナティエフ, M. …33
Ingram, Collingwood →イングラム, C. ……34
Iniesta Luján, Andrés →イニエスタ・ルハン, A. …………………………………………34
Iohannes Paulus II →ヨハネ・パウロ II …492
Ireland, William Henry →アイアランド, W.H. ……………………………………………1
Irving, Washington →アービング, W. ………16
Isabel I de Castilla →イサベル I ……………33
Isaiah →イザヤ ………………………………33
Ishiguro, Kazuo →イシグロ, K. ………………33
Ivanov–Razumnik →イバーノフ＝ラズームニク …………………………………………34
Ive, Jonathan →アイブ, J. ……………………3
Iyengar, Bellur Krishnamachar Sundararaja →アイアンガー, B.K.S. ……………………1

【 J 】

Jablonka, Idesa →ヤブロンカ, I. …………171
Jablonka, Matès →ヤブロンカ, M. ………171
Jackson, Janet →ジャクソン, J. ……………168
Jackson, Michael →ジャクソン, M. ………168
Jackson, Phil →ジャクソン, P. ……………169
Jack the Ripper →ジャック・ザ・リッパー …………………………………………169
Jacobi, Carl Gustav Jacob →ヤコビ, C.G. J. …………………………………………485
Jacobs, Harriet Ann →ジェイコブズ, H. A. …………………………………………162
Jaffe, Daniel S. →ヤッフェ, D.S. ……………486
Jahren, Anne Hope →ヤーレン, H. …………486
James, Cyril Lionel Robert →ジェームズ, C.L.R. ………………………………………163
James I →ジェームズ I ……………………163
Janes, Leroy Lansing →ジェーンズ, L.L. …165
Janicki, Sarna Julia →ヤニツカ, S.J. ………486
Jansen, Janine →ヤンセン, J. ………………487
Jansen, Steve →ジャンセン, S. ……………173
Jansky, Karl →ジャンスキー, K. ……………173
Jansons, Mariss Ivars Georgs →ヤンソンス, M. ……………………………………488
Jansson, Tove →ヤンソン, T. ………………487
Jarry, Alfred →ジャリ, A. ……………………172
Jaspers, Karl →ヤスパース, K. ……………485
Jaures, Jean Leon →ジョレス, J.L. …………191
J Dilla →J・ディラ …………………………162
Jeanne d'Arc →ジャンヌ・ダルク …………174
Jefferson, Thomas →ジェファーソン, T. …163
Jenkins, Florence Foster →ジェンキンス, F.F. ………………………………………165
Jenner, Edward →ジェンナー, E. …………165
Jens, Walter →イェンス, W. …………………32
Jeremiah →エレミヤ …………………………55
Jeter, Derek Sanderson →ジーター, D. ……166
Jihadi John →ジハーディ・ジョン …………167
Jobs, Steve →ジョブズ, S. …………………187
Jochum, Eugen →ヨッフム, E. ……………492
Joekes, Willem →ユーケス, W. ……………488
Johannes XXIII →ヨハネXXIII ……………492
Johannes à Lasco →ヨハネス・ア・ラスコ …492
Johns, Glyn →ジョンズ, G. …………………191
Johnso, Brian →ジョンソン, B. ……………191
Johnson, Davey →ジョンソン, D. …………191
Johnson, Estherer →ジョンソン, E. ………192
Johnson, Lady Bird →ジョンソン, L.B.（米大統領夫人）……………………………192
Johnson, Lyndon Baines →ジョンソン, L.B.（米大統領）………………………………192
Johnson, Robert →ジョンソン, R. …………192
Johnson, Samuel →ジョンソン, S. …………192
Johnson, Uwe →ヨーンゾン, U. ……………492
Johnson, Wilko →ジョンソン, W. …………193
Jomini, Antoine Henri →ジョミニ, A.H. …190
Jonas, Hans →ヨナス, H. ……………………492
Jones, Diana Wynne →ジョーンズ, D. W. ………………………………………191
Jordan, Michael →ジョーダン, M. …………186

Josefowicz, Leila Bronia →ジョセフォビッツ, L. ……………………………………186
Joseph →ヨセフ ……………………………491
Joslin, Elliott Proctor →ジョスリン, E. P. …………………………………………186
Joyce, James →ジョイス, J. ………………184
Judas, Iscariot →ユダ（イスカリオテの）……489
Judt, Tony →ジャット, T. ………………169
Jujol i Gibert, Josep Maria →ジュジョール・イ・ジーベルト, J.M. ………………174
Jung, Carl Gustav →ユング, C.G. ……………491
Jurek, Scott →ジュレク, S. ………………182

【 K 】

Kafka, Franz →カフカ, F. …………………… 74
Kahlo, Frida →カーロ, F. …………………… 84
Kalder, Ruth Irene →カルダー, R.I. ………… 80
Kalniete, Sandra →カルニエテ, S. …………… 81
Kamkwamba, William →カムクワンバ, W. …………………………………………… 77
Kanchuga, Aleksandr Aleksandrovich →カンチュガ, A. ………………………… 85
Kandinsky, Wassily →カンディンスキー, W. …………………………………………… 87
Kanishka I →カニシカI …………………… 74
Kant, Immanuel →カント, I. ………………… 87
Kapteyn, Jacobus Cornelius →カプタイン, J.C. ………………………………………… 75
Kapustin, Nikolaï →カプースチン, N. ……… 75
Karaev, Boris →カラエフ, B. ……………… 77
Karajan, Herbert von →カラヤン, H. ……… 78
Karn, Mick →カーン, M. …………………… 85
Karsch, Fritz →カルシュ, F. ………………… 80
Kaser, Max →カーザー, M. ………………… 68
Kaufmann, Jonas →カウフマン, J. ………… 67
Kavakos, Leonidas →カバコス, L. ………… 74
Keene, Donald →キーン, D. ………………101
Keller, Helen Adams →ケラー, H.A. ………133
Kelly, George →ケリー, G.（心理学者）……134
Kelly, Grace →ケリー, G.（モナコ公妃）……134
Kendrick, John →ケンドリック, J. …………136
Kennan, George Frost →ケナン, G.F. ………131
Kennedy, Caroline →ケネディ, C. ……………131
Kennedy, John Fitzgerald →ケネディ, J. F. …………………………………………………131
Kennedy, Nigel →ケネディ, N. ………………132
Kerr, George Henry →カー, G.H. …………… 65
Keynes, John Maynard →ケインズ, J.M. …126
Khachatryan, Sergey →ハチャトゥリアン, S. ………………………………………………298

Khamenei, Sayyid Ali Hosseini →ハメネイ, A. ……………………………………………310
Khetsun Sangpo Rinbochay →ケツン・サンポ・リンポチェ …………………………129
Khomeini, Ayatollah Ruhollah →ホメイニー, A.R. ……………………………………427
Kierkegaard, Søren Aabye →キェルケゴール, S.A. ……………………………………… 89
Kilmister, Lemmy →キルミスター, L. ………101
Kim, Victor Makarovich →キム, V.M. ……… 91
Kimon →キモン ……………………………… 92
King, B.B. →キング, B.B. ……………………101
King, Ernest Joseph →キング, E.J. …………101
King, Martin Luther, Jr. →キング, M.L. …102
King, Stephen →キング, S. …………………102
Kinley Dorji →キンレイ・ドルジ ……………102
Kirchhoff, Gustav Robert →キルヒホフ, G.R. ……………………………………………100
Kirke, Simon →カーク, S …………………… 68
Kisin, Evgeniï →キーシン, E. ……………… 90
Kissinger, Henry →キッシンジャー, H. …… 91
Klee, Paul →クレー, P. ………………………119
Kleiber, Carlos →クライバー, C. ……………106
Kleiber, Erich →クライバー, E. ………………106
Klein, Friedrich Franz →クライン, F.F. ……106
Klein, Melanie →クライン, M. ………………107
Klemperer, Otto →クレンペラー, O. ………121
Klepper, Jochen →クレッパー, J. ……………121
Kleutgen, Josef Wilhelm Carl →クロイトゲン, J. ………………………………………122
Klieser, Felix →クリーザー, F. ………………112
Klingsberg, Greta →クリングスベルク, G. ……………………………………………115
Klopp, Jürgen →クロップ, J. …………………123
Knappertsbusch, Hans →クナッパーツブッシュ, H. ………………………………105
Knight, Christopher Thomas →ナイト, C. T. ……………………………………………272
Knight, Philip Hampson →ナイト, P. ………273
Knox, John →ノックス, J. ……………………283
Koch, Charles de Ganahl →コーク, C. ………136
Koch, David Hamilton →コーク, D.H. ………137
Koch, Mary Robinson →コーク, M. …………137
Kohut, Heinz →コフート, H. …………………141
Kolbe, Maximilian →コルベ, M. ……………146
Kollhosser, Helmut →コロサー, H. …………147
Kollontai, Aleksandra →コロンタイ, A. ……147
Konitz, Lee →コニッツ, L. ……………………141
Konrad, Nikolaï Iosifovich →コンラッド, N. ……………………………………………149
Konstantinov, Vladimir →コンスタンチーノフ, V. ……………………………………148
Koolhaas, Rem →コールハース, R. …………145

Kossoff, Paul →コゾフ, P. 137
Kotler, Philip →コトラー, P. 140
Koussevitzky, Serge →クーセビツキー, S. 104
Kraus, Karl →クラウス, K. 107
Krauss, Clemens Heinrich →クラウス, C. 107
Kreutzer, Leonid →クロイツァー, L. 122
Krishnamurti, Jiddu →クリシュナムルティ, J. 112
Kristina →クリスティーナ（スウェーデン女王）...................113
Kristof, Agota →クリストフ, A. 113
Kroner, Richard →クローナー, R. 124
Kropotkin, Petr Alekseevich →クロポトキン, P.A. 124
Kr̥ṣṇa →クリシュナ 112
Kubelík, Rafael Jeroným →クーベリック, R.J. 105
Kübler–Ross, Elisabeth →キューブラー＝ロス, E. 94
Küchl, Rainer →キュッヒル, R. 93
Kuiper, Gerard Peter →カイパー, G.P. 65
Kyle, Chris →カイル, C. 66

【 L 】

Labouré, Catherine →ラブレ, C. 502
Lacan, Jacques →ラカン, J. 495
Lacenaire, Pierre–François →ラスネール, P.F. 498
Lagrange, Joseph–Louis →ラグランジュ, J.L. 496
Lagrange, Pierre →ラグランジュ, P. 496
La Grange, Zelda →ラグレインジ, Z. 497
Lamarck, Jean–Baptiste →ラマルク, J.B. 504
Lamb, Charles →ラム, C. 504
Lambuth, Walter Russell →ランバス, W.R. 505
Lampedusa, Giuseppe Tomasi di →ランペドゥーザ, G.T. 505
Lane, Jonathan Homer →レーン, J.H. 538
Lansky, Meyer →ランスキー, M. 504
Lanzmann, Claude →ランズマン, C. 504
Lapsley, Michael →ラプスレー, M. 501
Larkin, Philip →ラーキン, P. 496
Larsson, Carl →ラーション, C. 497
Las Casas, Bartolomé de →ラス＝カサス, B. 498
Lasry, Marc →ラスリー, M. 498
La'u, Yiśra'el Me'ir →ラウ, Y.M. 495

Lavoisier, Antoine Laurent →ラボアジエ, A.L. 502
Lawrence, David Herbert →ロレンス, D.H. 547
Lawrence, Thomas Edward →ロレンス, T.E. 548
Layton, Edwin Thomas →レイトン, E.T. 532
Leach, Bernard →リーチ, B. 507
Leavitt, Henrietta Swan →リービット, H.S. 510
Leber, Julius →レーバー, J. 537
Le Carré, John →ル・カレ, J. 520
Le Corbusier →ル・コルビュジエ 521
Ledoux, Claude Nicolas →ルドゥー, C.N. 529
Lee, Bruce →リー, B. 506
Lee, Edwin →リー, E. 506
Lee, Ivy Ledbetter →リー, I.L. 506
Lee, Tommy →リー, T. 506
Leeper, Steven Lloyd →リーパー, S.L. 509
Léger, Fernand →レジェ, F. 534
Legrand, Michel →ルグラン, M. 521
Léguillier, Dominique →レギュイエ, D. 534
Le Guin, Ursula Kroeber →ル＝グウィン, U.K. 521
Leibniz, Gottfried Wilhelm →ライプニッツ, G.W. 495
Leitch, Michael →リーチ, M. 507
Lemaire, Christophe →ルメール, C. 531
Lemaître, Georges–Henri →ルメートル, G.H. 531
Lena Maria (Vendelius) →レーナ・マリア 535
Lenard, Philipp →レーナルト, P. 535
Lenin, Vladimir Il'ich →レーニン, V.I. 535
Lennon, John →レノン, J. 536
Leonard, Dion →レナード, D. 535
Leonardo da Vinci →レオナルド・ダ・ビンチ 532
Leonidas I →レオニダスⅠ 533
Léotin, Térèz →レオタン, T. 532
Lepman, Jella →レップマン, J. 535
Lespinasse, Julie de →レスピナス, J. 534
Letestu, Agnès →ルテステュ, A. 529
Levi, Primo →レービ, P. 537
Lévinas, Emmanuel →レビナス, E. 537
Levi–Strauss, Claude →レビ＝ストロース, C. 537
Lewis, Clive Staples →ルイス, C.S. 518
Lewis, John Robert →ルイス, J.R. 518
Leyendecker, Joseph Christian →ライエンデッカー, J.C. 493
Leyson, Leon →レイソン, L. 532

Lincoln, Abraham →リンカーン, A. ……… 513
Lind, James →リンド, J. ……………… 514
Lindbergh, Charles Augustus →リンドバーグ, C.A. ……………………………… 514
Lindgren, Astrid →リンドグレーン, A. …… 514
Lion, Alfred →ライオン, A. ……………… 493
Lippi, Filippo →リッピ, F. ……………… 508
Lipstadt, Deborah Esther →リップシュタット, D.E. ……………………………… 508
List, Friedrich →リスト, F.（経済学者）…… 507
Liszt, Franz →リスト, F.（作曲家・ピアニスト）……………………………………… 507
Litt, David →リット, D. ………………… 508
Litvinov, Maksim Maksimovich →リトビーノフ, M.M. ……………………………… 509
Livermore, Jesse Lauriston →リバモア, J. L. ……………………………………… 509
Lobsang Tubten Jigme Gyatso →ロサン・トゥプテン ……………………………… 539
Lobscheid, William →ロブシャイト, W. ……546
Locke, John →ロック, J. ………………… 542
Lockyer, Joseph Norman →ロッキャー, J. N. ……………………………………… 542
Loeb, Daniel Seth →ローブ, D. …………… 545
Loewenstein, Rupert →ローウェンスタイン, R. ……………………………………… 539
Loisy, Alfred →ロワジー, A. ……………… 548
London, Charmian →ロンドン, C. ………… 548
London, Jack →ロンドン, J. ……………… 548
Lorrain, Claude →ロラン, C. …………… 546
Lota de Macedo Soares →ロタ・デ・マチェード・ソアレス …………………………… 541
Loti, Pierre →ロチ, P. …………………… 542
Louis Ⅸ →ルイⅨ ………………………… 515
Louis ⅩⅠ →ルイⅩⅠ …………………… 515
Louis ⅩⅢ →ルイⅩⅢ ………………… 516
Louis ⅩⅣ →ルイⅩⅣ ………………… 516
Louis ⅩⅤ →ルイⅩⅤ ………………… 517
Louis ⅩⅥ →ルイⅩⅥ ………………… 517
Louis ⅩⅧ →ルイⅩⅧ ………………… 517
Louise de Lorraine–Vaudémont →ルイーズ・ド・ロレーヌ＝ボーデモン ……… 519
Louis–Philippe Ⅰ →ルイ＝フィリップⅠ …519
Lovecraft, Howard Phillips →ラブクラフト, H.P. …………………………………… 501
Löw, Joachim →レーブ, J. ……………… 537
Loy, Mina →ロイ, M. …………………… 539
Loyola, Ignacio de, Saint →イグナチオ・デ・ロヨラ ………………………………… 33
Lubitsch, Ernst →ルビッチ, E. …………… 530
Luce, Henry Robinson →ルース, H. ……… 522
Luciano, "Lucky" Charles →ルチアーノ, L.C. ……………………………………… 528
Luciano, Mario →ルチアーノ, M. ………… 528

Lucianus →ルキアノス …………………… 520
Lucius Cornelius Sulla Felix →スッラ ……… 202
Lucius Domitius Aurelianus →アウレリアヌス ……………………………………… 8
Lucius Iunius Brutus →ブルトゥス ……… 376
Lucius Licinius Lucullus →ルクッルス …… 521
Lucius Quinctius Cincinnatus →キンキナトゥス ………………………………… 101
Lucius Septimius Severus →セウェルス …… 210
Ludwig Ⅱ →ルートビヒⅡ ……………… 529
Luhmer, Klaus →ルーメル, K. …………… 532
Lukács, György →ルカーチ, G. ………… 520
Lukather, Steve →ルカサー, S. ………… 519
Lunacharsky, Anatoly Vasilievich →ルナチャルスキー, A.V. ……………………… 529
Luther, Martin →ルター, M. …………… 526
Lydon, John →ライドン, J. …………… 494
Lynch, Peter →リンチ, P. ……………… 513
Lyon, Mary →リヨン, M. ……………… 512

【Ｍ】

Ma, Jack →マー, J.（実業家）…………… 433
Maathai, Wangari →マータイ, W. ………… 441
Maazel, Lorin →マゼール, L. …………… 441
Macarius of Egypt →マカリオス（エジプトの）…………………………………… 435
MacArthur, Douglas →マッカーサー, D. …442
McCardell, Claire →マッカーデル, C. ……… 442
McCartney, Paul →マッカートニー, P. ……… 443
McCaw, Richie →マコウ, R. ……………… 438
McClintock, Barbara →マクリントック, B. ……………………………………… 438
Macdonald, Helen →マクドナルド, H. …… 437
McEnroe, John →マッケンロー, J. ………… 444
Mach, Ernst →マッハ, E. ………………… 444
Machiavelli, Niccolò →マキャベッリ, N. …… 436
McKagan, Duff →マッケイガン, D. ……… 444
Macmurray, John →マクマレー, J. ………… 437
Macron, Emmanuel →マクロン, E. ………… 438
Madison, James →マディソン, J. ………… 445
Maemura, Freddy →マエムラ, F. ………… 435
Magloire–Saint–Aude, Clément →マグロワール＝サン＝トード, C. ……………… 438
Magone, Michael →マゴーネ, M. ………… 438
Magritte, René →マグリット, R. ………… 437
Mahāpajāpatī Gotamī →マハーパジャーパティー ……………………………………… 447
Mahler, Gustav →マーラー, G. …………… 447
Makhno, Nestor Ivanovich →マフノ, N.I. …447
Malamud, Bernard →マラマッド, B. ……… 448
Malchus of Syria →マルクス（修道士）…… 453

Malcolm X →マルコムX ……………………456
Malik, Zayn →マリク, Z.………………………452
Mallarmé, Stéphane →マラルメ, S.…………448
Mallory, George Leigh →マロリー, G.L.……457
Malthus, Thomas Robert →マルサス, T. R. ……………………………………………………456
Mamai, Jüsüp →ママイ, J. …………………447
Mandela, Nelson →マンデラ, N. ……………459
Manet, Édouard →マネ, E.……………………446
Mann, Thomas →マン, T.………………………457
Man Ray →マン・レイ ……………………459
Mansfield, Katherine →マンスフィールド, K. ……………………………………………………458
Manson, Charles →マンソン, C. ……………458
Manstein, Erich von →マンシュタイン, E.………………………………………………………457
Manṣūr, Abū Ja'far →マンスール, A.J.……458
Maples, Marla Ann →メイプルズ, M.………470
Maradona, Diego →マラドーナ, D. …………448
Maraini, Dacia →マライーニ, D.……………447
Marcion →マルキオン ……………………453
Marcus Aurelius Antoninus →マルクス・アウレリウス・アントニヌス ………………455
Marcus Aurelius Carinus →カリヌス ……… 79
Marcus Aurelius Carus →カルス …………… 80
Marcus Aurelius Numerius Numerianus →ヌメリアヌス ……………………………………281
Marcus Aurelius Probus →プロブス …………388
Marcus Claudius Tacitus →タキトゥス ……219
Marcus Cocceius Nerva Caesar Augustus →ネルウァ …………………………………………282
Marcus Furius Camillus →カミルス ………… 76
Marcus Licinius Crassus →クラッスス ……109
Marcus Salvius Otho →オト ………………… 61
Marcus Ulpius Nerva Trajanus Augustus →トラヤヌス ……………………………………265
Margaret Rose Armstrong-Jones →マーガレット・ローズ(スノードン伯爵夫人)……435
Margiela, Martin →マルジェラ, M.…………456
Marguerite de Valois →マルグリット・ド・バロワ ……………………………………………455
Maria →マリア(聖母)…………………………448
Maria Fyodorovna →マリア・フョードロブナ ……………………………………………………449
Maria Theresa →マリア・テレジア…………449
Marie Antoinette →マリー・アントワネット ……………………………………………………449
Marie de Médicis →マリー・ド・メディシス ……………………………………………………452
Marie Eugenie, Mere →マリ・ウージェニー, M. ……………………………………………451
Marie Leszczyńska →マリー・レクザンスカ ……………………………………………………452

Marie Thérèse d'Autriche →マリー＝テレーズ・ドートリッシュ …………………452
Markevitch, Igor →マルケビチ, I. …………456
Marley, Bob →マーリー, B.……………………448
Marr, Johnny →マー, J.(ギタリスト)……433
Marsalis, Wynton →マルサリス, W.…………456
Marsh, Belle →マーシュ, B.……………………439
Marshall, Andrew W. →マーシャル, A.W. ……………………………………………………439
Marshall, George Catlett →マーシャル, G. ……………………………………………………439
Marshall, William →マーシャル, W. …………439
Martin, George →マーティン, G. ……………446
Martínez, Pedro →マルティネス, P. …………457
Marx, Karl →マルクス, K.……………………453
Mary Stuart →メアリ・ステュアート………469
Maslow, Abraham Harold →マズロー, A.H. ……………………………………………………441
Masó i Valentí, Rafael →マゾー・イ・バレンティー, R.……………………………………441
Masuko, João Toshiei →マスコ, J.T.………440
Mata Hari →マタ・ハリ ……………………441
Matar, Hisham →マタール, H. ………………442
Matisse, Henri →マティス, H. ………………445
Matveev, Nikolaï →マトベーエフ, N.………446
Maunder, Edward Walter →マウンダー, E.W.………………………………………………435
Maupassant, Guy de →モーパッサン, G.…480
Maury, Antonia Caetana de Paiva Pereira →モーリ, A.C.P. ………………………………481
Max, Peter →マックス, P.……………………444
Maxwell, James Clerk →マクスウェル, J.C. ……………………………………………………436
Mayakovsky, Vladimir Vladimirovich →マヤコフスキー, V.V.……………………………447
Mayer, Hans →マイヤー, H.……………………434
Mayer, Julius Robert von →マイヤー, J.R. ……………………………………………………435
Mbappé, Kylian →エムバペ, K.……………… 49
Mechnikov, Lev Ilyich →メーチニコフ, L.I. ……………………………………………………470
Medici, Cosimo de' →メディチ, C.…………471
Mehldau, Brad →メルドー, B.………………473
Meierkhol'd, Vsevolod Emil'ievich →メイエルホリド, V.E.……………………………………470
Meinecke, Friedrich →マイネッケ, F.………434
Mélissos ó Sámios →メリッソス………………472
Melville, Herman →メルビル, H. ……………473
Melvin, Eric →メルビン, E.……………………474
Menandros I →メナンドロス I ……………471
Menasche, David →メナシェ, D.………………471
Mendelssohn, Moses →メンデルスゾーン, M.………………………………………………475

Mendelssohn–Bartholdy, Felix →メンデル
スゾーン, F. ……………………………………475
Mendelssohn Hensel, Fanny →メンデルス
ゾーン＝ヘンゼル, F. ……………………………475
Mendes, Jorge →メンデス, J. ………………475
Mengelberg, Joseph Willem →メンゲルベ
ルク, W. ……………………………………………474
Mengele, Josef →メンゲレ, J. …………………474
Mengele, Rolf →メンゲレ, R. …………………474
Mercier, Louis–Sébastien →メルシエ, L. …473
Mercury, Freddie →マーキュリー, F. ……436
Merkel, Angela →メルケル, A. ………………472
Merleau–Ponty, Maurice →メルロ＝ポン
ティ, M. ……………………………………………474
Merlo, Tecla →メルロ, T. ………………………474
Merriman, Brian →メリマン, B. ………………472
Messaoudi, Khalida →メサウーディ, K. …470
Messenger, Randall Jerome "Randy" →
メッセンジャー, R. …………………………………471
Messi, Lionel →メッシ, L. ………………………470
Meyer, Marissa Ann →メイヤー, M.A. ……470
Meyers, Anne Akiko →マイヤース, A.A. …435
Michaux, Lewis H. →ミショー, L.H. ………461
Michelangelo Buonarroti →ミケランジェ
ロ・ブオナローティ ………………………………460
Michelet, Jules →ミシュレ, J. ………………461
Mick Mars →ミック・マーズ ………………461
Mike, Fat →マイク, F. …………………………434
Mikolas, Lauren →マイコラス, L. ……………434
Mi–la–ras–pa →ミラレーパ ……………………463
Mill, John Stuart →ミル, J.S. …………………464
Millan, Cesar →ミラン, C. ………………………464
Miller, Henry →ミラー, H. ………………………463
Miller, Lee / Elizabeth →ミラー, L. …………463
Millet, Jean–François →ミレー, J.F. …………465
Mil Máscaras →ミル・マスカラス ……………464
Milne, Alan Alexander →ミルン, A.A. ……465
Milne, Christopher Robin →ミルン, C.
R. ………………………………………………………465
Milton, John →ミルトン, J. ……………………464
Minetti, Enrico →ミネッティ, E. ……………461
Mintz, Shlomo →ミンツ, S. ……………………465
Miro, Joan →ミロ, J. ……………………………465
Mirzakhani, Maryam →ミルザハニ, M. ……464
Mitropoulos, Dimitris →ミトロプーロス,
D. ………………………………………………………461
Mitterrand, François →ミッテラン, F. ……461
Modi, Narendra Damodardas →モディ,
N. ………………………………………………………479
Modiano, Patrick →モディアノ, P. ……………479
Modric, Luka →モドリッチ, L. ………………480
Moebius →メビウス ………………………………471

Molaison, Henry Gustav →モレゾン, H.
G. ………………………………………………………483
Möller, Christian →メラー, C. ………………472
Monchoachi →モンショアシ ……………………483
Monet, Claude →モネ, C. ………………………480
Monk, Thelonious Sphere →モンク, T.S. …483
Monroe, James →モンロー, J. ………………485
Monroe, Marilyn →モンロー, M. ……………485
Montagu, Ivor Goldsmid Samuel →モンタ
ギュー, I. …………………………………………484
Montaigne, Michel de →モンテーニュ,
M. ………………………………………………………484
Monteux, Pierre →モントゥー, P. ……………485
Montgomery, Lucy Maud →モンゴメリ,
L.M. ……………………………………………………483
Moodie, Susanna →ムーディ, S. ………………467
Morais, Wenceslau José de Sousa de →モ
ラエス, W. …………………………………………481
More, Thomas →モア, T. ………………………475
Morel, Edmund →モレル, E. …………………483
Morgan, William Wilson →モーガン, W.
W. ………………………………………………………476
Morisot, Berthe →モリゾ, B. …………………482
Morozoff, Valentine Fedorovich →モロゾ
フ, V.F. ……………………………………………483
Morris, William →モリス, W. …………………481
Morrison, George Ernest →モリソン, G.
E. ………………………………………………………482
Morrison, Toni →モリスン, T. ………………482
Morse, Edward Sylvester →モース, E.S. …476
Mortara, Edgardo →モルターラ, E. …………482
Mortimer, Charlie →モーティマー, C. ……479
Mortimer, Roger →モーティマー, R. ………480
Moser, Michael →モーザー, M. ………………476
Moses →モーセ ………………………………………476
Moses, Robert →モーゼス, R. …………………477
Mother Teresa of Calcutta →テレサ（コル
カタの）………………………………………………253
Mounicou, Pierre →ムニクー, P. ……………467
Mourinho, José →モウリーニョ, J. …………476
Mozart, Constanze →モーツァルト, C. ……477
Mozart, Wolfgang Amadeus →モーツァル
ト, W.A. ……………………………………………477
Mravinsky, Evgeny Aleksandrovich →ムラ
ビンスキー, E.A. …………………………………468
Mucha, Alphonse →ミュシャ, A. ……………462
Muḥammad →ムハンマド ………………………467
Muhammad 'Abduh →ムハンマド・アブ
ドゥフ …………………………………………………468
Mujibur Rahman →ムジブル・ロホマン …466
Mujica Cordano, José Alberto →ムヒカ,
J. …………………………………………………………468
Mukhina, Elena Vladimirovna →ムーヒナ,
E. ………………………………………………………468

Mullane, Chad →マレーン, C. ……………457
Müller, Wilhelm →ミュラー, W. ……………462
Müller–Brockmann, Josef →ミューラー＝ブロックマン, J. ……………………………462
Mullova, Viktoria →ムローバ, V. ……………469
Munby, Arthur →マンビー, A. ……………459
Munch, Charles →ミュンシュ, C. ……………462
Munch, Edvard →ムンク, E. ……………469
Münchhausen, Karl Friedrich Hieronymus Freiherr von →ミュンヒハウゼン, H. ……463
Muncunill i Parellada, Lluis →ムンクニル・イ・パレリャーダ, L. ………………469
Muñoz, Jimena →ムーニョス, J. …………467
Münter, Johanne →ミュンター, J. …………463
Murdoch, Keith Rupert →マードック, K. R. ………………………………………446
Musil, Robert →ムージル, R. ……………466
Musk, Elon →マスク, E. ……………439
Musset, Alfred de →ミュッセ, A. ……………462
Mussolini, Benito →ムッソリーニ, B. ……466
Muti, Riccardo →ムーティ, R. ……………467
Mutter, Anne–Sophie →ムター, A.S. ……466

【 N 】

Nabokov, Vladimir Vladimirovich →ナボコフ, V.V. ……………………………274
Nadar, Félix →ナダール, F. ……………273
Nafisi, Azar →ナフィーシー, A. ……………274
Nāgārjuna →ナーガールジュナ ……………273
Nāgasena →ナーガセーナ長老 ……………273
Napoleon I →ナポレオン I ……………274
Napoleon III →ナポレオン III ……………275
Nasser, Gamal Abdel →ナセル, G.A. ……273
Nathan, John →ネイスン, J. ……………281
Navarro, Ramón →ナバロ, R. ……………274
Nebuchadnezzar II →ネブカドネザル II ……282
Nehru, Jawaharlal →ネルー, J. ……………282
Neil, Vince →ニール, V. ……………280
Nekrasov, Nikolai Alekseevich →ネクラーソフ, N.A. ……………………………281
Nero Claudius Caesar Augustus Germanicus →ネロ ……………………………282
Neuer, Manuel →ノイアー, M. ……………283
Newman, John Henry →ニューマン, J.H. ………………………………………280
Newton, Isaac →ニュートン, I. ……………279
Neymar →ネイマール ……………281
Neyrand, Georges →ネラン, G. ……………282
Ngũgĩ wa Thiong'o →グギ・ワ・ジオンゴ…104
Nicholls, Arthur Bell →ニコルズ, A.B. ……277

Nicholson, Jim（Harold James） →ニコルソン, J. ……………………………277
Nicholson, Nathan →ニコルソン, N. ………277
Nicias →ニキアス ……………276
Nicolaevsky, Boris Ivanovich →ニコラエフスキー, B.I. ……………………………277
Nicolaus Cusanus, Cardinal →ニコラウス・クザーヌス, C. ……………………276
Niebuhr, Helmut Richard →ニーバー, H.R. ………………………………………278
Niebuhr, Reinhold →ニーバー, R. …………278
Nielsen, Carl →ニールセン, C. ……………280
Nietzsche, Friedrich Wilhelm →ニーチェ, F.W. ………………………………………277
Nightingale, Florence →ナイチンゲール, F. ………………………………………272
Nilsson, Harry →ニルソン, H. ……………280
Nin, Anaïs →ニン, A. ……………280
Nixon, Richard Milhous →ニクソン, R. ……276
Nkrumah, Kwame →ンクルマ, K. …………556
Noah, Trevor →ノア, T. ……………283
Noguchi, Isamu →ノグチ, I. ……………283
Norman, Daniel →ノーマン, D. ……………284
Norman, Egerton Herbert →ノーマン, E.H. ………………………………………284
Norman, Gwen →ノーマン, G. ……………284
Norman, William Howard Heal →ノーマン, W.H.H. ……………………………284
North, Marianne →ノース, M. ……………283
Nowotny, Walter →ノボトニー, W. …………283
Nyad, Diana →ナイアド, D. ……………272

【 O 】

Obama, Barack →オバマ, B. ……………61
Obrenović, Draginja "Draga" →オブレノビチ, D. ……………………………62
Ó Canainn, Tomás →オ・カネン, T. ………58
O'Connor, Flannery →オコナー, F. …………58
O'Donnell, Joe →オダネル, J. ……………60
Offenbach, Jacques →オッフェンバック, J. ………………………………………60
O.Henry →オー・ヘンリー ……………62
Oher, Michael →オアー, M. ……………56
O'Keeffe, Georgia →オキーフ, G. ……………58
Ologun, Bobby →オロゴン, B. ……………64
Omar Khayyam →オマル・ハイヤーム ……63
Oort, Jan Hendrik →オールト, J.H. …………64
Oparin, Aleksandr Ivanovich →オパーリン, A.I. ……………………………62
Öpik, Ernst Julius →エピック, E.J. …………48
Orff, Carl →オルフ, C. ……………64

Origenes →オリゲネス ……………………… 63
Ormandy, Eugene →オーマンディ, E. ……… 63
Orr, Kay A. →オア, K.A. ………………… 56
Ortega y Gasset, José →オルテガ＝イ＝ガ
　セット, J. …………………………………… 64
Orwell, George →オーウェル, G. …………… 57
Oshchepkov, Vasiliĭ Sergeevich →オシェプ
　コフ, V.S. …………………………………… 59
Osim, Ivica →オシム, I. …………………… 59
Otto, Rudolf →オットー, R. ……………… 60
Otto Ⅲ →オットー Ⅲ ……………………… 60
Otto von Habsburg →オットー・フォン・
　ハプスブルク ………………………………… 60
Owens, James Cleveland "Jesse" →オーエ
　ンス, J.C. …………………………………… 58
Özil, Mesut →エジル, M. ………………… 46

【 P 】

Paderewski, Ignace Jan →パデレフスキ,
　I.J. …………………………………………… 304
Paganini, Niccolò →パガニーニ, N. ……… 292
Page, Lawrence Edward "Larry" →ペイ
　ジ, L. ……………………………………… 391
Pagenkopf, Hans →パーゲンコップ, H. …… 294
Paige, Satchel →ペイジ, S. ……………… 391
Pajand, Daria →パシャンド, D. ………… 296
Pal, Radhabinod →パール, R. …………… 314
Paley, Olga →パーレイ公妃 ……………… 319
Palin, Sarah Louise →ペイリン, S. ……… 392
Pallegoix, Jean-Baptiste →パルゴア, J.
　B. …………………………………………… 315
Palmer, Amanda →パーマー, A. ………… 310
Pankejeff, Sergei →パンケイエフ, S. …… 322
Pankhurst, Estelle Sylvia →パンクハース
　ト, S. ……………………………………… 321
Paray, Paul →パレー, P. ………………… 319
Park, Ruth →パーク, R. ………………… 293
Parkes, Harry Smith →パークス, H.S. …… 293
Parmenidēs →パルメニデス ……………… 318
Parsemain, Roger →パルスマン, R. ……… 315
Parsons, LaSalle Allan →パーソンズ, L.
　A. …………………………………………… 298
Parsons, William →パーソンズ, W. ……… 298
Pascal, Blaise →パスカル, B. …………… 297
Passavanti, Jacopo →パッサバンティ, J. …299
Pasternak, Boris Leonidovich →パステル
　ナーク, B.L. ……………………………… 297
Pastorius, Jaco →パストリアス, J. ……… 297
Patinir, Joachim →パティニール, J. …… 303
Patterson, George Neilson →パターソン,
　G.N. ………………………………………… 298

Pauli, Wolfgang →パウリ, W. …………… 290
Paul Jones, John →ポール＝ジョーンズ,
　J. …………………………………………… 428
Paullus Macedonicus, Lucius Aemilius →
　パウルス・マケドニクス, L.A. …………… 291
Paul of Thebes →パウルス（テーバイの）… 291
Paulson, John Alfred →ポールソン, J.A. … 429
Paul the Apostle →パウロ ……………… 291
Pavlychenko, Liudmyla Mykhaĭlivna →パ
　ブリチェンコ, L.M. ……………………… 309
Payne, Liam →ペイン, L. ………………… 392
Paz Lozano, Octavio →パス, O. ………… 296
Peak, Robert "Bob" M. →ピーク, B. …… 327
Peirce, Charles Sanders →パース, C.S. … 296
Pelosi, Nancy Patricia D'Alesandro →ペロ
　シ, N. ……………………………………… 413
Pépin, Ernest →ペパン, E. ……………… 403
Perec, Georges →ペレック, G. …………… 411
Perelman, Grigori Yakovlevich →ペレルマ
　ン, G.Y. …………………………………… 412
Perels, Friedrich Justus →ペーレルス, F.
　J. …………………………………………… 412
Perkins, Frances →パーキンズ, F. ……… 292
Perkins, Maxwell Evarts →パーキンズ,
　M.E. ………………………………………… 293
Perpetuae →ペルペトゥア ………………… 411
Perrault, Claude →ペロー, C. …………… 413
Perry, Joe →ペリー, J. …………………… 407
Perry, Matthew Calbraith →ペリー, M. … 407
Pestalozzi, Johann Heinrich →ペスタロッ
　チ, J.H. …………………………………… 395
Peter, Schwarzer →ペーター, S. ………… 397
Peters, Karl Albert Joseph →ペータース,
　K. …………………………………………… 397
Petitjean, Bernard →プチジャン, B. …… 357
Petrarca, Francesco →ペトラルカ, F. …… 402
Petrosino, Giuseppe →ペトロジーノ, G. … 402
Petrus / Peter, Saint →ペトロ …………… 402
Pettazzoni, Raffaele →ペッタッツォーニ,
　R. …………………………………………… 399
Pettitte, Andrew Eugene "Andy" →ペ
　ティット, A. ……………………………… 400
Petty, William →ペティ, W. …………… 400
Philby, Kim →フィルビー, K. …………… 349
Philippe Ⅱ →フィリップ Ⅱ ……………… 348
Piaf, Edith →ピアフ, E. ………………… 325
Picasso, Pablo →ピカソ, P. ……………… 326
Pickering, Edward Charles →ピッカリン
　グ, E.C. …………………………………… 333
Pilates, Joseph Hubertus →ピラティス, J.
　H. …………………………………………… 339
Pilecki, Witold →ピレツキ, W. ………… 341
Piot, Peter →ピオット, P. ………………… 326
Piozzi, Hester Lynch →ピオッツィ, H.L. …326

P'irosmanašvili, Niko →ピロスマニ, N. ……341
Pissarro, Camille →ピサロ, C. ……………330
Pistorius, Martin →ピストリウス, M. ……331
Pizarro, Francisco →ピサロ, F. ……………330
Planck, Max Karl Ernst Ludwig →プラン
　ク, M. ……………………………………368
Plant, Robert →プラント, R. ………………372
Plato →プラトン ……………………………366
Pleasonton, Augustus James →プレゾント
　ン, A.J. ……………………………………382
Plekhanov, Georgij Valentinovich →プレ
　ハーノフ, G.V. ……………………………382
Plushenko, Evgeni Viktorovich →プルシェ
　ンコ, E.V. …………………………………375
Pocahontas →ポカホンタス ………………420
Poe, Edgar Allan →ポー, E.A. ……………416
Poincaré, Jules–Henri →ポアンカレ, H. ……417
Poiret, Paul →ポワレ, P. ……………………432
Polanyi, Karl →ポラニー, K. ………………427
Polo, Marco →ポーロ, M. …………………431
Pol Pot →ポル・ポト ………………………430
Pomsel, Brunhilde →ポムゼル, B. …………427
Popov, Konstantin →ポポフ, K. ……………426
Popper, Karl Raimund →ポパー, K.R. ……425
Porete, Marguerite →ポレート, M. ………431
Portillo, Álvaro del →ポルティーリョ, A. ……429
Posada Villeta, Jorge Rafael →ポサダ, J. ……421
Potresov, Alexander Nikolayevich →ポト
　レソフ, A.N. ………………………………424
Potter, Beatrix →ポター, B. ………………422
Pound, Ezra Loomis →パウンド, E.L. ……292
Praetorius, Jakob Chrysostomus →プレト
　リウス, J.C. ………………………………382
Presley, Elvis →プレスリー, E. ……………382
Pressler, Menahem →プレスラー, M. ……381
Preston, Katherine →プレストン, K. ……381
Prince →プリンス …………………………374
Prince, Erik Dean →プリンス, E.D. ………375
Prince Philip, Duke of Edinburgh →フィ
　リップ (エディンバラ公) …………………348
Prishvin, Mikhail Mikhaĭlovich →プリーシ
　ビン, M.M. …………………………………372
Proculus →プロクルス ……………………386
Prokofiev, Sergei Sergeevich →プロコフィ
　エフ, S.S. …………………………………387
Proust, Marcel →プルースト, M. …………376
Psalmanazar, George →サルマナザール,
　G. ……………………………………………157
Publius Aelius Trajanus Hadrianus →ハド
　リアヌス ……………………………………305
Publius Cornelius Scipio Africanus Major
　→スキピオ・アフリカヌス ………………196

Publius Licinius Egnatius Gallienus →ガリ
　エヌス ………………………………………79
Puccini, Giacomo Antonio Domenico
　Michele Secondo Maria →プッチーニ,
　G. ……………………………………………360
Pujol, Juan →プジョル, J. …………………356
Purdy, Amy →パーディ, A. ………………302
Pushkin, Aleksandr Sergeevich →プーシキ
　ン, A.S. ……………………………………356
Pusztai, Éva →プスタイ, É. ………………356
Putin, Vladimir Vladimirovich →プーチ
　ン, V.V. ……………………………………357
Putyatin, Evfimii Vasilievich →プチャーチ
　ン, E.V. ……………………………………357
Pythagoras →ピタゴラス …………………331

【 Q 】

Quant, Mary →クワント, M. ………………125
Queen, Ellery →クイーン, E. ………………103
Quesnay, François →ケネー, F. ……………131
Quick, Thomas →クイック, T. ……………103
Quintus Aurelius Symmachus →シュンマ
　クス …………………………………………184
Quintus Fabius Maximus Verrucosus
　Cunctator →ファビウス …………………343
Quintus Septimius Florens Tertullianus →
　テルトゥリアヌス (カルタゴの) …………253
Quintus Sertorius →セルトリウス ………214

【 R 】

Rachlin, Julian →ラクリン, J. ………………497
Rachmaninoff, Sergei →ラフマニノフ, S. ……501
Raclot, Mathilde →ラクロ, M. ……………497
Raffaello Santi →ラファエロ・サンティ ……501
Raffles, Thomas Stamford →ラッフルズ,
　T.S. …………………………………………500
Rahab →ラハブ ……………………………500
Rahner, Karl →ラーナー, K. ………………500
Raikkonen, Kimi →ライコネン, K. ………493
Rajneesh, Bhagwan Shree →ラジニーシ,
　バグワン・シュリ …………………………497
Rama Ⅳ →ラーマⅣ ………………………502
Rama Ⅸ →ラーマⅨ ………………………502
Ramakrishna →ラーマクリシュナ ………503
Ramanujan Aiyangar, Srinivasa →ラマヌ
　ジャン, S. …………………………………503
Rameau, Jean–Philippe →ラモー, J.P. ……504
Rancière, Jacques →ランシエール, J. ……504
Randolph, A. Philip →ランドルフ, A.P. ……505

Ranieri, Claudio →ラニエリ, C. ……………500
Rantz, Joseph Harry "Joe" →ランツ, J. ……505
Rattle, Simon Denis →ラトル, S.D. …………500
Rauschenberg, Robert →ラウシェンバーグ, R. ……………………………………………………495
Ravaisson–Mollien, Félix →ラベッソン＝モリアン, F. …………………………………………502
Rawls, John →ロールズ, J. …………………547
Raymond, Antonin →レーモンド, A. ………538
Rdo rje grags / Ra Lotsawa Dorje Drag →ドルジェタク ………………………………………269
Reagan, Ronald →レーガン, R. ……………533
Redmond, Michael →レドモンド, M. ………535
Redon, Odilon →ルドン, O. …………………529
Reed, Lou →リード, L. ………………………509
Rehman, Nabila →レフマン, N. ……………538
Reichardt, Johann Friedrich →ライヒャルト, J.F. …………………………………………495
Reich–Ranicki, Marcel →ライヒ＝ラニツキ, M. ………………………………………………495
Reiner, Fritz →ライナー, F. …………………494
Reischauer, August Karl →ライシャワー, A.K. …………………………………………………493
Reischauer, Edwin Oldfather →ライシャワー, E.O. ……………………………………………493
Reischauer, Robert Karl →ライシャワー, R.K. …………………………………………………494
Rembrandt Harmenszoon van Rijn →レンブラント・ファン・レイン ……………………539
Renner, Karl →レンナー, K. …………………538
Renoir, Pierre–Auguste →ルノワール, P.A. ……………………………………………………530
Repin, Vadim →レーピン, V. ………………537
Riazanov, David Borissovitch →リャザーノフ, D.B. ………………………………………512
Ribadeneyra, Pedro de →リバデネイラ, P. ……………………………………………………509
Ribbentrop, Joachim von →リッベントロップ, J. ………………………………………………508
Ribes, Guy →リブ, G. ………………………510
Rice, Condoleezza →ライス, C. ……………494
Richelieu, Armand Jean du Plessis →リシュリュー, A.J.P. ……………………………507
Richter, Gerhard →リヒター, G. ……………510
Richter, Sviatoslav →リヒテル, S. …………510
Ricœur, Paul →リクール, P. …………………506
Rie, Lucie →リー, L. …………………………506
Riefenstahl, Leni →リーフェンシュタール, L. ……………………………………………………510
Riemann, Georg Friedrich Bernhard →リーマン, G.F.B. …………………………………511
Riemenschneider, Tilman →リーメンシュナイダー, T. ……………………………………511

Rilke, Rainer Maria →リルケ, R.M. ………512
Riner, Teddy →リネール, T. …………………509
Ringo Starr →リンゴ・スター ………………513
Ritter, August →リッター, A. ………………508
Ritter, Gerhard →リッター, G. ………………508
Rivera, Mariano →リベラ, M. ………………511
Robbe–Grillet, Alain →ロブ＝グリエ, A. …545
Robertson, Dennis Holme →ロバートソン, D.H. ………………………………………………545
Robertson, Robbie →ロバートソン, R. ……545
Robespierre, Maximilien Marie Isidore de →ロベスピエール, M. ……………………………546
Robinson, Bill →ロビンソン, B. ……………545
Rochefort, Joseph →ロシュフォート, J. ……540
Roches, Léon →ロッシュ, L. …………………543
Rockefeller, David →ロックフェラー, D. …543
Rockefeller, John Davidson →ロックフェラー, J. …………………………………………………543
Rockhill, William Woodville →ロックヒル, W.W. ……………………………………………542
Rodchenko, Aleksandr Mikhailovich →ロトチェンコ, A.M. ……………………………544
Roddick, Anita Lucia →ロディック, A. ……544
Rodgers, John →ロジャーズ, J. (米海軍提督) ……………………………………………………539
Rodgers, Paul →ロジャース, P. ……………540
Rodin, Auguste →ロダン, A. …………………541
Rodrigues, Simão →ロドリゲス, S. …………544
Rodríguez, James →ロドリゲス, J. …………544
Rogers, Jim →ロジャーズ, J. (投資家) ……540
Rolland, Romain →ロラン, R. ………………547
Rolnikayte, Mashe →ロリニカイテ, M. ……547
Romanoff, Olga →ロマノフ, O. ……………546
Römer, Josef "Beppo" →レーマー, J.B. ……538
Romero, George Andrew →ロメロ, G.A. …546
Romm, Mikhail Il'ich →ロンム, M.I. ………549
Rommel, Erwin Johannes Eugen →ロンメル, E. ……………………………………………549
Ronaldo, Cristiano →ロナウド, C. …………545
Roosevelt, Franklin Delano →ルーズベルト, F.D. …………………………………………522
Roosevelt, Theodore →ルーズベルト, T. …524
Roothaan, Joannes Philippus →ロータン, J.P. …………………………………………………542
Rorty, Richard →ローティ, R. ………………544
Rosenberg, Alfred →ローゼンベルク, A. …541
Rosenzweig, Franz →ローゼンツバイク, F. ……………………………………………………541
Rosi, Giovanni Vittorio →ローシー, G.V. ……………………………………………………539
Ross, Suzanne →ロス, S. ……………………540
Rossini, Gioachino Antonio →ロッシーニ, G.A. …………………………………………………543

Rouart, Christine →ルアール, C. ……………515
Rouart, Yvonne →ルアール, Y. ……………515
Rouault, Georges →ルオー, G. ……………519
Rouch, Jean →ルーシュ, J. ………………522
Roumain, Jacques →ルーマン, J. …………531
Rousseau, Henri →ルソー, H. ………………525
Rousseau, Jean–Jacques →ルソー, J.J. ……526
Rubin, Isaak Il'ich →ルービン, I.I. …………530
Rubin, Vera Florence Cooper →ルービン, V. ……………………………………………530
Rudolf Ⅱ →ルドルフⅡ ……………………529
Rusch, Paul →ラッシュ, P. ………………499
Ruskin, John →ラスキン, J. ………………498
Russel, Nikolai →ラッセル, N. ……………499
Russell, Bertrand →ラッセル, B. …………499
Russell, Henry Norris →ラッセル, H.N. ……499
Rusticiano da Pisa →ルスティケロ・ダ・ピサ …………………………………………522
Rustin, Bayard →ラスティン, B. ……………498
Ruth →ルツ ………………………………528
Ruth, Babe →ルース, B. ……………………522
Rutherfurd, Lewis Morris →ラザファード, L.M. ……………………………………………497
Rye, Daniel →リュー, D. ……………………512

【 S 】

Sabata, Victor de →サバタ, V. ……………153
Sacks, Oliver →サックス, O. ………………150
Sagan, Carl Edward →セーガン, C. ………210
Saichinga →サイチンガ ……………………149
Sailer, Adolf →サイラー, A. ………………149
Saint–Exupéry, Antoine de →サン=テグジュペリ, A. ……………………………………159
Saint–Just, Louis Antoine Léon de →サン=ジュスト, L.A.L. ……………………………158
Saint–Simon, Henri de →サン=シモン, H. ………………………………………………158
Saki →サキ …………………………………149
Saladin →サラディン ………………………155
Salgado, Sebastião →サルガド, S. …………156
Salinger, Jerome David →サリンジャー, J.D. ……………………………………………155
Salvator von Österreich–Toskana, Johann →サルバトール・フォン・エスターライヒ=トスカーナ, J. ……………………………157
Sand, George →サンド, G. …………………160
Sandage, Allan Rex →サンデージ, A.R. ……159
Sanders, Bernard →サンダース, B. …………158
Sanders, Harland →サンダース, H. …………159
Sandin, Erik →サンディン, E. ………………159
Sandrock, Otto →ザンドロック, O. …………160

Sarno, Jay →サルノ, J. ………………………157
Sarton, May →サートン, M. …………………153
Sartre, Jean Paul →サルトル, J.P. …………156
Satie, Erik →サティ, E.A.L. …………………152
Satow, Ernest Mason →サトウ, E.M. ………152
Saunders, Cicely Mary →ソンダース, C. M. ……………………………………………218
Saussure, Ferdinand de →ソシュール, F. …216
Savignac, Raymond →サビニャック, R. ……154
Savio, Dominic →サビオ, D. ………………154
Scarlatti, Domenico →スカルラッティ, D. ……………………………………………195
Schacht, Hjalmar Horace Greeley →シャハト, H. ………………………………………170
Schelling, Friedrich Wilhelm Joseph von →シェリング, F. ………………………………164
Schelsky, Helmut →シェルスキー, H. ………164
Scherchen, Hermann →シェルヘン, H. ……165
Schiaparelli, Elsa →スキャパレッリ, E. ……196
Schillaci, Salvatore →スキラッチ, S. ………196
Schiller, Johann Christoph Friedrich von →シラー, J.C.F. ………………………………193
Schinderhannes →シンダーハンネス ………194
Schindler, Anton →シンドラー, A. …………194
Schindler, Oskar →シンドラー, O. …………194
Schirach, Baldur Benedikt von →シーラッハ, B. ………………………………………193
Schlageter, Albert Leo →シュラーゲター, A.L. ……………………………………………182
Schleiermacher, Friedrich →シュライアマハー, F. ……………………………………181
Schlemmer, Oskar →シュレンマー, O. ……183
Schliemann, Heinrich →シュリーマン, H. …182
Schmid, Benjamin →シュミット, B. ………180
Schmidt, Franz →シュミット, F. ……………180
Schmidt, Maarten →シュミット, M. ………180
Schmitt, Carl →シュミット, C. ……………180
Schmoller, Gustav von →シュモラー, G. …181
Schneider, Reinhold →シュナイダー, R. ……176
Schnitzler, Arthur →シュニツラー, A. ………176
Schopenhauer, Arthur →ショーペンハウアー, A. ……………………………………190
Schreber, Daniel Paul →シュレーバー, D. P. ……………………………………………183
Schubert, Franz →シューベルト, F.P. ………179
Schumann, Clara →シューマン, C. …………179
Schumann, Robert Alexander →シューマン, R.A. ……………………………………179
Schumpeter, Joseph Alois →シュンペーター, J.A. ……………………………………183
Schutz, Alfred →シュッツ, A. ………………174
Schutz, Heinrich →シュッツ, H. ……………175
Schwardt, Sara →シュワルト, S. ……………183

Schwarzenegger, Arnold →シュワルツェネッガー, A. ……183	Sibelius, Jean →シベリウス, J. ……167
Schwarzschild, Karl →シュバルツシルト, K. ……177	Sidotti, Giovanni Battista →シドッティ, G.B. ……167
Schwarzschild, Martin →シュバルツシルト, M. ……177	Siegel, Benjamin →シーゲル, B. ……165
Schweitzer, Albert →シュバイツァー, A. ……176	Simeone, Diego →シメオネ, D. ……168
Schweitzer, Louis →シュバイツァー, L. ……177	Simon, Richard →シモン, R. ……168
Scott, Robert Falcon →スコット, R.F. ……197	Sitkovetsky, Dmitry →シトコベツキー, D. ……166
Scott, Ronald Belford "Bon" →スコット, B. ……196	Sixx, Nikki →シックス, N. ……166
Scotus, Johannes Duns →スコトゥス, J.D. ……197	Skolimowski, Jerzy →スコリモフスキ, J. ……197
Scriabin, Aleksandr Nikolayevich →スクリャービン, A.N. ……196	Slater, Tracy →スレイター, T. ……209
Seacole, Mary →シーコール, M. ……165	Slipher, Vesto Melvin →スライファー, V.M. ……208
Secchi, Pietro Angelo →セッキ, P.A. ……211	Slonim, Eva →スローニム, E. ……209
Seeckt, Hans von →ゼークト, H. ……211	Smiley, Edward Forbes, Ⅲ →スマイリー, E.F. ……207
Seeliger, Hugo Hans Ritter von →ゼーリガー, H.H.R. ……213	Smith, Adam →スミス, A. ……207
Segalen, Victor →セガレン, V. ……210	Smith Rakoff, Joanna →スミス・ラコフ, J. ……208
Séguéla, Jacques →セゲラ, J. ……211	Snowden, Edward Joseph →スノーデン, E. ……205
Selfe, Daphne →セルフ, D. ……214	Sobhani, Masoud →ソバハニ, M. ……216
Semmelweis, Ignác Fülöp →ゼンメルワイス, I.F. ……214	Sobiech, Zach →ソビアック, Z. ……216
Semyonov, Grigorii Mikhailovich →セミョーノフ, G.M. ……213	Soekarno →スカルノ ……195
Sen, Amartya →セン, A. ……214	Sokolianskii, I.A. →サカリャンスキー, I.A. ……149
Seneca, Lucius Annaeus →セネカ, L.A. ……212	Sōkratēs →ソクラテス ……215
Senna, Ayrton →セナ, A. ……212	Solti, Georg →ショルティ, G. ……190
Septimia Bathzabbai Zenobia →ゼノビア女王 ……212	Solzhenitsyn, Alexandr Isaevich →ソルジェニーツィン, A.I. ……217
Serber, Robert →セルバー, R. ……214	Sorge, Richard →ゾルゲ, R. ……216
Serling, Rod →サーリング, R. ……155	Soros, George →ソロス, G. ……217
Serra, Junípero →セッラ, J. ……211	Soros, Tivadar →ソロス, T. ……217
Serres, Michel →セール, M. ……213	Sotomayor, Sonia →ソトマイヨール, S. ……216
Servius Sulpicius Galba →ガルバ ……82	Soubirous, Bernadette →スビルー, B. ……206
Shabdan Zhantaĭ uulu →シャブダン・ジャンタイ ……171	Soury, Jules →スーリィ, J. ……208
Shaham, Gil →シャハム, G. ……170	Spalding, Johann Joachim →シュパルディング, J.J. ……177
Shahn, Ben →シャーン, B. ……173	Speer, Albert →シュペーア, A. ……178
Shakespeare, William →シェイクスピア, W. ……161	Spencer, Herbert →スペンサー, H. ……207
Shapley, Harlow →シャプレー, H. ……171	Spener, Philipp Jakob →シュペーナー, P.J. ……178
Sharapova, Maria →シャラポワ, M. ……172	Spielberg, Steven →スピルバーグ, S. ……206
Shelley, Mary Wollstonecraft →シェリー, M.W. ……164	Spinoza, Benedictus de →スピノザ, B. ……205
Shepard, Ernest Howard →シェパード, E.H. ……162	Spranger, Eduard →シュプランガー, E. ……178
Sherman, Frank Edward →シャーマン, F.E. ……171	Sprickmann, Anton Matthias →シュプリックマン, A.M. ……178
Shostakovich, Dmitriĭ Dmitrievich →ショスタコービチ, D.D. ……185	Spring Rice, Cecil Arthur →スプリング=ライス, C. ……206
Shulman, David →シュルマン, D. ……182	Springsteen, Bruce →スプリングスティーン, B. ……206
	Spyri, Johanna →シュピリ, J. ……178
	Sri Krishna Pattabhi Jois →シュリ・K.パッタビ・ジョイス ……182

Staël, Nicolas de →スタール, N. ……………200
Stael–Holstein, Anne Louise Germaine (Necker), baronne de →スタール夫人 ……200
Stalin, Iosif Vissarionovich →スターリン, I.V. …………………………………………………198
Stan Lee →スタン・リー …………………………201
Stanley, Paul →スタンレー, P. ………………201
Stanley–Smith, Venetia →スタンリー・スミス, V. ……………………………………………201
Štefánik, Milan Rastislav →シチェファーニク, M.R. ………………………………………166
Stegmayer, Risa →ステッグマイヤー, R. …203
Stein, Edith, Saint →シュタイン, E. ………174
Steinbeck, John →スタインベック, J. ……197
Stendhal →スタンダール …………………………201
Stephens, John Lloyd →スティーブンズ, J.L. ………………………………………………202
Stephenson, George →スチーブンソン, G. ……………………………………………………201
Stern, Daniel →ステルン, D. …………………203
Still, Andrew Taylor →スティル, A.T. ……203
Stimson, Henry Lewis →スティムソン, H.L. ………………………………………………202
St. James, Lyn →セント・ジェイムズ, L. …214
Stokowski, Leopold Antoni →ストコフスキー, L. ……………………………………………203
Stone, Biz →ストーン, B. ……………………205
Storm, Morten →ストーム, M. ………………203
Storm, Theodor →シュトルム, T. ……………176
Störtebeker, Klaus →シュテルテベーカー, K. ……………………………………………………175
Stradivari, Antonio →ストラディバリ, A. ……………………………………………………204
Strauss, Richard →シュトラウス, R. ………175
Stravinsky, Igor Fyodorovich →ストラビンスキー, I.F. …………………………………204
Strizhak, Leon Abramovich →ストリジャーク, L.A. …………………………………204
Strömgren, Bengt Georg Daniel →ストレームグレン, B.G.D. …………………………204
Struve, Friedrich Georg Wilhelm von →シュトルーベ, F.G.W. ………………………175
Struve, Pyotr Berngardovich →ストルーベ, P.B. …………………………………………204
Sturm, Georg →シュトルム, G. ………………176
Styles, Harry →スタイルズ, H. ………………197
Suárez, Luis →スアレス, L. ……………………194
Sudre, Jean–François →シュドル, J.F. ……175
Suleiman I →スレイマン I …………………209
Sullivan, Anne →サリバン, A. ………………155
Sullivan, Harry Stack →サリバン, H.S. …155
Sultanov, Alexei →スルタノフ, A. ……………209
Summers Robbins, Masako Shinjo →サマーズ・ロビンズ, M. …………………………154

Sumner, Bernard →サムナー, B. ………………155
Sun Ra →サン・ラ ……………………………161
Supayalat →スーペャ・ラ ………………………207
Surin, Jean–Joseph →スュラン, J.J. ………208
Suskind, Owen →サスキンド, O. ………………150
Sutow, Wataru Walter →ストウ, W.W. ……203
Suttner, Bertha von →ズットナー, B. ………201
Svetlanov, Yevgeny Fyodorovich →スベトラーノフ, Y.F. …………………………………207
Swami Rama →スワミ・ラーマ …………………209
Swedenborg, Emanuel →スベーデンボリ, E. ……………………………………………………207
Swift, Jonathan →スウィフト, J. ……………195
Swift, Taylor →スウィフト, T. ………………195
Sylvian, David →シルビアン, D. ………………194
Symmes, John Cleves →シムズ, J.C. …………167
Szell, George →セル, G. ………………………213

【 T 】

Tagore, Rabindranath →タゴール, R. ………220
Talbot, William Henry Fox →トルボット, W.H.F. ……………………………………………270
Tallon, Ben →タロン, B. ………………………225
Tamar →タマル ……………………………………223
Tammet, Daniel →タメット, D. ………………223
Tanguy, Yves →タンギー, Y. …………………226
Tarasov, Vladimir →タラーソフ, V. …………224
Tarbell, Ida Minerva →ターベル, I.M. ……223
Tarkovskiĭ, Andreĭ Arsen'evich →タルコフスキー, A.A. …………………………………225
Tartaglia (Niccolò Fontana) →タルターリャ ……………………………………………………225
Tasaka, Jack Yoshitami →タサカ, J.Y. ……221
Taylor, James Hudson →テーラー, J.H. ……252
Tchaikovsky, Peter Ilich →チャイコフスキー, P.I. …………………………………………229
Teege, Jennifer →テーゲ, J. …………………247
Teige, Karel →タイゲ, K. ………………………218
Temirkanov, Yuri Khatuevich →テミルカーノフ, Y.K. …………………………………249
Tepper, David →テッパー, D. …………………247
Teresa of Ávila →テレサ（アビラの）………253
Tesla, Nikola →テスラ, N. ……………………247
Testevuide, Germain Léger →テストビド, G.L. ……………………………………………………247
Tetzlaff, Christian →テツラフ, C. ……………248
Thaler, Richard H. →セイラー, R.H. ………210
Thalēs →タレス …………………………………225
Thatcher, Margaret →サッチャー, M. ……151
The Destroyer →ザ・デストロイヤー ………152
Themistocles →テミストクレス ………………249

Thérèse de Lisieux →テレーズ（リジューの）……254
Thibaw →ティーボー……242
Thiel, Peter Andreas →ティール, P.A.……243
Thomas, Dylan →トマス, D.……260
Thomas Aquinas →トマス・アクィナス……260
Thoreau, Henry David →ソロー, H.D.……217
Tiberius Claudius Nero Caesar Drusus →クラウディウス……108
Tiberius Julius Caesar →ティベリウス……241
Tikhomirov, Georgiy Alexeyevich "Sergius" →チホミーロフ, S.……229
Tillich, Paul →ティリッヒ, P.……243
Tillion, Germaine →ティヨン, G.……242
Timur →ティムール……242
Titian →ティツィアーノ……239
Titus Flavius Caesar Vespasianus Augustus →ティトゥス……240
Titus Flavius Domitianus →ドミティアヌス……262
Titus Flavius Vespasianus →ウェスパシアヌス……40
Todd, Emmanuel →トッド, E.……259
Tolkachev, Adolf →トルカチェフ, A.……269
Tolstoy, Leo →トルストイ, L.……269
Tombaugh, Clyde William →トンボー, C.……271
Tomlinson, Louis →トムリンソン, L.……262
Toovey Lake, Frank →ツーベイ・レイク, F.……236
Töpffer, Rodolphe →テプフェール, R.……248
Topolansky, Lucía →トポランスキー, L.……260
Toscanini, Arturo →トスカニーニ, A.……258
Toussaint Louverture →トゥサン・ルベルチュール……256
Toussant, Jeanne →トゥーサン, J.……256
Toynbee, Arnold Joseph →トインビー, A.J.……255
Trakl, Georg →トラークル, G.……263
Troeltsch, Ernst →トレルチ, E.……271
Truman, Harry S. →トルーマン, H.S.……270
Trumbo, Dalton →トランボ, D.……268
Trump, Donald →トランプ, D.……265
Trump, Ivana Marie →トランプ, I.（米大統領の元妻）……267
Trump, Ivanka Marie →トランプ, I.（米大統領の娘）……267
Trump, Melania →トランプ, M.……267
Trump, Tiffany Ariana →トランプ, T.……267
Trump, Vanessa →トランプ, V.……268
Trumpler, Robert Julius →トランプラー, R.J.……268
Tsiolkovskii, Konstantin Eduardovich →ツィオルコフスキー, K.E.……234

Tsong–kha–pa →ツォンカパ……236
Tubman, Harriet →タブマン, H.……222
Tudor, Tasha →テューダー, T.……251
Tupac →2パック……256
Tupper, Martin Farquhar →タッパー, M.F.……221
Turing, Alan Mathison →チューリング, A.M.……233
Turner, Joseph Mallord William →ターナー, J.M.W.……222
Turunen, Martti →ツルネン・マルテイ……236
Tutti, Cosey Fanni →トゥッティ, C.F.……256
Twain, Mark →トウェイン, M.……255
Tyson, Mike →タイソン, M.……218

【 U 】

Uhse–Rotermund, Beate →ウーゼ, B.……43
Ungerer, Tomi →ウンゲラー, T.……44
Urbanus Ⅱ →ウルバヌスⅡ……43
Uygur, Abdülhalûk →ウイグル, A.……35

【 V 】

Valéry, Ambroise Paul Toussaint Jules →バレリー, P.……319
Valignano, Alessandro →バリニャーノ, A.……312
Valla, Lorenzo →バッラ, L.……302
Valle Molerio, Pedro Antonio →バージェ・モレリオ, P.A.……295
Valli, Frankie →バリ, F.……311
Valtorta, Maria →バルトルタ, M.……318
Vance, J.D. →バンス, J.D.……322
Van Doorn, Cornelis Johannes →ファン・ドールン, C.J.……345
Van Eyck, Jan →ファン・エイク, J.……345
Vaṅgīsa →バンギーサ……321
Vanhomrigh, Esther →バナミリー, E.……306
Van Meegeren, Han →ファン・メーヘレン, H.……346
Vannovskiĭ, Aleksandr Alekseevich →ワノフスキー, A.A.……554
Vanunu, Mordechai →バヌヌ, M.……306
Vardy, Jamie Richard →バーディー, J.R.……303
Varella, Drauzio →バレーラ, D.……319
Vargas Llosa, Mario →バルガス・リョサ, M.……314
Vasari, Giorgio →バザーリ, G.……295
Veal, Frank →ビール, F.……340
Veblen, Thorstein →ベブレン, T.……404

Velázquez, Diego →ベラスケス, D. ……406
Vengerov, Maxim →ベンゲーロフ, M. ……414
Verbeck, Guido Fridolin →フルベッキ, G. ……380
Verdi, Giuseppe Fortunino Francesco →ベルディ, G. ……410
Verlaine, Paul →ベルレーヌ, P.M. ……411
Vermeer, Johannes →フェルメール, J. ……351
Verne, Jules Gabriel →ベルヌ, J.G. ……410
Veronese →ベロネーゼ ……413
Vespucci, Amerigo →ベスプッチ, A. ……396
Vico, Giambattista →ビーコ, G.B. ……328
Victoria, Queen of Great Britain →ビクトリア(イギリス女王) ……328
Villani, Cédric →ビラーニ, C. ……339
Villion, Aimé →ビリヨン, A. ……340
Vilmorin, Louise de →ビルモラン, L. ……341
Visconti, Tony →ビスコンティ, T. ……331
Vivekananda, Swami →ビベーカーナンダ, S. ……337
Vogel, Ezra Feivel →ボーゲル, E. ……420
Vogel, Hermann Carl →フォーゲル, H.C. ……352
Voltaire, François Marie Arouet de →ボルテール, F.M.A. ……429
Von Neumann, John →フォン・ノイマン, J. ……354
Vories, William Merrell →ボーリズ, W.M. ……427
Vrubel', Mikhail Aleksandrovich →ブルーベリ, M.A. ……380
Vuillard, Édouard →ビュイヤール, É. ……338
Vygotskiĭ, Lev Semenovich →ビゴツキー, L.S. ……329

【 W 】

Wagner, Cosima →ワーグナー, C. ……551
Wagner, Richard →ワーグナー, R. ……552
Wain, Louis →ウェイン, L. ……39
Waits, Tom →ウェイツ, T. ……38
Waitzkin, Josh →ウェイツキン, J. ……39
Wallace, Robert →ウォーレス, R. ……42
Wallis Simpson, The Duchess of Windsor →ウィンザー公爵夫人 ……38
Wallon, Henri →ワロン, H. ……555
Walpole, Robert →ウォルポール, R. ……42
Walser, Martin →ワルザー, M. ……554
Walsingham, Francis →ウォルシンガム, F. ……42
Walter, Bruno →ワルター, B. ……555
Wand, Günter →ワント, G. ……556
Warburg, Aby →ワールブルク, A. ……555

Warsitz, Erich →ワルジッツ, E. ……555
Warwicker, John →ワーウィッカー, J. ……551
Washington, George →ワシントン, G.(米大統領) ……552
Washington, George →ワシントン, G.(英国・執事) ……553
Waters, Thomas James →ウォートルス, T.J. ……41
Waterston, John James →ウォーターストン, J.J. ……41
Watt, James →ワット, J. ……554
Watts-Dunton, Theodore →ワッツ=ダントン, T. ……554
Waugh, Evelyn →ウォー, E. ……41
Weathers, Beck →ウェザーズ, B. ……39
Weber, Arthur Richard →ウェーバー, A.R. ……41
Weber, Carl Maria Friedrich Ernst von →ウェーバー, C.M. ……41
Weber, Max →ベーバー, M. ……403
Wedemeyer, Albert Coady →ウェデマイヤー, A.C. ……41
Wegener, Gerda →ビーナ, G. ……325
Weil, Saly →ワイユ, S. ……550
Weil, Simone →ベイユ, S. ……392
Weill, Kurt →ワイル, K. ……550
Weinstein, Boaz →ワインシュタイン, B. ……551
Weishaupt, Adam →ワイスハウプト, A. ……549
Weiss, Peter Ulrich →ワイス, P. ……549
Weitling, Wilhelm Christian →ワイトリング, W.C. ……550
Weizsäcker, Carl Friedrich Freiherr von →ワイツゼッカー, C.F. ……550
Weizsacker, Richard Freiherr von →ワイツゼッカー, R.F. ……550
Wellhausen, Julius →ベルハウゼン, J. ……411
Wells, Ida B. →ウェルズ, I.B. ……41
Wenger, Arsène →ベンゲル, A. ……413
Wesley, John →ウェスレー, J. ……40
Wesley, Susanna →ウェスレー, S. ……40
Wessels, Johannes →ベセルス, J. ……396
Westbam →ウエストバム ……40
Westermann, Harry →ベスターマン, H. ……395
Weston, Walter →ウェストン, W. ……40
Westwood, Vivienne →ウエストウッド, V. ……39
Wexler, Jerry →ウェクスラー, J. ……39
Wheeler, John Archibald →ホイーラー, J.A. ……418
Whewell, Elizabeth Alice →フィウェル, E.A. ……346
Whistler, James McNeill →ホイッスラー, J.M. ……417
Whiteley, Peter →ホワイトリー, P. ……432

Wiazemsky, Anne →ビアゼムスキー, A. ……325
Wickramasinghe, Chandra →ウィックラマ
  シンゲ, C. ……………………………………35
Wieniawski, Henri →ベニャフスキ, H. ……402
Wilde, Constance →ワイルド, C. …………551
Wilde, Oscar →ワイルド, O. ………………551
Wilhelm Ⅱ →ビルヘルムⅡ ………………341
Willems, Edgar →ウィレムス, E. …………38
William, Prince, the Duke of Cambridge
  →ウィリアム（ケンブリッジ公） ……………37
William of Ockham →ウィリアム（オッカ
  ムの） ………………………………………37
Williams, Channing Moore →ウィリアム
  ズ, C.M. ……………………………………37
Williamson, Alexander William →ウィリ
  アムソン, A.W. ……………………………37
Wilson, August →ウィルソン, A. …………37
Wilson, Edward Osborne →ウィルソン,
  E.O. …………………………………………37
Wilson, Taylor →ウィルソン, T. ……………37
Wilson, Thomas Woodrow →ウィルソン,
  T.W. …………………………………………38
Winnicott, Donald Woods →ウィニコッ
  ト, D.W. ……………………………………36
Wiswell, Ella Lury →ウィズウェル, E.L. ……35
Witten, Edward →ウィッテン, E. …………35
Wittgenstein, Ludwig →ウィトゲンシュタ
  イン, L. ……………………………………36
Wolf, Max →ボルフ, M. ……………………430
Wolff, Christian →ボルフ, C. ………………429
Wolff, Hans Julius →ボルフ, H.J. …………429
Woolf, Leonard Sidney →ウルフ, L.S. ……43
Woolf, Virginia →ウルフ, V. ………………43
Wordsworth, Dorothy →ワーズワス, D. ……554
Wordsworth, William →ワーズワス, W. ……554
Worth, Charles Frederick →ワース, C. ……553
Wrangel, Pyotr Nikolayevich →ウランゲ
  リ, P.N. ……………………………………43
Wright, Orville →ライト, O. ………………494
Wright, Wilbur →ライト, W. ………………494
Wycliffe, John →ウィクリフ, J. ……………35

【 X 】

Xavier, Francisco →ザビエル, F. …………153
Xenophanes →クセノパネス ………………104

【 Y 】

Yamakawa, Aaron →山川アーロン（阿
  倫）…………………………………………486
Yang, Edward →ヤン, E. ……………………486
Yeats, William Butler →イェイツ, W.B. ……32
Yekaterina Ⅱ Alekseyevna →エカチェリー
  ナⅡ …………………………………………45
Yersin, Alexandre →イェルサン, A. ………32
Yogananda, Paramahansa →ヨガナンダ,
  P. ……………………………………………491
Young, Angus →ヤング, A. …………………486
Young, George →ヤング, G. …………………487
Young, Malcolm →ヤング, M. ………………487
Yousafzai, Malala →ユスフザイ, M. ………488
Yunaska, Lara →ユナスカ, L. ………………489
Yunus, Muhammad →ユヌス, M. ……………489

【 Z 】

Żabińska, Antonina →ジャビンスキ, A. ……171
Żabiński, Jan →ジャビンスキ, J. ……………171
Zaccheroni, Alberto →ザッケローニ, A. ……150
Zamperini, Louis →ザンペリーニ, L. ………160
Zanstra, Herman →ザンストラ, H. …………158
Zarqawi, Abu Musab al →ザルカウィ, A.
  M. ……………………………………………156
Zehetmair, Thomas →ツェートマイアー,
  T. ……………………………………………235
Zel'dovich, Yakov Borisovich →ゼルドビッ
  チ, Y.B. ……………………………………213
Zell, Katharina →ツェル, K. ………………236
Zell, Sam →ゼル, S. ………………………213
Zēnōn →ゼノン ……………………………212
Zeppelin, Ferdinand Adolf Heinrich August
  Graf von →ツェッペリン, F. ……………235
Zetkin, Klara →ツェトキン, K. ……………235
Zimmermann, Frank Peter →ツィンマー
  マン, F.P. …………………………………235
Zitelmann, Clara Louise →チーテルマン,
  C. ……………………………………………229
Znaider, Nikolaj →ズナイダー, N. …………205
Zola, Emile Edouard Charles Antoine →
  ゾラ, E. ……………………………………216
Zuckerberg, Mark Elliot →ザッカーバー
  グ, M. ………………………………………150
Zukerman, Pinchas →ズーカーマン, P. ……195
Zwicky, Fritz →ツビッキー, F. ……………236

伝記・評伝全情報 2014-2018
西洋編

2019年7月25日　第1刷発行

発　行　者／大高利夫
編集・発行／日外アソシエーツ株式会社
　　　　　〒140-0013 東京都品川区南大井6-16-16 鈴中ビル大森アネックス
　　　　　電話 (03)3763-5241（代表）　FAX(03)3764-0845
　　　　　URL http://www.nichigai.co.jp/
発　売　元／株式会社紀伊國屋書店
　　　　　〒163-8636 東京都新宿区新宿 3-17-7
　　　　　電話 (03)3354-0131（代表）
　　　　　ホールセール部（営業）電話 (03)6910-0519

電算漢字処理／日外アソシエーツ株式会社
印刷・製本／光写真印刷株式会社

不許複製・禁無断転載　　　《中性紙H-三菱書籍用紙イエロー使用》
〈落丁・乱丁本はお取り替えいたします〉
ISBN978-4-8169-2783-6　　　Printed in Japan, 2019

本書はディジタルデータでご利用いただくことができます。詳細はお問い合わせください。

伝記・評伝全情報 2010-2014

2010年から2014年6月に刊行された伝記資料を、被伝者の名前から一覧できる図書目録。伝記、評伝、回想録、日記、書簡などを収録。図書の内容紹介付き。

日本・東洋編
A5・1,080頁　定価（本体27,500円＋税）　2014.9刊

西洋編
A5・620頁　定価（本体23,000円＋税）　2014.10刊

現代世界文学人名事典

B5・730頁　定価（本体18,000円＋税）　2019.1刊

20世紀以降に活躍する海外作家の人名事典。欧米だけではなくイスラム圏、アジア圏、ラテンアメリカ圏の作家も積極的に掲載。小説、詩、児童文学、戯曲、一部のノンフィクション作家や伝記作家、映画脚本家まで、幅広いジャンルを収録。「人名索引（欧文）」付き。

事典・世界の指導者たち
冷戦後の政治リーダー3000人

A5・710頁　定価（本体13,750円＋税）　2018.5刊

世界をリードする政治指導者の人名事典。国家元首、主要閣僚、国際機関トップ、民主化運動指導者など世界200カ国の重要人物3,000人を収録。肩書、生没年月日、出生（出身）地、学歴、受賞歴、経歴など詳細なプロフィールを掲載。

ものづくり記念館博物館事典

A5・490頁　定価（本体13,500円＋税）　2018.12刊

地域発祥の産業、企業の製品・技術など、ものづくりに関する博物館・資料館・記念館216館を収録した事典。全館にアンケート調査を行い、沿革・概要、展示・収蔵、事業、出版物・グッズ、館のイチ押しなどの最新情報に加え、外観・館内写真、展示品写真を掲載。「館名索引」「種別索引」付き。

データベースカンパニー
日外アソシエーツ　〒140-0013　東京都品川区南大井6-16-16
TEL.(03)3763-5241　FAX.(03)3764-0845　http://www.nichigai.co.jp/

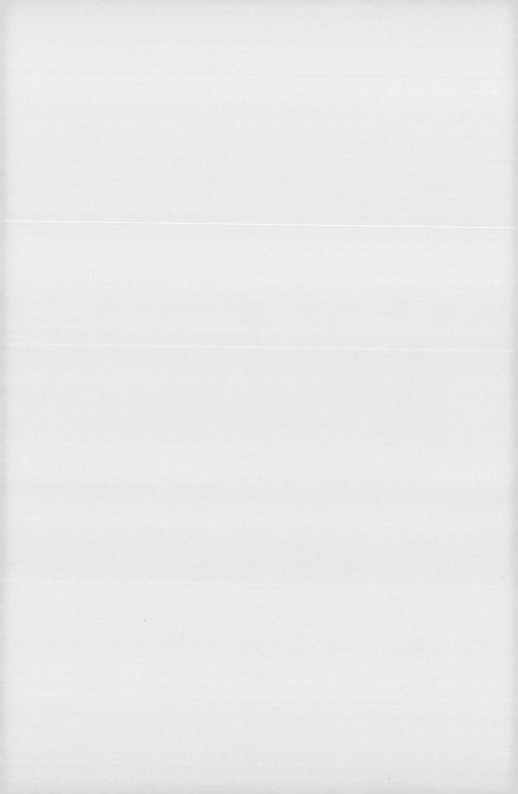